민 법 판 례 교 재

2020 개정판

계약법

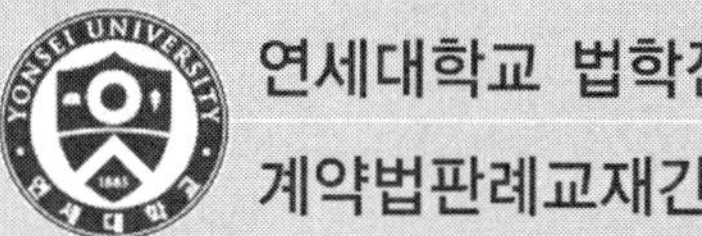

연세대학교 법학전문대학원
계약법판례교재간행위원회
편 저

❙판례교재를 내면서❙

법학전문대학원에서 교재용으로 사용할 계약법과 불법행위법의 판례모음집을 출간한다. 2008년 6월부터 교재 출간을 구상하였으나 그동안 여러 사정으로 미루어지다가 수업계획서 확정과 때를 맞추어 같은 해 9월부터 작업이 본격화된 결과이다. 이 교재는 철저히 수업에서 다룰 판례를 수업계획서 순서에 따라 선별하여 각 판결의 원심 및 대법원의 판결문을 모아 놓은 것이다. 부분적으로는 외국판례도 수록되었다. 원심판결은 입수 가능한 것은 모두 수록하였다. 대상판결에 간략한 해설을 덧붙이는 문제에 대하여 고민을 하며 여러 차례 논의는 하였지만 수강생들이 독자적으로 판례의 쟁점을 파악하고 스스로 학습케 하여 분쟁해결능력을 함양하는 것이 우선 급선무라 판단하여 이번에는 각 판례에 대한 검토의견은 생략되었다. 교수들이 평석을 달아 놓으면 아무래도 그 검토의견에 선입견을 가질뿐 아니라 맹종하는 우를 범할 수 있다고 보았기 때문이다. 앞으로 교육효과를 보아가며 이 부분은 보완할 예정이다.

일반적으로 우리나라를 비롯한 대륙법계 국가는 성문법주의를 취하므로 법률인 성문민법이 제1차적인 민법의 법원이며, 영미법계 국가는 불문법주의를 취하므로 불문민법이 주된 민법의 법원이 된다. 성문법국가는 법체계의 통일화 및 법내용의 명확화를 통하여 법질서가 안정적이라는 장점이 있는 반면 불문법국가의 장점인 사회변화에 대한 탄력적인 적응성 면에는 단점이 발견된다. 그러나 오늘날 어느 법계의 국가이든 성문민법과 불문민법을 모두 민법의 법원으로 하고 있을 뿐만 아니라, 성문법 국가에서 판례가 중시되는 한편, 불문법 국가에서는 동일사안에 대한 단행법률이 제정되어 성문법 국가에 접근하고 있다. 요컨대, 성문법국가와 불문법국가의 구분은 그 출발의 차이에 불과하다. 따라서 우리나라가 성문법 국가라고 판례공부를 소홀히 하거나 무시하면 법학공부를 제대로 하지 않는 결과에 불과할 것이다.

한편 판례공부는 사안을 중심으로 쟁점을 검토하는 것이 필요하지 판례요지만 기억하고 암기하는 것이 판례공부가 결코 아니다. 판례요지는 아무리 기억력이 우수한 자라도 며칠 있으면 가물가물 망각 속에 자리잡는다. 그러나 구체적 사안을 중심으로 쟁점을 확인하고 하급심과 대법원의 태도를 탐구하면 흥미도 유발되고 논리적 사고도 저절로 축적될 수 있을 것이다. 주의할 것은 어느 하나의 판단이 진리라고 확인하고 맹종할 것이 아니라 그 논거의 전개과정을 면밀히 살펴보며 비판하는 사고의 훈련이 필요하다는 점이다. 법학을 비롯한 사회과학은 하나의 절대적 진리를 추구하는 학문이 아니기 때문이다.

여기 판례모음집에 수록된 판례는 (i) 관련조문 또는 법리를 처음 적용하여 역사적으로 의미가 있거나 先例로서 작용하는 판결, (ii) 종전의 판례의 태도를 변경하여 하나의 전환점으로서 중요한 판결, 특히 중요한 대법원의 전원합의체판결 (iii) 성문법률의 틈을 보완하여 법형성작용에 이바지한 판결, (iv) 국민의 정의관념에 영향을 주어 윤리적 또는 사회경제적으로 파장을 일으킨 판결을 중심으로 수록하였다.

끝으로 이 책이 나오기 까지 계약법과 불법행위법의 담당교수님들이 여러 차례 회의를 거듭하며 수고를 아끼지 않았다. 특히 이연갑 교수님과 오병철 교수님을 비롯하여 민사법교실의 대학원생들과 조교들의 도움이 컸다. 판결문 자체의 誤字·脫字를 발견하고 꼼꼼히 교정을 보아 준 나산하 조교와 권오현 조교의 수고에 감사한다. 그리고 어려운 출판환경에도 불구하고 흔쾌히 출판을 허락해 준 법우사의 황영성 사장님께도 이 자리를 빌어 감사드린다.

2020년 2월 판례교재간행위원회의 이름으로

백태승 씀

❙차 례❙

Ⅰ. 법률관계와 권리의무 / 1

Ⅱ. 권리의 주체 / 79

Ⅲ. 계약과 의사표시, 계약의 자유와 제한 / 171

Ⅳ. 계약의 성립 / 191

Ⅴ. 대 리 / 249

XI. 계약의 불이행 / 587

XII. 계약불이행에 대한 효과 및 그 구제 / 647

I

법률관계와 권리의무

법률관계와 권리의무

1 호의관계

(1-1) 대법원 1994. 3. 25. 선고 93다32668 판결

【원고, 피상고인】 윤영길
【피고, 상고인】 삼일방직 주식회사
【원심판결】 서울고등법원 1993. 5. 25. 선고 91나62197 판결
【주 문】 원심판결을 파기하고 사건을 서울고등법원에 환송한다.

【이 유】

상고이유를 본다.

제1점에 대하여

1. 원심판결 이유에 의하면, 원심은 거시증거에 의하여 판시와 같은 경위로 피고회사의 대표이사로 있는 소외 노희찬과 이동대가 피고회사에 대한 소유 및 경영권을 인수하게 되었는데, 그 과정에서 원고 측은 1987. 2. 20.경 한일은행 이병선 전무실에서 동인의 중재 아래 위 노희찬, 이동대 등이 참석한 자리에서 인수 후 대표이사로 취임할 예정이던 위 노희찬에게 피고회사의 전 사장인 원고를 약정일로부터 향후 6년 이상 명예회장으로 추대하고 모든 예우를 사장과 동일하게 한다는 내용 등이 기재된 약정서(갑제2호증)에 서명날인을 요구하여 위 노희찬은 이를 거절하였으나 위 이병선 전무가 위 노희찬에게 서로 섭섭치 않게 대우해 주는 것이 좋지 않겠느냐고 설득하여 위 노희찬이 위 약정서의 말미에 "최대 노력하겠습니다"라는 문구를 부기하고 서명 날인한 사실, 위 노희찬 등은 피고회사를 원고 등으로부터 인수하여 1987. 4. 4. 상호를 삼일방직 주식회사로 변경함과 동시에 위 노희찬이 대표이사 사장으로 취임하여 1989. 12. 31.까지 원고에게 매월 보수로 금2,000,000원을 지급하고 피고회사의 승용차를 제공하면서 운전기사의 보수 및 차량유지비를 부담해 오다가 1990. 1. 1. 원고에 대한 보수지급을 중단하고 제공한 승용차도 회수한 사실을 인정한 다음, 위 노희찬에게는 위 약정당시 피고회사를 대표할 권한은 없었지만 위 회사 인수후의 대표이사 예정자의 자격으로 위 약정을 체결하였고, 위 노희찬이 피고회사를 인수한 후 1989. 12. 31.까지 위 인정과 같은 예우를 함으로써 피고회사는 위 약정을 묵시적으로 추인하였다고 할 것이므로 피고회사는 위 약정에 따라 원고에게 적어도 1993. 3. 31.까지는 사장과 동일한 예우를 할 의무가 있다고 판단하고, 이어 위 노희찬은 원고가 요구한 위 약정서의 날인을 거부하였으나 관리은행측에서 3년간만

수락하여 줄 것을 간곡히 요청하여 부득이 성의껏 협조하겠다는 뜻에서 위 약정서에 "최대 노력하겠습니다"라고 기재하고 서명 날인한 것이고 이에 따라 1989. 12. 31.까지 원고에게 보수지급 및 승용차를 제공하였으므로 피고가 수락한 범위 내의 의무를 모두 이행하였다는 피고의 주장에 대하여, 설사 위 노희찬이 그 주장과 같이 성의껏 협조한다는 뜻에서 위 약정서에 서명 날인한 것이라고 하더라도 그 기간 및 이행의무가 명시된 약정서에 서명한 이상 믿기 어려운 제1심 증인 이동대의 증언 외에는 그 서명당시 위 노희찬의 진의가 3년간만 그 예우를 하겠다는 뜻 또는 인수자에게 맡겨 두면 사정이 허락하는 한 성심성의껏 그 예우를 하겠다는 뜻에 불과한 것임을 원고가 알았거나 알 수 있었다고 볼 자료가 없는 이 사건에 있어서는 그 약정서에 기재된 대로 계약이 성립되었다고 할 것이고, "최대 노력하겠습니다"라는 문구는 피고회사의 재정사정이 극도로 악화되어 원고에 대한 예우가 사실상 불가능하게 되지 아니하는 한 이를 이행하겠다는 취지, 즉 사정변경에 의한 계약해지의 여지를 넓혀 주는 정도의 것이라고 봄이 상당하고, 피고회사가 원고에 대한 보수지급을 중단한 1989. 12. 31. 무렵 원고에 대한 예우를 감내할 수 없을 정도로 피고회사의 재정사정이 악화되는 등 피고회사의 최대의 노력으로도 더 이상 이행하기 어렵게 되었다는 사정에 관한 아무런 주장, 입증이 없으므로 피고의 위 주장은 이유 없다고 배척하였다.

2. 법률행위의 해석이란 당사자가 그 표시행위에 부여한 객관적인 의미를 명백하게 확정하는 것으로서, 서면에 사용된 문구에 구애받을 것은 아니지만 어디까지나 당사자의 내심적 의사의 여하에 관계없이 그 서면의 기재내용에 의하여 당사자가 그 표시행위에 부여한 객관적 의미를 합리적으로 해석하여야 하는 것이고, 당사자가 표시한 문언에 의하여 그 객관적인 의미가 명확하게 드러나지 않는 경우에는 그 문언의 내용과 그 법률행위가 이루어진 동기 및 경위, 당사자가 그 법률행위에 의하여 달성하려는 목적과 진정한 의사, 거래의 관행 등을 종합적으로 고려하여 사회정의와 형평의 이념에 맞도록 논리와 경험의 법칙, 그리고 사회일반의 상식과 거래의 통념에 따라 합리적으로 해석하여야 하는 것이다(당원 1992.5.26. 선고 91다35571 판결; 1990.11.13. 선고 88다카15949 판결 등 참조).

어떠한 의무를 부담하는 내용의 기재가 있는 문면에 "최대 노력하겠습니다"라고 기재되어 있는 경우, 특별한 사정이 없는 한 당사자가 위와 같은 문구를 기재한 객관적인 의미는 문면 그 자체로 볼 때 그러한 의무를 법적으로는 부담할 수 없지만 사정이 허락하는 한 그 이행을 사실상 하겠다는 취지로 해석함이 상당하다고 할 것이다. 왜냐하면 그러한 의무를 법률상 부담하겠다는 의사이었다면 굳이 "최대 노력하겠습니다"라는 문구를 사용할 필요가 없는 것이므로, 위와 같은 문구를 삽입하였다면 그 문구를 의미 없는 것으로 볼 수는 없는 것이고 따라서 당사자가 그러한 표시행위에 의하여 나타내려고 한 객관적인 의사는 그 문구를 포함한 전체의 문언으로부터 해석함이 상당하기 때문이다.

그리고 원심이 확정한 바에 의하면, 피고회사의 대표이사로 있는 위 노희찬과 이동대가 피고회사에 대한 소유 및 경영권을 인수하는 과정에서 피고회사의 주주이던 원고 측이 1987. 2. 20.경 한일은행 이병선 전무실에서 동인의 중재 아래 위 노희찬, 이동대 등이 참석한 자리에서 인수 후 대표이사로 취임할 예정이던 위 노희찬에게 피고회사의 전 사장인 원고를 약정일로부터 향후 6년 이상 명예회장으로 추대하고 모든 예우를 사장과 동일하게 한다는 내용 등이 기재된 위 약정서에 서명날인을 요구하여 위 노희찬은 이를 거절하였으나 위 이병선 전무가 위 노희찬에게 서로 섭섭지 않게 대우해 주는 것이 좋지 않겠느냐고 설득하여 위 노희찬이 위 약정서의 말미에 "최대 노력하겠습니다"라는 문구를 부기하고 서명 날인하였다는 것인바, 위 노희찬이 원고 측의 제의를 일단 거절하였던 점, 위 노희찬이 위 이병선의 중재를 받아들여 원고 측이 제시한 위 내용을 그대로 수용할 의사이었다면 위 약정서에 그대로 서명 날인하여 원고 측에 교부하면 되는 것인데, 굳이 "최대 노력하겠습니다"라는 문구를 삽입하여 원고 측에 교부한 점 등 위와 같은 문구를 삽입하게 된 경위 등에 앞서 본 바와 같은 위 "최대 노력하겠습니다"라는 문언의 일반적인 의미를 함께 고려하여 보면, 위 노희찬이 위 약정서의 말미에 "최대 노력하겠습니다"라고 기재한 표시행위에 의하여 부여한 객관적인 의사는 원고 측이 제시한 위와 같은 의무를 법률적으로는 부담할 수 없지만 사정이 허락하는 한 성의껏 이행하겠다는 취지이었다고 봄이 상당하고, 또한 원고 측은 그들이 제시하였던 약정서에 위 노희찬이 그 말미에 위와 같은 문구를 삽입하고 서명 날인한 것을 교부받았을 때 위 노희찬이 위 표시행위에 의하여 나타내려는 객관적인 의사를 알았거나 알 수 있었다고 봄이 상당하다.

3. 그러함에도 원심은 위 노희찬이 성의껏 협조하겠다는 뜻에서 위 약정서에 서명 날인한 것이라고 하더라도 원고가 이를 알았거나 알 수 있었다고 볼 자료가 없어서 위 약정서에 기재된 대로의 계약이 성립되었다고 판단하고, 위 "최대 노력하겠습니다"라는 문구는 피고회사의 재정사정이 악화되어 원고에 대한 예우가 사실상 불가능하게 되지 아니하는 한 이를 이행하겠다는 취지, 즉 사정변경에 의한 계약해지의 여지를 넓혀 주는 정도의 것이라고 보고 피고에게 위 약정에 표시된 대로 이행할 의무가 있다고 보았으므로, 원심판결에는 필경 법률행위의 해석을 그르친 위법이 있다고 할 것이고, 이를 지적하는 논지는 이유 있다.

그러므로 나머지 상고이유에 대하여 판단할 것 없이 원심판결을 파기하고 사건을 원심법원에 환송하기로 하여 관여법관의 일치된 의견으로 주문과 같이 판결한다.

(1-2) 대법원 2017. 1. 19. 선고 2013다17292 전원합의체 판결 〔분묘철거등〕

제1조 (법원)

1. 타인 소유의 토지에 분묘를 설치한 경우에 20년간 평온, 공연하게 분묘의 기지를 점유하면 지상권과 유사한 관습상의 물권인 분묘기지권을 시효로 취득한다는 법적 규범이 2000. 1. 12. 법률 제6158호로 전부 개정된 '장사 등에 관한 법률'의 시행일인 2001. 1. 13. 이전에 설치된 분묘에 관하여 현재까지 유지되고 있는지 여부(적극)

[다수의견] (가) 대법원은 분묘기지권의 시효취득을 우리 사회에 오랜 기간 지속되어 온 관습법의 하나로 인정하여, 20년 이상의 장기간 계속된 사실관계를 기초로 형성된 분묘에 대한 사회질서를 법적으로 보호하였고, 민법 시행일인 1960. 1. 1.부터 50년 이상의 기간 동안 위와 같은 관습에 대한 사회 구성원들의 법적 확신이 어떠한 흔들림도 없이 확고부동하게 이어져 온 것을 확인하고 이를 적용하여 왔다.

대법원이 오랜 기간 동안 사회 구성원들의 법적 확신에 의하여 뒷받침되고 유효하다고 인정해 온 관습법의 효력을 사회를 지배하는 기본적 이념이나 사회질서의 변화로 인하여 전체 법질서에 부합하지 않게 되었다는 등의 이유로 부정하게 되면, 기존의 관습법에 따라 수십 년간 형성된 과거의 법률관계에 대한 효력을 일시에 뒤흔드는 것이 되어 법적 안정성을 해할 위험이 있으므로, 관습법의 법적 규범으로서의 효력을 부정하기 위해서는 관습을 둘러싼 전체적인 법질서 체계와 함께 관습법의 효력을 인정한 대법원판례의 기초가 된 사회 구성원들의 인식·태도나 사회적·문화적 배경 등에 의미 있는 변화가 뚜렷하게 드러나야 하고, 그러한 사정이 명백하지 않다면 기존의 관습법에 대하여 법적 규범으로서의 효력을 유지할 수 없게 되었다고 단정하여서는 아니 된다.

(나) 우선 2001. 1. 13.부터 시행된 장사 등에 관한 법률(이하 개정 전후를 불문하고 '장사법'이라 한다)의 시행

으로 분묘기지권 또는 그 시효취득에 관한 관습법이 소멸되었다거나 그 내용이 변경되었다는 주장은 받아들이기 어렵다. 2000. 1. 12. 법률 제6158호로 매장 및 묘지 등에 관한 법률을 전부 개정하여 2001. 1. 13.부터 시행된 장사법[이하 '장사법(법률 제6158호)'이라 한다] 부칙 제2조, 2007. 5. 25. 법률 제8489호로 전부 개정되고 2008. 5. 26.부터 시행된 장사법 부칙 제2조 제2항, 2015. 12. 29. 법률 제13660호로 개정되고 같은 날 시행된 장사법 부칙 제2조에 의하면, 분묘의 설치기간을 제한하고 토지 소유자의 승낙 없이 설치된 분묘에 대하여 토지 소유자가 이를 개장하는 경우에 분묘의 연고자는 토지 소유자에 대항할 수 없다는 내용의 규정들은 장사법(법률 제6158호) 시행 후 설치된 분묘에 관하여만 적용한다고 명시하고 있어서, 장사법(법률 제6158호)의 시행 전에 설치된 분묘에 대한 분묘기지권의 존립 근거가 위 법률의 시행으로 상실되었다고 볼 수 없다.

또한 분묘기지권을 둘러싼 전체적인 법질서 체계에 중대한 변화가 생겨 분묘기지권의 시효취득에 관한 종래의 관습법이 헌법을 최상위 규범으로 하는 전체 법질서에 부합하지 아니하거나 정당성과 합리성을 인정할 수 없게 되었다고 보기도 어렵다.

마지막으로 화장률 증가 등과 같이 전통적인 장사방법이나 장묘문화에 대한 사회 구성원들의 의식에 일부 변화가 생겼더라도 여전히 우리 사회에 분묘기지권의 기초가 된 매장문화가 자리 잡고 있고 사설묘지의 설치가 허용되고 있으며, 분묘기지권에 관한 관습에 대하여 사회 구성원들의 법적 구속력에 대한 확신이 소멸하였다거나 그러한 관행이 본질적으로 변경되었다고 인정할 수 없다.

(다) 그렇다면 타인 소유의 토지에 분묘를 설치한 경우에 20년간 평온, 공연하게 분묘의 기지를 점유하면 지상권과 유사한 관습상의 물권인 분묘기지권을 시효로 취득한다는 점은 오랜 세월 동안 지속되어 온 관습 또는 관행으로서 법적 규범으로 승인되어 왔고, 이러한 법적 규범이 장사법(법률 제6158호) 시행일인 2001. 1. 13. 이전에 설치된 분묘에 관하여 현재까지 유지되고 있다고 보아야 한다.

[대법관 김용덕, 대법관 박보영, 대법관 김소영, 대법관 권순일, 대법관 김재형의 반대의견] (가) 현행 민법 시행 후 임야를 비롯한 토지의 소유권 개념 및 사유재산제도가 확립되고 토지의 경제적인 가치가 상승함에 따라 토지 소유자의 권리의식이 향상되고 보호의 필요성이 커졌으며, 또한 상대적으로 매장을 중심으로 한 장묘문화가 현저히 퇴색함에 따라, 토지 소유자의 승낙 없이 무단으로 설치된 분묘까지 취득시효에 의한 분묘기지권을 관습으로 인정하였던 사회적·문화적 기초는 상실되었고 이러한 관습은 전체 법질서와도 부합하지 않게 되었다.

(나) 비록 토지 소유자의 승낙이 없이 무단으로 설치한 분묘에 관하여 분묘기지권의 시효취득을 허용하는 것이 과거에 임야 등 토지의 소유권이 확립되지 않았던 시대의 매장문화를 반영하여 인정되었던 관습이더라도, 이러한 관습은 적어도 소유권의 시효취득에 관한 대법원 1997. 8. 21. 선고 95다28625 전원합의체 판결이 이루어지고 2001. 1. 13. 장사법(법률 제6158호)이 시행될 무렵에는 재산권에 관한 헌법 규정이나 소유권의 내용과 취득시효의 요건에 관한 민법 규정, 장사법의 규율 내용 등을 포함하여 전체 법질서에 부합하지 않게 되어 정당성과 합리성을 유지할 수 없게 되었다.

전통적인 조상숭배사상, 분묘설치의 관행 등을 이유로 타인 소유의 토지에 소유자의 승낙 없이 분묘를 설치한 모든 경우에 분묘기지권의 시효취득을 인정해 왔으나, 장묘문화에 관한 사회 일반의 인식 변화, 장묘제도의 변경 및 토지 소유자의 권리의식 강화 등 예전과 달라진 사회현실에 비추어 볼 때, 분묘기지권 시효취득의 관습에 대한 우리 사회 구성원들이 가지고 있던 법적 확신은 상당히 쇠퇴하였고, 이러한 법적 확신의 실질적인 소멸이 장사법의 입법에 반영되었다고 볼 수 있다.

(다) 따라서 토지 소유자의 승낙이 없음에도 20년간 평온, 공연한 점유가 있었다는 사실만으로 사실상 영구적이고 무상인 분묘기지권의 시효취득을 인정하는 종전의 관습은 적어도 2001. 1. 13. 장사법(법률 제6158호)이 시행될 무렵에는 사유재산권을 존중하는 헌법을 비롯한 전체 법질서에 반하는 것으로서 정당성과 합리성을 상실하였을 뿐 아니라 이러한 관습의 법적 구속력에 대하여 우리 사회 구성원들이 확신을 가지지 않게 됨에 따라 법적 규범으로서 효력을 상실하였다. 그렇다면 2001. 1. 13. 당시 아직 20년의 시효기간이 경과하지 아니한 분묘의 경우에는 법적 규범의 효력을 상실한 분묘기지권의 시효취득에 관한 종전의 관습을 가지고 분묘기지권의 시효취득을 주장할 수 없다.

2 성희롱에 대한 책임

(1-1) 서울고등법원 1995. 7. 25. 선고 94나15358 판결

【원고, 항소인 겸 피항소인】	우○정
【피고, 피항소인 겸 항소인】	신△휴
【피고, 피항소인】	대한민국 외 1인
【원심판결】	서울지방법원 1994. 4. 18. 선고 93가합77840 판결
【주 문】	1. 원심판결 중 피고 신△휴의 패소 부분을 취소하고, 위 취소 부분에 해당하는 원고의 청구를 기각한다. 2. 원고의 피고들에 대항 항소를 모두 기각한다. 3. 소송비용은 1, 2심 모두 원고의 부담으로 한다.
【청구취지 및 원고의 항소취지】	원심판결을 다음과 같이 변경한다. 피고들은 연대하여 원고에게 금 50,000,000원 및 이에 대한 소장송달 다음날부터 완제일까지 연 2할 5푼의 비율에 의한 금원을 지급하라는 판결.
【피고 신△휴의 항소취지】	주문 제1항과 같은 판결

【이 유】

1. 원고의 청구원인의 요지 및 주장사실

가. 원고의 이 사건 청구원인의 요지는 다음과 같다.

원고는 ○○학교 ○○대학 화학과에 실험기기 조작담당자로 피용 되어 근무하는 도중 위 학과 소속 교수인 피고 신△휴로부터 일정 기간 동안 계속적으로 여러 형태의 성적 괴롭힘을 받았으며 원고가 위 피고의 위와 같은 성적 접근에 응하지 아니하자 위 피고는 원고를 재임용하지 아니함으로써 결국 해고하였으며, 그로 인하여 원고는 프라이버시와 성적 자유를 침해당하였을 뿐 아니라, 일하기 쉬운 직장에서 일할 권리를 침해당하였다.

위 피고의 위와 같은 행위는 민법상 불법행위를 구성하는 것이고, 원고는 그로 인하여 극심한 정신적 고통을 입었을 뿐 아니라 종국에는 직장을 잃게 되는 손해를 입었으므로 그 손해의 배상으로서 금 50,000,000원의 지급을 구한다.

원고는 그와 동시에 이 사건 당시 ○○학교 총장이었던 피고 김종운에 대하여는 피고 대한민국의 피고 신△휴에 대한 대리감독자로서 위 피고의 감독을 소홀히 한 결과 원고에게 위와 같은 손해를 가져오게 했으며, 피고 대한민국은 ○○학교의 설치 운영자로서 위 피고 신△휴 및 피고 김종운의 사용자로서 위 피고 등의 불법행위로 인하여 원고가 입은 손해 또는 원고와의 근로계약상 성차별 없이 일하기 좋은 근무환경을 조성할 의무를 위반하여 원고가 입은 손해를 연대하여 배상할 의무가 있다고 주장한다.

나. 그리고 원고가 피고 신△휴로부터 당하였다고 주장하는 성적 괴롭힘의 내용을 간추리면 다음과 같다.

원고는 ○○학교 ○○대학 화학과에서 실험기기조작 담당조교로 채용되었는데, 원고가 기기조작을 위한 기술교육을 받기 위해 출근을 시작한 초기부터 피고 신△휴는 기기작동 기술교육을 빙자하여 교육과 무관한 신체적 접촉을 반복 계속하고 산책데이트를 하자고 요구하면서 옷을 피고의 연구실에서 갈아입으면 된다고 말하거나, 원고의 땋은 머리를 잡아당기며 "누가 이렇게 시골처녀처럼 머리를 땋고 다니느냐", "단둘이서 입방식을 하자"고 말하거나, 원고를 자신의 연구실로 불러 세워놓고 아래 위를 훑어보는 등 지속적으로 이른바 '성희롱'에 해당하는 언동을 하여 원고는 수치심 때문에 몸 둘 바를 몰라 하는 등 피고의 언동에 엄청난 스트레스를 받았고, 심리적 불쾌감과 성적 굴욕감에 시달리면서도 직장 내의 불이익 때문에 즉각적인 거절은 하지 못하고 묵시적으로 거절의사를 표현하였다. 원고로부터 성적 접근을 거절당한 위 피고는 그에 보복하기 위하여 원고의 업무를 방해했으며, 종국에 가서는 원고를 해임하였는데, 그로 인하여 원고는 형언할 수 없는 정신적 고통을 받았다고 한다.

2. 이른바 '성적 괴롭힘'의 법적 인식과 대책

원고의 이 사건 청구는 위에서 원고가 주장하는 바와 같은 이른바 '성적 괴롭힘'에 의해 원고에게 정신적 손해를 가한 것이 불법행위가 된다는 전제하에 원고가 입은 손해의 배상을 구한다는 것이다. 그러나 원고가 주장하는 바의 위 설시와 같은 성적 괴롭힘의 행위는 종전에 우리의 불법행위법에서는 인정되지 아니하였던 것이므로 그와 같은 성적 괴롭힘이 불법행위를 구성하는 것인가의 여부 및 그것이 인정되어야 하는 경우라면 그 위법성을 어떠한 행위유형에, 어떠한 범위에서 인정할 것인가를 먼저 살펴보아야 한다.

가. 여성의 성피해실태와 그 대책

근래 서구의 자유개방적 성문화가 무분별하게 유입됨으로 인하여 한국의 전통적 성윤리의식과 성에 관한 가치기준은 혼란되어 가고 있으며, 그와 동시에 현재 우리나라에서 여성에 대한 여러 종류의 성적인 가해는 심각한 사회문제로 인식되고 있다. 전문단체의 조사보고에 의하면 조사대상 여성의 절대 다수가 성적이 이유에서 피해를 당해 경험을 호소하고 있으며, 그 피해는 정신적 피해로 이어지고 있다. 이것은 단지 여성주의적인 관점의 문제에 불과한 것이 아니라 사회의 여성문제로 인식되고 있다.

이러한 성피해에 대한 대책으로서 현행법은 폭행 협박을 수반하는 이른바 성폭력행위(강간, 강제추행 등)와 고용관계에서 위계 및 위력에 의한 간음을 처벌하고 있으며, 최근에 이르러서는 공중밀집장소에서 추행 및 통신매체를 이용한 음란행위와 고용관계에서 위계 및 위력에 의한 추행도 처벌하게 되었다(성폭력범죄의처벌및피해자보호등에관한법률 제11조 참조).

한편 사회 · 경제적으로 급격한 발전이 실현됨과 동시에 여성의 역할신장과 사회진출이 활발해지고 있으나,

취업여성에 대한 성적 차별은 불식되지 못하고 있다. 그에 대처하기 위하여 남녀고용평등법은 모집채용, 임금, 배치승진, 퇴직 및 해고, 복지후생 등 특정한 노동조건 내지는 행위유형에 관한 차별을 금지의 대상으로 하고 그러한 차별을 없앨 노력 의무를 과하고 있으나, 이러한 현행법상의 제도가 여성에 대한 성차별과 성적 괴롭힘에 대한 대책으로서 충분한 것이라고 할 수 있는 것은 아니다.

우리는 역사적, 사회적 현실에 비추어 보면 이러한 대책의 필요성은 더욱 절실함을 알 수 있다. 아직 유교의 전통에 따른 가부장적 사회 및 가족질서는 남성보다 여성에게 더욱 억압적으로 작용하고 있으며, 남녀관계에 있어서는 남녀 간의 인식차이로 인하여 여러 방면에서 여성의 희생을 강요하는 왜곡된 인습이 지배하고 있음을 부인할 수 없다. 더욱이 직장에서는 남존여비의 전통에 터 잡은 남성우월의식이나 남성편의주의가 아무런 의심 없이 당연한 것으로 받아들여지고 있는 것이 우리의 현실이다. 남성들은 이러한 분위기 속에서 성적 놀림과 빈정댐에 습관화되어 있으며, 그들 위주의 이러한 성적 행동이 무미건조한 직장생활에 활력을 고취하고 인간관계에 친밀감을 더해주는 요소가 있다고 오인하고 있다. 남성들이 무의식적으로 또는 대수롭지 않게 하는 행위가 여성에게는 심각하게 근로의욕을 상실시키며 근로환경에 심각한 지장을 초래하게 된다는 사실을 간과하고 있는 것이다.

또 사회학의 연구결과에 의하면 생활에 있어서 성적인 행위가 갖는 의미는 남성과 여성에 있어서 차이가 있다고 한다. 남성의 경우 이성과의 관계는 주로 성적 본능에 의해 지배되는 반면, 여성에 있어서는 그러한 성적인 것 보다는 존경심과 친밀감의 공유라고 하는 인간적 연계를 중시하는데, 이러한 차이는 남녀 간의 일상적인 접촉에서도 영향을 미치게 된다고 한다. 남성은 여성을 성적 표현과 지배의 대상으로 인식하고 대하는 한편 친절하고 따뜻하게 반응하는 여성에 대하여 성적 친밀감을 표시하는 것으로 오해하는 경향이 있는데, 예컨대 남성들은 단순한 우호적 관계를 원하는 여성에 대하여 성적 관계를 원하는 것으로 오해하는가 하면, 여성의 침묵을 동의로 보거나, 여성으로부터의 단순한 관심표시를 자기에 대한 성적 유혹이라고 보는 오류를 범하게 된다고 한다.

이와 같이 남녀 간의 인식이 엇갈리는 영역에 성적 괴롭힘이 방관되고 자행되는 문제영역이 존재한다. 특히 직장 내 성적 괴롭힘은 빈번하고 여성에 대해 심각한 성적 억압으로 작용하고 있음에도 그에 대한 법적 구제는 인정되지 아니하여 법의 사각지대를 이루고 있다. 이러한 사회적 문제에 대해 법적으로 대처하고 피해자를 구제하기 위해 논의되고 있는 것이 이른바 직장 내의 '성적 괴롭힘'의 유형을 불법행위로 인정하자는 주장이다.(이 유형의 불법행위는 원래 미국에서 직장 내의 성차별금지의 한 유형으로서 판례상 전개된 'sexual harassment'의 이론을 본받은 것으로서 우리나라에서는 최근에 이를 '성희롱'이라고 칭하고 있는데, 그 말은 본래의 의미와 부합하지 아니하여 오해를 유발하고 있으며, 논자에 따라서는 이를 '성적 공격', '성적 모욕' 또는 '성적 성가심'이라고 부르기도 하나, 당원은 이를 '성적 괴롭힘'이라고 고쳐 부리기로 한다.)

당원은 위에서 본 여러 가지 사정을 종합하여 직장 내의 '성적 괴롭힘'을 불법행위의 새로운 유형으로서 받아들이기로 하고, 그 행위유형을 특정 명확화하기 위하여 그 법적인 개념과 위법성의 요소를 규정해 보기로 한다.

나. 고용관계상의 성적 괴롭힘

(1) 불법행위의 위법성

현대의 법치주의의 법원리에 의하면 불법행위로서 법의 제재를 받는 인간의 행위는 법적 안정성과 예측 가능성을 담보하기 위하여, 그리고 그 행위의 징표 내지 유형이 그 수범자로 하여금 명확히 인식케 할 수 있도록 명문으로 규정될 것을 요한다. 물론 우리 민법은 "고의 또는 과실로 인한 위법행위로 타인에게 손해를 가한 자는 그 손해를 배상할 책임이 있다."고 규정하여(민법 제750조) 불법행위의 성립요건을 명문으로 규정하고 있다. 그러나 이와 같은 개방적 구성요건의 형태는 변화하는 현실에 부응하여 새로운 유형의 불법행위를 수용할 수 있어 불법행위제도를 탄력적으로 운용하는 데에는 장점이 있으나, 개개의 시민으로 하여금 구체적으로 어떠한 불법의 유형이 제재의 대상이 되는가에 대하여 알게 하는 행위규범으로서의 기능은 현저히 감퇴되어 있다.

현행법상 형사적으로 처벌되는 행위가 위법성을 띠게 되고, 그러한 행위로 인하여 재산적, 정신적 손해를 받은 피해자가 민사소송으로써 그 배상을 구할 수 있음은 물론이다. 그러나 이 사건에서 문제되는 원고 주장과 같은 행위유형은 현행법상 법적인 금지의 대상으로 명문으로 규정되어 있는 않으며, 이와 같이 과거에는 인정되지 못하였던 새로운 유형의 불법행위를 인정함에는 신중한 검토가 요구된다고 하여야 한다. 그리고 새로운 유형의 불법행위는 행위의 예측가능성을 담보하기 위하여 법적으로 금지되는 행위의 한계가 명확히 규정되지 않으면 안 된다. 그렇지 않으면 불법행위의 책임범위의 부당하게 확대될 우려가 있고, 그것은 오히려 성적 괴롭힘을 인정하려는 본지에 역행하게 될 수도 있다.

불법행위의 성립요건으로서 관건이 되는 것은 문제되는 가해행위가 위법성을 갖느냐의 여부에 있다고 할 것이고, 여기서는 '성적 괴롭힘'으로서 어떠한 행위에 대하여 위법성을 인정할 것인가가 문제로 된다. 통설적 입장에 의하면 불법행위의 위법성은 피침해이익(즉, 침해된 보호법익)과 침해행위의 태양을 상관적, 종합적으로 고려하여 판단하여야 한다고 한다. 이 사건에서 문제되는 성적 괴롭힘에 있어서는 그로 인하여 침해되는 보호법익이 무엇인가, 그것이 어떻게 침해되었는가를 살펴보는 것이 필요하다.

(2) 보호법익

원고 소송대리인들의 주장에 의하면 이 사건 성적 괴롭힘으로 인하여 원고는 이른바 성적 자주결정권을 포함한 인격권을 침해당함과 동시에 원고는 피고 신△남의 성적 접근행위를 거부함으로 인해 재임용을 거부당함으로써 결국 노동의 권리를 침해당하였다고 한다. 즉 성적 괴롭힘 행위는 인간의 존엄과 행복추구권(헌법 제10조), 법 앞의 평등(헌법 제11조 제1항), 사생활의 보호와 자유(헌법 제17조), 근로의 권리(헌법 제32조 제1항), 여성의 근로에 대한 특별한 보호(헌법 제32조 제4항), 인간의 존엄성이 보장되는 근로조건의 기준(헌법 제32조 제4항) 등을 정한 헌법 규정과 근로기준법, 남녀고용평등법 및 우리나라가 가입 비준한 "여성에 대한 모든 형태의 차별 철폐에 관한 협약" 제2조에 위반하는 행위로서 위 법조 등에서 확인되고 있는 불가침의 기본권을 향유하며 주체적으로 자기의사를 결정하고 독립된 인격을 가지고 원고의 인격을 침해하는 위법한 행위이고, 피고는 원고의 인격을 손상하여 그 감정을 해하고 원고가 인격적이고 쾌적한 직장환경에서 일할 이익을 해쳤을 뿐 아니라 결국 재임용거부로써 해고하는 불이익을 가한 것으로 민법 제750조의 불법행위책임을 면치 못한다고 주장한다.

이에 대하여 피고들 소송대리인은 개인의 인격권이 보호되어야 한다고 하더라도 그것은 타인의 인격권과의 관계에서 제한되는 것이며, 양자의 권리가 충돌하는 경우에는 이익형량에 의해 위법성 여부를 정하여야 할 뿐 아니라 피고의 행위는 직장관계에서 원고의 업무수행에 필요한 기술교육을 행함에 있어서 업무수행상 불가피하게 일어난 것이거나, 직장 내에서 행해진 친밀감의 표시였거나 또는 사회적으로 허용되는 수인한도 내의 것이어서 사회상규에 어긋나지 아니하며 따라서 위법성이 없다는 취지로 다툰다.

생각건대 각인은 헌법상 보장되는 개인의 존엄권과 행복추구권으로부터 연역되는 사법상의 권리로서 일반적 인격권을 가지며, 그 내용의 하나로서 이른바 성적 자주결정권을 가질 뿐 아니라 근로자로서는 성적인 차별을 당함이 없는 근로환경 하에서 성적 불쾌감을 받지 않고 일할 수 있는 근로자로서의 인격적 이익을 갖는다고 할 수 있으므로 성적 괴롭힘은 근로자로서의 근로의 권리와 성적 자주결정권을 침해하는 것이라고 할 수 있다.

앞서 본 바와 같이 성적 자주결정권을 보호하는 현행법의 규정으로서는 일반적인 관계에서 폭행 협박을 수반하는 이른바 성폭력행위(강간, 강제추행 등)와 공중밀집장소에서의 추행 및 통신매체를 이용한 음란행위를 처벌하는 규정이 있고, 고용관계에서는 위계 및 위력에 의한 간음과 함께 위계 및 위력에 의한 추행도 처벌하는 규정이 있다(성폭력범죄의처벌및피해자보호등에관한법률 제11조 참조). 그러나 여기서 성적 괴롭힘이라고 하는 새로운 법적 개념으로써 불법행위제도에 의해 민사적인 관계에서 보호하려는 성적 자주결정의 자유는 고용관계에서 이루어지는 일체의 성적 행위를 대상으로 한다. 그러므로 그 대상에는 폭행 협박을 수반한 것이거나 위계나 위력에 의한 경우뿐 아니라 뒤에서 보는 바와 같이 여성의 인간으로서의 존엄을 공격하는 중대하고 철저한 성적 행위가 모두 포괄된다고 보아야 한다.

그러나 이러한 개인의 권리는 타인과 더불어 공동사회생활을 하는 시민의 한 사람으로서 국가 안정보장, 질서유지 또는 공공복리를 위하여 제한받게 될 뿐 아니라(헌법 제37조) 이러한 개인의 권리가 타인의 권리와 충돌하는 때에는 상호간의 권리이익이 조화적으로 해결될 수 있도록 타협과 양보를 양해하지 않으면 안 된다. 그러한 조화적 해결을 위하여 이익형량의 법리가 적용되게 됨은 물론이다.

특히 하나의 공동목적을 위하여 직장이라고 하는 공동의 장에 자신을 입장시킨 개인은 그 구체적 고용관계 내에서 스스로 개인적 자주결정권이 제한되며, 타인과의 관계에서는 타인의 행동의 자유가 반대이익으로 등장하게 됨을 인식하여야 한다. 한 직장에서 근로자의 인격권에 대한 침해가 그 침해하는 자 측에서 보아 업무수행을 위하여 필요한 것이거나 불가피한 것인 때에는 그 근로자는 그 직장을 떠나지 않으려면 또는 그가 그의 업무를 충실히 수행하려면 그 침해를 수인할 의무가 있는 경우도 있다.

(3) 행위유형 – '성적 괴롭힘' 의 법적 정의

일반적으로 보아 직장 내에서 여성의 인간의 존엄에 대한 공격은 모두 위법한 것으로 법에 의해 제재되어야 한다고 말할 수 있는데, 이러한 행위의 대부분은 이미 형사적으로 처벌되거나 불법행위가 구성되는 것으로 다루어지고 있으므로 새로이 성적 괴롭힘으로서 법적인 보호를 베풀어야 하는 것이 어떠한 행위인가를 고찰해야 할 것이다.

그 위법성의 여부를 판단함에는 당해 성적 언동의 성질이나 그것이 행해진 배경적 제 상황 등을 종합적으로 고려하여야 할 것이지만, 개별적 사례의 사실관계에서 구체적 기준이 되는 요소를 객관화 명확화 할 필요가 있다. 이를 살펴보면 다음과 같다.

첫째로 '성적 괴롭힘'은 고용관계와 관련하여 행해진 행위이어야 한다. 그 행위의 주체는 피해자에게 영향력 있는 직장의 상급자와 직원간의 관계에서 뿐 아니라 동료 간의 관계에서도 이루어질 수 있다.

둘째로 '성적 괴롭힘'은 성적 행위, 즉 불쾌한 성적 접근에 응하기를 요구하는 행위 기타 성적인 성격을 가지고 일체의 언동을 포함한다. 다양한 종류의 언동이 거론될 수 있지만, 여기서 정의되는 법적인 성적 괴롭힘은 그 성적인 성격이 노골적이고 성적인 의도가 분명히 간취될 수 있어야 한다. 교육상 또는 직업수행상의 필요에 의해 행해지는 신체적 접촉 또는 친밀감의 표시나 사회 관습상 의례적으로 이루어지는 언동은 이에 해당될 수 없다. 또 그 행위의 태양은 중대하고 철저한 것이어야 한다. 피해자의 의사에 반하여 집요하게 반복적으로 이루어지는 성적 언동이 그러한 것이다. 피해자가 당한 경미하고 사소한 사항을 불법행위로 인정하는 경우에는 그와 함께 활동하는 자의 행동의 자유를 부당히 제한하게 될 것이기 때문이다.

셋째로, '성적 괴롭힘'은 그 행위 상대방이 원하지 않은 행위이다. 원하였는가의 여부는 구체적 사례마다 피해자가 실제로 가진 심리적 태도에 의존하는 것이지만 그것만이 결정적인 것은 아니다. 그 판단에는 행위를 둘러싼 객관적인 정황을 고려하되, 현존하는 사회적 편견으로 인하여 피해자가 입게 될 심리적, 사회적 피해를 고려하여야 한다. 따라서 진지한 목적을 가진 호소나 권유는 이에 해당하지 않는다. 또 동의를 하였다고 하여 모두 원해진 행위라고 단정될 수 없다. 성적 수치심 때문에 또는 좋지 않은 소문을 미연에 막기 위하여 피해자가 적극적으로 반발의 반응을 보이지 못하는 경우가 허다하고, 동의하에 성적 호의가 이루어졌다 하더라도 계속적으로 그러한 관계가 요구되는 경우에는 그 거부로 인하여 결과될 불이익 때문에 거부할 수 없는 사정이 있을 수 있기 때문이다.

넷째로 '성적 괴롭힘'에는 고용조건이나 근로환경에 관하여 성을 이유로 한 차별적 취급이 있어야 한다. 여기에는 위와 같은 성적 행위에 대한 수용 여부에 따라 피해자의 고용관계에 대한 이익이나 불이익이 주어지는 경우(이른바 조건적 성적 괴롭힘)와 성적 행위 자체가 피해자의 근로조건을 변경하고 굴욕적인 근로환경을 조성하게 되는 경우(이른바 환경형 성적 괴롭힘)가 있을 수 있다. 전자는 성적 행위에 대한 거절로 인하여 해고나 승진거절 등 고용상의 차별적 처우를 가져오는 경우이고, 후자는 성적 행위 자체가 그 피해자로 하여금 성적 굴욕감이나 혐오감을 품게 하여 그의 업무수행이나 근로환경에 부당하고 심각한 불이익을 가져오는 경우이다. 성적 행위가 단순한 발언이나 일회적인 거동에 그치는 것으로서 피해자의 고용상의 지위나 기타 노동조건에 구체적인 불이익을 가져오지 않는 경우에는 위법성이 부인된다.

(4) 판단기준

앞서 본 바와 같이 위법성의 여부를 판단함에는 당해 성적 언동의 성질이나 그것이 행해진 배경적 제 상황 등을 종합적으로 고려하여야 할 것이다. 그러나 위에서 본 위법성의 제 요소를 판단함에 있어서 누구의 관점에 의할 것인가가 논란되고 있다. 원고 측은 주로 피해자의 입장에 있는 여성만의 독특한 경험을 고려하여야 한다고 하면서 그 판단기준으로서 피해자학의 관점에서 합리적 여성이 생각하는 바에 따를 것을 주장한다. 전문적 조사에 의하면 남자들은 장난삼아 별 생각 없이 여성에게 성적인 농담을 하거나 신체에 접촉하는 행동들을 하지만, 여성들은 무심코 던진 돌에 연못의 개구리가 죽는 것처럼 그로 인하여 심각한 피해를 느끼게 된다는 사실이 밝혀졌다고 주장한다.

살피건대 현재 우리의 사회에는 피해자의 시각보다 가해자의 시각이 우세하고, 여성에 대한 차별적 관행이 만연하고 있음을 부인할 수 없다. 남성위주의 편견이 일반화된 입장을 취한다면 여성의 체계적 경험은 무시되고 이러한 차별적 현상을 시정할 기회는 부인될 우려가 있다. 그러나 남녀 간의 관계를 투쟁적, 대립적 관계로 평가하는 여성주의적 관점만을 표준으로 삼을 수는 없고, 사회를 함께 살아가는 남녀의 관계를 공동적, 화합적 관계로 이해하는, 건전한 품위와 예의를 지닌 일반 평균인의 입장에서 이를 판단하는 것이 옳을 것이다. 그렇다면 성적 행위가 빈번하고 흔한 일이어서 일반화되어 있다는 것만으로는 정당화될 수는 없게 된다.

(5) 손해의 발생

성적 괴롭힘을 원인으로 손해배상을 구함에는 그로 인하여 피해자가 입은 손해를 주장·입증하여야 한다. 조건적 성적 괴롭힘에 있어서와 같이 해고되었다거나 또는 사직하지 않을 수 없었음을 주장·입증하는 경우에는 손해의 발생이 명백하다. 그러한 경우에는 고용계약의 효력지속을 이유로 해고시점 이후 복직시까지의 임금을 청구할 수 있고 그럼에도 전보 받지 못한 손해 예컨대 신체적, 정신적 고통에 대한 손해에 대하여는 이를 입증하여 배상을 청구할 수 있다.

그러나 그 밖에 단지 근로환경을 변경시키는 이른바 환경형의 성적 괴롭힘에 있어서는 그 자체가 피해자의 업무수행에 부당히 간섭하고, 적대적, 굴욕적 근로환경을 조성함으로써 실제상 피해자가 업무능력을 저해 당하였다거나 정신적 안정에 중대한 영향을 미친 점을 주장·입증하여야 한다. 일반적 법리에 의하더라도 위자료청구를 위해서는 단지 개인적으로 분노, 슬픔, 울화, 놀람을 경험했다는 것만으로는 충분치 않고, 그것을 넘는 중대한 정신적 고통을 받았다는 점에 관하여 주장·입증하여야 한다.

다. 소결론

이상에서 법적인 성적 괴롭힘의 개념과 그에 대한 법적 구제책에 관하여 살펴보았으나, 새로운 제도의 도입에는 그에 수반하는 부작용을 최소화하는 주의 역시 필요하다.

첫째로, 성이 인간의 발전을 이끄는 원동력이고 기본적인 에너지원이라고 하는 인식을 제쳐둔다고 하더라도, 남녀관계를 적대적인 경계의 관계로만 인식하여 그 사이에서 일어난 무의식적인 또는 경미한 실수를 모두 법적 제재의 대상으로 삼으려는 주장에는 경계하여야 한다. 그렇게 되면 남녀 간의 모든 접촉의 시도는 위축되고 모든 남녀관계가 얼어붙게 되어 활기차고 정열적인 남녀관계의 자유로움과 아름다움이 사라지게 될 우려가 있다. 그것은 남성에게 뿐 아니라 여성에게도 불행스러운 일이 될 것이다.

둘째로, 성적 괴롭힘은 일반적으로 남녀 간의 은밀하거나 사적인 공간에서 이루어지는 것이 대부분인데, 이러한 관계가 법적인 개입의 대상으로 된다는 것은 간섭 없이 자유로워야 할 사생활 등 개인의 사적인 영역이나 사인간의 관계에 증거조사 등을 위해 국가의 공권력의 개입을 부르게 된다는 점에서 주의를 요한다는 점이다. 경우에 따라서는 마음을 튼 남녀 간의 성적, 애정적 관계가 일방의 배신으로 만천하에 공개되고 그에 연루된 개인의 프라이버시가 침해되는 상황이 초래될 우려가 있다. 새로운 불법의 유형을 인정하여 불법행위제도를 운영함에 있어서 간과하여서는 안 될 점이라고 생각된다.

셋째로, 전술한 바와 같이 성에 관한 관념은 남녀 간에 상당한 편차를 보이고 있고 이러한 남녀 간의 인식차이를 시정하는 사회적, 법적 노력이 필요함은 물론이다. 그 뿐 아니라 여성의 입장에서도 원하지 않는 성적 접근을 대하였을 때 이를 명백히 표시하여야 하며, 그러한 노력이 여성의 지위를 스스로 보호할 수 있게 된다는 점을 의식하여야 한다.

3. 피고 신△휴에 대한 청구

위와 같은 입장에서 다음에서는 원고가 주장하는 바와 같이 피고 신△휴의 비위행위가 인정되는가, 인정된 사실이 과연 위법한 것으로서 불법행위를 구성하는가를 살펴보기로 한다.

가. 원고의 주장사실과 당원이 인정하는 사실

(1) 기기교육에 즈음한 신체접촉행위

① 원고의 주장

원고는, 피고 신△휴가 1992. 6. 5.경부터 2 내지 3주간 주로 오전 09 : 00부터 10 : 00까지 사이에 ○○학교 ○○동 ○○호 엔엠알기기실에서 위 기기 조작방법을 교육한다는 구실로 원고의 등 뒤에서 포옹하는 듯한 자세로 원고 앞의 컴퓨터 자판을 치면서 그의 가슴을 원고의 등에 의도적으로 접촉하고, 원고의 어깨나 등에 손을 올려놓거나 쓰다듬기도 하고, 원고가 기기를 작동하고 있을 때 옆에 있다가 교육을 한다는 구실로 원고의 팔을 손으로 잡기도 하고 의도적으로 신체의 일부분을 원고에게 접촉시키는 등의 행위를 20 내지 30차례 자행해 왔다고 주장한다.

② **인정되는 사실**

살피건대 뒤에서 적시하는 증거에 변론의 전 취지를 종합하면 다음과 같은 사실이 인정된다.

원고는 1992. 4.경 피고 신△휴로부터 엔엠알기기 담당 조교 선발을 위한 면접 및 기기조작 테스트를 받고 같은 해 5. 29.부터 위 엔엠알기기실에 출근하여 위 기기의 관리 및 조작에 관한 교육을 받는 한편 선임 조교들의 도움을 받아 실제로 시료측정을 하기도 하는 등 업무를 수행하여 오다가, 같은 해 8. 10.자로 ○○학교 총장으로부터 임기 1년의 위 엔엠알기기 담당 유급조교로서 정식 임용되었다. ○○대학원생신분의 조교가 아니라 학과의 업무와 학부과정의 전공실험실습을 담당하는 전문 사무보조원이었다.

위 엔엠알기기 담당 조교는 위 기기를 이용한 실험결과를 필요로 하는 교수 및 학생들로부터 실험의뢰를 받아 시료를 측정한 후 그 결과를 의뢰인에게 통보하여 주는 것을 그 주된 임무로 하고, 달리 특정의 학문적 연구에 종사하는 것을 그 임무로 하지는 않았다. 다만 위 엔엠알기기의 원활한 관리 및 조작을 위해서는 상당한 기간 위 기기의 작동원리와 방법 등에 관하여 교육을 받고 이를 숙지하는 것이 필요했다.

피고 신△휴는 원고가 엔엠알기기 담당 조교로서의 업무를 시작하던 초기인 같은 해 6.경에는 소외 진◇창으로 하여금 원고에 대한 기기작동의 원리 및 방법에 관한 교육을 담당하도록 지시하였고, 같은 해 7.경부터는 소외 류□영으로 하여금 위 교육을 담당하도록 하였다.(원고는 그가 위 성적 괴롭힘을 당하였다고 하는 기간 중 시종 위 피고가 직접 원고의 기술교육을 담당하였고 소외 진◇창이 원고를 교육한 것은 1992. 6.초까지였다고 하나, 원고에 대한 직접 교육은 소외 조교들이 담당하였고, 위 피고는 단지 수시로 들러 시정 또는 교정해 주었을 뿐이다.)

위 피고는 기기 전담 조교의 교육을 비롯하여 기기가 정상적으로 가동되도록 관리할 책임이 있었으므로 자주 기기실에 들러 원고와 ○○대학원생들이 작동 시에 미숙한 점이 있으면 교정하고 교육하는 일이 있었다. 기기가 소재한 장소는 비좁았고 기기를 조작하려면 키보드에 명령어를 입력하거나 40여 개에 이르는 조정버튼을 조작하여야 하므로 기기조작을 가르치거나 교정하기 위해서는 기기에 접근하지 않을 수 없었고 그 과정에서 피고는 컴퓨터 앞에 앉아 있는 기기작동자의 몸에 접촉하게 되는 일이 빈번하였다.

위 피고는 기기관리감독차 자주 공동기기실을 들렀는데, 그 중 수차례에 걸쳐 엔엠알기기 조작을 위하여 컴퓨터 앞에 앉아 있는 원고의 의자 옆 또는 뒤에 접근하여 잘못을 시정해주기 위하여 팔을 뻗쳐 원고 앞의 컴퓨터 자판을 치거나 말하는 도중에 원고의 어깨, 등 손에 피고의 손이나 팔이 접촉하게 되었다.

위 피고의 이러한 행동들이 원고로서는 불쾌하고 곤혹스러운 것이었으나 이에 대하여 명시적으로 거부의 의사를 표시한 바는 없었고(원고는 피고의 위와 같은 신체 접촉행위를 피하려고 여름에도 사무실에서 긴팔 옷을 입고 있었다고 주장하나 위 공동기기실은 기기의 정상작동을 위하여 냉방이 가동되고 있었고 원고의 전임 조교들도 긴팔 옷을 입고 근무하였다), 다만 원고가 차츰 기기조작에 익숙해지고 교육의 필요가 적어지면서 위 피고의 위와 같은 행동들도 계속되지 않았다.

(2) 기타 성적 행위

원고는, 피고 신△휴는 1992. 6.경부터 8.경까지 사이에 ○○학교 ○○동 ○○호 앞 복도 등에서 원고와 마주칠 때면 의도적으로 원고의 등에 손을 대거나 어깨를 잡는 경우가 많았고, 같은 해 8.경에는 ○○동 ○○호실 실험실에서 "요즘 누가 시골 처녀처럼 이렇게 머리를 땋고 다니느냐,"고 말하면서 원고의 머리를 만지기도 하고, 원고가 정식 임용된 동년 8. 10.경 단둘이서 입방식을 하자고 제의하기도 하고, 같은 무렵 23동 4층 교수 연구실에서 원고를 심부름 기타 명목으로 수시로 불러들여 위아래로 훑어보면서 몸매를 감상하는 듯 한 태도를 취하기도 하였다고 주장한다.

살피건대 뒤에서 당원이 채용하는 증거와 변론의 전 취지를 종합하면 대체로 원고 주장과 같은 피고의 언동이 인정되나, 그 언동은 뒤에서 보는 바와 같이 성적 괴롭힘에까지 이르는 심하고 철저한 것은 아니었다.

(3) 산책제의 등의 행위

원고는, 피고 신△휴가 1992. 10.경 자신이 사용하던 의자가 두 동강이 나서 이를 고치러 간다는 명목으로 원고에게 교내 목공소까지 동행을 요구하여 함께 목공소로 가던 중 원고에게 관악산에는 조용한 산책길이 많은데 점심 먹고 함께 산책을 가자고 제의하면서 옷차림이 불편하면 피고의 연구실에 청바지랑 운동화랑 가져다 놓고 갈아입으면 된다는 취지의 얘기를 하였고, 이에 원고가 그 자리에서 명확하게 싫다고 거절의 뜻을 표시하자 위 피고는 당황한 듯 한 표정을 지었고, 이후 원고에 대한 태도가 돌변하였다고 주장한다.

살피건대, 원고가 그 주장에 부합하는 증거로서 제시하는 증거들은 뒤에서 배척하는 바와 같이 대부분 원고 자신의 진술이나 원고의 진술을 전문한 일방적 증거들일 뿐 아니라 을 제21호증(진술서)의 기재에 의하면 위 피고가 사용하는 의자에는 두 동강이 나서 수리를 받은 흔적이 없고 위 피고와 원고가 함께 수리를 위하여 목공소에 들린 일도 없는 점, 교수의 지위에 있는 위 피고가 의자의 고장을 수리하기 위해 스스로 이를 들고서 목공소까지 갔다는 것은 경험칙상 믿기 어려운 점 등에 비추어 보면 원고의 위 증거들은 선뜻 이를 믿기 어렵고 달리 이를 인정할 만한 증거도 없다.

(4) 원고에 관한 성적 추문의 존부

원고는 피고 신△휴의 위와 같은 언동이 성적 괴롭힘을 구성한다는 점을 뒷받침하기 위한 증빙사실로서 위 피고가 전임 조교 소외 안♡녀과 직원이었던 소외 이◎련에 대하여도 기기교육을 빙자한 신체접촉행위와 산책동행을 요구하는 등 성적 접근을 시도하였고, 그 밖에 제자인 소외 권▣주, 소외 정◈숙과의 사이에서도 불미스런 추문이 있었다는 취지로 주장한다. 살피건대 원고의 위 주장사실은 그 자체로부터 보아 위 피고와 소외인들 간의 극히 내밀한 사생활을 이루는 성적인 관계를 내용으로 하고 있음이 명백하다. 그리고 위와 같은 성적 추문이 진실이라 하더라도 위 사실은 내밀한 성적 영역이 비밀을 보장받을 권리가 있는 소외인들의 동의가 명백히 제시되지 않는 한, 또는 그들간의 성적 관계가 범죄로 되어 공식적인 제재를 받게 된 사정이 나타나지 않는 한 원고와 위 피고간의 사법적 관계를 다루는 당원이 그 존재 여부에 대하여 조사하거나 개입함에는 신중을 기하여야 할 것인바, 원고가 위 주장사실을 뒷받침하기 위하여 제시하는 증거 중 소외 안♡녀 및 이◎련의 진정서(갑 제6호증의 2 및 제8호증) 등은 위 소외인들이 날인하였다고는 하나 모두 원고 자신이 작성하여 제출한 것으로서 변론의 전 취지에 비추어보면 원고의 의도적인 기술이 가미된 것이어서 그 기재 전부를 사실로 받아들일 수 없고, 그 밖에 소외 권▣주 및 정◈숙과의 관계는 단순한 소문에 불과하여 원고의 주장사실을 선불리 인정할 수도 없다.

(5) 원고에 대한 업무간섭 및 보복해고 여부

① 원고의 주장

원고는 피고 신△휴가 1992. 10.경 산책제의를 하였다가 원고로부터 명시적인 거부를 당하자 종래의 호의적인 태도에서 돌변하여 업무상 부당한 간섭과 불리한 조치로서 정상적인 업무처리를 방해하다가 결국에는 원고에 대한 재임용추천을 거부하고 사실상 해임하였다고 주장한다.

② 원고의 근무태도와 피고의 감독상 조치

살피건대 뒤에서 당원이 믿는 증거에 변론의 전 취지를 종합하면 다음과 같은 사실이 인정되고 뒤에서 설시하는 당원이 믿지 않는 증거 이외에는 다른 반증이 없다.

원고가 담당하는 엔엠알기기는 종래부터 학생들이 위 기기를 직접 사용하여 시료측정을 하는 것은 제한되어 왔고 원칙적으로 위 기기 담당 조교가 학생들의 신청을 받아 시료 측정을 하여 주도록 하되, 다만 피고 신△휴 실험실 ○○대학원생들의 경우에는 예외적으로 위 기기 담당 조교를 거치지 않고 직접 위 기기를 사용하여 시료측정을 하는 것이 허용되어 왔다.

그런데 원고가 위 엔엠알기기 담당 조교로서 근무를 시작한 이래 변리사시험을 준비 중이었던 원고의 근무태도와 관련하여 위 기기를 ○○대학원생들로부터 원고가 평소에 제자리를 잘 지키지 않으며 측정 의뢰를 해도 제때에 스펙트럼을 찍어주지 않는다는 등의 불만이 있어 왔다. 원고가 정상 근무한 1992. 10.부터 1993. 5.까지 시료처리량은 106개 내재 200개였는데, 가장 많은 작업을 한 달에도 하루처리량은 8개에 불과하여 실질적 근무시간은 3시간가량에 불과하였음에도 학과에서 의뢰된 시료처리를 원고가 2-3일간 ○○대학원생들로부터 불만을 사게 되었다.

특히 원고와 위 기기를 공동으로 ○○대학원생들과의 사이에는 위 기기의 사용시간 등의 문제로 충돌이 잦았고, 실험실 선임자와 기기 사용문제로 언쟁을 벌리는 등 인화관계에 문제를 드러내었고 화학과에서 위 피고의 지도 아래 박사 과정을 이수한 소외 류□영과 한 패가 되어 소외 채▲근을 ○○대학원생들과 대립하였기 때문에 이들의 감정대립으로 인하여 실험실의 연구 분위기는 저해되었다.

1993. 3.경에 이르러 피고 신△휴 ○○대학원생들이 늘어나고 다른 실험실에 있던 동종의 엔엠알기기가 고장으로 가동이 중단되어 원고가 담당하던 엔엠알기기의 사용량이 증가하면서 위와 같은 불만과 갈등은 더욱 증폭되었다. 이에 위 피고는 위 기기사용을 둘러싼 위와 같은 분쟁의 원인이 원고의 근무태만과 독선적인 기기운영에 있다고 판단하고 원고에서 위 엔엠알기기의 사용에 있어서 위 피고 지도하에 ○○대학원생들도 배려하고 그들과 원만히 지낼 것을 지시하였다. 아울러 위 피고는 종전에 원고의 편의를 ○○대학원생들과 함께 지낼 수 있도록 ○○동 ○○호 실험실에 제공되었던 책상의 사용을 금지하고 원래 원고의 근무위치인 ○○동 ○○호 엔엠알기기실에서 근무하도록 지시하였다.

위 피고의 이러한 조치들에도 불구하고 원고의 엔엠알기기 운영을 둘러싼 화학과 내에서의 불만과 갈등은 수그러들지 않았다. 이러한 다툼은 전임자 근무시에는 없었던 일이다.

또 1993. 5.경에는 화학과 유기공동기기실에 새로운 실험기기를 설치함에 있어서 당시 위 피고는 예산절감을 ○○대학원생들과 함께 직접 위 공사에 참여하여 기기설치대 교체작업과 냉동기 설치작업 등을 2주간 가량 계속하였는데, 원고는 위 작업이 계속되는 동안 위 공동기기실의 업무가 자신의 업무와는 무관함을 이유로 수수방관하고 전혀 협조를 하지 않았고 이 때문에 위 피고로부터 책망을 들은 사실이 있었다.

③ 원고의 재임용탈락

앞서 인정한 바와 같이 원고는 ○○학교 ○○대학 화학과에 유급조교의 형태로 취업하게 되었고, 실제로는 1992. 5. 29.부터 위 기기조작을 위한 교육을 받아오다가 동년 8. 10. 정식으로 임용되었는데 그 임용기간은 임용규정상 1년간으로 예정되어 있었다. 교육공무원임용령(대통령령 제4303호) 제5조 제2항 및 제3항에서 정한 1년간의 임용시한에 따라 원고는 1993. 8. 31. 자동면직되게 되었다.

교육공무원임용령(대통령령 제4303호) 및 ○○학교 전임교수 및 조교임용규정(제849호)에 의하여 유급조교의 임용은 해당 학과의 학과장이 학과 내에 공고하거나 학과 교수의 추천을 받아 교수회의의 동의를 얻어 학장에게 ○○대학 인사위원회의 심의를 거쳐 총장이 임용도록 되어 있고, 임용기간이 만료된 조교는 자동면직되나 필요한 경우에 한하여 학과장이 학과교수회의의 동의를 얻어 재추천할 수 있게 되어 있다.

이와 같이 엔엠알기기 유급조교는 1년을 임기로 하여 임용되고 달리 재임용을 받지 못하면 위 임기만료와 함께 자동으로 퇴직하게 되는데, 지난 10년 동안 ○○학교 화학과 소속 유급조교로 임용되었던 65명의 경우 그 임용기간은 대부분 1년이었고 1년 6개월 이상 근무한 자는 2명에 불과하였다. 원고로서도 재임용을 받기 ○○학교당국으로부터 그 능력이나 업무수행실적을 인정받는 등의 특별한 사정이 있어야 가능했던 것이고 그렇지 않다면 임기만료와 동시에 자동 퇴직할 수밖에 없었다.

그런데 앞에서 본 바와 같이 원고의 근무태도로 인한 불만과 갈등 때문에 위 피고는 원고의 재임용을 추천하지 않았으며, 1993. 6. 15. 화학과 교수회의에서는 원고를 재임용하지 아니하고 새로이 후임조교를 임용하기로 결정되자, 같은 해 6. 25. 위 피고는 원고에게 교수회의의 결정사항을 전달하고, 후임조교의 업무교육이 시작되므로 더 이상 출근할 필요가 없으며, 엔엠알기기도 더 이상의 사용을 중지할 것을 지시하였다.

(6) 그 후 제소에 이르기까지의 사정

재임용을 바랐던 원고는 피고 신△휴로부터 출근을 그만두라는 통고를 받은 직후 강력하게 반발하였고, 1993. 7. 2. 위 피고의 일방적이고도 갑작스런 해임조치가 부당하다는 내용의 서신 및 탄원서를 작성하여 위 피고와 화학과 소속 조교 및 대학원생들에게 배포하고, 같은 해 7. 8.에는 ○○학교 총장 및 화학과장 앞으로 재임용하여 줄 것을 요구하는 소원장을 제출하였다. 이어 원고는 7. 10. 과 7. 12. 학과 교수인 소외 이▼과 학과장 소외 최☆언에게 위 피고가 전임자인 소외 안♡녀을 성추행했다는 안♡녀의 진정서를 보이면서 원고의 재임용을 강력히 요구하였다. 그러나 화학과 교수들은 위 피고의 성적 괴롭힘 문제와 원고와 재임용문제는 별개의 문제라는 인식 아래 원고의 요청을 받아들이지 아니하였다.

원고는 다시 같은 해 7. 15. 위 피고에게 원고를 조교로 재추천할 수 없는 이유를 서면으로 통지해 줄 것을 요구하고 만일 답변이 없을 경우 대자보를 게시하여 조교의 임용에서 해임에 이르기까지의 전 과정을 폭로하겠다는 내용의 통고서를 우송하였다. 원고는 이어 같은 해 7. 23. ○○학교 총장 피고 김종운 앞으로 원고의 재임용을 거부하는 것은 부당하다는 내용의 탄원서를 우편으로 발송하고, 다시 7. 27.에는 총장에게 피고 신△휴가 엔엠알기기 교육을 빙자하여 원고의 등을 어루만지고 쓰다듬는 등 추행을 하고 함께 산책을 할 것을 요구하는 등 성적 접근을 시도하였으며 원고가 이를 거절하자 이에 대한 보복으로 업무수행을 무시하는 태도로 일관하더니 결국 출근을 중지시키고 재임용을 거부하였다는 내용의 진정서와 함께 이에 덧붙여 전임조교인 소외 안♡녀 역시 근무기간 동안 위 피고로부터 성추행을 당했다는 내용의 안♡녀 명의의 진정서(위 진정서는 위 안♡녀의 이야기를 듣고 원고가 작성한 것이었는데, 안♡녀은 자기 명의의 위 진정서를 원고가 사용하는데 동의하지 않았다)를 동봉하여 제출하였다.

학교당국을 상대로 한 위와 같은 호소가 아무 성과 없음을 알게 된 원고는 소외 류ㅁ영의 도움을 받아 학생회와 여성단체에 호소하기로 마음먹고 그가 작성한 진정서와 위 소외 안♡녀의 진정서를 보이며 억울함을 호소하였다.

학생회는 원고가 제출한 진정서 사본을 검토하고 원고를 만나 그 진술을 들은 후 같은 해 8. 24.에는 위 피고가 성적 접근을 거절한 조교에 대한 보복으로 재임용을 거부하였다는 내용과 함께 위 피고와 전임 여조교 등과의 추문을 공개하는 내용의 대자보를 게시하였다. 이어 계속 게시된 대자보에는 피고가 공금을 횡령하고 제자의 논문을 도용하여 연구비를 신청하였다는 사실이 공개되었고 피고는 파렴치한 교수로 매도되었다(위 류ㅁ영은 위 피고의 공금횡령사실과 논문도용사실에 관하여 국회 문공위와 감사원에 투서하였으나 조사결과 허위로 판명되었다.) 위 대자보게시에 즈음하여 ○○학교에는 위 피고가 이혼하고 두 번째 부인과 산다느니 별거중이라느니 하는 등의 소문이 유포되고 있었다.(이 소문은 모두 허위로 밝혀졌다.)

원고가 위 진정서를 대자보로 공개한 시점을 시작으로 언론매체는 이를 교수의 여조교에 대한 성추행사건으로 대대적으로 보도하기 시작하였다. 그와 동시에 ○○학교 총학생회와 학생연합단체들은 위 사건을 쟁점화하기 위해 "서울대 조교 성희롱사건 공동대책위원회"를 ○○대학원 자치회 협의회의 진상조사를 거친 후(그 조사과정에서 원고를 제외한 4인의 피해여성 중 소외 이◎련을 제외하고는 직접 만나 조사한 일이 없고 원고의 주장이 그대로 받아들여졌다), 이어 "서울대 대책위신문"등 수많은 유인물을 제작 배포하거나 대자보를 게시하면서 원고의 일방적 주장을 확인된 사실인 것처럼 공표하였고, 피고 신△남의 실명이 쓰여진 현수막을 걸거나 연극제와 서명운동을 벌이며 위 ○○학교당국을 비난하면서 학생집회와 시위를 계속하였다. 그 과정에서 위 피고의 해명은 무시되고 위 피고의 전직 여조교들과의 불미스런 풍문을 앞세운 원고 측의 일방적 주장만 채용되었다. 심지어 위 운동에 가담한 학생들은 위 피고의 강의실에 몰려와 신△휴의 퇴진을 요구하며 강의를 방해하였고, 1994학년도 입학식에서는 성희롱교수에게서는 절대로 수업을 받을 수 없다는 취지로 시위하였다.

원고는 1993. 7. 8. 한국성폭력상담소에 전화상담을 하였고, 같은 해 8. 26. '여성의 전화'라는 여성단체를 방문하여 대응방법을 조언 받은 적이 있었는데, 같은 해 9. 10.을 전후하여 한국여성단체연합은 소위 '서울대 성추행사건'을 여성권익옹호라는 차원에서 서울대총학생회와 '공동대책위원회'를 구성하여 원고를 적극적으로 지원하기로 하였다. 원고는 같은 해 10. 18. 드디어 피고 신△휴를 상대로 이 사건 소송을 제기하기에 이르렀다.

(7) 증 거[중략]

나. 인정되는 원고의 주장사실에 대한 판단

원고의 주장을 종합하여 보면 원고는 그가 조교로서 근무하던 기간 중에 피고 신△휴로부터 성적 괴롭힘을 받고 그에 불응함으로써 위 피고로부터 보복해고를 당하게 되었으므로 위 피고의 위 불법행위로 인하여 원고가 입은 손해의 배상을 구한다고 주장한다. 원고의 위 주장에는 조건적 성적 괴롭힘과 환경형의 성적 괴롭힘으로 인한 불법행위를 아울러 주장하는 것으로 보이므로 먼저 위 피고의 성적 괴롭힘이 있었고 그것을 거부하였음으로 인하여 위 피고가 원고의 재임용추천을 않고 결국 보복적으로 해고하게 되었는가의 여부에 관하여 보고, 다음에 위 피고가 원고에게 행한 위와 같은 언동이 법적으로 성적 괴롭힘으로서 위법성이 인정되는가에 관하여 살펴본다.

(1) 조건적 성적 괴롭힘의 성부

먼저 이 사건에서 원고가 피고 신△휴의 성적 접근을 거부한 것 때문에 위 피고는 그 앙갚음으로 원고의 업무에 관하여 부당히 간섭하고 차별적으로 처우하다가 결국에는 재임용추천을 하지 않음으로써 해고한 것인가에 관하여 살펴보기로 한다.

위 피고는 화학과의 엔엠알기기의 총책임자로서 그 밑에서 위 기기의 조작과 관리를 담당한 업무보조자였던 원고에게 업무상 여러 지시를 할 권한을 보유한다고 할 것인데, 원고가 부당한 위 피고의 차별적 처우였다고 주장하는 대부분의 사실은 앞서 인정한 바와 같이 피고의 업무지시권의 재량범위 내에 드는 사항이었을 뿐 그것이 설사 원고에게 부담이 되고 마음에 들지 않는 일이었다고 하더라도 그러한 이유만으로 차별대우였다고 볼 수 없다.

나아가 재임용거부에 관하여 보면, 앞서 인정한 바와 같이 원래부터 1년 기한부로 임용된 원고의 임용관계는 그 기간이 경과함으로써 당연히 종료되고, 원고가 재임용을 계속 받아 왔다든가 또는 재임용이 확실하게 관례화되어 있다고 하는 사정이 보이지 않는 이 사건에서 원고는 해고당하였다고 할 수 없을 뿐 아니라 위 피고가 원고의 재임용추천을 하지 않은 것도 앞서 본 바와 같이 과의 ㅇㅇ대학원생들이 모두 원고의 불성실한 근무태도를 불만스럽게 생각하였기 때문이었을 뿐 그것이 보복으로 인한 것이었다고는 볼 수 없으므로 이 부분 원고의 주장은 받아들일 수 없다.(원고는 위 피고에게 실질적 임용권이 있다고 주장하나, 위 피고가 실제로 원고를 면접하고 테스트를 했으며 출근중지지시를 내렸다고 하더라도 그것은 위 피고가 위 기기의 총책임자로서 그 기기를 조작관리 할 업무담당자의 선택과 업무지시에 관한 사실행위를 수행한 것일 뿐 위 피고에게 법적인 임용권이 있다고 볼 수 없으나, 여하튼 원고의 임용기간이 만료되어 재임용되지 않은 경위가 위에서 인정한 바와 같다면 원고의 위 주장은 의미를 갖지 못한다.)

(2) 환경형 성적 괴롭힘의 성부

다음 피고 신△휴의 위와 같은 언동이 원고에 대하여 이른바 적대적 근무환경을 조성했는가에 관하여 보건대, 이른바 환경형의 성적 괴롭힘은 전술한 바와 같이 그 행위로 인하여 원고에게 정신적 고통을 가하는 심하고 철저한 행위임을 요하고, 그것은 원고 개인뿐 아니라 합리적으로 사고하는 통상의 여성에 대하여도 일할 능력을 저해하거나 정신적 건강에 심각한 영향을 준다고 입증이 있어야 한다 할 것이다. 원고가 성적 괴롭힘으로서 주장하는 위 피고의 언동 가운데 앞서 당원이 인정하는 사실은 위에서 설시한 바와 같이 대부분 업무수행상 우연히 또는 의도적으로 빚어진 수차례의 가벼운 신체접촉행위이거나, 다소 짓궂지만 노골적으로 성적인 것은 아닌 농담 또는 호의적이고 권유적인 언동에 불과하였고, 설사 위 피고에게 성적 접근의 의도가 있었다 하더라도 그 행위의 악성은 경미한 것이어서 그것이 원고의 근무환경을 변경하여 성적인 모멸감을 가져오고 굴욕적인 근무환경을 조성한 것이라고 볼 수는 없다.(당원이 믿는 증인 강△건의 증언에 의하면 1993. 8. 중순경 원고와 소외 류ㅁ영, 김☆성, 강△건이 회합한 자리에서 제소시 승소가능성 여부에 관하여 조언을 요청하는 원고에게 강△건이 성적 괴롭힘을 당하였는가라고 묻자 원고는 위 피고의 전임조교들에 대한 행적을 전해 들어 틈을 주지 않았기 때문에 당한 일은 없고 단지 1년 더 근무하고 싶기 때문에 소송을 제기하려는 것뿐이라고 말한 사실이 인정된다.)

그렇다면 결국 원고의 피고 신△휴에 대한 이 사건 청구는 모두 이유 없음에 귀착한다.

4. 피고 김종운 및 피고 대한민국에 대한 청구에 대한 판단

먼저 원고는 피고 김종운에 대한 이 사건 청구원인으로서 피고 김종운은 피고 대한민국의 대리감독자로서 피고 신△휴에게 이 사건 기기와 관련하여 학과내규에 배치되는 과도한 권한을 부여하고 기기조작 관련 조교들에 관하여 실질적 임면권을 행사하도록 하는 권한을 인정하여 왔는데, 피고 신△휴의 원고에 대한 성적 괴롭힘은 결국 그의 사무수행과 관련하여 이러한 과도한 권한의 행사과정에서 행해진 것이고 피고 김종운은 피고 신△휴의 원고에 대한 불법행위를 충분히 예견할 수 있었고 이를 회피해야 할 의무가 있음에도 이에 대해 적절히 지도 감독할 의무를 게을리 한 과실이 있고, 나아가 피고 신△휴의 불법행위 내지 보복행위를 방치하고 사후에 은폐하려한 것에 대하여도 책임이 있다고 주장한다.

다음 원고의 피고 대한민국에 대한 이 사건 청구원인의 요지는 첫째로 그 피용자인 피고 신△휴와 피고 김종운의 사용자로서 그들의 불법행위로 인하여 원고가 입은 손해의 배상을 구하고, 둘째로 원고와 피고 대한민국 간의 고용계약을 근거로 그 계약의 당사자로서 피용자인 원고의 노동수행과 관련하여 원고의 인격적 존엄을 침해하거나 그 노무제공에 중대한 지장을 초래하는 사유가 발생하는 것을 방지하고 원고가 일하기 좋은 직장환경이 되도록 배려하고 성차별이 일어나지 않도록 하여야 할, 안전배려의무에 유사한 의무가 있음에도 그러한 의무에 위반하여 피고 신△휴의 위와 같은 성적 괴롭힘을 방지하지 못하였으니 그로 인하여 원고가 입은 손해를 배상하여야 한다는 취지로 주장한다.

살피건대 피고 김종운과 피고 대한민국에 대한 원고의 이 사건 청구는 어느 것이나 피고 신△휴의 불법행위가 성립함을 전제로 한다 할 것인데, 앞서 본 바와 같이 당원은 원고의 피고 신△휴에 대한 청구를 배척하는 바이므로 피고 김종운 및 대한민국에 대한 청구는 나머지 주장사실에 대한 판단을 기다릴 것 없이 이유 없다고 할 것이다.

5. 결론

가. 이 사건의 의미

이 사건은 위에서 인정한 바와 ○○대학에서 연구와 교수를 담당하는 피고 신△휴와 그의 감독을 받은 특수기기의 조작을 담당하면서 위 피고의 업무를 보조한 원고 사이에서 일어난 일련의 사건을 내용으로 하고 있는데, 거기에는 직장 내에서 남녀 간의 관계에서 일어난 갈등(그것은 대외적으로 나타나지 않은 은밀한 성질의 것이었다)과 근로관계의 해소에 대한 법적인 불만이 주요한 요소로 개재되고 있음을 알 수 있다. 그리고 가해자와 피해자라고 지칭된 원·피고 간의 나이차, 상사와 근로자의 관계, 남녀관계에서의 성적인 인식의 차이가 주요 배경으로 되고 있다는 점에서 이 사건은 현대를 사는 우리 사회에서 세대간, 성간, 계층 간의 의식차이를 노정한 사건이라고 할 수 있다. 이러한 갈등은 화합적인 남녀평등을 지향하는 새로운 가치관에 의해 조화롭게 해결되어야 할 것이다.

금세기 후반에 들어 사회·경제적으로 급격한 산업화와 현대화를 실현한 우리 사회에서는 그와 동시에 문화적 변화와 함께 세대 간의 가치관 변화가 현격하게 나타나고 있다. 이제는 우리 사회도 경제적으로 안정된 기반 위에서 보다 많은 개인적 자유와 보다 나은 삶의 질을 추구하는 경향을 보이고 있으며, 그에 따라 여성의 자아실현을 위한 노력이 일반화함과 함께 여성의 역할신장에 의해 여성취업이 일반화하고 있음을 볼 수 있다. 이러한 시대적 상황 속에서는 여성이라는 이유만으로 희롱이나 괴롭힘의 대상으로 되는 것을 방치할 수는 없고 여성도 사회의 일원으로서 대우받을 수 있어야 한다. 특히 남녀공동의 직장을 관리하는 사업자나 고용주는 직장에 만연하고 있는 성적 괴롭힘의 경향을 시정하는 노력을 게을리 하여서는 안 될 것이다.

이 사건에서 비록 원고의 청구는 인용되지 못하였지만, 이 사건은 우리 사회에 성적 괴롭힘에 관한 경각심을 불러일으키는 계기가 되었고, 차후 '성적 괴롭힘'은 단순한 사회 운동차원을 넘어선 법적 구제제도로서 인식되게 되었다는 점에서 이 사건이 우리 사회에 대하여 갖는 의미는 막중하다고 아니 할 수 없다.

나. 이 사건의 결론

앞서 본 바와 같이 원고의 피고들에 대한 이 사건 청구는 모두 이유 없으므로 기각됨이 마땅하다. 그러나 원심판결은 이와 일부 결론을 달리하고 있어 부당하므로 당원은 피고 신△휴의 항소를 받아들여 원심판결 중 위 피고에게 금원의 지급을 명한 위 피고의 패소 부분을 취소하고, 위 취소부분에 해당하는 원고의 청구를 기각하며, 원고의 피고들에 대한 항소는 이유 없으므로 이를 모두 기각하기로 한다(원심판결 중 원고의 피고 대한민국에 대한 불법행위책임에 기한 손해배상청구에 관하여 각하한 부분은 전치요건이 구비되게 된 당심 변론종결시점에서는 결국 부당하게 되었다고 할 수 있으나 이 부분에 관하여는 원고만이 항소를 하였으므로 그에게 불리하게 변경하지 않고 원고의 항소를 기각하는데 그친다). 소송비용은 1, 2심 모두 패소자인 원고에게 부담시키기로 한다. 이상의 이유로 주문과 같이 판결한다.

(1-2) 대법원 1998. 2. 10. 선고 95다39533 판결

【원고, 상고인】 우○정

【피고, 피상고인】 신○휴 외 2인

【원심판결】 서울고등법원 1995. 7. 25. 선고 94나15358 판결

【주 문】 원심판결 중 피고 신○휴에 관한 부분을 파기하고, 이 부분 사건을 서울고등법원에 환송한다.

원고의 피고 김종운, 대한민국에 대한 상고를 모두 기각하고 상고기각 부분에 관한 상고비용은 원고의 부담으로 한다.

【이 유】

1. 원고의 주장 사실 및 원심의 인정 사실 가. 기기교육에 즈음한 신체접촉행위에 관하여 원심판결 이유에 의하면, 원심은, 원고의 다음과 같은 주장 즉, 피고 신○휴가 1992. 6. 5.경부터 2, 3주간 주로 오전 09:00부터 10:00까지 사이에 ○○학교 ○○동 ○○호 엔엠알(NMR)기기실에서 위 기기조작 방법을 교육한다는 구실로 원고의 등 뒤에서 포옹하는 듯한 자세로 원고 앞의 컴퓨터 자판을 치면서 그의 가슴을 원고의 등에 의도적으로 접촉하고, 원고의 어깨나 등에 손을 올려놓거나 쓰다듬기도 하고, 원고가 기기를 작동하고 있을 때 옆에 있다가 교육을 한다는 구실로 원고의 팔을 손으로 잡기도 하고 의도적으로 신체의 일부분을 원고에게 접촉시키는 등의 행위를 20 내지 30차례 자행하였다는 원고의 주장에 대하여, 거시 증거에 의하여, (1) 원고는 1992. 4.경 피고 신○휴로부터 화합물분석기의 일종인 엔엠알기기 담당 조교 선발을 위한 면접 및 기기조작 테스트를 받고 같은 해 5. 29.부터 위 엔엠알기기실에 출근하여 위 기기의 관리 및 조작에 관한 교육을 받는 한편 선임 조교들의 도움을 받아 실제로 시료측정을 하기도 하는 등 업무를 수행하여 오다가, 같은 해 8. 10.자로 ○○학교 총장으로부터 임기 1년의 위 엔엠알기기 담당 유급조교로서 정식 임용된 사실, (2) ○○대학원생 신분의 조교가 아니라 학과의 업무와 학부 과정의 전공실험실습을 담당하는 전문 사무보조원으로서 위 기기를 이용한 실험 결과를 필요로 하는 교수 및 학생들로부터 실험 의뢰를 받아 시료를 측정한 후 그 결과를 의뢰인에게 통보하여 주는 것을 그 주된

임무로 하고, 달리 특정의 학문적 연구에 종사하는 것을 그 임무로 하지는 않았던 사실, (3) 다만, 위 엔엠알기기의 원활한 관리 및 조작을 위해서는 상당한 기간 위 기기의 작동 원리와 방법 등에 관하여 교육을 받고 이를 숙지하는 것이 필요하였는데, 피고 신○휴는 원고가 엔엠알기기 담당 조교로서의 업무를 시작하던 초기인 같은 해 6.경에는 소외 진의창으로 하여금 원고에 대한 기기작동의 원리 및 방법에 관한 교육을 담당하도록 지시하였고, 같은 해 7.경부터는 소외 류권영으로 하여금 위 교육을 담당하도록 한 사실(원고는 그가 위 성적 괴롭힘을 당하였다고 하는 기간 중 시종 위 피고가 직접 원고의 기술교육을 담당하였고 소외 진의창이 원고를 교육한 것은 1992. 6. 초까지였다고 하나, 원고에 대한 직접 교육은 소외 조교들이 담당하였고, 위 피고는 단지 수시로 들러 시정 또는 교정해 주었을 뿐이다.), (4) 위 피고는 기기전담조교의 교육을 비롯하여 기기가 정상적으로 가동되도록 관리할 책임이 있었으므로 자주 기기실에 들러 원고와 ○○대학원생들이 작동 시에 미숙한 점이 있으면 교정하고 교육하는 일이 있었는데, 기기가 소재한 장소는 비좁았고 기기를 조작하려면 키보드에 명령어를 입력하거나 40여 개에 이르는 조정버튼을 조작하여야 하므로 기기조작을 가르치거나 교정하기 위해서는 기기에 접근하지 않을 수 없었고 그 과정에서 위 피고는 컴퓨터 앞에 앉아 있는 기기작동자의 몸에 접촉하게 되는 일이 빈번하였던 사실, 위 피고는 기기관리 감독차 자주 공동기기실을 들렀는데, 그 중 수차례에 걸쳐 엔엠알기기 조작을 위하여 컴퓨터 앞에 앉아 있는 원고의 의자 옆 또는 뒤에 접근하여 잘못을 시정해주기 위하여 팔을 뻗쳐 원고 앞의 컴퓨터 자판을 치거나 말하는 도중에 원고의 어깨, 등, 손에 위 피고의 손이나 팔이 접촉하게 되었던 사실, (5) 위 피고의 이러한 행동들이 원고로서는 불쾌하고 곤혹스러운 것이었으나 이에 대하여 명시적으로 거부의 의사를 표시한 바는 없었고(원고는 위 피고의 위와 같은 신체접촉행위를 피하려고 여름에도 사무실에서 긴팔 옷을 입고 있었다고 주장하나, 위 공동기기실은 기기의 정상 작동을 위하여 냉방이 가동되고 있었고 원고의 전임 조교들도 긴팔 옷을 입고 근무하였다.), 다만 원고가 차츰 기기조작에 익숙해지고 교육의 필요가 적어지면서 위 피고의 위와 같은 행동들도 계속되지 아니한 사실을 인정하여, 대체적으로 원고의 주장 사실을 배척하였다.

나. 기타 성적 행위에 관하여 원심은 피고 신○휴가 1992. 6.경부터 8.경까지 사이에 ○○학교 ○○동 ○○호 앞 복도 등에서 원고와 마주칠 때면 의도적으로 원고의 등에 손을 대거나 어깨를 잡는 경우가 많았고, 같은 해 8.경에는 ○○동 ○○호실 실험실에서 "요즘 누가 시골 처녀처럼 이렇게 머리를 땋고 다니느냐."고 말하면서 원고의 머리를 만지기도 하고, 원고가 정식 임용된 동년 8. 10.경 단둘이서 입방식을 하자고 제의하기도 하고, 같은 무렵 23동 4층 교수연구실에서 원고를 심부름 기타 명목으로 수시로 불러들여 위아래로 훑어보면서 몸매를 감상하는 듯한 태도를 취하기도 하였다는 원고의 주장에 대하여, 대체로 원고의 주장과 같은 위 피고의 언동은 인정된다고 판시하였다.

다. 산책 제의 등의 행위에 관하여 원심은 피고 신○휴가 1992. 10.경 자신이 사용하던 의자가 두 동강이 나서 이를 고치러 간다는 명목으로 원고에게 교내 목공소까지 동행을 요구하여 함께 목공소로 가던 중 원고에게 관악산에는 조용한 산책길이 많은데 점심 먹고 함께 산책을 가자고 제의하면서 옷차림이 불편하면 피고의 연구실에 청바지랑 운동화랑 가져다 놓고 갈아입으면 된다는 취지의 얘기를 하였고, 이에 원고가 그 자리에서 명확하게 싫다고 거절의 뜻을 표시하자 위 피고는 당황한 듯한 표정을 지었고, 이후 원고에 대한 태도가 돌변하였다는 원고의 주장에 대하여는, 판시와 같이 믿지 아니하는 증거 외에 달리 이를 인정할 증거가 없다는 이유로 이를 배척하였다.

라. 피고에 관한 성적 추문의 존부에 관하여 원심은 피고 신○휴가 전임 조교 소외 안미정과 직원이었던 소외 이상련에 대하여도 기기교육을 빙자한 신체접촉행위와 산책 동행을 요구하는 등 성적 접근을 시도하였고, 그 밖에 제자인 소외 권은주, 정태숙과의 사이에서도 불미스런 추문이 있었다는 취지의 원고의 주장에 대하여, 판시와 같은 이유로 이를 배척하였다.

마. 원고에 대한 업무간섭 및 보복해고 여부에 관하여 원심판결 이유에 의하면, 원심은 원고의 다음과 같은 주장 즉, 피고 신○휴가 1992. 10.경 산책 제의를 하였다가 원고로부터 명시적인 거부를 당하자 종래의 호의적인 태도에서 돌변하여 업무상 부당한 간섭과 불리한 조치로서 정상적인 업무처리를 방해하다가 결국에는 원고에 대한 재임용추천을 거부하고 사실상 해임하였다는 주장에 대하여, 거시 증거에 의하여 (1) 원고가 담당하는 엔엠알기기는 종래부터 학생들이 위 기기를 직접 사용하여 시료측정을 하는 것은 제한되어 왔고 원칙적으로 위 기기 담당 조교가 학생들의 신청을 받아 시료측정을 하여 주도록 하되, 다만 피고 신○휴 실험실 ○○대학원생들의 경우에는 예외적으로 위 기기 담당 조교를 거치지 않고 직접 위 기기를 사용하여 시료측정을 하는 것이 허용되어 온 사실, (2) 그런데 원고가 위 엔엠알기기 담당 조교로서 근무를 시작한 이래 변리사시험을 준비 중이었던 원고의 근무태도와 관련하여 위 기기를 ○○대학원생들로부터 원고가 평소에 제자리를 잘 지키지 않으며 측정의뢰를 해도 제때에 스펙트럼을 찍어주지 않는다는 등의 불만이 있어 왔으며, 학과에서 의뢰된 시료처리를 원고가 2-3일간 ○○대학원생들로부터 불만을 사게 된 사실, (3) 특히 원고와 위 기기를 공동으로 ○○대학원생들과의 사이에는 위 기기의 사용시간 등의 문제로 충돌이 잦았고, 실험실 선임자와 기기 사용 문제로 다투는 등 인화관계에 문제를 드러내었고 화학과에서 위 피고의 지도 아래 박사과정을 이수한 소외 류권영과 한편이 되어 소외 채종근을 ○○대학원생들과 대립하였기 때문에 이들의 감정대립으로 인하여 실험실의 연구 분위기는 저해된 사실, (4) 1993. 3.경에 이르러 피고 신○휴 ○○대학원생들이 늘어나고 다른 실험실에 있던 동종의 엔엠알기기가 고장으로 가동이 중단되어 원고가 담당하던 엔엠알기기의 사용량이 증가하면서 위와 같은 불만과 갈등은 더욱 증폭되었는데, 이에 위 피고는 위 기기 사용을 둘러싼 위와 같은 분쟁의 원인이 원고의 근무태만과 독선적인 기기 운영에 있다고 판단하고 원고에게 위 엔엠알기기의 사용에 있어서 위 피고 지도하에 ○○대학원생들도 배려하고 그들과 원만히 지낼 것을 지시하였으며, 아울러 위 피고는 종전에 원고의 편의를 ○○대학원생들과 함께 지낼 수 있도록 ○○동 ○○호 실험실에 제공되었던 책상의 사용을 금지하고 원래 원고의 근무 위치인 ○○동 ○○호 엔엠알기기실에서 근무하도록 지시한 사실, (5) 위 피고의 이러한 조치들에도 불구하고 원고의 엔엠알기기 운영을 둘러싼 화학과 내에서의 불만과 갈등은 수그러들지 않았고, 또 1993. 5.경에는 화학과 유기공동기기실에 새로운 실험기기를 설치함에 있어서 당시 위 피고는 예산절감을 ○○대학원생들과 함께 직접 위 공사에 참여하여 기기설치대 교체작업과 냉동기 설치작업 등을 2주간 가량 계속하였는데, 원고는 위 작업이 계속되는 동안 위 공동기기실의 업무가 자신의 업무와는 무관함을 이유로 수수방관하고 전혀 협조를 하지 않았고 이 때문에 위 피고로부터 책망을 들은 사실, (6) 교육공무원임용령(대통령령 제4303호) 및 ○○학교 전임교수 및 조교임용규정(제849호)에 의하여 유급조교의 임용은 해당 학과의 학과장이 학과 내에 공고하거나 학과 교수의 추천을 받아 교수회의의 동의를 얻어 학장에게 ○○대학인사위원회의 심의를 거쳐 총장이 임용하도록 되어 있고, 임용기간이 만료된 조교는 자동면직되나 필요한 경우에 한하여 학과장이 학과 교수회의의 동의를 얻어 재추천할 수 있게 되어 있었지만, 원고의 근무태도로 인한 불만과 갈등 때문에 위 피고는 원고의 재임용을 추천하지 않았으며, 1993. 6. 15. 화학과 교수회의에서는 원고를 재임용하지 아니하고 새로이 후임 조교를 임용하기로 결정되자,

같은 해 6. 25. 위 피고는 원고에게 교수회의의 결정사항을 전달하고, 후임 조교의 업무교육이 시작되므로 더 이상 출근할 필요가 없으며, 엔엠알기기도 더 이상의 사용을 중지할 것을 지시하였으며, 이에 원고는 교육공무원임용령(대통령령 제4303호) 제5조 제2항 및 제3항에서 정한 1년간의 임용시한에 따라 원고는 1993. 8. 31. 자동면직되게 된 사실을 인정함으로써, 피고 신○휴가 원고에 대한 재임용추천을 하지 아니한 것은 원고가 위 피고의 성적 접근을 거부하였기 때문이 아니라 원고의 근무태도가 좋지 아니하였기 때문이라는 취지로 판단하여, 위 피고가 원고의 업무를 부당하게 간섭하고 보복해고를 하였다는 원고의 위 주장을 배척하였다.

2. 원고의 피고들에 대한 청구에 관한 원심의 판단

가. 피고 신○휴에 대한 청구에 관하여

원심은 원고가 조교로서 근무하던 기간 중에 피고 신○휴로부터 성적 괴롭힘을 받고 그에 불응함으로써 위 피고로부터 보복해고를 당하게 되었으므로 위 피고의 위 불법행위로 인하여 원고가 입은 손해의 배상을 구한다고 주장함에 대하여, 고용조건이나 근로환경에 관하여 성을 이유로 한 차별적 취급을 함으로써 불법행위가 성립하는 성적 괴롭힘에는, 성적행위에 대한 거절로 인하여 해고나 승진거절 등 고용상의 차별적 처우를 가져오는 조건적 성적 괴롭힘과 성적행위 자체가 그 피해자로 하여금 성적 굴욕감이나 혐오감을 품게하여 그의 업무수행이나 근로환경에 부당하고 심각한 불이익을 가져오는 환경형 성적 괴롭힘으로 구분할 수 있는바, (1) 우선 조건적 성적 괴롭힘의 성부에 관하여 보건대, 원고가 부당한 위 피고의 차별적 처우였다고 주장하는 대부분의 사실은 위 피고의 원고에 대한 업무지시권의 재량범위 내에 드는 사항이었을 뿐 그것이 설사 원고에게 부담이 되고 마음에 들지 않는 일이었다고 하더라도 그러한 이유만으로 차별대우였다고 볼 수는 없고, 나아가 원래부터 1년 기한부로 임용된 원고의 임용관계는 그 기간이 경과함으로써 당연히 종료되고, 원고가 재임용을 계속 받아 왔다든가 또는 재임용이 확실하게 관례화되어 있다고 하는 사정이 보이지 않는 이 사건에서 원고는 해고당하였다고 할 수 없을 뿐 아니라 위 피고가 원고의 재임용추천을 하지 않은 것도 과의 ○○대학원생들이 모두 원고의 불성실한 근무태도를 불만스럽게 생각하였기 때문이었을 뿐 그것이 보복으로 인한 것이었다고는 볼 수 없으므로, 조건적 성적 괴롭힘이 성립한다고 할 수 없고, (2) 또한 환경형의 성적 괴롭힘의 성부에 관하여 보건대, 환경형의 성적 괴롭힘은 그 행위로 인하여 원고에게 정신적 고통을 가하는 심하고 철저한 행위임을 요하고, 그것은 원고 개인뿐 아니라 합리적으로 사고하는 통상의 여성에 대하여도 일할 능력을 저해하거나 정신적 건강에 심각한 영향을 준다는 입증이 있어야 한다 할 것인데, 원고가 성적 괴롭힘으로서 주장하는 위 피고의 언동 가운데 인정되는 사실은 대부분 업무수행상 우연히 또는 의도적으로 빚어진 수차례의 가벼운 신체접촉행위이거나, 다소 짓궂지만 노골적으로 성적인 것은 아닌 농담 또는 호의적이고 권유적인 언동에 불과하였고, 설사 위 피고에게 성적 접근의 의도가 있었다 하더라도 그 행위의 악성은 경미한 것이어서 그것이 원고의 근무환경을 변경하여 성적인 모멸감을 가져오고 굴욕적인 근무환경을 조성한 것이라고 볼 수는 없으므로, 환경형 성적 괴롭힘도 성립하지 아니한다고 판시하여, 위 피고의 행위가 불법행위를 구성함을 전제로 하는 이 사건 청구를 기각하였다.

나. 피고 김종운과 대한민국에 대한 청구에 관하여

원심은, 당시 ○○학교 총장으로서 피고 신○휴의 사용자인 피고 대한민국을 갈음하여 피고 신○휴의 사무를 감독하는 피고 김종운은 피고 신○휴의 불법행위를 예견하여 이를 사전에 방지하여야 할 의무를 게을리하고 사후에도 피고 신○휴의 불법행위를 은폐하려고 하였으므로, 피고 신○휴의 감독자로서 피고 신○휴의 이 사건 불법행위로 인한 원고의 손해를 배상할 책임이 있거나, 아니면 불법행위자 본인으로서 원고의 손해를 배상할 책임이 있고, 피고 대한민국은 그 피용자인 피고 신○휴와 피고 김종운의 사용자로서 그들의 불법행위로 인하여 원고가 입은 손해를 배상하거나, 원고와 피고 대한민국 간의 고용계약에 기하여 그 계약의 당사자로서 피용자인 원고의 노동수행과 관련하여 원고의 인격적 존엄을 침해하거나 그 노무제공에 중대한 지장을 초래하는 사유가 발생하는 것을 방지하고 원고가 일하기 좋은 직장환경이 되도록 배려하고 성차별이 일어나지 않도록 하여야 할, 안전배려의무에 유사한 의무가 있음에도 그러한 의무에 위반하여 피고 신○휴의 위와 같은 성적 괴롭힘을 방지하지 못하였으니 그로 인하여 원고가 입은 손해를 배상할 책임이 있다는 취지의 원고의 주장에 대하여, 피고 신○휴의 불법행위가 성립하지 아니하는 이상 피고 김종운 및 대한민국에 대한 원고의 청구는 이유 없다고 하여 이를 기각하였다.

3. 원고의 피고 신○휴에 대한 청구에 관한 상고이유(기간 도과하여 제출된 각 상고이유보충서 기재 이유는 상고이유를 보충하는 범위 내에서)를 본다.

가. 제2, 3점(사실인정)에 관하여

기록에 의하여 살펴보면, 원심이 판시와 같이 원고 주장 사실 중 일부만을 인용하고 나머지 주장 사실을 배척한 조치는 모두 수긍이 가고 거기에 소론과 같은 논리칙, 경험칙, 채증법칙 위배, 심리미진 등의 위법이 있다고 할 수 없다.

논지는 결국 원심의 전권사항인 증거의 취사선택과 사실의 인정을 비난하는 것에 지나지 아니하여 받아들일 수 없다.

나. 제1, 4점(법리오해)에 관하여

(1) 모든 국민은 인간으로서의 존엄과 가치를 가지며 행복을 추구할 권리가 있고 이를 실현하기 위하여는 개개인이 갖는 인격적 이익 내지 인격권은 법에 의하여 존중되고 보호되어야 한다.

특히 남녀관계에서 일방의 상대방에 대한 성적 관심을 표현하는 행위는 자연스러운 것으로 허용되어야 하지만, 그것이 상대방의 인격권을 침해하여 인간으로서의 존엄성을 훼손하고 정신적 고통을 주는 정도에 이르는 것은 위법하여 허용될 수 없는 것이다.

그리고 어떤 성적 표현행위의 위법성 여부는, 쌍방 당사자의 연령이나 관계, 행위가 행해진 장소 및 상황, 성적 동기나 의도의 유무, 행위에 대한 상대방의 명시적 또는 추정적인 반응의 내용, 행위의 내용 및 정도, 행위가 일회적 또는 단기간의 것인지 아니면 계속적인 것인지 여부 등의 구체적 사정을 종합하여, 그것이 사회공동체의 건전한 상식과 관행에 비추어 볼 때 용인될 수 있는 정도의 것인지 여부, 즉 선량한 풍속 또는 사회질서에 위반되는 것인지 여부에 따라 결정되어야 할 것이다.

그리고 상대방의 성적 표현행위로 인하여 인격권의 침해를 당한 자가 정신적 고통을 입는다는 것은 경험칙상 명백하다 할 것이다.

(2) 원심이 적법하게 인정한 바와 같이, 원고가 이 사건 엔엠알기기 담당 유급조교로서 정식 임용되기 전후 2, 3개월 동안, 피고 신○휴가 기기의 조작 방법을 지도하는 과정에서 원고의 어깨, 등, 손 등을 위 피고의 손이나 팔로 무수히 접촉하였고, 복도 등에서 원고와 마주칠 때면 원고의 등에 손을 대거나 어깨를 잡았고, 실험실에서 "요즘 누가 시골 처녀처럼 이렇게 머리를 땋고 다니느냐."고 말하면서 원고의 머리를 만지기도 하였으며, 원

고가 정식 임용된 후에는 단둘이서 입방식을 하자고 제의하기도 하고, 교수연구실에서 원고를 심부름 기타 명목으로 수시로 불러들여 위아래로 훑어보면서 몸매를 감상하는 듯한 태도를 취하여 원고로서는 불쾌하고 곤혹스러운 느낌을 가졌다는 것인바, 이러한 사실관계에 의하면 화학과 교수 겸 엔엠알기기의 총책임자로서 사실상 원고에 대하여 지휘·감독관계에 있는 피고 신○휴의 위와 같은 언동은 분명한 성적인 동기와 의도를 가진 것으로 보여지고, 그러한 성적인 언동은 비록 일정기간 동안에 한하는 것이지만 그 기간 동안만큼은 집요하고 계속적인 까닭에 사회통념상 일상생활에서 허용되는 단순한 농담 또는 호의적이고 권유적인 언동으로 볼 수 없고, 오히려 원고로 하여금 성적 굴욕감이나 혐오감을 느끼게 하는 것으로서 원고의 인격권을 침해하였다고 할 것이고, 이러한 침해행위는 선량한 풍속 또는 사회질서에 위반하는 위법한 행위이고, 이로써 원고가 정신적으로 고통을 입었음은 경험칙상 명백하다고 할 것이다.

따라서 위 피고의 위와 같은 성적인 언동은 불법행위를 구성한다 할 것이므로 피고 신○휴로서는 원고에 대하여 원고가 입은 정신적 손해를 배상할 책임이 있다고 할 것이다.

그리고 이른바 성희롱의 위법성의 문제는 종전에는 법적 문제로 노출되지 아니한 채 묵인되거나 당사자 간에 해결되었던 것이나 앞으로는 빈번히 문제될 소지가 많다는 점에서는 새로운 유형의 불법행위이기는 하나, 이를 논함에 있어서는 위에서 본 바와 같이 이를 일반 불법행위의 한 유형으로 파악하여 행위의 위법성 여부에 따라 불법행위의 성부를 가리면 족한 것이지, 원심이 설시하는 바와 같은 불법행위를 구성하는 성희롱을 고용관계에 한정하여, 조건적 성희롱과 환경형 성희롱으로 구분하고, 특히 환경형의 성희롱의 경우, 그 성희롱의 태양이 중대하고 철저한 정도에 이르러야 하며, 불법행위가 성립하기 위하여는 가해자의 성적 언동 자체가 피해자의 업무수행을 부당히 간섭하고 적대적 굴욕적 근무환경을 조성함으로써 실제상 피해자가 업무능력을 저해 당하였다거나 정신적인 안정에 중대한 영향을 입을 것을 요건으로 하는 것이므로 불법행위에 기한 손해배상을 청구하는 피해자로서는 가해자의 성희롱으로 말미암아 단순한 분노, 슬픔, 울화, 놀람을 초과하는 정신적 고통을 받았다는 점을 주장·입증하여야 한다는 견해는 이를 채택할 수 없는 것이다.

또한 피해자가 가해자의 성희롱을 거부하였다는 이유로 보복적으로 해고를 당하였다든지 아니면 근로환경에 부당한 간섭을 당하였다든지 하는 사정은 위자료를 산정하는 데에 참작사유가 되는 것에 불과할 뿐 불법행위의 성립 여부를 좌우하는 요소는 아니라 할 것이다.

(3) 그렇다면, 원심이 판시와 같은 이유로 피고 신○휴의 위와 같은 성적 언동이 위법하지 아니하다고 하여 위 피고의 원고에 대한 불법행위에 기한 손해배상책임을 부정한 것은 불법행위를 구성하는 성희롱의 요건, 한계, 입증책임과 인격권 침해 등 정신적 손해의 배상에 관한 법리를 오해한 위법을 범한 것이라고 하지 아니할 수 없다.

이 점을 지적하는 논지는 이유 있다.

4. 원고의 피고 김종운, 대한민국에 대한 청구에 관한 상고이유를 본다.

가. 민법 제756조에 규정된 사용자 책임의 요건인 '사무집행에 관하여'라는 뜻은 피용자의 불법행위가 외형상 객관적으로 사용자의 사업활동 내지 사무집행행위 또는 그와 관련된 것이라고 보여질 때에는 행위자의 주관적 사정을 고려함이 없이 이를 사무집행에 관하여 한 행위로 본다는 것이고, 외형상 객관적으로 사용자의 사무집행에 관련된 것인지의 여부는 피용자의 본래 직무와 불법행위와의 관련 정도 및 사용자에게 손해발생에 대한 위험

창출과 방지조치 결여의 책임이 어느 정도 있는지를 고려하여 판단하여야 할 것인바(대법원 1988. 11. 22. 선고 86다카1923 판결, 1992. 2. 25. 선고 91다39146 판결, 1996. 1. 26. 선고 95다46890 판결 참조), 원심이 적법하게 인정한 사실관계에 의하면 피고 신○휴의 성희롱 행위는 그 직무범위 내에 속하지 아니함은 물론 외관상으로 보더라도 그의 직무권한 내의 행위와 밀접하여 직무권한 내의 행위로 보여지는 경우라고 볼 수 없고, 달리 기록상 이를 인정할 만한 증거도 찾아볼 수 없다.

따라서 피고 신○휴의 성희롱 행위가 그의 사무집행에 관련된 것임을 전제로 하여, 피고 대한민국에 대하여는 사용자 본인으로서의, 피고 김종운에 대하여는 사용자의 대리감독자로서의 각 사용자 책임을 묻는 원고의 청구는 이유 없어 이를 기각할 것인바, 원심은 그 이유를 달리 하였지만 결과적으로 원고의 청구를 기각한 결론은 정당하고, 거기에 소론과 같은 위법이 있다고 할 수 없다.

논지는 이유 없다.

나. 고용관계 또는 근로관계는 이른바 계속적 채권관계로서 인적 신뢰관계를 기초로 하는 것이므로, 고용계약에 있어 피용자가 신의칙상 성실하게 노무를 제공할 의무를 부담함에 대하여, 사용자로서는 피용자에 대한 보수지급의무 외에도 피용자의 인격을 존중하고 보호하며 피용자가 그의 의무를 이행하는 데 있어서 손해를 받지 아니하도록 필요한 조치를 강구하고 피용자의 생명, 건강, 풍기 등에 관한 보호시설을 하는 등 쾌적한 근로환경을 제공함으로써 피용자를 보호하고 부조할 의무를 부담하는 것은 당연한 것이지만, 앞서 본 바와 같이 피고 신○휴의 성희롱 행위가 그의 사무집행과는 아무런 관련이 없을 뿐만 아니라, 또한 기록에 의하면 위 피고의 성희롱 행위 또한 은밀하고 개인적으로 이루어지고 원고로서도 이를 공개하지 아니하여 피고 대한민국으로서는 이를 알거나 알 수 있었다고도 보여지지 아니하므로, 이러한 경우에서까지 사용자인 피고 대한민국이 피용자인 원고에 대하여 고용계약상의 보호의무를 다하지 아니하였다고 할 수는 없다.

역시 이유를 달리하나, 고용계약상의 채무불이행에 기한, 원고의 피고 대한민국에 대한 손해배상청구를 기각한 원심의 결론은 정당하므로, 논지는 이유 없다.

다. 한편, 기록에 의하면 ○○학교 총장인 피고 김종운이 피고 신○휴의 성희롱 사실을 사전에 알거나 알 수 있었고, 또한 피고 신○휴의 성희롱 사실을 사후에 은폐하려고 하였다고 보여지지 아니하고, 달리 이를 인정할 증거도 없으며, 앞서 본 바와 같이 위 피고 신○휴의 성희롱 행위가 위 피고의 사무집행에 관련된 것이라고 볼 수도 없으므로, 피고 김종운이 원고에 대하여 불법행위자 본인으로서의 손해배상책임을 부담한다고 할 수 없다.

역시 이유를 달리하나 피고 김종운 본인의 불법행위에 기한, 원고의 피고 김종운에 대한 손해배상청구를 기각한 원심의 결론은 정당하므로, 논지는 이유 없다.

5. 그러므로 원심판결 중 피고 신○휴에 관한 부분을 파기 · 환송하고, 원고의 피고 김종운, 대한민국에 대한 상고를 기각하며, 상고기각 된 부분에 관한 상고비용은 원고의 부담으로 하기로 하여 관여 법관들의 일치된 의견으로 주문과 같이 판결한다.

3 선행행위와 모순되는 행위의 금지의 원칙

(1) 대법원 1987. 11. 24. 선고 87다카1708 판결

【원고, 상고인】 주식회사 한일은행

【피고, 피상고인】 신창길

【원심판결】 서울고등법원 1987.6.10 선고 86나4737 판결

【주 문】 원심판결을 파기하고 사건을 서울고등법원으로 환송한다.

【이 유】

원고 소송대리인의 상고이유를 판단한다.

원심은 그 거시증거에 의하여 피고가 1984.2.16 소외 박삼례로부터 그 소유의 이 사건 건물을 전세금 3,400만원에 채권적 전세를 얻어 입주하고 그 주민등록의 전입신고까지 마쳤는데, 그 후인 같은 해 3.8 원고는 위 건물에 관하여 근저당권자는 원고, 채권최고액은 1억 5,300만원으로 한 근저당권 원고, 채권최고액은 1억 5,000만원으로 한 근저당권설정등기를 경료하였다가 원고가 위 근저당권에 기한 임의 경매를 신청한 후 원고 자신이 경락허가결정을 받아 그 소유권을 취득한 사실을 인정한 다음, 거시증거에 의하면 피고가 위 건물에 입주한 후 소외 박삼례로부터 은행융자를 받도록 편의를 보아 달라는 부탁을 받고 이를 거부하기 어려워 위 근저당권설정등기가 경료된 이후인 같은 해 3.12에 이 사건 건물에 관한 임대차계약관계를 확인하러 나온 원고 은행 직원에게 이 사건 건물에 관하여 임대차계약을 체결하거나 그 계약관계로 인한 보증금을 지급한 바가 없다는 취지로 미리 작성하여 온 각서(갑 제2호증)에 서명 날인하여 준 사실이 인정되나, 피고가 주택임대차보호법상 대항요건을 구비한 이상 위와 같은 각서에 날인하였다 하더라도 그 날인이 단순히 소유자의 간청에 못 이겨 형식상 하게 된 것인 점에 비추어 그 대항력이 소멸되거나 그 대항력을 포기한 것이라고도 할 수 없으니 결국 임대인의 지위를 승계한 원고는 피고에게 위 전세금을 반환할 의무가 있다는 취지의 판시를 하고 있다.

그러나 원심이 인정한 바와 같이 피고가 이 사건 건물에 관하여 사실은 위와 같이 전세금을 주고 채권적 전세를 얻었으면서도 원고은행 직원에게 임대차계약을 체결하거나 그 보증금을 지급할 바가 없다고 하여 그와 같은 내용의 각서까지 작성해 주었다면 이는 원고은행으로 하여금 위 부동산에 대한 담보가치를 높게 평가하도록 하여 위 박삼례에게 대출하도록 한 것이고 또 만일원고가 이 사건 건물에 대한 경매절차가 끝날 때까지도 위 소외인과 피고사이의 채권적 전세관계를 알지 못하였다고 한다. 면 피고가 원고의 이 사건 명도청구에 즈음하여 이 이를 번복하면서 위 전세금반환을 내세워 그 명도를 거부하는 것은 특단의 사정이 없는 한 금반언 내지 신의칙에 위반된다고 할 것이다(당원 1987.5.12 선고 86다카2788 판결 참조).

원심이 피고의 이 사건 동시이행 항변이 금반언내지 신의칙에 위반되는지 여부에 대하여 좀 더 심리해 보지도 아니한 채 만연히 판시와 같은 이유를 들어 그 항변을 받아드렸음은 이 점에 관하여 그 법리를 오해하거나 혹은 심리를 다하지 아니하여 판결결과에 영향을 미쳤다 할 것이고, 이는 소송촉진등에관한특례법 제12조 제2항의 파기사유에 해당한다고 할 것이므로 이를 탓하는 논지는 결국 이유 있다.

이에 원심판결을 파기하고, 사건을 원심법원으로 환송하기로 하여 관여법관의 일치된 의견으로 주문과 같이

판결한다.

(2) 대법원 1987. 12. 8. 선고 87다카1738 판결

【원고, 피상고인】 김임이

【피고, 상고인】 권순식 외 9명

【원심판결】 부산지방법원 1987.6.10. 선고 86나180 판결

【주 문】 원심판결을 파기하고, 사건을 부산지방법원 합의부로 환송한다.

【이 유】

피고들 소송대리인의 상고이유를 판단한다.

원심판결이유에 의하면, 원심은 피고 권순식이 전 소유자인 소외 유복열로 부터 이 사건 건물을 임차하였다는 피고들 주장에 부합하는 판시 여러 증거들을 배척하고, 특히 그중 중요한 증거인 을 제1, 8호증(각 임대차계약서)에 대하여는 그 채택증거들을 내세워, 피고 권순식과 그의 처인 소외 정순임은 1979.6.부터 위 건물의 원소유자로서 위 피고의 동서인 소외 하용범으로 부터 위 건물을 무상으로 사용하는 것을 승낙 받아 위 건물에 입주하고 있는 것을 기화로, 위 하용범으로부터 위 건물을 1981.4.경 양수한 소외 유복열로부터도 아무런 임차사실이 없음에도 불구하고, 위 피고가 1984.8.경 위 건물을 경락받은 원고에게 대항하기 위하여 위 건물에 대한 위 유복열 명의의 임대차계약서인 위 을 제1 ,8호증을 위조한 것이라고 인정한 다음, 피고 권순식이 위 유복열로부터 위 건물을 임차하였음을 전제로 하는 피고들의 이 사건 동시이행항변은 다 살펴볼 필요 없이 이유 없다 하여 배척하고 있다.

그러나 원심이 확정한 바와 같이 피고 권순식이 1979.6.경부터 그 동서인 소외 하용범으로부터 이 사건 건물을 무상 사용할 것을 승락받고 입주하였다 하더라도 1981.4.경 판시와 같이 소외 유복열이 위 건물을 양도받아 그 소유권을 취득한 후 3년이 지나도록 새로운 소유자인 위 유복열과 사이에 아무런 법률관계의 설정도 없이 계속하여 그대로 이에 거주한다는 것은 이점에 관한 합리적인 이유가 없는 한 우리의 경험칙에 비추어 쉽사리 수긍이 되지 아니할 뿐 아니라, 피고들이 소론 임대차의 증거로 제출한 을 제1, 8호증을 보면 이는 1981.4.28.자 및 1983.5.8.자로 된 피고 권순식(권순식의 처 정순임명의)과 소유자인 위 유복열 간의 임대차계약서로서 원심은 이것을 피고 권순식이 위조한 것이라고 결론지었을 뿐 어떻게 위조하였는가의 점에 관한 아무런 설시도 없다. 도리어 원심이 배척하지도 아니한 을 제9호증의 17(수사보고서, 갑 제5호증의 7과 같다)의 기재에 의하면 위 임대차계약서에 찍힌 유복열의 도장과 위 유복열이 작성한 이 사건 건물의 소유권이전등기 신청서에 찍힌 도장의 인영이 서로 같다는 것이어서 만약 위 임대차계약서에 찍힌 유복열의 인영이 유복열 자신의 도장에 의한 것으로 인정이 된다면 위 임대차계약서는 그 진정 성립이 추정된다 할 것인데(따라서 위 문서가 위조되었다는 주장과 입증은 원고가 하여야 할 것이다) 원심이 위 임대차계약서를 피고 권순식이 위조한 것이라고 단정한 근거로 들고 있는 증거들을 살펴보면, 갑 제5호증의 5는 소외 유복열에 대한 경찰진술조서로서 동 소외인이 피고 권순식에게 이사건 건물을 전세준 바 없고 위 임대차계약서는 자신이 작성하지 아니한 허위의 계약서라는 것일 뿐 자신의 도장이 거기에 어떻게 찍혔는가에 관하여는 아무런 합리적인 설명이 없어 그 진술내용은 선뜻 믿기 어렵다 할 것이고, 갑 제5호증의 4 및 을 제9호증의 29는 모두 원고에 대한 진술조서로서 원고가 이 사건 건물의 임의경매신청인인 은행 측으로부터 피고 권순식이 이 사건 건물에 거주하고는 있으나 그 소유자인 위 유복열에게 임대

차보증금 등을 지불한 사실이 없다는 내용의 위 피고명의의 확인서(갑 제4호증의 1)를 제시받아 보았고 또한 위 유복열의 말을 들어서 안다는 내용이고, 갑 제4호증의 1은 피고 권순식이 이 사건 건물에 대하여 임료 등을 지급하지 않고 무료로 거주하고 있다는 취지의 위 피고명의의 사실 확인서이고, 을 제9호증의 28, 30은 소외 양인석에 대한 증인신문조서 및 진술조서인데 위 양인석이 이 사건 건물의 임의경매신청인인 은행의 직원으로서 그 건물에 근저당권설정등기를 경료하고 소외 유복열에게 금전을 대출함에 있어서 위 유복열이 임대차 관계없이 그 건물에 사는 사람이 있다기에 임대차관계를 알아보러 위 건물에 간 일은 있으나 당시 피고 권순식은 만나지 못하고 돌아온 뒤에 위 유복열로부터 피고 권순식 명의의 위 확인서(갑 제4호증의 1)와 동 피고의 인감증명서(갑 제4호증의 2)를 건네받았다는 내용이어서 이것들만으로는 피고 권순식이 위 임대차계약서를 위조하였다고 단정할 자료가 된다 할 수는 없다 할 것이다.

그럼에도 불구하고 원심이 처분문서인 이 사건 임대차계약서(을 제1호증의 1, 8)의 진정 성립에 관하여 필요한 심리를 해보지도 아니한 채 위와 같이 모호한 증거들을 내세워 위 서류들을 모두 피고 권순식이 위조한 것이고 따라서 위 피고와 위 유복열 사이에 아무런 임대차관계가 없다고 단정하였음은 결국 그 심리를 다하지 아니하거나 채증법칙을 어겨 사실인정을 잘못한 위법을 범하였다 할 것이고 이점을 탓하는 상고논지는 이유 있다 할 것이다.

다만 원고가 제출한 갑 제4호증의 1은 피고 권순식에 이사건 건물에 대하여 아무런 임대차 관계없이 그냥 무료로 거주만 하고 있다는 취지의 사실 확인서인바(이에 대하여 피고들은 이 확인서는 피고 권순식의 딸인 소외 권정숙이 은행 측에서 전세살고 있는 여부를 확인한다기에 영문도 모르고 위 권순식의 도장을 내어주어 날인한 것일 뿐 위 피고의 의사에 기하여 작성된 것이 아니라고 주장하면서 그 진정 성립을 다투고 있으나 원심이 채택한 위 갑 제5호증의 4, 을 제9호증의 28, 29, 30의 각 기재에 의하면 이 사건 건물에 대하여 판시 근저당권설정등기가 된 다음 당시 소유자인 소외 유복열과 은행직원이 임대차관계를 알아보기 위하여 피고 측을 찾아가 위의 확인서를 받아오고, 또 위 피고의 인감증명서까지 받았다는 것이어서 그 성립을 인정할 여지가 전혀 없는 것도 아니라고 보여진다) 만약 위 확인서의 성립이 인정된다면(원심도 그 성립을 인정하는 취지인 듯하다) 이는 임차인인 피고 권순식이 소유자인 위 유복열로 하여금 은행융자를 받음에 있어 이 사건 건물의 담보가치를 높게 평가받도록 하기 위하여 위와 같이 아무런 임료도 지급함이 없이 무상으로 거주하고 있다는 거짓내용의 확인서를 작성해 준 것이라 할 것이고, 이 사건 건물에 대한 경매절차가 끝날 때까지도 그 임대차관계를 밝히지 아니하여 경락인인 원고가 이를 알지 못하였다면 위 피고가 원고의 이 사건 명도에 즈음하여 또다시 태도를 번복하여 그 임대료(전세금)반환을 요구하면서 그 명도를 거부하는 것은 특단의 사정이 없는 한 금반언 내지 신의칙에 위반된다 할 것인 바(당원 1987.5.12. 선고 86다카2788 판결, 당원 1987.11.24. 선고 87다카1708 판결 참조) 원심은 이 점에 관하여도 심리를 하여야 할 것이다.

이에 원심판결을 파기하여 원심으로 하여금 더 심리케 하기 위하여 사건을 원심법원에 환송하기로 하고 관여법관의 일치된 의견으로 주문과 같이 판결한다.

4 실효의 원칙

(1-1) 서울고등법원 1991. 7. 12. 선고 91나15692 판결

【원고, 피항소인】 송대흥

【피고, 항소인】 한국전력공사

【주 문】 1. 피고의 항소를 기각한다.
2. 항소비용은 피고의 부담으로 한다.

【청구취지】 원고가 피고의 사원임을 확인한다. 소송비용은 피고의 부담으로 한다.

【항소취지】 원판결을 취소한다. 원고의 청구를 기각한다. 소송비용은 제1, 2심 모두 원고의 부담으로 한다.

【이 유】

(증거)를 종합하면, 피고(당시 상호는 한국전력주식회사)는 1978.6.16. 인사위원회를 개최하여 피고의 성동영업소 전기원으로 근무하던 원고가 수용가로부터 금품을 받았다는 이유로 원고에 대하여 같은 해 7.5.까지 원고 스스로 사직원을 제출하면 의원면직으로 처리하되 이에 불응할 경우에는 징계해임으로 처리한다는 내용의 조건부 징계해임결의를 하고 그 사실을 같은 해 6.28.원고에게 통지함에 따라 원고가 같은 해 7.5. 사직원을 제출하자 같은 날 의원면직된 것으로 처리한 사실, 피고의 취업관리요령에 의하면 인사위원회에서 징계대상자에 대하여 징계해임을 결의함에 있어 본인이 특정일자까지 사직원을 제출하면 의원면직으로 처리할 것을 조건으로 하여 징계해임결의를 할 수 있고 이 경우 징계대상자가 지정일 까지 사직원을 제출하지 아니하거나 소정의 불복절차를 밟지 아니한 때에는 징계해임으로 처리하도록 규정되어 있는바(갑 제4호증 요령집의 취업관리요령 제39조), 이에 따라 피고의 인사위원회는 원고에 대하여 위와 같이 조건부 징계해임을 결의하였고 원고가 사직원을 제출함으로써 의원면직으로 처리된 사실, 그런데 피고의 정관(갑 제2호증) 제36조 및 취업규칙(갑 제3호증) 제77조는 피고가 그 직원을 징계해임하는 경우에는 인사위원회의 결의를 거치도록 규정하고 있고 취업관리요령 제32조, 제33조는 인사위원회가 징계사건을 심리함에 있어서는 훈계토록 처리될 경미한 사건 또는 본인이 사전에 출석치 않을 의사를 표시하거나 사직당국에 구속되었을 때 또는 기타 사유로 출석이 불가능할 경우를 제외하고는 비위자 본인을 출석시켜 그의 진술을 들어야 하고 심리기일에 비위자가 결석한 때에는 1회에 한하여 심리를 연기하도록 규정하고 있는데, 피고의 인사위원회에서는 원고가 사전에 출석치 않을 의사를 표시하지 아니하고 심리기일인 같은 해 6.16. 출석하지 아니하였음에도 불구하고 위 규정에 따라 심리를 연기하지 아니한 채 그대로 위와 같이 조건부 징계해임을 결의하여 같은 해 6.28. 원고에게 이를 통고한 사실을 인정할 수 있고 달리 반증 없는바, 위 인정사실에 의하면 원고가 위와 같이 사직원을 제출하고 이에 따라 의원면직한 것으로 처리되었다고 하더라도 이는 순수한 자의에 의한 의원면직과는 성질이 달라 위 조건부 징계해임처분과 불가분의 관계를 가지는 위 조건부 징계해임처분의 일부라 할 것이고, 원고에 대한 위 조건부 징계해임처분은 앞서 본 피고의 정관, 취업규칙 및 취업관리요령의 규정을 위반하여 징계대상자인 원고에게 출석과 변명의 기회를 부여하지 아니하고 이루어진 것으로서 무효라 할 것이므로 이에 기하여 행하여진 이 사건 의원면직처분도 무효라 할 것이다.

이에 원고가 피고에게 원·피고 사이의 근로계약에 기한 권리의무가 존재함의 확인을 구하는 의미에서 원고가 피고의 사원임의 확인을 구함에 대하여 피고는 먼저, 피고의 직원 중 원고와 마찬가지로 같은 날 동일한 사유로 조건부 징계해임처분을 받았던 소외 김성덕 등이 이 사건 원고의 주장과 동일한 사유를 내세워 법원에 소송을 제기하여 1982.10.6. 대법원으로부터 최종적으로 승소판결을 받았음에도 불구하고 원고는 그동안 위 조건부 징계해임처분이나 그에 기한 의원면직처분에 관하여 아무런 법적 구제절차를 취하지 아니하였고 그에 따라 피고는 원고가 피고와 사이의 고용관계를 더 이상 다투지 아니할 것으로 믿고 새로운 인사체제를 구축하여 왔을 뿐 아니라 더구나 원고가 다시 피고의 전기원으로 근무하는 것이 현실적으로 어려운 상황임에도 원고 스스로 사직원을 제출한 1978.7.5.부터 12년 이상이 경과한 1990.9.3. 이 사건 소를 제기하여 원·피고 사이의 고용관계를 주장하고 나서는 것은 신의칙에 위반되어 허용될 수 없거니와 실효의 법리에 의하여도 받아들일 수 없는 것이라고 주장하므로 살피건대, 무릇 권리의 행사는 신의에 좇아 성실히 하여야 하고 남용할 수가 없는 것이고 특히 권리자가 장기간에 걸쳐 그의 권리를 행사하지 아니하여 의무자인 상대방으로서도 이제는 권리자가 그 권리를 행사하지 아니할 것으로 믿을 만한 정당한 사유를 갖게 되거나 행사하지 아니할 것으로 추인하게 되고 새삼스럽게 그 권리를 행사하는 것이 신의성실의 원칙에 반하는 결과가 될 때에는 이른바 실효의 법리에 따라 그 권리 행사가 허용되지 않는다고 볼 것이나, 여기에서 권리자가 그 권리를 행사하지 않는 것이 문제가 되는 것은 비록 관리자의 주관적인 동기가 고려되지 않는다 하더라도 그에게 권리행사의 기회가 있어서 이를 현실적으로 기대할 수가 있었음에도 불구하고 행사하지 않은 경우에 한하는 것이라 할 것인바, 앞서 채택한 증거들에 의하면 피고의 직원들 중 원고가 위 징계처분을 받을 당시 유사한 비위사실로 함께 징계처분을 받은 소외 김성덕 외 37명이 1980년경 피고를 상대로 징계결의무효확인의 소를 제기하였으나 1983년경까지 그중 의원면직으로 처리되지 않고 징계해임으로 처리된 일부 직원들은 승소하였음에 반하여 원고와 같이 조건부 징계해임결의를 통고받아 사직원을 제출하여 의원면직으로 처리된 직원들은 모두 패소하였고 그중 일부가 1985년경 또다시 의원면직무효확인의 소를 제기하였다가 패소한 사실, 그런데 소외 김원도가 1985.10.경 조건부 징계해임결의에 의한 의원면직처분이 무효임을 내세워 소를 제기하여 1988.4.25. 선고된 대법원판결로 승소 확정되었으며, 이어서 소외 김윤수가 1988.5. 경 위 김원도와 같은 취지의 소를 제기하여 1989.2.경 역시 승소 확정되자 같은 처지에 있던 소외 이원형도 1989.5.경 동일한 내용의 소를 제기하였으나 항소심의에 패소하였다가 1990.8.28 대법원으로부터 위 항소심판결을 파기하는 판결이 선고되었고, 이처럼 원고와 같은 경위로 의원면직처분을 받은 직원들이 제기한 소송의 최종적인 결과에 관심을 갖고 있던 원고는 위 의원면직처분이 무효라는 취지의 대법원판결이 거듭 선고되자 1990.9.3 이 사건 소를 제기하기에 이른 사실을 인정할 수 있으므로, 이러한 사정에 비추어 보면 원고의 이 사건 권리행사의 지체가 그의 단순한 주관적인 동기에 비롯된 것으로 보기는 어렵고 상대방인 피고로서도 이제는 원고가 그의 권리를 행사하지 아니할 것이라고 신뢰할 정당한 사유가 있었다고 볼 수 없으며, 또한 원고에 대한 위 의원면직처분에 의하여 원·피고 사이의 근로관계가 그 무렵 사실상 종료되어 이 사건 소의 제기에 이르기까지 12년 정도의 시일이 경과하였다 하여 곧바로 원고가 다시 피고의 전기원으로 근무하는 것이 현실적으로 어려운 상황으로 되었다고 단정할 수도 없는 것이니 결국 피고의 위 주장은 이유없다 할 것이다.

또한 피고는, 원고의 이 사건 청구는 원·피고 사이에 원고가 피고에게 노무를 제공하고 그 대가로 보수를 청구할 수 있는 고용계약상의 채권채무관계가 존재함을 전제로 하는 것인데, 원, 피고 사이의 고용계약관계는 원고가 사직원을 제출하고 그 무렵 퇴직금까지 수령하여 사실상 종료되었고 그로부터 10년이 경과함으로써 그 고용계약에 따른 채권채무관계는 시효로 인하여 소멸하였으므로 원고가 피고에 대하여 위 고용계약에 기한 임금청구권 등을 행사할 수 없게 되었고 나아가 원고가 다시 피고의 전기원으로 근무하는 것이 현실적으로 어려운 상황이므로 원고에게는 더 이상 피고와의 사이에 즉시 확정할 법률상 이익이 있는 권리나 법률상 지위의 불안, 위험이 현존하지 아니하여 확인의 이익이 없다는 취지로 주장하나, 원고가 피고의 사원임의 확인을 구하는 이 사건 청구는 원, 피고 사이에 개별적으로 구체화되어 존재하는 고용계약상의 권리의무의 확인을 요구하는 것이 아니라 그러한 권리의무의 전제가 되고 또한 그것이 파생되어 나온 기본적인 고용에 관한 법률관계 그 자체의 확인을 구하는 취지로 볼 것인데 그러한 법률관계는 시효소멸의 대상이 되는 채권이라 볼 수 없고, 그 법률관계에서 파생된 구체적인 권리가 시효로 소멸되었다 하여 기본적인 위 법률관계 자체의 확인을 구할 이익이 없어지는 것은 아니라 할 것이며, 또한 원고가 피고의 전기원으로 근무하는 것이 현실적으로 어렵다고 할 수 없음은 앞서 본 바와 같으므로, 피고의 위 주장도 이유 없어 받아들일 수 없다.

그렇다면, 원고의 이 사건 청구는 이유 있어 이를 인용할 것인바, 원판결은 이와 결론을 같이 하여 정당하고 피고의 항소는 이유 없어 이를 기각하기로 하며, 항소비용은 패소자인 피고의 부담으로 하여 주문과 같이 판결한다.

(1-2) 대법원 1992. 1. 21. 선고 91다30118 판결

【원고, 피상고인】	송대홍
【피고, 상고인】	한국전력공사
【원심판결】	서울고등법원 1991.7.12. 선고 91나15692 판결
【주 문】	원심판결을 파기한다. 사건을 서울고등법원에 환송한다.

【이 유】

1. 피고소송대리인들의 상고이유 제1점에 대한 판단

원심은, 피고가 1978.6.16. 인사위원회를 개최하여 피고의 성동영업소 전기원으로 근무하던 원고가 수용가로부터 금품을 받았다는 이유로 원고에게 사직을 권고하여 7.5.까지 원고 스스로 사직원을 제출하면 의원면직으로 처리하되 이에 불응할 경우에는 징계해임으로 처리하도록 하는 내용의 조건부 징계해임결의를 하고, 그 사실을 6.28. 원고에게 통지함에 따라 원고가 7.5. 사직원을 제출하자 의원면직으로 처리한 사실, 피고의 정관 및 취업규칙에 의하면 피고가 그 직원을 징계 해임하는 경우에는 인사위원회의 결의를 거치도록 되어있고, 피고의 취업관리요령에 의하면 인사위원회가 징계사건을 심리함에 있어서 훈계토록 처리될 경미한 사건 또는 본인이 사전에 출석치 않을 의사를 표시하거나 사직당국에 구속되었을 때 또는 기타 사유로 출석이 불가능할 경우를 제외하고는, 비위자 본인을 출석시켜 그의 진술을 들어야 하고 심리기일에 비위자가 결석한 때에는 1회에 한하여 심리를 연기하도록 규정하고 있는데, 위 인사위원회에서는 원고가 사전에 출석치 않을 의사를 표시한 바 없이 위 심리기일에 출석하지 아니하였음에도 불구하고 심리를 연기하지 아니한 채 그대로 위와 같이 조건부 징계해임을 결의한 사실 등을 인정한 다음, 이 인정사실에 의하면 원고가 위와 같이 사직원을 제출하고 이에 따라 의원면직된 것으로 처리되었다고 하더라도 이는 순수한 자의에 의한 의원면직과는 성질이 달라서 의원면직처분이 위 조건부 징계해임처분과 불가분의 관계를 가지는 것인데, 위 조건부 징계해임처분이 피고의 정관. 취업규칙 및 취업관리요령의 규정을 위반하여 징계대상자인 원고에게 출석과 변명의 기회를 부여하지 아니하고 이루어진 것으로서 무효라고 할 것이므로, 이에 기하여 행하여진 이 사건 의원면직처분도 무효라고 판시 하였다.

원심이 설시한 증거관계에 비추어 보면, 원심의 위와 같은 인정판단은 정당한 것으로 수긍이 되고, 소론과 같이 원고가 위 징계해임처분에 대하여 취업관리요령에 따른 항고를 제기하지 아니한 채 사직원을 제출하고 피고로부터 퇴직금까지 수령하였다고 하더라도, 원고가 그 당시 위 징계해임처분이 무효인 것임을 알면서도 스스로 사직원을 제출한 것으로 인정되지 않는 이상, 이 사건 의원면직처분이 징계해임처분의 일부가 아니라고 볼 수 없을 것이므로, 원심판결에 소론과 같이 사실을 잘못 인정한 위법이 있다고 볼 수 없다.

논지는 결국 원심의 전권에 속하는 사실의 인정을 비난하는 것에 지나지 아니하여 받아들일 수 없다.

2. 같은 상고이유 제2의 가. 점에 대한 판단

가. 원심의 판단.

원심은, 원고가 사직원을 제출한 날로부터 이 사건 소를 제기하기까지 12년이 넘는 동안 위 조건부 징계해임처분이나 그에 기한 의원면직처분에 관하여 아무런 법적 구제절차를 취하지 아니하였고, 그에 따라 피고는 원고가 피고와의 고용관계를 더 이상 다투지 아니할 것으로 믿고 새로운 인사체제를 구축하여왔을 뿐 아니라 원고가 다시 피고의 전기원으로 근무하는 것이 현실적으로 어려운 상황임에도, 이 사건 소를 제기하여 원고와 피고사이의 고용관계를 주장하여 원고가 피고의 사원임의 확인을 청구하는 것은 신의칙에 위반되어 허용될 수 없거나 실효의 법리에 의하여 받아들일 수 없는 것이라는 피고의 항변에 대하여, 아래와 같은 이유를 들어 피고의 위 주장은 이유가 없는 것이라고 판단하였다.

즉, 실효의 법리에 따라 권리자가 그 권리를 행사하지 않은 것이 문제가 되는 것은 비록 권리자의 주관적인 동기가 고려되지 않는다 하더라도 그에게 권리행사의 기회가 있어서 이를 현실적으로 기대할 수가 있었음에도 불구하고 행사하지 않은 경우에 한하는 것인바, 원고가 징계처분을 받을 당시 유사한 비위사실로 함께 징계처분을 받은 피고의 직원들 중 일부가 피고를 상대로 징계결의무효확인의 소나 의원면직무효확인의 소를 제기하였으나, 1985년경까지 그들 중 의원면직으로 처리되지 않고 징계해임으로 처리된 일부 직원들은 승소하였음에 반하여 원고와 같이 조건부 징계해임결의를 통고 받아 사직원을 제출하여 의원면직으로 처리된 직원들은 모두 패소하였는데, 원고와 같이 조건부징계해임결의에 의한 의원면직처분을 받았던 소외 김원도가 1985.10.경 의원면직처분이 무효임을 내세워 이 사건과 같은 소를 제기하여 1988.4.25. 선고된 대법원판결로 승소 확정되었으며, 이어서 소외 김윤수가 1988.5.경 위 김원도와 같은 내용의 소를 제기하여 1989.2.경 역시 승소 확정되자, 같은 처지에 있던 소외 이원형도 1989.5.경 동일한 내용의 소를 제기하였으나 항소심에서 패소하였다가 1990.8.28. 대법원에서 위 항소심판결을 파기하는 판결이 선고되었고, 이처럼 원고와 같은 경위로 의원면직처분을 받은 직원들이 제기한 소송의 최종적인 결과에 관심을 갖고 있던 원고는 위 의원면직처분이 무효라는 취지의 대법원판결이 거듭 선고되자 1990.9.3. 이 사건 소를 제기하기에 이른 사실이 인정되므로, 위와 같은 사정에 비추어 보면 원고의 이 사건 권리행사의 지체가 그의 단순한 주관적인 동기에서 비롯된 것으로 보기는 어렵고, 상대방인 피고로서도 이제는 원고가 그의 권리를 행사하지 아니할 것이라고 신뢰할 정당한 사유가 있었다고 볼 수 없으며, 또한 원고에 대한 위 의원면직처분에 의하여 원고와 피고 사이의 근로관계가 그 무렵 사실상 종료되어 이 사건 소의 제기에 이르기까지 12년 정도의 시일이 경과하였다 하여, 곧바로 원고가 다시 피고의 전기원으로 근무하는 것이 현실적으로 어려운 상황으로 되었다고 단정할 수도 없다는 것이다.

나. 일반적으로 권리의 행사는 신의에 좇아 성실히 하여야 하고 권리는 남용하지 못하는 것이므로, 권리자가 실제로 권리를 행사할 수 있는 기회가 있어서 그 권리행사의 기대가능성이 있었음에도 불구하고 상당한 기간이 경과하도록 권리를 행사하지 아니하여, 의무자인 상대방으로서도 이제는 권리자가 권리를 행사하지 아니할 것으로 신뢰할 만한 정당한 기대를 가지게 된 다음에, 새삼스럽게 그 권리를 행사하는 것이 법질서전체를 지배하는 신의성실의 원칙에 위반하는 것으로 인정되는 결과가 될 때에는, 이른바 실효의 원칙에 따라 그 권리의 행사가 허용되지 않는다고 보아야 할 것이다(당원 1988.4.27. 선고 87누915판결, 1991.7.26. 선고 90다15488 판결 등 참조).

특히 이 사건과 같이 사용자와 근로자 사이의 고용관계(근로자의 지위)의 존부를 둘러싼 노동분쟁은, 그 당시의 경제적 정세에 대처하여 최선의 설비와 조직으로 기업 활동을 전개하여야 하는 사용자의 입장에서는 물론, 근로자로서의 임금수입에 의하여 자신과 가족의 생계를 유지하고 있는 근로자의 입장에서도 신속히 해결되는 것이 바람직한 것이므로, 위와 같은 실효의 원칙이 다른 법률관계에 있어서보다 더욱 적극적으로 적용되어야 할 필요가 있다고 볼 수 있다. 더군다나 사용자에 의하여 해고된 근로자가 해고의 효력을 다투는 경우, 해고가 부당노동행위라고 주장하여 노동위원회에 부당노동행위 구제신청을 하는 경우에 관하여는 노동조합법 제40조 제2항에 그 구제신청을 하여야할 기간이 부당노동행위가 있은 날로부터 3월 이내로 규정되어 있으나, 해고가 무효라고 주장하여 법원에 해고무효확인의 소 등을 제기하는 경우의 제소기간에 관하여는 우리 법에 아무것도 규정되어 있지 않기 때문에, 위와 같은 필요성은 더 절실하다.

이와 같은 관점에서 이 사건을 검토하여 보건대, 원심이 판시하고 있는 바와 같이 원고처럼 피고로부터 조건부 징계해임결의를 통고 받고 사직원을 제출함으로써 의원면직처분을 당한 다른 직원들 중 소외 김원도가, 그 조건부 징계해임결의에 의한 의원면직처분이 무효임을 내세워 이 사건과 같은 내용의 소를 제기하여 1988.4.25. 선고된 대법원판결로 승소 확정되었고, 원고가 같은 처지에 있었던 다른 직원들이 제기한 소송의 결과에 관심을 갖고 있었다면, 원고가 이 사건 의원면직처분을 받을 당시에는 그 기초가 된 조건부 징계해임처분에 무효사유가 있음을 알지 못하였다고 하더라도, 1988.4.25. 위 대법원판결이 선고됨으로써 위 김원도에 대한 의원면직처분이 무효인 것으로 판명된 때부터는 이 사건 의원면직처분이 무효인 것도 알게 되었다고 봄이 상당하다고 할 것인바, 그때부터 원고가 이 사건 소를 제기한 날임이 기록상 분명한 1990.9.3.까지 무려 2년 4개월 남짓한 동안 원고가 이 사건 의원면직처분이 무효인 것이라고 주장하여 자신의 권리를 행사하였음을 인정할만한 자료를 기록에서 찾아볼 수 없다.

원심은, 원고가 위 대법원판결이 선고된 후에도 자신과 같은 처지에 있던 소외 김윤수와 이원형이 제기한 소송의 최종적인 결과에 관심을 갖고 있다가1990.8.28.까지 위 대법원판결과 같은 취지의 대법원판결이 거듭 선고되자 이 사건 소를 제기하기에 이른 것이라고 설시하고 있으나, 위 김원도가 제기한 소송에서 이 사건 의원면직처분과 같은 내용의 처분이 무효인 것으로 대법원판결로써 이미 확정된 이상, 그 대법원판결이 취한 견해가 번복될 가능성이 있다고 볼 만한 특별한 사정이 없는 한, 그 후 같은 취지의 대법원판결이 거듭 선고될 때까지 원고에게 권리를 행사할 수 있는 기회나 권리행사의 기대가능성이 없었다고는 도저히 보기 어렵다.

원심으로서는, 1978.7.5. 의원면직으로 처리된 후 10년 가까이나 이 사건의원면직처분의 효력을 다투지 않고 있던 원고가 1988.4.25. 위 김원도에 대한 대법원판결이 선고된 후에도 곧바로 또는 상당한 기간 내에 이 사건 의원면직처분의 효력을 다투지 아니한 채 2년4개월 남짓이나 경과하도록 아무런 권리도 행사하지 아니한 까닭이 무엇인지, 위 대법원판결이 취한 견해가 번복될 가능성이 있거나 원고가 이 사건 의원면직처분이 무효인 것인 점에 관한 확신을 가지지 못할 만한 특별한 사정이 있었는지의 여부 등을 더 소상하게 심리하여 본 다음, 피고의 위 항변이 이유가 있는 것인지의 여부를 가렸어야 할 것이다.

그럼에도 불구하고 원심은 위에서 본 바와 같은 사정만을 설시한 채 원고에게 권리를 행사할 수 있는 기회가 없었으므로 실효의 원칙이 적용될 수 없다는 취지로 판단하였으니, 원심판결에는 실효의 원칙에 관한 법리를 오해하였거나 심리를 제대로 하지 아니한 위법이 있다고 보지 않을 수 없다.

다. 한편 실효의 원칙이 적용되기 위하여 필요한 요건으로서의 실효기간(권리를 행사하지 아니한 기간)의 길이와, 의무자인 상대방이 권리가 행사되지 아니하리라고 신뢰할만한 정당한 사유가 있었는 지의 여부는 일률적으로 판단할 수 있는 것이 아니라, 구체적인 경우마다 권리를 행사하지 아니한 기간의 장단과 함께 권리자 측과 상대방측 쌍방의 사정 및 객관적으로 존재하는 사정 등을 모두 고려하여 사회통념에 따라 합리적으로 판단하여야 할 것으로서, 이사건과 같은 징계해임처분의 효력을 다투는 분쟁에 있어서는, 징계사유와 그 징계해임처분의 무효사유 및 징계해임 된 근로자가 그 처분이 무효인 것을 알게 된 경위는 물론, 그 근로자가 그 처분의 효력을 다투지 아니할 것으로 사용자가 신뢰할 만한 다른 사정(예를 들면, 근로자가 퇴직금이 나 해고수당 등을 수령하고 오랫동안 해고에 대하여 이의를 하지 않았다든지 해고된 후 곧 다른 직장을 얻어 근무하였다는 등의 사정), 사용자가 다른 근로자를 대신 채용하는 등 새로운 인사체제를 구축하여 기업을 경영하고 있는지의 여부 등을 모두 참작하여 그 근로자가 새삼스럽게 징계해임처분의 효력을 다투는 것이 신의성실의 원칙에 위반하는 결과가 되는지의 여부를 가려야할 것이다. 이 경우 근로자의 권리가 부당하게 침해되는 일이 없도록 신중하게 판단하여야 할 것임은 물론이다.

그런데 원심이 판시한 바에 의하면, 원고에 대한 이 사건의원면직처분의 기초가 된 조건부 징계해임처분의 사유는 원고가 수용가로부터 금품을 받았다는 것이고, 위 징계해임처분의 무효사유는 피고가 인사위원회의 심리기일에 결석한 원고에 대하여 심리기일을 1회 연기하지 아니하고 막바로 징계결의를 하였다는 것인바, 이러한 사정들과 원고가 이 사건 의원면직처분이 무효인 것임을 알고서도 2년4개월 남짓한 동안이나 그 처분이 무효인 것이라고 주장하여 자신의 권리를 행사한 바 없다는 점을 함께 고려하여 보면, 원고가 이 사건 의원면직처분으로 면직된 때로부터 12년 이상이 경과된 후에 새삼스럽게 그 처분의 무효를 이유로 피고와의 사이에 고용관계가 있다고 주장하여 이 사건과 같은 소를 제기하는 것은, 앞에서 본 바와 같은 노동분쟁의 신속한 해결이라는 요청과 신의성실의 원칙 및 실효의 원칙에 비추어 허용될 수 없는 것이라고 볼 여지가 없지 아니하다(당원 1989.9.29. 선고 88다카19804 판결, 1989.12.12. 선고 88누8869 판결, 1990.11.23. 선고 90다카25512 판결, 1991.4.12.선고 90다8084 판결 등 참조).

또 기록에 의하면, 피고는 원고가 이 사건 의원면직처분으로 면직된 후 피고로부터 퇴직금을 수령하였다고 주장하고 있음을 알 수 있는바, 원심은 이점에 대하여 아무런 심리판단도 하지 않고 있으나, 만일 원고가 피고로부터 퇴직금을 수령한 바 있다면, 원고가 이 사건 의원면직처분이 무효인 것임을 알게 된 후 에도 수령한 퇴직금을 반환하지 아니하고 그대로 보유하고 있다는 사정도 위와 같은 실효의 원칙을 적용함에 있어서 고려되어야 할 것이므로, 원심이 이 점에 대하여 심리판단하지 아니한 것도 잘못이라고 할 것이다.

그렇다면 원심이 저지른 위와 같은 위법은 판결에 영향을 미친 것이라고 보지 않을 수 없으므로, 이 점을 지적하는 논지는 이유가 있다.

3. 그러므로 피고의 나머지 상고이유(제2의 나. 점)에 대한 판단을 생략한 채 원심판결을 파기하고, 다시 심리판단하게 하기 위하여 사건을 원심법원에 환송하기로 관여법관의 의견이 일치되어 주문과 같이 판결한다.

(2-1) 서울고등법원 1993. 4. 27. 선고 92나33970 판결

【원고, 항소인 겸 피항소인】 쌍용양회공업주식회사

【피고, 피항소인 겸 항소인】 쌍용건재 주식회사

【원심판결】 서울지방법원 북부지원 1992. 4. 28. 선고 91가합470 판결

【주 문】

1. 제1심판결을 다음과 같이 변경한다.
   가. 피고는 "쌍용건재주식회사"를 상호로 사용하거나 별지 1.표시 표장을 상표로 사용하여서는 아니 되며, 위 표장을 붙인 건축자재(석재 포함)와 토목 건설장비 및 공작기계들을 판매하거나 위 상품의 용기 또는 포장지에 위 표장을 붙이거나 위 상품에 관한 광고에 위 표장을 붙여서 전시 또는 반포하여서는 아니 된다.
   나. 피고는 별지 1.표시 표장을 부착한 상호간판, 광고선전물 및 포장지로부터 같은 표장부분을 삭제하라.
   다. 피고는 원고에게 서울민사지방법원 상업등기소 1983. 4. 14. 등기번호 제40,593호로 경료한 피고의 법인설립등기의 상호 "쌍용건재주식회사"를 다른 상호로 변경하는 등기 절차를 이행하라.
   라. 피고는 원고에게 금 5,000,000원 및 이에 대한 1992. 4. 29.부터 1993. 4. 27.까지는 연5푼의, 그 다음날부터 완제일까지는 연2할5푼의 각 비율에 의한 금원을 지급하라.
   마. 원고의 나머지 청구를 기각한다.
2. 소송총비용은 이를 4분하여 그 1은 원고의, 나머지는 피고의 각 부담으로 한다.
3. 제1의 라.항은 가집행할 수 있다.

【청구취지】

피고는 별지 1. 표시의 표장을 상호나 상표로 사용하여서는 아니되며 위 표장을 붙인 건축자재(석재 포함)와 토목건설장비 및 공작기계들을 판매하거나 위 상품의 용기 또는 포장지에 위 표장을 붙이거나 또는 위 상품에 관한 광고에 위 표장을 붙여서 전시 또는 반포하여서는 아니된다. 피고는 그가 소유, 점유하고 있는 별지 1. 표시의 표장을 부착한 상호간판과 광고선전물 및 포장지 등을 파기하라. 피고는 현재의 상호를 새로운 상호("쌍용"이란 칭호가 없는 다른 상호)로 즉시 변경 등기하라. 피고는 별지 3. 기재의 사죄광고문을 같은 기재의 요령으로 같은 기재의 신문에 각 2회 이상 게재하라. 피고는 원고에게 금20,000,000원 및 이에 대한 이 사건 제1심판결 선고일 다음날부터 완제일까지 연2할5푼의 비율에 의한 금원을 지급하라. 소송비용은 피고의 부담으로 한다 라는 판결 및 금원 지급부분에 관한 가집행선고

【원고의 항소취지】

제1심판결 중 원고 패소부분을 취소한다. 피고는 그가 소유, 점유하고 있는 별지 1. 표시의 표장을 부착한 상호간판과 광고선전물 및 포장지 등을 파기하라. 피고는 현재의 상호를 새로운 상호("쌍용"이란 칭호가 없는 상

호)로 즉시 변경 등기하라. 피고는 별지 3. 사죄 광고문을 같은 기재의 요령으로 같은 기재의 신문에 각 1회 이상 게재하라. 소송총비용은 피고의 부담으로 한다 라는 판결

【피고의항소취지】

제1심판결 중 피고 패소부분을 취소하고, 위 취소부분에 해당하는 원고의 청구를 기각한다. 소송총비용은 원고의 부담으로 한다라는 판결

【이 유】

(증거)를 종합하면, 원고회사는 1962. 5. 14. "쌍용양회공업주식회사"란 상호로 설립되고, 양회 제조 및 판매업, 국내외 무역업, 레미콘, 스레이트, 경량 콘크리트 제품, 골재 기타 시멘트 제품의 제조 판매업, 건축용 자재의 제조 및 판매업, 일반요업 및 정밀요업제품 등 비금속광물제품의 제조 및 판매업 등 건축자재의 제조 판매업을 영업 목적으로 하고 있으며, 현재의 자본금은 1,272억여 원이고, 1987년도의 매출액은 5,000여억 원에 이르고 있는 사실, 원고회사는 국내 굴지의 재벌그룹인 "쌍용그룹"의 주력 기업이면서 그 구성회사로서 많은 비용을 들여 광고를 계속하여 옴으로써 원고 회사의 상호는 원고회사가 등록 사용 중인 별지 2. 기재의 상표와 더불어 국내에 널리 인식되어 있는 사실, 한편 피고회사는 "쌍용건재주식회사"란 상호로 1983. 4. 14. 설립되어 현재 자본금 1억 5천 만 원이며, 대리석 판매업, 건축자재 판매업, 기계류 판매업, 대리석 가공업 등을 목적으로 영업을 영위하고 있고, 설립 당시에는 이태리 수입대리석의 판매를 주업종으로 하다가 점차 쌍용오로라(홍보석), 상주석 채석 및 가공, 수입 공학기계, 건설 및 산업용 장비, 철근 및 수입합판 납품 판매업 등을 영위하고 있고, 본사 외에 충주, 상주에 지점을 두고 있으며, 1988년도 매출액은 38억여 원인 사실, 피고회사는 그 제품이나 용기, 포장지, 광고용 카타로그, 신문광고 등에 별지 1. 표시의 각 표장을 사용하거나, 상품명으로서 같은 표시의 (자)(차)와 같은 표장을 사용하고, 1985. 7.경 피고회사의 대리석 절단기 및 다이야몬드팁의 상표로서 같은 (가)(나)와 같은 표장을 상표로 등록하려다가 원고회사의 이의를 받아 등록 거절된 바 있는 사실, 원고회사는 1990. 4. 24.과 같은 해 8. 14.에 걸쳐 피고회사에 대하여 위 상호 및 표장 등을 사용하지 말 것을 최고하였음에도 피고회사는 계속하여 이를 사용하고 있는 사실을 각 인정할 수 있고 달리 반증이 없다.

그러므로 원고회사의 상호와 피고회사의 상호 및 별지 2. 기재 원고회사의 상표와 별지 1. 표시의 피고회사가 사용 중이거나 사용하려는 표장들의 동일 유사성 여부 및 상호 혼동의 위험성이 있는지에 관하여 보건대, 원고회사의 상호 및 상표는 "쌍용양회공업"과 "쌍용"의 부분에 각 주요부분이 있고 상표에는 "S"자 2개를 겹쳐 구성한 도형을 결합시켰으며, 피고회사의 상호 내지 별지 기재 표장은 "쌍용건재"와 "쌍용"의 부분에 각 주요한 구성부분이 있는 바, 위 상표와 표장 중 "쌍용" 부분은 한자식 표기인 "쌍용(雙龍)"과 영자식 표기인 "SsangYong"까지 모두가 외관과 칭호에 있어 동일하며, 상호가 반드시 영업 목적을 엄밀히 표현하고 있지는 아니한 경제계의 실상에 비추어 위 "양회공업"이나 "건재"부분은 그 의미는 엄격히 보아 다르다 하더라도 모두가 건축현장에서 혼재하여 쓰일 수 있는 건축자재에 관한 것으로서 전혀 무관계한 것이라고 할 수 없고, 또 원고회사는 시멘트제품 기타 건축자재의 제조 판매업을, 피고회사는 대리석 기타 석재류와 가공기계기구 등 건설장비를 각 주업종으로 하고 있어 서로 유사한 영업에 종사한다고 보아야 할 것이며, 또한 부정경쟁방지법상의 혼동의 위험성이란 상품뿐만 아니라 영업주체 및 영업주체 상호간이 경영적, 자본적 관계의 혼동위험성까지를 규제의 대상으로 하는 취지로 보이는 점 등을 종합하여 보면, 결국 원고회사와 피고회사의 상호 및 위 상표와 표장들은 서로 동일 또는

유사한 것으로서 혼동의 위험성이 있는 것이라 할 것이므로, 피고회사가 이를 사용하거나 사용하고자 함은 특별한 사정이 없는 한 부정경쟁방지법 제2조 제1호 제가.나.목 소정의 부정경쟁행위에 해당한다고 할 것이고, 이로 인하여 원고회사는 영업상의 이익이 침해되거나 침해될 우려가 있다고 할 것이다.

이에 피고회사는, 위의 상호를 정한 것은 위 1983년 설립 당시 피고회사가 판매하고 있던 대리석을 수입 중이던 소외 주식회사쌍용으로부터 제의를 받은 데에 따른 것이며, 그 이후 소외회사로부터 대리석 판매장소를 전대차하기도 하고 소외 회사가 수입한 공작기계에 대하여 신문광고를 함에 있어 피고회사를 대리점으로 게재하기도 하면서 1990. 3.말까지의 기간 동안 위 소외회사와의 사이에 금액 누계 금22억여원 상당의 대리석, 공작기계 등을 거래하여 왔으므로, 원고회사는 위 상호 선정 당시 피고회사의 상호 사용을 승낙한 것이고, 그렇지 않다고 하더라도 위와 같은 거래관계에 비추어 피고회사로서는 원고회사가 권리를 행사하지 아니할 것으로 믿을 만한 정당한 사유가 있었으므로 장기간이 지난 지금에 와서 원고회사가 이 사건 청구를 함은 권리의 남용이거나 신의칙에 반하는 것으로 그 청구권은 실효하였다고 주장하므로 보건대, (증거)에 의하면 피고회사가 위 소외회사의 최명미상 부장의 제의를 받아 피고회사의 상호를 정하고, 소외회사와의 간에 피고 주장과 같은 거래를 하여온 사실을 인정할 수 있으나, 소외회사는 원고회사가 소속된 쌍용 그룹 내 하나의 계열회사에 지나지 아니한 바, 그 소외회사의 최부장으로부터 제의를 받아 피고회사가 상호를 정하였다거나 피고회사가 소외회사와의 사이에 위와 같은 거래를 하여 왔다는 사실만으로는 원고회사가 피고회사의 상호 사용을 승낙하였다고 볼 수 없을 뿐 아니라, 유사상호나 유사상표의 사용금지청구의 필요성은 당사자들 사이의 거래관계의 변화나 사업계의 동향에 따라 변동될 수 있는 것이므로 피고회사가 위 상호 등을 사용하기 시작한 때로부터 상당한 기간이 경과한 후에 원고회사가 이 사건 소송을 제기하였다는 것만으로는 그것이 권리남용에 해당하거나 신의칙에 반한다고 할 수 없으며 그 청구권이 실효하였다고 볼 수도 없다 할 것이므로 위 주장은 그 이유없다.

그렇다면, 피고는 원고의 상호 및 표장과 유사하여 혼동위험성이 있는 현 상호를 사용하거나 별지 1. 표시의 표장을 상표로 사용하여서는 아니 되며, 위 표장을 붙인 건축자재(석재 포함)와 토목 건설장비 및 공작기계들을 판매하거나 위 상품의 용기 또는 포장지에 위 표장을 붙이거나 위 상품에 관한 광고에 위 표장을 붙여서 전시 또는 반포하여서는 아니 될 의무가 있고, 별지 1. 표시의 표장을 부착한 상호간판, 광고선전물 및 포장지에 대하여 원고는 이의 전체에 대한 파기를 주장하나 그 목적물 중 위 표장부분만을 삭제함으로써 그 목적을 달할 수 있다고 인정되므로 그 부분의 삭제의무가 있으며, 원고는 피고가 사용 중인 위 유사 상호에 대하여 부정경쟁방지법 제4조에서 정한 부정경쟁행위의 금지청구권의 내용으로서 피고에 대하여 상호의 변경등기를 청구할 수 있다고 할 것이므로 피고는 서울민사지방법원 상업등기소 1983. 4. 14. 등기번호 제40,593호로 경료한 피고의 법인설립등기 중 상호 "쌍용건재주식회사"를 다른 상호로 변경하는 등기 절차를 이행할 의무가 있다 할 것이고, 피고는 원고로부터 위 상호와 표장의 사용중지를 요청받고서도 계속하여 이를 일부 상표에 사용함으로써 원고의 신용을 훼손하였다고 할 것이므로 피고는 그 손해배상으로 원고 청구의 위자료를 지급할 의무가 있는 바, 그 액수는 앞서 인정한 피고의 상호 등 사용의 경위와 기간, 법인의 규모와 영업내용 등에 비추어 볼 때 금5,000,000원으로 정함이 상당하다고 인정되므로 피고는 위 금원 및 이에 대하여 원고가 구하는 제1심판결 선고일 다음날인 1992. 4. 29.부터 피고가 손해배상의무의 존부와 범위에 관하여 항쟁함이 상당하다고 인정되는 당심판결 선고일인 1993. 4. 27.까지는 민법 소정의 연5푼의, 그 다음날부터 완제일까지는 소송촉진등에관한특례법 소정의 연2할5푼의 각 비율에 의한 지연손해금을 지급할 의무가 있다 할 것이며, 원고는 피고에 대하여 위와 같은 부정경쟁행위를 한 데에 대하여 원고의 실추된 신용의 회복을 위하여 별지 3. 기재의 사죄광고문을 같은 기재의 신문에 같은 기재 요령으로 게재할 것을 청구하고 있으나, 사죄광고를 명하는 것은 헌법상 보장된 양심의 자유와 인격권을 침해할 소지가 있을 뿐 아니라 사죄광고 이외의 방법으로도 영업상의 신용 회복을 위한 조치를 구할 수 있다고 할 것이므로 위 청구는 받아들일 수 없다.

따라서 원고의 이 사건 청구는 위 인정 범위 내에서 이유 있어 이를 인용하고 그 나머지 청구는 이유 없어 기각할 것인 바, 이와 결론을 달리한 제1심판결은 부당하고, 원고 및 피고의 각 항소로 인하여 제1심판결은 원고의 청구가 기각된 부분 중 일부는 추가로 인용되고, 인용된 부분 중 일부는 기각되게 됨으로써 이와 결론을 달리 하게 되어 부당하므로 제1심판결을 주문과 같이 변경하기로 하며, 소송비용의 부담에 관하여는 민사소송법 제96조, 제92조, 제89조를, 가집행선고에 관하여는 같은 법 제199조제1항을 각 적용하여 주문과 같이 판결한다.

[별지](중략)

3. 사과문

양회제조·판매업, 광산개발업, 국내외 무역업, 토목건축업, 건축용자재의 제조.판매업 등 16개의 사업과 그 부대사업을 영위하는 쌍용양회 주식회사(대표이사 우덕창)가 국내 굴지의 대기업이자, 이회사가 속해있는 쌍용그룹이 저명한 기업집단이라는 점에 착안하여 그 상호의 요부(쌍용)를 무상으로 차용해 우리회사의 상호로 사용하면서 각종건축자재(석재포함)등을 수입·판매함으로써 일반 소비자들에게 위 회사의 상품이나 영업상의 활동과 오인·혼동을 야기시켰을 뿐만 아니라 위 회사 및 쌍용그룹에 물심양면으로 많은 심려를 끼쳐드린 것을 깊이 사과드리며, 조속한 시일 내에 아래의 상호를 다른 상호로 변경 등기할 것을 약속합니다.

국내에 널리 알려진 타인의 상호와 동일·유사한 상호를 사용하여 오인·혼동을 야기함은 선량한 소비자를 기만하고 상거래 질서를 어지럽히는 부정경쟁행위이므로 향후 이런 불법행위를 하지 않을 것을 엄숙히 서약하오며, 아울러 사업주 여러분들께서도 전 국민에게 저명하게 인식된 쌍용그룹(Group)의 "쌍용" 상호를 부정하게 사용하는 일이 없도록 삼가 조언하는 바입니다. 1991년 월 일 쌍용건재 주식회사 서울특별시 ㅇㅇ구 ㅇㅇ동127 대표이사 강♡

4. 사과문의 게재 방법

피고(1) 쌍용건재 주식회사는 위 사과문을 서울에서 발간하는 일간신문(조간, 석간)에 5단 15센티미터로 각 1회 이상 게재할 것.

(2-2) 대법원 1994. 6. 28. 선고 93다26212 판결

【원고, 피상고인】 쌍용양회공업 주식회사

【피고, 상고인】 쌍용건재 주식회사 소송대리인 변호사 김광정

【원심판결】 서울고등법원 1993.4.27.선고 92나33970 판결

【주 문】 상고를 기각한다. 상고비용은 피고의 부담으로 한다.

【이 유】

피고 소송대리인의 상고이유를 본다.

1. 부정경쟁방지법은 1991.12.31. 법률 제4478호로 개정 공포되었고 그 시행일에 관하여 부칙에 위 법률의 공포 후 1년을 넘지 않는 범위 내에서 대통령령이 정하는 날부터 시행하도록 규정하고 있으며 1992.12.14. 대통령령 제13781호로서 개정 공포된 같은법 시행령 부칙에 위 개정된 부정경쟁방지법의 시행 일자를 1992.12.15.로 정하고 있다. 따라서 원심의 변론종결일인 1993.3.16. 당시에는 개정된 부정경쟁방지법(이하 신법이라 약칭한다)이 시행되고 있었고, 다른 법률과의 관계를 규정한 신법 제15조에는 개정 전의 부정경쟁방지법(이하 구법이라 약칭한다) 제9조와는 달리 "상법 중 상호에 관한 규정"을 개정된 부정경쟁방지법에 우선하여 적용되는 법률로 규정하고 있지 아니한다.

그러므로 신법이 아직 시행되지 아니하고 구법에 따라 상법 중 상호에 관한 규정이 부정경쟁방지법에 우선 적용됨을 전제로 하여 부정경쟁방지법을 적용, 판단한 원심판결을 비난하는 피고소송대리인의 상고논지는 신법의 시행시기를 오해한 것으로서 이유없다.

2. 실권 또는 실효의 법리는 신의성실의 원칙에 바탕을 둔 파생적인 원리로서 이는 본래 권리행사의 기회가 있음에도 불구하고 권리자가 장기간에 걸쳐 그 권리를 행사하지 아니하였기 때문에 의무자인 상대방은 이미 그의 권리를 행사하지 아니할 것으로 믿을 만한 정당한 사유가 있게 되거나 행사하지 아니할 것으로 추인케 할 경우에 새삼스럽게 그 권리를 행사하는 것이 신의성실의 원칙에 반하는 결과가 될 때 그 권리행사를 허용하지 않는 것을 의미한다(당원 1988.4.27.선고 87누915판결; 1991.7.26.선고 90다15488 판결 등 참조)

소론은 피고 회사가 1983.4. 설립된 후 원고의 계열회사인 주식회사 쌍용과 거래하여 오면서 신문에 피고 회사 상호가 포함된 광고를 한 사실이 있었음에도 원고 회사가 이에 대하여는 아무런 이의를 하지 않고 다만 피고회사의 "쌍용"이 포함된 상표등록출원에 대하여서만 이의를 제기하다가 이제 와서 소를 제기한 것은 신의칙에 위배되어 청구권이 실효되었다는 것이나 기록에 의하면 원고 회사는 피고 회사가 설립된 지 약 7년이 경과한 1990.4.24. 및 같은 해 8.14. 두 차례에 걸쳐 상호 등의 사용중지를 요청하였고 1991.1.10.에 이르러 이 사건 소를 제기한 사실이 인정되는바, 위 기간이 피고 회사로서 원고 회사가 권리행사를 아니할 것으로 믿을 만한 정당한 사유가 있게 되는 충분한 기간이라고 보기 어렵고 원고 회사가 새로 설립되어 매출액이 많지 않은 피고회사를 상대로 더욱 신속한 법적 조치를 취하지 아니하였다는 사정만으로는 이 사건 청구가 신의칙에 위배되거나 신의칙상 실권되었다고 할 수 없다.

같은 취지의 원판결은 정당하고 거기에 소론과 같은 법리오해의 위법이 없으므로 논지도 이유없다.

3. 그러므로 상고를 기각하고 상고비용은 패소자의 부담으로 하여 관여법관의 일치된 의견으로 주문과 같이 판결한다.

5 사정변경의 원칙

(1-1) 광주고등법원 1990. 1. 14. 선고 89나5576 판결

【원고, 항소인】 임점례

【피고, 피항소인】 이갑식

【원심판결】 광주지방법원 1988. 10. 13. 선고 87가합746 판결

【환송판결】 대법원 1989. 9. 26. 선고, 89다10767 판결

【주 문】

1. 원심판결을 취소한다.
2. 피고는 원고에게 별지목록기재 제 1,2,3토지에 관하여 1981. 7. 12. 매매를 원인으로 한 소유권이전등기절차를 이행하라.
3. 소송 총 비용은 피고의 부담으로 한다.

【청구취지】

주위적 청구취지: 주문 제2, 3항과 같다.

예비적 청구취지: 피고는 원고에게 별지목록기재 제 1, 2, 3, 4 토지에 관하여 1981. 7. 12. 매매를 원인으로 한 소유권이전등기절차를 이행하라. 소송총비용은 피고의 부담으로 한다라는 판결(환송 후 당심에서 청구취지가 변경되었다)

【항소취지】

원심판결을 취소한다. 주위적으로, 피고는 원고로부터 금 13,580,000원을 지급받음과 동시에 원고에게 별지목록기재 제 1, 2, 3 토지에 관하여 1981. 7. 12. 매매를 원인으로 한 소유권이전등기절차를 이행하라. 예비적으로, 피고는 원고로 부터 금 15,505,000원을 지급받음과 동시에 원고에게 별지목록 기재 제 1, 2, 3, 4토지에 관하여 1981. 7. 12. 매매를 원인으로 한 소유권이전등기 절차를 이행하라. 소송비용은 제 1, 2심 모두 피고의 부담으로 한다 라는 판결.

【이 유】

1. 원고를 대리한 소외 김행일이 1981. 7. 12. 피고와 별지목록기재 제 1, 2, 3토지(이하 이 사건 토지라고 함)에 관하여 그 면적을 합계 1,016평(계약서에 위 3필지 토지의 지번과 합계면적만 표시하고 각 필지별 면적은 표시하지 아니하였다)으로 표시하고, 그 대금을 평당 금 35,000원씩으로 계산하여 합계 금 35,560,000원으로 정한 매매계약을 체결하면서 계약당일 계약금 3,500,000원을 지급하고, 중도금 14,000,000원은 같은 해 8. 1. 에, 잔금 18,060,000원은 같은 달 21. 에 소유권이전등기에 필요한 서류와 상환으로 지급하기로 약정한 사실과 원고가 위 중도금을 지급한 사실은 당사자 사이에 다툼이 없다.

2. 원고의 주위적 청구에 관하여 본다.

가. 각 성립에 다툼이 없는 갑 제1호증의 1 내지 3(각 등기부등본), 갑 제2호증의 1 내지 3(각 토지대장등본),

갑 제12호증(공탁서)의 각 기재에 의하면, 이 사건 토지의 전체면적이 888평으로서 위 계약상 면적 1,016평보다 128평이 부족한 사실과 원고가 이 사건이 대법원에서 환송된 후인 1990. 2. 1. 이 사건 토지에 관한 잔대금 13,580,000원(18,060,000 - (128 × 35,000))과 별지목록기재 제 4토지에 대한 잔대금을 합한 합계금 15,505,000원을 광주지방법원에 변제공탁한 사실이 인정되고 반증이 없으며, 위와 같이 매매목적물인 토지에 관하여 그 대금을 평당 단가로 계산하여 결정하였는데 그 토지면적의 수량일부가 부족할 경우에는 특별한 사정이 없는 한 매수인은 그에 상응하는 대금감액청구를 할 수 있고 매도인은 그에 응할 의무가 있다고 할 것인 바, 위 인정사실에 의하면 이 사건 매수인인 원고로서는 그 매매목적물인 이 사건 토지의 실제면적에 상응하는 매매대금을 모두 지급하였다고 할 것이므로 그 매도인인 피고는 원고에게 이에 관하여 위 매매를 원인으로 한 소유권이전등기절차를 이행할 의무가 있다 할 것이다.

나. 이에 대하여 피고는, 원고가 이 사건 매매계약을 위약함에 따라 피고가 다음에서 보는 바와 같이 이 사건 매매계약의 해제의사표시를 함으로써 이 사건 매매계약은 적법하게 해제되었다고 항변하므로 이에 관하여 순차 살펴본다.

(1) 피고는 먼저, 이 사건 매매계약은 피고의 1982. 6. 30. 자 계약해제 의사표시에 의하여 해제되었다고 주장하므로 살피건대, 각 성립에 다툼이 없는 을 제1호증의 1, 2, 을 제2호증(각 판결), 공성부분은 성립에 다툼이 없고 사문서부분은 변론의 전 취지에 의하여 진정 성립이 인정되는 을 제5호증의 14(통지서)의 각 기재와 환송 후 당심증인 김길주의 증언에 변론의 전 취지를 종합하면, 피고가 1982. 6. 23. 원고에게 이 사건 토지의 소유권이전등기에 필요한 서류가 준비되었으니 같은 달 30. 까지 잔대금 13,580,000원과 상환으로 이 사건 토지에 대한 소유권이전등기를 하여 갈 것을 최고한 사실이 인정될 뿐 위 증거들만으로 피고가 이 사건 매매계약을 해제한다는 의사표시까지 하였다고는 인정할 수 없고, 달리 이를 인정할 수 있는 아무런 증거가 없으므로, 이 사건 매매계약이 위 1982. 6. 30. 자 이행최고에 의하여 해제되었다는 피고의 위 주장은 그 이유없다.

(2) 피고는 또한, 이 사건 매매계약은 피고의 1987. 12. 24. 자 계약해제 의사표시에 의하여 해제되었다고 주장하므로 살피건대, 각 성립에 다툼이 없는 을 제6호증의 8(인감증명), 공성부분은 성립에 다툼이 없고 사문서부분은 변론의 전 취지에 의하여 진정 성립이 인정되는 을 제6호증의 9(통보서)의 각 기재와 위 증인 김길주의 증언에 변론의 전 취지를 종합하면, 피고가 이 사건 소송이 제기된 후인 1987. 12. 24. 원고에게 원래의 이 사건 매매계약에 의한 잔대금 18,060,000원과 이에 대한 그 지급기일 다음날인 1981. 8. 22. 부터 1987. 12. 30. 까지 연 5푼의 비율에 의한 지연손해금 5,739,616원 및 다음에서 보는 원고와 피고사이의 확정된 민사소송에 관하여 원고가 부담할 소송비용 금 1,600,000원등 합계 금 25,399,616원(18,060,000 ＋ 5,739,616 ＋ 1,600,000)을 같은 달 31. 까지 피고에게 지급하면 원고의 이 사건 이전등기청구에 응하되 위 기간까지 위 금원을 지급하지 아니하면 위 매매계약을 해제한다는 내용의 통고를 한 사실을 인정할 수 있다.

그러나 앞서 본 바와 같이 원·피고가 이 사건 매매계약의 목적물을 정함에 있어 피고의 착오로 다른 목적물을 계약서에 표시한 경우에도 특별한 사정이 없는 한 그 계약서에 표시된 토지가 목적물이 된다고 할 것인데(민법상 타인의 권리의 매매도 가능하다), 피고의 위 1987. 12. 24. 자 통고는 1982. 6. 23. 자 최고에 의하여 이행을 최고한 매매목적물의 면적에 상응하는 감액된 매매잔대금 13,580,000원이 아니라 당초의 약정매매잔대금 18,060,000원과 이에 대한 지연손해금 및 별소의 소송비용등의 이행을 최고하면서 이를 이행하지 아니하면 이행최고 기한인 1987. 12. 31. 의 도과로 매매계약이 당연히 해제 된다는 이행최고로서 그 청구금액과 최고의 내용이 상이하므로 위 1987. 12. 24. 자 이행최고는 1982. 6. 23. 자 이행최고와는 별개의 새로운 이행최고라 할 것이고, 따라서 동시이행관계에 있는 피고의 이행의무의 내용도 대상 토지가 확대되어 후자의 이행최고에 있어서는 전자의 것보다 더 확대되어 있다 할 것인데, 피고가 1987. 12. 24. 자 이행최고를 하면서 자신의 계약상의 의무에 대한 이행의 제공을 하였음에 대한 아무런 주장 입증이 없으므로 피고의 위 1987. 12. 24. 자 이행최고 및 계약해제통지에 의하여 이 사건 매매계약이 적법하게 해제되었다고 할 수가 없을 뿐만 아니라, 매수인이 매매목적물의 수량일부가 부족하여 감액청구를 할 수 있는 경우에 매도인이 이를 거절하고 원래의 약정 매매대금 전액의 이행을 청구하거나 또는 계약상 의무가 없거나 소유권이전등기와 동시이행관계에 있지도 아니한 과다한 금액의 이행을 구하는 이행의 최고는 부적법하여 이에 기한 계약해제의 효력이 발생할 수 없다 할 것인 바, 위에서 인정한 사실에 의하면, 매수자인 원고는 이 사건 매매계약 목적물의 수량일부가 부족하여 대금감액을 청구할 수 있었는데도, 피고는 처음에는 스스로 실제면적에 상응하는 매매잔대금 13,580,000원의 지급을 최고하다가 위 해제 통고시에는 원고의 대금감액요구를 거절하고 약정매매잔대금 전액 및 이에 대한 약정잔대금 지급기일 다음날부터의 지연손해금과 이 사건 토지의 소유권이전등기의무와 동시이행관계에 있지도 아니한 별소의 소송비용을 합하여 그 전액을 이행할 것을 구하였던 것이므로 피고의 1987. 12. 24. 자 최고는 그 자체가 과다한 최고이어서 부적법하다 할 것이고, 따라서 이에 기한 계약해제의 의사표시가 있다 하더라도 이는 그 효력을 발생할 수 없다 할 것이므로 피고의 위 계약해제 주장 또한 그 이유없다 할 것이다.

(3) 피고는 또한, 원고가 피고를 사기죄로 고소하는 한편 이 사건 매매계약이 해제되었거나 또는 이를 취소하였음을 이유로 매매대금 반환청구의 소를 제기함으로서 이 사건 매매계약을 이행할 의사가 없음을 명백히 하였고, 또 피고의 위 1982. 6. 23. 자 이행의 제공으로 인하여 원고가 이행지체 상태에 있었으므로 피고는 새로운 이행의 제공이 없이 이 사건 매매계약을 해제할 수 있다고 주장하므로 살피건대, 위 갑 제1호증의 1내지 3, 을 제1호증의 1,2, 을 제2호증, 을 제6호증의 9, 각 성립에 다툼이 없는 갑 제3호증의 1(부동산 매매계약서), 갑 제4호증의 1, 2(각 매매계약 해제통지서), 갑 제5호증의 1, 2(각 지적도 및 확대도), 갑 제6호증(등기부등본), 갑 제9호증의 4,7, 을 제5호증의 6 내지 8, 12, 13(각 증인신문조서), 을 제1호증의 3(결정), 을 제3호증(이전등기필증), 을 제4호증의 3, 5(각 피의자신문조서), 을 제5호증의 5(공판조서), 을 제5호증의 18, 19, 20(각 판결), 을 제6호증의 7(등기권리증)의 각 기재와 원심증인 김행일, 박정기의 각 증언(다만 갑 제9호증의 4, 7, 을 제5호증의 6, 8, 18, 19의 각 일부기재와 위 김행일의 일부증언 등 다음에서 믿지 않는 부분 제외)에 변론의 전 취지를 종합하면, 이 사건 토지는 서로 인접하여 위치하고, 또 별지목록기재 제 4토지는 이 사건 제2, 3토지와 인접해 있는데 피고는 1980. 2. 23. 소외 김갑동으로부터 이 사건 제 1,2토지와 위 제 4토지 등 합계 1,016평을 매수하여 피고명의로 소유권이전등기까지 마쳤으나 위 제 3토지는 피고의 소유가 아닌 소외 박평규의 소유였던 사실, 피고는 당초 전매할 목적으로 소외 박정기의 소개로 이 사건 제 1,2 토지와 위 제 4토지를 매수한 다음 그 관리도 위 박정기에게 위임하였던 관계로 자신이 매수한 토지의 지번·면적을 정확히 알지 못하고 지내오다가 위 박정기가 위 토지들을 전매해 주겠다고 하여 원고를 대리한 소외 김행일과 이 사건 매매계약을 체결하면서 현장을 직접보거나 등기권리증, 등기부등본등으로 확인하지 아니한 채 지적도만을 보고 이 사건 토지가 자신의 소유이고 그 면적이 1,016평인 것으로 잘못 알고 매매목적물과 그 면적을 위와 같이 표시한 사실, 피고는 그 뒤 위 중도금을 수령할 무렵에야 비로소 이 사건 토지 중 제 3토지가 타인의 소유인데 이를 매매목적물에 잘못 포함시킨 것을 알고 위 박정기에게 이 사건 제 3토지를 위 하남리 산 81의 2 임야로 정정하여 줄 것과 이를 원고 측에 알리고

그 정정을 인정해 줄 것을 요청하였으나 원고는 피고가 타인의 토지를 자신의 것이라고 하고 평수까지 속여서 원고에게 매도함으로써 계약금 및 중도금을 사취하였다고 피고를 사기죄로 고소함으로서 피고가 구속 기소되어 1,2심에서는 유죄판결을 선고받았으나 대법원에서 파기 환송되어 기망의 고의가 없다는 이유로 무죄판결을 선고받아 확정된 사실, 원고는 위와 같이 피고를 사기죄로 고소하는 동시 피고에게 위 매매계약의 취소를 주장하면서 계약금 및 중도금의 반환을 요구하자 피고는 위 제 3토지를 매매목적물로 기재한 것은 착오이니 나머지 2 필지만이라도 매수하여 줄 것을 원고에게 요청하였으나 원고가 이를 거절하여 1982. 6. 17. 위 제 3토지를 그 소유자인 소외 박평규로부터 매수한 뒤 이 사건 토지의 소유권이전등기에 필요한 서류일체를 광주시 동구 소재 박문수 사법서사 사무실에 보관하여 두고 같은 달 23. 경 원고에게 같은 달 30. 까지 매매잔대금 13,580,000원과 상환으로 위 서류일체를 수령해 갈 것을 최고한 사실, 그 뒤 원·피고 쌍방 간에 위 계약에 관하여 별다른 의사표시가 없다가 원고가 1984. 12. 초경 피고를 상대로 광주지방법원 84가합1024호로서 위 매매계약은 피고의 사기에 의한 것으로 이를 취소한다고 주장하면서 매매대금반환등 청구의 소를 제기하였으나 위 법원에서 1986. 6. 26. 피고의 기망사실이 인정되지 아니하다는 이유로 원고패소판결이 선고되었고 그 판결은 그 뒤 원고의 항소와 상고허가신청이 각 기각되어 1987. 5. 26. 자로 확정된 다음 원고는 같은 해 6. 24. 이 사건 소송을 제기한 사실을 인정할 수 있고 이에 반하는 갑 제9호증의 4, 7, 을 제5호증의 6, 8, 18, 19의 각 일부기재 및 원심증인 김행일의 일부증언은 이를 믿지 아니하고 달리 반증이 없는 바, 위 인정사실에 의하면 원고가 피고를 사기죄로 고소하는 동시 매매대금반환청구소송을 하는 과정에서는 일응 이 사건 매매계약을 이행하지 아니할 의사를 표시하였다고 할 것이나 위 매매대금반환청구소송이 기각되자 피고가 이 사건 매매계약을 해제하기 전에 이 사건 소를 제기하고 그 매매잔대금의 지급의무를 이행할 의사표시를 함으로서 위 이행거절의 의사표시는 적법하게 철회되었다고 보아야 할 것이며, 또한 동시이행관계에 있는 쌍방의 채무는 그 일방이 채무의 내용대로 한번 이행의 제공을 하여 다른 상대방을 이행지체에 빠지게 하였더라도 위 이행의 제공이 계속되지 않는 한 위 두 채무는 여전히 기한의 정함이 없는 동시이행의 관계에 있다고 할 것인데(대법원 1972. 11. 14. 선고, 72다1513, 1514 판결 참조), 피고가 위 1987. 12. 24. 자 계약해제의 통지를 하면서 새로운 이행의 제공을 하지 아니하였음은 자인하고 있고 그때까지 위 1982. 6. 23. 에 한 이행의 제공(원래의 이행기를 도과하였음)이 계속되고 있음을 인정할 수 있는 아무런 증거도 없으므로, 결국 피고가 주장하는 위와 같은 사정만으로는 피고가 그 자신의 채무에 대한 이행의 제공 없이 이 사건 매매계약을 해제할 수 있다고 할 수 없고, 따라서 자신의 채무에 대한 이행의 제공이 없이 한 피고의 위 1987. 12. 24. 자 계약해제의 의사표시는 그 효력이 없다 할 것이므로, 피고의 위 주장도 그 이유없다.

(4) 피고는, 그렇지 않더라도 이 사건 매매계약은 피고의 1989. 11. 17. 자 해제통지에 의하여 해제되었다고 주장하므로 살피건대, 성립에 다툼이 없는 을 제10호증의 2(수령증), 공성 부분에 관하여는 성립에 다툼이 없고 사문서부분은 변론의 전 취지에 의하여 진정 성립이 인정되는 을 제10호증의 1(해제통지)의 각 기재에 의하면, 피고가 이 사건이 대법원에서 환송되어온 후 1989. 11. 17. 원고에게 피고가 1982. 6. 24. 이 사건 토지들의 소유권이전등기에 필요한 모든 서류의 이행의 제공을 하면서 원고에게 잔대금의 지급을 최고하였음에도 원고가 그 잔대금을 지급하지 아니하였음을 내세워 이 사건 매매계약을 해제한다는 통지를 한 사실을 인정할 수 있으나, 앞에서 본 바와 같이 동시이행관계에 있는 쌍방의 채무가 모두 그 이행기를 도과한 다음 그 일방이 원래 채무의 내용대로 이행의 제공을 하였고 다른 상대방은 그 채무의 이행을 하지 않았다고 하더라도, 위 일방의 이행의

제공이 계속되지 않는 한 위 두 채무는 여전히 기한의 정함이 없는 동시이행의 관계에 있다고 할 것인데 피고가 위 1989. 11. 17. 자 계약해제의 의사표시를 하면서 그 채무의 내용에 따른 이행의 제공을 하지 아니하였음을 자인하고 있는데다가 위 1982. 6. 23. 에 한 이행의 제공이 계속되고 있음을 인정할 수 있는 아무런 증거가 없으므로, 피고의 위 1989. 11. 17. 자 계약해제의 통지도 그 효력을 발생할 수 없다고 할 것이니, 피고의 위 주장 또한 그 이유없다.

(5) 피고는, 끝으로 이 사건 매매계약 후 상당한 시일이 경과하여 그 사이에 토지가격은 상승한 반면 화폐가치는 하락하였을 뿐만 아니라, 원고가 위 매매계약 직후부터 이의 해제를 주장하면서 잔대금의 지급을 거절하고 피고를 사기죄로 고소하기까지 하였음에도 다시 이 사건 매매계약의 이행을 구하는 것은 신의칙과 공평의 원리에 반하여 부당하므로 이 사건 매매계약을 위와 같은 사정의 변경에 의하여 해제한다고 주장하므로 살피건대, 이 사건 매매계약이 체결된 후 9년 이상 경과되었음은 역수상 명백하지만 이는 앞에서 본 바와 같이 피고가 이 사건 매매계약을 하면서 그 대상토지를 잘못지적 함으로 인하여 이에 관련된 소송이 계속 되었기 때문인데다가, 원고가 이 사건 매매계약을 이행하지 아니할 의사표시를 하였다가 이 사건 소를 제기하면서 그 의사표시를 적법하게 철회하였음은 앞에서 본 바와 같으므로, 피고가 주장하는 위와 같은 사정만으로는 이 사건 매매계약을 해제할 만한 사정의 변경이 있다고 볼 수 없으니, 피고의 위 주장 역시 그 이유없다.

3. 그렇다면, 피고는 원고에게 이 사건 토지에 관하여 위 1981. 7. 12. 매매를 원인으로 한 소유권이전등기절차를 이행할 의무가 있다 할 것이므로, 원고의 이 사건 주위적 청구는 이유 있어 이를 인용하여야 할 것인데도 원심판결은 이와 달리 이를 기각하여 부당하므로 이에 대한 원고의 항소를 받아들여 원심판결을 취소하고, 피고에게 위에서 인정한 소유권이전등기절차의 이행을 명하며, 소송 총비용은 패소자인 피고의 부담으로 하여, 주문과 같이 판결한다.

(1-2) 대법원 1991. 2. 26. 선고 90다19664 판결

【원고, 피상고인】 임점례
【피고, 상고인】 이갑식
【원심판결】 광주고등법원 1990.11.14. 선고 89나5576 판결
【주 문】 상고를 기각한다. 상고비용은 피고의 부담으로 한다.

【이 유】

상고이유를 본다.(추가상고이유서는 상고이유서 제출기간을 넘겨 제출되었으므로 상고이유를 보충하는 범위내에서 본다)

민법 제543조 제2항에 의하면 계약해제의 의사표시는 철회하지 못하도록 규정되어 있지만 그 의사표시에 착오나 하자가 있을 경우에는 이를 이유로 철회할 수 있다고 보아야 할 것인데 원심이 확정한 사실에 의하면 원고가 이 사건 매매계약이 피고의 기망에 의하여 체결된 것으로 알고 피고를 상대로 사기죄로 고소하는 한편 이를 이유로 이미 지급한 매매대금의 반환소송을 제기하였으나 위 소송에서 원고의 패소판결이 확정되자 피고가 위 매매계약을 해제하기 전에 피고에게 이 소송으로 이 사건 부동산에 대한 이전등기절차의 이행을 구하면서 잔대

금 지급의무를 이행할 의사를 표시하였다 할 것이므로 원고가 한 앞서의 계약해제의 의사표시는 착오에 의한 것으로서 적법하게 철회되었다고 보지 못할 바 아니다.

이점에 관한 원심의 판단에 다소 모호한 부분이 있기는 하나 원고의 위 계약해제의 의사표시가 철회되었다고 본 결론에는 영향이 없으므로 거기에 지적하는 바와 같은 법리오해의 위법이 없다.

내세우는 판례는 이 사건에 적절한 것이 아니다.

그리고 원심은 위와 같이 원고의 위 매매계약해제의 의사표시가 적법하게 철회되었음을 전제로 위 매매계약은 결국 기한이 정함이 없는 동시이행관계에 있다고 판단하고 그 판시와 같은 이유로 피고의 위 매매계약해제의 의사표시가 위 매매계약의 본지에 따른 이행의 최고가 아닐 뿐만 아니라 그 이행의 제공이 적법하게 이루어졌다고 볼 증거가 없다는 이유로 이에 관한 피고의 주장들을 배척하고 있는 것이고 기록에 비추어 원심의 판단은 정당하게 수긍이 되므로 거기에 지적하는 바와 같은 법리의 오해나 채증법칙을 어긴 위법이 없다. 내세우는 판례도 이 사건에 적합한 것이 아니다.

또한 원심이 판시와 같은 사실에 터 잡아 비록 이 사건 매매계약이 체결된 후에 9년이 지났고 시가가 올랐다 하더라도 그것만으로는 피고가 이 사건 매매계약을 해제할만한 사정변경이 있었다고 볼 수 없다고 판단한 것도 기록에 비추어 옳게 수긍이 되고 또 이를 들어 원고의 이 사건 청구가 신의칙에 위배된다고도 할 수 없으므로 거기에 아무런 법리오해의 위법이 없다. 주장은 어느 것이나 원심이 인정하지 아니한 사실을 전제로 한 것이 아니면 이와 다른 견해에서 원심판결을 탓하고 있음에 돌아간다. 그러므로 상고를 기각하고 상고비용은 패소자의 부담으로 하여 관여법관의 일치된 의견으로 주문과 같이 판결한다.

(2) 대법원 1990. 2. 27. 선고 89다카1381 판결

【원고, 상고인 겸 피상고인】 대구경북시멘트가공협동조합
【피고, 피상고인 겸 상고인】 장병윤 소송대리인
【원심판결】 대구고등법원 1988.12.7. 선고 88나2527 판결
【주 문】 원심판결을 파기하고 사건을 대구고등법원에 환송한다.

【이 유】

1. 피고 소송대리인의 상고이유를 본다.

(1) 원심판결 이유에 의하면, 원심은 원고조합의 조합원인 소외 대일콩크리트공업주식회사에서 재직하고 있던 피고가 1985.8.21. 위 회사와 원고 조합간의 시멘트 외상거래로 인하여 향후 3년의 기간 동안에 발생하게 될 원고 조합에 대한 위 회사의 외상대금지급채무와 이와 관련된 특별회비 지급채무를 그 구매금액의 한도 내외를 불문하고 전액 연대 보증한 사실과 위 회사가 1986.8.29.부터 1987.3.30.까지 시멘트 등의 공동구매사업을 영위하는 원고조합으로부터 시멘트를 외상으로 구입함으로써 그 거래종료당시의 물품대금잔액과 이와 관련하여 체납된 999,509원의 특별회비의 합계액이 156,450,875원에 달하는 사실을 인정하고, 원고 조합에서는 위 거래종료 후 위 회사로부터 위 특별회비 전액과 외상대금일부에 대한 변제로서 85,865,920원을 지급받았음을 자인하고 있으므로 피고는 특별한 사정이 없는 한 원고 조합에 아직도 미변제된 위 외상잔대금 70,584,955원을 일응 지급할 의무가 있다고 한 후, 피고가위 보증계약당시 위 회사의 일개 직원에 불과하였는데도 그 대표이사의 지시로 단

순히 요식을 갖춘다는 뜻으로 위의 보증을 하였을 뿐이고 1985.9.3.에는 위 회사의 계속된 다른 보증의 요청을 받아들일 수 없어 부득이 위 회사에서 퇴사하여 같은 달 30.원고 조합의 실무책임자인 상무이사 소외 이 상도를 찾아가 그에게 이러한 전후 사정을 알리며 구두로 위 연대보증을 해지한다는 통고를 하였으므로 그 해지 이후에 이루어진 위와 같은 외상거래로 인한 물품대금 채무에 대하여 피고는 보증인의 책임을 질수 없다고 주장한 데에 대하여, 피고의 위와 같은 연대보증행위가 관계당사자들의 양해아래 연대보증의 진의 없이 단순한 요식적 의미로 이루어진 것이라는 점에 관하여는 이를 인정할 만한 증거가 없고, 또 피고가 위 회사를 퇴사한 후 보증해지의 의사를 표명하였다 하여도 보증후의 회사 퇴사라는 한가지사유만으로는 위 인정과 같은 계속적 보증계약을 일방적으로 해지할 수 있을 정도의 중대한 사정변경이 있는 경우에 해당되지 않으므로 피고의 위 주장은 이유없다고 판단하여 이를 배척하였다.

(2) 그러나 이른바 계속적인 보증계약에 있어서 보증계약성립 당시의 사정에 현저한 변경이 생긴 경우에는 보증인은 보증계약을 해지할 수 있다고 보아야 할 것인 바, 회사의 임원이나 직원의 지위에 있기 때문에 회사의 요구로 부득이 회사와 제3자 사이의 계속적 거래로 인한 회사의 채무에 대하여 보증인이 된 자가 그 후 회사로부터 퇴사하여 임원이나 직원의 지위를 떠난 때에는 보증계약 성립당시의 사정에 현저한 변경이 생긴 경우에 해당하므로 사정변경을 이유로 보증계약을 해지할 수 있다고 보아야하며, 위 계속적 보증계약에서보증기간을 정하였다고 하더라도 그것이 특히 퇴사 후에도 보증 채무를 부담키로 특약한 취지라고 인정되지 않는 한 위와 같은 해지권의 발생에 영향이 없다고 할 것이다.

그러므로 원심으로서는 피고가 소외 대일콩크리트공업주식회사의 직원으로 있었기 때문에 위 회사의 요구에 따라 이 사건 보증계약을 체결하게 되었던 것인지의 여부와 피고가 적법하게 위 보증계약해지의사표시를 하였는지의 여부를 가려보아 피고의 보증책임유무를 판단하였어야 함에도 불구하고 만연히 보증후의 회사 퇴사라는 한 가지 사유만으로는 일방적으로 해지할 수 없다고 판단하고 말았음은 계속적인 보증계약의 해지에 관한 법리를 오해한 위법이 있고 이는 소송촉진등에관한특례법 제12조 제2항 소정의 파기사유에 해당하므로 이 점에 관한 논지는 이유 있다.

(3) 이밖에 원심판결은 피고의 위 보증행위가 보증의 진의가 없는 단순한 요식적 의미를 가진 것에 불과하다는 피고주장을 배척하고 있는바, 기록에 의하여 살펴보면 이러한 원심판단은 정당하고 소론이 지적한 사유들만으로 위 보증을 비진의 의사표시라고 볼 수 없으므로 위 원심판단 부분에 채증법칙을 위반하여 사실을 오인한 위법이 있다는 논지는 이유없다.

2. 원고 소송대리인은 원심판결이 피고가 위 보증당시 예상할 수 있었던 거래한도액을 기준으로 잔존 주채무 중 금 20,000,000원의 범위 내에서 피고의 보증 책임을 인정한 판단에 대하여 보증 책임의 한도에 관한 법리를 오해한 것이라고 다투고 있는 바, 피고 소송대리인의 상고이유에 대한 판단에서 본 바와 같이 피고의 보증계약 존속 여부가 문제되는 이상 원심판결 전부를 유지하기 어렵다고 할 것이다.

그러므로 원심판결을 파기환송하기로 하여 관여법관의 일치된 의견으로 주문과 같이 판결한다.

6 통상임금과 신의성실의 원칙

(1) 대법원 2013. 12. 18 선고 2012다89399 전원합의체 판결

【판시사항】

[1] 어떠한 임금이 통상임금에 속하는지 판단하는 기준 및 근로기준법상 통상임금에 속하는 임금을 통상임금에서 제외하기로 하는 노사합의의 효력(무효)

[2] 갑 주식회사가 상여금지급규칙에 따라 상여금을 근속기간이 2개월을 초과한 근로자에게는 전액을, 2개월을 초과하지 않는 신규입사자나 2개월 이상 장기 휴직 후 복직한 자, 휴직자에게는 상여금 지급 대상기간 중 해당 구간에 따라 미리 정해 놓은 비율을 적용하여 산정한 금액을 각 지급하고, 상여금 지급 대상기간 중에 퇴직한 근로자에게는 근무일수에 따라 일할계산하여 지급한 사안에서, 위 상여금은 통상임금에 해당한다고 한 사례

[3] 노사가 정기상여금을 통상임금에서 제외하기로 합의하고 이를 전제로 임금수준을 정한 경우, 근로자가 노사합의의 무효를 주장하며 정기상여금을 통상임금에 포함하여 산정한 추가 법정수당을 청구하는 것이 신의성실의 원칙에 위배되는지 여부

[4] 갑 주식회사가 일정 기간 한시적으로 관리직 직원에게 상여금을 매월 지급하였던 것을 제외하고는 상여금지급규칙에 따라 관리직과 생산직 직원 모두에 대하여 동일한 지급률과 지급 기준을 적용하여 상여금을 지급하였고, 노동조합과 체결한 단체협약에서 상여금을 통상임금 산입에서 제외하였는데, 노동조합원이 아닌 관리직 직원 을에 대해서도 단체협약을 적용하여 상여금이 제외된 통상임금을 기초로 법정수당을 산정ㆍ지급한 사안에서, 제반 사정들에 대하여 제대로 심리하지 아니한 채 미사용 연차휴가수당 등의 지급을 구하는 을의 청구가 신의칙에 위배되지 않는다고 본 원심판결에 법리오해 등의 위법이 있다고 한 사례

【판결요지】

[1] [다수의견] (가) 어떠한 임금이 통상임금에 속하는지 여부는 그 임금이 소정근로의 대가로 근로자에게 지급되는 금품으로서 정기적ㆍ일률적ㆍ고정적으로 지급되는 것인지를 기준으로 객관적인 성질에 따라 판단하여야 하고, 임금의 명칭이나 지급주기의 장단 등 형식적 기준에 의해 정할 것이 아니다. 여기서 소정근로의 대가라 함은 근로자가 소정근로시간에 통상적으로 제공하기로 정한 근로에 관하여 사용자와 근로자가 지급하기로 약정한 금품을 말한다. 근로자가 소정근로시간을 초과하여 근로를 제공하거나 근로계약에서 제공하기로 정한 근로 외의 근로를 특별히 제공함으로써 사용자로부터 추가로 지급받는 임금이나 소정근로시간의 근로와는 관련 없이 지급받는 임금은 소정근로의 대가라 할 수 없으므로 통상임금에 속하지 아니한다. 위와 같이 소정근로의 대가가 무엇인지는 근로자와 사용자가 소정근로시간에 통상적으로 제공하기로 정한 근로자의 근로의 가치를 어떻게 평가하고 그에 대하여 얼마의 금품을 지급하기로 정하였는지를 기준으로 전체적으로 판단하여야 하고, 그 금품이

소정근로시간에 근무한 직후나 그로부터 가까운 시일 내에 지급되지 아니하였다고 하여 그러한 사정만으로 소정근로의 대가가 아니라고 할 수는 없다.

(나) ① 어떤 임금이 통상임금에 속하기 위해서 정기성을 갖추어야 한다는 것은 임금이 일정한 간격을 두고 계속적으로 지급되어야 함을 의미한다. 통상임금에 속하기 위한 성질을 갖춘 임금이 1개월을 넘는 기간마다 정기적으로 지급되는 경우, 이는 노사 간의 합의 등에 따라 근로자가 소정근로시간에 통상적으로 제공하는 근로의 대가가 1개월을 넘는 기간마다 분할지급되고 있는 것일 뿐, 그러한 사정 때문에 갑자기 그 임금이 소정근로의 대가로서 성질을 상실하거나 정기성을 상실하게 되는 것이 아님은 분명하다. 따라서 정기상여금과 같이 일정한 주기로 지급되는 임금의 경우 단지 그 지급주기가 1개월을 넘는다는 사정만으로 그 임금이 통상임금에서 제외된다고 할 수는 없다. ② 어떤 임금이 통상임금에 속하기 위해서는 그것이 일률적으로 지급되는 성질을 갖추어야 한다. '일률적'으로 지급되는 것에는 '모든 근로자'에게 지급되는 것뿐만 아니라 '일정한 조건 또는 기준에 달한 모든 근로자'에게 지급되는 것도 포함된다. 여기서 '일정한 조건'이란 고정적이고 평균적인 임금을 산출하려는 통상임금의 개념에 비추어 볼 때 고정적인 조건이어야 한다. 일정 범위의 모든 근로자에게 지급된 임금이 일률성을 갖추고 있는지 판단하는 잣대인 '일정한 조건 또는 기준'은 통상임금이 소정근로의 가치를 평가한 개념이라는 점을 고려할 때, 작업 내용이나 기술, 경력 등과 같이 소정근로의 가치 평가와 관련된 조건이라야 한다. ③ 어떤 임금이 통상임금에 속하기 위해서는 그것이 고정적으로 지급되어야 한다. '고정성'이라 함은 '근로자가 제공한 근로에 대하여 업적, 성과 기타의 추가적인 조건과 관계없이 당연히 지급될 것이 확정되어 있는 성질'을 말하고, '고정적인 임금'은 '임금의 명칭 여하를 불문하고 임의의 날에 소정근로시간을 근무한 근로자가 그 다음 날 퇴직한다 하더라도 그 하루의 근로에 대한 대가로 당연하고도 확정적으로 지급받게 되는 최소한의 임금'이라고 정의할 수 있다. 고정성을 갖춘 임금은 근로자가 임의의 날에 소정근로를 제공하면 추가적인 조건의 충족 여부와 관계없이 당연히 지급될 것이 예정된 임금이므로, 지급 여부나 지급액이 사전에 확정된 것이라 할 수 있다. 이와 달리 근로자가 소정근로를 제공하더라도 추가적인 조건을 충족하여야 지급되는 임금이나 조건 충족 여부에 따라 지급액이 변동되는 임금 부분은 고정성을 갖춘 것이라고 할 수 없다.

(다) 통상임금은 근로조건의 기준을 마련하기 위하여 법이 정한 도구개념이므로, 사용자와 근로자가 통상임금의 의미나 범위 등에 관하여 단체협약 등에 의해 따로 합의할 수 있는 성질의 것이 아니다. 따라서 성질상 근로기준법상의 통상임금에 속하는 임금을 통상임금에서 제외하기로 노사 간에 합의하였다 하더라도 그 합의는 효력이 없다. 연장 · 야간 · 휴일 근로에 대하여 통상임금의 50% 이상을 가산하여 지급하도록 한 근로기준법의 규정은 각 해당 근로에 대한 임금산정의 최저기준을 정한 것이므로, 통상임금의 성질을 가지는 임금을 일부 제외한 채 연장 · 야간 · 휴일 근로에 대한 가산임금을 산정하도록 노사 간에 합의한 경우 그 노사합의에 따라 계산한 금액이 근로기준법에서 정한 위 기준에 미달할 때에는 그 미달하는 범위 내에서 노사합의는 무효이고, 무효로 된 부분은 근로기준법이 정하는 기준에 따라야 한다.

[대법관 김창석의 별개의견] (가) 통상임금에 관한 노사합의나 노사관행은 어떤 임금이 통상임금에 포함되느냐의 여부를 판단하는 기준이 된다. 연장근로, 야간근로 또는 휴일근로(이하 '연장근로 등'이라고 한다)에 대하여 지급되는 임금을 제외한 나머지 임금은 그 실질에 따라 통상근로(소정근로)에 대한 임금과 총 근로(통상근로와 연장근로 등을 포함하는 전체 근로를 의미한다)에 대한 임금의 두 종류로 구분된다. 통상임금에 포함될 수 있는 임금은 총 근로가 아닌 통상근로에 대한 대가인 임금일 수밖에 없고 어떤 임금이 총 근로가 아닌 통상근로

에 대한 대가인지의 여부는 객관적으로 확인되는 노사의 의사에 의하여 판단될 수밖에 없다.

(나) 일반적으로 노사합의나 노사관행은 기본급과 1개월 이내의 기간마다 지급되는 수당만을 통상임금에 포함시키고 있다는 점에 별다른 의문이 없는 것으로 보인다. 특별한 사정이 없는 한 상여금이나 1개월을 넘는 기간마다 지급되는 수당을 통상임금에 포함시키는 해석은 노사합의나 노사관행의 법적 효력을 부정하는 위법한 해석이라 할 것이고, 원칙적으로 기본급과 1개월 이내의 기간마다 지급되는 수당만이 통상임금에 포함된다고 해석하여야 한다. 본질적으로 어떤 임금이 통상임금에 포함될 수 있느냐의 여부는 임금이 통상근로(소정근로)에 대한 대가이냐 아니면 총 근로에 대한 대가이냐에 의하여 결정되는 것이다. 어떤 임금이 정기적 · 일률적 · 고정적으로 지급되는 것이냐 아니냐의 여부는 기본급에 준하는 형식적 속성도 갖고 있는지 여부를 판단하는 2차적 기준일 뿐이다. 상여금이나 1개월을 넘는 기간마다 지급되는 수당은 기본급에 준하는 실질을 갖는다고 볼 수 없고 오히려 전혀 다른 실질을 갖고 있으며, 정기적 · 일률적 · 고정적으로 지급되는 것이냐에 관계없이 통상근로(소정근로)에 대한 대가로서 실질을 갖는 것이 아니라 총 근로에 대한 대가로서의 실질을 갖는다. 결국 상여금이나 1개월을 넘는 기간마다 지급되는 수당은 통상임금에 포함될 수 없다.

(다) 통상임금의 범위는 본질적으로 임금지급의 형식에 의하여 정하여지는 것이 아니라 임금의 실질에 의하여 정하여지며, 임금의 실질을 결정하고 이에 따라 통상임금의 범위를 결정하는 근본적 책임과 권리는 1차적으로 노사 당사자에게 귀속된다는 것이다. 그럼에도 법원이 노사합의나 노사관행의 효력을 부정하고 스스로 새로운 틀에 의한 임금을 형성하려고 하는 것은 해석의 한계를 벗어나는 것으로서 찬성하기 어렵다.

[2] 갑 주식회사가 상여금지급규칙에 따라 상여금을 근속기간이 2개월을 초과한 근로자에게는 전액을, 2개월을 초과하지 않는 신규입사자나 2개월 이상 장기 휴직 후 복직한 자, 휴직자에게는 상여금 지급 대상기간 중 해당 구간에 따라 미리 정해 놓은 비율을 적용하여 산정한 금액을 각 지급하고, 상여금 지급 대상기간 중에 퇴직한 근로자에게는 근무일수에 따라 일할계산하여 지급한 사안에서, 위 상여금은 근속기간에 따라 지급액이 달라지기는 하나 일정 근속기간에 이른 근로자에게는 일정액의 상여금이 확정적으로 지급되는 것이므로, 위 상여금은 소정근로를 제공하기만 하면 지급이 확정된 것이라고 볼 수 있어 정기적 · 일률적으로 지급되는 고정적인 임금인 통상임금에 해당한다고 한 사례.

[3] [다수의견] (가) 단체협약 등 노사합의의 내용이 근로기준법의 강행규정을 위반하여 무효인 경우에, 무효를 주장하는 것이 신의칙에 위배되는 권리의 행사라는 이유로 이를 배척한다면 강행규정으로 정한 입법 취지를 몰각시키는 결과가 될 것이므로, 그러한 주장이 신의칙에 위배된다고 볼 수 없음이 원칙이다. 그러나 노사합의의 내용이 근로기준법의 강행규정을 위반한다고 하여 노사합의의 무효 주장에 대하여 예외 없이 신의칙의 적용이 배제되는 것은 아니다. 신의칙을 적용하기 위한 일반적인 요건을 갖춤은 물론 근로기준법의 강행규정성에도 불구하고 신의칙을 우선하여 적용하는 것을 수긍할 만한 특별한 사정이 있는 예외적인 경우에 한하여 노사합의의 무효를 주장하는 것은 신의칙에 위배되어 허용될 수 없다.

(나) 노사가 자율적으로 임금협상을 할 때에는 기업의 한정된 수익을 기초로 하여 상호 적정하다고 합의가 이루어진 범위 안에서 임금을 정하게 되는데, 우리나라의 실태는 임금협상 시 임금 총액을 기준으로 임금 인상 폭을 정하되, 그 임금 총액 속에 기본급은 물론, 일정한 대상기간에 제공되는 근로에 대응하여 1개월을 초과하는 일정 기간마다 지급되는 상여금(이하 '정기상여금'이라고 한다), 각종 수당, 그리고 통상임금을 기초로 산정되는

연장ㆍ야간ㆍ휴일 근로 수당 등의 법정수당까지도 그 규모를 예측하여 포함시키는 것이 일반적이다. 이러한 방식의 임금협상에 따르면, 기본급, 정기상여금, 각종 수당 등과 통상임금에 기초하여 산정되는 각종 법정수당은 임금 총액과 무관하게 별개 독립적으로 결정되는 것이 아니라 노사 간에 합의된 임금 총액의 범위 안에서 그 취지에 맞도록 각 임금 항목에 금액이 할당되고, 각각의 지급형태 및 지급시기 등이 결정된다는 의미에서 상호 견련관계가 있는 것이다. 그런데 우리나라 대부분의 기업에서는 정기상여금은 그 자체로 통상임금에 해당하지 아니한다는 전제 아래에서, 임금협상 시 노사가 정기상여금을 통상임금에서 제외하기로 합의하는 실무가 장기간 계속되어 왔고, 이러한 노사합의는 일반화되어 이미 관행으로 정착된 것으로 보인다.

(다) 앞서 본 바와 같은 방식의 임금협상 과정을 거쳐 이루어진 노사합의에서 정기상여금은 그 자체로 통상임금에 해당하지 아니한다고 오인한 나머지 정기상여금을 통상임금 산정 기준에서 제외하기로 합의하고 이를 전제로 임금수준을 정한 경우, 근로자 측이 앞서 본 임금협상의 방법과 경위, 실질적인 목표와 결과 등은 도외시한 채 임금협상 당시 전혀 생각하지 못한 사유를 들어 정기상여금을 통상임금에 가산하고 이를 토대로 추가적인 법정수당의 지급을 구함으로써, 노사가 합의한 임금수준을 훨씬 초과하는 예상외의 이익을 추구하고 그로 말미암아 사용자에게 예측하지 못한 새로운 재정적 부담을 지워 중대한 경영상의 어려움을 초래하거나 기업의 존립을 위태롭게 한다면, 이는 종국적으로 근로자 측에까지 피해가 미치게 되어 노사 어느 쪽에도 도움이 되지 않는 결과를 가져오므로 정의와 형평 관념에 비추어 신의에 현저히 반하고 도저히 용인될 수 없음이 분명하다. 그러므로 이와 같은 경우 근로자 측의 추가 법정수당 청구는 신의칙에 위배되어 받아들일 수 없다.

[대법관 이인복, 대법관 이상훈, 대법관 김신의 반대의견] (가) 신의칙을 적용하여 실정법상의 권리를 제한하는 것은, 개별적인 사안의 특수성 때문에 법률을 그대로 적용하면 도저히 참을 수 없는 부당한 결과가 야기되는 경우에 최후 수단으로, 그것도 법의 정신이나 입법자의 결단과 모순되지 않는 범위 안에서만 고려해 볼 수 있는 방안에 불과하다. 신의칙은 강행규정에 앞설 수 없다. 신의칙의 적용을 통하여 임금청구권과 같은 법률상 강행규정으로 보장된 근로자의 기본적 권리를 제약하려 시도하는 것은 헌법적 가치나 근로기준법의 강행규정성에 정면으로 반한다. 근로기준법이 강행규정으로 근로자에게 일정한 권리를 보장하고 있음에도 근로자나 사용자가 그 강행규정에 저촉되는 내용의 노사합의를 한 경우에, 신의칙을 내세워 사용자의 그릇된 신뢰를 권리자인 근로자의 정당한 권리 찾기에 우선할 수는 없다.

(나) 근로자가 정기상여금을 통상임금에서 제외하기로 하는 노사합의를 무효라고 주장하는 것에 대하여 '신의칙을 적용하기 위한 일반적인 요건'이 갖추어졌다고 볼 수 없다. 정기상여금을 통상임금에서 제외하기로 하는 노사합의의 관행이 있다고 볼 근거가 없음은 물론이고, 만에 하나 그런 관행이 있다고 한들 그것이 근로자에 의하여 유발되었거나 그 주된 원인이 근로자에게 있다고 볼 근거는 어디에도 없다. 근로자가 이를 무효라고 주장하지 않을 것이라고 사용자가 신뢰하였다는 전제 자체가 증명된 바 없지만, 그 '신뢰'가 존재한다고 하더라도 이를 정당한 것이라고 말할 수 없다.

(다) 근로자가 받았어야 할 임금을 예상외의 이익으로 취급하여 이를 되찾는 것을 정의와 형평관념에 반한다고 하는 것 자체가 정의관념에 반한다. '중대한 경영상의 어려움'이나 '기업 존립의 위태'는 모두 모호하고 불확정적인 내용으로서, 도대체 추가 부담액이 어느 정도가 되어야 그러한 요건을 충족한다는 것인지 알 수 없다. 사용자는 상여금도 그 성격에 따라 통상임금에 해당할 수 있음을 알았다고 보이고, 사용자가 상여금의 통상임금 해당 가능성을 알지 못하였더라도 이를 법적으로 보호할 가치가 있는 선의(선의)라고 볼 수는 없다.

[4] 갑 주식회사가 일정 기간 한시적으로 관리직 직원에게 상여금을 매월 지급하였던 것을 제외하고는 상여금 지급규칙에 따라 관리직과 생산직 직원 모두에 대하여 동일한 지급률과 지급 기준을 적용하여 상여금을 지급하였고, 노동조합과 체결한 단체협약에서 상여금이 근로기준법에서 정한 통상임금에 해당하지 않는다는 전제하에 이를 통상임금 산입에서 제외하였는데, 노동조합의 조합원이 아닌 관리직 직원 을에 대해서도 위 단체협약을 적용하여 상여금이 제외된 통상임금을 기초로 법정수당을 산정·지급한 사안에서, 갑 회사와 노동조합의 임금협상 실태와 갑 회사와 관리직 직원들 사이에 상여금을 통상임금에서 제외하기로 하는 명시적 또는 묵시적 노사합의 내지 관행이 이루어졌는지 등의 제반 사정들에 대하여 제대로 심리하지 아니한 채 미사용 연차휴가수당 등의 지급을 구하는 을의 청구가 신의칙에 위배되지 않는다고 본 원심판결에 법리오해 등의 위법이 있다고 한 사례.

[재판경과]

대전지방법원 2012. 8. 22. 선고 2012나4372 판결
대법원 2013. 12. 18. 선고 2012다89399 판결

• 참조판례

[1] 대법원 1993. 5. 11. 선고 93다4816 판결(공1993하, 1688) 대법원 1993. 5. 27. 선고 92다20316 판결(공1993하, 1861) 대법원 1995. 12. 21. 선고 94다26721 전원합의체 판결(공1996상, 208) 대법원 1996. 2. 9. 선고 94다19501 판결(공1996상, 857) 대법원 1996. 3. 22. 선고 95다56767 판결(공1996상, 1358)(변경) 대법원 1998. 4. 24. 선고 97다28421 판결(공1998상, 1438) 대법원 2007. 6. 15. 선고 2006다13070 판결(변경) 대법원 2009. 12. 10. 선고 2008다45101 판결 대법원 2012. 3. 29. 선고 2010다91046 판결 대법원 2012. 7. 26. 선고 2011다6106 판결

[3] 대법원 2001. 5. 29. 선고 2001다15422, 15439 판결(공2001하, 1480)

• 참조법령

[1] 헌법 제32조 제1항, 제3항 , 근로기준법 제2조 제1항 제5호, 제6호, 제2항 , 제3조 , 제15조 , 제43조 제2항 , 제56조 , 제60조 , 근로기준법 시행령 제6조 제1항 , 최저임금법 제6조 제4항 [2] 근로기준법 제2조 제1항 제5호 , 근로기준법 시행령 제6조 제1항 [3] 헌법 제32조 제1항, 제3항 , 근로기준법 제2조 제1항 제5호 , 제15조 , 제56조 , 근로기준법 시행령 제6조 제1항 , 민법 제2조 제1항 [4] 근로기준법 제2조 제1항 제5호 , 제60조 , 근로기준법 시행령 제6조 제1항 , 민법 제2조 제1항

[전 문]

[원고, 피상고인] 원고 (소송대리인 변호사 김◈은 외 7인)
[피고, 상고인] 갑△▽토텍 주식회사 (소송대리인 변호사 이▽수 외 9인)
[원심판결] 대전지법 2012. 8. 22. 선고 2012나4372 판결
[주 문]

원심판결을 파기하고, 사건을 대전지방법원 본원 합의부에 환송한다.

【이 유】

상고이유(상고이유서 제출기간이 경과한 후에 제출된 참고서면 등의 기재는 상고이유를 보충하는 범위 내에서)를 판단한다.

1. 통상임금에 관한 법리

가. 통상임금의 의의

1) 근로자가 사용자로부터 지급받는 임금은 근로자가 기본적 생활을 유지하는 재원으로서 가장 중요한 근로조건 중의 하나이다. 그리하여 헌법은 제32조 제1항에서 국가에 대하여 적정 임금을 보장하도록 노력할 의무와 법률이 정하는 바에 의하여 최저임금제를 시행할 의무를 부과하고, 같은 조 제3항에서 근로조건의 기준은 인간의 존엄성을 보장하도록 법률로 정한다고 규정하고 있다.

이러한 취지에 따라 최저임금법에는 최저임금의 기준에 관한 규정이 마련되어 있고, 나아가 근로기준법은 제2조 제1항 제5호에서 "임금이란 사용자가 근로의 대가로 근로자에게 임금, 봉급, 그 밖에 어떠한 명칭으로든지 지급하는 일체의 금품을 말한다."고 규정함과 아울러, 근로의 대가로 지급되는 일체의 금품 즉 임금에 관한 각종 근로조건을 정하고 이를 기준으로 근로자에 대한 임금 지급 등이 적정하게 이루어지도록 규율하고 있다.

2) 그런데 사용자가 근로자에게 지급하는 임금은 사용자와 근로자 사이의 근로계약에 의하여 정하여지지만, 근로자의 실제 근로시간이나 근무실적 등에 따라 증감·변동될 수 있고, 임금의 지급 여부나 지급액이 구체적인 근로의 질이나 양과 관계없는 조건에 좌우될 수 있다.

근로기준법은 위와 같은 임금의 증감·변동성 등을 고려하여 '평균임금'과 '통상임금'이라는 유형의 기준임금을 마련하고, 이를 통하여 근로조건의 기준을 정한 다음 근로계약에서 정한 근로조건이 그 기준에 미치지 못하는 때에는 그 미치지 못하는 부분을 무효로 하고, 무효로 된 부분은 그 기준에 따르도록 규정하여 근로자의 기본적 생활의 보장과 그 향상을 도모하고 있다.

이는 노사 간의 합의에 의하여 임금을 정하도록 하되 일정한 사항에 대하여는 근로기준법이 근로조건의 기준을 정하여 이를 강제하는 방식을 취하는 것으로, 임금 결정에 관하여 노사자율을 존중하는 한편 거기에 일정한 한계를 긋는 규율방식을 취하고 있는 것이다.

3) 근로기준법 제2조 제1항 제6호 전문은 "평균임금이란 이를 산정하여야 할 사유가 발생한 날 이전 3개월 동안에 그 근로자에게 지급된 임금의 총액을 그 기간의 총일수로 나눈 금액을 말한다."고 규정하면서, 이를 근로기준법상의 퇴직금, 휴업수당, 산업재해보상보험법상의 휴업급여, 장해급여, 유족급여, 상병보상연금, 장의비 등을 산정하는 기준임금으로 삼고 있다.

이러한 평균임금은 개별 근로자의 실제 근로시간이나 근무실적 등에 따라 증감·변동되는 것으로서, 법정 기간 동안 근로자에게 실제 지급된 임금의 총액을 기초로 하여 산정되므로, 과거의 근로시간이나 근무실적 등을 토대로 사후적으로 산정되는 근로자의 통상적인 생활임금이라 할 수 있다.

4) 한편 근로기준법은 위와 같이 실제 근로시간이나 근무실적 등에 따라 증감·변동될 수 있는 평균임금의 최저한을 보장하고 연장·야간·휴일 근로에 대한 가산임금, 해고예고수당 및 연차휴가수당 등을 산정하는 기준임금으로서 '통상임금'을 규정하고 있다. 근로기준법은 통상임금에 관하여는 직접 정의 규정을 두고 있지 않

지만, 근로기준법 시행령 제6조 제1항 은 "법과 이 영에서 통상임금이란 근로자에게 정기적이고 일률적으로 소정근로 또는 총 근로에 대하여 지급하기로 정한 시간급 금액, 일급 금액, 주급 금액, 월급 금액 또는 도급 금액을 말한다."고 규정하고 있다.

근로자의 연장·야간·휴일 근로가 상시적으로 이루어지는 경우가 드물지 않은 우리나라의 현실에서 근로기준법이 위와 같이 통상임금에 부여하는 기능 중 가장 주목되는 것은 그것이 연장·야간·휴일 근로에 대한 가산임금 등을 산정하는 기준임금으로 기능한다는 점이다.

근로기준법은 사용자로 하여금 연장·야간·휴일 근로에 대하여 통상임금의 50% 이상을 가산하여 지급하도록 규정하고 있는데, 이는 사용자에게 금전적 부담을 가함으로써 연장·야간·휴일 근로를 억제하는 한편, 이러한 근로는 법정근로시간 내에서 행하여지는 근로보다 근로자에게 더 큰 피로와 긴장을 주고 근로자가 누릴 수 있는 생활상의 자유시간을 제한하므로 이에 상응하는 금전적 보상을 해주려는 데에 그 취지가 있다(대법원 1990. 12. 26. 선고 90다카12493 판결 참조).

통상임금이 위와 같이 근로자가 사용자와 사이에 법정근로시간의 범위에서 정한 근로시간(이하 '소정근로시간'이라고 한다)을 초과하는 근로를 제공할 때 가산임금 등을 산정하는 기준임금으로 기능한다는 점을 고려하면, 그것은 당연히 근로자가 소정근로시간에 통상적으로 제공하는 근로의 가치를 금전적으로 평가한 것이어야 하고, 또한 근로자가 실제로 연장근로 등을 제공하기 전에 미리 확정되어 있어야 할 것이다. 그래야만 사용자와 근로자는 소정근로시간을 초과하여 제공되는 연장근로 등에 대한 비용 또는 보상의 정도를 예측하여 연장근로 등의 제공 여부에 관한 의사결정을 할 수 있고, 실제 연장근로 등이 제공된 때에는 사전에 확정된 통상임금을 기초로 하여 가산임금을 곧바로 산정할 수 있게 되기 때문이다.

그리고 근로기준법 제2조 제1항 제5호 가 사용자가 근로의 대가로 근로자에게 지급하는 금품은 그 명칭과 관계없이 근로기준법의 규율을 받는 임금에 해당한다고 규정하고 있듯이, 그 임금 중에서 근로자가 소정근로시간에 통상적으로 제공하는 근로의 가치를 평가한 것으로서 사전에 미리 확정할 수 있는 것이라면 그 명칭과 관계없이 모두 통상임금에 해당하는 것으로 보아야 할 것이다.

5) 대법원 1995. 12. 21. 선고 94다26721 전원합의체 판결은 모든 임금은 근로의 대가로서 '근로자가 사용자의 지휘를 받으며 근로를 제공하는 것에 대한 보수'를 의미하므로 현실의 근로 제공을 전제로 하지 않고 단순히 근로자로서의 지위에 기하여 발생하는 이른바 '생활보장적 임금'이란 있을 수 없고, 임금을 근로의 제공 대가로 지급받는 교환적 부분과 근로자의 지위에서 받는 생활보장적 부분으로 구별할 아무런 법적 근거도 없다고 판시하여, 단체협약 등에 특별한 규정이 없는 한 근로자가 근로를 제공하지 아니한 쟁의행위 기간에는 근로 제공 의무와 대가관계에 있는 임금청구권이 발생하지 않는다는 '무노동무임금 원칙'을 정립하였다.

위 전원합의체 판결 전에 종래 판례가 취한 임금2분설은 임금을 근로의 대가로서의 성질을 갖는 교환적 부분과 단순히 근로자의 지위에 기하여 발생하는 생활보장적 부분으로 구분하고 있었으나, 실제로 임금 항목 모두를 양자로 준별하는 것이 불가능한 경우가 적지 않았고, 이러한 상황에서 어떠한 임금이 통상임금에 속하는지를 가리기 위하여 '정기적, 일률적으로 1임금산정기간에 지급하기로 정하여진 고정급 임금'인지를 판단 기준으로 삼는 것은 부득이한 측면이 있었다.

그러나 위 전원합의체 판결에서 모든 임금을 근로의 대가로 파악하여 임금2분설을 폐기함으로써 임금을 근로 제공에 대한 교환적 부분과 근로 제공과 무관한 생활보장적 부분으로 구별할 법적 근거가 없어졌으므로, 임금의 형식적인 명칭에 따라 통상임금에 속하는지 여부를 달리 볼 아무런 이유가 없게 되었고, 통상임금을 '1임금산정기간'을 기준으로 가려왔던 판단 방식 또한 더 이상 설 자리를 잃게 되었다.

이에 따라 임금2분설을 폐기한 위 전원합의체 판결 선고 직후 대법원 1996. 2. 9. 선고 94다19501 판결 은 근로자에 대한 임금이 1개월을 초과하는 기간마다 지급되는 것이라도 그것이 정기적·일률적·고정적으로 지급되는 것이면 통상임금에 포함될 수 있다고 판시하였다. 그 이후 대법원은 일관되게 통상임금은 근로자가 소정근로시간에 통상적으로 제공하는 근로인 소정근로(도급 근로자의 경우에는 총 근로)의 대가로 근로자에게 지급되는 금품으로서 정기적·일률적·고정적으로 지급되는 임금이라고 판시하여 왔고, 여기서 그 임금이 '1임금산정기간' 내에 지급되는 것인지 여부는 더 이상 판단 기준으로 제시되지 아니하였다(대법원 1998. 4. 24. 선고 97다28421 판결 , 대법원 2012. 3. 29. 선고 2010다91046 판결 등 참조).

이는 앞서 본 근로기준법의 입법 취지와 통상임금의 문언적 의미, 통상임금의 기능 및 필요성 등을 고려하여 통상임금의 본질에 합당한 정의를 내린 것일 뿐만 아니라, 일반 사회통념과 건전한 상식에도 부합한다.

결국 어떠한 임금이 통상임금에 속하는지 여부는 그 임금이 소정근로의 대가로 근로자에게 지급되는 금품으로서 정기적·일률적·고정적으로 지급되는 것인지를 기준으로 그 객관적인 성질에 따라 판단하여야 하고, 임금의 명칭이나 그 지급주기의 장단 등 형식적 기준에 의해 정할 것이 아니다.

여기서 소정근로의 대가라 함은 근로자가 소정근로시간에 통상적으로 제공하기로 정한 근로에 관하여 사용자와 근로자가 지급하기로 약정한 금품을 말한다. 근로자가 소정근로시간을 초과하여 근로를 제공하거나 근로계약에서 제공하기로 정한 근로 외의 근로를 특별히 제공함으로써 사용자로부터 추가로 지급받는 임금이나 소정근로시간의 근로와는 관련 없이 지급받는 임금은 소정근로의 대가라 할 수 없으므로 통상임금에 속하지 아니한다.

위와 같이 소정근로의 대가가 무엇인지는 근로자와 사용자가 소정근로시간에 통상적으로 제공하기로 정한 근로자의 근로의 가치를 어떻게 평가하고 그에 대하여 얼마의 금품을 지급하기로 정하였는지를 기준으로 전체적으로 판단하여야 하고, 그 금품이 소정근로시간에 근무한 직후나 그로부터 가까운 시일 내에 지급되지 아니하였다고 하여 그러한 사정만으로 소정근로의 대가가 아니라고 할 수는 없다.

다만 실제 근로 현장에서는 다양한 종류의 수당과 상여금 등이 존재하고 그에 대한 지급조건 등도 복잡다기하여 어떤 임금이 통상임금에 포함되는지 판단이 곤란한 경우가 있을 수 있다. 아래에서는 통상임금의 개념적 징표인 정기성, 일률성, 고정성의 의미를 구체적으로 밝히고, 나아가 임금의 지급조건 등이 매우 다양한 실제 근로 현장에서 어떠한 유형의 임금이 통상임금에 속하는지 그 구체적 판단 기준을 제시하기로 한다.

나. 통상임금의 개념적 징표인 정기성, 일률성, 고정성의 의미

1) 정기성

어떤 임금이 통상임금에 속하기 위해서 정기성을 갖추어야 한다는 것은 그 임금이 일정한 간격을 두고 계속적으로 지급되어야 함을 의미한다.

통상임금에 속하기 위한 성질을 갖춘 임금이 1개월을 넘는 기간마다 정기적으로 지급되는 경우, 이는 노사간의 합의 등에 따라 근로자가 소정근로시간에 통상적으로 제공하는 근로의 대가가 1개월을 넘는 기간마다 분할지급되고 있는 것일 뿐, 그러한 사정 때문에 갑자기 그 임금이 소정근로의 대가로서의 성질을 상실하거나 정기성을 상실하게 되는 것이 아님은 분명하다. 따라서 정기상여금과 같이 일정한 주기로 지급되는 임금의 경우

단지 그 지급주기가 1개월을 넘는다는 사정만으로 그 임금이 통상임금에서 제외된다고 할 수는 없다.

나아가 근로기준법 제43조 제2항 은 임금을 매월 1회 이상 일정한 날짜를 정하여 지급하도록 규정하고 있으나, 이는 사용자로 하여금 매월 일정하게 정해진 기일에 임금을 근로자에게 어김없이 지급하도록 강제함으로써 근로자의 생활안정을 도모하려는 것이므로(대법원 1985. 10. 8. 선고 85도1262 판결 등 참조), 위 규정을 근거로 1개월을 넘는 기간마다 정기적으로 지급되는 임금이 통상임금에서 제외된다고 해석할 수는 없다.

그리고 앞서 본 근로기준법 시행령 제6조 제1항 은 통상임금에 관하여 규정하면서 '시간급 금액, 일급 금액, 주급 금액, 월급 금액 또는 도급 금액'이라는 표현을 사용하고 있는데, 위 표현을 근거로 위 규정이 통상임금의 범위를 1개월을 단위로 산정 또는 지급되는 임금으로 한정한 취지라고 해석할 수는 없다. 1982. 8. 13. 대통령령 제10898호로 개정되기 전의 구 근로기준법 시행령 제31조 는 '시간, 일, 주, 월, 월、주 외의 일정한 기간' 등 다양한 단위기간으로 정하여지는 임금을 시간급 통상임금으로 산정하는 방법에 관하여 규정하다가, 위 개정으로 제31조 제1항 에 통상임금의 정의 규정이 신설되고 1997. 3. 27. 대통령령 제15320호로 폐지、제정된 구 근로기준법 시행령 이후부터는 그 정의 규정이 제6조 제1항 으로 위치가 옮겨졌다. 위와 같은 개정 및 폐지、제정 과정이나 그 이후에도 일、주、월 외의 일정한 기간으로 정한 임금의 시간급 통상임금 산정방식이 제31조 제2항 또는 제6조 제2항 으로 위치를 옮겨 종전과 동일한 내용으로 계속 규정되어 온 점에 비추어 보면, 근로기준법 시행령 제6조 제1항 은 통상임금의 범위를 1개월을 단위로 산정 또는 지급되는 임금으로 한정한 것이 아니라, 다양한 기간을 단위로 산정、지급되는 임금의 형태를 예시한 것에 불과하다고 보아야 할 것이다.

한편 최저임금법 제6조 제4항 은 사용자가 근로자에게 지급하는 임금 중 매월 1회 이상 정기적으로 지급하는 임금 외의 임금으로서 고용노동부장관이 정하는 것을 최저임금과 비교할 '비교대상 임금'에서 제외하고 있다. 그러나 최저임금제도의 목적은 임금의 최저수준을 보장하여 근로자의 생활 안정과 노동력의 질적 향상을 기하고자 하는 데에 있어 연장、야간、휴일 근로에 대한 가산임금 등을 산정하기 위한 통상임금제도와 그 목적을 달리하므로, 위와 같은 최저임금법의 규정을 근거로 통상임금을 매월 1회 이상 정기적으로 지급하는 임금으로 한정하여야 한다고 보는 것은 타당하지 않다.

2) 일률성

어떤 임금이 통상임금에 속하기 위해서는 그것이 일률적으로 지급되는 성질을 갖추어야 한다. '일률적'으로 지급되는 것에는 '모든 근로자'에게 지급되는 것뿐만 아니라 '일정한 조건 또는 기준에 달한 모든 근로자'에게 지급되는 것도 포함된다. 여기서 '일정한 조건'이란 고정적이고 평균적인 임금을 산출하려는 통상임금의 개념에 비추어 볼 때 고정적인 조건이어야 한다(대법원 1993. 5. 27. 선고 92다20316 판결 , 대법원 2012. 7. 26. 선고 2011다6106 판결 등 참조).

단체협약이나 취업규칙 등에 휴직자나 복직자 또는 징계대상자 등에 대하여 특정 임금에 대한 지급 제한사유를 규정하고 있다 하더라도, 이는 해당 근로자의 개인적인 특수성을 고려하여 그 임금 지급을 제한하고 있는 것에 불과하므로, 그러한 사정을 들어 정상적인 근로관계를 유지하는 근로자에 대하여 그 임금 지급의 일률성을 부정할 것은 아니다.

한편 일정 범위의 모든 근로자에게 지급된 임금이 일률성을 갖추고 있는지 판단하는 잣대인 '일정한 조건 또는 기준'은 통상임금이 소정근로의 가치를 평가한 개념이라는 점을 고려할 때, 작업 내용이나 기술, 경력 등과 같이 소정근로의 가치 평가와 관련된 조건이라야 한다. 따라서 부양가족이 있는 근로자에게만 지급되는 가족수당과 같이 소정근로의 가치 평가와 무관한 사항을 조건으로 하여 지급되는 임금은 그것이 그 조건에 해당하는 모든 근로자에게 지급되었다 하더라도 여기서 말하는 '일정한 조건 또는 기준'에 따른 것이라 할 수 없어 '일률성'을 인정할 수 없으므로, 통상임금에 속한다고 볼 수 없다(대법원 2000. 12. 22. 선고 99다10806 판결 , 대법원 2003. 12. 26. 선고 2003다56588 판결 등 참조).

그러나 모든 근로자에게 기본금액을 가족수당 명목으로 지급하면서 실제 부양가족이 있는 근로자에게는 일정액을 추가적으로 지급하는 경우 그 기본금액은 소정근로에 대한 대가에 다름 아니므로 통상임금에 속한다(대법원 1992. 7. 14. 선고 91다5501 판결 등 참조).

3) 고정성

어떤 임금이 통상임금에 속하기 위해서는 그것이 고정적으로 지급되어야 한다. 이는 통상임금을 다른 일반적인 임금이나 평균임금과 확연히 구분 짓는 요소로서 앞서 본 바와 같이 통상임금이 연장、야간、휴일 근로에 대한 가산임금을 산정하는 기준임금으로 기능하기 위하여서는 그것이 미리 확정되어 있어야 한다는 요청에서 도출되는 본질적인 성질이다.

'고정성'이라 함은 '근로자가 제공한 근로에 대하여 그 업적, 성과 기타의 추가적인 조건과 관계없이 당연히 지급될 것이 확정되어 있는 성질'을 말하고, '고정적인 임금'은 '임금의 명칭 여하를 불문하고 임의의 날에 소정근로시간을 근무한 근로자가 그 다음 날 퇴직한다 하더라도 그 하루의 근로에 대한 대가로 당연하고도 확정적으로 지급받게 되는 최소한의 임금'이라고 정의할 수 있다.

고정성을 갖춘 임금은 근로자가 임의의 날에 소정근로를 제공하면 추가적인 조건의 충족 여부와 관계없이 당연히 지급될 것이 예정된 임금이므로, 그 지급 여부나 지급액이 사전에 확정된 것이라 할 수 있다. 이와 달리 근로자가 소정근로를 제공하더라도 추가적인 조건을 충족하여야 지급되는 임금이나 그 조건 충족 여부에 따라 지급액이 변동되는 임금 부분은 고정성을 갖춘 것이라고 할 수 없다.

대법원은 근로자의 실제 근무성적에 따라 지급 여부 및 지급액이 달라지는 항목의 임금을 통상임금에서 제외하여 왔는데, 그러한 임금은 고정성을 갖추지 못하였기 때문이다(대법원 1996. 2. 9. 선고 94다19501 판결 , 대법원 2012. 3. 15. 선고 2011다106426 판결 등 참조).

다. 다양한 유형의 임금이 통상임금에 속하는지에 관한 구체적 판단 기준

실제 근로 현장에서는 임금의 지급조건 등이 매우 다양하므로, 위에서 본 통상임금의 개념적 징표인 정기성, 일률성, 고정성의 의미를 바탕으로 어떠한 유형의 임금을 통상임금에 속한다고 볼 수 있는지 그 구체적 판단 기준에 관하여 살펴본다.

1) 근속기간에 연동하는 임금

어떠한 임금이 일정 근속기간 이상을 재직할 것을 지급조건으로 하거나, 또는 일정 근속기간을 기준으로 하여 임금의 계산방법을 달리하거나 근속기간별로 지급액을 달리하는 경우와 같이 지급 여부나 지급액이 근속기간에 연동하는 임금 유형이 있다.

근속기간은 근로자의 숙련도와 밀접한 관계가 있으므로 소정근로의 가치 평가와 관련이 있는 '일정한 조건 또는 기준'으로 볼 수 있고, 일정한 근속기간 이상을 재직한 모든 근로자에게 그에 대응하는 임금을 지급한다는 점에서 일률성을 갖추고 있다고 할 수 있다. 또한 근속기간은 근로자가 임의의 날에 연장、야간、휴일 근로를 제공하는 시점에서는 그 성취 여부가 불확실한 조건이 아니라 그 근속기간이 얼마인지가 확정되어 있는 기왕의 사실이므로, 일정 근속기간에 이른 근로자는 임의의 날에 근로를 제공하면 다른 추가적인 조건의 성취 여부와 관계없이 근속기간에 연동하는 임금을 확정적으로 지급받을 수 있어 고정성이 인정된다. 따라서 임금의 지급 여부나 지급액이 근속기간에 연동한다는 사정은 그 임금이 통상임금에 속한다고 보는 데 장애가 되지 않는다.

2) 근무일수에 연동하는 임금

매 근무일마다 일정액의 임금을 지급하기로 정함으로써 근무일수에 따라 일할계산하여 임금이 지급되는 경우에는 실제 근무일수에 따라 그 지급액이 달라지기는 하지만, 근로자가 임의의 날에 소정근로를 제공하기만 하면 그에 대하여 일정액을 지급받을 것이 확정되어 있으므로, 이러한 임금은 고정적 임금에 해당한다.

그러나 일정 근무일수를 충족하여야만 지급되는 임금은 소정근로를 제공하는 외에 일정 근무일수의 충족이라는 추가적인 조건을 성취하여야 비로소 지급되는 것이고, 이러한 조건의 성취 여부는 임의의 날에 연장ㆍ야간ㆍ휴일 근로를 제공하는 시점에서 확정할 수 없는 불확실한 조건이므로 고정성을 갖춘 것이라 할 수 없다.

한편 일정 근무일수를 기준으로 계산방법 또는 지급액이 달라지는 경우에도 소정근로를 제공하면 적어도 일정액 이상의 임금이 지급될 것이 확정되어 있다면 그와 같이 최소한도로 확정되어 있는 범위에서는 고정성을 인정할 수 있다. 예를 들어 근무일수가 15일 이상이면 특정 명목의 급여를 전액 지급하고, 15일 미만이면 근무일수에 따라 그 급여를 일할계산하여 지급하는 경우, 소정근로를 제공하기만 하면 최소한 일할계산되는 금액의 지급은 확정적이므로, 그 한도에서 고정성이 인정된다. 다른 한편, 근무일수를 기준으로 계산방법을 달리 정하지 않고, 단순히 근무일수에 따라 일할계산하여 지급하는 경우도 앞서 본 매 근무일마다 지급하는 경우와 실질적인 차이가 없어 고정성을 인정할 수 있다.

3) 특정 시점에 재직 중인 근로자에게만 지급하는 임금

근로자가 소정근로를 했는지 여부와는 관계없이 지급일 기타 특정 시점에 재직 중인 근로자에게만 지급하기로 정해져 있는 임금은 그 특정 시점에 재직 중일 것이 임금을 지급받을 수 있는 자격요건이 된다. 그러한 임금은 기왕에 근로를 제공했던 사람이라도 특정 시점에 재직하지 않는 사람에게는 지급하지 아니하는 반면, 그 특정 시점에 재직하는 사람에게는 기왕의 근로 제공 내용을 묻지 아니하고 모두 이를 지급하는 것이 일반적이다. 그와 같은 조건으로 지급되는 임금이라면, 그 임금은 이른바 '소정근로'에 대한 대가의 성질을 가지는 것이라고 보기 어려울 뿐 아니라 근로자가 임의의 날에 근로를 제공하더라도 그 특정 시점이 도래하기 전에 퇴직하면 당해 임금을 전혀 지급받지 못하여 근로자가 임의의 날에 연장ㆍ야간ㆍ휴일 근로를 제공하는 시점에서 그 지급조건이 성취될지 여부는 불확실하므로, 고정성도 결여한 것으로 보아야 한다.

그러나 근로자가 특정 시점 전에 퇴직하더라도 그 근무일수에 비례한 만큼의 임금이 지급되는 경우에는 앞서 본 매 근무일마다 지급되는 임금과 실질적인 차이가 없으므로, 근무일수에 비례하여 지급되는 한도에서는 고정성이 부정되지 않는다.

4) 특수한 기술, 경력 등을 조건으로 하는 임금

특수한 기술의 보유나 특정한 경력의 구비 등이 임금 지급의 조건으로 부가되어 있는 경우, 근로자가 임의의 날에 연장ㆍ야간ㆍ휴일 근로를 제공하는 시점에서 특수한 기술의 보유나 특정한 경력의 구비 여부는 그 성취 여부가 불확실한 조건이 아니라 기왕에 확정된 사실이므로, 그와 같은 지급조건은 고정성 인정에 장애가 되지 않는다.

5) 근무실적에 연동하는 임금

지급 대상기간에 이루어진 근로자의 근무실적을 평가하여 이를 토대로 지급 여부나 지급액이 정해지는 임금은 일반적으로 고정성이 부정된다고 볼 수 있다. 그러나 근무실적에 관하여 최하 등급을 받더라도 일정액을 지급하는 경우와 같이 최소한도의 지급이 확정되어 있다면, 그 최소한도의 임금은 고정적 임금이라고 할 수 있다.

근로자의 전년도 근무실적에 따라 당해 연도에 특정 임금의 지급 여부나 지급액을 정하는 경우, 당해 연도에는 그 임금의 지급 여부나 지급액이 확정적이므로 당해 연도에 있어 그 임금은 고정적인 임금에 해당하는 것으로 보아야 한다. 그러나 보통 전년도에 지급할 것을 그 지급 시기만 늦춘 것에 불과하다고 볼 만한 특별한 사정이 있는 경우에는 고정성을 인정할 수 없다. 다만 이러한 경우에도 근무실적에 관하여 최하 등급을 받더라도 일정액을 최소한도로 보장하여 지급하기로 한 경우에는 그 한도 내에서 고정적인 임금으로 볼 수 있다.

라. 통상임금에 관한 노사합의의 효력

근로기준법에서 정하는 근로조건은 최저기준이므로(근로기준법 제3조), 그 기준에 미치지 못하는 근로조건을 정한 근로계약은 그 부분에 한하여 무효로 되며, 이에 따라 무효로 된 부분은 근로기준법에서 정한 기준에 따른다(근로기준법 제15조). 통상임금은 위 근로조건의 기준을 마련하기 위하여 법이 정한 도구개념이므로, 사용자와 근로자가 통상임금의 의미나 범위 등에 관하여 단체협약 등에 의해 따로 합의할 수 있는 성질의 것이 아니다.

따라서 앞에서 밝힌 기준에 따라 성질상 근로기준법상의 통상임금에 속하는 임금을 통상임금에서 제외하기로 노사 간에 합의하였다 하더라도 그 합의는 효력이 없다. 연장·야간·휴일 근로에 대하여 통상임금의 50% 이상을 가산하여 지급하도록 한 근로기준법의 규정은 각 해당 근로에 대한 임금산정의 최저기준을 정한 것이므로, 통상임금의 성질을 가지는 임금을 일부 제외한 채 연장·야간·휴일 근로에 대한 가산임금을 산정하도록 노사 간에 합의한 경우 그 노사합의에 따라 계산한 금액이 근로기준법에서 정한 위 기준에 미달할 때에는 그 미달하는 범위 내에서 노사합의는 무효라 할 것이고(대법원 1993. 5. 11. 선고 93다4816 판결 , 대법원 2009. 12. 10. 선고 2008다45101 판결 등 참조), 그 무효로 된 부분은 근로기준법이 정하는 기준에 따라야 할 것이다.

마. 변경하여야 할 대법원판결

근속수당의 지급조건에 일정 근무일수를 기준으로 그 미만은 일할계산하여 지급하고 그 이상은 전액 지급하기로 정해진 경우 그 일할계산하여 지급되는 최소한도의 임금은 고정적인 임금이라고 보아야 하는데도, 이와 달리 이를 지급 여부 및 그 지급액이 실제 근무성적에 의하여 달라진다는 이유로 비고정적인 임금으로 통상임금에 해당하지 아니한다고 판단한 대법원 1996. 3. 22. 선고 95다56767 판결 과 문제가 된 복리후생적 명목의 급여가 지급일 당시 재직 중일 것을 지급조건으로 하는지 여부에 관하여 심리하지 아니한 채 해당 급여가 단체협약 등에 의하여 일률적·정기적으로 지급되는 것으로 정해져 있다는 사정만으로 통상임금에 해당한다고 판단한 대법원 2007. 6. 15. 선고 2006다13070 판결 등을 비롯한 같은 취지의 판결들은 이 판결의 견해에 배치되는 범위 내에서 이를 모두 변경하기로 한다.

2. 이 사건에 대한 판단

가. 이 사건 상여금이 통상임금에 속하는지에 관하여

원심판결 이유와 원심이 적법하게 채택한 증거들에 의하면, 피고(피고의 전신인 모딘코리아 유한회사는 2004. 6. 7. 설립된 후 2009. 12. 23. 갑△▽토텍 유한회사로 상호가 변경되었고, 이후 2010. 8. 20. 피고로 조직변경되었다. 이하에서는 이들 회사를 구분하지 않고 '피고'라고 한다)는 상여금지급규칙에 따라 이 사건 상여금을 근속기간이 2개월을 초과한 근로자에게는 전액을, 근속기간이 2개월을 초과하지 않는 신규입사자나 2개월 이상 장기 휴직 후 복직한 자, 휴직자에 대하여는 상여금 지급 대상기간 중 해당 구간에 따라 미리 정해 놓은 비율을 적용하여 산정한 금액을 각 지급하였으며, 상여금 지급 대상기간 중에 퇴직한 근로자에 대해서는 근무일수에 따라 일할계산하여 지급한 사실을 알 수 있다.

앞에서 본 법리를 위 사실관계에 비추어 보면, 이 사건 상여금은 근속기간에 따라 지급액이 달라지기는 하나 일정 근속기간에 이른 근로자에 대해서는 일정액의 상여금이 확정적으로 지급되는 것이므로, 이 사건 상여금은 소정근로를 제공하기만 하면 그 지급이 확정된 것이라고 볼 수 있어 정기적·일률적으로 지급되는 고정적인 임금인 통상임금에 해당한다.

원심이 같은 취지에서 이 사건 상여금이 통상임금에 해당한다고 판단한 것은 정당하고, 거기에 상고이유 주장과 같은 통상임금의 개념, 요건 및 범위에 관한 대법원판례 위반 등의 위법이 없다.

나. 이 사건 상여금을 통상임금에서 제외하는 노사합의의 무효를 주장하여 추가 법정수당을 청구하는 것이 신의성실의 원칙에 위배되는지에 관하여

1) 신의성실의 원칙(이하 '신의칙'이라고 한다)은, 법률관계의 당사자는 상대방의 이익을 배려하여 형평에 어긋나거나 신뢰를 저버리는 내용 또는 방법으로 권리를 행사하거나 의무를 이행하여서는 아니 된다는 추상적 규범을 말하는 것으로서, 신의칙에 위배된다는 이유로 그 권리행사를 부정하기 위해서는 상대방에게 신의를 공여하였거나 객관적으로 보아 상대방이 신의를 가지는 것이 정당한 상태에 이르러야 하고 이와 같은 상대방의 신의에 반하여 권리를 행사하는 것이 정의관념에 비추어 용인될 수 없는 정도의 상태에 이르러야 한다(대법원 1991. 12. 10. 선고 91다3802 판결 , 대법원 2006. 5. 26. 선고 2003다18401 판결 등 참조).

단체협약 등 노사합의의 내용이 근로기준법의 강행규정을 위반하여 무효인 경우에, 그 무효를 주장하는 것이 신의칙에 위배되는 권리의 행사라는 이유로 이를 배척한다면 강행규정으로 정한 입법 취지를 몰각시키는 결과가 될 것이므로, 그러한 주장이 신의칙에 위배된다고 볼 수 없음이 원칙이다. 그러나 노사합의의 내용이 근로기준법의 강행규정을 위반한다고 하여 그 노사합의의 무효 주장에 대하여 예외 없이 신의칙의 적용이 배제되는 것은 아니다(대법원 2001. 5. 29. 선고 2001다15422, 15439 판결 참조). 위에서 본 신의칙을 적용하기 위한 일반적인 요건을 갖춤은 물론 근로기준법의 강행규정성에도 불구하고 신의칙을 우선하여 적용하는 것을 수긍할 만한 특별한 사정이 있는 예외적인 경우에 한하여 그 노사합의의 무효를 주장하는 것은 신의칙에 위배되어 허용될 수 없다.

2) 건전한 재정은 기업에 있어 생명줄과도 같다. 재정의 악화는 경영난으로 이어지고 그것이 심화되면 기업의 존립이 위태로워진다. 특히 임금은 기업의 재정에 가장 큰 영향을 미치는 요소 중의 하나이다. 노사는 임금협상을 하면서 근로자에게 근로의 대가로 얼마만큼의 금품을 어느 시기에 어떠한 형태와 조건으로 지급할 것인지

를 정하게 된다. 이러한 임금협상은 기업의 경영실적, 근로자의 노동생산성, 물가상승률, 동종 업계의 일반적인 임금인상률 등 여러 요소를 고려하여 이루어지지만, 기업의 지속적인 존립과 성장은 노사 양측이 다 같이 추구하여야 할 공동의 목표이므로 기업 재정에 심각한 타격을 주어 경영상 어려움을 초래하거나 기업의 존립기반에 영향을 주면서까지 임금을 인상할 수는 없는 것이다. 따라서 임금의 인상은 기업이 생산ㆍ판매 활동 등을 함으로써 얻을 수 있는 수익에 기초하여 노동비용 부담능력 안에서 이루어져야 한다는 내적 한계가 있고, 이는 노사 상호 간에 양해된 사항이라 할 수 있다.

그리하여 노사가 자율적으로 임금협상을 할 때에는 기업의 한정된 수익을 기초로 하여 상호 적정하다고 합의가 이루어진 범위 안에서 임금을 정하게 되는데, 우리나라의 실태는 임금협상 시 임금 총액을 기준으로 임금 인상 폭을 정하되, 그 임금 총액 속에 기본급은 물론, 일정한 대상기간에 제공되는 근로에 대응하여 1개월을 초과하는 일정 기간마다 지급되는 상여금(이하 '정기상여금'이라고 한다), 각종 수당, 그리고 통상임금을 기초로 산정되는 연장ㆍ야간ㆍ휴일 근로 수당 등의 법정수당까지도 그 규모를 예측하여 포함시키는 것이 일반적이다. 이러한 방식의 임금협상에 따르면, 기본급, 정기상여금, 각종 수당 등과 통상임금에 기초하여 산정되는 각종 법정수당은 임금 총액과 무관하게 별개 독립적으로 결정되는 것이 아니라 노사 간에 합의된 임금 총액의 범위 안에서 그 취지에 맞도록 각 임금 항목에 금액이 할당되고, 각각의 지급형태 및 지급시기 등이 결정된다는 의미에서 상호 견련관계가 있는 것이다.

그런데 우리나라 대부분의 기업에서는 정기상여금은 그 자체로 통상임금에 해당하지 아니한다는 전제 아래에서, 임금협상 시 노사가 정기상여금을 통상임금에서 제외하기로 합의하는 실무가 장기간 계속되어 왔고, 이러한 노사합의는 일반화되어 이미 관행으로 정착된 것으로 보인다. 이러한 관행이 정착하게 된 데에는, 상여금의 연원이 은혜적ㆍ포상적인 이윤배분이나 성과급에서 비롯된 점, 국내 경제가 성장기로 접어든 이후 상여금이 근로의 대가로서 정기적ㆍ일률적으로 지급되는 경우가 많다고는 하지만 여전히 성과급, 공로보상 또는 계속근로 장려 차원에서 지급되는 경우도 있고 그 지급형태나 지급조건 등이 다양하여 그 성질이 명확하지 아니한 경우도 있는 점, 근로현장에서 노사 양측에 지대한 영향력을 발휘하여 온 고용노동부의 '통상임금 산정지침'이 1988. 1. 14. 제정된 이래 일관되게 정기상여금을 통상임금에서 제외하여 온 점, 대법원판례상으로도 2012. 3. 29. 이른바 '금아리무진 판결'이라고 불리는 대법원 2010다91046 판결 이 선고되기 전에는 상여금의 통상임금 해당성을 부정한 대법원판결(대법원 1990. 2. 27. 선고 89다카2292 판결 , 대법원 1996. 2. 9. 선고 94다19501 판결 등)만 있었고 정기상여금이 통상임금에 해당할 수 있음을 명시적으로 인정한 대법원판결은 없었던 점 등이 그 주요 원인이 되어 노사 양측 모두 정기상여금은 통상임금에서 제외되는 것이라고 의심 없이 받아들여 왔기 때문인 것으로 보인다.

위와 같은 임금협상의 구조와 한계, 근로현장에서의 임금협상 방법과 과정, 각 임금 항목의 결정 방법 및 그 내용, 관행 등을 고려하지 아니한 채, 종래 정기상여금을 통상임금에서 제외한 노사합의가 근로기준법의 강행규정에 위배되어 무효라는 이유로 새로이 정기상여금이 포함된 통상임금을 기초로 한 법정수당을 추가로 지급하게 되면, 근로자가 받을 임금 총액이 당초 노사 간에 합의한 임금 총액의 범위를 훨씬 초과하게 되어, 임금협상 당시 노사 양측이 의도한 것과 사뭇 다른 결과가 발생할 수 있다.

앞서 본 바와 같이 임금에 관한 노사합의는 기업의 한정된 수익에 기초하여 합의한 임금 총액의 범위 안에서 각 임금 항목에 액수를 할당하고 그 개별적인 지급시기, 지급형태 및 조건 등을 정하는 실질을 갖고 있다. 따라서 기업의 수익 기초가 동일한 이상 노사 양측이 임금협상 당시 정기상여금이 통상임금에 해당할 수 있다는 점을 인식하였다면, 해당 정기상여금이 통상임금에 산입됨을 전제로 기본급과 수당 등의 인상률을 조정하고 지급형태나 조건 등을 변경하는 등의 조치를 취함으로써 결과적으로 통상임금을 기초로 산정되는 각종 법정수당을 포함하여 근로자에게 지급되는 임금 총액은 정기상여금이 통상임금에 산입되는 경우와 그렇지 않은 경우 사이에 실질적인 차이가 없도록 하는 등 기업의 부담능력 범위 내에서 다른 대안을 마련하여 노사합의를 이루었을 것으로 봄이 타당하다.

그런데도 이러한 사정들은 전혀 고려하지 아니한 채 노사 양측이 합의 당시 상호 공통적으로 이해하고 있었던 것과는 전혀 다른 법리적 사유를 들어 사용자에게 정기상여금이 포함된 통상임금을 토대로 한 추가적인 법정수당 지급의무를 부과한다면, 근로자 측은 한편으로는 임금협상 당시 노사가 서로 양해한 전제나 기초 아래 기업의 한정된 수익을 감안하여 결정된 임금을 모두 지급받으면서, 다른 한편으로는 그 전제나 기초가 무효임을 주장하며 기업의 한정된 수익을 넘는 추가적인 법정수당을 지급받게 되고, 반면에 사용자 측은 노사합의를 신뢰하여 이를 기초로 수지 균형을 맞추며 기업을 경영하여 오다가 예측하지 못하였던 재정적 부담을 지게 되고, 그로 인하여 중대한 경영상의 어려움을 겪거나 기업의 존립 자체가 흔들리는 상황에 놓이게 될 수 있다. 이는 상호 신뢰를 기초로 하여 노사합의를 이루어 자율적이고 조화로운 관계를 유지하며 공동의 이익을 추구해 온 노사관계에 있어 예기치 않은 사유로 서로 간의 신뢰기반을 깨뜨리고 노사가 지향해 온 상생관계를 해치는 행위로서 궁극적으로는 근로자의 근로환경이나 근로조건에도 부정적인 영향을 미치고, 기업의 재정적 파탄으로 이어져 일자리의 터전을 상실할 위험도 초래하는 등 노사 양쪽 모두에게 피해가 갈 수 있다.

따라서 앞서 본 바와 같은 방식의 임금협상 과정을 거쳐 이루어진 노사합의에서 정기상여금은 그 자체로 통상임금에 해당하지 아니한다고 오인한 나머지 정기상여금을 통상임금 산정 기준에서 제외하기로 합의하고 이를 전제로 임금수준을 정한 경우, 근로자 측이 앞서 본 임금협상의 방법과 경위, 실질적인 목표와 결과 등은 도외시한 채 임금협상 당시 전혀 생각하지 못한 사유를 들어 정기상여금을 통상임금에 가산하고 이를 토대로 추가적인 법정수당의 지급을 구함으로써, 노사가 합의한 임금수준을 훨씬 초과하는 예상외의 이익을 추구하고 그로 말미암아 사용자에게 예측하지 못한 새로운 재정적 부담을 지워 중대한 경영상의 어려움을 초래하거나 기업의 존립을 위태롭게 한다면, 이는 종국적으로 근로자 측에까지 그 피해가 미치게 되어 노사 어느 쪽에도 도움이 되지 않는 결과를 가져오므로 정의와 형평 관념에 비추어 신의에 현저히 반하고 도저히 용인될 수 없음이 분명하다. 그러므로 이와 같은 경우 근로자 측의 추가 법정수당 청구는 신의칙에 위배되어 받아들일 수 없다.

3) 원심이 채택한 증거들과 기록을 종합하여 보면 다음과 같은 사정을 알 수 있다.

가) 피고는 2009. 1.부터 2010. 2.까지 한시적으로 관리직 직원에 대하여 이 사건 상여금을 매월 지급하였던 것을 제외하고는 상여금지급규칙에 따라 관리직 직원과 생산직 직원 모두에 대하여 동일한 지급률과 지급 기준을 적용하여 이 사건 상여금을 지급하였다.

나) 피고와 전국민주노동조합총연맹 전국금속노동조합(이하 '노동조합'이라고 한다)은 2008. 10. 8. 체결한 단체협약에서 통상임금에 산입될 임금의 범위를 정하면서, 이 사건 상여금이 근로기준법 소정의 통상임금에 해당하지 않는다는 전제하에 이 사건 상여금을 통상임금 산입에서 제외하였는데, 피고와 노동조합은 이전에도 이와 같이 단체협약으로 통상임금의 산입 범위를 정하였던 것으로 보인다. 그리고 피고와 노동조합은 임금협상을 하면서 임금 총액을 기준으로 기본급 등의 인상률과 각종 수당의 증액, 단체협약상의 통상임금을 전제로 한 법정

수당의 규모 등을 정하였던 것으로 보인다.

다) 피고는 노동조합의 조합원이 아닌 관리직 직원들에 대해서도 이 사건 상여금을 통상임금 산입에서 제외한 단체협약을 적용하여 이 사건 상여금이 제외된 통상임금을 기초로 법정수당을 산정 · 지급하여 왔고, 이에 대하여 이 사건 소송 제기 전까지는 원고를 비롯한 관리직 직원들이 별다른 이의를 제기하지 않았던 것으로 보인다.

라) 한편 위 단체협약에 따르면 생산직 직원의 경우 통상임금은 기본급에 직책수당, 생산수당, 위해수당 등 제 수당을 합산한 금액으로 산정되고, 짝수달에 지급되는 상여금은 위와 같은 통상임금의 산정 기초 임금에 20,000원과 연장근로 35시간분을 합산한 금액의 연 600%로 산정된다. 이러한 통상임금 및 상여금의 산정방식과 그 규모 등에 비추어 보면, 단체협약에서 당초 통상임금 산정 시 기초로 삼은 임금에 더하여 이 사건 상여금을 산입할 경우 통상임금의 액수는 단체협약에서 예정한 통상임금의 액수를 훨씬 초과할 것으로 보인다.

특히 피고의 직원 수는 관리직을 제외한 생산직 직원만 400여 명에 달하는데, 생산직 직원의 경우 연장 · 야간 · 휴일 근로 등 초과근로가 상시적으로 이루어지고, 짝수달에 지급되는 이 사건 상여금이 단체협약에서 정한 통상임금 산정 기초 임금의 연 600%를 넘는 규모인 점 등에 비추어 볼 때, 이 사건 상여금을 통상임금에 산입할 경우 피고가 추가로 부담하게 될 초과근로에 대한 가산임금은 임금협상 당시 노사가 협상의 자료로 삼은 가산임금의 범위를 현저히 초과하고, 근로자들이 추가 법정수당을 지급받게 될 경우 그들의 실질임금 인상률은 임금협상 당시 노사가 상호 양해한 임금인상률을 훨씬 초과하게 될 것으로 보인다. 한편 관리직 직원의 경우 생산직 직원처럼 상시적으로 초과근로를 하지는 않지만, 이 사건 상여금을 통상임금에 산입할 경우에는 간헐적인 초과근로에 대한 가산임금, 미사용 연차휴가수당 등의 증가를 가져오므로, 이 역시 전체적으로 피고에게 새로운 재정적 부담으로 작용할 것으로 보인다.

4) 위와 같은 사정들을 종합하여 보면, 피고는 이 사건 상여금이 통상임금에 해당한다는 점을 인식하지 못한 채 노동조합과 이 사건 상여금을 통상임금에서 제외하는 내용의 단체협약을 체결하였고, 이러한 단체협약에 따른 통상임금 기준을 조합원이 아닌 관리직 직원들에게도 적용하는 것에 대하여 피고와 관리직 직원들 사이에 명시적 또는 묵시적인 노사합의 내지 관행이 있었으며, 이 사건 상여금이 통상임금에 산입될 경우 근로자들은 당초 노사 간 임금협상 등을 통하여 받은 이익을 초과하는 예상 밖의 이익을 기대할 수 있게 되는 한편, 피고로서는 예측하지 못한 새로운 재정적 부담을 지게 되어 중대한 경영상의 어려움을 초래한다고 볼 수 있는 사정이 상당히 드러나 있다.

다만 앞서 본 바와 같이 피고는 짝수달에 1회씩 상여금을 지급하기로 하는 상여금지급규칙이 존재하는 상태에서 2009. 1.부터 2010. 2.까지 한시적으로 관리직 직원에 한하여 이 사건 상여금을 매월 지급하였는데, 이것이 위 기간에 한하여 아무런 조건 없이 관리직 직원 전체에 대하여 생산직 직원과 달리 이 사건 상여금을 통상임금에 포함하여 실질임금을 보장해 주려는 의도로 이루어진 것이라면, 이 부분에 관하여는 이 사건 상여금을 통상임금에 포함하여 이를 기초로 법정수당을 산정한다고 하여 피고가 예측하지 못한 새로운 재정적 부담을 지게 되는 것은 아니라고 볼 여지가 있다.

그렇다면 원심으로서는 앞서 본 법리에 기초하여 피고와 노동조합의 임금협상 실태와 피고와 관리직 직원들 사이에 이 사건 상여금을 통상임금에서 제외하기로 하는 명시적 또는 묵시적 노사합의 내지 관행이 이루어졌는지 여부, 그리고 이 사건 상여금이 통상임금에 산입될 경우 피고가 부담하게 될 추가 법정수당액과 전년도 대비 실질임금 인상률 및 그에 관한 과거 수년간의 평균치, 피고의 재정 및 경영상태, 피고의 관리직 직원들에 대한 이 사건 상여금의 구체적인 지급방식 및 그 변경 내용, 동기 및 경위, 그 변경된 지급방식의 원고에 대한 적용 여부 등을 심리하여 2007년부터 2010년까지의 미사용 연차휴가수당 등의 지급을 구하는 원고의 이 사건 청구가 신의칙에 위배되는지를 살펴보았어야 할 것이다.

그런데도 이와 달리 원심은 위와 같은 사정들에 대하여 제대로 심리하지 아니한 채 그 판시와 같은 사정만으로 원고의 이 사건 청구가 신의칙에 위배되지 않는다고 단정하고 말았으니, 이러한 원심의 판단에는 신의칙에 관한 법리를 오해하고 필요한 심리를 다하지 아니한 위법이 있다고 할 것이다. 이를 지적하는 상고이유 주장은 이유 있다.

3. 결론

그러므로 원심판결을 파기하고, 사건을 다시 심리ㆍ판단하도록 원심법원에 환송하기로 하여 주문과 같이 판결한다. 이 판결에는 신의칙의 적용에 관하여 대법관 이인복, 대법관 이상훈, 대법관 김신의 반대의견과 통상임금 판단 기준에 관하여 대법관 김창석의 별개의견이 있는 외에는 관여 법관들의 의견이 일치하였고, 다수의견에 대한 대법관 김용덕, 대법관 고영한, 대법관 김소영의 보충의견이 있다.

4. 대법관 이인복, 대법관 이상훈, 대법관 김신의 반대의견

가. 이 사건은 근로자가 자신이 제공한 근로에 대한 정당한 임금을 받지 못하였음을 이유로 사용자에게 근로기준법이 정한 바에 따른 임금의 지급을 구하는 사건이다. 이에 대한 다수의견의 요지는 다음과 같다. 즉 정기상여금은 통상임금에 해당하고, 이것을 통상임금에서 제외하기로 근로자와 사용자가 합의하였더라도 그러한 합의는 근로기준법에 위배되어 무효인 것은 맞으나, 근로자가 그 합의의 무효를 주장하면서 정기상여금을 통상임금에 포함하여 산정한 수당과 퇴직금을 추가로 청구하는 것은 신의칙에 위배된다는 것이다.

그러나 근로기준법의 강행규정성을 인정하면서도 신의칙으로 그 강행규정성을 배척하는 다수의견의 논리는 너무 낯선 것이어서 당혹감마저 든다. 그리고 거듭 살펴보아도 그 논리에서 합리성을 찾을 수 없다.

나. 다수의견의 논리 전개와 결론이 부당하다고 보는 이유는 다음과 같다.

1) 근로기준법상 강행규정에 위반된 노사합의를 무효라고 주장하는 것이 신의칙에 위배되어 허용되지 않는다는 점에 대하여

가) 다수의견이 설시하는 것처럼, 신의칙이란, 법률관계의 당사자는 상대방의 이익을 배려하여 형평에 어긋나거나 신뢰를 저버리는 내용 또는 방법으로 권리를 행사하거나 의무를 이행하여서는 안 된다는 추상적인 규범이다. 그런데 이러한 추상적인 신의칙에 의하여 구체적인 문제를 해결하려고 하면 법률에 의한 재판의 원칙을 침해할 수 있고 법률관계가 불안해질 수 있으므로, 대법원은 신의칙은 엄격하게 해석ㆍ적용하지 않으면 안 된다고 선언해 왔다(대법원 2008. 5. 29. 선고 2004다33469 판결 등 참조).

특히 실정법의 개별 조항에 의하여 명백히 인정되는 권리ㆍ의무의 내용을 신의칙을 이유로 변경하는 것은 법체계에 심각한 혼란을 초래하여 법의 권위와 법적 안정성에 큰 위협이 될 수 있다. 신의칙을 적용하여 그와 같은 실정법상의 권리를 제한하는 것은, 개별적인 사안의 특수성 때문에 법률을 그대로 적용하면 도저히 참을 수 없는 부당한 결과가 야기되는 경우에 최후 수단으로, 그것도 법의 정신이나 입법자의 결단과 모순되지 않는 범위 안에서만 고려해 볼 수 있는 방안에 불과하다.

나) 공익을 추구하는 강행규정은 그 입법 목적을 달성하기 위하여 그에 위배된 행위의 효력을 부정함으로써 계약자유의 원칙을 제한한다. 그리고 강행규정은 해당 규정에 대한 행위자의 인식 여부를 불문하고 적용된다.

신의칙을 이용하여 강행규정을 위반한 법률행위의 효력을 유지하는 것은 전체 법질서 내에서 작동하여야 할 신의칙이 법질서에 역행하는 결과를 초래한다. 강행규정에 위배되는 약정의 당사자가 그 약정의 무효를 주장하는 것이 신의칙에 위반되는 권리의 행사라는 이유로 그 주장을 배척한다면, 이는 강행규정에 의하여 배제하려는 결과를 실현시키는 셈이 되어 입법 취지를 완전히 몰각하게 되므로 그러한 주장은 신의칙에 반하는 것이 아니라는 것이 판례의 확립된 견해이다(대법원 2011. 3. 10. 선고 2007다17482 판결 등 참조). 이처럼 신의칙은 강행규정에 앞설 수 없다.

다) 대부분의 근로조건, 그중에서도 특히 임금은 근로자에게는 생존에 관한 문제이다. 그렇기 때문에 헌법은 국가에게 근로자의 적정임금 보장에 노력할 의무를 지우고(헌법 제32조 제1항), 근로조건의 기준은 인간의 존엄성을 보장하도록 법률로 정하게 하고 있으며(헌법 제32조 제3항), 근로기준법은 이를 이어받아 근로조건에 관한 각종 강행규정을 두고 있는 것이다. 근로기준법 제15조 는 그 법에서 정하는 기준에 미치지 못하는 근로조건을 정한 근로계약은 그 부분에 한하여 무효임을 선언하여 그 강행규정성을 분명히 하고 있다. 그럼에도 신의칙의 적용을 통하여 임금청구권과 같은 법률상 강행규정으로 보장된 근로자의 기본적 권리를 제약하려 시도하는 것은 이와 같은 헌법적 가치나 근로기준법의 강행규정성에 정면으로 반한다.

근로기준법이 강행규정으로 근로자에게 일정한 권리를 보장하고 있음에도 근로자나 사용자가 그 강행규정에 저촉되는 내용의 노사합의를 한 경우에, 신의칙을 내세워 사용자의 그릇된 신뢰를 권리자인 근로자의 정당한 권리 찾기에 우선할 수는 없다.

사용자의 경제적 어려움도 근로자의 권리를 희생시킬 수 있는 근거가 될 수 없다. 사용자의 경제적 어려움은 근로조건의 설정과정에서 근로자의 이해와 양보를 구할 수 있는 근거가 될 수 있을지언정 이미 정해진 근로조건에 따라 사용자가 이행하여야 할 법적 의무를 면하는 이유가 될 수는 없다. 사용자는 자신이 제공받는 근로에 합당한 대가를 지급하는 것이지 무슨 '손해'를 입는 것이 아니다.

이처럼 어느 모로 보나 근로기준법상 강행규정을 위반한 노사합의가 무효라고 주장하는 것이 신의칙에 위배되어 허용될 수 없다는 다수의견은 부당하다. 헌법에 기초하여 국민의 대표자가 법률을 통하여 강행법규로써 보장한 권리를 근로자가 제대로 알지 못하다가 법에 따라 되찾겠다고 주장하는 것이, 어떻게 '정의와 형평 관념에 비추어 신의에 현저히 반하는 것'이 될 수 있고, 또 그것이 왜 '도저히 용인될 수 없음이 분명한 것'인지 이해할 수 없다.

2) 정기상여금을 통상임금에서 제외하기로 하는 노사합의가 무효라는 주장이 신의칙 위반에 해당하는 경우라고 하면서 다수의견이 드는 요건에 대하여

가) 다수의견은, 근로자가 강행법규인 근로기준법에 위반된 노사합의의 무효를 주장하는 것이 신의칙에 위배되어 허용되지 아니한다고 보기 위해서는 '신의칙을 적용하기 위한 일반적인 요건'을 갖추어야 함은 물론이고, 더 나아가 '근로기준법의 강행규정성에도 불구하고 신의칙을 우선하여 적용하는 것을 수긍할 만한 특별한 사정'이 있어야 한다고 전제한 다음, 근로자가 정기상여금을 통상임금에서 제외하기로 하는 노사합의를 무효라고 주장하는 것이 이러한 요건을 모두 갖추어서 신의칙에 위배된다고 한다.

나) 우선 근로자가 정기상여금을 통상임금에서 제외하기로 하는 노사합의를 무효라고 주장하는 것에 대하여

'신의칙을 적용하기 위한 일반적인 요건'이 갖추어졌다고 볼 수 없다.

신의칙에 위배된다는 이유로 권리행사를 부정하기 위해서는 상대방에게 신의를 공여하였거나 객관적으로 보아 상대방이 신의를 가지는 것이 정당하여야 하고, 이와 같은 상대방의 신의에 반하여 권리를 행사하는 것이 정의관념에 비추어 도저히 참을 수 없는 정도의 상태에 이르러야 한다. 여기서 신의칙의 적용을 통하여 보호되어야 할 상대방의 신뢰는 정당한 신뢰이어야 하므로, 신뢰할 만하지 아니한 것을 과실로 신뢰한 경우나 신뢰할 만하지 아니하다는 것을 알고 있었던 경우에는 그 신뢰의 보호를 주장할 수 없다. 또한 신뢰보호는 상대방이 어떠한 사태를 신뢰하고 있고 또 그러한 신뢰를 가질 만하다고 하여서 곧바로 인정되는 것이 아니고, 그 신뢰의 보호로 말미암아 불이익을 입는 자에게 그 불이익을 받을 만한 귀책근거가 있어야 한다.

이와 관련하여 다수의견은 상여금의 연원, 그 성질의 불명확성, 고용노동부의 지침 등으로 인하여 정기상여금을 통상임금에서 제외하기로 하는 노사합의가 관행으로 정착되어 왔다는 사정을 근거로 들고 있다.

그러나 이 사건에서 이러한 노사합의가 관행으로 정착되어 왔다는 사정을 인정할 근거자료를 찾아볼 수 없다. 단지 그러한 관행이 있는 것으로 보인다고 다수의견이 사용자의 관점에서 일방적으로 추정하고 있을 뿐이다.

나아가 이러한 노사합의의 관행이 있다고 하더라도 이를 근로자의 신뢰 공여로 평가할 수 없다. 근로기준법의 강행규정은 그 규정의 존재를 알지 못하거나 이를 제대로 이해하지 못한 자에게도 일률적으로 적용되고, 법률의 부지(불지)나 법적 평가에 관한 착오가 있다고 하여 그 적용을 피할 수 없다. 강행규정에 위반되어 무효인 노사합의의 관행이 있더라도 그러한 관행이 근로자에 의하여 유발되거나 그 주된 원인이 근로자에게 있지 아니한 이상, 그와 같은 무효인 노사합의의 관행이 강행규정에 반하여 무효라고 주장하지 않으리라고 사용자가 신뢰하는 것이 정당화될 수 없다. 그와 같은 사용자의 신뢰는 보호할 만한 가치가 있는 것이 아닐 뿐만 아니라, 이를 먼저 보호하게 되면 법에 위반된 관행을 강행규정에 우선시키는 결과를 초래하기 때문이다.

정기상여금을 통상임금에서 제외하기로 하는 노사합의의 관행이 있다고 볼 근거가 없음은 물론이고, 만에 하나 그런 관행이 있다고 한들 그것이 근로자에 의하여 유발되었거나 그 주된 원인이 근로자에게 있다고 볼 근거는 어디에도 없다. 다수의견은 이런 점에 관하여 아무런 설명 없이 그저 그런 관행이 있다고만 하고 있다. 근로자가 이를 무효라고 주장하지 않을 것이라고 사용자가 신뢰하였다는 전제 자체가 증명된 바 없지만, 그 '신뢰'가 존재한다고 하더라도 이를 정당한 것이라고 말할 수 없다.

결국 신의칙의 일반적 요건이 갖추어졌음을 전제로 근로기준법의 강행규정에도 불구하고 신의칙을 우선하여 적용할 수 있는 특별한 사정까지 갖추어졌다는 취지의 다수의견은 그 전제부터 타당하지 않다.

다) 다수의견이 정기상여금을 통상임금에서 제외하는 노사합의에 대한 근로자의 무효 주장이 신의칙에 위반된다고 하면서 내세우는 근거나 기준도 합리성이 없다.

(1) 다수의견은, 노사가 임금협상 당시 정기상여금을 통상임금에서 제외하는 노사합의가 근로기준법의 강행규정에 위배되어 무효라는 점을 알았더라면 기본급의 인상률을 낮추거나 상여금·수당의 지급형태나 조건을 변경하는 조치를 취함으로써 통상임금을 기초로 산정되는 각종 법정수당을 포함하여 근로자에게 지급되는 임금 총액이 당초 노사합의에서 정한 통상임금을 기초로 산정되는 각종 법정수당을 포함한 임금 총액과 실질적인 차이가 없도록 하였을 것이라고 한다.

그러나 그러한 노사협의가 이루어졌을 것이라는 전제는 오로지 사용자의 관점에서만 바라본 주관적·가정적(가정적) 의사를 밝힌 것에 불과하다. 근로자의 관점에서 보면 임금 수준은 유지하면서 연장·야간·휴일근로 등 초과근로를 축소하는 방향으로 노사협의를 진행하였을 가능성도 충분하다. 이러한 근로자의 관점이 오히려 초과근로를 되도록 제한함으로써 근로자의 인간다운 생활을 보장하려는 근로기준법의 기본정신에 더 부합한다. 다수의견과 같은 가정적 의사를 당연한 전제로 받아들여 이를 신의칙 적용의 출발점으로 삼는 것은 논리의 비약이다.

(2) 다수의견은, 정기상여금을 통상임금에서 제외하기로 한 노사합의의 무효를 주장함으로써 근로자가 얻는 것이 '예상외의 이익'이라고 하면서 이를 신의칙 위반의 중요한 근거로 들고 있다.

그러나 근로자가 초과근로를 함으로써 얻는 초과근로수당청구권은 근로기준법이 명시적으로 인정하는 근로자의 권리이다. 예상외의 이익, 즉 뜻밖의 횡재가 아니다. 근로자가 과거에 마땅히 받았어야 할 것을 이제 와서 받으려는 것일 뿐이다. 이것은 근로기준법이 당사자의 합의에 의하여서도 박탈하지 못하도록 굳이 강행규정을 두어 보장한 근로자의 정당한 권리이다.

노사합의 당시 정기상여금이 통상임금에 포함된다는 사정을 알았더라면 사용자로서는 초과근로시간을 줄이고 근로자로서도 초과근로를 적게 하였을 것이므로, 사용자가 정당한 대가를 치르지 않고 근로자의 초과근로를 제공받은 것이 오히려 다수의견의 표현마따나 '예상외의 이익'인 셈이다.

근로자가 받았어야 할 임금을 예상외의 이익으로 취급하여 이를 되찾는 것을 정의와 형평 관념에 반한다고 하는 것 자체가 정의관념에 반한다.

(3) 다수의견은 '법정수당의 추가 지급으로 사용자에게 예측하지 못한 새로운 재정적 부담을 지게 함으로써 중대한 경영상의 어려움을 초래하거나 기업의 존립을 위태롭게 한다'는 것을 신의칙 위반의 또 다른 요건으로 들고 있다.

그러나 이러한 '중대한 경영상의 어려움'이나 '기업 존립의 위태'는 모두 모호하고 불확정적인 내용으로서, 도대체 추가 부담액이 어느 정도가 되어야 그러한 요건을 충족한다는 것인지 알 수 없다.

이처럼 모호하고 불명확한 기준을 신의칙의 적용 요건으로 보게 되면 근로기준법상 보장되는 권리가 사업장이나 개개 소송마다 달라질 가능성이 커지게 되고, 이는 곧 근로기준법상 근로자들에게 고루 보장되어야 하는 권리가 형평에 맞지 않게 인정되거나 부정되는 결과를 초래할 수 있다.

어느 범위의 근로자에게 법정수당을 추가 지급하는 경우를 기준으로 이러한 요건의 충족 여부를 가릴 수 있는지도 문제이다. 다수의견은 실제로 추가 지급을 청구하는 근로자 외에 단체협약의 적용을 받는 조합원 전체, 나아가 단체협약의 직접 적용 대상이 아닌 비조합원도 '묵시적 합의'를 매개로 그 기준에 포함시키고 있는 것으로 보이지만, 이러한 태도는 결국 '중대한 경영상의 어려움' 내지 '기업 존립의 위태'가 초래되는 결론을 도출해 내기 위하여 편법을 동원한 것에 불과하다.

(4) 사용자가 정기상여금을 통상임금에서 제외하는 것이 근로기준법에 위배된다는 것을 알지 못한 채 단체협약을 체결한 것이라는 취지의 다수의견의 판단 역시 그대로 받아들일 수 없다. 사용자가 이를 몰랐다면 적어도 그 모른 것에 과실은 있다.

대법원은 1995. 12. 21. 선고 94다26721 전원합의체 판결로 임금2분설을 폐기한 이래 임금의 명목이나 지급주기를 불문하고 객관적 성격에 따라 통상임금성 여부를 가려야 한다고 일관되게 판단하여 왔다. 반면 고용노동부는 이러한 판례를 무시하고 1개월 초과 임금, 상여금을 통상임금에서 제외하는 행정해석을 고수하였다. 이처럼 판례와 행정해석의 불일치로 생기는 산업현장의 혼란에 대하여는 그동안 꾸준히 문제 제기가 있어 왔고, 기업을 운영하는 사용자라면 이러한 사정을 당연히 알았거나 알았어야 할 상황이었다.

상여금의 통상임금성이 문제 된 사안에서 대법원이 통상임금이 아니라고 한 과거의 사례들은, 그 임금이 '상여금'이기 때문이 아니라 '고정성을 결여'하였기 때문에 통상임금성을 부정하였던 것이고(대법원 1996. 2. 9. 선고 94다19501 판결 , 대법원 2007. 4. 12. 선고 2006다81974 판결 등 참조), 이는 상여금도 정기성·일률성·고정성을 갖추면 통상임금에 해당할 수 있음을 전제로 한 것이다. 이 사건 변론과정에서 드러난 바에 따르면 산업현장에서도 상여금 중 고정적 정기상여금은 통상임금에 해당한다는 점을 어느 정도 인식하고 있었다고 보인다. 거듭되는 판례에도 불구하고 일부 기업은 여전히 근속수당처럼 통상임금의 성격이 명백한 임금조차 통상임금에서 제외하는 처사를 계속하고 있고, 이 사건에서 문제 되는 정기상여금에 관하여도 이러한 법 무시 내지 경시 태도를 보이고 있는 기업이 드물지 않다.

사용자는 상여금도 그 성격에 따라 통상임금에 해당할 수 있음을 알았다고 보이고, 사용자가 상여금의 통상임금 해당 가능성을 알지 못하였더라도 이를 법적으로 보호할 가치가 있는 선의(선의)라고 볼 수는 없다.

3) 다수의견이 이 사건에 신의칙을 적용한 구체적인 논리나 판단에 대하여

가) 다수의견은, 이 사건에서 사용자인 피고가 단체협약에서 정한 통상임금 기준을 조합원이 아닌 관리직 직원들에게 적용하여 이 사건 상여금이 제외된 통상임금을 기초로 법정수당을 산정·지급해 왔고 이에 대하여 원고를 비롯한 관리직 직원들이 별다른 이의를 제기하지 않았던 것으로 보인다는 이유로, 단체협약상의 통상임금 기준을 조합원이 아닌 관리직 직원들에게도 적용하는 것에 대하여 피고와 관리직 직원들 사이에 명시적이거나 묵시적인 노사합의 또는 관행이 있었다고 하면서, 원고가 이 사건 상여금을 통상임금에 포함하여 이를 기초로 미사용 연·월차수당과 퇴직금의 지급을 구하는 것이 신의칙에 위배될 수 있다고 한다.

나) 그러나 이 사건 소송은 개별 근로자의 임금청구 소송이다. 단체교섭이나 단체협상의 주체인 노동조합이 금전지급청구를 하는 것이 아니다.

노동법의 기본원리 중 하나는 '협상은 집단적으로 하되, 권리행사는 개별적으로 한다'는 것이다. 이 때문에 장래에 적용될 근로조건의 결정에 관한 주장의 불일치가 아니라, 이미 정해진 근로조건에 따른 권리행사는 노동쟁의의 범위에서 벗어나게 된다. 노사 간 이익 조정을 위한 집단적 교섭과 그 교섭의 결과물인 근로조건에 기초한 개별 근로자의 권리행사는 뚜렷이 구별되고, 따라서 단체협약 체결 과정에서 사용자에게 어떤 신뢰를 준 행위가 있었더라도 그 주체는 노동조합이지 개별 근로자가 아니다. ○○시 ○○면노동조합이 사용자와 합의하여 단체협약을 체결하였다는 사실에는 개별 근로자가 무효인 단체협약 대신 근로기준법에 따른 임금을 지급해 달라고 요구하는 데 방해가 되는 '신뢰의 제공'은 존재하지 않는 것이다. 더구나 원고는 노동조합의 조합원도 아니고 단체협약의 체결과정에 참여한 바도 없다.

다) 다수의견처럼 사용자가 단체협약상의 근로조건을 비조합원인 관리직 직원들에게 적용하고 이에 대하여 비조합원들이 이의를 하지 아니하였다는 이유만으로 그에 관한 노사합의의 존재를 인정하면서, 더 나아가 이를 신의칙 위반의 근거로 삼는 것은 일반 민사법 영역에서도 유례를 찾아볼 수 없을 정도로 부당하게 신의칙의 적용범위를 확장하는 것이다.

우선 위와 같이 비조합원인 근로자들이 별다른 이의를 제기하지 않았다는 사정만으로 명시적 노사합의의 존재를 인정할 수는 없다. 그리고 비조합원인 근로자가 이의를 제기하지 않은 데서 묵시적인 합의의 존재를 추인할 수 있다고 보더라도, 이를 근거로 신의칙을 적용하는 것은 부당하다. 사용자가 근로기준법에 위배되는 단체협약상 근로조건을 일방적으로 적용하더라도 비조합원들이 단지 이의를 하지 않았다는 이유만으로, 그 단체협약상 근로조건의 유효성에 관하여 사용자가 가지는 신뢰는 정당한 신뢰가 되고, 비조합원들은 근로기준법상 강행규정으로 보장되는 권리를 부정당하는 결과가 되기 때문이다.

사용자의 근로기준법 위반행위에 대하여 적극적으로 저항하거나 이의를 제기하지 않는 근로자는 사용자에게 정당한 신뢰를 준 것이어서 그 위법행위의 무효를 주장하는 것이 정의에 반한다는 논리는 근로기준법의 규범력을 무시하는 발상이다.

라) 더욱이 이 사건에서 원심이 확정한 사실관계에 의하면 사용자인 피고 측은 2009. 1.부터 2010. 2.까지 정기상여금을 매월 기본급에 통합하여 지급하는 것으로 정기상여금 지급방식을 변경하였을 뿐만 아니라, 이 기간 동안 퇴직한 근로자들에게 정기상여금을 통상임금에 포함하여 계산한 연ㆍ월차수당과 퇴직금을 지급하였고, 나아가 정기상여금을 통상임금에 포함하여 계산한 고용유지지원금을 관계기관에 신청하기도 하였다.

사용자인 피고는 정기상여금을 통상임금에 포함하여 고용유지지원금을 신청하여도 무방하고, 똑같은 상황에서 근로자인 원고가 그 정기상여금을 통상임금에 포함하여 산정한 초과수당을 청구하면 신의칙 위반이 될 수 있다는, 이 모순된 이중 잣대를 도무지 이해할 수 없다. 다수의견은, 적어도 이 사건에서는 정기상여금이 통상임금에 포함되어야 한다는 원고의 주장은 신의칙에 반한다고 볼 수 없고, 오히려 피고가 원고의 주장이 신의칙에 반한다고 항변하는 것이야말로 신의칙에 반한다고 말해야 옳다.

다. 다수의견처럼 노사가 임금협상 시 정기상여금을 통상임금에서 제외하기로 합의하는 실무가 장기간 계속되어 왔고 이러한 노사합의가 일반화되어 관행으로 정착되었다고 한다면, 대법원은 이를 이유로 근로자들의 정당한 권리 행사를 배척할 것이 아니라 이러한 관행은 근로기준법의 강행규정에 위반되므로 고쳐야 한다고 선언하는 것이 옳다. 그렇지 않으면 대법원이 위법한 관행을 승인하여 주는 것이고, 본연의 역할인 법의 올바른 해석ㆍ적용이 아니라 거꾸로 위법한 해석ㆍ적용을 하는 결과가 된다.

다수의견이 '강행법규보다 신의칙을 앞세울 만한 특별한 사정을 인정하는 기준'으로 내세운 것들은 단체협약의 체결을 위한 노사협의의 장(장)에서나 논의될 만한 사정에 불과함에도, 다수의견은 이를 '정의와 형평의 관념'으로 포장하여 권리실현의 장이 되어야 할 법정에 무리하게 끌어들여 권리 배제의 사유로 삼고 있다. 이러한 다수의견의 태도는 강행규정에 반하여 무효인 법률행위를 무효라고 주장할 수 있는 당연한 권리를 법관이 신의칙을 동원하여 마음대로 박탈할 수 있다는 것과 다를 바 없다. 결국 다수의견은 타당성 있는 논리적 뒷받침 없이 단순히 '원고가 피고로부터 연ㆍ월차수당과 퇴직금을 더 받아가는 것을 용인할 수 없다'고 선언하는 것에 지나지 아니한다.

대법원은 최고의 법해석 기관으로서 통상임금에 관한 법리를 법에 따라 선언해야 한다. 그에 따른 경제적 우려를 최소화하는 것은 정부와 기업의 역할이다. 대법원은 통상임금의 법원칙을 바로 세우고, 정부는 대법원판결의 결론이 연착륙할 수 있도록 다양한 노동정책을 펼치면 되는 것이다. 그렇지 않고 대법원이 앞으로 시행될 노동정책까지 고려하여 현행 법률의 해석을 거기에 맞추려 한다면, 이는 법해석의 왜곡이다.

이상과 같은 이유로 다수의견에 찬성할 수 없음을 밝힌다.

5. 대법관 김창석의 별개의견

원심판결이 파기되어야 한다는 점에서는 다수의견과 결론을 같이 한다.

그러나 정기적ㆍ일률적ㆍ고정적으로 지급되는 임금이라면 상여금이나 1개월을 넘는 기간마다 지급되는 수당도 통상임금에 포함된다는 다수의견 및 반대의견은 다음과 같은 이유로 받아들일 수 없다.

가. 헌법 제32조 는 제1항에서 "국가는 사회적ㆍ경제적 방법으로 근로자의 고용의 증진과 적정임금의 보장에 노력하여야 하며, 법률이 정하는 바에 의하여 최저임금제를 시행하여야 한다."고 규정하고 있고, 제2항에서 "국가는 근로의 의무의 내용과 조건을 민주주의 원칙에 따라 법률로 정한다."고 규정하고 있으며, 제3항에서 "근로조건의 기준은 인간의 존엄성을 보장하도록 법률로 정한다."고 규정하고 있다. 이러한 헌법 제32조 의 규정에 따라 "근로조건의 기준을 정함으로써 근로자의 기본적 생활을 보장, 향상시키며 균형 있는 국민경제의 발전을 꾀하는 것을 목적으로"(근로기준법 제1조) 근로기준법이 제정되었고, 근로조건의 기준을 정하는 구체적 내용으로 근로기준법 제56조 에서 "사용자는 연장근로와 야간근로 또는 휴일근로에 대하여는 통상임금의 100분의 50 이상을 가산하여 지급하여야 한다."고 규정하는 한편, 그 실효성을 담보하기 위하여 근로기준법 제15조 에서 "① 이 법에서 정하는 기준에 미치지 못하는 근로조건을 정한 근로계약은 그 부분에 한하여 무효로 한다. ② 제1항에 따라 무효로 된 부분은 이 법에서 정한 기준에 따른다."고 규정하고 있다. 이에 따라 사용자는 연장근로, 야간근로 또는 휴일근로(이하 '연장근로 등'이라고 한다)에 대하여 통상임금의 100분의 50 이상을 가산하여 지급하여야 하는 법적 의무를 부담하며, 만약 연장근로 등에 대하여 통상임금의 100분의 50 미만을 가산하여 지급하기로 하였다면 이러한 내용은 무효가 되고, 연장근로 등에 대하여 통상임금의 100분의 50을 가산하여 지급할 법적 의무를 부담한다.

이와 같이 헌법과 근로기준법이 정한 기준에 의하여 사용자에 대하여 부과된 법적 의무는 연장근로 등에 대하여 통상임금의 100분의 50 이상을 가산하여 지급하여야 하는 것인데, 가산의 기준이 되는 통상임금이 무엇인가 하는 점에 관하여는 근로기준법이나 다른 법률이 명시적인 규정을 두지 않고 있을 뿐만 아니라 그 기준을 구체적으로 정할 수 있도록 하는 위임규정 또한 두지 않고 있다. 이러한 상황은 법의 흠결에 해당하고 따라서 법원의 해석에 의한 법의 형성이 필요한지에 관한 의문을 낳는다.

그런데 헌법 제119조 제1항 은 "대한민국의 경제 질서는 개인과 기업의 경제상의 자유와 창의를 존중함을 기본으로 한다."고 규정하여 사적자치를 기반으로 하는 시장경제의 원리를 선언함으로써 근로조건을 정하는 노사 간의 근로계약도 근본적으로 사적자치 원칙의 지배 아래에 있다고 할 것이다. 나아가 헌법 제33조 제1항 은 "근로자는 근로조건의 향상을 위하여 자주적인 단결권ㆍ단체교섭권 및 단체행동권을 가진다."고 규정하여 임금을 비롯한 근로조건과 관련된 문제에 관하여 단체교섭에 의하여 정할 수 있도록 함으로써 단체교섭에 의하여 근로조건을 정할 권리를 헌법적 권리로서, 즉 기본권으로서 규정하고 있다. 이러한 헌법 규정에 근거하여 근로기준법 제4조 는 "근로조건은 근로자와 사용자가 동등한 지위에서 자유의사에 따라 결정하여야 한다."고 규정하고 노동조합 및 노동관계조정법은 단체교섭 및 단체협약에 관한 상세한 규정을 두는 한편 그 제33조 에서 "① 단체협약에서 정한 근로조건 기타 근로자의 대우에 관한 기준에 위반하는 취업규칙 또는 근로계약의 부분은 무효로 한다. ② 근로계약에 규정되지 아니한 사항 또는 제1항의 규정에 의하여 무효로 된 부분은 단체협약에 정한 기준에 의한다."고 규정함으로써 근로조건에 관한 노사합의의 법적 효력에 관하여 구체화하고 있다. 그렇다면 통상임금에 어떤 것을 포함시키고 어떤 것을 제외한다는 명시적인 노사합의가 존재한다면, 법률에 통상임금에 관한 내용을 정하는 명시적인 규정이나 위임규정이 없는 사정 아래에서는, 이와 같은 노사합의는 헌법과 그 위임에 의하여 제정된 "근로기준법", "노동조합 및 노동관계조정법"의 위와 같은 규정에 의하여 그 법적 효력이 강고

하게 인정된다. 설사 위와 같은 규정이 없다 하더라도 통상임금에 관한 노사합의는 근로조건에 관한 사적자치가 인정되는 이상 그 합의의 효력을 부정할 적법한 근거가 없는 한 그 법적 효력이 인정되어야 한다. 또한 통상임금에 관한 명시적인 노사합의가 없는 경우라 하더라도 그동안 연장근로 등에 대한 수당을 지급하기 위하여 통상임금을 산정하여 온 노사관행이나 묵시적인 노사합의가 존재하는 것으로 볼 수 있고, 그러한 노사관행이나 묵시적인 노사합의에 대하여도 마찬가지로 그 법적 효력이 인정된다. 따라서 통상임금에 관한 노사합의나 노사관행은 어떤 임금이 통상임금에 포함되느냐의 여부를 판단하는 기준이 된다. 이는 다음에서 보는 바와 같이 통상임금의 본질과도 정합성을 갖는다.

연장근로 등에 대하여 지급되는 임금을 제외한 나머지 임금은 그 실질에 따라 통상근로(소정근로)에 대한 임금과 총 근로(통상근로와 연장근로 등을 포함하는 전체 근로를 의미한다)에 대한 임금의 두 종류로 구분된다. 근로자가 지급받는 임금이 통상근로만 하는 경우를 예정하여 정한 것이고 연장근로 등을 하는 경우에는 그 추가적인 근로시간에 상응하여 추가적인 임금을 지급받기로 한 것으로 인정되는 경우 그 임금은 오직 통상근로에 대한 대가로 지급되는 것이므로 당연히 통상임금에 포함된다. 반면에 근로자가 통상근로 이외에 연장근로 등을 전혀 하지 않거나 연장근로 등을 하더라도 그 시간이 얼마나 되느냐에 관계없이 똑같은 임금을 지급받기로 한 것으로 인정되는 경우 그 임금은 통상근로뿐만 아니라 연장근로 등을 포함하는 총 근로에 대한 대가로 지급되는 것이어서 연장근로 등을 하더라도 그 추가적인 근로시간에 상응하여 추가적인 임금을 지급할 필요가 없으므로 당연히 통상임금에 포함되지 아니한다. 그런데 이러한 구분에 따라 어떤 임금이 통상근로(소정근로)에 대한 대가이냐 총 근로에 대한 대가이냐 하는 임금의 실질을 판단하는 근거는 객관적으로 확인되는 노사의 의사 이외에 다른 것이 생각되어질 수 없다. 요약하면 통상임금에 포함될 수 있는 임금은 총 근로가 아닌 통상근로에 대한 대가인 임금일 수밖에 없고 어떤 임금이 총 근로가 아닌 통상근로에 대한 대가인지의 여부는 객관적으로 확인되는 노사의 의사에 의하여 판단될 수밖에 없다는 것이다. 이 같은 통상임금 개념의 자명성 때문에 법률에 통상임금을 정의하는 규정이 반드시 있어야 한다고 할 수 없으며, 그에 관한 규정이 없다는 점이 결코 법의 흠결을 의미할 수 없다.

근로기준법 시행령 제6조 제1항 이 "법과 이 영에서 '통상임금'이란 근로자에게 정기적이고 일률적으로 소정(소정)근로 또는 총 근로에 대하여 지급하기로 정한 시간급 금액, 주급 금액, 월급 금액 또는 도급 금액을 말한다."고 정한 통상임금에 관한 정의규정은 일반적으로 존재하는 노사합의의 실제와 노사관행을 반영하여 규정된 것으로 말하여진다. 위 시행령이 최초로 규정될 당시나 현재에도 일반적으로 노사합의나 노사관행은 기본급과 1개월 이내의 기간마다 지급되는 수당만을 통상임금에 포함시키고 있다는 점에 별다른 의문이 없는 것으로 보인다. 따라서 근로기준법 시행령 제6조 제1항 은 법률에 그 위임규정을 갖고 있지 않아 법규로서의 효력을 갖는지의 여부에 관계없이 노사합의나 노사관행을 일반적으로 확인하는 의미를 갖는다는 점에서 존중되어야 하고 그러한 의미에서 해석되어야 한다.

그러므로 상여금이나 1개월을 넘는 기간마다 지급되는 수당을 통상임금에 포함되는 것으로 해석하는 것은 노사합의나 노사관행에 어긋나는 한 위법하다. 법원이 해석의 권한을 행사하여 법을 형성할 수 있는 경우는 법의 흠결이 있는 때에 허용되는 것인데, 통상임금에 관한 노사합의나 노사관행이 존재함에도 그 법적 효력을 부정하고 해석으로써 노사합의나 노사관행을 대체하는 것이 되기 때문이다. 물론 예외적으로 노사합의에 의하여 상여금이나 1개월을 넘는 기간마다 지급되는 수당 중 일부나 전부를 통상임금에 포함시키거나 그러한 노사관행이 성립된 것으로 인정할 수 있는 특별한 사정이 있는 경우라면 그 유효성 또한 인정되어야 하고 그에 따라 해석하여야 할 것이다.

결국 특별한 사정이 없는 한 상여금이나 1개월을 넘는 기간마다 지급되는 수당을 통상임금에 포함시키는 해석은 노사합의나 노사관행의 법적 효력을 부정하는 위법한 해석이라 할 것이고, 원칙적으로 기본급과 1개월 이내의 기간마다 지급되는 수당만이 통상임금에 포함된다고 해석하여야 한다. 이러한 점에서 임금이 1개월을 넘는 기간마다 지급되는 것이라도 그것이 정기적·일률적·고정적으로 지급되는 것이라면 통상임금에 포함된다고 판시한 대법원 1996. 2. 9. 선고 94다19501 판결 등은 폐기되어야 한다.

나. 다음으로 1개월 이내의 기간마다 지급되는 임금은 그 전부가 통상임금에 포함된다고 해석하여야 하느냐 하는 문제가 제기된다.

통상임금이라는 용어가 말하여 주는 것처럼 통상임금에 모든 임금이 포함된다고 할 수는 없다. 대법원은 과거에 기본급이 당연히 통상임금에 포함되는 이외에 1개월 이내의 기간마다 정기적·일률적·고정적으로 지급되는 수당 또한 통상임금에 포함된다고 해석하여 왔다. 아울러 대법원 1993. 5. 11. 선고 93다4816 판결 등에서 성질상 통상임금에 산입되어야 할 수당을 노사 간의 합의에 따라 통상임금에서 제외하기로 한 경우 그 합의의 효력을 인정한다면 근로기준법이 통상임금을 규정한 입법 취지가 몰각될 것이므로 그러한 노사합의는 근로기준법 제15조 제1항 소정의 근로기준법이 정하는 기준에 달하지 못하는 근로조건을 정한 합의로서 무효라고 보아야 한다고 판시하여 왔다. 이러한 해석은 1개월 이내의 기간마다 정기적·일률적·고정적으로 지급되는 수당에 관한 한 근로자를 보호하는 기능을 수행하는 해석으로서 그 타당성이 긍정되어야 한다. 이는 근로기준법 시행령 제6조 제1항 에 부합하는 해석이기도 하다.

이와 같은 해석의 범위 내에서는 노사합의나 노사관행의 법적 효력이 해석에 의하여 제한된다고 할 수 있다. 이러한 해석에 의한 법적 효력의 제한이 정당성을 갖기 위하여서는 적법한 근거가 있어야 한다. 이 같은 해석의 실질적 근거는 1개월 이내의 기간마다 정기적·일률적·고정적으로 지급되는 수당은 기본급에 준하는 실질을 갖는다는 점이다. 기본급에 준하는 실질을 갖고 있음에도 기본급과 달리 통상임금에 포함되지 아니한다면 결과적으로 탈법행위를 용인하는 것이 될 수 있기 때문이다. 사용자는 기본급으로 지급할 임금을 1개월 이내의 기간마다 정기적·일률적·고정적으로 지급되는 수당의 형식으로 지급함으로써 근로자에게 지급하여야 할 연장근로수당 등의 액수를 쉽사리 감소시킬 수 있기 때문이다. 따라서 1개월 이내의 기간마다 정기적·일률적·고정적으로 지급됨으로써 기본급에 준하는 실질을 갖는 수당은 특별한 사정이 없는 한 연장근로 등을 전혀 하지 않고 통상근로(소정근로)만 하는 경우를 예정하여 정한 것으로 볼 수밖에 없고, 그 결과 연장근로 등을 하는 경우에는 그 추가적인 근로시간에 상응하는 수당 금액을 추가적으로 지급하여야 한다. 그러므로 기본급과 1개월 이내의 기간마다 정기적·일률적·고정적으로 지급됨으로써 기본급에 준하는 실질을 갖는 수당은 통상임금에 포함되어야 한다.

그러나 비록 1개월 이내의 기간마다 정기적·일률적·고정적으로 지급되는 수당이라 하더라도 그 수당이 통상임금에 포함되지 아니함으로써 근로자에게 지급하여야 할 연장근로수당 등의 액수를 부당하게 감소시키는 것으로 평가되지 않는 예외적인 경우에는 그 수당은 통상임금에 포함되지 아니한다. 예컨대 사용자가 근로자의 개인연금보험이나 직장단체보험의 보험료를 매월 지급함으로써 그 보험료가 정기적·일률적·고정적으로 지급된 임금으로 평가될 수 있다 하더라도, 이는 근로자가 연장근로 등을 전혀 하지 않거나 연장근로 등을 하더라도 그 시간이 얼마나 되느냐에 관계없이 똑같은 보험료를 지급하기로 한 것으로 해석할 수 있을 뿐이고 이와 달리 통상근로만 하는 경우를 예정하여 정한 것으로 보아 연장근로 등을 하는 경우에는 그 추가적인 근로시간에 상응하는 개인연금보험이나 직장단체보험의 보험료 해당 액수를 추가적으로 지급하여야 한다고 해석할 수는 없다. 이는 사용자가 매월 지급하는 근로자의 개인연금보험이나 직장단체보험의 보험료는 근로자가 제공한 통상근로뿐만 아니라 연장근로 등을 모두 포함하는 1개월 동안의 총 근로에 대한 대가이고 통상근로(소정근로)에 대한 대가가 아니라는 것을 의미한다. 그리고 1개월 이내의 기간마다 지급되는 것이기는 하나 정기적·일률적·고정적으로 지급되는 것으로 볼 수 없는 수당 또한 1개월 동안의 총 근로에 대한 대가로서의 임금이다.

이상에서 살펴본 것처럼 본질적으로 어떤 임금이 통상임금에 포함될 수 있느냐의 여부는 그 임금이 통상근로(소정근로)에 대한 대가이냐 아니면 총 근로에 대한 대가이냐에 의하여 결정되는 것이다. 어떤 임금이 정기적·일률적·고정적으로 지급되는 것이냐 아니냐의 여부는 기본급에 준하는 형식적 속성도 갖고 있는지의 여부를 판단하는 2차적 기준일 뿐이다. 정기적·일률적·고정적으로 지급되는 임금으로 판단되면 곧바로 그 임금이 통상임금에 포함된다고 해석하는 것은 논리의 비약이다.

다. 상여금이나 1개월을 넘는 기간마다 지급되는 수당은 아래에서 살펴보는 것처럼, 기본급에 준하는 실질을 갖는다고 볼 수 없고 오히려 전혀 다른 실질을 갖고 있으며, 정기적·일률적·고정적으로 지급되는 것이냐에 관계없이 통상근로(소정근로)에 대한 대가로서의 실질을 갖는 것이 아니라 총 근로에 대한 대가로서의 실질을 갖는다. 결국 상여금이나 1개월을 넘는 기간마다 지급되는 수당은 통상임금에 포함될 수 없는 것이다.

1) 다수의견 및 반대의견의 논리는 상여금이나 1개월을 넘는 기간마다 지급되는 수당이라 하더라도 이는 근로의 대가로서 지급되는 임금이라 할 것이고, 이러한 상여금이나 수당이 정기적·일률적·고정적으로 지급되는 것이라면 이는 연장근로 등을 제외한 통상근로에 대한 대가로서 지급되는 것이므로, 만약 연장근로수당 등의 산정 기준이 되는 통상임금에서 이 같은 상여금이나 수당이 제외된다면 연장근로 등에 대하여는 그에 상응하는 상여금이나 수당이 지급되지 아니함으로써 통상근로에 대한 대가와 연장근로 등에 대한 대가가 차별적 취급을 받는 것이며, 따라서 형평의 관념에 비추어 허용될 수 없다는 점을 실질적 근거로 삼고 있는 것으로 이해된다.

그런데 이와 같은 논리는 상여금이나 1개월을 넘는 기간마다 지급되는 수당의 성격에 관한 오해에서 비롯된 것으로 생각된다. 근로의 대가로서 지급되는 임금의 성격을 갖고 있으며 동시에 그것이 정기적·일률적·고정적으로 지급되는 이상 이는 총 근로가 아닌 통상근로에 대한 대가로서 지급되는 것이므로 그 종류에 관계없이 반드시 근로시간에 비례하여 등가적으로 지급되어야 하고 그 이외의 방식으로 지급되어서는 아니 된다는 점이 긍정되어야만 이러한 논리는 정당성을 가질 수 있다.

2) 노사가 상여금으로 1년에 기본급의 600%를 지급하기로 합의한 경우 두 가지 해석이 생각될 수 있다. 우선 근로자가 연장근로 등을 전혀 하지 않거나 연장근로 등을 하더라도 그 시간이 얼마나 되느냐에 관계없이 상여금으로 1년에 기본급의 600%를 똑같이 지급하기로 합의한 것이라고 해석할 수 있다. 이때 상여금은 총 근로에 대한 대가로서 지급되는 임금의 실질을 갖는다. 이와 달리 이러한 합의는 통상근로만 하는 경우를 예정하여 정한 것이고 연장근로 등을 하는 경우에는 그 추가적인 근로시간에 상응하여 상여금을 추가적으로 지급하기로 합의한 것이라고 해석할 수도 있다. 이때 상여금은 통상근로(소정근로)에 대한 대가로서 지급되는 임금의 실질을 갖는다. 다수의견 및 반대의견은 상여금 지급의 방식에 따라 상여금이 정기적·일률적·고정적으로 지급되는 것으로 평가되는 경우에는 후자와 같이 해석하여 통상임금에 포함시키고 그렇게 평가되지 아니하는 경우에는 전자와 같이 해석하여 통상임금에 포함시키지 아니한다.

문제는 이와 같은 상여금 지급의 형식적 속성에 따른 해석이 상여금의 임금으로서의 실질에 전혀 합치되지 않는다는 점이다. 예컨대, 경영성과에 따라 상여금을 지급한다는 취지의 합의를 한 후 기본급의 600%의 상여금을 지급한 경우와 1년에 기본급의 600%의 상여금을 정기적 · 일률적 · 고정적으로 지급하기로 사전에 확정적으로 합의를 한 후 그 상여금을 지급한 경우 두 상여금의 임금으로서의 실질이 다르다고 할 수 있느냐이다. 전자의 경우에는 근로자가 연장근로 등을 전혀 하지 않거나 연장근로 등을 하더라도 그 시간이 얼마나 되느냐에 관계없이 총 근로에 대한 대가로서 똑같은 상여금만을 지급하여야 하고 후자의 경우에는 통상근로에 대한 대가로서 통상근로만 하는 경우를 예정하여 정한 것이므로 연장근로 등을 하는 경우에는 그 추가적인 근로시간에 상응하여 추가적으로 상여금을 지급하여야 한다는 논리가 어떠한 실질적 근거 위에서 정당화될 수 있느냐이다. 그러나 법률의 규정에서도, 노사의 의사나 관행 가운데에서도, 그리고 합목적성의 관점에서도 도무지 그 근거가 찾아지지 않는다.

기본급은 사전에 확정되어 정기적 · 일률적 · 고정적으로 지급될 수밖에 없는 속성을 갖는 반면, 상여금은 사전에 확정되어 정기적 · 일률적 · 고정적으로 지급될 수도 있고 그렇지 않을 수도 있는 특성을 갖는다. 이러한 상여금의 특성을 고려하지 않고 상여금 중 정기적 · 일률적 · 고정적으로 지급되는 경우에는 기본급과 그 지급의 방식이 비슷하다 하여 그 상여금이 다른 방식으로 지급되는 상여금과 임금으로서의 실질이 달라진다고 할 수는 없는 것이다. 단적으로 말하면 다수의견 및 반대의견에 의한 해석은 상여금의 액수가 사전에 확정될 수 있으면 통상임금의 산정대상에 고려될 수 있기 때문에 포함되어야 하고 사전에 확정될 수 없으면 통상임금의 산정대상에 고려될 수 없기 때문에 포함되어서는 아니 된다는 형식논리에 근거하고 있다고 할 수 있다. 다수의견 및 반대의견이 이러한 비판을 받지 않고 "근로가치의 등가성"이라는 실질을 관철하고자 한다면 상여금 지급의 기준이 사후에 확정되는 경우에도 그 기준이 확정되면 연장근로수당 등을 다시 계산하여 추가적으로 지급하여야 하는 것으로 해석하여야 할 것이다.

결국 다수의견 및 반대의견에 의한 해석은 동일한 실질을 갖고 있는 상여금을 완전히 상이한 실질을 갖는 상여금으로 차별화함으로써 그 실질을 왜곡하는 결과를 가져온다. 이로써 해석에 의하여 오히려 실질적 불평등을 야기하며 정의를 훼손한다고 할 수도 있다. 이러한 결과가 실질에 맞게 근로자보호를 실현하는 것이라고 평가할 수는 없을 것이다.

3) 상여금 지급의 방식이 정기적 · 일률적 · 고정적인 것이든 그렇지 아니하든 상여금 지급에 관한 합의에 내재되어 있는 노사의 진정한 의사는 연장근로 등의 제공 여부나 정도에 관계없이 정하여진 상여금을 똑같이 지급하기로 한 것이라는 점을 부정할 수 없을 것이다. 다시 말하여 상여금은 통상근로(소정근로)에 대한 대가가 아니라 총 근로에 대한 대가라는 것이다. 이 점에서 다수의견 및 반대의견은 노사의 자율에 의하여 형성된 합법적인 의사를 해석에 의하여 노사의 의사와는 무관하게 왜곡한다는 점을 지적하지 않을 수 없다.

노사가 상여금이나 수당으로 지급되는 임금을 기본급에 포함시키지 않고 이 같은 방식으로 별도로 지급하는 이유가 무엇인지를 주목하여야 한다. 기본급에 포함시키지 않고 상여금이나 1개월을 넘는 기간마다 수당으로 지급함으로써 통상임금의 액수를 줄이고자 의도하였다면 이러한 노사합의가 탈법적인 것으로 반드시 그 효력이 부정되어야 하느냐이다. 그러나 이러한 노사합의가 실질적이고도 합리적인 근거를 갖고 있음을 수긍하여야 할 것이다. 사용자의 현재 지급능력을 고려하는 한편 장래 지급능력까지를 예상하여 노사는 임금 중 일부는 연장근로 등에 대한 임금에 영향을 미치는 기본급이나 수당(통상근로에 대한 임금)으로 지급하고 나머지 일부는 이에 영향을 미치지 않는 상여금이나 수당(총 근로에 대한 임금)으로 지급하는 것으로 합의할 현실적 필요가 분명하게 존재한다. 그리고 이러한 필요성을 충족하기 위하여 노사가 그와 같은 임금형성의 재량을 행사하는 것은 당연히 합법적인 노사자치의 영역에 속한다. 이는 임금의 실질과 이에 따른 임금지급의 형식을 결정할 권리와 책임이 노사 쌍방에게 있음을 의미한다.

이처럼 형성된 임금은 그 실질에 따라 기본급과 상여금으로 크게 구분된다고 할 수 있으며, 대체로 1개월 이내의 기간마다 지급되는 수당은 기본급에 준하는 실질을 갖고 1개월을 넘는 기간마다 지급되는 수당은 상여금에 준하는 실질을 갖는다고 할 수 있다. 이에 따라 기본급과 1개월 이내의 기간마다 지급되는 수당은 통상근로, 즉 소정근로에 대한 임금의 실질을 갖게 되고, 상여금과 1개월을 넘는 기간마다 지급되는 수당은 총 근로에 대한 임금의 실질을 갖게 된다. 그러므로 기본급과 1개월 이내의 기간마다 지급되는 수당은 통상임금에 해당하고, 상여금과 1개월을 넘는 기간마다 지급되는 수당은 통상임금에 해당하지 아니한다.

그럼에도 다수의견 및 반대의견과 같이 그 종류에 관계없이 정기적·일률적·고정적으로 지급되는 임금인 이상 언제나 통상임금에 포함될 수밖에 없게 된다면 사용자가 근로자에게 연장근로 등에 대한 수당에 영향을 미치지 않으면서 정기적·일률적·고정적으로 상여금이나 수당을 지급하는 방식이 원천적으로 금지되는 결과가 된다. 이러한 금지를 회피하기 위하여서는 지급되는 상여금이나 수당이 정기적·일률적·고정적으로 지급되는 것이라는 평가를 받지 않는 방식을 선택함으로써 우회하는 수밖에 없을 것이다. 이러한 상황이 어떤 논리로 정당화될 수 있는지 알 수 없다. 결국 임금에 관한 내용을 형성할 수 있는 노사의 헌법상 권리가 법률의 규정이나 정당화할 수 있는 실질적 근거 없이 근본적으로 침해된다고 하지 않을 수 없다.

4) 이상에서 살펴본 것처럼, 통상임금의 범위는 본질적으로 임금지급의 형식에 의하여 정하여지는 것이 아니라 임금의 실질에 의하여 정하여지며, 임금의 실질을 결정하고 이에 따라 통상임금의 범위를 결정하는 근본적 책임과 권리는 1차적으로 노사 당사자에게 귀속된다는 것이다. 그럼에도 법원이 노사합의나 노사관행의 효력을 부정하고 스스로 새로운 틀에 의한 임금을 형성하려고 하는 것은 해석의 한계를 벗어나는 것으로서 찬성하기 어렵다. 근로자보호는 근로조건에 관한 노사의 자율권을 규정한 헌법적 요구를 수용하는 전제 위에서 부작용을 가져오지 않는 범위 내에서 조화롭게 실현되어야 하는 한계를 갖는다. 이러한 한계 내에서의 해석이 기본급과 1개월 이내의 기간마다 정기적·일률적·고정적으로 총 근로가 아닌 통상근로(소정근로)에 대한 대가로서 지급되는 수당만이 통상임금에 포함된다는 해석이다.

라. 다수의견 및 반대의견에 따르든지 별개의견에 따르든지 사용자는 그 지급능력의 범위 내에서 근로자와의 교섭을 통하여 임금을 형성하여 지급할 것이므로 장기적으로 보면 어떤 견해를 따르는지에 의하여 근로자에게 유리하거나 불리하게 된다고 볼 수는 없다. 임금의 지급액은 사용자의 지급능력에 좌우되는 것이지 임금의 지급방식에 좌우되는 것은 아니기 때문이다.

반대의견에 따른다면 시효가 완성되지 않은 지나간 3년간의 연장근로수당, 야간근로수당 또는 휴일근로수당을 다시 계산하여 추가지급을 하여야 하고 퇴직자에 대하여는 퇴직금을 다시 계산하여 추가지급을 하여야 한다. 또한 다수의견 및 반대의견에 따른다면 통상임금 산정대상의 변화에 따라 장래 증가되는 사용자의 임금지급액의 부담을 해소하는 합의가 이루어질 때까지 추가적인 임금지급의무를 부담하게 된다. 근로자로서는 종래 기대하지 않았던 임금을 지급받는 이익을 얻게 되나 사용자로서는 예상하지 않았던 부담을 지게 된다. 이러한 상황은 사용자의 경영에 돌발적인 변수가 됨으로써 국민경제에 충격을 줄 것이다.

반면에 별개의견에 따른다면 현재 존재하는 임금지급의 상황에 별다른 영향을 주지 않게 된다. 종래 상여금이나 1개월을 넘는 기간마다 지급되는 수당임에도 통상임금 산정대상에 포함시켜 온 경우 노사합의의 효력에 의하여, 또는 노사관행에 의하여 지급되어 온 것으로서 여전히 구속력을 유지하며, 사용자가 이를 파기하거나 근로자에게 불이익하게 변경하기 위하여서는 단체협약의 변경이나 취업규칙 불이익변경의 절차를 밟아야 할 것이므로 근로자의 불이익은 거의 없을 것으로 보인다.

결국 통상임금 개념을 어떻게 파악하느냐에 따라 국민경제에 돌발적인 충격을 야기하느냐 아니냐가 결정된다고 할 것이다. 대법원 1996. 2. 9. 선고 94다19501 판결 이후에 형성된 1개월을 넘는 기간마다 지급되는 수당 등에 관한 통상임금에 관한 법리가 장기간 지속되었다 하더라도 이에 의하여 생긴 영향력의 크기는 다수의 상여금이 통상임금의 산정대상에 포함될 수 있다는 법리에 의하여 생겨나는 영향력의 크기에 비추어 보면 훨씬 작다고 할 수 있다. 이러한 이유로 법적 안정성의 측면에서도 다수의견 및 반대의견은 받아들이기 어렵다는 점을 강조하지 않을 수 없다.

마. 연장근로 등에 대하여 지급되는 임금을 제외한 나머지 모든 임금이 통상근로에 대한 대가로서 지급되는 것이라는 주장은 그 자체로서 잘못된 것이라고 할 수 없다. 오히려 타당하다고 할 수 있다. 이 점 때문에 다수의견 및 반대의견은 더 이상 임금의 실질에 관하여 살펴보지 않는 것으로 보인다. 그런데 어떤 임금이 통상임금에 해당하느냐를 판단하는 문제의 열쇠는, 그 임금이 통상근로에 대한 대가로서 지급되는 것이냐 하는 데에 있는 것이 아니라, 그 임금이 오직 통상근로에 대한 대가로서 지급되는 것이냐 아니면 통상근로뿐만 아니라 연장근로 등을 포함하는 총 근로에 대한 대가로서 지급되는 것이냐 하는 데에 있다. 다수의견 및 반대의견은 이 같은 임금 실질의 차이를 인식하지 못함으로써 통상임금 개념에서 본질적 중요성을 갖는 "소정근로(통상근로)"의 요건을 사실상 포기하게 되고, 그 결과 2차적 의미를 갖는 임금지급의 정기성ㆍ일률성ㆍ고정성이라는 형식적 속성만을 기준으로 통상임금 여부를 판단하는 잘못된 길에 들어선 것으로 이해된다.

도구개념은 현실을 규범과 조화롭게 해석할 수 있는 기능을 잘 수행할 수 있을 때 그 개념의 정당성이 비로소 증명된다고 할 수 있다. 그런데 다수의견 및 반대의견의 논리는 규범의 적용대상인 현실과 사이에 심대한 괴리를 발생시키며, 이는 해석을 위한 도구개념으로서 받아들여질 수 없다는 점을 반증하고 있다고 할 수 있다. 이처럼 다수의견 및 반대의견의 논리가 규범의 적용대상인 현실을 이해하는 데 실패한 근본적 원인은, 통상임금 개념을 정립함에 있어 통상근로(소정근로)에 대한 대가와 총 근로에 대한 대가를 분명하게 구분하지 않은 채, 헌법과 법률에 근거를 갖고 있을 뿐만 아니라 현실적으로 존재하고 있는 통상임금에 관한 노사합의나 노사관행의 법적 효력을 수긍할 수 있는 분명한 근거 없이 지나치게 부정한 반면에, "근로가치의 등가성"이라는 목적지향적인 해석을 타당한 범위를 넘어 지나치게 추구한 데에 있다.

그리고 이러한 다수의견 및 반대의견에 의한 해석은 노사에 의한 임금의 형성에 과도하게 개입함으로써 헌법이 근본 질서로 규정한 사적자치를 기반으로 하는 시장경제의 원리를 훼손한 것이라는 비판에서 자유롭지 않을 것으로 생각한다.

바. 이상과 같은 이유로 원심판결을 파기한 다수의견의 결론에는 찬성하나 그 논거에 관하여는 견해를 달리하므로 별개의견으로 이를 밝혀 둔다.

대법원장 양승태(재판장) 대법관 양창수 신영철 민일영 이인복 이상훈 박병대 김용덕 박보영 고영한(주심) 김창석 김신 김소영

(2) 대법원 2019. 2. 14 선고 2015다217287 판결

【재판경과】

대법원 2019. 2. 14 선고 2015다217287 판결

서울고등법원 2015. 4. 29 선고 2014나2033671 판결

【전 문】

【원고(선정당사자), 상고인】 A

【피고, 피상고인】 B 주식회사

【원심판결】 서울고등법원 2015. 4. 29. 선고 2014나2033671

【판결선고】 2019. 2. 14

【주 문】

원심판결을 파기하고, 사건을 서울고등법원에 환송한다.

【이 유】

상고이유를 판단한다.

1. 신의성실의 원칙(이하 '신의칙'이라 한다)은, 법률관계의 당사자는 상대방의 이익을 배려하여 형평에 어긋나거나 신뢰를 저버리는 내용 또는 방법으로 권리를 행사하거나 의무를 이행하여서는 아니 된다는 추상적 규범을 말한다. 여기서 신의칙에 위배된다는 이유로 그 권리행사를 부정하기 위해서는 상대방에게 신의를 공여하였거나 객관적으로 보아 상대방이 신의를 가지는 것이 정당한 상태에 이르러야 하고, 이와 같은 상대방의 신의에 반하여 권리를 행사하는 것이 정의관념에 비추어 용인될 수 없는 정도의 상태에 이르러야 한다.

단체협약 등 노사합의의 내용이 근로기준법의 강행규정을 위반하여 무효인 경우에, 그 무효를 주장하는 것이 신의칙에 위배되는 권리의 행사라는 이유로 이를 배척한다면, 강행규정으로 정한 입법취지를 몰각시키는 결과가 될 것이므로, 그러한 주장은 신의칙에 위배된다고 볼 수 없음이 원칙이다. 그러나 노사합의의 내용이 근로기준법의 강행규정을 위반한다고 하여 그 노사합의의 무효 주장에 대하여 예외 없이 신의칙의 적용이 배제되는 것은 아니다. 위에서 본 신의칙을 적용하기 위한 일반적인 요건을 갖춤은 물론, 근로기준법의 강행규정성에도 불구하고 신의칙을 우선하여 적용하는 것을 수긍할만한 특별한 사정이 있는 예외적인 경우에 한하여, 그 노사합의의 무효를 주장하는 것은 신의칙에 위배되어 허용될 수 없다.

노사합의에서 정기상여금은 그 자체로 통상임금에 해당하지 아니한다는 전제로, 정기상여금을 통상임금 산정기준에서 제외하기로 합의하고 이를 전제로 임금수준을 정한 경우, 근로자 측이 정기상여금을 통상임금 가산하고 이를 토대로 추가적인 법정수당의 지급을 구함으로써, 사용자에게 새로운 재정적 부담을 지워 중대한 경영상의 어려움을 초래하거나 기업의 존립을 위태롭게 하는 것은 정의와 형평 관념에 비추어 신의에 현저히 반할 수 있다(대법원 2013. 12. 18. 선고 2012다89399 전원합의체 판결 참조).

다만 근로관계를 규율하는 강행규정보다 신의칙을 우선하여 적용할 것인지를 판단할 때에는 근로조건의 최저기준을 정하여 근로자의 기본적 생활을 보장ㆍ향상시키고자 하는 근로기준법 등의 입법 취지를 충분히 고려할 필요가 있다. 또한 기업을 경영하는 주체는 사용자이고, 기업의 경영 상황은 기업 내ㆍ외부의 여러 경제적ㆍ

사회적 사정에 따라 수시로 변할 수 있으므로, 통상임금 재산정에 따른 근로자의 추가 법정수당 청구를 중대한 경영상의 어려움을 초래하거나 기업 존립을 위태롭게 한다는 이유로 배척한다면, 기업 경영에 따른 위험을 사실상 근로자에게 전가하는 결과가 초래될 수 있다.

따라서 근로자의 추가 법정수당 청구가 사용자에게 중대한 경영상의 어려움을 초래하거나 기업의 존립을 위태롭게 하여 신의칙에 위반되는지는 신중하고 엄격하게 판단하여야 한다.

2. 원심판결 이유와 기록에 의하여 알 수 있는 다음과 같은 사정들을 위 법리에 비추어 살펴보면, 추가 법정수당을 지급한다고 하여 단정할 수 없으므로, 원고의 이 사건 청구가 신의칙에 위배된다고 볼 수는 없다.

가. 원심은 피고 소속 근로자들의 2011. 8. 1.부터 2012. 11. 11.까지 발생한 추가 법정수당 총액을 782,650,053원 상당으로 산정하였다. 그러나 원고(선정당사자) 및 선정자들 외에 소송을 제기하지 아니한 근로자들의 추가 법정수당 중 원심 변론종결일 당시 이미 소멸시효가 완성된 부분을 공제하면, 피고 소속 근로자들이 피고에게 청구할 수 있는 추가 법정수당은 약 4억 원 상당으로 추산된다.

나. 위와 같은 추가 법정수당 규모는 피고 연간 매출액의 2~4%, 2013년 총 인건비의 5~20% 정도에 불과하다.

다. 피고의 2013년 기준 이익잉여금만 하더라도 3억 원을 초과하고 있어서 위 추가 법정수당 중 상당 부분을 변제할 수 있을 것으로 보인다.

라. 피고는 2009년 이후 5년 연속 영업이익 흑자를 기록하고 있고, 꾸준히 당기순이익이 발생하고 있으며, 매출액도 계속 증가하고 있다.

마. 피고는 버스준공영제의 적용을 받고 있어 특별한 사정이 없는 한 안정적으로 사업을 영위할 수 있을 것으로 보인다.

3. 그런데도 원심은, 피고가 추가로 부담하게 될 법정수당 총액이 약 782,650,053원 상당에 이른다는 등 그 판시와 같은 사정만을 들어, 원고의 청구가 신의칙에 위배되어 허용될 수 없다고 판단하였다. 이러한 원심 판단에는 신의칙에 관한 법리를 오해하거나 논리와 경험의 법칙을 위반하여 자유심증주의의 한계를 벗어나 사실을 잘못 인정하는 등으로 판결에 영향을 미친 위법이 있다.

4. 그러므로 원심판결을 파기하고, 사건을 다시 심리 · 판단하도록 원심법원에 환송하기로 하여, 관여 대법관의 일치된 의견으로 주문과 같이 판결한다.

재판장 대법관 노정희 주심 대법관 박상옥 대법관 안철상 대법관 김상환

권리의 주체

권리의 주체

1 태아의 권리능력

대법원 1976. 9. 14. 선고 76다1365 판결

【원고, 상고인】 안영태 외 4인
【피고, 피상고인】 포항종합제철 주식회사
【원심판결】 대구고등법원 1976.4.29. 선고 76나104 판결
【주 문】 상고를 기각한다. 상고 소송비용은 상고인들의 부담으로 한다.

【이 유】

원고들 소송대리인의 상고이유를 판단한다.

사람은 생존하는 동안이라야 권리의무의 주체가 되나니 어머니 뱃속에 있는 태아는 권리능력이 있을 수 없다. 그러나 태아를 보호할 필요가 있음을 숨길 수 없어 실정법에 있어서는 보호의 규정을 두고 있다. (일반적 보호주의와 개별주의)우리 민법도 특정한 중요관계에서만 보호하고 있는 터로서(민법762조 같은 것이 그런 것이다)민법 762조는 태아는 손해배상의 청구권에 관하여는 이미 출생한 것으로 본다고 규정하고 있다.

특정한 권리에 있어서 태아가 이미 태어난 것으로 본다는 것은 무엇을 말하나 설사 태아가 권리를 취득한다더라도 현행법상 이를 대행할 기관이 없으니 태아로 있는 동안은 권리능력을 취득할 수 없으니 살아서 출생한 때에 출생시기가 문제의 사건의 시기까지 소급하여 그 때에 태아가 출생한 것과 같이 법률상 보아준다고 해석하여야 상당하므로(1949.4.9선고 4281민상197당원 판결참조, 법정정지조건설, 인격소급설) 원심이 이와 같은 취지에서 원고의 처 소외 정원자가 사고로 사망할 당시 임신 8개월 된 태아가 있었음과 그가 모체와 같이 사망하여 출생의 기회를 못 가진 사실을 인정하고 살아서 태어나지 않은 이상 배상청구권을 논할 여지없다는 취의로 판단하여 이 청구를 배척한 조치는 정당하다. 또 설사 태아를 위한 법률관계의 보존을 위한 목적에서 태아 중에도 출생한 것으로 인정되는 범위에서 제한적 권리능력을 주고 따라서 법정대리인에 의한 권리보전수단을 쓸 수 있으며 살아서 태어나지 않을 때엔 그 권리능력이 소급적으로 소멸한다고 보는 견해(법정해제조건설, 제한적인격설)에 따른다고 하더라도 태아가 사산과 같은 경우인 본건에 있어서는 결론은 달라지지 아니한다.

논지는 태아가 태아 중에 얻은 권리는 태아가 불법행위로 사산될 경우는 그 권리가 상속된다고 주장하고 또 이런 경우는 그 유족은 민법상 위자료청구를 할 수 있다고 주장하나 당원이 따르기를 꺼리는 바이다.

이 부분에 대한 논지는 이유 없다. 그리고 본건 사고에 피해자의 과실이 없다고 주장함은 원심의 전권행사를 비의하는데 불과하여 원심인정사실 밑에서는 원심의 과실상계를 옳지 않다고 할 수 없다. 논지는 모두 이유 없다. 그러므로 일치로 주문과 같이 판결한다.

2 연명치료중단

대법원 2009.5.21.선고 2009다17417 전원합의체판결

【원고, 피상고인】 원고(소송대리인 변호사 신현호외 1인)
【피고, 상고인】 학교법인 연세대학교 (소송대리인 변호사 이동필외 1인)
【원심판결】 서울고법 2009. 2. 10. 선고 2008나116869 판결
【주 문】 상고를 기각한다. 상고비용은 피고가 부담한다.

【이 유】
상고이유를 판단한다.

1. 연명치료 중단의 허용기준에 관한 상고이유에 대하여

가. 의료계약에 따른 진료의무의 내용

환자가 의사(醫師) 또는 의료기관(이하 '의료인'이라 한다)에게 진료를 의뢰하고, 의료인이 그 요청에 응하여 치료행위를 개시하는 경우에 의료인과 환자 사이에는 의료계약이 성립된다. 의료계약에 따라 의료인은 질병의 치료 등을 위하여 모든 의료지식과 의료기술을 동원하여 환자를 진찰하고 치료할 의무를 부담하며 이에 대하여 환자 측은 보수를 지급할 의무를 부담한다.

질병의 진행과 환자 상태의 변화에 대응하여 이루어지는 가변적인 의료의 성질로 인하여, 계약 당시에는 진료의 내용 및 범위가 개괄적이고 추상적이지만, 이후 질병의 확인, 환자의 상태와 자연적 변화, 진료행위에 의한 생체반응 등(이하 '환자의 건강상태 등'이라 한다)에 따라 제공되는 진료의 내용이 구체화되므로, 의료인은 환자의 건강상태 등과 당시의 의료수준 그리고 자기의 지식경험에 따라 적절하다고 판단되는 진료방법을 선택할 수 있는 상당한 범위의 재량을 가진다(대법원 1992. 5. 12. 선고 91다23707 판결, 대법원 2007. 5. 31. 선고 2005다5867 판결 등 참조).

그렇지만 환자의 수술과 같이 신체를 침해하는 진료행위를 하는 경우에는 질병의 증상, 치료방법의 내용 및 필요성, 발생이 예상되는 위험 등에 관하여 당시의 의료수준에 비추어 상당하다고 생각되는 사항을 설명하여 당해 환자가 그 필요성이나 위험성을 충분히 비교해 보고 그 진료행위를 받을 것인지의 여부를 선택하도록 함으로써 그 진료행위에 대한 동의를 받아야 한다(대법원 1994. 4. 15. 선고 92다25885 판결, 대법원 2002. 10. 25. 선고 2002다48443 판결 등 참조). 환자의 동의는 헌법 제10조에서 규정한 개인의 인격권과 행복추구권에 의하여 보호되는 자기결정권을 보장하기 위한 것으로서, 환자가 생명과 신체의 기능을 어떻게 유지할 것인지에 대하여 스스로 결정하고 진료행위를 선택하게 되므로, 의료계약에 의하여 제공되는 진료의 내용은 의료인의 설명과 환자의 동의에 의하여 구체화된다고 할 수 있다.

나. 생명과 관련된 진료의 거부 또는 중단

자기결정권 및 신뢰관계를 기초로 하는 의료계약의 본질에 비추어 강제진료를 받아야 하는 등의 특별한 사정이 없는 한 환자는 자유로이 의료계약을 해지할 수 있다 할 것이며(민법 제689조 제1항), 의료계약을 유지하는 경우에도 환자의 자기결정권이 보장되는 범위 내에서는 제공되는 진료행위의 내용 변경을 요구할 수 있을 것이다.

따라서 환자의 신체 침해를 수반하는 구체적인 진료행위가 환자의 동의를 받아 제공될 수 있는 것과 마찬가지로, 그 진료행위를 계속할 것인지 여부에 관한 환자의 결정권 역시 존중되어야 하며, 환자가 그 진료행위의 중단을 요구할 경우에 원칙적으로 의료인은 이를 받아들이고 다른 적절한 진료방법이 있는지를 강구하여야 할 것이다.

그러나 인간의 생명은 고귀하고 생명권은 헌법에 규정된 모든 기본권의 전제로서 기능하는 기본권 중의 기본권이라 할 것이므로, 환자의 생명과 직결되는 진료행위를 중단할 것인지 여부는 극히 제한적으로 신중하게 판단하여야 한다.

다. 회복불가능한 사망 단계에 진입한 환자에 대한 진료중단의 허용 요건

(1) 의학적으로 환자가 의식의 회복가능성이 없고 생명과 관련된 중요한 생체기능의 상실을 회복할 수 없으며 환자의 신체상태에 비추어 짧은 시간 내에 사망에 이를 수 있음이 명백한 경우(이하 '회복불가능한 사망의 단계'라 한다)에 이루어지는 진료행위(이하 '연명치료'라 한다)는 원인이 되는 질병의 호전을 목적으로 하는 것이 아니라 질병의 호전을 사실상 포기한 상태에서 오로지 현 상태를 유지하기 위하여 이루어지는 치료에 불과하므로, 그에 이르지 아니한 경우와는 다른 기준으로 진료중단 허용 가능성을 판단하여야 한다.

환자가 회복불가능한 사망의 단계에 진입한 경우, 환자는 전적으로 기계적인 장치에 의존하여 연명하게 되고, 전혀 회복가능성이 없는 상태에서 결국 신체의 다른 기능까지 상실되어 기계적인 장치에 의하여서도 연명할 수 없는 상태에 이르기를 기다리고 있을 뿐이므로, 의학적인 의미에서는 치료의 목적을 상실한 신체 침해 행위가 계속적으로 이루어지는 것이라 할 수 있으며, 이는 죽음의 과정이 시작되는 것을 막는 것이 아니라 자연적으로는 이미 시작된 죽음의 과정에서의 종기를 인위적으로 연장시키는 것으로 볼 수 있다.

생명권이 가장 중요한 기본권이라고 하더라도 인간의 생명 역시 인간으로서의 존엄성이라는 인간 존재의 근원적인 가치에 부합하는 방식으로 보호되어야 할 것이다. 따라서 이미 의식의 회복가능성을 상실하여 더 이상 인격체로서의 활동을 기대할 수 없고 자연적으로는 이미 죽음의 과정이 시작되었다고 볼 수 있는 회복불가능한 사망의 단계에 이른 후에는, 의학적으로 무의미한 신체 침해 행위에 해당하는 연명치료를 환자에게 강요하는 것이 오히려 인간의 존엄과 가치를 해하게 되므로, 이와 같은 예외적인 상황에서 죽음을 맞이하려는 환자의 의사결정을 존중하여 환자의 인간으로서의 존엄과 가치 및 행복추구권을 보호하는 것이 사회상규에 부합되고 헌법정신에도 어긋나지 아니한다고 할 것이다.

그러므로 회복불가능한 사망의 단계에 이른 후에 환자가 인간으로서의 존엄과 가치 및 행복추구권에 기초하여 자기결정권을 행사하는 것으로 인정되는 경우에는 특별한 사정이 없는 한 연명치료의 중단이 허용될 수 있다.

(2) 환자가 회복불가능한 사망의 단계에 이르렀을 경우에 대비하여 미리 의료인에게 자신의 연명치료 거부 내지 중단에 관한 의사를 밝힌 경우(이하 '사전의료지시'라 한다)에는 비록 진료 중단 시점에서 자기결정권을

행사한 것은 아니지만 사전의료지시를 한 후 환자의 의사가 바뀌었다고 볼 만한 특별한 사정이 없는 한 사전의료지시에 의하여 자기결정권을 행사한 것으로 인정할 수 있다.

다만, 이러한 사전의료지시는 진정한 자기결정권 행사로 볼 수 있을 정도의 요건을 갖추어야 한다. 따라서 의사결정능력이 있는 환자가 의료인으로부터 직접 충분한 의학적 정보를 제공받은 후 그 의학적 정보를 바탕으로 자신의 고유한 가치관에 따라 진지하게 구체적인 진료행위에 관한 의사를 결정하여야 하며, 이와 같은 의사결정 과정이 환자 자신이 직접 의료인을 상대방으로 하여 작성한 서면이나 의료인이 환자를 진료하는 과정에서 위와 같은 의사결정 내용을 기재한 진료기록 등에 의하여 진료 중단 시점에서 명확하게 입증될 수 있어야 비로소 사전의료지시로서의 효력을 인정할 수 있다.

환자 본인의 의사에 따라 작성된 문서라는 점이 인정된다고 하더라도, 의료인을 직접 상대방으로 하여 작성하거나 의료인이 참여한 가운데 작성된 것이 아니라면, 환자의 의사결정능력, 충분한 의학적 정보의 제공, 진지한 의사에 따른 의사표시 등의 요건을 갖추어 작성된 서면이라는 점이 문서 자체에 의하여 객관적으로 확인되지 않으므로 위 사전의료지시와 같은 구속력을 인정할 수 없고, 아래에서 보는 바와 같이 환자의 의사를 추정할 수 있는 객관적인 자료의 하나로 취급할 수 있을 뿐이다.

(3) 한편, 환자의 사전의료지시가 없는 상태에서 회복불가능한 사망의 단계에 진입한 경우에는 환자에게 의식의 회복가능성이 없으므로 더 이상 환자 자신이 자기결정권을 행사하여 진료행위의 내용 변경이나 중단을 요구하는 의사를 표시할 것을 기대할 수 없다. 그러나 환자의 평소 가치관이나 신념 등에 비추어 연명치료를 중단하는 것이 객관적으로 환자의 최선의 이익에 부합한다고 인정되어 환자에게 자기결정권을 행사할 수 있는 기회가 주어지더라도 연명치료의 중단을 선택하였을 것이라고 볼 수 있는 경우에는 그 연명치료 중단에 관한 환자의 의사를 추정할 수 있다고 인정하는 것이 합리적이고 사회상규에 부합된다.

이러한 환자의 의사 추정은 객관적으로 이루어져야 한다. 따라서 환자의 의사를 확인할 수 있는 객관적인 자료가 있는 경우에는 반드시 이를 참고하여야 하고, 환자가 평소 일상생활을 통하여 가족, 친구 등에 대하여 한 의사표현, 타인에 대한 치료를 보고 환자가 보인 반응, 환자의 종교, 평소의 생활 태도 등을 환자의 나이, 치료의 부작용, 환자가 고통을 겪을 가능성, 회복불가능한 사망의 단계에 이르기까지의 치료 과정, 질병의 정도, 현재의 환자 상태 등 객관적인 사정과 종합하여 환자가 현재의 신체상태에서 의학적으로 충분한 정보를 제공받는 경우 연명치료 중단을 선택하였을 것이라고 인정되는 경우라야 그 의사를 추정할 수 있을 것이다.

(4) 환자 측이 직접 법원에 소를 제기한 경우가 아니라면, 환자가 회복불가능한 사망의 단계에 이르렀는지 여부에 관하여는 전문의사 등으로 구성된 위원회 등의 판단을 거치는 것이 바람직하다.

라. 이 사건에 대한 판단

원심판결 이유에 의하면, 원심은 환자가 회생가능성이 없는 회복불가능한 사망과정에 진입한 경우에 환자의 진지하고 합리적인 치료중단 의사가 추정될 수 있다면 사망과정의 연장에 불과한 진료행위를 중단할 수 있다는 취지로 판단하였는바, 원심이 연명치료 중단의 기준으로 삼은 위와 같은 사유는 위에서 살펴 본 회복불가능한 사망의 단계에 이른 경우의 연명치료 중단에 관한 법리와 같은 취지이므로 정당하고, 거기에 연명치료 중단의 허용기준에 관한 법리를 오해한 위법이 없다.

2. 원고가 회복불가능한 사망의 단계에 진입하지 않았다는 상고이유에 대하여

앞서 본 바와 같이 환자의 추정적 의사에 의하여 연명치료의 중단이 허용될 수 있는 회복불가능한 사망의 단계는 의식의 회복가능성이 없고 생명과 관련된 중요한 생체기능의 상실을 회복할 수 없으며 환자의 신체상태에 비추어 짧은 시간 내에 사망에 이를 수 있음이 명백한 경우를 의미하는바, 그 단계에 이르렀는지 여부는 주치의의 소견뿐 아니라 사실조회, 진료기록 감정 등에 나타난 다른 전문의사의 의학적 소견을 종합하여 신중하게 판단하여야 한다.

원심은 거시 증거를 종합하여 원고에 대한 뇌 자기공명영상(MRI) 검사에서 뇌가 전반적으로 심한 위축을 보이고 대뇌피질의 요철이 단지 가느다란 띠 형상으로 보일 정도로 심하게 파괴되어 있으며 기저핵 시상(視床)의 구조가 보이지 아니하고 뇌간 및 소뇌도 심한 손상으로 위축되어 있는 사실, 원고의 담당 주치의는 원고에게 자발호흡은 없지만 뇌사상태는 아니며 지속적 식물인간상태로서 의식을 회복할 가능성은 매우 낮아 5% 미만이라는 견해를 피력하였으나, 진료기록 감정의는 원고가 자발호흡이 없어 일반적인 식물인간상태보다 더 심각하여 뇌사상태에 가깝고 회복가능성은 거의 없다고 하고 있으며, 신체감정의들도 모두 원고가 지속적 식물인간상태로서 회생가능성이 희박하다는 취지의 견해를 밝히고 있는 사실, 자발호흡이 없어 인공호흡기에 의하여 생명이 유지되는 상태인 사실을 각 인정한 후, 원고가 회복불가능한 사망의 단계에 진입하였다고 판단하였다.

이러한 원심의 판단은 위의 법리에 따른 것으로서 수긍할 수 있고, 거기에 상고이유에서 주장하는 바와 같은 의료행위의 재량성에 대한 법리오해 등의 위법이 없다.

3. 원고의 진료중단을 구하는 의사가 추정되지 않는다는 상고이유에 대하여

원심은 거시 증거를 종합하여 원고가 독실한 기독교 신자로서 15년 전 교통사고로 팔에 상처가 남게 된 후부터는 이를 남에게 보이기 싫어하여 여름에도 긴 팔 옷과 치마를 입고 다닐 정도로 항상 정갈한 모습을 유지하고자 하였던 사실, 텔레비전을 통해 병석에 누워 간호를 받으며 살아가는 사람의 모습을 보고 "나는 저렇게까지 남에게 누를 끼치며 살고 싶지 않고 깨끗이 이생을 떠나고 싶다"라고 말하였던 사실, 3년 전 남편의 임종 당시 며칠 더 생명을 연장할 수 있는 기관절개술을 거부하고 그대로 임종을 맞게 하면서 "내가 병원에서 안 좋은 일이 생겨 소생하기 힘들 때 호흡기는 끼우지 말라. 기계에 의하여 연명하는 것은 바라지 않는다"고 말한 사실 등 일상생활에서의 대화 및 원고의 현 상태 등 여러 사정을 종합하여, 원고가 현재의 상황에 관한 정보를 충분히 제공받았을 경우 원고에게 현재 시행되고 있는 연명치료를 중단하고자 하는 의사가 있었을 것으로 추정하였다.

원심의 이와 같은 조치는 위에서 본 회복불가능한 사망의 단계에 이르렀을 경우의 환자의 자기결정권 및 환자 의사 추정에 관한 법리에 부합되는 것으로서 수긍할 수 있고, 거기에 상고이유에서 주장하는 바와 같은 헌법 위반이나 법리오해 등의 위법이 없다.

4. 결 론

그러므로 상고를 기각하고, 상고비용은 패소자가 부담하기로 하여 주문과 같이 판결한다. 이 판결에는 원고가 회복불가능한 사망의 단계에 들어섰고 연명치료 중단의 의사가 추정되는지 여부에 대한 대법관 안대희, 대법관 양창수의 반대의견과 연명치료 중단의 허용기준에 대한 대법관 이홍훈, 대법관 김능환의 반대의견이 있는 외에는 관여 법관들의 의견이 일치하였고, 다수의견에 대한 대법관 김지형, 대법관 차한성의 보충의견 및 연명치료 중단의 절차에 대한 대법관 김지형, 대법관 박일환의 별개의견이 있다.

5. 원고가 회복불가능한 사망의 단계에 들어섰고 연명치료 중단의 의사가 추정되는지 여부에 대한 대법관 안대희, 대법관 양창수의 반대의견

연명치료 중단 일반에 관하여, 환자가 회복불가능한 사망의 단계에 진입한 후에 인간으로서의 존엄과 가치 및 행복추구권에 기초하여 자기결정권을 행사하는 것으로 인정되는 경우에는 연명치료 중단이 허용될 수 있고, 이러한 자기결정권은 1차적으로 서면 등에 의한 사전의료지시의 방법으로 행사될 수 있으며, 그것이 없는 경우에는 환자의 '추정적 의사'에 의해서도 연명치료 중단이 허용될 수 있다는 점에 관하여는 다수의견과 견해를 같이한다.

그러나 우선 이 사건에서 원고가 '회복불가능한 사망의 단계'에 이르렀다고 본 점에는 찬성할 수 없다. 나아가 여기서의 '추정적 의사'가 "환자에게 자기결정권을 행사할 수 있는 기회가 주어진다면 연명치료의 중단을 선택하였을 것이라고 볼 수 있는 경우"에는 긍정된다고 하는 점도 수긍할 수 없다. 연명치료의 중단을 환자의 자기결정권에 의하여 정당화하는 한, 그 '추정적 의사'란 환자가 현실적으로 가지는 의사가 객관적인 정황으로부터 추단될 수 있는 경우에만 긍정될 수 있으며, 다수의견이 말하는 바와 같은 '가정적 의사' 그 자체만으로 이를 인정할 수 없다고 할 것이다.

가. 이 사건에서 원고가 회복불가능한 사망의 단계에 이르렀다고 할 것인지 여부에 관하여 본다.

(1) 뒤의 나.(4)에서도 보는 대로 환자가 회복불가능한 사망의 단계에 이르렀다고 판단되면, 이제 곧 그의 죽음을 불러올 수 있는 연명치료의 중단이 이에 관한 환자의 자기결정을 떠나 객관적 법질서의 관점에서도 예외적으로 허용될 수 있다. 이와 같이 환자가 그러한 단계에 이르렀는지는 결국 사망을 직접 초래하는 연명치료 중단의 허용 여부를 가르는 중대한 요건이므로 그 판단에는 신중을 기하여야 한다.

특히, 사람의 뇌는 생명의 유지에 직결되면서도 아직은 그 생리나 기능 등이 밝혀지지 아니한 부분이 여전히 매우 많고 한편 끈질긴 회복・재생의 능력을 보이는 신비로운 신체기관이다. 그러므로 과연 뇌의 기능이 '돌이킬 수 없게 상실되었다'고 말할 수 있으려면, 비록 사람의 판단이란 것이 애초 그 판단 당시의 지식 또는 기술 등의 상태를 기준으로 해서 내려질 수밖에 없는 기본적인 한계를 인정한다고 하더라도, 최대한 객관적으로 의문이 없는 전문적인 판단이 필요하다고 할 것이다. '장기등 이식에 관한 법률'이 뇌사 여부만을 판정하는 전문적 기관을 별도로 두어 그 판정 결과에 따르도록 하는 것(같은 법 제14조 이하)도 이러한 취지에서 나온 것임은 물론이다.

그리고 실제로 그 판단을 함에 있어서는 환자를 계속적으로 진료하여 옴으로써 환자의 상태를 직접적으로 얻은 자료에 의하여 가장 잘 알고 있을 담당 주치의의 의견은, 비록 그가 소송당사자의 일방에 속하여 일하는 경우라고 하더라도, 다른 특별한 사정이 없는 한, 단지 의료기록만을 통하여 환자의 상태에 접근한 다른 전문가의 견해에 비교하여 그에 일정한 무게를 두지 않을 수 없다.

(2) 그런데 이 사건에서 기록에 의하면, 원고는 처음 의식을 상실한 2008. 2. 18. 무렵에는 자발호흡이 거의 없고, 인공호흡기의 도움 없이는 호흡을 유지할 수 없는 상태이며, 뇌 컴퓨터단층촬영(CT) 검사상 광범위한 뇌부종의 소견을 보이고 대뇌의 인지기능을 상실하였으나 자발적으로 눈을 뜨고 외부의 자극에 움직이는 반사반응을 보이는 등 뇌간 기능의 일부가 유지되고 있었고, 제1심 변론종결시인 2008. 11. 6. 무렵에는 의학적으로 의미 있는 개선은 없고, 자발적으로 눈을 뜨기는 하나 외부자극에 반응이 없고, 통증 자극에 대하여는 팔다리의 반사적 반응은 있으나 얼굴표정이나 안구 운동에서 반응이 없으며, 동공반사가 없고 안구의 시선은 양쪽 모두

우측 상향으로 치우쳐 있고 바빈스키 징후도 비정상적인 한편, 제1심 변론종결 무렵을 기준으로 하여 진료기록 또는 신체감정을 한 감정의들은 원고의 의식회복가능성이 없는 지속적인 식물인간상태에서 기대여명이 2년 내지 5년이라고 진술하였으나, 원고를 치료하여 온 피고의 담당 주치의는 원고의 의식회복가능성이 5% 미만이고 원고의 기대여명이 의식상실 당시로부터 1년 내지 2년이라고 진술하였음을 알 수 있다. 이와 관련하여 피고의 상고이유서에 의하면 원고를 치료하여 온 피고의 주치의는 원고의 기대여명을 적어도 4개월 이상으로 판단하고 있고, 이 법원의 변론에서 피고의 원고 담당의사는 원고가 2009. 4. 23. 현재 통증에 반응하나 의식은 회복되지 않았으며, 눈을 계속하여 뜨고 있고 자발호흡도 간간이 보이나 전체적으로 인공호흡기를 유지해야 하는 상태이고, 소리지시에 대한 반응이나 동공의 빛에 대한 반응은 없으나, 기관내 흡인시 고개움직임과 기침반사를 미약하게 보이는 등으로 통증에 대한 반응은 있으며 3개월 동안 임상상태의 변화 없이 중환자실에 입원하고 있다고 진술하고 있음을 알 수 있다.

(3) 사정이 이와 같다면, 특히 원고를 치료하여 온 피고의 담당의사가 원고의 의식회복가능성이 5% 미만으로라도 남아 있고 원고의 현재 상태를 기준으로 하더라도 그 기대여명이 적어도 4개월 이상이라고 판단하고 있는 점 등에 비추어, 원고가 의식회복가능성이 없다거나 원고가 짧은 시간 내에 사망에 이를 것이 명백하다 할 수 있는지 의문이고, 원고가 회복불가능한 사망의 단계에 있다고 섣사리 단정할 수는 없다고 할 것이다.

나. 이 사건에서 설령 원고가 회복불가능한 사망의 단계에 이르렀다고 하더라도, 연명치료 중단을 구하는 원고의 '추정적 의사'가 있다고는 할 수 없다.

(1) 의사표시의 해석 일반에서 그러한 대로, 추정적 의사는 가정적 의사 또는 의제된 의사와는 기본적으로 구별되어야 할 것이다. 추정적 의사란 일반적으로 어떠한 표현행위를 하는 사람이 현실적으로 가진 의사를 제반 정황으로부터 추단하여 그의 의사표시로 인정하는 것을 의미하고, 이렇게 행하여진 의사표시는 '묵시적 의사표시'라고도 불린다. 예를 들어 어떤 사람이 정류장에서 버스를 기다리다가 아무 말 없이 자신이 원하는 버스에 올라타는 경우에, 그가 버스회사와의 사이에 운송계약을 체결하려는 의사표시는 '묵시적 의사표시'인 것이다. 한편, 민법 등에서 예를 들면 매매계약과 관련하여 "추정한다"고 정하는 경우가 있다(우선 민법 제579조, 제585조 참조). 그러나 이들 규정은 어디까지나 엄밀한 의미의 의사표시 해석작업에서의 지침 또는 기준을 제시하는 것, 보다 정확하게 말하면 소송에서 계약의 내용에 관한 입증책임을 분배하는 것에 불과하다.

(2) 그러나 그렇지 아니하고 만일 그가 제반 사정 아래서 문제되는 사항에 관하여 자신의 법적 의사를 표시하였다고 가정하는 경우에 이러저러한 의사표시를 하였으리라고 인정되는 경우에는 그러한 의사는 이른바 '가정적 의사'이다.

물론 추정적 의사라는 말을 이와 같이 가정적 의사도 포함하는 것으로 사용하는 것은 기본적으로 언어사용자 사이의 약속에 달려 있는 문제에 그친다고 할는지 모른다. 그러나 소송에서 사용된 언어의 의미는 청구원인, 소송물 등 심리 · 판단의 내용 또는 범위와 관련하여 심중한 의미가 있을 뿐 아니라{이에 대하여는 뒤의 (4) 앞부분 참조}, 그 점을 차치하고라도 다수의견이 환자의 연명치료의 중단청구를 그의 자기결정권으로써 정당화하면서, 그의 가정적 의사에 기해서도 연명치료의 중단을 인정하는 것이 과연 앞뒤가 맞는 것인지 지극히 의문이다.

통상 '보충적 해석'이라고도 불리는 가정적 의사의 탐색은 애초부터 방법적으로 표의자가 현실적으로 가지지 않는 의사를 법률행위의 내용으로 상감(象嵌)하는 것으로서, 일반적으로 그 성질은 엄밀하게 말하면 의사표시의 해석에 속하는 작업이라기보다는, 법관 등의 제3자가 당사자의 계약 등 법률관계의 처리를 위하여 그 법률관계의 내용을 보충적으로 형성하여 가는 일로서의 측면이 뚜렷하다. 그러므로 거기에서 일반적으로 표의자의 '자기결정'을 찾기 쉽지 않다.

특히, 이 사건에서와 같이 사람의 가장 중요한 가치인 생명의 유지・소멸에 관하여 최종적인 결단에 관한 '자기결정'이라고 하려면, 다른 신체침해적 의료행위(이 경우 의사의 설명의무에 관한 법리를 상기하는 것으로 족하다)에서보다도 더욱 강화된 절차적 요청을 충족하여, 그 의사가 의사결정능력이 있는 상태에서 의료기관으로부터 직접으로 충분한 의학적 정보를 제공받아 설명을 들은 후 이를 바탕으로 가치관에 따라 심사숙고한 결과로서 지속적인 의사로서 진지하게 표시되어야 할 것이고, 이 점은 다수의견도 강조하는 바이다. 그렇다면 더욱이나, 일반적으로 위와 같이 설명에 이어지는 심사숙고의 결과인지와는 무관하게 그 유무 및 내용이 판단되는 가정적 의사를 들어서 환자의 '자기결정'을 운위할 수 없을 것이다. 무엇보다도 이 사건에서 원심이 '추정적 의사'를 긍정하는 근거로 들고 있는 아래 (3)의 ①부터 ③까지의 사정들도 위와 같은 설명에 이어지는 심사숙고의 결과로서 인정되고 있지 않다는 사실(기록상 이러한 점을 인정할 자료도 없다) 자체가 다수의견이 말하는 바와 같은 '가정적 의사'가 위와 같은 설명에 이어지는 심사숙고의 결과로서의 자기결정과 무관함을 반증하여 준다.

또한, 만일 위와 같은 가정적 의사에 기한 연명장치의 중단을 인정한다면, 그것은 이른바 환자의 '보호자'가 자신의 사정들에 기하여 또는 자신의 편의나 이익을 위하여 그 가정적 의사의 존재를 뒷받침하는 사정들만을 제시함으로써 환자의 이른바 '자기결정'을 왜곡하여 의료기관의 연명치료 중단을 구하는 일이 쉽사리 일어날 수 있을 것을 우려하지 않을 수 없다. 그러한 관점에서 보면, 다수의견은 이 사건에서 법논리적으로 원고의 '자기결정권'을 끌어들여 연명치료의 중단청구를 정당한 것으로 설명하면서도, 실제로는 원고의 특별대리인을 포함하여 원고의 가족들이 일치하여 가지는 원고에 대한 연명치료 중단의 의사를 관철하려는 것에 대하여 그들만이 제시・입증할 수 있고 또 실제로 제시・입증하고 있는 정황에 기하여 원고가 실제로 가지는 의사가 아니라 원고의 이른바 '추정적 의사'를 인정함으로써 이를 법적으로 뒷받침하고 있다는 의구심을 다 떨쳐버릴 수 없음을 지적하여 둔다. 연명치료의 중단에 관한 환자 가족들의 의사는 원고의 '추정적 의사'라는 것을 통하여 우회적으로 관철될 것이 아니라, 뒤의 (4)에서 보는 대로 '환자의 자기결정'과는 무관하게 시인될 수 있는 또 하나의 연명치료중단청구의 허용 여부를 판단함에 있어서 정면으로 그 의미와 무게가 평가되는 것이 정도(正道)라고 할 것이다.

물론, 구체적으로 앞서 본 바와 같은 추정적 또는 묵시적 의사(이하에서는 혼동을 피하기 위하여 아예 '묵시적 의사'라는 표현을 쓰기로 한다)와 가정적 의사가 선명하게 구별되기 어려운 경우도 없지 않을 것이다. 특히, 개별 사건에서 그와 관련되는 모든 사정을 종합적으로 검토・평가하여 어떠한 표현행위의 법적 의미를 이해하는 것을 내용으로 하는 의사표시의 해석인 만큼 더욱 그러하다. 그러나 그러한 현실적인 어려움이, 특히 연명치료의 중단이라는 한 사람의 실존적 운명의 종국적인 결정과 관련하여 묵시적 의사와 가정적 의사라는 핵심에서는 서로 분명히 다른 탐색목표의 혼동을 정당화할 수는 없다.

(3) 이와 같은 관점에서 이 사건에서 연명치료의 중단에 관한 원고의 묵시적 의사를 인정할 수 있는지를 살펴본다.

원심이 원고의 진료중단을 구하는 의사가 추정되는 사유로 들고 있는 사정들은, ① 원고는 독실한 기독교 신자로서 15년 전 교통사고로 팔에 상처가 남게 된 후부터는 이를 남에게 보이기 싫어하여 여름에도 긴 팔 옷과 치마를 입고 다닐 정도로 항상 정갈한 모습을 유지하고자 하였다는 것, ② 텔레비전을 통해 병석에 누워 간호를 받으며 살아가는 사람의 모습을 보고 "나는 저렇게까지 남에게 누를 끼치며 살고 싶지 않고 깨끗이 이생을 떠나고 싶다"라고 말하는 등 신체적인 건강을 잃고 타인의 도움 등에 의하여 연명되는 삶보다는 자연스러운 죽음을 원한다는 취지의 견해를 밝혀왔다는 것, ③ 3년 전 남편의 임종 당시 며칠 더 생명을 연장할 수 있는 기관절개술을 거부하고 그대로 임종을 맞게 하면서 "내가 병원에서 안 좋은 일이 생겨 소생하기 힘들 때 호흡기는 끼우지 말라. 기계에 의하여 연명하는 것은 바라지 않는다"고 말하는 등 이 사건과 유사한 실제 상황에서 남편에 대하여 연명치료의 시행을 거부한 바 있다는 것 등이다.

그러나 위 ①이나 ②와 같은 정도의 말이나 태도 등은 누구라도 건강한 상태에서 흔히 할 수 있는 정도의 것에 지나지 않는다. 결국, 위 ③이 연명치료에 관하여 직접 언급한 것으로서 다수의견이 원고의 추정적 의사를 긍정하게 하는 결정적인 정황이 된 것으로 보인다. 그러나 위 ③은 비록 남편이라고 하여도 역시 타인이 처한 상황에 대응하여 나온 것으로서, 그것이 과연 자신의 운명에 관하여 숙고한 끝에 진지하고 지속적인 의사에 기하여 나온 것이라고 볼 자료가 없다. 특히, 그 발언은 그 내용 자체로 보더라도 인공호흡기와 같은 생명유지장치의 삽입・장착을 단순히 소극적으로 거부하는 것으로 볼 수는 있을지 몰라도, 거기에서 나아가 생명유지장치가 이미 장착되어 있을 때, 그것도 이 사건에서와 같이 원고가 의식이 있는 상태에서 폐암 여부를 확진받기 위하여 기관지 내시경을 통하여 폐종양조직검사를 받던 중 예기치 못하게, 즉 자연적 노화 또는 원고가 원하였다는 '자연스러운 죽음의 과정'과는 무관하게 이미 인위적인 시술로 '억울하게도' 과다출혈이 발생하여 심정지가 발생하였고 이로 인한 저산소증으로 심한 뇌손상을 입고 뇌기능 및 신체기능의 많은 부분을 상실한 경우에까지도 연명장치를 적극적으로 제거하기를 바라는 의미를 포함한다고 쉽사리 말할 수 없다.

그러므로 이 사건에서 원심이 연명치료의 중단에 관한 원고의 '추정적' 의사를 긍정한 것은 연명치료의 중단에 관한 법리 또는 그 의사의 해석에 관한 법리를 오해하였거나 심리를 다하지 아니한 위법이 있다고 할 것이다.

(4) 이와 관련하여 여기서 부가적으로 지적하고 싶은 것은, 이 사건 청구가 원고의 '자기결정권'에 기하여 연명치료의 중단에 관한 원고 자신의 '추정적 의사'를 기초로 하여서만 행하여지고 있다는 점이다. 여기서 '추정적' 의사란, 이 법원에서 행하여진 변론에서 원고 대리인이 강조한 바와 같이, 원고의 묵시적 의사를 가리킨다. 그러므로 이 사건에도 적용되는 민사소송에 관한 처분권주의 및 변론주의의 기본원칙에 좇아 이 법원은 과연 그러한 묵시적 의사가 인정되는지 여부에 의해서만 이 사건에 대하여 결론을 내려야 한다. 그리하여 이 소수의견은 그 묵시적 의사의 존재 여부에 대하여 부정적으로 판단하는 것이다.

그러나 이 소수의견은 연명치료의 중단에 관한 환자 본인의 명시적 또는 묵시적 의사가 인정되지 않는 경우에도 엄격한 예외적인 요건 아래서 연명치료의 중단이 허용될 수 있다는 견해임을 밝혀 두고자 한다. 즉, 이 소수의견은 연명치료의 중단은 반드시 환자의 '자기결정권'으로부터만 인정된다고 할 것은 아니고, 비록 예외적이기는 하지만, 법질서 일반의 관점에서 정당화될 수 있는 경우도 있다는 것이다.

그것이 어떠한 경우에 허용되는가는 이론적으로 달리 말하면, 환자(또는 그의 가족 등 제3자)와 의료기관 간의 진료계약의 내용으로서의 치료중지의무의 발생 요건을 제시하는 것이 된다. 다수의견이 말하는 대로, 의료의 '가변적인 성질'로 인하여 의료기관의 의무로서의 진료라고 하여도 그 내용은 다양할 수 있다. 그런데 그 가변성이 극단으로 치달아 여기서 문제되는 회복불가능한 사망의 단계에 오면, 의료기관은 의료계약의 앞서 본 '보충적 해석'에 기하여 연명장치를 중단하여야 할 의무를 부담하게 될 수 있다. 또는, 이는 의료기관이 의료계약에 기하여 일반적으로 부담하는 "위임의 본지에 따라 선량한 관리자의 주의로써 위임사무를 처리할 의무"(민법 제

681조)의 구체화로 설명하는 것도 전혀 불가능한 것은 아니다. 즉, 의료계약에 기하여 의료기관은 원칙적으로 생명의 유지·연장과 건강의 증진을 도모하기 위하여 환자를 진단하고 치료할 의무를 부담하지만, 다수의견이 설시하는 대로 "의학적으로 무의미한 신체침해행위에 해당하는 연명치료를 환자에게 강요하는 것이 오히려 환자의 인간으로서의 존엄과 가치를 해하게 되는" 예외적인 경우에는 연명치료를 중단하는 것이야말로 자신에게 맡겨진 일을 '위임의 본지(本旨)에 따라' 처리하는 것이 될 수 있다는 것이다(통상 응급환자에 대한 응급의료를 거부할 수 없는 응급의료종사자라도 '정당한 사유'가 있으면 응급의료를 중단할 수 있다는 '응급의료에 관한 법률' 제10조, 의료계약에 통상 적용되는 민법의 위임에 관한 규정 중에서 상대방에게 불리한 시기에 계약을 해지하더라도 "부득이한 사유"가 있다면 손해배상 기타 법적 불이익을 입지 않는다고 정하는 민법 제689조도 이 맥락에서 참고할 만하다. 자신이 아니라 남의 이익을 앞세워 돌보아야 하는 의료기관의 법적 지위를 생각함에 있어서는 예를 들면 친권에서 그러한 것처럼 권리와 의무 사이의 거리를 강조할 것이 아니다).

구체적으로 어떠한 경우에 연명치료를 환자에게 강요하는 것이 오히려 환자의 인간으로서의 존엄과 가치를 해하게 되는가의 판단은 일률적으로 말할 수 없고, 그 가족을 포함한 환자 측 및 의료기관의 제반 사정을 합리적으로 고려하여 정할 수밖에 없다. 구체적으로는 환자의 나이·직업이나 경력, 평소의 종교·신념이나 생활태도, 질환의 경과와 현재 상태, 생명의 연장이 가능한 기간의 장단, 이미 지출한 또는 앞으로 지출하게 될 비용, 가족들의 상황, 환자로 인한 가족들의 정신적 고통, 그들의 경제적 지출을 포함한 생활상의 희생 등 환자 측의 사정은 물론이고, 의료기관의 성격이나 설비, 그 진료의 내용과 결과, 의료진의 견해 등과 같은 의료기관 측의 사정이 문제될 것이다. 그리고 연명치료의 중단에 관한 환자 가족들의 동의 여부도 그러한 판단에 있어서 고려되어야 할 중요한 요소의 하나로서, 오히려 이는 독자적인 요건에 해당한다고 할 것이다(가족의 동의 요건 및 그 내용에 관하여는 '장기 등 이식에 관한 법률' 제18조 제3항 제2호 등이 유추적용될 수 있다). 이렇게 보면 이 소수의견과 다수의견의 차이는 법논리적인 것 또는 소송내용 등은 별론으로 하고 그 결론에 있어서는 아주 큰 것이 아니라고 해도 좋을지 모른다.

그러나 중요한 것은 여기서 환자의 '가정적 의사'는 연명치료 중단의 허용 여부를 판단하는 유일한 또는 결정적인 요소는 아니라는 점이다. 즉, 환자의 가정적 의사가 연명치료의 중단에 찬성하지 않는 것으로 밝혀지더라도, 그 의사를 존중하여 연명치료를 계속하는 것이 환자의 인간으로서의 존엄과 가치에 반한다고 말할 수 있는 경우가 상정될 수 있다. 요컨대, 이 단계에서 연명치료의 중단 여부는 법질서 일반의 관점에서 행하여지는 당해 사안에 대한 객관적인 이익형량 내지 가치평가의 문제인 것이다.

다. 결국, 원심이 원고가 이미 회복불가능한 사망의 단계에 이르렀다고 전제하고 나아가 연명치료 중단에 관한 원고의 '추정적' 의사를 긍정하여 원고의 연명치료 중단 청구를 인용한 것은 결국 연명치료의 중단에 관한 법리 또는 그 의사의 해석에 관한 법리를 오해한 위법이 있다고 할 것이다. 그러므로 원심판결은 그대로 유지될 수 없고, 파기되어야 한다.

6. 연명치료 중단의 허용기준에 대한 대법관 이홍훈, 대법관 김능환의 반대의견

다수의견과는 달리, 생명에 직결되는 진료에 있어서 환자의 '자기결정권'은 소극적으로 그 진료 내지 치료를 거부하는 방법으로는 행사될 수 있어도 이미 환자의 신체에 삽입, 장착되어 있는 인공호흡기 등의 생명유지장치를 제거하는 방법으로 치료를 중단하는 것과 같이 적극적인 방법으로 행사되는 것은 허용되지 아니하며, 따라서 원고의 이 사건 청구는 인용될 수 없다고 본다. 그 이유는 다음과 같다.

가. 의료계약의 본질과 특성상 의사는 진료를 행함에 있어 환자의 상황과 당시의 의료수준 그리고 자기의 지식 경험에 따라 적절하다고 판단되는 진료방법을 선택할 상당한 범위의 재량을 가진다. 따라서 환자가 의료인에게 특정한 의료행위나 치료방법을 강요할 수 없다. 그러나 모든 사람은 인간으로서의 존엄과 가치를 가지며 이에 터잡아 신체의 불가침성과 완전성을 보전할 기본적인 권리를 가지므로 인체에 대한 어떤 형태의 침해일지라도 이를 거부하고 거절할 권리가 있다고 할 것이다. 따라서 의료행위가 신체에 대한 침해적인 요소를 포함하는 것인 때에는 환자의 동의 내지 승낙이 없이는 그 시술을 할 수 없고, 환자는 '자기결정권'에 기하여 이를 거부할 수 있으며, 이는 그 의료행위가 생명유지장치의 삽입, 장착과 같이 생명에 직결되는 것이라고 하더라도 마찬가지라고 할 것이다. 다만, 이러한 인체를 침해하는 의료행위의 거부에 관한 환자의 '자기결정권'의 행사가 정당하기 위하여는, 의사결정능력이 있는 상태에서 의료인으로부터 직접, 충분한 의학적 정보를 제공받아 설명을 들은 후 이를 바탕으로 자신의 고유한 가치관에 따라 진지하게 심사숙고한 결과라는 점이 전제되어야 한다. 그리고 이러한 '자기결정권'은 사전의료지시의 방법으로도 행사될 수 있다.

그러나 '자기결정권'도 구체적인 권리의 하나이므로 타인의 권리를 침해할 수 없고 헌법질서에 위반되지 않는 범위에서만 보호받을 수 있는 내재적 한계가 있으며, 생명권의 주체라고 하더라도 자살의 경우와 같이 자기 생명을 자유롭게 처분하는 것은 헌법상 '자기결정권'의 한계를 벗어나는 것으로서 사회상규에 반하므로 허용될 수 없다.

그러므로 환자가 인위적으로 생명을 유지, 연장하기 위한 생명유지장치의 삽입 또는 장착을 거부하는 경우, 특별한 사정이 없는 한, 비록 환자의 결정이 일반인의 관점에서는 비합리적인 것으로 보이더라도 의료인은 환자의 결정에 따라야 하고 일반적인 가치평가를 이유로 환자의 자기결정에 따른 명시적인 선택에 후견적으로 간섭하거나 개입하여서는 아니 된다. 환자의 이러한 '자기결정권' 행사가 있는 때에는 의료인이 의료법상의 진료 또는 응급의료에 관한 법률상의 응급의료를 행하지 아니할 정당한 사유가 있는 경우에 해당한다고 할 것이다.

그러나 이와는 달리, 이미 생명유지장치가 삽입 또는 장착되어 있는 환자로부터 생명유지장치를 제거하고 그 장치에 의한 치료를 중단하는 것은 환자의 현재 상태에 인위적인 변경을 가하여 사망을 초래하거나 사망시간을 앞당기는 것이므로, 이미 삽입 또는 장착되어 있는 생명유지장치를 제거하거나 그 장치에 의한 치료를 중단하라는 환자의 요구는 특별한 사정이 없는 한 자살로 평가되어야 하고, 이와 같은 환자의 요구에 응하여 생명유지장치를 제거하고 치료를 중단하는 것은 자살에 관여하는 것으로서 원칙적으로 허용되지 않는다고 할 것이다.

다만, 생명유지장치가 삽입, 장착되어 있는 상태에서도 환자가 몇 시간 또는 며칠 내와 같이 비교적 아주 짧은 기간 내에 사망할 것으로 예측, 판단되는 경우에는, 환자가 이미 돌이킬 수 없는 사망의 과정에 진입하였고 생명유지장치에 의한 치료는 더 이상 의학적으로 의미가 없으며 생명의 유지, 보전에 아무런 도움도 주지 못하는 것이므로, 이 때에는 생명유지장치를 제거하고 치료를 중단하는 것이 허용된다고 할 것이다. 이 경우의 치료중단은 사망을 초래하거나 사망시간을 앞당기는 것으로 평가할 것이 아니다.

나. 그런데 다수의견은 '환자가 의식의 회복가능성이 없고 생명과 관련된 중요한 생체기능의 상실을 회복할 수 없으며 환자의 신체상태에 비추어 짧은 시간 내에 사망에 이를 수 있음이 명백한 경우'를 '회복불가능한 사망의 단계'라고 정의하고, 그 단계에 이른 환자는 이미 의식의 회복가능성을 상실하여 더 이상 인격체로서의 활동을 기대할 수 없고 자연적으로는 이미 죽음의 과정이 시작되어 연명치료를 계속하는 것은 의학적으로 무의미한 신

체침해행위를 강요하는 것이 되므로 그 환자에 대하여는 사전의료지시에 의한 '자기결정권'의 행사에 따라, 또는 추정되는 환자의 의사에 따라 생명유지장치를 제거하는 방법으로 연명치료를 중단하는 것이 허용된다고 하고 있다.

그러나 다수의견은 의료계약의 본질과 특수성에 반하여 환자가 의료인에게 특정한 의료행위 또는 치료행위를 하도록 강요하는 것이어서 부당하다.

나아가 다수의견이 말하는 '환자의 신체상태에 비추어 짧은 시간 내에 사망에 이를 수 있음이 명백한 경우'의 의미가 어떤 것인지 분명하지는 않지만, 이 사건에서 담당 주치의 또는 감정의들은 인공호흡기가 장착된 상태에서 원고의 기대여명이 짧게는 4개월 이상, 길게는 1년 이상이라는 의견을 제시하였음에도 불구하고 원고가 이미 회복불가능한 사망의 단계에 이른 것으로 판단하고 있는 점에 비추어 보면, 인공호흡기 등의 생명유지장치가 장착되어 있는 환자의 경우에는 그 장치가 장착되지 않는 신체상태를 기준으로 하여 그가 비교적 짧은 시간 내에 사망에 이를 것인지 여부를 판단한다는 뜻이라고 해석된다.

그러나 호흡을 통해 체세포에 산소가 공급되지 않으면 모든 체세포가 곧 기능을 상실하여 사람이 사망에 이르는 것이므로, 다수의견의 기준에 따르는 한에 있어서는, 비록 의식의 회복가능성이 없다는 점이 전제되어 있기는 하지만, 자발호흡을 완전히 회복하지 못한 모든 환자가 회복불가능한 사망의 단계에 이른 것으로 분류, 평가될 위험이 있다. 사람의 심폐기능이 정지되지 않는 한 아직 사망한 것이 아니며, 그 심폐기능이 자발적인 것인지 인공호흡기 등의 생명유지장치의 도움에 의한 것인지에 따라 달리 볼 것은 아니다. 장기 등 이식에 관한 법률은 그 법이 정한 기준 및 절차에 따라 뇌 전체의 기능이 되살아날 수 없는 상태로 정지되었다고 판정된 자를 '뇌사자'로, 뇌사자를 제외한 자를 '살아 있는 사람'으로 정의하면서(제3조 제4호), 뇌사자로 판정되지 아니한 자로부터 장기 등을 적출하여 사망에 이르게 한 자를 살인죄와 같은 형으로 처벌하도록 규정하고 있다(제39조). 한편, 응급의료에 관한 법령은 심폐소생술이 필요한 경우를 응급환자의 하나로 정의하고, 응급환자의 발생부터 생명의 위험에서 회복되거나 심신상의 중대한 위해가 제거되기까지의 과정에서 응급환자를 위하여 행하여지는 응급처치 등을 응급의료라고 정의하면서(법 제2조, 시행규칙 제2조), 모든 국민은 응급의료를 받을 권리를 가지며(법 제3조), 응급의료종사자는 업무중에 응급의료를 요청받거나 응급환자를 발견한 때에는 즉시 응급의료를 행하여야 하며 정당한 사유 없이 이를 거부하거나 기피하지 못한다고 규정하고 있다. 그러므로 뇌사로 추정조차 되지 아니하는 자는 인공호흡기 등의 생명유지장치의 도움을 받는지 여부와 관계없이 여전히 '살아 있는 사람'이며, 그로부터 인공호흡기 등을 제거함으로써 그로 하여금 사망에 이르게 하는 행위는 응급의료의 거부 내지 기피에 해당하여 현행법상 그 생명을 침해하는 행위로 평가할 수밖에 없다. 다만, 그 환자가 인공호흡기 등을 장착하여 그 도움을 받는 상태에서도 사망에 극히 근접해 있는 경우라면, 이 때의 인공호흡기 등의 제거는 생명을 침해하는 것으로 평가할 수 없고 사회상규에도 반하지 아니하는 것으로 볼 수 있을 것이다. 그러나 사망에 근접하였는지 여부를 인공호흡기 등이 장착된 상태가 아니라 그 장치가 제거된 상태를 기준으로 하여 판단하고 인공호흡기 등의 제거가 허용된다고 보는 것은 현행법상 용인될 수 없고, 그 정당성의 근거를 찾을 수도 없다. 만일 다수의견이, 회복불가능한 사망의 단계에 이른 환자에 대한 인공호흡기 등에 의한 치료는 의학적인 의미에서 치료의 목적을 상실한 신체침해행위가 계속적으로 이루어지는 것이어서 환자의 인간으로서의 존엄과 가치 및 행복추구권에 반한다고 하는 가치판단에서 그 치료중단행위의 정당성의 근거를 찾는 취지라면, 굳이 환자의 '자기결정권'에 기한 입론을 할 필요도 없을 것이다.

다. 이러한 법리에 따라 이 사건을 검토하여 보면, 원고는 생명유지장치인 인공호흡기가 이미 삽입, 장착되어 있는 상태에서 그 장치의 제거를 구하고 있으므로 그 청구가 정당하려면 원고가 앞에서 본 바와 같이 생명유지장치가 삽입, 장착되어 있는 상태에서도 원고가 비교적 아주 짧은 기간 내에 사망할 것으로 예측, 판단되는 돌이킬 수 없는 사망의 과정에 진입하였다는 점이 전제되어야 할 것이다.

그러나 이 사건에서 원고의 뇌가 비록 전반적으로 심한 위축을 보이고 뇌간 및 소뇌도 심한 손상으로 위축되어 있으나, 아직 뇌사상태에는 이르지 아니한 지속적 식물인간상태라는 점에 대하여는 담당 주치의와 감정의의 의견이 일치되어 있고, 다수의견도 인정하는 터이다. 그리고 앞서의 다른 반대의견에서 적절히 지적하고 있는 바와 같이, 이 사건 소제기 당시 및 제1심 변론종결 당시 원고의 기대여명은 1년 내지 2년이라는 것이었고, 현재에 있어서도 적어도 4개월 이상이라는 것이므로, 원고를 가리켜 앞에서 본 바와 같은 의미에서의 이른바 돌이킬 수 없는 사망의 과정에 진입하였다고는 도저히 말할 수 없다.

그렇다면 이 사건은 환자에게 장착된 인공호흡기의 제거가 정당화될 수 있는 경우에 해당한다고는 볼 수 없으므로, 원고의 이 사건 청구는 다른 요건을 나아가 따져 볼 것도 없이 인용될 수 없다.

라. 사람의 생명은 그 무엇과도 바꿀 수 없는 고귀한 것이고, 살아 있다는 것 자체로 가치가 있다. 사람의 정신과 뇌의 기능은 오묘한 것이어서 단순히 물리적으로 또는 의학적으로만 판단하기 어려운 측면이 있음은 누구도 부인하기 어렵다. 지속적 식물인간상태로 10여 년 이상의 장기간이 지난 후에 의식이 회복된 예도 있고, 자발호흡이 없어 인공호흡기를 제거하면 곧 사망에 이를 것이라는 판단 아래 인공호흡기를 제거하였으나 수년간을 더 생존한 예도 있음을 우리는 알고 있다.

다수의견은 의료계약의 본질과 특성에 반하여 환자가 의료인에게 특정한 의료행위 또는 치료방법을 시행할 것을 강요하는 결과로 될 뿐만 아니라, 사망에 근접한 경우로 볼 수 있는 범위를 지나치게 확장하여 인정함으로써 오히려 생명의 침해를 용인하는 결과로 될 위험이 있는 것이어서 부당하다. 이상의 이유로 다수의견에 찬동하지 아니한다.

7. 연명치료 중단의 허용기준에 대한 대법관 김지형, 대법관 차한성의 보충의견

가. 대법관 이홍훈, 대법관 김능환의 반대의견(이하 '반대의견'이라고만 한다)은, 환자가 자기결정권을 행사하여 생명유지장치의 삽입 또는 장착을 거부하는 것은 특별한 사정이 없는 한 허용되지만 이미 생명유지장치가 삽입 또는 장착되어 있는 환자가 생명유지장치의 제거를 요구하는 것은 특별한 사정이 없는 한 자살로 평가되므로 원칙적으로 허용되지 않고, 다만 환자가 '돌이킬 수 없는 사망의 과정에 진입한 경우'에는 생명유지장치의 제거를 요구하는 것도 허용된다고 하면서, 여기서 '돌이킬 수 없는 사망의 과정에 진입한 경우'라 함은 생명유지장치가 삽입, 장착되어 있는 상태에서도 비교적 아주 짧은 기간 내에 사망할 것으로 예측, 판단되는 경우를 말하는데, 이 사건 원고의 경우에는 여기서 말하는 돌이킬 수 없는 사망의 과정에 진입하지 않았으므로 더 나아가 살필 필요 없이 원고의 청구를 인용할 수 없다는 취지이다.

이러한 반대의견의 논리는, '돌이킬 수 없는 사망의 과정'을 다수의견에서 정의하고 있는 '회복불가능한 사망의 단계'보다 더 범위를 좁히고 그 이후에는 연명치료의 중단이 허용될 수 있지만, 그 이전에는 연명치료의 중단이 생명 침해에 해당하므로 허용될 수 없다는 것이나, 위와 같은 반대견해는 타당하지 않다.

나. 반대의견은 돌이킬 수 없는 사망의 과정에 이르기 전의 상태를 응급 상태와 마찬가지로 보아 응급의료에

관한 법률에 의하여 연명치료의 중단이 허용될 수 없다고 보고 있다. 응급의료에 관한 법률이 '응급환자의 발생부터 생명의 위험에서 회복되거나 심신상의 중대한 위해가 제거되기까지의 과정에서 응급환자를 위하여 행하여지는 응급처치 등'을 응급의료라고 정의하고 있다.

그런데 다수의견에서 정의하는 '회복불가능한 사망의 단계'에 이른 환자에 대한 연명치료는, 환자를 생명의 위험에서 회복시키거나 심신상의 중대한 위해를 제거할 수 없는 상태에서 이루어지는 것이므로 이를 응급의료에 관한 법률의 적용을 받는 응급의료라고 볼 수 없고, 따라서 회복불가능한 사망의 과정에 이른 환자에 대하여 연명치료를 보류하거나 중단하는 것이 응급의료를 거부 내지 기피하는 것으로 평가될 수 없다고 봄이 타당하므로 응급의료에 관한 법률을 연명치료 중단이 불허되어야 한다는 논거로 삼는 것은 타당하지 않다.

다. 환자의 의사에 의하여 진료를 중단하는 것이 환자의 생명을 침해하는 것인지에 관하여 반대의견은 환자가 현재 진료를 받고 있는 상태를 기준으로 하였을 때 죽음과 시간적으로 가까운 경우와 그렇지 않은 경우를 달리 취급하고 있다.

그러나 생명권은 모든 인간에게 인정되는 기본권 중의 기본권으로서 사망이 임박하여 생명이 얼마 남지 아니한 환자라 하더라도 생명권의 주체가 되는 것이므로, 어떠한 행위가 인위적으로 생명을 단축시키는 행위로서 살인이나 자살로 평가될 수 있다면, 생명 단축 기간이 얼마인지에 따라서 살인이나 자살인지의 여부에 대한 법적 평가가 달라지지 아니한다.

반대의견에서 연명치료 중단을 허용하는 '돌이킬 수 없는 사망의 과정'에 진입한 환자 중에는 장기등 이식에 관한 법률에서 정하는 뇌사로 추정조차 되지 않는 환자도 포함되어 있는바, 이러한 환자는 여전히 살아 있는 사람으로서 당연히 생명권의 주체가 된다 할 것이며, 그 환자를 생명권의 보호 범위에서 배제할 수 없다 할 것이다.

그럼에도 불구하고, 반대의견은 사망에의 시간적 근접성만을 이유로 단계를 구분하고 그 이전 단계에서는 이미 장착된 치료장치의 제거를 요구하는 것은 일반적으로 자살이라고 하면서도, 그 이후 단계에서는 같은 행위가 생명침해에 해당하지 아니한다고 보는 것이어서, 이러한 반대의견의 논리는 살인이나 자살에 관한 일반적인 법리에 어긋난다.

라. 따라서 치료의 중단이 허용되는 것인지 여부는 단순히 사망과의 시간적 근접성을 기초로 판단할 것이 아니라 환자의 자기결정권에 의한 치료의 중단이 사회상규에 비추어 자살이라고 평가될 수 있는 것인지에 초점을 맞추어 판단하여야 한다.

인간의 존엄과 가치 및 행복을 추구할 권리는 우리 헌법상의 최고목적조항으로서 헌법상 모든 기본권의 보장을 통하여 추구하고자 하는 최고의 가치라 할 것이고, 이러한 인간의 존엄과 가치 역시 모든 인간이 향유할 수 있는 기본권이므로, 의식의 회복가능성이 없는 환자라 하더라도 남은 삶에 있어 인간으로서의 존엄과 가치를 누릴 수 있다.

한편, 죽음이란 삶을 살아가는 인간이 피할 수 없는 인간 실존의 한 영역이고 이러한 의미에서 죽음이란 삶의 마지막 과정에서 겪게 되는 삶의 또 다른 형태라 할 것이므로, 모든 인간은 죽음을 맞이하는 순간까지 인간으로서의 존엄과 가치를 보존할 권리를 보장받아야 한다.

따라서 진료가 의학적으로 무의미하고 오히려 진료에 의하여 인간으로서의 존엄과 가치가 침해되는 것으로 인정될 수 있으며 환자가 명시적으로 자기결정권을 행사한 경우나 이를 추정할 수 있는 경우에 진료를 중단하는 것은, 인위적으로 생명을 침해하는 것이 아니라 오히려 인위적인 신체 침해 행위에서 벗어나 환자의 생명을 환자 자신의 자연적인 신체상태에 맡기도록 하는 것으로서 이를 자살로 평가할 수 없다 할 것이다.

진료가 의학적으로 무의미한 것인지 여부를 판단함에 있어서는 사망과의 시간적 근접성보다는 중단을 요구하는 대상인 진료행위 자체의 특성을 고려하여야 한다. 사망의 단계에 진입하였고 그 단계에서 회복될 수 없는 환자에게 신체를 침해하면서 행하여지는 진료는 의학적으로 무의미하다고 판단하는 것이 사회상규에 부합한다.

그러나 '회복불가능한 사망의 단계'에 진입하였다는 사정만으로 모든 환자에 대한 연명치료가 인간으로서의 존엄과 가치를 해하는 것으로 볼 수는 없다. 환자의 가치관이나 신념 등에 따라 신체 침해를 수반하는 연명치료의 계속이 인간으로서의 존엄과 가치를 해하는 것으로 받아들일 것인지 여부가 달라질 수 있고, 따라서 진료행위를 계속할 것인지 여부에 관한 환자의 결정권이 존중되어야 한다는 의료계약의 일반원칙이 배제되는 것은 아니며, 의료인은 연명치료의 중단을 구하는 환자의 사전의료지시나 추정적 의사가 인정되는 경우에 비로소 연명치료의 중단의무를 부담한다.

마. 다만, 사람의 생체기능은 모두 직·간접적으로 생명현상 유지와 관련되어 있으므로 '회복불가능한 사망의 단계'를 생체기능을 유지하기 위한 조치의 중단에 의한 사망가능성이라는 개념으로만 접근하면, 단순히 영양이나 수액을 공급하는 등 기본적인 보살핌을 하는 것만으로도 생존이 가능한 경우까지 '회복불가능한 사망의 단계'에 포함되는 것으로 확장해석될 수 있다. 이러한 이유로 생명현상 유지에 필수적인 기능으로서 그 기능을 상실하는 경우 짧은 시간 내에 사망에 이를 수 있는 생체기능으로 제한하는 것이지, 반대의견과 같이 사망과 시간적으로 근접하고 있다는 사정만으로 진료가 의학적으로 무의미하다거나 진료의 중단을 정당화시켜 주는 것은 아니다.

호흡기능은 인공호흡기에 의하여 상당 기간 유지될 수 있기 때문에 호흡 기능이 영구적으로 정지되어 있다는 것만으로는 회복불가능한 사망의 단계에 진입하였다고 평가할 수 없다는 취지로 반대의견을 해석할 수도 있을 것이다.

그러나 호흡 기능과 혈액순환 기능, 그리고 이를 조율하는 뇌간의 기능은 서로 유기적으로 작용하여 생명현상을 유지시키는 핵심적인 기능이고, 그 중 하나의 기능이 상실되는 경우 나머지 기능들도 순차적으로 기능을 상실하여 결국 사망에 이르게 되며, 일단 위 기능들 중 하나라도 영구적으로 상실된 경우에는 장기이식 등 극히 이례적인 진료방법을 동원하지 않고는 사망에 이르는 결과를 회피할 수 없다. 이런 점에서 호흡 기능, 혈액순환 기능, 뇌간의 기능이 순차적으로 상실되는 과정은 사망이라는 일련의 과정 중에서도 가장 핵심적인 과정이라 할 것이다.

따라서 호흡기능을 영구적으로 상실한 경우에는 회복불가능한 사망의 단계에 진입한 것으로 보아야 할 것이다.

바. 반대의견은, 지속적 식물상태에서 10여 년 이상의 장기간이 지난 후에 의식이 회복된 사례와 자발호흡에 의한 생존이 불가능하다고 판정되었으나 이후 인공호흡기를 제거하고도 수년간을 자발호흡에 의하여 생존이 가능하였던 사례를 들어 회복불가능한 사망의 단계를 의학적으로 판단하기 어렵다고 비판하고 있다.

다수의견은 회복불가능한 사망 단계에 진입한 경우에 한정하여 판단하고 있으므로, 반대의견이 들고 있는 사례 중 지속적 식물상태 환자의 사례는 다수의견이 제시하고 있는 사안을 벗어난 논의라 할 것이고, 나머지 사례는 인공호흡기의 장착 자체가 오히려 불필요한 신체 침해였던 사안이므로 이를 이유로 다수의견을 비판하는 것은 적절하지 않다.

사. 다수의견에서 명시한 바와 같이, 환자의 신체 침해를 수반하는 구체적인 진료행위가 환자의 동의를 받아 제공될 수 있는 것과 마찬가지로, 그 진료행위를 계속할 것인지 여부에 관한 환자의 결정권 역시 존중되어야 하며, 환자가 그 진료행위의 중단을 요구할 경우에 원칙적으로 의사는 이를 받아들이고 다른 적절한 진료방법이 있는지를 강구하여야 하는 것은 의료계약의 본질에 따른 당연한 귀결이고, 다만 생명과 관련된 진료에 한하여 위와 같은 의료계약의 본질에 대한 예외로서 환자의 자기결정권 행사가 제한될 수 있을 뿐이므로, 이와 다른 전제에서 회복불가능한 사망의 단계에 들어선 환자에 대하여 생명유지장치를 제거하는 방법으로 연명치료를 중단하는 것을 허용하면 의료계약의 본질과 특수성에 반하여 환자가 의료인에게 특정한 진료행위를 하도록 강요하는 것이어서 부당하다는 취지의 반대의견도 받아들이기 어렵다.

회복불가능한 사망의 단계에 들어선 환자에 대하여 질병 치료의 효과가 없는 연명치료를 계속하는 것이 의학적으로 의미가 있다고 할 수 없음에도 생명유지장치를 제거하는 방법으로 연명치료를 중단하는 것을 금지시키고 그 연명치료를 받도록 하는 것이 질병치료를 주된 목적으로 하는 의료계약의 본질에 부합하는 것이라고 볼 수는 없다고 생각된다.

아. 위와 같이 회복불가능한 사망의 단계에 관한 다수의견의 견해가 정당한 이상, 연명치료를 거부하는 것과 연명치료 중단을 요구하는 것을 달리 취급할 것인지 여부는 이 사건의 결론에 영향을 미치지 아니한다.

연명치료의 중단이 환자의 현재 상태에 인위적인 변경을 가하여 생명을 단축시킨 것이므로 이를 자살로 보아야 한다는 반대의견에 대하여는 다음과 같은 문제점이 있을 수 있음을 지적하여 둔다.

반대의견은 연명치료의 거부와 달리 연명치료의 중단의 경우에는 '생명유지장치가 삽입 또는 장착되어 있는 환자로부터 생명유지장치를 제거'한다는 점을 중시하여 이를 자살로 평가하는 것으로 보인다. 그러나 더 이상 진료를 받지 않겠다는 의도에서 연명치료를 거부하는 것이나 연명치료의 중단을 요구하는 것은 규범적인 측면에서 차이가 있다고 보기 어렵다. 중요한 것은 생명유지장치를 가동시켜야 할 의무가 있는지 여부이며, 만약 생명유지장치를 가동시켜야 할 의무가 있다면 환자의 요구에 의하여 그 가동을 중단한 행위나 환자의 거부에 따라 그 가동을 위한 장착을 하지 아니한 행위나 모두 그 의무를 위반한 행위로서 동일하게 평가되어야 할 것이며 규범적인 면에서 본질적인 차이가 있다고 할 수 없다. 예를 들어, 여호와의 증인 환자가 수혈을 거부하는 것과 의식이 없는 상태에서 수혈이 시작되었으나 이후 의식을 회복하여 수혈의 중단을 요구하는 것 사이에 차이가 있다고 보기 어렵다.

그뿐 아니라, 연명치료는 생명유지장치의 지속적인 가동에 의하여 계속적으로 이루어지는 것으로서 그 장치를 제거하는 것을 현재의 상태에서 보면 연명치료의 중단으로 볼 수 있지만, 장래의 상태에서 보면 연명치료의 거부로 볼 수 있으므로, 연명치료의 거부와 중단이 개념적으로 명확히 구분되는 것도 아니다.

그럼에도 불구하고, 연명치료의 거부와 연명치료의 중단을 구분하고 이를 규범적으로 달리 평가하여 후자의 경우에만 자살로 평가하여야 한다는 반대의견에는 찬성하기 어렵다.

자. 위에서 본 바와 같이 환자의 신체상태를 기초로 회복불가능한 사망의 단계에 들었는지 여부를 판단하고 그 이후의 단계에 들어선 환자에 대하여는 사전의료지시, 환자의 추정적 의사 등에 의하여 연명치료를 중단할 수 있다고 판단한 다수의견은 정당하다.

8. 연명치료 중단에 관한 법적 판단절차에 대한 대법관 김지형, 대법관 박일환의 별개의견

가. 연명치료의 중단은 연명치료를 계속하는 것이 오히려 환자의 인간으로서의 존엄과 가치를 침해하는 상황에서 환자의 의사가 추정되는 경우에 한하여 허용되는 것이므로, 연명치료의 중단이 허용되는지 여부에 관한 판단이 실효성 있는 법적 절차에 의하여 신중하면서도 적절한 시기에 내려지게 함으로써 인간으로서의 존엄과 가치라는 중대한 기본권 침해에 대한 구제절차가 유효적절한 방법으로 이루어질 수 있도록 할 필요가 있다.

이러한 문제의식을 바탕으로 하여 연명치료 중단의 허용 여부를 결정하기 위한 적정한 법적 절차에 관하여 다음과 같이 별개의견을 밝히고자 한다.

나. 환자의 사전의료지시가 없는 상태에서 회복불가능한 사망의 단계에 진입한 경우의 연명치료 중단과 관련하여, ① 환자 측에서 연명치료 중단을 요구하고 의료인도 전문의사 등으로 구성된 위원회 등의 판단에 따라 환자가 회복불가능한 사망의 단계에 이르렀고 현 상태에서 연명치료 중단에 동의할 것으로 추정된다고 판단하는 경우와 ② 환자 측은 연명치료 중단을 요구하였으나 의료인은 환자가 연명치료의 중단이 허용되는 회복불가능한 사망의 단계에 이르지 않았거나 환자의 추정적 의사가 불분명하다고 판단하여 연명치료 중단 요구를 거부하는 경우가 있을 수 있다.

우선 위 ②의 경우 환자 측의 요구가 연명치료 중단의 요건을 갖추었는지 여부에 관하여 어떠한 형식으로든 최종적인 분쟁해결기관인 법원의 판단이 필요하다. 이와 달리 위 ①의 경우에는 다수의견이 제시하는 바와 같이 여러 사람의 전문적인 의견을 종합하여 신중한 절차를 거친 후 의료인이 환자 측의 요구를 받아들여 연명치료 중단을 실행할 수는 있고, 따라서 환자 측의 요구가 연명치료 중단의 요건을 충족하는 점에 대하여 조금의 의문도 없는 경우에는 법원의 개입이 필요하지 않을 수 있을 것이다.

그러나 문제는 위 ①의 경우에도 의료인이 연명치료 중단을 실행한 것과 관련하여 법적 책임으로부터 완전히 자유로울 수는 없다는 점이다. 연명치료의 중단에 관한 법적 절차와 효력 등을 정하고 있는 입법이 마련되어 있지 않은 현재의 상황에서, 의료인이 나름대로 신중한 절차를 거쳐 연명치료 중단을 실행하였다는 사정만으로 의료인에게 면책을 인정하는 것은, 환자의 생명권의 보호에 관한 중대한 사항을 의료인의 판단에만 전적으로 맡겨버리는 셈이 되어, 결코 적정하다고 말할 수 없을 것이다. 결국, 의료인이 신중한 절차를 거쳐 연명치료를 중단한다 하더라도, 사후적으로 환자 본인이 회복불가능한 사망의 단계에 이르지 않았다거나 환자 본인의 추정적 의사가 불분명한 것으로 판명되어 의료인이 민·형사상 책임을 지게 될 가능성을 배제할 수는 없다. 이와 같이 법원의 사후적 평가에 의하여 형사책임까지 부담할 가능성이 배제되지 않은 상태에서는 의료인은 환자 측의 요구에 대하여 방어적인 태도를 취할 수밖에 없고, 조금이라도 문제될 여지가 있으면 연명치료 중단을 실행하는 것을 주저할 것이다.

현재 환자 측의 요구에도 불구하고 연명치료 중단에 소극적인 의료계의 실상도 이러한 맥락에서 이해될 수 있고, 위와 같이 사후판단에 의하여 법적 책임을 지게 될 가능성에 대한 불안은 절차적 요건이 마련되지 않은 상태에서 실체적 요건을 제시하는 것만으로는 근본적으로 해소되기 어렵다. 따라서 위 ①의 경우에도 많은 사안에서 어떠한 형식으로든 법원의 사전판단을 받을 수 있는 절차를 거칠 수 있다면 연명치료 중단과 관련한 법률관계의 안정에 커다란 도움이 될 수 있다 할 것이다.

회복불가능한 사망의 단계에 이른 환자에 대하여 연명치료를 계속하는 것이 오히려 인간으로서의 존엄과 가치를 해하는 경우가 있을 수 있고 그러한 경우에 연명치료의 중단이 허용되는 것이다. 그런데 바로 이 사건에서 확인되는 바와 같이 통상적인 소송절차는 엄격한 절차를 준수하여야 하고 그로 인하여 상당한 비용과 시간이 소요될 수 있으므로 연명치료의 중단을 위하여 반드시 소송절차를 거쳐야 한다면 객관적으로 연명치료의 중단이 허용되는 경우에 해당한다 하더라도 환자의 인간으로서의 존엄과 가치가 침해되는 상태가 장기간 방치되는 결과에 이를 수 있다. 이는 환자의 생명권을 최대한 보호하되 환자의 인간으로서의 존엄과 가치를 해하는 연명치료에 관하여는 보다 적정하고 신속한 절차를 통하여 법원의 사전판단을 받음으로써 침해 상태를 배제할 것을 구하는 환자들이나 병원 측의 요청을 외면하는 결과가 될 수 있다.

이 사건의 경우 민사소송의 형태로 소가 제기되었으므로 다수의견과 같이 민사소송 절차에서 연명치료 중단의 실체적 허용기준만 제시하더라도 결론을 도출하는 데에 지장은 없다. 그러나 연명치료 중단의 허용 여부에 대한 법적 불안정을 제거하고 환자가 적정하고 신속하게 인간으로서의 존엄과 가치에 대한 침해로부터 구제받기 위하여는 소송절차에 의하지 아니하고도 법원의 판단을 구할 수 있는 절차가 있다면 이에 관하여도 명시할 필요가 있다. 그러므로 현행법의 해석상 가능한 범위 내에서 적정하고 신속하게 법적 판단을 받을 수 있는 절차에 관하여 살펴보고자 한다.

다. 환자의 사전의료지시가 없는 상태에서 회복불가능한 사망의 단계에 진입한 경우에는 환자가 의식의 회복가능성이 없으므로 더 이상 환자 자신이 직접 자기결정권을 행사하여 진료행위의 내용 변경이나 중단을 요구하는 의사를 표시할 것을 기대할 수 없다. 이러한 상태에 있는 환자는 법적으로 심신상실의 상태에 있는 자로 보아야 할 것이다.

민법상 심신상실의 상태에 있는 자에 대하여는 금치산을 선고할 수 있으며(민법 제12조), 금치산이 선고된 경우에는 후견인을 두게 되는데, 그 후견인은 금치산자의 법정대리인이 되며, 금치산자의 재산관리에 관한 사무를 처리하는 외에, 금치산자의 요양, 감호에 관하여 일상의 주의를 기울여야 하는 의무를 부담한다(민법 제947조 제1항).

따라서 후견인은 금치산자의 요양을 위하여 금치산자를 대리하여 의사와 의료계약을 체결할 수 있음은 당연하며, 비록 자기의 생명과 신체의 기능을 어떻게 유지하는지에 대하여 스스로 결정하는 권리는 일신전속적인 것이라고 하더라도, 후견인은 의료계약의 법정대리인으로서, 그리고 금치산자의 요양에 관한 후견적 사무를 처리하는 자로서, 그 의료계약 과정에서 이루어지는 수술 등 신체를 침해하는 행위에 관하여는 의사로부터 설명을 듣고 금치산자를 위한 동의 여부에 관한 의사를 표시할 수 있고, 마찬가지로 진료행위가 개시된 후라도 금치산자의 최선의 이익을 위하여 필요하다고 인정되는 범위 내에서는 그 진료행위의 중단 등 의료계약 내용의 변경을 요구하는 행위를 할 수 있다고 봄이 상당하다. 응급의료에 관한 법률 제9조 제2항은 응급의료종사자는 응급환자가 의사결정능력이 없는 경우 법정대리인이 동행한 때에는 그 법정대리인에게 응급의료에 관하여 설명하고 그 동의를 얻도록 규정하고 있는데, 이와 같이 긴급성을 요하는 응급의료의 영역에서도 법정대리인의 동의권을 법률로 보장하는 취지에 비추어 보면, 생명과 관련된 진료에 있어서도 일반적 진료와 마찬가지로 금치산자의 이익을 보호하는 범위 내에서 후견인의 동의권이 인정된다고 해석하는 것이 상당하다. 다만, 후견인의 요양·감호에 관한 임무는 후견인 자신을 위한 것이 아니라 피후견인인 금치산자의 보호를 위한 것이므로, 금치산자의 후견인이 요양·감호에 관한 임무에 기초하여 동의권을 행사하거나 진료행위의 변경을 요구하는 경우에는 금치산자 본인의 가치관이나 신념에 기초하여 객관적으로 금치산자에게 최선의 이익이 되는 결정을 하여야 한다.

더구나 진료행위가 금치산자 본인의 생명과 직결되는 경우에는 그 중단에 관한 환자 본인의 자기결정권이 제한되는 것과 마찬가지로 후견인의 행위는 제한되어야 한다. 그뿐 아니라, 환자의 자기결정권에 의한 연명치료 중단이 허용될 수 있는 경우라고 하더라도 후견인이 금치산자의 생명에 관한 자기결정권 자체를 대리할 수는 없으므로 후견인의 의사만으로 그 연명치료의 중단이 허용된다고 할 수 없다. 민법 제947조 제2항 본문이 "후견인이 금치산자를 사택에 감금하거나 정신병원 기타 다른 장소에 감금치료함에는 법원의 허가를 얻어야 한다"고 규정하고 있는 것도 비록 금치산자의 생명 내지 건강이라는 법익을 보호하기 위하여 치료가 필요하더라도 금치산자의 행동의 자유라는 다른 중대한 법익을 제한하는 경우에는 금치산자를 위한 최선의 판단인지 여부에 관하여 법원의 판단을 받도록 한 것임을 알 수 있다. 하물며 금치산의 이러한 행동의 자유보다 훨씬 막중한 법익으로서 금치산자의 생명권의 보호와 직결되는 사항에 관하여 법원의 적정한 판단이 필요할 것임은 두말할 나위가 없을 것이다. 그렇다면 회복불가능한 사망의 단계에 이른 경우에 이루어지는 연명치료의 계속이 금치산자인 환자 본인에게 무익하고 오히려 인간으로서의 존엄과 가치를 해칠 염려가 있어 이를 중단하는 것이 환자 본인의 이익을 보호하는 것이라고 하더라도, 이는 항상 금치산자인 환자 본인의 생명 보호에 관한 법익 제한의 문제를 낳을 우려가 있으므로, 위 규정을 유추적용하여 후견인은 의료인에게 연명치료의 중단을 요구하는 것이 금치산자의 자기결정권을 실질적으로 보장할 수 있는 최선의 판단인지 여부에 관하여 법원의 허가를 받아야 한다고 봄이 상당하고, 이에 관하여는 가사소송법, 가사소송규칙, 비송사건절차법 등의 규정에 따라 가사비송절차에 의하여 심리·판단을 받을 수 있다 할 것이다.

이 경우에 법원은 금치산자가 회복불가능한 사망단계에 이르렀고, 금치산자의 평소 가치관이나 신념 등에 비추어 연명치료를 중단하는 것이 객관적으로 금치산자의 이익에 부합한다고 인정되며 금치산자에게 자기결정권을 행사할 수 있는 기회가 주어지더라도 연명치료의 중단을 선택하였을 것이라고 보는 것이 합리적이고 사회상규에도 부합되어 연명치료 중단에 관한 금치산자의 의사를 추정할 수 있는 경우에 허가를 할 수 있다. 금치산자가 회복불가능한 사망단계에 이르렀는지 여부에 관하여는 주치의의 소견뿐 아니라 다수의견 1의 다의 (4)항에서 본 바와 같은 위원회의 판단, 사실조회, 진료기록 감정 등에 나타난 다른 전문의사의 의학적 소견 등을 종합하여 신중하게 판단하여야 하고, 금치산자의 의사 추정도 민사소송절차에서의 허용기준과 마찬가지로 객관적으로 이루어져야 한다.

한편, 이와 같이 비송절차에 의하여 연명치료 중단에 관한 법원의 허가를 받는 것이 가능하다고 하더라도, 환자 측이 반드시 비송절차에 따른 허가를 받아야 하는 것은 아니고 소송절차에 의하여 기판력 있는 판결을 구하는 것도 가능함은 물론이다.

라. 이와 같이 민법 제947조 제1항, 제2항에 따라 연명치료 중단의 허용 여부에 관한 법원의 사전판단을 받게 하면, 의료인 측의 판단절차에 맡기는 것에 비하여 적정하고 법적 구속력 있는 판단을 받을 수 있고, 소송절차에 의하는 것보다 간이하고 신속한 절차를 통하여 연명치료 중단에 관한 당사자의 법적 불안정을 제거할 수 있다.

다만, 현재 법원의 기능과 조직에 비추어 연명치료 중단이 문제되는 많은 사건에서 가정법원이 이러한 역할을 담당하는 것이 적절한지에 관하여 의문이 있을 수 있고, 이는 의료인이 법적 책임에 대한 부담감으로 인하여 법원의 사전판단을 받기를 선호하는 경우에는 더욱 문제될 수 있다. 그러나 생명권은 기본권 중의 기본권이므로 생명과 관련된 진료행위를 중단함에 있어서는 최대한 신중을 기하여야 한다는 측면에서 보면, 혹시라도 환자 본인의 의사가 제대로 반영되지 아니한 환자 측과 의료인의 판단만으로 연명치료 중단을 결정할 수 있는 여지를 없애고 법률이 정한 절차에 의한 법원의 사전판단을 받도록 함으로써 생명존중과 적정의료 등의 목적을 동시에 달성할 수 있으며, 이러한 연명치료 중단 요구에 대한 허가는 현행법상 인정되는 가정법원의 후견적 기능이 가장 필요한 법적 영역이라고 할 것이다. 뿐만 아니라, 연명치료 중단의 요건을 충족하였는지 여부에 대하여 환자 측과 의료인 및 위원회의 판단이 일치하는 경우 회복불가능한 사망 단계에 이르렀는지 여부 등 객관적인 요건에 대한 심리의 부담이 그리 크지 않을 것이며, 환자 측과 의료인의 판단이 서로 다른 경우에는 어차피 쟁송절차에 의한 법원의 판단을 요할 것이므로 전체적으로 법원의 부담도 크게 증가되지 않을 것으로 보인다.

마. 이 사건의 경우 원고가 위 허가절차를 거치지 아니하고 연명치료 중단에 관하여 직접 민사소송을 제기하였으나, 이러한 쟁송절차가 배제되어야 한다는 것이 아님은 앞서 본 바와 같고, 다만 반드시 쟁송절차에 의하지 않더라도 비송절차에 의한 법적 판단을 받을 수 있는 절차가 가능하다는 점을 이상의 이유를 들어 별개의견으로 밝혀 둔다.

3 재단법인 출연 부동산의 귀속시기

(1-1) 서울고등법원 1978. 1. 24. 선고 77나1241 판결

【원고, 피항소인】 김은순 외 5인

【피고, 항소인】 주식회사 조흥은행 외 3인

【독립당사자참가인】 재단법인 지덕사

【주 문】

(1) 피고들의 참가인에 대한 항소를 기각한다.
피고 박옥례, 동 곽찬호, 동 한후진의 원고 등에 대한 항소를 각하한다.

(2) 원판결 중 주문 제2항 및 제3항의 (1)을 다음과 같이 표시변경한다.

(3) 원고 김은순은 참가인에게 서울 ○○구 ○○동223번지 대 760평에 대한 지분 18분지 2를, 원고 이횡은 동 지분 18분지 6을, 원고 이종회는 동 지분 18분지 1을, 원고 이연은 동 지분 18분지 4를, 원고 이종완은 동 지분 18분지 1을 원고,이종은 동 지분 18분지 4에 관하여 1956.4.10.자 기부행위를 원인으로 한 소유권이전등기 절차를 이행하라.

(4) 피고 이명수, 동 이행숙, 동 이정자, 동 이혜경, 동 이혜영, 동 이혜봉, 동 이혜정은 위 부동산에 대한 지분 24분지 2씩에 관하여, 피고 이성주는 동 지분 24분지 6에 관하여, 피고 이재두는 동 지분 24분지 4에 관하여 서울민사지방법원 관악등기소 1965.3.10. 접수 제4778호로 된 1965.3.3. 매매에 인한 소유권이전등기말소등기절차를 각 이행하라.

(5) 항소비용은 모두 피고들의 부담으로 한다.

【청구취지 및 참가취지】

원고들은 피고 등에게 ① 피고 이명수, 동 이행숙, 동 이정자, 동 이성두, 동 이재두, 동 이혜경, 동 이혜영,

동 이혜봉, 동 이혜정은 서울 ○○구 ○○동223 대 760평에 관하여 서울민사지방법원 관악등기소 1965.3.10. 접수 제4778호로 된 1965.3.3. 매매를 원인으로 한 소유권이전등기의 말소등기절차를, ②피고 서철구는 위 부동산의 100/760지분에 관하여 동 등기소 1965.3.10. 접수 제4779호로 된 1965.3.3. 공유지분매매를 원인으로 한 공유지분 이전등기의 말소등기절차를, ③피고 박옥례는 위 부동산의 지60/760분에 관하여 동 등기소 1965.5.19. 접수 제11315호로 된 1965.5.15. 공유지분매매를 원인으로 한 공유지분 이전등기의 말소등기절차를, ④피고 이병규는 위 부동산의 50/760지분에 관하여 동 등기소 1965.6.25.접수 제15218호로 된 1965.6.23.공유지분 매매를 원인으로 한 공유지분 이전등기의 말소등기절차를, ⑤피고 이병섭은 위 부동산의 100/760지분(피고 서철구 지분)에 관하여 동 등기소 1965.9.6. 접수 제 22295호로 된 1965.8.19. 공유지분매매를 원인으로 한 공유지분이전등기의 말소등기절차를, ⑥피고 곽찬호는 위 부동산의 50/760지분(피고 이병규지분)에 관하여 동 등기소 1966.10.10. 접수 제28213호로 된 1966.9.30. 공유지분매매를 원인으로 한 공유지분이전등기의 말소등기를, ⑦피고 주식회사 조흥은행은 위 부동산의 550/760지분(소외 이병기 지분)에 관하여 동 등기소 1967.11.2. 접수 제45562호로 된 1967.3.23. 경락허가결정을 원인으로 한 공유지분이전등기의 말소등기절차를, ⑧피고 이범종은 위 부동산의 550/760지분(피고 주식회사 조흥은행 지분)에 관하여 동 등기소 1967.11.28. 접수된 제51336호로 된 1967 11.1. 공유지분매매를 원인으로 한 공유지분이전등기의 말소등기절차를, ⑨피고 주식회사 조흥은행은 위 부동산의 100/760지분(피고 이병섭 지분)에 관하여 동 등기소 1969.6.18. 접수 제29727호로 된 1968.3.30 경락허가결정을 원인으로 한 공유지분이전등기의 말소등기절차를, ⑩ 피고 한후진은 위 부동산의 100/760지분(피고 주식회사 조흥은행 지분)에 관하여 동 등기소 1969,6.18. 접수 제29728호로 된 1969.3.11. 공유지분매매를 원인으로 한 공유지분이전등기의 말소등기절차를, ⑪ 피고 김춘섭은 위 부동산의 50/760지분(피고 곽찬호 지분)에 관하여 동 등기소 1970.3.27. 접수 제17105호로 한 1970.1.20. 공유지분매매를 원인으로 한 공유지분이전등기 및 위 부동산의 60/760지분(피고 박옥례 지분)에 관하여 동 등기소 1970.3.30. 접수 제28016호로 한 1970.1.10. 공유지분매매를 원인으로 한 공유지분이전등기의 각 말소등기절차를, ⑫ 피고 신동현은 위 부동산의 550/760지분(피고 이범종 지분)에 관하여 동 등기소 1973.5.29.접수 제26513호로 한 1972.7.15. 경락허가결정을 원인으로 한 공유지분이전등기의 말소등기절차를, ⑬ 피고 한국합판주식회사는 위 부동산의 550/760지분(피고 신동현 지분)에 관하여 동 등기소 1973.6.29. 접수 제34565호로 한 1973.6.25. 공유지분매매를 원인으로 한 공유지분이전등기의 말소등기절차를, ⑭ 피고 김정희는 위 부동산의 60/760지분(피고 김춘섭 지분)에 관하여 동 등기소 1974.12.31. 접수 제108359호로 된 1974.12.13. 매매예약에 의한 지분권이전을 위한 청구권보전의 가등기의 말소등기절차를, ⑮피고 김춘호는 위 부동산의 50/760지분 (피고 김춘섭 지분)에 관하여 동 등기소 1974.12.31. 제108360호로된 1974.12.13.매매계약에 의한 지분권이전을 위한 청구권보전의 가등기의 말소등기절차를 각 이행하라. 소송비용은 피고 등의 부담으로 한다라는 판결을 구하고 당사자참가인은, ①원고 김은순은 서울 ○○구 ○○동223번지 대지 760평에 대한 지분 2/18, 원고 이횡은 동 지분 6/18, 원고 이종희는 동 지분 1/18, 원고 이연은 동 지분 4/18, 원고 이종완은 동 지분 1/18, 원고 이종은 동 지분 4/18에 관하여 1956.4.19.자 기부에 인한 소유권이전등기절차를 이행하라. ②피고 이명수, 동 이행숙, 동 이정자, 동 이혜경, 동 이혜영, 동 이혜봉, 동 이혜정은 위 부동산에 대한 지분 각 2/24씩에 관하여, 피고 이 성두는 동 지분 6/24에 관하여, 피고 이재두는 동 지분 4/24에 관하여 서울민사지방법원 관악등기소 1965.3.10. 접수 제4778호로 된 1965.3.3. 매매에 인한 소유권이전등기의 말소등기절차를, ③ 피고 서철구는 위 부동산의 지분 100/760에 관하여 위 같은 등기소 1965.3.10. 접수 제4779호로 된 1965.3.3. 매매에 인한 소유권이전등기의 말소등기절차를, ④ 피고 박옥례는 위 부동산의 지분 60/760에 관하여(이병기 지분 660/760중에서 위 같은 등기소 1965.5.19. 접수 제11315호로 된 1965.5.15.자 매매에 인한 소유권이 전등기의 말소등기절차를, ⑤ 피고 이병규는 위 부동산에 대한 50/760(이병기 지분600/760)에 관하여 위 같은 등기소 1965.6.25. 접수 제15215호로 된 1965.6.23 매매 인한 소유권이전등기의 말소등기절차를, ⑥ 피고 이병섭은 위 부동산에 대한 지분 100/760(서철구 지분) 지분에 관하여 위 같은 등기소 1965.9.6. 접수 제22295호로 된 1965.8.19. 매매에 인한 소유권이전등기의 말소등기절차를, ⑦피고 곽찬호는 위 부동산에 대한 지분 50/760(이병규 지분)에 관하여 같은 등기소 1966.10.10. 접수 제28213호로 된 1966.9.30. 매매에 인한 소유권이전등기의 말소등기절차를, ⑧피고 주식회사 조△은행은 위 부동산에 대한 지분 550/760(이병기 지분)지분에 관하여 위 같은 등기소 1967.11.2. 접수 제45562호로 된 1967.3.23. 경락허가결정에 인한 소유권이전등기의 말소등기절차를, ⑨ 피고 이범종은 위 부동산에 대한 지분 550/760(주식회사 조흥은행 지분)에 관하여 1967.11.28. 접수 제51336호로 된 1967.11.1. 매매에 인한 소유권이전등기의 말소등기절차를, ⑩ 피고 주식회사 조△은행은 위 부동산에 대한 지분 100/760(김병섭 지분)에 관하여 위 같은 등기소 1969.6.18.접수 제29727호로 된 1968.3.30. 경락허가결정에 인한 소유권이전등기의 말소등기절차를, ⑪ 피고 한후진은 위 부동산에 대한 지분 100/760(주식회사 조△은행 지분)에 관하여 위 같은 등기소 1969.6.18. 접수 제29798호로 된 1969.3.11. 매매에 인한 소유권이전등기의 말소등기절차를, ⑫피고 김춘섭은 위 부동산에 대한 지분 50/760(곽찬호 지분)에 관하여 위 같은 등기소 1970.3.27. 접수 제17105호로 된 1970.1.20. 매매에 인한 소유권이전등기 및 위 부동산에 대한 지분 60/760(박옥례 지분)에 관하여 위 같은 등기소 1970.3.30 접수 제28016호로 된 1970.1.10. 매매에 인한 소유권이전등기의 말소등기절차를, ⑬ 피고 신동현은 위 부동산에 대한 지분 550/760(이범종 지분)에 관하여 위 같은 등기소 1973.5.29. 접수 제26513호로 된 1972.7.15. 경락허가결정에 인한 소유권이전등기의 말소등기절차를, ⑭ 피고 한국합판주식회사는 위 부동산에 대한 지분 55/760(신동현 지분)에 관하여 위 같은 등기소 1973.6.29. 접수 제34565호로 된 1973.6.25. 매매에 인한 소유권이전등기의 말소등기절차를, ⑮ 피고 김창희는 위 부동산에 대한 지분 60/760(김춘섭 지분 중에서)에 관하여 같은 등기소 1974.12. 31. 접수 제108359호로 된 1974.12.13. 매매예약에 인한 소유권이전의 청구권보전을 위한 가등기의 말소등기절차를, (16) 피고 김춘호는 위 부동산에 대한 지분 50/760(김춘섭 지분 중에서)에 관하여 위 같은 등기소 1974.12.31. 접수 제108360호로 된 1974.12.13. 매매예약에 인한 소유권의 청구권보전을 위한 가등기의 말소등기절차를 각 이행하라. 소송비용은 원·피고 등의 부담으로 한다라는 판결을 구하다.

【항소취지】

피고 등의 원판결을 취소한다.

당사자참가인의 청구를 기각한다.

소송비용은 제1,2심 모두 참가인의 부담으로 한다라는 판결을 구하다(피고 박옥례, 동 곽찬호, 동 한후진은 원고 등에 대하여도 원판결의 취소와 아울러 원고 등의 청구를 기각한다.

소송비용은 제1,2심 모두 원고 등 및 참가인의 부담으로 한다라는 판결을 구하다)

【이 유】

먼저 피고 박옥례, 동 곽찬호, 동 한후진의 원고 등에 대한 항소에 관하여 본다.

원심이 원고 등의 위 피고 등에 대한 이 사건 청구를 모두 기각하였음은 원심판결 주문기재에 의하여 명백한 바, 이는 원심에서 전부 승소의 판결을 받은 당사자가 제기한 부적법한 항소로서 이는 그 흠결을 보정할 수 없는 것으로 민사소송법 제383조에 의하여 위 피고 등의 항소를 각하한다.

다음, 원고 등의 이 사건 청구와 당사자참가인의 청구에 관하여 살펴본다.

원고 등 소송대리인은, 본건 부동산은 원고 등이 선대로부터 상속 취득한 원고 등 소유부동산인 바, 원고 등은 물론 원고 등의 선대인 망 조부 이병주나, 망 부 이재기가 위 부동산을 타에 처분한 사실이 없는데도 불구하고 위조문서에 기하여 청구취지기재와 같이 피고 등 명의로 각 순차로 소유권이전등기가 되어 있어 이의 말소등기절차이행을 바라고저 본소에 이르렀다고 주장하고, 당사자참가인 대리인은 원고 등이 이 사건 위 부동산을 상속 취득한 원고 등 소유부동산이란 이유로 피고 등을 상대로 소유권이전등기의 말소등기절차이행의 청구소송을 제기하고 있으나 위 부동산은 원고 등의 소유가 아니라 원고 등의 선대인 망 이병주가 생존시인 1956.4.10. 당사자참가인인 재단법인 지덕사의 설립을 위하여 동 법인의 기본재산으로 기부하였고, 위 망 이병주가 1956.4.30. 사망한 뒤에는, 그 호주상속인이며 원고 등의 망 부 이재기가 1960.1.23. 이 사건 부동산을 포함한 수십 필지의 부동산의 기부승락서에 의하여 재단법인 지덕사의 설립허가신청서를 문공부(당시는 문교부)에 제출하여 1960.5.9. 그 설립허가에 얻어서 1960.5.20. 동 법인설립등기까지 경료 하였던 바, 그렇다면 위 부동산은 민법 제48조 제1,2항, 같은 법 제187조에 의하여 당사자참가인인 재단법인 지덕사가 위 기부행위를 원인으로 하여 위 부동산에 대한 등기이전의 유무에 관계없이 위 재단법인설립등기 일시인 1960.5.20.자로 위 부동산에 관한 소유권을 취득하였다고 할 것이므로 위 부동산은 참가인의 소유가 되는 것이며, 따라서 참가인은 본 참가소송으로서 원고 등에 대하여 참가취지기재와 같은 소유권이전등기절차의 이행을, 피고 등에 대하여 무권리자로부터의 소유권취득을 이유로 그 등기의말소등기절차이행을 구하는 것이라 주장하고 있으므로 살피건대, (증거)를 종합하면, 소외 망 이병주가 그 생존시인 1956.4.10. 그 소유의 서울 ○○구 ○○동223 대 760평(이하 이 사건 부동산이라 한다)를 당사자참가인인 재단법인 지덕사의 설립을 위하여 동 법인의 재산으로 출연하였던 바, 그 후 당사자참가인인 재단법인 지덕사가 1960.5.9. 문공부(당시 문교부)로부터 법인설립허가를 얻어 같은 달 20. 그 설립등기를 마친 사실, 그런데 그 뒤인 1965.3.10. 위 토지에 관하여 소외 망 이병기 명의의 주문 제4항 기재와 같은 소유권이전등기가 경료되고 이어서 나머지 피고 등에게 참가 청구취지기재와 같이 각 공유지분이전등기 내지는 가등기가 순차로 각 경료된 사실, 위 소외 망 이병주는 1956.4.30.(기부행위 한 후) 사망하므로서 소외 망 이재기가 그 호주상속을 하였다가 동 소외 망 이재기 역시 1969.12.3. 사망하므로서 원고 김은순은 그 처로서, 원고 이횡은 그 장남, 원고 이연은 차남, 원고 이종은 그 삼남으로서, 원고 이종희, 동 이종완은 출가한 그 여식들로서 동 소외 망 이재기의 공동재산상속인이 된 사실, 위 소외 이병기는 1969.10.9. 사망하였는 바, 동 소외 망 이병기가 사망하므로서 피고 이명수(처), 동 이정자(장녀), 동 이행숙(차녀), 동 이성두(장남), 동 이재두(차남), 동 이혜경(삼녀), 동 이혜영(4녀), 동 이혜봉(5녀), 동 이혜정(6녀)은 위 소외 망인의 공동재산상속인이 된 사실들을 각 인정할 수 있고 반증없다.

그렇다면 이 사건 토지는 당사자참가인인 재단법인 지덕사의 법인설립등기시인 1960.5.20. 당사자참가인에게 귀속된 당사자참가인의 소유라 할 것이며, 따라서 1960.5.20.이후에 이루어진 소외 망 이병기 및 피고 등 명의의 위 각 소유권이전등기 및 가등기 역시 무권리자로부터 각 경료된 원인무효의 등기로서 무효라 할 것이고, 그러므로 원고 등이 위 소외 망 이병주의 호주상속인인 위 소외 망 이재기로부터 위 토지를 공동 상속하였음을 전제로 하여 피고들에게 청구취지기재와 같은 위 각 등기의 말소등기절차의 이행을 청구하는 원고 등의 본소청구는 진정한 소유자인 당사자참가인이 그 소유권에 기하여 피고 등에 대하여 각 그 말소를 구하며 원고 등에 대하여는 이전등기절차이행을 구하는 본건과 같은 경우에는 원고 등으로서 각 그 말소를 청구할 실익이 없다 할 것인즉, 위 토지에 관한 피고들 및 소외 망 이병기 명의의 위 각 소유권이전등기 및 가등기가 소외 망 이재기 또는 원고들의 의사에 기하지 않고 이루어졌다는 원고들 주장사실에 대하여는 더 나아가 판단할 필요 없이 이유 없고 나아가 원고들은 본건 부동산의 출연자인 위 소외 망 이병주의 상속인인 위 소외 망 이재기의 공동재산상속인으로서 위 부동산에 관하여 참가인에게 1956.4.10. 재산출연(기부행위)을 원인으로 한 주문 제3항 기재와 같은 소유권이전등기절차를 이행할 의무가 있고, 피고 이명수, 동 이정자, 동 이성두, 동 이행숙, 동 이재두, 동 이혜경, 동 이혜영, 동 이해봉, 동 이혜정은 위 소외 망 이병기의 공동재산상속인으로서 위 소외 망인명의의 청구취지기재 위 등기에 관하여 주문 제4항 기재와 같은 소유권이전등기의 말소등기절차를, 나머지 피고 등은 청구취지기재의 각 피고 등 명의의 소유권이전등기 및 가등기에 관하여 참가취지 기재와 같이 각 말소등기절차를 이행할 의무가 있다 할 것이다.

원심은 그 주문 제2항에서 이 사건 원고 등은 참가인에게 서울특별시 ○○구 ○○동223 대 760평에 관하여 1956.4.10. 재산출연으로 인한 소유권이전등기절차를 이행하라. 그 주문 제3항 (1)에서, 피고 이명수, 동 이행숙, 동 이정자, 동 이성두, 동 이재두, 동 이혜경, 동 이혜영, 동 이혜봉, 동 이혜정은 주문기재 부동산에 관하여 서울민사지방법원 관악등기소 1965,3.10. 접수 제4778호로 된 1965.3.3. 매매를 원인으로 한 소유권이전등기의 말소등기절차를 이행하라고 판시 하였는바, 이는 각 그 피상속인의 공동재산상속인으로서 각 그 등기절차에 관한 의무이행을 명한 것인 바, 이 뜻을 각 그 상속지분에 따라 각 그 지분에 관한 소유권이전등기절차 및 소유권이전등기말소등기절차이행을 명한 것이라고 보아져 그 결론에 있어서 정당하다 할 것이고, 따라서 피고들의 항소는 그 이유 없어 이를 기각하기로 하되 참가인대리인은 당심에 이르러 참가청구취지를 변경하면서 기록에 편철된 갑 제8,9호증(호적등본) 기재에 따른 각 그 상속인 등의 각 그 상속비율에 따라 각 그 등기절차에 관한 의무이행을 청구하고 있어 그에 따라 원판결주문 제2항과 제3항의 (1)부분을 이 사건 주문 제3,4항과 같이 변경 표시하는 것이다.

과연 그렇다면, 원고 등의 피고 등에 대한 이 사건 청구는 각 그 이유 없어 이를 모두 기각하고, 독립당사자참가인의 본소청구는 정당하여 이를 인용할 것인 바, 이와 결론을 같이 한 원판결은 정당하고 피고 등의 항소는 모두 이유 없어 기각(피고 박옥례, 곽찬호, 한후진은 앞에서 설시한 이유에 의하여 각하한다)하기로 하고, 항소비용은 피고의 부담으로 하여 주문과 같이 판결한다.

(1-2) 대법원 1979. 12. 11. 선고 78다481, 482 판결

【원고, 피상고인】 김은순 외 5인
【피고, 상고인】 주식회사 조흥은행 외 3인
【독립당사자참가인, 피상고인】 재단법인 지덕사
【원심판결】 서울고등법원 1978.1.24 선고 77나1241, 1242 판결
【주 문】 원판결 중 피고 등(상고인등)의 패소에 관한 부분을 모두 파기하고 사건을 서울고등법원으로 환송한다.

【이 유】

피고들의 상고이유를 함께 판단한다.

원심 판결이유에 의하면 원심은 그 거시 증거를 종합하여 소외 망 이병주가 그 생존시인 1956.4.10. 그 소유의 서울 ㅇㅇ구 ㅇㅇ동223대 760평(이하 이 사건 토지라 부른다)을 당사자참가인인 재단법인 지덕사의 설립을 위하여 출연하였고 그 후 위 재단법인 지덕사는 1960.5.9. 설립허가를 얻어 같은 달 20 그 설립등기를 마쳤으며 한편 위 토지에 대하여 1965.3.10. 소외 망 이병기 앞으로 소유권이전등기가 경료된 후 이에 터 잡아 피고들 및 원심공동피고 박옥례, 곽찬효, 한후진 등 앞으로 참가청구취지 기재와 같은 각 공유지분이전등기내지는 가등기가 순차 경료된 사실을 인정한 다음 그렇다면 이 사건 토지는 당사자 참가인인 재단법인 지덕사의 위 법인설립등기시인 1960.5.20. 동 법인에 귀속된 당사자 참가인의 소유라 할 것이니 위 일자 이후에 소외 망 이병기 및 피고 등 명의의 각 소유권이전등기 및 가등기는 각 무권리자로부터 경료된 원인무효의 등기라고 할 것이고 원고의 피고 등에 대한 이전 청구는 청구의 실익이 없다고 할 것이어서 피고 등 명의의 위 각 등기가 원고들의 의사에 의하지 아니하고 이루어졌다는 원고들 주장에 대하여 판단할 필요 없이 이유 없다고 하고 이건 부동산은 등기의 유무에 관계없이 민법 제48조의 규정에 의하여 당사자 참가인에게 귀속되어 그 소유로 되었다는 주장을 받아들이고 당사자참가인의 이건 청구를 인용하였다.

그러나 민법 제48조는 재단법인 성립에 있어서 재산출연자와 법인과의 간의 관계에 있어서의 출연재산의 귀속에 관한 규정이고 동 규정은 그 기능에 있어서 출연재산의 귀속에 관해서 출연자와 법인과의 관계를 상대적으로 결정함에 있어서 그의 기준이 되는 것에 불과하여 출연재산은 출연자와 법인과의 관계에 있어서 그 출연행위에 터 잡아 법인이 성립되면 그로써 출연재산은 민법의 위 조항에 의하여 법인 설립시에 법인에게 귀속되어 법인의 재산이 되는 것이라고 할 것이고, 출연재산이 부동산인 경우에 있어서도 위 양 당사자 간의 관계에 있어서는 위 요건(법인의 성립)외에 등기를 필요로 하는 것이 아니라 함이 상당하다 할 것이다(출연행위는 재단법인의 성립요소임으로 출연재산의 귀속에 관해서 법인의 성립 외에 출연행위를 따로 요건으로 둘 필요는 없는 것이라고 할 것이다).

원래 법적인 관념 따라서 물권변동에 관한 관념은 모든 다른 분야에 있어서의 그것과 마찬가지로 이를 실체화해서 고정적인 것으로 받아들이지 않으면 안 될 이론상 또는 사실상의 이유나 필요가 반드시 있는 것이 아니므로 민법의 위 조항을 위와 같은 취지로 받아들이는 것이 이론상으로나 사실상으로나 무리라고 하여야 할 이유가 있다고 할 수 없으며 또 동 조항을 위와 같은 취지로 받아들이는 것이 동 조항의 문언상 허용할 수 없다고 하여야 할 이유가 있다고도 할 수 없을 뿐만 아니라, 위 조항의 기능을 위와 같이 상대적인 것으로 받아들이는 것은 일반적으로 출연자의 의사에 합치되는 동시에 거래의 안전에 기여하는 결과가 되는 것이라고도 할 수 있고 아울러 법인으로 하여금 성립 후 출연재산에 대하여 제3자에 대한 관계에 있어서 권리확보의 필요한 조치를 속히 취하도록 유도하므로써 법인의 재산 충실의 결과를 기대할 수 있게 되어 현실적으로도 출연자와 법인 그리고 제3자의 이해관계가 적절히 조화될 것이 기대할 수 있게 되는 것이라고 할 수 있다 (원래 공시제도는 그 기능이 개개의 재산을 중심으로 하고 인정되고 있는 것이고 재산의 주체를 중심으로 하고 인정되고 있는 것이 아니므로 법인의 성립은 그로써 그의 재산의 공시를 결과케 하는 것이 아니며, 또 법인의 권리확보에 대한 해태의 결과를 제3자의 불이익으로 돌려야 할 합리적인 이유도 없는 것이다).

그러므로 제3자에 대한 관계에 있어서는 출연행위가 법률행위임으로 출연재산의 법인에의 귀속에는 부동산의 권리에 관해서는 법인 성립 외에 등기를 필요로 하는 것이라고 함이 상당하다 할 것이다.

따라서 위와 같은 당원의 견해와 다른 견해에서 당사자참가인의 이건 청구를 받아들인 원심판결은 민법 제48조의 법리를 오해하고 그로 인한 심리미진 내지 이유 불비의 위법한 조치가 아닐 수 없으니 민사소송법 제400조, 제406조 1항의 규정에 의하여 원판결의 피고 등의 패소에 관한 모든 부분(원 판결중 피고들의 승소부분을 제외한 모든 부분)을 파기하고, 사건을 원심인 서울고등법원으로 환송하기로 하고 주문과 같이 판결한다.

이 판결은 관여법관 중 대법원판사 이영섭, 민문기, 임항준, 안병수, 유태흥, 서윤홍을 제외한 나머지 법관의 일치된 의견이다.

다수의견을 요약하면 다음과 같다.

즉, 민법 48조 1항의 해석에 있어서 생전처분으로 재단법인을 설립하는 때에는 출연재산은 법인이 성립된 때로부터 법인의 재산이 된다는 것은 재산출연자와 법인 간에 있어서는 등기를 필요로 하지 않고 법인 성립과 동시에 법인의 재산이 되지만, 법인과 제3자의 관계에 있어서는 민법 186조의 원칙으로 도과가 등기가 법인 앞으로 이전되어야만 법인의 재산이 된다는 것이고, 위와 같이 민법 48조를 해석하는 것이 이론상으로나 사실상으로 타당하고 거래의 안전에 기여하는 결과가 된다는 것이다.

그러나 위와 같은 이론은 민법 48조의 규정을 무시한 법에 근거 없는 해석일 뿐만 아니라, 48조의 입법 정신에 어긋나고 거래의 안전에 기여하게 되는 것이 아니라, 거래의 혼란을 가져올 해석이라고 아니할 수 없다.

즉 재단법인의 설립행위인 정관작성과 재산출연 중에서 실질적으로 핵심이 되는 것은 재산출연 즉 목적재산을 설정하는 행위인 것이므로 출연재산이 없는 재단법인은 사실상 존립할 수가 없는 것이므로 민법은 48조의 규정을 두어 재단법인의 재산유지의 철저를 기하고저 한 것이다.

즉 48조가 법인으로부터 재산이 일탈하는 것을 극력 방지하고저 한 입법정신은 48조 2항을 보아도 알 수 있다.

즉 유언으로 재단법인을 설립하는 때에는 법인의 성립되기 전이라도 유언의 효력이 발생한 때 즉 재산출연자가 사망한 때로부터 법인에 귀속한 것으로 본다고 규정하여 출연자의 사망 시로부터 법인의 성립시까지의 사이에 상속인 등에 의하여 출연재산이 침해될 염려가 있기 때문에 재산의 귀속시기에 소급효를 인정하면서까지 법인의 재산이 일탈하는 것을 방지하고저 한 점을 보아도 48조 1항의 취지도 법인의 성립과 재산의 귀속시기를 일치시켜 재산이 없는 법인이 되는 것을 철저히 방지하자는 규정임을 알 수 있다.

그런데 다수의견은 민법 48조 1항의 문언 중 어디에서 재산출연자와 법인 간에는 등기이전이 필요 없지만 법인과 제3자 간에는 등기가 필요하다는 해석을할 수 있는 근거가 있다는 것인지 동 조문을 검토하여도 이를 수긍할 도리가 없고, 48조 1항은 민법 187조 소정의 법률의 규정에 의하여 등기 없이 물권이 취득되는 한 경우를 규정한 것으로 볼 수 밖에 없는 것은 이 경우에도 등기이전이 필요하다고 한다면 민법 186조로서 족하고 48조의 규정을 따로 둘 필요가 없을 것이요, 다수의견과 같은 효과를 법이 원하였다면 48조의 규정에 이를 명시할 것이지 "법인이 성립된 때로부터 법인의 재산이 된다"고만 규정할리가 없는 것이고, 또 위에 설시한 바와 같이 재단법인의 재산유지의 철저를 기하고저 한 48조 1, 2항의 규정으로 보아 다수의견과 같이 48조 1, 2항의 취지와 배치되는 입법은 할 수도 없다 할 것이다.

다수의견이 위와 같이 48조 1항을 복잡하게 해석한 이유는 재산출연 후에도 출연자 명의로 등기가 그대로 남아 있는 경우에 제3자가 출연자로부터 매수하는 등 거래가 있을 때 그 제3자를 보호하여야 한다는 점에 구애되어 조문에 근거도 없는 비약적인 해석을 한 것으로 보이나 제3자를 보호하려다가 재단법인의 성립요소인 재산이 일탈되어 형해에 불과한 법인이 되고마는 결과가 초래될 것인데 이렇게 되는 것이 민법 48조의 입법취지와 부합된다고 할 것인가. 또 형식상 성립되어 있기는 하나 실질적으로는 재단법인이 아닌 재산이 없는 재단법인이 그 성립 이후 하나의 법인격자로서 대외적인 법률행위를 한 경우에 그 혼란이 막심할 것인데 그래도 다수의견이 거래의 안전에 기여하는 해석이라고 할 수 있을 것인가. 결국 다수의견은 재단법인의 출연재산이 침해 일탈되는 것을 방지하고저 한 48조의 입법정신에 정면으로 위배하여 출연재산이 침해되어 제3자에게 일탈되는 길을 터놓은 해석이라는 비난을 면치 못할 것이요, 더 나아가 물권변동에 있어서 민법 186조의 형식주의에 따르거나 예외적으로 187조의 의사주의에 따르거나 어느 한편에 따를 수 밖에 없는 현 법제 하에 있어서 대내적으로는 의사주의요, 대외적으로는 형식주의라는 법에 근거 없는 복잡한 제도를 창안하여 재단법인의 성립과 그 기능에 혼란을 야기시킨 해석이라고 아니할 수 없을 것이다.

4 종원의 지격

(1-1) 수원지방법원 2001. 3. 23. 선고 2000가합5711 판결

【원 고】	1. 이원숙
【피 고】	용인이씨 사맹공파 종회
【변론종결】	2001. 3. 2.
【주 문】	1. 원고들의 청구를 모두 기각한다. 2. 소송비용은 원고들이 부담한다.
【청구취지】	원고들이 피고 종회의 회원임을 확인한다.

【이 유】

1. 본안 전 항변에 관한 판단

가. 피고 종회의 주장

원고들은 피고 종회 소유 재산의 처분에 따른 이익의 분배를 받거나 종중 규약에 정한 경로금과 자녀 학자금의 지급을 받기 위하여 종중원임의 확인을 구하고 있는데, 그와 같은 권리 행사는 원고들이 직접 피고 종회를 상대로 하여 이행소송을 제기함으로써 유효, 적절하게 실현될 수 있는 것이므로 이 사건 소는 권리 보호의 이익이 없어 부적법하다.

나. 판단

가.항의 각각의 이행청구권은 그 기본이 되는 종원이라는 지위로부터 파생되는 이행청구권이고, 피고 종회는 원고들이 피고 종회의 회원임을 명시적으로 부인하면서 원고들의 종원으로서의 권리를 인정하지 않고 있다.

그러므로, 원고들로서는 피고 종회에 대한 각각의 이행청구권을 행사하는 외에 그 기본이 되는 법률관계인 피고 종회 회원임의 확인을 받아 종원으로서의 지위에 발생한 현실적인 위험, 불안을 제거할 수 있다고 할 것이어서 피고 종회의 본안전 항변은 이유 없다.

2. 본안에 관한 판단

가. 기초 사실

피고 종회는 용인 이씨 시조 길권의 28세손 말손을 중시조로 하는 종중이며, 원고들은 위 말손의 후손인 여자들로서 용인 이씨 33세손인 사실, 피고 종회의 규약 제3조는 "본 회는 용인 이씨 사맹공의 후손으로서 성년이 되면 회원 자격을 가진다"고 규정하고 있는 사실은 당사자들 사이에 다툼이 없다.

나. 원고들의 주장 및 판단

(1) 원고들은 위 규약에서 회원의 자격을 남자로 제한하고 있지 않으므로, 말손의 후손인 원고들도 당연히 피고 종회의 회원으로서의 자격을 가진다고 주장한다.

살피건대, 종래의 관습상 종중은 공동 선조의 분묘수호, 제사, 종원 상호간의 친목을 목적으로 공동 선조의 후손 중 성년인 남자를 종원으로 하여 구성되는 종족의 자연적 집단이고, 따라서 혈족이 아닌 자나 여자는 종중의 구성원이 될 수 없으며, 종중의 구성원이 될 수 없는 자에게 종원의 자격을 부여한 종회 결의에 따라 제정된 회칙은 종중의 본질에 반하여 부적법하다.

종중이 성년의 남자를 구성원으로 하여 자연적으로 성립된다는 위와 같은 법리에 비추어 볼 때, 피고 종회의 규약이 회원의 자격을 명시적으로 남자로 제한하고 있지는 않으나 그로 인해 여자도 피고 종회의 회원 자격을 갖는다고 할 수는 없다.

(2) 원고들은, 피고 종회의 규약이 피고 종회를 관습상의 종중과는 다른 종중 유사 사단의 형태로 변경하는 것이라고 주장하나, 피고 종회의 회의에 여자들이 참석한 적이 없었던 점(증인 이순자의 증언, 변론의 전취지) 및 앞서 본 법리에 비추어 볼 때, 피고 종회가 종회의 규약을 통해 피고 종회를 관습상의 종중과는 다른 종중 유사의 사단으로 변경하려는 의사가 있었다고 인정할 수 없다.

3. 결 론

원고의 청구는 이유 없어 기각하기로 하여 주문과 같이 판결한다.

(1-2) 서울고등법원 2001. 12. 11 선고 2001나19594 판결

【원고, 항소인】 이원숙 외 4인

【피고, 피항소인】 용인이씨 사맹공파 종회

【원심판결】 수원지방법원 2001. 3. 23. 선고 2000가합5711 판결

【주 문】 1. 원고들의 항소를 기각한다.
2. 항소비용은 원고들의 부담으로 한다.

【청구취지 및 항소취지】 제1심 판결을 취소한다. 원고들이 피고 종회의 회원임을 확인한다.

【이 유】

1. 이 사건에 관하여 당원이 설시할 이유는 제1심 판결 중 2.의 나. 원고들의 주장 및 판단 (1) 부분의 맨 뒤에 "(이러한 관습이 헌법상 남녀평등의 이념 등과 조화를 이루지 못한다고 볼 여지가 있다 하더라도 헌법상의 기본

권은 사법의 일반원칙을 통해서만 간접적으로 사인간의 관계에 적용되는 것일 뿐 아니라, 여자 및 미성년자를 배제한 채 성년의 남자를 중심으로 종중이 형성되는 종래의 관습이 선량한 풍속 기타 사회질서에 위반된다고 보기도 어렵다고 할 것이다)"를 추가로 설시하는 이외에는 제1심 판결의 이유와 같으므로 민사소송법 제390조에 의하여 이를 인용한다.

2. 그렇다면, 제1심 판결은 정당하므로 원고들의 항소는 이유 없어 이를 기각하기로 하여 주문과 같이 판결한다.

(1-3) 대법원 2005. 7. 21. 선고 2002다1178 판결

【원고, 상고인】 이원숙 외 4인
【피고, 피상고인】 용인 이씨 사맹공파 종회
【원심판결】 서울고등법원 2001. 12. 11. 선고 2001나19594 판결
【주 문】 원심판결을 파기하고, 사건을 서울고등법원에 환송한다.

【이 유】

1. 원심판결의 요지 원심은, 피고는 용인 이씨 시조 길권의 18세손 말손을 중시조로 하는 종중이고, 원고들은 말손의 후손인 여성들로서 용인 이씨 33세손이며, 피고의 종중규약 제3조에 "본회는 용인 이씨 사맹공(諱 末字孫字)의 후손으로서 성년이 되면 회원자격을 가진다."고 규정되어 있는 사실을 인정한 다음, 위 규약에서 회원자격을 남자로 제한하고 있지 않으므로 원고들도 피고 종회의 회원(종원) 자격을 갖는다는 원고들의 주장에 대하여, 종래 관습상 종중은 공동선조의 분묘수호와 제사 및 종원 상호간의 친목을 목적으로 공동선조의 후손 중 성년인 남자를 종원으로 하여 구성되는 종족의 자연적 집단으로서 혈족이 아닌 자나 여성은 종중의 구성원이 될 수 없고, 종중의 구성원이 될 수 없는 자에게 종원의 자격을 부여하는 종회의 결의에 따라 제정된 회칙은 종중의 본질에 반하여 부적법하다는 법리에 비추어 볼 때, 비록 피고의 종중규약이 회원의 자격을 명시적으로 남자로 제한하고 있지는 않다고 하더라도 이로 인하여 여성도 피고 종회의 회원 자격을 갖는다고 할 수는 없다고 하여 이를 배척하고, 나아가 피고가 관습상의 종중과 다른 종중 유사단체에 해당한다는 원고들의 주장에 대하여도, 피고의 종중회의에 여성들이 참석한 적이 없었던 점과 종중은 성년의 남자를 구성원으로 하여 자연적으로 성립된다는 점에 비추어 볼 때, 피고가 종중규약을 통하여 피고 종중을 관습상의 종중과는 다른 종중 유사의 사단으로 변경하려는 의사가 있었다고 인정할 수 없다고 하여 이를 배척하였다.

2. 대법원의 판단

가. 종중에 대한 종래의 대법원판례

종래 대법원은 관습상의 단체인 종중을 공동선조의 분묘수호와 제사 및 종원 상호간의 친목을 목적으로 하여 공동선조의 후손 중 성년 남자를 종원으로 하여 구성되는 종족의 자연적 집단이라고 정의하면서, 종중은 공동선조의 사망과 동시에 그 자손에 의하여 성립되는 것으로서 종중의 성립을 위하여 특별한 조직행위를 필요로 하는 것이 아니므로, 반드시 특별하게 사용하는 명칭이나 서면화된 종중규약이 있어야 하거나 종중의 대표자가 선임

되어 있는 등 조직을 갖추어야 하는 것은 아니라고 하였고, 종원은 자신의 의사와 관계없이 당연히 종중의 구성원이 되는 것이어서 종원 중 일부를 종원으로 취급하지 않거나 일부 종원에 대하여 종원의 자격을 영원히 박탈하는 내용으로 규약을 개정하는 것은 종중의 본질에 반하는 것으로 보았으며, 혈족이 아닌 자나 여성은 종중의 구성원이 될 수 없다고 하였다.

나. 관습법의 요건 관습법이란 사회의 거듭된 관행으로 생성한 사회생활규범이 사회의 법적 확신과 인식에 의하여 법적 규범으로 승인·강행되기에 이른 것을 말하고, 그러한 관습법은 법원(法源)으로서 법령에 저촉되지 아니하는 한 법칙으로서의 효력이 있는 것이며(대법원 1983. 6. 14. 선고 80다3231 판결 참조), 또 사회의 거듭된 관행으로 생성한 어떤 사회생활규범이 법적 규범으로 승인되기에 이르렀다고 하기 위하여는 헌법을 최상위 규범으로 하는 전체 법질서에 반하지 아니하는 것으로서 정당성과 합리성이 있다고 인정될 수 있는 것이어야 하고, 그렇지 아니한 사회생활규범은 비록 그것이 사회의 거듭된 관행으로 생성된 것이라고 할지라도 이를 법적 규범으로 삼아 관습법으로서의 효력을 인정할 수 없다고 할 것이다(대법원 2003. 7. 24. 선고 2001다48781 전원합의체 판결 참조). 따라서 사회의 거듭된 관행으로 생성된 사회생활규범이 관습법으로 승인되었다고 하더라도 사회 구성원들이 그러한 관행의 법적 구속력에 대하여 확신을 갖지 않게 되었다거나, 사회를 지배하는 기본적 이념이나 사회질서의 변화로 인하여 그러한 관습법을 적용하여야 할 시점에 있어서의 전체 법질서에 부합하지 않게 되었다면 그러한 관습법은 법적 규범으로서의 효력이 부정될 수 밖에 없다.

다. 종중 구성원의 자격을 성년 남자로 제한하는 종래 관습법의 효력

(1) 종중에 대한 사회일반의 인식 변화

종중은 조상숭배의 관념을 바탕으로 제사를 일족일가(一族一家)의 최중요사(最重要事)로 하는 종법사상(宗法思想)에 기초한 제도로서, 조상에 대한 제사를 계속 실천하면서 남계혈족(男系血族) 중심의 가(家)의 유지와 계승을 위하여 종원들 상호간에 긴밀한 생활공동체를 달성하는 것을 주된 목적으로 성립되었으며, 성년 남자만을 종중의 구성원으로 하는 종래의 관행은 이러한 종법사상에 기초한 가부장적, 대가족 중심의 가족제도와 자급자족을 원칙으로 한 농경중심의 사회를 그 토대로 하고 있었다.

그런데 우리 사회는 1970년대 이래의 급속한 경제성장에 따른 산업화·도시화의 과정에서 교통과 통신이 비약적으로 발달하고 인구가 전국적으로 이동하면서 도시에 집중되며 개인주의가 발달하는 한편 대중교육과 여성의 사회활동참여가 대폭 증대되고 남녀평등의식이 더욱 넓게 확산되는 등 사회 환경이 전반적으로 변화하였고, 이에 따라 가족생활과 제사문화 등에 있어서도 커다란 변화가 있게 되었다.

가족생활에서는 부모와 미혼의 자녀를 구성원으로 하는 핵가족의 생활공동체를 바탕으로 출산율의 감소와 남아선호(男兒選好) 내지 가계계승(家系繼承) 관념의 쇠퇴에 따라 딸만을 자녀로 둔 가족의 비율이 증가하게 되었고, 부모에 대한 부양에 있어서도 아들과 딸의 역할에 차이가 없게 되었으며, 핵가족의 확산 등에 따라 과거의 엄격한 제사방식에도 변화가 생겨 여성이 제사에 참여하는 것이 더 이상 특이한 일로 인식되지 않게 되었다.

그리고 국토의 효율적인 이용을 위한 국토이용계획의 수립과 묘지제도의 변화로 화장(火葬)이 확산됨에 따라 조상의 분묘수호를 주된 목적의 하나로 하는 종중의 존립기반이 동요될 수 있는 요인이 생겼고, 개인주의의 발달과 함께 조상숭배관념이 약화됨으로써 종중에 대하여 무관심한 현상이 일부 나타나고 있기도 하며, 다른 한편으로는 교통·통신의 발달, 경제적 생활여건의 개선과 더불어 자아실현 및 자기존재확인 욕구의 증대 등으로 종중에 대한 관심이 고조되는 현상도 일부 나타나고 있다.

이러한 변화된 사회현실은 종중의 구성원에 대한 국민의 인식에도 적지 않은 변화를 가져오게 되었는바, 종중이 종원의 범위를 명백히 하기 위하여 일족의 시조를 정점으로 그 자손 전체의 혈통, 배우자, 관력 등을 기재하여 반포하는 족보의 편찬에 있어서 과거에는 아들만을 기재하는 경우가 보통이었으나 오늘날에는 딸을 아들과 함께 기재하는 것이 일반화되어 가고 있고, 전통적인 유교사상에 입각한 가부장적 남계혈족 중심의 종중 운영과는 달리 성년 여성에게도 종원의 지위를 부여하는 종중이 상당수 등장하게 되었으며, 나아가 종원인 여성이 종중의 임원으로 활동하고 있는 종중들도 출현하게 되었다.

결국, 위와 같은 사회 환경과 인식의 변화로 인하여 종원의 자격을 성년 남자로만 제한하고 여성에게는 종원의 자격을 부여하지 않는 종래의 관습에 대하여 우리 사회 구성원들이 가지고 있던 법적 확신은 그것이 현재 소멸되었다고 단정할 수는 없으나 상당 부분 흔들리거나 약화되어 있고, 이러한 현상은 시일의 경과에 따라 더욱 심화될 것으로 보인다.

(2) 우리 사회 법질서의 변화

우리 헌법은 1948. 7. 17. 제정 시에 모든 국민은 법률 앞에 평등이며 성별에 의하여 정치적, 경제적, 사회적 생활의 모든 영역에 있어서 차별을 받지 아니한다고 선언하였으나, 가족생활관계를 규율하는 가족법 분야에서는 헌법에서 선언한 남녀평등의 원칙이 바로 반영되지는 못하였다.

그 후 1980. 10. 27. 전문 개정된 헌법에서는 혼인과 가족생활은 개인의 존엄과 양성의 평등을 기초로 성립되고 유지되어야 한다는 규정이 신설되었는바, 이는 유교사상에 의하여 지배되던 우리의 전통적 가족제도가 인간의 존엄과 남녀평등에 기초한 것이라고 보기 어렵기 때문에 헌법이 추구하는 이념에 맞는 가족관계로 성립되고 유지되어야 한다는 헌법적 의지의 표현이라고 할 것이다.

한편, 1985. 1. 26.부터 국내법과 같은 효력을 가지게 된 유엔의 여성차별철폐협약(CONVENTION ON THE ELIMINATION OF ALL FORMS OF DISCRIMINATION AGAINST WOMEN)은 '여성에 대한 차별'이라 함은 정치적, 경제적, 사회적, 문화적, 시민적 또는 기타 분야에 있어서 결혼 여부와 관계없이 여성이 남녀동등의 기초 위에서 인권과 기본적 자유를 인식, 향유 또는 행사하는 것을 저해하거나 무효화하는 것을 목적으로 하는 성별에 근거한 모든 구별, 제외 또는 제한을 의미한다고 규정하면서, 위 협약의 체약국에 대하여 여성에 대한 차별을 초래하는 법률, 규칙, 관습 및 관행을 수정 또는 폐지하도록 입법을 포함한 모든 적절한 조치를 취할 것과 남성과 여성의 역할에 관한 고정관념에 근거한 편견과 관습 기타 모든 관행의 철폐를 실현하기 위하여 적절한 조치를 취할 의무를 부과하였다.

그리고 1990. 1. 13. 법률 제4199호로 개정되어 1991. 1. 1.부터 시행된 민법은 가족생활에서의 남녀평등의 원칙을 특히 강조하고 있는 헌법정신을 반영하여 친족의 범위에 있어서 부계혈족과 모계혈족 및 부족인척(夫族姻戚)과 처족인척(妻族姻戚) 사이의 차별을 두지 아니하고, 호주상속제를 폐지하는 대신 호주승계제도를 신설하면서 실질적으로 가족인 직계비속 여자가 호주승계인이 되어 조상에 대한 제사를 주재(主宰)할 수 있도록 하였으며, 재산상속분에 있어서도 남녀의 차별을 철폐하였다.

또한, 1995. 12. 30. 법률 제5136호로 제정되어 1996. 7. 1.부터 시행된 여성발전기본법은 정치·경제·사회·문화의 모든 영역에 있어서 남녀평등을 촉진하고 여성의 발전을 도모함을 목적으로 하여, 모든 국민은 남녀평등의 촉진과 여성의 발전의 중요성을 인식하고 그 실현을 위하여 노력하여야 하고, 국가 및 지방자치단체는 남녀평등의 촉진, 여성의 사회참여확대 및 복지증진을 위하여 필요한 법적·제도적 장치를 마련하고 이에 필요한 재원을 조달할 책무를 지며, 여성의 참여가 현저히 부진한 분야에 대하여 합리적인 범위 안에서 여성의 참여를 촉진함으로써 실질적인 남녀평등의 실현을 위한 적극적인 조치를 취할 수 있도록 규정하였다.

나아가 2005. 3. 31. 법률 제7428호로 개정된 민법은, 호주를 중심으로 가(家)를 구성하고 직계비속의 남자를 통하여 이를 승계시키는 호주제도가 남녀평등의 헌법이념과 시대적 변화에 따른 다양한 가족형태에 부합하지 않는다는 이유에서 호주에 관한 규정과 호주제도를 전제로 한 입적 · 복적 · 일가창립 · 분가 등에 관한 규정을 삭제하고, 자녀의 성(姓)과 본(本)은 부(父)의 성과 본을 따르는 것을 원칙으로 하되 혼인신고 시 부모의 협의에 의하여 모(母)의 성과 본을 따를 수도 있도록 규정하기에 이르렀다.

(3) 종중 구성원에 관한 종래 관습법의 효력

앞에서 본 바와 같이 종원의 자격을 성년 남자로만 제한하고 여성에게는 종원의 자격을 부여하지 않는 종래 관습에 대하여 우리 사회 구성원들이 가지고 있던 법적 확신은 상당 부분 흔들리거나 약화되어 있고, 무엇보다도 헌법을 최상위 규범으로 하는 우리의 전체 법질서는 개인의 존엄과 양성의 평등을 기초로 한 가족생활을 보장하고, 가족 내의 실질적인 권리와 의무에 있어서 남녀의 차별을 두지 아니하며, 정치 · 경제 · 사회 · 문화 등 모든 영역에서 여성에 대한 차별을 철폐하고 남녀평등을 실현하는 방향으로 변화되어 왔으며, 앞으로도 이러한 남녀평등의 원칙은 더욱 강화될 것인바, 종중은 공동선조의 분묘수호와 봉제사 및 종원 상호간의 친목을 목적으로 형성되는 종족단체로서 공동선조의 사망과 동시에 그 후손에 의하여 자연발생적으로 성립하는 것임에도, 공동선조의 후손 중 성년 남자만을 종중의 구성원으로 하고 여성은 종중의 구성원이 될 수 없다는 종래의 관습은, 공동선조의 분묘수호와 봉제사 등 종중의 활동에 참여할 기회를 출생에서 비롯되는 성별만에 의하여 생래적으로 부여하거나 원천적으로 박탈하는 것으로서, 위와 같이 변화된 우리의 전체 법질서에 부합하지 아니하여 정당성과 합리성이 있다고 할 수 없다.

따라서 종중 구성원의 자격을 성년 남자만으로 제한하는 종래의 관습법은 이제 더 이상 법적 효력을 가질 수 없게 되었다고 할 것이다.

라. 종중 구성원의 자격

민법 제1조는 민사에 관하여 법률에 규정이 없으면 관습법에 의하고 관습법이 없으면 조리에 의한다고 규정하고 있는바, 성문법이 아닌 관습법에 의하여 규율되어 왔던 종중에 있어서 그 구성원에 관한 종래 관습은 더 이상 법적 효력을 가질 수 없게 되었으므로, 종중 구성원의 자격은 민법 제1조가 정한 바에 따라 조리에 의하여 보충될 수 밖에 없다.

종중이란 공동선조의 분묘수호와 제사 및 종원 상호간의 친목 등을 목적으로 하여 구성되는 자연발생적인 종족집단이므로, 종중의 이러한 목적과 본질에 비추어 볼 때 공동선조와 성과 본을 같이 하는 후손은 성별의 구별 없이 성년이 되면 당연히 그 구성원이 된다고 보는 것이 조리에 합당하다고 할 것이다.

마. 새로운 판례의 적용 시점과 이 사건에의 소급적용

이와 같은 종중 구성원의 자격에 관한 대법원의 견해의 변경은 관습상의 제도로서 대법원판례에 의하여 법률관계가 규율되어 왔던 종중제도의 근간을 바꾸는 것인바, 대법원이 이 판결에서 종중 구성원의 자격에 관하여 위와 같이 견해를 변경하는 것은 그동안 종중 구성원에 대한 우리 사회일반의 인식 변화와 아울러 전체 법질서의 변화로 인하여 성년 남자만을 종중의 구성원으로 하는 종래의 관습법이 더 이상 우리 법질서가 지향하는 남녀평등의 이념에 부합하지 않게 됨으로써 그 법적 효력을 부정하게 된 데에 따른 것일 뿐만 아니라, 위와 같이 변경된 견해를 소급하여 적용한다면, 최근에 이르기까지 수십 년 동안 유지되어 왔던 종래 대법원판례를 신뢰하여 형성된 수많은 법률관계의 효력을 일시에 좌우하게 되고, 이는 법적 안정성과 신의성실의 원칙에 기초한 당사자의 신뢰보호를 내용으로 하는 법치주의의 원리에도 반하게 되는 것이므로, 위와 같이 변경된 대법원의 견해는 이 판결 선고 이후의 종중 구성원의 자격과 이와 관련하여 새로이 성립되는 법률관계에 대하여만 적용된다고 함이 상당하다.

다만, 대법원이 위와 같이 종중 구성원의 자격에 관한 종래의 견해를 변경하는 것은 결국 종래 관습법의 효력을 배제하여 당해 사건을 재판하도록 하려는 데에 그 취지가 있고, 원고들이 자신들의 권리를 구제받기 위하여 종래 관습법의 효력을 다투면서 자신들이 피고 종회의 회원(종원) 자격이 있음을 주장하고 있는 이 사건에 대하여도 위와 같이 변경된 견해가 적용되지 않는다면, 이는 구체적인 사건에 있어서 당사자의 권리구제를 목적으로 하는 사법작용의 본질에 어긋날 뿐만 아니라 현저히 정의에 반하게 되므로, 원고들이 피고 종회의 회원(종원) 지위의 확인을 구하는 이 사건 청구에 한하여는 위와 같이 변경된 견해가 소급하여 적용되어야 할 것이다.

따라서 종중 구성원의 자격을 성년 남자로 제한하는 관습에 법적 규범인 관습법으로서의 효력을 인정하고 이를 적용하여 성년 여성인 원고들에게 피고 종회의 회원 자격을 인정하지 아니한 원심의 판단에는 관습법의 효력에 관한 법리를 오해함으로써 판결에 영향을 미친 위법이 있다고 할 것이다.

3. 결론

그러므로 나머지 상고이유에 관한 판단을 생략한 채 원심판결을 파기하고, 사건을 다시 심리·판단하게 하기 위하여 원심법원에 환송하기로 하여 주문과 같이 판결하는바, 이 판결에는 대법원장 최종영, 대법관 유지담, 대법관 배기원, 대법관 이규홍, 대법관 박재윤, 대법관 김용담의 별개의견이 있는 외에는 관여 대법관들의 의견이 일치되었고, 대법관 고현철의 다수의견에 대한 보충의견이 있다.

4. 대법원장 최종영, 대법관 유지담, 대법관 배기원, 대법관 이규홍, 대법관 박재윤, 대법관 김용담의 별개의견은 다음과 같다.

가. 시대의 변화와 우리 사회의 법질서의 변천 등에 따라 종중에 관한 종래의 관습법에 일부 변화가 있어야 할 것이라는 점에 대하여는 다수의견과 견해를 같이한다.

그러나 다수의견이 설시한 바와 같은 이유로 종래의 종중 구성에 관한 관습법의 효력을 통틀어 부정한 다음, 공동선조와 성과 본을 같이 하는 후손은 성년이 되면 당연히 그 구성원이 된다고 보는 것이 조리에 합당하다는 견해에는 찬성할 수 없다.

나. (1) 종래 종중에 관한 관습법으로 대법원이 승인한 것은 '고유한 의미의 종중이란 공동선조의 후손 중 성년 이상의 남자를 종원으로 하여 구성되는 자연발생적인 종족단체'라는 것이고, 이러한 고유한 의미의 종중은 남계혈족 중심의 사고를 전제로 한 것임은 분명하다.

남계혈족 중심의 사고가 재음미·재평가되어야 한다는 점에 대하여는 수긍한다 하더라도 종중의 시조 또는 중시조가 남자임을 고려할 때(여자를 시조 또는 중시조로 하는 종중도 가능하나, 이는 관습법의 범위 밖의 문제이다.), 종중에 있어서의 남녀평등의 관철의 범위와 한계에 대하여는 보다 신중한 검토가 필요할 것이다.

또한 종중은 다른 나라에서 유래를 찾아보기 어려운 우리나라에 독특한 제도이며, 우리 전통의 산물이다.

그런데 우리 헌법상 국가는 전통문화의 계승·발전과 민족문화의 창달에 노력하여야 할 헌법적 의무를 지고 있다(헌법 제9조). 그러므로 종중에 관한 종래의 관습법을 평가함에 있어서도 우리의 전통문화가 현대의 법질서와 조화되면서 계승·발전되도록 노력하여야 할 것이다.

(2) 다수의견은 종래의 관습법이 우리의 '전체' 법질서에 부합하지 않게 되었다고 말하면서도 실제에 있어서는 종중의 구성원에 관하여 오직 남녀평등의 원칙 그 하나만을 유일한 기준으로 종중관습법을 평가하고 있다.

그러나 종중은 그 주된 기능상 제사공동체·친목공동체이며, 본질적으로 사적 자치단체이다.

그리고 이러한 사적 자치단체의 구성에 관하여 그것이 합헌적·합법적인지 여부 등을 '전체 법질서'에 비추어 판단함에 있어서 고려하여야 할 요소로는 남녀평등의 원칙만이 있는 것이 아니며, 오히려 헌법 제21조 제1항의 결사의 자유와의 관계가 먼저 검토되어야 할 것이다.

또한, 종중의 주된 목적 중의 하나인 제사와 관련하여서는, 봉제사(奉祭祀)는 인륜의 기본이며 계승되어야 할 미풍양속이라는 견해에서부터 소극적으로 침묵하거나 종교적 신념 또는 양심에 기초하여 이를 미신으로 보아 극단적으로 반대하는 태도에 이르기까지 다양한 입장을 취할 수 있으며, 이러한 개인의 자유는 보장되어야 하는 것이므로, 양심의 자유(헌법 제19조), 종교의 자유(헌법 제20조)와의 관계도 신중히 고려되지 않으면 안 된다.

(3) 이러한 기본인식에 비추어 볼 때, 다수의견이 '공동선조와 성과 본을 같이 하는 후손은 성별의 구별 없이 성년이 되면 당연히 그 구성원이 된다고 보는 것이 조리에 합당하다.'고 하는 결론에 대하여는 의문을 제기하지 않을 수 없다.

일반적으로 어떤 사적 자치단체의 구성원의 자격을 인정함에 있어서 구성원으로 포괄되는 자의 신념이나 의사에 관계없이 인위적·강제적으로 누구든지 구성원으로 편입되어야 한다는 조리는 존재할 수 없으며 존재하여서도 안 된다.

주지하는 바와 같이 결사의 자유는 자연인과 법인 등에 대한 개인적 자유권이며, 동시에 결사의 성립과 존속에 대한 결사제도의 보장을 뜻하는 것이다.

그리고 그 구체적 내용으로서는 조직강제나 강제적·자동적 가입의 금지, 즉 가입과 탈퇴의 자유가 보장되는 것을 말하며, 특히 종중에서와 같이 개인의 양심의 자유·종교의 자유가 보장되어야 할 사법적(私法的) 결사에 있어서는 더욱 그러한 것이다.

(4) 그럼에도 불구하고, 다수의견이 위와 같은 결론을 도출한 것은 종래의 종중관습법상 종중은 '자연발생적' 단체라는 것과 성년 남자는 그 의사와 관계없이 당연히 종중 구성원이 된다는 것과의 균형 때문인 것으로 짐작된다.

그러나 대법원판례가 종중이 자연발생적이라고 한 것은 조상숭배를 일족일가의 가장 중요한 일 중의 하나로 여기는 남계혈족 중심의 종법 아래 특별한 소집권자나 소집절차 없이 그야말로 자연스럽게 모여 제사를 지내고 친목을 도모하던 현상(現象)을 있는 그대로 표현한 것이지, 종중은 자연발생적이어야 한다는 규범을 설정한 것이 전혀 아니다.

그러므로 종중이 자연발생적 단체이기 때문에 성년여자도 그 의사와 관계없이 모두 종중 구성원이 되어야 한다는 논리구성을 취하는 것이라면, 이는 사실과 규범을 혼동한 것이라고 생각된다.

그리고 종래의 관습법상 성년남자는 그 의사와 관계없이 종중 구성원이 된다고 대법원이 파악하여 왔음은 주지하는 바와 같고, 이 부분에 관한 한 현재로서는 문제될 것이 없다는 것이 우리의 견해이다.

그러나 그와 같이 보는 것은 고유한 의미의 종중에 있어서 종원의 가장 주요한 임무는 공동선조에 대한 제사를 계속 실천하는 일이고, 따라서 종원은 기제·묘제의 제수, 제기 구입, 묘산·선영 수호, 제각 수리 등을 비롯한 제사에 소요되는 물자를 조달·부담하는 것이 주된 임무였으며, 종원의 이러한 부담행위는 법률적으로 강제되는 것이 아니고 도덕적·윤리적 의무에 불과하여, 그들의 권리가 실질적으로 침해되는 바가 없었으므로 법률이 간섭하지 않더라도 무방하다고 보기 때문일 뿐이다.

그러므로 관습법과 전통의 힘에 의하여 종래의 종중관습법 중 아직까지는 용인되는 부분이 있을 수 있다는 것을 이유로, 그러한 바탕 없이 새롭게 창설되는 법률관계에 대하여서까지 다수의견이 남녀평등의 원칙을 문자 그대로 관철하려는 것은 너무 기계적이라고 할 것이다.

(5) 이와 같이 볼 때 종래의 종중 구성에 관한 관습법 중 문제가 되는 부분은 종래의 관습법을 해석함에 있어 종중에 가입하려는 의사를 표명한 성년여자가 여자라는 이유만으로 종중 구성원에서 배제된 부분에 한정된다고 본다.

왜냐하면, 공동선조의 후손들이 가지는 분묘수호와 제사 및 종중원 상호간의 친목 등을 통한 명예와 인격권의 발현 또는 종중재산에 대한 이용·관리·처분에 관한 재산상의 권리 등은 그 성질상 종중을 통해서만 실현될 수 있는 것이며, 특히 여성들의 권리의식 및 자기존재 확인의 욕구 등이 높아짐에 따라 성년여자들의 종중 참여 욕구가 점증하고 있는 현상도 일부 나타나고 있는데, 그럼에도 불구하고 여자라는 이유만으로 그 참여를 배제하는 것은 우리 헌법과 현행의 법질서상 허용될 수 없기 때문이다.

그리고 우리는 위와 같은 문제는 현행 법질서 안에서 충분히 해결될 수 있다고 생각한다.

즉, 우리 민법 제103조는 선량한 풍속 기타 사회질서에 위반한 사항을 내용으로 하는 법률행위는 무효로 한다고 규정하고 있는데, 그 당연한 이치로서 사적 자치의 적용을 받는 단체라 하더라도 선량한 풍속 기타 사회질서에 반하는 행위로 타인에게 손해를 끼쳐서는 안 되는 것이므로, 이러한 법리에 비추어 보면, 어떤 단체가 그 단체에 대하여 중대하거나 본질적인 이해관계를 가지는 개인이 가입을 원하는 경우 합리적이고 정당한 이유 없이 가입을 거부함으로써 그 개인을 차별적으로 대우하거나 부당한 불이익을 주어서는 안 되는 것이다.

따라서 그 단체의 정관이 별도의 가입요건을 규정하여 제한하고 있더라도 그 요건은 더 이상 무제한적으로 정당화될 수 없고, 그 제한규정에 정당성과 합리성이 없는 한 가입을 허용하여야 할 의무를 부담한다고 보아야 할 것이며, 위와 같은 법리를 이 사건에 적용하면 종중 구성에 관하여 전통적으로 확인하여 온 관습법을 송두리째 허물지 않더라도 전체 법질서에 부합하는 결론을 도출할 수 있기 때문이다.

(6) 다수의견은 법실천적인 면에서도 문제가 있다는 것이 우리의 생각이다.

종중의 목적과 기능에 대한 변화 중 가장 두드러진 것이 종중의 재산공동체적 성격이 제사공동체, 친목공동체적 성격보다 점점 더 전면에 부상하고 중요성을 띠게 되었다는 점이다.

또한 국토이용계획과 장묘문화의 변화와 함께 종중재산의 가치가 증가함에 따라 종중 참여에의 관심이 제고된 반면, 종중의 법률관계를 둘러싼 분쟁도 증가·격화되고 있는 것이 오늘의 현실이다.

그러나 먼저, 종원 자격과 종중재산의 분배의 문제는 전혀 별개의 문제로 보아야 할 것이다.

종중은 종중 목적을 달성하기 위하여 종중재산을 가지고 있으나, 이러한 종중재산은 제사불인멸(祭祀不湮滅)·재산영구보전(財産永久保全)의 원칙 아래 처분은 원칙적으로 금지되며, 종중재산으로부터 얻어지는 수익은 주로 선조의 제사봉행 등에 소요되고, 나머지가 있는 경우에 종원의 원조 내지 공익을 도모하는 용도에 충당되는 것이다.

대법원은 종중을 비법인사단으로 보면서 종중재산은 종중원들의 총유라고 판시하여 왔는바, 종중재산의 형성 과정, 목적, 관리・처분관계를 종합적으로 고려하면 여기에서는 일종의 신탁 유사의 관계가 성립한다고 보는 것이 합리적이다.

즉, 종중의 재산은 제사의 봉행 및 공동선조의 후손 전체의 이익을 위해 종중에게 신탁된 것으로 보아, 종중은 신탁목적에 맞게 종중재산을 관리・처분하여야 한다고 해석되므로, 종중재산을 처분하여 이를 개인에게 귀속시킴에 있어서는 신탁의 법리를 유추하여 성년 여자뿐만 아니라 미성년자들을 포함한 전체 후손 전원에게 합리적 기준에 따라 배분하여야 하며, 종원에게만 분배하는 것은 허용될 수 없다고 해석하여야 할 것이다.

요컨대, 종중이 소유하는 재산으로는 분묘수호 등에 쓰이는 종산(宗山)과 제사봉행 등에 소요될 식량 및 그 비용의 조달 등을 위한 위토전답(位土田畓) 그리고 제구(祭具)등이 주된 것이고, 이러한 재산은 주로 재력 있는 선조나 후손들의 증여 또는 종원들의 출연에 의하여 마련된 종중의 총유로서, 일단 종중의 소유로 귀속되면 그 재산을 종중에 증여한 사람이나 그의 상속인이라도 배타적인 권리를 주장할 수 없고, 오로지 종중의 목적에 합당하게 사용되어야 하며, 종중재산을 처분하여 이를 개인에게 귀속시킴에 있어서는 신탁의 법리를 유추하여 후손 전원에게 합리적으로 분배하고, 종원에게만 분배하는 것은 허용될 수 없는 것이다.

종중재산의 법률관계가 위와 같음에도 불구하고, 현재 종중에 관한 다툼은 종중재산의 보존・관리・처분을 둘러싼 분쟁에서 비롯되는 것이 거의 전부인바, 다수의견대로라면 종원이 그때그때 편의에 따라 소송에 이용되거나 동원되는 현상이 성년여자에게까지 확대됨으로써 분쟁을 더욱 더 심화시키고 복잡화시킬 뿐이라는 우려를 지울 수 없다.

(7) 결국, 우리는 이 사건이 파기환송되어야 한다는 결론에 있어서는 다수의견과 결론을 같이하나, 이 사건은 다음과 같은 이유로 파기되어야 한다고 본다.

기록에 의하면, 피고 종회규약 제3조에는 "본회는 용인 이씨 사맹공(휘 末字 孫字)의 후손으로서 성년이 되면 회원자격을 가진다."라고만 규정하고 있을 뿐, 그 어디에도 성년의 여자를 회원에서 배제한다는 규정을 두고 있지 아니한바, 성년 여자인 원고들이 피고 종회에의 가입의사를 표명한 경우 원고들이 용인 이씨 사맹공의 후손이 아니라는 등 그 가입을 거부할 정당하고 합리적인 이유가 없는 이상 원고들은 가입의사를 표명함으로써 피고 종회 회원자격을 가진다고 보아야 할 것이므로, 원심으로서는 이에 관하여 심리를 하여 원고들 청구의 당부를 판단하였어야 함에도 불구하고, 이에 이르지 아니한 채 그 판시와 같은 이유로 원고들의 청구를 배척하고 말았으니, 거기에는 종중에 관한 법리를 오해하여 필요한 심리를 다하지 아니한 위법이 있고, 이는 판결 결과에 영향을 미쳤음이 분명하므로, 원심판결은 이러한 이유로 파기환송되어야 하는 것이다.

다. 그러므로 우리는 다수의견의 이유에 반대하여, 위와 같이 별개의견을 밝히는 바이다.

5. 대법관 고현철의 다수의견에 대한 보충의견은 다음과 같다.

가. 대법원은 종중을 공동선조의 분묘수호와 봉제사 및 종원 상호간의 친목을 목적으로 하여 공동선조의 후손 중 성년 남자를 종원으로 하여 구성되는 종족의 자연적 집단이라고 정의하면서, 종중은 공동선조의 사망과 동시에 그 자손에 의하여 성립되는 것으로서 종중의 성립을 위하여 특별한 조직행위를 필요로 하는 것이 아니고, 종원은 자신의 의사와 관계없이 당연히 종중의 구성원이 되는 것이어서 종원 중 일부를 종원으로 취급하지 않거

나 일부 종원에 대하여 종원의 자격을 박탈하는 내용으로 규약을 개정하는 것은 종중의 본질에 반하는 것이며, 혈족이 아닌 자나 여성은 종중의 구성원이 될 수 없다고 판시하여 왔다.

비록 공동선조의 후손 중 성년 남자에 한정하기는 하였으나, 대법원이 공동선조의 후손이면 본인의 의사와 관계없이 당연히 종중 구성원인 종원이 되고 자의든 타의든 종원의 자격을 상실하지 않는다고 한 것은, 종중이 공동선조의 분묘수호와 봉제사 및 친목도모를 목적으로 후손에 의하여 자연발생적으로 성립되는 종족단체라는 종중의 본질에서 연유하는 것이다(대법원판례가 종중을 자연발생적 종족단체라고 한 것이 남계혈족이 자연스럽게 모여 제사를 지내고 친목을 도모하던 현상을 그대로 표현한 것일 뿐 규범적 의미가 있는 것은 아니라고 하는 별개의견에는 동의할 수 없다). 이와 같은 점에서 종중은, 정관에 의하여 구성원의 자격이 정해지고 구성원의 임의 가입과 탈퇴가 허용되는 통상의 사단법인 또는 비법인사단과 구별되는 특성이 있는 것이다.

이러한 특성에 관하여는 근대 사단법의 법리와는 부합되지 않는다는 비판론도 없지는 않다.

그러나 대법원이 위와 같이 종중을 자연발생적 종족단체로서 그 구성과 조직에 있어서 특수한 단체임을 인정하고, 나아가 종중재산을 총유로 하여 그 관리와 처분에 있어서 종중총회의 결의를 거치도록 한 것에는 긍정적인 역할과 기능이 있다.

공동선조의 후손(종래 대법원판례에 따르면 성년 남자이고, 이 판결에 의하여 변경되는 대법원의 견해에 따르면 성년자이다.)이면 누구나 사회적 신분, 거주 지역, 재산의 다과 등을 불문하고 당연히 종중의 구성원이 되고, 이러한 구성원들 전체의 의사에 의하여 종중재산을 관리 또는 처분하도록 함으로써 일부 후손에 의하여 종중재산이 처분되어 일실되는 것을 방지하며, 이를 통하여 종중이 일부 후손들의 이익이 아니라 공동선조의 분묘수호와 봉제사 및 종원 상호간의 친목도모라는 본래의 목적에 따라 유지·운영되도록 하는 역할과 기능을 해오고 있는 것이다.

또한, 별개의견에서도 지적하는 바와 같이 종원의 종중에 대한 의무는 도덕적·윤리적인 성격이 강하여, 공동선조의 후손들이 성년이 되면 본인의 의사와 관계없이 종중의 구성원이 된다고 하더라도, 종원으로서 종중의 활동에 참여할 것인지 여부는 개인의 의사에 달린 것이고, 이로써 종중 활동에 참여하도록 강제되거나 법률적 의무가 부과되는 것은 아니므로 이러한 종중의 구성을 법질서에 위반된 것이라고 볼 수 없으며, 별개의견 역시 종래 관습법에 따라 남성이 성년이 되면 본인의 의사와 관계없이 당연히 종원이 되는 것에 대하여는 법률상 아무런 문제가 없다고 하고 있다.

별개의견이 본인의 의사와 관계없이 종중 구성원이 되는 점에 대하여 결사의 자유와 양심의 자유 등을 들어서 부당하다고 비판하는 것은 종중의 본질과 종중이 통상적인 사단법인 또는 비법인사단과 구별되는 특성을 고려하지 않은 것일 뿐만 아니라, 본인의 의사와 관계없이 종중 구성원이 되는 점이 왜 성년 남자에게는 문제될 것이 없고 성년 여성에게만 문제가 되는지 납득하기 어렵다.

다수의견은 종중에 관한 종래의 관습법 중 공동선조의 후손이면 당연히 종원이 된다는 점을 유지하면서, 이를 전제로 할 때, 성년 남자에게만 종원의 자격을 부여하고 성년 여성에게는 그 자격을 부여하지 않는 것이 우리 법질서가 지향하는 남녀평등의 이념에 부합하지 않는다고 보는 것이다.

덧붙인다면, 우리 사회에는 위에서 본 고유 의미의 종중 이외에 공동선조의 후손 중 일부에 의하여 인위적인 조직행위를 거쳐 성립된 유사종중이나 종중유사단체가 얼마든지 있을 수 있고 또 실제로 존재하고 있는바, 이러한 단체는 관습법에 의하여 규율되는 것이 아니라 사적 자치의 영역에 속하는 것이므로, 이에 대하여 그 조직행위에서 배제된 후손을 가입시키도록 강제하거나 양성평등의 이념을 들어서 공동선조의 후손인 여성을 그 구성원에서 배제하고 있는 정관의 효력을 부인할 수 없음은 당연하다 할 것이다.

나. 종원 자격을 성년 남자에 한하여 인정하는 종래 관습법에 대하여 이에 대한 사회 구성원들의 법적 확신이 상당 부분 흔들리고 있고, 무엇보다도 남녀평등의 실현을 지향하는 헌법 등 전체 법질서에 더 이상 부합하지 않게 되었다고 함은 다수의견에서 상세히 설시하였으므로 이에 대하여 더 이상의 언급은 피하기로 한다.

별개의견은 성년 여성들에게도 종원 자격을 인정하는 점에서 다수의견과 견해를 같이 하면서도 그 이론적 근거를 달리하고 있고, 특히 그 인정 범위나 방법에 있어서 다수의견이 성년 여성 전부에 대하여 종원 자격을 인정하는데 반하여 가입을 희망하는 여성에 한하여 종원 자격을 인정하고 있다.

그 이론적 근거는 차치하고라도, 그와 같은 견해는 앞에서 본 바와 같이 공동선조의 후손이면 당연히 종중의 구성원이 되는 종중의 본질과 특성에 맞지 아니할 뿐만 아니라, 남성에게는 당연히 종원 자격을 부여하면서도 여성에게는 희망하는 경우에 한하여 종원이 된다고 하는 것은 성별에 의하여 종원 자격을 달리 취급하는 것으로서 그 정당성과 합리성이 있다고 하기 어렵다.

이에 대하여 별개의견은 종원은 시제 및 분묘수호에 소요되는 물자를 조달·부담하는 것이 주된 임무이고 이러한 부담행위는 법률적으로 강제되는 것이 아니고 도덕적·윤리적 의무에 불과하여 그들의 권리가 실질적으로 침해되는 바가 없으므로, 성년 남자에게 그 의사와 관계없이 종중 구성원이 되도록 하더라도 무방하다는 것을 그 근거로 삼고 있는 것으로 짐작된다.

그러나 그와 같이 종원으로서의 부담행위가 도덕적·윤리적 의무에 불과하여 그 의사와 관계없이 종중 구성원이 되도록 하더라도 무방한 것이라면, 이러한 이치는 여성이 종원이 되는 경우에도 마찬가지라고 보아야 할 것이다.

별개의견이 성년 여성에게 종원 자격을 허용하면서도 성년 남성과는 달리 희망하는 여성에 한하여 종원 자격을 부여하는 것은 종중 구성에 관하여 양성평등의 원칙을 둘러싼 또 다른 시비와 갈등을 빚을 수 밖에 없다는 점을 지적하지 않을 수 없다.

다. 우리 헌법은 제9조에서 국가는 전통문화의 계승·발전과 민족문화의 창달에 노력하여야 한다고 규정하고 있다. 조상숭배와 친족 간의 친목도모라는 전통윤리에 바탕한 종중제도가 우리나라 고유의 미풍양속임을 부인할 수는 없다. 그러나 전통문화와 관습도 현재의 헌법을 최상위규범으로 하는 전체 법질서와 오늘날에 있어서 보편타당한 가치와 이념에 적합한 것이어야 하고 이에 반하여서는 아니 된다.

최근 오랫동안 전통에 의하여 이어져 왔던 호주제가 남녀평등의 헌법이념과 시대적 변화에 따른 가족형태에 부합하지 않는다는 이유로 민법 개정을 통하여 폐지된 것에서도 이러한 원칙을 확인할 수 있다.

여성인 후손에게 종원의 자격을 부여한다고 하여 종중제도의 계승·발전에 지장을 초래한다고는 할 수 없다.

오히려 여성을 종중 구성원에 포함시켜 남녀평등이 이루어진 기초 위에서 종중제도를 계승·발전시키는 것이 우리 사회가 지향하는 기본이념에 부합하는 것이라고 생각한다.

라. 이 판결에 의하여 종래 종원 자격을 갖지 못하던 성년 여성들이 종원 자격을 갖게 됨으로써 피고 종중을 비롯한 수많은 종중에서는 공동선조의 후손인 성년 여성들의 소재를 파악하여야 하고 종중총회를 개최함에 있어서는 기존의 종원인 성년 남성들뿐만 아니라 새로이 종원으로 된 여성들에게도 소집통지를 하여야 하는 등 그 운영에 있어서 어려움이 있을 것으로 예상된다.

그러나 이러한 어려움은 출가한 여성이 더 이상 출가외인으로 취급되지 않는 우리의 변화된 가족관계, 양성평등에 대한 국민의식, 교통과 통신의 발달에 의한 사회 환경의 변화 등을 고려할 때 능히 극복될 수 있을 것이라고 믿는다.

결국, 성년 여성에게도 종원 자격을 부여하는 것이 옳고 또 종원 자격을 부여해야 한다면, 희망하는 여성에 한하여 부여할 것이 아니라 여성 전부에게 자격을 부여하고, 실제로 종중에 참여하여 활동할 것인지 여부는 개인의 의사에 맡겨두는 것이 종중의 본질과 특성에 부합할 뿐만 아니라, 오늘날의 전체 법질서와 우리 사회가 지향하는 기본이념과 가치에 부응하는 것이라고 생각하기에, 이상과 같이 다수의견에 대한 보충의견을 밝힌다.

5 교회분열

(1-1) 부산고등법원 1990. 12. 7. 선고 89나6457 판결

【원고, 항소인】 대한예수교장로회 통합측 부산영락교회

【피고, 피항소인】 대한예수교장로회 합동정통측 부산영락교회

【원심판결】 부산지방법원 1989.6.30. 선고 87가합2146 판결

【주 문】 원고의 항소를 기각한다. 항소비용은 원고의 부담으로 한다.

【청구취지 및 항소취지】 원심판결을 취소한다. 피고는 원고에게 별지목록 기재의 각 건물을 명도하라. 소송비용은 1,2심 모두 피고의 부담으로 한다는 판결 및 가집행선고.

【이 유】

1. 본안전 항변에 대한 판단

피고 소송대리인은, 총유물의 관리보존에 관하여는 사원총회의 결의를 요하므로 교회의 대표자가 교회 재산에 관한 소를 제기함에 있어서는 정관 등에 특별한 정함이 없는 이상 소속교인들의 총회 결의를 요한다 할 것인데, 원고 교회의 대표자가 이 사건 소를 제기함에 있어서는 소속교인들의 총회결의가 없었으므로 이 사건 소는 부적법하여 각하되어야 한다고 본안전 항변하므로 살피건대, (증거)에 의하면 원고 교회는 1989.5.27. 당회에서 공동의회를 소집하기로 결의하고 그 소집 공고를 한 후 같은 해 6.4. 개최된 임시 공동의회에서 소속교인들이 원고 교회 대표자가 제기한 이 사건 소를 추인하기로 결의한 사실을 인정할 수 있고 반증 없으므로 위 본안전 항변은 이유 없다.

2. 본안에 대한 판단

(증거)에 의하면 별지목록 제1,2기재 각 건물에 대하여는 1984.10.24.과 같은 해 10.27. 대한예수교장로회 부산영락교회 앞으로의 소유권보존등기가, 위 목록 제3기재 건물에 대하여는 1980.2.26. 위 교회 앞으로의 소유권이전등기가 각 경료되었다가 위 각 건물에 대하여 1987.2.16. 대한예수교장로회 통합측 부산영락교회 앞으로의 등기명의인 표시변경등기가 각 이루어져 있는 사실을 인정할 수 있고 달리 반증이 없다.

원고 소송대리인은 위 각 건물은 교회의 소유인데 피고 교회가 아무런 권원 없이 이를 점유, 사용하고 있으므

로 그 명도를 구한다고 주장함에 대하여, 피고 소송대리인은 위 각 건물은 원래 분열전의 대한예수교장로회 부산영락교회의 교회 재산인데 위 교회가 원고 교회와 피고 교회로 분열됨으로써 위 각 건물은 분열당시의 교인들의 총유에 속하게 되어 그 교인들의 다수로써 이루어진 피고 교회는 이를 점유, 사용할 정당한 권원이 있다고 항변하므로 살피건대, 위 갑 제1,2,3호증의 각 기재만으로는 다음에 인정하는 사실에 비추어 위 각 건물이 원고 교회의 단독소유나 원고 교회 소속교인들만의 소유에 속한다고 인정하기에 부족하고 달리 이를 인정할 증거가 없는 반면, (증거에 의하면), 원래의 대한예수교장로회 부산영락교회는 대한예수교장로회 통합측 부산노회에 소속된 지교회의 하나로서 6·25 사변시 부산으로 피난 온 소외 한경직 목사 등이 1951.1.17. 설립한 영락교회를 모체로 발전하여 오다가 교인들의 연보와 헌금 등으로 위 목록 (3) 기재의 주택을 매수하여 1980.2.26. 그 소유권 이전등기를 마쳤고, 1981년경에는 역시 교인들의 연보와 헌금 등으로 위 목록 (1),(2) 기재의 각 건물을 신축하여 소속 교인들의 예배, 집회 기타 종교행사의 목적에 사용하여 오다가 1984.10.24.과 같은 달 27. 그 소유권보존등기를 각 마친 사실, 그런데 위 부산영락교회의 당회장이었던 소외 고현봉 목사는 6·25 사변 당시 단신 월남한 독신목사로서 1967.2.27. 위 부산영락교회의 목사로 취임하여 그 이래 계속 시무하여 왔으나, 1982.3.11. 교회 신도인 소외 고명자를 자신의 호적에 양녀로 입적시키고 목사전용의 ㅇㅇ아파트에서 함께 기거함에 따라 그 관계의 단절을 요구하는 장로들과의 대립이 표면화되면서 교인들은 위 고현봉 목사를 지지하는 측과 반대하는 측으로 양분되기에 이르렀고 이러한 대립상태는 위 고현봉 목사가 1983.12.11. 자신을 지지하는 장로의 인원을 늘리기 위하여 소외 박맹조 집사를 장로에 입적시키려는 과정에서 더욱 격화되었으며, 이러한 대립의 와중에서 소외 방사찬 등이 1984.3.23. 위 부산영락교회의 상위기관인 대한예수교장로회 부산노회에 위 고현봉 목사를 교회법 위반사실을 들어 교회법상의 고소를 제기하자 위 고현봉 목사는 자신을 지지하는 교인들과 함께 같은 해 10.17. 위 부산노회로부터의 탈퇴를 선언하였고, 한편 위 부산노회는 같은 날 위 고현봉 목사를 부산노회에서 제명하고 소외 김삼범 목사를 위 부산영락교회의 임시 당회장으로 파송한 사실, 이에 위 고현봉 목사를 지지하는 교인들은 그 반대파를 위 부산영락교회에서 실력으로 축출할 것을 기도하고 반대파 교인들이 위 부산영락교회 건물에 출입하는 것과 교회 내에서 예배등 종교행위를 하는 것은 저지하기로 결의하여 같은 해 10.21. 일요일 오전 예배를 드리고자 교회에 들어오려는 반대파 교인들을 밀어내면서 교회출입문에 바리케이트를 쌓고 고압 소방호스로 물을 뿌리는가 하면 생계란을 던지며 몸싸움을 하는 등의 실력행사를 하였고, 그 후 이와 같은 물리력의 싸움에서 밀린 반대파 교인들은 위 부산영락교회 부근 노상이나 이웃교회를 빌어 예배 기타 종교행위를 하여 오다가 1985.2.18. 부산지방법원으로부터 동원 84카 제33992호로 위 고현봉 목사측 교인들을 상대로 한 교회출입 및 예배방해금지가처분결정을 받아 약 4개월 만에 다시 위 부산영락교회에 복귀한 사실, 그런데 위와 같이 법원에서 위 고현봉 목사측에 일응 불리한 것으로 보여지는 가처분결정이 내려지고 또 반대파의 장로 등이 위와 같은 고현봉 목사 추종신도 등에 의한 실력행사와 관련하여 1984.12.11. 위 고현봉 목사등 다수인을 상대로 고소제기하였던 폭력행위등처벌에관한법률위반등의 형사사건이 공소제기되는등 사태가 불리하게 돌아가자 위 고현봉 목사와 그 지지교인들은 다시 위 부산노회에 복귀하면서 분규수습을 호소하여 오므로 그 뜻을 받아들인 위 부산영락교회의 최고상위기관인 대한예수교장로회 총회는 1985.9.24. 제70회 총회에서 부산영락교회의 분규수습 방안으로, (1) 위 고현봉 목사는 6개월간의 자숙기간을 가진 다음 자진 사임한다. (2) 위 부산영락교회는 위 고현봉 목사를 원로목사로 예우한다. (3) 총회 전권위원회는 부산영락교회의 처리권을 직접 장악하여 분쟁해결을 도모한다는 내용의 결의를 하였고, 이에 따라 양측 교인들은 같은 해 10.14.경 위 부산노회 제121회 정기노회에서 서로 만나 위 총회의 수습방안에 순응키로 하여 화해를 하였으며, 나아가 위 부산노회는 1986.4.14. 제122회 정기노회에서 위 고현봉 목사를 위 부산영락교회의 원로목사로 예우하기로 하고 위 교회의 당회장을 부산노회에서 파송한다는 결의를 하여 같은 달 15.경 위 고현봉 목사로부터 부산영락교회 사무목사 사임서를 제출받아 그 사임처리를 한 뒤 위의 결의에 따라 같은 해 11.24.자로 부산영락교회 임시당회장으로 소외 김소영 목사를 파송한 사실, 그러나 위 제122회 정기총회 직후부터 위 고현봉 목사의 원로목사 예우문제를 둘러싸고 다시 분규가 재연되기에 이르며 위 부산노회에서는 총회전권위원회에 위 고현봉 목사를 노회명부상 원로목사로 기재할 것인지 또는 은퇴목사로 처리할 것인지의 여부에 관한 질의를 하게 되었는데, 위 총회가 1987.1.6. 제4차 회의에서 위 고현봉 목사를 은퇴목사로 처리하도록 새로운 결의를 하였고, 위 부산노회에서도 이에 따라 위 고현봉 목사를 은퇴목사로 처리하기에 이르자, 위 고현봉 목사를 지지하는 교인 1,250여명은 같은 해 2.1. 위 교회 본당에서 교인대회를 개최하여 위 총회 제4차 결의사항을 전면 거부하고, 대한예수교장로회 통합파 총회와 그 산하 부산노회 교단을 탈퇴하기로 하되, 앞으로의 교회진로와 기타 모든 문제를 실행위원회에 위임한다는 결의를 하고 그 실행위원으로서 소외 서석호 등 21명을 선출한 사실, 그리하여 위 교인대회에서의 위임을 받은 실행위원회는 같은 해 2.10. 위원회를 개최하여 위 교인대회의 결의에 따라 같은 달 9.자로 위 교회 세례교인 1,095명(반대파의 세례교인은 589명)을 포함한 1,498명의 교인들로부터 서명날인을 받아 두었던 위 통합파교단 탈퇴서에 의거하여 위 교단을 탈퇴하였고, 그 자리에서 같은 날 12.자로 대한예수교장로회 합동정통파교단의 경남노회에 새로이 가입하기로 결의를 하여, 그 결의한 바대로 같은 달 12. 위 경남노회에의 가입신청을 하고 같은 달 13. 위 경남노회로부터 교단 가입승인을 받게 되었으며, 이에 따라 위 경남노회는 그 소정의 절차에 따라 위와 같이 교단 가입을 승인한 교회의 당회장으로 위 고현봉 목사를 파송함으로써 그를 지지하는 위 교인들이 위 교회 건물에서 위 고현봉 목사의 주관 하에 예배 기타 종교행위를 하며 위 목록 기재 각 건물을 점유, 사용하고 있는 사실, 한편 위 고현봉 목사를 반대하는 교인들은 소외 이현호를 중심으로 하여 같은 해 2.16. 위 각 건물에 대하여 같은 달 15.자 명칭변경을 원인으로 하여 위 각 건물의 소유자를 대한예수교장로회 부산영락교회에서 대한예수교장로회 통합측 부산영락교회로 변경하는 등기명의인표시변경등기를 마친 사실을 인정할 수 없다.

위 인정된 사실에 의하면 원래 대한예수교장로회 통합파 부산노회에 소속되어 있던 부산영락교회는, 일부 교인들이 종전 소속 교단에 계속 남아 있기로 하는데 반하여, 위 고현봉 목사를 지지하는 다수 교인들은 위와 같이 그 교회의 소속 교단을 변경하기로 결의하여 새로운 교단에 가입함으로써, 위 고현봉 목사가 당회장으로 있는 대한예수교장로회 합동정통파 경남노회 소속의 피고 교회와 위 잔류 교인들로서 이루어진 대한예수교장로회 통합파 부산노회 소속의 원고 교회로 분열되었다고 할 것이고, 이와 같이 하나의 교회가 2개의 교회로 분열된 경우 교회의 장정 기타 일반적으로 승인된 규정에서 교회가 분열될 경우를 대비하여 미리 그 재산의 귀속에 관하여 정하여진 바가 없으면, 교회의 법률적 성질이 권리능력 없는 사단인 까닭으로, 종전 교회의 재산은 그 분열당시 교인들의 총유에 속하고, 그 교인들은 각 그 교회활동의 목적범위내에서 총유권의 대상인 위 교회재산을 사용, 수익할 수 있다고 할 것이므로 그 교회재산 총유권자의 일부인 잔류교인들로써 이루어진 원고 교회가 다른 총유권자들로써 이루어진 피고 교회에 대하여 위 각 건물의 명도를 구할 수는 없는 것이라고 할 것이고, 위 각 건물의 등기명의가 원고 교회의 명의로 되어 있다고 하더라도 이는 위와 같은 총유재산임을 공시하는 한에서 유효한 것이라고 할 것이다.

그런데, 원고 소송대리인은, 종전 교회의 교인들 중의 일부가 교회를 이탈하여 새로운 교회를 결성한 경우 이는 교회의 사실상 분열에 불과하여 잔류자들로서 이루어진 교회가 종전 교회와 동일성을 유지하고 그 교회의 재산권을 행사할 수 있을 뿐, 이탈자들로서 새로이 결성된 교회는 종전 교회의 재산에 대하여 어떤 권리를 행사할 수는 없는 것이라고 주장하므로 살피건대, 교인들이 종전 교회에서 개별적 또는 집단적으로 이탈하는 경우와 달리 다수의 교인들이 종교적 신념 등의 이유에서 동시 또는 단기간 내에 종전 교회가 소속한 교단에서 탈퇴하고 그 탈퇴한 교인들이 새로운 교단에 가입하여 별개의 교회를 결성한 경우에는 종전의 교회는 2개의 교회로 분열되고, 잔류자들만으로써 이루어진 교회는 이미 종전 교회와는 동일성이 상실되며, 특별한 사정이 없는 한 종전 교회의 재산에 대한 권리는 어느 일방의 교회의 교인들이 이를 독점할 수 없는 것이라고 할 것이므로 원고 소송대리인의 위 주장은 이유 없다.

다음, 원고 소송대리인은 교회가 분열되는 경우라 하더라도 그 교회의 헌법 등에 교회가 분열될 경우를 대비하여 그 재산의 귀속에 관하여 규정한 바가 있으면 그에 따라야 할 것인바, 원래의 위 부산영락교회가 소속한 대한예수교장로회 통합파 헌법 제94조 제3항에는 "대한예수교장로회 교리나 법규를 준행하지 않거나 이탈한 자는 재산의 사용권을 가지지 못한다"고 규정하고 있으므로 대한예수교장로회 통합파의 교리, 법규를 준행하지 않고 이탈한 피고 교회나 그 소속 교인들은 종전 교회의 재산에 대한 사용, 수익권을 가질 수 없는 것이라고 주장하므로 살피건대, 위 이성찬, 나기환의 각 증언에 의하여 진정성립이 인정되는 갑 제13호증(대한예수교장로회 헌법)의 기재에 의하면 원래의 위 부산영락교회가 소속한 대한예수교장로회 통합파 헌법 제94조 제3항에 위 주장과 같은 규정이 있음을 알 수 있으나, 원래 교회는 교리의 탐구, 예배 기타 신교상의 공동목적을 달성하기 위하여 교인들의 자유의사에 의하여 구성된 종교단체로서 독립한 사회적 실체로서 존재하고 종교활동이라는 사회적 작용을 독립하여 수행하고 있는 이상, 교회와 그 소속교단과의 관계는 교회의 이러한 기본적 독립성이 인정되는 범위에서 정립되어야 할 것인 점, 교인들의 연보, 헌금 등으로써 이루어진 교회의 대지, 건물 등의 교회 기본재산은 특별한 사정이 없는 한, 그 소속교단의 헌법규정은 여하 간에, 그 교회의 교인들이 자기들을 위하여 그 교회의 대지와 건물 등으로서 장구한 세월동안 소유, 사용할 의사를 가진 것이라고 할 것인 점, 나아가 종교자유의 원칙상 교회의 교인들은 그 소속교단을 탈퇴하거나 변경할 수 있고, 그렇다고 하여 그 교회에서 탈퇴하지 않은 이상 비법인 사단인 교회 구성원의 지위를 상실하는 것은 아닌 점 등에 비추어 보면, 위 주장의 헌법규정은, 이 사건의 경우와 같이 종전 교회의 교인들이 그 교회 자체를 탈퇴하여 교회 구성원의 지위를 상실하는 경우가 아닌, 다수교인들이 그 소속교단을 탈퇴하고 새로운 교단에 가입하여 별개의 교회를 결성함으로써 종전 교회가 2개의 교회로 분열된 경우에까지 구속력을 가진다고는 할 수 없으므로 원고 소송대리인의 위 주장도 이유 없는 것이다.

또한 원고 소송대리인은 교회 재산이 분열당시의 교인들의 총유에 속한다고 하더라도 피고 교회는 분열당시의 교인들만이 아닌, 분열 후에 새로이 가입한 교인들을 포함하여 이루어진 단체이므로 피고 교회 자체로서는 종전 교회의 재산에 대한 사용, 수익권을 행사할 수 없는 것이라고 주장하나, 교회의 구성원이 계속적으로 변경되어 가는 교회의 속성에 비추어 볼 때 분열된 각 교회는 새로운 교인들을 받아들일 수 있는 것이어서 그 분열 이후에는 반드시 분열당시의 교인들에 한하여서만 종전 교회의 재산에 대한 사용, 수익권을 가지는 것은 아니라고 할 것이므로, 분열 후에 새로이 가입한 교인들을 포함한 피고 교회로서도 그 교인들의 집합체로서 그 권리를 행사할 수 있는 것이니 원고 소송대리인의 위 주장 역시 받아들일 것이 못된다.

3. 결론

그렇다면 원고 교회가 원·피고 소속 교인들의 총유에 속하는 위 각 건물을 피고 교회와 함께 사용, 수익할 수 있음은 별론으로 하고, 위 각 건물에 대하여 피고 교회의 사용을 배제하고 원고 교회 단독 또는 원고 교회 소속 교인들만이 위 각 건물을 소유하거나 사용, 수익할 권한을 가지고 있음을 전제로 하는 원고의 이 사건 청구는 이유 없어 기각할 것인 바, 원심판결은 이와 결론을 같이하여 정당하기에 원고의 항소를 기각하고, 항소비용은 패소자인 원고의 부담으로 하여 주문과 같이 판결한다.

(1-2) 대법원 1993. 1. 19. 선고 91다1226 판결

【원고, 상고인】 대한예수교장로회 통합측 부산영락교회
【피고, 피상고인】 대한예수교장로회 합동정통측 부산영락교회
【원심판결】 부산고등법원 1990.12.7. 선고 89나6457 판결
【주 문】 상고를 기각한다. 상고비용은 원고의 부담으로 한다.

【이 유】

상고이유를 본다.

1. 상고이유 제1점 및 제2점에 대하여

원심은 그 거시의 증거에 의하여, 소외 고현봉 목사는 1967.2.27.이래 대한예수교장로회 통합측 부산노회에 소속된 대한예수교장로회 부산영락교회 목사로 시무하여 오던 중 소외 고명자를 양녀로 입양하였는데, 이를 둘러싸고 1982.3.경부터 자신을 지지하는 신도들과 반대하는 신도들의 대립이 격화되자 1984.10.17. 자신을 지지하는 신도들과 함께 위 부산노회로부터의 탈퇴를 선언한 사실, 그 후 타협의 기미가 보여 위 신도들이 일시 위 노회에 복귀하기도 하였으나 위 고현봉 목사의 대우문제로 다시 분규가 재연되자 위 교회의 신도 중 고현봉 목사를 지지하는 교인 1,250명은 1987.2.1. 위 대한예수교장로회 통합파 총회와 그 산하 부산노회를 탈퇴하기로 결의하고 같은 달 9.세례교인 1,095(반대파의 세례교인은 589명)을 포함한 1,498명의 교인들이 서명한 탈퇴서에 의거하여 위 교단을 탈퇴하고 같은 달 12.자로 대한예수교장로회합동정통파교단의 경남노회에 가입하였고 위 경남노회는 위 고현봉 목사를 당회장으로 파송하여 그를 지지하는 교인들이 이 사건 교회 건물에서 예배 기타종교행위를 하며 이 사건 교회 건물들을 점유사용하고 있는 사실, 다른 한편 위 고현봉 목사를 반대하는 교인들은 소외 이현호를 중심으로 하여 위 각 건물의 소유자를 대한예수교 장로회 부산영락교회에서 대한예수교장로회 통합측부산영락교회로 변경하는 등기명의인표시변경등기를 마친 사실을 인정한 다음, 위 인정사실에 의하면 원래 대한예수교장로회 통합파 부산노회에 소속되어 있던 부산영락교회는 일부교인들이 종전의 소속 교단에 계속 남아있기로 하는데 반하여 위 고현봉 목사를 지지하는 교인들은 위와 같이 그 교회의 소속 교단을 변경하기로 결의하여 새로운 교단에 가입함으로써, 위 고현봉 목사가 당회장으로 있는 대한예수교장로회 합동정통파 경남노회 소속의 피고교회와 위 잔류교인들로서 이루어진 대한예수교장로회 통합파 부산노회 소속의 원고교회로 분열되었다 할 것이고, 이와 같이 하나의 교회가 2개의 교회로 분열된 경우 교회의 장정 기타 일반적으로 승인된 규정에서 교회가 분열될 경우를 대비하여 미리 그 재산의 귀속에 관하여 정하여진 바가 없으면 교회의 법률적 성질이 권

리능력 없는 사단인 까닭으로 종전 교회의 재산은 그 분열 당시 교인들의 총유에 속하고, 그 교인들은 각 그 교회활동의 목적범위내에서 총유권의 대상인 위 교회재산을 사용수익할 수 있다고 할 것이므로 그 교회재산총유권자의 일부인 잔류교인들로써 이루어진 원고교회가 다른 총유권자들로써 이루어진 피고교회에 대하여 이 사건 교회 건물의 명도를 구할 수는 없다 할 것이고, 위 각 건물의 등기명의가 원고교회의 명의로 되어 있다고 하더라도 이는 위와 같은 총유재산임을 공시하는 한에서 유효한 것이라고 판단하였다. 그리고 원래의 위 부산영락교회가 소속한 대한예수교장로회 통합파 헌법 제94조 제3항이 '대한예수교 장로회 교리나 법규를 준행하지 않거나 이탈한 자는 재산의 사용권을 가지지 못한다.'고 규정하고 있는 것은 위 교회분열의 경우 재산귀속에 관한 규정이므로 피고교회에게는 이 사건 교회건물에 대한 사용수익권이 없다는 원고의 주장에 대하여는, 교회와 그 소속교단과의 관계는 교회의 기본적 독립성이 인정되는 범위에서 정립되어야 하고 교회의 기본재산은 특별한 사정이 없는 한 그 교회의 교인들이 자기들을 위하여 소유, 사용할 의사를 가진 것이라고 보아야 하며 종교자유의 원칙상 교회의 교인들이 그 소속교단을 탈퇴하거나 변경할 수 있으며 교회에서 탈퇴하지 않는 이상 교회구성원의 지위를 상실하는 것은 아닌 점 등에 비추어 보면 위 규정이 종전교회의 교인들이 그 교회 자체를 탈퇴하여 교회구성원의 지위를 상실하는 경우가 아니라 이 사건에 있어서와 같이 다수교인들이 그 소속교단을 탈퇴하고 새로운 교단에 가입하여 별개의 교회를 결성함으로써 종전교회가 2개의 교회로 분열된 경우에까지 구속력을 가진다고는 할 수 없다고 보아 원고의 주장을 배척하였다. 기록에 비추어 보면 원심이 원래의 대한예수교장로회 통합파 부산노회에 소속되어 있던 부산영락교회가 원고교회와 피고교회로 분열되었다고 인정, 판단하고 위 대한예수교장로회 통합파 헌법 제94조 제3항의 규정이 교인들의 탈퇴가 아닌 교회의 분열의 경우에까지 대비하여 재산귀속에 관하여 정한 규정이라고는 할 수 없다고 본 것은 정당하고 거기에 비법인 사단인 교회의 분열에 관한 법리를 오해하였거나 그 분열의 요건에 관한 심리미진, 이유 불비, 위 헌법 제94조 제3항의 해석이나 사적 자치에 관한 법리오해의 위법이 있다 할 수 없다. 논지들은 어느 것이나 모두 이유 없다.

2. 상고이유 제3점에 대하여

교회의 구성원이 계속적으로 변경되어 가는 교회의 속성에 비추어 볼 때 분열된 각 교회는 새로운 교인들을 받아들일 수 있는 것이어서 그 분열 이후에는 반드시 분열 당시의 교인들에 한하여서만 종전 교회의 재산에 대한 사용수익의 권한이 있는 것은 아니다(당원 1988.3.22.선고 86다카1197 판결, 1989.2.14. 선고 87다카3037 판결 참조). 원심이 같은 취지로 판단하여 피고 교회는 분열 당시의 교인들만이 아닌 분 열후에 새로이 가입한 교인들을 포함하여 이루어진 단체이므로 종전교회의 재산에 대한 사용, 수익권을 주장할 수 없다는 원고의 주장을 배척한 것은 옳고 거기에 소론과 같은 판례위반의 위법이 있다고 할 수 없다. 논지는 이유 없다. 그러므로 상고를 기각하고 상고비용은 패소한 원고의 부담으로 하기로 대법관 이회창, 대법관 윤관, 대법관 김상원의 반대의견을 제외한 관여대법관 전원의 의견이 일치되어 주문과 같이 판결한다.

대법관 이회창의 반대의견은 다음과 같다.

1. 이 사건에서의 쟁점은 기독교 개신교의 개체 교회인 지교회(이하 교회라고만 한다)에 있어서 교회의 분열을 인정할 것인가 하는 점과, 분열을 인정한다면 분열 후에 종전교회에 속한 재산의 귀속을 어떻게 정할 것인가 하는 점이다. 종전의 당원 판례는 교회의 분열을 인정해왔고 이 사건에서의 다수의견도 이러한 종전의 견해에 따르고 있는바, 분열의 요건에 관하여 종전판례가 설시하는 바는 막연하고 추상적이어서 분열의 개념을 지나치

게 확장해석한 흠이 없지 않으나, 나는 결론적으로 교회의 분열을 인정하는 다수의견에 동조한다.

다음에 교회가 분열된 경우에 교회재산의 귀속에 관하여 다수의견은 역시 종전판례의 견해에 따라 분열 당시 교인들의 총유에 속한다고 보고 있으나,이 점은 찬성할 수 없으므로 반대의견을 개진하고자 한다. 아래에서 먼저 교회의 분열에 관하여 본 다음 나아가 분열시의 교회재산귀속에 관하여 본다.

2. 교회는 공동의 종교적이념인 교리(Dogma)와 종교적 행위양식인 예배(Kultus)를 기초로 하는 교인들의 집결체로서 기본적으로 신앙단체이면서 한편으로는 대표기관과 구성원의 공동의사결정기구를 갖추고 재산을 관리하는 등 사회단체로서의 조직과 기능을 아울러 갖는다. 위와 같은 교회의 사회단체로서의 성격은 교회에 따라 다양하여 한가지로 정의하기 어려우나, 이 사건에서 문제된 기독교 개신교의 개체교회에 관하여 판례는 사단의 실질을 갖춘 점에 착안하여 권리능력없는 사단으로 파악해 왔는바, 이러한 견해에 대하여는 교회의 기본적 요소가 인적결합보다는 출연재산을 중심으로 한 운영조직에 있음을 들어 재단으로 보아야 한다는 반론이 있기는 하나, 교회가 기본적으로 교인들의 집결체인 신앙단체인 점을 고려하면 그 사회단체적 측면의 성격은 사단적 성질을 지닌 것으로 보는 것이 타당하다. 위와 같이 교회의 단체적 성격을 신앙단체성과 사단성으로 2원화해 놓고 보면 교회 내의 분쟁도 신앙단체적 분쟁과 사단적 분쟁으로 구분할 수 있다. 신앙단체로서의 교회의 기초는 공동의 교리와 예배이므로 교인사이에 교리 및 예배에 관한 분쟁이 생겨 양분됨으로써 그 공동성의 기초가 상실되어 각각별개의 신앙단체를 형성하게 되었다면, 종전의 신앙단체는 소멸되어 존재하지 않고 각각 별개의 신앙단체로 분열된 것으로 볼 수 밖에 없다. 그런데 교회는 기본적으로 신앙단체이고 그 사단성은 사회단체적 측면의 성격을 법적으로 평가한 것에 지나지 않으므로 기본적인 신앙단체가 분열된 이상 그 사단적 구성도 이에 따라 분열된 것으로 평가할 수 밖에 없으며, 이와 같이 교회가 분열되면 종전교회에 속한 권리의무는 분열된 두개의 각 교회에 공유적 형태로 분리하여 포괄승계 되는 것으로 보아야 한다. 법인격이 부여된 사단법인의 설립 존속 및 소멸은 법률의 정하는 바에 의하고 권리능력이 없는 사단에 있어서도 원칙적으로는 사단법인에 관한 규정이 유추적용되는 것이지만, 권리능력없는 사단은 그 조직과 구성의 형태가 다양하여 사단법인에 관한 규정이 획일적으로 적용될 수 없는 경우가 있는 것이므로, 사단의 기초가 신앙단체인 교회의 경우에는 신앙단체의 특성에 따라 사단의 분열을 인정하더라도 권리능력없는 사단의 본질에 반한다고 할 수 없다. 위와 같이 교리 및 예배에 관한 분쟁으로 교회가 두 쪽으로 분립된 경우에 정통성이 어느 쪽에 있는가를 가려서 정통성 있는 쪽만이 종전교회와의 동일성을 유지하고 다른 쪽은 종전교회에서 탈퇴한 것으로 보아야 한다는 견해가 없지 않으나, 신앙단체의 기초인 교리 및 예배에 관한 정통성유무는 사법권이 개입하여 심사할 수 없는 종교적 신앙의 문제이다. 즉 법은 제단에 들어가지 못하는 것이다. 그리고 분쟁의 대상이 직접적으로 교리 및 예배에 관한 것이 아니라도 개체교회가 소속한 교단의 변경에 관한 분쟁은 결국 교리 및 예배와 관련된 분쟁으로 보아야 할 것이다. 그런데 이 사건의 경우도 그렇지만 우리나라에 있어서의 교회의 분쟁은 대체로 교리 또는 예배에 관한 분쟁보다도 교회재산이나교회운영 또는 인사 등에 관한 의견대립으로 불만을 품은 일부교인들이 종전교회가 속한 교단을 탈퇴하고 다른 교단에 가입함으로써 발생하는 경우가 대부분이나, 이와 같은 경우에도 분쟁의 발단은 비록 교리 및 예배와 무관한 세속적인 사유에서 비롯되었다고 하여도 일단 소속교단 변경의 형태를 취한 이상 이는 교리 및 예배와 관련된 분쟁이라고 보아야 하고, 따라서 법원으로서는 그 어느 쪽이 정통성 내지 정당성이 있는가를 가려서 교회의 분열여부를 판단할 것이 아니다. 교회의 분열을 인정하는 견해 중에 교단변경의 원인이 기존교회의 목사나 장로 등의 부도덕적 처사에 대한 시정요구가 받아들여지지 않는데에 있는 등법질서로부터 긍정적 평가

를 받을 수 있는 경우에 한하여 분열을 인정해야 한다고 주장하는 견해가 있으나, 분열의 요건인 교리 및 예배에 관한 공동성의 상실은 도덕적 가치개념과는 상관이 없는 요건이므로 목사나 장로의 부도덕성과 같은 도덕적 가치요소를 고려의 대상으로 삼는 것은 옳지 않다. 한편 위와 같은 신앙단체적 분쟁이 아닌 사단적 분쟁, 즉 교회의 재산, 운영 또는 인사 등 사단의 유지 존속과 관련된 분쟁으로서 교단변경과 같은 신앙단체적 요소와 관련되지 않은 분쟁은 사단의 일반 법리에 따라 다수결의 원리와 해산 및 청산의 방식에 의하여 처리되어야 할 것이므로 이러한 분쟁으로 인한 사단의 분열을 인정할 여지는 없다.

3. 그런데 교회의 분열을 부정하는 견해는 일반적으로, 첫째로 우리의 단체법상 사단의 소멸사유로 인정되는 해산 및 청산 외에 사단의 분열을 인정하는 것은 법리상 무리일 뿐 아니라 단체의 통일을 깨뜨리는 분열은 반가치적(反價値的) 개념이라는 점, 둘째로 사단의 의사결정에는 다수결의 원리가 적용되므로 다수결의 결과에 승복하지 않는 소수는 탈퇴하는 것뿐이지 두개의 교회로 분열되는 일은 있을 수 없다는 점, 셋째로 법원이 교회의 분열을 인정하는 것은 결과적으로 교회의 분열을 조장하는 것이 되어 부당하다는 점 등을 그 이유로 든다. 그러나 첫째 점은 이미 앞에서 본 바와 같이 교회가 기본적으로 공동의 교리및 예배를 기초로 하는 신앙단체인 점을 도외시하고 그 사단적 측면에만 치중하여 사단법인의 소멸에 관한 법 규정이 그대로 교회에도 적용되어야 함을 전제로 한 것이나, 사단적 측면에 유추적용되는 사단법인의 이론은 기본적인 신앙단체의 특성에 맞게 해석 적용되는 것이 마땅한 것이지 이와 반대로 사단법인의 소멸에 관한 일반론을 신앙단체인 교회에 획일적으로 적용하기 위하여 현실로 존재하는 교회분열의 법현상을 애써 부정하려는 것은 옳지 않다고 본다. 또 분열도 기존단체의 소멸을 가져오는 점에서는 해산과 다를 바 없거늘 유독 분열을 지목하여 단체법상 반가치적인 개념이라고 비난하는 것도 정곡을 벗어난 것이다.

둘째 점은 신앙단체인 교회의 교리 및 예배에 관한 분쟁에는 일반 사단의 의사결정방식인 다수결의 원리가 그대로 적용될 수 없다는 점을 간과하고 있다. 다수결의 원리는 소수가 다수에 매몰되어 다수의 의견만이 단체 자체의 의사로 확정되는 단체의사결정방식인바, 교리 및 예배에 관한 소수의 신앙이 다수의 신앙에 매몰되어야 한다는 것은 신앙의 본질에 반할 뿐 아니라 신앙자유의 원칙에도 어긋나는 것이므로 교리 및 예배에 관련된 신앙단체의 의사결정에는 다수결의 원리가 그대로 적용되지 않는다고 보아야 한다. 그러므로 교리 및 예배에 관한 분쟁이 생겨 교인의 다수결로 그에 관한 어떠한 결정을 하였다고 하여도 그 결정은 다수의 의사만을 표현하는 것일 뿐 소수를 포함한 전체의 의사가 될 수 없으므로, 다수의 의견에 승복하지 않은 소수의 교인들이 스스로 그 신앙단체를 이탈하면 모르되 그렇지 않고 별개의 신앙단체로서의 실체를 갖추어 종전의 신앙단체안에서 향유하던 권익의 공유를 주장하고 나선다면, 결국 종전의 신앙단체는 별개의 교리 및 예배를 기초로 하는 두개의 신앙단체로 분열된 것으로 볼 수 밖에 없다.

셋째의 점에 관하여 보건대, 당원판례가 교회의 분열을 인정하기 이전부터 교회의 분열은 존재해왔던 것이므로 법원이 교회의 분열을 인정함으로써 결과적으로 분열을 조장한다는 논리는 맞지 않을 뿐 아니라, 법원이 교회의 분열을 인정하지 않음으로써 신앙단체의 분열현상이 종식 내지 감소될 수 있다고 생각하는 것은 실증되지 않은 추론에 지나지 않는다.

더구나 현대종교의 특징으로 일컬어지는 다원화(Pluralization)현상은 종교적 요인만이 아니라 종교외적 요인에도 원인이 있는 것으로 지적되고 있는바,교회의 분열은 이러한 종교의 다원화현상과도 연관이 있는 것이어서 사법권이 개입하여 억제할 수 있는 성질의 것이 아니다.

4. 위에서 본 바와 같이 교회의 분열을 인정하는 경우에 교회재산의 귀속에 관하여 종전의 판례와 다수의견은 분열당시의 교인의 총유에 속하는 것으로 보고 있다. 그러나 교회의 분열은 하나의 교회가 두개의 별개 교회로 분열함으로써 종전교회는 소멸하여 존재하지 않게 됨을 뜻하는 것인데, 분열을 인정하면서도 종전교회의 총유단체로서의 지위가 여전히 남아 있어 종전교회 소속 교인의 총유에 속한다는 논리는 전후가 모순되는 것이다.

총유란 권리능력 없는 사단의 소유형태로서 소유권의 권능 중 관리 처분의 권능은 단일한 권리로서 단체에 속하고 사용 수익의 권능은 각 구성원에게 개별적 권리로서 분속되는 것이어서 총유단체의 존재를 전제로 한 소유형태이므로, 분열로 종전의 총유단체가 소멸하여 존재하지 않게 되면 종전의 단체에 속한 관리처분권은 물론 그 구성원에 속한 사용수익권도 더 이상 존재할 여지가 없는 것이다. 다만 교회의 분열을 사단의 해산과 같이 보아 청산종료시까지 종전교회는 청산중의 단체로서 존속한다고 본다면 분열 후에도 종전교회의 총유형태가 지속된다고 볼 여지가 있으나, 교회의 분열은 이미 말한 바와 같이 하나의 교회가 종전교회와 동일성이 없는 별개의 두 개의 교회로 분열됨으로써 종전교회에 속한 권리의무가 분열된 각 교회에 분리하여 포괄적으로 승계됨을 뜻하는 것이므로 이와 같은 포괄승계의 경우에는 종전교회는 청산절차 없이 곧 소멸하는 것으로 보아야 한다. 또 다수의견과 같이 분열당시의 교인의 총유에 속한다고 보는 견해는 사실상 분열후의 교회재산의 처리를 포기하고 분열당시의 상태대로 방치해 두자는 것밖에 되지 않는다. 왜냐하면 교회 내의 분쟁으로 인한 대립으로 하나의 교회로서의 존속이 불가능하게 되어 두개의 교회로 분열된 마당에, 각 교회에 속한 교인으로서 분열당시 종전교회의 구성원이었던 사람들이 다시 한자리에 모여 교인총회를 구성하고 교회재산처리에 관한 공동결의를 한다는 것은 도저히 기대할 수 없기 때문이다. 그러므로 하나의 총유단체인 교회가 두개의 총유단체인 각 교회로 분열되면 종전 총유단체인 교회에 속한 재산은 분열후의 두개의 총유단체인 각 교회의 공유로 되고 각 교회의 공유지분은 총유의 형태로 각 교회 및 그 구성원에게 귀속된다고 보는 것이 타당하다. 이 경우에 있어서 각 교회의 공유지분비율은 분열당시 총유재산에 대하여 개별적 사용수익권을 가진 교인의 각 교회별 비율, 즉 각 교회의 세례교인의 수에 의하여 결정하는 것이 가장 합리적이라고 할 것이고, 이와 같이 일단 공유물로 보는 이상 민법상 공유에 관한 규정에 따라 공유물의 관리에 관한 사항은 지분의 과반수로서 결정하며, 공유관계를 원하지 않는 경우에는 공유물분할을 청구함으로서 공유관계를 종결시킬 수 있다고 보아야 할 것이다.

5. 결국 교회분열시의 재산귀속에 관한 종전판례는 변경되어야 한다. 따라서 이 사건에서 원심이 종전교회인 대한예수교 장로회 부산영락교회가 원고교회와 피고 교회로 분열된 것으로 인정한 이상 원심으로서는 분열당시의 전체 세례교인수와 원 피고 쌍방의 각 교회에 속한 세례교인수를 조사하여 각교회의 공유지분을 확정한 다음, 민법 제265조에 의하여 공유물인 이 사건 교회건물에 대한 관리행위를 정할 수 있는 과반수지분권자가 어느 쪽인지를 가려서 원고 청구의 당부를 판단하였어야 할 것이다.

대법관 윤관, 대법관 김상원의 반대의견은 다음과 같다.

어떤 교단에 소속하는 교회의 교인들 중 일부는 종전의 교단에 계속 소속되기를 원하는데 일부는 그 교회의 소속 교단을 변경하기로 결의하고 새로운 교단에 가입한 경우에, 원래의 교회는 종전의 교단에 소속하는 교회와 교단변경을 결의 찬동하는 교인들에 의하여 새로운 교단에 가입한 교회의 2개로 분열된 것이라고 보며, 교회가 분열된 경우에 원래의 교회의 장정 기타 일반적으로 승인된 규정에서 교회가 분열된 경우를 대비하여 미리 그 재산의 귀속에 관하여 정함이 없다면 교회 재산은 분열 당시의 교인들의 총유에 속한다고 함이 당원의 판례이고

(당원 1957.12.13. 선고 4289민상182 판결; 1962.111. 선고 4293민상395 판결; 1971. 2.9. 선고 70다2478 판결; 1985. 2.8. 선고 84다카730 판결; 1985.9.10. 선고 84다카1262 판결; 1987.6.30. 고지 86마478 결정; 1988.3.22. 선고 86다카1197 판결; 1989.2.14. 선고 87다카 3037 판결; 1990.12.7. 선고 90다카23561 판결; 1990.12.21. 선고 90다카22056 판결 각 참조), 이 사건에서 다수의견은 위 판례의 취지를 그대로 따르고 있다. 그러나 다수의견에 대하여는 법리상으로 문제가 있을 뿐만 아니라 현실적인 법적 분쟁을 해결하는 방책으로도 미흡하므로 그 부당성을 지적하기로 한다. 기독교(개신교)의 교회는 특별히 달리 보아야 할 경우를 제외하고는 일반적으로 권리능력 없는 사단으로 보아야 할 것이며, 따라서 그 재산관계에 관하여는 교인들의 총유로 보아 민법상의 총유관계 규정을 적용하게 되고, 재산이외의 법률관계에 관하여는 원칙적으로 민법상의 사단법인에 관한 관계규정을 유추적용하게 될 것이다. 그런데 우리 민법은 사단법인의 구성원의 탈퇴나사단법인의 해산은 인정하지만 사단법인의 구성원들이 2개의 법인으로 나뉘어 각각 독립한 법인으로 존속한다고 하는 식의 사단법인의 분열은 인정하지 아니하며, 따라서 사단법인이 분열되는 경우에 종전 법인의 재산의 귀속에 관하여도 규정하는 바가 없다. 따라서 가령 어느 사단법인의 구성원 중 일부가 종전의 법인의 목적이나 기타 정관에 기재된 기본사항에 반대하고 독자적으로 법인을 조직하기를 원하여 사실상 2개의 법인이 존재하게 된 경우라도, 법인의 해산결의가 있는 때를 제외하고는 법적으로는 1개의 법인이 종전 법인과 동일성을 유지하는 법인으로 존속할 뿐 2개의 법인의 병존을 인정할 수 없는 것이다. 사정이 그렇다면 사단법인과 유사한 실질을 가지는 권리능력 없는 사단에 대하여도 사실상의 분열은 몰라도 법적 의미에 있어서의 분열은 이를 인정할 여지가 없는 것이며, 가령 그와 같은 분열을 인정한다고 하더라도 그 경우의 재산귀속관계 기타의 법률관계에 관하여 직접 적용할 법규는 물론 유추적용할 법규도 실정법상 찾아볼 수 없는 것이다. 물론 사회생활의 현실에서 교회의 구성원들이 둘로 나뉘어 별개의 교회를 구성하는 사실상의 분열현상은 흔히 일어나는 일이고 그 경우에 어떤 방식으로든 법적 해결책을 강구하여야할 필요가 있는 것이지만, 그 법적 해결책이라는 것은 실정법규의 해석 또는 유추적용등을 통하여 마련하여야 하는 것이지 실정법이 전혀 상정하지도 아니하는 법률관계를 임의로 창출할 수 없는 것이다. 교회 이외의 권리능력 없는 사단, 그리고 민법의 규정에 의하여 설립된 사단법인도 사실상 분열되는 경우가 없지 않을 것인데, 지금까지 교회 이외의 단체에 대하여는 법적 의미의 분열이 학설, 판례상 거론된 일조차 없다는 사정도 위와 같은 법리를 말해 준다할 것이다. 이렇게 볼 때 교회를 권리능력 없는 사단으로 보면서도 그 법적의미의 분열을 인정하는 당원의 종전 판례는 더 이상 유지되기 어렵다고 보지 않을 수 없다.

나아가 교회가 사실상 분열된 경우에 그 법률관계를 어떻게 처리할 것인가의 문제가 제기되는 바, 이는 현실에 있어서의 교회의 조직형태, 운영방식, 교회분열의 원인등에 유의하면서 민법상 사단법인에 관한 규정을 유추하는 방식에 따라야 할 것으로 본다. 교회의 분열이라고 일컫는 현상 중에도 교단에의 소속여부, 분열된 각 교회의 종전 교단으로부터의 이탈여부, 종전 교단 자체의 분열여부등 소속 교단과의 관계 여하에 따라 여러 가지 형태가 있을 수 있고 각개의 형태에 따라 법적 규율을 달리할 수 있음을 전제로 하고 이 사건에서 문제된 교회분열 즉 교인중 일부는 종전 소속 교단에 남기를 원하는데 다른 일부가 교단을 변경하기로 결의하여 소속교단을 이탈하고 다른 교단에 가입함으로써 교회가 분열된 경우만을 상정한다면, 달리 특별한 사정이 없는 한 종전 교회가 2개의 교회로 나뉘어 각각 존속한다는 의미의 교회의 분열은 인정될 수 없는 것이며, 종전 소속 교단에 속한 교회는 종전 교회와의 동일성을 그대로 유지한 채 존속하는 것이고, 종전 교단을 떠난 교회는 그 구성원들이 종전 교회를 탈퇴하여 새로운 교회를 조직한 것으로 보아야 할 것이다. 왜냐하면 종전의 교회는 종전 교단에 소속하는 것을 목적으로 하여 그 교단의 헌법이나 장정등에 따라 설립, 유지되어 온 교회이므로 적법한 절차에 의한 해산이나 교단변경 결의가 없는 한 구성원의 일부가 탈퇴한다고 하여 그 존속에 영향을 받을 수가 없는 것이고, 한편 교단을 떠난 교회는 비록 종전 교회의 구성원 중 일부로 조직되었다고 하더라도 아래에서 보는 바와 같은 적법한 교단변경의 결의를 거치지 아니한 한 새로운 교단에의 소속을 목적으로 새로운 교회를 조직한 것으로 볼 수 밖에 없기 때문이다. 이와 같은 해석은 사단법인이나 권리능력 없는 사단을 규율하는 단체법의 법리에 의거한 것으로서, 여기에 있어서는 분열 후의 각 교회를 구성하는 교인의 숫자 여하는 원칙적으로 고려의 대상이 될 수 없는 것이다. 그러나 한편으로 민법상 사단법인이 총회의 결의에 의하여 법인의 목적을 비롯하여 정관기재사항을 변경할 수 있고, 나아가 법인자체를 해산할 수 있음을 유추한다면, 교회가 교인들의 총의를 결집하는 일정한 절차를 거쳐 소속교단에서 이탈하여 타교단에 가입하는 등의 교단변경행위는 허용되어야 할 것으로 본다. 다만 사단법인의 정관변경이나 해산의 절차에 관하여는 민법에 규정이 있으나, 교회의 소속 교단변경에 관하여는 실정법상 규정한 바가 없고 또 교회 자체의 자치법규나 헌법의 규정상으로도 위와 같은 교단변경을 예상하거나 허용한 관계규정은 찾아볼 수 없으므로, 교단변경에 어떤 절차를 요하는가가 문제로 된다. 이 점에 관하여 당원의 판례 가운데 교인들에 의한 소속 교단 변경의 자유를 인정하면서 그 요건으로서 소속 교인들의 총의 또는 교인전원의 총의를 요하는 것으로 설시한 것들이 있는 바(당원 1967.12.18. 선고 67다2202 판결;1978.10.10. 선고 78다716 판결; 1980.2.12. 선고 79다1664 판결; 1981.9.22. 선고 81다276 판결; 1985.2.8. 선고 84다카730 판결; 1991.5.28. 선고 90다8558 판결 각 참조), 교인들의 결집된 의사에 의하여 소속교단을 변경할 수 있음은 위에서 본 바와 같으나, 그 변경을 위하여 소속 교인 전원의 동의를 요한다는 의미로서의 총의라는 것은 총회의 결의방법에 있어, 다수결(결의권의 과반수)의 원칙을 취하고 있는 사단법인의 원리에 맞지 아니하며 사실상 교단 변경을 불가능하게 하는 것이어서 적절하지 아니한 것으로 생각되므로, 이 점도 다시 검토해 보기로 한다. 먼저 사단법인의 정관의 변경에는 총사원 3분의 2 이상의 동의가 있어야 하는 것으로 되어 있고(민법 제42조 제1항), 사단법인은 총사원 4분의 3이상의 동의가 없으면 해산을 결의하지 못하도록 되어 있다(민법 제78조). 그런데 교회의 교단변경은 법적관점에서 볼 때 종전교단에 소속하였던 지교회가 이탈되어 새로운 교단의 소속교회로 조직되는 것이므로 이는 교회가 종전교단에 소속해 있으면서 단지 사단법인의 정관에 준하는 성질을 가진 자치법규나 헌법의 규정, 또는 그 목적을 변경하는데 그치는 것이 아니고 종전교단에 소속된 교회자체가 해체(해산)되는 것으로 보아야 할 것이다. 그렇다면 이 경우에 사단법인의 해산결의에 관한 민법 제78조를 유추적용하여 사단법인의 총회라 할 수 있는 지교회의 공동의회에서 재적회원의 4분의 3이상의 찬성으로 교단변경을 결의할 수 있게 함이 타당하다. 그리고 여기서의 공동의회는 사단법인의 총회와는 달리 모든 교인으로 구성되는 것이 아니라 그 지교회의 무흠 입교인(세례교인)만으로 구성되는 것으로 되어 있으므로(위 헌법 제86조 제1항), 회원의 자격에 관하여 그 교회의 자치법규를 존중하여 이를 적용하여야 할 것이다. 나아가 위의 공동의회는 적법한 절차에 의하여 소집된 것이어야 한다.

피고교회가 소속하였던 교단인 대한예수교장로회 통합측 헌법(갑 제13호증의 2)에 의하면 공동의회는 당회의 결의로 당회장이 소집하게 되어 있으므로(제86조 제2항), 교단변경 결의를 위한 공동의회도 이와 같은 소집절차를 거쳐야 한다. 그러나 무흠 입교인 3분의 1 이상의 청원이 있으면 반드시 공동의회를 소집하여야 하는 것이므로(제86조 제3항), 이와 같은 청원에도 불구하고 당회장이 공동의회 소집절차를 밟지 아니한다면 민법 제70조 제3항을 유추하여 청원 교인이 법원의 허가를 얻어 소집할 수도 있을 것이다. 이와 같이 하여 교인들의 위와 같은 총의에 따라 소속교단을 적법하게 변경하게 되면 종전교회의 교인들의 총유에 속하였던 그 교회의 재산은 변경된 교회의 교인들의 총유로 귀속된다 할 것이다(교단변경에 찬동하지 아니하고 종전소속 교단에 그대로 남아 교회를 계속하고자 하는 교인들의 경우에도 법적으로는 교인들의 총의에 기속되어 종전의 교회를 탈퇴하고 새로 조직된 교회의 구성원이 된 것으로 본다). 그러나 위와 같은 적법한 절차 없이 교회가 사실상 교단 소속을 달리하는 2개의 교회로 분열되었다고 하더라도 이미 언급한 바와 같이 법적 평가에 있어서 종전 교회와 동일성을 유지하는 교회는 종전교단에 속하여 남아 있는 1개의 교회만이 있을 뿐이며, 다른 쪽의 교회는 종전의 교회로부터 집단 탈퇴한 교인들만으로 새로 조직된 교회이고 종전교회와는 무관하다고 볼 수 밖에 없기 때문에 이와 같이 교인들의 집단탈퇴로 새로운 교회가 생긴 것에 불과한 경우에는 종전 교회의 교인들의 총유에 속하였던 모든 재산은 종전 교회와 동일성을 유지하는 종전 교회의 교인들의 총유로 계속하여 남는 것이고, 종전교회와 법적으로 무관한 새로운 교회 또는 그 교인들이 이에 대하여 어떤 형태이든 권리를 가질 수는 없는 것이다. 위에서 인용한 판례들을 비롯하여 당원의 판례중 위의 판시와 취지를 달리하는 것들은 이 판결로써 모두 폐기 또는 변경함이 타당하다. 원심으로서는 피고 교회가 종전의 소속 교단을 떠나 다른 교단에 소속함에 있어서 위에서 본 바와 같은 절차를 거친 것인지를 심리하고 그 결과 원고 교회와 피고 교회중 어느 교회가 종전 교회와 동일성을 유지하며 종전 교회의 재산을 계속하여 소유(총유)하는지를 확정하였어야 할 것임에도 불구하고, 이 사건의 경우를 교회의 분열로 인정하고 나서 교회가 분열된 경우에 달리 정함이 없는 한 종전 교회의 재산은 그 분열 당시 교인들의 총유에 속하고 그 교인들은 각 그 교회활동의 목적범위 내에서 총유권의 대상인 교회재산을 사용수익할 수 있다고 하여 원고 교회 교인들만이 종전 교회 재산의 총유권자임을 전제로 하는 원고의 청구를 배척한 것은, 교회의 분열과 교회재산의 귀속에 관한 법리를 오해한 나머지 심리를 다하지 못한 위법이 있다 할 것이고, 이 점을 지적하는 소론의 논지는 이유 있다 할 것이다.

위와 같은 이유로 다수의견이 취하고 있는 견해에는 찬동할 수 없고 이와 같은 취지의 원심판결은 파기되어야 마땅하다고 생각한다.

(2-1) 서울남부지방법원 2003. 6. 26. 선고 2002가합5195 판결

【원 고】 기독교대한성결교회 신서교회

【피 고】 신서교회

【변론종결】 2003. 5. 29.

【주 문】 1. 원고의 청구를 기각한다.
2. 소송비용은 원고의 부담으로 한다.

【청구취지】

피고는 원고에게, 별지 목록 제1, 3의 (가), (나), 4, 5항 기재 각 부동산에 관하여 이 법원 2001. 11. 21. 접수 제86879호로 마친 소유권이전등기 및 같은 목록 제2의 (가), (나)항 기재 각 부동산에 관하여 이 법원 같은 날 접수 제86878호로 마친 소유권이전등기의 각 말소등기절차를 이행하라.

【이 유】

1. 인정사실

다음의 각 사실은 당사자 사이에 다툼이 없거나(증거) 각 증언에 변론의 전취지를 종합하면 이를 인정할 수 있고 이에 반하는 을 제17호증의 일부 기재 및 증인 김○○, 조○○의 각 일부 증언은 아래에서 인정되는 사실에 비추어 믿기 어렵거나 그것만으로는 위 인정사실을 뒤집기에 부족하고 달리 반증이 없다.

가. 별지 목록 기재 각 부동산(이하 '이 사건 부동산'이라 한다)은 원래 기독교대한성결교회 신서교회의 소유였다.

나. 기독교대한성결교회 신서교회는 2000. 1.경 무렵 담임목사 정○○을 포함하여 시무장로 6명이 당회를 구성하고 있었는데, 같은 해 1. 30.경에 개최된 당회에서 시무장로 중 1명인 김○○에 대한 인사문제와 관련하여 정○○과 시무장로들 사이에 의견대립이 발생하였고, 그 후 같은 해 4월경에는 시무장로 중 3명이 위 교회를 떠나게 되었다. 정○○은 이후로는 당회를 개최하지 않고 교단 헌법상 직원회에 유사한 기획위원회를 개최하여 교회 업무를 수행하였는데, 이런 과정에서 위 교회에 남아있던 김○○을 포함한 3명의 시무장로와 사이에 갈등이 커지게 되었다.

다. 그러던 중 김○○이 2001. 5. 3. 기독교대한성결교회 강○○에 담임목사인 정○○을 교회의 재산을 유용하거나 독단적으로 집행하고 있다는 이유로 고소하게 되자, 위 교회의 교인들은 정○○에 대한 징계 문제 등을 둘러싸고 정○○을 지지하는 측과 정○○을 반대하는 측(김○○을 비롯한 시무장로 3명이 주축이다)으로 나뉘어지게 되었고, 이에 정○○은 2001. 7. 15. 김○○에 대하여 위 교회의 장로직을 박탈하고 직원 명부에서 제명하였다.

라. 기독교대한성결교회 강○○에서 정○○에 대한 징계가 유력해지자 정○○측은 교단을 탈퇴하기 위해 이에 동의하는 교인들을 상대로 서명을 받는 작업을 하는 동시에 2001. 8. 26.경에는 정○○을 지지하는 약 60여명의 교인들이 모여 교단을 탈퇴하기로 결의하고, 2001. 9. 4. 교회연합신문에 교단탈퇴성명을 하는 등으로 교단탈퇴를 선언하였으며, 같은 해 11. 4.에는 김○○에 대하여, 같은 해 12. 2.에는 교인인 김○○, 노○○, 설○○, 조○○, 김○○에 대하여 각 출교처분을 하였다.

마. 이에 대응하여 위 강○○에서는 2001. 10. 11. 정○○에 대하여 면직선고를 한 후 같은 달 27. 후임 당회장으로 목사 신현정을 파송하였으며, 장로 김○○ 등 정○○에 반대하는 측에서는 같은 해 11. 3. 당회에서 같은 달 18. 임시사무총회를 개최하여 목사 정○○을 담임목사로 청빙하기로 하였고, 이어 위 임시사무총회에 약 30여명의 교인들이 참석하여 목사 정○○을 담임목사로 청빙하는 결의를 하였는데, 위 총회에는 정○○을 지지하는 측은 제외되었다.

바. 정○○을 지지하는 측에서는 2001. 10. 21. 기획위원회를 개최하여(5명 출석), 교회 명칭을 신서교회로 변경할 것(신서교회를 독립교회로 하는 운영 장정도 인준하였다)과 이 사건 부동산의 소유 명의를 기독교대한성결교회 신서교회에서 신서교회로 변경할 것을 결의하고, 같은 해 11. 3. 기독교대한성결교회 신서교회의 당회 회원 자격이 없는 정○○, 원○○, 김○○, 정○○, 조○○ 등 5명으로 당회를 구성한 후 신서교회가 이 사건 부동산을 기독교대한성결교회 신서교회로부터 매수한 사실이 없음에도 이를 매수한다는 취지로 의결한 후 같은 달 5.자로

된 매매계약서를 작성한 다음 이를 이용하여 같은 해 11. 21. 이 사건 부동산에 관하여 같은 해 11. 5. 매매를 원인으로 한 청구취지 기재와 같은 각 소유권이전등기를 마쳤는데, 이 과정에서 정○○측은 정○○을 반대하는 측의 사전동의는 전혀 구하지 않았고, 이에 정○○을 반대하는 측에서는 당회와 사무총회에서 정○○측에서 위와 같이 일방적으로 소유권이전등기를 마친 것과 관련하여 법적대응을 하기로 결의하였다.

사. 위 신현정 목사를 파송한 위 강○○는 2001. 10. 28. 임시로 임○○ 원로목사를 파송하여 예배를 인도하여 하였는데, 이때 정○○이 자신이 예배를 인도하겠다고 하면서 정○○을 지지하는 측과 반대하는 측 사이의 소란이 벌어졌고, 그 후부터는 양측은 별지 목록 제5항 기재 교회건물(이하 '이 사건 교회건물'이라 한다) 내의 각각의 장소에서 각각의 목사의 인도하에 예배를 보았는데, 같은 해 12. 30.경 정○○을 지지하는 측이 반대하는 측의 교회 진입을 차단함에 따라 정○○을 지지하는 측은 이 사건 교회건물에서, 반대하는 측은 이 사건 교회건물 밖 노상이나 별도의 외부 건물에서 각각 예배를 보았다.

아. 이후 원고는 정○○을 피신청인으로 하여 방해물제거, 통행방해금지, 예배방해금지, 예배행위금지 및 출입금지의 가처분을 신청하였는데, 서울고등법원은 2002. 10. 18. 2002라253호로 방해물제거, 통행방해금지, 예배방해금지의 가처분신청을 인용하고, 나머지 신청 즉, 정○○의 예배행위금지 및 출입금지의 가처분신청은 이를 기각하였다. 이후로 정○○을 지지하는 측과 반대하는 측은 이 사건 교회건물의 각각의 장소에서 각각의 목사의 인도 하에 예배를 보고 있다.

2. 피고의 본안 전 항변에 관한 판단

피고는, 기독교대한성결교회 신서교회는 내부적 의결을 거쳐 2001. 9. 4. 교단에서 적법하게 탈퇴하고 같은 해 10. 21. 신서교회로 명칭을 변경하였으므로, 원고 교회는 그 실체가 소멸하여 당사자능력이 없으며, 그렇지 않다고 하더라도 기독교대한성결교단헌법 시행세칙 제8조 제2항에 의하면, 담임목사의 청빙은 당회 또는 직원회의 결의를 거쳐 사무총회에서 재석회원 과반수의 찬성을 얻어 청빙서를 감찰회를 경유하는 등의 절차를 거쳐야 하는데, 원고 교회 대표자였던 정○○은 위와 같은 사무총회의 결의 등 필요한 청빙절차를 갖추지 못하였으므로, 적법한 대표자가 될 수 없고, 따라서 동인이 제기한 이 사건 소는 부적법하다고 항변한다.

살피건대, 아래에서 보는 바와 같이 기독교대한성결교회 신서교회는 원고 교회와 피고 교회로 분열되었다고 할 것이므로 분열후의 원고 교회는 그 자체로서 당사자능력이 있다고 할 것이고, 원고 교회가 제소 당시 그 소속 교인들의 총회 결의를 거쳐 이 사건 소를 제기한 사실과 정○○이 원고 교회의 당회 및 사무총회 결의를 거쳐 청빙된 사실은 앞서 본 바와 같으므로, 이 사건 소 제기 당시 정○○은 원고 교회를 대표할 권한이 있다고 할 것이므로, 피고의 본안전 항변은 이유 없다.

3. 본안에 관한 판단

가. 원고의 주장

정○○을 지지하는 측 교인들은 임의로 기독교대한성결교회 신서교회부터 탈퇴한 자들로서 위 교회는 분열된 바가 없으며, 원고가 바로 기독교대한성결교회 신서교회 자체이고, 정○○이 원고 교회의 대표자로 등록되어 있던 점을 기회로 원고 교회의 사무총회 결의 없이 임의로 피고 교회 명의로 이 사건 부동산에 관한 소유권이전등기를 마친 것이므로 위와 같은 소유권이전등기는 모두 원인무효여서 피고는 원고에게 청구취지 기재 각 소유권이전등기의 말소등기절차를 이행할 의무가 있다고 주장한다.

나. 판 단

(1) 교회의 분열 여부

앞서 본 인정사실에 의하면, 분열전 기독교대한성결교회 신서교회는 정○○과 김○○을 포함한 시무장로들이 서로 갈등관계에 있다가 김○○이 2001. 5. 3. 위 강○○에 정○○을 고소하게 된 것을 계기로 그 소속 교인들이 정○○을 지지하는 측과 정○○을 반대하는 측으로 확연히 나뉘어졌고, 이에 정○○을 지지하는 측은 기독교대한성결교단을 탈퇴하여 독립교회로서 새로운 운영장전(정관)을 만들었을 뿐만 아니라, 원고측과 별개로 정○○의 인도하에 예배를 보고 있으며, 정○○을 반대하는 측은 기존교단에 그대로 남아 교단에서 파송한 목사를 교단헌법에 따라 적법하게 담임목사로 청빙한 후 그의 인도 아래 역시 피고측과 별개로 예배를 보고 있는데, 원고측과 피고 측에는 분열전 기독교대한성결교회 신서교회의 교인들이 각각 상당수 참여하고 있음을 알 수 있다. 이러한 사정에 비추어 볼 때, 분열 전 기독교대한성결교회 신서교회는 정○○의 인도 아래 기존 교단에서의 탈퇴와 교회명칭변경 결의를 한 피고 교회와 기존 교단에서의 탈퇴를 반대하여 그 교단의 지시에 따라 적법하게 청빙된 담임목사의 인도 아래 피고 교회와는 별도로 예배를 보아온 원고 교회의 두 교회로 분열된 것으로 봄이 상당하다.

(2) 원고의 말소청구권의 존부

앞서 본 바와 같이 하나의 교회가 2개의 교회로 분열된 경우 교회의 장전 기타 일반적으로 승인된 규정에서 교회가 분열될 경우를 대비하여 미리 그 재산의 귀속에 관하여 정하여진 바가 없으면 교회의 법률적 성질이 권리능력 없는 사단인 까닭으로 종전 교회의 재산은 그 분열 당시 교인들의 총유에 속하고 총유재산의 관리와 처분은 물론 그 보존행위도 총회의 결의에 의하여야 하는 것이므로(대법원 1995. 2. 24. 선고 94다21733 판결 참조), 기독교대한성결교회 신서교회가 원고 교회와 피고 교회로 분열 될 당시 교인들의 총회 결의가 있었음을 인정할 만한 아무런 증거가 없는 이 사건에 있어서, 기독교대한성결교회 신서교회의 일부 교인들로 이루어진 원고 교회로서는 피고 교회에 대하여 위 소유권이전등기의 말소청구를 할 수 없다고 할 것이다.

4. 결론

따라서 원고의 이 사건 청구는 이유 없어 이를 기각하기로 하여 주문과 같이 판결한다.

(2-2) 서울고등법원 2004. 6. 22. 선고 2003나48701 판결(생략)

(2-3) 대법원 2006. 4. 20. 선고 2004다37775 판결

【원고, 상고인】 기독교대한성결교회신서교회

【피고, 피상고인】 신서교회

【원심판결】 서울고등법원 2004. 6. 22. 선고 2003나48701 판결

【주 문】 원심판결을 파기하고, 사건을 서울고등법원에 환송한다.

【이 유】

상고이유를 판단한다.

1. 교회의 법률적 성질

교회가 주무관청의 허가를 받아 설립등기를 마치면 민법상 비영리법인으로서 성립한다. 또한, 교회가 법인격을 취득하지 않은 경우에도 기독교 교리를 신봉하는 다수인이 공동의 종교 활동을 목적으로 집합체를 형성하고 규약 기타 규범을 제정하여 의사결정기관과 대표자 등 집행기관을 구성하고 예배를 드리는 등 신앙단체로서 활동함과 함께 교회 재산의 관리 등 독립된 단체로서 사회경제적 기능을 수행함에 따라 법인 아닌 사단의 일반적인 요건을 갖추었다고 인정되는 경우에는, 그 교회는 법인 아닌 사단으로서 성립·존속하게 된다. 기독교 교리를 널리 전파하려는 의도에서 교회가 교인의 자격을 엄격히 심사하지 아니하고 예배에 참여를 허용하는 결과 교회의 가입·탈퇴가 자유롭고 특정 시점에서 교회 구성원이 정확히 파악되지 아니한다고 할지라도 법인 아닌 사단으로서의 실체를 인정함에는 아무런 지장이 없다.

한편, 법인 아닌 사단으로서의 실체를 갖춘 개신교 교회(아래에서는 '교회'라 한다)가 특정 교단 소속 지교회로 편입되어 교단의 헌법에 따라 의사결정기구를 구성하고 교단이 파송하는 목사를 지교회의 대표자로 받아들이는 경우 교단의 정체에 따라 차이는 존재하지만 원칙적으로 지교회는 소속 교단과 독립된 법인 아닌 사단이고 교단은 종교적 내부관계에 있어서 지교회의 상급단체에 지나지 않는다. 다만, 지교회가 자체적으로 규약을 갖추지 아니한 경우나 규약을 갖춘 경우에도 교단이 정한 헌법을 교회 자신의 규약에 준하는 자치규범으로 받아들일 수 있지만, 지교회의 독립성이나 종교적 자유의 본질을 침해하지 않는 범위 내에서 교단 헌법에 구속된다. 종래 대법원판례는 특정 교단에 소속된 지교회가 독립된 법인 아닌 사단이라고 판시하여 왔는바(대법원 1960. 2. 25. 선고 4291민상467 판결, 1967. 12. 18. 선고 67다2202 판결 등 참조), 이는 위 법리에 기초한 것으로서 앞으로도 교회를 둘러싼 법률관계를 해석하는 기본 원리로서 유지되어야 할 것이다.

2. 법인 아닌 사단의 법률관계

가. 우리 민법은 법인 아닌 사단의 법률관계에 관하여 재산의 소유 형태 및 관리 등을 규정하는 제275조 내지 제277조를 두고 있을 뿐이므로, 사단의 실체·성립, 사원자격의 득실, 대표의 방법, 총회의 운영, 해산사유와 같은 그 밖의 법률관계에 관하여는 민법의 법인에 관한 규정 중 법인격을 전제로 하는 조항을 제외한 나머지 조항이 원칙적으로 유추 적용된다(대법원 1992. 10. 9. 선고 92다23087 판결 등 참조).

따라서 법인 아닌 사단은 사단으로서의 실체를 갖추었으나 설립등기를 하지 않은 것뿐이므로 조직·구조에 있어서 구성원의 개인적인 활동으로부터 독립하여 독자적으로 존속하여 활동하고, 사단 구성원 지위의 취득과 상실은 그 사단의 규약에 정하여진 바에 따라 이루어지나(민법 제40조 제6호), 법인 아닌 사단은 구성원의 탈퇴나 가입에 의하여 동일성을 잃지 않고 그 실체를 유지하면서 존속한다. 그리고 위의 법리는 법인 아닌 사단의 구성원들이 집단적으로 탈퇴하는 경우에도 동일하게 적용되므로, 위 탈퇴한 자들은 집단적으로 구성원의 지위를 상실하는 반면, 나머지 구성원들로 구성된 단체는 여전히 법인 아닌 사단으로서의 실체를 유지하며 존속한다.

법인 아닌 사단의 재산은 그 구성원의 총유이며(민법 제275조 제1항), 법인 아닌 사단의 구성원은 사단 내부의 규약 등에 정하여진 바에 따라 사용·수익권을 가진다(민법 제276조 제2항). 이와 같이 법인 아닌 사단의 구성원으로서 사단의 총유인 재산의 관리처분에 관한 의결에 참가할 수 있는 지위나 사단의 재산에 대한 사용·수익권은 사단 구성원의 지위를 전제로 한 것이어서, 구성원은 법인 아닌 사단을 탈퇴하는 동시에 그 권리를 상실한다(민법 제277조).

한편, 법인 아닌 사단의 단체성으로 인하여 구성원은 사용·수익권을 가질 뿐 이를 넘어서서 사단 재산에 대한 지분권은 인정되지 아니하므로, 총유재산의 처분·관리는 물론 보존행위까지도 법인 아닌 사단의 명의로 하여야 하고(대법원 2005. 9. 15. 선고 2004다44971 전원합의체 판결 참조) 그 절차에 관하여 사단 규약에 특별한 정함이 없으면 의사결정기구인 총회 결의를 거쳐야 한다(민법 제276조 제1항). 총회 결의는 다른 규정이 없는 이상 구성원 과반수의 출석과 출석 구성원의 결의권의 과반수로써 하지만(민법 제75조 제1항), 사단에 따라서 재산 내역이 규약에 특정되어 있거나 그렇지 않더라도 재산의 존재가 규약에 정하여진 사단의 목적수행 및 사단의 명칭·소재지와 직접 관련되어 있는 경우에는 그 재산의 처분은 규약의 변경을 수반하기 때문에 사단법인 정관변경에 관한 민법 제42조 제1항을 유추적용하여 총 구성원의 2/3 이상의 동의를 필요로 한다고 해석하여야 한다.

나. 우리 민법이 사단법인에 있어서 구성원의 탈퇴나 해산은 인정하지만 사단법인의 구성원들이 2개의 법인으로 나뉘어 각각 독립한 법인으로 존속하면서 종전 사단법인에게 귀속되었던 재산을 소유하는 방식의 사단법인의 분열은 인정하지 아니한다. 따라서 그 법리는 법인 아닌 사단에 대하여도 동일하게 적용되며, 법인 아닌 사단의 구성원들의 집단적 탈퇴로써 사단이 2개로 분열되고 분열되기 전 사단의 재산이 분열된 각 사단들의 구성원들에게 각각 총유적으로 귀속되는 결과를 초래하는 형태의 법인 아닌 사단의 분열은 허용되지 않는다.

한편, 법인 아닌 사단의 구성원들이 집단적으로 사단을 탈퇴한 다음 사단으로서의 성립요건을 갖추어 새로운 단체를 형성하는 행위는 사적자치의 원칙상 당연히 허용되나, 이 경우 신설 사단은 종전 사단과 별개의 주체로서, 그 구성원들은 앞서 본 바와 같이 종전 사단을 탈퇴한 때에 그 사단 구성원으로서의 지위와 함께 사단 재산에 대한 권리를 상실한다. 따라서 신설 사단의 구성원들이 종전 사단의 구성원들과 종전 사단 재산에 관하여 합의하는 등의 별도의 법률행위가 존재하지 않는 이상, 종전 사단을 집단적으로 탈퇴한 구성원들은 종전 사단 재산에 대한 일체의 권리를 잃게 되고, 이와 마찬가지로 탈퇴자들로 구성된 신설 사단이 종전 사단 재산을 종전 사단과 공유한다거나 신설 사단 구성원들이 그 공유지분권을 준총유한다는 관념 또한 인정될 수 없다.

3. 교회의 법률관계에 관한 종전 대법원판례의 내용과 문제점

가. 그동안 대법원판례는 각종의 법인 아닌 사단 중 오직 교회에 대하여서만 법인 아닌 사단에 원칙적으로 적용되는 법리와는 달리 교회의 분열을 허용하고 분열시의 재산관계는 분열 당시 교인들의 총유(또는 합유)라고 판시하여 왔다.

해방 후 교회, 특히 장로교회는 1950년대부터 1960년대까지 여러 차례 교단의 분열을 겪었으며 이에 따라 교단 소속 지교회의 교인들 내부에서도 신앙노선의 차이 등으로 지지교단을 달리하게 되어 자연적으로 지교회의 분열을 초래하게 되었는바, 대법원 1957. 12. 13. 선고 4289민상182 판결, 대법원 1958. 8. 14. 선고 4289민상569 판결 등에서 교단 분열에 따른 지교회의 분열을 인정하면서 그 재산관계는 분열 당시 교인들의 합유라고 판시하고, 대법원 1971. 2. 9. 선고 70다2478 판결에서 그 교회 재산은 분열 당시 교인들의 총유라고 판시한 이후 그 법리가 대법원의 확립된 판례로 굳어지기에 이르렀다.

그 당시에는 교인들이 소속 교회나 교단의 분열이라는 현상을 경험하기는커녕 예측조차 하지 못한 상태에서 연보·헌금을 통하여 교회 재산 형성에 기여하였는데 교단 분열로 신앙노선이 달라져서 도저히 하나의 신앙공동체를 유지할 수 없는 상황이 되었으니 교회의 분열을 허용하면서도 이들이 모두 종전 교회의 터전하에서 신앙생활을 할 수 있도록 배려하여야 할 필요성이 절실하였으며, 이에 더하여 당시의 인구나 사회·경제적 수준에 비추어 지교회들은 대부분 소규모로서 교회 재산의 시가 역시 높지 않았을 것이므로 분열된 양측 교회 구성원들에게 권리를 인정한다는 다소 추상적인 판결만으로도 당사자들 사이에서 자율적으로 분쟁이 해결될 여지를 기대할 수 있었다.

나. 종전 판례는 교회가 분열된 경우 종전 교회의 재산은 분열 당시의 교인들에게 총유적으로 귀속된다고 판시하였고, 한편 교회의 구성원이 계속 변경되어 가는 속성에 비추어 분열된 각 교회는 새로운 교인들을 받아들일 수 있으므로 분열 당시의 교인들뿐 아니라 분열 후 새로 가입한 교인들도 종전 교회 재산에 대한 사용·수익권을 행사할 수 있다고 인정하였다(대법원 1993. 1. 19. 선고 91다1226 전원합의체 판결 등 참조).

법인 아닌 사단의 총유인 재산의 관리처분에 관한 의결에 참가할 수 있는 지위나 사단의 재산에 대한 사용·수익권은 법인 아닌 사단의 존재와 그 구성원 자격에 기초하여서만 인정된다. 그런데 종전 판례는, 종전 교회가 분열되어 종전 교회의 구성원 중 일부씩으로 구성된 잔존 교회와 신설 교회가 병존한다고 인정하면서도, 종전 교회의 재산에 관하여는 분열되기 전의 교회가 존속하는 것으로 보아 분열 전 교회 구성원의 총유를 인정하고 있으므로 그 자체로서 논리적으로 모순적인 구조를 가지고 있고, 종전 교회에서 탈퇴하여 신설 교회를 설립함으로써 종전 교회 구성원으로서의 지위를 상실한 교인들뿐 아니라, 분열 후 종전 교회에서 탈퇴한 채 잔존 교회나 신설 교회 어느 쪽에도 속하지 아니한 교인들에 대하여도 종전 교회 재산에 관한 권리를 인정하는 결과가 되어 법인 아닌 사단의 재산에 관한 기본적인 법리에 반한다. 뿐만 아니라, 종전 판례는 종전 교회의 구성원들인 교인들 외에 분열 후 새로 가입하여 분열 당시 교회의 구성원이 아니었던 교인들까지도 종전 교회 재산에 대한 사용·수익권을 행사할 수 있다고 인정함에 따라 총유재산에 대한 사용·수익권은 법인 아닌 사단 구성원의 지위에서만 인정된다는 민법의 대원칙도 부정하는 결과를 초래하였다.

또한, 종전 판례는, 위 법리의 논리적 귀결로서 종전 교회 재산의 관리·처분행위에 관한 소송은 분열 당시 교인들로 구성된 교인총회의 결의를 거쳐 종전 교회 자체가 당사자가 되어 제기하여야 한다고 판시함으로써(대법원 1995. 9. 5. 선고 95다21303 판결 등 참조), 과거의 분열시를 기준으로 한 종전 교회와 그 구성원들이 소제기 시에도 여전히 존재하는 것처럼 의제하여 교인 총회의 소집과 결의를 요구하였다. 그러나 현실사회에서 과거의 분열시를 기준으로 결의권 있는 교인을 확정하고 그들 전원의 생존 여부와 주소지를 파악한 다음 종전 교회의 대표권자로 하여금 그들에게 소집통지를 하여 총회를 개최하고 결의를 하는 일련의 절차를 거치게 할 것을 기대하기는 어렵고, 극단적으로는 오랜 시간이 지나 분열 당시 결의권을 가졌던 교인들이 행방불명되거나, 사망함으로써 총회 구성원이 존재하지 않게 되어 결의가 불가능할 수도 있다. 결국, 교회의 분열로 분쟁이 발생한 경우에 이를 해결하기 위하여 원고가 되어 소송을 제기하는 교회는 어느 쪽도 종전 교회에 의한 결의 요건이나 대표권을 갖출 수 없어 패소하게 되어 법률적인 분쟁 해결이 불가능하게 되었다. 더욱이 분열되어 나간 교회가 종전 교회 명의의 교회재산에 관하여 관련 서류를 위조하여 허위의 이전등기를 마치더라도 분열 후의 잔존 교회는 말소등기절차의 이행을 구할 수 없어 실체관계에 부합하지 않는 등기의 존재를 용인할 수 밖에 없고,

분열된 교회들이 하나의 교회 건물을 서로 독점적으로 점유하기 위하여 물리력을 행사하더라도 이를 방치할 수 밖에 없어 종국에는 다수파에 의한 점거가 사실상 정당한 것처럼 유지되는 결과에 이르렀다. 또한, 분열된 각 교회가 상대방의 사용·수익을 방해하지 않는 범위 내에서 종전 교회의 건물을 사용·수익한다고 하더라도, 교회 건물 외에 목사의 사택, 채권·채무 등 구체적인 재산의 사용·수익이나 처분·변제를 어떠한 방법으로 할 것인가에 대한 해결책은 찾을 수 없는 상태로 남아 있다.

뿐만 아니라, 기독교 교단 및 지교회의 변화와 이를 둘러싼 사회·경제적 변화는 종전 판례의 문제점을 극대화시키는 양상을 빚었다. 기독교 교단은 1960년대 이후 현재까지 분열을 거듭하여 현재 수많은 교단이 존재하고 교리상 본질적·근본적인 차이 없이 방법론적인 차이에 불과한 경우도 많게 되었으므로, 특정 교단에 소속된 지교회의 교인들에게 있어서 교단의 탈퇴 내지 변경은 충분히 예견할 수 있게 되었고, 지교회의 분열과 교단변경으로 인한 분쟁으로 소송에 이른 사건들은 대부분 지교회의 목사가 교회운영이나 재산문제, 심지어 개인적 비리로 소속 교단과 마찰을 빚게 되면 신앙과 교리를 핑계 삼아 지지자를 이끌고 교단을 탈퇴한 다음 자신의 이해관계에 맞는 교단에 가입하고는 종전 교회 재산에 대한 권리를 주장하는 것이어서, 결국 교회재산을 둘러싼 분쟁에 불과하게 되었다. 게다가 인구증가와 도시화에 따라 상당수 교회들이 대규모화되고 부동산가격의 상승으로 교회재산이 상당한 재산적 가치를 지니게 되었을 뿐 아니라, 교인들의 권리의식이 향상되고 교인수가 늘어나 다수인의 이해관계가 첨예하게 대립됨에 따라, 일단 교회 재산을 둘러싸고 소송이 제기된 이후에는 법원의 판단과 이에 기한 집행만이 분쟁을 종식시키는 유일한 수단이 되는 경우가 적지 않게 되었다.

위와 같이 수많은 교단의 분립과 지교회의 비대화, 교회 재산가치의 상승 및 다수인의 첨예한 이해관계 대립에도 불구하고, 대법원이 종전과 같이 분열되어 나온 양측의 교인들에게 모두 권리를 인정한다는 취지의 종래 판시를 고수한다면, 분쟁해결기능을 상실하게 될 뿐 아니라, 오히려 종전 교회를 박차고 나온 사람들에게 재산적 권리를 인정함으로써 교단 상호간 및 교인 상호간의 분쟁을 더욱 조장하는 결과를 초래할 수 있다.

4. 새로운 법리의 방향

가. 교회가 법인 아닌 사단으로서 존재하는 이상 그 법률관계를 둘러싼 분쟁을 소송적인 방법으로 해결함에 있어서는 법인 아닌 사단에 관한 민법의 일반 이론에 따라 교회의 실체를 파악하고 교회의 재산 귀속에 대하여 판단하여야 한다. 이에 따라 위에서 본 법인 아닌 사단의 재산관계와 그 재산에 대한 구성원의 권리 및 구성원 탈퇴, 특히 집단적인 탈퇴의 효과 등에 관한 법리는 교회에 대하여도 동일하게 적용되어야 한다.

따라서 교인들은 교회 재산을 총유의 형태로 소유하면서 사용·수익할 것인데, 일부 교인들이 교회를 탈퇴하여 그 교회 교인으로서의 지위를 상실하게 되면 탈퇴가 개별적인 것이든 집단적인 것이든 이와 더불어 종전 교회의 총유 재산의 관리처분에 관한 의결에 참가할 수 있는 지위나 그 재산에 대한 사용·수익권을 상실하고, 종전 교회는 잔존 교인들을 구성원으로 하여 실체의 동일성을 유지하면서 존속하며 종전 교회의 재산은 그 교회에 소속된 잔존 교인들의 총유로 귀속됨이 원칙이다.

그리고 교단에 소속되어 있던 지교회의 교인들의 일부가 소속 교단을 탈퇴하기로 결의한 다음 종전 교회를 나가 별도의 교회를 설립하여 별도의 대표자를 선정하고 나아가 다른 교단에 가입한 경우, 그 교회는 종전 교회에서 집단적으로 이탈한 교인들에 의하여 새로이 법인 아닌 사단의 요건을 갖추어 설립된 신설 교회라 할 것이어서, 그 교회 소속 교인들은 더 이상 종전 교회의 재산에 대한 권리를 보유할 수 없게 된다.

나. 앞서 본 바와 같이 특정 교단에 가입한 지교회가 교단이 정한 헌법을 지교회 자신의 자치규범으로 받아들였다고 인정되는 경우에는 소속 교단의 변경은 실질적으로 지교회 자신의 규약에 해당하는 자치규범을 변경하는 결과를 초래하고, 만약 지교회 자신의 규약을 갖춘 경우에는 교단변경으로 인하여 지교회의 명칭이나 목적 등 지교회의 규약에 포함된 사항의 변경까지 수반하기 때문에, 소속 교단에서의 탈퇴 내지 소속 교단의 변경은 사단법인 정관변경에 준하여 의결권을 가진 교인 2/3 이상의 찬성에 의한 결의를 필요로 한다.

(1) 만약, 교단 탈퇴 및 변경에 관한 결의(아래에서는 '교단변경 결의'라 한다)를 하였으나 이에 찬성한 교인이 의결권을 가진 교인의 2/3에 이르지 못한다면 종전 교회의 동일성은 여전히 종전 교단에 소속되어 있는 상태로서 유지된다. 따라서 교단변경 결의에 찬성하고 나아가 종전 교회를 집단적으로 탈퇴하거나 다른 교단에 가입한 교인들은 교인으로서의 지위와 더불어 종전 교회 재산에 대한 권리를 상실하였다고 볼 수 밖에 없다.

(2) 위의 교단변경 결의요건을 갖추어 소속 교단에서 탈퇴하거나 다른 교단으로 변경한 경우에 종전 교회의 실체는 이와 같이 교단을 탈퇴한 교회로서 존속하고 종전 교회 재산은 위 탈퇴한 교회 소속 교인들의 총유로 귀속된다.

법인 아닌 사단의 재산에 관한 관리처분권은 사단에 속하고 그 관리처분권에 관한 의사결정은 총회 결의에 의하여 이루어지는 것인바, 위와 같이 교단변경 결의에 찬성하지 아니한 사람이 결과적으로 불리한 지위에 놓이게 된다고 하더라도 이는 다수의 구성원으로 이루어진 사단의 민주적인 의사결정에 의한 결과이므로 민법의 법인 아닌 사단에 관한 기본 법리에 따라 승복하여야 한다.

교단변경 결의가 이루어졌다고 하더라도 종전 교회의 동일성이 유지되고 있으므로, 교단변경 결의에 반대한 교인들이라 하여도 특별한 사정이 없는 한 교인으로서의 지위는 여전히 유지되며, 그 교회 구성원인 교인으로서의 지위 상실은 그의 자유의사에 의하여 결정된다. 교단변경 결의에 의하여 교단에서 탈퇴한 교회라고 하더라도 다시 교단변경 결의를 거쳐 교단을 변경할 수 있다. 따라서 교단변경 결의에 반대한 교인들로서는 그 교회 소속의 다른 교인들과 협의를 하는 등의 방법을 통하여 자신들의 의견에 동의하는 다수의 교인들을 확보하여 2/3 이상의 교단변경 결의 요건을 갖춘 경우에는 종전 교단으로 복귀할 수도 있다.

이와 같이, 교단변경 결의에 관한 새로운 법리가 적용되는 영역은 교회의 운영 내지 재산에 관한 법률관계에 한정된다. 교인들은 자신이 신봉하는 교리에 좇아 자유로이 교회를 선택하거나 또는 선택하였던 교회를 탈퇴함으로써 종교적 자유를 향유할 수 있다. 뿐만 아니라, 만약 적법하게 교단변경 결의가 이루어진 경우에 이에 반대하는 교인들로서도 자신이 원하는 교단 소속 교회를 찾아감으로써 자신의 종교적 신념을 유지할 수 있다.

(3) 다만, 교단변경 결의에는 지교회의 종교적 자유와 함께 지교회의 존립목적 유지라는 양 측면에서의 내재적 한계가 존재한다. 따라서 소속 교단의 헌법에서 교단 탈퇴의 허부 및 요건에 관하여 위와 달리 정한 경우에도(민법 제42조 제1항 단서 참조) 그 규정이 지교회의 독립성과 종교적 자유의 본질을 해하는 경우에는 지교회에 대한 구속력을 인정할 수 없다. 다른 한편, 실질적으로 지교회의 해산 등 교회의 유지와 모순되는 결과를 수반하는 교단변경 결의, 나아가 기독교가 아닌 전혀 다른 종교를 신봉하는 단체로 변경하는 등 교회의 존립목적에 본질적으로 위배되는 교단변경 결의는 정관이나 규약 변경의 한계를 넘어서는 것이므로 허용될 수 없다.

다. 그러므로 교회의 분열을 인정하고 종전 교회의 재산은 분열 당시 교인들의 총유(또는 합유)에 속한다고 판시한 대법원 1993. 1. 19. 선고 91다1226 전원합의체 판결과 같은 취지의 판결들, 그리고 교회의 소속 교단 변경은 교인 전원의 의사에 의하여만 가능하다는 취지로 판시한 대법원 1978. 10. 10. 선고 78다716 판결과 같은 취지의 판결들은 이 판결의 견해에 배치되는 범위 내에서 변경하기로 한다.

위와 같이 대법원이 종전의 견해를 변경함에 따라, 교회의 신앙단체로서의 성격과 사단으로서의 성격을 모두 인정하면서도, 신앙단체로서의 특질에 대하여는 종교의 고유한 영역에 맡기고 사단으로서의 특질에 대하여는 재산분쟁으로서의 실질을 직시하여 민법의 일반원리에 의하여 규율함으로써 사법질서의 통일성을 기할 수 있게 될 것이다. 나아가 앞으로 교회 내부에서 교단 탈퇴 및 변경을 둘러싸고 분쟁이 발생하는 경우 교단 탈퇴를 의도하는 교인들로서는 최소한 결의권자의 2/3에 이르는 교인들로부터 지지를 얻고 적법한 소집절차에 따른 결의를 거칠 것이 요구되고, 반대로 교단 탈퇴에 반대하는 교인들로서도 만약 위의 요건을 갖추어 결의가 이루어진 경우에는 여기에 승복할 것이 요구됨으로써, 민주주의 원칙과 민법의 법인 아닌 사단에 관한 일반 법리에 따른 교회 운영이 가능해지고 교회 분쟁에 대한 예방적 기능을 수행할 수 있게 된다.

5. 이 사건의 판단

원심이 인용한 제1심판결의 인정 사실을 종합하면, 기독교대한성결교회 신서교회는 기독교대한성결교회 소속의 지교회이고 소외인은 그 담임목사로 재직해 오던 중 당회 구성원인 장로들과 갈등을 빚자 임의로 기획위원회를 조직하여 교회를 운영하였고 이로 인하여 소속 교단의 징계재판을 받을 지경에 이르자 2001. 8. 26. 지지 교인들을 모아 소속 교단을 탈퇴하여 독립교회를 설립하되 명칭을 피고 교회로 하기로 결의하였으며(기독교대한성결교회 강서지방회는 2001. 10. 11. 소외인에 대하여 면직판결을 하고 후임 목사를 파송하였다.) 피고 교회는 2001. 11. 21. 기독교대한성결교회 신서교회 명의로 등기되어 있던 판시 교회 건물 및 대지 등에 관하여, 실제로는 피고 교회가 이를 매수한 적이 없음에도 위 교회 당회의 결의서 등 관련 서류를 임의로 작성하여 자신의 명의로 소유권이전등기를 마쳤음을 인정할 수 있다.

그렇다면 종전 교회는 기독교대한성결교회 교단에 소속된 지교회인데, 소외인이 지지 교인들 일부를 이끌고 소속 교단을 탈퇴하여 독립 교회를 설립하였다고 할지라도, 특별한 사정이 없는 한 이는 일부 교인들이 집단적으로 종전 교회를 이탈한 것에 불과하고, 위 교단 소속으로 잔류하기를 원하는 교인들로 구성되고 교단이 파송한 목사가 재직하고 있는 원고 교회가 종전 교회로서의 동일성을 유지하면서 존속하는 교회라고 할 것이다.

그리고 기록을 살펴보아도 교단 탈퇴를 결의한 2001. 8. 26.자 교인총회가 총회소집통지 등 소집절차에 있어서 소속 교단 헌법 등에 정하여진 요건을 준수하였다거나 결의권자의 2/3 이상이 동의하였다고 인정할 자료가 부족하다.

따라서 원심으로서는 위 2001. 8. 26.자 총회가 소정의 절차를 갖추어 소집되었는지 여부 및 교단탈퇴를 결의한 교인이 적법한 결의권자의 2/3에 이르는지 여부를 더 심리한 다음 위의 요건이 인정되지 아니하는 이상, 소속 기독교대한성결교회 헌법에 정하여진 바에 따라 2001. 12. 2. 담임목사와 3명의 장로가 참석한 당회에서 소제기를 결의한 이 사건에서 원고를 종전 교회로 인정하고 소제기에 관한 적법한 총회결의를 거친 것으로 보아야 함에도 불구하고, 변경 전 판례에 기초하여 종전 교회가 소외인을 당회장으로 하는 피고 교회와 잔류 교인들로 구성된 원고 교회로 분열되었다고 판단하고 총유권자인 분열 당시 교인들의 총회 결의가 존재하지 않으므로 분열 후의 원고 교회가 종전 교회의 총회 재산에 대한 말소를 청구할 수 없다는 이유를 들어 위 등기의 효력에 관하여는 아무런 판단을 하지 아니한 채 이 사건 청구를 배척하였으니, 원심의 판단에는 교회 분열 개념의 허용 여부 및 교단변경의 요건, 등기의 효력에 관한 법리오해, 심리미진 등의 위법이 있다. 원고의 상고 이유 주장은 이유 있다.

그러므로 원심판결을 파기하여 사건을 다시 심리·판단하도록 하기 위하여 원심법원에 환송하기로 하여 주문과 같이 판결하는바, 이 판결에 대하여는 대법관 손지열, 대법관 박재윤, 대법관 김용담, 대법관 박시환, 대법관 김지형의 별개의견과 대법관 강신욱의 반대의견이 있는 외에는 관여 대법관들의 의견이 일치되었으며, 대법관 김영란의 다수의견에 대한 보충의견이 있다.

6. 대법관 손지열, 대법관 박재윤, 대법관 김용담, 대법관 김지형의 별개의견은 다음과 같다.

가. 법인이 아닌 사단의 법률관계에는 민법의 법인에 관한 규정 중 법인격을 전제로 하는 조항을 제외한 나머지 조항이 원칙적으로 유추적용된다는 점, 민법이 사단법인의 경우 구성원의 탈퇴나 해산은 인정하지만 분열은 인정하지 아니하므로 법인이 아닌 사단인 교회의 경우에도 이러한 법리가 그대로 유추적용되어 교회의 분열은 인정되지 않는다는 점, 따라서 일부 교인들이 교회를 탈퇴하여 그 교회 교인으로서의 지위를 상실하게 되면 설령 그 탈퇴가 집단적인 것이라고 하더라도 탈퇴와 더불어 종전 교회의 재산에 대한 사용·수익권을 상실하고 종전 교회는 잔존 교인들로 그 실체의 동일성을 유지하면서 존속하며 종전 교회의 재산은 그 교회에 소속된 교인들의 총유로 귀속된다는 점, 교인들이 그 뜻을 모아서 소속 교단을 변경하는 것은 원칙적으로 가능하다는 점에 관하여는 다수의견과 견해를 같이한다.

그러나 교단에 소속된 교회의 교단 변경을 사단법인의 목적 변경과 유사하다고 보고 사단법인의 정관변경에 관한 민법 제42조 제1항을 유추적용하여 의결권을 가진 교인 2/3 이상의 동의가 있으면 된다고 한 견해에는 찬성할 수 없다.

나. 교회는 본질적으로 같은 기독교 신앙을 기초로 하는 교인들의 모임인 신앙공동체이고, 신앙공동체인 교회의 본질적이고도 핵심적인 요소는 공동의 신앙원칙 내지 신앙고백의 내용인 '교리'와 공동의 신앙적 행위양식인 '예배'라고 할 것이며, 교회의 사단성이란 이러한 신앙공동체 가운데 존재하는 사회단체적 측면의 성격을 법적으로 평가한 데 불과한 것이다. 한편 교단은, 신앙원칙 내지 신앙고백의 내용인 '교리'와 신앙적 행위양식인 '예배'라는, 본질적이고도 핵심적인 요소를 공통으로 하고 있는 여러 교회들이, 대외적 선교와 대내적 교회행정을 공동으로 행할 목적으로 연합하여 조직한 상급 종교단체라고 할 것이다.

그러므로 교회가 그 소속 교단을 변경하는 것은, 신앙공동체라는 관점에서 볼 때, 단순히 교회가 사단으로서의 활동목적이나 명칭을 변경하는 수준에 그치는 것이 아니라, 교회 존립의 핵심요소인 교리의 내용이나 신앙의 표현인 예배의 양식에 변경을 초래함은 물론 선교와 교회행정에 관한 공동노선과 활동체제에 근본적 변화를 일으키는 것으로서, 이는 신앙공동체인 교회의 정체성과 동일성에 중대한 영향을 미치는 것으로 평가하여야 한다. 그리고 법적인 관점에서 보더라도, 교회가 소속 교단을 변경한다는 것은 교회가 종전 교단에 소속해 있으면서 단지 사단법인의 정관에 준하는 성질을 가지는 자치규범이나 그 활동목적을 변경하는 정도에 그치는 것이 아니라, 종전 교단에 소속하였던 교회의 교인들이 그 교회를 해체하고 새로운 교단에 소속된 교회를 새롭게 조직하는 데 이르는 것으로 평가하여야 할 것이다.

교단변경의 성격을 이와 같이 평가한다면, 교회의 소속 교단의 변경에 관하여는 사단법인의 정관변경에 관한 민법 제42조 제1항을 유추적용할 것이 아니라 사단법인의 해산결의에 관한 민법 제78조를 유추적용함이 옳고, 따라서 교회는 교회의 규약 등에 정하여진 적법한 소집절차를 거친 총회에서 의결권을 가진 교인 3/4 이상의 동의를 얻은 경우에 한하여 적법하게 소속 교단을 탈퇴하거나 변경할 수 있다고 보는 것이 옳다. 근래 일부 교단이 분열을 거듭한 나머지 교리와 예배에 있어서 그다지 차이가 없는 교단들이 다수 생겨나게 된 것은 부인할 수 없으나, 그렇다고 하여 교회가 교단을 옮겨가는 행위를 일반 사단법인의 목적이나 정관을 변경하는 정도로 다소 가볍게 평가하는 것은 옳지 않다.

다. 다수의견에 따라, 적법한 소집절차를 거친 총회에서 의결권을 가진 교인 2/3 이상의 동의로 소속 교단을 변경하는 것이 가능하다고 보면, 대법관 강신욱의 반대의견과 대법관 박시환의 별개의견이 지적하는 바와 같이, 1/3가량에 달하는 소수 교인의 신앙의 자유를 침해하거나 재산권을 박탈하게 되는 불합리한 결과가 초래될 우려가 있고, 교리와 예배에 관련되는 신앙공동체의 의사결정에 관하여 일반 사단법인에 적용되는 다수결의 원리를 그대로 적용하는 것이 적절하지 않다고 볼 측면이 있는 점은 부정할 수 없는데, 우리의 의견과 같이 교회의 소속 교단 변경에 민법 제78조를 유추적용하여 의결권을 가진 교인 3/4 이상의 동의를 얻은 경우에만 적법하게 그 소속 교단을 변경할 수 있다고 보게 되면, 이러한 문제점이 다소 완화될 수 있을 것이다.

라. 이 사건으로 돌아와 보건대, 원심이 인정한 사실에 의하면, 종전 교회인 기독교대한성결교회 甲교회는 기독교대한성결교회라는 교단에 소속된 교회인데 그 담임목사로 재직하여 오던 소외인이 2001. 8. 26. 지지 교인들 일부를 이끌고 소속 교단을 탈퇴하여 독립 교회인 피고 교회를 설립하였는바, 교단 탈퇴를 결의한 위 2001. 8. 26.자 교인총회가 소속 교단 헌법 등에 정하여진 소집절차를 거쳤고 그 총회에서 의결권을 가진 교인 3/4 이상의 동의를 얻은 사실이 인정되지 아니하는 한, 이는 집단적으로 종전 교회를 이탈한 것에 불과하고, 위 교단 소속으로 잔류하기를 원하는 교인들로 구성되고 교단이 파송한 목사가 관장하고 있는 원고 교회가 종전 교회로서 실체의 동일성을 유지하면서 존속하는 교회라고 할 것이다.

그러므로 원심으로서는 위 교인총회가 소정의 절차를 갖추어 소집되었는지 여부 및 교단탈퇴를 결의한 교인이 적법한 결의권자의 3/4에 이르는지 여부를 더 심리하여 위와 같은 요건을 갖춘 사실이 인정되지 않는 경우에는 원고 교회를 종전 교회로 인정하고 소제기에 관한 적법한 총회결의를 거친 것으로 보았어야 할 것이다. 그럼에도 불구하고, 원심이 이에 이르지 아니한 채 변경 전 판례에 따라 종전 교회가 분열되었다고 판단하고 총유권자인 분열 당시 교인들의 총회결의가 없었다는 이유를 들어 이 사건 청구를 배척하고 말았으니, 원심의 판단에는 교회 분열 개념의 허용 여부 및 교단변경의 요건 등에 관한 법리를 오해한 위법이 있다.

마. 따라서 원심판결은 이러한 위법 때문에 파기되어야 하는바, 같은 취지인 다수의견의 결론에는 찬성하나, 그 파기의 이유에 있어서는, 교단에 소속된 교회의 소속 교단의 변경은 사단법인의 해산과 유사한 성격을 지니므로 사단법인의 해산에 관한 민법 제78조를 유추적용하여야 한다는 점에서 다수의견과 견해를 달리하는 것이다.

7. 대법관 박시환의 별개의견은 다음과 같다.

가. 그동안 대법원은 일관되게 교회의 분열을 인정하면서 이 경우 종전 교회의 재산은 분열 당시 교인들의 총유에 속한다는 견해(총유설)를 유지하여 왔고, 이에 대하여는 교회의 분열은 인정하되 종전 총유단체인 교회에 속한 재산은 분열 후 총유단체인 각 교회의 공유로 되고 분열된 각 교회 내부적으로는 각 교회에 소속된 교인들에게 총유의 형태로 귀속된다고 보는 견해(공유설) 및 민법상 사단법인의 분열이 인정되지 않는다고 보아 교회 역시 법적 의미에서의 분열은 허용되지 않고 종전 교회의 교인들의 총유에 속하였던 모든 재산은 종전 교회와 동일성을 유지하면서 존속하는 교회의 교인들의 총유로 계속 남는다는 견해(분열 부정설) 등 이견 이 대립되어

왔다.

나. 이 사건에서 교회의 분열을 부정하는 다수의견은, 일부 교인들이 별도의 교회를 설립하거나 교단을 변경하여 따로 예배를 보는 등 사태가 발생한 경우 이를 그 교인들이 종전의 교회를 탈퇴하여 종전 교회 교인으로서의 지위를 상실하는 것으로 보고, 그들은 탈퇴와 더불어 종전 교회 재산에 대한 일체의 권리를 상실하고 종전 교회는 종전 교단에 소속되어 있는 상태로서 동일성이 유지되고 종전 교회의 재산은 그 교회에 소속된 교인들의 총유로 귀속되나, 다만 사단법인 정관변경에 관한 민법 제42조 제1항을 유추적용하여 교회의 규약 등에 정하여진 적법한 소집절차를 거친 총회에서 의결권을 가진 교인 2/3 이상의 결의로 소속 교단을 탈퇴, 변경할 수 있고, 이 경우 종전 교회의 실체는 교단을 탈퇴한 교회로서 존속하고 종전 교회 재산은 그 탈퇴한 교회 소속 교인들의 총유로 귀속된다는 입장이다.

즉, 교단변경 결의에 찬성한 교인이 의결권을 가진 교인의 2/3에 이르지 못하는 경우 교단변경 결의에 찬성하고 나아가 종전 교회를 집단적으로 탈퇴하거나 다른 교단에 가입한 교인들은 교인으로서의 지위와 더불어 종전 교회 재산에 대한 권리를 상실하는 것이고, 반대로 교단변경 결의가 이루어진 경우 그 결의에 반대한 교인들이라 하여도 교인으로서의 지위 상실은 그의 자유의사에 의하여 결정되므로, 그 교회 소속의 다른 교인들과 협의를 하는 등의 방법을 통하여 자신들의 의견에 동의하는 다수의 교인들을 확보하여 2/3 이상의 교단변경 결의 요건을 갖춘 경우에는 종전 교단으로 복귀할 수도 있다는 견해를 취하고 있다.

다. 그러나 다음과 같은 이유로 다수의견과는 견해를 달리한다.

우선, 우리 민법이 사단법인의 분열을 허용하고 있지 않다는 다수의견의 견해에 찬성할 수 없다. 우리 민법이 사단법인의 분열에 관하여 아무런 규정을 두지 않고 있기는 하나, 사단법인의 분열에 관한 규정이 없다고 하여 우리 민법이 사단법인의 분열을 금지하고 있는 취지라고 단정할 것은 아니다. 우리 민법 중 사단법인에 관한 규정은 사단법인을 규율하기 위하여 필요한 최소한의 내용만을 규정해 둔 것이고, 그 나머지 부분은 사적자치에 맡겨 사단법인의 본질에 반하거나 제3자의 이해관계를 해치지 않는 한 사단법인의 구성원들과 당사자 사이에서 임의적으로 결정할 수 있도록 허용하고 있는 것이라고 해석하여야 할 것이다.

따라서 우리 민법이 사단법인의 분열을 특별히 금지하지도 아니하였고 또 사단법인의 분열을 금지하여야 할 특별한 이유도 보이지 않으므로 사단법인의 분열은 우리 민법 하에서도 허용되는 것이라고 보아야 한다. 실제로도 사단법인의 구성원들이 결의나 합의에 의하여 자발적으로 사단법인을 분할하고(이 경우 법인 설립 또는 정관변경의 경우에 준하여 주무관청의 허가를 받아야 할 것이다) 각자의 의사에 따라 분열된 사단법인 중 한 쪽의 구성원으로 남기로 하는 경우 굳이 이를 불법이라고 금지하여야 할 이유는 없다. 그리고 이와 같이 사단법인 구성원들의 자발적 결의에 의한 사단법인의 분열이 가능하다면, 구성원들의 자발적 의사에 기인하지는 않았으나 다른 어떠한 사정으로 인하여 사단법인이 사실상 분열된 상태가 초래되어 하나의 사단으로 회복될 가능성이 없어진 경우 그 상태를 그대로 기정사실로 인정하여 사단법인이 분열된 것으로 보아 법률관계를 정리하는 것 또한 굳이 허용되지 않는 것이라고 할 것은 아니다.

교회 분열은 한 개의 교회가 교리나 예배 방식에 대한 견해 대립, 교회 재산 또는 교회 운영의 주도권 쟁탈 등을 원인으로 분쟁이 계속되다가 급기야는 목사와 교인들이 두 집단으로 나누어져 서로 완전히 별개의 교회가 양립하는 것과 같은 상태로 되는 것으로서, 이는 하나의 단체가 둘로 분열된 것으로 보는 것이 실질에 맞는 것이고, 그 중 한 쪽의 교인들이 개별적 또는 집단적으로 탈퇴하는 것과는 그 의미와 법적 평가에 있어서 전혀 다른 사회적 현상임에도 다수의견은 이를 교인들의 개별적 또는 집단적 탈퇴로 구성함으로써 본질에 어긋나는 평가를 하고 있다.

그러므로 민법상 사단법인의 분열이 허용되지 않으므로 그 법리가 법인 아닌 사단에 있어서도 동일하게 적용되어야 하고, 그 결과 교회에 있어서도 분열이 허용될 수 없다는 다수의견의 논리에는 찬성할 수 없다.

라. 다수의견과 같이 교회의 분열을 허용하지 아니하고 종전 교회의 재산은 그 동일성을 유지하며 존속하는 교회에 전부 귀속하며, 이와 반대 입장에 서는 나머지 교인들은 잔류 또는 탈퇴 중 하나만을 선택할 수 있다고 보는 경우 아래와 같은 여러 가지 점에서 불합리한 결과가 나타난다.

(1) 우리나라 교단의 숫자가 수십 또는 수백 개에 달하는 것으로 보아 교회 분열 또는 교단변경의 원인이 되는 교리의 차이는 그리 핵심적인 부분은 아닐 것으로 짐작되고, 대다수 교회 분열의 주된 원인은 교회 재산 또는 교회 주도권을 둘러싼 분쟁에 있는 것으로 보이는바, 다수의견은 교단변경 결의가 이루어진 경우 그 결의에 반대하였던 교인들 또는 2/3 이상 찬성을 얻지 못하여 교단변경 결의에 실패한 경우 그 결의에 찬성하였던 교인들은 자신의 선택에 의하여 잔류 또는 탈퇴를 할 수 있다고 보는데, 여기에서 잔류의 의미는 신앙이나 교리, 교회 지도자나 운영 주도권에 관한 주장을 포기하고 자신의 신념에 반하는 다른 신앙생활을 따를 것을 강요받는 것에 다름 아니므로 그 교인으로서는 자신의 신앙을 올바르게 수행하기 위해서는 진의와 무관하게 종전 교회로부터의 탈퇴를 선택할 수 밖에 없다고 할 것이고 결국 종전 교회 소유 재산에 대한 총유재산권을 박탈당하게 되는 결과가 초래된다. 이는 결국 다수자에 의한 소수자의 재산권 박탈로서 다수결로 결정할 수 있는 한계를 넘어가는 것이다. 더구나 종전 교회와 대립되는 교인 집단의 숫자가 전체의 반수를 넘어가지만 2/3에까지는 이르지 못하는 경우에는 소수의 교인들로 존속하게 되는 종전 교회가 반수를 넘는 다수 교인들의 재산권을 박탈하고 교회로부터 축출하는 결과가 되어 그 불합리성이 너무 심하게 된다.

(2) 신앙적 측면에서 볼 때에도, 교인 중 상당수가 교단의 변경을 원하는 경우 교단변경을 원하는 교인의 숫자가 2/3를 넘지 못할 때에는 종전 교회의 실체는 종전 교단에 소속되어 있는 상태로서 유지되고 교단변경을 원하는 교인들이 탈퇴할 수 밖에 없는데, 이와 같은 경우에는 교단의 소속 지교회에 대한 지배력이 필요 이상으로 강화되게 되는 부작용이 생길 뿐 아니라, 교인들의 신앙공동체 및 신앙생활 근거지로서의 교회의 의미가 축소되어 비교적 사소한 교리상의 이견으로 인하여 다수 교인들, 경우에 따라서는 반수가 넘는 교인들이 신앙공동체와 신앙생활 근거지에서 축출되는 불합리한 결과가 생긴다.

(3) 다수의견은 교단에 소속된 지교회의 교단변경이 정관의 변경에 해당한다는 측면에서 교인 2/3 이상의 결의로 소속 교단을 탈퇴, 변경할 수 있다는 입장이나, 교단을 변경하지 않는 교회 분쟁이나 아무 교단에도 소속되지 않은 독립교회의 분쟁에 있어서는 어떤 기준에 의하여 종전 교회의 동일성을 유지하는 교회를 확정할 것인지에 대한 설명이 없어 그 경우 분쟁해결에 아무런 도움이 되지 못하고, 만일 교단에 소속된 지교회의 경우와 동일하게 2/3 이상 결의를 요구하는 것이라면 정관변경에 관한 2/3 이상 의결정족수를 기준으로 삼는 근거를 설명할 수 없다.

(4) 교단변경 결의가 이루어진 경우 잔류 교인들의 입장에서는 종전 교회로부터 이탈하고자 한 의사와 행동이 전혀 없었음에도 종전 교회가 교단을 탈퇴한 교회로서 동일성을 유지하며 존속하게 됨으로써 자신의 의사와 전혀 관계없이 종전 교회로부터 탈퇴할 수 밖에 없게 된다는 점에서, 이는 실질적으로 탈퇴를 강요하거나 제명을 하는 것에 해당한다고 볼 것이다.

또한, 교회 분쟁의 해결 방법으로 새로운 대표자(목사)의 선임이나 기존 대표자(목사)의 해임, 구성원(교인)의 제명 등의 방법을 실제로 취할 수가 있을 것인바, 그 경우 교회 규약 등에 대표자 선임·해임, 구성원 제명에 관한 의결정족수가 따로 정하여져 있으면 그에 의하여야 할 것이고, 따로 정족수의 정함이 없다면 구성원 과반수의 출석과 출석 구성원 과반수 찬성에 의하여 이를 의결할 수 있게 될 것인데, 이와 같은 경우 다수의견이 교회 분열의 해결방법으로 제시하는 2/3 정족수의 기준과 대표자의 선임·해임, 구성원의 제명 등에 관한 의결정족수가 다를 때에 어느 정족수가 기준이 되는지에 관하여 혼란과 충돌이 초래될 수 있다.

(5) 다수의견이 제시하는 기준은 교회 분열을 해결하는 실질적 방법으로 되기 어렵다.

다수의견은 교회 분열 자체를 허용하지 아니한 채, 이탈되어 나가는 교인의 숫자가 2/3 이상을 확보하느냐 여부에 따라, 이를 확보한 경우에는 그 확보한 교인 집단에게 교회 재산과 운영에 관한 권리 전부를 주게 되므로 그 반대 집단(종전 교회 잔류 집단)에게는 종전 교회에서 갖고 있던 일체의 권리를 포기하게 하거나 신념에 반하는 신앙생활을 할 것을 강요하게 되며, 반대로 이탈한 교인 집단이 2/3 이상을 확보하지 못한 경우에는 그 숫자가 아무리 많고 심지어 반수를 넘는다 하더라도 역시 같은 결과가 된다. 교회 분쟁의 상당수가 실제로는 교회 재산을 둘러싼 분쟁인 점을 고려하여 볼 때에 위와 같은 결론을 받아들이고 순순히 물러날 교인 집단이 얼마나 될지 의문이다.

또한, 교인의 탈퇴 여부는 교인의 탈퇴 의사표시가 있는 경우 또는 교인이 다른 교단의 예배를 수행하는 등 그 행태에 의하여 탈퇴의 의사를 추단할 수 있는 경우를 기준으로 판단할 수 밖에 없을 것인데, 교회가 사실상 분열되어 교단변경 결의가 이루어진 경우의 소수 반대 교인들 및 결의가 이루어지지 못한 경우의 찬성 교인들이 종전의 신앙공동체로부터 완전히 분리된 별도의 신앙공동체를 구성하거나 명시적으로 탈퇴의 의사표시를 하지 않는 이상 위 교인들의 탈퇴 여부를 판단하는 것은 매우 어렵다고 할 것이다. 실제로 이들이 종전 교회의 구성원으로 남아 교회 재산과 교회 운영에 권한을 행사하겠다고 주장하는 경우 이를 강제로 배제시키는 것이 현실적으로 가능할 것인지 의문이고, 결국 교인들 간의 분쟁은 여전히 해결되지 않은 채 내재적으로 계속된다고 볼 수 밖에 없을 것이다.

(6) 다수의견은 2/3 이상 결의를 하는 방법으로 교회의 적법한 소집절차를 거친 총회에서의 결의를 요구하고 있다. 그러나 교회가 사실상 분열될 정도로 분쟁이 격심한 상황에서 교회 분열(교단의 변경)을 의결하기 위한 총회의 소집을 허용해 줄 소집권자는 아무도 없을 것이다. 물론 법원에 총회 소집허가를 받아 총회를 소집하는 방법이 있다고는 하나, 그러한 방법으로 개최된 총회가 전체 교인들의 총의를 제대로 반영하는 효과적인 분쟁해결 방법으로 작동할 것을 기대하기는 어려울 것이다.

다수의견의 위와 같은 엄격한 요구는 사실상 분열되어 별개의 단체로 존재하고 있는 사회적 현상에 대하여 빠르고 적절한 분쟁해결 방법의 사용을 어렵게 하는 대신 분쟁 자체를 억지로 눌러 막아두거나 과도한 양보를 강요하는 바람직하지 못한 상황으로 연결될 가능성을 배제할 수 없다.

마. 이상 살펴본 바와 같이 다수의견에는 여러 가지 문제점이 있어 이를 따를 수 없고, 분열되어 실재하는 사회현상을 그대로 존중하여 교회의 분열을 인정하는 전제하에서 교회 분쟁을 설명하는 법리를 구성하는 것이 타당할 것이다.

나아가 교회의 분열을 허용하는 경우에도, 교회의 분열은 하나의 교회가 별개의 각 교회로 분열함으로써 종전 교회는 소멸하여 존재하지 않게 되는 것이라는 점에서, 종전 판례의 입장과 같이 종전 교회에 속한 권리의무가 분열 당시 교인들의 총유에 속하게 되는 것으로 볼 것이 아니라, 분열된 각 교회에 공유적 형태로 분리하여 포괄승계 되는 것으로 볼 수 밖에 없을 것이고(채무는 분열된 각 교회가 부진정연대의 관계로 부담하는 것으로 보아야 할 것이다), 각 교회의 공유지분 비율은 분열 당시 분열된 각 교회의 등록된 세례교인의 수에 의하여 결정되는 것이 합리적이라고 할 것이다.

이에 대하여는 공유관계의 성립이나 포괄적 승계를 인정할 수 있는 법적 근거가 없다거나 세례교인의 수를 파악하는 것이 현실적으로 매우 어렵다는 비판이 있으나, 교회 분열을 허용하는 이상에는 권리의무의 포괄적 승계를 허용하는 것이 가장 자연스러울 것이며, 공동소유의 형태 중 공유관계로 법리를 구성하는 것이 분열되는 각 교회 교인들 사이의 형평에 가장 부합하는 것으로 보이는 점, 공유물분할 등 공유관계에 의한 법리에 의하여 교회 재산의 귀속에 관한 분쟁을 최소화하고 신속한 해결을 도모할 수 있는 한편 소수 교인들의 지위도 보호할 수 있는 점, 그리고 사찰의 경우와 달리 교회에 등록된 세례교인의 수를 파악한다는 것이 불가능한 것은 아닌 점 등을 참작하면 위와 같은 비판은 수긍할 수 없다.

바. 결국 종전 판례의 입장 중 교회 분열시의 재산귀속에 관한 부분은 변경되어야 할 것인바, 이 사건에서 원심이 종전 교회인 기독교대한성결교회 甲교회가 원고 교회와 피고 교회로 분열된 것으로 인정한 이상, 원심으로서는 분열 당시의 전체 세례교인 수와 원·피고 쌍방 교회에 속한 세례교인 수를 조사하여 각 교회의 공유지분을 확정한 다음, 이 사건 부동산에 관하여 피고 앞으로 마쳐진 소유권이전등기 중 원고 교회의 지분에 해당하는 만큼은 소유권이전등기 말소청구를 인용하였어야 할 것이다.

따라서 원심판결은 이러한 위법 때문에 파기되어야 할 것이고, 다수의견 역시 이와 결론을 같이 하여 그 결론에는 찬성하나 파기의 이유에 관하여는 견해를 달리하므로 별개의견을 밝히기로 한다.

8. 대법관 강신욱의 반대의견은 다음과 같다.

우리 사회에 존재하는 법인 아닌 사단은 존립목적과 형태, 구성원 상호간의 관계 및 결속도, 사단 재산의 형성 경위 등에 따라 다종다양하여 단일한 법리로 규율되기 어렵고 민법에서도 이에 관하여 별도의 규정을 두고 있지 않다. 다수의견이 원용하는 대법원 1992. 10. 9. 선고 92다23087 판결 등 종전 판례도 단체의 특성에 반하지 아니하는 범위 내에서 사단법인에 관한 민법의 관련 규정을 유추적용한다는 것일 뿐 단체의 특성에 따라 별도의 법리가 적용되는 것을 부정하는 취지로 해석되지 아니한다.

대법원은 반세기가 넘는 기간 동안 일관하여 교회의 분열을 허용하고 이 경우 교회 재산은 분열 당시 교인들의 총유에 속한다는 법리를 판시하여 왔는바, 종전 판례가 각종의 법인 아닌 사단 중 오직 교회에 대하여만 분열 개념을 허용하고 분열 전 교인들의 총유권을 인정해 온 것은, 교회가 본질적으로 같은 기독교 신앙을 기초로 하는 교인들의 모임인 신앙단체로서 교인들이 신앙노선의 차이에서 별도로 예배주관자를 두고 그의 인도하에 종교활동을 하거나 소속 교단을 달리하는 집단으로 나누어진 경우에는 더 이상 신앙단체로서의 본질적 기초를 같이 할 수 없으므로 분열되었다고 평가할 수 밖에 없다는 점을 직시하고 나아가 교회 재산은 대체로 소속 교인들의 헌금을 기초로 형성되므로 설령 일부 교인들이 종전 교회를 탈퇴한다고 할지라도 탈퇴한 교인들이 종전 교회 재산 형성에 기여한 이상 그 재산에 대한 총유권자로서의 지위, 즉 사용·수익권을 보장해 주어야 한다는 점에서 비롯된 것이다.

그렇다면 종전 판례가 민법상 사단법인에 관한 규정 또는 법인 아닌 사단에 관한 법리와 모순된다고 볼 수 없으며 오히려 교회 운영의 실제를 반영하고 있는 이상 종전의 확고한 판례를 변경하여야 할 아무런 필요성이 없다고 할 것이다.

나아가 다수의견에 따를 경우 소수자의 종교의 자유를 침해하는 문제점이 발생한다는 점을 지적하고자 한다.

모든 국민은 종교의 자유를 가지는바(헌법 제20조 제1항) 여기에는 자신이 신봉하는 교리에 따라 종교활동을 할 자유가 포함되므로 특정 교단에 소속된 지교회의 교인들은 자신의 의사에 반하여 다른 교리를 신봉하는 교단으로 옮길 것을 강요당하지 않을 권리를 가진다고 할 것이다.

그런데 다수의견에 따르면 교인들은 어떠한 명목으로든, 예컨대 목사의 전횡이나 비리를 용납할 수 없어 집단적으로 교회를 이탈하는 경우에도 2/3 이상이 되지 않는 한 교회 재산에 대한 사용·수익권이 박탈됨으로써 그 교인들은 교회 건물에 출입할 수조차 없다는 것이고, 다른 한편 교인의 2/3 이상의 동의를 얻기만 한다면 얼마든지 종전 교단을 박차고 나가 다른 교단에 가입할 수 있고 이러한 분파 행동에 참여하기를 거절하고 종전 교단 소속으로 잔류하기를 희망하는 나머지 1/3 이하의 교인들은 자신들이 종전 교회의 정통성을 지키고 있다고 믿고 있음에도 불구하고 종교의 신념을 꺾지 아니하는 이상 역시 교회 재산에 대한 사용·수익권을 박탈당한다는 결과에 이르게 되는바, 이러한 결과는 명백히 소수자의 종교의 자유를 침해하는 것으로 용인하기 힘든 것이라 아니할 수 없다.

또한, 다수의견에 따를 경우 교회는 교인 2/3 이상의 지지를 받는 권력자에 의하여 그 운명이 좌지우지되고 그 권력자는 자신을 반대하는 소수 교인들을 교회에서 내쫓을 수 있을 뿐 아니라 나아가 위 요건을 갖추어 타 교단에 가입하였다가 마음에 차지 않으면 그 중 2/3 결의로 또 탈퇴할 수 있어 교회의 분열을 조장하고 법률관계를 혼란에 빠뜨릴 우려가 있다.

다수의견은 다수결의 원리를 기본으로 하는 민법상 사단법인의 법리를 신앙단체인 교회에도 그 특성을 무시한 채 수용함으로써 교리 및 예배에 관한 소수 교인들의 종교의 자유를 침해하게 될 뿐만 아니라 오히려 다수자에 의한 교회의 분열을 조장하는 결과가 되므로 교회가 분열되었더라도 분열 당시 교인들은 여전히 교회 재산의 총유권자로서 사용·수익권을 보유하고 나아가 그 분열 당시 교인들로 구성된 총회의 결의를 거치지 아니하는 이상 교회 재산을 처분할 수 없게 함으로써 개별 교인들의 권리를 보장하여야 할 것이다.

다수의견은 종전의 판례가 교회재산을 둘러싼 분쟁에 있어 실질적인 해결기능을 발휘하지 못하는 폐단이 있다는 입장에 기초하고 있고 거기에 경청할 부분이 있다는 점은 부정하지 아니하나, 이는 향후 구체적인 사건에서 교회 분열의 허용요건을 보다 엄격하게 해석하고 교인들의 총의에 의하여 분열 후의 교회재산에 대한 합리적 처리를 보다 쉽게 할 수 있도록 총회에서 의결권을 가지는 교인의 범위, 총회의 소집권자와 소집방법, 회의방식 등을 구체적으로 제시하는 방향으로 판례이론을 발전시켜 나감으로써도 충분히 해결할 수 있을 것이라고 본다. 따라서 다수의견처럼 교회의 분열이라는 현상을 부정하는 방향으로 종전 판례를 변경할 것이 아니라, 일단 종전 판례를 유지하고 분열 후 종전 교회의 재산에 관한 권리관계 내지 법률관계를 합리적으로 규율할 수 있는 법리를 찾아내고 발전시켜 나가는 것이 바람직하다고 믿는다.

이상의 이유로 교회의 분열과 재산 귀속에 관한 종전의 판례는 유지되어야 하고, 이를 변경하여야 한다는 다수 의견에는 찬성할 수 없다. 그렇다면 종전 판례에 따른 원심판결은 유지되어야 할 것이다.

9. 대법관 김영란의 다수의견에 대한 보충의견은 다음과 같다.

가. 종전 판례가 교회를 법인 아닌 사단이라고 보면서도 분열을 허용하고 그 경우의 재산관계에 대해서는 법인 아닌 사단의 일반 법리를 그대로 적용하지 않고 변형시켜 적용해 온 데에 대해서는 명확한 이론적 근거가 밝혀져 있지 않다. 연혁적으로 보면 합유나 총유의 규정이 별도로 존재하지 않았던 구 민법 당시에 선고된 대법원 1957. 12. 13. 선고 4289민상182 판결 및 대법원 1958. 8. 14. 선고 4289민상569 판결은 교인들의 연보·헌금 등으로 형성된 교회 재산은 교회가 분열되더라도 원칙적으로 분열 당시 교인의 합유라고 판시함으로써 재산형성에 기여한 개별 교인의 권리를 중시하는 듯한 취지가 엿보였고 합유나 총유규정이 명시된 제정민법이 시행된 이후에도 교회가 분열된 경우에는 여전히 합유라고 판시해 오면서(대법원 1973. 1. 16. 선고 72다2070 판결 등 참조) 분열과 무관한 사건에서는 교회재산은 교인들의 총유라는 판시도 보이다가 대법원 1971. 2. 9. 선고 70다2478 판결에서 처음으로 교회의 분열의 경우 그 재산은 그 교회 교인의 총유에 속한다고 판시하였고 같은 취지의 대법원 1976. 2. 24. 선고 75다466 판결 이후에는 교회가 분열되었다면 그 부동산은 특별한 사정이 없는 한 분열될 당시 교회신도들의 총유라는 판시가 확립된 채 현재에 이르게 되었음을 알 수 있고, 이로 미루어 볼 때 판례가 총유설로 전환하면서도 다수의견에서 들고 있는 바와 같은 사회경제적 필요성 등 여러 요청을 중시하여 합유설을 채택할 당시의 이론을 여전히 좇은 결과 '분열 당시 합유지분권자인 교인'에게 귀속되었다고 한 교회재산이 '분열 당시 총유권자인 교인'에게 귀속된다고 바뀌게 된 것이 아닌가 짐작될 뿐이다.

이와 같은 판례의 태도에 대하여는 구성원의 개성이 매몰되는 단체법의 이론을 간과하였다거나 분열과 탈퇴 내지 이탈의 구별이 모호하다든가 하는 지적 및 판례이론을 적용한 결과 실제 구성원과 총유권자가 분리되는 결과를 낳고, 종전 교회가 동일성을 달리하는 2개의 교회로 분열되면서도 여전히 재산의 귀속주체로서는 존재한다는 법률상태를 허용하게 되었다는 이론적인 문제뿐 아니라, 사실상 분열 당시 교인들의 총회에서 어떤 결의를 하는 것도 불가능하고 교회재산의 사용·수익도 분열된 각 교회가 상대방의 사용·수익을 방해하지 않는 범위 내에서 종전 교회의 재산을 사용·수익할 수 있다고 하지만 실제로 교회건물 외에도 목사의 사택, 채권채무 등 구체적인 재산의 사용·수익을 어떤 방법으로 할 것인지에 대한 해결책은 찾을 수 없는 상태로 방치되게 되었다는 등의 현실적인 문제점이 드러났다. 이에 관하여는 이미 다수의견에서 자세하게 지적되었으므로 더 이상의 언급을 피하되, 종전 판례에 의한 결론이 사실상 교회 내부의 분쟁에 대하여 간섭하지 아니하고 당사자 사이에서 자율적인 해결을 촉구한다는 것이 지나쳐서 실제의 분쟁을 해결함에 있어 분쟁을 해결하는 기능을 방기하여 버렸고, 교회에 한하여 단체법의 기본원리와 다른 여러 이론을 적용할 당위에 대해서도 설득력을 잃게 된 이상 법인 아닌 사단의 일반 이론에 따라 교회의 재산 귀속에 대하여 판단하고 이로써 법률적으로 분쟁을 해결하도록 하여야 한다는 점만을 다시 지적하기로 한다.

나. 별개의견 중 교단변경에 교인 3/4 이상의 결의를 필요로 한다는 견해는, 교단변경의 요건을 보다 엄격히 함으로써 교회의 내분을 예방하는 효과를 거둘 수 있다는 목적론적 해석이라는 점에서 일면 수긍할 측면이 없지 않으나, 그 법리적 근거에 대하여는 수긍하기 어렵다.

위 별개의견은 교단변경이 신앙공동체인 지교회의 정체성과 동일성에 중대한 영향을 미치므로 종전 교회를 해체하고 새로운 교단에 소속된 교회를 새롭게 조직하는 것으로 평가하여야 한다는 전제하에 교단변경 결의에 관하여 사단법인 해산에 관한 민법 제78조를 유추적용하여야 한다는 것이다.

만약, 교단변경이 종전 교회로서 동일성 유지에 중대한 영향을 미친다면 교단변경 결의는 해산결의와 동일한 법률적 의미를 갖는다는 해석에 다름 아니므로 법률적 효과에 관하여도 사단법인 해산에 관한 민법 제80조 이하를 유추적용하여 청산 절차에 들어가 교회 재산을 처분하고 종국적으로 종전 교회의 실체를 소멸시켜야 할 것이다(교회의 청산절차에 대하여 민법 제82조 제1항을 유추적용한 대법원 2003. 11. 14. 선고 2001다32687 판결 참조). 그러나 교단변경은 종전의 교회가 동일성을 유지하면서 존속하되 소속 교단만을 달리 한다는 점을 당연한 전제로 하며(위 별개의견 역시 이를 부정하는 취지로 보이지 않는다) 따라서 교단변경에 있어서 법인 소멸을 위한 절차규정은 유추적용될 여지가 없다는 논리적 귀결로서 교단변경결의의 요건으로 사단법인 해산결의요건에 관한 민법 규정만을 유추적용할 수는 없게 되는 것이다.

그렇다면 위 별개의견은 교단 탈퇴에 엄격한 요건을 요구한다는 목적을 먼저 설정하고 이를 위하여 무리하게 무관계한 조문을 끌어들인다는 비판을 면하기 어렵다.

다. 별개의견 중 공유설에 대하여는 이론적 근거가 박약할 뿐더러 현실적으로도 분쟁해결기능을 발휘하지 못한다는 점을 지적하지 않을 수 없다.

(1) 위 별개의견이 지적하는 것처럼 법인 아닌 사단의 구성원들이 별도의 결의 또는 합의를 통하여 종전 사단을 분할하는 행위 및 종전 사단의 구성원들이 집단적으로 탈퇴하여 새로운 교회를 설립하는 행위가 사적자치의 원칙상 허용됨은 당연한 법리이며 다수의견도 이를 전제로 하고 있다. 또한 교회가 분열하여 복수의 교회가 발생하는 사회적 현상을 직시하고 바람직한 해결 방법을 추구한다는 기본적인 입장은 다수의견이든 위 별개의견이든 차이가 있을 수 없다.

(2) 소유권의 귀속과 변동은 재산법 질서의 중핵으로서 법원은 법률의 규정이나 당사자의 법률행위에 근거하지 아니한 소유권의 변동을 인정할 수 없다.

그런데 우리 민법은 법인 아닌 사단의 법률관계 중 재산의 소유형태 및 관리 등에 관하여 민법 제275조 내지 제277조에 특칙을 두어 법인 아닌 사단의 재산관계를 총유로 규정하는 독특한 입법을 채택하였고 총유에 있어서는 소유권이 관리·처분의 권능과 사용·수익의 권능으로 나누어져서 구성원들에게는 사용·수익의 권능이 배분되고 관리·처분의 권능은 통일적 의사를 요구하기 때문에 사단 총회의 결의에 따라서만 행사할 수 있도록 규정하였다. 따라서 사단이 분열된 사회적 현실을 받아들이더라도 분열된 각 사단에게 부여되는 법률효과로서 재산관계에 관하여는 종전 사단의 정관 등으로 정하지 않은 이상 민법 제275조 내지 제277조가 적용되어, 종전 사단의 재산에 대한 권리는 그 구성원으로서의 지위에 수반하여 득실을 결정하지 않을 수 없다. 이는 우리 민법이 법인 아닌 사단의 재산형태로서 총유를 규정한 이상 부득이한 결과로서 이러한 법률효과를 배제하자는 논의는 입법론이 아닌 현행법의 해석론으로는 받아들일 수 없다.

위 별개의견의 논리구조는 "교회 분열이라는 사회적 현실을 받아들여야 한다.", "교회 분열을 허용하는 이상에는 권리의무의 포괄적 승계를 허용하는 것이 가장 자연스럽다.", "따라서 분열된 교회들이 종전 교회 재산을 포괄승계 하여 이를 공유한다."라는 삼단논법으로 구성되어 있는바, 교회 분열이라는 사회적 현실을 인정하여야 한다는 필요성과 재산의 포괄승계가 자연스럽다는 이유만으로 법률적 근거를 사상한 채 종전 교회 교인들로 하여금 그 재산을 다른 주체에게 승계시키는 법률효과를 강제할 수 있는지 의문이다.

결국, 종전 교회의 분열 결과 설립된 교회가 별개의 법인 아닌 사단으로서의 요건을 갖춘 경우에는 종전 교회와는 다른 권리의무의 주체가 되어 새로이 법률관계가 형성되는 것이지 종전의 교회에게 귀속되었던 권리·의무가 자동적으로 분열되어 나온 교회에게 포괄승계된다고 볼 근거는 전혀 없다. 우리 단체법이론에 의하면 단체의 합병에 의한 포괄승계는 인정되나 명문으로 인정된 상법상 회사분할의 예를 제외하면 단체의 분리에 의한 포괄승계를 상정하고 있지 않으므로 이를 인정하려면 당사자들의 법률행위나 법률의 규정이 필요한 것이다.

(3) 위 별개의견은, 종전 교회는 소멸하고 2개의 새 교회가 생긴다고 전제하고 있으나, 우리 단체법상의 이론으로는 어떤 단체가 소멸하더라도 청산사무의 범위 내에서는 청산중의 단체로서 존속한다는 것이므로 종전의 단체가 소멸되었다고 볼 수도 없다(교회의 청산절차에 대한 앞서 든 대법원 2003. 11. 14. 선고 2001다32687 판결 참조).

(4) 위 별개의견은, 다수의견에 따를 때 결의권자의 2/3 이상을 확보하지 못한 교인들은 재산권을 박탈당하고 교회로부터 축출되는 결과가 되는데 이는 다수자에 의한 소수자의 재산권 박탈로서 다수결로 결정할 수 있는 한계를 넘어가는 것이어서 불합리하다고 지적한다.

우선, 위 별개의견도 부정하지 아니하는 사단법인 의사결정의 기본원칙은 다수결로서 이는 구성원의 개성이 사단 속에 매몰되는 단체법의 기본원리이고, 이에 따른 소수파의 불이익은 다수결의 원리가 적용되는 모든 단체법관계에서 일어날 수 있는 문제인 이상 교회의 경우에만 명문의 규정도 없이 국가가 판결로 새로운 이론을 만들어 내어 보호할 일은 아니다. 종전 판례에 대하여 개신교가 아닌 다른 종교단체에서 평등의 원칙을 위반하였다고 지적하고 있는 것도 다름 아닌 이런 이유 때문임을 생각해 볼 필요가 있다.

오히려 위 별개의견에 따르면 다수결의 원리만에 따라 교회 재산의 사용·수익권이 배타적으로 귀속되는 결과에 이르게 된다. 공유자 사이에 공유물을 사용·수익할 구체적인 방법을 정하는 것은 공유물의 관리에 관한 사항으로서 공유자의 지분의 과반수로써 결정하여야 할 것이므로(민법 제263조, 제265조), 과반수 지분의 공유자는 다른 공유자와 사이에 미리 공유물의 관리방법에 관한 협의가 없었다고 하더라도 공유물의 관리에 관한 사항을 단독으로 결정할 수 있고 과반수 지분의 공유자가 그 공유물의 특정 부분을 배타적으로 사용·수익하기로 정하는 것은 공유물의 관리방법으로서 적법하게 되는바(대법원 2002. 5. 14. 선고 2002다9738 판결 등 참조), 따라서 분열된 두 교회가 각기 교회 건물을 배타적으로 점유하면서 상대방의 점유를 배제하고자 하는 경우 분열 당시 세례교인 중 한 사람이라도 많은 수를 확보한 교회가 과반수지분권자로서 배타적으로 사용·수익할 수 있고 소수지분권자로 전락한 다른 교회는 이에 대하여 점유배제를 구할 수 없게 되는 것이다. 결국 위 별개의견은 51%의 다수자가 49%의 소수자를 축출하는 결과는 정당하고 67%의 다수자가 33%의 소수자를 배제하는 결과는 부당하다고 지적하는 것이나 다름없다.

(5) 위 별개의견은, 종전 교회와 대립되는 교인 집단의 숫자가 전체의 반수를 넘어가지만 2/3에 이르지 못하는 경우에는 소수의 교인들로 존속하는 종전 교회가 반수를 넘는 다수교인들의 재산권을 박탈하는 결과가 되어 불합리성이 너무 심하고 교단의 지배력이 필요 이상으로 강화되는 부작용이 생긴다고 지적한다.

그러나 교단변경이 정관 변경의 요건을 갖추어야 하는 만큼 아직 정관 변경에 유효한 정족수를 획득하지 못하여 교단변경을 이루어 내지 못한 경우 이 때문에 교단의 지배력이 필요 이상으로 강화된다고 보기도 어려우며, 교단변경을 시도하다가 무산되어 탈퇴에 이르게 된 것을 사소한 교리상의 이견으로 신앙공동체에서 축출당하는 것이라고 가벼이 보고 불합리성을 논할 것도 아니다.

(6) 위 별개의견은, 분열된 교회가 종전 교회의 구성원으로 남아 재산권 등을 행사하겠다고 주장하는 경우 현실적으로 이를 강제로 배제시킬 수 없으며 또한 종전 교회로부터 이탈한 것인지 교회 내의 분쟁에 불과한지 쉽게 구별할 수 없기 때문에 다수의견은 분쟁해결방법이 될 수 없다고 지적한다.

그러나 교인들이 종전 교회를 탈퇴하였는지 여부의 판단은 그 소송사건을 심리하는 법원의 당연한 책무이고 그 사실인정이나 강제집행의 어려움은 종전 판례에 따르든, 다수의견이나 위 별개의견에 따르든 아무런 차이가 없다.

나아가 위 별개의견을 채택한다고 하여 실질적으로 분쟁이 해결되지도 아니한다.

대립되어 분열된 두 교회가 동일한 교회 재산을 공유하는 상태를 유지하기는 어렵고 결국 어느 쪽이 공유물 분할의 소를 제기할 수 밖에 없는데, 현행법의 테두리에서 가능한 공유물분할의 방법으로는 양측에게 만족스러운 권리를 보장할 수 없기 때문에 두 교회에게 종전 교회 재산을 공유케 하는 결과는 분쟁의 해결이 아니라 오히려 새로운 분쟁의 시작이라고 보아야 할 것이다. 그리고 분열된 한쪽 교회의 교인의 수가 얼마이든 언제든지 공유물분할의 소를 제기할 수 있게 함으로써 분열을 더욱 쉽게 조장할 것이라는 우려에서도 자유롭지 않다.

(7) 다수의견이 교단을 변경하지 않는 교회분쟁이나 독립교회의 분쟁에 있어서 아무런 해답을 제시하지 못한다는 지적이 있으나 앞으로 그와 같은 분쟁에서 유효한 정족수를 충족시킨 결의에 따라 목적변경에 준하는 변경 등이 있었는지 여부를 구체적인 사건에서 판단하면 될 일이다.

또한, 탈퇴의 개념이 모호하다든지 탈퇴가 아닌 사실상 제명이라고 보아야 한다든지 그 경우 어떤 의결정족수가 적용될 것인지 다수의견이 예상하는 결의를 할 실제적인 방법이 있는지 등 다수의견에 대한 의문을 제기하고 있으나, 바로 이와 같은 절차적인 문제의 해결 등에서 종전의 판례가 교회 특유의 이론들을 도입하고 적용하는 데 한계에 부닥친 만큼 단체법의 원칙을 충실하게 적용하여 문제를 해결해 나가야 할 필요가 생긴다고 강조하고 싶다.

(8) 결국, 위 별개의견이 제시하는 공유설은, 분열된 교회들에게 종전 교회 재산에 대한 권리를 보장하면서도 종전 판례의 문제점을 보완하려는 이론으로 선해 되지만 그 이론적 흠과 실제적 문제점 때문에 종전 판례를 대체할 다른 이론으로 받아들이기 어렵다.

라. 반대의견이 종전 판례가 유지되어야 할 이유로서 소수자의 종교의 자유를 드는 점에 대하여도 찬성하기 어렵다.

다수의견에서도 밝힌 것처럼 교회 재산을 둘러싼 분쟁에서 개별 교인들이 모두 교회 재산에 대한 사용·수익권을 보장받아야만 종교의 자유가 보장되는 것은 아닐 것이다.

반대의견이 지적하는 개별 교인의 종교의 자유를 관철하려면 다수의견은 물론, 종전 판례로도 부족하고 아예 교회의 분쟁은 종교의 영역으로 분리하여 사법심사의 대상에서 제외시켜야 한다.

그런데 교회 등 종교단체의 분쟁에 사법권이 어느 정도까지 개입할 것인가의 문제는 각 나라의 역사나 사법제도 등에 따라 조금씩 그 정도를 달리해 왔지만 오늘날에 이르러서는 종교단체의 자율에 맡겨 두어야 할 고유한 내부사항의 핵심부분에 관한 것이 아닌 한 국가법원의 적극적인 관할을 긍정하여야 하는 데에는 별다른 이론이 없다. 우리 법원도 이런 입장에서 교회가 교인으로서 비위가 있는 자에게 종교적인 방법으로 제재하는 권징재판의 효력과 집행에 대해서는 교회내부의 자율에 맡겨야 한다는 판결을 거듭해 오면서도(대법원 1981. 9. 22. 선고 81다276 판결 등 참조) 그와 같은 권징재판에 의하여 징계, 출교 등의 규제를 받은 사람이 이에 불복하여 자신을 추종하는 세력 등을 규합하여 종전의 교회에서 벗어나 다른 교단으로 옮겨가는 것에 대해서는 징계처분을 받은 후 분열로 인하여 그 소속을 벗어난 이상 더 이상 교회 내부의 문제가 아니라는 이유로 사법심사의 대상이 됨을 당연한 전제로 하여 분열을 긍정하는 판시를 해 왔다.

이처럼 법원이 교단의 탈퇴 등 교인들 간의 갈등으로 말미암은 교회의 분쟁을 고유한 내부 분쟁이라고 치부

해 버리지 않고 사법권의 심사대상이 되는 법률적 쟁송이라고 보고 개입하여 온 이상, 법인 아닌 사단에 적용될 법리를 충실하게 적용하여야 하고 그 적용에 있어 다시 개별 교인들의 종교의 자유나 신앙단체의 본질을 들어서 우리법상 아무런 근거가 없는 분열의 개념을 상정하거나 법인 아닌 사단에 적용될 재산관련 법규를 달리 해석하여 집단적으로 탈퇴한 구성원, 나아가 새로 세운 조직의 구성원들에게도 종전 조직에서 인정되던 구성원으로서의 권한을 부여하도록 허용되어서는 안 될 것이다.

다수결의 원리가 적용되는 결과 소수파로 되는 교인들이라 하더라도 자신들이 신봉하는 교리를 좇아 스스로 교회를 선택하거나 선택하였던 교회에서 탈퇴하여 원하는 교회를 찾아감으로써 종교의 자유를 향유할 수 있는 이상 이를 넘어서서 개개 교인들의 종교의 자유를 내세워 이를 기준으로 교회 재산의 귀속을 결정하여야 한다는 것은 구성원의 개성이 매몰되는 단체법원리를 부인하는 것으로서 이미 당위성을 상실하였으므로 받아들일 수 없다.

마. 따라서 종전 판례는 변경되어야 하고, 다만 종전 교회의 교인들은 결의권자의 2/3 이상의 동의로 소속 교단을 탈퇴할 수 있으므로, 이상과 같이 다수의견에 대한 보충의견을 밝힌다.

6 미성년자의 신용카드거래

(1-1) 서울고등법원 2003. 10. 8. 선고 2003나12634 판결

【원고(반소피고), 항소인 겸 피항소인】 김다은 외 16인

【피고(반소원고), 항소인 겸 피항소인】 삼성카드 주식회사 외 3인

【원심판결】 서울지방법원 2002. 12. 27. 선고 2002가합25964 판결

【주 문】

1. 원심판결 중 피고(반소원고) 삼성카드 주식회사와 피고(반소원고) 국민신용카드 주식회사에 대하여 다음에서 지급을 명하는 부분을 초과하는 피고(반소원고) 삼성카드 주식회사와 피고(반소원고) 국민신용카드 주식회사의 패소부분을 취소하고, 위 취소부분에 해당하는 원고(반소피고) 박주영, 유지연, 이보라의 피고(반소원고) 삼성카드 주식회사에 대한 청구와 원고(반소피고) 문정은의 피고(반소원고) 국민신용카드 주식회사에 대한 청구를 각 기각한다.

   피고(반소원고) 삼성카드 주식회사는 원고(반소피고) 박주영에게 금 272,442원, 원고(반소피고) 유지연에게 금 22,864원, 원고(반소피고) 이보라에게 금 81,915원, 피고(반소원고) 국민신용카드 주식회사는 원고(반소피고) 문정은에게 407,107원 및 각 이에 대하여 2002. 5. 9.부터 2003. 5. 31.까지는 연 5%, 그 다음날부터 완제일까지는 연 20%의 각 비율에 의한 금원을 지급하라.
2. 당심에서 추가된 반소청구에 따라, 별지 반소청구취지표 기재 원고(반소피고)들은 해당 피고(반소원고)들에게 같은 표 부당이득액란 기재 각 금원 및 이에 대하여 같은 표 기재 반소장 송달일 다음날부터 2003. 10. 8.까지는 연 5%, 그 다음날부터 완제일까지는 연 20%의 각 비율에 의한 금원을 지급하라.
3. 원고(반소피고)들의 피고(반소원고)들에 대한 항소를 모두 기각한다.

4. 피고(반소원고) 삼성카드 주식회사의 원고(반소피고) 고대영, 김다은, 김애영, 김연경, 김현주, 노연정, 배효진, 서민영, 송민진, 송우종, 신효원, 심예라, 어선영, 오수정, 왕현, 유진숙, 유혜정, 이은혜, 이정은, 이주현, 이현진, 정영기, 조건성, 조재은, 조형근, 주영민, 차문철, 최희정, 허정희에 대한 항소와 피고(반소원고) 국민신용카드 주식회사의 고대영, 곽진아, 권미정, 김희진, 배효진, 신효원, 심예라, 유지순, 이보라, 정영기, 조재은, 주영민, 최희정, 허정희에 대한 항소를 모두 기각한다.
5. 피고(반소원고) 삼성카드 주식회사의 원고(반소피고) 김동근, 박주영, 유지연, 이보라에 대한 나머지 항소와 피고(반소원고) 국민신용카드 주식회사의 원고(반소피고) 문정은에 대한 나머지 항소를 각 기각한다.
6. 소송비용은 제1, 2심 및 당심에서 추가된 반소로 인한 비용을 통틀어 이를 이를 3분 하여 그 중 2는 원고(반소피고)들의, 나머지는 피고(반소원고)들의 각 부담으로 한다.

【청구취지 및 항소취지】

1. 청구취지

본소: 별지 당사자표 기재 원고(반소피고, 이하 원고라 한다)들의 같은 항 기재 피고(반소원고, 이하 피고라 한다)들에 대한 별지 카드계약체결 내역표 기재 각 계약체결일자에 체결된 신용카드 이용계약에 의한 신용카드 대금채무는 존재하지 아니함을 확인한다. 피고들은 원고에게 별지 본소 청구취지 및 항소취지표 중 청구취지란 기재 각 금원 및 이에 대한 이 사건 소장송달일 다음날부터 다 갚는 날까지 연 25% 비율에 의한 금원을 지급하라.

반소: 원고들은 피고들에게 별지 반소 청구취지표 중 부당이득액란 기재 각 금원 및 이에 대한 이 사건 반소장 송달일 다음날부터 다 갚는 날까지 연 20%의 비율에 의한 금원을 지급하라(피고들은 당심에 이르러 반소를 제기하였다).

2. 항소취지

원고들 : 원심판결 중 원고들 패소부분을 취소한다. 피고들은 원고에게 별지 본소 청구취지 및 항소취지표 중 항소취지란 기재 각 금원 및 이에 대한 이 사건 소장 송달일 다음날부터 다 갚는 날까지 연 25%의 비율에 의한 금원을 지급하라.

피고 삼성카드 주식회사, 국민신용카드 주식회사 : 원심판결 중 피고 삼성카드 주식회사, 국민신용카드 주식회사의 패소부분을 취소하고, 위 취소부분에 해당하는 원고들의 피고 삼성카드 주식회사, 국민신용카드 주식회사에 대한 청구를 기각한다.

【이 유】

1. 기초사실

가. 원고들은 별지 피고별 카드계약체결 내역표 기재 각 계약체결일자에 여신전문금융업법에 의한 신용카드업자인 피고들과 사이에 위 내역표 기재 각 카드번호의 신용카드를 발급받기로 하고 다음과 같은 내용의 신용카드 이용계약을 체결하였는데, 위 각 계약을 체결할 당시 미성년자들이었다.

(1) 신용카드를 발급받은 원고들이 신용카드로 일시불 또는 할부로 상품을 구매하거나 용역을 제공받으려고 할 때에는 직접 대금을 지급하는 대신 피고들과 가맹점계약을 체결한 신용카드 가맹점(이하 가맹점이라 한다)에

신용카드를 제시하고 매출전표에 서명을 함으로써 결제한다(이하 이러한 방식의 거래를 신용구매라 한다).

(2) 원고들은 현금자동지급기 등을 이용하여 피고들로부터 현금을 대여받을 수 있다(이하 이러한 방식의 거래를 현금서비스라 한다).

(3) 원고들은 피고들에게, 가맹점으로부터 제공받은 재화 및 용역에 대한 대금(할부구매의 경우는 상품 현금가격의 분할대금에 피고들이 정한 월간 할부수수료를 가산한 할부금), 현금서비스로 지급받은 대여금 및 이에 대하여 피고들이 정한 일정액의 현금서비스 수수료 등 카드대금을 약정한 방법에 따라 약정 대금지급일에 지급하되, 약정 대금지급일에 결제하지 못할 경우 약관에서 정한 계산식에 의한 연체료를 추가로 지급하여야 한다.

나. 원고들은 위 각 신용카드 이용계약에 따라 피고들로부터 발급받은 신용카드를 제시하고, 가맹점으로부터 재화와 용역을 신용구매 하거나, 현금서비스 등을 통하여 피고들로부터 금전을 대여 받았는바, 이와 같이 신용카드를 이용함으로써 원고들이 피고들에 대하여 부담하게 된 카드대금 채무는 별지 피고별 채무관계표의 청구금총액란 기재와 같다.

2. 당사자들의 주장

원고들은, 원고들과 피고들 사이의 각 신용카드 이용계약은 미성년자인 원고들이 법정대리인의 허락 없이 체결한 것으로서 이 사건 소장 송달로 위 각 계약을 취소하고, 위 계약에 기하여 원고들이 피고들에 대하여 부담하고 있는 신용카드 이용대금채무의 부존재확인 및 이미 지급한 신용카드 이용대금을 부당이득으로 반환을 구하고, 이에 대하여 피고들은 위 각 신용카드 이용계약은 취소할 수 없는 법률행위이고, 만약 위 이용계약이 취소된다면 원고들이 위 각 신용카드 이용계약에 기하여 부당하게 얻은 이익을 피고들이 얻은 부당이득과 대등액에서 상계하고 그 나머지 부당이득의 반환을 반소로써 구한다.

3. 신용카드의 이용에 있어서의 법률관계

가. 신용구매의 경우

(1) 신용구매의 법률관계

(가) 앞서 본 각 증거들에 의하면, 이 사건 각 신용카드를 이용한 신용구매는 신용카드회원인 원고들과 신용카드발행인인 피고들 및 소외 가맹점들과 사이에 다음과 같은 방식으로 행하여지고 있는 사실을 인정할 수 있다.

① 신용카드회원이 되려고 하는 자는 우선 신용카드발행인과 사이에 위 1의 가항과 같은 내용의 신용카드 이용계약(회원계약)을 체결하고 신용카드를 발급받아야 하고, 신용카드를 발급받은 후 신용카드소지인이 가맹점에서 신용카드를 제시하고 매출전표에 신용카드상의 서명과 동일한 서명을 함으로써 상품을 구입하거나 용역을 제공받고, 신용카드발행인에게 위 신용카드 이용계약에서 정한 대금결제일까지 아래 ③항에서 신용카드발행인이 청구한 금원을 지급한다.

② 신용카드발행인은 상품 또는 용역을 판매 또는 제공하는 상점 등과 사이에 가맹점계약을 체결하고, 가맹점은 위 신용카드 이용계약에 따라 신용카드소지인이 유효한 카드를 제시하면 상품 또는 용역을 신용으로 판매하거나 제공한 다음, 신용카드회원으로부터 제공받은 매출전표를 신용카드발행인에게 제시하여 그 액면금액으로부터 미리 위 계약에서 정한 일정 비율의 수수료를 공제한 금액을 신용카드발행인으로부터 지급 받고, 이 경우 신용카드발행인은, 가맹점이 상당한 주의의무를 다하여 신용카드 사용에 이상이 없는지 확인하고 신용카드

조회기 등의 방법으로 거래승인을 받은 후 신용카드회원으로부터 정상적으로 교부받은 매출전표에 대하여는 그 대금을 결제할 의무를 진다.

③ 가맹점에 신용카드이용대금을 지급한 신용카드발행인은 신용카드회원이 약정한 매월 대금결제일까지 신용카드회원으로부터 그 이용대금액에 약정한 수수료 등을 지급받고, 이 때 신용카드회원이 신용카드를 이용하여 구매한 상품 및 용역에 대한 분쟁은 원칙적으로 신용카드회원과 가맹점 사이에 해결되어야 하고 그에 관한 항변사유로 신용카드발행인에 대항할 수 없다.

(나) 신용구매의 법적 성질

이와 같이 신용카드회원이 신용카드를 사용하여 가맹점으로부터 물품을 구입하거나 용역을 제공받고, 그 대금을 일단 신용카드발행인이 대신 변제한 다음 사후에 그 대금에 수수료 등을 가산한 금원을 신용카드회원으로부터 추심하는 일련의 법률관계는, 상품의 구매와 일정기간 내의 대금지급의무가 결합된 특수한 신용대부의 한 형태라고 할 것이고, 다만 신용카드발행인이 가맹점과 사이에서 가맹점규약에 의하여 신용카드이용대금을 지급하기로 한 약정부분은 일종의 병존적 채무인수로서의 법적 성격을 가지며, 다른 한편 신용카드소지인과 가맹점 사이의 구매계약의 효력은 원칙적으로 양 당사자 사이에 독립적으로 결정될 뿐 신용카드이용자의 신용카드발행인에 대한 권리의무에 의하여 영향을 받지 않는다고 할 것이다.

(다) 신용구매의 취소

신용카드 이용계약에 따라 신용카드를 발급받은 자가 미성년자임을 이유로 그 법률행위를 취소한다면, 신용카드 이용계약은 소급하여 그 효력을 잃게 되고, 그에 따라 신용카드회원이 그 계약에 터잡아 신용카드발행인에 대하여 부담하게 되는 신용카드대금이나 수수료 등의 채무는 더 이상 존재하지 않게 되고, 이미 납부한 신용카드대금 등은 신용카드발행인의 편에서 볼 때 법률상 원인 없이 취득한 것이 되어 부당이득의 법리에 따라 악의의 수익자로 인정된 때로부터의 이자를 붙여 이를 신용카드회원에게 반환할 의무를 진다고 할 것이다.

그런데 신용카드회원의 신용카드발행인에 대한 카드대금채무의 발생원인이 되는 신용카드회원과 해당 가맹점과 사이에 체결된 개별적인 구매계약은, 신용카드회원이 미성년자라고 하더라도 특별한 사정이 없는 한 신용카드발행인과의 신용카드 이용계약취소와 무관하게 유효하게 존속한다고 할 것이므로, 신용카드발행인이 이미 가맹점들에 대하여 그에 대한 대가를 지급한 부분은 해당 신용카드회원이 사용한 카드이용대금에 대한 변제로서 유효하고 이로써 신용카드회원은 법률상 원인 없이 자신의 가맹점에 대한 물품 및 용역대금 지급채무를 면함과 아울러 해당 신용카드발행인에게 동액 상당의 손해를 가한 결과가 되는바, 따라서 신용카드회원 역시 이를 부당이득의 법리에 따라 해당 신용카드업자에게 이를 반환할 의무가 있다고 할 것이다.

나. 현금서비스의 경우

(1) 앞서 본 각 증거에 의하면, 원고들이 신용카드를 이용하여 신용카드발행인으로부터 현금서비스를 받은 경우는 신용구매와는 달리 가맹점의 존재를 전제로 하지 않고 있으므로 신용카드회원과 신용카드발행인과 사이의 신용카드 이용관계만 문제가 되며, 그 법적 성격은 일종의 신용대부, 즉 금전소비대차에 해당한다고 볼 것이다.

(2) 신용카드 이용계약에 따라 신용카드를 발급받은 자가 미성년자임을 이유로 그 법률행위를 취소한다면, 신용카드 이용계약은 소급하여 그 효력을 잃게 되고, 그에 따라 신용카드회원이 그 계약에 터잡아 신용카드발행인으로부터 현금서비스를 받음으로써 부담하게 되는 신용카드대금이나 수수료 등의 채무는 더 이상 존재하지 않게 되고, 이미 납부한 신용카드대금 등은 신용카드발행인의 편에서 볼 때 법률상 원인 없이 취득한 것이 되어

부당이득의 법리에 따라 악의의 수익자로 인정된 때로부터의 이자를 붙여 이를 신용카드회원에게 반환할 의무를 진다고 할 것이다.

4. 판단

가. 본소 채무부존재확인청구

(1) 원고들이 이 사건 각 신용카드 이용계약 체결 당시 미성년자였던 사실은 앞서 본 바와 같고, 이를 이유로 이 사건 각 신용카드 이용계약을 취소하겠다는 원고들의 의사표시가 담긴 이 사건 소장이 2002. 5. 8. 내지 5. 9. 피고들에게 송달되었음은 기록상 분명하므로, 이로써 원고들과 위 피고들 사이에 체결된 위 각 신용카드 이용계약은 취소되었다고 할 것이다.

(2) 피고들의 주장에 대한 판단

(가) 피고 외환신용카드 주식회사(이하 피고 외환카드라 한다)는, 신용카드사, 신용카드회원, 가맹점 3자간에 법률관계가 생기는 신용구매의 경우, 신용카드 이용계약 자체로는 카드사와 회원 사이에 구체적인 채권, 채무관계가 발생하지 아니하고 회원이 신용카드를 이용하여 가맹점과 개별적인 거래행위를 하여야 구체적 채권·채무관계가 발생하는 것이며, 신용카드사로서는 가맹점으로부터 회원에 대한 채권을 양수하거나 회원의 가맹점에 대한 채무를 병존적으로 인수하는 지위를 가지는 것에 불과하여 취소의 대상이 되는 것도 회원인 원고들과 가맹점 사이의 개별적 거래일 뿐 신용카드 이용계약은 취소의 대상이 될 수 없다는 취지의 주장을 한다.

살피건대, 앞서 본 바와 같이 신용카드회원과 신용카드발행인 사이의 신용카드 이용계약관계는 회원이 가맹점으로부터 재화와 용역을 제공받는 신용구매행위나 가맹점과 신용카드발행인과 사이의 가맹점계약과는 별개인 법률관계라 할 것이므로, 신용카드회원은 가맹점에 대한 개별적인 거래행위의 취소 여부와 무관하게 신용카드발행인과 사이에 체결된 신용카드 이용계약을 취소할 수 있다 할 것이므로, 위 피고 위 주장은 이유 없다 할 것이다.

(나) 피고 외환카드는, 원고들이 모두 정기적인 소득이 있는 직장인으로서 신용카드를 이용한 것은 대금지급을 일시적으로 유예한 것에 불과할 뿐인 점, 원고들이 물품이나 용역을 제공받거나 현금서비스를 받은 것이 대부분 소액 거래인 점 등을 볼 때 경제활동을 하고 소득이 있는 미성년자들의 위와 같은 소액 거래에 대하여는 사실상 법정대리인의 처분의 허락이 있었다고 보아야 하므로 이 사건 신용카드 이용행위는 민법 제6조에 규정된 처분이 허락된 재산의 임의처분이어서 이를 취소할 수 없다는 취지의 주장을 한다.

살피건대, 민법 제6조에서 정한 미성년자의 임의처분이 허락된 재산이란 법정대리인이 그 범위를 정하여 사전에 처분을 허락을 한 경우이어야 하는바, 원고들의 법정대리인이 원고들의 이 사건 신용카드 거래와 관련하여 재산의 범위를 정하여 처분을 허락하였다는 점을 인정할 만한 증거가 없고, 나아가 원고들이 이 사건 각 신용카드를 사용하여 구매한 물품이나 제공받은 용역의 액수 및 횟수가 적지 않은 점에 비추어 보면, 원고들 중 일부가 직업이 있다는 점만으로 법정대리인이 신용카드의 사용을 허락하였다고 볼 수 없으므로 위 피고의 위 주장도 이유 없다.

(다) 피고 삼성카드 주식회사(이하 피고 삼성카드라 한다), 피고 국민신용카드 주식회사(이하 피고 국민카드라 한다)는, 여신전문금융업법 및 금융감독기구의설치등에관한법률 등에서 정하는 여신전문금융회사 등의 업무운용 및 검사감독에 관련되는 사항 중 금융감독위원회의 소관사항에 필요한 사항을 정하기 위해 마련한 여신전

문금융업감독규정(2001. 7. 19. 금융감독위원회 공고 제2001-48호) 제24조에서 '신용카드업자는 신청일 현재 만 18세 이상이고 일정소득, 일정재산이 있는 자에게 각자의 발급기준에 의거하여 신용카드를 발급하여야 한다'라고 규정하고 있으므로, 이는 신용카드 이용관계에서 만 18세 이상인 자들을 성인으로 의제하는 것이 되니 이 사건 신용카드 이용계약을 취소할 수 없다는 취지의 주장을 한다.

살피건대, 위 여신전문금융업감독규정 제24조는 신용카드업자의 무분별한 카드발급을 규제하고자 신용카드 회원에 대한 최소한의 신용카드 발급기준을 마련한 것에 불과할 뿐 이를 신용카드 이용계약체결에 있어서 만 18세 이상의 미성년자를 성년으로 의제하는 규정이라고 볼 수 없으므로 미성년자의 경우 신용카드 이용계약을 체결함에 있어서는 법정대리인의 동의가 있어야 하며, 법정대리인의 동의 없이 체결된 신용카드 이용계약은 취소할 수 있다고 할 것이어서 위 피고들의 위 주장도 이유 없다.

(라) 피고 삼성카드, 피고 국민카드는, 원고들이 위 피고들과 이 사건 신용카드 이용계약을 체결할 당시 모두 직장에 근무하며 소득이 있던 자들로서 경제주체로서의 역할을 수행하여 왔는데다가 모두 만 18세 이상으로서 성년에 근접하는 연령이었던 점을 볼 때 민법상 미성년자라는 이유만으로 신용카드 이용계약을 취소하는 것은 신의칙에 반한다는 취지의 주장을 하나, 미성년자를 보호하기 위하여 법정대리인 동의가 없는 미성년자의 법률행위를 취소할 수 있게 한 민법의 취지 등에 비추어 볼 때, 피고들 주장 사유만으로 이 사건 취소권의 행사가 신의칙에 위배된다고 볼 수 없으므로, 위 피고들의 위 주장도 이유 없다.

(마) 피고 엘지카드 주식회사(이하 피고 엘지카드라 한다)는, 원고들 중 원고 송민진은 성년이 된 다음에 피고 엘지카드와의 신용카드 이용계약을 추인하였으므로 이를 취소할 수 없다고 주장한다.

살피건대, 을나3호증의 7의 기재에 변론의 전취지를 더하면, 원고 송민진은 성년이 된 다음 날인 2002. 4. 6. 피고 엘지카드에게 카드대금으로 1,135원을 자동이체방식으로 변제한 사실을 인정할 수 있는바, 원고 송민진은 성년이 된 이후 카드대금의 일부를 변제함으로써 신용카드 이용계약을 추인한 것으로 간주된다(민법 제145조 제1호. 은행에 카드대금의 자동이체신청을 함으로써 카드대금 변제의 위임을 한 후 취소하거나 철회하지 아니하여 이로부터 카드대금 변제되었으면 민법 제145조 제1호에서 정한 채무 이행에 해당된다)고 할 것이므로 위 피고의 위 주장은 이유 있다.

(3) 소결

그렇다면, 원고들과 피고들과의 이 사건 신용카드 이용계약은 취소되었으므로(원고 송민진의 피고 엘지카드와의 신용카드 이용계약은 제외), 원고들과 피고들 사이에 피고별 카드계약 체결 내역표의 카드계약 체결일자 신용카드 이용계약에 의한 신용카드 대금채무는 그 발생의 기초가 되는 신용카드 이용계약이 취소됨으로써 더 이상 존재하지 아니한다고 할 것이다.

나. 본소 부당이득반환청구 및 반소 부당이득반환청구

(1) 본소 부당이득반환청구

앞서 본 바와 같이 원고들과 피고들 사이에 이 사건 신용카드 이용계약이 취소된 이상 피고들은 법률상 원인 없이 원고들로부터 변제받은 카드대금 및 수수료 상당액의 이득으로 얻고, 그로 인하여 원고들에게 동액 상당의 손해를 가하였다 할 것이므로, 특별한 사정이 없는 한 피고들은 원고들에게 별지 청구취지 및 항소취지표 중 청구취지란 기재 각 금원을 반환할 의무가 있다(원고 김동근의 경우 피고 삼성카드 주식회사에 대한 실제 신용카드 대금납부액이 1,930,856원이나 670,856원만 부당이득으로 반환청구하고 있다).

다만, 원고 송민진에 대하여는 앞서 본 바와 같이 그가 성년이 된 후 엘지카드와의 이 사건 신용카드 이용계약을 추인하였으므로, 위 신용카드 이용계약이 취소되었음을 전제로 구하는 원고 송민진의 본소 부당이득반환청구는 이유 없다.

(2) 본소 부당이득반환청구에 대한 피고들의 주장 및 반소 부당이득반환청구

(가) 피고 삼성카드, 피고 국민카드는, 원고들이 위 피고들에게 지급한 카드대금은 원고들이 신용카드 이용계약을 취소할 수 있음을 알면서도 지급한 것이어서 채무 없음을 알고 변제한 것이거나, 채무 없는 자가 착오로 변제했더라도 원고들이 사용한 신용카드 이용액과 관련하여 지급한 것인 이상 도의관념에 적합한 비채변제라는 취지의 주장을 하나, 원고들이 신용카드 이용대금 납부시 채무가 없음을 알고 있었다는 점에 관하여는 이를 인정할 만한 아무런 증거가 없고, 또한 위 대금납부를 도의관념에 적합한 변제라고 볼 수 없으므로, 위 피고들의 위 주장은 이유 없다.

(나) 피고 삼성카드, 피고 국민카드는, 원고들이 위 피고들과 이 사건 신용카드 이용계약을 체결할 당시 모두 직장에 근무하며 소득이 있던 자들로서 경제주체로서의 역할을 수행하여 왔는데다가 모두 만 18세 이상으로서 성년에 근접하는 연령이었던 점으로 볼 때 민법상 미성년자라는 이유만으로 신용카드 이용계약을 취소하고 부당이득 반환을 청구하는 것은 신의칙에 반한다는 취지의 주장을 하나, 앞에서 살펴본 바와 같이 법정대리인의 동의가 없는 미성년자의 법률행위는 취소할 수 있고 이는 의사능력이 완전하지 못한 미성년자를 보호하기 위한 규정인 점을 고려하면 위와 같은 사정만으로 원고들의 신용카드 이용계약취소와 이에 따른 부당이득반환청구가 신의칙에 반하다고 볼 수 없으므로, 위 피고들의 위 주장도 이유 없다.

(다) 상계 주장 및 반소 부당이득반환청구

피고들은, 이 사건 신용카드 이용계약이 취소됨으로써 원고들 역시 가맹점에 대하여 면제받은 물품대금이나 현금서비스를 통하여 피고들로부터 대여 받은 금전을 법률상 원인 없이 취득하였으므로, 원고들도 피고들에 대하여 위 물품대금이나 차용금 상당액을 부당이득금으로서 반환하여야 할 의무가 있다고 하면서, 원고들의 피고들에 대한 위 부당이득금반환채권과 피고들의 원고들에 대한 부당이득반환채권을 그 대등액에서 상계함과 아울러, 반소로써 상계 후 남은 원고들의 피고들에 대한 부당이득금반환채무의 이행을 구한다고 주장한다(다만, 피고 삼성카드는 원고 박주영, 유지연, 이보라에 대하여, 피고 국민카드는 원고 문정은에 대하여, 피고 외환카드는 원고 신효원에 대하여 부당이득반환채권의 상계만을 주장하고 별도의 반소를 제기하지 아니하였고, 피고 엘지카드의 경우 원고 송민진에 대하여는 위 신용카드 이용계약이 추인에 의하여 확정적으로 유효하게 되었으므로, 반소로써 부당이득반환이 아닌 위 신용카드 이용계약에 따른 원고 송민진의 미지급 신용카드대금의 지급을 구한다).

살피건대, 이 사건 신용카드 이용계약이 취소됨으로써, 원고들은 법률상 원인 없이 피고들이 가맹점에 대신 지급하였던 물품, 용역대금채무를 면제받았고, 피고들로부터 현금서비스로 금전대여를 받아 이익을 얻었으며, 이로 인하여 실제로 위 금원 상당액을 지출한 피고들에게 손해를 입혔으므로 원고들은 그 받은 이익이 현존하는 한도에서 피고들에게 위 물품, 용역대금 및 현금서비스 금원 상당의 이득이 법률상 원인 없음을 안 때로부터의 이자를 가산하여 반환할 의무가 있다(원고들은 신용구매의 경우 부당하게 얻은 이익은 가맹점에 대하여 면제받은 물품, 용역대금채무가 아니라 가맹점으로부터 구입한 물품 및 용역 그 자체라고 주장하나, 앞서 본 바와 같이 원고들과 가맹점 사이의 물품, 용역거래계약이 취소되지 아니한 이상 위 당사자들 사이의 거래관계는 여전히 유효하다고 할 것이고, 따라서 원고들이 취득한 물품이나 제공받은 용역은 유효한 위 거래관계에 의하여 얻게 된 것으로서 이를 부당하게 얻게 된 이익이라고 보기 어렵고, 다만 피고들이 위 거래관계에서 발생한 물품, 용역대금을 원고들을 대위하여 가맹점에 변제함으로써 원고들이 그 대금채무만을 면하게 된 것으로서 결국 원고들이 얻은 이익은 물품, 용역대금채무의 면제라고 봄이 상당하므로, 원고들의 위 주장은 받아들이지 아니한다. 다만, 원고들의 현존이익은 위 신용구매 대금과 현금서비스로 지급받은 현금 상당액일 뿐이며 할부구매에 따른 할부수수료와 현금서비스 이용에 따른 현금서비스 수수료는 현존한다고 볼 수 없다).

한편, 원고들이 얻은 이익은, 신용구매의 경우나 현금서비스의 경우 모두 금전상의 이득으로서 특별한 사정이 없는 한 현존하는 것으로 추정된다 할 것이므로, 원고들은 피고들에게 별지 반소 청구취지표 중 부당이득액란 기재 각 금원 및 이에 대하여 원고들이 해당 신용카드 이용계약을 취소함으로써 악의의 수익자로 인정된 때로부터의 이자를 덧붙여 반환하여야 할 것이다.

그렇다면, 피고들이 위 양 부당이득반환채권을 그 대등액에서 상계함과 아울러 상계 후 원고들의 피고들에 대한 나머지 부당이득금반환채무의 이행을 구하는 의사표시가 담긴 이 사건 각 반소장 부본이 2003. 3. 27. 내지 같은 해 7. 10. 원고들에게 송달된 사실은 기록상 분명하므로, 원고들의 피고들에 대한 본소 청구취지 및 항소취지표 중 청구취지 기재 각 금원 상당의 부당이득반환채권(이는 별지 반소 청구취지표 중 신용카드 대금납부액란 및 별지 본소 청구인용표 중 신용카드 대금납부액란 기재 각 금원과 동일하다 - 다만 원고 김동근은 예외)은 피고들의 원고들에 대한 별지 반소 청구취지표 중 신용카드 사용액 합계란 및 본소 청구인용표 중 신용카드 대금납부란 기재 각 금원 상당의 부당이득반환채권과 대등액에서 상계로 소멸하였다고 할 것이고, 그 결과 원고들이 피고들에게 반환하여야 할 부당이득금의 수액은 반소 청구취지표 중 부당이득액란 기재 각 금원이 되고(다만, 원고 송민진의 경우 신용카드 이용계약에 따른 대금지급채무이다), 피고들이 위 상계 후 원고들에게 반환하여야 할 나머지 부당이득금은 별지 본소 청구인용표 중 부당이득액란 기재 각 금원이 된다.

(라) 소결

따라서 피고 삼성카드는 원고 박주영에게 272,442원, 원고 유지연에게 22,864원, 원고 이보라에게 81,915원, 피고 국민카드는 원고 문정은에게 407,107원, 피고 외환카드는 원고 신효원에게 10,489원 및 위 각 금원에 대하여 각 소장 송달일 다음날인 2002. 5. 9.부터 2003. 5. 31.까지는 민법이 정한 연 5%의, 그 다음날부터 완제일까지 소송촉진등에관한특례법이 정한 연 20%의 각 비율에 의한 각 금원을 지급할 의무가 있고, 한편, 별지 반소 청구취지표 기재 원고들은 해당 피고들에게 같은 표 중 부당이득액란 기재 각 금원 및 이에 대하여 변제기 이후로써 피고들이 구하는 이 사건 각 반소장 송달일 다음날부터 피고들이 반소로써 구하는 부당이득의 존부 및 범위에 관한 원고들의 항쟁이 상당하다고 인정되는 당심판결 선고일인 2003. 10. 8.까지는 민법이 정한 연 5%의, 그 다음날부터 완제일까지는 소송촉진등에관한특례법이 정한 연 20%의 각 비율에 의한 금원을 지급할 의무가 있다.

5. 결론

그렇다면, 원고들(원고 송민진의 엘지카드에 대한 본소 청구 제외)의 피고들에 대한 이 사건 채무부존재확인 청구는 이유 있고, 피고들이 이를 다투는 이상 확인의 이익도 있다고 할 것이므로 이를 인용하고, 본소 부당이득반환청구 중 원고 박주영, 유지연, 이보라의 피고 삼성카드에 대한 청구, 원고 문정은의 피고 국민카드에 대한 청구, 원고 신효원의 피고 외환카드에 대한 청구는 위 인정범위 내에서 이유 있어 이를 인용하고, 원고 송민진의 엘지카드에 대한 청구 및 원고들의 나머지 청구는 이유 없어 이를 기각하며, 피고들의 당심에서 추가된 반소 부당이득반환청구는 이유 있어 이를 인용할 것인바, 원심판결 중 피고 삼성카드에 대하여 원고 박주영, 유지연,

이보라에게, 피고 국민카드에 대하여 원고 문정은에게 위 각 인용금원을 초과하여 지급을 명한 부분은 부당하므로 이를 취소하고, 위 취소부분에 해당하는 위 원고들의 위 피고들에 대한 청구를 각 기각하며, 원심판결 중 피고 외환카드에 대하여 원고 신효원에게 위 인용금원을 초과하여 지급을 명한 부분은 부당하나 위 원고만이 항소한 이 사건에서 원심판결을 위 원고에게 불리하게 변경할 수 없으므로 위 원고에 대하여는 위 원고의 항소를 기각하기로만 하고, 원고들의 나머지 항소 및 피고 삼성카드, 국민카드의 나머지 항소는 모두 이유 없어 이를 각 기각하기로 하여 주문과 같이 판결한다.(별지 생략)

(1-2) 대법원 2005. 4. 15. 선고 2003다60297, 60303, 60310, 60327 판결

【원고(반소피고), 상고인】 김다은 외 16인
【피고(반소원고), 피상고인】 삼성카드 주식회사 외 3인
【원심판결】 서울고등법원 2003. 10. 8. 선고 2003나12634, 21508, 39677, 40769 판결
【주 문】 상고를 모두 기각한다. 상고비용은 원고(반소피고)들이 부담한다.

【이 유】

미성년자가 신용카드발행인과 사이에 신용카드 이용계약을 체결하여 신용카드거래를 하다가 신용카드 이용계약을 취소하는 경우 미성년자는 그 행위로 인하여 받은 이익이 현존하는 한도에서 상환할 책임이 있는바(민법 제141조), 신용카드 이용계약이 취소됨에도 불구하고 신용카드회원과 해당 가맹점 사이에 체결된 개별적인 매매계약은 특별한 사정이 없는 한 신용카드 이용계약취소와 무관하게 유효하게 존속한다 할 것이고, 신용카드발행인이 가맹점들에 대하여 그 신용카드사용대금을 지급한 것은 신용카드 이용계약과는 별개로 신용카드발행인과 가맹점 사이에 체결된 가맹점 계약에 따른 것으로서 유효하므로, 신용카드발행인의 가맹점에 대한 신용카드이용대금의 지급으로써 신용카드회원은 자신의 가맹점에 대한 매매대금 지급채무를 법률상 원인 없이 면제받는 이익을 얻었으며, 이러한 이익은 금전상의 이득으로서 특별한 사정이 없는 한 현존하는 것으로 추정된다 할 것이다.

원심판결 이유에 의하면, 원심은 이 사건 신용카드 이용계약이 취소됨으로써 원고(반소피고, 이하 '원고'라고 한다)들은 신용카드발행인인 피고(반소원고, 이하 '피고'라고 한다)들이 가맹점에 대신 지급하였던 물품, 용역대금채무를 면제받았으므로 피고들에게 위 물품, 용역대금 상당을 반환할 의무가 있다고 판단하고, 원고들이 가맹점과의 매매계약을 통하여 취득한 물품과 제공받은 용역이 부당이득으로 반환의 대상이 된다는 원고들의 주장을 배척하였는바, 원심의 이러한 판단은 위의 법리에 따른 것으로 정당하고, 거기에 주장과 같은 부당이득에 관한 법리오해 등의 위법이 있다고 할 수 없다.

그러므로 상고를 모두 기각하기로 하여 관여 대법관의 일치된 의견으로 주문과 같이 판결한다.

(2-1) 서울고등법원 2005. 10. 14. 선고 2005나15057 판결

【원고(반소피고), 항소인】 김의영 외 1인
【피고(반소원고), 피항소인】 엘지카드 주식회사 외 3인
【원심판결】 서울중앙지방법원 2004. 12. 10. 선고 2002가합48219(본소), 2003가합9662(반

소), 2004가합38490(반소) 판결

【주 문】

1. 원고들의 항소를 모두 기각한다.
2. 항소비용은 원고들이 부담한다.

【청구취지 및 항소취지】

1. 청구취지

가. 본소 청구취지(원고는 당심에 이르러 2005. 9. 5. 청구취지변경신청서라는 제목의 서면을 제출한 바 있으나, 그 내용 및 원고의 주장에 비추어 보면 반소청구의 일부 기각을 구하는 취지임이 분명하므로, 본소 청구취지가 변경된 것으로 보지 아니한다)

(1) 원고(반소피고, 이하 '원고'라고 한다)들과 피고(반소원고, 이하 '피고'라고 한다)들 사이의 별지 제1목록 제④항 기재 각 계약체결일에 체결된 각 신용카드 이용계약에 의한 신용카드 대금채무는 존재하지 아니함을 확인한다.

(2) 별지 제1목록 제③항 기재 피고들은 같은 목록 제②항 기재 원고들에게 같은 목록 제⑥항 기재 각 금원 및 이에 대하여 이 사건 소장 송달 다음날(별지 제3목록 기재 원고는 같은 목록 제④항 기재 각 신용카드 이용계약 취소일 다음날)부터 2003. 5. 30.까지는 연 5%의, 그 다음날부터 완제일까지는 연 20%의 각 비율에 의한 금원을 지급하라.

나. 반소 청구취지

별지 제2목록 제②항 기재 각 원고들은 같은 목록 제③항 기재 각 피고들에게 같은 목록 제⑥항 기재 각 금원 및 이에 대하여 각 반소장 송달 다음날부터 완제일까지 연 20%의 비율에 의한 금원을 지급하라.

2. 항소취지

제1심 판결 중 원고들 패소부분을 취소한다. 위 1.가.(2)항과 같은 판결. 피고들의 반소청구를 모두 기각한다.

【이 유】

1. 기초사실

가. 원고들은 별지 제1목록 제④항 기재 각 계약체결일에 여신전문금융업법에 의한 신용카드업자인 피고들과 사이에 같은 목록 제⑤항 기재 각 카드번호의 신용카드를 발급받기로 하고 다음과 같은 내용의 신용카드 이용계약을 체결하였다.

(1) 신용카드를 발급받은 원고들이 신용카드로 일시불 또는 할부로 상품을 구매하거나 용역을 제공받으려고 할 때에는 직접 대금을 지급하는 대신 피고들과 가맹점계약을 체결한 신용카드 가맹점(이하 '가맹점'이라 한다)에 신용카드를 제시하고 매출전표에 서명을 함으로써 결제한다(이하 이러한 방식의 거래를 '신용구매'라 한다).

(2) 원고들은 현금자동지급기 등을 이용하여 피고들로부터 현금을 대여받을 수 있다(이하 이러한 방식의 거래를 '현금서비스'라 한다).

(3) 원고들은 피고들에게, 가맹점으로부터 제공받은 재화 및 용역에 대한 대금(할부구매의 경우는 상품 현금가격의 분할대금에 피고들이 정한 월간 할부수수료를 가산한 할부금), 현금서비스로 지급받은 대여금 및 이에

대하여 피고들이 정한 일정액의 현금서비스 수수료 등 카드대금을 약정한 방법에 따라 약정 대금지급일에 지급하되, 약정 대금지급일에 결제하지 못할 경우 약관에서 정한 계산식에 의한 연체료를 추가로 지급하여야 한다.

나. 원고들은 위 각 신용카드 이용계약을 체결할 당시 각 미성년자들이었는데 그 직업 등은 다음과 같다.

(1) 원고 김의영은 1982. 10. 21.생으로서 2001. 5. 31. 피고 농업협동조합중앙회로부터 최초의 신용카드(카드번호 9410-1127-5078-2391)를 발급받을 당시 18세 7개월 남짓의 나이였고, 피고 농업협동조합중앙회 수유지점 사원이었으며, 그 후 2001. 10. 25.까지 별지 제1목록 기재와 같이 3장의 카드를 추가로 발급받을 때에도 위 지점 사원으로 근무하고 있었다.

(2) 피고 이유진은 1982. 8. 26.생으로서 2001. 10. 15. 피고 엘지카드 주식회사로부터 이 사건 신용카드를 발급받을 당시 19세 1개월 남짓의 나이였고, 영어과외를 하여 수입을 얻고 있었다.

다. 원고들은 위 각 신용카드 이용계약에 따라 피고들로부터 발급받은 신용카드를 제시하고, 가맹점으로부터 재화와 용역을 신용구매 하거나, 현금서비스 등을 통하여 피고들로부터 금원을 차용하는 등 신용카드를 이용함으로써 피고들에 대하여 이용대금과 수수료, 연체료 등의 신용카드 대금채무를 부담하게 되었는데, 그 중 이용대금은 별지 제1목록 제⑦항 기재와 같고, 신용카드 대금채무 중 변제된 금액은 같은 목록 제⑧항 기재와 같다.

라. 원고 김의영의 신용카드 사용 주요 내역

(1) 9410-0657-1584-0151 신용카드(피고 주식회사 국민은행 관련)

- 2001. 12. 27. 주식회사 시실리로부터 주류 및 안주 43,500원 상당 구입
- 2002. 1. 4. 주식회사 농협유통 창동 농산물 물류센터로부터 식료품 88,210원 상당 구입
- 2002. 1. 5. 주식회사 시실리로부터 주류 및 안주 750,000원 상당 구입

(2) 4554-2000-0142-5154 신용카드(피고 주식회사 우리은행 관련)

- 2001. 11. 3. 이재훈(상호 호브노브)으로부터 식사 32,800원 상당 구입
- 2001. 11. 3. 주식회사 더플래어로부터 주류 17,600원 상당 구입
- 2001. 11. 11. 이재훈(상호 호브노브)으로부터 식사 28,600원 상당 구입
- 2001. 12. 23. 주식회사 시실리로부터 주류 및 안주 18,000원 상당 구입
- 2001. 12. 28. 안리라(상호 등나무집)로부터 식사 21,600원 상당 구입
- 2001. 12. 28. 주식회사 시실리로부터 주류 및 안주 131,000원 상당 구입

(3) 9410-1127-5078-2391 신용카드(피고 주식회사 농업협동조합중앙회 관련)

- 2001. 6. 30. 주식회사 비에스케이로부터 목욕용품 등 29,400원 상당 구입

마. 피고 이유진의 신용카드 사용 주요 내역

- 2001. 10. 19. 한국피자헛 주식회사로부터 피자 등 17,460원 상당 구입
- 2001. 10. 19. 한국피자헛 주식회사로부터 피자 등 26,800원 상당 구입
- 2001. 10. 19. KIS정보통신 주식회사로부터 영화표 14,800원 상당 구입
- 2001. 10. 20. 롯데쇼핑 주식회사(잠실점)으로부터 의류, 화장품, 핸드백 등 721,200원 상당 구입
- 2001. 10. 20. 제일모직 주식회사(롯데잠실점)으로부터 의류 98,000원 상당 구입

- 2001. 10. 21. 박찬식(상호 두락)으로부터 의류 50,000원 상당 구입
- 2001. 10. 21. 주식회사 서울록산코엑스뽀모도로로부터 음식 26,000원 상당 구입
- 2001. 10. 21. 김형석(상호 밀리오레)으로부터 의류 28,000원 상당 구입
- 2001. 10. 21. 네띠앙 유통 주식회사로부터 신발 185,000원 상당 구입
- 2001. 10. 22. 이미옥(상호 CNA)으로부터 팬시문구류 53,000원 상당 구입
- 2001. 10. 22. 전재명(상호 에리조 메이크업)으로부터 화장품 136,000원 상당 구입
- 2001. 10. 23. KIS정보통신 주식회사로부터 영화표 14,800원 상당 구입
- 2001. 10. 23. 전동홍(상호 안동양반찜닭)으로부터 식사 20,000원 상당 구입
- 2001. 11. 20. 현대백화점(천호점)으로부터 의류 163,600원 상당 구입
- 2001. 11. 22. 주식회사 디오다노로부터 의류 19,800원 상당 구입
- 2001. 11. 22. 주식회사 데이콤으로부터 호텔숙박권 181,500원 상당 구입
- 2001. 11. 23. 박영남(상호 비비안 바우하우스아울렛)으로부터 속옷 89,000원 상당 구입
- 2001. 11. 24. 한국정보통신 주식회사로부터 고속버스승차권 25,600원 상당 구입
- 2001. 11. 24. 주식회사 이천일아울렛속초로부터 식사 65,600원 상당 구입
- 2001. 11. 27. 주식회사 신맥 천호 이마트점으로부터 햄버거 등 11,700원 상당 구입
- 2001. 11. 27. KIS정보통신 주식회사로부터 영화표 14,800원 상당 구입
- 2001. 11. 27. 현대백화점(천호점)으로부터 의류 104,600원 상당 구입
- 2001. 11. 28. 이순옥(가우디)으로부터 식음료 20,000원 상당 구입
- 2001. 11. 30. 롯데쇼핑 주식회사(잠실점)로부터 속옷 128,000원 상당 구입
- 2001. 11. 30. 정승진(상호 아바이스)으로부터 식사 30,000원 상당 구입
- 2001. 12. 6. 주식회사 두산(롯데잠실점)으로부터 의류 30,000원 상당 구입
- 2001. 12. 7. 한국피자헛 주식회사로부터 피자 등 27,220원 상당 구입

바. 원고들이 자신들이 미성년자인 상태에서 법정대리인의 허락 없이 위 각 신용카드 이용계약을 체결하였음을 이유로 위 각 신용카드 이용계약을 취소한다는 의사표시가 담긴 이 사건 소장이 2002. 8. 7. 피고 주식회사 국민은행, 농업협동조합중앙회에게, 2002. 8. 8. 피고 엘지카드 주식회사, 주식회사 우리은행에게 각 송달되었다.

2. 당사자의 주장의 요지

원고들은, 원고들과 피고들 사이의 각 신용카드 이용계약은 미성년자인 원고들이 법정대리인의 허락 없이 체결한 것으로서 이 사건 소장 송달 등으로 위 각 계약을 취소하고, 위 계약에 기하여 원고들이 피고들에 대하여 부담하고 있는 신용카드 이용대금채무의 부존재확인 및 이미 지급한 신용카드 이용대금 등을 부당이득으로 반환을 구한다.

이에 대하여 피고들은 위 각 신용카드 이용계약은 취소할 수 없는 법률행위이고, 만약 위 이용계약이 취소된다면 원고들이 위 각 신용카드 이용계약에 기하여 부당하게 얻은 이익을 피고들이 얻은 부당이득과 대등액에서 상계한다고 주장하면서, 그 나머지 부당이득의 반환이나 신용카드대금의 지급을 반소로써 구한다.

3. 신용카드의 이용에 있어서의 법률관계

가. 신용구매의 경우

(1) 신용구매의 법률관계

(가) 앞서 본 각 증거들에 변론 전체의 취지를 종합하면, 이 사건 각 신용카드를 이용한 신용구매는 신용카드회원인 원고들과 신용카드발행인인 피고들 및 소외 가맹점들과 사이에 다음과 같은 방식으로 행하여지고 있는 사실을 인정할 수 있다.

① 신용카드회원이 되려고 하는 자는 우선 신용카드발행인과 사이에 위 1.가.항과 같은 내용의 신용카드 이용계약(회원계약)을 체결하고 신용카드를 발급받아야 하고, 신용카드를 발급받은 후 신용카드소지인이 가맹점에서 신용카드를 제시하고 매출전표에 신용카드상의 서명과 동일한 서명을 함으로써 상품을 구입하거나 용역을 제공받고, 신용카드발행인에게 위 신용카드 이용계약에서 정한 대금결제일까지 아래 ③항에서 신용카드발행인이 청구한 금원을 지급한다.

② 신용카드발행인은 상품 또는 용역을 판매 또는 제공하는 상점 등과 사이에 가맹점계약을 체결하고, 가맹점은 위 신용카드 이용계약에 따라 신용카드소지인이 유효한 카드를 제시하면 상품 또는 용역을 신용으로 판매하거나 제공한 다음, 신용카드회원으로부터 제공받은 매출전표를 신용카드발행인에게 제시하여 그 액면금액으로부터 미리 위 계약에서 정한 일정 비율의 수수료를 공제한 금액을 신용카드발행인으로부터 지급받고, 이 경우 신용카드발행인은, 가맹점이 상당한 주의의무를 다하여 신용카드 사용에 이상이 없는지 확인하고 신용카드 조회기 등의 방법으로 거래승인을 받은 후 신용카드회원으로부터 정상적으로 교부받은 매출전표에 대하여는 그 대금을 결제할 의무를 진다.

③ 가맹점에 신용카드이용대금을 지급한 신용카드발행인은 신용카드회원이 약정한 매월 대금결제일까지 신용카드회원으로부터 그 이용대금액과 약정한 수수료 등을 지급받고, 이 때 신용카드회원이 신용카드를 이용하여 구매한 상품 및 용역에 대한 분쟁은 원칙적으로 신용카드회원과 가맹점 사이에 해결되어야 하고 그에 관한 항변사유로 신용카드발행인에 대항할 수 없다.

(나) 신용구매의 법적 성질

이와 같이 신용카드회원이 신용카드를 사용하여 가맹점으로부터 물품을 구입하거나 용역을 제공받고, 그 대금을 일단 신용카드발행인이 대신 변제한 다음 사후에 그 대금에 수수료 등을 가산한 금원을 신용카드회원으로부터 추심하는 일련의 법률관계는, 상품의 구매와 일정기간 내의 대금지급의무가 결합된 특수한 신용대부의 한 형태라고 할 것이고, 다만 신용카드발행인이 가맹점과 사이에서 가맹점규약에 의하여 신용카드이용대금을 지급하기로 한 약정부분은 일종의 병존적 채무인수로서의 법적 성격을 가지며, 다른 한편 신용카드소지인과 가맹점 사이의 구매계약의 효력은 원칙적으로 양 당사자 사이에 독립적으로 결정될 뿐 신용카드이용자의 신용카드발행인에 대한 권리의무에 의하여 영향을 받지 않는다고 할 것이다.

(다) 신용구매의 취소

신용카드 이용계약에 따라 신용카드를 발급받은 자가 미성년자임을 이유로 그 법률행위를 취소한다면, 신용카드 이용계약은 소급하여 그 효력을 잃게 되고, 그에 따라 신용카드회원이 그 계약에 터잡아 신용카드발행인에 대하여 부담하게 되는 신용카드대금이나 수수료 등의 채무는 더 이상 존재하지 않게 되고, 이미 납부한 신용카드대금 등은 신용카드발행인의 편에서 볼 때 법률상 원인 없이 취득한 것이 되어 부당이득의 법리에 따라 악의의 수익자로 인정된 때로부터의 이자를 붙여 이를 신용카드회원에게 반환할 의무를 진다고 할 것이다.

그런데 신용카드회원의 신용카드발행인에 대한 카드대금채무의 발생원인이 되는 신용카드회원과 해당 가맹점 사이에 체결된 개별적인 구매계약은, 신용카드회원이 미성년자라고 하더라도 특별한 사정이 없는 한 신용카드발행인과의 신용카드 이용계약취소와 무관하게 유효하게 존속한다고 할 것이므로, 신용카드발행인이 이미 가맹점들에 대하여 그에 대한 대가를 지급한 부분은 해당 신용카드회원이 사용한 카드이용대금에 대한 변제로서 유효하고 이로써 신용카드회원은 법률상 원인 없이 자신의 가맹점에 대한 물품 및 용역대금 지급채무를 면함과 아울러 해당 신용카드발행인에게 동액 상당의 손해를 가한 결과가 되는바, 따라서 신용카드회원 역시 부당이득의 법리에 따라 해당 신용카드발행인에게 이를 반환할 의무가 있다고 할 것이다.

나. 현금서비스의 경우

(1) 앞서 본 각 증거들에 의하면, 원고들이 신용카드를 이용하여 신용카드발행인으로부터 현금서비스를 받은 경우는 신용구매와는 달리 가맹점의 존재를 전제로 하지 않고 있으므로 신용카드회원과 신용카드발행인과 사이의 신용카드 이용관계만 문제가 되며, 그 법적 성격은 일종의 신용대부, 즉 금전소비대차에 해당한다고 볼 것이다.

(2) 신용카드 이용계약에 따라 신용카드를 발급받은 자가 미성년자임을 이유로 그 법률행위를 취소한다면, 신용카드 이용계약은 소급하여 그 효력을 잃게 되고, 그에 따라 신용카드회원이 그 계약에 터잡아 신용카드발행인으로부터 현금서비스를 받음으로써 부담하게 되는 신용카드대금이나 수수료 등의 채무는 더 이상 존재하지 않게 되고, 이미 납부한 신용카드대금 등은 신용카드발행인의 편에서 볼 때 법률상 원인 없이 취득한 것이 되어 부당이득의 법리에 따라 악의의 수익자로 인정된 때로부터의 이자를 붙여 이를 신용카드회원에게 반환할 의무를 진다고 할 것이다.

그런데 신용카드회원은 신용카드 이용계약이 취소됨으로써 법률상 원인 없이 신용카드발행인으로부터 현금서비스로 금전대여를 받아 동액 상당의 이익을 얻고, 이로 인하여 실제로 위 금원 상당액을 지출한 피고들에게 손해를 입힌 결과가 되므로, 신용카드회원 역시 부당이득의 법리에 따라 해당 신용카드발행인에게 이를 반환할 의무가 있다고 할 것이다.

4. 본소 채무부존재확인청구

가. 위 인정사실에 의하면, 원고들이 위 각 신용카드 이용계약 체결 당시 미성년자였던 점과 이를 이유로 이 사건 각 신용카드 이용계약을 취소한다는 원고들의 의사표시가 담긴 이 사건 소장부본 등이 피고들에게 송달되었음은 앞에서 본 바와 같으므로, 이로써 특별한 사정이 없는 한 원고들과 피고들 사이에 체결된 위 각 신용카드 이용계약은 취소되었다고 할 것이다.

나. 피고들의 주장에 대한 판단

(1) 피고들은, 신용카드사, 신용카드회원, 가맹점 3자간에 법률관계가 생기는 신용구매의 경우, 신용카드 이용계약 자체로는 카드사와 회원 사이에 구체적인 채권, 채무관계가 발생하지 아니하고 회원이 신용카드를 이용하여 가맹점과 개별적인 거래행위를 하여야 구체적 채권·채무관계가 발생하는 것이며, 신용카드사로서는 가맹점으로부터 회원에 대한 채권을 양수하거나 회원의 가맹점에 대한 채무를 병존적으로 인수하는 지위를 가지는 것에 불과하여 취소의 대상이 되는 것도 회원인 원고들과 가맹점 사이의 개별적 거래일 뿐 신용카드 이용계약은 취소의 대상이 될 수 없다는 취지의 주장을 한다.

살피건대, 앞서 본 바와 같이 신용카드회원과 신용카드발행인 사이의 신용카드 이용계약관계는 회원이 가맹점으로부터 재화와 용역을 제공받는 신용구매행위나 가맹점과 신용카드발행인 사이의 가맹점계약과는 별개인 법률관계라 할 것이므로, 신용카드회원은 가맹점에 대한 개별적인 거래행위의 취소 여부와 무관하게 신용카드발행인과 사이에 체결된 신용카드 이용계약을 취소할 수 있다 할 것이므로, 피고들의 위 주장은 이유 없다 할 것이다.

(2) 피고들은, 일부 원고들이 정기적인 소득이 있는 직장인으로서 신용카드를 이용한 것은 대금지급을 일시적으로 유예한 것에 불과할 뿐인 점, 원고들이 물품이나 용역을 제공받거나 현금서비스를 받은 것이 대부분 소액 거래인 점 등을 볼 때 경제활동을 하고 소득이 있는 미성년자들의 위와 같은 소액 거래에 대하여는 사실상 법정대리인의 처분의 허락이 있었다고 보아야 하므로 이 사건 신용카드 이용행위는 민법 제6조에 규정된 처분이 허락된 재산의 임의처분이어서 이를 취소할 수 없다는 취지의 주장을 한다.

살피건대, 민법 제6조에서 정한 미성년자의 임의처분이 허락된 재산이란 법정대리인이 그 범위를 정하여 사전에 처분을 허락을 한 경우이어야 하는바, 원고들의 법정대리인이 원고들의 이 사건 신용카드 거래와 관련하여 재산의 범위를 정하여 처분을 허락하였다는 점을 인정할 만한 증거가 없고, 나아가 원고들이 이 사건 각 신용카드를 사용하여 구매한 물품이나 제공받은 용역의 액수 및 횟수가 적지 않은 점에 비추어 보면, 원고들 중 일부가 직업이 있다는 점만으로 법정대리인이 신용카드의 사용을 허락하였다고 볼 수 없으므로 피고들의 위 주장도 이유 없다.

(3) 피고들은, 여신전문금융업법 및 금융감독기구의설치등에관한법률 등에서 정하는 여신전문금융회사 등의 업무 운용 및 검사감독에 관련되는 사항 중 금융감독위원회의 소관사항에 필요한 사항을 정하기 위해 마련한 여신전문금융업감독규정(2001. 7. 19. 금융감독위원회 공고 제2001-48호) 제24조에서 "신용카드업자는 신청일 현재 만 18세 이상이고 일정소득, 일정재산이 있는 자에게 각자의 발급기준에 의거하여 신용카드를 발급하여야 한다"라고 규정하고 있으므로, 이는 신용카드 이용관계에서 만 18세 이상인 자들을 성인으로 의제하는 것이 되니 이 사건 신용카드 이용계약을 취소할 수 없다는 취지의 주장을 한다.

살피건대, 위 여신전문금융업감독규정 제24조는 신용카드업자의 무분별한 카드발급을 규제하고자 신용카드회원에 대한 최소한의 신용카드 발급기준을 마련한 것에 불과할 뿐 이를 신용카드 이용계약체결에 있어서 만 18세 이상의 미성년자를 성년으로 의제하는 규정이라고 볼 수 없으므로 미성년자의 경우 신용카드 이용계약을 체결함에 있어서는 법정대리인의 동의가 있어야 하며, 법정대리인의 동의 없이 체결된 신용카드 이용계약은 취소할 수 있다고 할 것이어서 피고들의 위 주장도 이유 없다.

(4) 피고들은, 원고들이 피고들과 이 사건 신용카드 이용계약을 체결할 당시 직장에 근무하며 소득이 있던 자들로서 경제주체로서의 역할을 수행하여 왔는데다가 만 18세 이상으로서 성년에 근접하는 연령이었던 점을 볼 때 민법상 미성년자라는 이유만으로 신용카드 이용계약을 취소하는 것은 신의칙에 반한다는 취지의 주장을 하나, 미성년자를 보호하기 위하여 법정대리인 동의가 없는 미성년자의 법률행위를 취소할 수 있게 한 민법의 취지 등에 비추어 볼 때, 피고들 주장 사유만으로 이 사건 취소권의 행사가 신의칙에 위배된다고 볼 수 없으므로, 피고들의 위 주장도 이유 없다.

다. 소결

그렇다면, 원고들과 피고들 사이의 이 사건 신용카드 이용계약은 취소되었으므로, 원고들과 피고들 사이에 피고별 제1목록 제④항 기재 각 계약체결일에 체결된 신용카드 이용계약에 의한 신용카드 대금채무는 그 발생의 기초가 되는 신용카드 이용계약이 취소됨으로써 더 이상 존재하지 아니한다고 할 것이다.

5. 본소 부당이득반환청구 및 반소 청구

가. 본소 부당이득반환청구

앞서 본 바와 같이 원고들과 피고들 사이에 이 사건 신용카드 이용계약이 취소된 이상 피고들은 법률상 원인 없이 원고들로부터 변제받은 카드대금 및 수수료 상당액의 이득을 얻고, 그로 인하여 원고들에게 동액 상당의 손해를 가하였다 할 것이므로, 특별한 사정이 없는 한 피고들은 본소 부당이득반환청구를 하는 원고들에게 별지 제1목록 제⑥항 기재 본소 청구금액을 각 반환할 의무가 있다.

나. 피고들의 주장 및 반소 청구

(1) 피고들은, 원고들이 피고들에게 지급한 카드대금은 원고들이 신용카드 이용계약을 취소할 수 있음을 알면서도 지급한 것이어서 채무 없음을 알고 변제한 것이거나, 채무 없는 자가 착오로 변제했더라도 원고들이 사용한 신용카드 이용액과 관련하여 지급한 것인 이상 도의관념에 적합한 비채변제라는 취지의 주장을 하나, 원고들이 신용카드 이용대금 납부시 채무가 없음을 알고 있었다는 점에 관하여는 이를 인정할 만한 아무런 증거가 없고, 또한 위 대금납부를 도의관념에 적합한 변제라고 볼 수 없으므로, 피고들의 위 주장은 이유 없다.

(2) 피고들은, 일부 원고들이 피고들과 이 사건 신용카드 이용계약을 체결할 당시 직장에 근무하며 소득이 있던 자들로서 경제주체로서의 역할을 수행하여 왔는데다가 만 18세 이상으로서 성년에 근접하는 연령이었던 점으로 볼 때 민법상 미성년자라는 이유만으로 신용카드 이용계약을 취소하고 부당이득 반환을 청구하는 것은 신의칙에 반한다는 취지의 주장을 하나, 앞에서 살펴본 바와 같이 법정대리인의 동의가 없는 미성년자의 법률행위는 취소할 수 있고 이는 의사능력이 완전하지 못한 미성년자를 보호하기 위한 규정인 점을 고려하면 위와 같은 사정만으로 원고들의 신용카드 이용계약취소와 이에 따른 부당이득반환청구가 신의칙에 반하다고 볼 수 없으므로, 피고들의 위 주장도 이유 없다.

(3) 상계 주장 및 반소 청구

(가) 피고들은, 신용카드 이용계약이 취소됨으로써 원고들 역시 가맹점에 대하여 면제받은 물품대금이나 현금서비스를 통하여 피고들로부터 대여 받은 금전을 법률상 원인 없이 취득하였으므로, 원고들도 피고들에 대하여 위 물품대금이나 차용금 상당액을 부당이득금으로서 반환하여야 할 의무가 있다고 하면서, 원고들의 피고들에 대한 위 부당이득금반환채권과 피고들의 원고들에 대한 부당이득반환채권을 그 대등액에서 상계함과 아울러, 반소로써 상계 후 남은 원고들의 피고들에 대한 대금채무 또는 부당이득금반환채무의 이행을 구한다고 주장한다.

살피건대, 위 각 신용카드 이용계약이 취소됨으로써, 원고들은 법률상 원인 없이 피고들이 가맹점에 대신 지급하였던 물품, 용역대금채무를 면제받거나, 피고들로부터 현금서비스로 금전대여를 받아 동액(별지 제1목록 제⑦항 중 이용대금란 기재 각 금원) 상당의 이익을 얻고, 이로 인하여 실제로 위 금원 상당액을 지출한 피고들에게 손해를 입혔으므로 원고들은 그 받은 이익이 현존하는 한도에서 피고들에게 위 물품, 용역대금 및 현금서비스 금원 상당의 이득이 법률상 원인 없음을 안 때로부터의 이자를 가산하여 반환할 의무가 있다

(나) 부당이득의 내용에 관한 원고들의 주장에 관한 판단

원고들은 신용구매의 경우 부당하게 얻은 이익은 가맹점에 대하여 면제받은 물품, 용역대금채무가 아니라 가맹점으로부터 구입한 물품 및 용역 그 자체라고 주장한다.

살피건대, 앞서 본 바와 같이 원고들과 가맹점 사이의 물품, 용역거래계약이 취소되지 아니한 이상 위 당사자

들 사이의 거래관계는 여전히 유효하다고 할 것이고, 따라서 원고들이 취득한 물품이나 제공받은 용역은 유효한 위 거래관계에 의하여 얻게 된 것으로서 이를 부당하게 얻게 된 이익이라고 보기 어렵고, 다만 피고들이 위 거래관계에서 발생한 물품, 용역대금을 원고들을 대위하여 가맹점에 변제함으로써 원고들이 그 대금채무만을 면하게 된 것으로서 결국 원고들이 얻은 이익은 물품, 용역대금채무의 면제라고 봄이 상당하므로, 원고들의 위 주장은 받아들이지 아니한다.

(다) 원고들의 개별 매매계약 취소 주장에 관한 판단

원고들은 또한, 위 1.라.,마.항 기재 각 가맹점들과의 개별적인 매매계약 등에 관하여 그 계약 체결 당시 원고들이 미성년자였다는 이유로 이를 취소한다는 원고들의 의사표시가 담긴 내용증명 우편물을 2005. 7. 15.부터 2005. 7. 21.까지 사이에 각 가맹점들에게 발송하였으므로 위 각 법률행위는 취소되었고, 따라서 그 취소된 거래에 관하여는 피고들이 각 해당 가맹점들에게 그 매매대금 등을 지급하였다 하여 그로써 원고들이 매매대금 등 지급채무를 법률상 원인 없이 면제받는 이익을 얻었다고 볼 수 없다고 주장한다.

그러므로 우선 만 18세 이상으로서 성년에 거의 근접하는 연령으로서 경제활동에 종사하는 미성년자가 일상생활 속에서 생활필수품을 구입하거나 음식점을 이용하는 등 비교적 소규모 거래를 위한 법률행위를 한 후, 그것이 법정대리인의 동의 없이 이루어진 것이라는 이유로 취소할 수 있는지에 관하여 살피건대, 20세 미만의 미성년자가 법정대리인의 동의 없이 한 법률행위는 취소할 수 있도록 하고 있는 민법 제5조는 판단능력이 불완전한 미성년자의 재산을 보호하는 것을 주된 목적으로 하고 있으며, 이는 거래의 안전 내지는 사회일반의 이익보다는 미성년자 보호를 중시하는 제도라고 할 수 있다(이러한 민법의 입법취지에 근거하여 위 4.나.(4)항에서는 미성년자인 원고들에게 커다란 재산적 손실을 가져올 가능성이 높은 신용카드 이용계약의 취소가 신의칙에 위배되지 않는다고 판단한 바 있다). 그러나 국민의 교육수준이 높아지는 등 시대상황이 바뀌었으므로 성년 연령을 만 20세 이하로 낮추는 것이 추진되고 있고 개별적인 특별법에 따라서는 만 18세 또는 만 19세를 기준으로 그 이상 연령의 미성년자를 성년자와 동일하게 취급하고 있는 상황인 점을 감안하면, 만 18세 이상으로서 성년에 거의 근접하는 나이에 경제활동에 종사하는 미성년자가 일상생활 속에서 생활 필수품을 구입하거나 음식점을 이용하는 등 비교적 소규모의 거래를 한 사안으로서 미성년자에게 재산적 손실이 있다고 보기 어렵거나 손실이 있다고 하더라도 미미한 경우까지 법률행위의 취소를 인정하여 거래의 안전 내지 거래 상대방의 재산권을 무한정 희생시키는 것은 민법 제5조의 입법취지에 부합하지 않으며 신의칙에 위배될 수 있을 것이다. 따라서 만 18세 이상의 미성년자가 그러한 유형의 거래를 한 후 법률행위의 취소를 주장하는 경우에는, 미성년자의 연령, 경제활동 여부, 개별 거래액이 미성년자의 월수입을 초과하는지의 여부, 미성년자가 입게 될 재산상 손실, 법률행위가 취소된 후 원상회복이 가능한지의 여부 등을 종합적으로 검토하여, 미성년자의 법률행위 취소가 신의칙에 위반되어 허용될 수 없는지의 여부를 판단하여야 할 것이다.

돌이켜 이 사건에 관하여 보면, 앞서 본 바와 같이 원고들은 위 1.라.,마.항 기재 각 가맹점들과의 개별적인 매매계약 등 당시 만 18세 내지 만 19세로서 성년에 근접한 나이에 경제활동에 종사하여 수입을 얻고 있었던 점, 위 각 가맹점과의 매매계약 등은 일상생활 속에서 생활 필수품을 구입하거나 음식점을 이용하는 등 비교적 소규모의 거래였으며 각 개별 거래액이 원고들의 각 월 수입을 초과했다고 보기도 어려운 점, 각 개별거래로 인하여 원고들에게 재산적 손실이 있었다고 보기 어렵거나 손실이 있었다고 하더라도 미미할 것으로 보이는 점, 거래 품목 등으로 보아 각 개별거래가 취소된 후 원상회복이 불가능하거나 사실상 곤란할 것으로 보이는 점 등을 고려하면, 원고들이 위 1.라.,마.항 기재 각 가맹점들과의 개별적인 매매계약 등을 법률행위 당시 미성년자였다는 이유로 취소하는 것은 신의칙에 위반되어 허용될 수 없다고 할 것이므로, 원고들의 위 매매계약 등 취소 주장은 이유 없다(가사, 위 매매계약 등 취소 주장이 신의칙에 위배되지 않는다고 할지라도, 원고들의 각 매매계약 취소의 의사표시가 담긴 위 각 내용증명 우편물이 각 거래 가맹점에게 도달하였는지에 관하여 보면, 갑 9호증의 1 내지 10, 을 10호증의 1 내지 22의 각 기재만으로는 이를 인정하기에 부족하고 달리 이를 인정할 만한 증거가 없으므로, 원고들의 위 각 가맹점과의 매매계약 등 취소 주장은 결국 이유 없음에 돌아간다).

㈑ 한편, 원고들이 얻은 이익은, 신용구매의 경우나 현금서비스의 경우 모두 금전상의 이득으로서 특별한 사정이 없는 한 현존하는 것으로 추정된다 할 것이므로, 원고들은 피고들에게 별지 제1목록 제⑦항 중 이용대금란 기재 각 금원 및 이에 대하여 원고들이 해당 신용카드 이용계약을 취소함으로써 악의의 수익자로 인정된 때로부터의 이자를 덧붙여 반환하여야 할 것이다.

그렇다면, 피고들이 위 양 부당이득반환채권을 그 대등액에서 상계함과 아울러 상계 후 원고들의 피고들에 대한 나머지 부당이득금반환채무의 이행을 구하는 의사표시가 담긴 이 사건 각 반소장 부본이 2003. 2. 19. 원고 이유진에게, 2004. 5. 31. 원고 김의영에게 각 송달된 사실은 기록상 분명하므로, 원고들의 피고들에 대한 별지 제1목록 제⑥항 기재 각 본소 청구금액 상당의 부당이득반환채권은 피고들의 원고들에 대한 별지 제1목록 제⑦항 중 이용대금란 기재 각 금원 상당의 부당이득반환채권과 대등액에서 상계로 소멸하였다고 할 것이고, 그 결과 피고들이 위 상계 후 원고들에게 반환하여야 할 나머지 부당이득금의 수액은 별지 제1목록 제⑩항 기재 각 금원이 되고, 원고들이 피고들에게 반환하여야 할 부당이득금의 수액은 별지 제1목록 제⑪항 기재 각 금원이 된다.

(4) 소결

따라서, 반소 부당이득반환청구 등에 관하여, 별지 제2목록 제②항 기재 각 원고들은 같은 목록 제③항 기재 각 피고들에게 별지 제2목록 제⑦항 기재 각 금원(=별지 제1목록 제⑪항 기재 각 금원) 및 이에 대하여 위 피고들이 구하는 바에 따라 반소장 또는 청구취지 확장서 송달일 다음날인 별지 제2목록 제⑧항 기재 각 지연손해금 기산일부터 완제일까지 소송촉진등에관한특례법 소정의 연 20%의 비율에 의한 지연손해금을 각 지급할 의무가 있다.

6. 결론

그렇다면, 원고들의 피고들에 대한 각 본소 채무부존재확인청구와 피고들의 원고들에 대한 각 반소 청구는 각 이유 있어 이를 인용하고, 원고들의 별지 제1목록 제③항 기재 각 피고들에 대한 각 나머지 본소 청구는 이유 없어 이를 기각할 것인바, 이와 결론을 같이 한 제1심 판결은 정당하므로, 원고들의 항소를 모두 기각하기로 하여 주문과 같이 판결한다.(별지 생략)

(2-2) 대법원 2007. 11. 16. 선고 2005다71659,71666,71673 판결

【원고(반소피고), 상고인】 원고

【피고(반소원고), 피상고인】 엘지카드 주식회사

【원심판결】 서울고등법원 2005. 10. 14. 선고 2005나15057, 15064, 15095 판결

【주 문】 상고를 기각한다. 상고비용은 원고가 부담한다.

【이 유】

상고이유를 판단한다.

1. 상고이유 제1점에 대하여

가. 행위무능력자 제도는 사적자치의 원칙이라는 민법의 기본이념, 특히 자기책임 원칙의 구현을 가능케 하는 도구로서 인정되는 것이고, 거래의 안전을 희생시키더라도 행위무능력자를 보호하고자 함에 근본적인 입법취지가 있는 것인바, 행위무능력자 제도의 이러한 성격과 입법취지 등에 비추어 볼 때, 신용카드 가맹점이 미성년자와 사이에 신용구매계약을 체결할 당시 향후 그 미성년자가 법정대리인의 동의가 없었음을 들어 스스로 위 계약을 취소하지는 않으리라고 신뢰하였다 하더라도 그 신뢰가 객관적으로 정당한 것이라고 할 수 있을지 의문일 뿐만 아니라, 그 미성년자가 가맹점의 이러한 신뢰에 반하여 취소권을 행사하는 것이 정의관념에 비추어 용인될 수 없는 정도의 상태라고 보기도 어려우며, 미성년자의 법률행위에 법정대리인의 동의를 요하도록 하는 것은 강행규정이라 할 것인데, 위 규정에 반하여 이루어진 신용구매계약을 미성년자 스스로 취소하는 것을 신의칙 위반을 이유로 배척한다면, 이는 오히려 위 규정에 의해 배제하려는 결과를 실현시키는 셈이 되어 미성년자 제도의 입법취지를 몰각시킬 우려가 있다고 할 것이므로, 법정대리인의 동의 없이 신용구매계약을 체결한 미성년자가 사후에 법정대리인의 동의 없음을 사유로 들어 이를 취소하는 것이 신의칙에 위반된 것이라고 할 수 없음은 상고이유에서 주장하는 바와 같다.

나. 그러나 미성년자가 법률행위를 함에 있어서 요구되는 법정대리인의 동의는 언제나 명시적이어야 하는 것은 아니고 묵시적으로도 가능한 것이며, 한편 민법은, 범위를 정하여 처분을 허락한 재산의 처분 등의 경우와 같이 행위무능력자인 미성년자가 법정대리인의 동의 없이 단독으로 법률행위를 할 수 있는 예외적인 경우를 규정하고 있고, 미성년자의 행위가 위와 같이 법정대리인의 묵시적 동의가 인정되거나 처분허락이 있는 재산의 처분 등에 해당하는 경우라면, 미성년자로서는 더 이상 행위무능력을 이유로 그 법률행위를 취소할 수는 없다고 할 것이다.

그리고 이 경우 묵시적 동의나 처분허락이 있다고 볼 수 있는지 여부를 판단함에 있어서는, 미성년자의 연령·지능·직업·경력, 법정대리인과의 동거 여부, 독자적인 소득의 유무와 그 금액, 경제활동의 여부, 계약의 성질·체결경위·내용, 기타 제반 사정을 종합적으로 고려하여야 할 것이고, 위와 같은 법리는 묵시적 동의 또는 처분허락을 받은 재산의 범위 내라면 특별한 사정이 없는 한 신용카드를 이용하여 재화와 용역을 신용구매한 후 사후에 결제하려는 경우와 곧바로 현금구매하는 경우를 달리 볼 필요는 없다고 할 것이다.

다. 기록에 의하면, 원고는 1982. 8. 26.생으로서 이 사건 각 신용구매계약 당시 성년에 거의 근접한 만 19세 2개월 내지 4개월에 이르는 나이였고, 당시 경제활동을 통해 월 60만 원 이상의 소득을 얻고 있었으며, 이 사건 각 신용구매계약은 대부분 식료품·의류·화장품·문구 등 비교적 소규모의 일상적인 거래행위였을 뿐만 아니라, 그 대부분이 할부구매라는 점을 감안하면 월 사용액이 원고의 소득범위를 벗어나지 않는 것으로 볼 수 있는바, 이러한 제반 사정을 종합하면, 원고가 당시 스스로 얻고 있던 소득에 대하여는 법정대리인의 묵시적 처분허락이 있었고, 이 사건 각 신용구매계약은 위와 같이 처분허락을 받은 재산범위 내의 처분행위에 해당한다고 볼 수 있다 할 것이다.

라. 따라서 원심이 원고가 이 사건 각 신용구매계약을 취소하는 것이 신의칙에 위반된다는 이유로 원고의 위

주장을 배척한 것은 신의칙에 관한 법리를 오해한 것이라 할 것이나, 이 부분에 관한 원고의 본소청구를 배척하고 피고의 반소청구를 인용한 결론에 있어서는 정당하므로, 결국 판결에 영향을 미친 위법이 있다고 할 수는 없어 상고이유 제1점은 이유 없다.

2. 상고이유 제2점에 대하여

원고의 상고이유 제2점은 원심의 부가적 판단 부분에 그 주장과 같은 판례 위반 등의 위법이 있다는 취지이나, 앞서 살펴본 바와 같이 원고의 이 사건 각 신용구매계약 취소 주장을 배척한 원심의 주된 판단이 결과적으로 정당한 이상, 원심의 부가적 판단은 판결 결과에 아무런 영향을 줄 수 없으므로, 상고이유 제2점은 더 나아가 살펴볼 필요 없이 이유 없다.

3. 결론

그러므로 상고를 기각하기로 하여 관여 대법관의 일치된 의견으로 주문과 같이 판결한다.

계약과 의사표시, 계약의 자유와 제한

계약과 의사표시, 계약의 자유와 제한

1 계약의 자유와 제한

(1-1) 창원지방법원 1998. 7. 10. 선고 97나7893 판결

【원고, 피항소인】 망 김길남의 소송수계인 이재천외 5인
【피고, 항 소 인】 이판석
【원심판결】 창원지방법원 통영지원 1996. 7. 12. 선고 94가단4409 판결
【주 문】

1. 원심판결을 다음과 같이 변경한다.

피고는 별지목록 기재 부동산 및 경남 고성읍 신월리 산 7임야 19,537㎡에서 별지도면 표시 37, 38, 39, 40, 41, 42, 37의 각 점을 순차 연결한 선내 ㉮부분 115㎡, 같은 도면 표시 34, 43, 44, 45, 3의 각 점을 순차 연결한 선내 ㉯부분 44㎡, 같은 도면 표시 31, 32, 33, 46, 47, 48, 49, 50, 51, 31의 각 점을 순차로 연결한 서내 ㉰부분 748㎡, 같은 도면 표시 52, 53, 54, 55, 52의 각 점을 순차 연결한 선내 ㉱부분 67㎡, 같은 도면 표시 56, 57, 58, 59, 56의 각 점을 순차 연결한 선내 ㉲부분 80㎡, 같은 도면 표시 60, 61, 62, 63, 60의 각 점을 순차 연결한 선내 ㉳부분 42㎡를 각 제외한 나머지 18,441㎡ 중에서 18,176.6/18,441 지분 중 원고 이재천에게 4,194.6/18,441 지분에 관하여, 원고 이종석, 이종인, 이미림, 이미원, 이미수에게 각2,796.4/18,441 지분에 관하여 각 1990. 7. 23. 교환을 원인으로 한 소유권이전등기절차를 이행하라.

2. 소송총비용은 피고의 부담으로 한다.

【청구취지】 주문과 같다(환송 후 당심에서 소외 망 김길남이 1997. 10. 31. 사망하여 그의 공동재산상속인인 원고들은 소송수계신청을 함과 아울러 청구취지를 변경하였다).
【항소취지】 원심판결을 취소하고, 원고들의 청구를 기각한다.

【이 유】

1. (증거)를 종합하면, 소외 망 김길남으로부터 위 망 김길남 소유의 부동산과 피고 소유의 부동산의 교환에 관한 일체의 권한을 위임받은 위 망 김길남의 남편인 원고 이재천이 피고와의 사이에 1981. 6. 4. 위 망 김길남 소유의 경남 고성읍 성내리 156의 5 대 202㎡ 및 그 지상 건물 35평과 피고 소유의 같은 읍 신월리 836의 1대 1,825㎡ 및 그 지상 2층 건물과 부속건물 및 별지목록 기재 부동산, 같은 읍 신월리 산 7임야 19,587㎡(이하 별지

목록 기재 부동산과 위 신월리 산 7임야 19,537㎡를 이 사건 부동산아라 한다. 이 사건 부동산은 토지거래계약 허가구역으로 지정고시된 지역이었으나 1998. 4. 20을 기하여 전국의 모든 토지거래계약 허가구역의 지정이 해제되었다)를 교환하되, 위 교환대상 부동산의 평가차액으로 금 25,000,000원을 위 망 김길남이 피고에게 지급하기로 약정하고, 피고의 요청에 따라 위 망 김길남이 피고의 처인 소외 최정선에게 1982. 2. 3. 위 성내리 156의 5 지상건물에 관하여, 같은 해 4. 3. 위 성내리 156의 5 대지에 관하여 각 소유권이전등기를 경료하여 주는 한편, 금 25,000,000원을 피고에게 지급하고, 피고는 위 망 김길남과 원고 이재천에게 1981. 8. 11. 위 836의 1 대지 및 그 지상건물에 관하여 각 소유권이전등기를 경료하여 준 사실, 그런데 소외 이인표가 위 성내리 156의 5대지에 관하여 위 최정선, 위 망 김길남, 위 망 김길남의 소외 김호인을 상대로 마산지방법원 84가합249호로 소유권이전등기말소청구의 소를 제기하여 1986. 8. 27. 승소판결을 받고 위 판결이 그 무렵 확정되어 1988. 1. 21. 위 최정선, 위 망 김길남, 위 김호인 명의의 소유권이전등기가 모두 말소되자 피고는 위 최정선, 위 망 김길남, 위 김효인 명의의 소유권이전등기가 말소되어 위 교환계약이 이행불능에 이름으로써 위 교환계약이 해제되었음을 청구원인으로 하여 위 836의 1 대지 및 그 지상건물에 관하여 위 망 김길남과 원고 이재천을 상대로 마산지방법원 충무지원 88가합1253호로 소유권이전등기말소청구의 소를 제기하여 1990. 5. 17. 승소판결을 받고 위 망 김길남과 원고 이재천이 불복하여 항소하였는데, 한편 위 84가합249호 사건에서 증인으로 출석하며 증언한 소외 이정순이 위증을 하였다는 이유로 유죄판결을 받아 그 판결이 확정됨으로써 위 망 김길남과 위 김호인이 위 이인표를 상대로 위 지원 90재가합19호로 위 84가합249호 사건<<참조판례:마산지방법원 84가합249>>에 대한 재심의 소를 제기하여 그 소송이 진행 중이던 1990. 6. 22. 위 망 김길남과 위 김호인 및 위 이인표 사이에 위 이인표가 위 성내리 156의 5대지에 관하여 말소된 위 김호인, 위 망 김길남, 위 최정선 명의의 소유권이전등기의 회복등기절차를 이행하기로 하는 내용의 화해가 성립됨에 따라 원고 이재천과 피고 사이에서도 1990. 7. 23. 피고와의 사이에 소외 공성옥, 이용수, 박남만, 김영철, 허영도의 입회아래 원고 이재천은 피고에게 1990. 7. 23. 까지 금 36,000,000원을, 1990. 9. 15.까지 금 20,000,000원을 각 지급하고, 원고 이재천이 위 성내리 156의 5대지에 관하여 위 최정선 명의의 소유권이전등기를 회복해 줌과 동시에 피고는 위 망 김길남에게 이 사건 부동산에 관하여 소유권이전등기절차를 이행하며, 이 사건 부동산 중 위 신월리 산7임야에 있는 피고의 선대묘역은 위 입회인 중 3명이 그 위치와 면적을 지정하는 대로 위 망 김길남과 피고가 무조건 이에 따르고, 위 임야에 피고와 위 최정선의 사후묘역 80평(264.4㎡)을 정하기로 하는 내용의 교환계약(이하 이 사건 교환계약이라 한다)을 다시 채결한 사실, 이 사건 교환계약의 입회인 중 위 공성옥, 김영철, 허영도가 위 임야에 있는 피고 선대의 각 봉분을 중심으로 주변의 나무에 표시를 하는 방법으로 피고의 선대묘역의 위치와 면적을 지정하였는데, 그 위치와 면적은 위 신월리 산 7임야 19,537㎡ 중 별지도면 표시 37, 38, 39, 40, 41, 42, 37의 각 점을 순차 연결한 선내 ㉮부분 115㎡, 같은 도면 표시 3, 4, 43, 44, 45, 3의 각 점을 순차 연결한 선내 ㉯.부분 44㎡, 같은 도면 표시 31, 32, 33, 46, 47, 48, 49, 50, 51, 31의 각 점을 순차로 연결한 선내 ㉰부분 748㎡, 같은 도면 표시 52, 53, 54, 55, 52의 각 점을 순차 연결한 선내 ㉱부분 67㎡, 같은 도면 표시 56, 57, 58, 59, 56의 각 점을 순차 연결한 선내 ㉲부분 80㎡, 같은 도면 표시 60, 61, 62, 63, 60의 각 점을 순차 연결한 선내 ㉳부분 42㎡ 합계 1,096㎡인 사실을 각 인정할 수 있고, 이에 반하는 을 제4, 13, 16, 18호증, 을 제19호증의 1 내지 3, 을 제20호증의 1, 2의 각 지재와 원심증인 공성옥, 원심 및 당심증인 김영철, 당심증인 조영철의 각 일부 증언은 믿지 아니하며, 을 제7, 9, 10호증, 제8호증의 1, 2의 각 기재는 위 인정에 방해가 되지 아니하고, 한편 위 망 김길남의 소송대리인이 이 사건 원심 제19차 변론기일에 피고에 대하여 위 임야에 피고와 위 최정선의 사후묘역 80평(264.4㎡)의 위치를 특정할 것을 10일의 기간을 정하여 최고하였으나 특정에 필요한 상당한 기간이라 할 위 기간 내에 그 위치를 특정하지 아니한 사실은 기록상 명백하여 위 사후묘역을 특정할 권리는 원고들에게 있다고 할 것이고, 위 망 김길남은 1997. 10. 31. 사망하여 그의 남편인 원고 이재천, 그이 자식인 원고 이종석, 이종인, 이미림, 이미원, 이미수가 그의 재산을 상속하였으므로, 피고는 특별한 사정이 없는 한 원고들에게 별지목록 기재 부동산 및 원고들이 구하는 바에 따라 위 신월리 산 7 임야 19,537㎡에서 피고의 위 선대묘역 1,096㎡를 제외한 나머지 18,441㎡ 중에서 위 사후묘역의 면적 80평(264.4㎡)을 제외한 나머지 18,176.6/18,441 지분 중 원고 이재천에게 4,194.6/18,441 지분에 관하여 원고 이종석, 이종인, 이미령, 이미원, 이미수에게 각 2,796.4/18,441 지분에 관하여 각 1990. 7. 23.교환을 원인으로 한 소유권이전등기절차를 이행할 의무가 있다고 할 것이다.

2. 피고의 주장에 대한 판단

가. (1) 피고는 1990. 12. 초순경 이 사건 부동산에 관한 소유권이전등기절차에 필요한 서류 일체를 갖추어 소외 법무사 김영주에게 맡겨두고 위 망 김길남으로부터 잔금 20,000,000원을 지급받고 위 성내리 156의 5대지에 관한 위 최정선 명의의 소유권이전등기의 회복등기절차를 이행받음과 상환으로 이 사건 부동산에 대한 소유권이전등기절차를 이행하도록 위 김영주에게 위임하여 이 사건 교환계약에 기한 피고의 의무를 이행할 준비를 완료한 다음, 원고 이재천에게 이 사건 교환계약에 기한 위 망 김길남의 의무를 이행할 것을 수차례에 걸쳐 최고하였으나 원고 이재천이 이를 이행하지 아니하므로 1994. 9. 2. 원고 이재천에게 이 사건 교환계약의 해제를 통고하였고, 그렇지 않다고 할지라도 위 이인표 외 3인의 명의로 소유권이전등기가 되어 있는 위 성내리 156의 5 대지는 원고 이재천이 위 이인표 외 3인으로부터 피고에게 이전할 수 없는 상태였을 뿐만 아니라 원고 이재천이 1991. 5. 2. 피고에게 잔금 20,000,000원만을 지급한 이후 3년간 그 행방을 감추었으므로 이는 원고 이재천이 이 사건 교환계약상의 자신의 의무를 이행하지 아니할 의사를 미리 표시한 경우에 해당하여 원고 이재천의 가족들에게 이 사건 교환계약의 해제를 통고하였으므로 이 사건 교환계약은 해제되었다고 주장한다.

(2) (가) 살피건대, 위 망 김길남과 피고의 이 사건 교환계약상의 의무는 동시이행 관계에 있다고 할 것이므로 피고는 이 사건 부동산에 관한 소유권이전등기에 필요한 일체의 서류를 준비함으로써 이행의 제공을 한 다음, 위 망 김길남에게 상당한 기간을 정하여 위 망 김길남의 이 사건 교환계약상의 의무를 이행할 것을 최고하여야 하고 그 상당한 기간 이내에 위 망 김길남이 그 이행을 하지 않은 경우나 위 망 김길남이 미리 이 사건 교환계약상의 의무를 이행하지 아니할 의사를 표시한 경우에 비로소 이 사건 교환계약을 해제할 수 있다고 할 것이다.

(나) 먼저 피고가 이 사건 교환계약에 있어서 자신이 이행하여야 할 의무의 이행을 제공하였는지 여부에 관하여 보건대, 피고가 이 사건 부동산에 대한 소유권이전등기에 필요한 일체의 서류를 갖추어 그 소유권이전등기절차의 이행을 위 김영주에게 위임함으로써 이 사건 교환계약상의 의무의 이행을 제공하였다는 점에 부합하는 (증거들)은 뒤에서 인정하는 사실에 비추어 믿지 아니하고, (증거)만으로는 이를 인정하기에 부족하며 달리 이를 인정할 증거가 없고, 오히려 (증거)를 종합하면, 원고 이재천은 이 사건 교환계약에 따라 피고에게 1190. 8. 30. 금 36,000,000원을 1991. 5. 2. 금 20,000,000원을 각 지급하고, 위 김영철을 통하여 피고에게 수차례 이 사건 부동산에 대한 소유권이전등기절차의 이행을 최고하였으니 피고는 위 공서옥 등 입회인 3명이 위 임야에 지정한 선대묘역의 면적이 적다는 이유로 이 사건 교환계약에서 정한 바와 달리 위 임야을 위 임야의 제일 윗 쪽에 위치

한 선대묘의 50m 위를 기준으로 하여 수평으로 일직선으로 나누어 그 일직선 아래쪽 전부를 피고의 선대묘역으로 지정하여야 한다고 주장하면서 이 사건 부동산에 관한 소유권이전등기절차의 이행을 거부한 사실을 인정할 수 있을 뿐이다.

다음으로 원고 이재천이 미리 이 사건 교환계약상의 의무를 이행하지 아니할 의사를 표시하였는지 여부에 관하여 보건대, 원고 이재천이 위 성내리 156의 5 대지를 위 이인표외 3인으로부터 피고에게 이전할 수 없는 상태였다는 점은 이를 인정할 증거가 없고, 오히려 (증거)를 종합하면, 위 망 김길남과 위 김호인, 이인표와의 사이에 성립된 위 1990. 6. 22.자 화해 이후인 1990. 10. 17. 위 망 김길남과 위 김호인, 이인표와의 사이에 위 1990. 6. 22.자 화해와 동일한 내용의 재판상화해가 이루어지고 위 재판상화해를 원인으로 1994. 11. 2. 위 성내동 156의 5 대지에 관한 위 김호인, 위 망 김길남, 위 최정선 명의의 소유권이전등기의 회복등기가 원고 측의 비용부담으로 경료된 사실을 인정할 수 있으므로 늦어도 1990. 10. 17. 이후에는 이미 위 망 김길남이 위 성내리 156의 5 대지에 관하여 위 최정선 명의의 소유권이전등기의 회복등기절차를 이행할 수 있는 상태였다 할 것이고, 위에서 본 바와 같이 원고 이재천은 이 사건 교환계약에서 정한 합계 금 56,000,000원을 피고에게 지급하고 이 사건 부동산에 관한 소유권이전등기절차의 이행을 수차례 최고하였을 뿐만 아니라 원고 이재천의 아내이자 이 사건 교환계약의 당사자인 위 망 김길남이 같은 읍 신월리 836의 1에 계속 거주한 점에 비추어 설사 원고 이채천이 행방을 감추었다고 할지라도 이러한 사정만으로 원고 이재천이 미리 이 사건 교환계약상의 의무를 이행하지 아니할 것을 표시한 경우에 해당한다고 보기는 어렵다고 할 것이므로, 피고의 위 계약해제의 항변은 더 나아가 살필 것 없이 모두 이유 없다.

나. 다음으로 피고는 피고가 이 사건 부동산을 위 망 김길남에게 이전하여 주기로 한 것은 피고가 당시 고성을 떠나 서울로 이사를 갈 계획이었는데 위 신월리 산 7 임야상에 선대분묘가 많이 있어 일족인 원고 이재천에게 위 분묘의 관리를 부탁하기 위한 무상의 증여계약이었고, 위 증여계약의 이행은 피고가 고성을 떠나 서울로 이사를 가게 되어 위 분묘관리를 할 수 없을 때를 조건으로 약정하였는바, 원고 이재천이 위 증여계약상의 의무를 불이행하여 피고가 위 원고에게 위 증여계약의 해제를 통고함으로써 위 증여계약이 해제되었거나 피고가 서울로 이사를 가지 아니하였으므로 위 증여계약상의 조건이 성취되지 아니하여 피고는 위 증여계약상의 의무를 이행할 의무가 없다고 주장한다.

그러므로 먼저 과연 피고가 이 사건 부동산을 위 망 김길남에게 이전하여 주기로 한 것이 피고 주장과 같은 증여계약에 의한 것인지 여부에 관하여 살피건대, 이에 부합하는 듯한 당심증인 조영철의 증인은 믿지 아니하고 달리 이를 인정할 아무런 증거가 없으므로 피고가 이 사건 부동산을 위 망 김길남에게 이전하여 주기로 한 것이 증여계약에 의한 것이라고 하는 사실을 전제로 하는 피고의 위 주장은 더 나아가 살펴볼 필요없이 이유 없다.

다. 또한 피고는 이 사건 교환계약상의 의무는 쌍방 3개월 이내에 이행하기로 하고 만일 쌍방이 위 의무를 이행하지 아니한 상태에서 위 이행기를 도과하면 이 사건 교환계약을 무효로 하기로 하는 합의가 있었는데, 원고 이재천이 이 사건 교환계약상의 의무를 3개월 이내에 이행하지 아니하였으므로 이 사건 교환계약은 무효라고 주장한다.

그러므로 우선 이 사건 교환계약에 있어 이행기를 3개월로 하다는 약정이 있었는지의 점에 대하여 살피건대, 이에 부합하는 듯한 (증거)만으로는 이를 인정하기에 부족하고 달리 이를 인정할 아무런 증거도 없으므로 피고의 위 주장 역시 더 나아가 살펴볼 필요없이 이유 없다.

라. 끝으로 피고는 원고가 이 사건 교환계약상의 의무를 이행하지 아니하였으므로 이 사건 교환계약은 무효라는 취지의 주장을 하고 있으나 계약의 일방 당사자가 계약상의 의무를 이행하지 않았다는 이유만으로는 그 계약이 당연무효가 되는 것은 아니라 할 것이므로 피고의 위 주장 역시 더 나아가 살펴볼 필요없이 이유 없다.

3. 결론

그렇다면, 피고는 별지목록 기재 부동산 및 위 신월리 산 7 임야 19,537㎡에서 별지도면 표시 37, 38, 39, 40, 41, 42, 37의 각 점을 순차 연결한 선내 ㉮부분 115㎡, 같은 도면 표시 3, 4, 43, 44, 45, 3의 각 점을 순차 연결한 선내 ㉯부분 44㎡, 같은 도면 표시 31, 32, 33, 46, 47, 48, 49, 50, 51, 31의 각 점을 순차로 연결한 선내 ㉰부분 748㎡, 같은 도면 표시 52, 53, 54, 56, 52의 각 점을 순차 연결한 선내 ㉱부분 67㎡, 같은 도면 표시 56, 57, 58, 59, 56의 각 점을 순차 연결한 선내 ㉲부분 80㎡, 같은 도면 표시 60, 61, 62, 63, 60의 각 점을 순차 연결한 선내 ㉳부분 42㎡를 각 제외한 나머지 18,441㎡ 중에서 위 사후묘역의 면적 80평(264.4㎡)을 제외한 나머지 18,176.6/18,441 지분 중 원고 이재천에게 4,194.6/18,441 지분에 관하여, 원고 이종석, 이종인, 이미림, 이미원 이미수에게 각 2,796.4/18,441 지분에 관하여 각 1990. 7. 23. 교환을 원인으로 한 소유권이전등기절차를 이행할 의무가 있다고 할 것이므로, 이를 구하는 원고들의 청구는 이유 있어 이를 인용할 것인바, 원고들이 환송 후 당심에서 소송수계에 따라 청구취지를 변경하였으므로 원심판결을 위 인정과 같이 변경하기로 하여 주문과 같이 판결한다.

(1-2) 대법원 1999. 6. 17. 선고 98다40459 판결

【원고, 피상고인】	망 김길남의 소송수계인 이재천 외 5인
【피고, 상고인】	이판석
【원심판결】	창원지방법원 1998. 7. 10. 선고 97나7893 판결
【환송판결】	대법원 1997. 9. 30. 선고 97다22140 판결
【주 문】	상고를 기각한다. 상고비용은 피고의 부담으로 한다.

【이 유】

상고이유를 판단한다.

1. 원심판결 이유에 의하면, 원심이 인정한 사실관계와 판단은 아래와 같다.

가. 원고 이재천의 처인 망 김길남과 피고 사이의 1981. 6. 4.자 당초 교환계약에 기하여 경남 고성읍 성내리 156의 5 대 202㎡(이하 '성내리 토지'라고 한다)에 관하여 피고의 처 소외 최정선 앞으로 경료한 소유권이전등기가, 소외 이인표가 망 김길남 및 최정선 등을 상대로 제기한 소유권이전등기말소 청구소송의 확정판결에 기하여 1988. 1. 21. 말소된 다음, 다시 위 확정판결에 대한 재심의 소에서 망 김길남 등과 이인표 사이에 1990. 6. 22. 성내리 토지에 관하여 말소된 최정선 명의의 소유권이전등기의 회복등기절차를 이행하기로 하는 내용의 화해가 성립되자, 망 김길남을 대리한 원고 이재천과 피고 사이에서도 1990. 7. 23. 소외 공성옥 등의 입회 아래, 원고

이재천이 피고에게 합계 금 56,000,000원을 지급하고, 성내리 토지에 관하여 최정선 명의의 소유권이전등기를 회복시켜 줌과 동시에 피고는 당초 교환계약 당시 망 김길남에게 소유권을 이전하기로 하였던 경남 고성읍 신월리 산 7 임야 19,537㎡ 및 원심판결 별지 목록 기재 17필지의 토지(이하 신월리 산 7 임야와 위 17필지의 토지를 '이 사건 토지'라고 한다)에 관하여 망 김길남에게 소유권이전등기절차를 이행하기로 하되, 그 중 신월리 산 7 중 입회인 3인이 피고의 선대묘역으로 지정하는 부분과 피고 및 최정선의 사후 묘역 80평은 이를 제외시키기로 하는 내용의 이 사건 교환계약을 다시 체결하였는데, 이 사건 토지는 건설부장관이 1988. 9. 7.자로 지정한 토지거래계약허가구역 내의 토지로서 1998. 4. 20.자로 그 허가구역지정이 해제되었다.

나. 원심은 이러한 인정 사실에 터잡아, 피고는 이 사건 토지 중 묘역을 제외한 나머지 부분에 관하여 이 사건 교환계약을 원인으로 한 소유권이전등기절차를 이행할 의무가 있다고 판단한 다음, 나아가 피고가 1990. 12. 초순경 필요한 서류 일체를 법무사에게 교부하면서 이 사건 토지에 대한 소유권이전등기절차를 이행하도록 위임하여 이 사건 교환계약에 기한 피고의 채무를 이행할 준비를 완료한 다음 원고 이재천에게 이 사건 교환계약상의 채무를 이행할 것을 수차례 최고하였으나, 원고 이재천은 당시 성내리 토지에 대하여는 소유권이전을 하여 줄 수 없는 상태였을 뿐만 아니라 1991년 이래 3년 가량 행방을 감추어 이 사건 교환계약상의 채무를 이행하지 아니할 의사를 명백히 표시하였음을 이유로 피고가 1994. 9. 2.자로 이 사건 교환계약에 대한 해제통고를 하였으므로 이 계약은 적법하게 해제되었다는 피고의 항변에 대하여, 피고 자신의 채무에 대하여 적법한 이행의 제공을 하였다고 인정되지 아니할 뿐만 아니라 원고 이재천이 이 사건 교환계약상의 채무를 이행하지 아니할 의사를 명백히 표시하였다는 점도 인정할 증거가 없다고 하여 피고의 항변을 배척한 후, 망 김길남의 상속인들인 원고 이재천 및 나머지 원고들이 이 사건 교환계약에 기하여 이 사건 토지 중 묘역을 제외한 나머지 부분에 관한 소유권이전등기절차의 이행을 구하는 이 사건 청구를 모두 인용하고 있다.

2. 국토이용관리법상 토지의 거래계약허가구역으로 지정된 구역 안의 토지에 관하여 관할 행정청의 허가를 받지 아니하고 체결한 토지거래계약은 처음부터 그 허가를 배제하거나 잠탈하는 내용의 계약일 경우에는 확정적 무효로서 유효화될 여지가 없으나, 이와 달리 허가받을 것을 전제로 한 거래계약일 경우에는 일단 허가를 받을 때까지는 법률상 미완성의 법률행위로서 거래계약의 채권적 효력도 전혀 발생하지 아니하지만, 일단 허가를 받으면 그 거래계약은 소급해서 유효로 되고 이와 달리 불허가가 된 때에는 무효로 확정되는 이른바 유동적 무효의 상태에 있다고 보아야 할 것이다(대법원 1991. 12. 24. 선고 90다12243 전원합의체 판결 참조). 그런데 원심이 적법하게 확정한 사실에 의하면, 원고 이재천과 피고가 1990. 7. 23. 이 사건 교환계약을 체결할 당시 그 목적물인 이 사건 토지는 토지거래허가구역으로 지정된 구역 안의 토지이었고, 기록에 의하면 이 사건 교환계약 체결 후에 관할 행정청의 토지거래허가를 받았음을 인정할 자료가 없음에도 불구하고, 원심은 그 후 이 사건 토지 일대에 관하여 1998. 4. 20. 토지거래허가구역지정이 해제되어(사실은 건설교통부장관이 1998. 1. 24.자 건설교통부공고 제1998-24호에 의하여 시·도지사가 지정·고시한 지역을 제외하고 건설교통부장관이 지정·고시한 토지거래허가구역을 1998. 1. 31.자로 해제하였다.) 유동적 무효의 상태에 있던 이 사건 교환계약이 확정적으로 유효하게 되었음을 전제로, 바로 이 사건 토지에 관하여 이 사건 교환계약을 원인으로 한 소유권이전등기절차의 이행을 구하는 원고의 청구를 인용하고 있음이 분명하다.

원래 유동적 무효의 상태에 있는 거래계약은 토지거래허가신청에 대하여 불허가처분이 있거나, 당사자 쌍방이 허가신청 협력의무의 이행거절 의사를 명백히 표시할 때 또는 거래계약상 일방의 채무가 이행불능이 될 것이 명백하고 상대방이 그 거래계약의 존속을 더 이상 바라지 않고 있는 등의 사유가 있어 무효로 확정되었다고 볼 수 있는 경우(대법원 1993. 7. 27. 선고 91다33766 판결, 1997. 7. 25. 선고 97다4357, 4364 판결 참조)와 토지거래허가를 받아 확정적으로 유효로 되는 경우를 제외하고는 여전히 유동적 무효의 상태에 있다고 보아야 할 것이다.

그러나 이 사건에 있어서와 같이 토지거래허가구역으로 지정된 토지에 관하여 건설교통부장관이 허가구역 지정을 해제하거나, 또는 허가구역 지정기간이 만료되었음에도 허가구역 재지정을 하지 아니한(이하 '허가구역 지정해제 등'이라고 한다) 취지는 당해 구역 안에서의 개별적인 토지거래에 관하여 더 이상 허가를 받지 않도록 하더라도 투기적 토지거래의 성행과 이로 인한 지가의 급격한 상승의 방지라는 토지거래허가제도가 달성하려고 하는 공공의 이익에 아무런 지장이 없게 되었고 허가의 필요성도 소멸되었으므로, 허가구역 안의 토지에 대한 거래계약에 대하여 허가를 받은 것과 마찬가지로 취급함으로써 사적자치에 대한 공법적인 규제를 해제하여 거래 당사자들이 당해 토지거래계약으로 달성하고자 한 사적자치를 실현할 수 있도록 함에 있다고 할 것이다.

따라서 허가구역 지정기간 중에 허가구역 안의 토지에 대하여 토지거래허가를 받지 아니하고 토지거래계약을 체결한 후 허가구역 지정해제 등이 된 때에는 그 토지거래계약이 허가구역 지정이 해제되기 전에 위에서 본 바와 같은 사유로 확정적으로 무효로 된 경우를 제외하고는, 더 이상 관할 행정청으로부터 토지거래허가를 받을 필요가 없이 확정적으로 유효로 되어 거래 당사자는 그 계약에 기하여 바로 토지의 소유권 등 권리의 이전 또는 설정에 관한 이행청구를 할 수 있고, 상대방도 반대급부의 청구를 할 수 있다고 보아야 할 것이지, 여전히 그 계약이 유동적 무효상태에 있다고 볼 것은 아니다.

따라서 원고가 상고이유에서 지적한 바와 같은 이 사건 교환계약의 효력이 완성되도록 협력하여야 할 의무를 불이행하였다는 사유가 이 사건 교환계약을 확정적으로 무효로 할 사유가 되지 않는 한 이 사건 허가구역지정해제로 인하여 확정적으로 유효로 되었다고 할 것이다.

3. 그런데 원심판결 이유에 의하면, 원심은 피고의 계약해제 항변에 대하여 피고가 자신의 채무에 대한 적법한 이행의 제공을 하지 아니하였고 원고 측에서 이 사건 교환계약상의 채무를 이행하지 아니할 의사를 명백히 표시하였다는 점을 인정할 증거도 없다고 하여 이를 배척하고, 원심이 유동적 무효의 상태에 있는 이 사건 교환계약의 효력이 완성되도록 협력할 원고의 의무불이행을 이유로 한 1994. 9. 2.자 해제통고에 의하여 이 사건 교환계약이 적법하게 해제되었다는 취지의 피고의 주장 부분에 대하여는 명시적인 판단을 하지 아니하고 있으나, 유동적 무효의 상태에 있는 거래계약의 당사자는 상대방이 그 거래계약의 효력이 완성되도록 협력할 의무를 이행하지 아니하였음을 들어 일방적으로 유동적 무효의 상태에 있는 거래계약 자체를 해제할 수 없는 것일 뿐만 아니라(대법원 1992. 9. 8. 선고 92다19989 판결, 1997. 7. 25. 선고 97다4357, 4364 판결 참조), 피고의 계약해제 항변을 배척한 원심의 위와 같은 판단 가운데는 피고의 위 주장 부분을 배척한 취지도 포함되어 있다고 할 것인데, 기록에 비추어 살펴보면 원심의 이와 같은 판단은 정당하므로, 이 사유는 이 사건 교환계약을 확정적으로 무효로 할 사유에 해당하지도 아니한다고 할 것이다.

따라서 이 사건 교환계약은 1994. 9. 2.자 피고의 해제통고에도 불구하고 그 이후 여전히 유동적 무효의 상태에 있다가 이 사건 토지에 대한 허가구역의 지정이 해제됨으로써 확정적으로 유효로 되었다 할 것이므로, 이를 전제로 피고의 이 사건 교환계약 해제의 항변만을 배척한 원심의 조치는 수긍이 가고, 거기에 토지거래계약의 해제에 관한 법리를 오해하여 판례를 위반한 위법이 없으며, 이유불비 또는 이유모순의 위법도 없다.

상고이유는 받아들일 수 없다.

4. 그러므로 상고를 기각하고, 상고비용은 상고인인 피고의 부담으로 하기로 하는바, 이 판결에는 제2항의 판단 부분에 관하여 대법관 박준서, 대법관 이돈희, 대법관 지창권, 대법관 신성택, 대법관 송진훈의 반대의견이 있는 외에는 관여 대법관의 의견이 일치되었다.

5. 제2항의 판단 부분에 관한 대법관 박준서, 대법관 이돈희, 대법관 지창권, 대법관 신성택, 대법관 송진훈의 반대의견은 다음과 같다.

다수의견은 국토이용관리법상 토지거래허가구역 지정기간 중에 허가구역 안의 토지에 관하여 관할 행정청의 토지거래허가를 받지 아니하고 거래계약을 체결한 후, 건설교통부장관이 허가구역 지정을 해제하거나, 또는 허가구역 지정기간이 만료되었음에도 허가구역 재지정을 하지 아니한 때에는 그 토지거래계약이 그 전에 이미 확정적으로 무효로 된 경우를 제외하고는 더 이상 허가를 받을 필요 없이 확정적으로 유효로 되어 거래 당사자는 그 계약에 기하여 바로 토지의 소유권 등 권리의 이전 또는 설정에 관한 이행청구를 할 수 있고, 상대방도 반대급부의 청구를 할 수 있다고 해석하여야 한다는 취지이다.

그러나 이러한 다수의견에는 다음과 같은 이유로 찬성할 수 없다.

(1) 다수의견도 인정하는 바와 같이, 국토이용관리법상의 토지거래허가제도하에서 허가구역 지정기간 중에 허가구역 안의 토지에 관하여 관할 행정청의 허가를 받지 아니하고 체결된 거래계약은 허가를 받을 때까지 법률상 미완성의 법률행위로서 그 물권적 효력은 물론 채권적 효력도 발생하지 아니한다는 것이 당원의 확립된 판례이다.

법률행위의 효력은 그 행위가 행해질 당시의 법령에 의하여 결정되는 것이 원칙이므로, 허가구역 안의 토지에 관하여 거래계약이 체결된 이상, 그 후 건설교통부장관이 허가구역 지정을 해제하거나, 또는 허가구역 지정기간이 만료되었음에도 허가구역을 재지정하지 않았다고 하더라도 그 거래계약은 체결 당시의 법령에 의하여 설정된 요건, 즉 허가를 받아야만 유효로 될 수 있다고 보아야 할 것이다.

(2) 다수의견은 명문의 규정이 없음에도 불구하고 위와 같은 원칙과 달리 허가구역 지정해제 등이 된 때에는 기왕에 허가를 받지 아니하고 체결된 토지거래계약이 확정적으로 유효로 된다고 해석하여야 하는 근거로서, 건설교통부장관이 허가구역 지정해제 등을 하는 취지는 당해 구역 안에서의 개별적인 토지거래에 관하여 더 이상 허가를 받지 않도록 하더라도 투기적 토지거래의 성행과 이로 인한 지가의 급격한 상승의 방지라는 토지거래허가제도가 달성하려고 하는 공공의 이익에 아무런 지장이 없게 되었고 허가의 필요성도 소멸되었으므로 허가구역 안의 토지에 대한 거래계약에 대하여 허가를 받은 것과 마찬가지로 취급함으로써 거래 당사자들이 당해 토지거래계약으로 달성하고자 한 사적 자치를 실현할 수 있도록 함에 있다는 점을 들고 있다.

그러나 국토이용관리법상 토지거래허가제도의 목적 및 그 내용에 비추어 볼 때, 건설교통부장관의 허가구역 지정해제 등에 다수의견이 논하는 바와 같은 취지가 포함되어 있다고 볼 수 없다.

위 토지거래허가제도는 토지의 투기적 거래를 방지함으로써 정상적인 거래를 조장하려는 데에 그 목적이 있고, 그 목적을 달성하기 위하여 건설교통부장관은 일정한 지역에서 토지의 투기적 거래의 성행 또는 지가의 급격한 상승의 우려가 있는지 여부라는 사회경제적 상황변화에 대한 판단에 따라 언제든지 그 지역을 토지거래허가구역으로 지정하거나 그 지정을 해제하거나 또는 재지정할 수 있고, 이와 같이 허가구역으로 지정함에 있어서는 그 기간을 5년 이내로 한정하도록 되어 있으므로(국토이용관리법 제21조의2 제1항, 제6항 참조), 건설교통부장관이 일정한 시점에서 허가구역의 지정을 해제하거나 또는 재지정을 하지 않은 것은 당해 구역 안에서 이미 체결되었거나 앞으로 체결될 모든 토지거래에 관하여 허가를 받지 않도록 하더라도 토지거래허가제도의 목적인 토지의 투기적 거래의 방지에 아무런 지장이 없다는 확정적 판단에 기초한 것이 아니라, 앞으로 투기적 토지거래의 성행 또는 지가의 급격한 상승의 우려가 있다고 인정되면 언제든지 허가구역으로 재지정할 수도 있음을 유보한 유동적 성격의 판단에 기초하고 있다고 보인다.

그리고 허가구역의 지정해제 등이 되었다고 하더라도 그 전에 이미 허가구역 안의 토지에 관하여 체결된 거래계약은 투기적 거래가 성행할 우려 등이 있는 지역에서 체결된 토지거래계약이라는 사실에는 변함이 없으며, 그 후 당해 구역에서 토지의 투기적 거래가 재연될 가능성도 배제할 수 없을 것이므로, 토지의 투기적 거래의 방지라는 위 제도의 목적을 달성하기 위해서는 허가구역 안의 토지에 관한 거래계약은 그 허가구역 지정해제 등이 되었다고 하더라도 여전히 허가를 받도록 할 필요성이 있다고 보아야 할 것이다.

그렇다면 오히려 당해 구역에서 토지의 투기적 거래가 성행하지 않도록 지속적 관심을 가져야 하는 건설교통부장관으로서는 허가구역 안의 토지에 관한 거래계약에 대하여는 여전히 허가를 받게 하여 그것이 투기적 거래계약인 경우에는 이를 불허할 수 있음을 유보하고 허가구역 지정해제 등을 한다고 보는 것이 현행 토지거래허가제도의 취지에 부합하는 해석일 것이다.

또한 국토이용관리법상 토지거래허가는 당사자의 허가신청이 있을 때에 토지거래계약이 허가기준을 충족하고 있는지 여부를 개별적으로 심사하여 허가 여부를 결정하도록 되어 있으므로(같은 법 제21조의3 제1항, 제21조의4 제1항 참조), 허가구역 안의 토지에 관하여 체결된 불특정의 거래계약 전부를 포괄하여 허가 받은 것과 마찬가지로 취급하는 일은 법이 예정하지 않은 것으로서 허용될 수 없다고 보인다.

그리고 건설교통부장관이 허가구역의 지정공고를 함에 있어서는 그 지정기간의 시기와 종기의 일자를 특정하고, 그 구역지정의 해제공고를 함에 있어서는 해제일을 특정하고 있으므로, 건설교통부장관의 구역지정 해제행위는 그 해제일 이후의 토지거래계약에 대하여 허가규제를 하지 않는다는 의미로 해석될 뿐이고, 그 해제일 전의 토지거래계약에 대하여까지 허가규제를 하지 않겠다는 의미로 해석되지는 아니한다.

따라서 어느 모로 보나 건설교통부장관의 허가구역 지정해제 등에 허가구역 안의 토지에 관하여 체결된 거래계약에 대하여 허가를 받은 것과 마찬가지로 취급한다는 취지가 포함되어 있다고 볼 수는 없다.

일단 허가구역 지정해제 등이 되었다고 하더라도 그 후 당해 구역을 허가구역으로 재지정한 경우에는, 다수의견이 내세우는 공공의 이익이라는 관점에서 보더라도 종전의 허가구역 지정기간 중에 체결되었으나 그 때까지 이행이 되지 아니한 토지거래계약에 대하여는 허가를 받도록 할 필요성이 다시 생겼다고 보아야 할 것인데, 다수의견에 따르면 그러한 토지거래계약은 허가구역 지정해제 등과 동시에 확정적으로 유효로 된 것으로 취급할 수밖에 없기 때문에, 허가의 필요성이 인정됨에도 불구하고 그 거래계약에 대하여 허가받을 것을 요구할 수 없다는 불합리한 결과가 될 것이다.

이러한 불합리는 바로 다수의견이 허가구역 지정해제 등에 대하여 현행 토지거래허가제도가 예정하지 아니하고 이 제도와 조화될 수도 없는 독자적인 취지를 부여한 점에서 비롯된다고 하겠다.

결국 다수의견은 현행의 토지거래허가제도를 존치시킬 필요성이 완전히 소멸하여 그 제도 자체가 폐지된 경우에나 타당할 여지가 있을 뿐인 해석으로서, 건설교통부장관이 허가구역 지정해제 등을 하더라도 토지의 투기적 거래의 방지 등을 목적으로 하는 위 제도 자체는 여전히 존치되어 있음을 간과하고 있다고 하지 않을 수 없다.

(3) 다수의견과 같이 허가구역 안의 토지에 관한 거래계약은 그 지정기간 내에만 허가가 필요하고 그 기간이 경과하면 모두 허가를 받지 않고서도 확정적으로 유효하게 된다고 본다면, 토지거래허가제도의 실효성을 보장할 수 없고, 또한 허가구역 안의 토지에 관하여 거래계약을 체결한 자 사이의 형평에 반하는 결과를 초래할 수 있다.

즉 허가구역 안의 토지에 관한 거래계약의 당사자 쌍방이 그 지정기간 내에 허가신청을 하지 않고 그 기간 경과 후 소유권 등 권리의 이전 또는 설정등기를 하기로 약정하는 경우, 이는 허가를 잠탈하는 내용의 계약임에도 불구하고 이를 확정적으로 무효라고 볼 논리적 근거를 상실하게 되고, 그렇지 않다고 하더라도 사실상 이러한 허가잠탈 계약이 행하여지는 것을 막기 어렵게 되며, 허가구역 지정기간이 경과하면 허가를 받을 필요 없이 곧바로 의무이행을 구할 수 있는 거래계약상 지위의 전전양도를 통하여 투기적 거래의 기회와 여건을 형성하게 될 우려가 있다.

또한 허가신청을 하지 아니한 토지거래계약이 허가기준을 충족하지 못한 투기적 거래인 경우, 이미 허가신청을 하였다가 허가기준을 충족하지 못하여 허가를 받지 못한 자와 사이의 형평에 반한다.

한편 허가신청을 하지 아니한 토지거래계약이 허가기준을 충족한 거래인 경우에도, 허가신청을 하여 허가를 받은 자는 법령이 정하는 특별한 사유가 있는 경우를 제외하고는 당해 토지를 허가받은 목적대로 이용하지 아니하는 때에는 과태료에 처하여 지는데(국토이용관리법 제33조의2 제2항 제6호, 제21조의18 제1항), 허가신청을 하지 아니한 자는 토지의 이용 여부 및 그 목적에 관하여 아무런 제한을 받지 않게 되므로 역시 형평에 반한다.

그리고 이와 같이 허가를 신청하는 것이 허가를 신청하지 않은 경우보다 불리할 수 있으므로 토지거래계약의 당사자들이 허가신청을 회피하게 될 우려가 있음을 부정하기 어렵다.

이상과 같은 여러 점을 고려하여 볼 때, 국토이용관리법상의 토지거래허가제도가 폐지되지 않고 존치되어 있는 이상, 허가구역 지정기간 중에 허가구역 안의 토지에 관하여 체결된 거래계약은 허가구역 지정해제 등이 된 이후에도 여전히 허가를 받아야 유효로 된다고 해석하여야 토지의 투기적 거래의 규제가 가능하고 이를 목적으로 한 위 제도의 내용 및 취지와 합치되며, 법이론상으로도 무리가 없다.

다수의견에 따르면 허가구역 지정기간 경과 후에는 과거의 투기거래를 문제 삼지 않고 이를 용인하는 결과가 되어, 자본을 건전한 투자와 소비로 유도하고 투기거래로 유입되는 것을 차단하여 건실한 경제발전을 도모하고 나아가 토지이용질서를 확립하려는 국가의 기본경제정책에도 배치된다 할 것이다.

돌이켜 이 사건에 관하여 보건대, 이 사건 토지 교환계약을 체결할 당시 그 목적물인 이 사건 토지는 토지거래허가구역 안에 위치하고 있었으므로, 그 후 그 구역지정이 해제되었다고 하더라도 허가를 받았다고 인정되지 않는 이상 위 토지 교환계약은 그 효력이 발생하지 아니하였다고 보아야 할 것이고, 따라서 위 토지 교환계약의 당사자인 망 김길남의 상속인들인 원고들은 피고에 대하여 그 계약에 기한 의무이행으로 위 토지의 소유권이전등기를 청구할 수 없다고 보아야 할 것이다.

2 토지거래허가제

대법원 1991. 12. 24. 선고 90다12243 전원합의체 판결

【원고, 상고인 겸 피상고인】 이갑채
【피고, 피상고인 겸 상고인】 정병준
【원심판결】 광주지방법원 1990.9.27. 선고 91나154 판결
【주 문】 원심판결의 예비적 청구 중 토지 등의 거래계약허가조건부 소유권이 전등기절차의 이행을 명한 피고의 패소부분을 파기하고, 이 부분 사건을 광주지방법원 합의부에 환송한다.
원고의 상고와 피고의 나머지 상고를 기각한다.
상고가 기각된 부분의 상고비용은 각자의 부담으로 한다.

【이 유】

1. 원고소송대리인의 상고이유 제1점과 피고소송대리인의 상고이유 제1점을 함께 본다.

(1) 원심판결 이유에 의하면 원심은 1989.3.16. 원고가 피고로부터 분할 전 순천시 조례동732의 1 전 1,869평방미터 중 특정부분 300평(이하 이 사건 토지라 한다)을 대금 56,000,000원으로 매수하기로 하는 매매계약이 체결된 사실 및 위 토지는 국토이용관리법상 토지 등의 거래계약에 대하여 허가를 받아야 하는 규제지역에 속하여 있으나 원 피고는 아직 위 허가를 받지 아니하고 있는 사실을 확정한 다음, 국토이용관리법 제21조의 3 제7항의 규정 즉, 관할관청의 허가 없이 체결한 매매계약은 그 효력을 발생하지 않는다는 규정의 의미는 매매계약 체결 당시 토지거래허가가 없다 하여 채권계약인 당사자 간의매매계약 자체까지도 무효로 돌아가는 것은 아니고 매매계약에 따른 당사자 간의 권리의무는 위 법 목적에 배치되지 않는 한 계약내용대로 발생하되 다만 위 법 목적의 달성에 장애가 되는 매도인의 소유권등기이전의무는 관할 관청의 토지거래허가가 있기까지는 발생하지 않는다는 취지로 새겨야 할 것이므로, 위 토지거래허가를 받지 않은 채 위 매매계약에 기하여 이 사건 부동산에 대한 소유권이전등기절차이행을 구하는 원고의 주위적 청구는 이유 없다고 판단하여 이를 배척하고 나서, 한편 국토이용관리법상 규제지역에 위치한 이 사건 토지를 매도한 피고는 위 매매계약의 효력으로서 매수인인 원고에게 관할관청인 전라남도지사에 대한 토지거래허가신청절차에 협력할 의무, 즉 토지거래허가신청을 원고와 공동으로 할 의무가 있고 관할 관청의 허가가 있으면 소유권이전등기절차를 이행할 의무가 있다고 판단하여 위 협력의무와 조건부 소유권이전등기절차의 이행을 구하는 원고의 예비적 청구를 인용하였다.

(2) 국토이용관리법 제21조의2 제1항은 건설부장관의 토지의 투기적인 거래가 성행하거나 성행할 우려가 있고 지가가 급격히 상승하거나 상승할 우려가 있는 지역을 5년 내의 기간을 정하여 규제지역으로 지정할 수 있다고 규정하고, 같은 법 제21조의3 제1항은 규제지역 내에 있는 토지에 관한 소유권 또는 지상권 기타 사용수익을 목적으로 하는 권리로서 대통령령이 정하는 권리를 이전 또는 설정(대가를 받고 이전 또는 설정하는 경우에 한한다)하는 계약(예약을 포함한다)을 체결하고자 하는 당사자는 공동으로 대통령령이 정하는 바에 의하여 관할 도지사의 허가를 받아야 한다. 허가받은 사항을 변경(계약예정 금액을 감액하는 경우를 제외한다)하고자 할 때

에도 또한 같다고 규정하며, 같은 조 제7항은 제1항의 규정에 의한 허가를 받지 않고 체결한 토지등의거래계약은 그 효력을 발생하지 아니한다고 규정하고 있고, 같은 법 제21조의2는 허가의 중요기준으로서 토지거래의 대금액과 그 이용계획을 규정하고 있으며, 이러한 법률의 규정을 받아 같은법시행령 제24조는 규제지역 내에서 토지거래계약을 체결하고자 하는 당사자는 공동으로 계약예정금액과 토지의 이용에 관한 계획 등을 기재한 허가신청서를 제출하여 허가신청을 하여야만 하도록 규정하고 있고, 한편 같은 법 제31조의2는 제21조의3 제1항의 규정에 위반하여 허가 없이 토지 등의 거래계약을 체결하거나 사위 기타 부정한 방법으로 토지 등의 거래허가를 받은 자에 대하여 징역 또는 벌금에 처하는 벌칙을 규정하고 있다.

위 각 규정의 내용을 살펴보면 위 각 규정은 사립학교법, 농지개혁법 또는 외국인토지법 등 다른 토지거래규제법들이 특정한 목적의 토지보전을 위하여 그 권리의 이전을 규제함에 그치는 것과는 달리 투기의 목적으로 하는 토지 등의 거래계약 자체를 규제하기 위하여 규제지역 내에서의 개인 간 토지거래에 관할 관청이 직접 개입하여 그 거래내용이 위 법의 투기거래방지목적에 저촉되는지의 여부를 검토한 후 허가를 하게 함으로써 이러한 허가 없이는 당사자를 구속하는 계약의 효력이 발생하는 것을 금지하려는 데에 그 입법취지가 있다고 해석된다.

위와 같은 각 규정의 내용과 그 입법취지에 비추어 볼 때, 토지의 소유권등 권리를 이전 또는 설정하는 내용의 거래계약은 관할 관청의 허가를 받아야만 그 효력이 발생하고 허가를 받기 전에는 물권적 효력은 물론 채권적 효력도 발생하지 아니하여 무효라고 보아야 할 것이다. 다만 허가를 받기 전의거래계약이 처음부터 허가를 배제하거나 잠탈하는 내용의 계약일 경우에는 확정적으로 무효로서 유효화될 여지가 없으나, 이와 달리 허가받을 것을 전제로 한 거래계약(허가를 배제하거나 잠탈하는 내용의 계약이 아닌 계약은 여기에 해당하는 것으로 본다)일 경우에는 허가를 받을 때까지는 법률상 미완성의 법률행위로서 소유권 등 권리의 이전 또는 설정에 관한 거래의 효력이 전혀 발생하지 않음은 위의 확정적 무효의 경우와 다를 바 없지만, 일단 허가를 받으면 그 계약은 소급하여 유효한 계약이 되고 이와 달리 불허가가 된 때에는 무효로 확정되므로 허가를 받기까지는 유동적 무효의 상태에 있다고 보는 것이 타당하다.

그러므로 허가받을 것을 전제로 한 거래계약은 허가받기 전의 상태에서는 거래계약의 채권적 효력도 전혀 발생하지 않으므로 권리의 이전 또는 설정에 관한 어떠한 내용의 이행청구도 할 수 없으나 일단 허가를 받으면 그 계약은 소급해서 유효화되므로 허가 후에 새로이 거래계약을 체결할 필요가 없는 것이다.

국토이용관리법 제31조의 2 소정의 벌칙적용대상인 '허가 없이 토지 등의 거래계약을 체결하는 행위'라 함은 위에서 본 처음부터 허가를 배제하거나 잠탈하는 내용의 계약을 체결하는 행위를 가리키고 허가받은 것을 전제로 한 거래계약을 체결하는 것은 여기에 해당하지 않는다고 할 것이다.

(3) 위와 같이 보는 이유는 다음과 같다.

앞에서 본 바와 같이 국토이용관리법상 토지거래허가제도의 입법취지는 토지의 투기적 거래를 방지하여 정상적 거래를 조장하려는 데에 있으므로, 투기적 거래의 방지에 필요한 범위 내에서 규정의 효력을 인정하면 족한 것이고 그 범위를 넘어서까지 사유 재산권의 보장과 사적 자치의 원칙에 대한 제한의 폭을 넓혀 나가는 것은 오히려 그 입법취지에 반하는 것이다. 그런데 허가전의 거래계약에 대하여 채권적 효력을 인정하게 되면 당사자 사이에 채권적 권리관계의 이행청구나 그 이행확보를 위한 가등기설정 등이 가능해져서 매매계약상 매수인의 지위양도가 손쉽게 이루어지고 이에 따라 거래시마다 가격이 오르게 되어 투기적 거래의 기회와 여건을 형성하게 되므로, 투기적 거래방지를 위하여는 거래계약의 채권적 효력도 부인하여 허가를 받기 전에 어떠한 내용의 이행청구나 채권적 지위의 양도도 할 수 없게끔 할 필요가 있으나, 일단허가를 받은 때에는 당초의 거래계약을 유효화하더라도 투기방지의 목적에 장애가 되지 않는다. 이러한 관점에서 본다면, 위 법 제21조의3 제1항 소정의허가가 규제지역 내의 모든 국민에게 전반적으로 토지거래의 자유를 금지하고 일정한 요건을 갖춘 경우에만 금지를 해제하여 계약체결의 자유를 회복시켜주는 성질의 것이라고 보는 것은 위 법의 입법취지를 넘어선 지나친 해석이라고 할 것이고, 규제지역 내에서도 토지거래의 자유가 인정되나 다만 위 허가를 허가 전의 유동적 무효상태에 있는 법률행위의 효력을 완성시켜 주는 인가적성 질을 띤 것이라고 보는 것이 타당하다.

위와 달리 허가를 전제로 한 계약까지도 절대무효이고 당사자는 어느 경우에나 허가를 받은 후에 매매계약을 체결하여야 한다고 해석하는 것은 거래의 현실에 비추어 보아도 매우 불합리하여 받아들이기 어렵다. 매매와 같은 토지거래는 공급과 수요의 일치점에서 거래가 형성되는 시장원리에 따라 매도인과 매수인 사이에 매매의 의사가 합치됨으로써 성립하는 것이고 이러한 매매의사의 합치가 있은 후에야 관할 관청의 허가신청을 할 수 있게 되며, 이러한 매매의 의사의 합치가 있기도 전에 허가부터 받고 매매의 의사가 합치될 상대방을 물색하라고 요구하는 것은 현실적으로 불가능한 일을 강요하는 것밖에 되지 않는다. 국토이용관리법 제21조의3 제1항, 제21조의4 제1항 제1호, 같은법 시행령 제24조의 각 규정에 의하더라도 양도인과 양수인 쌍방이 공동으로 대상토지와 거래예정가액을 표시하여 허가신청을 하도록 규정하고 있어서 허가신청 전에 이미 당사자 사이에 거래내용인 대상토지와 거래가액에 관한 의사합치가 있을 것을 전제로 하고 있음을 알 수 있다. 그런데 허가 전의 거래계약이 절대무효라고 주장하는 견지에서는 위와 같은 당사자 사이의 의사합치는 단지 계약체결을 위한 준비단계에서의 사전협의에 불과하고 허가 후에 새로이 거래계약을 체결하여야 한다고 보게 되나, 거래대상토지와 그 거래가액에 관한 당사자 사이의 의사합치는 바로 거래계약의 실질적 내용에 다름 아니므로 허가 전의 거래계약체결은 인정하되 다만 그 계약의 효력을 허가받을 때까지는 발생하지 않게 함으로써 능히 투기적 거래방지의 목적을 이룰 수 있는 것이라면 구태여 위와 같은 매매의사합치를 계약체결을 위한 준비단계에서의 사전협의에 불과하고 허가 후에 다시 계약을 체결하라고 요구하는 것은 국민에게 쓸데없이 복잡하게 2중의 절차를 밟게 하는 것일 뿐 아니라, 당사자 일방이 허가 후에 계약체결을 거절하더라도 당초의 합의의 이행을 구할 길이 없어 거래질서와 신뢰관계를 저해하는 역기능을 가져올 수 있다는 점도 무시할 수 없다.

(4) 국토이용관리법의 토지거래허가의 성질과 그 허가를 전제로 한 거래계약의 효력이 위에서 설명한 바와 같다면, 이러한 계약을 체결한 당사자 사이에 있어서는 그 계약이 효력 있는 것으로 완성될 수 있도록 서로 협력할 의무가 있음이 당연하므로, 규제지역 내의 토지에 대하여 거래계약이 체결된 경우에 계약의 쌍방 당사자는 공동으로 관할 관청의 허가를 신청할 의무가 있고, 이러한 의무에 위배하여 허가신청절차에 협력하지 않는 당사자에 대하여 상대방은 협력의무의 이행을 소송으로써 구할 이익이 있다고 할 것이다.

(5) 결국 토지거래규제지역 내에서 체결된 토지거래계약은 관할 관청의 허가를 받기 전에는 아무런 효력이 발생하지 않으므로 이러한 허가를 받기도 전에 이 사건 토지의 매매계약이 유효함을 전제로 소유권이전등기절차의 이행을 구하는 원고의 주위적 청구를 배척한 원심판단은 정당하고 원고의 상고논지가주장하는 것과 같은 위법이 없으며, 소송에 의한 소유권이전등기의 경우에는 허가를 받을 필요가 없다는 소론은 독자적인 견해에 불과하여 이유 없다.

그리고 기록에 의하면 원고와 피고 사이에 체결된 이 사건 토지의 매매계약은 처음부터 허가를 배제하거나 잠탈하는 내용의 계약이 아니라 허가를 전제로 한 계약이라고 보여지므로 계약의 쌍방 당사자는 공동허가신청절차에 협력할 의무가 있고, 따라서 원고의 예비적 청구 중 피고에 대하여 토지거래허가신청절차의 이행을 구하는 부분을 인용한 원심판결은 정당하여 피고의 상고논지가 주장하는 것과 같은 위법이 없으므로 이 점에 관한 피고의 소론 논지는 이유 없다.

그러나 원고의 예비적 청구 중 허가가 있을 것을 조건으로 하여 소유권이전등기절차의 이행을 구하는 부분에 관하여 보건대, 앞에서 설명한 바와 같이 비록 이 사건 토지의 매매계약이 허가받을 것을 전제를 한 계약이라고 할지라도 허가받기 전의 상태에서는 아무런 효력이 없어 권리의 이전 또는 설정에 관한 어떠한 이행청구도 할 수 없다고 보아야 함에도 불구하고, 이와 달리 원심이 원고의 청구를 인용한 것은 국토이용관리법상의 토지거래허가와 거래계약의 효력에 관한 법리를 오해하여 판결에 영향을 미친 위법을 저지른 것이므로 이 점에 관한 피고의 논지는 이유 있다.

2. 피고의 상고이유 제2점을 본다.

위에서 본 바와 같이 이 사건 매매계약은 관할 관청으로부터 토지거래허가를 아직 받지 못하였으므로 그 계약내용대로의 효력이 있을 수 없는 것이어서 원고로서도 아직 그 계약내용에 따른 대금지급의무가 있다고 할 수 없다. 그러므로 설사 소론주장과 같이 계약상 원고의 대금지급의무가 피고의 소유권이전등기의무에 선행하여 이행하기로 약정되어 있었다고 하더라도, 국토이용관리법상의 허가를 받기까지는 원고에게 그 대금지급의무가 없음은 마찬가지여서 피고로서는 그 대금지급이 없었음을 이유로 계약을 해제할 수는 없는 것이고 따라서 원고의 대금지급의무이행의 지체로 위 계약이 해제되었다는 피고의 항변은 이유 없음이 명백하다고 할 것이다. 원심판결은 이 계약이 채권적으로는 효력이 있음을 전제로 이 점에 관한 판단을 하고 있어서 부적절하기는 하나 위 항변을 배척한 결론에서는 정당하므로 이 점을 비난하는 논지도 이유 없다.

3. 결국 원심판결 중 원고의 주위적 청구를 배척하고 예비적 청구 중 허가신청절차의 이행을 구한 부분을 인용한 부분은 정당하고 그 부분에 대한 원고의 상고와 피고의 상고는 모두 이유 없으므로, 이 부분에 대한 상고는 각 기각하고, 원고의 예비적 청구 중 조건부소유권이전등기절차의 이행을 명한 부분은 부당하므로 원고의 상고이유 제2점에 대하여는 판단할 필요도 없이 이 부분의 원심판결을 파기하여 이 부분 사건을 원심으로 환송하기로 하여 주문과 같이 판결하는 것이다.

이 판결에는 대법관 배만운의 보충의견과 대법관 윤 관의 별개의견 및 반대의견을 제외한 관여법관의 의견이 일치하였다.

대법관 배만운의 다수의견에 대한 보충의견은 다음과 같다.

1. 국토이용관리법의 규정은 같은 법 소정의 규제구역 내에 있는 토지 등의 거래계약 자체를 규제하기 위한 것이고, 이 거래계약은 관할 관청의 허가가 없는 한 무효이고, 거래계약으로서의 채권적 효력도 발생하지 아니하며, 허가를 받을 것을 전제로 한 계약은 허가를 받으면 새로이 거래계약을 체결할 필요 없이 거래계약으로서 유효하다는 다수의견은 국토이용관리법의 규정과 거래의 편의나 현실을 조화한 이론으로서 찬성하고, 다수의견의 결론도 지지하지만, 관할 관청의 허가를 받을 것을 전제로 한 토지 등의 거래계약은 법률상미완성의 법률행위로서 허가를 받기까지는 유동적 무효의 상태에 있고, 허가를 받으면 소급하여 유효하게 되며, 이와 같은 허가는 인가적 성질을 가진다는 다수의견의 견해에는 동조하지 아니한다.

2. 다수의견이 설시하는 바와 같이 국토이용관리법은 규제구역 내에 있는 토지 등의 거래계약을 체결하고자 하는 당사자는 관할 도지사의 허가를 받아야하고, 이 허가를 받지 아니하고 체결한 토지 등의 그 효력이 발생하지 아니한다고 규정하고(제21조의3 제1,7항), 그 시행령 제24조는 이와 같은 토지 등의 거래계약을 체결하고자 하는 당사자는 공동으로 계약예정금액과 토지의 이용에 관한 계획 등을 기재한 허가신청서를 제출하여 허가신청을 하도록 허가절차에 관한 규정을 두고 있는바, 그 본래의 취지는 규제구역 내에 있는 토지 등의 허가를 얻어서 체결하여야 하고, 허가를 얻기 전에는 거래계약 그 자체를 체결하여서는 안 되고, 이에 위반하여 거래계약을 체결하더라도 그 효력이 없다는 취지인 것이지, 이와 같은 거래계약을 미리 체결하여도 좋고, 다만 이와 같은 거래계약을 미완성의 법률행위로서 효력이 발생하지 아니하나, 관할 관청이 인가를 하여 유효하게 한다는 취지라고 해석할 수는 없다고 생각한다.

3. 그러나 그렇다고 하더라도 국토이용관리법의 규정취지가 허가를 받기 전에는 어떠한 종류의 계약도 체결하여서는 안 되고, 체결하여도 무효라는 취지는 물론 아니고, 관할 관청의 허가를 얻어서 거래계약을 체결하기 위한 준비행위로서의 합의는 법이 당연히 예정하고 있다고 할 것이다.

다수의견이 적절히 지적하는 바와 같이 토지 등의 거래계약의 허가를 신청하기 위하여는 그 이전에 당사자 사이에 대상토지와 거래금액 등 거래계약의 주요내용에 관한 의사의 합치가 있어야 함은 당연한 것이며, 이와 같은 합의도 없이 거래계약의 허가를 신청한다는 것은 생각할 수 없다.

그러므로 규제구역 내에 있는 토지 등의 거래계약을 체결하고자 하는 당사자는 거래계약의 예정금액 등 장차 체결할 거래계약의 기본이 되는 사항은 미리합의를 할 것이고, 이 거래계약을 실현시키기 위하여 준비행위로서 먼저 허가신청의 내용이나 방법에 관한 합의를 하는 것이 당연한 순서일 것이며, 당사자가 공동으로 관할 관청의 허가를 신청할 의무는 이와 같은 준비행위로서의 합의에 근거하여 발생한다고 보는 것이 상당하다.

4. 그러나 국토이용관리법의 규정취지를 이와 같은 허가신청을 위한 준비행위로서의 합의만 허용되고, 거래계약은 이에 따른 허가가 있은 후에 별도로체결하여야 한다고 해석한다면, 불필요하게 이중의 절차를 밟게 하고 거래질서의 신뢰관계를 저해하는 역기능을 가져올 수 있고, 거래의 실정에도 맞지 아니할 것임은 말할 것도 없고, 국토이용관리법이 반드시 이와 같은 절차만을 강요하는 것이라고 해석할 필요는 없다.

그것보다는 이와 같은 준비행위로서의 합의를 함에 있어 거래계약의 내용을 미리 정하여 거래계약의 허가가 있을 경우 새삼스럽게 거래계약을 별도로 체결할 것 없이 그와 같은 내용의 거래계약의 약정이 있는 것으로 하는 합의가 동시에 이루어지는 것이 오히려 통상적일 것이고, 그와 같은 경우에는 거래계약의 허가가 있었을 때에 미리 합의한 내용에 따른 거래계약이 성립되고 이때에 그 효력을 발생하는 것으로 해석하는 것이 상당하다고 생각한다.

그리고 위와 같은 두 개의 합의(약정)를 하였음에도 당사자의 일방이 허가신청절차에 협력하지 아니한다면 상대방은 소송으로써 그 이행을 구할 이익이있다고 보아야 할 것이다.

5. 그리고 이와 같은 약정은 그 계약의 명칭에 구애받을 필요는 없을 것이고, 당사자 사이에 막바로 매매계약이라는 형식의 계약을 체결한 것이라고 하여도 이것이 즉시 계약의 효력을 발생하고, 허가와는 관계없이 그 계약이 이행되어야 하는 것을 내용으로 하는 등 다수의견이 지적하는 바와 같은 '허가를 배제하거나 잠탈하는 내용'

의 것이 아닌 한 당사자의 의사는 위와 같은 공동으로 허가신청을 할 합의와 허가가 있으면 미리 합의된 바에 따라 거래계약의 체결이 있는 것으로 하는 합의가 함께 있었던 것으로 해석하는 것이 상당할 것이고, 이때에 그 계약서에 허가신청에 관한 명시적인 언급이 없다 하더라도 묵시적인 합의가 있었다고 보아야 할 것이다. ○○시 ○○면 규제구역 내에 있는 토지 등의 거래를 위하여 당사자 사이에 체결하는 계약은 특별한 사정이 없는 한 위와 같은 두 개의 합의가 동시에 있었다고 해석하는 것이 거래의 실정이나 계약당사자의 의사에 합치될 것이라고 생각한다. 왜냐하면 규제구역 내에 있는 토지 등의 거래계약을 체결하는 당사자의 의사는 특별한 사정이 없는 한 관할 관청의 허가를 얻어 유효한 거래계약을 성립시키고 이를 실현하고자 하는 것이라고 보아야 할 것이기 때문이다.

6. 다수의견은 허가를 받을 것을 전제로 한 거래계약은 법률상 미완성의 법률행위로서 이것만 가지고는 거래계약으로서의 효력은 발생하지 아니하나, 그 단계에서는 아직 유동적 무효의 상태에 있고, 허가는 이와 같이 유동적 무효의 상태에 있는 법률행위의 효력을 완성시켜 주는 인가적 성질을 띤 것이라고 보고 있으나, 국토이용관리법의 허가규정이 거래계약을 미리 체결하게 하고 이를 대상으로 하여 그 효력을 완성시켜 주는 인가적 성질을 가진 것이라고 해석하는 것은 편의적인 해석이라고 생각하며, 허가에 의하여 이 거래계약이 소급하여 유효하게 된다는 해석도 국토이용관리법의 규정취지에 어긋나는 것이라고 생각한다. 국토이용관리법 제21조의3이 예약을 포함하고 계약예정금액이라는 용어를 사용하고 있음을 유의할 필요가 있다.

7. 결론적으로 다수의견이 말하는 허가를 받을 것을 전제로 한 거래계약이란 결국 이와 같은 두 개의 합의가 동시에 있었던 경우에 해당한다고 보아, 다수의견의 결론에는 찬성하나 그 이유의 일부에는 동의할 수 없어서 이에 보충하는 의견을 밝히는 바이며, 이렇게 해석한다 하여 거래관계를 불필요하게 복잡하게 하거나 불합리한 결과를 초래한다고 생각하지 아니하고 오히려 국토이용관리법의 해석에 충실한 것으로 생각한다.

대법관 윤 관의 국토이용관리법상의 토지 등 거래계약허가조건부 소유권이전등기절차이행청구 부분에 관한 별개의견과 그 허가신청절차이행청구부분에 관한 반대의견은 다음과 같다.

1. 토지 등의 거래계약허가조건부 소유권이전등기절차이행청구 부분에 관하여,

다수의견이 국토이용관리법상의 규제지역 내에 있는 토지 등 거래계약에 관하여 관할 도지사의 허가를 조건으로 한 소유권이전등기청구를 받아들일 수 없다고 한 결론에는 찬동한다.

또한 토지 등 거래계약허가와 관련된 국토이용관리법상의 판시 금지규정, 효력규정, 처벌규정과 그 법률의 입법목적 기본이념 등에 터잡아 허가를 받지 않고 맺은 토지 등 거래계약이 채권계약으로서는 물론 물권계약으로서도 절대무효라고 본 견해에도 이론이 없다.

그리고 당원은 일찍이 허가 없는 토지 등 거래계약이 법죄행위로서 당연 무효라는 견해를 표명한 바 있음을 지적해 둔다(당원 1990.12.11. 선고, 90다8121 판결; 1991.6.14. 선고, 91다7620 판결 참조). 그럼에도 불구하고 다수의견은 허가 전의 토지 등 거래계약도 법률상 그 성립이 용인된다고 보고 이를 전제로 그 허가가 있을 때까지는 그 거래계약이 무효인 것이지만, 그 무효는 확정적인 것이 아니라 유동적인 것이어서 계약 후 허가가 있게 되면 그 계약은 소급적으로 완전한 효력을 갖게 된다고 하고, 그러면서도 그 계약의 효력발생을 전제로 한 허가조건부 소유권이전등기청구는 받아들일 수 없다고 결론짓고 있는 것이므로 이 점에서 수긍할 수가 없는 것이다.

국토이용관리법은 제21조의3 제1항, 제7항, 제31조의2에서 허가 없는 토지 등 예약까지도 분명히 금지하고 이에 위반하는 거래계약의 효력을부인하는 한편 나아가 그 위반행위를 처벌대상으로 삼고 있는데다가 제21조의14는 토지 등의 거래계약허가신청이 있는 경우에도 국가 등에게 우선매수권을 보장하고 제21조의15는 불허가된 토지 등 소유자의 토지매수청구권을 인정하면서 국가 등에게 그에 따른 매수의무를 지우고 있으며 제21조의5는 제21조의3의 규정에 의한 불허가처분에 대하여 이의가 있는 자로 하여금 토지이용심사위원회와 법원을 통한 구제방법의 길을 열어 놓고 있는 것이므로 이와 같은 관계 규정에 미루어 보면 허가 전의 토지등의 거래계약은 처음부터 그 성립을 용인하지 않고 있음이 명백하다. 또 그렇게 보아야만 투기를 목적으로 하는 토지 등 거래계약 자체에 관청이 직접 개입하여 허가 없는 거래계약의 성립을 미리 막음으로써 규제의 실효성을 보다 확실하게 거둘 수 있게 되는 것이다.

만약 허가 전의 토지 등 거래계약의 성립을 법률이 인정하는 것으로 한다면 허가 전의 토지 등 거래계약을 맺은 자를 처벌하면서도 그 후에 허가가 있으면 그 처벌대상이 되는 거래계약이 유효하게 살아난다는 불합리한 결과를 낳을 수밖에 없게 된다.

다수의견은 국토이용관리법 제31조의2가 처벌대상으로 삼고 있는 '토지 등 거래계약을 체결하는 행위'는 처음부터 허가를 배제하거나 잠탈하는 내용의 계약을 체결하는 행위를 가리키는 것이라고 설명하고 있으나 처벌법규를 그와 같이 제한적으로 해석할 아무런 법률상의 근거나 합리적인 이유가 없다.

이렇게 본다면 토지 등 거래계약허가는 다수의견과 같이 토지 등 거래계약의 성립을 인정하는 바탕위에서 그 거래계약의 효력을 완성시키는 인가적 성질을 갖는 것이 아니라 허가 없는 거래계약의 일반적 금지에 대한 개별적 해제인 허가적 성질을 갖는다고 하여야 할 것이다.

다수의견은 그 나름의 해석에 깔린 배경을, 거래목적물이나 매매가액 또는 계약의 이해방법 등에 관하여 완전한 합의가 이루어져야 비로소 허가신청을 하게 되는 일반적인 거래의 관행을 존중하고자 하는데 두고 있고 이는 결코 소홀히 할 수 없는 일면을 지니고 있으나 국토이용관리법의 관계 규정을 보면 규제지역 내에 있는 토지 등 거래는 당사자 사이에 거래계약의 허가신청에 대한 합의와 계약 내용에 관하여 말이 오가는 등의 준비단계를 거쳐 허가신청을 하고 허가가 나면 비로소 거래계약이나 예약 등을 맺게 하고 있거니와, 이와 같은 특별한 목적을 위하여 토지등의 거래를 규제하는 법제 하에서는 그 거래당사자로서도 그와 같은 규제사항을 미리 예상하고 있다고 보아야 하고 규제의 실효를 거두기 위하여는 일반토지등의 거래에 관한 계약관행 등은 어쩔 수 없이 수정될 수밖에 없다 할 것이며 또한 국토이용관리법이 규제하려는 매매가격, 거래목적, 거래면적 등에 어긋나지 않는 한 관할 도지사는 거래계약허가신청을 받아들여야 하는 것이므로 그와 같은 규제가 있다고 하여 곧 사법자치 내지는 계약자유의 원칙에 위배되는 것이라고는 할 수 없다.

결국 국토이용관리법상 허가 전의 토지등의 거래계약은 성립을 용인할 수 없으며 이에 위반한 거래계약은 절대적으로 무효라는 점에서 허가를 조건으로 한 소유권이전등기청구권은 발생할 여지가 없다고 하여야 할 것이다.

그리고 다수의견이 허가 전의 토지등의 거래계약의 성립을 인정하고 그에 위반하는 무효의 계약이 허가에 의하여 소급적으로 유효하게 되는 것이라면 오히려 장래급부로서의 허가를 법정조건으로 하는 소유권이전등기청구는 가능하다고 보아야 함을 덧붙여 둔다.

2. 토지등의 거래계약허가신청절차이행청구 부분에 관하여,

다수의견은 토지등의 거래계약허가의 효력에 관한 위와 같은 해석에 터잡아 계약당사자 사이에는 그 계약이

효력이 있는 것으로 완성될 수 있도록 협력할 의무가 당연히 생기는 것으로 보고 허가절차에 협력하지 않는 상대방에 대하여 그 협력의무의 이행을 재판상 청구할 이익이 있다고 한다.

그러나 거래당사자 사이의 허가를 공동으로 신청할 합의는 국토이용관리법상 계약이나 예약 이전의 준비단계에 불과함은 이미 앞에서 언급한 바 있거니와 이에 더하여 국토이용관리법 제21조의3, 제21조의4의 규정에 의하면 토지등의 거래계약에 대한 허가 또는 불허가처분은 관할 도지사가 법정허가기준에 따라 재량으로 할 수 있고 더욱이 제21조의4 제2항의 규정에 의하면 관할 도지사는 토지등의 거래계약허가신청을 받아들이지 아니할 때에는 미리 그 허가신청인에게 계약예정금액의 조정을 권고할 수 있는데다가 제21조의14의 규정에 의하면 토지등의 거래허가신청이 있는 경우에도 국가 등에게 우선적으로 협의 매수할 수 있는 길을 터놓고 있는바, 이와 같은 관계 규정들을 종합하면거래계약 당사자가 공동으로 허가신청을 하였다 하더라도 그 허가여부는 오로지 관할 도지사의 재량에 맡겨져 있고 설사 거래 당사자에게 허가협력의무를 명하는 판결이 있다 하더라도 그 판결은 그에 따른 공동허가신청만을 강제하거나 공동허가신청과 같은 효력만을 낳을 뿐 그 허가여부는 여전히 관할 도지사의 재량에 맡겨지기는 마찬가지라 할 것이며 그렇게 하여 허가가 났다 한들 허가 전의 토지등의 거래계약 자체의 성립이 법률상 부인되는 바에야 어차피 허가 후에 다시 토지등의 거래계약을 맺어야 되는데 그 때 당사자의 한 쪽이 그 계약체결에 불응해 버리면 그 계약은 성립할 여지가 없게 되어 그 허가협력의무의 이행만으로는 아무런 권리변동의 효력을 가져 올 수 없음이 분명하므로 이렇게 본다면 허가협력을 소송으로 청구하는 것은 아무런 이익이 없다고 하지 않으면 안 된다.

결국 원고의 이 사건 토지등의 거래계약허가조건부 소유권이전등기절차이행청구부분과 그 허가신청절차이행청구부분을 모두 받아들인 원심판결은 파기하는 것이 마땅하다고 본다.

계약의 성립

계약의 성립

1 청약과 청약의 유인

(1-1) 서울고등법원 1999. 8. 13. 선고 99나10518 판결

【원고(반소피고), 항소인】 장영식 외 2인

【피고(반소원고), 피항소인】 두만토건 주식회사 외 1인

【원심판결】 수원지방법원 성남지원 1998. 12. 10. 선고 98가합716, 98가합3845 (반소) 판결

【주 문】

1. 원고(반소피고)들 및 원고 박수자의 항소를 모두 기각한다.
2. 항소비용은 본소, 반소를 통하여 원고(반소피고)들 및 원고 박수자의 부담으로 한다.

【청구취지】

본소: 피고(반소피고, 이하 피고라고만 한다.) 두만토건 주식회사와 피고 일진다이아몬드 주식회사는 연대하여 원고(반소피고, 이하 원고라고만 한다) 장영식에게 금 44,017,568원, 원고(반소피고, 이하 원고라고만 한다.) 김남형에게 금 42,000,000원, 원고(반소피고, 이하 원고라고만 한다.) 김세중에게 금 126,000,000원, 원고 박수자에게 금 51,017,568원 및 각 이에 대한 이 사건 소장부본 송달일 다음달부터 완제일까지 연 2할 5푼의 비율에 의한 금원을 지급하라.

【항소취지】

제1심 판결을 취소한다. 피고들은 연대하여 원고들에게 본소 청구취지 기재 금원을 지급하라. 피고 두만토건 주식회사의 원고 장영식, 원고 김남형, 원고 김세중에 대한 반소청구를 모두 기각한다.

【이 유】

1. 인정사실

(증거)에 의하면 다음 사실을 인정할 수 있고, 반증 없다.

가. 피고 두만토건 주식회사(이하 피고 두만토건이라 한다)는 1996 년경 성남시 분당구 야탑동 353의 3 지상에 지하 4층 지상 5층의 두만그린프라자 상가건물을 선축하여 그 중 2층 및 3 층 합계 756 평(이하 이 사건 상가라 한다.)을 세계적인 첨단오락타운인 일본의 '세가 조이 폴리스'와 유사한 오락타운으로 만들고 이 사건 상가에

대한 권리를 1구좌당 6평씩 총 126구좌로 나누어 그중 26구좌는 피고 두만토건의 소유로 하고, 나머지 100구좌는 일반에게 분양할 계획 하에 일진종합건설 주식회사(피고 일진다이아몬드 주식회사에 1998. 8. 5. 흡수합병되었다.)에게 위 두만그린프라자 상가건물 선축공사를 도급주어 그 공사를 진행하였다.

나. 피고 두만토건은 1996. 3.초순경부터 수차례에 걸쳐 이 사건 상가에 대한 일반분양광고를 하면서 이 사건 상가는 분양계약자들에게 상가에 관한 지분소유권이전등기를 경료해 주는 지분상가로서, 개장 예정시기는 1997. 5. 경이고, 공유지분권자들이 이 사건 상가를 담보로 금융기관으로부터 대출받은 시설자금으로 이 사건 상가에 컴퓨터게임기기 등의 설비를 갖춘 첨단 오락타운을 만들되, 오락타운의 경영·관리는 전문경영인에게 위탁경영시키는 방식으로 공동으로 오락타운을 경영함으로써 공유지분 한 구좌당 월 100만원의 임대 및 운영수익을 확보할 수 있다는 취지로 광고를 하였고, 분양상담이나 계약체결시에도 위와 같은 내용을 원고들을 비롯한 분양계약자들에게 설명하여 주었다.

다. 원고들은 다음 표 기재와 같이 피고 두만토건과 사이에, 이 사건 상가분양계약을 체결하고, 계약금 등 분양대금을 지급하였고, 일진종합건설 주식회사는 피고 두만토건의 원고들에 대한 위 상가분양계약상의 채무를 연대보증하였다.

원고	계약일	분양 구좌수	분양금액	계약금	총 분양대금 지급액	부가가치세 지급액(원)	미납액(원)
장영식	96. 5. 18	1	39,000,000	10,000,000	32,000,000	2,017,568	7,000,000
김남형	96. 3. 14	1	39,000,000	10,000,000	32,000,000	0	7,000,000
김세중	96. 4. 3	2	78,000,000	20,000,000	64,000,000	0	14,000,000
	96. 5. 13	1	39,000,000	10,000,000	25,000,000	0	14,000,000
박수자	96. 3. 15	1	39,000,000	10,000,000	완납	2,017568	0

라. 그 후 이 사건 상가분양을 마친 결과 일반분양분 100 구좌 중 59 구좌만이 원고들을 비롯한 49명에게 분양되었는데, 경기침체로 인하여 오락타운의 사업전망이 불투명해지면서 1997. 3월초경 분양계약자들 사이에 오락타운의 운영방안에 관한 이견이 발생하자, 피고는 원고들을 비롯한 수분양자들과 다음과 같이 수차례에 걸쳐 상가운영방안에 관한 총회를 개최하였다.

(1) 1997. 3. 9. 원고들을 포함한 분양계약자 38명이 참석한 총회에서 이 사건 상가의 운영을 위하여 피고 두만토건 및 분양계약자들이 자본금을 출자하여 별도 법인을 설립·운영하는 방안, 별도 운영회사에 위탁하는 방안, 2 개층 중 1개층만 오락실로 분리 운영하는 방안 등을 논의하였으나 결론을 도출하지 못하였다.

(2) 1997. 5. 10.부터 11.사이에 원고 장영식, 원고 김세중, 원고 박수자를 바롯한 분양계약자 28명이 참석하여 개최된 조별 분양계약자 회의 및 같은 달 19. 개최된 조별 대표자회의에서 참석 인원중 과반수의 분양계약자들이 이 사건 상가의 운영을 일반업종 임대사업으로 전환하자는 의견을 제시하였으나 피고 두만토건이 오락타운 외의 다른 업종으로의 임대전환은 모든 분양계약자들이 동의하지 않는 한 진행할 수 없다고 난색을 표함에 따라 결론을 내지 못하였다.

(3) 1997. 6. 14. 개최된 총회에서 피고 두만토건과 협의추진중인 제 3자에게 오락타운을 임대운영하는 방안을 기본안으로 하되 제3자와의 협의추진이 결렬될 경우에는 제1안으로 당초 계획대로 오락타운을 운영하는 방안과 제 2안으로 사업내용을 변경하는 방안에 관하여 전체 분양계약자틀의 의견을 물어 결정하기로 의견이 모아져,

불참한 분양계약자들에게 그 의견을 물은 결과 대다수가 기본안 및 제 1안에 찬성하였다.

(4) 그 후 1997. 9. 6. 개최된 총회에서 임대차기간을 3년으로 하여 피고 두만토건이 협의중인 제3자에게 이 사건 상가를 일괄임대하되, 1차년도에는 월 임대료로 이 사건 상가 총분양가의 0.6% 에 해당하는 금 30,000,000원을, 제2차년도 이후에는 총분양가의 1%에 해당하는 금 50,000,000원을 지급받고, 11월중에 임대영업을 개시하기로 구체적인 임대방안이 논의·추진되었으나 제3자와의 협상이 결렬되면서 위 임대방안은 무산되었다.

마. 이에 피고 두만토건은 1997. 11. 2 다시 총회소집을 하여 이 사건 상가의 운영방안을 논의한 결과 이 사건 상가를 컴퓨터게임기기관련 공급업체에게 분할임대하는 방안이 제시되어 126구좌중 피고 두만토건을 비롯한 90구좌의 찬성을 얻게 되자, 피고 두만토건은 이를 분양계약자들의 총의로 보고 1998. 4.경 이 사건 상가 중 2층 전부와 3층의 4분의 1 정도를 컴퓨터게임기기관련 공급업체에게 분할임대를 주어 개장하였는데, 이러한 분할임대방안에 의한 분양계약자들의 한 구좌당 월 임대수입 예상액은 금 133,000원(분양대금의 0.33% 임) 정도이다.

2. 본소청구에 관한 판단

가. 원고들은 이 사건 본소청구로서, (1)피고 두만토건은 이 사건 상가를 분양함에 있어 이 사건 상가에 첨단전자위락상가를 조성하여 1997. 5.경 개장할 것과, 소액투자자들에게 이 사건 상가를 지분으로 분양한 후 전문경영인에 의한 위탁경영을 통하여 분양계약자들에게 월 100 만원 이상의 임대 및 운영수익을 보장하겠다고 광고하였을 뿐만 아니라, 계약제결시에도 원고들에게 위 광고내용을 계약내용으로 설명하였으므로 이 사건 상가를 첨단 오락타운으로 조성하고 전문경영인의 위탁경영을 통해 분양계약자들인 원고들에게 월 100만원 이상 또는 적어도 분양가의 1%에 해당하는 임대수익을 보장하는 것은 이 사건 상가분양계약의 주요부분으로서 분양자인 피고 두만토건은 이를 이행할 의무가 있음에도, 지분소유자들간의 의견불일치, 사업전망 등을 이유로 그 의무를 이행하지 않고, 오히려 원고들에 대한 배당액이 분양가의 0.33%에 불과할 것으로 예상되는 분할임대방안을 시행함으로써 그 의무이행을 2년 이상 지체하고 앞으로 그 의무를 이행할 의사가 없음을 표명하였을 뿐만 아니라, 사실상 그 의무이행이 이행불능상태에 빠지게 되었고, 또한 이 사건 상가분양계약시 총분양면적은 756 평으로 1구좌당 분양면적이 6평임에도 준공된 이 사건 상가의 총면적은 514 평에 불과하여 면적이 부족한바, 원고들은 이 사건 소장부본의 송달을 통해 피고 두만토건의 채무불이행을 이유로 이 사건 상가분양계약을 해제하였으니, 피고들은 그에 따른 원상회복 및 손해배상으로 원고들에게 본소청구취지 기재 각 금원을 지급할 의무가 있고 (2) 가사 원고들의 해제주장이 이유없다 하더라도, 원고들은 이 사건 상가를 첨단 오락타운으로 조성하고 전문경영인의 위탁경영을 통해 분양계약자들인 원고들에게 월 100만원 이상의 임대 및 사업수익을 보장할 것이라는 피고 두만토건의 분양광고 및 분양계약체결시의 설명을 믿고 이 사건 상가분양계약을 체결한 것으로서 이라한 첨단 오탁타운의 조성 및 운영은 이 사건 상가분양계약의 가장 중요한 부분이라 할 것인데, 사실상 이러한 첨단 오락타운의 조성 및 운영이 불가능해졌으므로, 결국 이 사건 상가분양계약은 피고 두만토건의 기망행위에 의하여 체결된 것이거나 원고들이 상가분양계약의 중요부분에 관하여 착오를 일으켜 체결하게 된 것이라 할 것인바, 원고들은 위 피고의 기망 또는 원고들의 착오를 이유로 이 사건 상가분양계약을 취소하였으니, 피고들은 그에 따른 원상회복으로 연대하여 원고들에게 분양대금을 반환할 의무가 있다고 주장한다.

나. 먼저 원고들의 해제를 원인으로 한 주장에 관하여 본다.

(1) 우선, 피고 두만토건이 이 사건 상가를 분양할 당시 광고한 내용대로 이 사건 상가에 첨단 오락타운을

조성·운영하고 원고들에게 일정한 수익을 보장할 분양계약상의 의무를 부담한다는 원고의 주장에 관하여 살피건대, 피고 두만토건이 분양광고시 이 사건 상가에 첨단 오락타운을 조성 운영하고 전문경영인에 의한 위탁경영을 통하여 분양계약자들에게 월 100만원 이상의 수익을 보장한다는 광고를 하고, 분양계약체결시 이러한 광고내용을 원고들에게 설명하였음은 앞서 인정한 바와 같으나, 그후 원고들과 피고 두만토건 사이에 체결된 분양계약서(갑제 6,7,11,12,13호증의 각 1)에는 이러한 내용이 기재되지 않은 점, 그 후의 이 사건 상가의 임대운영경위 등에 비추어 볼 때, 위와 같은 광고 및 분양계약체결시의 설명은 청약의 유인에 불과할 뿐 원고들과 피고 두만토건간의 이 사건 상가분양계약의 내용-으로 되었다고 볼 수 없고 따라서 피고 두만토건이 원고들에 대하여 이 사건 상가를 첨단 오락타운으로 조성 운영하거나 일정한 수익을 보장할 의무를 부담한다고 할 수 없다.

(2) 다음 이 사건 상가의 개장시가 지연에 관한 원고들의 주장에 관하여 살피건대,

피고 두만토건이 분양광고시 이 사건 상가의 개장시기를 1997. 5. 경으로 광고하였음은 앞서 인정한 바와 같으나, 원고들과 피고 두만토건 사이에 체결된 분양계약서(갑제 6, 7, 11, 12, 13호증의 각 1)에 이러한 내용이 기재된 바 없고' 오히려 이 사건 상가의 잔금기일은 입주지정일로부터 10일 이내로 정하고 입주지정일은 피고 두만토건이 별도 동보하도록 되어 였는 점에 비추어 볼 때 이라한 광고사실만으로 피고 두만토건이 1997. 5.경 이 사건 상가를 개장하여야 할 분양계약상의 의무를 부담한다고 할 수 없다.

(3) 원고들의 이 사건 상가의 분양면적이 부족하다는 주장에 관하여 살피건대, 피고 두만토건이 이 사건 상가를 분양하면서 이 사건 상가의 면적이 756 평임을 전제로 1구좌당 6평씩 126구좌로 하여 원고들과 분양계약을 체결하였음은 앞서 인정한 바와 같고, 한편 갑제20호증의 기재에 의하면, 이 사건 상가의 등기부상 면적은 2, 3층 각 848.22㎡로 합계 1, 696 .44 ㎡(약 514평)인 사설을 인정할 수 있으나, 한편 위 각 증거에 변론의 전취지를 종합하면, 원고들은 이 사건 상가의 공용부분을 포함하여 756 평중 1구좌당 6평씩을 분양받은 사실, 상가분양계약서상 전용부분의 등기면적은 대장정리 및 등기절차상 증감이 있을 수 있고 구조상 공용부분은 등기하지 아니한다고 기재된 사실을 각 인정할 수 있어 이 사건 상가의 등기부상 면적이 514 평인 사실만으로는 이 사건 상가의 분양면적이 부족하게 되었다고 단정할 수 없다.

(4) 원고들의 해제 주장은 피고 두만토건이 이 사건 상가분양계약상 부담하는 채무를 불이행하였음을 전제로 하는 바, 앞서 판시한 바와 같이 피고 투만토건의 채무불이행에 관한 원고들의 주장은 모두 이유없고, 달리 피고 두만토건의 채무불이행을 인정할 증거가 없으므로, 원고들의 해제 주장은 더 나아가 판단할 필요없이 이유없다.

다.다픔 원고들의 취소를 원인으로 한 주장에 관하여 살피건대, 일반적으로 상품의 선전 광고에 있어 다소의 과장 허위가 수반되는 것은 그것이 일반 상거래의 관행과 신의칙에 비추어 시인될 수 있는 한 기망성이 결여된다고 할 것이고, 이 사건 상가와 같이 그 용도가 특정된 특수시설을 분양받을 경우 그 운영을 어떻게 하고, 그 수익은 얼마나 될 것인지와 같은 사항은 투자자들인 원고들의 책임과 판단하에 결정될 성질의 것이라 할 것인바(대법원 1995. 9. 29. 선고 95다7031 판결 참조) 앞서 인정한 바와 같이 이 사건 상가를 분양함에 있어 피고 두만토건이 이 사건 상가에 첨단 오락타운을 조성하고 전문경영인에 의한 위탁경영을 통하여 일정 수익을 보장한다는 취지의 광고를 하였다고 하여 이를 가리켜 피고 두만토건이 원고들을 기망하여 이 사건 분양계약을 체결하였다거나 원고들이 분양계약의 중요부분에 관하여 착오를 일으켜 이 사건 상가분양계약을 체결하게 된 것이라 볼 수 없으므로, 원고의 취소 주장 역시 이유없다.

라. 소결론

그렇다면, 원고들의 이 사건 본소청구는 모두 이유없다.

3. 피고 두만토건의 반소청구에 관한 판단

위 각 증거 및 변론의 전취지를 종합하면, 원고들과 피고 두만토건 사이에 이 사건 상가분양계약체결시 잔금은 피고 두만토건의 입주지정일 10일전까지 납부하기로 약정한 사실, 피고 두만토건은 원고 장영식, 원고 김남형, 원고 김세중에게 1997. 11.2. 개최된 총회결의사항을 통지하면서, 이 사건 상가분양대금중 미지급된 잔금을 1997. 11. 15까지 납입할 것을 최고한 사설, 그후 1997. 12. 15. 이 사건 상가건물에 관하여 피고 두만토건 앞으로 소유권보존등기가 경료되고, 1998. 4. 경 이 사건 상가중 2층 전부와 3층의 일부가 개장된 사실, 원고 장영식과 원고 김남형의 미지급 분양대금은 각 금 7,000,000원, 원고 김세중의 미지급 분양대금은 금 28,000,000 원인 사실을 각 인정할 수 있고, 달리 반증이 없는바, 위 인정사실에 의하면, 원고 장영식, 원고 김남형, 원고 김세중은 피고 두만토건에게 이 사건 상가분양계약에 따른 위 각 미지급 분양대금 및 이에 대하여 피고 두만토건이 구하는 이 사건 반소장부본이 위 원고들에게 송달된 다음날임이 기록상 명백한 1998. 6. 2.부터 완제일까지 소송촉진등에관한특례법 소정의 연 2할 5푼의 비율에 의한 지연손해금을 지급할 의무가 있다 할 것이다(이에 대한 위 원고들의 해제 내지 취소의 항변이 이유없음은 앞서 본소청구에서 판단한 바와 같다.).

4. 결론

그렇다면, 원고들의 이 사건 본소청구는 모두 이유없어 이를 기각하고, 피고 두만토건의 원고 장영식, 원고 김남형, 원고 김세중에 대한 반소청구는 이유있어 이를 인용하여야 할 것인바, 제1심 판결은 이와 결론을 같이하여 정당하고 원고들의 항소는 모두 이유 없으므로 이를 기각하기로 하여 주문과 같이 판결한다.

(1-2) 대법원 2001. 5. 29. 선고 99다55601 판결

【원고(반소피고), 상고인】	장영식 외 2인
【원고, 상고인】	박수자
【피고(반소원고), 피상고인】	두만토건 주식회사
【피고, 피상고인】	일진종합건설 주식회사
【원심판결】	서울고등법원 1999. 8. 13. 선고 99나10518, 10525 판결
【주 문】	상고를 모두 기각한다. 상고비용은 원고(반소피고) 장영식, 김남형, 김세중 및 원고 박수자의 부담으로 한다.

【이 유】

상고이유를 판단한다.

1. 관계 증거와 기록에 비추어 살펴보면, 원심이 피고(반소원고) 두만토건 주식회사(이하 '피고 두만토건'이라고만 한다)가 분양광고시 이 사건 상가에 첨단 오락타운을 조성·운영하고 전문경영인에 의한 위탁경영을 통하여 분양계약자들에게 월 금 100만 원 이상의 수익을 보장한다는 광고를 하고, 분양계약 체결시 이러한 광고내용을

원고(반소피고) 장영식, 김남형, 김세중 및 원고 박수자(이하 '반소피고인 원고들과 원고 박수자를 합하여 원고들'이라 한다) 등에게 설명한 사실은 인정되나, 원고들과 피고 두만토건 사이에 체결된 분양계약서에는 이러한 내용이 기재되지 않은 점, 그 후 이 사건 상가의 임대운영경위 등에 비추어 볼 때, 위와 같은 광고 및 분양계약 체결시의 설명은 청약의 유인에 불과할 뿐 원고들과 피고 두만토건 사이의 이 사건 상가 분양계약의 내용으로 되었다고 볼 수 없고, 따라서 피고 두만토건이 원고들에 대하여 이 사건 상가를 첨단 오락타운으로 조성·운영하거나 일정한 수익을 보장할 의무를 부담한다고 할 수 없다고 판단한 것은 정당하고, 원심판결에 사실오인, 심리미진 또는 계약의 내용, 청약 및 청약의 유인, 지분제 상가의 특성 또는 채무불이행에 관한 법리를 오해한 위법이 있다는 상고이유의 주장은 이유 없다.

2. 원심은, 피고 두만토건이 분양광고시 이 사건 상가의 개장 시기를 1997년 5월경으로 광고한 사실은 인정되나, 원고들과 피고 두만토건 사이에 체결된 분양계약서에는 이러한 내용이 기재된 바 없고, 오히려 이 사건 상가의 잔금기일은 입주지정일로부터 10일 이내로 정하고 입주지정일은 피고 두만토건이 별도로 통보하도록 약정되어 있는 점에 비추어 볼 때, 이러한 광고사실만으로 피고 두만토건이 1997년 5월경 이 사건 상가를 개장하여야 할 분양계약상의 의무를 부담한다고 할 수 없다고 판단하였는바, 관계 증거와 기록에 비추어 살펴보면 위와 같은 원심의 인정과 판단은 수긍할 수 있고, 원심판결에 상가개장의 이행기 및 이행지체에 관한 법리를 오해한 위법이 있다 할 수 없다. 이 점에 관한 상고이유도 이유 없다.

3. 상품의 선전 광고에 있어서 거래의 중요한 사항에 관하여 구체적 사실을 신의성실의 의무에 비추어 비난받을 정도의 방법으로 허위로 고지한 경우에는 기망행위에 해당한다고 할 것이나, 그 선전 광고에 다소의 과장 허위가 수반되는 것은 그것이 일반 상거래의 관행과 신의칙에 비추어 시인될 수 있는 한 기망성이 결여된다고 할 것이고, 또한 이 사건 상가와 같이 그 용도가 특정된 특수시설을 분양받을 경우 그 운영을 어떻게 하고, 그 수익은 얼마나 될 것인지와 같은 사항은 투자자들의 책임과 판단 하에 결정될 성질의 것이라 할 것인바(대법원 1993. 8. 13. 선고 92다52665 판결, 1995. 9. 29. 선고 95다7031 판결 등 참조), 원심이 같은 취지에서, 피고 두만토건이 이 사건 상가에 첨단 오락타운을 조성하고 전문경영인에 의한 위탁경영을 통하여 일정 수익을 보장한다는 취지의 광고를 하였다고 하여 이를 가리켜 피고 두만토건이 원고들을 기망하여 이 사건 분양계약을 체결하게 하였다거나 원고들이 분양계약의 중요부분에 관하여 착오를 일으켜 이 사건 상가분양계약을 체결하게 된 것이라 볼 수 없다고 판단한 것은 정당하고, 원심판결에 기망 및 착오에 관한 법리를 오해하였다는 상고이유의 주장도 이유 없다.

4. 원고들은 이 사건 상가가 집합건물의소유및관리에관한법률 소정의 집합건물임을 전제로 피고 두만토건은 관리규약을 제정하고 관리인을 선임하여 상가의 관리운영방안을 의결하여야 함에도 상가 지분의 다수결로 이 사건 상가의 운영방안을 일방적으로 결정함으로써 분양계약상의 상가운영 및 수익보장을 파기하였다고 하나, 이 사건 상가는 집합건물의소유및관리에관한법률 소정의 집합건물에 해당하지 아니할 뿐만 아니라, 위 주장은 피고 두만토건에게 분양계약상 첨단오락타운 조성 및 수익보장의무가 있음을 전제로 하는 것인데, 그러한 의무가 인정되지 아니함은 위에서 본 바와 같으므로, 이 점에 관한 상고이유의 주장도 이유 없다.

5. 이 사건 상가에 대한 피고 두만토건의 지분이 감소되고, 남은 지분도 압류 또는 경매진행 중이므로 피고 두

만토건의 원고들에 대한 지분소유권이전등기의무가 이행불능이 되었거나 목적물의 하자가 심하여 계약목적을 달성할 수 없으므로 분양계약을 해제한다는 취지의 상고이유의 주장은 상고심에 이르러 새로 하는 주장으로서 적법한 상고이유가 되지 못한다고 할 것이다.

6. 기록에 의하면, 이 사건 상가 분양계약상 잔금은 소유권이전등기보다 선이행의무로서 피고 두만토건의 입주지정일로부터 10일 전에 납부하기로 약정하였는데 이 사건 상가는 이 사건 반소 제기 전인 1998년 4월경 개장된 사실을 알 수 있으므로 이 사건 반소장 송달 무렵에는 잔금의 이행기가 도래하였다고 할 것이고, 당사자 사이에 지연손해금에 관한 이율의 약정이 있다고 하더라도 소송촉진등에관한특례법 소정의 연 2할 5푼의 이율이 적용될 수 있으므로 원심이 판시와 같이 연 2할 5푼의 지연이자의 지급을 명한 것은 정당하므로 이 점에 관한 상고이유의 주장도 이유 없다.

7. 그러므로 상고를 모두 기각하고, 상고비용은 패소자인 원고들의 부담으로 하기로 관여 법관의 의견이 일치되어 주문과 같이 판결한다.

2 분양광고의 청약성

(1-1) 서울고등법원 2004. 12. 7. 선고 2004나22577 판결

【원고, 피항소인 겸 항소인】 별지 (1) 원고 명단 기재와 같다.

【피고, 항소인 겸 피항소인】 한국자산신탁 주식회사 대표이사 김진호

【원심판결】 의정부지방법원 2004. 2. 16. 선고 2001가합8346, 2002가합1045(병합), 2003가합2014(병합) 판결

【주 문】

1. 별지 (1) 원고 명단 순번 1 내지 639 기재 원고들에 대한 제1심 판결을 다음과 같이 변경한다.
   가. 피고는 위 원고들에게 별지 (3) 손해내역표의 '인용금액'란 기재 각 금원 및 이에 대한 2001. 5. 26.부터 2004. 12. 7.까지 연 5%, 그 다음날부터 완제일까지 연 20%의 각 비율에 금원을 지급하라.
   나. 위 원고들의 나머지 청구를 각 기각한다.

2. 당심에서의 청구변경에 따라, 별지 (1) 원고 명단 순번 640 내지 649 기재 원고들에 대한 제1심 판결을 다음과 같이 변경한다. 가. 피고는 위 원고들에게 별지 (3) 손해내역표의 '인용금액'란 기재 각 금원 및 이에 대한 2001. 5. 26.부터 2004. 12. 7.까지 연 5%, 그 다음날부터 완제일까지 연 20%의 각 비율에 금원을 지급하라. 나. 위 원고들의 나머지 청구를 각 기각한다.

3. 소송총비용은 10분하여 그 9는 원고들이, 나머지는 피고가 각 부담한다.
4. 제2의 가항 중 제1심에서 가집행이 선고되지 않은 부분은 가집행할 수 있다.

【청구취지 및 항소취지】

1. 청구취지

피고는 원고들에게 별지 (2) 청구금액표 '청구금액'란 기재 각 금원 및 위 각 금원에 대하여 2001. 5. 26.부터 이 사건 소장 부본 송달일까지 연 6%, 그 다음날부터 완제일까지 연 20%의 각 비율에 의한 금원을 지급하라.

2. 항소취지(생략)

【이 유】

1. 기초사실

가. 주식회사 화신공영(이하 화신공영이라 한다)은 1997. 6. 23. 파주시장으로부터 파주시 아동동 산 10-1 외112 필지의 대지 면적 합계 112,800.360㎡ 지상에 철근콘크리트조 지하 3층, 지상 14층 내지 25층 건축연면적 427,322.58㎡의 아파트 31개동 2,944세대(아파트 명칭은 최초 '파주 금촌 21세기 미래타운 아파트'였으나, 1998. 10.경 '팜스프링 아파트'로 변경되었다. 이하 이 사건 아파트라고 한다)를 신축.분양하기 위한 주택건설사업계획 승인을 받았다.

나. 대한부동산신탁 주식회사(2000. 3. 28. 코레트신탁으로 상호가 변경되었다. 이하 코레트신탁이라고 한다)는 1997. 6. 27. 화신공영과 사이에 위 파주시 아동동 산 10-1 외 112필지를 신탁받아 그 지상에 이 사건 아파트 및 부대복리시설을 신축한 후 위 각 토지와 건물을 신탁재산으로 하여 그 개발이익을 주식회사 화신공영에 환원시켜 주기로 하는 내용의 분양형 토지신탁계약을 체결하고, 1997. 12. 6. 파주시로부터 이 사건 아파트의 건설사업 주체를 화신공영에서 코레트신탁으로 변경하는 주택건설사업계획변경승인을 받았다.

다. 코레트신탁은 1998. 1. 21. 이 사건 아파트에 관한 입주자모집공고 승인을 받은 후 1998. 2.경부터 이 사건 아파트의 입주자를 모집하기 위하여 고양시 일산구 장항동 및 파주시 금촌동에 모델하우스(견본 주택) 2동을 설치하였고, 분양안내책자 및 광고 전단지를 배포하거나 신문에 분양광고를 게재하는 등 이 사건 아파트의 분양을 위한 홍보를 하였다.

라. 원고들은 코레트신탁과 사이에 별지 (2) 청구금액표의 '계약체결일'란 기재 각 일자에 '동', '호수'란 기재 각 아파트에 관하여 '총분양가'란 기재 금액으로 분양계약을 체결하였는데, 당시 원고들과 코레트신탁이 작성한 분양계약서에 의하면, 분양계약에 따른 계약금은 계약시에 지불하고, 중도금은 6회에 걸쳐 분할 납부하며, 잔금은 입주예정일을 2001. 2.로 하여 입주시에 지급하기로 하였다.

마. 코레트신탁이 2001. 2.경 사실상 부도상태에 빠질 정도로 경영이 악화되자, 코레트신탁의 주채권기관인 주식회사 한미은행을 비롯한 채권금융기관들은 2001. 2. 28.경 신탁회사를 신설하여 코레트신탁이 운영하던 사업장 중 일부를 그 신설회사로 이전하고 사업가치가 낮은 사업장은 코레트신탁에 그대로 두어 매각, 정리하는 것을 주요 내용으로 하는 기업개선계획안을 의결하였고, 위 기업개선계획에 따라 2001. 3. 20. 피고가 설립되었다.

바. 피고는 2001. 4. 9. 코레트신탁과 사이에 이 사건 아파트 및 그 부지에 관한 토지신탁사업 양수도계약을 체결하였는데, 위 토지신탁사업 양수도계약서에 의하면, 제4조(수탁자의 지위와 권리・의무 승계)에 "을(피고)은 신수탁자로서 갑(코레트신탁)이 수탁자로서 신탁사업과 관련하여 기체결한 (분양형, 임대형)토지신탁계약서, 토지신탁사업약정서 등 제 계약서상의 지위와 권리・의무를 포괄적으로 승계한다", 제5조(기타 부수 계약승계)에 "갑(코레트신탁)이 신탁사업과 관련하여 사업주체(건축주)로서 체결한 공사도급계약, 설계.감리계약 등 제계약

은 을(피고)이 포괄적으로 승계하기로 하되, 승계에 동의하지 않는 계약 상대에 대해서는 갑(코레트신탁)의 책임과 부담으로 처리한다"라고 약정하였고, 한편, 당시 코레트신탁의 대표이사이던 박병선은 2001. 3. 20. 피고가 설립된 이후부터 2001. 6. 13.까지 피고의 대표이사로 재직하였으며, 코레트신탁의 직원들 대부분도 2001. 3. 20.부터 피고의 직원으로 그대로 근무하였다.

사. 이어 피고는 2001. 8. 8. "끝까지 약속을 지키겠습니다"라는 제목의 신문광고를 게재하였는데, 위 신문광고에는 세부항목으로 피고는 이 사건 아파트를 완공하여 수분양자들의 피해를 최소화하고, 코레트신탁이 약속한 부대시설에 관한 약속을 성실히 이행하고 있으며, 따뜻한 물의 용출에 대하여 온천법에 대한 지식의 부족으로 "온천"이라는 문구를 사용한 것을 코레트신탁 대신으로 사과하고, 최근에 불미스런 사태가 있기는 하나 코레트신탁이 분양 당시 약속한 조건사항을 성실히 이행하고 있으니 믿고 따르라는 내용이 있으며, 위 제목 및 세부항목 외에 "끝까지 약속을 지키겠습니다", "안심하고 피고를 믿어주면 반드시 약속을 지키겠습니다"라는 표현이 실렸다.

아. 이 사건 아파트의 신축공사는 2000. 10. 준공예정으로 공사가 진행되었으나 시공회사의 부도 및 아파트 진입도로의 미개설로 인하여 당초 코레트신탁과 원고들이 입주예정일로 약정하였던 2001. 2.까지 아파트의 입주가 이루어지지 못하였고, 피고는 2001. 5. 25. 에 이르러 파주시장으로부터 이 사건 아파트에 대한 임시사용승인을 받은 다음, 입주지정기간을 2001. 5. 26.부터 2001. 7. 24.까지로 정하여 원고들에게 통보하였으며, 이에 원고들은 2001. 5. 26.부터 이 사건 아파트에 입주하기 시작하였다.

자. 피고는 이 사건 아파트에 관하여 피고 명의로 소유권보존등기를 경료하였다가 분양계약에 따른 잔금에서 입주지연으로 인한 지연손해금을 공제한 나머지 금원 및 이에 대한 연체료를 지급한 원고들에 대하여 그 명의로 소유권이전등기를 경료하여 주었고, 2002. 9. 2.에는 이 사건 아파트 상가 내에 위치한 스포츠센터, 사우나시설과 셔틀버스 5대를 이 사건 아파트의 입주자대표회의에 인계하였으며, 2002. 9. 5.에는 선미건설 주식회사와 사이에 이 사건 아파트 지하주차장의 바닥코팅공사 및 캐노피공사에 관한 도급계약을 체결하기도 하였다.(후략)

2. 원고들의 주장에 대한 판단

가. 채무불이행으로 인한 손해배상청구 부분

원고들은, 코레트신탁이 이 사건 아파트에 관한 분양광고를 하면서, 신문광고, 분양안내책자, 사업설명회 및 분양을 담당한 직원들을 통하여 이 사건 아파트 단지 내에서 게르마늄 성분을 포함한 온천이 개발되며, 위아파트의 거실바닥재를 단풍나무 원목 바닥재로 시공하고, 아파트 단지 내에 풍성한 유실수를 식재하고 테마공원을 설치하여 쾌적한 생활환경을 조성하며, 일산에서 금촌을 연결하는 4차선 도로가 2001년까지 8차선으로 확장되고, 이 사건 아파트에 인접하여 서울대학교가 이전할 예정이며, 코레트신탁이 전국 유명 콘도 및 휴양시설과 제휴하여 입주자들이 누구나 콘도 회원으로서 이를 이용할 수 있으며, 문산↔용산을 연결하는 경의선 전철의 복선화가 이루어져 편리한 교통환경이 조성된다는 내용을 대대적으로 광고하였고, 원고들로서는 코레트신탁의 위와 같은 광고내용을 신뢰하여 위와 같은 조건을 구비한 아파트를 공급받기로 하는 분양계약을 체결한 것이고, 코레트신탁의 위와 같은 광고는 그 내용의 구체성, 반복성 및 규모에 비추어볼 때 이 사건 아파트의 청약에 해당되며, 위와 같은 온천, 유실수단지 등의 존재는 이 사건 아파트의 계약내용에 포함된다고 할 것이므로, 코레트신탁으로서는 온천, 유실수단지 등 위와 같이 광고한 내용과 같은 조건을 구비한 아파트를 제공할 분양계약상 의무를 부담한다고 할 것임에도, 이사건 아파트에는 온천, 유실수단지, 테마공원이 존재하지 아니하고, 거실바닥재는 단풍나무 원목이 아닌 합판마루로 시공되어 있으며, 콘도이용권을 제공하지 아니하였고, 서울대학교의 이전 및 도로확장 공사는 예정조차 되어있지 아니하며, 전철 복선화 또한 이루어지지 아니하였으므로, 피고는 코레트신탁의 위와 같은 이 사건 아파트 분양계약에 따른 채무의 불이행으로 인하여 원고들이 입은 손해를 배상할 의무가 있다고 주장한다.

그러므로 살피건대, 먼저, 비록 코레트신탁이 이 사건 아파트 분양광고에서 위와 같은 내용을 광고하고, 분양계약 체결시 원고들에게 이러한 광고내용을 설명하였더라도 위와 같은 광고내용은 분양목적물의 특정이나 구체적인 거래조건의 제시가 수반되지 않은 것이므로 이를 청약이라고 할 수 없고, 다른 사람으로 하여금 청약을 하게 유도하려는 이른바 청약의 유인에 불과하다고 할 것이어서 광고내용이 바로 분양계약의 내용으로 되는 것은 아니고, 다만 당사자가 그 후 청약 및 승낙의 과정을 통하여 그 광고내용을 계약의 목적으로 하기로 하는 의사의 합치를 이루는 경우에 비로소 분양계약의 내용이 된다고 할 것이다.

그런데, (증거)에 의하면 원고들과 코레트신탁 사이에 체결된 분양계약서에 분양의 목적물은 건물과 대지의 면적 및 그 동과 호수를 표시한 아파트 1동과 이에 따른 전기, 도로, 상수도시설 기타 부대시설(공용)로 되어 있고, 기타사항(제17조)으로 견본주택 내에 시공된 제품은 특별한 사정없이 타사 제품으로 변경될 수 없고 견본주택 및 각종 인쇄물과 모형도상의 구획선 및 시설물의 위치, 설계도면 등의 표시가 계약체결일 이후 사업계획 변경승인 및 신고 등에 따라 일부 변경된 경우에는 코레트신탁이 수분양자들에게 이를 통보하기로 규정하고 있을 뿐이고, 원고들이 주장하는 온천, 거실바닥재, 유실수단지, 테마공원, 서울대학교의 이전, 일산↔금촌을 연결하는 도로의 확장, 콘도이용권의 제공, 전철복선화와 관련하여 아무런 내용이나 조건이 기재되어 있지 아니한 사실이 인정할 수 있는바, 위 인정사실에 의하면 위 분양계약은 분양계약서에 표시된 아파트 1동과 이에 따른 전기, 상수도 등 통상적인 부대시설을 목적물로 하고 있다고 할 것이고, 비록 목적물의 구조, 재질, 성상 등이 견본주택 및 각종 인쇄물과 모형도에 의하여 구체화 될 것을 전제로 하고 있다고 볼 수 있기는 하나, 원고들이 주장하는 위와 같은 광고에 부합하는 아파트만을 공급하기로 한다는 의사의 합치에 관한 부분을 찾아 볼 수 없어서 위 광고내용을 곧바로 이 사건 아파트에 관한 각 분양계약의 내용으로 편입시키고 있다고는 볼 수 없으므로, 이와 같은 편입이 있음을 전제로 한 원고들의 위 주장은 나아가 살펴볼 필요 없이 이유 없다.

나. 불법행위로 인한 손해배상청구 부분

(1) 손해배상책임의 발생 및 승계

(가) 분양계약 체결에 있어서의 코레트신탁의 불법행위 성립 여부

1) '온천'광고에 관한 부분

가) 당사자들의 주장

원고들은, 코레트신탁이 1998. 2.경부터 이 사건 아파트의 분양을 위해 견본주택을 건설하고, 대대적인 신문광고와 분양안내책자, 사업설명회의 개최 및 분양을 담당한 직원들을 통하여 이 사건 아파트를 광고하면서 이 사건 아파트 단지 내에서는 게르마늄 성분을 함유한 온천수가 용출되지 않음에도 불구하고, 마치 이 사건 아파트 단지 내에서 게르마늄 성분을 함유한 온천수가 용출되어 아파트 입주민들이 온천수를 상시적으로 이용할 수 있는 것처럼 허위 과장 광고를 하여 원고들을 기망하였다고 주장한다.

이에 대하여 피고는, 이사건 아파트 단지 지하에서 용출되는 용출수는 그 온도가 25℃ 이상이며, 인체에 유해한 성분을 포함하고 있지 아니하므로 그 용출수의 온도, 성분이 온천법 제2조가 규정하고 있는 실질적 온천수에 해당하고, 피고는 이 사건 아파트 상가 단지 내에 아파트 단지에서 나오는 실질적 온천수를 이용한 목욕탕 시설을 갖추어 이를 아파트 입주민들에게 제공하였으므로, 피고가 온천과 관련하여 원고들을 기망한 사실이 없고, 가사 이 사건 아파트 단지에서 나오는 용출수가 온천법 제2조가 규정하고 있는 온천수에 해당하지 아니한다고 할지라도, 상품의 선전광고에 있어서는 상거래의 관행과 신의칙에 비추어 허용될 수 있는 한도 내에서는 다소의 과장이나 허위가 수반되더라도 이는 위법하지 않은 것인데, 이사건 아파트 단지 내에서 나오는 용출수가 그 온도 및 성분에 있어 실질적 온천수에 해당하므로 이 사건 아파트의 분양광고를 하면서 '온천'이라는 문구를 사용하였다 하더라도 위법하다고는 볼 수 없다고 주장한다.

나) 판단

일반적으로 상품의 선전광고에 다소의 과장.허위가 수반되는 것은 그것이 일반 상거래의 관행과 신의칙에 비추어 시인될 수 있는 한 기망성이 결여된다고 할 것이나, 상품의 선전광고에 있어서 거래의 중요한 사항에 관하여 구체적 사실을 신의성실의 의무에 비추어 비난받을 정도의 방법으로 허위로 고지한 경우에는 기망행위에 해당한다고 할 것이다(대법원 2001. 5. 29. 선고 99다55601, 55618 판결 참조).

i) 코레트신탁은 1998. 2.경부터 1999. 5. 28.까지 일간신문을 통하여 이 사건 아파트의 분양광고를 하면서, 아파트 단지 내에 2곳을 표시하여 온천 마크(♨)와 함께 "게르마늄 온천 용출 지점"이라고 기재하였고, 온천욕을 하고 있는 여인의 사진과 사진 밑에 "온천사우나 단지 내에 유황.게르마늄 온천을 개발하여 사우나시설을 갖추고 있습니다"라고 하였으며, "국내 최초, 단지 내에 게르마늄 온천이 펑펑"이라고 기재하여 코레트신탁이 이 사건 아파트 단지 내에서 게르마늄 온천을 개발하였다는 내용을 광고하였다.

ii) 코레트신탁은 1998. 2.경부터 고양시 일산구 장항동 및 파주시 금촌동에 설치한 견본주택에 대형스크린을 설치하여 온천욕 사진을 게시하여두고, 견본주택에서 "게르마늄 온천수가 펑펑 나오는 국내 최초 온천 아파트"라는 내용의 홍보용 비디오테이프를 상영하였으며, 이사건 아파트에 대한 광고전단 및 분양안내책자에도 온천욕을 하고 있는 여인의 사진을 게재하고, 아파트 단지 설명도에 온천 마크(♨)와 함께 "게르마늄 온천 용출 지점"이라고 표시하였고, "프랑스 루르드 광천수보다 높은 게르마늄을 함유한 온천이 펑펑! 성인병과 피부미용에 좋은 게르마늄 온천 사우나를 온 가족이 수시로 즐기실 수 있습니다"라는 문구가 기재된 광고전단 및 분양안내책자를 배포하였을 뿐 아니라, 1998. 6. 3.경에는 수분양자들에게 이 사건 아파트에 게르마늄 온천 시욕장을 설치할 계획이라는 안내문을 송부하고, 아파트 부근에 온천 시욕장을 안내하는 입간판을 설치하기도 하였으며, 당시 견본주택에 근무하던 코레트신탁의 직원들은 수분양자들에게 이 사건 아파트 단지에서 게르마늄 성분을 포함한 온천수가 용출되어 아파트 입주민들은 단지 내 상가에 설치되는 온천사우나를 무료로 이용할 수 있다고 설명하거나 또는 아파트 각 세대별로 온천수가 들어와 집안에서 온천욕을 할 수 있다고 홍보하기도 하였다.

iii) 한편, 코레트신탁은 이 사건 아파트에서 게르마늄 성분을 포함한 온천이 개발되었다는 광고를 시작한지 3개월이 경과한 1998. 5. 12.에 이르러 한국자원연구소(이후, 한국지질자원연구소로 명칭이 변경되었다)에 이 사건 아파트 단지 내 2곳에서 나온 용출수에 대한 성분분석을 의뢰하여 1998. 5. 25. 한국자원연구소로부터 0.0027㎎/ℓ 및0.0007㎎/ℓ 의 게르마늄 성분이 검출되었다는 분석 결과를 통보받았다.

ⅳ) 코레트신탁은 1999. 5.경 파주시로부터 이 사건 아파트 단지 내에서 게르마늄 온천이 개발된다는 광고와 관련하여 민원이 제기되었다는 통보를 받은 후, 1999. 5. 27. 파주시에 차후부터 아파트 광고에서 '온천'이라는 문구를 삭제조치하고, 이미 배포된 광고전단지를 전량 회수하여 소각하겠다는 내용의 회신을 하였으나, 그 후에도 계속하여 이전과 동일한 내용의 '온천'광고가 게재된 광고전단지를 배포하였는데, 수분양자들 중 원고 유경희도 1999. 6. 2.경 '온천'광고가 게재된 이 사건 아파트에 대한 광고전단지를 보고 같은 날 견본주택을 방문하여 견본주택에 설치된 온천광고 간판, 비디오테이프 등을 확인하였고, 당시 견본주택에 근무하던 코레트신탁의 직원으로부터 이 사건 아파트 단지 내에서 온천수가 용출된다는 설명을 듣고 분양계약을 체결 하였으며, 코레트신탁은 1999. 9. 1.경에는 인터넷을 통하여 이 사건 아파트 단지 내에 게르마늄 온천수가 용출된다는 기사를 게재하였고, 또 이 사건 아파트 단지에 위치한 상가분양광고를 하면서 2002. 6. 11.까지 일간신문 및 인터넷을 통하여 상가 2층에 온천수를 이용한 사우나시설이 설치된다는 내용을 계속 내보내었다.

ⅴ) 코레트신탁은 2001. 10. 16. 공정거래위원회로부터 코레트신탁이 중앙일간지, 카탈로그 및 전단지 등을 통하여 이 사건 아파트 분양광고를 하면서 사실과 다르게 이 사건 아파트 단지에 게르마늄 성분이 탁월한 온천이 나오는 것처럼 소비자를 오인시킬 우려가 있는 부당한 광고행위를 하여 공정거래법을 위반하였다는 이유로 시정명령을 받았다.

ⅵ) 코레트신탁은 2000. 6. 30.에 이르러서야 파주시로부터 지하수법 제7조, 지하수법시행령 제8조에 의해 이 사건 아파트 단지의 지하수개발.이용에 관한 허가만을 받았을 뿐, 이사건 아파트에 대한 주택개발계획 승인 당시 및 그 이후에도 이 사건 아파트 단지 내에서의 온천개발에 관한 허가를 받은 사실은 없고, 또 이 사건 아파트 119동 앞 지하 수공에서 용출되는 용출수의 온도는 지하심도 22m에서 15.0℃, 지하심도 580m에서 26.7℃이고, 평균지하증온율(심도 100m 당용출수의 온도 증가율)은 2.09℃/100m이며, 이사건 아파트의 121동 부근의 지하수공에서 용출되는 용출수의 용출온도는 20.2℃, 1일 적정양수량은 117㎥/일이고, 게르마늄 성분은 0.00035㎎/ℓ 가 포함되어 있는데, 특수한 지열이나 온천의 흔적이 지표에 나타나지 않는 국내의 일반적인 지역에서의 평균증온율은 2.2℃/100m 내지 2.7℃/100m로 계산되고 있고, 온천지대에서는 3℃/100m 이상의 값을 나타내며, 일반적인 지하수에도 게르마늄 성분은 0.0001㎎/ℓ 가 포함되는 것으로 보고되고 있다.

ⅶ) 이 사건 아파트 상가 5층에는 입주민들을 위한 운동시설과 남녀 간이 샤워장(운동시설 및 샤워장 면적 합계 1,180.323㎡)만이 설치되어 있고, 지하 2층에는 목욕탕 시설(면적 936.514㎡)이 설치되어 있으며, 피고는 위 목욕탕을 입주민 전용시설로 운영하다가 2002. 9. 2.경 위목욕탕 시설을 이 사건 아파트 입주민대표회의에 인계하였는데, 지하 2층 목욕탕 및 간이 샤워시설은 상수도 물을 이용하여 운영되고 있다.

먼저, 이 사건 아파트 단지 내에 온천이 존재하는지 여부에 관하여, 이사건 아파트 단지 내에 온천이 있다고 하기 위하여서는 법령상의 요건을 충족시키는 온천이 있거나, 또는 사회통념상 적어도 이러한 온천에 준하여 용출수의 성분과 수온이 통상의 지하수와는 확연하게 구별되는 정도에 이르고 기대되는 용법에 적합한 정도의 수량을 가진 수원이 개발되어 존재하여야 할 것인바, 법령상의 온천에 관하여, 온천법 제2조는, "온천이라 함은 지하로부터 용출되는 섭씨 25도 이상의 온수로서 그 성분이 인체에 해롭지 아니한 것을 말한다"라고 규정하고 있고, 같은 법 제8조 제1항은 "온천수를 용출시킬 목적으로 토지를 굴착하고자 하는 자는 대통령령이 정하는 바에 의하여 시장, 군수의 허가를 받아야 한다", 같은 법 제13조 제1항은 "공중의 목욕용 또는 음용에 제공하거나 산업용 또는 난방용으로 사용하기 위하여 온천을 이용하고자 하는 자는 대통령이 정하는 바에 의하여 시장, 군수의 허가를 받아야 한다. 이경우 이용을 허가할 수 있는 온천수의 수량은 적정한 양수량을 초과할 수 없다" 같은 조 제3항은 "제1항의 규정에 의한 온천이용허가를 받지 아니한 자는 대통령이 정하는 온천과 관련된 허위 또는 과장의 표시, 광고행위를 할 수 없으며, 행정자치부령이 정하는 온천표시를 사용할 수 없다", 같은 법 제17조 제1항은 "온천원보호지역 또는 온천공보호구역이 아닌 지역에서 온천을 발견한 자는 온천의 위치, 깊이, 온천공의 지름 등 행정자치부령이 정하는 사항을 관할 시장, 군수에게 신고하여야 한다", 같은 조 제2항은 "제1항의 규정에 의한 신고를 받은 시장, 군수는 온천의 수온, 수량, 수질 등을 직접 검사하거나 온천전문기관으로 하여금 검사하게 할 수 있으며, 검사 결과 당해 온천을 개발, 이용할 가치가 있다고 인정되는 때에는 행정자치부령이 정하는 바에 의하여 신고를 수리하고 신고인에게 그 사실을 통지하여야 한다", 같은 법 시행규칙 제13조 제2항은 "법 제17조제2항의 규정에 의한 온천의 개발.이용의 가치유무를 판단함에 있어서는 다음 각 호의 사항을 고려하여야 한다. 1. 지하로부터 용출되는 섭씨 25도 이상의 온수로서 그 성분이 인체에 해롭지 아니할 것, 2. 일일 적정양수량이 300톤 이상일 것. 이 경우 일일 적정양수량의 판단은 72시간 동안의 양수량 중 마지막 24시간 동안의 양수량을 기준으로 하며, 이때의 수위강하는 100미터 이내이어야 한다., 3. 인근 온천 및 지하수공에 대한 영향유무, 4. 온천개발로 인한 환경오염등 공익상 피해여부, 5. 온천 수요전망 및 주변여건, 6. 온천발견신고자의 토지(발견신고공이 있는 토지 및 인근 토지를 말한다) 소유현황"이라고 규정하고 있다.

그런데, 위 인정사실에 의하면, ① 코레트신탁은 이 사건 아파트 분양광고를 시작한 1998. 2.경까지 이 사건 아파트 단지 내에서 용출되는 용출수의 수온, 성분 및 1일 적정양수량 등이 온천법이 규정하는 온천으로서의 요건을 갖추고 있는지 여부 및 용출수에 인체에 유익한 게르마늄 성분이 다량 함유되어 있는지 여부 등에 관하여 구체적인 성분분석 과정이나 온천법이 규정하고 있는 온천개발절차를 거치지 아니한 채 이 사건 아파트 단지 내에서 게르마늄 성분이 탁월한 온천수가 용출된다는 광고를 게재한 점, ② 실제로 이 사건 아파트 단지에서 용출되는 용출수는 그 수온, 성분 및 1일 적정양수량이 법령상 온천으로서의 요건(수온은 25°C 이상이며, 1일 적정양수량은 300톤 이상일 것)을 갖추고 있지 못하고 있는 점, ③ 용출수에 포함된 게르마늄 성분 또한 일반적인 지하수의 게르마늄 성분 함유량에 비해 탁월하다고 볼 근거가 없어서, 이사건 아파트 단지 내에는 온천이 있다고 할 수 없고, 따라서 온천이 존재한다는 코레트신탁의 광고는 허위이다.

다음으로, 코레트신탁이 이 사건 아파트의 분양광고를 함에 있어 온천과 관련하여 원고들을 기망하였는지에 관하여, 위 인정사실에 의하면, 신규로 분양되는 아파트에 있어서 아파트 단지 내에 온천이 개발되어 입주민들이 아파트의 부대시설로써 온천을 이용할 수 있다는 것은 그 자체가 아파트 분양계약의 내용을 이루지는 않는다고 하더라도 입주자들의 생활환경을 결정짓는 요인으로서 수분양자들이 아파트 분양계약을 체결하는 동기가 될 뿐만 아니라, 아파트 분양자가 광고한 부대시설에 관한 주요 내용은 그 광고에 의하여 아파트 분양신청을 한 수분양자에게는 계약체결 여부를 결정짓는 중요한 사항이라 할 것인데, 코레트신탁의 온천에 관한 광고는 위와 같이 구체적인 허위사실을 고지한 경우에 해당하고, 또 앞서 본 바와 같이 코레트신탁은 일간신문, 분양안내책자, 모델하우스 및 직원들을 통하여 이 사건 아파트에 온천수가 용출된다는 내용을 온천수가 용출되는 지점을 특정하여 구체적으로 표시하여 대대적으로 광고하였을 뿐 아니라, 파주시에 '온천' 문구를 삭제하겠다는 회신을 한 이후에도 계속하여 온천광고를 실시하였고, 공정거래위원회로부터 온천광고와 관련하여 시정명령을 받았음에도 이 사건 아파트의 상가 분양광고에서는 계속하여 '온천' 사우나 광고를 게재하였으며, 코레트신탁이 정부출자기업인 성업공사가 전액 출자하여 신탁업법에 의해 설립된 정부재출자기관으로서 그 광고내용에 대한 일반인의 신뢰는 보다 더 보호되어야 한다는 점 등을 종합하면, 코레트신탁의 이러한 허위사실의 고지는 일반 상거래의 관행과 신의칙에 비추어 시인되기 어려운 기망행위에 해당한다고 봄이 상당하므로, 원고들의 이 부분 주장은 이유 있다.

2) '공동묘지'의 존재에 관한 부분

가) 당사자들의 주장

원고들은, 이사건 아파트 단지 주변에는 대규모의 공동묘지가 존재하고 있는데, 아파트 주변의 입지조건은 아파트 분양계약 체결이나 가액 평가에 있어 중요한 사항이므로, 코레트신탁으로서는 분양계약 체결 당시 원고들에게 이 사건 아파트 단지 주변에 대규모의 공동묘지가 존재하고 있다는 사실을 고지하여야 할 의무가 있음에도 불구하고, 코레트신탁은 공동묘지의 존재를 고의적으로 은폐하여 원고들을 기망하였다고 주장한다.

이에 대하여 피고는, 이사건 아파트 단지 뒤에 존재하는 공동묘지는 재단법인 낙원공원에 의해 운영되는 공원묘원으로서 그 관리 및 이용 상황에 비추어 위 공원묘원을 혐오시설이라고 볼 수 없을 뿐더러, 파주시가 코레트신탁에게 이 사건 아파트에 대한 주택개발사업계획승인 및 분양자모집공고승인을 할 당시에도 공원묘원의 존재와 관련하여 별도의 부관을 부과한 적이 없고, 위공원묘원의 존재 여부는 이 사건 아파트의 분양계약의 내용을 이루는 것도 아니므로, 코레트신탁에게 공원묘원의 존재 여부에 관한 고지의무가 있다고 볼 수 없으며, 또한 코레트신탁은 아파트 분양계약 당시 현재의 이 사건 아파트 주 출입구 맞은 편 언덕(야산) 부분에 약 20m 높이의 전망대를 설치하여 분양계약 예정자들이 현장을 방문하면 전망대에서 이 사건 아파트 부지를 살펴볼 수 있도록 하였고, 또 위 전망대에서 바라보면 한 눈에 위 공원묘원의 존재를 알 수 있으므로, 코레트신탁이 원고들에게 위 공원묘원의 존재를 적극적으로 은폐한 사실이 없다고 주장한다.

나) 판단

그러므로 살피건대, 이사건 아파트 단지 뒤에 있는 공동묘지에 관하여 원고들에 대한 코레트신탁의 기망행위가 인정되려면 코레트신탁에게 원고들에게 고지할 의무가 있음에도 이를 고지하지 않은 부작위에 의한 기망행위가 인정되거나, 사실과 다르게 공동묘지가 존재하지 않는다고 적극적인 언동을 한 작위에 의한 기망행위가 인정되어야 할 것이다.

먼저, 부작위에 의한 기망행위에 관하여 보건대, 부동산을 매매하는 매도인의 고지의무는 광범위하게 인정되는 것이 아니라 매도인이 매수인에게 매매와 관련된 어떤 구체적인 사정을 고지하지 아니함으로써, 장차 매매의 효력이나 매매에 따른 채무의 이행에 장애를 가져와 매수인이 매매목적물에 대한 권리를 확보하지 못할 위험이 생길 수 있음을 알면서도, 매수인에게 그와 같은 사정을 고지하지 아니한 채 매매계약을 체결하고 매매대금을 교부받는 한편 매수인은 그와 같은 사정을 고지받았더라면 매매계약을 체결하지 아니하거나 매매대금을 지급하지 아니하였을 것임이 경험칙상 명백한 경우에는, 신의성실의 원칙상 매수인에게 미리 그와 같은 사정을 고지할 의무가 매도인에게 있고, 매도인이 매수인에게 그와 같은 사정을 고지하지 아니하고 매수인의 착오를 이용하여야 불법행위인 기망행위에 해당하는 것이다.(대법원 2004. 7. 8. 선고 2004다20890 판결, 대법원 1991.12.24. 선고 91도2698 판결 등 참조)

그러므로, 이사건 아파트 단지 주변에 위치하는 공동묘지가 존재한다는 사실을 고지할 의무가 코레트신탁에게 있음에도 이를 고지하지 않았는지 여부에 관하여 살피건대, 증거에 의하면, 이사건 아파트 단지 내 118동 및 116동의 북서쪽에 초등학교가 위치하여 있고, 위 초등학교 뒤편 야산에는 재단법인 낙원공원이 관리.운영하는 분묘 기수가 4,300여기에 이르는 대규모의 공동묘지가 조성되어 있는 사실, 코레트신탁이 제작.배포한 이 사건 아파트에 대한 광고전단, 분양안내책자 및 조감도 등에는 이 사건 아파트 단지 뒤편을 수목이 식재된 야산으로 나타나 있을 뿐이고 공동묘지는 표시되어 있지 아니한 사실, 코레트신탁은 분양계약을 체결하는 과정에서 원고들에게 공동묘지의 존재를 알리지 아니한 사실을 인정할 수 있으나, 한편, (증거)에 의하면, 위 공동묘지는 재단법인 낙원공원이 관리.운영하는 것으로 야산 너머에까지 걸쳐 있고, 이사건 아파트의 건축공사의 진행을 관찰할 수 있는 곳에서는 공동묘지를 관측할 수 있는 사실을 인정할 수 있는바, 위 인정사실에 의하면 위 공동묘지는 그 규모와 위치에 비추어 현장을 방문하여 확인하거나 인근 주민들에게 탐문하는 방법으로 쉽게 그 존재를 알 수 있는 것으로 보여지고 또 실제 현장을 방문한 원고들 중 상당수는 공동묘지의 존재를 알았을 것으로 추측되므로 코레트신탁이 원고들의 착오를 이용하여 분양계약을 체결하였다고 보기 어려울 뿐만 아니라, 위공동묘지의 존재는 이로 인하여 장차 분양계약의 효력이나 이에 따른 채무의 이행에 장애를 가져와 수분양자가 분양목적물에 대한 권리를 확보하지 못할 위험이 생길 사정에 해당하지도 아니하므로 코레트신탁은 위 공동묘지의 존재를 원고들에게 고지할 의무를 부담한다고 할 수 없고, 따라서 코레트신탁이 이를 원고들에게 고지하지 아니하고 분양계약을 체결한 것이 부작위에 의한 기망행위에 해당한다고 할 수 없다.

다음으로 작위에 의한 기망행위에 관하여 보건대, 코레트신탁이 분양계약 체결 당시 이 사건 아파트 공사현장을 방문한 원고들에게 아파트 부지 뒤편에 위치한 공동묘지의 존재를 확인하지 못하도록 현장출입 제한, 아파트 부지 뒤편에 차단막 설치 등의 은폐를 위한 조치를 하거나 일부 원고들이 아파트 부지 뒤편 임야의 현황에 관하여 물을 경우 위 임야에 서울대학교가 이전할 예정이라거나, 이사건 아파트 뒤편에 공동묘지가 위치하고는 있으나 원고들이 입주하기 이전에 모두 이전할 예정이라는 등의 거짓말을 하였다는 내용의 갑 제20호증의 1, 2의 각 기재와 제1심 법원의 원고 유경희에 대한 일부 당사자본인신문결과는 위 공동묘지는 위에서 본 바와 같이 그 존재를 은폐하거나 이에 관해 거짓말을 하는 것이 불가능할 정도의 규모일 뿐만 아니라 실제 공사과정에서 관측이 가능한 상태에 있었던 점, 원고들은 거짓말을 하였다는 피고의 담당직원을 특정하지 못하는 점 등에 비추어 믿지 아니하고, 달리 이를 인정할 증거가 없으므로, 이 부분에 관한 원고들의 주장은 이유 없다.

3) '바닥재' 시공에 관한 부분

가) 당사자들의 주장

원고들은, 이사건 아파트의 분양계약 체결 당시 아파트 분양광고 및 분양안내책자 등을 통해 거실바닥재를 고급 단풍나무 원목을 사용할 것처럼 광고하였고, 원고들은 코레트신탁의 분양광고 내용대로 거실바닥재로 단풍나무 원목이 사용될 것으로 믿고 아파트 분양계약을 체결하였으나, 코레트신탁은 분양광고 및 분양안내책자의 내용과는 달리 이 사건 아파트의 거실바닥재로 인도네시아산 합판을 사용하여 시공함으로써 원고들을 기망하였다고 주장한다.

이에 대하여 피고는, 아파트 분양 광고에서 거실 바닥을 '원목'으로 시공한다고 광고하는 경우에 이는 합판 위에 0.6 내지 4㎜ 두께의 원목판을 덧붙이는 이른바 '목재후로링(합판마루)'를 지칭하고, 원목 마루판이라고 하는 것은 합판 위에 비닐바닥재가 아닌 원목판을 덧붙이는 것을 의미하는 것으로 일반적으로 인식되고 있을 뿐 아니라, 코레트신탁이 파주시로부터 이 사건 아파트에 대한 최초 분양승인을 받을 당시에도 거실바닥재에 관하여 '목재후로링'으로 분양승인을 받았고, 모델하우스 또한 '목재후로링'으로 시공하였으며, 일반적으로 아파트 거실과 같은 온돌마루에서 통나무 원목을 바닥재로 사용할 경우에는 열에 의한 뒤틀림 현상이 발생하므로 통나무 원목을 이용하여 아파트 거실바닥을 시공하는 경우는 거의 없으므로, 코레트신탁이 거실바닥재와 관련하여 원고들을 기망한 사실이 없다고 주장한다.

나) 판단

ⅰ) 이 사건 아파트 중 32평형, 43평형, 53평형 및 64평형을 계약한 원고들의 주장에 관하여

먼저, 증거를 종합하면, 코레트신탁은 파주시로부터 이 사건 아파트에 대한 분양승인을 받을 당시 이 사건 아파트의 선택사양 목록 중 거실바닥재에 관하여 이 사건 아파트 중 19평형 및 22평형의 거실바닥재는 합판 위에 나무무늬의 비닐을 덧붙인 이른바 '목무늬비닐쉬트'로, 32평형, 43평형, 53평형 및 64평형의 거실바닥재는 합판 위에 원목판을 덧붙인 이른바 '목재후로링(합판마루)'로 각 분양승인을 받았고, 코레트신탁이 고양시 일산구 및 파주시 금촌동에 각 설치한 모델하우스의 거실바닥재 또한 '목재후로링(합판마루)'로 시공된 사실, 그런데 코레트신탁은 일간신문을 통하여 이 사건 아파트에 대한 분양광고를 하면서 이 사건 아파트가 '고품격 마감재'를 사용한다고 광고하였고, 코레트신탁이 제작.배포한 이 사건 아파트에 대한 분양안내책자에는 32평형, 43평형, 53평형 및 64평형의 경우 거실에 '단풍나무 원목 바닥재'를 사용한다고 기재하였는데, 현재 이 사건 아파트 중 32평형, 43평형, 53평형 및 64평형은 합판 위에 0.4 내지 0.6㎜ 두께의 원목판을 덧붙인 '목재후로링(합판마루)'로 시공되어 있는 사실, 일부 바닥재 제조회사는 위와 유사한 목재후로링 제품을 선전책자에서 온돌마루, 천연원목마루로 표현하고, 일부 건축회사에서 아파트를 선전하는 광고를 함에 있어서 목재후로링 또는 이를 이용하여 시공한 부분을 원목 바닥재, 천연 비치온돌 나무마루 바닥재, 온돌마루 등으로 표현하고 있는 사실을 각 인정할 수 있다.

살피건대, 코레트신탁이 이 사건 아파트에 시공한 목재후로링(합판마루)이 피고의 주장과 같이 코레트신탁이 분양광고 등에서 사용한 원목 바닥재와 동일한 것으로 볼 수 있는지 여부는 그 용어의 문언적 의미와 이에 대한 통상적인 인식의 정도, 간결성을 중시하는 광고의 속성을 고려할 때 언어의 경제성을 해하지 않은 대체적인 표현이 가능하였는지 여부, 건축관련 업계의 관행, 다른 자료를 통하여서라도 정확한 정보를 제공하려는 노력이 있었는지 여부 등을 종합적으로 고려하여 판단하여야 할 것이다.

우선, 가구나 바닥재의 재료인 원목과 합판 사이에 문언적인 차이가 있을 뿐만 아니라 제작공정, 구조, 품질, 선호도 등의 점에서 사회통념상 이를 동일한 것으로 인식하고 있다고 할 수 없으므로, 통상적으로 원목 바닥재라고 표현하기 위하여는 바닥재의 목재 전부가 원목으로 되거나 적어도 그 중 상당 부분이 원목으로 되어 있어야 할 것이다.

다음으로, 일부 바닥재 제조회사나 건축회사에서 목재후로링(합판마루)에 관한 선전책자를 통하여 사용하는 표현 중 "온돌" 이나 "마루"라는 표현은 재질에 관한 것이 아니고, "나무마루"라는 표현은 원목으로 된 마루만이 아니라 목재로 된 마루 일반을 지칭한다고 볼 수 있으므로 허위성이 있다고 단정할 수 없으며, "원목"이라는 부분이 포함된 "천연원목마루"나 "원목 바닥재"는 그 재질에 관하여 사실과 다른 인식을 초래할 표현을 사용하고 있기는 하나 바닥재 제조회사의 경우에는 모두 같은 선전책자에서 그 구조에 대한 설명을 추가로 포함시킴으로써 목재후로링(합판마루)임을 알 수 있게 되어 있으므로 전체적으로는 허위성이 있다고 할 수 없고, 일부 건축회사의 경우에는 다른 방법으로 이러한 추가적인 설명을 제공하였는지 알 수 없으나 만약 추가적인 설명 없이 사실과 다른 표현을 사용함에 그쳤다면 이 것 또한 허위의 선전이라고 보아야 할 것이지 이를 근거로 코레트신탁의 광고가 허위가 아니라고 할 수는 없다.

또한, 코레트신탁은 광고를 함에 있어 바닥재의 재질을 표시하지 않거나 일반적으로 표시하는 방법을 사용함

으로써(가령, 위에서 본 "목재마루" 또는 "온돌마루" 등), 또는 더 구체적인 방법을 사용함으로써(가령, "원목부착 바닥재" 등) 간결성을 해하지 않으면서도 손쉽게 표현상의 허위성을 피할 수 있었고, 분양안내책자나 견본주택을 통하여 바닥재에 대한 추가적인 정보를 제공함으로써 허위성을 덜 수 있었던 것으로 보여지며, 그 밖에 당심 증인 이경배의 증언만으로는 건축관련 업계에서 목재후로링(합판마루)을 원목 바닥재로 표현하는 관행이 형성되어 있다는 사실을 인정하기에 부족하고, 달리 이를 인정하기에 족한 증거도 없다.

결국, 코레트신탁이 아파트의 거실바닥을 합판 위에 0.4 내지 0.6㎜ 두께의 원목판을 덧붙인 목재후로링(합판마루)으로 시공하면서 이를 원목 바닥재라고 광고한 것은 허위 내지 이에 준하는 정도의 지나친 과장이라고 할 것이다.

나아가, 코레트신탁이 이 사건 아파트에 관하여 일간신문에 분양광고를 하거나 광고전단지를 배포하고, 모델하우스를 방문한 수분양 희망자들에게 분양안내책자를 배포하는 것은 아파트분양계약에 있어서의 청약 그 자체라고 할 수는 없지만, 코레트신탁과 같은 아파트 분양회사는 광고전단지 및 분양안내책자 등을 통하여 불특정다수의 수요자들에게 주택공급계약의 내용을 일률적으로 미리 알리고 수분양자들로 하여금 그 내용에 따른 주택공급청약을 하게 한 후 수분양자들과 사이에 정형화된 주택공급계약을 체결하게 되는 것이고, 특별한 사정이 없는 한 수분양자들로서는 광고전단지 및 분양안내책자에 기재된 것과 같은 내용의 조건을 구비한 아파트를 공급받게 될 것이라고 신뢰하여 아파트분양계약을 체결하게 되며 주택공급 및 분양업무를 하는 코레트신탁으로서도 이러한 사정을 알거나 알 수 있었음에도 위와 같이 허위의 광고를 하였으므로, 이는 일반 상거래의 관행과 신의칙에 비추어 시인되기 어려운 기망행위에 해당한다고 볼 것이다. (중략)

4) '테마공원 및 유실수'에 관한 부분

가) 당사자들의 주장

원고들은, 코레트신탁이 이 사건 아파트에 관한 광고에서 이 사건 아파트에 풍성한 유실수를 식재하고 및 테마공원을 설치하여 쾌적한 생활환경을 조성할 것처럼 광고하여 원고들을 기망하였다고 주장한다.

이에 대하여 피고는, 이사건 아파트에는 현재 광고내용대로 유실수가 식재되어 있고, 테마공원이 조성되어 있으므로, 원고들을 기망한 사실이 없다고 주장한다.

나) 판단

(증거)를 종합하면, 코레트신탁이 일간신문에 게재한 이 사건 아파트에 대한 분양광고에서 이 사건 아파트가 "단지를 둘러싼 자연림과 단지내의 풍성한 유실수 및 시원한 인공폭포 등 쾌적한 자연과 편리한 생활이 조화된 최적의 주거지"라고 광고하였고, 코레트신탁이 제작.배포한 광고전단지 및 분양안내책자에 의하면, "단지 내에 테마공원, 과수공원"이 존재한다고 기재하였으며, 또숲속에서 조깅을 하는 여인의 사진을 게재하는 한편, "아파트 자체가 아름다운 조깅.레저 코스, 각종 유실수에다 인공폭포, 푸른 숲 속의 산책로-아파트 자체가 커다란 공원이자 레저 공간입니다", "유실수에서 애들이랑 즐겁게 과일도 따고"는 등의 기재를 하였고, 124동 옆에 인공폭포의 그림을 삽입하고, 121동, 129동 뒤편을 유실수단지로 표시하여 이 사건 아파트가 "레저형 아파트"라고 광고한 사실을 인정할 수 있다.

먼저, 유실수단지 부분에 관하여 보건대, 을 제83호증의 3, 4, 을 제84호증, 을 제90호증, 을 제93호증의 6, 19, 20의 각 기재 및 영상과 제1심 법원의 현장검증결과에 의하면 이 사건 아파트 129동 후면 경사지에 수목들이 극히 일부 식재되어 있고, 101동, 102동, 107동의 울타리 밖 축대 위의 경사지에 이 사건 소제기 후에 식재된 것으로 보이는 상당수의 유실수가 있는 사실을 인정할 수 있으나, 위와 같은 수목 및 유실수만으로는 그 위치와 식재의 정도 및 시기, 접근의 용이성 측면에서 광고에서 말한 유실수단지와는 현저한 차이가 있으므로 이는 허위 또는 이에 준하는 정도의 과장이라고 할 것이고, 앞에서 본 코레트신탁의 광고 기간, 방법, 내용 및 표현과 코레트신탁에 대한 정부재출자기관으로서의 공신력 등을 종합하면, 이는 일반 상거래의 관행과 신의칙에 비추어 시인되기 어려운 기망행위에 해당한다고 봄이 상당하므로, 원고들의 이 부분 주장은 이유 있다.

다음으로, 위의 유실수단지 부분을 제외한 테마공원 등 나머지 부분에 관하여 보건대, (증거에 의하면), 이사건 아파트의 정문 옆에는 원통과 구(球)가 결합된 형태로 된 수 m 높이의 조형물 및 그 주변에 석재로 포장된 반경 수 m 규모의 공간이 있고, 124동 옆 축대에 수 m 높이의 인공암벽으로 된 폭포 및 크고 작은 여러 개의 구로 이루어진 분수가 있고 그 앞에 벤치 몇 개가 설치되어 있는 사실을 인정할 수 있는바, 위 인정사실에 의하면 코레트신탁은 광고에서 테마공원이라는 표현을 사용하였으나 "인공폭포"라는 기재와 인공폭포의 그림을 삽입하는 외에는 "아파트 자체가 아름다운 조깅·레저 코스", "푸른 숲 속의 산책로-아파트 자체가 커다란 공원이자 레저 공간"이라는 등으로 구체적으로 그 내용을 밝히지는 않았는데, 이사건 아파트에는 원래 광고에서 밝힌 위치에 위와 같이 인공폭포 및 조형물 등의 유사한 시설이 설치되어서 적어도 구체적으로 표현된 시설물은 갖추어진 것으로 볼 수 있으므로 테마공원 부분 등의 광고는 허위성이 없거나 다소의 과장에 그쳐 일반 상거래의 관행과 신의칙에 비추어 시인되기 어려운 정도에 이르지는 않는다 할 것이므로, 이 부분에 관한 원고들의 주장은 이유 없다.

5) '일산-금촌 간 도로 확장', '서울대이전'에 관한 부분

가) 당사자들의 주장

원고들은, 코레트신탁이 이 사건 아파트의 분양광고를 하면서 일산에서 금촌을 연결하는 4차선 도로가 2001년까지 8차선으로 확장되며, 이사건 아파트에 인접하여 서울대학교가 이전할 예정이라고 허위 광고를 하여 원고들을 기망하였다고 주장한다.

이에 대하여 피고는, 코레트신탁 이 사건 아파트 분양광고에서 서울대학교가 파주시로 이전할 계획이라고 광고한 것은 1997. 7. 9.자 일간신문에 실린 신문기사를 믿고 광고한 것이므로 원고들을 기망한 것이 아니라고 주장한다.

나) 판단

살피건대, (증거)를 종합하면, 코레트신탁은 일간신문에 게재된 이 사건 아파트의 분양광고 및 광고전단지, 분양안내책자에 이 사건 아파트를 광고하면서, "사통팔달이라 교통이 시원합니다. 금촌↔일산간 8차선 도로확장"이라거나 "금촌↔일산 4차선 도로 확장공사중(향후 8차선 확장 2001년)", "서울대이전(예정)"이라고 광고하였으나, 코레트신탁이 이 사건 아파트의 분양광고를 할 당시에는 금촌↔일산을 연결하는 4차선 도로의 확장공사가 진행되고 있지 아니하였을 뿐 아니라, 위 4차선 도로의 확장공사나 서울대학교의 이전은 예정조차 되어 있지 아니하였으며, 또 코레트신탁은 2001. 10. 16. 공정거래위원회로부터 코레트신탁이 중앙일간지, 카탈로그 및 전단지 등을 통하여 이 사건 아파트 분양광고를 하면서 사실과 다르게 서울대학교가 이전할 예정인 것처럼 소비자를 오인시킬 우려가 있는 부당한광고행위를하여공정거래법을위반하였다는 이유로 시정명령을 받은 사실을 인정할 수 있고,을 제14호증의 2의 기재만으로는 이를 번복하기에는 부족하며, 달리 반증이 없는 바, 신규로 분양되는 아파트의 교통환경이나 교육환경은 입주자들의 생활환경을 결정짓는 요인으로서 분양계약 체결여부를 결

정짓는 중요한 사항이라 할 것인데,위에서 본바와 같이, 코레트신탁은 일산↔금촌을 연결하는 4차선 도로의 확장공사가 진행중이지도 아니하였고, 위4차선 도로가 8차선 도로로 확장될 것이라거나 또 서울대학교가 이전할 것이라고 예정할 근거가 없음에도 불구하고 이 사건 아파트의 분양광고에 일산↔금촌을 연결하는 4차선도로의 확장공사가 진행 중이라거나 2001년까지 8차선도로로 확장될 예정이며, 서울대학교가 이전할 예정이라고 구체적인 허위사실을 고지하였는데 이는 일반 상거래의 관행과 신의칙에 비추어 시인되기 어려운 기망행위에 해당한다고 봄이 상당하므로, 원고들의 이 부분 주장은 이유 있다.

6) '콘도 회원권' 및 '전철 복선화'에 관한 부분

가) 당사자들의 주장

원고들은, 코레트신탁이 이 사건 아파트의 분양광고에서 코레트신탁이 전국 유명 콘도 및 휴양시설과 제휴하여 입주자들이 누구나 콘도 회원으로서 이를 이용할 수 있다고 광고하였고, 문산↔용산을 연결하는 경의선 전철의 복선화가 이루어져 편리한 교통환경이 조성된다고 광고하였으나, 코레트신탁은 입주자들에게 콘도 이용혜택을 제공하지 아니하였고, 전철 복선화도 이루어지지 아니하였다고 주장한다.

이에 대하여 피고는, 원고들이 이 사건 아파트에 입주한 이후 피고가 콘도 회원권 30구좌를 구입하였고, 이를 이 사건 아파트 입주자대표회의에 인계하여 원고들이 이를 이용할 수 있도록 하였으나 입주자대표회의에서 위 콘도 회원권의 인수를 거부하고 있으므로, 콘도 회원권과 관련하여 원고들을 기망한 사실이 없고, 문산↔용산을 연결하는 경의선 전철 복선화는 당초 2001년 완공을 목표로 공사가 진행되었으나 사정변경으로 인하여 공사가 지연되고 있을 뿐, 코레트신탁이 원고들을 기망한 것은 아니라고 주장한다.

나) 판단

살피건대, (증거)에 의하면, 코레트신탁이 이 사건 아파트에 대한 분양광고에서 "전국 유명 콘도 이용혜택, 제주도, 도곡, 설악 등 유명 콘도 및 휴양시설과 제휴하여 입주자 누구나 회원의 혜택을 누릴 수 있습니다", "문산↔용산"을 연결하는 경의선 복선 전철화가 2001년 완공예정"이라고 광고한 사실은 이를 인정할 수 있으나, 한편 (증거)를 종합하면, 피고는 2002. 4. 9. 소외 일성리조트 주식회사로부터 '일성콘도미니엄' 회원권 30구좌를 대금 242,520,000원에 구입하여 이를 2002. 12. 5. 이사건 아파트 입주자대표회의측에서 인수하도록 통지하였고, 철도청이 1997년경 서울↔문산 간 경의선 전철 복선화계획을 발표하였고, 파주시 또한 1997. 12.경 2001년까지 총연장 46.4㎞에 이르는 용산↔문산 간 경의선 전철 복선화 계획을 내용으로 하는 "2016년 파주도시기본계획안"을 수립하였으며, 1998.경부터 위 경의선 전철 복선화 사업이 일부 구간에서 진행되고 있는 사실을 인정할 수 있는바, 위인정사실에서 본 바와 같이, 코레트신탁이 한 콘도미니엄 이용에 관한 광고내용이 입주자들 모두에게 1인1회원권을 제공하겠다는 내용이라고는 보기 어렵고, 원고들이 입주함과 동시에 피고가 콘도미니엄 이용혜택을 제공하여야 하는 것이라고 보기도 어려우므로, 피고가 콘도회원권 30구좌를 구입하여 이를 입주자대표회의에 인계함으로써 콘도 이용혜택에 관한 광고내용을 이행하였다고 봄이 상당하여 콘도 이용혜택과 관련하여 코레트신탁이 원고들을 기망하였다고는 볼 수 없고, 코레트신탁의 광고내용과 달리 2001년까지 용산↔문산을 연결하는 경의선 전철 복선화가 완료되지 못하였다 하더라도, 위경의선 전철 복선화 계획은 철도청 및 파주시에 의해 계획이 수립되어 공사가 진행되고 있으므로, 이와 관련하여 코레트신탁이 원고들을 기망하였다고 볼 수 없으므로, 원고들의 이 부분 주장은 이유 없다.(후략, 별지생략)

(1-2) 대법원 2007. 6. 1. 선고 2005다5812,5829,5836 판결

【원고, 피상고인 겸 상고인】 원고 1외 648인

【피고, 상고인 겸 피상고인】 한국자산신탁 주식회사

【원심판결】 서울고등법원 2004. 12. 7. 선고 2004나22577, 22584, 22591 판결

【주 문】

원심판결을 파기하고, 사건을 서울고등법원에 환송한다.

【이 유】

상고이유를 본다.

1. 분양계약의 내용에 관한 법리오해의 점에 관하여

청약은 이에 대응하는 상대방의 승낙과 결합하여 일정한 내용의 계약을 성립시킬 것을 목적으로 하는 확정적인 의사표시인 반면 청약의 유인은 이와 달리 합의를 구성하는 의사표시가 되지 못하므로 피유인자가 그에 대응하여 의사표시를 하더라도 계약은 성립하지 않고 다시 유인한 자가 승낙의 의사표시를 함으로써 비로소 계약이 성립하는 것으로서 서로 구분되는 것이다. 그리고 위와 같은 구분기준에 따르자면, ○○아파트의 분양광고의 내용은 청약의 유인으로서의 성질을 갖는데 불과한 것이 일반적이라 할 수 있다. 그런데 선분양・후시공의 방식으로 분양되는 ○○아파트단지의 거래사례에 있어서 분양계약서에는 동・호수・평형・입주예정일・대금지급방법과 시기 정도만이 기재되어 있고 분양계약의 ○○아파트 및 그 부대시설(○○아파트 및 그 부대시설을 포괄하여 '아파트'라고만 한다)의 외형・재질・구조 및 실내장식 등(이하 위 사항들을 포괄하여 '외형・재질 등'이라고만 한다)에 대하여 구체적인 내용이 기재되어 있지 아니한 경우가 있으나, 분양계약의 ○○아파트에 관한 외형・재질 등이 제대로 특정되지 아니한 상태에서 체결된 분양계약은 그 자체로서 완결된 것이라고 보기 어렵다 할 것이므로, 비록 분양광고의 내용, 모델하우스의 조건 또는 그 무렵 분양회사가 수분양자에게 행한 설명 등이 비록 청약의 유인에 불과하다 할지라도 그러한 광고 내용이나 조건 또는 설명 중 구체적 거래조건, 즉 아파트의 외형・재질 등에 관한 것으로서 사회통념에 비추어 수분양자가 분양자에게 계약 내용으로서 이행을 청구할 수 있다고 보여지는 사항에 관한 한 수분양자들은 이를 신뢰하고 분양계약을 체결하는 것이고 분양자들도 이를 알고 있었다고 보아야 할 것이므로, 분양계약시에 달리 이의를 유보하였다는 등의 특단의 사정이 없는 한, 분양자와 수분양자 사이에 이를 분양계약의 내용으로 하기로 하는 묵시적 합의가 있었다고 봄이 상당하다.

위 법리 및 기록에 비추어 살펴보면, 원심이 지적하는 바와 같이 원고들과 소외 주식회사(이하 '소외 회사'라고만 한다) 사이에 체결된 이 사건 분양계약서(갑 제2호증의 1 내지 622)에는 분양의 목적물이 건물과 대지의 면적 및 그 동과 호수를 ○○아파트 1동과 이에 따른 전기, 도로, 상수도시설 기타 부대시설(공용)로 되어 있고, 기타사항(제17조)으로 견본주택 내에 시공된 제품은 특별한 사정 없이 타사 제품으로 변경될 수 없고 견본주택 및 각종 인쇄물과 모형도상의 구획선 및 시설물의 위치, 설계도면 등의 표시가 계약체결일 이후 사업계획 변경 승인 및 신고 등에 따라 일부 변경된 경우에는 소외 회사가 수분양자들에게 이를 통보하기로 규정하고 있을 뿐이고, 원고들이 주장하는 온천, 바닥재(원목마루), 유실수단지, 테마공원, ○○학교의 이전, 일산과 금촌을 연결하는 도로의 확장, 콘도이용권의 제공, 전철복선화와 관련하여 아무런 내용이나 조건이 기재되어 있지 아니한

것은 사실이다. 그러나 다른 한편, 위와 같은 내용 ○○아파트의 외형·재질에 대하여 별다른 내용이 없어 위 분양계약서는 그 자체로서 완결된 것으로 보기 어려우므로, 이 사건 분양계약은 목적물의 외형·재질 등이 견본주택(모델하우스) 및 각종 인쇄물에 의하여 구체화될 것을 전제로 하는 것으로 보아야 할 것이다. 나아가 구체적으로 살펴보면, 이 사건 광고 내용 중 도로확장 및 서울대 이전 광고, 전철복선화에 관한 광고는 이 ○○아파트의 외형·재질과 관계가 없을 뿐만 아니라 사회통념에 비추어 보더라도 수분양자들 입장에서 분양자인 소외 회사가 그 광고 내용을 이행한다고 기대할 수 없는 것들이므로 허위·과장 광고라는 점에서 그 광고로 인하여 불법행위가 성립됨은 별론으로 하고 그 광고 내용이 그대로 분양계약의 내용을 이룬다고 보기는 어렵겠지만, 이와 달리 온천 광고, 바닥재(원목마루) 광고, 유실수단지 광고 및 테마공원 광고는 이 ○○아파트의 외형·재질 등에 관한 것으로서, 그리고 콘도회원권 ○○아파트에 관한 것은 아니지만 부대시설에 준하는 것이고 또한 이행 가능하다는 점에서, 각 분양계약의 내용이 된다고 할 수 있을 것이다.

그럼에도 불구하고, 이 사건 분양광고의 내용을 구분하여 살피지 아니한 채 그 전부에 관하여 그와 ○○아파트만을 공급하기로 하는 합의가 존재하지 않는다고 판단한 원심판결에는, 분양계약에 있어서 당사자의 의사해석에 관한 법리를 오해한 나머지 판결에 영향을 미친 위법이 있다 할 것이다. 이 점을 지적하는 원고들의 상고이유의 주장은 이유 있다.

2. 기망행위의 존재 여부에 관하여

가. 공동묘지 존재사실에 대한 고지의무 위반 여부에 대하여

부동산 거래에 있어 거래 상대방이 일정한 사정에 관한 고지를 받았더라면 그 거래를 하지 않았을 것임이 경험칙상 명백한 경우에는 신의성실의 원칙상 사전에 상대방에게 그와 같은 사정을 고지할 의무가 있으며, 그와 같은 고지의무의 대상이 되는 것은 직접적인 법령의 규정뿐 아니라 널리 계약상, 관습상 또는 조리상의 일반원칙에 의하여도 인정될 수 있고(대법원 2006. 10. 12. 선고 2004다48515 판결 등 참조), 일단 고지의무의 대상이 되는 사실이라고 판단되는 경우 이미 알고 있는 자에 대하여는 고지할 의무가 별도로 인정될 여지가 없지만, 상대방에게 스스로 확인할 의무가 인정되거나 거래관행상 상대방이 당연히 알고 있을 것으로 예상되는 예외적인 경우가 아닌 한, 실제 그 대상이 되는 사실을 알지 못하였던 상대방에 대하여는 비록 알 수 있었음에도 알지 못한 과실이 있다 하더라도 그 점을 들어 추후 책임을 일부 제한할 여지가 있음은 별론으로 하고 고지할 의무 자체를 면하게 된다고 할 수는 없다.

기록에 비추어 살펴보면, 이 ○○아파트단지 내 118동 및 116동의 ○○아파트단지 바로 옆에 ○○학교가 위치하여 있고 위 ○○학교의 바로 뒤편 야산에는 재단법인 낙원공원이 관리·운영하는 분묘 기수가 4,300여 기에 이르는 대규모의 공동묘지가 조성되어 있는 사실, 소외 회사가 제작·배포한 이 ○○아파트에 대한 광고전단뿐만 아니라 분양안내책자 및 조감도 등에는 신설될 위 ○○학교 부지만 표시되어 있고 위 공동묘지가 조성되어 있는 곳은 수목이 식재된 야산으로만 나타나 있을 뿐이고 공동묘지는 표시되어 있지 아니한 사실 등을 알아볼 수 있는바, 이처럼 일차적으로 수분양자들의 오해를 유발한 사정과 함께 아직까지의 우리 사회의 통념상으로는 공동묘지가 주거환경과 친한 시설이 아니어서 분양계약의 체결 여부 및 가격에 상당한 영향을 미치는 요인일 뿐만 아니라 대규모 공동묘지를 가까이에서 조망할 수 있는 ○○아파트단지가 들어선다는 것은 통상 예상하기 어렵다는 점까지를 감안할 때 위 공동묘지의 존재사실을 잘 알고 있었던 소외 회사로서는 이미 그 사실을 알고 있었던 수분양자들을 제외한 나머지 수분양자들에게 위와 같은 공동묘지의 존재사실을 고지할 신의칙상의 의무가 있다고 할 것이다.

그럼에도 불구하고, 원심이 원고들 중 공동묘지의 존재사실을 알고 있었던 자와 알지 못하였던 자를 구분하지 아니한 채 그 판시와 같은 사실만을 인정한 다음, 그 인정 사실에 의하면, 이 사건 공동묘지는 그 규모와 위치에 비추어 현장을 방문하여 확인하거나 인근 주민들에게 탐문하는 방법으로 쉽게 그 존재를 알 수 있는 것으로 보여지고 또 실제 현장을 방문한 원고들 중 상당수는 공동묘지의 존재를 알았을 것으로 추측된다는 점 및 위 공동묘지의 존재는 이로 인하여 장차 분양계약의 효력이나 이에 따른 채무의 이행에 장애를 가져와 수분양자가 분양목적물에 대한 권리를 확보하지 못할 위험이 생길 사정에 해당하지도 아니한다는 점을 들어 원고들 모두에 대한 관계에서 고지의무의 존재를 부정함으로써 부작위에 의한 기망행위에 해당하지 아니한다고 판단한 데에는, 채증법칙 위반, 심리미진 내지는 고지의무의 위반으로 인한 기망행위에 관한 법리오해 등의 위법이 있다고 할 것이다. 이 점을 지적하는 원고들의 상고이유의 주장은 이유 있다.

나. 바닥재(원목마루), 유실수단지, 서울대 이전 광고 및 온천 광고와 관련된 피고의 주장에 관하여

원심판결의 이유를 기록에 비추어 살펴보면, 원심이 그 채용 증거들에 의하여 판시와 같은 사실을 인정한 다음, ○○학교가 이전 예정이라고 할 근거가 없음에도 '서울대 이전(예정)'이라고 광고한 점을 들어 이 부분 광고행위들이 일반적인 상거래 관행과 신의칙에 비추어 시인되기 어려운 기망행위에 해당한다고 판단한 것은 정당하고, 거기에 채증법칙 위반으로 인한 사실오인 내지는 기망행위에 관한 법리오해 등의 위법이 있다고 할 수 없다.

다만, 바닥재(원목마루) 광고, 유실수단지 광고 및 온천 광고의 경우 앞서 본 바와 같이 그 광고 내용들이 모두 분양계약의 내용이 되는 것이어서 계약책임이 인정된다고 보는 이상, 그 광고 내용들이 분양계약의 내용이 되지 아니함을 전제로 기망행위로 인한 불법행위책임이 인정될 여지는 없다 할 것이고, 따라서 이와 달리 그 광고들과 관련하여서도 불법행위책임이 인정된다고 한 원심의 판단 부분에 대한 피고의 상고이유의 주장은 결과적으로 이유 있다 할 것이다.

3. 영업양도에 기한 불법행위로 인한 손해배상채무의 승계에 관하여

상법상의 영업양도는 일정한 영업목적에 의하여 조직화된 업체, 즉 인적·물적 조직을 그 동일성은 유지하면서 일체로서 이전하는 것을 의미하고, 영업양도가 이루어졌는가의 여부는 단지 어떠한 영업재산이 어느 정도로 이전되어 있는가에 의하여 결정되어야 하는 것이 아니고 거기에 종래의 영업조직이 유지되어 그 조직이 전부 또는 중요한 일부로서 기능할 수 있는가에 의하여 결정되어야 하므로 영업재산의 일부를 유보한 채 영업시설을 양도했어도 그 양도한 부분만으로도 종래의 조직이 유지되어 있다고 사회관념상 인정되면 그것을 영업의 양도라 볼 것이지만, 반면에 영업재산의 전부를 양도했어도 그 조직을 해체하여 양도했다면 영업의 양도로 볼 수 없다고 할 것이다(대법원 2001. 7. 27. 선고 99두2680 판결, 2003. 5. 30. 선고 2002다23826 판결 등 참조).

위 법리 및 기록에 비추어 살펴보면, 피고는 부실화된 소외 회사의 64개 신탁사업장 중 상대적으로 우량한 13개 사업장의 업무만을 선별하여 이전받을 목적으로 채권금융기관들 주도하의 기업개선협약 내용에 따라 신설된 회사로서, 2001. 3. 21. 피고와 구 수탁자라 할 수 있는 소외 회사그리고 신탁자이자 수익자인 주식회사 화신공영(이하 '화신공영'이라고만 한다)을 포함한 3자 사이에 '토지신탁계약 변경 및 승계계약'을 체결하여 기존 신탁계약의 내용에 "수탁자는 신탁자의 동의를 얻어 수탁자를 변경할 수 있다."라는 일종의 수탁자 경질에 관한 내용을 추가함과 동시에 신탁계약에 따른 소외 회사의 당사자 지위를 피고가 포괄적으로 승계하기로 합의하였고, 이에 따라 이후 원심이 판시하는 바와 같은 내용의 2001. 4. 9.자 토지신탁사업양수도 계약이 체결되고 자산 및 부채의 이전업무를 수행함에 있어서도 위 신설 목적을 감안하여 피고 회사로 이전되는 채권과 채무를 면밀히 검토하여 특정하는 방식으로 부실자산이 이전되지 않도록 소외 회사와의 단절에 치중하였고, 거기서 특정되지 아니한 소외 회사의 고유재산을 비롯한 물적 조직, 거래관계나 영업력 등 무형자산은 거의 이전되지 아니한 사실을 알아볼 수 있는바, 이와 같은 소외 회사의 구조조정과정이나 신탁사업의 이관과정에 비추어 볼 때 소외 회사와 피고 사이에 일정한 영업목적에 의하여 조직화된 업체, 즉 인적·물적 조직을 그 동일성은 유지하면서 일체로서 이전하려는 합의가 있었다고 추단할 수는 없다. 또한, 원심은 소외 회사의 대표이사이던 박병선이 2001. 3. 20. 피고가 설립된 이후부터 2001. 6. 13.까지 피고의 대표이사로 재직하였으며 소외 회사의 직원들 대부분도 2001. 3. 20.부터 피고의 직원으로 그대로 근무한 사실을 인정한 다음 이에 터잡아 인적 조직도 이전되었다고 보는 듯하나, 기록상 이와 관련된 자료들 중 원심 증인 (이름 생략)의 증언 및 을 제102호증의 1, 2 등에 비추어 살펴보면, 소외 회사직원의 절반 정도가 2001. 3. 및 2001. 4.경 두 차례로 나뉘어 피고 회사에 신규채용 형식으로 고용되었으며, 본건 신탁사업을 수행하던 직원들 중 일부는 본인의 거절로 채용되지 못한 사실도 있고, 이처럼 대규모 신규채용을 한 이유는 신탁업 인가요건상 요구되는 3년 이상의 운용 경력을 갖춘 전문인력을 확보하고 위와 같이 인수한 신탁사업을 신속하게 진행하기 위한 필요에서 비롯된 것이며, 일부 직원들은 그 담당 업무도 바뀌었고, 소외 회사는 호봉제에 의한 근로계약의 체제를 갖추고 있었으나 피고는 연봉제에 의한 근로계약 체제를 갖추고 있는 사실 정도를 알아볼 수 있을 뿐, 달리 소외 회사의 인적 조직이 물적 조직과 결합된 상태에서 그대로 이전되었다고 볼 만한 자료는 없다. 따라서 원심 판시의 2001. 8. 8.자 광고가 상법 제44조 소정의 '채무인수의 광고'에 해당하는지 여부 등 영업양도의 효력 인정에 관한 나머지 쟁점에 대하여 나아가 살펴볼 필요도 없이, 상법상 영업양도의 법리에 따라 소외 회사의 판시 불법행위책임이 피고에게 승계된다고 할 여지는 없다.

다만, 신탁법 제11조 내지 제13조, 제15조 및 제17조에 의하여 수탁자가 경질되는 경우뿐만 아니라 신탁행위의 정함에 따라 전수탁자가 임무를 종료하고 신수탁자가 선임됨으로써 수탁자가 변경된 경우에도 신수탁자는 신탁법 제26조, 제48조 등이 정하는 수탁자 경질의 법리에 따라 수탁자의 지위를 포괄적으로 승계하게 되는 것이고, 이 때 제3자는 수탁자의 경질 이전에 이미 발생한 채권에 관하여 계약의 당사자인 전수탁자에게 이를 행사할 수 있음은 물론, 신탁법 제48조 제3항에 의하여 신탁재산의 범위 내에서 신수탁자에 대하여도 행사할 수 있는 것인바(대법원 2006. 3. 9. 선고 2004다57694 판결 참조), 이 사건의 경우에 있어서 위 2001. 3. 21.자 토지신탁계약 변경 및 승계계약이 이러한 수탁자 변경 내지 경질에 관한 합의에 다름 없으므로(참고로, 이 사건 신탁사업과 관련한 가장 중요한 신탁재산인 수탁토지의 등기부를 조회해 보더라도 그 소유권이전등기원인이 '2001. 3. 21. 수탁자 경질'임을 알아볼 수 있다), 신수탁자인 피고는 신탁법 제48조 제3항이 정하는 바에 따라 신탁재산의 한도 내에서 전수탁자인 소외 회사의 불법행위로 인한 손해배상채무를 이행할 책임이 있다고 볼 여지가 있을 뿐이다.

그럼에도 불구하고, 상법상의 영업양도에 해당함을 전제로 책임재산에 대한 아무런 유보도 없이, 피고에게 전수탁자인 소외 회사의 불법행위로 인한 손해배상채무를 이행할 책임이 있다고 한 원심판결에는, 상법상 영업양도에 관한 법리를 오해한 나머지 판결 결과에 영향을 미친 위법이 있다고 할 것이다. 이 점을 지적하는 피고의 상고이유의 주장은 이유 있다.

4. 손해액 산정방식에 관하여

법원은 위자료액을 산정함에 있어서 피해자측과 가해자측의 제반 사정을 참작하여 그 금액을 정하여야 하므로 피해자가 가해자로부터 당해 사고로 입은 재산상 손해에 대하여 배상을 받을 수 있는지의 여부 및 그 배상액의 다과 등과 같은 사유도 위자료액 산정의 참작 사유가 되는 것은 물론이며, 특히 재산상 손해의 발생이 인정되는데도 입증 곤란 등의 이유로 그 손해액의 확정이 불가능하여 그 배상을 받을 수 없는 경우에 이러한 사정을 위자료의 증액사유로 참작할 수 있다고 할 것이다(대법원 1984. 11. 13. 선고 84다카722 판결 등 참조).

이 사건 광고 중 기망행위로 인한 불법행위책임이 성립하는 부분과 관련하여 위 법리 및 기록에 비추어 살펴보면, 원고들이 소외 회사의 위법한 기망행위로 인하여 입은 재산상 손해액을 ① 원고들이 실제 지급한 분양대금액에서 ② 기망행위에 의하여 분양계약을 체결하던 당시를 기준으로 한 이 ㅇㅇ아파트의 시가(즉, 원고들이 주장하는 적정 분양대금의 가액)을 차감한 액수로 산정하는 입장에서 볼 때 차감항목인 ②의 가액을 객관적으로 산정할 만한 방법이 없다고 한 원심의 판단은 정당한 것으로 수긍이 가고, 또한 이처럼 재산상 손해액의 산정이 불가능하다고 보는 입장에서라면 원심이 판시하는 바와 같이 그러한 사정을 정신적 손해의 산정에 참작하여 배상할 손해액을 산정하는 방법도 가능하다 할 것이다. 따라서 이 부분 원심의 판단에 채증법칙 위반, 이유불비, 이유모순, 판단누락, 석명의무 위반 등의 잘못이 있다는 상고이유의 주장들은 모두 받아들이기 어렵다.

반면, 앞서 본 바와 같이 기망행위로 인한 불법행위책임이 아니라 계약책임을 인정함이 상당한 온천광고, 바닥재(원목마루) 광고 등과 관련하여서는 불법행위로 인한 손해액 산정 문제에 대하여 나아가 살펴볼 필요 없다 할 것이나, 계약책임에 의한 손해배상액을 산정함에 있어서도 기록상 온천 광고일인 1998. 2. 15. 이전에 이미 청약한 자들이 있으나 그 분양계약 체결일은 모두 위 온천 광고일 이후인 사정을 알아볼 수 있어 원고들 중 온천광고 이전에 분양계약을 체결한 자가 있음을 전제로 하여 그들에 대하여는 위자료를 인정할 수 없다는 피고의 주장은 받아들일 수 없다는 점, 피고의 주장과 같이 분양대금 납입상의 혜택을 제공한 이후 분양계약 체결건수가 급증한 사실이 통계상 확인된다 하더라도 그 동안 온천광고가 계속되었고 그것이 ㅇㅇ아파트 가치를 결정하는 중요한 요소의 하나라고 여겨지는 이상 온천광고는 원고들의 분양계약 체결에 영향을 미쳤다고 보아야 할 것이고 분양계약 체결 시점이 위와 같은 혜택이 제공된 시점 이전인지 아니면 이후인지에 따라 수분양자들의 정신적 고통의 정도가 달라진다고 보기도 어려우므로, 원심이 지적하는 사정 이외에 추가로 분양계약 체결 시점을 변수로 하여 위자료의 수액이 달라져야 한다는 피고의 주장도 받아들일 수 없다는 점, 그리고 온천 광고 또는 공동묘지 존재사실의 불고지와 관련한 손해와 달리 바닥재(원목마루) 광고와 관련한 손해에 있어서는, 이 사건 감정 결과상의 손해액이 거래 사례를 비교하여 특정 ㅇㅇ아파트 시가를 산정하고 다시 그 시가를 기초로 다른 ㅇㅇ아파트 시가를 산정하는 방식으로 계산된 것이 아니라 광고 내용에 따라 시공하는 경우와 실제 시공된 것과의 시공원가의 차이를 계산하여 평당 손해액(평당 135,000원)을 산정하는 방식으로 이루어졌고, 반면 달리 그 시공원가의 산정이 잘못되었다는 반증도 없는 이상, 이 부분 손해에 관하여는 재산상 손해액을 그와 같은 방식으로 확정할 수 있다는 점을 부가적으로 설시해 둔다.

5. 그러므로 원심판결을 파기하고, 사건을 원심법원으로 환송하기로 하여 관여 대법관의 일치된 의견으로 주문과 같이 판결한다.

3 사실적 계약관계론

BGHZ 21,319 독일 Hamburg 주차장 사건

1. 사안의 개요

함부르크(Hamburg)시는 주차난을 해소하고 아울러 원활한 교통을 촉진하기 위하여 1953년 4월 28일 시의회의 결정에 의거 과거 무료로 주차하던 시유지의 일부를 유료주차장으로 지정하고 그에 대한 관리와 운영을 한 私企業體인 원고회사에게 위임하였다. 주차료 징수시간은 월요일~금요일 8시부터 19시까지, 단 토요일은 8시부터 15시까지로 하고, 주차료는 첫 1시간은 20페니히(Pfennig), 2시간째는 30페니히 추가 그리고 2시간 초과시에는 매시간마다 50페니히를 징수하기로 하였다. 그런데 한 여자 자동차 소유자(피고)가 유료주차장이라고 명시된 시청부근의 시장터에 1953년 9월 3일부터 10월 12일까지 지속적으로 자기 자동차를 주차시켰다. 그러면서 그녀는 주차감시원에게 자기 자동차는 감시할 필요가 없으며 그리고 주차료도 지급하지 않겠다는 意思를 사전에 명백히 밝혔다.

2. 當事者의 主張

여기서 원고인 주차회사는 피고에게 소정의 주차요금 25 마르크(DM) 지급청구소송을 제기하면서 설사 주차계약이 체결되지 않았다 하더라도 피고 차량때문에 다른 차량이 주차를 할 수 없었기 때문에 피고는 부당이득을 한 셈이므로 피고는 주차료 지급의무가 있다고 주장하였다. 또한 원고는 피고가 주차한 지역은 1953년 8월 18일과 1954년 5월 28일 시청의 허가에 근거하여 원고에게 정당한 점유권이 설정되었음을 확인하는 소송도 함께 구하였다.

이에 대하여 피고는 그 주차구역을 공동사용할 권리(Gemeingebrauch)가 있기 때문에 자기 자동차를 주차하였음에 불과하고 또한 공동사용은 무료일 뿐만 아니라 원고회사는 자기에게 주차계약체결을 강제할 수 없으므로 원고의 청구는 이유없다고 맞섰다.

3. 법원판결의 취지

(1) 1심법원(Landgericht Hamburg)

원고의 주차구역에 대한 정당한 占有權을 확인하면서 원고가 그 점유의 이용에 대하여 적정한 대가를 청구하는 한 주차료지급청구는 인용된다고 판시하였다.

(2) 항소심법원(Oberlandesgericht Hamburg)

(i) 항소심은 원고의 점유권에 관한 확인소송은 비록 공공도로라 하더라도 유효하게 점유설정이 가능하다는 이유로 인용하였다. 다만 원고의 점유권 행사는 공공목적을 이유로 제한될 수 있다고 보았다.

(ii) 한편 항소심은 원고의 주차료지급청구는 기각하였다. 항소심은 원고의 주차료 지급청구는 주차계약을 근거로 할 것이 아니라 부당이득을 근거로 청구할 수 있다고 보았다. 그리고 원고에게 허가된 주차구역에 관한 특별사용은 유효하게 허가되었으므로 피고의 주차지에 대한 공동사용권을 근거로 한 항변은 이유없다고 보았다.

그러나 원고의 주차지역에 관한 특별사용권을 근거로 한 주차료 청구는 1927년 4월 9일 제정된 재정조정법(Finanzausgleichgesetz) 제13조 제1항의 금지규정에 위배되어 허용될 수 없다고 보았다. 왜냐하면 동법에 의하면 공동으로 이용하는 도로에 대하여는 자동차 도로이용료의 징수를 금지하고 있는데 주차료도 금지되는 도로이용료에 포함된다고 항소심은 보았기 때문이다. 특히 주차료는 비록 공과금은 아니고 사법상의 급부대가이기는 하지만 주차시간에 따라 요금이 할증되는 점에 비추어 동법의 금지규정의 탈법행위에 해당되는 숨은 도로이용료에 불과하고 따라서 주차료청구권은 동법에 위배되어 무효라고 판시하였다.

(3) 연방대법원(Bundesgerichtshof: BGHZ 21, 319)

(i) 먼저 연방대법원은 원고의 점유권과 관련하여서는 공동사용하는 물건에 대하여도 점유권설정이 가능하다는 판단아래 駐車地에 관하여는 함부르크시와 원고회사의 공동점유(Mitbesitz)를 인정하였다. 특히 원고에게는 시의 허가에 의하여 주차지에 대하여 특별사용권이 부여되었는 바 주차지역에 대한 공동사용은 일정한 시간동안 주차목적에 관련되는 한 제한된다고 판시하였다. 그러므로 주차료 징수시간대에서도 예컨대 보행자의 駐車地로의 통행, 주차지에서 자동차를 돌리려는 자동차의 진입 등도 주차에 방해되지 않는 한 허용된다고 보았다.

(ii) 그리고 연방대법원은 원심과는 달리 주차료징수는 공동사용의 문제는 아니므로 재정조정법 제13조에 위반되지 않는다고 보았다. 즉, 원고에게 주차지역에 대하여 공동사용이 제한되는 특별사용권이 허여되었는데 그렇다면 주차구역에서의 주차가 이미 공동사용에 속하는 것이 아닌 까닭에 주차료징수는 자동차로 공동이용하는 도로에 대하여 無償性을 보장하고자 하는 재정보장법 제13조에 위반되지 않는다고 보았다.

(iii) 한편 연방대법원은 원고회사가 주차료지급청구의 원인을 부당이득으로만 또는 점유권침해를 이유로 불법행위를 원인으로 청구한다고 하여도 법원은 다른 법적관점에서 검토할 수 있다는 입장을 밝혔다. 즉, 이 사안에서 설사 당사자간에 의사표시가 일치한 계약이 다툼없이 체결되지 않았다 하더라도 계약관계를 인정하여 그러한 법적관점에서 주차료를 지급청구할 수 있는지 검토하여야 한다고 강조하였다. 그러면서 연방대법원은 Haupt의 「사실적 계약관계론」(Über faktische Vertragsverhältnisse), Tasche의 「무효인 계약에 의한 계약관계?」(Vertragsverhältnis nach nichtigem Vertragsschluß?) 그리고 Larenz의 「사회정형적 행위를 통한 채권관계」(Schuldverhältnisse aus sozialtypischem Verhalten) 등의 이론을 인용하고, 사안과 같은 경우 자동차소유자가 주차료 지급거절의사를 사전에 명백히 하였더라도 유료주차장에 주차하였다는 사실로부터 계약관계는 이미 발생된 것이며, 따라서 자동차소유자는 주차요금을 지불할 의무가 있다고 판시하였다. 현대의 집단거래에 있어서는 제공된 급부를 이용하는 당사자가 그 법적효과를 의욕하고 또 표시하였기 때문에 계약관계가 성립하는 것이 아니라 일반적인 거래관념에 비추어 계약의 구속력을 인정할 수 있는가에 달려있다고 보았기 때문이다.

아울러 연방대법원은 이 자동차소유자의 주차료 지급의무를 불법행위 내지 부당이득에 의거하여 해결케 하는 것은 손해에 대한 입증의 곤란성 때문에 타당하지 않고 또 현실과도 유리된 해석이라고 강조하였다. 즉, 연방대법원은 예를들어 원고가 불법행위를 이유로 주차료를 청구하려면 피고의 주차장 이용 때문에 다른 이용자의 주차를 부득이 거부할 수 밖에 없었다는 사실을 입증하여야 되고 그러면 피고의 과책있는 행위는 원고의 영업에 대한 위법한 침해가 되어 피고는 불법행위책임을 부담할 수 있을 것이라고 판시하였다. 또한 부당이득을 이유로 주차료를 청구하려면 원고의 손해를 통한 피고의 부당이득의 범위를 입증하여야 하는데 그렇게 하려면 피고가 사안의 주차지역 이외의 적당한 주차지역에 주차를 하기 위하여는 얼마의 연료와 시간을 소비하는지를 확정하여야 하는데 이는 실제로 매우 어렵다고 판시하였다.

4. 爭點의 所在

부수적인 쟁점인 원고에게 점유권이 있는가 그리고 주차료 징수가 재정조정법 제13조에 위반되는가 문제는 연방대법원의 판단이 타당하다고 보아야 것이다. 왜냐하면 시청의 적법한 허가에 의하여 원고회사에게 그 주차지에 대한 특별사용권이 허가되었고 또 그에 기한 주차료 징수문제는 이미 도로의 공동사용의 문제를 규제하는 재정조정법의 범위를 벗어났다고 보아야 하기 때문이다.

그러나 Haupt, Tasche, Larenz 등의 사실적 계약관계론에 터잡아 계약관계를 인정하고 원고의 주차료청구를 인용한 연방대법원의 판단은 두 가지 면에서 집중검토할 필요가 있다. 첫째 사실적계약관계론을 인정할 것인가 둘째, 피고의 명시적인 계약체결의 거절의사를 어떻게 취급할 것이며 본 사안에서 과연 주차계약은 체결되었다고 보아야 할 것인가의 문제가 그것이다.

4 수정해석

(1-1) 서울고등법원 1990. 6. 29. 선고 90나15947 판결

【원고, 항소인】 황원선

【피고, 피항소인】 해동화재해상보험주식회사

【주 문】

1. 원심판결 중 다음에서 지급을 명하는 원고 패소부분을 취소한다.
2. 피고는 원고에게 금 16,099,284원 및 이에 대한 1988.9.4.부터 1989.7.7.까지는 연 5푼, 다음날부터 완제일까지는 연 2할 5푼의 각 비율에 의한 금원을 지급하라.
3. 원고의 나머지 항소를 기각한다.
4. 소송비용은 제1,2심 모두 4분하여 1은 원고의, 나머지 3은 피고의 각 부담으로 한다.
5. 제2항은 가집행 할 수 있다.

【청구취지 및 항소취지】

원심판결을 취소한다.

피고는 원고에게 금 21,099,284원 및 이에 대한 1988.9.4.부터 1989.7.7.까지는 연 5푼, 다음날부터 완제일까지는 연 2할 5푼의 각 비율에 의한 금원을 지급하라. 소송비용은 제1,2심 모두 피고의 부담으로 한다는 판결 및 가집행의 선고

【이 유】

(증거)를 종합하면, 원고는 1988.7.7. 피고와의 사이에 피보험차량을 원고 소유의 충북 XX다 XXXX 호 봉고트럭, 보험기간을 같은 날 24:00부터 1989.1.7. 24:00까지로 하여, 원고가 위 트럭의 운행으로 인하여 남을 죽게 하거나 다치게 하여 자동차손해배상보장법에 의한 손해배상책임을 짐으로써 입게 될 손해를 피고로부터 보상받기로 하는 내용의 대인배상자동차종합보험계약을 체결하고 같은 날 피고에게 그 보험료를 지급한 사실, 그런데 원고

가 위 보험기간 중인 1988.9.3. 21:00경 ○○시 ○○동123의 77 소재 원고 경영의 남선공업사 앞길에 위 트럭을 열쇠를 꽂아둔 채 정차시켜 놓았는데, 전에 위 남성공업사 종업원으로 일한 적이 있는 소외 박기성이 이를 무단운전하여 가다가 같은 날 21:00 경 ○○시 ○○동 소재 연초제조창 앞길에서 차도 우측단을 따라 손수레를 끌고 가는 소외 안달용을 위 트럭 앞부분으로 들이받아 그로 하여금 고도의 뇌좌상 등으로 현장에서 사망하게 한 사실, 이에 위 망인의 유족들이 같은 해 11.2. 청주지방법원에 원고를 상대로 위 교통사고로 인한 손해배상청구의 소를 제기하여, 동 법원이 1989.7.7. 원고가 위 망인의 유족들에게 합계 금 21,099,284원 및 이에 대한 1988.9.4.부터 1989.7.7.까지 연 5푼의, 그 익일부터 완제일까지 연 2할 5푼의 각 비율에 의한 금원을 지급하라는 취지의 판결을 선고하였고 위 판결은 1989.8.2. 항소기간의 도과로 확정된 사실을 각 인정할 수 있고 반증이 없다.

원고가 위 인정사실에 기하여 피고에게 위 자동차종합보험계약에 의한 보험금으로서, 위 판결에서 확정된 금원의 지급을 구함에 대하여 피고는 원고와의 보험계약시 자동차의 운전자가 무면허운전을 하여 생긴 사고로 인한 손해는 이를 보상하지 않기로 약정하였는데, 위 교통사고는 위 박기성의 무면허운전으로 생긴 사고이므로 위 사고로 인한 보험금지급책임이 없다고 항변하므로 살피건대, 위에 든 증거들 및 성립에 다툼이 없는 을 제1호증(보험약관)의 기재에 의하면, 위 보험계약의 내용인 자동차종합보험 보통약관 제10조 제1항 제6호에 의하면 피고는 자동차의 운전자가 무면허운전을 하였을 때에 생긴 사고로 인한 손해를 보상하지 않는다고 규정되어 있는 사실, 위 박기성은 아무런 자동차운전면허도 없이 위 사고 당시 혈액 1밀리미터당 알콜농도 2밀리그램의 주취상태로 위 트럭을 운전하다가 위 사고를 일으킨 사실을 각 인정할 수 있고 반증이 없으나, 자동차종합보험보통약관 중 자동차의 운전자가 무면허운전을 하였을 때에 생긴 사고로 인한 손해를 보상하지 아니한다고 한 규정은 무면허운전시 발생한 사고가 보험계약자 또는 피보험자의 경과실에 의한 것으로 평가되는 경우에 있어서는 고의 또는 중대한 과실로 인하여 생긴 보험사고에 대하여는 보험자의 보험금지급책임이 없다는 상법 제659조 제1항의 반대해석과 당사자 사이의 특약으로 보험계약자 또는 피보험자나 보험수익자의 불이익으로 변경하지 못한다는 같은 법 제663조에 위배되어 무효라 할 것인바, 앞서 본 바와 같이 위 사고는 보험계약자 겸 피보험자인 원고가 열쇠를 위 트럭에 꽂아둔 잘못이 원인이 되어 무면허운전자인 위 박기성이 무단운전하다가 발생한 것으로서 원고의 고의 또는 중과실에 의하여 발생한 사고라고 볼 수 없다 할 것이어서 보험계약자 또는 피보험자의 경과실로 인한 사고에 있어서도 위 약관규정의 유효를 전제로 하는 피고의 위 항변은 이유 없다.

한편 피고가 1989.8.17. 원고의 대리인 소외 이천순에게 자동차손해배상책임보험금 5,000,000원을 지급한 사실은 당사자 사이에 다툼이 없고, 위 을 제1호증의 기재에 의하면 위 약관 제9조는 피보험자가 자동차의 사고로 남을 죽게 하거나 다치게 하여 법률상 손해배상책임을 짐으로써 입은 손해를 보상하며, 자동차손해배상보장법에 의한 자동차손해배상책임보험으로 지급되는 금액을 넘는 손해를 보상한다고 규정하고 있는 사실을 인정할 수 있는 바, 위 약관에 따라 피고가 원고에게 보상하여야 할 보험금을 산정하면 원고가 부담하기로 확정된 위 금 21,099,284원에 위 책임보험금 5,000,000원을 공제한 금 16,099,284원이 된다고 할 것이다.

그렇다면 피고는 원고에게 위 보험금 16,099,284원 및 이에 대한 1988.9.4.부터 1989.7.7.까지는 연 5푼, 다음날부터 완제일까지는 연 2할 5푼의 비율에 의한 지연손해금을 지급할 의무가 있다 할 것이므로 원고의 이 사건 청구는 위 인정범위 내에서 이유 있어 인용하고, 나머지는 이유 없어 기각할 것인바, 원심판결은 이와 일부 결론을 달리하여 부당하므로 그 범위 내에서 원고의 항소는 이유 있어 위 인용금원 부분에 관한 원고패소부분을 취소하여 이에 해당하는 원고의 청구를 인용하고, 원고의 나머지 항소는 이유 없어 기각하며 소송비용의 부담 및 가집행의 선고에 관하여는 민사소송법 제96조, 제89조, 제92조, 제199조, 소송촉진등에관한특례법 제6조를 각 적용하여 주문과 같이 판결한다.

(1-2) 대법원 1991. 12. 24. 선고 90다카23899 판결

【원고, 피상고인】 황원선
【피고, 상고인】 해동화재해상보험 주식회사
【원심판결】 서울고등법원 1990.6.29. 선고 90나15947 판결
【주 문】 상고를 기각한다.
상고비용은 피고의 부담으로 한다.

【이 유】

피고소송대리인의 상고이유를 본다.

1. 원심판결이 확정한 사실관계는 다음과 같다. 즉 원고는 1988.7. 7. 피고와의 사이에 피보험차량을 원고소유의 충북 XX다 XXXX 호 봉고트럭, 보험기간을 같은 날 24:00부터 1989. 1.7. 24:00까지 로 하여 원고가 위 트럭의 운행으로 인하여 남을 죽게 하거나 다치게 하여 자동차손해배상보장법에의한 손해배상책임을 짐으로써 입게 될 손해를 피고로부터 보상받기로 하는 내용의 대인배상자동차종합보험계약을 체결하고 같은 날 피고에게 그 보험료를 지급하였는데, 원고가 위 보험기간중인 1988.9. 3. 21:00경 청주시 우암동123의 77소재 원고경영의 남선공업사 앞길에 위 트럭을 열쇠를 꽂아 둔 채 정차시켜 놓은 사이에 전에 위 남선공업사 종업원으로 일한 적이 있는 소외 박기성이 이를 무단운전하여 가다가, 같은 날 21:10경 ○○시 ○○동 소재 연초제조창 앞길에서 차도 우측단을 따라 손수레를 끌고 가는 소외 안달용을 위 트럭 앞부분으로 들이받아 그로 하여금 고도의 뇌좌상 등으로 현장에서 사망하게 하였다. 이에 위 망인의 유족들이 같은 해 11. 2. 청주지방법원에 원고를 상대로 위 교통사고로 인한 손해배상청구의 소를 제기하여, 동 법원은 1989.7.7. 원고에게 위 망인의 유족들에 대하여 합계금 21,099,284원 및 이에 대한 1988. 9. 4.부터 1989. 7. 7.까지 연 5푼의, 그 익일부터 완제일까지 연 2할 5푼의 각 비율에 의한 금원의 지급을 명하는 판결을 선고하였고 위 판결은 1989. 8. 2. 항소기간의 도과로 확정되었다. 한편 위 보험계약의 내용인 자동차종합보험보통약관 제10조 제1항 제6호에 의하면 피고는 자동차의 운전자가 무면허운전을 하였을 때에 생긴 사고로 인한 손해를 보상하지 않는다고 규정되어 있는데, 위 박기성은 아무런 자동차운전면허도 없이 위 사고당시 혈액1밀리리터당 알콜농도 2밀리그램의 주취상태로 위 트럭을 운전하다가 위 사고를 일으켰다는 것이다.

위와 같은 사실관계를 전제로 원심은 피고가 이 사건 사고는 무면허운전시에 생긴 사고로서 위 보험약관소정의 면책사유에 해당한다고 주장한 데에 대하여, 자동차종합보험 보통약관 중 자동차의 운전자가 무면허운전을 하였을 때에 생긴 사고로 인한 손해를 보상하지 않는다고 한 규정은 무면허운전시 발생한 사고가 보험계약자 또는 피보험자의 경과실로 인한 것으로 평가되는 경우에 있어서는 고의 또는 중대한 과실로 인하여 생긴 보험사고에 대하여는 보험자의 보험금지급책임이 없다는 상법 제659조 제1항의 반대해석과 당사자사이의 특약으로 보험계약자 또는 피보험자나 보험수익자의 불이익으로 변경하지 못한다는 같은 법 제663조에 위배되어 무효라고

판시하고, 이 사건 사고는 보험계약자 겸 피보험자인 원고가 열쇠를 위 트럭에 꽂아둔 잘못이 원인이 되어 무면허운전자인 위 박기성이 무단운전하다가 발생한 것으로서 원고의 고의 또는 중과실로 인하여 발생한 사고라고 볼 수 없으므로 보험계약자 또는 피보험자의 경과실로 인한 사고에 있어서 도 위 약관규정이 유효함을 전제로 하는 피고의 위 항변은 이유없다고 판단하여 이를 배척하였다.

2. 기록에 의하면 이 사건 자동차종합보험보통약관 제10조 제1항 제6호는 책임보험조항에서 피고가 보상하지 않는 손해의 하나로 '자동차의 운전자가무면허운전을 하였을 때에 생긴 사고로 인한 손해'를 들고 있는 바, 위 무면허운전면책조항을 문언 그 대로 해석한다면 무면허자인 소외 박기성이 무단운전 중에 일으킨 사고로 인하여 원고가 그 배상책임을 부담함으로써 입은 손해는 위 무면허운전면책조항에 해당되어 피고의 보상책임이 면제된다고 볼 수 밖에 없을 것이다.

그러나 자동차교통의 발달로 자동차의 사용이 생활의 필요수단으로 일반화되고 교통사고로 인한 피해가 늘어남에 따라 피해자보호의 측면이 강조되기에 이르렀고, 이에 따라 자동차손해배상보장법의 적용에 있어서도 자동차보유자의 운행지배와 운행이익의 범위를 폭넓게 인정하여 예컨대 무단운전이나 절취운전의 경우에 도 자동차보유자에게 자동차관리상의 잘못이 있는 한 배상책임을 지게 하는 등 자동차보유자의 책임범위를 확장하는 추세에 있으며, 이와 같이 자동차보유자의 배상책임범위가 확장됨에 따라 자동차보험에 의하여 자동차보유자의 경제적 수요를 충족받을 필요성은 더욱 커졌다고 할 수 있다.

그런데도 위 무면허운전면책조항에 의하여 일률적으로 무면허운전의 경우를 보험의 보상대상에서 제외한다면, 무단운전이나 절취운전의 경우와 같이 자동차보유자는 피해자에 대하여 손해배상책임을 부담하면서도 자기의 지배관리하에 있지 않은 운전자의 운전면허소지여부에 따라 보험의 보호를 전혀 받지 못하는 경우가 생기게 되어 피보험자의 경제적 수요를 충족하기 위한 자동차보험제도의 기능과 효용은 크게 감쇄되고 결과적으로 피해자보호도 소홀이 되는 결과를 초래하게 된다.

원심은 위와 같은 무면허운전면책조항의 불합리성을 제거하기 위하여 상법 제659조 제1항 및 제663조의 규정을 근거로 수정해석을 시도한 것으로 보이나, 위 상법 제659조 제1항은 보험사고를 직접 유발한 자 즉 손해발생원인에 전적인 책임이 있는 자를 보험의 보호대상에서 제외하려는 것이므로 보험약관에서 이러한 손해발생 원인에 대한 책임조건을 경감하는 내용으로 면책사유를 규정하는 것은 상법 제663조의 불이익변경금지에 저촉되겠지만, 손해발생원인과는 관계없이 손해발생시의 상황이나 인적관계 등 일정한 조건을 면책사유로 규정하는 것은 위 상법 제659조 제1항의 적용대상이라고 볼 수 없는 것인 바, 위 책임보험조항의 무면허운전면책조항은 사고발생의 원인이 무면허운전에 있음을 이유로 한 것이 아니라 사고발생시에 무면허운전 중이었다는 법규위반 상황을 중시하여 이를 보험자의 보상대상에서 제외하는 사유로 규정한 것이므로 위 상법 제659조 제1항의 적용대상이라고 보기 어렵다.

3. 그런데 약관의 규제에 관한 법률(이하 약관규제법이라 한다)에 의하면 제6조 제1항은 신의성실의 원칙에 반하여 공정을 잃은 약관조항은 무효라고규정하고, 제2항은 고객에게 부당하게 불리한 조항, 고객이 계약의 거래형태 등 제반사정에 비추어 예상하기 어려운 조항 및 계약의 목적을 달성할 수 없을 정도로 계약에 따르는 본질적 권리를 침해하는 조항은 공정을 잃은 것으로 추정한다고 규정하고 있으며, 또 제7조 제2, 3항은 면책조항에 관하여 상당한 이유 없이 사업자의 손해배상범위를 제한하거나 사업자가 부담하여야 할 위험을 고객에게 이전

시키는 조항, 상당한 이유 없이 사업자의 담보책임을 배제 또는 제한하거나 그 담보책임에 따르는 고객의 권리행사의 요건을 가중하는 조항은 무효로 한다고 규정하고 있다.

위와 같은 약관의 내용통제원리로 작용하는 신의성실의 원칙은 보험약관이보험사업자에 의하여 일방적으로 작성되고 보험계약자로서는 그 구체적 조항내용을 검토하거나 확인할 충분한 기회가 없이 보험계약을 체결하게 되는 계약성립의 과정에 비추어, 약관작성자는 계약상대방의 정당한 이익과 합리적인기대 즉 보험의 손해전보에 대한 합리적인 신뢰에 반하지 않고 형평에 맞게끔 약관조항을 작성하여야 한다는 행위원칙을 가리키는 것이며, 보통거래약관의 작성이 아무리 사적자치의 영역에 속하는 것이라고 하여도 위와 같은 행위원칙에 반하는 약관조항은 사적자치의 한계를 벗어나는 것으로서 법원에 의한 내용통제 즉 수정해석의 대상이 되는 것은 지극히 당연하다. 그리고 이러한 수정해석은 조항전체가 무효사유에 해당하는 경우뿐만 아니라 조항일부가 무효사유에 해당하고 그 무효부분을 추출 배제하여 잔존부분만으로 유효하게 존속시킬 수 있는 경우에도 가능한 것이다.

이 사건 무면허운전면책조항을 문언 그대로 무면허운전의 모든 경우를 아무런 제한 없이 보험의 보상대상에서 제외한 것으로 해석하게 되면 절취운전이나 무단운전의 경우와 같이 자동차보유자는 피해자에게 손해배상책임을 부담하면서도 자기의 지배관리가 미치지 못하는 무단운전자의 운전면허소지여부에 따라 보험의 보호를 전혀 받지 못하는 불합리한 결과가 생기는 바, 이러한 경우는 보험계약자의 정당한 이익과 합리적인 기대에 어긋나는 것으로서 고객에게 부당하게 불리하고 보험자가 부담하여야 할 담보책임을 상당한 이유없이 배제하는 것이어서 현저하게 형평을 잃은 것이라고 하지 않을 수 없으며, 이는 보험단체의 공동이익과 보험의 등가성 등을 고려하더라도 마찬가지라고 할 것이다.

결국 위 무면허운전면책조항이 보험계약자나 피보험자의 지배 또는 관리가능성이 없는 무면허운전의 경우에까지 적용된다고 보는 경우에는 그 조항은 신의성실의 원칙에 반하여 공정을 잃은 조항으로서 위 약관규제법의 각 규정에비추어 무효라고 볼 수밖에 없다. 그러므로 위 무면허운전면책조항은 위와 같은 무효의 경우를 제외하고 무면허운전이 보험계약자나 피보험자의 지배 또는 관리가능한 상황에서 이루어진 경우에 한하여 적용되는 조항으로 수정해석을 할 필요가 있으며 그와 같이 수정된 범위 내에서 유효한 조항으로 유지될 수있는 바, 무면허운전이 보험계약자나 피보험자의 지배 또는 관리가능한 상황에서 이루어진 경우라고 함은 구체적으로는 무면허운전이 보험계약자나 피보험자 등의 명시적 또는 묵시적 승인 하에 이루어진 경우를 말한다고 할 것이다(대체로 보험계약자나 피보험자의 가족, 친지 또는 피용인 으로서 당해차량을 운전할 기회에 쉽게 접할 수 있는 자에 대하여는 묵시적인 승인이 있었다고 볼 수 있을 것이다).

4. 결론적으로 요약하면 자동차종합보험보통약관 제10조 제1항 제6호의 무면허면책조항은 무면허운전의 주체가 누구이든 묻지 않으나 다만 무면허운전이보험계약자나 피보험자 등의 명시적 또는 묵시적 승인하에 이루어진 경우에 한하여 면책을 정한 규정이라고 해석하여야 하며, 이와 같이 해석하는 한도 내에서 그 효력을 유지할 수 있다고 보아야 한다. 위 견해와 달리 위 무면허운전면책조항에 대하여 직접적 내용통제로서의 수정해석을 배제한 당원 1990. 6.26.선고 89다카 28287 판결의 견해는 이를 변경하기로 한다.

결국 원심판결의 이유설시는 부당하나, 원심의 확정사실자체에 의하더라도 이 사건 사고를 일으킨 소외 박기성의 무면허운전에 대하여 보험계약자 겸 피보험자인 원고의 명시적 또는 묵시적 승인이 있었다고 보기 어려우므로, 원고의 이 사건 손해가 자동차종합보험보통약관 제10조 제1항 제6호 소정의 면책사유에 해당하지 않는다고 판단한 원심결론은 결국 정당하고 논지는 이유없다.

5. 그러므로 상고를 기각하고 상고비용은 패소자의 부담하기로 하여 주문과 같이 판결하는 바, 이 판결에는 그 이유설시에 관하여 대법관 김용준의 별개의견이 있는 외에는 관여법관의 의견이 일치되었으며 다수의견에 관하여 대법관 이회창의 보충의견이 있다.

6. 대법관 이회창의 다수의견에 관한 보충의견은 다음과 같다.

(1) 보험약관의 해석에 관하여는 방법론적인 측면에서 여러 가지 견해가 있을 수 있으나 다수의견이 제한해석이 아닌 수정해석의 방법을 채용한 점에 관하여 의견을 보충하고자 한다.

일반적으로 법률행위의 해석은 표시행위에 의하여 객관적으로 표현된 당사자의 의사를 밝혀내는 작용이라고 일컬어지며, 당사자의 의사가 명확히 표시되지 아니한 경우에는 보충적으로 당사자가 기도한 목적, 관습, 임의법규 또는 신의칙 등을 해석기준으로 삼아 해석을 하게 되나, 당사자의 의사가 명확히 표시되어 다의적으로 해석할 여지가 없는 경우에는 위와 같은 보충적 해석기준을 적용하여 당사자의 의사를 밝혀낼 여지가 없고 다만 명시된 내용이 사회질서 기타 강행법규나 신의칙에 위반되는 경우에 그 효력의 전부 또는 일부를 부인할 수 있을 뿐이다.

위에서 당사자의 의사가 명확히 표시되지 아니한 경우에 법원이 보충적인해석기준에 의하여 그 내용을 해석하는 것을 법률행위에 대한 간접적인 내용통제라고 말한다면, 당사자의 의사가 명확히 표시된 경우에 그 명시적 내용이사회질서 기타 강행법규나 신의칙에 위반됨을 이유로 그 효력의 전부 또는 일부를 부인하는 후자의 경우에 직접적인 내용통제라고 말할 수 있을 것이다.

보험약관의 해석도 위와 같은 법률행위해석의 기본개념에서 크게 벗어나지 않으나, 다만 보통거래약관과 보험제도의 특성에서 오는 다음과 같은 몇 가지 차이점을 유념할 필요가 있다.

먼저 보통거래약관은 법규가 아니라 계약의 문례이며, 그 구속력의 근거는 약관을 계약의 내용으로 편입하기로 하는 보험계약당사자 사이의 합의 즉 법률행위에 있으나(당원 1985. 11. 26.선고 84다카 2543 판결, 1986. 10. 14.선고 84다카 122 판결, 1989.3. 28.선고 88다카 4645 판결 및 1990. 4. 27.선고89다카 24070판결 각 참조), 다만 위와 같은 약관편입의 합의는 약관전체를 일괄하여 그 대상으로 하고 약관의 개별조항을 대상으로 하는 것이 아니므로, 일단 약관편입의 합의가 있은 이상 계약당사자가 구체적으로 약관의 개별조항의 내용을 알지 못하는 경우에도 구속력이 발생하는 것이 원칙이다. 위와 같이 보통거래약관의 구속력의 근거는 법률행위에 있지만 보통거래약관이 정형적으로 행해지는 대량거래의 규율을 목적으로 하는 것임에 비추어 그 약관의 내용은 개개 계약체결자의 의사나 구체적 사정을 고려함이 없이 평균적 고객의 이해가능성을 기준으로 하여 객관적, 획일적으로 해석되어야 한다. 결국 보통거래약관의 구속력의 근거는 법률행위에 있다고 하여도 그 약관내용의 해석에 있어서는 법규적 해석, 객관적해석의 원리가 적용됨을 알 수 있다.

한편 보험제도는 보험사업자가 특정한 동종의 위험에 놓여있는 다수인으로 보험단체를 구성하고 미리 일정한 금액(보험료)을 거출케 하여 위험에 대비한 공동비축기금을 형성한 후, 그 위험이 현실화되어 손해를 입은 구성원에게 그 기금에서 일정한 금액(보험금)을 지급하여 그 손해를 전보케 하는 단체적 공동비축제도인 바, 우연한 사고라고 할지라도 다수인을 대수적(大數的)으로 관찰하면 일정한 기간 내에 발생하는 사고의 빈도는 평균적으로 일정하다는 대수의 법칙에 따라 통계적으로 사고의 개연율과 사고에 대비한 소요총액을 측정하여 각 구성원이 각자의 위험율에 따라 부담거출하는 보험료의 총액이 손해전보를 위하여 지급하는 보험금의 총액과 균형을 유지하도록 하는 것이다. 위험공동체인 보험단체의 구성은 보험사업자가 보험단체구성원을 위하여 인수내지 담보하는 위험의 내용과 범위, 즉 보험금을 지급하여야 할 사유와 그 지급의무의 한계 등을 보통보험약관에 담아 감독관청의 허가나 인가(보험업법 제5조제3항 및 제7조 제1항)를 받은 다음 개개 보험가입자와 사이에 약관을 편입한 보험계약을 체결함으로써 이루어진다.

위와 같은 보통거래약관 및 보험제도의 특성에 비추어 볼 때, 보험약관의 해석은 일반 법률행위와는 달리 개개 계약당사자가 기도한 목적이나 의사를 기준으로 하지 않고 평균적 고객의 이해가능성을 기준으로 하되 보험단체 전체의 이해관계를 고려하여 객관적, 획일적으로 해석하여야 하며, 다만 약관을 계약내용으로 편입하는 개별약정에 약관과 다른 내용이 있을 때에 한하여 개별약정이 우선할 뿐이다. 또 약관이 작성자인 기업에 의하여 일방적으로 유리하게 작성되고 고객에게 그 약관내용에 관한 교섭이나 검토의 기회가 제대로 주어지지 않는 형성의 과정에 비추어 고객보호의 측면에서 약관내용이 명백하지 못하거나 의심스러운 때에는 약관작성자에게 불리하게 제한해석하여야 한다는 불명료의 원칙이 적용된다.

결국 보험약관의 해석에 있어서 약관조항의 의미가 그 문언상으로나 작성취지로 보아 명백하지 못하거나 의심스러운 때에는 보충적 해석기준과 불명료의 원칙에 따라 이를 제한해석 할 수 있으나, 이와 달리 약관조항의 의미가 명확하게 일의적으로 표현되어 있어 다의적인 해석의 여지가 없는 때에는 위와 같은 방법으로 제한해석을 할 수 없고, 다만 그 내용이 불공정하거나 불합리한 경우에 강행법규나 공서양속 또는 신의성실의 원칙에 위반됨을 이유로 그 효력의 전부 또는 일부를 부인할 수밖에 없으며 이는 직접적 내용통제로서의 약관의 수정해석에 해당하는 것이다.

이 사건에서 문제된 자동차종합보험보통약관의 책임보험조항 중 무면허운전면책조항(제10조 제1항 제6호)의 규정내용을 보면 '자동차의 운전자가 무면허운전을 하였을 때에 생긴 사고로 인한 손해'라고 되어 있는 바, '자동차의 운전자'라고만 표현하여 운전의 주체에 아무런 제한을 두고 있지 않고 또 무면허운전이라는 상황을 면책조건으로 하고 있을 뿐 무면허운전이 보험계약자나 피보험자의 귀책사유에 기인하거나 사고발생의 원인이 된 것을 요구하고 있지 않으므로, 위 조항의 문언은 매우 간단명료하여 운전의 주체가 누구이던간에 무면허운전중에 사고가 생긴 경우에는 보험자의 보상책임을 면제한다는 취지임이 명확하고 그 조항자체로서는 불명료하거나 의심스러워서 다의적으로 해석할 여지가 없다.

이는 자동차종합보험보통약관이 자손사고의 상해보험조항(약관 제21조 제1항 제3호)에서는 책임보험조항과는 달리 '피보험자가 무면허운전 또는 음주운전을 하던 중 그 운전자가 상해를 입은 때'라고 규정하여 운전의 주체를 피보험자로 명백하게 지목하고 있고, 또 차량손해보험조항(약관 제27조 제14호)에서도 '보험계약자, 피보험자, 이들의 법정대리인, ... 또는 자동차에 관계되는 이들의 피용자(운전자를 포함)가 무면허운전을 하거나 음주운전을 하였을 때에 생긴 손해'라고 규정하여 무면허운전의 주체를 위에 열거한 자들로 특정하고 있는 점과 대비해보면 더욱 분명해진다.

결국 위와 같이 책임보험조항의 무면허운전면책조항이 문언상다의적으로 해석할 여지가 없을 만큼 명백한 것이라면, 앞에서 설명한 바와 같은 약관의 간접적 내용통제의 방법으로 제한해석을 할 수는 없고, 다만 불공정성 또는 불합리성을 이유로 한직접적인 내용통제로서 약관의 수정해석을 시도할 수 있을 뿐이라고 할 것이므로 다수의견이 약관규제법의 규정을 근거로 위무면허면책조항을 수정해석한 것은 정당하다고 할 것이다.

그런데 위 무면허운전면책조항의 문면에 구애됨이 없이 당사자사이에 무면허운전이 손해발생의 원인이 된 경우에 관한 면책사유로 하는 합리적인 의사합치가 있은 것으로 보아야 한다는 견해가 있다. 그러나 우선 보험계약의 일방당사자인 보험자는 위무면허운전면책조항을 손해발생의 원인에 의한 면책사유로 규정할 의사가 전혀 없었음이 명백하므로 위 견해는 일방당사자의 의사에 반하는 내용을 쌍방당사자의 의사합치가 있은 것으로 의제하자는 것이어서 이 점에서 우선 부당하다. 뿐만 아니라 이미 앞에서도 설명한 바와 같이 보통보험약관은 그 구속력의 근거가 당사자의 편입합의에 있다는 점에서 그 본질을 법률행위로 본다는 것 뿐이지, 그 약관내용의 해석에 있어서는 법규적해석, 객관적해석의 원리와 위험공동체이론에 의하여 개개 계약당사자의 의사나 이해관계를 떠나 평균적 고객의 이해가능성을 기준으로 위험공동체인 보험단체전체의 이해를 고려하여 해석하여야 하고, 다만 당사자가 약관내용과 다른 개별약정을 한 때에는 이것이 우선하며 또 약관내용이 불명료한 때에 한하여 작성자에게 불리하게 제한해석할 수 있을 따름이므로, 개별약정이 없고 또 약관내용이 불명료하지 않는데도 계약당사자의 의사를 의제하여 문면과 다르게 면책원인을 제한하여 해석하려는 것은 위에서 본 보통보험약관의 해석원칙에도반하는 것이다.

(2) 다음에 상법 제659조 제1항과 위 무면허면책조항과의 관계에 관하여 다수의견의 견해를 보충하고자 한다.

상법이 보험통칙에서 규정하고 있는 보험자의 면책사유로는 보험사고가 보험계약자 또는 피보험자의 고의 또는 중대한 과실로 인하여 발생한 경우(제659조 제1항. 사망 또는 상해를 보험사고 로 한 경우에는 고의에 한한다 - 제2항) 및 보험사고가 전쟁 기타 변란으로 인하여 발생한 경우(제660조) 의 두 가지이고, 한편 자동차종합보험보통약관 제10조에 규정된 책임보험에 있어서의 면책사유를 보면, (1)보험계약자 등의 고의로 인한 손해(제1항 제1호), (2)전쟁과 같은 비상사태로 인한 손해, 지진과 같은 천재지변으로 인한 손해 및 핵연료물질과 같은 제어하기 어려운 원인으로 인한 손해(제1항 제2호 내지 제4호), (3)피보험자가 제3자와 맺은 특약으로 말미암아 늘어난 손해(제1항 제5호), (4)무면허운전시에 생긴 사고로 인한 손해(제1항 제6호), (5)비사업용자동차를 영리목적으로 사용 중에 생긴 사고로 인한 손해(제1항 제7호), (6)대인배상에서 피해자가 피보험자와 일정한 인적관계 또는 고용관계에 있는 경우의 손해(제2항), (7)대물배상에서 피보험자 등의 일정한 지배하에 있는 재물에 생긴 손해(제3항) 등이 보상하지 아니하는 손해로 열거되어 있다.

위 상법규정과 위 약관조항을 대조해보면, 위 약관조항의 면책사유 중 (1)은 상법 제659조 제1항에, (2)는 상법 제660조에 각각 대응하는 면책사유임을 쉽게 알 수 있는 바, 이들 면책사유는 손해발생이 전적으로 보험계약자 등의 귀책사유에 기인하는 경우 즉 보험사고가 이들에 의하여 유발된 경우와 손해발생원인 이 제어하기 어렵고 피해극대화를 초래할 성질의 것이어서 그 손해의 범위가 보험자의 합리적인 예견과 전보한계를 넘는 경우에 보험자의 책임을 예외적으로 면제하려는 것이므로 손해발생의 원인에 의한 면책사유라고 볼 수있다(위 약관조항의 면책사유 중 (3)도 증가된 손해의 발생원인에 의한 면책사유라고 볼 수 있으므로 여기에 해당한다).

한편 위 약관조항의 나머지 면책사유인 (4) 내지 (7)은 어느 것이나 손해발생의 원인과는 관계없이 일정한 상황이나 조건하에서 발생한 손해에 대하여보험자가 인수하는 위험의 범위에서 이를 제외하려는 것이므로 손해발생의 원인에 의한 면책사유가 아니라 손해발생시의 상황에 의한 면책사유라고 보아야할 것이다.

그러므로 상법 제659조 제1항, 제663조에 의하여 손해발생이 보험계약자 등에 의하여 유발된 경우보다 보험계약자 등에게 불리하게 면책사유를 정할 수없는 불이익변경금지의 제한은 위약관조항의 면책사유 중 손해발생원인에 의한 면책사유에 한하여 적용되고 손해발생시의 상황이나 조건에 의한 면책사유인 (4) 내지 (7)의 경우에는 적용될 여지가 없는 것이다.

물론 약관조항의 면책사유가 손해발생의 원인에 의한 면책사유인가 또는 손해발생시의 상황이나 조건에 의한 면책사유인가는 면책조항이 표현하는 실질적 의미에 의하여 가려져야 할 것이므로, 약관작성자가 상황이나 조건에 의한 면책사유와 같은 형식을 사용하였다고 하여도 그 실질적 의미가 손해발생 원인에 관한 것이라면 상황이나 조건에 의한 면책사유로 볼 수 없음은 더 말할 나위도 없을 것이다.

이 사건에서 문제된 위 약관조항의 면책사유 중 (6)의 무면허운전은 전형적인 손해발생시의 상황에 의한 면책사유에 해당한다. 책임보험에 있어서의 보험사고원인인 자동차사고의 발생은 운전자의 고의 또는 과실에 의한 행위의 결과이지 교통법규에 의한 면허취득여부와는 직접 관련이 없는 것이므로, 위무면허운전면책조항은 사고발생의 원인이 무면허운전에 있음을 이유로 한 것이 아니라 사고발생시에 무면허운전중이었다는 법규위반상황을 중시하여 보험자의 보상대상에서 제외하도록 한 것이다.

다만 무면허자가 운전기술미숙으로 운전면허를 취득하지 못한 경우에는 그러한 무면허자의 운전은 면허자에 비하여 사고발생의 개연성이 크다는 점에서 사고발생의 원인과 간접적인 인과관계가 있다고 볼 여지가 있으나, 무면허운전의 면책요건은 이러한 사고발생의 개연성만이 아니라 무면허운전을 금지한 법규위반행위에 근거를 둔 것이며, 더구나 무면허자의 운전기술이 실제로 면허자에 못지 않거나 취득한 면허가 행정법규위반으로 취소 또는 정지된 경우에는 무면허자의 운전이 면허자에 비하여 사고발생의 개연성이 크다고 볼 수없어 면허소지여부는 사고발생의 원인과 간접적인 인과관계조차 없으므로, 이런 경우에는 오직 무면허운전금지를 어긴 법규위반행위만이 면책요건으로 작용하고 있음을 알 수 있다.

결국 위 무면허운전면책사유는 사고발생시의 무면허운전이라는 법규위반상항을 주된 면책요건으로 한 것임이 분명하다고 하겠다.

(3) 끝으로 별개의견에 관하여 간략하게 언급한다.

별개의견은 보험자의 계약해지권에 관한 상법 제651조와 제653조를 넓은 의미에서 보험자의 면책사유를 규정한 것으로 보고무면허운전은 보험사고발생의위험을 증가시키는 사정이므로 위각 규정에서 계약해지요건으로 정한 위험사정고지의무위반 및 위험유지의무위반의 요건에 저촉되지 않는 범위 내에서 면책사유를 정할 수 있는데도 이 점을 가려봄이 없이 무면허운전이라는 사실만으로 면책을 규정한 것은 상법 제663조의 불이익변경금지에 위반되어 무효라고 주장하고 있다.

그러나 우선 위험사정고지의무 및 위험유지의무에 있어서의 위험이란 것이 별개의견이 말하는 것처럼 보험사고발생의 위험성을 뜻하는 것이라면, 운전기술미숙으로 운전면허를 취득하지 못한 경우는 모르되 운전면허가 행정법규위반으로 취소되거나 정지됨으로 써 무면허가 된 경우에는 그 무면허는 운전기술미숙과 관련이 없으므로 면허자에 비하여 보험사고발생의 위험성을 증가시키는 사정이라고 볼 수 없을 것이다. 무면허운전의 경우를 통틀어 위험고지의무 및 위험유지의무에 관한 위 상법규정의 적용대상으로 보는 견해는 이 점에서 벌써 수용하기 어렵다.

또 별개의견은 다수의견이 무면허운전을 보험자가 인수한 위험의 범위에서 제외한 것으로 본 것은 무면허운전시의 사고를 애당초 보험사고에서 제외시키는 것과 같고, 이와 같이 본다면 자가운전종합보험의 경우에 운전면허가 취소되었을 경우 보험계약은 유효하게 존속하면서도 보험자가 인수한 위험은 소멸되어 보험자의 보상책임은 없는 기이한 결과가 된다고 말하고 있다.

그러나 책임보험에 있어서의 보험사고란 피보험자가 자동차운행으로 다른 사람을 죽게 하거나 다치게 함으로써 손해배상책임을 지게 되는 것을 말하는 것이고, 보험자는 이러한 보험사고에 대하여 자기가 책임 질 보상의 요건과 범위를 정하여 약관에 규정하게 되는 것이므로, 보험자가 인수하는 위험이란 위와 같은 보험사고 및 이에 대한 보상책임을 포함한 개념이다. 따라서 무면허운전 사고라고 할지라도 피보험자가 피해자에게 손해배상책임을 지게 된 이상 보험사고임에는 틀림이 없으며, 다만 보상책임의 범위에서 이를 배제함으로써 보험자가 인수한 위험의 범위에서 제외하는 결과가 된 것에 불과하므로 이것을 애당초 보험사고 에서 제외한 것과 같이 보는 것은 옳지 않다. 그리고 자가운전종합보험의 경우에 사고발생 전에 운전면허가 취소되었다면 더 이상보험을 유지할 필요가 없어 보험계약자는 언제든지 보험계약을 해지함으로써 계약관계를 종료시킬 수 있으므로(상법 제649조), 보험계약자가 스스로 해지를 하지 않음으로써 보험자의 보상책임 이 없는 계약관계가 존속하게 되는 결과가 되었다고 하여도 기이할 것은 없는 것이다.

또 별개의견은 보험자는 상인으로서 경제적 이익교량에 관심을 두고 무면허면책조항을 둔 것이지 무면허운전이 법규위반행위로서 이러한 범죄행위를 조장할 수 없다는 관점에서 둔 것은 아니며, 또 여러 가지 법규위반행위 중 유독무면허운전만을 면책사유로 삼아야 할 필연성도 없다고 주장한다.

보험약관이 상인인 보험자의 경제적 이익추구의 방편이라는 점에는 수긍이가지만, 보험약관의 면책조항이 오직 영리추구의 관점에서만 설정된 것이라고 보는 것은 옳지 않다. 보험약관의 면책조항이 보험상품의 요소에 속하는 것이긴 하여도 공익성의 요소를 내포하고 있음은 부인할 수 없는 것이다. 예컨대 보험계약자 등이 스스로 보험사고를 유발한 경우의 면책조항은 그것이 인위적인 사고로서 보험사고의 우연성을 결여한다는 것 외에도 이러한 사고는 보험사고조작과 같은 사기적 범행을 조장하는 도덕적 위험(moral risk)을 내포한 것이라는 데에도 그 설정이유가 있으며, 보험의 선의계약성과 공익성이 주요한요소로 작용하고 있는 것이다. 무면허운전면책사유도 무면허운전이라는 법규위반행위의 반공익성에 주된 근거를 둔 것으로 보아야 한다. 특히 일단 취득한 면허가 취소 또는 정지된 무면허자의 경우를 생각해보면, 운전기술미숙으로 인한 사고발생의 개연성이 아니라 오직 무면허 운전금지 위반이라는 법규위반사유만이 면책근거로 작용하고 있음이 분명하다.

그리고 여러가지 법규위반행위 중에는 무면허운전보다 중한 법규위반행위가 있을 수 있어 유독 무면허운전을 면책사유로 삼은 것이 형평에 맞지 않는다고 하여도, 이런 사실만으로 법원이 보험약관의 효력을 부인할 수 있는 사유는 되지 못하는 것이다.

7. 대법관 김용준의 별개의견은 다음과 같다.

자동차종합보험보통약관중 피보험자가 자동차의 운행으로 인하여 타인을 사상케 하거나 타인의 재물을 손괴하여 법률상 손해배상(대인배상 및 대물배상)책임을 짐으로써 입게 되는 손해를 보상하는 보험에 관하여, '자동차의 운전자가 무면허운전을 하였을 때에 생긴 사고로 인한 손해'는 보험자가 이를 보상하지 아니한다고 정한 이른바 무면허운전면책조항(제10조 제1항 제6호)을 해석함에 있어서, 이 면책조항이 피보험자동차가 운전면허를 받지 아니한(운전면허의 효력이 정지된 경우를 포함한다) 제3자에 의하여 절취되거나 무단으로 운전되다가 보험사고가 발생한 경우처럼 보험계약자나 피보험자의 지배 또는 관리가능성이 없는 무면허운전의 경우에까지 적용된다고 보는 경우에는 무효라고 볼 수밖에 없으므로, 원고의 이 사건 손해가 위 무면허운전면책조항 소정의 면책사유에 해당하지 않는다고 본 원심의 판단은 결과적으로 정당하여 피고의 상고를 기각할 수밖에 없다고 판단한 점에 있어서는, 다수의견과 결론을 같이한다. 그러나 그와 같은 결론에 이르게 된 이유에 관하여는 다수의견이취하고 있는 견해에 동조할 수 없으므로, 다음과 같이 의견을 밝혀두는 것이다.

(1) 우리 상법은 제4편 제1장에서 '보험계약당시에 보험계약자 또는 피보험자가 고의 또는 중대한 과실로 인하여 중요한 사항을 고지하지 아니하거나 부실의 고지를 한 때에는 보험자는 그 사실을 안 날로부터 1월내에, 계약을 체결한 날로부터 5년 내에 한하여 계약을 해지할 수 있다. 그러나 보험자가 계약당시에 그 사실을 알았거나 중대한 과실로 인하여 알지 못한 때에는 그러하지 아니하다'고 규정하고(제651조), '보험기간 중에 보험계약자, 피보험자 또는 보험수익자의 고의 또는 중대한 과실로 인하여 사고발생의 위험이 현저하게 변경 또는 증가된 때에는 보험자는 계약을 해지할 수 있다'고 규정함(제653조)과 아울러, '보험사고 가 발생한 후에도 보험자가 제650조 내지 제653조의 규정에 의하여 계약을 해지한 때에는 보험금액을 지급할 책임이 없고 이미 지급한 보험금액의 반환을 청구할 수 있다. 그러나 고지의무에 위반한 사실 또는 위험의 현저한 변경이나 증가된 사실이 보험사고의 발생에 영향을 미치지 아니하였음이 증명된 때에는 그러하지 아니하다'고 규정하고(제655조) 있는바, 이와 같은 규정의 내용들을 종합하여 보면, 상법 제651조와 제653조는 단순히 보험계약의 해지사유만을 규정한 것이 아니라, 보험사고가 발생한 후에도 보험자가 그와 같은 사유를 들어 보험계약을 해지함으로써 보험금액을 지급할 책임을 면할 수 있다는 점에서 넓은 의미에 있어서의 보험자의 면책사유까지 규정한 것이라고 볼 수 있다(보험사고가 보험계약자 등의 고의 또는 중대한 과실로 인하여 생기거나 전쟁 기타의 변란으로 인하여 생긴 때에는, 상법 제659조나 제660조에 따라 보험자가 보험계약을 해지할 필요도 없이 막바로 보험금액을 지급할 책임을 면하게 되므로, 이와 같은 사유만을 본래적인 의미의 면책사유라고 볼 수도 있겠으나, 결과적으로 보험자가 보험금액을 지급할 책임을 면하게 되는 점에 있어서는 차이가 없는 것이다).

원래 보험자는 보험계약을 체결함에 있어서 피보험이익에 대한 위험사정을 파악하여 이를 기초로 보험사고가 발생할 개연율을 측정하고 그 결과에 따라 위험을 인수할 것인지의 여부와 보험료 및 그 조건 등을 결정하는 것인바, 이와 같은 과정을 거쳐 보험자가 인수한 위험은 보험기간 중에 그대로 유지되어야하는 것이므로, 피보험이익에 대한 위험사정을 가장 잘 알 수 있는 위치에 있는 보험계약자와 피보험자에게 보험계약당시에 그 위험사정을 고지할 의무를 지게 하고, 보험기간 중에도 보험자가 인수한 위험을 보험자의 동의 없이 변경하거나 증가시키지 아니할 위험유지의무를 보험계약자. 피보험자와 보험수익자에게 지우려는 것이 상법 제651조와 제653조의 규정취지이다.

그런데 이 사건과 같이 자동차사고로 인하여 피보험자가 제3자에게 손해배상책임을 짐으로써 입게 되는 손해의 보상을 목적으로 하는 보험계약을 체결함에 있어서, 보험계약자나 피보험자가 자동차를 운전할 피보험자 등이 운전면허를 받지 아니한 사실을 고지하지 아니하였다면, 이것은 바로 위험사정에 관한 중요한 사항을 보험자에게 고지하지 아니한 경우에 해당할 것이고, 또 보험기간 중에 피보험자 등이 받은 운전면허가 취소되거나 그 운전면허의 효력이 정지되었는데도 그대로 자동차를 운전하거나, 운전면허를 받지 아니한 자에게 자동차의 운전을 허용하였다면, 이것은 피보험자 등이 고의 또는 중대한과실로 인하여 보험사고발생의 위험을 증가시킨 경우에 해당한다고 보는 것이 상당하다. 왜냐하면 운전면허를 받지 아니한 채 자동차를 운전하는 것은 운전기술의 미숙이나 자동차 등 및 도로교통에 관한 법령에 대한 지식의 부족 등으로 인하여 교통사고를 일으킬 가능성이 운전면허를 받고 운전하는 경우에 비하여 높다고 볼 수 있을 뿐 아니라, 교통사고가 발생한 경우에 있어서도 무면허운전이라는 사정으로 인하여 그 사고로 인한 손해배상책임을 질 가능성이 더욱 증가하는 것이 보통이기 때문이다.

따라서 무면허라는 점에 관한 보험계약자 등의 고지의무위반사실이나 피보험자 등의 고의 또는 중대한 과실로 인한 무면허운전사실을 알게 된 보험자는 그와 같은 사유만으로 보험계약을 해지할 수 있고, 이 경우에는 이미 보험사고가 발생한 후에 보험계약을 해지하였다고 하더라도 보험자는 일응 보험금액을 지급할 책임을 면하게 되지만, 보험계약자나 피보험자가 무면허운전이교통사고의 발생에 영향을 미치지 아니하였음을 증명한 때에는 보험계약에 따라 보험금액을 지급받을 수 있도록 하려는 것이 상법이 규정하고 있는 해결방법이라고 볼 수 있다. 무면허운전과 교통사고의 발생 사이에 인과관계가 있는 경우에만 보험자의 보험금액지급의무가 면제되는 것이지만 그와 같은 인과관계가 없다는 점에 대한 입증책임을 피보험자측에게 부담시키자는 것이다.

한편 상법 제663조는 '본장의 규정은 당사자간의 특약으로 보험계약자 또는 피보험자나 보험수익자의 불이익으로 변경하지 못한다'고 규정하고 있는바, 이는 상법 제651조 및 제653조와 제655조 등이 보험계약자. 피보험자. 보험수익자를 위한 반면적 강행규정(半面的 强行規定)임을 선언하고 있는 것이므로, 이 사건과 같은 자동차종합보험 중 책임보험에 있어서도 피보험자 등의 무면허운전으로 인한 보험자의 면책사유에 관하여 위에서 본 상법의 규정보다 보험계약자 등에게 불이익하게 규정한 면책약관은 효력이 없는 것이라고 보아야 할 것이다. 그러므로 보험계약자등이 고지의무에 위반한 사실이 있는 지의 여부나 피보험자 등의 고의 또는 중대한 과실로 인한 무면허운전으로 인하여 교통사고가 발생한 것인지의 여부를 가리지 아니하고, 무면허운전이라는 사실만을 기준으로 그 사실만 있으면 절취운전이나 무단운전의 경우까지 포함하여 보험자가 보험금액을 지급할 책임을 면하도록 정한 면책약관은 보험계약자와 피보험자를 상법 제4편 제1장의 규정보다 더 불이익한 지위에 빠뜨리게 하는 것이어서 상법 제663조에 위반되어 무효라고 볼 수밖에 없다.

(2) 다수의견은, 무면허운전이 보험계약자나 피보험자 등의 명시적 또는 묵시적인 승인 하에 이루어진 경우에는 위 무면허운전면책조항이 유효한 것으로 보아 무면허운전과 교통사고의 발생 사이에 인과관계가 없음을 피보험자측에서 증명한 경우에도 보험자는 보험금액을 지급할 책임을 면하게 된다고 보고 있다. 위무면허운전면책조항은 손해발생의 '원인'에 의한 면책사유를 정한 것이 아니라 손해발생시의 '상황'에 의한 면책사유를 정한 것이라고 보기 때문이다.

그러나 이와 같은 다수의견의 견해는 아래와 같은 이유 때문에 찬성하기 어렵다.

가. 먼저 다수의견이 취하는 위와 같은 견해는, 당사자간의 특약으로 손해발생의 '상황'에 의한 면책사유를 정하는 것에 관하여는 상법 제663조가 적용되지 않는다는 것을 전제로 한다.

손해발생의 '상황'에 의한 면책사유는 보험자가 인수한 위험(즉 보험사고)의 범위에서 제외된 것(exclusions)이고, 상법은 손해발생의 '원인'에 의한 면책사유만을 규정하고 있을 뿐이므로, 손해발생시의 '상황'에 의한 면책사유는 그것이 선량한 풍속 기타사회질서에 위반하거나 신의성실의 원칙에 위반하는 것이 아닌 한 당사자의 의사표시로 자유로이 정할 수 있다고 보는 것이다.

그러나 앞에서 본 자동차종합보험보통약관의 내용을 전체적으로 살펴볼 때, 자동차종합보험 중 책임보험에서 보험자가 인수한 위험은 '피보험자가 자동차의 사고로 법률상 손해배상책임을 짐으로써 입은 손해'(약관 제9조)로서, 여기에서 '자동차의 사고'라고 함은 자동차의 운행으로 인하여 발생한 모든 사고를 의미하는 것이고(약관 제1조 참조), 따라서 무면허운전을 하였을 때에 생긴 사고도 그것이 자동차의 운행으로 인하여 발생한 것인 이상일단 보험사고에 해당하는 것으로는 보지만, 그 사고로 인한 손해는 보상하여 주지 않겠다는 보험자의 책임면제사유(exceptions)를 정한 것이 바로 위 무면허운전면책조항이라고 보는 것이, 위 약관의 전체적인 내용에 부합되는 해석이 아닌가한다. 만일 위 면책조항이 무면허운전을 하였을 때에 생긴 사고를 애당초 보험사고에서 제외시키겠다는 취지라고 해석한다면, 자동차종합보험의 일종인 자가운전종합보험에 있어서는 보험기간 중 피보험자 등이받은 운전면허가 취소되었을 경우 보험계약은 그대로 유효하게 존속함에도 불구하고 보험자가 인수한 위험은 아예 소멸하여 보험자가 보험금액을 지급할 책임은 없어져 버리는 것으로 볼 수밖에 없는 기이한 결과가 될 것이다.

또한 무면허운전이라는 '상황'은 앞에서 본 바와 같이 자동차종합보험에 있어서 보험사고의 발생가능성, 즉 위험이 증가된 상황을 가리키는 것에 다름 아니라고 할 것인데, 이와 같은 상황에 관하여는 상법이 명문으로 보험자의 면책요건을 규정하고 있으므로, 특별법인 상법의 명문규정을 제쳐두고 굳이 민법의 일반조항인 선량한 풍속 기타 사회질서나 신의성실의 원칙을 내세워 무면허운전면책조항의 효력을 판단할 필요가 있는 것이라고 보기도 어렵다.

나. 다수의견은, 자동차종합보험보통약관에서 무면허운전면책조항을 둔 취지는 무면허운전이 중대한 법규위반행위에 해당하므로 이와 같은 법규위반의상황하에서 발생한 사고에 관하여는 그 무면허운전이 사고발생의 원인과 관련된 여부를 묻지 않고 보험의 보상대상에서 제외하려는 데에 있으며(당원 1990.6. 26.선고 89다카 28287 판결), 범법행위인 무면허운전중의 사고라도 그 사고와의 사이에 인과관계만 없으면 보상을 한다는 것은 어떤 의미에서 범죄행위에 대한 조장 내지는 방조로도 볼 수 있다(당원 1990. 6. 22.선고 89다카 32965 판결)는 입장에서 있는 것으로 보인다.

그러나 보통보험약관은 보험계약당사자 사이의 합의에 의하여 계약의 내용으로 편입되는 문례에 지나지 아니하고 그 자체가 법규범은 아닌 것인바(당원 1985. 11. 26.선고 84다카 2543 판결,1986. 10. 14.선고 84다카 122 판결, 1989. 3. 28.선고 88다카 4645판결, 1989. 11. 14.선고 88다카 29177 판결, 1990. 4. 27.선고 89다카 24070 판결 등 참조), 상인인 보험자로서는 무면허운전으로 인한 보험사고 발생가능성의 증대와 이로 인하여 지급하게 될 보험금액총액의 증가나 무면허운전면책조항을 약관에 둔 자동차종합보험상품의 판매가능성 등과 같은 경제적 이익교량에 관심이 있는 것이지, 무면허운전이 중대한 법규위반행위로서 이러한 범죄행위를 조장할 수 없다는 관점에서, 위와 같은 무면허운전면책조항을 두게 된 것이라고는 보기 어려울 것이다.

또한 자동차종합보험보통약관에 의하면, 무면허운전과 견줄 만한중대한 법규위반행위의 하나인 음주운전에 관하여서는 이를 책임보험에 있어서의 면책사유로 정하지 않고 있음(자동차사고로 피보험자 자신이 사상함으로써 입게되는 손해를 보상하는 자손보험과 자동차에 생긴 손해를 보상하는 차량보험에 있어서는 음주운전을 면책사유로 정한 조항을 두고 있다)을 알 수 있을 뿐만 아니라, 자동차종합보험에 있어서의 보험사고의 발생에는 거의 대부분의 경우 제한속도위반 · 신호위반 · 차선위반 등과 같은 도로교통법 등 관계법령을 위반하는 범죄행위가 수반되는 점에 비추어보면, 유독 무면허운전만을 법규위반행위라는 이유 때문에 보험자의 면책사유로 삼아야 할 필요가 꼭 있다고 볼 수도 없다. 물론 무면허운전이 다른 도로교통관계 법규 위반행위에 비하여 비난가능성의 정도가 현저하다고 볼 여지가 없는 것은 아니지만, 운전면허를 받아가지고 있던 피보험자가 실수로 정기적성검사를 받아야할 기간을 넘겨서 운전면허가 취소되거나 운전면허의 효력이 정지된 사실을 모르고 그대로 운전을 계속한 경우와 같이 법규위반으로 인한 비난가능성의 정도가 다른 법규위반행위에 비하여 그다지 높지 아니한 경우도 얼마든지 있을 수 있는 것이다.

다. 보험은 동일한 종류의 위험에 처하여 있는 다수인이 그 위험을 효율적으로 분산시킬 목적으로 보험단체를 구성하고 각자 보험료를 내어 공동비축기금을 형성한 후, 그 위험이 현실화되어 손해를 입은 구성원에게 보험금액을 지급함으로써 그 손해를 전보하여 주는 제도이므로, 대수의 법칙에 따라 측정된 보험사고발생의 개연율을 기초로 그 단체의 구성원이 거출하는 보험료의총액과 보험사고의 발생으로 인하여 지급되는 보험금액의 총액사이에 균형이유지되도록 운영되어야 하는 것이다.

위와 같은 보험제도의 특성에 비추어 볼 때, 무면허운전을 하였을 때에 생긴 사고를 보험사고에 포함시키게 되면, 다수의견이 지적하고 있는 바와 같이 위와 같은 보험의 등가성을 깨뜨리게 되는 것이 아닌가 하는 의문이 생길 수 있다.

그러나 운전면허를 받은 사람이 자동차를 운전하는 경우와 무면허운전을 하는 경우에 있어서의 교통사고 발생가능성의 차이는 보험단체의 구성원 간에 위험의 동질성을 해칠 정도는 아닐 뿐만 아니라(당원 1990. 5. 25.선고 89다카 17591 판결 참조), 특히 앞에서 본 바와 같이 상법은 교통사고의 발생이 무면허운전으로 인하여 영향을 받은 것이 아님을 피보험자측에서 증명하지 못하는 한 보험자가 보험계약을 해지함으로써 보험금액을 지급할 책임을 면할 수 있도록 규정하고 있으므로, 무면허운전을 하였을 때에 생긴 사고를 보험사고에 포함시킨다고 하여 보험의 등가성이 깨어지는 것이라고는 볼 수 없다. 오히려 무면허운전과는 아무런 관계도 없는 다른 원인으로 인하여 교통사고가 발생한 경우에도 보험자가 무면허운전을 빌미로 하여 보험금액을 지급할 책임을 면하게 되면, 그와 같은 다른 원인으로 인하여 교통사고 가 발생할 가능성은 보험료 및 보험금액의 총액을 산출하는 요인에 포함되어 있었을 것이므로, 보험의 등가관계가 침해되는 결과가 될 수도 있는 것이다.

5 민법 제535조에 의한 책임

대법원 1972. 5. 9. 선고 72다384 판결

【원고, 피상고인】 홍은천
【피고, 상고인】 대한민국
【원심판결】 서울고등법원 1972. 2. 4. 선고 71나1805 판결

【이 유】

원판결 이유에 의하면 원심은 서울 ㅇㅇ구 ㅇㅇ동737의7 소재 이 사건 대 31평을 포함하여 5필지로 분할된 지번과 지목이 현재와 같이 변경되기에 앞서 원래의 지번은 같은 동 334번지 지목은 답으로 2,300평의 한 필지로 있었던바 피고는 일찌기 이를 소외 한백규에게 농지분배대상 농지로서 분배한 바 있었으며, 수분배자인 동 소외인은 피고를 상대로 하여 농지분배를 원인으로 한 소유권이전등기 절차이행을 구하는 소송을 서울민사지방법원에 제기하여 동 법원에서 1964.12.26.에 피고는 농지상환료를 수령함과 동시에 위 부동산에 대하여 상환완료를 원인으로 한 소유권이전등기 절차를 이행하라는 동 소외인 승소판결을 선고받고 이에 대하여 피고의 항소 및 상고가 있었으나 모두 기각이 되어 동 소외인의 승소판결은 1968.4.16.에 확정된 사실, 피고는 동 소외인과 위 소송이 계속 중인 1965.6.30.에 위 구로동 734의7 대 31평을 국유재산으로 다루어 원고와 대금 34,720원으로 정하여 매매계약을 체결하고, 원고가 이를 매수해서 원고는 1966.10.5. 서울민사지방법원 영등포등기소 접수 제

27632호로서 위 대지를 원고 앞으로 소유권이전등기를 경료한 사실, 소외 한백규는 다시 위 대지에 관하여 피고에 대해서는 1968.6.29. 상환완료를 원인으로 한 소유권이전등기 절차이행을 원고에 대해서는 위와 같이 원고 앞으로 경료된 소유권이전등기 말소 절차의 이행을 각 구하는 소를 서울민사지방법원에 제기하여 동 법원에서 모두 동 소외인 승소 판결이 선고되었던바 원고는 이에 불복항소를 하였으나 이미 확정판결로서 이 건 부동산이 소외 한백규의 분배농지로 확정된 이상 이 사건에 관하여 승소의 개연성이 없음을 알고 원고는 동 소외인과 화해 끝에 동 소외인으로 하여금 1969.9.1.에 원고에 대한 소를 취하케 하여 종결지은 사실을 확정하고, 그렇다면 이 건은 매도인인 피고가 매매의 목적물인 이 건 부동산을 전에 소외인 한백규에게 적법하게 분배함으로써 타인에게 귀속된 것이었고, 동 소외인이 피고를 상대로 한 위 이전등기청구소송에 관한 판결이 확정됨으로써 피고가 동부동산의 소유권을 취득하여 매수인인 원고에게 이전할 수 없게 된 경우라고 할 것인바, 원고는 당심에 이르러 청구취지 및 원인변경 신청서에 의하여 이 건 매매계약을 해제하고 이행에 대신하는 전보 배상금을 청구하는 것이므로 매수인인 원고는 매매계약해제시까지는 목적물의 급여청구권을 가지며 해제에 의하여 비로소 이 청구권이 상실되게 되었으므로 특별한 사정이 없는 한 매수인인 원고가 받을 이행에 대신하는 손해배상액은 해제당시의 목적물의 싯가를 표준으로 결정할 것이며 피고는 원고에게 위의 손해배상액을 지급할 의무가 있다는 취지로 판단하였다. 따라서 원심의 위와 같은 판단취지는 원, 피고간의 이 사건 토지매매계약은 소외 한백규의 피고에 대한 위 이전등기청구소송에 관한 판결이 확정됨으로써 이행불능이 되었다는 것이고 그 때까지는 이행이 가능한 것이었는데 피고가 이를 이행하지 아니 함으로써 위 매매계약이행의 의사 없음이 분명하게 된 것이니 이를 이유로 하여 원고는 위 매매계약을 해제한 것이므로 그 해제시를 표준하여 싯가 상당의 손해배상청구권이 있다는 것으로 풀이된다.

그러나 원심의 위 설시와 같은 확정 사실에 의하면 이 사건 토지는 원래 답 2,300평의 일부이고 위 답은 농지개혁법에 의하여 소외 한백규에게 적법히 분배되었다는 것인바 농지를 분배받은 사람은 소유권이전등기를 경료한 바 없다 하더라도 그 분배로 인하여 소유권을 취득하는 것이므로 위 소외인은 위 소유권 이전등기청구소송의 판결 확정에 관계없이 분배로 인하여 위 농지의 소유권을 취득한 것이라 할 것이며 이 사건 토지가 이미 위 소외인에게 분배된 이상 피고가 그 소유권을 다시 취득할 수 있는 특단의 사정이 없는 한 피고로서는 이를 타에 처분할 아무런 권리도 없고 또 농가 아닌 피고로서는 일반거래의 방법으로 이를 다시 취득할 수도 없다고 하여야 할 것이니 아무런 권리도 없는 피고가 이의 처분권이 있는 자기의 소유로 알고 한 원고와의 이 사건 매매계약은 당초부터 이행할 수 없는 것을 목적으로 한 계약을 체결한 것이라고 아니할 수 없다.

이와 같은 경우에 원고로서는 민법 제535조의 규정에 의하여 신뢰이익의 손해배상을 청구할 수 있다 할 것이나, 한편 원판결 확정사실에 의하면 원고는 1965.6.30.에 이사건 토지를 피고로부터 매수할 때에 이에 관하여 소송이 계속중임을 알고서 매수하였음을 자인하고 있다는 것이므로 원고는 이 사건 매매계약이 이행불능의 것이라는 사정을 알았거나 알 수 있었을 경우라 할 것이니 피고에게 위의 손해배상을 청구할 수도 없다 할 것이다. 그럼에도 불구하고 원심이 위 설시한 바와 같이 원, 피고간의 이 사건 매매계약의 이행불능시기를 잘못 판단하고 피고에게 위 계약 불이행으로 인한 손해배상 책임이 있다는 것으로 판단하였음은 이행불능의 계약에 관한 손해배상 책임의 법리를 오해하여 이유불비의 위법을 저지른 것이라 할 것이다.

6 계약교섭의 부당파기

(1) 대법원 1993. 9. 10. 선고 92다42897 판결

【원고, 피상고인】 박강래

【피고, 상고인】 학교법인 우석학원

【원심판결】 전주지방법원 1992.8.27.선고, 91나3607 판결

【주 문】 상고를 기각한다. 상고비용은 피고의 부담으로 한다.

【이 유】

상고이유에 대하여

1. 원심이 유지한 제1심 판결이유의 요지

원심이 인용한 제1심 판결이유를 보면 제1심은, 피고는 1989.4.초경 경력직 사무직원의 공채를 위하여 그 채용계획을 수립하고 4.10. 전북일보에 ○○대학장 명의로 사무직원 모집공고를 낸 다음 4.20. 사무직원 채용을 위한 공개시험을 실시하여 원고를 포함한 39명이 응시하게 되었는바, 이러한 경우 피고로서는 피고가 경영하는 ○○대학의 재정 형편, 적정한 직원의 수, 1990년도 입학정원의 증감여부등 여러 사정을 참작하여 채용할 직원의 수를 헤아리고 그에 따라 적정한 수의 합격자 발표와 직원채용통지를 하여야 할 주의의무가 있는데도, 5.1.경 원고를 포함한 9명의 응시자를 최종 합격자로 결정하고 그들에게 합격통지를 하면서 '1989.5.10.자로 발령하겠으니 이력서, 인사기록카드 등 구비서류를 5.8.까지 제출하여 달라.'는 통지를 하여, 원고로 하여금 위 통지에 따라 인사기록카드, 이력서, 졸업증명서, 학업성적표, 신원증명서, 경력증명원, 채용신체검사서등을 제출하게 한 후, 약속대로 9명 전부를 5.10.자로 발령하지 못한 채 이를 지체하다가 그해 6.1.자로 2명, 8.1.자로 3명만 발령하고, 원고가 발령문제를 위 대학 총무처와 학장에게 문의하자 학교재정이 어려워 순차 발령하겠다고 하고, 또 그해 11월 말경에는 1990.1.1.자로 발령하겠다고 통지하는 등 여러 번 발령을 미루어 오다가 1990.5.28.경 학교 재정상 원고를 피고의 직원으로 채용할 수 없다고 최종 통지를 한 사실, 원고는 그동안 피고의 임용만을 기다리면서 다른 일에 종사하지 못한 사실이 인정되므로, 피고는 원고에게 위 합격통지 및 그에 따라 원고를 피고의 직원으로 발령하겠다는 통지를 한 후 이를 이행하지 아니함으로써, 원고가 위 통지를 믿고 피고의 직원으로 임용되기를 기다리다가 결국 임용되지 못하게 되어 입은 손해를 배상할 책임이 있다고 설시한 다음, 피고의 '피고가 원고를 위 채용시험의 최종합격자로 결정하였다 하여 반드시 원고를 직원으로 채용할 법률상 의무는 없다.'는 주장에 대하여, 가사 피고에게 그러한 의무가 없다고 하더라도, 피고는 위 합격통지와 아울러 원고에게 '1989.5.10.자로 발령하겠으니 제반 구비서류를 5.8.까지 제출하여 달라.'는 통지까지 하였음은 앞에서 인정한 바와 같고, 학교를 운영하는 공공법인인 피고로서는 위 통지를 받는 당사자의 신뢰를 고려하여 그에 상응한 주의를 기울여서 위와 같은 통지를 할 신의칙상 의무가 있으니, 이러한 사정들에 비추어 볼 때, 피고는 원고가 피고의 위 통지 및 그 이후 수 차례에 걸친 발령 약속을 신뢰함으로써 입은 손해를 배상할 책임을 면할 수 없다고 판단하였다.

2. 상고이유에 대한 판단

가. 제1점에 대하여

원심이 인정한 사실에 따르면, 피고는 원고를 피고의 사무직원 채용시험의 최종합격자로 결정하고 그 통지와 아울러 '1989.5.10.자로 발령하겠으니 제반 구비서류를 5.8.까지 제출하여 달라.'는 통지를 하여 원고로 하여금 위 통지에 따라 제반 구비서류를 제출하게 한 후, 원고의 발령을 지체하고 여러번 발령을 미루었으며, 그 때문에 원고는 피고가 1990.5.28. 원고를 피고의 직원으로 채용할 수 없다고 통지할 때까지 피고의 임용만 기다리면서 다른 일에 종사하지 못하였는바, 이러한 결과가 발생한 원인은, 피고가 자신이 경영하는 ○○대학의 재정 형편, 적정한 직원의 수, 1990년도 입학정원의 증감 여부등 여러 사정을 참작하여 채용할 직원의 수를 헤아리고 그에 따라 적정한 수의 합격자 발표와 직원채용통지를 하여야 하는데도 이를 게을리 하였기 때문이라는 것이므로, 그렇다면 피고는 불법행위자로서 원고가 위 최종합격자 통지와 계속된 발령 약속을 신뢰하여 피고의 직원으로 채용되기를 기대하면서 다른 취직의 기회를 포기함으로써 입은 손해를 배상할 책임이 있다 할 것이다.

따라서 원심의 판단은 위 법리에 따른 것으로서 옳고, 거기에 심리미진과 채증법칙위배로 인한 사실오인, 신의성실의 원칙, 손해배상책임의 발생, 사립학교법과 국가공무원법에 관한 법리오해의 위법이 있다고 할 수 없으므로, 논지들은 모두 이유가 없다.

나. 제2점에 대하여

원심의 위와 같은 사실인정과 판단에는 아무런 잘못이 없으므로, 피고가 원고를 임용하지 아니한 데에 정당한 사유가 있다는 논지는 받아들일 수 없다.

3. 이에 상고를 기각하고 상고비용은 패소한 피고의 부담으로 하기로 관여법관의 의견이 일치되어 주문과 같이 판결한다.

(2-1) 서울고등법원 1999. 6. 23 선고 98나5908 판결

【주 문】

1. 제1심판결 중 피고 동국산업 주식회사 패소 부분을 취소한다.
2. 위 취소 부분에 해당하는 원고들의 청구를 기각한다.
3. 원고들의 피고들에 대한 항소를 기각한다.
4. 소송 총비용은 원고들의 부담으로 한다.

【청구취지】

원고들에게, 피고 동국산업 주식회사는 12,106,950,478원, 피고 건설공제조합은 피고 동국산업 주식회사와 연대하여 위 금원 중 2,772,000,000원 및 각 이에 대한 1996. 3. 18.부터 이 사건 소장부본 송달일까지는 연 6푼, 그 다음날부터 완제일까지는 연 2할 5푼의 각 비율에 의한 금원을 지급하라.

【항소취지】

원고들 ; 제1심판결을 청구취지 기재와 같이 변경한다.

피고 동국산업 주식회사 ; 주문 제1, 2항과 같다.

【이 유】

1. 기초사실

가. 원고들은 조달청이 발주하는 부산 광안리 해수욕장 앞 해상 컨테이너 수송배후도로(광안대로) 건설공사 중 제4공구 공사를 공동으로 낙찰받아 시행하기 위하여 1994. 12. 경 공동수급체를 구성하였다.

나. 그 후 원고들은 제4공구 공사중 강교공사를 담당할 하수급업체를 물색하던 중 원고 현대산업개발 주식회사(이하 '원고 현대산업개발'이라 한다)가 피고 동국산업 주식회사(이하 '피고 회사'라고 한다)에게 강교공사에 관한 하수급 의사를 타진하면서 견적서 제출을 요구하자, 피고 회사 대표이사인 변성구가 1994. 12. 7. 견적금액을 25,200,000,000원(단, 1994. 이후 가격 인상 반영 조건, 부가가치세 제외) (이하 금액들도 '부가가치세를 제외한 금액'이다)으로 한 견적서를 제출하고, 다음날인 12. 8. "강교공사를 원고 현대산업개발에서 수주 당사에 하도급시 기 제출한 견적서와 같이 발주처 공기내 공사를 성실히 이행할 것을 약속"한다는 내용으로 작성한 이행각서와 피고 건설공제조합으로부터 보증금액 2,772,000,000원, 계약명 컨테이너 수송배후도로 건설공사(제4공구)중 강교공사, 보증기간 1994. 12. 8.부터 1995. 12. 7.까지, 보증채권자 원고 현대산업개발로 된 하도급(계약)보증서를 발급받아 함께 위 원고에게 제출하였다.

다. 원고들은 1994. 12. 8. 제4공구 공사 입찰에 참가하여 금액을 60,566,000,000원으로 산정한 견적서를 제출한 결과 최저 투찰자(위 응찰가가 입찰예정가의 97.86%이고, 다른 입찰참가자의 응찰가는 모두 예정가를 초과한 것으로 밝혀졌다.)로 낙찰받게 되고, 이에 따라 1994. 12. 16. 조달청과 공사대금 60,566,000,000원으로 한 시설공사 도급계약을 체결하였다.

라. 피고 회사는 194. 12.경 및 1995. 3.경 2차례에 걸쳐 강판가격이 인상되자 1995. 5. 29. 원고 현대산업개발에게 강판가격 인상과 일부 자재물량 조절을 반영하여 금액을 25,976,000,000원으로 증액한 견적서를 제출하였고, 원고들은 1995. 6. 10.과 7. 5. 피고 회사측과 협의를 거쳐 인상된 강판가격 반영 및 선급금 지급방법, 용접허용범위 등에 관한 합의를 본 다음, 1995. 8. 28. 피고 회사에 도장시방서와 함께 이 사실을 통보하자 피고 회사는 제시하였던 견적금액은 일반적으로 사용되는 용제형 중방식 도료 사용을 전제한 것인데 수용성 방식으로 공사하면 원가가 상승된다면서 10. 10. 원고들에게 30,816,784,063원으로 인상하여 줄 것을 요청하였다가, 원고들과의 조정을 거쳐 10. 17. 도장공사비 증액, 일반관리비와 이윤 항복 증액, 산재보험료 신설 등을 고려한 26,582,000,000원의 견적서를 제출하였다. 원고들은 1995. 10. 26.경 피고 회사에게 당시까지 일부 합의된 사항을 기재한 계약조건과 피고 회사의 제2차 변경 견적서 및 1차 협의를 거친 계약특수조건을 피고 회사에게 송부하고, 1995. 11. 4. 및 11. 7. 2회에 걸쳐 1995. 11. 10.까지 하도급계약 체결을 촉구하는 내용증명우편을 보냈는데, 이에 대하여 피고 회사는 1995. 11. 10. 도장방식 결정에 따른 공사비 추가 인상을 요구하는 한편, 원고들이 송부한 특수계약조건 중 제2조와 제5조의 계약금액 증액요구 불가, 주요설계계산서 등 제출 조건은 수용할 수 없으며, 감리자 변경시의 문제 등을 협의하기 위하여 실무자간 회의를 개최하여 줄 것을 요청하였고, 이에 따라 1995. 11. 13. 원고들과 피고 회사의 실무자들이 만나, 도장공사는 원고들이 소외 건설도장 주식회사에, 강교설치공사는 소외 변성구(1995. 11. 3. 피고 회사 대표 이사직을 사임하였다)가 사실상 경영하는 소외 주식회사 거로에 각 하도급을 주며

1995. 및 1996.의 물가연동가산공사비(이른바 Escalation) 추정치 9%를 미리 반영하여 계약하되, 재견적서 제출시에는 도장 공사금 2,600,000,000원과 강판인상분을 제외한 금액에 1.09를 곱한 금액을 공사대금으로 하고, 산재보험료 223,000,000원을 반영하며, 피고 회사는 위 건설도장 주식회사가 피고 회사 공장 내에서 도장작업을 할 수 있도록 편의를 제공하고, 이러한 내용이 수용된 계약내역서를 1995. 11. 14.까지 날인하여 모사전송(Fax)으로 송부하되 미이행시 원고들은 피고 회사에 대하여 법적 조치를 취한다는 내용에는 합의를 보았으나, 주식회사 거로의 강교설치공사 수행에 대한 피고 회사의 연대보증 여부, 피고 회사가 강교운반까지 수행하는지 여부, 피고 회사 공장에서 작업하게 되는 건설도장 주식회사에 대한 피고 회사의 편의 제공에 따른 비용 부담 등에 대하여는 서로 견해차가 있어 합의에 이르지 못하였다. 그런데 피고 회사가 11. 14.이 지나도록 계약내역서를 원고들에게 송부하지 아니하므로 원고들은 1995. 11. 22. 다시 하도급계약 체결을 촉구하였고, 이에 피고 회사는 11. 23. 주식회사 거로의 강교설치공사에 대한 보증은 불가능하고, 강교운반도 맡을 수 없으며, 원고들이 제시한 특수계약조건 중 제2조와 제5조는 삭제되어야 하고, 피고 회사의 착오로 인하여 타 공구의 강상판 제작비용보다 60% 이상 적게 견적을 내었으므로 공사비 단가의 조정을 새로이 요구하는 등의 계약조건을 내세우면서 위와 같은 계약조건이 타결되어야 계약을 체결할 수 있다는 취지로 답변하고, 11. 25. 원고들이 1995. 11. 28. 및 12. 6. 피고 회사가 내세운 계약조건과 최종견적서는 모두 수용할 수 없다는 취지의 통보를 하고, 이에 피고 회사는 계속 최종견적서에 따른 계약 체결을 고집하자, 원고들은 1996. 1. 22. 피고 회사와의 하도급계약을 해제한다는 내용의 통보를 하였다.

마. 한편, 원고들은 위 해제통보 이전인 1995. 11. 13. 경부터 소외 대우중공업 주식회사, 현대중공업 주식회사, 삼성중공업 주식회사로부터 4공구 강교공사 하도급 견적서를 제출받아 그 중 가장 저가의 견적금액 의견을 낸 소외 현대중공업 주식회사와 사이에 39,504,600,000원에 강교공사 하도급계약을 체결하였다.

2. 피고 동국산업 주식회사에 대한 청구에 관한 판단

가. 채무불이행이라는 주장에 대하여

원고들은, 제1항 기초사실에서 본 바와 같이 피고 회사가 견적서를 제출하고 원고들이 이를 토대로 조달청 입찰에 참가하거나 피고 회사에게 위 견적서대로 공사이행을 최고한 행위는 하도급계약의 청약과 승낙에 해당하고, 그렇지 않다고 하더라도 피고 회사가 제1차 변경 견적서를 제출하고 원고들이 이를 토대로 하도급계약서를 작성하여 피고 회사에 송부한 행위는 청약과 승낙에 해당하므로 원고들돠 피고 회사 사이에는 최초 견적서 또는 제1차 변경 견적서 내용대로 하도급계약이 체결되었다고 할 것인데 피고 회사는 이에 따른 공사를 이행하지 않았으므로 원고들에게 채무불이행으로 인한 손해를 배상할 의무가 있다고 주장한다. 그러나 이 사건과 같이 공사금액이 거액이고 공사기간도 장기간에 걸친 대규모의 관급공사에 있어서는 공사금액 외에 구체적인 공사시행 방법과 준비, 공사비 지급방법 등과 관련된 제반조건도 중요한 사항이라 할 것이므로 공사금액은 물론 공사조건에 관한 합의까지 이루어져야 계약이 체결되었다고 볼 것인바, 피고 회사가 원고들에게 견적서를 수차례 제출하고 그 후 원고들이 조달청 입찰에 참가하거나 하도급계약서를 작성·날인하여 피고 회사에게 송부하였다는 사정만으로는 계약이 성립되었다고 볼 수 없고, 달리 원고들과 피고 회사에게 송부하였다는 사정만으로는 계약이 성립되었다고 볼 수 없고, 달리 원고들과 피고 회사 사이에 하도급계약이 체결되었다고 볼 증거가 없다. 또 원고들은 당시 시행되던 구 건설업법 제22조의2 제2항의 "건설업자는 대통령령이 정하는 건설공사를 도급받고자 할 때에는 미리 하도급받을 전문건설업자의 견적을 받아 도급금액을 정할 수 있다. 이 경우 당해 건설공사를 도급받은 때에는 수급인과 전문건설업자는 그 견적한 내용대로 하도급계약을 체결하여야 한다."는 규정에 따르더라도 피고 회사는 하도급공사를 이행할 의무가 있다고 주장하나, 피고 회사가 전문건설업자라고 볼 아무런 증거가 없을 뿐만 아니라 위 규정으로 수급인과 견적을 제시한 건설업자 사이에 계약 성립이 의제되는 것도 아니므로 위 주장도 이유 없다. 따라서 원고들과 피고 회사 사이에 하도급 계약이 체결되었음을 전제로 하는 채무불이행 주장은 더 나아가 볼 것 없이 이유 없다.

나. 불법행위라는 주장에 대하여

원고들은, 피고 회사가 견적서와 이행각서 및 보증서를 원고들에게 제출하여 당초 제4공구 공사 입찰참가를 포기하려던 원고들로 하여금 위 견적서에 기초한 금액으로 입찰에 참가 · 낙찰받아 발주처와 사이에 도급계약을 체결하도록 하였는데도 종국에 가서는 정당한 이유 없이 하도급계약 체결을 거부하고 공사를 이행하지 않는 불법행위를 저질렀으므로, 피고 회사는 이로 인하여 원고들이 입은 손해로서 피고 회사 제출 견적서 금액과 원고들이 소외 현대중공업 주식회사와 다시 체결한 하도급계약 금액의 차액에 부가가치세를 합산한 금액을 배상할 의무가 있다는 취지의 주장을 한다.

먼저, 과연 원고들이 4공구 공사 입찰을 포기하려다가 피고 회사의 견적서만을 받고 그 금액을 토대로 하여 응찰가를 결정하여 입찰에 참가하였는가에 관하여 보건대, 이 점에 부합하는 제1심 증인 임무언, 당심 증인 이창대의 각 일부증언은, 갑 제20호증의 1, 2의 각 기재와 제1심 증인 정기삼의 일부증언에 의하여 인정되는 사실, 곧 원고들이 피고 회사로부터 견적서를 받기 전인 1994. 12. 2. 소외 현대중공업 주식회사로부터 강교공사와 기초공강사에 관한 하도급 견적서를 제출받아 보았는데 그 중 강교부분에 대한 견적 금액이 60,482,418,000원으로 피고 회사가 처음 제출한 견적금액 25,200,000,000원과는 현저한 차이가 있었던 사실 및 피고 회사에서는 원고들로부터 특별시방서는 받지도 못하고 공사도면과 내역서 등 견적자료는 시간 부족으로 정밀 검토하지 못한 채 합계 금액을 톤당 130만 원 정도에 맞추어 하룻만에 졸속으로 잘못된 견적서를 작성하였던 사실, 그리고 강교공사 하도급에 관하여 소외 현대중공업 주식회사 등 여러 곳을 물색한바 있는 대기업체인 원고들로서는 피고 회사가 제출한 견적서의 금액이 하도급공사를 시행하기 불가능할 정도로 과소함을 충분히 알고 있었을 터인데 위와 같이 부실하게 작성된 견적서만을 신뢰하여 경솔하게 거액의 입찰에 참가하였으리라고 보기 어려운 점 등에 비추어 믿기 어렵고, 갑 제3호증의 3, 갑 제6호증의 각 기재만으로는 이를 인정하기 부족하며 달리 이를 인정할 증거가 없다. 그리고 계약 자유의 원칙상 계약체결 이전의 준비단계에서는 양 당사자가 언제든지 계약교섭을 중단하고 계약 체결을 포기할 수 있으므로, 피고 회사가 하도급계약 체결 이전에 견적서를 제출한 행위가 원고들에 대하여 하도급계약이 확실하게 성립될 것이라는 점에 대한 정당한 기대나 확실한 신뢰를 유발 · 조장하였다고 보기 어렵고 그 후 제1항 기초사실에서 본 바와 같은 과정을 거치면서 피고 회사가 원고들이 요구하는 대로의 계약체결을 거절하였다고 하여 이를 위법한 행위라고 할 수도 없다. 한편, 피고 회사가 견적서와 함께 이행각서와 계약보증서까지 제출하였던 것이 이례적이기는 하지만 이행각서는 그 문면에 의하더라도 하도급계약이 성립될 경우 최초 견적서 기재 금액 범위 내에서 공사를 수행하겠다는 약정에 불과하고, 하도급보증서 또한 앞으로 하도급계약이 성립되면 그 이행을 담보하려는 취지로 교부된 것에 불과하므로 달리 볼 것이 아니다. 그리고 피고 회사가 원고들의 신뢰에 반하는 행동을 하여 원고들에게 손해를 입혔다고 가정하더라도 그 손해배상의 범위는 신뢰이익의 배상을 넘는 원고들 주장과 같은 이행이익의 배상이 될 수 없음도 덧붙여 둔다. 따라서 피고

회사의 행위가 불법행위가 된다는 원고들의 주장도 더 나아가 볼 것 없이 이유 없다.

다. 그러므로 원고들의 피고 동국산업 주식회사에 대한 청구는 이유 없다.

3. 피고 건설공제조합에 대한 청구에 관한 판단

원고들은, 원고들과 피고 회사 사이의 하도급계약이 피고 회사의 귀책사유로 해제되었으므로 피고 회사를 보증한 피고 건설공제조합은 하도급(계약)보증서에 따라 2,772,000,000원을 지급할 의무가 있다고 주장하나, 피고 회사의 하도급(계약)보증서에 따른 책임은 원고들과 피고 회사 사이의 하도급계약이 체결됨을 전제로 하여 그 이행을 보증하는 것인데 위 하도급계약이 체결되었다고 볼 수 없음은 앞서 판단한 바와 같으므로 원고들의 피고 건설공제조합에 대한 청구는 이유 없다.

4. 결론

그렇다면 원고들의 피고들에 대한 청구는 모두 이유 없이 기각할 것인바, 제1심판결 중 피고 회사 패소 부분은 이와 결론을 달리하여 부당하므로 이를 취소하여 그 부분에 관한 원고들의 청구를 기각하고, 그 나머지 원고들 패소 부분과 피고 건설공제조합에 대한 부분은 정당하므로 원고들의 피고들에 대한 항소를 기각하여 주문과 같이 판결한다.

(2-2) 대법원 2001. 6. 15. 선고 99다40418 판결

【원고, 상고인】 롯데건설 주식회사 외 3인
【피고, 피상고인】 동국산업 주식회사 외 1인
【원심판결】 서울고등법원 1999. 6. 23. 선고 98나5908 판결
【주 문】 상고를 모두 기각한다. 상고비용은 원고들의 부담으로 한다.

【이 유】

1. 상고이유 제1점에 대하여

원심판결 이유에 의하면, 원심은, 그 채택한 증거들을 종합하여 판시사실을 인정한 다음, 원고의 채무불이행으로 인한 손해배상청구에 관하여는 원심의 인정 사실에 기초하여, 이 사건과 같이 공사금액이 거액이고 공사기간도 장기간에 걸친 대규모의 관급공사에 있어서는 공사금액 외에 구체적인 공사시행 방법과 준비, 공사비 지급방법 등과 관련된 제반 조건도 중요한 사항이라 할 것이므로 공사금액은 물론 공사조건에 관한 합의까지 이루어져야 계약이 체결되었다고 볼 것인바, 피고 동국산업 주식회사(이하 '피고 회사'라고 한다)가 원고들에게 견적서를 수차례 제출하고 그 후 원고들이 조달청 입찰에 참가하거나 하도급계약서를 작성 · 날인하여 피고 회사에게 송부하였다는 사정 만으로는 계약이 성립되었다고 볼 수 없다고 판단하였다. 기록에 비추어 살펴보면 원심의 그와 같은 사실인정은 정당하고, 거기에 필요한 심리를 다하지 아니하였거나 채증법칙을 위반하는 등으로 사실을 오인한 위법이 없다.

또 원심이 적법하게 인정하고 있는 사실에 비추어 보면, 문제가 된 건설하도급공사는 공사금액이 수백억에 달하는데다가 공사기간도 14개월이나 되는 장기간에 걸친 대규모의 공사이므로 특별한 사정이 없는 한 공사금

액 외에 구체적인 공사시행 방법과 준비, 공사비 지급방법 등과 관련된 제반 조건 등 그 부분에 대한 합의가 없다면 계약을 체결하지 않았으리라고 보이는 중요한 사항에 관한 합의까지 이루어져야 비로소 그 합의에 구속되겠다는 의사의 합치가 있었다고 보는 것이 당사자의 실제의 의사와 부합하는 해석이라 할 것이고, 한편 하도급계약을 체결하려는 교섭당사자가 견적서를 제출하는 행위는 통상 주문자의 발주를 권유하는 영업행위의 수단으로서 계약체결의 준비·교섭행위 즉 청약의 유인에 해당한다고 할 것이고, 이 사건에서 피고 회사가 견적서와 함께 제출한 이행각서는 그 문면에 의하더라도 하도급계약이 성립될 경우 최초 견적서 기재 금액 범위 내에서 공사를 수행하겠다는 취지에 불과한 것이고, 하도급보증서 또한 앞으로 하도급계약이 성립되면 그 이행을 담보하려는 목적으로 청약 유인의 차원에서 교부된 것에 불과하므로, 피고 회사가 견적서, 이행각서 등의 서류를 제출하였다는 사정만으로 원고들과 피고 회사 사이에 하도급계약이 성립되었다고 볼 수 없다.

같은 취지의 원심 판단은 정당하고, 거기에 하도급계약의 성립에 관한 법리를 오해한 위법이 없다. 따라서 이 부분 상고이유의 주장은 이유 없다.

2. 상고이유 제2점 내지 제4점에 대하여

가. 원고의 불법행위로 인한 손해배상청구에 관하여 원심은, 원고들이 4공구 공사 입찰을 포기하려다가 피고 회사의 견적서만을 받고 그 금액을 토대로 하여 응찰가를 결정하여 입찰에 참가하였다는 청구원인 사실에 부합하는 판시 증거들은 그 채택 증거에 의하여 인정되는 다음과 같은 사정, 즉 원고들이 피고 회사로부터 견적서를 받기 전인 1994. 12. 2. 소외 현대중공업 주식회사로부터 강교공사와 기초공사에 관한 하도급 견적서를 제출받아 보았는데 그 중 강교부분에 대한 견적금액이 60,482,418,000원으로 피고 회사가 처음 제출한 견적금액 25,200,000,000원과는 현저한 차이가 있었던 점, 피고 회사에서는 원고들로부터 특별시방서는 받지도 못하고 공사도면과 내역서 등 견적자료는 시간 부족으로 정밀 검토하지 못한 채 금액을 톤당 130만 원 정도에 맞추어 하루 만에 졸속으로 잘못된 견적서를 작성하였던 점, 그리고 강교공사 하도급에 관하여 소외 현대중공업 주식회사 등 여러 곳을 물색한 바 있는 대기업체인 원고들로서는 피고 회사가 제출한 견적서의 금액이 하도급공사를 시행하기 불가능할 정도로 과소함을 충분히 알고 있었을 터인데 위와 같이 부실하게 작성된 견적서만을 신뢰하여 경솔하게 거액의 입찰에 참가하였으리라고 보기 어려운 점 등에 비추어 믿기 어렵고, 달리 이를 인정할 증거가 없다는 이유로 배척하였다.

기록에 비추어 살펴보면, 원심의 그와 같은 사실인정과 판단은 정당하고, 거기에 상고이유의 주장과 같은 채증법칙과 경험칙을 위배한 사실오인, 이유불비 및 논리칙위반 등의 위법이 없다. 따라서 이 부분 상고이유의 주장은 그 이유 없다.

나. 어느 일방이 교섭단계에서 계약이 확실하게 체결되리라는 정당한 기대 내지 신뢰를 부여하여 상대방이 그 신뢰에 따라 행동하였음에도 상당한 이유 없이 계약의 체결을 거부하여 손해를 입혔다면 이는 신의성실의 원칙에 비추어 볼 때 계약자유 원칙의 한계를 넘는 위법한 행위로서 불법행위를 구성한다고 할 것이다.

원심이 인정한 사실관계에 의하면, 원고들은 입찰에 참가하기 직전에 피고 회사로부터 견적서 외에 이행각서 및 하도급보증서까지 받은 사실이 인정되지만, 견적서의 제출행위가 청약의 유인에 불과하고 원고들의 요청에 따라 제출된 이행각서 역시 앞서 본 바와 같이 그 내용에 있어 특별히 법적 의미를 부여할 만한 점이 없으므로 위 서류 등을 제출받았다는 점만으로 하도급계약이 확실하게 체결될 것이라는 상당하고도 정당한 기대나 신뢰가 원고들에게 부여되었다고 보기 어렵다. 또한 기록에 의하면, 원고들은 대규모공사전문업체인 대기업체로서 입찰에 참가할 공사의 내역과 비용에 대한 정보를 충분히 가지고 있고, 다른 여러 업체로부터 견적서를 미리 제출받아 그 내용을 비교 검토할 수 있었던데다가 다른 공구의 하도급견적금액에 대한 정보도 쉽게 입수할 수 있어 피고 회사가 제출한 견적서의 정보에만 전적으로 의존할 지위에 있지 아니한 사실, 당시 시행되던 구 건설업법(1996. 12. 30. 건설산업기본법으로 전면 개정되어 1997. 7. 1. 시행되기 전의 것) 제22조 제3항에 의하면 수급인이 그가 도급받은 건설공사의 일부를 일반건설업자 또는 특수건설업자에게 하도급하기 위하여는 발주자의 서면에 의한 승낙이 있어야 하고, 이를 어길 경우 영업정지 또는 과징금을 부과받거나(같은 법 제50조 제2항), 형사처벌의 대상(같은 법 제62조 제3호)이 되도록 규정이 되어 있는데, 원고들과 발주처 사이의 원도급계약서상 이러한 서면승낙을 받으려면 감리단에 의한 공장실질심사를 거쳐 시공능력을 인정받아 합격판정을 받도록 되어 있는 사실을 인정할 수 있는바, 이러한 제반 사정을 종합하여 볼 때 수백억 원에 달하는 대규모 건설공사의 입찰에 참가하는 원고들로서는 기업의 경영활동 측면에서 스스로의 영리적 목적에 따라 나름대로의 손익을 계산하여 그 판단 하에 입찰금액을 정하여 입찰에 참가하였을 것이고, 낙찰을 받은 후 피고 회사보다 견적가가 저렴하고 시공능력이 우수한 자가 나타난다면 그 자와의 하도급계약을 체결할 수도 있었을 것이며, 피고 회사의 시공능력이 부족하여 발주처의 승인을 받지 못할 때에는 다른 하도급업체를 물색하거나 필요에 따라 자신이 직접 시공을 하는 경우를 충분히 예상하였다고 보여지므로, 결국 원고들의 입찰참가행위는 피고 회사와의 계약이 확실하게 체결되리라는 정당한 기대 내지 신뢰에 기초하여 행동한 것이라고 보기 어렵다.

나아가 기록에 의하면, 원고들이 피고 회사의 견적서를 받은 1994. 12. 7.부터 사실상 계약체결이 결렬된 1995년 11월경까지 약 11개월의 장기간에 걸친 교섭기간이 있었지만, 피고 회사와의 실질적인 교섭은 같은 해 5월경부터 이루어졌고, 하도급계약의 대상인 강교공사의 착공일이 원도급계약서에는 같은 해 4월 29일로 되어 있으며, 계약체결을 위한 교섭기간 중인 같은 해 5월 19일과 6월 10일에 2차례에 걸쳐 피고 회사의 공장에 대한 감리단의 실사가 있었던 사실, 위 강교공사가 대규모의 건설공사로서 그 제작이나 설치에 관한 방법이 원도급계약서상 특별하게 규정되어 있어 계약체결을 함에 있어 합의가 필요한 특수한 계약조건이 많았던 사실, 이러한 교섭과정에서 피고 회사는 원고들이 요구하는 금액과 조건에 의할 경우 경제성, 수익성이 없기 때문에 계약체결에 이르지 못한 사실을 인정할 수 있었다 할 것이므로, 피고 회사의 계약체결 거절행위가 상당한 근거 없이 이루어진 것이라고 보기 어려울 뿐만 아니라, 위와 같은 경위에 비추어 그 교섭기간도 부당하게 길다고 보여지지 않으며, 가사 피고 회사가 처음 제출한 견적서의 금액대로 공사를 하는 것이 사실상 불가능하다는 점을 교섭 초기에 미리 말하지 않았다고 하더라도 피고 회사로서는 협상과정에서 공사금액을 올리거나 더 유리한 다른 조건으로 하도급을 체결할 가능성이 있었다 할 것이므로 이를 들어 위법하다고 할 수는 없다.

원심 판시는 이유설시에 있어서 다소 미흡하기는 하나, 피고 회사가 원고들에 대하여 하도급계약이 확실하게 성립될 것이라는 점에 대하여 정당한 기대나 확실한 신뢰를 유발·조장하였다고 보기 어렵고, 원고들이 요구하는 대로의 계약체결을 거절한 것이 위법한 행위라고 할 수도 없다는 이유로 원고들의 주장을 배척한 결론에 있어서는 정당하다. 따라서 이 부분에 대한 상고이유의 주장도 이유 없다.

다. 원심은 앞서 본 바와 같이 불법행위의 발생원인 사실이 인정되지 않는다는 이유로 원고들의 이 부분 청구를 배척하였을 뿐이고, 불법행위의 발생원인은 인정되나 그 손해배상액의 범위는 신뢰이익의 배상에 한정되는 것인데 이에 대한 입증이 없어 원고들의 청구를 기각한다는 취지의 판시를 하지 않았으므로 이와 다른 전제에서서 손해배상액에 관한 법리오해, 손해액 주장 및 입증에 관하여 석명권을 행사하지 않은 심리미진의 위법이 있다는 상고이유의 주장 역시 이유 없다.

3. 그러므로 상고를 모두 기각하고, 상고비용은 패소자의 부담으로 하기로 하여 관여 법관의 일치된 의견의 주문과 같이 판결한다.

(3-1) 서울고등법원 2001. 7. 5. 선고 2001나9191 판결

【원고, 항소인】 심문섭
【피고, 피항소인】 사단법인 한국무역협회
【원심판결】 서울지방법원 2001. 1. 17. 선고 99가합111315 판결

【주 문】

1. 원고의 항소를 기각한다.
2. 당심에 이르러 추가된 주위적 청구 및 예비적 청구 중 재산상 손해에 관한 청구를 모두 기각한다.
3. 항소비용 및 당심에 이르러 추가된 주위적 청구 및 예비적 청구 중 재산상 손해에 관한 소송비용은 원고의 부담으로 한다.

【청구취지 및 항소취지】

1. 청구취지

주위적 및 예비적으로, 피고는 원고에게 금 500,000,000원 및 이에 대한 이 사건 소장부본 송달 다음날부터 다 갚는 날까지 연 25%의 비율로 계산된 금원을 지급하라(원고는 원심에서 불법행위 책임으로 위자료 금 500,000,000원만을 구하다가, 당심에 이르러 주위적으로 채무불이행 책임으로 재산상 손해 금 330,000,000원 및 위자료 금 100,000,000원을 구하는 것으로 청구를 추가하고, 예비적으로 불법행위 책임으로 재산상 손해 금 330,000,000원을 구하는 것으로 청구를 추가하면서 아울러 위자료 청구는 금 100,000,000원으로 감축하였다).

2. 항소취지

원심판결 중 다음에서 지급을 구하는 부분에 관한 원고의 패소부분을 취소한다. 피고는 원고에게 금 300,000,000원 및 이에 대한 이 사건 소장부본 송달 다음날부터 다 갚는 날까지 연 25%의 비율로 계산된 금원을 지급하라.

【이 유】

1. 기초사실

가. 피고는 1996. 1.경 수출 1,000억불 달성을 기념하고 무역의 중요성 및 수출증진에 관한 국민적 공감대를 형성한다는 목적으로 통상산업부와 협의하여 무역센터 부지 내에 수출 1,000억불 달성을 기념하는 영구조형물(이하 이 사건 조형물이라고 한다)을 건립하기로 계획하고, 그 건립사업의 추진을 위하여 피고 산하에 수출 1,000억불 기념 영구조형물 건립기획위원회(이하 이 사건 위원회라고 한다)를 결성하였다.

나. 이 사건 위원회는 1996. 1. 25. 1차 회의를 개최하여 이 사건 조형물의 건립방법에 관하여 분야별로 5인 가

량의 작가를 선정하여 조형물의 시안 제작을 의뢰한 후 그 중에서 최종적으로 1개의 시안을 선정하는 것으로 결의하였고, 1996. 2. 12. 2차 회의를 개최하여 시안 제작을 의뢰할 작가로 중앙대학교 예술대학 조소학과 교수로 재직하고 있는 원고를 비롯하여 소외 강은엽, 신현중, 권영걸, 정보원 등 5인을 선정하였다(다만 위 신현중은 선정 직후 사퇴하였다).

다. 피고는 1996. 3.경 원고, 위 강은엽, 권영걸, 정보원(이하 원고 등 4인이라고 한다)과 사이에, 원고 등 4인은 1996. 5. 15.까지 이 사건 조형물의 시안을 제작하여 피고에게 제출하고 피고는 그에 대한 보수로 1인당 금 500만원을 지급하기로 약정하였고, 그 무렵 원고 등 4인에게 시안제작비로 각 금 500만원을 지급하였다. 원고 등 4인은 1996. 5.경 위 의뢰에 따라 위 조형물의 시안을 제작하여 피고에게 제출하였다.

라. 피고는 1996. 6. 24. 심사위원회를 개최하여 조형성 및 상징성을 수정, 보완할 것을 조건으로 원고가 제출한 시안을 이 사건 조형물의 최종 시안으로 선정하였고, 1996. 8. 16. 그 사실을 원고에게 통보하였다.

마. 피고는 1996년 및 1997년에는 이 사건 조형물 건립사업에 관한 예산으로 무역진흥기금에서 금 7억 4,000만원을 배정하였으나 무역센터 확충사업에 관한 세부설계작업이 지연되는 등의 사유로 사업을 진행하지 못하였고, 1996년부터 1999년까지 산업자원부 장관이 5차례 변경되면서 사업에 관한 정부의 관심도 줄어들자 1998년 이후에는 사업에 관한 예산을 배정하지도 아니하였으며, 1999. 5. 하순경 사업부지 확보 및 사업비 조달의 곤란, 국가경제의 어려움에 따른 수출 1,000억불 기념사업의 의미 퇴색 등을 이유로 이 사건 조형물 건립사업을 취소하였다. 결국 피고는 원고와 사이에 위 선정된 시안을 기초로 한 구체적인 조형물 설립에 관하여 논의조차 하지 못한 상태에서 1999. 6. 8. 원고에게 위 취소 사실을 통보하였다.

바. 한편 해양수산부는 1천여년 전 동북아시아 해상무역권을 제패한 장보고의 해양개척정신을 계승하여 이를 국민적 사표로 삼아 국민들에게 미래에 대한 꿈과 희망을 심어주고 21세기 해양부국 건설의 정신적 기반을 마련한다는 것을 목표로 내걸고 1998. 11.부터 2010. 13.까지 사이에 국고 611억원과 민자 690억원의 총사업비를 들여 '해상왕 장보고 재조명・평가사업'을 추진하였다. 피고는 그 사업의 일환으로 해양수산부와 협의하여 무역센터 부지에 신축중인 아셈(ASEM)컨벤션센터 앞에 아셈컨벤션센터의 건설회계에 이미 책정되어 있는 예술장식품 예산 중 일부를 들여 '해상왕 장보고 상징조형물'을 건립하기로 하였다. 이에 따라 피고는 1999. 8. 20. 위 조형물의 건립추진위원회를 구성하고 이 사건 조형물 건립과정과 같은 방식으로 소외 전수천을 조형물 제작 및 설치자로 선정한 후 같은 해 11. 29. 전수천과 사이에 대금 8억 5,000만원에 장보고 기념 상징조형물 제작・납품 및 설치계약을 체결하였고, 전수천은 2000. 5.경 위 상징조형물을 위 부지에 제작하여 설치하였다.

2. 원고의 주위적 청구에 관한 판단

가. 주장

원고는, 이 사건 위원회가 이미 금 15억원 전후의 예산범위 내에서 이 사건 조형물을 무역센터 부지 내에 건립한다는 구체적인 건립계획을 세운 다음 조형물의 건립방법에 관하여 분야별로 5인 가량의 작가를 선정하여 시안제작을 의뢰하는 방식으로 공모하였고 위 공모에 따라 원고가 제출한 시안을 최종 시안으로 선정하여 1996. 8. 16. 그 사실을 원고에게 통보하였으므로 원고와 피고 사이에는 총제작비를 금 15억원으로 한 이 사건 조형물의 건립에 관한 계약이 유효하게 성립되었다고 할 것인데, 피고는 그 이후 위 계약에 따른 의무를 이행하지 않고 있다가 다른 작가로 하여금 '해상왕 장보고 상징조형물'을 제작・설치하게 하기 위하여 1999. 6. 8.에 이르러 일방적으로 원고에게 위 계약의 취소 사실을 통보하고 그 이행을 거절하고 있으므로, 피고는 위 계약의 불이행에 따른 손해배상금으로 작가의 정신적・예술적 노력에 대한 대가인 창작비 금 3억원(총제작비의 20% 상당액)과 이 사건 조형물의 제작을 준비하기 위하여 소요된 비용 금 3,000만원을, 그리고 피고가 다른 작가로 하여금 '해상왕 장보고 상징조형물'을 제작・설치하게 하기 위하여 위 계약을 일방적으로 취소하여 원고의 예술작가로서의 명예감정을 훼손하였으므로 위자료 금 1억원을 지급할 의무가 있다고 주장한다.

나. 판단

살피건대, 원고 등 4인에게 이 사건 조형물의 시안 제작을 의뢰할 당시 이 사건 위원회가 이미 금 15억 전후의 예산범위 내에서 이 사건 조형물을 무역센터 부지 내에 건립한다는 구체적인 건립계획을 세웠다는 점 및 피고가 다른 작가로 하여금 '해상왕 장보고 상징조형물'을 제작・설치하게 하기 위하여 위 조형물 건립사업을 취소한 것이라는 점에 부합하는 듯한 당심증인 하종현의 일부 증언은 앞서 인정할 사실에 비추어 믿기 어렵고 달리 이를 인정할 증거가 없다.

또 앞서 인정한 바와 같이 이 사건 조형물 건립사업의 시안으로 원고가 제출한 시안이 선정되었다고 하더라도, 그 후 원고와 피고 사이에 위 조형물의 제작・납품 및 설치에 관하여 그 제작비, 설치기간, 설치장소 및 그에 따른 제반사항을 정한 구체적인 계약이 체결되지 않은 한 위에서 인정한 사정만으로써 바로 원고와 피고 사이에 위 조형물의 제작・납품 및 설치계약이 체결되었다고 볼 수는 없다. 다만 자기가 제출한 시안이 선정된 원고로서는 특별한 사정이 없는 한 피고와 사이에 위 조형물의 건립에 관하여 장래 구체적인 계약을 체결할 것을 신뢰할 수 있는 지위에 있을 뿐이라 할 것이다.

따라서 이 사건 조형물의 제작・납품 및 설치에 관하여 피고와 사이에 구체적인 계약이 성립되었음을 전제로 한 원고의 위 주장은 더 나아가 살펴 볼 필요 없이 이유 없다.

3. 원고의 예비적 청구에 관한 판단

가. 주장

원고는, 피고가 원고가 제출한 시안을 이 사건 조형물의 최종 시안으로 선정하여 원고에게 통보한 후 뚜렷한 이유 없이 원고와 사이에 위 조형물의 건립에 관하여 구체적인 계약을 체결하지 않고 있다가 2년 9개월이 경과한 후 일방적으로 그 건립사업을 취소하고 다른 작가로 하여금 '해상왕 장보고 상징조형물'을 제작・설치하게 하였으므로 이는 불법행위에 해당하는바, 피고는 이로 인하여 원고가 입은 손해를 배상할 의무가 있다고 주장하면서 피고에게 주위적 청구에서 주장한 바와 같은 금액의 손해의 배상을 구하고 있다.

나. 판단

(1) 손해배상의무의 발생

살피건대, 앞서 본 바와 같이 원고가 제출한 시안이 이 사건 위원회에 의하여 이 사건 조형물의 최종 시안으로 선정된 이상 원고로서는 구체적인 계약의 당사자로서의 지위에 있지는 않다고 하더라도 특별한 사정이 없는 한 피고와 사이에 위 조형물에 관하여 장래 구체적인 계약을 체결할 것을 신뢰할 수 있는 지위에 있게 되었다 할 것이므로, 피고로서는 원고가 신뢰함으로써 입은 손해를 배상할 의무가 있다 할 것이다.

(2) 손해배상의 범위에 관한 판단

우선 원고는, 위와 같은 신뢰에 의하여 총제작비의 20% 상당에 이르는 작가의 정신적·예술적 노력에 대한 대가인 창작비 금 3억원의 손해를 입었다고 주장한다.

살피건대 통상 조형물을 제작·납품 및 설치함으로써 작가에게 지급되는 창작비는 작가가 조형물을 구상하여 실현하는 정신적·예술적 노력에 대한 보상 및 대가로서의 성격도 있으나 또한 정신적·예술적 노력의 결과 완성된 조형물의 소유권을 양도하면서 그에 따른 조형물에 대한 저작권을 일부 양도하는 것에 대가로서의 성격도 있는바, 위와 같은 창작비의 성격과 원고가 피고에게 이 사건 조형물의 시안을 제출하여 선정되었다는 이유만으로는 정신적·예술적 노력의 구현물이 소멸한다거나 피고에게 양도되어 원고가 위 시안에 대한 저작권을 제한받아 이를 다른 작품에 사용하는 것이 방해받게 되는 것은 아니라는 점에 비추어 보면, 원고가 위 시안에 따라 구체적 조형물을 피고에게 제작·납품 및 설치한 것이 아닌 한 피고에게 창작비 상당 손해의 배상을 구할 수는 없다 할 것이다. 원고의 위 주장은 이유 없다.

다음 원고는, 이 사건 조형물의 제작을 준비하기 위하여 금 3,000만원의 비용을 지출하였다고 주장하면서 그 비용 상당의 손해의 배상을 구하고 있다.

살피건대, 위 주장사실은 이를 인정할 증거가 없다. 원고의 위 주장도 이유 없다.

마지막으로 원고는, 피고가 이 사건 조형물의 건립에 관한 구체적 계약의 체결을 뚜렷한 이유 없이 지체하여 오다가 위 조형물 건립사업을 취소하여 원고의 예술작가로서의 명예감정을 훼손하였으므로 위자료로 금 1억원을 지급할 의무가 있다고 주장한다.

살피건대, 앞서 본 바와 같은 이 사건 조형물 건립사업의 추진 경위, 원고가 제출한 시안을 위 조형물의 최종 시안으로 선정하게 된 과정, 피고가 위 사업을 취소하게 된 경위 등을 종합하여 보면, 피고는 원고가 제출한 시안을 최종 시안으로 선정함으로써 원고에게 조만간 위 조형물 건립에 관한 구체적 계약이 체결될 것이라는 신뢰를 일으켰다 할 것이므로 그에 따라 위 조형물 건립에 관한 계약체결을 위해 노력할 의무가 있음에도 불구하고, 그 선정 후 장기간 위 사업을 진행하지 아니하면서도 원고에게 그에 대한 양해를 구하지 아니함은 물론 그에 관하여 아무런 설명도 하지 아니하였을 뿐 아니라, 피고측의 사정만을 이유로 위 사업을 일방적으로 취소하여 위 조형물 건립에 관한 구체적 계약의 체결이 이루어지지 못하게 함으로써 원고에게 정신적 고통을 가하였다 할 것이다. 따라서 피고는 원고에게 그에 대한 위자료를 지급할 의무가 있다 할 것이다.

나아가 그 위자료의 액수에 관하여 보건대, 앞서 본 바와 같은 원고와 피고의 사회적 지위, 이 사건 조형물 건립사업의 추진 경위, 원고가 제출한 시안을 위 사업에 관한 시안으로 최종 선정하게 된 과정, 당초 위 사업에 배정되었던 예산의 액수, 피고가 위 사업을 취소하게 된 경위 등 이 사건 변론에 나타난 제반 사정을 참작하여 보면 그 액수는 금 30,000,000원으로 정함이 상당하다 할 것이다.

4. 결론

그렇다면, 예비적 청구에 따라 피고는 원고에게 위자료 금 30,000,000원 및 이에 대한 원고가 구하는 바에 따라 이 사건 소장부본 송달 다음날인 2000. 1. 8.부터 피고가 그 이행의무의 존부 및 범위에 관하여 항쟁함이 상당하다고 인정되는 이 사건 판결선고일인 2001. 1. 17.까지는 민법 소정의 연 5%, 그 다음날부터 다 갚는 날까지는 소송촉진등에관한특례법 소정의 연 25%의 각 비율로 계산된 지연손해금을 지급할 의무가 있다 할 것이다.

따라서, 이와 결론을 같이 한 원심판결은 정당하여 이에 대한 원고의 항소는 이유 없고 이를 기각하고, 당심에 이르러 추가된 원고의 주위적 청구 및 예비적 청구 중 재산상 손해에 관한 청구는 모두 이유 없어 이를 기각한다.

(3-2) 대법원 2003. 4. 11. 선고 2001다53059 판결

【원고, 상고인】 심문섭
【피고, 피상고인】 사단법인 한국무역협회
【원심판결】 서울고등법원 2001. 7. 5. 선고 2001나9191 판결
【주 문】 상고를 기각한다. 상고비용은 원고가 부담한다.

【이 유】

상고이유를 본다.

1. 상고이유 제1점에 대하여

계약이 성립하기 위하여는 당사자의 서로 대립하는 수개의 의사표시의 객관적 합치가 필요하고 객관적 합치가 있다고 하기 위하여는 당사자의 의사표시에 나타나 있는 사항에 관하여는 모두 일치하고 있어야 하는 한편, 계약 내용의 '중요한 점' 및 계약의 객관적 요소는 아니더라도 특히 당사자가 그것에 중대한 의의를 두고 계약성립의 요건으로 할 의사를 표시한 때에는 이에 관하여 합치가 있어야 계약이 적법·유효하게 성립하는 것이다. 그리고 계약이 성립하기 위한 법률요건인 청약은 그에 응하는 승낙만 있으면 곧 계약이 성립하는 구체적, 확정적 의사표시여야 하므로(대법원 1992. 10. 13. 선고 92다29696 판결, 1993. 10. 22. 선고 93다32507 판결, 1998. 11. 27. 선고 97누14132 판결 등 참조), 청약은 계약의 내용을 결정할 수 있을 정도의 사항을 포함시키는 것이 필요하다 할 것이다.

기록과 원심판결 이유에 의하면, 피고가 무역센터 부지 내에 수출 1,000억 $ 달성을 기념하는 영구조형물(이하 '이 사건 조형물'이라고 한다)을 건립하기로 하고 그 건립방법에 관하여 분야별로 5인 가량의 작가를 선정하여 조형물의 시안(試案) 제작을 의뢰한 후 그 중에서 최종적으로 1개의 시안을 선정한 다음 그 선정된 작가와 이 사건 조형물의 제작·납품 및 설치계약을 체결하기로 한 사실, 피고는 원고 등 조각가 4인에게 시안(試案)의 작성을 의뢰하면서 시안이 선정된 작가와 조형물 제작·납품 및 설치계약(이하 '이 사건 계약'이라고 한다)을 체결할 것이라는 사실을 알렸으나 당시 이 사건 조형물의 제작비, 제작시기, 설치장소를 구체적으로 통보하지 않은 사실, 피고는 작가들이 제출한 시안 중 원고가 제출한 시안을 당선작으로 선정하고 원고에게 그 사실을 통보한 사실, 그 후 피고는 여러 가지 피고 협회의 내부적 사정과 외부의 경제여건 등으로 원고와 사이에 그 제작비, 설치기간, 설치장소 및 그에 따른 제반사항을 정한 구체적인 이 사건 계약을 체결하지 아니하고 있다가 당선사실 통지시로부터 약 3년이 경과한 시점에 원고에게 이 사건 조형물의 설치를 취소하기로 하였다고 통보한 사실을 알 수 있는바, 사실관계가 그러하다면 비록 피고가 작가들에게 시안 제작을 의뢰할 때 시안이 당선된 작가와 사이에 이 사건 계약을 체결할 의사를 표명하였다 하더라도 그 의사표시 안에 이 사건 조형물의 제작·납품 및 설치에 필요한 제작대금, 제작시기, 설치장소를 구체적으로 명시하지 아니하였던 이상 피고의 원고 등에 대한 시안제작 의뢰는 이 사건 계약의 청약이라고 할 수 없고, 나아가 원고가 시안을 제작하고 피고가 이를 당선작으로 선정하였다 하더라도 원고와 피고 사이에 구체적으로 이 사건 계약의 청약과 승낙이 있었다고 보기는 어렵다

고 할 것이다.

같은 취지에서 원・피고 사이에 이 사건 계약이 체결되지 아니하였다는 원심의 판단은 정당하고, 거기에 주장과 같은 채증법칙 위배로 인한 사실오인이나 계약의 성립요건에 관한 법리오해의 위법이 없다.

2. 상고이유 제2점에 대하여

어느 일방이 교섭단계에서 계약이 확실하게 체결되리라는 정당한 기대 내지 신뢰를 부여하여 상대방이 그 신뢰에 따라 행동하였음에도 상당한 이유 없이 계약의 체결을 거부하여 손해를 입혔다면 이는 신의성실의 원칙에 비추어 볼 때 계약자유 원칙의 한계를 넘는 위법한 행위로서 불법행위를 구성한다고 할 것이다(대법원 2001. 6. 15. 선고 99다40418 판결 참조). 그리고 그러한 불법행위로 인한 손해는 일방이 신의에 반하여 상당한 이유 없이 계약교섭을 파기함으로써 계약체결을 신뢰한 상대방이 입게 된 상당인과관계 있는 손해로서 계약이 유효하게 체결된다고 믿었던 것에 의하여 입었던 손해 즉 신뢰손해에 한정된다고 할 것이고, 이러한 신뢰손해란 예컨대, 그 계약의 성립을 기대하고 지출한 계약준비비용과 같이 그러한 신뢰가 없었더라면 통상 지출하지 아니하였을 비용상당의 손해라고 할 것이며, 아직 계약체결에 관한 확고한 신뢰가 부여되기 이전 상태에서 계약교섭의 당사자가 계약체결이 좌절되더라도 어쩔 수 없다고 생각하고 지출한 비용, 예컨대 경쟁입찰에 참가하기 위하여 지출한 제안서, 견적서 작성비용 등은 여기에 포함되지 아니한다고 볼 것이다. 한편 그 침해행위와 피해법익의 유형에 따라서는 계약교섭의 파기로 인한 불법행위가 인격적 법익을 침해함으로써 상대방에게 정신적 고통을 초래하였다고 인정되는 경우라면 그러한 정신적 고통에 대한 손해에 대하여는 별도로 배상을 구할 수 있다고 할 것이다.

돌이켜 이 사건에 관하여 살피건대, 원심판결 이유 및 기록에 나타나는 제반정황에 의하면, 비록 원・피고 사이에 이 사건 계약에 관하여 확정적인 의사의 합치에 이르지는 못하였다고 하더라도 그 계약의 교섭단계에서 피고가 원고 등 조각가 4인에게 시안의 작성을 의뢰하면서 시안이 선정된 작가와 조형물 제작・납품 및 설치에 관한 이 사건 계약을 체결할 것을 예고한 다음 이에 응하여 작가들이 제출한 시안 중 원고가 제출한 시안을 당선작으로 선정하고 원고에게 그 사실을 통보한 바 있었으므로 당선사실을 통보받은 시점에 이르러 원고로서는 이러한 피고의 태도에 미루어 이 사건 계약이 확실하게 체결되리라는 정당한 기대 내지 신뢰를 가지게 되었다고 할 것이고 그 과정에서 원고는 그러한 신뢰에 따라 피고가 요구하는 대로 이 사건 조형물 제작을 위한 준비를 하는 등 행동을 하였을 것임에도, 앞서 본 바와 같이 피고가 원고와는 무관한 자신의 내부적 사정만을 내세워 근 3년 가까이 원고와 계약체결에 관한 협의를 미루다가 이 사건 조형물 건립사업의 철회를 선언하고 상당한 이유 없이 계약의 체결을 거부한 채 다른 작가에게 의뢰하여 해상왕 장보고 상징조형물을 건립한 것은 신의성실의 원칙에 비추어 볼 때 계약자유원칙의 한계를 넘는 위법한 행위로서 불법행위를 구성한다고 할 것이다.

나아가 그 손해배상의 유형과 범위에 관하여 보건대, 이 사건과 같은 피고의 계약교섭의 부당파기는 조형물 작가로서의 원고의 명예감정 및 사회적 신용과 명성에 대한 직간접적인 침해를 가한 불법행위에 해당된다고 할 것이므로 피고는 그로 인하여 원고가 입은 정신적 고통에 대하여 이를 금전으로 위자할 책임이 있다고 할 것이지만, 원고가 재산적 손해라고 주장하는 추정 총 제작비 20% 상당의 창작비 3억 원의 손해는 결과적으로 이 사건 계약이 정당하게 체결되어 그 이행의 결과에 따라 원고가 얻게 될 이익을 상실한 손해와 같은 성질의 것이어서 계약교섭이 중도파기 되었을 뿐 종국에 가서 적법한 계약이 체결되지 아니한 이 사건에 있어서 원고로서는 계약의 이행을 청구할 수도 없고 또한 그 불이행책임을 청구할 아무런 법적 지위에 놓여 있지 아니하게 된 이상 계약의 체결을 전제로 한 이와 같은 손해의 배상을 구할 수는 없다고 할 것이고, 또한 이 사건 조형물의 제작을 준비하기 위하여 지출하였다는 비용 중 피고의 공모에 응하여 시안을 제작하는 데 소요된 비용은 아직 피고로부터 계약체결에 관한 확고한 신뢰가 부여되기 이전 상황에서 지출된 것으로서 원고로서는 그 대가로 500만 원을 지급받는 것에 만족하고 그 공모에 응하여 당선되지 않더라도 무방하다고 생각하고 지출한 비용에 불과하여 이 사건에서 용인될 수 있는 신뢰손해의 범위에 속한다고 볼 수도 없다고 할 것이며, 그 이외에 달리 원고가 이 사건 계약의 체결을 신뢰하고 지출한 비용이 있음을 뒷받침할 아무런 자료도 기록상 찾아볼 수 없다.

따라서 원고의 위자료 청구를 인용한 반면 주장과 같은 재산상 손해에 관한 청구를 배척한 원심판결은 그 이유설시에 있어 다소 미흡한 점이 있으나 그 결론에 있어서 수긍할 수 있고, 거기에 재판 결과에 영향을 미친 손해배상의 범위에 관한 법리오해의 위법이 없다.

3. 결론

그러므로 상고를 기각하고, 상고비용은 패소자가 부담하도록 하여 관여 법관의 일치된 의견으로 주문과 같이 판결한다.

대 리

V 대 리

1 대리권의 남용과 그 효과

대법원 1987. 7. 7. 선고 86다카1004 판결

【원고, 피상고인】 이석윤
【피고, 상고인】 주식회사 한국상업은행
【원심판결】 서울고등법원 1986.3.11 선고 84나3438 판결
【주 문】 원심판결을 파기하고, 사건을 서울고등법원에 환송한다.

【이 유】

상고이유를 본다.

원심판결은 그 이유에서 원고가 그 대리인을 통하여 예금의 의사를 표시하면서 피고은행 혜화동지점 창구에 판시 금전을 제공하고 위 지점이 그 의사에 따라 그 금전을 수령하여 확인함으로써 원고와 피고은행 사이에 이 사건 예금계약이 적법하게 성립되었다고 판단하고 나서 원고와 위 지점사이에 금전을 주고받은 것이 외형상으로는 예금계약의 형식을 띤 것이지만 그것은 위 지점의 지점장대리인 소외 김동겸이 명성그룹 회장인 소외 김철호의 사업자금을 마련하기 위하여 사채자금을 끌어 모아 횡령함에 있어서 원고와 통정한 것이 아니면 적어도 원고가 위 김동겸의 예금계약의사표시를 진의가 아닌것으로 알거나 알 수 있었으므로 위 예금계약은 아무런 효력이 없는 것이라는 피고은행의 주장을 다음과 같은 이유로 배척하고 있다.

즉 이 사건 예금계약은 통상의 그것과는 달리 은행의 정규예금금리의 약3배에 달하는 사채이율에 따른 이자가 지급되고 그 가운데 사채이자와 은행의 정규예금이자와의 차액이 사채중개인을 통하여 정기적으로 지급될 뿐만 아니라 피고은행의 여러지점중에서도 오로지 혜화동지점에서만 이러한 예금이 가능하고 예금을 할 때도 반드시 사채중개인 등이 알려준 암호대로 위 지점창구 직원에게 "3개월만기의 통장식정기예금을 하러왔다"고 말하여야 하며 예금거래신청서의 금액란도 빈칸으로 하여 제출하여야 하는 한편 예금통장도 통상적인 방법인 컴퓨터에 의한 기계식통장으로 하지 아니하고 수기식통장으로 만들어 교부되는 등 비정상적인 방법으로 이루어진 것은 사실이지만 다른 한편으로는 이 사건 예금이 위 지점의 정상적인 거래시간과 장소에서 이루어지고 교부된 통장이 피고은행의 정규양식에 따른 것이며, 각 그 만기때마다 정규예금 이자에서 세금을 공제한 금액이 그 지점창구에서 지급될 뿐만 아니라 은행이 예금유치를 위하여 예금주에게 사례비를 지급하거나 대출수요자의 부담으로 사채금리와 은행금리와의 차액을 지급하면서 예금을 조성하는 실례가 없지 아니하였던 사실들이 인정되므로 이와 같은 사정에 비추어 이 사건 예금거래에 있어서 앞에 든 비정상적인 방법이 쓰여졌다 하여 이를 가지고 이 사건 예금계약이 그 주장과 같이 통정에 의한 의사표시라거나 원고가 위 김동겸의 의사가 진의가 아님을 알거나 알 수 있었다고 할 수는 없다는 것이다.

위와 같은 사실들을 바탕으로 기록을 살펴보아도 이 사건 예금계약이 원고와 위 김동겸이 통정하여 허위로 맺어진 것이라고 볼 수 없어 같은 취지에서 피고은행의 이에 관한 주장을 배척한 원심의 조치는 옳게 수긍이 가므로 나아가 피고은행이 진의 아닌 의사표시라고 내세우는 주장을 중심으로 이 사건 예금계약이 유효하게 성립되었는지의 여부를 보기로 한다.

생각컨대, 민법 제107조 제1항은 진의아닌 의사표시에 관하여 "의사표시는 표의자가 진의아님을 알고한 것이라도 효력이 있다. 그러나 상대방이 표의자의 진의아님을 알거나 이를 알 수 있었을 경우에는 무효로 한다"고 규정하고 있는데 이 규정의 뜻은 표의자의 내심의 의사와 표시된 의사가 일치하지 아니한 경우에는 표의자의 진의가 어떠한 것이든 표시된 대로의 효력을 생기게 하여 거짓의 표의자를 보호하지 아니하는 반면에 만약 그 표의자의 상대방의 표의자의 진의아님에 대하여 악의 또는 과실이 있는 경우라면 이 때에는 그 상대방을 보호할 필요가 없이 표의자의 진의를 존중하여 그 진의아닌 의사표시를 무효로 돌려버리려는데 있는 것이고, 나아가 진의아닌 의사표시가 대리인에 의하여 이루어지고 그 대리인의 진의가 본인의 이익이나 의사에 반하여 자기 또는 제3자의 이익을 위한 배임적인 것임을 그 상대방이 알거나 알 수 있었을 경우에는 위 법 제107조 제1항 단서의 유추해석상 그 대리인의 행위는 본인의 대리행위로 성립할 수 없다 하겠으므로 본인은 대리인의 행위에 대하여 아무런 책임이 없다 할 것이며 이때 그 상대방이 대리인의 표시의사가 진의아님을 알거나 알 수 있었는가의 여부는 표의자인 대리인과 상대방사이에 있었던 의사표시의 형성과정과 그 내용 및 그로 인하여 나타나는 효과등을 객관적인 사정에 따라 합리적으로 판단하여야 할 것이다.

그러므로 우선 이 사건 예금계약이 위 지점장 대리인 위 김동겸과 원고사이에 이루어졌고 또 위 김동겸이 당좌담당대리여서 예금업무에 관하여는 피고은행을 대리할 권한이 없다고 하더라도 상대방인 원고로서는 위 김동겸에게 그와 같은 권한이 있는 것으로 믿는 데에 정당한 이유가 있다고 보여지므로 위 예금계약은 일응 피고은행에게 그 효력이 있는 것으로 보여지겠지만 위 김동겸이가 한 대리행위가 본인인 피고은행의 의사나 이익에 반하여 예금의 형식을 빌어 사채를 끌어 모아 위 김철호의 사업자금을 마련함으로써 자기와 위 김철호의 이익을 도모하려 한 것이고 원고가 위 김동겸의 예금계약의사가 진의아님을 알았거나 이를 알 수 있었다면 위 김동겸이가 한 이 사건 예금계약은 피고은행의 대리행위로 성립할 수 없으므로 피고은행은 이에 대하여 아무런 책임이 없게 된다 할 것이다.

그런데 원심이 피고은행의 진의아닌 의사표시에 관한 주장을 배척하기 위하여 인정한 사실 가운데 이 사건 예금계약이 위 지점의 정상적인 거래시간과 장소에서 이루어졌다거나 은행의 정규예금금리에 따른 이자가 위 지점창구에서 지급되었다거나 비록 그 통장이 수기식이기는 하지만 피고은행의 정규양식에 따른 것이라는 사실들은 이 사건 예금계약이 이루어지게 된 사연이 원심이 지적한대로 비정상적인 바에야 그것만을 들어 피고의 위 주장을 배척하기 위한 근거로 삼기 어렵고 더구나 은행이 예금유치를 위하여 예금주에게 사례비를 지급하거나 대출수요자의 부담으로 사채이자와 은행이자와의 차액을 지급하고 예금을 조성하는 실례가 없지 않았다는 사실은 기록에 의하여도 그와 같은 변칙적인 사례가 있었다고 인정할 만한 자료가 없는터에 저축증대와근로자재산형성지원에관한법률 제38조, 제39조, 제46조에 의하면 저축을 하는 자, 중개하는 자, 저축기관의 임직원은 저축에 관련하여 은행의 정규금리등 이외에는 어떠한 명목으로라도 부당한 이익의 요구, 약속, 수수 등을 할 수 없고 이를 위반한 때에는 처벌하도록 규정하고 있으므로 이 사건에 있어서와 같은 은행의 정규예금이자와 사채이자의 차액을 지급함을 내용으로 하는 계약은 적어도 그 차액에 관한 한 강행법규에 위반되어 무효라고 하지 않을 수 없는데도 법원이 막연하게 이와 같은 강행법규에 위반되는 사례가 있는 것으로 보고 이를 피고 은행의 주장을 배척하기 위한 근거로 삼는다는 것은 위법한 방법으로 금융질서를 어지럽히는 일을 묵인하는 결과가 되어 결코 바람직스럽지 못하다고 하지 않으면 안된다.

피고 은행의 주장을 배척하기 위한 근거가 위와 같다면 이 사건 예금계약의 비정상적인 방법이라고 원심이 인정한 사실 즉 이 사건 예금계약이 은행의 정규예금금리보다 훨씬 높은 이자가 정기적으로 지급되고 피고 은행의 많은 지점 가운데서도 오로지 피고 은행의 혜화동지점에서만 이러한 예금이 가능할 뿐더러 예금을 할 때 암호가 사용되어야 하며 예금거래신청서의 금액란도 빈 칸으로 한 채 통상의 방법이 아닌 수기식통장이 교부되는 사정이라면 적어도 예금자인 원고로서는 위 김동겸의 표시의사가 진의가 아닌 것을 알았거나 중대한 과실로 이를 알 수 없었다고는 할 수 없을지라도 적어도 통상의 주의만 기울였던들 이를 알 수 있었을 것이라고 인정하기에 어렵지 않다고 보는 것이 이사건 예금계약의 형성과정과 내용 및 그로 인하여 나타나는 효과 등에 비추어 합리적이라고 보아야 할 것이다.

이렇게 볼 때 이 사건 예금계약에 관한 위 김동겸의 의사는 피고 은행의 의사나 이익에 반하여 자기 또는 위 김철호의 이익을 위하여 배임적인 의도로 한 것이고 원고가 위 김동겸의 예금계약의사가 진의가 아님을 통상의 과실로 알지 못한 채 이 사건 예금계약을 체결한 것이므로 어차피 원고와 피고 은행과의 관계에 있어서는 이 사건 예금계약자체가 성립되지 아니하였다 하겠고, 따라서 원고로서는 피고은행에 대하여 위 김동겸의 사용자임을 이유로 그의 불법행위를 원인으로 한 책임을 묻는 것은 별문제로 하고 정당한 예금계약이 성립되었음을 전제로 하는 예금반환청구는 할 수 없는 것이라 하겠다.

그리고 이와 같은 결론에 이르게 된 것은 원고가 통상의 주의를 기울였던들 위 김동겸의 예금계약의사가 진의가 아님을 알 수 있었는데도 위 김동겸이 피고은행의 피용자라는 사실만으로 그로 인한 책임을 전적으로 피고은행에게 지운다거나, 그렇게 알 수 있었던 원고가 금융기관을 통한 금융질서를 어지럽히면서까지 높은 금리만을 탐내어 비정상적이고도 위법한 방법으로 금융기관의 잘못을 이용하려 했는데도 그에게 아무런 책임이 없다고 보아 그 이익을 원고에게 전적으로 누리게 하는 것이 이 사건 예금계약으로 인한 손해의 공평한 분담이라는 측면에서도 합당하지 않다고 하는데 있음을 덧붙여 두고자 한다.

그런데도 원심이 원고와 피고은행 사이에 이 사건 예금계약이 유효하게 성립되었음을 전제로 피고은행에게 이 사건 예금의 지급을 명한 것은 마침내 예금계약의 성립에 따른 진의아닌 의사표시의 해석과 대리행위의 효력에 관한 법리를 오해하여 한 것이 아니면 이유불비의 위법이 있어 판결결과에 영향을 미쳤다 하겠고, 원심의 위와 같은 위법은 원심판결을 파기하지 아니하면 현저히 정의나 형평에 반한다고 인정된다.

이 점을 지적하는 주장은 이유있다.

그러므로 다른 상고이유에 대한 판단을 하지 아니하고 원심판결을 파기하여 사건을 원심법원에 환송하기로 관여법관의 의견이 일치되어 주문과 같이 판결한다.

2 일상가사대리권과 권한을 넘은 표현대리

(1-1) 서울고등법원 1996. 11. 14. 선고 96나18566 판결

【원고, 항소인】 김민옥
【피고, 피항소인】 안태중외 1인
【원심판결】 서울지방법원 서부지원 1996.4.10. 선고 95가합9600 판결

【주 문】

1. 원심판결을 취소한다.
2. 피고들은 연대하여 원고에게 금200,000,000원 및 그 중 100,000,000원에 대하여는 1993. 12. 31.부터, 나머지 금100,000,000원에 대하여는 1994. 12. 31.부터, 각 1995. 9. 14.까지 연5푼, 그 다음날부터 완제일까지는 연2할5푼의 각 비율에 의한 금원을 지급하라.
3. 소송비용은 1, 2심 모두 이를 피고들의 부담으로 한다.
4. 제2항은 가집행할 수 있다.

【청구취지 및 항소취지】 주문 제1, 2항과 같은 판결.

【이 유】

1. 원고의 주장

원고는 이 사건 청구원인으로서, 자신이 1991. 2. 7.부터 같은 해 4. 9.까지 사이에 피고들에게 혹은 피고들이 경영하는 소외 주식회사 상화(이하 이를 소외회사라고 한다)에게 금103,100,000원을 대여하였는데, 피고들은 위 대여금에 대하여 월 2푼의 이자와 적정한 이익금을 지급하겠다고 약정하고서도 이를 전혀 지급하지 아니하다가 1992. 10. 1.에 이르러 원고와 사이에 금200,000,000원을 원고에게 지급하되, 그 중 금100,000,000원은 1993. 12. 30.까지, 나머지 금100,000,000원은 1994. 12. 30까지 각 지급하기로 약정하였으므로 피고들에 대하여 위 약정에 따른 금원의 지급을 구한다고 주장한다.

2. 판단

가. 그러므로 먼저, 원고가 과연 피고들 혹은 위 소외회사에게 위 주장과 같은 금원을 대여하였는지 여부에 관하여 살펴본다.

(1) 우선 갑제1호증의 1, 2(각 차용증)의 각 기재에 보면, 이는 차용증이라는 표목으로 작성된 피고들 명의의 문서로서, 1993. 12. 30. 및 1994. 12. 30.까지 각 금100,000,000원리를 상환하겠다는 내용의 문서이나, 그 중 피고 이옥희 명의 부분은 뒤에서 보는 바와 같이 피고 안태중이 작성하였는데, 그것이 피고 이옥희의 의사에 기한 것이라고 인정할 증거가 없을 뿐만 아니라, 피고 안태중 명의 부분은 뒤에서 보는 바와 같이 위 문서의 표목이나 내용과는 달리 위 피고가 사실상 경영하는 소외 회사에 대한 원고의 투자금을 위 피고가 개인적으로 반환하여 주기로 약정하면서 작성한 것으로 인정되므로, 결국 위 각 문서로써 원고 주장의 피고들 혹은 소외 회사에 대한

금원 대여사실을 인정할 수가 없다.

(2) 또한 갑제2호증의 1(사실확인서)의 일부 기재와 원심증인 송학선, 김승실, 당심증인 이수용의 각 일부 증언은 원고가 소외 회사에게 그 주장과 같은 금액을 대여하였다는 내용을 포함하고 있으나, 이는 뒤에서 보는 바와 같이 원고가 소외 회사에 그 주장과 같은 금액을 송금한 후 그 주식을 취득하고 이사로 취임한 점이나 원고의 남편인 소외 이수용이 상당기간 소외 회사의 사장으로서 그 업무에 관여하면서 봉급을 수령한 점 등에 비추어 선뜻 믿기가 어렵고, 갑제4호증의 1 내지 10(입금증)의 각 기재는 원고와 소외 회사와 사이에 원고 주장의 금액에 해당하는 금전거래가 있었다고 인정할 자료가 될 뿐, 원고의 위 주장과 같이 원고가 피고들이나 소외 회사에게 그 주장 금원을 대여하였다고 바로 인정할 수 있는 자료가 되지는 아니하며, 달리 원고 주장의 대여사실을 인정할 만한 증거가 없다.

(3) 그 반면, (증거)를 종합하면, 피고 안태중은 1984. 4. 25. 기계부속판매업, 무역업 등을 목적으로 한 소외 회사를 설립하여 법인등기부상으로는 그 처인 피고 이옥희를 그 대표이사로 등재시킨 후 자신이 실제 운영을 전담하여 오다가 중국으로부터 젓가락 등을 수입하여 판매하는 일을 추진하고 있던 중인 1991. 1.월경 종래 알던 사이인 원고에게 위 소외 회사에 투자를 하라고 권유한 사실, 원고는 피고 안태중의 위 권유에 따라 1991. 2. 7.부터 같은 해 4. 9.까지 사이에 10차례에 걸쳐 도합 금103,100,000원을 소외 회사에 입금시킨 후 같은 해 5. 15. 소외 회사의 이사로 취임하는 한편 같은 해 5. 17. 소외 회사가 증자한 주식 5,000주를 전부 인수한 사실, 또한 원고의 남편인 소외 이수용(미국명 Howard Rhee),도 그 무렵부터 사장이라는 직함으로 소외 회사의 경영에 참가하여 중국회사와의 위와 같은 무역거래에 있어 소외 회사의 사장으로서 업무를 수행하고 3회에 걸쳐 중국에 업무차 출장을 가는가 하면, 그외 미국의 새틀라이트(Satellite)사와 사이의 이동식 화장실 수입거래와 관련하여서도 사장(president)직함으로 전송문을 보내는 등으로 1992. 3.월경까지 소외 회사의 업무에 관여하였고, 그 과정에서 관련서류를 결재하거나 직원들을 지시, 감독하고, 자금의 입출금을 관리하는 한편, 봉급으로 매달 금1,500,000원을 수령하는 외에 소외 회사가 구입한 소나타 승용차를 출퇴근용으로 이용한 사실을 인정할 수가 있다.

(4) 따라서, 원고가 소외 회사에 그 주장과 같은 금액의 돈을 투자하였다는 위 인정사실에 반하여 원고가 피고들 혹은 소외회사에 그 주장 금원을 대여하였다는 원고의 주장은 일단 그 이유가 없다.

나. 그러나 한편, 원고가 위와 같이 소외 회사에 금103,100,000원을 투자한 것이라 하더라도 피고들이 그에 관하여 원고의 위 주장과 같이 금200,000,000원을 원고에게 지급하기로 약정하였다면 피고들에게 그러한 약정에 따른 금원지급의무가 있다고 할 것이므로, 과연 피고들이 그러한 약정을 하였는지 여부에 관하여 살펴본다.

(1) (증거)를 종합하면, 원고가 위와 같이 소외 회사에 금103,100,000원을 투자한 후 원고의 남편인 위 이수용이 그 경영에 직접 관여하였으나, 중국회사로부터 수입하기로 한 대나무 젓가락에 대하여 정부가 수입제한조치를 취하는 등으로 사업여건이 변화되었을 뿐만 아니라 피고들이 소외 회사의 자금을 별다른 제한 없이 개인적인 용도로 유용함으로 인하여 소외회사의 경영상태가 점차 악화되어 1992. 8.월경 사실상 폐업상태에 이른 사실, 그러자 원고는 피고 안태중에게 원고의 투자금을 되돌려 줄 것을 요구하였고, 이에 피고 안태중은 원고의 투자금을 반환하되 변제기를 1, 2년 후로 하는 대신 금200,000,000원을 반환하여 주기로 원고와 타협하여 같은 해 10. 1. 원고와 사이에 그로부터 1, 2년이 지난 1993. 12. 30. 및 1994. 12. 30.까지 각 금100,000,000원씩 금200,000,000원을 원고에게 지급하기로 약정하면서 그 같은 취지로 2장의 차용증(갑제1호증의 1, 2)을 위 피고의 명의로만 작성하여 원고에게 교부한 사실, 그 후 원고는 피고 안태중에게 피고 이옥희도 위와 같은 투자금반환

에 대하여 책임을 질 것을 요구하였고, 그러자 피고 안태중은 같은 해 10. 5. 기히 작성.교부한 위 차용증에 피고 이옥희의 이름을 추가로 기재하고 평소 집에서 사용하던 피고 이옥희의 도장을 날인하여 준 사실을 인정할 수 있고, 이에 일부 어긋나는 원심증인 최인자의 일부 증언은 이를 믿기 어려우며, 달리 반증이 없다.

(2) 위 인정사실에 의하면, 피고 안태중은 투자금을 반환하여 달라는 원고의 요구에 따라 원고와 사이에 위와 같이 금200,000,000원을 지급하기로 약정을 한 이상, 이에 따른 금원지급의무가 있다 할 것이나, 한편 위 약정중 피고 이옥희 부분은 피고 안태중이 위 피고를 위하여 대리한 것이라 할 것이어서 피고 안태중에게 그에 관한 권한이 있는 등의 특별한 사정이 없는 한 위 약정의 효력이 피고 이옥희에게 바로 미칠 수는 없다 할 것이다.

(3) 피고 안태중은 위 약정이 원고의 강박에 의한 것이므로 이를 취소한다는 취지로 주장한다.

그러나 이에 부합하는 원심의 위 피고에 대한 일부 본인신문결과는 이를 뒷받침할 아무런 자료가 없어 선뜻 믿기가 어렵고 달리 위 피고 주장의 강박사실을 인정할 만한 증거가 없으므로, 위 피고의 위 주장은 이유 없다.

(4) 한편, 원고는 위 약정 중 피고 이옥희 부분은 피고 안태중이 적법한 위임을 받아 대리한 것이고 가사 그렇지 않다 하더라도 원고가 피고 안태중에게 피고 이옥희를 대리할 권한이 있는 것으로 믿을 만한 정당한 사유가 있었으므로 표현대리의 법리에 따라 위 약정의 효력이 피고 이옥희에게도 미친다고 주장한다.

그러므로 살피건대, 위 약정 중 피고 이옥희 부분은 피고 안태중이 적법한 위임을 받아 한 것이라는 원고의 위 주장은 원심증인 송학선의 증언만으로는 이를 인정하기에 부족하고 달리 이를 인정할만한 증거가 없으므로, 이 부분 원고의 주장은 이유 없다.

그러나 한편, (증거)를 종합하면, 피고 안태중은 소외 신일금속 주식회사를 경영하다가 부도를 낸 후 위와 같이 1984. 4. 25. 소외 회사를 설립하여 이를 운영하여 왔으나 그 대표이사를 그 처인 피고 이옥희로 하여 두고 평소 모든 대외적인 거래는 위 이옥희 명의로 하여 온 사실, 소외 회사는 형식상 주식회사로 설립되었으나 직원이 6명에 불과한 소규모 회사로서 피고 안태중은 평소 소외 회사를 사실상 개인기업과 마찬가지로 경영하면서 회사자금을 피고들의 개인적인 용도로도 사용하여 온 사실, 그리하여 자금난을 겪고 있던 소외회사에 대하여 원고가 위와 같이 자금을 투자하였으나, 위와 같은 회사자금의 유용 등과 같은 종전의 회사경영 실태는 크게 바뀌지 아니하였던 사실, 그 후 소외 회사가 사실상 폐업에 이르게 되어 원고가 위 투자금의 반환을 요구하자 피고 안태중은 1992. 10. 1. 그 명의로만 위와 같은 금원 지급의 약정을 한 사실, 그러자 원고는 위 투자금이 소외 회사에 대한 것인데 소외 회사의 대표이사는 피고 이옥희이며, 평소 피고 안태중이 소외 회사의 경영에 따른 대외적인 행위는 위 이옥희 명의로 하여 온 점을 감안하여 피고 이옥희도 같은 약정을 하여 줄 것을 요구하였고, 이에 피고 안태중은 원고에게 피고 이옥희와의 약정을 위하여 그들의 집으로 오라고 한 사실, 그리하여 원고가 그 며칠 후인 같은 달 5. 피고들의 집 부근으로 찾아가 피고들 집으로 전화를 하자 피고 안태중은 집 앞에 있는 호텔 커피숍에서 만나자고 하였고, 이에 원고가 위 약속장소로 가 피고들을 기다리고 있던 중 피고 안태중이 혼자 나와 피고 이옥희는 급히 외출을 하였다고 하면서 그로부터 위임을 받았으니 대신 약정을 하여 주겠다고 하여 원고가 종전에 피고 안태중 명의로만 작성된 위 차용증을 내밀자 그에 피고 이옥희의 이름을 추가로 기재한 후 위 피고가 집에서 사용하는 도장을 날인하여 준 사실을 각 인정할 수 있고, 위에서 배척한 증거 외에는 이에 어긋나는 증거가 없다.

위 인정사실에 의하면, 소외 회사는 사실상 피고 안태중이 개인기업처럼 경영하고 있었으므로 원고의 소외 회사에 대한 위 투자금은 결국 위 피고에 대한 투자금과 마찬가지인 면도 있었으나 그렇더라도 소외 회사의 대표이사는 엄연히 피고 이옥희였고, 피고 안태중도 소외 회사의 대외적인 거래에 있어 오랫동안 피고 이옥희 명의를 사용하여 왔으며, 위 투자금도 일단 소외 회사에 지급된 점과 원고는 이러한 점을 감안하여 피고 이옥희 명의로도 위 약정을 하고자 한 점 및 그 당시 피고 안태중은 원고로 하여금 피고들 집 부근으로 오게 한 후 피고 이옥희로부터 위임을 받았다고 하면서 집에서 가져 나온 위 피고의 도장으로 위 차용증 중 피고 이옥희 명의 부분을 작성하여 준 점 등에 비추어 보면, 피고 안태중이 피고 이옥희의 남편으로서의 일상가사대리권을 가지고 있었을 뿐, 그 외에 위 약정에 관한 대리권을 피고 이옥희로부터 수여받은 바 없다 하더라도, 원고가 피고 안태중에게 그러한 대리권이 있다고 믿은데에 정당한 사유가 있다고 할 것이므로, 결국 민법 제126조의 표현대리의 법리에 따라 위 약정의 효력은 피고 이옥희에게도 미친다 할 것이고, 한편 위 약정이 우선 피고 안태중과 사이에 금200,000,000원 전액에 관하여 이루어진 후 피고 이옥희와 사이에 같은 금액에 관하여 추가로 이루어진 점을 감안하면 위 약정시 피고들이 연대하여 위 약정금을 지급하기로 약정한 것이라 할 것이다.

3. 결론

그렇다면, 피고들은 위 약정에 따라 연대하여 원고에게 금200,000,000원 및 그 중 금100,000,000원에 대하여 그 변제기 다음날인 1993. 12. 31.부터, 나머지 금100,000,000원에대하여 역시 그 변제기 다음날인 1994. 12. 31.부터, 원고가 구하는 이 사건 최종소장 부본 송달일임이 기록상 명백한 1995. 9. 14.까지는 민법소정의 연5푼, 그 다음날부터 완제일까지는 소송촉진등에관한특례법 소정의 연2할5푼의 각 비율에 의한 지연손해금을 지급할 의무가 있다 할 것이므로, 원고의 피고들에 대한 이 사건 청구는 이유있어 이를 모두 인용할 것인 바, 원심판결은 이와 결론을 달리하여 부당하므로 원고의 항소를 받아들여 원심판결을 취소하고, 피고들에 대하여 위 금원의 지급을 명하며, 소송비용은 패소자인 피고들의 부담으로 하고, 가집행선고에 관하여는 민사소송법 제199조를 적용하여 주문과 같이 판결한다.

(1-2) 대법원 1997. 4. 8. 선고 96다54942 판결

【원고, 피상고인】 김민옥
【피고, 상고인】 안태중 외 1인
【원심판결】 서울고등법원 1996. 11. 14. 선고 96나18566 판결
【주 문】 원심판결 중 피고 이옥희에 대한 부분을 파기하고, 이 부분 사건을 서울고등법원으로 환송한다. 피고 안태중의 상고를 기각하고, 상고기각 부분의 상고비용은 동 피고의 부담으로 한다.

【이 유】

1. 먼저 피고 이옥희의 소송대리인의 상고이유 제3점에 대하여 본다.

가. 원심판결 이유에 의하면, 원심은 그 들고 있는 증거를 종합하여, 피고 안태중이 소외 주식회사 상화(이하 소외 회사라고 한다)를 설립하여 법인등기부상으로는 그 처인 피고 이옥희를 그 대표이사로 등재시키고 자신이 평소 모든 대외적인 거래를 전담하여 온 사실, 소외 회사는 형식상 주식회사로 설립되었으나 직원이 6명에 불과한 소규모 회사로서 피고 안태중이 평소 소외 회사를 사실상 개인기업과 마찬가지로 경영하면서 회사 자금을

피고들의 개인적인 용도로도 사용하여 온 사실, 원고가 피고 안태중의 권유에 따라 금 103,100,000원을 소외 회사에 투자하였는데 그 후 소외 회사의 경영상태가 악화되어 사실상 폐업에 이르게 되고 원고가 위 투자금의 반환을 요구하자 피고 안태중은 원고와의 사이에 금 2억 원을 원고에게 지급하기로 약정하면서 그와 같은 취지로 2장의 차용증(갑 제1호증의 1, 2)을 작성하여 교부한 사실, 그러자 원고는 위 투자금이 소외 회사에 대한 것인데 소외 회사의 대표이사는 피고 이옥희이며, 평소 피고 안태중이 소외 회사의 경영에 따른 대외적인 행위를 위 이옥희 명의로 하여 온 점을 감안하여 피고 이옥희도 같은 약정을 하여 줄 것을 요구하였고, 이에 피고 안태중이 피고 이옥희와의 약정을 위하여 원고를 그들의 집으로 오라고 한 사실, 그리하여 원고가 그 후 피고들의 집 부근으로 찾아가 피고들 집으로 전화를 하자 피고 안태중은 집 앞에 있는 호텔 커피숍에서 만나자고 하였고, 이에 원고가 위 약속장소로 가 피고들을 기다리고 있던 중 피고 안태중이 혼자 나와 피고 이옥희는 외출하였다고 하면서 그로부터 위임을 받았으니 대신 약정을 하여 주겠다고 하여 원고가 종전에 피고 안태중 명의로만 작성된 위 차용증을 내밀자 그에 피고 이옥희의 이름을 추가로 기재한 후 위 피고가 집에서 사용하는 도장을 날인하여 준 사실을 인정한 다음, 위 인정 사실에 의하면, 소외 회사는 사실상 피고 안태중이 개인기업처럼 경영하고 있었으므로 원고의 소외 회사에 대한 위 투자금은 결국 위 피고에 대한 투자금과 마찬가지인 면도 있었으나 그렇더라도 소외 회사의 대표이사는 엄연히 피고 이옥희였고, 피고 안태중도 소외 회사의 대외적인 거래에 있어 오랫동안 피고 이옥희 명의를 사용하여 왔으며, 위 투자금도 일단 소외 회사에 지급된 점과 원고는 이러한 점을 감안하여 피고 이옥희 명의로도 위 약정을 하고자 한 점 및 그 당시 피고 안태중은 원고로 하여금 피고들 집 부근으로 오게 한 후 피고 이옥희로부터 위임을 받았다고 하면서 집에서 가지고 온 위 피고 도장으로 위 차용증 중 피고 이옥희 명의 부분을 작성하여 준 점 등에 비추어 보면, 피고 안태중이 피고 이옥희의 남편으로서의 일상가사대리권을 가지고 있었을 뿐, 그 외에 위 약정에 관한 대리권을 피고 이옥희로부터 수여받은 바 없다 하더라도, 원고가 피고 안태중에게 그러한 대리권이 있다고 믿은 데에 정당한 사유가 있다고 할 것이므로, 결국 민법 제126조의 표현대리의 법리에 따라 위 약정의 효력은 피고 이옥희에게도 미친다고 판단하였다.

나. 그러나 원심의 이러한 판단은 수긍하기 어렵다.

원심이 판시한 바와 같이 피고 안태중이 피고 이옥희의 남편으로서 일상가사대리권이 있고, 원고가 피고 안태중에게 피고 이옥희를 대리하여 위 금 2억 원의 지급약정을 할 권한이 있다고 믿었다고 하더라도, 피고 안태중에게 적법한 대리권이 없었던 이상 민법 제126조의 표현대리가 성립하기 위해서는 원고가 피고 안태중에게 그 행위에 관한 대리권을 수여하였다고 믿었음을 정당화할 만한 객관적인 사정이 있어야 할 것이다.

그런데 부부간에 서로 일상가사대리권이 있다고 하더라도, 일반적으로 처가 남편이 부담하는 사업상의 거액(2억 원)의 채무를 남편과 연대하여 부담하기 위하여 남편에게 채권자와의 채무부담약정에 관한 대리권을 수여한다는 것은 극히 이례적인 일이라 할 것이고, 피고 안태중이 피고 이옥희의 남편으로서 그 처의 도장을 쉽사리 입수할 수 있었으며 원고도 이러한 사정을 쉽게 알 수 있었던 점에 비추어 보면, 원심이 인정한 사실만으로는 원고가 피고 안태중에게 피고 이옥희를 대리하여 채무부담약정을 할 대리권이 있다고 믿은 점을 정당화할 수 있는 객관적인 사정이 있다고 할 수 없다고 할 것이다.

그러므로 원심이 그 인정과 같은 사정을 들어 원고가 피고 안태중에게 피고 이옥희를 대리하여 위 채무부담의 약정을 할 대리권이 있다고 믿은 데에 정당한 이유가 있다고 한 판단은 필경 민법 제126조의 표현대리에 있어 정당한 이유에 관한 법리를 오해한 것이라 할 것이고, 이러한 잘못은 판결에 영향을 미쳤음이 분명하므로,

이 점을 지적하는 취지의 주장은 이유 있다.

2. 피고 안태중은 적법한 기간 내에 상고이유서를 제출하지 아니하였고, 상고장에도 아무런 상고이유의 기재가 없으므로, 같은 피고의 상고는 받아들일 수 없다.

3. 그러므로 원심판결 중 피고 이옥희에 대한 부분에 대하여는 나머지 상고이유에 관하여 판단할 필요 없이 이를 파기하여 이 부분 사건을 원심법원에 환송하고, 피고 안태중의 상고는 이를 기각하며 이 부분 상고비용은 패소자의 부담으로 하기로 하여 관여 법관의 일치된 의견으로 주문과 같이 판결한다.

(2-1) 서울고등법원 1980. 2. 8. 선고 78나3342 판결

【원고, 피항소인】 고관호
【피고, 항소인】 이인영
【원심판결】 서울민사지방법원 1978. 11. 8. 선고 78가합2244 판결
【주 문】 1. 피고의 항소를 기각한다.
2. 항소비용은 피고의 부담으로 한다.
【청구취지】 피고는 원고에게 별지목록 기재 부동산을 명도하라.
소송비용은 피고의 부담으로 한다, 라는 판결 및 가집행의 선고.
【항소취지】 원판결을 취소한다.
원고의 청구를 기각한다.
소송비용은 1, 2심 모두 원고의 부담으로 한다, 라는 판결.

【이 유】

성립에 다툼이 없는 갑제1호증(등기부등본)의 기재에 의하면 별지목록기재 부동산(이하 이건 부동산이라 한다)에 관하여 원고 명의로 소유권이전등기가 경료되어 있는 사실을 인정할 수 있으므로 위 부동산은 원고의 소유로 추정되고, 피고가 위 부동산을 현재 점유 사용하고 있는 사실은 당사자 사이에 다툼이 없는 바이다.

원고 소송대리인은, 원고 소유의 이건 부동산을 피고가 아무런 정당한 권원 없이 점유 사용하고 있으므로 그 명도를 구한다고 함에 대하여, 피고 소송대리인은 이건 부동산은 원래 피고의 소유였는데 피고의 처인 소외 이계순이가 피고몰래 소외 황금봉으로 부터 금원을 차용하면서 피고의 승낙 없이 피고의 인감증명서를 발급받고 피고의 인감을 사용하여 위임장 등 관계서류를 위조하여 위 차용금의 담보를 위해 소외 황금봉 앞으로 가등기와 본등기를 경료해 주었으며 원고는 위 황금봉으로부터 그 후 소유권이전등기를 경료받은 것인바, 이건 부동산에 관한 소외 황금봉 앞으로의 가등기와 본등기는 소외 이계순의 문서 위조 등 방법에 의하여 이루어진 것으로서 전부 무효의 등기이므로 이에 터잡아 경료된 원고 명의로의 소유권이전등기 역시 무효의 등기이므로 원고의 청구에 응할수 없다고 주장하고 있으므로 살피건대, 위 갑제1호증의 기재에 원심증인 이계순, 동 손본희의 각 증언일부, 원심법원의 민사기록 및 형사기록 각 검증결과 중 일부 (단, 각 일부 믿지 아니하는 부분 제외)를 모아보면, 피고의 처인 소외 이계순은 1977. 5. 20. 소외 황금봉으로부터 금 1,500,000원을 차용하면서, 피고의 승낙 없이 임의로, 피고가 평소 집에 놓아두고 지내던 피고의 인감도장과 1977. 4. 18.자로

발급된 피고 명의의 인감증명서 및 주민등록표 등본 등을 소지하고 채권자인 소외 황금봉과 같이 소외 김원식 사법서사 사무실에 가서 남편인 피고로부터 가등기 설정을 위한 대리권을 수임한양 가장하여 이건 부동산을 위 황금봉에게 매매키로 예약하는 매매예약서, 위임장등 가등기 소요 서류를 피고 명의로 작성하여 위 차용금에 대한 담보의 의미로 이건 부동산에 관하여 위 황금봉 앞으로 가등기를 경료한 사실, 채무자로부터 위 차용금의 변제가 없자 위 황금봉은 그 앞으로 소유권이전 본등기를 경료한 후 다시 원고에게 매도하여 원고 앞으로 소유권이전등기가 경료된 사실을 인정할 수 있고 달리 이에 반하는 증거 없는바, 따라서 소외 이계순이 피고를 대리하여 한 소외 황금봉 앞으로의 가등기 경료 행위는 피고의 승낙 없이 이루어진 무권대리 행위로서 무효한 것이라 하겠고 그에 터잡아 이루어진 소외 황금봉 및 원고 앞으로의 각 소유권이전등기 역시 모두 무효라 할 것이다.

그런데 원고 소송대리인은 소외 이계순의 행위는 권한을 넘은 표현대리 행위로서 유효한 것이라고 주장하므로 살피건대, 소외 이계순이 피고의 처인 사실은 위에서 인정한 바와 같으므로 위 이계순에게는 부부간의 일상가사에 관하여 남편인 피고를 대리할 기본 대리권이 있다 할 것이고, 성립에 다툼이 없는 갑제2호증(김기련 증인 신문조서 등본), 을제1호증의 6.7.8(각 유직상 피의자 신문조서), 동 호증의 9(황금봉 진술조서), 동 호증의 10(김원식 진술조서)의 각 기재에 당심 증인 유직상의 증언과 원심 법원의 민사기록 및 형사기록 각 검증결과중 일부(단, 일부 믿지 않는 부분 제외) 및 변론의 취지를 종합하면, 소외 황금봉은 위 이계순의 인척인 소외 유직상으로부터 피고 집안이 경제적으로 여유 있을 뿐 아니라 완고하고 보수적인 가풍이며 위 이계순 역시 검소하고 알뜰하여 남편인 피고와의 사이도 원만하다는 소문이 나 있는데다 피고 집안에 일시적으로 돈 쓸 일이 생겨서 피고가 그 처를 통해서 돈을 빌리고자 한다는 말을 듣고 있던중 앞서 인정한 바와 같이 소외 이계순이가 피고의 인감도장, 피고 명의의 인감증명서 및 주민등록표 등본 등을 가지고 와서 남편인 피고로부터 위 가등기경료에 관한 대리권을 수여 받았다고 말할뿐 아니라 그 인감증명서의 뒷면이 백지로 되어 있어 현행 인감증명서 발급절차에 비추어 이를 피고 본인이 직접 발급 받은 것이라고 믿은 사실이 인정되고, 이에 반하는 을제1호증의 1내지 5(소송기록 표지, 고소장, 이인영, 손보희, 이계순 각 진술조서), 동 호증의 11(약식 명령)의각 기재, 원심증인 이계순, 동 손보희의 각 증언 일부, 원심의 민사기록 및 형사기록 검증 결과중 일부(단 일부 믿은 부분제외)는 믿지 아니하고 달리 반증 없는바, 그렇다면 소외 이계순의 차금 및 가등기 경료 행위는 일상 가사 대리권의 범위를 유월한 행위이기는 하나 소외 황금봉으로서는 위 이계순이가 이 건 가등기 경료에 관하여 남편인 피고를 대리할 권한이 있다고 믿은데 정당한 이유가 있다 할 것이어서 피고는 처인 소외 이계순의 권한이 넘은 표현대리 행위에 의하여 경료된 소외 황금봉 앞으로의 가등기의 효력을 부인할 수 없다 할 것이고, 따라서 채무를 변제하지 않았음을 이유로 그에 터잡아 경료된 소외 황금봉 앞으로의 본등기 및 원고 앞으로의 소유권이전등기의 효력을 부인할 수 없다 할 것이다.

과연 그렇다면 피고가 달리 이건 부동산을 점유 사용할 수 있는 정당한 권원이 있다는 주장 입증이 없는 이건에서 피고는 원고에게 이건 부동산을 명도하여 줄 의무가 있다고 할 것이므로 이를 구하는 원고의 본소 청구는 이유 있어 인용할 것인바, 원판결은 당원과 결론을 같이 하여서 정당하고 피고의 항소는 부당하므로 피고의 항소를 기각하기로 하고, 항소비용은 패소자인 피고의 부담으로하여 주문과 같이 판결한다.

(2-2) 대법원 1981. 6. 23. 선고 80다609 판결

【원고, 피상고인】 고관호
【피고, 상고인】 이인영
【원심판결】 서울고등법원 1980.2.8. 선고 78나3342 판결
【주 문】 상고를 기각한다.
상고비용은 피고의 부담으로 한다.

【이 유】

상고이유를 판단한다.

원심판결 이유에 의하면, 원심은 피고의 처인 소외 이계순이 소외 황금봉으로부터 판시 금원을 차용함에 있어 피고 몰래 피고의 인감과 인감증명서 등을 소지하고, 피고의 대리인인 양 행세하여 위 차용금의 담보로 위 황금봉 앞으로 피고 소유였던 이 건 부동산에 관하여 소유권이전청구권 보전의 가등기를 경료하여 주었으나, 위 이계순의 가등기경료행위는 피고의 승낙 없이 이루어진 무권대리행위로서 무효이고, 그에 터잡아 순차 이루어진 위 황금봉및 원고 명의의 각 소유권이전등기 역시 무효라고 판단한 다음, 나아가 위 이계순의 행위가 권한을 넘는 표현대리에 해당한다는 원고의 주장에 대하여, 먼저 위 이계순은 일상가사에 관하여 남편인 피고를 대리할 기본대리권이 있는 것이라고 전제하고 나서, 그 거시의 여러 증거를 종합하여, 위 황금봉으로서는 위 이계순의 인척인 소외 유직상으로부터 피고 집안이 경제적으로 여유 있을 뿐 아니라 완고하고 보수적인 가풍이며, 위 이계순 역시 검소하고 알뜰하여 남편인 피고와의 사이도 원만하다는 소문이 나 있는데다가 피고 집안에 일시적으로 돈 쓸 일이 생겨서 피고가 그 처를 통하여 돈을 빌리고자 한다는 말을 듣고 있던 중, 위 이계순이 피고의 인감도장, 인감증명서, 주민등록표등본 등을 가지고 와서 남편인 피고로부터 위 가등기경료에 관한 대리권을 수여 받았다고 말할 뿐 아니라, 그 인감증명서의 뒷쪽이 백지로 되어 있어 현행 인감증명 발급절차에 비추어 이를 피고 본인이 직접 발급받은 것이라고 믿은 사실을 인정하고, 위와 같은 사정 등에 비추어 보면, 위 황금봉으로서는 위 이계순이 이 건 가등기경료에 관하여 피고를 대리할 권한이 있다고 믿음에 정당한 사유가 있다고 할 것이므로 원고의 위 주장은 이유있다고 판단하고 있는바, 이를 기록에 의하여 살펴보면 원심의 위 사실인정과 판단은 정당하고, 거기에 소론과 같은 채증법칙 위배 또는 처의 일상가사대리권을 유월한 경우의 표현대리에 관한 법리오해 등의 잘못이 있다 할 수 없다.

논지가 들고 있는 대법원의 판례들은 이 건에 적절한 것이 못 된다.

이에 상고를 기각하고, 상고비용은 패소자의 부담으로 하기로 하여 관여법관의 일치된 의견으로 주문과 같이 판결한다.

3 민법 제126조의 적용범위 - 법정대리에도 적용되는가

(1-1) 서울고등법원 1996. 11. 26. 선고 95나41187 판결

【원고, 항소인 겸 피항소인】 서금순
【피고, 피항소인】 황범준 외 3인
【피고, 항소인 겸 피항소인】 서영수
【원심판결】 서울지방법원 1995.9.22. 선고 94가합28937 판결

【주 문】

1. 원심판결 중 피고 이달오, 피고 서명진에 대한 부분을 취소한다.
2. 원고에게,
   가. 피고 이달오는 별지 제2목록 1 기재 부동산에 관하여 서울지방법원 용산등기소 1991.2.12. 접수 제8607호로 경료한 소유권이전등기의 말소등기절차를,
   나. 피고 서명진은 별지 제2목록 5, 6, 7 기재 각 부동산에 관하여 서울지방법원 도봉등기소 1990.12.24. 접수 제149519호로 경료한 소유권이전등기의 말소등기절차를, 각 이행하라.
3. 원고의 피고 황범준, 피고 이상철, 피고 서영수에 대한 각 항소와 피고 서영수의 원고에 대한 항소를 모두 기각한다.
4. 소송비용 중 원고와 피고 이달오 사이에 생긴 부분은 제1, 2심 모두 위 피고의, 원고와 피고 서명진 사이에 생긴 부분은 제1, 2심 모두 위 피고의 각 부담으로 하고, 원고와 피고 황범준, 피고 이상철 사이에 생긴 항소비용은 원고의 부담으로 하며, 원고와 피고 서영수 사이에 생긴 각 항소비용은 각자의 부담으로 한다.

【청구취지】

원고에게, ① 피고 이달오는 별지 제2목록 1 기재 부동산에 관하여 서울지방법원 용산등기소 1991.2.12. 접수 제8607호로 경료한 소유권이전등기의 말소등기절차를, ② 피고 황범준은 별지 제2목록 2 기재 부동산에 관하여 같은 등기소 1990.6.26. 접수 제45139호로 경료한 소유권이전등기의 말소등기절차를, ③ 피고 이상철은 별지 제2목록 3, 4 기재 부동산에 관하여 서울지방법원 중부등기소 1991.10.10. 접수 제39939호로 경료한 소유권이전등기의 말소등기절차를, ④ 피고 서명진은 별지 제2목록 5, 6, 7 기재 부동산에 관하여 서울지방법원 도봉등기소 1990.12.24. 접수 제149519호로 경료한 소유권이전등기의 말소등기절차를 각 이행하고, ⑤ 피고 서영수는 별지 제1목록 기재 각 부동산 및 제2목록 2 기재 부동산에 관하여 각 이 사건 소장부본 송달일자 명의신탁해지를 원인으로 한 소유권이전등기절차를 이행하라는 판결.

【항소취지】

원고 : 원심판결 중 원고 패소 부분을 취소한다. 원고에게 ① 피고 이달오는 별지 제2목록 1 기재 부동산에 관하여 서울지방법원 용산등기소 1991.2.12. 접수 제8607호로 경료한 소유권이전등기의 말소등기절차를, ② 피고 황범준은 별지 제2목록 2 기재 부동산에 관하여 같은 등기소 1990.6.26. 접수 제45139호로 경료한 소유권이전등기의 말소등기절차를, ③ 피고 이상철은 별지 제2목록 3, 4 기재 부동산에 관하여 서울지방법원 중부등기소

1991.10.10. 접수 제39939호로 경료한 소유권이전등기의 말소등기절차를, ④ 피고 서명진은 별지 제2목록 5, 6, 7 기재 부동산에 관하여 서울지방법원 도봉등기소 1990.12.24. 접수 제149519호로 경료한 소유권이전등기의 말소등기절차를 각 이행하고, ⑤ 피고 서영수는 별지 제2목록 2 기재 부동산에 관하여 이 사건 소장부본 송달일자 명의신탁해지를 원인으로 한 소유권이전등기절차를 이행하라는 판결.

피고 서영수 : 원심판결 중 위 피고 패소 부분을 취소하고, 그 취소 부분에 해당하는 원고의 청구를 기각한다는 판결.

【이 유】

1. 기초사실

(1) 원고는 1989.7.14. 동생인 소외 서영주와 피고 서영수에 의해 국립서울정신병원에 강제입원되어 편집병 또는 정신분열병 망상형 등의 진단을 받았는데, 그 입원 중 위 서영주의 신청으로 서울가정법원은 1989.11.28.자 XX호XXXX 심판으로 원고에 대하여 한정치산의 선고를 하였고, 이어 1989.12.28.자 89느5953 심판으로 위 서영주를 원고의 후견인으로 선임(호적상 위 서영주의 형으로 서영식이 있으나 동인이 행방불명자이어서 위 서영주가 법정후견인의 자격도 있다)하였다.

(2) 위 한정치산 선고당시 원고는 원고 명의로 별지 제2목록 1 및 3 내지 7 부동산을 소유하고 있었고, 별지 제1목록 기재 각 부동산 및 별지 제2목록 2 기재 부동산에 대하여는 동생인 피고 서영수에게 등기부상 소유권명의를 신탁하여 둔 상태이었는데(이하 별지 제1목록 기재 각 부동산은 우이동 소재 부동산, 별지 제2목록 1 기재 부동산은 103호 부동산, 같은 목록 2 기재 부동산은 205호 부동산, 같은 목록 3, 4 기재 각 부동산은 신당동 소재 부동산, 같은 목록 5 내지 7 부동산은 쌍문동 소재 부동산이라 한다), 피고 서영수는 위 명의수탁 부동산 중 우이동 소재 부동산에 관하여 임의로 원고가 한정치산선고를 받기 전인 1989.1.20. 채권자 국민은행, 채권최고액 금 20,000,000원으로 한 근저당권설정등기를 마치고(1994.2.17.자로 말소됨), 같은 해 6.12. 소외 김춘자로부터 금 40,000,000원을 차용하면서 그 담보로 채권최고액 합계 금 70,000,000원으로 한 근저당권설정등기를 각 경료하자, 이에 원고는 1989.6.23.경 위 부동산에 관하여 명의신탁해지 청구의 소를 제기하였는데, 위 가.항에서 보았듯이 얼마 후에 정신병원에 강제입원됨으로써 위 소송기일에 출석하지 못해 위 소송은 판결에 이르지 못하고 종료되었다.

(3) 위 한정치산선고 후 서울가정법원은 위 서영주의 신청에 따라 1990.11.18.경XX호XXXX 로 한정치산자인 원고의 친족회원으로 피고 서영수, 위 서영주의 처인 소외 남복순, 피고 서영수의 처인 소외 박귀례를 선임하고, 원고 소유의 쌍문동 소재 부동산 중 별지 486의 47 대지 및 그 지상 주택(별지 제2목록 5, 6 기재 부동산)에 관하여 후견인인 위 서영주가 이를 매도 처분할 수 있도록 그 대한 동의의 여부를 의결하기 위한 친족회를 1990.11.13. 10:00 위 서영주의 거택인 ○○시 ○○동254 화성연립 비 ○○동 ○○호에서 소집한다는 심판을 하였고, 1990.12.7.자XX호XXXX 로 한정치산자인 원고의 친족회원으로 피고 서영수, 위 서영주의 처인 소외 남복순, 피고 서영수의 처인 소외 박귀례를 다시 선임하고, 원고 소유의 103호 부동산, 신당동 소재 부동산 및 쌍문동 소재 부동산 중 486의 50 도로(별지 제2목록 7 기재 부동산)에 관하여 후견인인 위 서영주가 이를 매도 처분할 수 있도록 그에 대한 동의의 여부를 의결하기 위한 친족회를 1990.12.22. 10:00 원고의 거택인 서울 ○○구 ○○동793의 3에서 소집한다는 심판을 하였다.

(4) 그런데 위 서영주는 원고의 후견인 자격으로, 위 각 친족회 소집심판 전인 1990.11.2.경 원고 소유의 쌍문

동 소재 부동산을 금 92,000,000원에 피고 서명진에게 매도한 다음, 위 친족회원 3인 명의로 매도 결의 취지가 적힌 1990.12.22.자 친족회의사록을 첨부하여 같은 해 12.24. 청구취지 기재와 같이 위 피고 명의의 소유권이전등기를 경료하였고, 그 후 위 친족회 소집 심판 이후인 1991.1.28.경 원고 소유의 103호 부동산을 피고 이달오에게 금 55,000,000원에 매도한 다음, 위 친족회원 3인 명의로 매도 결의 취지가 적힌 1990.12.22.자 친족회의사록을 첨부하여 1991.2.12. 청구취지 기재와 같이 위 피고 명의의 소유권이전등기를 경료하였으며, 그 후 1991.8.20.경 원고 소유의 신당동 소재 부동산을 피고 이상철에게 금 120,000,000원에 매도한 다음, 위 친족회원 3인 명의로 매도 결의 취지가 적힌 1990.12.22.자 친족회의사록을 첨부하여 1991.10.10. 청구취지 기재와 같이 위 피고 명의의 소유권이전등기를 경료함으로써, 원고 명의로 등기된 부동산을 모두 처분하였다.

(5) 한편 피고 서영수는 원고가 1978.2.9.경 취득하여 편의상 1985.4.6.경 피고 서영수에게 명의신탁한 위 205호 부동산에 관하여, 임의로 1990.5.15.경 이를 피고 황범준에게 금 44,500,000원에 매도하고, 같은 해 6.16.청구취지 기재와 같이 위 피고 명의의 소유권이전등기를 경료하였다.

(6) 한편 원고의 후견인이 된 서영주는 피고 서영수와 원고의 재산을 둘러싸고 다툼을 빚다가 결국 1990.1.19.경 위 서영수는 원고로부터 명의신탁받은 부동산인 우이동 소재 부동산에 임의로 근저당권을 설정하고 위 205호 부동산을 자신의 소유라고 우기는 등 횡령하였다는 이유로 피고 서영수를 서울지방검찰청에 고소하였다가 피고 서영수가 위 부동산들을 원고의 소유로 인정하겠다고 약속을 하자 1990.2.21.경 고소를 취하하였다.

(7) 그 후 원고는 1992.6.5.경 정신병원에서 퇴원하게 되었는데, 퇴원 후 피고 서영수의 횡령사실을 알게 되자 1992.6.21.경 동인을 고소하였고, 그 수사 중 위 서영주 역시 원고의 재산을 횡령하였다는 혐의가 드러나 위 서영주와 서영수는 횡령의 혐의로 1992.9.24.경 모두 구속되어 같은 죄명으로 기소되었는데, 그 후 원고는 위 서영주와 서영수에 대한 형사재판절차에서 1992.9.28. 소외 서영주에 대한 고소를 취하하였고, 다시 1992.11.20. 피고 서영수에 대한 고소도 취하하여 두 사람은 모두 공소기각의 결정에 따라 석방되었다.

(8) 한편 원고에 대한 한정치산의 선고는 원고의 신청에 의하여 서울가정법원 1994.10.4.자 94느2719 심판에 의하여 취소되었고, 그 무렵 위 심판은 확정되었다.

(9) 또한 원고가 친족회의 대표자인 피고 서영수를 상대로 제기한 친족회의결의무효확인 소송에서 서울지방법원은 1996.6.26. 선고 96가합629호로 1990.12.22. 10:00자 위 103호 부동산, 신당동 소재 부동산 및 쌍문동 소재 부동산(별지 제2목록 1 및 3 내지 7 기재 각 부동산)에 관한 친족회의 매도 동의 결의에 대하여, 위 친족회의는 실제로 개최된바 없었는데, 피고 서영수와 위 서영주가 각 그 처인 위 남복순과 박귀례의 인장을 사용하여 위 친족회원들이 위 일시에 친족회 소집장소가 아닌 ○○시 ○○동254 화성연립 비 ○○동 ○○호 소재 서영주의 거택에서 친족회를 개최하여 위 서영주가 위 각 부동산을 매각하는데 동의한 것처럼 각 매각 부동산별로 친족회의사록을 허위로 작성하였다는 이유로 위 친족회 결의가 무효임을 확인한다는 판결을 선고하였고, 위 판결은 그 무렵 확정되었다.

2. 원고의 피고 이달오(103호 부동산), 이상철(신당동 소재 부동산), 서명진(쌍문동 소재 부동산)에 대한 청구에 대한 판단

가. 원고는 먼저 원고에 대한 법원의 위 한정치산선고는 원고가 심신이 박약하거나 재산의 낭비로 자기나 가족의 생활을 궁박하게 할 우려가 있는 자가 아닌데도, 이를 간과하여 이루어진 것이므로 무효이고, 따라서 후견인

인 위 서영주와 위 피고들 사이의 각 매매도 무효이므로, 위 피고들은 각자의 매수부동산에 관한 소유권이전등기의 말소등기절차를 이행할 의무가 있다는 취지로 주장한다. 그러나, 법원의 한정치산선고 심판이 있고, 그 심판에 대하여 불복하지 아니하여 확정된 이상 한정치산선고 심판이 당연 무효라고 할 수 없으므로, 한정치산선고가 무효임을 전제로 한 원고의 위 주장은 나아가 가려볼 것 없이 이유 없다.

나. 원고는 다음으로, 위 피고들은, 원고의 동생인 위 서영주와 피고 서영수가 원고의 재산을 횡령하기 위하여 원고를 정신병원에 강제입원시킨뒤 한정치산선고를 받은 다음 후견인이 된 위 서영주가 위 피고들의 각 매수부동산을 임의로 매각처분하는 것을 알면서도, 이에 공모 가담하여 시가의 절반도 안되는 헐값에 이를 각 매수하였으니, 이는 불공정한 법률행위이거나 사회질서에 반하는 행위로서 무효이므로 동인들 명의의 소유권이전등기는 원인무효의 등기로서 말소되어야 한다는 취지로 주장한다. 살피건대, 위 피고들이 각 위 서영주의 횡령행위에 공모 가담하였다는 점에 대하여 이에 부합하는 듯한 갑 제25호증의 기재는 믿지 아니하고, 갑 제53호증의 5(피고 이달오 관련 증거임), 갑 제82호증(피고 이상철 관련 증거임)의 기재만으로는 이를 인정하기에 부족하며 달리 이를 인정할 증거가 없으므로, 원고의 위 주장은 나머지 점을 가려볼 것 없이 이유 없다.

다. 원고의 취소 주장에 대한 판단

(1) 원고는 나아가, 원고의 후견인인 위 서영주와 위 피고들 사이의 각 매매계약은 무효인 친족회의 동의에 기하여 이루어진 것이고, 이에 원고는 위 각 매매를 취소하는 바이므로, 위 매매는 무효로 되었고, 따라서 위 피고들은 각 매수부동산에 관한 소유권이전등기의 말소등기절차를 이행할 의무가 있다고 주장한다.

살피건대, 후견인이 피후견인에 갈음하여 피후견인의 부동산을 처분함에는 친족회의 동의를 얻어야 하고, 그 동의 없이 한 처분행위는 피후견인 또는 친족회가 이를 취소할 수 있고(민법 제950조), 한편 친족회의 결의는 그 결의로써 좌우할 수 없는 법률의 규정에 위반하거나, 또는 친족회의 구성이 부적법하여 결의가 없는 것과 같은 경우에는 무효라고 할 것이고, 한편 피후견인에 대하여 소송을 하였거나, 하고 있는 자 또는 그 배우자와 직계혈족은 친족회원이 되지 못하는 것(민법 제964조 제2항, 제937조 제7호)이다.

이 사건의 경우 1990.12.22.에는 실제로 친족회를 개최한바 없고, 또한 원고가 한정치산선고를 받기 직전인 1989.6.28. 피고 서영수를 상대로 우이동 소재 부동산에 관하여 명의신탁 해지를 원인으로 한 소유권이전등기 등의 소송을 제기한바 있어 친족회원 중 피고 서영수와 그의 처인 위 박귀례는 친족회원이 될 자격이 없으므로, 위 1990.12.22.자 친족회의결의는 당연 무효라고 할 것이고, 따라서 후견인인 위 서영주와 피고 이달오, 이상철 사이의 각 매매계약은 결과적으로 친족회의 동의 없이 이루어진 것이라고 할 것이며, 한편 위 서영주와 피고 서명진 사이의 매매계약은 원래 1990.12.22.자 친족회의 결의 전에 이루어진 것으로서 계약당시에는 친족회의 동의 자체가 없었을 뿐만 아니라, 그 계약 후의 위 결의를 추인으로 본다고 하여도 위 결의가 무효라고 할 것이다. 따라서, 피후견인인 원고는 위 서영주와 위 피고들 사이의 각 매매계약에 대하여 친족회 동의의 흠결을 이유로 이를 각 취소할 수 있다고 할 것이다.

그런데, 원고는 1996.8.27.자 준비서면으로 위 각 매매계약에 관한 취소의 의사표시를 하였고, 그 무렵 위 준비서면은 위 피고들에게 송달되었음이 기록상 명백하므로, 특별한 사정이 없는 한, 위 취소로 위 각 매매계약은 소급적으로 무효라고 할 것이다.

(2) 피고 이달오, 피고 서명진의 주장에 대한 판단

피고 이달오, 서명진은, 각 위 서영주가 원고의 정당한 후견인임을 믿고 선의로 매수한 것이므로 원고는 취소로서 위 피고에게 대항할 수 없다는 취지로 주장하나, 한정치산자의 후견인이 한 법률행위가 취소된 경우에는, 하자 있는 의사표시의 취소의 경우와는 달리, 그 법률행위의 상대방이 선의라고 하더라도, 표현대리에 관한 주장・입증이 없는 한, 본인인 한정치산자는 그 취소로 선의의 거래 상대방에게 대항할 수 있다고 할 것이므로, 위 피고들의 주장은 나아가 가려볼 것 없이 이유 없다.

피고 서명진은, 원고가 위 서영주에 대한 형사고소를 취하한 것은 원고의 취소권을 포기한 것이라는 취지로 주장하나, 원고의 위 서명주에 대한 형사 고소 취하를 원고의 피고 서명진에 대한 취소권의 포기라고 볼 수는 없는 것이므로, 위 피고의 위 주장은 받아들이지 아니한다.

따라서 피고 이달오, 피고 서명진은 각자의 매수 부동산에 관한 소유권이전등기의 말소등기절차를 이행할 의무가 있다고 할 것이다.

(3) 피고 이상철의 항변에 관한 판단

피고 이상철은 비록 친족회의결의가 무효라고 하더라도, 위 피고가 친족회의 동의가 있었다고 믿을 만한 정당한 사유가 있으므로, 민법 제126조의 표현대리규정에 따라 원고는 후견인인 위 서영주의 신당동 소재 부동산에 관한 매도행위에 대하여 책임을 져야 한다고 항변함에 대하여, 원고는 민법 제126조의 표현대리 규정은 임의대리를 전제로 하는 것이므로, 이 사건과 같은 법정대리의 경우에는 그 적용이 없고, 가사 적용된다고 하더라도 위 피고가 친족회의 동의가 있었다고 믿을만한 정당한 사유가 없다고 다툰다.

우선 민법 제126조의 규정이 이 사건과 같은 한정치산자의 법정대리인인 후견인에 대하여도 적용이 있는지에 관하여 보건대, 후견인과 같은 법정대리의 경우에는 본인의 의사와 관계없이 대리관계가 이루어지는 것이기는 하나, 민법 제126조의 권한을 넘는 표현대리 규정은 거래의 안전을 도모하여 거래 상대방의 이익을 보호하려는 것이므로 법정대리의 경우에도 그 적용이 있다고 봄이 상당하다고 할 것이고, 다만 후견인의 경우 피후견인의 재산의 처분에 관하여는 법률상 친족회의 동의를 얻도록 규정하고 있는 점에 비추어, 한정치산자의 후견인이 친족회의 동의를 받지 아니하고 한정치산자의 재산을 처분한 때에는 그 상대방이 친족회의 동의가 있다고 믿을 만한 정당한 사유가 있는 경우에 본인인 한정치산자는 그 책임을 져야 한다고 할 것이다.

따라서 이 사건의 경우 위 피고가 친족회의 동의가 있었다고 믿을 만한 정당한 사유가 있는지에 관하여, 앞에서 인정한 사실에 비추어 보건대, 원고의 후견인인 위 서영주와 위 피고 사이의 매매계약 전에 친족회원을 선임하고 신당동 소재 부동산의 매매에 관한 친족회의 동의 여부에 관하여 법원으로부터 친족회의 소집이 있었던 점, 또한 친족회의 결의의사록을 첨부하여 소유권이전등기를 마친 점, 위 친족회결의가 앞에서 본 바와 같이 무효라고 하더라도 그 친족회의사록에 대하여 통상인의 주의를 하여도 외관상으로 친족회결의의 무효사유를 쉽게 알기 어려운 점 등을 감안하면, 위 피고는 위 매매에 관하여 친족회의 동의가 있었다고 믿을 만한 정당한 사유가 있다고 할 것이고, 한편 갑 제82호증의 기재에 의하면, 위 매매시점에 가까운 1991.1.1.경 신당동 소재 부동산 중 토지의 공시지가가 ㎡당 금 136,000원으로서, 실매매가격의 2배 정도 되는 사실이 인정되기는 하나, 그것만으로서는 정당한 사유가 있다는 위 인정 사실을 뒤집기에는 부족하고 달리 반증이 없다.

따라서 원고는 후견인인 위 서영주의 신당동 소재 부동산에 관한 매매에 대하여 그 책임이 있다고 할 것이므로, 피고 이상철의 위 항변은 이유 있다고 할 것이고, 따라서 위 매매를 취소하였음을 전제로 한 원고의 피고 이상철에 대한 말소청구는 결국 이유없다고 할 것이다.

3. 위 205호 부동산에 관한 원고의 피고 황범진, 서영수에 대한 청구에 관한 판단

가. 피고 황범진에 대한 청구에 관하여

(1) 원고는, 먼저 피고 황범진은 원고의 동생인 위 서영주와 피고 서영수가 원고를 정신병원에 강제입원시킨 뒤 한정치산선고를 받았으며, 위 피고가 매수한 205호 부동산이 원고가 피고 서명수에게 소유권등기명의를 신탁한 것이고, 위 서영주와 피고 서명수가 공동으로 이를 횡령할 목적으로 이를 매각 처분한다는 사정 등을 알면서도 위 처분 횡령행위에 공모 가담하여 시가의 절반도 안되는 헐값에 이 사건 부동산을 매수하였으니 이는 불공정한 법률행위이거나 사회질서에 반하는 행위로서 무효이므로 위 피고 명의의 소유권이전등기는 원인무효의 등기로서 말소되어야 한다는 취지로 주장한다.

그러므로 먼저, 위 피고가 위 서영주 및 피고 서영수의 횡령행위에 적극적으로 공모 가담하였다는 점에 대하여 보건대, 이에 부합하는 듯한 갑 제25호증의 기재는 믿지 아니하고, 다만, 앞에서 든 증거에 의하면, 위 피고는 매수부동산에 관하여 등기부상 소유자인 피고 서영수로부터 이를 매수하기로 하는 계약을 체결한 다음 잔금지급기일에 위 서영주와 피고 서영수가 다투는 것을 보고 위 부동산이 원고가 피고 서영수에게 명의신탁한 것이고, 한정치산자인 원고의 후견인이 위 서영주인 것을 알게 된 사실을 인정할 수 있으나, 한편 잔금 지급시 위 서영주는 피고 서영수와 잔금의 귀속에 대하여 다툴 뿐 매수인인 피고 황범준에 대하여 이의를 제기한바 없었던 점, 또한 명의신탁의 경우 대외적인 관계에서 소유자는 명의수탁자인 점을 고려하면, 위 인정 사실만으로서는 피고 황범준이 피고 서영수나 위 서영주의 횡령행위에 적극 가담하였다고 인정하기에 부족하고, 달리 이를 인정할 증거가 없으므로, 원고의 위 주장은 나머지 점을 가려볼 것 없이 이유 없다.

(2) 원고는 다음으로, 피고 황범준은 친족회의 동의 없이 그 매수 부동산을 매수한 것이므로 위 피고 명의의 소유권이전등기는 무효로서 말소되어야 한다는 취지로 주장하므로 살피건대, 위 피고는 앞에서 본 바와 같이 그 매수 부동산에 관하여 원고의 후견인인 위 서영주로부터 매수한 것이 아니라 등기명의인인 피고 서영주로부터 매수한 것이고, 그 부동산은 원고가 피고 서영수 명의로 명의신탁하여 둔 부동산이므로, 그 대외적인 관계에 있어서는 수탁자인 위 피고의 소유로 인정되는 것이어서 그 매매에 있어서 친족회의 동의를 요한다고 볼 수 없으므로(실제로 위 친족회 소집 심판 중 친족회의 의결사항에 위 부동산의 처분에 대한 동의 여부는 포함되어 있지 않다), 원고의 위 주장은 이유 없다.

나. 피고 서영수에 대한 청구에 관하여

한편, 원고는, 피고 서영수에 대하여 위 205호 부동산에 관하여도 명의신탁해지를 원인으로 한 소유권이전등기절차의 이행을 청구하고 있으나, 앞서 본 바와 같이 원고의 위 부동산에 관한 피고 황범준에 대한 소유권이전등기말소 청구가 기각되는 이상, 피고 서영수의 소유권이전등기의무는 이행불능의 상태에 있다 할 것이므로, 원고의 이 부분 청구는 이유 없다 할 것이다.

4. 우이동 소재 부동산에 관한 원고의 피고 서영수에 대한 청구에 관한 판단

가. 명의신탁의 해지

우이동 소재 부동산은 원고의 소유인데 편의상 동생인 피고 서영수에게 명의신탁한 것인 사실, 원고는

1989.6.23.경 위 부동산에 관하여 명의신탁해지 청구의 소를 제기하였으나, 위 제1항 (2)에서 보았듯이 얼마 후에 정신병원에 강제입원됨으로써 위 소송기일에 출석하지 못해 위 소송이 종료되었음은 앞에서 본 바이고, 또한 위 명의신탁을 해지한다는 뜻이 담긴 원고의 이 사건 소장 부본이 1994.7.8. 위 피고에게 송달된 사실은 기록상 분명하므로, 다른 특별한 사정이 없는 한 피고는 원고에게 위 각 부동산에 관하여 최소한 위 소장부본 송달일자 명의신탁해지를 원인으로 한 소유권이전등기절차를 이행할 의무가 있다 할 것이다.

나. 피고 서영수의 항변에 대한 판단

(1) 이에 대하여 위 피고는 우이동 소재 부동산은 명의신탁 후 위 피고가 1987.12.중순경 원고로부터 매수한 것이므로 원고에게 소유권이전등기의무가 없다고 주장하는 반면, 원고는 위 매매계약은 이미 해제된 것이라고 주장한다.

살피건대, 을 제2호증의 1, 2, 갑 제70호증의 9의 각 기재와 증인 박귀례의 일부 증언에 변론의 전취지를 종합하면, 피고 서영수는 1987.12.중순경 위 부동산을 금 45,000,000원에 결가하여 원고로부터 매수하기로 한 사실은 이를 인정할 수 있다.

그러나, 한편 위 같은 증거에 갑 제70호증의 8, 9, 10, 11의 각 기재를 종합하면, 위 매매 당시 원고는 피고 서영수로부터 계약금으로 금 2,000,000원을 받고 중도금을 위 부동산에 대한 임대보증금 11,000,000원에서 금 2,000,000원을 인상하여 이를 원고가 가지되 그 합계 금 13,000,000원의 반환채무를 위 피고가 인수하고 나머지 금 30,000,000원은 1988.1.경에 지급하기로 약정한 사실, 그러나 피고 서영수가 위 잔대금 지급기일에 잔금지급을 지체하므로 원고는 1988.3.까지 잔대금을 지급하라라고 최고하고 이를 이행하지 않으면 매매계약은 해제되는 것으로 통고한 사실, 그 후 피고 서영수는 그 최고기간 내에도 잔대금지급 의무의 이행을 하지 아니한 사실을 인정할 수 있고, 이에 반하는 듯한 갑 제70호증의 12, 갑 제71호증의 16, 40, 갑 제72호증의 15, 16의 각 기재 및 원심증인 박귀례의 일부 증언은 믿지 아니하고 달리 반증이 없으며, 한편 원고가 1989.6.23.경 위 부동산에 관하여 명의신탁해지 청구의 소를 제기하였으나, 위 제1항 (2)에서 보았듯이 그 후에 정신병원에 강제입원됨으로써 위 소송기일에 출석하지 못해 위 소송이 종료되었음은 앞에서 인정된 바와 같다.

위 인정 사실에 의하면, 원고와 피고 서영수 간의 위 매매계약은 피고 서영수가 잔대금 지급의무를 이행하지 아니하여 최소한 위 소송의 소장부본 송달로써 해제되었다고 할 것이므로, 피고 서영수의 매수주장은 결국 이유 없다(더욱이 앞서 제1항 (1)에서 본 바와 같이 위 서영주가 1990.1.19.경 피고 서영수가 원고로부터 명의신탁받은 위 부동산에 임의로 근저당권을 설정하는 등 횡령하였다고 고소하자 피고 서영수는 위 부동산을 원고 소유로 인정하여 위 서영주가 고소를 취하한 사실이 있다).

(2) 다음으로 피고 서영수는, 원고가 다시 피고 서영수를 횡령으로 고소하여 기소된 사건 진행 중인 1992. 10.18. 위 부동산에 대한 매매잔대금 30,000,000원을 공탁하여 원고가 이를 수령하였고, 다시 원고가 위 돈으로는 부족하다며 추가로 돈을 요구하여 1992.12.19. 금 20,000,000원을 추가로 지급함과 아울러 기존의 임대차관계에 따른 임차인들에 대한 임대차보증금 반환채무를 인수하기로 하여 매매완결을 지었으므로 위 부동산은 피고 서영수의 소유라고 주장함에 대하여, 원고는 위 피고에 대한 위 형사 사건의 고소를 취하하기로 하면서 위 피고는 형사합의금으로 위 공탁금과 금 20,000,000을 지급하기로 약정하였고, 이에 따라 원고는 고소를 취하한 다음 위 공탁금을 수령하고 피고로부터 금 20,000,000원을 지급받은 사실이 있을 뿐, 위 합계금 50,000,000원을 위 부동산의 매매대금조로 받은 것이 아니라고 다툰다.

살피건대, 성립에 다툼이 없는 을 제2호증의 2(영수증, 원고는 이에 대하여 그 성립을 인정하면서도, 위 문서의 기재 내용을 읽어 보지 아니하고 날인하였다는 취지로 주장하나 이를 인정할 증거가 없다)의 기재에 의하면, 1992.12.19.자로 원고가 피고 서영수에게 작성하여 준 영수증에는 원고가 금 20,000,000원을 위 우이동 부동산에 대한 잔금조로 수령한다는 취지가 기재되어 있는 사실을 인정할 수 있고, 위 인정 사실에 비추어 보면, 위 피고의 주장과 같이 원고는 결국 위에서 해제된 것으로 보았던 1987.12.의 매매계약에 새로운 효력을 부여하는 처분행위를 하였다고 할 것이다.

그러나 당시 원고는 한정치산자의 신분에 있었으므로 이러한 처분행위에 대하여는 반드시 적법한 친족회의 동의를 전제로 한 후견인의 동의가 있어야 할 것인데, 이와 같은 동의가 있었음을 인정할 증거가 없다. 그렇다면 원고의 위 처분행위는 취소할 수 있는 행위라고 할 것이고, 그 처분행위의 내용에 반하여 위 부동산의 소유권이전등기를 구하는 원고의 이 사건 소장에는 위 처분행위를 취소하는 의사표시도 포함되어 있다고 봄이 상당하다 할 것이므로, 이 사건 소장부본이 위 피고에게 1994.7.8. 송달됨으로써 위 처분행위는 취소되었다 할 것이어서 그 처분행위의 유효함을 전제로 하는 위 피고의 주장은 결국 이유 없다 할 것이다.

(3) 나아가 피고 서영수는, 원고의 위 처분행위가 취소되어 무효이고 따라서 피고가 위 부동산에 관하여 명의신탁해지를 원인으로 한 소유권이전등기의무가 있다고 하더라도, 원고는 피고가 위 부동산의 대금조로 원고에게 지급한 금 54,000,000원과 매수 후 위 부동산의 임차인들에게 반환한 임차보증금 합계 금 76,000,000원 등 합계 금 130,000,000원을 반환할 의무가 있고, 위 반환채무는 피고의 소유권이전등기의무와 동시이행의 관계에 있다는 취지로 주장한다.

(가) 살피건대, 한정치산자의 법률행위가 취소된 경우에, 한정치산자인 원고는 그 행위로 인하여 받은 이익이 현존하는 한도에서 상환할 책임이 있는 반면, 피고도 취소에 따라 원상회복으로서 소유권이전등기의 말소 등의 의무가 있다고 할 것이고, 위 각 채무는 공평의 견지에서 동시이행의 관계에 있다고 하겠으나, 한편 원고의 위 피고에 대한 이 사건 청구는 매매계약의 취소를 원인으로 한 소유권이전등기의 말소절차이행을 구하는 것이 아니라, 명의신탁해지를 원인으로 한 소유권이전등기를 구하는 것이므로, 위 피고의 소유권이전등기의무와 매매계약취소에 따른 원고의 위 대금 상당액의 반환채무는 상호 견련관계가 없어 동시이행관계에 있다고 할 수 없고, 또한 앞에서 본 바와 같이 위 부동산에 관하여 위 피고가 명의수탁시 임의로 설정한 근저당권에 대하여 명의신탁자인 원고로서는 법리상 근저당권자에게 대항할 수 없는 점 등을 감안하면, 공평의 견지에서도 동시이행관계에 있다고 볼 수는 없다고 할 것이다.

(나) 나아가 가사 동시이행관계에 있다고 하더라도, 과연 위 피고의 주장과 같이 원고가 금 130,000,000원을 반환할 의무가 있는지에 관하여 본다.

1) 우선 위 피고의 금 54,000,000원 반환주장에 관하여 살피건대, 위 부동산에 관하여 원고가 한정치산선고 전인 1987.12. 중순경의 위 매매계약에 따라 피고 서영수로부터 계약금으로 금 2,000,000원을 받고 중도금을 위 부동산에 대한 임대보증금 11,000,000원에서 금 2,000,000원을 인상하여 이를 원고가 가지되 그 합계 금 13,000,000원의 반환채무를 위 피고가 인수하기로 하였고, 그 후 원고가 위 형사고소를 취소할 무렵 금 50,000,000원을 대금조로 지급한 사실은 앞에서 본 바이다.

그러나 갑 제70호증의 8, 9, 10, 11의 각 기재에 변론의 전취지를 종합하면, 1987.12.의 매매계약시 수령한 계약금 2,000,000원은 위 피고의 위약으로 해제됨으로써 위약금으로 원고에게 귀속된 금원인 사실, 또한 중도금의 일부로 수령하기로 한 임대보증금 인상분 금 2,000,000원은 위 계약이 해제됨으로써 피고가 위 임대차를 인수하지 않게 된 이상 이를 지급하지 아니한 결과가 된 사실을 인정할 수 있고, 한편 이미 해제된 1987. 12.의 매매계약에 새로운 효력을 부여하였던 1992.12.19.자 원고의 처분행위는 앞에서 본 바와 같이 원고의 취소로 무효가 되었음은 앞에서 본 바인 바, 그렇다면, 위 원고의 1992.12.19.자 처분행위가 취소됨으로써, 그 전에 이루어진 위 1987.12.의 매매계약에 대한 원고의 해제는 그 효력이 되살아났다고 할 것이어서, 원고는 위 1987.12.의 계약과 관련한 금 4,000,000원에 대하여는 이를 위 피고에게 반환할 의무는 없다고 할 것이다. 따라서, 위 피고의 주장 중 금 4,000,000원 반환 주장은 결국 이유 없다.

다만, 원고는 1992.12.19.자 처분행위시에 위 피고로부터 받은 금 50,000,000원은 위 처분행위의 취소로 이익을 얻은 것이라고 할 것이므로, 특별한 사정이 없는 한 이를 위 피고에게 반환할 의무가 있다고 할 것이나, 한편 위 피고는 원고 소유의 우이동 소재 부동산에 관하여 임의로 소외 김춘자에게 근저당권을 설정하고 금 40,000,000원을 차용하여 이를 사용한 사실, 또한 피고 서영수는 원고로부터 명의수탁받은 위 205호 부동산을 임의로 금 44,500,000원에 처분하여 이를 횡령한 사실은 앞에서 본 바이고, 위 인정 사실에 의하면, 위 피고의 위 각 횡령으로 인하여 원고는 최소한 위 합계 금 84,500,000원의 손해를 입었다고 할 것이어서 위 피고는 원고에게 이를 배상할 책임이 있다고 할 것인데, 위 피고의 원고에 대한 금 50,000,000원의 채권에 대하여, 원고의 의사(원고가 위 피고로부터 받은 금 50,000,000원이 형사합의시 손해배상으로 받았다는 주장에는 상계의 의사표시도 포함되어 있다고 할 것이다)에 따라 원고의 위 피고에 대한 위 손해배상채권으로 이를 대등액에서 상계하면, 원고의 위 채권은 모두 소멸하였다고 할 것이다. 따라서, 위 피고의 주장 중 위 금 50,000,000원 반환 주장도 결국 이유 없다 (또한 갑 제83호증에 의하면, 위 우이동 소재 부동산 일부가 강북구청이 실시하는 주거환경개선사업지구 내 도로로 편입되자 위 피고는 1994.11.30. 및 1995.4.14. 2회에 걸쳐 협의보상금으로 합계 금 81,836,500원을 수령한 사실이 있는바, 명의수탁자인 위 피고가 한 위 협의의 효력이 명의신탁자인 원고에게 미치는 경우에는 위 피고는 위 금원을 원고에게 반환할 의무도 있다고 할 것이다).

2) 다음으로 피고의 보증금반환금 상당액 금 72,000,000원의 반환 주장에 관하여 보건대, 갑 제72호증의 3, 을 제12호증의 1 내지 6, 을 제14호증의 1 내지 2의 각 기재, 을 제13호증의 1 내지 3의 일부 기재와 당사자 사이에 다툼이 없는 사실에 변론의 전취지를 종합하면, 위 서영주는 원고의 한정치산선고 후인 1990.8.3.부터 1992.10.4. 사이에 피고 서영수의 묵인 아래 위 피고의 이름으로 위 우이동 소재 부동산의 일부씩을 임대하고, 그 임대보증금으로 1990.8.3. 소외 장금옥으로부터 금 13,000,000원, 1992.3.21. 소외 최돈익으로부터 금 13,000,000원, 같은 해 3.29. 소외 임종성, 임종국으로부터 각 금 8,000,000원씩, 같은 해 10.4. 소외 황진하로부터 금 17,000,000원, 같은 해 10.19.경 소외 이해조로부터 금 17,000,000원을 각 수령하여, 그 수령 합계 금 76,000,000원을 임의로 사용한 사실, 피고 서영수는 원고의 형사고소 취소 후 위 장금옥을 제외한 나머지 임차인들에 대하여는 임차보증금 합계 금 63,000,000원을 각 반환 지급(위 임종성, 임종국의 임차보증금은 1994.12.29.자, 위 황진화, 최돈익, 이해조의 임차보증금은 1995.9.20.경)한 사실을 인정할 수 있는바, 위 인정 사실에 의하면, 위 피고가 반환한 임대보증금 상당액 63,000,000원은 결국 위 서영주가 위 피고의 묵인하에 횡령한 보증금을 반환하여 준 것이어서, 이를 원고가 이득한 것이라고 볼 수 없다고 할 것이고, 한편 피고 서영수가 위 장금옥의 임차보증금 13,000,000원을 반환하였다는 위 피고의 주장사실에 관하여는 이를 인정할 증거가 없다. 따라서 위 피고의 위 금 72,000,000원 반환 주장도 결국 이유 없다.

(다) 따라서 피고 서영수의 동시이행 항변은 어느모로 보나 이유 없다.

5. 결론

그렇다면 원고에게, 피고 이달오는 별지 제2목록 1 기재 부동산(103호 부동산)에 관하여 서울지방법원 용산등기소 1991.2.12. 접수 제8607호로 경료한 소유권이전등기의 말소등기절차를, 피고 서명진은 별지 제2목록 5, 6, 7 기재 각 부동산(쌍문동 소재 부동산)에 관하여 서울지방법원 도봉등기소 1990.12.24. 접수 제149519호로 경료한 소유권이전등기의 말소등기절차를 각 이행할 의무가 있고, 피고 서영수는 별지 제1목록 기재 각 부동산(우이동 소재 부동산)에 관하여 각 1994.7.8.자 명의신탁해지를 원인으로 한 소유권이전등기절차를 이행할 의무가 있다 할 것이므로, 원고의 피고 이달오, 서명진에 대한 각 청구는 이유 있고, 피고 서영수에 대한 청구는 위 인정범위 내에서 이유 있어 이를 각 인용하며, 반면 원고의 피고 황범준, 이상철에 대한 청구 및 피고 서영수에 대한 나머지 청구는 이유 없어 이를 각 기각할 것인바, 원심판결 중 피고 황범준, 이상철, 서영수에 대한 부분은 당원과 결론을 같이하여 정당하므로, 이에 대한 원고 및 피고 서영수의 각 항소는 이유 없어 이를 각 기각하고, 피고 이달오, 서명진에 대한 부분은 당원과 결론을 달리하여 부당하므로, 이에 대한 원고의 항소를 받아들여 이를 취소하고 위와 같이 그 이행을 명하기로 하여, 주문과 같이 판결한다. [별지생략]

(1-2) 대법원 1997. 6. 27. 선고 97다3828 판결

【원고, 상고인 겸 피상고인】	서금순
【피고, 피상고인】	황범준 외 1인
【피고, 상고인】	서명진 외 1인
【원심판결】	서울고등법원 1996. 11. 26. 선고 95나41187 판결
【주 문】	상고를 모두 기각한다. 상고비용은 상고인들 각자의 부담으로 한다.

【이 유】

상고이유를 보충서와 함께 본다.

1. 원고의 피고 황범준에 대한 상고이유에 대하여

기록에 의하면, 원심이 피고 황범준에 대하여 원고 소유의 이 사건 205호 부동산을 그 명의수탁자인 피고 서영수로부터 매수할 당시 위 피고 및 소외 서영주의 횡령행위에 적극 가담하였다고 볼 수 없다고 판단한 조치는 정당하고, 거기에 소론과 같은 사실오인의 위법이 있다고 할 수 없다.

논지는 이유 없다.

2. 원고의 피고 이상철에 대한 상고이유에 대하여

민법 제126조 소정의 권한을 넘는 표현대리 규정은 거래의 안전을 도모하여 거래상대방의 이익을 보호하려는 데에 있으므로 법정대리라고 하여 임의대리와는 달리 그 적용이 없다고 할 수 없고, 따라서 한정치산자의 후견인이 친족회의 동의를 얻지 않고 피후견인의 부동산을 처분하는 행위를 한 경우에도 상대방이 친족회의 동의가 있다고 믿은 데에 정당한 사유가 있는 때에는 본인인 한정치산자에게 그 효력이 미친다 할 것이다.

기록에 의하면, 원고는 정신분열증 등의 진단을 받고 국립서울정신병원에 강제입원되어 있는 동안 원고의 동생인 소외 서영주의 신청에 의하여 서울가정법원으로부터 1989. 11. 28.자로 한정치산선고를 받았고 뒤이어 위 서영주가 원고의 후견인으로 선임된 사실, 그 후 위 서영주의 신청에 의하여 서울가정법원은 1990. 12. 7.자 같은 법원 XXㄴXXXX 호로 한정치산자인 원고의 친족회원으로 피고 서영수, 위 서영주의 처인 소외 남복순, 피고 서영수의 처인 소외 박귀례를 선임하고, 원고 소유의 이 사건 신당동 소재 부동산을 포함한 여러 부동산을 후견인인 위 서영주가 매각함에 있어서 그 동의 여부를 의결하기 위한 친족회를 1990. 12. 22. 10:00 원고의 거택에서 소집한다는 심판을 한 사실, 위 서영주는 원고의 후견인 자격으로 1991. 8. 20.경 원고 소유의 이 사건 신당동 소재 부동산을 피고 이상철에게 금 120,000,000원에 매도한 다음 위 친족회원 3인 명의로 매도 결의 취지가 적힌 1990. 12. 22.자 친족회 의사록을 첨부하여 1991. 10. 10. 피고 이상철 앞으로 소유권이전등기를 경료하여 준 사실, 그런데 위 1990. 12. 22.자 친족회의 의사록은 실제로 친족회가 소집되거나 개최된 바도 없이 허위로 작성된 사실을 인정할 수 있고, 사실관계가 이와 같다면, 매매 당시 이미 이 사건 신당동 소재 부동산에 관하여 친족회원의 선임 및 친족회의 소집에 관한 법원의 심판이 있었고 그에 따른 동의의 뜻이 담긴 친족회 의사록을 구비하고 있었던 이상 매수인인 피고 이상철로서는 위 서영주가 원고의 후견인으로서 원고 소유의 위 부동산을 처분함에 있어서 친족회의 동의를 받았다고 믿을 만한 정당한 이유가 있었다고 할 것인바, 같은 취지에서 원고에게 위 매매에 관하여 권한을 넘은 표현대리로 인한 본인책임을 인정한 원심의 판단은 정당하고, 거기에 소론과 같은 민법상의 후견인의 규정 및 민법 제126조의 표현대리 규정에 관한 법리오해의 위법이 있다고 할 수 없다.

논지는 이유 없다.

3. 피고 서명진의 상고이유에 대하여

가. 제1점에 대하여

한정치산자의 후견인이 친족회의 동의 없이 그 피후견인인 한정치산자의 부동산을 처분한 경우에 발생하는 취소권은 민법 제146조에 의하여 추인할 수 있는 날로부터 3년 내에, 법률행위를 한 날로부터 10년 내에 행사하여야 하지만, 여기에서 '추인할 수 있는 날'이라 함은 취소의 원인이 종료한 후를 의미하므로 피후견인이 스스로 그 법률행위를 취소함에 있어서는 한정치산선고가 취소되어 피후견인이 능력자로 복귀한 날로부터 3년 내에 그 취소권을 행사하여야 한다.

기록에 의하면, 원고에 대하여 한정치산선고가 내려지자 위 서영주는 그 후견인으로서 원고에 갈음하여 1990. 11. 2.경 피고 서명진에게 원고 소유의 이 사건 쌍문동 소재 부동산을 매각한 사실, 원고는 1994. 10. 4. 서울가정법원으로부터 한정치산선고취소 심판을 받은 후 이 사건 1996. 8. 27.자 준비서면의 송달로 위 매각행위를 취소한 사실을 인정할 수 있으므로, 원고의 취소권 행사는 그 행위능력을 회복한 후 3년 내에, 위 매매계약을 체결한 때로부터 10년 내에 행하여진 것으로서 적법하다고 할 것이고, 이와 달리 이 사건 취소권의 제척기간이 매매 당일부터 진행된다거나 원고가 1992. 6. 5.경 정신병원에서 퇴원하여 위 서영주의 매각행위를 안 때로부터 진행한다는 소론은 독단적인 견해에 불과하여 받아들일 수 없다.

따라서 같은 취지에서 원고의 취소권 행사에 제척기간을 문제삼지 아니한 원심의 조치는 정당하고, 거기에 소론과 같은 무능력자의 법률행위에 관한 취소권의 존속기간 및 소송요건에 대한 법리오해의 위법이 있다고 할 수 없다.

논지는 이유 없다.

나. 제2점에 대하여

기록에 의하면, 피고가 1994. 8. 5.자 답변서, 1994. 11. 7.자 준비서면 및 1995. 4. 6.자 준비서면 등에서 '원고의 동생인 위 서영주가 원고의 후견인으로서 1년 이상 원고 소유의 이 사건 쌍문동 소재 부동산을 개·보수 및 임대관리를 전담하여 왔음을 소개인을 통하여 확인하고 위 서영주가 정당한 후견인으로 믿고 매매계약을 체결하여 소유권이전등기까지 경료하였으므로 원고는 피고 서명진을 상대로 할 것이 아니라 위 서영주를 상대로 부당이득반환을 청구하여야 한다'는 취지로 주장하였음은 소론과 같으나, 이 사건의 경우에는 위 서영주가 위 부동산을 매각함에 있어서 친족회의 동의를 얻지 아니한 것이 문제되어 취소사유에 해당하게 된 것이므로, 적어도 매매 당시 친족회의 동의가 있었다고 믿었고 또 그렇게 믿은 데에 정당한 이유가 될 만한 구체적인 사정이 있었다는 점이 언급될 때 비로소 민법 제126조의 표현대리 주장이 있었다고 볼 것인데 피고 서명진의 위 주장 속에는 이러한 부분이 포함되어 있다고는 도저히 볼 수 없는바, 원심이 같은 취지에서 표현대리의 주장이 없는 것으로 보아 그 부분에 대한 판단에 나아가지 아니한 조치는 수긍이 가고, 거기에 판단유탈 또는 석명권 불행사로 인한 심리미진의 위법이 있다고 할 수 없다.

뿐만 아니라, 기록에 의하면, 피고 서명진이 원고의 후견인인 위 서영주로부터 원고 소유의 이 사건 쌍문동 소재 부동산을 매수할 당시인 1990. 11. 2.경에는 위 부동산의 처분에 관하여 법원으로부터 친족회원의 선임이나 그 동의의결을 위한 친족회의 소집에 대한 심판을 받지 아니한 상태였을 뿐만 아니라 위 매매에 동의한다는 취지가 담긴 친족회 의사록이 구비되지도 아니하였다가 사후에 서울가정법원으로부터 친족회원의 선임 및 친족회의 소집에 관한 1990. 12. 7.자 심판을 받은 다음 앞서 본 바와 같이 허위로 작성된 1990. 12. 22.자 친족회 의사록을 첨부한 등기신청에 의하여 피고 서명진 명의의 소유권이전등기를 경료한 사실을 인정할 수 있는바, 전후 사정이 이와 같다면, 위 서영주가 원고의 후견인으로서 상당기간 원고의 재산을 관리하여 왔다고 할지라도 후견인을 상대로 중요한 재산적 가치를 가지는 한정치산자의 부동산을 매수하는 피고 서명진으로서는 친족회의 동의가 있었는지 여부를 확인하였어야 할 것인데도 막연히 부동산 중개업자를 통하여 위 서영주가 후견인으로 선임된 후 1년 이상 이 사건 부동산의 관리를 전담하여 온 사실만을 확인하였을 뿐 친족회의 동의에 관하여는 전혀 확인하지 아니한 이상 피고 서명진은 후견인을 상대로 거래하는 매수인으로서 마땅히 해야 할 주의를 다하지 못한 과실이 있다고 하지 않을 수 없으며, 또한 권한을 넘은 표현대리에 있어서 정당한 이유의 유무는 대리행위 당시를 기준으로 하여 판정하여야 하고 매매계약 성립 이후의 사정은 고려할 것이 아니므로(대법원 1981. 12. 8. 선고 81다322 판결 등 참조) 원고가 위 매매로 인한 소유권이전등기를 경료하기에 앞서 그 거래에 관한 친족회원의 선임 및 친족회의 소집에 관한 법원의 심판을 받았고 그에 따라 작성된 친족회 의사록을 원고의 후견인인 위 서영주로부터 교부받았다고 할지라도 이로써 위 서영주가 매매 당시 친족회의 동의를 받았다고 믿을 만한 정당한 이유가 된다고 볼 수 없어 어차피 원고에게 권한이 넘는 표현대리의 책임을 인정하기 어렵다고 할 것이므로 논지는 어느모로 보나 이유 없다.

다. 제3점에 대하여

기록에 의하면, 원고는 1992. 6. 5.경 정신병원에서 퇴원한 후 피고 서영수가 원고 소유의 부동산을 횡령한 사실을 알게 되자 1992. 6. 21.경 위 피고를 상대로 형사고소하였고 그 수사과정에서 위 서영주 역시 이 사건 쌍문동 소재 부동산을 비롯한 원고의 재산을 횡령하였다는 혐의가 드러나 피고 서영수와 함께 횡령죄로 기소된 사실, 그 후 원고는 위 서영주와 서영수에 대한 형사재판절차에서 위 서영주에 대하여는 1992. 9. 2.자로 고소취소장을 작성하여 같은 달 28. 서울지방검찰청에 제출하였고, 피고 서영수에 대하여는 1992. 11. 20.자로 고소취소장을 작성하여 같은 날 서울형사지방법원에 제출한 사실, 위 각 고소취소장의 요지는 '횡령혐의로 고소한 바 있으나 쌍방 원만히 합의하였을 뿐만 아니라 피고소인이 범행에 대하여 깊이 반성하고 있으므로 고소 취소한다'라는 것인 사실을 인정할 수 있는바, 사실관계가 이와 같다면, 원고는 위 각 고소취소장을 작성하여 제출할 때에도 아직 한정치산선고를 취소받기 전이므로 여전히 한정치산자로서 독립하여 추인할 수 있는 행위능력을 가지고 있지 못하였을 뿐더러 고소취소는 어디까지나 수사기관 또는 법원에 대하여 고소를 철회하는 의사표시에 지나지 아니하고 또 위 각 고소취소장에 기재된 문면의 내용상으로도 원고가 피고 서명진에 대하여 가지는 이 사건 매매의 취소권을 포기한 것으로 보기 어려우므로, 같은 취지의 원심판단은 정당하고, 거기에 의사표시의 해석 및 처분문서의 증명력에 관한 법리오해의 위법이 있다고 할 수 없다.

논지도 이유 없다.

4. 피고 서영수의 상고이유에 대하여

가. 제1점에 대하여

민법 제966조에 의하면, 친족회는 본인 기타 이해관계인 등의 청구에 의하여 가정법원이 이를 소집하도록 규정되어 있으므로, 가정법원이 소집하지 아니한 친족회의 결의는 중대한 절차상의 하자가 있어 부존재 내지는 무효라고 보아야 하는 점에 비추어 볼 때, 원고가 1992. 12. 19. 금 20,000,000원을 수령하면서 한 새로운 처분행위에 관하여 친족회의 동의를 받았다는 피고 서영수의 주장을 배척한 원심의 판단은 정당하고, 거기에 소론과 같은 친족회의 동의에 관한 사실오인의 위법이 있다고 할 수 없다.

논지는 이유 없다.

나. 제2점에 대하여

원래 쌍무계약에서 인정되는 동시이행의 항변권을 비쌍무계약에 확장함에 있어서는 양 채무가 동일한 법률요건으로부터 생겨서 공평의 관점에서 보아 견련적으로 이행시킴이 마땅한 경우라야 할 것인바(대법원 1992. 10. 9. 선고 92다25656 판결 참조), 이 사건에서 피고 서영수의 원고에 대한 소유권이전등기의무는 명의신탁 해지로 인하여 발생한 것이고, 피고 주장의 매매대금 등 반환채무는 매매계약의 취소로 인하여 부당이득 반환의무로서 발생한 것으로서 서로 동일한 법률요건이 아닌 별개의 발생원인에 기한 것이어서 위 양 채무간에 이행상의 견련성을 인정할 수 없다고 할 것이므로, 같은 취지에서 동시이행의 항변을 배척한 원심의 조치는 정당하고, 거기에 소론과 같은 동시이행의 항변에 관한 법리오인 및 사실오인의 위법이 있다고 할 수 없다.

논지도 이유 없다.

그러므로 원고 및 피고 서명진, 서영수의 상고를 모두 기각하고 상고비용은 패소자 각자의 부담으로 하기로 하여 관여 법관의 일치된 의견으로 주문과 같이 판결한다.

4 민법 제126조의 유추적용

(1) 대법원 2002. 6. 28. 선고 2001다49814 판결

【원고, 상고인】 주식회사 삼보상호저축은행 (변경 전 상호 : 주식회사 삼보상호신용금고)
【피고, 피상고인】 피고
【원심판결】 서울지방법원 2001. 6. 26. 선고 2000나25636 판결
【주 문】 상고를 기각한다. 상고비용은 원고의 부담으로 한다.

【이 유】

상고이유를 본다.

1. 제1점에 대하여

원심판결 이유에 의하면 원심은, 제1심법원이 피고의 주민등록부상의 주소지로 발송한 소장부본과 변론기일 소환장이 송달불능되자, 당초부터 공시송달의 방법에 의하여 소송을 진행한 후 1998. 2. 4. 원고 승소의 판결을 선고하였고, 그 판결정본도 같은 방법으로 송달한 사실, 피고는 제1심판결이 있었던 것을 모르고 있다가 2000. 3. 29. 원고와 피고 사이에 계속된 서울지방법원 99가합98511 소유권이전등기말소등기절차이행 청구사건에서 이 사건 제1심판결문이 증거로 제출되자, 비로소 제1심판결이 선고되어 공시송달의 방법으로 송달된 사실을 알고 2000. 4. 10. 이 사건 추완항소를 제기한 사실을 각 인정한 다음, 이러한 경우 달리 특별한 사정이 없는 한 피고는 그가 책임질 수 없는 사유로 제1심판결이 있었던 것을 몰랐다고 보아야 할 것이므로, 위와 같이 판결이 공시송달된 사실을 안 후 법정기간 내에 제기한 피고의 이 사건 추완항소는 적법하다고 판단하고 나서, 피고가 위 일자 이전에 이 사건 제1심판결이 공시송달된 사실을 알았으므로 피고의 이 사건 추완항소는 부적법하다는 취지의 원고의 주장을 그 판시와 같은 이유로 배척하였는바, 관계 증거들을 기록에 비추어 살펴보면, 원심의 위와 같은 사실인정과 판단은 정당하다고 수긍이 되고, 거기에 상고이유로 주장하는 바와 같이 채증법칙을 위배하여 사실을 잘못 인정한 위법이 있다고 할 수 없다.

이 부분 상고이유의 주장은 사실심인 원심의 전권사항인 증거의 취사선택과 사실의 인정을 탓하는 것이거나 원심의 판단을 비난하는 것으로서 받아들일 수 없다.

2. 제2점에 대하여

민법 제126조의 표현대리는 대리인이 본인을 위한다는 의사를 명시 혹은 묵시적으로 표시하거나 대리의사를 가지고 권한 외의 행위를 하는 경우에 성립하고, 사술을 써서 위와 같은 대리행위의 표시를 하지 아니하고 단지 본인의 성명을 모용하여 자기가 마치 본인인 것처럼 기망하여 본인 명의로 직접 법률행위를 한 경우에는 특별한 사정이 없는 한 위 법조 소정의 표현대리는 성립될 수 없는 것이다.

원심판결 이유에 의하면 원심은, 그 판시의 증거들을 종합하여 피고의 처였던 소외 1가 당시 남편이었던 피고 몰래 피고 소유의 이 사건 부동산을 담보로 제공하고 원고로부터 금원을 대출받기로 마음먹고, 소외 2과 공모하여 피고의 주민등록증의 피고 사진을 떼어내고 그 자리에 소외 2의 사진을 붙인 다음 그 주민등록증 사본을 원

고의 담당직원에 제출하는 방법으로 소외 2이 피고인 것처럼 가장하여 이 사건 각 차용금증서 및 어음거래약정서 등에 피고의 인장을 날인함으로써 이를 각 위조한 사실을 인정한 다음, "소외 1는 이 사건 각 대출 이전에 피고로부터 일정한 기본대리권을 수여받았거나 피고의 처로서 일상가사대리권이 있었는데, 다만, 자신이 직접 피고의 대리인으로서 원고로부터 위 각 대출을 받은 것이 아니라, 소외 2으로 하여금 피고 본인인 것처럼 행세하도록 하여 원고를 속이고 위 각 대출을 받았는바, 원고로서는 소외 2이 피고 본인인 것으로 믿었고 그 믿은 데에 정당한 이유가 있으므로, 피고는 이 사건 각 대출에 대하여 민법 제126조 소정의 표현대리책임이 있다."는 원고의 주장에 대하여 사술을 써서 대리행위의 표시를 하지 아니하고 단지 본인의 성명을 모용하여 자기가 마치 본인인 것처럼 상대방을 기망하여 본인 명의로 직접 법률행위를 하는 경우에는 특별한 사정이 있는 경우에 한하여 민법 제126조 소정의 표현대리의 법리를 유추적용할 수 있다고 할 것인데, 여기서 특별한 사정이란 본인을 모용한 사람에게 본인을 대리할 기본대리권이 있었고, 상대방으로서는 위 모용자가 본인 자신으로서 본인의 권한을 행사하는 것으로 믿은 데 정당한 사유가 있었던 사정을 의미한다고 할 것이라고 전제하고 나서, 피고를 모용한 소외 2이 피고를 대리할 어떠한 기본대리권이 있다는 점에 관하여 아무런 주장・입증이 없다고 판단하여 원고의 위 주장을 배척하고 있는바, 앞서 본 법리와 기록에 비추어 살펴보면, 원심의 위와 같은 사실인정과 판단은 옳다고 수긍이 되고, 원심판결에 상고이유로 주장하는 바와 같이 민법 제126조 소정의 표현대리의 유추적용에 관한 법리를 오해한 위법이 있다고 할 수 없다.

그리고 이 사건에 있어서 소외 1와 소외 2의 행위를 총체적으로 하나로 보아 표현대리의 법리를 유추적용하여야 한다는 주장은 독자적인 견해에 불과하여 받아들일 수 없으므로 원심판결에 이에 관한 판단유탈이나 표현대리에 관한 법리오해 등의 위법이 있다고 할 수도 없다.

또한, 상고이유에서 들고 있는 대법원판결들은 그 사안을 달리하여 이 사건에 원용하기에 적절하지 아니하다.

3. 제3점에 대하여

원심판결 이유에 의하면 원심은, 그 판시의 증거들을 종합하여, 소외 1가 원고의 이 사건 각 대출금 중 일부(이하 '이 사건 제1대출'이라고 한다)로 피고 소유의 이 사건 부동산에 설정된 백열, 강임모, 백종기 명의의 근저당권의 피담보채무를 변제하고 1995. 6. 16. 위 근저당권설정등기를 말소한 사실, 한편, 소외 1는 원고로부터 이 사건 각 대출을 받으면서 원고를 기망한 방법과 동일한 방법으로, 소외 2으로 하여금 피고 본인인 것처럼 행세하게 하여 피고의 허락 없이 1993. 12. 21. 이 사건 부동산에 대하여 채권최고액을 630,000,000원, 채무자를 주식회사 예동, 근저당권자를 주식회사 제일상호신용금고로 한 근저당권을 설정하여 주고 주식회사 예동으로 하여금 제일상호신용금고로부터 대출을 받을 수 있도록 하여 준 사실, 그◇데 주식회사 예동이 부도가 나자, 소외 1는 이 사건 부동산에 관하여 백열, 강임모, 백종기에게 다시 위와 동일한 방법으로 피고의 허락 없이 근저당권을 설정하여 주고 동인들로부터 금원을 차용하여 제일상호신용금고에 주식회사 예동의 채무를 대위변제한 사실, 그 후 소외 1는 또 다시 위와 동일한 방법으로 피고의 허락 없이 1995. 6. 14. 이 사건 부동산에 관하여 채권최고액을 940,000,000원, 채무자를 피고, 근저당권자를 원고로 한 근저당권설정등기를 경료하여 주고 원고로부터 이 사건 제1대출을 받아 백열, 강임모, 백종기에 대한 채무를 변제하고 이들 명의의 근저당권을 말소한 사실을 각 인정한 다음, 위 인정 사실에 비추어 보면, 소외 1가 원고로부터 이 사건 제1대출을 받아 그 금원으로 백열, 강임모, 백종기 명의의 근저당권의 피담보채무를 변제하고 그 근저당권설정등기를 말소하였다고 하더라도 피고에게 어떠한 이익이 있다고 보기 어렵고, 달리 이 사건 제1대출로 인하여 피고가 이익을 얻었다는 점을 인정할 증거가 없다고 판단하여, 위 백열 등 명의의 근저당권설정등기가 말소되었음을 이유로 피고에 대하여 위와 같이 변제된 그 피담보채무액 상당의 부당이득금 반환을 구하는 원고의 청구를 배척하였는바, 기록에 비추어 살펴보면, 원심의 위와 같은 조치는 수긍이 되고, 원심판결에 심리를 제대로 하지 아니한 채 채증법칙에 위배하여 사실을 잘못 인정한 위법이 있다고 할 수 없다.

그리고 위 백열 등 명의의 근저당권설정등기는 위에서 본 바와 같이 소외 2이 피고 본인의 성명을 모용하고 관계 서류를 위조하여 경료한 것으로서 피고에 대하여 그 효력을 인정할 수 없다고 할 것인바, 비록 위 근저당권설정등기가 원인무효를 이유로 말소된 것이 아니라고 하더라도, 그 사유만으로는 위 근저당권설정등기의 말소로 인하여 피고가 무슨 이익을 얻은 것으로 볼 수 없다고 한 원심의 판단에 아무런 영향을 미칠 수 없는 것이므로, 원심판결에 등기의 추정력이나 부당이득에 관한 법리를 오해한 위법이 있다고 할 수도 없다.

(2-1) 대구고등법원 1986. 2. 12. 선고 85나1330 판결

【원고, 피항소인】 김칠영 외 7인

【피고, 항소인】 농어촌개발공사

【변론종결】 1986. 1. 22.

【원심판결】 마산지방법원 1985. 7. 25. 선고 84가합185 판결

【주 문】 항소를 기각한다. 항소비용은 피고의 부담으로 한다.

【청구취지】

피고는 원고들에 대하여 별지목록기재 부동산에 대한 1982. 7. 6. 마산지방법원 접수 제21244호로서 동년 7. 5.자 근저당권설정계약을 원인으로 채권최고액 금 130,000,000원, 채무자 강한천, 근저당권자 피고로 된 근저당권설정등기의 말소등기절차를 이행하라. 소송비용은 피고의 부담으로 한다는 판결을 구하다.

【항소취지】

원심판결을 취소한다. 원고들의 청구를 각 기각한다. 소송비용은 제1, 2심 모두를 원고들의 부담으로 한다는 판결을 구하다.

【이 유】

1. 성립에 다툼이 없는 갑제1호증의1, 2, 갑제2호증의 1 내지 5, 갑제7호증의 1, 2, 갑제8호증의 3, 4, 7, 13, 14, 16, 22, 23, 24, 26, 27, 29, 30, 36 내지 51, 56, 57, 58(갑제8호증의 4, 29, 36, 57, 58중 뒤에서 믿지 않는 부분 각 제외) 갑제9호증의 1, 2, 3, 을제2호증의 각 기재에 원심증인 김형세, 옥순금의 각 증언 및 원심의 인영 감정결과와 변론의 전취지를 종합하면 소외 망 김종필은 생존시인 1982. 6. 중순경(당시 그는 중병중이었고 뒤에서 보는 바와 같이 1년여 뒤에 사망했다.) 그의 사위 소위 김형세의 소개로 알게 된 소외 길동진에게 그의 소유인 별지목록기재부동산(이하 이 사건 부동산으로 약칭한다.)을 담보로 금 20,000,000원을 차용해 보라는 부탁을 하고 발부일자 동년 6. 24. 용도 은행대출용으로 된 그 명의의 인감증명서 2통, 등기필증 및 인감인장을 동 길동진에게 교부한 사실, 위 길동진은 위와 같은 부탁을 받고 자금주를 물색하던 중 "삼덕농산"이라는 상호로 피고에게 농산물을 수납하여 온 소외 강한천이 피고로부터 농산물 수매자금을 융자받을 수 있도록 되어 있으나(동 소외인은

당시 피고로부터 1982년도 농산물 수매자금으로 금 161,000,000원의 융자 승인을 얻고 있었다.) 담보물이 없어서 융자를 받지 못하고 있다는 사정을 알고 위 망 김종필의 사전동의나 승낙도 없이, 동 강한천과 사이에 동 강한천을 채무자로 하고 위 망인을 물상보증인으로 하여 이 사건 부동산을 피고에게 담보로 제공하고 그 융자금중에서 금 20,000,000원을 위 망인에게 교부하기로 한 뒤 동년 7. 5. 위 강한천 및 피고와 함께 동 강한천을 채무자로, 피고를 채권자로, 위 망인을 이 사건 부동산의 물상보증인겸 연대보증인으로, 채권최고액을 금 130,000,000원으로 하여 근저당권설정계약을 체결하고(위 연대보증계약은 위 강한천이 피고로부터 현재 및 1982. 12. 19.까지 부담하는 모든 채무에 대하여 161,000,000원의 한도로 연대보증채무를 부담하되 위 채무에 대한 비용, 이자 배상금등 이에 따르는 모든 채무는 위 한도금액을 초과하는 것도 부담하기로 하는 내용이다.) 다음날인 동년 7. 6. 위 근저당권 설정계약을 원인으로 이 사건 부동산에 대한 청구취지 기재의 근저당권설정등기를 피고 앞으로 경료한 사실, 위 길동진은 피고와 앞서본 근저당권설정계약을 체결함에 있어서 그가 위 망인의 인감인장, 인감증명서 및 등기필증등을 소지하고 있음을 내세워 동 망인의 대리인으로 행세하였고, 위 근저당권 설정등기가 경료된 뒤 동년 7. 9.(56,000,000원) 및 7. 23.(19,000,000원) 두 차례 걸쳐 피고로부터 융자금으로 지급받은 금 75,000,000원 중에서 금 20,000,000원은 위 망인에게 교부하고(1차로 금 4,000,000원, 2차로 금 16,000,000원을 교부받았다.) 나머지는 위 소외 강한천과 나누어 소비한 사실(그 뒤 위 길동진과 강한천은 그들 소유 부동산을 이 사건 부동산과 함께 공동담보로 추가제공하고 동년 9. 9.과 9. 13. 합계 금 55,000,000원을 더 융자 받아 총 계금 130,000,000원을 융자받았다.) 동 길동진은 위와 같은 사실이 발각되지 않게 하기 위하여 위 망인에게 2차로 위 금 16,000,000원을 교부할 때 피고사장의 직인이 찍힌 인쇄된 근저당권설정계약서 용지의 사본을 입수한 뒤 채권자 피고, 채무자 위 강한천 담보제공자 위 망 김종필, 채권최고액 금 20,000,000원으로 기재하여 위조한 근저당권 설정계약서(갑제3호증, 갑제8호증의 19와 같다.)를 동 망인에게 함께 주어 동 망인으로 하여금 위 계약서가 진실한 계약서인 것으로 믿게 하고(당시 위 망인이나 원고들은 위 망인을 위하여 채무를 부담하여 준 위 강한천이나 위와 같은 일을 하여준 위 길동진에게 고마워하고 있었음을 엿볼 수 있다.) 위 금 20,000,000원에 대한 이자도 자기(길동진)에게 지급하도록 함으로써 위 망인과 피고사이의 연결이 이루어지지 않도록 하여 왔으나 결국 앞에서 본 사실들이 들어나게 되어 동 길동진은 마산지방법원(84고단529)에서 배임, 사문서 위조, 횡령등 죄로 징역 1년6월의 형을 선고받았고, 한편 피고는 위 대여금에 대한 채납원리금 145,844,246원을 청구금액으로 하여 동 법원에 이 사건 부동산등에 대한 임의경매신청을 하여 1983. 12. 16. 경매개시 결정이 되고 그 경매가 진행되기에 이른 사실, 위 망 김종필은 1983. 8. 23. 사망하였고, 원고들은 그의 공동상속인인 사실을 인정할 수 있고, 위 인정에 일부 반하는 갑제8호증의 4, 29, 36, 57, 58의 각 일부 기재는 믿지 않고 달리 반증도 없다.

위 인정사실에 비추어 볼 때 소외 길동진은 위 망인으로부터 이 사건 부동산을 담보로 하여 금 20,000,000원을 차용 또는 융자받을 권한을 위임받아 그 범위에서 대리권이 있을 뿐이고 채권최고액 금 130,000,000원으로 된 타인의 채무에 대하여 그 물상보증인으로 되는 계약을 체결할 수 있는 대리권을 받은바 없음이 분명하다 할 것이니 위 근저당권설정계약은 위 길동진의 무권대리행위에 의한 것으로 본인인 위 망인에게 효력이 없다 할 것이고 따라서 특단의 사유가 없는 한 청구취지 기재의 근저당권설정등기는 무효인 설정계약을 원인으로 하여 경료된 것이므로 그 말소를 면할 수 없다 할 것이다.

2. 피고는 첫째 소외 길동진의 위에서 본 법률행위가 무권대리행위라 하여도 위 소외 망 김종필이 위 무권대리행위에 대하여 명시적 또는 묵시적으로 추인한 바 있으므로 위 근저당권설정계약은 처음부터 유효한 것으로 되

었고 따라서 원고들의 이 사건 청구는 이유없는 것이라고 항변하므로 살피건대, 위 망인(또는 그의 사위인 소외 김형세나 원고들)이 피고나 또는 위 길동진에 대하여 위 무권대리행위를 추인하였다고 볼만한 증거는 찾아볼 수 없고 다만 앞서 본 갑제8호증의 23, 24, 38, 성립에 다툼이 없는 갑제8호증의 33 내지 35의 각 기재에 변론의 전취지를 종합하면 1982. 7. 말경이나 8. 초경 위 소외 김형세는 마산지방법원 등기과에서 이 사건 부동산에 대하여 채권최고액을 130,000,000원으로 한 피고명의의 근저당권설정등기가 경료되어 있음을 확인한 사실, 동년 7. 12. 위 소외 강한천 소유인 ○○군 ○○면 ○○리 282. 지상 제2호 철근콩크리트조 스라브집 평가건 저온창고 건평 210평 5홉 및 ○○군 ○○면 ○○리 283의 1. 답 176 평방미터 등에 대하여 위 망 김종필 명의의 가등기가 경료되었다가 위 강한천이 위 망인 앞으로 갑제8호증의 25(피고소송대리인은 동호증의 인부를 부지로 답하였다.)의 현금보관증을 작성하여 위 길동진에게 교부하면서 동년 8. 23. 위 가등기는 말소된 사실, 위 망 김종필이 사망한 뒤인 1983. 9. 3.에는 강한천 소유인 위 부동산 및 ○○군 ○○면 ○○리 283의3 대 662평방미터등에 대하여 위 망인의 처인 원고 옥순금 명의의 가등기가 경료된 사실은 인정할 수 있으나 위에서 설시한 증거들에 변론의 전취지를 종합하면 위 소외 강한천이 1982. 7. 말경이나 8초순경 이 사건 부동산에 대하여 피고앞으로 위 근저당권설정등기가 경료되어 있음을 알고 소외 길동진에게 이를 따지어 물었으나 등기부상 채권최고액이 130,000,000원으로 되어 있는 것은 이 사건 부동산의 시가가 그렇다는 것에 불과한 것이고 20,000,000원짜리 근저당권설정계약서(앞에서 본 위조문서인 갑제3호증을 말한다)가 있으므로 걱정할 것이 없다는 취지의 말을 함으로 이를 믿고(동 김형세나 동인으로부터 설명을 듣곤 하던 위 망 김종필은 위 길동진이 당시 마산에 있는 모 변호사 사무실의 사무원으로 근무하고 있다하여 법률적인 문제는 그를 믿고 있었다.) 위 망인이 교부받은 금 20,000,000원에 대한 이자를 동 길동진에게 주어왔던 것이고, 위 강한천의 소유 부동산에 대하여 위 망 김종필 앞으로 경료된 가등기는 위 길동진이 장차 채무자 강한천이 피고에 대한 채무에 대하여 변제능력이 없게 될 경우를 우려하여 위 망인 소유인 이 사건 부동산을 보전할 방편으로 경료한 것에 불과하고 당시 위 망인이나 김형세등은 위와 같은 가등기가 경료되어 있는 사실을 알지 못하고 있었으며(길동진은 위 망인에게 이 사건 부동산을 담보로 하여 차용한 금액이 금 20,000,000원인 것으로 속여 왔음은 앞서 본 바와 같다.) 위 가등기를 말소한 것이나 위 강한천이 위 갑제98호증의 25의 현금보관증을 길동진에게 교부한 것도 역시 위 망인이 모르게 위 강한천과 길동진 사이의 계산관계에 따라 이루어진 것이며(위 갑제8호증의 25는 위 길동진이 소지하고 있다가 앞에서 본 형사재판 과정에서 제출한 것이고 망인 앞으로 경료되었던 위 가등기를 말소하면서 동 부동산과 길동진 소유의 부동산을 이 사건 부동산과 공동담보로 추가제공하고 피고로부터 앞서 본바와 같이 금 55,000,000원을 더 융자 받았고 그중 금 17,000,000원은 위 길동진이 사용하였으며, 길동진은 망인 명의의 위 가등기를 말소해 주는 대신 위 강한천으로부터 위 갑제8호증의 25의 현금보관증을 받았다.) 위 원고 옥순금 명의의 가등기는 강한천이 이 사건 부동산으로 담보된 채무를 변제하지 못하여 피고의 담보권 실행으로 이 사건 부동산이 경매될 우려가 있게 되자 그 피해의 전보방편으로 경료하여 놓은 사실을 인정할 수 있을 뿐이니(위와 같은 방편도 결국 실효를 거두지 못하였다.) 위에서 인정된 사정만을 가지고 위 망인이나 원고들이 길동진의 위 무권대리행위를 묵시적으로 추인한 것으로는 볼 수 없다 할 것이고 따라서 피고의 위 항변은 이유 없음에 귀착된다.

둘째, 위 망인이나 원고들이 위 길동진의 무권대리행위에 대하여 그 전부를 추인한 것으로 볼 수 없다 하여도 적어도 동 망인이 사용한 금 20,000,000원의 범위 내에서는 추인한 것으로 보아야 할 것이므로 원고들이 위 금원에 대한 원리금을 변제하지 않고 있는 이상 이 사건 청구는 이유없는 것이라고 항변하므로 살피건대 위 망인이나 원고들이 이 사건 근저당권설정계약중 일부에 대하여 추인하였다고 볼만한 증거는 없고 다만 갑제8호증의 20, 21, (피고 소송대리인은 동 호증의 인부에 대하여 부지라고 답한바 있다.)의 기재에 변론의 전취지를 종합하면 이 사건 근저당권 설정등기가 경료된 약 1년 뒤인 1983. 여름에 이르러(이 때는 위 망인이나 원고들도 진실한 근저당권설정계약의 내용을 이미 알고 있었다.) 원고들이 위 길동진에 대하여 이 사건 부동산에 대한 피고명의의 위 근저당권 설정등기를 말소해 주지 않으면 형사고소를 하겠다고 추궁하자 동 길동진은 형사고소를 모면하기 위하여 「이 사건 부동산에 대한 피고명의의 위 근저당권설정등기를 1983. 7. 31.까지 말소할 것을 약정하며 융자금도 위 망인이 사용한 금 20,000,000원을 제외하고는 본인이 책임진다」는 요지의 각서(위 갑제8호증의 20은 1983. 6. 24. 작성하고 갑제8호증의 21은 동년 7. 15. 작성하였다.)를 작성하여 위 망인에게 교부한 사실을 인정할 수 있고 반증없으나 이는 위 길동진의 무권대리행위가 무효임을 전제로 하여 동인이 책임지고 위 근저당권설정등기를 말소해주기로 하되 위 망인으로서도 그가 사용한 위 금 20,000,000원은 적어도 부당이득이 되므로 이를 반환하여 주기로 하는 내용의 해결책을 마련한 것에 불과하다 할 것이니 이것을 가지고 위 망인이나 원고들이 이 사건 근저당권설정계약중 일부에 대하여 추인한 것으로는 볼 수 없다 할 것이다.

셋째, 위 길동진은 위 소외 망 김종필로부터 이 사건 부동산을 담보로 하여 금 20,000,000원을 차용해 보라는 부탁을 받았으므로 위 범위내에서는 기본대리권이 있는 자이고 다만 그가 체결한 이 사건 근저당권설정계약이 위 기본대리권의 범위를 넘은 권한외의 행위라 하더라도 위 길동진은 위 망인의 인감인장, 인감증명 및 등기필증등을 소지하고 있었을 뿐만 아니라 위 망인의 무인이 되어 있는 이 사건 부동산에 대한 담보제공승락서까지 받아두는 등으로 피고로서는 위 길동진이 위 근저당권설정계약을 체결할 수 있는 대리권이 있는 것으로 믿었고 또 믿는데 정당한 이유가 있었으므로 위 망인은 민법 제126조의 표현대리의 이론에 따라 이 사건 근저당권설정등기에 대하여 책임이 있다고 항변하므로 여기에서 다시 이 사건 근저당권설정등기가 경료되고 채무자인 위 강한천에게 융자된 경위에 대하여 자세히 살펴보건대, 앞서 나온 당원이 믿는 증거와 성립에 다툼이 없는 갑제8호증의 9, 10, 39, 40, 52, 을제5호증의 1 내지 4의 각 기재(위 갑제8호증의 9, 10, 52중 뒤에서 믿지 않는 부분 각 제외)에 변론의 전취지를 종합하면 위 소외망 김종필의 인감인장, 인감증명서 및 이 사건 부동산에 대한 등기필증을 소지한 소외 길동진은 소외 강한천과 함께 서울에 있는 피고 본사에서 위 김종필은 마산에 거주하며 중병으로 직접 출두할 수 없어서 대리로 근저당권설정계약을 체결한다고 말하고 동 길동진에게 대리권이 있는 것으로 믿은 피고와 1982. 7. 5. 위 인정의 근저당권설정계약을 체결하고 동일 ○○시 ○○동 소재 윤범선 사법서사에게 위 근저당권설정계약에 기한 등기절차를 위임하여 그 다음날인 동년 7. 6. 위에서 본 근저당권설정등기가 경료된 사실, 그 뒤 위 길동진과 강한천은 위 망인이 무인하였다는 담보제공승락서(갑제8호증의 52)등 서류를 갖추어(위 담보제공승낙서에는 채권최고액을 기재하는 난이 없고 더구나 앞서 보아온 사실에 의하면 위 길동진은 김종필에게 근저당권설정계약의 내용에 관하여 자세한 설명을 하지 않은 것으로 추인된다.) 피고에게 제출하고 동년 7. 9. 1차로 양파수매자금조로 금 8,000,000원, 마늘수매자금조로 금 48,000,000원 합계금 56,000,000원을 융자받기에 이른 사실, 피고의 부산 사업소직원인 소외 강종선은 피고 본사의 지시에 따라 동년 7. 7. 이 사건 부동산에 대한 임대차관계를 조사하여 그 다음날인 동년 7. 8. 서울 피고 본사에 이를 발송 보고하였고, 위 임대차조사를 할 때에 위 김종필에게 담보제공여부를 문의하여 볼려고 하였으나 옆에 있던 위 길동진이 임대차관계를 조사하러 온 사람이 그 조사를 하였으면 됐지 업무외의 일은 관여하지 말라는 취지의 말을 하여 더 이상 확인하지 못한 사실을 인정할 수 있고 위 인정에 일부 반하는 갑제8호증의 9, 10, 52(을제4호증)의 각 일부기재와 당심증인 문유상의 일부증언은 믿을 수 없고 달리 반증없다.(피고 소송대리인은 위 갑제8호증의 52-을제4호증-의 담보제공승낙서가 피고의 지시에 따라 피고 부산 사업소에 근무하는 소외 강종선이 위 김종필을 만났을 때 확인 작성한 것이라고 주장하는바 위 갑제8호증의 52와 을제4호증의 기재를 보면 그 우측 하단에 "입회인: 농어촌개발공사 부산사업소 사원 강종순"으로 기재되어 있기는 하나 그 기재된 모양이 상이하고 또 피고 부산 사업소의 직원은 강종순이 아니고 강종선인 점, 앞에 나온 증거에 의하면 위 강종선은 피고로부터 임대차 조사를 하라는 지시만 받았고 임대차 조사시 김종필을 만났을 때 이미 길동진과 강한천이 담보제공승낙서에 무인을 찍어 가는 것만 보았다고 진술하고 있는 점 그렇기 때문에 피고의 부산 사업소에서 동년 7. 8. 피고 본사에 을제5호증의 1 기재와 같이 임대차확인 결과만 발송보고 한점등에 비추어 볼 때 피고직원이 위 담보제공승낙서를 입회하여 확인 작성받은 것이 아닌 것으로 인정된다.)

위 인정사실을 두고 볼 때, 이 사건 근저당권설정계약상 위 망 김종필은 채무자 강한천의 채무에 대하여 물상보증 또는 연대보증채무를 부담하는 것으로 되어 있어서 결국 의무만을 부담하게 되는 일방적으로 불리한 입장이고 더구나 채권최고액이 금 130,000,000원의 고액이라는 사정과 더구나 성립에 다툼이 없는 갑제10호증의 피고공사 자금융자규정에 의하면 근저당권설정계약시에는 담보제공자인 근저당권설정자 겸 연대보증인으로 하여금 피고공사에 직접 출두케하여 자필서명 및 날인을 하도록 규정하고 있는점 등을 감안하면 피고로서는 적어도 본인인 위 김종필이나(김종필이 중병으로 말귀를 알아듣기 어려운 경우라면) 원고들에게 위와같은 내용의 물상보증인이 될 의사가 있는 것인지의 여부 정도는 직접 확인하여야 한다 할 것인데(그 확인 방법이 어려운 것도 아니다.) 위 인정사실에 의하면 피고는 위 길동진이 위 김종필의 인감인장, 인감증명 및 등기필증을 소지하고 있다는 사유만으로 동 길동진에게 위와 같은 내용의 근저당권설정계약을 체결할 대리권이 있는 것으로 가볍게 믿고 위 계약을 체결하였고, 또 위 길동진이 받아온 담보제공승낙서만 믿고 위 인정의 거금을 대출하였다는 것이니 위와 같은 사정이라면 피고가 위 길동진에게 망인을 대리하여 위 인정의 근저당권설정계약을 체결할 권한이 있다고 믿을 만한 정당한 이유가 있다고는 보기 어렵다할 것이고 따라서 피고의 위 항변도 이유 없다고 본다.

3. 그렇다면 피고는 원고들에 대하여 이 사건 부동산에 대한 청구취지 기재의 근저당권설정등기의 말소등기절차를 이행할 의무가 있다할 것이므로 그 이행을 구하는 원고들의 이 사건 청구는 이유있어 이를 인용할 것인바, 원심판결은 이와 결론을 같이하여 정당하고 따라서 피고의 항소는 이유없어 이를 기각하여 항소비용은 패소자인 피고의 부담으로 하여 주문과 같이 판결한다.

(2-2) 대법원 1987. 9. 8. 선고 86다카754 판결

【원고, 피상고인】 김칠영 외 7인

【피고, 상고인】 농어촌개발공사

【원심판결】 대구고등법원 1986.2.12 선고 85나1330 판결

【주 문】 원심판결을 파기하고, 사건을 대구고등법원에 환송한다.

【이 유】

피고 소송대리인의 상고이유를 판단한다.

1. 제1점에 관하여,

원심판결 이유에 의하면, 원심은 그 거시증거를 종합하여 소외 망 김종필은 생존시인 1982.6.중순경(당시 그는 중병이었고 1년여 뒤에 사망하였다) 소외 1에게 그의 소유 부동산을 담보로 금 2,000만원을 차용하여 달라는 부탁을 하면서 동인에게 인감증명서 2통, 등기필증 및 인감인장을 교부하였던 사실, 소외 1은 자금주를 물색하던 중 "삼덕물산"이란 상호로 피고에게 농산물을 수납하여온 소외 강한천이 피고로부터 농산물수매자금을 융자받을 수 있도록 되어 있으나 담보물이 없어서 융자를 받지 못하고 있다는 사정을 알고 위 강한천과의 사이에 강한천을 채무자로 하고 망 김종필을 물상보증인으로하여 이 사건 부동산을 피고에게 담보로 제공하고 그 융자금 중에서 금 2,000만원을 동 망인에게 교부하기로 한 뒤, 같은 해 7.5 위 강한천과 소외 1은 피고와 사이에 위 강한천을 채무자로, 피고를 채권자로, 망 김종필을 물상보증인 겸 연대보증인으로 채권최고액을 금 1억3,000만원으로 하여 근저당권설정계약을 체결하고 다음 날 위 근저당권설정계약을 원인으로 이 사건 부동산에 관하여 채권자 피고, 채권최고액 1억 3,000만원의 근저당권설정등기를 경료한 사실, 소외 1은 피고와 앞서 본 근저당권설정계약을 체결함에 있어서 그가 망 김종필의 인감인장, 인감증명서 및 등기필증 등을 소지하고 있음을 내세워 동 망인의 대리인으로 행세하였고, 위 근저당권설정등기가 경료된 뒤 같은 해 7.9 및 7.23 두차례 걸쳐 피고로부터 융자금으로 지급받은 합계 금 7,500만원 중 금 2,000만원은 위 망인에게 교부하고 나머지는 위 소외 강한천과 나누어 소비한 사실(그뒤 위 두사람은 그들 소유 부동산을 이 사건 부동산과 함께 공동담보로 추가 제공하고 합계 금 5,500만원을 더 융자받아 합계 금 1억3,000만원을 융자받았다), 소외 1은 위와 같은 사실이 발각되지 않게 하기 위하여 위 망인에게 위 돈을 교부할 때 피고 사장의 직인이 찍힌 근저당권설정계약서 용지의 사본을 입수하여 채권자 피고, 채무자 위 강한천, 담보제공자 위 망 김종필, 채권최고액 금 2,000만원으로 기재하여 위조한 근저당권설정 계약서(갑 제3호증, 갑 제8호증의 19와 같다)를 동 망인에게 함께 주어 동 망인으로 하여금 위 계약서가 진실한 계약서인 것으로 믿게 하고(당시 위 망인이나 원고들은 위 망인을 위하여 채무를 부담하여 준 위 강한천이나 위와 같은 일을 하여준 소외 1에게 고마워하고 있었다), 위 금 2,000만원에 대한 이자도 소외 1자신에게 지급하도록 함으로써 위 망인과 피고 사이의 연결이 이루어지지 않도록 하여 왔으나 결국 앞에서 본 사실들이 들어나서 소외 1은 판시와 같은 형사처벌을 받게 되었고, 한편 피고는 위 대여금에 대한 체납원리금 145,844,246원을 청구금액으로 하여 이 사건 부동산등에 대한 임의경매신청을 하여 그 경매절차가 진행 중인 사실을 각 인정한 후, 위 인정사실에 비추어 볼 때 소외 1은 위 망 김종필로부터 이 사건 부동산을 담보로 하여 금 2,000만원을 차용 또는 융자받을 권한을 위임받아 그 범위에서 대리권이 있을뿐이고 채권최고액 금 1억3,000만원으로 된 타인의 채무에 대하여 그 물상보증인으로 되는 계약을 체결할 수 있는 대리권을 받은 바 없음이 분명하다 할 것이니 위 근저당권설정계약은 위 길동진의 무권대리행위에 의한 것으로 본인인 위 망인에게 효력이 없고 따라서 위 근저당권설정등기는 말소되어야 한다고 판시하고 있다.

그러나 원심이 확정한 바와 같이 소외 망 김종필이 소외 1에게 그 소유인 이 사건 부동산을 타에 담보로 하여 금 2,000만원을 차용하여 줄 것을 부탁하면서 동인에게 담보설정용 인감증명서, 등기필증, 인감인장 등을 교부하였다면 위 망 김종필이 소외 1에게 제3자로부터 금 2,000만원을 차용하여 줄 것을 위임하면서 동인에게 위 망인을 대리하여 위 금원을 차용하고 그 담보설정을 하는 법률행위를 할 권한을 수여한 것으로 보아야 할 것이고, 또 그 대리권 수여의 범위도 위 담보부동산에 의하여 담보되는 피담보채무가 금 2,000만원인 이상, 그 담보의 형식이 무엇이든(즉, 저당권설정이나 가등기 등, 또 그 차용의 형식이 어떠하던지(즉, 위 망인이 채무자로 되던가, 제3자가 채무자로 되고 위 망인이 담보제공자가 되던지) 무방하다는 뜻이 포함된 것으로 보아야 할 것인 바(원심판시에 의하더라도 위 망 김종필이 소외 1로부터 위 강한천이 채무자로 되고 위 망인이 담보제공자로 된 채권최고액 금2,000만원의 위조된 근저당권설정계약서를 받고도 아무런 이의가 없었다는 것이다.), 그렇다면 원심판시와 같이 소외 1이 그 수권의 범위를 넘어 위 담보부동산에 관하여 그 피담보채무액을 금 1억3,000만원으로 하여 체결한 이 사건 근저당권설정행위가 무권대리행위에 해당한다 하더라도, 위 망인이 차용을 부탁한 금 2,000만원의 한도내에 있어서는(비록 위 망인이 아닌 제3자를 채무자로 하고 위 망인을 담보제공자로 하는 형식에 의하여 금전을 대여받았다 하더라도) 소외 1이 수여받은 대리권의 범위내에 속하는 것이어서 위 근저당권설정계약은 위 금 2,000만원을 담보하는 범위 내에서는 소외 1의 대리행위에 의하여 본인인 위 망인에게 그 효력을 미치는 유효한 것이라고 보아야 할 것이다.

원심이 위의 점에 관하여 좀더 심리하여 보지 아니한 채 위 근저당권설정계약이 무권대리행위에 의한 것으로서 본인인 위 망인에게 효력이 없다고 단정하였음은 결국 심리미진 내지 대리행위에 관한 법리오해 등의 위법을 저질렀다 할 것이고, 이는 소송촉진등에관한특례법 소정의 파기사유에 해당한다고 할 것이다. 이 점을 탓하는 논지는 이유있다.

2. 제2점에 관하여,

원심판결 이유에 의하면 원심은, 그 거시증거를 종합하여 그 판시와 같은 사실을 인정한 다음, 이 사건 근저당권설정에 있어 그 채권최고액이 금 1억3,000만원이나 되는 고액인데다가 피고공사 자금융자규정에 근저당권설정계약시에는 담보제공자인 근저당권설정자나 연대보증인으로 하여금 피고공사에 직접 출두케하여 자필서명 및 날인을 하도록 규정하고 있는 점을 감안하면 피고로서는 적어도 본인인 위 망 김종필이나 그 가족인 원고들에게 위와 같은 내용의 물상보증인이 될 의사가 있는 것인지의 여부 정도는 직접 확인하여야 한다 할 것인데(그 확인방법이 어려운 것도 아니다.), 피고는 소외 1이 위 김종필의 인감인장, 인감증명 및 등기필증을 소지하고 있다는 사유만으로 동 소외 1에게 위와 같은 내용의 근저당권설정계약을 체결한 대리권이 있는 것으로 가볍게 믿고 위 계약을 체결하였고, 또 소외 1이 받아온 담보제공승낙서만 믿고 위와 같은 거금을 대출하였다는 것이니(원심은 피고직원이 위 담보제공승낙서를 입회하여 확인 작성받은 것이 아니라고 인정하였다), 위와 같은 사정이라면 피고가 소외 1에게 망인을 대리하여 위 인정의 근저당권설정계약을 체결할 권한이 있다고 믿을 만한 정당한 이유가 있다고는 보기 어렵다고 판시하고 있다.

기록에 비추어 보면, 원심의 위와 같은 사실인정과 판단은 정당하고 거기에 소론과 같은 사실오인 내지 표현대리에 관한 법리오해의 위법이 있다 할 수 없으며, 소론이 들고 있는 판례는 그 사안을 달리하는 것으로서 이 사건에 적절하지 아니하다. 논지 이유없다.

3. 이에 나머지 상고이유에 관한 판단을 생략한 채 원심판결을 파기하고, 사건을 원심법원에 환송하기로 하여 관여법관의 일치된 의견으로 주문과 같이 판결한다.

5 유권대리의 주장에 표현대리의 주장이 포함되는가?

(1-1) 대구고등법원 1983. 6. 17. 선고 82나1609 판결

【원고, 피항소인】 김숙자

【피고, 항소인】 박재구

【주 문】
1. 원판결을 취소한다.
2. 원고의 청구를 기각한다.
3. 소송비용은 제1,2심을 통하여 모두 원고의 부담으로 한다.

【청구취지】

피고는 원고에게 돈 14,500,000원 및 이에 대한 이 사건 소장송달 다음날부터 완제일까지 연 2할 5푼의 율에 의한 돈을 지급하라. 소송비용은 피고의 부담으로 한다. 제1항은 가집행할 수 있다.

【항소취지】

주문과 같다.

【이 유】

피고가 1980.7.1 아파트건축업자인 소외 김명한에게 피고 소유의 ○○시 ○○동61의 15 외 1필지 대 300평을 대금 1억 500만원에 매도하고 그날 계약금 1,500만원을 지급받고 위 김명한이가 위 ○○아파트를 건축함에 있어서 그 건축허가 명의자를 피고로 하기로 약정한 사실과 위 대지상에 신축한 철근 콘크리트조 스라브집 3 ○○아파트중 비(B)동 103호 건평 18평 6작(이하 이 사건 건물이라 한다)을 피고가 1982.2.23. 소외 김선구에게 매도하고 같은 해 3.6 그 앞으로의 소유권이전등기를 경료한 사실은 당사자 사이에 다툼이 없고, 원심증인 김 명한의 증언(뒤에 믿지 않는 부분제외)에 의하여 성립이 인정되는 갑 제5호증, 6호증의 2 내지 4의 각 기재와 당원의 민사기록검증결과(뒤에서 믿지 않는 부분 제외)를 종합하면 원고는 1981.3.25. 위 김 명한으로부터 이 사건 건물을 대금 1,450만원에 매수하고 그 대금을 완급한 사실을 인정할 수 있고 달리 반증이 없다.

이에 원고는, 원고가 피고의 대리인인 위 김명한으로부터 이 사건 건물을 위와 같이 매수하였는데 피고는 이를 위와 같이 소외 김선구에게 매도하고 그 소유권 이전등기까지 경료하였으므로 이 사건 소장의 송달로서 위 매매계약을 해제하고 매매대금 1,450만원의 반환을 구한다고 주장함에 대하여 피고는 위 매매계약 이전인 1980.9.15. 위 김명한에 ○○아파트분양권의 위임을 해지하였으므로 그의 대리권은 이미 소멸되었다고 다투므로 원고가 피고의 적법한 대리인으로부터 매수하였는가 하는 점에 관하여 살피면, 이에 부합하는 갑 제4호증은 뒤에 판시하는 바와 같이 이를 인정할 자료가 되지 못하고 원심증인 김명한의 증언과 당심에서의 민사기록검증결과(위 증거들 중 믿는 부분제외)는 뒤에 당원이 받아들이는 증거에 비추어 이를 믿을 수 없고 달리 이를 인정할 증거없고 오히려 위에 인용한 증거와 위 김명한의 증언(믿지않는 부분제외)에 의하여 성립이 인정되는 을 제2호증의 2 (원고는 이것이 원고의 이 사건 건물매매계약 이후에 작성된 것인데 작성일자를 1980.9.15.로 소급하여 기재하였다고 다투나 이에 부합하는 위 김명한의 증언부분은 위에서 받아들인 증거에 비추어 믿을 수 없고 달리 이를 인정할 증거 없으므로 그 이유없다)의 기재 및 원심증인 남재욱, 당심 증인 김선구의 각 증언에 당사자변론의 전취지를 모아보면, 피고는 위 김명한과 위 대 300평에 대한 매매계약을 체결하면서 중도금 4,000만원은 1980.8.14.에, 잔대금은 같은해 9.25에 각 지급하기로 하고, 위 김명한이가 위 ○○아파트를 짓되(따라서 위 아파트는 위 김명한 소유임)피고는 양도 소득세를 면하고 또한 그 ○○아파트건축허가명의자가 피고이므로 위 아파트를 분양하기 위한 편의를 위하여 피고가 위 ○○아파트분양권(해당부분대지 포함)을 형식상 위임하는 방식을 취하고, 위 김명한 위의 방식으로 위 아파트를 매각하여 위 대지대금을 지급하기로 약정한 후 피고는 위 김명한에게 피고명의의 분양위임장(갑 제4호증이고, 을 제2호증의 1이다)을 작성 교부하였는바, 위 김명한은 위 위임장으로 그가 ○○아파트 18동중 일부를 분양하면서 위 토지대금을 지급하지 아니하므로 1980.9.15. 피고와 위 김명한은 위 아파트분양권 위임을 합의 해지한 후 피고는 위 아파트분양 위임장을 회수(을 제2호증의 2)함과 동시에 위 김명한은 피고의 입회하에 ○○아파트를 매각하기로 약정하였는데 위 김명한이가 계속 위 아파트를 분양하므로 1981.3.7.에 ○○아파트 18세대중 이 사건 건물과 에이(A)동 101호, 102호, 201호등 4세대를 9.15. 위 김 명한에 ○○아파트분양권의 위임을 해지한 피고와 위 김명한의 합의하에 피고는 위 김명한으로부터 위 아파트 모두에 대한 분양권을 위 대지대금조로 양수받아 위 김명한이가 그때까지 이미 분양한 14세대에 대하여는 같은해 3.8.부터 3.29.사이에 피고가 이를 분양받은 사람들과 새로운 분양계약을 체결하고 그때까지 분양하지 아니한 이 사건 건물을 포함한 나머지 4세대분에 대하여는 그 무렵 위 아파트분양사무실 입구에 피고가 분양한다는 취지의 입간판까지 세워 두었는데 (같은해 5.10.에 이르러 피고는 그때까지 약 80퍼센트 가량 진척된 위 아파트공사를 인계받아 같은해 8.2에 위 공사를 완성하여 준공검사까지 받았다) 그 후인 1981.3.25.에 위 김명한은 자기가 피고로부터 분양권을 위임받은 양 가장하여 원고에게 이 사건 건물을 매도한 사실을 인정할 수 있을 뿐이므로 원고의 위 주장은 그 이유없다 할 것이고, 또한 당원이 위에서 받아들이지 아니하는 증거 외에는 원고가 김명한에게 그가 피고를 대리할 권한이 있다고 믿은데에 과실이 없다고 볼 아무런 자료도 없으므로 원고가 피고의 정당한 대리인으로부터 이 사건 건물을 매수하였음을 전제로 한 원고의 이 사건 청구는 이유없어 기각할 것인바, 원판결은 이와 결론을 달리하여 부당하므로 이를 취소하고, 원고의 청구를 기각하기로 하며, 소송비용은 제1,2심을 통하여 모두 패소자인 원고의 부담으로 하여 주문과 같이 판결한다.

(1-2) 대법원 1983. 12. 13. 선고 83다카1489 전원합의체 판결

【원고, 상고인】 김숙자

【피고, 피상고인】 박재구

【원심판결】 대구고등법원 1983.6.17. 선고 82나1609 판결

【주 문】 상고를 기각한다. 상고비용은 원고의 부담으로 한다.

【이 유】

1. 원고 소송대리인의 상고이유 제1점을 본다.

기록에 의하면 이 소에서의 원고주장 사실은 원고는 피고의 대리인인 소위 김명한으로부터 이 사건 건물을 매수하고 동인에게 그 대금을 완급하였는데 그 후 위 매매계약을 해제하였으므로 피고는 위 매매대금을 원고에게 반환할 의무가 있다는 것이고 위 김명한의 매도행위가 표현대리에 해당한다는 주장은 한바없음이 명백한 바,

원심판결은 원고가 이 사건 건물을 매수하기전에 이미 피고는 위 김명한에 대하여 이 사건 건물의 매매에 관한 대리권 위임을 해지하였으므로 위 김명한의 매도행위는 대리권 소멸후의 무권대리 행위라고 판단하고, 나아가 원고가 소외 김명한에게 대리권이 있는 것으로 믿은 것이 무과실이라고 볼 증거도 없다고 판단하여 원고의 청구를 배척하였다.

논지는 소외 김명한이 피고의 대리인이라는 원고주장 가운데에는 표현대리에 관한 주장도 포함되어 있다는 전제아래 원심의 위와 같은 후단 판단부분은 표현대리에 관한 입증책임을 전도한 위법이 있다는 것이다.

그러나 변론에서 당사자가 주장한 주요사실만이 심판의 대상이 되는 것으로서 여기에서 주요사실이라 함은 법률효과를 발생시키는 실체법상의 구성요건 해당사실을 말하는 것인바, 대리권에 기한 대리의 경우나 표현대리의 경우나 모두 제3자가 행한 대리행위의 효과가 본인에게 귀속된다는 점에서는 차이가 없으나 유권대리에 있어서는 본인이 대리인에게 수여한 대리권의 효력에 의하여 위와 같은 법률효과가 발생하는 반면 표현대리에 있어서는 대리권이 없음에도 불구하고 법률이 특히 거래상대방 보호와 거래안전 유지를 위하여 본래 무효인 무권대리행위의 효과를 본인에게 미치게 한 것으로서 표현대리가 성립된다고 하여 무권대리의 성질이 유권대리로 전환되는 것은 아니므로, 양자의 구성요건 해당사실 즉 주요사실은 서로 다르다고 볼 수 밖에 없다.

그러므로 유권대리에 관한 주장 가운데 무권대리에 속하는 표현대리의 주장이 포함되어 있다고 볼 수 없으며, 따로이 표현대리에 관한 주장이 없는 한 법원은 나아가 표현대리의 성립여부를 심리판단할 필요가 없다고 할 것이다. 이와 다른 당원 1964.11.30. 선고 64다1082 판결의 견해는 이를 폐기하기로 한다.

그렇다면 이 사건에서 원고는 원심변론 종결시까지 표현대리에 관한 주장을 한바 없으므로 원심으로서는 소외 김명한이 무권대리인이라고 판단한 이상 더 나아가 표현대리의 성립여부까지 판단한 필요가 없었던 것이다. 필경 표현대리에 관한 원심판단부분은 불필요한 부분으로서 이 부분에 소론과 같이 입증책임을 전도한 허물이 있다고 하여도 판결 결론에는 영향이 없다고 하겠으니 위 논지는 이유없다.

2. 같은 상고이유 제2점을 본다.

기록에 의하여 원심이 채용한 증거를 살펴보면 원심판결이 피고의 소외 김명한에 대한 이 사건 건물분양 대리권 위임계약은 원고와의 이 사건 매매계약이전에 이미 해지되었다고 인정한 조치에 수긍이 가고 소론과 같이 채증법칙에 위반한 위법이 없으니 원심판결에 적법한 증거없이 사실을 인정한 위법이 있다는 논지도 이유없다.

3. 그러므로 상고를 기각하고 상고비용은 패소자의 부담으로 하여 관여법관 전원의 일치된 의견으로 주문과 같이 판결한다.

6 무권대리와 상속

(1-1) 서울고등법원 1994. 3. 24. 선고 93나32813 판결

【원고, 항소인】 오삼순

【피고, 피항소인】 박춘기 외 1인

【원심판결】 인천지방법원 1993. 6. 11. 선고, 93가합6603 판결

【주 문】

1. 원고의 항소를 기각한다.
2. 항소비용은 원고의 부담으로 한다.

청구 및 항소취지 원심판결을 취소한다. 원고에게, 피고 박춘기는 부천시 중구 대장동 175 전 850평방미터(이하 이 사건 제1부동산이라 한다)에 관하여 인천지방법원 부천등기소 1981. 4. 7. 접수 제8511호로 경료된 소유권이전등기의, 피고 박상열은 위 부동산에 관하여 같은 등기소 1983. 12. 27. 접수 제100626호로 경료된 소유권이전등기 및 위 같은 동 177의 1 전 843평방미터(이하 이 사건 제2부동산이라 한다)에 관하여 같은 등기 1985. 1. 23. 접수 제2509호로 경료된 소유권이전등기의 각 말소등기절차를 이행하고, 피고 박상열은 금27,000,000원 및 이에 대한 1993. 3. 14.부터 다 갚는 날까지 연2할5푼의 비율에 의한 금원을 지급하라.

【이 유】

1. 기초사실

이 사건 제1, 2부동산에 관하여 각 1963. 6. 18. 소외 박용서 명의로 1958. 11. 20.자 상환완료를 원인으로 한 소유권이전등기가 경료된 후, 이 사건 제1부동산에 관하여는 1981. 4. 7. 부동산소유권이전등기에관한특별조치법(법률 제3094호, 이하 특조법이라 한다)에 의하여 피고 박춘기 명의로 소유권이전등기가 경료되고, 이에 터잡아 1983. 12. 27. 피고 박상열 명의로 소유권이전등기가 순차 경료되었으며, 이 사건 제2부동산에 관하여는 1985. 1. 23. 위 특조법에 의하여 피고 박상열 명의로 소유권이전등기가 경료된 사실은 당사자 사이에 다툼이 없다.

2. 주장 및 판단

가. 원고는 이 사건 청구원인사실로서, 이 사건 제1, 2부동산은 소외 박용서가 농지개혁법에 따른 농지분배를 받고 상환을 완료하여 각 그 소유권을 취득하고, 인천지방법원의 위 박용서에 대한 실종선고로 인하여 위 박용서가 사망한 것으로 간주된 후, 위 박용서의 단독 재산상속인이 된 원고의 소유인데, 피고 박춘기는 이 사건 제1부동산에 관하여, 피고 박상열은 이 사건 제2부동산에 관하여 각 위 특조법에 의한 보증인으로서의 자격이 없는 자의 보증서 또는 위조된 허위의 보증서에 터잡아 위 특조법을 악용하여 각 소유권이전등기를 경료하였고, 피고 박상열은 이 사건 제1부동산에 관하여 위와 같이 경료된 피고 박충기의 소유권이전등기에 터잡아 소유권이전등기를 마쳤으므로, 이 사건 제1, 2부동산에 관하여 경료된 피고들 명의의 위 각 소유권이전등기는 모두 원인무효이고, 따라서 피고들에게 각 그 등기의 말소 및 피고 박상열에게 위 각 부동산을 법률상 원인없이 점유함으로써 얻은 이익의 반환을 구한다고 주장한다.

이에 대하여 피고들은, 이 사건 제1, 2부동산은 실제 원고가 농지분배를 받거나, 아니더라도 원고가 아들인 소외 박용서 명의로 상환을 완료하여, 위 박용서 명의로 소유권이전등기를 하였을 뿐 사실상 원고의 소유로서, 원고가 위 각 부동산을 매도하고 이에 터잡아 피고들이 위 각 부동산에 관하여 소유권이전등기를 마치고 이를 점유, 경작하게 된 것인데, 지금에 와서 위 매매의 효력을 부인하는 것은 신의칙에 반한다고 주장한다.

나. 그러므로 살피건대, 갑제1호증의 1, 2, 제2, 3호증의 각 1, 을제1호증, 제2호증의 1, 2의 각 기재에 원심증인 박이웅, 문창해, 당심증인 이정임의 각 증언(다만 원심증인 박이웅의 증언 중 뒤에 믿지 않는 부분 제외)과 변론의 전 취지를 모아보면, 아래의 사실들을 인정할 수 있고, 인정에 반하는 원심증인 박이웅의 증언 일부와 당심증인 박이웅의 증언은 모두 믿지 아니하며, 달리 반증이 없다.

(1) 원고는 아들인 소외 박용서가 1949. 농지개혁 당시 농지인 이 사건 제1, 2부동산을 분배받아 그 대금을 상환하여 오던 중, 이른바 6.25 사변으로 말미암아 당시 의용군으로 참전하였다가 그 생사가 분명하지 아니하자, 1958. 11. 20. 위 박용서를 대리하여 그 대금의 상환을 완료한 후, 1963. 6. 18. 이 사건 제1, 2부동산에 관하여 각 수분배자인 위 박용서 명의로 소유권이전등기를 경료하였다.

(2) 그 후 원고는 인천지방법원에 소외 박용서에 대한 실종선고를 청구하여 1977. 12. 20. 위 법원으로부터 같은달 10.로 그 실종기간이 만료되었다는 내용의 실종선고를 받고, 위 박용서의 직계존속으로서 그의 단독 재산상속인이 되었다.

(3) 그런데 원고는 남편도 사망하고, 장남인 소외 박용서도 생사불명인 채 가정형편이 어렵게 되자 가족들과 협의한 끝에 생계유지를 위해 이 사건 제1, 2부동산을 처분하여 새끼공장이라도 하고자, 1964. 9. 12. 위 박용서의 대리인인 양 박용서의 도장을 사용하여 아들인 소외 박이웅을 통해 소외 문기만에게 이 사건 제1부동산을, 소외 문창해에게 이 사건 제2부동산을 각 매도하였다.

(4) 한편 소외 문기만은 이 사건 제1부동산을 매수하여 자신 명의로 소유권이전등기를 경료하지 아니한 채 피고 박춘기에게 매도하고, 피고 박춘기는 위 부동산에 관하여 위 특조법에 의하여 소유권이전등기를 마친 후 이를 다시 피고 박상열에게 순차적으로 매도하였고, 소외 문창해 역시 이 사건 제2부동산을 매수하여 자신 명의로 소유권이전등기를 경료하지 아니한 채 피고 박상열에게 매도하여, 위 제1항 기재와 같이 각 소유권이전등기가 경료되게 되었다.

다. 위 인정사실들에 의하면, 소외 박용서가 이 사건 제1, 2부동산을 농지개혁법에 따라 분배받은 이상, 비록 그 당시 소외 박용서가 생사불명인 상태에 있다 하더라도, 원고가 위 각 부동산에 대한 상환을 완료한 것은 어디까지나 위 박용서를 대리하여 상환한 것으로, 위 각 부동산은 위 박용서의 소유라 할 것이고, 따라서 원고가 1964. 9. 12. 소외 문기만, 문창해에게 소외 박용서 소유의 위 각 부동산을 매도한 것은 위 박용서로부터 그 처분권한을 부여받지 아니한 무권대리행위라 할 것이나, 한편 원고는 1977. 12. 10.에 이르러 위 박용서가 그 실종기간 만료로 사망한 것으로 간주되어 그 직계존속으로서 위 박용서의 재산을 단독상속하여 위 박용서의 지위를 포괄적으로 승계하였으므로, 설사 위 각 부동산에 관하여 경료된 피고들 명의의 위 각 소유권이전등기가 원인무효라고 하더라도, 원고가 위 박용서의 무권대리인으로서 위 각 부동산에 대한 위 매매계약을 체결하고는 그 후 위 박용서의 단독 재산상속인이 된 지금에 와서 그 입장을 달리하여 위 매매계약의 효력을 부인하고, 위 매매에 터잡아 위 각 부동산에 관하여 소유권이전등기를 경료하고 이를 점유하는 피고들에게 위 각 소유권이전등기의 말소 및 위 각 부동산에 관한 점유가 불법임을 전제로 그 이익의 반환을 구하는 것은 금반언의 법칙이나 신의칙에 반한다 할 것이므로, 결국 원고의 위 주장은 이유없고, 피고들의 위 주장은 이유있다.

한편 원고는, 가사 원고가 소외 박이웅을 통해 이 사건 제1, 2부동산을 각 매도하였다 하더라도, 소외 문기만이나 문창해로부터 그 매매중도금 및 잔금을 전혀 지급받은 바 없으므로, 위 매매는 효력이 없는 것이라는 취지의 주장을 하나, 믿지 않는 원심증인 박이웅의 증언 일부 및 당심증인 박이웅의 증언 이외에는 이를 인정할 증거가 없으므로, 원고의 위 주장은 이유없다.

3. 결론

그렇다면, 원고의 피고들에 대한 이 사건 청구는 나머지 점을 더 나아가 살필 필요 없이 이유없으므로 이를 모두 기각할 것인 바, 이와 결론을 같이 한 원심판결은 정당하므로 원고의 항소는 이유없어 이를 기각하고, 소송비용의 부담에 관하여는 민사소송법 제95조, 제89조를 각 적용하여 주문과 같이 판결한다.

(1-2) 대법원 1994. 9. 27. 선고 94다20617 판결

【원고, 상고인】	오삼순
【피고, 피상고인】	박춘기 외 1인
【원심판결】	서울고등법원 1994. 3. 24. 선고 93나 32813 판결
【주 문】	상고를 기각한다. 상고비용은 원고의 부담으로 한다.

【이 유】

원고 소송대리인의 상고이유를 본다.

1. 원심은, 원고는 농지개혁법에 의하여 이 사건 제1, 2부동산을각 분배받아 그 대금을 상환하여 오던 원고의 아들인 소외 박용서가 한국전쟁때 의용군으로 참전하여 그 생사가 분명하지 않게 되자 1958.11.20. 위 박용서를 대신하여 그 대금의 상환을 완료하고 1963.6.18. 위 박용서의 명의로 소유권이전등기를 경료한 사실, 원고는 인천지방법원에 위 박용서에 대한 실종선고를 청구하여 1977.12.20. 위 법원으로부터 같은 달 10.자로 그 실종기간이 만료되었다는 내용의 실종선고를 받음으로써 위 박용서의 단독 재산상속인이 되었는데, 위 실종기간만료 전인 1964.9.12.에 가정형편이 어렵자 위 박용서의 대리인인 것처럼 위 박용서의 인장을 사용하여 이 사건 제1부동산을 소외 문기만에게, 이 사건 제2부동산을 소외 문창해에게 각 매도하였던 사실, 피고 박춘기는 이 사건 제1부동산을 소외 문기만으로부터, 피고 박상열은 이사건 제2부동산을 위 소외 문창해로부터 각 매수하여 부동산소유권이전등기등에관한특별조치법에 의하여 위 박용서 명의로부터 직접 피고들 명의로 각 소유권이전등기를 마친 사실 등을 각 인정한 다음, 원고와 위 소외 문기만, 문창해 사이의 위 각 매매계약이 위 박용서로부터 처분권한을 부여받지 못한 원고의 무권대리행위에 기한 것이어서 무효이고, 그 무효인 매매계약에 터잡아 경료된 피고들 명의의 위 각 소유권이전등기 역시 원인무효의 등기라고 하더라도, 위 박용서의 무권대리인으로서 위 각 부동산에 대한 매매계약을 체결한당사자인 원고가 위 박용서의 단독 재산상속인이 된 지금에 와서 위 매매계약의 효력을 부인하고 그 매매계약에 터잡아 위 각 부동산에 관하여 소유권이전등기를 경료하고 이를 점유하는 피고들에게 위 각 소유권이전등기의 말소와위 각 부동산의 점유로 인한 임료 상당의 부당이득금의 반환을 구하는 것은 금반언의 원칙이나 신의칙에 반하여 허용될 수 없다고 판단하였다.

2. 관계증거와 기록에 의하면, 원고가 위 각 부동산을 위 소외 문기만, 문창해에게 매도하였다는 원심의 사실인정은 정당하고, 원심판결에 소론과 같이 채증법칙을 위반하거나 석명권의 행사를 게을리한 위법이 있다고 볼 수 없다.

3. 사실관계가 원심이 적법하게 확정한 바와 같다면, 원고는 위 박용서의무권대리인으로서 민법 제135조 제1항의 규정에 의하여 매수인인 위 소외 문기만, 문창해에게 위 각 부동산에 대한 소유권이전등기를 이행할 의무가 있다고 할 것이므로, 그러한 지위에 있는 원고가 위 박용서로부터 위 각 부동산을 상속받아 그 소유자가 되어 위 소유권이전등기이행의무를 이행하는 것이 가능하게 된 시점에서 자신이 소유자라고 하여 자신으로부터 위 각 부동산을 전전매수한 피고들에게 원래 자신의 매매행위가 무권대리행위여서 무효였다는 이유로 피고들 앞으로 경료된 위 각 소유권이전등기가 무효의 등기라고 주장하여 그 등기의 말소를 청구하거나 위 각 부동산의 점유로 인한 부당이득금의 반환을 구하는 것은 금반언의 원칙이나 신의성실의 원칙에 반하여 허용될 수 없다고 할 것이므로, 같은 취지로 판단한 원심판결은 정당하고, 원심판결에 소론과 같이 금반언의 원칙과 신의칙, 부동산소유권이전등기 등에 관한특별조치법, 부동산등기의 추정력 등에 관한 법리오해의 위법이 있다고 볼 수 없다. 논지는 모두 이유가 없다.

계약의 유효요건 (무효와 취소)(1)

Ⅵ 계약의 유효요건(무효와 취소)(1)

1 진의 아닌 의사표시에서 '진의'의 의미

(1-1) 서울고등법원 1999. 5. 27. 선고 98나44460 판결

【원고, 항소인】 김권숙
【피고, 피항소인】 한국증권거래소
【원심판결】 서울지방법원 남부지원 1998. 7. 10. 선고, 98가합4133 판결

【주 문】

1. 원심판결을 취소한다.
가. 피고가 1986. 2. 3. 원고에 대하여 한 의원면직처분은 무효임을 확인한다.
나. 피고는 원고에게 금 30,000,000원 및 이에 대한 1999. 4. 8.부터 완제일까지 연 2할 5푼의 비율에 의한 금원을 지급하라.
2. 소송비용은 제1,2심을 통하여 이를 4분하여 그 1은 원고의, 나머지는 피고의 부담으로 한다.
3. 제1항의 금원지급부분은 가집행할 수 있다.

【청구취지】

주문 제1항과 같은 판결과 피고는 원고에게 금 30,000,000원 및 이에 대한 이 사건 1999. 4. 2.자 청구취지변경신청서부본 송달일부터 완제일까지 연 2할 5푼의 비율에 의한 금원을 지급하라.(원고는 당심에서 임금청구부분의 청구취지를 감축하였다.)

【항소취지】 주문 제1,2항과 같다.

【이 유】

1. 기초사실

가. 원고는 1980. 7. 8. 피고 한국증권거래소(이하 피고 거래소라고 한다.)에 입사하여 1984. 7. 14.부터 노동조합 상근 총무부장(직급으로는 5급 주무에 해당)으로 근무하던 중, 1985. 10. 증권가 정보를 야당 국회의원인 소외 김옥두에게 누설한다는 혐의를 받고 국가안전기획부로부터 내사를 받게 되었다.

나. 국가안전기획부는 1985. 10.말 위 혐의내용을 피고 거래소에 통보하였고, 이에 따라 피고 거래소에서는 원

고에게 사직을 종용하였으나 원고가 이에 불응하자, 같은 해 12. 3. 피고 거래소는 인사위원회를 개최하여 원고가 피고 거래소의 심리부에서 효율적인 증권시장관리를 위하여 수행한 정보수집업무내용 중 일부 내용을 외부에 누설하였음을 징계사유로 삼아 피고 거래소의 취업규칙 제7조(성실의무) 및 제11조(비밀엄수의무)를 적용하여 원고에 대하여 징계면직에 처하기로 하는 내용의 의결을 한 후 사장의 결재를 받아 같은 달 5. 원고를 징계면직하였는데, 원고는 인사위원회에서 징계심의를 받을 당시 징계사유의 혐의내용을 완강히 부인하였을 뿐만 아니라, 징계면직처분의 의결을 받은 직후로도 피고 거래소에 그 부당성을 강력히 호소하였다.

다. 한편, 원고는 피고 거래소로부터 징계면직처분을 받은 직후인 1985. 12. 6. 국가안전기획부 소속 수사관들에 의하여 국가안전기획부 사무실에 불법연행되어 같은 달 12.까지 1주일간이나 불법감금된 상태로 위에서 본 혐의내용과 이를 토대로 한 대공불순세력과의 연계혐의에 관하여 가혹한 신문 및 조사를 받았으나 아무런 혐의점도 드러나지 않게 되자 결국 그대로 석방되었다.

라. 피고 거래소의 인사규정 제12조에서는 직원의 해임을 의원면직 정년퇴직, 자연퇴직, 징계면직으로 구분하고 있고, 상벌규정 제21조에서는 ① 징계처분을 받은 자가 그 징계처분에 대하여 이의가 있을 때에는 징계처분을 받은 날로부터 30일 이내에 서면으로 재심을 청구할 수 있다, ② 사장은 제1항의 재심청구에 대하여 재심할 만한 사유가 있다고 인정될 때에는 인사위원회에 재심의를 요청하여야 한다, ③ 사장은 재심결과 원처분이 심히 부당하거나 과중하다고 인정된 경우에는 당초의 처분을 취소 또는 감경할 수 있다고 규정하고 있다.

마. 원고는 위와 같이 국가안전기획부로부터 내사혐의를 받고 있다는 통보를 받은 피고 거래소로부터 별다른 이유도 없이 사직의 종용을 받다가 이에 불응하자, 아무런 근거도 없는 징계사유에 기하여 피고 거래소로부터 징계면직처분을 받고, 이어서 1주일간이나 국가안전기획부에 불법연행, 감금되어 전혀 알지도 못하는 혐의내용에 관하여 가혹한 신문 및 조사를 받은 후 무혐의로 석방되기에 이르자, 당시의 억압된 사회분위기하에서는 징계면직처분의 무효를 다투어 복직을 하기는 어렵다고 판단하고, 1985. 12. 16. 피고 거래소에 사직할 의사가 전혀 없었음에도 불구하고 퇴직금이라도 수령할 생각으로 어쩔 수 없이 징계면직처분발령일자인 같은 달 5.자로 된 사직원을 작성·제출함과 동시에 종전의 징계면직처분을 취소하고 의원면직처리를 해달라는 취지의 재심청구를 하였다.

바. 이에 피고 거래소는 1986. 1. 29. 인사위원회를 개최하여 원고에 대한 징계면직처분을 재심의하기에 이르러, 원고에 대한 1985. 12. 5.자 징계면직처분을 취소하고, 원고 제출의 사직원을 수리하여 같은 일자로 소급하여 의원면직처리하기로 하는 내용의 의결을 한 후, 사장의 결재를 받아 1986. 2. 3. 원고에 대하여 위와 같은 내용의 의원면직처분을 발령하였다.

2. 의원면직처분의 무효확인청구에 관한 판단

가. 위에서 인정한 다음과 같은 점, 즉 피고 거래소는 1985. 10.경 국가안전기획부로부터 원고가 증권가 정보를 야당 국회의원인 소외 김옥두에게 누설한다는 혐의로 내사를 받고 있다는 내용의 통보를 받고 그 혐의내용의 진위여부에 관하여 조사확인절차를 거침도 없이 원고에게 무조건 사직만을 종용하다가 원고가 이에 불응하자, 같은 해 12. 3. 인사위원회를 개최하여 위 혐의내용에 기초하여 아무런 근거도 없이 원고가 피고 거래소의 심리부에서 효율적인 증권시장관리를 위하여 수행한 정보수집업무내용 중 일부 내용을 외부에 누설하였다는 혐의를

징계사유로 삼아 징계면직처분을 하였으나, 원고가 징계심의 당시는 물론 징계면직처분의 의결을 받은 직후에도 그 징계사유의 내용을 완강히 부인하며 징계면직처분의 부당성을 호소하였던 점, 그 처분 직후 1주일간이나 국가안전기획부에 불법연행, 감금되어 전혀 사실무근인 위와 같은 혐의내용에 관하여 가혹한 신문 및 조사를 받았음에도 불구하고 결국 무혐의로 석방되기에 이르러, 위 징계면직처분이 아무런 근거가 없는 징계사유에 터잡아 이루어진 무효의 처분임이 명백하였던 점, 당시 원고는 억압된 정치, 사회적 상황에 위축되어 위와 같이 무효인 징계면직처분의 효력을 다투어 복직을 하기는 어렵다고 판단하고, 1985. 12. 16. 피고 거래소에 사직할 의사가 전혀 없었음에도 불구하고 퇴직금이라도 수령할 생각으로 어쩔 수 없이 징계면직처분발령일자인 같은 달 5.자로 된 사직원을 작성·제출함과 동시에 종전의 징계면직처분을 취소하고 의원면직처리를 해달라는 취지의 재심청구를 하기에 이른 점 등에 비추어, 원고의 이 사건 사직의 의사표시는 비진의 의사표시에 해당하고, 피고도 그러한 사정을 잘 알면서 이를 수리하였던 것이니, 무효인 사직의 의사표시에 기하여 의원면직의 형식으로 근로계약관계를 종료시킨 행위는 실질적으로는 피고 거래소의 일방적 의사에 의하여 근로계약관계를 종료시킨 것이라고 할 것이어서, 피고 거래소의 원고에 대한 이 사건 의원면직처분은 그 형식에 불구하고 실질적으로 부당해고에 해당하여 무효라고 할 것이다.

나. 이에 대하여 피고 거래소는, 1986. 2. 3. 원고가 1985. 12. 5.자로 소급하여 의원면직된 후 아무런 이의나 유보도 없이 그에 따른 퇴직금을 수령함으로써 이 사건 의원면직처분을 추인하였거나, 사직원이 수리된 후 12년이 경과된 시점에 이르러 그 의원면직처분의 효력을 다투는 것은 신의칙이나 금반언의 원칙에 위배되어 허용될 수 없다고 다툰다.

살피건대, 원고는 피고 거래소로부터 징계면직처분을 받을 당시부터 그 부당성을 강력히 항의하였고, 그 직후 국가안전기획부에 1주일간이나 불법연행, 감금되어 조사를 받으면서도 그 징계사유의 토대가 된 내사혐의사실을 강력히 부인하여 결국 무혐의로 석방된 점, 원고는 그 당시 억압된 정치, 사회적 상황에서 징계면직처분의 효력을 다투어도 소용이 없다고 판단하고 퇴직금이라도 받을 생각으로 진의에 반한 사직원을 제출하기에 이르러 의원면직처분이 이루어짐으로써 그로 인한 퇴직금 수령시에는 별다른 이의를 하지 아니한 점은 앞서 인정한 바와 같고, 한편 (증거)에 의하면 원고는 의원면직된 이후 이 사건 징계처분 및 의원면직처분의 부당성 및 무효를 주장하며 1988. 8. 31. 및 1995. 1. 3. 피고 거래소에 복직청원을 하였고, 1995. 2. 7.에는 이 사건 징계면직 및 의원면직처분과 관련한 자료의 요청을 하기도 하였으며, 같은 해 5. 19.에는 국민고충처리위원회에 탄원서를 제출하는 등 꾸준히 이 사건 징계처분 및 의원면직처분의 효력을 다투어 왔으나 별다른 조치가 취해지지 아니하자 비로소 이 사건 의원면직처분의 효력을 다투는 이 사건 소제기에 이른 사실을 인정할 수 있고 반증이 없는 바, 위 인정사실에 의하면 원고가 퇴직금 수령시 별다른 이의를 제기하지 아니하였다는 사실만으로 이 사건 의원면직처분을 추인하였다거나, 이 사건 소의 제기가 신의칙이나 금반언의 원칙에 어긋나는 것이라고 할 수 없으므로 피고 거래소의 위 주장은 이유 없다.

3. 임금청구에 관한 판단

위에서 본 바와 같이 피고 거래소의 원고에 대한 이 사건 면직처분이 무효인 이상 원고는 여전히 피고 거래소의 근로자로서의 지위를 보유한다고 할 것인바, 피고 거래소가 이 사건 면직처분의 유효를 주장하면서 그 면직처분 이후 현재까지 원고의 취업을 거절하여 오고 있음이 명백한 이 사건에 있어서 이 사건 면직처분 이후 원고와 피고 거래소 사이의 근로계약에 따른 원고의 근로의무는 피고 거래소의 책임 있는 사유로 인하여 이행할 수 없게 된 것이므로, 피고 거래소는 원고에게 위 면직처분 이후 원고가 구하는 바에 따라 이 사건 소제기일을 기준으로 3년의 소멸시효기간 내인 1995. 3.분부터 복직할 때까지의 기간 동안의 반대급부인 임금을 지급할 의무가 있다고 할 것이다.

나아가 그 임금의 액수에 관하여 보건대, 갑 제8 내지 11호증, 을 제1호증의 2의 각 기재에 변론의 전취지를 종합하면, 원고는 대학졸업 후 1980. 7. 8. 피고 거래소에 입사하여 이 사건 의원면직처분의 효력발생일인 1985. 12. 5. 당시 5급 주무로 근무하고 있었던 사실, 피고 거래소의 보수규정에 의하면 근무기간 1년마다 1호봉씩 승급하되, 그 승급은 월의 초일에 실시하고, 원고와 같은 대학졸업학력소지자인 일반직 직원의 경우 초임호봉은 10호봉으로 정하고 있으며, 보수는 매월 21.에 지급하고, 기준봉급, 제수당 및 상여금으로 구분되며, 그 중 기준봉급은 연공과 직급에 따라 지급되는 기본적인 급여로서 본봉과 직능급을 말하는 것으로 규정되어 있는 사실 및 5급 일반직 직원의 경우 1995. 1. 1.부터의 기준봉급은 24호봉이 금 1,045,500원(=본봉 금 355,600원+직능급 금 689,900원), 25호봉이 금 1,066,240원(=본봉 금 360,600원+직능급 금 705,640원)이고, 1996. 4. 1.부터의 기준봉급은 25호봉이 금 1,136,900원(=본봉 금 360,600원+직능급 금 776,300원), 26호봉이 금 1,195,700원(=본봉 금 402,100원+직능급 금 793,600원), 27호봉이 금 1,218,500원(=본봉 금 407,600원+직능급 금 810,900원), 28호봉이 금 1,331,300원(=본봉 금 413,100원+직능급 금 918,200원)인 사실을 인정할 수 있고 반증이 없다.

위 인정사실에 의하면, 피고는 원고에게 그가 구하는 바에 따른 1995. 3.분 이후의 임금 중 별지 기준봉급액계산표 기재와 같이 제수당 및 상여금을 제외한 기준봉급액만으로도 1998. 7.분까지 합계 금 47,275,420원과 1998. 7. 22.부터 복직시까지 매월 금 1,331,300원의 비율에 의한 금원을 지급할 의무가 있다고 할 것인바, 원고는 그 중 금 30,000,000원의 지급만을 구하고 있으므로, 결국 피고는 원고에게 금 30,000,000원의 미지급임금을 지급할 의무가 있다고 할 것이다.

4. 결론

그렇다면, 피고는 원고에 대한 이 사건 의원면직처분이 무효임을 확인하고, 원고에게 미지급임금으로서 금 30,000,000원 및 이에 대하여 원고가 구하는 이 사건 1999. 4. 2.자 청구취지변경신청서 부본 송달일인 같은 달 8.부터 완제일까지 소송촉진등에관한특례법 소정의 연 2할 5푼의 비율에 의한 금원을 지급할 의무가 있다고 할 것이므로, 원고의 이 사건 청구는 모두 이유 있어 이를 인용할 것인바, 원심판결은 이와 결론을 달리하여 부당하므로 원고의 항소를 받아 들여 원심판결을 취소하고, 피고에 대하여 원고에게 이 사건 의원면직처분의 무효임의 확인 및 미지급임금의 지급을 명하기로 하여 주문과 같이 판결한다.

(1-2) 대법원 2000. 4. 25. 선고 99다34475 판결

【원고, 피상고인】 김권숙

【피고, 상고인】 한국증권거래소

【원심판결】 서울고등법원 1999. 5. 27. 선고 98나44460 판결

【주 문】 원심판결을 파기하고 사건을 서울고등법원에 환송한다.

【이 유】

상고이유를 본다.

1. 원심판결의 이유에 의하면, 원심은 그 채택증거에 의하여 원고가 피고에 입사하여 노동조합 상근 부장으로 근무하던 1985년 10월경 증권가 정보를 야당 국회의원인 소외 1에게 누설한다는 혐의를 받고 국가안전기획부로부터 내사를 받게 된 사실, 국가안전기획부는 1985년 10월 말경 원고의 혐의 내용을 피고에게 통보하였고, 피고는 위 혐의 내용의 진위 여부에 관한 조사확인절차 없이 원고에게 사직을 종용하다가 원고가 이에 불응하자 같은 해 12월 3일 인사위원회를 개최하여 원고가 피고의 심리부에서 효율적인 증권시장관리를 위하여 수행한 정보수집 업무내용 중 일부 내용을 외부에 누설하였음을 징계이유로 삼아 원고를 징계면직에 처하는 내용의 의결을 한 후 같은 달 5일 원고를 징계면직한 사실, 원고는 인사위원회에서 징계심의를 받을 당시 혐의 내용을 부인하였고, 징계면직 의결을 받은 직후에도 피고에게 그 부당함을 호소한 사실, 원고는 징계면직처분을 받은 직후인 1985. 12. 6. 국가안전기획부 사무실로 불법연행되어 같은 달 12일까지 1주일간 감금된 상태에서 위 혐의 내용과 대공불순세력과의 연계혐의에 대하여 가혹한 신문 및 조사를 받았으나 아무런 혐의점이 없어 결국 석방된 사실, 피고의 인사규정 및 상벌규정에 의하면 징계처분을 받은 자는 처분을 받은 날로부터 30일 이내에 서면으로 재심을 요구할 수 있고, 피고 사장은 재심청구에 대하여 재심사유가 있다고 인정될 때에는 인사위원회에 재심의를 요청하여야 하며, 피고 사장은 재심 결과 당초의 처분이 심히 부당하거나 과중하다고 인정되는 경우에는 그 처분을 취소 또는 감경할 수 있다고 규정하고 있는 사실, 원고는 피고로부터 아무런 근거 없이 징계면직처분을 받고 국가안전기획부에서 1주일간 혹독한 조사를 받고 풀려 나오자 그 당시 상황에서는 징계면직처분의 무효를 다투어 복직하기는 어렵다고 판단하여 1985. 12. 16. 피고에게 사직의 의사가 전혀 없었음에도 불구하고 퇴직금이라도 수령할 생각으로 어쩔 수 없이 징계면직 발령일자와 같은 날인 1985. 12. 5.자로 된 사직원을 작성, 제출함과 동시에 종전의 징계면직처분을 취소하고 의원면직처리를 하여 달라는 취지의 재심청구를 한 사실, 피고는 이에 따라 1986. 1. 29. 인사위원회를 개최하여 원고에 대한 징계면직처분을 재심의하여 당초의 징계면직처분을 취소하고 원고 제출의 사직원을 수리하여 원고를 1985. 12. 5.자로 의원면직처리하기로 의결한 후 1986. 2. 3. 원고를 의원면직한 사실을 인정한 다음, 원고의 이 사건 사직의 의사표시는 비진의 의사표시에 해당하고, 피고도 그러한 사정을 알면서 이를 수리한 것이니, 무효인 사직의 의사표시에 기하여 의원면직의 형태로 근로계약관계를 종료시킨 행위는 실질적으로는 피고의 일방적인 의사에 의하여 근로계약관계를 종료시킨 것으로 그 형식에 불구하고 부당해고에 해당하여 무효라고 판시한 후, 원고가 의원면직처분 발령일인 1986. 2. 3. 이후 아무런 이의나 유보 없이 그에 따른 퇴직금을 수령하여 이 사건 의원면직처분을 추인하였거나 그로부터 12년이 지나 그 의원면직처분의 효력을 다투는 것은 신의칙이나 금반언의 원칙에 반한다는 피고의 주장에 대하여 추가로 원고가 1988. 8. 31.과 1995. 1. 3. 이 사건 징계면직처분 및 의원면직처분의 부당성을 다투면서 피고에게 복직청원을 하고, 1995. 2. 7. 피고에게 이 사건 징계면직처분 및 의원면직처분과 관련한 자료요청을 하였으며, 같은 해 5월 19일 국민고충처리위원회에 탄원서를 제출하여 오다가 1998. 2. 17. 이 사건 소를 제기한 사실을 인정한 다음 원고가 퇴직금 수령시 별다른 이의를 제기하지 아니하였다는 사실만으로 이 사건 의원면직처분을 추인하였거나 이 사건 소의 제기가 신의칙이나 금반언의 원칙에 어긋나는 것이라고 할 수 없다는 이유로 이를 배척하였다.

2. 상고이유 제2점에 대하여

기록에 의하면, 피고가 1985년 10월 말경 국가안전기획부로부터 원고의 혐의 내용을 통보받고 위 혐의 내용의 진위 여부에 관한 조사확인절차 없이 원고에게 사직을 종용하다가 원고가 이에 불응하자 같은 해 12월 3일 인사위원회를 개최하여 원고가 피고의 심리부에서 효율적인 증권시장관리를 위하여 수행한 정보수집 업무내용 중 일부 내용을 외부에 누설하였음을 징계이유로 삼아 원고를 징계면직에 처하는 내용의 의결을 한 사실을 인정할 수 있으므로 이와 같은 원심의 사실인정에 상고이유로 주장하는 바와 같은 채증법칙을 위배하여 사실을 오인한 위법이 없다.

3. 상고이유 제1점에 대하여

사용자가 사직의 의사 없는 근로자로 하여금 어쩔 수 없이 사직서를 작성·제출하게 한 후 이를 수리하는 이른바 의원면직의 형식을 취하여 근로계약관계를 종료시키는 경우처럼 근로자의 사직서 제출이 진의 아닌 의사표시에 해당하는 등으로 무효이어서 사용자의 그 수리행위를 실질적으로 사용자의 일방적 의사에 의하여 근로계약관계를 종료시키는 해고라고 볼 수 있는 경우가 아닌 한, 사용자가 사직서 제출에 따른 사직의 의사표시를 수락함으로써 사용자와 근로자 사이의 근로계약관계는 합의해지에 의하여 종료되는 것이므로 사용자의 의원면직처분을 해고라고 볼 수 없고(대법원 1996. 7. 30. 선고 95누7765 판결, 1997. 8. 29. 선고 97다12006 판결 등 참조), 여기서 말하는 진의 아닌 의사표시에 있어서의 진의란 특정한 내용의 의사표시를 하고자 하는 표의자의 생각을 말하는 것이지 표의자가 진정으로 마음속에서 바라는 사항을 뜻하는 것은 아니므로, 표의자가 의사표시의 내용을 진정으로 마음속에서 바라지는 아니하였다고 하더라도 당시의 상황에서는 그것을 최선이라고 판단하여 그 의사표시를 하였을 경우에는 이를 내심의 효과의사가 결여된 진의 아닌 의사표시라고 할 수 없다(대법원 1996. 12. 20. 선고 95누16059 판결 참조).

사실관계가 원심이 확정한 바와 같다면, 원고는 피고로부터 아무런 근거 없이 징계면직처분을 받고 국가안전기획부에서 1주일간 혹독한 조사를 받고 풀려 나오자 그 당시 상황에서는 징계면직처분의 무효를 다투어 복직하기는 어렵다고 판단하여 퇴직금이라도 수령할 생각으로 1986. 12. 16. 피고에게 1985. 12. 5.자로 된 사직원을 작성, 제출함과 동시에 종전의 징계면직처분을 취소하고 의원면직처리를 하여 달라는 취지의 재심청구를 하였다는 것인바, 원고가 사직원 제출 당시 사직의 의사표시를 진정으로 마음속에서 바라지는 아니하였다고 하더라도 당시의 상황에서는 징계면직처분의 효력을 다투는 것보다는 퇴직금 수령 및 장래를 위하여 재심을 통한 징계면직처분의 취소와 의원면직처분을 받는 것이 최선이라고 판단하여 그 의사표시를 한 것으로써 원고에게 그 표시의사에 상응하는 사직의 효과의사가 있었다고 봄이 상당하므로 이를 사직의 의사가 결여된 진의 아닌 의사표시라고 할 수 없다.

따라서 원심이 이와 달리 원고의 이 사건 사직의 의사표시가 내심의 의사가 결여된 진의 아닌 의사표시로 보아 이 사건 의원면직처분을 부당해고로 판단하였음은 근로자의 일방적인 의사표시에 의한 근로관계의 종료 및 진의 아닌 의사표시의 해석에 대한 법리를 오해함으로써 판결에 영향을 미친 위법을 저질렀다 할 것이고, 이 점을 지적하는 상고이유의 주장은 이유 있다.

4. 상고이유 제3점에 대하여

사용자로부터 해고된 근로자가 퇴직금 등을 수령하면서 아무런 이의의 유보나 조건을 제기하지 않았다면 해고의 효력을 인정하지 아니하고 이를 다투고 있었다고 볼 수 있는 객관적인 사정이 있다거나 그 외에 상당한 이유가 있는 상황하에서 이를 수령하는 등의 특별한 사정이 없는 한 그 해고의 효력을 인정하였다고 할 것이고, 따라서 그로부터 오랜 기간이 지난 후에 그 해고의 효력을 다투는 소를 제기하는 것은 신의칙이나 금반언의 원칙에 위배되어 허용될 수 없다(대법원 1992. 4. 14. 선고 92다1728 판결, 1996. 3. 8. 선고 95다51847 판결 등 참조).

원심이 확정한 사실관계에 의하면, 원고는 자신이 작성, 제출한 사직원에 기하여 위와 같이 의원면직통보를 받고 퇴직금 등을 수령하면서 아무런 이의의 유보를 하지 않았다는 것인데, 기록상 앞서의 법리에서 본 특별한 사정(선행처분인 징계면직처분에 대하여 그 처분 당시 이를 다투었다는 점은 이 사건 의원면직처분에 있어 특별한 사정으로 볼 수 없다.)의 존재를 찾아볼 수 없을 뿐만 아니라, 적어도 원고가 피고에게 복직신청을 하였다가 거부통보를 받은 1988년 9월경부터 6년 4개월이 경과한 1995. 1. 3.까지 사이에 어떠한 조치를 취하였다고 볼 자료가 없는 이 사건에서는 원고가 이제 더 이상 이 사건 의원면직처분의 효력을 다투지 않을 것이라는 피고의 신뢰가 형성되었다고 봄이 상당하므로 그 이후에 위 면직처분의 효력을 다투는 행위가 있었다고 하여도 이 사건 소의 제기는 노동분쟁의 신속한 해결이라는 요청과 신의칙이나 금반언의 원칙에 위반되는 것으로 허용되지 아니한다 할 것이다.

따라서 원심이 이와 달리 원고의 이 사건 소의 제기가 신의칙이나 금반언의 원칙에 위반된다는 피고의 주장을 배척하였음은 노동분쟁에 있어 신의칙과 금반언의 원칙에 대한 법리를 오해하여 판결에 영향을 미친 위법을 저지른 것이라 할 것이고, 이 점을 지적하는 상고이유의 주장도 이유 있다.

5. 그러므로 원심판결을 파기하고 사건을 원심법원에 환송하기로 하여 관여 대법관의 일치된 의견으로 주문과 같이 판결한다.

2 허위표시

(1) 대법원 1981. 12. 22. 선고 80다1475 판결

【원고, 상고인】 이응순
【피고, 피상고인】 염연진
【원심판결】 서울고등법원 1980.5.14 선고, 79나3606 판결
【주 문】 원심판결을 파기하고, 사건을 서울고등법원에 환송한다.

【이 유】

상고이유를 판단한다.

1. 원심판결은, 그 이유에서, 소외 이성구는 원고로부터 본건 부동산에 관한 담보권설정의 대리권만 수여받았을 뿐 이에 관하여 소유권을 자기 앞으로 이전할 권한을 수여받지 못하였는데 위 소외인이 이를 자기 앞으로 이전하여 자신의 이름으로 피고에게 담보권을 설정하였으므로 위 소외인이 무권리자임에 관하여 선의이며 과실없는 피고라고 하더라도 표현대리제도에 의하여 보호받을 수 없다고 하겠다고 판시한 다음, 그러나 표현대리제도(특

히 민법 제126조) 및 민법 제108조 제2항 등의 정신을 유추하여 생각컨대, 원고가 소외인에게 임의로 등기권리증·임감증명서 등을 교부함으로써 위 소외인 앞으로의 소유권이전등기라는 허위의 외관이 만들어지는 과정에 관여한 경우에 그 외관이 위 소외인의 배신행위에 위하여 만들어졌다 하더라도 이를 선의이며 과실없이 믿고 처음에 원고가 의도한 것과 같은 종류의 권리인 담보권을 취득한 피고에 대하여는 진실의 권리자라고 하는 원고도 그 취득한 권리가 무효임을 주장할 수 없다고 풀이하여야 할 것이며, 이러한 해석으로써 원고의 위 소외인에 대한 담보권설정에 관한 대리권의 수여와 피고의 담보권 취득사이에 위 소외인 앞으로의 소유권이전등기가 개재함으로 인하여 결론이 달라지는 불합리를 피할 수 있을 뿐 아니라 나아가 등기에 공신력이 인정되지 않는 우리법제에 있어서 이를 구제하는 각종 제도의 울타리 밖에 버려진 선의이며 과실없이 등기의 외관을 믿은 사람들을 되도록 보호함으로써 거래의 안전을 꾀할 수 있을 것이라 하여 본건 원고의 등기말소청구를 배척하였다.

2. 원래, 민법상의 표현대리제도는 대리인에게 대리권이 없음에도 불구하고 마치 대리권이 있는 거와 같은 외관이 있고 그러한 외관의 발생에 관하여 본인이 어느 정도의 원인을 주고 있는 경우에 그 무권대리 행위에 대하어 본인이 책임을 지게 함으로써 그러한 외관을 믿은 선의 무과실의 제3자를 보호하고 거래의 안전을 보장하며 나아가서 대리제도의 신용을 유지하려는데 그 목적이 있는 것이다.

그런데, 원심판결은 위에서 본 바와 같이 표현대리제도, 특히 민법 제126조 및 통정허위표시에 관한 민법 제108조를 본건에 유추해석한다고 하였는데, 기록에 의하면 원심이 인정하고 있는 바와 같이 본건의 경우는 피고가 소외 이성구를 본건 부동산에 대한 진실한 소유자로 믿고 금원을 대여하고 그 부동산에 담보권을 설정하였지, 동 소외인을 원고의 대리인이라 믿고 한 것이 아님이 분명할 뿐 아니라 동 소외인 이성구는 그 명의 소유권이전등기를 한 불과 20여 일만에 피고에게 본건 소유권이전의 가등기 및 저당권설정등기를 한 것임이 분명하나 위 이성구 명의의 소유권이전등기에 있어 원고가 이를 통정 용인하였거나 이를 알고도 방치하였다고 볼 자료가 없는 본건에 있어서는 민법 제126조(대리권유월의 표현대리)나 민법 제108조를 유추할 것이 못된다고 할 것이다. 원판시는 원고가 권리증, 인감증명서들을 교부함으로써 위 소외인 앞으로의 허위의 소유권이전등기를 하는 과정에 관여하였다고 설시하고 있으나 그런 문서의 교부는 원고를 대리하여 타로부터 금원 차용하라는 뜻이지 동소외인 앞으로의 소유권이전등기하라는 것이 아님은 원심도 시인하고 있는 바이니 동 문서 등의 교부가 그 원인의 일부에 기여되었다고는 할 수 있을지언정 이를 지목하여 허위의 소유권이전등기에 관여하였다고 볼 수도 없다고 할 것이다.

그럼에도 불구하고, 원심이 위와 같이 단정하였음은 표현대리, 통정허위표시에 관한 법리를 오해하고, 표현대리나 통정허위표시제도를 지나치게 확대 해석한 위법이 있다고 할 것이며, 이 점을 논난하는 논지 이유있다 할 것이니 원심판결을 파기환송하기로 한다.

여기에는 관여법관의 의견이 일치되어 주문과 같이 판결한다.

(2-1) 인천지방법원 2001. 1. 12. 선고 2000나799 판결

【원고, 피항소인】 원고축산업협동조합

【피고, 항소인】 이충원

【원심판결】 인천지방법원 1999. 12. 1. 선고 97가단21511 판결

【주 문】 1. 피고의 항소를 기각한다. 2. 항소비용은 피고의 부담으로 한다.

【청구취지 및 항소취지】

1. 청구취지

피고는 원고에게 금 20,000,000원 및 이에 대하여 1997. 1.1.부터 1998. 1.12.까지는 연 1할 9푼, 그 다음날부터 1998. 5. 14.까지는 연 2할 2푼, 그 다음날부터 1998. 10. 13.까지는 연 2할 5푼, 그 다음날부터 1999. 1.18.까지 는 연 2할 2푼, 그 다음날부터 1999. 3. 2.까지는 연 2할 1푼, 그 다음날부터 완제일까지는 연 1할 9푼의 각 비율에 의한 금원을 지급하라는 판결.

2.항소취지

원심판결을 취소하고, 원고의 청구를 기각한다라는 판결

【이 유】

1. 원고의 청구에 관한 판단

(1) '삼성주택'이란 상호로 주택건설업을 운영하던 소외 호천환은 1993. 11.경부터 인천 남구 용현동 207의 7 대 421. 8m' 등의 지상에 소외 송인환, 정의규 등의 명의로 '삼성빌라'라는 다세대주택 5개동을 신축하였는데, 1994. 1. 경 원고조합의 직원인 소외 김학준에게 위 삼성빌라를 담보로 하여 위 공사대금 등에 충당하기 위한 금원의 대출을 요청하였다.

(2) 이에 대해, 위 김학준은 동일인에 대한 여신한도를 제한한 원고조합의 규정에 따라 위 호천환 명의로는 금 20,000,000원만에 대출할 수 밖에 없으나, 위 삼성빌라에 관하여 원고조합 앞으로 근저당권을 설정해 주고 다른 사람을 채무자로 내세우면 추가로 대출이 가능하다고 설명해 주었다.

(3) 그러자, 위 호천환은 그 당시 위 공사대금에 필요한 금원을 차용하는 등으로 금전거래를 하던 피고에게 위와 같은 사정을 설명하면서 원고조합으로부터 금원을 대출받게 되면 그에 따른 대출금채무는 모두 자신이 이를 이행할 것이니 피고는 단지 명의만을 빌려 줄 것을 부탁하여 피고의 승낙을 받았다.

(4) 그리하여, 피고는 1994. 3.경 위 호천환과 함께 위 삼성빌라의 분양사무실을 방문하여 그 자리에 출장온 위 김학준을 통하여 원고조합으로부터 피고가 주채무자, 위 송인환, 정의규가 연대보증인이 되어 금 20,000,000원을 이자 연 12.5%, 변제기 1년, 지연배상 연 19%(다만 법령에 의한 최고율의 범위내에서 이자율이 변경되는 경우 그에 따르기로 함)으로 정하여 장차 대출받기로 하는 내용의 일반대출금에 관한 금전소비대차계약(이하 "이사건 소비대차계약"이라고 한다)을 체결함과 아울러 위 대출금채무를 담보하기 위하여 위 송언환, 정의규 앞으로 소유권보존등기가 경료된 위 삼성빌라 제103호에 관하여 채권최고액을 금 26,000,000원으로 하는 근저당권을 설정하여 주기로 함에 있어, 피고는 금전소비대차계약서(갑제 1호증, 이 계약서상의 작성일자란은 동 서면을 작성할 당시에는 남겨 두었다가 후에 원고조합이 뒤에서 보는 바와 같이 위 대출금 20,000,000원을 위 호천환에게 지급하면서 그 대체입금일자인 1994. 6. 16;로 기재하였다) 및 근저당권설정계약서(갑제 2호증)에 직접 주채무자로서 서명날인을 하여 이를 위 김학준에게 교부하였다.

(5) 그런데, 위 호천환 등은 변제기에 위 대출금채무를 이행하지 못하였을 뿐만 아니라 이자 및 지연손해에 대해서도 1996. 12. 31. 까지분만 납입하였다.

(6) 한편, 위 대출금에 관한 지연배상율은 1998. 1.13.부터 1998. 5. 14.까지는 연22%, 1998. 5. 15 부터 1998.

10. 13 까지 는 연 25%, 1998. 10. 14 부터 1999. 1.18.17}지는 연 22%, 1999. 1.19.부터 1999. 3. 2.까지 는 연 21%, 1999. 3. 3. 부터는 연 19%로 차례로 변경되었다.

나. 판 단

위 인정사실에 의하면, 피고는 특별한 사정이 없는 한 이 사건 소비대차 계약상의 주채무자로서 위 대출원금 20,000,000원 및 그에 대한 지연손해금을 지급할 의무가 있다고 할 것이다.

2. 피고의 주장 및 판단

가. 비진의 의사표시의 주장에 관하여

피고는 이 사건 소비대차계약은 피고가 대출금채무를 부담할 의사 없이 위 호천환을 위하여 형식적으로 주채무자로서 명의만을 빌려준 것이고, 원고조합도 이 사건 소비대차 계약상의 실질적인 주채무자가 위 호천환임을 알고서 체결한 것이므로 이 사건 소비대차 계약은 피고의 채무부담의 의사 없는 비진의 의사표시 해당하여 무효라는 취지로 주장하므로 살피건대, 법률상 또는 사실상의 장애로 자기 명의로 대출받을 수 없는 자를 위하여 대출금 채무자로서 명의를 빌려준 자의 의사는 특별한 사정이 없는 한 대출에 따른 경제적인 효과는 실질적으로 대출을 받으려는 자에게 귀속시킬지라도 법률상의 효과는 자신에게 귀속시킴으로써 대출금채무에 대한 주채무자로서의 책임을 지겠다는 것으로 보아야 할 것이므로, 명의를 빌려 준 자가 대출을 받음에 있어서 한 표시행위의 의미가 그 진의와 다르다고 할 수는 없고, 가사 명의를 빌려 준 자의 내심의 의사가 대출에 따른 법률상의 효과마저도 실질적인 채무자에게 귀속시키고 자신은 책임을 지지 않을 의사였다 하여도, 상대방인 금융기관이 명의를 빌려 준 자의 이와 같은 내심의 의사까지도 알았거나 알 수 있었을 경우라야 그 의사표시는 무효로 된다 할 것인데(대법원 1997. 7. 25. 선고 97다8403 판결 대법원 1996. 9. 10. 선고 96다18182 판결 등 참조), 이 사건에서 비록 원고조합의 직원인 위 김학준이 위 호천환에게 타인의 명의를 빌려 이 사건 소비대차 계약을 체결할 것을 권유하였다 하여도 원고조합이 피고의 내심의 의사마저 알았거나 이를 알 수 있었다고 할 만한 자료가 없으므로 피고의 위 주장은 이유 없다.

나. 통정허위표시의 주장에 관하여

또한, 피고는 이 사건 소비대차계약은 동일인에 대하여 대출한도를 정한 원고조합의 내부규정을 회피하기 위하여 피고를 형식상의 주채무자로 내세우고 원고조합도 이를 양해하여 피고에 대하여는 채무자로서 책임을 지우지 않을 의도하에 형식적으로 이루어진 것에 불과하여 통정허위표시에 해당하여 무효라는 취지로 주장하므로 살피건대, 동일인에 대한 대출한도를 정한 금융기관의 내부규정 등을 회피하기 위하여 실질적인 주채무자가 실제 대출받고자 하는 채무액에 대하여 제3자를 형식상의 주채무자로 내세우고, 금융기관도 이를 양해하여 제3자에 대하여는 채무자로서의 책임을 지우지 않을 의도하에 제3자 명의로 대출관계 서류를 작성받은 경우에는, 제3자는 형식상의 명의만을 빌려 준 자에 불과하고 그 대출계약의 실질적인 당사자는 금융기관과 실질적 주채무자이므로, 제3자 명의로 되어 있는 대출약정은 금융기관이 양해하에 그에 따른 채무부담 의사 없이 형식적으로 이루어진 것에 불과하여 통정허위표시에 해당하는 무효의 법률행위에 해당한다고 볼 수 있으나(대법원 1999. 3. 12. 선고 98다48989 판결 등 참조), 이 사건에서는 피고가 원고조합의 직원인 위 김학준을 만나 위 금전소비대차 계약서(갑제1호증)에 주채무자로서 직접 서명날인을 딴 사실은 앞에서 본 바와 같고, 한편 갑제6, 7, 12, 13호증, 을제 46호증의 9의 각 기재 및 증인 김학준의 증언에 변론의 전취지를 보태어 보면 원고조합은 피고와 이 사건 소비대차계약을 체결할 무렵 피고로부터 융자상담및신청서(갑제 13호증)를 교부받음과 아울러 피고에 대한 여신거래명세서(갑제6호증), 채무자조회표(갑제7호증)를 작성해 두었고, 그 외에 신용조사서(갑제 12호증)를 작성함에 있어 피고를 주채무자로 하여 그 주소 직장 자택 전화번호 및 재산상태 등에 관한 기재와 함께, 종합의견란에서 '차주로서 적합함'이라고 기재한 사실, 또한 위 김학준은 피고로부터 위 금전소비대차계약서를 교부받을 무렵 위 대출금에 관하여 피고에게도 그 변제 책임이 발생할 가능성에 관하여 이를 피고에게 고지한 사실 등을 인정할 수 있는바 피고가 위 금전소비대차계약서에 서명날인함으로써 피고는 자신이 이 사건 소비대차계약의 주채무자임을 원고조합에 표시한 것이고(비록 피고는 원고 조합의 여신한도 제한을 회피하기 위하여 위 호천환으로 하여금 피고 명의로 대출을 받아 이를 사용하도록 할 의도가 있었다거나 그 원리금을 위 호천환의 부담으로 상환하기로 하였더라도 이는 특별한 사정이 없는 한 그 법률상의 효과까지 위 호천환의 부담으로 하려는 의사로 볼 수 없음은 위에서 언급한 바와 같다), 한편 원고조합으로서도 그 직원인 위 김학준이 피고에 대하여 위 대출금채무에 관하여 변제책임의 가능성을 고지하였고 더 나아가 피고에 대하여 별도로 신용조사서 등까지 작성해 둠으로써, 위 금전소비대차계약서에 표시된 대로 피고를 주채무자로 할 의사였다고 봄이 상당하며, 달리 원고조합이 피고에 대하여는 주채무자로서의 책임을 지우지 않을 의도로 피고 명의로 된 위 금전소비대차계약서를 받았다고 볼 증거 없어 피고의 이 부분 주장도 이유 없다.

다. 대출금 미지급의 주장에 관하여

피고는 다음으로, 원래 이 사건 소비대차계약은 위 호천환의 피고에 대한 차용금채무 금 45,820,000원의 일부를 변제하기 위하여 위 호천환이 실제로 소유자인 위 삼성빌라 103호를 원고조합에 담보로 제공하고 피고를 주채무자로 하여 체결된 것으로서 만일 이 사건 소비대차계약이 유효하다면 원고조합은 위 대출금 20,000,000원을 마땅히 그 주채무자인 피고에게 지급하여야 함에도 원고조합은 임의로 이를 위 호천환에게 지급하였으므로 피고는 이 사건 청구에 응할 의무가 없다고 주장하므로 살피건대, 위 대출금 20,000,000원이 피고가 아닌 위 호천환에게 지급된 사실은 원고조합도 자인하고 있으나, 한편 갑제 3, 17호증, 을제 46호증의 2 내지 6의 각 기재, 위 강영석, 김학준의 각 증언에 변론의 전취지를 보태어 보면 피고는 이 사건 소비대차계약 체결 당시 그 지급의 편의를 위하여 원고조합이 사용하는 예탁금청구서(갑제3호증) 용지에 피고의 서명날인만을 한 채 이를 위 김학준에게 교부함과 아울러 원고조합이 위 대출금을 위 호천환에게 직접 지급하는 것을 사전에 승낙한 사실을 인정할 수 있으므로 위 대출금 20,000,000원은 피고의 의사에 기하여 원고조합으로부터 위 호천환에게 지급되었다고 할 것이어서 피고의 이 부분 주장도 이유 없다.

라. 원고조합의 내부규정에 위반하여 대출금이 지급되었다는 주장에 관하여

피고는 다시 원고조합이 이 사건 소비대차계약에 따른 대출금을 지급함에 있어 원고조합의 여신관리규정에 따라 반드시 주채무자인 피고의 예탁금계좌에 대체입금하거나 부득이한 경우라도 피고에게 직접 지급하고 피고로부터 그에 관한 영수증을 교부받는 방식으로 이를 지급하여야 함에도 원고조합의 담당직원이 위 규정에서 정한 절차에 위배하여 위 대출금 20.000.000원을 피고의 예탁금계좌에 대체입금하는 등의 조치 없이 이를 위 호천환에게 바로 지급한 이상, 원고조합의 청구에 응할 의무가 없다고 주장하나, 피고가 이 사건 소비대차계약을 체결할 당시 원고조합이 위 대출금 20,000,000원을 위 호천환에게 지급하는 것을 승낙한 사실은 앞에서 본 바와 같으므로, 원고조합의 대출금 지급을 담당하는 직원이 위 규정에 정한 대출금 지급절차를 위반하였다고 하더라도 이로써 이 사건 소비대차계약에 기한 대출금이 지급되지 않은 것이라 볼 수는 없으므로 피고의 이 부분 주장도 이유 없다.

마. 위 호천환 등이 피고를 기망하여 위 대출금을 편취하였다는 주장에 관하여

또한, 피고는 위 호천환 및 위 김학준 등이 공모하여 원고조합에 피고 명의로 대출금을 신청하여 원고조합으로부터 대출금을 받게 되면 위 호천환의 피고에 대한 위 차용금채무를 변제해 주겠다고 거짓말하여 이에 속은 피고로 하여금 피고가 주채무자로 하여 이 사건 소비대차계약을 체결하도록 한 후 위 대출금 20.000.000원을 피고에게 지급하지 않고 이를 편취하였다는 취지로 주장하므로 살피건대, 이에 부합하는 듯한 을제14호증, 을제19호증의 2의 각 기재는 믿지 아니하고, 을제 9, 10, 12, 15호증의 각 기재만으로는 이를 인정하기 부족하며 달리 이를 인정할 증거 없으므로, 피고의 이 부분주장도 이유 없다.

바. 신의칙 등 위반 주장에 관하여

피고는 마지막으로, 원고조합도 이 사건 소비대차계약을 체결할 당시 피고는 단지 명의상의 채무자에 불과한 점을 알고 이를 양해하면서 피고에게는 위 대출금의 변제를 구하지 않고 실질적인 채무자인 위 호천환에게 대하여서만 이를 청구할 신의를 공여하였음에도 그 후 위 대출금에 관한 회수가 곤란해지자 명의상의 채무자에 불과한 피고를 상대로 이의 지급을 구하는 것은 신의칙 내지는 금반언의 원칙에 반한다고 주장하므로 살피건대, 앞서 본 바와 같이 이 사건 소비대차계약상의 주채무가 피고임이 인정되는 이상, 단지 원고조합이 동일인에 대한 대출한도를 이유로 피고 명의로 이 사건 소비대차계약을 체결하면서 그 대출금은 실제로 위 호천환이 사용하는 것을 알았다고 하여, 원고조합의 이 사건 청구가 신의칙 등에 위반한다고 할 수는 없어 피고의 이 부분 주장도 받아들이지 않는다.

3. 결론

그렇다면, 피고는 원고에게 위 대출금 20,000,000원및 이에 대하여 1997. 1.1.부터 1998. 1.12.까지는 연 1할 9푼, 그 다음날부터 1998. 5. 14.까지는 연 2할 2푼, 그 다음날부터 1998. 10. 13.까지 는 연 2할 5푼, 그 다음달부터 1999. 1.18.까지 는 연 2할 2푼, 그 다음날부터 1999. 3. 2.까지는 연 2할 1푼, 그 다음날부터 완제일까지는 연 1할 9푼의 각 비율에 의한 지연손해금을 지급할 의무가 있으므로 이를 구하는 원고의 이 사건 청구는 이유 있어 이를 인용할 것인바 이와 결론을 같이 하는 원심판결은 정당하므로 피고의 항소는 이유 없어 이를 기각하기로 하고 항소비용은 패소자인 피고의 부담으로 하여 주문과 같이 판결한다.

(2-2) 대법원 2001. 5. 29. 선고 2001다11765 판결

【원고, 피상고인】 원고축산업협동조합
【피고, 상고인】 이충원
【원심판결】 인천지방법원 200 1. 1. 12. 선고 2000나799 판결
【주 문】 원심판결을 파기하고, 사건을 인천지방법원 본원합의부에 환송한다.

【이 유】

상고이유를 판단한다.

1. 원심판결 이유에 의하면 원심은, 이 사건 소비대차계약은 동일인에 대한 대출한도를 정한 원고 조합의 내부

규정을 회피하기 위하여 피고가 대출금채무의 부담 의사 없이 소외 1에게 형식적으로 주채무자로서의 명의만을 빌려준 것이고, 원고 조합도 이 사건 소비대차계약상의 실질적인 주채무자가 소외 1임을 알고 이를 양해하여 피고에 대하여는 채무자로서의 책임을 지우지 않을 의도하에 형식적으로 이루어진 것에 불과하므로 이 사건 소비대차계약은 비진의 의사표시에 해당하거나 통정허위표시로서 무효라는 피고의 항변을 다음과 같은 이유로 배척하고 있다.

즉, 그 채용한 증거에 의하여 피고가 원고 조합 직원인 소외 2를 만나 금전소비대차계약서에 주채무자로 직접 서명날인을 하였고, 원고 조합은 피고와 이 사건 소비대차계약을 체결할 무렵 피고로부터 융자상담및신청서를 교부받음과 아울러 피고에 대한 여신거래명세서, 채무자조회표를 작성해 두었고, 그 외에 신용조사서를 작성함에 있어 피고를 주채무자로 하여 그 주소, 직장, 자택, 전화번호 및 재산 상태 등에 대한 기재와 함께, 종합의견란에 '차주로서 적합함'이라고 기재한 사실, 또한 소외 2는 피고로부터 위 금전소비대차계약서를 교부받을 무렵 위 대출금에 관하여 피고에게도 그 변제책임이 발생할 가능성을 고지한 사실 등을 인정할 수 있는바, 피고는 위 금전소비대차계약서에 서명·날인함으로써 원고 조합에게 자신이 이 사건 소비대차계약의 주채무자임을 표시한 것이고(비록 원고 조합의 여신한도 제한을 회피하기 위하여 소외 1으로 하여금 피고 명의로 대출을 받아 이를 사용하도록 할 의도가 있었다거나 그 원리금을 소외 1의 부담으로 상환하기로 하였더라도 이는 특별한 사정이 없는 한 그 법률상 효과까지 소외 1의 부담으로 하려는 의사로 볼 수 없다), 원고 조합으로서도 소외 2가 피고에 대하여 변제책임의 가능성을 고지하였고 더 나아가 신용조사서 등까지 작성해 둠으로써 피고를 이 사건 소비대차계약상 주채무자로 삼을 의사였다고 봄이 상당하다는 것이다.

2. 그러나 원심의 위 판단은 다음과 같은 이유에서 수긍하기 어렵다.

동일인에 대한 대출액 한도를 제한한 법령이나 금융기관 내부규정의 적용을 회피하기 위하여 실질적인 주채무자가 실제 대출받고자 하는 채무액에 대하여 제3자를 형식상의 주채무자로 내세우고, 금융기관도 이를 양해하여 제3자에 대하여는 채무자로서의 책임을 지우지 않을 의도하에 제3자 명의로 대출관계서류를 작성받은 경우, 제3자는 형식상의 명의만을 빌려 준 자에 불과하고 그 대출계약의 실질적인 당사자는 금융기관과 실질적 주채무자이므로, 제3자 명의로 되어 있는 대출약정은 그 금융기관의 양해하에 그에 따른 채무부담의 의사 없이 형식적으로 이루어진 것에 불과하여 통정허위표시에 해당하는 무효의 법률행위이다(대법원 1996. 8. 23. 선고 96다18076 판결, 1999. 3. 12. 선고 98다48989 판결, 2001. 2. 23. 선고 2000다65864 판결 등 참조).

먼저, 원심은 소외 2의 진술을 내용으로 한 을 제46호증의 9의 기재와 그의 제1심에서의 증언에 기하여 소외 2가 피고에게 이 사건 대출금에 관한 변제책임이 발생할 가능성에 관하여 고지하였다고 인정하였으나, 소외 2의 위 각 진술은, 당시에는 담보여력이 충분하였기 때문에 명의대여자가 책임지는 일은 생각하지도 못했고 자신이 원고 조합 직원들에게 남의 이름으로 대출을 하면 어떻게 되느냐고 하였더니 그들도 아무런 관계가 없다며 자신들이 알아서 하겠다고 하였다고 소외 1이 진술하고 있는데, 소외 2도 위 빌라의 세대당 분양가가 금 4,900만 원 내지 6,000만 원이어서 담보가치가 충분하므로 원고 축협에 손해를 끼칠 위험이 없다고 생각하였다고 진술한 점(기록 720, 750면), 기록에 의하면 원고 조합 전소지소장이던 소외 2가 원심 판시 삼성빌라를 담보로 금원을 대출받으려는 소외 1에게 원고 조합의 내부규정상 동일인에 대한 대출한도의 제한을 회피하는 방법으로 이 사건과 같이 타인 명의로 대출받을 것을 먼저 권유하면서 대출시 대출금의 일정액을 사례금으로 요구한 사실, 소외 2 또는 위 지소 담당직원인 소외 3은 이후 소외 1에게 20여 회에 걸쳐 합계 금 526,000,000원을 20여 명의 타인명의로 대출을 하여 주면서 매회 사례비로 대출금의 1.5~5%에 해당하는 금원을 받은 사실{이와 관련하여 소외 3은 특정경제범죄가중처벌등에관한법률위반(수재등)죄로, 소외 2는 축산업협동조합법위반죄로 기소되었다.}을 각 알아 볼 수 있는바, 대출명의인이 위와 같은 내용을 고지받을 경우 대출금이 자신들이 아닌 소외 1에게 지급되는 것에 이의를 제기하고 명의대여를 거부할 수도 있는 상황에서 타인명의의 대출을 먼저 권유하고 사례금을 요구하기까지 한 소외 2가 그 대출추진에 장애가 될 이러한 언동을 하였다고는 기대하기 어려울 것이므로 소외 1의 진술을 배척할 만한 합리적 사유가 없는 한, 피고의 이 사건 대출금에 관한 변제책임 여부에 중대한 이해관계가 있는 소외 2의 진술만을 쉽사리 신뢰할 수는 없을 것이다.

나아가 이 사건 대출 당시 피고에 대하여 작성된 신용조사서를 보면, 피고의 당시 직업 등에 관하여 10년 가량 건축업에 종사하여 월수입이 300만 원이고 자신 ○○아파트 24평 시가 금 5,000만 원 상당에 거주하고 있는 것처럼 기재되어 있으나 실제로는 인천시의 지방조무원(검침 10등급)으로 근무하고 있었고, 거소인 인천 소재 ○○아파트는 소외 모연식 소유로 등기되어 있는 등 사실과 다르게 작성되어 있는데, 그 작성자인 소외 3이 제1심 증인으로 출석하여 사실조사 없이 형식적으로 위 신용조사서를 작성하였음을 시인하고 있는데다가, 원심이 들고 있는 나머지 서류들은 금융기관에서의 소비대차계약에서 당연히 작성되는 서류이므로, 이러한 서류가 작성되었다는 것만으로 피고가 자신이 이 사건 소비대차계약의 주채무자가 될 의사를 표시하고 원고 조합 역시 피고를 주채무자로 삼을 의사이었다고 단정할 수는 없는 것이다.

한편, 원심이 배척하지 아니한 증거들에 의하면, 앞서 본 소외 2의 타인명의 대출의 권유 및 사례금 수수 외에도 다음과 같은 사실, 즉 당시 소외 2는 원고 조합의 상무로 등기되어 있었는데 원고 조합의 정관에 의하면 지소의 상무는 지소의 일상업무에 관하여 조합을 대표하도록 되어 있는 사실, 위 지소에서 정상적으로 대출할 경우 대출신청인이 지소에 나와 대출서류를 작성함에도 이 사건 대출서류들은 소외 2 또는 소외 3이 소외 1으로부터 연락을 받고 삼성빌라 분양사무실로 가서 이를 작성받았으며, 이 때 소외 1이 소외 송인환, 정의규에게 명의신탁하여 둔 207의 7 삼성빌라 103호를 이 사건 대출금에 대한 담보로 제공한 사실, 소외 3은 피고로부터 이 사건 대출금의 수령권을 소외 1에게 위임한다는 내용의 위임장 등은 받지 아니하였음에도 소외 1이 실수령자라고 보아 이 사건 대출금을 그가 이전에 소외 정남식의 명의를 빌려 차용한 대출금의 변제에 바로 충당한 사실, 정상적인 대출의 경우 대출승인이 나면 대출신청인에게 지급사실을 통보하여 이를 찾아가도록 하나 이 사건 대출금 지급과정에서는 피고에게 이러한 통지도 하지 아니한 사실, 이 사건 대출금에 대하여 1995년초경부터 이자지급이 연체되었고 상환기일인 1995. 6. 16.에 변제되지 아니하였음에도 위 전소지소에서는 대출금이 소외 1에게 지급되었고 그가 서산에 ○○아파트부지를 정리하여 변제하겠다고 하므로 이를 믿고 피고에게 원리금 상환이나 기한의 연장 또는 재대출 등의 조치를 취하지 않은 채 소외 1의 해결만을 기다린 사실, 위 지소에서는 1995. 12. 30. 관련 직원들이 갹출하여 위 대출금에 대한 1995. 1. 1.부터 1995. 12. 31.까지의 지연손해금을 대납하였고 이후 1996년 3월경 피고에 대하여 독촉장 및 최고장을 발송하고서도 1996. 12. 31. 다시 위 지소 관련 직원들이 갹출하여 위 대출금에 대한 1996. 1. 1.부터 1996. 12. 31.까지의 지연손해금을 대납한 사실 등을 알아 볼 수 있는바, 사정이 이와 같다면 피고가 위 소외 1의 가족 또는 친족관계에 있지 아니하고 또 그와 이해관계가 합치되어 이 사건 대출명의대여에 이르렀다고 볼 수도 없는 이상, 실질적인 주채무자인 소외 1이 원고 조합과 대출상담을 한 후 실제 대출받고자 하는 채무액 중 일부에 대하여 피고를 형식적인 주채무자로 내세웠고 원고 조합을 대표할 권한이 있는 지소장 소외 2도 이를 양해하면서 피고에 대하여는 채무자로서의 책임을 지우지 않을 의도하에 피고 명의로 대출관계서류를 작성받았다고 추단하는 것이 합당하다 할 것이다.

그럼에도 불구하고, 원심이 그 판시와 같은 이유로 피고의 위 통정허위표시의 항변을 배척한 것은, 채증법칙을 위반하거나 심리를 다하지 아니하여 사실을 오인하였거나 타인 명의의 대출에 있어서의 통정허위표시에 관한 법리를 오해함으로써 판결의 결과에 영향을 미친 위법을 저지른 것이라 아니할 수 없다. 이 점을 지적하는 상고이유의 주장은 이유 있다.

3. 그러므로 나머지 상고이유에 대한 판단을 생략한 채 원심판결을 파기하고, 사건을 다시 심리·판단케 하기 위하여 원심법원에 환송하기로 하여 관여 대법관의 일치된 의견으로 주문과 같이 판결한다.

(3-1) 광주고등법원 2002. 5. 8. 선고 2001나8812 판결

【원고, 피항소인】 문영주
【피고(탈퇴)】 주식회사 한아름상호신용금고
【승계참가인, 항소인】 한국자산관리공사
【원심판결】 광주지방법원 2001. 9. 6. 선고 2000가합1138 판결
【주 문】 1. 승계참가인의 항소를 기각한다. 2. 항소비용은 승계참가인의 부담으로 한다.

【청구취지 및 항소취지】

1. 청구취지

원고와 소외 주식회사 일신상호신용금고 사이의 1994. 6. 24.자 금전소비대차계약에 기한 원고의 승계참가인(제1심 판결은 위 한국자산관리공사를 인수승계인이라고 하였으나 이는 승계참가인의 명백한 오기로 보인다. 이하 '참가인'이라고 한다)에 대한 원금 145,562,631원 및 이에 대한 이자채무는 존재하지 아니함을 확인한다.

2. 항소취지

제1심 판결을 취소하고, 원고의 청구를 기각한다.

【이 유】

1. 대출금 채무의 발생

가. 기초사실

(1) 소외 주식회사 일신상호신용금고(이하 '소외 금고'라고 한다)는 1994. 6. 24. 소외 계림건설 주식회사(중△종합건설 주식회사, 주식회사 광원산업으로 순차 상호 변경되었다. 이하 '소외 회사'라고 한다)와 사이에, 구 상호신용금고법(1995. 1. 5. 법률 제4867호로 개정되기 전의 것) 제12조의 동일인에 대한 대출한도 제한을 피하기 위하여, 대출채무자를 소외 회사의 이사인 원고(원고는 1991. 1. 9. 소외 회사의 이사로 취임하였다가 1994. 1. 9. 퇴임하였고, 다시 같은 해 3. 29. 이사로 취임하였다가 1996. 9. 28. 사임하였다)로 하여, 소외 황학표와 그의 처 장귀임의 소유의 광주 ○○구 ○○동913-18 답 836㎡, 광주 ○○구 ○○동597-5 답 1,428㎡ 등을 담보로 제공받고, 위 황학표(소외 회사의 실질적 사주로서 소외 금고의 사주인 임대식과 절친한 사이이다), 소외 황인수(위 황학표의 아들로서 위 대출 당시 소외 회사의 대표이사이었다)의 연대보증 아래 금 210,000,000원을 변제기

1997. 6. 24., 계정과목 신용부금 급부금, 이자는 연 15%, 연체이자는 재무부장관이 정한 이율을 지급하기로 대출약정을 체결하였다.

(2) 원고는 1994. 6. 24. 소외 금고에게 각 그의 서명 날인이 된 대출신청서, 차용금증서, 인감증명, 신용부금납입계약서, 담보제공증서, 위임장을 교부하였고, 소외 금고는 당일 즉시 소외 회사에게 위 대출약정에 따라 금 202,019,900원(위 210,000,000원에서 제1회 부금불입금 5,166,000원과 기타 비용을 포함한 금 7,980,100원을 공제한 금액, 이하 이 사건 대출금이라고 한다)을 지급하였고, 위 금원은 소외 회사의 운영자금으로 사용되었다.

(3) 피고는 그 후 구 상호신용금고법(1998. 1. 13. 법률 제5501호로 개정되기 전의 것, 이하 '상호신용금고법'이라고 한다)에 의하여 소외 금고로부터 이 사건 대출금 채권에 관하여 계약이전을 받은 다음, 1999. 12. 22. 원고에게 이 사건 대출금으로서 원금 145,562,631원과 이자 153,036,147원의 변제를 최고한 바 있고(소외 금고는 1999. 7. 15.경 광주지방법원으로부터 파산선고를 받았다), 2000. 12. 28. 참가인에게 금융기관부실자산등의처리및한국자산관리공사의설립에관한법률(이하 '금융기관부실자산처리법'이라고 한다)에 따라 이 사건 대출금 채권(2000. 9. 30. 기준 원금 145,562,631원과 이자 178,902,421원)을 양도하고, 그 무렵 원고에게 이를 통지하였다.

나. 위 인정사실에 의하면, 특별한 사정이 없는 한 원고는 비록 타인을 위하여 대출약정을 체결하였더라도 이 사건 대출계약의 당사자로서 참가인에게 이 사건 대출금 채무를 부담하는 듯하다.

2. 채무부존재 주장에 대한 판단

가. 원고의 통정허위표시 주장에 관하여

원고는, 이 사건 대출약정의 실질적 당사자는 소외 금고와 소외 회사 또는 위 황학표이고, 원고는 소외 금고의 양해하에 그에 따른 채무부담 의사 없이 형식적으로 명의만 빌려준 것에 불과하여 통정허위표시에 해당하므로, 이 사건 대출약정은 무효라고 주장한다.

살피건대, (증거)를 종합하면, 원고는 소외 회사의 이사로 등기되어 있었으나 아무런 권한이 없고 실질적으로 일반 직원이었던 사실, 위 황학표는 소외 금고의 사주와의 친분을 활용하여 1985.경부터 소외 금고로부터 자신의 부동산을 담보로 제공하고 소외 회사의 운영자금을 조달하여 왔으나, 1990.경부터 상호신용금고법상의 동일인에 대한 대출한도 제한규정을 피하기 위하여 제3자 명의로 대출을 받아왔고, 이러한 제3자로는 원고 외에도 문제균 등이 더 있는 사실, 이 사건 대출신청서에는 자금용도가 운영자금으로, 원고의 직업이 건설업으로, 조사자 의견은 '중기대여 및 공급을 하며 운영자금 필요하여 대출신청하였고, 회사 운영수입이 좋으며, 연대보증인 부동산 소유 등 재산상태가 양호하며, 현재 수신부족이나 활발한 거래 기대된다'로 각 기재된 사실, 소외 금고는 이 사건 대출과 관련하여 원고에 대한 아무런 신용조사도 한 바 없이 위 황학표와 장귀임 소유의 부동산을 담보로 제공받고(위 대출신청서는 담보내역에 '신용'이라고 기재되어 있으나, 피고는 위와 같이 담보를 제공받았다고 주장한다), 대출신청 당일 위 황인수에게 이 사건 대출금을 지급한 사실, 소외 금고는 원고에게 1997.경 소외 회사가 부도가 났음에도 이 사건 대출금의 상환을 독촉한 적이 없었던 사실을 인정할 수 있고, 위 인정사실에 의하면, 이 사건 대출약정은 소외 회사가 원고를 형식적 채무자로 내세우고 소외 금고도 이를 양해하여 원고에 대한 채무부담의사 없이 형식적으로 이루어진 것으로, 원고는 그 명의만 빌려준 자에 불과하여 원고 명의의 이 사건 대출약정은 통정허위표시에 해당하여 무효라 할 것이므로, 원고의 위 주장은 이유 있다.

나. 참가인의 선의 제3자 주장에 관하여

이에 참가인은, 피고는 원고와 소외 금고의 이 사건 대출약정을 신뢰하여 상호신용금고법에 의하여 이 사건 대출금 채권을 양수한 자이고, 참가인은 피고로부터 금융기관부실자산처리법에 의하여 위 채권을 다시 양수하였으므로, 원고는 제3자인 피고나 참가인에게 통정허위표시의 무효로써 대항할 수 없다고 주장한다.

무릇, 통정허위표시에 있어서 제3자라고 함은, 당사자와 그 포괄승계인 이외의 자 중에서 허위표시행위를 기초로 하여 새로운 이해관계를 맺은 자를 말하며 이는 통정허위표시가 있은 후 그 외형이 제거되지 않고 있는 동안 그 사정을 모르고 별도의 법률상 원인에 의하여 권리를 취득한 자를 보호하기 위한 것으로서, 거래의 안전을 위하여 보호하여야 할 가치가 있는 자에 국한되어야 할 것이고, 일반적으로 가장소비대차계약에 기한 채권양수인도 이에 해당한다고 할 것이나, 상호신용금고법에 의하면, 재무부장관은 상호신용금고의 경영 또는 재산상태가 건전하지 못하여 공익을 해할 우려가 있다고 인정될 때에는 계약의 이전을 명령할 수 있고{제23조의 2 제1항, 위 상호신용금고법을 개정한 상호저축은행법(2001. 12. 31. 법률 제6561호) 제24조의 8 제1항 제2호는 '파산하는 경우보다 계약이전하는 경우가 바람직한 경우'라고 정하고 있다}, 계약이전명령을 받은 상호신용금고는 계약이전을 받을 상호신용금고와 협의를 하여야 하고, 위 협의가 성립된 경우에는 재무부장관의 인가를 받아야 하고(제23조의 7), 위 협의가 성립되지 않는 때에는 재무부장관이 필요한 결정을 할 수 있고(제23조의 8), 위 계약이전은 재무부장관의 위 인가 또는 결정을 받은 때에 그 효력이 발생하고, 위 인가받은 협의 또는 결정의 요지를 공고하여야 한다고(제23조의 9) 정하고 있는바, 위 법률의 취지에 비추어 보면, 위 법이 정한 계약이전은 채권의 특정승계가 아니라 대출계약상의 지위가 포괄적으로 이전되는 계약인수라고 보여지므로, 피고는 이 사건 대출약정에 있어서 소외 금고의 계약상 지위를 이전받은 포괄승계인이라고 할 것일 뿐만 아니라, 금융기관부실자산처리법에 의하면, 금융기관이 보유하는 부실자산의 효율적 정리를 촉진하고 부실징후기업의 경영정상화 등을 효율적으로 지원하기 위하여 참가인을 설립하고(제1조, 제6조), 금융기관은 보유하고 있는 부실자산을 신속하게 정리하기 위하여 참가인에게 부실자산의 정리(채권의 회수·추심 또는 재산의 매각을 말한다)를 위탁하거나 그 인수를 요청할 수 있고(제4조), 부실자산의 인수를 요청받은 참가인은 인수가격 등 인수조건을 당해 금융기관과 협의하여 인수계약을 체결하고, 부실채권의 경우 채권원인서류의 수령 및 담보물권을 이전받고(위 법 시행령 제4조 제1항), 정부는 참가인의 업무를 지원하기 위하여 출자하거나 필요한 경비를 지원할 수 있다(제9조)고 정하고 있는바, 위 법률의 취지에 의하면, 참가인은 피고와 같은 금융기관의 부실채권 정리업무를 전문적으로 대행하거나 이를 지원함으로써 금융기관의 자산의 유동성과 건전성을 제고하기 위하여 설립된 것이고, 금융기관이 부실자산의 인수요청을 하는 경우 참가인은 사실상 이를 받아들여야만 하고, 참가인이 위와 같이 금융기관의 부실자산을 인수하여 그 채권의 취득하는 것은 공익적 목적을 위한 것으로서 거래의 안전과는 무관하며, 참가인은 피고와 같은 금융기관과 실질적으로 동일한 지위에 있다고 보아야 할 것이므로, 참가인이 원고와 소외 금고(이를 승계한 피고)의 이 사건 대출약정을 기초로 하여 그 대출채권을 인수하였다 하더라도 위에서 본 거래안전을 위하여 보호하여야 할 가치가 있는 민법 제108조 제2항 소정의 제3자에 해당한다고 보기 어렵다 할 것이므로, 결국 참가인의 위 주장은 더 살펴볼 필요 없이 그 이유 없다.

3. 결론

그렇다면, 원고와 소외 금고 사이의 1997. 6. 24.자 소비대차약정에 기한 원고의 참가인에 대한 채무는 존재하지 아니한다고 할 것이고 참가인이 이를 다투고 있는 이상 그 확인을 구할 이익이 있다 할 것이므로, 원고의 이 사건 청구는 이유 있어 이를 인용할 것인바, 제1심 판결은 이와 결론을 같이하여 정당하므로, 참가인의 항소를 기각하기로 하여 주문과 같이 판결한다.

(3-2) 대법원 2004. 1. 15. 선고 2002다31537 판결

【원고, 피상고인】 문영주
【피고(탈퇴)】 주식회사 한아름상호신용금고
【승계참가인, 상고인】 한국자산관리공사
【원심판결】 광주고등법원 2002. 5. 8. 선고 2001나8812 판결
【주 문】 원심판결을 파기하고, 사건을 광주고등법원에 환송한다.

【이 유】

1. 원심은 채용 증거에 의하여 그 판시와 같은 사실을 인정한 다음, 원고와 파산자 주식회사 일신상호신용금고(이하 '소외 금고'라 한다) 사이의 1994. 6. 24.자 금전소비대차계약의 형식상 주채무자는 원고이지만 실질적인 주채무자는 소외 계림건설 주식회사 또는 위 회사의 실질적 사주인 황학표이고, 원고는 형식상 명의만을 빌려준 자에 불과하므로, 원고 명의로 되어 있는 위 대출계약은 소외 금고의 양해하에 그에 따른 채무부담의 의사 없이 형식적으로 이루어진 것에 불과하여 통정허위표시에 해당하는 무효의 법률행위라고 판단하였는바, 기록에 의하면 원심의 위와 같은 사실인정 및 판단은 수긍할 수 있고, 거기에 상고이유의 주장과 같은 채증법칙 위배로 인한 사실오인 및 통정허위표시에 관한 법리오해 등의 위법이 없다.

2. 구 상호신용금고법(1998. 1. 13. 법률 제5501호로 개정되어 2000. 1. 28. 법률 제6203호로 개정되기 전의 것) 소정의 계약이전은 금융거래에서 발생한 계약상의 지위가 이전되는 사법상의 법률효과를 가져오는 것이므로, 원심이, 소외 금고로부터 이 사건 대출금 채권에 대하여 계약이전을 받은 피고는 소외 금고의 계약상 지위를 이전받은 자이어서 원고와 소외 금고 사이의 위 통정허위표시에 따라 형성된 법률관계를 기초로 하여 새로운 법률상 이해관계를 가지게 된 민법 제108조 제2항의 제3자에 해당하지 않는다고 판단한 것은 정당하고, 거기에 상고이유의 주장과 같은 통정허위표시의 효력 및 계약이전에 관한 법리오해 등의 위법이 없다.

3. 원심은, 피고가 2000. 12. 28. 구 금융기관부실자산등의효율적처리및한국자산관리공사의설립에관한법률(2001. 12. 31. 법률 제6561호로 개정되기 전의 것, 이하 '법'이라 한다)에 따라 승계참가인에게 원고에 대한 이 사건 대출금 채권을 양도하고, 그 무렵 원고에게 이를 통지한 사실 등 그 판시와 같은 사실을 인정한 다음, 위 법 및 시행령(2002. 12. 5. 대통령령 제17791호로 개정되기 전의 것, 이하 '영'이라 한다)에 의하면, 금융기관은 보유하고 있는 부실자산을 신속하게 정리하기 위하여 승계참가인에게 부실자산의 정리(채권의 회수·추심 또는 재산의 매각)를 위탁하거나 그 인수를 요청할 수 있고(법 제4조), 부실자산의 인수를 요청받은 승계참가인은 인수가격 등 인수조건을 당해 금융기관과 협의하여 인수계약을 체결하고, 부실채권의 경우 채권원인서류의 수령 및 담보물권을 이전받으며(영 제4조 제1항), 정부는 승계참가인의 업무를 지원하기 위하여 출자하거나 필요한 경비를 지원할 수 있다(법 제9조)고 규정하고 있고, 위 규정의 취지에 의하면, 승계참가인은 피고와 같은 금융기관의 부실채권 정리업무를 전문적으로 대행하거나 이를 지원함으로써 금융기관 자산의 유동성과 건전성을 제고

하기 위하여 설립된 것이고, 금융기관이 부실자산의 인수요청을 하는 경우 승계참가인은 사실상 이를 받아들여야만 하며, 승계참가인이 위와 같이 금융기관의 부실자산을 인수하여 그 채권을 취득하는 것은 공익적 목적을 위한 것으로서 거래의 안전과는 무관하므로, 승계참가인은 피고와 같은 금융기관과 실질적으로 동일한 지위에 있다고 보아야 할 것이고, 따라서 승계참가인이 원고와 소외 금고의 이 사건 대출약정을 기초로 하여 피고로부터 그 대출채권을 인수하였다 하더라도 승계참가인이 거래의 안전을 위하여 보호하여야 할 가치가 있는 민법 제108조 제2항의 제3자에 해당한다고 보기 어렵다고 판단하였다.

그러나 원심의 위와 같은 판단은 수긍할 수 없다.

위 법 및 영의 규정에 의하면, 승계참가인의 자본금은 금융기관(법 제2조 제1호에서 정의하고 있다)이 출자하는 외에 정부가 승계참가인의 업무수행을 지원하기 위하여 필요하다고 인정되는 때에는 승계참가인에 출자하거나 필요한 경비를 지원할 수 있고(법 제9조), 금융기관이 보유하고 있는 부실채권 등의 효율적인 정리를 위하여 승계참가인에 부실채권정리기금을 설치하며(법 제38조), 그 기금은 금융기관의 출연금, 정부의 출연금, 한국은행으로부터의 차입금 등을 재원으로 하여 조성되고(법 제39조), 승계참가인은 위 기금을 재원으로 하여 금융기관과 인수가격 등 인수조건을 협의하여 부실자산 인수계약을 체결하고 채권원인서류의 수령 및 담보물권의 이전을 받는 등의 방법으로 부실자산을 인수하며(영 제4조 제1항), 그 밖에 법 제26조 제1항 소정의 각종 업무를 수행하도록 규정하고 있다.

위와 같은 규정에 비추어 보면, 승계참가인이 금융기관의 출자에 의하여 설립되었다고 하더라도 피고와 같은 부실자산을 양도한 금융기관과는 독립하여 고유의 업무를 수행하는 별개의 법인이고, 금융기관으로부터 인수한 채권 등 그 자산에 대하여도 별도의 이해관계를 가진다고 할 것이므로, 승계참가인이 부실채권 등 자산을 양도한 금융기관과 실질적으로 동일한 지위에 있다고 할 수는 없고, 또 승계참가인이 부실채권 등 금융기관의 부실자산을 인수함에 있어 금융기관과 협의하여 인수가격 등 인수조건을 정하고 이를 유상으로 인수함과 아울러 담보물권까지 이전받는 점에 비추어 보면, 승계참가인은 금융기관과 대출명의인 사이의 통정한 허위표시에 따라 외형상 형성된 법률관계를 토대로 실질적으로 새로운 법률상 이해관계를 가지게 된 민법 제108조 제2항의 제3자에 해당된다고 할 것이고, 비록 승계참가인이 금융기관이 보유하는 부실자산의 정리촉진과 부실징후기업의 경영정상화 등을 효율적으로 지원하기 위한 공익적 목적에서 금융기관의 부실채권 등을 인수하였다고 하더라도 거래의 안전을 위하여 보호하여야 할 가치나 필요가 없는 제3자라고 할 수는 없다.

그럼에도 불구하고, 이와 달리 판단한 원심판결에는 통정한 허위표시의 제3자 또는 금융기관부실자산처리법에 대한 법리를 오해하여 판결에 영향을 미친 위법이 있다.

상고이유 중 이 점을 지적하는 부분은 이유 있다.

4. 그러므로 원심판결을 파기하고, 사건을 원심법원에 환송하기로 하여 주문과 같이 판결한다.

(4-1) 서울고등법원 2004. 1. 15. 선고 2003나11051 판결

【원고, 항소인】 주식회사 리스크관리연구소(변경전 상호, 주식회사 알엔아이연구소)
【피고, 피항소인】 파산자 주식회사 해동신용금고의 파산관재인 예금보험공사
【원심판결】 서울지방법원 2002. 12. 6. 선고 2002가합26417 판결

【주 문】

1. 제1심 판결을 취소한다.

2. 원고와 파산자 주식회사 해동신용금고와 사이에 체결된 2000. 11. 9.자 금전소비대차계약에 기한 원고의 피고에 대한 금 500,000,000원의 반환채무 및 이에 대한 이자채무는 존재하지 아니함을 확인한다.

3. 소송 총비용은 피고의 부담으로 한다.

【청구취지 및 항소취지】

제1심 판결을 취소한다. 원고와 파산자 해동신용금고와 사이의 2000. 11. 9.자 금전소비대차계약에 기한 원고의 피고에 대한 금 500,000,000원의 반환채무 및 이에 대한 이자채무는 존재하지 아니함을 확인한다.

【이 유】

1. 기초사실

가. 관련자들의 지위

(1) 주식회사 해동신용금고(이하 '해동금고'라 한다)는 구 상호신용금고법(2001. 3. 28. 법 제6429호로 개정되기 전의 것, 이하 같다)상의 상호신용금고로서 신용부금업무, 자금의 대출업무 등을 영위하여 온 법인인바, 해동금고는 2000. 12. 12. 금융감독위원회로부터 부실금융기관으로 지정되어 경영관리조치를 받아 오던 중, 2001. 8. 27. 서울지방법원으로부터 파산선고를 받고 예금보험공사가 그 파산관재인으로 선임되었다.

(2) 소외 김효일은 해동금고의 대주주로서, 해동금고의 부회장인 김건세의 형이다.

(3) 원고는 2000. 11. 9. 해동금고와 사이에, 금 27억원을 이자 연 8.54%, 변제기 2001. 11. 8.로 정하여 해동금고로부터 소위 마이너스통장 형식으로 대출받기로 하는 내용의 대출약정(이하 '이 사건 대출약정'이라 한다)을 맺었다.

나. 이 사건 대출약정의 체결 경위 및 대출이자의 지급

(1) 구 상호신용금고법 제12조는 '상호신용금고는 동일인에 대하여 자기자본의 100분의 20 이내에서 대통령령이 정하는 한도를 초과하여 대출 등을 할 수 없다'고, 같은 법 제37조, 동시행령 제30조는 '상호신용금고는 의결권 있는 주식의 발행주식 총수의 2/100이상을 소유하는 출자자, 그 친족 또는 특수관계자에 대하여는 대출 등을 하거나 가지급금을 지급하지 못한다'고 규정하고 있는데, 해동금고는 위 제12조의 규정을 위배하여 김건세가 사실상 소유하고 있는 해동파이낸스 주식회사에게 27억원을 대출하여 주고, 위 해동파이낸스 주식회사는 위 돈을 김효일에게 대출하여 주었다.(그런데 위 돈은 원래 김효일이 리젠트화재보험 주식회사로부터 후순위채 27억원을 인수하기 위하여 필요한 것이었는데 형식상으로는 해동금고가 해동파이낸스에게, 해동파이낸스는 김효일에게 각 대출하는 것으로 하였다)

(2) 그런데 2000. 10.경 동방금고 사건 등 대형금융사고가 발생함에 따라 해동금고도 금융감독원으로부터 특별검사를 받게 될 것이 예상되자 위 김건세는 위와 같은 해동금고로부터 해동파이낸스로의 법규위반 대출 사실을 해소하고자 2000. 11.초 김효일에게 금 27억원의 상환을 촉구하게 되었다. 그러나 위 27억원은 이미 김효일이 리젠트화재보험 주식회사와 사이에 후순위특약부 금전소비대차로 대여된 관계로 당장은 상환할 여력이 되지 아니하자 결국 해동금고가 김효일에게 27억원을 대출하여 해동파이낸스 주식회사에 대한 김효일의 대출금 채무

27억원을 변제하기로 하였다.

(3) 그러나 김효일은 해동금고의 대주주여서 그에 대한 대출 또한 구 상호신용금고법 제37조에 위배되는 출자자에 대한 불법대출에 해당되므로, 해동금고는 임원회의에서 제3의 명의를 차용하여 김효일에게 금원을 대출하기로 결정하고, 당시 대출담당자였던 임방옥을 통하여, 해동금고의 오랜 거래처이며 해동금고로부터 금 4억원을 대출받게 될 원고에게, 원고에게는 전혀 피해가 없을 것이니 대출명의를 빌려달라고 부탁하여 원고로부터 승낙을 얻은 후, 2000. 11. 9. 원고와 이 사건 대출약정을 맺고, 같은 날 원고 명의의 해동금고 마이너스 통장(계좌번호 11-02-00-50334)에서 금 27억원이 인출되어 원고 명의의 중소기업은행 통장(계좌번호 129-022981-04-017)에 입금된 후, 그 다음날 위 금 27억원 중 인지대 등을 제외한 금 2,697,898,000원이 자기앞수표로 인출되어 김효일에게 전해졌다.

(4) 한편, 위 대출금에 대한 이자는 원고 명의의 위 해동금고 마이너스 통장에서 자동으로 인출되는 형식을 취하였으나, 위 마이너스 통장에 대출이자를 입금시킨 자는 2000. 11.경부터 2001. 2.경까지는 위 김효일이고(그의 비서였던 박미숙을 통하여), 2001. 3.경부터는 김효일에 대하여 27억원의 채무를 부담하고 있던 리젠트화재보험 주식회사였다.

다. 법률의 규정

구 상호신용금고법 제37조 본문은 '상호신용금고는 다음 각 호의 1에 해당하는 자에 대하여는 대출 등을 하거나 가지급금을 지급하지 못한다'고 규정하고 있고, 같은 조 제1호는 '출자자(의결권 있는 주식의 발행 주식 총수 중 대통령령이 정하는 비율 이상을 소유하고 있는 자에 한한다)'라고 규정하고 있으며, 같은법 시행령(2001. 6. 30. 대통령령 제17265호로 개정되기 전의 것, 이하 같다) 제30조 제1항은 '법 제37조 제1호에서 "대통령령이 정하는 비율"이라 함은 100분의 2를 말한다'고 규정하고 있다.

2. 판단

가. 원고의 주장에 관한 판단

(1) 원고는, 구 상호신용금고법 제2조 제5호에 의하면, 이 사건 대출과 같은 출자자에 대한 불법대출의 경우 '본인의 계산으로 다른 사람의 명의에 의하여 행하는 대출 등은 이를 그 본인의 대출로 본다'고 규정하고 있으므로, 위 법률규정에 의하여 이 사건 대출약정의 당사자는 해동금고 및 김효일로 확정되었다 할 것이어서, 원고를 채무자로 하는 이 사건 대출약정은 위 법률의 규정에 의하여 부존재하게 되었다고 주장한다.

그러므로 살피건대, 구상호신용금고법 제2조 제5호에 의하면 '불법, 부실대출이라 함은 다음 각호의 1에 해당하는 상호신용금고의 급부, 대출, 어음할인 및 가지급한 금액을 말한다. 이 경우 본인의 계산으로 다른 사람의 명의에 의하여 행하는 대출 등은 이를 그 본인의 대출로 본다'고 하면서 나호에 '제37조의 규정에 위반하여 행한 대출 등과 가지급금'을 열거하고 있으나, 위 규정의 취지는 명의대여를 통한 출자자에 대한 대출금지 규정의 회피를 막기 위하여, 출자자등이 명의대여를 통한 편법대출을 받은 경우 이를 출자자에 대하여 대출을 한 것으로 처리하고 이에 대한 각종 제재나 벌칙 등을 적용하기 위하여 규정한 법조항일뿐 동 규정이 대출 명의자의 상호신용금고에 대한 대출약정에 따른 대출금반환채무의 효력과 같은 사법상의 법률효과까지 정한 것으로는 보기 어려우므로 원고의 위 주장은 이유 없다.

(2) 원고는 다시, 이 사건 대출약정은 통정허위표시에 해당하여 무효라고 주장한다.

그러므로 살피건대, 위 인정사실에 의하면, 해동금고가 2000. 11. 9. 금 27억원을 김효일에게 대출함에 있어, 출자자에 대한 대출을 금지하고 있는 구 상호신용금고법 제37조 제1호, 같은법 시행령 제30조 제1항의 적용을 회피하기 위하여, 주도적으로 임원회의에서 명의차용을 결의하고 원고의 동의를 얻어, 김효일 자신이 실질적인 채무자임에도 불구하고 원고를 형식상의 채무자로 내세워 그에 대하여는 채무자로서의 책임을 지우지 않을 의도 하에 원고 명의로 이 사건 대출약정을 체결하였다고 할 것이므로, 원고는 형식상의 대출명의만을 빌려 준 자에 불과하고 그 대출약정의 실질적인 당사자는 해동금고와 김효일이라 할 것이어서, 원고 명의로 되어 있는 이 사건 대출약정은 원고와 해동금고 간의 합의 하에 채무부담의사 없이 형식적으로 체결된 것에 불과한 통정허위표시로서, 무효의 법률행위라고 할 것이다.

나. 피고의 항변 및 원고의 재항변에 관한 판단

(1) 피고의 항변에 대한 판단

이에 대하여 피고는, 이 사건 대출약정이 통정허위표시에 해당하여 무효라 하더라도 제3자인 피고에 대하여는 해동금고와 원고 사이에 있었던 통정허위표시를 가지고 대항할 수 없다고 주장한다.

그러므로 살피건대, 비록 통정허위표시가 무효라 할지라도 이를 이유로 선의의 제3자에게 대항할 수는 없다고 할 것이고, 한편 파산자가 파산선고시에 가진 모든 재산은 파산재단을 구성하고, 그 파산재단을 관리 및 처분할 권리는 파산관재인에게 속하므로, 파산관재인은 파산자의 포괄승계인과 같은 지위를 가지게 되지만, 파산이 선고되면 파산채권자는 파산절차에 의하지 아니하고는 파산채권을 행사할 수 없고, 파산관재인이 파산채권자 전체의 공동의 이익을 위하여 선량한 관리자의 주의로써 그 직무를 행하므로, 파산관재인은 파산선고에 따라 파산자와 독립하여 그 재산에 관하여 이해관계를 가지게 된 제3자로서의 지위도 가지게 되며, 따라서 파산자가 상대방과 통정한 허위의 의사표시를 통하여 가장채권을 보유하고 있다가 파산이 선고된 경우 그 가장채권도 일단 파산재단에 속하게 되고, 파산선고에 따라 파산자와는 독립한 지위에서 파산채권자 전체의 공동의 이익을 위하여 직무를 행하게 된 파산관재인은 그 허위표시에 따라 외형상 형성된 법률관계를 토대로 실질적으로 새로운 법률상 이해관계를 가지게 된 민법 제108조 제2항의 제3자에 해당한다 할 것이므로(대법원 2003. 6. 24. 선고 2002다48214 판결 참조), 이 점을 지적하는 피고의 항변은 이유 있다.

(2) 원고의 재항변에 대한 판단

원고는 다시 이에 대하여, 감독기관인 금융감독원과 관리인인 예금보험공사가 해동금고의 파산 전인 2000. 12. 12. 이 사건 대출과 관련된 모든 내용을 확인하였고, 금융감독원은 그 무렵 이를 보도자료로 배포하여 그 내용이 언론매체를 통해 기사화 되었으며, 예금보험공사는 2000. 12. 12.부터 해동금고에 예금보험공사의 검사역인 류해주를 관리인으로 두어 해동금고의 전반적인 상황을 파악하고 있었을 뿐 아니라 위 류해주는 해동금고의 관리인으로서 2001. 1. 31. 김효일로부터 대출금 27억원에 대한 담보로 김효일의 리젠트화재보험 주식회사에 대한 금 27억원의 대여금 채권을 양수받는 한편 이 사건 대출을 주도한 김건세, 김동기를 검찰에 고발하여 처벌받게 하였으므로, 피고는 이 사건 대출약정이 통정허위표시에 해당한다는 사실을 잘 알고 있었다 할 것이어서 피고는 선의의 제3자가 아니라고 재항변한다.

그러므로 살피건대, (증거)를 종합하면, 금융감독원은 상호신용금고에 대한 검사를 실시하여 해동금고에서 출자자대출 등 불법대출이 행하여진 것을 발견하고 2000. 12. 12. 경영관리조치(영업정지명령)를 취함과 동시에 그 무렵부터 2001. 6. 11.까지 해동금고의 관리인으로 금융감독원의 선임 검사역인 김한국과 예금보험공사의 검사역인 류해주를 선임하여 둔 사실, 금융감독원은 그 후인 2001. 1. 3. 김한국과 류해주의 실사를 통하여 이 사건 대출이 출자자대출임을 인지하고 김건세, 김동기 등을 상호신용금고법위반 혐의로 서울지방검찰청에 고발을 하고{한편, 위 사건의 수사과정에서 해동금고의 이사인 김홍수, 대표이사인 김동기 및 위 김건세는 이 사건 출자자대출이 일어나게 된 원인을 상세히 설명하면서, 위 대출의 실차주는 김효일이고 원고는 단지 명의만을 빌려준 자로서 대출금에 대한 변제의무가 없다고 진술한 바 있고(161정, 177정, 184정) 위 김건세 등은 그 후 법원으로부터 상호신용금고법위반으로 모두 벌금형을 선고받았다}, 위 류해주도 위와 같은 사실관계를 토대로 그 후인 2001. 1. 31. 김효일로부터 이 사건 대출금 27억원에 대한 담보로 김효일의 리젠트화재보험 주식회사에 대한 금 27억원의 후순위 채권을 양수받는가 하면 예금보험공사도 2001. 7. 19.부터 같은 달 31.까지 이 사건 대출약정이 명의차용에 의한 것이고 실제 차주는 김효일임을 확인하는 내용이 포함된 해동금고의 부실원인조사서를 작성한 사실을 인정할 수 있고 달리 반증이 없다.

위 인정사실에 의하면, 파산관재인은 이 사건 파산선고 당시 이 사건 대출약정이 출자자대출로서 원고는 단지 명의만을 빌려준 자로서 해동금고가 원고에 대하여는 채권을 행사할 의사가 없는 통정허위표시라는 사실을 알았다고 봄이 상당하다고 할 것이므로, 결국 원고의 재항변은 이유 있다.

이 점과 관련하여 피고는, 이 사건과 같이 파산관재인이 통정허위표시의 제3자가 된 경우 선의, 악의 여부는 파산채권자를 기준으로 삼아야 하므로 가사 파산관재인이 파산선고 당시 이 사건 채권이 통정허위표시에 기한 무효의 채권이라는 점을 알았다 하더라도 파산채권자가 그러한 점을 알았다고 볼만한 증거가 없는 이상 피고는 선의의 제3자라는 취지로 다투나, 수많은 파산채권자에 대하여 일일이 선의, 악의 여부를 확인하는 것이 사실상 불가능에 가깝고 또 설사 그것이 가능하다 하더라도 그 중 1인이라도 선의라면 나머지 파산채권자가 전부 악의인 경우라도 이를 선의로 인정하여야 함은 법적 안정성을 저해하는 것으로서 심히 부당하다고 보이는 점 등에 비추어 피고의 위 주장은 이를 받아들이지 않는다.

3. 결론

그렇다면, 원고와 해동금고와 사이의 2000. 11. 9.자 금전소비대차계약에 기한 원고의 피고에 대한 금 500,000,000원의 반환채무 및 이에 대한 이자채무는 존재하지 아니하고, 피고가 이를 다투고 있는 이상 원고로서는 그 확인을 구할 이익도 있다 할 것이므로 원고의 청구는 이유 있어 이를 인용할 것인바, 제1심 판결은 이와 결론을 달리하여 부당하므로 제1심 판결을 취소하고 원고의 이 사건 청구를 인용하기로 하여 주문과 같이 판결한다.

(4-2) 대법원 2006. 11. 10. 선고 2004다10299 판결

【원고, 피상고인】 주식회사 리스크관리연구소
【피고, 상고인】 파산자 주식회사 해동신용금고의 파산관재인 예금보험공사
【원심판결】 서울고등법원 2004. 1. 15. 선고 2003나11051 판결
【주 문】 원심판결을 파기하고, 이 사건을 서울고등법원에 환송한다.

【이 유】

상고이유를 판단한다.

1. 상고이유 제1, 2점에 대하여

원심판결 이유를 기록에 비추어 살펴보면, 원심이 그 채용 증거들에 의하여 판시와 같은 사실을 인정한 다음, 주식회사 해동신용금고(이하 '해동금고'라고 한다)는 원고로부터 대출명의를 빌림에 있어서 원고에게 채무자로서의 책임을 지우지 않기로 약정하였다 할 것이어서 이 사건 대출약정은 통정허위표시에 해당한다고 판단한 것은 정당하다. 원심판결에 상고이유의 주장과 같은 채증법칙 위반, 판단누락 또는 통정허위표시에 관한 법리오해 등의 위법이 없다.

2. 상고이유 제3 내지 5점에 대하여

가. 원심은, 파산관재인인 피고가 통정허위표시의 제3자에 해당한다고 하면서도, 그 채용 증거들에 의하여 인정되는 다음과 같은 파산선고 이전의 사정들, 즉 금융감독원이 2000. 12. 12. 해동금고에 대하여 경영관리조치(영업정지명령)를 취하면서 관리인으로 금융감독원의 선임 검사역인 소외 1과 예금보험공사의 검사역인 소외 2를 선임하였고, 2001. 1. 3. 소외 1과 소외 2의 실사를 통하여 이 사건 대출이 출자자대출임을 인지하고 해동금고의 대표이사인 소외 3등을 고발한 사실, 소외 2는 2001. 1. 31. 소외 4로부터 이 사건 대출금에 대한 담보로 소외 4의 후순위채권을 양수받았고, 예금보험공사는 2001. 7. 19.부터 2001. 7. 31.까지 이 사건 대출약정이 명의차용에 의한 것이고 실제 차주는 소외 4임을 확인하는 내용이 포함된 해동금고의 부실원인조사서를 작성한 사실 등에 의하면 피고는 이 사건 파산선고 당시 이 사건 대출약정이 통정허위표시라는 사실을 알았다고 봄이 상당하다는 이유에서 피고가 악의라는 원고의 재항변을 받아들여 원고의 이 사건 청구를 인용하였다.

나. 그러나 파산관재인은 선임되어 파산의 종결에 이르기까지 다양하게 설명되는 법적 지위에서 여러 가지 직무권한을 행사하는바, 파산관재인이 민법 제108조 제2항의 경우 등에 있어 제3자에 해당된다고 한 것(대법원 2003. 6. 24. 선고 2002다48214 판결, 2005. 7. 22. 선고 2005다4383 판결 등 참조)은, 파산관재인은 파산채권자 전체의 공동의 이익을 위하여 선량한 관리자의 주의로써 그 직무를 행하여야 하는 지위에 있기 때문에 인정되는 것이므로, 그 선의・악의도 파산관재인 개인의 선의・악의를 기준으로 할 수는 없고, 총파산채권자를 기준으로 하여 파산채권자 모두가 악의로 되지 않는 한 파산관재인은 선의의 제3자라고 할 수밖에 없다.

이러한 법리에 비추어 살펴보면, 비록 파산관재인인 피고가 파산선고 이전에 위에서 본 바와 같은 까닭으로 개인적인 사유로 이 사건 대출계약이 통정허위표시에 의한 것이라는 점을 알게 되었다고 하더라도 그러한 사정만 가지고 파산선고시 파산관재인이 악의자에 해당한다고 할 수는 없다. 그럼에도 불구하고, 이와 다른 입장에서 피고가 악의의 제3자에 해당함을 전제로 한 원심의 판단에는 파산관재인의 선의성 판단에 관한 법리를 오해하여 판결 결과에 영향을 미친 위법이 있다. 이 점을 지적하는 취지인 상고이유의 주장은 이유 있다.

3. 결론

그러므로 원심판결을 파기하고, 이 사건을 다시 심리・판단하도록 원심법원에 환송하기로 하여 관여 대법관의 일치된 의견으로 주문과 같이 판결한다.

3 착 오

(1-1) 서울고등법원 1992. 7. 21. 선고 92나291 판결

【원고, 피항소인】 정성돌

【피고, 항소인】 김영구

【원심판결】 서울민사지방법원 1991. 11. 15. 선고 91가합33525호 판결

【주 문】 원심판결을 취소한다. 원고의 청구를 기각한다. 소송비용은 제1,2심 모두 원고의 부담으로 한다.

【청구취지】

피고는 원고에게 금50,000,000원 및 이에 대한 소장 부본송달 다음날부터 완제일까지 연2할5푼의 비율에 의한 금원을 지급하라.

소송비용은 피고의 부담으로 한다는 판결 및 가집행선고.

【항소취지】 주문과 같다.

【이 유】

1. 원고는 1990. 3. 29. 피고와 사이에 피고소유인 경기 김포읍 운량리 산 162의 6 임야496평방미터, 산 162의 7 임야 595평방미터, 1022의 3 전 2016평방미터, 1021의 23 2767평방미터의 4필지 토지(이하 이사건 부동산이라 한다)에 관하여 매매대금을 금 520,000,000원으로 정하여, 매매계약을 체결함에 있어, 계약금 50,000,000원은 계약당일에, 중도금은 1990. 4. 30.에, 잔금 270,000,000원은 같은해 5. 10.에 각 지급하기로 약정하고, 이에 따라 원고가 계약당일 피고에게 계약금으로 금 50,000,000원을 지급한 사실은 당사자 사이에 다툼이 없고, 성립에 다툼이 없는 갑 제2호증(사업자등록증)의 기재, 원심증인 김종성, 박춘석, 당심증인 이경섭의 각 증언에 원심법원의 김포군수에 대한 사실조회회신결과를 종합하면, 원고는 원래 부천시 ○○구 ○○동소재 슬라브건물 약100평을 임차하여 분말야금, 세라믹, 플라스틱등의 금형및 각종 치공구를 제작하는 공장을 경영하였는데, 매출액이 증가하고, 종업원의 수가 증가함에 따라 그 공장이 협소하게 되어 새로운 공장을 설립할 토지를 물색중, 이사건부동산지상에 공장의 신축이 가능하리라고 믿고 피고로부터 이사건 부동산을 매수하게 되었는데, 위 매매계약 체결 2일후 이사건 부동산에 대한 건축허가의 관할 관청인 김포군청에 공장건축허가를 문의한 결과 이사건부동산은 공업배치 및 공장설립에 관한 법률상 제한정비지역에 위치하여 공장의 신설이 불가능하다는 것을 알게 된 사실을 인정할 수 있고 달리 반증없다.

2. 가. 원고는, 위 매매계약체결시 피고에게 원고가 공장의 건축을 목적으로 하여 이 사건 부동산을 매수하려 한다고 그 매수의 동기를 표시하였고, 나아가 피고는 원고의 위 매수의 동기를 알고 위 매매계약을 체결하였는데, 그 후 이 사건 부동산 지상에는 원고가 의도하는 공장의 건축이 불가능하다는 사실을 알게 되어 위 매매계약이 원고의 착오에 기한 것임을 이유로 1990. 4. 1. 취소한다는 의사표시를 하였고, 위 사실이 인정되지 않는다 하여도 이사건 소장부본 송달로서 위 매매계약을 취소한다는 취지로 주장함에 대하여, 피고는, (1) 위 매매

계약체결당시 원고가 피고에 대하여 매매계약서 단서에 건축허가가 나는 것을 조건으로 매매한다는 특약을 기재하여 줄 수 있는냐고 하여 이를 거절하였음에도 원고는 더 이상 다른 요구를 하지 아니하고 위 매매계약을 체결하고 계약금을 지급하였으므로 원고는 위 매매계약체결 이후에는 이 사건 부동산지상에 공장건축이 가능한지의 여부로는 더 이상 문제를 삼지 아니하겠다는 의사표시를 하였다고 보아야 할 뿐만 아니라, (2) 위 매매계약이 원고의 착오에 기한 것이라 할지라도, 위 계약 경위에 비추어 이는 원고의 중대한 과실로 인한 것이라 할 것이므로 원고로서는 위 매매계약을 취소할 수 없다는 취지로 항변하므로 살피건대, 원고가 이사건 부동산 지상에 공장의 신축이 가능하리라고 믿고 이를 목적으로 하여 위 매매계약을 체결한 사실은 위에서 본 바와 같고, 위 증인 김종석, 이경섭의 각 증언에 변론의 전취지를 종합하면, 원고는 위 매매계약 체결 당시 피고에게 이 사건 부동산 지상에 공장건축이 가능하느냐고 묻자 피고는 공장건축이 가능할 것이라 하고 필요한 때에는 협조할 수 있다고 대답한 사실 및 원고는 위 매매계약 체결 이전에 이 사건 부동산을 현장답사하고 이 사건 부동산에 관한 임야대장과 도시계획사실관계 확인서를 발급받아 본 사실을 인정할 수 있으나, 한편 위 각 증거에 의하면 이 사건 부동산은 지목이 임야 또는 전이고 다른 대지에 비하여는 그 값이 훨씬 저렴하였으며 원고가 위 매매계약 체결 당시 피고에게 위 매매계약서에 건축허가조건으로 매수한다는 특약사항을 단서로 추가하여 달라고 요청하자 피고가 이를 완강히 거부하였음에도 원고가 이를 더 이상 주장하지 아니하고 위 단서를 삽입함이 없이 계약을 체결한 사실을 인정할 수 있는 바, 위 각 인정사실에 의하면 매수인인 원고는 이 사건 부동산 지상에 공장건축이 가능한 것으로 잘못 알고 그 공장건축을 위하여 위 매매계약을 체결하였고 위 매매계약 체결시 원고의 위와 같은 매수의 동기가 매도인인 피고에 대하여도 표시되어 피고도 이를 알고 있었으므로, 이 사건 부동산 위에 공장 건축이 허용되지 아니한다면 원고의 위 매매계약의 의사표시는 일응 그 중요부분에 착오가 있는 경우에 해당한다고 할 것이나, 원고가 위 매매계약 체결 당시 피고에게 매매계약서상 단서로서 공장건축허가가 가능하다는 확인을 요청하였으나 피고가 이를 거절하였음에도 더 이상 다른 요청을 하지 아니하고 위 매매계약을 체결하였다면 원고로서는 차후 이 사건 부동산 지상에 공장건축이 불가능하게 되더라도 피고에 대하여 이를 더 이상 문제삼지 아니하기로 하고 따라서 위 매매계약상의 책임을 물어 계약을 해제하거나 취소하지 아니하겠다는 묵시적인 의사표시를 하였다고 볼 수 있을 뿐만 아니라, 원고는 이 사건 부동산에 관한 건축허가 관할 관청인 김포군청에 이 사건 부동산의 용도변경 및 공장건축허가여부를 문의하였더라면 쉽사리 이 사건 부동산 지상에 공장건축이 불가능함을 확인할 수 있었음에도 이러한 조치를 취하지 아니하고, 나아가 이 사건 부동산의 지목이 임야・전이라고 되어 있고 다른 대지에 비교하여 값이 훨씬 저렴하고 피고가 계약서 단서에 이 사건 부동산지상에 공장건축허가가 가능하다는 특약사항을 기재할 수 없다고 거절하였는데도 이를 개의치 아니하고 위 매매계약을 체결하였다면 원고의 위 착오는 원고의 중대한 과실로 인한 것이라고 보여지므로, 결국 위 매매계약이 원고의 착오에 기한 것이라 하더라도 위 매매계약을 취소할 수 없다는 피고의 위 항변은 모두 이유있다.

나. 또한 원고는 위 매매계약체결시 피고에게 이 사건 부동산 지상에 공장건축허가가 가능한 지에 수차에 걸쳐 물었는데, 이에 대하여 피고는 이사건 부동산 지상에 공장건축이 불가능함에도 원고에게 '내가 증권회사 지점장인데, 거짓말 하겠느냐, 만약 허가가 나지 아니하면 내가 책임을 질 테니 안심하고 계약하라. 틀림없이 건축허가가 날 수 있는 땅이다'라고 거짓말을 하여 이에 속은 원고로서는 피고를 믿고 위 매매계약을 체결하게 되었으므로 피고의 위 기망사실을 안 원고는 1990. 4. 1.경 위 매매계약을 취소하였거나, 아니면 이 사건 소장부본 송달로

서 위 매매계약을 취소한다고 주장하므로 살피건대, 원고 주장과 같은 피고의 기망사실에 관하여 원심증인 김종석, 박춘석의 증언만으로는 이를 인정하기 부족하고 달리 이를 인정한 아무런 증거가 없으며, 다만 위에서 본 바와 같이 피고가 원고에 대하여 이 사건 부동산 지상에 공장건축이 가능할 것이라는 의견을 말한 사실은 있으나 피고가 이를 계약서 단서에 특약사항으로 기재하여 달라는 원고의 요청에 대하여 이를 거절한 점 등에 비추어 보면, 피고가 이 사건 부동산 지상에 공장건축이 가능할 것이라고 말한 사실만으로는 피고에게 이 사건 부동산 지상에 공장건축이 불가능함에도 원고를 기망하여 이에 속은 원고로 하여금 위 매매계약을 체결하게 하려는 의사가 있었다고 인정하기 어려우므로, 결국 원고의 위 주장은 이유없다.

3. 그렇다면, 위 매매계약이 적법하게 취소되었음을 전제로 하는 원고의 이사건 청구는 이유없어 이를 기각할 것인 바, 이와 결론을 달리한 원심판결은 부당하므로 이를 취소하고 원고의 청구를 기각하며, 소송비용은 원고의 부담으로 하기로 하여 주문과 같이 판결한다.

(1-2) 대법원 1993. 6. 29. 선고 92다38881 판결

【원고, 상고인】 정성돌
【피고, 피상고인】 김영구
【원심판결】 서울고등법원 1992.7.21.선고 92나291 판결
【주 문】 상고를 기각한다. 상고비용은 원고의 부담으로 한다.

【이 유】

상고이유에 대하여 본다.

1. 원심판결 이유에 의하면, 원심은 거시증거에 의하여 원고가 이 사건 매매계약 체결 이전에 이 사건 부동산을 현장답사하고 이 사건 부동산에 관한 임야대장과 도시계획사실관계 확인서를 발급받아 본 사실 및 이 사건 부동산의 지목이 임야 또는 전이고 다른 대지에 비하여는 그 값이 훨씬 저렴한 사실을 인정하였는 바, 관계증거를 기록과 대조하여 검토하면 원심의 위와 같은 인정은 정당한 것으로 수긍이 되고, 거기에 소론과 같은 채증법칙을 위배하여 사실을 잘못 인정한 위법이 있다고 할 수 없다. 논지는 이유없다.

2. 민법 제109조 제1항 단서에서 규정하고 있는 "중대한 과실"이라 함은 표의자의 직업, 행위의 종류, 목적등에 비추어 보통 요구되는 주의를 현저하게 결여한 것을 말하는 것인 바(당원 1992.11.24.선고 92다 25830, 25847 판결 참조), 원심이 인정하고 있는 바와 같이 원고는 부천시 소재 100평 정도의 건물을 임차하여 분말야금, 세라믹, 플라스틱 금형 및 각종 치공구를 제작하는 공장을 경영하고 있었는데 매출액 및 종업원의 수가 증가함에 따라 그 공장이 협소하게 되어 새로운 공장을 설립할 목적으로 이 사건 토지를 매수하게 된 것이므로, 원고로서는 먼저 위 토지상에 원고가 설립하고자 하는 공장을 건축할 수 있는지의 여부를 관할관청에 알아보아야 할 주의의무가 있고, 또 이와 같이 알아보았다면 위 토지상에 원고가 의도한 공장의 건축이 불가능함을 쉽게 알 수 있었다고 보이므로, 원고가 이러한 주의의무를 다하지 아니한 채 이 사건 매매계약을 체결한 것에는 중대한 과실이 있다고 보아야 할 것이다.

원심이 이와 같은 취지로 원고에게 중대한 과실이 있다고 보고 원고의 착오에 기한 위 매매계약의 취소의 주장을 배척하였음은 정당하다고 할 것이다.

다만 원심인정과 같이 원고가 이 사건 매매계약 체결당시 피고에게 매매계약서상 단서로 공장건축허가가 가능하다는 확인을 요청하였으나 피고가 이를 거절하였음에도 더 이상 다른 요청을 하지 아니하였다고 하더라도 원고가 피고에 대하여 이후 이 사건 토지상에 공장건축이 불가능함을 이유로 위 매매계약을 해제하거나 취소하지 아니하겠다는 묵시적인 의사표시를 하였다고는 볼 수 없는데도, 원심이 위와 같은 점을 들어 원고가 피고에 대하여 공장건축불가능을 이유로 위 매매계약을 해제 또는 취소하지 아니하겠다는 묵시적인 의사표시를 하였다고 인정하였음에는 당사자의 의사해석을 그르친 위법이 있다고 할 것이나, 원고에게 중대한 과실이 있어 원고로서는 위 매매계약을 취소할 수 없다고 판단하고 있으므로, 위와 같은 위법은 판결결과에 영향을 미쳤다고 볼 수 없다.

논지는 이유없다.

3. 원심판결 이유에 의하면, 원심은 이 사건 토지상에는 공장건축이 불가능함에도 피고가 원고에게 틀림없이 건축허가가 날 수 있다는 취지로 기망하여 이에 속은 원고로서는 피고를 믿고 이 사건 매매계약을 체결하였으므로, 위 매매계약은 피고의 기망에 의하여 이루어진 것이고, 따라서 위 매매계약을 취소한다는 원고의 주장에 대하여, 위 주장과 같은 피고의 기망사실을 인정할 증거가 없고, 다만 피고가 원고에 대하여 이 사건 토지상에 공장건축이 가능할 것이라는 의견을 말한 사실은 있으나, 피고가 이를 계약서 단서에 특약사항으로 기재하여 달라는 원고의 요청을 거절한 점에 비추어 보면 위 사실만으로는 피고가 이 사건 토지상에 공장건축이 불가능함에도 원고를 기망하여 위 매매계약을 체결하려는 의사가 있었다고 보기 어렵다고 판단하여 원고의 위 주장을 배척하였는 바, 기록을 검토하여 보면 원심의 위와 같은 인정판단은 정당한 것으로 수긍이 되고, 거기에 소론과 같은 채증법칙을 위반한 위법이 있다고 할 수 없다. 논지도 이유없다.

그러므로 상고를 기각하고 상고비용은 원고의 부담으로 하기로 관여법관의 의견이 일치되어 주문과 같이 판결한다.

(2-1) 광주고등법원 1998. 8. 28. 선고 98나33 판결

【원고, 피항소인】 주식회사 제주조각공원

【피고, 항소인】 남제주군

【피고보조참가인】 덕수리마을회

【원심판결】 제주지방법원 1997. 12. 11. 선고 97가합2890 판결

【주 문】

1. 피고의 항소를 기각한다.
2. 항소 이후 소송비용 중 원고와 피고 사이에서 생긴 부분은 피고의 부담으로 하고, 원고와 피고보조참가인 사이에서 생긴 부분은 피고보조참가인의 부담으로 한다.

【청구취지】

피고는 원고에게 별지목록 기재 부동산에 관하여 제주지방법원 서귀포등기소 1988. 6. 10. 접수 제19642호로

마친 소유권이전등기의 말소등기절차를 이행하라.

【항소취지】

원심판결을 취소한다.

원고의 청구를 기각한다.

【이 유】

1. 다음과 같은 사실은 (증거)를 종합하여 이를 인정할 수 있고, 달리 반증 없다.

가. 원고는 1986. 5. 15. 피고와 사이에 피고 명의로 소유권보존등기된 군유지인 분할 전 제주 ○○군 ○○면 ○○리 산 27 임야 70정 8단 7무보 중 415,675평방미터(125,741평, 이하 이 사건 임야라 한다.) 지상에 제주조각공원 조성사업을 시행함에 있어서 사업의 시행에 소요되는 산업비 전액은 원고의 부담으로 하되, 피고는 원고가 군유지 내 설치할 건물 및 기타의 영구시설물(조각품 제외)을 기부채납할 것을 조건으로 제주조각공원 조성사업에 포함되는 군유지인 이 사건 임야 및 기부채납한 시설물을 무상으로 원고와 포괄승계인에게 사용하게 하고, 무상사용기간이 만료된 후에는 허가를 받아 일정한 사용료를 납부하여 계속 사용할 수 있다는 내용 등의 약정을 체결하였다.

나. 원고는 위 약정에 따라 1986. 6. 22. 피고로부터 이 사건 임야의 사용허가를 받고 제주조각공원시설 건축에 착수하여 제주조각공원시설인 별지목록 기재 건물(이하 이 사건 건물이라 한다.)을 준공하자 1987. 10. 14. 건축물관리대장에 등재한 후, 같은 달 19. 피고와의 사이에 이 사건 건물에 관하여 증여계약을 체결하였고, 피고는 1988. 3. 25. 원고에게 1987. 10. 19.부터 2000. 4. 18.까지 이 사건 임야 및 건물의 무상사용을 허가하였다.

다. 원고는 1988. 6. 4. 이 사건 건물에 관하여 제주지방법원 서귀포등기소 접수 제18984호로 소유권보존등기를 마친 후, 같은 해 같은 등기소 접수 제19642호로 1987. 10. 19.자 증여를 원인으로 하여 피고 명의로 소유권이전등기를 경료하여 주었다.

라. 그런데, 피고보조참가인 덕수리마을회는 피고를 상대로 위 덕수리 산 27 임야 70정 8단 7무보가 원래 덕수리마을회가 사정받은 위 덕수리마을회 소유임을 이유로 피고 명의의 소유권보존등기가 원인 없이 마쳐진 무효의 등기라고 주장하여 피고를 상대로 제주지방법원 94가합1698호로 소유권보존등기말소청구소송을 제기한 결과 1995. 6. 22. 위 덕수리마을회의 승소판결이 선고되고 그 판결은 그 무렵 확정되었다.

2. 원고는 우선, 원고가 이 사건 임야의 지상에 이 사건 건물을 건축하여 피고와의 사이에 증여계약을 체결한 것은 위 덕수리 산 27 임야 70정 8단 7무보가 피고 소유임을 전제로 원고가 이 사건 임야의 지상에 이 사건 건물을 건축하여 제주조각공원을 조성하고 이를 피고에게 증여하는 대신 피고는 그 소유의 이 사건 임야 및 건물을 일정기간 원고에게 무상으로 사용하게 하고, 무상사용기간이 만료된 이후에는 허가를 받아 일정한 사용료를 납부하면서 계속 사용할 수 있도록 허용할 의무를 부담한 것이므로, 원고와 피고 사이에 위 증여계약은 부담부 증여계약이라 할 것인데, 위 덕수리 산 27 임야 70정 8단 7무보에 관한 피고 명의의 소유권보존등기가 위 덕수리 마을회가 피고를 상대로 한 소유권보존등기말소청구소송에서 피고의 패소로 말소되어 피고가 원고에게 이 사건 임야를 무상이든 유상이든 사용하게 할 수 없게 되었다면 이는 피고의 귀책사유로 말미암아 이행불능상태에 이

른 것이라 할 것이니, 원고는 이 사건 소장부본의 송달로써 피고와의 사이에 체결된 1987. 10 .19.자 증여계약을 해제한다고 주장한다.

그러므로 살피건대, 계약의 이행불능 여부는 사회통념에 의하여 이를 판정하여야 할 것인바, 피고가 원고에게 부담하는 의무는 이 사건 임야 및 건물을 사용하게 하는 것으로, 목적물에 대한 소유권이 있음을 성립요건으로 하고 있지 아니한다고 할 것이므로 피고가 이 사건 임야에 대한 소유권을 상실하였다는 이유만으로 그 의무가 이행불능하게 된 것이라고 단정할 수 없을 뿐만 아니라, 을 제4호증(인증서), 을 제5호증(출장복명서)의 각 기재와 원심증인 고봉구, 당심증인 김동권의 각 증언에 변론의 전취지를 종합하면, 위 덕수리마을회는 위 덕수리 산 27 임야 70정 8단 7무보에 관하여 승소판결을 선고받은 후 원고와 피고 사이에 체결된 1986. 5. 15.자 협약서에 의한 피고의 계약상 지위를 그대로 인수하여 모든 권리 · 의무를 승계하기로 하고, 원고에게 이러한 내용을 설명한 사실을 인정할 수 있고 반증 없으므로, 원고가 이 사건 임야와 건물을 2000. 4. 18.까지 무상으로 사용하고 그 사용기간이 지난 후 위 덕수리마을회와 협의하여 유상으로 사용하게 됨에 있어 어떤 장애요인이 있다고 할 수 없는 만큼 피고가 원고에게 이 사건 임야 및 건물을 사용하게 할 의무가 이행불능된 것이라고 할 수 없어 피고의 위 부담의 이행불능을 이유로 한 원고의 해제권행사는 부적법하므로 원고의 위 주장은 이유 없다.

3. 그러나 한편, 갑 제6호증(취소통보서)의 기재에 의하면, 원고는 1996. 9. 23. 피고가 위 덕수리 산 27 임야 70정 8단 7무보에 관하여 위 덕수리마을회가 피고를 상대로 한 소유권보존등기말소청구소송에서 피고 패소판결을 선고받음으로써 피고 명의의 소유권보존등기가 말소되었음을 내세워 원고가 피고와 사이에 위 증여계약을 체결할 당시 이와 같은 사실을 알았더라면 위 증여계약을 체결하지 않았을 것인데 착오로 이를 알지 못하여 증여계약을 체결하였음을 이유로 1987. 10. 19.자 증여계약을 취소한다는 증여계약 취소 통보서를 발송하여 그 무렵 피고에게 도달한 사실을 인정할 수 있는바, 원고는 위 덕수리 산 27 임야 70정 8단 7무보에 관하여 피고 명의로 소유권보존등기가 마쳐진 관계로 피고의 소유인 것으로 믿고, 이 사건 임야 상에 이 사건 건물을 신축하여 제주조각공원을 조성하여 이를 피고에게 기부채납하면 이 사건 임야 및 건물을 무상 또는 유상으로 장기간 대차하여 사용할 수 있을 것으로 예상하고 이 사건 건물을 증여하였으나 그 후 이 사건 임야가 위 덕수리마을회 소유로 판명되었으므로 이 사건 임야의 소유권귀속에 관한 착오는 위 증여계약을 체결하게 된 동기에 관한 착오에 해당한다 할 것이고, 원고 · 피고 사이에 체결된 협약서 등에 그러한 동기가 표시됨으로써 증여계약의 내용으로 되었다 할 것이며, 나아가 원고가 위 증여계약을 체결한 당시 이 사건 임야가 피고의 소유가 아니라는 사정을 알았더라면 위 증여계약을 체결하지 아니하였을 것이 명백한 이상(비록 위 덕수리마을회가 피고를 상대로 한 소유권보존등기말소청구소송에서 승소하여 이 사건 임야가 위 덕수리마을회 소유로 된 이후에 원고 · 피고 사이에 체결된 1986. 5. 15.자 협약서에 의한 피고의 계약상 지위를 그대로 인수하고 모든 권리 · 의무를 승계하기로 하여 원고로 하여금 계속 제주조각공원을 운영토록 하였다고 하더라도, 원고로서는 피고 소유의 군유지에 관광사업인 조각공원조성사업을 하기로 하여 이 사건 건물을 피고에게 기부채납할 때에는 향후 피고와의 행정적인 협의와 피고로부터의 관광사업에 대한 지원을 기대하였을 것이어서 만일 처음부터 이 사건 임야가 피고가 아닌 위 덕수리마을회 소유임을 알았다고 한다면, 위 덕수리마을회는 그 조직의 명확성, 의사결정의 예측성, 집행의 효율성 등에 있어서 피고와 비교가 될 수 없는 점을 고려할 때 원고가 위 덕수리마을회와 사이에 마을회 소유인 이 사건 임야를 무상으로 사용하여 그곳에 조각공원을 설치하고 이 사건 건물을 피고에게 증여하였으리라고는 볼 수 없다.) 원고가 위 증여계약을 체결함에 있어 위 동기의 착오는 법률행위의 중요한 부분에 관한 착오라 할 것

이어서 원고에게 중대한 과실이 있다는 사정이 엿보이지 아니한 이 사건에 있어서 원고와 피고 사이의 1987. 10. 19.자 증여계약은 원고의 취소권행사에 의하여 적법하게 취소되었다 할 것이고, 이 사건 건물에 관한 증여계약이 적법하게 취소된 이상 피고 명의의 소유권이전등기는 원인 무효의 등기라 할 것이어서 피고는 원고에게 이 사건 건물에 관한 피고 명의의 소유권이전등기의 말소등기절차를 이행할 의무가 있다 할 것이므로 이 점을 지적하는 원고의 주장 부분은 이유 있다.

4. 이에 대하여, 피고는 원고가 1986. 5. 15. 피고와 사이에 이 사건 건물을 기부채납하기로 협약하였고, 1987. 10. 19. 체결된 증여계약은 위 협약의 이행과정에 불과할 뿐 별개의 독립한 계약이 아닌데, 원고는 1986. 5. 15.부터 10년의 제척기간이 지난 1996. 9. 23.에서야 이 사건 건물에 관한 증여계약을 취소하였으므로 이는 제척기간이 경과한 후 이루어진 취소의 의사표시로서 계약취소의 효과가 없다고 항변하나, 앞서 본 각 증거에 의하면, 원고·피고는 1986. 5. 15. 협약 당시에는 '원고가 군유지내에 설치할 건물 및 기타의 영구시설물을 기부채납할 것을 조건으로 군유지를 사용하게 하며 기부채납의 시기는 건물 또는 기타의 시설물이 완성된 때로 한다(제5조 본문)'고 하여 기부채납이 군유지 사용의 조건인 점과 기부채납의 시기만을 정하였을 뿐이고, 1987. 10. 19. 완성된 이 사건 건물에 관한 증여계약을 따로 체결한 사실을 인정할 수 있고(이 사건 건물에 관한 피고 명의의 소유권이전등기도 1987. 10. 19.자 증여를 원인으로 하고 있다.), 원고가 1996. 9. 23. 피고에 대하여 한 취소의 대상은 위 1987. 10 19.자 이 사건 건물의 증여임이 취소 통보서(갑 제6호증) 문언 상 분명하다 할 것이므로, 원고의 위 취소의 의사표시가 제척기간 경과로 인한 취소권 소멸 후의 것임을 전제로 한 피고의 위 항변은 이유 없다.

5. 한편, 위 덕수리마을회는 이 사건 임야의 소유자가 피고에서 위 덕수리마을회로 변경되었다고 하더라도 위 덕수리마을회가 원고·피고 사이의 1986. 5. 15.자 협약서에 의한 피고의 계약상 지위를 그대로 인수하고 모든 권리·의무를 승계하기로 하여 원고에게는 아무런 불이익이 없고, 위 협약에서 의한 원고의 무상사용기간이 경과되면 이 사건 건물의 소유권도 위 덕수리마을회 앞으로 이전하기로 피고와 합의가 된 상태인데, 만일 이 사건 건물의 소유권이 원고 앞으로 회복되면 원고가 이를 임의로 타에 처분하여 버리거나 원고의 다른 채권자들에 의하여 강제집행되어 위 덕수리마을회에 큰 손해를 입힐 위험이 있기 때문에 원고의 이 사건 청구는 받아들여져서는 안된다고 주장하나, 앞서 본 바와 같이 원고와 피고 사이의 이 사건 건물에 관한 1987. 10. 19.자 증여계약이 표시된 동기의 중요부분에 관한 착오를 이유로 한 원고의 취소권행사에 의하여 적법하게 취소되어 피고는 원고에게 이 사건 건물에 관한 소유권이전등기를 말소할 의무가 있다고 인정되는 이상 위 덕수리마을회의 위 주장과 같은 사유만으로 원고의 이 사건 청구를 배척할 법률상 정당한 사유가 될 수 없으므로 피고보조참가인의 위 주장은 더 나아가 살필 것 없이 이유 없다.

6. 그렇다면, 원고의 이 사건 청구는 정당하게 이를 인용하여야 할 것인바, 원심판결은 이와 결론을 같이 하여 정당하므로, 이에 대한 피고의 항소는 이유 없어 이를 기각하고, 항소비용에 관하여는 민사소송법 제89조, 제94조, 제95조를 각 적용하여 주문과 같이 판결한다.

(2-2) 대법원 1999. 2. 23. 선고 98다47924 판결

【원고, 피상고인】 주식회사 제주조각공원`

【피고, 상고인】 남제주군
【피고보조참가인】 덕수리마을회
【원심판결】 광주고등법원 1998. 8. 28. 선고 (제주)98나33 판결
【주 문】 원심판결을 파기하고 사건을 원심법원에 환송한다.

【이 유】

상고이유를 본다.

원심판결 이유에 의하면, 원심은 거시 증거에 의하여, 원고는 1986. 5. 15. 피고와 사이에 피고 명의로 소유권보존등기가 경료된 군유지인 이 사건 임야에 제주조각공원 조성사업을 시행함에 있어서 사업의 시행에 소요되는 사업비 전액은 원고의 부담으로 하되, 원고가 군유지 내 설치할 건물 및 기타의 영구시설물(조각품 제외)을 기부채납할 것을 조건으로 피고는 원고 또는 그 포괄승계인에게 제주조각공원 조성사업에 포함되는 이 사건 임야 및 기부채납한 시설물을 일정기간 무상으로 사용하게 하고, 그 무상사용기간이 끝난 후에는 일정한 사용료를 지급받고 계속 사용할 수 있도록 허가하기로 약정한 사실, 원고는 위 약정에 따라 1986. 6. 22. 피고로부터 이 사건 임야의 사용허가를 받고 제주조각공원시설 건축에 착수하여 제주조각공원시설인 이 사건 건물을 준공하자 1987. 10. 19. 피고와의 사이에 이 사건 건물에 관하여 증여계약을 체결하였고, 피고는 1988. 3. 25. 원고에게 1987. 10. 19.부터 2000. 4. 18.까지 이 사건 임야 및 건물의 무상사용을 허가한 사실, 원고는 1988. 6. 4. 이 사건 건물에 관하여 소유권보존등기를 마친 다음 곧바로 1987. 10. 19.자 증여를 원인으로 하여 피고 명의로 소유권이전등기를 경료하여 준 사실, 그런데 피고보조참가인은 이 사건 임야가 원래 피고보조참가인이 사정받은 그 마을회 소유의 임야인데 피고가 지방자치에관한임시조치법(1961. 9. 1. 법률 제707호) 제8조에 의하여 그 소유권이 피고에게 귀속되었음을 전제로 그 명의의 소유권보존등기를 경료하였으나 이(里) 주민의 총유에 속하는 재산이 위 임시조치법의 시행으로 군(郡)인 피고에게 귀속되었다고 볼 수 없어 피고 명의의 위 소유권보존등기는 원인 없이 마쳐진 무효의 등기라고 주장하여 제주지방법원 94가합1698호로 피고를 상대로 소유권보존등기 말소 청구소송을 제기한 결과 1995. 6. 22. 피고보조참가인의 승소판결이 선고되고 그 판결은 그 무렵 확정된 사실을 인정한 다음, 원고는 이 사건 임야에 관하여 피고 명의로 소유권보존등기가 마쳐진 관계로 피고의 소유인 것으로 믿고, 이 사건 임야 위에 이 사건 건물을 신축하여 제주조각공원을 조성하여 이를 피고에게 기부채납하면 이 사건 임야 및 건물을 무상 또는 유상으로 장기간 대차하여 사용할 수 있을 것으로 예상하고 이 사건 건물을 증여하였으나 그 후 이 사건 임야가 피고보조참가인의 소유로 판명되었으므로 이 사건 임야의 소유권 귀속에 관한 착오는 위 증여계약을 체결하게 된 동기에 관한 착오에 해당한다 할 것이고, 원·피고 사이에 체결된 협약서 등에 그러한 동기가 표시됨으로써 증여계약의 내용으로 되었다 할 것이며, 나아가 원고가 위 증여계약을 체결한 당시 이 사건 임야가 피고의 소유가 아니라는 사정을 알았더라면 위 증여계약을 체결하지 아니하였을 것이 명백한 이상 원고가 위 증여계약을 체결함에 있어 위 동기의 착오는 법률행위의 중요한 부분에 관한 착오라 할 것이어서 원·피고 사이의 1987. 10. 19.자 증여계약은 원고의 취소권행사에 의하여 적법하게 취소되었다 할 것이므로 이 사건 건물에 관한 피고 명의의 위 소유권이전등기는 원인무효의 등기로서 말소를 면치 못한다고 판단하였다.

그러나 착오가 법률행위 내용의 중요 부분에 있다고 하기 위하여는 표의자에 의하여 추구된 목적을 고려하여

합리적으로 판단하여 볼 때 표시와 의사의 불일치가 객관적으로 현저하여야 하고, 만일 그 착오로 인하여 표의자가 무슨 경제적인 불이익을 입은 것이 아니라고 한다면 이를 법률행위 내용의 중요 부분의 착오라고 할 수 없다(대법원 1998. 9. 22. 선고 98다23706 판결 참조). 기록에 의하면, 원・피고 사이에 체결된 1986. 5. 15.자 협약에 의하면, 원고가 이 사건 임야 위에 실시하기로 한 사업은 자연공원법 제12조 및 제22조에 의한 제주조각공원 조성계획에 포함된 사업과 이와 관련된 부대사업으로서, 이 사건 임야가 군립공원으로 지정되어 피고 군의 군수가 그 공원관리청으로서 원고의 공원사업시행을 허가하는 것을 전제로 하고 있는 점을 엿볼 수 있고, 한편 자연공원법(1980. 1. 4. 법률 제3243호)에 의하면 군립공원으로 지정되는 장소는 군 내의 풍경을 대표할 만한 국립공원 및 도립공원 이외의 수려한 자연풍경지이어야 하고(제2조 제4호), 이를 지정하는 목적이 자연생태계와 자연풍경지를 보호하고 지속가능한 이용을 도모하여 국민의 보건 및 여가와 정서생활의 향상에 기여하는 데에 있으며(제1조, 제4조), 그 공원관리청은 군수이고(제17조 제1항) 국가・지방자치단체 및 모든 국민은 그 공원자원을 보호・육성하여 자연의 질서를 유지・회복하는 데 정성을 다하여야 할 의무가 있는바(같은 법 제3조 제1항), 전후 사정이 이와 같다면, 원고가 이 사건 건축물을 기부(증여)한 목적은 군립공원으로 지정된 이 사건 임야와 그 공원시설물인 이 사건 건축물을 일정 기간 무상으로 사용한 다음 계속하여 유상으로 사용할 수 있도록 공원관리청인 피고로부터 그 관리권을 취득하는 데에 있다고 할 것이므로 피고가 이 사건 임야 및 건물에 대한 관리권을 계속하여 부여할 수 있는 지위에 있다는 것이 위 기부채납(증여계약)에 의하여 달성하려고 하는 법률적 효과의 중요한 부분이라고 할 것인데, 원심이 적법하게 인정한 바와 같이 원고는 이미 오랜 기간 아무런 방해 없이 이 사건 임야 및 건물을 무상으로 사용하여 왔을 뿐더러 뒤늦게 피고가 피고보조참가인이 제기한 이 사건 임야에 관한 소유권보존등기말소 청구소송에서 패소하였다고 하더라도 여전히 피고 군의 군수가 그 공원관리청이고 피고보조참가인이 이 사건 임야의 소유자로서 원고로 하여금 종전과 동일한 지위에서 계속하여 이 사건 임야 및 건물을 계속 사용할 수 있도록 그 관리권을 보장하고 있다면(피고보조참가인이 원・피고 사이에 체결된 1986. 5. 15.자 협약서에 의한 피고의 계약상 지위를 그대로 인수하기로 약정한 취지는 주민공동체에 불과한 피고보조참가인이 피고가 가지는 공원관리청으로서의 지위를 승계할 수는 없으나 이 사건 임야의 소유자로서 위 협약에 터잡아 원고가 이 사건 임야에 관하여 가지는 기존의 관리권을 피고와 동일한 지위에서 보장한다는 데에 있다고 보이고, 피고보조참가인이 원심에서 제출한 1998. 4. 29.자 준비서면도 같은 취지로 이해된다), 비록 원고가 기부채납 당시 이 사건 임야의 소유권 귀속에 관하여 착오가 있었다고 하더라도 그로 인하여 무슨 경제적 불이익을 입은 것도 아니고 장차 불이익을 입을 염려도 없다고 할 것이므로, 원고가 등기부상의 기재 등을 통하여 이 사건 임야가 피고의 소유인 것으로 믿고 기부를 하였다고 하여 그와 같은 착오가 이 사건 기부채납의 중요 부분에 관한 것으로 볼 수 없다고 할 것이고, 이와 다른 견해를 취한 원심은 피고의 공원관리청으로서의 지위 및 이와 관련한 이 사건 기부채납의 목적 등에 관하여 심리를 다하지 아니한 나머지 이 사건 임야의 소유권 귀속에 대한 착오가 위 증여계약의 내용의 중요 부분에 관한 착오라고 단정한 위법이 있다고 할 것이므로 이 점을 지적한 논지는 이유 있다.

그러므로 원심판결을 파기하고 사건을 원심법원에 환송하기로 하여 관여 법관의 일치된 의견으로 주문과 같이 판결한다.

(3) 대법원 2010. 7. 22. 선고 2010다1456 판결
(토지거래계약허가신청절차이행 및 동기의 착오)

【원고, 상고인】 김○○
【피고, 피상고인】 정○○
【원심판결】 서울고등법원 2009. 12. 18. 선고 2009나54647 판결
【주 문】 원심판결을 파기하고, 사건을 서울고등법원에 환송한다.

【이 유】

1. 상고이유 제1점 및 제2점에 대하여

국토의 계획 및 이용에 관한 법률상의 토지거래허가를 받지 않아 유동적 무효상태인 매매계약에 있어서는 그 계약내용대로의 효력이 있을 수 없는 것이어서 매수인으로서는 아직 그 계약내용에 따른 대금지급의무가 있다고 할 수 없어 매도인이 매수인의 대금지급의무 불이행을 이유로 매매계약을 해제할 수 없으나(대법원 1991. 12. 24. 선고 90다12243 전원합의체 판결 등 참조), 당사자 사이에 별개의 약정으로 매매 잔금이 그 지급기일에 지급되지 아니하는 경우 매매계약을 자동적으로 해제하기로 약정하는 것은 가능하다(대법원 2008. 3. 13. 선고 2007다74393, 2007다74409 판결 참조). 한편, 부동산 매매계약에 있어서 매수인이 잔대금 지급기일까지 그 대금을 지급하지 못하면 그 계약이 자동적으로 해제된다는 취지의 약정이 있더라도 매도인이 이행의 제공을 하여 매수인을 이행지체에 빠뜨리지 않는 한 그 약정기일의 도과 사실만으로는 매매계약이 자동해제된 것으로 볼 수 없으나, 매수인이 수회에 걸친 채무불이행에 대하여 책임을 느끼고 잔금 지급기일의 연기를 요청하면서 새로운 약정기일까지는 반드시 계약을 이행할 것을 확약하고 불이행시에는 매매계약이 자동적으로 해제되는 것을 감수하겠다는 내용의 약정을 한 특별한 사정이 있다면, 매수인이 잔금 지급기일까지 잔금을 지급하지 아니함으로써 그 매매계약은 자동적으로 실효된다(대법원 1994. 9. 9. 선고 94다8600 판결, 대법원 2007. 12. 27. 선고 2007도5030 판결 등 참조).

원심은 그 채택 증거에 의하여, 원고가 2007. 10. 19. 피고와 사이에 토지거래허가구역 내에 위치한 토지 2필지(이하 '이 사건 토지'라 한다)와 지상 건물을 매수하기로 하는 계약(이하 '이 사건 매매계약'이라 한다)을 체결한 후 잔금지급기일에 잔금을 지급하지 못하게 되자 피고와 사이에 잔금지급일을 2008. 2. 1. 16:00까지로 연기하되, 그 때까지도 잔금을 지급하지 못할 경우 이 사건 매매계약은 해제된 것으로 처리하고 기지급된 계약금의 반환청구권은 포기하기로 합의(이하 '이 사건 합의'라고 한다)한 사실을 인정한 다음, 이 사건 매매계약이 이 사건 토지에 대한 토지거래허가를 받지 않아 유동적 무효인 상태에서도 이 사건 합의는 유효하고, 그 합의에 따라 원고가 연장된 잔금지급기일까지 잔금을 지급하지 아니하는 경우 이 사건 매매계약은 자동적으로 해제된다는 취지로 판단하였다.

위 법리와 기록에 비추어 살펴보면, 이러한 원심 판단은 정당하고, 거기에 토지거래허가구역 내 토지에 대한 매매계약의 효력이나 계약해제 등에 관한 법리오해 등의 위법이 없다.

2. 상고이유 제3점에 대하여

원심은, 원고가 이 사건 매매계약이 유동적 무효상태에 있어서 잔금지급의무가 없다는 것을 모르고 피고와

이 사건 합의를 한 착오가 있었더라도 이는 동기의 착오에 해당하는데 이 사건 합의 과정에서 원고가 그 동기를 상대방에게 표시하여 그 동기가 이 사건 합의의 내용으로 되었다고 볼 아무런 증거가 없다고 보아 착오를 이유로 이 사건 합의를 취소한다는 원고의 주장을 배척하였다.

그러나 원심 판단은 다음과 같은 이유에서 그대로 수긍하기 어렵다.

동기의 착오가 법률행위의 내용의 중요 부분의 착오에 해당함을 이유로 표의자가 법률행위를 취소하려면 그 동기를 당해 의사표시의 내용으로 삼을 것을 상대방에게 표시하고 의사표시의 해석상 법률행위의 내용으로 되어 있다고 인정되면 충분하고 당사자들 사이에 별도로 그 동기를 의사표시의 내용으로 삼기로 하는 합의까지 이루어질 필요는 없다(대법원 1989. 12. 26. 선고 88다카31507 판결, 대법원 2000. 5. 12. 선고 2000다12259 판결 등 참조). 한편, 일반적으로 계약의 해석에 있어서는 형식적인 문구에만 얽매여서는 안 되고 쌍방 당사자의 진정한 의사가 무엇인가를 탐구해야 하며(대법원 1993. 10. 26. 선고 93다2629 판결 등 참조), 당사자 사이에 계약의 해석을 둘러싸고 이견이 있어 처분문서에 나타난 당사자의 의사해석이 문제되는 경우에는 문언의 내용, 그와 같은 약정이 이루어진 동기와 경위, 약정에 의하여 달성하려는 목적, 당사자의 진정한 의사 등을 종합적으로 고찰하여 논리와 경험칙에 따라 합리적으로 해석해야 한다(대법원 2007. 12. 27. 선고 2005다73914 판결, 대법원 2009. 6. 11. 선고 2007다88880 판결 등 참조).

원심이 인정한 사실과 기록에 의하면, 이 사건 합의는 원고가 이 사건 매매계약에 따른 잔금지급기일에 피고에게 잔금을 지급하지 못하게 되자 그로 인한 불이익을 면하고자 잔금지급기일을 연장하면서 체결한 것이고, 피고도 그 사실을 잘 알고 있었으며, 이 사건 합의서에도 "이 사건 매매계약에 있어 2008. 1. 31.로 지정된 잔금일을 원고의 귀책사유로 지연함을 확인하며"라고 기재되어 있음을 알 수 있다.

이러한 사정을 위 법리에 비추어 살펴보면, 원고가 이 사건 합의에 이르게 된 동기는 이 사건 매매계약이 유동적 무효 상태이어서 자신에게 잔금지급의무가 없다는 사실을 알지 못하여 잔금지급의무를 지체하고 있다고 생각했기 때문이라고 할 것이고, 그러한 동기는 이 사건 합의 과정에서 위 합의서 문언을 통해 의사표시의 내용으로 삼을 것이 피고에게 표시됨으로써 의사표시의 내용으로 되었다고 봄이 상당하다.

그럼에도 원심은 이와 달리 원고의 위 동기가 이 사건 합의 과정에서 상대방에게 표시되어 이 사건 합의의 내용으로 되었다고 볼 수 없다고 판단하였는바, 이러한 원심판단에는 채증법칙을 위배하거나 처분문서의 해석 또는 동기의 착오에 관한 법리를 오해하여 판결에 영향을 미친 위법이 있다. 이 점을 지적하는 상고이유의 주장은 이유 있다.

3. 결론

그러므로 나머지 상고이유에 대한 판단을 생략한 채 원심판결을 파기하고, 사건을 다시 심리·판단하게 하기 위하여 원심법원에 환송하기로 하여 관여 대법관의 일치된 의견으로 주문과 같이 판결한다.

4 사기 · 강박에 의한 의사표시

(1-1) 서울고등법원 1996. 8.14. 선고 96나1391 판결

【원고, 피항소인】 스카이 금속 주식회사

【피고, 항소인】 기산상호신용금고 주식회사

【원심판결】 서울지방법원 1995. 12. 8. 선고, 94합102217 판결

【주 문】 1. 피고의 항소를 기각한다.
2. 항소비용은 피고의 부담으로 한다.

【청구취지】

주위적 청구취지 : 피고는 원고에게 별지목록 기재 근저당권설정등기에 관한 말소등기절차를 이행하라.

예비적 청구취지 : 피고는 원고에게 금 711,235,000원 및 이에 대하여 1995. 9. 11.자 청구취지 변경신청서 부본 송달일부터 완제일까지 연 2할5푼의 각 비율에 의한 금원을 지급하라.

【항소취지】 제1심판결을 취소하고, 원고의 주위적 및 예비적 청구를 모두 기각한다.

【이 유】

1. 본안전 항변에 관한 판단

피고는, 원고 회사의 대표이사인 조경래 개인이 원고가 되어 이 사건 소를 제기하였다가 그 후 위 조경래가 민사소송법 제63조의2의 규정에 의하여 법인인 원고 회사를 원고로 추가하는 신청을 하여 원고 회사도 원고로 추가되었으나 이 사건 소송은 고유필요적공동소송이 아니므로 위 규정에 의한 당사자 추가신청은 허용될 수 없을 뿐만 아니라 원고 회사가 피고에 대하여 어떠한 청구취지도 진술한 사실이 없으므로 원고의 이 사건 소는 부적법하다고 항변한다.

살피건대, 기록에 의하면 위 조경래가 1994. 11. 18. 제1심 법원에 피고를 상대로 이 사건 소를 제기하였다가 같은 해 12. 26. 원고 회사를 원고로 추가하는 신청을 하여 1995. 1. 13. 제1차 변론기일에서 원고 소송대리인은 소장 및 당사자 추가신청서를 진술한 후 위 조경래의 소를 취하하였고 이에 피고 소송대리인은 위 당사자추가신청 및 소취하에 동의한 사실을 인정할 수 있다.

위 인정사실에 비추어 볼 때 당초에 위 조경래가 원고로 되어 이 사건 소를 제기한 후 원고 회사를 당사자로 추가하는 위 신청의 취지는 법인인 원고 회사가 동일한 청구취지 및 청구원인으로 피고에 대하여 별도로 소를 제기한 것으로 보아야 하고(다만 위 추가신청시 인지를 첨부하지 아니하였으므로 당심에서의 인지 첨부 명령에 따라 원고 회사는 이를 보정하였다.), 따라서 원고 소송대리인이 제1차 변론기일에서 소장 및 당사자 추가신청서을 각 진술한 후 위 조경래의 소를 취하함으로써 원고 회사의 피고에 대한 청구취지의 진술도 있었다고 볼 것이고, 설령 피고의 위 주장과 같이 위 추가신청이 그 요건을 갖추지 못하였다고 하더라도 피고가 위 추가신청에 동의한 후 본안에 관하여 변론하여 제1심판결까지 선고된 이상 소송경제의 면에서나 금반언의 원칙 내지 신의칙상 항소심에 이르러 새삼스럽게 이를 다툴 수 없다고 봄이 상당하므로 피고의 위 항변은 이유 없다.

2. 본안에 관한 판단

가. 인정사실

(1) 소외 박규남, 김운태 등은 1994. 5. 2. 원고 회사의 대표이사인 조경래로부터 원고 회사의 주식 전부(원고 회사는 주식 전부를 위 조경래가 소유하고 있는 1인 회사이다.)를 대금 550,000,000원에 양수하되 그 중 계약금 50,000,000원은 계약 당일 현금으로 지급하고, 중도금 300,000,000원은 원고 회사 소유의 ○○시 ○○동5527 대 93평 5홉 및 위 지상 철근 콘크리트조 슬라 브즙 평가건 점포 1동 건평 64평 9홉, 지층 21평 6홉 3작, 옥탑 4평 9작(이하 이 사건 부동산이라 한다)을 매수인이 정하는 상호신용금고에 담보로 제공한 후 대출을 받아 현금으로, 잔금 200,000,000원은 발행일이 계약일로부터 90일 이내인 선일자 당좌수표로 각 지급하기로 약정하였다.

(2) 그러나 위 계약당시 위 박규남 등은 '예스컴'이라는 상호로 노래방 기계 제조업을 하다가 1994. 3.경 부도를 내어 위 김운태는 금 900,000,000원 정도, 위 박규남은 금 3,000,000,000원 정도의 채무가 있어 원고 회사를 인수할 능력이 없었고, 다만 원고 회사 소유의 이 사건 부동산을 담보로 소외 조원희가 재직중이던 피고 회사에서 금원을 대출을 받아 이를 편취할 의사였음에도 불구하고 위 조경래에게 이 사건 부동산을 금융기관에 담보로 제공하는데 협조해 주면 대출을 받아 중도금으로 금 300,000,000원을 현금으로 지급하겠다고 속여 위와 같은 주식 양도 양수계약을 체결하였다.

(3) 한편 피고 회사의 기획감사실 과장으로 근무하고 있던 위 조원희는 위 박규남 등으로부터 대출 등과 관련하여 향응을 제공받거나 금품을 교부받아 왔을 뿐 아니라 한편으로 자신의 소유인 ○○시 ○○동소재 역곡 조공 2차아파트 ○○동 ○○호를 담보로 제공하는 등 밀접한 관계를 맺어온 사이인데 위 박규남 등이 1994. 3.경 부도를 내어 신용에 문제가 생기자 피고 회사의 여신담당 직원인 소외 한경호에게 동인이 알지 못하는 위 '예스컴'의 상무인 소외 공남식을 자신의 친척이라고 속여 대출을 부탁하는 등 위 박규남 등의 원고에 대한 기망행위에 적극 가담하였다.

(4) 그 후 위 박규남 등은 이 사건 부동산을 담보로 하여 위 공남식 명의로 피고로부터 금 450,000,000원을 대출받기 위한 절차를 밟게 되었는바, 위 조경래가 위 대출금 중 중도금으로 약속한 금 300,000,000원을 확실히 지급받는다는 보장이 없이는 이 사건 부동산을 담보로 제공을 할 수 없다고 고집하자, 위 조원희는 같은 해 5. 9. 위 조경래에게 이 사건 부동산을 담보로 피고 회사에서 대출이 되면 그 대출금 중 금 300,000,000원을 같은달 25.까지 원고에게 지급할 것을 보증한다는 취지의 지급보증서를 작성하여 교부하였다.

(5) 이에 위 조경래는 위 지급 보증서를 믿고 1994. 5. 9. 피고와 사이에 이 사건 부동산에 관하여 채권최고액 금 630,000,000원, 채무자 위 공남식으로 된 근저당권설정계약을 체결하고, 그에 따라 같은달 10. 별지목록 기재와 같은 근저당권설정등기가 경료됨과 아울러 위 공남식은 피고로부터 금 450,000,000원을 대출받았다.

(6) 그런데 위 조경래는 위 근저당권설정등기가 경료된 후 수차례에 걸쳐 위 조원희에게 대출 사실을 확인하였으나, 그때마다 위 조원희는 이미 대출이 이루어졌음에도 대출이 안된 것처럼 위 조경래를 속이고, 나아가 1994. 5. 20.경에는 위 조경래를 직접 만나 위 대출시 만든 부금통장을 보여주면서 대출금이 아직 이 안에 그대로 있다는 취지로 또다시 거짓말을 하여 그 사이에 위 박규남 등이 위 대출금을 타에 유용하도록 하였다.

(7) 한편 피고 회사는 사장, 상무, 감사 및 이사 2인을 포함하여 직원 총수가 50명에 못 미치는 작은 규모의 금융기관으로서 위 조원희는 위 대출당시 기획감사실 과장으로 재직하면서 대출업무를 포함한 피고 회사의 업무 전반에 관한 일일감사를 할 권한을 갖고 있었던 자로서 기획감사실 과장이 되기 전에는 여신업무를 담당한

적도 있었으며 사무실 내의 그의 자리는 위 한경호의 바로 뒷 자리에 위치하고 있었다.

나. 당사자들의 주장 및 그에 대한 판단

(1) 당사자들의 주장

원고는, 피고회사의 기획감사실 과장인 위 조원희의 기망행위는 피고에 대한 관계에 있어서는 피고 자신의 기망행위로 볼 것이므로 이 사건 소장 부본의 송달로써 위 근저당권설정계약을 취소한다고 주장함에 대하여, 피고는 위 조원희는 위 근저당권설정계약에 있어서 어디까지나 제3자에 불과하고, 피고로서는 위 조원희의 위 기망행위를 과실없이 알지 못하였으므로 위 근저당권설정계약은 유효하다고 다툰다.

(2) 판단

본래 의사 표시의 상대방 이외의 자가 한 사기에 의하여 의사표시가 이루어진 경우에는 상대방이 그 사실을 알았거나 알 수 있었을 경우에 한하여 그 의사표시를 취소할 수 있으나, 기망행위를 한 자와 상대방 사이의 관계가 상대방이 그 기망행위에 대하여 자신의 행위와 마찬가지로 책임을 져야 할 정도로 밀접한 경우에는 기망행위를 한 자를 민법 제110조 제2항 소정의 제3자로는 볼 수 없다고 할 것이고, 이와 같은 경우에는 상대방이 사기사실을 과실 없이 알지 못하였다고 하더라도 표의자는 그 의사표시를 취소할 수 있다고 보아야 할 것인바, 위 인정사실에 의하면, 위 근저당권설정계약은 피고 회사의 기획감사실 과장으로 근무하던 위 조원희가 위 박규남 등과 공모하여 원고를 적극적으로 기망함으로써 체결된 것이고, 더구나 위 조원희는 여신담당 직원인 위 한경호에게 위 대출을 부탁하였을 뿐만 아니라 피고 회사의 대출업무 전반에 관한 감사 권한을 가진 자로서 또한 위 한경호의 상급자로서 위 대출업무에 관하여 상당한 영향을 미칠 수 있는 지위에 있었던 점 등을 종합하여 볼 때, 위 조원희의 원고에 대한 위 기망행위를 피고와의 관계에서 제3자의 기망행위로는 볼 수 없다 할 것이다.(피고는 위 조원희를 피고 회사의 기획감사실 과장으로서 대출업무를 포함한 피고 회사의 업무 전반에 관한 감사업무에 종사하게 하여 그의 업무로 인하여 이익을 얻고 있을 뿐만 아니라 위 조원희의 업무집행을 감독하여야 할 의무를 부담하고 있다 할 것이므로 피고로서는 신의칙상으로도 위 조원희의 위와 같은 기망행위가 피고에 대한 관계에 있어서 제3자의 기망행위로서 위 기망행위를 과실없이 알지 못하였다고 주장할 수 없다고 봄이 상당하다.)

따라서 원고로서는 이 사건 부동산에 관하여 피고와 1994. 5. 9. 체결한 위 근저당권설정계약을 취소할 수 있다 할 것인바, 원고의 위 취소의 의사표시가 기재된 이 사건 소장 부본이 1994. 12. 17. 피고에게 송달된 사실은 기록상 분명하므로, 위 근저당권설정계약은 이로써 적법하게 취소되었다고 할 것이다.

3. 결론

그렇다면 위 근저당권설정계약이 적법하게 취소된 이상 위 근저당권설정등기는 말소되어야 할 것이고, 따라서 피고에게 그 말소등기절차의 이행을 구하는 원고의 이 사건 청구는 이유 있어 이를 인용할 것인바, 이와 결론을 같이 한 제1심판결은 정당하므로 피고의 항소는 이유 없어 이를 기각하고, 항소비용은 패소자인 피고의 부담으로 하여 주문과 같이 판결한다.

(1-2) 대법원 1998. 1. 23. 선고 96다41496 판결

【원고, 피상고인】 스카이금속 주식회사
【피고, 상고인】 기산상호신용금고 주식회사
【원심판결】 서울고등법원 1996. 8. 14. 선고 96나1391 판결
【주 문】 상고를 기각한다. 상고비용은 피고의 부담으로 한다.

【이 유】

상고이유를 본다.

1. 제1점에 대하여

기록에 의하면, 원고 회사의 대표이사인 조경래는 1994. 11. 18. 제1심법원에 피고를 상대로 개인 명의로 이 사건 소를 제기하였다가 제1차 변론기일 전인 같은 해 12. 26. 원고 회사를 원고로 추가하는 당사자추가신청을 하여 1995. 1. 13. 그 제1차 변론기일에 원고 소송대리인이 소장 및 당사자추가신청서를 진술한 후 조경래의 소를 취하하였고, 이에 피고 소송대리인은 당사자추가신청 및 소취하에 동의하였으며, 그 후 원고 회사와 피고 사이에 변론을 거쳐 이 사건 제1심판결이 선고되었음을 알 수 있다.

일반적으로 당사자표시정정신청을 하는 경우에도 실질적으로 당사자가 변경되는 것은 허용할 수 없고(대법원 1995. 12. 5. 선고 95누1484 판결 등 참조), 필요적 공동소송이 아닌 사건에서 소송 도중에 당사자를 추가하는 것 역시 허용될 수 없으므로(대법원 1993. 9. 28. 선고 93다32095 판결 등 참조), 당사자의 변경을 가져오는 이 사건 당사자추가신청은 아예 부적법한 것이라고 할 것이다.

그러나 위와 같이 제1심법원이 당사자추가신청을 그 부적법함을 간과한 채 받아들이고 피고도 그에 동의하였으며, 종전 원고인 조경래는 이를 전제로 소를 취하하게 되어, 제1심 제1차 변론기일부터 새로운 원고인 원고 회사와 피고 사이에 본안에 관한 변론이 진행된 다음 제1심에서 본안판결이 선고되었다면, 이는 마치 처음부터 원고 회사가 종전의 소와 동일한 청구취지와 청구원인으로 피고에 대하여 별도의 소를 제기하여 본안판결을 받은 것과 마찬가지라고 할 수 있으므로, 소송경제의 측면에서나 신의칙 등에 비추어 그 후에 새삼스럽게 당사자추가신청의 적법 여부를 문제삼는 것은 허용될 수 없다고 보아야 할 것이다.

그리고 당사자추가신청이 당초 부적법한 것이었다고 하더라도, 위와 같이 제1심 제1차 변론기일에 원래의 소장과 함께 당사자추가신청서가 진술된 이상 원고 회사의 피고에 대한 청구취지도 진술되었다고 봄이 상당하다.

같은 취지의 원심 판단은 정당하고, 거기에 상고이유로서 지적하는 바와 같은 임의적 당사자변경, 당사자 처분권주의 또는 청구취지 특정에 관한 법리오해 등의 위법이 있다고 할 수 없다.

2. 제2, 3점에 대하여

가. 원심의 인정 사실

(1) 소외 박규남, 김운태 등은 1994. 5. 2. 조경래로부터 원고 회사의 주식 전부(원고 회사는 주식 전부를 조경래가 소유하고 있는 1인 회사이다.)를 대금 550,000,000원에 양수하되, 그 중 계약금 50,000,000원은 계약 당일 현금으로 지급하고, 중도금 300,000,000원은 원고 회사 소유의 ○○시 ○○동5527 대 93평 5홉 및 그 지상 철근

콘크리트조 슬래브즙 평가건 점포 1동 건평 64평 9홉, 지층 21평 6홉 3작, 옥탑 4평 9작(이하 이 사건 부동산이라 한다)을 매수인이 정하는 상호신용금고에 담보로 제공한 후 대출을 받아 그 현금으로, 잔금 200,000,000원은 발행일이 계약일로부터 90일 이내인 선일자 당좌수표로 각 지급하기로 약정하였다.

(2) 그러나 계약 당시 박규남 등은 '예스컴'이라는 상호로 노래방기계 제조업을 하다가 1994. 3.경 부도를 내어 김운태는 금 900,000,000원 정도, 박규남은 금 3,000,000,000원 정도의 채무가 있어 원고 회사를 인수할 능력이 없었고, 다만 원고 회사 소유의 이 사건 부동산을 담보로 소외 조원희가 재직중이던 피고 회사에서 금원을 대출받아 이를 편취할 의사였음에도 불구하고, 조경래에게 이 사건 부동산을 금융기관에 담보로 제공하는 데 협조하여 주면 대출을 받아 중도금으로 금 300,000,000원을 현금으로 지급하겠다고 속여 위와 같은 주식 양도・양수계약을 체결한 것이었다.

(3) 한편 피고 회사의 기획감사실 과장으로 근무하고 있던 조원희는 박규남 등으로부터 대출 등과 관련하여 향응을 제공받거나 금품을 교부받아 왔을 뿐 아니라, 한편으로 자신의 소유인 ○○시 ○○동소재 역곡 주공 2차 아파트 ○○동 ○○호를 담보로 제공하는 등 밀접한 관계를 맺어온 사이인데, 박규남 등이 1994. 3.경 부도를 내어 신용에 문제가 생기자 피고 회사의 여신 담당 직원인 소외 한경호에게 '예스컴'의 상무인 소외 공남식을 자신의 친척이라고 속여 대출을 부탁하는 등 박규남 등의 원고에 대한 기망행위에 적극 가담하였다.

(4) 그 후 박규남 등은 이 사건 부동산을 담보로 하여 공남식 명의로 피고로부터 금 450,000,000원을 대출받기 위한 절차를 밟게 되었는바, 조경래가 그 대출금 중 중도금으로 약속한 금 300,000,000원을 확실히 지급받는다는 보장이 없이는 이 사건 부동산을 담보로 제공할 수 없다고 고집하자, 조원희는 같은 해 5. 9. 조경래에게 이 사건 부동산을 담보로 피고 회사에서 대출이 되면 그 대출금 중 금 300,000,000원을 같은 달 25일까지 원고에게 지급할 것을 보증한다는 취지의 지급보증서를 작성하여 교부하였다.

(5) 이에 조경래는 이 지급보증서를 믿고 1994. 5. 9. 피고와 사이에 이 사건 부동산에 관하여 채권최고액 금 630,000,000원, 채무자 공남식으로 된 근저당권설정계약을 체결하고, 그에 따라 같은 달 10일 이 사건 부동산에 관하여 피고 명의의 근저당권설정등기가 경료됨과 아울러 공남식은 피고로부터 금 450,000,000원을 대출받았다.

(6) 그런데 조경래는 근저당권설정등기가 경료된 후 수차에 걸쳐 조원희에게 대출 사실을 확인하였으나, 그때마다 조원희는 이미 대출이 이루어졌음에도 대출이 안 된 것처럼 조경래를 속이고, 나아가 1994. 5. 20.경에는 조경래를 직접 만나 대출시 만든 부금통장을 보여주면서 대출금이 아직 이 안에 그대로 있다는 취지로 거짓말을 하여 그 사이에 박규남 등이 대출금을 타에 유용하도록 하였다.

(7) 한편 피고 회사는 사장, 상무, 감사 및 이사 2인을 포함하여 직원 총수가 50명에 못 미치는 작은 규모의 금융기관으로서 조원희는 대출 당시 기획감사실 과장으로 재직하면서 대출 업무를 포함한 피고 회사의 업무 전반에 관하여 일일감사를 할 권한을 갖고 있었던 자로서 기획감사실 과장이 되기 전에는 여신 업무를 담당한 적도 있었으며, 사무실 내의 그의 자리는 한경호의 바로 뒷자리였다.

나. 원심의 판단

본래 의사표시의 상대방 이외의 자가 한 사기에 의하여 의사표시가 이루어진 경우에는 상대방이 그 사실을 알았거나 알 수 있었을 경우에 한하여 그 의사표시를 취소할 수 있으나, 기망행위를 한 자와 상대방 사이의 관계가 상대방이 그 기망행위에 대하여 자신의 행위와 마찬가지로 책임을 져야 할 정도로 밀접한 경우에는 기망행위를 한 자를 민법 제110조 제2항에서 정한 제3자로는 볼 수 없고, 이와 같은 경우에는 상대방이 사기 사실을 과실

없이 알지 못하였다고 하더라도 표의자는 그 의사표시를 취소할 수 있다고 보아야 할 것인바, 앞서 인정한 사실에 의하면, 이 사건 근저당권설정계약은 피고 회사의 기획감사실 과장으로 근무하던 조원희가 박규남 등과 공모하여 원고를 적극적으로 기망함으로써 체결된 것이고, 더구나 조원희는 여신 담당 직원인 한경호에게 그 대출을 부탁하였을 뿐만 아니라 피고 회사의 대출 업무 전반에 관한 감사권한을 가진 자로서, 또한 한경호의 상급자로서 대출 업무에 관하여 상당한 영향을 미칠 수 있는 지위에 있었던 점을 종합하여 볼 때, 조원희의 원고에 대한 기망행위를 피고와의 관계에서 제3자의 기망행위로 볼 수 없다 할 것이고, 또한 피고는 조원희를 피고 회사의 기획감사실 과장으로서 대출 업무를 포함한 피고 회사의 업무 전반에 관한 감사 업무에 종사하게 하여 그의 업무로 인하여 이익을 얻고 있을 뿐만 아니라 조원희의 업무 집행을 감독하여야 할 의무를 부담하고 있다고 할 것이므로, 피고로서는 신의칙상으로도 조원희의 위와 같은 기망행위가 피고에 대한 관계에서 제3자의 기망행위로서 그 기망행위를 과실 없이 알지 못하였다고 주장할 수 없다고 봄이 상당하므로, 원고로서는 이 사건 부동산에 관하여 피고와 1994. 5. 9. 체결한 근저당권설정계약을 취소할 수 있다.

다. 이 법원의 판단

(1) 원심은 조원희가 박규남 등과 공모하여 원고를 기망하여 원고로 하여금 피고와 근저당권설정계약을 체결하도록 하는 데 적극 가담하였다는 근거 사실로서, 한경호에게 공남식을 자신의 친척이라고 속여 대출을 미리 부탁한 사실, 대출금 중 금 300,000,000원의 지급 보장을 요구하며 담보 제공을 주저하는 조경래에게 직접 자신의 명의로 지급보증서를 작성·교부한 사실 및 대출이 이루어진 후에는 그에게 대출이 안 된 것처럼 기망한 사실을 들면서, 그 중에서 원고의 담보 제공 의사표시의 직접적인 원인이 된 기망행위는 지급보증서를 작성·교부하여 준 행위라는 취지로 사실인정을 한 다음, 이를 바탕으로 원고와 피고 사이의 근저당권설정계약 취소에 관하여 조원희가 제3자에 해당되는지 여부를 판단하고 있다고 할 것인바, 기록에 비추어 살펴보면, 원심의 위와 같은 사실인정과 이를 그 판단의 전제로 삼은 것 자체는 정당하고, 거기에 상고이유에서 지적하는 바와 같은 민법 제110조 제2항에 관한 법리오해, 이유불비, 인과관계 오해 등의 위법이나 증거 없이 사실을 인정하여 증거재판주의에 위배한 위법이 있다고 할 수 없다.

(2) 의사표시의 상대방이 아닌 자로서 기망행위를 하였으나 민법 제110조 제2항에서 정한 제3자에 해당되지 아니한다고 볼 수 있는 자란 그 의사표시에 관한 상대방의 대리인 등 상대방과 동일시할 수 있는 자만을 의미하고, 단순히 상대방의 피용자이거나 상대방이 사용자책임을 져야 할 관계에 있는 피용자에 지나지 않는 자는 상대방과 동일시할 수는 없어 이 규정에서 말하는 제3자에 해당한다고 보아야 할 것이다.

그런데 원심이 확정한 사실관계에 의하더라도, 조원희는 원고와 피고 사이의 근저당권설정계약과 관련하여서 피고의 대리인이라고는 할 수 없고 단순한 피고의 피용자의 지위에 있을 뿐이어서 피고와 동일시할 수 있는 자라고 보기는 어렵고, 따라서 민법 제110조 제2항에서 말하는 제3자로 볼 수밖에 없으므로, 이와 달리 원심이 조원희를 이 규정에서 정한 제3자에 해당하지 않는다고 본 것은 잘못이라 할 것이다.

그러나 한편 원심이 확정한 바와 같이, 이 사건에서 조원희는 대출금 일부를 조경래에게 지급할 것을 직접 보증한다고 하면서 근저당권설정계약을 체결하도록 원고를 기망하는 데 적극 가담하였고, 그 기망의 목적을 달성하기 위하여 여신 담당 직원인 한경호에게 이 사건 대출을 부탁하기까지 하였으며, 또한 피고 회사의 기획감사실 과장으로서 대출 업무를 포함한 회사 업무 전반에 관하여 일일감사를 할 권한을 갖고 있었던 자인데, 피고 회사는 사장, 상무, 감사 및 이사를 포함하여 직원 총수가 50명에 못 미치는 작은 규모의 금융기관이라는 것인바,

위와 같은 조원희의 기망행위의 태양, 그의 피고 회사에서의 지위나 영향력, 피고 회사의 규모 등에 비추어 보면, 피고로서는 자신의 영역 내에서 일어난 조원희의 위와 같은 기망행위에 관하여 그 감독에 상당한 주의를 다하지 아니한 사용자로서의 책임을 져야 할 지위에 있을 뿐만 아니라, 나아가 그러한 사정을 이용한 조원희 등의 사기 사실을 알지 못한 데에 과실이 있었다고 봄이 상당하고, 따라서 원고로서는 이처럼 과실로 위와 같은 사기 사실을 알지 못한 피고에 대하여 조원희 등의 기망으로 인하여 이루어진 이 사건 근저당권설정계약을 취소할 수 있다고 보아야 할 것이다.

결국 조원희를 민법 제110조 제2항에서 말하는 제3자에 속하지 않는다고 한 원심의 잘못은 판결 결과에 영향이 있다고 할 수 없다.

3. 그러므로 상고를 기각하고, 상고비용은 패소자의 부담으로 하기로 하여 관여 법관의 일치된 의견으로 주문과 같이 판결한다.

(2) 대법원 1994. 6. 10. 선고 93다24810 판결

【원고, 피상고인】 오정숙
【피고, 상고인】 주식회사 경남은행
【원심판결】 부산고등법원 1993.4.14. 선고 92나11329 판결

【주 문】

1. 원심판결 중 건물에 관한 부분을 파기하고 이 부분 사건을 부산고등법원에 환송한다.
2. 피고의 나머지 상고를 기각한다.
3. 위 상고가 기각된 부분의 상고비용은 피고의 부담으로 한다.

【이 유】

상고이유를 본다.

1. 상고이유 제1점 및 제2점에 대하여

기록을 살펴보면 피고 은행이 피고가 부담할 세금의 액수를 한정하는 특약을 넣게 된 것은, 피고 은행이 매도인에게 부과되는 양도소득세, 방위세 및 주민세 등도 전액 매수인인 피고가 부담하는 조건으로 매매계약을 체결하는 경우에는 과세관청이 피고가 부담하는 세금도 과세표준의 산출근거인 양도가액에 포함시켜 또다시 양도소득세 등을 부과하게 되어 피고가 부담할 세금의 액수가 거듭 늘어나고 그 액수를 확정할 수 없게 되는 문제점이 생기기 때문에 이를 예방하기 위하여 원래의 매매대금에 대한 양도소득세 등의 세금과, 피고가 위 세금을 부담할 경우 이를 양도가액에 포함시킴으로써 추가로 납부하여야 할 세금까지만을 피고가 부담하고, 다시 그로 인하여 추가로 부과되는 세금은 피고가 부담하지 않겠다는 점을 명확하게 하기 위한 것임을 알 수 있으므로, 위의 특약이 위 송유섭이 계산한 세액 자체가 잘못 산출되어 위 액수를 초과하는 세금이 부과되는 경우까지도 예상하여 이는 원고의 부담으로 한다는 취지로 볼 수는 없다고 할 것이니, 원심이 같은 취지에서 원고의 대리인인 소외 최규진은 이 사건 부동산의 양도와 관련하여 원고가 납부하여야 할 양도소득세 등의 세액이 금 532,399,720원뿐이고 이를 피고가 부담할 것이므로 원고의 세금부담은 전혀 없을 것으로 착오를 일으켜 이 사건 매매계약을 체

결한 것이고, 매매대금의 20퍼센트 이상을 상회하는 추가세금이 부과되는 것까지 무시하고 위 매매계약을 체결한 취지는 아니라고 인정한 것은 정당하다 할 것이다. 그 외에 원심이 소론과 같이 원고는 추가로 부과되는 세금이 있더라도 이를 피고가 부담할 것으로 믿고 이 사건 계약을 체결하였다고 판시한 바는 없으므로 원심의 위와 같은 사실인정이 채증법칙에 위배된다거나 또는 원심이 인정한 바 없는 사실을 원심이 인정하였다 하여 이를 다투는 논지는 이유 없다 할 것이다.

그리고 원심은 피고의 지배인인 정복윤이 원고에게 계약서에 명기된 금 532,399,720원을 넘는 세금이 부과되더라도 이 또한 피고가 부담하겠다는 취지의 말을 한 사실을 인정하고는 있으나, 그로 인하여 피고가 원고에게 그와 같은 의무를 부담하게 되었다고 판단한 취지는 아니라고 할 것이며 그러한 판단 자체는 수긍할 수 있다고 할 것이다. 원심이 인정한 계약체결의 경과에 의하면 위 정복윤이 위 계약을 체결함에 있어서는 피고 은행 본점의 지시를 받아 계약을 체결한 것으로서 위 정복윤 단독으로 추가세액의 부담 여부에 관한 사항을 결정할 권한은 가지고 있지 않았고 위 최규진도 그와 같은 사실을 알았다고 보일 뿐만 아니라 원고와 피고 쌍방은 이 사건 매매와 관련하여 원고가 부담하여야 할 세액의 액수를 확인하여 그 액수가 위 금 532,399,720원인 것으로 믿고 이를 초과하는 세금이 부과되지는 않으리라고 생각하여 계약을 체결한 것이라고 할 것이므로 위 정복윤이 그와 같이 말한 사실이 있다 하더라도 그것만으로 실제의 세액이 위 액수를 넘는 경우에도 피고가 이를 부담하기로 하는 명시적인 합의가 있었다고는 하기 어려울 것이기 때문이다. 그러므로 원심이 피고에게 위와 같은 의무가 있다고 판단하였음을 전제로 하여 원심이 착오로 인한 취소를 인정한 것이 심리미진 내지 이유모순이라고 주장하는 논지도 이유 없다.

2. 상고이유 제3점에 대하여

위 원심인정 사실에 의하면 원고의 대리인인 위 최규진이 원고가 납부하여야 할 양도소득세 등의 세액이 피고가 부담하기로 한 금 532,399,720원뿐이므로 원고의 부담은 없을 것이라는 착오를 일으키지 않았더라면 피고와 이 사건 매매계약을 체결하지 않았거나 아니면 적어도 동일한 내용으로 계약을 체결하지는 않았을 것임이 명백하고, 나아가 원고가 그와 같이 착오를 일으키게 된 계기를 제공한 원인이 피고측에 있을 뿐만 아니라 피고도 원고가 납부하여야 할 세액에 관하여 원고와 동일한 착오에 빠져 있었다는 사정을 고려하면 원고의 위와 같은 착오는 이 사건 매매계약의 내용의 중요부분에 관한 것에 해당한다고 할 것이고(당원 1978.7.11. 선고 78다719 판결 ; 1990.7.10. 선고 90다카7460 판결 ; 1991.8.27. 선고 91다11308 판결 등 참조), 따라서 원고로서는 다른 특별한 사정이 없는 한 위 착오를 이유로 위 매매계약을 취소할 수 있다고 보아야 할 것이며, 부동산의 양도가 있은 경우에 그에 대하여 부과될 양도소득세 등의 세액에 관한 착오가 미필적인 장래의 불확실한 사실에 관한 것이어서 민법 제109조 소정 착오에서 제외되는 것이라고도 말할 수 없다(당원 1981.11.10. 선고 80다2475 판결 참조).

다만 위 원심확정 사실에 의하면 위 계약상 피고가 부담할 세액을 금 532,399,720원으로 한정한 것은 원고와 피고가 다같이 원고가 이 사건 부동산의 양도로 인하여 납부의무를 지게 될 세금의 액수가 위 금액뿐인 것으로 잘못 안 데 기인한 것임이 명백하므로, 원고와 피고가 원고가 부담하여야 할 세금의 액수가 위 금액을 초과한다는 사실을 알았더라면 피고가 위 초과세액까지도 부담하기로 약정하였으리라는 특별한 사정이 인정될 수 있을 때에는 원고로서는 피고에게 위 초과세액 상당의 청구를 할 수 있다고 해석함이 당사자의 진정한 의사에 합치할 것이므로 그와 같은 사정이 인정될 때에는 원고가 피고에게 위 초과세액의 지급을 청구함은 별론으로 하고 원고에게 위와 같은 세액에 관한 착오가 있었다는 이유만으로 위 매매계약을 취소하는 것은 허용되지 않는다고 보아야 할 것임은 소론과 같고, 또 피고의 지점장으로서 위 매수업무를 실제 담당하였던 위 정복윤은 제1심에서, 피고가 원고에게 추가로 세금이 부과될 것이라는 사정을 알았더라면 그 추가세액까지 부담하였으리라는 취지로 증언하고 있기는 하다.

그러나 이 사건의 경우에는 원고에게 추가로 부과된 세액이 피고가 당초에 부담하기로 하였던 액수에 거의 육박하는 금 377,802,450원의 거액에 이를 뿐만 아니라 기록에 의하면 위와 같이 원고에게 추가로 세금이 부과되자 원고가 위 계약상 피고측이 위 추가로 부과된 세금도 부담할 의무가 있다고 주장하여 피고측에게 그 납부를 촉구하였으나 피고는 위 매매계약서에 기재된 금액 외에는 더 이상 세금을 부담할 의무가 없다고 다투어 원고가 이 사건 소송에 이르게 된 점(기록 제307장, 제340장 등 참조, 이 사건 제1심은 위 추가세액 상당의 지급을 구하는 원고의 주의적 청구에 대하여 위와 같은 피고의 주장을 받아들여 이를 기각하였으나 이 부분에 대하여는 원고가 항소하지 아니하였다)등에 비추어 보면 원고가 부담하여야 할 세금의 액수가 위 금액을 초과한다는 사실을 피고가 알았다 하여도 그 액수를 불문하고 이를 부담하기로 약정하였을 것이라고 단정하기는 어렵다 할 것이어서 결국 원심이 원고의 착오를 이유로 한 취소의 주장을 받아들인데 소론과 같이 민법 제109조 소정의 착오에 관한 법리를 오해한 위법이 있다고 할 수 없다. 논지는 이유 없다.

3. 상고이유 제5점에 대하여

앞에서 살펴본 제반 사정, 특히 원고가 추가로 부과된 세액을 피고가 부담하여 줄 것을 요구하였으나 피고가 이를 거부하여 원고가 이 사건 소송에 이르게 된 점에 비추어 보면, 소론과 같이 피고가 이 사건 부동산을 매수하여 그 중 건물을 철거하고 새로운 건물을 신축하여 사용하고 있다고 하더라도 원고가 착오를 이유로 위 매매계약을 취소하고 위 부동산에 관한 피고 명의의 소유권이전등기의 말소를 청구하는 것이 신의성실의 원칙에 어긋난다거나 권리의 남용에 해당한다고는 볼 수 없다. 같은 취지로 판단한 원심판결은 정당하고 논지는 이유 없다.

4. 상고이유 제4점에 대하여

건물이 멸실된 경우에 멸실된 건물에 대한 등기용지는 폐쇄될 운명에 있다 할 것이므로 그 건물에 관하여 경료된 소유권이전등기가 원인무효로 될 사정이 있다 하여도 그 건물의 종전의 소유자로서는 등기부상의 소유명의자에게 그 말소등기를 소구할 이익이 없다고 할 것이다(당원 1961.11.9.선고 4293민상765 판결 참조). 그런데 피고는 원심에서부터 위와 같이 이 사건 건물은 피고에 의하여 이미 철거되었다고 주장하고 있으므로 원심으로서는 이와 같이 이 사건 건물이 이미 철거되어 멸실된 것인지의 여부를 심리하여 그러한 사실이 판명되는 경우에는 직권으로 원고의 이 사건 소 중 위 건물 부분에 관한 피고 명의의 소유권이전등기의 말소를 구하는 부분을 각하하였어야 할 것인데 원심이 이에 이르지 아니하고 위 부분 청구까지 인용하였음은 소의 이익에 관한 법리를 오해하고 심리를 다하지 아니하여 판결에 영향을 미친 위법을 범한 것이라 할 것이니 이 점을 지적하는 논지는 이유있다.

5. 이에 원심판결 중 건물에 관한 부분을 파기하고 이 부분 사건을 원심법원에 환송하며 피고의 나머지 상고는 이유없어 이를 기각하고 이 부분 상고비용은 피고의 부담으로 하기로 하여 관여법관의 일치된 의견으로 주문과 같이 판결한다.

5 착오와 제3자의 사기에 의한 의사표시의 경합

(1-1) 서울고등법원 2004. 7. 20. 선고 2003나55389 판결

【원고, 피항소인 겸 항소인】 서울보증보험 주식회사
【피고, 항소인】 김윤수 외 2인
【피고, 피항소인】 한상운 외 2인
【원심판결】 서울중앙지방법원 2003. 7. 24. 선고 2002가합72199 판결
【주 문】

1. 제1심 판결 중 피고 한상운에 대한 부분을 취소한다.

2. 피고 한상운은 제1심 공동피고 코메트항공해운 주식회사, 김광길, 황유순, 문진숙 및 피고 김윤수, 서인숙과 연대하여, 원고에게 200,000,000원 및 이에 대한 2002. 3. 23.부터 2003. 5. 31.까지는 연 19%, 2003. 6. 1.부터 완제일까지는 연 20%의 각 비율에 의한 금원을 지급하라.

3. 원고와 피고 한상운 사이에 생긴 소송총비용은 위 피고가 부담하고, 원고의 피고 김정순에 대한 항소비용은 원고가, 피고 김윤수, 서인숙의 항소비용은 위 피고들이 각 부담한다.

4. 제2항은 가집행할 수 있다.

【청구취지 및 항소취지】

1. 원고와 피고 김윤수, 서인숙

가. 청구취지

원고에게, (1) 피고 김윤수는 제1심 공동피고 코메트항공해운 주식회사(이하 '코메트항공'이라고만 한다), 김광길과 연대하여 30,000,000원, (2) 피고 김윤수, 서인숙은 제1심 공동피고 코메트항공, 김광길, 황유순, 문진숙 및 피고 한상운과 연대하여 200,000,000원 및 각 이에 대한 2002. 3. 23.부터 2003. 5. 31.까지는 연 19%, 2003. 6. 1.부터 완제일까지는 연 20%의 각 비율에 의한 금원을 지급하라.

나. 위 피고들의 항소취지

제1심 판결 중 피고 김윤수, 서인숙에 대한 부분을 각 취소하고, 원고의 위 피고들에 대한 청구를 모두 기각한다.

2. 원고와 피고 한상운

주문 제1, 2항과 같은 판결

3. 원고와 피고 김정순

제1심 판결 중 피고 김정순에 대한 부분을 취소한다. 피고 김정순과 피고 김윤수 사이에 별지 목록 기재 부동산(이하 '이 사건 아파트'라고만 한다)에 관하여 2001. 2. 24. 체결된 매매계약을 취소하고, 피고 김정순은 피고 김윤수에게 이 사건 아파트에 관하여 서울지방법원 동부지원 2001. 3. 22. 접수 제17489호로 마친 소유권이전등기의 말소등기절차를 이행하라.

【이 유】

1. 기초 사실

가. 코메트항공은 항공 및 해상화물 운송주선업 등을 영위하는 회사로서, 항공화물운송 대행사인 소외 한솔씨에스엔 주식회사(이하 '소외 회사'라고만 한다)와 국제화물운송계약을 체결하면서 그 계약 관련 채무의 이행을 담보하기 위하여, 원고와 사이에, (1) 2000. 1. 14. 보험금액 30,000,000원, 보험기간 2000. 1. 14.부터 2001. 1. 13.까지로 하는 이행보증보험계약 및 (2) 2000. 9. 20. 보험금액 200,000,000원, 보험기간 2000. 9. 20.부터 2001. 9. 19.까지로 하는 이행보증보험계약을 각 체결한 다음, 각각 원고로부터 이행보증보험증권을 발행받아 소외 회사에 교부한 바 있다.

나. 원고와 코메트항공은 위 각 이행보증보험계약을 체결함에 있어, 코메트항공이 부담하는 채무를 이행하지 아니하는 보험사고가 발생함으로써 원고가 보험금을 지급한 때에는, 코메트항공과 보증인은 지급보험금을 즉시 변상하되, 그 지급이 지체될 경우 지급보험금에 대한 보험금 지급 다음날부터 완제일까지 시중은행의 일반대출 연체이율 중 최고의 연체이율 범위 내에서 원고가 정하는 연체이율에 의한 지연손해금을 가산하여 지급하기로 약정하였다.

다. 그 후 코메트항공은 위 각 이행보증보험계약의 보험기간 내에 소외 회사에 대한 위 운송계약상의 채무를 이행하지 아니하였고, 이에 원고는 위 각 이행보증보험증권에 기한 소외 회사의 청구에 응하여 2002. 3. 22. 소외 회사에게 보험금 230,000,000원(= 30,000,000원 + 200,000,000원)을 지급하였고, 한편 위 각 이행보증보험계약에 따라 원고가 정한 연체이율은 연 19%이었다.

2. 구상금 청구에 관한 판단

가. 피고 김윤수에 대한 청구 부분

(1) 당사자의 주장 요지

원고가 위 각 이행보증보험계약의 연대보증인인 피고 김윤수에게 구상권의 행사로써 위 보험금 230,000,000원 및 그 지연손해금의 지급을 구함에 대하여, 위 피고는, 그의 아버지인 제1심 공동피고 김광길이 권한 없이 외국에 체류 중인 자신의 인장을 도용하여 위 각 이행보증보험계약서에 관하여 연대보증을 한 것이어서, 원고의 청구에 응할 수 없다고 다투고 있다.

(2) 판단

(가) 그러므로 보건대, (증거)를 종합하면, ① 피고 김윤수는 1999. 10. 25.부터 2000. 12. 15.까지 외국으로 출국해 있던 상태이었는데, 그 기간 동안 위 각 이행보증보험약정서의 각 연대보증인란에, 코메트항공의 원고에 대한 이행보증보험계약상의 모든 채무를 연대보증한다는 취지로, 위 김광길과 함께 피고 김윤수의 이름이 기재되고 그 옆에 위 피고의 인감도장이 날인된 사실, ② 피고 김윤수는 코메트항공의 대표이사인 위 김광길의 아들이자 코메트항공의 주주로서 1998.경에는 직접 코메트항공에 근무하기도 하였을 뿐 아니라, 국내에 체류하던 1998. 12. 9.부터 1999. 9. 13.까지 사이에 4회에 걸쳐 원고와 코메트항공 사이의 이행보증보험계약에 대해서도 연대보증을 한 바 있고, 그 보험금액 합계도 630,000,000원에 이르렀던 사실, ③ 위 김광길은 피고 김윤수가 외국

에 체류 중이던 2001. 2. 24.경 위 피고를 대리해서 위 피고 소유의 이 사건 아파트를 매도한 일이 있었던 사실을 인정할 수 있고, 이에 반하는 듯한 을나2호증의 기재, 제1심 증인 정성균과 당심 증인 장민철의 각 증언, 제1심에서의 위 김광길에 대한 피고본인신문결과는 믿을 수 없으며, 달리 반증은 없다.

(나) 위 인정과 같은 피고 김윤수와 위 김광길 내지 코메트항공 사이의 관계, 위 피고의 코메트항공을 위한 연대보증 전력, 위 피고의 국내 재산에 대한 관리실태 등에다가 이 사건 변론에 드러난 제반사정을 보태어 볼 때, 위 피고는 아버지인 위 김광길에게 자신의 인감도장을 사용하여 그 재산관리나 코메트항공을 위한 연대보증 등 일체의 행위를 할 수 있도록 허용함으로써 포괄적인 대리권을 수여하였고, 위 김광길은 원고와 코메트항공이 위 각 이행보증보험계약을 체결할 당시 위와 같은 대리권에 기해서 피고 김윤수의 서명, 날인을 대행하는 방법으로 원고에 대하여 위 코메트항공의 채무를 연대보증하였다고 봄이 상당하므로, 위 피고의 주장은 받아들일 수 없다. 따라서 피고 김윤수는 위 각 이행보증보험계약의 연대보증인으로서 주채무자인 코메트항공 및 위 김광길과 연대하여, 원고에게 위 구상금 230,000,000원 및 이에 대한 지연손해금을 지급할 의무가 있다.

나. 피고 서인숙에 대한 청구 부분

(1) 당사자의 주장 요지

원고가 위 2000. 9. 20.자 이행보증보험계약의 연대보증인인 피고 서인숙에게 구상권의 행사로써 보험금 200,000,000원 및 그 지연손해금의 지급을 구함에 대하여, 위 피고는, 그녀의 남편인 소외 정성균이 위 이행보증보험계약의 체결 당시 임의로 그녀의 인장을 도용해서 인감증명서를 발급받음과 아울러, 연대보증인란에 서명, 날인한 것에 불과하고, 또 원고도 이행보증보험청약서의 인수조건란에 '서인숙 조건외'라고 기재함으로써, 위 피고를 계약당사자에서 제외시킨 바 있으므로, 원고의 청구에 응할 수 없다고 다투고 있다.

(2) 판 단

(가) 살피건대, (증거)를 종합하면, ① 원고와 코메트항공 사이에 체결된 위 2000. 9. 20.자 이행보증보험약정서의 연대보증인란에는, 코메트항공의 원고에 대한 이행보증보험계약상의 모든 채무를 연대보증한다는 취지로, 제1심 공동피고 김광길, 황유순, 문진숙, 피고 김윤수, 한상운 외에 피고 서인숙의 이름이 기재되고 그 옆에 위 피고의 인감도장이 날인되어 있는 사실, ② 위 피고는 코메트항공의 영업 담당 이사인 소외 정성균의 처로서, 위 이행보증보험계약 체결 전인 1997. 9. 30.부터 1998. 12. 9.까지 사이에도 총 10회에 걸쳐 원고와 코메트항공 사이의 보증보험계약에 있어 코메트항공을 위하여 연대보증을 한 바 있었던 사실, ③ 위 이행보증계약 체결 당시 원고에게 제공된 위 피고의 인감증명서는 본인이 직접 발급받은 것인 사실이 인정되고, 이에 반하는 제1심 증인 정성균의 증언은 믿지 아니하며, 달리 반증이 없다.

(나) 위 인정사실에 비추어 보면, 피고 서인숙은 남편인 위 정성균에게 코메트항공을 위해서 연대보증을 할 수 있는 대리권을 수여하였고, 이에 따라 위 정성균이 서명, 날인을 대행하는 방식으로 위 피고를 대리하여 위 이행보증보험계약에 대한 연대보증을 하였다고 봄이 상당하다. 한편, 위 피고의 대리인인 위 정성균이 위 이행보증보험약정서에 위 피고를 연대보증인으로 하여 적법하게 서명, 날인하였다고 보는 이상, 그 계약을 위한 이행보증보험청약서의 인수조건란에 '서인숙 조건외'라는 기재가 있다는 사정만으로 위 피고가 계약당사자에서 제외된 것이라고 볼 수 없고, 달리 위 이행보증보험약정서의 기재에도 불구하고 원고가 위 피고를 위 이행보증보험계약의 연대보증인에서 배제시켰다는 점을 인정할 만한 증거도 없으므로, 결국 위 피고의 주장은 모두 받아

들이지 않는다. 따라서, 피고 서인숙은 주채무자인 코메트항공 및 다른 연대보증인들과 연대하여, 원고에게 위 구상금 200,000,000원 및 이에 대한 지연손해금을 지급할 의무가 있다.

다. 피고 한상운에 대한 청구 부분

(1) 당사자의 주장 요지

원고가 위 2000. 9. 20.자 이행보증보험계약의 연대보증인인 피고 한상운에게 위 이행보증보험계약에 따른 구상금 200,000,000원 및 그 지연손해금의 지급을 구함에 대하여, 위 피고는 동료교사의 아들인 소외 김광민의 신원보증서류에 서명, 날인한 일이 있을 뿐, 코메트항공을 위해서 위 이행보증보험계약에 연대보증한 바 없으므로, 원고의 청구에 응할 수 없다고 다투고 있다.

(2) 판 단

(가) 그러므로 살피건대, (증거)에 의하면, ① 위 김광길과 코메트항공의 이사인 소외 유국열은 피고 한상운에게 소외 김광민의 신원보증서류라고 속여 위 이행보증보험계약에 연대보증을 서게 하기로 공모한 후, 위 유국열이 위 김광길의 지시에 따라 위 김광민의 아버지이자 자신의 매형인 소외 김영호에게 직장동료 중 가까운 사람에게 부탁하여 위 김광민의 신원보증서류를 작성해 달라고 요구한 사실, ② 이에 속은 위 김영호는 직장 동료인 피고 한상운에게 아들의 신원보증을 하여 달라고 부탁하여, 다시 이에 속은 위 피고가 2000. 8. 30. 위 이행보증보험약정서를 위 김광민을 위한 신원보증서류로 알고서 그 연대보증인란에 서명, 날인한 사실, ③ 이로 인하여 위 김광길과 유국열은 사기죄로 기소되어 제1심 판결 선고 후인 2003. 9. 4. 서울서부지방법원에서 유죄 판결을 선고받은 바 있는 사실이 인정되기는 한다.

(나) 그러나 다른 한편, 이 사건에서 피고 한상운은 원고와 코메트항공 사이에 체결된 위 2000. 9. 20.자 이행보증보험약정서의 연대보증인란에 스스로 서명, 날인한 사실을 자인하고 있으며, (증거)를 종합하면, ① 원고는 보험계약자의 청약에 의하여 이행보증보험계약을 체결함에 있어 보험계약자 및 연대보증인들로부터, 계약조항과 계약자 및 연대보증인의 서명, 날인란이 일체가 된 이행보증보험약정서(보통 2장 분량이나 위 이행보증보험계약의 경우와 같이 연대보증인이 4명을 넘는 경우에는 1장이 추가되어 총 3장이 되고, 추가 부분에 대해서는 보험계약자와 모든 연대보증인들이 간인을 한다)와 연대보증인의 책임과 제도의 취지를 기재한 '연대보증인의 법적 책임'이라는 안내서류에 각각 서명, 날인을 받고 있는 사실, ② 위 피고는 연대보증인으로서 코메트항공의 원고에 대한 이행보증보험계약상 모든 채무를 책임지겠다는 취지로 되어 있는 위 2000. 9. 20.자 이행보증보험약정서의 연대보증인란에 직접 서명, 날인함과 아울러, 위 이행보증보험약정서의 다른 부분과 위 안내서류(특히 위 안내서류는 그 하단에 굵은 글씨로 "서울보증보험회사 귀중"이라고 기재되어 있어 연대보증계약의 상대방이 원고임을 명시하고 있다)의 연대보증인란에 3회에 걸쳐 날인 혹은 간인한 후 이들 서류를 위 김영호에게 건네주었고, 위와 같이 위 피고가 연대보증인으로 서명, 날인한 위 이행보증보험약정서에 의하여 원고와 코메트항공 사이에 위 이행보증보험계약이 체결된 사실도 인정된다.

(다) 이러한 사실관계에 비추어 볼 때, 비록 피고 한상운의 내심의 의사가 코메트항공에 대하여 위 김광민의 신원보증을 하고자 한 것이었다 하더라도, 위 이행보증보험약정서에 드러난 위 피고의 의사표시는 원고에 대하여 코메트항공의 위 이행보증보험계약상 채무를 연대보증하겠다는 것이라고 봄이 상당하고, 원고가 이를 받아들임으로써 원고와 위 피고 사이에 연대보증약정이 성립된 이상, 위 피고가 위 김광길, 유국열의 기망행위로 말

미암아 착오를 일으켜 위 이행보증보험약정서에 서명, 날인하게 되었다는 앞서 본 사정은, 위 피고가 계약상대방이 아닌 제3자의 사기에 의하여 하자 있는 의사표시를 하였다는 것에 불과하고, 원고가 이를 알았거나 알 수 있었다고 볼 만한 아무런 증거도 없으니, 결국 위 피고로서는 그러한 사정만으로 위 연대보증약정의 효력을 다툴 수 없다고 하겠다. 따라서, 위 피고 역시 주채무자인 코메트항공 및 다른 연대보증인들과 연대하여, 원고에게 위 구상금 200,000,000원 및 이에 대한 지연손해금을 지급할 의무가 있다.

라. 소결론

그렇다면, 원고에게, 피고 김윤수는 코메트항공 및 위 김광길과 연대하여 위 2000. 1. 14.자 이행보증보험계약에 따른 구상금 30,000,000원, 피고 김윤수, 서인숙, 한상운은 코메트항공, 위 김광길, 황유순, 문진숙과 연대하여 위 2000. 9. 20.자 이행보증보험계약에 따른 구상금 200,000,000원 및 각 이에 대하여 각 보험금 지급 다음날인 2002. 3. 23.부터 2003. 5. 31.까지는 약정 연체이율인 연 19%, 그 다음날인 2000. 6. 1.부터 완제일까지는 소송촉진등에관한특례법 소정의 연 20%의 각 비율에 의한 지연손해금을 지급할 의무가 있다.

3. 사해행위취소 청구에 관한 판단

가. 인정되는 사실관계

(1) 코메트항공이 소외 회사와 체결한 국제화물운송계약상의 채무이행을 보증하기 위해서, 피고 김윤수의 연대보증 아래 원고와 사이에, 소외 회사를 피보험자로 하여 2000. 1. 14. 보험금액 30,000,000원, 2000. 9. 20. 보험금액 200,000,000원인 이행보증보험계약을 각 체결하였다가, 위 채무이행을 다하지 못하는 보험사고를 내었고, 이로 인하여 원고가 위 각 이행보증보험계약에 따라 2002. 3. 22. 소외 회사에 230,000,000원의 보험금을 지급한 사실은 앞에서 본 바와 같다.

(2) 한편, ① 위 김광길은 피고 김윤수를 대리하여 2001. 2. 24. 피고 김정순과 사이에 당시 피고 김윤수의 유일한 재산인 이 사건 아파트에 관한 매매계약을 체결한 후, 2001. 3. 22. 서울동부지방법원 접수 제17489호로 이 사건 아파트에 관하여 피고 김정순 명의의 소유권이전등기를 경료해 준 사실, ② 피고 김윤수는 위 각 이행보증보험계약 외에도 코메트항공과 소외 회사 사이에 체결된 운송계약상의 항공운임채무에 관하여 코메트항공의 채무를 연대보증한 바 있는데, 코메트항공은 1998년경부터 채권추심이 어려운 악성채권의 누적으로 자금난을 겪기 시작하여, 2000. 초순경부터는 직원들의 월급을 제대로 지급하지 못하고, 2000. 11.경부터 소외 회사에 대한 운송료의 지급을 지체하기 시작하는 등 경영상태가 급격히 악화됨에 따라, 2001. 3.경 소외 회사에 거액의 미지급 운송료채무를 부담한 상태에서 사실상 폐업상태에 들어서게 된 사실은 당사자 사이에 다툼이 없거나, 갑4호증, 갑9호증의 2의 각 기재에 변론 전체의 취지를 종합하여 인정되고, 이에 반하는 듯한 제1심에서의 위 김광길에 대한 피고본인신문결과는 믿지 아니하며, 달리 반증이 없다.

나. 사해행위로 인한 채권자취소 및 원상회복청구권의 발생

(1) 위 인정사실에 의하면, 원고의 구상금 채권은 비록 위 매매계약 당시에는 아직 발생하기 전이었으나, 피고 김윤수는 구상금 채무의 기초가 되는 위 각 이행보증보험계약상 연대보증인으로서의 지위에 있었고, 코메트항공의 극심한 경영난으로 인하여 장차 위 피고가 연대보증인으로서 채무를 부담하게 되리라는 점에 대한 고도의 개연성이 있었으며, 실제로 그 개연성이 현실화된 이상, 원고의 피고 김윤수에 대한 구상금 채권은 채권자취소권의 피보전채권이 될 수 있다고 하겠다. 또한, 사해행위가 대리인에 의하여 이루어진 때에는 사해

의사의 유무는 대리인을 표준으로 결정하여야 할 것인바, 이 사건 아파트에 대한 매매계약 당시 피고 김윤수를 대리한 위 김광길은, 코메트항공의 대표이사로서 그 열악한 재정상태를 누구보다 잘 알 수 있는 처지에 있었고, 위 매매계약 직후에 코메트항공이 사실상 폐업상태에 빠진 점 등에 비추어 볼 때, 위 매매계약으로 인하여 피고 김윤수에 대한 채권자들의 공동담보에 부족이 생기리라는 사정, 즉 사해의사가 있었다고 봄이 상당하고, 나아가 수익자인 피고 김정순 역시 위 매매계약이 채권자인 원고를 해하는 행위라는 점을 알았을 것으로 추정된다.

(2) 따라서, 특별한 사정이 없는 한, 피고 김윤수와 피고 김정순 사이의 위 매매계약은 사해행위로서 취소되어야 하고, 피고 김정순은 그 원상회복으로써 피고 김윤수에게 이 사건 아파트에 관한 피고 김정순 명의의 소유권이전등기에 관한 말소등기절차를 이행할 의무가 있다.

다. 피고 김정순의 항변에 관한 판단

(1) 항변의 요지

이 사건 아파트의 매매계약은, 위 피고가 위 김광길에 대한 채권 중 일부를 회수하는 과정에서 체결된 것으로서, 당시 위 피고는 그로 인하여 전 소유자인 피고 김윤수의 채권자들을 해하게 된다는 점을 전혀 알지 못하고 있었으므로, 채권자취소권에 대항할 수 있는 선의의 수익자에 해당한다.

(2) 판 단

(가) 그러므로 살피건대, (증거에 의하면), ① 피고 김정순은 1997. 2. 6.경 이 사건 아파트를 분양받아 그에 관한 소유권이전등기를 마쳤다가, 1997. 10.경 평소 친분이 있던 위 김광길로부터 아들인 피고 김윤수가 결혼해서 살 집을 알아보고 있다는 말을 듣게 되자, 1997. 10. 25.경 피고 김윤수를 대리한 위 김광길에게 이 사건 아파트를 260,000,000원에 매도하면서, 매매대금 중 30,000,000원은 현실로 지급받고, 나머지는 위 김광길이 피고 김정순의 은행 대출금 100,000,000원 및 임차보증금 130,000,000원을 인수함으로써 그 지급에 갈음하기로 하였고, 이에 따라 1997. 12. 1. 피고 김윤수 명의의 소유권이전등기가 경료된 사실, ② 그러나 그 후 위 김광길은 2000. 11. 27.경까지 피고 김정순으로부터 합계 160,000,000원을 차용한 상태에서, 코메트항공의 경영악화로 인하여 이를 제때 변제하지 못하고 계속 그 기한만을 연장하여 오다가, 피고 김윤수의 혼담이 깨져서 예정대로 결혼을 하지 못하게 됨에 따라 필요가 없어진 이 사건 아파트를 처분하여 위 채무 중 일부라도 변제하고자 2001. 2.경 이 사건 아파트를 다시 피고 김정순에게 매도하기로 한 사실, ③ 이에 피고 김정순은 2001. 2. 24.경 피고 김윤수의 대리인인 위 김광길과 사이에 이 사건 아파트에 관한 매매계약을 체결하면서 그 매매대금을 250,000,000원으로 하되, 임차보증금 90,000,000원과 피고 김윤수의 은행 대출금 잔액 98,293,127원을 피고 김정순이 인수하고, 나머지 61,706,873원은 위 피고의 위 김광길에 대한 대여금채권 중 일부와 상계하기로 한 사실, ④ 그 후 피고 김정순은 위 매매계약에 따라 2001. 3. 22. 이 사건 아파트에 관하여 다시 위 피고 명의로 소유권이전등기를 마친 다음, 2001. 12. 4.까지 피고 김윤수의 위 은행 대출금 잔액의 상환을 완료함과 아울러, 2001. 12. 5. 이 사건 아파트의 임차인인 소외 박명숙에게 임차보증금 90,000,000원을 반환한 사실을 인정할 수 있고, 반증은 없다.

(나) 위 인정과 같은 이 사건 아파트의 소유권이전 경위, 피고 김정순이 이 사건 아파트를 매수한 후 그 임차보증금 반환채무를 이행하고, 은행 대출금 잔액의 상환을 완료하는 등 합계 188,000,000원 상당의 출재를 한 점 등에 비추어 볼 때, 피고 김정순은 이 사건 아파트의 매매로 인하여 피고 김윤수의 채권자를 해하게 된다는 점을

알지 못하였다고 봄이 상당하므로, 위 피고의 항변은 이유 있다.

4. 결론

그렇다면, 원고의 피고 김윤수, 서인숙, 한상운에 대한 청구는 각 이유 있어 이를 모두 인용하고, 피고 김정순에 대한 청구는 이유 없어 이를 기각하여야 할 것인바, 제1심 판결 중 피고 김윤수, 서인숙, 김정순에 대한 부분은 각 이와 결론을 같이하여 정당하고, 피고 한상운에 대한 부분은 이와 결론을 달리하여 부당하므로, 원고의 피고 김정순에 대한 항소와 피고 김윤수, 서인숙의 원고에 대한 항소는 각 이유 없어 이들을 모두 기각하고, 원고의 피고 한상운에 대한 항소는 이유 있으니, 이 부분 제1심 판결을 취소하고, 원고가 구하는 금원의 지급을 명하기로 하여, 주문과 같이 판결한다.

(1-2) 대법원 2005. 5. 27. 선고 2004다43824 판결

【원고, 피상고인】 서울보증보험 주식회사
【피고, 상고인】 김윤수 외 1인
【원심판결】 서울고등법원 2004. 7. 20. 선고 2003나55389 판결

【주 문】

원심판결의 피고 한상운 패소 부분을 파기하여 사건을 서울고등법원에 환송한다.
피고 김윤수의 상고를 각하한다.

【이 유】

1. 피고 한상운의 상고에 대한 판단 원심은 그 채용 증거들을 종합하여, 제1심 공동피고 코메트항공해운 주식회사(이하 '코메트항공'이라 한다)가 항공화물운송 대행사인 소외 한솔씨에스엔 주식회사(이하 '소외 회사'라고만 한다)와 국제화물운송계약을 체결하면서 그 계약 관련 채무의 이행을 담보하기 위하여, 원고와 사이에, ① 2000. 1. 14. 보험금액 3,000만 원, 보험기간 2000. 1. 14.부터 2001. 1. 13.까지로 하는 이행보증보험계약 및 ② 2000. 9. 20. 보험금액 2억 원, 보험기간 2000. 9. 20.부터 2001. 9. 19.까지로 하는 이행보증보험계약을 각 체결한 다음, 각각 원고로부터 이행보증보험증권을 발행받아 소외 회사에 교부한 사실, 원고와 코메트항공은 위 각 이행보증보험계약을 체결함에 있어, 코메트항공이 부담하는 채무를 이행하지 아니하는 보험사고가 발생함으로써 원고가 보험금을 지급한 때에는, 코메트항공과 보증인은 그 지급보험금과 약정된 지연손해금을 즉시 변상하기로 약정한 사실, 그 후 코메트항공은 위 각 이행보증보험계약의 보험기간 내에 소외 회사에 대한 위 운송계약상의 채무를 이행하지 아니하였고, 이에 원고는 위 각 이행보증보험증권에 기한 소외 회사의 청구에 응하여 2002. 3. 22. 소외 회사에게 보험금 2억 3,000만 원(= 3,000만 원 + 2억 원)을 지급한 사실, 코메트항공의 대표이사인 제1심 공동피고 1과 이사 소외 1은 김광민의 신원보증서류라고 속여 위 이행보증보험계약에 관한 제3자의 연대보증을 받아내기로 공모한 후, 소외 1이 제1심 공동피고 1의 지시에 따라 자신의 매형인 김영호에게 '직장동료 중 가까운 사람에게 부탁하여 김영호의 아들인 김광민의 신원보증서류를 작성해 달라'고 요구하였고, 이에 속은 김영호는 직장 동료인 피고 한상운에게 아들의 신원보증을 하여 달라고 부탁하여, 이에 속은 피고 한상운이 2000. 8. 30. 김광민을 위한 신원보증서류로 알고 위 이행보증보험약정서의 연대보증인란에 서명날인한 사실, 제1심 공동

피고 1과 소외 1은 이로 인하여 사기죄로 기소되었고, 이 사건 제1심판결 선고 후인 2003. 9. 4. 서울서부지방법원에서 유죄 판결을 선고받아 그 무렵 확정된 사실 등 판시사실들을 인정한 다음, 비록 피고 한상운의 내심의 의사가 코메트항공에 대하여 김광민의 신원보증을 하고자 한 것이었다 하더라도 위 이행보증보험약정서에 드러난 피고 한상운의 의사표시는 원고에 대하여 코메트항공의 위 이행보증보험계약상 채무를 연대보증하겠다는 것이라고 봄이 상당하고, 원고가 이를 받아들임으로써 원고와 피고 한상운 사이에 연대보증약정이 성립된 이상, 피고 한상운이 제1심 공동피고 1과 소외 1의 기망행위로 말미암아 착오를 일으켜 위 이행보증보험약정서에 서명날인하게 되었다는 앞서 본 사정은 피고 한상운이 계약상대방 아닌 제3자의 사기에 의하여 하자 있는 의사표시를 하였다는 것에 불과하고, 원고가 이를 알았거나 알 수 있었다고 볼 만한 아무런 증거도 없으니 결국 피고 한상운으로서는 그러한 사정만으로 위 연대보증약정의 효력을 다툴 수 없다고 판단하여, 원고의 피고 한상운에 대한 이 사건 청구를 인용하였다.

그러나 사기에 의한 의사표시란 타인의 기망행위로 말미암아 착오에 빠지게 된 결과 어떠한 의사표시를 하게 되는 경우이므로 거기에는 의사와 표시의 불일치가 있을 수 없고, 단지 의사의 형성과정 즉 의사표시의 동기에 착오가 있는 것에 불과하며, 이 점에서 고유한 의미의 착오에 의한 의사표시와 구분되는데, 이 사건의 경우 피고 한상운은 신원보증서류에 서명날인한다는 착각에 빠진 상태로 연대보증의 서면에 서명날인한 것으로서, 결국 위와 같은 행위는 강학상 기명날인의 착오(또는 서명의 착오), 즉 어떤 사람이 자신의 의사와 다른 법률효과를 발생시키는 내용의 서면에, 그것을 읽지 않거나 올바르게 이해하지 못한 채 기명날인을 하는 이른바 표시상의 착오에 해당하므로, 비록 위와 같은 착오가 제3자의 기망행위에 의하여 일어난 것이라 하더라도 그에 관하여는 사기에 의한 의사표시에 관한 법리, 특히 상대방이 그러한 제3자의 기망행위 사실을 알았거나 알 수 있었을 경우가 아닌 한 의사표시자가 취소권을 행사할 수 없다는 민법 제110조 제2항의 규정을 적용할 것이 아니라, 착오에 의한 의사표시에 관한 법리만을 적용하여 취소권 행사의 가부를 가려야 할 것이다.

한편, 이 사건에서, 피고 한상운은 위 연대보증약정이 착오에 기한 의사표시임을 이유로 이를 취소한다는 주장을 한 바 없으나, 취소의 의사표시란 반드시 명시적이어야 하는 것은 아니고, 취소자가 그 착오를 이유로 자신의 법률행위의 효력을 처음부터 배제하려고 한다는 의사가 드러나면 족한 것이며, 취소원인의 진술 없이도 취소의 의사표시는 유효한 것이므로, 피고 한상운의 주장, 즉 신원보증서류에 서명날인하는 것으로 잘못 알고 위 이행보증보험약정서를 읽어보지 않은 채 서명날인한 것일 뿐 연대보증약정을 한 사실이 없다는 주장은 위 연대보증약정을 착오를 이유로 취소한다는 취지로 보지 못할 바 아니다(대법원 1966. 9. 20. 선고 66다1289 판결 참조). 그렇다면 원심으로서는 마땅히 이러한 점을 석명하도록 하여 피고 한상운의 주장을 정리시킨 후 의사표시의 착오에 관한 법리와 규정을 적용하여 심판하였어야 한다.

그럼에도 불구하고, 원심은 피고 한상운의 주장을, 그가 계약상대방이 아닌 제3자인 제1심 공동피고 1, 소외 1의 사기에 속아 하자 있는 의사표시를 하였다는 취지에 불과하다고 보고, 원고가 그러한 사정을 알았거나 알 수 있었다고 볼 만한 아무런 증거도 없다는 이유 설시만으로써 이를 배척하고 말았으니, 이러한 원심의 조치에는 석명의무를 다하지 아니하고 의사표시에 있어서 사기와 착오에 관한 법리를 오해하여 판결 결과에 영향을 미친 위법이 있다 할 것이고, 이 점을 지적하는 피고 한상운의 상고는 이유 있다.

2. 피고 김윤수의 상고에 대한 판단 판결에는 법원의 판단을 분명하게 하기 위하여 결론을 주문에 기재하도록 되어 있으므로 재판의 탈루가 있는지 여부는 오로지 주문의 기재에 의하여 판정하여야 하고(대법원 2002. 5. 14.

선고 2001다73572 판결 등 참조), 항소심이 재판을 탈루한 경우에 그 부분은 아직 항소심에 소송이 계속중이라고 볼 것이므로, 그에 대한 상고는 불복의 대상이 부존재하여 부적법하고 결국 각하를 면할 수 없다(대법원 2000. 1. 21. 선고 99다50422 판결). 원심판결을 보니, 판결의 이유에서는 피고 김윤수의 항소이유 주장에 관한 판단을 거쳐 그 피고의 항소를 기각한다는 취지로 설시하였으나, 주문에서는 항소기각의 주문을 누락하고 있으므로, 이 부분에 대하여는 재판이 탈루된 것으로 보지 않을 수 없고, 결국 피고 김윤수의 상고는 불복의 대상이 되는 재판이 존재하지 아니하여 부적법하다.

3. 결론 따라서 원심판결 중 피고 한상운의 패소 부분을 파기하여 사건을 원심법원에 환송하고, 피고 김윤수의 상고는 각하하기로 하여 주문과 같이 판결한다.

계약의 유효요건 (무효와 취소)(2)

계약의 유효요건(무효와 취소)(2)

1 법률에서 정한 금지규정의 효력

(1-1) 수원지방법원 1992. 7. 14. 선고 91나7559 판결

【원고, 피항소인】 이상달

【피고, 항소인】 강창모

【원심판결】 수원지방법원 1991.10.25. 선고 90가단34713 판결

【주 문】 1. 피고의 항소를 기각한다.

2. 항소비용은 피고의 부담으로 한다.

【청구취지】 피고는 별지목록 기재 부동산에 관하여 원고에게 1988.10.20. 매매를 원인으로 한 소유권이전등기절차를 이행하라.

【항소취지】 제1심 판결을 취소한다.

원고의 청구를 기각한다.

【이 유】

1. 피고가 1988.9.20. 제1심 공동피고 대한주택공사로부터 별지목록 기재 부동산(이하 이 사건 부동산이라 한다.) 및 그에 대한 대지권을 대금 26,962,000원에 분양받은 사실은 당사자 사이에 다툼이 없고, (증거)를 종합하면, 피고는 1988.10.20. 소외 윤명균에게, 위 윤명균이 위 분양대금채무를 인수함과 아울러 금 3,500,000원을 피고에게 지급하기로 하고 이 사건 부동산 및 그 대지권을 매도하면서, 만일 전매된 때에는 피고는 그 최종매수인에게 위 매매목적물에 관하여 직접 소유권이전등기를 경료하여 주기로 약정한 사실, 그 후 위 윤명균은 1988.12.28. 원고에게, 원고가 분양잔대금 17,962,000원 및 융자금 5,000,000원의 채무를 인수함과 아울러 금 10,200,000원을 위 윤명균에게 지급하기로 하고 다시 이를 매도하면서, 이에 관한 소유권이전등기는 피고가 원고에게 직접 경료하여 주기로 약정한 사실, 그 후 원고는 위 분양잔대금 및 융자금을 모두 변제하고 이 사건 부동산에 입주하여 거주하고 있는 사실을 인정할 수 있고 반증이 없다(피고는 갑 제3,5,6,7,8호증, 을제7호증 상의 피고의 인영은 위 윤명균이 임의로 날인한 것이라고 주장하나, 이를 인정할 아무런 증거가 없다).

2. 피고는 먼저, 이 사건 건물은 주택건설촉진법 소정의 국민주택인데, 피고와 위 윤명균 및 원고 사이의 각 순차 매매계약은 동법에 의한 그 전매금지기간 내에 이루어진 전매행위여서 무효라는 취지의 주장을 하므로 살피

건대, 주택건설촉진법상 국민주택에 관하여는 분양한 때로부터 일정한 기간 동안 전매행위가 금지되어 있기는 하나 이는 매수인이 국민주택사업주체인 분양자에게 그 전매사실로서 대항할 수 없다는 것이지 전매당사자 사이의 전매계약의 사법상 효력까지 무효로 한다는 취지는 아니라고 할 것이므로, 전매당사자에 불과한 피고의 위 주장은 더 나아가 살펴볼 필요 없이 받아들일 수 없다 하겠다.

피고는 다음으로, 이 사건 부동산에 관하여 위 윤명균 명의의 중간등기를 생략한 채 피고로부터 원고에게로 직접 소유권이전등기를 경료하여 주기로 하는 각 매매당사자 사이의 합의는, 부동산등기특별조치법 소정의 미등기전매행위를 금지하는 규정에 위반되어 무효이거나 불법거래약관 또는 신의칙위반으로서 무효이므로, 피고는 원고에게 직접 위 소유권이전등기를 경료하여 줄 의무가 없다고 주장하므로 살피건대, 부동산등기특별조치법 (1990.8.1. 법률 제4244호)상 조세포탈과 부동산투기 등을 방지하기 위하여 위 법률 제2조 제2항 및 제8조 제1호에서 등기하지 아니하고 제3자에게 전매하는 행위를 일정 목적범위 내에서 형사처벌하도록 되어 있으나, 이는 탈법, 편법을 이용한 부동산투기행위를 억제하기 위한 최소한의 규제일 뿐이며, 이로써 순차 매도한 당사자 사이의 중간생략등기합의에 관한 사법상 효력까지 무효로 한다는 취지는 아니라고 할 것이므로, 피고의 위 주장 역시 더 나아가 살펴볼 필요 없이 이유 없다 할 것이고, 다음으로 위 불법거래약관 또는 신의칙 위반 주장에 대하여 보건대, 위와 같은 사정만으로는 피고와 위 윤명균, 원고 간에 위 중간생략등기합의가 불법거래약관이거나 신의칙에 위배된다고 볼 수 없으므로 이 부분 주장도 이유 없다.

3. 그렇다면, 피고는 이 사건 부동산에 관하여 원고에게 위 1988.10.20. 매매를 원인으로 한 소유권이전등기절차를 이행할 의무가 있다 할 것이므로, 위 부동산의 순차매수인인 원고가 전매도인인 피고에게 직접 위 의무의 이행을 구하는 이 사건 청구는 이유 있어 이를 인용할 것인바, 제1심 판결은 이와 결론을 같이하여 정당하고 그에 대한 피고의 항소는 이유 없으므로 이를 기각하기로 하여 주문과 같이 판결한다.

(1-2) 대법원 1993. 1. 26. 선고 92다39112 판결

【원고, 피상고인】 이상달
【피고, 상고인】 강창모
【원심판결】 수원지방법원 1992.7.14. 선고 91나7559 판결
【주 문】 상고를 기각한다.
상고비용은 피고의 부담으로 한다.

【이 유】

상고이유를 본다.

원심판결이유에 의하면 원심은, 갑제1 내지 제3호증 등 거시증거에 의하여 피고는 1988.10.20. 소외 윤명균에게, 위 윤명균이 위 분양대금채무를 인수함과 아울러 금 3,500,000원을 피고에게 지급하기로 하고 이 사건 부동산 및 그 대지권을 매도하면서, 만일 전매된 때에는 피고는 그 최종매수인에게 위 매매목적물에 관하여 직접 소유권이전등기를 경료하여 주기로 약정한 사실, 그 후 위 윤명균은 1988.12.28. 원고에게 원고가 분양잔대금 17,962,000원 및 융자금 5,000,000원의 채무를 인수함과 아울러 금 10,200,000원을 위 윤명균에게 지급하기로 하

고 다시 이를 매도하면서 이에 관한 소유권이전등기는 피고가 원고에게 직접 경료하여 주기로 약정한 사실, 그 후 원고는 위 분양잔대금 및 융자금을 모두 변제하고 이 사건 부동산에 입주하여 거주하고 있는 사실을 인정하고, 갑제3,5,6,8호증 및 을제7호증 등에 찍힌 피고의 인영이 위 윤명균이 임의로 날인한 것이라는 피고의 주장을 배척하였는바, 기록에 대조 검토하여 볼 때 원심의 위와 같은 증거취사와 사실인정은 옳고 거기에 소론이 주장하는 자유심증주의의 남용, 채증법칙위반, 심리미진의 위법이 없다. 그리고 주택건설촉진법상 국민주택에 관하여는 분양한 때로부터 일정한 기간동안 전매행위가 금지되어 있기는 하나 이는 매수인이 국민주택사업주체인분양자에게 그 전매사실로서 대항할 수 없다는 것이지 전매당사자 사이의 전매계약의 사법상 효력까지 무효로 한다는 취지는 아니라고 할 것이며, 부동산등기특별조치법(1990.8.1. 법률 제4244호)상 조세포탈과 부동산투기 등을 방지하기 위하여 위 법률 제2조 제2항 및 제8조 제1호에서 등기하지 아니하고 제3자에게 전매하는 행위를 일정 목적범위 내에서 형사처벌하도록 되어 있으나 이로써 순차 매도한 당사자 사이의 중간생략등기합의에 관한 사법상 효력까지 무효로 한다는 취지는 아니라고 할 것이므로 원심이 같은 취지로 판단하면서 위 각 법률의 규정에 어긋난 중간생략등기의 합의가 민법 제103조 또는 신의칙 등에 위반되어 무효라고 볼 수 없다고 판단한 것은 모두 옳고 반대의 견해에서 원심판단을 비난하는 논지는 모두 이유없다.

그러므로 상고를 기각하고 상고비용은 패소자의 부담으로 하기로 하여 관여법관의 일치된 의견으로 주문과 같이 판결한다.

(2-1) 서울고등법원 1994. 7. 5. 선고 93나24546 판결

【원고, 항소인】 오만식 외 5인

【피고, 피항소인】 신한증권 주식회사

【원심판결】 서울지방법원 1993.4.29. 선고 91가합70173 판결

【주 문】

1. 원고들의 항소를 모두 기각한다.
2. 원고들의 당심에서 추가된 제1 및 제2 예비적 청구를 모두 기각한다.
3. 항소비용은 원고들의 부담으로 한다.

【청구취지】

주위적 청구 : 피고는 원고 오만식에게 금 37,125,499원, 원고 문영실에게 금 51,894,017원, 원고 진영희에게 금 34,431,076원, 원고 우태희에게 금 15,697,875원, 원고 오병호에게 금 21,552,473원, 원고 오금식에게 금 37,597,085원 및 각 이에 대한 1990.10.6.부터 완제일까지 연 2할 5푼의 비율에 의한 금원을 지급하라.

제1 및 제2 예비적 청구 : 피고는 원고 오만식에게 금 34,614,398원 및 이 중 금 30,050,397원에 대하여는 1990.8.30.부터, 원고 문영실에게 금 42,166,739원 및 이 중 금 40,000,000원에 대하여는 1990.1.9.부터, 원고 진영희에게 금 28,045,453원 및 이 중 금 27,390,000원에 대하여는 1990.5.7.부터, 원고 우태희에게 금 11,767,450원 및 이 중 금 10,863,311원에 대하여는 1989.8.24.부터, 원고 오병호에게 금 16,365,420원 및 이 중 금 15,246,095원에 대하여는 1989.8.24.부터, 원고 오금식에게 금 31,371,639원 및 이 중 금 28,395,887원에 대하여는 1990.9.28.부터, 각 이 사건 소장부본 송달일까지는 연 5푼의, 그 다음날부터 완제일까지는 연 2할 5푼의 비율에 의한 금원을 지급하라.

【항소취지】

원심판결을 취소한다. 피고는 원고 오만식에게 금 37,125,499원, 원고 문영실에게 금 51,894,017원, 원고 진영희에게 금 34,431,076원, 원고 우태희에게 금 15,697,875원, 원고 오병호에게 금 21,552,473원, 원고 오금식에게 금 37,597,085원 및 각 이에 대한 1990.10.6.부터 완제일까지 연 2할 5푼의 비율에 의한 금원을 지급하라.

【이 유】

1. 기초사실

(증거)를 종합하면, 피고 회사의 안산지점장이던 소외 이원희가 1988.6.18.경 원고 오만식에게 주식투자를 권유하면서 위 원고 및 나머지 원고들이 현금 등을 예탁하여 주식투자를 하면 최소한 투자원금과 이에 대한 연 10%의 이자, 연 6%의 수익 및 거래관계가 종료되는 경우 그 익일로부터 원금과 보장수익에 대한 연 2할 5푼의 비율에 의한 지연손해금음 책임을 지고 보장할 것을 약정한 사실, 이에 따라 원고들은 1988.6.경부터 1989.1.경 사이에 피고 회사와 사이에 매매거래계좌설정약정과 신용거래계좌설정약정을 체결하고 위 이원희에게 주식투자를 일임하였는데 이후 위 이원희가 원고들의 예탁금으로 주식투자를 한 결과 투자원금의 손실이 발생하였고, 이에 원고들과 위 이원희는 1990.9.28. 주식거래를 중단하기로 하고 위 이원희가 원고들에게 같은 해 10.5.까지 투자원금 및 위 이원희가 보장한 투자수익을 정산하여 지급하여 주기로 약정한 사실, 원고들은 거래기간 중 각자 별표 (1)란 기재 금원을 예탁하였고, 같은 표 (2)란 기재 금원을 출금하였는데 현재의 잔고는 같은 표 (4)란 기재 금원만이 남아 있는 사실을 인정할 수 있다.

2. 주위적 청구에 관한 판단

가. 원고들은, 피고 회사 안산지점의 지점장으로서 포괄적인 대리권을 가진 위 이원희가 원고들과의 사이에 체결한 위 1988.6.18.자 약정에 대하여 피고는 본인으로서의 책임이 있다고 할 것인데, 원고들은 별표 (3)란 기재 금액{=별표 (1)란−별표 (2)란}과 실제 잔고인 별표 (4)란 기재 금액의 차액 상당의 원금손실을 입었고, 한편 원고들의 거래기간 중의 예탁금에 대한 위 1988.6.18.자 약정에 따른 보장수익을 계산하면 별표 (5)란(중도에서 원고들이 출금하여 간 보장수익금은 제외) 기재와 같으므로, 피고는 위 1988.6.18.자 약정에 따라 원고들에게 투자원금손실금 및 보장수익금으로 청구취지 기재 금원을 지급할 의무가 있다고 주장한다.

그러므로 살피건대, 앞서 본 바와 같이 위 이원희가 주식투자를 권유하면서 원고들과 사이에 맺은 위 1988.6.18.자 약정은 증권거래법 제52조 제1호 소정의 "유가증권의 매매거래에 있어서 고객에 대하여 당해 거래에서 발생하는 손실의 일부 또는 전부를 부담할 것을 약속하고 권유하는 행위"에 해당된다고 할 것이고 위 규정은 공정한 증권거래질서를 확보하기 위하여 제정된 강행법규라고 할 것이므로 위 1988.6.18.자 약정은 그 자체가 강행법규에 위반되어 무효라고 할 것이고, 가사 그렇지 않다고 하더라도 증권거래법상 금지된 위와 같은 투자수익보장약정을 하는 것이 피고 회사의 지점장인 위 이원희의 대리권의 범위 내에 속한다고 볼 수 없고 달리 위 약정행위가 위 이원희의 대리권의 범위 내에 포함됨을 인정할 만한 아무런 증거가 없으므로 위 약정이 피고에 대하여 유효한 대리행위가 됨을 전제로 한 원고들의 위 주장은 더 나아가 판단할 필요 없이 이유 없다.

나. 원고들은, 가사 위 이원희가 위 약정은 체결함에 있어서 피고를 대리할 권한이 없다고 하더라도 원고들로서는 위 이원희에게 피고를 대리한 권한이 있다고 믿을 만한 정당한 이유가 있었으므로 권한을 넘은 표현대리의

법리에 의하여도 피고는 원고들에 대하여 위 약정에 기한 책임을 부담한다고 주장하나, 앞서 본 바와 같이 위 1988.6.18.자 약정이 강행법규인 증권거래법 제52조 제1호에 위반되어 무효이고, 가사 그렇지 않다고 하더라도 원고들에게 위 이원희가 위와 같은 약정을 체결할 권한이 있다고 믿었다는 점에 부합하는 당심 증인 이원희의 증언은 믿기 어렵고 달리 이를 인정할 만한 아무런 증거가 없고, 오히려 위에서 든 각 증거들에 의하면, 원고 오만식은 이 사건 증권거래 이전에 약 2년 여 동안 증권거래를 한 경력이 있었던 사실을 인정할 수 있는바, 위와 같은 위 원고의 증권거래 경력에 비추어 보면, 위 원고 및 그의 가족인 나머지 원고들에게 위 이원희가 위와 같은 약정을 체결할 정당한 권한이 있다고 믿었음에 정당한 이유가 있었다고 보기 어려우므로 원고들의 위 주장 역시 이유 없다 할 것이다.

3. 제1 예비적 청구(부당이득반환 청구)에 관한 판단

원고들은, 위 투자수익보장약정이 강행법규에 위반되어 무효라면 그와 일체로 체결된 원고들과 피고 회사 사이에 체결된 현금예탁계약은, 위 투자수익보장이 없더라도 위 현금예탁계약을 하였을 것이라고 인정되지 아니하므로 법률행위의 일부가 무효인 경우 그 전부가 무효로 된다는 일부 무효의 법리에 의하여 그 전체가 무효로 되었다고 할 것이고, 위 현금예탁계약 중 투자수익보장약정을 제외한 나머지 부분은 일임매매약정인바 위 일임매매약정도 증권거래법에 위반되는 행위로서 무효가 되고 위 약정 부분이 무효라면 위와 마찬가지의 법리에 의하여 원고들과 피고 회사 사이에 체결된 현금예탁계약 전체가 무효로 되므로 피고 회사는 법률상 원인 없이 원고들로부터 금원을 예탁 받은 것이라고 할 것이고 따라서 피고 회사는 부당이득으로서 원고들에게 예탁원금 손실액 상당의 금원을 반환할 의무가 있다고 주장한다.

그러므로 살피건대, 위에서 든 각 증거들에 의하면, 위 투자수익보장약정과 일임매매약정은 원고들과 위 이원희 사이에 이루어진 것이고, 주식매매거래계좌설정약정(원고들은 현금예탁계약이라고 표현하고 있으나 주식매매거래계좌설정약정을 의미하는 것으로 보여짐)은 원고들과 피고 회사 사이에 별도로 체결된 것이므로 위 투자수익보장약정과 일임매매약정이 무효가 된다고 하여 주식매매거래계좌설정약정까지 무효로 된다고 볼 수 없으므로 위 약정들이 1개의 법률행위에 의하여 이루어졌음을 전제로 한 원고들의 위 주장은 더 나아가 살펴볼 필요 없이 이유 없다고 할 것이다.

4. 제2 예비적 청구(불법행위로 인한 손해배상 청구)에 관한 판단

원고들은, 피고 회사의 안산지점장인 위 이원희는 투자수익보장약정이 증권거래법상 금지되어 있다는 것도 잘 알고 있으면서도 원고들에게 그 위법성을 설명하지 아니하였을 뿐만 아니라, 약정투자수익을 보장해 줄 의사나 능력이 없으면서 원고들에게 투자수익을 보장해 주겠다고 기망하여 이에 속은 원고들로부터 현금을 예탁받은 다음 그 금원으로 임의로 증권거래를 함으로써 원고들에게 예탁원금 손실액 상당의 손해를 가하였으므로 피고 회사는 위 이원희의 사용자로서 동인의 사무집행상의 과실로 인하여 원고들에게 가한 손해를 배상할 책임이 있다고 주장한다.

그러므로 살피건대, 위에서 든 증거들 및 당심 증인 이상훈의 증언에 의하면, 원고 오만식은 1986.8.경부터 소외 고려증권 주식회사 명동지점에 거래구좌를 개설하고 주식투자를 하여 오다가 1987. 상반기 무렵부터 소외 이원희가 근무하던 피고 회사 중부지점에 거래계좌를 개설하고 객장에 자주 나와 동인의 상담을 받으면서 직접 주식투자를 하여 왔고, 그 당시 위 원고의 주식거래대금은 약 금 20,000,000원에서 금 30,000,000원 정도 되었던 사실, 위 이원희가 1988.6.18.경 피고 회사 안산지점장으로 발령을 받게 되자 위 지점의 영업실적을 높이기 위하여 위 원고에게 위 안산지점에 거래계좌를 개설하여 주식투자를 할 것을 권유하였으나 위 원고가 거리관계로 신속하게 주식매매를 할 수 없다는 점을 들어 위 권유에 응하지 아니하므로 위 원고에게 위 지점에 금원을 예탁하여 주식투자를 일임하면 타금융기관에 예탁하는 것보다 높은 수익을 올려주고 최소한 앞서 인정한 바와 같은 내용의 투자수익을 보장하여 주겠다는 제의를 한 사실, 이에 위 원고는 위 제의를 수락한 후 위 이원희로부터 위와 같은 내용의 투자수익을 보장하겠다는 내용의 서약서를 받은 후 위 지점에 자신 명의 및 가족들인 나머지 원고들 명의의 주식거래계좌를 개설한 다음 주식투자를 하기 시작한 사실, 위 이원희는 원고들 계좌에 예탁된 금원으로 주식투자를 하였으나 투자원금의 손실이 발생하였고 그 후 원고들에게 같은 내용의 각서를 작성하여 교부하면서 원고들에게 이익을 남겨주기 위하여 노력하였는데도 계속되는 전반적인 주가의 하락으로 투자원금의 손실을 메우지 못하고 그 손실이 늘어나게 되었고 이에 원고들과 위 이원희는 1990.9.28. 주식거래를 중단하기로 하고 위 이원희가 원고들에게 같은 해 10.5.까지 투자원금 및 위 이원희가 보장한 투자수익을 정산하여 지급하여 주기로 약정할 사실을 인정할 수 있고 달리 반증이 없는바, 위 이원희가 원고들에게 투자수익보장약정을 하면서 그 약정의 위법성을 설명하지 않았다고 하더라도 원고들의 주식투자 경력에 비추어 원고들 자신도 위와 같은 투자수익보장약정이 증권거래법상 금지된 행위라는 사실을 알았거나 알 수 있었을 것이라고 보여지므로 투자수익보장약정의 위법성을 설명하지 아니한 것이 원고들에 대하여 불법행위를 구성한다고 할 수 없다고 할 것이고(위 이원희가 원고들에게 투자수익보장약정의 위법성을 설명하지 아니한 것과 이 사건 손해발생과의 인과관계를 인정할 수도 없다), 위 이원희가 원고들에게 투자수익을 보장하여 주기로 약정한 것은 원고들의 금원을 주식에 투자한 결과 손실이 발생하였을 때는 위 이원희 자신의 개인적인 부담을 통해서라도 투자원금 및 투자수익을 보장해 주겠다는 취지로 보아야 할 것이므로 원고들로부터 금원을 예탁받아 주식투자를 한 결과 이익이 발생하지 않고 투자원금의 손실이 발생하였다고 하여 그와 같은 사정만으로 위 이원희에게 약정한 투자수익을 보장하여 줄 의사와 능력이 없었다고 단정하기 어려우며, 또한 증권거래는 본래적으로 여러 불확정요소에 의한 위험성을 동반할 수밖에 없는 것으로서 투자가로서도 일정한 범위 내에서는 자신의 투자로 인해 발생할지 모르는 손실을 스스로 부담해야 함이 당연한 점에 비추어 증권회사의 임・직원이 강행법규에 위반된 이익보장으로 투자를 권유하였으나 투자결과 손실을 본 경우에 투자가에 대한 불법행위 책임이 성립되기 위하여서는, 당해 권유행위가 경험이 부족한 일반 투자가에게 거래행위에 필연적으로 수반되는 위험성에 관한 올바른 인식형성을 방해하거나 또는 고객의 투자상황에 비추어 과다한 위험성을 수반하는 거래를 적극적으로 권유한 경우에 해당하여 결국 고객에 대한 보호의무를 저버려 위법성을 띤 행위인 것으로 평가될 수 있는 경우라야 할 것인데(대법원 1994.1.11. 선고 93다26205 판결), 앞서 인정한 원고들의 주식투자 경력, 이 사건 주식 투자에 이른 경위, 거래방법 및 거래상황 등에 비추어 볼 때 위 이원희의 주식투자 권유행위가 경험이 부족한 일반 투자가에게 거래행위에 필연적으로 수반되는 위험성에 관한 올바른 인식형성을 방해하거나 또는 고객의 투자상황에 비추어 과다한 위험성을 수반하는 거래를 적극적으로 권유한 경우에 해당한다고 보기는 어렵고 달리 이를 인정할 만한 아무런 증거가 없으므로 위 이원희의 행위가 불법행위를 구성함을 전제로 사용자인 피고 회사에 대하여 손해배상을 구하는 원고들의 위 주장은 나머지 점에 관하여 판단할 필요 없이 이유 없다.

5. 결론

그렇다면, 원고들의 이 사건 주위적 청구 및 당심에서 추가된 제1 및 제2 예비적 청구는 이유 없어 이를 모두 기각할 것인바, 주위적 청구에 관하여 당원과 결론을 같이한 원심판결은 정당하고, 이에 대한 원고들의 항소는 이유 없어 이를 모두 기각하기로 하고, 당심에서 추가된 원고들의 제1 및 제2 예비적 청구도 이유 없어 이를 모두 기각하기로 하여 주문과 같이 판결한다.

(2-2) 대법원 1996. 8. 23. 선고 94다38199 판결

【원고, 상고인】 오만식 외 5인
【피고, 피상고인】 신한증권 주식회사
【원심판결】 서울고등법원 1994. 7. 5. 선고 93나24546 판결
【주 문】

원심판결 중 제2 예비적 청구 부분을 파기하고, 그 부분 사건을 서울고등법원에 환송한다. 원고의 나머지 상고를 기각한다.

【이 유】

상고이유 및 상고이유서 제출기간 경과 후에 제출된 상고이유보충서의 기재 중 상고이유를 보충하는 부분을 함께 판단한다.

1. 원심판결 이유에 의하면 원심의 사실인정과 판단은 다음과 같다.

가. 원고 오만식은 1986. 8.경부터 고려증권 주식회사 명동지점에 거래구좌를 개설하고 주식투자를 하여 오다가 1987. 상반기부터 소외 이원희가 근무하던 피고 회사 중부지점에 거래계좌를 개설하고 객장에 자주 나와 동인의 상담을 받으면서 거래대금 20,000,000원 내지 30,000,000원 정도의 규모로 주식투자를 하여 왔다. 이원희는 1988. 6. 18.경 피고 회사 안산지점장으로 발령을 받고 위 지점의 실적을 높이기 위하여 위 원고에게 안산지점에서 주식거래를 할 것을 권유하였으나 거리가 멀어 신속한 주식매매가 어렵다는 이유로 거절을 당하자, 위 원고에게 위 지점과 거래하면서 자신에게 주식투자를 일임하면 위 원고의 주식투자금에 대하여 최소한 투자원금과 이에 대한 연 10%의 이자, 연 6%의 수익 및 거래관계가 종료되는 경우 그 익일부터 원금과 보장수익에 대한 연 25%의 비율에 의한 지연손해금의 지급을 보장하겠다고 제의를 하자, 위 원고는 그 제의를 수락하고 이원희로부터 그와 같은 내용의 서약서를 받은 다음 1988. 6.경부터 1989. 1.경 사이에 위 안산지점에서 자신 및 가족들인 나머지 원고들 명의로 피고 회사와 매매거래계좌설정약정과 신용거래계좌설정약정을 체결하고 위 이원희에게 주식투자를 일임하였는데, 이후 이원희가 원고들의 예탁금으로 주식투자를 한 결과 전반적인 주가의 하락으로 투자원금의 손실이 발생하였다. 이에 따라 원고들은 이원희와 1990. 9. 28. 주식거래를 중단하기로 하고 이원희가 원고들에게 같은 해 10. 5.까지 투자원금 및 이원희가 보장한 투자수익을 정산하여 지급하여 주기로 약정하였다.

나. 원심은 위와 같은 사실관계에 터잡아 다음과 같은 이유로 원고들의 주위적 청구(약정금청구)를 기각한 제1심판결을 유지하고 원심에서 추가된 제1 예비적 청구(부당이득반환청구) 및 제2 예비적 청구(불법행위에 기한 손해배상청구)를 모두 기각하였다.

(1) 원고들은 주위적 청구로서, 이원희가 피고 회사 안산지점장으로서 포괄적인 대리권을 가지고 있으므로 피고 회사는 본인으로서 이원희와 원고들 사이의 위 1988. 6. 18. 자 약정에 따른 투자원금손실금 및 보장수익금

지급책임이 있고, 이원희에게 대리권이 없었다 하더라도 표현대리의 법리에 따라 피고 회사는 위 약정에 따른 책임을 져야 한다고 주장하나, 위 1988. 6. 18. 자 약정은 강행법규인 증권거래법 제52조 제1호에 반하여 무효이고, 가사 그렇지 않다고 하더라도 증권거래법상 금지되는 위와 같은 투자수익보장약정을 하는 것이 피고 회사의 지점장인 위 이원희의 대리권의 범위 내에 속한다고 볼 수 없고, 달리 위 약정행위가 위 이원희의 대리권의 범위 내에 포함됨을 인정할 만한 아무런 증거가 없으므로, 위 약정이 피고에 대하여 유효한 대리행위가 됨을 전제로 하는 원고들의 위 주장은 더 나아가 판단할 필요 없이 이유 없고, 나아가 원고들에게 위 이원희가 위와 같은 약정을 체결할 권한이 있었다고 믿었다고 인정할 증거가 없으며, 오히려 그 판시 증거들에 의하면 원고 오만식은 이 사건 증권거래 이전에 약 2년여 동안 증권거래를 한 경력이 있었던 사실을 인정할 수 있는바, 위와 같은 위 원고의 증권거래를 한 경력에 비추어 보면 위 원고 및 그 가족인 나머지 원고들에게 위 이원희가 위와 같은 약정을 체결할 정당한 권한이 있다고 믿었음에 정당한 이유가 있었다고 보기 어려우므로 원고들의 표현대리 주장 역시 이유 없다.

(2) 원고들은 제1 예비적 청구로서, 위 투자수익보장약정이 강행법규에 위반되어 무효라면 그와 일체로 체결된 원고들과 피고 회사 사이의 현금예탁계약도 법률행위 일부 무효의 법리에 따라 그 전체가 무효로 되고, 현금예탁계약 중 포괄적 일임매매약정도 증권거래법에 반하여 무효이어서 피고 회사는 법률상 원인 없이 원고들로부터 금원을 예탁받은 것이고, 따라서 피고 회사는 부당이득으로서 예탁원금 손실액 상당을 반환할 의무가 있다고 주장하나, 투자수익보장약정과 위 일임매매약정은 원고들과 이원희 사이에서 체결된 것이고, 주식매매거래계좌설정약정(원고들이 말하는 현금예탁계약)은 원고들과 피고 회사 사이에서 별도로 체결된 것이므로 위 투자수익보장약정과 일임매매약정이 무효가 된다고 하여 주식매매거래계좌설정약정까지 무효로 된다고 볼 수 없으니, 위 약정들이 1개의 법률행위에 의하여 이루어졌음을 전제로 한 원고들의 위 주장은 더 나아가 살펴볼 필요 없이 이유 없다.

(3) 원고들은 제2 예비적 청구로서, 피고 회사 안산지점장이던 이원희는 투자수익보장약정이 증권거래법상 금지되어 있음을 잘 알면서 원고들에게 그 위법성을 설명하지 않았고 약정투자수익을 보장할 의사나 능력이 없으면서 원고들을 기망하여 원고들로부터 현금을 예탁받은 다음 임의로 증권거래를 함으로써 원고들에게 예탁원금 상당의 손해를 가하였으므로 피고 회사는 이원희의 사용자로서 동인의 사무집행상의 불법행위로 원고들이 입은 손해를 배상할 책임이 있다고 주장하나, 원고들의 주식투자 경력에 비추어 원고들 자신도 투자수익보장약정이 증권거래법상 금지된 행위라는 사실을 알았거나 알 수 있었을 것이어서 투자수익보장약정의 위법성을 설명하지 않은 것이 원고들에게 불법행위를 구성한다거나 이 사건 손해발생과 인과관계가 있다고 할 수 없고, 이원희의 투자수익보장약정은 그가 원고들의 예탁금으로 주식투자를 한 결과 손실이 발생하였을 때는 자신의 개인적인 부담을 통해서라도 투자원금 및 투자수익을 보장해 주겠다는 취지로 보아야 할 것이어서 이 사건에서 이익이 발생하지 않고 투자원금의 손실이 발생하였다고 하여 그러한 사정만으로 이원희에게 약정한 투자수익을 보장하여 줄 의사나 능력이 없었다고 단정하기 어려우며, 이원희의 주식투자권유 행위가 경험이 부족한 일반투자자에게 거래행위에 필연적으로 수반되는 위험성에 대한 올바른 인식형성을 방해하거나 고객의 투자 상황에 비추어 과다한 위험성을 수반하는 거래를 적극적으로 권유한 경우에 해당한다고 보기 어렵고 달리 이를 인정할 증거가 없으므로 위 이원희의 행위가 불법행위를 구성함을 전제로 피고 회사에 대하여 손해배상을 구하는 원고들의 위 주장은 나머지 점에 관하여 판단할 필요 없이 이유 없다.

2. 상고이유 제1, 2점에 대하여

증권거래법 제52조 제1호는 공정한 증권거래질서의 확보를 위하여 제정된 강행법규로서 이에 위배되는 주식거래에 관한 원심 인정과 같은 투자수익보장약정은 무효라고 할 것이므로(대법원 1980. 12. 23. 선고 79다2156 판결 참조), 이와 같은 취지의 원심의 판단은 정당하고, 거기에 위 조항 해석에 관한 법리오해의 위법이 있다고 할 수 없으며, 위에서 본 1988. 6. 18. 자 투자수익보장약정이 강행법규인 위 조항에 위배되어 무효인 이상 피고 회사의 대리인인 위 이원희에게 위 약정을 체결할 권한이 수여되었는지 여부에 불구하고 위 약정은 역시 무효라고 할 것이므로 피고 회사가 표현대리 법리에 따라 위 약정에 기한 책임을 져야 한다는 원고의 주장은 더 나아가 살펴볼 필요도 없다 할 것이다(대법원 1983. 12. 27. 선고 83다548 판결 참조). 상고이유 중 이 점에 관한 부분은 모두 받아들일 수 없다.

3. 상고이유 제3점에 대하여

원심은 위에서 본 바와 같이, 투자수익보장약정과 일임매매약정은 원고들과 이원희 사이에서 체결되었음에 반하여, 주식매매거래계좌설정약정은 원고들과 피고 회사 사이에서 별도로 체결되어 위 약정들이 일체로 체결되었다고 볼 수 없다는 이유로 원고들의 일부 무효에 관한 주장을 배척하고 있다.

그러나 원심판결 이유에 의하면, 원심은 원고들의 주위적 청구에 관한 판단에서 이원희가 1988. 6. 18. 자 투자수익보장약정 등을 피고 회사의 안산지점장으로서 피고 회사를 대리하여 체결한 것임을 전제로 판단하고 있고, 기록에 비추어 보더라도 이원희가 원고들에게 위와 같은 투자수익보장약정을 한 이유는 자기가 지점장이 된 피고 회사 안산지점과 거래하도록 하기 위한 것으로서 피고 회사 안산지점장의 자격에서 한 것이지 이원희 개인자격에서 한 것이 아니라고 할 것이므로, 원심이 위 투자수익보장약정은 피고 회사의 안산지점장 이원희의 대리행위에 의하여 피고 회사와의 사이에 체결된 주식매매거래계좌설정약정이나 일임매매약정과는 달리 개인 이원희와의 사이에 체결되었다고 본 것은 잘못이라고 할 것이다.

그리고 증권거래법 제107조가 일임매매의 경우 그 유가증권의 종류 · 종목 및 매매의 구분과 방법에 관하여는 고객이 결정하여야 하고(제1항) 재무부장관이 정하는 바에 따라야 하도록 규정하고 있으며(제2항), 증권거래법 시행규칙 제20조의2는 그 방식에 관하여 미리 서면에 의한 계약을 체결하도록 규정하고 있음에도 불구하고(위 규칙 제20조의2 제2항), 원고들과 피고 회사 사이에 체결된 이 사건 일임매매약정은 위와 같은 거래에 관계되는 사항을 원고들이 정하지 아니하고 포괄적으로 피고 회사에 위임한 것이어서 위 규정에 위반된 것임은 분명하지만, 일임매매에 관한 증권거래법 제107조는 고객을 보호하기 위한 규정으로서 증권거래에 관한 절차를 규정하여 거래질서를 확립하려는 데 그 목적이 있는 것이므로, 고객에 의하여 매매를 위임하는 의사표시가 된 것임이 분명한 이상 그 사법상 효력을 부인할 이유가 없고 그 효력을 부인할 경우 거래 상대방과의 사이에서 법적 안정성을 심히 해하게 되는 부당한 결과가 초래되므로, 일임매매에 관한 증권거래법 제107조 위반의 약정도 사법상으로는 유효하다고 보는 것이 타당하다고 할 것이다(대법원 1993. 12. 28. 선고 93다26632, 26649 판결 참조). 따라서 원고들과 피고 회사 사이의 이 사건 주식거래에 있어서의 일임매매약정은 유효하다고 할 것이고 그것이 증권거래법 제107조에 위반하여 무효라고 할 수 없다.

또 원고들과 피고 회사 사이에 이 사건 주식매매거래계좌설정약정 및 투자수익보장약정, 일임매매약정을 체결한 동기와 경위에 비추어 보면, 원고들과 피고 회사 사이에 체결된 이 사건 주식매매거래계좌설정약정은 위 투자수익보장약정 및 일임매매약정과 결합하여 그 전체가 경제적, 사실적으로 일체로서 행하여진 것으로 보아야 할 것이고 서로 별도로 체결된 약정이라는 원심의 판단은 잘못이라고 할 것이지만, 앞서 본 바와 같이 원고 오만식은 이 사건 주식투자 이전에 이미 1986. 8.경부터 증권회사에 주식거래 구좌를 개설하고 상당한 기간 주식거래를 하여 온 이상 원심 인정과 같이 같은 원고가 이 사건 투자수익보장약정 당시 이와 같은 약정이 무효임을 알았거나 알 수 있었다고 보여질 뿐만 아니라 위와 같은 약정 자체가 주식투자에 있어서 부수적 약정에 불과하고, 이 사건 주식매매거래계좌설정약정이나 일임매매약정에 기하여 주식거래가 계속되어 새로운 법률관계가 계속적으로 형성되어 온 이상 위 투자수익보장약정이 무효라고 하여 주식매매거래계좌설정약정이나 일임매매약정까지 무효가 된다고 할 수는 없다.

그러므로 원고들과 피고 회사 사이에 이루어진 이 사건 투자수익보장약정은 무효라고 할 것이지만 주식매매거래계좌설정약정과 일임매매약정은 유효하다고 할 것이므로 원고들과 피고 회사 사이의 모든 거래가 법률상 원인이 없는 것이 된다고 할 수 없어 원고들의 제1 예비적 청구인 부당이득반환청구는 배척되어야 할 것인바, 이와 결론을 같이 한 원심판결은 그 결과에 있어서 정당하고, 원심이 계약당사자를 인정함에 있어서 저지른 위에서 본 바와 같은 잘못은 판결의 결과에 영향을 미쳤다고 할 수 없으므로, 원심판결에 판결에 영향을 미친 당사자의 의사해석과 일부 무효의 법리를 오해한 위법이 있다 할 수 없고, 나아가 일부 무효의 법리에 따라 주식매매거래계좌설정약정이 무효라는 원고의 주장 속에 착오로 인한 취소의 주장까지 포함되어 있다고 볼 수는 없으므로, 원심판결에 법률행위 취소주장에 대한 판단을 유탈하거나 그 부분의 취지를 명확히 석명하여 심리하지 않은 위법이 있다 할 수 없다. 이 점에 관한 상고이유는 모두 받아들일 수 없다.

4. 상고이유 제4점에 대하여

증권회사의 임직원이 강행규정에 위반한 투자수익보장으로 투자를 권유하였으나 투자 결과 손실을 본 경우에 투자가에 대한 불법행위책임이 성립하기 위하여는, 거래행위와 거래방법, 고객의 투자 상황, 거래의 위험도 및 이에 관한 설명의 정도 등을 종합적으로 고려한 후 당해 권유행위가 경험이 부족한 일반 투자가에게 거래행위에 필연적으로 수반되는 위험성에 관한 올바른 인식형성을 방해하거나 고객의 투자 상황에 비추어 과대한 위험성을 수반하는 거래를 적극적으로 권유한 경우에 해당하여 결국 고객에 대한 보호의무를 저버려 위법성을 띤 행위인 것으로 평가될 수 있어야 한다(대법원 1994. 1. 11. 선고 93다26205 판결 참조).

우선 원고 오만식이 이 사건 투자보장약정 이전에 주식투자 경험이 있다는 사정 등에서 투자수익보장약정의 위법성을 알았거나 알 수 있었다는 사실을 인정한 원심의 조치가 채증법칙에 위배하여 사실을 오인한 것이라고 단정할 수 없고, 이원희가 투자수익보장약정의 위법성을 설명하지 않은 것이 원고들에게 불법행위를 구성한다고 보기 어렵다는 원심의 판단에 잘못이 없다. 또 이원희가 투자수익을 보장할 의사와 능력이 없이 원고 오만식을 적극적으로 기망하였다고는 단정하기 어렵다고 본 원심의 판단에도 상고이유에서 지적하는 잘못이 있다고 할 수 없다.

그러나 기록에 의하면, 원고 오만식은 1989. 8. 24.경 원고 우태희, 오병호 계좌의 원금에서 손실이 발생한 것을 알고 이원희에게 거래를 중단하겠다고 했으나, 이원희가 장기적으로 볼 때 매우 희망적이어서 계속 투자하면 약속대로 투자수익을 틀림없이 보장해 주겠다고 하면서 그러한 취지의 각서(갑 제1호증의 2)까지 작성·교부하므로 거래를 계속하였던 것인데, 주가의 하락으로 그 뒤에도 계속 손실을 보아 원고 오만식이 1990. 1. 8.에도 손해를 변상하고 정산할 것을 요청하였으나 이원희가 다시 투자수익을 보장하기로 하였으니 최악의 경우에도 은행예금보다 나을 것이라며 각서(갑 제1호증의 3)를 써주고 기다려 보라면서 강권하여 거래를 계속하다가 원심

판시와 같은 손실을 입게 된 사실을 인정할 수 있다.

그렇다면 적어도 1989. 8. 24. 이후의 거래에 관한 한 이원희가 투자수익보장약정을 근거로 원고들에게 계속적인 증권거래를 권유함에 있어 증권거래행위에 수반되는 위험성에 관한 올바른 인식형성을 방해한 것이라고 봄이 상당할 것이다.

또한 포괄적 일임매매가 증권거래법 제107조에 의하여 금지되는 것이기는 하지만 매매위탁의 의사가 분명히 표시된 것이어서 사법상으로는 유효한 매매위탁계약이 됨은 위에서 판시한 것과 같으므로, 이에 기하여 피고 회사가 원고들의 위탁금으로 주식투자거래를 하였다고 하여 불법행위가 될 리가 없으나, 포괄적 일임매매약정이 있는 경우에도 증권회사의 직원은 고객에 대하여 보호의무가 있어 선량한 관리자로서의 주의의무(충실의무)를 다하여야 할 것이고 이를 위반하여 증권회사가 포괄적 일임매매약정을 하였음을 기화로 고객의 이익을 무시하고 회사의 영업실적만을 증대시키기 위하여 무리하게 빈번한 회전매매를 함으로써 고객에게 손해를 입힌 경우에는 불법행위가 된다고 할 것이다.

그런데 기록에 의하면, 이 사건의 경우 위 이원희는 피고 회사 차장에서 지점장으로 승진하여 신설된 안산지점을 맡으면서 회사의 영업수익목표 달성이라는 중압감을 받아(기록 424-426면) 회사의 수수료수입 증대를 위하여 포괄적 일임매매약정에 따라 자신이 사실상 지배할 수 있게 된 원고들의 계좌를 이용하여 신용융자의 과대거래와 단기 회전매매를 빈번히 계속함으로써 피고 회사의 수수료수입은 증대시켰음에 반하여 원고들의 투자손실은 오히려 증가시킨 사실(기록 40면)이 인정되므로, 피고 회사의 지점장인 위 이원희의 이러한 과당매매행위도 불법행위를 구성한다고 할 것이다.

그럼에도 불구하고 원심이 위와 같은 계속거래의 경위와 당시 원고들의 투자 상황, 포괄적 일임매매약정에 따른 이 사건 투자거래가 과당매매인지 여부 등에 관한 제반사정을 충분히 살펴보지 아니한 채 그 판시와 같은 이유만으로 피고의 이원희에 대한 사용자로서의 불법행위책임을 부정한 것은 증권거래에 있어서의 부당권유나 과당매매로 인한 불법행위 성립에 관한 법리를 오해하였거나 심리를 다하지 아니하여 판결에 영향을 미친 위법을 저질렀다고 하지 않을 수 없다. 따라서 상고이유 중 이 점을 지적하는 부분은 이유 있다.

5. 그러므로 원심판결 중 제2 예비적 청구에 관한 부분을 파기하고, 그 부분 사건을 다시 심리・판단하도록 하기 위하여 원심법원에 환송하고, 나머지 상고를 기각하기로 관여 법관의 의견이 일치되어 주문과 같이 판결한다.

(3-1) 제주지방법원 2005. 5. 11. 선고 2005나305 판결

【원고, 피항소인】 신혜원

【피고, 항소인】 고영석

【원심판결】 제주지방법원 2004. 12. 29. 선고 2004가단17688 판결

【주 문】

1. 피고의 항소를 기각한다.
2. 항소비용을 피고가 부담하게 한다.

【청구취지 및 항소취지】

1. 청구취지

피고는 원고에게 26,972,000원 및 이에 대하여 이 사건 청구취지변경서 송달 다음날부터 완제일까지 연 20%

의 비율에 의한 금원을 지급하라.

2. 항소취지

원심 판결을 취소한다. 원고의 청구를 기각한다.

【이 유】

1. 기초사실

가. 원고는 제주시 아라1동 491, 494-3, 494-6 과수원 또는 임야 9940㎡ 및 그 지상 감귤관리사 및 창고를 소유하고 있었는데, 2003. 1. 14. 소외 부덕부 외 3인에게 위의 부동산들을 932,000,000원에 매도(다음부터 이 사건 매매계약이라 한다.)하였으며, 부동산중개업자인 피고는 원고의 이복동생인 신복덕의 소개로 이 사건 매매계약을 중개하였다.

나. 한편, 이 사건 매매계약이 이루어지기 이전에 원고는 대아공인중개사라는 중개사무소를 통해 제3자에게 위의 부동산을 매매하려 하였고, 당시 중계수수료로 2,000만원을 지급하기로 하였으나, 이 사건 토지상에 건축허가가 나기 어렵다는 이유로 위의 제3자가 매수의사를 철회하여 매매계약은 성립되지 않았고, 이 사건 매매계약 당시 피고도 이러한 사정을 알고 있었다.

다. 이 사건 매매계약이 체결된 이후 원고의 형부인 이계록과 이복동생인 신복덕은 피고에게 중개수수료로 별지 목록 기재 각 토지(다음부터 이 사건 토지라고 한다)를 넘겨주겠다고 제의하였고 피고도 이를 승낙하여 원고는 2003. 4. 8. 피고에게 이 사건 토지에 관하여 소유권이전등기를 마쳤으며, 피고는 그로부터 3일 후인 2003. 4. 11. 신복덕 명의로 소유권이전청구권가등기를 마쳐주었다.

라. 이 사건 토지의 2003. 4. 8. 당시의 시가는 합계 34,840,000원이며, 이 사건 토지는 2004. 5. 31. 제주시에 의하여 협의취득 되었는바, 그 수용보상금은 35,360,000원이다.

2. 관련법규

가. 부동산중개업법 제20조 제1항은 중개업자는 중개업무에 관하여 중개의뢰인으로부터 소정의 수수료를 받는다고 규정하고 있고, 제2항은 중개업자는 제17조 제1항의 규정에 의한 중개대상물의 권리관계 등의 확인에 소요되는 실비를 받을 수 있다고 규정하고 있으며, 제3항은 제1항 및 제2항의 규정에 의한 수수료 및 실비의 한도 등에 관하여 필요한 사항은 건설교통부령이 정하는 범위 내에서 특별시·광역시 또는 도의 조례로 정한다고 규정되어 있다.

나. 한편, 제주도부동산중개수수료및실비의기준과한도등에관한조례(이하 이 사건 조례라고 한다)에 의하면, 일반주택을 제외한 중개대상물인 경우, 부동산중개수수료는 매매가의 0.2% 내지 0.9%의 한도 내에서 중개의뢰인과 중개업자 사이의 상호계약에 따른다고 규정되어 있다.

3. 당사자의 주장 및 판단

가. 원고의 주장에 관한 판단

(1) 원고 주장의 요지

원고는 피고에게 이 사건 매매계약의 부동산 중개수수료로 이 사건 토지를 제공하였던 것이고, 이 사건 토지는 그 후 제주시에 수용되어 그 보상금이 35,360,000원에 달하였는바, 이는 부동산중개업법에 의한 이 사건 매매계약의 중개수수료의 최고한도액인 8,388,000원(=932,000,000원×0.9)을 초과하는 것으로, 그 초과부분인 26,972,000원(= 35,360,000원 - 8,388,000원)에 대한 중개수수료약정은 무효이므로, 피고는 원고에게 26,972,000원을 반환할 의무가 있다고 주장한다.

(2) 원고의 주장에 관한 판단

(가) 부동산중개업법의 중개수수료와 관련한 규정들은 부동산중개의 수수료 약정 중 소정의 한도액을 초과하는 부분에 대한 사법상의 효력을 제한함으로써 국민생활의 편의를 증진하고자 함에 그 목적이 있는 것이므로 이른바, 강행법규에 속하는 것으로서 그 한도액을 초과하는 중개수수료 약정 부분은 무효라고 보아야 할 것이다(대법원 2002. 9. 4. 선고 2000다54406,54413 판결).

(나) 앞서 본 바와 같이 부동산중개업법과 이 사건 조례에 의한 이 사건 매매의 중개수수료의 최고한도액은 8,388,000원(= 932,000,000원 × 0.9)이고, 피고가 이 사건 매매를 중개하고 그 중개수수료로 이 사건 토지의 소유권을 이전받은 2003. 4. 8. 당시의 이 사건 토지의 시가는 합계 34,840,000원이므로, 결국 위의 최고한도액을 초과한 부분에 대한 중개수수료 26,452,000원(=34,840,000원 - 8,388,000원)은 일부 무효에 해당한다고 할 것이다.

(다) 이에 대하여 원고는 피고가 이 사건 매매계약의 중개수수료로 받은 금액을 위의 토지수용가액인 35,360,000원으로 보아야 한다는 취지로 주장하나, 피고가 취득한 중개수수료는 중개수수료 명목으로 이 사건 토지를 취득할 당시의 이 사건 토지의 시가로 봄이 상당하므로 원고의 위의 주장은 이유 없어 받아들이지 아니한다.

(라) 따라서 피고는 원고에게 위의 무효에 해당하는 부분인 26,452,000원 및 이에 대하여 청구취지변경서가 송달된 다음날인 2004. 9. 2.부터 그 이행의무의 존부 및 범위에 관하여 항쟁함이 상당한 제1심 판결 선고일인 2004. 12. 29.까지 민법에 정한 연 5%, 그 다음날부터 완제일까지 소송촉진등에관한특례법에 정한 연 20%의 각 비율에 의한 지연손해금을 지급할 의무가 있다고 할 것이므로, 원고의 주장은 위의 인정범위 내에서 이유 있다.

나. 피고의 주장에 대한 판단

(1) 피고 주장의 요지

피고는 이 사건 매매계약의 부동산중개수수료로 받은 이 사건 토지를 취득한 지 몇 일 지나서 원고의 이복동생인 소외 신복덕에게 500만원에 매도하였고, 그 후 신복덕이 보상금을 수령하였는바, 결국 피고가 받은 수수료는 500만원에 지나지 아니하여 법에 정한 최고한도를 넘는 수수료를 받은 사실이 없으므로 원고의 청구에 응할 수 없다는 취지로 주장한다.

(2) 피고의 주장에 관한 판단

(가) 피고가 이 사건 부동산을 신복덕에게 500만원에 매도하였다는 피고의 주장에 부합하는 증거로는 을1, 2호증 및 당심 증인 신복덕의 일부 진술이 있으나, 앞서 살펴본 바와 같이 피고는 신복덕의 소개로 이 사건 매매

계약을 중개하게 된 것이고, 피고는 원고가 이 사건 매매이전에 중개수수료로 2,000만원을 지불하려고 한 사실이 있음을 알고 있으면서 중개수수료 명목으로 이 사건 부동산을 넘겨받은 것이며, 피고는 원고로부터 이 사건 토지의 소유권을 넘겨받은 지 3일만인 2003. 4. 11.에 신복덕 앞으로 소유권이전청구권가등기를 마쳐 주었고, 피고의 주장에 의하더라도 피고는 신복덕에게 이 사건 부동산을 500만원에 매도하였다는 것이나 이는 그 당시의 이 사건 부동산의 시가인 34,840,000원의 1/7정도에 불과한 것이며(이에 대하여 피고는 신복덕에게 이 사건 부동산을 매도할 당시 심각한 경제적 어려움에 처해 있어 헐값에라도 이를 신복덕에게 매도한 것이라고 주장하나, 당시 피고가 심각한 경제적 어려움을 겪고 있었음을 인정할 아무런 증거가 없다), 피고가 신복덕에게 이 사건 부동산을 매도하였다고 주장하는 시점인 2003. 4. 11.로부터 1년여가 경과한 2004. 4. 말경 원고의 형부인 이계록이 피고에게 이 사건 토지의 보상금이 나오면 2,000만원을 공제하고 나머지는 돌려달라고 하자 피고가 보상이 언제 나올지 모르므로 보상금이 나오면 생각해 보겠다고 이야기한 사실이 있다고 자인하고 있는 점(피고의 2005. 3. 14.자 준비서면 참조) 등에 비추어 볼 때 위의 증거들은 믿기 어렵고, 달리 피고의 위의 주장을 인정할 아무런 증거가 없다.

(나) 나아가 피고가 이 사건 부동산을 신복덕에게 500만원에 매도하였다 하더라도, 이는 이 사건 토지를 취득한 이후 피고와 소외 신복덕 사이에서 발생한 사유에 불과한 것이어서, 그러한 사정만으로는 피고가 받은 중개수수료가 500만원에 지나지 아니한다고 단정할 수는 없다고 할 것이므로, 피고의 위의 주장은 이유 없어 받아들이지 아니한다.

4. 결론

그러므로 원고의 이 사건 청구는 위의 인정범위 내에서 이유 있어 이를 인용하고, 나머지는 이유 없어 이를 기각할 것인 바, 원심은 이와 결론을 같이 하여 정당하고, 피고의 항소는 이유 없어 기각하기로 하여 주문과 같이 판결한다.

(3-2) 대법원 2007. 12. 20. 선고 2005다32159 전원합의체 판결

【원고, 피상고인】 원고
【피고, 상고인】 피고
【원심판결】 제주지방법원 2005. 5. 11. 선고 2005나305 판결
【주 문】 상고를 기각한다. 상고비용은 피고가 부담한다.

【이 유】

상고이유를 본다.

1. 구 부동산중개업법(2005. 7. 29. 법률 제7638호 '공인중개사의 업무 및 부동산 거래신고에 관한 법률'로 전문개정되기 전의 것, 이하 '부동산중개업법'이라고 함) 제2조 제1호, 제3조, 제20조 제1항, 제3항 및 같은 법 시행규칙 제23조의2 제1항은, 중개업자는 일정한 수수료를 받고 토지, 건물 등의 거래 알선을 업으로 하는 자로서 중개업무에 관하여 중개의뢰인 쌍방으로부터 각각 수수료를 받을 수 있고, 일방으로부터 받을 수 있는 중개수수료의 한도는 매매·교환의 경우 거래가액에 따라 0.2%에서 0.9% 이내의 범위에서 특별시, 광역시 또는 도의 조례로

정하도록 규정하고 있다. 그리고 부동산중개업법 제15조 제2호는 중개업자가 위에서 정하여진 수수료의 한도를 초과하여 금품을 받거나 그 외에 사례 등 어떠한 명목으로라도 금품을 받는 행위를 할 수 없도록 금지하고, 같은 법 제22조 제2항 제3호는 위와 같은 금지행위를 한 경우 등록관청이 중개업등록을 취소할 수 있도록 규정하는 한편, 같은 법 제38조 제2항 제5호는 위와 같은 금지규정을 위반한 자를 1년 이하의 징역 또는 1천만 원 이하의 벌금에 처하도록 규정하고 있다.

부동산중개업법은 부동산중개업을 건전하게 지도・육성하고 부동산중개 업무를 적절히 규율함으로써 부동산중개업자의 공신력을 높이고 공정한 부동산거래질서를 확립하여 국민의 재산권 보호에 기여함을 입법목적으로 하고 있으므로(제1조), 중개수수료의 한도를 정하는 한편 이를 초과하는 수수료를 받지 못하도록 한 부동산중개업법 및 같은 법 시행규칙 등 관련 법령(이하 '부동산중개업법 관련 법령'이라고 함) 또는 그 한도를 초과하여 받기로 한 중개수수료 약정의 효력은 이와 같은 입법목적에 맞추어 해석되어야 할 것이다. 뿐만 아니라, 중개업자가 부동산중개업법 관련 법령 소정의 한도를 초과하여 수수료를 받는 행위는 물론 위와 같은 금지규정 위반 행위에 의하여 얻은 중개수수료 상당의 이득을 그대로 보유하게 하는 것은 투기적・탈법적 거래를 조장하여 부동산거래질서의 공정성을 해할 우려가 있고, 또한 부동산중개업법 관련 법령의 주된 규율대상인 부동산의 거래가격이 높고 부동산중개업소의 활용도 또한 높은 실정에 비추어 부동산 중개수수료는 국민 개개인의 재산적 이해관계 및 국민생활의 편의에 미치는 영향이 매우 커 이에 대한 규제가 강하게 요청된다고 할 것이다. 그렇다면 앞서 본 입법목적을 달성하기 위해서는 고액의 수수료를 수령한 부동산 중개업자에게 행정적 제재나 형사적 처벌을 가하는 것만으로는 부족하고 부동산중개업법 관련 법령 소정의 한도를 초과한 중개수수료 약정에 의한 경제적 이익이 귀속되는 것을 방지하여야 할 필요가 있다고 할 것이므로, 부동산 중개수수료에 관한 위와 같은 규정들은 중개수수료 약정 중 소정의 한도를 초과하는 부분에 대한 사법상의 효력을 제한하는 이른바 강행법규에 해당한다고 보아야 한다.

따라서 부동산중개업법 관련 법령에서 정한 한도를 초과하는 부동산 중개수수료 약정은 그 한도를 초과하는 범위 내에서 무효라고 할 것이다(대법원 2002. 9. 4. 선고 2000다54406, 54413 판결 등 참조).

이와는 달리, 위 금지규정은 단속규정에 불과하고 효력규정은 아니라고 봄으로써 그 한도를 초과한 수수료 약정의 사법상 효력이 부정되는 것이 아니라는 취지로 판시한 대법원 2001. 3. 23. 선고 2000다70972 판결은 이 판결의 견해에 배치되는 범위 내에서 이를 변경하기로 한다.

2. 위 법리와 함께 원심판결 이유를 기록에 비추어 살펴보면, 원심이 그 채택 증거들을 종합하여 판시 각 사실을 인정한 후, 원고와 피고 사이의 부동산 중개수수료 약정은 부동산중개업법 관련 법령 및 '제주도 부동산 중개수수료 및 실비의 기준과 한도 등에 관한 조례'에서 정한 중개수수료의 한도를 초과하는 범위 내에서 무효라는 전제 아래 그 초과 부분에 해당하는 부당이득금을 산정하여 피고에게 반환을 명한 조치는 정당하고, 그 과정에 채증법칙을 위반하거나 부당이득반환에 관한 법리를 오해한 위법 등은 없다고 할 것이다. 상고이유는 받아들일 수 없다.

3. 그러므로 상고를 기각하고, 상고비용은 패소자가 부담하는 것으로 하여 관여 법관의 일치된 의견으로 주문과 같이 판결한다.

(4-1) 서울고등법원 1998. 12. 9. 선고 98나15424 판결

【원고, 항소인 겸 피항소인】 주식회사 대구리스금융

【피고, 피항소인 겸 항소인】 한국투자신탁 주식회사

【원심판결】 서울지방법원 남부지원 1998. 2. 13. 선고 96가합17043 판결

【주 문】 1. 원고 및 피고의 항소를 모두 기각한다.

3. 항소비용은 각자의 부담으로 한다.

【청구취지】

피고는 원고에게 금1,080,195,205원 및 이에 대한 1996. 8. 14. 부터 이 사건 소장부본 송달일까지는 연 6퍼센트의, 그 다음날부터 완제일까지는 연 25퍼센트의 각 비율에 의한 금원을 지급하라. 는 판결을 구함

【항소취지】

[원고] 원심판결 중 원고 패소부분을 취소한다. 피고는 원고에게 금560,524,315원 및 이에 대한 1996. 8. 14.부터 이 사건 소장부본 송달일까지는 연 6퍼센트의, 그 다음날부터 완제일까지는 연 25퍼센트의 각 비율에 의한 금원을 지급하라. 는 판결을 구함

[피고] 원심판결 중 피고 패소부분을 취소하고, 그 부분에 해당하는 원고의 청구를 기각한다. 는 판결을 구함

【이 유】

1. 기본적인 사실관계

(1) 원고는 시설대여업법에 따라 시설대여 등을 목적으로 하는 법인이고, 피고는 증권투자신탁업법에 따라 증권투자신탁업무, 수익증권저축업무, 유가증권인수 및 매매업무 등을 목적으로 하는 법인이다.

(2) 원고는 1994. 11. 21. 피고의 시흥동지점에서 피고의 수익증권인 한국하이턴주식투자신탁 3호(이하 이 사건 수익증권이라 한다)를 금3,000,000,000원에 매입하여 만기를 위 매입일로부터 1년으로 하여 예탁하였다.

(3) 이 사건 수익증권은 피고가 개발한 주식형 수익증권의 종목으로 그에 편입된 신탁재산이 주식과 채권 등에 일정비율(주식편입비율이 70퍼센트 이하)로 투자되는데, 그 신탁약관상 신탁재산에서 생긴 이익 및 손실은 모두 수익자에게 귀속하고 수익증권의 환매대금(즉 만기의 원리금)은 환매하는 수익증권의 좌수에 환매청구일의 기준가격을 곱한 금액으로 산정하도록 되어 있는 소위 실적배당형의 상품이어서 주식과 채권 가격의 등락에 따라서는 이자는 고사하고 원금의 손실을 가져올 수 있는 것이었으나, 1994년 당시 투자신탁회사들의 주식형 수익증권이 주가급등세에 힘입어 일부 펀드의 경우 종합주가상승률보다도 웃도는 연 55퍼센트의 달할 정도의 높은 수익률을 기록하며 시중자금을 강하게 흡수하고 있는 상황에서, 피고의 시흥동지점장인 소외 백원규 및 부지점장인 소외 정종성은 고객확보를 위하여 위 예탁금에 대한 일반적인 주식형 수익증권과는 달리 원고에게 연 15퍼센트 이상의 수익율을 보장하기로 약정(이하 이 사건 수익보장약정이라 한다)하면서, 같은 날 위 지점장 명의로 된 "예입일로부터 1년 이내에(1995. 11. 21.한) 예입금액에 대하여 신탁보수 및 환매수수료 차감후 최저 연 15퍼센트 이상의 수익을 달성하겠다. 만약 1년 이내에 이를 달성하지 못하였을 경우 최저 목표수익율과의 차액을 리스채 인수 및 콜거래를 통하여 보전하겠다"는 내용의 확약서를 교부하였다.

(4) 원고는 1995. 9. 1. 및 같은 해 11. 21. 피고에게 위 만기일인 1995. 11. 21.에 이 사건 수익보장약정에 따라

예탁원금과 이에 대한 연 15퍼센트의 비율에 의한 수익금을 지급하여 줄 것을 청구하였으나, 같은 해 11. 29. 피고의 위 지점장으로부터 만기를 1996. 11. 21.까지 연기하여 줄 것을 요청받고서, 피고에게 만기를 1995. 12. 31.까지로 연기하는데 동의하면서 연기된 만기까지도 당초 약정한 수익률의 보장을 요구하였다.

(5) 그 후 원고는 위 연기된 만기일을 전후하여 피고에게 이 사건 수익증권에 대한 환매청구를 하면서 이 사건 수익보장약정에 따라 예탁원금과 연 15퍼센트의 비율에 의한 수익금의 지급을 구하였으나, 1996. 8. 13. 피고로부터 그 날의 기준가격에 따라 위 예탁원금보다도 적은 금 2,697,750,000원을 지급받았다.

2. 당사자의 주장에 대한 판단

가. 수익보장약정에 기한 청구에 대하여

(1) 원고는 피고에게 위 1996. 8. 13.까지의 이 사건 수익보장약정에 따른 이 사건 수익증권의 예탁원금에 대한 총약정수익금 3,777,945,205원 중 일부 지급받은 위 금 2,697,750,000원을 공제한 나머지 금 1,080,195,205원의 지급을 구함에 대하여, 피고는 이 사건 수익보장약정은 증권투자신탁업법, 증권거래법, 특정경제범죄가중처벌등에관한법률에 위반되고 증권투자신탁제도의 본질을 훼손하고 공정한 증권거래질서를 해하는 법률행위로서 선량한 풍속 기타 사회질서에 반하여 무효라고 주장하면서 위 수익보장약정에 기한 원고의 청구에 응할 수 없다고 다툰다.

(2) 이 사건 수익보장약정의 유효 여부에 관하여 살펴본다.

(가) 증권투자신탁업법과 관련하여

① 원고가 이 사건 수익증권을 매입한 당시의 구 증권투자신탁업법(1995. 12. 29. 법률 제5044호로 전면 개정되기 전의 것)에 의하면 피고와 같은 위탁회사가 재무부장관(현 재정경제부장관)의 승인을 얻어 원본의 손실을 초래하거나 미리 정한 최소액의 이익을 얻지 못할 경우에 그 전보 또는 보족에 관한 사항을 정하는 수익증권을 발행할 수 있다고 되어 있고(제6조 제2항), 수익증권을 발행할 때 장관의 인가를 받도록 되어 있으며(제4조 제2항), 위와 같은 원본보전 또는 이익보족의 약정을 한 때에 그 내용을 수익증권에 기재하도록 되어 있어서(제4조 제10항 9호), 증권거래법이 증권회사의 이익보장행위를 절대적으로 금하고 있는 규정을 둔 것과 달리 일정한 요건하의 수익보장형 증권의 발매를 허용하고 있기는 하나, 이 사건 수익보장약정과 같이 수익보장의 문구가 기재된 증권의 발매를 통하지 아니하고 별도로 증권투자신탁회사가 고객인 수익자에 대하여 개별적인 각서나 보증의 형식으로 한 원본보전이나 수익보족의 약정의 효력에 관하여는 아무런 규정도 두고 있지 않다.

② 구 증권투자신탁업법은 일반 투자자의 증권투자를 용이하게 하기 위한 증권투자신탁제도를 확립하고 증권투자신탁의 수익자를 보호함으로써 국민경제의 발전에 이바지함을 목적으로 제정되었는데(제1조), 이 법에서 말하는 증권투자신탁이란 위탁자의 지시에 따라 수탁자가 투자신탁의 신탁재산을 특정 유가증권에 대하여 투자하고 운용하며 그 수익권을 분할하여 불특정다수인에게 취득시킴을 목적으로 하는 것을 말하고(제2조 제1항), 수익자라 함은 투자신탁의 수익증권의 소지인을 말하고(제5항 본문), 한편 투자신탁의 수익권은 균등하게 분할하며 그 분할된 수익권은 수익증권으로 표시하여야 하고(제4조 제1항), 수익자는 신탁원본의 상환 및 이익의 분배에 관하여 수익권의 좌수에 따라 균등한 권리를 가지며(제4조 제4항), 수익증권에는 그 기준가격의 계산방법을 기재하여야 하고(제4조 제10항 제10호), 수익자는 언제든지 위탁회사에 수익증권을 현금으로 환매할 것을 청구하여 투자금을 회수할 수 있으며(제5조 제1항), 위탁회사가 신탁계약을 체결하고자 할 때에는 증권투자신탁약

관에 의하여야 하는데(제14조 제1항), 그 신탁약관을 제정하고자 할 때에는 미리 재무부장관의 승인을 얻어야 하며(제15조 본문), 또 신탁약관에는 수익증권에 관한 사항, 이익분배 및 환매에 관한 사항, 수익증권기준가격의 계산방법 등을 정하여야 하고(제14조 제2항 제4호, 제6호, 제11호 등), 위탁회사는 수익증권의 기준가격을 매일 공고 게시하도록(제24조 제1항) 규정하고 있다.

③ 위와 같이 증권투자신탁은 지식이나 경험 부족으로 직접 증권투자를 하기 어려워하는 불특정다수인의 자금을 모아 증권투자신탁회사라는 증권투자전문가에게 운용을 맡겨서 그 분산투자의 수익을 일반 투자자로 하여금 얻게 하는 간접적인 증권투자제도로서, 증권투자신탁회사로 하여금 일반투자자들과 증권회사의 중개역을 수행하게 함으로써 증권시장의 건전한 발전과 기업의 원활한 자금조달을 돕고 나아가 국민경제에 이바지한다는 공공성을 가지는 것이고, 그러한 시장에서의 질서는 일반투자자들을 평등하게 대우하고, 권리관계의 투명성을 보장하며, 위탁회사의 자산을 건전하게 유지하도록 하여야 비로소 확립될 수 있다.

일반적으로 증권투자는 그것이 직접투자나 간접투자를 막론하고 일정한 수익률이 보장되는 예금거래와는 달리 증권의 종류나 매매의 시기 및 방법 등에 따라 수익률이 변동하여 항상 위험이 따르고 그 위험은 원칙적으로 투자자가 부담할 수밖에 없는 것이고, 증권투자신탁에 있어서도 투자전문가인 위탁자가 신탁재산에 대하여 선량한 관리자로서의 주의의무를 다한 이상 그 신탁재산의 운용 결과에 대한 손익이 모두 수익자에게 귀속되는 소위 고위험 고수익의 실적배당주의와 그 실적이 오로지 수익증권 구좌수라는 투명한 기준에 의하여 수익자에게 균분되는 수익자 평등대우주의를 그 본질로 한다.

그런데 이 사건 수익보장약정과 같이 개인투자자에게 투자에 대한 손실발생 여부와 관계없이 원본의 보전이나 일정한 이익이 보족된다면 항상 투자에 따른 위험은 회피하고 이익만을 취득하게 되어 위와 같은 자기책임주의 및 실적배당주의에 반하고, 다른 투자자들이 원본의 손실이나 예상이익의 감소를 볼 때에도 그와는 별도로 위탁자로부터 높은 이익을 보장받음으로써 수익자 평등대우주의에도 반하며, 수익증권에 의하지 아니한 개별 수익보장에 대하여는 결국 위탁자인 증권투자신탁회사의 고유자산이나 영업이익에서 보전될 수밖에 없으므로 증권투자신탁회사의 재정을 부실하게 만들어 다른 일반투자자를 불이익하게 하고, 더 나아가서는 안이한 투자행태를 조장하고 일반투자자들 사이에 불평등감을 심화시켜 일반 공중으로 하여금 증권투자를 기피케 함으로써 투자신탁제도 자체의 존립을 어렵게 만들어 자금배분을 왜곡시키고 기업과 국민경제에 악영향을 미치게 하는 등 투자신탁이 가지는 공공성의 기능에도 반한다고 할 것이다. 이와 같은 이유로 현행 증권투자신탁업법은 제32조에서 통상의 거래조건과 다른 불공정한 거래조건으로 거래하게 하는 행위를 '유가증권 등의 공정거래를 저해하는 행위(제2호)'로 규정하고, 재정경제부장관은 공익 및 수익자보호를 위하여 이러한 행위를 한 위탁회사에 대하여 시정 기타 필요한 조치를 명할 수 있도록 하고 있으며, 나아가 위 규정을 위반한 자에 대한 처벌규정을 두고 있다(제59조 제5호).

다만 증권투자신탁업법이 소위 보장형 수익증권의 발매를 허용한 것은 증권시장의 장기간 침체로 인하여 일반 수익증권만으로는 일반투자자들로부터의 자금 모집이 어려울 경우 증권투자 촉진을 위한 정책적인 고려에서 비롯된 것으로서, 이는 사전 인가된 보장형 수익증권의 형태로 공개적으로만 가능하기 때문에 누구나 그 수익증권을 취득하여 수익자가 될 수 있는 기회가 주어지고, 그 수익자는 모두 같은 조건에 의한 수익보장을 받으며, 그에 따른 원본의 보전이나 이익의 부족분은 투자신탁회사가 별도로 적립한 준비금으로도 보장되기 때문에 위와 같은 투자신탁제도의 본질에 반한다거나 공공성의 기능을 해친다고 할 수 없다.

④ 따라서 위탁회사가 재무부장관의 승인을 얻어 원본의 손실을 초래하거나 미리 정한 최소액의 이익을 얻지 못할 경우 그 전보 또는 보족에 관한 사항을 정하는 수익증권을 발행할 수 있도록 규정한 구 증권투자신탁업법 제6조 제2항(현행법 제19조 제2항)은 강행법규로 보아야 할 것이므로, 수익보장의 내용이 재무부장관의 승인을 받고 그 내용이 기재되어 사전인가된 수익증권에 의하지 아니하고 이 사건과 같이 별도로 증권투자신탁회사가 고객인 수익자에 대하여 개별적인 각서나 보증의 형식 등의 형태로 한 원본보전이나 수익보족의 약정은 모두 증권투자신탁제도의 본질과 기능에 반하고 건전한 투자신탁 거래질서를 해치는 것으로서 허용될 수 없다고 할 것이다.

(나) 증권거래법과 관련하여

① 구 증권거래법(1997. 1. 13. 법률 제5254호로 개정되기 전의 것)은 유가증권의 발행과 매매 기타의 거래를 공정하게 하여 유가증권의 유통을 원활히 하고 투자자를 보호함으로써 국민경제의 발전에 기여함을 목적으로 하고(제1조), 위 법에서의 유가증권에는 증권투자신탁업법에 의하여 위탁회사가 발행하는 수익증권이 포함되는 바(제2조 제1항 제8호, 같은법시행령 제2조의 2 제2호), 결국 증권거래법이나 증권투자신탁업법은 모두 공정한 유가증권의 거래질서확립을 통하여 각 증권시장에서의 투자자 내지 수익자를 보호하고자 하는 것이므로 그 목적은 모두 동일하다고 볼 수 있다.

그런데, 구 증권거래법에서는 증권회사나 그 임직원이 유가증권의 매매거래에 있어서 고객에게 당해 거래에서 발생하는 손실의 전부 또는 일부를 부담할 것을 약속하고 권유하는 행위와 함께, 투자자문회사나 그 임직원이 유가증권의 투자에 관하여 고객과 일정한 이익의 보장 또는 이익의 분할을 약속하거나 손실의 전부 또는 일부를 부담할 것을 약속하는 행위를 명문으로 금하고 그 위반행위에 대하여는 벌칙을 과하고 있는데(제52조 제1호, 제70조의6 제4호, 제210조 제5호), 이는 위와 같은 손실보전약정 등을 방치할 경우 증권시장의 가격형성기능이 왜곡되고 증권회사의 시장중개자로서의 중립성, 공정성을 해하게 되어 일반 투자자의 증권시장에 대한 신뢰감을 상실시켜 증권투자를 기피하게 함으로써 결국 국민경제의 발전을 저해하기 때문이고, 따라서 위 규정들은 공정한 증권거래질서의 확립을 위하여 제정된 강행법규로 보아서 이에 위배되는 유가증권거래나 투자거래에 관한 수익보장약정은 무효라고 함이 대법원의 확립된 견해이다(대법원 1997. 2. 14. 선고 95다19140 판결, 1980. 12. 23. 선고 79다2156 판결 등 참조).

② 증권투자신탁은 위에서 본 바와 같이 투자판단을 하는 자와 수익자가 제도적으로 분리되어 되어 있고 수익자가 불특정다수인이라는 점 이외에는 투자판단을 타인에게 맡기고 그 운용 결과에 대한 과실을 취득한다는 점에서 증권회사에서의 일임매매나 투자자문회사에서의 투자일임계약과 유사한 성질을 가지며, 오히려 투자신탁회사는 거액의 기관투자가로서 유가증권의 매매에 나섬으로써 위 일임매매의 경우보다도 증권시장에 훨씬 큰 영향력을 발휘하는 만큼 공정한 거래질서를 해치는 투자신탁회사의 행위를 규제할 필요성이 더욱 크다고 할 것이고, 특히 현행 증권투자신탁업법에서는 증권회사가 위탁회사와의 계약에 의하여 수익증권 판매업무를 담당할 수 있도록 하고 있고(제2조 제5항 참조) 수익증권도 증권거래법에서 정의하는 유가증권에 포함되므로, 증권회사나 그 임직원의 고객과의 수익증권 매매거래에는 강행법규인 위 증권거래법 제52조 제1호가 당연히 적용되는데, 수익증권의 판매주체가 증권투자신탁회사나 그 임직원이라고 하여 이와 달리 취급할 이유가 없으므로 그들이 이 사건과 같이 개별적으로 고객에게 수익보장약정을 하는 것도 위와 같은 법리에 따라 공정한 증권거래질서에 반하는 것으로 허용될 수 없다고 보아야 한다.

(다) 특정경제범죄가중처벌등에관한법률과 관련하여

특정경제범죄가중처벌등에관한법률은 저축을 하는 자가 금융기관의 임 · 직원으로부터 당해 저축에 관하여 법령 또는 약관 기타 이에 준하는 금융기관의 규정에 의하여 정하여진 이자 · 복금 · 보험금 · 배당금 · 보수 외에 명목 여하를 불문하고 금품 기타 이익을 수수하는 경우에는 처벌하도록 규정하고, 금융기관의 임 · 직원이 소속 금융기관의 '업무에 관하여' 이익을 수수, 공여한 때에는 행위자를 벌하는 외에 소속금융기관에 대하여도 처벌하도록 규정하고 있으며(제9조), 한편 위 금융기관에는 위 법률 제2조 제1호 카목에 따라 피고와 같은 증권투자신탁업법에 의한 위탁회사도, 위 저축에는 위 법률 제2조 제2호 나목에 따라 수익증권의 매입도 각각 포함되는바, 이 사건에서와 같이 피고 회사와 같은 투자신탁회사나 그 임 · 직원이 수익증권 매매거래를 함에 있어서 법령 또는 약관 기타 이에 준하는 금융기관의 규정에 의하지 아니하고 개별적으로 고객에게 수익보장약정을 한 경우 비록 이익을 '수수(收受)'하지는 않았다 하더라도 이러한 약정은 저축에 관련하여 부당한 행위를 금지하는 위 법률의 취지에 반하는 것이라 할 것이다.

(3) 따라서, 원고와 피고 사이에 개별적으로 이루어진 이 사건 수익보장약정은 공정한 투자신탁거래질서를 해하는 것으로서 증권투자신탁업법의 여러 규정들, 특히 구법 제6조 제2항에 위반되어 무효라 할 것이고, 이러한 해석은 투자자문회사나 그 임직원이 유가증권의 투자에 관하여 고객과 일정한 이익의 보장 또는 이익의 분할을 약속하거나 손실의 전부 또는 일부를 부담할 것을 약속하는 행위를 명문으로 금하고 있는 증권거래법의 취지와도 부합한다고 할 것이다.

그러므로 이 사건 수익보장약정이 유효함을 전제로 한 원고의 위 주장은 받아들일 수 없다.

나. 부당이득반환청구에 관한 판단

(1) 원고는 이 사건 수익보장약정과 위 수익증권 매입계약은 일체의 계약으로서 이 사건 수익보장약정이 무효가 된다면 위 수익증권 매입계약도 무효가 되므로, 악의의 수익자인 피고는 원고에게 위 예탁원금과 이에 대한 법정이자를 부당이득으로서 반환하여야 한다고 주장한다.

(2) 살피건대, 위에서 본 바와 같이 원고와 피고 사이에 이 사건 수익증권 매입계약 및 이 사건 수익보장약정이 체결된 동기와 경위에 비추어 보면, 이 사건 수익증권 매입계약은 이 사건 수익보장약정과 결합하여 그 전체가 경제적, 사실적으로 일체로서 행하여진 것으로 보아야 할 것이지만, 뒤에서 보는 바와 같이 원고는 거액의 여유자금을 금융상품에 투자운용하고 있었고, 이 사건 수익보장약정 체결 당시 이미 소외 대한투자신탁 주식회사 등으로부터 이 사건 수익증권과 유사한 주식형 수익증권의 매입을 통하여 유사한 금융상품에 투자한 경험이 있었으며, 이 사건 수익증권은 투기성이나 위험성이 높은 주식형 수익증권이라는 사실을 알고 있었던 점에 비추어 볼 때 원고가 이 사건 수익보장약정 당시 이와 같은 약정이 무효임을 알았거나 알 수 있었다고 보여질 뿐 아니라, 위와 같은 약정 자체는 수익증권 매입계약에 있어서 부수적 약정에 불과하고 이 사건 수익증권 매입약정에 따라 매입한 이 사건 수익증권의 신탁재산이 계속적으로 운용되어 새로운 법률관계가 계속적으로 형성된 이상 이 사건 수익보장약정이 무효라고 하여 이 사건 수익증권 매입계약까지 무효로 된다고는 할 수 없다(대법원 1996. 8. 23. 선고 94다38199 판결 참조).

따라서 원고의 위 주장도 이유 없다.

다. 불법행위로 인한 손해배상청구에 관한 판단

(1) 불법행위의 성립

(가) 위에서 채택한 증거들과 갑 제9, 10호증의 각 1, 2, 갑 제11, 12호증, 을 제5호증의 1, 2, 을 제10호증의 1 내지 4, 을 제11호증의 각 기재에 변론의 전취지를 종합하면 아래와 같은 사실을 인정할 수 있고, 이에 반하는 원심증인 백원규의 일부증언은 믿기 어렵고 달리 반증이 없다.

원고는 이 사건 수익증권거래 체결 당시 그 운용자금규모가 약 300억 내지 400억 정도로서 차입금리(연 12퍼센트 이상)가 은행의 정기예금 수신금리(연 8.5퍼센트 정도)보다 높아 위 여유자금을 주로 양도성예금증서의 매입이나 금융기관 간의 단기간 자금거래인 콜거래 등 비교적 고수익을 올리는 금융상품에 투자해 오던 중, 피고 시흥동 지점장인 위 백원규와 부지점장인 위 정종성이 1994. 11. 초경 원고 회사를 방문하여 이 사건 수익증권의 매입을 적극 권유하여 금 3,000,000,000원으로 이 사건 수익증권을 매입하여 예탁함으로써 거래가 시작되었는데, 당시 위 소외인들은 원고의 자금부차장인 소외 김승호에게 향후 주식시장의 전망이 좋을 뿐만 아니라 연 15퍼센트 이상의 수익을 보장하여 줄 터이니 여유자금을 피고의 주식형 수익증권에 투자하여 달라고 권유하여 원고가 위 보장을 문서로 하여 줄 것을 요구하자 같은 해 11. 21. 원고에게 '최저 15퍼센트 이상의 수익을 달성함'이라는 문구가 들어간 확약서를 팩스로 전송하였으나 원고가 수익률보장각서로서는 미흡하다고 하므로 위에서 본 확약서(갑 제2호증)의 내용으로 수정하여 이를 교부하였다.

원고는 이 사건 거래 당시 이 사건 수익증권의 약관을 제시받거나 설명받은 사실은 없으며, 그 후 원고는 위 지점으로부터 몇 차례 위 예탁금에 대한 잔고증명을 발급받아 봄으로써 주가 등락에 다른 수익변동사실을 알고 있었으나 이 사건 수익보장약정을 믿고 중도환매 등 별다른 조치를 취하지 아니한 채 위 예탁금에 대한 만기를 기다려 왔는데, 한편 피고의 위 직원들은 이 사건 수익증권이 증권시세의 변동에 영향을 받는 실적배당형 상품이고 이러한 수익증권에는 원본보전 등의 약정을 하는 것이 금지되어 있다는 것을 알고 있었을 뿐만 아니라 1992.경부터 감독관청인 재무부로부터 수익보장각서의 교부행위와 같은 불공정거래행위를 하지 말 것을 수 차례 공문으로 촉구받은 적이 있었음에도 불구하고 피고의 묵시적 승인 하에 다른 금융기관들에 앞서 약정고를 올리려는 데만 급급한 나머지 원고에게 위와 같은 사실을 제대로 설명을 하지 아니한 채 마치 위 확약서가 유효한 것처럼 하여 이 사건 수익보장약정을 하여 이 사건 수익증권을 매입하게 하고도, 그 만기일에 기한의 연기를 요구하더니 1996. 8. 13. 위 수익보장약정의 내용과는 달리 그 날의 기준가격에 따라 계산된 금 2,697,750,000원만을 지급하였다.

(나) 위 인정사실에 의하면, 원고는 그 동안 여유자금을 주로 양도성예금증서의 매입 등 고금리의 금융상품에 투자하여 왔는데, 피고의 지점장과 담당직원이 다른 금융기관과의 지나친 경쟁으로 인하여 피고의 묵시적 승낙하에 원고를 찾아와 높은 수익을 보장하며 이 사건 수익증권의 매입을 적극 권유하면서 앞서 본 확약서를 작성하여 주기에 이를 믿고서 이 사건 수익증권의 매입 및 그 만기 연장을 하였으므로, 이러한 거래경위와 거래방법, 원고의 투자상황, 거래의 위험도 및 이에 관한 피고의 설명 정도 등을 모두 고려할 때 피고의 시흥동지점 직원들의 권유행위는 원고로 하여금 이 사건 수익증권의 매입에 필연적으로 수반되는 위험성에 관한 올바른 인식 형성을 방해하여 투자판단을 그르치게 한 경우에 해당되거나 원고에게 과대한 위험성을 수반하는 거래를 적극적으로 권유한 경우에 해당하여 결국 고객인 원고에 대한 보호의무를 저버린 위법한 행위라 할 것이고, 한편 피고의 위 지점장 및 직원이 원고에게 수익증권 매입을 권유한 행위는 그 사무집행의 범위 내에 속하는 것이고

피고의 지점장에 의하여 행하여진 이 사건 수익보장약정도 위 수익증권 매입권유의 일환으로 이루어진 것으로서 그 투자수익보장약정행위는 객관적으로 보아 피고의 지점장 등의 사무집행과 밀접하게 관련된 행위라고 할 것이므로, 피고는 위 지점장 등의 사용자로서 그 피용자의 사무집행에 관한 불법행위로 인하여 원고가 입은 모든 손해를 배상할 책임이 있다.

(2) 손해배상책임의 제한

한편, 위에서 채택한 증거에 의하면 원고로서도 이 사건 수익보장약정 체결 당시 이미 소외 대한투자신탁 주식회사 등으로부터 이 사건 수익증권과 유사한 주식형 수익증권의 매입을 통하여 유사한 금융상품에 투자한 경험이 있었으며 이 사건 수익증권은 투기성이나 위험성이 높은 주식형 수익증권이라는 사실을 알았거나 알 수 있었음에도 불구하고, 피고 회사 본점이나 유관기관 등에 이 사건 수익보장약정의 유효성 여부를 확인하는 등의 조치를 취하지 아니한 채 이를 유효한 것으로만 믿고 이 사건 수익증권을 매입하고 만기를 연장까지 한 잘못이 있다 할 것이고 원고의 이러한 과실은 이 사건 손해의 발생 및 확대의 한 원인이 되었다 할 것이나, 당시 투자신탁회사의 임직원들이 약정고 경쟁으로 인하여 수익보장행위를 암암리에 빈발히 하고 있었고 증권투자신탁업법에 위와 같은 행위를 명문으로 금지하고 있지 아니한 상황에서 이러한 수익보장약정을 유효하다고 믿은 원고 위와 같은 과실은 피고의 이 사건 책임을 면제할 정도로 중하다고는 할 수 없으므로, 피고가 배상하여야 할 손해액을 산정함에 있어 이를 참작하기로 하되 그 비율은 위에서 본 여러 사정에 비추어 30퍼센트로 봄이 상당하다.

(3) 손해배상의 범위

위에서 채택한 증거에 의하면, 원고는 수신금리가 높은 관계로 여유자금을 주로 양도성예금증서의 매입이나 금융기관 간의 단기간 자금거래인 콜거래 등 비교적 고수익의 단기금융상품에 투자하여 왔고, 원고가 이 사건 수익증권을 매입할 당시 1년 이상 2년 미만의 시중은행 정기예금 이자율이 연 8.5퍼센트인 사실을 인정할 수 있으므로, 위와 같은 원고의 자금운용방식이나 투자행태, 이 사건 예탁금의 예탁기간 등 여러 사정에 비추어 보면 이 사건 예탁금은 원고가 장기적으로 운용하는 여유자금이라 할 것이므로 위 지점장 등의 불법행위가 없었더라도 이를 위와 같은 단기성 상품에 투자하였으리라고는 보여지지 아니하고 다만 이 사건 예탁금을 최소한 위 정기예금 이자율 이상이 보장되는 금융상품에 투자하였을 것으로 보이고 위 지점장 등도 그러한 사정을 알 수 있었다고 봄이 상당하다 할 것이니, 원고는 적어도 같은 기간 동안 이 사건 예탁금으로 시중은행에 정기예금을 하였더라면 얻을 수 있었던 원리금에서 실제로 피고로부터 지급받은 수액과의 차액 상당의 손해를 입었다 할 것이다.

따라서, 위 불법행위로 인하여 원고가 입은 손해액은 위 예탁원금 3,000,000,000원과 이에 대한 위 예탁일인 1994. 11. 21.부터 위 수익금의 회수일인 1996. 8. 13.까지 630일간의 정기예금 이자율인 연 8.5퍼센트의 비율에 의한 이자 상당 금 440,136,986원(= 3,000,000,000원×0.085×630일/365일, 원 미만은 버림, 이하 같다)을 합한 금액에서 원고가 회수한 위 금 2,697,750,000원을 공제한 금 742,386,986원(= 3,000,000,000원+440,136,986원-2,697,750,000원)이 된다 할 것이고, 여기에 위에서 본 원고의 과실을 참작하면 피고가 원고에게 배상하여야 할 손해액은 금 519,670,890원(= 742,386,986원×0.7)이 된다.

원고는 회사운용자금을 주로 리스채를 발행하여 조달해 왔으므로 피고의 이 사건 불법행위가 없었더라면 이 사건 예탁금을 운용하여 적어도 리스채 이자율인 연 12퍼센트의 수익을 얻을 수 있었을 것이라고 주장하나, 당심증인 김완의 증언만으로는 원고가 이 사건 예탁금을 운용하여 적어도 리스채 금리 상당의 수익을 얻을 수 있었으리라고 인정하기에 부족하고 달리 이를 인정할 증거가 없으므로, 원고의 위 주장은 받아들일 수 없다.

3. 결론

그렇다면, 피고는 원고에게 위 금 519,670,890원 및 이에 대한 위 예탁금 회수 다음날인 1996. 8. 14.부터 원심판결선고일인 1998. 2. 13.까지는 민법이 정하는 연 5퍼센트의, 그 다음날부터 완제일까지는 소송촉진등에관한특례법이 정하는 연 25퍼센트의 각 비율에 의한 지연손해금을 지급할 의무가 있으므로, 원고의 이 사건 청구는 위 인정범위 내에서 이유 있어 이를 인용하고, 나머지 청구는 이유 없어 이를 기각할 것이다.

따라서 원심판결은 이와 결론을 같이 하여 정당하므로 원고와 피고의 항소는 각 이유 없어 이를 모두 기각하기로 하여 주문과 같이 판결한다.

(4-2) 대법원 1999. 3. 23. 선고 99다4405 판결

【원고, 상고인】 대구리스금융 주식회사
【피고, 피상고인】 한국투자신탁 주식회사
【원심판결】 서울고등법원 1998. 12. 9. 선고 98나15424 판결
【주 문】 상고를 기각한다.
상고비용은 원고의 비용으로 한다.

【이 유】

상고이유를 판단한다.

1. 수익보장약정의 효력에 관한 상고이유에 대하여

(1) 구 증권투자신탁업법(1995. 12. 29. 법률 제5044호로 전문 개정되기 전의 것) 제6조 제2항은 위탁회사가 발행한 수익증권을 수익자가 매입하는 거래에 있어서, 위탁회사는 재무부장관(현 재정경제부장관)의 승인을 얻어 원본의 손실을 초래할 경우 또는 미리 정한 최소액의 이익을 얻지 못할 경우에 그 보전 또는 보족에 관한 사항을 정하는 수익증권을 발행할 수 있도록 규정하고 있고, 한편 증권거래법은 제52조 제1호, 제70조의6 제4호, 제210조 제5호에서 증권회사나 그 임직원이 유가증권의 매매거래에 있어서 고객에게 당해 거래에서 발생하는 손실의 전부 또는 일부를 부담할 것을 약속하고 권유하는 행위와 함께 투자자문회사나 그 임직원이 유가증권의 투자에 관하여 고객과 일정한 이익의 보장 또는 이익의 분할을 약속하거나 손실의 전부 또는 일부를 부담할 것을 약속하는 행위를 금하고 그 위반행위에 대하여는 벌칙을 과하고 있는바, 이러한 규정들은 공정한 투자신탁거래질서의 확립을 위하여 제정된 강행법규로 보아야 할 것이므로, 이에 위반하여 이루어진 수익보장약정은 무효라고 할 것이다(대법원 1998. 10. 27. 선고 97다47989 판결, 1998. 12. 23. 선고 98다3429 판결 등 참조). 따라서 이 사건에 있어서 피고가 장관의 승인 없이 원고와의 사이에 개별적으로 한 이 사건 수익보장약정은 위의 강행법규에 위반되어 무효라고 보아야 할 것이므로, 이와 같은 취지의 원심 판단은 정당하고, 거기에 위 법률의 해석이나 수익보장약정의 효력에 관한 법리오해의 위법이 있다고 할 수 없다.

(2) 원심판결 이유에 의하면, 원심은 이 사건 수익보장약정이 저축에 관련하여 부당한 행위를 금지하는 특정경제범죄처벌등에관한법률의 취지에 반한다고만 판시하였을 뿐 위 법률의 취지에 반하여 무효라고까지 판시한 것이 아니므로, 이 부분 상고이유의 주장은 원심판결을 잘못 이해한 데서 비롯된 것으로 이를 받아들일 수 없을

뿐더러 이 사건 수익보장약정이 위와 같은 이유로 무효인 이상 이 부분 원심 판시의 당부는 판결의 결과에 영향이 없다고 할 것이다.

2. 판단유탈(신의칙 위반에 관한 원고의 주장을 판단하지 않았다는 취지)에 관한 상고이유에 대하여

기록에 의하면, 원고는, 피고가 스스로 이 사건 수익보장약정이 무효라고 주장하는 것은 신의칙상 용인될 수 없다는 취지로 주장하였음이 분명하다(기록 576-578쪽, 769쪽). 그럼에도 불구하고 원심이 위와 같은 원고의 주장에 관하여 아무런 판단을 하지 않았음이 원심판결문에 의하여 명백하므로, 원심판결에는 이 부분 상고이유에서 지적하는 바와 같이 판단유탈의 잘못이 있다고 할 것이다.

그러나, 이 사건 수익보장약정이 위탁회사인 피고가 먼저 원고에게 제의를 함으로써 체결된 것이라고 하더라도, 이러한 경우에 강행법규를 위반한 피고 스스로가 그 약정의 무효를 주장함이 신의칙에 위반되는 권리의 행사라는 이유로 그 주장을 배척한다면, 이는 오히려 강행법규에 의하여 배제하려는 결과를 실현시키는 셈이 되어 입법취지를 완전히 몰각하게 되므로, 달리 특별한 사정이 없는 한 위와 같은 주장이 신의성실의 원칙에 반하는 것이라고 할 수 없다 할 것이므로, 결국 원심의 위와 같은 잘못은 판결의 결과에는 영향이 없는 것이나.

3. 손해배상의 범위에 관한 상고이유에 대하여

원심은, 원고는 수신금리가 높은 관계로 여유자금을 주로 양도성예금증서의 매입이나 금융기관간의 단기간 자금거래인 콜거래 등 비교적 고수익의 단기금융상품에 투자하여 온 사실, 원고가 이 사건 수익증권을 매입할 당시 1년 이상 2년 미만의 시중은행 정기예금 이자율이 연 8.5%인 사실을 인정한 다음, 원고의 자금운용방식이나 투자행태, 이 사건 예탁금의 예탁기간 등 여러 사정에 비추어 이 사건 예탁금은 원고가 장기적으로 운용하는 여유자금이라고 할 것이므로 이 사건 불법행위가 없었더라도 이를 위와 같은 단기성 상품에 투자하였으리라고는 보여지지 아니하고 다만 이 사건 예탁금을 최소한 위 정기예금이자율 이상이 보장되는 금융상품에 투자하였을 것으로 보이며, 상대방도 그러한 사정을 알 수 있었다고 봄이 상당하다고 판단하고, 나아가 원고의 다음과 같은 주장, 즉 원고는 회사 운용자금을 주로 리스채를 발행하여 조달해 왔으므로 피고의 이 사건 불법행위가 없었더라면 이 사건 예탁금을 운용하여 적어도 리스채 이자율인 연 12%의 수익을 얻을 수 있었을 것이라는 주장에 대하여, 그 거시의 증거만으로는 이를 인정하기에 부족하고 달리 이를 인정할 만한 증거가 없다는 이유로 원고의 위 주장을 배척하였는바, 기록에 비추어 살펴보면, 원심의 조치는 수긍이 가고, 거기에 불법행위책임에 관한 법리오해의 위법이 있다고 할 수 없다.

4. 과실상계에 관한 상고이유에 대하여

원고의 투자행태 등 기록에 나타난 여러 사정을 살펴보면, 원심이 인정한 원고의 과실비율인 30%가 높다고는 도저히 인정할 수 없으므로, 원심판결에 과실비율을 산정함에 있어서 재량권을 일탈한 위법이 있다고 할 수 없다.

상고이유의 주장은 모두 이유 없다.

그러므로 상고를 기각하고, 상고비용은 패소자의 부담으로 하기로 하여 관여 법관의 일치된 의견으로 주문과 같이 판결한다.

2 사회질서에 반하는 계약의 효력

(1-1) 대전고등법원 1997. 8.12. 선고 95나137 판결

【항고, 항소인】	유근배
【피고, 피항소인】	한국토지개발공사외 1인
【변론종결】	1997. 6. 17.
【보조참가인】	김무강
【원심판결】	대전지방법원 1994. 12. 7. 선고 93가5448 판결

【주 문】

1. 원고의 피고 한국토지개발공사에 대한 항소를 기각한다.

2. 원심판결 중 피고 강금옥에 대한 원고 패소부분을 취소한다.

피고 강금옥은 원고에게 대전 ○○구 ○○동827 대 264.7평방미터 중 2분의 1지분에 관하여 1992. 8. 27. 매매를 원인으로 한 소유권이전등기 절차를 이행하라.

3. 원고의 당심에서의 청구취지 확장에 따라, 피고 한국토지개발공사는 대전지방법원 91카기8524호 이주택지분양권처분금지가처분 결정의 해제를 조건으로 피고 강금옥에게 위 제2항 기재 토지 중 2분의 1지분에 관하여 1990. 9. 21. 매매를 원인으로 한 소유권이전등기절차를 이행하라.

4. 당심에서 확장된 원고의 피고 강금옥에 대한 청구와 피고 한국토지개발공사에 대한 나머지 청구를 모두 기각한다.

5. 항소비용 중 원고와 피고 한국토지개발공사 사이에 생신 부분은 원고의, 원고와 피고 강금옥 사이에 생긴 부분은 피고 강금옥의 각 부담으로 하고, 원고의 확장청구로 인하여 생긴 비용 중 원고와 피고 한국토지개발공사 사이에 생긴 부분은 이를 4분하여 그 1은 원고의, 나머지는 피고 한국토지개발공사의 각 부담으로 하고, 원고와 피고 강금옥 사이에 생긴 부분은 원고의 부담으로 한다.

【청구취지】

피고 한국토지개발공사는 피고 강금옥에게 대전 ○○구 ○○동827 대 264.7평방미터에 관하여 1990. 9. 21. 매매를 원인으로 한 소유권이전등기절차를, 피고 강금옥은 원고에게 위 토지에 관하여 1992. 8. 27. 매매를 원인으로 한 소유권이전등기절차를 각 이행하라는 판결. (원고는 당심에서 청구취지를 확장하였다)

【항소취지】

원심판결을 취소한다. 피고 한국토지개발공사는 피고 강금옥에게 대전 ○○구 ○○동827 대 264.7평방미터 중 2분의 1지분에 관하여 1990. 9. 21. 매매를 원인으로 한 소유권이전등기적차를, 피고 강금옥은 원고에게 위 토지 중 2분의 1지분에 관하여 1992. 8. 27. 매매를 원인으로 한 소유권이전등기절차를 각 이행하라는 판결.

[이 유]

1. 본안 전 항변에 관한 판단

가. 보조참가의 적법성

(1) 원고는, 이 사건 소송에 아무런 이해관계가 없는 제3자인 피고들 보조참가인(이하 보조참가인이라고만 한다)이 이 사건 소송에 보조참가하는 것은 부적법하다는 취지로 주장한다.

(2) 그러므로 보건대, 보조참가인은 소외 망 강문수가 피고 한국토지개발공사(이하 피고 공사라고만 한다)로부터 분양받은 대전 ○○구 ○○동827 대 264.7 평방미터(이하 이 사건 토지라고 한다)를 소외 이찬영으로부터 매수한 다음, 1990. 12. 18. 위 강문수 및 이찬영과의 사이에 이 사건 토지에 관하여 위 강문수로부터 직접 보조참가인에게 소유권을 이전하여 주기로 약정하였고, 피고 강금옥이 위 강문수의 재산을 단독으로 상속하였으므로 보조참가인은 피고 강금옥 및 피고 강금옥을 대위하여 피고 공사에 대하여 이 사건 토지에 관한 소유권이전등기청구권이 있다고 주장하면서 보조참가를 하고 있음은 기록상 명백하므로, 그렇다면 보조참가인은, 원고 역시 피고 강금옥 및 피고 강금옥을 대위하여 피고 공사에 대하여 이 사건 토지에 관한 소유권이전등기청구권이 있음을 전제로 그 이전등기절차의 이행을 구하는 이 사건 소송결과에 관하여 법률상 이해관계가 있는 자이므로 위 보조참가는 적법하다 할 것이어서 원고의 위 주장은 이유없다.

나. 중복제소여부

(1) 보조참가인은, 원고의 피고 공사에 대한 이 사건 소 중 원심 청구취지 부분은 중복제소라고 본안전 항변을 한다.

(2) 살피건대, 원고의 피고 공사에 대한 이 사건 소는 당초 원심에서 피고 강금옥을 대위하여 피고 공사에 대하여 피고 강금옥에게 이 사건 토지 중 2분의 1지분에 관하여 1990. 9. 21. 매매를 원인으로 한 소유권이전등기절차의 이행을 구하다가, 당심에 이르러 청구취지를 확장하여 나머지 2분의 1지분에 대한 소유권이전등기절차의 이행을 구하고 있고, 1993. 7. 7. 이 사건 소가 제기되어 같은 달 13. 그 소장부본이 피고 공사에게 송달된 사실은 기록상 명백하고, 한편 을제4호증의 1 내지 3, 을제8호증, 을제12호증의 1의 각 기재에 의하면, 보조참가인은 1993. 6. 21. 대전지방법원 93가합14926호로 이 사건 원심에서의 청구취지와 같이 피고 강금옥을 대위하여 피고 공사를 상대로 피고 강금옥에게 이 사건 토지 중 2분의 1지분에 관하여 1990. 9. 21. 매매를 원인으로 한 소유권이전등기절차의 이행을 구하는 내용의 소를 제기하여 1993. 6. 24. 그 소장부본이 피고 공사에 송달됨으로써 그때 이미 보조참가인의 피고 공사에 대한 위 채권자 대위소송의 소송계속이 발생한 사실을 인정할 수 있으므로, 원고의 피고 공사에 대한 이 사건 소 중 원심에서 소송이 계속된 이 사건 토지 중 2분의 1지분에 관한 부분은 법원에 계속중인 사건에 대하여 다시 소가 제기된 경우에 해당되어 부적법하다 할 것이므로, 위 항변은 이유있다.

따라서 원고의 피고 공사에 대한 청구에 대하여는 당심에서 청구확장된 이 사건 토지 중 2분의 1 지분에 관한 부분만을 판단하기로 한다.

2. 본안에 관한 판단

가. 청구원인에 대한 판단

(1) 인정사실

(증거)를 종합하면, 소외 망 강문수는 피고 공사가 시행하는 대전 둔산지구 택지개발사업지구에 편입된 대전 ○○구 ○○동104의 32 대지 및 그 지상가옥을 소유하고 있었던 사실, 피고 공사가 위 사업시행을 하면서 위 대지 및 지상가옥을 협의매수하고 위 가옥을 철거함에 따라 위 강문수는 1986.경 피고 공사가 조성할 위 사업지구내의 택지를 이주자택지로 우선 분양받을 수 있는 권리 (즉, 분양계약 전 단계의 이주택지분양청구권을 말한다. 이하 이 사건 택지수분양권이라 한다)를 취득한 사실, 위 강문수는 1990. 9. 12. 분양대상 택지의 추첨결과 위 둔산지구 112블럭 3놋트 대 264.8평방미터(이하 환지전 토지라 한다)를 이주자택지로 지정받은 후 같은 달 21. 피고 공사와의 사이에 위 환지 전 토지를 금 43,740,000원에 분양받기로 하는 계약을 체결하고, 같은 날 분양대금 중 일부로 금 4,374,000원을 납부한 사실, 그후 위 택지개발사업의 구획정리가 완료됨으로써 1993. 1. 30. 위 환지 전 토지는 이 사건 토지로 환지확정된 사실, 한편 원고의 아버지인 소외 유갑수와 위 강문수를 대리한 소외 이근창은 1992. 8. 19. 위 환지전 토지에 관하여(이 시점에서는 이미 위 강문수에게 분양할 토지로 위 환지 전 토지가 지정되고 위 강문수와 피고 공사 사이에 1990. 9. 21. 그에 대한 분양계약이 체결되어 있는 상태였으므로, 단순히 이 사건 택지수분양권을 양도, 양수 한 것이 아니라 직접 위 환지 전 토지를 매매목적물로 하였다고 해석하는 것이 당사자의 의사에 합치된다) 대금 금 300,000,000원에 매매계약을 체결하고, 원고를 대리한 위 유갑수와 위 강문수가 1992. 8. 27. 피고 공사에서 위 1992. 8. 19.자 매매계약의 계약내용을 근간으로 하여 위 환지 전 토지에 관한 매수인 명의를 위 강문수로부터 원고 명의로 변경하기로 약정하고, 위 강문수와 피고 공사 사이의 위 환지 전 토지에 관한 위 1990. 9. 21.자 매매계약상의 매수인인 위 강문수의 권리의무를 원고가 승계한다는 내용이 포함된 권리의무승계약정서(갑제1호증의 1)을 작성하여 매수인 명의변경절차를 밟은 다음, 같은 날 위 환지 전 토지의 분양잔대금으로 금 24,795,210원을 피고 공사에 납부한 사실, 위 강문수는 1993. 5. 4. 사망하고 그 상속인들 중 피고 및 원심 공동 피고로서 당심에서 소취하되어 소송에서 탈퇴한 강옥선을(정확하게는 위 강옥선의 소송수계인들이 소취하에 동의 또는 동의간주되어 소취하의 효력이 발생하였다) 제외한 나머지 상속인들은 같은 해 7. 28. 상속을 포기한 사실, 그후 1995. 2. 10. 위 강옥선이 실종되어 1975. 5. 31. 실종기간 만료되었다는 내용의 실종선고를 받은 사실을 인정할 수 있고, 이에 반하는 듯한 갑제7호증의 27,37의 각 일부기재는 믿기 어렵고, 반증이 없다.

(2) 판단

(가) 위 인정사실에 의하면, 위 강문수와 피고 공사 사이에는 위 환지전 토지를 매매목적물로 하는 1990. 9. 21.자 매매계약이, 원고와 위 강문수 사이에는 같은 토지에 관하여 위 1992. 8. 19.자 매매계약에 기하여 1992. 8. 27. 새로운 매매계약(이하 이 사건 매매계약이라 한다)이 각 체결 되었고, 위 환지전 토지가 이 사건 토지로 환지됨으로써 각 매매계약상의 매매목적물도 이 사건 토지로 변환되었다 할 것이다.

(나) 그리고, 위 강문수는 1993. 5. 4. 사망하고 같은 해 7. 28. 위 강문수의 상속인들 중 피고 강금옥 및 위 강옥선을 제외한 나머지 상속인들은 상속을 포기하여 피고 강금옥과 위 강옥선만이 재산상속인으로 남아 있었는데, 그 후 1995. 2. 10. 위 강옥선에 대한 실종선고에 의하여 1975. 5. 31. 실종기간 만료로 사망간주되었으므로,

위 강옥선은 위 강문수의 사망 이전에 사망한 것으로 되어 위 강문수의 재산상속인이 될 수 없어 결국 피고 강금옥이 단독으로 위 강문수의 재산을 상속하게 되었다 할 것이다.

(다) 그렇다면, 피고 강금옥은 원고에게 이 사건 토지에 관하여 1992. 8. 27. 매매를 원인으로 한 소유권이전등기절차를 이행할 의무가 있고, 강금옥에 대한 위 소유권이전등기청구권을 보전하기 위하여 피고 강금옥을 대위하여 구하는 원고의 청구에 따라, 피고 공사는 피고 강금옥에게 이 사건 토지 중 2분의 1지분에 관하여 1990. 9. 21. 매매를 원인으로 한 소유권이전등기절차를 이행할 의무가 있다 할 것이다.

나. 항변에 대한 판단

(1) 불공정한 법률행위 등

피고 강금옥은, 위 강문수가 심신이 미약하고, 궁박한 상태에서 시가의 절반도 되지 않는 금액을 매매대금으로 하여 원고와 이 사건 매매계약을 체결하였으므로, 이 사건 매매계약은 불공정한 법률행위로서 무효이거나, 위 이근창이 위 강문수를 기망하여 이 사건 매매계약을 체결하였으므로 이를 취소한다고 항변한다.

살피건대, 위 주장사실을 인정할만한 뚜렷한 증가가 없으므로 위 항변은 모두 이유없다.

(2) 반사회질서 법률행위

(가) 보조참가인은, 위 강문수가 이미 이 사건 토지를 보조참가인에게 매도하고 나서 이를 다시 원고에게 이중으로 매도하였고, 이러한 위 강문수의 배임행위에 원고가 적극 가담하여 이 사건 매매계약을 체결한 것이므로, 이 사건 매매계약은 반사회질서 법률행위이거나 신의칙에 위배된 행위이어서 무효라고 항변한다.

(나) 그러므로 먼저 이 사건 매매계약이 위 강문수의 배임행위에 해당하는지 여부 및 원고가 이에 적극가담하였는지에 관하여 살피건대, (증거)를 종합하면, 위에서 인정한 바와 같이 위 강문수가 이 사건 택지수분양권을 취득한 후 1988. 9. 16. 소외 박상순에게 이를 매도하였다가 같은 해 11. 24. 매수인을 소외 함경숙으로 변경하고 대금을 금 17,700,000원으로 정하여 다시 매매계약을 체결하였는데 그 사실을 알게 된 소외 이찬영이 위 강문수에게 이 사건 택지수분양권을 너무 싸게 팔았으므로 이를 되찾기 위하여 위 매매일자보다 소급하여 허위의 서류를 작성하자고 제의하여 위 강문수의 동의를 받아, 1990. 6. 초경 작성일자를 1988. 8. 11.로 소급하여 위 강문수가 위 이찬영에게 이 사건 택지수분양권을 대금 금 16,000,000원에 매도하는 내용의 약정서를 작성하고, 1990. 9. 12. 택지추첨결과 위 강문수에게 이주자택지로 위 환지전 토지가 지정되자 위 강문수와 이찬영은 같은 달 13. 위 강문수가 위 이찬영에게 위 환지 전 토지를 금 20,000,000원에 양도한다는 내용의 양도양수매매계약서(을제6호증의 일부)를 작성한 사실, 그 후 위 이찬영과 소외 이근창 등은 1990. 11. 28. 보조참가인과 위 환지 전 토지의 매매교섭을 하는 자리에서 보조참가인에게 위 강문수를 이 사건 택지수분양자라고 소개하고 이어 위 이찬영은 같은 해 12. 3. 보조참가인 및 보조참가인의 처인 소외 이강이에게 위 환지전 토지 중 2분의1 지분을 금 200,000,000원에 매도하되 위 환지 전 토지 전체에 대한 소유명의는 매수인들 명의로 변경하고, 매도인과 매수인이 2분의 1씩 공사비를 부담하여 그 지상에 건물을 건축한 후 대지와 건물의 소유권을 2분의 1씩 차지하기로 하고, 위 매매대금의 일부에 갈음하여 보조참가인 소유의 대전 ○○구 ○○동119의1 대 170평을 담보로 금 180,000,000원을 대출받아 우선 그 대출금을 건축비용으로 사용하기로 하는 내용의 계약을 체결한 사실, 위 계약체결에 앞서 1990. 11. 30.경 위 이찬영은 보조참가인의 승낙을 받아 원고 소유의 위 대지에 근저당권을 설정하고 같은 해 12. 7.까지 사이에 소외 조치원상호신용금고로부터 보조참가인 등 9인 명의로 금 180,000,000원을 대

출받은 사실, 그후 보조참가인을 대리한 이강이, 이찬영과 위 1990. 12. 3.자 매매계약을 알고 있었던 위 강문수는 1990. 12. 18. 위 1990. 12. 3.자 매매계약에 기하여 위 환지전 토지에 관한 매수인 명의를 위 강문술부터 직접 보조참가인 및 위 이강이로 변경하기로 하고 위 강문수와 피고 공사 사이의 위 환지전 토지에 관한 위 1990. 9. 21.자 매매계약상의 매수인인 위 강문수의 권리의무를 보조참가인이 승계한다는 내용이 포함된 권리의무승계약정서(을제1호증의 1) 등 명의변경에 필요한 서류를 구비하고 피고 공사 충남지사로 가서 명의변경신청을 하려 하였으나, 위 함경숙이 1990. 9. 28. 대전지방법원XX호XXXX 로 위 강문수의 위 공사에 대한 이주분양권 처분금지가처분 결정을 받았다는 이유로 명의변경을 거절당한 사실, 이찬영이 위와같이 매매계약을 체결한 후 보조참가인에게 위 환지 전 토지에 대한 명의변경은 물론 위 대출금도 변제하지 못한 상태에서, 1991. 9. 27. 위 유갑수에게 위 환지 전 토지를 금 640,000,000원에 매도하였다가, 이중매매 및 채무불이행문제로 시비가 발생하여 위 유갑수가 해약통고를 함으로써 위 매매계약을 해제한 사실, 한편 위 이찬영은 1991. 2. 25. 대전지방법원XX호XXXX 로, 보조참가인은 1991. 10. 28. 같은 법원 XX카XXXX 호로 각 채무자를 위 강문수, 제3채무자를 피고 공사로 하여 위 환지 전 토지와 관련하여 각 이주분양권처분금지가처분 결정을 받은 사실, 그 후 위 이근창은 1992. 5. 25. 보조참가인에게 보조참가인 소유 부동산을 담보로 위 조치원상호신용금고로부터 대출받은 위 근저당채무를 1992. 8. 30.까지 변제하고, 별도로 금 100,000,000원을 지급하는 것을 조건으로, 보조참가인으로부터 위 환지 전 토지의 처분동의를 받은 사실, 그렇지만 위 동의당시 위 환지 전 토지를 타에 처분하는 경우에 반드시 보조참가인을 동석시켜 위 약정 금원의 회수를 확실히 보장하기로 약정하였고, 또한 그런 의도에서 보조참가인의 위 가처분을 말소하지 아니하고 그대로 남겨둔 사실, 이어서 위 이근창은 같은달 26. 위 가처분권리자인 위 이찬영으로부터 위 환지전 토지의 처분동의를 받고, 이어서 소외 강원순을 통하여 위 함경숙으로부터, 위 강문수의 동생인 소외 강치원을 통하여 위 강문수로부터 각 처분동의를 받은 다음, 같은해 6.경 위 유갑수와 함께 피고 공사에 가서 위 환지 전 토지에 대한 가처분관계를 알아 본 결과 장부상에 보조참가인의 가처분은 등록되어 있지 아니하고 위 이찬영과 함경숙의 가처분만이 등록되어 있는 것을 확인하여 굳이 보조참가인의 가처분을 해제하지 아니하고도 명의변경이 가능하다는 것을 알고 위 유갑수에게 매수자금을 준비시킨 후, 1992. 8. 19. 위 강문수와 함께 위 유갑수와의 사이에 이 사건 토지에 관하여 금 300,000,000원에 매매계약을 체결하고, 같은 날 위 유갑수는 매매대금으로 위 강문수에게 금 90,000,000원을, 같은 달 21. 위 함경숙에게 금 110,000,000원을, 그 후 위 이근창에게 약 금 56,000,000원(현실적으로 지급한 금 31,000,000원과 대납한 분양잔대금 금 24,795,210원을 합산한 금액)을 각 지급한 사실, 같은 달 8. 27. 원고를 대리한 위 유갑수와 위 강문수가 이 사건 매매계약을 체결한 사실을 인정할 수 있고, 이에 반하는 (증거는) 믿지 아니하며, 달리 반증없는바, 위 사실관계에 비추어 보면, 위 이찬영은 위 강문수로부터 위 환지전 토지의 처분권을 부여받아 보조참가인 및 위 이강이와 위 1990. 12. 3.자 매매계약을 체결하였고, 나아가 위 강문수, 보조참가인 및 이강이, 이 이찬영은 1990. 12. 18.에 이르러 위 1990. 12. 3.자 매매계약의 내용을 토대로 위 환지전 토지에 관하여 피고 공사로부터 위 강문수를 거쳐 보조참가인 및 이강이에게 (또는 피고 공사로부터 직접 보조참가인 및 위 이강이에게) 소유권이 전등기를 경료하기로 하는 내용의 매매계약을 체결한 것이라 할 것이고, 이처럼 위 강문수와 보조참가인 사이에 위 환지전 토지에 관한 매매계약이 존속하고 있는 상태에서, 위 강문수와 이찬영으로부터 순차 위임을 받아 위 환지전 토지의 매매계약을 체결한 위 이근창은 보조참가인이 이미 위 강문수로부터 위 환지전 토지를 매수한 사실을 알고 있었고, 보조참가인으로부터 위 환지전 토지에 대한 처분동의를 받았지만 처분시 보조참가인에게 매도사실을 알리고 그가 동석한 자리에서 매매계약을 체결하기로 하였고, 또한 보조참가인 소유 부동산을 담보로 한 근저당채무를 변제하고 별도로 보조참가인에게 금 100,000,000원을 지급하기로 약정하였고, 보조참가인이 위 환지전토지와 관련하여 피고 공사를 제3채무자로 한 처분금지가처분까지 하여 놓은 사실을 잘 알고 있었음에도 피고 공사에 가서 확인해본 결과 정작 피고 공사의 장부상에는 보조참가인의 가처분이 등록되어 있지 아니하다는 사실을 확인하고 보조참가인의 가처분말소 없이도 위 환지전 토지에 관한 매수인 명의변경이 가능하다는 점을 이용하여, 보조참가인과 약정한 대출금 변제는 물론 금원지급을 회피하면서 보조참가인을 배제시키고 원고로 하여금 위 환지전 토지를 취득케 할 의도로 위 1992. 8. 19.자 매매계약 및 이 사건 매매계약을 체결한 것이라고 할 것이므로, 이는 명백한 이중매매로서 보조참가인에 대한 배임행위에 해당하고, 원고를 대리하여 위 1992. 8. 19.자 매매계약 및 이 사건 매매계약에 주도적으로 관여한 위 ○○○는 벌써 보조참가인이 위 환지전 토지를 매수한 사실을 알고 1991. 9. 27. 이를 이중으로 매수하여 이중매매라는 시비를 불러일으킨 경험이 있어 위 환지전 토지의 매매 내력에 대하여 누구보다 잘 알고 있는 자로서, 보조참가인이 위 환지전 토지 매수인의 지위를 보유하고 있는 사실뿐 아니라 매매교섭과정에서 보조참가인이 환지전 토지에 관련한 처분금지가처분을 하여 놓은 사실을 알아 차리고 있었고, 또한 보조참가인이 위 환지전 토지의 소유권을 취득하든지 아니면 최소한 위 환지전 토지를 매수하는데 소요된 대금과 비용을 회수하기 위하여 이 환지전 토지를 처분을 승낙한 것이라는 점을 능히 짐작하고 있었으며, 그런 사정이라면 보조참가인의 가처분이 피고 공사에 등록되어 있는지 여부에 의하여 보조참가인의 위 매매대금과 비용을 회수하려는 의사가 달라지지 않는다는 점도 충분히 인식할 수 있었음에도, 위 이근창과 동행하여 위 가처분관계를 확인하고 1991. 9. 27.자 매매계약을 체결한지 불과 몇 개월만에 그 계약에서 정하였던 매매대금의 절반에도 미치지 못하는 매매대금으로 위 환지전 토지를 매수한 사정을 종합하면, 위 이근창의 이중매매행위에 적극 협력하여 보조참가인을 배제하고 이 사건 매매계약을 체결한 후 위 이근창이 지정한 가처분권자에게만 매매대금을 직접 지급하였으므로, 위 유갑수는 위 이근창의 배임행위에 적극 가담한 것이라 할 것이어서, 위 1992. 8. 19.자 매매계약 및 이 사건 매매계약은 반사회질서 법률행위이거나 신의성실의 원칙에 위배되는 행위로서 무효라고 할 것이므로, 위 항변은 이유있다.

이에 대하여 원고는, 위 강문수와 보조참가인 사이의 위 1990. 12. 18.자 매매계약은 보조참가인과 위 강문수를 대리한 위 이근창이 1992. 5. 25. 합의해제하고 나서, 위 강문수와 원고 사이에 1992. 8. 19.자 매매계약 및 이 사건 매매계약을 체결하였으므로, 이 사건 매매계약은 이중매매가 아니라고 다투고 있으므로, 위 강문수와 보조참가인 사이의 위 1990. 12. 18.자 매매계약이 합의 해제되었는지에 관하여 보건대, 위 1)항에서 판단하였다시피 보조참가인이 1992. 5. 25. 비록 이사건 부동산의 처분에 대하여 동의를 하였다 하더라도, 이 사건 토지를 타에 처분할 경우 반드시 보조참가인을 동석시키기로 약정함으로써 그 매각대금을 교부받는 방법 등으로 보조참가인 소유 부동산에 대한 근저당채무를 변제받고 또한 추가로 지급받기로 한 금 100,000,000원을 회수할 수 있는 방안을 강구하여 두었고, 특히 위 1990. 12. 18.자 매매계약상의 채권을 피보전권리로 한 이 사건 택지수분양권에 대한 위 가처분을 그대로 남겨 놓았으므로 이는 보조참가인이 위 1990. 12. 18.자 매매계약이 존속하고 있는 상태에서 이 사건 토지를 타에 처분한 후 그 매각대금에서 자신이 투하한 자금회수가 확실시 될 단계에 이르러 비로소 위 가처분을 취하하고 위 1990. 12. 18.자 매매계약을 해제하려 하였던 것이라 할 것이므로, 이와 같은 사정이라면 보조참가인이 단순히 이 사건 토지에 대한 처분동의를 하였다는 사실만으로 위 1990. 12. 18.자 매매계약을 해제한 것으로 볼 수 없는 것이므로, 위 주장은 이유 없다.

그런데, (증거)를 합쳐보면, 위 이찬영이 1990. 12. 3. 보조참가인 및 위 이강이에게 위 환지 전 토지 중 2분의1 지분을 매도함에 있어 위 환지 전 토지의 시가가 약 600,000,000원 정도라는 전제하에 위 환지 전 토지 전체의 매매대금을 금 400,000,000원이라고 쳐서 그 중 2분의 1에 해당하는 금 200,000,000원에 매도하는 계약을 체결한 사실을 인정할 수 있고, 위 매매계약을 체결하면서 위 환지 전 토지 전체에 대한 소유명의는 보조참가인과 위 이강이 명의로 변경하고, 보조참가인 및 위 이강이와 위 이찬영이 2분의 1씩 공사비를 부담하여 그 지상에 건물을 건축한 대지와 건물의 소유권을 2분의 1씩 차지하기로 하고, 위 매매대금의 일부에 갈음하여 보조참가인 소유의 부동산을 담보로 대출받는 금 180,000,000원을 우선 그 건축비용으로 사용하기로 하는 내용의 약정을 하였고, 이러한 계약내용을 그대로 인준하여 위 강문수와 보조참가인이 1990. 12. 18.자 매매계약을 체결하였음은 앞서 인정한 같은바, 위 사실관계에 비추어 보면, 위 이찬영 및 위 강문수는 보조참가인 및 위 이강이에게 분명히 위 환지 전 토지 중 2분의 1지분만을 매도한 것이고, 나머지 2분의 1지분에 관하여는 보조참가인 및 위 이강이에게 명의신탁하기로 약정한 것에 지나지 않는 것이라 할 것이고, 위 1990. 12. 18.자 매매계약 후 위 강문수가 위 이찬영, 이근창을 통하여 보조참가인과 위 환지전 토지의 처분에 관하여 합의함으로써 위 강문수가 위 명의신탁 약정을 철회하는 의사표시를 한 것이라 할 것이므로, 1992. 8. 27. 이 사건 매매계약 당시는 위 명의신탁 약정은 효력을 상실한 이후로서 이 사건 매매계약은 위 환지전 토지 중 명의신탁하기로 하였던 2분의 1지분에 관하여는 이중매매에 해당하지 아니하므로, 결국 이 부분에 대한 이 사건 매매계약은 유효하다 할 것이다.

(3) 선행 가압류, 가처분의 존재

(가) 피고 공사는, 위 이찬영의 채권자인 소외 황광희가 위 이찬영이 피고 공사에 대하여 가지고 있는 위 환지전 토지에 대한 부동산소유권이전등기청구권을 가압류하였으므로, 위 가압류가 해소되지 않는 한 원고의 청구에 응할 수 없다고 항변한다.

살피건대, 을제9호증의 기재에 의하면, 위 가압류는 피고 공사가 위 이찬영에게 이 사건 토지에 관한 소유권이전등기절차의 이행을 금지하는 내용으로 되어 있는 사실이 인정되므로, 피고 공사에 대하여 위 이찬영에게 소유권이전을 구하는 것이 아니라 위 강문수의 상속인인 피고 강금옥에게 소유권이전을 구하는 이 사건 청구에 대항할 사유가 되지 못하므로, 위 항변은 더 나아가 살펴볼 필요 없이 이유없다.

(나) 또한 피고들은, 이 사건 매매계약 이전에 보조참가인이 위 환지전 토지에 관하여 이주택지분양권처분금지가처분을 하였으므로, 위 가처분에 위반하여 원고의 청구에 따른 소유권이전등기를 할 수 없다는 취지로 항변한다.

이에 대하여 보건대, 을 제5호증의 4의 기재에 의하면, 보조참가인이 이 사건 매매계약 이전인 1991. 10. 28. 대전지방법원XX호XXXX 로 채무자를 위 강문수, 제3채무자를 피고 공사로 하여, 위 강문수는 그가 피고 공사에 대하여 갖는 위 환지전 토지에 관한 분양계약에 따른 권리를 양도, 질권의 설정 기타 일체의 처분행위를 하여서는 아니된다. 피고 공사는 위 강문수에게 위 권리의 양도, 승인 기타 일체의 행위를 협조하여서는 아니된다는 내용의 처분금지가처분결정을 받은 사실을 인정할 수 있는바, 위 가처분은 위 강문수와 피고 공사 사이의 1990. 9. 21.자 분양계약이 체결된 후 상당 기간이 경과한 시점에서 이루어진 것이고 결정 주문도 분양계약에 따른 권리를 목적물로 표시하고 있으므로 위 가처분은 분양계약에 따라 발생한 소유권이전등기청구권 등 매수인의 권리를 대상으로 하는 채권에 대한 가처분의 성질을 갖는다 할 것이어서, 위와같은 내용의 가처분은 등기할 수 있는 성질의 것도 아니라 할 것이므로 제3자인 원고가 채무자인 위 강문수로부터 위 환지전 토지를 매수하였음을 원인으로 한 소유권이전등기청구를 불허할 사유가 되지 못하고, 다만, 채무자인 위 강문수는 제3채무자인 피고 공사를 상대로 위 소유권이전등기를 구하는 소송을 제기할 수 있고, 이 경우 위 가처분의 해제를 조건으로 피고 강금옥을 대위한 원고의 피고 공사에 대한 소유권이전등기청구를 인용할 수 있는 것이므로, 피고 강금옥의 항변은 이유없고, 피고 공사의 위 항변은 위 범위 내에서 이유있다.

(4) 환매특약부등기

(가) 마지막으로 피고 공사는, 위 강문수에게 1990. 9. 21. 이 사건 토지를 분양하는 계약체결시 환매기간은 계약체결일로부터 5년, 환매권자를 피고 공사로하는 환매특약을 하였으므로 위와 같은 내용의 환매특약부 등기가 되어야 한다고 항변한다.

(나) 살피건대, 위 피고의 주장에 의하더라도 위 환매기간은 위 체약체결일로 5년이 경과한 1995. 9. 21.만료되었음이 명백하여 위 환매특약을 등기할 실익이 없는 것이므로 위 항변은 주장 자체로 이유없다.

3. 결론

그렇다면, 피고 공사는 대전지방법원 91카기8524호 가처분결정의 해제를 조건으로, 피고 강금옥에게 이 사건 토지 중 2분의 1지분에 관하여 1990. 9. 21. 매매를 원인으로 한, 피고 강금옥은 원고에게 같은 토지 중 2분의 1지분에 관하여 1992. 8. 27. 매매를 원인으로 한 각 소유권이전등기절차를 이행할 의무가 있다 할 것인바, 원고의 피고 공사에 대한 이 사건 소 중 이 사건 토지의 2분의 1지분에 관한 부분은 부적법하므로 이를 각하하고, 피고 강금옥에 대한 청구는 위 인정 범위 내에서 이유 있어 이를 인용하고, 나머지는 이유없이 이를 기각하여야 할 것인바, 원심판결 중 피고 공사에 대한 부분은 정당하므로 이에 대한 항소를 기각하고, 피고 강금옥에 대한 부분은 부당하므로 이를 취소하여 위 의무의 이행을 명하고, 원고의 당심에서 확장한 청구 중 피고 공사에 대한 부분은 이유있어 이를 인용하고, 피고 강금옥에 대한 부분 및 피고 공사에 대한 나머지 청구는 이유없어 이를 모두 기각하기로 하여 주문과 같이 판결한다.

(1-2) 대법원 1998. 2. 27. 선고 97다45532 판결

【원고, 상고인 겸 피상고인】 유근배
【피고, 피상고인】 한국토지개발공사
【피고, 피상고인 겸 상고인】 강금옥
【피고보조참가인, 상고인】 김무강
【원심판결】 대전고등법원 1997. 8. 12. 선고 95나137 판결
【주 문】 상고를 모두 기각한다. 상고비용은 상고인 각자의 부담으로 한다.

【이 유】

상고이유를 본다.

1. 먼저 원고의 상고이유를 본다.

가. 중복제소금지의 점에 대하여

소론은, 채권자가 채무자를 대위하여 제3채무자를 상대로 제기한 채권자대위소송이 법원에 계속 중 다른 채

권자가 같은 채무자를 대위하여 제3채무자를 피고로 하여 동일한 소송물에 관하여 소송을 제기한 경우일지라도 전소의 적법 및 당부를 심리하여 진정한 채권자가 채무자의 권리를 적법하게 대위하고 있다는 결론에 이른 경우에만 후에 제기된 채권자대위소송을 중복제소로서 부적법한 것으로 판단하여야 한다는 것이나, 중복제소금지는 소송계속으로 인하여 당연히 발생하는 소송요건의 하나로서 이미 동일한 사건에 관하여 전소가 제기되었다면, 설령 그 전소가 소송요건을 흠결하여 부적법하다고 할지라도 후소의 변론종결시까지 취하·각하 등에 의하여 그 소송계속이 소멸되지 아니하는 한 후소는 중복제소금지에 위배하여 각하를 면치 못하게 되는바, 이 사건 전소의 적법 및 당부를 심리하지 아니한 채 후소를 부적법하다고 본 원심 판단은 정당하고, 거기에 소론과 같은 중복제소금지의 법리를 오인한 위법이 있다고 할 수 없다.

논지는 이유 없다.

나. 이중매매의 점에 대하여

원심판결의 이유에 의하면, 원심은 거시 증거에 의하여, 소외 망 강문수는 1986년경 대전 둔산지구 택지개발사업의 시행으로 인하여 그 소유의 토지 및 건물을 피고 공사에 매각함으로써 위 사업지구 내에 조성될 단독주택건설용지를 이주자택지로 우선 분양받을 수 있는 권리(이하 '이 사건 택지수분양권'이라 한다)를 취득하였다가 1990. 9. 12. 대전 서구 둔산지구 112블럭 3롯트 대 264.8㎡(이하 '환지 전 토지'라 한다)를 이주자택지로 지정받은 후 같은 달 21. 이를 대금 43,740,000원에 매수한 사실, 소외 이찬영은 1990. 12. 3. 피고들 보조참가인(이하 '보조참가인'이라 한다) 및 그의 처인 소외 이강이에게 위 환지 전 토지 중 2분의 1 지분을 금 200,000,000원에 매도하되 위 환지 전 토지 전체에 대한 소유 명의를 우선 매수인들 명의로 변경하고, 매도인과 매수인이 2분의 1씩 공사비를 부담하여 그 지상에 건물을 건축한 후 이를 각 2분의 1씩 차지하기로 약정하고, 보조참가인 소유의 대전 ○○구 ○○동119의 1 대 170평을 담보로 제공하고 금 180,000,000원을 대출받아 이를 위 매매대금의 일부에 충당하였고, 이러한 매매 사실을 미리 알고 있었던 위 강문수는 같은 달 18. 위 매매계약의 내용을 그대로 받아들여 보조참가인 및 위 이강이 사이에서 위 환지 전 토지에 관한 매매계약을 체결한 사실, 그러자 보조참가인은 1991. 10. 28. 대전지방법원XX호XXXX 로 채무자를 위 강문수, 제3채무자를 피고 공사로 하여 '채무자는 제3채무자에 대하여 가지는 위 환지 전 토지에 관한 분양계약에 따른 권리를 양도, 질권의 설정 기타 일체의 처분행위를 하여서는 아니 되며, 제3채무자는 채무자에 대하여 위 권리의 양도, 승인 기타 일체의 행위를 협조하여서는 아니 된다'라는 취지의 처분금지가처분결정을 받은 사실, 그 후 소외 이근창은 1992. 5. 25. 보조참가인과 사이에서 위 대출금 채무를 1992. 8. 30.까지 변제함과 아울러 금 100,000,000원을 추가로 지급하는 것을 조건으로 위 환지 전 토지를 제3자에게 처분할 수 있기로 합의함에 있어서 위 환지 전 토지의 처분시에는 반드시 보조참가인을 동석시켜 위 약정 금원의 회수를 확실히 보장하기로 약정하는 한편, 그에 앞서 위 강문수로부터 이 사건 택지수분양권을 매수하거나 위 환지 전 토지를 매수한 다른 이해관계인들로부터도 위 환지 전 토지의 처분에 관한 동의를 받은 다음, 같은 해 6.경 이러한 저간의 사정을 잘 알고 있는 원고의 부(父)인 소외 유갑수와 함께 피고 공사에 가서 위 환지 전 토지에 대한 가처분관계를 알아 본 결과 장부상에 보조참가인의 가처분이 등재되어 있지 아니한 것을 확인하고 굳이 보조참가인의 가처분을 해제하지 아니하고도 그 권리행사에 지장이 없다고 여기고, 1992. 8. 19. 위 강문수를 대리하여 위 유갑수와의 사이에서 보조참가인을 동석시키지 아니한 채 이 사건 토지에 관하여 금 300,000,000원에 매매계약을 체결하였다가 같은 달 8. 27. 원고를 대리한 위 유갑수와 위 강문수가 위 매매계약상의 매수인 명의를 원고 앞으로 변경하기로 약정(이하 '이 사건 매매계약'이라 한다)한 사실, 위 택지개발을 위한 구획정리사업이 완료됨으로써 위 환지 전 토지가 1993. 1. 30. 대전 ○○구 ○○동827 대 264.7㎡(이하 '이 사건 토지'라 한다)로 환지확정된 사실 등을 인정한 다음, 위 강문수와 원고 사이에 체결된 위 환지 전 토지에 관한 이 사건 매매계약은 그 1/2지분에 관한 한, 이미 보조참가인에게 매도되어 그 대금의 상당 부분을 실제로 지급받았고 그 매매계약이 해제되지 아니한 채 유효하게 존속중임에도 불구하고 보조참가인과 사이에서 약정한 대출금의 변제 등의 의무이행을 회피하면서 다시 이를 처분한 것으로서 보조참가인에 대한 배임행위이고, 원고를 대리한 위 유갑수도 위 환지 전 토지의 매매 내력을 누구보다도 잘 알고서도 보조참가인을 배제시킨 채 이를 매수함으로써 위 배임행위에 적극 가담하였으므로, 반사회적 법률행위로서 무효라고 판단하였다.

기록에 의하면, 원심의 이러한 사실인정과 판단은 수긍이 가고, 거기에 소론과 같은 채증법칙 위배로 인한 사실오인의 위법이 없고, 또한 위 유갑수가 원고를 대리하여 이 사건 매매계약을 체결함에 있어서 위 환지 전 토지에 관한 저간의 사정을 잘 알고 그 배임행위에 가담하였다면, 대리행위의 하자 유무는 대리인을 표준으로 판단하여야 하므로(민법 제116조) 설사 소론과 같이 원고가 미리 그러한 사정을 몰랐거나 반사회성을 야기한 것이 아니라고 할지라도 그로 인하여 이 사건 매매계약이 가지는 사회질서에 반한다는 장애사유가 부정되는 것은 아니라고 할 것인바, 같은 취지의 원심 판단은 정당하고, 거기에 소론과 같은 이중매매 또는 반사회질서 법률행위 등에 관한 법리오인의 위법이 있다고 할 수 없다.

논지는 모두 이유 없다.

다. 처분금지가처분의 효력의 점에 대하여

원심은, 보조참가인이 받은 위 처분금지가처분은 위 강문수와 피고 공사 사이의 1990. 9. 21.자 분양계약이 체결된 후 상당 기간이 경과한 시점에서 이루어진 것이고 결정 주문도 분양계약에 따른 권리를 목적물로 표시하고 있으므로 분양계약에 따라 발생한 소유권이전등기청구권 등 매수인의 권리를 대상으로 하는 채권에 대한 가처분의 성질을 갖는 반면, 등기할 수 있는 성질의 것은 아니므로 제3자인 원고가 채무자인 위 강문수로부터 위 환지 전 토지를 매수하였음을 원인으로 한 소유권이전등기청구를 불허할 사유가 되지 못하고, 다만 피고 강금옥을 대위한 원고의 피고 공사에 대한 이 사건 소유권이전등기청구는 위 가처분의 해제를 조건으로 하는 범위 내에서만 인용될 수 있다고 판단하였다.

원심이 적법하게 인정한 사실관계에 의하면, 위 가처분에는 이 사건 택지수분양권 내지는 위 환지 전 토지를 공급받을 수 있는 권리에 대한 이전청구권을 피보전권리로 하여 위 강문수의 상속인인 피고 강금옥의 피고 공사에 대한 원심 판시 소유권이전등기청구권의 추심을 금지하는 효력이 포함되어 있다고 할 것이고, 소유권이전등기를 명하는 판결은 의사의 진술을 명하는 판결로서 이것이 확정되면 채무자는 일방적으로 이전등기를 신청할 수 있고 제3채무자는 이를 저지할 방법이 없으므로, 이러한 경우에는 위 가처분의 해제를 조건으로 하지 아니하는 한 원고가 피고 강금옥을 대위하여 구하는 위 피고의 피고 공사에 대한 이 사건 소유권이전등기청구를 인용하여서는 아니 되는바, 같은 취지의 원심 판단은 정당하고, 거기에 소론과 같은 처분금지가처분의 상대적 효력에 관한 법리오인의 위법이 있다고 할 수 없다. 논지도 이유 없다.

소론이 들고 있는 대법원 1989. 5. 9. 선고 88다카6488 판결은 이 사건과는 사안을 달리하는 것으로 여기에 원용하기에 적절하지 아니하다.

2. 다음 피고 강금옥 및 보조참가인의 상고이유를 본다.

가. 피고 강금옥의 상고이유 제1점 및 보조참가인의 상고이유에 대하여

기록에 의하면, 원심이 거시 증거에 의하여 위 강문수가 앞에서 본 바와 같이 직접 위 환지 전 토지에 대한 처분에 관여하였고 위 강문수가 보조참가인에게 매도한 부분은 환지 전 토지의 1/2지분에 불과하고 나머지 부분에 관하여는 명의만을 신탁하기로 약정하였다가 후에 그 명의신탁약정을 철회한 것으로 사실을 인정하고 판단한 조치는 수긍이 가고, 거기에 소론과 같은 채증법칙 위배 내지 심리미진으로 인한 사실오인이나 명의신탁에 관한 법리오인의 위법이 있다고 할 수 없다. 논지는 이유 없다.

나. 피고 강금옥의 상고이유 제2점에 대하여

소론은, 피고로서는 위 환지 전 토지 중 1/2지분에 관하여 위 강문수에 의하여 보조참가인에게 명의신탁되었다거나 그 명의신탁이 해제되었다고 주장한 바가 없는 이 사건에 있어서, 원심이 이 사건 토지의 1/2지분에 관하여 위 강문수와 보조참가인 사이에 명의신탁약정이 체결되었다거나 철회되었다고 인정한 것은 변론주의에 위배된다는 취지인바, 기록에 의하면 보조참가인은 위 환지 전 토지 전부를 매수하였다고 주장하면서 제1심에서 위 이찬영과 공동으로 작성한 약정서를 을 제6호증으로 제출하였을 뿐만 아니라 증인 이찬영, 이근창 등의 신문을 통하여 보조참가인이 매수한 부분이 위 환지 전 토지의 1/2에 불과함에도 편의상 그 전부에 관한 수분양자의 명의를 보조참가인 및 그 처인 위 이강이 앞으로 변경하기로 약정하였다가 위 환지 전 토지 전부를 타에 처분하기로 합의한 사실을 입증하고 있으므로, 비록 원·피고나 보조참가인이 그 변론에서 위 명의신탁관계의 성립 및 그 철회 내지 해지에 관하여 명백히 진술을 한 흔적은 없다 하더라도 위 증거들의 신청으로 그에 관한 간접적인 진술이 있었다고 보아야 할 것인바(대법원 1993. 3. 9. 선고 92다54517 판결 등 참조), 원심이 위 환지 전 토지 중 1/2지분에 관하여 계약상의 명의신탁관계가 성립하였다가 철회되었다고 인정하였다고 하여 변론주의에 반한다고 볼 수 없으므로 논지는 이유 없다.

다. 피고 강금옥의 상고이유 제3점에 대하여

매매목적물인 1필지 토지의 일부가 이중매매에 해당하여 반사회적 법률행위로서 무효로 인정되는 경우에는 이중매매에 해당하지 아니한 나머지 부분까지 당연히 무효로 되는 것이 아니라, 민법 제137조에 의하여 그 이중매매에 해당하는 부분이 없더라도 그 매매계약을 체결하였을 것이라고 인정되는 경우에는 그 나머지 부분은 무효가 되지 아니한다고 할 것인바, 같은 취지에서 이 사건 토지 중 1/2지분에 관하여는 이중매매에 해당하지 아니함을 전제로 이 사건 매매계약이 유효하다고 판단한 원심의 조치는 정당하고, 거기에 소론과 같은 이중매매나 일부 무효에 관한 법리오해의 위법이 있다고 할 수 없다. 논지도 이유 없다.

3. 그러므로 상고를 모두 기각하고, 상고비용은 패소자 각자의 부담으로 하기로 하여 관여 법관의 일치된 의견으로 주문과 같이 판결한다.

(2) 대법원 1994. 3. 11. 선고 93다55289 판결

【원고, 피상고인】 김치우
【피고, 상고인】 김상룡 외 1인
【원심판결】 대구지방법원 1993.10.13.선고 92나7779 판결
【주 문】 원심판결을 파기하고, 사건을 대구지방법원 합의부에 환송한다.

【이 유】

상고이유를 본다.

1. 원심의 인정 및 판단

이사건 제1,2토지는 미등기로 토지대장상 소외 망 박규선의 명의로 등재된 것인데, 그의 사망으로 위 토지에 관한 권리의무를 원심판결 별지 2에 표시된 선정자들이 공동상속하였고, 소외 허문수는 1944.3.6.경 위 박규선으로부터 이사건 제1토지를 매수하여 점유하다가, 이를 나누어 소외 주진수, 주진규에게 각 매도하고, 나머지는 소외 허동영에게 증여하여, 위 주진규를 상속한 소외 주종희, 위 허동영, 주진수가 위 토지를 점유하여 오던 중 원고가 1986.7.3.부터 1987.1.12. 사이에 위 허동영, 주진수, 주종희로부터 각 점유부분을 매수하여 점유하였으며, 소외 주진규는 1944.3.2.경 위 박규선으로부터 이사건 제2토지를 매수하여 점유하다가 소외 주종희에게 증여하였으며, 원고는 1987.1.12.경 위 주종희로부터 이를 매수하여 점유하였는 바, 피고 김상룡은 이사건 토지가 위와 같이 전전매도된 사실을 알고서 원고와 매매교섭을 하다가 결렬되자, 이사건 토지의 공유자인 피고 박봉근에게 이중매도를 권유하여, 피고 박봉근은 1987.5.23. 이사건 토지가 위와같이 전전매도되었다는 사실을 알고서도 본인 및 나머지 선정자들의 대리인 자격으로 피고 김상룡과 이사건 토지의 매매계약을 체결한 다음, 같은해 8.31. 이사건 토지에 관하여 선정자들 명의로 소유권보존등기를 경료하였고, 피고 김상룡은 선정자 박두년의 지분을 제외한 나머지 지분에 관하여 자기 앞으로 소유권이전등기를 경료한 사실을 인정하고 나서, 원고는 위 허문수와 주진규가 이사건 토지를 점유한 때로부터 20년이 경과한 후로서 원고가 구하는 1987.6.30. 이사건 토지를 시효취득하였다 할 것이고, 선정자들과 피고 김상룡 사이의 위 매매계약은 토지매도인인 위 박규선의 소유권이전등기절차의 이행의무를 상속한 선정자들의 배임행위에 피고 김상룡이 적극가담한 반사회적인 법률행위로서 무효라고 판단하였다.

2. 상고이유 제1점을 본다.

원심이 원고의 점유사실을 인정한 이상 점유자는 소유의 의사로 평온 공연하게 점유하는 것으로 추정되는 것이고, 한편 원심은 소론과 같이 선정자들이 원고에 대한 시효취득으로 인한 이전등기의무를 위배하여 배임행위를 하였다는 것이 아니라 망 박규선의 매매로 인한 이전등기의무의 상속인들로서 그 매수인에 대하여 배임행위를 하였다는 판단이므로 원심판결이 피고 박봉근이 원고의 시효취득사실을 알았다고 판시하지 아니하였다 하여 원심판결에 이유를 갖추지 아니하거나 심리를 다하지 아니한 위법은 없다. 논지는 원심판결을 오해한 데서 비롯된 것이어서 이유없다.

3. 상고이유 제2점을 본다.

취득시효를 주장하는 자는 소유자의 변동이 없는 토지에 관하여는 취득시효의 기산점을 임의로 선택할 수 있으나, 점유기간 중 소유자의 변동이 있는 경우 그 기산점을 임의로 선택하거나 소급하여 20년 이상 점유한 사실만을 내세워 시효완성을 주장할 수 없다는 것은 당원의 확립된 판례이다.

취득시효기간이 완성된 후 피고 김상용명의로 소유권이전등기가 마쳐진 이 사건에 있어서 원심은 선정자들과 피고 김상룡 사이의 매매가 반사회적 법률행위이어서 위 등기가 무효라는 전제 아래 취득시효의 기산점을 임의로 선택하도록 한 것이므로 그러한 원심의 전제가 타당하다면 원심의 판단은 일응 옳고 거기에 소론이 지적하는 취득시효의 기산점에 관한 법리를 오해한 위법이 없다 할 것이다. 이점에 관한 논지도 이유없다.

4. 상고이유 제3,4점을 본다.

기록에 의하여 원심이 들고 있는 증거들을 대조하여 보면 원심이 원고와 그 전소유자의 이사건 토지에 관한 점유사실과 망 박규선의 이사건 토지의 매도사실을 인정함에 있어 거친 증거취사의 과정은 능히 수긍할 수 있고 거기에 소론이 지적하는 심리를 다하지 아니하거나 채증법칙위배 또는 증거판단을 유탈한 위법은 없다. 이점에 관한 논지도 이유없다.

5. 상고이유 제5점을 본다.

부동산의 이중매매가 반사회적 법률행위로서 무효가 되기 위하여는 매도인의 배임행위와 매수인이 매도인의 배임행위에 적극 가담한 행위로 이루어진 매매로서 그 적극가담하는 행위는 매수인이 다른 사람에게 매도된 것을 안다는 것만으로는 부족하고 적어도 그 매도사실을 알고도 매도를 요청하여 매매계약에 이르는 정도가 되어야 한다 할 것인 바(당원 1981.12.22.선고, 81다카197 판결 참조), 선정자들을 대리한 피고 박봉근이 망 박규선의 매도사실을 알았는지 여부에 관하여는 피고 박봉근이 망 박규선과 같이 생활하였고 타인이 이사건 토지를 점유관리하였으므로 알았을 것이라는 원고의 추측(갑 제8호증의15,16)이외에는 이를 인정할 자료가 없다.

또한 피고 김상룡이 망 박규선이 이사건 토지를 매도한 사실을 알고도 선정자들을 대리한 피고 박봉근의 배임행위에 적극 가담하였는지에 관하여 원심이 드는 증거 중 원심증인 허동영의 증언은 피고 김상룡이 원고가 피고 박봉근을 고소한 이후인 1985.경 찾아와 그에게 망 박규선과 허문수사이의 매도증서(갑 제7호증)를 보여주었다는 것이나, 갑 제8호증의 15의 기재와 같이 원고가 1988.6.에야 피고 박봉근을 고소한 사실과 명백히 모순되어 극히 의심스럽다고 하지 않을 수 없고, 제1심 증인 주진백의 증언 역시 그가 위 사실을 안 경위를 알 수 없다는 것이어서 신빙성이 없으며, 피고 김상룡은 그가 이사건 토지의 매수자라고 주장하는 원고로부터 매수하려다가 가격이 맞지 않아 이에 불응하고 피고 박봉근으로부터 원고에게 매도하지 아니한 것을 확인한 다음 이사건 토지를 매수하였다는 것이고, 그 밖의 서증이나 증언들은 이와 무관하거나 알지 못한다는 것에 불과하며, 원고의 진술이 기재된 갑 제8호증의 10,15,16의 각 기재에 의하여도 피고 김상룡이 원고가 위 허동영 등으로부터 이사건 토지를 매수한 사실을 알고 원고에게 매도를 권유하다가 원고가 거절하자 피고 박봉근에게 매도를 요청하여 매수하였다는 취지에 불과하여 피고 박봉근이 배임행위를 하였다거나 피고 김상룡이 위 망 박규선의 매도사실을 알고도 피고 박봉근의 배임행위에 적극 가담한 것이라고 단정할 수 없음이 명백하다.

이 같은 사정 아래서라면 피고 김상룡명의의 소유권이전등기가 반사회적 법률행위를 원인으로 하는 무효의 등기라고 볼 수 없다 할 것이고, 그 등기가 원인무효가 아닌 한 취득시효기간의 완성이후에 등기를 하지 아니한 원고로서는 유효한 소유권이전등기를 경료한 피고 김상룡에 대하여 취득시효의 완성을 가지고 대항할 수 없다

할 것이다.

결국 피고 김상룡명의의 소유권이전등기가 반사회적 법률행위로 원인무효라고 판단하고 이를 전제로 시효취득을 원인으로 한 이전등기청구를 받아들인 원심판결은 채증법칙을 위배하였거나 심리를 다하지 아니하여 사실을 그릇 인정한 위법을 저질러 판결결과에 영향을 미쳤다고 할 것이어서 이점을 지적하는 논지는 이유있다.

6. 이에 원심판결을 파기하고 사건을 원심법원에 환송하기로 관여법관의 의견이 일치되어 주문과 같이 판결한다.

(3) 대법원 2015.7.23. 선고 2015다200111 전원합의체판결

【원고, 피상고인】 원고
【피고, 상고인】 피고 (소송대리인 변호사 김◈호)
【원심판결】 대구고법 2014.12.10. 선고 2013나21568판결
【주 문】 상고를 기각한다. 상고비용은 피고가 부담한다.

【이 유】

상고이유를 판단한다.

1.

가. 형사사법은 국민의 기본적 인권의 보장과 국가형벌권의 공정한 실현을 그 이상으로 한다. 수사와 재판을 포함한 형사절차는 국민의 자유, 재산, 명예는 물론 사회의 안녕 및 질서 유지와 직결되어 법치주의의 근간을 이루기 때문에, 엄정하고 공정하게 운용되어야 할 뿐 아니라 그에 대한 국민의 신뢰를 확보하지 않으면 안 된다. 만약 국가형벌권의 행사를 둘러싸고 국민들 사이에 불신과 불만이 존재한다면 국민들의 준법의식과 정의 관념에 혼란을 가져오고 사법제도 전반에 대한 신뢰의 위기를 초래함으로써 국가기능에 중대한 장애를 초래할 수 있기 때문이다.

나. 공정한 형사절차가 실현되기 위해서는 범죄혐의를 받고 있는 피의자나 피고인에게 변명하고 자기방어를 할 수 있는 충분한 기회가 주어져야 한다. 우리 헌법은 신체의 자유를 제한하게 되는 체포·구속이나 처벌·보안처분에 관하여 적법절차와 영장주의 원칙에 따라 여러 절차적 권리를 보장하면서, 이를 실질적으로 구현하기 위한 중요한 수단으로서 변호인의 조력을 받을 권리를 명시하고 있다. 이처럼 그 조력을 받을 권리가 직접 헌법에 규정될 정도로 변호인은 형사절차에서 중요한 공익적 역할을 담당하고 있는데, 헌법과 형사소송법에 보장된 피의자·피고인의 방어권과 각종 절차적 권리를 실질적·효과적으로 행사할 수 있게 해 주는 법적 장치가 바로 변호사제도이다. 따라서 재판을 담당하는 법관이나 수사와 공소 제기 및 유지를 담당하는 검사와 마찬가지로 변호사도 형사절차를 통한 정의의 실현이라는 중요한 공적 이익을 위하여 협력하고 노력할 의무를 부담한다. 그렇기 때문에 변호사는 개인적 이익이나 영리를 추구하는 단순한 직업인이 아니라, 우리 사회의 법치주의 실현의 한 축으로서 정의와 인권을 수호하여야 하는 공적인 지위에 있다.

다. 변호사법은 법률사무 전반을 변호사에게 독점시키는 한편, 변호사는 기본적 인권을 옹호하고 사회정의를 실현함을 그 사명으로 하고, 공공성을 지닌 법률 전문직으로서 독립하여 자유롭게 그 직무를 수행한다고 선언하

면서(제1조, 제2조),변호사의 자격과 등록을 엄격히 제한하고(제4조 내지 제20조),변호사에게 품위유지의무, 비밀유지의무 등의 각종 의무를 부과하며(제24조 내지 제27조 등),광고 제한, 변호인선임서 등의 지방변호사회 경유, 연고 관계 등의 선전금지, 수임 제한, 겸직 제한 등의 규제를 하는 등(제23조, 제29조 내지 제35조, 제38조 등)변호사 직무에 관하여 고도의 공공성과 윤리성을 강조하고 있다. 특히 변호사법은 변호사가 판사·검사, 그 밖에 재판·수사기관의 공무원에게 제공하거나 그 공무원과 교제한다는 명목으로 금품이나 그 밖의 이익을 받거나 받기로 한 행위와 위와 같은 공무원에게 제공하거나 그 공무원과 교제한다는 명목의 비용을 변호사 선임료·성공사례금에 명시적으로 포함시키는 행위를 한 경우에는 실제 그와 같은 용도로 금품이 사용되었는지 여부를 묻지 않고 형사처벌하는 규정(제110조)까지 두고 있다. 국가가 지난 수십 년 동안 사법연수원제도를 통해 사법연수생을 국가공무원으로 임명하여 일정한 보수를 지급하는 등 변호사 양성비용을 부담한 것도 이러한 변호사의 공공성과 사회적 책임을 잘 보여 주는 사례이다.

라. 변호사가 위임사무의 처리에 대한 대가로 받는 보수는 수임인인 변호사와 위임인인 의뢰인 사이의 자유로운 합의에 의하여 결정되는 것이 원칙이다. 하지만 형사소송은 국가형벌권을 실현하는 절차로서 당사자의 생명, 신체의 자유, 명예 등과 밀접한 관련성을 가지고 있으므로 변호사 직무의 공공성과 윤리성이 다른 사건에서보다 더욱 절실히 요구된다.

따라서 형사사건에 관한 변호사의 보수는 단순히 사적 자치의 원칙에 입각한 변호사와 의뢰인 사이의 대가수수관계로 맡겨둘 수만은 없다.

형사사건에 관한 변호사의 보수 중에서도 의뢰인이 위임사무의 처리결과에 따라 또는 사건해결의 성공 정도에 따라 변호사에게 특별한 보수를 지급하기로 약속하는 이른바 '성공보수약정'은 여러 가지 부작용과 문제점을 안고 있고, 형사절차나 법조 직역 전반에 대한 신뢰성이나 공정성의 문제와도 밀접하게 연관되어 있기 때문에 그 법적 효력에 관하여 면밀한 검토가 필요하다.

(1) 우리 민법 제103조 는 선량한 풍속 기타 사회질서에 위반한 사항을 내용으로 하는 법률행위는 무효로 한다고 규정하고 있고, 이때 민법 제103조 에 의하여 무효로 되는 반사회질서 행위는 법률행위의 목적인 권리의무의 내용이 선량한 풍속 기타 사회질서에 위반되는 경우뿐만 아니라, 그 내용 자체는 반사회질서적인 것이 아니라고 하여도 법률적으로 이를 강제하거나 법률행위에 반사회질서적인 조건 또는 금전적인 대가가 결부됨으로써 반사회질서적 성질을 띠게 되는 경우 및 표시되거나 상대방에게 알려진 법률행위의 동기가 반사회질서적인 경우 등을 포함한다(대법원 2000.2.11.선고 99다56833판결 등 참조).

(2) 형사사건의 경우 성공보수약정에서 말하는 '성공'의 기준은 개별사건에서 변호사와 의뢰인 간의 합의에 따라 정해질 것이지만, 일반적으로 수사 단계에서는 불기소, 약식명령 청구, 불구속 기소, 재판 단계에서는 구속영장청구의 기각 또는 구속된 피의자·피고인의 석방이나 무죄·벌금·집행유예 등과 같은 유리한 본안 판결인 경우가 거의 대부분이다.

그렇기 때문에 성공보수약정에서 정한 조건의 성취 여부는 형사절차의 요체이자 본질에 해당하는 인신구속이나 형벌의 문제와 밀접하게 관련된다. 만약 형사사건에서 특정한 수사방향이나 재판의 결과를 '성공'으로 정하여 그 대가로 금전을 주고받기로 한 변호사와 의뢰인 간의 합의가, 형사사법의 생명이라 할 수 있는 공정성·염결성이나 변호사에게 요구되는 공적 역할과 고도의 직업윤리를 기준으로 볼 때 우리 사회의 일반적인 도덕관념에 어긋나는 것이라면 국민들이 보편타당하다고 여기는 선량한 풍속 내지 건전한 사회질서에 위반되는 것으로 보아야 한다.

(3) 우선 성공보수의 개입으로 말미암아 변호사가 의뢰인에게 양질의 법률서비스를 제공하는 수준을 넘어 의뢰인과 전적으로 이해관계를 같이 하게 되면, 변호사 직무의 독립성이나 공공성이 훼손될 위험이 있고, 이는 국가형벌권의 적정한 실현에도 장애가 될 수 있다.

간과해서는 안 되는 것은 형사사건의 통상적인 성공보수약정에서 정한 '성공'에 해당하는 결과인 불기소, 불구속, 구속된 피의자·피고인의 석방, 무죄판결 등은 변호사의 노력만으로 항상 이루어낼 수 있는 성격의 것은 아니라는 점이다. 우리나라의 형사소송절차는 기소편의주의를 채택하고 있고, 공판절차에서 직권증거조사 등 직권주의적 요소가 적지 않으며, 형벌의 종류와 형량의 결정에서도 재량의 범위가 상대적으로 넓게 규정되어 있는 등 수사나 재판의 결과가 상당한 권한을 가진 법관이나 검사의 판단 영역에 속하여 있다. 이에 따라 변호사로서는 성공보수를 받을 수 있는 '성공'이란 결과를 얻어내기 위하여 수사나 재판의 담당자에게 직·간접적으로 영향을 행사하려는 유혹에 빠질 위험이 있고, 변호사의 노력만으로 '성공'이란 결과가 당연히 달성되는 것은 아니라는 점을 알고 있는 의뢰인으로서도 성공보수를 약정함으로써 변호사가 부적절한 방법을 사용하여서라도 사건의 처리결과를 바꿀 수 있을 것이라는 그릇된 기대를 할 가능성이 없지 않다. 이로 인하여 형사사법업무에 종사하는 공직자들의 염결성을 의심받거나 심지어는 정당하고 자연스러운 수사·재판의 결과마저도 마치 부당한 영향력의 행사에 따른 왜곡된 성과인 것처럼 잘못 인식하게 만들어 형사사법체계 전반에 대한 신뢰가 실추될 위험이 있다. 더구나 변호사가 구속적부심사청구, 보석신청 등을 하여 그에 대한 재판을 앞둔 상태에서 석방결정을 조건으로 의뢰인으로부터 미리 거액의 성공보수를 받는 경우라면 이러한 의혹과 불신은 더욱 증폭될 것이다. 이처럼 수사와 재판절차가 공정하고 투명한 과정을 통한 정의의 실현이 아니라 어떤 외부의 부당한 영향력이나 연고와 정실, 극단적으로는 '돈의 유혹이나 검은 거래'에 의해 좌우된다고 국민들이 의심한다면, 그러한 의심의 존재 자체만으로도 법치주의는 뿌리부터 흔들리게 되고, 형사절차의 공정성과 염결성은 치명적인 손상을 입게 된다. 어떤 행위가 이와 같은 사회적 폐단을 초래할 요인이 될 수 있다면 이는 형사사법에 관한 선량하고 건전한 사회질서에 어긋난다고 평가되어야 한다.

(4) 아울러 형사사건에서 일정한 수사·재판결과를 '성공'과 연결 짓는 것 자체가 적절하지 않다. 국가형벌권의 공적 실현이라 할 수 있는 수사와 재판의 결과를 놓고 단지 의뢰인에게 유리한 결과라고 하여 이를 임의로 '성공'이라고 정하고 그에 대한 대가로 상당한 금액을 수수하는 것은 사회적 타당성을 갖추고 있다고 볼 수 없고, 이는 기본적 인권의 옹호와 사회정의의 실현을 그 사명으로 하는 변호사 직무의 공공성 및 윤리성과도 부합하지 않는다. 만약 '성공'에 해당하는 수사·재판결과가 부적절한 방법으로 마땅히 받아야 할 처벌을 모면한 것이라면 사법정의를 심각하게 훼손한 것이다. 반대로 그것이 당연한 결과라면 의뢰인은 형사절차 때문에 어쩔 수 없이 성공보수를 지급하게 되었다는 억울함과 원망의 마음을 갖게 될 것이다. 피해자·고소인을 대리하면서 피의자·피고인의 구속을 성공의 조건으로 내세운 약정의 경우에는 국가형벌권을 빌려 '남을 구속시켜 주는 대가'로 상당한 금액을 수수하는 것이어서 이러한 불합리함이 더더욱 드러나게 된다.

물론 변호사는 형사절차에서 의뢰인을 위하여 적절한 변명과 반박, 유리한 사실적·법률적 주장과 증거의 제출 등 성실한 변론활동을 함으로써 피의자·피고인의 기본적 인권과 이익을 옹호하여야 하고, 이를 통하여 형사사법의 목적인 실체적 진실발견에도 도움을 주어 결과적으로 의뢰인에게 유리한 수사·재판결과가 도출될 수 있다.또한 변호사가 사건의 성질과 난이도나 변론활동에 들인 시간·노력·비용에 상응하여 합당한 보수를 지급받는 것은 너무나도 당연한 일이다. 하지만 성공보수약정이 따로 없더라도 변호사는 성실하게 의뢰인의 권리를 옹호하고 선량한 관리자의 주의로써 위임사무를 처리할 의무를 부담하는 것이다. 따라서 변호사가 형사절차에서 변호인으로서 마땅히 해야 할 변론활동을 놓고 특정한 결과와 연계시켜 성공보수를 요구하는 것은 그 타당성을 인정하기 어렵다.

(5) 또한 형사사건에서 성공보수약정의 한쪽 당사자인 의뢰인은 주로 인신구속이나 형벌이라는 매우 급박하고 중대한 불이익을 눈앞에 두고 있는 시기에 이와 같은 약정을 맺는 경우가 많다. 법률 지식이 부족하고 소송절차에 대한 경험과 정보도 없는 다수의 의뢰인은 당장 눈앞의 곤경을 면하기 위하여 자신의 처지에 비추어 과다한 성공보수를 약속할 수밖에 없는 상황에 처할 수 있다.이런 사정들로 인하여 의뢰인들의 성공보수약정에 대한 불신과 불만이 누적됨으로써 변호사는 '인신구속이나 형벌을 수단으로 이용하여 쉽게 돈을 버는 사람들'이라는 부정적 인식이 우리 사회에 널리 퍼지게 된다면 변호사제도의 정당성 자체가 위협받게 되고, 이는 형사재판에 대한 신뢰와 승복을 가로막는 커다란 걸림돌이 될 것이다.

(6) 민사사건은 대립하는 당사자 사이의 사법상 권리 또는 법률관계에 관한 쟁송으로서 형사사건과 달리 그 결과가 승소와 패소 등으로 나누어지므로 사적 자치의 원칙이나 계약자유의 원칙에 비추어 보더라도 성공보수약정이 허용됨에 아무런 문제가 없고, 의뢰인이 승소하면 변호사보수를 지급할 수 있는 경제적 이익을 얻을 수 있으므로,당장 가진 돈이 없어 변호사보수를 지급할 형편이 되지 않는 사람도 성공보수를 지급하는 조건으로 변호사의 조력을 받을 수 있게 된다는 점에서 제도의 존재 이유를 찾을 수 있다.그러나 형사사건의 경우에는 재판결과에 따라 변호사와 나눌 수 있는 경제적 이익을 얻게 되는 것이 아닐 뿐 아니라 법원은 피고인이 빈곤 그 밖의 사유로 변호인을 선임할 수 없는 경우에는 국선변호인을 선정하여야 하므로(형사소송법 제33조),형사사건에서의 성공보수약정을 민사사건의 경우와 같이 볼 수 없다.

마. 결국 형사사건에 관하여 체결된 성공보수약정이 가져오는 이상과 같은 여러 가지 사회적 폐단과 부작용 등을 고려하면, 비록 구속영장청구 기각, 보석 석방, 집행유예나 무죄판결 등과 같이 의뢰인에게 유리한 결과를 얻어내기 위한 변호사의 변론활동이나 직무수행 그 자체는 정당하다 하더라도, 형사사건에서의 성공보수약정은 수사·재판의 결과를 금전적인 대가와 결부시킴으로써, 기본적 인권의 옹호와 사회정의의 실현을 그 사명으로 하는 변호사 직무의 공공성을 저해하고, 의뢰인과 일반 국민의 사법제도에 대한 신뢰를 현저히 떨어뜨릴 위험이 있으므로, 선량한 풍속 기타 사회질서에 위반되는 것으로 평가할 수 있다.

다만 선량한 풍속 기타 사회질서는 부단히 변천하는 가치관념으로서 어느 법률행위가 이에 위반되어 민법 제103조 에 의하여 무효인지 여부는 그 법률행위가 이루어진 때를 기준으로 판단하여야 하고, 또한 그 법률행위가 유효로 인정될 경우의 부작용, 거래자유의 보장 및 규제의 필요성, 사회적 비난의 정도, 당사자 사이의 이익균형 등 제반 사정을 종합적으로 고려하여 사회통념에 따라 합리적으로 판단하여야 한다.

그런데 그동안 대법원은 수임한 사건의 종류나 그 특성에 관한 구별 없이 성공보수약정이 원칙적으로 유효하다는 입장을 취해 왔고, 대한변호사협회도 1983년에 제정한 '변호사보수기준에 관한 규칙'에서 형사사건의 수임료를 착수금과 성공보수금으로 나누어 규정하였으며, 위 규칙이 폐지된 후에 권고양식으로 만들어 제공한 형사사건의 수임약정서에도 성과보수에 관한 규정을 마련하여 놓고 있었다. 이에 따라 변호사나 의뢰인은 형사사건에서의 성공보수약정이 안고 있는 문제점 내지 그 문제점이 약정의 효력에 미칠 수 있는 영향을 제대로 인식하지 못한 것이 현실이고, 그 결과 당사자 사이에 당연히 지급되어야 할 정상적인 보수까지도 성공보수의 방식으로 약정하는 경우가 많았던 것으로 보인다.

이러한 사정들을 종합하여 보면, 종래 이루어진 보수약정의 경우에는 보수약정이 성공보수라는 명목으로 되어 있다는 이유만으로 민법 제103조 에 의하여 무효라고 단정하기는 어렵다. 그러나 대법원이 이 판결을 통하여 형사사건에 관한 성공보수약정이 선량한 풍속 기타 사회질서에 위반되는 것으로 평가할 수 있음을 명확히 밝혔음에도 불구하고 향후에도 성공보수약정이 체결된다면 이는 민법 제103조 에 의하여 무효로 보아야 한다.

이와 달리 종래 대법원은 형사사건에서의 성공보수약정이 선량한 풍속 기타 사회질서에 어긋나는지를 고려하지 아니한 채 위임사무를 완료한 변호사는 특별한 사정이 없는 한 약정된 보수액을 전부 청구할 수 있는 것이 원칙이고, 다만 약정된 보수액이 부당하게 과다하여 신의성실의 원칙이나 형평의 원칙에 반한다고 볼 만한 특별한 사정이 있는 경우에는 예외적으로 상당하다고 인정되는 범위 내의 보수액만을 청구할 수 있다고 판시하여 왔는바, 대법원 2009.7.9.선고 2009다21249판결 을 비롯하여 그와 같은 취지의 판결들은 이 판결의 견해에 배치되는 범위 내에서 모두 변경하기로 한다.

2.

원심판결 이유와 기록에 의하면,① 원고는 아버지인 소외인이 특정범죄 가중처벌 등에 관한 법률위반(절도)사건으로 구속되자,2009.10.12.변호사인 피고를 소외인의 변호인으로 선임하면서 착수금으로 1,000만 원을 지급하고, 소외인이 석방되면 사례금을 지급하기로 약정한 사실,② 피고는 2009.12.8.소외인에 대한 보석허가신청을 하였고, 같은 달 11일 원고는 피고에게 1억 원을 지급하였으며, 같은 달 17일 소외인에 대하여 보석허가결정이 내려진 사실,③ 소외인은 제1심에서 징역 3년에 집행유예 5년을 선고받았고, 항소심에서 일부 공소사실이 철회된 후 같은 형이 선고되어 그대로 확정된 사실,④ 원고는 피고를 상대로 위 1억 원의 반환을 구하는 이 사건 소를 제기하여, 위 1억 원은 담당 판사 등에 대한 청탁 활동비 명목으로 지급한 것으로 수익자인 피고의 불법성이 원고의 불법성보다 훨씬 큰 경우에 해당하고, 설령 성공보수금을 지급한 것이라고 하더라도 사건의 경중, 사건처리의 경과 및 난이도, 노력의 정도 등을 고려하면 이는 지나치게 과다하여 신의성실의 원칙에 반하여 무효라고 주장하였으며, 이에 대하여 피고는 위 1억 원이 석방에 대한 사례금을 먼저 받은 것이고, 부당하게 과다한 것도 아니어서 반환할 의무가 없다고 주장한 사실 등을 알 수 있다.

원심은 이러한 사실관계를 토대로 위 1억 원을 변호사 성공보수약정에 기하여 지급된 것으로 인정하면서 그 중 6,000만 원을 초과하는 4,000만 원 부분은 신의성실의 원칙이나 형평의 원칙에 반하여 부당하게 과다하므로 무효라고 하여, 피고는 원고에게 위 4,000만 원을 반환할 의무가 있다고 판단하였다.

3.

위와 같은 사실관계를 앞서 본 법리에 비추어 보면, 원고와 피고 사이에 소외인의 석방을 조건으로 체결된 약정은 형사사건에 관한 성공보수약정으로서 선량한 풍속 기타 사회질서에 반한다고 평가할 수 있는 측면이 있다. 다만 위 성공보수약정은 앞서 본 대법원의 견해 표명 전에 이루어진 것으로서 그 약정사실만을 가지고 민법 제103조 에 의하여 무효라고 단정할 수는 없으나, 원심이 1억 원의 성공보수약정 중 6,000만 원을 초과하는 4,000만 원 부분에 대하여 신의성실의 원칙이나 형평의 원칙에 반하여 부당하게 과다하므로 무효라고 판단한 것은 수긍할 수 있고,거기에 상고이유의 주장과 같이 보수금약정에 관한 법리를 오해한 잘못은 없다.

4.

그러므로 상고를 기각하고, 상고비용은 패소자가 부담하기로 하여 관여 법관의 일치된 의견으로 주문과 같이 판결하되, 이 판결에는 대법관 민일영, 대법관 고영한, 대법관 김소영, 대법관 권순일의 보충의견이 있다.

3 명의신탁약정의 효력

(1-1) 서울지방법원 2002. 11. 5. 선고 2001가합40638 판결

【원 고】 장한근

【피 고】 이상철

【변론종결】 2002. 10. 22

【주 문】 1. 원고의 청구를 기각한다.

2. 소송비용은 원고의 부담으로 한다.

【청구취지】

피고는 원고에게 별지 목록 기재 각 부동산에 관하여 진정명의회복을 원인으로 한 소유권이전등기절차를 이행하라.

【이 유】

1. 원고의 주장

가. 원고는 별지 목록 기재 각 부동산(이하 이 사건 여관이라 한다)의 소유자로서, 사위인 소외 김성환에게 이 사건 여관을 담보로 제공하고 금원을 차용하여 오도록 그에 관한 일체의 권한과 이에 필요한 서류를 교부하여 주었다.

나. 김성환은 자신의 저축예금 50억원의 관리를 하고 있던 소외 홍종락에게 이 사건 여관을 담보로 한 대출사무에 관한 일체의 권한과 그에 필요한 서류를 교부하여 주었다.

다. 그러나 홍종락은 자신이 관리하고 있던 김성환의 저축예금 50억원을 임의로 소비하여 횡령하는 동시에 이 사건 여관에 관한 일체의 서류를 가지고 있음을 기화로 무단으로 위 여관에 관하여 1998. 6. 11. 매매를 원인으로 하여 대구지방법원 경주지원 1998. 6. 12. 접수 제29882호로 자신 명의의 소유권 이전등기(이하 이 사건 1번 소유권 이전등기라 한다)를 마쳤다.

라. 홍종락은 역시 김성환의 부하직원이었던 피고와 공모하여 이 사건 여관에 관하여 다시 1999. 11. 15. 매매를 원인으로 하여 위 경주지원 1999. 11. 18. 접수 제57858호로 피고 명의의 소유권 이전등기(이하 이 사건 2번 소유권 이전등기라 한다)를 마쳤다.

마. 따라서 이 사건 1번 및 2번 소유권 이전등기는 모두 원인무효의 등기로서, 피고는 원고에게 이 사건 여관에

관하여 진정명의회복을 원인으로 한 소유권 이전등기절차를 이행할 의무가 있다.

2. 판단

원고의 소유이던 이 사건 여관에 관하여 홍종락 명의의 이 사건 1번 소유권 이전등기 및 피고 명의의 이 사건 2번 소유권 이전등기가 순차로 마쳐진 사실은 당사자 사이에 다툼이 없다.

나아가 이 사건 1번 및 2번 소유권 이전등기가 원인무효라는 원고의 주장에 관하여 살피건대, 위 주장사실에 부합하는 갑 제9호증의 3, 5의 각 기재는 믿지 아니하며, 갑 제7호증의 기재만으로는 위 주장사실을 인정하기에 부족하고, 오히려 갑 제6호증의 1, 2, 갑 제8호증, 갑 제9호증의 2, 16 내지 22, 갑 제10호증의 1, 2의 각 기재에 변론의 전취지를 종합하면, 원고는 1995년부터 1998년까지 아파트를 건설하는 성원기업의 회장으로 재직하였고 사위 김성환은 위 회사의 실권자로서 감사로 재직하였으며 피고는 김성환의 고등학교 동창으로 위 회사 감사실 과장으로 근무하였던 사실, 위 성원기업의 계열사인 성원토건은 1998. 7.경 부도가 났고 김성환은 부도 직전인 같은 해 6월 자신의 자금을 관리하여 오던 홍종락에게 부탁하여 이 사건 여관에 관하여 홍종락 명의의 이 사건 1번 소유권 이전등기를 한 사실, 이에 세무관청이 1999. 6. 8. 위 여관의 양도를 이유로 기준시가로 계산한 46,144,524원의 양도소득세를 원고에게 부과하자 원고는 김성환을 통하여 피고의 부친이자 세무사인 소외 이진우에게 위 양도소득세에 대한 이의신청을 부탁하면서 자신의 인감증명서와 주민등록증을 교부한 사실, 이진우는 원고가 소외 장종대, 김일우, 최영환, 이현덕, 권재태, 권재민에 대한 채무 195,000,000원을 변제하기 위하여 홍종락에게 이 사건 여관을 시세보다 훨씬 싼 180,000,000원에 급히 처분하였다고 주장하면서 이를 입증하는 원고 명의의 확인서(을 제3호증의 1) 및 위 장종대 등의 영수증(을 제3호증의 3 내지 8) 등을 첨부하여 위 180,000,000원의 양도가격에 기한 양도소득세를 부과하여 줄 것을 요청하는 이의신청서를 작성하여 이를 관할 세무관서에 제출한 사실, 그런데 홍종락은 위 김성환이 한국투자신탁 주식회사의 차명계좌에 분산 예치한 4,952,928,627원을 관리하여 오던 중 1999. 3. 8.경 그 중 100,000,000원을 인출하여 도박자금으로 소비한 것을 비롯하여 같은 해 9. 14.경까지 15회에 걸쳐 위 돈을 전액 인출하여 도박자금으로 임의 사용하여 이를 횡령한 사실, 횡령사실을 알게된 김성환과 피고는 홍종락을 추궁하여 인감증명을 교부받아 이 사건 여관에 관하여 피고 명의의 이 사건 2번 소유권 이전등기를 마친 사실, 피고 역시 1998. 7. 29. 김성환으로부터 사업재기 자금의 관리를 부탁받고 431,608,713원을 자신의 계좌로 송금받아 이를 시중 여러 은행에 분산 예치하여 관리하여 오는 등 김성환의 재산을 관리하여 왔고, 이 사건 2번 소유권 이전등기 후인 1999. 12. 10.경에 위 김성환 등과 공동하여 홍종락과 함께 도박하였다는 이유로 소외 손계원 등을 폭행할 정도로 김성환의 심복이었던 사실(피고는 위 폭행사실로 인하여 1999. 12. 15. 체포되어 2000. 1. 11.까지 구속되었다), 그러나 피고도 김성환의 사업재기 자금 중 231,838,940원을 횡령한 사실이 드러나자 피고가 이 사건 여관을 처분할 것을 염려한 김성환은 위 여관에 관하여 위 경주지원 2000. 2. 18. 접수 제7435호로 매매예약을 원인으로 하여 자신의 친척인 이미향 명의의 소유권 이전청구권 가등기를 마친 사실, 피고는 김성환으로부터 형사고소를 당하여 횡령 등으로 징역 1년 6월을 선고받게 되자 이에 앙심을 품고 이 사건 여관의 반환을 거부하고 있는 사실을 인정할 수 있는바, 위 인정사실을 종합하면 이 사건 1번 및 2번 소유권 이전등기는 원고의 대리인인 김성환이 성원의 부도직전 자신의 재산관리인이었던 홍종락에게 이 사건 여관을 명의신탁하였다가 홍종락의 횡령사실을 발견하자 다시 자신의 고등학교 동창이자 부하인 피고에게 명의신탁한 것으로 추인되므로, 원고가 이 사건 1번 및 2번 소유권 이전등기가 명의신탁에 기한 것으로 부동산실권리자명의등기에관한법률에 따라 그 명의신탁약정 및 그에 따른 물권변동이 무효임을 주장하여 그 말소를 구하거나 진정한 명의의 회복을 이유로 이전등기를 청구함은 별론으로 하고, 홍종락과 피고가 아무 원인 없이 각 소유권 이전등기를 무단으로 마친 것임을 전제로 한 원고의 주장은 이유 없다 할 것이다.

3. 결론

따라서 원고의 청구는 이유 없어 기각한다.

(1-2) 서울고등법원 2003. 7. 11. 선고 2002나70671 판결

【원고, 항소인】 장한근

【피고, 피항소인】 이상철

【원심판결】 서울지방법원 2002. 11. 5. 선고 2001가합40638 판결

【주 문】

1. 원고의 항소를 기각한다.
2. 당심에서 추가된 원고의 예비적 청구에 따라, 피고는 원고에게 별지 목록 기재 부동산에 관하여 진정한 등기명의의 회복을 원인으로 한 소유권이전등기절차를 이행하라.
3. 당심 소송비용은 피고의 부담으로 한다.

【청구취지 및 항소취지】

1. 청구취지

주위적 청구취지 : 피고는 원고에게 별지 목록 기재 부동산(이하 이 사건 부동산이라 한다)에 관하여 진정한 등기명의의 회복을 원인으로 한 소유권이전등기절차를 이행하라.

예비적 청구취지 : 피고는 원고에게 이 사건 부동산에 관하여 대구지방법원 경주지원 1999. 11. 18. 접수 제57858호로 경료한 소유권이전등기의 말소등기절차를 이행 하라.

(원고는 제1심에서의 청구를 주위적 청구로 유지하면서, 당심에서 주위적 청구의 예비적 주장이라 하여 이 사건 부동산에 대한 홍종락, 피고 명의의 각 등기가 원고의 명의신탁에 의한 무효의 등기이므로 피고에게 진정한 등기명의의 회복을 원인으로 한 소유권이전등기를 구하고, 예비적 청구로서 같은 원인으로 말소등기를 구하는 청구를 추가하였는데, 주위적 청구와 명의신탁에 의한 무효의 등기라는 청구는 양립할 수 없는관계이므로 후자 모두를 예비적 청구로 보고, 예비적 청구 상호간의 관계는 선택적청구로 보아 판단한다.)

2. 항소취지

제1심 판결을 취소한다. 주위적 청구취지와 같은 판결을 구한다.

【이 유】

1. 주위적 청구에 대한 판단

이 부분에 관하여 당원이 설시할 이유는 제1심 판결의 이유란 기재와 같으므로, 민사소송법 제420조에 의하여 이를 그대로 인용한다.

2. 당심에서 추가된 예비적 청구에 대한 판단

원고는 당심에 이르러 예비적 청구로서, 이 사건 1번 및 2번 각 소유권이전등기가 모두 원고의 명의신탁에 기한 무효의 등기이므로 피고는 원고에게 이 사건 부동산에 관하여 진정한 등기명의의 회복을 원인으로 한 소유권이전등기 또는 피고 명의의 이 사건 2번 소유권이전등기의 말소등기절차를 이행할 의무가 있다고 주장한다.

살피건대, 이 사건 1번 및 2번 소유권이전등기가 모두 원고가 사위인 김성환을 통하여 홍종락, 피고에게 순차로 명의신탁을 하였던 사실은 위 1. 주위적 청구에 대한 판단 부분에서 본 바와 같은바, 명의신탁약정 및 그에 따른 물권변동은 부동산실권리자명의등기에관한법률에 따라 무효이므로 원칙적으로는 원고가 피고를 상대로 원인무효를 이유로 그 등기의 말소를 구하여야 하지만, 갑 1의 1, 2의 각 기재에 의하면 이 사건 부동산에는 원고 명의로 소유권을 표상하는 등기가 되어 있었던 사실이 인정되므로 그 등기명의를 회복하기 위한 방법으로 소유권에 기하여 현재의 원인무효인 등기명의인을 상대로 진정한 등기명의의 회복을 원인으로 한 소유권이전등기절차의 이행을 구할 수도 있는 것이다.

그러므로, 피고는 원고에게 이 사건 부동산에 관하여 진정한 등기명의의 회복을 원인으로 한 소유권이전등기절차를 이행할 의무가 있다(이 사건 부동산은 원고 명의로 등기되어 있었는데 이 사건 1번 소유권이전등기와 2번 소유권이전등기가 순차 경료되었으므로 소송경제상 이전등기를 명하기로 한다).

따라서 원고의 예비적 청구 중 소유권이전등기 청구는 이유 있다.

3. 결론

그렇다면, 주위적 청구를 기각한 제1심 판결은 정당하므로 원고의 이 사건 항소는 이유 없어 기각하기로 하되, 당심에서 추가된 원고의 예비적 청구 중 소유권이전등기 청구는 이유 있어 인용하기로 하여 주문과 같이 판결한다.

(1-3) 대법원 2003. 11. 27. 선고 2003다41722 판결

【원고, 피상고인】 장한근
【피고, 상고인】 이상철
【원심판결】 서울고등법원 2003. 7. 11. 선고 2002나70671 판결
【주 문】 상고를 기각한다. 상고비용은 피고가 부담한다.

【이 유】

부당이득의 반환청구가 금지되는 사유로 민법 제746조가 규정하는 불법원인이라 함은 그 원인되는 행위가 선량한 풍속 기타 사회질서에 위반하는 경우를 말하는 것으로서, 법률의 금지에 위반하는 경우라 할지라도 그것이 선량한 풍속 기타 사회질서에 위반하지 않는 경우에는 이에 해당하지 않는 것인바(대법원 1983. 11. 22. 선고 83다430 판결, 2001. 5. 29. 선고 2001다1782 판결 등 참조), 부동산실권리자명의등기에관한법률이 규정하는 명의신탁약정은 부동산에 관한 물권의 실권리자가 타인과의 사이에서 대내적으로는 실권리자가 부동산에 관한 물권을 보유하거나 보유하기로 하고 그에 관한 등기는 그 타인의 명의로 하기로 하는 약정을 말하는 것일 뿐이므로, 그 자체로 선량한 풍속 기타 사회질서에 위반하는 경우에 해당한다고 단정할 수 없을 뿐만 아니라, 위 법률은

원칙적으로 명의신탁약정과 그 등기에 기한 물권변동만을 무효로 하고 명의신탁자가 다른 법률관계에 기하여 등기회복 등의 권리행사를 하는 것까지 금지하지는 않는 대신, 명의신탁자에 대하여 행정적 제재나 형벌을 부과함으로써 사적자치 및 재산권보장의 본질을 침해하지 않도록 규정하고 있으므로, 위 법률이 비록 부동산등기제도를 악용한 투기·탈세·탈법행위 등 반사회적 행위를 방지하는 것 등을 목적으로 제정되었다고 하더라도, 무효인 명의신탁약정에 기하여 타인 명의의 등기가 마쳐졌다는 이유만으로 그것이 당연히 불법원인급여에 해당한다고 볼 수는 없는 것이다.

기록에 의하면, 원심은 원고의 이 사건 진정명의 회복을 원인으로 한 이전등기청구가 불법원인급여의 반환을 구하는 것으로서 허용되지 않는다는 피고의 예비적 주장에 대하여 아무런 판단도 하지 않았고, 이는 잘못이라 할 것이지만, 이 사건 부동산에 관하여 원고와 피고 사이의 명의신탁약정에 기한 피고 명의의 소유권이전등기가 마쳐졌다는 이유만으로 그것이 불법원인급여에 해당한다는 취지의 피고의 주장은 앞서 본 바와 같은 이유로 받아들일 수 없고, 나아가 피고 명의의 위 소유권이전등기가 선량한 풍속 기타 사회질서에 위반하는 불법원인에 기하여 이루어진 것이라는 점을 인정할 만한 자료도 기록상 나타나지 않으므로(오히려 피고는 피고 명의의 소유권이전등기가 명의신탁약정에 기하여 이루어진 것이 아니라고 일관되게 다투었다), 결국 원심판결에는 상고이유의 주장과 같이 판결에 영향을 미친 위법이 있다고 할 수 없다.

그러므로 상고를 기각하고, 상고비용은 패소자가 부담하도록 하여 주문과 같이 판결한다.

4 불공정한 법률행위

(1-1) 대구고등법원 1991. 6. 13. 선고 90나5673 판결

【원고, 피항소인】 전영순

【피고, 항소인】 서영수외 1인

【원심판결】 대구지방법원 경주지원 1990. 9. 27. 선고 89가합1797 판결

【주 문】
1. 원판결 중 피고들 패소부분을 취소한다.
2. 위 취소부분에 해당하는 원고의 청구를 기각한다.
3. 소송비용은 제1, 2심 모두 원고의 부담으로 한다.

【청구취지】 피고들은 연대하여 원고에게 돈 18,150,000원 및 이에 대한 1981. 3. 14.부터 이 사건 청구취지 및 원인확장신청서 송달일까지는 연5푼의, 그 다음날부터 다 갚는날까지는 연2할5푼의 각 비율에 의한 돈을 지급하라.

【항소취지】 주문과 같다.

【이 유】

1. 계에 관한 사실관계

가. (1) 원고는 1978. 8. 15. 자신이 계주가 되어 계불입금의 수령 및 계급부금의 지급을 책임지고, 계불입금은 계주를 포함한 전계원이 매월 100,000원씩을 불입하여 제1회 불입금은 전부 계주가 차지하되 그 다음회 부터는 경쟁입찰에 따라 매월 불입되는 불입금액범위내에서 1명 이상의 계원에게 낙찰시키고 만약 남은 금액이 있으면 이를 다음회로 이월시켜 그회 불입금과 합산한 금액범위내에서 낙찰시키는 51구좌, 계급부금 5,100,000원의 속칭 새마을낙찰계(이하, 제1새마을계라고 한다)를 조직하였는데 위 계는 원고의 책임하에 1980. 7. 15. 제24회로 종료되었다.

(2) 피고 금금순은 위 계가 조직된 날에 남편인 피고 서영수의 연대보증하에 위 계에 4구좌를 가입한 후 같은 해 10. 15. (제3회 곗날)에 1구좌의 계급부금으로 돈 1,299,000원, 같은 해 12. 15. (제5회 곗날)에 1구좌의 계급부금으로 돈 1,450,000원, 1979. 4. 15. (제9회 곗날)에 2구좌의 계급부금으로 돈 3,798,200원(1,899,100 × 2구좌)를 각 수령하였는데 위 4구좌에 대한 1회부터 14회까지의 계불입금 합계 돈 5,600,000원 (100,000원 × 4구좌 × 14회)을 원고에게 지급하였다.

나. (1) 원고는 1978. 12. 25. 자신이 계주가 되어 계불입금의 수령 및 계급부금의 지급을 책임지고 계주를 제외한 전 계원이 납입한 제1회 불입금 5,000,000원(250,000원 × 20명)은 전부 계주가 차지하되, 그 다음 회부터는 경쟁입찰에 따라 돈 5,000,000원의 범위 내에서 1명의 계원에게만 낙찰시키고 그 낙찰된 계금은 이미 낙찰받은 계원이 매월 금 250,000원씩 납입하는 불입금과 이를 제외한 나머지 금액에 대하여 아직 낙찰받지 못한 나머지 계원이 균등하여 납입하는 불입금을 모아서 지급하는 21구좌, 계급부금 5,000,000원의 속칭 낙찰계(이하, 낙찰계라 한다)를 조직하였는데 위 낙찰계는 원고의 책임 하에 1980. 8. 25. 제21회로 종료되었다.

(2) 피고 금금순은 위 낙찰계가 조직된 날에 피고 서영수의 연대 보증 하에 위 낙찰계에 3구좌를 가입하여 1979. 4. 25.(제5회 곗날)에 1구좌의 계급부금 2,130,400원, 같은해 7. 25(제8회 곗날)에 1구좌의 계급부금 2,508,000원, 같은 해 8. 25.(제9회 곗날)에 1구좌의 계급부금 2,500,100원을 각 수령하였는데, 위 3구좌에 대한 1회부터 9회까지의 계불입금을 원고에게 지급하였다.

다. (1) 원고는 1979. 3. 13. 위 제1새마을계와 같은 성격의 50구좌, 계급부금 5,000,000원의 새마을낙찰계(이하, 제2새마을계라고 한다)를 조직하였는데 위 계는 원고의 책임하에 1981. 3. 13. 제25회로 종료되었다.

(2) 피고 금금순은 위 제2새마을계가 조직된 날에 피고 서영수의 연대보증 하에 위 제2새마을계에 4구좌를 가입하여 위 같은 해 4. 13.(제2회 곗날)에 4구좌의 계급부금 합계 돈 4,500,000원 [(1,150,000원 × 2구좌) + (1,100,000원 × 2구좌)]을 모두 수령하였는데, 위 4구좌에 대한 1회부터 5회까지의 계불입금 합계 돈 2,000,000원 (100,000원 × 4구좌 × 5회)을 지급하였다.

라. (1) 원고는 1979. 6. 27. 그 자신이 계주가 되어 21구좌, 계급부금 5,000,000원의 번호계를 조직하였다.

(2) 피고 금금순은 피고 서영수의 연대보증하에 위 번호계의 6번(월불입금 292,000원), 15번(월불입금 248,000원)에 각 가입하여 위 2구좌에 대하여 4회분의 계불입금 2,160,000원 [(292,000원 + 248,000원) × 4회]을 불입하였으나 위 번호계의 계급부금은 수령하지 아니하고 그 무렵 파계되었다.

마. 피고 금금순은 위에서 인정한 계급부금 이외에도 원고에게 1979. 6. 11. 돈 1,800,000원, 같은해 10. 4. 돈 4,000,000원을 계불입금으로 각 지급하였다.

바. 위 인정사실에 의하면, 1979. 10. 4. 당시 피고들의 원고에 대한 계불입금미납액은 제1새마을계의 제15회부터 제24회까지의 계불입금 합계 돈 4,000,000원(100,000원×4구좌×10회), 낙찰계의 제10회부터 제21회까지의 계불입금 합계 돈 9,000,000원(250,000원×3구좌×12회), 제2새마을계의 제6회부터 제25회까지의 계불입금 합계 돈 8,00,000원(100,000원×4구좌×20회)을 합한 돈 21,000,000원(4,000,000원+9,000,000원+8,000,000원)에서 위 "마"항 기재의 변제액 5,800,000원(4,000,000원+1,800,000원)을 뺀 돈 15,200,000원(21,000,000원 - 5,800,000원)임이 계산상 명백하고, 피고 금금순은 원고에 대하여 위 "라"항 기재의 계급부금의 반환채권을 가지고 있는바, 원고와 피고 금금순간의 위 각 반대채권과의 상계를 구하는 피고들의 상계주장은 이유있다 할 것이므로 피고들의 원고에 대한 채무액은 돈 13,040,000원(15,200,000원 - 2,160,000원)이다.

2. 청산합의의 항변에 대한 판단

1980. 9. 12. 원고와 피고들 및 소외 박춘자, 금재운사이에 (1) 피고 서영수는 원고에게 돈 450,000원을 지급하고, (2) 피고들은 원고의 위 소외인들에 대한 돈 2,160,000원의 계금채무를 인수하며, (3) 피고 금금순이 원고를 상대로 제기한 사문서변조사건에 대한 고소와 위 소외 박춘자가 원고를 상대로 제기한 사기사건에 대한 고소를 각 취소하고, (4) 원고는 피고들을 상대로 제기하여 소송계속중이던 대구지방법원 경주지원 80가합78 계금청구소송을 취하함으로써, 그 당시까지의 원고와 피고들 및 위 소외인들 사이의 모든 채권채무관계를 청산키로 합의한 사실은 당사자들 사이에 다툼이 없는바, 피고들은 위 합의로써 원고의 피고들에 대한 채권은 소멸되었다고 주장함에 대하여, 원고는, 원고가 제2새마을계의 미불입계금 9,600,000원의 채권에 기하여 대구지방법원 경주지원으로부터 79차856호 가집행선고부 지급명령을 받아 국가를 제3채무자로 하여 포항경찰서의 형사로 재직중이던 피고 서영수의 봉급채권을 압류하자 위 피고가 이의를 하여 민사소송이 계속되던 중에 피고들이 원고를 사문서위조 등으로 고소하여 괴롭히고 1980. 8. 21.에는 삼청교육대에 끌려가게 한 다음 피고 금금순이 소외 박춘자를 부추겨 원고에 대하여 사기죄로 고소를 하게 하여 원고로 하여금 또다시 삼청교육대에 끌려갈지 모른다는 불안감을 가지도록 한 다음 원고의 피고들에 대한 나머지 청구권을 포기하도록 강요하여 위와 같은 합의를 하게 되었으므로 (1) 위 청산합의는 궁박·경솔·무경험으로 인한 현저하게 공정을 잃은 행위로서 무효이고, (2) 아니면 강박에 의한 하자있는 의사표시이므로 1989. 8. 31.자 청구취지 확장 및 청구원인보충서의 송달로 이를 취소한다고 다투므로 살피건대, (증거)를 종합하면, 피고 금금순이 화물트럭 2대로 운수업을 하다가 사업에 실패하여 계불입금을 연체하게 되자 원고가 피고 서영수를 상대로 제2새마을계의 계불입금 9,600,000원의 채권에 기하여 1980. 1. 28. 대구지방법원 경주지원으로부터 79차856호 가집행선고부 지급명령을 받아 국가를 제3채무자로 하여 포항경찰서의 형사로 재직중이던 피고 서영수의 봉급 채권을 압류하자 위 피고가 위 지급명령에 대하여 이의를 제기하여 위 계금 청구사건의 민사소송이 계속되었던 사실, 위 민사소송중에 원고가 피고들 명의의 차용금증서 2매(갑제3,4호증)의 내용 중의 일부를 변조하여 증거로 제출하자 피고 금금순이 원고를 상대로 사기죄로 고소를 제기한 사실, 위 고소로 원고가 조사를 받던 중에 사문서변조 사실이 밝혀지자 그 사건으로 인하여 1980. 8. 21.부터 같은해 9. 3.까지 삼청교육을 받았고, 1981. 3. 11. 위 법원으로부터 징역 6월에 1년간 집행유예 판결을 선고받았던 사실, 소외 박춘자도 원고를 상대로 사기죄로 소를 제기한 사실을 각 인정할 수 있지만, (1) 위 청산

합의가 원고의 궁박 · 경솔 · 무경험으로 인하여 이루어진 것이라는 원고의 주장에 부합하는 갑제7호증의2, 갑제8호증의1, 갑제10내지13호증, 갑제16호증, 갑제21호증의 각 기재와 위 증인 김옥선, 하임순의 각 증언은 이를 믿지 아니하고 달리 이를 인정할 증거가 없으며, 위 합의당시 원고의 피고들에 대한 채권액은 위에서 본바와 같이 돈 13,040,000원이기는 하지만, 위에서 인정한 바와 같이 사업에 실패하여 ㅇㅇ아파트까지 채권자에게 넘겨주고 피고 서영수의 봉급에 의지하여 살고 있던 피고들 부부가 원고에게 현금 450,000원을 지급하고 원고의 위 소외인들에 대한 돈 2,160,000원의 채무를 인수하며, 원고에 대한 형사고소까지 취소하여 주는 대가로 원고가 위 채권액을 포기한 것이 현저하게 공정을 잃은 것이라고는 보기 어렵다 할 것이니 위 청산합의가 원고의 궁박, 경솔, 무경험으로 인하여 현저하게 공정을 잃은 법률행위임을 전제로 한 원고의 위 주장은 이유없고, (2) 위 청산합의가 피고들의 강박으로 인하여 이루어졌다는 원고소송대리인의 주장에 부합하는 (증거)는 이를 믿지 아니하고 그 밖에 달리 이를 인정할 증거가 없으므로 위 청산합의가 강박에 의한 의사표시임을 전제로 이를 취소한다는 원고의 주장도 이유없다 (뿐만 아니라 강박에 의한 의사표시의 취소는 추인할 수 있는 때로부터 3년내에 행사하여야 하는바, 위 청구취지 확장 및 청구원인보충서의 송달일인 1989. 8. 31. 당시에 위 취소권의 행사기간인 3년이 도과하였음이 역수상 명백하므로 원고의 위 주장은 어느모로 보나 이유없다).

3. 결론

그렇다면 원고의 피고들에 대한 계불입금청구권이 존재함을 전제로 한 원고의 이 사건 청구는 이유없어 이를 기각할 것인바, 원판결 중 피고들 패소부분은 이와 결론을 달리하여 부당하므로 이를 취소하여 원고의 청구를 기각하기로 하여 주문과 같이 판결한다.

(1-2) 대법원 1992. 4. 14. 선고 91다23660 판결

【원고, 상고인】 전영순
【피고, 피상고인】 서영수 외 1인
【원심판결】 대구고등법원 1991.6.13.선고 90나5673 판결
【주 문】 원심판결을 파기하고, 사건을 대구고등법원에 환송한다.

【이 유】

상고이유 제1점을 본다.

1. 원심판결의 이유에 의하면 원심은, 그 증거에 의하여, 원고가 1978년경부터 계주가 되어 조직한 4개의 낙찰계등에 피고 금금순이 그의 남편인 피고 서영수의 연대보증아래 계원으로 가입하여 1980. 9.경 피고들이 원고에게 위 각 계로 인하여 부담하는 채무가 금 13,040,000원이었는데, 같은해9. 12.원고와 피고들 및 피고 서영수의 처남 소외 금재운 그의 처 소외 박춘자 사이에 원고가 피고들로부터 금 45만원을 현금으로 받고, 원고의 위 박춘자에 대한 금 216만원의 채무를 피고들이 인수하며 원고가 피고들에 대한 나머지 계금채권을 포기하기로 하는 청산합의가 이루어졌다고 전제한 다음, 원 · 피고들 사이의 1980. 9. 12. 위 청산합의를 할 당시 원고는 피고들의 고소에 의하여 사문서변조등으로 수사를 받던 중 그와 관련하여 15일동안 삼청교육대를 다녀온 직후이어서 극심한 육체적 · 심리적 압박을 받아 궁박한 상태에 있었고 이로 인하여 원고가 경솔하게 원고에게 일방적으로 불

리한 위 청산합의약정을 맺게 된 것이어서 이는 민법 제104조 소정의 불공정한 행위로서 무효라는 원고의 주장에 대하여는, 갑제 6호증의 1,2, 갑제 7호증의 1,2, 갑제 17호증의 1, 갑제 23호증, 을제 6호증의 2 내지 6의 각 기재에 변론의 전취지를 종합하면, 피고 금금순이 화물트럭 2대로 운수업을 하다가 사업에 실패하여 계불입금을 연체하게 되자 원고가 피고 서영수를 상대로 판시 새마을계의 계불입금 9,600,000원의 채권에 기하여 1980. 1. 28. 대구지방법원 경주지원으로부터 79차 856호 가집행선고부 지급명령을 받아 국가를 제3채무자로하여 포항경찰서의 형사로 재직중이던 피고 서영수의 봉급채권을 압류하자 위 피고가위 지급명령에 대하여 이의를 제기하여 위 계금청구사건의 민사소송이 계속되었던 사실, 위 민사소송 중에 원고가 피고들명의의 차용금증서 2매(갑제3,4호증)의 내용 일부를 변조하여 증거로 제출하자 피고 금금순이 원고를 상대로 사기죄로 고소를 제기한 사실, 위 고소로 원고가 조사를 받던 중에 사문서변조 사실이 밝혀지자 그 사건으로 인하여 1980. 8. 21.부터 같은 해 9. 3. 까지 삼청교육을 받았고, 1981. 3. 11. 위 법원으로 부터 징역 6월에 1년간 집행유예 판결을 선고받았던 사실, 소외 박춘자도 원고를 상대로 사기죄로 고소를 제기한 사실을 각 인정할 수 있지만, 위 청산합의가 원고의 궁박, 경솔, 무경험으로 인하여 이루어진 것이라는 원고의 주장에 부합하는 갑제 7호증의 2, 갑제 8호증의 1, 갑제 10내지 13호증, 갑제 16호증, 갑제 21호증의 각 기재와위 증인 김옥선, 하임순의 각 증언은 이를 믿지 아니하고 달리 이를 인정할증거가 없으며, 위 청산합의당시 원고의 피고들에 대한 채권액은 위에서 본바와 같이 금 13,040,000원이기는 하지만, 사업에 실패하여 ○○아파트까지 채권자에게 넘겨주고 피고 서영수의 봉급에 의지하여 살고 있던 피고들 부부가 원고에게 현금 450,000원을 지급하고 원고의 위 소외인들에 대한 돈 2,160,000원의 채무를 인수하며, 원고에 대한 형사고소까지 취소하여 주는 대가로 원고가 위 채권액을 포기한 것이 현저하게 공정을 잃은 것이라고는 보기어렵다고 하여 배척하였다.

2. 민법 제104조 소정의 궁박이라 함은 "급박한 곤궁"을 의미하는 것이고 이는 경제적 원인에 기인할 수도 있고, 정신적 또는 심리적 원인에 기인할 수도 있으며, 당사자가 궁박의 상태에 있었는지 여부는 그의 신분과 재산상태 및그가 처한 상황의 절박성의 정도등 제반상황을 종합하여 구체적으로 판단하여야 하는바(대법원 1981. 12. 8.선고 80다 2673 판결 참조) 원심이 채택한 증거에 의하면 원고는 6.25 전쟁 때 상이군인이 된 남편과 결혼하였으나 남편이 일찍 사망하여 계를 운영하는 등 혼자힘으로 가계를 꾸려나가고 있었고, 계와 관련되어 피고들로부터 사문서변조죄로 고소되어 수사를 받다가 1980. 8. 20.부터 같은 해 9. 3.까지 15일간 삼청교육대의 교육을 받고 퇴소하였는데 그로부터 4일후인 같은 달 7월 피고 서경수의 처남의 처인 소외 박춘자가 계관계로 고소하여 같은 달 11월경 포항경찰서로부터 조사를 위한 소환을 받게 된사실이 인정되는 바, 사정이 이와 같다면 원고는 피고측의 고소로 인하여 삼청교육을 받고 퇴소함으로써 극심한 육체적, 정신적 압박을 받고 있었을 것이고, 퇴소한지 4일만에 피고의 인척인 위 박춘자로부터 계에 관련되어 또 다른 고소가 제기되어 그 때문에 경찰서로부터 소환을 받고 있는 상태이었다면 원고로서는 피고측의 고소에 의하여 삼청교육대에 다녀왔는데, 피고측으로부터제기된 새로운 고소에 따라 또 다시 삼청교육대에 갈지 모른다는 급박한 정신적 압박을 받고 있었을 것임을 쉽사리 알수 있고 따라서 원고로서는 이러한 궁박상태 아래에서 고소를 취하시켜서 삼청교육대에 가는 것을 회피할 생각으로 경솔하게 위 청산합의에 응하였을 것으로 보지 못할 바 아니며, 또 원고가 피고들에게 금 13,000,000원 이상의 채권이 있었음에도 이것과 현금 45만원 및 부채 216만원을 인수시키고 그 나머지 금 10,000,000원 이상의 채권을 포기하는 약정을 맺은 것은 원고에게 일방적으로 불리한 것이어서 현저히 불공정한 법률행위에 해당된다고 보기에 어렵지 않다.(당원 1975. 5. 13.선고 75다92 판결 참조)

그런데도 원심이 그 판시와 같은 이유로 위 청산합의가 민법 제104조 소정의 불공정행위에 해당되지 않는다고 판단한 것은 필경 불공정행위의 법리를 오해하여 판결결과에 영향을 미친 위법이 있었다고 하지 않을 수 없다. 이점을 지적하는 주장은 이유있다.

그러므로 나머지 상고이유에 대한 판단을 생략하고 원심판결을 파기하여 사건을 대구고등법원에 환송하기로 관여법관의 의견이 일치되어 주문과 같이 판결한다.

(2-1) 서울지방법원 2002. 6. 5. 선고 2002나1603 판결

【원고, 피항소인】 조상현 외 2인

【피고, 항소인】 대한화재해상보험 주식회사

【원심판결】 서울지방법원 2001. 12. 18. 선고 2001가단9630 판결

【주 문】

1. 제1심 판결 중 다음에서 인정하는 금원을 초과하여 지급을 명한 피고 패소부분을 취소하고, 취소부분에 해당하는 원고들의 청구를 기각한다.

피고는 원고들에게 각 금 10,448,957원 및 위 각 금원에 대하여 1999. 9. 13.부터 2002. 6. 5.까지 연 5%, 그 다음날부터 완제일까지 연 25%의 각 비율에 의한 금원을 각 지급하라.

2. 피고의 나머지 항소를 각 기각한다.

3. 소송총비용은 이를 10분하여 그 1은 원고들의, 나머지는 피고의 각 부담으로 한다.

【청구취지 및 항소취지】

1. 청구취지

피고는 원고들에게 각 금 11,666,666원 및 위 각 금원에 대하여 1999. 9. 13.부터 이 사건 판결 선고일까지 연 5%, 그 다음날부터 완제일까지 연 25%의 각 비율에 의한 금원을 지급하라.

2. 항소취지

제1심 판결을 취소한다. 원고들의 청구를 모두 기각한다.

【이 유】

1. 본안 전 항변에 대한 판단

본안 전 항변에 대한 판단부분에 설시할 이유는 제1심 판결의 본안 전 항변에 대한 판단부분 이유란 기재와 같으므로 민사소송법 제390조에 의하여 이를 그대로 인용한다.

2. 손해배상책임의 발생

가. 책임의 근거

(1) 소외 조규향은 1999. 9. 13. 10:00경 피고의 피보험차량인 충남 38가3512호 티코승용차를 운전하여 천안시 목천면 도장리 목천휴게소 앞 편도 2차로 도로에서 공주방면에서 천안시방면으로 2차로 상을 앞서가던 소외 이상준 운전의 경기 84바3482호 5톤 트럭을 뒤따라 진행함에 있어, 이러한 경우 운전자 조규향으로서는 앞서 가던

차량과의 안전거리를 확보하고 전방을 주시하며 안전하게 운전하여야 할 주의의무가 있음에도 이를 게을리 한 과실로, 위 트럭이 정지신호에 따라 정차하는 것을 뒤늦게 발견하고 급정거하며 핸들을 좌측으로 조작하였으나 미처 피하지 못하고 위 승용차 우측 휀다 부분으로 위 트럭 좌측 뒤 범퍼 부분을 충돌하여, 그 충격으로 위 승용차의 조수석에 타고 있던 자신의 처인 소외 망 김준구로 하여금 현장에서 심폐정지 등으로 사망케 하였다(이하 이 사건 사고라고만 한다).

(2) 원고들은 소외 망 김준구의 자녀들이다.

(3) 위 인정사실에 의하면, 피고는 위 승용차의 보험자로서 구 자동차손해배상보장법시행령(2000. 12. 27. 대통령령 제17029호로 개정되기 전의 것) 제3조 제1항 제1호의 보상한도인 금 6,000만원의 한도에서 이 사건 사고로 소외 망 김준구 및 원고들이 입은 손해를 배상할 책임이 있다(단, 위에서 본 바와 같이 이 사건 사고는 소외 망 김준구의 남편인 위 조규향의 일방적인 과실로 발생하였고, 위 조규향은 원고들과 달리 이 사건 사고의 가해자로서 책임보험에 의한 보험혜택을 누리게 할 사회적 필요성도 인정되지 않으므로, 소외 망 김준구의 손해배상채권 중 위 조규향의 상속지분은 혼동으로 소멸되었다고 할 것이다).

나. 책임의 제한

다만, 위 승용차의 조수석에 타고 있던 소외 망 김준구로서도 조규향이 전방을 주시하고, 선행차량과의 안전거리를 확보하여 안전하게 운전하도록 주의를 촉구할 의무가 있다할 것인데 소외 망 김준구가 이러한 조치를 취하지 않은 점, 소외 망 김준구와 가해자인 조규향의 관계, 이 사건 변론에 나타난 위 승용차의 운행목적 등을 고려하여 피고의 책임을 70%로 제한한다.

3. 손해배상의 범위

가. 일실수입

소외 망 김준구가 이 사건 사고로 상실한 일실수입 손해는 아래에서 인정하는 사실관계와 평가내용을 기초로 산정한 금 70,474,055원이다(다만, 계산의 편의상 월미만, 원 미만은 버리고, 이 사건 사고 당시의 현가계산은 월 5/12%의 비율에 의한 중간이자를 공제하는 단리할인법에 의하기로 한다).

(1) 인적사항 : 별지 손해배상계산표의 기초사항란 기재와 같다.

(2) 직업 및 소득 : 이 사건 사고 당시 소외 망 김준구는 농촌지역에 거주하며 농업에 종사하였으므로, 농협조사월보상 여자 농촌일용노임을 기준으로 일실수입을 산정하기로 한다.

(3) 생계비 : 3분의 1

(4) 가동연한 : 60세가 될 때까지

(5) 계산 : 별지 손해배상계산표 기재와 같다.

(인정근거 : 다툼 없는 사실, 갑 제1호증, 제3, 4호증의 1, 2의 각 기재, 변론의 전 취지)

나. 장례비

금 2,500,000원(다툼 없음)

다. 과실상계

(1) 과실비율 : 30%

(2) 계산 : 별지 손해배상계산표 기재와 같다.

라. 위자료

이 사건 사고의 경위 및 결과, 원고들과 소외 조규향 및 소외 망 김준구의 관계, 원고들의 나이, 직업, 기타 이 사건 변론에 나타난 제반사정을 참작하여 별지 손해배상계산표 위자료란 기재 각 해당금원 인정.

마. 소결론

따라서, 피고는 원고들에게 각 금 18,795,964원 및 이에 대한 지연손해금을 지급할 의무가 있는바, 피고가 원고들에게 이미 금 25,041,020원을 지급하였으므로, 결국 피고는 원고들에게 각 금 10,448,957원{(18,795,964원 x 3 - 25,041,020원)/3, 원미만 버림} 및 이에 대하여 이 사건 사고 발생일인 1999. 9. 13.부터 피고가 이 사건 이행의무의 존부 및 범위에 관하여 항쟁함이 상당하다고 인정되는 항소심 판결선고일인 2002. 6. 5.까지 민법 소정의 연 5%, 그 다음날부터 완제일까지 소송촉진등에관한특례법 소정의 연 25%의 각 비율에 의한 금원을 지급할 의무가 있다.

4. 결 론

그렇다면, 원고들의 이 사건 청구는 위 인정범위 내에서 이유 있어 인용하고 나머지 청구는 이유 없어 기각할 것인바, 이와 결론을 일부 달리한 제1심 판결 중 피고 패소부분은 부당하므로 이를 취소하고 그 부분에 해당하는 원고의 청구를 기각하기로 하며, 피고의 나머지 항소는 이유 없어 기각하기로 하여 주문과 같이 판결한다.

(2-2) 대법원 2002. 10. 22. 선고 2002다38927 판결

【원고, 피상고인】 원고 1 외 2인

【피고, 상고인】 대한화재해상보험 주식회사

【원심판결】 서울지방법원 2002. 6. 5. 선고 2002나 1603 판결

【주 문】 원심판결 중 피고 패소 부분을 파기하고, 이 부분 사건을 서울지방법원 본원 합의부에 환송한다.

【이 유】

1. 원심은, 피고가 2000. 2. 23. 원고들을 대리한 소외 1과 사이에 1999. 9. 13. 사망한 망 소외 2의 피고에 대한 손해배상으로 25,041,020원을 지급하고 이후 민·형사상 일체의 이의를 제기하지 않기로 하는 내용의 합의를 한 바가 있고 그 후 위 소외 1에게 위 금액을 지급하였으므로 원고들의 이 사건 소는 부제소 합의에 위배되어 부적법하다는 피고의 본안 전 항변에 대하여 위 일시에 원고들의 아버지인 위 소외 1이 피고로부터 위 금액을 수령한 사실은 원고들도 이를 인정하지만, 그 내세운 증거들에 의하면, 원고들로부터 위 소외 2의 사망으로 인한 손해배상건에 대한 권한을 위임받은 위 소외 1은 초등학교 졸업의 학력으로 고향에서 농사를 지어오던 사람으로서, 이 사건 교통사고는 거의 전적으로 위 소외 1의 과실로 발생하였던 터라 자신의 부주의로 처인 위 소외 2가 사망한 데에 대한 심리적인 죄책감에 사로잡혀 있었고, 위 2000. 2. 23.자 합의에 관여한 피고의 보상과 직원 역시 위 소외 1에게 위 손해배상금 산출내역에 대하여 자세한 설명을 하여 주지 않았던 사실이 인정되며, 또한 이 사건 손해배상액 산정에 있어서는 소위 호의동승이나 피해자측 과실의 법리에 의하여 인정되는 원고들의 과실상계 비율에 따라 그 산출금액에 있어서 현저한 차이를 보이게 되고, 위 법리는 일반인으로서는 잘 알 수 없는

영역에 속하는 점 등을 감안하면, 위 2000. 2. 23.자 약정은 피고가 위 소외 1의 궁박, 무경험을 이용하여 성립시킨 현저히 균형을 잃은 무효의 약정이라는 이유로 위 주장을 배척한 다음, 본안에 나아가 피고는 원고들의 손해액에서 위 합의금을 공제한 나머지 각 10,448,957원 및 이에 대한 지연손해금을 지급할 의무가 있다고 판단하였다.

2. 민법 제104조에 규정된 불공정한 법률행위는 객관적으로 급부와 반대급부 사이에 현저한 불균형이 존재하고, 주관적으로 그와 같이 균형을 잃은 거래가 피해 당사자의 궁박, 경솔 또는 무경험을 이용하여 이루어진 경우에 성립하는 것으로서, 약자적 지위에 있는 자의 궁박, 경솔 또는 무경험을 이용한 폭리행위를 규제하려는 데에 그 목적이 있고, 불공정한 법률행위가 성립하기 위한 요건인 궁박, 경솔, 무경험은 모두 구비되어야 하는 요건이 아니라 그 중 일부만 갖추어져도 충분한데, 여기에서 '궁박'이라 함은 '급박한 곤궁'을 의미하는 것으로서 경제적 원인에 기인할 수도 있고 정신적 또는 심리적 원인에 기인할 수도 있으며, '무경험'이라 함은 일반적인 생활체험의 부족을 의미하는 것으로서 어느 특정영역에 있어서의 경험부족이 아니라 거래일반에 대한 경험부족을 뜻하고, 당사자가 궁박 또는 무경험의 상태에 있었는지 여부는 그의 나이와 직업, 교육 및 사회경험의 정도, 재산상태 및 그가 처한 상황의 절박성의 정도 등 제반 사정을 종합하여 구체적으로 판단하여야 하며, 한편 피해 당사자가 궁박, 경솔 또는 무경험의 상태에 있었다고 하더라도 그 상대방 당사자에게 그와 같은 피해 당사자측의 사정을 알면서 이를 이용하려는 의사, 즉 폭리행위의 악의가 없었다거나 또는 객관적으로 급부와 반대급부 사이에 현저한 불균형이 존재하지 아니한다면 불공정 법률행위는 성립하지 않는다(대법원 1996. 11. 12. 선고 96다34061 판결, 1997. 7. 25. 선고 97다15371 판결 등 참조). 그리고 대리인에 의하여 법률행위가 이루어진 경우 그 법률행위가 민법 제104조의 불공정한 법률행위에 해당하는지 여부를 판단함에 있어서 경솔과 무경험은 대리인을 기준으로 하여 판단하고, 궁박은 본인의 입장에서 판단하여야 한다(대법원 1972. 4. 25. 선고 71다2255 판결 등 참조).

그런데 원심이 확정한 사실관계 및 기록에 의하면, 위 소외 1은 1999. 9. 13. 피고의 책임보험에 가입한 승용차의 조수석에 처인 위 소외 2를 태우고 진행하다가 앞서 가던 트럭이 정지신호에 따라 정차하는 것을 뒤늦게 발견하고 위 트럭을 들이받는 바람에 위 소외 2로 하여금 현장에서 사망에 이르게 한 사실, 그 후 위 소외 1은 피고 보상과 직원의 연락을 받고 원고들의 위임을 받은 다음, 위 사고일로부터 5개월 이상이 경과한 2000. 2. 23. 피고로부터 보험금 25,041,020원을 받는 대신 향후 민사상 일체의 소송을 제기하지 아니할 것을 특약하는 내용의 합의서를 직접 작성한 사실, 위 소외 1은 1947년생으로서 초등학교 졸업의 학력에 불과하지만 당시 운전 17년 및 농업 7년 정도의 경력을 가지고 있었고, 원고들도 모두 성년이었던 사실을 알 수 있는바, 위 소외 1의 위와 같은 사회경험의 정도에다가 이 사건 합의가 이루어진 경위에 비추어 보면, 이 사건 합의 당시 대리인인 위 소외 1이 무경험 상태에 있었다고 단정하기 어려울 뿐만 아니라, 이 사건 합의 당시 본인인 원고들이 경제적 또는 정신적으로 급박한 궁박의 상태에 있었다고 볼 만한 자료도 기록상 나타나지 아니한다.

또한, 기록에 의하면, 피고는 이 사건 합의를 함에 있어서 이 사건 사고가 위 소외 1의 일방적인 과실로 인하여 발생한데다가 피해자가 가해자의 처로서 사고 승용차에 동승하였고 안전운전을 촉구하지 아니한 잘못 등을 감안하여 가해자측의 책임비율을 40%로 제한하고 보험약관상의 기준을 적용하여 보험금 25,041,020원을 산정하여 제시하였는데, 위 소외 1이 위 금액에 자연스럽게 응하였던 것이며, 당시 피고가 지급할 책임보험금은 6,000만 원을 한도로 하는 것이었던 점, 원심은 제반 사정을 감안하여 가해자측의 책임을 70%로 제한함이 상당하다고 판단하였는데, 그에 따라 원심이 위 합의금 이외에 추가로 지급을 명한 액수도 합계 31,346,871원에 불과하였던 점, 위와 같은 책임제한의 비율은 일률적으로 정하기가 어려운 것인 점 등을 알 수 있는바, 사정이 이러하다면, 이 사건 합의 당시 원고측이 궁박 또는 무경험의 상태에 있었다고 하더라도 피고에게 이를 이용하려는 폭리행위의 악의가 있었다고 보기 어려울 뿐만 아니라, 위와 같은 정도의 금액 차이만으로 급부와 반대급부 사이에 현저한 불균형이 존재한다고 단정할 수도 없는 것이다.

그럼에도 불구하고, 원심은 앞서 본 이유만으로 이 사건 합의가 불공정한 법률행위에 해당하여 무효라고 단정한 나머지 피고의 본안 전 항변을 배척하고 본안에 나아가 판단하였으니, 거기에는 불공정한 법률행위의 성립요건에 관한 법리를 오해하거나 채증법칙을 위반하여 판결에 영향을 미친 위법이 있다고 아니할 수 없고, 이 점을 지적하는 상고이유의 주장은 이유 있다.

3. 그러므로 원심판결 중 피고 패소 부분을 파기하고, 이 부분 사건을 원심법원에 환송하기로 하여 주문과 같이 판결한다.

5 일부 무효

(1) 대법원 1992. 10. 13. 선고 92다16836 판결

【원고, 피상고인】 윤태협
【피고, 상고인】 홍운표
【원심판결】 서울고등법원 1992.3.20. 선고 90나8031 판결

【주 문】

원심판결의 피고 패소부분중 소유권이전등기절차의 이행을 명한 부분을 파기하고, 이 부분 사건을 서울고등법원에 환송한다. 피고의 나머지 상고를 기각하고, 이 부분 상고비용은 피고의 부담으로 한다.

【이 유】

피고 소송대리인 변호사 이사묵의 상고이유를 본다. 같은 소송대리인 변호사 박경재의 상고이유서는 상고이유서 제출기간이 지나서 제출된 것이므로 위의 상고이유를 보충하는 범위안에서 본다.

제1점에 대하여

1. 원심이 확정한 사실의 요지는,

가. 원고가 1989.3.30. 소외 김봉산 경영의 대영부동산소개소에서 피고의 처인 소외 박노임(이하 소외인이라고 한다)과의 사이에 원고가 피고로부터 피고 소유인 원심판결의 별지목록 기재의 토지(이하 이 사건 토지라고 한다)와 그 지상의 건물(이하 이 사건 건물이라 한다)을 대금 147,000,000원에 매수하기로 하는 계약을 체결함에 있어서, 계약금 15,000,000원은 계약당일에, 중도금 50,000,000원은 같은 해 4.20.에, 잔금 82,000,000원은 같은 해 5.30.에 각 지급하기로 하되, 피고가 이 사건 건물부분을 임대하고 받은 월세보증금 및 전세금 합계 금 35,500,000원의 반환채무를 원고가 인수하고 이를 위 잔금에서 공제하기로 약정하고, 당일 계약금 15,000,000원을 소외인에

게 지급한 외에, 같은 해 4.20. 중도금으로 금 50,000,000원을 소외인에게 지급하였고, 같은 달 23.에는 위 잔금에서 공제하기로 하고 원고가 인수한 전세금반환채무 중 소외 고재민에 대한 전세금반환채무 금 6,500,000원을 변제하였다는 것이고,

나. 피고는 이 사건 부동산거래계약이 체결되기 전인 1985년 봄에 소외인과 함께 위 부동산소개소에 찾아와 이 사건 건물에 있는 점포 3개와 주택을 임대하여 달라고 부탁한 이래 소외인과 함께 위 부동산소개소에 자주 출입하여 왔는데, 그 경우 소외인이 주로 이야기를 하고 피고는 승용차 안에 앉아 있거나 사무실 안으로 들어오더라도 말없이 소외인이 하는 일들을 그대로 보고만 있었고, 그후 1988년 여름경에 소외인이 위 김봉산에게 이 사건 토지와 건물을 팔아 달라고 부탁을 하였으나 원매자가 없어 매매가 성립되지 않고 있던 중에1989.2. 중순경 피고와 소외인이 위 부동산소개소에 함께 찾아왔는바, 위 김봉산은 피고 부부에게 피고가 꼭 받아야 할 가격을 묻자, 소외인이 피고가 듣는 자리에서 금 150,000,000원은 꼭 받아 달라고 말하고, 피고는 이에 대하여 아무런 이의를 제기하지 아니하였으며, 그런 후 1989.3.29. 원고가 위 부동산소개소에 찾아와 이 사건 부동산을 매수하겠다고 하여 위 김봉산이 전화로이 사실을 피고에게 알리자 피고는 소외인을 내보내겠다고 하였고, 그날 소외인이 위 부동산소개소에 나와서 이 사건 부동산매매계약이 체결되었다는 것이며,

다. 이 사건 토지가 국토이용관리법상 토지등의 거래계약에 대하여 허가를 받아야 하는 규제지역에 속하여 있는데 원, 피고가 아직 그 허가를 받지 않고있다는 것이다.

2. 기록에 비추어 보면 원심의 위와 같은 사실인정은 수긍할 수 있고, 거기에 채증법칙을 어긴 위법이나 심리를 미진한 위법이 있다고 할 수 없고, 사정이 위와 같다면 피고가 그의 처인 소외인에게 이 사건 토지와 건물의 매매계약 체결에 관한 대리권을 수여하였다고 추인할 수 있다고 본 원심의 조처도 정당하다고 보아야 할 것이다.

사실심의 전권사항을 다투는 논지는 이유가 없다.

제2점에 대하여

기록에 의하면, 소외인의 매도행위가 불공정한 법률행위에 해당한다는 피고의 주장을 배척한 원심의 설시이유도 수긍할 수 있고, 거기에 소론과 같은 위법사유가 있다고 할 수 없다. 논지도 이유 없다.

제3점에 대하여

1. 기록을 살펴보면, 이 사건 매매계약이 처음부터 국토이용관리법에 의한 허가를 배제하거나 잠탈하는 내용이 계약이라고 인정하지 아니하고, 피고의 계약해제항변을 배척하여, 피고에게 이 사건 토지에 대하여 토지거래허가신청절차에 협력할 의무있음을 인정한 원심의 조처도 정당하고, 거기에 채증법칙을 어기거나 심리미진의 위법이 있다고 할 수 없다.

2. 그런데 원심은 그 인정사실에 터잡아 피고에게 이 사건 토지에 대한 토지거래허가신청절차의 이행을 명하는 외에 이 사건 건물에 대하여 위의 매매를 원인으로 한 소유권이전등기를 명하였는바, 원심의 이와 같은 조처는 수긍할 수 없다. 원심이 인정한 사실에 의하면, 이 사건 매매계약은 토지와 건물을 일괄하여 거래의 목적으로 한 것이 분명하고, 원고도 원심의 1991.10.22.자 청구취지변경 및 준비서면에서 '이 사건 토지와 건물을 뭉뚱그려서 대금 147,000,000원에 매수하였다'고 주장하였는바, 국토이용관리법상의 규제구역내의 토지매매계약은 관할

관청의 허가를 받아야만 그 효력이 발생하고 그 허가를 받기 전에는 채권적 효력도 발생하지 아니하여 무효인 것이므로(당원 1991.12.24. 선고 90다12243 판결 참조), 이와 같은 경우 토지부분의 매매계약이 유효한 것으로 확정되지 아니한 상태에서 건물부분의 매매계약만 유효한 것으로 보아소유권이전등기를 명하는 것은 옳다고 할 수 없다.

3. 민법 제137조는 법률행위의 일부분이 무효인 때에는 그 전부를 무효로 하되, 그 무효부분이 없더라도 법률행위를 하였을 것이라고 인정될 때에는 나머지 부분은 무효가 되지 아니한다고 규정하고 있는바, 일반적으로 토지와 그 지상의 건물은 법률적인 운명을 같이 하는 것이 거래의 관행이고, 당사자의 의사나 경제의 관념에도 합치되는 것이므로, 원심으로서는 이 사건 토지에 관한 당국의 거래허가가 없으면 건물만이라도 매매하였을 것이라고 볼 수 있는 특별한 사정이 인정되는 경우에 한하여 토지에 대한 매매거래허가가 있기 전에 건물만의 소유권이전등기를 명할 수 있다고 보아야 할 것이고, 그렇지 않는 경우에는 토지에 대한 거래허가가 있어 그 매매계약의 전부가 유효한 것으로 확정된 후에 토지와 함께 이전등기를 명하는 것이 옳을 것이다.

4. 그렇다면 원심이 이 사건 건물의 매매는 국토이용관리법상의 허가대상이 아니라는 이유만을 들어 피고의 이 부분 무효주장을 배척하고 원고의 청구를 인용한 것은, 법률행위의 무효에 관한 법리를 오해하였거나 심리를 미진한 위법이 있다고 아니할 수 없고, 논지는 이 범위 안에서 이유 있다.

그러므로 원심판결중 이 사건 건물에 대한 소유권이전등기절차의 이행을 명한 피고패소부분을 파기하여 이 부분 사건을 원심법원에 환송하고, 피고의 나머지 상고를 기각하고 이 부분 상고비용은 피고의 부담으로 하여 관여법관의 일치된 의견으로 주문과 같이 판결한다.

(2-1) 서울고등법원 2006. 5. 19. 선고 2005나112804 판결

【원고, 피항소인 겸 항소인】 김기호 외 14인

【피고, 항소인 겸 피항소인】 주식회사 우리은행

【원심판결】 서울중앙지방법원 2005. 11. 29. 선고 2005가단105918, 2005가단105925(병합) 판결

【주 문】

1. 원고들 및 피고의 각 항소를 모두 기각한다.
2. 항소비용은 각자 부담한다.

【청구취지 및 항소취지】

1. 청구취지

피고는 원고들에게 별지 표 중 "인용금액"란 기재 각 돈 및 위 각 돈에 대하여 2005. 5. 7.부터 2005. 11. 29.까지는 연 5%, 그 다음날부터 다 갚는 날까지는 연 20%의 각 비율로 계산한 돈을 지급하라.

2. 항소취지

원고들 : 제1심 판결 중 다음에서 추가로 지급을 명하는 부분에 해당하는 원고들 패소부분을 모두 취소한다. 피고는 원고들에게 별지 표 중 "항소금액"란 기재 각 돈 및 이에 대하여 2005. 5. 7.부터 다 갚는 날까지 연 20%

의 비율로 계산한 돈을 지급하라.

피고 : 제1심 판결 중 피고 패소부분을 취소하고, 그 취소부분에 해당하는 원고들의 각 청구를 모두 기각한다.

【이 유】

1. 제1심 판결의 인용

이 법원이 이 사건에 관하여 적는 판결의 이유는 제1심 판결의 이유 중 '3. 부당이득 반환청구에 대한 판단(제1심 판결문 제10면 제12행부터 제12면 제3행까지)'을 아래 '변경 부분'과 같이 고쳐 쓰는 외에는 제1심 판결의 이유 기재와 같으므로, 민사소송법 제420조에 의하여 이를 그대로 인용한다.

[변경 부분]

3. 부당이득 반환청구에 대한 판단

가. 원고들의 주장

원고들은, ① 평화은행의 유상증자에 따른 주식인수가 실질적으로는 피고가 자기의 계산으로 자기가 발행하는 신주를 원고들의 명의만을 빌려 인수한 것으로 상법상의 자기주식취득 금지 원칙에 위반하여 무효이고, ② 또한 이 사건에서 신주인수대금의 납입 경위에 비추어 볼 때 원고들의 신주인수대금의 납입은 단순히 납입을 가장한 것에 지나지 아니하여 납입 자체가 무효이다. 따라서 평화은행은 법률상 원인 없이 출자한 중간정산 퇴직금 상당의 이득을 얻고 원고들에게 동액 상당의 손해를 가하였으므로, 피고는 원고들에게 부당이득으로서 신주인수대금으로 납입한 중간정산 퇴직금 상당의 돈을 반환해야 한다고 주장한다.

나. 판단

(1) 자기주식취득 금지 원칙 위반에 기한 부당이득

앞서 살펴본 바와 같이 손실보전 합의 및 이에 터잡은 퇴직금 특례지급기준은 당시 평화은행의 경영정상화를 위한 유상증자 계획에 따라 평화은행의 직원들인 원고들이 인수한 주식투자의 손실을 퇴직할 때 보전해 주기로 하는 내용으로서, 이는 주주평등의 원칙 및 자기주식취득금지의 원칙에 위반되어 무효라고 할 것이지만(대법원 2004. 11. 12. 선고 2003다45687 판결 참조), 나아가 이러한 평화은행 직원들인 원고들의 신주인수행위 자체까지 무효로 되는 것은 아니라고 할 것이다. 즉, 앞서 본 바와 같은 이 사건 손실보전 합의와 신주인수행위, 퇴직금 특례지급기준의 제정 등의 체결 경위와 목적, 원고들과 평화은행의 의사 등을 고려하고 여기에 상법 제427조에 의하여 주식인수의 무효, 취소의 주장이 엄격하게 제한되는 점 등에 비추어 보면, 위 손실보전 합의 및 퇴직금 특례지급기준과 별개의 행위인 원고들의 신주인수행위 자체까지 무효로 돌릴 수는 없다고 할 것이다. 따라서 이와 다른 전제에 선 원고들의 이 부분 부당이득반환 주장은 이유 없다.

(2) 가장납입에 기한 부당이득

앞서 인정한 사실에 의하면, 원고들이 평화은행의 유상증자에 따른 신주인수를 위하여 퇴직금을 중간정산하여 납입한 것은 단순히 원고들이 위 신주인수에 있어 그 명의만을 대여하고 납입을 가장한 것이라고 볼 수는 없고, 달리 이를 인정할 증거가 없다. 따라서 원고들의 이 부분 부당이득반환 주장 역시 더 나아가 살필 필요 없이 이유 없다.

2. 결론

그렇다면 제1심 판결은 정당하므로, 원고들의 각 항소는 이유 없어 이를 모두 기각한다.

(2-2) 대법원 2007. 6. 28. 선고 2006다38161, 38178 판결

【원고, 피상고인 겸 상고인】 원고 1외 14인
【피고, 상고인 겸 피상고인】 피고 주식회사
【원심판결】 서울고등법원 2006. 5. 19. 선고 2005나112804, 112811 판결
【주 문】 상고를 각 기각한다. 상고비용은 각자가 부담한다.

【이 유】

상고이유를 판단한다.

1. 원고들의 상고이유에 대하여

가. 원심판결의 이유를 기록에 비추어 살펴보면, 원심이 그 판시와 같은 사실을 인정한 다음 이 사건 손실보전합의 및 퇴직금 특례지급기준(이하 이들을 포괄하여 '이 사건 손실보전약정'이라고만 한다)은 유상증자에 참여하여 주주의 지위를 갖게 될 평화은행의 직원들에게 퇴직시 그 출자 손실금을 전액 보전해 주는 것을 내용으로 하고 있어서 회사가 주주에 대하여 투하자본의 회수를 절대적으로 보장하는 셈이 되고 다른 주주들에게 인정되지 않는 우월한 권리를 부여하는 것으로서 주주평등의 원칙에 위반되어 무효라고 한 판단은 정당하다.

비록 이 사건 손실보전약정이 사용자와 근로자의 관계를 규율하는 단체협약 또는 취업규칙의 성격을 겸하고 있다고 하더라도, 주주로서의 지위로부터 발생하는 손실에 대한 보상을 주된 목적으로 한다는 점을 부인할 수 없는 이상 주주평등의 원칙의 규율 대상에서 벗어날 수는 없을 뿐만 아니라, 그 체결 시점이 원고들의 주주자격 취득 이전이라 할지라도 원고들이 신주를 인수함으로써 주주의 자격을 취득한 이후의 신주매각에 따른 손실을 전보하는 것을 내용으로 하는 것이므로 주주평등의 원칙에 위반되는 것으로 보아야 할 것이고, 이 사건 손실보전약정 당시 원고들이 평화은행의 직원이었고 또한 시가가 액면에 현저히 미달되는 상황이었다는 사정을 들어 달리 볼 수는 없다.

원심판결에는 상고이유의 주장과 같은 주주평등의 원칙에 관한 법리오해 등의 위법이 없다.

나. 위와 같은 이유에서 이 사건 손실보전약정이 무효라고 보는 이상, 나아가 자기주식 취득금지의 원칙에도 위반되는지 여부는 원심판결의 결론에 영향을 미칠 수 없는 것이다. 따라서 이 사건 손실보전약정이 자기주식 취득금지의 원칙에 위반되지 아니한다는 점을 전제로 하는 상고이유의 주장은 나아가 살펴볼 필요 없이 이유 없다.

다. 민법 제137조는 임의규정으로서 의사자치의 원칙이 지배하는 영역에서 적용된다고 할 것이므로, 법률행위의 일부가 강행법규인 효력규정에 위반되어 무효가 되는 경우 그 부분의 무효가 나머지 부분의 유효·무효에 영향을 미치는가의 여부를 판단함에 있어서는 개별 법령이 일부무효의 효력에 관한 규정을 두고 있는 경우에는 그에 따라야 하고, 그러한 규정이 없다면 원칙적으로 민법 제137조가 적용될 것이나 당해 효력규정 및 그 효력

규정을 둔 법의 입법 취지를 고려하여 볼 때 나머지 부분을 무효로 한다면 당해 효력규정 및 그 법의 취지에 명백히 반하는 결과가 초래되는 경우에는 나머지 부분까지 무효가 된다고 할 수는 없다고 할 것이다(대법원 2004. 6. 11. 선고 2003다1601 판결 등 참조). 따라서 이 사건에서 원고들의 신주인수의 동기가 된 이 사건 손실보전약정이 주주평등의 원칙에 위반되어 무효라는 이유로 이 사건 신주인수까지 무효로 보아 원고들로 하여금 그 주식인수대금을 부당이득으로서 반환받을 수 있도록 한다면 이는 사실상 다른 주주들과는 달리 원고들에게만 투하자본의 회수를 보장하는 결과가 되어 오히려 강행규정인 주주평등의 원칙에 반하는 결과를 초래하게 될 것이므로, 이 사건 신주인수계약까지 무효라고 보아서는 아니 될 것이다(대법원 2005. 6. 10. 선고 2002다63671 판결 참조).

원심이, 원고들의 신주인수계약까지 무효로 됨을 전제로 하여 각 그 주식인수대금 상당의 부당이득의 반환을 구하는 청구를 배척한 것은 위 법리에 따른 것이어서 정당하고, 거기에 상고이유의 주장과 같은 법리오해 등의 위법이 없다.

라. 원심은 원고들이 퇴직금을 중간정산하여 납입한 것은 단순히 원고들이 위 신주인수에 있어 그 명의만을 대여하고 납입을 가장한 것이라고 볼 수는 없고 달리 이를 인정할 만한 증거가 없다는 이유로 가장납입을 전제로 하는 부당이득반환청구도 배척하였으므로, 원심판결에 상고이유의 주장과 같은 판단 누락이 없을 뿐만 아니라, 원심판결의 이유를 기록에 비추어 살펴보면, 평화은행으로서는 원고들에게 중간정산에 따른 퇴직금을 지급할 의무가 유효하게 존속하고 있었던 만큼 원고들이 퇴직금을 중간정산하여 마련한 자금으로 이 사건 신주인수대금을 납입한 행위를 두고 납입을 가장하였다고 볼 수는 없으므로, 이 부분 원심의 판단에 법리오해 등의 위법도 없다.

마. 기록에 비추어 살펴보면, 원심이 공평 및 신의칙을 근거로 그 판시와 같은 사정을 참작하여 피고의 배상액을 감액한 것은 정당하고, 거기에 상고이유의 주장과 같은 과실상계에 관한 법리오해 등의 위법이 없다.

2. 피고의 상고이유에 대하여

가. 원심판결의 이유를 기록에 비추어 살펴보면, 원심이 그 판시와 같은 사실을 인정한 다음 평화은행이 단기간에 자기자본비율을 증대시키기 위하여 주식의 시가가 액면에 현저히 미달하는 상황에서 퇴직금의 중간정산 등 구체적인 출자금 마련 방법을 제시하고 또한 주주평등의 원칙에 어긋나는 손실보전약정을 체결하면서까지 액면으로 발행되는 유상증자에 참여하도록 원고들을 유인한 행위가 위법하다고 한 판단은 정당하다. 원심판결에는 상고이유의 주장과 같은 불법행위요건으로서의 위법성에 대한 법리오해 등의 위법이 없다.

나. 기록에 비추어 살펴보면, 원심이 공평 및 신의칙을 근거로 그 판시와 같은 사정을 참작하여 피고의 배상액을 80%로 감액한 것은 정당하고, 거기에 상고이유의 주장과 같이 과실상계에 관한 법리오해 등의 위법이 없다.

3. 결론

그러므로 상고를 각 기각하고, 상고비용은 각자가 부담하기로 하여 관여 대법관의 일치된 의견으로 주문과 같이 판결한다.

6 허가 없는 토지매매계약의 효력

(1) 대법원 1991. 12. 24. 선고 90다12243 전원합의체 판결 (Ⅲ. 2. 참조)

(2-1) 창원지방법원 1998. 7. 10. 선고 97나7893 판결 (Ⅲ. 1. (1-1) 참조)

(2-2) 대법원 1999. 6. 17. 선고 98다40459 판결 (Ⅲ. 1. (1-2) 참조)

(3-1) 서울고등법원 1999. 10. 26. 선고 99나45361 판결

【원고, 피항소인】 이순영

【피고, 항소인】 두산상사 주식회사의 소송수계인 주식회사 두산

【원심판결】 서울지방법원 1999. 7. 6. 선고 98가합39690 판결

【주 문】 1. 피고의 항소를 기각한다.

2. 항소비용은 피고의 부담으로 한다.

【청구취지】

주위적 청구취지 : 피고는 원고에게 금 140,000,000원과 이에 대한 1996. 6. 15.부터 이 사건 소장 부본 송달일까지는 연 5푼의, 그 다음날부터 다 갚는 날 까지는 연 2할 5푼의 각 비율로 계산한 금원을 지급하라

예비적 청구취지 : 피고는 원고에게 금 140,000,000원과 이에 대한 1996. 9. 3.부터 이 사건 소장 부본 송달일까지는 연 5푼의, 그 다음날부터 다 갚는 날 까지는 연 2할 5푼의 각 비율로 계산한 금원을 지급하라

【항소취지】 제1심판결을 취소한다. 원고의 청구를 기각한다.

【이 유】

1. 이 법원이 이 사건에 관하여 설시할 이유는 제1심판결의 그것과 같으므로, 이를 그대로 인용한다. (원고는 이 사건 청구원인으로, 피고가 이 사건 대지가 토지거래 허가지역 내의 토지인 사실을 은폐하고 원고를 기망한 채 이 사건 매매계약을 체결한 것이어서, 이 사건 매매계약은 처음부터 허가를 배제하거나 잠탈하는 내용의 계약으로서 확정적으로 무효이거나, 아니라 해도 이는 취소할 수 있는 법률행위인데 원고가 그 뜻이 담긴 계약해제 의사표시를 하였고 이에 대해 피고도 이 사건 대지를 타에 매도하였으므로 위 매매계약은 취소되었거나 합의해제 된 것이라고 주장하면서, 이미 지급한 계약금 140,000,000원의 반환을 구하고 있는데, 제1심판결은 당사자 쌍방이 토지거래 허가신청을 하지 않기로 의사표시를 명백히 하여 이 사건 매매계약은 확정적으로 무효가 된 것이라고 판단하여 당사자의 주장과 다른 사실을 인정한 측면이 있으나, 원고의 주위적 변론을 전체적으로 관찰해 보면 이 사건 매매계약이 확정적으로 무효가 되었다는 취지의 주장이어서 제1심판결과 같은 내용을 간접적으로 주장한 것으로 볼 수 있으므로, 제1심판결은 변론주의에 위배되지는 아니한다고 할 것이다)

2. 그렇다면 제1심판결은 이와 결론을 같이 하여 정당하고 피고의 항소는 이유없으므로 이를 기각하기로 하여 주문과 같이 판결한다.

(3-2) 대법원 2000. 4. 7. 선고 99다68812 판결

【원고, 피상고인】 이순영
【피고, 상고인】 두산상사 주식회사의 소송수계인 주식회사 두산
【원심판결】 서울고등법원 1999. 10. 26. 선고 99나45361 판결
【주 문】 원심판결을 파기하고, 사건을 서울고등법원에 환송한다.

【이 유】

상고이유를 본다.

1. 변론주의 위반의 주장에 관하여

가. 기록과 원심판결 이유에 의하면, 원고는 이 사건 청구원인으로서 주위적으로는 원고와 피고 사이에 1996. 6. 14. 원고가 피고로부터 이 사건 토지 및 건물을 금 16억 원에 매수하기로 약정하고 원고는 당일 피고에게 계약금으로 금 1억 4천만 원을 지급하였는데, 이 사건 계약 당시 이 사건 토지는 국토이용관리법에 의한 토지거래허가구역 내에 위치하여 있었음에도 불구하고 피고는 이를 원고에게 고지하지 아니하는 등 원고를 기망하여 이 사건 계약을 체결한 것이고 따라서 이 사건 매매계약은 처음부터 위 법 소정의 허가를 배제하거나 잠탈하는 내용의 계약으로서 확정적으로 무효인 계약에 해당된다고 주장하면서, 피고는 원고에게 무효인 이 사건 계약에 기하여 지급된 위 계약금 및 이에 대한 위 지급일 이후의 지연손해금을 지급할 의무가 있다고 주장하였고, 예비적으로는 원고는 피고의 위와 같은 기망행위에 의한 이 사건 계약을 취소하였거나, 이 사건 계약은 합의 해제되었다는 이유로 위 계약금 및 이에 대한 취소 또는 해제일 다음날부터의 지연손해금의 지급을 구하고 있고, 한편 원심은 제1심판결을 인용하여 그 채택한 증거에 의하면 이 사건 계약은 토지거래허가를 받지 않은 상태에서 체결되어 유동적 무효인 상태에 있다가 원고가 먼저 피고에게 계약해제 통지를 하였고, 이에 대하여 피고가 이를 거부하고 있다가 1997. 9. 1. 소외 문정옥에게 이 사건 토지 등을 매도하고 이 사건 토지에 관하여 위 소외인 앞으로 소유권이전등기를 경료하여 줌으로써 원·피고 쌍방이 허가신청을 하지 아니하기로 의사표시를 명백히 하여 이 사건 계약이 확정적으로 무효가 된 사실을 인정한 다음, 그렇다면 피고는 원고에게 위 무효인 이 사건 계약에 기초하여 부당이득 한 위 계약금 및 이에 대한 그 지급일 다음날부터의 이자 또는 지연손해금을 지급할 의무가 있다고 판단하고 있다.

나. 그러나 법원은 변론주의의 원칙상 법률상의 요건사실에 해당하는 주요사실에 관한 한 당사자가 주장하지 아니한 사실을 기초로 판단을 할 수는 없는 것이고, 한편 국토이용관리법상의 규제지역 내의 토지에 대하여 관할 도지사의 허가를 받기 전에 체결한 매매계약은 처음부터 그 허가를 배제하거나 잠탈하는 내용의 계약일 경우에는 확정적으로 무효로서 유효하게 될 여지가 없으나, 이와 달리 허가받을 것을 전제로 한 계약일 경우에는 허가를 받을 때까지는 법률상의 미완성의 법률행위로서 소유권 등 권리의 이전에 관한 계약의 효력이 전혀 발생하지 아니함은 확정적 무효의 경우와 다를 바 없지만, 허가를 받게 되면 그 계약은 소급하여 유효한 계약이 되고 이와 달리 허가를 받지 못하게 된 때에는 무효로 확정되므로 허가를 받기까지는 유동적 무효의 상태에 있다고 보아야 할 것이며, 이러한 유동적 무효 상태에 있는 계약을 체결한 당사자는 쌍방이 그 계약이 효력이 있는 것으

로 완성될 수 있도록 서로 협력할 의무가 있다고 할 것이므로, 이 경우 이러한 매매계약을 체결할 당시 당사자 사이에 당사자 일방이 토지거래허가를 받기 위한 협력 자체를 이행하지 아니하거나 허가 신청에 이르기 전에 매매계약을 철회하는 경우, 상대방에게 일정한 손해액을 배상하기로 하는 약정을 유효하게 할 수 있으므로(대법원 1995. 12. 26. 선고 93다59526 판결 등 참조), 규제구역 내의 토지를 매매함에 있어서 사전에 거래허가를 받지 않은 경우 그 매매계약의 효력은 처음부터 그 허가를 배제하거나 잠탈하려 하였던 경우와 허가받을 것을 전제로 한 경우 사이에 커다란 차이가 있고, 따라서 당사자가 자신이 체결한 계약이 어느 경우에 해당하는지에 대한 주장사실은 법률상의 요건사실인 주요사실에 해당한다고 할 것이므로, 법원은 이에 대한 당사자의 주장사실에 구속되어 그와 다른 사실을 인정하거나 이를 기초로 판단할 수는 없다고 할 것이다.

다. 돌이켜 이 사건을 보건대, 아무리 기록을 정사하여 보더라도 원고는 어디까지나 이 사건 계약이 처음부터 그 허가를 배제하거나 잠탈하려 하였던 경우에 해당한다고 하였지, 원심 인정대로 당사자 사이에 허가를 받을 것을 전제로 이 사건 계약을 체결한 것이고, 유동적 무효 상태에 있던 이 사건 계약이 피고가 이 사건 토지 등을 타인에게 매도함으로써 확정적으로 무효가 되었다고 주장한 바는 없으며(원고가 그 예비적 주장사실에서, 피고가 이 사건 토지 등을 타인에게 매도하였다는 주장을 한 것은 그로 인하여 유동적 무효 상태에 있던 이 사건 계약이 확정적으로 무효가 되었다는 주장을 하기 위한 것이 아니라 궁극적으로 이 사건 계약이 해제되었음을 주장하기 위한 것임이 분명하다.), 피고 또한 허가 문제를 논의하기도 전에 원고의 위약으로 이 사건 계약이 해제된 것이라는 주장만을 되풀이하고 있을 뿐이다.

그럼에도 불구하고, 원심이 원고가 주장하지도 않은 그 판시와 같은 사실을 인정한 다음 그에 기초하여 원고 승소판결을 한 것은, 국토이용관리법상의 허가를 받지 않은 토지매매계약의 효력에 관한 법리를 오해하였거나 변론주의에 위반하여 판결에 영향을 미친 위법을 저질렀다고 아니할 수 없다. 같은 취지의 상고이유의 주장은 이유 있다.

2. 그러므로 다른 상고이유에 나아가 판단할 필요 없이 원심판결을 파기하고, 사건을 다시 심리·판단하게 하기 위하여 원심법원에 환송하기로 하여 관여 대법관의 일치된 의견으로 주문과 같이 판결한다.

7 무권리자의 처분행위

(1-1) 서울지방법원 2000. 11. 10. 선고 99가합45951 판결

【원 고】 정임선

【피 고】 정수복 외 1인

【주 문】

1. 원고에게,

가. 피고 정수복은 별지 목록 기재 각 부동산 중 6/25 지분에 관하여, 부산지방법원 동래지원 동래등기소 1974. 2. 26. 접수 제9568호로 마친 각 소유권이전등기의,

나. 피고 이상돌은 별지 목록 제1, 제3, 제4기재 각 부동산 중 6/25 지분에 관하여, 부산지방법원 동래지원

동래등기소 1998. 12. 7. 접수 제58882호로 마친 각 소유권이전등기의, 각 말소등기절차를 이행하라.

2. 원고의 피고 정수복에 대한 나머지 청구를 기각한다.
3. 소송비용 중 원고와 피고 정수복 사이에서 생긴 부분은 이를 3분하여 그 1은 원고의, 나머지는 위 피고의 각 부담으로 하고, 원고와 피고 이상돌 사이에서 생긴 부분은 위 피고의 부담으로 한다.

【청구취지】

주문 제1항과 같은 판결 및 피고 정수복은 원고에게 90,530,000원 및 그 중 85,530,000원에 대하여는 이 사건 소장 부본 송달 다음날부터, 5,000,000원에 대하여는 이 사건 1999. 11. 23.자 청구취지 및 청구원인 변경신청서 부본 송달 다음날부터 각 완제일까지 연 25%의 비율에 의한 금원을 지급하라는 판결.

【이 유】

1. 기초사실

다음 사실은 당사자 사이에 다툼이 없거나, 갑 1-1, 3 내지 7, 갑 2-1 내지 6, 갑 3, 갑 4-1 내지 4, 을 4의 각 기재에 변론의 전 취지를 종합하여 인정할 수 있다.

가. 토지의 분할관계

별지목록 기재 각 부동산은 모두 분할 전 부산 동래구 ▒▒동 산 ▒▒-2 임야 2,976㎡(이하 이 사건 모토지라고 한다)에서 분할되어 나온 토지들이다. 이 사건 모토지는1975. 10. 6. 같은 동 산 ▒▒-2 임야 2,083㎡와 산 ▒▒-3 임야 893㎡로 분할되었다. 위 산 ▒▒-2 임야 2,083㎡는 1986. 12. 16. 산 ▒▒-2 임야 864㎡(별지 목록 제1기재 토지),산 ▒▒-5 임야 550㎡, 산 ▒▒-6 임야 669㎡로 분할되었으며, 그 중 산 ▒▒-5 임야550㎡는 같은 날 1586-5 대 554㎡로 지목변경 및 등록전환 된 후 같은 날 1586-5 대 533㎡와 1586-6 대 21㎡(별지 목록 제2기재 토지)로 다시 분할되었고, 1586-6 토지는 지목이 도로로 변경되었다. 한편, 위 1586-5 대 533㎡은 같은 날 다른 토지와 합병되어 1586-2 대 615㎡이 되었다. 위 산 ▒▒-6 임야 669㎡는 1996. 6. 24. 1586-7 임야 661㎡로 등록전환된 후 같은 날 1586-7 임야 16㎡(별지 목록 제3기재 토지), 1586-8 임야 73㎡(별지 목록 제4기재 토지), 1586-9 임야 561㎡, 1586-10 임야 11㎡(별지 목록 제5기재 토지)로 각 분할되었다. 그 후 1586-9 임야는 1998. 9. 9. 1197-3 토지에 합병되었다.

나. 소유권이전등기 등 이 사건 모토지는 원래 망 정수복의 소유였으나, 이에 관하여 부산지방법원 동래등기소 1974. 2. 26. 접수 제9568호로 같은 해 2. 9.자 매매를 원인으로 하여 피고 정수복 앞으로 소유권이전등기(이하 이 사건 소유권이전등기라고 한다)가 마쳐졌고, 그 등기가 위에서 본 바와 같이 이 사건 모토지가 분할된 토지들인 별지목록 기재 각 부동산의 등기부에 전사되었다. 그 후 별지 목록 기재 각 부동산 중 제1, 제3, 제4기재 부동산에 관하여는 같은 등기소 1998. 12. 7. 접수 제58882호로 같은 해 11. 7. 매매를 원인으로 하여 피고 이상돌 앞으로 소유권이전등기가 각 마쳐졌다. 한편, 위 합병전 1586-9 임야 561㎡에 관하여는 같은 등기소 1997. 2. 12. 접수 제6292호로 1997. 2. 11.자 공공용지 협의취득을 원인으로 하여 부산광역시 동래구 앞으로 소유권이전등기가 마쳐졌다.

다. 원고와 피고 정수복의 상속관계

피고 정수복과 원고는 남매이다. 원고의 아버지인 정수복은 1974. 2. 10. 사망하여 그의 처인 망 윤▒▒와 장남인 피고 정수복 및 출가하지 않은 딸인 원고가 그 당시의 법정상속분에 따라 그 재산을 상속하였고(상속비율 : 윤▒▒ 1/5, 피고 정수복 3/5, 원고 1/5), 한편 윤▒▒는 1979. 9. 8. 사망하여 피고 정수복과 출가한 딸인 원고가 그 당시의 법정상속분에 따라 재산을 상속하였다(윤▒▒의 재산에 대한 상속비율 : 피고 정수복 4/5, 원고 1/5). 결국, 원고와 피고 정수복은 망 정▒▒의 재산을 6/25(1/5 + 1/5× 1/5), 19/25(3/5 + 1/5 × 4/5)의 비율로 각 상속하게 되었다.

2. 소유권이전등기 말소청구부분에 대한 판단

가. 이 사건 소유권이전등기의 원인무효

위에서 본 바와 같이 이 사건 모토지에 관한 피고 정수복 명의의 이 사건 소유권이전등기는 정▒▒이 1974. 2. 10. 사망한 후 같은 달 26.자로 같은 달 9.자 매매를 원인으로 하여 마쳐졌는바, 이 사건 소유권이전등기는 정▒▒이 사망한 이후 사망자 명의의 등기 신청에 의하여 마쳐진 것이라고 볼 수밖에 없어 원칙적으로 무효라고 할 것이다. 따라서 별지 목록 기재 각 부동산에 관하여 마쳐진 피고 정수복 명의의 소유권이전등기 중 위 피고의 법정상속분인 19/25의 지분을 넘는 6/25 지분 부분에 관하여는 그 등기가 실체관계에 부합한다는 주장 · 입증이 없는 이상 원인무효로서 말소되어야 할 것이다.

나. 피고 정수복의 주장에 대한 판단

(1) 매수 주장

피고 정수복은, 정▒▒이 1972년경에는 고령으로 인하여 자신의 도움으로 생활하고 있었는데, 원고의 대학 학비 조달 및 1972년부터 계속된 소송사건의 재판비용 등을 지출하게 되자 누적된 채무를 청산하기 위해 이 사건 모토지를 매각하려 하였고, 자신은 이 사건 토지가 헐값에 매수되는 것을 막기 위하여 처가와 친구들로부터 돈을 마련하여 1973. 11.경 당시의 시세인 756,000원을 정▒▒에게 지불하고 이를 매수하였는데, 다만 그 등기는 자신도 모르는 사이에 정▒▒이 소유권이전등기서류를 구비하여 그와 친한 사업서사인 문▒▒에게 등기를 의뢰하여 둔 결과 정▒▒이 사망한 후에 자신 앞으로 등기가 마쳐지게 된 것인바, 이 사건 소유권이전등기는 실체적 권리관계에 부합하여 유효하다고 주장한다. 살피건대, 위 주장에 부합하는 듯한 을 3-1, 2의 각 기재는 믿기 어렵고, 을 1-2 내지 5, 을 2의 각 기재와 증인 허▒▒의 증언만으로는 이를 인정하기에 부족하며, 그밖에 이를 인정할 증거가 없으므로, 위 주장은 이유 없다.

(2) 시효취득 주장

피고 정수복은 또한, 1973. 11.경 정▒▒으로부터 이 사건 모토지를 매수한 이래 이를 소유의 의사로 평온, 공연하게 점유하여 왔으므로, 그로부터 20년이 경과한 1993. 11. 30.경 취득시효가 완성하였으므로, 이 사건 소유권이전등기는 실체적 권리관계에 부합하여 유효라고 주장한다. 살피건대, 위에서 본 바와 같이 위 피고가 1973. 11.경 이 사건 모토지를 매수하였다고 볼 수 없고, 한편 위 토지는 상속재산에 해당하여 피고 정수복이 이를 점유하더라도 다른 상속인인 원고의 지분에 해당하는 부분에 대하여는 위 점유는 타주점유라 할 것이므로, 위 주장 또한 이유 없다.

(3) 소결론

결국, 별지 목록 기재 각 부동산 중 6/25 지분에 관한 피고 정수복 명의의 소유권이전등기와, 위 정수복 명의의 등기에 기하여 마쳐진 별지 목록 제1, 제3, 제4기재 부동산 중 6/25 지분에 관한 피고 이상돌 명의의 소유권이전등기는 모두 원인무효이므로, 피고들은 원고에게 위 각 소유권이전등기의 말소등기절차를 이행할 의무가 있다.

3. 금원 청구부분에 대한 판단

가. 손실보상금

원고는, 위에서 본 바와 같이 부산광역시 동래구가 위 합병전 1586-9 임야 561㎡를 협의취득하면서 피고 정수복에게 손실보상금으로 356,375,000원을 지급하였는데, 위 협의취득 당시 위 부동산 중 원고의 상속지분 6/25에 해당하는 부분은 원고의 소유이므로 위 보상금 중 6/25에 해당하는 85,530,000원은 피고 정수복이 법률상 원인 없이 이득을 취한 것이어서 원고에게 부당이득으로서 반환하여야 한다고 주장한다. 살피건대, 위에서 본 바와 같은 이유로 위 임야에 대한 정수복 명의의 소유권이전등기 중 6/25지분에 관한 부분은 원인무효이고, 그 이후 협의취득을 원인으로 마쳐진 소유권이전등기 또한 마찬가지인바, 원고가 위 임야 중 6/25 지분에 관한 소유권을 상실하였다고 볼 수 없으므로 이를 전제로 한 부당이득 반환 청구는 더 나아가 살펴볼 필요 없이 이유 없다. 원고는 또한, 피고 정수복이 허가 없이 원고 소유 지분을 처분한 것이 불법행위에 해당하므로 그 손해배상으로써 원고에게 위 금액을 지급할 의무가 있다는 주장도 하나, 위에서 본 바와 같이 위 협의취득으로 인한 소유권이전등기에도 불구하고 원고가 그 소유 지분을 상실하였다고 볼 수 없으므로 위 주장 또한 이유 없다.

나. 임료 상당 부당이득금

원고는, 피고 정수복이 위 합병 전 1586-5 대 533㎡에 관하여 1974. 2. 26. 소유권이전등기를 마친 후 현재까지 이를 점유하면서 사용 · 수익하고 있는데, 그 중 원고의 상속지분에 해당하는 부분은 법률상 원인 없이 사용 · 수익하는 것인바, 위 부동산 중 원고의 지분 범위 내인 9/40에 해당하는 차임 상당의 부당이득을 원고에게 반환할 의무가 있다고 주장한다. 살피건대, 피고 정수복이 위 토지를 점유하면서 이를 사용 · 수익하였음을 인정할 아무런 증거가 없으므로, 원고의 위 주장은 더 나아가 살펴볼 필요 없이 이유 없다.

4. 결론

그렇다면, 원고의 피고들에 대한 청구를 위 인정 범위 내에서 인용하고, 피고 정수복에 대한 나머지 청구를 기각하기로 하여 주문과 같이 판결한다.

(1-2) 서울고등법원 2001. 6. 21. 선고 2000나61376 판결

【원고, 항소인 겸 피항소인】 정임선
【피고, 피항소인 겸 항소인】 정수복
【피고, 항소인】 이상돌
【원심판결】 서울지방법원 2000. 11. 10. 선고 99가합45951 판결
【주 문】

1. 제1심판결 중 피고 정수복에 대한 금원지급청구부분을 당심에서 확장된 청구를 포함하여 다음과 같이 변경한다.

가. 피고 정수복은 원고에게 금 77,632,800원 및 1997. 2. 11.부터 2001. 6. 21.까지는 연 5%, 그 다음날부터 다

갚는 날까지는 연 25%의 각 비율에 의한 금원을 지급하라.

나. 원고의 피고 정수복에 대한 나머지 청구(당심에서 확장된 부분 포함)를 기각한다.

2. 제1심판결 중 소유권이전등기 말소청구 부분에 관한 피고들의 항소를 모두 기각한다.

3. 원고와 피고 정수복 사이에서 생긴 소송총비용은 이를 10분하여 그 중 1은 원고의, 나머지는 위 피고의 각 부담으로 하고, 원고와 피고 이상돌 사이에 생긴 항소비용은 위 피고의 부담으로 한다.

4. 제1항 중 금원지급 부분은 가집행할 수 있다.

5. 제1심판결의 별지 부동산목록 중 '2. 같은 동 1586-2 도로 21㎡를' '2. 같은 동 1586-6 도로 21㎡'로 경정한다.

【청구취지 및 항소취지】

1. 청구취지

가. 원고에게, ① 피고 정수복은 별지 목록 기재 각 부동산 중 6/25지분에 관하여 부산지방법원 동래지원 동래등기소 1974. 2. 26. 접수 제9568호로 마친 각 소유권이전등기의, ② 피고 이상돌은 별지 목록 제1, 제3, 제4기재 각 부동산 중 6/25 지분에 관하여 부산지방법원 동래지원 동래등기소 1998. 12. 7. 접수 제58882호로 마친 각 소유권이전등기의 각 말소등기절차를 이행하라.

(2) 피고 정수복은 원고에게 금 79,571,076원 및 그 중 금 77,632,800원에 대하여는 1997. 2. 11.부터, 금 1,938,276원에 대하여는 1997. 6. 2.부터 각 이 사건 소장부본 송달일까지는 연 5%, 각 그 다음날부터 다 갚는 날까지는 연 25%의 각 비율에 의한 금원을 지급하라(원고는 당심에서 금원지급청구 중 청구원금 부분을 감축하고, 지연손해금 부분을 확장하는 것으로 청구취지를 변경하였다).

2. 항소취지

원고 : 제1심판결 중 피고 정수복에 대한 원고 패소부분을 취소한다. 청구취지 (2)항 기재와 같은 판결을 구함.

피고들 : 제1심판결 중 피고들 패소부분을 취소한다. 그 부분에 해당하는 원고의 피고들에 대한 청구를 모두 기각한다.

【이 유】

1. 본안 전 항변에 대한 판단

피고들은 서울지방법원에 제기된 이 사건 소에 대하여, 피고들의 주소지가 모두 부산이고, 원고가 피고들을 상대로 하여 각 소유권이전등기의 말소등기절차 이행을 구하는 부동산의 소재지 역시 부산이므로 이 사건 소는 관할이 없는 법원에 기재된 것이어서 부적법하므로 각하되어야 한다고 항변한다.

살피건대, 이 사건 소는 원고가 피고들에 대하여 별지 목록 기재 각 부동산에 관하여 청구취지 (1)항 기재와 같이 경료된 각 소유권이전등기의 말소등기절차 이행을 구하고, 피고 정수복에 대하여는 위 피고가 수령한 손실보상금 중 원고의 지분 상당액을 부당이득 또는 불법행위를 원인으로 하여 지급을 구하는 것인바, 피고 정수복에 대한 위 금원지급청구는 그 의무이행지에 해당하는 원고 주소지 법원인 서울지방법원에 관할이 있다 할 것이고, 그렇다면 피고들에 대한 위 소유권이전등기의 말소청구 역시 관련 재판적으로서 서울지방법원에 관할이 있다고 볼 것이어서, 결국 이 사건에 관하여 서울지방법원에 관할이 없음을 전제로 하는 피고들의 위 항변은 이유 없다.

2. 제1심판결의 인용

이 법원이 이 사건에 관하여 설시할 이유 중 '기초 사실' 및 '소유권이전등기 말소청구 부분에 대한 판단'부분은 제1심판결문의 이유란 중 제1항 및 제2항 기재와 같으므로 민사소송법 제390조에 의하여 이를 그대로 인용하고, 제1심판결문의 이유란 중 제3항 '금원청구 부분에 대한 판단' 및 제4항 '결론' 부분은 아래 제3항 및 제4항과 같이 변경한다.

3. 금원지급청구 부분에 대한 판단

가. 부당이득반환채무의 발생 및 범위

갑 제7호증, 갑 제8호증의 각 기재에 변론의 전 취지를 종합하면, 부산광역시 동래구는 1997. 2. 11. 합병 전의 부산 동래구 온천동 1586-9 임야 561㎡를 피고 정수복으로부터 협의취득하면서 위 임야에 관한 손실보상금으로 금 323,470,000원을 위 피고에게 지급한 사실을 인정할 수 있고, 달리 반증이 없으며, 위 임야의 분할 전 모토지인 부산 동래구 온천동 산 204-2 임야 2,976㎡에 관하여 1974. 7. 26. 피고 정수복 명의로 경료된 소유권 이전등기 중 위 피고의 법정상속분인 19/25 지분을 넘는 부분(6/25)지분은 원고의 상속분에 해당함은 앞서 본 바와 같다.

그렇다면 피고 정수복이 부산광역시 동래구로부터 받은 위 임야에 관한 손실보상금 중 6/25에 해당하는 금 77,632,800원(=323,470,000원×6/25) 상당은 원고가 지급받아야 할 금원이라고 볼 것이므로, 결국 피고 정수복은 위 임야의 등기명의자임을 기화로 법률상 원인 없이 위 금원 상당의 손해를 입었다 할 것이어서, 피고 정수복은 원고에게 위 금원 상당을 부당이득으로서 반환할 의무가 있다.

원고는 나아가, 피고 정수복이 1997. 6. 2. 부산광역시 동래구로부터 위 온천동 1586-9 임야상의 수목에 관한 손실보상금으로 지급받은 금 8,076,150원 중 6/25 상당액까지 부당이득으로서 반환하거나 불법행위를 원인으로 한 손해로서 배상할 의무가 있다고 주장하나, 위 임야상의 수목 중 6/25지분까지 원고가 상속받은 재산에 해당한다고 볼 아무런 자료가 없으므로, 위 부분에 관한 원고의 청구는 이유 없다.

나. 피고 정수복의 주장에 대한 판단

이에 대하여 피고 정수복은, 위 온천동 1586-9 임야에 대한 위 피고 명의의 소유권이전등기 중 6/25 지분이 원인무효로 인정될 경우, 부산광역시 동래구가 협의취득을 원인으로 하여 위 지분에 관하여 마친 소유권이전등기 역시 원인무효라고 할 것이어서 원고가 위 지분에 관한 소유권을 상실하였다고 볼 수 없으므로 원고에게 손실이 발생하였음을 전제로 하는 부당이득반환청구는 이유 없다고 다투므로 살피건대, 피고 정수복이 원고에게 이전하여야 할 의무가 있는 임야지분을 제3자에게 처분하여 원고가 위 피고에 대하여 그 지분의 이전을 구하는 것을 현저히 곤란하게 한 이상 원고에게 그 지분의 회복을 구할 수 있는 여지가 법률적으로 남아 있다는 사정만으로 아무런 법률상 손실이 발생하지 아니하였다고 볼 수 없고, 한편으로, 피고 정수복은 원고의 부산광역시 동래구에 대한 위 임야지분에 관한 소유권이전등기의 말소청구가 받아들여지는 경우 부산광역시 동래구에 대하여 위 손실보상금 중 6/25지분 상당액을 반환하여야 할 처지에 놓이게 되는 점에 비추어 볼 때, 피고 정수복이 원고의 이 사건 부당이득반환청구에 대하여 원고가 부산광역시 동래구로부터 위 임야지분을 회복할 수 있는 권리가 남아 있다는 이유로 항쟁하는 것은 신의성실의 원칙에 비추어 보아도 허용될 수 없다 할 것이므로, 피고 정수복의 위 주장은 어느 모로 보나 이유 없다.

다. 소결론

그렇다면 피고 정수복은 원고에게 위 금 77,632,800원 및 이에 대하여 부산광역시 동래구로부터 위 손실보상금을 지급받은 1997. 2. 11.부터 위 피고가 그 채무의 존부 및 범위에 관하여 항쟁함이 상당하다고 인정되는 당심 판결선고일인 2001. 6. 21.까지는 민법 소정의 연 5%, 그 다음날부터 다 갚는날까지는 소송촉진등에관한특례법 소정의 연 25%의 각 비율에 의한 이자를 붙여 반환할 의무가 있다 할 것이다.

4. 결론

그렇다면 원고의 이 사건 청구 중 ① 피고들에 대한 소유권이전등기의 말소청구는 모두 이유 있으므로 이를 인용할 것인바, 제1심판결 중 위 청구에 대한 부분은 이와 결론을 같이 하여 정당하므로 피고들의 항소는 모두 이유없어 이를 기각하고, ② 피고 정수복에 대한 금원지급청구 부분(당심에서 확장된 부분 포함)은 위 제3. 다.항의 인정범위 내에서 이유 있어 이를 인용하고, 그 나머지 부분은 이유 없어 이를 기각할 것인바, 위 금원지급청구를 기각한 제1심판결은 이와 결론을 일부 달리하여 부당하므로 원고의 피고 정수복에 대한 항소와 당심에서 확장 및 감축된 청구를 일부 받아들여 제1심판결 중 피고 정수복에 대한 금원지급청구 부분을 주문 제1항과 같이 변경하고, ③ 제1심판결의 별지 부동산목록 중 '2.같은동 1586-2 도로 21㎡'는 '2. 같은 동 1586-6 도로 21㎡'의 오기임이 명백함으로 이를 경정하기로 하여, 주문과 같이 판결한다.(별지 생략)

(1-3) 대법원 2001. 11. 9. 선고 2001다44291 판결

【원고, 피상고인】 정임선
【피고, 상고인】 정수복 외 1인
【원심판결】 서울고등법원 2001. 6. 21. 선고 2000나61376 판결
【주 문】 상고를 모두 기각한다. 상고비용은 피고들의 부담으로 한다.

【이 유】

1. 피고 이상돌은 적법한 기간 내에 상고이유서를 제출하지 아니하였고, 상고장에도 상고이유의 기재가 없다.

2. 피고 정수복의 상고에 대하여

가. 원심 판단의 요지

원심은 그 판시와 같이, 부산광역시 동래구는 1997. 2. 11. 합병 전의 부산 ㅇㅇ구 ㅇㅇ동1586의 9 임야 561㎡ (이하 '이 사건 임야'라고 한다)를 피고 정수복(이하 '피고'라고만 한다)으로부터 협의취득하면서 위 임야에 관한 손실보상금으로 금 323,470,000원을 피고에게 지급한 사실 및 위 임야의 분할 전 모 토지인 온천동 산 204의 2 임야 2,976㎡에 관하여 1974. 2. 26. 피고 명의로 마쳐진 소유권이전등기 중 피고의 법정상속분 19/25를 넘는 부분(6/25지분)은 원고의 상속분에 해당한다는 사실을 인정하고 나서, 피고가 부산광역시 동래구로부터 받은 이 사건 임야에 관한 손실보상금 중 6/25에 해당하는 금 77,632,800원(= 323,470,000원×6/25) 상당은 원고가 지급받아야 할 금원이라고 볼 것이므로, 결국 피고는 위 임야의 등기명의자임을 기화로 법률상 원인 없이 위 금원 상당의 이득을 얻고 원고는 원인무효인 피고 명의의 등기로 인하여 위 금원 상당의 손해를 입었다 할 것이어서, 피고는

원고에게 위 금원 상당을 부당이득으로 반환할 의무가 있다고 판단하였다.

이어 원심은, 이 사건 임야에 대한 피고 명의의 소유권이전등기 중 6/25지분이 원인무효라면, 부산광역시 동래구가 협의취득을 원인으로 하여 위 지분에 관하여 마친 소유권이전등기 역시 원인무효라고 할 것이어서 원고가 위 지분에 관한 소유권을 상실하였다고 볼 수 없으므로, 원고에게 손실이 발생하였음을 전제로 하는 부당이득반환청구는 이유 없다는 피고의 주장에 대하여 피고가 원고에게 이전하여야 할 의무가 있는 임야 지분을 제3자에게 처분하여 원고가 피고에 대하여 그 지분의 이전을 구하는 것을 현저히 곤란하게 한 이상, 원고에게 그 지분의 회복을 구할 수 있는 여지가 법률적으로 남아 있다는 사정만으로 아무런 법률상 손실이 발생하지 아니하였다고 볼 수 없고, 한편으로 피고는 원고의 부산광역시 동래구에 대한 이 사건 임야의 지분에 관한 소유권이전등기의 말소청구가 받아들여지는 경우 부산광역시 동래구에 대하여 위 손실보상금 중 6/25지분 상당액을 반환하여야 할 처지에 놓이게 되는 점에 비추어 볼 때, 피고가 원고의 이 사건 부당이득반환청구에 대하여 원고에게 부산광역시 동래구로부터 위 임야지분을 회복할 수 있는 권리가 남아 있다는 이유로 항쟁하는 것은 신의성실의 원칙에 비추어 보아도 허용될 수 없다고 하여, 피고의 주장을 받아들이지 아니하였다.

나. 상고이유 제1점에 대하여

원심이 인정한 사실에 따르면, 부산광역시 동래구가 무권리자인 피고로부터 원고의 지분에 해당하는 이 사건 임야 중 6/25지분을 협의취득하였다고 하더라도 이는 원인무효가 되어 원고가 그 지분에 대한 소유권을 상실하지 아니함은 상고이유의 주장과 같다(기록에 의하면, 부산광역시 동래구가 피고로부터 1997. 2. 11. 이 사건 임야를 협의취득한 것은 공공용지의취득및손실보상에관한특례법에 의한 것으로 보이고, 이러한 협의취득은 토지수용법상의 수용과 달리 사법상의 매매에 해당하고, 그 효력은 당사자에게만 미치게 되기 때문이다. 대법원 1994. 12. 13. 선고 94다25209 판결, 1999. 11. 26. 선고 98다47245 판결 등 참조).

그런데 무권리자가 타인의 권리를 자기의 이름으로 또는 자기의 권리로 처분한 경우에, 권리자는 후일 이를 추인함으로써 그 처분행위를 인정할 수 있고, 이러한 경우 특별한 사정이 없는 한 권리자 본인에게 위 처분행위의 효력이 발생함은 사적 자치의 원칙에 비추어 당연하다 할 것이고(대법원 1981. 1. 13. 선고 79다2151 판결, 1988. 10. 11. 선고 87다카2238 판결 등 참조), 이 경우 추인은 명시적으로뿐만 아니라 묵시적인 방법으로도 가능하며 그 의사표시는 무권대리인이나 그 상대방 어느 쪽에 하여도 무방하다 할 것이다.

기록에 의하면, 원고는 이 사건에서 이 사건 임야 중 원고의 지분에 대한 부산광역시 동래구의 협의취득이 유효함을 전제로 피고가 수령한 이 사건 임야에 대한 손실보상금 중 원고의 지분에 상당한 금원의 반환을 구하고 있음이 분명한바, 이는 원고가 무권리자인 피고의 위 처분행위를 묵시적으로 추인한 것이라고 봄이 상당하고 그렇다면 부산광역시 동래구는 이 사건 임야 중 원고의 지분에 대하여도 소유권을 적법하게 취득하게 되었다 할 것이다. 그리고 이와 같이 무권리자에 의한 처분행위를 권리자가 추인한 경우에 권리자는 무권리자에 대하여 무권리자가 그 처분행위로 인하여 얻은 이득의 반환을 구할 수 있다고 봄이 상당하므로, 피고는 원고에게 위 협의취득으로 수령한 손실보상금 중 원고 지분 상당액을 부당이득으로서 반환할 의무가 있다고 할 것이다.

따라서 소유권자인 원고에게 부산광역시 동래구로부터 그 지분의 회복을 구할 수 있는 여지가 법률적으로 남아 있다는 취지로 판단한 원심에는 무권리자의 처분행위의 추인과 부당이득의 법리 등에 대한 법리를 오해한 잘못이 있다고 할 것이나, 원고의 피고에 대한 이 사건 부당이득의 반환청구를 받아들인 원심의 결론은 정당하고, 거기에 상고이유의 주장과 같이 부당이득에 관한 법리를 오해한 위법이 있다고 할 수 없다. 한편, 상고이유에서 들고 있는 판례들은 그 사안을 달리하거나 공공용지의취득및손실보상에관한특례법에 의하여 협의취득한 이 사건에 적용될 수 없는 토지수용법상의 수용을 전제로 한 것이어서 모두 적절한 것이라고 할 수 없다.

다. 상고이유 제2점에 대하여

앞서 본 바와 같은 이유로 원고가 피고에 대하여 그 손실보상금 상당의 부당이득반환을 구할 수 있다고 보는 이상, 피고가 부당이득의 반환을 거절하는 것이 신의성실의 원칙에 비추어 허용될 수 없다고 한 원심 판단의 당부에 관한 상고이유에 대하여는 더 나아가 판단할 필요가 없다.

3. 그러므로 상고를 모두 기각하기로 하여 관여 법관의 일치된 의견으로 주문과 같이 판결한다.

8 일부취소

(1-1) 대구지방법원 1998. 10. 30. 선고 97나11490 판결

【원고, 피항소인】 김선희

【피고, 항소인】 이필국

【원심판결】 대구지방법원 경주지원 1997. 8. 2. 선고 96가단13340 판결

【주 문】
1. 원심판결을 취소하고, 원고의 청구를 기각한다.
2. 소송비용은 제1, 2심 모두 원고의 부담으로 한다.

【청구취지】

피고는 원고에게, ○○시 ○○면 ○○리 88의 3. 대 135㎡ 중 별지도면 표시 7, 3, 4, 5, 7의 각 점을 순차 연결한 선내 (가)부분 38㎡에 관하여 진정한 등기명의회복을 원인으로 한 소유권이전등기절차를 이행하라.

【항소취지】 주문과 같다.

【이 유】

1. 기초사실

가. (증거에 의하면 다음 사실이 인정된다)

(1) 원고는 1994.12.15. 피고에게 원고 소유의 ○○시 ○○면 ○○리 88의 3. 대 135㎡(이하 이 사건 토지라 한다.), 같은 리 88. 대 187㎡, 같은 리 88의 1. 답 97㎡ 등 3필지의 토지와 위 하서리 88. 및 이 사건 토지 양지상 조적조 슬라브지붕 1층 근린생활시설 64㎡(이하 이 사건 지상건물이라 한다.)를 대금 130,000,000원에 매도하였다.

(2) 이 사건 토지에 인접한 같은 리 87. 답 182평 지상에는 원고의 부인 소외 김성도 소유의 벽돌조 슬라브지붕 주택 1동(이하 이 사건 주택이라 한다.)이 세워져 있고, 이 사건 지상건물과 이 사건 주택 사이에는 별지도면 표시 3, 7, 5의 각 점을 순차로 연결한 선상에 담장이 세워져 있으며, 위 김성도는 이 사건 토지 중 위 담장을 경계로 한 같은 도면 표시 7, 3, 4, 5, 7의 각 점을 순차로 연결한 선내 (가)부분 38㎡(이하 이 사건 계쟁토지라

한다.)를 이 사건 주택의 대지의 일부로 점유·사용해 오고 있었으므로, 원고는 위 매매계약 체결 당시 피고와 사이에 위 담장을 이 사건 토지와 위 하서리 87. 답 사이의 경계로 삼아 위 담장 안쪽 부분인 이 사건 계쟁토지를 매매대상에서 제외하기로 하는 내용의 특약을 맺었다.

(3) 이 사건 토지에 관하여는 원래 원고 명의의 소유권이전등기가 경료되어 있다가 1995.2.22. 위 매매를 원인으로 한 피고 명의의 소유권이전등기가 경료되었다.

나. 위 인정사실에 의하면, 원, 피고는 이 사건 토지 중 이 사건 계쟁토지를 제외한 나머지 부분만을 특정하여 매매하였다고 볼 것이므로, 이 사건 토지에 관하여 피고 명의로 경료된 소유권이전등기 중 이 사건 계쟁토지부분은 원인무효의 등기라 할 것이다.

2. 피고의 항변에 대한 판단

가. 이에 대하여 피고는 위 특약부분은 원고의 사기에 의하여 체결된 것이므로 이를 취소한다고 항변한다.

나. 그러므로 살피건대, (증거)를 종합하면, 위 3필지에 대한 매매계약서상 매매대상 토지의 전체 면적이 419㎡로 기재되어 있는 사실, 이 사건 주택은 1994.6.24., 이 사건 지상건물은 같은 해 7.14. 원고에 의하여 각 준공되었고, 피고가 매수한 후 1995.5.4. 이 사건 지상건물에 2층을 주택용도로 증축한 사실, 원고가 당초 이 사건 지상건물을 1층 근린생활시설로 신축할 당시 이 사건 토지에 인접한 국유지인 같은 리 92. 구거 1,491㎡중 15㎡, 같은 리 70의 1. 잡종지 3,899㎡ 중 9㎡를 각 침범하여 건축된 사실, 위 하서리 주민들은 조수를 막기 위하여 1989년 및 1991년 2차례에 걸쳐 위 하서리 87. 앞에 길이 약 350m 가량의 옹벽을 설치한 후 위 옹벽설치로 생겨난 위 하서리 70의 1. 토지를 활용하기 위하여 1994년경 대한지적공사에 의뢰하여 위 토지 및 인근 토지에 대한 측량을 실시하였는데, 그 과정에서 이 사건 지상건물 및 주택의 대지가 국유지인 위 70의 1. 토지 중 9㎡ 및 위 92. 구거 중 15㎡, 합계 24㎡를 침범하고 있음이 밝혀진 사실, 피고가 원고로부터 매수한 위 3필지의 공부상 면적의 합은 419㎡이나 이 사건 계쟁토지인 위 (가)부분을 제외하면 381㎡이고, 여기에 위 국유지침범부분을 포함하면 405㎡인 사실, 원고는 위 측량과정에서 이 사건 지상건물이 위 각 국유지를 24㎡ 가량 침범하여 건립되었고 위 담장을 경계로 하면 매매목적물 토지의 전체 면적이 공부상의 면적보다 38㎡ 부족하다는 사실을 알고 있었을 것임에도 사소한 면적 때문에 경계다툼을 하는 것은 남들 보기에도 좋지 않으니 1-2평 정도의 과부족은 쌍방 이의하지 않기로 하자고 거짓말하였고, 피고는 이 사건 지상건물이 세워져 있는 대지의 면적을 실측하여 공부상 면적과 대략 일치(14㎡가 부족하다.)하는 것만 확인하고는 원고가 제안한 위 특약에 응하여 위 매매계약을 체결하게 된 사실을 인정할 수 있고, 이에 반하여 원고가 위 매매계약체결 당시 피고에게 이 사건 지상건물의 대지가 국유지를 침범하고 있는 사실을 알려주었으므로 피고도 이러한 사실을 알고 위 특약을 맺게 되었다는 원고의 주장에 부합하는 갑 제8호증의 1, 5의 각 기재 및 갑 제8호증의 3, 6의 각 일부기재는 위 인정사실에 비추어 믿지 아니하며 달리 반증이 없는 바, 위 인정사실에 의하면, 이 사건 계쟁토지를 매매대상에서 제외하기로 한 위 특약은 원고의 기망에 의한 피고의 하자있는 의사표시에 의하여 이루어진 것이라 할 것이고, 일부무효의 법리를 규정하고 있는 민법 제137조를 유추하면, 매매계약의 일부인 위 특약만에 대한 취소도 가능하다고 할 것이므로, 위 의사표시를 취소한다고 원고의 주장이 담긴 준비서면(1998.9.10.자)이 진술된 1998.9.11. 위 특약은 취소되어 무효로 되었고, 이 사건 토지는 전체가 위 매매대상에 포함된 것으로 볼 것이어서 이 사건 토지에 관하여 피고 명의로 마쳐진 위 소유권이전등기는 위 매매에 기하여 적법히 경료된 유효한 등기라고 할 것이다.

따라서 피고의 항변은 이유 있고, 결국 원고의 이 사건 청구는 이유 없음으로 돌아간다.

3. 결론

그렇다면, 원고의 이 사건 청구는 이유 없어 이를 기각할 것인바, 원심판결은 이와 결론을 달리하여 부당하므로 원심판결을 취소하여 원고의 청구를 기각하고, 소송비용의 부담에 관하여는 민사소송법 제96조, 제89조를 적용하여 수분과 같이 판결한다.

(1-2) 대법원 1999. 3. 26. 선고 98다56607 판결

【원고, 상고인】 김선희
【피고, 피상고인】 이필국
【원심판결】 대구지방법원 1998. 10. 30. 선고 97나11490 판결
【주 문】 원심판결을 파기한다. 사건을 대구지방법원 본원 합의부로 환송한다.

【이 유】

상고이유를 판단한다.

1. 원심판결 이유에 의하면, 원심은 그 판결에서 채용하고 있는 증거들을 종합하여, 원고가 1994. 12. 15. 피고와 사이에 원고 소유의 ○○시 ○○면 ○○리 88의 3 대 135㎡(이하 '이 사건 토지'라고 한다) 외 2필지 토지와 그 지상의 근린생활시설 건물 64㎡(이하 '이 사건 건물'이라고 한다)를 대금 130,000,000원에 피고에게 매도하는 매매계약(이하 '이 사건 매매계약'이라고 한다)을 체결하면서, 이 사건 토지에 인접한 같은 리 87 지상의 주택 담장 중 이 사건 토지상에 설치되어 있는 원심 판시 부분을 경계로 하여 주택쪽 토지 부분을 가리키는 원심 판시 (가) 부분(이하 '이 사건 계쟁 부분'이라고 한다)을 매매 대상에서 제외시키기로 하는 특약을 맺었으나, 피고는 1995. 2. 22.에 이르러 이 사건 토지 전체에 대하여 피고 명의의 소유권이전등기를 경료한 사실, 이 사건 매매계약 당시 이 사건 건물은 다른 인접 토지인 국유지 2필지를 24㎡ 가량 침범하여 건립되어 있었을 뿐만 아니라, 이 사건 계쟁 부분의 면적은 38㎡에 이르렀는데, 원고는 이를 잘 알고 있으면서도 피고와 이 사건 매매계약을 체결하면서 이 사건 계쟁 부분의 면적이 1, 2평 정도에 불과하다는 취지로 피고를 기망함으로써, 이 사건 건물이 인접 국유지를 침범하고 있는 사실을 알지 못한 피고가 이 사건 건물 부지를 그 현황에 따라 실측하여 본 결과 그 공부상 면적과 대략 일치하는 것으로 확인되자 원고의 제안에 따라 이 사건 계쟁 부분을 매매 대상에서 제외시키기로 하는 특약을 둔 사실을 인정한 후, 이에 터잡아, 원·피고는 이 사건 토지 중 이 사건 계쟁 부분을 제외한 나머지 부분만을 특정하여 매매한 것이므로 이 사건 계쟁 부분에 대한 피고 명의의 소유권이전등기는 원인무효라고 할 것이나, 피고가 이 사건 계쟁 부분을 매매 대상에서 제외시키기로 하는 특약을 맺은 것은 원고의 기망에 의한 하자 있는 의사표시에 의한 것이고, 일부 무효의 법리를 규정하고 있는 민법 제137조를 유추하면 매매계약의 일부인 특약만의 취소도 가능하다 할 것인데, 피고는 그에 대한 취소의 의사표시를 하였으므로, 결국 이 사건 매매계약은 그러한 특약 없이 이 사건 토지 전체에 대하여 체결된 것이고, 따라서 이 사건 계쟁 부분에 대한 피고 명의의 소유권이전등기도 결국 적법하게 경료된 유효한 등기라고 판단함으로써 그 원인무효를 전제로 한 원고의 이 사건 청구를 기각하고 있다.

2. 그러나 하나의 법률행위의 일부분에만 취소사유가 있는 경우에 그 법률행위가 가분적이거나 그 목적물의 일부가 특정될 수 있다면, 그 나머지 부분이라도 이를 유지하려는 당사자의 가정적 의사가 인정되는 경우 그 일부만의 취소도 가능하고, 또 그 일부의 취소는 법률행위의 일부에 관하여 효력이 생긴다고 할 것이나(대법원 1992. 2. 14. 선고 91다36062 판결, 1998. 2. 10. 선고 97다44737 판결 등 참조), 이는 어디까지나 어떤 목적 혹은 목적물에 대한 법률행위가 존재함을 전제로 하는 것이다.

그런데 원심은 그 판결이유에서 설시하고 있는 바와 같이 이 사건 매매계약의 매매 대상에서 이 사건 계쟁 부분을 제외시키는 원심 판시의 특약으로 이 사건 계쟁 부분에 대하여 원·피고 사이에 어떠한 법률행위가 이루어졌음을 전제로 판단하고 있으나, 원심이 인정한 바에 의하더라도 원·피고 사이의 이 사건 매매계약은 이 사건 토지 중 이 사건 계쟁 부분을 제외한 나머지 부분만을 특정하여 매매 대상으로 한 것이고, 이 사건 매매계약에서 이 사건 계쟁 부분을 매매 대상에서 제외시킨 것을 특약의 이름으로 하였다고 하더라도 이는 이 사건 매매계약의 대상 토지를 특정하여 오히려 이 사건 계쟁 부분에 대하여는 매매계약이 체결되지 아니하였음을 분명히 한 것이지, 이로써 이 사건 계쟁 부분에 대한 어떠한 법률행위가 이루어졌다고 할 수는 없다.

따라서 원심이 인정한 바와 같이 원고가 이 사건 계쟁 부분의 면적에 관하여 피고를 기망하였다고 하더라도 이는 이 사건 매매계약의 대상인 이 사건 토지 중 이 사건 계쟁 부분을 제외한 나머지 부분에 관한 매매계약을 기망으로 체결하였다고 함은 몰라도, 존재하지도 않는 이 사건 계쟁 부분에 대한 법률행위에 기망이 있었고, 그 취소로 원래 이 사건 매매계약의 대상이 아니었던 토지가 새로이 매매계약의 대상이 된다고 할 수도 없다.

그럼에도 불구하고 원심은 이 사건 계쟁 부분을 이 사건 매매계약의 대상에서 제외시키는 내용의 원심 판시의 특약이 이 사건 계쟁 부분에 대한 법률행위에 해당하고, 그것이 원고의 기망에 의한 것임을 전제로 그 취소에 의하여 이 사건 계쟁 부분이 이 사건 매매계약의 대상으로 되었다고 판단하고 말았으니, 이는 결국 이 사건 계쟁 부분을 매매 대상에서 제외시키는 원심 판시의 특약의 성격과 일부 취소의 대상이 되는 법률행위에 관한 법리를 오해하는 위법을 저질러 판결 결과에 영향을 미쳤다고 할 것이다.

상고이유 중 이 점을 지적하는 부분은 이유 있다.

3. 그러므로 원심판결을 파기하고, 사건을 다시 심리·판단케 하기 위하여 원심법원에 환송하기로 관여 법관의 의견이 일치되어 주문과 같이 판결한다.

9 취소 후의 추인

(1-1) 서울고등법원 1995. 6. 28. 선고 92나12287 판결

【주 문】

원고의 피고들에 대한 항소를 모두 기각한다.

항소비용은 원고의 부담으로 한다.

【청구취지 및 항소취지】

원심판결을 취소한다.

원고에게, 1. (가) 피고 대한민국은 별지 제1 목록 제1항 기재 토지에 관하여는 1980. 3. 5. 대구지방법원 선상등기소 접수 제3624호로, 같은 목록 제2항 기재 토지에 관하여는 같은 날 같은 등기소 접수 제3616호로, 같은 목록 제3항 기재 토지에 관하여는 같은 날 같은 등기소 접수 제3621호로, 같은 목록 제4항 기재 토지에 관하여는 같은 날 같은 등기소 접수 제3623호로, 같은 목록 제5항 기재 토지에 관하여는 같은 날 같은 등기소 접수 제3616호로, 같은 목록 제6, 7항 기재 토지에 관하여는 같은 날 같은 등기소 접수 제3622호로, 같은 목록 제8항 기재 토지에 관하여는 같은 날 같은 등기소 접수 제3619호로, 같은 목록 제 9 내지 14항 기재 각 토지에 관하여는 같은 날 같은 등기소 접수 제3617호로, 같은 목록 제15항 기재 토지 중 10분의 6지분에 관하여는 같은 날 같은 등기소 접수 제3620호로, 같은 목록 제17항 기재 토지에 관하여는 같은 날 같은 등기소 접수 제3611호로, 별지 제2목록 제1 내지 7항 기재 각 토지에 관하여는 1980. 3. 4. 수원지방법원 화성등기소 접수 제13359호로, 같은 목록 제8, 9, 10, 12, 19, 21, 22, 24항 기재 각 토지에 관하여는 1980. 3. 5. 같은 등기소 접수 제13694호로, 같은 목록 제11항 기재 토지에 관하여는 1980. 3. 4. 같은 등기소 접수 제13357호로, 같은 목록 제13 내지 17항 기재 각 토지에 관하여는 1980. 3. 4. 같은 날 같은 등기소 접수 제13354호로 각 경료된 소유권이전등기의, (나) 피고 학교법인 숙명학원은 별지 제1목록 제 2, 3, 8, 9, 17항 기재 각 토지에 관하여 1985. 5. 8. 대구지방법원 선산등기소 접수 제11055호로 각 경료된 소유권이전등기의, (다) 피고 김기호는 별지 제1목록 제1항 기재 토지에 관하여 1987. 12. 29. 대구지방법원 선상등기소 접수 제9252호로 경료된 소유권이전등기의, (라) 피고 김상일은 별지 제1목록 제5항 기재 토지에 관하여 1981. 2. 23. 대구지방법원 선상등기소 접수 제3685호로 경료된 소유권이전등기의, (마) 피고 김성희는 별지 제1목록 제5항 기재 토지에 관하여 1988. 3. 23. 대구지방법원 선상등기소 접수 제3264호로 경료된 소유권이전등기의, (바) 피고 김재욱은 별지 제1목록 제6, 7항 기재 각 토지에 관하여 1981. 5. 6. 대구지방법원 선상등기소 접수 제10635호로 각 경료된 소유권이전등기의, (사) 피고 김수연은 별지 제1목록 제16항 기재 토지에 관하여 1985. 1. 30. 대구지방법원 선산등기소 접수 제2205호로 경료된 소유권이전등기의 각 말소등기절차를 이행하고, 2. (가) 피고 대한민국은 별지 제 1목록 제4, 10 내지 15항 기재 각 토지와 별지 제2목록 기재 각 토지를, (나) 피고 학교법인 숙명학원은 별지 제1목록 2, 3, 8, 9, 17항 기재 각 토지를, (다) 피고 김기호는 별지 제1목록 제1항 기재 토지를, (라) 피고 김성희는 별지 제1목록 제5항 기재 토지를, (라) 피고 김재욱은 별지 제1목록 제6, 7항 기재 각 토지를, (마) 피고 김수연은 별지 제1목록 제16항 기재 토지를 각 인도하라. 소송비용은 1, 2심 모두 피고들의 부담으로 한다.

【이 유】

(증거)를 보태어 보면, 원래 소외 양순도 명의로 소유권이전등기가 경료되어 있던 별지 제1목록 제1항 기재 토지, 소외 김재규 명의로 소유권이전등기가 경료되어 있던 같은 목록 제2 내지 16항 기재 각 토지, 소외 김항규 명의로 소유권이전등기가 경료되어 있던 같은 목록 제17항 기재 토지, 원고 명의로 소유권이전등기가 경료되어 있던 별지 제2목록 제1 내지 7, 11항 기재 각 토지, 위 김항규 명의로 소유권이전등기가 경료되어 있던 같은 목록 제 8, 9, 10, 12 내지 17, 19 내지 24항 기재 각 토지, 소외 김형종 명의로 소유권이전등기가 경료되어 있던 같은 목록 제18항 기재 토지 등에 관하여 각 1980. 1. 28.자 증여를 원인으로 하여 피고 대한민국의 명의로 청구취지 1.의 (가)항 기재와 같은 각 해당 소유권이전등기가 경료되고 이에 터잡아 그 중 별지 제1목록 제2, 3, 8, 9, 17항 기재 각 토지에 관하여는 1985. 4. 4.자 교환을 원인으로 하여 피고 학교법인 숙명학원 명의로 청구취지

1.의 (나)항 기재와 같은 각 소유권이전등기가, 같은 목록 제1항 기재토지에 관하여는 1986. 10. 4.자 매매를 원인으로 하여 피고 김기호 명의로 청구취지 1.의 (다)항 기재와 같은 소유권이 전등기가, 같은 목록 제5, 6, 7항 기재 각 토지에 관하여는 1981. 1. 12자 매매를 원인으로 하여 피고 김상일 명의로 청구취지 1.의 (라)항 기재와 같은 각 소유권이전등기가, 같은 목록 제16항 기재 토지에 관하여는 1984. 12. 29.자 교환을 원인으로 하여 피고 김수연 명의로 청구취지 1.의 (사)항 기재와 같은 소유권이전등기가 각 경료되고 다시 같은 목록 제5항 기재 토지에 관하여는 1988. 3. 19자 매매를 원인으로 하여 피고 김성희 명의로 청구취지 1.의 (마)항 기재와 같은 소유권이전등기가, 같은 목록 제6, 7항 기재 각 토지에 관하여는 1981. 5. 2자 매매를 원인으로 하여 피고 김재욱 명의로 청구취지 1.의 (바)항 기재와 같은 각 소유권이전등기가 각 순차로 경료된 사실을 인정할 수 있고, 달리 반증이 없으므로, 별지 각 목록 기재 각 토지 (이하 이 사건 토지라고 한다)에 관하여 피고들 명의로 경료된 위 각 해당 소유권이전등기는 각 정당한 권원에 기하여 적법하게 경료된 것으로 추정된다.

원고는 이 사건 청구원인으로, 이 사건 토지는 원래 위 김재규의 소유였다가 그가 사망함에 따라 원고가 상속받은 재산(이하 이 사건 상속재산이라고 한다)이거나 또는 원고 자신의 고유재산(이하 이 사건 고유재산이라고 한다)인데 위 망인은 1979. 10. 26. 고 박정희 대통령 시해사건을 일으킨 직후 피고 대한민국 산하 계엄사령부 합동수사단 소속 수사관들에 의하여 국군보안사령부에 연행되어 수사를 받는 과정에서 수사관들로부터 전신 구타 및 전기고문 등의 혹독한 고문을 당함으로써 생명에 대한 극도의 위협을 느낀 나머지 수사관들의 재산헌납 강요에 못 이겨 의사결정의 자유가 완전히 박탈된 상태에서 위 피고에게 이 사건 상속재산을 포함한 자신의 재산 전부를 증여한다는 취지의 기부서를 작성해 주게 되었고, 또한 원고는 그 무렵 위 사건으로 국군보안사령부에 연행되어 수사를 받으면서 수사관들로부터 수차례 말로 형용할 수 없는 가혹행위를 당한 일이 있을 뿐 위 피고에게 이 사건 고유재산을 증여한다는 취지의 기부서를 작성해준 일은 전혀 없는데도, 위 피고는 위 망인으로부터는 이 사건 토지 중 이 사건 상속재산을, 원고로부터는 그 나머지인 이 사건 고유재산을 각 1980. 1. 28. 적법하게 증여받은 것처럼 등기신청서류를 꾸며 이 사건 토지에 관하여 위 피고 명의로 앞에서 본 바와 같은 각 해당 소유권이전등기를 경료하였으므로, 위 피고 명의의 위 각 소유권이전등기 및 이에 터잡아 순차로 경료된 나머지 피고들 명의의 위 각 해당 소유권이전등기는 모두 원인무효의 등기라고 주장하면서 이 사건 상속재산에 관하여는 위 망인의 상속인으로서 공유자의 보존행위권에 기하여, 이 사건 고유재산에 관하여는 원고 자신의 소유권에 기하여 각 피고들에 대하여 각 해당 소유권이전등기의 말소 및 그 각 해당 토지의 인도를 구하므로 살피건대, (증거)를 보태어 보면, 위 망인, 그의 처인 원고, 그의 동생인 소외 김항규 등 3인이 1979. 10. 26. 직후 피고 대한민국 산하 계엄사령부 합동수사단 소속 수사관들에 의하여 따로 따로 국군보안사령부에 연행되어 위 사건으로 수사를 받으면서 수사관들로부터 재산헌납 요구를 받은 끝에 같은 달 29.경 이래 같은 해 12. 3.경에 이르기까지 그들 3인의 공동 명의로 이 사건 토지를 포함한 위 망인 일가의 재산을 피고 대한민국에게 증여한다는 의사표시가 담긴 기부서(을 제3호증의 2, 3 등)가 1979. 11. 경 작성된 사실(다만 그 작성일자는 위 망인 및 원고 명의부분 1980. 1. 29.자로, 위 김항규 명의부분은 같은 달 30.자로 각 늦추어 작성되었다.), 위 망인이 1980. 5. 24.경 사망하여 그의 처인 원고, 그의 딸인 소외 김수영 등이 그의 공동 재산상속인이 된 사실을 인정할 수 있고, 달리 반증이 없으나, 위 수사과정에서 위 망인이 생명에 대한 극도의 위협을 느낀 나머지 의사결정의 자유가 완전히 박탈된 상태에서 위 기부서를 작성하였다거나 원고가 위 기부서를 작성한 일이 전혀 없다는 점에 관하여는 이에 부합하는 취지의 (증거)은 믿지 아니하고, 달리 이를 인정할 증거가 없으며, 다만 (증거)를 보태어 보면, 위 수사과정에서 위 망인은 장기간 구금된 상태에서 수사관들로부터 구타 및 전기고문 등의 고문을 당하였고 원고 또한 수일간 구금된 상태에서 옷이 약간 찢어지는 정도의 위협을 당한 사실을 인정할 수 있으나, 단지 그러한 사정만으로는 위 기부서에 감긴 위 피고에 대한 위 망인의 이 사건 상속재산에 관한, 원고의 이 사건 고유재산에 관한 각 증여의 위사표시가 뒤에서 보는 바와 같이 강박에 의한 의사표시로서 취소의 대상이 됨은 별론으로 하고, 위 망인이 생명에 대한 극도의 위협을 느낀 나머지의 의사결정의 자유가 완전히 박탈된 상태에서 위 기부서를 작성하였다거나 또는 원고가 위 기부서를 작성한 일이 전혀 없다고 인정하기에 부족하므로(오히려 위 망인은 뒤에서 보는 바와 같이 1980. 1. 31.에 이르러 위 사건의 형사재판절차에서 제2차 항소이유보충서를 제출하면서 당초의 증여의 의사표시를 유효한 것으로 추인까지 하였다), 원고의 위 주장은 이유 없다.

원고는 다시, 위 망인은 1980. 1. 28. 위 사건의 형사재판절차에서 피고 대한민국에 대하여 위 증여의 의사표시를 취소하였고 원고 또한 위 사건 이후 집권한 신군부의 강압통치 상태가 종식됨으로써 비로소 취소권을 행사할 수 있게 된 현재의 제6공화국 치하에 이르러 위 피고에 대하여 이 사건 소장부본의 송달로 위 망인 및 원고 자신의 위 각 증여의 의사표시를 취소하였으므로 위 피고 명의의 위 각 소유권이전등기 및 이에 터잡아 순차로 경료된 나머지 피고들 명의의 위 각 해당 소유권이전등기는 여전히 원인무효의 등기라는 취지로 주장하므로 살피건대, 위 수사과정에서 위 망인이 장기간 구금된 상태에서 수사관들로부터 구타 및 전기고문 등의 고문을 당하였고 원고 또한 수일감 구금된 상태에서 옷이 찢어지는 정도의 위협을 당한 끝에 위 망인 및 원고 등 3인의 공동명의로 이 사건 토지 등을 피고 대한민국에게 증여한다는 의사표시가 담긴 기부서가 작성된 사실은 앞에서 본 바와 같으므로, 특별한 사정이 없는 한 위 기부서에 담긴 위 피고에 대한 위 망인의 이 사건 상속재산에 관한, 원고의 이 사건 고유 재산에 관한 각 증여의 의사표시는 강박에 의한 의사표시로서 취소의 대상이 된다고 할 것인바, (증거)를 보태어 보면, 위 망인이 위 기부서 작성 후인 1980. 1. 28. 위 사건의 형사재판절차에서 피고 대한민국 산하 계업사령부 소속 군법회의에 제1차 항소이유보충서(갑 제3호증의 12)를 제출하면서 위 군법회의를 통하여 위 피고에 대하여 이 사건 상속재산에 관한 위 증여의 의사표시를 취소한 사실을 인정할 수 있고, 달리 반증이 없으나, 한편 (증거)를 보태어 보면, 위 망인은 위 취소일로부터 사흘이 지난 같은 달 31.에 이르러 위 사건의 형사재판절차에서 위 군법회의에 제2차 항소이유보충서(을 제1호증의 1)를 제출하면서 위 군법회의를 통하여 위 피고에 대하여 위 취소의 의사표시를 철회하고 당초의 위 증여의 의사표시를 추인한 사실을 인정할 수 있고, 달리 반증이 없는바, 위 인정 사실에 의하면 특별한 사정이 없는 한 위 망인의 위 피고에 대한 이 사건 상속재산에 관한 증여의 의사표시는 위 망인의 추인에 따라 확정적으로 유효한 것으로 되었다고 할 것이며(이에 대하여 원고는 위 망인의 위 추인의 의사표시도 수사관들의 강박에 의한 것이므로 무효라는 취지로 주장하나, 이에 부합하는 취지의 갑 제15호증의 1, 2의 각 기재부분과 위 안동일의 증언부분은 믿지 아니하고, 달리 이를 인정할 증거가 없으므로, 위 주장은 이유 없다.), 또한 위 망인의 위 증여의 의사표시가 위와 같이 확정적으로 유효하게 되어 버린 이상 원고로서는 비록 위 망인의 상속인이라고 하더라도 위 망인의 위 증여의 의사표시에 관한 취소권을 더 이상 행사할 수 없게 되었을뿐더러, 무릇 취소권은 추인할 수 있는 날(즉 취소의 원인이 종료한 날)로부터 3년 내에 행사하여야 하고(민법 제146, 144조) 위 합동수사단 소속 수사관들의 강박에 의하여 의사표시를 한 자에 대한 강박의 상태가 종료한 날은 그 당시 실시되었던 비상계엄이 해제된 1981. 1. 21.이라고 할 것인바(대법원 1992. 11. 27. 선고 92다8521 판결, 1993. 2. 23. 선고 92다14632 판결 등 참조), 원고가 위 비상계엄해제일로부터 3년이 지난 1990. 3. 5.에 이 사건 소를 제기하였음이 기록상 명백한 이 사건에 있어서 원고는 이 사건 소장부본의 송달로 자신의 위 피고에 대한 이 사건 고유재산에 관한 증여의 의사표시를 취소할 수 없게 되었다고 할 것이므로, 원고의 위 주장도 이유 없다.

원고는 또다시, 피고 대한민국은 위 합동수사관 소속 수사관들을 시켜 위 망인 및 원고의 인감을 무단으로 개인한 후 위 인감들을 사용하여 이 사건 토지에 관한 위 망인 및 원고 명의의 기부동의서, 등기촉탁승낙서, 등기신청서 등의 등기신청서류를 위조하여 위 피고 명의로 앞에서 본 바와 같은 각 해당 소유권이전등기를 경료하였으므로, 위 피고 명의의 위 각 소유권이전등기 및 이에 터잡아 순차로 경료된 나머지 피고들 명의의 위 각 해당 소유권이전등기는 여전히 무효의 등기라고 주장하므로 살피건대, 가사 피고 대한민국이 위 주장과 같이 무단으로 개인한 위 망인 및 원고의 인감을 사용하여 이 사건 토지에 관한 위 망인 및 원고 명의의 등기신청서류를 위조하여 위 피고 명의의 위 각 소유권이전등기를 경료하였다고 하더라도, 그 동안 위 망인 및 원고의 이 사건 토지에 관한 당초의 증여의 의사표시가 추인 또는 취소권의 소멸에 따라 유효한 것으로 이미 확정되어 버렸음이 앞에서 본 바와 같은 이 사건에 있어서는 이 사건 토지에 관한 위 피고 명의의 위 각 소유권이전등기는 실체관계에 부합하는 유효한 등기라고 할 것이므로, 결국 원고의 위 주장도 이유 없다.

(더구나 당초 이 사건 토지 중 별지 제1목록 제1항 기재 토지가 위 양순도의 명의로, 같은 목록 제17항 기재 토지와 별지 제2목록 제8, 9, 10, 12 내지 17, 19 내지 24항 기재 각 토지가 위 김항규의 명의로, 별지 제2목록 제18항 기재 토지가 위 김형종의 명의로 각 소유권이전등기가 경료되어 있었던 사실은 앞에서 본 바와 같으므로, 특별한 사정이 없는 한 위 각 토지에 관하여는 위 망인 또는 원고와 그 각 해당 등기명의자들과의 사이에 명의신탁관계가 존재하고 있다고 할 것인데, 이 경우 원고는 위 각 토지에 관하여는 그들에 대한 명의신탁 해지를 원인으로 한 소유권이전등기청구권에 터잡아 그들을 대위하여서만 피고들에 대하여 그 각 해당 소유권이전등기의 말소와 그 인도를 구할 수 있을 뿐 공유자의 보존행위권이나 소유권을 내세워 직접 그 이행을 구할 수는 없다고 할 것이므로, 원고의 위 각 토지에 관한 청구부분은 그 주장 자체로써 이유 없다고 할 것이다).

그렇다면 이 사건 토지에 관한 피고 대한민국 명의의 위 각 소유권이전등기가 무효임을 전제로 한 원고의 피고들에 대한 이 사건 청구는 더 나아가 살펴볼 필요도 없이 이유 없어 모두 기각하여야 할 것인바, 원심판결은 이와 결론을 같이 하여 정당하므로 원고의 피고들에 대한 항소를 모두 기각하고, 항소 비용은 패소자인 원고의 부담으로 하여 주문과 같이 판결한다. [별지 생략]

(1-2) 대법원 1997. 12. 12. 선고 95다38240 판결

【원고, 상고인】 김영희
【피고, 피상고인】 대한민국 외 6인
【원심판결】 서울고등법원 1995. 6. 28. 선고 92나12287 판결

【주 문】

원심판결 중 원심 판시 별지 제1목록 제2 내지 16번 기재 토지에 관한 피고 대한민국, 학교법인 숙명학원, 김상일, 김성희, 김재욱, 김수연에 대한 청구 부분을 파기하고, 이 부분 사건을 서울고등법원에 환송한다.

피고 대한민국 및 학교법인 숙명학원에 대한 나머지 상고와 피고 김기호에 대한 상고를 모두 기각한다.

피고 김기호에 대한 상고비용은 원고의 부담으로 한다.

【이 유】

상고이유를 판단한다.

1. 원심판결 이유에 의하면, 원심이 인정하고 있는 사실관계와 판단은 다음과 같다.

소외 김재규, 원고(김재규의 처), 소외 김항규(김재규의 동생) 3인은 그들의 공동 명의로 이 사건 각 토지(원심 판시 별지 제1목록 기재 토지 17필지 및 별지 제2목록 제1 내지 11번 기재 토지 11필지 합계 28필지. 별지 제2목록 제12 내지 24번 기재 토지 13필지에 대하여는 원고가 상고를 취하하였다.)를 포함한 김재규 일가의 재산을 피고 대한민국에게 증여한다는 의사표시가 담긴 기부서(을 제3호증의 2, 3)를 1979. 11.경 작성하게 되었는데, 그 기부서는 수사 과정에서 김재규와 원고 모두 구금되어 수사관들로부터 고문을 당하는 등 강박의 상태 아래서 작성되었다.

그러나 김재규는 위 증여의 의사표시 후인 1980. 1. 28. 내란목적살인 등 사건의 형사재판절차에서 피고 대한민국 산하 계엄사령부 소속 고등군법회의에 제1차 항소이유보충서(갑 제3호증의 12)를 제출하면서 위 군법회의를 통하여 피고 대한민국에 대하여 이 사건 각 토지 중 그 소유의 재산(상속재산)에 관한 증여를 강박에 의한 의사표시로서 취소하였다가, 다시 같은 달 31. 위 형사재판절차에서 위 군법회의에 제2차 항소이유보충서(을 제1호증의 1)를 제출하면서 위 군법회의를 통하여 피고 대한민국에 대하여 위 취소의 의사표시를 철회하고 당초의 증여의 의사표시를 추인하였다.

위와 같은 사실관계를 바탕으로 하여 원심은 이 사건 기부서에 담긴 김재규와 원고의 증여의 의사표시는 피고 대한민국 산하 보안사령부 소속 수사관들의 강박에 의한 의사표시로서 취소의 대상이 된다고 할 것이나, 그 후 김재규는 이 증여의 의사표시를 추인하여 확정적으로 유효한 것으로 되었다고 하면서, 다시 김재규의 증여의 의사표시가 위와 같이 확정적으로 유효하게 되어 버린 이상 원고로서는 비록 망 김재규의 상속인(김재규는 1980. 5. 24. 사형 집행으로 사망하였다.)이라고 하더라도 김재규의 증여의 의사표시에 관한 취소권을 더 이상 행사할 수 없을 뿐만 아니라, 취소권은 추인할 수 있는 날(즉 취소의 원인이 종료한 날)로부터 3년 내에 행사하여야 하는 것인데, 위 수사관들의 강박에 의하여 의사표시를 한 자에 대한 강박의 상태가 종료한 날은 그 당시 실시되었던 비상계엄이 해제된 1981. 1. 21.이라고 할 것이므로, 원고가 위 비상계엄 해제일로부터 3년이 지난 1990. 3. 5.에 이 사건 소를 제기하였음이 기록상 명백한 이 사건에 있어서, 이 사건 소장 부본의 송달로써 피고 대한민국에 대하여 이 사건 각 토지 중 자신의 고유재산(피고 대한민국 명의로 소유권이전등기가 경료되기 직전에 원고 명의로 소유권 등기가 마쳐져 있었던 별지 제2목록 제1 내지 7번 및 제11번 기재 토지)에 관한 증여의 의사표시도 취소할 수 없게 되었다고 판단하고 있다.

그 밖에 이 사건 기부서가 의사결정의 자유가 완전히 박탈된 상태에서 작성되었거나 이를 전혀 작성한 일이 없음에도 불구하고 피고 대한민국 산하 공무원들이 이 사건 각 토지에 관한 김재규 및 원고 명의의 등기촉탁승낙서 등 등기신청서류를 위조하여 피고 대한민국 명의로 소유권이전등기를 경료하였으니 그 등기가 무효라는 원고의 주장에 대하여는, 이에 부합하는 증거들을 모두 배척하고, 설사 그 등기신청이 위조서류에 의하여 되었다고 하더라도 김재규 및 원고의 이 사건 각 토지에 관한 당초의 증여의 의사표시가 위와 같은 추인 또는 취소권의 소멸에 따라 유효하게 확정된 이상 피고 대한민국 명의의 소유권이전등기는 실체관계에 부합하는 유효한 등기라고 판단하고 있다.

나아가서 이 사건 각 토지 중 피고 대한민국 명의로 소유권이전등기가 경료되기 직전에 양순도 · 김항규 명의로 소유권이전등기가 마쳐져 있던 토지들에 관하여는 원고와 각 해당 등기명의인들과 사이에 명의신탁관계가 계속 존속하여 오고 있는 사실을 인정하고, 이러한 경우 원고는 위 각 토지에 관하여는 명의수탁자인 양순도 · 김항규를 대위하여서만 피고들에 대하여 그 각 해당 소유권이전등기의 말소와 인도를 구할 수 있을 뿐이고 공유자의 보존행위나 소유권을 내세워 직접 그 이행을 구할 수는 없으므로 원고의 위 각 토지에 관한 청구 부분은 그 주장 자체로서 이유 없다는 판단을 덧붙여, 이 사건 각 토지에 관한 피고 대한민국 명의의 소유권이전등기 및 이에 터잡아 순차로 경료된 다른 피고들의 소유권이전등기가 무효라는 원고의 주장을 배척하고, 피고들에 대한 이 사건 청구를 모두 기각한 제1심판결을 유지하고 있다.

2. 채증법칙 위반의 점에 관한 상고이유에 대하여 상대방이 문서의 진정성립을 적극적으로 다투거나 서증의 진정성립 여부가 쟁점이 된 때, 또한 서증이 당해 사건의 쟁점이 되는 주요사실을 인정하는 자료로 쓰여지는데 상대방이 그 증거능력을 다툴 때에는 문서가 어떠한 이유로 증거능력이 있는 것인지에 관하여 설시하는 것이 옳을 것이고, 사문서의 경우 그것이 어떠한 증거에 의하여 진정성립이 인정된 것인지 잘 알아보기 어려운 경우에도 그 근거를 분명히 밝혀서 설시하여야 할 것이나(대법원 1993. 5. 11. 선고 92다50973 판결, 1993. 12. 7. 선고 93다41914 판결 등), 문서의 진정성립은 필적 또는 인영 · 무인의 대조에 의하여서도 증명할 수 있고 그 필적 또는 인영 · 무인의 대조는 사실심의 자유심증에 속하는 사항으로서, 문서 작성자의 필적 또는 인영 · 무인과 증명의 대상인 문서의 필적 또는 인영 · 무인이 동일하다고 인정될 때에는 특별한 사정이 없는 한 문서의 진정성립을 인정할 수 있으며, 이 경우 법원은 반드시 감정으로써 필적, 인영 등의 동일 여부를 판단할 필요가 없이 육안에 의한 대조로도 이를 판단할 수 있다고 할 것이다(대법원 1991. 10. 11. 선고 91다12707판결 등 참조). 그런데 기록에 의하면, 원고가 위 기부서(을 제3호증의 2)에 대하여는 부인으로, 기부재산목록(을 제3호증의 3)에 대하여는 부지로써 그 진정성립을 다투었음에도 불구하고, 원심이 그 판결이유에서 위 기부서 등이 어떠한 이유에서 진정성립이 인정되는 것인지 그 근거를 밝히지 않은 것은 잘못이라 하겠으나, 기록에 비추어 살펴보면, 원심도 결국 필적 · 무인 등을 육안에 의하여 대조하는 등의 적법한 증거조사를 통하여 김재규 · 원고 · 김항규 공동 명의의 처분문서인 위 기부서 및 기부재산목록(을 제3호증의 2, 3)의 진정성립을 인정한 다음, 그 기재 내용대로의 법률행위의 존재 즉 김재규 · 원고 · 김항규 등이 이 사건 토지를 포함한 그들 소유 명의의 재산을 피고 대한민국에게 증여한 사실을 인정하고, 다만 그 증여의 일시가 위 기부서에 기재된 것과는 달리 1979. 11.경이라는 사실을 인정하고 있으므로, 거기에 채증법칙을 위배하여 사실을 인정한 잘못이 있다고 할 수 없고, 그 밖에 이 사건 등기신청을 하면서 작성한 서류가 위조되었다는 상고이유 부분은, 이 사건 증여가 유효한 것으로 취급되기만 한다면, 그 등기신청서류의 위조 여부와 상관없이 결국 피고 대한민국 명의로 된 소유권이전등기는 실체관계에 부합하는 유효한 등기로 취급하여야 할 것이므로 이 점만을 가지고 원심판결의 결론이 잘못되었다고 탓할 수는 없다고 할 것이다.

이 점을 지적하는 상고이유는 모두 받아들일 수 없다.

3. 의사표시 취소에 관한 법리오해의 점 등에 관한 상고이유에 대하여 취소한 법률행위는 처음부터 무효인 것으로 간주되므로 취소할 수 있는 법률행위가 일단 취소된 이상 그 후에는 취소할 수 있는 법률행위의 추인에 의하여 이미 취소되어 무효인 것으로 간주된 당초의 의사표시를 다시 확정적으로 유효하게 할 수는 없고, 다만

무효인 법률행위의 추인의 요건과 효력으로서 추인할 수는 있으나, 무효행위의 추인은 그 무효 원인이 소멸한 후에 하여야 그 효력이 있는 것이다.

따라서 이 사건에 있어서와 같이 강박에 의한 의사표시임을 이유로 일단 유효하게 취소되어 당초의 증여의 의사표시가 무효로 된 후에 추인한 경우 그 추인이 효력을 가지기 위하여는 그 무효 원인이 소멸한 후일 것을 요한다고 할 것인데, 그 무효 원인이란 바로 위 증여의 의사표시의 취소사유라고 할 것이므로, 결국 무효 원인이 소멸한 후란 것은 당초의 증여의 의사표시의 성립 과정에 존재하였던 취소의 원인이 종료된 후, 즉 강박 상태에서 벗어난 후라고 보아야 할 것이다.

그럼에도 불구하고 원심은 김재규가 피고 대한민국 산하 계엄사령부 소속 고등군법회의에 위 제1차 항소이유보충서를 제출함으로써 피고 대한민국에 대하여 그 소유 재산에 관한 증여의 의사표시를 유효하게 취소하였다고 한 다음, 김재규가 위 제2차 항소이유보충서를 작성할 당시 강박 상태에서 벗어나 있었는지 여부를 심리·판단하지 아니한 채, 김재규가 제2차 항소이유보충서를 제출함으로써 피고 대한민국에 대하여 위 취소의 의사표시를 철회하고 당초의 증여의 의사표시를 추인하였으므로 김재규의 증여의 의사표시가 추인에 의하여 확정적으로 유효한 것으로 되었다고만 판단하고 있다.

그런데 원심이 배척하지 아니한 증거와 기록에 의하여 살펴보면, 김재규는 위 제2차 항소이유보충서를 작성할 당시에 피고 대한민국에 대하여 증여의 의사표시를 할 때와 마찬가지로 구금된 상태에 있었고, 자신에 대한 형사재판이 계속중에 있었으며, 보안사령부 소속 수사관이 육군교도소에 수감중인 김재규를 찾아와 미리 문안이 타자된 서면을 제시하고 위 교도소에 근무하는 장교로 하여금 그 내용을 낭독하게 하고 김재규로부터 이를 확인하는 취지의 서명 무인을 받아 위 제2차 항소이유보충서가 작성된 사실을 알아볼 수 있고, 한편 1980. 5. 실시된 비상계엄하의 합동수사단 수사관 등의 강박에 의하여 국가에 대하여 재산 양도의 의사표시를 한 자에 대한 강박의 상태가 종료한 시점은 전국적으로 실시되고 있었던 비상계엄이 해제되어 헌정질서가 회복된 1981. 1. 21. 이후라고 할 것이므로(대법원 1992. 11. 27. 선고 92다8521 판결, 1996. 10. 11. 선고 95다1460 판결 등 참조), 김재규가 위 제2차 항소이유보충서 작성 당시 강박 상태에서 벗어나 있었다고 단정하기는 어렵다고 할 것이고, 따라서 원심의 판단만으로써는 김재규의 이 사건 증여의 의사표시에 대한 추인이 적법하게 이루어졌다고 보기 어렵다고 할 것이다.

그리고 기록에 의하면, 이 사건 비상계엄 선포와 동시에 계엄사령관은 계엄지역 내의 모든 행정 사무와 사법 사무를 관장하고 특히 당시에는 계엄사령부 산하에 기부재산처리위원회가 설치되어 소위 부정축재자의 헌납 재산 처리 업무까지 직접 관장하고 있었음을 알아볼 수 있으며, 한편 이 사건 기부서 자체가 계엄사령부 예하 수사관들의 재산 헌납 요구에 의하여 작성되었고, 이 사건 기부행위 취소 의사표시의 철회 의사표시를 담은 위 제2차 항소이유보충서 역시 수사관들에 의하여 작성되었음이 분명한 이상, 김재규의 이 사건 재산 기부행위의 취소에 관련된 의사표시는 이 사건 제1차 항소이유보충서가 계엄사령부 소속 고등군법회의에 제출됨으로써 그 의사표시의 상대방인 국가에 적법하게 도달되었다고 보아야 할 것이므로, 김재규의 증여 의사표시는 위 제1차 항소이유보충서가 제출됨으로써 적법하게 취소되어 그 상태에 있다고 보아야 할 것이다.

그럼에도 불구하고 이와 달리 김재규의 증여 의사표시가 확정적으로 유효하게 되었다고 판단한 원심판결에는 취소로 인하여 무효로 간주된 법률행위의 추인에 관한 법리를 오해하였거나 심리를 다하지 아니하여 판결에 영향을 미친 위법이 있다고 하지 않을 수 없다.

이 점을 지적하는 취지의 상고이유는 일단 이유 있다고 할 것이다.

그러나 기록에 의하면, 이 사건 각 토지 가운데 원고의 고유재산(별지 제2목록 제1 내지 7번 및 제11번 기재 토지)에 대한 증여 의사표시의 취소는 원고가 이 사건 소장 부본의 송달로써 비로소 그 취소권을 행사하였다고 할 것이고, 한편 양순도, 김항규 명의로 신탁되었던 재산(별지 제1목록 제1, 17번 기재 토지 및 별지 제2목록 제8, 9, 10번 기재 토지)에 대하여 원고가 그들을 대위함이 없이 직접 이 사건 청구를 하고 있음이 분명하므로, 원심이 원고의 고유재산과 양순도, 김항규 명의로 신탁되었던 재산에 관하여 원고의 청구를 배척한 조치는 증여의 의사표시의 추인에 관하여 앞에서 본 바와 같은 위법이 있다고 하더라도, 판결 결과에 아무런 영향이 없다 할 것이므로, 위 상고이유는 결국 김재규 명의로 소유권이전등기가 경료되어 있던 원심 판시 별지 제1목록 제2 내지 16번 기재 토지 부분의 범위 내에서 이유 있다고 할 것이다.

4. 그러므로 원심판결 중 별지 제1목록 제2 내지 16번 기재 토지에 관한 피고 대한민국, 학교법인 숙명학원, 김상일, 김성희, 김재욱, 김수연에 대한 청구 부분을 파기하고, 이 부분 사건을 다시 심리 · 판단케 하기 위하여 원심법원에 환송하고, 원고의 피고 대한민국 및 학교법인 숙명학원에 대한 나머지 상고와 피고 김기호에 대한 상고를 모두 기각하고, 피고 김기호에 대한 상고비용은 상고인인 원고의 부담으로 하기로 관여 법관의 의견이 일치되어 주문과 같이 판결한다.

계약의 해석

계약의 해석

1 계약의 해석과 착오와의 관계

(1-1) 부산지방법원 1992. 12. 4. 선고 92나8924 판결

【원고, 피항소인】 이학조
【피고, 항소인】 이충진
【원심판결】 부산지방법원 1992. 6. 19. 선고 91가단40807, 91가단54622(병합) 판결
【주 문】 1. 피고의 항소를 기각한다.
2. 항소비용은 피고의 부담으로 한다.

【청구취지】

피고는 원고에게 부산 ㅇㅇ구 ㅇㅇ동969의 36 대 76평방미터 지상의 보로크 스래트지붕 단층주택 1동중 별지 도면표시 ㄱ1,ㅊ,ㅋ,ㅌ,ㅍ,ㅎ,ㄱ1의 각 점을 순차 연결한 선내 ㉮표시부분 방1칸, 부엌1칸 15.0평방미터에서 퇴거함과 동시에 위 ㉮표시부분 방1칸, 부엌1칸 15.0평방미터, 같은 도면표시 ㅈ,ㄱ1,ㅎ,ㅍ,ㅌ,ㄹ1,ㄷ1,ㄴ1,ㅈ의 각 점을 순차 연결한 선내 ㉯표시부분 방2칸, 부엌1칸 19.2평방미터, 같은 지상의 보로크 스래트지붕 2층주택 1동중 1층 부위인 같은 도면표시 ㄷ1,ㄹ1,ㅁ1,ㅂ1,ㅅ1,ㅇ1,ㅈ1,ㅅ,ㅇ,ㄷ1의 각 점을 순차 연결한 선내 ㉰표시부분 방2칸, 부엌1칸 14.7평방미터, 같은 지상의 같은 도면표시 ㅊ1,ㅋ1,ㄹ,ㅁ,ㅊ1의 각 점을 순차 연결한 선내 ㉱표시부분 보로크 스래트지붕 단층 변소1동 2.1평방미터, 같은지상의 보로크 스래트지붕 2층 주택 1동중 2층 부위인 같은 도면표시 ㄱ2,ㄴ2,ㄷ2,ㄹ2,ㅁ2,ㄱ2의 각 점을 순차 연결한 선내 ㉳표시부분 방1칸, 방겸 부엌1칸 11.4평방미터를 각 철거하고 위 대지 76.0평방미터를 인도하라는 판결 및 가집행선고.

【항소취지】

원심판결을 취소한다. 원고의 청구를 기각한다. 소송비용은 제1,2심 모두 원고의 부담으로 한다.

【이 유】

1. (증거)를 종합하면 청구취지기재 토지에 관하여 1969.7.13. 소외 김현영의 명의로 소유권이전등기가 경료되었다가 그 후 소외 조록석, 임종섭, 배형렬을 거쳐 1982.12.28. 원고명의로 소유권이전등기가 경료된 사실, 피고는 위 토지상에 청구취지기재 각 건물을 지어 소유하면서 그 중 청구취지기재 가,나,다,라 부분 51.0평방미터를 위 각 건물의 부지로, 그 나머지 부분(별지도면표시 마 부분) 25.0평방미터를 마당으로 점유사용하고 있는 사실

을 인정할 수 있다. 위 인정사실에 의하면, 피고는 특별한 사정이 없는 한 위 토지의 소유자로 추정되는 원고에게 위 각 건물을 철거하여 위 토지를 인도할 의무가 있다.

2. 이에 대하여 피고는 다음과 같이 다툰다.

즉, 이 사건 토지는 위 소외 김형연이 1965.7.30. 국가로부터 불하받은 것인데 당시 국유토지를 불하받으려면 국유재산법 제22조 제1항 제4호 및 동법 시행령 제18조 제7항 제1호와 국유재산처리임시특례법 제5조 제1항 제4호 제5호 규정에 의하여 그 지상에 매수하고자 하는 자의 소유 건물이 있고 또한 그 건물을 실제 점유하고 있어야만 우선 국가와 대부계약을 할 수 있고, 대부를 받아야만 비로소 국가에 매수요구를 하여 불하를 받을 수 있게되어 있었는 바, 당시 이 사건 위 토지상에는 피고소유의 건물이 있었고 위 김형연은 인접한 같은동 969의 39, 969의17, 969의73의 3필지상에 건물을 소유하고 있었을 뿐이었음에도 위 김형연이 착오로 이 사건 토지에 관하여 매수신청을 하여 국가로부터 이를 불하받은 후 그 명의로 소유권이전등기를 경료하였으므로 국가의 위 김형연에 대한 위 토지 불하는 관계법령에 위배되었을 뿐만 아니라 목적물에 착오가 있었던 것으로서 그 하자가 중대하고도 명백하여 무효라 할 것이고 따라서 위 김형연명의의 등기도 무효이고 이에 터잡은 원고명의의 위 소유권이전등기 역시 무효라 할 것이어서 원고의 이 사건 토지 인도등 청구는 부당하다고 주장한다.

살피건대, 갑 제3호증의 기재에 의하면 위 김형연이 1965.7.30. 국가로부터 국유재산이던 이 사건 토지를 매수한 사실은 이를 인정할 수 있으나 위 김형연이 연고권 없는 자이면서도 착오로 매수 신청을 하여 국가로부터 위 토지를 불하받은 것이라는 피고 주장사실에 관하여는 이를 인정할 증거가 없다. 그리고 가사 피고의 주장과 같이 목적물에 착오가 있었다거나 연고권이 없는 자에게 이 사건 토지가 불하된 것이라 하더라도 국유재산의 매각행위는 사법상의 법률행위로서 그 매각에 관하여 귀속재산처리법에 규정한 것과 같은 우선매수권에 관한 규정이 없는 이상 연고자의 우선권은 법률상 인정될 수 없다 할 것이다.

따라서 피고의 위 주장은 이유없다.

3. 그렇다면, 원고의 이 사건 청구는 이유있어 이를 인용하여야 할 것인 바, 원심판결은 이와 결론을 같이하여 정당하고 피고의 항소는 이유없어 이를 기각하며, 항소비용은 패소자인 피고의 부담으로 하여 주문과 같이 판결한다.

(1-2) 대법원 1993. 10. 26. 선고 93다2629, 2636 판결

【원고, 피상고인】 이학조
【피고, 상고인】 이충진
【원심판결】 부산지방법원 1992.12.4.선고 92나8924, 92나8931(병합) 판결
【주 문】 원심판결을 파기하고 사건을 부산지방법원 합의부에 환송한다.

【이 유】

피고의 상고이유를 본다.

1. 원심은, 이 사건 토지인 부산 ○○구 ○○동969의 36 대 76평방미터에 관하여 1969. 7. 13. 소외 김형연 명의로 소유권이전등기가 경료되었다가 그 후 순차 소외 조록석(조녹석의 오기로 보인다), 임종섭, 배형렬을 거쳐

1982. 12. 28. 원고 명의로 소유권이전등기가 경료된 사실 및 피고가 이 사건 토지상에 건물을 소유하면서 위 토지를 점유하고 있는 사실을 인정하고, 위 김형연은 실제로는 이 사건 토지에 인접한 국유지인 같은 동 969의 39, 71, 73의 3필지를 점유하고 있었는데 착오로 이 사건 토지에 관하여 매수신청을 하여 국가로부터 이를 불하받은 후 그 명의로 소유권이전등기를 경료하였으므로 국가의 위 토지불하는 무효라는 피고의 주장에 대하여는, 위 김형연이 1965. 7. 30. 국가로부터 국유재산이던 이 사건 토지를 매수한 사실은 인정되나 위 김형연이 연고권 없는 자이면서도 착오로 매수신청을 하여 국가로부터 위 토지를 불하받은 것이라는 사실을 인정할 만한 증거가 없고, 가사 피고의 주장과 같이 목적물에 착오가 있었다거나 연고권이 없는 자에게 이 사건 토지가 불하된 것이라 하여도 국유재산의 매각행위는 사법상의 법률행위로서 그 매각에 관하여 우선매수권에 관한 규정이 없는 이상 연고권자의 우선권은 법률상 인정될 수 없다 할 것이라고 판단하여 피고의 주장을 배척하고 위 건물의 철거 및 이 사건 토지의 인도를 구하는 원고의 이 사건 청구를 인용하였다.

2. 일반적으로 계약의 해석에 있어서는 형식적인 문구에만 얽매여서는 아니되고 쌍방당사자의 진정한 의사가 무엇인가를 탐구하여야 하는 것이므로, 부동산의 매매계약에 있어 쌍방당사자가 모두 특정의 갑(甲) 토지를 계약의 목적물로 삼았으나 그 목적물의 지번 등에 관하여 착오를 일으켜 계약을 체결함에 있어서는 계약서상 그 목적물을 갑 토지와는 별개인 을(乙) 토지로 표시하였다 하여도 위 갑 토지에 관하여 이를 매매의 목적물로 한다는 쌍방당사자의 의사합치가 있은 이상 위 매매계약은 갑 토지에 관하여 성립한 것으로 보아야 할 것이고 을 토지에 관하여 매매계약이 체결된 것으로 보아서는 안 될 것이며, 만일 을 토지에 관하여 위 매매계약을 원인으로 하여 매수인 명의로 소유권이전등기가 경료되었다면 이는 원인이 없이 경료된 것으로써 무효라고 하지 않을 수 없다.

3. 그런데 이 사건에 있어서 피고의 주장은 반드시 명확하지는 않으나 위 김형연이 착오를 일으켜 자기가 점유하고 있던 토지가 아닌 이 사건 토지에 관하여 국가에 대하여 매수신청을 하여 이를 매수하였다는 주장 가운데에는 위 매매계약이 무효라는 것뿐만 아니라 이 사건 토지는 위 매매계약의 목적물이 아니어서 국가와 위 김형연 사이에는 이 사건 토지에 관한 한 매매계약이 성립하지 아니한 것이고 따라서 이 사건 토지에 관한 위 김형연 명의의 등기는 원인무효라는 취지도 포함되어 있다고 볼 여지가 있고, 또 아래에서 보는 바와 같이 기록상 이러한 주장은 상당한 근거가 있다고 판단된다.

우선 을 제3호증의 1, 2는 피고의 형 또는 피고 명의로 작성된, 관계당국에 제출하는 진정서 형식의 문서로서 변론의 전 취지에 의하여 그 진정성립이 인정될 수 있다고 보이는데, 그에 의하면 이 사건 토지 76제곱미터는 피고의 선대부터 피고에 이르기까지 40년 이상을 점유하여 왔던 땅인 반면, 위 김형연은 이 사건 토지에 인접하고 있는 부산 ○○구 ○○동969의 39, 71, 73의 3필지 73제곱미터를 점유하고 있던 중 국유재산인 위 73제곱미터를 불하받으려고 하는 과정에서 자신이 점유하는 토지의 지번이 이 사건 토지의 지번인 위 같은 동 969의 36인 것으로 착각하여 이에 관하여 불하신청을 하여 이를 불하받았고, 그 후 원고에 이르기까지 순차 전매되었으나 그 점유는 계속 위 73제곱미터에 관하여만 승계되어 왔는데 근래에 이르러 피고가 이 사건 토지를 불하받으려는 과정에서 비로소 이러한 사실이 밝혀지게 되었고 원고도 이 때에야 이러한 사실을 알게 되었다고 기재되어 있고, 다른 한편 성립에 다툼이 없는 갑 제3호증은 국가와 위 김형연 사이의 국유재산 매매계약서인데 그에 의하면 그 매매목적물은 이 사건 토지인 위 수정동 969의 36 대 23평으로 표시되어 있기는 하나 매수인인 위 김형연의 주소 또한 위 수정동 969의 36으로 기재되어 있으며, 원고도 이 사건 소장에서 자신의 주소를 위 수정동 969의 36으로 표시하였으나 제1심법원의 검증 및 감정결과에 의하면 이 사건 수정동 969의 36 토지는 피고만이 점유하고 있는 것으로 되어 있을 뿐만 아니라 을 제1호증의 1 내지 3의 기재에 의하면 위 수정동 969의 39, 71, 73의 3필지는 위 매매계약 체결당시부터 현재에 이르기까지 국유로 남아 있음을 알 수 있어 위 김형연이 국가와 위 매매계약을 체결할 당시 자신의 점유토지의 지번을 이 사건 토지로 착각하고 있었다는 피고의 주장에 상당부분 부합한다고 여겨진다.

원고도 위와 같은 피고의 주장을 적극적으로 다투지는 아니하고 다만 위 김형연이나 대한민국이 목적물에 착오를 일으켰다 하더라도 이는 동기의 착오 내지 목적물의 동일성에 관한 착오에 불과하여 위 매매계약의 효력에는 영향이 없다고만 주장하고 있을 뿐이다(기록 제164장 이하 참조).

그리고 이처럼 위 김형연이 이 사건 토지가 아닌 그에 인접한 다른 토지를 점유하고 있었다면, 위 각 토지의 소유자인 국가가 위 김형연이 점유하고 있던 토지를 제쳐놓고 피고측이 점유하고 있는 이 사건 토지를 위 김형연에게 매도한다는 것은 이례에 속하는 일로서 오히려 위 김형연이 점유하고 있던 토지를 그에게 매도할 의사로 이 사건 매매계약을 체결하였다고 봄이 경험칙에 부합할 것이다.

다른 한편으로 피고는 원심 제4차 변론기일에 진술된 항소이유서에서 국가가 이 사건 토지에 관한 위 김형연 및 원고 명의의 등기가 원인무효임을 이유로 하여 원고 등을 상대로 하여 그 말소를 구하는 소송을 제기하였다고 주장한 바 있으므로(원고도 위와 같은 소송이 제기된 사실 자체는 시인하고 있다. 기록 제166장 참조), 원심으로서는 피고의 주장을 가볍게 배척할 것이 아니라 피고의 주장취지가 과연 무엇인지를 명확히 한 다음 국가와 위 김형연과의 이 사건 매매계약 체결당시 이 사건 토지 및 위 수정동 969의 39, 71, 73의 3필지 73제곱미터의 토지점유관계는 어떠하였는지, 위 김형연을 비롯한 등기부상 원고 이전의 소유자들이나 원고가 이 사건 토지를 점유한 일이 있는지, 그리고 위 김형연이 이 사건 토지 아닌 다른 국유의 토지를 점유하고 있었다면 국가가 김형연이 점유하고 있는 토지는 제쳐 놓고 점유도 하지 않고 있는 이 사건 토지를 위 김형연에게 매도하여야 할 특별한 사유가 있었는지 등을 석명하고 국가가 원고등을 상대로 하여 제기한 위 소송의 경과 등을 심리함으로써(피고는 원심변론종결 후인 1992. 12. 3.에 국가와 원고 등 사이의 위 소송 제1심의 변론이 종결되었으므로 그 판결문을 증거로 제출하기 위하여 변론을 재개하여 달라는 취지의 신청을 하였는데 원심은 이를 받아들이지 않은 채 바로 판결을 선고하였으나 피고의 상고이유서에 첨부된 국가와 원고 등 사이의 위 소송사건 제1심 판결문에 의하면 위 사건 제1심 법원인 부산지방법원은 원심판결선고 전인 1992. 12. 2. 국가와 위 김형연 사이의 매매계약의 목적물은 위 김형연이 점유하고 있던 토지이고 이 사건 토지가 아니라는 이유로 국가 승소의 판결을 선고한 사실을 알 수 있다) 이 사건 토지가 과연 국가와 위 김형연 사이의 매매계약의 목적물이었는지의 여부를 확정하고 위 김형연으로부터 원고에 이르기까지 이 사건 토지에 관하여 경료된 소유권이전등기의 효력은 어떠한지를 살펴보았어야 할 것이니 원심이 이러한 조치를 취하지 않은 채 만연히 피고의 주장을 배척하고 만 것은 법률행위의 해석 내지 매매계약의 목적물 특정에 관한 법리를 오해하고 석명의무를 게을리하여 심리를 다하지 아니한 위법을 저지른 것이라 하지 않을 수 없고 이 점을 지적하는 취지의 논지는 이유있다.

4. 그러므로 원심판결을 파기환송하기로 하여 관여법관의 일치된 의견으로 주문과 같이 판결한다.

2 계약의 해석

(1-1) 대구지방법원 1996. 4. 3. 선고 95나8742 판결

【원고(반소피고), 항소인】 임순늠 외 3인
【피고(반소원고), 피항소인】 송완규
【원심판결】 대구지방법원 안동지원 1995. 6. 13. 선고 94가단460(본소), 94가단927(반소) 판결

【주 문】

1. 원심판결을 다음과 같이 변경한다.

가. 피고(반소원고)는 원고(반소피고)들에게 ㅇㅇ시 ㅇㅇ동683. 답 1,552㎡에 관하여 1980. 3. 25. 대구지방법원 영주등기소 접수 제4816호로 마친 소유권이전등기의 말소등기절차를 이행하라.

나. 원고(반소피고)들의 주위적, 제1예비적 본소청구와 피고(반소원고)의 반소청구를 모두 기각한다.

2. 소송비용은 본소, 반소를 통하여 제1, 2심 모두 이를 5분하여 그 4는 피고(반소원고)의, 나머지는 원고(반소피고)들의 각 부담으로 한다.

【청구취지】

본소: 주위적으로, 피고(반소원고, 이하 피고라고만 한다.)는 원고(반소피고, 이하 원고라고만 한다.)들에게 ㅇㅇ시 ㅇㅇ동683 답 1,552㎡(이하 이 사건 토지라고 한다.)에 관하여 별지기재 각 지분에 대하여 1993. 12. 20. 교환을 원인으로 한 소유권이전등기절차를 이행하라.

예비적으로, (1) 피고는 원고들에게 이 사건 토지에 관하여 별지기재 각 지분에 대하여 각 1972. 3. 20. 취득시효완성을 원인으로 한 소유권이전등기절차를 이행하라. (2) 피고는 원고들에게 이 사건 토지에 관하여 1980. 3. 25. 대구지방법원 영주등기소 접수 제4816호로 경료한 소유권이전등기의 말소등기절차를 이행하라. (원고들은 원심에서 제2예비적 청구로서, 피고는 소외 박승업에게 위 소유권이전등기의 말소등기절차를 이행하라고 구하였다가, 당심에 이르러 위와 같이 변경하였다.)

반소: 원고들은 피고에게 이 사건 토지를 인도하라.

【항소취지】

원심판결을 취소하고, 본소청구취지와 같은 판결과 반소청구를 기각한다는 판결.

【이 유】

1. 인정되는 기초사실

이 사건 토지에 관하여 1980. 3. 25. 대구지방법원 영주등기소 접수 제4816호로 피고 명의의 소유권이전등기가 마쳐진 사실과 원고가 이 사건 토지를 현재 점유하면서 이를 경작하고 있는 사실에 관하여는 당사자사이에 다툼이 없다.

2. 본소청구에 관한 판단

가. 원고들은 주위적 청구원인으로서 다음과 같이 주장한다.

이 사건 토지는 원래 소외 망 박승재의 소유이었는데, 그가 소외 김석규에게, 위 김석규가 원고들의 선대인 소외 망 박복생에게, 위 박복생이 원고들의 피상속인인 소외 망 박찬호에게 순차로 매도하여 원고들이 이를 상속하였으나 소유권이전등기과정에서 착오로 ○○시 ○○동648 답 1,593㎡에 관하여 등기를 경료하였고, 한편 위 박승재는 역시 그의 소유이던 위 648 답 1,593㎡를 소외 김원학에게, 위 김원학은 소외 손경호 및 손문호에게, 그들은 소외 전차달에게, 위 전차달은 소외 박승업에게, 위 박승업은 피고에게 각 순차로 매도하면서 역시 소유권이전등기과정에서 착오로 이 사건 토지에 관하여 등기를 경료하였던 관계로, 현재 이 사건 토지는 피고 명의로 등기되어 있으나 원고들이 점유하고 있고, 위 648 답 1,593㎡는 원고들 명의로 등기되어 있으나 피고가 이를 점유하고 있는데, 피고는 위와 같이 등기와 점유가 불일치하는 사실을 알고는 1993. 12. 20. 원고들과 협의하여 점유현상대로 서로 소유권이전등기를 경료하여 주기로 약정하였다고 주장한다.

살피건대, 위 주장과 같이 현재 이 사건 토지는 피고 명의로 소유권이전등기가 되어 있으나 원고들이 점유하고 있고, 위 648 답 1,593㎡는 원고들 명의로 소유권이전등기가 되어 있으나 피고가 이를 점유하고 있는 사실은 당사자 사이에 다툼이 없으나, 나아가 원, 피고들 사이에 위와 같은 교환약정이 있었는지에 관하여 보건대, 이에 부합하는 원심증인 김시현의 증언은 원심증인 송병복의 증언 등에 비추어 이를 믿지 아니하고, 원심증인 박영호, 전항구, 당심증인 박돈서의 증언만으로는 이를 인정하기에 부족하며, 달리 위 교환약정사실을 인정할 아무런 증거가 없으므로, 원고들의 위 주장은 이유 없다.

나. 원고들은 제1예비적 청구원인으로서 다음과 같이 주장한다.

원고들의 피상속인인 소외 망 박찬호는 1952. 3. 20. 소외 박복생으로부터 이 사건 토지를 매수하여 점유, 경작하다가 1989. 8. 18. 사망하고, 원고들이 별지기재 각 상속지분별로 상속하고 그 점유를 승계하여 현재에 이르기까지 이 사건 토지를 계속하여 점유, 경작하고 있으므로, 위 박찬호가 점유를 개시한 때로부터 20년의 점유취득시효기간이 경과한 1972. 3. 20. 이 사건 토지에 대한 소유권을 시효취득하였으니, 피고는 원고들에게 1972. 3. 20. 취득시효완성을 원인으로 한 소유권이전등기절차를 이행할 의무가 있다는 것이다.

살피건대, 부동산에 관한 점유취득시효가 완성되어도 등기를 갖추지 아니하는 한 그 소유권을 취득하였다고 볼 수 없고, 다만 취득시효완성 당시의 소유자에 대하여 소유권이전등기청구권을 가질 뿐이므로, 취득시효가 완성된 후 등기를 하기 전에 그 부동산소유권을 취득한 제3자에 대하여는 시효취득을 주장할 수 없다 할 것인 바, 갑 제5호증, 제6호증의 1, 2의 각 기재와 원심증인 박영호, 전항구, 당심증인 박돈서의 각 증언에 변론의 전취지를 종합하면, 이 사건 토지는 원고들의 조부인 소외 망 박복생 때부터 점유, 경작하여 오던 토지로서 위 박복생이 1952. 3. 10. 사망하자 그의 아들인 위 박찬호가 이를 점유, 경작하다가 1989. 8. 18. 위 박찬호도 사망하여 원고들이 상속인으로서 그 점유를 승계하여 현재까지 이를 점유하고 있는 사실은 인정되나, 한편 피고가 원고들의 이 사건 토지에 대한 점유취득시효가 완성된 이후인 1980. 3. 25. 이 사건 토지에 관한 소유권을 취득한 사실 또한 위에서 본 바와 같으므로, 결국 원고들의 위 주장은 점유취득시효 완성후의 제3취득자에 대한 시효취득주장에 불과하여 그 이유 없다.

다. 원고들의 제2예비적 청구에 관하여 본다.

부동산의 매매계약에 있어 쌍방당사자가 모두 특정의 갑 토지를 계약의 목적물로 삼았으나 그 목적물의 지번 등에 착오를 일으켜 계약을 체결함에 있어서는 계약서상 그 목적물을 갑 토지와는 별개인 을 토지로 표시하였다 하여도 갑 토지에 관하여 이를 매매의 목적물로 한다는 쌍방당사자의 의사합치가 있은 이상 위 매매계약은 갑 토지에 관하여 체결된 것으로 보아야 할 것이고 을 토지에 관하여 매매계약이 체결된 것으로 보아서는 안 될 것이며, 만약 을 토지에 관하여 위 매매계약을 원인으로 하여 매수인 명의로 소유권이전등기가 경료되었다면 이는 원인이 없이 경료된 것으로서 무효라고 할 것이다.

그런데, (증거)를 보태어 보면, 소외 박승업은 1955. 2. 15. 소외 전차달로부터 이 사건 토지에 관한 소유권이전등기를 경료받고도 그 후 실제로는 위 648 답 1,593㎡를 계속 경작하여 오다가 1980. 3. 21. 피고와 사이에 위 박승업이 현실적으로 경작하고 있는 위 토지를 매매의 목적물로 하여 계약을 체결하였으나 등기부상의 지번과 현실적으로 점유, 경작하고 있는 지번이 서로 틀리는 사실을 모른 채 이 사건 토지에 관한 등기서류를 피고에게 교부하였고, 피고 역시 그러한 사실을 모른 채 위 매매목적물 토지(위 648 답 1,593㎡)를 위 박승업으로부터 인도받아 현재에 이르기까지 이를 경작하고 있으나 등기부상으로는 이 사건 토지에 관하여 소유권이전등기를 마쳤으며, 위와 같이 등기부상의 지번과 현실적으로 점유, 경작하는 토지의 지번이 서로 틀린다는 사실은 1993. 12.경 원고가 이를 알려주어 처음 알게 된 사실을 인정할 수 있고, 이에 일부 반하는 원심증인 송병복, 안영희, 주세한의 일부 증언은 이를 믿지 아니하고, 달리 반증이 없다.

위 인정사실에 의하면, 위 박승업과 피고가 체결한 매매계약의 목적물은 그 지번에 관계없이 위 박승업이 현실적으로 점유, 경작하고 있던 토지(위 648 답 1,593㎡)라고 할 것이고, 따라서 쌍방이 위 매매계약을 원인으로 하고도 그 지번을 잘못 알아 이 사건 토지에 관하여 피고 앞으로 소유권이전등기가 경료되었으니 이는 적법한 원인없이 경료된 무효의 등기라 할 것이다. (원고들은, 원래 소외 망 박승재의 소유이던 이 사건 토지가 소외 김석규, 박복생, 박찬호의 순서로 순차 매도되면서 점유가 승계되고 원고들이 이를 상속하여 현재 점유하고 있으나 그 소유권이전등기과정에서 착오로 ○○시 ○○동648 답 1,593㎡에 관하여 등기가 경료되었고, 역시 위 박승재의 소유이던 위 648 답 1,593㎡가 소외 김원학, 손경호 및 손문호, 전차달, 박승업을 거쳐 피고에게 각 순차로 매도되면서 점유가 승계되었으나 역시 그 소유권이전등기과정에서 착오로 이 사건 토지에 관하여 등기가 경료되었으므로, 이 사건 토지에 관한 피고 명의의 소유권이전등기뿐만 아니라 그 이전 소유자들 명의의 소유권이전등기도 모두 무효라고 주장하나, 이에 부합하는 듯한 원심증인 박영호, 전항구, 김시현, 박돈서, 박찬옥의 각 일부 증언은, 모두 현재나 과거의 점유상태를 전제로 한 추측에 불과하고 착오로 등기가 바뀐 시점이나 그 과정을 구체적으로 적시하지 못하고 있는 점 등에 비추어 믿을 수 없고, 달리 이를 인정할 아무런 증거가 없으므로, 이 사건 토지에 대한 위 박승업과 그 이전 소유자들 명의의 소유권이전등기는 일응 적법한 것으로 추정한다.)

그렇다면, 이 사건 토지에 관하여 위 박승업에 대하여 1970. 3. 10. 취득시효완성을 원인으로 하여 소유권이전등기청구권을 취득한 소외 망 박찬호의 상속인인 원고들은, 이 사건 토지에 관하여 위 박승업이 피고에 대하여 가지는 소유권이전등기말소청구권을 대위하여 행사할 수 있다 할 것이므로, 이를 구하는 원고들의 제2예비적청구는 이유 있다.

3. 반소청구에 관한 판단

이 사건 토지에 관하여 피고 앞으로 경료된 소유권이전등기가 원인무효임은 앞에서 본 바와 같으므로, 위 등기가 적법함을 전제로 하여 이 사건 토지를 점유하고 있는 원고들에게 그 인도를 구하는 피고의 이 사건 반소청구는 그 이유 없다.

4. 결론

그렇다면, 원고들의 본소청구 중 주위적 청구와 제1예비적 청구는 이유 없어 이를 기각하고, 피고에 대하여 원고들 앞으로(원래 소외 박승업 앞으로 구하여야 하나 원고들의 청구에 따른다.) 이 사건 토지에 관하여 1980. 3. 25. 대구지방법원 영주등기소 접수 제4816호로 마친 소유권이전등기의 말소를 구하는 제2예비적 청구는 이유 있어 이를 인용하며, 피고의 반소청구는 이유 없어 이를 기각할 것인바, 원심판결은 이와 결론을 달리하여 부당하므로, 원심판결을 위와 같이 변경하고, 소송비용의 부담에 관하여는 민사소송법 제96조, 제89조, 제92조, 제93조를 적용하여 주문과 같이 판결한다.

(1-2) 대법원 1996. 8. 20. 선고 96다19581, 19598 판결

【원고(반소피고), 피상고인】 임순늠 외 3인
【피고(반소원고), 상고인】 송완규
【원심판결】 대구지방법원 1996. 4. 3. 선고 95나8742, 8759 판결
【주 문】 상고를 기각한다. 상고비용은 피고(반소원고)의 부담으로 한다.

【이 유】

상고이유를 본다.

부동산의 매매계약에 있어 쌍방 당사자가 모두 특정의 갑 토지를 계약의 목적물로 삼았으나 그 목적물의 지번 등에 관하여 착오를 일으켜 계약을 체결함에 있어서는 계약서상 그 목적물을 갑 토지와는 별개인 을 토지로 표시하였다 하여도 갑 토지에 관하여 이를 매매의 목적물로 한다는 쌍방 당사자의 의사합치가 있은 이상 위 매매계약은 갑 토지에 관하여 성립한 것으로 보아야 할 것이고 을 토지에 관하여 매매계약이 체결된 것으로 보아서는 안 될 것이며, 만일 을 토지에 관하여 위 매매계약을 원인으로 하여 매수인 명의로 소유권이전등기가 경료되었다면 이는 원인이 없이 경료된 것으로서 무효라고 할 것이다(당원 1993. 10. 26. 선고 93다2629, 2636 판결 참조).

원심판결 이유에 의하면 원심은 거시 증거를 종합하여 판시와 같은 사실을 인정한 다음 그 인정사실에 의하면 소외 박승업과 피고(반소원고)가 체결한 매매계약의 목적물은 그 지번에 관계없이 위 박승업이 현실적으로 점유・경작하고 있던 토지(영주시 문정동 648 답 1593㎡)라고 할 것이고 따라서 쌍방이 위 매매계약을 원인으로 하고도 그 지번을 잘못 알아 원고(반소피고)들이 점유・경작하던 이 사건 토지에 관하여 피고(반소원고) 앞으로 소유권이전등기가 경료되었으니 이는 적법한 원인 없이 경료된 무효의 등기라고 판시하였는바, 기록에 의하여 살펴보면 당초 이 사건 토지와 위 648 토지의 소유자이던 소외 박승재가 최초 위 648 토지를 소외 김원학에게 매도하면서 그 지번을 잘못 알고 이 사건 토지에 관한 이전등기를 마쳐주게 된 결과 이 사건 토지와 위 648 토지에 관하여 각 사실과 다른 잘못된 이전등기가 순차로 경료되게 된 것으로 보여지므로 원심의 이러한 사실인정과 판단은 정당한 것으로 수긍할 수 있고 거기에 지적하는 바와 같은 채증법칙 위배, 사실오인, 심리미진, 이유불비, 등기의 추정력에 관한 법리오해 등의 위법이 있다고 할 수 없다. 논지는 모두 이유 없다.

그러므로 상고를 기각하고 상고비용은 패소자의 부담으로 하기로 하여 관여 법관의 일치된 의견으로 주문과 같이 판결한다.

3 계약당사자의 확정

(1) 대법원 1995. 9. 29. 선고 94다4912 판결

【원고, 상고인】 대한보증보험 주식회사
【피고, 피상고인】 서울코피아사무기 주식회사
【원심판결】 서울민사지방법원 1993.11.25. 선고 93나33042 판결
【주 문】 원심판결을 파기하고, 사건을 서울지방법원 합의부에 환송한다.

【이 유】

원고소송대리인의 상고이유를 본다.

1. 원심판결 이유에 의하면 원심은, 자신의 명의로 사업자등록을 할 수 없는 사정이 있던 소외 심상호가 평소 친분이 있던 소외 권오형 모르게 그의 명의로 케논판매본부라는 상호 하에 문구류판매업을 시작하면서 1989.12.2. 피고와의 사이에 피고가 공급하는 사무기기 및 용품을 실수요자에게 판매하기로 하는 내용의 대리점계약을 체결하고, 위 대리점계약상의 영업보증금의 지급담보를 위하여 권오형의 승낙도 없이 마치 자신이 위 권오형인 것처럼 임의로 위 권오형의 명의를 사용하여 원고와의 사이에 피보험자를 피고로 하고 보험가입금액을 금 10,000,000원, 보험기간을 1989.12.2.부터 1990.12.1.까지로 하는 지급계약보증보험계약(이하 이 사건 보험계약이라 한다)을 체결하였는데, 그 후 위 심상호가 위 영업보증금의 지급을 지체하자 피고가 위 대리점계약을 해지하고 원고에게 보험금의 지급을 청구하여 원고는 1990.3.2. 피고에게 보험금 10,000,000원을 지급한 사실을 인정한 다음, 이 사건 보험계약은 위 심상호가 위 권오형의 명의를 모용하여 체결한 것으로서 그 법률상 효력이 없다 할 것인데, 피고가 법률상 원인 없이 위 보험금을 수령함으로써 같은 금액 상당의 이익을 얻고 이로 인하여 원고에게 같은 금액 상당의 손해를 가하였다 할 것이므로 피고는 원고에게 이를 반환할 의무가 있다는 원고의 주장에 대하여, 위에서 인정한 바와 같이 위 심상호가 위 권오형의 명의를 모용하여 이 사건 보험계약을 체결한 이상 이는 위 권오형에 대한 관계에 있어서는 무효라 할 것이나 그러한 사실만으로는 나아가 위 보험계약이 위 심상호에 대한 관계에 있어서도 무효라고는 할 수 없는 것이고, 오히려 위 인정사실에 비추어 볼 때 이 사건 보험계약의 당사자는 원고와 위 심상호이며 이 사건 보험계약이 담보하는 보험사고도 위 심상호가 피고와의 사이에 체결한 위 대리점계약상의 영업보증금의 지급불이행이라고 보아야 할 것이므로 피고는 원고와 위 심상호 사이에 유효하게 체결된 보험계약에 따라 위 보험금을 지급받았다고 보아야 할 것이고, 따라서 이 사건 보험계약이 위 심상호에 대한 관계에 있어서도 무효임을 전제로 하는 원고의 이 사건 청구는 이유 없다고 판단하였다.

2. 그러나 이 사건과 같이 타인의 이름을 임의로 사용하여 계약을 체결한 경우에는 누가 그 계약의 당사자인가를 먼저 확정하여야 할 것으로서, 행위자 또는 명의인 가운데 누구를 당사자로 할 것인지에 관하여 행위자와 상대방의 의사가 일치한 경우에는 그 일치하는 의사대로 행위자의 행위 또는 명의인의 행위로서 확정하여야 할 것이지만, 그러한 일치하는 의사를 확정할 수 없을 경우에는 계약의 성질, 내용, 목적, 체결경위 및 계약체결을 전후한 구체적인 제반사정을 토대로 상대방이 합리적인 인간이라면 행위자와 명의자 중 누구를 계약당사자로 이해할 것인가에 의하여 당사자를 결정하고, 이에 터잡아 계약의 성립 여부와 효력을 판단함이 상당할 것이다. 이 사건의 경우 원심의 위 판시는 요컨대 위 심상호를 이 사건 보험계약의 당사자로 보아야 한다는 것이나, 원심이 확정한 사실에 의하면 이 사건에 있어서는 심상호가 마치 자신이 권오형인 것처럼 행세하여 원고와 계약을 체결하였다는 것이므로 원고는 심상호가 권오형인줄로만 알고 이 사건 보험계약을 체결하기에 이른 것이라 할 것이어서 원고와 심상호 사이에 심상호를 이 사건 보험계약의 당사자로 하기로 하는 의사의 일치가 있었다고 볼 여지는 없어 보인다. 또한 기록에 의하면 이 사건 보험계약은 보험계약자가 피고에 대하여 계속적 거래관계에서 부담하게 될 물품대금채무의 이행을 담보하기 위한 영업보증금의 지급을 보증하는 계약임을 알 수 있으므로 이는 채무자인 보험계약자의 신용상태가 그 계약체결의 여부 및 조건을 결정하는 데에 중요한 요소로 작용하였다고 보아야 할 것인데, 위 심상호는 자신의 명의로 사업자등록조차 할 수 없는 처지였음에도 불구하고 이러한 사정을 숨긴 채 보험가입에 아무런 지장이 없는 권오형인 것처럼 행세하여 그의 명의로 이 사건 보험계약을 청약하였고 이에 원고는 실제로 계약을 체결한 심상호가 서류상에 보험청약자로 되어 있는 권오형인줄로만 알고 그 계약이 아무런 하자 없는 당사자에 대한 것이라는 판단 하에 이 사건 보험계약을 체결하였다고 여겨지므로(원심이 들고 있는 을 제3호증의 26에 의하면 원고는 이 사건 문제가 생긴 뒤에 비로소 심상호에 대한 전산조회를 하여 보고 그가 증권교부 부적격자임을 알았다는 것이므로 이 사건 계약체결 당시 심상호를 당사자로 생각하였더라면 원고는 계약을 체결하지 아니하였을 것으로 보인다) 이에 비추어보면 객관적으로 볼 때 원고는 심상호가 제출한 청약서상에 보험계약자로 되어 있는 권오형을 보험계약의 상대당사자인 주채무자로 인식하여 그와 이 사건 계약을 체결하는 것으로 알았으리라고 인정된다. 그렇다면 원고와 이 사건 보험계약을 체결한 당사자는 위 심상호가 아니라 위 권오형이라고 보아야 할 것인데, 실제는 위 심상호가 권오형으로부터 아무런 권한도 부여받음이 없이 임의로 권오형의 이름을 사용하여 계약을 체결한 것이므로 이 사건 보험계약은 특별한 사정이 없는 한 그 계약내용대로 효력을 발생할 수는 없는 것이라고 할 것이다. 따라서 위 심상호가 대리점계약상의 채무를 이행하지 아니한 것을 이유로 피고가 원고로부터 이 사건 보험금을 지급받은 것은 결국 아무런 효력이 없는 보험계약에 기한 보험금의 수령이라 할 것이므로 더 나아가 위 심상호의 피고에 대한 채무불이행이 이 사건 보험계약상의 보험사고인지 여부를 따질 필요도 없이 피고는 법률상 아무런 원인 없이 이득을 취하고 원고에게 같은 금액 상당의 손해를 입힌 것이라고 보아야 할 것이다. 그럼에도 불구하고 원심이 그 판시와 같은 이유만으로 위 심상호가 이 사건 보험계약상의 당사자라고 판단하여 원고의 청구를 배척한 것은 법률행위의 해석에 관한 법리를 오해하여 심리를 다하지 아니하였거나 이유를 제대로 갖추지 아니한 위법을 저지른 것이므로 이 점을 지적하는 논지는 이유 있다.

3. 그러므로 원심판결을 파기하고 사건을 서울지방법원 합의부에 환송하기로 하여 관여법관의 일치된 의견으로 주문과 같이 판결한다.

(2-1) 광주지방법원 1999. 10. 15. 선고 99나7882 판결

【원고, 항소인】 김말심

【피고, 피항소인】 주식회사 현대상호신용금고

【원심판결】 광주지방법원 순천지원 1999. 6. 16.선고 98가단17569 판결

【주 문】

1. 제1심 판결을 취소한다.
2. 피고는 원고에게 금 44,876,280원 및 그 중 금 38,892,680원에 대하여는 1998. 4. 5.부터, 금 5,983,600원에 대하여는 1998. 7. 6.부터 각 1998. 10. 1.까지는 연 5%, 그 다음날부터 다 갚는 날까지는 연 25%의 각 비율에 의한 금원을 지급하라.
3. 소송비용은 제1, 2심 모두 피고의 부담으로 한다.
4. 제2항은 가집행할 수 있다.

【청구취지 및 항소취지】

주문과 같다. (주위적으로는 예금반환 청구를, 예비적으로는 손해배상 청구를 하였다.)

【이 유】

1. 인정사실

가. 원고는 1994. 3. 16경 피고 금고의 감사인 소외 이승열, 부장인 소외 유국종을 만나 교통사고로 사망한 원고의 딸 망 김주란의 보상금 4,500만원의 예치문제를 상담하였는데, 당시 위 이승열, 유국종은 1,800만원 이하의 예금은 세금우대를 받을 수 있으므로 여러 사람 명의로 예치하는 것이 좋겠다고 안내하였다.

나. 이에 원고는 동서(망 김주란의 작은어머니)인 소외 배우봉자, 차성애와 함께 피고 금고를 찾아가 1994. 4. 2. 원고 명의의 1년 만기 정기예금에 금1,800만원, 위 차성애 명의의 1년 만기 정기예금에 금1,800만원, 위 배우봉자 명의의 1년 만기 정기예금에 금5백만원을, 1994. 6. 8. 위 배우봉자 명의의 1년 만기 정기예금에 금400만원을 각 예금하였다.

다. 위 각 예금 당시 피고 금고의 직원들은 원고를 포함한 위 3인의 주민등록증과 주민등록등본을 각 제출 받아 예금명의자의 실명을 확인하고, 위 소외인들이 임의로 동인들 명의의 예금을 인출할 수 없도록 하여 달라는 원고의 요청을 받고 위 소외인들 명의의 각 정기예금의 거래인감을 위 소외인들 이와에 원고의 것과 함께 지정하면 이를 막을 수 있다고 안내하여 결국 위 1994. 4. 2.자 예금의 각 거래인감란에는 원고를 포함한 위 3인의 인감이 함께 날인되었다.

라. 원고는 위 1994. 4. 2.자 정기예금의 만기일인 1995. 4. 2. 위 각 예금통장과 3인의 인감을 소지하고 피고 금고를 찾아가 위 각 예금 전액을 인출하고자 하였으나, 위 배우봉자, 차성애 명의의 예금을 인출하기 위하여는 위 소외인들이 함께 와야 한다며 피고 금고가 예금지급을 거절함에 따라, 1995. 4. 4. 위 배우봉자, 차성애와 함께 찾아가 원고와 위 차성애 명의 정기예금에 대한 원리금으로 각 금20,346,165원, 위 배우봉자 명의 정기예금에 대한 원리금으로 금5,651,925원등 합계 금46,344,255원을 수령한 다음, 그 자리에서 다시 실명확인절차를 거쳐

원고 명의의 정기예금에 이 중 금1,800만원을, 위 배우봉자 명의의 정기예금에 금1,400만원을, 위 차성애 명의의 정기예금에 금1,200만원을 각 만기일 3년 후, 이자 연 13.5%, 기간 총 수익률 49.59%로 약정하고, 종전과 마찬가지로 거래인감을 원고를 포함한 위 3인의 것으로 지정하여 재예치하였고(이하 1차 재예치라 한다), 1995. 7. 5.에는 위 배우봉자 명의의 1994. 6. 8.자 정기예금도 인출하여 위와 같은 조건으로 위 배우봉자 명의의 정기예금에 금400만원을 다시 예치하였다(이하 2차 재예치라 한다).

마. 1차 재예치 만기일인 1998. 4. 4.을 기준으로 위 차성애 명의로 예치한 금1,200만원의 원리금 합계는 금17,950,080원이고, 위 배우봉자 명의로 예치한 금1,400만원의 원리금 합계는 금20,942,600원이며, 2차 재예치 만기일인 1995. 7. 5.을 기준으로 위 배우봉자 명의로 예치한 금4백만원의 원리금 합계는 금 5,983,600원이다.

바. 한편 위 배우봉자는 1995. 11. 3.과 같은 달 14.등 2차례에 걸쳐 피고 금고로부터 금29,000,000원의 할인어음대출을 받고도 그 원리금 32,490,410원의 지급을 지체하였고, 이에 피고 금고는 1996. 10. 15. 위 할인어음대출금채권을 자동채권으로 하여 위 배우봉자 명의의 1995. 4. 4.자 정기예금의 원리금 16,797,989원 전액과 상계하였다.

사. 또한 위 차성애는 1997. 3. 3. 그의 남편인 소외 김유경의 피고 금고에 대한 금1,200만원의 대출금 채무를 연대보증하였는데, 피고 금고는 1998. 6. 30. 그 잔액 금10,891,902원의 대출원리금 채권을 자동채권으로 하여 위 차성애 명의의 1995. 4. 4.자 정기예금의 원리금 17,800,310원의 채권과 대등액에서 상계하여, 위 정기예금 잔액은 금6,908,408원만이 남게 되었다.

아. 원고는 위 라.항 기재 정기예금의 만기일인 1998. 4. 4.과 같은 해 7. 5.에 위 각 정기예금의 지급을 청구하였으나, 피고 금고로부터 원고 명의로 된 정기예금만을 지급 받고 위 배우봉자, 차성애 명의로 된 나머지 정기예금은 위와 같은 위 배우봉자, 차성애의 피고에 대한 채무와 상계 처리되었다는 이유 등으로 그 지급을 거절당하였다.

2. 당사자들의 주장 및 판단

원고는 이 사건 주위적 청구원인으로, 위 배우봉자, 차성애 명의의 정기예금은 원고가 피고 금고와의 합의 또는 피고 금고의 권유에 따라 위 소외인들의 명의를 차용하여 차명으로 예치한 것에 불과할 뿐 그 각 예금주는 원고이고, 피고 금고도 그러한 사정을 알고 있었으므로 피고 금고는 원고에게 위 각 예금의 원리금 합계인 금44,876,280원과 이에 대한 지연손해금을 지급할 의무가 있다고 주장함에 대하여, 피고 금고는 위 각 정기예금 당시 금융실명제 실시에 따라 예금주 본인확인을 하고 위 소외인들 명의로 예금계좌를 개설하였으므로 위 각 정기예금의 예금주는 위 소외인들이라 할 것이고, 피고금고는 앞서 본 바와 같이 위 소외인들이 피고 금고로부터 각 대출받아 연체하고 있던 원리금과 대등액에서 상계하였으므로 원고의 청구에 응할 수 없다고 다툰다.

살피건대, 금융실명거래및비밀보장에관한긴급재정경제명령(금융실명제)이 시행된 후에는 금융기관에 예금을 하고자 하는 자는 원칙적으로 직접 주민등록증과 인감을 지참하고 금융기관에 나가 자기 이름으로 예금을 하여야 하고, 대리인이 본인의 주민등록증과 인감을 가지고 가서 본인의 이름으로 예금하는 것이 허용된다고 하더라도, 이 경우 금융기관으로서는 특별한 사정이 없는 한, 주민등록증을 통하여 실명확인을 한 예금명의자를 위 명령 제3조 제1항 소정의 거래자로 보아 그와 예금계약을 체결할 의도라고 보아야 할 것이지만, 특별한 사정으로서 출연자와 금융기관 사이에 예금명의인이 아닌 출연자에게 예금반환채권을 귀속시키기로 하는 명시적 또는 묵시적 약정이 있는 경우에는 출연자를 예금주로 보아야 할 것이다.

그러므로 과연 이 사건 각 정기예금의 예금주가 누구인가에 관하여 보건대, 앞서 인정한 바와 같이 원고는 피고 금고 직원들의 권유로 위 소외인들 명의를 차용하여 위 각 정기예금을 하게 되었고, 피고 금고의 안내에 따라 위 소외인들이 함부로 예금을 인출하지 못하도록 하기 위하여 위 각 예금의 각 거래인감란에 원고를 포함한 위 3인의 인감을 함께 날인한 점 등에 비추어 볼 때 원고와 피고 사이에는 위 각 예금의 출연자는 차용명의자가 아닌 원고로서 위 예금반환채권을 오로지 원고에게 귀속시키기로 하는 명시적 또는 묵시적인 약정이 있다고 봄이 상당하다 할 것이다.

따라서 위 소외인들이 위 각 정기예금의 예금주임을 전제로 위 정기예금채권과 피고 금고의 소외인들에 대한 대여원리금채권을 상계한 것은 무효라 할 것이다.(만약 위 소외인들이 위 각 정기예금의 예금주임을 주장하며 임의로 위 예금을 인출하려고 하였다면 피고 금고는 원고 등 3인의 거래인감이 필요하다고 하면서 위 예금을 지급하지 않았을 것이다.)

3. 결론

그렇다면, 피고는 원고에게 금44,876,280원{=금38,892,680원(=금17,950,080원 + 금20,942,600원) + 금5,983,600원} 및 그 중 금38,892,680원에 대하여는 1998. 4. 5.부터, 금5,983,600원에 대하여는 1998. 7. 6.부터 이 사건 소장부본 송달일임이 기록상 명백한 1998. 10. 1.까지는 민법에서 정한 연 5%, 그 다음날부터 다 갚는 날까지는 소송촉진등에관한특례법에서 정한 연 25%의 각 비율에 의한 지연손해금을 지급할 의무가 있으므로 원고의 이 사건 청구는 이유 있어 이를 인용할 것인바, 이와 결론을 달리한 제1심 판결은 부당하므로 이를 취소하고, 피고에게 위 금원의 지급을 명하기로 하여 주문과 같이 판결한다.

(2-2) 대법원 2000. 3. 10. 선고 99다67031 판결

【원고, 피상고인】 김말심
【피고, 상고인】 주식회사 현대상호신용금고
【원심판결】 광주지방법원 1999. 10. 15. 선고 99나7882 판결
【주 문】 상고를 기각한다. 상고비용은 피고의 부담으로 한다.

【이 유】

피고와 피고소송대리인의 상고이유를 함께 본다.

금융실명거래및비밀보장에관한긴급재정경제명령(금융실명제)이 시행된 후에는 금융기관에 예금을 하고자 하는 자는 원칙적으로 직접 주민등록증과 인감을 지참하고 금융기관에 나가 자기 이름으로 예금을 하여야 하고, 대리인이 본인의 주민등록증과 인감을 가지고 가서 본인의 이름으로 예금하는 것이 허용된다고 하더라도 이 경우 금융기관으로서는 특별한 사정이 없는 한 주민등록증을 통하여 실명확인을 한 예금명의자를 위 명령 제3조 제1항 소정의 거래자로 보아 그와 예금계약을 체결할 의도라고 보아야 할 것이지만, 특별한 사정으로서 출연자와 금융기관 사이에 예금명의인이 아닌 출연자에게 예금반환채권을 귀속시키기로 하는 명시적 또는 묵시적 약정이 있는 경우에는 출연자를 예금주로 보아야 할 것이다(대법원 1998. 11. 13. 선고 97다53359 판결, 대법원 1998. 6. 12. 선고 97다18455 판결 등 참조).

원심판결 이유에 의하면, 원심은 그 채택 증거를 종합하여, ① 원고는 1994. 3. 16.경 피고 금고의 감사인 소외

이승열, 부장인 소외 유국종을 만나 교통사고로 사망한 원고의 딸 망 김주란의 보상금 4,500만 원의 예치 문제를 상담하였는데, 당시 위 이승열, 유국종은 금 1,800만 원 이하의 예금은 세금우대를 받을 수 있으므로 여러 사람 명의로 예치하는 것이 좋겠다고 안내한 사실, ② 이에 원고는 1994. 4. 2. 동서(망 김주란의 작은 어머니)인 소외 배우봉자, 차성애와 함께 피고 금고를 찾아가, 원고 명의의 1년 만기 정기예금에 금 1,800만 원, 위 차성애 명의의 1년 만기 정기예금에 금 1,800만 원, 위 배우봉자 명의의 1년 만기 정기예금에 금 5백만 원을, 1994. 6. 8. 위 배우봉자 명의의 1년 만기 정기예금에 금 400만 원을 각 예금한 사실, ③ 위 각 예금 당시 피고 금고의 직원들은 원고를 포함한 위 3인의 주민등록증과 주민등록등본을 각 제출 받아 예금명의자의 실명을 확인하고, 위 소외인들이 임의로 동인들 명의의 예금을 인출할 수 없도록 하여 달라는 원고의 요청을 받고 위 소외인들 명의의 각 정기예금의 거래인감을 위 소외인들 이외에 원고의 것과 함께 지정하면 이를 막을 수 있다고 안내하여 결국 위 1994. 4. 2.자 예금의 각 거래인감란에는 원고를 포함한 위 3인의 인감이 함께 날인된 사실, ④ 원고는 위 1994. 4. 2.자 정기예금의 만기일인 1995. 4. 2. 위 각 예금통장과 3인의 인감을 소지하고 피고 금고를 찾아가 위 각 예금 전액을 인출하고 재저축하고자 한다고 하였으나, 위 배우봉자, 차성애 명의의 예금을 인출하기 위하여는 위 소외인들이 함께 와야 한다며 피고 금고가 예금지급을 거절함에 따라, 원고는 1995. 4. 4. 위 배우봉자, 차성애와 함께 찾아가 원고와 위 차성애 명의 정기예금에 대한 원리금으로 각 금 20,346,165원, 위 배우봉자 명의의 정기예금에 대한 원리금으로 금 5,651,925원 등 합계 금 46,344,255원을 수령한 다음, 그 자리에서 다시 실명확인 절차를 거쳐 원고 명의의 정기예금에 이 중 금 1,800만 원을, 위 배우봉자 명의의 정기예금에 금 1,400만 원을, 위 차성애 명의의 정기예금에 금 1,200만 원을 각 만기일 3년 후로 약정하고, 종전과 마찬가지로 거래인감을 원고를 포함한 위 3인의 것으로 지정하여 재예치하였고, 1995. 7. 5.에는 위 배우봉자 명의의 1994. 6. 8.자 정기예금도 인출하여 위와 같은 조건으로 위 배우봉자 명의의 정기예금에 금 400만 원을 다시 예치한 사실을 각 인정한 다음, 위 인정한 바와 같이 원고는 피고 금고 직원들의 권유로 위 소외인들 명의를 차용하여 위 각 정기예금을 하게 되었고, 피고 금고의 안내에 따라 위 소외인들이 함부로 예금을 인출하지 못하도록 하기 위하여 위 각 예금의 각 거래인감란에 원고를 포함한 위 3인의 인감을 함께 날인한 점 등에 비추어 볼 때 원고와 피고 사이에는 위 각 예금의 출연자는 차용명의자가 아닌 원고로서 위 예금반환채권을 오로지 원고에게 귀속시키기로 하는 명시적 또는 묵시적 약정이 있다고 봄이 상당하므로 이 사건 각 예금의 예금주는 출연자인 원고라고 판단하였다.

기록과 위 법리에 비추어 살펴볼 때 원심의 위와 같은 판단은 정당하고, 거기에 상고이유로 주장하는 바와 같이 채증법칙을 위반한 사실오인이나 법리오해 등의 위법이 있다고 할 수 없다.

그러므로 상고를 기각하고 상고비용은 패소자의 부담으로 하기로 하여 관여 대법관의 일치된 의견으로 주문과 같이 판결한다.

(3) 대법원 2009.3.19. 2008다45828 전원합의체판결

【원고, 상고인】 원고(소송대리인 변호사 오준화)

【피고, 피상고인】 예금보험공사(소송대리인 변호사 김수현)

【원심판결】 서울중앙지법 2008. 6. 4. 선고 2007나37911 판결

【주 문】 원심판결을 파기하고, 사건을 서울중앙지방법원 합의부에 환송한다.

[이 유]

상고이유를 판단한다.

1. 금융기관과 예금계약을 체결하려는 사람이 다른 사람의 명의를 빌려 예금계약을 체결한 경우에 금융기관에 대한 관계에서 그 예금계약의 당사자, 즉 예금주가 누구인지가 문제된다.

가. 일반적으로 계약의 당사자가 누구인지는 그 계약에 관여한 당사자의 의사해석의 문제에 해당한다. 의사표시의 해석은 당사자가 그 표시행위에 부여한 객관적인 의미를 명백하게 확정하는 것으로서, 계약당사자 사이에 어떠한 계약 내용을 처분문서인 서면으로 작성한 경우에는 그 서면에 사용된 문구에 구애받는 것은 아니지만 어디까지나 당사자의 내심적 의사의 여하에 관계없이 그 서면의 기재 내용에 의하여 당사자가 그 표시행위에 부여한 객관적 의미를 합리적으로 해석하여야 하며(대법원 1995. 6. 20. 선고 94다51222 판결, 대법원 2002. 6. 28. 선고 2002다23482 판결 등 참조), 이 경우 문언의 객관적인 의미가 명확하다면, 특별한 사정이 없는 한 문언대로의 의사표시의 존재와 내용을 인정하여야 한다(대법원 2002. 5. 24. 선고 2000다72572 판결, 대법원 2004. 4. 28. 선고 2003다39873 판결 등 참조).

나. 뿐만 아니라, 대량적 · 반복적으로 이루어지는 예금계약과 같은 금융거래는 금융기관에 의하여 정형적이고 신속하게 취급되어야 하며, 예금계약에 기한 예금반환청구권 등이 누구에게 귀속되는지를 명확히 하여 금융거래를 투명하게 함으로써 금융거래의 정상화를 기할 필요가 있다. 이를 위하여 제정된 금융실명거래 및 비밀보장에 관한 법률(이하 '금융실명법'이라고 한다)은 예금계약에 기한 예금반환청구권을 갖는 예금주 등이 누구인지를 명확히 하기 위하여 실명확인 절차를 마련하였고, 그에 따라 예금계약의 체결에 앞서 실명확인 절차를 거쳐야 하게 되었으므로, 예금계약에 의하여 발생되는 예금반환청구권을 갖는 예금주가 누구인지는 실명확인 절차에 의하여 객관적으로 확인된 당사자의 의사에 기초하여 해석하여야 한다.

즉, 금융실명법은 실지명의에 의한 금융거래를 실시하고 그 비밀을 보장하여 금융거래의 정상화를 기함으로써 경제정의를 실현하고 국민경제의 건전한 발전을 도모함을 그 목적으로 하여 제정된 법으로서(제1조), 실명을 주민등록표상의 명의, 사업자등록증상의 명의, 기타 대통령령이 정하는 명의로 정의하고 있으며(제2조 제4호), 금융기관은 거래자의 실명에 의하여 금융거래를 하여야 하고(제3조 제1항), 거래자의 실명에 의하지 아니하고 거래하는 경우 그 임직원 및 금융기관 등에게 과태료를 과하도록 하고 있다(제7조, 제8조). 나아가 위 법 시행규칙에서 개인과 법인 그리고 법인이 아닌 단체 등으로 구분하여 실명거래의 확인방법을 규정하고 있는데, 예컨대 개인의 경우 주민등록증, 주민등록증에 의하는 것이 곤란한 경우에는 국가기관, 지방자치단체 또는 교육법에 의한 학교의 장이 발급한 것으로서 실명확인이 가능한 증표 또는 주민등록표등본과 신분을 증명할 수 있는 증표에 의하도록 정하고 있다(위 법 시행규칙 제3조 제1호).

1993. 8. 12. 금융실명거래 및 비밀보장에 관한 긴급재정경제명령에 의하여 실명에 의한 금융거래가 의무화된 이래, 위와 같이 금융실명법이 제정 · 시행됨에 따라 금융실명법이 정하는 일부 소액송금 등의 예외적인 경우(제3조 제2항)를 제외하고 원칙적으로 모든 금융거래는 실명거래의 확인 절차를 거쳐야 한다는 사정은 우리 국민 모두에게 널리 인식되어 왔다. 이에 따라, 금융기관의 예금계약 관련 기본약관에서는 금융기관뿐 아니라 고객에게 실명거래의무와 함께 실명확인증표 등의 제출요구에 응할 의무를 부과하여 왔고, 이제 예금거래에서는 예금계좌 개설시마다 실명을 증명할 수 있는 증표 원본에 의하여 예금명의자의 실명을 확인한 다음 거래원장, 예금

거래신청서, 예금계약서 등에 '실명확인필'을 표시하고 확인자가 날인 또는 서명하는 실무가 확고하게 자리 잡고 있으며, 예금명의자가 직접 금융기관에 출석하지 아니하고 대리인에 의하여 예금계약을 체결하는 경우에도 본인 및 대리인 모두에 관하여 실명확인증표를 받고 있다.

또한, 2005. 1. 17. 개정된 특정 금융거래정보의 보고 및 이용 등에 관한 법률은 금융기관 등의 고객주의의무에 관한 규정을 신설하여, 금융기관 등이 금융거래를 이용한 자금세탁행위를 방지하기 위한 합당한 주의로서 고객이 계좌를 신규로 개설하거나 대통령령이 정하는 금액 이상으로 일회성 금융거래를 하는 경우 거래당사자의 신원에 관한 사항을 확인하고, 실제 거래당사자 여부가 의심되는 등 고객이 자금세탁행위를 할 우려가 있는 경우 실제 당사자 여부 및 금융거래 목적을 확인하도록 하고 있는데(제5조의2), 위 법 시행령의 규정에 따르면 금융실명법이 정하는 실명 이외에 주소와 연락처 등도 확인하도록 함으로써(위 법 시행령 제10조의4) 금융실무에서 고객을 확인하는 절차 등을 더욱 강화하고 있는 추세이다.

따라서 예금계약과 같은 금융거래 계약의 경우에는 다른 계약의 경우보다 훨씬 더 실명확인 절차를 통하여 객관적으로 표시된 예금명의자 및 금융기관의 의사에 기초하여 예금계약의 당사자, 즉 예금반환청구권을 갖는 예금주를 정하여야 한다.

다. 특히, 금융실명제가 시행되기 전에는 당시의 거래실정이나 금융거래 관행상 예금을 하고자 하는 자는 물론 금융기관도 예금명의에 대하여 별 의미를 부여하지 않았고 예금명의자가 누구인지 등을 조사하지도 않았으므로, 금융기관의 의사는 예금주의 명의 여하를 묻지 않고 실제로 자금을 출연하고 예금을 지배하는 자와 예금계약을 체결하려는 의사라고 해석할 여지가 있었고, 예금명의에 대한 금융기관의 신뢰는 보호될 여지가 없었다. 그러나 금융실명제가 시행된 후에는 특별한 사정이 없는 한 주민등록증 등을 통하여 실명확인을 한 예금명의자가 금융실명법 제3조 제1항 소정의 '거래자'로서 금융기관과 예금계약을 체결할 의사를 표시한 것으로 보아야 하고, 또한 대량적・반복적으로 이루어지는 예금거래를 신속하고 정형적으로 처리하여야 하는 금융기관으로서도, 출연자가 누구인지 여부 및 출연자와 예금명의자의 내부관계가 어떠한지에 구애받음이 없이 예금계약의 당사자 확정을 둘러싼 분쟁을 방지하고 법률관계를 명확히 하기 위하여 실명확인을 통하여 계약체결 의사를 표시한 예금명의자를 계약당사자로 받아들여 예금계약을 체결한 것이라고 보아야 하므로, 이와 같이 합치된 쌍방의 의사 및 그에 관한 금융기관의 신뢰는 존중되어야 한다.

라. 결국, 위에서 본 처분문서에 표시된 의사표시의 해석에 관한 일반적인 법리와 아울러 투명한 금융거래를 추구하는 금융실명제 관련 법령의 규정과 입법 취지, 예금계약 관련 기본약관, 금융실무의 관행, 예금거래의 특수성, 예금명의자와 금융기관의 의사 및 신뢰보호의 필요성 등을 종합하여 보면, 금융실명법에 따라 실명확인 절차를 거쳐 예금계약을 체결하고 그 실명확인 사실이 예금계약서 등에 명확히 기재되어 있는 경우에는, 일반적으로 그 예금계약서에 예금주로 기재된 예금명의자나 그를 대리한 행위자 및 금융기관의 의사는 예금명의자를 예금계약의 당사자로 보려는 것이라고 해석하는 것이 경험법칙에 합당하고, 예금계약의 당사자에 관한 법률관계를 명확히 할 수 있어 합리적이라 할 것이다. 그리고 이와 같은 예금계약 당사자의 해석에 관한 법리는, 예금명의자 본인이 금융기관에 출석하여 예금계약을 체결한 경우나 예금명의자의 위임에 의하여 자금 출연자 등의 제3자(이하 '출연자 등'이라 한다)가 대리인으로서 예금계약을 체결한 경우 모두 마찬가지로 적용된다고 보아야 한다.

마. 따라서 본인인 예금명의자의 의사에 따라 예금명의자의 실명확인 절차가 이루어지고 예금명의자를 예금주로 하여 예금계약서를 작성하였음에도 불구하고, 위에서 본 바와 달리 예금명의자가 아닌 출연자 등을 예금계약의 당사자라고 볼 수 있으려면, 금융기관과 출연자 등과 사이에서 실명확인 절차를 거쳐 서면으로 이루어진 예금명의자와의 예금계약을 부정하여 예금명의자의 예금반환청구권을 배제하고, 출연자 등과 예금계약을 체결하여 출연자 등에게 예금반환청구권을 귀속시키겠다는 명확한 의사의 합치가 있는 극히 예외적인 경우로 제한되어야 할 것이고, 이러한 의사의 합치는 금융실명법에 따라 실명확인 절차를 거쳐 작성된 예금계약서 등의 증명력을 번복하기에 충분할 정도의 명확한 증명력을 가진 구체적이고 객관적인 증거에 의하여 매우 엄격하게 인정하여야 한다.

즉, 금융실명법에 의한 실명확인 의무를 이행하여야 하는 한편, 정형적으로 신속하게 예금거래를 처리할 필요가 있는 금융기관이 스스로 실명확인 절차를 거쳐 본인인 예금명의자를 예금계약의 당사자로 취급하여 놓고도 이와 달리 대리인으로 온 출연자 등을 예금계약의 당사자로 하기로 하는 다른 합의를 한 것이라고 해석하려면, 금융기관 및 그 담당직원이 금융실명법 위반에 따른 행정상 제재와 향후 예금주 확정을 둘러싼 분쟁 발생의 위험 등을 감수하면서까지 그와 같은 합의를 하기에 이르렀다고 볼만한 특별한 사유가 인정되어야 할 것이고, 그렇지 않다면 금융기관이 굳이 위와 같은 불이익과 위험을 부담하면서까지 그와 같은 합의를 하였다고 보기 어렵다.

그리고 금융기관이 예금계약 체결 당시, 실명확인 절차와 마찬가지로 출연자 등의 인적사항을 구체적으로 확인하고, 출연자 등이 예금계약서 작성 등에 의하여 표시된 예금명의자의 의사를 배제하고 예금반환청구권을 출연자 등에게 귀속시키는 예금계약을 체결할 권한을 갖고 있다는 사정을 명확히 알았다고 인정되지 않는 한, 금융기관이 본인인 예금명의자의 대리인의 자격으로 예금계약서 등을 작성함에 불과한 출연자 등을 예금계약의 당사자로 하기로 합의하였다고 쉽게 인정할 수 없다. 이는 금융기관이 이러한 사정을 명확히 알지도 못하면서 본인이 아닌 대리인에게 예금반환청구권을 전적으로 귀속시키는 예금계약을 체결하였다고 보는 것이어서 경험법칙에 명백히 반하기 때문이다.

또한, 예금계약의 체결 후에 출연자 등이 예금명의자에게 예금통장 및 거래 인감도장 등을 교부하지 않고 이를 소지하며 예금의 이자나 원금 등을 인출하여 왔다는 사정은, 예금계약 체결 당시 금융기관으로서는 명확히 알 수 없었던 사정이므로 이를 가지고 예금계약 체결 당시 금융기관이 그 출연자 등과 예금계약을 체결할 의사가 있었다고 단정하여서는 아니 된다. 뿐만 아니라, 설령 금융기관이 예금계약 체결 당시 위와 같은 사정 등을 알았다 하더라도, 출연자 등은 금융기관과의 관계에서 예금계약상의 예금반환청구권이 예금명의자에게 귀속됨을 전제로 하면서도 예금명의자로부터 위임을 받아 그 대리인으로서 예금통장과 도장 등을 소지하여 예금의 반환을 구하거나 예금의 반환을 수령할 수 있는 권한을 행사하려는 것으로 해석할 수도 있으므로(대법원 2003. 1. 24. 선고 2002다40074 판결 등 참조), 금융기관과 출연자 등 사이에, 실명확인 절차를 거친 예금명의자와의 예금계약을 부정하여 예금명의자의 예금반환청구권을 배제하고 출연자 등과 예금계약을 체결하여 출연자 등에게 예금반환청구권을 귀속시키려는 명확한 의사의 합치가 있다고 볼 수 없다. 즉, 예금계약 체결 후의 예금통장과 도장 및 비밀번호의 관리와 예금의 인출 및 인출된 자금의 관리에 관한 사정은 예금명의자와 출연자 등 사이의 내부적인 법률관계에 따라서 그 내용이 달라질 수 있는 것이므로, 그러한 사정을 예금계약 당사자 해석에 관한 근거자료로 삼는 것은 예금명의자와 출연자 등 사이의 내부적 법률관계를 섣불리 그와 별개인 금융기관과 예금명의자와의 예금계약 관계에 반영시키는 것일 뿐만 아니라, 금융실명법의 입법 취지 및 실명확인 절차를 거쳐 예금계약서 등에 객관적으로 표시된 예금명의자와 금융기관의 의사에 반하여 예금계약의 당사자를 정하려는 것이므로 타당하다고 보기 어렵다(대법원 2002. 4. 23. 선고 2001다78256 판결, 대법원 2002. 5. 31. 선고 2001다73183 판결 등 참조).

바. 이와 달리, 금융실명법에 의하여 예금명의자에 대한 실명확인 절차를 거쳐 예금계약서 등을 작성함으로써 그의 명의로 예금계약이 이루어진 사안에서, 실명확인 절차를 거쳐 작성된 예금계약서 등의 증명력을 번복하기에 충분할 정도의 명확한 증명력을 가진 구체적이고 객관적인 증거에 의하여, 금융기관과 출연자 등 사이에서 예금명의자와의 예금계약을 부정하여 예금명의자의 예금반환청구권을 배제하고 출연자 등과 예금계약을 체결하여 출연자 등에게 예금반환청구권을 귀속시키려는 명확한 의사의 합치가 있다고 인정되는 극히 예외적인 경우에 해당하는지 여부를 심리하지 아니하고, 그에 이르지 아니한 명시적 또는 묵시적 약정에 의하여서도 예금명의자가 아닌 출연자 등에게 예금반환청구권이 귀속될 수 있다는 취지로 판시한 대법원 2000. 3. 10. 선고 99다67031 판결, 대법원 2002. 8. 23. 선고 2002다29244 판결, 대법원 2002. 9. 24. 선고 2001다38463 판결, 대법원 2004. 2. 13. 선고 2003다52364 판결, 대법원 2004. 12. 10. 선고 2004다29989, 29996 판결, 대법원 2005. 6. 9. 선고 2005다12551 판결, 대법원 2005. 6. 24. 선고 2005다17877 판결과 그 밖에 이 판결의 견해와 다른 대법원판결들은 모두 이 판결의 견해에 배치되는 범위 내에서 이를 변경하기로 한다.

2. 원심이 확정한 사실과 원심이 적법하게 채택한 증거에 의하여 인정되는 사실에 의하면, 원고의 남편인 소외인이 2006. 2. 13. 원고를 대리하여 주식회사 좋은상호저축은행(이하 '소외 저축은행'이라 한다)에서 원고 명의로 신규 정기예금 계좌(이하 '이 사건 예금계좌'라 한다)를 개설하고 4,200만 원을 예치하였는데, 이 사건 예금계좌 개설 당시 작성된 예금거래신청서의 신청인란에는 원고의 성명과 주민등록번호가 기재되어 있고 원고의 주민등록증 사본이 붙어 있으며, 위 예금거래신청서의 실명확인란에는 담당자와 책임자의 확인 도장이 날인되어 있는 사실, 이 사건 예금계좌의 통장 등은 원고 명의로 발급되었고, 소외 저축은행의 거래내역 현황에는 원고를 이 사건 예금계좌의 권리자로 기재하고 있는 사실 등을 알 수 있다.

앞에서 본 예금계약의 당사자 해석에 관한 법리와 위 사실관계에 비추어 보면, 소외인은 원고를 대리하여 소외 저축은행의 담당직원에게 원고 명의의 예금거래신청서를 작성·제출함과 아울러 실명확인 절차에 필요한 증표로서 원고의 주민등록증을 제출하여 원고를 예금명의자로 하는 예금계좌의 개설을 신청하였고, 소외 저축은행의 담당직원은 이러한 신청을 받아들여 원고 명의의 실명확인 절차를 거치고 그 취지를 위 예금거래신청서에 기재하는 등으로 원고와 예금계약을 체결할 의사를 표시하였으므로, 실명확인 절차를 거쳐 작성된 위 예금거래신청서 등의 증명력을 번복하기에 충분할 정도의 명확한 증명력을 가진 구체적이고 객관적인 증거에 의하여, 그 당시 소외 저축은행과 소외인 사이에서 원고와의 예금계약을 부정하여 원고의 예금반환청구권을 배제하고 소외인과 예금계약을 체결하여 소외인에게 예금반환청구권을 귀속시키려는 명확한 의사의 합치가 있었다고 인정되는 경우에 해당하지 않는 한, 이 사건 예금계좌의 예금반환청구권이 귀속되는 예금계약의 당사자는 원고라고 보아야 한다.

그런데 원심은 위 4,200만 원은 소외인 명의로 다른 금융기관에 개설된 다른 예금계좌에서 인출되어 이 사건 예금계좌에 입금된 것이고, 위 예금거래신청서는 소외인에 의하여 작성된 것으로서 소외인의 도장이 거래인감으로 등록 · 사용되고 이 사건 예금계좌의 비밀번호가 소외인 명의의 다른 정기예금계좌의 비밀번호와 동일하며, 이 사건 예금계좌의 이자가 매월 소외인 명의의 다른 은행 예금계좌로 자동이체되도록 신청되어 있는 사정 등을 참작하여, 소외 저축은행과 소외인 사이에서 실명확인 절차를 거쳐 위 예금거래신청서 등에 예금명의자로 기재된 원고가 아닌 소외인을 이 사건 예금계좌의 예금반환청구권이 귀속되는 예금계약의 당사자로 하기로 하는 묵시적 약정이 체결되었다는 취지로 판단하였다.

원심이 위와 같이 이 사건 예금계좌의 개설 당시 소외 저축은행이 명확히 알기 어렵거나 소외 저축은행과의 예금계약과는 별개인 원고와 소외인 사이의 내부적 법률관계에 불과한 자금 출연경위, 거래인감 및 비밀번호의 등록 · 관리와 예금의 인출 상황 등의 사정만으로, 실명확인 절차를 거쳐 위 예금거래신청서 등에 예금명의자로 기재된 원고가 아닌 소외인을 이 사건 예금계좌의 예금반환청구권이 귀속되는 예금계약의 당사자라고 판단한 데에는, 금융실명제 아래에서의 예금계약 당사자의 해석 및 확정에 관한 법리를 오해하여 판결에 영향을 미친 위법이 있다. 이 점을 지적하는 상고이유의 주장은 이유 있다.

3. 그러므로 원심판결을 파기하고 사건을 다시 심리 · 판단하게 하기 위하여 원심법원에 환송하기로 하여 주문과 같이 판결한다. 이 판결에는 대법관 박시환의 별개의견이 있는 외에는 관여 대법관들의 의견이 일치되었고, 대법관 차한성, 대법관 양창수의 다수의견에 대한 보충의견이 있다.

4. 대법관 박시환의 별개의견은 다음과 같다.

가. 다수의견이 금융실명거래 및 비밀보장에 관한 법률(이하 '금융실명법'이라고 한다)의 입법 취지 등을 존중하여, 출연자 등이 실명확인 절차를 거치지 아니한 채 배후에 숨어서 예금계약상의 예금반환청구권을 갖는 예금계약의 당사자로 인정받는 범위를 엄격하게 제한하려는 취지에는 기본적으로 찬성한다. 그러나 금융실명제 아래에서 누구를 예금주로 확정할 것인가 하는 문제를 의사표시 해석에 관한 일반 법리에 따라 해결하려고 하는 다수의견의 접근방법에는 찬성할 수 없다. 금융실명제하에서의 예금주 확정의 문제는 의사해석의 문제라기보다는 금융실명법 등으로 법제화된 현행 금융제도하에서 실명확인 절차를 거친 예금명의자 이외의 자에게 예금주로서의 지위를 인정해 주는 것이 어디까지 허용될 것인가 하는 문제로 접근하여야 할 것이다.

다수의견은 계약 체결에 있어서의 의사표시의 해석에 관한 일반적인 법리 등에 터 잡아 금융실명제 아래에서의 예금주 확정의 문제를 해결하려 함으로써, 금융실명법 제3조 제1항의 규정에도 불구하고, 금융기관과 출연자 등이 예금명의자 명의로 실명확인 절차를 거쳐 예금명의자 명의로 예금계약을 체결하면서, 서로 합의하에 출연자 등을 예금계약상의 예금반환청구권을 갖는 예금계약의 당사자로 하기로 약정하여 그에 관한 명확한 증명력을 가진 구체적이고 객관적인 증거를 남겨두는 등 금융실명법 위반행위를 계획적으로 한 경우에는 오히려 그 출연자 등을 예금계약의 당사자로 인정하여 법령을 위반한 자를 보호해 주게 되는 불합리한 결과를 낳고 있다.

그러므로 다수의견의 견해와는 달리, 금융실명제 아래에서의 예금주 확정의 문제는 금융실명법 제3조 제1항을 강행규정으로 보는 데에서 출발하여야 하고, 그렇게 하여야만 금융실명법의 입법 목적을 충실하게 달성할 수 있다고 본다.

나. 금융실명법은 실지명의에 의한 금융거래를 실시하고 그 비밀을 보장하여 금융거래의 정상화를 기함으로써 경제정의를 실현하고 국민경제의 건전한 발전을 도모함을 그 목적으로 하여 제정된 법으로서(제1조), 금융기관

은 거래자의 실명에 의하여 금융거래를 하여야 한다고 규정하고 있다(제3조 제1항). 자신의 실명을 감춘 채 이루어지는 비실명 금융거래는 음성적인 자금거래를 확대시키고 경제구조를 왜곡시킬 뿐만 아니라, 정치 · 경제 · 사회 · 문화 등 각 분야에도 부정적인 영향을 미쳐 불건전한 자금 행태, 비자금 조성, 부동산 투기 등 각종 사회 부조리 · 부패의 근원으로 작용하며, 금융소득종합과세의 회피나 상속세 · 법인세 등의 조세포탈, 각종 범죄수익금의 은닉, 자금세탁행위 등에 이용될 수 있는 등 정치 · 경제 · 사회 · 문화적으로 폐해가 심대하므로 이를 엄격히 규제할 필요성이 매우 크다.

그런데도 출연자 등이 예금명의자를 대리하여 예금명의자 명의로 실명확인 절차를 거쳐 예금계약을 하면서 금융기관과의 합의하에 출연자 등을 예금주로 하기로 약정하고 그에 관한 증거를 명확히 남겨둘 경우 등에는 그 출연자 등이 예금계약상의 예금반환청구권을 갖는 예금계약의 당사자가 될 수 있다고 해석한다면, 실명에 의한 금융거래를 정착시킴으로써 금융거래를 정상화하여 그동안 만연하던 각종 부조리와 부패, 탈세, 탈법, 불법 등 반사회적 행위를 방지하고, 금융거래를 정상화하여 경제정의가 정착될 수 있는 기반을 마련함으로써 국민경제의 건전한 발전을 이루려는 금융실명법의 입법 목적은 크게 훼손된다. 위와 같이 금융실명법을 위반하여 금융기관과의 합의하에 자신의 실명을 감추고 타인 명의로 예금계약을 체결하면서 자신을 예금주로 삼기로 약정하는 자는, 필시 불건전한 자금 수수, 비자금 조성, 탈세 및 각종 범죄수익금의 은닉, 자금세탁행위 등 탈법적 · 불법적인 목적으로 이러한 행위를 할 가능성이 높다. 이러한 행위는 명백히 금융실명법이 규제하려는 유형의 행위에 속하는 것으로서, 공익에 현저히 반하는 반사회적인 행위라고 아니 할 수 없다. 금융실명법 제3조 제1항은 바로 이러한 행위를 적절히 규제하고 금융실명법 제1조가 밝힌 입법 목적을 달성하기 위한 필수불가결한 수단으로서 실명확인 절차를 규정하고 있는 것이다.

위와 같이 공익에 현저히 반하는 반사회적인 행위를 규제하고 금융실명법의 입법 목적을 달성하기 위하여 필수불가결한 수단인 실명확인 절차의 실효성을 확보하기 위해서는, 금융실명법 제3조 제1항을 위반한 임직원이나 금융기관에게 금융실명법 제7조, 제8조에 의한 과태료를 과하는 것만으로는 부족하다. 1993. 8. 12. 금융실명거래 및 비밀보장에 관한 긴급재정경제명령이 시행되고 그 뒤 금융실명법이 제정 · 시행된 지 상당히 오래 기간이 경과하였음에도 최근까지도 타인 명의의 예금계좌를 이용한 각종 비자금 조성, 불건전한 자금 수수, 조세포탈 등의 탈법 · 불법이 끊이지 않고 있다는 사실은 금융실명법 제3조 제1항을 단속규정으로 해석하는 데에서 오는 한계를 단적으로 드러내는 것이다. 따라서 출연자 등이 금융기관과의 합의하에 실명확인 절차 없이 가명 등으로 예금계약을 체결하면서 자신을 예금주로 하기로 하는 약정은 물론이고, 출연자 등이 예금명의자 명의로 실명확인 절차를 거쳐 예금계약을 하면서도 금융기관과 사이에 실명확인 절차를 거친 예금계약을 무력화하고 배후에 있는 출연자 등을 예금주로 하기로 하는 약정 등 역시 금융실명법 제1조의 입법 목적을 훼손하는 것이므로, 이러한 사법상 약정의 실현에는 결코 법원이 협조하여서는 아니 된다. 금융실명법 제3조 제1항은 이러한 취지에서 "금융기관은 거래자의 실지명의(이하 '실명'이라 한다)에 의하여 금융거래를 하여야 한다"고 규정함으로써 실명확인 절차를 거칠 것을 예금계약의 효력요건으로 규정한 것이고, 위 규정의 취지에 반하는 예금계약의 효력을 부정하는 강행규정이라고 보아야 한다.

그렇다면 출연자 등이 예금명의자 명의로 실명확인 절차를 거쳐 예금계약을 하면서, 금융기관과의 합의하에 출연자 등을 예금계약상의 예금반환청구권을 갖는 예금계약의 당사자로 하기로 별도로 약정한 경우 등에는, 그 별도의 약정에 관하여 당사자들이 명확한 증명력을 가진 구체적이고 객관적인 증거를 남겨 두었는지 여부와 관계없이, 그러한 별도의 약정 자체는 강행규정인 금융실명법 제3조 제1항에 위반되어 효력이 없는 것으로 보아야 한다. 그리고 그 별도의 약정이 효력이 없다고 보는 이상, 그러한 약정의 존재는 출연자 등이 예금명의자를 대리하거나 또는 예금명의자가 직접 참석하여 예금명의자 명의로 실명확인 절차를 거쳐 체결한 금융기관과 예금명의자 사이의 예금계약에 아무런 영향을 미치지 못할 뿐만 아니라, 출연자와 예금명의자, 금융기관 등 관련 당사자들의 내심의 의사도 출연자 등을 예금주로 하는 예금계약이 효력을 인정받지 못할 경우에는 예금명의자를 예금주로 하는 예금계약이라도 형성시키려는 의사였다고 보는 것이 합리적일 것이므로, 결국 이러한 경우에는 금융기관과 예금명의자 사이의 예금계약만이 유효하게 성립할 뿐이어서, 예금반환청구권을 갖는 예금계약의 당사자는 예금명의자라고 할 것이다. 한편, 출연자 등이 예금명의자로부터 대리권한을 수여받지 않고 예금명의자 명의로 예금계약을 한 경우(명의 도용의 경우)에는 예금명의자명의의 예금계약은 무권대리에 해당하게 되어 효력이 없고, 결국 그 경우에는 예금명의자와 출연자 등 양측 모두 예금계약이 효력을 발생할 수 없게 될 것이다.

다만, 금융실명법 제3조 제1항을 강행규정으로 보고 실명확인 절차를 거치지 않은 예금계약을 무효로 하는 입장을 관철하게 되면, 출연자 등이 예금명의자 이름으로 예금계약을 체결하면서 금융기관과 사이에 출연자 등을 예금계약의 당사자로 하기로 하는 별도의 약정을 하기는 하였으나 그 예금명의자에 대한 실명확인 절차를 거치지는 않은 경우, 또는 예금명의자와 출연자 등이 일치되는 통상의 예금계약 체결에서 예금명의자에 대한 실명확인 절차를 거치지 않은 경우에 이를 모두 강행규정 위반으로 무효로 보게 되어, 전자의 경우 출연자 등은 물론 예금명의자에 대한 관계에서도 예금계약이 무효로 되고, 후자의 경우 그 예금명의자의 예금 역시 무효로 되어 유효한 예금계약이 전혀 없게 되는 결과가 된다. 그러나 금융실명법 제3조 제1항을 위와 같이 모든 경우에 예외 없이 강행규정으로 적용하여, 실명확인 절차를 거치지 않은 모든 예금명의자 명의의 예금계약을 무효로 하고 예금으로 입금한 돈은 부당이득 반환 등의 법리에 의하여 처리하는 것이 적절한 것인지에 대하여는 더 나아가 검토해 볼 여지가 있으므로 이 사건에서는 그 점에까지 나아가 판단하지는 않기로 한다(이와 같은 경우에는 실제 예금주의 명의로 예금계약이 이루어졌다는 점에서는 금융실명법 제1조의 입법 목적을 훼손하거나 같은 법 제3조 제1항의 규정 취지에 정면으로 위반되지 않는다고 볼 측면도 있으므로 그와 같은 경우에까지 위 규정을 강행규정으로 보아 그 예금계약 전부를 무효로 볼 필요까지는 없다고 해석할 여지도 있어 보인다).

반면에 이 사건과 같이 예금명의자의 명의로 실명확인 절차까지 마쳐지고 그 명의로 예금계약이 체결되어 금융실명법이 요구하는 요건을 갖춘 예금계약의 외관이 따로 있음에도 불구하고, 이를 무시하고 실명확인 절차를 거친 자 외의 다른 사람을 예금주로 하는 예금계약을 인정하는 것은 금융실명법의 취지에 정면으로 반하는 것으로서, 최소한 그와 같은 경우에는 위 금융실명법의 규정을 강행규정으로 적용하여 실명확인 절차를 거친 예금명의자 이외의 예금계약은 이를 유효한 예금계약으로 허용할 수 없다고 보아야 할 것이다.

다. 다수의견은, 대량적·반복적으로 이루어지는 예금계약과 같은 금융거래는 정형적이고 신속하게 취급되어야 하며, 예금계약의 당사자 확정을 둘러싼 분쟁을 방지하고 법률관계를 명확히 하여 금융거래를 투명하게 할 필요성의 측면에서도 실명확인 절차를 거쳐 작성된 예금계약서 등의 증명력을 번복하기에 충분할 정도의 증명력을 가진 구체적이고 객관적인 증거가 있는 극히 예외적인 경우에만 예금명의자가 아닌 출연자 등을 예금계약의 당사자로 인정하여야 한다고 한다.

그러나 다수의견이 제시하는 위와 같은 기준에 의하더라도 금융거래에서 요구되는 정형성, 신속성, 명확성, 투명성이 쉽게 확보될 수 있을지는 의문이다. 다수의견이 제시하는 기준 자체가 추상적일 뿐만 아니라, 예금계약의 관계자는 물론 금융기관이나 제3자 등이 그 기준의 충족 여부를 외형상 쉽게 확인하는 것이 가능할지도 의문이다.

나아가 한 가지 더 문제점으로 제기할 것은, 다수의견에서 요구하는 기준을 충족하여 예금명의자를 예금주로 하는 예금계약이 체결된 것이 아니라 출연자 등을 예금주로 하는 예금계약이 체결된 것으로 인정되는 경우에, 예금명의자를 예금주로 하는 외관상 존재하는 예금계약을 유효한 것으로 전제하여 그 예금반환채권을 압류하는 등 이해관계를 맺은 제3자에 대한 관계에서는 예금명의자를 예금주로 하는 외관상의 예금계약은 통정허위표시가 되어 원칙적으로는 무효가 될 것이지만, 민법 제108조 제2항에 따라 그 제3자가 선의일 때에는 그 자에 대하여는 무효를 주장하지 못하게 될 것인데, 그 제3자가 어느 정도의 사정을 알고 있었을 때 통정허위표시에 대한 악의라고 인정할 것인지 하는 문제이다. 예를 들자면 그 예금이 출연자 등의 자금으로 입금되었다는 사실, 예금명의자를 제쳐두고 출연자 등이 예금통장과 인장 등을 보관하면서 입·출금을 해 왔다는 사실, 출연자 등과 금융기관 사이에 예금명의자의 예금계약 체결을 배제하고 출연자 등의 예금계약을 체결하기로 하는 약정이 구두로 이루어졌다는 사실, 그와 같은 약정이 서면으로 작성되었다는 사실 등 중에서 어디까지를 제3자가 알고 있을 때 그 제3자를 통정허위표시에 대한 악의라고 인정할 것인지가 쉽게 판명될 것 같지 않다.

결국, 다수의견이 제시하는 법리는 다수의견이 추구하는 금융거래의 정형성, 신속성 등의 효과를 달성하기도 어려울 뿐 아니라, 법률적 분쟁을 방지하고 법률관계를 단순·명확히 한다는 목적 달성에도 별 도움이 되지 않을 것으로 보인다.

라. 위와 같이 출연자 등과 금융기관 사이에 예금명의자로 드러나지 아니한 출연자 등에게 예금계약상의 예금반환청구권을 귀속시키기로 하는 명시적 또는 묵시적 약정은 강행규정인 금융실명법 제3조 제1항에 위반되어 그 효력이 부정되어야 할 것인데도 이러한 명시적 또는 묵시적 약정이 유효하게 성립할 수 있고 그 경우 출연자 등을 예금계약상의 예금반환청구권이 귀속되는 예금계약의 당사자로 보아야 한다는 취지를 법리로 판시한 대법원판결들은 위 견해에 배치되는 범위 내에서 변경되어야 한다. 여기에는, 출연자 등이 예금명의자를 대리하여 예금명의자 명의로 실명확인 절차를 거치고 예금명의자 명의로 예금계약을 체결하면서 출연자 등을 예금주로 하기로 명시적 또는 묵시적 약정을 한 사안에 관하여 다수의견이 판례변경의 대상으로 판시한 대법원판결들 및 출연자 등이 예금명의자로부터 대리권을 수여받지 않거나 예금명의자 명의의 실명확인 절차 없이 예금명의자 명의로 예금계약을 체결한 사안에서 금융기관과의 합의하에 출연자 등을 예금계약상의 예금반환청구권을 갖는 예금계약의 당사자로 하기로 하는 별도의 약정이 가능하다고 본 대법원 2002. 5. 14. 선고 2001다75660 판결, 대법원 2004. 7. 9. 선고 2004다14765 판결, 대법원 2007. 9. 6. 선고 2006다13056 판결 등과 그 밖에 위에서 밝힌 견해와 다른 대법원판결들이 모두 해당한다.

마. 이러한 법리와 기록에 비추어 살펴보면, 설령 원심판시와 같이 원고의 남편 소외인이 예금명의자인 원고를 대리하여 소외 저축은행과 사이에 원고 명의로 실명확인 절차를 거쳐 예금계약을 체결하면서, 그 예금계약을 부정하고 자신을 예금계약상의 예금반환청구권이 귀속되는 예금계약의 당사자로 하기로 묵시적 약정을 하였다 하더라도, 이러한 별도의 묵시적 약정은 강행규정인 금융실명법 제3조 제1항에 반하는 것이므로 그 약정 자체의 효력이 없는 것으로 보아야 하고, 위와 같은 별도의 묵시적 약정의 효력이 부정되는 이상, 원고를 대리한 소외인과 소외 저축은행이 원고 명의로 실명확인 절차를 거쳐 작성한 예금거래신청서 등에 표시된 의사대로 예금명의자인 원고와의 예금계약만이 유효하게 성립할 뿐이라고 할 것이다. 따라서 이 사건 예금계좌의 예금반환청구권

이 귀속되는 예금계약의 당사자는 원고라고 보아야 한다.

이와 달리 소외 저축은행과 소외인 사이에서 실명확인 절차를 거친 예금명의자인 원고가 아닌 소외인을 이 사건 예금계좌의 예금반환청구권이 귀속되는 예금계약의 당사자로 하기로 하는 묵시적 약정이 유효하게 성립되었다고 보고, 소외인을 이 사건 예금계좌의 예금반환청구권이 귀속되는 예금계약의 당사자라고 판단한 원심판결에는, 금융실명법 제3조 제1항의 해석·적용에 관한 법리를 오해하여 판결에 영향을 미친 위법이 있다. 그러므로 원심판결은 파기되어 원심법원으로 환송되어야 한다.

이상과 같은 이유로 원심판결이 파기되어야 한다는 결론에 대하여는 다수의견과 같지만, 원심판결을 파기하는 이유에 대하여는 다수의견과 견해를 달리 하므로, 별개의견으로 이를 밝혀 둔다.

5. 대법관 차한성의 다수의견에 대한 보충의견은 다음과 같다.

가. 계약의 자유는 사적 자치가 실현되는 가장 중요한 수단으로서, 이는 계약체결의 자유·상대방 선택의 자유·방식의 자유·계약의 변경 또는 해소의 자유를 포함한다. 다만, 이러한 계약의 자유는 공동체의 전체 질서와의 관계에서 제약을 받을 필요가 있는 경우가 있다. 그리하여 헌법 제23조 제1항은 "모든 국민의 재산권은 보장된다. 그 내용과 한계는 법률로 정하여야 한다"고 규정하고, 제2항은 "재산권의 행사는 공공복리에 적합하도록 하여야 한다"고 규정함으로써, 재산권 행사의 내용에 포함될 수 있는 계약의 자유 역시 법률의 규정에 의하여 규제될 수 있도록 하고 있다.

금융실명거래 및 비밀보장에 관한 법률(이하 '금융실명법'이라고 한다)은 그 제1조에서 밝히는 바와 같이 실명에 의한 금융거래를 실시하고 그 비밀을 보장하여 금융거래의 정상화를 기함으로써 경제정의를 실현하고 국민경제의 건전한 발전을 도모함을 목적으로 하여 제정된 법으로서, 예금계약과 같은 금융거래의 자유를 일부 제한하는 것을 내용으로 하고 있다. 이러한 금융실명법의 규정들을 해석함에 있어서는 그 입법 목적과 입법 취지를 충분히 존중할 필요가 있음은 두말할 나위가 없지만, 본래의 입법 목적과 입법 취지를 벗어나 공익적 목적을 이유로 법률적 근거 없이 국민의 재산권 행사가 제한당하지 않도록 해석하는 것 역시 중요하고, 그렇게 해석하는 것이 법률에 의한 기본권 제한의 원칙을 천명한 헌법 제23조 제1항의 규정에 합치하며 실질적 법치주의의 이념에도 부합한다.

나. 금융실명법 제3조 제1항은 금융기관은 거래자의 실명에 의하여 금융거래를 하여야 한다고 규정하면서, 위 규정을 위반한 금융거래의 효력에 관하여는 아무런 규정을 두지 않고 있다. 이를 위반한 경우 그 제7조, 제8조에서 금융기관의 임직원 및 금융기관에게 500만 원 이하의 과태료를 과하도록 할 뿐이다. 이는 부동산 실권리자명의 등기에 관한 법률(이하 '부동산실명법'이라고 한다)이 그 제1조에서 부동산등기제도를 악용한 투기·탈세·탈법행위 등 반사회적 행위를 방지하고 부동산거래의 정상화와 부동산가격의 안정을 도모하여 국민경제의 건전한 발전에 이바지함을 목적으로 한다고 밝히면서, 그 제3조 제1항에서 "누구든지 부동산에 관한 물권을 명의신탁약정에 의하여 명의수탁자의 명의로 등기하여서는 아니 된다"고 규정하고, 그 제4조 제1항에서 "명의신탁약정은 무효로 한다"고 규정하며, 그 제5조 제1항 제1호에서 위 제3조 제1항을 위반한 명의신탁자에 과징금을 부과하도록 하고, 그 제6조 제2항, 제1항에서 과징금을 부과받은 자에 대하여 일정한 요건하에 다시 2차례에 걸친 이행강제금을 부과하도록 하며, 그 제7조에서 위 제3조 제1항을 위반한 명의신탁자, 명의수탁자 및 그 교사자, 방조자를 각 징역형 또는 벌금형에 처할 수 있도록 규정하고 있는 것과 대비된다.

예금거래와 같은 금융거래는 국민의 일상생활에서 대량적·반복적으로 이루어지므로 만일 금융실명법에 위반한 예금거래의 효력을 일률적으로 부정할 경우에는 국민의 일상생활과 재산권 행사에 매우 큰 영향을 미치게 된다. 따라서 만일 입법자가 금융실명법 제3조 제1항을 위반한 예금계약의 사법상 효력을 부정할 의도를 가지고 있었다면, 그 중대성과 파급효를 고려하여 당연히 부동산실명법 제4조 제1항과 같이 그 사법적 효력을 부정하는 명문의 규정을 두었을 것이라고 봄이 합리적이다. 그러나 금융실명법은 같은 법 제3조 제1항을 위반한 행위의 사법적 효력을 부정하는 규정을 두지 않고 있다. 이러한 점은 입법자가 위 조항을 강행규정으로 의도하지 아니하였다는 점을 잘 나타낸다.

다. 한편, 실명에 의하지 아니한 금융거래가 정치자금 수수, 비자금 조성, 탈세 및 각종 범죄수익금의 은닉, 자금세탁행위 등 탈법·불법 등의 행위에 이용될 우려가 있으므로 이를 규제하기 위하여 금융실명법이 제정되었다는 별개의견의 견해에는 동의할 수 있다. 그러나 실명에 의하지 아니한 예금계약을 그 구체적·개별적 동기, 경위 및 목적 등을 살피지 아니한 채 그 자체로 무효로 하지 않으면 아니 될 정도의 반사회성을 띠고 있는 행위라고 일률적으로 단정할 수는 없다. 또한, 예금계약의 반사회성 여부를 판단하면서 출연자 등의 동기나 목적 등만을 참작하고 그 계약의 상대방인 금융기관의 인식이나 관여의 정도 등을 고려하지 아니한 채 그 예금계약을 일률적으로 반사회적 행위에 해당한다고 보아 무효로 보는 것이 가능한지도 의문이다. 비교법적으로 보더라도 실명확인 절차를 거치지 아니하였다는 사정만으로 예금계약을 반사회적 행위라고 보아 그 사법적 효력을 부정하는 입법례를 쉽게 찾아보기 어렵다는 점도 이를 뒷받침한다.

만일 금융실명법이 실명확인 절차를 거치지 아니한 출연자 등과 금융기관의 예금계약이 그 자체로 반사회성을 현저히 띠는 행위라고 전제하였다면, 금융기관의 임직원 및 금융기관뿐만 아니라 그러한 행위를 한 출연자 등도 강력하게 제재하는 규정을 두었을 것이라고 봄이 합리적이다. 그러나 금융실명법 제3조 제1항은 실명확인 절차를 이행할 주체로서 금융기관만을 규정하면서 위 조항을 위반한 금융기관 임직원 및 금융기관에 대하여 과태료의 제재를 가할 뿐, 출연자 등에 대하여는 그와 같은 행정적 제재나 형사처벌을 가하지 않고 있다. 이는 명의신탁 행위를 강력하게 규제하여 그 사법상 효력을 부정하고, 명의신탁자 및 명의수탁자 쌍방을 형사처벌하도록 한 부동산실명법과 명확히 대비된다. 이러한 사정들을 고려하면, 금융실명법의 입법 취지가 금융실명법 제3조 제1항을 위반한 예금계약을 무조건 반사회성을 가진 행위로 취급하고 있다고 보기 어렵다.

그렇다면 실명에 의하지 아니한 예금계약의 사법적 효력을 부정하는 명문의 효력 규정이 없는 상태에서 이를 일률적으로 반사회적 행위라고 단정하여 그 사법적 효력을 일률적으로 부정하여야 한다는 해석론은, 입법론으로서는 고려할 수 있을지 몰라도 법률에 의한 기본권 제한을 천명한 헌법 제23조 제1항의 규정 취지나 실질적 법치주의의 이념에 비추어 볼 때 해석론으로서 가능한 한계를 벗어난 것이다.

그리고 다수의견이 결코 실명확인 절차를 거치지 아니한 예금계약의 사법적 효력을 언제든지 유효로 보아야 한다는 입장을 취하고 있는 것은 아니다. 금융기관과 출연자 등 사이의 예금계약이 범죄수익금 등의 은닉·보관이나 뇌물 등의 제공을 위하여 체결된 경우 등에는, 이러한 개별 예금계약의 동기, 목적, 경위 및 내용과 금융기관의 인식 및 관여 정도 등을 따져서 당해 예금계약을 민법 제103조에 의하여 무효로 하는 것이 얼마든지 가능하다. 다수의견은 법률적 근거 없이 금융실명법 제3조 제1항만을 근거로 하여 당해 예금계약을 일률적으로 무효로 하는 해석론을 채용할 수 없다는 입장일 뿐, 실명확인 절차를 거치지 아니한 예금계약이 반사회성을 띤다고 인정될 경우에는 민법 제103조를 적용하여 무효로 할 수 있음을 당연히 전제하고 있는 것이다.

라. 결국, 금융실명법 제3조 제1항을 강행규정이라고 해석하면서, 이에 위반한 예금계약을 일률적으로 무효라고 보는 별개의견의 견해는, 금융실명법 제1조의 입법 목적을 지나치게 강조한 나머지 금융실명법의 입법 목적과 입법 취지를 벗어나 계약의 자유를 과도하게 제한하는 것이고 헌법 제23조의 제1항의 규정 취지나 실질적 법치주의의 이념에 부합하지 아니하는 측면이 있으므로, 다수의견의 입장에서는 이러한 해석론을 받아들일 수 없다.

마. 한편, 별개의견은 출연자 등이 예금명의자를 대리하여 예금명의자 명의로 실명확인 절차를 거쳐 예금계약을 하면서, 금융기관과의 합의하에 출연자 등을 예금계약의 당사자로 하기로 약정한 경우, 금융실명법 제3조 제1항을 위반한 이상 그 약정을 무효로 보아야 한다고 하면서도, 예금명의자 명의의 예금계약은 유효하게 성립한다는 논리를 전개하고 있다. 그러나 위와 같이 출연자 등과 금융기관 사이에서 출연자 등을 예금계약의 당사자로 하기로 하는 명확한 의사의 합치가 있었다면, 그 반면으로 예금명의자와 금융기관 사이에서는 예금계약의 성립에 관한 의사의 합치가 없었다고 보거나, 적어도 출연자 등과 금융기관 사이에서 그 예금계약의 효력을 부정하겠다는 의사의 합치가 있었다고 보는 것이 자연스러운 해석이다. 별개의견과 같이 예금명의자와 금융기관 사이에서 예금계약을 체결할 의사의 합치와 출연자 등과 금융기관 사이에서 예금계약을 체결할 의사의 합치가 병존하고 있다고 보면서, 후자의 효력이 부정되면 전자가 유효하게 성립된다는 해석론은 일반적인 계약당사자의 해석 및 확정에서는 찾아보기 어려운 해석론이다.

따라서 출연자 등이 예금명의자를 대리하여 예금명의자 명의로 실명확인 절차를 거쳐 예금계약을 하면서, 금융기관과의 합의하에 출연자 등을 예금계약의 당사자로 하기로 명확히 약정을 하였다면, 별개의견과 같이 출연자 등과 금융기관 사이의 예금계약이 금융실명법 제3조 제1항에 위반되어 무효로 된다고 볼 것인지 여부와 무관하게, 예금명의자와 금융기관 사이의 예금계약은 유효하게 성립할 수 없는 것이고, 그리하여 출연자 등과 예금명의자 모두 예금계약의 당사자가 될 수 없게 된다면, 출연자 등의 예금행위가 불법원인급여에 해당한다는 등의 특별한 사정이 없는 한, 출연자 등은 금융기관을 상대로 예금액 상당의 부당이득반환청구권을 취득하게 된다고 보아야 한다. 이렇게 해석하게 되면, 위와 같이 실명확인 절차를 거치지 아니한 출연자 등을 예금계약의 당사자로 하기로 한 약정이 별개의견에 따라 금융실명법 제3조 제1항 위반으로 무효가 된다 한들 어차피 그 출연자 등이 예금액 상당의 반환청구권을 갖는 결과가 되므로, 과연 명확한 법률적 근거 없이 별개의견과 같이 금융실명법 제3조 제1항을 강행규정으로 해석하여 그 출연자 등과 금융기관 사이의 예금계약을 무효로 할 필요성이 있는지 및 그 실효성이 무엇인지에 관하여 의문을 품지 않을 수 없게 된다.

바. 별개의견은, 다수의견이 제시하는 예금계약의 당사자 해석 및 확정에 관한 기준이 추상적이고, 예금계약의 관계자는 물론 금융기관이나 제3자 등이 그 기준의 충족 여부를 외형상 쉽게 확인하기 어려우며, 금융거래의 정형성, 신속성 등의 효과를 달성하기도 어렵고, 법률적 분쟁을 방지하고 법률관계를 단순·명확히 한다는 목적 달성에도 별 도움이 되지 아니한다고 비판한다. 이러한 별개의견의 견해는, 금융실명법 제3조 제1항을 강행규정으로 보아야 하고 예금계약을 체결한 당사자의 의사보다는 예금명의자 명의로 실명확인 절차를 거쳐 예금계약이 체결되었다는 외형을 중시하여 획일적으로 그러한 예금명의자만을 예금계약의 당사자로 보아야만 법률적 분쟁을 방지하고 법률관계를 단순·명확히 할 수 있다는 전제에 서 있는 것으로 보인다. 그러나 별개의견의 이러한 전제들이 타당하다고 보기 어려운 점은 앞서 살펴본 바와 같다. 또한, 과연 다수의견과 같은 견해를 취한다고 하여 별개의견이 지적하는 사항들이 실제로 문제된다고 볼 수 있는지도 의문이다.

다수의견에 의하면, 금융실명법에 따라 실명확인 절차를 거쳐 예금계약을 체결하고 그 실명확인 사실이 예금계약서 등에 명확히 기재되어 있는 경우에는, 금융기관과 출연자 등과 사이에서 예금명의자와의 예금계약을 부정하여 예금명의자의 예금반환청구권을 배제하고, 출연자 등과 예금계약을 체결하여 출연자 등에게 예금반환청구권을 귀속시키겠다는 명확한 의사의 합치가 있고, 이러한 의사의 합치가 금융실명법에 따라 실명확인 절차를 거쳐 작성된 예금계약서 등의 증명력을 번복하기에 충분할 정도의 명확한 증명력을 가진 구체적이고 객관적인 증거에 의하여 인정되는 극히 예외적인 경우에 한하여, 예금명의자가 아닌 출연자 등을 예금계약의 당사자로 보게 된다. 따라서 예금계약 체결 당시 금융기관이 명확히 알 수 없는 사정들이나, 자금의 출연 경위, 예금통장과 도장 및 비밀번호의 관리와 예금의 인출 및 인출된 자금의 관리에 관한 사정 등 예금명의자와 출연자 등 사이의 내부적 법률관계를 중시하여 예금계약의 당사자를 확정하였던 종래의 일부 대법원판결들과는 달리, 위와 같은 다수의견에 의하면, 예금명의자, 출연자 등 및 금융기관 사이에서 누가 예금계약의 당사자가 되는지가 명확해지고, 이로써 법률적 분쟁을 방지하고 법률관계를 명확히 할 수 있게 된다. 별개의견이 어떠한 경우를 상정하고 다수의견을 비판하는지 알기 어렵지만, 만일 다수의견이 위와 같은 극히 예외적인 경우를 인정하는 것을 가리켜 법률적 분쟁의 방지나 법률관계의 명확화에 장애가 발생한다고 지적하는 것이라면 그 비판은 선뜻 수긍하기 어렵고 그 비판 자체가 앞서 본 바와 같이 법률상 허용될 수 있는 해석론의 범위를 넘어선 입장에 기초한 것이어서 타당하다고 보기 어렵다.

6. 대법관 양창수의 다수의견에 대한 보충의견은 다음과 같다.

가. 다수의견은 예금명의인이 아닌 출연자 등을 예금계약의 당사자로 인정하는 것은 극히 예외적인 경우에 제한되어야 함을 대체로 「금융실명거래 및 비밀보장에 관한 법률」(이하 '금융실명법'이라고 한다)의 취지를 강조하여 정당화하고 있다. 이 보충의견은 그 결론에 찬성하면서도, 그 이유에 관하여는 의사표시 해석에 관한 일반적 법기준의 관점에서 접근할 수 있고 또 그 관점이 보다 앞서야 한다고 생각한다. 이하에서 주로 이 점을 보충하고자 한다.

논의에 앞서서 여기서 다루어지고 있는 것이 정확하게 말하면 예금의 입출금 등 개별적인 예금거래가 아니라 그 기초를 이루는 예금계좌개설계약이라는 것, 그리고 계약당사자의 확정은 계약상대방이 갑인 줄 알았더니 그가 실제로는 갑이 아니었다는 당사자의 동일성에 관한 착오의 문제와는 구별되어야 한다는 점을 미리 지적해 둔다.

나. 다수의견이 말하는 대로, 예금계약의 당사자가 누구인가의 문제는 그 계약의 체결과정에 이른바 명의의 차용이 행하여진 경우에도 의사표시의 해석에 의하여 정하여진다. 의사표시의 해석은 일반적으로 당사자가 그 표시행위에 부여한 객관적인 의미를 명확하게 정하는 것을 내용으로 하는 작업이라고 알려져 있다. 그러나 여기서 '객관적인 의미'라고 하는 것은 오해의 소지가 있는 표현이다. 논의를 이 사건에서 문제된 계약에서와 같이 상대방 있는 의사표시의 경우에 한정하면, 그것은 요컨대 어떠한 표현행위가 상대방의 입장에서 합리적으로 어떻게 이해될 것인지를 탐색하는 작업이다. 의사표시도 사람의 모든 표현행위 내지 의사소통행위에서와 마찬가지로, 어떤 표현이 객관적으로는, 즉 일반의 제3자에게 두루 '위(上)'로 이해되더라도, 표의자와 상대방 사이에서는 '아래(下)'로 이해된다면, 그 의사표시는 '아래'로 해석되어야 한다. 그렇게 보면 의사표시 해석은 표시행위가 당사자들 사이에서 주관적으로 가지는 의미를 탐색한다고 말할 수 있다(이른바 오표시 무해의 원칙을 채택한 대법원

1993. 10. 26. 선고 93다2629 판결, 대법원 1996. 8. 20. 선고 96다19581 판결도 그러한 입장에서 비로소 설명될 수 있다. 나아가 예를 들면 「약관의 규제에 관한 법률」 제5조 제1항은 약관이 고객에 따라 다르게 해석되어서는 안 된다고 정하는데, 이는 통상 '약관의 객관적 해석의 원칙'이라고 불린다. 그 규정은 본문에서 말한 의사표시 해석에서의 '주관적 해석'의 일반적 원칙에 대하여 특별히 예외를 정한 것으로서 의미가 있다). 의사표시가 상대방의 입장에서 합리적으로 해석되어야 한다는 앞서 말한 바의 원칙은, 예를 들면 당사자들 사이의 이해가 일치하지 아니하는 경우, 예를 들면 표의자가 '위'를 말하기 위하여 표시한 것이 상대방의 입장에서 합리적으로 볼 때 '아래'라고 이해되어야 하고 또 실제로 상대방이 '아래'라고 이해한 경우에, 그 의사표시는 '아래'로 해석되어야 한다는 귀결로 이어진다.

다. 예금계약의 당사자가 누구인가 하는 것도 의사표시 해석의 문제이나, 이 경우가 그 외의 경우와 다른 점은 위와 같은 주관적 해석의 기준이 되는 당사자 자체를 의사표시 해석에 의하여 밝혀야 한다는 것에 있다.

이에 관하여 재판실무는 이른바 명의의 차용이 개입한 계약에서 명의인을 계약의 당사자로 본 경우도 없지 않았다. 예를 들면 대법원 1980. 7. 8. 선고 80다639 판결은 "학교법인이 사립학교법상의 제한규정 때문에 그 학교의 교직원인 소외인들의 명의를 빌어서 피고로부터 금전을 차용한 경우에 피고 역시 그러한 사정을 알고 있었다고 하더라도 위 소외인들의 의사는 위 금전의 대차에 관하여 그들이 주채무자로서 채무를 부담하겠다는 뜻이라고 해석함이 상당하고 이를 진의 아닌 의사표시라고 볼 수 없다"고 판시한 바 있다. 그런데 대법원 1995. 10. 13. 선고 94다55385 판결은 "계약의 당사자가 타인의 이름을 임의로 사용하여 법률행위를 한 경우에는 행위자 또는 명의인 가운데 누구를 당사자로 할 것인지에 관하여 행위자와 상대방의 의사가 일치한 경우에는 그 일치하는 의사대로 행위자의 행위 또는 명의인의 행위로서 확정하여야 하지만, 그러한 일치하는 의사를 확정할 수 없을 경우에는 그 계약의 성질·내용·목적·체결경위 등 그 계약 체결 전후의 구체적인 제반 사정을 토대로 상대방이 합리적인 인간이라면 행위자와 명의자 중 누구를 계약 당사자로 이해할 것인가에 의하여 당사자를 결정한 다음, 그 당사자 사이의 계약 성립 여부와 효력을 판단하여야 한다"라고 하는 전에 없던 판단을 제시하였다. 위 판결은 그 판시에서도 보는 것처럼 '타인의 이름을 임의로 사용'하여 계약을 체결한 이른바 명의모용의 사안에 대한 것이다. 그럼에도 불구하고 앞서 인용한 그 판시부분은 "행위자가 타인의 이름으로 계약을 체결한 경우 계약당사자 확정방법"이라는 표제 아래 정리되어(위 판결이 같은 문제를 다룬 재판례로서는 드물게 「대법원판례집」에 수록된 것도 심상하게 볼 것이 아니다), 그 후로 명의인이 그 명의의 사용에 동의하였는지를 불문하고 무수히 많은 재판례에 그대로 인용되어 재판실무에서의 일반적인 해석준칙이 되었다. 여기서는 최근의 예로 대법원 2003. 12. 12. 선고 2003다44059 판결만을 들어둔다.

당연한 것이지만, 그 준칙은 예금계약의 당사자가 누구인가 하는 문제에 있어서도 적용되었다. 그리하여 많은 재판례는 행위자, 즉 명의를 빌어 예금을 하고자 하는 사람과 그 상대방, 즉 은행 등 금융기관 사이에서만 실제의 출연자 등 행위자를 예금계약의 당사자로 하기로 하는 의사의 합치가 있으면 그 행위자가 예금주가 된다고 하고, 나아가 그러한 의사 합치는 그야말로 일반원칙에 좇아 반드시 명시적일 필요가 없고 묵시적으로도 인정될 수 있다는 것을 쉽사리 수긍하기에 이르렀다. 이 전원합의체 판결에서 폐기하는 많은 판결들의 태도는 위의 해석준칙을 그대로 적용한 것에 불과하다.

라. 위 대법원 94다55385 판결 이래의 해석준칙의 특징은 무엇보다도 계약당사자의 확정에 관한 의사표시 해석에서 그 기준이 되는 '당사자'를 행위자(즉 명의차용인)와 상대방의 두 사람으로 제한하고, 명의인은 아예 거기

서 배제된다는 점에 있다.

그러나 여기서 논의를 명의도용이 아니라 명의대여의 경우에 한정한다면, 어떤 사람이 자신의 이름으로 계약이 체결되는 것을 알면서 그 이름으로 계약이 체결되도록 허락하였음에도 그를 배제하고 그의 의사와는 전혀 무관하게 당해 계약의 당사자가 정하여진다고 할 것인지 지극히 의문이다. 상법 제24조, 제332조 제2항 등과 같이 법률이 달리 정하지 아니하는 한, 상대방의 입장에서 합리적으로 보면, 예를 들면 숙박계약이나 현실매매에서와 같이 통상 당사자가 누구인지가 별다른 의미가 없고 말하자면 '그 현장(現場)의 사람'만을 당사자로 보아야 하는 경우 또는 반대로 일반적으로 고용·조합·임대차·도급에서와 같이 당사자의 인적 성질이 그 계약에서 특히 중요한 의미가 있어서 자신이 본인과 직접 교섭을 하는 등으로 그 인적 성질을 전제로 하여서만 계약이 체결되는 경우 등이 아닌 한, 위와 같이 그 이름으로 계약이 체결되는 것을 용인한 명의인을 계약의 당사자로부터 쉽사리 배제할 수는 없다고 할 것이다. 그리고 「부동산 실권리자 명의 등기에 관한 법률」 제4조 제2항 단서가 이른바 계약명의신탁에서 명의수탁자가 "부동산에 관한 물권을 취득하기 위한 계약"(즉 부동산매매 등 채권계약)의 당사자가 됨을 전제로 규율하는 것도 그러한 입장을 뒷받침하여 준다.

특히 다수의견이 지적하는 대로 예금계약과 같이 대량적·반복적으로 행하여지는 금융거래는 금융기관에 의하여 정형적이고 신속하게 취급되어야 한다. 또 예금계약에 기한 예금반환청구권이 누구에게 귀속되는가에 관하여 예금의 반환이라는 대량의 업무를 반복적으로 수행하는 금융기관의 입장에서는 물론이고, 예금이 우리 국민이 흔히 가지는 재산이라는 관점에서 채권자나 그것을 담보로 하여 신용을 제공하려는 사람 등 그 귀속 여하에 이해관계를 가지거나 가지려는 사람이 다수에 이르므로, 예금의 귀속이 대외적으로 명확하게 제시되어 법률관계의 안정을 기할 필요가 있다는 점도 무겁게 고려되어야 한다. 거기다가 금융기관을 대리하여 그 임직원이 실명확인절차를 거친 명의인이 아닌 사람을 예금계약의 당사자라고 합의하였다고 해석되더라도 그것은 그의 금융기관에 대한 임무에 위배되는 행위로서(우선 금융실명법 제8조 참조), 그 행위의 법률효과가 본인에게 귀속되는 것을 저지하는 대리권의 남용에 관한 법리 그 자체는 아니라도 그 법리의 배후에 있는 대리행위에서의 위험 분배에 관한 사고가 이에 유비될 수 있다는 사정도 무시할 수 없다.

그러므로 예금계약의 당사자는 무엇보다도 그 명의에 좇아 정하여져야 하고, 그 경우 실제로 금융기관에서 예금계좌의 개설을 신청하는 사람은 통상적으로 그의 대리인 또는 사자로서 행위하는 것으로 보아야 할 것이다. 물론 우리 민법의 근간인 법률행위 제도에 기한 법률관계 형성의 자유를 구사하여 지극히 다양한 당사자들의 상황, 이해관계, 성향 또는 기호 등에 맞추어 그 예외에 합의한 것으로 해석되는 것을 전혀 상정할 수 없다고는 할 수 없어도, 그것은 극히 엄격한 기준 아래서만 인정된다고 하여야 한다. 요컨대 그것이 의사표시 해석의 일반적 기준인 상대방의 입장에서의 '합리적 이해'의 요청에 적합하다고 할 것이다.

마. 결론적으로 이 보충의견은 예금명의인이 아닌 출연자 등을 예금계약의 당사자로 인정하는 것은 극히 예외적인 경우에 제한되어야 하고 이와 견해를 달리하는 종전 재판례들의 태도를 그 한도에서 폐기하는 다수의견의 견해에는 물론 찬성한다. 그러나 올바른 문제해결의 순서는 보다 근본적으로 앞서 본 대법원 94다55385 판결 및 이에 따르는 재판례들에서의 일반적 해석준칙을 비판적으로 검토한 다음에 그 결과를 개별적으로 예금계약의 특성을 고려하면서 그 계약에 적용하는 데 있다고 생각한다. 그렇게 하지 않고 위 대법원 94다55385 판결 등의 해석준칙을 그대로 둔다면, 앞으로 계약당사자의 확정과 관련하여 예금계약과 다른 계약들 사이에 현저한 불균형이 생기게 될 것이다.

4 금전채권

대법원 1991. 3. 12. 선고 90다2147 전원합의체 판결

【원고, 상고인】 주식회사 동화

【피고, 피상고인】 제일화재해상보험주식회사

【원심판결】 서울고등법원 1990.2.27. 선고 89나38586 판결

【주 문】 상고를 기각한다. 상고비용은 원고의 부담으로 한다.

【이 유】

상고이유(보충상고이유는 상고이유를 보충하는 범위 내에서)를 본다.

채권액이 외국통화로 지정된 금전채권인 외화채권을 채무자가 우리나라 통화로 변제함에 있어서는 민법 제378조가 그 환산시기에 관하여 외화채권에 관한 같은법 제376조, 제377조 제2항의 "변제기"라는 표현과는 다르게 "지급할 때"라고 규정한 취지에서 새겨볼 때, 그 환산시기는 이행기가 아니라 현실로 이행하는 때, 즉 현실이행시의 외국환시세에 의하여 환산한 우리나라 통화로 변제하여야 한다고 풀이함이 상당하다. 따라서 채권자가 위와 같은 외화채권을 대용급부의 권리를 행사하여 우리나라 통화로 환산하여 청구하는 경우에 도법원이 채무자에게 그 이행을 명함에 있어서 는 채무자가 현실로 이행할 때에 가장 가까운 사실심 변론종결 당시의 외국환시세를 우리나라 통화로 환산하는 기준시로 삼아야 할 것이다.

이 견해에 저촉되는 종전의 판례(당원 1968.11.26. 선고 68다1293,1294 판결; 1978.5.23.선고 73다1347 판결; 1987.6.23. 선고 86다카2107 판결 등)는 폐기하기로 한다.

소론은 어음법 제41조, 제77조 제1항 제3호, 수표법 제36조 제1항의 규정을 들어 위 환산의 기준시는 이행기로 보는 것이 정당하다고 주장하나 이 법조들은 외화로 표시된 어음. 수표의 이행을 채무자가 지체할 때에는 채권자에게도 대용급부의 권리를 인정한 취지에 불과하고 소론과 같은 외화채권 환산의 기준시에 관한 근거로 되는 규정이 아니므로 받아들일 수 없다.

이 사건에 있어, 원심판결이유에 의하면, 원심은 채권액이 외국통화(미합중국 통화인 '불')로 지정된 이 사건 보험금을 채권자인 원고가 우리나라 통화로 환산하여 청구함에 대하여 채무자인 피고에게 우리나라 통화로 그 지급을 명함에 있어서 그 환산시기에 관하여는 현실이행시설을 취하여 현실로 지급하는 때에 가장 가까운 사실심 변론종결시의 환금시가로 환산함이 타당한 것으로 보고 이행기설 즉 지급하여야 할 때를 기준하여 환산하여야 한다는 원고의 주장을 배척하였는 바, 원심의 위와 같은 판단은 당원과 취지를 같이하여 정당하고 거기에 소론과 같은 외국금전채권의 환산시기에 관한 법리오해의 위법이 있다고 할 수 없다.

또 소론은 이 사건 보험금액을 미합중국화폐로 표시하기는 하였으나 계약당사자의 의사는 그 지급하여야 할 시기(즉 이행기)의 외국환시세에 따른 우리나라 통화로서 그 보험금을 지급하기로 약정한 취지이어서 이는 부진정 외국금전채권이므로 이 사건 보험금의 우리나라 통화로서의 환산시기는 이행기로 봄이 정당하다는 취지의 주장을 하나 기록상 위와 같은 약정을 인정할 증거가 없을 뿐 아니라 이는 사실심에서는 주장하지 아니한 새로운 주장이어서 적법한 상고이유가 될 수 없다. 결국 논지는 모두 이유없다.

이상의 이유로 상고를 기각하고 상고비용은 패소자의 부담으로 하여, 대법관 윤관, 대법관 이재성의 반대의견

을 제외하고 관여법관의 의견이 일치되어 주문과 같이 판결한다.

대법관 윤관, 대법관 이재성의 반대의견은 다음과 같다.

우리나라 민법은 제378조에서 "채권액이 다른나라 통화로 지정된 때에는 채무자는 지급할 때에 있어서의 이행지의 환금시가에 의하여 우리나라 통화로 변제할 수 있다"고 규정하여 외국통화의 채무자에게 우리나라 통화로 변제할 수 있는 이른바 대용권을 인정하면서도 채권자에게는 그에 관한 아무런 규정을 두지 아니하였다.

그리고 기록을 살펴보아도 원고와 피고사이에 미국통화의 급부를 채권의 목적으로 하고 있을 뿐 원고에게 선택권이나 대용권의 행사를 유보하기로 한 약정이 있었다거나 원고에게 그와 같은 권리를 행사할 수 있게 할 상관습이 있었다고 보여지지 아니한다.

따라서 채무자에게만 임의채권으로서의 대용권을 인정하고 있는 우리나라의 민법체계에서는 특별한 사정이 없는 한 원고는 본래의 급부목적인 미국통화의 지급만을 청구할 수 밖에 없다는 결론에 이르게 되고 또 그렇게 보는 것이 채권관계를 지배하는 신의칙에도 합당하다.

가사 이 사건에 있어서와 같이 원심에서 원고가 청구한 대로 우리나라 화폐의 지급을 명하는 판결이 선고되고 이에 대한 피고의 상고가 없어 어쩔 수 없이 우리나라 통화에 의한 청구를 용인할 수 밖에 없다 하더라도 이와 같은 경우에 있어서의 우리나라 통화로의 환산시기를 정함에 있어서는 다수의견과 견해를 같이 할 수 없다.

다수의견은 민법 제378조가 그 환산시기에 관하여 규정한 "지급할 때"란 뜻을 우리나라 통화로의 현실이행시라고 풀이하면서도 그것이 재판상의 청구인 경우에는 그 환산시기를 현실로 이행할 때에 가장 가까운 사실심구두변론종결당시로 잡아야 한다고 한다.

그리고 이와 같은 견해가 외국통화의 급부를 목적으로 한 채권자가 우리나라통화에 의한 지급을 구하고 있는 이 사건에도 타당한 것으로 보고있다.

우선, 위 조문에서 규정한 "지급할 때"를 다수의견이 전제한 바와 같이 현실 이행시로 본다면 그 현실이행시를 재판상의 청구와 재판외의 청구로 구분할 이유가 없고 더구나 우리나라 통화의 지급을 구하는 것이 강제집행이 불능할 때를 대비한 대상청구에 터잡은 것도 아닌 바에야 재판상의 청구라 하여 그 환산시기를 사실심 구두변론 종결당시로 정할 수도 없다.

오히려 외국통화를 우리나라 통화로 환산하는 취지는 본래의 급부인 외국통화에 의한 채권액과 대용급부인 우리나라통화에 의한 채권액과의 등가관계를 산출하는데 있는 것이고 판결에 의한 강제집행을 할 경우에도 강제집행 당시의 환율에 따르는 것이 타당하므로 우리나라 통화로의 환산시기는 재판상의 청구와 재판외의 청구를 가릴 것 없이 현실 지급시로 보면 그만인 것이다.

그러므로 이 사건에 민법 제378조가 정한 환산시기를 끌어들인다 하더라도 원고는 피고에게 미국통화 얼마를 지급할 때의 환율에 따라 환산한 우리나라 통화의 지급을 구할 수는 있을지언정, 지급하기 전의 환율에 따른 우리나라 통화를 미리 계산하여 그 지급을 구할 수는 없다 하겠다.

그 보다도 이 사건에 있어서와 같이 원고가 그 급부의 목적인 외국통화의 지급을 구하지 아니하고 우리나라 통화에 의한 지급을 구하는 경우에도 과연 민법 제378조가 정한 "지급할 때"라는 환산시기의 적용이 있는 것인가.

결론적으로 말하면 앞에서 본 바와 같은 환산시기의 풀이는 민법 제378조에 의하여 채무자가 대용권을 행사하는 경우에 그렇다는 것에 그치는 것이므로 외국통화의 급부를 목적으로 한 채권자가 우리나라 통화에 의한 지급을 구할 때에는 이와는 달리 청구할 때를 그 환산시기로 잡는 것이 옳다고 본다.

왜냐하면 외국통화를 급부의 목적으로 한 채권자가 우리나라 통화에 의한 지급을 구할 때에는 이미 외국통화채권은 소멸하고 새로운 우리나라 통화채권이 발생한다고 보여지는 터에, 채무자의 대용권은 그에 따른 의사표시 외에 우리나라 통화를 현실적으로 제공하는 방법에 의하여서만 행사하여야 하는 반면, 외국통화의 채권자가 우리나라 통화에 의한 지급을 구할 때에는 의사표시만으로도 충분하므로 그 채권자가 우리나라 통화에 의한 지급을 구하는 의사표시를 할 때 채무자는 바로 이행지체에 빠지고 말기 때문이다.

만일 위와 같이 풀이하지 아니하면 채무자는 언제든지 대용권을 행사하여 그때 당시의 환율에 따른 우리나라 통화를 지급함으로써 채무를 면하게 되지만 채권자는 우리나라 통화의 지급을 구하더라도 채무자의 현실이행시를 기다려 그때의 환율에 따른 우리나라 통화를 지급받을 수 밖에 없을 뿐만 아니라 채권자가 우리나라 통화에 의한 지급을 청구함으로써 채무자가 바로 이행지체에 빠졌는데도 그 후 채무자로 하여금 통화가치의 하락을 틈타서 계속 그 지급을 미루다가 하락한 환율에 따라 현실이행 당시의 우리나라 통화로 갚게 하는 것은 공평의 관념에도 반하는 것이라고 하지 않으면 안된다.

원고가 그 환산시기를 이 사건 외국통화채권의 이행기로 잡아야 한다고 주장하면서 내세우고 있는 상고이유에는 위와 같은 뜻이 포함되어 있다고 보지못 할 바 아니다.

결국 원심판결은 외국통화의 급부를 목적으로 한 채권자가 우리나라 통화에 의한 지급을 구할 때에 있어서의 환산시기와 민법 제378조의 법리를 오해한 위법이 있으므로 파기하여야 한다고 본다.

5 민법 제397조의 의미

(1-1) 광주고등법원 1999. 7. 16. 선고 98나2784 판결

【원고, 항소인】 정봉교

【피고, 피항소인】 소외 현대정유판매주식회사의 소송수계인 현대정유 주식회사

【원심판결】 전주지방법원군산지원 1998. 4. 9. 선고 97가합1749 판결

【주 문】

1. 원심판결 중 다음에서 지급을 명하는 원고 패소부분을 취소한다.
   피고는 원고에게 금 56,513,300원 및 이에 대하여 1997. 4. 18.부터 1999. 7. 16.까지는 연 5푼의, 그 다음날부터 다 갚는 날까지는 연 2할5푼의 각 비율에 의한 금원을 지급하라.
2. 원고의 나머지 항소를 기각한다.
3. 소송비용은 제1, 2심 모두 3분하여 그 중 2는 원고의, 나머지는 피고의 각 부담으로 한다.
4. 제1항 중 금원지급을 명한 부분은 가집행할 수 있다.

【청구취지】

주위적으로, 피고는 원고에게 금 153,044,198원 및 이에 대하여 이 사건 소장부본 송달일 다음날부터 다 갚는 날까지 연 2할5푼의 비율에 의한 금원을 지급하라.

예비적으로, 피고는 원고에게 금 21,930,540원 및 이에 대하여 1997. 4. 18.부터 다 갚는 날까지 연 2할5푼의

비율에 의한 금원을 지급하라(당심에 이르러 추가되었다).

【항소취지】

원심판결을 취소한다, 피고는 원고에게 금 153,044,198원 및 이에 대하여 이 사건 소장부본 송달일 다음날부터 다 갚는 날까지 연 2할5푼의 비율에 의한 금원을 지급하라.

【이 유】

1. 손해배상책임

가. 인정사실 및 판단

(1) 다음 각 사실은 (증거)를 종합하여, 이를 인정할 수 있다.

(가) 원고는 1995. 11. 초경 피고의 소송피수계인인 소외 현대정유판매주식회사(1999. 3. 1. 피고에게 합병되었다, 이하 '소외 회사'라고 한다)의 전북지사장으로서 소외 회사를 대리한 소외 한병호와 사이에, 원고 소유(1991. 12. 17. 소유권 취득)의 익산시 인화동 1가 180 내 820.3㎡(이하 '이 사건 토지'라고 한다)를 소외 회사에게 금 1,240,000,000원에 매도하는 계약(이하 '이 사건 매매계약'이라고 한다)을 체결하면서, 계약금은 1995. 11. 16.까지 매매대금의 10% 상당액을, 중도금은 1995. 12. 20.까지 매매대금의 40% 상당액을, 잔금은 1996. 1. 31.까지 소유권이전등기에 필요한 일체의 서류와 상환으로 각 지급하기로 하되, 원고는 소외 회사가 이 사건 토지에 건축할 예정인 주유소에 대한 석유판매업허가를 얻을 수 있도록 최대한 협조하고, 만약 위 허가를 얻지 못할 경우에는 위 계약을 무효로 하고 계약금을 반환하기로 하는 내용의 약정을 하였다.

(나) 그 후 소외 회사 전북지사는, 원고로부터 토지사용승낙서를 교부받는 등 협조를 받아, 1995. 11. 24. 익산시장으로부터, 상호는 익산현대주유소, 소재지는 이 사건 토지로 하는 석유판매업허가를 얻었으나, 소외 회사 본사에서 이 사건 토지의 매입안건에 대한 결재가 나오지 아니하였다는 이유로, 위 계약금을 포함한 매매대금을 전혀 지급하지 아니하였고, 이에 원고는 1996. 12. 24. 및 1997. 2. 28. 2차례에 걸쳐 소외 회사 전북지사장에게 내용통지서를 보내 위 매매대금 지급의무이행을 최고하였으나, 소외 회사가 여전히 이를 이행하지 아니하므로, 소외 회사의 위와 같은 채무불이행을 이유로 이 사건 매매계약을 해제한다는 의사표시가 담긴 이 사건 소를 제기하기에 이르렀다.

(2) 위 인정사실에 의하면, 이 사건 매매계약은 이 사건 소장부본이 소외 회사에게 송달된 날임이 기록상 명백한 1997. 4. 17. 해제되었다고 할 것이므로, 특별한 사정이 없는 한 원고는 민법 제551조의 규정에 따라 소외 회사의 승계인인 피고에 대하여 소외 회사의 위와 같은 채무불이행으로 인하여 원고가 입게 된 손해의 배상을 청구할 수 있다고 할 것이다.

나. 피고의 주장 및 그에 대한 판단

(1) 피고의 주장

이에 대하여 피고는, 다음과 같은 취지의 각 주장을 하고 있다.

(가) 첫째, 소외 회사 전북지사장인 위 한병호는 원고와 사이에 이 사건 매매계약을 체결하면서 소외 회사 본사의 결재를 받을 것을 정지조건으로 하였는데, 위와 같이 본사의 결재를 받지 못함으로써 그 정지조건이 성취되지 아니하였으므로 결국 이 사건 매매계약은 불성립하게 되었다.

(나) 둘째, 가사 이 사건 매매계약이 유효하게 성립하였다고 할지라도, 원고는 위 잔금지급 예정일인 1996. 1. 31.이 경과한 뒤 언제라도 소외 회사에 대하여 이 사건 매매계약의 이행을 청구할 수 있었음에도 불구하고, 소외 회사 전북지사로부터 1996. 2.경 본사에서 이 사건 매매계약에 대한 결재를 하지 않기로 확정하였다는 통지를 받고서도 장기간 동안 아무런 이의를 제기하지 않았을 뿐만 아니라, 그 무렵 소외 회사로부터 소외 한화에너지주식회사(이하 '한화에너지'라고 한다)를 소개받아 위 한화에너지와 사이에 이 사건 토지의 매매를 시도한 점 등에 비추어 보면, 원고와 소외 회사 사이의 이 사건 매매계약은 1996. 2.경 합의해제되었다고 봄이 상당하다.

(2) 판단

(가) 살피건대, 우선 이 사건 매매계약 체결 당시 소외 회사 본사의 결재를 받을 것을 정지조건으로 하였다는 위 주장에 관하여 보면, 위 주장에 부합하는 듯한 원심증인 박형술, 한병호의 각 일부 증언은 이를 받아들이지 아니하고, 달리 이를 인정할 만한 증거가 없으며, 또한 소외 회사 전북지사가 그 본사의 결재를 받기 전에 원고와 사이에 이 사건 매매계약을 체결하였다가 그 뒤 그에 관한 결재를 받지 못함으로써 원고에게 위 매매대금을 지급하지 못하게 된 사실은 앞서 본 바와 같으나, 위 사실만으로는 뒤에서 인정하는 사실 등에 비추어 위 소외 회사 본사의 결재가 이 사건 매매계약의 정지조건이었다고 할 수도 없을 것이므로, 피고의 위 주장은 그 이유 없다.

(나) 다음으로, 이 사건 매매계약이 합의해제 되었다는 주장에 관하여 보건대, 앞서 든 증거들과 을 제1 내지 3호증의 각 기재에 의하면, 소외 회사는 1995. 11. 15.경 주유소 사이의 거리제한에 관한 규정이 폐지됨으로써 신규 주유소가 많이 생겨날 것으로 예상되자, 그 무렵부터 위와 같이 새로 생겨나게 될 주유소들을 소외 회사 소속으로 확보하기 위하여 많은 노력을 기울여 왔고, 그러던 중 소외 회사 전북지사에 대하여도 다른 경쟁회사에 앞서 우량 토지를 확보하라는 내용의 지시를 하였으며, 그에 따라 위 전북지사에서는 이 사건 토지를 주유소 유망지로 판단하고 이를 매수하여 소외 회사 직영 주유소로 신설할 계획으로 원고와 접촉하여 그 매도를 요청한 사실, 위 전북지사장인 위 한병호는 위와 같은 경위로 소외 회사를 대리하여 원고와 사이에 이 사건 매매계약을 체결한 다음(당시 계약금을 수수하지 아니한 것은 그 때까지 위 주유소에 대한 석유판매업허가가 나오지 아니하였기 때문으로 보인다), 그 본사에 이 사건 매매계약에 대한 결재 및 매매대금 지원을 요청하였으나, 위 본사에서는 자금동결을 이유로 그 결재를 해주지 아니하였고, 그에 따라 원고에게 위 매매대금을 지급할 수 없게 된 사실, 그 후 이 사건 매매계약의 불이행으로 인한 법적인 책임을 지게 될 것을 우려한 위 한병호 등은 1996. 2.경 동종업체인 위 한화에너지 전주영업소에 이 사건 토지를 매수하도록 소개하였고, 그에 따라 위 영업소 직원인 소외 안일권이 원고를 만나 매매가격 등 조건에 관하여 절충을 한 다음 그 본사에 대하여 매입 품의를 하였으나, 위 한화에너지에서도 이 사건 토지를 매수하지 않게 되었던 사실을 각 인정할 수 있는바, 사정이 위와 같다면 원고가 위 한병호 등의 소개로 위 한화에너지 영업소 직원과 이 사건 토지의 매매에 관하여 협의하였다는 사실만으로써 이 사건 매매계약이 합의해제 되었다고 단정할 수는 없을 것이므로(통상 합의해제가 성립하였다고 볼 수 있으려면 그와 같은 계약해제에 따른 원상회복 및 손해배상의 범위 등에 관한 합의도 함께 이루어진 경우라야 할 것이다), 피고의 이 부분 주장 역시 그 이유 없다.

2. 손해배상의 범위

가. 원고의 주장 및 그에 대한 판단

(1) 원고는 이 사건 매매계약의 해제에 따른 손해배상액 청구에 있어, 주위적으로, 위 매매계약 당시 소외 회

사와 사이에 이 사건 토지에 건립될 예정인 주유소의 석유판매업허가를 얻지 못하여 위 계약이 무효로 될 경우 원고가 소외 회사에게 계약금을 반환하기로 한 약정을 함으로써 위 계약금 상당액의 위약금약정을 하였고, 또한 소외 회사가 위 계약을 이행하지 아니함으로써 당시 원고에게 부과되어 있던 토지초과이득세 145,220,990원 중 20%를 추가로 공제 받지 못하게 되었다고 주장하여, 위 계약금 상당액인 금 124,000,000원(=1,240,000,000원 ×10/100)과 위 토지초과이득세 20% 상당액인 금 29,044,198원(=145,220,990원×20/100) 등 합계 금 153,044,198원의 지급을 구하고, 예비적으로, 위 매매계약 체결일(1995. 11. 초이나 계약금 지급예정일인 같은 16.로 한다)로부터 위 매매계약이 해제된 날인 1997. 4. 17.까지 이 사건 토지를 사용하지 못함으로써 입게 된 임료 상당의 손해금 21,930,540원의 지급을 구하고 있다.

(2) 먼저, 위 주위적 청구부분에 관하여 보기로 한다.

살피건대, 계약당사자 일방이 그 해제권을 행사하여 그 계약을 해제하였을 경우에도 민법 제551조는 채권자 보호라는 입장에서 계약의 해제와는 별도로 손해배상을 청구할 수 있음을 명시하고 있는바, 이 경우의 손해배상 청구도 채무불이행으로 인한 손해배상과 다를 것이 없으므로 전보배상으로서 그 계약의 이행으로 인하여 채권자가 얻을 이익 즉 소위 이행이익을 손해로서 청구할 수 있을 것이고, 그 범위는 채무자의 채무불이행과 상당인 과관계 있는 손해로 한정된다고 할 것이다.

그런데, 원고의 주장과 같이 이 사건 매매계약 당시 위 손해배상의 예정으로서의 성질을 갖는 계약금 상당의 위약금약정이 있었는지를 보면, 이 사건 매매계약에 있어 원고와 소외 회사 사이에 계약금이 수수되지 아니한 사실은 앞서 본 바와 같고, 위 계약 당시 계약금 상당액을 위약금으로 삼기로 하는 특약이 있었다는 취지의 원심 증인 오연수, 조홍수의 각 증언은 이를 받아들이지 아니하고 달리 이를 인정할 만한 아무런 증거가 없으며, 나아가 위와 같은 사정 하에서 원고 주장의 위 계약금반환약정(석유판매업허가를 얻지 못하여 위 계약이 무효로 될 경우 계약금을 반환한다는 약정)을 가리켜 위약금약정으로 볼 수는 없을 것이므로, 원고의 위 위약금약정 주장은 그 이유 없고, 나아가 위 토지초과이득세 중 추가로 감면받지 못한 부분 상당의 손해주장에 관하여 보면, 원고의 위 주장사실이 인정된다고 할지라도, 위와 같은 손해는 이른바 특별한 사정으로 인한 손해로서 앞서 배척한 증거들 외에 소외 회사가 그와 같은 사정을 알았거나 알 수 있었다고 볼 만한 증거가 없으므로, 이 부분 주장 역시 그 이유 없다.

(3) 다음으로, 예비적 청구인 임료 상당액 손해주장에 관하여 보건대, 소외 회사가 이 사건 매매대금 지급의무를 이행하지 아니하였다고 하여 원고가 이 사건 토지를 사용·수익할 수 없었다고 볼 수 없을 뿐만 아니라, 뒤에서 보는 바와 같이 원고가 구하는 위 임료 상당액보다 더 많은 액수를 손해배상액으로 인정하는 이상, 원고의 이 부분 주장은 더 나아가 살펴볼 필요 없이 그 이유 없다.

(4) 결국, 이 사건에 있어서 피고의 채무불이행으로 인하여 원고가 청구할 수 있는 통상의 손해는, 이 사건 매매계약이 약정대로 이행되었을 경우 소외 회사가 원고에게 지급하였을 위 매매대금에 대한 채무불이행 기간 동안의 민법 소정의 연 5푼의 비율에 의한 이자 상당액에서 같은 기간 동안 원고가 이 사건 토지를 사용·수익함으로써 얻을 수 있는 이익 즉 위 토지의 임료 상당액을 공제한 금액으로 함이 상당할 것이다.

나. 손해액의 계산

위와 같이 손해액을 계산하면, 이 사건 매매계약 당시 소외 회사는 원고에게 계약금(매매대금의 10%)은 1995. 11. 16.까지, 중도금(매매대금의 40%)은 1995. 12. 20.까지, 잔금(매매대금의 50%)은 1996. 1. 31.까지 각 지급하기로 약정한 앞서 본 바와 같으므로, 소외 회사의 위 채무불이행기간 동안 연 5푼의 비율에 의하여 계산한 위 매매대금 이자 상당액은 금 79,054,245원{=124,000,000원(계약금)×5/100×517일(1995. 11. 17.~1997. 4. 17.)/365일 + 496,000,000원(중도금)×5/100×483일(1995. 12. 21.~1997. 4. 17.)/365일 + 620,000,000원(잔금)×5/100×441일(1996. 2. 1.~1997. 4. 17.)/365일, 원 미만은 버림, 이하 같다}이 되고, 또한 당심감정인 김춘호의 임료감정결과에 의하면, 이 사건 매매계약의 계약금 지급약정일 다음날인 1995. 11. 17.부터 위 계약 해제일인 1997. 4. 17.까지의 임료(이 사건 토지의 인근의 표준적인 이용상황, 주위상황, 부근 나지의 임료 수준 및 보상평가지침상의 토지사용율 등을 참작한 연 2%의 기대이율을 적용한 임료)는 합계 금 22,540,945(=970,000원/㎡×820.3㎡×2/100×517일/365일)원이 되므로, 결국 피고가 원고에게 배상할 손해액은 금 56,513,300원(=79,054,245원 - 22,540,945원)이 된다.

3. 결론

그렇다면, 피고는 원고에게 위 금 56,513,300원 및 이에 대하여 이 사건 매매계약해제일 이후로서 원고가 구하는 이 사건 소장부본 송달일 다음날인 1997. 4. 18.부터 피고가 그 이행의무의 존부 및 범위에 관하여 항쟁함이 상당하다고 인정되는 이 판결 선고일인 1999. 7. 16.까지는 민법 소정의 연 5푼의, 그 다음날부터 다 갚는 날까지는 소송촉진등에관한특례법 소정의 연 2할5푼의 각 비율에 의한 금원을 지급할 의무가 있다고 할 것이므로, 원고의 이 사건 청구는 위 인정범위 안에서 이유 있어 이를 인용하고 나머지 청구는 이유 없어 이를 기각할 것인바, 원심판결은 이와 일부 결론을 달리하여 부당하므로 원고의 항소를 일부 받아들여 원심판결 중 위에서 지급을 명한 원고 패소부분을 취소하여 피고에게 그 지급을 명하고, 원고의 나머지 항소는 그 이유 없으므로 이를 기각하기로 하여, 주문과 같이 판결한다.

(1-2) 대법원 2000. 2. 11. 선고 99다49644 판결

【원고, 피상고인】 정봉교

【피고, 상고인】 현대정유 주식회사

【원심판결】 광주고등법원 1999. 7. 16. 선고 98나2784 판결

【주 문】 원심판결 중 피고 패소 부분을 파기한다. 이 부분 사건을 광주고등법원에 환송한다.

【이 유】

상고이유를 판단한다.

1. 제1점에 대하여

원심판결 이유에 의하면, 원심은 그 판결에서 채용하고 있는 증거들을 종합하여, 원고가 피고의 소송피수계인 현대정유판매 주식회사(1999. 3. 1. 피고 회사에 흡수합병 되었다. 이하 '피고'라고만 한다) 전북지사장으로 피고를 대리한 소외 한병호와 사이에 이 사건 토지 매매계약을 체결한 후 그 계약이 제대로 이행되기 어렵게 되자 한병호의 소개로 1996년 2월경 한화에너지프라자 주식회사 전주영업소 직원과 이 사건 토지의 매매에 관하여 협의하였다는 사실을 인정하고 나서, 그와 같은 사정만으로 이 사건 매매계약이 합의해제 되었다고 단정할 수 없다고 판단하고 있다.

기록에 비추어 살펴보면, 원심의 위와 같은 사실인정과 판단은 수긍이 가고, 거기에 채증법칙과 경험칙에 반

하여 사실을 인정함으로써 판결 결과에 영향을 미친 위법이 없다. 그리고 원심이 통상 합의해제가 성립하였다고 볼 수 있으려면 그와 같은 계약해제에 따른 원상회복 및 손해배상의 범위 등에 관한 합의도 함께 이루어진 경우라야 할 것이라고 판단한 것은 부가적인 판단에 불과한 것으로서 이 부분 판단에 합의해제에 관한 법리를 오해하였는지 여부는 판결 결과에 아무런 영향이 없다. 이 부분 상고이유는 모두 받아들일 수 없다.

2. 제2점에 대하여

가. 원심판결 이유에 의하면, 원심은 이 사건 매매계약이 피고의 매매대금 지급의무의 이행지체를 이유로 한 원고의 계약해제의 의사표시에 의하여 1997. 4. 17. 해제되었으므로 원고는 피고에 대하여 피고의 채무불이행으로 인하여 원고가 입게 된 손해의 배상을 청구할 수 있다고 판단한 다음, 나아가 그 손해배상의 범위에 관하여 계약금 상당의 위약금 124,000,000원과 원고에게 부과된 토지초과이득세 금 145,220,990원 중 피고의 채무불이행으로 인하여 추가로 공제받지 못하게 된 20%에 상당한 금 29,044,198원의 손해를 입었다고 하여 그 지급을 구하는 원고의 주위적 청구와 이 사건 매매계약상의 계약금 지급 예정일인 1995. 11. 16.부터 그 해제일인 1997. 4. 17.까지 원고가 이 사건 토지를 사용하지 못함으로써 그 임료 상당인 금 21,930,540원의 손해를 입었다고 하여 그 지급을 구하는 원고의 예비적 청구에 대하여는 이를 그 판시와 같은 이유로 모두 배척하고, 나아가 피고의 채무불이행으로 인하여 원고가 청구할 수 있는 통상의 손해는 이 사건 매매계약이 약정대로 이행되었을 경우 피고가 원고에게 지급하였을 위 매매대금에 대한 채무불이행 기간 동안의 민법 소정의 연 5푼의 비율에 의한 이자 상당액에서 같은 기간 동안 원고가 이 사건 토지를 사용·수익함으로써 얻을 수 있는 이익 즉 이 사건 토지의 임료 상당액을 공제한 금액으로 함이 상당하다고 전제하고, 이 사건 매매계약의 계약금, 중도금, 잔금의 각 지급 예정일 다음날부터 이 사건 매매계약의 해제일인 1997. 4. 17.까지 각 민법 소정의 연 5푼의 비율에 의한 법정이자 상당액에서 계약금 지급 예정일 다음날인 1995. 11. 17.부터 1997. 4. 17.까지의 임료 상당액을 공제하는 방법으로 손해액을 계산하여 피고가 원고에게 배상할 손해액을 금 56,513,300원이라고 산출하고, 피고에 대하여 원고에게 위 금원과 이에 대한 지연손해금의 지급을 명하고 있다.

나. 채무불이행으로 인한 손해배상 예정액의 청구와 채무불이행으로 인한 손해배상액의 청구는 그 청구원인을 달리 하는 별개의 청구이므로 손해배상 예정액의 청구 가운데 채무불이행으로 인한 손해배상액의 청구가 포함되어 있다고 볼 수 없고, 그리고 채무불이행으로 인한 손해배상액의 청구에 있어서 손해의 발생 사실과 그 손해를 금전적으로 평가한 배상액에 관하여는 손해배상을 구하는 채권자가 주장·입증하여야 하는 것이므로, 채권자가 손해배상책임의 발생 원인 사실에 관하여는 주장·입증을 하였더라도 손해의 발생 사실에 관한 주장·입증을 하지 아니하였다면 변론주의의 원칙상 법원은 당사자가 주장하지 아니한 손해의 발생 사실을 기초로 하여 손해액을 산정할 수는 없다고 할 것이다.

그런데 기록에 의하면, 원고는 주위적으로 손해배상 예정액의 청구와 함께 피고의 채무불이행으로 인하여 원고에게 부과된 토지초과이득세액 중 20%를 추가로 공제받지 못하는 손해가 발생하였음을 청구원인으로 하여 공제받지 못한 토지초과이득세액에 상당한 손해액의 지급을 구하고, 예비적으로 피고의 채무불이행 기간 동안 이 사건 토지를 사용·수익하지 못한 손해가 발생하였음을 청구원인으로 하여 임료 상당 손해액의 지급을 구하였을 뿐, 피고의 채무불이행으로 인하여 채무불이행 기간 동안 이 사건 매매대금에 대한 법정이자 상당액을 손해로 청구한 바가 전혀 없음을 알아 볼 수 있고, 한편 금전채무 불이행에 관한 특칙을 규정한 민법 제397조는 그 이행지체가 있으면 지연이자 부분만큼의 손해가 있는 것으로 의제하려는 데에 그 취지가 있는 것이므로 지연이자를 청구하는 채권자는 그 만큼의 손해가 있었다는 것을 증명할 필요가 없는 것이나, 그렇다고 하더라도 채권자가 금전채무의 불이행을 원인으로 손해배상을 구할 때에 지연이자 상당의 손해가 발생하였다는 취지의 주장은 하여야 하는 것이지 주장조차 하지 아니하여 그 손해를 청구하고 있다고 볼 수 없는 경우까지 지연이자 부분만큼의 손해를 인용해 줄 수는 없는 것이다.

그리고 원고가 주위적 또는 예비적 청구원인으로 삼은 위 각 손해발생 사실과 이 사건 매매대금에 대한 법정이자 상당액의 손해발생 사실은 그 청구원인을 달리 하는 것이어서, 원고의 위 주장 가운데 이 사건 매매대금에 대한 법정이자 상당액의 손해발생 주장이 포함되어 있다고 볼 수 없음에도 불구하고, 원심이 피고의 채무불이행으로 인하여 원고에게 이 사건 매매대금의 법정이자 상당액의 손해가 발생하였다고 보아 피고가 배상하여야 할 손해액을 산정하여 그 지급을 명하고, 더욱이 피고에 대하여 손해배상 예정액으로 금 124,000,000원의 지급을 구하였을 뿐이고, 피고의 채무불이행으로 인한 손해배상으로는 주위적으로 금 29,044,198원의 지급을 구하고, 예비적으로 금 21,930,540원의 지급을 구하고 있으므로, 법원은 채무불이행으로 인한 손해배상에 관하여 원고의 청구를 초과한 손해액의 지급을 명할 수 없을 것임에도 불구하고, 원심은 원고의 청구액을 초과하여 금 56,513,300원의 지급을 명하고 있으니, 원심의 이러한 조치는 변론주의 내지 당사자처분권주의 원칙에 반하는 것이라고 하지 않을 수 없다.

상고이유 중 이 점을 지적하는 부분은 이유 있다.

3. 그러므로 나머지 상고이유에 대한 판단을 생략한 채 원심판결 중 피고 패소 부분을 파기하고, 이 부분 사건을 다시 심리·판단케 하기 위하여 원심법원에 환송하기로 관여 법관의 의견이 일치되어 주문과 같이 판결한다.

6 이자채권

(1-1) 서울지방법원 남부지원 2003. 10. 9. 선고 2002가단40115 판결

【원 고】 오명숙

【피 고】 심성섭 외 1인

【주 문】

1. 피고들은 연대하여 원고에게 금 27,072,357원 및 그 중 금 13,373,972원에 대하여 2002. 8. 10.부터 완제일까지 연 25%의 비율에 의한 금원을 지급하라.
2. 원고의 피고들에 대한 나머지 청구를 각 기각한다.
3. 소송비용 중 50%는 원고의, 나머지 50%는 피고들의 각 부담으로 한다.
4. 제1항은 가집행할 수 있다.

【청구취지】

피고들은 연대하여 원고에게 금 48,000,000원 및 그 중 금 15,750,000원에 대하여 이 사건 소장 부본 송달 다음날부터 완제일까지 연 25%의 비율에 의한 금원을 지급하라는 판결.

【이 유】

1. 기초사실

원고가 다음 표 기재와 같이 2회에 걸쳐 피고 심성섭에게 합계 금 15,750,000원을 대여하면서 1회분 선이자 및 수수료 등을 공제한 합계 금 13,000,000원을 교부한 사실, 피고 손도원이 피고 심성섭의 위 차용금채무를 연대보증한 사실은 당사자 사이에 다툼이 없다.

순번	대여일	대여액	실제교부액	채무자	연대보증인	변제기	이율
1	2001. 2. 6.	12,000,000	10,000,000	피고 심성섭	피고 손도원	15일	15일에 10%
2	2001. 2. 10..	3,750,000	3,000,000	피고 심성섭	피고 손도원	15일	15일에 10%
합계		15,750,000	13,000,000				

2. 원고의 청구원인

앞서 인정한 사실에 의하면, 특별한 사정이 없는 한 피고들은 연대하여 원고에게 위 대여금 합계 금 15,750,000원 및 이에 대한 변제기 다음날부터 완제일까지 약정이율에 따른 지연손해금을 지급할 의무가 있다 할 것이다.

3. 피고들의 항변

가. 채무의 면제 합의

이에 대하여 피고들은, 원고가 2002. 5. 14. 피고 심성섭에 대한 위 채무를 모두 면제하였다고 항변한다.

살피건대, 을 제5호증의 1, 2, 갑 제4호증의 1, 2의 각 기재에 의하면, 원고가 2001. 3. 29. 서울지방법원 남부지원 2001카단5315호로 피고 심성섭 소유의 서울 강서구 화곡동 29-189 대 190㎡ 및 그 지상 건물에 대한 가압류결정을 받아 2001. 4. 2. 위 각 부동산에 관한 위 가압류의 기입등기를 경료하였다가 2001. 5. 14. 위 가압류를 해제함으로써 2001. 5. 21. 위 가압류의 기입등기가 말소된 사실을 인정할 수 있고 반증이 없으나, 위 인정사실만으로는 피고들 주장과 같이 원고가 피고 심성섭에 대한 위 대여금채무를 모두 면제하여 주었다고 인정하기에 부족하고, 달리 이를 인정할 증거가 없으므로, 위 항변은 이유 없다.

나. 약정이율의 일부 무효 및 대여원금의 확정

이에 대하여 피고들은 위 약정이율은 지나친 고리(高利)의 이율로서 사회질서에 반하여 무효라고 항변한다.

살피건대, 앞서 본 바와 같이 이 사건 약정이율이 15일에 원금의 10%에 해당하는 금액으로 약정되어 있어 이를 연리로 환산하면 연 243.33%(10% × 365일／15일, 소수점 셋째 자리이하 버림, 이하 같다)에 이르러 1년분 이자액이 원금의 2.43배에 이르는 점, 대부업의등록및금융이용자보호에관한법률은 금전의 대부 또는 중개업을 영위하고자 하는 자는 영업소를 관할하는 특별시장・광역시장・도지사에게 등록하여야 하고[1], 대부업자가 개인에게 금전을 대부하는 경우 대부금 중 금 30,000,000원 이내의 금액에 대한 이자율은 연 70%의 범위 내에서 대통령령이 정하는 율을 초과할 수 없도록 규정하고 있으며[2], 위 법률 시행령은 위 법률 제8조 제1항의 "대통령

---

1) 대부업의등록및금융이용자보호에관한법률 제2조 제1호, 같은 법 제3조 제1항

령으로 정하는 율"을 연 66%로 규정하고 있는[3] 점, 금전의 소비대차에 있어 경제적 약자인 채무자의 열악한 지위 및 위 각 대여 당시 우리나라의 경제현실 특히 자본시장의 상황과 당사자의 계약위험 등을 고려하면, 앞서 본 연 243.33%의 이자 약정 중 연 70%를 초과하는 부분의 이자 약정은 지나치게 높은 이율로서 사회질서에 반하여 무효라 할 것이다.

나아가 앞서 본 바와 같이 연 70%를 초과하는 부분의 이자 약정이 무효라고 한다면, 위와 같은 연 70%의 이율을 초과하는 이자를 선이자로 공제한 경우에 그 초과부분 역시 무효이므로, 채무자는 실제 교부받은 대여금액에다가 이 금액에 대한 유효한 이율 범위 내의 이자액을 합산한 금액만을 대여원금으로서 반환할 의무가 있다 할 것(대법원 1989. 1. 17. 선고 87다카2824 판결 등 참조)이므로, 이 사건 금전소비대차 중 2001. 2. 6.자 소비대차에 있어서의 대여원금액은 금 10,287,671원{10,000,000+(10,000,000×70%×15/365, 원 미만 버림, 이하 같다}, 2001. 2. 10.자 소비대차에 있어서의 대여원금액은 금 3,086,301원{3,000,000+(3,000,000×70%×15/365}에 불과하다 할 것이다.

그렇다면, 피고들은 연대하여 원고에게 위 대여원금의 합계 금 13,373,972원(10,287,671+3,086,301) 및 그 중 금 10,287,671원에 대하여는 마지막 이자 계산 다음날인 2001. 2. 21.부터, 나머지 금 3,086,301원에 대하여는 같은 2001. 2. 25.부터 완제일까지 약정이율 중 유효한 연 70%의 비율에 의한 지연손해금을 지급할 의무가 있다 할 것인바, 이 사건 소장 부본 송달일임이 기록상 명백한 2002. 8. 9.까지의 원금과 지연손해금의 합계를 계산하면 금 27,072,357원[10,287,671+{10,287,671×70%×(1+170/365)}+3,086,301+{3,086,301×70%×(1+166/365)}]이 된다 할 것이다.

다. 상계 항변

피고들은 또한, 피고 심성섭이 2000. 10. 30.부터 2001. 2. 6.까지 사이에 원고로부터 수차에 걸쳐 합계 금 45,030,000원을 차용한 후 같은 기간 동안 합계 금 110,000,000원을 변제하였는바, 위 변제액 중 정당한 이율 범위를 초과하는 금원은 부당이득으로서 피고 심성섭에게 반환하여야 할 것이므로, 그 부당이득반환채권과 피고 심성섭의 위 대여금채무를 대등액에서 상계한다는 취지로 항변한다.

살피건대, 당사자 사이에 약정된 이율의 일부가 사회질서에 반하는 것으로서 일부 무효가 된다 하더라도, 채무자가 당초 약정이율에 따른 이자를 임의로 지급한 경우에는 이를 무효라 할 수 없고, 따라서 그 반환을 구하는 것도 허용되지 아니한다고 보아야 할 것(대법원 1988.9.27. 선고 87다카422,423 판결 등 참조)이므로, 위 항변은 더 나아가 살펴 볼 필요도 없이 이유 없다.

이에 대하여 피고들은 다시, 위와 같이 유효한 이율을 초과하는 이자를 지급하게 된 것은 원고의 강박에 의한 것이라고 주장하나, 이를 인정할 증거가 없으므로 위 주장 역시 받아들이지 아니한다.

4. 결론

그렇다면, 피고들은 연대하여 원고에게 이 사건 소장 부본 송달일까지의 원금과 지연손해금 합계인 위 금 27,072,357원 및 그 중 위 대여원금 13,373,972원에 대하여 마지막 이자 계산 다음날인 2002. 8. 10.부터 완제일까지 유효한 약정이율 범위 내로서 원고가 구하는 연 25%의 비율에 의한 지연손해금을 지급할 의무가 있다 할

2) 대부업의등록및금융이용자보호에관한법률 제8조 제1항
3) 대부업의등록및금융이용자보호에관한법률시행령 제5조 제3항

것이므로, 원고의 청구는 위 인정범위 내에서 이유 있어 이를 각 인용하고, 나머지 청구는 이유 없어 이를 각 기각하기로 하여 주문과 같이 판결한다.

(1-2) 서울중앙지방법원 2004. 8. 5. 선고 2003나56006 판결

【원고, 피항소인】 오명숙

【피고, 항소인】 심성섭 외 1인

【원심판결】 서울지방법원 남부지원 2003. 10. 9. 선고 2002가단40115 판결

【주 문】

1. 제1심 판결 중 '26,223,442원 및 그 중 13,352,603원에 대하여 2002. 8. 10.부터 다 갚는 날까지 연 25%의 비율에 의한 금원'을 초과하여 지급을 명한 피고들 패소부분을 취소하고, 그 부분에 해당하는 원고의 청구를 기각한다.
2. 피고들의 나머지 항소를 각 기각한다.
3. 소송비용은 제1, 2심을 통틀어 3/5은 원고가, 2/5는 피고들이 각 부담한다.

【청구취지 및 항소취지 】

1. 청구취지

피고들은 연대하여 원고에게 48,000,000원 및 그 중 15,750,000원에 대하여 이 사건 소장부본 송달 다음날부터 다 갚는 날까지 연 25%의 비율에 의한 금원을 지급하라.

2. 항소취지

제1심 판결을 취소하고, 원고의 청구를 기각한다.

【이 유】

1. 청구원인에 대한 판단

가. 인정사실

다음 사실은 (증거)를 종합하여 인정할 수 있고, 달리 반증이 없다.

(1) 원고는 2001. 2. 6. 피고 손도원에게 12,000,000원을 변제기는 대여일로부터 15일, 이자는 15일에 10%로 정하여 대여하면서 선이자 1,200,000원 및 수수료 등을 공제하고 10,000,000원만을 실제로 교부하였는데, 피고 심성섭은 아내인 위 피고 손도원의 위 차용금채무를 연대보증하였다.

(2) 원고는 다시 2001. 2. 10. 피고들을 연대채무자로 하여 3,750,000원을 변제기는 대여일로부터 15일, 이자는 15일에 10%로 정하여 대여하면서 선이자 375,000원 및 수수료 등을 공제하고 3,000,000원만을 실제로 교부하였다.

나. 판 단

위 인정사실에 의하면, 피고들은 특별한 사정이 없는 한 연대하여 원고에게 위 차용금 합계 15,750,000원(= 12,000,000원 + 3,750,000원) 및 위 각 차용금에 대하여 각 변제기 다음날부터 다 갚는 날까지 위 약정이율에 의한 지연손해금을 지급할 의무가 있다.

2. 피고들의 항변에 대한 판단

가. 채무 면제

피고들은, 피고들이 원고가 재직하고 있는 '주식회사 국제엔터프라이즈'를 국세청에 신고하지 아니하여 약 3,000만 원의 세금을 내지 않도록 해 주었고, 그 대가로 원고는 2002. 5. 14. 피고들에게 위 차용금 채무를 모두 면제하기로 하면서 가압류를 해제하여 주었다고 항변한다.

살피건대, (증거)를 종합하면, 원고가 2001. 3. 29. 서울지방법원 남부지원 2001카단5315호로 청구금액을 48,000,000원으로 하여 피고 심성섭 소유의 서울 강서구 화곡동 29-189 대 190㎡ 및 그 지상 3층 다가구주택에 대한 부동산가압류결정을 받아 그 가압류등기를 경료하였다가 2001. 5. 14. 위 가압류를 해제한 사실, 피고 손도원이 2001. 6. 8.경 중부지방국세청으로부터 '원고가 이사로 재직하고 있는 위 국제엔터프라이즈에 대한 대출금 채무에 관하여 그 대출원금, 선이자, 실수령액, 이자율 등을 밝혀 달라.'라는 내용의 우편을 받은 사실은 인정할 수 있으나, 위와 같은 사실만으로는 피고들 주장과 같이 피고들이 위 국제엔터프라이즈를 국세청에 신고하지 않는 대가로 원고가 피고들에게 위 차용금채무를 모두 면제하여 주었다고 인정하기에는 부족하고, 달리 이를 인정할 증거가 없으므로, 피고들의 위 항변은 이유 없다.

나. 약정이율의 무효

피고들은 이 사건 대여금에 대한 위 약정이율은 지나치게 높은 이율로서 사회질서에 반하여 무효라고 항변한다.

살피건대, 위 약정이율은 15일에 원금의 10%에 해당하는 금액으로서 이를 연리로 환산하면 연 243%(=10%×365일/15일, 소수점 이하 버림)에 이르러 1년분 이자액만도 원금의 2.43배에 이르는 점, 비록 이 사건 대여계약 이후에 제정된 법률이기는 하나 대부업자 등의 불법적 채권추심행위 등을 규제함으로써 대부업의 건전한 발전을 도모하고 거래상대방을 보호하는 것을 목적으로 제정된 '대부업의 등록 및 금융이용자 보호에 관한 법률'에 의하면, 금전의 대부 또는 중개업을 영위하고자 하는 자가 개인에게 금전을 대부하는 경우 대부금 중 30,000,000원 이내의 금액에 대한 이자율은 연 70%의 범위 내에서 대통령령이 정하는 비율을 초과할 수 없도록 규정하고 있고(위 법 제8조 제1항), 다시 위 법 시행령은 이를 연 66%로 정하고 있는 점(위 시행령 제5조 제3항), 그 밖에 이 사건 대여계약 당시의 원고와 피고들의 경제적 지위 등의 모든 사정을 고려하면, 앞서 본 연 243%의 이자 약정 중 연 66%를 초과하는 부분은 지나치게 높은 이율로서 사회질서에 반하여 무효라 할 것이므로, 피고들의 위 항변은 이유 있다.

나아가 이 사건 이자 약정 중 연 66%를 초과하는 이자를 선이자로 공제한 경우 그 초과부분은 무효이므로, 채무자는 실제 교부받은 대여금액에다가 이에 대한 변제기까지의 위 연 66%의 이율 범위 내의 이자액을 합산한 금액만을 변제기일에 대여원금으로서 변제할 의무가 있다 할 것인바, 이에 따라 위 각 대여금의 대여원금을 계산해보면, 위 2001. 2. 6.자 대여금의 대여원금은 10,271,233원{=10,000,000원+(10,000,000원×66%×15일/365일, 원 미만 버림, 이하 같다}, 2001. 2. 10.자 대여금의 대여원금은 3,081,370원{=3,000,000원+(3,000,000원×66%×15일/365일}이 되고, 결국 피고들이 지급할 총 대여원리금은 13,352,603원(=10,271,233원+3,081,370원) 및 그 중 10,271,233원에 대하여는 그 변제기 다음날인 2001. 2. 22.부터, 나머지 3,081,370원에 대하여는 그 변제기 다음날인 2001. 2. 26.부터 각 다 갚는 날까지 연 66%의 비율에 의한 지연손해금이라 할 것인바, 이를 이 사건 소장부본 송달일임이 기록상 명백한 2002. 8. 9.까지 계산하여 보면 26,223,442원[=20,189,023원{=10,271,233원+10,271,233원×66%×(534일/365일)+6,034,420원{= 3,081,370원+3,081,370원×66%×(530일/365일)]이 됨이 계산상 명백하다.

다. 상계 항변

(1) 피고들은, 이 사건 차용금 이전에도 1999. 9. 17.부터 2000. 10. 30.까지 사이에 원고로부터 7차례에 걸쳐 합계 32,030,000원을 이자 월 40%로 차용하였다가 2001년 2월경까지 그 차용원리금으로 약 110,000,000원을 모두 변제하였는바, 위 변제액 중 정당한 이율 범위를 초과하는 금원은 부당이득으로서 피고들에게 반환되어야 할 것이므로, 그 부당이득 반환채권과 피고들의 이 사건 차용금채무를 대등액에서 상계한다는 취지로 항변한다.

살피건대, 당사자 사이에 약정된 이율의 일부가 사회질서에 반하는 것으로서 일부 무효가 된다 하더라도, 채무자가 당초 약정이율에 따른 이자를 임의로 지급한 경우에는 이를 무효라 할 수 없고 따라서 그 반환을 구하는 것도 허용되지 아니한다고 보아야 할 것이므로, 피고들의 위 항변은 더 나아가 살펴 볼 필요 없이 이유 없다.

이에 대하여 피고들은 다시, 위와 같이 정당한 이율을 초과하는 이자를 지급한 것은 원고가 이른바 해결사들을 동원하여 피고들 및 그 가족에 대하여 협박과 폭언을 함으로 인해 어쩔 수 없이 지급하게 된 것이라고 주장하나, 이를 인정할 아무런 증거가 없으므로 위 주장 역시 받아들이지 아니한다.

(2) 피고들은, 2000. 10. 30. 원고로부터 12,750,000원을 변제기는 차용일로부터 2개월로 정하여 차용한 후 이자 및 원금 일부로 합계 12,490,000원을 지급하는 등 착실히 위 차용금 채무를 변제하고 있었는데, 원고는 2000. 12. 20. 일방적으로 피고 심성섭 소유의 위 화곡동 주택 및 대지에 채권최고액 48,000,000원의 근저당권을 설정하였고, 이로 인하여 피고들은 새로운 임차인과의 임대차계약이 파기되어 9,000,000원의 위약금을 무는 등 총 63,630,000원 상당의 손해를 입었는바, 그 손해배상채권과 피고들의 이 사건 차용금채무를 대등액에서 상계한다는 취지로 항변한다.

살피건대, 위 차용 당시 원고와 피고들 사이에 변제기 도래 전에는 근저당권설정등기를 경료하지 않기로 약정하였음에도 원고가 그 약정을 어겼다거나 또는 원고가 피고들로부터 불법적으로 근저당권설정 관계서류를 탈취하여 위와 같이 근저당권설정등기를 경료하였다고 볼 아무런 자료가 없는 이상, 단순히 피고들이 당시 위 차용금 중 상당액을 변제하고 있었고 아직 변제기가 도래하지 않은 상태였다는 점만으로는 원고의 위 근저당권설정행위가 피고들에 대하여 채무불이행 또는 불법행위를 구성한다고는 볼 수 없으므로, 나머지 점에 관하여는 더 나아가 살펴 볼 필요 없이 피고들의 위 항변도 이유 없다.

2. 결론

그렇다면 피고들은 연대하여 원고에게 위 26,223,442원 및 그 중 대여원금 13,352,603원에 대하여 이 사건 소장부본 송달 다음날인 2002. 8. 10.부터 다 갚는 날까지 유효한 약정이율 범위 내로서 원고가 구하는 연 25%의 비율에 의한 지연손해금을 지급할 의무가 있다 할 것이므로, 원고의 피고들에 대한 청구는 위 인정범위 내에서 이유 있어 이를 각 인용하고, 나머지 청구는 이유 없어 이를 각 기각할 것인바, 제1심 판결의 피고들 패소부분 중 이와 결론을 일부 달리하는 부분은 부당하므로 이를 취소하고 그 부분에 해당하는 원고의 청구를 기각하며, 피고들의 나머지 항소는 이유 없어 이를 기각하기로 하여 주문과 같이 판결한다.

(1-3) 대법원 2007. 2. 15. 선고 2004다50426 전원합의체 판결

【원고, 피상고인】 원고 소송대리인 변호사 유홍준 외 1인

【피고, 상고인】 피고 1 외 1인

【원심판결】 서울중앙지방법원 2004. 8. 5. 선고 2003나56006 판결

【주 문】 원심판결 중 피고들 패소부분을 파기하고, 이 부분 사건을 서울중앙지방법원 합의부로 환송한다.

【이 유】

상고이유를 판단한다.

1. 상고이유 제1점에 대하여

채무의 면제는 반드시 명시적인 의사표시만에 의하여야 하는 것은 아니고 채권자의 어떠한 행위 내지 의사표시의 해석에 의하여 그것이 채무의 면제라고 볼 수 있는 경우에도 이를 인정하여야 할 것이기는 하나, 이와 같이 인정하기 위하여는 당해 권리관계의 내용에 따라 이에 대한 채권자의 행위 내지 의사표시의 해석을 엄격히 하여 그 적용여부를 결정하여야 한다(대법원 1987. 3. 24. 선고 86다카1907,1908 판결 등 참조).

원심이, 2001. 3. 29. 원고가 피고들에 대한 대여금 채권을 피보전권리로 하여 피고 1 소유 부동산에 가압류 집행을 하였다가 2001. 5. 14. 그 가압류를 해제한 사실, 2001. 6. 8. 피고 2가 국세청으로부터 '원고가 이사로 있는 소외 주식회사에 대한 채무내역을 밝혀달라'는 내용의 우편을 받은 사실만으로는 피고들 주장과 같이 피고들이 소외 주식회사를 국세청에 신고하지 않는 대가로 원고가 피고들의 채무를 모두 면제한 것으로 볼 수 없다고 판단한 것은 위 법리에 비추어 보면 정당하고, 거기에 채무 면제에 관한 법리를 오해하여 판결에 영향을 미친 위법은 없으며, 그에 관한 원심의 증거취사와 사실인정을 다투는 주장은 적법한 상고이유가 되지 못한다.

2. 상고이유 제2점에 대하여

가. 금전 소비대차계약과 함께 이자의 약정을 하는 경우, 양쪽 당사자 사이의 경제력의 차이로 인하여 그 이율이 당시의 경제적·사회적 여건에 비추어 사회통념상 허용되는 한도를 초과하여 현저하게 고율로 정하여졌다면, 그와 같이 허용할 수 있는 한도를 초과하는 부분의 이자 약정은 대주가 그의 우월한 지위를 이용하여 부당한 이득을 얻고 차주에게는 과도한 반대급부 또는 기타의 부당한 부담을 지우는 것이므로 선량한 풍속 기타 사회질서에 위반한 사항을 내용으로 하는 법률행위로서 무효라 할 것이다.

이와 같이 선량한 풍속 기타 사회질서에 위반하여 무효인 부분의 이자 약정을 원인으로 차주가 대주에게 임의로 이자를 지급하는 것은 통상 불법의 원인으로 인한 재산 급여라고 볼 수 있을 것이나, 불법원인급여에 있어서도 그 불법원인이 수익자에게만 있는 경우이거나 수익자의 불법성이 급여자의 그것보다 현저히 커서 급여자의 반환청구를 허용하지 않는 것이 오히려 공평과 신의칙에 반하게 되는 경우에는 급여자의 반환청구가 허용된다고 해석되므로(대법원 1993. 12. 10. 선고 93다12947 판결 등 참조), 대주가 사회통념상 허용되는 한도를 초과하는 이율의 이자를 약정하여 지급받은 것은 그의 우월한 지위를 이용하여 부당한 이득을 얻고 차주에게는 과도한 반대급부 또는 기타의 부당한 부담을 지우는 것으로서 그 불법의 원인이 수익자인 대주에게만 있거나 또는 적어도 대주의 불법성이 차주의 불법성에 비하여 현저히 크다고 할 것이어서 차주는 그 이자의 반환을 청구할 수 있다고 봄이 상당하다.

나. 그럼에도 불구하고, 원심이 1999. 9. 17.부터 2000. 10. 30.까지 사이에 원고로부터 차용한 돈에 대하여 지급한

이자 중 정당한 이율 범위를 초과하는 부분은 부당이득으로서 피고들에게 반환되어야 한다는 피고들의 상계항변을 판단함에 있어서, 위에서 본 법리와는 달리 당사자 사이에 약정된 이율의 일부가 사회질서에 반하는 것으로서 일부 무효가 된다 하더라도 채무자가 그 이율에 따라 이자를 임의로 지급한 경우에는 그 반환을 구할 수 없다고 보아 상계항변을 배척한 데에는 사회질서에 반하여 고율로 약정된 이자의 지급으로 인한 부당이득 내지 불법원인급여 반환에 관한 법리를 오해한 결과 그 무효 사유를 판단하지 아니하여 판결에 영향을 미친 위법이 있다. 이와 같은 점을 지적하는 취지의 상고이유는 이유 있으므로 이를 받아들이기로 한다.

3. 결론

그러므로 원심판결 중 피고들 패소부분을 파기하고, 이 부분 사건을 다시 심리·판단하게 하기 위하여 원심법원에 환송하기로 하여 주문과 같이 판결한다. 이 판결에는 상고이유 제2점에 대한 판단에 관하여 대법관 고현철, 대법관 김황식, 대법관 박일환, 대법관 안대희의 반대의견이 있는 외에는 관여 법관들의 의견이 일치하였다.

4. 대법관 고현철, 대법관 김황식, 대법관 박일환, 대법관 안대희가 밝힌 반대의견은 다음과 같다.

가. 다수의견은, 금전 소비대차계약과 함께 이자의 약정을 하는 경우, 양쪽 당사자 사이의 경제력의 차이로 인하여 그 이율이 당시의 경제적·사회적 여건에 비추어 사회통념상 허용되는 한도를 초과하여 현저하게 고율로 정하여졌다면, 그 한도를 초과하는 부분의 이자 약정은 선량한 풍속 기타 사회질서에 위반한 사항을 내용으로 하는 법률행위로서 무효로 되고, 차주가 그 한도를 초과하는 이자를 임의로 지급하였다고 하더라도 오로지 대주에게만 불법성이 있거나 적어도 대주의 불법성이 차주의 불법성에 비하여 현저히 크다고 보아야 하므로, 차주의 반환청구가 허용되어야 한다고 하고 있다.

나. 그러나 차주가 임의로 지급한 이자의 반환을 구할 수 있다고 본 다수의견에는 다음과 같은 이유에서 찬성할 수 없다.

(1) 금전 소비대차 약정 당시의 경제적·사회적 여건이나 당사자의 경제적 지위 등에 비추어 지나치게 고율의 이자약정을 한 경우 사회통념상 허용될 수 있는 한도를 초과하는 부분의 이자약정이 일정한 요건 하에 민법 제103조에 위반된 법률행위로서 무효로 평가될 수 있음은 다수의견이 지적하는 바와 같다. 그러나 사회통념상 허용될 수 있는 한도란 약정 당시의 경제적·사회적 여건의 변화에 따라 유동적일 수밖에 없을 뿐만 아니라 법률적인 평가나 가치판단이 개입되어야만 비로소 그 구체적인 범위를 확정할 수 있어, 당사자로서는 무효의 기준과 범위를 명확하게 인식할 수 없다는 문제가 있다.

종래에는 이자제한법에 의해 무효로 되는 이자약정의 범위를 명확하게 인식할 수 있었지만, 당사자 사이의 이율 결정은 자유로운 시장경제 기능에 맡기는 것이 타당하다는 고려에서 1998. 1. 13. 이자제한법이 폐지된 만큼, 더 이상 이를 기준으로 삼을 수는 없게 되었으며, 다수의견도 구체적으로 무효로 되는 기준과 범위를 제시하지는 못하고 있다. 원심은 이 사건 소비대차 이후에 시행된 대부업의 등록 및 금융이용자보호에 관한 법률 소정의 제한이율을 일응의 기준으로 삼아 이를 초과하는 이자약정을 무효로 본 것으로 이해되나, 위 법률 소정의 제한이율이 절대적인 기준이 될 수는 없다 할 것이며, 나아가 사회통념상 허용될 수 있는 적정이율(이하 편의상 '적정이율'이라고 한다)이란 오로지 이율만을 기준으로 판단할 문제가 아니라 당시의 경제적·사회적 여건이나 당사자의 경제적 지위, 소비대차에 이르게 된 경위 등을 종합적으로 고려하여 판단해야 할 문제인 만큼, 이자제한법이 폐지된 현 상황에서 오로지 이율만을 기준으로 적정이율 여부를 판단하는 것은 결코 타당하다고 할 수 없다.

결국 일정한 경우 고율의 이자약정이 무효로 평가될 수 있다 하더라도, 무효의 기준과 범위, 즉 어느 범위 내에서 이자약정이 무효로 되며 대주가 받아서는 아니 될 이자가 과연 얼마인지에 관하여 대주에게 예측가능성이 있다고 보기는 어려우며, 따라서 대주가 차주로부터 적정이율을 초과하는 이자를 지급받았다고 하더라도 대주가 명확하게 불법성을 인식했다고 평가하기는 어렵다 할 것이다.

(2) 다수의견은 차주가 적정이율을 초과하여 지급한 이자는 불법원인급여에 해당하는 것으로 볼 수 있다고 하면서도, 그 불법성이 오로지 대주에게만 있거나 대주의 불법성이 차주의 불법성에 비하여 현저히 크기 때문에 이 경우 차주의 반환청구는 허용되어야 한다고 하고 있다.

그러나 적정이율을 초과하는 이자약정이 민법 제103조에 위반되어 무효라고 보더라도 당사자 사이의 약정에 따라 이자가 지급된 것인 이상 그 불법원인은 대주와 차주 쌍방 모두에게 있다고 볼 수밖에 없고, 일반적으로 차주가 대주보다 경제적으로 열악한 지위에 있다는 점을 감안하더라도 앞서 본 바와 같이 대주가 불법성을 명확하게 인식했다고 평가하기는 어렵다는 점에 비추어 보면, 일률적으로 대주의 불법성이 차주의 그것에 비해 현저히 크다고 단정할 수만은 없다고 할 것이다.

특히 이 사건과 같이 금융기관과 사이의 거래가 아닌 사인 간에 거래를 함에 있어 아무런 물적 담보 없이 차주나 보증인의 신용만을 담보로 금원을 대여하는 경우 대주로서는 차주의 파산이나 도피, 사망 등의 사유로 인해 채권을 회수할 수 없게 되는 위험을 감수하는 대가로 고율의 이자를 요구하는 것이 일반적이고, 반면 차주로서는 금융기관으로부터 대출을 받을 경우에 비해 고율의 이자를 부담해야 하지만 만약 이러한 부담을 감수하지 않는다면 달리 마땅한 자금 융통의 수단이 없기 때문에 다소 고율의 이자를 부담하더라도 그것이 경제적으로 보아 유리하다는 판단 아래 금원을 차용하게 될 것이다. 이와 같이 대주로서는 고수익을 올릴 수 있는 대신 그만큼 고위험의 부담을 안을 수밖에 없는 점, 차주의 경제적 필요에 의해 금전거래가 이루어진다고 볼 수 있는 점 등을 감안하여 볼 때, 오로지 대주에게만 불법성이 있다고 보거나 대주의 불법성만을 지나치게 강조하는 것은 결코 적절치 않다고 할 것이다.

과거 이자제한법이 적용되던 사안에 관하여 대법원은 이자제한법 소정의 제한이율을 초과한 이자를 임의로 지급한 경우 이는 불법원인급여에 해당하고, 그 불법원인이 대주와 차주 쌍방에게 있어 차주는 지급된 이자의 반환을 구할 수는 없다고 판시하여 왔는바(대법원 1961. 7. 20. 선고 4293민상617 판결, 대법원 1988. 9. 27. 선고 87다카422, 423 판결, 대법원 1994. 8. 26. 선고 94다20952 판결 등 참조), 명확한 무효의 기준이 없어진 현 상황에서 오히려 대주의 불법성을 강조하는 것은 균형이 맞지 않는 해석이라 아니할 수 없다.

임의로 이자를 지급함으로써 이미 거래가 종료된 상황에서 다시 차주의 반환청구를 허용한다면 법적 안정성을 해칠 우려도 있다.

(3) 결국 차주가 적정이율을 초과한 이자를 임의로 지급한 경우, 오로지 대주에게만 불법성이 있다거나 대주의 불법성이 차주의 불법성보다 현저히 크다고 보기는 어렵다고 할 것이고, 따라서 민법 제746조 본문에 따라 차주의 반환청구는 허용될 수 없다고 봄이 상당하다.

다. 같은 취지에서 피고들의 상계 주장을 배척한 원심의 조치는 정당한 것으로 수긍할 수 있고, 거기에 상고이유로 주장하는 바와 같은 부당이득반환에 관한 법리오해 등의 위법이 있다고 볼 수는 없으므로, 상고를 기각함이 상당하다.

계약의 효력

계약의 효력

1 동시이행의 항변권

(1-1) 서울고등법원 1977. 5. 13. 선고 76나2014 판결

【원고, 피항소인】 박문배
【피고, 항소인】 김신자
【주 문】

1. 원심판결 중 본소청구의 금원지급부분에 관한 피고(반소원고) 패소부분 중 금 201,503원을 초과하여 지급을 명한 부분을 취소하고 이 부분에 해당하는 원고(반소피고)의 본소청구를 기각한다.
2. 피고(반소원고)의 본소에 관한 나머지 항소와 반소에 관한 항소를 모두 기각한다.
3. 소송비용은 1,2심 모두 피고(반소원고)의 부담으로 한다.

【청구취지】

원고(반소피고)는 본소로서 피고(반소원고)는 원고(반소피고)에게 별지목록기재의 건물 중 지하실 건평 47평 6홉 6작을 명도하고, 1975.6.1.부터 원심변론종결시까지 월 금 50,000원의 비율에 따른 금원을 지급하라. 소송비용은 피고(반소원고)의 부담으로 한다라는 판결 및 가집행의 선고를 구하고, 피고(반소원고)는 반소로서 원고(반소피고)는 피고(반소원고)에게 금 9,630,000원을 지급하라. 소송비용은 원고(반소피고)의 부담으로 한다라는 판결 및 가집행의 선고를 바란다.

【항소취지】

원판결을 취소한다. 원고(반소피고)의 본소청구를 기각한다라는 판결 및 반소청구취지와 같은 판결.

【이 유】

1. 본소에 관하여 본다.

(1) (증거)를 종합하면, 원고(반소피고, 이하 원고라 한다)와 피고(반소원고, 이하 피고라 한다)사이에 1973.9.30. 원고소유의 별지목록기재 건물 중 지하실 건평 47평 6홉 6작(이하 이사건 건물이라 한다)을 임대보증금 3,500,000원, 월차임 50,000원, 임대차기간 20개월(1975.5.31.까지)로 각 약정하여 피고에게 임대하기로 하는 내용의 임대차계약이 맺어진 사실과 피고가 현재 위 건물에서 복다방이라는 상호로 다방을 경영하면서 이를 점유하고 있는 사실을 인정할 수 있고 달리 반증이 없다.

(2) 원고가 이사건 본소청구로서 피고에 대하여 위 임대차계약이 기간만료로 종료되었음을 이유로 이사건 건물의 명도와 임대차기간만료일의 익일부터 임료상당의 손해의 배상을 구함에 대하여, 피고는 이사건 건물인 위 다방은 소외 한계옥의 소유이므로 소유권자 아닌 원고로서는 위 건물의 명도를 구할 청구권이 없다는 취지로 주장하나, 가사 피고가 주장하듯 이사건 건물의 실질적인 소유권이 원고에게 있지 아니하다고 하더라도 이사건 임대차계약이 원, 피고사이에 이루어진 사실은 앞서 인정한 바와 같으므로 임대인인 원고로서는 임차인인 피고에 대하여 위 임대차계약의 종료를 원인으로 하여 이사건 건물의 명도를 구할 권원이 있다고 할 것이니 위 피고의 항변은 그 이유가 없다고 하겠다.

피고는 또한 원고는 이 사건 임대차계약의 임대기간이 만료된 뒤에도 피고로부터 1975.12.말까지 월세를 영수하였을 뿐 아니라 관리비도 징수한 바 있으므로 위 임대차계약은 묵시적으로 갱신된 것이라고 주장하므로 이점에 관하여 보건대, (증거)을 합쳐보면, 원고가 1977.1.15. 피고로부터 금 300,000원을 수령하고 위 임대차기간 만료이후인 1976.10.부터 동년 12.까지 수도료, 청소대, 전기료등을 피고로부터 수령한 사실은 이를 인정할 수 있으나, (증거)를 종합하면, 원고는 위 임대차계약의 가간만료에 당하여 1975.5.6. 동 기간만료로서 위 임대차를 종료시킬 의사이며 다시 갱신할 의사는 없음을 피고에게 명백히 표시한 바 있어 위 계약은 위 기간만료로서 종료된 것인데(그렇지 않다고 하더라도 적어도 이사건 소장송달일로부터 6개월이 경과한 1976.6.23.로서 해제의 효과가 발생하였다고 볼 것이다) 위 금 300,000원은 위 임대차계약의 갱신을 전제로 하여 그 임료로서 지급받은 것이 아니라 피고의 불법점유로 인한 임료상당이 손해액의 일부로서 지급된 것을 알아볼 수 있으며 위 피고가 지급할 수도료, 전기료, 청소대등 역시 위 건물의 점유자인 피고가 마땅히 관리비로서 지급할 성질의 것이였다고 보아야 할 것이므로 위와 같은 각 금원을 피고가 지급하였다고 하여도 이와 같은 사실만으로 피고가 주장하듯 위 임대차계약이 원, 피고사이에 묵시적으로 갱신된 것이라고는 볼 수 없으니 위 피고의 항변 또한 그 이유가 없다고 할 것이다.

피고는 또 위 임대차계약이 만료되었다고 하더라도 피고는 원고로부터 임차보증금 3,500,000원을 반환받기 이전에는 원고의 명도청구에 응할 수 없다고 항쟁하나, 이사건의 경우와 같은 건물의 임대차계약에 있어서 임대차가 종료된 경우 임차인의 건물명도의무는 임대인의 보증금반환의무에 앞선 선이행의 관계에 있다고 볼 것이므로 위 피고의 항변 또한 그 이유가 없다.

또 피고가 1973.8.28.부터 원고의 승낙 하에 별지시설 목록기재와 같은 각 시설물을 도합 금 6,675,000원을 들여 신설한 바 있으며 이로 인하여 위 다방은 현존가액이 증가되었으므로 원고로부터 위 유익비의 상환을 받기까지 위 건물에 관한 유치권을 행사하는 바이라고 항변하므로 이점에 관하여 본다.

(증거)를 종합하면(피고는 위 갑3호증의 2가 위조된 것이라고 항변하나 이를 인정할만한 증거가 없다), 위 다방내 및 위 다방이 있는 건물의 외각과 옥상에 위 피고주장과 같은 목록의 시설물의 존재하는 바, 피고는 1973.9.30. 원고와 위 다방건물에 관한 임대차계약을 맺을 당시 피고가 시설한 내부시설은 임대기간 만료시에 임차인의 비용으로 이를 철거하여 원상으로 회복하여 주기로 약정하였고, 그 2,3일 뒤 원·피고 사이에 작성된 각서에서도 위와 같은 취지를 재차 확임함과 동시에 특히 피고가 주장하는 별지시설물목록중 원고의 승낙하에 시설한 동 목록1기재의 에어콘1대 및 크린타워와 이에 부속된 파이프시설, 동 목록4기재의 냉장고 1대 및 동 목록3기재의 물탱크(물통)는 각기 위 임대차기간 만료시에 피고가 철거하기로 약정하였던 사실, 위 피고주장의 별지목록기재의 각 시설물중 동 목록2기재의 전기동력인입선, 동 목록6기재의 전기시설 중 옥내배선, 동 목록9

기재의 환기모타 및 펌프모타 2대와 그 부속시설은 원래 피고가 이를 임차하기 이전부터 시설되어 있었던 것으로서 피고가 시설한 시설물이 아닌 사실, 더욱이 별지목록기재의 각 시설물중 위 에어콘 및 크린타워(단 파이프 시설제외)나 냉장고, 물통 및 동 목록5기재의 의자 및 탁자40조, 동 목록8기재의 네온싸인간판 및 아크릴간판, 동 목록10기재의 연료난로 3개, 동 목록11기재의 엠프레코드 900매, 동 목록12기재의 전자올겐 및 연주대 1대등의 시설물은 모두 위 다방건물에 부합되거나 또는 부착된 부속물로서 그 경제적 가치를 손상함이 없이 이전 또는 철거가 불가능한 물건들이 아니어서 유익비상환청구의 대상이 되는 시설물이 아님은 물론 후술하는 부속물매수청구권이 대상이 되는 부속물에도 해당되지 아니하며, 오직 별지목록 7기재의 벽 시설 및 내부개수만이 피고가 다방임차후 시공한 것으로서 건물에 부합되어 그 가치의 증가가 현존하고 있어 유익비상환의 대상이 되는 시설물에 해당하는 사실을 인정할 수 있고 반증이 없으므로 결국 위 피고가 주장하는 시설물중 유익비상환청구의 대상이 될 수 있는 별지목록 7기재의 시설에 대하여는 원・피고사이의 위 임대차계약의 약정에 따라 피고가 이를 자기비용으로 이전 또는 철거하여야 할 의무를 부담하고 있는 것이어서 유익비상환청구를 할 수 없는 것이고, 그 밖의 시설물들은 성질상 유익비반환청구의 대상이 될 수 없는 것이라고 할 것이니 이와 같은 유익비상환청구권이 있음을 전제로 한 위 피고의 유치권항변은 나머지 점에 관하여 더 판단할 필요도 없이 그 이유가 없다고 할 것이다.

피고는 또 가사 피고의 유치권항변이 이유없다고 하더라도 피고는 원고에 대하여 별지목록기재의 각 시설물에 관하여 부속물매수청구권을 행사하는 바이라고 주장하므로 이점에 관하여 본다.

위 피고주장의 시설물(다만 아래에서 보는 에어콘 및 크린타워에 부속된 파이프시설은 제외)이 모두 그중 일부는 피고가 시설한 것이 아니거나 피고가 시설하였다 하더라도 이전 및 철거가 용이한 물건들인 사실은 이미 앞에서 본바와 같으므로 위의 시설물들을 이른바 부속물매수청구권의 목적이 될 수 있는 부속물이라고는 볼 수 없다고 할 것이나(별지목록 7기재의 벽시설 및 내부개수시설등도 부속물이라 볼 수 없다) 다만 앞에 나온 원심 및 당심 증인 이영환의 증언과 당심 감정인 신형법의 감정결과 및 당원의 현장검증결과를 종합하면, 에어콘 및 크린타워에 부속된 파이프시설은 원고의 동의하에 건물사용의 편익을 위하여 피고가 자신의 비용으로 본건 건물벽체에 부착 설치한 것으로서 원고와 사이에 후일 임대차계약 종료시에 철거하기로 약정한바 있었으나 현재 이를 철거 분리하게 되면 손상되어 경제적가치가 상실되는 시설물임을 알아볼 수 있으므로 이 파이프시설은 피고가 시설한 부속물로서 부속물매수청구권의 대상이 된다고 보아야 할 것인바, 위 감정인의 감정결과에 의하면 피고가 원고에게 위 매수청구권을 행사한 날임이 기록상 명백한 1976.12.17. (피고의 매수청구권행사의 취지가 기재된 1976.12.1.자 준비서면이 원고에게 송달된 날) 현재의 위 파이프시설의 가격은 금 98,497원인 사실을 인정할 수 있고 달리 반증이 없다.

그렇다면 위 파이프시설에 관하여는 원, 피고사이에 임대차종료시에 철거하기로 약정하였다고 하여도 이와같은 약정은 강행규정에 위배되어 무효라고 할 것이므로 피고가 원고에 대하여 이에 대한 부속물매수청구권을 행사한 날인 1976.12.17.자로 원・피고사이에 그 매매대금을 금 8,497원으로 한 매매계약이 성립되었다고 보아야 할 것이므로 위 피고의 부속물매수청구는 위 인정된 한도 내에서 그 이유가 있다고 하겠다.

그런데 원고는 1977.3.18. 당심 제6차 변론기일에서의 원고의 동년 3.8.자 준비서면의 진술로서 위 피고의 부속물매수청구가 인용될 경우 원고가 피고에 대하여 가지고 있는 1975.6.1.부터 원심변론 종결시까지의 월 50,000원의 비율에 따른 임료상당의 손해배상채권과 피고의 원고에 대한 부속물매수대금 채권과를 대등액에서 상계할 것을 주장하고 있으므로 아래에서 원고의 임료상당 손해금청구부분과 위 상계항변을 함께 묶어 판단하기로 한다.

이사건, 원・피고사이의 임대차계약이 1975.5.31.로 그 임대차기간이 만료된 사실과 위 기간이 만료된 이후 피고가 위 건물을 계속 점유하여온 사실 및 그 점유권원에 관한 피고의 주장이 모두 그 이유가 없는 것임은 이미 앞에서 본 바와 같으므로 피고는 달리 위 건물을 점유할 정당한 권원이 있음을 주장입증하지 아니한 이 사건에 있어서 위 건물을 불법점유하고 있다고 할 것이므로 원고에 대하여 그가 청구하는 바에 따라 위 임대차기간이 만료된 익일인 1975.6.1.부터 원심변론종결일임이 기록상 명백한 1976.5.31.까지 월 금 50,000원의 비율에 따른 차임상당 손해금으로서 금 600,000원을 지급하여야 할 의무가 있다고 할 것이다.

그런데 원고가 1977.1.15. 피고로부터 위 차임상당손해금의 일부로서 금 300,000원을 수령한 사실은 앞에서 본 바와 같으므로 원고는 자신이 위 상계의 의사표시를 한 1977.3.18. 현재 피고에 대하여 위 금 600,000원에서 300,000원을 공제한 나머지 금 300,000원의 손해배상청구권만을 가지고 있었다고 볼 것이고, 위 1977.3.18. 현재 위 원고의 피고에 대한 손해배상청구권과 피고의 원고에 대한 부속물매수대금 채권 금 98,497원은 이른바 상계적상에 있다고 볼 것이므로 위 두 채권은 동일자로 상계로서 대등액에서 소멸되었다고 할 것이니 결국 원고의 피고에 대한 손해배상청구권은 금 201,503원에 한하여 잔존하는 셈이된다.

(3) 그렇다면 이 사건 건물에 관한 원・피고사이의 임대차계약은 1975.5.31.자로 임대차기간이 만료되므로서 종료되었다고 할 것이고 피고는 위 건물부분을 불법점유하고 있다고 할 것이므로 원고에 대하여 위 건물을 명도하고 위에서 인정된 금 201,503원을 지급할 의무가 있다고 하겠다.

2. 다음으로 반소에 관하여 본다.

이사건 반소청구원인의 요지는 피고는 1973.9.30. 원고와 원고소유의 이 사건 건물을 임차기간을 20개월로, 임차보증금을 3,500,000원으로, 월차임을 50,000원으로 각 약정하여 임대차계약을 맺고, 원고에게 위 임차보증금을 지급한 뒤 위 건물에서 다방을 경영하여 오면서 원고와 합의하여 피고의 돈 6,130,000원을 들여 위 다방시설 일체를 신설하였는데 원고는 당초 위 임대차기간이 만료되면 건물의 명도와 상환으로 위 임차보증금을 물론 위 피고가 지출한 시설비용까지 모두 피고에게 반환하여 주기로 약정하였음에도 불구하고 그뒤 위 임대차기간이 만료되자 위 약정에 위배하여 위 건물의 명도만을 구하고 피고에게 위 임차보증금 및 시설비용은 반환하지 아니하고 있으므로 이사건 반소청구에 이르렀다고 주장한다.

그러나 위 피고가 주장하듯 원고가 위 임차보증금을 건물의 명도와 상환으로 피고에게 지급하기로 약정하였다고 볼 증거는 아무것도 없을 뿐 아니라 피고의 위 임차보증금반환청구나 그밖에 시설비용에 관한 위 피고의 주장들이 모두 그 이유가 없음은 앞서 본소청구에 관한 판단부분에서 본바와 같으므로 위 피고의 반소청구는 나머지 점에 관하여 더 살펴볼 필요도 없이 그 이유없음에 돌아간다.

3. 그렇다면 결국 원고의 본소청구는 위 인정된 범위 내에서 그 이유가 있다하여 이를 인용하고 나머지 청구는 그 이유가 없으므로 이를 기각하여야 할 것이며 피고의 반소청구는 모두 그 이유가 없으니 이를 기각할 것인바, 원판결이 원고의 본소청구중 가옥명도청구부분을 인용하고 피고의 반소청구를 기각하였음은 당원과 결론을 같이하여 정당하다 하겠으나 원고의 본소청구중 금원지급 청구부분에 관하여 당원이 인용한 범위를 초과하여 피고에게 지급을 명한 피고패소부분은 부당하고 피고의 항소는 이 부분에 한하여 그 이유가 있으므로 원판결을 위 범위내에서 취소하기로 하고, 피고의 나머지 항소는 그 이유가 없으므로 이를 기각하기로 하며, 소송비용의

부담에 관하여는 민사소송법 제96조, 제89조, 제92조 단서를 적용하고, 가집행의 선고는 이를 붙이지 아니하기로 하여 주문과 같이 판결한다.

(1-2) 대법원 1977. 9. 28. 선고 77다1241 판결

【원고(반소피고), 피상고인】 박문배
【피고(반소원고), 상고인】 김신자
【원심판결】 서울고등법원 1977.5.13. 선고 76나2014,2015 판결

【주 문】

원판결의 본소청구중 피고의 항소를 기각한 부분 및 반소청구중 임차 보증금청구에 대한 항소를 기각한 부분을 파기하고, 그 부분을 서울고등법원으로 환송한다. 피고의 나머지 상고를 기각한다. 피고의 위 나머지 상고로 인하여 생긴 소송비용은 피고의 부담으로 한다.

【이 유】

피고(반소원고)의 상고이유를 판단한다.

상고이유 제1점에 대하여,

원심이 적법히 인정한 사실에 의하면 원, 피고는 1973.9.30 원고소유의 원판결 별지목록기재 건물 중 지하실 건평 47평6홉6작에 관하여 임차보증금 3,500,000원, 월차임 50,000원, 임차기간 20개월(1975.5.31까지)로 하는 임대차계약을 체결하고 이후 피고가 복다방이란 상호의 다방으로 이를 지금까지 점유사용하고 있다는 것이므로 원심이 원고는 위 임대차계약의 종료를 원인으로 하여 피고에게 위 임차건물의 명도를 구할 수 있다고 판단하였음은 정당하고 이 판단에는 본건 다방의 영업허가 명의자가 소외 한계옥이므로 한계옥에게 명도를 구하여야 한다는 피고주장을 배척한 뜻이 포함되어 있음이 분명하고 거기에 판단유탈이나 이유불비, 심리미진의 위법이 있음을 찾아볼 수 없으므로 논지는 이유없다.

상고이유 제2점에 대하여,

위 임대차기간이 만료된 뒤에도 원고는 1975.12말까지의 월차임을 영수하고 관리비를 징수하였으므로 위 임대차계약이 묵시적으로 갱신되었다는 피고의 주장에 대하여 원심은 원고는 1975.5.6 위 임대차기간만료로서 본건 임대차를 종료시킬 의사를 피고에게 명백히 표시한 바 있어 위 계약은 위 기간만료로 종료되었는바 원고가 위 기간만료후의 차임을 영수한 것은 임료상당의 손해금으로 받은 것이고 관리비의 징수란 건물점유자가 당연히 지불해야 할 수도료, 전기료, 청소대등을 받은 것으로 이와 같은 사실만으로는 위 임대차계약이 묵시적으로 갱신되었다고 볼 수 없다는 취지로 판단하고 있는바, 기록에 비추어 보면 이와 같은 판단은 수긍이 가고 그 사실인정과정에 채증법칙을 어긴 잘못이 있거나 그 법률 판단에 있어 임대차계약의 묵시의 갱신에 관한 법리를 오해한 위법이 있다고는 할 수 없으므로 논지는 이유없다.

상고이유 제4,5,6점에 대하여,

원심이 피고가 본건 다방에 설치하였다는 원판결 별지목록기재 각종 시설물에 관하여 피고가 약정에 의한 시설비의 반환청구권이 있다는 주장에 대하여는 그와 같은 약정이 있음을 인정할 자료가 없다고 배척하고, 유익비로서 그 반환청구권이 있다는 주장에 대하여는 그중일부는 피고가 시설한 것이 아닌 것도 있고 피고가 시설한

것들도 그 중 목록 7번 벽시설과 내부 개수비 이외에는 유익비상환청구권의 대상이 되는 시설물이 아니고 이 벽시설과 내부개수비도 원피고간의 약정에 의하여 유익비로서 상환을 청구할 수도 없다고 배척하고 부속시설물로서 매수청구권을 행사한데 대하여는 매수청구권의 대상이 될 수 있는 것은 에어콘 및 크린타워에 부속된 파이프시설 (현재가격 98,497원) 뿐인데 이 매매대금도 원고의 피고에 대한 차임상당손해금과 상계되었다고 판단하였는바 기록에 비추어 보면 위와같은 원심의 판단과정에 소론과 같은 사실인정에 있어서의 채증법칙위배나 심리미진, 법리오해, 이유모순등의 위법이 있음을 인정할 수 없으므로 논지는 이유없다.

상고이유 제3점에 대하여,

원심은 원고의 본소청구중 건물 명도청구에 대한 피고의 임차보증금 3,500,000원의 반환청구권과의 동시이행의 항변과 피고의 반소청구중 임차보증금 반환청구에 대하여 임대차 계약이 종료된 경우에 임차인의 임차건물 명도의무는 임대인의 보증금 반환의무에 앞선 선이행관계에 있다는 이유로 피고의 위 항변과 반소청구를 모두 배척하였다.

그러나 임대차 계약의 기간이 만료된 경우에 임차인이 임차목적물을 명도할 의무와 임대인이 보증금 중 연체차임 등 당해 임대차에 관하여 명도시까지 생긴 모든 채무를 청산한 나머지를 반환할 의무는 모두 이행기에 도달하고 이들 의무 상호간에는 동시이행의 관계가 있다고 보는 것이 상당하다.

따라서 원판결에는 임대차계약종료시 임차목적물 명도청구권과 보증금 반환청구권과의 상호관계에 관한 법리를 오해한 위법이 있다고 할 것이므로 이점 논지는 이유있다. 그리고 이에 반대되는 당원 1962.3.29. 선고 4294민상939 판결에 표시된 견해는 이 판결로서 이를 폐기하기로 한다.

그러므로 원판결 중 피고의 건물 명도의무가 원고의 임차보증금 반환의무에 대하여 선이행관계에 있음을 전제로 한 본소청구중 피고의 항소를 기각한 부분과 반소청구중 임차보증금 반환청구에 관한 항소를 기각한 부분을 파기하고 그 부분을 서울고등법원으로 환송하고, 피고의 나머지 상고는 이유 없으므로 이를 기각하고, 피고의 이 나머지 상고로 인하여 생긴 소송비용은 피고의 부담으로 하기로 하여 관여법관의 일치된 의견으로 주문과 같이 판결한다.

(2-1) 대구고등법원 1999. 5. 27. 선고 98나5471 판결

【원고, 피항소인】 성동희

【피고, 항소인】 최말분

【원심판결】 대구지방법원 1998. 7. 9. 선고 97가합32646 판결

【주 문】

1. 가. 원심판결 중 아래의 금원을 초과하여 지급을 명한 피고 패소부분을 취소하고, 이에 해당하는 원고의 청구를 기각한다.
   나. 피고는 원고에게 금 22,996,238원 및 이에 대한 1998.11.3.부터 1995.5.27.까지는 연 5푼의, 그 다음날부터 완제일까지는 연 2할5푼의 각 비율에 의한 금원을 지급하라.
2. 피고의 나머지 항소를 기각한다.
3. 소송비용은 제1, 2심을 통하여 이를 10분하여 그 1은 원고의, 나머지는 피고의 각 부담으로 한다.

【청구취지】

피고는 원고에게 금 49,774,227원 및 이에 대한 1998.11.3.부터 완제일까지 연 2할5푼의 비율에 의한 금원을 지급하라.(원고는 당심에 이르러 청구취지를 감축하였다)

【항소취지】

원심판결의 피고 패소 부분을 취소하고, 이에 해당하는 원고의 청구를 기각한다.

【이 유】

1. 기초사실

(증거)를 종합하면, 원고가 1996.11.15. 피고로부터 피고소유의 ○○군 ○○읍 ○○리 40의 8 지하 1층 지상 3층 건물 중 1층 143.64㎡(소매점 62.32㎡, 주택 43.7㎡, 주차장 37.62㎡, 이하 이 사건 건물이라고 한다)를 임대차보증금 150,000,000원, 월차임 금 2,000,000원, 임대차기간 1996.12.8.부터 1997.12.7.까지로 정하여 임차한 후 그 무렵 위 임대차보증금을 지급하고 그곳에서 의류판매영업을 한 사실을 인정할 수 있고, 원고는 위 임대차기간 동안 피고에게 차임 합계 금 24,000,000원(금 2,000,000원×12개월)을 지급하지 아니한 사실을 자인하고 있으며, 위 임대차계약의 기간이 만료되었음은 역수상 명백하므로, 따라서 특별한 사정이 없는 한 피고는 원고에게 위 임대차보증금 150,000,000원에서 위 연체된 차임의 합계 금 24,000,000원을 공제한 나머지 금 126,000,000원 및 이에 대한 위 임대차계약 종료일 이후의 지연손해금을 지급할 의무가 있다.

2. 피고의 주장에 대한 판단

가. 상하수도 요금 등의 공제주장에 대하여

원고가 위 임대차기간 중 상하수도요금 443,160원, 정화조 청소비 금 38,250원, 전기료 금 291,920원 등 합계 금 773,330원을 지급하지 아니하여 피고가 이를 대납한 사실은 당사자 사이에 다툼이 없으므로, 따라서 피고가 반환하여야 할 위 임대차보증금에서 위 금 773,330원을 공제하여야 할 것이다.

나. 원상회복에 갈음한 손해배상금 공제 주장에 대하여

(1) (증거)를 종합하면, 이 사건 건물의 전임차인인 소외 김원도는 피고로부터 이 사건 건물을 임차하면서 원래 3kW이던 전기시설을 10kW로 증설한 후 임대차계약 종료시 원상회복해 주기로 약정하였는데, 원고가 피고로부터 이 사건 건물을 임차할 당시 위 김원도가 증설한 전기시설을 인수하여 사용한 후 임대차계약 종료시 원상회복하기로 한 사실, 그런데 원고는 이 사건 건물을 피고에게 명도 할 때까지 증설된 전기시설에 대한 원상회복을 하지 아니하였고, 전기시설을 원상회복하기 위하여는 금 326,000원 가량이 소요되는 사실을 인정할 수 있고, 달리 반증이 없으므로, 따라서 피고가 반환하여야 할 위 임대차보증금에서 전기시설을 원상회복시키는데 필요한 비용인 위 금 326,000원을 공제하여야 할 것이다.

(2) 피고는, 위 김원도가 피고로부터 이 사건 건물을 임차하면서 원래 주차장 부분을 점포로 용도변경하여 사용한 후 임대차계약 종료시 이를 원상회복하기로 하였는데, 원고가 피고로부터 이 사건 건물을 임차하면서 위 김원도가 용도변경한 점포 부분을 그대로 인수하여 사용한 후 임대차계약 종료시 원상회복하여 주기로 약정하였음에도 불구하고, 피고에게 이 사건 건물을 명도하면서 원상회복을 하지 않았고, 위 용도변경된 점포 부분을 주차장으로 원상회복하기 위하여 금 11,115,920원 가량이 소요될 예정이므로, 피고가 반환하여야 할 위 임대

차보증금에서 위 금 11,115,920원도 공제하여야 한다라고 주장하므로 살피건대, 위 주차장 부분을 원상회복하기로 약정하였다는 취지의 (증거)는 믿을 수 없고, 달리 이를 인정할 증거가 없으므로, 피고의 이 부분 주장은 더 나아가 살펴볼 필요없이 이유가 없다.

다. 이 사건 건물 명도시까지의 월임료 상당 금원 공제 주장에 대하여

피고는, 원고가 이 사건 건물을 명도하지 아니하고 계속하여 점유하였으므로, 이 사건 건물을 피고에게 명도한 날까지 매월 금 2,000,000원의 비율에 의한 금원을 부당이득금 내지 불법행위로 인한 손해배상금으로 피고가 반환할 위 임대차보증금에서 공제하여야 한다라도 주장하고, 이에 대하여 원고는 위 임대차계약이 종료된 즉시 이 사건 건물을 피고에게 명도 하였고, 그렇지 않다고 하더라도 피고가 위 임대차보증금을 반환하지 아니하여 원고가 이 사건 건물을 사용하지 아니한 채 점유하고 있을 뿐이라고 다투므로 살피건대, 위 임대차계약이 종료된 1997.12.7.경 이 사건 건물을 피고에게 명도 하였다는 원고의 주장에 부합하는 위 곽갑수의 일부증언은 믿기 어렵고, 달리 이를 인정할 증거가 없으나, 한편, 임대차계약의 종료에 의하여 발생된 임차인의 목적물반환의무와 임대인의 연체차임 및 손해배상 등을 공제한 나머지 임대차보증금의 반환의무는 동시이행의 관계에 있으므로, 임대차계약 종료 후에도 임차인이 동시이행의 항변권을 행사하여 임차건물을 계속 점유하여 온 것이라면, 임대인이 임차인에게 위 보증금반환의무를 이행하였다거나 현실적으로 이행의 제공을 하여 임차인의 건물명도의무가 지체에 빠지는 등의 사유로 동시이행 항변권이 상실되었다는 점에 관하여 임대인의 주장·입증이 없는 이상, 임차인의 건물에 대한 점유는 불법점유라고 할 수 없어서 이에 대한 손해배상의무는 없고, 임차인이 임대차계약 종료 후에 임차목적물을 계속 점유하기는 하였으나 이를 본래의 임대차계약 상의 목적에 따라 사용·수익하지 아니하여 실질적인 이득을 얻은 바가 없는 경우에는 그로 인하여 임대인에게 손해가 발생하였다고 하더라도 임차인의 부당이득 반환의무는 성립되지 않는 것인데, (증거)를 종합하면, 원고는 위 임대차기간이 종료한 1997.12.7. 이 사건 건물에 있는 집기 등을 들어내어 명도 준비를 한 후, 피고를 만나 열쇠를 돌려줄테니 임대차보증금을 반환해달라고 요청하였으나, 피고는 전기시설 등의 원상회복을 요구하면서 원고의 요구를 거절한 사실, 그 후 원고가 수차에 걸쳐서 피고에게 임대차보증금의 반환을 요구하였으나, 피고는 위와 같은 이유로 원고의 요구를 거절하여 원고는 이 사건 건물을 명도하지 못하고 사용하지 아니한 채 자물쇠로 잠궈둔 사실, 피고는 원고에게 임대차보증금을 반환하지 아니한 채 원고를 상대로 대구지방법원 98카합1147호로 이 사건 건물에 대한 명도단행가처분 신청을 하였는데, 원고가 1998.10.28. 법정에 출석하여 피고가 이 사건 건물의 잠금장치를 풀고 점유하여 사용하는데 대하여 이의를 하지 아니한다고 함에 따라, 1998.11.2. 원고를 피공탁자로 하여 금 101,904,432원을 변제공탁하고 그 시경 이 사건 건물을 명도받았고, 같은 달 5. 원고가 위 금원을 수령하자 같은 달 6. 위 신청을 취하한 사실을 인정할 수 있고, 달리 반증이 없는바, 위 인정사실에 의하면, 원고가 임대차계약 종료 후인 1997.12.8.부터 이 사건 건물을 명도한 1998.11.2.까지 이 사건 건물을 계속 점유하기는 하였으나 본래의 임대차계약 상의 목적에 따라 사용·수익하지 아니하였으니, 이 사건 건물을 점유함으로써 실질적으로 얻은 이득은 없다할 것이어서 부당이득이 발생할 수가 없고, 또한 피고가 원고에게 위 임대차보증금 반환의무를 이행하였다거나 현실적으로 이행의 제공을 하여 원고의 이 사건 건물 명도의무가 지체에 빠지는 등의 사유로 원고의 동시이행 항변권이 상실되었다는 점에 관하여 피고의 주장·입증이 없으니, 원고의 이 사건 부동산에 대한 점유가 불법점유라고 할 수는 없어 불법행위에 의한 손해배상의무도 발생하지 아니한다 할 것이므로, 결국 피고의 이 부분주장은 이유 없음에 귀착된다.

라. 채권가압류된 금액 등 나머지 부분 공제 주장에 대하여

(1) 피고는, 위 임대차보증금 중 금 11,880,408원에 대하여 채권가압류 결정이 되었으므로, 피고가 반환하여야 할 위 임대차보증금에서 위 금액 상당도 공제하여야 한다라고 주장하므로 살피건대, 채권가압류가 된 경우 제3채무자는 채무자에 대하여 채무의 지급을 하여서는 안되고, 채무자는 추심·양도 등의 처분행위를 하여서는 안되지만, 이는 이와 같은 변제나 처분행위를 하였을 때 이를 가압류한 채권자에게 대항할 수 없다는 것이지, 채무자가 제3채무자를 상대로 이행의 소를 제기하여 채무명의를 얻는 것까지 금하는 것은 아니고, 가압류가 있다 하여도 그 채권의 이행기가 도래한 때에는 제3채무자는 그 지체책임을 면할 수도 없으므로, 따라서 피고의 이 부분 주장은 이유가 없다.

(2) 피고는, 이 사건 건물에 쓰레기 등을 방치하여 그 처리비용이 소요될 예정이므로, 피고가 반환하여야 할 위 임대차보증금에서 위 금액 상당도 공제하여야 한다라고 주장하나, 이 사건 건물에 쓰레기 등이 방치되어 있다는 점 및 그 처리비용으로 얼마가 소요될 것인지에 관한 피고의 입증이 없으므로, 피고의 이 부분 주장도 이유가 없다.

마. 동시이행의 항변에 대하여

피고는, 원고가 이 사건 건물을 피고에게 명도할 때까지는 피고는 위 임대차보증금을 반환할 의무가 없다라고 주장하고, 이에 대하여 원고는 위 임대차계약 종료된 즉시 이 사건 건물을 피고에게 명도하였고(원고의 이 부분 주장이 이유 없음은 위에서 본 바와 같으므로 다시 판단하지 아니한다), 그렇지 않다고 하더라도 위 임대차계약이 종료된 1997.12.8.경 이후 피고에게 수차에 걸쳐서 이 사건 건물을 명도하겠다고 하여 그 이행의 제공을 하였으나 피고가 계속하여 수령을 거절하였으므로, 따라서 피고의 동시이행의 항변권은 피고의 수령지체에 의하여 상실되었다라고 다투므로 살피건대, 임대차계약의 종료에 의하여 발생된 임차인의 목적물을 원상회복하여 반환하여야 할 의무와 임대인의 연체차임 및 손해배상 등을 공제한 나머지 임대차보증금의 반환의무가 동시이행의 관계가 있는 관계로, 임대차계약 종료 후에도 임대인이 동시이행의 항변권을 행사하여 임대차보증금을 반환하지 아니한 것이라면, 임차인이 임대인에게 위 목적물 반환의무를 이행하였다거나 현실적으로 이행의 제공을 하여 임대인의 임대차보증금 반환의무가 지체에 빠지는 등의 사유로 동시이행 항변권이 상실되었다는 점에 관하여 임차인의 주장·입증이 없는 이상, 임대인은 임차인으로부터 목적물을 반환받거나 그 이행의 제공을 받기 전까지는 임대차보증금을 반환할 의무가 없어 이행지체의 책임을 지지는 아니한다 할 것인데, 원고는 전임차인인 위 김원도가 이 사건 건물을 임차하면서 증설한 전기시설을 인수하여 사용한 후 임대차계약 종료시 원상회복하기로 하였는데, 위 임대차기간이 종료한 후 증설한 전기시설을 원상회복하지 아니한 채 피고에게 수차에 걸쳐서 임대차보증금을 반환해달라고 요청하였으나, 피고는 전기시설 등의 원상회복을 요구하면서 원고의 요구를 거절하다가 1998.11.2.경 전기시설이 원상회복되지 아니한 채 이 사건 건물을 명도받은 사실은 위에서 인정한 바와 같으므로, 위 인정 사실에 의하면, 원고는 이 사건 건물에 대한 원상회복을 하지 아니한 채 피고에게 이 사건 건물 명도의무의 이행의 제공을 하였으니, 그 이행의 제공은 적법하다고 할 수 없어서 피고의 임대차보증금 반환의무가 지체에 빠졌다고 할 수는 없고, 그 밖에 달리 원고가 피고에게 적법한 이행의 제공을 하여 피고의 임대차보증금반환의무가 지체에 빠지는 등의 사유로 피고의 동시이행 항변권이 상실되었다는 점에 관한 원고의 반증이 부족하므로, 따라서 피고는 원고로부터 이 사건 건물을 명도받은 1998.11.2.까지는 원고에게 동시이행의 항변으로 위 임대차보증금의 지급을 거절할 수 있다할 것이어서, 피고는 위 1998.11.2.까지는 반환할 임대차보증금에 대한 지연손해금을 지급할 필요가 없다 할 것이다.

원고는, 피고의 동시이행의 항변은 신의칙에 반하거나 권리남용이라고 재항변하나, 임대인이 원상회복이 이루어지지 아니한 임대차 목적물을 명도받지 아니한 채 동시이행의 항변을 하는 것이 신의칙에 반하거나 권리남용이라고 할 수는 없으므로, 원고의 위 재항변은 이유가 없다.

바. 변제 항변에 대하여

피고가 1998.11.2. 위 임대차보증금의 금 101,904,432원을 공탁하여, 같은 달 5. 원고가 위 금원을 수령한 사실은 위에서 살펴본 바와 같으므로, 피고가 원고에게 반환하여야 할 임대차보증금 중 위 금 101,904,432원 상당액은 원고가 주장하는 바에 따라 1998.11.2.자로 변제로 인하여 소멸되었다할 것이다.

3. 결론

그렇다면, 피고는 원고에게 금 22,996,238원(126,000,000원 - 773,330원 - 326,000원 - 101,904,432원) 및 이에 대하여 원고가 이 사건 건물을 명도한 다음날인 1998.11.3.부터 피고가 이행의 범위에 관하여 다툼이 상당하다고 인정되는 당심판결 선고일인 1999.5.27.까지는 민법이 정하는 연 5푼의 그 다음날부터 완제일까지는 소송촉진등에관한특례법이 정하는 연 2할 5푼의 각 비율에 의한 지연손해금을 지급할 위무가 있다 할 것이므로, 원고의 이 사건 청구는 위 인정범위 내에서 이유 있어 인용하고, 나머지 청구는 이유없어 기각하여야 할 것인바, 원심판결은 이와 결론을 달리하여 부당하므로, 원심판결 중 위에서 인정되는 금원을 초과하여 지급을 명한 피고 패소부분을 취소하고 이에 해당하는 원고의 청구를 기각하며, 피고의 나머지 항소는 이유 없으므로 이를 기각하기로 하고, 소송비용의 부담에 관하여는 민사소송법 제96조, 제89조, 제92조를 적용하여 주문과 같이 판결한다.

(2-2) 대법원 1999. 11. 12. 선고 99다34697 판결

【원고, 상고인 겸 피상고인】 성동희
【피고, 피상고인 겸 상고인】 최말분
【원심판결】 대구고등법원 1999. 5. 27. 선고 98나5471 판결
【주 문】 원심판결 중 원고 패소 부분을 파기하여 대구고등법원에 환송한다.
피고의 상고를 기각한다.

【이 유】

1. 피고의 상고이유를 본다.

원심판결 이유에 의하면, 원심은, 소외 김원도가 피고로부터 피고 소유의 대구 ○○군 ○○읍 ○○리 40의 8 소재 지하 1층, 지상 3층 건물 중 1층 143.64㎡(소매점 62.32㎡, 주택 43.7㎡, 주차장 37.62㎡, 이하 이 사건 건물 부분이라고 한다)을 임차하면서 원래 주차장인 부분을 점포로 용도변경하여 사용한 후 임대차계약 종료시 이를 원상회복하기로 하였는데, 원고는 피고로부터 이 사건 건물 부분을 임차하면서 김원도가 점포로 용도변경한 부분을 그대로 인수하여 사용한 후 이 사건 임대차계약 종료시 원상회복하여 주기로 약정하였음에도 불구하고, 피고에게 이 사건 건물을 명도하면서 그 원상회복을 하지 아니하였고, 그 원상회복에는 금 11,115,920원 가량이 소요될 예정이므로, 피고가 원고에게 반환하여야 할 임대차보증금에서 같은 금액을 공제하여야 한다는 피고의

항변에 대하여, 피고의 모든 입증에 의하여도 원고가 이 사건 임대차계약 종료시 위 주차장 부분을 원상회복하기로 약정하였다는 사실을 인정할 수 없다는 이유로 이를 배척하였는바, 관련 증거들을 기록과 대조하여 검토하여 보면 원심의 위와 같은 판단은 정당하고, 여기에 피고가 논하는 바와 같은 채증법칙 위반으로 인한 사실오인의 위법이 있다고 할 수 없다.

논지는 이유가 없다.

2. 원고의 상고이유에 대하여 판단한다.

가. 원고의 상고이유 제1점에 대하여

원심판결 이유에 의하면, 원심은 판시 증거들을 종합하여 이 사건 건물 부분의 전 임차인인 김원도는 피고로부터 이 사건 건물 부분을 임차하면서 원래 3KW이던 전기시설을 10KW로 증설한 후 임대차계약 종료시 이를 원상회복하기로 약정하였는데, 원고는 피고로부터 이 사건 건물 부분을 임차할 당시 김원도가 증설한 전기시설을 인수하여 사용한 후 이 사건 임대차계약 종료시 이를 원상회복하기로 약정한 사실, 원고는 이 사건 건물 부분을 피고에게 명도할 때까지 증설된 전기시설에 대한 원상회복을 하지 아니한 사실 및 증설된 전기시설을 원상회복하기 위하여는 금 326,000원 가량이 소요되는 사실 등을 인정하고 그에 터잡아 피고가 원고에게 반환하여야 할 임대차보증금에서 같은 금액을 공제하여야 할 것이라고 판단하였는바, 관련 증거들을 기록과 대조하여 검토하여 보면 원심의 위와 같은 사실인정은 정당하고, 여기에 원고가 논하는 바와 같은 채증법칙 위반으로 인한 사실오인의 위법이 있다고 할 수 없다.

원고의 상고이유 제1점의 논지는 이유가 없다.

나. 원고의 상고이유 제2점에 대하여

건물임대차계약이 종료되었을 경우 목적물을 원상회복하여 임대인에게 반환할 임차인의 의무와 연체 차임과 건물 명도의무의 이행에 이르기까지 발생한 손해배상채권 등을 공제한 나머지 임대차보증금을 임차인에게 반환할 임대인의 의무는 서로 동시이행의 관계에 있으므로, 원칙적으로 임대차계약이 종료하더라도 임차인이 목적물을 원상회복하여 임대인에게 반환하거나, 그 이행의 제공을 하기까지는 임대인은 동시이행의 항변권을 행사하여 임대차보증금의 반환을 거절할 수 있고, 그 한도 안에서 임대인은 임대차보증금 반환채무에 관하여 이행지체의 책임을 지지 아니함은 원심이 전제로 한 바와 같다.

또한 원심이 적법하게 인정한 바에 의하면 이 사건에서 원고는 김원도가 증설한 전기시설을 원상회복하여 이 사건 건물 부분을 피고에게 반환할 의무를 부담하는 것이므로, 원심이 인정한 것처럼 이 사건 임대차계약이 종료한 후 원고가 이 사건 건물 부분에 있는 집기를 들어내어 명도 준비를 하고 피고를 만나 이 사건 건물 부분의 열쇠를 돌려줄테니 임대차보증금을 반환하여 달라고 요구하였다 하더라도, 원고가 위 증설된 전기시설을 원상회복하지 아니한 채 위와 같은 명도의무의 이행을 제공하였다면 이는 원칙적으로 채무의 본지에 좇은 적법한 이행의 제공이라고 보기 어렵고, 따라서 피고가 그 수령을 거절하고, 동시이행의 항변권을 행사하여 임대차보증금의 반환을 거절한 것이 적법한 것처럼 보이기도 한다.

그러나 역시 원심이 적법하게 인정한 바에 의하면 위 전기시설을 원상회복하기 위하여는 금 326,000원 가량이 소요된다는 것인바, 이는 피고가 반환하여야 할 잔존 임대차보증금 125,226,670원(당초의 임대차보증금 150,000,000원에서 연체 차임 24,000,000원과 연체 공과금 773,330원을 공제한 금액)에 비하면 아주 적은 금액이고, 기록에 의하여 살펴보더라도 위 전기시설을 원상회복하지 아니하였다 하여 이 사건 건물 부분을 통상의 용도로 사용하는 데에 지장이 있다고 보기도 어려운바, 동시이행의 항변권은 근본적으로 공평의 관념에 따라 인정되는 것인데, 위와 같이 임차인이 불이행한 원상회복의무는 사소한 부분이고, 그로 인한 손해배상액 역시 근소한 금액인 경우에까지 임대인이 그를 이유로 하여, 임차인이 그 원상회복의무를 이행할 때까지, 혹은 이 사건에서와 같이 임대인이 현실로 목적물의 명도를 받을 때까지 그 원상회복의무 불이행으로 인한 손해배상액 부분을 넘어서서 거액의 잔존 임대차보증금 전액에 대하여 그 반환을 거부할 수 있다고 하는 것은 오히려 공평의 관념에 반하는 것이 되어 부당하고, 그와 같은 임대인의 동시이행의 항변은 신의칙에 반하는 것이 되어 허용할 수 없다고 봄이 상당하다 할 것이다.

그럼에도 불구하고 원심이 원고가 이 사건 임대차계약이 종료한 이후 1997. 12. 8.경 위 전기시설을 원상회복하지 아니한 채 이 사건 건물 부분에 있는 집기를 들어내어 명도 준비를 하고 피고를 만나 이 사건 건물 부분의 열쇠를 돌려줄테니 임대차보증금을 반환하여 달라고 요구하였으나, 피고는 위 전기시설 등의 원상회복을 요구하면서 원고의 요구를 거절하다가 1998. 11. 2.경 위 전기시설이 원상회복되지 아니한 채 이 사건 건물 부분을 명도받은 사실을 인정하고, 그 인정 사실에 의하면, 원고는 이 사건 건물 부분에 대한 원상회복을 하지 아니한 채 피고에게 이 사건 건물 부분 명도의무의 이행의 제공을 하였으니, 그 이행의 제공은 적법하다고 할 수 없어서 피고의 임대차보증금 반환의무가 지체에 빠졌다고 할 수는 없고, 따라서 피고는 원고로부터 이 사건 건물 부분을 명도받은 1998. 11. 2.까지는 잔존 임대차보증금 전액에 대한 지연손해금을 지급할 의무가 없다고 판단한 것은 동시이행의 항변권에 대한 법리를 오해한 위법이 있고, 이는 판결 결과에 영향을 미친 것임이 분명하다.

이 점을 지적하는 원고의 상고이유 제2점의 논지는 이유가 있다.

3. 그러므로 원심판결 중 원고 패소 부분을 파기하여 그 부분 사건을 원심법원에 환송하고, 피고의 상고를 기각하기로 하여 관여 법관의 일치된 의견으로 주문과 같이 판결한다.

2 불안의 항변권

(1-1) 서울고등법원 1997. 8. 26. 선고 97나10590 판결

【원고, 피항소인】 별표 성명란 기재와 같다

【피고, 항소인】 정리회사 주식회사 한양

【원심판결】 서울지방법원 1997. 1. 29. 선고 95가합112808 판결

【주 문】
1. 제1심판결을 취소한다.
2. 원고들의 청구를 모두 기각한다.
3. 소송비용은 제1, 2심 모두 원고들의 부담으로 한다.

【청구취지】 원고들은 정리회사 주식회사 한양(이하 정리회사라고 한다)에 대하여 별표 (6)신고채권액이란 기재 금원의 정리채권이 있음을 확정한다.

【항소취지】 주문과 같다

【이 유】

1. 당원의 심판 범위

원고들이 정리회사에 대하여 지체상금청구채권 및 부당이득반환청구채권을 갖고 있음을 이유로 그 확정을 구한 이 사건의 제1심판결에서 지체상금청구채권 부분에 관하여만 전부 인용되고 부당이득반환청구채권 부분에 관하여는 전부 기각되었는데, 이에 대하여 원고들은 항소하지 아니하고 피고만이 항소하였으므로, 지체상금청구채권 부분만이 당원의 심판대상이 되었다 할 것이므로 이에 관하여만 판단하기로 한다.

2. 인정사실

가. 원고들은 1991. 9. 12.경 정리회사로부터 위 회사가 입주예정일을 1993. 11. 30.로 공고하고 군포시 산본동에서 신축하고 있던 ○○아파트 및 ○○아파트의 별표 기재 각 동, 호수 각 1세대씩을 분양받기로 하는 계약을 체결하면서 당일 그 각 공급가액의 약 20%에 해당하는 별표(1)계약금란 기재 계약금을 지급하는 한편, 중도금은 1991. 12. 16.부터 1993. 6. 16.까지 사이에 7회에 걸쳐 분할납부하고, 잔금은 입주시에 납부하기로 약정하였다.

나. 한편 정리회사가 다수의 분양자들에 대해 일률적으로 적용하기 위하여 미리 마련하여 원고들과의 분양계약에 사용한 주택공급계약서(갑 제1호증) 제10조 제1항은 수분양자인 원고들이 중도금 및 잔금의 납부기일을 넘기는 경우 그 지체일수에 연19%의 비율로 산정한 연체료를 가산하여 납부하도록 규정하고 있고, 같은 조 제2항은 정리회사가 공급공고시에 정한 입주예정일을 넘길 때에는 '기납부한 중도금(계약금 제외)'에 대하여 입주지체일수에 위 연19%의 연체요율을 적용, 산정한 지체상금을 원고들에게 지급하거나 잔대금에서 이를 공제하되, 이 경우 입주지체일수는 수분양자의 실제 입주일에 불구하고 공급공고시에 정한 입주예정일로부터 입주지정기간 개시일 전일까지 경과된 일수를 말한다고 규정하고 있다.

다. 정리회사는 그 후 자금부족으로 위 아파트 건축공사가 지연되어 ○○아파트의 수분양자들에 대하여는 위 입주예정일로부터 230일이 지체된 1994. 7. 18.을, ○○아파트의 수분양자들에 대하여는 319일이 지체된 1994. 10. 15.을 각 입주지정일(입주지정기간 개시일)로 통고하였다.

라. 원고들 중 일부는 일부 중도금의 납부를 지연하다가 위 입주예정일(1993. 11. 30.)이 지난 후 별표 1-1의 (2) 중도금란 기재와 같이 이를 각 납부하였는바, 이때 위 원고들은 각 연체금액에 대하여 그 약정 납부기일부터 실제 납부일까지의 연 19%의 비율에 따른 연체료를 가산하여 납부하였으나, 정리회사는 수분양자들인 원고들에게 위와 같은 입주지연에 따른 지체상금을 지급함에 있어 그 기준이 되는 '기납부한 중도금'을 위 입주예정일 이전에 납부한 중도금으로 해석하여 일부 원고들이 그 이후에 위와 같이 연체료까지 가산하여 납부한 중도금에 대하여는 지체상금을 계산, 지급하지 아니하였다.

마. 정리회사에 대해서는 1994. 11. 17. 회사정리절차개시결정이 있었는바, 원고들은 1993. 12. 28.경 그 정리법원에 위 계약금 또는 계약금 및 중도금에 대한 지체상금의 지급청구권 등을 정리채권으로 각 신고하였으나, 피고는 1995. 11. 27.의 조사기일에서 이에 대해 이의하였다.

3. 일부 원고들의 중도금 상당액에 대한 지체상금청구채권 주장에 관한 판단

입주예정일 이후에 중도금을 납부한 일부 원고들의 주장은 다음과 같다. 즉, 위 원고들과 피고간의 이 사건 각 주택공급계약서 제10조 제2항이 지체상금의 지급기준을 '기납부한 중도금'이라고 규정하고 있으나, 위 주택공급계약서 기재사항은 약관의규제에관한법률(이하 법률이라고만 한다) 소정의 약관인데 위 조항의 '기납부한 중도금'은 그 의미가 명백하지 아니하므로 법률 제5조 제2항에 따라 고객에게 유리하게 해석하여 '기납부한 중도금'에는 입주예정기일 이후에 연체료를 가산하여 납부한 중도금도 포함되는 것으로 보아야 할 것이다. 그리고 위 '기납부한 중도금'의 의미가 명백하게 입주예정기일까지 납부한 중도금만을 의미하는 것으로 본다 하더라도, 일부 중도금을 입주예정일 이후에 납부한 경우에 약정 납부기일부터 실제 납부일까지의 소정 연체요율에 의한 연체료를 가산하여 납부하는 이상, 이는 결국 그 중도금을 그 약정 납부기일에 납부한 것과 같은 경제적 효과가 있다. 따라서 정리회사는 위와 같이 입주예정일 이후에 납부한 중도금에 대하여도 연 19%의 비율에 의한 지체상금을 지급할 의무가 있다.

살피건대, 위 주택공급계약서 기재내용은 위에서 본 바와 같이 사업자인 정리회사가 다수의 수분양자들과의 계약을 체결하기 위하여 일정한 형식에 의하여 미리 마련한 계약의 내용이 되는 것으로서 법률 제2조 소정의 약관인 사실은 원고들 주장과 같으나, 한편 주택공급계약 제10조 제2항에 의하면 정리회사가 공급공고시에 정한 입주예정기일을 넘긴 때에 그 즉시 지체상금지급의무가 발생함은 명백하고, 위 조항의 '기납부한'의 의미는 지체상금지급의무가 발생한 시점을 기준으로 파악하여야 함은 의문의 여지가 없어, 위 조항의 '기납부한 중도금'은 입주예정기일 이전에 납부한 중도금만을 의미한다고 보아야 할 것이다(대법원 1996. 1. 26. 선고 94다55330 판결 참조). 그러므로 위 조항의 의미가 명백하지 아니함을 전제로 '기납부한 중도금'에는 입주예정기일 이후에 연체료를 가산하여 납부한 중도금도 포함되는 것으로 해석하여야 한다는 위 원고들 주장 부분은 이유 없다. 더구나 입주예정기일을 넘김으로써 입주예정일까지 납부한 중도금 상당액에 대하여만 지체상금책임이 발생하였음에도 그 후 위 원고들이 연체한 중도금을 납부하였다 하여 지체상금 발생일에 소급하여(또는 연체한 중도금의 실제 납부일에) 지체상금책임의 범위가 확대된다는 것은 법논리에도 맞지 않는다.

또한 일부 중도금을 입주예정일 이후에 납부하면서 이에 그 약정 납부기일부터 실제 납부일까지의 소정 연체요율에 의한 연체료를 가산하여 납부함으로써 수분양자인 위 원고들에게는 그 중도금 납부의 효과가 생긴다 하더라도, ○○아파트를 준공한 후에 분양하는 것이 ○○아파트를 착공하기도 전에 분양을 한 다음 수분양자들이 납부한 계약금 및 중도금을 건축자금으로 사용하여 완공하는 현행 우리 ○○아파트분양제도 아래에서는, 아무리 연체료를 가산하여 중도금을 납부하였다 하더라도 타방 당사자인 정리회사에게도 마찬가지의 경제적 효과가 생긴다고는 할 수는 없으며, 원고들과 정리회사 간의 분양계약이 체결되던 당시 시행되던 구 '주택공급에관한규칙'(1995. 2. 11. 건설교통부령 제6호로 전문개정되기 전의 것, 이하 규칙이라고만 한다) 제19조 제3항에서도 지체상금 지급의 기준을 '이미 납부한 중도금'이라 규정하고 있기도 하다(한편 공정거래위원회가 1995. 12. 5. 표준약관으로 ○○아파트표준공급계약서 제4조 제3항에서도 뒤에서 보는 바와 같이 '기납부한 대금'이라 하여 계약금을 포함시키고 있으나, 여기에도 입주예정기일 이후에 납부한 중도금까지 포함시키고 있지는 아니하다).

4. 원고들의 계약금 상당액에 대한 지체상금청구채권 주장에 관한 판단

원고들은 원고들이 납부한 계약금 상당액에 대해서도 연19%의 지체상금을 구하면서 다음과 같이 주장한다. 즉, 원고들은 정리회사가 공고한 입주예정일을 신뢰하여 계약일로부터 입주일까지의 기간 등을 고려하여 계약

체결 여부 등을 결정하고 기존 주거의 처분, 정리, 자금운용 등의 계획을 세우는 것이 보통이고, 또한 위 각 계약금은 분양대금의 약 20%에 이르는, 실질적으로는 분양대금의 일부를 이루는 것으로서 이 점에 있어서 중도금과 구별할 아무런 이유가 없다. 그럼에도 불구하고 위 주택공급계약서 제10조 제2항이 지체상금 지급의 기준을 '기납부한 중도금 (계약금 제외)'이라고 규정함으로써 중도금과 구별하여 계약금에 대해서는 입주지연에 대한 지체상금지급의 책임을 지지 않도록 한 것은 고객에 대하여 부당하게 불리한 것이라 할 것이므로, 결국 위 약관 제10조 제2항 중 위 계약금 제외부분은 신의성실의 원칙에 반하여 공정을 잃었다 할 것이어서 법률 제6조에 의하여 무효의 조항이다.

살피건대, 위 주택공급계약서 기재내용이 법률 제2조 소정의 약관인 사실은 앞에서 본 바와 같다. 그러나 지체상금의 약정은 일정한 예정된 이행기일을 강제하기 위하여 그 이행기일을 경과하여 이행지체책임을 지도록 하는 위약벌 내지 손해배상액의 예정이라 할 것인데, 지체상금 지급의 기준에 계약금을 포함시키는 일반적인 거래관행이 있었던 것도 아니고, 더구나 당시 시행되던 규칙 제19조 제3항에서도 지체상금 지급의 기준을 '이미 납부한 중도금'이라 규정하여 계약금을 포함시키고 있지 아니한 점 등을 감안하면, 원고들이 주장하는 사정을 감안하더라도, 위 계약조항을 가리켜 고객에 대하여 '불리한' 조항이라고는 할 수 있을지언정 '부당하게 불리한' 조항이라고는 할 수는 없다. 그리고 공정거래위원회가 1995. 12. 5. 표준약관으로 ○○아파트표준공급계약서 제4조 ○○아파트분양자가 입주예정일을 넘길 경우 '기납부한 대금'에 대해 지체상금을 지급하도록 규정하고 있어 여기에 계약금이 포함된다고 할 것이나, 이와 같이 변경한 것은 종전의 조항이 불공정한 약관조항이었기 때문이 아니라 그 동안 사업자와 수분양자와 사이에 첨예하게 대립하여 온 문제를 새로운 시대상황에 맞추어 수분양자에게 유리하게 하기 위한 것(갑제10호증의 1)에 불과하므로, 결국 위 분양계약서의 지체상금 지급기준에 계약금을 제외한 조항이 무효임을 전제로 한 원고들의 이 부분 청구도 이유 없다.

5. 결론

따라서 원고들이 정리회사에 대하여 지체상금청구채권이 있음을 전제로 하는 원고들의 이 사건 청구는 더 나아가 살펴 볼 필요 없이 그 이유 없어 이를 모두 기각할 것인 바, 이와 결론을 달리한 제1심판결은 부당하므로 피고의 항소를 받아들여 이를 취소하고 원고들의 청구를 기각하기로 하여 주문과 같이 판결한다.

(1-2) 대법원 1999. 2. 23. 선고 97다53588 판결

【원고, 상고인】 박종남 외 152인

【피고, 피상고인】 정리회사 주식회사 한양 관리인 오시덕

【원심판결】 서울고등법원 1997. 8. 26. 선고 97나10590 판결

【주 문】

원심판결 중 원고 하만호, 허동현, 신철안, 정근섭, 박경식, 오태교, 구제식, 김진자, 변성열, 정기창, 김영우, 김성원 및 정국현의 지체상금에 관한 부분 중 중도금과 관련된 부분을 파기하고, 이 부분 사건을 서울고등법원에 환송한다. 위 원고들의 나머지 상고 및 위 원고들을 제외한 나머지 원고들의 상고를 모두 기각한다. 기각된 부분에 관한 상고비용은 원고들의 부담으로 한다. 제1심 및 원심판결 별표 중 51. '우승명'을 '우능명'으로, 123. '나인일'을 '나인밀'로 경정한다.

【이 유】

1. 원심은, 원고들이 1991. 9. 12.경 주식회사 한양(이하 '정리회사'라고 한다)으로부터 정리회사가 1993. 11. 30.을 입주예정일로 공고하여 군포시 산본동에서 신축하고 있던 수리아파트 및 목련아파트의 원심판결 별표 기재 각 동, 호수 1세대씩을 분양받기로 하면서 계약당일 공급가액의 약 20%에 해당하는 위 표 계약금란 기재 계약금을 지급하는 한편 중도금은 1991. 12. 16.부터 1993. 6. 16.까지 사이에 7회에 걸쳐 분할납부하고, 잔금은 입주시에 납부하기로 하되, 원고들이 중도금 및 잔금의 납부기일을 넘기는 경우 그 지체일수에 연 19%의 비율로 산정한 연체료를 가산하여 납부하고(주택공급계약서 제10조 제1항), 정리회사가 공급공고시에 정한 입주예정일을 넘길 때에는 '기납부한 중도금(계약금 제외)'에 대하여 입주지체일수에 연 19%의 연체요율을 적용, 산정한 지체상금을 원고들에게 지급하거나 잔대금에서 이를 공제하며, 이 경우 입주지체일수는 수분양자의 실제입주일에 불구하고 공급공고시에 정한 입주예정일로부터 입주지정기간 개시일 전 날까지 경과된 일수로 하기로 약정한 사실(같은 계약서 제10조 제2항), 그 후 이 사건 아파트의 건축공사가 지연되어 정리회사는 수리아파트의 수분양자들에 대하여는 위 입주예정일로부터 230일이 지체된 1994. 7. 18.을, 목련아파트의 수분양자들에 대하여는 319일이 지체된 1994. 10. 15.을 각 입주지정일로 통고한 사실, 원고들 중 원심판결 별표 1-1 기재 원고들은 일부 중도금의 납부를 지연하다가 위 입주예정일이 지난 후 위 표 중도금란 기재와 같이 이를 각 납부한 사실, 정리회사는 수분양자들인 원고들에게 위와 같은 입주지연에 따른 지체상금을 지급함에 있어 그 기준이 되는 '기납부한 중도금'을 위 입주예정일 이전에 납부한 중도금으로 해석하여 위 일부 원고들이 그 이후에 납부한 중도금에 대하여는 지체상금을 계산, 지급하지 아니한 사실 등을 인정한 다음, 위 일부 원고들의 입주예정일 이후에 납부한 중도금에 대하여도 지체상금의 지급을 구한다는 주장에 대하여, 주택공급계약서 제10조 제2항에서 정한 지체상금의 산정의 대상이 되는 '기납부한 중도금'이란 입주예정일 이전에 납부한 중도금만을 의미하는 것이지 입주예정일 이후에 연체료를 가산하여 납부한 중도금은 이에 포함되지 아니하고, 이렇게 해석한다고 하더라도 약관의규제에관한법률 제6조 소정의 고객에 대하여 부당하게 불리한 조항에 해당되지 아니하므로 이를 무효로 볼 수 없다는 이유로 그 주장을 배척하였다.

그러나 쌍무계약인 이 사건 분양계약에 있어서, 수분양자가 먼저 이행하여야 할 중도금지급의무를 이행하지 않은 상태에서 입주예정일이 도래하였다면, 특별한 사정이 없는 한 수분양자의 남은 중도금 전부의 지급의무와 분양자의 입주를 가능하게 할 의무는 동시이행관계에 있게 되어 수분양자가 중도금을 전부 지급할 때까지는 분양자가 지체책임을 지지 아니하지만 수분양자가 남은 중도금을 전부 지급하면 분양자는 그 때부터 지체책임을 져야 하는바(대법원 1998. 2. 10. 선고 96다7793, 7809, 7816 판결 참조), 이 사건에서 위 공급계약서 제10조 제2항 소정의 지체상금의 산정대상인 '기납부한 중도금'을 입주예정일 이전에 납부한 중도금으로 한정할 특별한 사정도 없으므로, 정리회사는 입주예정일이 지나 중도금을 전부 지급한 원고들에게는 그 지급받은 때부터 그에 대한 지체상금을 지급하여야 한다.

그렇다면 원심이, 입주예정일이 지나 입주지정일 전에 중도금을 모두 지급한 원고 하만호, 허동현, 신철안, 정근섭, 박경식, 오태교, 구제식, 김진자, 변성열, 정기창, 김영우, 김성원 및 정국현의 이 부분 청구를 배척한 것은 지체상금에 관한 법리를 오해한 것이고 이는 판결에 영향이 있음이 분명하다. 따라서 이 점에 관한 상고이유의 주장은 위 인정범위 내에서 이유 있고 나머지 부분은 이유 없다.

2. 원심이, 지체상금의 산정대상에서 계약금을 제외한 주택공급계약서 제10조 제2항이 약관의규제에관한법률 제6조 소정의 고객에게 부당하게 불리한 조항으로 볼 수 없다고 판단한 것은 옳고, 거기에 상고이유의 주장과 같은 법리오해의 위법이 없다. 따라서 이 상고이유는 받아들이지 아니한다.

3. 그러므로 원심판결 중 원고 하만호, 허동현, 신철안, 정근섭, 박경식, 오태교, 구제식, 김진자, 변성열, 정기창, 김영우, 김성원 및 정국현의 지체상금에 관한 부분 중 중도금과 관련된 부분을 파기하고 이 부분 사건을 서울고등법원에 환송하며, 위 원고들의 나머지 상고 및 위 원고들을 제외한 나머지 원고들의 상고를 모두 기각하고, 소송비용의 부담을 정하며, 1심 및 원심판결에 오류가 있음이 명백하므로 이를 경정하여 주문과 같이 판결한다.

(2-1) 부산고등법원 2000. 11. 30. 선고 2000나2924 판결

【원고, 항소인 겸 피항소인】 지원종합건설 주식회사
【피고, 피항소인 겸 항소인】 문우철외 6인
【원심판결】 부산지방법원 2000. 1. 27. 선고 98가합26678 판결
【주 문】
1. 원심판결 중 피고들 패소부분을 모두 취소한다.
2. 위 취소부분에 해당하는 원고의 피고들에 대한 청구를 모두 기각한다.
3. 원고의 피고들에 대한 항소를 모두 기각한다.
4. 소송총비용은 원고의 부담으로 한다.

【청구취지 및 항소취지】

1. 청구취지

피고들은 연대하여 원고에게 185,226,170원 및 이에 대하여 이 사건 소장부본 송달 다음날부터 완제일까지 연 2할 5푼의 비율에 의한 금원을 지급하라.

2. 항소취지

원고 : 원심판결 중 원고 패소부분을 취소한다. 피고들은 연대하여 원고에게 133,666,070원 및 이에 대한 이 사건 소장부본 송달일까지는 연 5푼, 그 다음날부터 완제일까지는 연 2할 5푼의 각 비율에 의한 금원을 지급하라.

피고들 : 원심판결 중 피고들 패소부분을 모두 취소하고, 위 취소부분에 대한 원고의 청구를 모두 기각한다.

【이 유】

1. 이 판결에 설시할 이유는 원심판결문 제4면 제11행 끝부분의 "1,900,312,140"을 "1,900,312,150"으로 고쳐 쓰고, 원심판결문 제7면 제4행부터 제9면 제4행까지 사이의 다.항 지체상금 주장 및 이에 대한 판단부분을 아래와 같이 변경하는 것 이외에는 원심판결문의 이유란 기재와 같으므로 이를 그대로 인용하기로 한다.

다. 나아가 피고들은, 원고가 약정준공일인 1998. 7. 5.까지 위 공사를 완료하지 못하였으므로 약정준공일 다음날인 같은 달 6.부터 원고가 최종적으로 공사를 중단한 1998. 8. 16.을 기준으로 위 공사 완료예정기간인 180일을 보태고 위 기간 중 불가피한 사유로 공사를 중단한 3일을 뺀 218일간에 해당하는 지체상금 414,268,048원 (1,900,312,150원 x 218일 x 1/1,000, 원 미만 버림 이하 같다)을 기성고에서 공제하여야 한다고 주장한다.

살피건대, 원고가 피고들과 사이에, 이 사건 공사기간을 1998. 7. 5.까지, 지체상금율을 1일 당 공사대금의

1/1,000로 정하였고, 1998. 8. 16.부터 이 사건 공사를 중단하였으며 이로 인하여 피고들이 1998. 11. 25. 소외 회사에 나머지 공사를 준공기한 1999. 5. 23.로 정하여 도급주었으나 아직 완공에 이르지 못한 사실 및 원고가 구조안전진단 및 설계변경을 위하여 합계 3일간 위 공사를 중단한 사실은 앞서 본 바와 같은바, 수급인이 준공기한 내에 공사를 완성하지 못한 채 준공기한을 넘겨 도급계약이 해지된 경우에 있어서 그 지체상금 발생의 시기는 약정준공일 다음날이고, 그 종기는 수급인이 공사를 중단하거나 기타 해제사유가 있어 도급인이 이를 해제할 수 있었을 때를 기준으로 하여 도급인이 다른 업자에게 의뢰하여 같은 공사를 완공할 수 있었던 시점이라 할 것이다(대법원 1999. 10. 12. 선고 99다14846 판결 참조).

돌이켜 이 사건에 대하여 보건대, 지체상금의 시기는 준공예정일 다음날인 1998. 7. 6.이고, 종기는 원고가 공사를 중단한 1998. 8. 16.에 이 사건 공사계약을 해제하여 곧바로 다른 업자에게 공사를 의뢰하였다 하더라도 잔여공사를 완공하는 데에는 역시 피고들과 소외 회사가 위 공사를 완공하는 데 소요된다고 예정한 180일 정도가 필요한 것으로 볼 수 있고, 여기에서 불가피한 사유로 공사를 중단한 3일을 공제하면 1999. 2. 8.이 된다고 할 것이다.

따라서, 약정 지체상금율 1,000분의 1을 적용하여 위에서 인정한 218일 동안 발생한 지체상금은 414,268,048원(1,900,312,150원 x 218일 x 1/1,000)이라고 할 것이다.

이에 대하여, 원고는 이 사건 공사가 지연된 것은 피고들의 공사대금 지급 지체 및 동절기의 이상 강우나 계약의 변경, 소위 IMF 사태로 인한 자재 수급의 차질 등 여러 불가피한 사유에 기한 것으로 원고가 책임질 지체일수는 거의 없을 뿐만 아니라, 당초 공사기간을 결정한 경위나 공사진행 경위 등 제반사정을 감안하면 원고가 지체상금으로 피고들에게 지급할 돈은 없다고 주장한다.

살피건대, 앞서 본 바와 같이 피고들이 이 사건 공사도급계약을 해지할 때까지 원고에게 지급한 돈이 기성고 상당액인 784,904,930원의 약 77.5%(약정상 80%)인 608,643,830원에 이르는 점, 소위 IMF 사태로 인한 자재대금 폭등 등 이유로 원고의 요구에 따라 1998. 4. 10. 원·피고들 사이에 새로운 공사도급계약이 체결된 점, 이 사건 공사와 같이 그 성격상 실외 공사가 불가피한 공사에 관한 도급계약을 체결함에 있어서 수급인은 공사기간의 산정에 우천으로 인한 공사지연을 당연히 감안하였다고 보아야 하는 점, 당심증인 이삼규가 원고가 자재구입시마다 피고측에 자재비 선지급을 요구하여 피고들이 11차례 이상 자재비를 선지급 하였다고 증언하고 있는 점 등에 비추어 볼 때, 이 사건 공사의 지연사유에 관하여 원고의 위 주장에 부합하는 당심증인 이삼규의 일부 증언은 믿지 아니하고, 갑 제30, 31호증의 각 기재만으로는 이를 인정하기에 부족하고 달리 이를 인정할 증거가 없으므로 원고의 위 주장은 이유 없다.

한편, 지체상금에 관한 약정은 채무불이행에 대한 손해배상액의 예정으로 보아야 할 것인바, 이 사건 도급계약 상의 조건이 피고들에 의하여 주도적으로 정해져서 공사대금의 변동이 어렵게 되어 있고, 공사규모에 비하여 공사기간이 비교적 단기인 점, 이 사건 공사기간 당시 소위 IMF 사태로 인하여 수입자재의 가격이 폭등하여 수급인인 원고가 어려움을 겪었던 점 및 피고들과 소외 회사 사이의 계약기간 등 이 사건 변론 과정에 나타난 제반사정을 모두 고려하여 보면 위 약정지체상금은 그 수액이 지나치게 과다하여 부당하므로, 이를 상당한 범위 내로 감축함이 타당하다 할 것인데, 그 수액은 앞서 본 사정들에 비추어 금 180,000,000원으로 정함이 상당하다.

결국 이 사건 공사 잔대금 채무 171,561,100원(784,904,930원-608,643,830원-4,700,000원)은 동 채무액에서 지체상금 180,000,000원이 공제되어 전액 소멸하였다 할 것이다.

2. 결론

그렇다면 원고의 피고들에 대한 이 사건 청구는 모두 이유 없어 기각할 것인바, 원심판결은 이와 결론을 달리 하여 부당하므로 원심판결 중 피고들 패소부분을 모두 취소하고, 위 취소부분에 해당하는 원고의 피고들에 대한 청구를 모두 기각하기로 하며, 원고의 피고들에 대한 항소는 모두 이유 없어 이를 기각하기로 하여 주문과 같이 판결한다.

(2-2) 대법원 2002. 9. 4. 선고 2001다1386 판결

【원고, 상고인】 지원종합건설 주식회사
【피고, 피상고인】 문우철 외 6인
【원심판결】 부산고등법원 2000. 11. 30. 선고 2000나2924 판결
【주 문】 상고를 기각한다. 상고비용은 원고의 부담으로 한다.

【이 유】

1. 원심의 사실인정 및 판단

가. 원심이 인용한 제1심은 그 내세운 증거들에 의하여 다음 사실을 인정하였다.

(1) 원고는 1997. 10. 2. 피고들과 사이에 그들의 공유인 이 사건 토지상의 병원 건물을 일부 철거하고 그 옆에 이 사건 건물을 신축하는 공사에 관하여 대금을 금 2,359,500,000원으로, 준공기한은 1998. 7. 5.로 하고, 지체상금률은 1일당 공사대금의 1/1000로 정하여 이를 공사대금에서 공제할 수 있게 하는 한편, 원고는 어떠한 사유로든 추가공사비를 요구할 수 없으며, 피고들에게 책임 있는 사유나 천재지변 등 원고의 책임이 아닌 사유로 공사가 지연되는 경우에는 공사기간을 연장할 수 있되 원고에게 책임 있는 사유로 인하여 준공기한 내에 공사를 완성할 가능성이 없음이 명백한 경우에는 피고들이 계약을 해제할 수 있도록 하는 내용의 도급계약을 체결하였다.

(2) 그 후 원고가 이른바 IMF 사태로 인하여 자재대금 등이 폭등하였음을 이유로 추가공사비를 요구하면서 1998. 2. 13.부터 같은 달 14.까지, 같은 달 27.부터 1998. 3. 17.까지 공사를 중단하는 등 분쟁이 발생하자, 피고들은 1998. 4. 10. 원고와 사이에 위 공사 중 금 417,443,500원 상당의 스쿼시 연습실 및 골프 연습장의 내부시설공사를 타에 맡기고, 원고가 진행할 나머지 이 사건 공사에 대한 대금을 금 1,900,312,150원으로 정하였다.

(3) 원고는 1998. 5. 8. 위 공사 감리인 이상조로부터 위 건물 3층 슬라브 균열 발생으로 인한 구조안전진단을 위하여 공사를 중단하라는 지시를 받고 1998. 5. 14. 안전진단을 위하여, 같은 달 20. 및 21. 증축계획취소 등의 설계변경을 위하여 위 각 공사를 중단하였다.

(4) 한편, 원고는 1998. 6. 중순경부터 추가공사비의 인정 및 준공기일의 연장을 요구하던 중 피고들이 이에 동의하지 아니하자, 이 사건 공사 중 지하층에서 옥상층까지의 골조공사, 지하층에서 2층까지의 조적공사, 지중부분의 방수공사, 전기배관공사, 설비배관용 슬라브설치공사 부분만을 완성한 후 1998. 8. 16.부터 공사를 중단하였고, 이에 피고들은 1998. 9. 23. 원고에게 원고의 책임 있는 사유로 인하여 준공기간 내에 위 공사를 완공하지 못하였음을 이유로 위 공사계약의 해지를 통고한 후 1998. 11. 25. 소외 양정종합건설 주식회사에게 원고가 이 사건 공사 중 완성한 부분을 제외한 나머지 공사를 준공기한 1999. 5. 23.로 정하여 도급을 주었으나 그 공사가

지연되어 2000. 2.경 준공되었다.

(5) 피고들은 위 공사계약 해지시까지 원고에게 기성고 금 784,904,930원(계약 공사대금 1,900,312,150원 × 기성고 비율 41.304%) 중 합계 금 608,643,830원을 지급하였다.

나. 원심은, 이 사건 공사 잔대금 채무액에서 지체상금이 공제되어야 한다는 피고들의 주장에 대하여 지체상금의 시기(始期)는 준공예정일 다음날인 1998. 7. 6.이고, 종기는 원고가 공사를 중단한 1998. 8. 16.에 이 사건 공사계약을 해제하여 곧바로 다른 업자에게 공사를 의뢰하였다 하더라도 잔여공사를 완공하는 데에는 피고들과 소외 회사가 위 공사를 완공하는 데 소요된다고 예정한 180일 정도가 필요한 것으로 볼 수 있고, 여기에서 불가피한 사유로 공사를 중단한 3일을 공제하면 1999. 2. 8.이 되고, 약정 지체상금률 1/1000을 적용하여 위에서 인정한 바에 따른 218일 동안 발생한 지체상금은 금 414,268,048원(1,900,312,150원 × 218일 × 1/1000)이라고 판단하고 나서, 판시와 같은 사정을 들어 금 180,000,000원으로 감액하였다.

2. 상고이유 제1점, 제2점에 대하여

가. 원심은, 이 사건 공사가 지연된 것은 피고들의 기성고 공사대금지급 지체, 동절기의 이상 강우로 인한 작업불능, 이른바 IMF 사태로 인한 자재 수급의 차질, 피고들의 부당한 시공 요구와 간섭 등 원고에게 귀책사유가 없는 사유에 기인한 것이므로 지체상금지급의무가 없다는 원고의 면책 주장에 대하여 피고들이 이 사건 공사도급계약을 해지할 때까지 원고에게 지급한 돈이 기성고 상당액인 금 784,904,930원의 약 77.5%(약정상 80%)인 금 608,643,830원에 이르는 점, 이른바 IMF 사태로 인한 자재대금 폭등 등 이유로 원고의 요구에 따라 1998. 4. 10. 원고와 피고들 사이에 새로운 공사도급계약이 체결된 점, 이 사건 공사와 같이 그 성격상 실외 공사가 불가피한 공사에 관한 도급계약을 체결함에 있어서 수급인은 공사기간의 산정에 우천으로 인한 공사지연을 당연히 감안하였다고 보아야 하는 점, 제1심 증인 이삼규가 원고가 자재구입시마다 피고측에 자재비 선지급을 요구하여 피고들이 11차례 이상 자재비를 선지급 하였다고 증언하고 있는 점 등에 비추어 볼 때, 이 사건 공사의 지연사유에 관하여 원고의 위 주장에 부합하는 원심 증인 이삼규의 일부 증언은 믿지 아니하고, 갑 제30, 31호증의 각 기재만으로는 이를 인정하기에 부족하며 달리 이를 인정할 증거가 없다고 하여, 원고의 위 주장을 배척하였다.

나. 공사도급계약에서 지급되는 선금은 자금 사정이 좋지 않은 수급인으로 하여금 자재 확보, 노임 지급 등에 어려움이 없이 공사를 원활하게 진행할 수 있도록 하기 위하여, 도급인이 장차 지급할 공사대금을 수급인에게 미리 지급하여 주는 선급공사대금이라고 할 것인데(대법원 1997. 12. 12. 선고 97다5060 판결 참조), 만약 선금을 수급인이 지급받을 기성고 해당 중도금 중 최초분부터 전액 우선 충당하게 되면 위와 같은 선금 지급의 목적을 달성할 수 없는 점을 감안하면, 선금이 지급된 경우에는 특별한 사정이 없는 한 기성부분 대가 지급시마다 계약금액에 대한 기성부분 대가 상당액의 비율에 따라 안분 정산하여 그 금액 상당을 선금 중 일부로 충당하고 나머지 공사대금을 지급받도록 함이 상당함은 상고이유의 주장과 같으나, 한편 원심이 인정한 사실과 기록에 의하면, 원고와 피고들은 이 사건 도급계약 체결에 있어서, 1차 중도금은 기초터파기 완료시, 2차 중도금은 1층 바닥콘크리트 타설 완료시, 3차 중도금은 골조공사 완료시, 4차 중도금은 조적공사 완료시, 5차 중도금은 준공검사를 받은 후 20일 내에 각각 지급하되 잔금을 제외한 기성고 지급액은 기성고의 80%로 하기로 약정한 사실, 원고와 피고들은 피고들이 원고에게 공사대금의 10%에 해당하는 선금을 지급하되 위 선금은 계약 목적 외에 사용할 수 없으며 노임 지급 및 자재 확보에 우선 사용하기로 약정하고, 이에 따라 피고들이 1997. 12. 17. 원고에게 선

금으로 금 235,950,000원을 지급한 사실, 그런데 원고는 1998. 6. 2. 및 같은 해 7. 10. 피고들에게 3차 및 4차 기성부분 검사원을 각 제출함에 있어서 위 선금 235,950,000원을 기성고 해당 미지급 중도금에서 전액 공제할 것을 스스로 인정하면서 그 나머지 미지급 중도금을 지급해 줄 것을 청구한 사실을 알 수 있는바, 그렇다면 원고와 피고들은 기성고에 따른 중도금의 지급에 있어서 선금 전액을 중도금에서 공제하기로 특약한 것으로 봄이 상당하다 할 것이다.

다만, 당사자 간의 위 특약 취지에 따라 미지급 중도금에서 선금을 전액 공제하더라도 피고들이 이 사건 공사도급계약을 해지할 때까지 원고에게 지급한 공사대금은 기성고 상당액인 금 784,904,930원의 약 77.5%인 금 608,643,830원으로서 약정상의 80%에 미달하고, 그 이전에도 2차 기성고에 따른 중도금 청구 이후 피고들이 순차적으로 어느 정도 금액의 중도금 지급을 지체하였음을 알 수 있고, 계속적 거래관계에 있어서 재화나 용역을 먼저 공급한 후 일정 기간마다 거래대금을 정산하여 일정 기일 후에 지급받기로 약정한 경우에 공급자가 선이행의 자기 채무를 이행하고 이미 정산이 완료되어 이행기가 지난 전기의 대금을 지급받지 못하였거나 후 이행의 상대방의 채무가 아직 이행기가 되지 아니하였지만 이행기의 이행이 현저히 불안한 사유가 있는 경우에는 민법 제536조 제2항 및 신의성실의 원칙에 비추어 볼 때 공급자는 이미 이행기가 지난 전기의 대금을 지급받을 때 또는 전기에 대한 상대방의 이행기 미도래채무의 이행불안사유가 해소될 때까지 선이행의무가 있는 다음 기간의 자기 채무의 이행을 거절할 수 있다고 해석되나(대법원 2001. 9. 18. 선고 2001다9304 판결 등 참조), 민법 제536조 제2항에서의 '상대방의 채무이행이 곤란할 현저한 사유'라 함은 계약 성립 후 상대방의 신용불안이나 재산상태의 악화 등 사정으로 반대급부를 이행 받을 수 없게 될지도 모를 사정변경이 생기고 이로 인하여 당초의 계약 내용에 따른 선이행의무를 이행하게 하는 것이 공평의 관념과 신의칙에 반하게 되는 경우를 말하므로(대법원 1990. 11. 23. 선고 90다카24335 판결 참조), 만약 피고들이 기성고 해당 중도금을 전혀 지급하지 않았고 당시 재산상태에 비추어 앞으로도 공사대금을 지급할지 여부가 불투명한 상태에 있었다면 원고는 이미 이행기가 지난 기성공사대금을 지급받을 때까지 또는 피고의 공사대금지급에 관한 이행불안사유가 해소될 때까지 잔여 공사의 완성을 거절할 수 있다고 볼 것이지만, 피고들의 위 중도금 지급채무 이행이 곤란할 현저한 사유가 있었다고 볼 만한 자료를 찾아볼 수 없는 이 사건에 있어서는, 피고들이 기성고 해당 중도금 지급의무의 이행을 일부 지체하였다고 하여 바로 수급인인 원고가 일 완성의무의 이행을 거절할 수 있다고 볼 수는 없고, 따라서 피고들이 위 중도금 지급채무를 일부 불이행하였다고 하여 그것만으로 원고의 이 사건 공사의 중단이나 지연에 대하여 원고에게 귀책사유가 없다고 할 수는 없다(다만, 그와 같은 사정을 지체상금의 감액사유로 삼을 수는 있을 것이다).

그렇다면 피고들이 기성고 해당 중도금 지급채무의 이행을 지체하였음을 이유로 공사의 지연에 관하여 원고에게 귀책사유가 없다는 원고의 지체상금 면책 주장을 배척한 원심의 조치는 정당하다고 할 것이다.

다. 또한, 천재지변이나 이에 준하는 경제사정의 급격한 변동 등 불가항력으로 인하여 목적물의 준공이 지연된 경우에는 수급인은 지체상금을 지급할 의무가 없다고 할 것이지만, ① 상고이유에서 주장하는 이른바, IMF 사태 및 그로 인한 자재 수급의 차질 등은 그와 같은 불가항력적인 사정이라고 볼 수 없고, ② 일반적으로 수급인이 공사도급계약상 공사기간을 약정함에 있어서는 통상 비가 와서 정상적으로 작업을 하지 못하는 것까지 감안하고 이를 계약에 반영하는 점에 비추어 볼 때 천재지변에 준하는 이례적인 강우가 아니라면 지체상금의 면책사유로 삼을 수 없다고 할 것인데, 기록에 의하여 살펴보면, 동절기의 이상 강우로 인하여 이 사건 공사가 어느 정도 지연되었을 것으로 보이지만, 그것이 공사기간 내에 공사 진행을 도저히 할 수 없는 천재지변에 준하는 불가항력적인 이상 강우라고 볼 만한 자료는 찾기 어려우므로, 그것을 가지고 지체상금의 감액사유로 삼을 수 있을지언정 지체상금의 면책사유로 삼을 수는 없다고 할 것이고, ③ 그 밖에 피고들의 부당한 시공요구 및 공사 수행의 간섭 등으로 인하여 이 사건 공사가 중단되거나 지연되었다는 원고의 주장에 대하여는 원심이 적법하게 배척한 증거들 외에는 기록상 이를 인정할 만한 자료를 찾아볼 수 없다.

라. 따라서 이 사건 공사의 지연이 원고의 귀책사유에 기한 것이 아니므로 지체상금 지급의무가 발생하지 아니한다는 원고의 면책 항변을 배척한 원심의 사실인정과 판단은 결국, 정당한 것으로 수긍할 수 있고, 거기에 채증법칙 위반, 심리미진, 이유불비 또는 지체상금 지급의무의 발생에 대한 법리오해 등 판결에 영향을 미친 위법이 있다고 할 수 없다.

마. 나아가 원심이 인정한 사실과 기록에 의하면, 원고와 피고들은 공사기간의 연장에 관하여 "피고들의 책임있는 사유 또는 천재지변, 불가항력의 사태 등 원고의 책임이 아닌 사유로 공사수행이 지연되는 경우 원고는 공사기간의 연장을 피고들에게 요구할 수 있다."고 약정하였음을 알 수 있어, 원고의 공기 연장 요구가 정당하기 위하여는 원고의 귀책사유가 아닌 사유로 공사가 지연되는 것이 전제되어야 하는바, 이 사건 공사가 원고의 귀책사유 아닌 사유로 지연되었다거나 이 사건 도급관계의 종료가 피고들의 귀책사유에 기한 것이라고 볼 수 없음이 위에서 본 바와 같으므로, 원고의 공기 연장 요구가 정당한 것임을 전제로 하여 거기에 주장과 같은 법리오해, 채증법칙 위반, 심리미진, 이유불비 등의 위법이 있다는 상고이유의 주장도 받아들일 수 없다.

3. 상고이유 제3점에 대하여

수급인이 완공기한 내에 공사를 완성하지 못한 채 완공기한을 넘겨 도급계약이 해제된 경우에 있어서 그 지체상금 발생의 시기(始期)는 완공기한 다음날이다(대법원 2001. 1. 30. 선고 2000다56112 판결 등 참조).

기록에 의하여 살펴보면, 원심이 원고가 기성률 41.304% 상태에서 공사를 중단하여 공사가 미완성된 것이므로 지체상금 산정의 시기를 당초 이 사건 도급계약에서 약정한 준공기한의 다음날인 1998. 7. 6.로 인정 판단한 것은 위 법리에 따른 것으로 정당하여 수긍되고, 원고의 정당한 요청에 의하여 공기가 연장되었음을 인정할 자료가 없는 이 사건에서 이를 전제로 하여 원심판결에 지체기간의 시기에 관한 법리오해, 채증법칙 위반 등 위법이 있다는 상고이유의 주장은 그 이유 없다.

4. 상고이유 제4점에 대하여

지체상금에 관한 약정은 수급인이 그와 같은 일의 완성을 지체한 데 대한 손해배상액의 예정이므로, 수급인이 약정된 기간 내에 그 일을 완성하여 도급인에게 인도하지 아니하여 지체상금을 지급할 의무가 있는 경우, 법원은 민법 제398조 제2항의 규정에 따라 계약 당사자의 지위, 계약의 목적과 내용, 지체상금을 예정한 동기, 실제의 손해와 그 지체상금액의 대비, 그 당시의 거래관행 및 경제상태 등 제반 사정을 참작하여 약정에 따라 산정한 지체상금액이 일반 사회인이 납득할 수 있는 범위를 넘어 부당하게 과다하다고 인정하는 경우에 이를 적당히 감액할 수 있는 것이다(대법원 1999. 10. 12. 선고 99다14846 판결 등 참조).

원심은, 이 사건 도급계약상의 조건이 피고들에 의하여 주도적으로 정해져서 공사대금의 변동이 어렵게 되어 있고, 공사규모에 비하여 공사기간이 비교적 단기인 점, 이 사건 공사기간 당시 이른바, IMF 사태로 인하여 수입자재의 가격이 폭등하여 수급인인 원고가 어려움을 겪었던 점 등의 제반 사정을 고려하여 약정 지체상금

414,268,048원은 그 수액이 지나치게 과다하여 부당하다고 하여 이를 금 180,000,000원으로 감액하였는바, 앞서 본 법리와 기록에 의하여 살펴보면, 원심의 인정과 판단은 정당한 것으로 수긍할 수 있고, 거기에 채증법칙을 위반하여 사실인정을 그르치거나 지체상금 감액에 관한 법리를 오해하여 지체상금을 지나치게 적게 감액한 위법이 없다.

5. 그러므로 상고를 기각하기로 하여 관여 법관의 일치된 의견으로 주문과 같이 판결한다.

3 위험부담

(1-1) 대구고등법원 1995. 1. 11. 선고 94나744 판결

【원고, 항소인】 여산 송씨 여량군파 종친회
【피고, 피항소인】 유종래
【원심판결】 대구지방법원 1994.1.20. 선고 93가합5677 판결
【주 문】 1. 원고의 항소를 기각한다.
2. 항소비용은 원고의 부담으로 한다.

【청구취지 및 항소취지】

원심판결을 취소한다. 피고는 원고에게 금 58,998,561원 및 이에 대한 1991.8.21.부터 이 사건 소장부본 송달일까지는 연 5푼, 그 다음날부터 완제일까지는 연 2할 5푼의 각 비율에 의한 금원을 지급하라.

【이 유】

1. 본안 전 항변에 대한 판단

피고는, 원고 종친회는 민사소송법상 당사자능력이 인정될 정도의 사회적 조직체가 아니고 또 이 사건 소는 대표권 없는 소외 송태출에 의하여 제기되었으므로 부적법하여 각하되어야 한다고 본안 전 항변을 하므로 살피건대, (증거)를 종합하면, 원고 종친회는 여산송씨 시조 송유익의 7대손인 여량군을 중시조로 하고 그 자손들인 성년남자 약 300명(그중 통지가 가능한 종친회원은 100명 정도이다)으로 구성된 종중으로서, 매년 음력 10월 초정일(初丁日) 대구 ㅇㅇ구 ㅇㅇ동산 98의 3에 있는 여량군 묘소에서 여량군의 시제를 봉행하고 이 날을 정기총회일로 하여 종중의 대소사를 의결하여 온 사실, 1986.11.19.(음력 10월 초정일) 개최된 총회에서 원고 종친회의 회장으로 송영수, 부회장으로 송태출을 선출함과 아울러 회칙을 제정하였으며 그 후 1992.1.14. 개최된 임시총회에서 위 송태출을 후임 회장으로 선임한 사실, 같은 해 2.22. 개최된 임시총회에서 위 송태출이 종중재산을 단독으로 관리하려고 한다는 이유 등으로 위 송태출을 대표자 지위에서 해임하고 소외 송경수를 원고 종친회의 새로운 대표자로 선임하자 위 송태출이 위 송경수를 상대로 회장직무집행정지등 가처분 신청을 하는 한편 명예훼손죄로 고소하는 등 종중 내부에서 분규가 있었으나 1993.2.3. 위 송태출과 위 송경수 사이에 위 송경수가 원고 종친회 대표자직을 사퇴하고 위 송태출이 원고 종친회의 대표자직을 수행하도록 원만히 합의가 이루어져 같은 해 2.20. 개최된 임시총회에서 위 송태출이 다시 원고 종친회의 회장으로서 대표자직을 수행하는데 대하여 참석

종중원 전원이 찬성하고 이 사건 소를 제기할 것을 결의한 사실을 각 인정할 수 있고, 이에 반하는 위 송중호의 증언부분은 믿지 아니하며 달리 반증이 없는바, 위 인정사실에 의하면, 위 여량군의 분묘수호와 봉제사 및 그 후손 상호간의 친목을 목적으로 형성된 자연발생적인 종족단체로서의 원고 종친회의 실체와 위 송태출이 원고 종친회의 적법한 대표자임이 인정되므로, 피고의 위 항변은 이유 없다.

2. 본안에 관한 판단

가. 교환계약 및 그 대상토지의 수용

다음과 같은 사실들은 당사자 사이에 다툼이 없거나, (증거)를 종합하여 이를 인정할 수 있고, 이에 반하는 (증거)은 믿지 아니하며, 달리 반증 없다.

(1) 대구 ○○구 ○○동산 98의 3 임야 10,164㎡는 1983.3.14. 같은 동 산 98의 3 임야 9,901㎡와 별지목록 제4 기재 토지로 분할되고, 1987.3.25. 위 9,901㎡가 또 다시 위 목록 제1, 2, 3 기재 각 토지로 분할되었으며, 같은 동 685의 대 1,260㎡는 1987.3.25. 같은 동 685 대 630㎡와 위 목록 제5 기재 토지로 분할되었다.

(2) 1986.12.19. 원고 종친회의 당시 부회장이었던 위 송태출이 원고 종친회를 대리하여 피고와 사이에 위 이곡동 산 98의 3 임야 9,901㎡ 중 432㎡(앞서 본 바와 같이 1987.3.25. 분할된 위 목록 제2, 3 기재 각 토지) 및 위 목록 제4 기재 토지 중 59평(195㎡)과 위 이곡동 685 대 1,260㎡ 중 630㎡(앞서 본 바와 같이 1987.3.25. 분할된 위 목록 제5 기재 토지)를 교환하여 같은 해 12.31.까지 서로 소유권이전등기를 경료하기로 약정하였다.

(3) 그런데 그 각 소유권이전등기가 경료되지 않고 있던 중 위 각 토지가 한국토지개발공사가 시행하는 택지개발지구에 편입되어 일부는 위 공사에 협의취득되고 일부는 수용됨으로써 원고가 소유권이전등기를 경료하기로 약정하였던 위 각 토지에 대하여는 1991. 10. 29.부터 1993. 3. 15.까지 사이에 합계 금 98,501,439원이, 피고가 소유권이전등기를 경료하기로 약정하였던 위 목록 제5 기재 토지에 대하여는 1991.8.20. 금 157,500,000원이 각 지급되었다.

나. 원 · 피고의 주장에 대한 판단

이에 원고는, 위 교환계약에 따라 원고가 피고에게 소유권이전등기를 경료하기로 약정하였던 위 각 토지에 대하여 지급된 보상금 98,501,439원에 대하여는 원고가 피고에게 이를 지급할 의무가 있고, 피고가 원고에게 소유권이전등기를 경료하기로 약정하였던 위 목록 제5 기재 토지에 대한 보상금 157,500,000원에 대하여는 피고가 원고에게 이를 지급할 의무가 있으므로, 결국 피고는 원고에게 그 차액인 금 58,998,561원(금 157,500,000원－금 98,501,439원)을 반환할 의무가 있다고 주장하고, 이에 대하여 피고는 위 교환계약은 그 대상인 위 각 토지가 협의취득 또는 수용됨으로써 쌍방당사자에게 책임 없는 사유로 그 각 소유권이전등기절차의 이행이 불능으로 되어 민법 제537조의 채무자위험부담주의의 원칙에 따라 원 · 피고의 위 각 토지에 대한 각 소유권이전등기의무가 모두 소멸되었으므로 원고의 위 주장은 이유 없다고 다툰다.

그러므로 살피건대, 앞서 당원이 채택한 각 증거에 (증거)를 종합하면, 원 · 피고가 서로 소유권이전등기를 경료하기로 약정하였던 위 1986.12.31.까지 교환대상인 위 각 토지 중 일부가 분할이 되지 아니한 관계로(위 목록 제2, 3, 5 기재 각 토지는 앞서 본 바와 같이 1987.3.25. 분할되었고, 위 목록 제4 기재 토지 중 교환대상인 59평에 대하여는 그 수용시까지도 분할되지 아니하였다) 원고를 대리한 위 송태출과 피고가 그 각 소유권이전등기절차의 이행을 무기한 연기하기로 약정하였는데 그 후 쌍방이 그 이행의 제공을 하지 아니하고 있던 중 위 각 토지가 앞서 본 바와 같이 토지개발공사에 협의취득 또는 수용됨으로써 이를 각 이행할 수 없게 된 사실을 인정할 수 있고, 이에 반하는 (증거)는 믿지 아니하며, 달리 반증이 없다.

위 인정사실에 의하면, 쌍무계약인 위 교환계약은 서로가 그 이행의 제공을 하지 아니하고 있던 중 그 대상인 토지가 토지개발공사에 협의취득 또는 수용됨으로써 쌍방 당사자에게 책임 없는 사유로 그 각 소유권이전등기절차의 이행이 불능으로 되어 민법 제537조의 채무자위험부담주의의 원칙에 따라 원·피고의 위 각 토지에 대한 각 소유권이전등기의무는 모두 소멸되었다 할 것이므로, 그 각 소유권이전등기의무가 소멸되지 않았음을 전제로 하여 그 대상인 위 각 보상금의 차액의 반환을 구하는 원고의 이 사건 청구는 그 액수의 점에 관하여 더 나아가 따져볼 필요 없이 이유 없다 할 것이다.

3. 결론

그렇다면, 원고의 이 사건 청구는 이유 없어 이를 기각할 것인바, 원심판결은 이와 결론을 같이하여 정당하므로 원고의 항소는 이유 없어 이를 기각하고, 항소비용은 패소자인 원고의 부담으로 하여 주문과 같이 판결한다.

(1-2) 대법원 1996. 6. 25. 선고 95다6601 판결

【원고, 상고인】 여산 송씨 여량군파 종친회
【피고, 피상고인】 유종래
【원심판결】 대구고등법원 1995. 1. 11. 선고 94나744 판결
【주 문】 상고를 기각한다. 상고비용은 원고의 부담으로 한다.

【이 유】

원고와 그 소송대리인 변호사 이희태의 상고이유(소송대리인 변호사 배만운의 상고이유보충서에 기재된 것은 상고이유를 보충하는 범위 내에서)를 판단한다.

원심판결 이유에 의하면, 원심은 1986. 12. 19. 원고 종친회의 당시 부회장이었던 소외 송태출이 원고 종친회를 대리하여 피고와 사이에, 대구 달서구 이곡동 산 98의 7 임야 352㎡, 같은 동 98의 8 임야 80㎡ 및 같은 동 산 98의 6 도로 263㎡ 중 195㎡(이하 이 사건 제1토지라고 한다)와 피고 소유의 같은 동 685의 1 대 630㎡(이하 이 사건 제2토지라고 한다)를 교환하여 1986. 12. 31.까지 서로 소유권이전등기를 경료하기로 약정한 사실, 그런데 그 각 소유권이전등기가 경료되지 않고 있던 중 위 각 토지가 한국토지개발공사가 시행하는 택지개발지구에 편입되어 일부는 위 공사에 협의취득되고 일부는 수용됨으로써 원고가 소유권이전등기를 경료하기로 약정하였던 위 제1토지에 대하여는 합계 금 98,501,439원이, 피고가 소유권이전등기를 경료하기로 약정하였던 위 제2토지에 대하여는 금 157,500,000원이 각 지급된 사실을 인정하고, 쌍무계약인 위 교환계약은 서로가 그 이행의 제공을 하지 아니하고 있던 중 그 계약목적물인 토지가 위 공사에 협의취득 또는 수용됨으로써 쌍방 당사자에게 책임 없는 사유로 그 각 소유권이전등기절차의 이행이 불능으로 되어 민법 제537조의 채무자 위험부담주의의 원칙에 따라 원·피고의 위 각 토지에 대한 각 소유권이전등기의무는 모두 소멸되었다 할 것이므로 그 각 소유권이전등기의무가 소멸되지 않았음을 전제로 하여 그 대상인 위 각 보상금의 차액의 반환을 구하는 원고의 청구는

이유 없다고 판단하였다.

기록에 의하면, 이 사건 제1토지는 원고가 그 종친회원들에게 명의신탁한 원고 소유이고 이 사건 제2토지는 피고 소유인데, 피고는 위 제1토지의 일부를 자기가 경영하는 육계가공공장의 진입도로로 사용하기 위하여 위 토지교환계약을 체결한 사실, 이 사건 제1토지 및 제2토지가 모두 한국토지개발공사가 시행하는 택지개발지구에 편입되자 피고는 1991. 8. 16. 위 제2토지를 위 공사에 협의매도하여 1991. 8. 19. 위 제2토지에 관하여 위 공사 명의로 소유권이전등기를 경료하여 주었고, 그 직후 원고도 위 제1토지에 관한 일부 명의수탁자들 이름으로 1991. 10. 15. 위 제1토지의 5/6지분을 위 공사에 협의매도하여 1991. 10. 16. 위 토지지분에 관하여 위 공사 명의로 소유권이전등기를 경료하여 주었으며 위 제1토지의 1/6지분은 1992. 11. 11. 수용된 사실을 알 수 있으므로, 위 교환계약에 따른 이 사건 제1토지 및 제2토지에 관한 소유권이전등기의무는 모두 이행불능이 되었다고 할 것이다.

그런데, 공공사업의 시행자가 공공용지의취득및손실보상에관한특례법에 따라 그 사업에 필요한 토지를 협의취득하는 행위는 토지수용의 경우와는 달리 사경제주체로서 하는 사법상의 법률행위에 지나지 아니하여 토지소유자는 그 협의매수의 제의에 반드시 응하여야 할 의무가 있는 것은 아니라 할 것이므로(대법원 1995. 10. 13. 선고 95다25497 판결 참조), 이 사건 제1토지의 5/6지분 및 제2토지가 각 위 특례법에 따라 협의취득된 것이라면 피고는 위 제2토지에 관한 소유권이전등기의무의 이행불능에 대하여, 원고는 위 제1토지의 5/6지분에 관한 소유권이전등기의무의 이행불능에 대하여 각 귀책사유가 없다고 단정할 수는 없다 할 것이므로, 원심이 위 제1토지 및 제2토지가 모두 위 공사에 협의취득 또는 수용되었다는 이유만으로 곧바로 이 사건 교환계약에 기한 원·피고의 각 소유권이전등기의무가 모두 원·피고 쌍방에게 책임 없는 사유로 이행불능이 되었다고 본 것은 잘못이라고 아니할 수 없다.

그러나 나아가 가사 쌍무계약의 당사자 일방이 상대방의 급부가 이행불능이 된 사정의 결과로 상대방이 취득한 대상에 대하여 급부청구권을 행사할 수 있는 경우가 있다고 하더라도, 그 당사자 일방이 대상청구권을 행사하려면 상대방에 대하여 반대급부를 이행할 의무가 있다고 할 것인바, 이 경우 당사자 일방의 반대급부도 그 전부가 이행불능이 되거나 그 일부가 이행불능이 되고 나머지 잔부의 이행만으로는 상대방의 계약목적을 달성할 수 없는 등 상대방에게 아무런 이익이 되지 않는다고 인정되는 때에는, 상대방이 당사자 일방의 대상청구를 거부하는 것이 신의칙에 반한다고 볼 만한 특별한 사정이 없는 한, 당사자 일방은 상대방에 대하여 대상청구권을 행사할 수 없다고 봄이 상당하다 할 것이다.

이 사건에서, 쌍무계약인 위 토지교환계약의 목적물인 이 사건 제1토지 및 제2토지가 모두 공공사업의 시행자에 의하여 협의취득 되거나 수용됨으로써 당사자인 원·피고의 상대방에 대한 각 토지 소유권이전등기의무가 이행불능으로 되었고, 피고가 원고의 대상청구를 거부하는 것이 신의칙에 반한다고 볼 만한 특별한 사정이 있음을 인정할 만한 자료가 없으니, 원고는 위 교환계약에 따른 피고의 제2토지에 관한 소유권이전등기의무가 이행불능이 된 사정의 결과로 피고가 취득한 대상의 급부를 청구할 수 없다고 할 것이고, 따라서 원고가 피고에 대하여 그 대상청구를 할 수 있음을 전제로 피고가 위 공사로부터 받은 위 제2토지의 보상금에서 원고의 피고에 대한 소유권이전등기의무의 목적물인 제1토지의 보상금으로 원고가 위 공사로부터 받은 금원을 공제한 나머지 차액의 반환을 구하는 원고의 주장을 배척한 원심판결의 결론은 위 인정의 사실관계에 비추어 옳고, 거기에 상고이유로 주장하는 바와 같은 대법원판례 위반, 법리오해의 위법이나 심리미진의 위법 등이 있다 할 수 없다.

그리고, 위와 같은 경우에 위 교환계약에 따라 피고가 원고에게 이전하기로 약정하였던 제2토지에 대한 보상금이 원고가 피고에게 이전하기로 약정하였던 제1토지에 대한 보상금보다 많다고 하더라도 피고가 원고와의 관계에서 위 보상금의 차액을 법률상 원인 없이 이득한 것이라고 볼 수 없다. 이 점에 관한 주장도 이유 없다.

따라서 상고를 기각하고 상고비용은 패소자의 부담으로 하기로 하여 관여 법관의 일치된 의견으로 주문과 같이 판결한다.

4 제3자를 위한 계약

(1-1) 서울고등법원 1999. 2. 9. 선고 98나43177 판결

【원고, 피항소인】 한국신용유통 주식회사

【피고, 항소인】 대한보증보험 주식회사

【원심판결】 서울지방법원 1998. 7. 14. 선고 97가합70403 판결

【주 문】

1. 원심판결을 다음과 같이 변경한다.
   가. 피고는 원고에게 금 23,406,492원 및 이에 대하여 1997. 10. 7. 부터 1999. 2. 9. 까지는 연 6푼의, 그 다음날부터 완제일까지는 연 2할 5푼의 각 비율에 의한 금원을 지급하라.
   나. 원고의 나머지 주위적 청구를 기각한다.
2. 소송총비용은 피고의 부담으로 한다.
3. 위 1의 가.항은 가집행할 수 있다.

【청구취지】

주위적 및 예비적으로, 피고는 원고에게 금 23,406,492원 및 이에 대하여 이 사건 소장부본 송달일 다음날부터 완제일까지 연 2할 5푼의 비율에 의한 금원을 지급하라.

【항소취지】

원심판결 중 피고 패소부분을 취소하고, 그 취소부분에 대한 원고의 청구를 기각한다.

【이 유】

1. 인정사실

다음과 같은 사실은 (증거)를 종합하여 이를 인정할 수 있고 반증이 없다.

가. 원고는 1996. 10. 1. 소외 박종언의 대리인임을 자칭하는 소외 홍성만과 사이에 소외 박종언 명의로 계약기간은 1년, 물품거래금액은 위 박종언을 보험계약자로 하고 원고를 피보험자로 하는 보증보험증권의 보험가입금액 상당으로 하고, 그 대금은 납품은 납품일이 속한 달의 다음달 27일까지 지급하기로 하는 내용의 물품공급계약을 체결하였다.

나. 위 홍성만은 1996. 10. 2. 위 박종언의 대리인임을 자칭하여 ① 원심공동피고 한국보증보험 주식회사(이하 한국보증보험이라 한다)와는 피보험자를 원고로, 보험가입금액을 금 20,000,000원으로, 보험기간을 1996. 10. 2.부터 1997. 10. 1.까지로 하고 위 원심공동피고가 위 박종언이 원고에 대한 외상물품판매대금채무를 이행하지 않음으로써 원고가 입게 되는 손해를 보상하기로 하는 내용의, ②피고와는 피보험자를 원고로, 보험가입금액을 금 30,000,000원으로, 보험기간을 1996. 10. 1.부터 1997. 9. 30.까지로 하여 위 피고가 위 박종언이 원고에 대한 외상물품대금채무를 이행하지 않음으로써 원고가 입게 되는 손해를 보상하기로 하는 내용의, 각 보증보험계약을 체결하였고, 이에 따라 위 원심공동피고 및 피고는 각 보증보험증권을 교부하였다.

다. 원고는 위 홍성만으로부터 위 각 보증보험증권을 교부받은 다음, 위 물품공급계약에 따라 위 홍성만에게 1996. 10. 5.부터 같은 달 23.까지 합계 금 39,010,820원 상당의 가전제품을 인도하였다.

라. 위 박종언 또는 홍성만은 위 가전제품대금을 현재까지 지급하지 않고 있다.

2. 원고의 주장과 판단

가. 원고는, 이 사건 주위적 청구원인으로 위 박종언은 위 홍성만에게 원고와의 위 물품공급계약 및 피고와의 보증보험계약 체결과 관련하여 대리권을 수여한 것이므로 피고는 위 박종언이 원고에게 위 물품대금을 지급하지 아니하여 손해가 발생하였으므로 위 보증보험계약에 따른 보험금을 지급하여야 한다고 주장한다.

나. 그렇다면, 위 홍성만이 위 박종언의 대리인으로서 피고와 체결한 위 보증보험계약의 체결과 관련하여 그 대리권을 수여하였는지 여부에 관하여 보면, (증거)를 종합하면, 위 박종언은 자신의 형이 갑자기 입원을 하여 형의 가족들에 대한 생활비 및 병원비, 채무 등으로 인하여 고민하던 중 1996. 8.경 그의 친구인 소외 김일임을 만나 신용카드를 이용한 대출이 가능한지 여부를 문의하자 위 김일임은 이에 따라 소외 이재방을 위 박종언에게 소개를 하였고, 위 이재방이 위 박종언에게 대출 등을 받기 위하여는 우선 사업자등록이 있어야 한다는 말을 듣고 위 박종언은 1,000,000원의 돈을 들여 "서울 강남구 논현동 165의 17 대보빌딩 609호"를 임차하여, 같은 해 9. 10. 상호를 동현실업, 사업의 종류를 자동판매기 등 도소매업, 대표자 박종언으로 사업자등록을 한 사실, 그 후 위 이재방은 위 박종언에게 이제 사업장과 사업자등록이 되었으므로 가계작업(사업자등록증으로 은행에 가계수표계약을 체결한 후에 가계수표를 발행한 후에 부도를 내는 것)도 하고 카드도 발급받아 은행에서 신용대출을 받아 큰돈을 주겠다고 하면서 위 사무실 경리서랍에 위 박종언의 인감증명서, 주민등록등본, 주민등록증사본 등을 여유있게 발급받아 두라고 하여 위 박종언이 자신의 인감증명서, 주민등록등본, 주민등록증사본 등을 위 사무실 경리서랍에 보관하여 두었고, 위 이재방은 1996. 9. 24.경 서울 종로구 무교동 소재 응접실다방에서 위 사무실에 있던 위 박종언 명의의 인감증명서, 주민등록등본, 주민등록증사본, 사업자등록증 등을 위 박종언 명의로 보증보험을 체결하여 이것을 이용하여 물품공급계약을 체결하여 물건을 외상구입할 수 있도록 하기 위하여 소외 윤방심에게 위 각 서류를 주고, 위 윤방심은 그 자리에서 위 홍성만에게 같은 취지로 건네준 사실, 위 홍성만은 위 윤방심을 통하여 위 이재방으로부터 받은 위 각 서류 및 자신이 임의로 만든 위 박종언 명의의 위임장에 기초하여 위 윤방심으로부터 받은 위 박종언의 인감도장을 가지고 1996. 10. 1. 원고와 사이에 앞서 본 바와 같은 위 물품공급계약을 체결하였고, 같은 달 2.에는 피고와 사이의 보증보험계약을 체결한 사실, 그 후 위 홍성만 및 윤방심은 위 물품공급계약에 따라 1996. 10. 5.부터 같은 달 23.까지 합계 금 39,010,820원 상당의 가전제품

을 인도받아 위 박종언의 동의없이 이를 처분하여 그중 일부금액만을 위 박종언에게 건네준 사실, 원고는 위와 같이 자신의 명의로 사업자등록을 한 후에 자신의 인감증명서, 주민등록등본, 주민등록증사본, 사업자등록증 등을 위 이재방, 윤방심에게 제공하고 그들로부터 1996. 9. 16. 금 1,500,000원, 1996. 10. 4. 금 1,800,000원, 1996. 10. 7. 금 3,000,000원, 1996. 10. 16. 금 1,700,000원 상당을 각 수령한 사실 등을 인정할 수 있는바, 이에 의하면 위 홍성만이 위 박종언을 대리하여 1996. 10. 2. 피고와 사이에 체결한 위 보증보험계약은 위 박종언이 위 이재방에게 자신의 인감증명서, 주민등록등본, 주민등록증사본, 사업자등록증 등을 교부하면서 대출과 관련한 업무를 포괄적으로 위임하였고, 위 이재방은 위 박종언의 위임의 기본적인 취지에 벗어나지 아니한 방법 즉 대출의 일환으로 보증보험계약을 이용하여 물품을 매수하여 이를 매도하여 자금을 마련하기 위하여 위 홍성만에게 위 박종언의 위 각 서류를 교부하고, 위 홍성만은 이에 기초하여 원고를 대리하여 피고와 사이에 위 보증보험계약을 체결한 것이라고 할 것이므로, 특별한 사정이 없다면 위 박종언과 피고 사이의 위 보증보험계약은 유효하게 체결된 것이라고 할 것이고, 또한 위 보증보험계약상의 보험사고인 위 박종언의 원고에 대한 물품대금의 불이행 사실이 발생하였다고 할 것이므로 위 보증보험계약의 피보험자인 원고에게 보험금을 지급하여야 할 것이다.

그런데, 피고가 원고에게 지급할 보험금의 구체적 액수에 관하여 보면, 앞서 본 바에 의하면 원고의 위 박종언에 대한 물품대금에 대한 보증보험계약은 원심공동피고 한국보증보험과 사이에 보험가입금액인 금 20,000,000원인 보증보험이 별도로 체결되어 있으므로, 결국 위 박종언의 미지급 매매대금 39,010,820원 중 중복보험의 법리에 따라 피고가 부담해야 할 금액은 금 23,406,492원[(39,010,820원 x 30,000,000원/(20,000,000원 + 30,000,000원)]이라 할 것이다.

3. 피고의 주장 및 판단

가. 피고는 위 보증보험계약은 주계약인 원고와 위 박종언과 사이의 위 물품공급계약의 존재함을 전제로 한 것인바, 위 홍성만이 위 박종언의 대리인으로서 원고와 체결한 위 물품공급계약은 대리권 없는 상태에서 체결되어 무효이거나, 그렇지 아니하고 기본대리권은 있어 일응 표현대리에 해당한다고 하여도 정당한 사유가 없으므로 결국 무효이므로 결국 피고와 위 박종언 사이의 위 보증보험계약도 무효라고 주장하나, 앞서 본 바에 의하면 위 홍성만이 위 박종언의 대리인으로서 피고와 체결한 위 보증보험계약은 위 박종언의 포괄적위임에 기초하여 체결된 것이므로 유효하다고 할 것이므로, 피고의 위 주장은 나머지 점에 대하여 살펴볼 필요없이 이유없다.

나. 피고는 위 박종언과 사이의 위 보증보험계약은 위 홍성만 등의 사기 또는 피고의 착오로 인하여 체결된 것이므로 1997. 11. 19.자 준비서면의 송달로 위 보증보험계약을 취소한다고 주장하고 원고는 이를 다투고 있는바, 앞서 본 사실에 비추어 보면 피고와 위 박종언 사이의 위 보증보험계약은 위 홍성만이 위 박종언의 포괄적인 위임의 취지에 따라 그를 대리하여 체결한 것이므로 위 보증보험계약은 위 박종언과 피고 사이에는 유효한 것이고, 설사 위 홍성만이 위 보증보험계약을 체결하는 과정에 있어서 보증인들의 신분을 속인 점 등은 있으나, 이러한 것이 생긴 것은 피고가 보증보험계약의 체결과 관련한 최소한의 조사.확인의무를 해태함으로 인하여 발생한 것이고, 설사 사기 또는 착오에 해당한다고 하여도 선의의 제3자인 원고에게는 대항할 수 없으므로 결국 피고의 위 주장은 이유없다.

다. 피고는 위 보증보험계약이 설사 유효하다고 하여도 실질적인 보험계약자인 위 홍성만 및 피보험자인 원고의 고의 및 중과실로 피고에게 중요한 사실을 고지하지 아니하였거나, 또는 부실의 고지를 한 경우에 해당한 경우에 해당하므로 피고는 상업 제651조에 따라 1997. 11. 19.자 준비서면의 송달로서 위 보증보험계약을 해지한다고 주장하고 원고는 이를 다투고 있는바, 앞서 본 사실에 비추어 보면 피고와 위 박종언 사이의 위 보증보험계약은 위 홍성만이 위 박종언의 포괄적인 위임의 취지에 따라 그를 대리하여 체결한 것이므로 위 보증보험계약은 위 박종언과 피고 사이에는 유효한 것인데, 한편 앞서 본 증거들에 의하면 위 홍성만이 위 보증보험계약을 체결하는 과정에 있어서 피고에게 보증인들의 신분을 속인 점이 인정되는데 이에 의하면 일응 보험계약자의 대리인인 위 홍성만이 고의로 위 보증보험계약상의 중요한 사항을 고지하지 아니한 경우에 해당한다고 할 것이나, 앞서 본 바에 의하면 이러한 것이 발생되게 된 것이 피고가 보증보험계약의 체결과 관련한 최소한의 조사・확인의무를 해태한 중대한 과실로 인하여 발생하였다고 할 것이므로 결국 피고의 위 주장은 이유없다.

라. 피고는 위 보증보험계약에 의한 보험사고는 위 물품공급계약에 따른 대금채무의 불이행인데, 위 홍성만이 원고의 가전제품 또는 피고의 보증보험금을 편취하기 위한 목적으로 보험계약자인 위 박종언의 대리인을 사칭하여 위 물품공급계약 및 보증보험계약을 각 체결하였으므로 그 보증보험에 있어서의 보험사고는 실제로 보험계약을 체결한 위 홍성만의 고의에 의하여 발생한 것으로서 피고는 상법 제659조에 의하여 보험금을 지급할 책임이 없다고 주장하나, 보험계약자의 고의 또는 중과실로 인한 보험사고의 경우 보험자의 면책을 규정한 상법 제659조 제1항은 이 사건에 있어서와 같은 보증보험의 경우는 특별한 사정이 없는 한 그 적용이 없다고 할 것이므로(대법원 1998. 3. 10. 선고 97다20403 판결 참조), 위 피고의 이 부분 주장 또한 그 자체에서 이유없다.

4. 결론

그렇다면, 피고는 원고에게 보증보험금으로서 금 23,406,492원 및 이에 대하여 원고가 구하는 바에 따라 이 사건 소장부본의 각 송달일임이 기록상 분명한 1997. 10. 7.부터 피고들의 그 이행의무의 존부 또는 범위에 관하여 항쟁함이 상당하다고 인정되는 이 판결 선고일인 1999. 2. 9.까지는 상법에 따른 연 6푼의, 그 다음날부터 완제일까지는 소송촉진등에관한특례법에 따른 연 2할 5푼의 각 비율에 의한 지연손해금을 지급할 의무가 있다고 할 것이므로, 원고의 피고에 대한 주위적 청구는 위 인정범위 내에서 이유있어 이를 인용하고, 나머지는 이유없어 이를 기각하여야 하는바, 원심판결의 결론이 당원의 그것과 다르므로 이를 변경하기로 하여 주문과 같이 판결한다.

(1-2) 대법원 2001. 2. 13. 선고 99다13737 판결

【원고, 피상고인】 한국신용유통 주식회사

【피고, 상고인】 서울보증보험 주식회사 (변경 전 상호 : 대한보증보험 주식회사)

【원심판결】 서울고등법원 1999. 2. 9. 선고 98나43177 판결

【주 문】 상고를 기각한다. 상고비용은 피고의 부담으로 한다.

【이 유】

1. 상고이유 제1점에 대하여

원심판결 이유에 의하면, 원심은, 소외 박종언이 자금을 마련하기 위하여 포괄적인 권한을 위임함에 따라, 소외 홍성만이 위 박종언을 대리하여 원고와 사이에는 이 사건 물품공급계약을, 피고와 사이에는 이 사건 이행보

증보험계약을 각 체결한 사실을 인정하고, 위 보증보험계약은 유효하다고 판단하였다.

기록에 비추어 살펴보면, 원심의 사실인정과정에 그 표현상 미흡한 점은 있으나, 위와 같은 인정과 판단은 수긍할 수 있고, 거기에 채증법칙 위배의 위법이 있다고 할 수 없다. 상고이유에서 인용한 판례는 사안이 다르므로 이 사건에 원용하기에 적절한 것이 아니다.

2. 상고이유 제2점에 대하여

보증보험은 보험계약자인 채무자의 채무불이행으로 인하여 채권자가 입게 되는 손해의 전보를 보험자가 인수하는 것을 내용으로 하는 손해보험으로서, 형식적으로는 채무자의 채무불이행을 보험사고로 하는 보험계약이지만 실질적으로는 보증의 성격을 가지고 보증계약과 같은 효과를 목적으로 하는 것이며(대법원 1992. 5. 12. 선고 92다4345 판결, 1997. 10. 10. 선고 95다46265 판결 등 참조), 이 사건 이행보증보험과 같은 경우 피보험자는 보증보험에 터잡아 물품공급계약을 체결하거나 이미 체결한 물품공급계약에 따른 물품인도의무를 이행하는 것이 보통이므로, 일반적으로 타인을 위한 보험계약에서 보험계약자의 사기를 이유로 보험자가 보험계약을 취소하는 경우 보험사고가 발생하더라도 피보험자는 보험금청구권을 취득할 수 없는 것과는 달리, 보증보험계약의 경우 보험자가 이미 보증보험증권을 교부하여 피보험자가 그 보증보험증권을 수령한 후 이에 터잡아 새로운 계약을 체결하거나 이미 체결한 계약에 따른 의무를 이행하는 등으로 보증보험계약의 채권담보적 기능을 신뢰하여 새로운 이해관계를 가지게 되었다면 그와 같은 피보험자의 신뢰를 보호할 필요가 있다.

그러므로 주채무자에 해당하는 보험계약자가 보증보험계약을 체결함에 있어서 보험자를 기망하였다는 이유로 보험자가 보증보험계약 체결의 의사표시를 취소하였다 하더라도, 이미 그 보증보험계약의 피보험자인 채권자가 보증보험계약의 채권담보적 기능을 신뢰하여 새로운 이해관계를 가지게 되었다면, 피보험자가 그와 같은 기망행위가 있었음을 알았거나 알 수 있었던 경우이거나, 혹은 피보험자와 보험자 사이에 피보험자가 보험자를 위하여 보험계약자가 제출하는 보증보험계약 체결 소요 서류들이 진정한 것인지 등을 심사할 책임을 지고 보험자는 그와 같은 심사를 거친 서류만을 확인하고 보증보험계약을 체결하도록 미리 약정이 되어 있는데, 피보험자가 그와 같은 서류심사에 있어서 필요한 주의의무를 다하지 아니한 과실이 있었던 탓으로 보험자가 보증책임을 이행한 후 구상권을 확보할 수 없게 되었다는 등의 특별한 사정이 없는 한 그 취소를 가지고 피보험자에게 대항할 수 없다고 보아야 할 것이다(대법원 1999. 7. 13. 선고 98다63162 판결 참조).

따라서 원고가 1996. 10. 2. 피고가 발행한 이행보증보험증권을 교부받고 그 후 판시 물품을 공급한 이 사건에서 원고는 보증보험증권을 수령하고, 보증보험의 채권담보적 기능을 신뢰하여 새로운 이해관계를 가지게 된 것으로 보아야 할 것이므로, 같은 취지에서 피고는 보험계약의 취소로 원고에게 대항할 수 없다고 한 원심의 판단은 정당하고, 거기에 사기로 인한 법률행위의 취소에 관한 법리를 오해한 위법이 있다고 할 수 없다. 상고이유에서 내세우는 당원의 판결들은 사안이 다르므로 이 사건에 원용하기에 적절한 것이 아니다.

3. 상고이유 제3점에 대하여

보험계약자나 피보험자가 보험계약 당시에 보험자에게 고지할 의무를 지는 상법 제651조에서 정한 '중요한 사항'이란, 보험자가 보험사고의 발생과 그로 인한 책임부담의 개연율을 측정하여 보험계약의 체결 여부 또는 보험료나 특별한 면책조항의 부가와 같은 보험계약의 내용을 결정하기 위한 표준이 되는 사항으로서, 객관적으로 보험자가 그 사실을 안다면 그 계약을 체결하지 않든가 적어도 동일한 조건으로는 계약을 체결하지 않으리라고 생각되는 사항을 말하고, 어떠한 사실이 이에 해당하는가는 보험의 종류에 따라 달라질 수밖에 없는 사실인정의 문제로서 보험의 기술에 비추어 객관적으로 관찰하여 판단되어야 한다(대법원 1997. 9. 5. 선고 95다25268 판결 등 참조).

보증보험에서는 그와 같은 사항으로서 주계약상의 거래조건, 금액, 기간, 보험계약자의 신용이나 자력 등에 관한 사항을 들 수 있을 것이며, 보증인이 누구인가는 보험사고 발생의 가능성 등과는 관계없이 보험사고가 이미 발생한 후에 보험자가 구상권을 행사하기 위한 대비를 해 두기 위한 것이므로, 보증인에 관한 사항은 일반적으로는 고지의무의 대상이 되지 않는 것이라고 할 것이다. 따라서 이 사건에서 위 홍성만이 이 사건 보증보험계약을 체결함에 있어 보증인으로 내세운 소외 이인승, 박충재, 조금자는 위 박종언과 아무런 관련이 없는 사람들임에도 각각 그의 사촌, 이모라고 하면서 보증보험약정서에 그와 같이 기재하게 하였다고 하더라도 그것이 고지의무의 내용이 되는 중요한 사항이라고 볼 수 없다. 상고이유에서 주장하는 바와 같이 보증인은 보험계약자의 채무불이행이라는 보험사고가 발생하여 보험금이 지급된 경우 보험자에 대하여 구상채무를 지게 되므로 친척관계에 있는 사람들을 보증인으로 세우는 경우 보험사고 발생에 대한 방지책이 될 수 있어서 보증인이 누구냐에 따라 보험사고의 발생률이 달라지고 따라서 피고가 그와 같은 이유로 보험계약시에 일정한 요건을 갖춘 보증인을 요구한 사정이 인정되는 경우에는 보증인에 관한 사항이 고지의무의 대상이 되는 중요한 사항이 될 수 있을 것이지만, 설사 그렇다고 하더라도 위 박종언과 보증인들 사이의 관계에 대하여는 호적등본 등 서면을 통하여 쉽게 확인할 수 있는 것인데도 피고가 그와 같은 중요한 점에 대하여 최소한의 서류도 확인하지 않았고 그들이 알려 주는 대로 보증보험약정서에 기재케 하였을 뿐이므로 피고에게 중대한 과실이 있다고 할 것이어서 피고는 고지의무 위반을 이유로 이 사건 보험계약을 해지할 수 없다고 할 것이다. 따라서 원심이, 고지의무 위반을 이유로 한 피고의 보험계약해지 주장을 배척한 것은 정당하다.

4. 상고이유 제4점에 대하여

보증보험의 성질상 상법 제659조의 규정은 보증보험계약이 보험계약자의 사기행위에 피보험자가 공모하였다든지 적극적으로 가담하지는 않았더라도 그러한 사실을 알면서도 묵인한 상태에서 체결되었다고 인정되는 경우를 제외하고는 원칙적으로 보증보험에는 그 적용이 없다(대법원 1995. 7. 14. 선고 94다10511 판결, 1995. 9. 29. 선고 93다3417 판결 등 참조). 그런데 상고이유에서 들고 있는 사정들은 원고가 보험계약자의 사기행위에 공모하였다든지 그러한 사실을 알면서도 묵인하였다고 인정하기에 부족한 사정들이다.

5. 그러므로 상고를 기각하고 상고비용은 패소자의 부담으로 하기로 하여 관여 대법관의 일치된 의견으로 주문과 같이 판결한다.

(2-1) 서울고등법원 2001. 6. 27. 선고 99나17113 판결

【원고, 항소인】 김명순외 4인
【피고, 피항소인】 대현제1구역주택개량재개발조합
【원심판결】 서울지방법원 1999. 1. 28. 선고 96가합9480 판결
【주 문】

1. 당심에서 확장된 원고 김청래의 제2차 예비적 청구를 포함하여 제1심 판결 중 피고에 대한 부분을 다음과

같이 변경한다.

가. 피고는 원고 김명순, 김행자에게 금 219,600,000원, 원고 박정희에게 금 111,721,000원, 원고 조병덕에게 금 65,020,000원, 원고 김청래에게 당심에서 확장된 청구에 의하여 금 61,622,000원 및 각 이에 대하여 1995. 2. 8.부터 2001. 6. 27.까지는 연 5푼의, 그 다음날부터 완제일까지는 연 2할5푼의 각 비율에 의한 금원을 지급하라.

나. 원고들의 주위적 청구 및 제1차 예비적 청구와 나머지 제2차 예비적 청구(원고 김청래의 당심에서 확장된 부분 포함)를 각 기각한다.

2. 소송총비용은 이를 2분하여 그 1은 원고들의, 나머지는 피고의 각 부담으로 한다.

3. 제1의 가항은 가집행할 수 있다.

【청구취지 및 항소취지】

1. 청구취지

주위적 청구취지 : 원고들과 피고 사이에서 별지목록 기재 부동산 중 원고 김명순, 김행자가 5층 514호와 5층 515호 36.3평의, 원고 박정희가 지하1층 44호 6평의, 원고 조병덕이 5층 511호 19.2평의 각 수분양자의 지위에 있음을 확인한다.

제1차 예비적 청구취지 : 피고는 제1심공동피고 가인유통 주식회사와 연대하여 원고 김명순, 김행자에게 금 424,230,000원, 원고 박정희에게 금 111,721,000원, 원고 조병덕에게 금 180,520,000원, 원고 김청래에게 금 99,722,000원 및 각 이에 대하여 1995. 2. 8.부터 완제일까지 연 2할5푼의 비율에 의한 금원을 지급하라.

제2차 예비적 청구취지 : 피고는 원고 김명순, 김행자에게 금 219,600,000원, 원고 박정희에게 금 111,721,000원, 원고 조병덕에게 금 65,020,000원, 원고 김청래에게 금 61,622,000원 및 각 이에 대하여 1995. 2. 8.부터 완제일까지 연 2할5푼의 각 비율에 의한 금원을 지급하라(원고 김청래는 당심에서 제2차 예비적 청구를 확장하였다).

2. 항소취지

제1심 판결 중 피고에 대한 부분을 취소하고, 청구취지와 같은 판결을 구하다(다만, 원고 김청래에 대한 제2차 예비적 항소취지는 '피고는 원고에게 금 36,622,000원 및 이에 대하여 1995. 2. 8.부터 완제일까지 연 2할5푼의 각 비율에 의한 금원을 지급하라'이다).

【이 유】

1. 인정사실

다음의 사실은 (증거)를 종합하면 인정할 수 있다.

가. 피고조합은 도시재개발법에 따라 주택재개발구역으로 지정된 서울 ○○구 ○○동61.외 894필지 약 41,742㎡에 주택재개발사업을 시행하기 위하여 1986. 12. 3. 설립인가를 받고 같은달 26. 설립등기를 마친 재개발조합으로서, 소외 럭키개발 주식회사를 시공자로 지정하여 위 대지상에 ○○아파트 총 855세대 및 별지1 기재 상가(이하 이사건 상가라 한다)를 신축하였다(다만, 준공검사를 받지 못하여 소유권보존등기를 마치지 못한 상태이다).

나. 제1심공동피고 가인유통 주식회사(이하 가인유통이라 한다)는 1993. 12. 31. 입찰보증금 23억원을 예치하고 공개경쟁입찰에 참가하여 이사건 상가를 230억원에 낙찰받고, 1994. 1. 5. 피고조합과 사이에 이사건 상가에 관

한 매매계약을 체결한 후 그시경부터 이사건 상가를 호수별로 분할하여 분양업무를 개시하였다.

다. 원고들은 가인유통과 사이에 별지2 계약 및 대금납부내역 기재와 같이 이사건 상가 중 계약물건란 기재 각 부분에 관한 분양계약을 각 체결하였다.

라. 가인유통은 위 매매계약 당시 입찰보증금 23억원은 계약금으로 대체하고, 계약 후 65일, 110일, 155일에 각 중도금으로 낙찰금액의 15%(2회) 및 20%의 금액을 지급하며, 나머지 낙찰금액의 40%에 해당하는 잔금은 피고조합이 지정하는 입금지정일에 지급하기로 약정하였으나, 이사건 상가에 대한 공사가 완공된 1994. 9.경까지 약정된 중도금을 지급하지 아니하고 그로부터 점포를 재분양받은 사람들로 하여금 그 분양대금의 일부를 직접 피고조합에 송금하게 하는 방법으로 중도금 중 극히 일부에 해당하는 금액만을 지급한 상태이다.

마. 원고들은 별지 계약 및 대금납부내역 중 대금지급내역란 기재와 같이 분양대금 중 일부를 가인유통에 지급하거나 무통장입금의 방법으로 피고가 개설한 계좌(조△은행 대흥동지점) 로 송금하였으며, 무통장입금표를 가인유통에 제시하고 가인유통으로부터 다시 입금표를 교부받았다.

2. 판단

가. 주위적 청구에 관한 판단

원고들은 피고조합에 대하여, 피고조합이 가인유통의 위 분양계약상의 계약이행책임을 담보하였거나, 분양자의 지위를 중첩적으로 인수하였음을 전제로 피고조합에 대하여 원고들이 이사건 상가 부분에 대한 수분양자의 지위에 있음의 확인을 구한다고 주장한다.

살피건대, 피고조합이 가인유통의 분양계약상의 계약이행책임을 담보하였다는 점에 부합하는 듯한 (증거)은 이를 믿지 아니하고 (증거)만으로는 이를 인정하기에 부족하며, 앞서 본 바와 같이 원고들이 가인유통과의 분양계약에 기한 분양대금의 일부를 직접 피고조합의 계좌에 무통장입금의 방식으로 납입하였다고 하더라도 이러한 사실만으로 피고조합이 가인유통의 분양계약상의 계약이행책임을 담보하였거나, 분양자의 지위를 중첩적으로 인수하였다고 인정하기에 부족하고 달리 이를 인정할 증거가 없다.

나. 제1차 예비적 청구에 관한 판단

원고들은 피고조합과 가인유통 사이의 이사건 상가에 대한 매매계약은 구 주택공급에관한규칙(1995. 11. 5. 건설교통부령 제39호로 개정되기 전의 것) 제23조에 위반되어 무효이므로 가인유통이 이사건 상가를 원고들에게 분양한 행위가 불법행위이고 피고조합도 이러한 사실을 원고들에게 고지하지 아니한 채 원고들로부터 분양대금을 수령한 것은 위 가인유통의 불법행위에 적극 가공한 것이므로 불법행위에 의한 손해배상으로 가인유통 및 피고조합에 지급한 대금상당액 및 분양받은 상가의 내부수리비 상당액의 그 지급을 구한다고 주장한다.

살피건대, 구 주택공급에관한규칙 제23조 제1항은 복리시설의 공급은 주택건설촉진법 제33조 제1항의 규정에 의하여 승인을 얻은 사업계획서에 의하여 정하여진 사업을 영위하고자 하는 자에게 하여야 하되 1인당 1개시설에 한한다고 규정하고 있는바(제1심에서는 주택건설촉진법 제51조가 같은 법 제33조 제1항의 규정을 위반한 자를 형사처벌하도록 규정하고 있다고 판시하여 마치 사업계획서 없이 복리시설을 공급하거나 1개시설 이상의 복리시설을 공급한 행위가 처벌대상인 것처럼 설시하고 있으나, 위 제51조의 규정은 사업계획서 없이 재개발사업을 영위한 자를 처벌하는 규정일 뿐 주택공급에관한규칙 제23조 제1항에 위배된 행위를 처벌하는 규정은 아니다), 위 공급기준을 위반하여 체결한 복리시설 공급계약의 사법적 효력까지 부인된다고 할 수는 없고, 가사 그 사법적 효력이 부인되어 피고조합과 가인유통 사이의 매매계약이 무효라고 하더라도 피고조합이 가인유통의 수분양자들로부터 무통장입금 방식으로 상가대금을 일부 수령한 행위가 가인유통의 불법분양에 적극 가공한 것이라고는 보기 어렵다고 할 것이므로 이러한 행위가 불법행위에 해당함을 전제로 한 위 주장도 더 나아가 살펴볼 필요없이 이유없다.

다. 제2차 예비적 청구에 관한 판단

원고들은 나아가 피고조합에게 가인유통과 원고들 사이에 체결된 계약의 이행책임이 없다면 피고조합이 원고들로부터 상가대금으로 수령한 금원(원고 김명순, 김행자 금 219,600,000원, 원고 박정희 금 111,721,000원, 원고 조병덕 금 65,020,000원, 원고 김청래 금 61,622,000원)은 피고조합이 법률상 원인 없이 취득한 것으로서 부당이득이 되므로 그 반환을 구한다고 주장한다.

살피건대 원고들이 별지1 기재와 같이 상가 대금 중 일부를 가인유통에 지급하거나 가인유통의 지시에 따라 피고조합에 무통장 입금하였으나 가인유통이 피고조합에 이 사건 상가 대금 230억원을 지급하지 못하여 원고들이 상가를 분양받지 못하고 있는 사실은 앞서 인정한 바이고, 피고조합이 원고들에 대하여 계약이행책임을 부인하고 있는 이상 위 대금의 수령권자는 가인유통이고 피고조합은 이를 수령할 권한이 없다고 할 것이므로 피고조합은 법률상 원인 없이 동액 상당의 이득을 얻고 원고들은 동액 상당의 손실을 입었다고 할 것이어서 특별한 사정이 없는 한 피고는 원고들에게 각 그 지급받은 대금을 반환할 의무가 있다고 할 것이다(원고들이 제1심에서 가인유통을 상대로 하여 가인유통이 수령한 대금의 반환도 구한 것으로 보아 원고들은 가인유통의 이행불능을 이유로 위 상가분양계약을 해제한다는 취지로 보이는바 가인유통이 이사건 상가건물 완공 후 수년이 경과하도록 아직 피고조합으로부터 소유권이전등기를 경료받지 못하고 있음에 비추어 이를 이유로 한 원고들의 계약해제는 유효하다고 보이고 원고들은 이에 기하여도 피고조합에 그 반환을 청구할 수 있다고 할 것이다).

이에 대하여 피고는 원고들 주장의 위 대금을 송금받아 이를 즉시 가인유통에 교부하였으므로 이를 반환할 의무가 없다고 주장하나 이를 인정할 만한 증거가 없고, 오히려 위 임복영의 일부증언에 변론의 전취지를 종합하면 원고들을 비롯한 재분양자들로부터 피고조합의 계좌에 송금된 상가대금은 가인유통이 피고에게 지급해야 할 상가대금 중 일부로 충당된 사실을 인정할 수 있으므로 위 주장은 이유없다.

3. 결론

그렇다면, 피고는 제2차 예비적 청구에 기하여 원고 김명순, 김행자에게 금 219,600,000원, 원고 박정희에게 금 111,721,000원, 원고 조병덕에게 금 65,020,000원, 원고 김청래에게 당심에서 확장된 청구에 의하여 금 61,622,000원 및 각 이에 대하여 위 각 대금지급일 이후로서 원고가 구하는 1995. 2. 8.부터 피고가 이행의무의 존부 및 범위에 관하여 항쟁함이 상당하다고 인정되는 2001. 6. 27.까지는 민법이 정하는 연 5푼의, 그 다음날부터 완제일까지는 소송촉진등에관한특례법이 정하는 연 2할5푼의 각 비율에 의한 금원을 지급할 의무가 있다고 할 것이고, 원고들의 주위적 청구 및 제1차 예비적 청구와 나머지 예비적 청구는 이유없어 이를 각 기각할 것인바, 제1심 판결은 이와 결론을 일부 달리하여 부당하므로 원고들의 항소를 일부 받아들여 제1심 판결 중 피고에 대한 부분을 위와 같이 변경하기로 하여 주문과 같이 판결한다.

(2-2) 대법원 2003. 12. 26. 선고 2001다46730 판결

【원고, 피상고인】 김명순 외 4인
【피고, 상고인】 대현제1구역주택개량재개발조합
【원심판결】 서울고등법원 2001. 6. 27. 선고 99나17113 판결
【주 문】 원심판결 중 피고 패소 부분을 파기하고, 이 부분 사건을 서울고등법원에 환송한다.

【이 유】

상고이유를 판단한다.

1. 원심의 판단 원심판결 이유에 의하면, 원심은 채용 증거에 의하여, 피고는 이 사건 상가를 신축한 후 1994. 1. 5. 제1심 공동피고 가인유통 주식회사(이하 '가인유통'이라 한다)와 사이에 이 사건 상가를 대금 230억 원에 매도하는 매매계약을 체결하고, 가인유통은 그 무렵부터 이 사건 상가를 호수별로 분할하여 분양업무를 개시한 사실, 원고들은 가인유통과 사이에 이 사건 상가 중 원심 첨부 별지 계약 및 대금납부내역 중 계약물건란 기재 각 부분에 대한 분양계약을 체결한 후 위 계약 및 납부내역 중 대금지급내역란 기재와 같이 분양대금 중 일부를 가인유통에 지급하거나 가인유통의 지시에 따라 무통장입금의 방법으로 피고가 개설한 계좌(조흥은행 대흥동지점)로 송금하였으며, 무통장입금표를 가인유통에 제시하고 가인유통으로부터 다시 입금표를 교부받은 사실, 가인유통은 위 매매계약 당시 입찰보증금 23억 원은 계약금으로 대체하고, 계약 후 3차례에 걸쳐 중도금 및 잔금을 지급하기로 약정하였으나 이 사건 상가에 대한 공사가 완공된 1994. 9.경까지 약정된 중도금을 지급하지 아니하고 그로부터 점포를 재분양 받은 사람들로 하여금 그 분양대금의 일부를 직접 피고 조합에 송금하게 하는 방법으로 중도금 중 극히 일부에 해당하는 금액만을 지급한 상태여서 원고들이 상가를 분양받지 못하고 있는 사실을 각 인정한 다음, 피고가 원고들에 대하여 계약이행책임을 부인하고 있는 이상 위 대금의 수령권자는 가◇유통이고 피고는 이를 수령할 권한이 없으므로, 피고는 법률상 원인 없이 동액 상당의 이득을 얻고 원고들은 동액 상당의 손실을 입었다고 할 것이어서 특별한 사정이 없는 한 피고는 원고들에게 각 그 지급받은 대금을 부당이득으로 반환할 의무가 있다고 판단하였다.

2. 대법원의 판단 원심의 위와 같은 판단은 다음과 같은 이유로 수긍하기 어렵다.

계약의 일방 당사자가 계약상대방의 지시 등으로 급부과정을 단축하여 계약상대방과 또 다른 계약관계를 맺고 있는 제3자에게 직접 급부한 경우, 그 급부로써 급부를 한 계약당사자의 상대방에 대한 급부가 이루어질 뿐 아니라 그 상대방의 제3자에 대한 급부로도 이루어지는 것이므로 계약의 일방 당사자는 제3자를 상대로 법률상 원인 없이 급부를 수령하였다는 이유로 부당이득반환청구를 할 수 없다.

그런데 원심이 인정한 사실관계에 의하면, 이 사건에서 사실상의 급부관계는 원고들과 피고 사이에 발생하였지만, 그것은 위의 법리에 따라 원고들의 가인유통에 대한 급부와 가인유통의 피고에 대한 급부가 아울러 이루어진 것으로 볼 수 있으므로, 그렇다면 피고가 원고들로부터 분양대금을 수령한 것은 가인유통과의 계약관계에 의한 것으로서 정당하게 수령한 것이 되고, 따라서 원고들은 피고에게 부당이득반환청구를 할 수 없다고 할 것이다.

원심은 또 원고들이 가인유통과 사이의 분양계약이 적법하게 해제되었으므로, 이에 기하여도 피고에게 부당이득반환청구권을 행사할 수 있다고 부가적으로 판단하고 있으나, 기록상 원고들이 위 분양계약이 해제되었다

는 주장을 한 바 없을 뿐만 아니라, 가사 원고들이 위 분양계약을 적법하게 해제하였다고 하더라도 그 계약관계의 청산은 계약의 상대방인 가인유통과 사이에 이루어져야 하고, 피고를 상대로 분양대금을 지급한 것이 부당이득이라는 이유로 그 반환을 구할 수 없다.

왜냐하면, 원고들이 제3자인 피고에 대하여 직접 부당이득반환청구를 할 수 있다고 보면, 자기 책임 하에 체결된 계약에 따른 위험부담을 제3자에게 전가 시키는 것이 되어 계약법의 기본원리에 반하는 결과를 초래할 뿐만 아니라 수익자인 제3자가 계약 상대방에 대하여 가지는 항변권 등을 침해하게 되어 부당하기 때문이다.

그럼에도 불구하고 원심이 피고가 원고들로부터 분양대금을 송금받음으로써 이를 부당이득 하였다고 판단하여 원고들의 부당이득반환청구를 인용한 것은 부당이득에 관한 법리를 오해하여 판결 결과에 영향을 미친 위법이 있다.

이 점을 지적하는 피고의 상고이유의 주장은 이유 있다.

3. 결론 그러므로 원심판결 중 피고 패소 부분을 파기하고 이 부분 사건을 다시 심리 · 판단하도록 원심법원에 환송하기로 하여 관여 법관의 일치된 의견으로 주문과 같이 판결한다.

(3) 대법원 1993. 8. 27. 선고 92다23339 판결

【원고, 상고인】	김채진 외 3인
【피고, 피상고인】	한국안전시스템 주식회사
【원심판결】	부산고등법원 1992.5.1. 선고 91나32 판결
【주 문】	원심판결 중 원고 김채진에 대한 부분을 파기하고 이 부분 사건을 부산고등법원에 환송한다. 나머지 원고들의 상고는 이를 모두 기각하고 이 부분 상고비용은 동 원고들의 부담으로 한다.

【이 유】

상고이유를 본다.

1. 원심판결이유에 의하면, 원심은 화재예방과 도난방지를 위한 용역경비업무를 도급받아 시행하는 용역경비업체인 피고회사가 1988.10.1.소외 주식회사 한흥(이하 소외회사라 한다)과 사이에 ㅇㅇ시 ㅇㅇ동73블록 7놋트 지상 2층 주택건물(이하 이 사건 건물이라 한다)을 경비대상물로 하여 전자기계장치에 의한 방범제공업무를 내용으로 하는 용역경비계약을 체결하고 1989.1.28.부터 용역경비업무를 제공하여 온 사실, 원래 이 사건 건물의 소유자는 소외회사의 감사인 소외 강해산으로서 동인이 가족과 함께 그곳에 거주하여 왔는데 1989.12.29. 15:00경 위 강해산의 처인 원고 김채진이 그곳에 계를 하기 위하여 놀러온 나머지 원고등 10명의 계원들과 모임을 갖던 중 원고등이 그 판시와 같이 복면괴한에 의하여 금품을 강취당하여 각 일정액의 재산상의 피해를 입은 사실, 피고회사는 원고등이 금품을 강취당한 후인 같은 날 17:04경 원고 김채진이 피고회사의 부산관제본부로 전화를 이용하여 신고하고 나서야 비로소 비상대처요원을 이 사건 건물에 파견한 사실, 피고회사와 소외회사는 피고회사 소정의 용역경비약관(이하 이 사건 약관이라 한다)에 따라 소외회사를 위 계약상의 사용자로 하여 위

용역경비계약을 체결하면서 위 용역경비계약은 용역경비업법에 따라 사용자가 위탁한 대상물에 대하여 피고회사가 용역경비를 제공함으로써 사용자의 인명과 재산을 보호함을 목적으로 하고(이 사건 약관 중 기본약관 제1조), 용역경비대상물이란 사용자가 피고회사에 용역경비를 위탁한 사용자의 인명과 재산을 말하며(위 기본약관 제2조 제1항), 피고회사와 사용자는 사전 서면동의없이 위 계약상의 권리의무를 제3자에게 양도하지 못한다(위 기본약관 제5조)고 약정한 사실, 피고회사의 손해배상책임에 관하여는 피고회사는 그의 귀책사유로 대상물에 손해가 발생하였을 때를 대비하여 별개의 보험에 가입하여 손해배상을 보장하여 주기로 하되(위 기본약관 제28조), 피고회사의 귀책사유로 대상물에 손해가 발생하였을 때에는 사용자의 손해에 대해 1사고당 대인배상으로 1인당 20,000,000원을 한도로 합계 금 200,000,000원과 대물배상으로 100,000,000원등 도합 금 300,000,000원의 배상한도액내에서 사용자에 대하여 그 책임을 지기로(위 기본약관 제29조) 약정한 사실, 한편 사용자는 현금 및 귀중품을 되도록 금융기관에 예치하고 대상물내의 보관을 피하여야 하며, 부득이한 경우에는 고정금고 또는 옮기기 힘든 대형금고속에 넣은 후 시정하는 등의 조치를 취하여야 하는데 사용자가 위 사항을 준수하지 아니하여 발생한 사고에 대하여는 피고회사가 책임을 지지 아니하기로(이 사건 약관중 협정사항 제12조) 약정한 사실, 위 약관상 피고회사가 사용자인 소외회사 이외에 소외회사의 임원이나 종업원 또는 그들의 가족등 제3자의 손해에 대하여도 책임을 지기로 하는 아무런 명시적인 규정이 없는 사실등을 인정한 다음, 일반적으로 계약의 효력은 법률에 특별규정이 있거나 당사자 사이에 특별한 약정이 없는 이상 그 계약을 체결한 당사자 사이에만 미치는 것을 원칙으로 한다 할 것인데, 위와 같이 피고회사와 소외회사 사이에 체결된 위 용역경비계약의 약관상에 명시된 위 계약체결의 목적이나 피고회사의 손해배상책임의 내용 및 그 범위, 손해배상책임의 상대방, 계약상의 권리의무의 양도금지등의 규정이 모두 특정된 계약당사자인 소외회사만을 권리의무의 귀속주체로 상정하고 있는 것으로 보이는 점이라든가 현금이나 귀중품등 피해대상 물품에 대하여도 사용자에 대한 주의의무의 부여와 함께 용역경비업자의 책임제한규정이 있는 점등을 들어 피고회사가 소외회사의 임원이나 종업원 또는 그들의 가족등 제3자에 대하여 책임을 지도록 하는 법률상의 규정이나 당사자 사이에 아무런 약정이 없는 이 사건에 있어서 소외회사가 그 임원인 소외 강해산 소유의 이 사건 건물을 경비대상물로 하여 위 용역경비계약을 체결하였다는 등의 사정만으로 위 계약이 곧 피고회사가 소외회사의 임원이나 그 가족, 더 나아가 그들을 방문한 자등 불특정 다수의 위 건물이용자들 모두에 대해 그들의 인명이나 재산을 보호할 계약상의 책임을 지기로 하는 이른바 제3자를 위한 계약이라고 보기 어렵다 할 것이므로(가사 위 계약의 실질적인 당사자가 위 강해산이라거나 위 계약이 동인을 수익자로 한 제3자를 위한 계약이라고 하더라도 위 강해산의 처인 원고 김채진의 손해를 위 강해산과 생활상 일체관계에 있는 자의 손해로 보아 이를 위 강해산의 손해로서 보호할 것인가의 문제는 별론으로 하고 여전히 계약당사자나 제3자를 위한 계약상의 수익자에 해당한다고 볼 수 없는 원고 김채진이나 나머지 원고들이 피고회사에 대하여 직접 손해배상청구권을 행사할 수 없음은 마찬가지다), 결국 원고들이 피고회사와 소외회사 사이의 위 용역경비계약상의 수익자인 제3자로서 피고회사에 대하여 피고회사의 위 용역경비계약상의 불이행을 원인으로 한 손해배상청구권을 직접 행사할 수 있음을 전제로 한 원고들의 이 사건 청구는 이유없다는 이유로 이를 모두 기각하였다.

2. 원심판시증거를 기록에 비추어 살펴보면, 이 사건 계약의 약관상 사용자에 관하여 별도의 규정을 두고 있지 아니할 뿐만 아니라, 위 약관이 계약당사자와 용역경비제공의 상대방과 일치하는 경우를 예정한 전형적인 규정임을 감안하여 위 약관상 사용자라는 용어를 통일적으로 해석할 때 각 규정 사이에 상충하는 부분이 없지 아니

하므로, 비록 위 약관상 명시적으로 피고회사와 제3자에 대한 권리 의무관계에 관한 규정을 두고 있지 아니하여도, 이러한 약관을 해석함에 있어 신의성실의 원칙에 따라 공정하게 해석하고 약관의 뜻이 명백하지 아니하는 경우에는 고객에게 유리하게 해석하여야 할 것이다.(약관의규제에 관한 법률 제5조)

그런데 이 사건 약관에 나타난 이 사건 계약의 목적 및 경비대상물의 정의 규정과 손해배상규정을 살펴보면 소외회사가 이 사건 계약의 용역경비의 보호대상이 되는 것이 아닐 뿐 아니라 경비대상물인 재산 및 생명과는 직접적으로 관련되어 있지 아니함을 알 수 있으므로, 최소한 피고회사의 용역경비의무의 불이행으로 인한 손해배상청구에 있어서 위 약관상의 사용자는 소외회사외의 다른 제3자를 의미한다고 봄이 상당하다고 할 것이고, 따라서 이 사건 계약은 최소한 그 범위 내에서 제3자를 위한 계약으로서, 여기서 제3자라 함은 이 사건 계약상 용역경비업무의 성질, 손해배상책임의 대인배상한도액, 용역경비대상물의 소유 및 사용관계, 소외회사가 이 사건 계약을 체결한 동기 내지 경위등에 비추어 보면 경비대상물인 이 사건 건물을 일상적으로 사용하는 위 강해산 및 그의 처인 원고 김채진을 포함한 동거가족을 말한다고 봄이 상당하다고 할 것이다.(피고도 원심에 이르기까지 이 점을 다투고 있지 아니하다)

그러나 나머지 원고들은 위 건물에 일시 방문한 자들로서 위 제3자의 범위에 속하지 아니한다 할 것이다.

그럼에도 불구하고 원심은 이 사건 약관을 이와 달리 해석하여 이 사건 계약이 제3자를 위한 계약이 아니라는 취지로 판단하였음은 원고 김채진에 관한한 필경 제3자를 위한 계약에 관한 법리오해와 심리미진으로 판결에 영향을 미친 위법을 저지른 것으로서 이 점을 지적하는 논지는 이유가 있고, 나머지 원고들에 관하여는 원심이 비록 그 이유를 달리 하나 위 원고들이 이 사건 계약상의 손해배상청구권을 행사할 수 없다는 결론에는 영향이 없으므로 논지는 모두 이유가 없다.

3. 따라서 원심판결 중 원고 김채진에 대한 부분은 이를 파기하여 원심법원에 환송하고, 나머지 원고들의 상고는 이를 모두 기각하고 이 부분 상고비용은 패소한 동 원고들의 부담으로 하기로 관여법관의 의견이 일치되어 주문과 같이 판결한다.

채권의 소멸

채권의 소멸

1 변제, 전부명령, 추심명령

대법원 1988. 8. 23. 선고 87다카546 판결

【원고, 피상고인】 김상진
【피고, 상고인】 김재만
【원심판결】 대구고등법원 1987.1.20. 선고 86나621 판결
【주 문】 상고를 기각한다. 상고 소송비용은 피고의 부담으로 한다.

【이 유】

상고이유에 관하여 판단한다.

제1점에 대하여,

원고가 압류 및 전부명령에 터잡아 제3채무자인 피고를 상대로 전부금의 지급을 청구하여 오다가 피고가 경합되는 압류 및 전부명령 채권자에게 피전부채권을 무단변제하여 원고가 손해를 입었음을 이유로 그 배상을 구하는 청구로 변경하는 것은 동일한 생활사실 또는 경제적 이익에 관한 분쟁에서 그 해결방법만을 달리하는 경우에 지나지 않는 것이어서 그 청구의 기초에 변경이 있다고 할 수 없다.

그러므로 원심판결에 청구의 변경에 관한 법리를 오해한 위법이 있다는 상고 논지는 이유없다.

제2점에 대하여,

채권가압류나 압류가 경합된 경우에 있어서는 그 압류채권자의 한 사람이 전부명령을 얻더라도 그 전부명령은 무효가 된다. 그러나 이 경우에도 그 전부채권자는 채권의 준점유자에 해당한다고 보아야 할 것이니 제3채무자가 그 전부채권자에게 전부금을 변제하였다면 제3채무자가 선의 무과실일 때에는 민법 제470조에 의하여 그 변제는 유효하고 제3채무자는 다른 압류채권자에 대하여이중변제의 의무를 부담하지 아니한다. 반면에 제3채무자가 위 전부금을 변제함에 있어서 선의 무과실이 아니었다면 제3채무자가 전부채권자에게 한 전부금의 변제는 효력이 없는 것이고 또 그것이 경합압류채권자에 대하여는 불법행위가 될 수 있는 것이며 제3채무자는 경합압류채권자에 대하여 그로 인한 손해를 배상할 의무가 있는 것이다(대법원 1980.9.30. 선고 78다1292 판결참조). 그런데 원심이 확정한 사실에 의하면, 원고는 1985.7.19. 소외 김의관을 채무자로 피고를 제3채무자로 하여 소외 김의관의 피고에 대한 금 5,836,550원의 유류대금채권에 대하여 채권압류 및 전부명령을 얻었고 한편 소외 한국

연료주식회사는 같은 채권 중 금 5,100,000원에 대하여 그 전인 같은 해 6.27.채권가압류결정을 얻었으며 같은 해 8.13.에는 채권 본압류 및 전부명령을 얻어 각 그 무렵 피고에게 위 명령정본이 송달되었다는 것이고 그 후 위 소외회사가 위 전부명령에 터잡아 피고를 상대로 전부금 청구소송을 제기하였는데 피고가 변론기일에 불출석함으로써 같은 해 10.23. 의제자백에 의하여 위 소외회사의 승소판결이 선고되었고 피고는 같은 달 31. 위 소외회사에 금 5,100,000원을 변제하였다는 것이다.

사실관계가 그와 같다면 위 소외회사의 전부명령은 원고의 압류와 경합된 상태에서 이루어진 것이므로 무효라고 할 것이고 피고는 위 소외회사의 전부명령을 송달받기 이전에 이미 원고의 압류 및 전부명령을 송달받은 것이므로 위 소외회사의 전부명령이 무효인 사실을 알았거나 알 수 있었다고 할 것이고 그럼에도 불구하고 피고가 위에서 본 바와 같은 경위로 위 소외회사의 전부금청구에 대하여 다투어 보지도 아니한 채 의제자백에 의한 위 소외회사의 승소판결이 선고되게 하고 곧 이어서(8일만에) 이를 만연히 변제해 버렸다면 피고에게는 원심이 설시하고 있는 바와 같은 고의 또는 과실이 있다고 보아야 할 것이니 이와 같은 견해 아래 피고의 위 변제행위가 채권자인 원고의 압류채권을 적극적으로 침해하는 불법행위를 구성한다고 본 원심의 판단은 정당한 것이고, 원심판결에는 논지가 지적하는 바와 같은 증거없이 피고에게 고의 과실이 있다고 인정한 잘못이 있다거나 불법행위에 있어서의 귀책사유에 관한법리를 오해한 위법이 있다고 할 수 없다.

그리고 논지가 들고 있는 판례(위 대법원판결)의 취지는 일반적인 경우에 있어서 무효인 전부명령에 의한 전부채권자에 대한 변제가 선의 무과실이라고 보아야 한다는 것이지 이 사건과 같은 경우에 있어서의 피고의 변제까지 무과실이라는 취지는 아니다.

그러므로 논지도 이유없다.

제3점에 대하여,

이 사건의 경우에 있어서 논지가 지적하는 바와 같이 피고의 전부금 변제가 효력이 없는 것이 되며 채권자인 원고의 채권압류는 위 소외회사의 채권압류와 경합하여 유효히 존속하고 원고는 이 경합부분에 대하여 다시 추심명령을 받아 압류채권을 추심하여 그 채권액에 따른 금액을 배당받을 수 있는 것이라고 하더라도 피고가 원고의 압류채권을 침해하여 한 불법행위의 성립이나 원고의 손해배상청구권행사에 장애가 된다고 할 수는 없을 것이니 원심판결에 논지가 지적하는 바와 같은 불법행위 또는 손해발생에 관한 법리의 오해가 있다고 할 수 없다. 논지도 이유없다.

그러므로 피고의 상고를 기각하고, 상고 소송비용은 패소자의 부담으로 하여 관여법관의 일치된 의견으로 주문과 같이 판결한다.

2 변제제공의 효력과 위험부담

(1-1) 서울고등법원 2001. 11. 2. 선고 2001나23791 판결

【원고, 항소인(탈퇴)】 올림피아건설 주식회사

【승계참가인】 정영근

【피고, 피항소인】 오영석

【원심판결】 수원지방법원 2001.4.3. 선고 2000가합12030 판결

【주 문】

1. 원심판결을 취소한다.
2. 피고는 승계참가인에게 430,000,000원과 이에 대하여 2001. 4. 14.부터 2001. 11. 2.까지는 연 5%, 그 다음날부터 갚는 날까지 연 25%의 각 비율로 계산한 돈을 지급하라.
3. 승계참가인의 나머지 항소를 기각한다.
4. 소송 총비용은 피고의 부담으로 한다.
5. 제2항은 가집행할 수 있다.

【청구취지 및 항소취지】

원심판결을 취소하고, 피고는 승계참가인에게 4억 3,000만 원 및 이에 대하여 2001. 4. 14.부터 갚는 날까지 연 25%의 비율에 의한 금액을 지급하라(당심에서 승계참가에 따라 승계참가인이 구하는 것으로 변경되었고, 청구취지를 일부 감축하였다).

【이 유】

1. 기초사실

아래의 사실은 (증거)를 종합하면 이를 인정할 수 있다.

가. 이 사건 매매계약의 체결

(1) 원고는 1997. 10. 17. 피고로부터 ○○시 ○○면 ○○리 149-1 전 1805㎡ 및 같은 리 149-2 답 1448㎡(이하 '이 사건 부동산'이라 한다)를 대금 13억 380만 원에 매수하되, 계약금 1억 3,000만 원은 계약당일에, 1차 중도금 3억 원은 1997. 11. 10.에, 2차 중도금 2억 원은 1998. 1. 15.에, 잔금 6억 7,380만 원은 1998. 4. 20. 또는 토지거래허가를 얻은 후 일주일 내에 각 지급하기로 하고, 원・피고가 공동으로 추진하여 빠른 시일 내에 이 사건 부동산에 대한 토지거래허가를 얻도록 한다는 내용의 매매계약(이하 '이 사건 매매계약'이라 한다)을 체결하였다.

(2) 원고는 이 사건 매매계약에 따라 피고에게, 계약당일에 계약금 1억 3,000만 원을, 1997. 11. 10.에 1차 중도금 3억 원을 각 지급하였다.

나. 토지거래허가관계

이 사건 부동산은 매매계약 체결 시에는 국토이용관리법상의 토지거래허가구역에 속하였는데, 1998. 1. 31. 토지거래허가구역에서 지정해제 되었다.

다. 용인시의 회신

원고는 2차 중도금지급기일인 1998. 1. 15.에 이를 지급하지 아니한 채 1998. 2. 16. 용인시에 이 사건 부동산에 대하여 공동주택 사업승인이 가능한지를 질의하였고, 이에 대하여 용인시는 1998. 2. 19. 광역상수도 물량부족으로 수돗물 공급이 불가능하나 광역상수도 6단계 수수 후 검토할 사항이고, 농지전용허가의 심사기준에 부적합하나 소하천 정비종합계획 용역이 완료되는 1998년 6월 이후 검토가능하며, 구체적인 도로 진·출입 계획이 없어 도로법 검토가 불가하고, 군용항공기지법에 의한 고도제한구역이 예상된다는 회신을 보냈다.

라. 원고의 기지급대금 반환요구와 피고의 미지급대금 지급요구

(1) 그러자 원고는 1998. 2. 24. 및 3. 4. 피고에게 내용증명우편으로 이 사건 매매계약은 공동주택사업승인을 조건으로 체결하였는데 조건이 성취 불가능하므로 매매계약의 무효를 주장하며 피고가 수령한 계약금과 1차 중도금(이하 '계약금 등'이라고 한다)의 반환을 요구하였고, 이에 대하여 피고는 1998. 3. 18. 과 4. 21. 원고에게 공동주택사업승인은 이 사건 매매계약의 조건이 아니므로 이 사건 매매계약이 유효함을 전제로 내용증명우편으로 2차 중도금과 잔금(이하 '잔금 등'이라고 한다)의 지급을 요구하였다.

(2) 원고는 잔금기일인 1998. 4. 20.에 잔금을 지급하지 아니한 채 1998. 4. 23. , 8. 24. 및 10. 8. 다시 피고에게 내용증명우편으로 계약금 등의 반환을 요구하였으나, 피고는 이에 대하여 아무런 답변을 하지 아니하였다.

마. 원고의 이 사건 소제기와 원심판결

(1) 이에 원고는 2000. 7. 8. 피고를 상대로 수원지방법원에 이 사건 부동산에 대하여 관할 행정청인 용인시의 토지거래허가 불가방침이 있었고, 그 후 위 부동산이 공공택지개발지구로 지정되었으므로 이 사건 매매계약은 확정적으로 무효이니, 피고가 원고로부터 지급받은 계약금 등 합계 4억 3,000만 원은 부당이득으로서 반환되어야 한다고 주장하며 이 사건 소송을 제기하였다.

(2) 이에 대하여, 수원지방법원은 토지거래허가구역으로 지정된 토지에 대하여 건설교통부장관이 허가구역 지정을 해제하거나 또는 허가구역 지정기간이 만료되었음에도 허가구역 재지정을 하지 아니한 경우에는 토지거래허가를 받을 필요가 없이 그 거래계약은 확정적으로 유효로 되고, 허가구역 지정이 해제되기 전에 토지거래허가가 불허가되어 매매계약이 확정적으로 무효로 되었다고 볼 증거는 없으므로, 이 사건 매매계약도 토지거래허가구역 지정해제로 인하여 확정적으로 유효로 되었음을 이유로 원고의 청구를 기각하였다.

바. 이 사건 부동산의 수용

한편, 한국토지공사는 2001. 4. 12. 피고를 피공탁자로 이 사건 부동산에 대한 수용보상금 4억 9,043만 3,300원을 공탁하고, 2001. 4. 13. 이 사건 부동산을 수용한 다음 같은 해 5. 21.자로 한국토지공사 앞으로 소유권이전등기를 경료하였다.

사. 승계참가인의 채권양수와 승계참가

(1) 원고는 2001. 2. 16. 이 사건 부당이득반환청구권 등 채권 전부를 승계참가인에게 양도하고, 같은 날 피고에게 내용증명우편으로 그 양도사실을 통지하였으나 도달하지 아니하여, 2001. 8. 14.자 준비서면으로 피고에게 그 양도통지를 하여 같은 달 17. 피고에게 도달하였다.

(2) 승계참가인은 같은 달 3. 당심에 승계참가신청을 하였고, 원고는 2001. 9. 14. 이 사건 소송에서 탈퇴하였다.

2. 당사자의 주장

가. 승계참가인의 주장

(1) 이 사건 부동산이 2001. 4. 13. 한국토지공사에 수용됨으로 인하여 피고의 원고에 대한 소유권이전등기의무는 이행불능이 되었다.

(2) 위 이행불능은 채권자인 원고나 채무자인 피고에게 귀책사유가 없으므로 민법 제537조에 의하여 피고는 채무불이행책임을 지지 않지만 원고에 대하여 대금의 지급을 청구할 수 없다.

(3) 그리고 원고가 이미 이행한 부분은 채무자인 피고가 사후적으로 그 급부를 청구할 수 없게 되었음에도 수령한 것이므로, 이는 법률상 원인없이 이득을 취한 것이 되어 부당이득법리에 의하여 승계참가인에게 반환하여야 한다.

나. 피고의 주장

(1) 소유권이전등기의무의 채권자인 원고는 반대급부인 자신의 잔대금 지급채무 이행을 하지 아니할 의사를 명백히 표시하였고, 이에 비추어 피고로부터 소유권이전등기의무의 이행제공이 있더라도 이를 수령 거절할 의사가 명백하였다고 보인다.

(2) 피고는 원고에게 소유권이전등기의무를 현실 제공하거나 구두 제공하지 아니하였지만, 원고는 수령 거절 의사를 명백히 함으로써 채권자 수령지체의 책임을 부담한다.

(3) 그러므로 이 사건 부동산의 소유권이전등기의무가 이행불능이 되었더라도 이는 민법 제538조 제1항에서 정하는 "쌍무계약의 당사자 일방의 채무가 채권자의 책임있는 사유로 이행할 수 없게 된 때이거나, 채권자의 수령지체 중에 당사자 쌍방의 책임없는 사유로 이행할 수 없게 된 때"에 해당하므로, 피고는 상대방인 원고의 미지급 대금의 이행을 청구할 수 있고, 이미 수령한 계약금 등을 부당이득으로 반환할 책임이 없다.

3. 판단

가. 이 사건의 쟁점은 원고가 잔금 등의 지급을 하지 아니하였음에도 피고가 이 사건 매매계약을 해제하지 아니하여 계약이 유효한 채로 자신의 소유권이전등기의무를 이행제공하지 아니하였는데, 쌍방의 이행기가 도과한 상태에서 발생한 토지수용으로 인한 이행불능의 위험부담이 누구에게 귀속하는가이다.

만약 이행불능 당시 원고의 수령지체 상태에 있었거나(민법 제538조 제1항 제2문), 원고에게 소유권이전등기의무의 이행불능에 대한 채권자로서의 귀책사유가 있다면(같은 조 제1문), 피고 주장과 같이 채무자인 피고는 원고에게 자기의 채무를 면함으로써 얻은 이익(수용보상금)을 공제한 나머지 잔금 등의 이행을 청구할 수 있을 뿐더러, 원고에게 이미 수령한 계약금 등을 반환할 책임이 없는 반면, 쌍방의 책임없는 사유로 이행불능이 되었다면(민법 제537조) 피고는 원고에게 이미 수령한 계약금 등을 반환하여야 하는 것이므로, 그에 관하여 차례로 살펴보기로 한다.

(1) 원고가 수령지체중에 있었는지 여부

원고가 수령지체를 하였다고 하기 위하여는 피고는 이행의 제공을 하여야 하고(민법 제400조) 이때의 이행의 제공은 민법 제460조의 변제의 제공을 의미한다. 변제의 제공은 현실 제공이거나 채권자가 미리 변제받기를 거절한 경우에 변제준비의 완료를 통지하고 그 수령을 최고하는 구두 제공이 있다.

그런데, 변제공탁과 관련하여 채권자의 수령거절의 경우에 구두제공도 필요 없이 공탁할 수 있고(민법 제487조, 대법원 1994. 8. 26. 선고 93다42276 판결 참조), 쌍무계약에 있어 상대방이 미리 이행을 하지 아니할 의사를 표시하거나 당사자의 일방이 이행을 제공하더라도 상대방이 그 채무를 이행하지 아니할 것이 객관적으로 명백한 경우는 그 일방이 이행을 제공하지 아니하여도 상대방은 이행지체의 책임을 지고 이를 이유로 계약을 해제할 수 있다고 할 것이고, 당사자의 일방이 이행을 제공하더라도 상대방이 상당한 기간 내에 그 채무를 이행할 수 없음이 객관적으로 명백한 경우에도 그 일방은 자신의 채무의 이행을 제공하지 않더라도 상대방의 이행지체를 이유로 계약을 해제할 수 있다고 보아야 하지만(대법원 1993. 8. 24. 선고 93다7204 판결), 이 법리를 채권자지체에도 확장하여 적용하여서는 안되므로, 채무자인 피고는 원고를 채권자지체에 빠지게 하기 위하여는 원고에게 소유권이전등기의무의 변제준비의 완료를 통지하고 그 수령을 최고하는 구두 제공을 하였어야 함에도 이를 하지 아니하였음을 자인하므로, 원고는 수령지체중에 있었다고 보기 어렵다.

한편, 피고로서는 원고가 잔금 등의 지급을 해태하고 여러 차례 매매계약의 무효를 주장하고 있었으므로, 자신의 소유권이전등기의무의 이행을 제공하지 아니한 채 원고의 대금 지급해태를 이유로 매매계약을 해제하고 원상회복으로서 계약금을 몰취하고 1차 중도금만을 반환할 수 있었을 터이다.

그러나 피고가 이러한 해제조치 없이 1998. 4. 21. 원고에게 잔금 등의 지급을 요구한 뒤 그 이후 원고의 여러 차례에 걸친 계약금 등의 반환요구에 대하여 아무런 대응을 하지 아니하며 이 사건 매매계약을 2년 3개월 정도 방치하는 바람에, 계약해제권이 없는 원고가 매매계약 무효를 이유로 이 사건 소송을 제기하기에 이르렀고, 원심판결 선고 후 토지수용으로 인하여 피고의 소유권이전등기의무는 이행불능이 되었다.

그렇다면, 피고가 이행불능에 이르기까지 소유권이전등기의무의 구두 제공조차 하지 아니한 이 사건에서 원고에게 수령지체가 있었다고 보기 어렵다(원고가 자신의 채무인 잔대금 지급의무를 이행지체 한 것은 별론으로 한다).

(2) 채권자에게 귀책사유가 있는지 여부

민법 제538조 제1항 제1문에서 규정한 채권자의 책임있는 사유는 '그로 인하여' 이행이 불능으로 된 책임사유를 의미한다기보다는 '그 결과로' 이행이 불능으로 된 책임사유를 의미하고, 원칙적으로 채무자의 급부가 불능으로 되게 한 원인이 된 채권자의 모든 유책한 계약위반의 행태를 의미하는바, 이 사건의 경우 원고의 잔금 등 지급거절이 위 조항에서 말하는 채권자의 책임있는 사유로 볼 만한 증거가 없다.

(3) 피고의 위험부담

그렇다면, 이 사건 매매계약은 유효인 상태에서 당사자 쌍방의 책임없는 사유로 피고의 소유권이전등기의무가 이행불능 되었으므로, 민법 제537조에 기하여 채무자인 피고는 원고에게 잔금 등의 이행을 청구할 수 없고, 이미 수령한 계약금 등을 부당이득으로 반환하여야 할 것이다.

나. 부당이득반환범위

피고가 반환할 부당이득액은 특별한 사정이 없는 한 이미 수령한 계약금 등 합계 4억 3,000만 원 상당이다.

그런데, 부당이득반환 채무는 기한의 정함이 없는 채무이므로 수익자는 이행청구를 받은 때로부터 지체책임이 있고, 선의의 수익자는 그 받은 이익이 현존한 한도에서 그 이익을 반환하여야 하며, 악의의 수익자는 그 받은 이익에서 이자를 붙여 반환하고 손해가 있으면 이를 배상하여야 하고(민법 제748조), 선의의 수익자가 패소한 때에는 그 소를 제기한 때부터 악의의 수익자로 보는바(민법 제749조 제2항), 이 사건의 경우 이행불능이전까지는 이 사건 매매계약이 유효한 채 효력을 유지하고 있었으므로 피고는 이미 수령한 계약금 등에 대하여 선의의 수익자로 볼 것이나, 그 이후 원고가 구하는 이행불능(이 사건 부동산의 수용일) 다음날인 2001. 4. 14.부터는 채무자위험부담의 법리에 따라 이를 원고에게 반환할 의무가 발생하므로 그때부터는 민법에 정한 연 5%의 법정이자를 가산하여 반환하여야 할 것이다.

4. 결론

그렇다면, 피고는 승계참가인에게 4억 3,000만 원 및 이에 대하여 2001. 4. 14.부터 피고가 그 이행의무의 존부 및 범위에 관하여 항쟁함이 상당하다고 인정되는 당심판결선고일인 2001. 11. 2.까지는 민법에 정한 연 5%의, 그 다음날부터 완제일까지는 소송촉진등에관한특례법에 정한 연 25%의 각 비율에 의한 법정이자 또는 지연손해금을 지급할 의무가 있다 할 것이므로 승계참가인의 이 사건 청구는 위 인정범위 내에서 이유 있어 이를 인용하고, 나머지 청구는 이유 없어 이를 기각할 것인바, 당심에 이르러서야 승계참가가 이루어지고 원고가 탈퇴하였으므로 원고의 항소를 일부 받아들여 원심판결을 취소하고 피고에게 그 이행을 명하며, 승계참가인의 나머지 항소는 이유 없으므로 이를 기각하기로 하여, 주문과 같이 판결한다.

(1-2) 대법원 2004. 3. 12. 선고 2001다79013 판결

【원고(탈퇴)】 올림피아건설 주식회사
【원고승계참가인, 피상고인】 정영근
【피고, 상고인】 오영석
【원심판결】 서울고등법원 2001. 11. 2. 선고 2001나23791 판결

【주 문】

원심판결의 지연손해금에 관한 부분 중, 피고에 대하여 430,000,000원에 대한 2001. 4. 14.부터 2003. 5. 31.까지는 연 5푼의, 2003. 6. 1.부터 완제일까지는 연 2할의 각 비율에 의한 금원을 초과하여 지급을 명한 피고 패소부분을 파기하고, 그에 해당하는 원고의 항소를 기각한다.

피고의 나머지 상고를 기각한다. 소송총비용은 피고가 부담한다.

【이 유】

상고이유를 본다.

1. 원심의 사실인정과 판단

원심은, 내세운 증거들에 의하여 원고는 1997. 10. 17. 피고로부터 이 사건 부동산을 대금 13억 380만 원에 매수하되, 계약금 1억 3,000만 원은 계약 당일에, 1차 중도금 3억 원은 1997. 11. 10.에, 2차 중도금 2억 원은 1998. 1. 15.에, 잔금 6억 7,380만 원은 1998. 4. 20.에 각 지급하기로 하는 이 사건 매매계약을 체결하고, 계약 당일에 계약금 1억 3,000만 원을, 1997. 11. 10.에 1차 중도금 3억 원을 지급한 사실, 원고는 이 사건 매매계약에 따라 선이행의무가 있는 2차 중도금 2억 원의 지급일이 1998. 1. 15.임에도 그 이행을 지체하자 피고가 1998. 2. 12. 원고에게 1998. 2. 28.까지 위 2차 중도금을 지급할 것을 최고하였으나, 원고는 1998. 2. 24. 및 1998. 3. 4. 피고에게

이 사건 매매계약은 공동주택사업의 승인을 조건으로 체결되었는데 그 조건의 성취가 불가능하다는 등의 이유로 이 사건 매매계약의 실효를 주장하면서 계약금과 1차 중도금 합계 금 4억 3,000만 원의 반환을 요구한 사실, 이에 피고는 1998. 3. 18.과 4. 21. 원고에게 공동주택사업승인은 이 사건 매매계약의 조건이 될 수 없으므로 이 사건 매매계약이 유효함을 전제로 2차 중도금의 지급을 거듭 최고하였고, 원고는 1998. 4. 20.에 잔금을 지급하지 아니한 채 1998. 4. 23., 8. 24. 및 10. 8. 다시 피고에게 계약금과 1차 중도금의 반환을 요구하였으나 피고는 이에 대하여 아무런 답변을 하지 아니한 사실, 한편 한국토지공사는 2001. 4. 12. 피고를 피공탁자로 이 사건 부동산에 대한 수용보상금 4억 9,043만 3,300원을 공탁하고, 2001. 4. 13. 이 사건 부동산을 수용한 사실 등을 인정한 다음, 피고가 1998. 4. 21. 원고에게 2차 중도금과 잔금의 지급을 요구한 이후 원고의 여러 차례에 걸친 계약금과 1차 중도금의 반환 요구에 대하여 아무런 대응을 하지 아니하고 이 사건 매매계약을 해제하지 아니하여 이 사건 매매계약이 유효인 상태에서 당사자 쌍방의 책임 없는 사유로 피고의 소유권이전등기의무가 이행불능 되었으므로 민법 제537조에 따라 채무자인 피고는 원고에게 2차 중도금과 잔금의 이행을 청구할 수 없고, 이미 수령한 계약금과 1차 중도금을 부당이득으로 원고에게 반환하여야 한다고 판단하였다.

2. 상고이유 제5점에 대하여

피고가 1998. 4. 21. 원고에게 "1998. 4. 30.까지 잔금 등의 지급의무의 이행을 하지 아니하면 이 사건 매매계약이 자동해약된다."고 통지한 바 있으므로 이 사건 매매계약은 1998. 4. 30.이 경과함으로써 적법하게 해제되었다는 상고이유의 주장은, 피고가 상고심에서 처음 내세우는 것으로서 적법한 상고이유가 될 수 없을 뿐만 아니라 기록에 의하면, 원고가 2001. 9. 12.자 준비서면 13면을 통하여 "피고는 이 사건 매매계약을 해제함으로써 최소한 이 사건 매매계약의 계약금은 몰취할 수 있었음에도 불구하고 피고는 그와 같은 조치를 다하지 아니하였으므로 자신의 권리를 다하지 아니한 책임은 피고에게 귀속되어야 할 것"이라고 주장하였음에도 불구하고 원심에 이르기까지 피고는 이 사건 매매계약이 해제되었다는 취지의 주장을 한 바 없다.

그렇다면 원심이 이 사건 매매계약이 해제되지 아니한 채 존속 중에 토지수용으로 인하여 피고의 소유권이전등기의무는 이행불능이 되었다고 판단한 조치는 정당한 것으로 수긍되고, 거기에 상고이유에서 주장하는 바와 같이 채증법칙을 위반하여 사실을 오인하거나 채무자위험부담에 관한 법리를 오해한 위법이 없다.

3. 상고이유 제1점에 대하여

민법 제538조 제1항은 쌍무계약의 위험부담에 관한 채무자주의 원칙의 예외로서 "쌍무계약의 당사자 일방의 채무가 채권자의 책임 있는 사유로 이행할 수 없게 된 때에는 채무자는 상대방의 이행을 청구할 수 있다."고 규정하는바, 여기에서 '채권자의 책임 있는 사유'라고 함은 채권자의 어떤 작위나 부작위가 채무자의 이행의 실현을 방해하고 그 작위나 부작위는 채권자가 이를 피할 수 있었다는 점에서 신의칙상 비난받을 수 있는 경우를 의미한다 할 것이다(대법원 2003. 4. 11. 선고 2002다59610 판결 참조). 원심은, 채권자인 원고가 반대급부인 자신의 잔대금 지급채무를 이행하지 아니할 의사를 명백히 표시하여 피고로부터 소유권이전등기의무의 이행제공이 있더라도 그 수령을 거절할 의사가 명백하였고, 이 사건 부동산의 소유권이전등기의무가 토지수용으로 인하여 이행불능이 된 것은 '채권자의 책임 있는 사유'로 인한 것이므로 민법 제538조 제1항 제1문에 의하여 피고는 원고에게 미지급대금을 청구할 수 있고 이미 수령한 계약금 등을 부당이득으로 반환할 의무가 없다는 피고의 주장을 배척하였는바, 앞서 본 법리와 기록에 의하여 살펴보면, 원고의 잔금 등 지급 거절이 위 조항에서 말하는 채권자의 책임 있는 사유로 볼 수 없다는 원심의 위 판단은 정당한 것으로 수긍할 수 있고, 거기에 민법 제538조 제1항 제1문 소정의 '채권자의 책임 있는 사유'에 관한 법리 오해의 위법이 있다고 할 수 없다.

4. 상고이유 제2점에 대하여

민법 제400조 소정의 채권자지체가 성립하기 위해서는 민법 제460조 소정의 채무자의 변제 제공이 있어야 하고, 변제 제공은 원칙적으로 현실 제공으로 하여야 하며 다만, 채권자가 미리 변제받기를 거절하거나 채무의 이행에 채권자의 행위를 요하는 경우에는 구두의 제공으로 하더라도 무방하고, 채권자가 변제를 받지 아니할 의사가 확고한 경우(이른바, 채권자의 영구적 불수령)에는 구두의 제공을 한다는 것조차 무의미하므로 그러한 경우에는 구두의 제공조차 필요 없다고 할 것이지만, 그러한 구두의 제공조차 필요 없는 경우라고 하더라도, 이는 그로써 채무자가 채무불이행책임을 면한다는 것에 불과하고, 민법 제538조 제1항 제2문 소정의 '채권자의 수령지체 중에 당사자 쌍방의 책임 없는 사유로 이행할 수 없게 된 때'에 해당하기 위해서는 현실 제공이나 구두 제공이 필요하다고 할 것이므로(다만, 그 제공의 정도는 그 시기와 구체적인 상황에 따라 신의성실의 원칙에 어긋나지 않게 합리적으로 정하여야 한다) 이 사건에서 원고의 수령거절의 의사가 확고하여 이른바, 채권자의 영구적 불수령에 해당한다고 하더라도, 채무자인 피고는 원고를 수령지체에 빠지게 하기 위하여 소유권이전등기에 필요한 서류 등을 준비하여 두고 원고에게 그 서류들을 수령하여 갈 것을 최고하는 구두 제공을 하였어야 한다고 할 것이다.

원심은, 채무자인 피고는 원고를 채권자지체에 빠지게 하기 위하여는 원고에게 소유권이전등기의무의 변제 준비의 완료를 통지하고 그 수령을 최고하는 구두 제공을 하였어야 함에도 이를 하지 아니하였음을 자인하므로 원고는 수령지체 중에 있었다고 보기 어렵다고 판단하여 "원고의 잔금 등 지급의무 이행의사가 없음이 명백한 이 사건에서 피고의 구두 제공 등 이행의 제공 없이도 원고는 수령지체 중이 된다."는 피고의 주장을 배척하였는바, 앞서 본 법리와 기록에 의하여 살펴보면, 원심의 판단은 정당한 것으로 수긍되고, 거기에 민법 제538조 제1항 제2문 소정의 수령지체에 관한 법리오해의 위법이 있다고 할 수 없다.

5. 상고이유 제3점에 대하여

피고는 2001. 9. 13.자 준비서면에서 "이 사건과 같이 채권자인 원고가 자신의 잔대금 지급채무 이행을 하지 아니할 의사를 명백히 표시한 경우에는 피고의 구두 제공조차 필요 없이 원고는 이에 따른 이행지체 및 수령지체 책임을 부담한다."고 주장한 바 있으나, 위 주장은 결국 원고의 귀책사유로 인하여 피고의 소유권이전등기의무가 급부불능이 되었으니 민법 제538조 제1항이 적용되어 피고의 잔금 등 청구권이 소멸되지 아니하였으므로 원고는 여전히 피고에 대하여 미지급 잔금채무 금 873,800,000원에서 피고가 얻은 수용보상금 490,433,300원을 민법 제538조 제2항에 따라 공제한 금 383,366,700원을 지급할 의무가 있다는 취지로서, 이는 어디까지나 채무자위험부담주의의 예외규정인 민법 제538조 제1항의 적용을 주장하는 것에 불과하고, 앞서 본 바와 같이 원심이 이 사건에서 민법 제538조 제1항이 적용되어야 한다는 피고의 주장을 배척한 이상, 원심판결에 상고이유의 주장과 같이 판단 유탈의 위법이 있다고 할 수 없다.

또한, 법원의 석명권 행사는 당사자의 주장에 모순된 점이 있거나 불완전, 불명료한 점이 있을 때에 이를 지적하여 정정·보충할 수 있는 기회를 주고 계쟁 사실에 대한 증거의 제출을 촉구하는 것을 그 내용으로 하는 것으로서 당사자가 주장하지도 아니한 법률효과에 관한 요건 사실이나 독립된 공격방어 방법을 시사하여 그 제출을 권유함과 같은 행위를 하는 것은 변론주의의 원칙에 위배되는 것으로서 석명권 행사의 한계를 일탈하는 것인바(대법원 1997. 12. 26. 선고 97다39742 판결, 1998. 4. 28. 선고 98다4712 판결 등 참조), 피고가 민법 제538조 제1항의 적용을 주장하기 위하여 원고에게 이행지체 내지 수령지체 책임이 있다는 주장을 하였다고 하더라도 그와 같은 주장은 채무자위험부담주의의 예외규정인 민법 제538조 제1항의 적용을 주장하는 것에 불과하므로, 원심이 그 주장 속에 "원고는 잔금 등 지급의무의 이행지체 책임이 있으므로 원고는 그로 인한 피고의 손해(매매대금 13억 380만 원과 수용공탁금 490,433,300원과의 차액)를 배상할 책임이 있고 따라서 원고 주장의 부당이득채권과 대등액에서 상계하면 남는 것이 없다."는 취지의 상계 항변이 포함되어 있는지 여부에 관하여 피고에게 석명을 구하여야 할 의무가 있다고 볼 수도 없다.

따라서 원심이 피고의 이행지체 책임 주장에 대한 판단 유탈 및 석명권 불행사의 위법을 범하였다는 상고이유의 주장도 받아들일 수 없다.

6. 상고이유 제4점에 대하여

원심이 인정한 사실관계와 기록에 의하면, 원고는 2000. 7. 8. 피고를 상대로 제1심법원에 이 사건 부동산에 대하여 관할 행정관청인 용인시의 토지거래허가 불가 방침이 있었고 그 후 위 부동산이 공공택지개발지구로 지정되었으므로 이 사건 매매계약은 확정적으로 무효이니(다만, 소장과 함께 제출한 서증 등을 종합하여 보면, 원고 청구의 전체적인 취지는 이 사건 매매계약은 이 사건 부동산 상에 원고가 공동주택을 신축하기 위하여 공동주택 사업 승인을 조건으로 체결하였는데 그 조건의 성취가 불가능하여졌고, 그와 같은 매매계약 체결의 동기가 표시되었으니 그 동기의 착오를 이유로 이 사건 매매계약을 취소한다는 것으로 보인다.) 계약금과 1차 중도금 합계 금 4억 3,000만 원의 반환을 구한다고 주장하면서 이 사건 소를 제기한 사실, 원고와 승계참가인(이하 '참가인'이라 한다)은 그 소송 계속 중인 2001. 2. 16. 위 금 4억 3천만 원의 부당이득반환채권을 원고에 대한 금 5억 원의 대여금 채권자인 참가인에게 양도한다는 내용의 이 사건 채권양도 양수계약을 체결한 사실, 이 사건 부동산이 2001. 4. 13. 한국토지공사에 수용되자 원고는 원심의 2001. 9. 7. 제1회 준비절차기일에서 진술된 2001. 6. 11.자 준비서면을 통하여 피고의 이 사건 매매계약상의 소유권이전등기의무가 후발적으로 이행불능이 되었음을 이유로 민법 제537조에 의하여 기지급한 위 금 4억 3천만 원을 부당이득으로 반환할 것을 주장하였고, 이어 참가인은 2001. 8. 3.자로 이 사건 채권양도 양수계약에 기하여 승계참가신청을 한 사실, 원고는 2001. 8. 14.자 준비서면의 송달로써 2001. 8. 17. 피고에게 그 양도통지를 하고, 2001. 9. 14. 원심 제1회 변론기일에 피고의 동의를 얻어 소송탈퇴를 한 사실, 원고와 피고는 민법 제537조에 의한 이 사건 부당이득반환채권을 참가인이 양수하였음을 전제로 하여 이 사건 부당이득반환채권의 존부에 관하여 서로 공격과 방어를 한 사실 등을 알 수 있는바, 사정이 이와 같다면 승계참가인이 위 2001. 2. 16.자 채권양도양수계약서에 명시된 부당이득반환채권과 그 이후 이 사건 부동산의 수용으로 인하여 발생한 이 사건 부당이득반환채권은 형식적으로는 별개의 것으로 보이지만, 위 채권양도 통지는 이 사건 부동산의 수용 이후에 이루어진 점을 비롯하여 원고와 참가인의 진정한 의사, 이 사건 소송의 진행 경과 등에 비추어 보면, 실질적으로는 이 사건 부당이득채권을 원고가 양수한 것으로 볼 수 있을 뿐만 아니라 이 사건 부동산에 대한 수용 이후에 다시 원고가 참가인에게 이 사건 부당이득반환채권을 양도한 다음 피고에게 그 양도통지를 한 것으로도 볼 수 있으므로 원심이 참가인이 원고로부터 2001. 4. 13.자 수용으로 인하여 취득한 이 사건 부당이득반환채권을 양수한 것으로 본 조치는 정당한 것으로 수긍할 수 있고, 거기에 상고이유의 주장과 같이 채증법칙을 위반하여 사실을 오인하거나 채권양수에 관한 법리를 오해한 위법이 있다고 할 수 없다.

7. 직권 판단

그러나 개정 전 소송촉진등에관한특례법(1998. 1. 13. 법률 제5507호로 개정되어 2003. 5. 10. 법률 제6868호로 개정되기 전의 것, 이하 '개정 전 소촉법'이라 한다) 제3조 제1항 본문 중 '대통령령으로 정하는 이율' 부분에 대하여는 2003. 4. 24. 헌법재판소의 위헌결정이 있었고, 그 후 개정된 위 법률조항과 그에 따라 개정된 소송촉진등에관한특례법제3조제1항본문의법정이율에관한규정(2003. 5. 29. 대통령령 제17981호로 개정된 것)은 2003. 6. 1. 이후에 적용할 법정이율을 연 2할로 한다고 규정하고 있으므로 개정 전 소촉법의 규정에 의한 연 2할 5푼의 지연손해금의 지급을 명한 원심판결에는 결과적으로 지연손해금의 이율을 잘못 적용하여 판결에 영향을 미친 위법이 있게 되었다고 할 것이다.

8. 결론

그러므로 원심판결의 지연손해금에 관한 부분 중, 피고에 대하여 430,000,000원에 대하여 2001. 4. 14.부터 2003. 5. 31.까지는 민법 소정의 연 5푼의, 2003. 6. 1.부터 완제일까지는 개정된 소송촉진등에관한특례법 소정의 연 2할의 각 비율에 의한 지연손해금을 초과하여 지급을 명한 피고 패소 부분을 파기하되, 이 부분은 이 법원이 직접 재판하기에 충분하므로 이를 자판하기로 하는바, 위 파기 부분에 해당하는 부분을 기각한 제1심판결은 정당하고 그 부분에 대한 승계참가인의 항소는 이유 없으므로 기각하며, 피고의 나머지 상고는 이유 없으므로 이를 기각하기로 하여 관여 법관의 일치된 의견으로 주문과 같이 판결한다.

3 변제공탁

대법원 1994. 12. 13. 선고 93다951 전원합의체 판결

【원고, 피상고인】 김종대
【피고, 상고인】 하동군
【원심판결】 부산고등법원 1992.11.20.선고92나7474 판결
【주 문】 상고를 기각한다. 상고비용은 피고의 부담으로 한다.

【이 유】

상고이유를 본다.

1. 원심판결 이유에 의하면 원심은, 원고가 1981.2.경 피고 군과의 사이에 원심 판시의 섬진강 하상에서 수중모래 50만㎥를 채취하기로 하는 계약을 체결함에 있어 피고에게 계약보증금으로 금 5,000만원을 납입하였는바, 수중모래채취계약을 체결함에 있어서는 관련법규가 정한 바에 따라 하천원상복구비 예치금만을 징수하여야 함에도 불구하고 피고 군은 아무런 법적 근거도 없는 계약보증금의 납입을 요구하므로 원고는 이를 거절할 수 없는 처지여서 부득이 이를 납입하였으나 같은 해 12.4. 감사원이 이의 부당성을 지적하고 즉시 이를 원고에게 환불하라는 지시를 한 사실을 인정하고 나서, 이에 의하면 피고는 법률상 원인 없이 위 계약보증금으로 금 5,000만원을

수령함으로써 이득을 얻고 이로 인하여 원고에게 손해를 가하였다 할 것이고, 또 피고는 적어도 감사원의 지적이 있은 1981.12.4. 이후에는 법률상 원인 없음을 알았다고 할 것이므로 악의의 수익자로서 위 계약보증금에 민법 소정의 연 5푼의 이율에 의한 이자를 붙여 반환할 의무가 있다 할 것인바, 원고가 위 계약보증금 5,000만원을 1989.2.28. 반환받은 사실을 자인하고 있으므로 결국 피고는 원고에게 원고가 구하는 1981.12.11.부터 계약보증금 반환일인 1989.2.28.까지의 연5푼의 비율에 의한 이자를 지급할 의무가 있다고 판단하였다.

그리고 원심은 나아가, 피고 군은 원고로부터 수령한 위 계약보증금을 금융기관에 연1푼의 이율로 예치하여 두었는데 감사원으로부터 그 반환지시를 받기 전인 1981.10.29. 소외 한국도로공사가 원고를 채무자, 피고 군을 제3채무자로 하여 위 계약보증금반환채권을 가압류함에 따라 원고에게 반환하지 못하였고 1988.12.2. 법원으로부터 가압류해제 통보를 받은 이후는 원고의 소재불명으로 계속 반환하지 못하고 있다가 원고가 자인하는 위 일자에서야 이를 반환하였으므로 피고를 악의의 수익자로는 볼 수 없어 연1푼 아닌 연5푼의 이율에 따른 이자를 반환함은 부당하다는 피고의 주장에 대하여는, 위와 같이 가압류 등으로 계약보증금을 반환할 수 없었다고 하여 그 기간 동안은 이 사건 이자지급채무가 발생하지 않는다거나 그로 인하여 피고가 악의의 수익자로서의 지위에서 벗어나는 것은 아니라고 하여 이를 배척하였다.

2. 채권의 가압류는 제3채무자에 대하여 채무자에게 지급하는 것을 금지하는 데 그칠 뿐 채무 그 자체를 면하게 하는 것이 아니고, 가압류가 있다 하여도 그 채권의 이행기가 도래한 때에는 제3채무자는 그 지체책임을 면할 수 없다고 보아야 할 것이다(당원 1981.9.22.선고 81다253 판결 참조).

이러한 경우 가압류에 불구하고 제3채무자가 채무자에게 변제를 한 때에는 나중에 채권자에게 2중으로 변제하여야 할 위험을 부담하게 되므로 제3채무자로서는 민법 제487조의 규정에 의하여 공탁을 함으로써 2중변제의 위험에서 벗어나고 이행지체의 책임도 면할 수 있다고 보아야 할 것이다.

왜냐하면 민법상의 변제공탁은 채무를 변제할 의사와 능력이 있는 채무자로 하여금 채권자의 사정으로 채무관계에서 벗어나지 못하는 경우를 대비할 수 있도록 마련된 제도로서 그 제487조 소정의 변제공탁의 요건인 "채권자가 변제를 받을 수 없는 때"의 변제라 함은 채무자로 하여금 종국적으로 채무를 면하게 하는 효과를 가져다 주는 변제를 의미하는 것이므로 채권이 가압류된 경우와 같이 형식적으로는 채권자가 변제를 받을 수 있다고 하더라도 채무자에게 여전히 2중변제의 위험부담이 남는 경우에는 마찬가지로 “채권자가 변제를 받을 수 없는 때"에 해당한다고 보아야 할 것이기 때문이다.

그리고 제3채무자가 이와 같이 채권의 가압류를 이유로 변제공탁을 한 때에는 그 가압류의 효력은 채무자의 공탁금출급청구권에 대하여 존속한다고 할 것이므로 그로 인하여 가압류 채권자에게 어떤 불이익이 있다고도 할 수 없다.

이처럼 제3채무자가 변제공탁에 의하여 그 채무를 면할 길이 있는 점에 비추어 보면 공탁을 하지 아니한 제3채무자에게 이행지체의 책임을 지게 하더라도 그것이 반드시 불합리하다고는 할 수 없다.

이러한 법리는 부당이득반환채권이 가압류된 후에 제3채무자가 악의로 되어 그 받은 이익에 덧붙여 반환하여야 할 이자지급책임을 면하기 위한 경우에도 마찬가지라 할 것이고, 또 채권자의 소재가 불명한 경우에도 채무자로서는 변제공탁을 하지 않는 한 그 이행지체의 책임 내지 부당이득에 대한 이자의 배상책임을 면할 수 없음은 물론이다.

그러므로 원심이 원고의 피고에 대한 이 사건 보증금반환채권이 가압류 되었다거나 원고가 소재불명이어서 보증금을 반환할 수 없었다는 사유만으로는 위 보증금 상당의 부당이득에 관한 이자지급채무가 발생하지 않는다거나 또는 피고가 악의의 수익자의 지위에서 벗어나는 것은 아니라고 판시하였음은 옳고, 거기에 소론과 같은 위법이 있다고 할 수 없다.

그리고 피고가 위 보증금을 금융기관에 예치하여 얻은 이익이 실제로 연리 1%에 불과하다 하더라도, 악의의 수익자가 법정이율 상당의 반환의무를 부담하는 것은 민법 제748조 제2항의 규정에 의한 것으로서 그가 실제로 얻은 이익의 다과를 불문하는 것이므로 원심이 피고에 대하여 법정이율 상당의 반환을 명한 데 어떤 잘못이 있다고 할 수 없다. 논지는 모두 이유가 없다.

3. 이에 상고를 기각하고 상고비용은 패소한 피고의 부담으로 하기로 관여 대법관 전원의 의견이 일치되어 주문과 같이 판결한다.

4 공탁금회수청구권에 대한 압류 및 전부명령

대법원 1981. 2. 10. 선고 80다77 판결

【원고, 피상고인】 안대성
【피고, 상고인】 주묘애
【원심판결】 대구고등법원 1979. 12. 7 선고 78나865 판결
【주 문】 원심판결을 파기하고 본건을 대구고등법원으로 환송한다.

【이 유】

상고이유를 판단한다.

적법한 변제공탁으로써 공탁원인 사실에 특정되어 있는 채권이 소멸되는 효과가 발생되는 것이기는 하나(본원 1972.5.15 고지, 72마401 결정)한편 공탁자가 공탁물 회수권의 행사에 의하여 공탁물을 회수한 경우에는 공탁하지 아니한 것으로 보아 채권소멸의 효력은 소급하여 없어진다고 할 것이고(본원 1967.11.28. 선고 67다2120 판결 참조) 이와 같이 채권소멸의 효력을 소급적으로 소멸시키는 공탁물의 회수에는 공탁자에 의하여 이루어진 경우뿐만 아니라, 제3자는 물론 피공탁자가 공탁자에게 대하여 가지는 별도 채권의 채무 명의로써 공탁자의 공탁물 회수청구권을 압류 및 전부 받아 그 집행으로 공탁물을 회수한 경우도 이에 포함된다 할 것이다.

그런데 원심이 적법하게 인정한 사실에 의하면 원고는 피고에 대하여 본건 부동산의 가등기에 의하여 담보되어 있는 원판시의 금 1,000만원의 채무와 이것과는 별도로 원판시의 금 1,075만원의 보증채무를 부담하고 있던 중, 1978.1.21. 위 금 1,000만원의 채무에 대한 그때까지의 원리금 합계 금 14,583,340원을 피고 앞으로 변제 공탁하였던바, 피고는 위 공탁금의 수령을 거절하고 원고에 대한 위 금 1,075만 원의 채무 명의로서 원고의 위 공탁금 회수청구권을 압류 및 전부 받아 그 집행으로 위 공탁금을 회수하였다는 것이니, 이와같은 사실을 앞에서 본 법리에 비추어 보면 변제공탁으로 소멸의 효과가 발생되었던 위 금 1,000만원의 채무는 공탁물회수권의 행사에 의하여 공탁금이 회수되므로써 그 채무소멸의 효력은 소급하여 없어졌다 할 것이다. 그러함에도 원심이 이와

다른 견지에서 본건 부동산 가등기의 방법으로 담보된 위 금 1,000만원의 채권이 소멸되었다 하여 피고에게 위 가등기의 말소를 명한원심조처는 공탁물회수의 효력에 관한 민법 제489조의 법리를 오해한 위법이 있다 할 것이고 이러한 위법은 판결의 결과에 영향을 미치었음이 분명하므로 이 점에서 상고논지는 이유있고, 원심판결은 파기를 면치 못한다 할 것이다.

그러므로 본건 상고는 이유있으므로 원심판결을 파기하고 이 사건을 대구고등법원으로 환송하기로 하여 관여법관의 일치된 의견으로 주문과 같이 판결한다.

5 상계

(1) 대법원 1982. 6. 22. 선고 82다카200 판결

【원고, 피상고인】 박재술
【피고, 상고인】 주식회사 조흥은행
【원심판결】 서울고등법원 1982.1.21 선고 81나2586 판결
【주 문】 상고를 기각한다.
상고 소송비용은 원고의 부담으로 한다.

【이 유】

상고이유를 판단한다.

1. 원심판결 이유에 의하면, 원고는 1980.12.20 소외 최규순에 대한 금 400만원의 약속어음금 채권의 집행보전을 위하여 서울민사지방법원 80카45531호로, 위 최규순이 제3채무자인 피고에 대하여 가진 약속어음 사취부도 제재금 반환채권에 대한 가압류신청을 하고, 위 가압류결정은 1980.12.23피고에게 송달이 되고, 그후 원고는 위 법원 80가단8174 약속어음금 청구사건의 집행력 있는 판결정본에 기하여 위 법원 81타2874, 2875호로 채권압류 및 전부명령 신청을 하여 1981.4.10 위 가압류를 본압류로 전이함과 동시에 위 압류채권에 대한 전부명령을 받은 사실, 위 최 규순은 1980.12.15 피고 은행과 한도 금액1,700만원과 3,000만원의 각 당좌계정 차월 약정을 하고, 그 차월 약정 기간은 금 1,700만원 부분은 1980.12.31, 금 3,000만원 부분은 1981.6.13까지로 하되 위 소외인이 부도를 내어 거래정지처분을 당하는 경우에는 기한 전이라도 피고은행 측은 임의로 약정을 해지하고 위 소외인의 제예치금기타의 채권과 위 차월원리금과를 기한의 도래 여부와는 상관없이 사전통지나 소정의 절차를 생략하고 상계할 수 있도록 특약을 한 사실, 위 최규순은 피고 은행에 대하여 위 가압류명령 송달 당시인 1980.12.23 현재 46,992,436원의 당좌차월채무를 부담하고 있었는데, 1980.12.29 당좌부도를 내어 서울어음교환소의 거래정지처분을 받게 되자 피고은행은 동년 12.31 위 약정에 의하여 그 당시의 금84,978,776원의 당좌대월채권과 동년 12.8자 위 최규순이 별단예금으로 예치한 사취부도 제재금 반환채권과를 대등액에서 상계 처리한 사실, 위 별단예금은 사고 해소의 확인, 별도의 부도 발생에 의하여 거래정지처분이 되고 입금 후 1개월이 경과된 경우등의 사유가 생기거나 또는 일정기간이 경과한 다음 환급청구가 있을 때 반환을 하도록 되어 있는 사실등을 각 인정한

다음, 위 최 규순의 별단예금은 1980. 12. 29. 서울어음교환소에서 당좌부도에 의한 거래정지처분이 되고 입금 후 1개월이 지나면 환급 청구를 할 수 있는 이행기가 도래하므로 피고 은행과 동 소외인 간의 동년 12. 15.자 당좌대월 약정에 의하여 피고 은행이 동년 12.29 현재 갖고 있던 당좌대월채권 중위 금액상당액을 80. 12. 31. 상계 처리한 조처는 상당하다고 판시하고 있다.

2. 그런데, 민법 제498조에 의하면, 지급을 금지하는 명령을 받은 제3채무자는 그 후에 취득한 채권에 의한 상계로 그 명령을 신청한 채권자에게 대항하지 못한다고 규정하고 있고, 이 규정을 상계의 요건에 관한 동법 제492조제1항의 규정과 관련하여 볼 때, 가압류명령을 받은 제3채무자가 가압류채무자에 대한 반대채권을 가지고 있는 경우에 상계로써 가압류채권자에게 대항하기 위하여는 가압류의 효력 발생 당시에 양 채권이 상계적상에 있거나, 반대채권이 압류 당시 변제기에 달하지 않은 경우에는 피압류채권인 수동채권의 변제기와 동시에 또는 보다 먼저 변제기에 도달하는 경우이어야 된다고 할 것이다. 왜냐하면 이와 같은 경우 피압류채권의 변제기가 도래하여 압류채권자가 그 이행을 청구할 수 있는 상태에 이른 때에는 그 이전 또는 그와 동시에 제3채무자는 자동채권에 의하여 피압류채권과 상계할 수 있는 관계에 있어 이러한 제3채무자의 자기의 반대채권으로 장래의 상계에 관한 기대는 정당하게 보호되어야 하기 때문이다. 원심이 위에서 인정한 바에 의하면, 원고가 소외인의 피고에 대한 별단예금의 가압류 당시 피고의 소외인에 대한 당좌대월채권이나 소외인의 피고에 대한 별단예금의 반환채권의 변제기가 도래하지는 아니하였으나 피고의 자동채권은 피고와 소외인 간의 당좌대월약정에 따르는 판시와 같은 특약의 효과로서 소외인이 거래정지처분을 당한 1980.12.29 기한의 이익을 상실하여 변제기에 이르게 되었다 할 것인즉, 그 특약에 의하여 수동채권 역시 변제기에 이르렀건, 어음교환소규약에 의하여 입금 후 1개월이 경과한 후에야 변제기가 도래하건 간에 피고가 같은 달31.한 상계조치에 의하여 양 채권은 대등액에서 소멸하였다 할 것인즉, 같은 취지에서 피고의 상계의 항변을 인용한 원심판결은 정당하고, 자동채권의 이행기는 먼저 변제기에 도달하였으나 수동채권의 변제기가 도래하지 아니하였음을 이유로 양 채권이 상계적상에 이르지 아니하였다는 논지는 독자적 견해이어서 채용할 수 없다.

3. 결국, 논지는 이유 없어 상고를 기각하기로 하고, 소송비용은 패소자의 부담으로 하여 관여법관의 일치된 의견으로 주문과 같이 판결한다.

(2-1) 서울고등법원 2008.11.14. 선고 2007나85890 판결

【원고, 항소인 겸 부대피항소인】 주식회사 우리은행
【피고, 피항소인 겸 부대항소인】 피고
【원심판결】 서울중앙지방법원 2007. 7. 20. 선고 2004가합34238 판결

【주 문】

1. 제1심판결의 주문 제1, 2항을 당심에서 확장된 청구를 포함하여 다음과 같이 변경한다.
2. 피고는 원고에게 15억 원 및 그 중 1,293,962,366원에 대하여 2005. 6. 3.부터 2007. 7. 20.까지는 연 5%, 그 다음날부터 다 갚는 날까지는 연 20%의 각 비율로 계산한 돈을, 나머지 206,037,634원에 대하여 2000. 10. 13.부터 2008. 11. 14.까지는 연 5%, 그 다음날부터 다 갚는 날까지는 연 20%의 각 비율로 계산한 돈을 지급

하라.

3. 원고의 나머지 청구를 기각한다.

4. 소송총비용은 이를 5분하여 그 중 4는 원고가, 나머지는 피고가 각 부담한다.

5. 제2항은 가집행할 수 있다.

【청구취지, 항소취지 및 부대항소취지】

1. 청구취지

피고는 원고에게 8,299,037,634원 및 그 중 4,862,000,000원에 대하여 2005. 6. 3.부터 다 갚는 날까지 연 20%의 비율로 계산한 돈을, 나머지 3,437,037,634원에 대하여 2000. 10. 13.부터 이 사건 청구취지 및 청구원인 변경신청서 부본 송달일까지는 연 5%, 그 다음날부터 다 갚는 날까지는 연 20%의 각 비율로 계산한 돈을 지급하라(원고는 당심에서 이 사건 제1 지급보증 관련 손해배상에 관한 청구취지를 확장하였다).

2. 항소취지

제1심 판결 중 아래에서 지급을 명하는 부분에 해당하는 원고 패소 부분을 취소한다. 피고는 원고에게 3,568,037,643원 및 이에 대하여 2005. 6. 3.부터 2007. 7. 20.까지는 연 5%, 그 다음날부터 다 갚는 날까지는 연 20%의 각 비율로 계산한 돈을 지급하라.

3. 부대항소취지

제1심 판결 중 피고 패소 부분을 취소하고, 위 취소 부분에 해당하는 원고의 청구를 기각한다.

【이 유】

1. 기초사실

가. 피고의 지위 등

(1) 피고는 1994. 3. 18.경부터 현재까지 쌍용건설 주식회사(이하 '쌍용건설'이라 한다)의 이사 또는 대표이사로 등기된 자로서 위 기간 동안 쌍용건설의 총무, 경리, 인사, 자금 등 경영을 총괄하였으며, 동시에 1994. 1.경부터는 쌍용그룹 총괄 부회장으로서, 1995. 4.경부터는 쌍용그룹 회장으로서 1998. 3.경까지 쌍용그룹 전체의 경영도 함께 담당하였다.

(2) 한편 쌍용건설은 1977.경 설립되어 국내 및 해외 건설시장에서 토목·건설 등의 설계·시공·감리 등을 영위하는 업체로서, 후발업체임에도 공격적인 경영을 펼치다가 1990년대 초부터 관공서 저가수주로 인한 수익성 악화 및 부동산 경기의 하락에 따른 부실채권의 누적으로 자금흐름이 경색되고, 주요 해외시장인 동남아의 경기침체 등으로 경영상황이 급속도로 악화되었으며, 그룹신인도 하락으로 인한 금융비용의 증대 및 쌍용자동차 채무인수에 따른 자금부담 가중으로 인하여 자금사정이 극도로 악화된 데다가, 마침 IMF 외환위기사태로 각 금융기관이 기존 대출금 상환을 독촉하면서 신규 대출을 거절함에 따라 유동성 위기에 직면하게 되었으나, 1998. 11. 12.경 기업개선작업(work-out) 절차(이하 '워크아웃 절차'라 한다)에 들어간 이후 경영이 정상화되었고, 2004. 10. 18. 위 워크아웃 절차가 종료되었다.

나. 쌍용건설의 분식회계

(1) 피고는 쌍용건설의 1995, 1996, 1997 회계연도에 대한 재무제표가 작성될 무렵, 그 당시 쌍용건설의 대표

이사이던 소외 1 또는 소외 2 등으로부터 '위 각 회계연도에 대한 가결산 결과 대규모의 당기순손실이 발생하였지만 당기순이익이 발생한 것처럼 결산하겠다'는 보고를 받고 그대로 실시하도록 지시하였는데, 이는 기업회계기준에 따라 거액의 적자가 발생한 것을 사실 그대로 회계 처리할 경우 대외신인도가 크게 하락하여 금융기관으로부터 신규여신을 받지 못하는 것은 물론 기존 여신과 회사채의 회수 압박이 가중되고 신규투자자 등의 투자중단을 가져와 주가가 폭락할 뿐만 아니라 공사 수주활동에 결정적으로 타격을 입게 될 것을 우려하였기 때문이었다.

위와 같은 피고의 지시에 따라 쌍용건설의 회계담당자들은 다음과 같이 분식결산을 하였다.

(2) 1995 회계연도의 경우(제19기 : 1995. 1. 1. ~ 1995. 12. 31.)

1995 회계연도에 대한 가결산 결과 기업회계기준 등에 따라 정상적인 방법으로 처리할 경우 "당기순손실 약 231억 원, 자본결손금 약 367억 원"이 예상되자, 공사수익 과대계상, 대손충당금 및 대손상각비 과소계상 등의 방법으로 "당기순이익 약 231억 원, 이익잉여금 약 661억 원"인 것처럼 대차대조표 및 손익계산서 등 재무제표를 허위로 작성하여(이하 '이 사건 제1 분식회계'라 한다) 1996. 3. 23.경 이를 공시하였다.

(3) 1996 회계연도의 경우(제20기 : 1996. 1. 1. ~ 1996. 12. 31.)

1996 회계연도에 대한 가결산 결과 기업회계기준 등에 따라 정상적인 방법으로 처리할 경우 "당기순손실 약 630억 원, 자본결손금 약 1,031억 원"이 예상되자, 공사수익 과대계상 등의 방법으로 "당기순이익 약 49억원, 이익잉여금 약 676억원"인 것처럼 대차대조표 및 손익계산서 등 재무제표를 허위로 작성하여(이하 '이 사건 제2 분식회계'라 한다) 1997. 3. 22.경 이를 공시하였다.

(4) 1997 회계연도의 경우(제21기 : 1997. 1. 1. ~ 1997. 12. 31.)

1997 회계연도에 대한 가결산 결과 기업회계기준 등에 따라 정상적인 방법으로 처리할 경우 "당기순손실 약 856억 원, 자본결손금 약 1,095억 원"이 예상되자, 공사수익 과대계상, 건설 중인 자산 과대계상 등의 방법으로 "당기순이익 약 21억 원, 이익잉여금 약 680억 원"인 것처럼 대차대조표 및 손익계산서 등 재무제표를 허위로 작성하여(이하 '이 사건 제3 분식회계'라 한다) 1998. 3. 21.경 이를 공시하였다.

다. 원고의 여신제공

(1) 주식회사 한일은행(1999. 1. 6. 주식회사 상업은행과 합병하여 주식회사 한빛은행이 되었다가 2002. 5. 20. 원고로 상호가 변경되었다. 이하 '원고'라 한다)은 1996. 7. 15.경 고려종합금융 주식회사를 통하여 쌍용건설이 발행한 액면금 50억 원의 기업어음(CP)을, 엘지종합금융 주식회사를 통하여 쌍용건설이 발행한 액면금 100억 원의 기업어음(CP)을 각 매수하였으나(이하 총칭하여 '이 사건 CP 매입'이라 한다), 그 후 쌍용건설에 대한 워크아웃 절차에서 1999. 3. 29.자 기업개선작업약정에 따라 위 150억원은 전액 주식으로 출자전환되었다.

(2) 원고는 1997. 9. 12. 쌍용건설에게 200억 원을 대출하였으나(이하 '이 사건 대출'이라 한다), 그 중 약 65억원만 변제되었고, 나머지 13,485,000,000원은 쌍용건설에 대한 워크아웃 절차에서 1999. 3. 29.자 기업개선작업약정에 따라 그 무렵 전액 주식으로 출자전환되었다.

(3) 원고는 1997. 10. 13. 쌍용건설의 제98회 회사채 원리금의 지급을 보증하였다가(이하 '이 사건 제1 지급보증'이라 한다), 2000. 10. 13. 사채권자에게 원리금 합계 300억원을 지급함으로써 쌍용건설에 대해 동액 상당의 구상금 채권을 취득하게 되었다. 그 후 원고는 2001. 6. 22. 한빛제칠차유동화전문유한회사에게 쌍용건설에 대한 300억 원 상당의 위 구상금채권을 6,803,877,795원에 양도하고, 2001. 7. 2. 쌍용건설에게 위 채권양도사실을 통지

하여 그 무렵 위 통지가 도달하였다. 한빛제칠차유동화전문유한회사는 쌍용건설에 대한 워크아웃 절차에서 2002. 12. 20.자 기업개선작업약정에 따라 위 300억 원 중 14,230,200,000원만 변제받고, 나머지 15,769,800,000원은 면제하였다.

(4) 원고는 1998. 6. 29. 쌍용건설의 제101회 회사채 원리금의 지급을 보증하였다가(이하 '이 사건 제2 지급보증'이라 한다) 사채권자에게 원리금 합계 150억 원을 지급하였으나, 그 후 쌍용건설에 대한 워크아웃 절차에서 2001. 6. 7.자 기업개선작업약정에 따라 위 150억 원은 전액 전환사채로 출자전환되었다.

라. 형사판결

피고는 이 사건 제1 내지 3 분식회계에 의한 대출(이 사건 CP매입, 대출, 제1 지급보증이 포함됨) 사기, 부외자금 조성에 의한 업무상 횡령 등으로 2006. 2. 17. 서울중앙지방법원 2004고합1376호로 징역 3년을 선고받았고, 항소하여 2006. 12. 14. 서울고등법원 2006노430호로 징역 3년, 집행유예 4년을 선고받았으며, 위 판결은 그 무렵 확정되었다.

[인정근거] 다툼없는 사실, 갑 제1 내지 7호증의 3, 갑 제9 내지 13, 18, 19호증, 을 제1 내지 5호증, 을 제14호증의 1, 2, 을 제15호증의 2, 을 제17호증의 각 기재, 제1심 증인 소외 3의 증언, 변론전체의 취지

2. 손해배상책임의 발생

가. 원고의 주장

원고는 이 사건 제1 내지 3 분식회계 결과 작성된 재무제표를 신뢰하여 이 사건 CP매입, 대출, 제2 지급보증을 하였다가 쌍용건설에 대한 워크아웃 절차에서 체결된 기업개선작업약정에 따라 출자전환된 금액 상당을 현실적으로 회수하지 못하였고, 이 사건 제1 지급보증을 하였다가 대위변제한 300억 원 상당의 구상금채권을 6,803,877,795원에 양도하는 바람에 그 차액인 23,196,122,205원(300억 원 - 6,803,877,795원)의 손해를 입어 합계 66,681,122,205원(이 사건 CP 매입 관련 미회수액 150억 원 + 이 사건 대출 관련 미회수액 13,485,000,000원 + 이 사건 제1 지급보증 관련 손해 23,196,122,205원 + 이 사건 제2 지급보증 관련 미회수액 150억 원) 상당의 손해를 입게 되었다고 주장하면서, 위와 같이 분식회계를 지시한 피고에게 상법 제401조 또는 민법 제750조에 따라 일부 청구로서 위 각 손해액 중 이 사건 CP 매입 관련 손해배상금으로 1,230,782,213원, 이 사건 대출 관련 손해배상금으로 1,106,473,209원, 이 사건 제1 지급보증 관련 손해배상금으로 4,731,000,000원, 이 사건 제2 지급보증 관련 손해배상금으로 1,230,782,212원 합계 8,299,037,634원의 지급을 구한다.

나. 판단

(1) 임무해태

(가) 앞서 본 바와 같이 피고는 쌍용건설의 이사 또는 대표이사로 등기된 자이면서 동시에 쌍용그룹의 총괄부회장 또는 회장인 자로서, 선량한 관리자의 주의를 다하여 업무를 집행하여야 하고 재무제표를 작성할 경우 기업회계기준 및 주식회사의 외부감사에 관한 법률의 규정에 따라 재무상태와 경영성과를 명확히 보고하기 위하여 회계기간에 속하는 모든 수익과 비용을 적정하게 표시한 재무제표를 작성하여 공시할 임무가 있음에도 불구하고, 영업적자를 기록한 쌍용건설의 상태를 사실대로 공시할 경우 대외신인도가 크게 하락하여 금융기관으로부터 기존 여신의 회수압력이 가중되고 공사수주에 타격을 입게 될 것은 물론, 자금난을 해결할 신규여신을

받지 못할 것을 우려하여, 쌍용건설의 임직원들에게 지시하여 1995 내지 1997 회계연도의 각 재무제표를 허위로 작성·공시하도록 하였는바, 이는 곧 주식회사의 이사가 악의 또는 중대한 과실로 인하여 그 임무를 해태한 경우에 해당한다고 할 것이다.

(나) 이와 관련하여 피고는 쌍용건설의 대표이사직을 사임하고 쌍용그룹의 총괄 부회장 또는 회장직을 수행한 1995. 4. 25.부터 1998. 3. 14.까지는 쌍용그룹 전체에 관한 중요한 경영상 판단에만 관여하였을 뿐 계열사의 하나인 쌍용건설의 구체적인 업무에 대해서는 전여 관여하지 않았다는 취지로 주장하나, 피고 주장에 의하더라도 쌍용건설(피고는 위 기간 동안에도 여전히 이사로는 등기되어 있었다) 및 쌍용그룹에서 차지하는 피고의 지위를 볼 때 피고로서는 이 사건 제1 내지 3 분식회계 사실을 충분히 알 수 있었다고 보임에도 아무런 조치를 취하지 아니하였다는 것 자체가 이사로서의 임무해태에 해당한다고 할 것이므로, 피고의 위 주장은 이유 없다.

(2) 인과관계

(가) 당사자의 주장

원고는 이 사건 제1 분식회계에 의해 작성된 재무제표는 이 사건 CP 매입에, 이 사건 제2 분식회계에 의해 작성된 재무제표는 이 사건 대출 및 제1 지급보증에, 이 사건 제3 분식회계에 의해 작성된 재무제표는 이 사건 제2 지급보증에 각 영향을 미쳤다는 취지로 주장함에 대하여, 피고는 ① 이 사건 CP 매입의 경우에는 원고가 종합금융주식회사로부터 위 CP를 매입한 점 및 원고가 쌍용개발의 재무제표를 참고하였다고 볼 만한 자료가 없는 점, ② 이 사건 대출 및 이 사건 제1 지급보증의 경우에는 시가 1조 2,000억원 상당에 이르는 쌍용양회공업 주식회사의 동해공장재단 등이 담보로 제공되어 있었던 점, ③ 이 사건 제2 지급보증의 경우에는 그 이전에 원고가 지급보증한 쌍용건설의 제75회 회사채 상환을 위한 것인 점 등을 들면서 이 사건 제1 내지 3 분식회계와 원고의 위 여신제공과는 아무런 인과관계가 없다는 취지로 주장한다.

(나) 이 사건 CP 매입의 경우

이 사건 CP 매입과 관련하여 원고가 쌍용건설의 재무제표를 검토하였다고 볼 만한 직접적인 증거는 없다.

그러나 갑 제3호증의 2, 3, 4, 갑 제7호증의 1, 2, 3의 각 기재에 변론전체의 취지를 종합하면, 원고의 내부문서인 이 사건 대출, 제1, 2 지급보증과 관련한 여신승인신청서에는 쌍용건설의 당기순이익 항목이 포함된 재무상황이 기재되어 있고, 특히 이 사건 대출, 제1 지급보증에 관한 위 신청서의 의견란에는 "신용상태 양호하여 채권회수 별문제 없을 것으로 사료된다"고 기재되어 있는 사실, 원고는 1996. 10. 10., 1997. 8. 13. 및 1998. 7. 20. 각 그 전년도 말일을 기준으로 쌍용건설에 대한 신용조사서를 작성하였는데, 기초정보로 대차대조표 및 손익계산서의 내용이 요약되어 기재되어 있고, 이를 바탕으로 하여 쌍용건설의 재무상태에 대하여 1996. 10. 10.자 신용조사서에서는 "안정성 B, 수익성 C, 성장성 D, 활동성 C, 생산성 A, 현금흐름 D"로, 1997. 8. 13.자 신용조사서에서는 "안정성 B, 수익성 C, 성장성 C, 활동성 C, 생산성 C, 현금흐름 D"로 각 평가된 사실이 인정된다.

이러한 사실에다가, 기업체의 재무제표 및 이에 대한 외부감사인의 회계감사 결과를 기재한 감사보고서는 대상 기업체의 정확한 재무상태를 드러내는 가장 객관적인 자료로서 증권거래소 등을 통하여 일반에 공시되고 기업체의 신용도와 상환능력 등의 기초자료로서 그 기업체가 발행하는 회사채나 기업어음의 신용등급평가와 금융기관의 여신제공 여부 결정에 중요한 판단 근거가 되므로, 기업체의 임직원 등이 대규모의 분식회계에 가담하거나 기업체의 감사가 대규모로 분식된 재무제표의 감사와 관련하여 중요한 감사절차를 수행하지 아니하거나 소홀히 한 잘못이 있는 경우에는, 그로 말미암아 금융기관이 기업체에게 여신을 제공하기에 이르렀다고 봄이 상당하고, 위와 같은 재무상태가 제대로 밝혀진 상황에서라면 금융기관이 여신을 제공함에 있어서 고려할 요소로서 '재무제표에 나타난 기업체의 재무상태' 외의 다른 요소들, 즉 상환자원 및 사업계획의 타당성, 채권의 보전방법, 거래실적 및 전망, 기업체의 수익성, 사업성과, 기업분석 및 시장조사 결과 등도 모두 극히 저조한 평가를 받을 수밖에 없으므로, 이러한 '재무제표에 나타난 기업체의 재무상태' 외의 요소들이 함께 고려된다는 사정을 들어 여신 제공 여부의 판단이 달라졌으리라고 볼 수 없는 점(대법원 2007. 1. 11. 선고 2005다28082 판결, 대법원 2007. 6. 28. 선고 2006다52259 판결, 대법원 2008. 1. 18. 선고 2005다65579 판결 등 참조)을 함께 고려하면, 원고로서는 이 사건 CP 매입 당시 쌍용건설의 재무상태를 파악하고 있었고 따라서 만일 사실대로 당기순손실을 기재한 쌍용건설의 재무제표가 작성되었을 경우 이에 따라 쌍용건설에 대한 재무상태 등에 대한 평가가 더욱 악화되어 쌍용건설에 대한 종합적인 평가를 달리했으리라고 봄이 상당하므로, 결국 이 사건 제1 분식회계에 의해 작성된 재무제표는 이 사건 CP 매입에 결정적인 영향을 미쳤다고 보아야 할 것이고, 이 사건 CP 매입이 발행회사인 쌍용건설과 직접적인 관계 없이 통상의 CP 유통경로에 따라 단지 중개역할을 하는 종합금융 주식회사를 통해 이루어졌다는 점만으로 이와 달리 보기 어렵다.

(다) 이 사건 대출 및 이 사건 제1 지급보증의 경우

이 사건 대출 및 이 사건 제1 지급보증과 관련하여 쌍용건설의 재무상황을 기초로 한 심사가 이루어진 사실은 앞서 본 바와 같고, 반면 갑 제3호증의 2, 3의 각 기재에 의하면, 이 사건 대출 및 이 사건 제1 지급보증과 관련한 여신승인신청서에는 피고의 보증만이 담보인 것으로 기재된 사실이 인정되므로, 이 사건 대출 및 이 사건 제1 지급보증이 담보대출이라고 단정하기 어렵다. 가사 이 사건 대출 및 이 사건 제1 지급보증이 담보대출이라고 하더라도 당시 담보로 제공된 동해공장재단 등이 이 사건 대출 및 이 사건 제1 지급보증과 관련한 원고의 채권을 전부 만족시키기에 충분하였다는 점에 관하여 을 제13호증의 기재만으로는 이를 인정하기에 부족하고, 달리 이를 인정할 만한 증거가 없을 뿐만 아니라, 금융기관으로서는 채무자의 재무상황이 좋지 않은 경우에는 충분한 담보가 제공되었다는 사정만으로 당연히 여신제공을 한다고 보기도 어려우므로(대법원 2007. 6. 28. 선고 2006다52259 판결 참조), 결국 이 사건 제2 분식회계에 의해 작성된 재무제표는 이 사건 대출 및 제1 지급보증에 결정적인 영향을 미쳤다고 봄이 상당하다.

(라) 이 사건 제2 지급보증의 경우

앞서 본 바와 같이 원고는 이 사건 제2 지급보증 당시 쌍용건설의 재무상황을 조사하였으나, 반면 갑 제3호증의 4의 기재에 변론전체의 취지를 종합하면, 원고는 자신이 지급보증한 쌍용건설의 제75회 회사채의 원리금 지급일(1998. 6. 23.)이 도래하자 쌍용건설의 자금사정이 좋지 않아 위 제75회 회사채의 원리금을 상환하지 못하게 되었음을 알고 위 원리금의 상환을 위해 이 사건 제2 지급보증을 하게 된 사실을 인정할 수 있는 바, 위 인정사실에 의하면 원고로서는 이 사건 제3 분식회계 사실을 알았다면 이 사건 제2 지급보증을 하지 않았을 것이라고 단언하기 어렵다고 할 것이므로, 이 사건 제3 분식회계와 이 사건 제2 지급보증 사이에 인과관계가 있다고 할 수 없다

가사 이 사건 제3 분식회계와 이 사건 제2 지급보증 사이에 인과관계가 인정된다고 하더라도, 재정적 어려움에 처하여 과거에 발행한 구 회사채를 자체 자금으로 상환할 수 없는 기업체가 그 상환자금을 마련하기 위하여 동일한 규모의 신 회사채를 발행하는 때에 구 회사채에 대하여 지급보증하였던 금융기관이 신 회사채에 대하여 다시 지급보증하고, 신 회사채의 발행으로 마련된 자금에 의하여 구 회사채채무가 소멸된 경우에는, 금융기관은

기업체의 구 회사채에 대한 상환능력 결여로 구 회사채에 대한 지급보증채무가 현실화되어 대위변제의무를 실제 이행하여야 할 상황에 놓였다가 신 회사채의 발행으로 마련된 상환자금에 의하여 구 회사채에 대한 지급보증채무가 소멸되고 대신 신 회사채에 대한 지급보증채무를 부담하게 된 것이라고 볼 수 있으므로, 비록 구 회사채에 대한 지급보증채무와 신 회사채에 대한 지급보증채무가 법률적으로 동일하지 않다고 하더라도, 실질적·경제적으로 볼 때 전자는 신 회사채의 발행에 의한 구 회사채의 상환이 없었더라면 대위변제의무를 이행하여야 하였을 금액의 범위 내에서 후자로 대체된 것이라고 볼 수 있어, 특별한 사정이 없는 한 그 범위 내에서는 신 회사채에 대한 지급보증으로 인하여 금융기관에 새로운 손해가 발생하였다고 할 수 없는 바(대법원 2007. 6. 28. 선고 2006다52259 판결 참고), 위와 같이 이 사건 제2 지급보증이 재정적 어려움에 처하여 이미 원고가 지급보증한 제75회 회사채를 자체 자금으로 상환할 수 없는 쌍용건설을 위한 것이어서 이 사건 제2 지급보증으로 인한 원고의 손해는 이 사건 제3 분식회계로 인해 새로이 발생한 것이라고 할 수 없으므로, 원고의 이 부분 주장은 어느 면에서 보더라도 이유 없다.

(3) 손해

(가) 쌍용건설에 대한 워크아웃 절차에서, 원고의 이 사건 CP 매입으로 인한 채권과 이 사건 대출 채권 중 미상환 부분인 13,485,000,000원은 1999. 3. 29.자 기업개선작업약정에 따라 그 무렵 전액 주식으로 출자전환된 사실, 이 사건 제1 지급보증으로 인한 300억 원 상당의 구상금채권은 2001. 6. 22. 한빛제칠차유동화전문유한회사에게 6,803,877,795원에 양도되었고, 한빛제칠차유동화전문유한회사는 쌍용건설에 대한 워크아웃 절차에서 위 300억 원 중 14,230,200,000원만 변제받고, 나머지 15,769,800,000원을 면제한 사실은 앞서 본 바와 같고, 을 제14호증의 1의 기재에 변론전체의 취지를 종합하면, 특히 위 출자전환은 원고와 쌍용건설이 원고의 이 사건 CP 매입으로 인한 채권 및 이 사건 대출 채권 중 미상환 부분과 쌍용건설의 원고에 대한 주식납입대금채권을 상계하기로 합의하는 방식으로 이루어진 사실을 인정할 수 있다.

여기에서 ① 이 사건 CP 매입, 대출과 관련한 원고의 쌍용건설에 대한 채권이 위 출자전환으로 소멸함으로 인해 이 사건 제1, 2 분식회계를 기초로 실행된 원고의 이 사건 CP 매입, 대출과 관련한 원고의 손해가 전보되는 범위와 관련하여, 원고는 원고와 쌍용건설 사이의 출자전환에 따른 상계합의의 효력은 피고에게 미치지 않고, 가사 위 상계합의의 효력이 피고에게 미친다고 하더라도 출자전환으로 원고가 취득한 쌍용건설 주식의 신주발행 효력발생일 당시의 시가 상당액만큼만 원고의 손해가 감소한다는 취지로 주장함에 대하여, 피고는 출자전환으로 인해 이 사건 CP 매입, 대출과 관련한 원고의 채권이 모두 변제되었으므로 이 사건 제1, 2 분식회계로 인한 원고의 손해도 전부 전보되었다는 취지로 주장하고, ② 이 사건 제1 지급보증과 관련한 원고의 구상금채권이 한빛제칠차유동화전문유한회사에게 6,803,877,795원에 양도되고, 그 후 2002. 12. 20.자 기업개선작업약정에 따라 일부 변제 및 면제됨으로 인해 이 사건 제2 분식회계를 기초로 실행된 이 사건 제1 지급보증과 관련한 원고의 손해가 전보되는 범위와 관련하여, 원고는, 위 300억 원 상당의 구상금채권을 6,803,877,795원에 양도하는 바람에 그 차액인 23,196,122,205원의 손해를 입었다고 주장함에 대하여, 피고는 한빛제칠차유동화전문유한회사는 사실상 원고가 100% 지분을 가지고 있는 자회사로서 한빛제칠차유동화전문유한회사가 쌍용건설로부터 변제를 받은 것은 실질적으로 원고가 변제를 받은 것이고, 한빛제칠차유동화전문유한회사는 2004. 8. 30. 해산되어 같은 해 12. 28. 청산이 종결되었는데, 청산시 원고는 한빛제칠차유동화전문유한회사의 자산을 모두 인수함으로써 한빛제칠차유동화전문유한회사가 쌍용건설로부터 변제받은 돈을 모두 회수해 갔으므로, 위 양도차액이 모두 손해라는 원고의 주장은 부당하다는 취지로 주장한다.

(나) 출자전환의 효력(이 사건 CP 매입 및 이 사건 대출로 인한 원고의 손해)

금융기관이 회사 임직원의 대규모 분식회계로 인하여 회사의 재무구조를 잘못 파악하고 회사에 대출을 해 준 경우, 회사의 금융기관에 대한 대출금채무와 회사 임직원의 분식회계 행위로 인한 금융기관에 대한 손해배상채무는 서로 동일한 경제적 목적을 가진 채무로서 서로 중첩되는 부분에 관하여는 일방의 채무가 변제 등으로 소멸하면 타방의 채무도 소멸하는 이른바 부진정연대의 관계에 있다(대법원 2008. 1. 18. 선고 2005다65579 판결 참조).

따라서 이 사건 CP 매입 및 이 사건 대출과 관련한 원고의 쌍용건설에 대한 대출채권과 피고에 대한 손해배상채권은 원고가 제공한 여신 금액의 회수라는 단일한 목적을 위하여 존재하는 것으로서 객관적으로 밀접한 관련공동성이 있으므로 그 중 하나의 채권이 만족을 얻게 되는 경우에는 특별한 사정이 없는 한 다른 채권도 그 목적을 달성하여 소멸한다고 보아야 한다.

한편 채권금융기관들과 재무적 곤경에 처한 기업 사이에 기업의 경영정상화를 도모하고 채권금융기관들의 자산 건전성을 제고하기 위한 기업개선작업약정은 채권자들인 채권금융기관들과 기업 사이의 사적 합의에 의하여 이루어지고 그러한 합의의 내용에 따른 효력을 갖는 것이다. 그런데, 원고와 쌍용건설 사이에 1999. 3. 29.자 기업개선작업약정에 기하여 이루어진 출자전환은 앞서 본 바와 같이 출자전환할 채권액을 정하여 이를 발행가인 5,000원으로 나눈 수량의 신주를 받기로 하고 위 출자전환 채권을 납입대금과 상계하기로 합의한 것이어서 기업개선작업약정의 당사자들 사이에서 출자전환할 채권액과 새로 취득하는 신주의 가치를 같다고 보아 그 만큼의 채권액은 소멸하는 것으로 의욕하였다고 봄이 상당하다{갑 제11호증의 기재에 의하면 1999. 3. 29.자 기업개선작업약정에 따라 실시한 출자전환에서 청약주식수 18,945,200주에 대한 청약증거금이 94,726,000,000원인 사실을 인정할 수 있으므로, 그 당시 1주당 5,000원(94,726,000,000 /18,945,200)에 출자전환이 이루어졌음을 알 수 있다}.

그렇다면, 원고로서는 출자전환 당시 출자전환할 채권액에 해당하는 금액만큼 채권의 만족을 얻었고, 채권의 만족을 가져오는 위와 같은 사유는 쌍용건설의 원고에 대한 원래의 채무와 부진정연대채무관계에 있는 피고의 원고에 대한 손해배상채무에 절대적 효력을 발생하므로, 이로써 위 손해배상채무도 위 각 출자전환 채권액만큼 소멸하였다고 보아야 한다.

(다) 이 사건 제1 지급보증으로 인한 원고의 손해

금융기관이 회사 임직원의 대규모 분식회계로 인하여 회사의 재무구조를 잘못 파악하고 회사에 대출을 해 준 후 부실채권을 정리하기 위하여 회사에 대한 대출금채권을 유동화전문유한회사에게 양도하고 그 대출금채권의 실질적 가액에 관한 정산을 거쳐 대가를 지급받은 경우, 부실대출로 인한 금융기관의 손해는 그 양도대가에 의하여 회수되지 아니하는 대출금채권액으로 확정되고, 그 후 유동화전문유한회사가 그 대출금채권을 행사하거나 그에 관한 담보권을 실행하여 어떠한 만족을 얻었다 하더라도 이미 대출금채권을 양도한 금융기관의 회사 임직원에 대한 손해배상채권이 그 대등액 상당만큼 실질적인 만족을 얻어 당연히 소멸하게 된다고 볼 수 없으므로 그 대등액 상당을 회사 임직원이 배상할 손해액을 산정함에 있어서 당연히 공제할 수는 없다(대법원 2008. 1. 18. 선고 2005다65579 판결 참조).

돌이켜 이 사건에 관하여 보건대, 원고가 2001. 6. 22. 한빛제칠차유동화전문유한회사에게 쌍용건설에 대한

300억 원 상당의 구상금채권을 양도하고, 위 구상금채권의 실질적 가액에 관한 정산을 거쳐 6,803,877,795원의 대가를 지급받은 사실은 앞서 본 바와 같으므로, 이 사건 제1 지급보증으로 인한 원고의 손해는 그 양도대가에 의하여 회수되지 아니하는 채권액인 23,196,122,205원(300억 원 - 6,803,877,795원)이라 할 것이다.

이에 대하여 피고는 한빛제칠차유동화전문유한회사는 사실상 원고가 100% 지분을 가지고 있는 자회사로서 한빛제칠차유동화전문유한회사가 쌍용건설로부터 변제를 받은 것은 실질적으로 원고가 변제를 받은 것이고, 한빛제칠차유동화전문유한회사의 청산시 원고는 한빛제칠차유동화전문유한회사의 자산을 모두 인수함으로써 한빛제칠차유동화전문유한회사가 쌍용건설로부터 변제받은 돈을 모두 회수해 갔으므로, 위 양도차액이 모두 손해라는 원고의 주장은 부당하다는 취지로 주장하나, 갑 제21 내지 27호증의 각 기재에 변론전체의 취지를 종합하면 한빛제칠차유동화전문유한회사의 지분 중 원고는 14.9%만 소유하고, 조경희가 나머지 85.1%을 소유하고 있는 사실, 한빛제칠차유동화전문유한회사는 자산유동화에 관한 법률 제2조 제5호, 제17조 제1항에 의하여 설립된 유동화전문회사이고, 원고는 유동화자산보유자이면서 위 법 제10조에 의한 자산관리자일 뿐인 사실을 인정할 수 있는바, 위 인정사실에 비추어 보면 원고와 한빛제칠차유동화전문유한회사는 법률적으로나 실질적으로 전혀 별개의 법인이므로, 한빛제칠차유동화전문유한회사가 쌍용건설로부터 변제받은 부분도 원고의 손해에서 공제되어야 한다는 취지의 피고의 위 주장은 더 이상 살펴볼 필요 없이 이유 없다.

(라) 소결

그렇다면 이 사건 제1, 2 분식회계를 기초로 한 이 사건 CP 매입, 대출, 제1 지급보증과 관련한 원고의 손해는 최종적으로 이 사건 제1 지급보증과 관련한 위 양도차액 23,196,122,205원 상당의 손해만 남게 되었다.

다. 피고의 소멸시효 항변

피고는, 원고가 쌍용건설의 워크아웃 절차가 시작되기도 전에 이미 쌍용건설을 실사하였고, 위 절차가 시작된 후에도 경영관리단을 파견하였으므로, 원고는 늦어도 1차 기업개선작업약정이 체결된 1999. 3. 29.경에는 쌍용건설의 분식결산사실을 알고 있었음이 분명한데, 그로부터 약 5년이 지난 2004. 5. 6.에 이르러 이 사건 소를 제기하였으므로, 원고의 피고에 대한 민법 제750조에 기한 손해배상채권은 시효로 소멸하였다고 주장한다.

살피건대, 원고는 피고에 대하여 민법 제750조에 기한 손해배상청구권과 상법 제401조에 기한 손해배상청구권을 선택적으로 주장하고 있는데 뒤에서 보는 바와 같이 원고의 청구를 상법 제401조에 기한 손해배상청구권을 기초로 하여 인용하는 이상 피고의 위 항변은 더 이상 살펴 볼 필요 없이 이유 없다{한편, 상법 제401조에 기한 손해배상청구권의 소멸시효기간은 10년이고(대법원 2006. 12. 22. 선고 2004다63354 판결, 대법원 2008. 1. 18. 선고 2005다65579 판결 참고), 이 사건 소 제기일이 2004. 5. 6.인 점은 기록상 명백하므로, 이 사건 제1 지급보증일로부터 기산하더라도 위 청구권의 소멸시효기간이 완성되지 않았다}.

라. 소결

그렇다면 피고는 원고에게 상법 제401조에 따른 책임으로 위 23,196,122,205원 및 이에 대한 지연손해금을 배상할 책임이 있다.

3. 책임의 제한

이사가 악의 또는 중대한 과실로 법령 또는 정관에 위반한 행위를 하거나 그 임무를 해태함으로써 제3자에 대하여 손해를 배상할 책임이 있는 경우에 그 손해배상의 범위를 정함에 있어서는, 당해 이사의 임무위반의 경

위 및 임무위반행위의 태양, 제3자의 손해발생 및 확대에 기여한 정도, 제3자와 당해 이사가 속한 회사의 관계 등 제반 사정을 참작하여 손해분담의 공평이라는 손해배상제도의 이념에 비추어 그 손해배상액을 제한할 수 있다.

이 사건의 경우, 앞서 본 바와 같이 피고가 이 사건 제2 분식회계를 하게 된 경위 및 이에 대한 관여 정도, 원고와 같은 금융기관에게는 여신공여 대상자의 신용상태 및 제공한 여신의 회수 가능성에 관하여 보다 고도의 심사 능력과 주의의무를 가질 것이 요구되는 점 및 한빛제칠차유동화전문유한회사가 면제한 채권액수 등 여러 사정을 참작하면, 피고의 원고에 대한 책임은 15억 원으로 제한하는 것이 손해분담의 공평이라는 손해배상제도의 이념에 비추어 상당하다.

4. 결론

그렇다면, 피고는 원고에게 15억 원 및 그 중 제1심 판결에서 인용한 부분인 1,293,962,366원에 대하여 2005. 5. 26.자 이 사건 청구취지 변경신청서 부본이 피고에게 송달된 다음날임이 기록상 명백한 2005. 6. 3.부터 피고가 그 이행의무의 존부나 범위에 관하여 항쟁함이 상당하다고 인정되는 이 사건 제1심 판결 선고일인 2007. 7. 20.까지는 민법이 정한 연 5%, 그 다음날부터 다 갚는 날까지는 소송촉진 등에 관한 특례법이 정한 연 20%의 각 비율로 계산한 지연손해금을, 그 나머지 당심에서 추가로 지급을 명하는 부분인 206,037,634원에 대하여 원고가 이 사건 제1 지급보증으로 인하여 사채권자에게 원리금을 지급한 날인 2000. 10. 13.부터 피고가 항쟁함이 상당하다고 인정되는 이 사건 당심 판결 선고일인 2008. 11. 14.까지는 민법이 정한 연 5%, 그 다음날부터 다 갚는 날까지는 소송촉진 등에 관한 특례법이 정한 연 20%의 각 비율로 계산한 지연손해금을 지급할 의무가 있으므로, 원고의 이 사건 청구(당심에서 확장된 청구 포함)는 위 인정범위 내에서 이유 있어 이를 인용하고, 나머지 청구는 이유 없어 이를 기각할 것인바, 제1심 판결을 당심에서 확장된 청구를 포함하여 위와 같이 변경하기로 하여 주문과 같이 판결한다.

(2-2) 대법원 2010.9.16. 선고 2008다97218 전원합의체 판결

【원고, 상고인】 주식회사 우리은행
【피고, 피상고인】 피고
【원심판결】 서울고법 2008. 11. 14. 선고 2007나85890 판결
【주 문】 상고를 기각한다. 상고비용은 원고가 부담한다.

【이 유】

상고이유를 판단한다.

1. 기업개선작업절차에서 이루어진 출자전환행위의 해석에 관한 법리오해 주장에 관하여

당사자 쌍방이 가지고 있는 같은 종류의 급부를 목적으로 하는 채권을 서로 대등액에서 소멸시키기로 하는 상계계약이 이루어진 경우, 상계계약의 효과로서 각 채권은 당사자들이 그 계약에서 정한 금액만큼 소멸한다. 이러한 법리는 기업개선작업절차에서 채무자인 기업과 채권자인 금융기관 사이에 채무자가 채권자에게 주식을 발행하여 주고 채권자의 신주인수대금채무와 채무자의 기존 채무를 같은 금액만큼 소멸시키기로 하는 내용의

상계계약 방식에 의하여 이른바 출자전환을 하는 경우에도 마찬가지로 적용되며, 이와 달리 주식의 시가를 평가하여 그 시가 평가액만큼만 기존의 채무가 변제되고 나머지 금액은 면제된 것으로 볼 것은 아니다.

원심판결 이유에 의하면, 원심은 그 채택 증거를 종합하여, 쌍용건설 주식회사(이하 '쌍용건설'이라고 한다)가 1990년대 초부터 자금사정이 악화됨에 따라 1998. 11. 12. 기업개선작업절차에 들어간 후 경영이 정상화되어 2004. 10. 18. 기업개선작업절차가 종료된 사실, 원고와 쌍용건설은 위 기업개선작업절차에서 체결된 1999. 3. 29.자 기업개선작업약정에 따라, 원고의 쌍용건설에 대한 150억 원의 기업어음 매입채권 및 13,485,000,000원의 대출금 채권(이하 위 두 채권을 함께 '이 사건 대출금 등 채권'이라고 한다)에 관하여 원고가 쌍용건설로부터 1주당 발행가를 5,000원으로 하여 신주를 발행받고 그 신주인수대금채무와 이 사건 대출금 등 채권을 상계하기로 합의하여 이 사건 대출금 등 채권을 주식으로 출자전환한 사실을 인정한 다음, 원고의 쌍용건설에 대한 이 사건 대출금 등 채권은 위와 같은 출자전환에 의하여 전액 만족을 얻어 소멸하였다는 취지로 판단하였다.

원심의 판단은 앞서 본 법리에 비추어 정당한 것으로 수긍할 수 있고, 거기에 기업개선작업절차에 있어 출자전환의 해석에 관한 법리오해 등의 잘못이 없다.

2. 상계 내지 상계계약의 효력에 관한 법리오해 주장에 관하여

부진정연대채무자 중 1인이 자신의 채권자에 대한 반대채권으로 상계를 한 경우에도 채권은 변제, 대물변제, 또는 공탁이 행하여진 경우와 동일하게 현실적으로 만족을 얻어 그 목적을 달성하는 것이므로, 그 상계로 인한 채무소멸의 효력은 소멸한 채무 전액에 관하여 다른 부진정연대채무자에 대하여도 미친다고 보아야 한다. 이는 부진정연대채무자 중 1인이 채권자와 상계계약을 체결한 경우에도 마찬가지이다. 나아가 이러한 법리는 채권자가 상계 내지 상계계약이 이루어질 당시 다른 부진정연대채무자의 존재를 알았는지 여부에 의하여 좌우되지 아니한다.

이와 달리 부진정연대채무자 중 1인이 자신의 채권자에 대한 반대채권으로 상계하더라도 그 상계의 효력이 다른 부진정연대채무자에 대하여 미치지 아니한다는 취지의 대법원 1989. 3. 28. 선고 88다카4994 판결, 대법원 1996. 12. 10. 선고 95다24364 판결, 대법원 2008. 3. 27. 선고 2005다75002 판결의 견해는 이와 저촉되는 한도에서 변경하기로 한다.

원심은, 원고와 쌍용건설이 이 사건 출자전환에 의하여 원고가 발행받는 주식에 대한 신주인수대금채무와 이 사건 대출금 등 채권을 상계하기로 합의함으로써 원고는 이 사건 대출금 등 채권 전액의 만족을 얻었고, 이와 같은 사유는 쌍용건설의 원고에 대한 채무와 부진정연대채무 관계에 있는 피고의 원고에 대한 손해배상채무에 절대적 효력을 미쳐 피고의 손해배상채무도 같은 금액만큼 소멸하였다는 취지로 판단하였다.

원심의 판단은 앞서 본 법리에 따른 것으로서 정당하고, 거기에 상계 내지 상계계약의 효력에 관한 법리오해의 잘못이 없다.

3. 결론

그러므로 상고를 기각하고, 상고비용은 패소자가 부담하기로 하여 주문과 같이 판결한다. 이 판결에는 상고이유 중 기업개선작업절차에서 이루어진 출자전환행위의 해석에 관한 대법관 신영철의 반대의견과, 상고이유 중 부진정연대채무자 중 1인이 한 상계 내지 상계계약이 다른 부진정연대채무자에 미치는 효력에 관한 대법관 이홍훈, 대법관 전수안의 반대의견이 있는 외에는 관여 법관들의 의견이 일치되었고, 다수의견에 대한 대법관 양창수, 대법관 민일영의 보충의견, 대법관 이홍훈, 대법관 전수안의 반대의견에 대한 대법관 전수안의 보충의견이 있다.

4. 상고이유 중 기업개선작업절차에서 이루어진 출자전환행위의 해석에 관한 대법관 신영철의 반대의견

가. 다수의견이 부진정연대채무자 중 1인이 채권자에 대하여 상계를 하거나 채권자와 상계계약을 하는 경우 그 채무소멸의 효력이 다른 부진정연대채무자에 대하여도 미친다고 한 데에는 찬성한다. 그러나 다수의견은 원고와 쌍용건설 사이에 이 사건 출자전환에 의하여 원고가 발행받는 주식에 대한 신주인수대금채무와 이 사건 대출금 등 채권을 상계하기로 합의하였다고 본 원심의 판단을 수긍하고 있는바, 이러한 다수의견의 법률행위 해석에 대하여는 다음과 같은 이유로 찬성할 수 없다.

나. 법률행위의 해석은 당사자가 그 표시행위에 부여한 객관적인 의미를 명백하게 확정하는 것으로서, 당사자가 표시한 문언에 의하여 객관적인 의미가 명확하게 드러나지 않는 경우에는 그 문언의 내용과 법률행위가 행하여진 동기 및 경위, 당사자가 법률행위에 의하여 달성하려고 하는 목적과 진정한 의사, 거래의 관행 등을 종합적으로 고찰하여 사회정의와 형평의 이념에 맞도록 논리와 경험의 법칙, 그리고 사회일반의 상식과 거래의 통념에 따라 합리적으로 해석하여야 한다(대법원 2009. 10. 29. 선고 2007다6024, 6031 판결 등 참조).

이 사건에서 원고를 비롯한 채권 금융기관들과 쌍용건설 사이에 작성된 기업개선작업약정서(을 제3호증)에는 이 사건 대출금 등 채권에 관하여 쌍용건설이 원고에게 제3자 배정방식으로 신주를 발행하여 '출자전환'한다고만 기재되어 있을 뿐이고, 비록 기업개선작업약정이 이루어진 후인 1999. 4. 24.자로 쌍용건설이 원고에게 발행하여 준 주식청약확인서(갑 제11호증), 금융기관 채무에 대한 상계 및 출자전환확인서(갑 제12호증)에 각 '상계', '상계의사표시'와 같은 문구가 기재되어 있기는 하나, 위 주식청약확인서 등은 그로써 당사자들이 법률행위를 하는 처분문서가 아니라 사후적·일방적으로 작성된 확인서에 불과한 점을 고려한다면, 이 사건에서 원고와 쌍용건설이 법률행위를 함에 있어 표시한 문언인 '출자전환'이 무엇을 의미하는 것인지 객관적으로 반드시 명확하다고 하기는 어렵다.

다. 기업개선작업은 재무적 위기에 처한 기업과 채권 금융기관 사이에 이루어지는 사적인 채무조정절차이다. 채권 금융기관으로서는 기업개선작업을 통하여 당장 자신의 기존 채권의 내용이 감축된다고 하더라도 그로써 채무자인 기업이 재무적 위기를 벗어나 장차 영업활동을 통하여 얻는 수익으로 변제받을 수 있는 금액이 채무자가 금융비용 부담을 견디지 못하고 청산하게 됨으로써 회수할 수 있는 금액보다 더 많다는 기대하에 기업개선작업에 응하게 된다. 또한 채무자로서도 당장 해체·청산하여 소멸하는 것보다는 채권 금융기관들로부터 채무를 일부라도 탕감받고 계속 영업활동을 함으로써 조정된 채무를 변제하여 나가는 것이 훨씬 이익이 될 것임이 자명하므로 채권 금융기관과 기업개선약정을 체결하게 된다. 특히 출자전환이 이루어지는 경우, 채권 금융기관의 입장에서는 같은 금액의 기존 채권에 관하여 일부를 면제하고 나머지를 현금으로 변제받는 것에 비하여 주식을 보유하게 됨으로써 당장의 현금에 의한 만족을 얻지는 못하지만 장차 채무자의 기업가치가 상승함에 따른 주가의 상승을 기대할 수 있는 등 적어도 주식의 가치 상당의 실질적 채권 만족을 얻게 되는 것이고, 나아가 부실한 기업경영으로 채무자를 재무적 위기에 이르도록 한 기존 경영진을 그 지분율을 감소시키는 방법으로 견제할 수 있는 부수적인 효과도 얻게 되어 유리한 측면이 있으며, 채무자로서도 당장의 현금지출을 억제하고 재무구조를 개선하는 이익이 있어, 기업개선작업에서 출자전환은 현금상환능력이 부족한 채무자의 채무조정 수단으로 널리 사용되고 있는 것이다.

이러한 기업개선작업에서의 출자전환의 효용 등에 비추어 볼 때, 출자전환이 이루어지는 경우 이를 '신주 시가 상당액의 변제와 나머지 채권액의 면제'가 이루어지는 경우보다 채권자를 불리한 지위에 처하도록 하는 해석론은 취할 수 없다.

이 사건과 같이 채권자와 부진정연대채무자 중 1인 사이에 기업개선작업이 이루어져 특정 채권액에 관하여 출자전환이 이루어졌으나 채권자가 실제로 발행받은 주식의 시가는 그 채권액에 미치지 아니하는 경우, 이를 다수의견과 같이 상계계약이 이루어진 것으로 해석한다면, 부진정연대채무에 있어 채무자 1인과 한 상계계약에 절대적 효력을 인정하는 이상 채권자는 출자전환이 이루어진 채권액 전액에 관하여 다른 부진정연대채무자에 대한 채권도 상실하게 된다고 볼 수밖에 없다. 반면 출자전환이 이루어진 같은 채권액에 관하여 위와 같이 주식을 발행받는 대신 그 시가 상당액만큼을 현금으로 변제받고 나머지를 면제하기로 하는 약정이 이루어졌다면, 부진정연대채무자 중 1인에 대한 채무면제는 다른 채무자에게 영향을 미치지 아니하므로 채권자는 변제받지 못한 나머지 금액, 즉 면제된 금액 상당을 추가로 다른 부진정연대채무자로부터 변제받을 수 있을 것이다. 위 두 경우에 있어 채권자가 얻는 실질적인 만족은 동일함에도 불구하고 출자전환이 이루어지는 경우에 채권자는 궁극적으로 더 불리한 상황에 놓이게 되는바, 이는 채권자에게 그가 의도하지 아니한 불이익을 주는 것으로서 수긍하기 어렵다.

앞서 본 바와 같이 출자전환을 약정하는 채권자와 채무자의 주된 의사는 재정적 위기에 처한 채무자를 당장의 청산의 위기에서 구제하고 궁극적으로 채권자의 채권회수율도 제고하기 위하여 기존의 채무내용을 조정하는 것으로서 채권의 만족을 현금에 의할 것인가 또는 같은 가치를 가진 주식에 의할 것인가 여부는 당시 채무자의 자금상황이나 지배구조 등을 고려하여 선택할 뿐이고, 출자전환의 당사자가 아닌 다른 부진정연대채무자에 대하여 미치는 영향은 크게 고려하지 아니하는 것이 보통이다. 특히 대법원은 지금까지 부진정연대채무자 중 1인에 대한 상계 내지 상계계약의 효력에 관하여 이른바 상대적 효력만을 인정하고 있었으므로, 채권자로서는 출자전환을 상계계약으로 본다고 하더라도 여전히 다른 부진정연대채무자에 대하여는 그 책임을 추궁할 수 있다고 기대하기 마련이고, 채무자로서도 자신의 채무 이외에 다른 부진정연대채무자에 대한 출자전환의 효력에는 굳이 관심을 둘 이유가 없다는 점(이는 이 사건과 같이 다른 부진정연대채무자가 채무자의 임원인 경우에도 크게 다르지 아니하다고 할 것이다)을 고려하면 더욱 그러하다. 더구나 이 사건에서와 같이 기업개선약정 당시에는 채무자 이외의 다른 부진정연대채무자의 존재가 드러나지 않았지만 사후적으로 밝혀진 경우라면 통상적인 당사자들은 그에 대한 출자전환의 영향을 의사결정의 고려요소로 삼지 않을 것이다. 이와 같이 본다면 이 사건 출자전환을 상계계약으로 해석하는 것이 당사자의 의사에 반하는 것임은 한층 분명해 진다.

다수의견과 같은 해석은 이른바 분식결산에 기하여 대출금을 편취한 불법행위를 저지른 임원인 피고에 대하여 아무런 제재도 가할 수 없게 되어 민법상의 불법행위에 기한 손해배상책임 또는 상법상 임원의 임무 해태로 인한 손해배상책임 제도의 고유한 기능을 무력하게 하는 점에서도 찬성하기 어렵다. 이 사건 출자전환을 상계계약으로 해석함으로써 부진정연대채무자인 피고는 자신의 채무 전액을 면하게 되어 불법행위자로서, 또는 임무를 해태한 임원으로서 아무런 책임을 지지 않게 되는 부당한 결과에 이르는 것이다.

요컨대, 이 사건 출자전환을 함에 있어 당사자들이 달성하고자 한 목적과 의사, 일반적으로 기업개선작업에서 출자전환이 이루어지게 되는 동기, 거래의 통념, 형평의 관념 등을 종합적으로 고려하여 보면, 원고와 쌍용건설은 이 사건 출자전환에 의하여 이 사건 대출금 등 채권에 관하여 그 출자전환이 이루어질 당시 원고가 발행받는 신주의 시가 상당을 대물로 변제받고 그 나머지 금액은 면제한 것으로 해석함이 상당하고, 당사자 어느 일방에게도 이른바 분식결산 등 회사의 경영과 관련한 불법행위를 저지른 임원인 피고에 대한 책임추궁을 완전히 포기하겠다는 의사가 있었다고 해석할 수는 없다.

라. 그럼에도 원심은, 원고와 쌍용건설 사이에 이 사건 출자전환에 의하여 이 사건 대출금 등 채권과 신주인수대금채무를 상계하기로 합의한 것으로 해석하여, 쌍용건설의 이 사건 대출금 등 채무와 부진정연대채무의 관계에 있는 피고의 원고에 대한 손해배상채무도 같은 금액만큼 소멸하였다고 하였으니, 원심판결에는 법률행위 해석에 관한 법리를 오해하여 판결의 결과에 영향을 미친 잘못이 있다. 따라서 원심판결은 파기되어야 마땅하다.

5. 상고이유 중 부진정연대채무자 중 1인이 한 상계 내지 상계계약이 다른 부진정연대채무자에 미치는 효력에 관한 대법관 이홍훈, 대법관 전수안의 반대의견

가. 다수의견은 부진정연대채무자 중 1인이 자신의 채권자에 대한 반대채권으로 상계를 한 경우 또는 채권자와 상계계약을 체결한 경우, 그로 인한 채무소멸의 효력이 소멸한 채무 전액에 관하여 다른 부진정연대채무자에 대하여도 미친다고 해석하고, 그와 다른 종전 대법원판결들의 견해가 변경되어야 한다고 하고 있으나, 이러한 견해에는 찬성할 수 없다. 그 이유는 다음과 같다.

나. 우선 연대채무의 경우에는 민법 제418조 제1항에서 채무자 1인이 상계를 함으로써 다른 연대채무자의 채무도 상계한 금액만큼 소멸한다는 이른바 절대적 효력의 취지를 규정하고 있으나, 부진정연대채무의 경우에는 그러한 명문의 규정이 없으므로 이에 관하여는 합리적인 해석에 의하여 해결할 수밖에 없다.

대법원이 종래 민법상의 연대채무와 구별되는 부진정연대채무의 개념을 인정하면서 채무의 변제에 대하여는 연대채무와 같이 절대적 효력을 인정하는 반면 채무면제, 채권의 포기에 대하여는 연대채무와는 달리 절대적 효력을 인정하지 아니하고(대법원 1993. 5. 27. 선고 93다6560 판결, 대법원 1997. 10. 10. 선고 97다28391 판결, 대법원 2006. 1. 27. 선고 2005다19378 판결 등 참조) 또한 다른 부진정연대채무자가 가진 채권으로 상계하는 것을 허용하지 아니하여 온 것(대법원 1994. 5. 27. 선고 93다21521 판결 참조)은 주로 당사자 사이의 계약에 의하여 성립하는 연대채무 관계와는 달리 부진정연대채무 관계는 주로 당사자의 의사에 기하지 아니한 불법행위를 매개로 하여 성립하게 되므로 불법행위 피해자인 채권자의 보호를 위하여는 채권의 담보력을 강화하여 채권자로 하여금 현실적인 채권의 만족을 얻도록 할 필요가 있기 때문이다.

이러한 불법행위 피해자 보호의 필요성은 상계가 이루어지는 경우에 있어서도 다르지 않을 뿐만 아니라 상계는 채무면제나 채권의 포기 등과는 달리 채무자의 일방적인 의사표시에 의하여 이루어지기 때문에 채권자를 보호할 필요성이 더욱 크다고 할 수 있다.

다수의견이 지적하는 것처럼 상계가 이루어지는 경우 채권자로서는 자신이 채무자에 대하여 부담하는 채무가 소멸하기 때문에 그 한도 내에서 이익을 얻게 되는 것을 부정할 수는 없다. 그러나 이러한 상계에 의한 채무소멸의 이익은 어디까지나 관념적인 것에 불과하고 현실적으로 변제가 이루어지는 경우와 같이 당장의 경제적 효용을 향유할 수 있도록 하는 것은 아니기 때문에 다수의견의 해석에 따른다면 불법행위 피해자 보호의 취지는 현저히 반감된다.

특히 대법원은 공동불법행위자의 손해배상책임에 관하여 민법 제760조의 문언에 불구하고 이를 부진정연대채무로 해석하여 왔다. 이는 불법행위 피해자인 채권자로 하여금 공동불법행위자 중 어느 누구로부터도 현실적인 급부를 받아 피해를 전보할 수 있도록 하는 데 그 주된 의의가 있다. 그러나 다수의견과 같이 공동불법행위 채무자 1인의 상계에 의한 채무소멸의 효력을 다른 부진정연대채무자에 대하여도 미치는 것으로 확대해석하게 된다면 채권자는 현실의 급부를 받을 수 없게 되어, 공동불법행위에 의한 손해배상책임을 연대채무가 아닌 부진정연대채무로 해석하는 판례의 의의는 대부분 사라지게 된다.

나아가 공동불법행위자의 책임 이외에도 민법이 불법행위 피해자를 두텁게 보호하기 위하여 직접의 가해자가 부담하는 불법행위 손해배상채무에 대하여 특별히 추가적으로 인정하고 있는 책임으로서, 사용자 책임(민법 제756조), 공작물의 점유자 또는 소유자의 책임(민법 제758조) 등이 있다. 사용자 책임과 직접의 가해자인 피용자의 손해배상책임에 관하여는 대법원이 그동안 직·간접적으로 부진정연대채무의 관계에 있음을 밝혀 왔고(대법원 1975. 12. 23. 선고 75다1193 판결, 대법원 1992. 6. 23. 선고 91다33070 전원합의체 판결 등 참조), 공작물의 점유자 또는 소유자 책임과 직접의 가해자의 불법행위 손해배상책임의 관계에 관하여도 이에 준하여 부진정연대채무라고 해석함이 옳을 것이며, 이에 대하여는 다수의견도 반대하지 않을 것이다. 그런데 이들 각 책임에 있어 사용자 또는 공작물의 점유자·소유자가 하는 상계에 절대적 효력을 인정한다면, 채권자는 그러한 추가적인 책임이 없었다면 여전히 가지고 있었을 직접의 가해자에 대한 손해배상채권도 상실하게 된다. 이와 같이 다수의견의 종전 판례와 다른 새로운 해석론에 따르면, 민법이 불법행위 피해자의 보호를 위하여 특별히 추가적인 책임을 인정하였음에도 불구하고 피해자는 현실적 급부를 받지 못하게 됨으로써 그렇지 않은 경우에 비하여 오히려 불리한 지위에 놓이게 되는 불합리한 결과를 낳게 된다.

이상과 같은 문제는 부진정연대채무 관계를 가져 온 불법행위가 과실에 기한 경우에도 발생하는 것이지만, 그러한 불법행위가 고의에 기한 경우에는 불법행위의 억제 및 피해자 보호의 요청이 더욱 절실하다는 점에서 다수의견이 가지는 문제는 더 크다고 할 수 있다. 특히 고의의 불법행위 손해배상채권을 수동채권으로 하는 상계를 금지하고 있는 민법 제496조와의 관계에서 다수의견의 불합리함이 극명하게 드러난다.

민법 제496조는, 고의의 불법행위에 의한 손해배상채권에 대하여 상계를 허용한다면 고의로 불법행위를 한 자까지도 상계권 행사로 현실적으로 손해배상을 지급할 필요가 없게 되어 불법행위를 유발하게 될 우려가 있고 또 고의의 불법행위로 인한 피해자가 가해자의 상계권 행사로 인하여 현실의 변제를 받을 수 없는 결과가 됨은 사회적 정의관념에 맞지 아니하므로, 고의에 의한 불법행위의 발생을 방지함과 아울러 고의의 불법행위로 인한 피해자에게 현실의 변제를 받게 하려는 데에 그 취지가 있다(대법원 2002. 1. 25. 선고 2001다52506 판결 등 참조). 그런데 이 사건과 같이 고의의 불법행위 채무자와 다른 채무자가 부진정연대의 관계에 있을 경우 그 다른 채무자가 상계를 함으로써 고의의 불법행위 채무자도 자신의 채무를 면한다고 해석하게 되면 불법행위 피해자로 하여금 현실의 변제를 받지 못하도록 하는 것이고, 또한 그러한 한도에서 고의의 불법행위 채무자에 대한 제재가 이루어지지 아니하여 손해배상을 통한 불법행위 억제의 효과를 거둘 수 없게 되므로, 이는 바로 강행규정인 민법 제496조가 달성하고자 하는 바를 회피하는 것에 다름 아니다.

공동불법행위 등의 경우에 연대채무와 구별되는 부진정연대채무가 인정되는 취지와 사용자 책임, 공작물의 점유자 등의 특수한 책임을 인정하고 특히 고의의 불법행위 채권을 수동채권으로 하는 상계를 금지하는 민법의 태도로부터 알 수 있는 바는, 민법은 채권자의 이중의 채권만족의 위험을 감수하면서까지도 불법행위 피해자로 하여금 현실적으로 채권의 만족을 얻게 하여 피해를 실질적으로 회복할 수 있도록 배려하고 있다는 것이다.

이상과 같은 여러 사정을 모두 고려하여 보면, 부진정연대채무자 중 1인의 상계에는 절대적 효력을 인정하지 아니함이 타당하고, 나아가 부진정연대채무자 중 1인이 채권자와 상계계약을 한 경우에도 상계와 달리 볼 것이 아니다. 이에 관한 종전의 대법원의 견해를 변경할 필요는 없다.

다. 그럼에도 원심은, 원고와 쌍용건설이 이 사건 출자전환을 하여 원고가 발행받는 주식에 대한 신주인수대금채무와 이 사건 대출금 등 채권을 상계하기로 합의함으로써 원고는 이 사건 대출금 등 채권 전액의 만족을 얻었고, 이와 같은 사유는 쌍용건설의 원고에 대한 채무와 부진정연대채무 관계에 있는 피고의 원고에 대한 손해배상채무에 절대적 효력을 미쳐 위 손해배상채무도 같은 금액만큼 소멸하였다는 취지로 판단하였으니, 원심판결에는 부진정연대채무자 중 1인의 상계계약의 효력에 관한 법리를 오해하여 판결의 결과에 영향을 미친 잘못이 있다. 원심판결은 파기되어야 한다.

6. 다수의견에 대한 대법관 양창수, 대법관 민일영의 보충의견

가. 대법관 이홍훈, 대법관 전수안의 반대의견은, 불법행위를 억제하고 불법행위 피해자를 보호하기 위하여는 부진정연대채무자 중 1인이 한 상계 내지 상계계약에 절대적 효력을 인정하여서는 아니 된다는 것이다.

그러나 민법 규정의 합리적인 해석 및 반대의견과 같은 해석에 의할 경우 아래에서 보는 것과 같이 해결하기 어려운 문제들이 발생하는 점에 비추어 보면, 다수의견과 같이 부진정연대채무자 중 1인이 한 상계 및 상계계약에 절대적 효력을 인정하는 것이 타당하다.

나. 우리 민법을 해석함에 있어 부진정연대채무라는 관념을 인정할 필요가 있는가에 관하여는 종래부터 논의가 되어 왔는바, 부진정연대채무가 민법상의 연대채무와 기본적으로 성질이 동일하긴 하지만 채무자 중 1인에게 발생한 사유가 다른 채무자에 대하여 절대적 효력을 미치는 것으로 규정하고 있는 연대채무에 관한 민법 제416조 내지 제422조 및 출재채무자의 구상권에 관한 민법 제425조 내지 제427조가 당연히 적용되는 것은 아니라는 점에서 대법원은 부진정연대채무의 관념을 인정하여 왔다.

그런데 연대채무의 기본적인 성질 중의 하나는 민법 제413조가 명문으로 규정하고 있듯이 '채무자 1인의 이행으로 다른 채무자도 그 의무를 면하는 것', 즉 '급부의 1회성'이고, 이는 연대채무뿐만 아니라 불가분채무, 보증채무 등 민법이 인정하는 다수 당사자의 채무관계에 공통되는 본질적인 성질이라고 할 수 있다. 왜냐하면 채무자 1인의 이행에도 불구하고 다른 채무자가 여전히 원래대로의 채무를 부담한다면 이는 독립된 별개의 채무가 단순히 중첩되고 있는 것에 불과하고, 연대채무, 불가분채무, 보증채무 등 '수인의 채무자가 존재하는 채무관계'를 민법이 별도로 규율할 이유가 없기 때문이다.

이러한 '급부의 1회성'은 마찬가지 이유에서 부진정연대채무에 관하여도 인정하지 않을 수 없다. 부진정연대채무에 있어 이러한 '급부의 1회성'은 특히 채무불이행이나 불법행위에 기한 손해배상에 있어 채권자는 자신이 입은 손해 이상의 배상을 받지 못한다는 대원칙에서도 그 근거를 찾을 수 있다. 피해자인 채권자로 하여금 자신의 손해 이상으로 배상을 받게 하는 것은 가해행위가 이루어지기 전 상태로의 회복을 도모한다고 하는 손해배상의 본래 목적에 반한다. 이는 민법이 명문으로 규정하고 있지는 아니하지만, 민법 제390조, 제393조, 제741조, 제742조, 제750조 등의 합리적인 해석으로부터 도출될 수 있는 것이다.

다. 한편, 상계는 쌍방 당사자가 서로 같은 종류를 목적으로 한 채무를 부담하는 경우, 일방이 자신의 채무를 이행한 후 다시 동일한 내용의 자신의 채권의 이행을 받는 무용한 절차를 생략하기 위하여 쌍방의 채무를 동시에 소멸시키는 것으로서, 본래의 채무이행에 갈음하여 민법이 인정하는 간편한 결제수단이다. 또한 경제적인 관점에서도 상계가 이루어짐으로써 채권자는 자신이 채무자에 대하여 부담하는 채무가 소멸하는 이익을 얻게 되므로, 그 한도에서 자신의 채권의 만족을 얻게 되는 것이다.

이는 부진정연대채무에 있어서도 마찬가지이다. 부진정연대채무를 지는 채무자 중 1인이 상계를 함으로써 채무의 이행이 이루어지고 채권자의 채권은 만족을 얻게 되며, 그에 따라 다른 채무자도 자신의 채무를 면한다고 해석하여야 한다.

만약 반대의견과 같이 부진정연대채무 관계에서 상계에 절대적 효력을 인정하지 아니한다면 필연적으로 이중의 채무이행, 즉 이중의 채권만족이 일어날 수 있다. 요컨대 채권자는 채무자 1인의 상계로 자신의 채무가 소멸하였음에도 다시 다른 채무자에 대하여 채무의 이행을 청구할 수 있게 되는 것이다. 심지어 채무자가 3인 이상인 경우 복수의 상계가 이루어진다면 채권자는 여러 차례에 걸쳐서 거듭 채권의 만족을 얻을 수 있게 되는 불합리한 상황이 발생한다.

이러한 이중의 채권만족을 허용하지 않으려면 채권자로 하여금 궁극적으로 자신의 본래 채권액을 초과하여 만족을 얻은 금액 상당액을 도로 반환하도록 할 수밖에 없는데, 이처럼 채권자의 반환의무를 인정할 바에는 도로 반환하여야 할 이익의 보유를 아예 처음부터 허용하지 않는 것이 합리적이다.

라. 나아가, 부진정연대채무의 경우에도 형평의 원칙상 일정한 경우에는 부담 부분이 있을 수 있고, 따라서 출재채무자의 구상권도 인정되는 경우가 있을 수 있는데, 반대의견에 따르면 상계를 한 부진정연대채무자는 상계에도 불구하고 다른 채무자에 대하여 부담 부분에 따른 구상권을 행사할 수 없게 된다. 반면 다른 채무자에 의한 상계가 이루어진 후에 채권자의 청구에 응하여 현실의 변제를 한 채무자가 상계를 한 채무자에 대하여 부담 부분에 따른 구상권을 행사할 수 있는지에 관하여는 논란의 여지가 있는바, 만약 구상권을 행사할 수 있다고 해석한다면, 상계를 한 채무자는 상계에 의하여 자신의 채권자에 대한 반대채권이 소멸하였음에도 불구하고 다른 채무자에 대하여 구상권을 행사할 수 없으면서도, 변제를 한 다른 채무자의 구상청구에 응하여야 하는 부담을 지게 되어 매우 불리하다. 반대로 현실변제를 한 채무자가 구상권을 행사할 수 없다고 해석한다면 그는 자신이 먼저 변제를 하여 공동면책을 가져왔다면 행사할 수 있었을 구상권을 다른 채무자가 먼저 상계를 하였다는 우연한 사정에 의하여 행사할 수 없게 되는 불이익을 입게 된다.

이와 같이 반대의견이 취하는 해석론을 일관할 경우 부진정연대채무 관계에 있어 어느 채무자에 의하여 상계나 변제가 이루어졌는가 하는 우연한 사정에 의하여 상계를 한 채무자와 그렇지 아니한 채무자 사이에 최종적으로 부담하는 채무액이 달라지는 불합리한 결과를 초래한다.

마. 한편 반대의견은 부진정연대채무자 1인의 상계에 의하여 고의의 불법행위 채무자도 자신의 채무를 면한다고 해석하면 민법 제496조가 달성하고자 하는 바를 회피하게 된다는 취지로 다수의견을 비판한다. 그러나 민법 제496조가 규정하는 바는 고의에 기하여 타인에게 손해를 가한 사람이 자신이 가진 반대채권으로 상계하는 것은 정의의 관념에 어긋나므로 이를 허용하지 아니하겠다는 것이지, 우연히 함께 동일한 채무를 지게 된 다른 부진정연대채무자가 자신의 상계권을 행사함으로써 그 반사적 효과로서 고의에 기한 불법행위자의 채무를 소멸하게 하는 것까지 금지하는 것은 아니므로 반대의견의 비판은 타당하지 아니하다.

바. 반대의견에서 지적하는 바와 같이 불법행위 피해자의 보호 및 불법행위 가해자에 대한 제재 등이 불법행위, 공동불법행위, 사용자 책임, 고의의 불법행위 채무에 있어서의 상계의 금지 등에 관한 규정을 통하여 우리 민법이 추구하는 가치 중의 하나라는 점은 충분히 수긍할 수 있다. 그러나 그러한 가치의 추구도 민법의 전체적인 합리적 해석의 한도 내에서 이루어져야 하는 것이다. 앞서 본 바와 같은 수인의 채무자가 존재하는 경우의 채무관계에 관한 민법 규정, 민법상 손해배상 제도의 목적 등으로부터 도출되는 부진정연대채무의 기본적인 성질인 '급부의 1회성' 및 채무자 사이의 공평한 배상책임의 분담 등을 종합적으로 고려하면, 민법의 합리적 해석을 포기하면서까지 반대의견이 내세우는 가치를 보호할 필요는 없다고 할 것이다.

7. 대법관 이홍훈, 대법관 전수안의 반대의견에 대한 대법관 전수안의 보충의견

가. 다수의견에 대한 대법관 양창수, 대법관 민일영의 보충의견은, 부진정연대채무자 중 1인이 한 상계 또는 상계계약에 상대적 효력을 인정하는 해석론에 의할 경우 해결하기 어려운 문제들이 있어 다수의견과 같이 그 절대적 효력을 인정하지 않을 수 없다고 주장하나, 그 보충의견에 대하여도 다음과 같은 이유에서 찬성할 수 없다.

나. 민법 제418조는 주관적 공동관계에 있는 연대채무자 중 1인이 반대채권으로 상계한 때에는 채권은 모든 연대채무자의 이익을 위하여 소멸한다고 규정하고, 아울러 민법 제423조는 민법 제416조 내지 제422조의 사항 외에는 연대채무자 중 1인에게 발생한 사유는 상대적 효력을 가질 뿐이라는 원칙을 선언하고 있다. 변제 등과 같이 채권의 현실적 만족을 가져오는 사유는 민법에 특별한 규정이 없더라도 그 절대적 효력을 인정해야 한다는 점에는 의문이 없으나, 상계 등 그 외의 사유는 주관적 공동관계에 있는 연대채무에 있어서조차 절대적 효력을 인정하는 법규정이 있음으로 인해 연대채무자들 사이에서 그 효력이 확장될 수 있는 것이다. 더구나 민법 제418조는 강행규정이 아니어서 당사자들 사이에서 상계의 절대적 효력을 배제하는 특약도 허용된다고 해석되고 있다. 그러나 부진정연대채무에 관하여는 이와 같은 법규정이 없을 뿐 아니라 그들 사이에 아무런 주관적 공동관계도 존재하지 않는다. 이러한 민법의 규정에 비추어 볼 때, 부진정연대채무자 중 1인에게 발생한 상계 내지 상계계약에 의한 효력이 다른 부진정연대채무자에게 당연히 확장된다고 볼 수 없음은 자명하다.

상계권 행사로 인한 채무소멸의 효력이 해당 채권자에 대한 관계에서 발생한다는 점과 다른 부진정연대채무자에 대하여 그 채무소멸의 효력이 확장되는 문제는 구별되어야 하며, 나아가 부진정연대채무자의 채권자적 지위에서의 상계권이 보장되어야 한다고 하여 그로 인한 채무소멸의 효력이 다른 부진정연대채무자에 대하여 곧바로 확장되는 근거가 될 수는 없다.

다. 다수의견에 대한 보충의견은, 상계에 의해 변제가 이루어진 것과 같은 경제적 효과가 발생하고 채권자에 대한 초과배상이 발생할 여지가 있다는 점에서 상대적 효력설이 부당하다고 하나, 다음과 같은 이유에서 이러한 지적은 타당하다고 할 수 없다.

우선, 부진정연대채무자 1인이 그의 반대채권을 희생함에 따른 효과는 상계의사표시자에 대한 관계에서 채무소멸이라는 효력을 인정하면 충분한 것일 뿐 다른 부진정연대채무자에게까지 채무소멸의 효력을 확장하는 논거가 될 수 없다. 다수의견에 대한 보충의견은 피해자의 부진정연대채무자들에 대한 채권과 부진정연대채무자 1인의 피해자에 대한 반대채권이 서로 대등액에서 소멸하는 상계의 효력에 비추어 이를 채권의 만족 또는 채무자 1인의 이행과 동일한 것으로 볼 수 있다는 취지로 보이나, 다수의 채무자에 대하여 각각 독립적인 채권을 가진 피해자에게 있어 그 중 1인과의 상계에 의해 생긴 반대채권의 소멸이 곧 변제 등에 의한 현실적 만족과 같다고 보는 것은 지나친 의제라고 하지 않을 수 없다.

또한, 부진정연대채무자 중 1인이 상계하더라도 다른 채무자에 대해 구상권을 행사할 수 없게 되는 것은 상계로 인한 채무소멸의 효력이 다른 채무자에게 미치지 아니함으로써 구상권 행사의 전제가 되는 공동면책에 이르지 못한 당연한 결과이므로, 다수의견에 대한 보충의견이 지적하는 구상권 제한의 문제는 부진정연대채무에서의 상계의 효력에 관한 다수의견과 반대의견의 기본적인 견해 차이에서 비롯되는 것에 지나지 않는다. 이에 비하여 현실변제를 한 부진정연대채무자의 구상권 행사는 공동면책에 따른 것이므로 허용된다고 해석하여야 하고, 불법행위 피해자 보호의 견지에서 이러한 해석이 상계를 한 채무자에게 지나치게 가혹한 것이라고 할 수는 없다. 나아가 반대의견은 중복된 채권만족을 용인하겠다는 것이 아니라, 공평의 관념에서 손실과 이득 사이의 궁극적 조정이 가능하다고 새기는 입장임을 밝혀둔다.

절대적 효력설이 구상관계의 간략화라는 측면에서 장점이 없지는 않으나, 그것이 상대적 효력설이 갖는 피해자의 두터운 보호라는 가치보다 더 우선되어야 한다고 생각되지는 않는다. 구상의무 분담비율에 상응하는 금액을 넘는 반대채권을 가진 부진정연대채무자에 의해 상계가 이루어진 경우, 절대적 효력설에 의하면 피해자는 상계로 소멸한 채무액 부분만큼 그 실제 피해에 대한 현실적 만족을 받지 못하게 되는 반면, 상계의사표시자인 부진정연대채무자는 '부담 부분을 넘어 상계로 소멸한 채권'에 상응하는 구상권을 취득하게 되어 다른 부진정연대채무자로부터 현실적 만족을 얻게 될 수 있다. 이와 달리 상대적 효력설에 따르면, 피해자는 부진정연대채무자 1인의 상계의사표시에도 불구하고 다른 부진정연대채무자로부터 먼저 현실적 만족을 받을 수 있다. 이처럼 피해자를 두텁게 보호하고자 하는 상대적 소멸설의 장점은 결코 가볍게 볼 수 없는 것이다.

(3-1) 서울고등법원 2011.4.27. 선고 2010나86664 판결

【원고, 항소인】 주식회사 한화시스템창호

【피고, 피항소인】 피고

【원심판결】 서울서부지방법원 2010. 8. 19. 선고 2009가합6608 판결

【주 문】

1. 제1심 판결을 다음과 같이 변경한다.

가. 피고는 원고에게 10,095,495원 및 이에 대하여 2008. 8. 12.부터 2011. 4. 27.까지는 연 5%, 그 다음날부터 다 갚는 날까지는 연 20%의 각 비율에 의한 금원을 지급하라.

나. 원고의 나머지 청구를 기각한다.

2. 소송총비용 중 80%는 원고가, 나머지는 피고가 각 부담한다.

3. 제1의 가항은 가집행할 수 있다.

【청구취지 및 항소취지】

제1심 판결을 취소한다. 피고는 원고에게 215,758,495원 및 이에 대하여 2008. 8. 12.부터 다 갚는 날까지 연 20%의 비율로 계산한 돈을 지급하라.

【이 유】

1. 인정사실

가. 주식회사 대창기공(이하 '대창기공'이라고 한다)의 피고에 대한 공사대금 채권

(1) 피고는 2007. 4. 12. 대창기공에게 군포시 당정동 150-20 외 2필지 지상 인문아파트형 공장 신축공사(이하 '이 사건 공사'라 한다)를 공사대금 3,080,000,000원(공사비 2,800,000,000원 + 부가가치세 280,000,000원, 이하 '약정공사대금'이라고 한다), 공사기간 2007. 5. 21.부터 2007. 12. 30.까지로 정하여 도급을 주었다.

(2) 피고와 대창기공은 위 계약 당시 공사대금을 5,137,000,000원(공사비 4,670,000,000원 + 부가가치세 467,000,000원)으로 하는 계약서를 별도로 작성하였는데, 위 계약서는 관공서(시청 및 세무서)에 제출하는 용도로만 사용하되 그 대신 대창기공은 피고로부터 위 계약서 상 부가가치세와 이 사건 공사계약의 부가가치세 차액 187,000,000원(467,000,000원 - 280,000,000원)을 추가로 지급받기로 약정하였다.

(3) 피고는 2008. 4. 22. 대창기공의 대표이사 소외 1과, 추가공사대금 200,000,000원을 피고가 위 회사에 2008. 8. 31.까지 지급하기로 약정하였다(피고는 당심 제1차 변론기일에서 위 사실을 자백하였다).

(4) 대창기공은 2008. 6. 10.경 공장을 완공하여 피고에게 인도하였다.

나. 원고의 대창기공에 대한 하도급 공사대금 채권

(1) 원고는 2008. 1. 19. 대창기공과 이 사건 공사 중 창호 등 공사를 공사대금 258,500,000원(부가가치세 포함)에 하도급받기로 하는 공사도급계약을 체결하였고, 2008. 5. 20. 위 공사도급계약의 공사대금을 302,500,000원(부가가치세 포함. 이하 '이 사건 하도급채권'이라고 한다)으로 증액하기로 하는 변경계약을 체결하였다.

(2) 원고는 2008. 5. 30. 위 창호 등 공사를 완성하였으나, 공사대금 중 일부인 212,500,000원을 지급받지 못하자 의정부지방법원 고양지원 2008차2840호로 위 공사대금의 지급을 구하는 지급명령을 신청하였고, 위 법원은 2008. 7. 1. '대창기공은 원고에게 212,500,000원 및 이에 대한 지연손해금을 지급하라'는 지급명령을 하였으며, 위 명령은 2008. 7. 23. 확정되었다.

다. 이 사건 공사대금의 압류 및 추심명령

(1) 원고는 이 사건 하도급채권의 보전을 위하여 2008. 6. 23. 의정부지방법원 고양지원 2008카합1108호로 채무자를 대창기공, 제3채무자를 피고, 청구금액을 212,500,000원으로 하여 이 사건 공사대금 지급채권을 가압류한다는 채권가압류 결정(이하 '이 사건 가압류 결정'이라 한다)을 받았고, 위 결정은 2008. 6. 30. 피고에게 송달되었다.

(2) 원고는 위 지급명령에 기하여 2008. 8. 6. 위 법원 2008타채5588호로 위 가압류를 본압류로 이전하고, 이 사건 공사대금 중 215,758,495원(지연이자 등을 포함한 금액임)을 추심하기로 하는 채권압류 및 추심명령(이하 '이 사건 추심명령'이라고 한다)을 받았고, 이 사건 추심명령은 2008. 8. 11. 피고에게 송달되었다.

2. 판단

가. 피고가 대창기공에 지급할 공사대금 총액

위 인정사실에 의하면, 피고가 대창기공에 지급할 공사대금 총액은 3,467,000,000원(약정공사대금 3,080,000,000원 + 부가가치세 차액 187,000,000원 + 추가공사비 200,000,000원)이다.

나. 공제

아래에 기재한 각 금원을 합한 3,371,147,485원이 대창기공의 공사대금 채권에서 공제되어야 함은 당사자들 사이에 다툼이 없거나 원고가 이를 자인하고 있다.

① 피고가 2008. 4. 20.까지 대창기공에 지급한 공사대금 2,803,000,000원

② 피고가 대창기공을 대신하여 대명환경에 변제한 37,099,570원, 세화레미콘에 변제한 116,734,055원

③ 피고가 대납한 대창기공의 건강보험료 8,592,650원, 전기요금 5,834,260원

④ 이 사건 공사의 지체상금 2,279,983원, 대창기공이 납부하여야 할 하자보수보증금 15,411,000원

⑤ 피고가 2008. 9. 23. 피공탁자를 대창기공으로 하여 수원지방법원 2008년 금제9740호로 집행공탁한 252,329,867원 중 공사대금 원금 248,048,482원

⑥ 소외 2가 피고를 상대로 제기한 대전지방법원 서산지원 2008가합1087호 추심금 사건의 판결금 104,147,485원

⑦ 피고가 대창기공에 할인하여 준 약속어음금 30,000,000원(발행인 주식회사 예창, 발행일 2008. 3. 26., 지급기일 2008. 6. 21.)

따라서 위 금원을 모두 공제하고 나면 대창기공이 피고로부터 지급받아야 할 공사대금은 95,852,515원(= 3,467,000,000 - 3,371,147,485)이 남게 된다.

다. 액면금 100,000,000원의 약속어음 관련 채권에 기한 상계 항변의 허부

(1) 당사자들의 주장

피고는 대창기공에 추가로 할인하여 준 액면금 100,000,000원의 약속어음에 관한 채권으로도 대창기공의 공사대금 채권과 상계한다고 항변한다[피고의 주장은 대창기공에 대한 어음금채권(배서인에 대한 상환청구권)과 그 원인채권을 모두 행사하는 취지로 보인다].

이에 대하여 원고는, 위 채권의 변제기는 가압류의 효력 발생 당시 아직 도래하지 않아 상계적상에 있지 아니하였고, 자동채권의 변제기가 수동채권의 변제기 이후이므로 피고는 압류채권자인 원고에게 위 상계로써 대항할 수 없다고 주장한다.

(2) 인정사실

(가) 을 제3, 13호증의 각 기재에 변론 전체의 취지를 더하면, 피고가 2008. 4. 22.경 대창기공으로부터 약속어음 1장(액면금 100,000,000원, 발행인 주식회사 훼미리아리조트, 발행일 2008. 4. 25., 지급기일 2008. 7. 25., 배서인 대창기공)을 할인하여 교부받으면서 대창기공에 83,000,000원을 지급한 사실을 인정할 수 있다.

(나) 대창기공이 건물공사를 완성하여 2008. 6. 10.경 피고에게 인도한 사실은 앞서 본 바와 같고, 갑 제1호증의 1 기재에 의하면 피고는 대창기공에 공정에 따라 공사대금을 지급하기로 한 사실이 인정된다. 따라서 대창기공이 피고에게 가지는 공사대금 채권의 최종 변제기는 2008. 6. 10.경이다.

(3) 이 법원의 판단

(가) 금융기관이 아닌 사인이 거래관계로 알게 된 상대방으로부터 자금의 융통을 요청받고는 어음을 교부받으면서 그 액면금액에서 만기 등까지의 이자를 공제한 나머지의 금액을 그 상대방에게 교부하는 경우에는, 통상 그 어음의 가치에 중점을 두고 이를 매수한 것이 아니라 어음의 할인의뢰인인 그 상대방의 신용이나 자력을 믿고서 그 상대방에게 어음을 담보로 금전을 대여하여 주었다고 봄이 상당하다(대법원 2002. 4. 12. 선고 2001다

55598 판결 등 참조).

위 인정사실에 의하면, 피고는 2008. 4. 22. 대창기공에 변제기를 2008. 7. 25.로 하여 89,480,822원{= 83,000,000 + (83,000,000 × 95/365 × 이자제한법에서 정한 연 30%의 제한이율), 이자제한법 제3조 참조}을 대여하였고, 이를 담보하기 위하여 액면금 100,000,000원의 약속어음을 교부받았다고 볼 것이다.

(나) 금전채권에 대한 가압류로부터 본압류로 전이하는 압류 및 추심명령이 있는 때에는 제3채무자는 채권이 가압류되기 전에 압류채무자에게 대항할 수 있는 사유로써 압류채권자에게 대항할 수 있으므로(대법원 2001. 3. 27. 선고 2000다43819 판결 참조), 가압류 당시 반대채권이 성립 또는 취득되어 있는 한, 제3채무자는 상계적상이 생기면 상계로써 압류채권자에게 대항할 수 있다고 할 것이다 [무제한설].

이와 관련하여 대법원 1982. 6. 22. 선고 82다카200 판결은 "가압류명령을 받은 제3채무자가 가압류채무자에 대한 반대채권을 가지고 있는 경우에 상계로써 가압류채권자에게 대항하기 위하여는 가압류의 효력 발생 당시에 양 채권이 상계적상에 있거나, 반대채권이 압류 당시 변제기에 이르지 않는 경우에는 피압류채권인 수동채권의 변제기와 동시에 또는 보다 먼저 변제기에 도달하는 경우이어야 한다."고 판시하였음은 원고의 주장과 같다. 대법원 판결을 지지하는 견해 [변제기 기준설]는, 제3채무자의 상계에 대한 합리적 기대이익은 보호되어야 하지만, 자동채권의 변제기가 피압류채권의 변제기보다 나중에 도래하는 경우에는 제3채무자의 상계에 대한 기대는 합리적이지 않다고 한다. 이미 변제기가 도래한 피압류채권의 변제를 거부하면서 반대채권의 변제기가 도래할 것을 기다려 상계를 주장하는 자는 성실한 채무자라고 할 수 없으므로 그러한 채무자는 보호해 줄 필요가 없다는 것이 이유이다.

그러나 제3채무자의 상계에 대한 합리적 기대이익의 존부를 양 채권의 변제기 선후를 기준으로 결정하는 것은 다음과 같은 이유로 타당하지 않다.

① 민법 제498조는 "지급을 금지하는 명령을 받은 제3채무자가 그 후에 취득한 채권에 의한 상계로 그 명령을 신청한 채권자에게 대항하지 못한다."고 규정하여, 압류 후에 '취득'한 채권을 자동채권으로 하는 상계만을 금지하고 있을 뿐, 자동채권의 변제기가 도래하지 않은 경우 그 변제기가 수동채권의 변제기와 동시에 또는 먼저 도달할 것을 요구하지 않고 있다. 이는 압류채권자와 제3채무자 사이의 이해관계 조절을, 압류 후에 취득한 채권을 자동채권으로 하는 상계만을 금지함으로써 달성하고자 한 것으로 파악된다.

② 자동채권의 변제기가 수동채권의 변제기보다 나중에 도래하는 경우라 하더라도, 후일 자동채권의 변제기가 도래하여 상계적상이 생긴 경우에 제3채무자가 자기의 반대채권으로 피압류채권과 상계하여 자기의 채무를 면할 수 있다고 기대하는 것이 비합리적이라거나 정당하지 못하다고 할 이유가 없다.

오히려 변제기를 기준으로 형식적으로만 상계의 허부를 판단하는 경우에는 이 사건의 경우처럼 제3채무자의 상계에 대한 기대이익이 불합리하게 박탈되는 상황이 발생할 수 있다. 이 사건을 살펴보면, 피고가 가진 2개의 약속어음 담보부 대여금 채권은 가압류의 효력이 발생하기 전에 같은 원인으로 취득한 것으로서, 다만 그 변제기에 차이가 있을 뿐이다. 즉, 이 사건에서 가압류의 효력 발생일은 2008. 6. 30.이고, 피압류채권의 변제기는 2008. 6. 10.경이며, 30,000,000원 약속어음의 원인채권은 변제기가 2008. 6. 21.이나, 100,000,000원 약속어음의 원인채권은 변제기가 2008. 7. 25.이다. 그러므로 변제기 기준설에 따르면, 가압류 효력 발생 당시 30,000,000원 약속어음의 원인채권은 상계적상에 있어 피고가 상계로써 원고에게 대항할 수 있으나, 100,000,000원 약속어음의 원인채권은 가압류 효력 발생 당시에 아직 변제기가 도래하지 아니하였고 수동채권보다도 변제기가 나중에 도래하므로 상계로써 대항하지 못한다는 결과에 이르게 된다. 그러나 이 사건에서 약속어음을 담보로 한 피고의 대창기공에 대한 2개의 대여금 채권은 가압류 효력 발생 전에 모두 성립되어 있었고, 그 당시 피고는 설사 어음이 부도나더라도 이들 대여금 채권과 대창기공의 공사대금 채권을 상계함으로써 자신의 채권을 확보할 수 있으리라는 기대를 정당하게 할 수 있었다고 볼 것이다. 피고의 이러한 기대의 정도는 각 대여금 채권 사이에 아무런 차이가 없다. 각 채권의 변제기 중간에 발생한 공사대금 채권 가압류는 피고가 전혀 관여할 수 없는 외부적 상황인바, 이런 우연적인 사정이 게재되었음을 이유로 갑자기 변제기의 선후를 기준으로 피고의 상계에 대한 합리적인 기대의 존부가 결정되는 것은 납득하기 어렵다.

③ 지급금지와 유사한 지명채권양도의 양도에 대하여 일찍이 대법원 1999. 8. 20. 선고 99다 18039 판결은 "채무자의 승낙 당시까지 양도인에 대하여 생긴 사유로써 양수인에게 대항할 수 있다고 할 것인데, 승낙 당시 이미 상계를 할 수 있는 원인이 있었던 경우에는 아직 상계적상에 있지 아니하였다 하더라도 그 후에 상계적상이 생기면 채무자는 양수인에 대하여 상계로 대항할 수 있다."고 판시함으로써 변제기 기준설을 채택하지 아니한 바 있다.

(다) 따라서, 가압류 효력 발생 당시 반대채권이 성립 또는 취득되어 있는 한, 제3채무자는 상계적상이 생기면 상계로써 압류채권자에게 대항할 수 있다고 봄이 타당하므로, 피고는 대창기공에 대한 100,000,000원 약속어음을 담보로 한 대여금 채권을 자동채권으로 하여 이를 대창기공의 공사대금 채권과 상계할 수 있다 할 것이다.

피고의 상계 의사표시가 담긴 2009. 9. 25.자 답변서가 2009. 9. 30. 원고에게 송달된 사실은 기록상 명백하므로, 위 대여금 채권과 공사대금 채권은 상계적상일인 2008. 7. 25.에 대등액의 범위 내에서 소멸하게 된다. 상계적상일을 기준으로 한 대창기공의 피고에 대한 공사대금 채권은 99,577,317원(= 95,852,515 + 95,852,515 × 46/365 × 상법에서 정한 연 6%의 지연손해금, 원 미만 버림)이므로, 피고의 대창기공에 대한 대여금 채권 89,480,822원은 위 상계적상일에 상계로써 모두 소멸되고, 대창기공의 원고에 대한 공사대금 채권은 10,095,495원(= 99,577,317 - 89,480,822)이 남게 되었다.

3. 결론

그렇다면, 피고는 정당한 추심권자인 원고에게 추심금 10,095,495원 및 이에 대한 이 사건 추심명령 송달 다음 날인 2008. 8. 12.부터 피고가 그 이행의무의 존부와 범위에 관하여 다툼이 타당하다고 인정되는 당심 판결 선고일인 2011. 4. 27.까지는 민법에서 정한 연 5%, 그 다음날부터 다 갚는 날까지는 소송촉진등에 관한 특례법에서 정한 연 20%의 각 비율로 계산한 지연손해금을 지급할 의무가 있다.

원고의 이 사건 청구는 위 인정범위 내에서 이유 있어 인용하고 나머지 청구는 이유 없어 기각할 것인바, 제1심 판결은 이와 결론을 달리하여 부당하므로 원고의 항소를 일부 받아들여 제1심 판결을 위와 같이 변경하기로 하여 주문과 같이 판결한다.

(3-2) 대법원 2012.2.16. 선고 2011다45521 전원합의체 판결

【원고, 상고인】 주식회사 한화시스템창호

【피고, 피상고인】 피고

【원심판결】 서울고법 2011. 4. 27. 선고 2010나86664 판결

【주 문】 원심판결을 파기하고, 사건을 서울고등법원에 환송한다.

【이 유】

상고이유를 판단한다.

1. 민법 제498조는 "지급을 금지하는 명령을 받은 제3채무자는 그 후에 취득한 채권에 의한 상계로 그 명령을 신청한 채권자에게 대항하지 못한다"라고 규정하고 있다. 위 규정의 취지, 상계제도의 목적 및 기능, 채무자의 채권이 압류된 경우 관련 당사자들의 이익상황 등에 비추어 보면, 채권압류명령 또는 채권가압류명령(이하 채권압류명령의 경우만을 두고 논의하기로 한다)을 받은 제3채무자가 압류채무자에 대한 반대채권을 가지고 있는 경우에 상계로써 압류채권자에게 대항하기 위하여는, 압류의 효력 발생 당시에 대립하는 양 채권이 상계적상에 있거나, 그 당시 반대채권(자동채권)의 변제기가 도래하지 아니한 경우에는 그것이 피압류채권(수동채권)의 변제기와 동시에 또는 그보다 먼저 도래하여야 할 것이다 (대법원 1982. 6. 22. 선고 82다카200 판결, 대법원 2003. 6. 27. 선고 2003다7623 판결 등 참조).

2. 원심은 그 판시 사실을 인정한 다음, 금전채권에 대한 가압류를 본압류로 전이하는 압류 및 추심명령이 있는 때 제3채무자가 채권이 가압류되기 전에 가압류채무자에게 대항할 수 있는 사유로써 나중에 압류채권자에게 대항할 수 있기 때문에, 제3채무자가 가압류 효력 발생 당시 이미 반대채권을 취득한 이상 그의 상계에 대한 기대는 합리적이고 정당하므로, 그 당시 양 채권이 상계적상에 있지 아니하고 반대채권의 변제기도 도래하지 아니하였다 하더라도, 양 채권의 변제기 선후를 불문하고 그 후에 상계적상에 이르면 상계로써 압류채권자에게 대항할 수 있다고 하였다. 그리하여 이 사건에서 가압류의 효력 발생일은 2008. 6. 30.이고, 피압류채권인 공사대금채권의 변제기는 2008. 6. 10.경이며, 액면금 1억 원의 약속어음 관련 대여금채권(이하 '이 사건 반대채권'이라 한다)의 변제기는 공사대금채권의 변제기 후인 2008. 7. 25.이지만, 이 사건 반대채권이 가압류 효력 발생 당시 이미 취득되어 있었던 이상, 피고로서는 위 약속어음이 부도나더라도 이 사건 반대채권과 공사대금채권을 상계함으로써 자신의 채권을 확보할 수 있으리라는 합리적이고 정당한 기대를 할 수 있으므로, 이 사건 반대채권과 공사대금채권의 상계로써 압류채권자인 원고에게 대항할 수 있다고 판단하였다.

그러나 앞서 본 법리에 따르면, 이 사건에서 가압류의 효력이 발생할 당시 피압류채권인 공사대금채권은 이미 변제기가 도래하였으나 이 사건 반대채권은 변제기가 도래하지 아니하였기 때문에 그 당시 양 채권이 상계적상에 있었다고 할 수 없고, 나아가 이 사건 반대채권의 변제기가 공사대금채권의 변제기보다 나중에 도래하므로, 피고는 이 사건 반대채권에 의한 상계로써 압류채권자인 원고에게 대항할 수 없다고 보아야 한다.

따라서 원심판결에는 지급이 금지된 채권을 수동채권으로 하는 상계에 관한 법리를 오해하여 판결에 영향을 미친 위법이 있다고 할 것이다. 이 점을 지적하는 상고이유의 주장은 이유 있다.

3. 그렇다면 원심판결을 파기하고 사건을 다시 심리·판단하게 하기 위하여 원심법원에 환송하기로 하여 주문과 같이 판결한다. 이 판결에 대하여는 대법관 김능환, 대법관 안대희, 대법관 이인복의 반대의견이 있는 외에는 관여 법관들의 의견이 일치하였고, 다수의견에 대한 대법관 양창수의 보충의견과 대법관 김능환, 대법관 안대희, 대법관 이인복의 반대의견에 대한 대법관 안대희의 보충의견이 있다.

4. 대법관 김능환, 대법관 안대희, 대법관 이인복의 반대의견

가. 민법 제498조는 "지급을 금지하는 명령을 받은 제3채무자는 그 후에 취득한 채권에 의한 상계로써 그 명령을 신청한 채권자에게 대항하지 못한다"라고 규정한다. 따라서 이 규정에 의하여 제3채무자의 상계가 금지되는 것은 제3채무자가 지급을 금지하는 명령을 받은 이후에 새롭게 취득한 채권을 자동채권으로 하여 상계하는 것 뿐이고, 그 반대해석상 제3채무자가 그 이전에 이미 취득하여 보유하고 있던 채권을 자동채권으로 한 상계는 이 규정에 의하여 금지되지 아니하고 오히려 허용된다고 보는 것이 당연한 논리적 귀결이다. 그 채권이 제3채무자가 지급을 금지하는 명령을 받을 당시에 이미 이행기가 도래하였는지 여부는 문제될 여지가 없다.

나. 민법 제492조 제1항 본문은 "쌍방이 서로 같은 종류를 목적으로 한 채무를 부담한 경우에 그 쌍방의 채무의 이행기가 도래한 때에는 각 채무자는 대등액에 관하여 상계할 수 있다"고 규정한다. 이 원칙은 제3채무자가 지급을 금지하는 명령을 받은 경우에도 그대로 적용된다. 따라서 제3채무자가 그 명령을 받을 당시에 이미 채무자에 대한 반대채권을 취득하고 있다고 하더라도, 언제 어느 때나 지급을 금지하는 명령을 받은 피압류채권과 상계할 수 있는 것은 아니고, 그 반대채권과 피압류채권의 이행기가 모두 도래하여야만 비로소 상계할 수 있다. 이러한 원칙이 지급을 금지하는 명령이 있다고 하여 달라질 이유는 없다. 지급을 금지하는 명령은 제3채무자가 피압류채권을 채무자에게 지급하는 것을 금지하는 것일 뿐 반대채권이나 피압류채권의 성질까지 변경시키는 것은 아니다. 그러므로 지급을 금지하는 명령을 받을 당시에 반대채권과 피압류채권 모두의 이행기가 도래한 때에는 물론이고, 그 모두 또는 그 중 어느 하나의 채권의 이행기가 아직 도래하지 아니하여 상계적상에 놓이지 아니하였더라도 그 이후 제3채무자가 피압류채권을 채무자에게 지급하지 아니하고 있는 동안에 반대채권과 피압류채권 모두의 이행기가 도래한 때에도 제3채무자는 반대채권을 자동채권으로 한 상계를 할 수 있고, 이로써 지급을 금지하는 명령을 신청한 채권자에게 대항할 수 있다고 볼 것이다.

다. 원래 상계는 서로 같은 종류를 목적으로 한 채권을 가지는 당사자 사이에 서로 대립하는 채권과 채무를 간이한 방법으로 결제하게 함으로써 그 채권채무관계를 원활하고 공평하게 처리하는 것을 목적으로 하여 허용되는 것이다. 이에 의하여 상계권을 행사하는 채권자는 채무자의 변제자력이 충분하지 못한 때에도 자기의 자동채권에 관하여는 확실하고도 충분한 변제를 받은 것과 같은 이익이 보장된다. 이 점에서 상계권을 행사하는 채권자는 담보권자와 유사한 지위를 갖는다. 상계권을 가지는 채권자의 이러한 지위가 수동채권에 대하여 지급을 금지하는 명령이 있다고 하여 부정되어야 할 이유는 없다.

지급을 금지하는 명령은 말 그대로 제3채무자로 하여금 채무자에 대한 변제를 금지하는 것일 뿐 피압류채권의 본질 내지 성질에 어떤 변경을 가져오는 것은 아니며, 채무자의 행위와 관계없는 객관적 사실 또는 제3채무자의 행위로 그 채권이 소멸하거나 그 내용이 변경되는 것까지 방지하는 효력을 가지는 것은 아니다. 이러한 법리는 제3채무자가 반대채권으로써 상계하는 경우에도 마찬가지로 적용된다.

라. 그렇다면 반대채권으로써 상계할 수 있는 제3채무자와 지급을 금지하는 명령을 신청한 채권자 중 누구를 보호할 것인가? 그 대답은 자명하다. 지급을 금지하는 명령을 신청한 채권자의 지위는 원래부터 불확실하고 불안정한 것임에 비하여, 제3채무자는 담보권자와 유사한 지위를 가지는 것이므로 제3채무자의 상계권의 행사가 보장되어야 한다. 따라서 지급을 금지하는 명령을 받을 당시에 반대채권과 피압류채권 모두의 이행기가 도래한 때에는 제3채무자가 당연히 반대채권으로써 상계할 수 있고, 반대채권과 피압류채권 모두 또는 그 중 어느 하나

의 이행기가 아직 도래하지 아니하여 상계적상에 놓이지 아니하였더라도 그 이후 제3채무자가 피압류채권을 채무자에게 지급하지 아니하고 있는 동안에 반대채권과 피압류채권 모두의 이행기가 도래한 때에도 제3채무자는 반대채권으로써 상계할 수 있고, 이로써 지급을 금지하는 명령을 신청한 채권자에게 대항할 수 있다. 제3채무자가 지급을 금지하는 명령을 받을 당시에 제3채무자의 반대채권은 아직 이행기가 도래하지 아니하였으나 피압류채권의 이행기는 이미 도래하였거나 먼저 도래할 경우에, 제3채무자의 반대채권의 이행기가 도래함으로써 상계적상에 놓여 제3채무자가 적법·유효하게 상계하는 것을 막기 위해서는, 그와 같이 상계하기 전에 지급을 금지하는 명령을 신청한 채권자가 피압류채권을 추심하여 현실적으로 제3채무자로부터 피압류채권의 지급을 받아야 한다. 그와 같이 보지 않으려면 특별한 법률의 규정이 있어야 한다.

마. 민법 제492조 제1항은 상계의 요건으로서 쌍방의 채무의 이행기가 도래할 것을 요구하고 있을 뿐이다. 이 원칙을 그대로 관철하면, 지급을 금지하는 명령이 있은 경우에도 제3채무자는 채무자에 대하여 반대채권을 가지고 있기만 하면 그 반대채권을 지급을 금지하는 명령 전에 취득하였는지 그 명령 후에 취득하였는지에 관계없이, 그 반대채권과 지급이 금지된 채권의 이행기가 모두 도래하기만 하면 언제든지 상계할 수 있다는 결론에 이르게 된다. 그러나 이는 지급을 금지하는 명령을 신청한 채권자의 지위를 지나치게 불안정하게 만들 수 있다. 여기에서, 제3채무자가 상계할 수 있는 자동채권인 반대채권의 범위를 적절히 조절함으로써, 지급을 금지하는 명령을 신청한 채권자와 제3채무자 사이의 이익의 균형을 맞출 필요가 생긴다. 그 구체적 기준을 어떻게 정할 것인지는 입법정책에 달린 문제이다. 우리 민법은 그 기준을 양 채권의 변제기 도래의 선후에 두는 입법례를 채택하지 아니하고 지급을 금지하는 명령과 제3채무자의 반대채권의 취득시기의 선후에 두는 입법례를 채택하여 민법 제498조에 규정한 것이라고 이해된다.

그럼에도 불구하고 다수의견처럼 변제기 도래의 선후에 따라 제3채무자의 상계가 허용되는지 여부를 정하도록 하는 것은 민법 제498조의 규정에 반하여 법률의 근거 없이 제3채무자의 상계를 제한하려는 것이어서 부당하다.

다수의견은 민법 제498조의 규정이 가지는 본래의 의미와는 다른 결론에 이르면서도 그 이유나 근거에 대해서는 아무런 설명도 하고 있지 않다.

바. 이상에서 살펴 본 법리와 저촉되는 대법원 1973. 11. 13. 선고 73다518 전원합의체 판결, 대법원 1982. 6. 22. 선고 82다카200 판결, 대법원 2003. 6. 27. 선고 2003다7623 판결 등의 견해는 변경되어야 한다.

이 사건에서 가압류명령의 효력발생일 당시에 피압류채권의 변제기는 이미 도래하고 제3채무자인 피고의 반대채권인 대여금채권은 아직 변제기가 도래하지 아니하였다. 그러나 앞서 본 법리에 비추어 보면, 피압류채권이 아직 현실적으로 추심되어 지급되지 아니한 이상, 피고는 위 반대채권을 자동채권으로 한 상계를 하여 가압류채권자인 원고에게 대항할 수 있다고 볼 것이다. 같은 취지의 원심판결은 정당하여 그대로 유지되어야 하고, 상고는 기각되어야 한다.

이상과 같은 이유로 다수의견에 반대한다.

5. 대법관 양창수의 다수의견에 대한 보충의견

가. 반대의견은 상계권을 행사하는 채권자는 채무자의 변제자력이 충분하지 못한 때에도 자신의 자동채권에 관하여도 확실하고도 충분한 변제를 받는 것과 같은 이익이 보장되어서 담보권자와 유사한 지위를 가지는데, 이러

한 지위가 수동채권에 관하여 지급을 금지하는 명령이 있다고 하여 부정되어야 할 이유가 없다고 한다.

그러나 채권자가 가지는 위와 같은 '담보권자와 유사한 지위'는 그것이 다른 채권자들의 정당한 이익과의 균형 위에서 비로소 보장되는 것이다. 반대의견도 말하는 대로 상계는 원래 같은 종류의 채권을 가지는 당사자 사이에 서로 대립하는 채권과 채무를 간이한 방법으로 결제하는 수단으로 인정되는 것이다. 서로 상대방에 대하여 동종의 채권을 가지는 채권자와 채무자가 각자의 채권을 각기 청구하고 이행받기보다는, 서로 대등액에서 소멸시키고 남은 것만을 결제하는 것이 채권자와 채무자의 쌍방 모두에게 노력이나 비용면에서 절약이 되고 간편할 것임은 두말할 필요가 없기 때문이다. 이와 같이 상계는 당사자의 일방적인 의사표시에 의하여 바로 자기 채권이 만족되는 효과를 발생시키므로, 상계자에게는 사적인 강제집행, 즉 사집행이 허용되어 있는 것과 같은 결과가 된다.

그러나 이러한 간이한 결제수단으로서의 상계가 거기서 더 나아가 이른바 담보적 기능 또는 우선변제적 기능을 가지는 것은 그 취지상 당연히 일정한 한계가 있는 것이다. 즉 채무자가 다른 채권자들에 대하여도 채무를 부담하고 있는 경우에, 채권자들 전원은 채무자가 가지는 일반재산을 평등하게 각자 자기 채권의 만족에 돌릴 수 있는 것이 원칙이고, 이 원칙은 주지하는 대로 '채권자평등의 원칙'이라고 불린다. 그 때 채무자가 채권자 중의 한 사람에 대하여 채권을 가진다고 하면, 이 채권도 채권자 전원의 만족에 쓰여야 한다. 그런데 반대채무를 부담하는 채권자가 자신의 채권으로써 상계하는 것이 허용된다면, 원래 채권자 전원의 채권 만족에 돌려져야 했을 터인 채무자의 당해 채권이 반대채권자의 채권을 만족시키는 데만 쓰여지는 결과가 된다. 그리하여 반대채무를 부담하여 상계를 할 수 있는 채권자는 채무자의 자산상태 여하에 불구하고 그 채무자에 대한 다른 채권자들에 우선하여 자기 채권의 만족이 확보되는 것이다. 그런데 문제는 위와 같은 상계가 허용되는 결과로 다른 채권자들은 채무자의 일반재산 중 상계의 대상이 된 채권만큼은 이를 자기 채권의 만족에 돌릴 수 없는 불이익을 입게 된다는 것이다.

그럼에도 상계에 위와 같은 담보적 기능이 인정되는 것은 당사자들이 서로 대립하는 채권을 가지고 있으면 통상 상대방의 자력 여하에 상관없이 자기 채권의 만족을 얻을 수 있다는 정당한 신뢰를 보호할 필요가 있다는 것으로 설명되고 있다. 그런데 이러한 담보적 기능이 무한정하게 인정되면, 채무자의 재산상태가 악화된 경우에 다른 채권자들의 이익이 부당하게 침해당할 우려가 있다. 예를 들어, 많은 채무를 부담하여 채무지급불능상태에 빠질 우려가 있는 갑에 있어서 을에 대한 채권이 그 책임재산의 중요부분을 이루고 있다고 하자. 이러한 경우 갑에 대한 채권은 그 실제의 가치에 좇아 액면액보다 훨씬 싼 값으로 거래될 것인데, 을이 제3자의 갑에 대한 채권을 염가로 양도받아 이것으로써 자신의 갑에 대한 채무를 상계하여 버리면, 갑의 책임재산은 훨씬 줄어들게 되어서 갑에 대한 다른 채권자들은 예상하지 못한 불이익을 입는다. '채무자 회생 및 파산에 관한 법률' 제422조가 파산절차를 전제로 하여 거기에서 상계를 광범위하게 금지하고 있는 것은 바로 그러한 사태에 대처하기 위한 것이다. 위 규정은 상계의 담보적 기능이라는 것이 채무자가 지급불능상태에 빠진 경우에는 현저하게 제한된다는 것을 웅변으로 말하여 주고 있다.

또한 예를 들어 다른 채권자들이 채무자 갑의 제3채무자 을에 대한 채권을 압류하여 강제집행에 착수하였는데 을이 반대채권을 언제 어떠한 방식으로 취득하였는가에 상관없이 그것으로써 상계할 수 있다고 하면, 그 강제집행은 언제라도 무위에 돌아갈 가능성을 가지게 된다. 그러나 앞서 본 대로 상계가 가지는 사집행으로서의 성격에 비추어서도 이와 같이 법정의 강제집행을 공동화시키는 결과는 허용되어서는 안 된다. 특히 제3채무자의 반대채권은 통상 공시되지도 아니하므로, 이해관계인으로서는 예상하지 못한 불이익을 입게 될 가능성이 높다. 그리고 무엇보다도 실제로 채권자가 채무자가 제3채무자에 대하여 가지는 채권을 압류하기에 이르렀다면, 비록 채무자가 지급불능상태에 이미 빠졌다고는 말할 수 없더라도 이로써 그러한 상태에 빠질 위험이 드러났다고 보아야 할 것이다. 따라서 이러한 경우에는 채무자 재산의 공취를 통한 채권자들의 채권 만족 이익이 서로 급박하고도 예리하게 대립하고 있으므로, 그 중 어느 한 채권자에게 유리하고 그 외의 채권자들에는 불리한 법적 해결을 주려면 그만한 근거가 있어야 한다고 봄이 상당하다.

따라서 상계의 담보적 기능은 어디까지나 앞서 본 상계의 간편한 변제수단으로서의 기능에 부수적으로만 인정되는 것으로서 이를 무한정으로 수긍할 것은 아니며, 상계를 하려는 채권자의 앞서 본 상계기대의 정당한 이익과 압류채권자를 포함하는 다른 채권자들이나 채권양수인 등의 채권 만족의 이익을 균형 있게 고려하여 그 범위를 정함으로써 이에 적절한 제한을 가하는 것이 바람직하다.

반대의견은 상계권 있는 채권자가 "사실상 담보권자와 유사한 지위"에 있다고 한다. 그러나 그러한 지위는 반대의견이 강조하는 우리 법의 명문 어디에도 규정되어 있지 않으며, 단지 법이 먼저 상계의 요건과 그 효과를 다양한 관련 이익 등을 고려하면서 타당하게 해석·획정한 결과로 간이한 결제수단이라는 상계제도 본래의 취지에 부수하여 상계권 있는 채권자가 일정한 범위에서 사실상 위와 같이 우선변제를 얻게 되는 것과 같은 법상태를 가리키는 것일 뿐이다. 따라서 그와 같이 '사실상 담보권자와 유사한 지위'를 미리 설정·시인하고 이를 내세워 상계의 구체적인 요건, 나아가 그 효과를 재단하는 것은 본말이 전도된 태도라고 생각된다.

나. 민법 제498조는 바로 이와 같이 채권자 중 1인이 채무자의 제3채무자에 대한 채권을 압류 또는 가압류한 경우(이하에서는 압류의 경우만을 들어 논의하기로 한다)에 그 제3채무자의 상계 주장에 한계를 설정하려는 것이다.

반대의견은 압류 당시 제3채무자가 자동채권을 가지고 있었던 이상에는 그 변제기의 도래 여부나 그 선후관계를 가릴 것 없이 압류 후에 상계적상이 되면 상계로써 압류채권자에게 대항할 수 있다고 보아야 한다고 한다. 이는 결국 피압류채권(수동채권)의 변제기가 도래하였으나 제3채무자가 이를 이행하지 아니하고 있는 동안에 자동채권의 변제기가 도래한 경우에도, 제3채무자는 상계로써 압류채권자에게 대항할 수 있는가에 귀착된다. 이와 같은 경우에 제3채무자가 상계로써 압류채권자에게 대항할 수 있다고 하려면, 앞서 논의한 바에 따라 그가 가지는 상계에의 정당한 신뢰를 보호받는다는 이익이 그에게 우선적 만족을 줄 만큼 압류채권자의 채권 만족의 정당한 이익과 비교하여 적절한 균형을 갖춘 것이어서 압류채권자의 이익을 후퇴시킬 수 있는 것이어야 할 것이다.

지금까지 대법원은 이 점에 관하여, 압류 당시 상계적상에 있지 아니하여 압류 후에 비로소 상계적상이 되었다고 하더라도, 제3채무자가 가지는 자동채권의 변제기가 수동채권의 변제기와 동시에 또는 그보다 먼저 도래하여 바로 상계할 수 있는 경우에만 위와 같은 압류채권자에 우선하여 보호받을 수 있다는 태도를 여러 번에 걸쳐서 밝혀 왔다. 이러한 태도는, 그렇지 아니하고 제3채무자의 자동채권의 변제기가 수동채권의 변제기보다 늦게 도래하는 경우에는 제3채무자가 그 채권의 변제기가 도래하였음에도 불구하고 그 채무를 이행하지 아니하고 있어야만, 따라서 적어도 객관적으로는 자신의 채무에 관하여 채무불이행을 범하고 있어야만 비로소 상계적상에 이를 수 있는 제3채무자를 아직 그러한 상계적상이 도래하기 전에 압류에 착수한 채권자에 우선하여 보호할 가치가 없다는 고려에서 나온 것으로 이해된다.

다시 말하면, 상계는 쌍방의 채무에 있어서 그 변제기가 도래한 때에 허용된다. 물론 수동채권만이 변제기에 이르지 아니한 경우라면 상계를 하려는 사람으로서는 통상 자신의 채무에 관한 기한의 이익을 포기할 수 있으므로, 변제기에 이른 자동채권과의 상계적상이 인정될 수 있다. 그러나 상계를 주장하는 당사자의 채권, 즉 자동채권의 변제기가 도래하지 아니한 경우에는 비록 수동채권의 변제기가 도래하였다고 하더라도 상계가 허용되지 아니한다. 그리고 수동채권이 변제기에 이른 이상 그 채무는 이행되어야 하고, 아직 변제기에 이르지 아니한 반대채권이 있음을 이유로 그 이행을 거절할 수 없다. 먼저 변제기가 도래한 채무에 관하여 채권자의 권리 행사를 부정할 이유가 없으며, 이를 부정한다면 오히려 채무자의 근거 없는 이행지연을 허용하는 결과가 될 것이다. 이는 채무가 변제기에 이른 이상 그 채무를 이행하여야 한다는 기본원칙에 따른 것으로서, 위와 같이 아무런 법적 장애 없이 행사될 수 있게 되는 수동채권에 대하여 이미 압류가 행하여지는 등으로 자동채권을 가지는 사람과 정면으로 이익이 대립하는 이해관계인이 등장한 이상 그 한도에서 상계의 담보적 기능은 후퇴하지 않을 수 없다. 앞서 본 대로 상계의 담보적 기능은 상계를 통하여 자기 채권의 만족을 얻을 수 있다는 정당한 신뢰를 바탕으로 인정되는 것인데, 위와 같은 경우에 설사 제3채무자가 자기 채권의 만족을 상계를 통하여 얻을 수 있다고 믿었다고 하더라도 그것은 보호받을 만한 가치가 있는 정당한 신뢰라고 할 수 없는 것이다.

이렇게 보면 우리 판례의 태도는 첨예하게 대립하는 이익의 내용 등을 충분히 고려한 다음 채택된 타당한 해결이라고 할 것이다. 그러한 경우 선량한 제3채무자라면 자신의 채무를 제때에 이행하였을 것이고, 그렇다면 그 급부는 현실적으로 채무자의 일반재산에 속하게 되어 채권자들 전원에게 이를 통하여 각자 채무의 만족을 얻을 수 있는 가능성이 열렸을 것이다. 그럼에도 불구하고 제3채무자가 자기 채무의 이행을 늦추고 있다가 후에 그 이행기가 도래함으로써 가능하게 된 상계를 가지고 압류채권자에게 대항하여 자기 채권의 우선적 만족을 얻고 압류채권자의 채권 실행을 좌절시킬 수 있다는 것은 상계의 담보적 기능을 지나치게 강조하는 것으로서 부당하다고 할 것이다.

다. 우리 판례의 태도는 비교법적으로도 뒷받침이 없지 않다. 예를 들어 독일민법 제392조 후단은 우리 판례와 같이 제3채무자의 채권이 압류 후에 비로소 변제기에 도달하는 경우에는 그 변제기가 피압류채권의 변제기보다 뒤인 때에는 상계를 할 수 없다고 명문으로 정하고 있다. 그 입법이유는 앞서 본 대로 제3채무자가 자신이 부담하는 채무의 이행을 반대채권의 이행기까지 지체함으로써 상계의 권리를 얻어내는 것을 막으려는 데 있는 것이다.

라. 반대의견과 같은 태도를 취한다면, 오히려 민법 제498조가 압류 이후에 취득한 채권을 자동채권으로 하는 제3채무자의 상계를 허용하지 아니하는 입법 취지를 설명할 수 없다. 반대의견은 압류명령은 "제3채무자로 하여금 채무자에 대한 변제를 금지하는 것일 뿐 피압류채권의 본질 내지 성질에 어떤 변경을 가져오는 것은 아니며, 채무자의 행위와 관계없는 객관적 사실 또는 제3채무자의 행위로 그 채권이 소멸하거나 그 내용이 변경되는 것까지 방지하는 효력을 가지는 것은 아니다"라고 한다. 그렇다면 민법 제498조는 무슨 이유로 피압류채권의 본질 내지 성질에 아무런 변경도 가져오는 것이 아닌 압류를 두고 그 전후로 상계의 허용 여부라는 중요한 법문제의 해결을 달리하도록 정하였던 것인가 하는 근본적인 의문이 제기되지 않을 수 없다.

이는 민법 제498조가 채권 압류의 사실로써 제3채무자가 가지는 상계와 관련한 이익상황에 일정한 변화를 주어 위와 같은 법문제에 관하여는 이제 압류채권자의 채권 만족의 이익 등에도 배려하지 않으면 안 된다는 태도를 입법적으로 취하였다고 보는 것이 온당한 설명일 것이다. 그리고 그러한 입법 취지는 민법 제498조에서 정하는 "지급을 금지하는 명령 후에 취득한 채권"이라는 것의 구체적 내용을 해석함에 있어서도 당연히 고려되어야 한다. 그러한 의미에서 앞서 본 우리 판례의 태도는 민법 제498조의 명문에 반한다고 할 수 없고, 오히려 그 입법 취지를 밀고나가 이를 적절하게 실현하였다고 할 것이다.

6. 대법관 김능환, 대법관 안대희, 대법관 이인복의 반대의견에 대한 대법관 안대희의 보충의견

가. 상계제도의 목적과 기능에 비추어 볼 때, 장래 상계권을 행사할 수 있는 채권자의 담보권자와 유사한 지위는 자동채권과 수동채권이 각각 존재하기만 하면 인정되는 것으로서, 양 채권의 변제기 선후에 따라 그 존부가 달라지는 것은 아니다. 그런데 다수의견에 의하면, 채권압류의 효력 발생 당시 반대채권이 있어 장래 상계권을 행사할 수 있기 때문에 담보권자와 유사한 지위에 있던 제3채무자 가운데 반대채권의 변제기가 도래하지 아니하고 그 변제기가 피압류채권의 그것보다 나중에 도래하는 제3채무자에 대해서는, 채권압류라는 그의 책임으로 돌릴 수 없는 우연한 사정만으로, 상계권을 행사할 수 없도록 함으로써, 그동안 갖고 있던 지위를 갑자기 상실하게 하는 예상하지 못한 불합리한 결과를 발생시킨다.

나. 다수의견은 자동채권의 변제기가 도래할 때까지 이미 변제기가 도래한 피압류채권을 변제하지 아니함으로써 채무불이행을 한 제3채무자의 장래 상계에 대한 기대는 보호될 수 없다는 이유로 상계권 행사를 제한하고 있는 것으로 보인다. 그러나 이러한 경우 제3채무자가 변제기가 도래한 피압류채권을 이행하지 아니한 채무불이행에 대한 제재로는 우리 민법이 통상 예정한 대로 제3채무자에 대하여 지연손해금 등의 손해배상책임을 부담시키는 것으로 충분하다고 할 수 있고, 더 나아가 채무를 불이행하는 동안 상계적상에 이르렀다는 이유로 상계권 행사마저 제한하는 것은 제3채무자에 대한 지나치게 과도한 제재에 해당한다. 특히 변제기에 이르렀어도 채권의 범위 등에 관한 다툼이 있어 피압류채권을 변제하지 못하는 등 그 채무불이행에 참작할 만한 사정이 있는 경우도 있으므로, 단지 변제기 선후를 기준으로 일률적으로 상계권 행사를 제한하는 다수의견은 그러한 경우 제3채무자에게 가혹한 결과를 초래할 수도 있다.

다. 비교법적으로 보아도 반대의견의 해석론이 타당하다.

독일민법 제392조는 다수의견과 같은 해석을 명문화하고 있으나 채권의 '취득'이라는 용어와 채권의 '이행기 도래'라는 용어를 구분하여 사용하고 있어 우리 민법 제498조의 법문과 차이가 있다. 그리고 우리 민사집행법과는 달리 독일민사소송법에서는 압류채권자가 채권압류로 피압류채권을 목적물로 한 법정질권자의 지위를 취득하기 때문에 압류채권자에 대한 보호 필요성이 우리의 경우와 같다고 할 수 없다. 이러한 차이점을 고려하면 독일민법 제392조의 규정을 우리 민법 제498조의 해석론에 그대로 적용할 수 없다.

라. 제3채무자가 은행 등 금융기관인 경우에는 통상 반대채권인 대출금 등 채권과 관련하여 채권가압류나 채권압류 등 채무자의 변제자력에 의심이 가는 상황이 발생한 때에는 기한의 이익을 상실하면서 피압류채권인 예금 등의 채권과 상계를 할 수 있다는 특약을 하고 있는데, 대법원은 이러한 기한의 이익 상실 등 특약의 유효성을 인정하면서 그러한 특약에 따라 채권가압류나 채권압류로 반대채권과 피압류채권이 곧바로 상계적상에 이르기 때문에 제3채무자인 은행 등 금융기관은 사실상 제한 없이 상계권을 행사할 수 있다고 보고 있다(대법원 1989. 9. 12. 선고 88다카25120 판결, 대법원 2003. 6. 27. 선고 2003다7623 판결 등 참조). 또한 대법원은 제3채무자의 반대채권과 피압류채권이 동시이행의 관계에 있는 경우에 제3채무자는 사실상 제한 없이 상계권을 행사할 수

있다는 취지로 판시하였다(대법원 1993. 9. 28. 선고 92다55794 판결 참조). 이러한 대법원의 입장은 반대의견과 궤를 같이하는 것이다. 즉, 위 대법원판결의 사안들이나 이 사건과 같은 사안에서의 압류채권자 및 제3채무자의 지위가 다르지 않은데, 이 사건과 같은 사안에서만 압류채권자의 이익이 우선시되고 제3채무자의 상계권 행사가 제한되어야 할 합리적 이유가 없다. 그러므로 이 사건의 경우를 위와 같은 사안들과 달리 취급하는 것은 정합성의 관점에 비추어 보아도 바람직하지 않다고 본다.

6 혼동

(1-1) 부산지방법원 2000. 1. 13. 선고 99가합14948(본소), 99가합18926(반소) 판결

【원고(반소피고)】 ○○화재해상보험 주식회사 (소송대리인 법무법인 청해)

【피고(반소원고)】 장성규

【변론종결】 1999. 12. 9.

【주 문】

1. 원고(반소피고)와 피고(반소원고) 장○○ 사이에 체결된 별지 1기재 보험계약에 기한 별지 2 기재 사고와 관련하여 원고(반소피고)의 피고(반소원고) 장○○에 대한 보험금지급채무는 존재하지 아니함을 확인한다.
2. 원고(반소피고)는 피고(반소원고) 장○○에게 금 30,750,000원 및 이에 대하여 1998, 4, 3.부터 2000. 1. 13.까지는 연 5푼, 그 다음날부터 완제일까지는 연 2할 5푼의 각 비율에 의한 금원을 지급하라.
3. 원고(반소원고)의 피고(반소원고) 장○○에 대한 본소청구 및 피고(반소원고) 장○○의 반소청구를 각 기각한다.
4. 소송비용은 본소, 반소를 합하여 원고(반소피고)와 피고(반소원고) 장성규 사이에서 생긴 부분은 원고(반소피고)와 피고(반소원고) 장성규 사이에서 생긴 부분은 원고(반소피고)의, 원고(반소피고)와 피고(반소원고) 장○○ 사이에서 생긴 부분은 피고(반소원고) 장○○의 각 부담으로 한다.
5. 제2항은 가집행할 수 있다.

【청구취지】

본소 : 원고(반소피고, 이하 원고라고만 한다)와 피고(반소원고, 이하 피고라고만 한다) 장성규 사이에 체결된 별지 1 기재 보험 계약에 기한 별지 2 기재 사고로 인한 원고의 피고들에 대한 보험금지급채무는 존재하지 아니함을 확인한다는 판결

반소 : 주문 제2항과 같은 판결 및 원고는 피고 장○○에게 금 30,000,000원 및 이에 대하여 1998. 4. 3.부터 이사건 판결선고일까지는 연 5푼, 그 다음날부터 완제일까지는 연 2할 5푼의 각 비율에 의한 금원을 지급하라는 판결

【이 유】

본소와 반소를 함께 본다.

1. 기초사실

다음과 같은 사실은 당사자 사이에 다툼이 없거나, 갑1호증, 갑2호증, 갑4호증, 갑5호증의 1 내지 20, 27 내지 32, 을1호증의 각 기재에 변론의 전 취지를 종합하여 이를 인정할 수 있고, 달리 반증이 없다.

가. 원고는 자동차보험 등의 보험사업을 영업하는 회사이고, 피고 장○○는 원고와 사이에 그 소유의 경남81라 ○○○○호 소형화물차에 대하여 별지 1 기재 내용의 보험계약(이하 이 사건 계약이라 한다)을 체결한 피보험자, 피고 장정희는 피고 장○○의 처이다.

나. 피고 장○○는 1998. 4. 3. 13:30경 위 화물차에 아들이 소외 장○○과 소외 장○○을 운전석 옆좌석인 조수석에 태운 뒤, 경남 고성읍 이당리 이곡마을 앞 도로를 고성읍 방향에서 진주지 방향으로 운행하던 중 조수석에 앉아 있던 소외 장○○과 소외 장○○의 싸움을 제지하는데 신경을 쓰느라 조향 및 제동장치를 잘못 조작한 과실로 중앙선을 침범하여, 마주오던 소외 표○○이 운전하던 경남33라○○호 누비라 승용차의 앞 범퍼 부분을 위 화물차의 앞 범퍼 부분으로 들이받는 사고(이하 이 사건 사고라 한다)를 냈다.

다. 위 사고로 인하여 피고 장정희 자신과 소외 장○○, 표○○은 다발성 좌상 등의 상해를 입고, 소외 장○○은 병원으로 옮겨서 치료를 받았으나, 같은 날 13:50경 저혈량 쇼크등으로 사망하였다.

2. 당사자들의 주장에 대한 판단

원고는, 이 사건 사고로 인하여 피고 장○○는 자동차손해배상보장법 소정의 운행자로서, 피고 장○○는 위 화물차의 운전자로서 연대하여 망인에게 손해배상을 하여야 할 책임이 있는 동시에 소외 장○○의 사망으로 망인이 위 사고의 가해자 등에 대하여 가지는 일체의 손해배상청구권을 상속받았으므로, 위 채권, 채무는 민법 제507조 소정의 혼동의 법리에 따라 소멸하게 되고, 따라서 피고들의 손해배상청구권 및 이를 전제로 하는 피고들의 원고에 대한 보험금 직접청구권은 소멸하여, 위 사고와 관련한 원고의 피고들에 대한 보험금지금채무는 부존재한다고 주장한다.

이에 대하여 피고들은, 위 법 제3조의 의한 손해배상채권과 채무과 상속으로 동일인에게 귀속하는 경우에도 그 채권의 존재가 채권자 겸 채무자로 된 사람의 제3자, 즉 보험자에 대한 직접 청구권 행사의 전제가 되는 이상 위 손해배상채권의 존속을 인정해야 할 정당한 이익이 있으므로 위 손해배상채권은 혼동으로 인하여 소멸하지 않고, 따라서 원고는 피고들에게 책임보험 보상한도 내에서 보험금을 지급할 의무가 있다고 주장한다.

그러므로 살피건대, 자동차 운행 중 교통사고가 일어나 자동차의 운행자나 동승한 그의 친족이 사망하여 위 법 제3조에 의한 손해배상채권과 채무가 상속으로 동일인에게 귀속하는 때에, 교통사고를 일으킨 자량의 운행자가 자동차손해배상책임보험에 가입하였다면, 가해자가 피해자의 상속인이 되는 등의 특별한 경우를 제외하고는 생존할 교통사고 피해자나 사망자의 상속인에게 책임보험에 의한 보험의 혜택을 부여하여 이들을 보호할 사회적 필요성이 있는 점은 다른 교통사고와 다를 바 없고, 한편 위 책임보험의 보험자는 상속에 의한 채권 채무의 혼동 그 자체와는 무관한 제3자일 뿐 아니라 이미 자신의 보상의무에 대한 대가인 보험료까지 받고 있으므로 교통사고의 가해자와 피해자 사이에 상속에 의한 혼동이 생긴다면 우연한 사정에 의하여 자기의 보상책임을 면할 합리적인 이유가 없으므로, 피해자의 보험자에 대한 직접청구권의 전제가 되는 위 법 제3조건에 의한 피해자의 운행자에 대한 손해배상청구권은 상속에 의한 혼동에 의하여 소멸되지 않는다고 할 것이다(대법원 1995. 5. 12. 선고 93다48373 판결 등 참조).

돌이켜 이 사건에서 보건대, 피고 장○○는 위 법 제3조에 따라 가해자에 대한 배상책임을 부담하는 자동차의 운행자에 불과하므로 위 사고 발생에 대한 귀책사유 있음에 대한 자료가 없는 이상, 비록 피고 장○○에게 이 사고로 인한 손해배상채권과 손해배상채무가 함께 귀속된다 하더라도, 위 손해배상청구권은 보험금직접청구권의 전제가 되므로 상속에 의한 혼동에 의하여 소멸하지 않는다 할 것이고, 그렇다면 보험자인 원고에 대하여 보험금직접청구권을 행사할 수 있다고 할 것이나, 피고 정정희는 망인이 손해배상체권을 상속하였다고 하더라도 이 사건 사고에 있어서 가해자이므로 신의칙상 원고에 대하여 보험금직접청구권을 행사할 수 없다고 할 것이다(이밖에도 원고는 피고 장성규에게 위 법 제3조에 따른 손해배상의무가 있으므로, 위 사고의 가해자의 지위에 있어 망인으로부터 상속받은 손해배상채권이 혼동에 의하여 소멸하고, 위 손해배상채권을 전제로 하는 보험금직접 청구권을 행사할 수 없다는 취지로 주장하나, 가해자라 함은 손해발생에 대해 고의 또는 과실이 있는 자를 의미하는 것이어서, 위 사고 발생에 대하여 아무런 고의 또는 과실이 없는 피고 장성규를 가해자라 할 수는 없으므로, 원고의 위 주장은 이유가 없다).

3. 손해배상책임의 범위

가. 소외 망 장○○의 일실수입

위 망인이 이 사건 사고로 상실한 가동능력에 대한 금전적 총평가액 상당의 일실수입 손해는 금 75,343,428원이다.

이는 다음 (1)과 같은 인정사실 및 평가내용을 기초로 하여, 다음 (2)와 같이 월 12분의 5푼의 비율에 의한 중간이자를 공제하는 단리할인법에 따라 이 사건 사고 당시의 현가로 계산한 결과이다.

(1) 인정사실 및 평가내용

(가) 성별 : 남자　　　　　생년월일 : 19○○. 1. 12
연령(사고당시) : 14개월 남짓　　기대여명 : 69.13년

(나) 소득상태 : 도시일용 보통시중노임인 일당 금 33,755원

(다) 생계비 : 수입의 3분의 1 정도(다툼없는 사실)

(라) 가동연한 : 60세까지(경험칙)

[증거] 을1호증, 을2호증, 을3호증의 1, 2의 각 기재 및 변론의 전 취지

(2) 계산

(가) 이 사건 사고일 이후로서 망인이 군에서 제대하는 다음날인 2020. 1. 12.부터 2057. 1. 11.까지 4444개월

(나) 계산

금 33,755원×22일×152.1864(=328.5538-176.8499)×2/3

= 금 75,343,428원(원 미만 버림)

나. 망인의 치료비 및 장례비

피고 장○○는 망인의 치료비로 금 750,000원, 장례비로 금 2,000,000원(다툼 없는 사실)을 지급하였다{피해자가 사망한 경우는 금 60,000,000원의 한도로 보상을 하고 (자동차손해배상보장법 시행령 제3조 제1항 제1호) 부상한 경우는 위 시행령 별표1에서 정한 금액의 한도로 보상을 해야 하되(위 시행령 제3조 제1항 제2호), 피해자가 부상을 당하여 치료를 받던 중 그 부상이 원인이 되어 사망한 경우에는 위 제1호 및 제2호의 금액을 합산한

범위 내에서 보상금을 지급해야 하므로(위 시행령 제3조 제2항 제1호), 위 치료비 750,000원은 사망한 경우에 지급되는 60,000,000원과는 별도로 피고 장성규에게 지급되어야 한다.}

[증거] 갑3호증, 을4호증의 기재 및 변론의 전취지

다. 위자료

(1) 참작한 사유

위 망인 및 피고 장우연의 나이, 가족관계, 재산 및 교육정도, 사고의 경위 및 결과, 기타 이 사건 변론에 나타난 여러 사정

(2) 결정금액

위 망인 : 10,000,000원

피고 장○○ : 금 5,000,000원

라. 상속관계

(1) 위 망인의 재산상속인 : 피고 장○○, 장○○

(2) 상속비율 : 피고 장○○, 장○○　각 1/2

(3) 상속금액

피고 장○○, 장○○ : 각 금 42,671,714원

{=(일실수입 75,343,428원+위자료 10,000,000원)×1/2}

마. 피고 장○○의 손해액

상속금액 42,671,714원+장례비 2,000,000원+위 피고의 위자료 5,000,000원

= 금 49,671,714원

바. 소결론

따라서, 원고는 위 손해금액 범위 내로서 피고 장○○에 대하여 위 시행령 제3조 1항 제 1호가 정한 책임보험의 보상범위인 금 60,000,000원을 피고 장○○의 상속분에 따라 나눈 금 30,000,000원(=60,000,000원 × 1/2)과 위 2의 나.항에서 장○○의 보험자 대신 지급한 치료비 750,000원 합계 금 30,750,000원 및 이에 대하여 손해발생일인 1998. 4. 3.부터 이 판결선고일인 2000. 1. 13.까지는 민법 소정의 연 5푼, 그 다음날부터 완제일까지는 소송촉진등에관한특례법 소정의 연 2할 5푼의 각 비율에 의한 자연손해금을 지급할 의무가 있다.

4. 결론

그렇다면, 이 사건 보험계약에 기하여 위 사고와 관련한 원고의 피고 장○○에 대한 보험금지급채무는 존재하지 아니하고, 피고 장○○가 위 계약에 기한 보험금의 지급을 구하고 있는 이상, 그 확인의 이익도 있다 할 것이므로 그 확인을 구하는 원고의 피고 장정희에 대한 본소청구 및 피고 장성규의 반소청구는 이유있어 이를 인용하고, 원고의 피고 장성규에 대한 본소청구 및 피고 장정희의 반소청구는 이유없어 이를 기각하기로 하여, 주문과 같이 각 판결한다.

(1-2) 부산고등법원 2000. 7. 5. 선고 2000나2184 판결

【원고(반소피고), 항소인】 쌍용화재해상보험 주식회사
【피고(반소원고), 피항소인】 장성규
【원심판결】 부산지방법원 2000. 1. 13. 선고 99가합14948(본소), 99가합18926(반소) 판결

【주 문】

1. 원고(반소피고)의 항소를 기각한다.
2. 피고(반소원고)의 당심에서의 반소청구취지 확장에 따라, 원고(반소피고)는 피고(반소원고)에게 금 20,346,914원 및 이에 대한 1998. 4. 3.부터 2000. 1. 13.까지는 연 5푼, 그 다음날부터 완제일까지는 연 2할 5푼의 각 비율에 의한 금원을 지급하라.
3. 항소제기 이후의 소송비용은 원고(반소피고)의 부담으로 한다.
4. 위 제2항은 가집행할 수 있다.

【청구취지】

본소 : 원고(반소피고, 이하 원고라고만 한다)와 피고(반소원고, 이하 피고라고만 한다) 사이에 체결된 별지 1 기재 보험계약에 기한 별지 2 기재 사고로 인한 원고의 피고에 대한 보험금지급채무는 존재하지 아니함을 확인한다.

반소 : 원고는 피고에게 금 51,096,914원 및 이에 대하여 1998. 4. 3.부터 원심판결 선고일까지는 연 5푼, 그 다음날부터 완제일까지는 연 2할 5푼의 각 비율에 의한 금원을 지급하라(당심에서 청구취지를 확장하였다).

【항소취지】

원심판결 중 원고 패소부분을 취소한다. 원고와 피고사이에 체결된 별지 1 기재 보험계약에 기한 별지 2 기재 사고로 인한 원고의 피고에 대한 보험금지급채무는 존재하지 아니함을 확인한다.

【이 유】

본소와 반소를 함께 본다.

1. 기초사실

원심판결과 같다.

2. 당사자들의 주장에 대한 판단

원심판결문 제6면 12행 아래에 원고의 당심에서의 새로운 주장에 대한 판단을 다음과 같이 추가로 설시하는 것 이외에는 원심판결과 같다.

또한 원고는 가사 위 사고와 관련하여 피고에 대한 보험금지급채무가 존재한다 하더라도, 피고는 자동차보유자로서 평소 차량보관 및 관리상태, 운행하기 전의 차량상태 등을 점검하고 사고방지를 위한 기구 등을 설치, 관리하여야 하고, 도로교통법 제48조의2는 자동차운전자는 그 자동차를 운전할 때에는 좌석안전띠를 매어야 하며, 그 옆좌석의 승차자에게도 좌석안전띠(유아인 경우에는 유아보호용장구를 장착한 후의 좌석안전띠를 말한다. 이하 같다)를 매도록 하여야 한다고 규정하고 있으므로, 피고에게는 사고 당시 망 장우진이 위험에 대한 변

식능력을 가지고 있지 못한 2세의 유아임을 감안하여 망인을 자동차의 조수석에 탑승시키고자 할 때에는 위 도로교통법에서 정한 유아보호용장구를 장착하여 망인을 보호해야 할 의무가 있음에도 불구하고 위와 같은 조치를 전혀 취하지 않은 과실과 자동차의 조수석에 망 장우진과 4세된 소외 장우연을 함께 탑승시킨 상태로 처인 원심 공동피고 장정희에게 이 사건 자동차를 맡기면서 사고발생방지를 위한 지휘감독을 제대로 하지 못한 과실이 있으므로, 위와 같은 피고의 과실을 피해자인 망 장우진의 과실로 보아 그 과실비율에 따른 부분은 피고가 받을 손해배상액에서 마땅히 공제되어야 한다는 취지로 주장한다.

살피건대, 자동차보유자라 함은 자동차의 소유자 또는 자동차를 사용할 권리가 있는 자로서 자기를 위하여 자동차를 운행하는 자를 말하고, 그와 같은 자동차보유자는 그 운행으로 말미암아 다른 사람을 사망하게 하거나 부상하게 한 때에 그 손해를 배상할 책임이 있다.

따라서, 이 사건 자동차 소유자인 피고는 이 사건 사고의 직접적인 가해자는 아니나 자동차보유자로서 가해자측의 입장에서 그 과실여부와 관계없이 위 손해배상책임을 지게 되므로, 가해자측인 피고의 과실을 피해자인 망 장우진의 과실과 동일시 할 수 있는 피해자측의 과실로 볼 수는 없다 할 것이다. 나아가 피고의 과실을 자동차보유자가 아닌 부로서 유아인 망 장우진에 대한 보호감독의무를 제대로 하지 못한 과실로 본다 하더라도, 위 사고 당시 유아인 망 장우진에 대한 또 다른 보호감독의무자인 장정희가 직접 위 자동차를 운전하고 있었던 반면 피고는 사고 당시 위 자동차에 탑승하지 않고 있었던 점에 비추어 피고가 위 사고와 관련하여 유아인 망 장우진에 대한 보호감독의무를 해태하였다고 볼 수 없고, 또 피고와 장정희는 부부지간일 뿐 피고가 장정희를 일방적으로 지휘감독할 위치에 있지 아니하므로 피고가 위 사고와 관련하여 장정희에 대한 지휘감독의무를 해태하였다고도 볼 수 없다 할 것이어서 결국 피해자측의 과실로 참작할 만한 피고의 과실이 없으므로 원고의 위 주장은 어느모로 보나 이유없다.

3. 손해배상책임의 범위

가. 망 장우진의 일실수입

망인이 이 사건 사고로 상실한 가동능력에 대한 금전적 총평가액 상당의 일실수입 손해는 금 76,693,828원이다.

이는 다음 (1)과 같은 인정사실 및 평가내용을 기초로 하여, 다음 (2)와 같이 월 12분의 5푼의 비율에 의한 중간이자를 공제하는 단리할인법에 따라 이 사건 사고 당시의 현가로 계산한 결과이다.

(1) 인정사실 및 평가내용

(가) 성별 : 남자　　　　　　　　생년월일 : 1997. 1. 12.

연령(사고당시) : 14개월 남짓　　　　기대여명 : 69.13년

(나) 소득상태 : 도시일용 보통시중노임인 일당 금 34,360원

(다) 생계비 : 수입의 3분의 1 정도(다툼없는 사실)

(라) 가동연한 : 만 60세가 될 때까지(경험칙)

[증거] 을1호증, 을2, 6호증의 각 1, 2의 각 기재 및 변론의 전취지

(2) 계 산

(가) 이 사건 사고일 이후로서 망인이 군에서 제대하는 다음날인 2020. 1. 12.부터 2057. 1. 11.까지 444개월

(나) 계 산

금 34,360원×22일×152.1864(=328.5538-176.8499)×2/3
= 금 76,693,828원(원 미만 버림)

나. 망인의 치료비 및 장례비

원심판결과 같다.

다. 위자료

원심판결과 같다.

라. 상속관계

(1) 망인의 재산상속인 : 피고, 장정희

(2) 상속비율 : 피고, 장정희 각 1/2

(3) 상속금액

피고, 장정희 : 각 금 43,346,914원
{=(일실수입 76,693,828원+위자료 10,000,000원)×1/2}

마. 피고의 손해액

상속금액 43,346,914원+장례비 2,000,000원+위자료 5,000,000원
= 금 50,346,914원

바. 소결론

위 시행령 제3조 제1항 제1호는 피해자의 실제 손해액이 책임보험의 보상범위를 초과하더라도 보험자는 위 보상범위에서만 손해를 배상할 책임이 있다는 보상의 한계를 규정한 것으로 상속에 관한 법리와는 직접 관계가 없다. 이에 따라 피고와 장정희는 망인의 실제 손해액을 상속지분에 따라 상속을 받고 그 상속금액과 유족의 위자료등 자신들의 손해액을 합한 금액에 대하여 보험자인 원고에게 직접청구권을 행사할 수 있고, 다만 그 직접청구권은 책임보험의 보상범위로 인해 제한되어 있을 뿐이지, 보상한계가 정해진 보험금 자체가 상속되는 것은 아니라고 할 것이다.

한편, 장정희는 위 제2항에서 본 바와 같이 자신이 가해자로서 망인의 상속인이 되는 경우에 해당하여 피해자의 보험자에 대한 직접청구권의 전제가 되는 위 법 제3조에 의한 피해자의 운행자에 대한 손해배상청구권은 상속에 의한 혼동에 의하여 소멸된다 할 것이어서, 장정희는 처음부터 피해자의 보험자에 대한 직접청구권을 취득하지 못하였다 할 것이다.

따라서 이 사건의 경우에는 피고만이 보험자에 대한 직접청구권자이고, 피고는 위 책임보험의 보상범위 한도 내에서는 보험자인 원고에게 자신의 실제 손해액 전부에 대하여 그 배상을 청구할 수 있다 할 것이므로, 원고는 피고에게 위 보상범위 한도 내로서 피고의 손해액인 금 50,346,914원 및 피고가 원고 대신 지급한 치료비 금 750,000원 등 합계 금 51,096,914원 및 이에 대하여 손해발생일인 1998. 4. 3.부터 원심판결 선고일인 2000. 1. 13.까지는 민법 소정의 연 5푼, 그 다음날부터 완제일까지는 소송촉진등에관한특례법 소정의 연 2할 5푼의 각 비율에 의한 지연손해금을 지급할 의무가 있다 할 것이다.

4. 결론

따라서 원고의 피고에 대한 본소청구는 이유없어 이를 기각하고, 피고의 원고에 대한 반소청구(당심에서 확장된 부분 포함)는 이유있어 이를 인용하여야 할 것이다. 그렇다면 원심판결은 정당하고 원고의 항소는 이유없으므로 이를 기각하고, 당심에서 확장된 피고의 반소청구는 이유있어 이를 추가로 인용하기로 하여 주문과 같이 판결한다.

(1-3) 대법원 2003. 1. 10. 선고 2000다41653, 41660 판결

【원고(반소피고), 상고인】 쌍용화재해상보험 주식회사
【피고(반소원고), 피상고인】 피고
【원심판결】 부산고등법원 2000. 7. 5. 선고 2000나2184(본소),2191(반소) 판결
【주 문】 원심판결을 파기하고, 사건을 부산고등법원에 환송한다.

【이 유】

1. 상고이유를 판단한다.

가. 책임보험의 보험자에 대한 직접청구권의 소멸 여부에 관하여

원심이 인용한 제1심판결은 그 채택증거를 종합하여, 원고(반소피고, 이하 '원고'라 한다)는 피고(반소원고, 이하 '피고'라 한다)와 사이에 피고 소유의 경남 81라(이하생략) 소형화물차에 대하여 책임보험계약을 체결하였는데 피고의 처인 1심 공동피고가 보험기간 중인 1998. 4. 3. 13:30경 위 자동차에 아들인 소외 1 외 1인을 조수석에 태우고 운행하던 중 중앙선을 침범함으로 인하여 마주 오던 승용차와 충돌하는 사고를 냈고, 위 사고로 위 소외 1이 그 시경 사망한 사실을 인정한 후, 자동차 운행 중 사고로 인하여 구 자동차손해배상보장법(1999. 2. 5. 법률 제5793호로 개정되기 전의 것) 제3조에 의한 손해배상채권과 채무가 상속으로 동일인에게 귀속하더라도 교통사고의 피해자에게 책임보험 혜택을 부여하여 이를 보호하여야 할 사회적 필요성은 동일하고 책임보험의 보험자가 혼동이라는 우연한 사정에 의하여 자신의 책임을 면할 합리적인 이유가 없다는 점 등을 고려할 때 가해자가 피해자의 상속인이 되는 등 특별한 경우를 제외하고는 피해자의 보험자에 대한 직접청구권의 전제가 되는 위 법 제3조에 의한 피해자의 운행자에 대한 손해배상청구권은 상속에 의한 혼동에 의하여 소멸되지 않는다고 할 것인데(대법원 1995. 5. 12. 선고 93다48373 판결 등 참조), 피고는 구 자동차손해배상보장법 제3조에 따라 피해자에 대한 배상책임을 부담하는 자동차의 운행자에 불과하므로 이 사건 사고 발생에 대한 귀책사유 있음에 대한 자료가 없는 이상, 비록 피고에게 위 사고로 인한 손해배상채권과 손해배상채무가 함께 귀속된다 하더라도, 위 손해배상청구권은 망인의 원고에 대한 직접청구권의 전제가 되기 때문에 혼동으로 소멸하지 않고, 따라서 피고는 망인의 상속인으로서 원고에 대하여 직접청구권을 행사할 수 있다고 판단하였다.

기록과 관계 법리에 비추어 살펴보면, 원심의 사실인정과 판단은 정당하고 거기에 상고이유에서 주장하는 혼동으로 인한 채권, 채무의 소멸에 관한 법리오해의 위법이 없다.

나. 과실상계 여부에 관하여

원심은, 피고가 자동차의 보유자로서 피해자인 망인에 대하여 손해배상책임을 지므로 피고의 과실을 피해자

인 망인의 과실과 동일시할 수 있는 피해자측의 과실로 볼 수 없고, 또한 사고 당시 망인에 대한 다른 보호감독자인 1심 공동피고가 직접 위 자동차를 운전하고 있었던 반면 피고는 사고 당시 위 자동차에 탑승하지 않고 있었던 점에 비추어 피고가 위 사고와 관련하여 망인에 대한 보호감독의무를 해태하였다고 볼 수 없으며, 또 피고와 1심 공동피고는 부부지간일 뿐 피고가 1심 공동피고를 일방적으로 지휘감독할 위치에 있지 않으므로 피고가 위 사고와 관련하여 1심 공동피고에 대한 지휘감독의무를 해태하였다고 볼 수도 없다고 판단하여 원고의 과실상계 주장을 배척하였다.

기록과 관계법리에 비추어 살펴보면, 원고의 과실상계 주장을 배척한 원심의 조치는 정당하고 거기에 상고이유에서 주장하는 과실상계에 관한 법리오해의 위법이 없다.

다. 직접청구권의 행사범위에 관하여

나아가 원심은 피고가 청구할 수 있는 직접청구권의 범위에 관하여, 1심 공동피고가 가해자로서 피해자인 망인의 상속인이 되었기 때문에 망인의 1심 공동피고에 대한 손해배상청구권은 혼동으로 소멸하였다는 이유로 1심 공동피고는 처음부터 보험자에 대한 직접청구권을 취득하지 못하였고, 피고만이 보험자에 대한 직접청구권자로서 구 자동차손해배상보장법시행령(1998. 6. 24. 대통령령 제15817호로 개정되기 전의 것) 제3조 소정의 한도 내의 손해액 전부에 대하여 원고에게 직접청구권을 행사할 수 있다고 판단하였다.

그러나 이 사건에서 피해자인 망인의 원고에 대한 직접청구권은 그의 사망으로 상속인인 피고와 1심 공동피고에게 1/2지분씩 상속되었으므로 피고는 자신의 상속분에 한하여 직접청구권을 행사할 수 있다(다만, 1심 공동피고는 이 사건 사고의 가해자로서 위 직접청구권의 전제가 되는 망인의 1심 공동피고에 대한 손해배상청구권과 1심 공동피고의 망인에 대한 손해배상채무가 혼동으로 소멸하였으므로 자신의 상속분에 상응하는 직접청구권을 행사할 수 없게 된 것이다).

그렇다면 원심으로서는 위 시행령 제3조 제1항 제1호 소정의 한도액 중 피고의 상속지분에 상응하는 금액과 제3조 제2항 제1호 소정의 치료비를 합한 금액 범위에서 피고의 반소청구를 인용하고, 이를 초과하는 부분에 대하여는 채무의 부존재확인을 구하는 원고의 본소 청구를 인용하였어야 할 것임에도, 피고의 상속지분을 무시하고 위 시행령 제3조 제1항 제1호 소정의 한도액 전액의 범위 내에서 피고의 반소청구를 인용하고 원고의 본소청구를 기각하였으니, 이러한 원심의 조치는 책임보험의 한도액과 상속에 관한 법리오해로 판결 결과에 영향을 미친 위법이 있다. 이를 지적하는 원고의 상고이유의 주장은 이유 있다.

2. 그러므로 원심판결을 파기하고, 사건을 다시 심리·판단하게 하기 위하여 원심법원에 환송하기로 관여 대법관의 의견이 일치되어 주문과 같이 판결한다.

7 표현수령권자

(1-1) 서울고등법원 2000. 6. 16. 선고 99나11566 판결

【원고, 항소인】 경민협동조합

【피고, 피항소인】 주식회사 대양상호신용금고

【원심판결】 서울지방법원 의정부지원 1999. 1. 28. 선고 98가합8247판결

【주 문】

1. 원심판결 중 아래에서 지급을 명하는 금원에 해당하는 원고 패소부분을 취소한다.

피고는 원고에게 금 700,000,000원 및 이에 대한 1998. 6. 17.부터 2000. 6. 16.까지는 연 5푼의, 그 다음날부터 완제일까지는 연 2할5푼의 각 비율에 의한 금원을 지급하라.

2. 원고의 나머지 항소를 기각한다.

3. 소송비용은 1,2심 모두 피고의 부담으로 한다.

4. 제1항 중 금원의 지급을 명한 부분은 가집행할 수 있다.

【청구취지 및 항소취지】

원심판결을 취소한다. 피고는 원고에게 금 700,000,000원 및 이에 대한 이 사건 소장부본 송달 다음날부터 완제일까지 연 2할5푼의 비율에 의한 금원을 지급하라는 판결을 구한다(원고는 당심에 이르러 위 금원상당의 손해배상금의 지급을 구하는 예비적 청구를 추가하였다)

【이 유】

1. 기초사실

당사자 사이에 다툼이 없는 사실과 (증거)에 변론의 전 취지를 종합하면, 원고는 1984. 3. 11.경 소외 학교법인 경민학원 산하 7개 학교에 재직 중인 교직원을 구성원으로 하여 설립된 조합으로서, 조합원으로부터 출자 및 예금을 받고 조합원들에게 대출을 하기도 하며, 위 학교 재학생들로부터 예금을 받는 등 금융업무를 하여 온 사실, 원고는 조합원들이 예금 등의 형식으로 돈을 맡기면 매일 예금된 돈을 은행마감시간 전에 피고를 비롯한 동아상호신용금고, 조흥은행 의정부지점, 한일은행 의정부지점 등 시중은행이나 상호신용금고에 입금하였다가 그 다음날 아침에 필요한 자금을 찾아오는 방식으로 운영되어 온 사실, 원고는 피고와 사이에 별표 1.기재와 같이 1990. 7. 21. 원고명의로 피고에 보통예금계좌를 개설한 후 1993. 9. 14.까지 사이에 총 거래금액 9,742,169,374원을 입・출금하였고, 1991. 5. 7.부터 1992. 4. 1.까지 사이에 원고명의로 정기예금 및 신용부금 4계좌를 개설하여 거래를 하여 온 사실, 그런데 금융실명제가 실시된 이후에 별표 2.기재와 같이 1993. 9. 14. 원고 명의의 위 보통예금계좌를 경민외고 (대표자 : 김용일, 사업자등록번호 : 127-82-02750)명의로 변경한 후 1995. 12. 20.까지 총 25,941,027,556원을 입・출금하였고, 또한 1993. 2. 27.부터 1996. 1. 18.까지 사이에 위 경민외고 명의로 신용부금과 정기예금 7계좌를 개설하였고, 별표 4. 기재와 같이 1995. 12. 20. 경민여중 (대표자 : 이영환, 사업자등록번호 : 127-82-00029) 명의로 보통예금계좌를 개설한 후 1997. 1. 20.까지 총 23,875,695,288원을 입・출금하였고, 또한 1996. 3. 28.부터 같은 해 9. 5.까지 사이에 위 경민여중 명의로 정기예금 7계좌를 개설하여 거래를 하여 온 사실, 그런데 원고 조합내에서 업무부장이라는 직함을 가지고 조합의 사무를 처리하던 소외 천종태가 원고조합 이사장의 직인을 이용하여, (1) 1996. 1. 18.에 예금명의인 "경민외고", 계약일 1994. 8. 19., 만기일 1995. 8. 19., 연이율 13%, 예탁금 각 금100,000,000원인 정기부금예수금 2계좌(계좌번호 07-0594-00 266, 07-0594-00267, 별표 2.의 ④⑤항의 정기예금을 지칭함)를 만기인출하고, (2) 1996. 12. 20.에 예금명의인 "경민여중", 계약일 1996. 9. 5., 만기일 1997. 9. 5., 연이율 12.5%, 예탁금 각 금 50,000,000원인 정기부금예수금 4계좌(계좌번호 07-0596-00461,

07-0596-00462, 07-0596-00463, 07-0596-00464, 별표4.의 ④⑤⑥⑦항의 정기예금)를 중도해약하여 인출하고, (3) 1997. 1. 20.에 예금명의인 "경민여중", 계약일 1996. 3. 28., 만기일 1998. 3. 28., 연이율 13.5%, 예탁금 각 금 100,000,000원인 정기부금예수금 3계좌(계좌번호 07-0596-00178, 07-0596-00179, 07-0596-00180, 별표 4.의 ①②③항의 정기예금을 지칭함)를 중도해약하여 인출한 사실을 인정할 수 있다(이하 위 9계좌의 정기예금부수금을 이 사건 정기예금이라고 한다).

2. 원·피고의 주장과 이에 대한 판단

가. 원·피고의 주장

원고는 먼저 주위적청구로, 위 천종태에게는 위 9계좌의 이 사건 정기예금을 해약하거나 인출할 권한이 없고 원고가 위 천종태에게 그러한 권한을 수여한 바도 없으므로 위 천종태의 예금해약 및 인출행위는 무권대리행위로서 무효이고, 따라서 피고는 이 사건 정기예금의 예금주인 원고에게 만기가 경과한 위 9개의 정기예금 합계금 700,000,000원을 반환하여야 할 의무가 있다고 주장하고, 예비적청구로 불법행위로 인한 손해배상으로 위 금원을 지급을 구한다.

이에 대하여 피고는, (1) 첫째, 이 사건 정기예금 거래의 실질적인 당사자는 위 천종태이므로 원고는 이 사건 예금의 반환을 구할 권리가 없고, (2) 둘째, 원고가 예금반환청구권을 갖는 예금주라고 하더라도 위 천종태는 원고조합의 포괄적인 업무집행권을 가지고 있었으므로 위 천종태의 위 예금해약 및 인출행위는 원고에 대하여도 그 효력이 있으며, (3) 셋째, 위 천종태에게 그러한 권한이 없다고 하더라도 ① 피고가 이 사건 정기예금을 위 천종태에게 지급함에 있어서 상호신용금고수신거래기본약관 제12조, 정기부금예수금약관 제5조의 규정에 따라 지급청구서에 찍힌 원고조합 이사장 직인의 인영과 신고한 인감을 대조하여 틀림이 없다고 인정하여 지급하였기 때문에 그 처리에 잘못이 없어 이 사건 정기예금지급에 관한 피고의 책임은 면책되어야 하고, ② 또한 피고는 앞서 본 별표 4.의 ①②③항의 정기예금(합계 금300,000,000원)을 담보로 하여 별표 5.의 기재와 같이 1996. 3. 28.부터 같은 해 6. 13.까지 사이에 4차례에 걸쳐 합계 금 265,000,000원을 예적금담보대출하여 주었고, 1997. 1. 20. 위 천종태의 상계요청에 의하여 위 정기예금 300,000,000원과 위 대출금 및 이자를 상계처리하고, 나머지 금 26,926,243원을 위 천종태에게 지급하였는데, 피고로서는 정기예금의 통장이 없이도 위와 같은 상계처리를 할 수 있는 것이므로 그 처리에도 잘못이 없어 이 사건 정기예금지급에 관한 피고의 책임은 면책되어야 한다고 주장한다.

그러므로 이하 위 정기예금의 예금주는 누구인지, 위 천종태가 원고조합의 포괄적인 업무집행권을 가지고 있었는지, 피고가 위 천종태에 대하여 위 정기예금을 지급함에 있어서 위 약관에 따른 주의의무를 다하여 면책되는지 여부에 관하여 살펴본다.

나. 원고가 위 정기예금의 예금주인지 여부에 관한 판단

금융실명거래및비밀보장에관한긴급재정경제명령(1997. 12. 31. 법률 제5493호 금융실명거래및비밀보장에관한 법률 부칙 제2조로 폐지)이 시행된 후에는 금융기관에 예금을 하고자 하는 자는 원칙적으로 직접 주민등록증과 인감을 지참하고 금융기관에 나가 자기 이름으로 예금을 하여야 하고, 대리인이 본인의 주민등록증과 인감을 가지고 가서 본인의 이름으로 예금하는 것이 허용된다고 하더라도 이 경우 금융기관으로서는 특별한 사정이 없는 한 주민등록증을 통하여 실명확인을 한 예금명의자를 같은 명령 제3조 제1항 소정의 거래자로 보아 그와 예금계약을 체결할 의도라고 보아야 할 것이지만, 특별한 사정으로서 출연자와 금융기관 사이에 예금명의인이 아닌 출연자에게 예금반환채권을 귀속시키기로 하는 명시적 또는 묵시적 약정이 있는 경우에는 출연자를 예금주로 보아야 한다.

그런데 한편 (증거)에 변론의 전취지를 종합하면, 학교법인 경민학원은 그 산하에 경민유치원, 경민중학교, 경민여자중학교, 경민고등학교, 경민여자상업고등학교, 경민정보산업고등학교, 경민전문대학 등 7개 학교를 두고 있는데, 위 학교들에 재직 중인 교직원 등이 그들의 복지향상 및 상부상조 등을 목적으로 1984. 3. 11.경 원고조합을 결성한 사실, 원고조합은 그 조합의 구성원인 조합원의 자격과 가입 및 탈퇴, 출자와 환급절차, 그리고 조합의 의사결정 및 업무집행과 대표권 등에 관하여 상세하게 규정한 정관을 두고 있는 바, 위 정관에 의하면 조합의 기관으로는 조합원 전원으로 구성되는 최고의사결정기관인 총회와 조합의 중요한 업무에 관한 의결기관으로서 총회에서 선출되는 이사로 구성되는 이사회, 총회에서 선출되어 조합의 대표권과 업무집행권을 갖는 이사장을 각 두고 있는 사실을 각 인정할 수 있고 달리 반증이 없으므로 원고조합은 소위 권리능력 없는 사단으로서의 실체를 갖추었다고 할 것이고, 한편 이 사건 예금의 출연자가 위 천종태, 경민여중 또는 경민외고가 아니라 원고조합이고 위 천종태는 원고조합의 업무부장의 지위에서 원고 조합을 위하여 이 사건 예금을 하여 왔고 피고가 이러한 사정을 잘 알면서 위 천종태와 예금거래를 하여 온 사실은 당사자 사이에 다툼이 없는 바, 그렇다면 원고와 피고 사이에는 위 예금의 반환채권을 차용명의자인 경민여중 또는 경민외고가 아닌 출연자인 원고에게 귀속시키기로 하는 명시적 또는 묵시적 합의가 있었다고 봄이 상당하므로 위 정기예금계약상의 예금주는 원고라 할 것이다.

다. 소외 천종태가 원고조합의 포괄적인 업무집행권을 가지고 있는지 여부에 대한 판단

(1) (증거)에 의하면 위 천종태가 1984.경부터 원고조합의 업무부장으로 근무하면서 피고를 비롯한 금융기관과 사이에 통장을 개설하고 입출금업무 등을 하여 온 사실을 인정할 수 있으나, 이러한 사정만으로는 아래 (2)항에서 인정하는 사실에 비추어 위 천종태에게 원고조합의 포괄적인 업무집행권이 있었다고 볼 수 없고, 앞서 본 갑제5호증의 1,2, 갑제6호증의 7,29,30의 각 기재와 당심증인 이영환의 증언만으로는 위 천종태가 원고조합의 포괄적인 업무집행권이 있다던가 원고조합으로부터 위 정기예금을 해약, 인출할 대리권을 수여받았다는 점을 인정하기에 부족하며 달리 이를 인정할만한 증거가 없다.

(2) 다만 앞서 본 (증거)를 종합하면, 원고조합의 기관으로는 최고의사결정기관으로 조합원 전원으로 구성된 총회가 있고 (위 정관 제30조, 제34조 참조), 총회가 조합원중에서 선임한 이사 9인으로 구성된 이사회에서는 소요자금의 차입, 조합의 예금을 취급하는 금융기관의 지정, 제적립금의 처분 등의 사항을 결의할 권한이 있으며 (위 정관 제47조, 제40조, 제43조, 제44조 참조), 이사장은 총회에서 선임되어 조합의 업무를 통할하고 조합을 대표할 권한이 있고(위 정관 제47조, 제45조 참조), 이사장은 이사회의 승인을 얻어 직원을 임명할 수 있고(위 정관 제55조 참조) 위 천종태는 위와 같이 임명된 조합의 직원인 업무부장에 불과한 사실, 그리고 위 천종태가 조합의 금융업무를 처리하면서 예금계좌의 개설이나 예금인출을 위하여 이사장의 직인을 사용하기는 하였으나, 위 직인은 조합 이사장실에 있는 금고에 넣어 보관하는데 아침에 꺼내어 사용하고 저녁에 다시 금고에 넣어 보관하는 사실, 원고조합은 예금을 함에 있어서 원칙적으로 금융실명거래및비밀보장에관한긴급재정경제명령의시행을위한대통령령 제3조 제3호의 규정에 의하여 조합을 대표하는 자의 실지명의에 의하여 할 것인데, 위 정기예금은 그 명의자가 경민여중(사업자등록번호 127-82-00029), 경민외고(사업자등록번호 127-82-02750)로 되어 있을뿐 위

천종태의 명의로 되어 있지도 아니하고, 위 정기예금을 개설함에 있어서도 위 천종태의 인감이 아니라 원고조합 이사장의 직인이 사용된 사실을 인정할 수 있는 바, 이에 의하면 원고조합의 업무를 총괄하여 집행하고 외부에 대하여 조합을 대표할 권한은 이사장에게 있다 할 것이고 위 천종태는 위 조합의 사무직원으로서 위 이사장의 지휘감독 아래 업무를 처리, 보조하는 사무를 담당하고 있는데 불과하다 할 것이다.

(3) 따라서 위 천종태가 원고조합의 포괄적인 업무집행권이 있음을 전제로 한 피고의 주장은 받아들일 수 없다.

라. 피고가 천종태에 대하여 위 정기예금을 지급함에 있어서 위 약관에 따른 주의의무를 다하여 면책되는지 여부에 대한 판단

(1) 상호신용금고수신거래기본약관 제12조 제1항은 '금고는 지급청구서, 수표, 어음, 제신고서에 찍힌 인영(또는 서명)을 신고한 인감(또는 서명감)과 육안에 의하여 상당한 주의로써 대조하여 틀림없다고 인정하고 지급청구서 등에 기재된 비밀번호가 신고한 비밀번호와 일치함을 인정하여 지급, 기타의 처리를 한 경우에는 지급청구서 등과 도장에 관한 위조, 변조, 도용 그 밖의 어떠한 사고로 말미암아 거래처에게 손해가 생겨도 책임을 지지 아니합니다.'라고 규정하고(갑제4호증 참조), 정기부금예수금약관 제5조는 '신고하신 인감과 상당한 주의로써 대조하여 틀림없다고 인정하여 원리금 지급 등의 처리를 한 경우에는 통장 또는 인감의 도용, 위조, 변조 기타 어떠한 사고에 기인한 것이라도 저희 금고는 책임을 지지 아니합니다'고 규정하고(을제2호증의 3,4 참조) 있는 바, 위 약관의 취지는 통상의 주의를 하였더라면 정당한 예금청구인인가 여부를 식별할 수 있는 것을 고의 또는 과실로 이를 알지 못하고 권한 없는 자에게 지급되었을 때까지 무조건 그 지급이 유효하다는 것은 아니라 할 것이므로(대법원 1975. 5. 27.선고 74다2083판결 참조), 이 사건 정기예금의 정당한 예금청구인이 아닌 위 천종태에 대한 피고의 예금지급이 유효한지 여부에 관하여 본다.

살피건대, 피고의 천종태에 대한 이 사건 정기예금의 지급이 변제로서 유효하기 위하여는 먼저 위 천종태가 진실한 예금채권자라고 믿게 할 만한 외관을 갖추고 있어야 하고, 다음 피고가 위 천종태에게 위 정기예금의 수령권한이 있다고 믿고 또 그렇게 믿는데에 과실이 없어야 할 것인 바, ① (증거)를 종합하면, 상호신용금고법규집 예금규정 46조 제1항은 예금을 지급할 때에는 원칙적으로 창구에서 통장(또는 증서) 및 청구서를 제시받아야 한다고 규정하고 , 같은 규정 제52조 제1항은 무통장, 무인감, 가전표 등에 의한 지급의 편의취급은 원칙적으로 금지한다. 다만 예금주의 부득이한 사정으로 인하여 편의취급 요청이 있는 경우에는 사고발생의 우려가 없다고 인정되는 경우에 한하여 취급할 수 있다고 규정하여 원칙적으로 소위 예금주의 편의취급을 금지하고 있고 제2항 이하에서는 위 제1항 단서에 의하여 편의취급이 허용될 경우의 절차를 상세히 규정하고 있으며, 상호신용금고 수신거래기본약관 제4조는 예금거래처는 상호신용금고에서 교부한 통장(증서를 포함)에 의하여 거래하여야 한다고 규정하고 있는 사실, 그런데 위 천종태가 이 사건 정기예금을 인출함에 있어서는 그 통장을 원고조합에 보관시켜 놓은 채 원고조합 이사장의 직인만을 피고에게 제시하여 인출을 신청하였고 피고가 이에 응하여 예금인출을 하여준 사실을 인정할 수 있는 바, ② 금융실명거래및비밀보장에관한긴급재정경제명령 제3조 제1항의 취지에 비추어 볼 때 예금명의자도 아니고 예금통장도 소지하지 아니한 예금행위자에 불과한 자는 금융실명제가 시행된 후에는 극히 예외적인 특별한 사정이 인정되지 않는 한 예금채권을 준점유하는 자에 해당한다고 할 수 없다 할 것인데(대법원 1996. 4. 23.선고 95다55986판결 참조), 앞서 본 바와 같이 이 사건 정기예금의 실질적인 출연자가 위 천종태가 아니라 원고조합이라는 점을 피고 자신이 알고 있었고, 또한 이 사건 정기예금통장의 예금자 명의도 위 천종태가 아닌 경민외고, 경민여중으로 되어 있었던 사정 등에 비추어 보면, 그동안 위 천종태가 원고조합의 업무부장으로서 피고와 사이에 통장을 개설하고 입출금업무를 하여 온 점만으로는 위 정기예금을 해약, 인출할 당시 그 통장을 소지하지도 아니한 위 천종태가 진실한 예금채권자라고 믿게 할 외관을 갖추었다고 할 수 없고, ③ 또 일반적으로 금융기관에서는 예금이 인출될 경우에는 반드시 예금주로부터 예금통장, 신고인감 등을 제출받아 예금주 본인 여부 및 인출의사 여부를 확인한 후 예금을 지급하여야 할 업무상 주의의무가 있다고 할 것인데, 앞서 본 바와 같이 상호신용금고수신거래기본약관 제4조에 의하면 예금을 인출할 경우에는 원칙적으로 예금통장을 함께 제출하여야 하는데도 예금통장이 제출되지 않은 상태에서 이 사건 정기예금의 인출이 이루어진 사정, 갑제5호증의 1,2의 각 기재에 의하여 인정되는 바와 같이 위와 같이 통장의 제출이 없었음에도 예금인출 당시 피고가 위 정기예금의 출연자인 원고조합 또는 예금명의자인 경민외고, 경민여중의 대표자에 대하여 인출의사 등을 확인해 본 바도 없고, 그 후에도 통장을 제시받아 예금인출 등의 취지를 표시해 두지도 아니한 사정, 그리고 아래 (2)항에서 보는 바와 같이 대출규정을 어기면서 별표 4.의 ①②③항의 정기예금(합계 금300,000,000원)을 담보로 하여 별표 5.의 기재와 같이 합계 금 265,000,000원을 예적금담보대출하여 준 후 위 정기예금 300,000,000원과 위 대출금 및 이자를 상계처리한 사정 등에 비추어 보면, 위 천종태가 이 사건 정기예금의 출연자인 원고조합의 직원으로서 피고와 금융거래를 하여 왔고, 이 사건 정기예금계약도 천종태가 체결하였던 점만으로는 피고의 입장에서 예금통장을 소지, 제출하지 않은 위 천종태가 위 예금을 수령할 권한이 있다고 믿은데에 과실이 없었다고 보기 어려우므로, ④ 비록 피고가 위 정기예금을 위 천종태에게 지급함에 있어서 상호신용금고수신거래기본약관 등의 규정에 따라 지급청구서에 찍힌 원고조합 이사장 직인의 인영과 신고한 인감을 대조하여 틀림이 없다고 인정하여 지급하였다하여 그러한 사정만으로 이 사건 정기예금지급에 관한 피고의 책임이 면책되는 것이라 할 수 없다 {피고는 천종태가 경민외고 명의의 별표 2.의 ④⑤항의 정기예금 2계좌(합계 금 200,000,000원)를 만기인출하여 새로이 같은 일자로 같은 경민외고 명의의 별표 2.의 ⑥⑦항의 정기예금 2계좌(합계 금 200,000,000원)를 개설하였고, 경민여중 명의의 별표 4.의 ④⑤⑥⑦항의 정기예금 4계좌(합계 금 200,000,000원)를 해약인출하여 같은 일자로 같은 경민여중 명의의 별표 4,의 ⑧항의 보통예금에 예입하였기 때문에, 원고는 별표 2.의 ④⑤항의 정기예금 2계좌 및 별표 4.의 ④⑤⑥⑦항의 정기예금 2계좌의 예금의 반환청구를 할 수 없다고 주장한다. 그러나 금융여수신 업무를 담당하는 피고로서는, 위 천종태가 원고 조합의 관리 감독을 피하기 위하여 원고 조합이 그 통장을 관리하고 있는 위 정기예금에서 임의로 예금을 인출하여 원고 조합의 감독이나 간섭을 받지 않고 천종태 자신이 자유로이 관리할 수 있는 계좌에 금원을 예입하여 그 예금을 자유로이 처분할 수도 있다는 사정을 충분히 예상할 수 있었고, 또한 정기예금은 그 만기일이 정하여져 있고 보통예금보다 이율이 고율이어서 예금자는 예금이 만기일까지 안전하게 보관되고 있다는 기대감이 있는 점 등을 고려하면 정기예금의 중도해약의 경우는 만기 후의 인출의 경우에 못지않게 금융기관의 본인확인의무 등 주의의무가 부여되어 있다 할 것이고, 통상 중도해약의 경우 예금을 인출하려는 자로부터 중도해약을 하여 예금을 인출하여야 할 급박한 사유 등을 청취하여 이를 판단하여야 할 것인데, 앞서 인정한 사실에 비추어 보면 피고는 이러한 사정을 고려하여 주의하지 않고 이 사건 정기예금의 통장을 소지, 제출하지도 않은 천종태에 대하여 위 예금을 인출할 권한이 있는 여부 등을 확인하지도 않고 예금을 인출하여 주었다 할 것인 바 (별표 2.의 ⑥⑦항의 정기예금의 계약일이 1996. 1. 18.이고 만기일이 1997. 1. 18.인데 위 천종태가 1996. 2. 9. 위 예금을 중도해약하여 인출한 사실은 앞서 본 바와 같고, 갑제6호증의 29,30의 각 기재에 의하면 별표 2.의 ④⑤항의 정기예금을 인출하여 개인용도로 사용하였다고 진술하고 있는 사실을 인정할 수 있는 바 이러한 사실을 모아 보면 위 천종태는 임의로 위 별표 2,의 ④⑤항의 정기예금을 인출하여 편의상 이를 별표 2.의 ⑥⑦항의 예금에 예입하여 그 통장을 보관하다가 이를 인출하여 개인용도로 사용한 것으로 보인다. 또한 피고로서는 이와 같이 천종태가 별표 4.의 ④⑤⑥⑦항의 정기예금을 중도해약하는 경우에는 통상의 만기 후의 인출의 경우와 마찬가지로 천종태에게 이를 인출할 권한이 있는가를 주의 깊게 확인하여야 하고, 특히 피고가 주장하는 바와 같이 천종태가 위 정기예금을 인출하여 이율이 낮은 보통예금에 예입하였다면 천종태로부터 중도해약을 하는 이유 등을 청취하여 중도해약의 권한이 있는지 여부를 살펴 보았어야 한다), 그렇다면 천종태가 이 사건 정기예금을 만기인출 또는 중도해약하여 각 같은 예금자 명의의 정기예금을 개설하여 예입하였다거나 보통예금에 예입하였다 하더라도 피고의 입장에서 천종태가 위 정기예금을 인출할 권한이 있다고 믿은데에 과실이 없었다고 할 수 없고, 따라서 피고는, 위 천종태에 대하여 이 사건 정기예금을 인출하여 준 피고의 행위가 원고에 대하여 효력이 없음을 전제로 위 정기예금의 반환을 구하는 원고의 이 사건 청구를 거부할 수 없다}.

(2) 상호신용금고법규집 대출규정 제16조 제1항은 채무관계자가 법인, 조합 기타 관계자인 경우에는 법령, 정관, 등기부등본 또는 조합규약 등에 의하여 대표자의 자격 및 권한을 확인하여야 한다고 규정하고, 제2항은 전항의 서류 이외에 차입 또는 담보제공 및 보증행위에 관하여 관계법령 등에 의해 감독청의 허가 또는 승인을 필요로 하는 경우에는 이를 증빙할 수 있는 서류를 받아 확인하여야 한다고 규정하면서 법령에 의한 감독청의 허가 또는 승인을 필요로 하는 사항의 예로서 1호에 사립학교를 규정하고 있으며, 제88조 제1항은 금고의 예금을 담보로 취득하는 때에는 질권설정계약을 체결하고 확정일자를 받으며 예금통장을 점유하여야 한다. 다만 통장식 담보증서는 예금주에게 내줄 수 있다. 이 경우 통장을 제출받아 그 통장상에 질권설정의 뜻을 기재하고 책임자가 검인한 후 교부한다고 규정하고 있는데(을제37호증의 6 참조), 이 사건에 있어서 피고가 사립학교인 경민여중의 명의로 되어 있는 별표 4.의 ①②③항의 정기예금(합계 금300,000,000원)을 담보로 하여 별표 5.의 기재와 같이 4차례에 걸쳐 합계 금 265,000,000원을 예적금담보대출을 하여 줌에 있어서 위 대출규정 제16조에 규정된 바와 같이 경민여중의 대표자의 자격 및 권한, 감독청의 허가 또는 승인 여부 등을 확인하였다거나, 제88조에 규정된 바와 같이 위 정기예금의 통장을 제출받아 그 통장상에 질권설정의 뜻을 기재하는 등의 절차를 밟아 대출을 하여 주었다는 점을 인정할만한 자료가 전혀 없는 바, 결국 피고는 위 대출절차에서부터 대출규정을 어긴 잘못이 있고, 그러한 피고가 위 경민여중으로부터 위 정기예금통장의 제출도 받음이 없이 단순히 천종태의 상계요청에 의하여 위 정기예금과 위 대출원리금을 상계처리 할 수는 없다 할 것이므로 위 정기예금지급에 관한 피고의 책임도 면책된다 할 수 없다.

(3) 따라서 피고가 위 천종태에게 위 정기예금을 지급함에 있어서 주의의무를 다하였음을 전제로 하는 피고의 주장도 받아들일 수 없다.

마. 소결론

위에서 인정한 바에 의하면, 결국 이 사건 정기예금 9계좌(계좌번호 : 07-0594-00266, 07-0594-00267, 07-0596-00461, 07-0596-00462, 07-0596-00463, 07-0596-00464, 07-0596-00178, 07-0596-00179, 07-0596-00180, 예금 합계액 700,000,000원)의 중도해지 또는 인출은 권한 없는 자에 의하여 이루어진 것으로서 예금주인 원고에게 효력이 없는 것으로 귀착되고, 한편 위 정기예금의 만기일이 도과하였음은 역수상 명백하므로, 피고는 원고에게 위 예금을 지급할 의무가 있다고 할 것이다.

3. 결론

그렇다면 피고는 원고에게 위 정기예금 합계 금 700,000,000원 및 이에 대한 위 정기예금의 각 만기 이후로서 원고가 구하는 바에 따라 이 사건 소장부본이 피고에게 송달된 날의 다음날임이 기록상 명백한 1998. 6. 17.부터 피고가 그 이행의무의 존부 및 범위에 관하여 항쟁함이 상당하다고 인정되는 당심 판결선고일인 2000. 6. 16.까지는 민법 소정의 연 5푼의, 그 다음날부터 완제일까지는 소송촉진등에관한특례법 소정의 연 2할5푼의 각 비율에 의한 지연손해금을 지급할 의무가 있다 할 것이므로 원고의 주위적청구는 위 인정범위 내에서 이유있어 이를 인용하고 나머지 청구는 이유없어 이를 기각할 것인 바, 원심판결은 이와 결론을 달리 하여 부당하므로 이를 취소하여 피고에게 위 금원의 지급을 명하고, 원고의 나머지 항소는 이유없어 이를 기각하고, 소송비용의 부담에 관하여는 민사소송법 제96조, 제92조 단서, 제89조를, 가집행에 관하여는 같은 법 제199조를 각 적용하여 주문과 같이 판결한다.(별표 생략)

(1-2) 대법원 2002. 6. 14. 선고 2000다38992 판결

【원고, 피상고인】 경민협동조합
【피고, 상고인】 주식회사 대양상호신용금고
【원심판결】 서울고등법원 2000. 6. 16. 선고 99나11566 판결
【주 문】 상고를 기각한다. 상고비용은 피고의 부담으로 한다.

【이 유】

1. 원심판결 이유를 기록에 비추어 살펴보면, 원심이 "원고가 원고 조합의 포괄적인 업무집행권을 가지고 있는 소외 천종태에게 이 사건 예금거래에 관한 권한을 포괄적으로 위임하여 그에 기하여 이 사건 예금거래가 이루어졌으므로 천종태가 한 이 사건 예금계약의 해지 및 예금 인출행위는 원고에 대하여 그 효력이 있다."는 피고의 주장을 그 판시와 같은 이유로 배척한 것은 정당한 것으로 수긍이 되고, 거기에 상고이유로 주장하는 바와 같은 채증법칙 위배 또는 심리미진으로 인한 사실오인의 위법이 있다고 할 수 없다.

2. 예금계약의 체결을 위임받은 자가 가지는 대리권에 당연히 그 예금을 담보로 대출을 받거나 이를 처분할 수 있는 대리권이 포함되어 있는 것은 아니라 할 것인바(대법원 1992. 6. 23. 선고 91다14987 판결, 1995. 8. 22. 선고 94다59042 판결 등 참조), 기록에 비추어 살펴보면, 같은 취지에서 원심이 천종태에게 원고를 대리하여 판시 정기예금 3억 원을 담보로 금 265,000,000원을 대출받고 그 대출원리금 채무의 변제를 위하여 위 정기예금계약을 해지하고 예금과 대출금 채무를 상계처리 할 권한이 있다는 취지의 피고의 주장을 배척한 것은 정당한 것으로 수긍이 되고, 거기에 상고이유로 주장하는 바와 같은 채증법칙 위배로 인한 사실오인이나 대출 및 상계처리에 관한 법리오해의 위법이 있다고 할 수 없다.

3. 구 금융실명거래및비밀보장에관한긴급재정경제명령 제3조 제1항은 "금융기관은 거래자의 실지명의에 의한 금융거래를 하여야 한다."고 규정하고 있으므로, 금융기관에 예금을 하고자 하는 자는 원칙적으로 직접 주민등록증과 인감을 지참하고 금융기관에 나가 자기 이름으로 예금을 하여야 하나, 대리인이 본인의 주민등록증과 인감을 가지고 가서 본인의 이름으로 예금하는 것이 허용된다고 하더라도, 이 경우 금융기관으로서는 자기가

주민등록증을 통하여 실명확인을 한 예금명의자를 위 재정명령 제3조에서 규정한 거래자로 보아 그와 예금계약을 체결할 의도를 가지고 있었다고 보아야 하므로, 예금명의자가 아니고 예금통장도 소지하지 않은 예금행위자에 불과한 자는 금융실명제가 시행된 후에는 극히 예외적인 특별한 사정이 인정되지 않는 한 예금채권을 준점유하는 자에 해당될 수가 없고(대법원 1996. 4. 23. 선고 95다55986 판결 참조), 상호신용금고수신거래기본약관의 "금고는 지급청구서, 수표, 어음, 제신고서에 찍힌 인영(또는 서명)을 신고한 인감(또는 서명감)과 육안에 의하여 상당한 주의로써 대조하여 틀림없다고 인정하고 지급청구서 등에 기재된 비밀번호가 신고한 비밀번호와 일치함을 인정하여 지급, 기타의 처리를 한 경우에는 지급청구서 등과 도장에 관한 위조, 변조, 도용 그 밖의 어떠한 사고로 말미암아 거래처에게 손해가 생겨도 책임을 지지 아니한다."는 면책특약의 취지는 통상의 주의를 하였더라면 정당한 예금청구인인가 아닌가를 식별할 수 있는 것을 고의 또는 과실로 이를 알지 못하고 권한 없는 자에게 지급되었을 때까지 무조건 그 지급이 유효하다는 것은 아니라고 해석된다 할 것이다(대법원 1975. 5. 27. 선고 74다2083 판결, 1992. 6. 23. 선고 91다14987 판결 등 참조).

원심판결 이유에 의하면, 원심은 상호신용금고법규집 예금규정 제46조 제1항은 예금을 지급할 때에는 원칙적으로 창구에서 통장(또는 증서) 및 청구서를 제시받아야 한다고 규정하고, 같은 규정 제52조 제1항은 무통장, 무인감, 가전표 등에 의한 지급의 편의취급은 원칙적으로 금지한다. 다만, 예금주의 부득이한 사정으로 인하여 편의취급 요청이 있는 경우에는 사고발생의 우려가 없다고 인정되는 경우에 한하여 취급할 수 있다고 규정하여 원칙적으로 소위 예금주의 편의취급을 금지하고 있고 제2항 이하에서는 위 제1항 단서에 의하여 편의취급이 허용될 경우의 절차를 상세히 규정하고 있으며, 상호신용금고 수신거래기본약관 제4조는 예금거래처는 상호신용금고에서 교부한 통장(증서를 포함)에 의하여 거래하여야 한다고 규정하고 있는 사실, 천종태가 이 사건 정기예금을 인출함에 있어서 그 통장을 원고 조합에 보관시켜 놓은 채 원고 조합 이사장의 직인만을 피고에게 제시하여 인출을 신청하였고 피고가 이에 응하여 예금인출을 하여준 사실을 인정한 다음, 금융실명거래및비밀보장에관한긴급재정경제명령 제3조 제1항의 취지에 비추어 볼 때 예금명의자도 아니고 예금통장도 소지하지 아니한 예금행위자에 불과한 자는 금융실명제가 시행된 후에는 극히 예외적인 특별한 사정이 인정되지 않는 한 예금채권을 준점유하는 자에 해당한다고 할 수 없다 할 것인데, 이 사건 정기예금의 실질적인 출연자가 천종태가 아니라 원고 조합이라는 점을 피고 자신이 알고 있었고, 또한 이 사건 정기예금통장의 예금자 명의도 천종태가 아닌 경민외고, 경민여중으로 되어 있었던 사정 등에 비추어 보면, 그 동안 천종태가 원고 조합의 업무부장으로서 피고와 사이에 통장을 개설하고 입출금업무를 하여 온 점만으로는 위 정기예금을 해약・인출할 당시 그 통장을 소지하지도 아니한 천종태가 진실한 예금채권자라고 믿게 할 외관을 갖추었다고 할 수 없고, 또 일반적으로 금융기관에서는 예금이 인출될 경우에는 반드시 예금주로부터 예금통장, 신고인감 등을 제출받아 예금주 본인 여부 및 인출의사 여부를 확인한 후 예금을 지급하여야 할 업무상 주의의무가 있다고 할 것인데, 앞서 본 바와 같이 상호신용금고 수신거래기본약관 제4조에 의하면, 예금을 인출할 경우에는 원칙적으로 예금통장을 함께 제출하여야 하는데도 예금통장이 제출되지 않은 상태에서 이 사건 정기예금의 인출이 이루어진 사정, 피고가 위와 같이 통장의 제출이 없었음에도 예금인출 당시 위 정기예금의 출연자인 원고 조합 또는 예금명의자인 경민외고, 경민여중의 대표자에 대하여 인출의사 등을 확인해 본 바도 없고, 그 후에도 통장을 제시받아 예금인출 등의 취지를 표시해 두지도 아니한 사정 등에 비추어 보면, 천종태가 이 사건 정기예금의 출연자인 원고 조합의 직원으로서 피고와 금융거래를 하여 왔고, 이 사건 정기예금계약도 천종태가 체결하였던 점만으로는 피고의 입장에서 예금통장을 소지・제출하지 않은 천종태가 위 예금을 수령할 권한이 있다고 믿은 데에 과실이 없었다고 보기 어려우므로, 비록 피고가 위 정기예금을 천종태에게 지급함에 있어서 상호신용금고수신거래기본약관 등의 규정에 따라 지급청구서에 찍힌 원고 조합 이사장 직인의 인영과 신고한 인감을 대조하여 틀림이 없다고 인정하여 지급하였다 하여 그러한 사정만으로 이 사건 정기예금 지급에 관한 피고의 책임이 면책되는 것이라 할 수 없다고 판단하고, 나아가 금융여수신 업무를 담당하는 피고로서는 천종태가 원고 조합의 관리 감독을 피하기 위하여 원고 조합이 그 통장을 관리하고 있는 위 정기예금에서 임의로 예금을 인출하여 원고 조합의 감독이나 간섭을 받지 않고 천종태 자신이 자유로이 관리할 수 있는 계좌에 금원을 예입하여 그 예금을 자유로이 처분할 수도 있다는 사정을 충분히 예상할 수 있었고, 또한 정기예금은 그 만기일이 정하여져 있고 보통예금보다 이율이 고율이어서 예금자는 예금이 만기일까지 안전하게 보관되고 있다는 기대감이 있는 점 등을 고려하면 정기예금의 중도해약의 경우는 만기 후의 인출의 경우에 못지않게 금융기관의 본인확인의무 등 주의의무가 부여되어 있다 할 것이고, 통상 중도해약의 경우 예금을 인출하려는 자로부터 중도해약을 하여 예금을 인출하여야 할 급박한 사유 등을 청취하여 이를 판단하여야 할 것인데, 피고는 이러한 사정을 고려하여 주의하지 않고 이 사건 정기예금의 통장을 소지·제출하지도 않은 천종태에 대하여 위 예금을 인출할 권한이 있는 여부 등을 확인하지도 않고 예금을 인출하여 주었다 할 것인바, 그렇다면 천종태가 이 사건 정기예금을 만기인출 또는 중도해약하여 각 같은 예금자 명의의 정기예금을 개설하여 예입하였다거나 보통예금에 예입하였다 하더라도 피고의 입장에서 천종태가 위 정기예금을 인출할 권한이 있다고 믿은 데에 과실이 없었다고 할 수 없으며, 또 상호신용금고법규집 대출규정 제16조 제1항은 채무관계자가 법인, 조합 기타 관계자인 경우에는 법령, 정관, 등기부등본 또는 조합규약 등에 의하여 대표자의 자격 및 권한을 확인하여야 한다고 규정하고, 제2항은 전항의 서류 이외에 차입 또는 담보제공 및 보증행위에 관하여 관계 법령 등에 의해 감독청의 허가 또는 승인을 필요로 하는 경우에는 이를 증빙할 수 있는 서류를 받아 확인하여야 한다고 규정하면서 법령에 의한 감독청의 허가 또는 승인을 필요로 하는 사항의 예로서 ㅇㅇ학교를 규정하고 있으며, 제88조 제1항은 금고의 예금을 담보로 취득하는 때에는 질권설정계약을 체결하고 확정일자를 받으며 예금통장을 점유하여야 하며, 다만 통장식 담보증서는 예금주에게 내줄 수 있고, 이 경우 통장을 제출받아 그 통장상에 질권설정의 뜻을 기재하고 책임자가 검인한 후 교부한다고 규정하고 있는데, 피고가 ㅇㅇ학교인 경민여중의 명의로 되어 있는 판시 금 300,000,000원의 정기예금을 담보로 하여 4차례에 걸쳐 합계 금 265,000,000원을 예적금담보대출을 하여 줌에 있어서 경민여중의 대표자의 자격 및 권한, 감독청의 허가 또는 승인 여부 등을 확인하였다거나, 정기예금의 통장을 제출받아 그 통장상에 질권설정의 뜻을 기재하는 등의 절차를 밟지 아니하여 대출절차에서부터 대출규정을 어긴 잘못이 있고, 그러한 피고가 경민여중으로부터 정기예금통장의 제출도 받음이 없이 단순히 천종태의 상계요청에 의하여 위 정기예금과 위 대출원리금을 상계처리할 수는 없다 할 것이므로 위 정기예금 지급에 관한 피고의 책임도 면책된다 할 수 없다고 판단하였다.

위에서 본 법리와 기록에 비추어 살펴보면, 원심의 위와 같은 사실인정과 판단은 정당한 것으로 수긍이 되고, 거기에 상고이유로 주장하는 바와 같은 채증법칙 위배로 인한 사실오인이나 증거판단의 유탈 또는 약관에 따른 면책 여부에 관한 법리오해의 위법이 있다고 할 수 없다.

4. 위에서 본 바와 같이 원심은, 천종태에 대한 예금의 지급은 권한 없는 자에 대한 변제로서 그 지급에 피고의 과실이 없다고 할 수 없다고 판단하여 결국 피고의 표현대리의 주장을 배척한 것으로 볼 수 있으므로, 원심이 피고가 금융거래의 표현대리에 관한 주장을 하는지 여부에 관하여 석명을 하지 아니한 위법을 저질렀다고 할

수 없다. 이 점에 관한 상고이유의 주장은 받아들일 수 없다.

5. 그러므로 상고를 기각하고, 상고비용은 패소자의 부담으로 하기로 하여 관여 법관의 일치된 의견으로 주문과 같이 판결한다.

(2) 대법원 1995. 1. 24. 선고 93다32200 판결

【원고, 피상고인】 김웅진
【피고, 상고인】 충북중기 주식회사
【원심판결】 서울고등법원 1993.5.27. 선고 92나38265 판결
【주 문】

원심판결 중 소외 망 김수완의 손해배상채권에 해당하는 부분을 파기하고, 그 부분 사건을 서울고등법원에 환송한다. 피고의 나머지 상고를 기각한다. 상고기각 부분에 관한 상고비용은 피고의 부담으로 한다.

【이 유】

상고이유를 본다.

1. 원심판결이 인용한 제1심판결이 인정한 사실관계는 다음과 같다.

소외 망 김수완의 어머니인 소외 송정수와 그 형제자매 등은 위 김수완이 피고회사 소속 운전사인 한동완이 운전하던 덤프트럭에 치어 사망하자 서울지방법원 동부지원 91가합4568호로 위 교통사고를 원인으로 피고를 상대로 손해배상청구소송을 제기하여 1991.9.6. 위 법원으로부터 위 소외인 등의 일부승소판결을 선고받았다. 피고는 소외 동양화재해상보험주식회사(이하 소외 보험회사라 한다)를 통하여 1991.9.24. 위 소외인들에게 판결원금 및 그때까지의 지연손해금 합계 금 97,677,047원에서 일부를 면제받고, 금 85,000,000원을 손해배상금으로 지급하였다.

한편, 원고는 원고가 위 망 김수완의 친생자임을 주장하여 같은 해 5.18. 청주지방법원에 인지청구소송을 제기하여 같은 해 12.27. 인지판결을 선고받고, 그 판결이 그 무렵 확정되었다. 그런데, 원고와 그 어머니인 소외 문혜주는 위 송정수 등이 피고를 상대로 손해배상청구소송을 제기하자 곧바로 같은 해 3.9. 내용증명우편으로 피고 및 소외 보험회사에게 원고가 위 망인의 친생자이므로 위 망인에 대한 손해배상금을 위 송정수 등에게 지급하여서는 아니된다는 통지를 하였고, 그 후 위 소외보험회사에 위 인지청구소송의 소장 및 소제기접수증 등의 사본을 건네주었다.

원고와 위 문혜주는 같은 해 7.28. 피고를 상대로 이 사건 교통사고에 기한 손해배상을 구하는 이 사건 소를 제기하였고, 그 소장부본이 위 송정수 등의 손해배상청구소송의 판결선고 전인 같은 해 8.5. 피고에게 송달되었다.

2. 원심은 위와 같은 사실관계를 전제로, 소외 망 김수완의 사망으로 인한 손해배상청구권은 인지의 소급효에 의하여 소외 송정수보다 선순위 상속인인 원고에게 상속되었다고 할 것이므로, 특별한 사정이 없는한, 피고는 원고에게 이 사건 사고로 인한 손해배상금을 지급할 의무가 있는 것이라고 하면서, 나아가 소외 보험회사가 위 송정수에게 한 변제는 채권의 준점유자에 대한 변제로서 적법하다는 피고의 주장에 대하여, 위 송정수 등과 피고사이의 소송계속 중에 원고가 인지청구의 소를 제기하고, 다시 피고를 상대로 이 사건 소송을 제기하여 그

소송이 계속 중에 있었으므로, 피고로서는 위 인지소송의 결과와 이 사건 소송의 결과를 기다려 소외 망 김수완의 선순위 상속권자가 누구인지가 밝혀진 후에 그 손해배상금을 지급하여야 함에도 강제집행에 의하지 아니한 합의의 방법으로 성급하게 소외 송정수에게 손해배상금을 지급하였으므로, 위 송정수가 적법한 상속권자라고 믿은데 과실이 있다 아니할 수 없고, 따라서 위 망인의 손해배상채권에 해당하는 부분에 관한 피고의 변제는 이를 유효한 변제라 할 수 없는 것이라고 하여, 피고의 위 항변을 배척하고 있다.

3. 혼인외의 자의 생부가 사망한 경우, 혼인외의 출생자는 그가 인지청구의 소를 제기하였다고 하더라도 그 인지판결이 확정되기 전에는 상속인으로서의 권리를 행사할 수 없고, 그러한 인지판결이 확정되기 전의 정당한 상속인이 채무자에 대하여 소를 제기하고, 나아가 승소판결까지 받았다면, 채무자로서는 그 상속인이 장래 혼인외의 자에 대한 인지판결이 확정됨으로 인하여 소급하여 상속인으로서의 지위를 상실하게 될 수 있음을 들어 그 권리행사를 거부할 수는 없다고 할 것인바(만약 혼인외의 자의 인지청구의 소가 확정될 때까지 채무자가 판결에 따른 이행을 하지 아니하고 상소하지 않으면 안된다고 한다면, 이는 결국 부당한 항쟁을 조장하는 결과가 된다고 하지 않을 수 없을 것이다), 따라서, 그러한 표현상속인에 대한 채무자의 변제는, 특별한 사정이 없는 한, 채무자가 표현상속인이 정당한 권리자라고 믿은 데에 과실이 있다 할 수 없으므로, 채권의 준점유자에 대한 변제로서 적법한 것이라 할 것이다.

그럼에도, 원심은 피고로서는 원고가 제기한 인지소송의 결과와 이 사건 소송의 결과를 기다려 소외 망 김수완의 선순위 상속권자가 누구인지가 밝혀진 후에 그 손해배상금을 지급하여야 할 것이라는 전제 아래, 피고가 강제집행에 의하지 아니한 합의의 방법으로 성급하게 소외 송정수 등에게 이를 지급하였으므로, 피고가 위 송정수를 적법한 상속권자라고 믿은데 과실이 있다고 하여 피고의 항변을 배척하고 말았으니, 원심에는 채권의 준점유자에 대한 변제에 관한 법리를 오해한 위법이 있다고 아니할 수 없다.

4. 그러므로 원심판결 중 망 김수완의 손해배상채권에 해당하는 부분을 파기하고, 그 부분 사건을 원심법원에 환송하기로 하고, 피고의 나머지 상고를 기각하고, 상고기각부분에 관한 상고비용은 피고의 부담으로 하기로 하여 관여법관의 일치된 의견으로 주문과 같이 판결한다.

8 폰뱅킹

(1-1) 대구고등법원 1998. 3. 25. 선고 97나5733 판결

[주 문]

1. 원심판결을 취소한다.
2. 피고는 원고에게 금 80,720,000원 및 이에 대한 1996. 2. 16.부터 같은 해 7. 30.까지는 연 3푼의, 그 다음날부터 1998. 3. 25.까지는 연 5푼의 그 다음날부터 완제일까지는 연 2할 5푼의 각 비율에 의한 금원을 지급하라.
3. 원고의 나머지 주위적 청구를 기각한다.
4. 원고의 나머지 항소 및 피고의 항소를 각 기각한다.

5. 소송비용은 제1, 2심을 합하여 이를 5분하여 그 1은 원고의, 나머지는 피고의 각 부담으로 한다.
6. 제2항은 가집행할 수 있다.

【청구취지】

주위적 및 예비적으로, 피고는 원고에게 금 100,900,000원 및 이에 대한 1996. 2. 16.부터 이 사건 소장부본 송달일까지는 연 3푼의, 그 다음날부터 완제일까지는 연 2할 5분의 각 비율에 의한 금원을 지급하라.

【항소취지】

원고 : 원심판결 중 원고의 패소 부분을 취소한다. 피고는 원고에게 금 50,450,000원 및 이에 대한 1996. 2. 16.부터 이 사건 소장부본 송달일까지는 연 3푼의, 그 다음날부터 완제일까지는 연 2할 5푼의 각 비율에 의한 금원을 지급하라.

피고 : 원심판결 중 피고의 패소 부분을 취소한다. 이 부분 원고의 청구를 기각한다.

【이 유】

1. 인정되는 사실

가. 소외 신호범, 조득래 등은 사채업자들이 가계수표를 개설하려는 사람의 예금계좌에 돈을 일정기간 예치시켜 은행거래실적(평시잔고)을 높여 주고 그에 대한 대가로 수수료를 받는 것을 이용하여 사채업자가 예치시킨 예치금을 전화금융서비스인 폰뱅킹 방법으로 편취하기로 공모하고, 신호범은 가계수표를 개설하여 준다는 광고를 내어 이를 보고 찾아온 소외 김형수로부터 가계수표를 개설하려는 소외 손성재의 주민등록증과 도장 등을 교부 받아 1996. 2. 10. 피고 은행 서대구지점에서 마치 자신이 손성재인 것처럼 가장하여 손성재의 주민등록증을 제시하면서 그 명의의 예금계좌의 개설을 요구하였는데 그 업무를 담당하는 소외 권순옥은 신호범이 예금개설명의인 본인인지의 여부를 제대로 확인하지 않고 신호범에게 손성재 명의로 예금계좌(계좌번호 061-07-245817-001, 이하 입금계좌라 한다)를 개설하여 주고 동시에 그 계좌를 폰뱅킹이 가능한 계좌로 등록하여 주었다.

나. 피고 은행의 폰뱅킹에 의한 업무는 파랑새 폰뱅킹 업무지침과 폰뱅킹 자금이체 서비스약관에 따라 이용자가 자동음성응답시스템을 통하여 폰뱅킹 비밀번호, 예금주의 주민등록번호, 출금계좌의 비밀번호를 입력하면 전산시스템을 통한 기계적 방법으로 예금주임을 확인하여 계좌이체 등의 서비스를 제공하는 방법으로 진행되고, 금융실명거래및비밀보장에관한긴급명령(이하 금융실명제라고 한다)의 시행 이후에는 통장개설시 본인인지의 여부를 확인하고 본인이 아닌 자가 개설신청을 하는 경우에는 본인의 위임장과 위임을 받은 사람의 주민등록증을 확인하도록 되어 있으며, 폰뱅킹 등록의 경우에는 그 중요성을 감안하여 반드시 본인인지의 여부를 확인하여 본인에 의하여서만 등록이 가능하도록 되어 있다.

다. 조득래는 사채업자인 소외 전재근에게 금 100,000,000원을 지정된 계좌에 5일간 입출금을 반복하여 예금평균잔액을 높여 주면 수수료로 금 1,250,000원을 지급하겠다고 제의하여, 전재근이 같은 사채업자인 원고에게 위와 같은 제의를 전하자, 원고는 소외 윤수연에게 조득래로부터 손성재의 주민등록증과 도장 등을 교부받아 그 명의로 예금계좌를 개설하고 그 통장과 도장을 원고에게 전달하도록 지시하였으며, 윤수연은 원고의 지시에 따라 1996. 2. 13. 피고 은행 이현공단지점에서 손성재 명의로 이자율 연 3푼인 저축예금계좌(계좌번호 074-07-

240522-005, 이하 출금계좌라 한다)를 개설하면서 금 900,000원을 예금하고 그 통장과 도장을 다음 날 원고에게 전달하였다.

라. 윤수연이 위 출금계좌를 개설하기 위하여 예금거래신청서의 비밀번호를 기재할 때 신호범 등의 지시극 받은 소외 신복순, 이숙이가 윤수연의 양 옆에 밀착하여 위 예금계좌의 비밀번호인 '9613'을 몰래 알아내고, 신호범은 윤수연이 손성재 명의의 출금계좌를 개설한 즉시 자신이 손성재인 것처럼 가장하여 피고 은행 직원으로부터 미상(未詳)의 방법으로 위 출금계좌번호를 알아냈다.

마. 신호범 등은 원고가 1996. 2. 15. 출금계좌에 금 100,000,000원을 입금 (이하 위 출금계좌에 입금된 합계 100,900,000원의 예금을 이 사건 예금이라고 한다)하자 같은 날 전화를 이용한 폰뱅킹 방법으로 위와 같이 알아낸 출금계좌번호와 비밀번호 등을 눌러 신호범이 미리 개설하여 둔 피고 은행 서대구지점 손성재 명의의 입금계좌로 금 100,000,000원, 그 다음날인 같은 달 16. 조득래가 미리 개설하여 둔 소외 김선민 명의의 예금계좌로 금 900,000원을 각 계좌이체한 다음, 위조한 주민등록증을 이용하여 미리 개설하여 둔 소외 김정원, 정재훈 명의의 각 예금계좌에 다시 계좌이체시켜 위 예금계좌들에서 현금카드로 수십회 걸쳐 금 100,200,000원을 인출하였다.

바. 한편, 손성재는 1996. 7. 1. 원고에게 이 사건 예금채권을 양도하였고, 위 양도 사실을 같은 날 피고 은행에게 통지하였다.

2. 원고의 주장 및 이에 대한 판단

가. 원고는 이 사건 주위적 청구로, 자신이 이 사건 예금의 예금주이거나 그렇지 않다 하더라도 이 사건 예금채권의 양수인으로서 피고 은행에 대하여 이 사건 예금의 지급을 구한다고 주장한다.

나. 그러므로 살피건대, 금융실명제 시행 아래에서 이 사건 예금의 예금주는 그 명의자인 손성재라고 보아야 할 것이므로 자신이 이 사건 예금의 예금주임을 전제로 한 원고의 주장은 나머지 점에 나아가 살필 것도 없이 이유 없다 하겠으나, 앞서 본 바와 같이 원고는 손성재로부터 이 사건 예금채권을 적법하게 양도받았다 할 것이므로 이에 터잡아 원고는 피고 은행에 대하여 이 사건 예금의 지급을 구할 수 있다 하겠다.

다. 이에 대하여 피고는, 이 사건 예금은 저축예금으로 피고 은행의 저축예금약관에 따라 양도가 금지되어 있으므로 이 사건 원고의 청구에 응할 수 없다고 다투나, 원고가 손성재와 피고 은행 사이의 이 사건 예금채권 양도금지특약의 존재를 알았다고 볼 아무런 자료가 없으므로 피고의 위 주장은 이유 없다.

3. 피고의 항변 및 이에 대한 판단

가. 피고는 먼저, 이 사건 예금의 지급이 적법한 권리자가 아닌 신호범 등에 대하여 이루어졌다 하더라도 피고 은행으로서는 위 폰뱅킹의 방법으로 예금주의 계좌번호, 비밀번호 등을 확인한 다음 예금을 지급한 것이므로 이는 진실한 예금채권자라고 믿게 할 만한 외관을 지닌 채권의 준점유자에 대한 예금지급으로서 유효하다고 주장한다.

그러므로 살피건대, 채권의 준점유자에 대한 변제는 그것이 변제자의 선의, 무과실에 의한 것인 때에만 유효한 것인바, 앞서 인정한 바와 같이 위 입금계좌의 개설 및 폰뱅킹의 등록이 본인인 손성재가 아닌 손성재를 참칭한 신호범의 신청에 의하여 이루어졌고 이는 개설인 본인인지의 여부에 대한 확인을 게을리한 피고 은행의 담당

직원인 권순옥의 과실에 기인한 것이라 할 것이므로, 피고 은행의 신호범 등에 대한 이 사건 예금의 지급은 채권의 준점유자에 대한 변제로서 유효하다고 보기 어렵고, 따라서 이 점을 들어 이 사건 원고의 청구에 응할 수 없다는 피고의 위 항변은 이유 없다.

나. 다음으로 피고는, 원고의 피용인인 윤수연이 신호범 등과 공모하여 위 출금계좌의 비밀번호를 누설하였거나, 그렇지 않다 하더라도 위 출금계좌개설시 비밀번호의 관리를 잘못하여 신호범 등에게 위 비밀번호가 알려지게 한 과실로 인하여 피고 은행이 이 사건 예금 상당액의 손해를 입었으므로 윤수연의 사용자인 원고에 대하여 가지는 위 손해배상채권을 자동채권으로 하여 원고가 피고 은행에 대하여 가지는 이 사건 예금채권과 대등액에서 상계한다고 주장한다.

그러므로 살피건대, 윤수연이 신호범 등과 공모하여 그들에게 위 출금계좌의 비밀번호를 누설하였다는 점을 인정할 만한 아무런 증거가 없으므로 이에 기초한 피고의 위 주장은 이유 없다 하겠으나, 앞서 본 바와 같이 윤수연이 피고 은행의 이현공단지점에서 위 출금계좌를 개설하려고 예금거래신청서의 비밀번호를 기재할 때 혹시 다른 사람이 엿보지 않도록 손으로 가리는 등 스스로 그 보안을 위하여 주의를 기울여야 함에도 이를 게을리하여 신호범 증의 지시를 받은 신복순, 이숙이가 윤수연의 양 옆에 밀착하여 위 예금계좌의 비밀번호를 알아내었고 이와 같이 알아낸 비밀번호를 이용하여 신호범 등이 폰뱅킹의 방법으로 이 사건 예금을 인출함으로써, 피고 은행이 이 사건 예금 상당액의 손해를 입게 되었다 할 것인바, 이는 앞서 본 피고 은행 담당직원의 과실과 윤수연의 과실이 경합하여 일어난 것이므로 윤수연의 사용자인 원고는 피용자인 윤수연의 과실로 인하여 피고 은행이 입은 위 손해액 중 윤수연의 과실 부분에 상응하는 금원을 피고 은행에게 배상할 책임이 있다 할 것이다.

나아가 원고가 피고 은행에 배상하여야 할 손해액의 범위에 관하여 보건대, 위에서 인정한 사실관계에 의하면, 이 사건 예금의 인출에 대한 피고 은행 담당직원과 윤수연의 과실비율은 8 : 2 정도로 봄이 상당하므로 원고는 피고 은행에 대하여 금 20,180,000원(위 손해액 금 100,900,000*20%)의 손해배상채무를 진다 할 것인데, 피고의 상계항변에 따라 이를 원고의 피고 은행에 대한 이 사건 예금채권 금 100,900,000원과 대등액에서 상계하면 피고 은행이 원고에게 반환하여야 할 금원은 금 80,720,000원(금 100,900,000원-금 20,180,000원)이 남는다 할 것이므로, 피고의 위 주장은 위 인정범위 내에서 이유 있다.

4. 결론

그렇다면 피고는 원고에게 금 80,720,000원 및 이에 대하여 원고가 구하는 바에 따라 1996. 2. 16.부터 이 사건 소장부본이 피고 은행에게 송달되었음이 기록상 뚜렷한 1996. 7. 30. 까지는 약정상의 연 3푼의, 그 다음날부터 피고가 이 사건 이행의무의 범위에 관하여 다툴 만하다고 인정되는 이 판결 선고일인 1998. 3. 25.까지는 민사법정이율인 연 5푼의, 그 다음날부터 완제일까지는 소송촉진등에관한특례법이 정한 연 2할 5푼의 각 비율에 의한 지연손해금을 지급할 의무가 있다 할 것인바(원고의 주위적 청구가 이유 있으므로 예비적 청구에 관하여는 더 나아가 살펴보지 아니한다), 원고의 주위적 청구를 기각한 원심판결은 이와 결론을 달리하여 부당하므로 이를 취소하여 피고에게 위 인정금원의 지급을 명하고, 원고의 나머지 주위적 청구와 나머지 항소 및 피고의 항소는 이유 없으므로 이를 각 기각하며 소송 비용의 부담에 관하여는 민사소송법 제95조, 제89조, 제92조를 적용하여 주문과 같이 판결한다.

(1-2) 대법원 1998. 11. 10. 선고 98다20059 판결

【원고, 피상고인】 정두이

【피고, 상고인】 주식회사 대구은행

【원심판결】 대구고등법원 1998. 3. 25. 선고 97나5733 판결

【주 문】 원심판결 중 피고 패소 부분을 파기하고 이 부분 사건을 대구고등법원에 환송한다.

【이 유】

상고이유를 본다.

상고이유 제1점에 대하여

예금채권은 금전채권의 일종으로서 일반거래상 자유롭게 양도될 필요성이 큰 재산인 점에 비추어 볼 때, 은행거래약관에서 예금채권에 관한 양도금지의 특약을 정하고 있는 경우, 이러한 특약은 예금주의 이해관계와 밀접하게 관련되어 있는 중요한 내용에 해당하므로, 은행으로서는 고객과 예금계약을 체결함에 있어서 이러한 약관의 내용에 대하여 구체적이고 상세한 명시 · 설명의무를 지게 되고, 만일 은행이 그 명시 · 설명의무에 위반하여 예금계약을 체결하였다면, 은행거래약관에 포함된 양도금지의 특약을 예금계약의 내용으로 주장할 수 없다고 할 것이다(대법원 1996. 6. 25. 선고 96다12009 판결 등 참조).

기록에 의하면, 원고의 직원인 소외 1이 피고 은행과 사이에 소외 2의 명의로 1996. 2. 13.자 저축예금계약을 체결하고 그 자리에서 피고로부터 예금통장을 교부받았으며, 그 통장의 안내말씀란에는 '수신거래기본약관과 상품별약관이 적용되므로 거래은행에 비치된 약관의 내용을 확인하라.'는 취지의 문구가 기재되어 있는 한편, 그 당시 피고 은행에 비치된 저축예금약관에는 예금채권의 양도를 금지하는 조항이 포함되어 있었던 사실을 엿볼 수 있는바, 피고 은행이 이러한 양도금지의 약관조항을 소외 1에게 설명하여 주었다는 아무런 주장과 입증이 없는 이 사건에 있어서, 피고 은행으로서는 그 양도금지의 특약을 예금계약의 내용으로 주장할 수 없다고 할 것이고, 이에 관하여 원심이 원고가 위 양도금지 특약의 존재를 알았다고 볼 아무런 자료가 없다고 판시한 것은 결과에 있어서 정당하고, 거기에 소론과 같이 판결에 영향이 있는 양도금지의 특약에 관한 사실오인의 위법이 있다고 할 수 없다. 논지는 이유 없다.

상고이유 제2점에 대하여

소위 폰뱅킹(phone-banking; telebanking)에 의한 자금이체신청의 경우에는 은행의 창구직원이 직접 손으로 처리하는 경우와는 달리 그에 따른 자금이체가 기계에 의하여 순간적으로 이루어지지만, 그것이 채권의 준점유자에 대한 변제로서 은행에 대하여 요구되는 주의의무를 다하였는지 여부를 판단함에 있어서는, 자금이체시의 사정만을 고려할 것이 아니라 그 이전에 행하여진 폰뱅킹의 등록을 비롯한 제반 사정을 총체적으로 고려하여야 하며, 한편 은행이 거래상대방의 본인 여부를 확인할 필요가 있는 경우에 담당직원으로 하여금 그 상대방이 거래명의인의 주민등록증을 소지하고 있는지 여부를 확인하는 것만으로는 부족하고 그 직무수행상 필요로 하는 충분한 주의를 다하여 주민등록증의 진정 여부 등을 확인함과 아울러 그에 부착된 사진과 실물을 대조하여야 할 것인바, 만일 실제로 거래행위를 한 상대방이 주민등록상의 본인과 다른 사람이었음이 사후에 밝혀졌다고 한다면, 특별한 사정이 없는 한, 은행으로서는 위와 같은 본인 확인의무를 다하지 못한 과실이 있는 것으로 사실상 추정된다고 할 것이다.

원심판결의 이유에 의하면, 원심은 거시 증거에 의하여, 피고 은행의 폰뱅킹에 의한 업무는 파랑새 폰뱅킹 업무지침과 폰뱅킹 자금이체 서비스약관에 따라 이용자가 자동음성응답시스템을 통하여 폰뱅킹 비밀번호, 예금주의 주민등록번호, 출금계좌의 비밀번호를 입력하면 전산시스템을 통한 기계적 방법으로 예금주임을 확인하여 계좌이체 등의 서비스를 제공하는 방법으로 진행되고, 금융실명제의 시행 이후에는 통장개설시 본인인지의 여부를 확인하고 본인이 아닌 자가 개설신청을 하는 경우에는 본인의 위임장과 위임을 받은 사람의 주민등록증을 확인하도록 되어 있으며, 폰뱅킹의 비밀번호는 그 중요성을 감안하여 반드시 본인이 직접 등록하도록 정하고 있는 사실, 그런데 소외 3은 가계수표를 개설하여 준다는 광고를 내어 이를 보고 찾아 온 소외 4로부터 가계수표를 개설하려는 소외 손성재의 주민등록증과 도장 등을 교부받아 1996. 2. 10. 피고 은행 서대구지점에서 마치 자신이 손성재인 것처럼 가장하여 손성재의 주민등록증을 제시하면서 그 명의의 예금계좌의 개설을 요구하였는데 그 업무를 담당하는 소외 5은 소외 3이 예금개설명의인 본인인지의 여부를 제대로 확인하지 않고 손성재 명의로 예금계좌(이하 '입금계좌'라 한다)를 개설하여 줌과 아울러 그 계좌를 폰뱅킹이 가능한 계좌로 등록하여 준 사실, 그 후 소외 3은 같은 달 15.과 16.의 양일에 걸쳐 원고가 그 직원인 소외 윤수연을 통하여 소외 2의 명의로 개설한 별도의 예금계좌(이하 '출금계좌'라 한다)에 입금한 금 100,900,000원의 이 사건 예금을 폰뱅킹의 방법으로 위 입금계좌 및 다른 예금계좌로 계좌이체신청을 한 다음, 위조한 주민등록증을 이용하여 미리 개설하여 둔 소외 6, 7명의의 각 예금계좌에 다시 계좌이체시켜 위 예금계좌들에서 현금카드로 수십회에 걸쳐 금 100,200,000원을 인출한 사실 등을 인정한 다음, 위 입금계좌의 개설 및 폰뱅킹의 등록이 계좌명의인인 소외 2를 참칭한 소외 3의 신청에 의하여 이루어졌고, 이는 개설인 본인인지의 여부에 대한 확인을 게을리 한 피고 은행의 담당직원인 권순옥의 과실에 기인한 것이라는 이유로 이 사건 예금의 지급이 채권의 준점유자에 대한 변제로서 유효하다는 피고의 주장을 배척하였는바, 앞서 본 법리에 비추어 볼 때 원심의 이러한 조치는 수긍이 가고, 위 출금계좌를 개설할 당시 주민등록증에 의하여 본인 여부를 식별할 수 없는 특별한 사정이 있었다는 점에 관하여 피고로부터 원심 변론종결시까지 아무런 주장 · 입증이 없었던 이상, 원심 판단에 소론과 같이 채권의 준점유자에 대한 변제에 관하여 심리미진이나 법리오인의 위법이 있다고 할 수 없다. 논지는 이유 없다.

상고이유 제3점에 대하여

소론은 이 사건 예금의 부정인출은 소외 2가 그의 주민등록증을 소외 3등에게 교부한 잘못에서 기인한 것인데, 소외 2로부터 이 사건 예금채권을 양수하였음을 전제로 피고 은행에 대하여 소외 3의 폰뱅킹등록을 받아 준 것을 탓하는 이 사건 청구는 신의칙에 반하는 청구로서 허용될 수 없고, 이러한 주장을 제1심에서도 제기하였는데 원심은 이에 대한 판단을 하지 아니한 위법이 있다는 데에 있다.

원심이 적법히 인정한 사실관계에 의하더라도, 이 사건 예금의 부당인출이 그 예금주인 소외 2가 그의 주민등록증을 타인에게 준 잘못뿐만 아니라 피고 은행의 담당직원이 본인확인의무를 게을리 한데서 비롯된 것임을 알 수 있으므로, 그 예금반환을 구하는 이 사건 청구를 두고 선량한 사회인으로서의 신의와 성실에 반하는 것이라고 할 수 없고, 따라서 원심판결에 소론과 같은 판결 결과에 영향이 있는 판단유탈의 위법이 있다고 할 수 없다. 논지는 이유 없다.

상고이유 제4점에 대하여

공동불법행위의 성립에는 공동불법행위자 상호간에 의사의 공통이나 공동의 인식이 필요하지 아니하고 객관적으로 각 그 행위에 관련공동성이 있으면 족하고 그 관련공동성이 있는 행위에 의하여 손해가 발생하였다면 그 손해배상책임을 면할 수 없으며, 또한 공동불법행위책임은 가해자 각 개인의 행위에 대하여 개별적으로 그로 인한 손해를 구하는 것이 아니라 그 가해자들이 공동으로 가한 불법행위에 대하여 그 책임을 추궁하는 것으로, 법원이 피해자의 과실을 들어 과실상계를 함에 있어서는 피해자의 공동불법행위자 각인에 대한 과실비율이 서로 다르더라도 피해자의 과실을 공동불법행위자 각인에 대한 과실로 개별적으로 평가할 것이 아니고 그들 전원에 대한 과실로 전체적으로 평가하여야 한다(대법원 1998. 6. 12. 선고 96다55631 판결 참조).

사실관계가 원심이 확정한 바와 같다면, 소외 2명의로 이 사건 예금계좌를 개설할 당시 시행되던 구 주민등록법(1997. 12. 17. 법률 제5459호로 개정되기 전의 것) 제17조의8 제6항, 제17조의9 및 제17조의10 등의 규정에 의하면 주민등록증은 17세 이상인 주민의 신원 및 거주관계 등을 확인시켜주는 공적인 증표로서 이를 발급받은 자는 상시 자신의 주민등록증을 소지하여야 하는 점에 비추어 볼 때, 금융실명제하에서 금융기관이 주민등록증의 발급대상되는 개인의 경우 원칙적으로 주민등록증으로 그 실명을 확인함을 원칙으로 삼고 있어{금융실명거래및비밀보장에관한긴급재정경제명령의시행을위한규칙 제3조 제1항 제1호 (가)목} 타인으로 하여금 자신 명의의 금융거래를 하도록 위탁함에 있어 부득이 그 실명확인수단으로 자신의 주민등록증을 교부하는 경우라고 하더라도, 우선 그 상대방의 신원을 확실히 파악하고 있어야 함은 물론 곧바로 그 주민등록증을 반환받아 다시 소지하여야 할 주의의무가 있음에도 불구하고, 소외 2는 비정상적인 방법으로 가계수표를 발행할 자격을 취득하기 위하여 자신의 주민등록증과 도장을 사채업자에게 수일간 교부한 결과 그 주민등록증이 범죄자들의 손에 들어가 폰뱅킹이 가능한 자신 명의의 예금계좌가 개설·등록되도록 방치하였을 뿐만 아니라 위 주민등록증이 또 다른 사채업자인 원고 측에 전달되어 그 직원으로 하여금 다시 자신 명의로 예금계좌를 개설하면서 그 비밀번호가 누설되게 함으로써 결국 소외 2의 사무를 취급하는 자들의 고의 과실로 인하여 피고를 상대로 한 소외 3일당의 신종 사기범죄가 초래된 것이고, 소외 2측의 이러한 과실행위는 소외 1이 출금계좌를 개설하려고 예금거래신청서의 비밀번호를 기재할 때 그 보안을 지키지 못한 과실행위만이 아니라 소외 3등의 사기행위 등과도 객관적으로 관련공동성을 가지고 있어 피고에 대한 공동불법행위를 구성한다고 할 것이고, 따라서 소외 2는 이 사건 불법 예금인출로 인하여 발생한 피고의 손해에 대하여 소외 3등의 사기범죄자들 및 소외 1등과 연대하여 손해배상책임을 지며, 이 경우 법원이 피해자인 피고의 과실을 들어 과실상계를 함에 있어서는 피고의 과실을 공동불법행위자 각인에 대한 과실로 개별적으로 평가할 것이 아니고 그들 전원에 대한 과실비율로 전체적으로 평가하여야 한다.

그러함에도 원심이 이 사건 불법 예금인출에 관하여 원고에게 소외 1의 사용자로서의 불법행위책임을 인정하면서도 다른 공동불법행위자의 과실은 전혀 고려하지 아니한 채 피고가 부담하여야 할 책임 부분을 전체의 80%로 봄이 상당하다고 판단한 조치는 공동불법행위자의 손해배상책임에 관한 법리오해의 위법이 있다고 할 것이고, 이 점을 포함하는 취지의 논지는 이유 있다.

그러므로 원심판결 중 피고 패소 부분을 파기하여 이 부분 사건을 원심법원에 환송하기로 하여 관여 법관의 일치된 의견으로 주문과 같이 판결한다.

XI 계약의 불이행

계약의 불이행

1 이행보조자

(1-1) 서울고등법원 1998. 9. 24. 선고 98나1968 판결

【원고(반소피고), 피항소인】 정태영

【피고(반소원고), 항소인】 양동영

【원심판결】 인천지방법원 1997. 11. 27. 선고 96가합13329(본소) 판결 97가합2166(반소) 판결

【주 문】

1. 원심판결 중,
   가. 본소에 관한 피고(반소원고) 패소부분을 취소하여 그 부분에 해당하는 원고(반소피고)의 본소청구를 기각하고,
   나. 반소에 관한 부분 중 아래에서 지급을 명하는 금원에 해당하는 피고(반소원고) 패소부분을 취소한다. 원고(반소피고)는 피고(반소원고)에게 금20,000,000원 및 이에 대한 1997. 2. 11.부터 1998. 9. 24.까지는 연 5푼, 그 다음날부터 완제일까지는 연 2할 5푼의 각 비율에 의한 금원을 지급하라.
2. 소송총비용 중 본소에 관한 부분은 원고(반소피고)의 부담으로 하고, 반소에 관한 부분은 이를 5분하여 그 1은 원고(반소피고)의, 나머지 4는 피고(반소원고)의 각 부담으로 한다.
3. 제1항 나.의 금원지급부분은 가집행할 수 있다.

【청구취지】

본소 : 피고(반소원고, 이하 피고라고만 한다.)는 원고(반소피고, 이하 원고라고만 한다.)에게 금51,180,000원 및 이에 대한 이 사건 소장부본 송달 다음날부터 제1심 판결 선고일까지는 연 5푼, 그 다음날부터 완제일까지는 연 2할 5푼의 각 비율에 의한 금원을 지급하라는 판결.

반소 : 원고는 피고에게 금124,853,740원 및 이 사건 반소장부본 송달 다음날부터 완제일까지 연 2할 5푼의 비율에 의한 금원을 지급하라는 판결.

【항소취지】 주문 제1항과 같다.

[이 유]

1. 기초사실

다음의 각 사실은 당사자 사이에 다툼이 없거나, (증거)에 변론의 전 취지를 종합하여 이를 인정할 수 있고, 반증이 없다.

가. 원고와 피고는 1996. 1. 1. 피고 소유의 별지 제1목록 기재 메추리농장 일체(이하 이 사건 메추리농장이라고 한다.)에 관하여 임대보증금 20,000,000원, 월 임료 금2,000,000원, 임대기간은 1996. 1. 1.부터 1998. 12. 31.까지로 하되, 계약종료시 원고는 피고에게 피고가 종전에 사육하던 메추리 성계 35,000수, 육성계 8,000수와 새장을 임대 당시의 상태로 반환하기로 정하여 임대차계약을 체결한 후 원고가 피고에게 위 임대보증금을 지급하고 피고로부터 이 사건 메추리농장을 인도 받아 그곳에 거주하면서 이를 운영하고 있었다.

나. 그런데, 위 임대차기간 중인 1996. 4. 6. 13:20경 이 사건 메추리농장 중 산란장의 출입문 쪽의 천장부근에서 화재가 발생하여 그 불이 인접한 육추장과 관리사로 옮겨 붙어 이 사건 메추리농장 일체와 사육 중이던 메추리가 전소되었다.

다. 한편 피고는 위 임대차계약 이전인 1995.7.경 소외 박성근, 최영식, 김홍원에게 이 사건 메추리농장에 필요한 계분이송기, 사료급여기, 자동집란기 등의 시설공사를 금70,000,000원에 도급 주어 위 박성근 등이 이 사건 메추리농장에서 위 시설공사를 부분적으로 실시하여 오던 중, 1996.4. 초순경부터 계분이송기 설치 작업을 실시하게 되었는데,이 사건 화재 발생일인 1996. 4. 6. 09:40경부터 계분이송기 설치에 필요한 앵글 등의 접합작업을 위하여 산란장에 설치된 옥내개폐기(속칭 두꺼비집)에 5킬로와트의 용접기를 연결하여 사용하였다.

라. 이 사건 메추리농장에는 산란장에 농사용 3킬로와트의 전력이, 육추장 및 관리사에 농사용 3킬로와트의 전력이 각 공급되고 있었는바, 이 사건 메추리농장의 전기시설로는 산란장에 사료를 분배하고 계분을 치우는데 사용되는 전동기, 산란장 및 육추장의 조명과 보온을 위해 사용되는 전구 및 그 밖에 원고가 살림을 하는 관리사에서 사용하는 T.V, 전축, 세탁기 등의 가전제품이 있었는바, 이 중 상당수의 전구는 조명 및 보온을 위하여 24시간 내내 켜져 있었으며, 평상시에도 전구를 켜 놓은 상태에서 사료를 공급하기 위하여 전동기를 가동하게 되면, 전기 공급용량이 부족한 관계로 켜 놓은 전구가 깜박거리곤 하였는데, 위 계분이송기 설치 작업이 시작된 이후 전기용접기를 사용함으로 인하여 1996. 4. 4.경에는 옥내개폐기 휴즈가 녹아 끊어져 이를 교체하였고, 그밖에도 과부하로 인하여 2회에 걸쳐 누전차단기가 내려간 적이 있었다.

마. 그러나 관할 부천소방서와 김포경찰서에서 이 사건 화재의 발생원인을 조사한 결과, 위 계분이송기 설치작업자들로서 위 화재 발생당시 이를 직접 목격한 위 박성근, 최영식, 김홍원 등은 이 사건 화재발생 당일 09:40경부터 11:00경까지 전기용접기를 사용하였으나, 화재발생 시각인 13:20경에는 전기를 사용하지 않는 계분이송기 수평작업만을 하고 있었으며, 위 화재의 발화지점도 산란장 출입문 쪽 벽의 좌측 천장부근으로서 전기용접기를 연결한 옥내개폐기가 있는 출입문 우측 벽 중단부분과는 상당히 떨어져 있어 옥내개폐기부분의 과열로 인한 것이 아니라고 일치하여 진술하고 있고(원심 증인 박성근, 당심 증인 김홍원의 각 증언도 이와 같다), 위 화재로 인하여 이 사건 메추리목장 건물이 전소되어 객관적인 증거물이 남아있지 아니한 탓으로 정확한 화재의 원인을 밝히지 못하였고, 다만 위 건물은 쇠파이프 앵글에 보온덮개로 된 구조물로서 인화물질이 다량으로 산재해 있는

상태에서 전기누전 및 합선으로 인하여 화재가 발생한 것으로 추측하였을 뿐이다.

바. 또한, 일반적으로 전기설비의 옥내개폐기 단자에 전선을 연결하여 사용하는 경우 용량초과로 인한 과부하가 있더라도 안전장치인 휴즈나 누전차단기가 작동하여 화재의 직접 원인이 되었다고 단정할 수 없다.

2. 본소청구에 대한 판단

가. 손해배상 청구

(1) 사용자 책임

원고는 먼저, 이 사건 화재는 이 사건 메추리농장 시설공사를 위하여 피고가 고용한 위 박성근 등이 계분이송기 설치 작업을 하면서 사용한 5킬로와트의 용접기에 의한 전기 과부하로 인하여 발생한 것으로서, 피고는 무허가 업자인 위 소외인들을 고용하면서 만일에 발생할지도 모르는 전기 및 기타 사고를 방지하기 위한 아무런 안전조치를 취하지 않은 채 위 소외인들로 하여금 위 시설공사를 강행케 하였으므로, 피고는 위 박성근 등의 사용자로서 그들이 사무집행에 관하여 원고에게 가한 손해를 배상할 책임이 있다고 주장한다.

살피건대, 앞서 인정한 바와 같이 이 사건 화재의 정확한 원인이 밝혀지지 아니하였고, 다만 누전으로 인한 것으로 추측될 뿐인데, 위 박성근 등이 전기용접기를 옥내개폐기에 연결하여 사용하다가 전력용량을 초과하였더라도 안전장치인 옥내개폐기의 휴즈와 누전차단기가 작동함으로써 과부하로 인한 화재 발생의 위험이 없는 것이라면, 위 박성근 등이 원고 주장과 같이 용량을 다소 초과한 전기용접기를 사용한 일이 있다고 하더라도 그들에게 실화책임에관한법률이 정하는 중대한 과실이 있었다고 보기 어렵고, 또한 피고가 위 박성근 등에게 위 시설공사를 도급준 후, 실질적인 사용자 관계가 인정될 정도로 구체적으로 위 소외인들의 작업을 직접 지시, 지도하고 감시 독려하였음을 인정할 아무런 증거가 없으므로, 원고의 위 주장은 이유 없다.

(2) 공작물 설치 · 보존상의 하자

원고는 다음으로, 이 사건 화재는 이 사건 메추리농장의 소유자인 피고가 위 농장의 전기 사용량에 맞는 전기공급계약을 체결하여 충분한 전기 공급량을 확보하고, 전력용량에 상응하는 전선을 설치하여야 함에도 불구하고, 그러한 조치를 하지 아니한 공작물 설치 · 보존상의 하자로 인하여 발생한 것이므로, 피고는 원고에게 원고가 이 사건 화재로 입은 손해를 배상할 책임이 있다고 주장한다.

그러므로 살피건대, 화재가 공작물 자체의 설치 · 보존상의 하자에 의하여 직접 발생한 경우에 그로 인한 손해배상책임에 대하여는 민법 제758조 제1항 소정의 공작물 점유자 내지 소유자의 책임이 인정되는 것이지만, 그와 같은 경우에도 간접점유자인 공작물의 소유자는 직접점유자가 손해방지에 필요한 주의를 해태하지 아니한 경우에 한하여 비로소 책임을 지게 되는 것으로서, 이 사건 메추리농장의 임차인으로서 직접점유자인 원고가 그 소유자인 피고에게 공작물인 위 농장건물의 설치 · 보존상의 하자로 인한 손해배상 책임을 묻기 위하여는 원고 자신이 손해방지에 필요한 주의의무를 다하였다는 점을 주장 · 입증하여야 하는 것인바, 앞서 인정한 바와 같이 화재의 정확한 원인이 밝혀지지 아니한 이상 원고의 무과실이 입증되었다고 볼 수 없고, 오히려 원고는 이 사건 화재발생 이전에도 전기를 사용하면서 용량부족으로 전구가 깜박거리거나 휴즈가 끊어지고 누전차단기가 작동하는 일을 자주 경험하고도 그로 인한 화재발생에 대비한 아무런 조치도 취하지 아니하였던 점에서 직접점유자로서의 주의의무를 다하지 못한 것으로 보일 뿐이므로, 원고의 위 주장도 이유 없다.

(3) 따라서, 이 사건 화재발생에 관하여 피고에게 위 박성근 등에 대한 사용자 책임 또는 이 사건 메추리농장 건물의 소유자로서 공작물 설치·보존상의 하자로 인한 손해배상책임이 있음을 전제로 원고가 위 화재로 인하여 입은 재산적 손해 금21,180,000원 및 정신적 손해 금10,000,000원의 배상을 구하는 원고의 청구는 더 나아가 살펴볼 필요없이 이유 없다.

나. 임차보증금 반환청구

원고는 이 사건 임대차계약 종료를 원인으로 한 임대차보증금 20,000,000원의 반환을 구하므로 살피건대, 원고가 피고에게 이 사건 메추리농장의 임대차보증금으로 금20,000,000원을 지급한 사실, 그 임대차 목적물인 이 사건 메추리농장이 이 사건 화재로 인하여 전소된 사실은 앞서 본 바와 같은바, 임대차 목적물 전부가 멸실 되어 그 목적을 달성할 수 없음을 이유로 이 사건 임대차계약의 해지를 구하는 내용의 이 사건 소장부본이 피고에게 송달됨으로써, 이 사건 임대차계약은 적법하게 해지되었다고 할 것이다.

그러나 임대차계약의 보증금은 원래 임차인의 연체차임과 아울러 임대차 목적물의 멸실, 훼손등에 의한 손해배상채무를 담보하는 것인바, 우선 원심 증인 김영환의 증언에 변론의 전취지를 종합하면, 원고는 1996. 3. 1.부터 이 사건 화재 발생일까지의 차임 중 피고가 구하는 금2,000,000원의 차임을 연체한 사실을 인정할 수 있고, 달리 반증이 없으므로, 피고가 반환하여야 할 임대차보증금액에서 이를 공제하여야 할 것이고, 또한 뒤에 반소청구에 대한 판단부분에서 보는 바와 같이 원고는 피고에 대하여 이 사건 화재로 인하여 임대차 목적물인 이 사건 메추리농장 건물 및 부대시설 일체가 멸실, 훼손됨으로 인하여 그 시가 상당의 금112,853,740원에 이르는 손해를 배상하여야 할 의무가 있고, 이를 공제하면 피고가 원고에게 반환하여야 할 임대차보증금은 전혀 남아있지 아니한 결과로 되므로, 원고의 위 임대차보증금 반환청구도 이유 없다고 할 것이다.

3. 반소청구에 대한 판단

가. 손해배상책임의 발생

임대차계약에 기하여 타인의 물건을 임차한 임차인은 그 목적물을 반환할 때까지 이를 선량한 관리자의 주의로써 보존하여야 하는 바, 앞서 본 바와 같이 피고는 임대차 목적물인 이 사건 메추리농장을 점유, 사용하던 중 원인불명의 화재로 인하여 이를 훼손하였고, 피고가 위 훼손부분의 보존에 관하여 선량한 관리자의 주의의무를 다하였다고는 인정되지 아니하므로, 임차인인 피고는 임차목적물의 보존에 관한 채무불이행책임으로서 임대인인 원고가 위 화재로 입은 손해를 배상할 책임이 있다 할 것이다.

나. 손해배상의 범위

(증거)를 종합하면, 이 사건 화재로 인하여 피고가 입은 재산적 손해는 별지 제2목록 기재 합계 금129,853,740원에 이르는 사실을 인정할 수 있고, 달리 반증이 없으며, 한편 피고가 이 사건 화재로 말미암아 자신의 전 재산이나 다름없는 이 사건 메추리농장을 잃게 됨으로써 정신적인 고통을 받았을 것임은 경험칙상 명백하므로, 원고는 이를 금전으로 위자할 의무가 있다고 할 것인데, 이 사건 사고의 경위와 결과 등 이 사건 변론에 나타난 여러 사정을 참작하면 원고는 피고에게 위자료로 금3,000,000원을 지급함이 상당하다 할 것이다.

따라서 원고는 피고에게 지급하여야 할 이 사건 임대차 목적물 훼손으로 인한 손해배상액은 합계 금132,853,740원(129,853,740원 + 3,000,000원)이라 할 것인데, 피고는 위 임대차계약의 해지로 자신이 원고에게 반환하여야 할 임대차보증금 20,000,000원을 공제할 것을 바라고 있으므로 이를 공제하면 금112,853,740원

(132,853,740원 - 20,000,000원)이 남게 된다.

다. 불이익변경 금지

그런데, 피고는 이 사건 반소로 청구취지 기재의 금124,853,740원 및 이에 대한 지연손해금의 지급을 청구하였다가 원심판결에서 피고의 반소청구가 전부 기각되자, 이에 대하여 항소하면서 금20,000,000원 및 이에 대한 반소장송달 다음날임이 기록상 명백한 1997.2.11.부터 당심 판결선고일인 1998.9.24.까지는 민법 소정의 연 5푼의, 그 다음날부터 완제일까지는 소송촉진등에관한특례법 소정의 연 2할 5푼의 각 비율에 의한 지연손해금의 지급을 구하는 부분에 한하여 불복하였음이 명백한바, 민사소송법 제385조에 의하면 제1심 판결의 변경은 불복신청의 한도에서 할 수 있는 것이므로, 위 인정의 손해배상액 중 위 불복신청 범위에 해당하는 부분에 한하여 원심판결을 취소하고 원고에 대하여 그 지급을 명하기로 한다.

4. 결론

그렇다면, 원고의 본소청구는 이유 없어 이를 기각하고, 피고의 반소청구는 위 인정금액 범위 내에서 이유 있어 이를 인용할 것인바, 원심판결은 이와 결론을 달리하여 부당하므로, 원심판결 중 본소청구에 관한 피고 패소부분을 취소하여 그 부분에 해당하는 원고의 본소청구를 기각하고, 반소청구에 관한 피고 패소부분 중 피고의 위 불복범위에 해당하는 부분을 취소하고 원고에 대하여 위 인정금액의 지급을 명하며, 소송비용의 부담에 관하여는 민사소송법 제96조, 제89조, 제92조 본문을, 가집행선고에 관하여는 민사소송법 제199조를 각 적용하여 주문과 같이 판결한다.(별지 생략)

(1-2) 대법원 1999. 4. 13. 선고 98다51077, 51084 판결

【원고(반소피고), 상고인】	정태영
【피고(반소원고), 피상고인】	양동영
【원심판결】	서울고등법원 1998. 9. 24. 선고 98나1968, 1975 판결
【주 문】	원심판결을 파기하고 사건을 서울고등법원에 환송한다.

【이 유】

상고이유를 본다.

1. 실화책임에관한법률은 실화자에게 중대한 과실이 없는 한 불법행위상의 손해배상책임을 부담시키지 아니한다는 데에 불과하고, 채무불이행상의 손해배상청구에는 그 적용이 없다고 할 것이며(대법원 1987. 12. 8. 선고 87다카898 판결 참조), 한편 민법 제391조에서의 이행보조자로서의 피용자라 함은 일반적으로 채무자의 의사관여 아래 그 채무의 이행행위에 속하는 활동을 하는 사람이면 족하고, 반드시 채무자의 지시 또는 감독을 받는 관계에 있어야 하는 것은 아니므로 채무자에 대하여 종속적인가 독립적인 지위에 있는가는 문제되지 않는다고 할 것이다.

2. 원심판결 이유에 의하면, 원심은, 거시 증거에 의하여, 원고는 1996. 1. 1. 피고로부터 피고 소유인 이 사건 메추리농장 일체를 계약종료시 메추리 성계와 새장을 임차 당시의 상태로 반환하기로 약정하고 임차하여 운영

하던 중, 1996. 4. 6. 13:20경 이 사건 메추리농장 중 산란장의 출입문 쪽의 천장 부근에서 화재가 발생하여 그 불이 인접한 육추장과 관리사에 옮겨 붙어 이 사건 메추리농장 일체와 사육 중이던 메추리가 전소된 사실, 피고는 위 임대차계약 이전인 1995. 7.경 소외 박성근, 최영식, 김홍원에게 이 사건 메추리농장에 필요한 계분이송기, 사료급여기, 자동집란기 등의 시설공사를 도급주어 위 박성근 등이 위 시설공사를 부분적으로 실시하여 오던 중, 1996. 4. 초순경부터 계분이송기 설치작업을 실시하게 되었는데, 이 사건 화재 발생일인 1996. 4. 6. 09:40경부터 계분이송기 설치에 필요한 앵글 등의 접합작업을 위하여 산란장에 설치된 옥내개폐기(속칭 두꺼비집)에 용량이 5kw인 전기용접기를 연결하여 사용한 사실, 이 사건 메추리농장에는 산란장에 농사용 3kw의 전력이, 육추장 및 관리사에 농사용 3kw의 전력이 각 공급되고 있었고, 전기시설로는 산란장에 사료를 분배하고 계분을 치우는 데 사용되는 전동기, 산란장 및 육추장의 조명과 보온을 위해 사용되는 전구 및 그 밖에 원고가 살림을 하는 관리사에서 사용하는 T.V, 전축, 세탁기 등의 가전제품이 있었는데, 이 중 상당수의 전구는 조명 및 보온을 위하여 24시간 내내 켜져 있었고, 평상시에도 전구를 켜 놓은 상태에서 사료를 공급하기 위하여 전동기를 가동하게 되면, 전기 공급용량이 부족한 관계로 켜 놓은 전구가 깜박거리곤 하였으며, 위 계분이송기 설치작업이 시작된 이후 전기용접기를 사용함으로 인하여 1996. 4. 4.경에는 옥내개폐기의 휴즈가 녹아 끊어져 이를 교체하였고, 그 밖에도 과부하로 인하여 2회에 걸쳐 누전차단기가 내려간 적이 있었던 사실, 관할 부천소방서와 김포경찰서는 이 사건 화재의 발생원인을 조사한 결과, 위 계분이송기 설치작업자들로서 위 화재발생 당시 이를 직접 목격한 위 박성근, 최영식, 김홍원 등은 이 사건 화재발생 당일 09:40경부터 11:00경까지 전기용접기를 사용하였으나, 화재발생 시각인 13:20경에는 전기를 사용하지 않는 계분이송기 수평작업만을 하고 있었으며, 위 화재의 발화지점도 산란장 출입문 쪽 벽의 좌측 천장 부근으로서 전기용접기를 연결한 옥내개폐기가 있는 출입문 우측 벽 중간 부분과는 상당히 떨어져 있어 옥내개폐기 부분의 과열로 인한 것이 아니라고 일치하여 진술하고 있고(제1심 증인 박성근, 원심 증인 김홍원의 각 증언도 이와 같다), 위 화재로 인하여 이 사건 메추리농장 건물이 전소되어 객관적인 증거물이 남아 있지 아니한 탓으로 정확한 화재의 원인을 밝히지 못하였고, 다만 위 건물은 쇠파이프 앵글에 보온덮개로 된 구조물로서 인화물질이 다량으로 산재해 있는 상태에서 전기누전 및 합선으로 인하여 화재가 발생한 것으로 추측하였을 뿐인 사실, 또한, 일반적으로 전기설비의 옥내개폐기 단자에 전선을 연결하여 사용하는 경우 용량초과로 인한 과부하가 있더라도 안전장치인 휴즈나 누전차단기가 작동하므로 화재의 직접 원인이 되었다고 단정할 수 없는 사실을 인정한 다음, 원고의 본소청구에 관한 주장 즉, 이 사건 화재는 피고가 고용한 위 박성근 등의 전기용접기 사용에 의한 전기과부하로 인하여 발생한 것이므로 피고는 그 사용자로서 손해배상책임이 있다는 주장을 불법행위를 원인으로 한 손해배상책임을 묻는 것으로 보고, 이에 대하여 이 사건 화재의 정확한 원인이 밝혀지지 아니하였고, 다만 전기누전 및 합선으로 인한 것으로 추측될 뿐인데, 위 박성근 등이 전기용접기를 옥내개폐기에 연결하여 사용하다가 전력용량을 초과하였더라도 안전장치인 옥내개폐기의 휴즈와 누전차단기가 작동함으로써 과부하로 인한 화재발생의 위험이 없는 것이라면, 위 박성근 등이 원고 주장과 같이 용량을 초과한 전기용접기를 사용한 일이 있다고 하더라도 그들에게 실화책임에관한법률이 정하는 중대한 과실이 있었다고 보기 어렵고, 또한 도급인인 피고가 수급인인 위 박성근 등을 실질적인 사용자관계가 인정될 정도로 구체적으로 지시·감독하였음을 인정할 증거가 없어 위 박성근 등이 피고의 피용자라고 볼 수 없다는 이유로 원고의 위 주장을 배척하였다.

그러나 원심이 채용한 갑 제2호증(임대차계약서)의 기재에 의하면, 위 박성근 등이 시공하던 위 계분이송기 등의 시설은 위 임대차계약상 임대목적물의 사용·수익을 위하여 피고가 설치하여 주기로 약정하고 위 약정에 따른 채무이행을 위하여 위 박성근 등에게 도급주어 이를 시공하던 것이므로 위 박성근 등은 피고의 지시·감독하에 있었는지 여부에 관계없이 민법 제391조에 정한 피고의 이행보조자라고 할 수 있고(도급일이 임대차계약일보다 먼저라도 이와 같이 보는 데는 지장이 없다.), 채무불이행에 의한 손해배상청구에는 실화책임에관한법률의 적용이 없으므로, 피고가 그와 같은 임대차계약상의 목적물 사용제공을 위한 채무이행을 위하여 위 박성근 등을 이행보조자로 하여 위 계분이송기 등의 시설을 함에 있어서 화재를 발생시켰다면 그로 인한 손해배상책임을 인정함에 있어서는 위 박성근 등에게 중대한 과실이 있을 것을 요하지 아니한다고 할 것인데, 원고는 소장 및 1998. 4. 14.자 원심 준비서면 등에서 피고가 임대차계약시 시설하여 주기로 약정한 위 계분이송기 등을 위 박성근 등을 고용하여 시공하던 중 위 박성근 등의 과실로 인하여 화재가 발생하였다는 취지로 주장하였으므로 채무불이행에 의한 손해배상책임도 아울러 주장한 것이라고 볼 여지가 있다고 할 것이고, 따라서 원심으로서는 위 주장에 대하여 판단하였어야 할 것이다.

한편, 이 사건 화재의 원인 및 위 박성근 등의 과실 유무에 나아가 보건대, 원심판결 이유와 원심이 채택한 증거들에 의하면, 이 사건 메추리농장 건물은 산란장, 육추장, 관리사의 3동으로 이루어져 있으며, 그 중 이 사건 화재가 발생한 산란장의 전기공급용량은 3kw에 불과하고 거기에는 이미 산란장에 사료를 분배하고 계분을 치우는 데 사용되는 전동기, 조명과 보온을 위해 사용되는 전구 등이 있어 이 중 상당수의 전구는 조명 및 보온을 위하여 24시간 내내 켜져 있었고, 평상시에도 전구를 켜 놓은 상태에서 사료를 공급하기 위하여 전동기를 가동하게 되면, 전기 공급용량이 부족한 관계로 켜 놓은 전구가 깜박거리곤 하였는데, 위 박성근 등은 위 산란장의 옥내개폐기 단자에 용량이 5kw인 전기용접기를 연결하여 사용하였고, 위 계분이송기 설치작업이 시작된 이후 전기용접기를 사용함으로 인하여 1996. 4. 4.경에는 옥내개폐기 휴즈가 녹아 끊어져 이를 교체하였으며, 그 밖에도 과부하로 인하여 2회에 걸쳐 누전차단기가 내려간 적이 있었다는 것이므로 전기용접기 사용에 의하여 산란장의 전기공급시설에 과부하가 걸린 상태였음이 명백하고, 시설업자인 위 박성근 등으로서는 그와 같은 사실을 당연히 알고 있었을 것으로 보이는 점, 원심은 위 건물에 인화물질이 다량으로 산재해 있었다고 하나 원심이 채용한 증거들을 살펴보아도 원심이 말하는 인화물질이라는 것은 위 건물 자체가 철골파이프에 보온덮개를 씌운 것으로서 불이 붙을 가능성이 있는 물질이라는 것이지, 그 밖에 다른 인화물질이 다량으로 산재해 있었다고 볼 수 없고, 또한 화기나 전열기 등 발화의 원인이 될 만한 것이 없었으며, 이 사건 화재의 발화지점이 산란장의 천장 부분이므로 지상으로부터의 화기에 의하여 발생하였다고 보기도 어렵고, 위 박성근 등도 경찰에서 그 곳에 달리 화재의 원인이 될 만한 것이 없었으므로 이 사건 화재가 전기누전 및 합선으로 발생한 것 같다고 진술하였던 점, 위 박성근 등은 화재가 발견된 13:20경에는 전기용접기를 사용하지 않았다고 주장하고 있으나, 불이 일어나 연기와 불꽃이 발생하여 사람의 눈에 뜨일 수 있게 될 때까지는 상당한 시간이 걸릴 수도 있는 점, 일반적으로는 원심이 인정한 바와 같이 전기설비의 옥내개폐기 단자에 전선을 연결하여 사용하는 경우 용량초과로 인한 과부하가 있더라도 안전장치인 휴즈나 누전차단기가 작동하므로 화재의 직접 원인이 된다고 단정할 수 없는 것이기는 하나, 이는 정격용량의 휴즈 사용시 및 누전차단기가 정상작동 할 경우에 한한 것이고, 위와 같은 안전장치가 정상작동하지 않았다면 전선용량이 용접기 등을 사용할 수 있는 범위를 초과하여 전선의 전기적, 열적 능력이 부족하여 화재발생의 가능성이 높다는 것이며(제1심의 한국전력공사 김포지점장에 대한 사실조회 결과), 한편, 그와 같은 안전장치가 작동하고 있었다고 하더라도 전기용접기를 계속 사용함으로써 과부하로 인한 발열로 전선 피복이 조금씩 손상되었다가 순간적인 합선 등에 의한 발열로 발생하였을 가능성도 있는 점, 비록 위 화재로 인하여 이 사건 메추리농장 건물이 전소되어 객관적인 증거물이 남아 있지 아니한 탓으로 관할 소방서와 경찰서에서는 정확한 화재의 원인을 밝히지는 못하였으나 누전과 전기합선으로 추측한 점 등에 비추어 보면, 이 사건 화재는 다른 특별한 사정이 드러나지 않는 한 위 박성근 등이 산란장의 전력용량을 초과한 전기용접기를 연결하여 계속 사용함으로써 과부하로 인한 전선의 발열로 인하여 발생하였다고 추정함이 타당하고, 따라서 위 박성근 등에게는 이 사건 화재발생에 대하여 과실이 있다고 보아야 할 것이다.

나아가 원심은, 화재의 원인이 밝혀지지 아니한 이 사건에서는 원고가 임대차목적물 보존에 관한 선량한 관리자의 주의의무를 다하였다고 인정되지 아니한다는 이유로 목적물반환의무 불이행에 의한 채무불이행을 원인으로 한 손해배상을 구하는 피고의 반소청구에 관한 주장을 인용하였으나, 이 사건 화재는 위와 같이 임대인인 피고의 귀책사유로 인하여 발생한 것이므로 임대차목적물 반환의무가 이행불능된 것이 원고의 귀책사유에 의한 것이라고 볼 수 없다고 할 것이다.

따라서 특별한 사정이 없는 한 이 사건 화재발생에 대하여 피고에게 귀책사유가 있다고 보아 피고의 원고에 대한 손해배상책임을 인정하여야 할 것이고, 원고의 피고에 대한 손해배상책임을 인정할 수 없을 것임에도 이와 반대의 결론으로 판시한 원심에는 원고의 주장취지를 오해하고, 민법 제391조의 이행보조자의 개념 및 실화책임에관한법률에 대한 법리를 오해하였으며, 화재원인 및 피고의 귀책사유를 인정함에 있어 채증법칙 위배 내지 심리미진의 위법을 범하였고, 임대차목적물 반환의무의 이행불능으로 인한 손해배상책임에 관한 법리를 오해함으로써 판결에 영향을 미친 위법이 있다 할 것이다.

이 점을 지적하는 논지는 이유 있다.

3. 그러므로 원심판결을 파기하고 사건을 원심법원에 환송하기로 하여 관여 법관의 일치된 의견으로 주문과 같이 판결한다.

2 면책약관 효력의 한계

(1-1) 서울고등법원 1998. 10. 22. 선고 98나16229 판결

【원고, 항소인 겸 피항소인】 이규부 외 522인

【피고, 항소인 겸 피항소인】 한국전력공사

【원심판결】 서울지방법원 1998. 2. 10. 선고 96가합90899 판결

【주 문】 1. 원고들의 항소 및 피고의 항소를 모두 기각한다.
2. 항소비용은 각자의 부담으로 한다.

【청구취지】

피고는 원고들에게 별지 2. 원고별 손해액 목록 중 청구금액란 기재 원고들 해당 금액 및 위 각 금원에 대한 이 사건 소장 부본 송달 다음날부터 제1심 판결 선고일까지는 연 5푼의, 그 다음날부터 완제일까지는 연 2할 5푼의 각 비율에 의한 금원을 지급하라.

[항소취지]

1. 원고들 : 제1심 판결 중 다음에서 추가로 지급을 구하는 금원에 해당

하는 원고들 패소부분을 각 취소한다. 피고는 원고들에게 별지 2. 원고별 손해액 목록 중 청구금액란 기재 원고들 해당 금액의 10분의 6에서 같은 목록 인용금액란 기재 원고들 해당 금액을 공제한 각 금액 및 위 각 금원에 대한 1997. 2. 2.부터 당심 판결 선고일까지는 연 5푼의, 그 다음날부터 완제일까지는 연 2할 5푼의 각 비율에 의한 금원을 지급하라.

2. 피 고 : 제1심 판결 중 피고 패소부분을 취소하고, 이에 해당하는 원고들의 청구를 각 기각한다.

[이 유]

1. 기초사실

다음의 사실은 당사자 사이에 다툼이 없거나, (증거)를 종합하여 이를 인정할 수 있고, 반증이 없다.

가. 원고들은 경북 고령군 고령읍, 개진면, 쌍림면 등지에서 비닐하우스를 설치하여 농작물을 조기 재배하는 농민들로서, 피고와 사이에 농사용 전기수급계약을 체결하고 피고로부터 공급받는 전기로써 위 비닐하우스에 설치된 난방기 등을 가동하여 겨울철에도 농작물을 재배해 왔는바, 1996. 1.경 원고 유대근은 들깻잎, 원고 박수규는 오이, 원고 노경도는 토마토를 재배하였고, 나머지 원고들은 모두 딸기를 재배하고 있었다.

나. 그런데, 1996. 1. 12. 04:05경 피고가 소유 관리하는 경북 ○○군 ○○면소재 합천간 113호 전주에 설치된 자동개폐로차단기(Recloser 또는 R/C, 일명 니크로자, 이하 자동개폐기 라고 한다)가 고장나는 바람에 경북 달성군 소재 논공변전소로부터 고령군 지역으로 공급되던 전기가 차단됨으로써 원고들의 비닐하우스가 위치한 쌍림면 전지역 및 고령읍과 개진면의 일부 지역이 같은 날 07:50경까지 3시간 45분 동안 정전되는 사고(이하 이 사건 정전사고 라고 한다)가 발생하였다. 당시 위 정전지역의 외부 온도는 12 였다.

다. 이에 따라 원고들의 비닐하우스에 설치된 난방기 등의 작동이 중지되어 비닐하우스의 내부 온도가 영하로 떨어지는 바람에, 딸기 모종 중 일부는 딸기꽃이 1 내지 2방기에 해당하여 동사하였고, 일부는 꽃눈과 과실이 냉해를 입었으며, 들깻잎, 오이, 토마토 등의 농작물도 냉해를 입게 되었다.

2. 쌍방 주장의 요지

가. 원고들의 주장

(1) 이 사건 정전사고는 피고가 위 자동개폐기를 제대로 관리하지 못한 과실로 발생하였고, 피고는 이 사건 정전사고 직후 신속한 복구를 하는 데에도 실패하였는바, 이는 피고의 중대한 과실로 말미암은 것이다.

(2) 뿐만 아니라, 피고는 이 사건 정전사고 후에 원고들의 손해를 배상하겠다고 별도의 약정을 한 바도 있다.

(3) 따라서, 피고로서는 피고의 면책을 규정한 전기공급규정의 일부 조항에도 불구하고 채무불이행 또는 불법행위에 기하여 원고들이 이 사건 정전사고로 말미암아 입게 된 모든 손해를 배상할 책임이 있다.

나. 피고의 주장

(1) 이 사건 정전사고의 발생 및 복구에 관하여 피고에게는 아무런 과실도 없었다.

(2) 설령 피고에게 과실이 있었다고 해도, 전기공급규정 제51조, 제49조에 의하면 피고는 이 사건 정전사고로

원고들이 입은 손해를 배상할 책임이 없다.

(3) 또한, 원고들이 주장하는 손해배상 약정은 피고의 위임을 받지 아니하고 대리권도 없는 일부 직원에 의하여 이루어진 것일 뿐만 아니라, 원고들의 강박에 의하여 이루어진 것이므로 이를 취소한다. 따라서 위 약정은 피고에 대하여 아무런 효력도 없다.

(4) 따라서, 원고들의 이 사건 청구는 모두 이유 없다.

3. 손해배상책임의 발생에 관한 판단

가. 이 사건 정전사고의 원인 및 경위

앞에 나온 증거들 및 (증거)를 종합하면, 다음과 같은 사실을 인정할 수 있고, 위 인정에 반하는 (증거)은 이를 믿지 아니하며, 달리 반증이 없다.

(1) 이 사건 정전사고의 원인이 된 위 113호 전주에 설치된 자동개폐기(일련번호 3817)는 피고 산하 고령지점이 관리하던 3대의 자동개폐기 중 하나로서 1977. 1. 6.경 미국에서 제작되어 그 무렵 피고에 의해 수입된 장비이고, 그 수명은 30년 정도인데, 위 자동개폐기는 과전류가 흐르면 자동으로 전기를 차단하는 고가의 장치로서 배전선로(발전소, 변전소 또는 송전선로로부터 다른 발전소 또는 변전소를 거치지 아니하고 수급지점에 이르는 전선로와 이에 속하는 개폐장치, 변압기 및 기타 전기설비)를 구성하는 중요한 전기설비인 관계로 피고는 이러한 자동개폐기에 일련번호를 붙이고, 별도의 보수이력카아드(을 제10호증)를 작성하여 이를 관리하고 있다.

(2) 그런데, 위 자동개폐기는 1996. 1. 12. 04:05경 그 탱크 내부에 설치된 자기(瓷器, 일명 애자) 부분인 부싱(Bushing) 6개 중 한 개가 파손됨으로써 고장을 일으켰고, 이에 따라 위 자동개폐기가 속한 배전선로에 22,900V의 전기를 공급하던 논공변전소의 자동차단기(CB)가 작동하는 바람에 위 변전소로부터 총긍장 96.5, 1,935경간에 이르는 배전선로 전부가 정전되는 사태가 발생하게 되었다. 이와 같이 자동개폐기 내부의 부싱이 파손된 것은, 조립과정이나 수리 등 분해된 상태에서 외부 충격 등으로 형성된 표면의 미세한 방사상 균열이 단락현상을 일으키고 이에 발생하는 고열에 의하여 절연유가 탄화되어 파단면에 부착됨으로써 절연성을 약화시켜 누설 전류량이 증가함에 따라 2차적 파손이 일어남에 따른 것이었다.

(3) 피고의 송배전선로 순시점검 및 정비규정(을 제12호증)에 의하면, 피고는 배전선로에 관하여 정기순시, 특별순시, 간부직원 순시, 안전순시 등의 순시(제5조)를 하는 외에, 이러한 순시만으로 충분히 조사하기 어려운 선로의 상태 기기 및 보안장치 등을 자세히 조사하기 위하여 전선로의 점검 및 청소를 실시하여 경미한 사항의 보수공사를 시행하여야 하고(제6조), 정격전압의 유지 배전선로상의 기기 및 보안장치의 정상상태 유지 등을 위하여 별도로 측정업무를 실시하여야 하는데(제7조), 자동개폐기의 경우에는 순시 이외에도 1년에 1회씩 정기점검을 실시하여야 하고(별표 2 제9항), 선로전압 및 전류 측정은 1년에 1회, 누설전류 측정은 2년에 1회씩 이루어져야 하도록(별표 3 제1, 3항) 규정되어 있다. 또한, 위와 같은 자동개폐기 내부의 부싱 손상 여부는 절연저항 측정, 상용주파 내전압시험, 기계적 동작시험, 최소동작 전류시험 등을 통하여 이를 발견할 수 있다(을 제26호증).

(4) 그러나, 피고는 이 사건 정전사고를 야기한 자동개폐기를 유지 관리함에 있어서 다음과 같은 잘못을 저질렀다.

먼저 위 자동개폐기의 수명은 30년이고, 피고 산하 서울자재관리사무소는 같은 종류의 자동개폐기를 여러번 수리한 경력도 있으므로(기록 제2428쪽 참조), 피고로서는 그 수명이나 상태에 유의하여 위 자동개폐기를 유지

관리하였어야 함에도 불구하고, 이 사건 정전사고를 야기한 자동개폐기의 보수이력카아드에는 1988. 9. 9. 서울보급소에서의 수리품을 설치하였다는 내용만이 최초로 기재되어 있을 뿐이고 그 이전의 자료는 보관되어 있는 것이 없다. 이에 따라 피고는 이 사건 제1심 소송 도중인 1997. 10.경에야 비로소 그 제작사에 조회를 함으로써 위 자동개폐기가 1977. 1. 6.경 제작된 것임을 확인하였다.

피고로서는 위 자동개폐기를 유지 관리함에 있어서 앞서 본 점검 및 정비규정에 따라 순시 점검 측정 등의 업무를 면밀히 시행하였어야 함에도 불구하고, 그 외부상태를 육안으로 검사하는 일상적 점검만을 시행하였을 뿐이다(피고는 육안으로 하는 일상적 점검만을 하였음을 명백히 인정하고 있다. 기록 제2461쪽 등 참조). 이에 따라 위 자동개폐기의 보수이력카아드에는 기기가 양호하다는 형식적인 내용만 기재되어 있을 뿐 아무런 측정 수치도 기재되어 있지 아니하고, 이러한 현상은 위 사고개폐기에 관하여 점검기록이 남아 있는 1992. 4. 15.부터 이 사건 정전사고 직전인 1995. 12. 29.까지 무려 48회(이 가운데 정기점검은 5회로서 그 간격은 일정하지도 않다)에 걸쳐 순시와 점검을 시행한 결과에 따르더라도 마찬가지였다.

위 자동개폐기는 1988. 9. 수리품으로 달성(S/S) 위천(D/L)간 성산지 18호 전주에 설치된 다음, 1989년 논공(S/S) 구지(D/L)간 합천 164호 전주로 이설되었고, 그 후 1992. 4.경 현재의 위치에 다시 이설된 경력이 있음에도 불구하고, 그 사이에 앞서 본 바와 같은 정밀 측정이 이루어졌다는 자료는 전혀 없고, 심지어 이 사건 정전사고를 조사한 피고 감사실은 위 자동개폐기의 고장개소가 탱크 내부에 있어 현행 선로순시 및 점검시 확인이 불가능하다는 이유로 위 자동개폐기의 유지 보수에는 아무런 문제도 없었다는 식의 결론을 내리고 있는 실정이다(갑 제14호증의 43).

(5) 한편, 이 사건 정전사고 발생 당시 피고 고령지점에는 보수반 직원인 전종배, 박종문이 야간근무 중이었고, 위 논공변전소 직원인 김창수는 같은 날 04:07경 전종배에게 정전사고를 통고하였다. 당시 이 사건 정전사고를 복구하기 위하여 조작을 시행하여야 할 자동개폐기는 2대, 단순개폐기는 50대 정도로서 이는 모두 피고 산하 고령지점의 관할 범위 내에 위치하고 있었고, 일반적으로 정전사고가 발생할 경우 전선로를 따라 순차적으로 개폐기 등 기기를 조작하는 방법으로 사고 원인을 찾아내는데, 이 사건 정전사고가 발생한 지역이 딸기재배 지역이라는 점을 잘 알고 있던 전종배, 박종문은 농가 대부분이 고령간 252호 전주로부터 논공변전소 반대방향에 분포하고 있는 사정을 고려하여 고령간 252호 전주로 먼저 출동하여 점검한 결과, 04:43경 정전사고 원인이 되는 지점이 고령간 252호 전주로부터 논공변전소 반대방향에 있음을 발견하고 그 시경 피고 달성지점(고령지점의 상급지점이다) 수리반에 지원요청을 한 후, 각자 점검작업을 하기로 하여 일단 고령지점으로 복귀한 다음, 박종문은 05:10경 다시 고령간 252호 전주와 05:26경 합천간 80호 전주로 순차 이동하여 점검작업을 하였고, 전종배는 05:00경 전선로 중앙에 있는 합천간 80호 전주, 05:25경에는 이 사건 정전사고를 야기한 자동개폐기가 설치된 합천간 113호 전주로 순차 이동하여 점검작업을 하였지만, 사▽지점을 발견할 수 없었다.

(6) 또한, 수리지원 요청을 받은 피고 달성지점 보수반 직원인 원문희는 피고 고령지점 보수주임인 채태수에게 전화로 사고통보 및 직원 비상동원을 요청하였고, 이에 채태수는 딸기재배 지역이 정전되어 긴급한 상황임을 인식하고 고령지점 보수반 직원 중 김명환, 이상용, 이월용 등을 비상호출하여, 이상용은 05:43경 합천간 80호 전주에 도착하여 박종문과 같이 점검작업에 들어갔으며, 김명환은 달성지점 직원인 박병호와 함께 05:45경 현장에 출동하여 정전구간 순시에 임하였다. 그리고 채태수와 원문희는 고령지점에 남아 작업지휘와 전화응대 및 고객응대에 임하였다.

(7) 위와 같이 이 사건 정전사고의 복구작업을 위하여 배전선로에 출동한 직원은 모두 5명(여기에는 달성지점 직원 1명이 포함되어 있다)이었는데, 같은 날 07:36경이 되어서야 비로소 박종문이 합천간 113호 전주에 설치된 자동개폐기에 이상이 있음을 발견하고 복구작업을 실시하여 이 사건 정전사고가 발생한 후 3시간 45분만인 07:50경부터 위 비닐하우스들이 소재한 위 정전지역에 다시 송전이 되었다.

(8) 그러나, 변전소로부터 고령 252호 전주 사이에 고장없음을 확인하는 데는 34분(04:05 04:39), 변전소로부터 합천 80호 전주 사이에 고장없음을 확인하는 데는 31분(04:39 05:10), 합천 80호 전주에서 113호 전주 사이에 고장의 원인이 있음을 발견하는 데는 23분(05:10 05:33), 합천 80호 전주에서 99호 전주 사이에 고장없음을 확인하는 데는 1시간 12분(05:33 06:45), 합천 99호 전주에서 113호 전주 사이의 선로순시 및 고장복구에 1시간 5분(06:45 07:50)이 각기 소요됨으로써, 전체 3시간 45분 중 실제로 고장복구에 소요된 최종 14분(07:36 07:50)을 제외한 3시간 31분은 합천 80호부터 113호 사이(513경간)의 고장구간을 알아내고 개폐기를 조작하면서 이를 순차로 정밀순시함으로써 정확한 사고 개소를 확인하는 데에 소요되었다. 또한, 이 사건 정전사고 당시 피고 고령지점의 보수반 직원은 모두 9명이었고, 고령지점의 책임자인 지점장 배태원은 이 사건 정전사고를 제대로 보고받지도 못하여 사고가 복구된 이후 정상 출근을 한 다음에야 비로소 이 사건 정전사고를 알게 되었다.

(9) 피고의 비상근무규정(을 제21호증)에 의하면, 전시 사변 기타 안보에 영향을 미치는 중대 사태시를 안보비상, 전력수급에 영향을 미치는 중대한 전력계통 사고시나 국가적 중요 행사시를 전력계통비상, 천재지변으로 인한 중대한 전력계통 사고 등이 발생하거나 사고발생의 우려가 많을 때를 재해비상으로 구분하여 위와 같은 비상사태가 발생할 경우 그 구분에 따라 전직원, 또는 필요 인원을 소집할 수 있도록 규정하고 있지만, 다른 한편 이 사건 정전사고가 발생한 직후인 04:05경부터 다시 송전이 이루어지기까지 농민들은 수십 차례에 걸쳐 피고 고령지점에 전화를 하여 정전사고를 알림과 동시에 농작물 냉해를 우려하면서 신속한 복구를 요구하였고, 이에 피고 고령지점의 직원은 신속히 복구하겠으나 정확한 소요시간은 알 수 없다고만 통보하였으며, 일부 농민들은 고령지점 또는 복구현장을 직접 방문하여 농작물의 냉해 가능성을 언급하면서 신속한 복구를 요구하기까지 하였다.

(10) 딸기는 저온성작물로 다른 작물에 비해 비교적 냉해에 대한 저항력이 큰 작물이나 개화 후 7일 내지 20일의 중과실은 온도가 2이하로 되면 발육이 정지되고, 개화 후 7일 이내의 적온과실은 2에서 3시간, 5에서 1시간 방치해 두면 흑색으로 변하게 되며, 개화 3일 내지 8일전의 사분자(四分子) 분열기에 있는 꽃봉오리는 2에서 암술이 흑색으로 변하여 과실을 수확할 수 없는 동해를 입는 생리적 특성을 가지고 있다.

나. 피고의 면책을 규정한 전기공급규정의 효력

(1) 전기사업법은 다수의 일반수요자에게 생활에 필수적인 전기를 공급하는 공익사업인 전기사업의 합리적 운용과 사용자의 이익보호를 위하여 계약자유의 원칙을 일부 배제하여 일반전기사업자와 일반수요자 사이의 공급계약 조건을 당사자가 개별적으로 협정하는 것을 금지하고 오로지 공급규정의 정함에 따르도록 하고 있고(제15조, 제16조, 제19조 등 참조), 이러한 공급규정은 일반전기사업자와 그 공급구역 내의 현재 및 장래의 불특정 다수의 수요자 사이에 이루어지는 모든 전기공급계약에 적용되는 보통계약 약관으로서의 성질을 가지는바(대법원 1989. 4. 25. 선고 87다카2792 판결 참조), 을 제19호증의 기재에 의하면, 피고의 전기공급규정 제51조 제3호, 제49조 제1항 제3호는 피고의 전기설비에 고장이 발생하거나 발생할 우려가 있는 때 피고는 전기의 공급을 중지하거나 그 사용을 제한할 수 있고, 이 경우 피고는 수용가가 받는 손해에 대하여 배상책임을 지지 않는다고 규정

하고 있는 사실을 인정할 수 있다.

(2) 살피건대, 이러한 규정은 면책약관의 성질을 가지는 것으로서 피고의 고의 또는 중대한 과실로 인한 경우까지 적용된다고 보는 경우에는 약관의규제에관한법률 제7조 제1호에 위반되어 무효라고 할 것이나, 그 외의 경우에 한하여 피고의 면책을 정한 규정이라고 해석하는 한도에서는 유효하다고 할 것이다(대법원1995. 12. 12. 선고 95다11344 판결 참조). 또한, 앞서 본 전기사업법의 규정 취지와 전기공급규정의 성질에 비추어 볼 때, 유효한 것으로 해석되는 한도에서의 위 면책규정은 피고가 부담하는 손해배상 책임의 근거가 채무불이행인 경우이건 불법행위인 경우이건 상관없이 모두 적용된다고 봄이 상당하다.

다. 이 사건 정전사고가 피고 공사의 중대한 과실로 말미암은 것인지 여부

(1) 그러므로 나아가 이 사건 정전사고가 피고의 중대한 과실로 말미암은 것인지 여부에 관하여 보건대, 위 인정사실에 의하면, 이 사건 정전사고는 피고가 소유 관리하는 전기공작물인 위 자동개폐기의 고장으로 인하여 발생한 것임이 분명하고, 이 사건 정전사고 당시 피고는 위 자동개폐기의 수명이 언제까지인지조차도 파악하지 못하고 있었던 점, 위 자동개폐기의 고장은 외부로부터 부싱에 가해진 충격으로 인한 미세한 균열 및 이에 따른 반복 단락현상에 의한 2차적 파손에 의한 것이므로 이는 상당한 기간 동안 진행된 결과라고 보여지는데, 피고는 위 자동개폐기가 1989년에 수리된 다음 설치된 이래 여러번에 걸쳐 이설되는 과정에서도 단순히 외관검사만을 실시하였을 뿐 그 탱크 내부에 대한 점검이나 측정을 전혀 실시하지 아니하였던 점, 피고의 자인이나 피고 감사실의 조사보고서에서도 나타나는 바와 같이 이는 피고가 위 자동개폐기를 유지 관리함에 있어서 자체의 점검 및 정비규정을 무시한 채 그 탱크 내부의 점검이나 측정은 이를 아예 포기하는 방식으로 업무를 수행하고 있었음에 기인하는 점, 결국 피고와 같이 위 자동개폐기를 관리하는 경우에는 그 시기만이 문제로 될 뿐 이 사건 정전사고와 같은 대형 사고는 발생할 수밖에 없고, 그 때 피고는 면책약관을 내세움으로써 책임을 면하려 하게 되는 점 등의 사정에다가, 이 사건의 경우 전기의 공급은 피고가 독점하면서 그 관리 역시 피고가 전담하도록 되어 있는 점, 따라서 위 자동개폐기 등의 점검이나 보수 등에 관련된 기술도 역시 피고만이 이를 보유하고 있는 점, 피고 산하 고령지점이 관리하는 자동개폐기는 도합 3대에 불과한 점 등의 제반 사정을 종합해 보면, 피고가 관리하는 전체적인 전기공급 설비의 광역성이나 이로 인한 보수 점검의 곤란성을 감안하더라도, 피고의 이와 같은 사고 자동개폐기의 유지 관리는 그 주의의무를 심히 결여한 것으로서 중대한 과실에 해당한다고 봄이 상당하다.

(2) 뿐만 아니라, 위 인정사실에 의하면, 피고 고령지점의 직원들은 원고들이 피고가 공급하는 전력에 의존하여 난방기를 가동함으로써 딸기 등 농작물을 조기 재배하고 있는 사정을 잘 알고 있었던 점 및 이 사건 정전사고로 전기공급이 차단된 전선로의 총긍장이 96.5 이고 1,935경간에 이르며 총 52대의 개폐기가 설치되어 있어 정전사고가 발생할 경우 그 복구를 위하여 장시간이 소요될 여지가 있는 점 등에 비추어 볼 때, 피고 고령지점으로서는 이 사건 정전사고가 장시간 계속될 경우 원고들이 재배하는 딸기 등이 냉해를 입을 수 있음을 인식하고 그 복구작업을 위하여 적어도 수리반 직원 전원을 투입하여 복구에 만전을 기할 의무가 있음에도 불구하고, 수리반 직원 9명 전원을 투입할 수 없는 특별한 사정도 엿보이지 않는 이 사건에 있어서, 5명의 직원(그 중 1명은 달성지점의 직원이다)만을 배전선로 현장에 투입시킴으로써 정전시간의 대부분을 사고 개소를 발견하는 데에 허비함으로써 복구작업이 지연되게 한 명백한 과실이 있는바, 여기에다가 앞서 본 위 자동계폐기의 유지 관리상의 귀책사유를 더하여 보면, 이 사건 정전사고에 관한 피고의 귀책사유로서의 중과실은 더욱 분명해 진다고

할 것이다. (비록 이 사건 정전사고가 피고의 위 비상근무규칙에서 정하고 있는 비상사태에 해당하지 아니한다고 하더라도, 위에서 인정한 바와 같이 이 사건 정전사고가 발생하자마자 농민들이 피고 고령지점으로 전화하여 사태의 심각성을 알리고 피고 고령지점의 직원들도 긴급상황임을 인식하고 있었던 점 등에 비추어 보면, 피고로서는 이 사건 정전사고가 위 규칙상의 비상사태가 아님을 이유로 위와 같은 주의의무를 게을리 할 수는 없다고 할 것이다.)

라. 원고들과 피고 사이의 별도 약정 및 그 효력

(1) 한편, (증거)를 종합하면, 원고들을 포함한 피해 농민들은 이 사건 정전사고가 발생한 당일인 1996. 1. 12. 피고 고령지점에 찾아가 지점장인 배태원에게 피해보상을 요구하면서 이 사건 정전으로 인한 농작물 피해는 피고가 대처를 잘못하여 일어난 것임을 확인한다는 취지의 내용이 기재된 확인서(갑 제3호증)에 날인할 것을 요구하여 배태원은 위 확인서에 날인하였던 사실, 그 후 피해농민들의 보상요구가 격렬해지자 같은 달 13. 고령군 쌍림농협 조합장실에서 대책회의가 개최되었는데, 피고는 경상북도를 관할 구역으로 하는 경북지사의 지사장을 통하여 부지사장인 석우길을 포함한 직원 5명을 대표로 참석하게 하고, 그 외에 피해 농민 대표 10명, 고령군 부군수, 고령군의회 의장, 신한국당 위원장, 쌍림농협 조합장 등이 참석하여 피해보상에 관하여 협의를 한 결과, 신한국당 위원장의 의견에 기초하여 피고의 직원인 전문재가 이 사건 정전사고로 농작물이 냉해를 입은 것은 피고의 책임으로 농작물의 피해상황 파악을 위한 합동조사를 실시하여 피고가 보상조치를 취한다는 내용의 각서(갑 제2호증)를 작성하여 석우길과 배태원이 이에 서명 무인하였으며, 그 자리에서 고령군 특작계장 유장식과 고령경찰서 정보과장 김년수가 위 각서 뒷면에 입회인으로 서명한 사실, 위 대책회의 당시 피고측은 처음에는 전기공급규정을 내세워 면책을 주장하였다가 피해 농민들의 강력한 반발에 부딪치자, 피고측 대표로 참석한 경북지사 부지사장 석우길 등이 피고 경북지사장과 본사에 연락을 취하면서 협상을 진행하여 위 각서가 작성되기에 이르렀던 사실, 위 각서에 따라 피고는 1996. 1. 14. 개최된 협의회에 직원인 김종현과 김태근을 참석시키고, 같은 달 16. 이재관 등 7명의 직원을 합동조사반 2차 조사원으로 편성시켰으나(갑 제5호증의 40, 41), 그 후 태도를 바꾸어 피해조사에 참여하지 아니하였던 사실을 인정할 수 있고, (증거)는 이를 믿지 아니하며, (증거)는 위 인정에 방해가 되지 아니하고, 달리 반증이 없다.

(2) 위 인정사실에 의하면, 이 사건 정전사고로 인한 피해보상을 위한 협의업무를 담당했던 석우길, 배태원은 협의업무에 관하여 피고로부터 위임을 받고 위 각서에 서명 무인함으로써 이 사건 정전사고에 관하여 피고의 과실이 인정될 경우 위 면책약관의 적용을 배제하고 피고가 피해 농민들에 대하여 손해배상책임을 부담하겠다는 취지의 약정을 한 것으로 봄이 상당하다고 할 것이다.

(3) 이에 대하여 피고는, 원고들과 피고 사이에 면책약관의 적용을 배제하는 약정이 이루어졌다고 하더라도, 이는 전기사업법의 관계 규정 및 이에 근거하여 마련된 전기공급규정에 정면으로 배치되는 것으로서 그 효력이 부인되어야 마땅하다는 취지의 주장을 한다.

살피건대, 앞서 본 바와 같이 공익사업인 전기사업의 합리적 운용과 사용자의 이익보호를 위하여 전기사업법이 계약자유의 원칙을 일부 배제하여 공급규정의 정함에 따르도록 하고, 이에 따라 전기공급규정이 제정되었다고 하더라도, 이러한 계약자유 원칙의 일부 배제는 일반전기사업자와 일반수요자 사이의 공급계약 조건을 당사자가 개별적으로 협정하는 것을 금지하는 취지에 불과하다. 따라서 이 사건과 같이 피고의 귀책사유로 말미암아 정전사고가 발생한 후에 피고가 그에 따른 배상 또는 보상 여부를 그 피해자와 협의하면서 별도의 약정으로 전기공급규정 중 면책조항만의 적용을 배제시키는 것은 전기사업법의 취지에 어긋나는 것이라고 볼 수 없다. 위 주장은 이유 없다.

(4) 또한 피고는, 위 정전사고 대책회의가 진행될 당시 농민대표들은 과격한 언동과 욕설로 분위기를 험악하게 하였고, 회의실 밖에서는 농민 500여명이 국도를 점거하면서 농성을 하고 있었으며, 농민 수십명은 회의실로 난입하여 석우길과 배태원을 구타하면서 협박을 하는 등 보상약속을 강요하는 상태에서 석우길과 배태원은 어쩔 수 없이 위 각서에 서명 무인한 것이므로, 이는 강박에 기한 의사표시에 해당하여 이를 취소한다는 취지의 주장을 한다.

그러나 위 각서 작성 당시 석우길과 배태원이 강박을 당하였다는 점에 부합하는 (증거)는, 앞서 본 각서의 작성 경위(특히, 입회인의 서명과 본사 및 지사장과의 연락) 및 각서에 따른 후속 조치에 피고가 일부 응하기까지 한 점 등의 제반 사정에 비추어 믿을 수 없고, (증거)만으로는 이 점을 인정하기에 부족하며, 달리 이를 인정할 만한 증거가 없으므로, 위 주장 역시 이유 없다.

마. 소결론

(1) 사정이 이러하다면, 피고의 귀책사유(중과실)의 측면에서 보거나 이 사건 정전사고 직후 원고들과 피고 사이에 이루어진 별도 약정의 측면에서 보거나, 피고가 내세우는 전기공급규정상의 면책조항은 이 사건 정전사고에 관하여 적용될 여지가 없다.

따라서 이 사건 정전사고로 인하여 위와 같이 비닐하우스에 설치된 난방기가 가동중단 됨으로 말미암아 원고들이 재배하던 딸기 등이 냉해를 입은 이상, 피고의 위와 같은 귀책사유와 원고들의 농작물 냉해에 의한 손해발생과의 사이에는 상당인과관계가 있다고 할 것이므로, 피고로서는 채무불이행 또는 불법행위에 기하여 이 사건 정전사고로 말미암아 원고들이 입게 된 손해를 배상할 책임이 있다.

(2) 이에 대하여 피고는, 원고들은 피고와 사이에 전기수급계약을 체결하면서 전기사용신청서의 설비내용에 전기난방기를 포함시킨 바 없으므로 이 사건 정전사고와 원고들의 손해 사이에는 상당인과관계가 없다는 취지의 주장을 하면서, 그 근거로서 을 제35호증의 1 내지 256을 내세우고 있다.

그러나, 위 을호증들의 각 기재에 의하면, 이는 원고들 523명 중 237명에 관한 전기수용신청서에 불과할 뿐만 아니라, 그 내용을 보아도 계약종별은 농사용(병), 주생산품은 딸기 등 농작물로 명백히 기재되어 있고, 설비내용에도 전기난방기의 사용을 전제로 한 모터, 열풍기 등의 품목이 대부분 기재되어 있다(설비내용이 전등으로만 표시된 경우도 그 계약전력은 모터 등이 기재된 경우와 비교하여 별 차이가 없다). 뿐만 아니라, 피고의 원고들에 대한 책임은 채무불이행 이외에도 불법행위에 기한 것이기도 한데, 위 인정사실에 의하면, 이 사건 정전사고 당시 피고는 원고들이 피고로부터 공급받는 전기로써 난방기 등을 가동하여 겨울철에도 비닐하우스에서 농작물을 조기 재배하고 있는 사정을 능히 알고 있었으므로, 위 을호증들을 내세워 상당인과관계를 부인하는 피고의 위 주장 역시 받아들일 수 없다.

4. 책임의 제한

(1) 다만, 앞에 나온 증거들에 변론의 전 취지를 종합하면, 농작물을 조기 재배하는 원고들로서는 돌발적인 정전사고에 대비하여 자가발전기나 가스난로 등 난방시설을 사전에 준비하고, 정전 시에 실내온도가 하강하지 않도록 비닐하우스 전체에 보온시설을 철저히 하는 등의 자구책을 스스로 마련하여야 함에도 불구하고(전기공

급규정 제41조 제2항 참조), 그와 같은 대비책을 전혀 준비하지 아니한 잘못으로 이 사건 정전사고를 당하여 농작물이 냉해를 입는 손해를 입게 된 사실, 피고가 매월 발부하는 전기요금고지서에도 정전시 피해가 예상되는 고객은 피해를 스스로 예방하기 위하여 자가발전기 등 자구설비를 갖추도록 권고하는 주의 문구가 기재되어 있는 사실을 인정할 수 있다.

(2) 위 인정사실에 의하면, 원고들이 불시의 정전사태에 대비하여 사전 안전조치를 전혀 취하지 아니한 것은 이 사건 정전사고로 인한 손해의 발생 및 확대의 한 원인이 되었다 할 것이나, 그 정도가 피고의 책임을 면할 정도는 아니라고 판단되므로 뒤에서 피고가 배상할 손해액을 정함에 있어 이를 참작하기로 하되, 그 비율은 이 사건 정전사고의 발생원인과 그 복구경위 및 정전시간 등의 제반 사정에 비추어 60% 정도로 봄이 상당하다. 따라서 피고의 책임을 전체의 40%로 제한한다.

5. 손해배상책임의 범위

(1) 그러므로 나아가 피고가 배상할 손해의 액수에 관하여 보건대, 앞에 나온 증거들에 의하면, 다음과 같은 사실을 인정할 수 있고 반증이 없다.

고령군 농촌지도소의 분석자료 상 원고들이 농작물을 재배하는 지역의 1996년도 예상수확량은 전년도의 수확량보다 10% 증가한 10a당 3,020kg이고, 1996년도 예상수확액은 10a당 금 8,955,000원으로 평당 금 29,603원{8,955,000원 302.5(1a를 30.25평으로 하여 산정), 원미만 버림, 이하 같다}이다. (위 분석자료에 의하면, 딸기와 토마토, 오이 및 들깻잎 등 농작물의 종류와 관계없이 평당 예상수확액은 동일하다.)

이 사건 정전사고 발생 이후 고령군청, 농촌지도소, 농민 대표로 구성된 합동조사반의 두차례에 걸친 피해조사 결과, 원고들이 경작하는 농작물 재배지의 면적은 별지 2. 원고별 손해액 목록 중 재배면적란 기재와 같고, 원고들의 1996년도 예상수확액은 같은 목록 재배면적란 기재의 평수에 금 29,603원을 곱한 금액으로서 같은 목록 예상수확액란 기재와 같다.

원고들은 이 사건 정전사고로 말미암아 위 예상수확액 중 같은 목록 피해율란 기재의 피해율에 해당하는 수확액이 감소하는 손해를 입게 되었다. (다만, 원고 김석연은 그의 남편인 김태율의 명의로, 원고 이순자는 그의 남편인 김상중의 명의로, 원고 김정순은 그의 아들인 백은수의 명의로, 원고 전용채는 그의 아들인 전판교의 명의로, 원고 서명달은 그의 아들인 서영갑의 명의로 각 피해조사를 받았다)

(2) 위 인정사실에 의하면, 원고들이 이 사건 정전사고로 인하여 입은 손해액은 같은 목록 예상수확액란 기재 금액에다가 같은 목록 피해율란 기재 피해율을 곱한 금원으로서 같은 목록 수확감소액란 기재와 같으나, 앞에서 본 바와 같은 원고들의 과실을 참작하면 피고가 원고들에게 배상하여야 할 액수는 같은 목록 수확감소액란 기재 각 금액에다가 피고의 책임비율인 40%를 곱한, 같은 목록 인용금액란 기재의 각 금액이 된다.

6. 결론

그렇다면, 피고는 원고들에게 별지 2. 원고별 손해액 목록 중 인용금액란 기재의 각 금액 및 위 각 금원에 대하여 원고들이 구하는 바에 따라 이 사건 소장 부본 송달 다음날임이 기록상 분명한 1997. 2. 2.부터 제1심 판결 선고일인 1998. 2. 10.까지는 민법 소정의 연 5푼의, 그 다음날부터 완제일까지는 소송촉진등에관한특례법 소정의 연 2할 5푼의 각 비율에 의한 지연손해금을 지급할 의무가 있다 할 것이므로, 원고들의 이 사건 청구는 위 인정범위 내에서 이유 있어 이를 각 인용하고, 나머지는 이유 없어 이를 각 기각할 것인바, 제1심 판결은 이와 결론을 같이하여 정당하므로, 피고의 항소는 이유 없어 이를 모두 기각하기로 하고, 주문과 같이 판결한다.(별지 생략)

(1-2) 대법원 2002. 4. 12. 선고 98다57099 판결

【원고, 피상고인】 이규부 외 522인
【피고, 상고인】 한국전력공사
【원심판결】 서울고등법원 1998. 10. 22. 선고 98나16229 판결
【주 문】 상고를 기각한다. 상고비용은 피고의 부담으로 한다.

【이 유】

상고이유를 본다.

1. 사실관계

원심판결 이유에 의하면, 원심은 그 채용 증거들을 종합하여 다음과 같은 사실을 인정하였다.

가. 개요

(1) 원고들은 비닐하우스를 설치하여 농작물을 조기 재배하는 농민들로서, 피고와 사이에 농사용 전기수급계약을 체결하고 비닐하우스에 설치된 난방기 등을 가동하여 겨울철에도 농작물을 재배해 왔는바, 1996. 1.경 원고 유대근은 들깻잎, 원고 박수규는 오이, 원고 노경도는 토마토를 재배하였고, 나머지 원고들은 모두 딸기를 재배하고 있었다.

(2) 그런데 1996. 1. 12. 04:05경 피고가 소유·관리하는 경북 ○○군 ○○면소재 합천 간 113호 전주에 설치된 자동개폐로차단기(Recloser 또는 R/C, 일명 니크로자, 이하 '자동개폐기'라 한다.)의 고장으로 논공 변전소로부터 고령군 지역으로 공급되던 전기가 차단되어 원고들의 비닐하우스가 위치한 전 지역이 같은 날 07:50경까지 3시간 45분 동안 정전되는 사고가 발생하였다. 당시 정전지역의 외부 온도는 -12℃였다.

(3) 이에 원고들의 비닐하우스에 설치된 난방기 등의 작동이 중지되어 비닐하우스의 내부 온도가 영하로 떨어지는 바람에, 딸기 모종 중 일부는 동사하고, 일부는 냉해를 입었으며, 들깻잎, 오이, 토마토 등의 농작물도 냉해를 입었다.

나. 이 사건 정전사고의 원인 및 경위

(1) 고장난 자동개폐기(일련번호 3817)는 피고 산하 고령지점이 관리하던 3대의 자동개폐기 중 하나로 1977. 1.경 미국에서 제작되어 그 무렵 피고에 의해 수입된 장비이고, 그 수명은 30년 정도로 1988. 9. 수리하여 달성—위천 간에 설치된 다음 1989년 논공—구지 간에 이설되었다가 1992. 4. 현재의 위치로 다시 이설된 것인데, 자동개폐기는 과전류가 흐르면 자동으로 전기를 차단하는 고가의 장치로서 배전선로를 구성하는 중요한 전기설비인 관계로 피고는 자동개폐기에 일련번호를 붙이고, 별도의 보수이력카드를 작성하여 이를 관리하고 있다.

(2) 그런데 이 자동개폐기는 1996. 1. 12. 04:05경 그 탱크 내부에 설치된 자기(瓷器, 일명 애자) 부분인 부싱(Bushing) 6개 중 한 개가 파손됨으로써 고장을 일으켜 이 자동개폐기가 속한 배전선로에 22,900V의 전기를 공급하던 논공 변전소의 자동차단기(CB)가 작동하는 바람에 이 변전소로부터 총긍장 96.5㎞, 1,935경간에 이르는 배전선로 전부가 정전되는 사태가 발생하게 된 것이었다. 이처럼 자동개폐기 내부의 부싱이 파손된 것은, 조립과

정이나 수리 등 분해된 상태에서 외부 충격 등으로 형성된 표면의 미세한 방사상 균열이 단락현상을 일으키고 이에 발생하는 고열에 의하여 절연유가 탄화되어 파단면에 부착됨으로써 절연성을 약화시켜 누설 전류량이 증가함에 따라 2차적 파손이 일어난 때문이다.

(3) 피고의 송배전선로 순시점검 및 정비규정에 의하면, 피고는 배전선로에 관하여 정기순시, 특별순시, 간부직원 순시, 안전순시 등의 순시(제5조)를 하는 외에, 이러한 순시만으로 충분히 조사하기 어려운 선로의 상태·기기 및 보안장치 등을 자세히 조사하기 위하여 전선로의 점검 및 청소를 실시하여 경미한 사항의 보수공사를 시행하여야 하고(제6조), 정격전압의 유지·배전선로상의 기기 및 보안장치의 정상상태 유지 등을 위하여 별도로 측정업무를 실시하여야 하는데(제7조), 자동개폐기의 경우에는 순시 이외에도 1년에 1회씩 정기점검을 실시하여야 하고(별표 2 제9항), 선로전압 및 전류 측정은 1년에 1회, 누설전류 측정은 2년에 1회씩 하도록(별표 3 제1, 3항) 규정되어 있다. 또한 위와 같은 자동개폐기 내부의 부싱 손상 여부는 절연저항 측정, 상용주파 내전압 시험, 기계적 동작시험, 최소동작 전류시험 등을 통하여 이를 발견할 수 있다.

다. 정전사고 후의 복구과정

(1) 정전사고 발생 당시 피고 고령지점에는 보수반 직원 전종배, 박종문이 야간근무중이었고, 논공 변전소 직원인 김창수는 같은 날 04:07경 전종배에게 정전사고를 통고하였다. 당시 이 사건 정전사고를 복구하기 위하여 조작을 시행하여야 할 자동개폐기는 2대, 단순개폐기는 50대 정도로서 이는 모두 피고 산하 고령지점의 관할 내에 위치하고 있었고, 일반적으로 정전사고가 발생할 경우 전선로를 따라 순차적으로 개폐기 등 기기를 조작하는 방법으로 사고 원인을 찾아내는데, 이 사건 정전사고가 발생한 지역이 딸기재배 지역이라는 점을 잘 알고 있던 전종배와 박종문은 농가 대부분이 고령 간 252호 전주로부터 논공 변전소 반대방향에 분포하고 있는 사정을 고려하여 고령 간 252호 전주로 먼저 출동하여 점검한 결과, 04:43경 정전사고 원인이 되는 지점이 고령 간 252호 전주로부터 논공 변전소 반대방향에 있음을 발견하고 그 무렵 피고 달◈지점(고령지점의 상급지점이다.) 수리반에 지원요청을 한 후, 각자 점검작업을 하기로 하여 일단 고령지점으로 복귀한 다음, 박종문은 05:10경 다시 고령 간 252호 전주, 05:26경 합천 간 80호 전주로 순차 이동하여 점검작업을 하였고, 전종배는 05:00경 전선로 중앙에 있는 합천 간 80호 전주, 05:25경에는 이 사건 정전사고를 야기한 자동개폐기가 설치된 합천 간 113호 전주로 순차 이동하여 점검작업을 하였지만, 사고지점을 발견할 수 없었다.

(2) 또한, 수리지원 요청을 받은 피고 달◈지점 보수반 직원인 원문희는 피고 고령지점 보수주임인 채태수에게 전화로 사고통보 및 직원 비상동원을 요청하였고, 이에 채태수는 딸기재배 지역이 정전되어 긴급한 상황임을 인식하고 고령지점 보수반 직원 중 김명환, 이상용, 이월용 등을 비상호출하여, 이상용은 05:43경 합천 간 80호 전주에 도착하여 박종문과 같이 점검작업에 들어갔으며, 김명환은 달◈지점 직원인 박병호와 함께 05:45경 현장에 출동하여 정전구간 순시에 임하였다. 그리고 채태수와 원문희는 고령지점에 남아 작업지휘와 전화응대 및 고객응대에 임하였다.

(3) 위와 같이 이 사건 정전사고의 복구작업을 위하여 배전선로에 출동한 직원은 모두 5명(달◈지점 직원 1명 포함.)이었는데, 같은 날 07:36경이 되어서야 비로소 박종문이 합천 간 113호 전주에 설치된 고장난 자동개폐기에 이상이 있음을 발견하고 복구작업을 실시하여 사고 발생 후 3시간 45분만인 07:50경부터 정전지역에 다시 송전이 되었다.

(4) 그러나 이러한 고장확인과 그 복구에, 변전소로부터 고령 252호 전주 사이에 34분(04:05-04:39), 변전소로

부터 합천 80호 전주 사이에 31분(04:39-05:10), 합천 80호 전주에서 113호 전주 사이에 23분(05:10-05:33), 합천 80호 전주에서 99호 전주 사이에 1시간 12분(05:33-06:45), 합천 99호 전주에서 113호 전주 사이의 선로순시 및 고장복구에 1시간 5분(06:45-07:50)이 각기 소요됨으로써, 전체 3시간 45분 중 실제로 고장복구에 소요된 최종 14분(07:36-07:50)을 제외한 3시간 31분은 합천 80호부터 113호 사이(513경간)의 고장구간을 알아내고 개폐기를 조작하면서 이를 순차로 정밀순시 함으로써 정확한 사고 개소를 확인하는 데에 소요되었다. 또한, 이 사건 정전사고 당시 피고 고령지점의 보수반 직원은 모두 9명이었고, 고령지점의 책임자인 지점장 배태원은 이 사건 정전사고를 제대로 보고받지도 못하여 사고가 복구된 이후 정상 출근을 한 다음에야 비로소 이 사건 정전사고를 알게 되었다.

(5) 피고의 비상근무규정에 의하면, 전시 · 사변 기타 안보에 영향을 미치는 중대사태시를 안보비상, 전력수급에 영향을 미치는 중대한 전력계통 사고시나 국가적 중요행사시를 전력계통비상, 천재지변으로 인한 중대한 전력계통 사고 등이 발생하거나 사고발생의 우려가 많을 때를 재해비상으로 구분하여 위와 같은 비상사태가 발생할 경우 그 구분에 따라 전직원, 또는 필요 인원을 소집할 수 있도록 규정하고 있지만, 다른 한편 이 사건 정전사고가 발생한 직후인 당일 04:05경부터 다시 송전이 이루어지기까지 농민들은 수 10 차례에 걸쳐 피고 고령지점에 전화를 하여 정전사고를 알림과 동시에 농작물 냉해를 우려하면서 신속한 복구를 요구하였고, 이에 피고 고령지점의 직원은 신속히 복구하겠으나 정확한 소요시간은 알 수 없다고만 통보하였으며, 일부 농민들은 고령지점 또는 복구현장을 직접 방문하여 농작물의 냉해 가능성을 언급하면서 신속한 복구를 요구하기까지 하였다.

(6) 딸기는 저온성 작물로 다른 작물에 비해 비교적 냉해에 대한 저항력이 큰 작물이나 개화 후 7일 내지 20일의 중과실은 온도가 -2℃ 이하로 되면 발육이 정지되고, 개화 후 7일 이내의 적온과실은 -2℃에서 3시간, -5℃에서 1시간 방치해 두면 흑색으로 변하게 되며, 개화 3일 내지 8일 전의 사분자(四分子) 분열기에 있는 꽃봉오리는 -2℃에서 암술이 흑색으로 변하여 과실을 수확할 수 없는 동해를 입는 생리적 특성을 가지고 있다.

라. 원 · 피고 사이의 합의과정

(1) 원고들을 포함한 피해 농민들은 사고발생 당일인 1996. 1. 12. 피고 고령지점에 찾아가 지점장 배태원에게 피해보상을 요구하면서 정전으로 인한 농작물 피해는 피고가 대처를 잘못하여 일어난 것임을 확인한다는 취지의 내용이 기재된 확인서에 날인을 요구하여 배태원은 그 확인서에 날인하였다.

(2) 그 후 피해 농민들의 보상요구가 격렬해지자 같은 달 13. 고령군 쌍×농업협동조합장실에서 대책회의가 개최되었는데, 피고는 경상북도를 관할구역으로 하는 경북지사의 지사장을 통하여 부지사장인 석우길을 포함한 직원 5명을 대표로 참석하게 하고, 피해 농민 대표 10명, 고령군 부군수, 고령군의회 의장, 신한국당 위원장, 쌍×농업협동조합장 등이 참석하여 피해보상에 관하여 협의를 한 결과, 신한국당 위원장의 의견에 기초하여 피고 직원 전문재가 이 사건 정전사고로 농작물이 냉해를 입은 것은 피고의 책임으로 농작물의 피해상황 파악을 위한 합동조사를 실시하여 피고가 보상조치를 취한다는 내용의 각서를 작성하여 석우길과 배태원이 이에 서명 · 무인하였으며, 그 자리에서 고령군 특작계장 유장식과 고령경찰서 정보과장 김연수가 이 각서 뒷면에 입회인으로 서명하였다.

(3) 이 대책회의 당시 피고측은 처음에는 전기공급규정을 내세워 면책을 주장하다가 피해 농민들의 강력한 반발에 부딪치자, 피고측 대표로 참석한 경북지사 부지사장 석우길 등이 피고 경북지사장과 본사에 연락을 취하면서 협상을 진행하여 각서가 작성되기에 이르렀다.

(4) 이 각서에 따라 피고는 1996. 1. 14. 개최된 협의회에 직원인 김종현과 김태근을 참석시키고, 같은 달 16. 이재관 등 7명의 직원을 합동조사반 2차 조사원으로 편성시켰으나, 그 후 태도를 바꾸어 피해조사에 참여하지 아니하였다.

2. 원심의 판단

원심은 위와 같은 사실관계를 토대로 먼저 자동개폐기의 유지 관리와 관련하여, 이 사건 정전사고는 피고가 소유·관리하는 전기공작물인 자동개폐기의 고장으로 인하여 발생한 것임이 분명하고, 이 사건 정전사고 당시 피고는 자동개폐기의 수명이 언제까지인지조차도 파악하지 못하고 있었던 점, 자동개폐기의 고장은 외부로부터 부싱에 가해진 충격으로 인한 미세한 균열 및 이에 따른 반복 단락현상에 의한 2차적 파손에 의한 것이므로, 이는 상당한 기간 동안 진행된 결과로 보이는데, 피고는 그 자동개폐기가 1988.(원심판결의 1989.은 오기로 보인다.)에 수리, 설치된 이래 여러 번에 걸쳐 이설되는 과정에서도 단순히 외관 검사만을 실시하였을 뿐 그 탱크 내부에 대한 점검이나 측정을 전혀 실시하지 아니하였던 점, 피고의 자인이나 피고 감사실의 조사보고서에서도 나타나는 바와 같이 이는 피고가 이 사건 자동개폐기의 유지·관리에 자체의 점검 및 정비규정을 무시한 채 그 탱크 내부의 점검이나 측정은 이를 아예 포기하는 방식으로 업무를 수행하고 있었음에 기인하는 점, 결국 피고처럼 자동개폐기를 관리하는 경우에는 그 시기만이 문제로 될 뿐 이 사건 정전사고와 같은 대형 사고는 발생할 수밖에 없고, 그 때 피고는 면책약관을 내세움으로써 책임을 면하려 하게 되는 점 등의 사정에다가, 이 사건의 경우 전기의 공급은 피고가 독점하면서 그 관리 역시 피고가 전담하도록 되어 있는 점, 따라서 자동개폐기 등의 점검이나 보수 등에 관련된 기술도 역시 피고만이 이를 보유하고 있는 점, 피고 고령지점이 관리하는 자동개폐기는 도합 3대에 불과한 점 등의 사정을 종합해 보면, 피고가 관리하는 전체적인 전기공급설비의 광역성이나 이로 인한 보수·점검의 곤란성을 감안하더라도, 피고의 이와 같은 사고 자동개폐기의 유지·관리는 그 주의의무를 심히 결여한 것으로서 중대한 과실에 해당한다고 봄이 상당하다고 판단하였다.

나아가 정전사고 후 복구과정과 관련하여서도, 피고 고령지점의 직원들은 원고들이 피고가 공급하는 전력에 의존하여 난방기를 가동함으로써 딸기 등 농작물을 조기 재배하고 있는 사정을 잘 알고 있었던 점 및 이 사건 정전사고로 전기공급이 차단된 전선로의 총긍장이 96.5㎞이고 1,935경간에 이르며 총 52대의 개폐기가 설치되어 있어 정전사고가 발생할 경우 그 복구를 위하여 장시간이 소요될 여지가 있는 점 등에 비추어 볼 때, 피고 고령지점으로서는 이 사건 정전사고가 장시간 계속될 경우 원고들이 재배하는 딸기 등이 냉해를 입을 수 있음을 인식하고 그 복구작업을 위하여 적어도 수리반 직원 전원을 투입하여 복구에 만전을 기할 의무가 있음에도 불구하고, 달리 특별한 사정도 엿보이지 않는데도 5명의 직원(그 중 1명은 달◈지점의 직원이다.)만을 배전선로 현장에 투입시킴으로써 정전시간의 대부분을 사고 개소를 발견하는 데에 허비하여 복구작업이 지연되게 한 명백한 과실이 있는바, 여기에다가 앞서 본 자동개폐기의 유지·관리상의 귀책사유를 더하여 보면, 이 사건 정전사고에 관한 피고의 중과실은 더욱 분명해진다는 이유로 피고는 원고에게 채무불이행 또는 불법행위로 인한 손해배상의 책임이 있다고 판단하고, 미리 정전에 대비하지 못한 원고들의 과실을 60%로 평가하여 피고의 책임을 40%로 제한하였다.

3. 이 법원의 판단

가. 전기공급규정 중 면책약관의 효력

전기사업법은 다수의 일반 수요자에게 생활에 필수적인 전기를 공급하는 공익사업인 전기사업의 합리적 운용과 사용자의 이익보호를 위하여 계약자유의 원칙을 일부 배제하여 일반 전기사업자와 일반 수요자 사이의 공급계약조건을 당사자가 개별적으로 협정하는 것을 금지하고 오로지 공급규정의 정함에 따를 것을 규정하고 있는바, 이러한 공급규정은 일반 전기사업자와 그 공급구역 내의 현재 및 장래의 불특정 다수의 수요자 사이에 이루어지는 모든 전기공급계약에 적용되는 보통계약약관으로서의 성질을 가진다(대법원 1989. 4. 25. 선고 87다카2792 판결 참조). 그리고 피고의 전기공급규정 제51조 제3호, 제49조 제1항 제3호는 피고의 전기설비에 고장이 발생하거나 발생할 우려가 있는 때 피고는 전기의 공급을 중지하거나 그 사용을 제한할 수 있고, 이 경우 피고는 수용가가 받는 손해에 대하여 배상책임을 지지 않는다고 규정하고 있는바, 이는 면책약관의 성질을 가지는 것으로서 피고의 고의 또는 중대한 과실로 인한 경우까지 적용된다고 보는 경우에는 약관의규제에관한법률 제7조 제1호에 위반되어 무효이나, 그 외의 경우에 한하여 피고의 면책을 정한 규정이라고 해석하는 한도에서는 유효하다고 보아야 할 것이다(대법원 1995. 12. 12. 선고 95다11344 판결 참조).

나. 피고의 중과실 인정 여부

전기산업의 경우 피고가 일반 수요자들에 대한 공급을 사실상 독점하고 있고, 관련 시설의 유지 및 관리에 필요한 기술과 책임도 사실상 단독으로 보유하고 있는 등 그 특수성에 비추어 전기공급 중단의 경우 피고의 책임이 면제되지 않는 고의에 준하는 중대한 과실의 개념은 위와 같은 피고의 특수한 지위에 비추어 마땅히 해야 할 선량한 관리자의 주의의무를 현저히 결하는 것이라고 봄이 상당하다.

이 사건의 경우 원심이 적절히 지적하고 있는 바와 같이, 피고가 정전사고의 원인이 된 자동개폐기를 제대로 유지 · 관리하기 위하여서는 점검 및 정비규정에 따라 순시 · 점검 · 측정 등의 업무를 면밀히 시행하여야 함에도 불구하고, 이와 같은 주의의무를 게을리 한 채 자동개폐기 내부의 손상 여부에 대한 점검은 사실상 포기한 상태였던 점이 인정되는바, 여기에 그 밖에 원심이 판시한 바와 같은 여러 사정을 종합해 보면, 이 사건 정전사고는 피고의 중대한 과실로 말미암아 일어난 것이라고 봄이 상당하고, 이러한 피고의 과실과 농작물에 대한 냉해에 의한 원고들의 손해 사이에 상당인과관계 또한 당연히 인정된다.

같은 취지의 원심 판단은 정당하고, 거기에 상고이유에서 지적하는 바와 같은 사실오인이나 채증법칙 위반, 법리오해 등의 위법이 있다고 할 수 없다.

피고는 원고들과 피고 사이의 면책약관의 적용을 배제하는 합의의 효력 등에 대한 원심의 판단도 다투고 있으나, 위에서 본 바와 같은 이유로 피고의 책임이 인정되는 이상, 이 점에 관한 상고이유는 원심의 가정적 판단을 문제 삼는 것으로서 더 나아가 판단할 필요 없이 받아들일 수 없다.

4. 결론

그러므로 상고를 기각하고, 상고비용은 패소자의 부담으로 하기로 하여 관여 법관의 일치된 의견으로 주문과 같이 판결한다.

3 채무불이행에 대한 증명책임

(1-1) 대법원 1987. 11. 24. 선고 87다카1575 판결

【원고, 상고인】 유덕근
【피고, 피상고인】 이광수
【원심판결】 서울고등법원 1987.5.20 선고 86나2387 판결
【주 문】 상고를 기각한다. 상고비용은 원고의 부담으로 한다.

【이 유】

상고이유를 본다.

임차인의 임차물반환채무가 이행불능이 된 경우에 임차인이 그 이행불능으로 인한 손해배상책임을 면하려면 그 이행불능이 임차인의 귀책사유로 말미암은 것이 아님을 입증할 책임이 있으며, 임차건물이 그 건물로부터 발생한 화재로 손실된 경우에 있어서 그 화재의 발생원인이 불명인 때에도 임차인이 그 책임을 면하려면 그 임차건물의 보존에 관하여 선량한 관리자의 주의의무를 다하였음을 입증하여야 한다(당원 1985.4.9 선고 84다카2416 판결 ; 1982.8.24 선고 82다카254판결 ; 1980.11.25 선고 80다508 판결 등 참조). 원심판결 이유에 의하면, 원심은 피고로부터 원고가 임차하여 점유하고 있는 이 사건 점포가 원인불명의 화재로 소실된 사실을 확정하고 나서 원고가 이 사건 임차점포의 보존에 관하여 선량한 관리자의 주의의무를 다하였다고 인정할만한 증거가 없음을 들어 원고에게 위 점포의 소실로 인한 손해배상책임이 있다고 판시하고 있는바 같은 취지의 원심의 위 사실인정과 판단은 정당하고 거기에 주장하는 바와 같은 채증법칙을 어기고 심리를 다하지 아니하였거나 법리오해 또는 이유불비의 위법이 없다. 원심이 이 사건 점포의 화재가 그 점포천정내의 옥내전선이 합선된 것으로 추정하면서 이 사건 화재발생 9개월전에 원고가 전기공사면허 등이 없는 사람으로 하여금 이 사건 점포의 전기공사를 하게 하고 그가 규격품이 아닌 전선으로 바꾸어 시공하였으며 원고가 다른 입주자들보다 많은 전기량을 소비하면서 종전보다 많은 전선을 기존 분전판에서 끌어내려 사용한 사실을 그 증거에 의하여 인정하고 있는 것도 따지고 보면 원고가 이 사건 임차점포를 선량한 주의의무를 다하여 보존관리 하였다는 원고의 주장을 배척하기 위한 것일 뿐이지 원인불명으로 인하여 발생한 이 사건 화재에 대하여 원고가 선량한 관리자의 주의의무를 다하였다거나 그것이 불가항력이였다고 보지 않고 있는데는 아무런 다를 바가 없는 것이다.

내세우고 있는 당원의 판결(1965.11.23 선고 65라1898 판결)은 임차인이 선량한 관리자의 주의의무를 다하였는데도 불가항력으로 화재가 발생된 경우에 관한 것이어서 이 사건에 적절한 것이 아니다. 결국 주장은 어느 것이나 이와 반대되는 견해에서 원심판결을 탓하고 있음에 불과하다. 주장은 모두 이유없다.

그러므로 상고를 기각하고, 상고비용은 원고의 부담으로 하여 관여법관의 일치된 의견으로 주문과 같이 판결한다.

(1-2) 대법원 2017. 5. 18. 선고 2012다86895, 86901 전원합의체 판결 〔손해배상(기)·손해배상(기)〕

[1] 임대차 목적물이 화재 등으로 소멸됨으로써 임차인의 목적물 반환의무가 이행불능이 된 경우, 임차인이 이행불능이 자기가 책임질 수 없는 사유로 인한 것이라는 증명을 다하지 못하면 목적물 반환의무의 이행불능으로 인한 손해를 배상할 책임을 지는지 여부(적극) 및 이러한 법리는 반환된 임차 건물이 화재로 훼손되었음을 이유로 손해배상을 구하는 경우에도 동일하게 적용되는지 여부(적극) / 임대차계약 존속 중에 발생한 화재가 임대인이 지배·관리하는 영역에 존재하는 하자로 발생한 것으로 추단되는 경우, 임대인이 화재로 인한 목적물 반환의무의 이행불능 등에 관한 손해배상책임을 임차인에게 물을 수 있는지 여부(원칙적 소극) [1] 임대차 목적물이 화재 등으로 인하여 소멸됨으로써 임차인의 목적물 반환의무가 이행불능이 된 경우에, 임차인은 이행불능이 자기가 책임질 수 없는 사유로 인한 것이라는 증명을 다하지 못하면 목적물 반환의무의 이행불능으로 인한 손해를 배상할 책임을 지며, 화재 등의 구체적인 발생 원인이 밝혀지지 아니한 때에도 마찬가지이다. 또한 이러한 법리는 임대차 종료 당시 임대차 목적물 반환의무가 이행불능 상태는 아니지만 반환된 임차 건물이 화재로 인하여 훼손되었음을 이유로 손해배상을 구하는 경우에도 동일하게 적용된다.

한편 임대인은 목적물을 임차인에게 인도하고 임대차계약 존속 중에 그 사용, 수익에 필요한 상태를 유지하게 할 의무를 부담하므로(민법 제623조), 임대차계약 존속 중에 발생한 화재가 임대인이 지배·관리하는 영역에 존재하는 하자로 인하여 발생한 것으로 추단된다면, 그 하자를 보수·제거하는 것은 임대차 목적물을 사용·수익하기에 필요한 상태로 유지하여야 하는 임대인의 의무에 속하며, 임차인이 하자를 미리 알았거나 알 수 있었다는 등의 특별한 사정이 없는 한, 임대인은 화재로 인한 목적물 반환의무의 이행불능 등에 관한 손해배상책임을 임차인에게 물을 수 없다.

[2] 임차인이 임대인 소유 건물의 일부를 임차하여 사용·수익하던 중 임차 건물 부분에서 화재가 발생하여 임차 건물 부분이 아닌 건물 부분까지 불에 타 그로 인해 임대인에게 재산상 손해가 발생한 경우, 임차 외 건물 부분에 발생한 손해에 대하여 임대인이 임차인을 상대로 채무불이행을 원인으로 하는 배상을 구하기 위하여 주장·증명하여야 할 사항 [2] **[다수의견]** 임차인이 임대인 소유 건물의 일부를 임차하여 사용·수익하던 중 임차 건물 부분에서 화재가 발생하여 임차 건물 부분이 아닌 건물 부분(이하 '임차 외 건물 부분'이라 한다)까지 불에 타 그로 인해 임대인에게 재산상 손해가 발생한 경우에, 임차인이 보존·관리의무를 위반하여 화재가 발생한 원인을 제공하는 등 화재 발생과 관련된 임차인의 계약상 의무 위반이 있었음이 증명되고, 그러한 의무 위반과 임차 외 건물 부분의 손해 사이에 상당인과관계가 있으며, 임차 외 건물 부분의 손해가 그러한 의무 위반에 따른 통상의 손해에 해당하거나, 임차인이 그 사정을 알았거나 알 수 있었을 특별한 사정으로 인한 손해에 해당한다고 볼 수 있는 경우라면, 임차인은 임차 외 건물 부분의 손해에 대해서도 민법 제390조, 제393조에 따라 임대인에게 손해배상책임을 부담하게 된다.

종래 대법원은 임차인이 임대인 소유 건물의 일부를 임차하여 사용·수익하던 중 임차 건물 부분에서 화재가 발생하여 임차 외 건물 부분까지 불에 타 그로 인해 임대인에게 재산상 손해가 발생한 경우에, 건물의 규모와 구조로 볼 때 건물 중 임차 건물 부분과 그 밖의 부분이 상호 유지·존립함에 있어서 구조상 불가분의 일체를 이루는 관계에 있다면, 임차인은 임차 건물의 보존에 관하여 선량한 관리자의 주의의무를 다하였음을 증명하지 못하는 이상 임차 건물 부분에 한하지 아니하고 건물의 유지·존립과 불가분의 일체 관계에 있는 임차 외 건물 부분이 소훼되어 임대인이 입게 된 손해도 채무불이행으로 인한 손해로 배상할 의무가 있다고 판단하여 왔다.

그러나 임차 외 건물 부분이 구조상 불가분의 일체를 이루는 관계에 있는 부분이라 하더라도, 그 부분에 발생한 손해에 대하여 임대인이 임차인을 상대로 채무불이행을 원인으로 하는 배상을 구하려면, 임차인이 보존·관리의무를 위반하여 화재가 발생한 원인을 제공하는 등 화재 발생과 관련된 임차인의 계약상 의무 위반이 있었고, 그러한 의무 위반과 임차 외 건물 부분의 손해 사이에 상당인과관계가 있으며, 임차 외 건물 부분의 손해가 의무 위반에 따라 민법 제393조에 의하여 배상하여야 할 손해의 범위 내에 있다는 점에 대하여 임대인이 주장·증명하여야 한다.

이와 달리 위와 같은 임대인의 주장·증명이 없는 경우에도 임차인이 임차 건물의 보존에 관하여 선량한 관리자의 주의의무를 다하였음을 증명하지 못하는 이상 임차 외 건물 부분에 대해서까지 채무불이행에 따른 손해배상책임을 지게 된다고 판단한 종래의 대법원판결들은 이 판결의 견해에 배치되는 범위 내에서 이를 모두 변경하기로 한다.

[대법관 김신, 대법관 권순일의 별개의견] 임차인이 임대인 소유 건물의 일부를 임차하여 사용·수익하던 중 임차한 부분에서 화재가 발생하여 임차 외 건물 부분까지 불에 타 그로 인해 임대인에게 재산상 손해가 발생한 경우에, 다른 특별한 사정이 없는 한 임차 외 건물 부분에 발생한 재산상 손해에 관하여는 불법행위책임만이 성립한다고 보아야 한다. 그러므로 임대인이 임차인을 상대로 임차 외 건물 부분에 발생한 손해의 배상을 구하는 경우에는 불법행위에 있어서의 증명책임의 일반원칙에 따라 손해 발생에 관하여 임차인에게 귀책사유가 있다는 점에 관한 증명책임은 피해자인 임대인에게 있다고 보아야 한다. 그리고 이는 '건물의 규모와 구조로 볼 때 건물 중 임차한 부분과 그 밖의 부분이 상호 유지·존립에 있어 불가분의 일체를 이루는 관계'라 하더라도 달리 볼 것은 아니다.

[대법관 김재형의 반대의견] 임차인이 임대인 소유 건물의 일부를 임차하여 사용·수익하던 중 임차한 부분에서 화재가 발생한 경우에 민법 제390조에 따라 임차인의 손해배상책임이 성립하는지 여부를 판단한 다음, 임차물이든 그 밖의 부분이든 불에 탄 부분이 민법 제393조에 따라 손해배상의 범위에 포함되는지 여부를 판단하는 것으로 충분하다. 화재로 불에 탄 부분이 임차물 자체인지 임차물 이외의 부분인지에 따라 손해배상책임의 성립요건이나 증명책임을 달리 보아야 할 이유가 없다. 임차물과 임차 외 건물 부분으로 구분하여 채무불이행이나 불법행위에 기한 손해배상의 성립요건을 별도로 판단하는 것은 손해배상의 범위에서 판단해야 할 사항을 손해배상책임의 성립 여부에서 판단하는 것이라서 받아들일 수 없다.

[대법관 이기택의 별개의견] 임차인이 건물의 일부를 임차한 경우에 임대차 기간 중 화재가 발생하여 임차 건물 부분과 함께 임대인 소유의 임차 외 건물 부분까지 불에 탔을 때 임차인의 의무 위반으로 인한 채무불이행책임의 성립 및 임차인의 채무불이행이 성립하는 경우에 배상하여야 할 손해배상의 범위에 관하여는 반대의견과 견해를 같이한다.

그런데 임차인이 임대인 소유 건물의 일부를 임차하여 사용·수익하던 중 임차 건물 부분에서 화재가 발생하여 임차 외 건물 부분까지 불에 타 그로 인해 임대인에게 재산상 손해가 발생한 경우에 화재의 원인이나 귀책사유가 명확하게 밝혀지지 않은 때에는, 임차 건물 부분의 손해뿐만 아니라 임차 외 건물 부분의 손해까지 임차인이 전부 책임지는 것은 임차인에게 가혹할 수 있고, 이와 달리 임차인이 임차 외 건물 부분의 손해에 대하여 전혀 책임지지 않고 그 부분 손해를 임대인이 모두 감수하도록 하는 것 또한 구체적 타당성에 어긋날 위험이 있다. 따라서 이와 같은 경우에 법원은 임차 외 건물 부분의 손해에 대하여 임차인의 배상책임을 긍정하되, 책임에 대한 제한을 통하여 임대인과 임차인이 임차 외 건물 부분의 손해를 합리적으로 분담하도록 하여야 한다.

4 대상청구권

(1-1) 서울고등법원 1991. 12. 10. 선고 91나26555 판결

【원고(반소피고), 항소인】 서울특별시

【피고(반소원고), 피항소인】 전성규

【원심판결】 서울민사지방법원 1991. 5. 1.선고 90가합55948(반소),90가합76082 (반소)판결

【주 문】

1. 원고(반소피고)의 항소를 기각한다.
2. 가. 당심에서 추가한 제1예비적청구에 기하여, 피고(반소원고)는 원고(반소피고)에게 금10,075,990원 및 이에 대한 1991. 10. 1.부터 1991. 12. 10.까지는 연5푼의, 그 다음날부터 완제일까지는 연2할5푼의 각 비율에 의한 금원을 지급하라.

   나. 원고(반소피고)의 나머지 제1예비적청구를 기각한다.
3. 항소심 소송비용은 이를 6분하여 그중 1은 피고(반소원고)의, 나머지는 원고(반소피고)의 각 부담으로 한다.
4. 위 2의 가항은 가집행할 수 있다.

【청구취지】

본소 ; 주위적으로, 피고(반소원고, 이하 피고라고만 한다)는 원고(반소피고, 이하 원고라고만 한다)에게 금61,006,150원 및 이에 대한 1990. 3. 31.부터 이사건 소장부본 송달일까지는 연5푼의, 그 다음날부터 완제일까지는 연2할5푼의 각 비율에 의한 금원을 지급하라. 소송비용은 피고의 부담으로 한다라는 판결 및 가집행 선고

제1예비적으로, 피고는 원고에게 금36,190,000원 및 이에 대한 이사건 1991. 9. 27.자 예비적청구취지 및 청구원인 보충서 송달익일부터 완제일까지 연2할5푼의 비율에 의한 금원을 지급하라. 소송비용은 피고의 부담으로 한다라는 판결 및 가집행선고

제2예비적으로, 피고는 원고에게 금9,000,000원 및 이에 대한 위 예비적청구취지 및 청구원인 보충서 송달익일부터 완제일까지 연2할5푼의 비율에 의한 금원을 지급하라. 소송비용은 피고의 부담으로 한다라는 판결 및 가집행 선고

반소 ; 원고는 피고에게 금6,306,732원 및 이에 대한 1990. 3. 30.부터 제1심판결 선고일까지인 연5푼, 그 다음날부터 완제일까지는 연2할5푼의 각 비율에 의한 금원을 지급하라. 소송비용은 원고의 부담으로 한다는 판결

【항소취지】

제1심판결 중 본소에 관한 부분을 취소하고, 본소의 주위적 청구취지와 같은 판결을 구하는 이외에 제1심판

결 중 반소에 관한 원고패소부분을 취소하고, 위 취소부분에 해당하는 피고의 청구를 기각한다. 소송총비용은 피고의 부담으로 한다라는 판결

【이 유】

1. 본소청구에 대한 판단

가. (증거에 의하면), 원고는 1985년경, 군포시 산본동에 사회복지시설인 옐림복지타운(종합사회복지원)의 건립계획을 세우고 소외 대원토목설계사무소에 그 부지 및 진입로로 편입될 토지에 대한 측량용역을 준 결과 피고 소유의 ○○시 ○○동441의 2 전 2,215평방미터 중 272평방미터, 같은 동 436의 2 전350평방미터중 18.2평방미터 등 총 19필지 합계 면적 62,184.2평방미터가 위 부지 및 진입로에 편입될 토지로 측량되고, 위 측량결과를 토대로 위 사업계획을 입안함으로써 1986. 7. 위 62,184.2평방미터의 토지에 관하여 도시계획법 제12조, 제13조에 의한 도시계획의 결정, 지적승인 및 고시가 이루어진 사실, 그후 사업시행자인 원고가 위 편입토지의 소유자들과 협의매수를 시도한 결과 1986. 12. 11. 원고와 피고 사이에 위 옐림복지타운의 진입로에 편입된 피고 소유의 위 산본동 441의 2 전 2,215평방미터 중 272평방미터를 평방미터당 금 36,800원으로, 같은동 436의 2 전 350평방미터중 18.2평방미터를 평방미터당 금12,550원으로 쳐서 합계 금10,238,010원에 매도하되, 실측 후 면적에 증감에 있을 시는 이미 정하여진 평방미터당 단가에 의하여 차액을 증감 정산하기로 하며, 용지대금의 지급방법에 관하여는 원고가 9할 이내의 금액을 우선 지불한 다음 잔금은 위 매수토지가 공공사업용지로 지적분할되고 원고가 그 소유권이전등기를 경료한 후에 지급하기로 정하는 한편 동 계약체결 후에는 잔금지급 이전이라도 원고가 위 매수토지를 사용할 수 있다는 내용의 매매계약이 체결된 사실, 그 후 원고가 1988. 8.경까지 위 진입로조성공사를 마치고 실제로 도로에 편입된 부분을 분할하게 되었는데 위 산본동 441의 2 토지는 당초의 계약면적인 272평방미터보다 194평방미터를 초과한 466평방미터가 도로에 편입되고, 같은 동 436의 2토지는 당초의 계약면적인 18.2평방미터보다 32.8평방미터를 초과한 51평방미터가 도로에 편입됨으로써 원고는 위 441의 2 토지 중 도로에 편입된 부분을 같은 동 441의 5 도로 466평방미터로, 436의 2 토지 중 도로에 편입된 부분을 같은 동 436의 3 도로 51평방미터로 각 분할한 다음(이하 분할된 위 2필의 토지를 이 사건 토지라 한다) 1988. 9. 10.부터 1990. 1. 24.까지의 사이에 3차례에 걸쳐 피고에 대하여 이 사건 토지(위 분할된 토지 전부)에 대한 소유권이전등기절차를 이행할 것과 당초 계약상의 잔금 및 도로에 초과편입됨으로 인한 정산금을 합한 금8,788,850원을 수령해 갈 것을 최고하였으나 피고는 당초 계약내용보다 부당하게 많은 토지가 도로에 편입됨으로써 원고가 위 매매계약을 위반하였다는 이유로 이의를 제기하고 원고의 위 최고에 응하지 않은 사실, 그런데 1989. 9. 19. 이 사건 토지를 포함한 부근 일대가 건설부고시 제492호로 군포산본지구 택지개발사업지구로 고시되고 중앙토지수용위원회가 1990. 2. 27. 이 사건 토지를 같은 해 3. 30.자로 수용함과 아울러 손실보상금은 평방미터당 금70,000원으로 산정하여 합계 금36,190,000원 [70,000 × (466 + 51)] 으로 한다는 내용의 수용재결을 함으로써 위 택지개발사업의 사업시행자인 소외 대한 주택공사는 이 사건 토지의 소유자인 피고에게 위 손실보상금 36,190,000원을 지급한 사실, 한편 원고는 1990. 4. 3. 공탁물을 수령할 자를 피고로 하여 이 사건 토지의 정산금과 그 법정이자라는 취지로 금10,761,660원을 공탁한 사실을 각 인정할 수 있고, 반증이 없다.

나. 원고는 이 사건 주위적청구로서, 원고와 피고는 위 매매계약을 체결할 당시 진입로 개설로 인하여 실제로

도로에 편입될 면적이 계약체결시의 예정면적보다 증감이 있을 것을 예정하고 진입로 개설 후 실측하여 매매대금을 정산하기로 약정하였으므로 위 매매계약의 목적물은 진입로 개설로 인하여 도로에 편입될 토지전부로서 피고는 이 사건 토지의 분할 후 이 사건 토지에 관하여 소유권이전등기절차를 이행할 의무가 있음에도 불구하고 그 이행을 지체하던 중 1990. 3. 30. 이 사건 토지가 수용됨으로써 위 소유권이전등기절차 이행의무가 이행불능이 되었으니 피고는 원고에게 위 이행불능 당시의 이 사건 토지의 시가 금69,795,000원에서 원고가 피고에게 지급하여야 할 정산금 8,788,850원을 공제한 금61,006,150원을 지급할 의무가 있다고 주장한다.

그러나 위 인정사실에 의하면, 원, 피고 사이에 체결된 위 매매계약에 있어서 그 목적물의 범위에 관한 계약당사자 간의 진정한 의사는 원고의 위 진입로 개설로 인하여 도로에 편입되는 토지부분 전부를 무제한으로 포함하기로 한 것이라고 해석하기 보다는, 측량에 의하여 일응 결정되어 계약서상에 명시된 면적(이는 1986. 7. 도시계획의 결정, 지적승인 및 고시가 된 면적이다)을 기준으로 하되, 측량기술상 통상 발생할 수 있는 오차를 예상하여 그 오차의 한계 범위 내에서 진입로 개설 후 실측하여 가감하기로 약정한 것으로 해석함이 상당하다 할 것이므로, 측량에 의하여 일응 결정된 당초의 매매면적의 1.8배에 가까운 이 사건 토지 전부를 매매의 목적물로 삼기로 하는 원, 피고 간의 진정한 합의가 있었다고 보기는 어렵다 할 것이며(원고는 갑제9호증의 2의 기재내용을 들어 원, 피고 사이에 그와 같은 합의가 있었다는 취지의 주장을 하나, 위 갑제9호증의 2의 기재내용은 매매의 목적물이 당초 계약상의 면적에 국한하는 것을 전제로 한 것으로서 위와 같은 합의가 있었다는 사실에 부합하는 증거가 되지 못한다), 또 원, 피고 사이에 체결된 위 매매계약에 따르면 피고의 위 매매목적물에 관한 소유권이전등기의무는 원고가 옐림복지타운의 진입로를 개설한 후 매매목적물이 된 부분을 따로 지적 분할한 다음에 비로소 이행의 청구를 할 수 있는 채무라고 봄이 상당하다 할 것인데, 원고는 측량기술상 통상 발생할 수 있는 오차의 한계범위를 초과하여 위 매매의 목적물에 포함되지 아니한다고 보여지는 토지부분까지 임의로 도로로 조성하고 도로로 편입된 토지 전부를 이 사건 토지로 분할한 다음 피고에게 이 사건 토지 전부에 관하여 소유권이전등기절차를 이행할 것을 최고하였음이 위에서 본 바와 같은 이상, 이와 같은 이행의 최고는 채무의 본지에 따른 이행의 최고라고 볼 수 없어 이로써 피고의 소유권이전등기절차 이행의무가 이행지체에 빠졌다고 할 수는 없으므로, 위 매매계약의 목적물이 이 사건 토지 전부이고 그 목적물에 관한 피고의 소유권이전등기절차 이행의무가 이행지체에 있었음을 전제로 한 원고의 주위적청구는 더 나아가 살필 필요없이 그 이유없다.

다. 원고는 이 사건 제1예비적청구로서, 피고는 원고가 매수한 이 사건 토지의 수용에 따른 손실보상금으로 금 36,190,000원을 수령하였으므로 이를 원고에게 반환할 의무가 있다고 주장하므로 살피건대, 이 사건 매매계약의 목적물이 당초 계약시에 결정된 면적을 기준으로 측량기술상 통상 발생할 수 있는 오차의 범위에 한정됨은 위에서 본 바와 같으므로 이를 초과한 부분에 관한 위 주장은 그 이유가 없으나, 위 매매계약의 목적물이 되는 토지부분에 관한 피고의 소유권이전등기의무는 위 토지수용으로 인하여 이행불능이 되었다 할 것이고, 이러한 경우 이행불능이 생긴 것과 동일한 원인으로 채무자인 피고가 이행의 목적물의 대가로 볼 수 있는 이익을 취득한 때에는 채무자는 이행불능이 생기지 않았던 경우 이상으로 이익을 받을 이유가 없으므로 채권자인 원고는 위 이행불능으로 인한 손해를 한도로 하여 채무자인 피고에 대하여 위 이익의 상환을 구할 이른바 대상청구권이 있다고 봄이 상당하다 할 것인바, 위 인정사실에 의하면, 피고는 그의 소유권이전등기의무가 이행불능이 된 원인인 토지수용으로 인하여 이행의 목적물의 대가로 볼 수 있는 손실보상금을 수령함으로써 동액 상당의 이익을 얻고, 원고는 동액 상당의 손해를 보았다 할 것이나(위 이행불능으로 인한 원고의 손해는 이행불능 당시의 시가상당액이라 할 것이고 그 시가는 이행불능 당시의 위 토지의 현황을 기준으로 하여 산정하여야 할 것인 바, 이행불능 당시 위 토지의 현황인 도로를 기준으로 한 시가가 수용재결상의 손실보상금과 같은 금액인 평방미터당 금 70,000원인 사실은 당사자 사이에 다툼이 없다), 원고가 위 대상 청구권을 행사하려면 당초계약에 따른 매매대금은 피고에게 지급하여야 할 것이므로 결국 원고의 위 대상청구권 행사에 따라 피고가 원고에게 상환하여야 할 수액은 위 매매계약의 목적물인 토지부분의 손실보상금에 해당하는 금20,314,000원 [70,000 × (272 ＋ 18.2)] 에서 위 매매계약이 이행불능이 되지 아니하였더라면 원고가 추가로 지급하여야 할 잔금상당액인 금1,238,010원(10,238,010 - 9,000,000)원을 공제한 금19,075,990원(20,314,000 - 1,238,010)이 된다 할 것이다. (위 가항에서 본 원고의 공탁은 채무의 본지에 따르지 아니한 것으로서 잔금채무 소멸의 효과가 발생하지 아니한다.)

그런데 한편 뒤의 반소청구에 대한 판단 부분에서 보는 바와 같이 피고는 원고에 대하여 금15,043,382원의 채권이 있는 바, 피고는 위 채권 중 금9,000,000원과 피고의 위 채무를 대등액에서 상계한다는 의사표시를 하고 있으므로 위 상계의사표시에 의하여 위 각 채무는 대등액에서 상계되고 피고의 원고에 대한 위 채무는 금 10,075,990원(19,075,990 - 9,000,000)만이 남는다.

2. 반소청구에 대한 판단

(증거에 의하면), 원고가 피고의 소유이던 ○○시 ○○동441의 2 전 2,215평방미터 중 194평방미터와 같은동 436의 2 전 350평방미터 중 32.8평방미터를 임의로 도로로 개설하여 1988. 8. 18.부터 이를 점유, 사용하여 온 사실, 위 토지가 1990. 2. 27. 중앙토지수용위원회의 수용재결에 의하여 같은 해 3. 30.자로 수용된 사실, 위 수용재결 당시 위 토지가 종전과 같이 전의 상태로 있었더라면 피고는 평방미터당 금135,000원의 손실보상금을 받을 수 있었을 터이었는데(위 감정인의 감정결과에 의하면 위 토지를 전으로 가상한 위 수용재결 당시의 시가가 평방미터당 금135,000원인 사실이 인정되고, 위 갑제5호증의 1, 2, 갑제10, 16호증의 각 기재에 의하면 이 사건 토지에 인접한 같은 동 436의 1 전의 토지수용보상가가 평방미터당 금136,000원이고, 같은 동 441의 1 전의 토지수용보상가가 평방미터당 금141,000원인 사실이 인정됨에 비추어 위 시가가 토지수용 보상가에 상응하는 것으로 보인다) 도로화 되었기 때문에 피고는 평방미터당 금70,000원 밖에 보상받지 못한 사실, 한편 1988. 8. 18.부터 토지수용되기 전날까지 위 토지를 전으로 이용하는 경우의 임료가 별지계산표 기재와 같이 금 301,382원이 되는 사실을 인정할 수 있고, 반증이 없다.

따라서 위 토지를 임의로 도로로 개설하고, 1988. 8. 18.부터 1990. 3. 29.까지 이를 임의로 점유, 사용한 원고의 불법행위로 인하여 피고는 합계 금15,043,382원 [(135,000 - 70,000) × 226.8 ＋ 301,382] 의 손해를 입었다 할 것이므로 원고는 피고에게 위 금원을 배상할 책임이 있다 할 것인데, 한편 본소청구에 대한 판단 부분에서 본 바와 같은 상계로 인하여 위 채무 중 금9,000,000원은 소멸되었다 할 것이니 결국 원고의 피고에 대한 위 채무는 금 6,043,382원(15,043,382 - 9,000,000)만이 남는다.

원고는, 원, 피고 사이에 체결된 위 매매계약에 의하여 원고가 위 토지를 무상으로 사용할 권원이 있었다는 취지의 주장을 하나, 위 매매계약의 목적물에 위 토지부분이 포함되지 아니함은 위에서 본바와 같으므로 위 주장은 그 이유없다.

3. 그렇다면, 원고의 제1예비적청구에 기하여 피고는 원고에게 금10,075,990원 및 이에 대하여 이 사건 1991. 9. 27.자 예비적청구취지 및 청구원인보충서 송달익일임이 기록상 명백한 1991. 10. 1.부터 피고가 그 이행의무의

존부 및 범위에 관하여 항쟁함이 상당하다고 인정되는 당심판결선고일인 1991. 12. 10.까지는 민법에 정한 연5푼의, 그 다음날부터 완제일까지는 소송촉진등에 관한 특례법에 정한 연2할5푼의 각 비율에 의한 지연손해금을 지급할 의무가 있고, 피고의 반소청구에 기하여 원고는 피고에게 금6,043,382원 및 이에 대하여 위 불법행위일 이후로서 피고가 구하는 1990. 3. 30.부터 원고가 그 이행의무의 존부 및 범위에 관하여 항쟁함이 상당하다고 인정되는 제1심판결선고일인 1991. 5. 1.까지는 민법에 정한 연5푼의, 그 다음날부터 완제일까지는 소송촉진등에 관한 특례법에 정한 연2할5푼의 각 비율에 의한 지연손해금을 지급할 의무가 있다 할 것이므로, 원고의 주위적 청구는 그 이유없어 이를 기각하고, 원고의 제1예비적청구와 피고의 반소청구는 위 인정범위 내에서 이유있어 이를 각 인용하고, 그 나머지 청구는 이유없어 이를 각 기각하여야 할 것인 바, 원고의 주위적청구와 피고의 반소청구에 관하여 이와 결론을 같이한 제1심판결은 정당하므로 원고의 항소는 이유없어 이를 기각하기로 하되, 당심에서 추가한 원고의 제1예비적청구에 기하여 피고에 대하여 원고에게 위 인정금원의 지급을 명하고 그 나머지 제1예비적청구는 이유없어 이를 기각하며, 소송비용부담에 관하여 민사소송법 제95조, 제89조, 제92조를, 가집행선고에 관하여 같은 법 제199조를 각 적용하여 주문과 같이 판결한다.

(1-2) 대법원 1992. 5. 12. 선고 92다4581 판결

【원고(반소피고) 상고인 겸 피상고인】 서울특별시
【피고(반소원고) 피상고인 겸 상고인】 전성규
【원심판결】 서울고등법원 1991.12.10. 선고 91나26555 (본소)판결,
【주 문】 각 상고를 기각한다.
상고비용은 상고인 각자의 부담으로 한다.

【이 유】

1. 원고(반소피고, 이하 원고라 한다)소송대리인의 상고이유를 본다.

기록에 의하여 원심이 취사한 증거관계를 살펴보면 원 피고 사이에 이 사건 옐림복지타운의 진입도로에 편입되는 원고 소유토지에 대한 매매계약을 체결함에 있어서 그 목적물의 범위는 소론과 같이 원고가 진입로개설을 위하여 편입시키는 토지전부를 무제한으로 포함시키기로 한 것이 아니라 측량에 의하여 진입로 편입토지로 지적승인 및 고시된 면적을 기준으로 하되 측량기술상의 오차를 예상하여 그 범위 내에서 진입로 개설 후 실측평수에 따라 가감하기로 약정한 것이라고 인정되므로, 같은 취지로 판단한 원심판결은 정당하고 소론과 같이 당사자의 의사해석을 그르친 위법이 없다. 논지는 이유없다.

2. 피고(반소원고, 이하 피고라 한다)소송대리인들의 상고이유를 본다.

기록에 의하면 원고는 원심 제1차 변론기일에 진술한 1991. 9. 4.자 준비서면에서 주위적으로 이행불능당시의 시가상당액에 의한 전보배상을 구하고 예비적으로 이 사건 토지가 수용됨으로써 그 보상금을 피고가 수령하였음을 이유로 그 금원의 지급을 구하고 있는바, 위 예비적 청구는 피고가 이 사건 토지에 대한 소유권이전등기의무의 이행불능을 발생케 한 원인인 토지수용으로 인하여 이 사건 토지의 대상인 보상금을 취득하였음을 이유로 그 보상금의 지급을 구하는 것으로서 이른바 대상청구권을 행사하는 취지라고 볼 수 있으므로, 같은 취지로 판

단한 원심판결은 정당하고 소론과 같이 처분권주의에 위반한 위법이 없다.

우리민법에는 이행불능의 효과로서 채권자의 전보배상청구권과 계약해제권외에 별도로 대상청구권을 규정하고 있지 않으나 해석상 대상청구권을 부정할 이유가 없으며, 대상청구권을 인정하는 것이 공공용지의 취득 및 손실보상에 관한 특례법에 저촉되고 당사자의 의사해석에도 반한다는 소론은 독자적 견해에 불과하여 받아들일 수 없다.

3. 그러므로 각 상고를 기각하고 상고비용은 패소자의 부담으로 하여 관여법관의 일치된 의견으로 주문과 같이 판결한다.

5 불완전이행

(1-1) 대전고등법원 2000. 6. 14. 선고 99나2261 판결

【원고(반소피고), 피항소인】 최희숙 외 7인

【피고(반소원고), 항소인】 김용현

【원심판결】 대전지방법원 천안지원 1999. 3. 11. 선고 97가합501 판결

【주 문】

1. 제1심판결 중 피고(반소원고)로 하여금 원고(반소피고) 최희숙에게 금 20,298,541원, 원고(반소피고) 박영지, 박영준에게 각 금11,532,360원, 원고(반소피고) 이▲돈, 이▼복, 이☆숙, 이⁂승, 이기부에게 각 금 4,000,000원 및 위 각 금원에 대한 1996. 10. 29.부터 2000. 6. 14.까지는 연 5%, 그 다음날부터 다 갚는 날까지는 연 25%의 각 비율로 계산한 금원을 초과하여 지급을 명한 피고(반소원고) 패소부분을 취소하고, 위 취소부분에 해당하는 원고(반소피고)들의 본소청구를 각 기각한다.
2. 당심에서 제기된 반소청구에 기하여, 피고(반소원고)에게,
   가. 총 13,176,600원 중 원고(반소피고) 최희숙은 금 5,647,114원, 같은 박영지, 박영준은 각 금 3,764,742원 및 위 각 금원에 대한 1996. 10. 29.부터 2000. 6. 14.까지는 연 5%, 그 다음날부터 다 갚는 날까지는 연 25%의 각 비율로 계산한 돈을 지급하고,
   나. 원고(반소피고) 이▲돈, 이▼복, 이☆숙, 이⁂승, 이기부는 위 가.항의 13,176,600원 중 각 금 2,635,320원 및 위 각 금원에 대한 1996. 10. 29.부터 2000. 6. 14.까지는 연 5%, 그 다음날부터 다 갚는 날까지는 연 25%의 각 비율로 계산한 돈을 지급하라.
3. 피고(반소원고)의 나머지 항소 및 나머지 반소청구를 모두 기각한다.
4. 소송비용은 본소, 반소를 통하여 제1, 2심 모두 이를 4분하여 그 중 3은 원고(반소피고)들의, 나머지는 피고(반소원고)의 각 부담으로 한다.
5. 제2항은 가집행할 수 있다.

【청구취지】

본소 : 피고(반소원고, 이하 피고라고만 한다)는, 원고(반소피고) 최희숙에게 금 126,442,845원, 원고(반소피고)

박영지, 박영준에게 각 금 78,795,230원, 원고(반소피고) 이▲돈에게 금 31,121,899원, 원고(반소피고, 이하 원고라고만 한다) 이▼복, 이☆숙, 이☖승, 이기부에게 각 금 29,121,899원 및 위 각 금원에 대한 1996. 10. 29.부터 이 사건 제1심 판결선고일까지는 연 5%, 그 다음날부터 다 갚는 날까지는 연 25%의 각 비율로 계산한 금원을 지급하라는 판결.

반소 : 피고에게, 원고 이▲돈, 이▼복, 이☆숙, 이☖승, 이기부와 연대하여, 원고 최희숙은 금 14,171,142원, 같은 박영지, 박영준은 각 금 9,447,428원 및 위 각 금원에 대한 1996. 10. 29.부터 이 사건 반소장부본 송달일까지는 연 5%, 그 다음날부터 다 갚는 날까지는 연 25%의 각 비율로 계산한 금원을 지급하고, 원고 최희숙, 박영지, 박영준과 연대하여, 원고 이▲돈, 이▼복, 이☆숙, 이☖승, 이기부는 각 금 6,613,200원 및 위 각 금원에 대한 1996. 10. 29.부터 이 사건 반소장부본 송달일까지는 연 5%, 그 다음날부터 다 갚는 날까지는 연 25%의 각 비율로 계산한 금원을 지급하라는 판결(피고는 당심에서 반소를 제기하였다).

【항소취지】

제1심 판결 중 피고 패소부분을 취소하고, 위 취소부분에 해당하는 원고들의 청구를 모두 기각한다라는 판결.

【이 유】

본소·반소에 관하여 함께 판단한다

1. 기초사실

가. 소외 박상철, 이기철은 1996. 10. 29. 21:00경 ○○시 ○○동307의 23 소재 피고가 경영하는 세종장여관 3층 303호실에 투숙하였다가 같은 날 22:00경 위 객실에서 발생한 화재로 인하여 그 화염 및 유독가스에 화상을 입고, 질식 사망하였다.

나. 위 화재로 인하여 세종장여관 3층 303호실에 비치된 비품 및 객실 벽지 등이 소실되었고, 피고는 위 객실을 영업에 제공하지 못하고 있다.

다. 원고 최희숙은 위 망 박상철의 처이고, 원고 박영지, 박영준은 위 망인의 자녀이며, 나머지 원고들은 위 망 이기철의 형제자매들이다.

2. 손해배상책임의 발생

가. 당사자의 주장

원고들은 이 사건 본소 청구원인으로서, 피고는 숙박업자로서 투숙객들의 안전을 보호해야할 숙박계약상의 의무가 있음에도 불구하고 이를 게을리하여 위와 같은 사고를 초래하였으므로 위 망인들 및 그 유족들이 입은 손해를 배상할 책임이 있다고 주장함에 대하여, 피고는, 이 사건 반소 청구원인으로서 이 사건 화재는 전적으로 투숙객인 위 망인들의 과실에 의하여 발생한 것이고 피고는 이 사건 사고에 대하여 숙박업자로서 아무런 과실이 없으므로 원고들은 피고가 입은 손해를 배상할 책임이 있다고 주장한다.

나. 판단

살피건대, 일반적으로 여관의 숙박계약이란 대가를 받고 여관객실을 상대방에게 일시적으로 사용하게 하는 일종의 임대차계약이라고 할 것인데 이러한 숙박계약에 있어서는 장기적인 사용을 전제로 한 통상의 주택임대차와는 달리 여관의 객실 및 관련시설, 공간에 대한 모든 지배는 오로지 여관경영자가 하는 것이고, 고객은 여관경영자가 투숙중인 고객에 대한 안전을 위하여 필요한 조치를 다할 것으로 신뢰하고 여관에 투숙하는 것이므로, 여관경영자에게는 고객에게 객실을 제공할 주된 의무가 있는 외에 나아가 고객이 여관에 투숙하고 있는 동안 안전하게 지낼 수 있도록 할 부수적인 보호의무가 있다고 할 것이다. 그리고 여관경영자가 고객에 대한 위와 같은 부수적인 의무를 위반한 경우에는 비록 그가 고객에게 본래의 계약상 의무인 객실제공의무를 이행하였다 하더라도 그 이행은 결국 채무의 내용에 따른 것이 아닌 것으로서 소위 불완전이행에 해당하는 것이고 이로 인하여 고객에게 손해가 발생하였을 때에는 그 손해를 배상할 책임을 부담하는 것이라고 할 것이다.

그러므로 과연 피고가 위 망인들에 대하여 위와 같은 여관경영자로서의 보호의무를 다하였는지에 관하여 본다.

(증거)를 종합하면 다음의 각 사실을 인정할 수 있고, 당심 증인 사재억의 일부 증언은 위 인정에 방해가 되지 아니하며, 반증이 없다.

(1) 이 사건 화재는 위 객실에 비치된 선풍기 위에 위 망인들이 빨래를 한 후 말리기 위해 널어놓은 양말과 수건 등이 선풍기 날개 부분에 걸리면서 그 회전날개의 기능장해로 인한 선풍기모터의 과열로 발화되어 일어난 것이고, 위 망인들은 이 불이 선풍기에 인접해 있던 이불과 콘센트 등에 옮겨 붙으면서 발생시킨 유독가스에 질식되었다.

(2) 위 여관의 지배인인 소외 사재억은 같은 날 21:45경 위 박상철이 담배를 가지러 주차장으로 나갔다가 들어온 지 약 10분 후 위 여관의 3층 306호와 308호에서 형광등이 나갔으니 이를 교체해 달라는 연락을 받았다. 1층 카운터에 있다가 형광등 교체를 위하여 3층으로 올라가던 위 사재억은 3층 전체가 정전된 상태에서 화재경보기가 울리며 복도에 연기가 찬 것을 보자 우선 복도 창문을 열어 놓고 1층 카운터로 내려와 당시 카운터에 있던 소외 이태순에게 피고에게 연락을 취할 것을 지시하였다. 손전등을 들고 다시 3층으로 올라간 위 사재억은 복도에 있던 재떨이에서 연기가 난 것으로 생각하고 먼저 재떨이를 들여다보았으나 연기가 나지 않자 다시 주위를 둘러보다가 303호실에서 연기가 새어 나오고 있는 것을 발견하였다.

(3) 위 사재억은 급히 비상열쇠를 가지고 303호실의 출입문을 연 후 마침 도착한 피고와 함께 출입문 내부의 방문빗장을 부수고 들어가 방안에 쓰러져 있던 위 박상철과 이기철을 객실 밖으로 끌어내었다. 위 박상철과 이기철은 위 객실 밖으로 구조된 직후인 같은 날 22:14경(현장에서 구조작업을 펼친 119소방대원 김우진의 진술에 의하면 소방대원들은 같은 날 22:13경 출동하여 약 1분 후 여관에 도착하였다)까지는 맥박과 호흡이 약하게 유지되고 있었으나 병원 응급실로 후송된 후 그곳에서 사망하였다.

(4) 이 사건 화재는 화염은 거의 없이 주로 유독가스를 동반한 연기를 발생시켰고 303호실 이외의 객실로는 번지지 않았을 뿐만 아니라, 303호실 내에서도 이불과 커튼의 일부, 선풍기 그리고 전기콘센트가 연결된 벽면 정도만을 태웠을 뿐 나머지 벽면 및 천장과 객실내의 다른 물품 등은 거의 연소되지 않은 상태였다.

(5) 위 여관은 지하 1층, 지상 3층의 건물로서 3층에는 11개의 객실이 있고, 사고 당일에는 위 객실 중 301호, 303호, 306호, 308호, 309호 등 다섯 개 방에만 손님이 투숙하였다. 당시 306호와 308호에 투숙해 있던 손님들은 303호실의 화재로 누전차단기가 내려가 3층 전체가 정전되었으나 이러한 사실은 모른 채 단순히 형광등 전구에 이상이 있는 것으로 생각하고 1층 카운터에 형광등의 교체를 요구하였다.

(6) 위 303호실 천장에는 화재감지설비로서 열감지기만 설치되어 있고, 연기감지기는 복도에만 설치되어 있었다.

위 인정사실에 의하면, 이 사건 화재는 위 망인들이 객실에서 선풍기 위에 양말과 수건 등을 올려놓고 말리는 과정에서 위 망인들의 부주의로 인하여 발생된 것이기는 하나, 더위를 식히기 위한 용도가 아니라 타용도로 사용하기 위한 손님들의 요구에 의하여 선풍기를 객실에 비치하게 되었으면, 선풍기 위에 수건 등을 널더라도 회전날개에 감기지 않도록 안전 그물망을 씌워서 비치하여야 했음에도 불구하고 더위를 식히기 위한 용도로 사용되지 아니한다는 사실을 알고도 그대로 객실에 방치하였고, 일단 여관경영자가 화재를 발견한 뒤 취하여야 할 첫 조치로서는 특히 위 여관과 같은 소규모 여관에서는 우선 객실에 있는 고객들에게 화재사실을 신속히 알려 대피하도록 하는 것이 가장 중요한 것이라고 할 것인데, 위 사재억은 3층 전체가 정전이 되고 화재경보기가 울리며 복도에 연기가 찬 것을 보고서도 먼저 각 객실을 두드리며 화재발생사실을 알리지 아니하고 만연히 복도 창문만 연 후 1층 카운터로 내려왔고, 손전등을 들고 다시 3층으로 올라간 다음에도 복도에 있는 재떨이를 살피는 등 화재가 발생한 급박한 상황 하에서 고객들의 보호를 위한 적절한 대응조치를 취하지 못하였다. 또한 위에서 본 바와 같이 위 여관의 객실에는 이불, 커튼, 선풍기 등 화재시 유독가스를 발생시키는 물품이 주로 비치되어 있었던 점, 이 사건 화재는 발화시부터 소화되기까지 불과 10여분 사이에 주로 유독가스를 발생시키며 투숙객들을 질식시킨 점, 특히 위 303호실에는 당시 화재감지설비로서 열감지기만 설치되어 있었고 연기감지기는 복도에만 설치되어 있었던 점 등에 비추어 보면, 위 여관경영자로서는 객실에서 화재가 발생하면 천장의 열감지기가 화염의 열을 감지하기 이전에도 객실의 이불, 커튼 등에서 발생한 유독가스에 의하여 고객들이 질식사할 수 있다는 점을 숙지하고 있다가 일단 화재발생의 징후를 발견하면 각 객실의 문을 두드리며 화재발생 여부 및 고객의 안전여부를 최우선적으로 확인하였어야 하는데 당시 화재를 발견한 위 사재억은 이러한 의무를 다하지 못하였다.

그렇다면, 위 사재억에게 화재 후의 구조 과정에 있어서 투숙객의 보호를 위한 주의의무를 다하지 못한 과실이 있었다고 판단되므로, 피고는 위 망인들이 투숙한 여관의 경영자로서 위 망인들 및 그 유족들이 위 화재로 인하여 입은 손해를 배상할 책임이 있다 할 것이고, 위 망인들에게는 화재 발생의 직접적인 원인을 제공한 과실이 있다고 판단되므로, 원고들은 위 망인들의 상속인들로서 피고가 위 화재로 입은 손해를 각자의 상속지분에 따라 배상할 책임이 있다 할 것이다.

다. 쌍방간의 책임의 제한

한편 위 인정사실에 의하면, 위 여관 303호실에 투숙한 위 망인들은 위 객실에 비치된 선풍기 위에 자신들의 양말, 수건 등을 널어놓은 채로 잠이 들었고, 이 사건 화재는 위 양말, 수건 등이 선풍기의 회전날개에 말려 들어가면서 선풍기가 과열되어 발생한 것인바, 위 망인들의 이러한 과실은 이 사건 화재발생의 직접적인 원인이 되었을 뿐만 아니라 사망이라는 결과의 한 원인을 제공하였다고 할 것이나 이는 피고의 손해배상책임을 면하게 할 정도에는 이르지 아니하므로 본소청구 부분에 관하여 피고가 배상할 손해액을 산정함에 있어 이를 참작하기로 하되, 그 비율은 위 사실관계에 비추어 60% 정도로 봄이 상당하고, 반대로 반소청구 부분에 관하여 원고들이 배상할 손해액을 산정함에 있어 피고의 과실을 참작하기로 하되, 그 비율은 위 사실관계에 비추어 40% 정도로 봄이 상당하다.

3. 본소청구 부분의 손해배상의 범위

가. 위 박상철의 사망에 따른 손해액

(1) 일실수입

위 망인이 이 사건 사고로 상실한 가동능력에 대한 금전적 총평가액 상당의 일실수입은, 다음 (가)와 같은 인정사실 및 평가내용을 기초로 하여 다음 (나)와 같이 월 12분의 5푼의 비율에 의한 중간이자를 공제하는 호프만식 계산법에 따라 위 사고 당시의 현가로 산정한 금 216,735,345원이다.

(가) 인정사실 및 평가내용

① 성별 : 남자

생년월일 : 1966. 8. 20.

연령 : 사고당시 30세 2월 남짓

기대여명 : 41.5년

② 직업 및 경력 : 위 망인은 1993. 4. 19.부터 소외 홍진산업 주식회사에서 근무하여 왔으며 사고 당시 영업과장으로 근무하고 있었다.

③ 정년 및 가동연한 : 위 회사에서의 망인의 정년은 만 55세가 되는 다음날이고, 그 다음날부터 망인이 만 60세가 되는 날인 2026. 8. 20.까지 도시일용노동에 종사하여 그 임금 상당의 수입을 얻을 수 있다.

④ 가동능력에 대한 금전적 평가

㉮ 정년시까지 : 위 망인은 1996. 1.부터 같은 해 9.까지 근로소득으로 합계 금 14,280,000원을 지급받았는바, 장차 승급에 따라 그 수입이 증가되리라고 예상되므로 위 망인은 적어도 위 1996. 1.부터 같은 해 9.까지의 근로소득을 매월로 환산한 금 1,586,666원(금 14,280,000원÷9월) 상당의 월급여를 받을 수 있다(원고들이 정년시까지의 일실수입을 산정함에 있어 위 1996. 1.부터 같은 해 9.까지의 근로소득을 기초로 구하고 있으므로 원고들이 구하는 바에 따르기로 한다).

㉯ 정년 이후 가동연한까지 : 대한건설협회 작성의 1998년도 건설업임금실태조사결과 중 보통인부의 1998. 9. 현재 1일 시중노임단가 금 33,755원을 기초로 한 월급여 금 742,610원(금 33,755원×22일) 상당을 얻을 수 있다고 봄이 상당하다.

⑤ 생계비 : 수입의 1/3 (다툼 없음)

[증 거] 갑 제1호증, 갑 제4호증, 갑 제5호증의 1, 2, 갑 제6호증의 1, 2, 3, 갑 제17호증의 1, 2, 갑 제19호증의 1, 2의 각 기재, 경험칙, 변론의 전 취지

(나) 기간 및 계산 (계산의 편의상 중간기간의 월미만은 수입이 적은 기간에 산입시키며, 마지막 월미만과 원미만은 버린다. 이하 같다)

① 기간 : 1996. 10. 29.부터 2021. 8. 21.까지 (24년 9개월 남짓)

계산 : 금 1,586,666원×2/3×193.0099 = 금 204,161,497원

② 기간 : 2021. 8. 22.부터 2026. 8. 20.까지 (29년 9개월 남짓)

계산 : 금 742,610원×2/3×(218.4080−193.0099) = 금 12,573,922원

③ 합계 : ①+② = 금 216,735,419원

그러나 원고들이 구하는 바에 따라 금 216,735,345원으로 한다.

(2) 일실퇴직금

(가) 기초사실

① 입사일 : 1993. 4. 19.

② 정년에 따른 퇴직예정일, 근속기간 : 정년인 2021. 8. 21.까지 28년 4개월 남짓

③ 이 사건 사고로 인한 퇴직일 및 근속기간 : 1996. 10. 29.까지 3년 6개월 남짓

④ 퇴직금의 근거와 산정방식 : 위 회사는 근로기준법의 규정에 따라 근속년수 1년에 1월분의 평균임금을 퇴직금으로 지급하고 있다.

⑤ 보수월액 : 퇴직 당시의 평균임금을 기초로 하여야 하나 이에 대한 주장, 입증이 없으므로 위 매월 일실수입인 금 1,586,666원을 퇴직금 산정의 기초로 한다.

⑥ 사고시의 계산상 퇴직금 : 월급여 금 1,586,666원×3.5년(1993. 4. 19.부터

1996. 10. 29.까지)=금 5,553,331원

[증 거] 갑 제5호증의 1, 2, 갑 제6호증의 1, 2, 3, 갑 제7호증의 각 기재, 경험칙, 변론의 전취지

(나) 계산

① 정년퇴직 당시 예상퇴직금

금 1,586,666원×(28+4/12) = 금 44,955,536원

② 정년퇴직 당시 예상퇴직금의 사고당시 현가

금 44,955,536원×0.4460(사고시부터 퇴직시까지 298개월에 대한 호프만수치)

= 금 20,050,169원

③ 사고시의 계산상 퇴직금 공제

금 20,050,169원−금 5,553,331원 = 금 14,496,838원

(3) 장례비

(가) 금액 : 금 2,000,000원 (다툼 없음)

(나) 지출자 : 원고 최희숙

(4) 책임의 제한

(가) 피고의 책임비율 : 40% (위 2.의 다. 참조)

(나) 계산

① 위 망인 : (일실수입 금 216,735,345원+일실퇴직금 14,496,838원) × 0.4

= 금 92,492,873원

② 원고 최희숙 : 위 망인의 장례비 금 2,000,000원×0.4 = 금 800,000원

(5) 피고의 항변에 대한 판단

(가) 위 망인의 유족인 원고 최희숙은 소외 근로복지공단으로부터 이 사건 사고로 인하여 산업재해보상보험법 규정에 따라 유족보상일시금과 장의비를 지급받았으므로 위 금원 범위 내에서 이 사건 청구는 이유 없다고 항변한다.

(나) 제3자의 행위에 의한 재해로 인하여 산업재해보상보험 급여금이 지급되면 동 금원 상당의 손해배상청구권이 근로복지공단으로 이전되어(산업재해보상보험법 제54조) 그 부분에 대한 손해배상청구권이 없게 된다 할 것인바, 을 제3호증의 1 내지 6의 각 기재에 변론의 전 취지를 종합하면, 원고 최희숙은 이 사건 사고로 인한 박상철의 사망을 원인으로 1997. 11. 19.경 산업재해보상보험법 규정에 따라 근로복지공단으로부터 유족보상일시금 69,129,610원, 장의비 6,381,190원을 지급받은 사실을 인정할 수 있으므로 피고의 항변은 위 인정범위 내에서 이유 있다.

(다) 그렇다면, 상속인 중 일부만이 유족보상일시금의 수급권자에 해당하여 그 유족연금의 수급권자와 일실

수입금 상당의 손해배상청구권을 상속한 자들의 범위가 일치하지 아니하는 경우에도 상속인들은 일실수입금에서 유족보상일시금액을 제외한 나머지를 공동상속한다 할 것이므로 인정되는 금원은 다음과 같다.

① 일실수입 및 일실퇴직금 부분 : 23,363,263원

{금 92,492,873원 (일실수입 및 일실퇴직금) - 69,129,610원(유족보상일시금)}

② 장례비 부분 : 없음 {800,000원(장례비) - 6,381,190원(장의비)}

(6) 위자료

(가) 참작한 사유 : 나이, 가족관계, 재산 및 교육정도, 사고의 경위, 피고의 책임비율 기타 이 사건 변론에 나타난 여러 사정

(나) 결정금액

위 망인 : 금 10,000,000원

원고 최희숙 : 금 6,000,000원

원고 박영지, 박영준 : 각 금 2,000,000원

(7) 상속관계

(가) 상속재산 : 금 33,363,263원 (재산상 손해 23,363,263원 + 위 망인의 위자료 10,000,000원)

(나) 재산상속인, 상속비율

원고 최희숙 : 3/7

원고 박영지, 박영준 : 각 2/7

(다) 상속금액의 계산

원고 최희숙 : 금 33,363,263원 × 3/7 = 금 14,298,541원

원고 박영지, 박영준 : 각 금 33,363,263원×2/7 = 금 9,532,360원

(8) 소결론

그렇다면, 피고는 원고 최희숙에게 금 20,298,541원(재산상속분 14,298,541원 + 위자료 6,000,000원), 원고 박영지, 박영준에게 각 금 11,532,360원(재산상속분 9,532,360원 + 위자료 2,000,000원) 및 위 각 금원에 대하여 위 사고일인 1996. 10. 29.부터 이 사건 판결선고일인 2000. 6. 14.까지는 민법 소정의 연 5%, 그 다음날부터 다 갚는 날까지는 소송촉진등에관한특례법 소정의 연 25%의 각 비율로 계산한 지연손해금을 지급할 의무가 있다.

나. 이기철의 사망에 따른 손해액

(1) 일실수입

위 망인이 이 사건 사고로 상실한 가동능력에 대한 금전적 총평가액 상당의 일실수입은, 다음 (가)와 같은 인정사실 및 평가내용을 기초로 하여 다음 (나)와 같이 월 12분의 5푼의 비율에 의한 중간이자를 공제하는 호프만식 계산법에 따라 위 사고 당시의 현가로 산정한 금 102,532,964원이다.

(가) 인정사실 및 평가내용

① 성별 : 남자

생년월일 : 1964. 2. 18.

연령 : 사고당시 32세 8월

기대여명 : 39.64년

② 직업 경력 : 위 사고 당시 위 망인은 위 홍진산업 주식회사에서 일용근로자로 근무하고 있었다.

③ 가동연한 : 가동연한은 위 망인이 60세가 될 때까지이다.

④ 가동능력에 대한 금전적 평가

대한건설협회 작성의 1997년도 및 1998년도 건설업임금실태조사결과에 따라 보통인부 1일 시중노임단가를 적용하면 다음과 같은 수입을 얻을 수 있다고 봄이 상당하다.

㉮ 사고일로부터 1998. 4. 30.까지 : 1996. 9. 현재의 노임단가 금 34,947원을 기초로 한 월급여 금 768,834원(금 34,947원×22일)

㉯ 그 다음날부터 1998. 8. 31.까지 : 1998. 5. 현재의 노임단가 금 34,008원을 기초로 한 월급여 금 748,176원(금 34,008원×22일)

㉰ 그 다음날부터 가동연한까지 : 1998. 9. 현재의 노임단가 금 33,755원을 기초로 한 월급여 금 742,610원(금 33,755원×22일)

⑤ 생계비 : 수입의 1/3 (다툼 없음)

[증 거] 갑 제9호증, 갑 제10호증, 갑 제17호증의 1, 2, 갑 제18호증의 1, 2, 갑 제19호증의 1, 2의 각 기재, 경험칙, 변론의 전취지

(나) 기간 및 계산

① 기간 : 1996. 10. 29.부터 1998. 4. 30.까지 (1년 6개월 남짓)

계산 : 금 768,834원×2/3×17.3221 = 금 8,878,546원

② 기간 : 1998. 5. 1.부터 1998. 8. 31.까지 (4개월)

계산 : 금 748,176원×2/3×(21.0074－17.3221) = 금 1,838,168원

③ 기간 : 1998. 9. 1.부터 2024. 2. 18.까지 (25년 6개월 남짓)

계산 : 금 742,610원×2/3×(206.4673－21.0074) = 금 91,816,250원

④ 합계 : ①+②+③ = 금 102,532,964원

(2) 장례비

(가) 금액 : 금 2,000,000원(다툼 없음)

(나) 지출자 : 원고 이▲돈

(3) 책임의 제한

(가) 피고의 책임비율 : 40% (위 2.의 다. 참조)

(나) 계산

위 망인 : 일실수입 금 102,532,964원×0.4 = 금 41,013,185원

원고 이▲돈 : 위 망인의 장례비 금 2,000,000원×0.4 = 금 800,000원

(4) 피고의 항변에 대한 판단

(가) 위 망인의 유족인 원고 이▲돈, 이▼복, 이☆숙, 이♤승, 이기부는 소외 근로복지공단으로부터 이 사건 사고로 인하여 산업재해보상보험법 규정에 따라 유족보상일시금을, 원고 이♤승은 장의비를 지급받았으므로 위 금원 범위 내에서 이 사건 청구는 이유 없다고 항변한다.

(나) 제3자의 행위에 의한 재해로 인하여 산업재해보상보험 급여금이 지급되면 동 금원 상당의 손해배상청구권이 근로복지공단으로 이전되어(산업재해보상보험법 제54조) 그 부분에 대한 손해배상청구권이 없게 된다 할 것인바, 을 제3호증의 1, 7 내지 13의 각 기재에 변론의 전 취지를 종합하면, 이 사건 사고로 인한 이기철의 사망을 원인으로 1997. 11.경 산업재해보상보험법 규정에 따라 근로복지공단으로부터 원고 이▲돈은 17,085,720원, 원고 이▼복, 이☆숙, 이♲승, 이기부는 각 17,085,710원 합계금 85,428,560원을 유족보상일시금으로, 원고 이♲승은 7,885,710원을 장의비로 지급받은 사실을 인정할 수 있다.

(다) 그렇다면, 상속인 중 일부만이 유족보상일시금의 수급권자에 해당하여 그 유족연금의 수급권자와 일실수입금 상당의 손해배상청구권을 상속한 자들의 범위가 일치하지 아니하는 경우에도 상속인들은 일실수입금에서 유족보상일시금액을 제외한 나머지를 공동상속한다 할 것이므로 인정되는 금원은 다음과 같다.

① 일실수입 부분 : 없음

{41,013,185원 (일실수입) - 85,428,560원 (유족보상일시금)}

② 장례비 부분 : 없음

{800,000원(장례비) - 7,885,710원(장의비)}

(5) 위자료

(가) 참작한 사유 : 나이, 가족관계, 재산 및 교육정도, 사고의 경위, 피고의 책임비율 기타 이 사건 변론에 나타난 여러사정

(나) 결정금액

위 망인 : 금 10,000,000원

원고 이▲돈, 이▼복, 이☆숙, 이♲승, 이기부 : 각 금 2,000,000원

(6) 상속관계

(가) 상속재산 : 금 10,000,000원 (망인의 위자료 10,000,000원)

(나) 재산상속인, 상속비율

원고 이▲돈, 이▼복, 이☆숙, 이♲승, 이기부 : 각 1/5

(다) 상속금액의 계산

위 원고들 : 각 금 2,000,000원 = 금 10,000,000원×1/5

(7) 소결론

그렇다면, 피고는 원고 이▲돈, 이▼복, 이☆숙, 이♲승, 이기부에게 각 금 4,000,000원(재산상속분 2,000,000원 + 위자료 2,000,000원) 및 위 각 금원에 대하여 위 사고일인 1996. 10. 29.부터 이 사건 판결선고일인 2000. 6. 14.까지는 민법 소정의 연 5%, 그 다음날부터 다 갚는 날까지는 소송촉진등에관한특례법 소정의 연 25%의 각 비율로 계산한 지연손해금을 지급할 의무가 있다.

4. 반소청구 부분의 손해배상의 범위

가. 손해배상의 범위

(1) 객실보수 비용 및 비품 교체비용

금 5,496,000원

[증거] 을 제4호증, 을 제5호증의 3, 4의 각 기재, 변론의 전취지

(2) 영업손실비

(가) 피고는 이 사건 화재사고로 인하여 1996. 10. 29.부터 1999. 11. 30.까지 세종장여관 3층 303호실 영업을 하지 못하였는바, 이로 인한 손해는 1996. 10. 29.부터 1996. 12. 28.까지는 월 66만원씩 합계 1,320,000원{66만원×2개월}, 1996. 10. 29.부터 1999. 11. 30.까지는 월 75만원씩 합계 26,250,000원{75만원×35개월}의 손해를 입었다고 주장한다.

(나) 그러므로 보건대, 을 제5호증의 1, 16의 각 기재만으로는 위 세종장여관의 객실 1개당 월평균 수입이 66만원 내지 75만원이라고 인정하기에 부족하고 달리 이를 인정할 만한 증거가 없고, 오히려 을 제5호증의 1, 5내지 16의 각 기재에 변론의 전취지를 종합하면, 1997. 4. 9. 피고 경영의 위 세종장여관 203호실에 투숙하였던 신갑선의 과실로 인하여 화재가 발생하자, 피고는 신갑선을 상대로 위 화재로 인하여 객실보수비 5,110,000원, 2개월간의 영업손실비 200만원, 위자료 200만원의 손해를 입었다고 주장하면서

대전지방법원 천안지원 97가소19427호로 금 9,110,000원의 손해배상청구의 소를 제기하였던 사실, 위 소송은 같은 지원 XX머XXXX 호로 조정에 회부되어 1997. 10. 24. 신갑선은 피고에게 6,000,000원을 지급하라는 강제조정결정이 내려졌고, 위 결정은 그 무렵 확정된 사실을 인정할 수 있는바, 위 인정사실에 의하면 적어도 강제조정금 6,000,000원에서 객실보수비 5,110,000원을 공제한 890,000원{6,000,000원 - 5,110,000원}을 세종장여관 객실 1개의 2개월간의 영업손실비용으로 볼 수 있다 할 것이므로 객실 1실 당 1개월간의 평균 영업손실비용을 445,000원(890,000원 × 1/2)으로 봄이 상당하다 할 것이고, 따라서 피고의 이 사건 화재사고로 인한 영업손실금은 16,465,000원(445,000원 × 37개월)이 된다.

(3) 책임의 제한

위 망인들의 책임 비율 : 60%(위 2의 다. 부분 참조)

21,961,000원(5,496,000원+16,465,000원)×60%=13,176,600원

나. 상속관계

(1) 망 박상철의 재산상속인, 상속비율

원고 최희숙 : 3/7 (5,647,114원)

원고 박영지, 박영준 : 각 2/7 (3,764,742원)

(2) 망 이기철의 재산상속인, 상속비율

원고 이▲돈, 이▼복, 이☆숙, 이♤승, 이기부 : 각 1/5 (2,635,320원)

5. 결론

그렇다면, 원고들의 이 사건 본소청구는 위 인정범위 내에서 이유 있어 이를 각 인용하고, 나머지는 이유 없어 이를 각 기각할 것인바, 제1심 판결의 피고 패소부분 중 이와 결론을 일부 달리한 부분은 부당하므로 이를 취소하고 그 부분에 해당하는 원고들의 본소청구를 기각하며, 한편 당심에서 제기된 피고의 반소청구에 기하여, 총 13,176,600원 중 피고에게 원고 최희숙은 5,647,114원원, 같은 박영지, 박영준은 각 금 3,764,742원 및 위 각 금원에 대한 1996. 10. 29.부터 2000. 6. 14.까지는 연 5%, 그 다음날부터 다 갚는 날까지는 연 25%의 각 비율로 계산한 돈을 지급하고, 원고 이▲돈, 이▼복, 이☆숙, 이♧승, 이기부는 위 13,176,600원 중 각 금 2,635,320원 및 위 각 금원에 대한 1996. 10. 29.부터 2000. 6. 14.까지는 연 5%, 그 다음날부터 다 갚는 날까지는 연 25%의 각 비율로 계산한 돈을 지급할 의무가 있으므로, 피고의 반소청구는 위 인정범위 내에서 이유 있어 이를 인용하고, 피고의 나머지 항소 및 나머지 반소청구는 이유 없어 이를 기각하기로 하여 주문과 같이 판결한다.

(1-2) 대법원 2000. 11. 24. 선고 2000다38718, 38725 판결

【원고(반소피고), 피상고인 겸 상고인】 최희숙 외 7인

【피고(반소원고), 상고인 겸 피상고인】 김용현

【원심판결】 대전고등법원 2000.6.14.선고 99나2261, 6409 판결

【주 문】

원심판결 중 본소 및 반소에 관한 피고(반소원고) 패소 부분 및 반소에 관한 원고(반소피고) 최희숙, 박영지, 박영준의 패소 부분 중 영업손실비 청구부분을 파기하고, 이 부분 사건을 대전고등법원에 환송한다. 원고(반소피고) 최희숙, 박영지, 박영준의 나머지 상고를 모두 기각한다.

【이 유】

1. 피고(반소원고, 이하 '피고'라 한다)의 상고이유에 대하여

가. 원심판결 이유에 의하면, 원심은, ① 소외 박상철, 이기철은 1996.10.29.21:00경 ○○시 ○○동307의 23 소재 피고가 경영하는 세종장여관 3층 303호실에 투숙하였다가 같은 날 22:00경 위 객실에서 발생한 화재로 인하여 유독가스에 질식된 채 화상을 입고 사망한 사실, ② 이 사건 화재는 위 객실에 비치된 선풍기 위에 망인들이 빨래를 한 후 말리기 위해 널어놓은 양말과 수건 등이 선풍기 날개 부분에 걸리면서 그 회전날개의 기능장해로 인한 선풍기모터의 과열로 발화되어 일어난 것이고, 망인들은 이 불이 선풍기에 인접해 있던 이불과 콘센트 등에 옮겨 붙으면서 발생시킨 유독가스에 질식된 사실, ③ 위 여관의 지배인인 소외 사재억은 같은 날 21:45경 박상철이 담배를 가지러 주차장으로 나갔다가 들어온 지 약 10분 후 위 여관의 3층 306호와 308호에서 형광등이 나갔으니 이를 교체해 달라는 연락을 받고 형광등 교체를 위하여 1층 카운터에서 3층으로 올라갔는데, 3층 전체가 정전된 상태에서 화재경보기가 울리며 복도에 연기가 차 있는 것을 보고 우선 복도 창문을 열어 놓고 1층 카운터로 내려와 당시 카운터에 있던 소외 이태순에게 피고에게 연락을 취할 것을 지시한 후, 손전등을 들고 다시 3층으로 올라가서 복도에 있던 재떨이에서 연기가 난 것으로 생각하고 재떨이를 들여다 보았으나 연기가 나지 않자 다시 주위를 둘러보다가 303호실에서 연기가 새어 나오고 있는 것을 발견한 사실, ④ 사재억은 다시

비상열쇠를 가지고 303호실의 출입문을 연 후 마침 현장에 도착한 피고와 함께 출입문 내부의 방문빗장을 부수고 들어가 방안에 쓰러져 있던 박상철과 이기철을 객실 밖으로 끌어내었는데, 박상철과 이기철은 위 객실 밖으로 구조된 직후인 같은 날 22:14경까지는 맥박과 호흡이 약하게 유지되고 있었으나 병원 응급실로 후송된 후 그 곳에서 사망한 사실, ⑤ 이 사건 화재는 화염은 거의 없이 주로 유독가스를 동반한 연기를 발생시켰고 303호실 이외의 객실로는 번지지 않았을 뿐만 아니라, 303호실 내에서도 이불과 커튼의 일부, 선풍기 그리고 전기콘센트가 연결된 벽면 정도만을 태웠을 뿐 나머지 벽면 및 천장과 객실 내의 다른 물품 등은 거의 연소되지 않은 상태인 사실, ⑥ 위 여관은 지하 1층, 지상 3층의 건물로서 3층에는 11개의 객실이 있고, 사고 당일에는 위 객실 중 301호, 303호, 306호, 308호, 309호 등 다섯 개 방에만 손님이 투숙하였으며, 당시 306호와 308호에 투숙해 있던 손님들은 303호실의 화재로 누전차단기가 내려가 3층 전체가 정전되었으나 이러한 사실은 모른 채 단순히 형광등 전구에 이상이 있는 것으로 생각하고 1층 카운터에 형광등의 교체를 요구한 사실, ⑦ 위 303호실 천장에는 화재감지설비로 열감지기만 설치되어 있고, 연기감지기는 복도에만 설치되어 있는 사실, ⑧ 원고(반소피고, 이하 '원고'라 하고, 나머지 원고들도 같다) 최희숙은 망 박상철의 처이고, 원고 박영지, 박영준은 위 망인의 자녀이며, 나머지 원고들은 망 이기철의 형제자매들인 사실 등을 인정하고 있다.

기록에 비추어 살펴보면, 원심의 사실인정은 정당하고 거기에 채증법칙을 위배하여 사실을 오인한 위법이 있다고 할 수 없다.

나. 원심은, 위 인정 사실에 의하여, 이 사건 화재는 망인들이 객실에서 선풍기 위에 양말과 수건 등을 올려놓고 말리는 과정에서 망인들의 부주의로 인하여 발생된 것이기는 하나, 더위를 식히기 위한 용도가 아니라 타용도로 사용하기 위한 손님들의 요구에 의하여 선풍기를 객실에 비치하게 되었으면, 선풍기 위에 수건 등을 널더라도 회전날개에 감기지 않도록 안전 그물망을 씌워서 비치하여야 했음에도 불구하고 더위를 식히기 위한 용도로 사용되지 아니한다는 사실을 알고도 그대로 객실에 방치하였고, 또 일단 여관경영자가 화재를 발견한 뒤 취하여야 할 첫 조치로서는 특히 위 여관과 같은 소규모 여관에서는 우선 객실에 있는 고객들에게 화재사실을 신속히 알려 대피하도록 하는 것이 가장 중요한 것이라고 할 것임에도, 사재억은 3층 전체가 정전이 되고 화재경보기가 울리며 복도에 연기가 차 있는 것을 보고서도 먼저 각 객실을 두드리며 화재 발생사실을 알리지 아니하고 만연히 복도 창문만 연 후 1층 카운터로 내려왔고, 손전등을 들고 다시 3층으로 올라간 다음에도 복도에 있는 재떨이를 살피는 등 화재가 발생한 급박한 상황 하에서 고객들의 보호를 위한 적절한 대응조치를 취하지 못하였으며, 또한 위에서 본 바와 같이 위 여관의 객실에는 이불, 커튼, 선풍기 등 화재시 유독가스를 발생시키는 물품이 주로 비치되어 있었던 점, 이 사건 화재는 발화시부터 소화되기까지 불과 10여 분 사이에 주로 유독가스를 발생시키며 투숙객들을 질식시킨 점, 특히 위 303호실에는 당시 화재감지설비로서 열감지기만 설치되어 있었고 연기감지기는 복도에만 설치되어 있었던 점 등에 비추어 보면, 여관경영자로서는 객실에서 화재가 발생하면 천장의 열감지기가 화염의 열을 감지하기 이전에도 객실의 이불, 커튼 등에서 발생한 유독가스에 의하여 고객들이 질식사할 수 있다는 점을 숙지하고 있다가 일단 화재 발생의 징후를 발견하면 각 객실의 문을 두드리며 화재 발생여부 및 고객의 안전여부를 최우선적으로 확인하였어야 함에도, 당시 화재를 발견한 사재억은 이러한 투숙객의 보호의무를 다하지 못하였다 할 것이므로, 피고는 망인들이 투숙한 여관의 경영자로서 망인들 및 그 유족들이 위 화재로 인하여 입은 손해를 배상할 책임이 있다고 판단하고 있다.

공중접객업인 숙박업을 경영하는 자가 투숙객과 체결하는 숙박계약은 숙박업자가 고객에게 숙박을 할 수 있는 객실을 제공하여 고객으로 하여금 이를 사용할 수 있도록 하고 고객으로부터 그 대가를 받는 일종의 일시 사용을 위한 임대차계약으로서 객실 및 관련 시설은 오로지 숙박업자의 지배 아래 놓여 있는 것이므로 숙박업자는 통상의 임대차와 같이 단순히 여관 등의 객실 및 관련 시설을 제공하여 고객으로 하여금 이를 사용·수익하게 할 의무를 부담하는 것에서 한 걸음 더 나아가 고객에게 위험이 없는 안전하고 편안한 객실 및 관련 시설을 제공함으로써 고객의 안전을 배려하여야 할 보호의무를 부담하며 이러한 의무는 숙박계약의 특수성을 고려하여 신의칙상 인정되는 부수적인 의무로서 숙박업자가 이를 위반하여 고객의 생명, 신체를 침해하여 투숙객에게 손해를 입힌 경우 불완전이행으로 인한 채무불이행책임을 부담하고, 이 경우 피해자로서는 구체적 보호의무의 존재와 그 위반 사실을 주장·입증하여야 하며, 숙박업자로서는 통상의 채무불이행에 있어서와 마찬가지로 그 채무불이행에 관하여 자기에게 과실이 없음을 주장·입증하지 못하는 한 그 책임을 면할 수는 없다고 할 것이다(대법원 1994.1.28.선고 93다43590 판결, 1997.10.10.선고 96다47302 판결 등 참조).기록에 의하면, 이 사건 화재 발생의 원인이 된 선풍기는 회전날개와 다른 물체가 직접 접촉되지 않도록 안전철망이 부착되어 있음을 알 수 있고, 이와 같이 위 선풍기에 통상 갖추어야 할 안전성을 갖추고 있는 이상 특별한 사정이 없는 한 선풍기에 그물망까지 씌워야 할 의무까지 있다고 볼 것은 아니고, 또 이 사건 여관은 객실이 30개 미만이어서 소방법 등 관계 법령에 의하여 커튼, 실내장식물 등을 방염성능이 있는 것으로 하여야 하는 특수장소에 해당하지도 아니하여, 망인들이 투숙한 객실에 이불, 커튼, 선풍기 등 화재시 유독가스를 발생시키는 물품을 비치한 것이 법령 위반에 해당한다고 볼 수도 없으므로, 이 부분에 대한 원심의 판단은 잘못이라고 할 것이다.

그러나 여관경영자로서 화재 후 투숙객 보호의무를 다하지 아니하였다는 부분에 대한 원심의 판단은 앞서 본 법리에 따른 것으로서 정당하다고 수긍이 된다 할 것이므로, 결국 피고에 대하여 이 사건 화재로 인한 손해배상 책임을 인정한 원심의 판단도 정당하다고 할 것이고, 거기에 투숙객에 대한 보호의무 위반에 관한 법리를 오해한 위법 등이 있다고 할 수 없다.

다. 민법상 과실상계 제도는 채권자가 신의칙상 요구되는 주의를 다하지 아니한 경우 공평의 원칙에 따라 손해배상액을 산정함에 있어서 채권자의 그와 같은 부주의를 참작하게 하려는 것이고, 채무불이행으로 인한 손해배상책임의 범위를 정함에 있어서의 과실상계 사유의 유무와 정도는 개별 사례에서 문제된 계약의 체결 및 이행 경위와 당사자 쌍방의 잘못을 비교하여 종합적으로 판단하여야 하며, 이때에 과실상계 사유에 관한 사실인정이나 그 비율을 정하는 것은 사실심의 전권사항이라 하더라도 그것이 형평의 원칙에 비추어 현저히 불합리한 것이어서는 아니 된다(대법원 1998.9.4.선고 96다6240 판결, 2000.6.13.선고 98다35389 판결 등 참조).원심이 판시하고 있는 바와 같이 이 사건 화재가 망인들의 잘못에 의하여 발생하였고, 이 사건 여관에 설치된 소방시설 등에 관하여 법령 위반이 있다고 보이지 아니하는 점, 망인들의 사망은 선풍기의 화재로 인하여 발생한 유독가스에 의한 질식이 주된 원인이고, 이러한 사정은 통상 예견하기도 어려운 것일 뿐만 아니라 단시간에 일어난 것이어서 적절한 대응이 쉽지 않은 점 등을 고려하고, 나아가 앞서 본 바와 같이 원심이 선풍기에 그물망을 씌우지 아니한 것을 피고측의 투숙객 보호의무 위반으로 인정한 것 등이 잘못인 점까지 감안하면, 원심이 인정한 망인들의 과실비율은 너무 적은 것으로서 형평의 원칙에 비추어 현저히 불합리하다고 볼 여지가 있다.

원심판결에는 손해배상에 있어서의 과실상계에 관한 법리를 오해하였거나 이에 대하여 심리를 다하지 아니한 위법이 있다고 할 것이고, 이러한 위법은 판결 결과에 영향을 미쳤다고 할 것이다.

라. 한편 원심판결 이유에 의하면, 원심은, 피고가 투숙객인 망인들에 대한 숙박계약상의 고객보호의무를 위반한 불완전이행을 이유로 하여 피고에 대하여 망인들이 입은 손해를 배상할 책임이 있다고 판단함으로써, 피고의 이 사건 손해배상책임의 근거를 숙박계약상의 채무불이행에 두고 있음을 분명히 하고 있다.

그렇다면 이 사건 숙박계약의 당사자가 아닌 원고들로서는 망인들의 근친자로서 이 사건 사고로 인하여 정신적 고통을 받았다 하더라도 피고의 망인들에 대한 숙박계약상의 채무불이행을 이유로 위자료를 청구할 수는 없다고 할 것인바(대법원 1974.11.12.선고 74다997 판결, 1982.7.13.선고 82다카278 판결 등 참조), 그런데도 원심이 원고들의 위자료 청구에 대하여 그 근거를 밝히지 아니한 채 이를 인정한 것은 이유불비 내지 위자료에 관한 법리오해의 위법이 있다고 할 것이고, 이러한 위법 역시 판결 결과에 영향을 미쳤다고 할 것이다(손해배상 책임을 전면적으로 다투고 있는 피고의 상고이유에는 이 점을 지적하는 취지도 포함되어 있다고 볼 것이다).

2. 원고 최희숙, 박영지, 박영준의 상고이유에 대하여

가. 원심판결 이유에 의하면, 원심은, 앞서 본 화재로 인하여 피고가 경영하는 세종장여관 3층 303호실에 비치된 비품 및 객실 벽지 등이 소실되었고, 피고는 위 객실을 영업에 제공하지 못하고 있는 사실을 인정한 다음, 원고들은 망인들의 상속인들로서 피고가 위 화재로 입은 손해를 각자의 상속지분에 따라 배상할 책임이 있다고 판단하였는바, 기록에 비추어 살펴보면 망인들의 손해배상책임의 발생에 관한 원심의 판단은 정당한 것으로 수긍이 되고, 거기에 상고이유에서 주장하는 바와 같은 위법이 있다고 할 수 없다.

나. 건물이 화재로 인하여 수선 가능한 정도로 손괴되어 건물의 통상용법에 따른 사용이 불가능하게 되었다면 수선에 소요되는 상당한 기간 중 이를 사용하지 못함으로 인한 손해는 손괴로 인한 통상의 손해라 할 것이고, 또 이와 같은 손괴에 대하여 사회통념상 곧바로 수선에 착수할 수 없는 특별한 사정이 있는 경우에는 수선의 착수가 가능한 시점까지 이를 사용을 하지 못함으로 인한 손해 역시 통상의 손해라 할 것이나(대법원 1984.12.11.선고 84다카1162 판결, 1998.6.12.선고 96다27469 판결 등 참조), 소송에 따른 증거 확보 등을 위하여 화재현장을 보존할 필요성이 있는 경우라 하더라도 그 증거보전을 위하여 소요되는 상당한 기간을 초과하여 임의로 현장을 보존함으로써 입게 된 영업상의 손해는 이 사건 화재와 상당인과관계가 있는 손해라고 보기 어렵다고 할 것이다.

원심판결 이유에 의하면, 원심은 원고들이 배상하여야 할 손해로서 객실보수 및 비품교체 비용으로 금 5,496,000원, 화재시로부터 37개월간의 영업손실비로 금 16,465,000원(445,000원 × 37개월)을 인정하고 있는바, 기록에 비추어 살펴보면, 객실보수 및 비품교체 비용에 관한 원심의 판단은 정당한 것으로 수긍할 수 있으나, 원심이 위 객실을 곧바로 수선을 할 수 없었던 특별한 사정에 관한 아무런 설시도 없이 3년이 넘는 기간 동안 영업상의 손해를 입었다는 원심의 판단은 수긍하기 어렵다.

결국 원심판결에는 손해배상에 있어서의 손해의 범위에 관한 법리를 오해한 위법이 있다고 할 것이고, 이러한 위법 역시 판결 결과에 영향을 미쳤다고 할 것이다.

3. 그러므로 원심판결 중 본소 및 반소에 관한 피고 패소 부분 및 반소에 관한 원고 최희숙, 박영지, 박영준의 패소 부분 중 영업손실비 청구부분을 파기하고, 이 부분 사건을 원심법원에 환송하고, 위 원고들의 나머지 상고를 모두 기각하기로 하여 관여 법관의 일치된 의견으로 주문과 같이 판결한다.

6 이행거절

(1) 대법원 1993. 6. 25. 선고 93다11821 판결

【원고, 상고인 겸 피상고인】 김수월
【피고, 피상고인 겸 상고인】 우재영 외 1인
【원심판결】 서울고등법원 1993. 1. 20. 선고 92나26712 판결

【주 문】

원심판결 중 원고 패소부분을 파기하고, 이 부분 사건을 서울고등법원에 환송한다.

피고들의 상고를 모두 기각하고, 이 부분 상고비용은 피고들의 부담으로 한다.

【이 유】

각 상고이유에 대하여

1. 먼저 피고들의 상고이유부터 본다.

원심판결 이유를 보면, 원심은, 이 사건 토지인 강원 ○○군 ○○면 ○○리 68 대 579㎡는 피고들의 공유인데(피고 우재영은 실제로 자기 단독소유인데 피고 이호상에게 그 1/2지분을 명의신탁 해두었다고 한다), 원고는 1991.7.7. 피고 이호상의 대리인 지위를 겸한 피고 우재영과 간에 이 사건 토지를 대금 180,000,000원에 매수하기로 계약을 체결하면서, 계약금 20,000,000원은 계약일에, 중도금 80,000,000원은 같은 달 30.에 각 지급하고, 잔대금 80,000,000원은 같은 해 8.25. 소유권이전등기 소요서류의 교부와 상환으로 지급하며, 이 사건 토지의 일부가 도로에 편입되더라도 원고로서는 이의를 하지 아니하기로 약정하였고, 위 계약일에 계약금을 지급한 사실, 이 사건 토지가 토지거래허가의 대상인 사실은 당사자 사이에 다툼이 없고, 그 설시 증거들을 종합하여, 원고가 위 중도금 80,000,000원을 지참하고 그 지급기일인 1991.7.30.16:00경 ○○시 ○○동 소재 원다방에서 피고 우재영에게 이를 지급하려 하였으나, 위 피고는 '토지거래허가신청을 하려면 원고의 주민등록등본이 필요하니, 원고가 이를 가져오면 중도금을 받겠다.'고 하면서, "합의서"라는 제목에 "서류수속 절차상 이 사건 토지 매매 중도금을 1991.8.1.까지 연장 지불하기로 합의하고 아래와 같이 기명날인한다."고 적힌 문서에 자기 혼자 서명날인한 것(갑제2호증)을 원고에게 교부함으로써 그날 중도금 수령을 거절하고, 일방적으로 그 지급기일을 위 날짜까지 연기한 사실, 이에 따라 원고는 주민등록지인 울산시 ○○구 ○○동75에 연락하여 원고의 주민등록등본을 발급받아 속달로 부쳐오게 한 후 이것과 위 중도금을 지참하고 1991.8.1.16:00경 위 다방에서 위 피고를 만나 중도금을 지급하려 하자 위 피고는 이번에는 '원고의 주민등록이 타지로 되어 있으니 이 사건 토지의 소재지 관내인 강릉으로 옮겨야 한다. 이 상태로는 중도금을 수령할 수 없다.'고 말한 사실, 그러므로 원고측은 '그러면 명주군청에 찾아가서 과연 원고의 주민등록을 강릉으로 옮겨야 토지거래허가를 받을 수 있는지 여부를 알아보자.'고 하여, 그 다음날 아침 원고의 오빠인 소외 김중열, 중개인인 소외 김봉태 및 위 피고가 명주군청에서 만나 각자 담당공무원에게 문의하여, 원고의 주민등록을 이 사건 토지 소재지 관내로 옮겨야 위 토지거래허가를 받을 수 있다는 사실을 확인한 사실, 그런 후 위 3인은 위 김중열의 차를 함께 타고 군청에서 나왔는데, 위 김중열과 김봉태가 차안에서 '토지거래허가는 잔금 지급기일까지 절차를 밟으면 될 터이니, 원고의 집으로 가서 우선 중도금을 받

으라.'고 요구하자, 위 피고는 '계를 하러 가니 바쁘다.'고 하면서 차에서 내리려고 하므로, 위 김중열이 '중도금을 받는 일보다 더 바쁜 일이 어디 있느냐'고 말리는데도, 위 피고는 '내가 왜 원고를 만나느냐'고 하면서 위 다방 건너편에 이르렀을 때 차에서 내려 그대로 가버린 사실, 원고와 위 김중열, 김봉태는 그날과 그 다음날 위 피고 집에 전화를 하여 위 피고와 만나려 하였으나 도무지 연락이 닿지 아니하므로, 원고는 위 피고에게 1991.8.3.자 내용증명을 보내어 위 피고의 중도금 수령거절을 이유로 이 사건 매매계약을 해제하니 계약금을 반환하고 계약금 상당의 위약금을 지급하라라고 통고한 사실을 인정한 후, 그렇다면 위 피고는 중도금의 수령을 거절하고 계약을 이행하지 아니할 의사를 명백히 표시하였다 할 것이므로 원고의 위 매매계약 해제는 적법하다고 판단하였다.

원심이 위와 같은 사실을 인정하고 이에 터잡아 위 피고는 중도금의 수령을 거절하고 계약을 이행하지 아니할 의사를 명백히 표시한 것이라고 판단한 것은 옳다(당원 1990.11.23. 선고 90다카14611 판결 참조).

또한 권리의 행사와 의무의 이행은 신의에 좇아 성실히 하여야 하는바, 민법은 채권자가 목적물의 수령을 지체하는 경우 채무자가 이를 공탁하거나 자조매각할 수 있는 제도를 마련하고 있지만(제487조, 제490조 참조), 이는 채무자가 계약내용을 유지하려고 할 때에만 사용할 수 있을 뿐이어서 이 제도들만으로는 채무자의 보호에 불충실하므로, 채권자에게 계약을 이행할 의사가 전혀 없고 채무자로서도 그 계약관계에서 완전히 벗어나기를 원한다면 특별한 사정이 없는 한 채무자의 이러한 의사를 존중함이 신의성실의 원칙에 비추어 타당하다고 할 것이다.

돌이켜 이 사건을 보면 원심이 인정한 대로 피고들은 중도금의 수령을 거절한데다가 이 사건 매매계약을 이행할 의사가 없음이 분명한데, 만약 원고가 피고들의 중도금 수령거절과 계약이행의 의사가 없음을 이유로 이 사건 매매계약을 해제할 수 없다고 해석한다면, 원고로서는 중도금을 공탁한 후 잔대금 지급기일까지 기다렸다가 잔대금의 이행 제공을 하고 피고들이 자기들 의무인 소유권이전등기의무의 이행제공을 하지 아니한 때에야 비로소 위 계약을 해제할 수 있다는 결론에 이르게 되는바, 어차피 피고들이 위 소유권이전등기의무의 이행을 제공하지 아니할 것이 분명한 이 사건에서, 원고에게 위와 같은 방법을 취하라고 요구하는 것은 불필요한 절차를 밟고 또 다른 손해를 입도록 강요하는 게 되어 오히려 신의성실에 어긋나는 결과를 초래할 뿐이라고 여겨지므로 원심이 원고로서도 위와 같은 사유를 내세워 이 사건 매매계약을 해제할 수 있다고 판단하였음은 옳고 거기에 소론과 같이 채증법칙위배, 이유모순, 계약해제에 관한 법리오해의 위법이 있다고 할 수 없으므로 논지들은 모두 받아들일 수 없다.

2. 다음 원고의 상고이유를 본다.

가. 원심은, 피고들은 각자 위 계약 해제로 인한 원상회복으로서 이미 지급받은 계약금과 이에 대한 지연손해금을 지급할 의무가 있다고 인정한 다음, 원고의 위약금 배상에 대한 첫째 주장인 "이 사건 위약금 약정은 구두로 이루어진 것으로서, 위 피고나 그 소송대리인이 형사사건(원고가 위 피고를 사기미수와 위증교사 혐의로, 제1심에서 증언한 소외 김명기를 위증 혐의로 고소한 사건)이나 이 사건에서 이를 자인하고 있을 뿐더러, 위 김봉태가 위 형사사건과 이 사건에서 한 각 진술로 보아 명백하다."는 데 대하여, (1) 위 피고측이 위 형사사건이나 이 사건 또는 그 답변서(을 제1호증의 1)에서 이 사건 계약금은 원고의 계약위반으로 위 피고에게 몰취되었다는 주장을 하고 있음은 사실이지만, 이는 원고의 주장을 모두 부인하고 그와 반대되는 입장에서 위 피고의 이익만을 위하여 근거 없이 일방적으로 내세운 주장임이 명백하므로, 이로써 위 피고가 위 계약을 체결할 때 위약금의

약정이 있었다는 사실을 자백한 것으로 볼 수 없고(피고들 소송대리인은 1992.11.13.자 준비서면에서 위약금 약정이 없었다고 명백히 다투고 있다), (2) 이 사건 매매계약서인 갑 제1호증의 처분문서에는 위약금 규정이 없는바, 위 계약을 체결할 때 이에 관한 약정이 있었으면서도 이렇게 중요한 사항을 계약서에 규정하지 아니하고 구두약정만으로 끝냈다고 볼 합리적인 사정을 인정할 수 없으므로, 위 김봉태의 각 진술은 믿기 어렵다 하여, 원고의 위약금 배상 청구를 배척하였다.

나. 그러므로 과연 원고의 주장과 같은 재판상 자백이 이루어졌는지 여부, 원고와 피고들이 구두로 위약금 약정을 체결하였는지 여부를 살피기로 한다.

(1) 먼저 원고의 주장과 같은 재판상 자백이 이루어졌는지 여부를 본다.

기록에 나타난 이 사건 소송의 진행 과정을 살피건대, 원고 소송대리인은 제1심의 1차 변론기일에 "원고와 피고들은 이 사건 매매계약을 체결할 때, 피고들이 계약을 불이행하면 계약금의 배액을 원고에게 상환하는 반면, 원고가 계약을 불이행하면 계약금은 몰수된다는 구두 합의를 하였는바, 피고들은 뚜렷한 이유 없이 중도금의 수령을 거절하고 있으므로, 원고는 위 약정에 따라 위약금의 지급을 구한다."는 내용의 소장을 진술하였고, 이에 대하여 피고들 소송대리인은 같은 변론기일에 "피고들은 원고가 정당한 이유 없이 중도금과 잔금을 지급하지 아니하므로 1991.8.5. 원고에게 이 사건 매매계약을 해제한다고 통고한 바 있습니다. 따라서 계약금은 위약금으로서 피고들에게 귀속되었습니다."는 내용의 1991.10.15.자 답변서를 진술함으로써, 원고와 피고가 이 사건 매매계약을 체결할 때 계약금을 위약금으로 삼기로 특별히 약정하였다는 점에 관하여 원고의 진술과 일치되는 사실을 진술하였고, 그때부터 피고들 소송대리인이 원심 5차 변론기일에 "원고와 피고들은 구두로 원고 주장과 같은 위약금 약정을 한 바 없다."는 주장을 담은 1992.11.23.자 준비서면을 진술할 때까지, 양 당사자는 서로 상대방의 귀책사유로 인하여 이 사건 중도금의 지급이 이루어지지 못하였다는 점에 중점을 두어 주장 · 입증하여 왔음을 알 수 있다(피고들 소송대리인은 위 1992.11.23.자 준비서면에서도 이러한 주장을 되풀이하고 있다).

그렇다면 원고와 피고들은 이 사건 매매계약이 체결될 때 계약금을 위약금으로 삼기로 특약이 이루어진 사실에 관하여 서로 일치되는 진술을 함으로써 재판상 자백이 성립되었다고 못 볼 바 아니므로, 원심으로서는 이에 저촉되는 사실을 인정할 수 없다 할 것이다(당원 1992.8.18 선고, 92다5546 판결 참조; 따라서 피고들 소송대리인의 1992.11.23.자 준비서면 기재 "원고와 피고들은 구두로 원고 주장과 같은 위약금 약정을 한 바 없다."는 주장은 자백의 취소에 해당하므로, 그 요건이 구비되었는지 여부는 따로 심리하였어야 할 것이다).

그러므로 원심은 피고들 소송대리인의 위 진술만으로 재판상 자백이 성립되었다고 볼 수 없다고 판단한 데에는, 재판상 자백의 성립에 관한 법리를 오해하여 판결에 영향을 미친 위법이 있다 할 것이어서, 이 점을 탓하는 논지는 이유가 있다.

(2) 원고와 피고들이 구두로 위약금 약정을 체결하였는지 여부를 본다.

앞서 본 사정에다가, 피고 우재영이 1991.8.5. 원고의 위 계약해제통고에 대한 답변으로 발송한 을 제1호증의 1(답변서)에 '원고의 중도금지급의무 불이행을 이유로 이 사건 계약을 해제하고, 따라서 계약금은 같은 피고에게 귀속되었으니 반환할 수 없다.'는 뜻이 기재되어 있는 점, 갑 제11호증의 7에 기재된 이 사건 계약의 중개인 소외 김봉태의 진술을 보면 "계속 연락을 하여도 연결이 안되던 중 1991.8.중순경에야 위 피고를 만나서 '원고가 나머지 대금을 한번에 지급한다고 하니 받고 (등기)해 주는 것이 어떻겠느냐'고 하였더니, '다 끝났는데 내가 왜 받느냐, 그리고 내가 왜 계약금을 돌려주느냐'고 하면서 가버렸다."는 것이고, 위 피고 또한 위 형사사건에서 같은 뜻의 진술을 한 점(갑 제11호증의 10, 갑 제12호증의 6의 각 기재 참조)을 종합하여 보면, 이 사건 매매계약을 할 때 원고 주장과 같은 위약금 약정이 구두로 체결되었다고 봄이 상당하고, 따라서 이에 부합하는 위 김봉태의 진술을 쉽사리 배척할 수는 없다고 하겠다.

그러므로 원심이 위와 같은 이유만으로 위 김봉태의 진술을 배척한 데에는, 합리적 이유 없이 신빙성 있는 증거를 배척함으로써 판결에 영향을 미친 위법이 있다 할 것이고, 따라서 이 점을 지적하는 논지도 이유가 있다.

3. 이에 원심판결 중 원고 패소부분을 파기하고 이 부분 사건을 다시 심리 판단하게 하기 위하여 원심법원에 환송하되, 피고들의 상고는 이를 모두 기각하고 이 부분 상고비용은 패소한 피고들의 부담으로 하기로 관여법관의 의견이 일치되어 주문과 같이 판결한다.

(2-1) 부산고등법원 2004. 3. 19. 선고 2002나9240 판결

【원고, 피항소인】 이기수 외 1인

【피고, 항소인】 김숙재 외 4인

【원심판결】 부산지방법원 2002. 7. 12. 선고 2000가합19475 판결

【주 문】

1. 피고들의 항소를 모두 기각한다.
2. 항소비용은 피고들의 부담으로 한다.

【청구취지 및 항소취지】

1. 청구취지

주위적으로, 리전건설 주식회사에 있어서 원고들이 별지 목록 '(4) 해제 후의 주주'란 기재 해당 주식의 주주임을 확인한다. 예비적으로, 피고 김숙재는 원고 이기수에게 1,581,000,000원 및 이에 대한 1998. 9. 11.부터 2002. 4. 16.자 이 사건 청구취지 및 청구원인 정정신청서 부본 송달일까지는 연 5%의, 그 다음날부터 완제일까지는 연 25%의 각 비율에 의한 금원을 지급하라.

2. 항소취지

제1심 판결을 취소한다. 원고들의 청구를 모두 기각한다.

【이 유】

1. 기초사실

가. 리전건설의 설립 및 주택건설사업권의 양수

(1) 주식회사 신금용(이하 '신금용'이라 한다)은 1996. 12. 30. 부산광역시 북구청장으로부터 부산 북구 만덕동 390 외 9필지(이하 '이 사건 토지'라 한다) 위에 아파트 2동 218세대를 건축하는 내용의 주택건설사업계획의 승인을 받았다.

(2) 신금용은 1997. 2. 초순경 원고 이기수가 설립한 주식회사 리전건설(실질적으로 원고 이기수의 1인 회사로서, 설립 당시 주식 1주의 금액은 10,000원, 총 발행주식은 30,000주이었는데, 원고 이기수 본인 명의로 6,000주만을 보유한 채 나머지 주식 중 4,200주는 처 한소숙자에게, 15,300주는 제수 김명희에게 명의신탁하였고, 원고

전근태에게 공로주로 4,500주를 교부하였다. 이하, '리전건설'이라 한다)에게 위 주택건설사업을 양도한 후, 같은 달 15. 부산광역시 북구청장으로부터 위 주택건설사업의 주체를 리전건설로 변경하는 승인을 받았다.

나. 이 사건 양도계약의 체결

원고 이기수는 리전건설의 대표이사로서 화신종합건설 주식회사로 하여금 위 주택건설공사를 시공하게 하던 중 시공회사의 부도와 자금조달의 어려움 등으로 이를 양도하기로 하고, 동생인 이현길을 통하여 1997. 5. 13. 삼토개발 주식회사와 홍동개발 주식회사의 대표이사인 피고 김숙재에게 리전건설의 주식 30,000주 및 아파트건설사업권을 양도하기로 하는 계약(이하 '이 사건 양도계약'이라 한다)을 체결하였는데, 그 주요 내용은 다음과 같다(갑 제10호증).

(1) 이 사건 양도계약의 내용

① 원고 이기수는 피고 김숙재에게 리전건설 법인 일체와 위 주택건설사업권 일체를 양도하되,

② 사업승인시까지 이미 지급된 이 사건 토지 매매대금(이 사건 양도계약 당시 원고 이기수는 피고 김숙재에게 이 사건 토지의 매도인들인 김경수 외 5명에게 총 매매대금 44억 3,325만원 중 17억 9,400만원은 이미 지급되어 있고, 나머지 26억 3,925만원은 미지급 상태라고 하였다) 기타 사업비는 양도대금에 포함하고,

③ 미지급된 이 사건 토지 매매대금, 리전건설의 농협에 대한 대출금 8,000만원 및 부산광역시 북구청이 압류한 1억 245만원은 피고 김숙재가 책임진다.

(2) 양도대금 및 그 지급방법

① 양도대금은 23억 5,300만원(계약금 2,000만원, 중도금 5억원, 잔금 18억 3,300만원)으로 하되,

② 중도금은 위 주택건설사업을 주은부동산신탁 주식회사(이하, '주은부동산신탁'이라 한다)에 신탁(참고로, 피고 김숙재는 위 사업을 주은부동산신탁에 신탁한 후 그로부터 공사대금을 집행 받아 위 아파트를 건설할 계획이었고, 1997. 6.경 주은부동산신탁과 분양형 토지개발신탁계약을 체결하였다)한 후 그로부터 시공사에게 공사선급금이 지급되면 시공사로부터 선급금을 수령하여 지급하고,

③ 잔금은 시공사와 협의하여 어음이나 현금으로 분양 2차 중도금 지급시까지 지급하는 것을 원칙으로 하되, 신탁사와 중간결산을 실시하여 분양 2차 중도금 지급 이전이라도 지급하며,

④ 양도대금의 지급을 담보하기 위하여 피고 김숙재는 신탁등기가 되는 즉시 시공사와 협의하여 주은부동산신탁이 발행하는 수익증권 상에 원고 이기수에 대하여 1순위 또는 2순위의 질권을 설정하여 준다.

⑤ 양도대금은 쌍방 합의에 의하여 정히 인정하는 금액으로 본 사업 진행에 손실과 수익은 피고 김숙재의 책임으로 하고, 수익으로 인한 이익을 원고 이기수는 피고 김숙재에게 요구할 수 없으며, 손실로 인한 책임을 피고 김숙재는 원고 이기수에게 요구할 수 없다.

(3) 주식양도 및 임원변경

① 원고 이기수는 계약금 2,000만원을 지급받음과 동시에 피고 김숙재에게 주식의 20%인 6,000주와 대표이사 명의를 넘겨주고, 대표이사 변경 이전에 발생한 채권 및 채무는 양도인의 책임으로 하며 변경 이후에 발생한 채권 및 채무는 양수인의 책임으로 한다.

② 원고 이기수는 피고 김숙재가 이 사건 토지의 위 매도인들에게 남은 매매대금을 지급함과 동시에 주식의 35%를, 피고 김숙재가 원고 이기수에게 위 잔금을 지급함과 동시에 나머지 주식 45%를 각각 넘겨준다.

③ 리전건설의 임원변경 및 주식양도에 필요한 제반 서류는 법무사로 하여금 보관하게 하여 양도대금 지급완료와 동시에 처리한다.

(4) 미지급된 토지대금의 부담

① 미지급한 토지대금 26억 3,000만원은 5월 28일까지 양수인이 책임지고 양도인의 입회 하에 토지소유자에게 직접 지급하는 것으로 한다.

② 미지급된 토지대금 26억 3,000만원 외 추가되는 토지대금은 양도인이 책임지고 양도인의 비용으로 처리한다. 단, 양수인의 계약이행 잘못으로 인하여 발생하는 비용은 양수인이 책임진다.

③ 소유권이전에 필요한 제반 서류 및 토지소유자들의 관리책임은 양도인이 처리한다.

(5) 계약의 위반 및 해제

① 본 계약내용을 양도인이 위반하였을 경우에는 그 손해에 대하여 양도인이 배상하고 양수인이 위반하였을 경우에는 그 손해에 대하여 양수인이 배상한다.

② 본 계약체결 후 양도, 양수인이 계약을 이행하지 못할 때에는 계약을 해지한다. 또한 계약시 대표이사 사임서와 주식 이양서를 작성하여 법무사에 보관하고 양수인이 계약이행을 못할 때에는 즉시 양도인에게 대표이사와 주식을 넘겨준다.

③ 미지급된 토지잔금이 지급된 후에는 해지할 수 없으며, 양도인이 해지할 때에는 토지잔금의 배액을 배상하기로 한다.

(6) 기타

사업시행 상 대표이사가 행정적인 기타 업무 수행상 필요한 제반서류 및 인감은 요청시 즉시 협조하기로 한다.

다. 1997. 11. 17. 추가약정

(1) 원고 이기수는 이 사건 양도계약 당일인 1997. 5. 13. 피고 김숙재로부터 계약금 2,000만원을 교부받은 후 별지 목록 '(2) 양도 후의 주주'란 기재와 같이 총 발행주식의 20%인 6,000주(원고 이기수의 주식 전량)를, 피고 김숙재가 위 토지 매도인들에게 미지급된 매매대금을 지급한 후인 1997. 5. 28. 총 발행주식의 35%인 10,500주(원고 전근태의 주식 4,500주 전량 및 김명희의 주식 일부인 6,000주)를 각 넘겨주었고, 피고 김숙재는 같은 해 8. 29. 원고 이기수에게 중도금의 일부로 2억 5,000만원을 지급하였다.

(2) 그 후 피고 김숙재가 나머지 중도금의 지급을 지체하던 중, 원고 이기수와 피고 김숙재는 1997. 11. 17. 추가약정을 맺었는데, 그 주요 내용은 다음과 같다(을 제2호증).

① 피고 김숙재가 이한우에게 원고 이기수의 이한우에 대한 채무 2억 5,000만원을 대신 변제한 것으로써 나머지 중도금의 지급에 갈음하고,

② 피고 김숙재가 잔금 중 5,000만원(1997. 11. 2,000만원, 같은 해 12. 20. 3,000만원)을 우선 지급하며,

③ 원고 이기수가 금융기관으로부터 대출받은 대출금에 대한 이자 월 900만원씩을 피고 김숙재가 원고 이기수에게 매월 지급하되 잔금에서 공제하고,

④ 피고 김숙재가 원고 이기수를 대신하여 납부한 농지전용부담금 1억 3,000여 만원 등 합계 2억 1,400만원을 잔금에서 공제한다.

(3) 이에 따라, 피고 김숙재는 잔금 일부로서 합계 3,800만원{5,000만원 중 1997. 11.에 지급하기로 한 2,000만

원+이자 2회분(1997. 11.분 및 같은 해 12.분) 합계 1,800만원}을 원고 이기수에게 지급하였다.

2. 원고들의 주위적 청구에 대한 판단

가. 청구원인에 관한 판단

피고 김숙재가 1997. 5. 13. 원고 이기수로부터 리전건설과 위 주택건설사업권을 23억 5,300만원에 양수하면서 잔금 18억 3,300만원을 위 아파트 분양 2차 중도금 지급시까지 지급하기로 약정한 후, 같은 해 11. 17. 추가약정을 맺어 잔금 중 5,000만원(1997. 11. 2,000만원, 같은 해 12. 20. 3,000만원)을 우선 지급하고 900만원씩을 매월 지급하되 잔금에서 공제하며 피고 김숙재가 대위변제한 2억 1,400만원을 잔금에서 공제하기로 한 사실, 피고 김숙재가 위 추가약정에 따라 3,800만원을 원고 이기수에게 지급한 이외에 1997. 12. 20.에 지급하기로 한 3,000만원 및 1998. 1.분 이후의 이자 월 900만원씩을 지급하지 아니하여 나머지 잔금 15억 8,100만원(18억 3,300만원-3,800만원-2억 1,400만원)의 지급을 지체하고 있는 사실은 앞서 본 바와 같고, 갑 제1, 15, 16, 18, 19, 21호증의 각 기재에 변론의 전 취지를 더하여 보면, 원고 이기수가 1998. 1. 22. 피고 김숙재에 대하여 같은 달 24.까지 이 사건 양도계약 및 위 추가약정상의 의무를 이행할 것을 최고한 사실, 그럼에도 불구하고 피고 김숙재는 잔금 지급과 동시에 임원을 변경하기로 한 당초 약정을 어기고 그 때까지 원고들로부터 양도받아 보유하고 있는 주식 55% 중 15%를 피고 정갑진에게, 5%씩을 피고 김유수, 강기주, 정구봉에게 각 양도하고 같은 달 23. 임시주주총회를 소집하여 피고 정갑진, 김유수, 강기주, 정구봉을 각 이사로 선임하였고, 같은 해 2. 16. 다시 임시주주총회를 소집하여 원고 전근태를 감사에서 해임한 후 김영곤을 감사로 선임하였으며, 1999. 10. 21.자 임시주주총회에서 원고 이기수, 소외 김명희, 한소숙자를 각 이사에서 해임한 사실을 각 인정할 수 있으며, 한편 당사자 일방이 그 채무를 이행하지 아니하는 때에는 상대방은 상당한 기간을 정하여 그 이행을 최고하고 그 기간 내에 이행하지 아니할 때에는 계약을 해제할 수 있으나 채무자가 미리 이행하지 아니할 의사를 표시한 경우에는 최고를 요하지 아니하고 바로 계약을 해제할 수 있다고 할 것인데, 위 인정사실에 의하면, 피고 김숙재가 잔금지급의무를 이행하지 않아 원고가 그 이행을 최고하였음에도 피고 김숙재가 당초 약정에 위반하여 임원을 임의로 변경함으로써 자신의 채무를 이행하지 아니할 의사를 명백히 표명하였다고 봄이 상당하므로, 다른 특별한 사정이 없는 한 원고 이기수는 또 다른 최고 없이 바로 이 사건 양도계약을 해제할 수 있다고 할 것이니, 피고 김숙재의 위 잔금 미지급을 이유로 이 사건 양도계약을 해제한다는 의사표시가 담긴 이 사건 소장부본이 피고 김숙재에게 도달하였음이 기록상 분명한 2000. 11. 8.에 이 사건 양도계약이 해제되었다 할 것이다.

나. 피고들의 주장에 관한 판단

(1) 법정해제권의 배제 특약

피고들은, 이 사건 양도계약 체결시 작성한 계약서에 '미지급된 토지잔금이 지급된 후'에는 해제할 수 없고 만약 해제하고자 한다면 '토지잔금의 배액'을 배상하도록 기재되어 있는데, 이는 양수인의 토지잔금 지급 이후에는 리전건설의 자산가치가 상승하므로 그 이후 계약해제를 허용한다면 원상회복시 양도인이 이전에 자신이 양도한 주식보다 가치가 훨씬 상승한 주식을 반환받게 되어 형평에 어긋나고 당사자간에 그 차액을 정산하여야 하는 어려운 문제를 남기는 등의 사정을 고려하여 토지잔금 지급 이후 양수인의 법정해제권을 배제 또는 제한하기 위해 둔 규정으로서, 피고 김숙재가 위 토지잔금을 지급한 이상 원고 이기수는 이 사건 양도계약을 해제할 수 없고, 만약 원고 이기수가 이 사건 양도계약을 해제하고자 한다면 토지잔금의 배액인 52억 6천만원을 피고 김숙재에게 먼저 지급하거나 적어도 동시에 지급하여야만 적법하게 해제할 수 있다고 주장한다.

살피건대, 갑 제10호증의 기재에 의하면, 원고 이기수와 피고 김숙재 사이에 체결된 이 사건 양도계약의 계약서에 "미지급된 토지잔금이 지급된 후에는 해지할 수 없으며, 양도인이 해지할 시는 토지잔금의 배액을 배상하기로 한다"(계약서 제5조 제3항)고 기재되어 있는 사실을 인정할 수 있고, 이 사건 양도계약의 계약서는 처분문서이므로 그 진정성립이 인정되는 경우에는 특별한 사정이 없는 한 그 계약서의 문언에 따라 당사자의 의사표시가 있었던 것으로 객관적으로 해석하여야 할 것이나, 당사자 사이에 계약의 해석을 둘러싸고 이견이 있어 처분문서에 나타난 당사자의 의사해석이 문제되는 경우에는 문언의 내용, 그와 같은 약정이 이루어진 동기와 경위, 약정에 의하여 달성하려는 목적, 당사자의 진정한 의사 등을 종합적으로 고찰하여 논리와 경험칙에 따라 합리적으로 해석하여야 할 것이다(대법원 2003. 1. 24. 선고 2000다5336, 5343 판결 등 참조).

그러므로 보건대, ① 위 계약서에는 이 사건 양도계약의 해제에 관하여 위 제5조 제3항 이외에도 같은 조 제2항에서 "본 계약체결 후 양도, 양수인이 계약이행을 이행치 못할 때에는 계약을 해지한다. 또한 계약시 대표이사 사임서와 주식 이양서를 작성하여 법무사에 보관하고 양수인이 계약이행을 못할 때에는 즉시 양도인에게 대표이사와 주식을 넘겨준다"라고 기재되어 있어, 양수인의 채무불이행으로 인한 계약해제의 가능성 및 양수인이 이에 불응할 것에 대비한 사전조치에 대하여 명시하고 있는 점, ② 계약 당일인 1997. 5. 13. 이미 계약금 2,000만원의 수수와 동시에 주식 20%의 양도 및 대표이사의 변경이 이루어졌고, 그로부터 불과 보름 후인 1997. 5. 28.이 토지잔금의 지급기일이며, 위 계약금 지급 및 토지잔금의 지급 외에 이 사건 양도계약상 양수인의 의무로 규정되어 있는 나머지 채무의 이행기 즉, 중도금 및 잔금의 지급기일은 이 사건 토지의 신탁을 전제로 한 공사 선급금 수령일 또는 분양 2차 중도금 기일로서 토지대금 지급 이후의 일이고, 수익증권상 질권설정 역시 이 사건 토지의 신탁을 전제로 한 것이므로, 만약 위 제5조 제3항이 위 제5조 제2항의 계약해제 가능시기를 위 계약체결일인 1997. 5. 13.부터 토지잔금 지급기일인 1997. 5. 28.까지로 제한하는 규정이라고 본다면 그 기간 동안 양수인의 의무위반이라는 것을 도무지 생각할 수 없는 점, ③ 계약해제시 원상회복으로서 이미 지급받은 금원을 반환할 경우 그 받은 날로부터 이자를 가하고, 그 이외에 손해가 있으면 이를 배상하도록 규정한 민법 제548조, 제551조의 규정에 비추어 볼 때 위 조항에서 정하고 있는 52억 6,000만원이 이 사건 양도대금에 비하여 과다한 점, ④ 통상적으로 당사자간 법정해제권을 포기 또는 배제하는 특약을 하는 경우 '어떠한 이유로도' 또는 '양수인이 의무를 이행하지 못하는 경우라도'라는 식으로 해제불가의 취지를 명확히 하는 문구가 부가되는 점, ⑤ 가사 피고들의 주장대로 토지잔금의 지급으로 리전건설의 자산가치가 증가한다고 하더라도, 위 토지잔금은 이 사건 양도계약 당시 리전건설이 시공사로부터 공사 선급금을 차용하여 지급하기로 예정되어 있었고{원고 이기수는 당심에서 이 사실을 다투고 있으나, 갑 제27호증의 43의 기재에 변론의 전 취지를 더하여 보면, 이 사건 양도계약체결 당시 유공종합건설 주식회사가 주은부동산신탁으로부터 수령할 선급금 35억원(총 공사대금의 25% 상당) 중 26억원을 이 사건 토지의 잔금으로 지불하는 것을 전제로 나머지 9억원 중에서 중도금 5억원을 지급하기로 당사자 사이에 약정하였음을 인정할 수 있다}, 실제로도 피고 김숙재가 위 선급금으로 토지잔금을 지급하였는데, 피고 김숙재가 개인적으로 마련한 금원으로 위 토지잔금을 지급하지 아니한 이상, 피고들의 주장대로 그 이후 계약 해제를 허용할 경우 원상회복에 있어 당사자간 형평에 어긋나는 결과가 발생한다거나 그 차액을 정산하는 문제를 남긴다고 볼 여지가 없는 점과 함께, 이행의 착수 전 계약금의 포기 내지 배액의 상환으로 계약을 해제할 수 있도록 규정한 민법 제565조 제1항 및 이 사건 양도계약의 내용, 위 양도계약이 체결된 동기와 경위,

위 양도계약에 의하여 달성하려는 목적, 당사자의 진정한 의사 등을 종합하여 보면, 비록 위 계약서 제5조 제3항에 토지잔금 지급 후에는 이 사건 계약을 해제할 수 없다고 규정되어 있다고 하더라도, 위 제5조 제3항이 양수인의 의무 위반이 없음에도 불구하고 양도인이 임의로 계약을 해제함을 제한하는 것을 넘어서 양수인이 자신의 채무를 불이행하는 경우까지 양도인의 해제권을 배제하는 규정이라거나, 위 제5조 제2항이 명시하고 있는 채무불이행으로 인한 계약해제 가능시기를 토지잔금 지급시까지로 제한하는 규정이라고 볼 수 없고, 오히려, 토지잔금 지급 후라도 양도인이 그 금액의 배액을 양수인에게 지급하고 이 사건 양도계약을 해제할 수 있도록 하는 약정해제권을 유보하고 있는 조항이라고 봄이 상당하다.

따라서 원고 이기수는 토지잔금이 지급된 후라도 피고 김숙재의 채무불이행을 이유로 그 금액의 배액을 지급하지 않고도 이 사건 양도계약을 해제할 수 있다고 할 것이므로 피고들의 위 주장은 이유 없다.

(2) 추가채무의 공제

피고들은, 원고 이기수가 이 사건 토지의 잔금 및 이 사건 토지 중 만덕동 387-1와 관련한 농협대출금 8,000만원, 구청 압류금 1억 245만원 외에 리전건설이 부담하고 있는 채무가 전혀 없다고 하여 위 각 채무만을 피고 김숙재가 승계 부담하는 것으로 하고 이 사건 양도계약을 체결하였는데, 그 후 김경수에 대한 약정금 채무 1억 7,000만원, 용무남에 대한 채무 6억원 등 원고 이기수가 고지하지 아니한 추가채무가 발견되었으므로 그 금액만큼 이 사건 양도대금에서 공제하여야 함에도 원고 이기수는 이 사건 양도대금의 잔금 전부의 지급을 최고하였으니 이는 과다한 최고로서 부적법하고, 이에 터잡은 이 사건 양도계약의 해제 또한 효력이 없다는 취지로 주장한다.

그러나, 앞서 본 바와 같이 원고 이기수는 피고 김숙재가 미리 이 사건 양도계약의 잔금채무를 이행하지 아니할 의사를 표시하였음을 이유로 이 사건 양도계약을 해제한 것이므로 앞선 최고에 다소의 부적법한 점이 있다고 하더라도 이 사건 양도계약의 해제의 효력에는 영향이 없다고 할 것이다.

가사 피고들의 주장대로 원고 이기수가 고지하지 아니한 추가채무가 발견되었다고 하더라도, 이 사건 양도계약 체결 당시 당사자들의 자유로운 의사의 합치에 의하여 이 사건 양도대금이 정하여졌고, 이한우에 대한 대위변제금 2억 5,000만원이나 대납 공과금 2억 1,400만원과 같이 당사자간에 이를 잔금에서 공제하기로 하는 추가적인 약정이 없는 이상, 이와 같은 사정만으로 당연히 그 금액만큼 이 사건 양도대금에서 공제되거나 감액되어야 한다고 볼 수 없고, 추가적으로 발견된 채무가 있다고 하더라도 이 사건 양도계약 이전에 발생한 채무나 미지급된 토지대금 26억 3,000만원 이외에 추가되는 토지대금은 양도인이 책임지고 지급하기로 한 당사자간의 약정에 따라(계약서 제3조 제1항, 제4조 제2항) 원고 이기수가 김경수 등에 대하여 부담하여야 할 것이므로 이를 양도대금에서 공제하거나 감액하지 않고 그 지급을 구하였다고 하여 이를 부적법하다고 볼 수도 없다. 따라서 피고들의 위 주장은 이유 없다(피고들은 이외에도 피고 김숙재가 이한우에게 대위변제한 2억 5,000만원, 피고 김숙재가 대납한 농지전용부담금 등 공과금 2억 1,400만원도 이 사건 양도계약 당시 원고 이기수가 고지하지 아니한 채무로서 그만큼 이 사건 토지대금에서 공제되어야 한다고 주장하나, 원고 이기수와 피고 김숙재가 1997. 11. 17. 추가약정 당시 이한우에 대한 대위변제금 2억 5,000만원으로 중도금 지급에 갈음하고, 대납한 공과금 2억 1,400만원은 잔금에서 공제하기로 약정한 사실은 앞서 본 바와 같으므로, 피고들의 이 부분 주장은 이유 없다).

(3) 채무의 불확정

피고들은, 이 사건 양도계약은 피고 김숙재가 리전건설의 아파트건설사업권 등을 양수하여 대표이사로서 위 회사를 운영함으로써 이전에 원고 이기수가 이 사건 토지의 매수 및 기타 리전건설 사업비로 투자한 금원 즉 원고 이기수가 리전건설로부터 가수금으로 반제받아야 할 금원을 회수하여 주기 위하여 원고 이기수가 이 사건 토지의 매수 및 기타 리전건설 사업비 등으로 지출한 금원을 기초로 이 사건 양도대금을 정한 것인데, ① 이 사건 토지 중 윤이환, 채미영으로부터 매수한 부산 북구 만덕동 387-1 외 1필지의 실제 매매대금이 1억 4,500만원임에도 불구하고 원고 이기수가 마치 그 대금으로 6억원을 지급한 양 피고 김숙재를 속여 위 양도대금에 포함시켰고, ② 김경수로부터 매수한 부산 북구 만덕동 390 토지도 매매계약서의 작성경위, 대금지급의 출처불명, 대금수령의 경위 및 사용처 등에 관한 김종대의 진술의 일관성 결여 등에 비추어 볼 때 그 매매대금이 19억 1,345만원이라는 원고 이기수의 주장은 믿을 수 없으며, ③ 나머지 토지도 원고 이기수가 지급하였다는 대금이 공시지가에 비해 과다하고 각 토지마다 평당 가격의 편차가 극심한 점 등에 비추어 그 매매대금에 관한 원고 이기수의 주장을 믿을 수 없고, ④ 원고 이기수가 건축설계비와 강우량조사, 허가비용, 인건비 등으로 지출하였다고 주장하는 5억원 상당에 대하여도 아무런 근거자료가 없어 실제로 그러한 지출이 있었는지 여부를 전혀 알 수 없는 등 원고 이기수가 지급하였다는 토지 매매대금, 사업자금 등의 내역이 확실히 밝혀지지 않은 이상 피고 김숙재가 이행해야 할 채무 역시 특정되지 아니하였으므로 그 채무의 불이행을 전제로 한 원고 이기수의 계약해제는 부적법하다고 주장한다

살피건대, 이 사건 양도계약시 작성된 계약서에 '사업승인시까지 투입한 기지급된 토지대금 및 모든 사업비는 매매 양도대금에 일체 포함한다'(계약서 제1조 제3항)'고 규정되어 있는 사실은 앞서 본 바와 같고, 앞서 든 각 증거에 의하면, 원고 이기수가 리전건설을 설립한 후 시공사의 부도, 자금부족 등의 어려움을 겪던 중 박환성으로부터 삼토개발 주식회사 및 흥동건설 주식회사의 대표이사인 피고 김숙재를 소개받아 이 사건 아파트건설사업권 등을 양도하게 되었는바, 당시 원고 이기수가 이 사건 토지의 매수 및 기타 리전건설의 사업비로 기지출한 금원을 감안하여 이 사건 양도대금이 정해진 사실을 인정할 수 있으나, 이 사건 양도계약시 위와 같이 '사업승인시까지 투입한 기지급된 토지대금 및 모든 사업비' 일체를 양도대금에 포함시키기로 하면서도 각 지출내역을 개별적으로 특정하여 열거하지 아니한 채 그 대금을 일정액(23억 5,300만원)으로 정하였고, 계약서상에도 '양도, 양수 매매계약대금은 쌍방합의에 의하여 정희 인정하는 금액으로'(계약서 제3조 제6항)라는 문구를 명기한 점에 비추어 볼 때, 피고 김숙재는 이와 같은 당사자간의 자유로운 교섭을 통해 의사의 합치가 이루어져 일정액으로 정해진 위 양도대금 23억 5,300만원의 지급의무를 부담하는 것으로 내용이 확정되어 있다고 할 것이므로, 원고 이기수의 증빙서류의 지출 등으로 개별적인 내역이 일일이 입증된 다음에야 피고 김숙재의 채무의 내용이 확정됨을 전제로 하는 피고들의 위 주장은 이유 없다.

(4) 잔금지급기일의 미도래

피고들은, 이 사건 아파트건설공사의 최초 시공사인 유공종합건설 주식회사의 부도로 예정대로 분양을 실시하지 못하여 2001. 3. 28. 다시 시공사를 유림종합건설 주식회사로 변경하여 입주자모집승인을 받아 분양공고를 하였으나 24평형 3세대, 32평형 1세대만 입주하는 등 분양이 제대로 이루어지지 않아 부득이 2002. 5. 22. 재분양을 실시하였는바, 이와 같은 과정을 거쳐 최종적으로 정해진 중도금 2차 지급기일이 2002. 9. 25.로서 이 때 이 사건 양도계약의 잔금지급기일이 도래하였음에도 불구하고, 원고 이기수가 그보다 훨씬 전인 1998. 1. 22.에 이행을 최고하고 뒤이어 해제의 의사표시를 하였으므로, 이와 같은 계약해제는 부적법하다고 주장한다.

그러나 가사 피고들의 주장과 같이 이 사건 아파트의 분양 2차 중도금 지급기일이 2002. 9. 25.에야 도래하였

다고 하더라도, 분양 2차 중도금 지급기일까지 잔금 18억 3,300만원을 지급하기로 한 최초 약정 이후인 1997. 11. 17. 원고 이기수와 피고 김숙재가 다시 추가약정을 맺어 잔금 중 5,000만원(1997. 11. 2,000만원, 같은 해 12. 20. 3,000만원)을 우선 지급하고, 900만원씩을 매월 지급하되 잔금에서 공제하기로 약정하였음에도 불구하고 피고 김숙재가 추가약정에 따라 3,800만원을 원고 이기수에게 지급한 이외에 1997. 12. 20.에 지급하기로 한 3,000만원 및 1998. 1.분 이후의 이자 월 900만원씩을 전혀 지급하지 아니한 사실, 원고 이기수가 1998. 1. 22. 피고 김숙재에 대하여 같은 달 24.까지 이 사건 양도계약 및 위 추가약정상의 의무를 이행할 것을 최고하였음에도 불구하고 피고 김숙재가 당초 약정을 어기고 임의로 임원을 변경한 사실은 앞서 본 바와 같으므로, 피고 김숙재가 위 추가약정상의 채무를 이행하지 않았고 그 이후 원고 이기수의 이행최고에도 불구하고 자신의 채무를 이행하지 아니할 의사를 명백히 표명한 이상, 원고 이기수의 계약 해제는 적법하다고 할 것이다. 따라서 피고들의 위 주장은 이유 없다.

(5) 증빙서류의 미교부

피고들은, 원고 이기수로부터 원고 이기수가 기지급한 토지 매매대금 및 리전건설 설립 이후 지출한 사업비에 관한 증빙서류를 교부받아 이를 근거로 주은부동산신탁에 기지출 사업비로 청구하여 해당 금원을 집행받아 이 사건 양도대금을 지급하기로 약정하였는데 이와 같은 증빙자료 교부의무는 이 사건 양도계약의 주된 채무이고 피고 김숙재의 양도대금 지급의무와 선이행 내지 동시이행의 관계에 있음에도 불구하고, 원고 이기수가 위 증빙자료를 교부하지 아니하여 주은부동산신탁으로부터 기지출 사업비를 집행받지 못하는 바람에 잔금을 지급하지 못한 것이므로, 원고 이기수의 이 사건 양도계약의 해제는 부적법하다고 주장한다.

살피건대, 이 사건 양도계약 당시 작성된 계약서에 '사업승인시까지 투입한 기지급된 토지대금 및 모든 사업비는 매매 양도대금에 일체 포함한다'(계약서 제1조 제3항), '사업시행상 대표이사가 행정적인 기타 업무 수행상 필요한 제반서류 및 인감은 요청시 즉시 협조키로 한다'(계약서 제7조)고 각 규정되어 있는 사실은 앞서 본 바와 같으나, 한편, 앞서 든 각 증거 및 갑 제27호증의 29의 기재에 의하면, 리전건설이 주은부동산신탁과 체결한 토지신탁기본약정상 위탁자인 리전건설이 '분양형토지신탁계약 체결 전까지 사업부지 전부를 인수하여 실질적인 사업부지 소유권을 확보'할 의무를 부담하고(토지신탁기본약정서 제3조 제1항 제1호), '본 약정체결 후 갑(리전건설)은...사업부지의 소유권을 확보함과 동시에 분양형토지신탁계약을 체결'하기로 규정되어 있는 사실을 인정할 수 있고, 실제로도 이 사건 양도계약 체결 당시 -주은부동산신탁에 기지출사업비로 직접 청구하여 집행받은 금원이 아니라- 시공사가 주은부동산신탁으로부터 공사 선급금으로 수령한 금원을 차용하여 이 사건 토지대금을 지급하기로 예정되어 있었던 사실은 앞서 본 바와 같은바, 이와 같이 사업부지의 소유권 확보는 토지신탁계약체결의 전제가 되는 위탁자측의 의무로서, 사업부지의 소유권 확보를 위하여 지급되는 대금은 -아파트건설공사를 위하여 지출되는 사업비와는 달리- 신탁회사가 부담하는 자금조달업무의 범위에 속하지 않는 점, 피고 김숙재는 이 사건 양도계약 당시 각 지출내역을 개별적으로 특정하여 열거하거나 각 내역마다 증빙서류 구비의무를 명기하지 아니한 채 일정금액을 양도대금으로 정한 점, 피고 김숙재가 이 사건 계약이후 원고 이기수에게 여러 차례 증빙서류의 제출을 요구하였다고 주장하고 있음에도 불구하고 1997. 11. 17. 추가약정 당시 이러한 증빙서류를 요구한 흔적이 보이지 아니하고, 오히려 1997년 법인회계가 이루어진 1998. 3.경에 이르러서야 토지잔금에 대한 증빙서류로서 원고 이기수가 교부한 계약서 및 영수증만으로는 부족하다는 점을 알아차리고 뒤늦게 이 사실을 문제삼은 것으로 보이는 점 등에 비추어 보면, 원고 이기수로부터 교부받은 증빙서류를 근거로 주은부동산신탁에 기지출사업비로 청구하여 이 사건 토지잔금에 해당하는 금원을 집행받아 이 사건 양도대금을 지급하기로 약정하였다거나 피고 김숙재의 잔금지급의무 불이행이 원고 이기수의 증빙서류교부의무 불이행에 기인한다는 피고들의 주장에 부합하는듯한 피고 정갑진의 본인신문결과는 쉽사리 믿기 어렵고, 달리 이를 인정할 증거가 없으며, 원고 이기수의 증빙서류교부의무와 피고 김숙재의 양도대금지급의무가 서로 대가적 의미를 가지고 관련되어 있어 이행상의 견련관계를 인정함이 공평의 원칙에 부합한다고도 볼 수 없으므로, 피고들의 위 주장은 이유 없다.

(6) 양도대금 반환과의 동시이행

피고들은, 원고 이기수가 이 사건 양도계약을 해제하려면 위 양도계약과 관련하여 원고 이기수가 지급받은 양도대금, 피고측이 대납한 금원 및 피고 김숙재가 이 사건 사업을 양수하여 지출한 사업비 등 50억원에 상회하는 돈을 상환하여야 하고, 이러한 양도대금 등의 반환과 상환으로 원고들의 주주권확인이 이루어져야 한다고 주장한다.

살피건대, 이 사건 양도계약이 해제되면 각 당사자는 그 상대방에 대하여 원상회복의무를 부담하고 당사자 쌍방의 원상회복의무는 동시이행관계에 있다고 할 것이니, 이 사건 양도계약의 해제로 인하여 원고 이기수가 피고 김숙재에게 지급받은 양도대금 등을 반환할 의무가 있다고 한다면 피고 김숙재가 부담하는 원상회복의무와 동시이행의 관계에 있다고 할 것이나, 원고들이 피고 김숙재에 대하여 이 사건 양도계약의 해제로 인하여 발생하는 원상회복의무의 이행을 구하는 것이 아니라 이 사건 양도계약이 해제됨으로 인하여 주주권이 원고들에게 복귀하였음을 전제로 하여 그 주주권의 확인을 구하는 이 사건 소에서 동시이행의 항변을 제기할 수는 없다고 할 것이므로, 원고 이기수가 양도대금 등을 반환하지 아니하면 이 사건 양도계약을 해제할 수 없다거나 양도대금 등의 반환과 상환으로 원고들의 주주권확인이 이루어져야 한다는 피고들의 주장은 이유 없다.

다. 소결론

따라서 이 사건 양도계약은 원고 이기수의 2000. 11. 8.자 해제의 의사표시에 의하여 소급적으로 효력이 없게 되었다 할 것이고, 그로 인하여 위 양도계약의 이행으로 별지 목록 '(2) 양도 후의 주주'란의 기재와 같이 보유하게 된 피고들의 각 해당주식은 양도계약 이전의 상태대로 환원되었다 할 것이어서 별지 목록 '(4) 해제 후의 주주'란 기재 각 해당 주식의 주주는 원고들이라 할 것이다.

3. 결론

그렇다면, 피고들이 별지 목록 '(2) 양도 후의 주주'란 기재 각 해당 주식의 주주가 자신이라고 다투고 있는 이상 원고들로서는 주주권 행사를 위하여 그 확인을 구할 이익이 있다 할 것이므로, 그 확인을 구하는 원고들의 피고들에 대한 이 사건 주위적 청구는 모두 이유 있어 이를 인용할 것인바, 원심판결은 이와 결론을 같이 하여 정당하고, 피고들의 항소는 이유 없으므로 이를 모두 기각하기로 하여 주문과 같이 판결한다.
(별지 생략)

(2-2) 대법원 2006. 11. 9. 선고 2004다22971 판결

【원고, 피상고인】 원고 1외 1인

【피고, 상고인】 피고 1외 4인

【원심판결】 부산고등법원 2004. 3. 19. 선고 2002나9240 판결

【주 문】 원심판결을 파기하고, 사건을 부산고등법원으로 환송한다.

【이 유】

상고이유(상고이유서 제출기간이 경과한 후에 제출된 상고이유보충서 등의 기재는 상고이유를 보충하는 범위 내에서)를 판단한다.

1. 처분문서는 그 진정성립이 인정되면 특별한 사정이 없는 한 그 처분문서에 기재되어 있는 문언의 내용에 따라 당사자의 의사표시가 있었던 것으로 객관적으로 해석하여야 하고, 당사자 사이에 계약의 해석을 둘러싸고 이견이 있어 처분문서에 나타난 당사자의 의사해석이 문제되는 경우에는 문언의 내용, 그와 같은 약정이 이루어진 동기와 경위, 약정에 의하여 달성하려는 목적, 당사자의 진정한 의사 등을 종합적으로 고찰하여 논리와 경험칙에 따라 합리적으로 해석하여야 하며(대법원 2001. 2. 27. 선고 99다23574 판결, 2003. 1. 24. 선고 2000다5336, 5343 판결 등 참조), 계약당사자 사이의 채무불이행에 따른 법정해제권을 배제하는 약정은 비록 손해배상의 청구가 보장된다고 하더라도 그 자체로서 채무불이행을 용인하는 결과가 되므로 계약당사자의 합의에 따라 명시적으로 법정해제권을 배제하기로 약정하였다고 볼 수 있는 경우가 아닌 이상 엄격하게 제한 해석하여야 할 것이다.

이러한 법리와 기록에 나타난 사실관계를 종합해보면, 원심 판시 주택건설사업권 및 주식회사 리전건설 주식의 양도계약(이하 '양도계약'이라 한다)의 계약서 제5조 제3항의 전단, 즉 '미지급된 토지잔금이 지급된 후에는 해제할 수 없으며'라는 부분은 문언적 의미 그대로 볼 때 일응 일정한 범위의 해제권을 배제하는 것으로 보이나, 한편 연이은 '양도인이 해제할 시는 토지잔금의 배액을 배상하기로 한다'라는 문언에 의하여 제약을 받게 되므로 전단의 해제권 배제 문언을 후단의 해제권 허용 문언과 전후 문맥상 모순 없이 합리적으로 해석하려면 결국 계약서 제5조 제3항은 '토지잔금이 지급된 후에는 통상적인 계약금 배액 상환에 의하여 양도계약을 해제할 수 없고, 양도인이 해제할 경우 토지잔금의 배액을 상환하여야 한다'라는 의미로서 양수인이 토지매매대금의 잔금을 지급한 이후에도 양도인은 그 금액의 배액을 상환하고 양도계약을 해제할 수 있다는 약정해제권 유보조항이라고 볼 것이지 이를 양수인의 채무불이행에 의한 양도인의 법정해제권을 배제하는 조항이라고 해석할 수는 없다 할 것인바, 같은 취지의 원심 판단은 정당하고, 거기에 상고이유에서 주장하는 바와 같은 의사해석에 관한 법리오해 등의 위법이 없다.

2. 채무불이행에 의한 계약해제에 있어서 미리 이행하지 아니할 의사를 표시한 경우로서, 이른바 '이행거절'로 인한 계약해제의 경우, 최고 및 동시이행관계에 있는 자기 채무의 이행제공을 요하지 아니하여(대법원 1992. 9. 14. 선고 92다9463 판결 참조) 이행지체시의 계약해제와 비교할 때 계약해제의 요건이 매우 완화되어 있으므로, 명시적으로 이행거절의사를 표명하는 경우 이외에 계약 당시나 계약 후의 여러 사정을 종합하여 묵시적 이행거절의사를 인정함에 있어서는 이행거절의사가 명백하고 종국적으로 표시되어야 할 것이다.

원심판결 이유에 의하면, 원심은 판시 사실을 종합하여 피고 1이 양도계약 잔금 지급의무를 이행하지 아니하

여 원고 1이 그 이행을 최고하였음에도 판시 계약서 및 1997. 11. 17.자 합의각서에 의한 약정을 위반하여 임원을 마음대로 변경한 것은 피고 1이 그의 채무를 이행하지 아니할 의사를 명백히 표명한 것에 해당하므로 원고 1의 이 사건 소장 부본의 송달로써 양도계약이 적법하게 해제되었다고 판단하였다.

그러나 위와 같은 원심의 판단은 앞서 본 법리에 비추어 볼 때 다음과 같은 점에서 수긍할 수 없다.

기록에 의하면, 피고 1이 양도계약 잔금을 지급하지 아니하겠다는 명시적인 의사를 표명한 적은 없고, 1997. 12.까지 원고 1에게 1997. 11. 17.자 추가약정에 따라 선지급하기로 한 양도대금 잔금 중 일부인 3,800만 원만을 지급하고 나머지를 지체하기는 하였으나, 그 경위를 보면 원고 1이 이 사건 토지매매대금 등에 대한 지출 증빙자료를 교부하기로 약정하고도 이를 이행하지 아니하였을 뿐만 아니라, 양도대금 산정의 기초가 된 토지대금 지급내역도 일부 허위이기도 하였기 때문에 피고 1로서는 우선 위 지출내역자료의 교부를 요구하면서 선지급하기로 한 잔금 일부를 지급하지 아니한 것이므로 위와 같은 경위에 비추어 위 잔대금 일부의 지급자체를 가지고 나머지 잔대금 전체를 지급하지 아니하겠다는 뜻을 묵시적으로 표시한 것으로 보기는 어렵다. 나아가 1997. 11. 17.자 추가약정내용에 비추어 보면, 주식이전에 필요한 제반 서류를 교부받은 피고 1이 양도받은 주식을 제3자에게 다시 양도한 것이 위 추가약정에 위반된다고 볼 수 없고, 다만 양도계약 잔금의 지급시까지 대표이사 외의 임원변경 등기를 경료하지 아니하기로 약정하였음에도 원고 1로부터 주식회사 리전건설 대표이사 지위를 이전받아 등기를 마치고, 주식회사 리전건설 주식의 55%를 양도받은 피고 1이 일부 주식을 나머지 피고들에게 양도한 후 주주권을 행사하여 임원을 개임한 것은 위 약정 위반에 해당한다 할 것이나, 잔금지급시까지 임원변경등기를 경료하지 아니하기로 한 약정은 이 사건 양도계약의 전체 내용에 비추어 단지 부수적 채무에 불과하다 할 것이어서 이러한 부수적 채무를 불이행한 사정만으로 피고 1이 주된 채무인 양도대금 잔금의 지급의무를 이행하지 아니할 의사를 명백히 표시한 것으로 볼 수는 없다.

따라서 원심이 그 판시와 같은 사정만으로 피고 1이 양도계약의 잔금지급의무를 이행하지 아니할 의사를 명백히 표명하였다고 보아 소장부본 송달에 의한 원고 1의 계약해제의사 통지로써 양도계약이 해제되었다고 판단한 데에는 이행거절로 인한 계약해제의 법리를 오해하여 심리를 다하지 아니한 위법이 있고, 이는 판결 결과에 영향을 미쳤음이 분명하므로 나머지 상고이유에 관하여 더 살펴볼 필요 없이 원심판결은 파기를 면할 수 없다.

3. 그러므로 원심판결을 파기하고, 사건을 다시 심리 · 판단하게 하기 위하여 원심법원으로 환송하기로 하여 관여 대법관의 일치된 의견으로 주문과 같이 판결한다.

7 채권자지체

(1) 대법원 1983. 11. 8. 선고 83다카1476 판결

【원고, 피상고인】 김영선
【피고, 상고인】 한옥구
【원심판결】 서울고등법원 1983.5.17 선고 82나3363 판결
【주 문】 원심판결을 파기하고, 사건을 서울고등법원에 환송한다.

【이 유】

피고의 상고이유를 본다.

1. 상인이 그 영업범위 내에서 물건의 임치를 받은 경우에는 보수를 받지 아니하는 때에도 선량한 관리자의 주의로 보관할 의무가 있으므로 이를 게을리하여 임치물이 멸실 또는 훼손된 경우에는 채무불이행으로 인한 손해배상책임을 면할 수 없으나, 다만 수치인이 적법하게 임치계약을 해지하고 임치인에게 임치물의 회수를 최고하였음에도 불구하고 임치인의 수령지체로 반환하지 못하고 있는 사이에 임치물이 멸실 또는 훼손된 경우에는 수치인에게 고의 또는 중대한 과실이 없는 한 채무불이행으로 인한 손해배상책임이 없다고 할 것이다.

2. 원심판결 이유에 의하면, 원심은 고추상인인 피고가 원고를 위하여 건고추 2,900근을 매수한 후 원고와 사이에 고추시세가 상당한 수준에 상승하여 매각처분할 수 있을 때까지 무상으로 보관하여 주기로 약정하고 이를 피고 점포 2층에 보관하던 중 그 판시와 같이 보관방법이 적절하지 못하였던 탓으로 1981.9.경 위 고추가 변질되고 벌레가 먹어 상품으로서의 가치가 전혀 없게 된 사실을 인정한 다음, 피고가 상인으로서 임치 받은 위 건고추에 대하여 선량한 관리자의 주의의무를 다하지 아니한 잘못으로 위 건고추의 상품가치가 상실된 것이므로 피고는 이로 인한 손해를 배상할 책임이 있다고 판단하는 한편, 피고가 위 건고추를 보관 중 원고에게 수시로 고추시세를 알려주고 수차 매각을 권유하였으나 원고는 시세가 맞을 때까지 편리를 보아 달라고 거절하여 오다가 그해 5월경에는 위 건고추를 속히 처분하지 않으면 7월경부터 벌레가 먹어 못쓰게 되니 빨리 처분하던지 인도받아 가라고 까지 하였으나 원고는 시세가 싸다는등 또는 보관장소가 없다는등 이유로 거절하여 지금까지 피고 점포에 보관되어 있는 사실을 인정하고 원고의 위와 같은 과실을 참작하여 피고의 배상액을 정함에 있어 과실상계를 하고 있다.

그러나 원고와 피고 사이의 위 건고추 보관약정은 기간의 약정이 없는 임치라고 할 것이므로 수치인인 피고는 언제든지 그 계약을 해지할 수 있다고 할 것인바, 원심이 인정하고 있는 바와 같이 위 건고추가 변질되고 벌레 먹기 전인 1981.5.경 피고가 원고에게 보관물의 처분과 인수를 요구하였다면 이는 임치계약을 해지하고 임치물의 회수를 최고한 의사표시라고 볼 여지가 있고, 그와 같이 본다면 원고가 원심인 정과 같이 시세가 싸다는 등 이유로 그 회수를 거절한 이상 이때부터 수령지체에 빠진 것이라 하겠으므로 그 후 피고 보관중인 위 건고추가 변질되고 벌레가 먹음으로써 상품가치가 상실되었다고 하여도 그것이 피고의 고의 또는 중대한 과실로 인한 것이 아닌 한 피고에게 그 배상책임을 물을 수 없을 것이다.

기록에 의하면, 피고 소송대리인은 누차 고추를 가져가라고 독촉하였으니 피고에게 관리자의 의무가 없다는 취지의 주장을 하고 있고 이러한 주장 가운데는 위와 같은 임치계약의 해지 및 수령지체를 주장하는 취지가 포함되어 있다고 볼 여지가 없지 않으니, 원심으로서는 이 점에 대한 석명을 구하여 명확히 한 다음 피고의 배상책임 유무를 판단하였어야 할 것임에도 불구하고 이에 이름이 없이 위와 같이 판단하였음은 석명권불행사로 인한 심리미진과 이유불비의 위법을 저지른 것으로서 이는 소송촉진등에관한특례법 제12조 제2항 소정의 파기사유에 해당한다고 할 것이다.

3. 결국 논지는 이유 있으므로 원심판결을 파기하고, 사건을 다시 심리케하고자 서울고등법원으로 환송하기로 하여 관여법관의 일치된 의견으로 주문과 같이 판결한다.

계약불이행에 대한 효과 및 그 구제

XII 계약불이행에 대한 효과 및 그 구제

1 해제와 취소의 경합

(1-1) 서울고등법원 1995. 5. 12. 선고 94나33578 판결

【원고(반소피고), 항소인】 백강흥업주식회사
【피고(반소원고), 피항소인】 성업공사
【원심판결】 서울지방법원 1994.8.18. 선고 92가합77997(본소), 93가합50265 (반소)판결

【주 문】

1. 원심판결에 관하여 원고(반소피고)의 본소청구 중 예비적 청구에 관한 부분과 피고(반소원고)의 반소청구 부분을 모두 취소한다.
2. 피고(반소원고)는 원고(반소피고)에게 금 140,619,144원 및 이에 대하여 1992.9.25.부터 1995.5.12.까지는 연 5푼의, 그 다음날부터 완제일까지는 연 2할5푼의 각 비율에 의한 금원을 지급하라.
3. 원고(반소피고)의 나머지 항소와 피고(반소원고)의 반소청구를 모두 기각한다.
4. 소송비용은 제1, 2심의 본소, 반소를 통틀어 이를 5분하여 그 4는 원고(반소피고)의, 나머지는 피고(반소원고)의 각 부담으로 한다.
5. 제2항은 가집행할 수 있다.

【청구취지 및 항소취지】

본소: 원심판결을 취소한다. 주위적으로, 피고(반소원고, 이하 피고라고만 한다)는 원고(반소피고, 이하 원고라고만 한다)에게 별지목록 기재 부동산에 관하여 1988.6.3.매매를 원인으로 한 소유권이전등기절차를 이행하라. 예비적으로, 피고는 원고에게 금2,000,000,000원 및 이에 대하여 1991.7.21.부터 이 사건 1994.3.31.자 소변경신청서송달일까지는 연 5푼의, 그 다음날부터 완제일까지는 연 2할5푼의, 각 비율에 의한 금원을 지급하고, 피고는 원고에게 별지목록 기재 부동산에 관하여 1992.8.31.매매를 원인으로 한 소유권이전등기절차를 이행하라.

피고의 반소청구를 기각한다.

(원고는 당심에서 위 주위적 청구 및 예비적 청구 중 소유권이전등기절차이행청구 부분에 대하여는 이를 기각한 원심판결에 대하여 항소를 하지 않았고, 예비적 청구 중위 금원청구부분에 관하여만 항소하면서 청구취지를 일부 감축하였다)

반소: 원고는 피고에게 금490,102,902원 및 이에 대한 1992.9.25.부터 이 사건 반소장 송달일까지는 연5푼의, 그 다음날부터 완제일까지는 연2할5푼의,각 비율에 의한 금원을 지급하라.

【이 유】

1. 기초사실

(1) 원고는 1988.6.3. 피고로부터 별지부동산목록 기재 부동산(이하 이 사건 부동산이라고 한다)을 대금 6,759,000,000원에 매수하였는바, 그 매매계약의 내용은 원고가 계약 당일에 계약보증금으로 금700,000,000원을 지급하고 나머지 매매대금을 1988.12.2.부터 1993.6.2.까지 매 6개월 마다 각 금605,900,000원을 납부하되, 약정일에 중도금을 지급하지 아니할 때에는 그 익일부터 위 금원에 대하여 금융기관 연체이율을 적용한 지연손해금을 가산하여 지급하고, 30일 이상 연체한 때에는 피고로 하여금 계약을 해제할 수 있도록 하였으며, 원고의 위약으로 이 계약이 해제된 경우에는 계약보증금, 지연손해금은 피고의 귀속으로 하고, 계약해제시 원고가 부담하는 점유사용료, 지연손해금, 기타 제비용 및 손해금을 원고로부터 이미 수령한 매매대금 중에서 공제할 수 있도록 하였다.

또한 이 사건 건물의 준공을 위한 도로의 기부채납 및 제반시설물 설치등 주무관청의 허가기준에 따른 이행은 매수자인 원고가 책임지기로 하는 특약을 두었다.

(2) 위 매매계약에 따라 원고는 피고에게 1988.6.3. 계약보증금 금700,000,000원, 1989.5.4. 1차중도금 금605,900,000원, 연체료 금48,256,200원, 같은 해 7.31. 2차중도금 605,900,000원, 연체료 금18,608,600원, 같은 해 12.2. 3차 중도금 605,900,000원, 1990.6.21. 4차 중도금 605,900,000원 및 연체료 금5,992,600원, 1991.5.30. 5차 중도금에 대한 연체료 금56,456,000원, 같은 해 7.20. 5차 중도금 일부로 금40,997,159원을 지급하였다(원고가 지급한 매매대금 중 연체료를 제외한 계약금 및 중도금 합계는 금3,164,597,159원이다).

(3) 한편, 위 매매계약에 의하면, 이 사건 부동산은 대금 완납 후에 원고에게 인도하되 다만 원고가 대금완납 전에 이를 점유사용하려면 피고가 제시하는 별도의 조건을 이행하도록 되어 있었는데, 계약 당시 위 부동산은 가사용승인을 받아 유니버스호텔이란 상호로 관광호텔영업에 제공되고 있었으나 호텔 내 나이트클럽, 지하주차장, 이발소 등 일부 영업장의 임차인들과 사이에 (임차권 대상 면적 약 2,860평방미터) 분쟁이 생겨 그 인도에 어려움이 예상되자 피고는 원고에게 대금을 완납한 후 인도받을 것을 권유하였다. 그러나 원고는 피고에게 이를 미리 인도받아 호텔영업을 할 것을 강력하게 요청하였고, 이에 따라 피고는 1988.7.8. 원고와 사이에 이 사건 부동산의 사용관리 약정을 체결하고 당일로 원고에게 이 사건 건물을 인도하였는데, 위 사용관리약정의 내용은, 위 매매계약서의 내용에 따라 원고의 귀책사유로 매매계약이 해제되는 때에는 원고는 피고에게 지체 없이 목적물을 명도하고, 원고는 매1년마다 매매대금의 10%를 적용한 금액을 점유사용료로 피고에게 지급하기로 하였다.

또한 원고는 같은 날 피고에게 위 임차인들에 관한 명도는 88올림픽 행사 후 별도 명도소송에 착수하여 소송종결 후 강제집행 실시하여 인도하여도 이의하지 않겠다는 내용의 각서를 제출하였다.

(4) 그런데 위 임차인들이 계속하여 명도를 거부하자, 피고는 원고의 요구에 따라 1988.12.경 일부 임차인들을 상대로 건물명도 소송을 제기하여 1989.12.경 승소판결을 받아 1990.2.16.경 자진명도를 받고, 나머지 임차인들이 점유한 사진관(3.4평방미터)과 나이트클럽(1,089.8평방미터)에 대해서는 1990.2. 및 1991.2.에 각 명도집행하여 위 건물부분을 원고에게 명도하였으며, 이러한 과정에서 원고는 호텔영업에 적지 않은 지장을 받았다.

(5) 한편 이 사건 부동산은 건축허가 당시 조건으로 되어 있는 도로부지 기부채납이 이행되지 아니하여 준공검사가 나지 않은 상태였으므로 원고는 피고의 협조 하에 강동구청으로부터 1차로 1989.11.30.까지의 가사용기간의 연장승인을 받았다가 다시 1990.5.31.까지로 하는 재연장승인을 받았으나, 위 기간까지도 도로부지를 기부

채납하지 아니하여 이 사건 건물이 준공허가를 받을 수 없게 되자, 강동구청장은 같은 해 6.1. 가사용승인기간 만료를 원인으로 원고의 호텔영업허가를 취소하였다(위 영업허가취소는 같은 달 27.자로 서울고등법원에서 효력정지결정이 내려졌다).

(6) 원고는 피고에게 계약상 납부기한이 1990.12.2. 및 1991.6.2.인 5차 및 6차 중도금을 납입하지 못하게 되자 1991.7.10. 피고에게 같은 해 8.31.까지 위 5,6차 중도금뿐만 아니라 나머지 잔금 전부를 납부하되 이를 지키지 못할 경우에는 해제하여도 아무런 이의를 하지 않기로 약정하였으나, 결국 위 기한까지도 5,6차 중도금을 지급하지 못하였고 이에 피고는 같은 해 9.26. 원고에게 같은 달 30.까지 위 금원을 지급하지 아니하면 이 사건 매매계약을 해제하겠다는 통지를 하였고 원고는 같은 달 30.까지도 위 금원을 지급하지 아니하여 피고는 같은해 10.1. 원고에게 위 매매계약을 해지한다는 내용의 통지를 보내었고, 위 통지는 같은 달 2. 원고에게 도달하였으며, 원고는 1992.9.24. 피고에게 이 사건 부동산을 명도하였다.

(7) 그 후 피고는 원고로부터 위 부동산을 회수하여 재공매공고를 하자, 원고의 방계회사인 소외 충광산업이 이를 대금 11,800,000,000원, 5년간 10회 분할상환 조건으로 매수하였다.

2. 대금반환채무와 점용료지급채무의 성립

가. 본소와 반소의 청구원인을 함께 본다.

(1) 원고는 이 사건 본소의 청구원인으로서, 첫째 원고가 위 매매계약 체결시에 5년간 이 사건 부동산의 매매대금을 완납하여도 이 사건 부동산이 인접한 백화점과 동일인 소유가 아니면 준공이 될 수 없는 것을 알았다면 이 사건 계약을 하였을 리 없고, 이것은 계약의 중대한 부분에 대한 착오라 할 것이므로 취소되어야 하고, 둘째 피고가 매매계약상 이행하여야 하는 위 건물에 대한 준공검사협력을 태만히 하고, 임차인들에 대한 명도 노력을 게을리하여 위 매매계약에서 가장 중요한 요소인 대금 완납 전부터의 원고의 호텔영업을 불가능하게 하였으며, 원고가 도로를 기부채납한 후에도 준공검사에 협력하지 아니하였으므로 원고는 피고의 위와 같은 귀책사유를 이유로 위 계약에 대한 해제권을 취득하였으므로 원고는 원심에서의 1994.3.31.자 준비서면 또는 당심의 1995.1.13.자 준비서면의 송달로서 위 매매계약을 취소 또는 해제함으로써 그 원상회복으로 이미 지급한 매매대금의 반환을 구한다고 주장한다.

(2) 이에 대하여 피고는 반소의 청구원인으로서 위 매매계약은 원고의 대금지급채무 불이행으로 인하여 해제되었고 이러한 경우에는 위 약정에 따라 원고는 위 점유사용기간 동안 매 1년에 매매대금의 10%에 해당하는 점용료를 지급할 의무가 있으므로 원고의 점유기간에 해당하는 점용료에서 제세공과금과 피고가 원고에게 반환해야 할 중도금을 공제하면 금 490,102,905원이 되므로 원고는 오히려 피고에게 위 금원을 더 지급할 의무가 있다고 주장한다.

나. 먼저 피고의 위 해제가 적법한 것인지에 관하여 살핀다.

(1) 앞서 인정한 사실에 의하면, 위 매매계약상 원고가 중도금 지급을 30일 이상 연체할 경우에는 피고가 이를 이유로 계약을 해제할 수 있도록 되어 있는데, 원고가 5차 및 6차 중도금의 지급을 지연하고, 그 지급기한을 같은 해 8.31.로 연장받고서도 위 기한까지도 이를 지급하지 못하였으며, 다시 같은 해 9.26. 피고로부터 같은 달 30.까지 위 금원을 지급하지 아니하면 이 사건 매매계약을 해제하겠다는 통지를 받은 후, 그때까지도 위 금원을 지급하지 아니하여, 피고가 같은 해 10.1. 원고에게 위 매매계약을 해지한다는 내용의 통지를 보내 위 통지가

다음날 원고에게 도달하였음이 인정된다.

그렇다면, 특별한 사정이 없는 한 위 매매계약은 원고의 채무불이행으로 인하여 1991.10.2.에 적법히 해제되었다 할 것이다.

(2) 이에 대하여 원고는, 일부 임차인들이 명도를 거부함으로써 원고가 동인들에게 금2,000,000,000원 상당을 지급하고 위 건물부분을 명도받았으며, 이 사건 부동산의 시설이 노후되어 금3,000,000,000원 상당의 비용을 들여 수리를 하였고, 이 사건 부동산의 준공검사를 위하여 이 사건 부동산에 인접한 원고 소유의 백화점 부지 중 100평을 서울시에 기부채납하였음에도 불구하고, 피고는 원고에게 이 사건 부동산의 준공허가에 필요한 소유권이전등기서류도 교부하여 주지 않아 준공허가가 나지 아니함으로써 호텔 경영에 지장을 받아 중도금을 연체하게 되었던 것인 바, 원고는 금3,100,000,000원 상당의 대금을 이미 납입하였고, 금4,000,000,000원 상당의 땅을 도로로 기부채납까지 하였음에도 매매계약에 따른 협조의무를 이행하지 아니한 피고가 위 매매계약을 해제하는 것은 권리남용으로 허용될 수 없다는 취지로 주장한다.

그러므로 살피건대, 갑 제1호증, 갑 제5호증의 26 내지 31의 각 기재에 의하면 원고가 1990.10.경 원고 소유의 서울 ○○구 ○○동454의 86 대지 중 299평방미터를 분할하여 도로로 지목변경한 다음, 강동구청에 기부채납한 사실, 위 매매계약 시 원고가 잔대금 전액을 충당할 수 있는 예금, 적금 또는 타금융기관발행의 지급보증서를 담보로 제공하였을 때에는 소유권이전등기에 필요한 서류를 교부할 수 있도록 약정한 사실을 인정할 수 있고, 반증이 없으나, 원고가 일부 임차인들에게 금2,000,000,000원을 지급하였고, 호텔보수비로 금3,000,000,000원 상당을 투입하였다거나, 피고에게 약정내용과 같은 예금, 적금 또는 타금융기관 발행의 지급보증서를 담보로 제공하려 하였다는 점에 부합하는 듯한 원심증인 장종휘, 안욱, 당심증인 이태석, 박종구, 최영진의 각 증언은 이를 믿기 어렵고, 달리 이를 인정할 증거가 없는바, 그렇다면 원고가 강동구청에 도로 기부채납을 한 사실만으로는 매매대금 완납되기도 전에 피고에게 이 사건 부동산에 대한 소유권이전등기절차를 이행할 의무가 발생한다고 할 수 없고, 오히려 위 매매계약 당시 이 사건 부동산의 준공허가 조건인 도로 기부채납은 매수인인 원고가 책임지고 이행하기로 하였음은 앞서 인정한 바와 같으므로, 피고의 위 계약해제가 권리남용이라고 할 수 없어 위 주장은 이유없다.

(3) 다음으로 원고는 위 (2)항에서 주장한 것과 같이 이 사건 건물에 금5,000,000,000원 상당을 투입하고, 이 사건 부동산의 준공을 위해 도로부지를 기부채납하여 이 사건 부동산의 준공에 필요한 절차를 다 이행하였으므로, 피고는 원고에게 소유권이전등기에 필요한 서류를 교부하여 이 사건 부동산이 호텔로서 준공허가가 날 수 있도록 협력할 의무가 있다할 것이므로 위 협력을 하지 않은데 대하여 피고에게 채무불이행책임이 있고, 원고는 피고가 소유권이전등기절차에 협력할 때까지 대금지급을 거절할 권리가 있다할 것이어서 피고의 계약해제는 신의칙상 허용될 수 없다고 주장한다.

그러므로 살피건대, 원고가 도로부지를 기부채납한 사실은 앞서 인정한 바와 같으나, 도로 기부채납을 한 사실만으로는 매매대금 완납되기도 전에 피고에게 이 사건 부동산에 대한 소유권이전등기절차를 이행할 의무가 발생한다고 할 수 없으며, 오히려 위 매매계약 당시 이 사건 부동산의 준공허가 조건인 도로 기부채납은 매수인인 원고가 책임지고 이행하기로 한 사실, 피고는 매매대금의 완납과 동시에 이 사건 부동산에 대한 소유권이전등기절차에 협력하기로 약정한 사실은 앞서 인정한 바와 같으므로 피고의 위 계약해제가 신의칙에 반한다고 할 수 없어 위 주장도 이유없다.

다. 그렇다면, 위 인정사실과 같이 위 매매계약이 원고의 채무불이행으로 인하여 1991.10.2. 적법하게 해제된 이상, 원고가 이 사건 계속 중에 행하였다는 위 매매계약의 취소 및 해제 의사표시는 그 목적이 되는 계약이 존재하지 아니하여 허용될 수 없다 할 것이므로 원고 주장의 각 사유에 관하여 더 나아가 살펴 볼 필요없이 이유없다고 할 것이다.

라. 다만 원고의 취소나 해제 주장이 이유없다 하더라도 위 매매계약이 위와 같이 해제된 이상, 그 원상회복으로서 피고는 원고에게 이미 수령한 매매대금 중 계약금 등을 제외한 나머지 대금을 반환하여줄 의무가 있고, 반면에 원고는 자신의 귀책사유로 인하여 위 계약이 해제되었으므로 위 약정에 따라 그 점유기간에 해당하는 기간 동안의 위 부동산 점용료 등을 지급할 의무가 있다 할 것이다.

3. 양 채무의 범위

가. 먼저 피고가 수령한 매매대금 중 위 해제로 인하여 원고에게 반환하여야 할 매매대금액에 관하여 살피건대, 앞서 인정한 바와 같이 원고의 귀책사유에 의하여 매매계약이 해제되는 경우 계약금 및 중도금에 대한 지연손해금은 피고에게 귀속하기로 약정하였으므로, 점용료 등을 공제하기 전의 그 반환채무금액은 피고가 지급받은 매매대금 중 계약금 및 지연손해금을 제외한 금2,464,597,159원(금605,900,000원 X 4) + 금40,997,159원)이 됨이 계산상 명백하다.

나. 다음으로 원고가 지급할 점용료에 관하여 살핀다.

(1) 원고가 1988.7.8.부터 1992.9.24.까지 위 부동산을 점유하였고, 위 매매계약 당시 이 사건 부동산의 점용료는 매 1년에 매매대금의 10%에 해당하는 금액으로 약정한 사실은 앞서 인정한 바와 같으므로 위 약정상 원고가 피고에게 지급하여야 할 점용료는 특별한 사정이 없는 한 그 점유 기간 중 1년에 각 금 675,900,000원이 된다(위 점유기간 중간에 위 매매계약이 해제되기는 하였으나 원고가 해제 후에도 피고에게 이를 즉시 명도하지 않고 종전과 같이 계속 점유한 이상, 위 매매계약의 존속 여부에 상관없이 위의 금액을 지급함이 상당하다).

(2) 이에 대하여 원고는 위 점용료는 원고가 실제 사용함을 전제로 하는 것으로 원고가 위 부동산을 점유하기는 하였으나 이는 형식적인 관리에 그친 것이었고 명도거부나 영업정지 등으로 인하여 사실상 호텔영업을 하지 못하였으므로 임차인의 명도거부로 명도받지 못한 부분이나 원고에게 책임없는 사유로 인한 영업취소 등으로 호텔영업을 하지 못한 경우에는 부동산의 사용이 아니라 피고를 위해 보관 관리한다고 보아 그 부분의 점용료를 공제하여야 한다고 주장한다.

그러므로 살피건대, 원고가 이 사건 부동산 중 일부 건물부분을 사용관리약정 체결일 이후에 명도받았고, 위 호텔의 영업허가가 취소되기는 하였으나, 한편 위 점용료는 원고의 귀책사유로 해제될 경우에 한하여만 지급하기로 약정되었고, 원고가 계약 당시 일부 임차인들과 임차권을 둘러싼 분쟁이 있는 것을 알면서 피고에게 명도를 요청하였고 이때 위 점용료에 관하여 아무런 이의도 하지 않았으며 오히려 피고에게 명도지연부분에 대하여 88올림픽 이후 명도소송을 통해 명도받더라도 이의없다는 내용의 각서를 작성·제출한 사실은 앞서 이미 인정한 바와 같으므로 이와 같은 사정을 모아보면 위 점용료는 점유부분의 사용에 대한 차임 상당의 금원을 의미하는 것이 아니라, 금융기관 등이 소유하는 부동산 매매계약에 있어서 관리의 곤란성과 부동산의 활용필요성을 감안하여 미리 그 점유를 매수자에게 이전하는 경우 이와 같은 고도의 신뢰를 보호하기 위하여 고안된 특수한 부가적 약정으로서 정상적으로 계약이 이행되거나 매도인의 귀책사유로 이행에 장애가 생긴 경우에는 이를 지급할 필요가 없으나, 매수인의 채무불이행으로 인하여 계약이 해제되는 경우에는 해제시까지의 점유기간에 따라 매매대금의 일정액을 산정하여 지급하도록 하는 위약금의 약정을 한 것으로 보아야 할 것이고(대법원 1992.9.22.선고, 92다22190판결 참조), 따라서 이러한 위약금에 대하여는 위 본 계약의 이행 여부가 문제될 뿐, 그 부동산의 일부를 사실상 점유하지 못하였거나 실제로 영업을 하지 못하였다는 사유만으로 그 지급을 거부할 사유가 될 수 없으므로 원고의 주장은 이유없다.

(3) 다음으로 위 점용료가 위약금의 성질을 갖는 이상, 민법 제398조 제4항에 의하여 특단의 사정이 없는 한 이는 손해배상의 예정의 성질을 지닌다고 할 것인데, 원고는 피고에게 위 해제시까지 5년 분납으로 되어 있는 매매대금 총액 금 6,759,000,000원에서 계약금 700,000,000원을 포함하여 금 3,164,597,159원을 지급하였으며 대금지급지체로 인하여 위 금원과 별도로 금 129,313,400원의 연체료를 지급한 사실, 원고는 위 부동산 중 나이트클럽, 지하주차장 등 약 2,860평방미터를 점유한 일부 임차인들의 명도거부로 인하여 호텔영업에 많은 지장을 받았고, 1990.6.1.에는 호텔영업허가가 취소되기까지 한 사실, 원고는 호텔에 상당한 정도의 개수공사를 실시하는 한편 새로운 비품을 구입하였으며 서울시에 도로부지 100평을 기부채납하는 등 원고가 호텔의 경영과 건물의 준공검사를 받기 위하여 계속적으로 상당한 금원을 투자한 사실, 피고는 위 매매의 해제 후에 위 부동산을 소외 충광산업으로에게 금 118억원이 넘는 가격에 재공매한 사실은 앞서 인정한 바와 같고, 갑제1,2호증 및 을제1호증의 2의 각 기재에 변론의 전취지를 종합하면, 위 점용료 약정은 피고가 일반적으로 사용하는 매매계약서와 재산사용관리약정서에 부동문자로 기재되어 있는 조항으로서 원고가 위 약정 당시 위 매매에 이러한 조항을 적용함에 대하여 특별한 주의를 기울이지 아니한 채 약정을 한 사실을 인정할 수 있고 반증이 없는바, 위 인정사실에 비추어 볼 때 원고가 위 약정대로 점용료를 전부 지급할 경우, 위 계약의 해제로 인하여 원고가 몰취당하는 금원은 계약금 7억원과 위 점용료 2,849,890,684원(675,900,000원 X 1,539/365) 합계 금 3,549.890,684원이 되어 당초 매매대금의 절반을 초과할 뿐 아니라, 원고가 위 부동산을 점유하면서 당초 예상과 달리 원활한 호텔영업을 하지 못하였고 오히려 운영자금으로 상당한 금원을 계속 투자하였고 준공조건인 도로의 기부채납도 이행한 반면에, 피고는 이를 원래의 가격보다 훨씬 높은 가격에 재공매처분함으로써 별다른 손해를 입지 아니한 것으로 보이는 점 및 원고가 위와 같이 특별한 고려없이 점용료 약정을 한 동기와 중도금을 지급하지 못하게 된 경위 등을 모아보면, 위 약정에 따른 점용료는 그 액수가 지나치게 높아 원고에게 가혹한 부담을 요구하는 것으로 공정성을 잃은 결과를 초래한다고 할 것이므로 그 범위를 감액함이 마땅하다고 할 것이고, 위와 같은 여러가지 사정을 고려해 볼 때 감액의 범위는 전체 액수의 5분의 1 정도로 함이 상당하다고 할 것이며, 따라서 원고가 피고에게 지급해야할 1년간 점용료는 금 540,720,000원(675,900,000원 x 4/5)이 됨이 계산상 명백하다.

다. 마지막으로 구체적으로 지급할 금원에 관하여 살핀다.

원고의 귀책사유에 의하여 매매계약이 해제되는 경우 원고가 점유기간에 따른 점용료를 지급하되, 위 점용료와 기타 제세부담금은 위 중도금 등에서 공제하기로 약정한 사실은 앞서 인정한 바와 같고, 또한 위 각 증거에 의하면, 192.9.24. 당시 이 사건 부동산에 대한 재산세, 종합토지세 등 제세공과금 합계는 금104,809,380원인 사실을 인정할 수 있고 반증이 없는바, 위 계약이 해제됨으로써 위 점용료채권이 발생한 날인 1991.10.2.을 중심으로 하여 그 전후의 각 채권액을 원고와 피고가 각 구하는 바에 따라(원고는 위 중도금등 반환채권에 관하여 그 최종 중도금 지급일의 다음날인 1991.7.21.부터 이에 대한 지연손해금의 지급을 구하고 있는 반면에, 피고는 위 점용료에 대하여 명도받은 날의 다음날인 1992.9.24.부터 이에 대한 지연손해금의 지급을 구하고 있다) 산정하여 원고의 중도금반환채권에서 피고의 점용료지급채권 및 제세부담금을 공제하면, 원고가 위 부동산을 피고에게 명도한 1992.9.24. 현재 피고가 원고에게 지급할 중도금반환채권은 별지 계산표 기재와 같이 금 140,619,144원이 됨이 계산상 명백하다.

4. 결론

그렇다면 피고는 원고에게 금 140,619,144원 및 이에 대하여 1992.9.25.부터 피고가 채무의 존부와 범위에 관하여 항쟁함이 상당하다고 보이는 이 판결 선고일인 1995.5.12.까지는 민법 소정의 연 5푼, 그 다음날부터 완제일까지는 소송촉진등에관한특례법 소정의 연2할5푼의 각 비율에 의한 지연손해금을 지급할 의무가 있다 할 것이다.

따라서 원고의 본소청구 중 예비적 청구는 위 인정범위 내에서 이유있어 이를 인용하고, 원고의 나머지 청구와 피고의 반소청구는 이유없어 이를 기각할 것인바, 이와 결론을 달리한 원심판결의 본소청구 중 예비적 청구(금원지급청구)부분과 반소청구부분은 부당하여 이를 취소하고, 원고의 나머지 항소와 피고의 반소청구는 이유없으므로 이를 기각하기로 하고 소송비용의 부담에 관하여는 민사소송법 제96조, 제89조, 제92조를, 가집행선고에 관하여는 같은 법 제199조 제1항을 적용하여 주문과 같이 판결한다.(별지 생략)

(1-2) 대법원 1996. 12. 6. 선고 95다24982 판결

【원고(반소피고), 상고인 겸 피상고인】 백강흥업 주식회사
【피고(반소원고), 피상고인 겸 상고인】 성업공사
【원심판결】 서울고등법원 1995. 5. 12. 선고 94나33578, 33585 판결
【주 문】 원심판결을 파기하고 사건을 서울고등법원에 환송한다.

【이 유】

1. 원심이 확정한 사실은 다음과 같다.

(1) 원고(반소피고, 이하 원고라고 한다)가 피고(반소원고, 이하 피고라고 한다)로부터 1988. 6. 3. 이 사건 부동산을 대금 67억 5,900만 원에 매수하기로 하는 이 사건 매매계약을 체결하였는바, 그 주요 내용은 원고가 계약 당일 계약보증금으로 금 7억 원을 지급하고, 나머지 대금은 1988. 12. 2.부터 1993. 6. 2.까지 매 6개월마다 각 금 6억 590만 원씩을 지급하되, 원고가 지급기일에 분할대금을 지급하지 아니할 때에는 그 다음날부터 지연액에 대하여 금융기관 연체이율에 의한 지연손해금을 가산 지급하며, 위 분할대금 지급을 30일 이상 연체할 때에는 피고가 위 매매계약을 해제할 수 있고, 원고의 귀책사유로 이 사건 계약이 해제되는 경우에는 계약보증금과 지연손해금은 피고에게 귀속하고 계약해제시 원고가 부담하는 점유사용료 지연손해금 기타 제 비용 및 손해금을 원고로부터 이미 수령한 매매대금에서 공제할 수 있도록 하였다. 그리고 이 사건 건물의 준공을 위한 도로의 기부채납 및 제반 시설물 설치 등 주무관청의 허가기준에 따른 이행은 매수자인 원고가 책임지기로 하였다. (2) 원래 위 매매계약에 의하면, 이 사건 부동산은 대금완납 후에 원고에게 인도하되, 다만 원고가 대금완납 전에 이를 점유 사용하기 위하여는 피고가 제시하는 별도의 조건을 이행하도록 되어 있었는데, 계약 당시 위 부동산은 당국으로부터 가사용승인을 받아 유니버스호텔이라는 상호로 관광호텔영업에 제공되고 있었으나, 일부 영업장의 임차인들과 사이에 분쟁이 생겨 그 인도에 어려움이 예상되자, 피고는 원고에게 대금을 완납한 후에 이를

인도받을 것을 권유하였으나 원고는 피고에게 이를 미리 인도받아 호텔영업을 할 것을 강력하게 요청함에 따라, 피고는 1988. 7. 8. 원고와의 사이에 이 사건 부동산에 관한 사용관리약정을 체결하고 당일로 원고에게 이 사건 부동산을 인도하였는바, 위 사용관리약정의 내용은 위 매매계약에 따라 원고의 귀책사유로 매매계약이 해제되는 때에는 원고는 피고에게 지체없이 목적물을 명도하고, 원고는 매 1년마다 매매대금의 10%에 해당하는 금액을 점유사용료로 피고에게 지급하기로 하였으며, 원고는 같은 날 피고에게 위 임차인들의 점유 부분에 관한 명도는 88올림픽 행사 이후 피고가 별도의 명도소송에 착수하고 소송 결과에 따른 강제집행을 실시하여 인도하여도 이의하지 아니하기로 하는 내용의 각서를 제출하였다. (3) 한편, 원고는 피고에게 계약상 납부기한이 1990. 12. 2. 및 1991. 6. 2.인 제5차 및 제6차 중도금을 납입하지 못하게 되자, 1991. 7. 10. 피고에게 같은 해 8. 31.까지 위 제5, 6차 중도금뿐만 아니라 나머지 잔금 전부를 납부하되, 이를 지키지 못할 경우에는 피고가 이 사건 계약을 해제하여도 아무런 이의를 하지 아니하기로 약정하였으나, 결국 위 기한까지도 위 제5, 6차 중도금을 지급하지 못하자, 피고는 1991. 9. 26. 원고에게 같은 달 30.까지 위 금원을 지급하지 아니하면 이 사건 매매계약을 해제하겠다는 통지를 하였고, 위 기한까지 원고가 이를 지급하지 아니하자 피고는 같은 해 10. 1. 원고에게 이 사건 매매계약을 해제한다는 내용의 통지를 하여 그 통지는 같은 해 10. 2. 원고에게 도달하였으며, 원고는 1992. 9. 24. 피고에게 이 사건 부동산을 명도하였다.

2. 원고 소송대리인의 상고이유를 판단한다.

가. 상고이유 제1점에 관하여

원심판결 이유에 의하면 원심은, 그 판시사실에 터잡아 특별한 사정이 없는 한 이 사건 매매계약은 원고의 귀책사유로 인하여 1991. 10. 2. 적법하게 해제되었다고 판단하고, 나아가 피고의 이 사건 매매계약해제는 권리남용 또는 신의칙에 반하여 허용될 수 없다는 원고의 주장을 그 판시와 같은 이유로 배척하였는바, 이를 기록과 대조하여 살펴보면, 원심의 그와 같은 조처는 옳다고 여겨지고, 거기에 상고이유의 주장과 같은 권리남용 또는 신의성실의 원칙에 관한 법리오해의 위법이 있다고 할 수 없다.

나. 상고이유 제2점에 관하여

원심판결 이유에 의하면 원심은, 첫째 원고가 이 사건 부동산에 관한 매매대금을 전부 지급하여도 이 사건 부동산이 인접한 백화점과 동일인 소유가 아니면 이 사건 건물에 대한 준공이 될 수 없다는 사실을 몰랐고, 만일 원고가 위와 같은 사실을 알았더라면 원고는 이 사건 매매계약을 체결하지 아니하였을 것이므로 이는 위 매매계약의 내용의 중요부분에 대한 착오에 해당되어 원고는 1994. 3. 31.자 준비서면의 송달로써 이 사건 매매계약을 취소하고, 둘째 피고가 계약상 기대된 준공검사 협력을 스스로 태만히 하고, 임차인들에 대한 명도 노력을 게을리하여 위 매매계약에서 가장 중요한 요소인 대금완납 전부터의 원고의 호텔영업을 불가능하게 하였으며, 원고가 도로를 기부채납한 후에도 준공검사에 협력하지 아니하였으므로 원고는 피고의 이와 같은 귀책사유로 이 사건 매매계약에 대한 해제권을 취득하였으므로 제1심에서의 1994. 3. 31.자 준비서면 또는 원심의 1995. 1. 13.자 준비서면의 송달로써 이 사건 매매계약을 해제한다는 원고의 주장에 대하여, 이 사건 매매계약은 원고의 귀책사유로 인하여 1991. 10. 2. 적법하게 해제된 이상, 원고가 이 사건 계속 중에 행하였다는 이 사건 매매계약의 취소 및 해제의 의사표시는 그 목적이 되는 계약이 존재하지 아니하여 허용될 수 없다는 이유로 위 주장을 모두 배척하였다.

살피건대, 원심이 그 판시와 같은 이유로 원고의 위 두 번째 주장을 배척한 조처는 옳다고 여겨지므로 원심판결에 계약해제에 관한 법리오해의 위법이 있다는 상고이유의 주장은 이유 없다고 할 것이나, 원심이 같은 이유로 원고의 첫번째 주장을 배척한 조처는 선뜻 수긍이 가지 아니한다.

매도인이 매수인의 중도금 지급채무불이행을 이유로 매매계약을 적법하게 해제한 후라도 매수인으로서는 상대방이 한 계약해제의 효과로서 발생하는 손해배상책임을 지거나 매매계약에 따른 계약금의 반환을 받을 수 없는 불이익을 면하기 위하여 착오를 이유로 한 취소권을 행사하여 위 매매계약 전체를 무효로 돌리게 할 수 있다고 할 것이므로(1991. 8. 27. 선고 91다11308 판결 참조), 원심으로서는 이 사건 매매계약 체결 당시 원고에게 위 주장과 같은 착오가 있었는가 하는 점과 그 착오가 이 사건 매매계약에 있어서 중요부분에 해당하는가 하는 점에 관하여 심리 · 판단을 하였어야 할 것이다. 그럼에도 불구하고 이와 같은 점에 관하여는 심리 · 판단함이 없이 위와 같은 이유로 취소권행사에 관한 원고의 위 주장을 배척한 원심은 착오로 인한 법률행위의 취소에 관한 법리를 오해한 잘못을 저질렀다고 할 것이다.

그러나, 기록을 살펴보아도 이 사건 매매계약 체결 당시 원고 주장의 그 백화점 소유관계가 매매계약의 중요부분에 해당한다든지 나아가서 원고에게 그 부분에 대한 착오가 있었음을 인정할 만한 증거가 엿보이지 아니하여 위 주장은 어차피 배척될 것임이 명백하므로 원심의 위와 같은 잘못은 판결에 영향이 없어 판결의 파기사유에 해당한다고 볼 수는 없으니, 원심판결에 착오로 인한 법률행위의 취소에 관한 법리오해나 판단유탈의 위법이 있다는 상고이유의 주장은 결국 이유 없음에 귀착된다고 할 것이다.

다. 상고이유 제3점에 관하여

① 원심판결 이유를 기록과 대조하여 살펴보면, 원심은 그 판시사실에 터잡아 이 사건 매매계약이 원고의 귀책사유로 해제되는 경우 원고는 이 사건 매매계약의 내용에 따라 그가 이 사건 부동산을 점유 · 사용한 기간 동안의 점용료를 피고에게 지급할 의무가 있다고 판단하고, 나아가 이 사건 건물 중 임차인의 명도 거부로 원고가 명도받지 못한 부분이나 원고에게 책임이 없는 사유로 인하여 원고가 사용하지 못한 부분에 대한 점용료는 공제되어야 한다는 원고의 주장에 대하여, 원심은 이 사건 점용료는 원고가 점유 부분의 사용에 대한 차임 상당의 금원을 의미하는 것이 아니라, 매수인의 채무불이행으로 인하여 계약이 해제되는 경우에는 해제시까지의 점유기간에 따라 매매대금의 일정액을 산정하여 지급하도록 하는 위약금의 성질을 가지는 것이고, 이러한 위약금에 대하여는 본계약의 이행 여부만이 문제가 될 뿐, 원고가 이 사건 부동산의 일부를 사실상 점유하지 못하였거나 실제로 영업을 하지 못하였다는 사유만으로는 그 지급을 거부할 사유가 될 수 없다는 이유로 원고의 위 주장을 배척하였는바, 이를 기록과 대조하여 살펴보면, 원심의 위와 같은 판단은 옳다고 여겨지고, 거기에 상고이유의 주장과 같은 이 사건 점용료의 법적 성질에 관한 법리오해의 위법이 있다고 할 수 없다.

② 원심판결 이유에 의하면 원심은, 원고의 귀책사유로 매매계약이 해제되는 경우, 이 사건 부동산에 관한 제세부담금은 원고가 부담하기로 약정한 사실에 터잡아 원고가 이 사건 부동산을 피고에게 명도한 1992. 9. 24. 당시 이 사건 부동산에 관한 재산세 및 종합토지세 등 합계 금 104,809,380원의 제세공과금을 이 사건 매매계약의 해제로 인한 원상회복의무로 피고가 원고에게 반환하여야 할 중도금에서 이를 공제하였다.

살피건대, 원심이 사실인정의 증거로 채택한 재산사용관리약정서(갑 제2호증)의 기재에 의하면, 위 약정서 제5조에서 화재보험료, 수도료, 전기료, 재산세, 제세공과금 기타 관리에 필요한 비용을 원고가 부담하기로 약정한 사실은 인정이 되나, 한편 위 약정서 제6조에서 이 약정은 약정일로부터 발효하며 피고가 사용해지를 원고에게 통고할 때까지 효력을 갖기로 약정한 사실 또한 인정되므로, 특단의 사정이 없는 한 이 사건 매매계약이 해제된 이후에 발생한 재산세 및 종합토지세 등은 원고가 부담하여야 할 성질의 것은 아니라고 보여진다. 따라서 원심으로서는 1992. 9. 24. 당시 이 사건 부동산에 관한 재산세 및 종합토지세 등 합계 금 104,809,380원의 제세공과금 중 이 사건 매매계약 해제 이후에 발생한 제세공과금이 있는지의 여부를 심리한 후 이 사건 매매계약 해제 이전에 발생한 제세공과금 부분만을 피고가 반환하여야 할 위 중도금에서 공제하였어야 할 것임에도 불구하고, 이를 가려보지도 아니한 채 위 금 104,809,380원 전부를 공제한 원심은 필경 심리미진 또는 채증법칙을 위배하여 사실을 오인한 위법을 저지른 것이라고 아니할 수 없으니 이 점을 지적하는 상고이유의 주장은 이유 있다 할 것이다.

③ 원심판결 이유에 의하면 원심은, 이 사건 계약이 해제된 다음 날인 1991. 10. 3.부터 원고가 이 사건 부동산을 피고에게 명도한 1992. 9. 24.까지의 기간 동안 원고가 이 사건 부동산을 점유·사용한 부분에 대하여도 위 점용료를 기준으로 하여 원고에게 그 반환을 명하였다.

그러나 이 사건 매매계약이 해제된 이후 원고가 이 사건 부동산을 사용함으로 인하여 피고에게 반환하여야 하는 것은 이 사건 매매계약의 해제로 인한 부당이득의 반환이므로 그 반환하여야 할 범위는 특단의 사정이 없는 한 이 사건 부동산의 임료 상당이라고 보아야 할 것이다. 그런데, 기록에 의하면 원·피고는 이 사건 매매계약 체결 당시 계약이 해제되면 매수인인 원고는 즉시 매매목적물을 반환하고 그 반환이 지연되면 반환지연에 따른 손해금을 지급한다고만 약정하였을 뿐, 이 사건 점용료를 기준으로 하여 위 손해금을 산정하기로 하는 약정을 한 바도 없고, 달리 이 사건 부동산의 임료가 원심이 기준으로 한 위 점용료와 같거나 그 보다 많은 것이라고 볼 만한 아무런 증거가 없다. 따라서 원심이 이 사건 점용료는 원고가 점유 부분의 사용에 대한 차임 상당의 금원을 의미하는 것이 아니라 매수인의 채무불이행으로 인하여 계약이 해제되는 경우에는 해제시까지의 점유기간에 따라 매매대금을 기준으로 산정한 일정액을 지급하도록 하는 위약금의 성질을 가지는 것으로 판단하고서도 만연히 이 사건 매매계약 해제 이후의 원고의 이 사건 부동산의 점유 사용에 대하여도 이 사건 점용료를 기준으로 이를 산정하였음은 심리미진 또는 계약의 해제로 인한 원상회복의 범위에 관한 법리를 오해한 나머지 판결에 영향을 미친 위법을 저지른 것이라고 아니할 수 없으니, 이 점을 지적하는 상고이유의 주장은 이유 있다 할 것이다.

라. 상고이유 제4점에 관하여

위약금은 특단의 사정이 없는 한 손해배상액 예정의 성질도 지닌다고 할 것인바, 원심판결 이유를 기록과 대조하여 살펴보면, 원심이 그 판시와 같은 여러 가지 사정들을 고려하여 원·피고 사이에 약정한 위 손해배상액의 예정(이 사건 점용료)이 부당히 과다한 것으로 보고 전체 액수의 1/5 정도를 감액한 나머지만을 원고가 지급하여야 할 의무가 있는 것으로 판단한 조처는 옳다고 여겨지므로, 원심의 위와 같은 감액조처가 너무 과소하여 부당하다는 취지의 상고이유의 주장은 받아들일 수가 없다.

3. 피고 소송대리인의 상고이유를 판단한다.

가. 상고이유 제1점 및 제2점에 관하여

원심이 이 사건 점용료는 원고가 점유 부분의 사용에 대한 차임 상당의 금원을 의미하는 것이 아니라, 매수인의 채무불이행으로 인하여 계약이 해제되는 경우에는 해제시까지의 점유기간에 따라 매매대금을 기준으로 산정한 일정액을 지급하도록 하는 위약금의 성질을 가지는 것이라고 판단하고, 나아가 그 판시와 같은 여러 가지

사정들을 고려하여 원·피고 사이에 약정한 위 손해배상액의 예정이 부당히 과다한 것으로 보고 전체 액수의 1/5 정도를 감액한 나머지만을 원고가 지급할 의무가 있다고 한 원심의 인정·판단이 옳은 것이라고 하였음은 원고 소송대리인의 상고이유 제3점 ① 및 제4점에 관한 판단에서 본 바와 같으므로, 원심판결에 이 사건 점용료의 법적 성질에 관한 법리오해의 위법이 있다거나 원심의 위 감액조처가 너무 과다하여 부당하다는 상고이유의 주장은 이유 없다 할 것이다.

나. 상고이유 제3점에 관하여

매매계약의 해제로 원상회복의 의무를 부담하는 금원에 대하여는 그 받은 날로부터 이자를 가산하여 반환하여야 할 것인바(민법 제548조 제2항), 원심이 피고가 반환하여야 할 이 사건 중도금의 액수를 피고가 지급받은 원금에다가 민사 법정 이자율인 연 5푼의 이자를 가산한 금액으로 산정하였음은 옳다고 여겨지므로 이 점에 관한 상고이유의 주장은 이유 없다.

한편, 원심판결 별지 계산표의 기재에 의하면, 원심은 그 판시와 같이 이 사건 제세부담금 104,809,380원을 원고가 이 사건 부동산을 피고에게 명도한 1992. 9. 24.을 기준으로 하여 이를 피고가 원고에게 반환하여야 할 중도금반환채권에서 공제하였다. 그러나 위 제세부담금 중 이 사건 매매계약이 해제된 1991. 10. 2.까지 발생한 부분은 원고에게 그 반환의무가 발생한 위 해제일을 기준으로 하여 위 중도금반환채권에서 공제되어야 할 것이므로, 이 점을 지적하는 상고이유의 주장은 이유 있다 할 것이다.

4. 그러므로 원심판결을 파기하고 사건을 더 심리·판단하게 하기 위하여 원심법원에 환송하기로 관여 법관들의 의견이 일치되어 주문과 같이 판결한다.

2 사정변경으로 인한 계약해제의 효과

(1-1) 광주고등법원 제주부 2004. 5. 14. 선고 2003나1580 판결

【원고, 항소인】 성준호
【피고, 피항소인】 제주시
【원심판결】 제주지방법원 2003. 9. 18. 선고 2002가합1693 판결

【주 문】

1. 제1심 판결을 취소한다.
2. 피고는 원고에게 134,000,000원 및 이에 대한 2000. 2. 1.부터 2004. 5. 14.까지는 연 5%, 그 다음날부터 완제일까지는 연 20%의 각 비율에 의한 금원을 지급하라.
3. 소송총비용은 피고의 부담으로 한다.
4. 제2항은 가집행할 수 있다.

【청구취지 및 항소취지】

1. 청구취지

주문 제2항과 같다(원고는 당심에서 청구취지 중 지연손해금 부분을 감축하였다).

2. 항소취지

제1심 판결을 취소하고, 주문 제2항과 같다.

【이 유】

1. 인정사실

가. 피고는 1998. 6. 26. 건설교통부장관에게 1973. 3. 5. 건설부 고시 제88호로 지정된 제주시 지역 개발제한구역의 해제를 요청하였고, 건설교통부장관은 1999. 7. 22. 피고 소유의 이 사건 토지인 제주시 이호1동 324 전 453㎡ 및 같은 동 324의 1 전 276㎡를 포함한 개발제한구역의 해제결정을 하였다(이에 따라 실제 2001. 8. 4. 개발제한구역 해제 고시가 이루어졌다). 이에 따라 피고는 이 사건 토지를 공개매각하기로 결정하고 1999. 10. 8. 이 사건 토지에 관하여 제주시 공고 제1999-394호로 국가를당사자로하는계약에관한법률에 의한 공유재산매각입찰 공고를 하였는데, 이 사건 토지의 매각예정가격을 25,879,500원으로 하고, 그 공고문의 기타사항에는 '매각재산은 공부와 같이 매각하는 것이므로 공부와 실제와의 불일치 또는 행정상의 제한 등에 책임을 지지 아니한다'라고 기재하였다. 이 사건 토지 중 제주시 이호1동 324의 1 토지의 1999년도 ㎡당 개별공시지가는 13,500원이고 연접한 같은 동 324 토지도 대동소이할 것이므로 결국 이 사건 토지의 1999년도 개별공시지가는 총 9,841,500원(면적 729㎡ x ㎡당 개별공시지가 13,500원)이 된다.

나. 원고는 위 입찰에서 대금 134,000,000원에 이 사건 토지를 낙찰 받고 1999. 10. 29. 피고와의 사이에 이 사건 토지를 위 금액에 매수하기로 하는 계약을 체결하였고 그 후 매매대금을 모두 지급한 다음 2000. 2. 1. 이 사건 토지에 관하여 원고 명의의 소유권이전등기를 경료 받았다. 위 매매당시 공유재산 매매계약서 제14조에 의하면, '피고는 원고에게 이 사건 토지를 인도한 후에 발생한 일체의 위험부담에 대하여 책임지지 않는다'라고 규정되어 있다.

다. 그런데 그 후 피고는 2000. 9. 28. 도시기본계획 공청회를 거쳐 2000. 10. 5. 도시계획재정비수립계획을 결정하고, 2000. 12. 19. 이에 따른 용역계약을 체결한 다음, 위 용역결과에 기초하여 2001. 9. 17.부터 10. 4.까지 주민의견 청취공람을 실시하고 2002. 4. 29. 이 사건 토지를 포함한 34필지에 대하여 건축개발을 할 수 없는 공공공지로 편입하기로 최종 결정하였다. 이 사건 토지는 도시계획법상의 자연녹지지역이자 제주국제자유도시특별법상 상대보전지역에 해당되어 만약 피고에 의한 공공공지 편입 결정이 없었다면 관련 법률에 따라 건축개발이 가능하였다.

2. 당원의 판단

가. 원고는, 피고가 처음부터 이 사건 토지를 공공공지로 편입할 의도를 갖고 있었으면서도 이를 숨기고 원고에게 이 사건 토지를 매도하였으므로 사기를 이유로 위 매매계약을 취소한다고 주장하나, 이를 인정할 만한 아무런 증거가 없으므로, 원고의 위 주장은 이유없다.

나. 원고는 다시, 원고가 이 사건 토지를 매수하여 그곳에 음식점 또는 편의시설을 건축할 의도로 공시지가보다 수배 높은 가격에 입찰하였는데, 이 사건 토지가 가까운 장래에 공공공지로 편입되어 건축이 불가능하게 되

리라는 사정을 모른 채 이 사건 토지를 매수한 것이어서, 법률행위의 중요부분에 착오가 있었던 것이므로, 이 사건 토지의 매매계약을 취소한다고 주장한다.

살피건대, 원고가 주장하는 착오의 내용은 동기의 착오에 관한 것으로서 의사표시의 동기에 착오가 있는 경우에는 당사자 사이에 그 동기를 의사표시의 내용으로 삼았을 때에 한하여 의사표시의 내용의 착오가 되어 취소할 수 있는 것인데, 피고가 개인이 아닌 지방자치단체이고 이 사건 토지가 입찰방식에 의하여 매매된 점 등에 비추어 당사자 사이에 원고의 위와 같은 동기를 의사표시의 내용으로 삼았다고 보기에 어려우므로, 원고의 위 주장은 이유없다.

다. 원고는 다시, 피고가 원고에게 이 사건 토지를 매도하여 그곳에 음식점 또는 편의시설을 건축할 수 있도록 하였으면서도 이 사건 토지를 공공공지로 편입하는 결정을 함으로써 매매의 목적을 달성할 수 없는 상태에 이르렀으므로 위 매매계약을 해제한다고 주장하므로 살피건대, 원고가 위 매매계약에 기하여 이 사건 토지에 대한 완전한 소유권을 취득하였음은 앞서 본 바와 같고, 피고가 이 사건 토지를 입찰방식에 의하여 매도한 점 등에 비추어 피고가 원고의 음식점 건축행위 등을 보장하였다고 볼 수 없으므로, 원고의 위 주장은 이유없다.

라. 원고는 다시, 이 사건 토지에 관하여 가까운 장래에 공공공지 편입 등의 제한이 가해질 가능성이 많았으므로, 이 사건 토지의 매도를 담당한 피고 소속 담당공무원으로서는 피고의 도시계획담당 부서 등에 확인하여 공공공지 편입가능성이 전혀 없다는 것을 확정한 다음에야 이를 매각하여야 할 주의의무가 있음에도, 이를 게을리한 채 이 사건 토지를 원고에게 매각함으로써 이 사건 토지가 공공공지에 편입되어 재산권행사를 못할 뿐 아니라 차후에 피고에게 수용될 경우에도 공시지가에 근접한 금액만큼만 보상받게 되는 손해를 가하였으므로 위 매매대금 상당의 손해배상금을 구한다.

살피건대, 위에서 본 바와 같이 이 사건 토지의 매매계약 체결 당시에는 이 사건 토지에 관한 도시계획재정비계획이 수립되지도 않았고 그 후 1년 쯤 경과된 후에야 이 사건 토지에 관한 위 재정비계획이 결정된 이상, 이 사건 토지의 매각을 담당한 피고 소속 공무원이 공공공지 편입가능성이 전혀 없다는 것을 확정한 다음에야 이를 매각하여야 할 주의의무를 다하지 못하였다고 볼 수 없으므로, 원고의 위 주장은 이유없다.

마. 원고는 다시, 위 매매계약 후 원고에게 책임 없는 사유로 이 사건 토지의 공공공지로의 편입이라는 사정변경이 발생한 이상 계약 내용대로 구속력을 인정한다면 신의칙에 반하는 결과를 가져오게 되므로, 제1심의 2003. 5. 16.자 준비서면 송달로서 위 매매계약을 사정변경 또는 신의칙을 이유로 하여 해제하는 바이니 그 원상회복으로 위 매매대금의 반환을 구하고 있다.

살피건대, 앞서 본 바와 같이 ① 원고는 피고의 요청에 의거 이 사건 토지의 개발제한구역 지정이 해제됨에 따라 건축 등이 가능한 토지로 알고서 당시의 개별공시지가나 피고가 공고한 매각예정가격 보다 훨씬 비싼 가격에 이 사건 토지를 피고로부터 매수하였는데, 그 후 피고에 의하여 이 사건 토지가 공공공지로 지정되어 건축개발이 불가능해졌을 뿐만 아니라 결국에는 공공공지 개발계획에 따라 이 사건 토지가 수용될 위기에 처해 있는 등 위 매매계약 당시에 원고가 예상하지도 않았고 예상할 수도 없었던 현저한 사정변경이 생긴 것으로 보이는 점, ② 위와 같은 사정변경은 이 사건 토지를 매도한 피고에 의하여 주도된 것으로서 원고에게는 아무런 책임이 있다고 볼 수 없는 점(이 사건 토지의 매각공고나 위 매매계약 체결 당시 피고는 이 사건 토지상에 가해지는 행정상의 제한이나 위험부담에 책임을 지지 아니한다고 기재하였거나 약정을 하였다고는 하나 그 문언의 내용이나 취지 등에 비추어 위 면책약정이 이 사건과 같이 피고가 직접 행한 행위에까지 적용되는 것은 아니라 할 것이다), ③ 이 사건 토지가 이를 매도한 피고에 의하여 공공공지로 지정됨에 따라 원고에게는 앞서 본 바와 같이 위 매매계약 당시에는 예상하지 못한 엄청난 손해가 발생하게 되어 기존의 위 매매계약을 그대로 유지하는 것은 신의칙에 반한다고 보이는 점 등을 종합하여 보면, 원고는 사정변경 또는 신의칙을 사유로 하여 위 매매계약을 해제할 수 있다고 봄이 상당하다. 원고가 제1심의 2003. 5. 16. 준비서면으로서 위와 같은 사정변경 또는 신의칙을 이유로 위 매매계약을 해제한다는 의사표시를 하였고 같은 날 위 서면이 피고에게 송달된 사실은 기록상 분명하므로 위 매매계약은 2003. 5. 16. 적법히 해제되었다고 할 것이어서 원고의 위 주장은 이유 있다.

3. 결론

그렇다면 피고는 위 매매계약의 해제에 따른 원상회복으로서 원고에게 위 매매대금 134,000,000원 및 이에 대하여 위 수령일 이후로서 원고가 구하는 바에 따라 2000. 2. 1.부터 이 사건 항소심 판결선고일인 2004. 5. 14.까지는 민법 소정의 연 5%, 그 다음날부터 완제일까지는 소송촉진등에관한특례법 소정의 연 20%의 각 비율에 의한 지연손해금을 지급할 의무가 있으므로, 원고의 이 사건 청구는 이유 있어 이를 인용할 것인바, 제1심 판결은 이와 결론을 달리하여 부당하므로 원고의 항소를 받아들여 이를 취소하고 피고에 대하여 위 금원의 지급을 명하기로 하여 주문과 같이 판결한다.

(1-2) 대법원 2007. 3. 29. 선고 2004다31302 판결

【원고, 피상고인】 성준호
【피고, 상고인】 제주시의 소송수계인 제주특별자치도
【원심판결】 광주고등법원 제주부 2004. 5. 14. 선고 2003나1580 판결
【주 문】 원심판결을 파기하고, 사건을 광주고등법원에 환송한다.

【이 유】

1. 상고이유 제1점에 대하여

이른바, 사정변경으로 인한 계약해제는 계약 성립 당시 당사자가 예견할 수 없었던 현저한 사정의 변경이 발생하였고 그러한 사정의 변경이 해제권을 취득하는 당사자에게 책임 없는 사유로 생긴 것으로서, 계약내용대로의 구속력을 인정한다면 신의칙에 현저히 반하는 결과가 생기는 경우에 계약준수 원칙의 예외로서 인정되는 것이고, 여기에서 말하는 사정이라 함은 계약의 기초가 되었던 객관적인 사정으로서, 일방당사자의 주관적 또는 개인적인 사정을 의미하는 것은 아니라 할 것이다. 또한, 계약의 성립에 기초가 되지 아니한 사정이 그 후 변경되어 일방당사자가 계약 당시 의도한 계약목적을 달성할 수 없게 됨으로써 손해를 입게 되었다 하더라도 특별한 사정이 없는 한 그 계약내용의 효력을 그대로 유지하는 것이 신의칙에 반한다고 볼 수도 없다 할 것이다.

원심은 그 판시와 같은 사실을 인정한 다음, 이 사건 토지에 대한 개발제한구역 지정이 해제됨에 따라 원고가 건축 등이 가능한 토지로 알고 당시의 객관적인 시가보다 훨씬 비싼 가격에 이 사건 토지를 피고로부터 매수하였는데, 그 후 피고에 의하여 이 사건 토지가 공공공지로 지정되어 건축개발이 불가능해지고, 공공공지 개발계획에 따라 이 사건 토지가 수용될 상황이 되는 등 이 사건 매매계약 당시에 원고가 예상하지도 않았고 예상할

수도 없었던 현저한 사정변경이 생겼고, 이러한 사정변경은 원고에게 책임을 돌릴 수 없는 것으로서, 이로 인해 원고에게 이 사건 매매계약 당시에는 예상하지 못한 엄청난 손해가 발생하게 되어 이 사건 매매계약을 그대로 유지하는 것은 신의칙에 반한다고 보아 원고는 사정변경 또는 신의칙을 사유로 하여 이 사건 매매계약을 해제할 수 있다고 판단하였다.

그러나 원심의 이러한 판단은 앞서 본 법리에 비추어 수긍할 수 없다.

원심이 인정한 사실과 기록에 의하면, 이 사건 매매계약은 일반 매수예상자들을 대상으로 한 피고의 공개매각절차를 거쳐 이루어진 것으로서, 공개매각조건에는 이 사건 토지가 개발제한구역에 속해 있고, 이 사건 토지의 매각 후 행정상의 제한 등이 있을 경우 피고가 이에 대하여 책임을 지지 아니한다는 내용이 명시되어 있으며, 이 사건 매매계약에서도 피고는 이 사건 토지의 인도 후에 발생한 일체의 위험부담에 대하여 책임지지 않는다는 내용이 명시되어 있을 뿐 당시 이 사건 토지상의 건축가능 여부에 관하여 논의가 이루어졌다고 볼 만한 자료를 찾아볼 수 없다.

그렇다면 이 사건 토지상의 건축가능 여부는 원고가 이 사건 토지를 매수하게 된 주관적인 목적에 불과할 뿐 이 사건 매매계약의 성립에 있어 기초가 되었다고 보기 어렵다 할 것이므로, 이 사건 매매계약 후 이 사건 토지가 공공공지에 편입됨으로써 원고가 의도한 음식점 등의 건축이 불가능하게 되었다 하더라도 이러한 사정변경은 이 사건 매매계약을 해제할 만한 사정변경에 해당한다고 할 수 없다 할 것이고, 이러한 사정변경으로 인하여 원고가 의도한 주관적인 매수목적을 달성할 수 없게 되어 손해를 입었다 하더라도 특별한 사정이 없는 한 이 사건 매매계약의 효력을 그대로 유지하는 것이 신의칙에 반한다고 볼 수도 없다 할 것이다.

그럼에도, 원심은 위와 같이 변경된 사정이 계약해제권을 발생시키는 사정변경에 해당한다거나, 이 사건 매매계약의 효력을 그대로 유지하는 것이 신의칙에 위배된다고 보아 원고에게 이 사건 매매계약에 대한 해제권이 발생한다고 판단하였으니, 원심판결에는 사정변경이나 신의칙에 의한 계약해제에 관한 법리를 오해한 나머지 판결에 영향을 미친 위법이 있다 할 것이다.

이 점을 지적하는 피고 소송수계인의 상고이유의 주장은 이유 있다.

2. 결론

그러므로 나머지 상고이유에 대하여 더 나아가 살펴볼 필요 없이 원심판결을 파기하고, 사건을 다시 심리·판단하게 하기 위하여 원심법원에 환송하기로 하여 관여 법관의 일치된 의견으로 주문과 같이 판결한다.

3. 해제와 제3자

(2-1) 서울지방법원 1999. 1. 8 선고 98가단261582 판결

【원 고】 송재석

【피 고】 서울보증보험 주식회사

【주 문】 1. 원고의 청구를 기각한다.
2. 소송비용은 원고의 부담으로 한다.

【청구취지】

피고가 소외 최선기에 대한 서울지방법원 96카단122217호 부동산 가압류신청사건에 관하여 1996. 12. 27. 결정한 집행력 있는 가압류결정정본에 기하여 1996. 12. 30. 별지목록 기재 부동산에 대하여 서울지방법원 의정부지원 남양주등기소 접수 제94187호로 한 가압류는 이를 불허한다는 판결

【이 유】

1. 원고는 이 사건 청구원인으로 다음과 같이 주장한다.

가. 원고는 1993. 3. 16. 별지목록 기재 부동산을 소외 최○○에게 매도하고 1996. 10. 6.경 위 소외인에게 위 부동산에 대해 소유권이전등기를 경료해주었는데, 위 소외인이 잔대금지급의무 대신에 원고로부터 인수한 금융기관의 대출원리금 상환채무를 이행하지 아니하였다.

나. 이에 따라 원고는 위 매매계약을 해제하고 그 원상회복을 위하여 1997. 5. 3. 서울비장법원 북부지원으로부터 위 소외인을 상대로 위 부동산에 대한 처분금지가처분결정을 받아 그 가처분등기를 경료한 후, 여시 위 소외인을 상대로 위 매매계약 해제를 원인으로 한 위 소유권이전등기 말소청구의 소를 서울지방법원 의정부지원에 제기하여 1997. 10. 16. 원고가 승소판결을 받았으며, 위 승소판결은 그 즈음 확정되었다.

다. 그런데, 피고가 소의 최○○ 명의의 위 부동산에 대하여 가압류신청을 하여 서울지방법원이 1996. 12. 27.경 위 부동산에 대하여 가압류 결정을 하고, 위 결정은 1996. 12. 30. 서울지방법원 의정부지원 남양주등기소에서 가압류기입동기를 함으로써 집행되었다.

라. 그렇다면, 위 매매계약이 해제됨으로 인하여 위 부동산의 소유권은 소급하여 원고에게 복귀되므로, 결국 피고가 위 최선기에 대한 금전채권을 보전하기 위하여 위 부동산에 대하여 한 가압류는 채무자 아닌 제3자인 원고 소유의 부동산에 대한 것이므로 부당하여 불허되어야 한다.

2. 판단

무릇 부동산을 매도하고 소유권이전등기까지 경료해 준 자가 매매계약을 해제를 하고 이를 원인으로 한 소유권이전등기말소소송을 제기하여 승소확정판결을 받아 자기 명의로 소유권이전등기를 환원받았다 하더라도, 위 매매계약 해제 이전에 그 계약을 기초로하여 새로이 권리를 취득한 제3자에 대하여는 해제의 소급효에 대한 예의로 그 제3자의 권리를 해할 수 없다 할 것이고, 그 제3자의 범위에는 계약에 기한 급부의 목적인 부동산의 가압류채권자도 포함된다 할 것이므로 위 계약해제 이전에 매수인을 상대로 가압류결정을 받아 가압류등기를 경료한 자에 대하여는 위 계약해제의 소급효를 주장할 수 없는 것이다.

이 사건에 있어서 원고가 매매계약에 따라 부동산을 소외 최○○에게 이전등기해준 후, 원고가 위 매매계약을 해제하고 처분금지가처분등기를 하기 이전에 이미 피고가 위 부동산에 대하여 가압류를 하였으므로, 원고는 피고에 대한 관계에서는 위 매매계약 해제의 소급효를 주장할 수 없고 따라서 위 가압류 당시 위 부동산은 피고에 대한 관계에서는 위 최○○의 소유라고 할 것이다.

그렇다면, 피고에 대한 관계에서도 위 가압류결정 이전까지 소급하여 위 부동산의 소유권이 원고에게 복귀하였음을 전제로 한 원고의 이 사건 청구는 주장 자체로 이유 없어 이를 기각하기로 한다.

(2-2) 서울지방법원 1999. 6. 11. 선고 99나9584 판결

【원고, 피항소인】 송재석

【피고, 항소인】 서울보증보험 주식회사(변경 전 상호 : 대한보증보험 주식회사)

【원심판결】 서울지방법원 1999. 1. 8 선고 98가단261582 판결

【주 문】 1. 원고의 항소를 기각한다.

2. 항소비용은 원고의 부담으로 한다.

【청구취지 및 항소취지】

원심판결을 취소한다. 피고가 소외 최선기에 대한 이 법원 1996. 12. 27. 자 96카단122217호 부동산가압류결정 정본에 기하여 1996. 12. 30 원심판결 첨부 별지 목록 기재 부동산에 대하여 서울지방법원 의정부지원 남양주등기소 접수 제94187호로 한 가압류 집행을 불허한다.

【이 유】

1. 이 법원이 이 사건에 관하여 설시할 이유는, 원심판결의 1.나.항을 아래와 같이 고쳐쓰는 이외에는 모두 원심판결의 그것과 같으므로, 민사소송법 제390조에 의하여 이를 그대로 인용한다.

고쳐쓰는 부분

1. 나. 이에 따라 원고는 위 매매계약의 해제에 따른 원상회복으로서 소외 최선기에 대하여 가지는 위 부동산에 관한 권리를 피보전권리로 삼아 서울지방법원 북부지원 1997. 5. 3. 자 97카합 1243호 결정으로 위 부동산에 관한 처분금지가처분결정을 받아 1997. 5. 7. 그 가처분기입등기를 마친 다음, 다시 소외 최선기를 상대로 하여 서울지방법원 북부지원 1997. 5. 3.자 98카합9189 호로 위 매매계약의 해제를 원인으로 한 소유권이전등기청구의 소를 제기하였고, 이에 그 해제의 의사표시가 기재된 그 사건 소장 부본이 1997. 8. 21. 소외 최선기(위 소유권이전등기청구사건의 피고)에게 도달됨으로써 위 매매계약이 해제되었으며, 나아가 1997. 10. 16. '소외 최선기는 원고에게 위 부동산에 관하여 서울지방법원 의정부지원 남양주등기소 1996. 8. 6. 접수 제49826 호로 마친 소유권이전등기의 말소절차를 이행하라'는 승소판결을 받아 그 무렵 그 판결이 확정되었다.

2. 그렇다면 원심판결은 정당하므로, 원고의 항소는 이유없어 이를 기각한다.

(2-3) 대법원 2000. 1. 14. 선고 99다40937 판결

【원고, 상고인】 송재석

【피고, 피상고인】 서울보증보험 주식회사(변경 전 상호 : 대한보증보험 주식회사)

【원심판결】 서울지방법원 1999. 6. 11. 선고 99나9584 판결

【주 문】 상고를 기각한다. 상고비용은 원고의 부담으로 한다.

【이 유】

상고이유를 판단한다.

1. 제2점에 대하여

민법 제548조 제1항 단서에서 말하는 제3자란 일반적으로 해제된 계약으로부터 생긴 법률효과를 기초로 하여 별개의 새로운 권리를 취득한 자를 말하는 것인바, 해제된 계약에 의하여 채무자의 책임재산이 된 계약의 목적물을 가압류한 가압류채권자는 그 가압류에 의하여 당해 목적물에 대하여 잠정적으로 그 권리행사만을 제한하는 것이나 종국적으로는 이를 환가하여 그 대금으로 피보전채권의 만족을 얻을 수 있는 권리를 취득하는 것이므로 그 권리를 보전하기 위하여서는 위 조항 단서에서 말하는 제3자에는 위 가압류채권자도 포함된다고 보아야 할 것이다.

원심판결 이유와 원심이 인용하고 있는 제1심판결 이유에 의하면, 원심은 원고가 이 사건 매매계약을 적법하게 해제함으로써 그 계약에 의하여 소외 최선기 앞으로 소유권이전등기되었던 이 사건 부동산의 소유권이 소급하여 원고에게 복귀되었으니, 최선기에 대한 금전채권을 보전하기 위하여 이 사건 부동산에 대하여 한 피고의 가압류집행은 최선기 아닌 원고 소유의 부동산에 대하여 한 셈이 되어 결과적으로 부당하므로 불허되어야 한다는 원고의 주장에 대하여, 계약해제에 의하여 그 권리를 해할 수 없는 제3자에는 그 계약에 기한 급부의 목적인 부동산을 가압류한 가압류채권자도 포함되므로 원고는 피고에 대하여 계약해제의 소급효를 주장할 수 없고, 따라서 원고의 위 주장은 그 주장 자체로 이유 없다고 판단하여 원고의 이 사건 청구를 기각한 제1심의 조치를 그대로 유지하고 있는바, 위에서 본 법리에 비추어 살펴보면 원심의 위와 같은 판단은 수긍이 가고, 거기에 민법 제548조 제1항 단서 소정의 제3자의 범위에 관한 법리를 오해한 위법이 없다. 이 점에 관한 상고이유는 받아들일 수 없다.

2. 제1점에 대하여

계약해제의 효과를 가지고 가압류채권자에게 대항할 수 있는지의 여부에 관한 원고의 주장은 사실상의 주장이 아니라 법률상의 주장이므로 그에 관하여는 의제자백이 성립할 여지가 없다.

따라서 원심이 계약해제에 의하여 그 권리를 해할 수 없는 제3자에는 가압류채권자도 포함된다고 판단하여 그에 관한 원고의 주장을 배척한 조치는 피고가 원고의 사실상의 주장을 명백히 다투었는지의 여부와 관계없이 정당하고, 거기에 의제자백에 관한 법리를 오해한 위법이 없다. 이 점에 관한 상고이유도 받아들일 수 없다.

3. 그러므로 상고를 기각하고, 상고비용은 상고인인 원고의 부담으로 하기로 관여 법관의 의견이 일치되어 주문과 같이 판결한다.

(3-1) 서울고등법원 2011.12.8. 선고 2011나4683,2011나4690(병합) 판결

【원고, 피항소인 겸 항소인】	주식회사 세신정밀
【원고, 항소인】	원고 2
【피고, 피항소인】	주식회사 한국스탠다드차타드제일은행
【피고, 항소인 겸 피항소인】	주식회사 신한은행

【제1심판결】

서울중앙지방법원 2010. 11. 29. 선고 2008가합124238, 2010가합53780(병합) 판결

【주 문】

1. 제1심판결을 다음과 같이 변경한다.

가. 피고 주식회사 신한은행은 원고 주식회사 세신정밀에 938,937,000원 및 그 중 14,040,000원에 대하여 2008. 6. 5.부터, 20,340,000원에 대하여 2008. 7. 7.부터, 12,840,000원에 대하여 2008. 8. 5.부터, 43,350,000원에 대하여 2008. 9. 5.부터, 106,932,000원에 대하여 2008. 10. 7.부터, 87,270,000원에 대하여 2008. 11. 5.부터, 151,302,000원에 대하여 2008. 12. 5.부터, 101,850,000원에 대하여 2009. 1. 6.부터, 401,013,000원에 대하여 2009. 6. 29.부터 2011. 12. 8.까지 연 5%, 그 다음날부터 다 갚는 날까지 연 20%의 각 비율에 의한 금원을 지급하라.

나. 원고 2의 피고 주식회사 한국스탠다드차타드제일은행에 대한 청구 및 원고 주식회사 세신정밀의 피고 주식회사 신한은행에 대한 나머지 청구를 모두 기각한다.

2. 소송총비용 중 원고 주식회사 세신정밀과 피고 주식회사 신한은행 사이에 생긴 부분은 이를 10분하여 그 7은 위 원고가, 나머지는 위 피고가 각 부담하고, 원고 2와 피고 주식회사 한국스탠다드차타드제일은행 사이에 생긴 부분은 위 원고가 부담한다.

3. 제1의 가.항은 가집행할 수 있다.

【청구취지 및 항소취지】

1. 원고들의 청구취지 및 항소취지

제1심판결을 다음과 같이 변경한다. 피고 주식회사 한국스탠다드차타드제일은행은 원고 2에게 919,940,000원 및 그 중 [별지3] 제1항 기재 7회차, 9회차 내지 12회차 각 지연이자 대상 원본 금액, 제2항 기재 1회차 내지 12회차 각 지연이자 대상 원본 금액에 대하여 각 결제일 란 기재 날부터 이 사건 2011. 5. 3.자 청구취지변경신청서부본 송달일까지 연 5%, 그 다음날부터 다 갚는 날까지 연 20%의 각 비율에 의한 금원을, 피고 주식회사 신한은행은 원고 주식회사 세신정밀에 3,129,790,000원 및 그 중 [별지3] 제3항 기재 2회차 내지 12회차 각 지연이자 대상 원본 금액에 대하여 각 결제일 란 기재 날부터 위 청구취지변경신청서부본 송달일까지 연 5%, 그 다음날부터 다 갚는 날까지 연 20%의 각 비율에 의한 금원을 각 지급하라(원고들은 제1심에서 주위적으로 부당이득반환 채권에 기하여, 피고 주식회사 신한은행이 원고 주식회사 세신정밀에 75,000,000원을 지급하고 피고 주식회사 한국스탠다드차타드제일은행이 원고 2에게 150,000,000원을 지급할 것 및 피고 주식회사 신한은행은 원고 주식회사 세신정밀의 피고 주식회사 신한은행에 대한 원심판결 [별지2] 기재 통화옵션계약에 따른 채무가 존재하지 아니함을 확인할 것을 구하고, 예비적으로 손해배상 채권에 기하여, 피고 주식회사 신한은행이 원고 주식회사 세신정밀에게 75,000,000원을 지급하고 피고 주식회사 한국스탠다드차타드제일은행이 원고 2에게 150,000,000원을 지급할 것을 구하다가, 당심에서 선택적으로 부당이득반환 채권 또는 손해배상 채권에 기하여 위와 같이 청구를 변경하였다).

2. 피고 주식회사 신한은행의 항소취지

제1심판결 중 피고 주식회사 신한은행의 패소 부분을 취소하고, 위 취소 부분에 해당하는 원고 주식회사 세신정밀의 청구를 기각한다.

【이 유】

1. 기초사실

가. 제1심판결의 인용

이 부분에 관하여 이 법원이 설시할 이유는, 제1심판결 '1. 기초사실'의 라.항 마지막 부분 "2010. 5. 중순경까지 1,100원대에서 움직이다가 2010. 11. 현재 환율은 1,100원대에서 변동하고 있다."를 "2010. 5.경까지의 환율은 주로 1,100원대에서 변동하였다."로 고치고, 마.항을 아래 나.항과 같이 고치며, 인정 근거로서 갑 64호증(가지번호 포함)을 추가하는 외에는 제1심판결의 '1. 기초사실'과 같으므로, 민사소송법 제420조 본문에 의하여 이를 그대로 인용한다.

나. 이 사건 각 통화옵션계약의 녹인[4] 조건 성취

위와 같은 환율 상승으로 원고들은 이 사건 각 통화옵션계약의 녹인 조건 성취에 따른 달러화 2배 매도 의무 내지 차액결제 의무를 이행하였고, 그로 인한 최종 손익의 합계금은 [별지3] 기재와 같이 원고 2의 경우 마이너스(-) 919,940,000원(이 사건 ① 계약의 손해금 286,920,000원 + 이 사건 ② 계약의 손해금 633,020,000원), 원고 회사의 경우 마이너스(-) 3,129,790,000원이다.

2. 원고들의 청구원인(부당이득반환 또는 손해배상의 선택적 청구)

가. 이 사건 각 통화옵션계약은 그 구조적인 설계에서부터 문제가 있어 환위험의 회피에 적합하지 아니한 상품으로서, 계약 내용이 불공정 약관에 해당하고, 민법상 신의성실의 원칙에도 반하며, 민법 제104조의 불공정한 법률행위에 해당하여 무효이다. 그리고 피고들은 이 사건 각 통화옵션계약이 환 헤지에 부적합함에도 옵션의 이론가[5] 내지 수수료를 숨기고 제로 코스트(Zero Cost)를 표방하는 등 원고들을 기망하였고, 그로 인하여 원고들은 이 사건 각 통화옵션계약의 중요부분에 관하여 착오를 일으켜 이 사건 각 통화옵션계약을 체결하였으므로 원고들은 민법 제109조, 제110조에 기하여 이를 취소한다.

나. 또한 이 사건 각 통화옵션계약은 피고들의 위와 같은 기망행위, 적합성 원칙 위반 및 설명의무 위반 등의 불법행위에 의하여 체결되었다.

다. 따라서 이 사건 각 통화옵션계약의 무효 내지 취소로 인한 부당이득반환 또는 불법행위로 인한 손해배상에 기하여 이 사건 각 통화옵션계약의 체결에 따라 원고들이 지출한 최종 손해금으로서, 피고 제일은행은 원고 2에게 919,940,000원 및 그 중 [별지3] 제1항 기재 7회차, 9회차 내지 12회차 각 지연이자 대상 원본 금액, 제2항 기

---

4) 제1심판결에서는 'Knock-In'을 '넉인'으로, 'Knock-Out'을 '넉아웃'으로 표기하였으나 외래어표기법에 따른 바른 표기는 '녹인', '녹아웃'이다.

5) '옵션의 이론가'란 옵션가격산정모델을 이용하여 산출한 수치를 말한다. 원고들은 당심에서 '옵션의 이론가'란 표현이 이론상으로만 존재한다는 취지로 오해할 수 있으므로 '옵션의 평가가치 또는 공정가치'로 표현하여야 한다고 주장하나, 위와 같이 옵션가격산정모델을 이용하여 산출한 가격을 '옵션의 평가가치 내지 공정가치'로 표현하고 있는 실무례가 제시된 바도 없고 일반적으로 '옵션의 이론가'로 표현되고 있는 것으로 보이므로, 제1심판결과 마찬가지로 '이론가'라는 용어를 사용하기로 한다. 또한 콜옵션의 이론가와 풋옵션의 이론가의 차액을 '수수료'라고 할지 '마진'이라고 할지 등에 관하여 당사자들 사이에 다툼이 있으나 이 역시 제1심판결과 마찬가지로 편의상 '수수료'라고 한다.

재 1회차 내지 12회차 각 지연이자 대상 원본 금액에 대하여 각 결제일 란 기재 날부터의 지연손해금을, 피고 신한은행은 원고 회사에 3,129,790,000원 및 그 중 [별지3] 제3항 기재 2회차 내지 12회차 각 지연이자 대상 원본 금액에 대하여 각 결제일 란 기재 날부터의 지연손해금을 지급할 의무가 있다.

3. 계약의 무효, 취소로 인한 부당이득반환 청구에 관한 판단

가. 이 사건 각 통화옵션계약의 환위험 회피(hedge) 적합 여부에 대한 판단

(1) 제1심판결의 인용

이 부분에 관하여 이 법원이 설시할 이유는, 제1심판결 제18면 제12행의 '헤지 코스트 6,000,000원로'를 '헤지 코스트로 6,000,000원'으로 고치고, 제21면 제9, 10행의 '콜옵션의 이론가(대고객 가격과 같음)'의 괄호 부분을 삭제하며,[6] 수수료의 과다 여부에 관한 원고들의 주장에 대하여 아래 2)항과 같은 판단을 추가하는 외에는 제1심판결 '3. 이 사건 각 통화옵션계약의 환위험 회피(hedge) 적합 여부에 관한 판단'과 같으므로, 민사소송법 제420조 본문에 의하여 이를 그대로 인용한다.

(2) 수수료의 과다 여부에 관한 원고들의 추가 주장에 대한 판단

원고들은, 이 사건 각 통화옵션계약이 풋옵션과 콜옵션을 맞교환하는 것으로서 이러한 옵션의 교환에 초점을 두고 콜옵션과 풋옵션의 가치를 비교하면 그 마진율(수수료율)이 257% 내지 615.6%[7]에 해당하여 지나치게 과다할 뿐 아니라, 피고들은 반대거래 등에서도 이익을 얻을 수 있으므로 이러한 점을 감안하면 피고들이 더욱 과다한 수수료를 수취한 셈이 된다고 주장한다.

수수료(마진)에는 고객에 대한 신용위험 관리비용, 시장위험 관리비용[동적 헤지(dynamic hedge) 비용], 파생상품의 설계·판매·사후관리 등에 따른 업무원가, 순이윤 등이 포함되는바, 위와 같이 수수료를 구성하는 구체적인 비용 등을 개별적으로 나누어 그 자체의 과다 여부를 판단하는 것이 가능하거나 타당한지, 실제 비용 등이 과다하게 산정되고 피고들이 그와 관련하여 이익을 취득하였는지 등에 관하여 살펴본다.

먼저 신용위험 관리비용은 보험금과 유사하게 은행들이 기업의 신용위험에 대비하여 은행의 정책적 판단에 의하여 설정한 목표, 관리능력, 시장 상황 등에 따라 일정한 금액을 적립하여 두고 어떤 한 기업이 채무를 이행하지 못하여 은행에 손실이 발생하면 그 비용으로 손실을 보전하는 것으로서 어느 정도 책정되어야 공정하거나 적절하다고 볼 수 있는지 일률적으로 단정하기 어려우므로(을가 54 내지 58호증, 을가 66호증, 변론 전체의 취지), 수수료 전체의 크기 외에 신용위험 관리비용 액수만을 따로 떼어 내어 일률적으로 그 금액의 다과를 따질 것은 아니다.

시장위험 관리비용에 관하여 보면, 이 사건 각 통화옵션계약과 같은 옵션거래를 통하여 은행은 풋옵션이 행사되든 콜옵션이 행사되든 만기일에 외화를 매입하게 되는데, 외국환거래법 제11조의 위임에 따라 기획재정부장관이 제2006-26호로 고시한 외국환거래규정[8]이나 금융위원회가 제정한 은행업감독규정[9] 등에 따라 은행이 보

6) 뒤에서 보는 바와 같이 콜옵션의 이론가가 대고객 가격과 동일한 경우도 있으나 반드시 그러한 것은 아니다.

7) 마진율 = (콜옵션의 이론가 - 풋옵션의 이론가)/풋옵션의 이론가 이 사건 ① 계약의 마진율 약 257% = (52,478 - 14,700)/14,700 이 사건 ② 계약의 마진율 약 615.6% = (46,885 - 6,552)/6,552 이 사건 ③ 계약의 마진율 약 449.8% = (100,160,364 - 18,218,364)/18,218,364

8) 외국환거래규정 제2-9조(외국환포지션의 한도) ① 외국환포지션의 한도는 다음 각 호와 같다. 1. 외국환매입초과포지션은 각 외국통화별 매입초과액의 합계액 기준으로 전월말 자기자본의 100분의 50에 상당하는 금액, 다만,

유할 수 있는 외환 포지션이 제한되고, 또 은행은 보유하게 된 통화옵션에 대한 환율변동의 위험성도 제거하여야 하므로, 외환 건전성을 유지하여야 하는 은행으로서는 반대거래를 통한 헤지가 필요하고, 그 결과 향후 환율이 오른다고 하더라도 은행이 콜옵션 행사에 따른 이익을 그대로 얻을 수는 없다. 그런데 은행이 기업과 통화옵션계약을 체결할 때마다 백투백(back-to-back)[10]거래를 한다는 것은 현실적으로 어려우므로, 피고들을 비롯한 은행들은 통화파생상품 거래 전체를 포트폴리오로 묶어 관리하면서 옵션 포트폴리오의 가치에 영향을 미치는 리스크를 요소별(환율 변화에 따른 옵션의 가치, 금리, 변동성 등)로 분해하여 옵션의 만기까지 환율, 금리, 변동성의 변화에 따라 지속적으로 기초자산을 매도 또는 매수하는 방식의 동적 헤지를 하게 되고, 이 때 개별 통화옵션거래에 대하여 헤지 거래를 하는 것이 아니라 은행에 잔존하는 모든 통화옵션거래 전체 포지션에 대하여 한꺼번에 헤지 거래를 하는 방식을 취하고 있다. 그리하여 이와 같은 동적 헤지에 의할 경우 개별 통화파생상품 거래마다 별도의 헤지 비용을 구체적으로 산출하여 이를 수취한다는 것은 사실상 불가능하므로 그 금액만을 별도로 따질 수는 없고, 또한 동적 헤지를 할 경우 옵션의 만기까지 환율, 금리, 변동성의 변화에 따라 지속적으로 기초자산을 매도 또는 매수함으로써 옵션의 이론가 상당의 손익만을 확정시키게 되는 것이므로, 고객이 풋옵션을 행사하였다고 하여 은행이 손해를 보게 되는 것이 아님은 물론 은행이 콜옵션을 행사하였다고 하더라도 이를 통하여 수수료 외에 별도의 이익을 얻게 되는 것도 아니다(을가 43호증, 피고 제일은행의 2010. 6. 28.자 준비서면 첨부 소외 2 교수의 보고서 등 변론 전체의 취지). 이와 같은 반대거래는 은행간 시장에서 중개인을 통하여 호가되는 객관적인 시장가격을 적용받아 이루어진다. 그 결과 키코 통화옵션계약의 옵션 가격 산정 역시 은행이 일방적으로 자신에게 유리한 수치를 입력하여 산출할 수는 없고 기본적으로 객관적인 시장변수에 따라 이루어지게 되므로, 그 가격 산정 과정에서 어떠한 이익을 수취하기도 어렵다.

업무원가와 순이윤에 관하여 보더라도, 은행들로서는 다른 은행들과의 자유경쟁 과정에서 기타 업무원가나 순이윤을 과도하게 책정할 수 없었던 것으로 보이고(이 사건에서도 이 사건 ③ 계약의 경우 아래에서 보는 바와 같이 피고 제일은행의 추가 거래 거절 후 피고 신한은행이 먼저 원고 2에게 적극적으로 권유하여 이루어졌다), 이 사건 각 통화옵션계약에서 업무원가와 순이윤이 과도하게 책정되었음을 인정할 아무 자료도 없다.

이와 같이 수수료를 구성하는 개별 비용을 구체적으로 산정하는 것이 현실적으로 불가능하거나 적절하지 않

한국수출입은행의 경우는 외화자금 대출잔액의 100분의 150에 해당하는 금액으로 하며, 비거주자와의 차액결제 선물환거래에 따른 동 선물환매입초과포지션은 2004년 1월 14일자 동 선물환매입초과포지션의 100분의 110에 해당하는 금액(2004년 1월 14일 이후에 설립된 경우 동 선물환매입초과포지션은 (0)으로 한다)으로 한다. 2. 외국환매각초과포지션은 각 외국통화별 매각초과액의 합계액 기준으로 전월말 자기자본의 100분의 50에 상당하는 금액

9) 은행업감독규정 제63조(환율위험관리) ① 외국환업무취급기관은 외국환거래법시행령 제21조 제2호에 따라 외국환매입초과액과 매각초과액의 한도(이하 "외국환포지션 한도"라고 한다) 준수 여부를 매영업일 잔액을 기준으로 확인하여야 한다. ② 외국환업무취급기관이 외국환포지션 한도를 위반한 경우에는 위반한 날로부터 3영업일 이내에 감독원장에게 이를 보고하여야 한다. 제67조(금융기관의 내부관리) ① 외국환업무취급기관은 외국환거래법 시행령 제21조제6호에 따라 국가별 위험, 거액신용위험, 파생금융거래위험, 시장위험 등 외국환거래에 따르는 위험의 종류별로 관리기준을 자체적으로 설정·운영하여야 한다. ② 외국환업무취급기관은 제1항의 규정에 의한 관리기준을 설정·변경하거나 동 기준을 초과하여 외국환거래를 취급하고자 할 경우에는 내부위험관리기구의 결의를 거쳐야 한다. ③ 감독원장은 제1항의 규정에 의한 위험의 종류별로 예시기준을 정하여야 하며 외국환업무취급기관의 위험관리기준이 부적절하다고 판단될 경우에는 이의 시정을 요구할 수 있다.

10) 은행이 고객인 기업과 체결한 거래와 형태나 조건이 동일한 반대거래를 체결하는 헤지 방법을 말한다.

고 달리 개별 비용이 과다하다는 점에 관한 다른 자료도 없으며 그와 관련하여 피고들이 어떠한 이익을 취득하였다고 보기도 어려우므로, 결국 이 사건 각 통화옵션계약의 수수료의 과다 여부는 전체 수수료의 규모(마진율)를 유사한 목적과 내용을 가진 다른 금융거래와 비교하는 등의 방법으로 판단할 수밖에 없다. 그런데 제1심판결에서 설시한 바와 같이 키코 통화옵션계약의 본질은 환전으로서 그 마진율은 콜옵션의 총 계약금액을 기준으로 산정하는 것이 합리적이다. 즉 이 사건 각 통화옵션계약이 풋옵션과 콜옵션의 조합으로 구성되어 있다고 하더라도, 풋옵션의 이론가에는 녹인 조건의 설정 및 변경으로 인한 이익이 반영되지 않는 등 원고들이 얻는 경제적 효용이 모두 반영되지 못한다. 그리고 신용위험 관리비용은 풋옵션의 이론가가 아니라 콜옵션 계약금액에 해당하는 신용위험 노출 금액(exposure)에 부도율과 부도시 손실률을 곱하여 산출하고(제1심판결 제15면 제4행 내지 제7행), 동적 헤지 비용도 풋옵션의 이론가가 아닌 콜옵션 계약금액을 토대로 산정한다[11]. 그런데 제1심판결에서 본 바와 같이 콜옵션의 총 계약금액을 토대로 산정한 이 사건 각 통화옵션계약의 각 마진율은 0.52% 내지 0.84%로서 이자율 스와프 상품이나 펀드 환전 수수료와 같은 다른 금융거래의 마진율에 비하여 과다하다고 보기 어렵다. 따라서 수수료의 과다에 관한 원고들의 위 주장은 이유 없다.

나. 불공정 약관, 신의성실의 원칙 위반, 불공정한 법률행위로서 무효라는 주장에 대한 판단

(1) 제1심판결의 인용

이 부분에 관하여 이 법원이 설시할 이유는, 원고들의 주장에 대하여 아래 2)항과 같은 판단을 추가하는 외에는 제1심판결 제4의 가.항 내지 다.항과 같으므로, 민사소송법 제420조 본문에 의하여 이를 그대로 인용한다.

(2) 옵션의 가격에 관한 교섭이 없었음을 이유로 한 무효 주장에 대한 판단

원고들은, 이 사건 각 통화옵션계약의 체결 과정에서 환율 변동의 확률분포를 고려하여 산정한 옵션의 가격에 관한 교섭이 전혀 없었던 결과 콜옵션의 가치가 풋옵션의 가치보다 최소 2배 이상 높은 현저하게 불공정한 계약이 체결되었던바, 이는 신의성실의 원칙에 반하거나 민법 제104조의 불공정한 법률행위에 해당할 뿐 아니라, 매매계약의 본질적인 요소인 가격에 대한 합의가 없어 무효라고 주장한다.

이 사건 각 통화옵션계약을 체결하는 과정에서 환율 변동의 확률분포를 고려한 각 옵션 이론가에 관한 교섭은 없었던 것으로 보인다. 그러나 이와 같은 교섭이 없었다고 하더라도, 이 사건 각 통화옵션계약의 구조는 환율 변동의 확률적 분포를 고려하여 원고들과 피고들 쌍방의 기대이익이 대등하게 한 것이므로, 비록 환율에 대한 예상이 부적절하여 계약 체결 후 시장환율이 그 예상과 달리 변동함으로 인하여 결과적으로 쌍방의 이익에 불균형이 생겼다고 하더라도 그 때문에 계약 자체가 현저하게 불공정하게 체결되었다고 볼 수는 없다. 뿐만 아니라 앞서 본 바와 같이 이 사건 각 통화옵션계약의 수수료도 과다하다고 볼 수 없다.

또한 이 사건 각 통화옵션계약이 풋옵션과 콜옵션의 상호 매매계약에 해당한다거나, 각 옵션의 가격에 대한

---

11) 키코 통화옵션계약은 단순 선물환에 비하여 배리어 옵션(barrier option) 구조로 인하여 반대거래 등 헤지에 소요되는 비용이 크고, 고객 맞춤형 상품으로서 상품의 설계, 계약조건 교섭, 사후관리 등에 있어서의 업무원가 역시 커 위와 같은 비용들을 포함한 수수료가 더 크다. 그 결과 이 사건 각 통화옵션계약에서도 대고객 가격을 구성하는 요소들 중 수수료의 크기가 풋옵션의 이론가보다 훨씬 크게 나타나고 있다. 그런데 원고들의 주장과 같이 수수료의 크기를 단순히 풋옵션의 이론가에 대비하게 되면, 일반적으로 풋옵션의 이론가가 키코 통화옵션계약보다 더 큰 단순 선물환(단순 선물환에서도 대고객 가격의 구성 요소는 옵션의 이론가와 수수료이다)에서 위와 같이 더 많은 비용이 드는 키코 통화옵션계약에서보다 더 큰 수수료를 수취할 수 있는 불합리한 결과가 된다.

합의가 반드시 필요한 요소로서 그러한 합의가 없을 경우 계약 자체가 무효라고 볼 근거도 없다. 다만 은행업감독업무시행세칙 제65조 제6호 (마)목에서 “비정형 파생상품거래시에는 내재된 개별 거래별로 각각의 가격정보(금융기관의 거래원가가 아닌 대고객 거래가격 수준의 정보를 말한다)를 제공하여야 한다.”고 규정하고 있는바, 이에 의하더라도 은행에 대고객 거래가격 수준의 정보 제공의무가 인정될 뿐이고, 이에 의하여 개별 옵션의 가격에 대한 합의를 이 사건 각 통화옵션계약과 같은 파생상품거래의 필수적인 요소로 인정할 수는 없으므로, 원고들의 위 주장은 이유 없다.

다. 이 사건 각 통화옵션계약의 취소 주장에 대한 판단

(1) 원고들의 주장

이 사건 각 통화옵션계약의 구조상 녹아웃 조건이 성취되면 환 헤지를 할 수 없고 녹인 조건이 성취되면 새로운 위험을 부담하게 되어 원고들은 계약 체결 전보다 더 높은 위험에 노출되므로, 이 사건 각 통화옵션계약은 원고들이 계약을 체결하는 목적인 환 헤지에 적합하지 않음에도 피고들은 마치 이 사건 각 통화옵션계약이 환 헤지에 적합한 상품인 것처럼 기망하거나 원고들의 착오를 유발하였다.

이 사건 각 통화옵션계약에 따라 피고들이 취득한 콜옵션의 가치와 원고들이 취득한 풋옵션의 가치 사이에는 현저한 불균형이 있고, 피고들은 그 차액 상당의 막대한 숨은 수수료를 콜옵션의 이론가 내지 대고객 가격에 반영하여 상품을 설계함으로써 이를 수취하였다. 이러한 상품을 판매하는 피고들로서는 고객들에게 환율 변동의 확률적 분포를 반영하여 평가한 옵션의 평가가치(옵션가격결정모형에 의한 평가가치주[12])와 수수료 등을 알려 주어 고객들로 하여금 합리적인 의사결정을 할 수 있도록 하여야 함에도, 옵션의 평가가치와 수수료를 숨기고 마치 원고들이 매입한 풋옵션과 매도한 콜옵션의 가치가 동등한 것처럼 제로 코스트만 강조함으로써 원고들의 착오를 유발하였다.

따라서 원고들은 민법 제109조 또는 제110조에 따라 이 사건 소장부본의 송달로써 이 사건 각 통화옵션계약을 취소한다.

(2) 판단

(가) 환 헤지 부적합성에 관한 기망 또는 착오

이 부분에 관하여 이 법원이 설시할 이유는 제1심판결 제4의 라. 2)항과 같으므로, 민사소송법 제420조 본문에 의하여 이를 그대로 인용한다.

(나) 옵션의 이론가, 수수료, 제로 코스트 관련 기망 또는 착오

① 피고들이 옵션의 이론가 내지 수수료를 공개할 의무가 있는지

앞서 본 것처럼 은행업감독업무시행세칙 제65조 제6호 (마)목에서는 통화옵션상품을 거래하는 은행으로 하여금 대고객 가격 수준의 정보를 제공하도록 규정하고 있다. 옵션의 대고객 가격은 옵션의 이론가에 은행의 비용과 이윤 등을 가감하여 결정되므로, 은행이 고객에게 풋옵션을 매도하는 경우, "대고객 가격 = 이론가 + 비용과 이윤"이고, 은행이 고객으로부터 콜옵션을 매수하는 경우, "대고객 가격 = 이론가 - 비용과 이윤"이 된다. 통상적으로 풋옵션 이론가에 비용과 이윤 등의 수수료 중 일부를 가산하여 풋옵션의 대고객 가격을 정하고, 콜옵션 이론가에서 나머지 수수료를 차감하여 콜옵션의 대고객 가격을 정함으로써 양 옵션의 대고객 가격을 동일하게

---

12) 앞서 본 바와 같이 이는 ‘옵션의 이론가’를 의미한다.

맞추나, 이와 달리 수수료 전부를 풋옵션 이론가에만 가산하여 풋옵션의 대고객 가격을 정하고 콜옵션 이론가는 차감하지 않고 그대로 콜옵션의 대고객 가격으로 정하는 것도 가능한데, 어떤 방식에 따르더라도 고객 입장에서는 개별 풋옵션의 대고객 가격의 합계액과 개별 콜옵션의 대고객 가격의 합계액이 동일하여 계약체결시 별도의 프리미엄을 지급하지 않는다는 점은 같다. 즉 은행은 각 만기별 풋옵션의 대고객 가격 총액과 각 만기별 콜옵션의 대고객 가격 총액이 같도록 설계하는 과정에서 수수료를 풋옵션의 이론가에 가산하는 방식을 택할 수도 있고 콜옵션의 이론가에서 차감하는 방식을 택할 수도 있는 것이다(을가 54 내지 58호증, 변론 전체의 취지).

이 사건 각 통화옵션계약도 피고들이 취득한 콜옵션의 이론가가 원고들이 취득한 풋옵션의 이론가보다 높게 설계되어 있는데, 피고들은 그 차액 상당을 수수료로서 풋옵션의 대고객 가격 등에 반영하여 수취하였고, 갑 1, 2, 5, 34호증, 을가 53, 65호증, 을나 12호증(가지번호 포함)의 각 기재, 제1심 증인 소외 1(대법원판결의 소외인)의 증언, 원고 2 본인신문결과 및 변론 전체의 취지를 종합하면, 피고들은 이 사건 각 통화옵션계약 체결 당시 원고들에게 위와 같은 수수료 부과의 구조 및 수수료 부과 사실을 명시적으로 설명하지 않았으며, 별도의 프리미엄의 지급이 필요 없다는 취지로 설명하면서 이 사건 각 통화옵션계약의 체결을 권유한 사실이 인정된다.

그런데 만약 은행이 옵션의 이론가를 고객에게 제공하게 되면 자연히 콜옵션 이론가와 풋옵션 이론가의 차액 상당인 수수료의 규모가 공개될 수밖에 없다. 하지만 은행업감독업무시행세칙 제65조 제6호 (마)목의 규정을 보면 금융기관은 '거래원가가 아닌 대고객 거래가격 수준의 정보'를 제공하도록 규정하고 있고, 여기서의 '거래원가'가 옵션의 이론가를 뜻하는지 아니면 파생상품 판매에 소요되는 비용이나 이윤, 즉 수수료를 의미하는지는 분명하지 아니하나 원가를 공개할 의무가 없다고 하는 위 규정의 취지는 적어도 은행이 파생상품을 판매하면서 수취하는 수수료의 규모를 공개할 필요는 없다는 뜻으로 이해할 수 있다. 왜냐하면 수수료의 내용을 차지하는 신용위험 관리비용, 동적 헤지 비용, 순이윤 등에 관한 정보는 은행이 통화옵션상품을 조달하기 위한 거래원가에 관한 정보로서 은행 입장에서는 영업비밀로 보호되어야 할 측면도 있다고 할 것인데, 만약 옵션의 이론가와 수수료를 합한 전체 가격만 고객에게 제공하는 것이 아니라 옵션의 이론가를 제공하여 수수료의 규모를 쉽게 짐작할 수 있게 하거나 직접적으로 수수료 규모를 밝히게끔 하는 것은 은행에 원가를 공개하라고 요구하는 것과 같은 의미이기 때문이다.

한편 원고들은 은행업감독업무시행세칙 제65조 제6호[13])다)목에서 파생상품거래의 경우 고지하도록 되어 있는 '거래에 내재된 리스크'에 옵션의 이론가나 수수료가 포함되어 있다거나, 2009. 2.부터 시행된 자본시장과 금융투자업에 관한 법률(이하 자본시장법이라 한다) 제47조 제1항, 제58조 제1항 및 시행령 제53조 제1항 제2호[14])

13) 은행업감독업무시행세칙 제65조 제6호 (다)목 거래 상대방이 거래의 구조 및 리스크를 평가할 수 있도록 거래에 내재된 리스크 및 잠재적 손실에 영향을 미치는 중요한 요인 등 거래상의 중요 정보를 거래 상대방에게 적합한 방법으로 고지하여야 하고, 비정형 파생상품거래의 경우에는 동 거래에 내재되어 있는 개별 거래별로 관련 리스크를 분리하여 고지하여야 하며, 계약기간·유동성 등에 비추어 거래의 손익 변동성이 큰 비정형 파생상품거래인 경우 거래 상대방에 대한 손실위험 설명시 금융변수의 변동에 따른 단순한 현금흐름 변동 이외에 평가손익의 변동과 관련된 내용을 설명하여야 한다.

14) 자본시장법 제47조(설명의무) ① 금융투자업자는 일반투자자를 상대로 투자권유를 하는 경우에는 금융투자상품의 내용, 투자에 따르는 위험, 그 밖에 대통령령으로 정하는 사항을 일반투자자가 이해할 수 있도록 설명하여야 한다. 제58조(수수료) ① 금융투자업자는 투자자로부터 받는 수수료의 부과기준 및 절차에 관한 사항을 정하고, 인터넷 홈페이지 등을 이용하여 공시하여야 한다. 자본시장법 시행령 제53조(설명의무) ① 법 제47조 제1항에서 "대통령령으로 정하는 사항"이라 함은 다음 각 호의 사항을 말한다. 2. 법 제58조 제1항에 따른 수수료에 관한 사항

에서 수수료 고지를 의무화하고 있다는 취지로도 주장하나, 위 '거래에 내재된 리스크'는 그 문언으로 보더라도 옵션의 이론가나 수수료가 포함된다고 보기는 어렵고, 위 자본시장법과 시행령의 규정은 이 사건 각 통화옵션계약의 체결 후에 비로소 시행되었을 뿐 아니라 위 규정들에서 말하는 '수수료'는 은행 등 금융기관이 알선자 내지 중개자로서 제공한 용역에 대한 대가를 의미하는 것으로 해석된다.

따라서 장외파생상품의 계약당사자로서 고객으로부터 일정한 수수료를 수취하는 금융상품을 설계·판매하는 피고들에게 대고객 가격 수준의 정보 외에 옵션의 이론가나 수수료를 공개할 의무가 있다고 볼 수는 없다.

② 제로 코스트 관련 기망 내지 착오

은행이 영리 추구 기업인 이상 통화옵션계약을 구성하는 옵션의 대고객 가격에 각종 비용 및 영업이익 등이 반영되어 있음은 당연하고, 금융거래관행, 신용위험 관리, 외국환거래규정에 따른 반대거래의 필요성 등에 비추어 이러한 업무방식이 부당하다고 보기는 어려운 점, 이 사건 각 통화옵션계약의 수수료를 옵션의 대고객 가격에 반영한 것은 기업이 풋옵션만을 구매하려면 거액의 프리미엄을 지급해야 하기 때문에 풋옵션만의 거래는 거의 활성화되지 않았고 그에 따라 풋옵션 프리미엄을 지출하지 않으면서도 환 헤지를 하고자 하는 수출기업의 수요에 부응하기 위한 측면이 있는 점, 은행업감독업무시행세칙 제65조 제6호 (마)목에서 "비정형 파생상품거래 시에는 내재된 개별 거래별로 각각의 가격정보(금융기관의 거래원가가 아닌 대고객 거래가격 수준의 정보를 말한다)를 제공하여야 한다."고 규정한 것은 옵션의 이론가와 대고객 가격을 구별하고 있음을 전제로 한다고 이해되는 점, 다른 키코 통화옵션상품 관련 소송인 서울중앙지방법원 2008가합120120 부당이득반환등 사건에서 기업 측 전문가증인으로 출석하여 증언한 소외 3 교수도 '제로 코스트 구조라는 것은 은행의 비용 및 순마진을 옵션 프리미엄에 포함시켜 받는 방법을 말하는 것'이라고 증언하였던 점(을가 47호증) 등을 종합하여 보면, 장외파생상품시장에서 제로 코스트라고 함은 은행이 소요될 비용과 수취할 이익 등과 같은 수수료를 반영하여 콜옵션과 풋옵션의 각 대고객 가격을 동일하게 설계함으로써 고객이 별도로 프리미엄이나 비용 등을 지급할 필요가 없다는 의미로 이해된다.

이와 달리 콜옵션과 풋옵션의 각 이론가가 동일한 것이 제로 코스트라고 하게 되면 은행은 아무 마진도 얻지 못하고 필요한 각종 비용도 충당하지 못하는 불합리한 결과에 이르게 되며, 앞서 본대로 피고들이 영리를 추구하는 기업인 이상 이 사건 각 통화옵션상품의 판매를 통해 일정한 이익을 얻는 것은 당연하고 누구든지 이를 충분히 예상할 수 있을 것이고, 원고들 역시 이 사건 각 통화옵션계약을 체결하면서 피고들이 아무런 비용이나 이윤을 부과하지 않았을 것으로 인식하였을 것이라고 보기 어려우므로, 피고들이 이 사건 각 통화옵션계약이 제로 코스트라고 하면서 별도의 수수료를 지급할 필요가 없다고 하였다거나 이 사건 각 통화옵션계약의 구조에 피고들의 이윤이 포함되어 있다는 점을 원고들에게 명시적으로 밝히지 않았다고 하더라도, 그것이 원고들에 대한 기망행위에 해당한다거나 이로 인하여 원고들이 이 사건 각 통화옵션계약의 체결에 따른 비용을 전혀 부담하지 않는다는 착오를 일으켰다고 볼 수 없다.

③ 대고객 가격 조작에 의한 기망이 있었다고 볼 수 있는지

갑 5호증의 2, 을가 67호증, 을나 16호증의 1, 2의 각 기재에 변론 전체의 취지를 종합하면, 과거에는 제로 코스트 상품인 선물환이나 타깃 포워드(Target Forward) 또는 키코 통화옵션상품에 대해 풋옵션 및 콜옵션의 각 대고객 가격을 별도로 표시하지 않고 제로 코스트라고만 표시하였던 사실, 2005년 말경 위와 같이 고객에게 '개별 거래별로 각각의 가격 정보'를 제공하도록 하는 내용으로 은행업감독업무시행세칙이 개정되었으나 위 시행세칙

규정의 해석에 관하여 은행별로 입장이 달라 일부 은행들은 개별 옵션별 대고객 가격을 표시하라는 것으로 보고 계약 체결 이후 고객에게 교부하는 계약 확인 서류에 이를 표시해 주고 있는 반면 다른 은행들은 키코 통화옵션 상품이 풋옵션과 콜옵션이 혼합되어 있는 하나의 거래로서의 제로 코스트 상품이라는 이유로 대고객 가격을 제로(0)라고만 표시하면 되는 것으로 해석하여 개별 옵션별 확인 서류를 따로 교부하지 않고 있으며 해외 은행들도 콜옵션과 풋옵션의 각 대고객 가격을 따로 표시하지 않고 제로 코스트라고만 표시하고 있는 사실, 이 사건 각 통화옵션계약은 환율이 수시로 변동하는 특성으로 인해 그 체결 시점이 중요하고, 대고객 가격은 행사환율과 녹인·녹아웃 환율 등 구체적인 계약조건이 확정된 이후에야 계산될 수 있는 것이어서 계약 당시에는 별도의 프리미엄을 지급하지 않는다는 제로 코스트 상품이라는 설명 외에 옵션별로 구체적인 대고객 가격을 알려주기 어려운 사실 및 피고 신한은행은 이 사건 ③ 계약 체결 후 원고 2에게 교부한 통화옵션거래 확인서에 개별 옵션별 대고객 가격을 표시하였던 사실을 각 인정할 수 있다.

옵션의 대고객 가격은 옵션의 이론가에 은행의 비용과 이윤 등을 가감하여 앞서 본 방법으로 결정되는바, 피고들이 이처럼 원고들과의 협의 없이 옵션의 이론가에 수수료(비용과 이윤)를 가감하여 대고객 가격을 산정하면서 그 수수료를 풋옵션의 이론가와 콜옵션의 이론가 모두에 가감하거나 풋옵션의 이론가에만 가산하는 등으로 풋옵션과 콜옵션의 대고객 가격을 동일하게 맞추고 나아가 이를 위와 같은 확인서 형태로 제공한 것이 대고객 가격의 조작 등에 의한 기망이 될 수 있는지 여부가 문제된다.

그러나 이 사건 각 통화옵션계약 체결 당시에는 위와 같이 각 옵션별 대고객 가격이 구체적으로 산정되기 전으로서 이 사건 각 통화옵션계약을 체결한 원고 2는 대고객 가격에 대하여는 아무 관심도 두지 않고 별도로 지급해야 할 프리미엄이 없다는 전제 하에 행사환율, 녹인 환율, 녹아웃 환율, 계약금액 등의 개별 거래 조건들에 관한 교섭을 통하여 계약을 체결하였으므로, 우선 이 점에서 대고객 가격의 조작으로 인한 기망은 이를 인정하기 어렵다. 또한 앞서 본 바와 같이 피고들에게 이 사건 각 통화옵션계약의 옵션 이론가나 수수료가 얼마인지를 밝힐 의무가 없고, 개별 옵션별로 옵션의 이론가에 어떠한 방식으로 수수료를 배분하여 대고객 가격을 결정할지에 관하여 달리 정해진 규정도 없는바, 실제로 피고들이 산정한 수수료가 앞서 본 바와 같이 과다하다고 볼 수도 없으므로(또한 옵션의 이론가는 옵션가격결정모형에 의하여 산정되는 것으로서 그 산정의 기초가 되는 수치들은 앞서 본 바와 같이 객관적인 시장변수에 의하여 결정된다), 이와 같이 대고객 가격을 구성하는 요소들을 알려주어야 할 의무나 위 요소들을 어떤 식으로 조합하여 대고객 가격을 결정하여야 하는지에 관한 규정이 없는 상태에서 이들 구성요소들 자체를 과다하지 않은 액수로 산정하거나 객관적인 수치를 대입하여 산출한 다음 이를 적절한 방법으로 조합하여 대고객 가격을 결정한 것을 고객에 대한 기망행위로 볼 수는 없다고 할 것이다.

④ 옵션의 이론가 내지 수수료에 관한 부분이 계약의 중요부분인지

이 사건 각 통화옵션계약에서 콜옵션과 풋옵션의 각 이론가와 수수료가 중요한 계약 내용인지에 관하여 보건대, 앞서 본 대로 이 사건 각 통화옵션계약 체결 당시에는 환율의 안정적인 하락 전망이 지배적이었고, 그에 따라 스와프 포인트도 마이너스(-)였으며, 아래에서 보는 바와 같이 원고 2는 2006년경 피고 제일은행과 3건의 키코 통화옵션계약을 체결하여 모두 이익을 보고 이 사건 각 통화옵션계약의 체결에 있어서도 환율 하락을 예측하였던 것으로 보이는 점, 키코 통화옵션상품은 별도의 프리미엄을 지급할 필요 없이 단순선물환계약에 비해 행사환율을 높일 수 있는 장점을 갖고 있었고, 시중 은행들은 이러한 내용을 바탕으로 키코 통화옵션상품을 적극적으로 홍보하였던 점, 원고 2는 피고들을 비롯한 은행들이 제시하는 행사환율 및 녹인·녹아웃 환율 등의 조건을

비교하고 그에 관한 교섭을 통하여 유리한 조건의 계약을 체결하는 데에 주된 관심이 있었고 이 사건 소 제기 전까지 옵션의 이론가나 수수료의 규모 등에 관하여는 어떠한 관심을 표명하거나 이의를 제기한 바도 없었던 점(위와 같이 피고 신한은행은 계약 체결 후 개별 옵션별 대고객 가격을 기재한 통화옵션거래 확인서를 교부하였으나 원고 측은 이에 대하여 아무런 견해도 표명한 바 없다), 그 밖에 수수료 없는 구조로 키코 통화옵션상품을 설계하여 판매한 은행이 있다는 아무 증거도 없는 점 등을 종합하여 보면, 설령 피고들이 옵션의 이론가나 수수료 부과 여부, 수수료 규모 등에 관한 정보를 제공하였다고 하더라도 이러한 정보가 원고들의 키코 통화옵션상품 구매에 영향을 주었을 가능성은 거의 없이 여전히 원고들은 여러 은행에서 제시하는 행사환율과 같은 계약조건의 유·불리를 비교하여 거래하였을 것으로 보인다.

그러므로 이러한 측면에서 옵션 이론가나 수수료 규모 등에 관한 사항이 이 사건 각 통화옵션계약의 중요한 부분이라고 보기도 어렵다.

(다) 소결

따라서 피고들이 환 헤지의 부적합성, 옵션의 이론가, 수수료 및 제로 코스트 등과 관련하여 원고들을 기망하였거나 원고들이 착오를 일으켰다는 원고들의 주장도 이유 없다.

4. 불법행위로 인한 손해배상 청구에 관한 판단

가. 피고들의 기망행위로 인한 손해배상 청구에 대한 판단

원고들은 위 취소 주장에서와 마찬가지로, ① 피고들이 이 사건 각 통화옵션계약이 환 헤지에 적합한 계약인 것처럼 기망하고, ② 피고들이 옵션의 평가가치와 수수료를 숨기고 마치 원고들이 매입한 풋옵션과 매도한 콜옵션의 가치가 동등한 것처럼 제로 코스트만 강조함으로써 원고들을 기망하여 이 사건 각 통화옵션계약을 체결하였다고 주장하면서 그로 인한 손해로서 청구취지 기재 금원의 배상을 구한다.

그러나 앞서 본 바와 같이 이 사건 각 통화옵션계약의 체결에 있어서 피고들에게 환 헤지 부적합성에 관한 기망, 옵션의 이론가, 수수료, 제로 코스트 관련 기망이 있었다고 볼 수 없으므로, 취소 사유로서 뿐 아니라 불법행위로서의 기망행위를 인정하기도 어렵다. 그러므로 원고들의 이 부분 손해배상 청구는 나머지 점에 관하여 더 나아가 살펴볼 필요 없이 이유 없다.

나. 적합성 원칙 위반, 설명의무 위반으로 인한 손해배상 청구에 대한 판단

(1) 원고들의 주장

이 사건 각 통화옵션계약은 환율이 급등하는 경우 원고들에게 무제한의 현실적 손해가 발생할 수 있는 위험이 내포되어 있고, 상품 자체의 이익구조가 원고들에게 일방적으로 불리하게 되어 있으며, 기간이 장기로 되어 있는 등 그 체결로써 원고들은 계약 체결 전보다 더 높은 위험에 노출되어 원고들의 환위험 회피 목적에 적합하지 않은 통화옵션상품이므로, 이러한 상품을 원고들에게 권유, 판매한 피고들의 행위는 적합성 원칙에 위반되는 불법행위에 해당한다.

또한 피고들은 원고들과 이 사건 각 통화옵션계약을 체결하면서 거래계약서에 영문으로 된 금융전문 용어를 사용하고, 위 상품에 내포되어 있는 위험성이나 구조에 관하여 형식적으로만 설명하였을 뿐 명확하고 충분한 설명을 하지 아니하였을 뿐만 아니라, 옵션의 이론가와 수수료를 숨긴 채 막대한 수수료를 콜옵션의 이론가 내지 대고객 가격에 반영시킴으로써 환율 상승에 따라 원고들에게 더욱 불리한 상품구조가 된다는 점을 은폐하고,

단정적인 환율 하락만을 전망하는 등 설명의무를 위반한 불법행위를 저질렀다.

따라서 피고들은 원고들에게 피고들의 적합성 원칙 및 설명의무 위반의 불법행위로 인하여 원고들이 입은 손해로서 청구취지 기재 금원을 배상할 의무가 있다.

(2) 판단의 기준

이 사건 각 통화옵션계약과 같은 장외파생상품은 외환시장의 거래원리, 환율 변동의 전망, 옵션 가치의 평가 등 다양한 정보와 전문지식을 활용한 고도의 첨단 금융공학에 의하여 개발된 새로운 형태의 계약으로서, 환위험 관리뿐만 아니라 투자 내지 투기를 위한 금융상품으로도 이용될 수 있어 예측과 다른 상황이 발생하였을 경우 그로 인한 손실이 무제한 확대될 위험성이 있는바, 금융 비전문가인 기업으로서는 이와 같은 복잡한 계약의 내용, 구조, 위험 등을 정확히 파악하기가 쉽지 않을 수 있으므로, 자기의 책임하에 합리적인 판단과 의사 결정을 하기 위해서는 전문가로서 금융상품을 판매하는 금융기관으로부터 적절한 거래 정보를 받을 필요가 있다. 따라서 금융기관은 이와 같은 통화옵션상품을 판매할 때 신의칙상 고객의 거래 목적, 거래 경험, 재무상황 등의 여러 가지 사정을 고려하여 과대한 위험성을 수반하는 거래를 적극적으로 권유하지 않아야 할 의무가 있고, 고객이 통화옵션상품에 수반하는 위험성을 제대로 인식하지 못한 채 자신에게 적합하지 않은 거래조건을 요구하는 것으로 보이는 경우 그 위험을 명확히 고지할 의무도 있다고 봄이 상당하다(적합성 원칙).

또한 금융기관이 일반 고객과 장외파생상품 등의 거래를 할 때에는 상대방이 그 거래의 구조와 위험성을 제대로 평가할 수 있도록 상품의 특성과 주요 내용 및 거래에 수반하는 위험을 명확히 설명함으로써 고객을 보호하여야 할 의무가 있다(설명의무).

종래 판례를 통해 인정되어 왔던 적합성 원칙과 설명의무는 자본시장법에도 도입되었다. 자본시장법 제46조에 의하면 금융투자업자는 투자자가 일반투자자인지 전문투자자인지 여부를 확인하여야 하고, 일반투자자에게 투자 권유를 하기 전에 각종 정보를 파악한 후 투자목적·재산상황 및 투자경험 등에 비추어 그 투자자에게 부적합하다고 인정되는 투자 권유를 하여서는 안 된다. 또한 자본시장법 제47조는 금융투자업자로 하여금 일반투자자를 상대로 투자권유를 하는 경우 금융투자상품의 내용, 투자에 따르는 위험 등을 일반투자자가 이해할 수 있도록 설명하도록 하고, 제48조는 만약 투자자의 합리적인 투자판단 또는 해당 금융투자상품의 가치에 중대한 영향을 미칠 수 있는 중요사항을 거짓 또는 왜곡하여 설명하거나 누락한 경우에는 손해를 배상하도록 규정하고 있다. 이와 같은 자본시장법의 규정들은 비록 이 사건 각 통화옵션계약 체결 이후에 제정되었다고 하더라도 기본적으로는 종전부터 인정되던 법리를 확인한 내용 등으로서, 자본시장법 시행 전에 시행되었던 금융 규제 법령이나 일반적으로 받아들여지고 있었던 거래관행·실무 등에 배치되거나 과도한 규제를 부과하는 경우 등이 아닌 한 원칙적으로 그 시행 전의 금융거래에 적용되는 적합성 원칙과 설명의무의 내용을 해석하는 기준으로도 삼을 수 있다고 할 것이다.

(3) 인정사실

이 부분에 관하여 이 법원이 설시할 이유는 제1심판결 제5의 나. 2), 나)항과 같으므로, 민사소송법 제420조 본문에 의하여 이를 그대로 인용한다.

(4) 피고 제일은행의 적합성 원칙 및 설명의무 위반 여부

(가) 피고 제일은행이 적합성 원칙을 위반하였는지에 관하여 보건대, 피고 제일은행이 체결한 이 사건 ①, ② 계약은 모두 2배의 레버리지 구조로 되어 있어 콜옵션의 녹인 조건이 성취되면 원고 2가 상당한 손실을 볼 가능

성이 있고, 환율 변동의 방향과 범위는 전문가조차 예측하기 어려운데 위 각 계약은 계약기간이 1년의 장기로 되어 있어 향후 발생할 구체적 권리·의무의 내용을 쉽게 예측하기 어려울 뿐만 아니라, 제로 코스트 구조로 인하여 원고 2가 현실적으로 은행에 지급하여야 하는 옵션 취득의 대가가 없으므로 원고 2로서는 계약 체결에 따른 위험성을 진지하게 고려하지 못하고 과소평가하여 콜옵션 조건 성취의 가능성을 가벼이 여기고 행사환율을 높이고 녹아웃 환율을 낮추는 데에만 주목할 가능성이 크다. 앞서 본 것처럼 실제로 원고 2는 환율이 안정적으로 하락세를 유지할 것이라는 전망을 갖고서 주로 행사환율을 높이는 데에 관심을 두었고, 피고 제일은행도 원고 2에게 환율 급등의 가능성에 대해서는 알려주지 않은 채 주로 별도의 프리미엄의 지급이 필요 없다는 취지로 설명하면서 이 사건 각 통화옵션계약의 체결을 권유하였던 것으로 보인다.

그러나 이 사건 ①, ② 계약 체결 당시에 일반적으로 예상되던 환율 변동의 방향이나 정도를 감안하면, 위 각 계약은 환율 하락에 따른 환위험 회피 목적을 달성하기 위해 환율의 급등이라는, 위 각 계약 체결 당시로서는 상대적으로 낮은 가능성으로 인한 위험을 인수하는 한편 행사환율을 높이는 구조로 설계된 것으로 계약기간이나 구조, 조건들이 불합리한 것이라고 보기 어렵다. 이처럼 이 사건 ①, ② 계약은 만기환율이 녹아웃 환율 이상의 일정 범위에서의 환위험만을 회피하는 대신 통화선도거래보다 상당히 유리한 행사환율로 달러를 매도할 수 있고, 반면 환율이 녹인 환율 이상으로 상승하고 만기환율이 행사환율보다 높을 경우 풋옵션 계약금액의 2배를 행사환율로 매도하게 됨으로써 환차익을 얻지 못하게 되는 구조인데, 원고는 피고 제일은행으로부터 키코 통화옵션상품의 구조에 대하여 충분한 설명을 듣고 이를 이해하고 있는 상태에서 스스로의 결정에 따라 위 각 계약을 체결하였다. 그리고 피고 제일은행이 원고 2에게 교부한 거래제안서에도 '부분적인 헤지 전략'이라는 점을 기재하고 있을 뿐만 아니라, 원고 2는 이 사건 ①, ② 계약 체결 이전에 세 차례에 걸쳐 키코 통화옵션계약을 체결하여 이익을 본 경험이 있어 그 키코 통화옵션계약이 만료되자 이 사건 ①, ② 계약을 적극적으로 체결하고자 하였으며, 그 계약기간 및 계약금액, 계약 체결 시점 등을 스스로 정하였다. 또한 원고 2는 수출대금에 대한 환위험을 관리하여야 할 상황에서 행사환율이 높은 이 사건 ①, ② 계약을 체결할 필요성이 있었고, 그 계약기간 역시 원고 2의 수출거래 현황에 비추어 불합리한 것으로 보이지는 않는다.

결국 이 사건 ①, ② 계약은 기본적으로 환 헤지를 목적으로 하는 상품으로서 기업이 은행으로부터 콜옵션을 행사받아 2배 매도의무를 이행하더라도 콜옵션 계약금액을 기준으로 현물을 보유하고 있으면 현물 구입을 위하여 현실적으로 금원을 추가 지출하게 되는 손해가 발생하지 아니하지만 기업이 현물을 보유하고 있지 않다면 환율의 변동에 따라 현실적으로 금원을 추가 지출하게 되는 손해가 발생하게 되므로 기업의 거래 목적, 당시 환율 전망 및 환율 변동 상황, 위험선호의 정도, 재산상황 등에 비추어 계약금액이 적정한지 여부가 중요하다고 할 것이다.

그런데 이 사건 ① 계약은 그 콜옵션 계약금액이 원고 2의 수출거래금액에 대하여 오버헤지가 되지 않았음이 분명하다. 이 사건 ② 계약의 경우 그 계약 체결 당시 원고 2는 피고 제일은행에 2008년도 예상 수출액을 10,000,000달러라고 고지하였고 2008년도의 실제 수출액도 9,350,286달러로 확인되었던바, 이 사건 ② 계약의 콜옵션 계약금액은 월 40만 달러이지만 2007. 11.부터 2008. 8.까지 10개월 정도 이 사건 ① 계약과 겹치는 기간 동안의 이 사건 ①, ② 계약의 콜옵션 계약금액 합계는 월 1,000,000달러(연 12,000,000달러)에 이르러 수입액을 고려하지 않은 총 수출액을 기준으로 하더라도 일부 오버헤지 상태가 되는 것으로 보인다. 그러나 원고 2는 이 사건 ①, ② 계약 전 피고 제일은행과 체결한 3건의 통화옵션계약을 체결하면서 2006년도 수출실적 예상액을

13,000,000달러로 기재한 사업현황서를 제출하였던 점, 이 사건 ①, ② 계약은 콜옵션 계약금액의 합계액을 기존의 위 3건의 통화옵션계약과 같은 액수로 하여 각 그 만료 시점에 이를 대체하여 연이어 체결된 것이었으며, 원고 2는 위 3건의 통화옵션계약에서 이익을 보고 이 사건 ①, ② 계약의 체결을 적극적으로 추진하였던 점, 원고 2는 제1심 당사자본인신문에서 "매출이 급성장하고 있는 상태로서 2008년 초 피고 제일은행과의 통화옵션계약의 결재를 하기에 충분한 달러 유입액이 있었다."고 진술하였으며, 이에 이 사건 소 제기 후에도 이 사건 ①, ② 계약의 경우에는 적정한 금액으로 계약이 체결되었다고 인정해온 점, 실제 원고 2는 피고 신한은행과 이 사건 ③ 계약을 체결한 후 향후 상당한 매출증가가 지속될 것으로 예상하는 내용으로 기재된 사업추진계획서와 2008년도 수출실적 목표액이 12,500,500달러라고 기재된 수출실적목표 등(을나 13, 14호증)을 교부한 점 및 과거의 수출실적 및 영업전망에 비추어 향후 유입될 것이라고 예상되는 외화에 대하여는 환 헤지가 가능하고 반드시 수출계약이 체결되어 있는 경우에 한하여만 환 헤지 목적의 계약을 체결해야 하는 것은 아닌 점 등을 종합하여 보면, 이 사건 ② 계약 역시 그 계약금액이 부적정한 것으로 볼 수는 없고, 따라서 피고 제일은행이 적합성 원칙을 위반하였다고 보기는 어렵다.

(나) 다음으로 피고 제일은행이 설명의무를 위반하였는지에 관하여 보건대, 앞서 본 것처럼 피고 제일은행은 환율이 급등할 가능성은 거의 고려하지 않고 주로 환율의 하락 전망이나 안정적인 변동의 가능성에 기초하여 원고 2에게 환율 상승이 있을 경우의 위험이나 손실의 정도에 대해 특별히 강조하지 않았으며, 이 사건 ①, ② 계약에 관하여 제로 코스트라고만 하였을 뿐 옵션의 가격과 수수료에 관하여는 상세히 설명하지 아니하였던 것으로 보인다.

그러나 원고 2는 이 사건 각 통화옵션계약 체결 전 피고 제일은행과 사이에 3건의 통화옵션계약을 체결하고 그 각 계약에서 모두 이익을 보았고 그 과정에서 키코 통화옵션계약의 기본적인 구조를 숙지하였을 것으로 보이는 점, 이 사건 ① 계약 체결 당시 피고 제일은행의 담당자가 원고 2에게 보낸 거래제안서(을가 11호증)에 '관찰기간 동안 한번이라도 녹인 환율을 넘으면 거래금액의 2배를 행사환율에 매도하여야 한다.'는 등의 만기시 결제 시나리오와 '월별 거래금액이 고객이 수취하게 될 달러화 금액을 초과하지 않도록 주의하여야 한다.'는 등의 내용이 밑줄 및 굵은 글자 등으로 강조된 부분을 포함하여 기재되어 있었던 점, 원고 2는 계약 체결 당시 피고 제일은행의 담당자로부터 행사환율, 녹인 환율, 녹아웃 환율 등 조건에 따른 상품의 구조 및 내용을 설명받고 이에 대한 이해를 바탕으로 자신의 판단에 따라 행사환율 등의 계약 조건에 관한 협의 끝에 계약을 체결하였던 점, 한편 앞서 본 바와 같이 은행이 옵션의 이론가와 수수료의 규모를 공개해야 할 의무를 부담한다고 할 수 없고, 원고 2로서는 은행이 영리를 추구하는 기업으로서 이와 같은 통화옵션상품의 판매를 통해 일정한 이익을 얻는 것이라고 충분히 예상할 수 있었다고 보아야 할 것인 점 등을 종합하여 보면, 피고 제일은행이 설명의무를 위반하였다고 보기도 어렵다.

(5) 피고 신한은행의 적합성 원칙 및 설명의무 위반 여부

(가) 손해배상책임의 발생

피고 신한은행은 이 사건 ③ 계약을 체결하면서 원고 2에게 위 계약이 가지는 위험성, 즉 환율이 녹아웃 환율보다 낮으면 거래가 소멸되고, 관찰기간 중 환율이 녹인 환율 이상에서 한 번이라도 거래가 되고 만기환율이 행사환율보다 높은 경우 2배 매도의무를 부담하게 된다는 점에 대해서 설명하였고, 위 원고로서는 계약의 기본구조 및 내용을 이해한 상태에서 이 사건 ③ 계약을 체결하였다고 할 것이다. 또한 원고 2는 이 사건 ①, ② 각 계약에서 녹인이 발생하여 2배 매도의무를 이행하던 중 이 사건 ③ 계약을 체결하였으므로 그 기본적인 위험성에 대해서 인식하고 있었다.

그러나 피고 신한은행의 소외 1 지점장은 원고 2가 피고 제일은행과 수출대금 전부에 대해서 키코 통화옵션계약을 체결한 후 환율이 상승하여 손실이 발생하고 있다는 사실을 알고, 종전에 체결한 키코 통화옵션계약의 계약 기간 중에 그 손실을 보전하기 위해 추가로 키코 통화옵션계약을 체결하자는 권유를 하였다. 즉 피고 제일은행은 이 사건 ①, ② 계약 후 추가거래를 신청하는 원고 2에 대하여 2008. 3.경 오버헤지 상태로서 투기적인 거래를 해서는 안된다는 이유로 추가적인 거래를 거절하였으나(갑 35호증, 변론 전체의 취지), 피고 신한은행은 원고 2가 콜옵션 계약금액이 월 1,000,000달러인 이 사건 ③ 계약을 체결할 경우 원고 2가 제시한 수출 목표액(12,500,500달러)에 의하더라도 피고 제일은행과의 이 사건 ①, ② 계약의 콜옵션 계약금액을 고려하면(이 사건 ③ 계약 체결 당시 이 사건 ① 계약은 4개월 가량, 이 사건 ② 계약은 6개월 가량 계약기간이 남아 있었다) 이 사건 ③ 계약의 녹인 조건이 성취될 경우 콜옵션 계약금액을 제대로 결제할 현물이 없어 오버헤지가 되는 상황임을 알면서 기존의 계약으로부터 발생한 손실을 보전할 투기적 목적으로 원고 2에게 추가 통화옵션계약 체결을 적극적으로 권유하여 이 사건 ③ 계약을 체결하도록 한 것이었다(피고 신한은행은 원고 2가 피고 제일은행과 사이에 키코 통화옵션거래를 하고 있다는 사실을 알고 있었던바, 이 사건 ③ 계약의 계약금액은 풋옵션 기준 월 500,000달러, 콜옵션 기준 월 1,000,000달러인데, 이는 이 사건 ①, ② 계약의 계약금액 합계에 맞추어 정한 것으로서 피고 신한은행은 이 사건 ③ 계약 체결 전에 이미 이 사건 ①, ② 계약의 계약금액에 대해서 알고 있었던 것으로 보인다).

더구나 소외 1 지점장은 이 사건 ③ 계약의 체결 당시에는 2008년도 수출실적 목표액이 12,500,500달러라고 기재된 위 사업추진계획서 등(을나 13, 14호증)을 아직 교부받지도 않은 상태에서 "2005. 11.경 500만불 수출탑 수상, 2006년도 매출액이 약 7,180,000,000원, 생산량의 60~70%를 수출하고 있음"이라고 기재한 의견서(을나 9호증의 1)를 작성하여 여신심사부에 여신승인신청 하였고, 이에 위 의견서에 기재된 정도의 정보만으로 이 사건 ③ 계약이 체결되었다. 뿐만 아니라 이 사건 ③ 계약이 논의되던 당시에는 이미 환율이 2008. 3.경 1,000원대를 돌파하는 등 그 변동성이 컸던 시기였다.

결국 이 사건 ③ 계약은 원고 2의 수출현황 및 계약 당시의 경제상황 등에 비추어 과다한 위험성을 수반하는 거래로서, 피고 신한은행으로서도 그러한 사정을 잘 알면서 금전적 이익을 얻게 하려는 투기적인 목적에서 추가로 위와 같은 계약금액의 계약 체결을 적극적으로 권유함으로써 적합성 원칙을 위반하였다고 할 것이다(피고 신한은행은 원고 2가 이 사건 ③ 계약 당시 매출의 지속적인 증가를 예상하고 있었다고 주장하며 을나 13호증을 제출하였지만, 을나 13호증은 위 ③ 계약 체결 이후인 2008. 5. 21.에 작성된 서류이고, 그 서류에 의하더라도 2007년도 매출액이 8,000,000,000원을 넘는 수준에 불과하므로, 설령 피고 신한은행이 원고 2의 매출이 지속적으로 증가할 것으로 예상하고 있었다고 하더라도 종전에 체결된 이 사건 ①, ② 계약의 계약금액과 합하여 볼 때 이 사건 ③ 계약은 매출 및 수출 증가의 합리적인 예상범위를 뛰어넘는 범위로 계약금액을 정한 것으로서 상당한 오버헤지 상태가 된다고 할 것이다). 뿐만 아니라 피고 신한은행은 이러한 제반 사정 하에서 추가적인 계약 체결로 인한 위험성을 원고 2에게 충분히 설명하지 아니한 것으로 보이므로 설명의무도 위반하였다고 할 것이다.

따라서 피고 신한은행은 원고 2와 사이에 이 사건 ③ 계약을 체결하면서 적합성 원칙 및 설명의무를 위반함으로써 원고 2 및 그 후 이 사건 ③ 계약에 따라 발생하는 모든 채권·채무를 포괄적으로 인수한 원고 회사에 손해를 입혔다고 할 것이므로, 피고 신한은행은 위와 같이 포괄적인 채권·채무를 인수받은 원고 회사에 이 사건 ③ 계약의 체결로 인한 손해를 배상할 의무가 있다.

(나) 손해배상의 범위

피고 신한은행이 이 사건 ③ 계약의 체결에 있어서 적합성 원칙 및 설명의무를 위반하여 원고 회사가 입은 손해는 이 사건 ③ 계약의 체결로 인하여 발생한 손실 상당액으로서 [별지3] 제3항과 같이 합계 3,129,790,000원이라 할 것이다.

한편 이 사건 ③ 계약의 계약기간 중 이 사건 ①, ② 계약의 계약기간과 중복되지 아니하여 오버헤지가 발생하지 않는 부분 및 이 사건 ② 계약의 계약기간만 중복되어 오버헤지의 발생 부분이 줄어드는 부분이 있고, 그 외 위 손실에는 당사자가 이 사건 ③ 계약의 체결 당시 합리적으로 예상 가능한 범위의 환율 변동으로 인한 부분도 포함되어 있다고 할 것이나, 이와 같은 부분들에 관한 손실 역시 이 사건 ③ 계약을 체결하지 않았더라면 발생하지 않았을 손실이므로 피고 신한은행의 적합성 원칙 및 설명의무 위반으로 인하여 원고 회사가 입은 손해에 포함된다고 할 것이다.

다만 앞에서 인정한 사실을 종합하여 파악할 수 있는 다음과 같은 사정 즉, 원고 2는 피고들로부터 이 사건 각 통화옵션계약의 구조 및 내용에 대해 수차례 설명을 듣고 이를 이해하였으며, 특히 피고 신한은행과 이 사건 ③ 계약을 체결하기 전에는 이 사건 ①, ② 각 계약으로부터 손실이 발생하여 2배 매도의무를 이행하여 위 계약으로 인한 위험성을 경험하였던 점, 비록 피고 신한은행이 위 원고에게 적합성 원칙 등을 위반하여 이 사건 ③ 계약의 체결을 권유하였다고 하더라도 원고 2 역시 손실을 보전하고자 하는 목적에서 환율이 하락할 것이라는 판단 하에 위 계약 체결을 스스로 결정한 점, 원고 회사가 이 사건 ③ 계약으로 큰 손실을 입게 된 데에는 당시 피고 신한은행으로서도 예상하기 어려웠던 서브프라임 모기지 사태에서 촉발된 세계적 금융위기가 크게 작용하였던 점 및 이 사건 ③ 계약에서 오버헤지가 발생한 정도 등을 참작하면, 손해의 공평한 분담이라는 견지에서 피고 신한은행의 원고 회사에 대한 손해배상책임을 원고 회사의 위 손해의 30%로 제한함이 상당하다고 할 것이다(이에 대하여 원고들은 이 사건 ③ 계약에 대한 원고들의 과실은 피고 신한은행의 부당권유 등에 의하여 야기된 것으로서 이에 대한 과실상계 등이 허용될 수 없다고 주장하나, 원고들의 과실이 피고 신한은행에 의하여 일방적으로 야기되었다고 보기 어려우므로 위 주장은 이유 없다).

따라서 피고 신한은행은 원고 회사에 이 사건 ③ 계약으로 인하여 발생한 손해인 938,937,000원(3,129,790,000원의 30%) 및 그 중 14,040,000원(2회차 46,800,000원의 30%)에 대하여 그 결제일인 2008. 6. 5.부터, 20,340,000원(3회차 67,800,000원의 30%)에 대하여 2008. 7. 7.부터, 12,840,000원(4회차 42,800,000원의 30%)에 대하여 2008. 8. 5.부터, 43,350,000원(5회차 144,500,000원의 30%)에 대하여 2008. 9. 5.부터, 106,932,000원(6회차 356,440,000원의 30%)에 대하여 2008. 10. 7.부터, 87,270,000원(7회차 290,900,000원의 30%)에 대하여 2008. 11. 5.부터, 151,302,000원(8회차 504,340,000원의 30%)에 대하여 2008. 12. 5.부터, 101,850,000원(9회차 339,500,000원의 30%)에 대하여 2009. 1. 6.부터, 401,013,000원(10회차 409,710,000원, 11회차 581,000,000원, 12회차 346,000,000원의 각 30%)에 대하여 2009. 6. 29.부터 피고들이 그 이행의무의 존부 및 범위에 관하여 항쟁함이 상당한 이 판결 선고일인 2011. 12. 8.까지 민법이 정한 연 5%, 그 다음날부터 다 갚는 날까지 소송촉진 등에 관한 특례법이 정한 연 20%의 각 비율에 의한 지연손해금을 지급할 의무가 있다.

5. 결론

그렇다면 원고 2의 피고 제일은행에 대한 청구는 기각하고 원고 회사의 피고 신한은행에 대한 청구는 위 인정 범위 내에서 인용하며 나머지 청구는 기각할 것인바, 제1심판결은 이와 일부 결론을 달리하였으므로 당심에서 추가된 청구를 포함하여 제1심판결을 위와 같이 변경하기로 하여 주문과 같이 판결한다.

(3-2) 대법원 2013.9.26. 선고 2012다1146,1153 전원합의체 판결

【원고, 상고인 겸 피상고인】	주식회사 세신정밀
【원고, 상고인】	원고 2
【피고, 피상고인】	주식회사 한국스탠다드차타드은행
【피고, 피상고인 겸 상고인】	주식회사 신한은행
【원심판결】	서울고법 2011. 12. 8. 선고 2011나4683, 4690 판결

【주 문】

상고를 모두 기각한다. 상고비용 중 원고 2와 피고 주식회사 한국스탠다드차타드은행 사이에 생긴 부분은 원고 2가 부담하고, 원고 주식회사 세신정밀과 피고 주식회사 신한은행 사이에 생긴 부분은 각자가 부담한다.

【이 유】

상고이유(상고이유서 제출기간 경과 후에 제출된 각 상고이유보충서의 기재는 상고이유를 보충하는 범위 내에서)를 판단한다.

1. 이 사건 각 통화옵션계약의 무효 여부에 대하여

가. 민법상 불공정행위 등 관련 상고이유에 대하여

이 사건 각 통화옵션계약은 풋옵션(put option)과 콜옵션(call option)을 맞교환하는 것인데 그 가치에 현저한 불균형이 있고, 옵션가의 차이를 마진으로 본다 하더라도 마진율(수수료율)이 지나치게 높게 되어 있으므로, 이 사건 각 통화옵션계약은 불공정행위에 해당하여 무효라는 취지의 원고들 주장에 대하여, 원심은 다음과 같은 이유 등을 들어 이를 배척하였다.

즉 이 사건 각 통화옵션계약을 체결하는 과정에서 쌍방이 취득하는 옵션의 이론가 자체에 대한 교섭은 없었던 것으로 보인다. 그러나 이 사건 각 통화옵션계약의 구조는 환율 변동의 확률적 분포를 고려하여 원고들과 피고들 쌍방의 기대이익을 대등하게 한 것이므로 비록 계약 체결 후 시장환율이 당초 예상과 달리 변동함으로 인하여 결과적으로 쌍방의 이익에 불균형이 생겼다고 하더라도 그 때문에 계약 자체가 현저하게 불공정하게 체결되었다고 볼 수 없다. 또한 이 사건 각 통화옵션계약이 풋옵션과 콜옵션의 상호 매매계약에 해당한다거나 각 옵션의 가격에 대한 합의가 없을 경우 계약 자체가 무효라고 볼 근거는 없다. 그리고 이 사건 각 통화옵션계약은 피고들이 취득한 콜옵션의 이론가와 원고들이 취득한 풋옵션의 이론가 자체에 차이가 있고 그 차액은 피고들이 수수료로 취득하는 구조로 되어 있는데, 그 수수료를 구성하는 개별 비용을 구체적으로 산정하는 것은 현실적으로 불가능하거나 적절하지 않고 달리 개별 비용이 과다하다는 점에 관한 자료도 없다. 따라서 이 사건 각 통화옵션계약의 수수료의 과다 여부는 전체 수수료의 규모를 유사한 목적과 내용을 가진 다른 금융거래와 비교하는 등의 방법으로 판단할 수밖에 없다. 그런데 키코(KIKO) 통화옵션계약의 본질은 환전으로서, 그 구성은 풋옵션과 콜옵션의 조합으로 되어 있지만, 풋옵션의 이론가에는 녹인(Knock-in) 조건의 설정에 따라 환차익을 얻을 수 있는 이익이 반영되지 않는 등 원고들이 얻는 경제적 효용이 모두 반영되지 못하는 반면, 수수료에 포함되는 신용위험 관리비용은 풋옵션의 이론가가 아니라 콜옵션 계약금액에 해당하는 신용위험 노출 금액(exposure)에 부도율과 부도 시 손실률을 곱하여 산출하고, 동적헤지 비용도 풋옵션의 이론가가 아닌 콜옵션 계약금액을 토대로 산정하는 것이 적절하다. 이로써 볼 때 이 사건 각 통화옵션계약의 마진율은 콜옵션 계약금액을 기준으로 산정하는 것이 합리적일 것인데, 콜옵션 계약금액을 토대로 산정한 이 사건 각 통화옵션계약의 마진율은 0.52% 내지 0.84%로서 이자율 스와프(swap) 상품이나 펀드 환전 수수료 등 다른 금융거래의 마진율에 비하여 과다하다고 보기 어렵다. 그 밖에 이 사건 각 통화옵션계약에 따라 교환된 원고들의 풋옵션과 피고들의 콜옵션의 가치 사이에 현저한 불균형이 있다고 인정할 만한 증거가 없다고 하는 것이 원심의 판단이다.

기록에 비추어 보면, 원심의 이유설시에 일부 부적절한 부분이 있지만 원고들의 주장을 배척한 원심판단의 결론은 정당하고, 거기에 상고이유에서 주장하는 바와 같은 불공정한 법률행위에 관한 법리오해, 이 사건 각 통화옵션계약의 구조적 문제 등에 관한 심리미진이나 이유모순 등의 위법이 있다고 할 수 없다.

특히 상인 사이에 이루어진 선물환계약은 장래의 일정 기일 또는 기간 내에 일정 금액, 일정 종류의 외환을 정해진 환율에 의하여 교부할 것을 약정하는 계약으로서 그 성질상 상법 제68조 소정의 확정기매매이고(대법원 2003. 4. 8. 선고 2001다38593 판결 참조), 외국환은행의 업무인 환전은 즉석에서 당시의 시장환율에 따라 외환을 매매하는 것이므로, 선물환계약과 환전은 결제일과 매매대금의 기준이 되는 환율이 다를 뿐 외환의 매매라는 점에서는 그 성질이 같다. 이러한 법리를 원심이 인정한 사실에 비추어 보면, 이 사건 각 통화옵션계약은 단순선물환계약의 거래구조를 기본으로 하여 녹인 조건과 녹아웃(Knock-out) 조건 등이 가미된 변형선물환의 일종이고, 그 기본적인 계약조건은 옵션이 행사되면 만기 시 계약금액에 해당하는 외화를 일정한 행사환율로써 매매할 것을 약정하는 것으로서 그 효용은 환전과 동일하다고 할 수 있다. 그러므로 콜옵션 계약금액을 기준으로 이 사건 각 통화옵션계약의 수수료율을 산정하여야 한다고 본 원심의 판단은 수긍할 수 있고, 거기에 상고이유에서 주장하는 바와 같은 법리오해, 심리미진, 채증법칙 위반 등의 위법이 있다고 할 수 없다.

그리고 이 사건 각 통화옵션계약의 구조는 환율 변동의 확률적 분포를 고려하여 원고들과 피고들 쌍방의 기대이익을 대등하게 한 것이라는 원심의 설시는 계약 당시를 기준으로 판단하여 그 계약의 구조가 불공정한 것이 아니라면 사후에 외부적 환경의 변화로 인하여 결과적으로 계약당사자 쌍방의 이익에 불균형이 생기더라도 그 계약을 불공정한 것으로 볼 수 없다는 취지에서 수수료 반영 이전의 이 사건 각 통화옵션계약의 기본구조를 말한 것에 불과하므로, 그와 다른 전제에서 이 부분 판단을 탓하는 상고이유 주장도 받아들이기 어렵다.

나. 약관의 규제에 관한 법률 위반 여부에 대하여

계약의 일방 당사자가 일정한 형식에 의하여 미리 계약서를 마련하여 두었다가 이를 상대방에게 제시하여 그 내용대로 계약을 체결하는 경우에도 특정 조항에 관하여 상대방과 개별적인 교섭을 거침으로써 상대방이 자신의 이익을 조정할 기회를 가졌다면, 그 조항은 약관의 규제에 관한 법률의 규율대상이 아닌 개별약정이 된다고 보아야 한다. 이때 개별적인 교섭이 있었다고 하기 위해서는 그 교섭의 결과가 반드시 특정 조항의 내용을 변경하는 형태로 나타나야 하는 것은 아니고, 계약 상대방이 그 특정 조항을 미리 마련한 당사자와 대등한 지위에서 당해 조항에 대하여 충분한 검토와 고려를 한 뒤 그 내용을 변경할 가능성이 있었다고 인정되면 된다(대법원

2008. 7. 10. 선고 2008다16950 판결 등 참조).

통상 개별적인 통화옵션계약의 체결에 앞서 또는 그와 동시에 통화옵션거래 약정서 등에 의하여 당사자 사이에 기본계약이 체결되는데, 용어의 정의, 옵션거래의 이행 시기 및 방법, 채무불이행, 계약해지, 해지 시의 정산, 양도 및 담보제공 금지, 약정통화, 통화옵션거래의 체결방식 등을 포함하여 통화옵션거래 약정서 등에서 미리 포괄적으로 정하고 있는 일반적인 조항은 일반적으로는 당사자 사이에 개별적인 교섭이나 선택의 여지가 없는 부분이어서 약관에 해당할 가능성이 있다 할 것이다.

그러나 원심판결 이유에 의하면, 이 사건 각 통화옵션계약의 내용 중 주요 계약조건인 계약금액, 행사환율, 녹인 환율, 녹아웃 환율, 레버리지(leverage), 계약기간 등 구체적인 계약조건은 원고 2와 피고들 사이의 개별적 교섭에 의하여 결정된 것이지 미리 정해놓은 계약의 내용이 아니다.

더욱이 녹인과 녹아웃 조건, 레버리지 구조, 은행이 취득하는 콜옵션의 이론가를 기업이 취득하는 풋옵션의 이론가보다 크게 하여 그 차액을 수수료로 수취하고 별도로 이를 지급받지 아니하는 구조 등 이 사건 각 통화옵션계약의 구조는 다른 장외파생상품들의 경우와 마찬가지로 피고들이 고객의 필요에 따라 그 구조나 조건을 적절히 변경하여 사용하기 편하도록 표준화된 구조로 미리 마련해 놓은 것일 뿐, 그 구조만으로는 거래당사자 사이에서 아무런 권리의무가 발생하지 않는다. 거기에 개별적 교섭에 의해 결정된 계약금액, 행사환율, 녹인·녹아웃 환율, 레버리지, 계약기간 등 구체적 계약조건들이 결부됨으로써 비로소 전체 계약의 내용으로 완결되는 이상 그 구조 자체만을 따로 약관에 해당한다고 보기는 어렵다.

원심이 같은 취지에서 이 사건 각 통화옵션계약의 구조는 약관이 될 수 없다고 판단한 것은 정당하고, 거기에는 상고이유에서 주장하는 바와 같은 약관의 규제에 관한 법률에 관한 법리오해의 위법이 없다. 그리고 위와 같이 이 사건 각 통화옵션계약의 구조를 약관이라고 볼 수 없는 이상 그 구조가 약관임을 전제로 한 이 부분 나머지 상고이유 주장도 받아들일 수 없다.

다. 신의칙 위반으로 인한 무효 주장에 대하여

원심은, 이 사건 각 통화옵션계약이 신의성실의 원칙에 반하는 것으로서 무효라는 원고들 주장에 대하여, 그 판시와 같은 이유를 들어 이를 배척하였다.

기록에 비추어 보면, 그 부분 원심의 판단은 정당하고, 거기에 상고이유에서 주장하는 바와 같이 위법하다고 볼 사유는 없다.

2. 옵션의 가치 등과 관련한 기망 · 착오 등 주장에 관한 원고들의 상고이유에 대하여

가. 일반적으로 재화나 용역의 판매자가 자신이 판매하는 재화나 용역의 판매가격에 관하여 구매자에게 그 원가나 판매이익 등 구성요소를 알려주거나 밝혀야 할 의무는 없다. 이러한 이치는 은행이 고객으로부터 별도로 비용이나 수수료를 수취하지 아니하는 이른바 제로 코스트(zero cost) 구조의 장외파생상품 거래를 하는 경우에도 다르지 않다. 또한 은행이 장외파생상품 거래의 상대방으로서 일정한 이익을 추구하리라는 점은 시장경제의 속성상 당연하므로 누구든지 이를 예상할 수 있다. 따라서 달리 계약 또는 법령 등에 의하여 가격구성요소의 고지의무가 인정되는 등의 특별한 사정이 없는 한 은행은 고객에게 제로 코스트의 장외파생상품 구조 내에 포함된 옵션의 이론가, 수수료 및 그로 인하여 발생하는 마이너스 시장가치에 대하여 고지하여야 할 의무가 있다고 할 수 없고, 이를 고지하지 아니하였다고 하여 그것이 고객에 대한 기망행위가 된다거나 고객에게 당해 장외파생상

품 거래에서 비용이나 수수료를 부담하지 않는다는 착오를 일으킨다고 볼 수도 없다.

나. 원심은, 이 사건 각 통화옵션계약을 체결함에 있어 옵션의 가치 및 수수료, 제로 코스트의 의미 등에 관하여 기망행위가 있었거나 착오가 있었으므로 원고들은 이를 이유로 이 사건 각 통화옵션계약을 취소하고, 또 기망행위를 이유로 손해배상을 구한다고 주장한 데 대하여, 다음과 같은 이유로 이를 모두 배척하였다.

즉 ① 은행이 옵션의 이론가를 고객에게 제공하면 자연히 콜옵션 이론가와 풋옵션 이론가의 차액 상당인 수수료의 규모가 공개될 수밖에 없지만, 구 은행업 감독업무 시행세칙(2010. 11. 17. 개정 전의 것) 제65조 제6호 (마)목의 규정을 보면 금융기관은 '거래원가가 아닌 대고객 거래가격 수준의 정보'를 제공하도록 규정하고 있고, 이처럼 원가를 공개할 의무가 없다고 규정한 취지는 적어도 은행이 파생상품을 판매하면서 수취하는 수수료의 규모를 공개할 필요는 없다는 뜻으로 이해할 수 있다. 그리고 위 시행세칙 제65조 제6호 (다)목은 파생상품거래의 경우 '거래에 내재된 리스크'를 고지하도록 하고 있지만 그 문언상 옵션의 이론가나 수수료가 그에 포함된다고 보기는 어렵다. 한편 2009. 2.부터 시행된 자본시장과 금융투자업에 관한 법률 제47조 제1항, 제58조 제1항 및 그 시행령 제53조 제1항 제2호의 규정은 이 사건 각 통화옵션계약의 체결 이후에 시행되었을 뿐 아니라 위 규정들에서 말하는 '수수료'는 은행 등 금융기관이 알선자 내지 중개자로서 제공한 용역에 대한 대가를 의미하는 것으로 해석된다. 그러므로 장외파생상품의 계약당사자로서 고객으로부터 일정한 수수료를 수취하는 금융상품을 설계·판매하는 피고들에게 대고객 가격 수준의 정보 외에 옵션의 이론가나 수수료를 공개할 의무가 있다고 볼 수는 없다. ② 한편 장외파생상품 시장에서 제로 코스트라고 함은, 은행이 소요될 비용과 수취할 이익 등 수수료를 반영하여 콜옵션과 풋옵션의 각 대고객 가격을 동일하게 설계함으로써 고객이 별도로 프리미엄이나 비용 등을 지급할 필요가 없다는 의미로 이해된다. 이와 달리 콜옵션과 풋옵션의 이론가가 서로 동일한 것이 제로 코스트라고 하게 되면 은행은 아무 마진도 얻지 못하고 필요한 각종 비용도 충당하지 못하는 불합리한 결과에 이르게 된다. 그러나 피고들이 영리를 추구하는 기업인 이상 이 사건 각 통화옵션상품의 판매를 통해 일정한 이익을 얻는 것은 당연하고 누구든지 이를 충분히 예상할 수 있을 것이다. 원고 2 역시 이 사건 각 통화옵션계약을 체결하면서 피고들이 아무런 비용이나 이윤을 부과하지 않았을 것으로 인식하였으리라고 보기는 어렵다. 그러므로 피고들이 이 사건 각 통화옵션계약이 제로 코스트라고 하면서 별도의 수수료를 지급할 필요가 없다고 하였다거나 이 사건 각 통화옵션계약의 구조에 피고들의 이윤이 포함되어 있다는 점을 원고 2에게 명시적으로 밝히지 않았다고 하더라도, 그것이 원고 2에 대한 기망행위에 해당한다거나 이로 인하여 원고 2가 이 사건 각 통화옵션계약의 체결에 따른 비용을 전혀 부담하지 않는다는 착오를 일으켰다고 볼 수는 없다. ③ 그리고 피고들이 수수한 수수료가 과다하다고 볼 수도 없고, 대고객 가격 조작에 의한 기망행위도 인정되지 않는다는 것이다.

앞서 본 법리와 기록에 비추어 보면, 위와 같은 원심의 판단은 정당하다. 거기에 원고들 상고이유의 주장과 같이 옵션의 가치, 수수료의 존재 및 규모, 제로 코스트의 의미, 대고객 가격 등과 관련하여 민법 제110조의 기망행위에 관한 법리를 오해하거나 착오에 관한 법리를 오해함으로써 심리를 다하지 아니하거나 채증법칙을 위반한 위법 등이 있다고 할 수 없다.

다. 원심은 또한, 원고들의 착오를 이유로 한 계약취소 주장에 대하여, 이 사건 각 통화옵션계약과 관련한 옵션 이론가나 수수료 존재 및 규모 등에 관한 사항은 계약의 중요 부분이라고 보기도 어렵다고 하여 이를 배척하였다.

즉 원심은, ① 이 사건 각 통화옵션계약 체결 당시에는 환율의 안정적인 하락 전망이 지배적이었고, 그에 따라 스와프 포인트도 마이너스였으며, 원고 2는 2006년경 피고 주식회사 한국스탠다드차타드은행(변경 전 상호: 주식회사 한국스탠다드차타드제일은행, 이하 '피고 제일은행'이라고 한다)과 3건의 키코 통화옵션계약을 체결하여 모두 이익을 보고 이 사건 각 통화옵션계약의 체결에 있어서도 환율의 하락을 예측하였던 것으로 보이는 점, ② 키코 통화옵션상품은 별도의 프리미엄을 지급할 필요 없이 단순선물환계약에 비해 행사환율을 높일 수 있는 장점을 가지고 있었고, 시중 은행들은 이러한 내용을 바탕으로 키코 통화옵션상품을 적극적으로 홍보하였던 점, ③ 원고 2는 피고들을 비롯한 은행들이 제시하는 행사환율 및 녹인·녹아웃 환율 등의 조건을 비교하고 그에 관한 교섭을 통하여 유리한 조건의 계약을 체결하는 데에 주된 관심이 있었고 이 사건 소 제기 전까지 옵션의 이론가나 수수료의 규모 등에 관하여는 어떠한 관심을 표명하거나 이의를 제기한 바도 없었던 점, ④ 그 밖에 수수료 없는 구조로 키코 통화옵션상품을 설계하여 판매한 은행이 있다는 아무런 증거도 없는 점 등을 종합하여 보면, 설령 피고들이 옵션의 이론가나 수수료 부과 여부, 수수료 규모 등에 관한 정보를 제공하였다고 하더라도 이러한 정보가 원고 2의 키코 통화옵션상품 구매에 영향을 주었을 가능성은 거의 없고, 원고 2는 여전히 여러 은행에서 제시하는 행사환율 등 계약조건의 유·불리를 비교하여 거래하였을 것으로 보이므로, 이러한 측면에서 옵션 이론가나 수수료 존재 및 규모 등에 관한 사항이 이 사건 각 통화옵션계약의 중요한 부분이라고 보기 어렵다고 판단하였다.

원고들의 상고이유 주장은 위와 같은 원심의 판단에는 법률행위의 중요 부분의 착오에 관한 법리오해 등의 위법이 있다는 것이다. 그러나 법률행위의 중요 부분의 착오라 함은 표의자가 그러한 착오가 없었더라면 그 의사표시를 하지 않았을 것이고 보통 일반인도 표의자의 처지에 있었으면 그러한 의사표시를 하지 않았으리라고 생각될 정도로 중요한 것이어야 한다. 이러한 법리와 원심이 인정한 이 사건 각 통화옵션계약의 체결 경위 등 제반 사정에 비추어 보면, 위 원심의 판단은 정당하고, 거기에 위 상고이유의 주장과 같은 법리오해, 심리미진 등의 위법이 있다고 할 수 없다.

라. 기망행위와 관련한 원고들의 나머지 상고이유 주장은, 피고들의 기망행위로 인하여 이 사건 각 통화옵션계약을 체결하였기 때문에 원고들이 환율 상승으로 누릴 수 있는 기대이익을 상실하는 손해를 입었음에도 이를 손해가 아니라고 본 원심의 판단은 위법하다는 취지로 보인다. 그러나 그 주장은 피고들의 행위가 기망행위에 해당함을 전제로 하는 것인데, 기망행위 자체가 인정되지 않는 이상 위 원심의 판단이 판결 결과에 영향을 미친 법리오해, 심리미진 등으로 위법한 것이라고 할 수는 없다. 이 부분 원고들의 상고이유 주장도 받아들일 수 없다.

3. 콜옵션 행사 통지와 관련한 주장에 대하여

법원의 석명권 행사는 당사자의 주장에 모순된 점이 있거나 불완전·불명료한 점이 있을 때에 이를 지적하여 정정·보충할 수 있는 기회를 주고 계쟁사실에 대한 증거의 제출을 촉구하는 것을 그 내용으로 한다. 따라서 당사자가 주장하지도 아니한 법률효과에 관한 요건사실이나 독립된 공격방어방법을 시사하여 그 제출을 권유하는 것은 변론주의의 원칙에 위배되는 것으로 석명권 행사의 한계를 일탈하는 것이다(대법원 1990. 4. 27. 선고 89다카7563 판결등 참조).

이 사건에서 원고들은, 이 사건 각 통화옵션계약은 불공정한 약관에 해당하거나 신의성실의 원칙에 반하는 것이고 불공정한 법률행위에 해당하여 무효라고 주장하고, 또 사기나 착오에 의한 의사표시임을 이유로 취소하였다고 주장하면서 이 사건 각 통화옵션계약에 따라 지급한 돈의 부당이득반환을 청구하였다.

옵션행사 통지와 관련한 원고들의 상고이유 주장은, 피고들은 원고들에게 옵션행사의 통지를 하여야 하는데 그 통지를 하지 아니하였으니 옵션행사를 포기한 것으로 보아야 하고, 원심으로서는 원고들에 대하여 그러한 사유도 함께 주장하여 부당이득반환을 구하는지 여부에 대하여 석명하였어야 함에도 이를 하지 아니하였으니, 이는 석명의무를 위반한 것이라는 취지이다.

그러나 위와 같은 옵션행사 포기의 주장은 원고들이 청구원인으로 주장한 이 사건 각 통화옵션계약의 무효 또는 취소 주장과 달리 이 사건 각 통화옵션계약이 유효함을 전제로 하는 것이다. 이를 석명의무에 관한 앞서 본 법리에 비추어 보면, 원심이 위와 같은 사항에 대하여 석명하지 아니한 것이 상고이유의 주장과 같이 석명권의 행사 또는 지적의무를 다하지 아니함으로써 심리를 다하지 아니한 것이라고 할 수 없다. 이 부분 원고들의 상고이유 주장도 받아들일 수 없다.

4. 적합성의 원칙 위반 여부 등에 대하여

가. 적합성의 원칙 등과 관련한 원고들의 상고이유에 대하여

장외파생상품을 이용한 환 헤지(hedge)거래의 목적은 이익을 극대화하려는 것이 아니라 미래의 환율 변동과 관계없이 현재 시점에서 장래에 적용받을 환율을 일정 환율로 고정함으로써 기초자산인 외환현물의 가격변동에 따르는 위험을 제거하려는 데 있다. 키코 통화옵션상품의 경우에도, 콜옵션 계약금액 상당의 외환현물을 기초자산으로 보유하고 있거나 장래에 보유할 것으로 예상하는 고객이 그 외환현물에 대한 환 헤지 목적으로 계약을 체결하였다면, 환율이 상승할 경우 당해 통화옵션계약 자체에서는 손실이 발생하지만 외환현물에서는 그만큼의 환차익이 발생하기 때문에 환율이 상승하더라도 전체적인 손익은 변화가 없게 되는 것이고, 이로써 통화옵션계약을 체결하여 환 헤지를 하고자 한 본래의 목적을 이루게 되는 것이다.

이러한 점에 비추어 보면, 통화옵션계약이 고객과 은행 사이에 상호 부여하는 옵션의 이론가에 차이가 있다거나 환율이 상승할 경우에는 고객에게 불리할 수 있다고 하여, 그러한 통화옵션계약을 체결하면 계약 체결 이전보다 오히려 더 큰 환위험에 노출된다고 할 수는 없다.

따라서 원심이 이 사건 각 통화옵션상품은 그 자체로 환 헤지에 부적합하다고 하는 원고들의 주장을 배척한 것은 수긍할 수 있고, 거기에 상고이유의 주장과 같이 이 사건 각 통화옵션계약이 환 헤지 목적에 적합한 상품인지 여부와 관련하여 적합성의 원칙 위반이나, 기망 또는 착오에 의한 계약취소나 손해배상 등에 관한 법리오해, 심리미진, 채증법칙 위반이나 판단누락 등의 잘못이 있다고 할 수 없다. 원고들의 이 부분 상고이유 주장은 받아들일 수 없다.

나. 적합성의 원칙과 관련한 피고 주식회사 신한은행의 상고이유에 대하여

(1) 은행은 환 헤지 목적을 가진 기업과 통화옵션계약을 체결함에 있어서 해당 기업의 예상 외화유입액, 자산 및 매출 규모를 포함한 재산상태, 환 헤지의 필요 여부, 거래 목적, 거래 경험, 당해 계약에 대한 지식 또는 이해의 정도, 다른 환 헤지 계약 체결 여부 등 경영상황을 미리 파악한 다음, 그에 비추어 해당 기업에 적합하지 아니하다고 인정되는 종류의 상품 또는 그러한 특성이 있는 통화옵션계약의 체결을 권유해서는 아니 된다. 은행이 그러한 의무를 위반하여 해당 기업의 경영상황에 비추어 과대한 위험성을 초래하는 통화옵션계약을 적극적으로 권유하여 이를 체결하게 한 때에는, 이러한 권유행위는 이른바 적합성의 원칙을 위반하여 고객에 대한 보호의무를 저버리는 위법한 것으로서 불법행위를 구성한다고 할 것이다.

특히 장외파생상품은 고도의 금융공학적 지식을 활용하여 개발된 것으로 예측과 다른 상황이 발생할 경우에는 손실이 과도하게 확대될 위험성이 내재되어 있고, 다른 한편 은행은 그 인가요건, 업무범위, 지배구조 및 감독 체계 등 여러 면에서 투자를 전문으로 하는 금융기관 등에 비해 더 큰 공신력을 가지고 있어 은행의 권유는 기업의 의사결정에 강한 영향을 미칠 수 있으므로, 은행이 위와 같이 위험성이 큰 장외파생상품의 거래를 권유할 때에는 다른 금융기관에 비해 더 무거운 고객 보호의무를 부담한다고 봄이 타당하다.

(2) 원심판결 이유에 의하면, 다음 사실을 알 수 있다.

① 치과의료용 핸드피스, 치과기공용 마이크로 모터 핸드피스 등을 생산, 수출하는 '세신정밀공업사'를 운영하던 원고 2는 수출에 의하여 수취하는 달러에 대한 환위험을 회피하기 위하여, 피고 제일은행과 2007. 8. 28. 이 사건 제1 계약을 체결하고, 이어 2007. 10. 29. 이 사건 제2 계약을 체결하였는데, 이 사건 제1, 제2 계약의 콜옵션 계약금액 합계는 월 1,000,000달러이었고, 환율 상승으로 인해 2007. 11.경의 결제일부터 손실이 발생하였다.

② 피고 주식회사 신한은행(이하 '피고 신한은행'이라고 한다)의 소외인 지점장은 2008. 2.경 원고 2를 방문하여 키코 통화옵션상품을 설명하던 중 이미 피고 제일은행과 이 사건 제1, 제2 계약을 체결하였고, 처음 몇 개월 동안은 수익을 올렸지만 2007. 10. 이후부터는 손실이 발생하고 있다는 사실을 들었다. 그 후 소외인은 다시 원고 2의 사무실을 방문하여 원고 2로부터 피고 제일은행과 체결한 이 사건 제1, 제2 계약에서 콜옵션을 행사받고 있는데 수출대금으로 유입된 달러로 현물결제를 하는 대신 원화로 차액결제를 하는 방식을 취하면서 달러 현물은 환율이 높은 시점에 매도하는 전략을 취하고 있다는 사실을 듣고, 환율이 연초 대비 상승하였다가 다시 하락하는 상황에서 국내외 전문가들이 예측한 바와 같이 환율이 다시 900원대 중반 이하로 떨어질 확률 등을 고려하여 위 수출대금에 대해 다시 키코 통화옵션계약을 체결하여 헤지할 것을 권유하였다.

③ 이처럼 소외인이 원고 2에게 추가로 키코 통화옵션계약을 체결할 것을 권유하던 중, 환율이 2008. 3. 17. 1,029원에 달하였다가 점차 하락하자 원고 2는 피고 신한은행에 새로운 통화옵션상품에 가입할 의사를 표명하였고, 그에 따라 2008. 4. 11. 피고 신한은행과 콜옵션 계약금액이 월 1,000,000달러인 이 사건 제3 계약을 체결하였다.

④ 원고 2가 이 사건 제3 계약 체결 직후 피고 신한은행에 제출한 서류에 의하면, 2008년도 예상수출액은 12,500,500달러였다.

(3) 위 사실관계를 앞서 본 법리에 비추어 보면, 원고 2는 2008년도 예상수출액을 고려하여 피고 제일은행과 체결한 두 건의 통화옵션계약을 통해 이미 콜옵션 계약금액 기준으로 연 12,000,000달러의 환 헤지거래를 하고 있었는데, 소외인의 권유로 이 사건 제3 계약을 추가로 체결함으로써 환율 상승으로 녹인 조건이 성취될 경우 이 사건 각 통화옵션계약에 따른 콜옵션 계약금액을 결제할 현물환의 예상 보유액이 부족하게 되는 이른바 오버헤지(over-hedge) 상태가 되었다. 그러므로 이 사건 각 통화옵션계약과 그 기초자산인 현물환을 함께 고려하면 이 사건 제3 계약은 투기적 성격을 지닌 거래라고 봄이 상당하다. 그러나 원고 2는 이 사건 제1, 제2 계약을 환 헤지 목적으로 체결하였고, 이 사건 제3 계약에 대해서도 소외인으로부터 헤지거래라고 권유받아 체결한 점 등에 비추어, 원고 2가 투기적 목적에서 이를 체결한 것으로는 보이지 않는다. 반면 이 사건 제3 계약의 계약금액이 이 사건 제1, 제2 계약의 계약금액 합계와 동일한 점으로 보아 소외인은 이 사건 제1, 제2 계약의 계약금액을 알고 있었다고 보이고, 따라서 이 사건 제1, 제2 계약 외에 추가로 이 사건 제3 계약을 체결하게 되면 이 사건

각 통화옵션계약에 따른 콜옵션 계약금액의 합계가 원고 2에게 유입될 것으로 예상되는 수출대금을 초과하리라는 점도 충분히 알고 있었다고 보인다.

이와 같은 이 사건 제3 계약의 성격과 체결 경위, 원고 2의 거래 목적, 재무상황 등 제반 사정을 종합적으로 고려하면, 소외인은 투기거래의 목적이 없는 원고 2에게 과대한 위험성을 수반하는 투기적 성격을 지닌 이 사건 제3 계약을 환 헤지 목적의 거래라고 하면서 적극적으로 권유하여 체결하게 한 것이니, 이는 적합성의 원칙을 위반하여 고객에 대한 보호의무를 저버린 것이라고 평가함이 상당하다.

원심이 같은 취지에서 이 사건 제3 계약의 체결에 관하여 피고 신한은행이 적합성의 원칙을 위반하였다고 판단한 것은 정당하고, 거기에 상고이유에서 주장하는 바와 같이 고객 보호의무에 관한 법리를 오해하거나 자유심증주의의 한계를 벗어난 위법이 있다고 할 수 없다. 또 이 사건 제3 계약이 과도한 위험을 수반하는 거래인지에 관하여 심리가 미진하였다는 상고이유 주장은, 사실심의 전권사항인 증거의 취사선택과 사실인정을 문제 삼는 것으로서 적법한 상고이유로 볼 수 없다. 피고 신한은행의 이 부분 상고이유 주장은 이유 없다.

5. 설명의무 위반 여부에 대하여

가. 설명의무의 내용과 범위

금융기관이 일반 고객과 사이에 전문적인 지식과 분석능력이 요구되는 장외파생상품 거래를 할 경우에는, 고객이 당해 장외파생상품에 대하여 이미 잘 알고 있는 경우가 아닌 이상, 그 거래의 구조와 위험성을 정확하게 평가할 수 있도록 거래에 내재된 위험요소 및 잠재적 손실에 영향을 미치는 중요인자 등 거래상의 주요 정보를 적합한 방법으로 명확하게 설명하여야 할 신의칙상의 의무가 있다(대법원 2010. 11. 11. 선고 2010다55699 판결 참조). 이때 금융기관이 고객에게 설명하여야 하는 거래상의 주요 정보에는 당해 장외파생상품 계약의 구조와 주요 내용, 고객이 그 거래를 통하여 얻을 수 있는 이익과 발생 가능한 손실의 구체적 내용, 특히 손실발생의 위험요소 등이 모두 포함된다 할 것이다.

그러나 당해 장외파생상품의 상세한 금융공학적 구조나 다른 금융상품에 투자할 경우와 비교하여 손익에 있어서 어떠한 차이가 있는지까지 설명해야 한다고 볼 것은 아니고, 또한 금융기관과 고객이 제로 코스트 구조의 장외파생상품 거래를 하는 경우에도 수수료의 액수 등은 그 거래의 위험성을 평가하는 데 중요한 고려요소가 된다고 보기 어렵다고 할 것이므로, 수수료가 시장의 관행에 비하여 현저하게 높지 아니한 이상 그 상품구조 속에 포함된 수수료 및 그로 인하여 발생하는 마이너스 시장가치에 대해서까지 설명할 의무는 없다고 보는 것이 타당하다.

한편 금융기관은 금융상품의 특성 및 위험의 수준, 고객의 거래 목적, 투자경험 및 능력 등을 종합적으로 고려하여 고객이 그 거래상의 주요 정보를 충분히 이해할 수 있을 정도로 설명하여야 한다(대법원 2003. 7. 11. 선고 2001다11802 판결 등 참조). 특히 당해 금융상품이 고도의 금융공학적 지식에 의하여 개발된 것으로서 환율 등 장래 예측이 어려운 변동요인에 따라 손익의 결과가 크게 달라지는 고위험 구조이고, 더구나 개별 거래의 당사자인 고객의 예상 외화유입액 등에 비추어 객관적 상황이 환 헤지 목적보다는 환율변동에 따른 환차익을 추구하는 정도에 이른 것으로 보이는 경우라면, 금융기관으로서는 그 장외파생상품 거래의 위험성에 대하여 고객이 한층 분명하게 인식할 수 있도록 구체적이고 상세하게 설명할 의무가 있다 할 것이다.

나. 설명의무와 관련한 원고들의 상고이유에 대하여

원심은, 피고 제일은행이 이 사건 제1, 제2 계약에 관하여 제로 코스트라고만 하였을 뿐 옵션의 가격과 수수료에 관하여는 상세히 설명하지 아니함으로써 설명의무를 위반하였다는 원고들의 주장에 대하여, 은행에게 옵션의 이론가와 수수료의 규모를 공개할 의무가 있다고 할 수 없고 원고 2로서도 은행이 그 통화옵션상품의 판매를 통하여 일정한 이익을 얻으리라고 충분히 예상할 수 있었다고 보이는 점 등을 종합하여 보면, 피고 제일은행이 설명의무를 위반하였다고 보기 어렵다고 판단하였다.

이 사건 각 통화옵션계약의 수수료율이 다른 금융거래의 그것에 비하여 현저하게 과다하다고 보기 어려운 이 사건에서, 원심의 위와 같은 판단은 앞서 본 법리에 따른 것으로서 정당하다. 거기에 상고이유에서 주장하는 바와 같은 옵션의 가치 및 숨은 수수료, 새로 인수한 환위험 등과 관련한 설명의무에 관한 법리오해 등의 위법이 있다고 할 수 없다.

한편 기록에 의하면, 원고들은 피고들로부터 받은 풋옵션의 기대이익보다 훨씬 큰 기대손실을 가지는 콜옵션을 피고들에게 부여함으로써 이 사건 각 통화옵션계약 체결 전보다 더 높은 환위험에 노출된다는 사실을 피고들이 설명하였어야 한다고 주장하였는데, 그럼에도 원심이 이 점에 관하여 명시적으로 판단하지 아니하였음은 원고들의 상고이유 주장과 같다. 그러나 이러한 주장은 원고들과 피고들 사이에 상호 부여하는 옵션의 이론가 차이에 근거를 두고 있다 할 것인데, 앞에서 본 바와 같이 원심은 원고들과 피고들이 상호 취득하는 각 옵션의 이론가와 그 이론가 차이에 해당하는 수수료 규모를 공개할 의무가 없다고 판단하였으므로, 위와 같은 원심의 판단에는 원고들의 위와 같은 주장을 배척하는 취지가 포함되어 있다고 볼 수 있다. 그뿐만 아니라 앞에서 본 바와 같이 피고들이 받은 콜옵션의 이론가가 원고들의 풋옵션의 이론가보다 크다는 사유만으로는 이 사건 각 통화옵션계약을 체결함으로써 원고들이 더 큰 환위험에 노출된다고 볼 수도 없어 이 부분 원고들의 주장은 어차피 배척될 것이므로, 원심이 위 주장에 대하여 명시적으로 판단하지 아니한 것이 판결 결과에 영향을 미쳤다고 볼 수도 없다. 이 부분 원고들의 상고이유 주장은 이유 없다.

그리고 피고들이 중도해지 시 원고들이 부담할 정산금의 산정방식에 대한 설명의무를 위반하였다는 점은 상고이유서 제출기간 경과 후에 제출된 상고이유보충서에서 비로소 주장한 것일 뿐 아니라 원심에서도 주장하지 아니한 것이므로 이는 적법한 상고이유라고 할 수 없다.

다. 피고 신한은행의 설명의무 관련 상고이유에 대하여

앞에서 본 이 사건 제3 계약의 체결에 이르기까지의 경과 및 계약 내용 등에 비추어 보면, 원고 2는 이 사건 제3 계약 자체의 구조와 위험성은 인식하고 있었지만 이 사건 제1, 제2 계약 및 현물환의 예상 보유액을 함께 고려한 위험성까지는 미처 인식하지 못하였던 것으로 보이는데도, 소외인이 실제로는 투기적 성격을 가진 이 사건 제3 계약을 헤지거래라고 설명함으로써 원고 2로 하여금 이를 오인하여 계약을 체결하게 하였으므로, 이 사건 제3 계약의 체결과 관련하여 피고 신한은행은 설명의무를 다하지 아니한 위법이 있다고 할 것이다.

원심이 같은 취지로 판단한 것은 정당하고, 거기에 피고 신한은행의 상고이유 주장과 같이 설명의무 및 고객보호의무에 관한 법리를 오해하거나 자유심증주의의 한계를 벗어난 위법이 있다고 할 수 없다.

6. 과실상계 관련 원고들의 상고이유 주장에 대하여

불법행위로 인한 손해의 발생 또는 확대에 관하여 피해자에게도 과실이 있는 때에는 가해자의 손해배상의 범위를 정함에 있어 당연히 이를 참작하여야 하고, 가해행위가 사기, 횡령, 배임 등의 영득행위인 경우 등 과실상계를 인정하게 되면 가해자로 하여금 불법행위로 인한 이익을 최종적으로 보유하게 하여 공평의 이념이나 신의칙에 반하는 결과를 가져오는 경우에만 예외적으로 과실상계가 허용되지 않는다(대법원 2007. 10. 25. 선고 2006다16758, 16765 판결 등 참조).

그런데 피고 신한은행의 원고 2에 대한 적합성의 원칙 및 설명의무 위반행위는 이러한 영득행위에 해당한다고 할 수 없으므로, 원고 측의 과실은 피고 신한은행의 손해배상의 범위를 정함에 있어 이를 참작함이 상당하다. 이 부분 상고이유 주장은 이와 다른 견해를 전제로, 원고 2의 착오는 피고 신한은행의 고객 보호의무 위반행위로 인하여 야기된 것이므로 원고 측의 과실을 들어 배상액을 감경하여서는 아니 된다는 것이나, 위 법리에 비추어 받아들일 수 없다.

7. 결론

그러므로 원고들과 피고 신한은행의 상고를 모두 기각하고, 상고비용 중 원고 2와 피고 제일은행 사이에 생긴 부분은 원고 2가 부담하고, 원고 주식회사 세신정밀과 피고 신한은행 사이에 생긴 부분은 각자가 부담하도록 하여 주문과 같이 판결한다. 이 판결에는 관여 법관의 의견이 일치되었다.

3 계약해제의 효과

(1-1) 대전고등법원 2000. 1. 13. 선고 99나2346 판결

【원고, 피항소인】 신춘 외 1인

【피고, 항소인】 방호석

【원심판결】 대전지방법원 천안지원 1999. 3. 25. 선고 98가합3453 판결

【주 문】

1. 원심판결을 다음과 같이 변경한다.
   가. 피고는 원고들이 ○○시 ○○동산 35의 1 임야 9,917㎡에 관하여 대전지방법원 아산등기소 1997. 11. 6. 접수 제37157호로 경료된 소외 임의준, 신상철 명의의 소유권이전등기의 말소등기절차를 이행함과 동시에 원고들에게 각 금 47,500,000원을 지급하라.
   나. 원고들의 나머지 청구를 각 기각한다.
2. 소송총비용은 이를 4분하여 그 1은 원고들의, 나머지는 피고의 각 부담으로 한다.
3. 제1. 가.항은 가집행할 수 있다.

【청구취지】

피고는 원고들에게 각 금 52,500,000원 및 위 각 금원 중 각 금 47,500,000원에 대하여는 1997. 10. 30.부터 이 사건 소장부본송달일까지는 연 5푼의, 그 다음날부터 완제일까지는 연 2할 5푼의, 나머지 각 금 5,000,000원에 대하여는 1997. 10. 30.부터 이 사건 1999. 1. 16.자 청구취지 및 원인변경신청서 부본 송달일까지는 연 5푼의, 그

다음날부터 완제일까지는 연 2할 5푼의 각 비율에 의한 금원을 지급하라.

[항소취지]

원심판결 중 피고패소부분을 취소하고, 이에 해당하는 원고의 청구를 기각한다.

[이 유]

1. 기초사실

(1) 원고들은 1997. 9. 20. 피고와의 사이에 피고 소유의 ○○시 ○○동산 35의 1 소재 임야 9,917㎡(이하 이 사건 임야라고 한다)를 금 95,000,000원에 매수하기로 하면서, 당일 계약금 10,000,000원을 지급하고, 잔금 85,000,000원은 1997. 10. 30.에 지급하기로 약정하였다.

(2) 이 사건 임야에서 사슴목장을 경영할 계획을 갖고 있던 원고들은 위 매매계약을 체결하기 며칠 전 피고와 입회인인 소외 김영만 등과 함께 직접 현장을 답사하여 피고로부터 "이 사건 임야는 별지도면표시 ㉥ 부분의 농로 부분을 약 100평 포함하고 있고, 산 위쪽에는 피고의 선친묘소가 있으며(별지도면표시 '묘지' 부분) 그 위로 별지도면표시 ㉦ 부분의 소로가 있는데 위 소로가 이 사건 임야의 산 위쪽 경계이고, 땅에서 물이 솟고 있는 부분(별지도면표시 '샘' 부분)을 가리키면서 그 부분도 이 사건 임야에 포함되니 거기에 샘을 파면 좋을 것이다"라고 이 사건 임야의 위치에 관한 대강의 설명을 들었으나, 피고가 지적한 위 경계와 실제 위치가 정확히 일치하는지 알 수가 없으므로, 원고들과 피고는 이 사건 매매계약을 체결하면서, 잔금 지급기일 이전에 경계측량을 하되 만일 현지답사한 곳과 실제 위치가 다른 경우에는 이 사건 계약은 자동해약하는 것으로 한다고 특약을 하였다.

(3) 원고들은 위 잔금 지급기일 이전에 이 사건 임야의 경계를 측량하기 위하여 아산시청 지적계에 경계측량 신청을 하였으나, 담당공무원이 이 사건 임야는 산림이 무성하여 당시로서는 측량이 불가능하며 나뭇잎이 떨어진 다음에야 측량이 가능하다고 하여 위 잔금 지급기일까지 측량을 할 수 없었다.

(4) 그러자 피고는 이 사건 임야의 경계를 표시하여 준다고 하면서 포크레인을 이용하여 임야 평탄작업을 하여 주었는바 그 평탄작업을 한 위치는 별지도면표시 ㉠, ㉣ 부분이었다.

(5) 원고들은 피고가 위와 같이 포크레인까지 이용하여 이 사건 임야의 경계를 표시하여 주자 측량을 하여 보지 않고서 약정 잔금지급기일인 1997. 10. 30.에 잔금 85,000,000원을 피고에게 지급하고, 이 사건 임야에 관하여 대전지방법원 아산등기소 1997. 11. 6. 접수 제37157호로 원고들의 아들인 소외 임의준, 신상철의 명의로 1/2 지분씩 소유권이전등기를 경료하였다.

(6) 원고들은 낙엽이 지고 난 후인 1998. 3. 2. 비로소 이 사건 임야에 대하여 측량을 실시하였는바, 측량 결과 나타난 이 사건 임야의 경계는 별지도면표시 1, 2, 3, 4, 5, 1 을 순차로 연결한 선 부분으로서, 이 사건 임야는 별지도면표시 ㉥ 부분의 농로 부분을 전혀 포함하고 있지 않은 진입로가 없는 맹지이고, 별지도면표시 '샘' 부분도 포함하고 있지 않으며, 위 포크레인 작업을 한 별지도면표시 ㉠, ㉣ 부분과도 차이가 있는 것으로 판명되어, 결국 피고가 당초 알려준 토지와는 크게 일치하지 않는 토지로서 사슴목장을 경영하기에도 적합하지 않음이 밝혀졌다.

(7) 한편, 이 사건 매매계약의 해제권유보약정에 따라 이 사건 매매계약을 해제한다는 의사표시가 담긴 원고들의 이 사건 1999. 2. 3.자 준비서면 부본이 같은 날 피고에게 송달된 사실은 기록상 분명하다.

2. 당사자들의 주장에 대한 판단

(1) 위 인정사실에 의하면, 위 매매계약은 1999. 2. 3. 적법하게 해제되었다 할 것이므로, 특별한 사정이 없는 한 피고는 위 매매계약의 해제에 따른 원상회복으로서 원고들에게 위 매매대금을 반환할 의무가 있다.

(2) 이에 대하여 피고는, 원고들이 잔금 지급기일 이전에 이 사건 임야에 대하여 경계 측량을 하되 만일 현지 답사한 곳과 이 사건 임야가 다른 경우에는 이 사건 계약을 해약하기로 약정한 후 경계 측량도 하지 않은 채 피고에게 잔금 지급기일인 1997. 10. 30. 잔금을 지급한 것은 위와 같은 약정해제권을 스스로 포기한 것이므로 원고들의 청구에 응할 수 없다는 취지의 주장을 한다.

그러므로 살피건대, 잔금 지급기일까지 원고들이 이 사건 임야에 대하여 경계 측량하지 못한 것은 당시 이 사건 임야의 산림이 무성하여 현실적으로 측량이 불가능하였기 때문인 사실, 이에 피고가 포크레인으로 이 사건 임야의 경계를 표시하여 주자 측량을 하여 보지 않고서 잔금을 지급한 사실은 위에서 본 바와 같은바, 이러한 사정 하에서 원고들이 피고에게 약정된 잔금 지급기일에 잔금을 지급하였다는 사정만으로는 원고들이 스스로 위와 같은 약정해제권을 포기하였다고 보기는 어렵다고 할 것이고, 달리 원고들이 위 약정해제권을 포기하였음을 인정할 증거도 없으므로, 피고의 위 주장은 이유 없다.

(3) 피고는 원고들이 이 사건 임야를 매수함에 있어 그 위치에 관하여 착오를 일으킨 점이 있다고 하더라도 이는 이 사건 매매계약의 중요한 부분도 아니고, 위와 같은 착오에 관하여 원고들에게는 중대한 과실이 있으므로, 원고들은 착오를 이유로 이 사건 매매계약을 취소할 수 없다고 주장한다.

그러나, 원고들의 이 사건 청구원인은 이 사건 매매계약 당시 유보한 약정해제권에 기하여 이 사건 매매계약을 해제한다는 것이고, 법률행위의 중요부분의 착오를 이유로 이 사건 매매계약을 취소한다는 것은 아니므로, 피고의 위 주장은 이유 없다.

(4) 다시 피고는 원고들이 이 사건 임야에 관한 위 임의준, 신상철 명의의 소유권이전등기의 말소등기절차를 이행하기 전에는 원고들의 청구에 응할 수 없다고 동시이행의 항변을 하므로 살피건대, 이 사건 매매계약이 해제됨에 따른 피고의 매매대금 반환의무와 원고들의 위 소유권이전등기말소의무는 특별한 사정이 없는 한 동시이행관계에 있다고 할 것이므로, 피고의 위 항변은 이유 있다.

(5) 그렇다면, 피고는 원고들이 이 사건 임야에 관하여 경료된 위 임의준, 신상철 명의의 위 소유권이전등기의 말소등기절차를 이행함과 동시에 이 사건 매매계약이 해제됨에 따른 원상회복금으로서 원고들에게 각 금 47,500,000원을 지급할 의무가 있다할 것이다(원고들은 잔금이 지급된 날인 1997. 10. 30.부터 이 사건 소장부본 송달일까지는 민법 소정의 연 5푼의, 그 다음날부터 완제일까지는 소송촉진등에관한특례법 소정의 연 2할 5푼의 각 비율에 의한 지연손해금의 지급을 구하나, 위 매매대금반환의무는 위 소유권이전등기의 말소등기절차 이행의무와 동시이행관계에 있으므로, 달리 피고에게 이행지체의 책임이 있다는 등의 특별한 사정이 없는 이 사건에 있어서는, 원고들의 지연손해금 청구는 받아들이지 아니한다).

(6) 원고들은 나아가, 원고들과 피고는 이 사건 매매계약을 체결하면서 계약당사자의 일방이 위약하는 경우 상대방에게 위약금을 지급하기로 약정하였으므로, 피고는 위 매매대금의 반환과는 별도로 원고들에게 각 금 5,000,000원의 위약금을 지급할 의무가 있다고 주장한다.

그러므로 살피건대, 위 갑 제1호증의 기재에 의하면, 위 매매계약 체결시 작성된 매매계약서(갑 제1호증)의 제6조는 "본 계약을 매도자가 위약했을 때에는 계약금의 배액을 매수자에게 배상하고 매수자가 위약했을 때에는 본 계약금은 무효로 하며 계약금 반환청구를 할 수 없음"이라고 규정하고 있는 사실을 인정할 수 있고 반증이 없으나, 위와 같은 배상액의 예정으로서의 위약금 약정은 채무자의 채무불이행이 있을 것을 전제로 한다고 할 것인데, 피고에게 어떠한 채무불이행이 있다는 점에 대하여 아무런 주장, 입증이 없으므로 원고들의 위 주장은 더 나아가 살펴볼 필요 없이 이유 없다(위에서 본 바와 같이 위 매매계약은 피고의 채무불이행을 이유로 해제된 것이 아니고, 현지 답사시 확인된 토지와 측량에 의하여 확인된 토지의 불일치로 인하여 약정에 따라 해제된 것이므로, 위 매매계약이 해제되었다는 사정만으로 피고에게 어떠한 채무불이행이 있었다고 볼 수 없고, 또한 피고가 거래의 목적인 토지를 정확하게 지적하지 못하였다는 사실만으로 그에게 어떠한 채무불이행이 있었다고 보기도 어렵다).

3. 결론

그렇다면, 원고들의 이 사건 청구는 위 인정범위 내에서 이유 있어 이를 인용하고, 나머지 청구는 이유 없어 이를 각 기각할 것인바, 원심판결은 이와 결론을 일부 달리하여 부당하므로, 피고의 항소를 일부 받아들여 원심판결을 주문 제1항과 같이 변경하기로 하여 주문과 같이 판결한다.

(1-2) 대법원 2000. 6. 9. 선고 2000다9123 판결

【원고, 상고인】 신춘 외 1인

【피고, 피상고인】 방호석

【원심판결】 대전고등법원 2000. 1. 13. 선고 99나2346 판결

【주 문】

원심판결 중 각 금 47,500,000원에 대한 1997. 10. 30.부터 소장부본 송달일까지는 연 5푼, 그 다음날부터 완제일까지는 연 2할 5푼의 각 비율에 의한 금원지급을 구하는 청구 부분을 파기하고 이 부분 사건을 대전고등법원에 환송한다.

【이 유】

상고이유를 본다.

원심은, 원고들과 피고 사이의 이 사건 부동산 매매계약이 원고들의 약정해제권 행사에 의하여 적법하게 해제되었다고 판단한 다음, 계약해제에 따른 원상회복조치로서 원고들이 이 사건 매매대금 원본의 반환을 구하는 청구 부분에 대하여서는 이를 인용하였으나, 그 매매대금에 대한 잔금 지급기일인 1997. 10. 30.부터 이 사건 소장부본 송달일까지는 연 5푼의, 그 다음날부터 완제일까지는 연 2할 5푼의 각 비율에 의한 금원지급을 구하는 청구 부분에 대하여는, 원고들의 이 부분 청구금원의 성격이 이 사건 매매대금의 반환을 지체함에 따른 지연손해금을 구하는 것이라는 전제하에 피고의 이 사건 매매대금 반환의무는 이 사건 매매계약의 이행으로 경료된 이 사건 부동산에 관한 소유권이전등기를 원고들이 말소할 의무와 동시이행관계에 있고, 따라서 원고들이 위 의무를 이행할 때까지는 매매대금의 반환을 거절할 수 있는 것이어서 피고에게 이행지체 책임이 있다고 볼 수 없다는 이유로 원고들의 이 부분 청구를 배척하였다.

그러나 법정해제권 행사의 경우 당사자 일방이 그 수령한 금전을 반환함에 있어 그 받은 때로부터 법정이자

를 부가함을 요하는 것은 민법 제548조 제2항이 규정하는 바로서, 이는 원상회복의 범위에 속하는 것이며 일종의 부당이득반환의 성질을 가지는 것이고 반환의무의 이행지체로 인한 것이 아니므로, 부동산 매매계약이 해제된 경우 매도인의 매매대금 반환의무와 매수인의 소유권이전등기말소등기 절차이행의무가 동시이행의 관계에 있는지 여부와는 관계없이 매도인이 반환하여야 할 매매대금에 대하여는 그 받은 날로부터 민법 소정의 법정이율인 연 5푼의 비율에 의한 법정이자를 부가하여 지급하여야 하는 것이고(대법원 1995. 3. 24. 선고 94다47728 판결, 1996. 4. 12. 선고 95다28892 판결 등 참조), 이와 같은 법리는 약정된 해제권을 행사하는 경우라 하여 달라지는 것은 아니라고 할 것이다.

그런데 기록에 의하면, 원고들이 이 부분 청구에서 지급을 구하는 금원의 성격이 이 사건 부동산 매매계약이 해제됨에 따른 매매대금에 관한 법정이자의 지급을 구하는 것인지 아니면 이 사건 매매대금의 반환이 지체됨에 따른 지연손해금의 지급을 구하는 것인지 여부가 분명하지 않는바, 그렇다면 원심으로서는 마땅히 원고들에게 석명권을 행사하여 원고들의 이 부분 청구에서 지급을 구하는 금원의 성질에 관한 주장취지를 명확히 한 뒤에 이 부분 청구에 대하여 판단하였어야 함에도 불구하고, 원심은 이러한 조치를 취하지 아니한 채 앞에서 본 바와 같이 이 부분 청구를 오직 지연손해금의 지급을 구하는 것으로 속단하고 위와 같이 판단하고 말았는바, 이와 같은 원심의 조치에는 계약해제시의 원상회복의무의 범위에 관한 법리를 오해한 나머지 석명권 불행사 및 심리미진의 잘못을 범하여 판결 결과에 영향을 주었다고 하지 않을 수 없다.

이 점을 지적하는 취지의 상고이유의 주장은 이유 있다.

그러므로 원심판결 중 이 사건 매매대금에 대한 1997. 10. 30.부터 소장부본 송달일까지는 연 5푼, 그 다음 완제일까지는 연 2할 5푼의 각 비율에 의한 금원 지급을 구하는 청구 부분을 파기하고, 그 부분 사건을 원심법원에 환송하기로 하여 관여 대법관의 일치된 의견으로 주문과 같이 판결한다.

(2-1) 서울고등법원 1975. 6. 5. 선고 75나55 판결

【원고, 항소인】 이범홍

【피고, 피항소인】 양재욱

【원심판결】 서울민사지방법원 1974. 12. 3. 선고 74가합3974 판결

【주 문】 원고의 항소를 기각한다.
항소비용은 원고의 부담으로 한다.

【청구취지】

피고는 원고에게 금 1,870,000원 및 위금에 대하여 1971. 8. 10.부터 완제에 이르기까지 연 5푼의 비율에 의한 금원을 지급하라. 소송비용은 피고의 부담으로 한다라는 판결 및 가집행 선고.

【항소취지】

원판결 취소 및 청구취지와 같은 판결.

【이 유】

동산인 별지 목록기재 이건 물건들이 원래, 피고소외 대지상에 설치되어 있으며 원고가 경영하던 "안암주유소"의 시설물들로서 원고의 소유이었던 사실, 피고가 이건 물건들을 제3자에게 양도 처분한 사실 등에 관하여서

는, 원, 피고사이에 다툼이 없다.

원고 소송대리인은, 피고는 아무런 권원없이 원고소유인 이건 물건들을 불법 처분한 것이라고 주장하면서, 피고에 대하여 이건 물건들의 싯가 상당액인 청구취지 기재 금원의 지급을 구하므로 살피건대, 위 원고주장사실에 일부 부합하는 (증거)은 아래에서 인정하는 사실에 비추어 당원이 이를 믿지 않는 바이고, (증거)만으로는 원고의 위 주장사실을 뒷받침하기에 부족하며, 달리 피고가 원고소유인 이건 물건들을 권원없이 불법 처분하였다는 원고 주장사실을 인정할 자료가 없다.

오히려, (증거)를 종합하면, 원고는 1971. 5. 8. 이건 물건들을 포함한 위 "안암주유소"의 시설물 일체와 위 주유소 설치 허가 명의 및 위 주유소 운영에 따른 채권 채무 등을 소외 망 장운항에게 양도하고 이건 물건들을 포함한 위 시설물 일체를 위 소외인에게 인도하였다가, 위 소외인의 계약의무 불이행을 이유로 같은 해 7. 10. 위 양도계약 해제의 의사표시를 한 사실, 위 소외인은 그 후에도 이건 물건들을 원고에게 반환하지 않고 있다가 1972. 4. 3. 사망하고 소외 장영훈 등 소외 망 장운항의 상속인들이 이를 점유, 위 주유소를 경영하고 있다가, 위 주유소 대지의 소유자인 피고에 대한 금 1,100,000원 정도의 임대료 채무에 대한 대물변제로서 1974. 2. 15. 이건 물건들의 소유권을 피고에게 이전하여 준 사실 등을 인정하기에 충분하다.

그렇다면, 원고의 이건 물건들에 관한 소외 망 장운항과 사이의 위 양도계약이 적법하게 해제되었다고 하더라도, 위 양도계약해제는 소 원고는 1971. 5. 8. 이건 물건들을 포함한 위 "안암주유소"의 시설물 일체와 위 주유소 설치 허가 명의 및 위 주유소 운영에 따른 채권 채무 등을 소외 망 장운항에게 양도하고 이건 물건들을 포함한 위 시설물 일체를 위 소외인에게 인도하였다가, 위 소외인의 계약의무 불이행을 이유로 같은해 7. 10. 위 양도계약 해제의 의사표시를 한 사실, 위 소외인은 그 후에도 이건 물건들을 원고에게 반환하지 않고 있다가 1972. 4. 3. 사망하고 소외 장영훈 등 소외 망 장운항의 상속인들이 이를 점유, 위 주유소를 경영하고 있다가, 위 주유소 대지의 소유자인 피고에 대한 금 1,100,000원 정도의 임대료 채무에 대한 대물변제로서 1974. 2. 15. 이건 물건들의 소유권을 피고에게 이전하여 준 사실 등을 인정하기에 충분하다.

그렇다면, 원고의 이건 물건들에 관한 소외 망 장운항과 사이의 위 양도계약이 적법하게 해제되었다고 하더라도, 위 양도계약해제는 소외 망 장운항 또는 그 상속인들과 원고사이에 있어 원상회복 의무 등 채권적 효과를 발생할 뿐, 위 양도계약의 목적물인 이건 물건들의 소유권이 당연히 원고에게로 복귀된 것이라고는 할 수 없으니, 위 소외 망 장운항의 상속인들로부터 적법하게 이건 물건들의 소유권을 취득한 피고에게는 위 양도계약 해제의 효력을 주장할 수 없다 할 것이고, 따라서 피고로서는 이건 물건들의 정당한 소유자로서, 이를 처분한 행위가 불법처분이라고는 할 수 없다.

따라서 피고의 이건 물건들의 처분행위가 권원없는 자의 불법처분임을 전제로 하는 원고의 본소청구는 나머지 주장사실에 관하여 알아볼 필요없이 이유 없으므로 이를 기각할 것인바, 이와 결론을 같이 한 원판결은 정다하고 원고의 항소는 이유 없으므로 이를 기각하기로 하며, 항소비용은 패소자인 원고의 부담으로 하여서 주문과 같이 판결한다.

(2-2) 대법원 1977. 5. 24. 선고 75다1394 판결

【원고, 상고인】 이범홍
【피고, 피상고인】 양재욱

【원심판결】 서울고등법원 1975.6.5. 선고 75나55 판결

【주 문】 원심판결을 파기하고 사건을 서울고등법원에 환송한다.

【이 유】

상고이유를 판단한다.

1. 원심판결은 그 이유에서 원고는 1971.5.8 이건 물건들을 포함한 위 안암주유소의 시설물 일체와 위 주유소 설치허가명의 및 위 주유소 운영에 따른 채권·채무등을 소외 망 장운항에게 양도하고 이건 물건들을 포함한 위 시설물 일체를 위 소외인에게 인도하였다가 위 소외인의 계약의무 불이행을 이유로 같은해 7.10 위 양도계약 해제의 의사표시를 한 사실 위 소외인은 그 후에도 이건 물건들을 원고에게 반환하지 않고 있다가 1972.4.3 사망하고 소외 장영훈 등 소외 망장운항의 상속인들이 이를 점유 위 주유소를 경영하고 있다가 위 주유소 대지의 소유자인 피고에게 대한 금 1,100,000원 정도의 임대료 채무에 대한 대물변제로서 1974.2.15 이건 물건들의 소유권을 피고에게 이전하여 준 사실 등을 인정한 다음 그렇다면 원고의 이건 물건들에 관한 소외 망 장운항과 사이의 위 양도계약이 적법하게 해제되었다고 하더라도 위 양도계약해제는 소외 망 장운항 또는 그 상속인들과 원고 사이에 있어 원상회복의무등 채권적 효과를 발생할뿐 위 양도계약의 목적물인 이건 물건들의 소유권이 당연히 원고에게로 복귀된 것이라고는 할 수 없으니 위 소외 망 장운항의 상속인들로 부터 적법하게 이건 물건들의 소유권을 취득한 피고에게는 위 양도계약해제의 효력을 주장할 수 없다 할 것이고 따라서 피고로서는 이건 물건들의 정당한 소유자로서 이를 처분한 행위가 불법처분이라고는 할 수 없다고 판시하여 원고의 손해배상청구를 기각하였다.

2. 민법 제548조 제1항 본문에 의하면 계약이 해제되면 각 당사자는 상대방을 계약이 없었던거와 같은 상태에 복귀케할 의무를 부담한다는 뜻을 규정하고 있는바, 계약에 따른 채무의 이행으로 이미 등기나 인도를 하고 있는 경우에 그 원인 행위인 채권계약이 해제됨으로써 원상회복된다고 할 때 그 이론 구성에 관하여 해제가 있더라도 이행행위 그 자체는 그대로 효력을 보유하고 다만 그 급부를 반환하여 원상회복할 채권 채무관계가 발생할 뿐이라는 소위 채권적 효과설과 이미 행하여진 이행행위와 등기나 인도로 물권변동이 발생하고 있더라도 원인 행위인 채권계약이 해제되면 일단 이전하였던 물권은 당연이 복귀한다는 소위 물권적 효과설이 대립되어 있다. 우리의 법제가 물권행위의 독자성과 무인성을 인정하고 있지 않는점과 민법 제548조제1항 단서가 거래안정을 위한 특별규정이란 점을 생각할 때 계약이 해제되면 그 계약의 이행으로 변동이 생겼던 물권은 당연히 그 계약이 없었던 원상태로 복귀한다고 봄이 타당하다 할 것이다.

그러므로 원심판결이 위에서 본바와 같이 계약해제의 효력이 채권적 효과밖에 없다하여 원고와 소외 장운항 간의 이사건 물건에 관한 양도계약이 해제되었더라도 원고는 그 물건을 인도받기 전에는 아직 이에 대한 소유권이 복귀되지 아니한다고 판시하였음은 계약해제에 관한 법리를 오해한 위법이 있다 할 것이니 이점에 관한 논지 이유있어 원심판결은 파기를 면할 수 없다.

그리고 피고가 이 사건에서 이사건 물건들에 대한 소유권을 취득하였다는 주장에는 민법 제249조 소정의 소위 즉시취득이라는 점도 포함되고 있으므로 이점도 아울러 심리케 하기 위하여 이 사건을 원심에 환송하기로 한다.

여기에는 관여법관의 의견이 일치되다.

(3-1) 서울고등법원 1983. 11. 10. 선고 82나3331 판결

【원고(반소피고), 항소인 겸 피항소인】 홍종혁 외 3인
【피고(반소원고), 항소인】 김성남
【피고, 항소인】 흥한산업주식회사 외 1인
【피고, 피항소인】 박병호외 1인
【원심판결】 서울지방법원 의정부지원 1982. 6. 9. 선고 78가합246, 79가합340(반소)

【주 문】

1. 원판결의 원고들(반소 피고들) 패소부분 중 원고들의 피고 박길수에 대한 별지 제4목록기재 제3 및 제12내지 15항 토지에 관한 청구 부분, 원고(반소피고) 홍종혁의 피고 박길수에 대한 별지 6목록기재 제2 및 5항 토지에 관한 청구부분을 취소한다.

피고 박길수는 원고들(반소피고들)에게 별지 제4목록 기재 제3 및 12내지 15항 토지에 관하여 1978. 3. 20 서울 지방법원 의정부지원 접수 제4188호로서 경료된 소유권이전등기청구권보존을 위한 가등기의, 원고(반소피고) 홍종혁에게 별지 제6목록기재 제2항 토지에 관하여는 1978. 3. 20 위 같은 지원접수 제4188호로서 경료된, 위 같은 목록 제5항 토지에 관하여는 1978. 3. 13 위 같은 지원접수 제3702호로서 경료된 각 소유권이전등기청구권보전을 위한 가등기의 각 말소등기절차를 이행하라.

2. 원고들(반소피고인들) 및 원고(반소피고) 홍종혁의 나머지 항소 및 피고(반소원고) 김성남, 피고 흥한산업주식회사, 같은 김남웅의 항소를 기각한다.

3. 소송비용중 원고들(반소피고)과 피고 박길수 사이에 생긴 부분은 제 1,2심을 통하여 4분하여 그 3곳은 원고들(반소피고들)의, 나머지는 피고 박길수의 각 부담으로 하고, 원고들(반소피고들)과 피고 박병호 사이에 생긴 항소비용은 원고들(반소피고들)의 부담으로 하며 원고들(반소피고들)과 피고(반소원고)김성남 사이에 생긴 항소비용은 본소반소를 통하여 피고(반소원고)김성남의, 원고들(반소피고들)과 피고 흥한산업주식회사 같은 김남웅 사이에 생긴 항소비용은 위 피고들의 각 부담으로 한다.

【청구취지】

원고들은 본소로서,

1. 원고들(반소피고들, 이하 원고들이라고 한다)에게 (1) 피고(반소원고,이하 피고라고 한다) 김성남은 별지 제1목록기재 토지에 관하여 1978. 2. 9 서울지방법원 의정부지원 접수 제1977호로서 경료된 소유권이전등기청구권보전을 위한 가등기의, (2) 피고 흥한산업주식회사는 별지 제2 및 3목록기재 토지에 관하여 1978. 2. 23 위 같은 지원 접수 제2817호로서 경료된 소유권이전등기의, (3) 피고 김남웅은 별지 제4목록 기재 토지에 관하여 1978. 3. 8 위 같은 지원 접수 제3423호로서 경료된 소유권이전등기의, (4) 피고 박길수는 별지 제4목록기재 제1,2,5,7항 토지에 관하여는 1978. 3. 13 위 같은 지원접수 제3702호로서 경료된 같은 목록기재 제3,4,6,8내지 15항 토지에 관하여는 1978. 3. 20 위 같은 지원접수 제4188호로서 경료된 각 소유권 이전등기청구보존을 위한 가등기의 각 말소등기절차를 이행하고,

2.원고 홍종혁에게,(1) 피고 김성남은 별지 제5목록기재 제 1내지 4항, 제6내지23항 및 제25항 토지에 관하여 1978. 2.9 위 같은 지원 접수 제1978호로서 경료된 소유권이전등기청구권보전을 위한 가등기의, (2) 피고 흥한산

업주식회사는 별지 제5목록 기재 제3,5,24항토지에 관하여 1978. 2. 23 위 같은 지원 접수 제2812호로서 경료된 소유권이전등기의, (3) 피고 김남웅은 별지 제6목록 기재 제1내지 3항 토지에 관하여는 1978. 3. 8 위 같은 지원 접수 제3419호로서 경료된 같은 목록기재 제4 내지 8항 기재 토지에 관하여는 1978. 3. 8 위 같은 지원접수 제3420호로서 경료된 각 소유권이전등기의 (4) 피고 박길수는 별지 제6목록기재 제1내지 제4항 토지에 관하여는 1978. 3. 20 위같은 지원 접수 제 4188호로서 경료된, 위 같은 목록기재 제 5내지 8항 기재 토지에 관하여는 1978. 3. 13 위 같은 지원접수 제3702호로서 경료된 각 소유권이전등기청구권보전을 위한 가등기의, (5) 피고 박병호는 별지 제5목록기재 제3항 토지중 488분의 195지분에 관하여 1978. 4. 12 위 같은 지원접수 제5800호로서 경료된 소유지분권이전등기의 각 말소등기절차를 이행하라. 소송비용은 피고들의 부담으로 한다. 라는 판결.

피고 김성남은 반소로서, 원고들은 피고 김성남으로부터 금 38,000.000원을 수령함과 동시에 피고 김성남에게 원고들은 별지 제1목록기재 토지에 관하여 1979. 2. 9 위 같은 지원 접수 제1977호로서 경료된 소유권이전등기청구권보존을 위한 가등기에 기한 본등기절차를, 원고 홍종혁은 별지 제5목록기재 제1,2,4항 제6 내지 23항 및 25항 토지에 관하여 1979. 2. 9 위 같은 지원접수 제1978호로서 경료된 소유권이전등기청구권보전을 위한 가등기에 기한 본등기절차를 각 이행하라. 소송비용은 원고들의 부담으로 한다. 라는 판결

[항소취지]

원고들은 피고 박길수, 같은 박병호에 대한 항소취지로서 원판결중 위 피고들에 대한 부분을 취소한다. 청구취지 1,2의 각(4) 2의(5)와 같은 판결 및 소송비용은 제 1,2심 모두 위 피고들의 부담으로 한다. 라는 판결

피고 김성남은 같은 홍한산업주식회사, 같은 김남웅은 원고들에 대한 항소취지로서 원 판결중 위 피고들에 대한 부분을 취소한다. 원고들의 위 피고들에 대한 본소청구를 기각한다. 청구취지상의 피고 김성남의 반소청구와 같은 판결 및 소송비용은 제1,2심 모두 원고들의 부담으로 한다. 라는 판결

[이 유]

1.원고들의 본소청구에 관한 판단.

별지 제1목록기재 토지 및 제5목록기재 토지중 제1항 내지 4항, 제6항 내지 제23항 제25항 토지에 관하여 피고 김성남 앞으로 소유권이전등기청구권보전을 위한 가등기가, 제2, 제3목록기재 토지 및 제 5목록기재 토지중 제3,5,24항 토지에 관하여 피고 홍안산업주식회사 앞으로 소유권이전등기가, 제 4,6목록기재 토지에 관하여 피고 김남웅 앞으로 소유권이전등기 및 피고 박길수 앞으로 소유권이전등기청구권보전을 위한 가등기가, 제5목록기재 토지중 제3항 토지에 관하여 피고 박병호 앞으로 지분이전등기가 각 청구취지 기재와 같이 경료되어 있는 사실을 당사자들 사이에 다툼이 없고, (증거)를 종합하면, 별지 제1목록 내지 제4목록기재 각 토지는 원래 소외 망 홍재훈의, 제4,5,6목록기재 토지는 위 망인의 아들인 원고 홍종혁의 소유로서, 위 각 토지(이하, 이 사건 토지라고 한다) 상에는 약 150여동의 건물이 난립되어 있어 토지의 매매가 용이하지 아니할 뿐만 아니라 위 토지점유자들로부터의 임료징수도 어려운등 위 토지의 소유, 관리를 둘러싸고 문제가 생기게 되자 위 원고등은 이 사건 토지를 전문적으로 분쟁토지매매를 하여오던 피고 김성남에게 매도키로 하여 1977. 12. 28 위 피고와 사이에 (다만, 계약서 상에는 위 피고와 소외 정순모 양인을 매수인 명의로 표시하였다) 이 사건 토지중 원고 홍종혁과 소외 망 홍재운의 점유토지, 제3자에게 이에 매도한 토지 및 도로부분인 별지 제2목록기재 제1항 토지중 71평 부분같은 목록기재 제2항 토지중 56평부분, 제4목록기재 제3 및 12내지 15항 토지와 제6목록기재 제 2,5항 토지

등 9필지의 토지를 제외한 나머지 토지의 분할되기전의 토지인 경기 ㅇㅇ군 ㅇㅇ읍 ㅇㅇ리 476의1 대1608평(1068평의 오기로 보인다)외 10필지 약 8,245평을 대금 48,000,000원에 매도하되,(다만, 위 8,245평은 계약당시 대충의 평수를 기재 하였던 것으로 정확한 평수는 추후 가감키로 하고, 대금도 평당 6,000원씩으로 정한 것인 바, 실제 이사건 매매목적 토지의 총평수는 별지 제1내지 6목록기재 토지 총평수 9785평 4홉중 위 9필지 토지를 제외한 9227평 4홉이다) 매수인은 계약당일 계약금 3,000,000원을, 1978. 2.밀일에 중도금 20,000,000원을 , 같은 해 5월 말일에 잔대금 18,000,000원을 지급키로 하고 ,다만 매수인 측에서 1978. 1. 15까지 위 계약서상의 중도금 20,000,000원과 별도로 1차 중도금으로 금7,000,000원을 매도인 측에게 지급하면 매수인들에게 이사건 매매토지 전체에 대한 가등기와 그 중 지번을 특정함이 없이 토지 1,000평에 대한 소유권이전등기를 경료하여 주기로 특약하여 매매계약을 체결한 사실, 피고 김성남은 위 매매계약에 따라 원고 홍종혁등에게 계약당일 계약금 3,000,000원을 지급한 후 1978. 1. 19에는 위 특약에 따라 금 7,000,000원을 지급하여 같은 날 원고 홍종혁 및 소외 홍재운으로부터 가등기 및 소유권 이전등기에 필요한 위임장, 인감증명서와 매수인란과 목적부동산기재란이 백지로 된 매도증서 등을 교부받고 그 시경 이사건 토지를 점유자별로 각 분필 한 다음 1978. 2. 9 이사건 토지중 별지 제3목록기재토지를 제외한 나머지 토지 전부에 관하여 위 피고명의로 가등기를 경료하고, 같은 해 2.23에는 이 사건 토지 중 1,000평에 해당하는 별지 제2,3목록기재 토지와 제5목록기재 제3,5,24항토지(실제로는 1134평이다)를 위 피고가 대표이사로 선임되어 있는 피고 홍한산업주식회사에게 명의신탁하는 의미에서 피고회사 앞으로 소유권이전등기를 경료한 사실, 그러나, 위 중도급지급기일인 1978. 2 말일경에 이르러 피고 김성남이 중도급지급기일의 연기를 요청해 오자, 원고 홍종혁은 당시 소외 박세형으로부터 동 소외인 소유인 경기 연천군 군남년 황지리 162 답 1273평외 8필지를 대금 21,500,000원에 매수하고, 위 피고로부터 받을 이 사건 매매의 중도금으로 지급할 것을 예정하여 그 잔대금 19,350,000원을 1978. 2말까지 지급키로 약정한 바 있었으므로, 위 박세형의 양해를 얻어 원고 홍종혁의 잔대금 지급기일이 연기될 것을 조건으로 피고 김성남의 이사건 중도금 지급기일도 이에 상응하여 연기해 주기로 한 사실, 이에 피고 김성남은 소외 정복환을 통하여 위 박세형에게 피고 홍한산업주식회사가 발행한 만기 1978. 3. 30로 된 액면금 18,000,000원 및 1,350,000원의 약속어음 2매를 전달하고 위 잔대금지급기일을 위 약속어음의 만기까지 연기해 줄 것을 요청하였으나 위 박세형은 위 어음의 수령을 거부한채 다만 잔대금지급기일을 같은해 3.20까지 연기하는데 동의함에 그침으로써 피고 김성남의 중도급지급기일 역시 위 1978. 3. 20까지 연기된 사실, 그후 피고 김성남이 연기된 1978. 3. 20까지도 중도금을 지급치 아니하여 원고 홍종혁도 위 박세형에게 잔대금을 지급치 못하게 되고 결국 같은해 3. 22 위 박세형으로부터 원고 홍종혁과의 매매계약을 해제당하자 원고 홍종혁과 소외 망 홍재운 역시 1978. 3. 28 피고 김성남에게 그 해 4. 5까지 이미 경료된 가등기 및 소유권이전등기의 말소를 구함과 동시에 이사건 매매계약을 해제하겠다는 취지의 통고를 한 사실, 한편 피고 김성남은 위 중도금 지급기일이 연기된 후인 1978. 3. 8 이 사건 토지의 일부인 별지 제4,6목록기재 토지에 관하여 매도인인 원고 홍종혁 및 소외 홍재운의 승낙도 없이 그의 동생인 피고 김남웅에게 명의신탁하는 의미에서 피고 김남웅 앞으로 소유권이전등기를 경료하였고 , 피고 박길수는 이 사건 매매계약이 원고 홍종혁 등에 의하여 해제되기 전인 1978. 3. 20경 피고 김남웅과 사이에서 별지 제4,6목록기재 토지에 관하여 매매예약을 체결하고 이를 원인으로 하여 앞에서 본 바와 같이 가등기를 경료한 다음 이사건 소송제기후인 1978. 8. 21과 그달 23에 각 위 가등기에 기한 본등기까지 경료하였으며 ,피고 박병호는 위 해제후인 1978. 4 10 피고 홍한산업주식회사로부터 별지 제5목록기재 제3토지중 488분의 195지분을 매수하고 그달 12 그 지분이전등기를 경료한 사실, 소외 망 홍재운은 1978. 12. 20 사망하고 그의 처자들인 원고들이 그 공동재산상속인이 된 사실을 각 인정할 수 있고, 위 인정에 반하는 위 증인 정복환, 홍☆섭, 이▣철, 홍▲완, 고◈진, 이▼철의 각 일부증언 및 원심 및 당심에서의 형사기록검증의 일부결과는 이를 믿지 아니하며 달리 위 인정을 좌우함에 족한 증거가 없다.

위 인정사실에 의하면, 우선 이사건 토지 가운데 앞에서 본 별지 제2목록기재 제1항토지중 71평부분, 같은 목록기재 제3항 토지중 56평 부분, 제4목록기재 제3 및 제12내지 15항 토지와 제6목록기재 제2,5항토지등 9필지의 토지는 이사건 매매계약에서 제외된 토지로서 위 토지들에 관한 피고들 명의의 가등기 및 소유권이전등기는 모두 원인 무효의 등기임을 면치 못한다고 할 것이고, 다음으로 원고 홍종혁 소외 홍재은과 피고 김성남 사이의 이 사건 매매계약은 위 해제통고에 따라 1978. 4. 5 적법히 해제되었다고 볼 것인 한편 피고 흥한산업주식회사나 같은 김남웅은 같은 김성남이 원고 홍종혁등으로부터 이 사건 토지를 매수하여 그 이전등기를 함에 있어 그 명의를 빌려 소유권이전등기를 경료시킨 자들에 불과하여 이들을 이 사건 계약으로 인하여 생긴 법률효과에 기초하여 새로운 권리를 취득한 제3자로 볼 수 없으므로, 피고 김성남, 같은 흥한산업주식회사, 같은 김남웅은 등기의 원인무효를 내세우거나 해제로 인한 원상회복을 구하는 원고 홍종혁 및 소외 홍재운의 재산상속인에게 청구취지 1,2,의 각 (1) 내지 (3) 기재의 등기를 말소할 의무 있다 할 것이고, 한편 피고 박길수는 위 해제전에 매매예약을 하고 이를 원인으로 하여 대항력 있는 가등기를 갖춘 자로서(위 가등기에 기한 본등기도 위 해제후에 경료되었음은 앞에서 본 바와 같다) 위 피고의 위 가등기목적물에 대한 이익은 해제자인 원고 홍종혁등과의 관계에서 보호됨이 상당하다고 인정되므로 위 피고는 위 계약해제로부터 보호되어야 할 제3자로 볼 것이고, 피고 박병호는 위 매매계약의 해제후에 앞에서 본 지분을 매수한 자이기는 하나 원고 홍종혁등이 위 해제로 인한 원상회복등기전에 그 이전등기를 경료하였을 뿐만아니라 위 피고가 악의 취득자라는 입증도 없어서 이 사건 해제에도 불구하고 완전한 소유권을 취득한다고 할 것이므로(대법원 1971. 11. 30. 선고, 71다1995 판결 및 1975. 12. 23 선고, 75다533 판결 참조) 피고 박길수명의의 청구취지 1,2의 각(4)기재 등기중 원인무효등기부분인 주문 제1항 기재 토지에 관한 등기부분을 제외한 위 피고들명의의 나머지 등기는 원고 홍종혁등의 위 해제에도 불구하고 이를 말소할 의무가 있다 할 수 없다고 할 것이다.

원고들 소송대리인은 나아가 (1) 피고 김성남이 이 사건 토지중 1,000평에 대한 이전등기특약에 따라 1978. 2. 23 약997평(실제로는 앞에서 본 바와같이 1134평이 된다)만의 등기이전을 필하고 나머지 3평을 이전치 못했다는 이유로 피고 김남용 및 피고 흥한산업주식회사 이사인 소외 이▼철과 공모하여 1978. 3. 2 원고 홍종혁에게 이미 교부받은 서류로써는 1,000평을 모두 이전치 못하였으니 관계서류 1통씩을 더 해달라고 기망하여 위 원고 및 소외 홍재운으로부터 부동산 표시란의 우측에 "이상"이라는 막음표시를 한 그들명의의 위임장 및 매도증서 각 1통씩을 교부받은 다음 위 막음표시를 임의로 삭제하고 위 부동산표시란에 "별지와 같음"이라는 고무인을 찍고 자의로 백지 2매를 목록으로 첨부하는 등의 방법으로 관계서류를 위조하여 벌제 제4,6목록기재 토지에 관하여 피고 김남웅명의의 소유권이전등기를 경료하였고 이에 터잡아 피고 박길수명의의 가등기도 경료된 것이므로 피고 김남웅의 이전등기는 물론 피고 박길수명의의 가등기 역시 원인무효의 등기로서 말소되어야 한다고 주장하므로 살피건대, 앞에서 본 갑제13호증(증명원)의 기재와 위 증인 홍종철의 일부증언 및원심 및 당심에서 시행한 위 형사기록검증의 일부결과에 의하면, 위 피고 김남웅과 소외 이▼철등이 원고들 소송대리인 주장과 같은 방법으로 등기소요시류를 위조하여 별지 제4,6목록기재 토지에 관하여 피고 김남웅 명의로 소유권이전등기가 경료되고, 이에 터잡아 피고 박길수명의의 가등기가 경료된 사실은 인정되나, 한편 위 토지들에 대한 피고 김남웅명의의 소유권이전등기는 피고 김성남이 원고 홍종혁등과의 이 사건 매매계약에 기하여 원고 홍종혁등으로부터 이전받을 매매 목적토지(다만, 앞에서 본 매매목적토지에서 제외된 토지는 제외)에 관하여 피고 김남웅에게 명의신탁 등기를 경료시키는 과정에서 위 인정과 같은 방법으로 불법등기가 해하여 진 것에 불과함은 앞에서 든 증거들에 비추어 명백하여 피고 김남웅명의의 이전등기는 비록 그것이 등기과정상 소요서류의 위조등의 방법으로 행하여져 하자가 있다고 하더라도 실체 권리관계에는 부합하는 등기로 볼 것이므로, 피고 김남웅명의의 위 이전등기가 원인무효임을 전제로 한 원고들 소송대리인의 위 주장은 받아들일 수 없고, (2) 피고 홍한산업주식회사나 피고 김남웅 명의의 소유권이전등기는 피고 김성남과 위피고들의 통정허위의사표시에 기한 것으로 원인무효이므로 이에 터잡아 경료된 피고 박길수명의의 가등기나 피고 박병호명의의 지분이전등기 역시 원인무효의 등기로서 말소되어야 한다고 주장하나, 통정허위의사표시에 의한 무효는 선의의 제3자에게 대항할 수 없는 것으로 이 사건에서 피고 박길수, 같은 박병호의 악의의 점에 관한 원고들의 아무런 주장입증도 없는 이상 원고들 소송대리인의 위 주장은 더 나아가 살펴볼 필요없이 이유없다. 원고들 소송대리인은 나아가 별지 제2 및 제3목록기재 토지에 관하여 피고 박길수명의로 1978. 5. 17 위 같은 지원접수 제8081호로 경료된 가등기 및 그에 기한 본등기는 원고들의 1978. 4. 21자 처분금지가처분집행이후의 것이므로 위 피고는 위 등기들을 가지고 원고들에게 대항할 수 없다고 주장하나, 원고들의 이 사건 청구취지를 보면, 별지 제2 및 3목록기재 토지에 관하여는 피고 박길수에게 그 명의등기의 말소등기 청구를 하고 있지 아니할 뿐만 아니라 당사자들이 제출한 등기부등본을 살펴보아도 원고들소송대리인이 주장하는 위 피고명의의 가등기 및 본등기가 경료되어 있음도 발견되지 아니하므로 위 주장은 당원의 판단을 기다릴 필요없이 그 이유없다고 할 것이다.

다음 피고들 소송대리인은 (1) 피고 김성남의 이 사건 중도금지급 채무는 그 이행에 갈음하여 앞에서 본 액면 합계금 19,350,000원인 약속어음 2매를 소외 박세형에게 교부함으로써 소멸되었고, 그렇지 않더라도 피고 김성남의 중도금지급기일은 위 약속어음의 만기인 1978. 3. 30까지 연기되었으므로 그 이전인 그달 28에 행하여진 해제의 의사표시는 부당하며 나아가 위 해제에 있어서는 상당한 기간의 유예를 둔 이행최고도 없었다고 주장하므로 살피건대, 어음의 교부는 그것이 채무의 지급에 갈음한다는 등의 사정없는 한 채무의 이행확보를 위한 것으로 볼 것이고, 당원이 배척한 위의 증거들 외에 피고 김성남의 어음교부가 그의 이 사건 중도금채무지급에 갈음키로 한 것임을 인정할 증거가 없을 뿐만 아니라(위 어음은 그나마 위 박세형으로부터 수령 거절되었다) 이 사건 중도금지급기일이 위 어음의 만기가 아닌 1978. 3. 20로 연기되었을 뿐이고, 원고 홍종혁 1978. 3. 28 해제에 있어서도 그해 4.5까지 이미 넘겨준 가등기 및 소유권이전등기의 말소를 구함으로써 그 기간까지 이행의 최고를 통고한 것으로 볼 수 있을 것임은 앞에서 인정한 바와 같아서 피고들 소송대리인의 위 주장은 어느것이나 이유없으며, (2) 이사건 매매계약은 토지점유자들과의 복잡한 문제 때문에 잔대금지급기일 이전이라도 매수인측에서 지급하는 금액에 상당하는 토지를 부분적으로나마 피고 김성남이나 그가 지정하는 사람에게 소유권이전등기를 넘겨줌으로써 그 부분 계약관계를 종결시킬 것을 내용으로 하는 계약으로서 피고 김성남은 1978. 1. 15 금 7,000,000원을 지급하고 그에 상응하여 피고 홍한산업주식회사앞으로 소유권이전등기를, 같은 해 3·8에는 위에 본 바와같이 약속어음을 교부함으로써 중도금지급채무를 이행하고 그 가액에 상응하여 피고 김남웅 앞으로 소유권이전등기를 앞에서 인정한 바와 같이 경료하였던 바이므로, 가사 이 사건 매매계약의 해제가 유효하다 하더라도 이미 소유권이전등기가 경료된 부분은 매매관계가 종결된 것이고 위 해제로 인하여 아무런 영향도 받을 수 없다고 주장하나, 갑제2호증(매매계약서)의 기재만으로는 이 사건 매매계약이 피고들 소송대리인 주장과 같은 내용의 계약임을 인정키에 부족하고 앞에서 배척한 증거들 외에 달리 이를 인정함에 족한 증거가 없으므로 피고 소송대리인들의 위 주장 역시 이유없다.

2. 피고 김성남의 반소청구에 대한 판단.

피고 김성남은 이 사건 반소청구로서, 위 피고는 1977. 12. 28. 소외 홍재운과 원고 홍종혁으로부터 본소청구에 관한 판단에서 본 바와같은 매매계약을 체결하고 계약금 300만원,과 1차중도금 700만원을 지급하고 이 사건 토지에 관하여 가등기를 경료하였으니 매매당사자 내지는 위 소외망 홍재운의 재산상속인인 원고들은 위 피고들로부터 매매잔대금 3,800만원을 수령함과 동시에 위 피고에게 원고들은 별지제1목록기재 토지에 관하여 원고 홍종혁은 별지제5목록 제1,2,4,6 내지 23 및 25항기재 토지에 관하여 위 가등기에 기한 본등기절차를 이행할 의무 있다고 주장하나, 위 피고와 원고 홍종혁 및 소외 망 홍재은간의 이 사건 매매계약이 위 피고의 중도금지급채무의 불이행으로 인하여 원고들에게 의하여 적법히 해제되었음은 본소청구에 관한 판단에서 인정한 바와 같으므로 이 사건 매매계약의 존속을 전제로 한 위 피고의 이 사건 반소청구는 더나아가 판단할 필요없이 이유없다

3. 결론

그렇다면, 위고들의 피고 김성남, 같은 흥한산업주식회사, 같은 김남웅에 대한 청구는 모두 이유있고 피고 박길수에 대한 청구는 위 인정범위내에서 이유있어 이를 인용하되 원고들이 피고 박길수에 대한 나머지 청구 및 원고 홍종혁의 피고 박병호에 대한 청구와 피고 김성남의 원고들에 대한 반소청구는 모두 이유없으므로 이를 기각할 것인 바, 원판결은 피고 박길수에 대한 원고들의 청구에 관하여 이와 일부 결론을 달리하고 원고들의 청구부분 모두를 기각하였으므로 부당하고, 이에 대한 원고들의 항소는 정당하므로 원판결은 위 인정한도 내에서 취소하여 위 피고에게 주문 제1항기재와 같이 말소등기를 명하기로 하고 원고들의 나머지 항소 및 피고 김성남, 같은 흥한산업주식회사, 같은 김남용의 항소는 모두 이유 없으므로 이를 기각키로 하며, 소송비용의 부담에 관하여는 민사소송법 제96조, 제95조, 제89조, 제92조, 제93조를 적용하여 주문과 같이 판결한다.

(3-2) 대법원 1985. 4. 9. 선고 84다카130 판결

【원고, 상고인】 홍종혁 외 3인
【피고, 피상고인】 박길수 외 1인
【원심판결】 서울고등법원 1984.11.10 선고 82나3331, 3332 판결
【주 문】 원심판결을 파기하여, 사건을 서울고등법원에 환송한다.

【이 유】

원고 소송대리인의 상고이유 제1, 2점을 함께 모아 판단한다.

1. 원심판결 이유기재에 의하면 원심은 그 거시증거를 모아 피고 김성남(피고 김성남, 같은 흥한산업주식회사, 같은 김남웅에 대한 판결은 같은 피고등의 상고허가신청이 기각됨으로서 확정되었으나 편의상 피고라고 표시한다)은 이 사건 계쟁토지에 관한 매매계약의 중도금 지급기일이 연기된 이후인 1973.3.8 매매목적물의 일부인 원

심판결 별첨 제4,6목록 기재 토지에 관하여 매도인인 원고 홍종혁 및 소외 망 홍재운의 승낙도 없이 그의 동생인 피고 김남웅 앞으로 명의신탁하는 뜻에서 소유권이전등 기를 경료하였고 피고 박길수는 이 사건 매매계약이 원고 홍종혁 등에 의하여 해제되기 전인 1978.3.20경 피고 김남웅과 사이에서 위 제4,6 목록기재토지에 관하여 매매예약을 체결하고 이를 원인으로 하여 소유권이전등기청구권 보전을 위한 가등기를 한 다음 이 사건 소송제기 후인 1978.8.21과 그달 23일에 각 위 가등기에 기한 본등기를 경료하였으며 피고 박병호는 이 사건 계약해제후인 1978.4.10 피고 홍한산업주식회사(피고 홍한산업주식회사 명의의 소유권이전등기에 관하여는 원심은 앞서 피고 김 성남이 그가 대표이사로 있는 피고회사에 명의신탁하는 의미에서 그 소유권이전등기를 경료한 것이라고 확정하였다)로부터 원심판결 별첨 제5목록기재 제3토지 중 488분의 195지분을 매수하고 그달 12일 그 지분이전등기를 경료한 사실등을 확정한 다음 원고 홍종혁, 소외 홍 재운과 피고 김성남사이의 이 사건 매매계약은 그 계약해제통고에 따라 1978.4.5 적법하게 해제되었다고 볼 것인 한편 피고 홍한산업주식회사나 같은 김남웅은 같은 김성남이 원고 홍종혁 등으로부터 이 사건 토지를 매수하여 그 이전등기를 함에 있어 그 명의를 빌려 소유권이전등기를 경료시킨 자들에 불과하여 이들을 이사건 계약으로 인하여 생긴 법률효과에 기초하여 새로운 권리를 취득한 제3자로 볼 수 없으므로 피고 김성남, 같은 홍한산업주식회사, 같은 김남웅은 등기의 원인무효를 내세우거나 해제로 인한 원상회복을 구하는 원고등의 청구에 응할 의무가 있다고 할 것이나 한편 피고 박길수는 위 해제 전에 매매예약을 하고 이를 원인으로 하여 대항력있는 가등기를 갖춘 자로서 (위가등기에 기한본등기는 위 해제후에 경료되었다)위 피고의 위 가등기 목적물에 대한 이익은해제자인 원고 홍종혁 등과의 관계에서 보호됨이 상당하다고 인정되므로 위 피고는 위 계약해제로부터 보호되어야 할 제3자로 볼 것이고 피고 박병호는 위 매매계약의 해제 후에 앞에서 본 지분을 매수한 자이기는 하나 원고 홍종혁등이 위 해제로 인한 원상회복등기전에 그 이전등기를 경료하였을 뿐만 아니라위 피고가 악의의 취득자라는 입증도 없어서 이 사건 해제에도 불구하고 완전한 소유권을 취득하는 것이라고 판시하고 나아가 피고 김성남이 이 사건 매매목적물중 1,000평에 대한 소유권이전등기 특약에 따라 1978.2.23 약 997평(실제로는 1,134평)만의 등기이전을 필하고 나머지 3평을 이전하지 못하였다고하여 피고 김남웅 및 피고 홍한산업주식회사의 이사인 소외 이완철 등과 공모하여 1978.3.2 원고 홍종혁에게 이미 교부받은 서류로써는 1,000평을 모두 이전치 못하였으니 관계서류 한통씩을 더 해달라고 기망하여 위 원고 및 홍재운으로부터 부동산표시란의 우측에 "이상"이라는 막음표시를 한 그들 명의의 위임장 및 매도증서등을 교부받은 다음 위 막음표시를 임의로 삭제하고 위부동산 표시란에 "별지와 같음"이라는 고무인을 찍고 자의로 백지 2매를 목록으로 첨부하는 등의 방법으로 관계서류를 위조하여 위 제4,6목록기재 토지에관하여 피고 김남웅 명의의 소유권이전등기를 경료하였고 이에 터잡아 피고 박길수명의의 가등기도 경료된 사실이 인정되기는 하나 이 토지들에 대한 피고김남웅 명의의 소유권이전등기는 피고 김성남이 원고 홍종혁등과의 이 사건 매매계약에 기하여 원고 홍종혁등으로부터 이전받을 매매목적 토지에 관하여 피고 김남웅에게 명의신탁등기를 경료시키는 과정에서 위 인정과 같은방법으로 불법등기가 행하여진 것에 불과함은 증거들에 비추어 명백하여 피고 김남웅명의의 이전등기는 비록 그것이 등기 과정상 소요서류의 위조 등의 방법으로 행하여진 하자가 있다고 하더라도 이는 실체권리관계에 부합하는 등기로 볼것이므로 피고 김남웅명의의 위 이전등기가 원인무효임을 전제로 한 원고등의 주장은 받아들일 수가 없다고 판시하였다.

2. 공부상 공시된 등기가 실체적 권리관계에 부합한다함은 그 등기절차에 문서의 위조등 어떤 하자가 있다고 하더라도 진실한 권리관계와 합치되는 것을 말하는 것으로 이 사건의 경우 약정매매대금 전액이 지급되었다거

나 또는 매매대금 완불이전이라고 하더라도 그 소유권이전등기를 하기로 하는 약정이있었다고 할 수 없다면(원고 홍종혁 및 홍재운과 피고 김 성남 사이에 이 사건 토지중 1,000평에 한하여서 만 피고 김성남이 중도금 금 7,000,000원을 지급하였을 때 그 명의로 소유권이전등기를 하기로 하는 특약만이 있었다 함은 원심이 적법하게 확정한 바이다)위 피고 김남웅 및 피고 홍한산업주식회사 명의의 소유권이전등기는 매도인인 원고 홍종혁이나 위 홍재운의 의사에 반하는 것임이 분명하고 또 실체적 권리관계에 부합한다고 할 이유나 근거가 없다고 할 수 밖에 없다. 원심이 실체적 권리관계에 부합한다고 판시한 이유나 그 근거를 이해하기 어려우나 판문 그대로 이 사건 매매계약으로 이전받을 매매목적물인 까닭에 실체적 권리관계에 부합한다는 뜻이라면 이는 매매와 실체적 권리관계에 법리를 오해한데 연유한 것으로 잘못임이 자명하다.

원래 원고등이 내세우는 청구원인 사실을 기록에 의하여 살펴보면 피고 김성남이 원고 홍 종혁과 위 홍재운등과의 이 사건 매매계약의 약지에 반하여 이 사건 계쟁토지 전부에 관하여 같은 피고명의의 소유권이전등기청구권보전의 가등기를 경료한 다음 그중 원심판결 별첨 제2,3 목록기재 토지와 같은 제뜨목록기재 3, 5,24 토지에 관하여 자신이 대표이사로 되어 있는 피고 홍한산업주식회사 명의로 소유권이전등기를 경료하였고 다시 같은 제4,6 목록기재토지에 관하여 관계서류를 위조하여 자기의 동생인 피고 김남웅명의의 소유권이전등기를 하였다는 것이 그 첫째 근간을 이루고 있음이 명백하므로 원심으로서는 먼저 원고등의 청구원인사실을 분명히 밝혀 이에 대한 판단을 토대로 이사건 원고등 청구의 당부를 가렸어야 할 것임에도 불구하고 어차피 소유권을 넘겨주어야 할 매매목적물이라는 이유만으로 피고 김남웅, 같은 홍한산업주식회사에 대한 원고 등의 청구는 인용하면서 피고 박길수에 대하여서는 위 피고등 명의의 소유권이전등기가 실체적 권리관계에 부합한다고 하여 그에 기한 피고 명의의 소유권이전등기의 말소를 구하는 원고등의 청구를 배척한 원심조치는 이와 같은 점에서 이유불비 아니면 이유모순의 비난을 면할 길이 없다.

3. 계약당사자의 일방이 계약을 해제하였을 때에는 계약은 소급하여 소멸하여 계약당사자는 각 원상회복의 의무를 지게되나 이 경우 계약해제로 인한 원상회복등기 등이 이루어지기 이전에 계약의 해제를 주장하는 자와 양립되지 아니하는 법률관계를 가지게 되었고 계약해제 사실을 몰랐던 제3자에 대하여는 계약해제를 주장할 수 없는 법리이다.

그런데 일건 기록에 의하여 원심이 배척하지 아니한 제1심 및 원심증인 김춘배의 증언에 의하면 피고 박병호는 원고 홍종혁 및 위 홍재운과 피고 김성남간의 이 사건 매매계약이 해제된 사실을 알고 원심판결별첨 제5목록기재3 토지중 488분의 195지분을 매수한 사실을 알 수 있고 총 8,245평에 이르는 이 사건 토지의 유래, 매매경위 및 그 점유 이용실태 등과 자치인회의 구성 및 형사 고소사건등 여러 사정에 비추어 위 김춘배의 증언은 상당히 신빙성이 높은 진술이라고 보여지는 것임에도 불구하고 원심이 이에 대하여는 아무런 판단도 하지 아니한 채 피고 박병호가 이 사건 매매계약해제 이후에 위 토지지분을 매수한 자이긴 하나 원고 홍종혁등 이 위 해제로 인한 원상회복등기이전에 그 소유권이전등기를 경료하였을 뿐만 아니라 위 피고가 악의의 취득자아는 입증도 없어서 이 사건 해제에도 불구하고 완전한 소유권을 취득한다고 판시하였음은 증거판단을 유탈하였거나 그 취사판단을 그릇하여 사실을 오인하였다고 할 수 밖에 없다.

4. 결국 원고 소송대리인의 이 사건 상고는 그 이유가 있으므로 원심판결을 파기하여 사건을 서울고등법원에 환송하기로 하여 관여법관의 일치한 의견으로 주문과 같이 판결한다.

4 해제권의 실효

대법원 1994. 11. 25. 선고 94다12234 판결

【원고, 상고인】 김영효
【피고, 피상고인】 추승원
【원심판결】 광주고등법원 1994.1.19. 선고, 93나 3355 판결
【환송판결】 대법원 1993.4.27. 선고 92다44350 판결
【주 문】 원심판결을 파기하고, 사건을 광주고등법원에 환송한다.

【이 유】

상고이유를 본다.

1. 원심판결이유에 의하면, 원심은 거시증거에 의하여 다음과 같은 요지의 사실, 즉, 피고를 대리한 소외 최재정이 1987. 8. 8. 소외 김한덕, 강점순과 사이에 피고 소유의 이 사건 부동산을 양도소득세 등을 매수인이 부담하는 조건으로 대금 108,960,000원에 매도하기로 하는 매매계약을 체결한 사실, 그 후 위 최재정이 이 사건 부동산의 가격이 올랐다면서 계약금 배액을 지급하고 해약할 뜻이 있음을 밝히자 같은 해 10. 3. 위 김한덕은 잔금지급시까지 18,000,000원을 추가 지급하고 이 사건 부동산 위에 건립할 연립주택 18평형 1동을 제공하기로 약정한 사실, 위 김한덕은 같은 해 12. 22. 원고와 사이에 이 사건 부동산 및 그 이외의 2필지 부동산을 대금 202,000,000원에 매도하기로 하는 매매계약을 체결한 사실, 위 김한덕은 1988. 2. 3. 위 강점순으로부터 공동매수인으로서의 지위를 양수받아 단독매수인이 된 사실, 위 김한덕은 1988. 1. 8.로 정하여져 있던 잔금지급기일까지 피고에게 위 매매대금 전부와 추가약정대금 중 금 13,000,000원은 지급하였으나 추가약정대금 중 나머지 금 5,000,000원과 연립주택의 제공 및 양도소득세 문제는 해결하지 아니한 사실, 그 후 위 최재정은 위 김한덕에게 수차에 걸쳐 위 잔존채무의 이행을 독촉하여 오다가 같은 해 4. 12. 피고 명의의 인감증명서 등 소유권이전등기 소요서류 일체를 구비하여 제시하면서 같은 해 5. 7.까지 위 잔존채무를 이행할 것을 최고하였으나 위 김한덕은 이행하지 아니한 사실, 위 최재정은 다시 같은 해 6. 23. 위 김한덕에게 피고 명의의 인감증명서 등 소유권이전등기 소요서류를 제시하고 같은 해 7. 15.까지 위 잔존채무를 이행할 것을 최고하였으나 위 김한덕은 역시 이행하지 아니한 사실, 그러자 위 최재정은 같은 해 7. 16. 최종적으로 위 김한덕에게 같은 해 7. 6.자로 다시 발급받은 피고 명의의 인감증명서 등을 제시하고 피고가 외국에 유학 중이어서 인감증명서 등을 재발급받기 어려운 사정 등을 감안하여 인감증명서 유효기간 내인 같은 해 7. 31.까지 잔존채무를 이행할 것을 최고하였는바, 이 때 위 김한덕은 그날까지는 틀림 없이 위 잔존채무를 이행할 것이며 만일 그때까지 이를 이행하지 못할 때에는 위 계약을 해제하여도 이의 없다는 내용의 각서(을제45호증의 1)를 작성, 교부하였으나 그 기일까지도 위 잔존채무를 이행하지 아니한 사실, 그 후 위 김한덕은 원고측의 고소로 같은 해 8. 16.경부터 1989. 봄 무렵까지 구속되어 있는 등으로 위 계약을 이행할 능력이 거의 없었고, 한편 위 최재정은 피고 명의의 인감증명서를 다시 발급받으려고 시도하였으나 재외국민인 피고가 양도소득세를 납부하고 세무서장의 납세확인을 받아 오기 전에는 발급하여 줄 수 없다는 이유로 거절당하자 1989. 11. 11. 위 김한덕에게 같은 해 12. 10.까지 잔존채무를 이행할 것을 최고하면서

그 기간 도과시에는 별도의 통지 없이 위 매매계약을 해제한다는 내용의 의사표시를 하여 그 무렵 위 의사표시가 위 김한덕에게 도달된 사실, 위 김한덕은 위 최고기일까지도 위 잔존채무를 이행하지 아니한 사실 등을 인정한 다음, 위 김한덕이 피고를 대리한 위 최재정으로부터 위와 같이 1988. 6. 23.까지 2회에 걸쳐 적법한 이행의 제공을 받고도 자신의 채무를 이행하지 못한 후 다시 같은 해 7. 16. 이행의 제공을 받자 같은 해 7. 31.까지 위 잔존채무를 이행할 것을 약속하고 이를 이행하지 못할 때에는 위 계약을 해제하여도 이의 없다는 내용의 위 각서를 제공한 것은 자신이 위 기한을 ○○시 ○○면그 이후에는 새로운 이행의 제공 없이 위 계약을 해제할 수 있는 권리를 부여하는(즉 동시이행의 항변권을 포기하는) 취지의 약정을 한 것으로 보아야 할 것이고, 따라서 그 후 위 최재정이 1989. 11. 11. 위 김한덕에게 같은 해 12. 10.까지 위 잔존채무의 이행을 최고하고 그 기간 도과시에는 별도의 통지 없이 위 매매계약을 해제한다는 내용의 조건부 계약해제의 의사표시를 하였으나 위 김한덕이 이를 이행하지 아니함으로써 피고와 위 김한덕 사이의 위 매매계약은 위 김한덕의 채무불이행으로 인하여 적법하게 해제되었다고 판단하였다.

2. 기록에 의하여 살펴보면, 위 각서(을제45호증의 1)의 작성・교부를 중심으로 한 그 전후 경위에 관한 원심의 사실인정 자체는 정당한 것으로 수긍이 가고, 위 각서가 소론과 같이 소급 작성된 것으로는 보이지 아니하므로, 이 점에 관한 논지는 이유 없다.

그러나 원심이 확정한 사실에 의하더라도 위 각서의 내용은 위 김한덕이 1988. 7. 31.까지는 틀림 없이 위 잔존채무를 이행할 것을 약속하며 만일 그때까지 이를 이행하지 못할 때에는 피고측에서 위 매매계약을 해제하여도 이의 없다는 것에 불과하지 위 김한덕이 위 기한을 ○○시 ○○면 그 이후에는 피고측에서 새로운 이행의 제공 없이 위 매매계약을 해제할 수 있는 권리를 부여한다는 내용이 포함되어 있는 것은 아니고, 위 김한덕이 위 각서 작성 이전에 피고를 대리한 위 최재정으로부터 2회에 걸쳐 적법한 이행의 제공을 받고도 자신의 채무를 이행하지 못한 사정이 있었다는 것만으로 위 각서가 새로운 이행의 제공 없이 위 매매계약을 해제할 수 있는 권리를 부여한다는 취지에서 작성된 것이라고 인정하기는 부족하다 할 것이며, 그 외 달리 위 각서가 위와 같은 취지에서 작성된 것이라고 인정할 만한 증거를 찾아 볼 수 없고(위 각서의 작성경위 등에 관하여 증언하고 있는 원심증인 김한덕의 증언에서도 이에 부합하는 부분은 찾아 볼 수 없다), 오히려 원심이 확정한 사실과 기록에 의하면, 위 각서는, 원심이 인정한 바와 같이 피고측으로부터 때로는 적법한 이행의 제공을 받으면서 수차에 걸쳐 위 잔존채무의 이행을 최고받고서도 그때마다 위 잔존채무를 이행하지 못하고 피고측의 재산을 관리하여 준 인연 등으로 맺고 있던 평소의 친밀한 관계에 의지하여 새로운 이행의 기회를 줄 것을 간청하여 그 양해를 받아오던 위 김한덕이 더 이상 그와 같은 양해를 구하기도 어려운 지경에 처하자 피고측에서 최고한 기일까지 틀림없이 위 잔존채무를 이행할 것을 다짐하면서 이번에도 이행하지 못할 때에는 다시는 이행의 기회를 달라고 간청하지는 않겠다는 취지에서 작성된 것으로 보일 뿐이다.

결국 위 각서의 제공으로써 위 김한덕이 피고측에 새로운 이행의 제공 없이 위 매매계약을 해제할 수 있는 권리를 부여하였다고 본 원심의 조치에는 위 각서의 내용을 그릇 해석한 위법이 있다 할 것이고, 이는 판결에 영향을 미쳤음이 분명하므로, 이 점을 지적하는 논지는 이유 있다.

3. 혹시 위 김한덕이 1988. 7. 16. 피고를 대리한 위 최재정으로부터 이행제공 및 최고를 받고도 그 기한인 같은 해 7. 31.까지 위 잔존채무를 이행하지 아니함으로써 발생한 해제권을 위 최재정이 1989. 11. 11. 행사한 것이라

고 볼 여지가 있을지 모르나(피고는 원심 제24차 변론기일에서 진술한 1993. 9. 17.자 준비서면에서 그와 같은 취지의 주장을 하고 있다), 이 점은 아래와 같은 이유로 받아들이기 어렵다 할 것이다.

즉, 일반적으로 권리의 행사는 신의에 좇아 성실히 하여야 하고 권리는 남용하지 못하는 것이므로, 해제권을 갖는 자가 상당한 기간이 경과하도록 이를 행사하지 아니하여 상대방으로서도 이제는 그 권리가 행사되지 아니할 것이라고 신뢰할 만한 정당한 사유를 갖기에 이르러 그 후 새삼스럽게 이를 행사하는 것이 법질서 전체를 지배하는 신의성실의 원칙에 위반하는 것으로 인정되는 결과가 될 때에는 이른바 실효의 원칙에 따라 그 해제권의 행사가 허용되지 않는다고 보아야 할 것인 바, 원심이 채용하고 있는 을제20호증의 1, 을제36호증의 각 기재와 원심증인 김한덕의 증언 및 제1심 법원의 위 김한덕에 대한 본인신문결과 등 기록에 나타난 자료에 의하면, 위 김한덕이 위 1988. 7. 31.까지 위 잔존채무를 이행하지 아니하였으나 그 후에도 피고측에서는 이를 이유로 위 매매계약을 즉각 해제하지 아니하고 오히려 위 김한덕에 대하여 위 잔존채무의 이행을 계속 최고하여 왔으며, 원고가 1989.1.14. 위 매매계약이 유효하게 존속하고 있음을 전제로 이 사건 대위소송을 제기하여 10여차례의 변론기일이 열려 심리가 진행되고 있는데도 피고측은 해제권을 행사하지 아니하고 나아가 1989. 9.경에는 위 김한덕이 위 잔존채무를 이행할 경우에 대비하여 피고 명의의 인감증명서를 다시 발급받으려고 시도하기도 하다가 위 김한덕이 1988. 7. 31.까지 위 잔존채무를 이행하지 아니함으로써 해제권이 발생한 때로부터 무려 1년 4개월가량이나 경과하고 원고가 이 사건 소송을 제기한 때로부터도 10개월가량이나 경과한 1989. 11. 11.에 이르러서야 비로소 해제의 의사표시를 하기에 이르렀고, 위 해제의 의사표시가 있기 이전에는 물론 거기서 정해진 최고기한인 같은 해 12. 10.까지만 하여도 위 김한덕은 위 잔존채무만 이행하면 소유권이전등기를 경료받을 수 있는 것으로 믿어 왔던 사실을 알 수 있는바, 사실관계가 이와 같다면, 위 해제의 의사표시가 있은 무렵을 기준으로 볼 때, 피고측에서 1988. 7. 31. 발생한 해제권을 장기간 행사하지 아니하고 오히려 위 매매계약이 여전히 유효함을 전제로 위 잔존채무의 이행을 최고함에 따라 위 김한덕으로서는 위 해제권은 더이상 행사되지 아니할 것으로 신뢰하였다 할 것이고, 또 위 매매계약상의 매매대금 자체는 거의 전부가 지급된 점 등을 더하여 보면 위 김한덕이 그와 같이 신뢰한 데에는 정당한 사유도 있었다고 봄이 상당하다 할 것이므로, 그 후 피고측에서 새삼스럽게 위 해제권을 행사한다는 것은 신의성실의 원칙에 반하여 허용되지 아니한다 할 것이고, 따라서 이제와서 피고측이 위 매매계약을 해제하기 위하여는 다시 이행제공을 하면서 최고를 할 필요가 있다 할 것인데 위 해제의 의사표시를 함에 있어서 피고측에서 이행의 제공을 하였다고 볼 만한 자료는 찾아 볼 수 없기 때문이다.

4. 그러므로 나머지 상고이유에 대한 판단을 생략한 채 원심판결을 파기하고 사건을 원심법원에 환송하기로 하여 관여법관의 일치된 의견으로 주문과 같이 판결한다.

5 계약해제와 손해배상의 범위

(1-1) 서울고등법원 2001. 12. 12. 선고 2001나14032 판결

【원고, 피항소인】 이재일 외 11인

【피고, 항소인】 봉천7구역1지구주택개량재개발조합

【원심판결】 서울지방법원 2001. 2. 14. 선고 2000가합8736 판결

【주 문】

1. 제 1심 판결 중 다음에서 각 지급을 명하는 금원을 초과하여 지급을 명한 피고 패소부분을 취소하고, 그 취소부분에 해당하는 원고들의 청구를 각 기각한다.

피고는,

가. 원고 이○○에게 금 83.835.000원 및 그 중 금 33,534,000원에 대하여는 1996. 12. 26.부터, 금 16,767,000원에 대하여는 1997. 5. 15.부터, 금 16,767,000원에 대하여는 1997. 10. 15.부터, 금 16,767,000원에 대하여는 1998. 3. 16.부터 각 2001. 2. 14.까지는 연 5%의, 그 다음날부터 완제일까지는 연 25%의 각 비율에 의한 금원을,

나. 원고 엄△△에게 금 134,200,100원 및 그 중 금 33,534,000원에 대하여는 1996. 12. 26.부터, 금 16,767,000원에 대하여는 1997. 5. 15.부터, 금 16,767,000원에 대하여는 1997. 10. 15.부터, 금 16,767,000원에 대하여는 1998. 3. 16.부터, 금 16,767,000원에 대하여는 1998. 8. 17.부터, 금 16,767,000원에 대하여는 1999. 1. 15.부터, 금 16,767,000원에 대하여는 1999. 6. 15.부터, 금 64,100원에 대하여는 1999. 12. 31.부터 각 2001. 2. 14.까지는 연 5%의, 그 다음날부터 완제일까지는 연 25%의 각 비율에 의한 금원을,

다. 원고 정××에게 금 134,136,000원 및 그 중 금 33,534,000원에 대하여는 1996. 12. 27.부터, 금 16,767,000원에 대하여는 1997. 5. 15.부터, 금 16,767,000원에 대하여는 1997. 10. 15.부터, 금 16,767,000원에 대하여는 1999. 1. 15.부터, 금 16,767,000원에 대하여는 1999. 6. 15.부터 각 2001. 2. 14.까지는 연 5%의, 그 다음날부터 완제일까지는 연 25%의 각 비율에 의한 금원을,

라. 원고 박◉◉에게 금 134,120,400원 및 그 중 금 33,534,000원에 대하여는 1996. 12. 27.부터, 금 16,767,000원에 대하여는 1997. 5. 15.부터, 금 16,767,000원에 대하여는 1997. 10. 15.부터, 금 16,767,000원에 대하여는 1998. 3. 16.부터, 금 16,767,000원에 대하여는 1998. 8. 17.부터, 금 16,767,000원에 대하여는 1999. 1. 15.부터, 금 16,751,400원에 대하여는 1999. 6. 15.부터 각 2001. 2. 14까지는 연 5%의, 그 다음날부터 완제일까지는 연 25%의 각 비율에 의한 금원을,

마. 원고 정♧♧에게 금 134,136,000원 및 그 중 금 33,534,000원에 대하여는 1996. 12. 27.부터, 금 16,767,000원에 대하여는 1997. 5. 15.부터, 금 16.767,000원에 대하여는 1997. 10. 15.부터, 금 16,767,000원에 대하여는 1998. 3. 16.부터, 금 16,767,000원에 대하여는 1998. 8. 17부터, 금 16,767,000원에 대하여는 1999. 1. 15.부터, 금 16,767,000원에 대하여는 1999. 6. 15.부터 각 2001. 2. 14.까지는 연 5%의, 그 다음날부터 완제일까지는 연 25%의 각 비율에 금원을,

바. 원고 김ㅁㅁ에게 금 36,000,000원, 원고 신◇◇, 박◉◉에게 각 금 31,500,000원, 원고 정☆☆, 유▥▥, 김■■, 김◐◐에게 각 금 19,800,000원 및 각 이에 대한 2000. 1. 1.부터 2001. 12. 12.까지는 연 5%의, 그 다음날부터 완제일까지는 연 25%의 각 비율에 의한 금원을, 각 지급하라.

2. 피고의 나머지 항소를 각 기각한다.

3. 소송비용은 이를 5분하여 그 중 1은 원고들의, 나머지는 피고의 각 부담으로 한다.

【청구취지 및 항소취지】

1. 청구취지

피고는,

가. 원고 이○○에게,

(1) 금 83,835,000원 및 그 중 금 33,534,000원에 대하여는 1996. 12. 26.부터, 금 16.767,000원에 대하여는 1997. 5. 15.부터, 금 16,767,000원에 대하여는 1997. 10. 15.부터, 금 16.767.000원에 대하여는 1998. 3. 16.부터 각 이 사건 소장 부본 송달일까지는 연 5%의, 그 다음날부터 완제일까지는 연 25%의 각 비율에 의한 금원을 지급하고,

(2) 금 30,822,000원 및 이에 대한 1996. 12.26.부터 제 1심 판결선고일까지는 연 5%의, 그 다음날부터 완제일까지는 연 25%의 각 비율에 의한 금원을 지급하고,

(3) 금 20,000,000원 및 이에 대한 1996. 12. 26.부터 제1심 판결선고일까지는 연 5%의, 그 다음날부터 완제일까지는 연 25%의 각 비율에 의한 금원을 지급하고,

나. 원고 엄△△에게,

(1) 금 134,200,100원 및 그 중 금 33,534,000원에 대하여는 1996. 12. 26.부터, 금 16.767.000원에 대하여는 1997. 5. 15.부터, 금 16,767,000원에 대하여는 1997. 10. 15.부터, 금 16,767,000에 대하여는 1998. 3. 16.부터, 금 16,767,000원에 대하여는 1998. 8. 17.부터, 금 16,767,000원에 대하여는 1999. 1. 15.부터, 금 16,767,000원에 대하여는 1999. 6. 15.부터, 금 64,100원에 대하여는 1999. 12. 31.부터 각 이 사건 소장 부본 송달일까지는 연 5%의, 그 다음날부터 완제일까지는 연 25%의 각 비율에 의한 금원을 지급하고,

(2) 금 40,966,200원 및 이에 대한 1996. 12. 26.부터 제1심 판결선고일까지는 연 5%의, 그 다음날부터 완제일까지는 연25%의 각 비율에 의한 금원을 지급하고,

(3) 금 23,000,000원 및 이에 대한 1996. 12. 26부터 제1심 판결선고일까지는 연 5%의, 그 다음날부터 완제일까지는 연 25%의 각 비율에 의한 금원을 지급하고,

다. 원고 정××에게,

(1) 금 134,136,000원 및 그 중 금 33,534,000원에 대하여는 1996. 12. 26.부터, 금 16,767,000원에 대하여는 1997. 5. 15.부터, 금 16.767.000원에 대하여는 1997. 10. 15.부터, 금 16,767,000원에 대하여는 1998, 3, 16.부터, 금 16,767,000원에 대하여는 1998. 8. 17.부터, 금 16,767,000원에 대하여는 1999. 1. 15.부터, 금 16,767,000원에 대하여는 1999. 6. 15.부터 각 이 사건 소장 부본 송달일까지는 연 5%의, 그 다음날부터 완제일까지는 연 25%의 각 비율에 의한 금원을 지급하고,

(2) 금 30,835,200원 및 이에 대한 1996. 12. 26.부터 제1심 판결선고일까지는 연 5%의, 그 다음날부터 완제일까지는 연 25%의 각 비율에 의한 금원을 지급하고,

(3) 금 23,000,000원 및 이에 대한 1996. 12. 26.부터 제1심 판결선고일까지는 연 5%의, 그 다음날부터 완제일까지는 연 25%의 각 비율에 의한 금원을 지급하고,

라. 원고 박◐◐에게,

(1) 금 134,120,400원 및 그 중 금 33,534,000원에 대하여는 1996. 12. 26.부터, 금 16,767,000원에 대하여는 1997. 5. 15.부터, 금 16,767,000원에 대하여는 1997. 10. 15.부터, 금 16,767,000원에 대하여는 1998. 3. 16.부터, 금 16,767,000원에 대하여는 1998. 8. 17.부터, 금 16,767,000원에 대하여는 1999. 1. 15.부터, 금 16,767,000원에 대하여는 1999. 6. 15.부터 각 이 사건 소장 부본 송당일까지는 연 5%의, 그 다음날부터 완제일까지는 연 25%의 각 비율에 의한 금원을 지급하고,

(2) 금 30,835,200원 및 이에 대한 1996. 12. 26.부터 제1심 판결선고일까지는 연 5%의, 그 다음날부터 완제일까

지는 연 25%의 각 비율에 의한 금원을 지급하고,

(3) 금 23,000,000원 및 이에 대한 1996. 12. 26.부터 제1심 판결선고일까지는 연 5%의, 그 다음날부터 완제일까지는 연 25%의 각 비율에 의한 금원을 지급하고,

마. 원고 정××에게,

(1) 금 134,136,000원 및 그 중 금 33,534,000원에 대하여는 1996. 12. 26.부터, 금 16,767,000에 대하여는 1997. 5. 15.부터, 금 16,767,000에 대하여는 1997. 10. 15.부터, 금 16,767,000에 대하여는 1998. 3. 16.부터, 금 16,767,000에 대하여는 1998. 8. 17.부터, 금 16,767,000에 대하여는 1999. 1. 15.부터, 금 16,767,000에 대하여는 1999. 6. 15.부터 각 이 사건 소장 부본 송달일까지는 연 5%의, 그 다음날부터 완제일까지는 연 25%의 각 비율에 금원을 지급하고,

(2) 금 57,235,000원 및 이에 대한 1996. 12. 26.부터 제1심 판결선고일까지는 연 5%의, 그 다음날부터 완제일까지는 연 25%의 각 비율에 의한 금원을 지급하고,

(3) 금 23,000,000원 및 이에 대한 1996. 12. 26.부터 제1심 판결선고일까지는 연 5%의, 그 다음날부터 완제일까지는 연 25%의 각 비율에 의한 금원을 지급하고,

바. 원고 김ㅁㅁ에게 금 40,000,000원, 원고 신◇◇, 박◉◉에게 각 금 35,000,000원, 원고 정☆☆, 유▥▥, 김■■, 김◐◐에게 각 금 22,000,000원 및 각 금원에 대한 1996. 12. 26.부터 제1심 판결선고일까지는 연 5%의, 그 다음날부터 완제일까지는 연 25%의 각 비율에 의한 금원을 지급하라.

2. 항소취지

제 1심 판결 중 피고 패소부분을 취소하고, 그 취소부분에 해당하는 원고들의 청구를 각 기각한다.

【이 유】

1. 기초사실

다음의 사실은 당사자 사이에 다툼이 없거나 (증거)에 변론의 전취지를 종합하여 이를 인정할 수 있고, 달리 반증이 없다.

가. 피고는 ○○○○○주택재개발사업의 시행자로서 사업시행기간을 1993. 12. 27.부터 1999.9.30.까지로 정하여 서울 관악구 봉천동 ○○○ 외 40필지 74,837 지상에 총 2,314세대분의 아파트 10개동(○○○ 아파트)을 건축하는 한편, 위 아파트 중 체비시설로 지정된 381세대에 대하여 1996. 11. 1. 관할 관악구청장으로부터 입주자모집승인을 받아 조합원이 아닌 일반인에 대한 분양(일반분양)을 실시하였는바, 그 분양 가격은 각 세대의 위치에 관계없이 동일한 금액으로 정하여졌다.

나. 원고들은 위와 같은 일반분양을 통하여 피고로부터 위 아파트 102동(이하 '이 사건 아파트'라고 한다)의 1세대씩을 분양받은 후 다음과 같이 피고에게 그 분양대금을 납부한 자들이다(다만 원고 신◇◇은 수분양자인 소외 홍재기로부터 분양계약상의 지위를 양수받았다).

(1) 원고 이○○은 1996. 12. 26. 피고와 사이에 이 사건 아파트 1층 106호에 관하여 분양대금 167,671,000원에 분양계약을 체결하고, 피고에게 계약금으로 금 33,534,000원을 납부한 이후, 1997, 5, 15. 금 16,767,000원을, 1997. 10. 15. 금 16,767,000을, 1998. 3. 16. 금 16,767,000원을 각 납부하는 등 분양대금으로 합계 금 83,835,000원을 납부하였다.

(2) 원고 엄△△은 1996. 12. 26. 피고와 사이에 이 사건 아파트 1층 107호에 관하여 분양대금 167,671,000원에

분양계약을 체결하고, 피고에게 계약금으로 금 33,534,000원을 납부한 이후, 1997, 5, 15. 금 16,767,000원을, 1997. 10. 15. 금 16,767,000을, 1998. 3. 16. 금 16,767,000원을, 1998. 8. 17. 금 16,767,000원을, 1999. 1. 15. 금 16,767,000원을, 1999. 6. 15. 금 16,767,000원을, 1999. 12.31. 금 64,100원을 각 납부하는 등 분양대금으로 합계 134,200,100원을 납부하였다.

(3) 원고 정××는 1996. 12. 27. 피고와 사이에 이 사건 아파트 1층 109호에 관하여 분양대금 167,671,000원에 분양계약을 체결하고, 피고에게 계약금으로 금 33,534,000원을 납부한 이후, 1997, 5, 15. 금 16,767,000원을, 1997. 10. 15. 금 16,767,000을, 1998. 3. 16. 금 16,767,000원을, 1998. 8. 17. 금 16,767,000원을, 1999. 1. 15. 금 16,767,000원을, 1999. 6. 15. 금 16,767,000원을 각 납부하는 등 분양대금으로 합계 금 134,136,000원을 납부하였다.

(4) 원고 박◉◉은 1996. 12. 27. 피고와 사이에 이 사건 아파트 2층 208호에 관하여 분양대금 167,671,000원에 분양계약을 체결하고, 피고에게 계약금으로 금 33,534,000원을 납부한 이후, 1997, 5, 15. 금 16,767,000원을, 1997. 10. 15. 금 16,767,000을, 1998. 3. 16. 금 16,767,000원을, 1998. 8. 17. 금 16,767,000원을, 1999. 1. 15. 금 16,767,000원을, 1999. 6. 15. 금 16,767,000원을 각 납부하는 등 분양대금으로 합계 금 134,136,000원을 납부하였다.

(5) 원고 정♧♧은 1996. 12. 27. 피고와 사이에 이 사건 아파트 2층 209호에 관하여 분양대금 167,671,000원에 분양계약을 체결하고, 피고에게 계약금으로 금 33,534,000원을 납부한 이후, 1997, 5, 15. 금 16,767,000원을, 1997. 10. 15. 금 16,767,000을, 1998. 3. 16. 금 16,767,000원을, 1998. 8. 17. 금 16,767,000원을, 1999. 1. 15. 금 16,767,000원을, 1999. 6. 15. 금 16,767,000원을 각 납부하는 등 분양대금으로 합계 금 134,136,000원을 납부하였다.

(6) 원고 김□□은 1996. 12. 26. 피고와 사이에 이 사건 아파트 1층 108호에 관하여 분양대금 167,671,000원에 분양계약을 체결한 후, 분양대금의 잔금납부기일인 1999. 12. 31.까지 위 분양대금을 모두 납부하고, 2000. 1. 1.경 입주하였다.

(7) 원고 신◇◇은 1998. 9. 7. 소외 홍○○로부터 동인이 1996. 12. 26. 피고와 사이에 이 사건 아파트 2층 206호에 관하여 분양대금 167,671,000원에 분양계약을 체결한 것에 관하여 피고의 동의를 받아 그 분양계약을 양수한 후, 분양대금의 잔금납부기일인 1999. 12. 31.까지 위 분양대금을 모두 납부하고, 2000. 1. 1.경 입주하였다.

(8) 원고 박♤♤은 1996. 12. 26. 피고와 사이에 이 사건 아파트 2층 207호에 관하여 분양대금 167,671,000원에 분양계약을 체결한 후, 분양대금의 잔금납부기일인 1999. 12. 31.까지 위 분양대금을 모두 납부하고, 2000. 1. 1.경 입주하였다.

(9) 원고 정☆☆은 1996. 12. 26. 피고와 사이에 이 사건 아파트 3층 306호에 관하여 분양대금 167,671,000원에 분양계약을 체결한 후, 분양대금의 잔금납부기일인 1999. 12. 31.까지 위 분양대금을 모두 납부하고, 2000. 1. 1.경 입주하였다.

(10) 원고 유▥▥는 1996. 12. 26. 피고와 사이에 이 사건 아파트 3층 307호에 관하여 분양대금 167,671,000원에 분양계약을 체결한 후, 분양대금의 잔금납부기일인 1999. 12. 31.까지 위 분양대금을 모두 납부하고, 2000. 1. 1.경 입주하였다.

(11) 원고 김■■은 1996. 12. 26. 피고와 사이에 이 사건 아파트 3층 308호에 관하여 분양대금 167,671,000원에 분양계약을 체결한 후, 분양대금의 잔금납부기일인 1999. 12. 31.까지 위 분양대금을 모두 납부하고, 2000. 1. 1.경 입주하였다.

(12) 원고 김◐◐는 1996. 12. 27. 피고와 사이에 이 사건 아파트 3층 309호에 관하여 분양대금 167,671,000원

에 분양계약을 체결한 후, 분양대금의 잔금납부기일인 1999. 12. 31.까지 위 분양대금을 모두 납부하고, 2000. 1. 1.경 입주하였다.

다. 이 사건 아파트 중 원고들이 분양받은 세대들의 현황

(1) 이 사건 아파트는 베란다를 기준으로 할 때 동향 건물 부분과 남향 건물 부분이 맞붙어 있는 'ㄱ'자 형태로서, 원고들이 분양받은 각 세대(이하 '이 사건 각 세대'라고 한다)는 모두 동향 건물부분에 위치하고 있고, 이 사건 각 세대는 모두 44평형으로 방 4개, 화장실 겸 욕실 2개, 거실 1칸, 주방 1칸으로 구성되어 있는데, 베란다 쪽은 동향으로, 부엌 쪽은 서향으로 창문이 나 있으며, 베란다 쪽에는 거실과 안방이 위치하고 있다.

(2) 이 사건 각 세대의 베란다 창문 쪽 전방에는 높이 약 7.4m의 주차장 옹벽(이하 '이 사건 옹벽'이라고 한다)이 설치되어 있는데, 이 사건 각 세대로부터 이 사건 옹벽까지의 직선거리는 약 5.1m이고, 이 사건 각 세대 중 1층과 2층에 위치한 곳의 베란다 창문 쪽에 서서 앞을 바라보면, 상하좌우로 이 사건 옹벽만이 보인다.

(3) 이 사건 옹벽은 산비탈의 경사면에 설치된 커다란 직육면체 콘크리트 구조물로서 그 내부는 주차장으로 이용되고 있고, 그 위의 지상에는 어린이 놀이터(이하 '이 사건 놀이터'라고 한다)가 설치되어 있다.

(4) 이 사건 놀이터에서 이 사건 각 세대를 바라보면, 정면으로 이 사건 각 세대 중 3층이 마주 보이고, 아래쪽으로 이 사건 각 세대의 1층과 2층이 내려다보인다.

(5) 이 사건 옹벽으로 인하여 햇볕이 가려지게 되어 이 사건 각 세대 중 1층과 2층의 베란다 쪽 내부는 지하방보다는 밝지만, 반지하방보다는 어두운 상태로서, 맑은 날에도 하루 종일 전등을 켜 놓지 않으면 일상생활이 현저히 곤란한 상태에 있다.

(6) 당초 설계 당시 이 사건 옹벽 부분은 비스듬한 경사지로 조성되어 있었으나, 위 아파트 단지가 고도편차가 심한 경사지에 위치하고 있는 문제를 해결하기 위하여 1996. 10. 25. 설계변경을 거쳐 현재와 같은 옹벽을 축조하게 되었다.

라. 이 사건 옹벽이 이 사건 각 세대에 미치는 영향

(1) 일조 문제

이 사건 각 세대의 경우, 별지 1. 일조 상태 기재와 같이 동지일을 기준으로 09:00부터 15:00까지 사이의 연속일조시간은 이 사건 옹벽 쪽인 동측 벽의 창문을 대상으로 할 때, 0~15분 정도, 이 사건 옹벽의 반대쪽인 서측 벽의 창문까지를 포함한 것을 대상으로 할 때 0~15분 정도이고, 동지일을 기준으로 08:00부터 16:00까지 사이의 총일조시간은 이 사건 옹벽 쪽인 동측 벽의 창문을 대상으로 할 때, 2시간 20분 정도, 이 사건 옹벽의 반대쪽인 서측 벽의 창문까지를 포함한 것을 대상으로 할 때, 3시간 20분 정도에 불과하다.

(2) 조망 문제

이 사건 각 세대에 대한 천공율 및 조망면적 중 이 사건 옹벽의 면적이 차지하는 비율은 별지 2. 조망 상태 기재와 같게 되어, 이 사건 각 세대는 상당한 정도의 조망침해를 받고 있다(여기서 말하는 조망이라 함은 이 사건 각 세대의 각 거실 중앙점에서 신장 170cm인 사람이 앉아서 연직방향으로 창밖을 바라보았을 때, 창 밖으로 보이는 정도를 의미하고, 천공율은 조망면적 중 멀리까지 내다보이는 부분이 차지하는 비율을 의미한다).

(3) 프라이버시 문제

이 사건 각 세대의 경우, 이 사건 놀이터로부터 거실 및 방안이 들여다 보이는 프라이버시의 침해가 있는바,

프라이버시의 침해가 없는 상태를 10등급으로, 프라이버시의 침해가 가장 큰 상태를 1등급으로 하여 이 사건 각 세대가 받는 침해 정도를 수치화하면 별지 3. 프라이버시 상태 기재와 같다.

마. 원고들이 피고와 아파트분양계약을 체결할 당시 피고가 제시한 안내서 등에는 '조감도와 실제는 다소 차이가 잇을 수 있다'라고만 기재되어 있을 뿐 이 사건 옹벽의 구조나 형태에 관하여는 아무런 기재가 없었고, 피고도 이에 관하여 원고들에게 설명해 준 적이 없었다. 따라서 원고들은 각 분양계약 체결 당시에 위와 같은 피해에 대하여 전혀 알지 못하였고, 오히려 정면에 이 사건 놀이터가 위치하여 조망이 좋은 상태인 것으로 알았는데, 1999. 12. 5.경 아파트 입주자 사전점검을 위하여 이 사건 각 세대를 방문한 때에 비로소 위와 같은 사실을 알게 되었다.

2. 주장 및 판단

가. 원고 이○○, 엄△△, 정××, 박◉◉, 정♧♧의 청구에 관한 부분

(1) 주장

원고 이○○, 엄△△, 정××, 박◉◉, 정♧♧은, 피고가 위 원고들과 분양계약을 각 체결할 당시 위 원고들이 분양받을 각 세대에 치명적인 일조권 등의 침해가 있음을 알고 있었음에도 이를 고지하지 아니한 채 분양계약을 체결함으로서 위 원고들은 분양 당시 예상했던 계약목적을 달성할 수 없게 되었으므로, 피고의 위와 같은 채무불이행 또는 하자담보책임에 기하여 위 각 분양계약을 해제하고, 그에 따른 원상회복 및 손해배상을 구한다는 취지로 주장한다.

이에 대하여 피고는, 위 원고들이 주장하는 바와 같은 일조권 등의 피해는 수분양자들인 위 원고들이 수인할 수 있는 범위 내에 있을뿐더러 위와 같은 사항은 계약의 부수적인 사항에 불과할 뿐이므로 이를 이유로 위 각 분양계약의 해제를 주장하는 위 원고들의 청구는 부당하다는 취지로 주장한다.

(2) 판단

(가) 아파트의 분양자가 그 수분양자와 사이에 아파트분양계약을 체결하고 아파트를 신축하여 이를 그 수분양자에게 공급함에 있어서 그 아파트가 매매목적물로서 거래상 통상 갖추어야 하거나 당사자의 특약에 의하여 보유하여야 할 품질이나 성질을 갖추지 못하였거나, 또는 분양자가 수분양자에게 분양하는 아파트의 일조 상황 등에 관하여 정확한 정보를 제공할 신의칙상 의무를 게을리 함으로써 수분양자가 분양계약 당시 예상하였던 일반적으로 용인되는 한도를 초과하는 일조 등의 피해가 있는 아파트를 분양받게 되고, 또한 위와 같은 일조 등의 상황이 매매계약의 목적 달성에 있어서 필요불가결하고 이를 이행하지 아니하면 매매계약의 목적을 달성되지 아니하여 계약을 체결하지 아니하였을 것이라고 여겨질 정도의 주된 채무인 경우에는 위 분양계약을 해제할 수 있다 할 것이다.

(나) 한편 일조방해의 정도가 사회통념상 일반적으로 용인되는 수인한도를 넘는지 여부는, 건축법 등 관계 법령에 일조방해에 관한 직접적인 단속법규가 있다면 동 법규에 적합한지 여부가 중요한 판단자료가 될 것이지만, 이러한 공법적 규제에 의하여 확보하고자 하는 일조는 원래 사법상 보호되는 일조권을 공법적인 면에서도 가능한 한 보증하려는 것으로서 특별한 사정이 없는 한 일조권 보호를 위한 최소한도의 기준으로 봄이 상당하므로, 구체적인 경우에 있어서 어떠한 건물신축이 건축 당시의 공법적 규제에 형식적으로 적합하다고 하더라도

현실적인 일조방해의 정도가 현저하게 크다면 사회통념상 수인 한도를 넘은 것으로 평가될 수 있다 할 것이어서, 결국 사회통념상 수인한도를 넘었는지 여부는 피해의 정도, 피해이익의 성질 및 그에 대한 사회적 평가, 당해 건물의 용도, 지역성, 토지이용의 선후관계, 가해방지 및 피해회피의 가능성, 공법적 규제의 위반 여부, 교섭 경과 등 모든 사정을 종합적으로 고려하여 판단하여야 할 것이다.

그런데, 일조 등의 확보를 위한 건축물의 높이 제한과 관련하여, 위 원고들이 이 사건 각 세대를 분양받을 당시 시행되던 건축법시행령(1997. 6. 17. 대통령령 제15396호로 개정되기 전의 것) 제86조 제2호 (나)목에 의하면 '공동주택의 경우 동일 대지 안에서 2동 이상의 건축물이 서로 마주보고 있는 경우에는 건축물의 각 부분의 높이는 각각 서로 마주보는 외벽의 각 부분으로부터 다른 쪽의 외벽의 각 부분까지의 거리의 1.25배 이하 또는 당해 대지 안의 모든 세대가 동지일을 기준으로 9시에서 15시 사이에 건축조례가 정하는 시간 이상을 연속하여 일조를 확보할 수 있는 높이 이하일 것'을 요구하고 있었고, 현재 시행되고 있는 건축법시행령 제86조 제2항 제2호에 의하면 "동일한 대지 안에서 2동 이상의 건축물이 서로 마주보고 있는 경우의 건축물 각 부분 사이의 거리는 채광을 위한 창문 등이 있는 벽면으로부터 직각방향으로 건축물 각 부분의 높이의 0.8배 이상, 채광창(창 넓이 0.5 이상의 창을 말한다)이 없는 벽면과 측면이 마주보는 경우에는 8m 이상, 측벽과 측벽이 마주보는 경우(마주보는 측벽 중 1개의 측벽에 한하여 채광을 위한 창문 등이 설치되어 있지 아니한 바닥면적 3 이하의 발코니(출입을 위한 개구부를 포함한다)를 설치하는 경우를 포함한다)에는 4m 이상으로서 건축조례가 정하는 거리이상을 띄어 건축하되, 다만 당해 대지 안의 모든 세대가 동지일을 기준으로 9시에서 15시 사이에 2시간 이상을 계속하여 일조를 확보할 수 있는 거리이상으로 할 수 있다."라고 규정하고 있으며, 이에 따라 서울특별시건축조례 제29조에서는 일조 등의 확보를 위한 건축물의 높이 제한에 관한 세부규정을 두고 있으나, 이 사건에서와 같이 동일한 대지 안에서 건축물과 옹벽이 마주보고 있는 경우의 일조 확보를 위한 이격거리에 관하여는 규정하고 있지 아니하며, 단지 주택건설기준등에관한 규정(1993. 2. 20. 대통령령 제13851호) 제30조 제1항에서는 '주택단지 안에 높이 2m이상의 옹벽 또는 축대가 있거나 이를 설치하는 경우에 그 옹벽 등의 기초보다 그 기초가 낮은 건축물의 경우 옹벽 등으로부터 건축물 외과부분까지를 5m 이상 띄어야 한다'라고 규정하고 있을 뿐인바, 이에 비추어 보면 이 사건에서와 같이 동일한 주택단지 안에서 건축주가 건축물과 옹벽을 서로 마주보게 축조하는 경우에 있어서도 위 건축법시행령의 규정을 유추 적용하여 일응 동지일을 기준으로 09:00부터 15:00까지 사이의 6시간 중 일조시간이 연속하여 2시간 이상 확보되지 아니하는 경우에는 그 수인한도를 넘은 일조방해가 있는 것으로 볼 수 있다 할 것이다.

따라서, 위와 같은 기준에 의하면 이 사건 각 세대는 동지일을 기준으로 09:00부터 15:00까지 사이의 6시간 중 일조시간이 연속하여 2시간 이상 확보되어 있으므로 일용 그 일조시간만을 기준으로 본다면 그 수인한도 내에 있다고 볼 여지도 있으나, 한편 앞서 인정한 바와 같이 위 연속일조시간이 불과 2시간 20분에 불과한 점, 이 사건 각 세대에 있어서 주거생활의 주된 장소인 거실, 안방 등이 위치한 동측은 동지일을 기준으로 09:00부터 15:00까지 사이의 6시간 중 연속일조시간이 0~15분에 불과한 점, 이 사건 각 세대는 위와 같은 일조방해 이외에도 상당한 정도의 조망방해와 사생활침해 및 시야차단으로 인한 압박감 등 생활이익을 침해받고 있는 점(특히 원고, 이○○, 엄△△, 정××, 박◉◉, 정♧♧ 등이 분양받은 1층과 2층은 그 침해 정도가 더욱 심각하다), 원고들은 이 사건 각 세대를 분양받을 당시 위와 같은 생활이익의 침해 가능성을 전혀 예측하지 못하였던 점, 위와 같은 생활이익 침해의 원인이 되는 이 사건 옹벽의 구조나 형태를 변경하는 것은 현저히 곤란하다고 보이는 점 등을 종합하여 보면, 위와 같은 일조 등의 방해로 인한 생활이익의 침해는 원고들이 이 사건 각 세대를 분양받을 당시 예상할 수 있었던 사회통념상 용인되는 수인한도를 초과하는 정도에 이르렀다고 볼 것이고, 또한 피고는 위 분양계약 당시 이와 같은 생활이익의 침해를 예상할 수 있었으므로 수분양자들인 원고들에게 이 사건 각 세대의 일조 상황 등에 관하여 정확한 정보를 제공할 신의칙상 의무가 있었음에도 이를 위반하였다 할 것이며, 앞서 인정한 사실 및 기타 변론에 나타난 모든 사정을 종합하여 보면 원고들은 위 각 분양계약 당시 위와 같이 일조 등 생활이익이 침해받을 수 있다는 사정을 알았다면 분양계약을 체결하지 않았을 것으로 여겨지므로, 원고 이○○, 엄△△, 정××, 박◉◉, 정♧♧은 피고의 위와 같은 계약위반을 원인으로 위 각 분양계약을 해제할 수 있다 할 것이바, 따라서 위 원고들의 위 각 분양계약 해제 및 그에 따른 분양대금반환의 의사표시가 담긴 이 사건 소장 부분이 피고에게 송달된 2000. 3. 15. 위 각 분양계약은 적법하게 해제되었다 할 것이어서, 피고는 위 각 분양계약 해제에 따른 원상회복으로 위 원고들에게 그 각 분양대금을 반환할 의무가 있다 할 것이다.

(다) 더 나아가 원고 이○○, 엄△△, 정××, 박◉◉, 정♧♧은 위 각 분양계약 당시 의무적으로 구입하게 되어 있는 주택채권을 매입하여 이를 즉시 액면금의 34%에 해당하는 금원만을 받고 처분함으로써, 액면금의 66%에 상당하는 재산상 손해를 입었으므로, 피고는 계약해제에 따른 손해배상으로 위 원고들이 입은 위 손해를 배상할 의무가 있다는 취지로 주장하나, 위 원고들이 주장하는 위와 같은 손해는 특별한 사정으로 인한 손해로서 채무자인 피고가 그 사정을 알았거나 알 수 있었을 때에 한하여 배상할 책임이 있다할 것인데, 갑12호증의 기재와 제1심 증인 김□□의 증언만으로는 이를 인정하기 어렵고, 달리 이를 인정할 증거가 없으므로, 위 원고들의 이 부분 주장은 이유 없다 할 것이다.

나. 나머지 원고들의 청구에 관한 부분

(1) 주장

원고 김□□, 신◇◇, 박♧♧, 정☆☆, 유▥▥, 김◐◐는, 피고가 위 원고들과 분양계약을 각 체결할 당시 위 원고들이 분양받을 각 세대에 일조권 동의 침해가 있음을 알고 있었음에도 이를 고지하지 아니한 채 그러한 침해가 없는 다른 세대의 분양금액과 동일한 금액으로 분양계약을 채결함으로써 위 원고들은 일조권 등의 침해로 인한 가치하락분 상당의 재산상 손해를 입게 되었으므로, 그 손해배상을 구한다는 취지로 주장한다.

(2) 판단

(가) 손해배상책임의 발생

원고 김□□, 신◇◇, 박♧♧, 정☆☆, 유▥▥, 김◐◐가 분양받은 위 각 세대의 분양대금이 일조 등의 방해가 없는 다른 세대의 분양대금과 동일한 금액으로 정하여진 이상, 피고는 분양되는 아파트의 일조 등에 관하여 명시적인 약정이 없었다 하더라도 신의칙상 적어도 사회통념상 용인되는 수인한도 내의 일조 등이 보장되는 아파트를 공급하여야 할 의무가 있다 할 것인데, 원고들이 분양받은 이 사건 각 세대에 대한 일조 등의 방해로 인한 생활이익의 침해가 원고들이 이 사건 각 세대를 분양받을 당시 예상할 수 있었던 사회통념상 용인되는 수인한도를 초과하는 정도에 이르렀음은 앞서 인정한 바와 같으므로, 분양자인 피고는 그 분양계약에서 정하여진 품질의 아파트를 공급할 채무를 이행하지 아니한 것에 대한 손해배상의 책임을 진다고 할 것이고, 그 손해배상액은 일응 위와 같은 일조 등의 방해로 인하여 생긴 가치하락분 상당액이라 할 것이다.

(나) 손해배상의 범위

제1심 감정인 박○○의 시가감정결과에 변론의 전취지를 종합하면, 위와 같은 일조, 조망, 프라이버시 등의 침해로 인한 가치하락분은 일조 등의 방해가 없는 정상가격을 기준으로 할 때, 원고 김□□이 분양받은 108호는 금 40,000,000원, 원고 신◇◇, 박♤♤이 분양받은 206호, 207호는 각 금 35,000,000원, 원고 정☆☆, 유▥▥, 김■■, 김◐◐가 분양받은 306호, 307호, 308호, 309호는 각 금 22,000,000원인 사실을 인정할 수 있고, 달리 반증이 없다.

한편 피고의 이 사건 아파트 건축행위에 법규 위반의 사항이 없는 점, 위 원고들이 분양받은 각 세대에 어느 정도 일조 등의 방해가 초래되어 가격하락이 발생하였더라도 그것이 수인한도를 넘지 않는 것이었다면 피고가 이를 배상할 책임이 없다는 것을 감안하면 일조 등의 방해가 전혀 없는 경우를 상정하여 정상가격을 기준으로 산정한 가격하락분 전액을 피고에게 부담시키는 것은 부당한 점 등을 고려하면 피고가 배상하여야 할 손해액은 위 각 세대별 가격하락분의 90%로 봄이 상당하다 할 것이다(더 나아가 피고는, 위 원고들이 분양계약 당시 위와 같은 일조 등의 침해 가능성을 알고 있었고, 가사 당시 알지 못하였다고 하더라도 고도편차가 심한 지형조건 때문에 위와 같은 옹벽이 축조될 수 있음을 알 수 있었음에도 이를 확인하지 아니한 과실이 있으므로, 이를 참작하여야 한다는 취지로 주장하나, 위 원고들이 분양계약 당시 위와 같은 일조 등의 침해 가능성을 알지 못하였음은 앞서 인정한 바와 같고, 그 밖에 위 원고들에게 피고의 주장과 같은 주의의무가 있다고 볼 수도 없으므로, 피고의 위 주장은 이유 없다).

따라서, 피고가 배상하여야 할 손해배상액은 원고 김□□에 대하여는 금 36,000,000원(=40,000,000원×0.9), 원고 신◇◇, 박♤♤에 대하여는 각 금 31,500,000원(=35,000,000원×0.9), 원고 정☆☆, 유▥▥, 김■■, 김◐◐에 대하여는 각 금 19,800,000원(22,000,000원×0.9) 및 각 이에 대한 지연손해금이 된다 할 것이다.

3. 결론

그렇다면 피고는, (가) 원고 이○○에게 계약해제에 따른 원상회복으로 분양대금 83,835,000원 및 그 중 금 33,534,000원에 대하여는 그 수령일인 1006. 12. 26.부터, 금 16,767,000원에 대하여는 그 수령일인 1997. 5. 15.부터, 금 16,767,000원에 대하여는 그 수령일인 1997. 10. 15.부터, 금 16,767,000원에 대하여는 그 수령일인 1998. 3. 16.부터 각 피고가 그 이행의무의 존부 및 범위에 관하여 항쟁함이 상당하다고 인정되는 제1심 판결선고일인 2001. 2. 14.까지는 민법 소정의 연 5%의, 그 다음날부터 완제일까지는 소송촉진등에 관한 특례법 소정의 연 25%의 각 비율에 의한 지연손해금을, (나) 원고 엄△△에게 계약해제에 따른 원상회복으로 분양대금 134,200,100원 및 그 중 금 33,534,000원에 대하여는 그 수령일인 1996. 12. 26.부터, 금 16,767,000원에 대하여는 그 수령일인 1997. 5. 15.부터, 금 16,767,000원에 대하여는 그 수령일인1997. 10. 15.부터, 금 16,767,000원에 대하여는 그 수령일인 1998. 3. 16.부터, 금 16,767,000원에 대하여는 그 수령일인 1998. 8. 17.부터, 금 16,767,000원에 대하여는 그 수령일인 1999. 1. 15.부터, 금 16,767,000원에 대하여는 그 수령일인 1999. 6. 15.부터, 금 16,767,000원에 대하여는 그 수령일인 1999. 12. 31.부터 각 피고가 그 이행의무의 존부 및 범위에 관하여 항쟁함이 상당하다고 인정되는 제1심 판결선고일인 2001. 2. 14.까지는 민법 소정의 연 5%의, 그 다음날부터 완제일까지는 소송촉진등에관한특례법 소정의 연 25%의 각 비율에 의한 지연손해금을, (다) 원고 정××에게 분양대금 134,136,000원 및 그 중 금 33,534,000원에 대하여는 그 수령일인 1996. 12. 27.부터, 금 16,767,000원에 대하여는 그 수령일인 1997. 5. 15.부터, 금 16,767,000원에 대하여는 그 수령일인1997. 10. 15.부터, 금 16,767,000원에 대하여는 그 수령일인 1998. 3. 16.부터, 금 16,767,000원에 대하여는 그 수령일인 1998. 8. 17.부터, 금 16,767,000원에 대하여는 그 수령일인

1999. 1. 15.부터, 금 16,767,000원에 대하여는 그 수령일인 1999. 6. 15.부터 각 피고가 그 이행의무의 존부 및 범위에 관하여 항쟁함이 상당하다고 인정되는 제1심 판결선고일인 2001. 2. 14.까지는 민법 소정의 연 5%의, 그 다음날부터 완제일까지는 소송촉진등에관한특례법 소정의 연 25%의 각 비율에 의한 지연손해금을, (라) 원고 박◉◉에게 계약해제에 따른 원상회복으로 분양대금 134,120,400원 및 그 중 금 33,534,000원에 대하여는 그 수령일인 1996. 12. 27.부터, 금 16,767,000원에 대하여는 그 수령일인 1997. 5. 15.부터, 금 16,767,000원에 대하여는 그 수령일인1997. 10. 15.부터, 금 16,767,000원에 대하여는 그 수령일인 1998. 3. 16.부터, 금 16,767,000원에 대하여는 그 수령일인 1998. 8. 17.부터, 금 16,767,000원에 대하여는 그 수령일인 1999. 1. 15.부터, 금 16,767,000원에 대하여는 그 수령일인 1999. 6. 15.부터 각 피고가 그 이행의무의 존부 및 범위에 관하여 항쟁함이 상당하다고 인정되는 제1심 판결선고일인 2001. 2. 14.까지는 민법 소정의 연 5%의, 그 다음날부터 완제일까지는 소송촉진등에관한특례법 소정의 연 25%의 각 비율에 의한 지연손해금을, (마) 원고 정☆☆ 계약해제에 따른 원상회복으로 분양대금 134,136,000원 및 그 중 금 33,534,000원에 대하여는 그 수령일인 1996. 12. 27.부터, 금 16,767,000원에 대하여는 그 수령일인 1997. 5. 15.부터, 금 16,767,000원에 대하여는 그 수령일인1997. 10. 15.부터, 금 16,767,000원에 대하여는 그 수령일인 1998. 3. 16.부터, 금 16,767,000원에 대하여는 그 수령일인 1998. 8. 17.부터, 금 16,767,000원에 대하여는 그 수령일인 1999. 1. 15.부터, 금 16,767,000원에 대하여는 그 수령일인 1999. 6. 15.부터 각 피고가 그 이행의무의 존부 및 범위에 관하여 항쟁함이 상당하다고 인정되는 제1심 판결선고일인 2001. 2. 14.까지는 민법 소정의 연 5%의, 그 다음날부터 완제일까지는 소송촉진등에관한특례법 소정의 연 25%의 각 비율에 의한 지연손해금을, (바) 채무불이행으로 인한 손해배상으로 원고 김ㅁㅁ에게 금 36,000,000원, 원고 신◇◇, 박숀숀에게 각 금 31,500,000원, 원고 정☆☆, 유▥▥, 김■■, 김◐◐에게 각 금 19,800,000원 및 각 이에 대하여 위 원고들의 잔금지급 다음날로서 입주일인 2000. 1. 1.부터 피고가 그 이행의무의 존부 및 범위에 관하여 항쟁함이 상당하다고 인정되는 이 판결선고일인 2001. 12. 12. 까지는 민법 소정의 연 5%의, 그 다음날부터 완제일까지는 소송촉진등에관한특례법 소정의 연 25%의 각 비율에 의한 지연손해금을 각 지급할 의무가 있다 할 것이므로, 원고들의 이 사건 청구는 위 인정범위 내에서 이유 있어 이를 각 인용하고, 나머지 청구는 이유 없어 이를 각 기각할 것인바, 제1심 판결은 이와 일부 결론을 달리하여 부당하므로 피고의 항소를 일부 받아들여, 제1심 판결 중 위 인용금액을 초과하여 지급을 명한 피고 패소부분을 취소하고, 그 취소부분에 해당하는 원고들의 청구를 각 기각하며, 피고의 나머지 항소는 이유 없어 이를 각 기각하기로 하여, 주문과 같이 판결한다.

(1-2)대법원 2002. 6. 11. 선고 2002다2539 판결

【원고, 상고인】 이재일 외 4인
【피고, 피상고인】 봉천7구역1지구주택개량재개발조합
【원심판결】 서울고등법원 2001. 12. 12. 선고 2001나14032 판결

【주 문】

원심판결 중 원고들의 손해배상 청구에 관한 부분을 파기하고, 이 부분 사건을 서울고등법원에 환송한다. 원고들의 나머지 상고를 모두 기각한다.

【이 유】

1. 먼저 상고이유 제1점을 본다.

소송촉진등에관한특례법 제3조 제2항에서 '채무자가 그 이행의무의 존부나 범위에 관하여 항쟁함이 상당하다고 인정되는 때'라고 하는 것은, 그 이행의무의 존부나 범위에 관하여 항쟁하는 채무자의 주장이 상당한 근거가 있는 것으로 인정되는 때를 가리키는 것으로 해석되므로, 채무자가 위와 같이 항쟁함이 상당한 것인지의 여부는 당해 사건에 관한 법원의 사실인정과 그 평가에 관한 문제라고 할 것이고, 같은 항 후단의 '그 상당한 범위'는 '채무자가 항쟁함에 상당한 기간의 범위'라 하겠으므로 소장 또는 이에 준하는 서면이 채무자에게 송달된 다음날부터 사실심의 판결 선고 전이기만 하면 법원은 그 항쟁함에 상당한 기간의 범위를 적절히 정할 수 있고, 따라서 항소심은 제1심판결 선고시나 그 전후를 묻지 않고 그 기간의 범위를 정할 수 있다 할 것이다(대법원 1987. 5. 26. 선고 86다카1876 전원합의체 판결 참조).

원심판결 이유에 의하면, 원심은 피고의 채무불이행을 원인으로 한 원고들의 분양계약 해제 주장을 받아들이고 원고들이 원상회복으로 청구한 금액을 전부 인용하면서도 피고가 제1심판결 선고일까지 그 이행의무의 존부 및 범위에 관하여 항쟁함이 상당하다고 보아 분양대금 수령일로부터 제1심판결 선고일까지는 민법이 정한 연 5%, 그 다음날부터 완제일까지는 소송촉진등에관한특례법이 정한 연 25%의 각 비율에 의한 법정이자 및 지연손해금을 지급을 명하였는바, 기록에 나타난 여러 사정에 비추어 보면, 위 특례법 소정의 법정이율의 적용에 관한 원심의 판단은 정당하고 이에 상고이유에서 주장하는 바와 같은 법리오해 등의 위법이 있다고 할 수 없다.

2. 이어서 상고이유 제2점을 본다.

가. 원심판결 이유에 의하면, 원고들은 1996. 12.경 피고로부터 피고가 주택재개발사업으로 ○○아파트의 1세대씩을 일반분양 받았으나, 피고가 ○○아파트의 일조방해, 조망방해, 사생활침해 및 시야차단 등으로 인한 생활이익 침해가 수인한도를 넘은 것이었으므로 원심은 피고의 채무불이행을 인정하고 이를 원인으로 한 원고들의 분양계약 해제를 적법한 것으로 인정하였음을 알 수 있다.

한편, 원고들이 이 ○○아파트를 분양받기 위하여 국민주택채권을 매입하였다가 액면금액의 34%에 매각함으로써 액면가액의 66%에 상당하는 손해를 입었다고 주장하면서 그 차액 상당의 손해배상을 청구함에 대하여 원심은 위 손해는 특별한 사정으로 인한 손해인데 피고가 그 사정을 알았거나 알 수 있었다고 인정할 증거가 없다고 판단하여 원고들의 위 청구를 모두 기각하였다.

나. 그러나 채무불이행을 이유로 계약해제와 아울러 손해배상을 청구하는 경우에 그 계약이행으로 인하여 채권자가 얻을 이익 즉 이행이익의 배상을 구하는 것이 원칙이지만, 그에 갈음하여 그 계약이 이행되리라고 믿고 채권자가 지출한 비용 즉 신뢰이익의 배상을 구할 수도 있다고 할 것이고, 그 신뢰이익 중 계약의 체결과 이행을 위하여 통상적으로 지출되는 비용은 통상의 손해로서 상대방이 알았거나 알 수 있었는지의 여부와는 관계없이 그 배상을 구할 수 있고, 이를 초과하여 지출되는 비용은 특별한 사정으로 인한 손해로서 상대방이 이를 알았거나 알 수 있었던 경우에 한하여 그 배상을 구할 수 있다고 할 것이고, 다만 그 신뢰이익은 과잉배상금지의 원칙에 비추어 이행이익의 범위를 초과할 수 없다고 할 것이다.

이 사건 분양계약 당시 시행되던 주택공급에관한규칙 제15조는 사업주체가 투기과열지구에서 민영주택을 분양하는 경우에 일정 규모를 초과하는 주택에 대하여는 제2종 국민주택채권 매입예정액이 많은 자를 우선하여 입주자로 선정하고, 공급계약을 체결하는 경우에는 제2종 국민주택채권의 매입예정액과 매입액을 확인한 후 매입필증을 제출받도록 규정하고 있었으므로 채권입찰제 ○○아파트를 당첨취득한 경우 그 주택채권의 ○○아파트를 당첨받는 데 있어 필수적으로 필요한 부대비용이라고 보아야 할 것이다. 따라서 원고들이 이 ○○아파트를 채권입찰제의 방식으로 분양받아 그 매입예정 주택채권을 액면가로 매입하였다가 그 액면가에 미달하는 금액으로 매각한 후 피고의 채무불이행으로 ○○아파트분양계약이 해제된 이상, 원고들로서는 주택채권의 매입가와 그 시세에 상당하는 매각대금의 차액을 신뢰이익으로서의 통상의 손해로서 그 배상을 청구할 수 있다고 할 것이다.

그럼에도 불구하고, 원심은 원고들이 구하는 주택채권매입액과 매각대금의 차액 상당의 손해가 특별한 사정으로 인한 손해에 해당하는 것으로 속단한 나머지 피고가 그 사정을 알았거나 알 수 있었다고 볼 증거가 없다는 이유로 원고들의 이 부분 청구를 배척하고 만 데에는 채무불이행으로 인한 손해배상에 관한 법리를 오해하여 판결에 영향을 미친 위법이 있다고 할 것이다. 이 점에 관한 상고이유의 주장은 이유 있다.

3. 그러므로 원심판결 중 원고들의 손해배상청구에 관한 부분을 파기하고, 이 부분 사건을 다시 심리 · 판단하게 하기 위하여 원심법원에 환송하며, 원고들의 나머지 상고를 모두 기각하기로 하여 관여 대법관의 일치된 의견으로 주문과 같이 판결한다.

6 계속적 보증계약의 해지

대법원 1990. 2. 27. 선고 89다카1381 판결

【원고, 상고인 겸 피상고인】 대구경북시멘트가공협동조합
【피고, 피상고인 겸 상고인】 장병윤
【원심판결】 대구고등법원 1988.12.7. 선고 88나2527 판결
【주 문】 원심판결을 파기하고 사건을 대구고등법원에 환송한다.

【이 유】

1. 피고 소송대리인의 상고이유를 본다.

(1) 원심판결 이유에 의하면, 원심은 원고조합의 조합원인 소외 대일콩크리트공업주식회사에서 재직하고 있던 피고가 1985.8.21. 위 회사와 원고 조합간의 시멘트 외상거래로 인하여 향후 3년의 기간동안에 발생하게 될원고 조합에 대한 위 회사의 외상대금지급채무와 이와 관련된 특별회비 지급채무를 그 구매금액의 한도 내외를 불문하고 전액 연대보증한 사실과 위 회사가 1986.8.29.부터 1987.3.30.까지 시멘트등의 공동구매사업을 영위하는 원고조합으로부터 시멘트를 외상으로 구입함으로써 그 거래종료당시의 물품대금잔액과 이와 관련하여 체납된 999,509원의 특별회비의 합계액이 156,450,875원에 달하는 사실을 인정하고, 원고 조합에서는 위 거래종료 후 위 회사로부터 위 특별회비 전액과 외상대금일부에 대한 변제로서 85,865,920원을 지급받았음을 자인하고 있으므로 피고는 특별한 사정이 없는 한 원고 조합에 아직도 미변제된 위 외상잔대금 70,584,955원을 일응 지급할 의무가 있다고 한 후, 피고가위 보증계약당시 위 회사의 일개 직원에 불과하였는데도 그 대표이사의 지시로 단순히 요

식을 갖춘다는 뜻으로 위의 보증을 하였을 뿐이고 1985.9.3.에는 위 회사의 계속된 다른 보증의 요청을 받아들일 수 없어 부득이 위 회사에서 퇴사하여 같은 달 30.원고 조합의 실무책임자인 상무이사 소외 이 상도를 찾아가 그에게 이러한 전후 사정을 알리며 구두로 위 연대보증을 해지한다는 통고를 하였으므로 그 해지 이후에 이루어진 위와 같은 외상거래로 인한 물품대금 채무에 대하여 피고는 보증인의 책임을 질수 없다고 주장한 데에 대하여, 피고의 위와 같은 연대보증행위가 관계당사자들의 양해아래 연대보증의 진의 없이 단순한 요식적 의미로 이루어진 것이라는 점에 관하여는 이를 인정할 만한 증거가 없고, 또 피고가 위 회사를 퇴사한 후 보증해지의 의사를 표명하였다 하여도 보증후의 회사 퇴사라는 한가지사유만으로는 위 인정과 같은 계속적 보증계약을 일방적으로 해지할 수 있을 정도의 중대한 사정변경이 있는 경우에 해당되지 않으므로 피고의 위 주장은 이유없다고 판단하여 이를 배척하였다.

(2) 그러나 이른바 계속적인 보증계약에 있어서 보증계약성립 당시의 사정에 현저한 변경이 생긴 경우에는 보증인은 보증계약을 해지할 수 있다고 보아야 할 것인 바, 회사의 임원이나 직원의 지위에 있기 때문에 회사의 요구로 부득이 회사와 제3자 사이의 계속적 거래로 인한 회사의 채무에 대하여 보증인이 된 자가 그 후 회사로부터 퇴사하여 임원이나 직원의 지위를 떠난 때에는 보증계약성립당시의 사정에 현저한 변경이 생긴 경우에 해당하므로 사정변경을 이유로 보증계약을 해지할 수 있다고 보아야하며, 위 계속적 보증계약에서보증기간을 정하였다고 하더라도 그것이 특히 퇴사후에도 보증채무를 부담키로 특약한 취지라고 인정되지 않는 한 위와 같은 해지권의 발생에 영향이 없다고 할 것이다.

그러므로 원심으로서는 피고가 소외 대일콩크리트공업주식회사의 직원으로있었기 때문에 위 회사의 요구에 따라 이 사건 보증계약을 체결하게 되었던것인지의 여부와 피고가 적법하게 위 보증계약해지의사표시를 하였는지의 여부를 가려보아 피고의 보증책임 유무를 판단하였어야 함에도 불구하고 만연히 보증후의 회사 퇴사라는 한 가지 사유만으로는 일방적으로 해지할 수 없다고 판단하고 말았음은 계속적인 보증계약의 해지에 관한 법리를 오해한 위법이 있고 이는 소송촉진등에관한특례법 제12조 제2항 소정의 파기사유에 해당하므로이 점에 관한 논지는 이유있다.

(3) 이밖에 원심판결은 피고의 위 보증행위가 보증의 진의가 없는 단순한요식적 의미를 가진 것에 불과하다는 피고주장을 배척하고 있는바, 기록에 의하여 살펴보면 이러한 원심판단은 정당하고 소론이 지적한 사유들만으로 위보증을 비진의 의사표시라고 볼 수 없으므로 위 원심판단 부분에 채증법칙을위반하여 사실을 오인한 위법이 있다는 논지는 이유없다.

2. 원고 소송대리인은 원심판결이 피고가 위 보증당시 예상할 수 있었던 거래한도액을 기준으로 잔존주채무 중 금 20,000,000원의 범위 내에서 피고의보증책임을 인정한 판단에 대하여 보증책임의 한도에 관한 법리를 오해한 것이라고 다투고 있는 바, 피고 소송대리인의 상고이유에 대한 판단에서 본 바와 같이 피고의 보증계약존속 여부가 문제되는 이상 원심판결 전부를 유지하기 어렵다고 할 것이다.

그러므로 원심판결을 파기환송하기로 하여 관여법관의 일치된 의견으로 주문과 같이 판결한다.

7 손해배상의 범위

(1-1) 서울중앙지방법원 2005. 1. 14. 선고 2004가합58616 판결

【원 고】 정호진

【피 고】 주식회사 바스코

【주 문】 1. 원고의 청구를 기각한다.
2. 소송비용은 원고가 부담한다.

【청구취지】

피고는 원고에게 184,264,980원과 이에 대하여 2004. 11. 23.부터 다 갚는 날까지 연20%의 비율로 계산한 돈을 지급하라.

【이 유】

1. 기초사실

가. 원고는 2002. 6. 25. 피고와 사이에, 원고 소유의 서울 중구 ▒▒ 7가 100 대 81.7㎡(이하 '이 사건 토지'라 한다)와 위 토지 및 같은 구 ▒▒ 7가 101, 102-2 지상의 철근콩크리트조 평옥개 3층 영업소 건물 211.7㎡(이하 '이 사건 건물'이라 한다)에 관하여 다음과 같은 내용의 매매계약(이하 '이 사건 매매계약'이라 한다)을 체결하였다.

(1) 제1조 : 매매대금은 2,076,000,000원으로 하되, 그 중 계약금 210,000,000원은 계약시에 지급하고, 중도금 중 210,000,000원은 2002. 7. 2., 600,000,000원은 2002. 8. 30.에 각 지급하며, 잔금 1,056,000,000원은 2002. 10. 30.에 지급한다.

(2) 제2조 : 원고는 매매대금의 잔금 수령과 동시에 피고에게 소유권이전등기에 필요한 모든 서류를 교부하고 등기절차에 협력한다.

(3) 제3조 : 원고는 위 부동산에 설정된 저당권, 지상권, 임차권 등 소유권의 행사를 제한하는 사유가 있거나, 조세공과 기타 부담금의 미납금 등이 있을 때에는 잔금 수수일까지 그 권리의 하자 및 부담 등을 제거하여 완전한 소유권을 피고에게 이전한다.

(4) 제4조 : 위 부동산에 관하여 발생한 수익의 귀속과 제세 공과금 등의 부담은 위 부동산의 인도일을 기준으로 정하되, 지방세의 납부의무 및 납부책임은 지방세법의 규정에 의한다.

(5) 특약사항 제1조 : 건물명도는 원고가 책임진다.

나. 피고는 그 후 이 사건 매매계약에 따라 원고에게 계약금과 중도금을 지급하였고, 원고는 잔금지급기일에 피고에게 이 사건 토지를 인도하고 이 사건 건물을 명도하며 이 사건 토지 및 건물(이하 '이 사건 각 부동산'이라 한다)에 관한 소유권을 이전해주기 위하여, 2002. 9. 30.경 임대차기간을 2002. 2. 1.부터 2003. 1. 30.까지로 정하여 이 사건 건물에서 온천장 여관을 운영하고 있던 임차인 이▒▒에게 보상금 100,000,000원을 지급하고 이▒▒으로부터 위 건물을 명도받았으며, 2002. 10. 25. 서귀포시 동홍동장으로부터 소유권이전등기에 필요한 서류인 원고의 인감증명서, 주민등록표 초본 등을 발급받았다.

다. 원고는 2002. 10. 29.경 위와 같이 준비한 소유권이전등기에 필요한 서류 및 원고의 인감도장, 이 사건 각 부동산에 관한 등기권리증 등을 서울에 살고 있는 친구인 고▒▒에게 보내주면서, 만약 원고가 서울로 올라가지 못할 경우 고▒▒이 원고 대신 피고로부터 잔금을 지급받고 피고에게 이 사건 각 부동산에 관한 소유권이전을 해 주라고 부탁해 두었으나, 피고는 잔금지급기일인 2002. 10. 30. 원고에게 아직 잔금을 준비하지 못하였으니 2002. 11. 6.로 잔금지급기일을 연기해 달라고 요구하였고, 2002. 11. 5. 잔금 중 100,000,000원을 원고에게 지급하였다.

라. 원고가 2002. 11. 11. 피고를 방문하여 나머지 잔금 956,000,000원(이하 '잔금'이라고만 한다)의 지급을 독촉하자 피고는 2002. 11. 22., 2002. 11. 29., 2002. 12. 10.로 나누어 지급하겠다고 약속하였으나 그 약속을 지키지 아니하였고, 이에 원고는 2002. 12. 5.경 피고에게 10일 이내에 잔금을 지급하라고 다시 독촉하였다.

마. 피고는 그 후에도 계속하여 잔금을 지급하지 아니하다가, 2003. 5. 9. 원고에게 잔금지급기일을 2003. 5. 30.로 하고, 위 지급기일을 지키지 못할 경우 이 사건 각 부동산의 매수를 포기하며, 미지급 잔금에 대해서는 그 원금뿐만 아니라 지급일까지의 법정이자도 지급하겠다고 약정하였다.

바. 그러나 피고는 2003. 5. 30.까지 원고에게 잔금을 지급하지 못하였고, 원고는 2003.6. 27.경 피고에게 최종적으로 2003. 7. 5.까지 잔금을 지급하고 이 사건 각 부동산에관한 소유권을 이전해가라고 통보하였다.

사. 피고는 2003. 12월경 원고에게 주식회사 우리은행(이하 '우리은행'이라 한다)을 통하여 투자자로부터 자금을 유치하고 있으니 우리은행에서 요구하는 원고의 매매확약서등을 작성하여 줄 것을 부탁하였고, 이에 원고는 우리은행에 이와 같은 사실을 확인한 후 피고와 사이에, 잔금 이외에도 98,000,000원을 추가로 지급받기로 약정하고 피고에게 협조해 주기로 하였다.

아. 이에 피고는 2003. 12월경 우리은행에 제출할 목적으로 "원고는 이 사건 각 부동산의 매매대금 중 잔금 956,000,000원과 명도비(온천장여관) 98,000,000원을 피고로부터 수령함과 동시에 피고에게 소유권을 이전하여 줄 것을 확약합니다. 단, 본 확약서의 유효기간은 2003. 12월까지로 함"이라고 기재된 확약서를 원고에게 팩스로 송부하였고, 원고는 위 확약서에 서명·날인하여 피고에게 보내주었으며, 피고는 2004. 1. 28.경 위 확약서의 유효기간이 지나자 다시 위와 동일한 내용으로 유효기간을 2004. 2. 10.까지로 정한 새로운 확약서를 원고에게 팩스로 송부하였고, 원고는 새로운 확약서에 서명·날인하여 피고에게 보내주었다.

자. 그 후 피고는 우리은행을 통하여 투자금을 유치하게 되었고, 2004. 2. 13. 원고에게 잔금 956,000,000원과 약정한 98,000,000원의 합계 1,054,000,000원을 지급하였다.

차. 한편, 원고는 2002. 6. 27. 중부세무서장에게 이 사건 각 부동산에 관한 양도신고를 하였고, 2002. 11. 4. 제주세무서장에게 이 사건 매매계약에 따른 잔금지급기일인 2002. 10. 30.을 기준으로 산출된(2002년 이 사건 토지의 개별공시지가는 1㎡당 1,850,000원이다) 양도소득세 18,950원을 자진납부하였으며, 서귀포시장에게 위 양도소득에 따른 주민세 1,890원을 납부하였다.

카. 원고는 2004. 11. 22. 제주세무서장에게 이 사건 각 부동산에 관한 양도소득과세표준 확정신고를 하였고, 같은 날 제주세무서장에게 피고로부터 실제로 잔금을 지급받고 피고에게 이 사건 각 부동산을 양도한 2004. 2. 13.

을 기준으로 산출된(2004년 이 사건 토지의 개별공시지가는 9,000,000원이다) 양도소득세 167,532,570원을 자진 납부하였으며, 서귀포시장에게 위 양도소득에 따른 주민세 16,753,250원을 납부하였다.

2. 주장 및 판단

가. 당사자의 주장

(1) 원고의 주장

피고는 이 사건 매매계약에 따른 잔금지급기일인 2002. 10. 30.로부터 1년 3개월 정도가 경과한 2004. 2. 13. 원고에게 잔금을 지급하였고, 원고는 위와 같은 피고의 이행지체로 인하여, 피고가 이 사건 매매계약에 따라 2002. 10. 30. 잔금을 지급하였더라면 원고가 납부하여야 할 양도소득세 18,950원 및 주민세 1,890원의 합계 20,840원과 피고가 2004. 2. 13. 잔금을 지급함으로써 원고가 실제로 납부한 양도소득세 167,532,575원 및 주민세 16,753,250원의 합계 184,285,820원의 차액인 184,264,980원(=184,285,820원-20,840원) 상당의 손해를 입었다 할 것이므로, 피고는 원고에게 채무불이행으로 인한 손해배상으로서 위 184,264,980원과 이에 대한 지연손해금을 지급할 의무가 있다.

(2) 피고의 주장

원고가 피고에게 순차로 잔금지급기일을 연장하여 주었고, 피고는 잔금의 이행지체에 대하여 원고에게 98,000,000원을 지급함으로써 채무불이행으로 인한 손해를 모두 배상하였다.

나. 판단

그러므로 살피건대, 원고는 2002. 6. 27. 중부세무서장에게 이 사건 각 부동산에 관한 양도신고를 하였고, 2002. 11. 4. 제주세무서장에게 이 사건 매매계약에 따른 잔금지급기일인 2002. 10. 30.을 기준으로 산출된 양도소득세 18,950원을 자진납부하였으며, 서귀포시장에게 위 양도소득에 따른 주민세 1,890원을 납부한 사실, 그 후 원고는 다시 2004. 11. 22. 제주세무서장에게 이 사건 각 부동산에 관한 양도소득과세표준 확정신고를 하였고, 같은 날 제주세무서장에게 피고로부터 실제로 잔금을 지급받고 피고에게 이 사건 각 부동산을 양도한 2004. 2. 13.을 기준으로 산출된 양도소득세 167,532,570원을 자진납부하였으며, 서귀포시장에게 위 양도소득에 따른 주민세 16,753,250원을 납부한 사실은 앞서 본 바와 같으나, 한편, 피고는 2003. 5. 9. 미지급 잔금에 대해서는 그 원금뿐만 아니라 지급일까지의 법정이자도 지급하겠다고 약정한 사실, 피고는 2003. 12월경 원고에게 투자자로부터 자금을 유치하는 것에 협조해 달라고 부탁하였고, 이에 원고는 피고로부터 미지급 잔금 외에 98,000,000원을 추가지급받기로 약정하고 두 차례에 걸쳐 매매확약서를 작성하여 주는 등 협조해 주었으며(두 번째 매매확약서의 유효기간은 2004. 2. 10.까지이다), 위 매매확약서에는 98,000,000원이 온천장여관의 명도비라고 기재되어 있는 사실, 피고는 2004. 2. 13. 원고에게 잔금뿐만 아니라 약정한 바에 따라 98,000,000원을 추가로 지급한 사실은 앞서 본 바와 같고, 을 제11호증의 기재에의하면 원고가 피고로부터 잔금 956,000,000원과 98,000,000원의 합계 1,054,000,000원을 지급받고 작성해 준 영수증에는 "별도비용 포함"이라고만 기재되어 있을 뿐 98,000,000원의 성격에 대해서 명확히 밝히고 있지 아니한 있는 사실을 인정할 수 있고 반증이 없으며, 위 인정사실에 피고가 2003. 5. 9. 약정한 바에 따라 지급하여야 할 미지급 잔금에 대한 법정이자의 액수를 계산해보면 약 59,749,999원(=잔금 956,000,000원에 대하여 연 5% 비율로 계산한 1년분의 이자 47,800,000원+3개월분의 이자 11,949,999원)에 불과하여 실제로 원고에게 추가지급한 98,000,000원에 크게 미치지 못하는 점, 원고는 98,000,000원을 추가로 지급받은 후에는 이 사건 소에 이르기까지 별도로 피고에게 이행지체로 인한 손해배상을 청구한 적이 없는 점 등을 종합해 보면, 피고는 당초 잔금의 이행지체에 대한 지체보상금으로 법정이자에 상당하는 돈을 지급하기로 하였다가 그 후 원고로부터 매매확약서를 받는 조건으로 위 법정이자를 초과하는 98,000,000원을 지급하기로 약정한 것으로서, 위 98,000,000원에 관한 추가지급약정은 피고가 투자금을 유치하여 잔금을 지급할 때까지의(확약서의 유효기간을 2004. 2. 10.로 기재한 것으로 보아 피고는 그 무렵까지 투자금을 유치할 수 있다고 생각하였던 것으로 보인다) 이행지체로 인한 손해배상액을 예정한 것으로 해석함이 상당하고, 계약 당시 손해배상액을 예정한 경우에는 다른 특약이 없는 한 채무불이행으로 인하여 입은 통상손해는 물론 특별손해까지도 예정액에 포함되고 채권자의 손해가 예정액을 초과한다 하더라도 초과부분을 따로 청구할 수 없다 할 것이므로(대법원 1988.9.27. 선고 86다카2375(본소), 2376(반소) 판결, 대법원 1993. 4. 23. 92다41719 판결 등 참조), 가사 원고가 그 주장과 같이 양도소득세 및 주민세의 차액에 해당하는 손해를 입었다 하더라도 손해배상액으로 예정한 98,000,000원 외에 별도로 그 손해의 배상을 구할 수는 없다 할 것이다.

3. 결론

따라서 원고의 이 사건 청구는 이유 없어 기각하기로 하여 주문과 같이 판결한다.

(1-2) 서울고등법원 2005. 11. 22. 선고 2005나20011 판결

【원고, 항소인】 정호진
【피고, 피항소인】 주식회사 바스코
【원심판결】 서울중앙지방법원 2005. 1. 14. 선고 2004가합58616 판결
【주 문】 1. 원고의 항소를 기각한다.
2. 원고가 항소비용을 부담한다.

【청구취지 및 항소취지】

1심 판결을 취소한다. 피고는 원고에게 184,264,980원과 이에 대한 지연손해금을 지급하라.

【이 유】

1. 기초사실

이 부분 이 법원이 쓸 이유는 1심 판결 이유란 1. 기초사실 기재와 같다.

2. 판 단

가. 당사자의 주장

원고는, 피고가 잔금지급을 1년 3개월여 지체함으로써 이 사건 매매계약의 잔금기일인 2002. 10. 30. 잔금이 지급되었더라면 원고가 납부하여야 할 양도소득세 18,950원과 주민세 1,890원 합계 20,840원과 원고가 실제 잔금 지급일인 2004. 2. 13.을 기준으로 납부한 양도소득세 167,532,575원과 주민세 16,753,250원 합계 184,285,820원의 차액인 184,264,980원(= 184,285,820원 - 20,840원, 이하 '양도소득세 등 차액'이라고 한다) 상당의 손해를 입었다

고 할 것이므로, 피고는 원고에게 이행지체로 인한 손해배상으로 위 184,264,980원과 이에 대한 지연손해금을 지급할 의무가 있다고 주장하고, 이에 대하여 피고는, 2003. 12월경 잔금 이외에 98,000,000원을 추가로 지급하기로 약정한 것은 이행지체로 인한 손해배상액을 예정한 것이므로, 2004. 2. 13. 잔금 이외에 위 금액을 지급함으로써 채무불이행으로 인한 모든 손해를 배상한 것이라는 취지로 다툰다.

나. 판단

1심 판결 이유란 기초사실과 변론 전체의 취지에 의하면, 원고가 피고의 부탁으로 수차례 잔금지급 기일을 연기해 주다가 피고와 협의하여 잔금 956,000,000원에 대한 2003. 12월경까지 연 10%의 비율로 계산하여 지급받기로 한 98,000,000원을 손해배상의 예정이라고 할 수는 없으나, 원고가 손해라고 주장하는 양도소득세 등 차액은 특별손해로서 이행을 지체하는 동안 이 사건 토지의 개별공시지가의 상승으로 원고가 부담할 양도소득세 등이 늘어날 것이라는 사정을 피고가 알거나 알 수 있었다고 볼 아무런 증거가 없으므로, 결국 원고의 주장을 받아들이기 어렵다.

3. 결론

그렇다면 원고의 청구를 기각한 1심 판결은 옳으므로, 원고의 항소를 기각한다.

(1-3) 대법원 2006. 4. 13. 선고 2005다75897 판결

【원고, 상고인】	원고
【피고, 피상고인】	피고 주식회사
【원심판결】	서울고등법원 2005. 11. 22. 선고 2005나20011 판결
【주 문】	상고를 기각한다. 상고비용은 원고가 부담한다.

【이 유】

상고이유(상고이유서 제출기간이 경과된 후에 제출된 상고이유보충서는 상고이유를 보충하는 범위 내에서)를 본다.

원심은 제1심이 채용 증거들을 종합하여 인정한 그 판시와 같은 사실들을 그대로 원용한 다음, 부동산 매수인인 피고가 잔금의 지급을 지체하는 동안 매매목적 토지의 개별공시지가가 급등함으로써 실제 잔금청산일을 기준으로 원고가 추가로 부담하게 된 양도소득세 차액은 특별손해로서, 피고가 그러한 사정을 알거나 알 수 있었다고 볼 만한 증거가 없으므로, 원고의 양도소득세 부담 증가액은 피고가 배상하여야 할 손해가 아니라고 판단하여 원고의 주장을 배척하였다.

매수인의 잔금지급 지체로 인하여 계약을 해제하지 아니한 매도인이 지체된 기간 동안 입은 손해 중 그 미지급 잔금에 대한 법정이율에 따른 이자 상당의 금액은 통상손해라고 할 것이지만, 그 사이에 매매대상 토지의 개별공시지가가 급등하여 매도인의 양도소득세 부담이 늘었다고 하더라도 그 손해는 사회일반의 관념상 매매계약에서의 잔금지급의 이행지체의 경우 통상 발생하는 것으로 생각되는 범위의 통상손해라고 할 수는 없고, 이는 특별한 사정에 의하여 발생한 손해에 해당한다고 할 것이므로, 원고의 위 손해를 특별손해라고 본 원심의 조치는 정당하고 거기에 상고이유 제1점으로 주장하는 바와 같은 특별손해의 법리를 오해한 위법이 없다.

나아가 피고가 개별공시지가의 급등이라는 특별한 사정을 알거나 알 수 있었는지에 관하여 보건대, 피고의 예견가능성에 대한 입증책임은 원고에게 있다고 할 것인데 기록상 이 사건 개별공시지가의 급등한 요인이 상고이유의 주장과 같이 피고의 대형 상가건축 때문이었다고 볼 아무 근거도 없고 달리 피고가 그러한 특별한 사정을 알거나 알 수 있었다고 볼 만한 증거는 보이지 않으므로, 같은 취지의 원심의 판단에 상고이유 제2점으로 주장하는 바와 같은 특별손해에 있어서 특별한 사정의 예견가능성에 관한 채증법칙 위배로 인한 사실오인 또는 심리미진 등의 위법이 있다고 할 수 없다.

그러므로 상고를 기각하고, 상고비용은 패소자가 부담하기로 하여 관여 대법관 의 일치된 의견으로 주문과 같이 판결한다.

8 손해배상액의 예정이 불법행위에도 미치는지

(1-1) 부산고등법원 1998. 8. 27. 선고 97나11416 판결

【원고, 피항소인 겸 부대항소인】 이광근 외 1인

【피고, 항소인 겸 부대피항소인】 하승본 외 1인

【원심판결】 부산지방법원 1997. 9. 2. 선고 97가합297 판결

【주 문】

1. 원심판결 중 피고들 패소부분을 취소하고, 그 부분 원고들의 청구를 기각한다.
2. 원고들의 부대항소를 기각한다.
3. 제1, 2심 소송비용은 원고들의 부담으로 한다.

【청구취지】

피고들은 연대하여, (1) 원고 이광근에게 금 93,296,762원과 그 중 금 45,508,630원에 대하여는 1996. 1. 11.부터, 금 47,788,132원에 대하여는 1997. 1. 11.부터 원심판결 선고일까지는 연 5푼, 그 다음날부터 완제일까지는 연 2할 5푼의 비율에 따른 금원을 지급하고, (2) 원고 전정자에게 금 30,471, 236원과 그 중 금 14,863,369원에 대하여는 1996. 1. 11.부터, 금 15,607,867원에 대하여는 1997. 1. 11.부터 원심판결 선고일까지는 연 5푼, 그 다음날부터 완제일까지는 연 2할 5푼의 비율에 따른 금원을 지급하고, (3) 1997. 1. 11.부터 별지목록 기재 토지를 원상회복하여 원고들에게 인도할 때까지 원고 이광근에게 월 금 3,982,344원, 원고 전정자에게 월 금 1,300,655원의 비율에 따른 금원을 지급하라는 판결

【항소취지】 주문 제1항과 같은 판결

【부대 항소취지】 원심판결 중 원고들 패소부분을 취소하고, 그 부분 원고들의 청구를 인용한다는 판결

【이 유】

1. 기초사실

가. 별지목록 기재 제1, 2, 3, 4, 5, 6 토지는 원고 이광근의 소유였고, 제7, 8 토지는 원고 전정자의 소유였다.

나. 원고들은 별지목록 기재 토지(이하 '이 사건 토지'라고 한다)에 지하 1층, 지상 7층인 건물(이하 '이 사건 건물'이라고 한다)을 건축하여 관광숙박업을 경영하기 위하여 1988. 6. 30. 관광숙박업 사업계획을 승인받고, 같은 해 9. 6. 건축허가를 받았다.

다. 원고들과 피고 하승본, 소외 박현준은 1989. 1. 30. 원고들의 지분을 40%, 피고 하승본과 소외 박현준의 지분을 각 30%로 정하여 이 사건 건물의 공동신축과 관광숙박업 공동경영에 관한 동업계약(이하 '이 사건 동업계약'이라고 한다)을 체결하면서 피고 하승본과 소외 박현준이 원고들로부터 이 사건 토지에 대한 각 3/10지분을 각 금 405,000,000원에 매수하기로 약정하였다.

라. 피고 하승본과 피고 황전토건주식회사(1992. 12. 28. 대◇기업주식회사에서 명칭이 변경되었다, 이하 '피고 회사'라고 한다)는 1989. 4. 22. 피고 회사가 이 사건 건물의 골조공사를 금 280,000,000원에 시공하기로 하는 도급계약을 체결하였다.

마. 소외 박현준이 1989. 11. 22. 이 사건 동업계약상 권리를 원고들에게 양도(원고들과 소외 박현준 사이 이 사건 토지에 대한 3/10지분 매매계약은 해약)하고 동업관계에서 탈퇴하자, 피고 하승본과 피고 회사의 전무였던 소외 권태범은 이 사건 동업계약상 원고들의 지분을 양수하여 그들 사이에 동업관계를 유지시키기로 합의하였다.

바. 원고들과 피고 하승본은 1989. 12. 22. 원고들이 이 사건 동업계약에서 탈퇴하고, 피고 하승본이 원고들로부터 이 사건 토지에 대한 원고들의 지분을 금 1,175,000, 000원에 매수하되, 계약금 330,000,000원은 같은 날 지급하고, 잔금 845,000,000원은 1990. 3. 20.에 지급하기로 약정하여 매매계약(이하 '이 사건 매매계약'이라고 한다)을 체결하고, 피고 하승본이 원고들에게 금 330,000,000원을 지급하였다.

사. 그 뒤 피고들이 이 사건 건물을 공동으로 건축하여 공동소유로 하기로 하고 피고 회사가 이 사건 건물의 신축공사를 시공하였는데, 이 사건 건물의 설계를 변경하여 지하 2층, 지상 9층으로 건축하였다.

아. 원고들은 피고 하승본이 이 사건 매매계약상 잔금을 1990. 3. 20.까지 지급하지 않자 피고 하승본에게 소유권이전등기에 필요한 서류를 제공하면서 잔금을 지급해 달라고 최고하였는데도 피고 하승본이 그 의무를 이행하지 않는 바람에 같은 해 4. 17. 이 사건 매매계약을 해제하였다.

자. 원고들이 피고들을 상대로 이 사건 매매계약이 해제되었음을 이유로 이 사건 건물을 철거하라는 소를 제기하여 부산고등법원이 1994. 12. 9. 그 청구를 인용하는 판결을 선고하였다.

차. 피고 하승본은 원고 이광근을 상대로 이 사건 매매계약이 해제되었음을 이유로 계약금 330,000,000원을 반환하라는 소를 제기하였으나, 부산지방법원은 1996. 4. 10. 위 계약금은 손해배상예정액으로 수수되었고 피고 하승본에게 책임있는 사유로 이 사건 매매계약이 해제되었으므로 원고 이광근은 피고 하승본에게 위 계약금을 반환할 의무가 없다고 판시하고 피고 하승본의 청구를 기각하는 판결을 선고하였다.

카. 피고들은 1996. 11. 6.까지 이 사건 건물 중 지상 부분을 철거하였다.

2. 원고들의 청구에 관한 판단

가. 주장

원고들은, 부산고등법원이 1994. 12. 9. 선고한 판결이 1995. 1. 11. 확정되었는데도 피고들이 이 사건 건물 중 지상 부분만 철거하고 지하 부분을 철거하지 않음으로써 원고들로 하여금 이 사건 토지를 사용. 수익하지 못하게 하여 원고들에게 이 사건 토지에 대한 차임 상당의 손해를 입히고 있으므로, 피고들은 연대하여 1995. 1. 11.부터 이 사건 건물의 철거를 완료하여 이 사건 토지를 원고들에게 인도할 때까지 이 사건 토지에 대한 차임 상당의 손해를 배상할 책임이 있다고 주장함에 대하여, 피고들은, 이 사건 매매계약이 체결될 당시 손해배상예정액으로 수수된 금 330,000,000원이 원고들에게 귀속되었으므로 피고들은 원고들에게 위와 같은 손해를 배상할 책임이 없다고 주장한다.

나. 판단

계약을 체결하면서 손해배상액을 예정한 경우에는 다른 약정이 없는 한 채무불이행으로 발생하는 통상손해는 물론 특별손해도 그 예정액에 포함되고, 채권자의 손해가 그 예정액을 초과하더라도 채무자에게 그 초과손해를 따로 청구할 수는 없는 것인바(대법원 1993. 4. 23. 선고, 92다41719 판결등 참조), 이 사건 매매계약이 피고 하승본의 채무불이행으로 해제되어 매수인인 피고 하승본과 그와 공동으로 이 사건 건물을 건축한 피고 회사가 이 사건 건물을 철거하는 기간 원고들이 이 사건 토지를 사용. 수익하지 못하는 손해는 피고 하승본의 채무불이행으로 발생하는 손해라고 할 것이므로, 원고들은 이 사건 매매계약이 체결될 당시 수수된 손해배상예정액과 따로 그 손해배상을 청구할 수는 없다고 할 것이다.

3. 결론

따라서 원고들의 청구를 모두 기각할 것인 바, 이와 결론이 일부 다른 원심판결은 부당하므로 원심판결 중 피고들 패소부분을 취소하여 그 부분 원고들의 청구를 기각하되, 원고들의 부대항소를 기각한다.

(1-2) 대법원 1999. 1. 15. 선고 98다48033 판결

【원고, 상고인】	이광근 외 1인
【피고, 피상고인】	하승본 외 1인
【원심판결】	부산고등법원 1998. 8. 27. 선고 97나11416 판결
【주 문】	원심판결을 파기하고 사건을 부산고등법원에 환송한다.
【이 유】	상고이유를 판단한다.

1. 원심판결의 요지

가. 원심이 확정한 사실의 개요는 다음과 같다.

원고들과 피고 하승본은 이 사건 토지 상에 이 사건 건물의 공동신축과 관광숙박업 공동경영에 관한 동업계약을 체결한 바 있었는데, 1989. 12. 22. 원고들이 이 사건 동업계약에서 탈퇴하고, 피고 하승본이 원고들로부터 이 사건 토지에 대한 원고들의 지분을 금 1,175,000,000원에 매수하되, 계약금 330,000,000원은 같은 날 지급하고, 잔금 845,000,000원은 1990. 3. 20.에 지급하기로 약정하여 매매계약을 체결하고, 피고 하승본이 원고들에게 금 330,000,000원을 지급하였다.

그 뒤 피고들이 이 사건 건물을 공동으로 건축하여 공동소유로 하기로 하고 피고 회사가 이 사건 건물의 신축공사를 시공하였는데, 이 사건 건물의 설계를 변경하여 지하 2층, 지상 9층으로 건축하였다.

원고들은 피고 하승본이 이 사건 매매계약상의 잔금을 1990. 3. 20.까지 지급하지 않자 피고 하승본에게 소유권이전등기에 필요한 서류를 제공하면서 잔금을 지급해 달라고 최고하였고 피고 하승본이 그 의무를 이행하지 않아 같은 해 4. 17. 이 사건 매매계약을 해제하였다.

원고들이 피고들을 상대로 이 사건 매매계약이 해제되었음을 이유로 이 사건 건물을 철거하라는 소를 제기하여 부산고등법원이 1994. 12. 9. 그 청구를 인용하는 판결을 선고하였다.

피고 하승본은 원고 이광근을 상대로 이 사건 매매계약이 해제되었음을 이유로 계약금 330,000,000원을 반환하라는 소를 제기하였으나, 부산지방법원은 1996. 4. 10. 위 계약금은 손해배상예정액으로 수수되었고 피고 하승본에게 책임있는 사유로 이 사건 매매계약이 해제되었으므로 원고 이광근은 피고 하승본에게 위 계약금을 반환할 의무가 없다고 판시하고 피고 하승본의 청구를 기각하는 판결을 선고하였다.

피고들은 1996. 11. 6.까지 이 사건 건물 중 지상 부분을 철거하였다.

나. 원고들은 청구원인으로서, 이 사건 건물을 철거하고 그 대지를 인도하라는 위 판결이 확정되었는데도 피고들이 이 사건 건물 중 지상 부분만 철거하고 지하 부분을 철거하지 않음으로써 원고들로 하여금 이 사건 토지를 사용 수익하지 못하게 하여 원고들에게 이 사건 토지에 대한 차임 상당의 손해를 입게 하고 있으므로, 피고들은 연대하여 원고들에게 1995. 1. 11.부터 이 사건 건물의 철거를 완료하여 이 사건 토지를 원고들에게 인도할 때까지 이 사건 토지에 대한 차임 상당의 손해를 배상할 책임이 있다고 주장하였다.

다. 원심은 이에 대하여, 계약을 체결하면서 손해배상액을 예정한 경우에는 다른 약정이 없는 한 채무불이행으로 발생하는 통상손해는 물론 특별손해도 그 예정액에 포함되고, 채권자의 손해가 그 예정액을 초과하더라도 채무자에게 그 초과손해를 따로 청구할 수는 없는 것인바, 이 사건 매매계약이 피고 하승본의 채무불이행으로 해제되어 매수인인 피고 하승본과 그와 공동으로 이 사건 건물을 건축한 피고 회사가 이 사건 건물을 철거하는 기간 원고들이 이 사건 토지를 사용 수익하지 못하는 손해는 피고 하승본의 채무불이행으로 발생하는 손해라고 할 것이므로, 원고들은 이 사건 매매계약이 체결될 당시 수수된 손해배상예정액과는 별도로 그 손해배상을 청구할 수는 없다는 이유로 원고들의 주장을 배척하였다.

2. 그러나 원심의 위와 같은 판단은 수긍하기 어렵다.

계약 당시 당사자 사이에 손해배상액을 예정하는 내용의 약정이 있는 경우에는 그것은 계약상의 채무불이행으로 인한 손해액에 관한 것이고 이를 그 계약과 관련된 불법행위상의 손해까지 예정한 것이라고는 볼 수 없다(대법원 1965. 3. 23. 선고 65다34 판결 참조). 사실관계가 원심이 확정한 바와 같다면, 원고들과 피고 하승본 사이의 이 사건 매매계약이 위 피고의 잔대금지급채무의 불이행을 이유로 해제된 다음 원고들이 피고들을 상대로 이 사건 토지 상의 건물철거 및 대지인도의 소를 제기하여 승소판결을 받고 그 판결이 확정되었음에도 피고들이 이를 이행하지 아니하여 원고들로 하여금 이 사건 토지를 사용 수익하지 못하게 됨으로써 입은 원고들의 차임 상당의 손해는 이 사건 매매계약이 해제된 후의 별도의 불법행위를 원인으로 하는 것으로서 계약 당시 수수된 손해배상예정액으로 전보되는 것은 아니라고 할 것이다(더구나 피고 회사는 이 사건 매매계약의 당사자도 아니므로 피고 회사에 대한 관계에 있어서는 위 손해배상액 예정의 효력을 논할 여지가 없다.). 그럼에도 불구하고, 원심이 이와 달리 원고들의 위 차임 상당의 손해도 이 사건 매매계약상의 채무불이행으로 인한 손해임을 전제로 위와 같이 판단한 것은 손해배상액 예정의 성격 및 그 효력에 관한 법리를 오해한 위법이 있다 할 것이다. 이 점을 지적하는 상고는 이유 있다.

3. 그러므로 원심판결을 파기하고 사건을 다시 심리 판단하게 하기 위하여 원심법원에 환송하기로 하여 관여 법관의 일치된 의견으로 주문과 같이 판결한다.

9 손해배상액의 예정에서 채무자의 귀책사유가 요건인가

(1-1) 서울고등법원 2006. 1. 12. 선고 2005나35976 판결

【원고, 항소인】 오근수

【피고, 피항소인】 강현구

【원심판결】 서울중앙지방법원 2005. 4. 19. 선고 2003가합89040 판결

【주 문】

1. 제1심 판결 중 다음에서 지급을 명하는 부분에 해당하는 원고 패소부분을 취소한다.
   피고는 원고에게 126,086,250원 및 이에 대하여 2003. 12. 12.부터 2006. 1. 12.까지 연 5%, 그 다음날부터 다 갚는 날까지 연 20%의 각 비율로 계산한 금원을 지급하라.
2. 원고의 나머지 항소를 기각한다.
3. 소송비용은 1, 2심을 통하여 모두 피고의 부담으로 한다.
4. 제1항의 금원 지급부분은 가집행할 수 있다.

【청구취지 및 항소취지】

피고는 원고에게 126,086,250원 및 이에 대하여 이 사건 소장 부본 송달 다음날부터 다 갚는 날까지 연 20%의 비율로 계산한 금원을 지급하라.

【이 유】

1. 기초사실

가. 주식회사 크리웨이브(이하 '소외회사'라 한다)는 무선 원격자동계측 및 제어시스템 제조, 판매, 공급 등 사업을 추진하기 위하여 피고, 박용식, 송혁진, 이민재 등 7명이 공동 출자하여 2000. 4. 1. 설립한 회사이다. 피고와 이민재는 주식회사 삼성전기의 무선랜 RF(Raido Frequency) 개발팀에서, 박용식은 주식회사 삼성전자의 컴퓨터

사업부 하드웨어 개발팀에서, 송혁진은 주식회사 선경건설에서 각각 근무하다가 퇴사하여 위와 같이 회사를 설립하였다.

나. 소외회사는 설립 당시 발행주식의 총수가 1,000,000주로서 자본금이 5억 원(1주의 금액 500원×1,000,000주)이었으나, 2000. 6. 23. 243,240주의 신주를 발행함으로써 발행주식의 총수가 1,243,240주로, 자본금이 621,620,000원으로 되었고, 2000. 7. 31. 1,243,240주의 신주를 발행하여 기존의 주주에게 무상 교부함으로써 발행주식의 총수가 2,486,480주로, 자본금이 1,243,240,000원으로 되었다.

다. 2002. 3. 30. 현재 소외회사의 주주명부에 따르면 대표이사인 피고가 발행주식의 19.04%에 해당하는 473,430주를, 디지털 하드웨어 개발 담당자인 박용식이 14.90%에 해당하는 370,391주를, 이사 겸 자금관리 담당자로 근무하다가 2001. 12. 15.경 퇴사한 송혁진이 9.26%에 해당하는 230,277주를, 감사 겸 무선랜 RF 개발 담당자인 이민재가 9.57%에 해당하는 237,958주를 각각 보유하는 것으로 되어 있었는데, 원고는 같은 날 소외회사를 "투자기업"으로, 피고, 박용식, 송혁진, 이민재(이하 '피고 외 3인'이라 한다)를 "이해관계인"으로 하여 그들과의 사이에 다음과 같은 내용의 주식매매계약(이하 '이 사건 계약'이라 한다)을 체결하였다.

(1) 제1조(계약의 목적)

이 사건 계약은 원고가 소외회사의 제품을 생산하는데 소용되는 자원 조달의 일환으로 구주주가 보유하고 있는 주식을 원고에게 양도함에 있어 원고와 피고 외 3인 사이에 발생하는 권리, 의무를 확정시키는 데에 목적이 있다.

(2) 제2조(이해관계인)

"이해관계인"이라 함은 이 사건 계약 당시 소외회사 발행주식의 5% 이상을 소유한 피고 외 3인을 말하는 것으로서, 피고 외 3인은 앞서 본 주주명부상의 주식을 적법하게 소유하고 있음을 확인하고, 이 사건 계약의 각 조항을 승인하고 계약상 소외회사의 의무 이행을 연대보증한다.

(3) 제10조(주식발행 및 인수조건)

피고 외 3인은 이 사건 계약 체결과 동시에 피고 외 3인이 소유하고 있는 액면가 500원인 소외회사 기명식 보통주 320,000주를 주당 1,250원으로 원고에게 매각하고, 피고 외 3인은 원고로부터 주식 매각대금을 수령한 즉시 소외회사에 대한 단기차입금 4억 원을 상환하여야 한다.

(4) 제11조(주식대금지불)

원고는 주식 매수대금을 소외회사가 지정하는 소외회사 명의의 은행계좌에 입금한다.

(5) 제13조(근무기간의 보장)

피고 외 3인(송혁진은 제외, 이하 송혁진을 제외한 나머지 이해관계인을 '피고 등'이라 한다)은 이 사건 계약 체결 후 3년간 소외회사에 근무하여야 한다. 피고 등이 이를 위반할 때에는 원고는 피고 등에게 본 계약에 의해 매매된 주식의 반환 등 여타의 손해배상을 청구할 수 있다(이하 '이 사건 근무기간 보장조항'이라 한다).

(6) 제16조(주식의 처분의 제한)

피고 외 3인은 3년 이내에 원고의 서면에 의한 사전 동의 없이 소외회사 주식의 3% 이상을 상호 또는 제3자에게 처분할 수 없다.

라. 원고는 이 사건 계약에 따라 2002. 3. 30. 소외회사 명의의 통장으로 4억 원을 송금하여 피고 명의의 주식 100,869주, 박용식 명의의 주식 111,304주, 송혁진 명의의 주식 52,175주, 이민재 명의의 주식 55,652주, 합계

320,000주를 취득하고, 2002. 4.경 소외회사의 고문 겸 회장으로 취임하기까지 하였으나, 피고는 2002. 5. 31. 대표이사직을 사임하고 2002. 6. 15.경 소외회사에서 퇴사하였으며, 2002. 12.경 삼성전자 주식회사에 입사하였다.

마. 소외회사는 설립 이후 2001. 9. 30.까지 1년 6개월 동안 13억 원 가량의 누적 적자를 기록하는 등 사업 실적은 양호하지 못하였고, 이 사건 계약 체결 당시까지 자금조달, 기술개발 문제로 계속적으로 어려움을 겪고 있었으며, 이 사건 근무기간 보장조항을 이 사건 계약의 내용으로 편입시킨 것은 원고의 요구에 따른 것이었고, 특히 피고 등이 3년간 근무 약정을 위반할 경우 원고가 주식의 반환 등 손해배상을 청구할 수 있다는 규정은 원래의 계약서(을3)에는 없었던 조항으로서, 원고가 원래의 계약서를 건네받아 검토한 후 손해배상 조항을 추가해 줄 것을 요구함으로써 추가되기에 이른 것인데, 원고가 위와 같이 피고 등에게 3년간의 근무를 요구한 이유는 그들이 벤처기업인 소외회사의 대주주인 동시에 핵심 기술인력으로서 그들이 소외회사에서 이탈할 경우 소외회사의 사업 전망이 불투명하다고 판단했기 때문이다.

2. 청구원인에 대한 판단

이 사건 근무기간 보장조항의 문언 및 이 사건 근무기간 보장조항이 이 사건 계약의 내용으로 되기에 이른 경위 등 위 인정사실에 의하면, 이 사건 근무기간 보장조항은 원고, 소외회사, 피고 외 3인이 이 사건 계약을 체결함에 있어 소외회사의 대주주인 동시에 핵심 기술인력인 피고 등이 소외회사에서 단기간 내에 이탈할 경우 원고로서는 투자의 목적을 달성할 수 없게 될 가능성이 높으므로 피고 등이 소외회사에서 근무하여야 하는 최소한의 기간을 3년으로 의무화하는 한편 피고 등이 이를 위반한 경우 원고로 하여금 해당 이해관계인에 대하여 주식 매매대금 상당액을 손해배상 명목으로 청구할 수 있도록 한 규정으로 봄이 상당하다 할 것이고, 피고가 이 사건 계약 체결일로부터 3개월 남짓 경과된 2002. 6. 15.경 소외회사에서 퇴사함으로써 이 사건 계약 체결 후 3년간 소외회사에 근무하기로 한 약정을 위반하였음은 앞서 본 바와 같으므로 피고는 특별한 사정이 없는 한 이 사건 근무기간 보장조항에 따라 원고에게 피고의 주식 매매대금 상당액인 126,086,250원(100,869주 x 1,250원)을 지급할 의무가 있다.

3. 피고의 주장에 대한 판단

가. 이에 대하여 피고는 먼저, 이 사건 계약에서 매매목적물로 된 피고의 주식 중 100,000주는 비록 주주명부에 피고의 명의로 되어 있기는 하였으나 이는 소외회사가 피고에게 명의신탁한 주식이었고, 따라서 이 사건 계약의 실질적인 당사자는 원고와 소외회사이므로 원고는 피고에게 주식 매매대금의 반환을 구할 수 없다고 주장한다.

살피건대, (증거)를 종합하면, 소외회사는 2000. 6. 23.자 신주발행 당시 주식회사 에이스월드(이하 '에이스월드'라 한다)와의 사이에, 에이스월드가 소외회사의 신주 243,240주 중 151,771주를 주당 14,000원에 직접 인수하고, 나머지 91,469주를 일반투자자들로 하여금 같은 가격에 인수하도록 알선하되, 소외회사는 에이스월드로부터 에이스월드가 기존에 보유하고 있던 소외회사의 주식 50,000주를 주당 14,000원에 매입하기로 약정하고, 그 무렵 위 약정에 따라 에이스월드로부터 50,000주의 주식을 7억 원에 양도받아 이를 피고에게 명의신탁한 사실, 그 후 2000. 7. 31.자 무상증자에 의해 위 50,000주의 주식에 대해 50,000주의 주식이 무상 교부됨으로써 명의신탁된 주식의 수가 100,000주로 된 사실을 인정할 수 있다.

그러나 한편, (증거)를 종합하면 피고가 그 이후인 2001. 4. 1. 이호룡에게 26,667주의 주식을 양도한 것을 비롯하여 그 무렵부터 2001. 12. 5.까지의 사이에 이호룡 등 8인에게 약 200,000주의 주식을 양도한 사실을 인정할 수 있어 이 사건 계약 체결 당시에 그와 같이 명의신탁된 주식이 남아 있었다고 단정하기 어려운 점, 피고에게 명의신탁된 주식의 수는 앞서 본 바와 같이 100,000주인데 반해 이 사건 계약에서 매매목적물로 된 피고의 주식은 100,869주로서 그 수량도 일치하지 않는 점, 원고가 매수한 320,000주의 주식 중 위 100,869주의 주식을 제외한 나머지 박용식, 송혁진, 이민재 명의의 주식은 피고의 주장에 의하더라도 명의신탁된 주식이 아닌 점(피고는 처음에는 위 320,000주의 주식 모두가 명의신탁된 주식이라고 주장하다가 나중에 그 주장을 철회하였다, 2005. 1. 14.자 준비서면 참조), 이 사건 계약 제2조에 피고 외 3인이 주주명부상의 주식을 적법하게 소유하고 있다고 명시되어 있는 점 등에 비추어 보면, 위와 같이 100,000주의 주식이 피고에게 명의신탁된 일이 있었다는 사정만으로 이 사건 계약의 실질적인 당사자가 원고와 소외회사뿐이라거나, 피고 외 3인이 이 사건 계약의 실질적인 당사자가 아니라고 보기에는 부족하고, 달리 이를 인정할 증거가 없으므로 위 주장은 이유 없다.

나. 피고는 또, 이 사건 근무기간 보장조항을 피고 등에게 귀책사유가 있는지 여부를 불문하고 피고 등이 계약을 체결한 날로부터 3년 이내에 퇴사하기만 하면 무조건 주식매매대금을 반환하여야 하는 것으로 해석한다면 이는 직업선택의 자유 및 생존권의 본질적 내용을 침해하는 것으로서 민법 제103조에 따라 사회질서에 반하므로 무효이고, 따라서 이 사건 근무기간 보장조항은 퇴사에 관하여 피고 등에게 귀책사유가 있는 경우에만 주식의 반환 등 손해배상 의무가 있는 것으로 제한적으로 해석되어야 하는데, 피고는 소외회사 임직원들의 퇴진 요구를 거부할 수 없는 상황에서 퇴사한 것으로서 퇴사에 관하여 귀책사유가 없으므로 원고에게 주식 매매대금 상당액을 지급할 의무가 없다고 주장한다.

살피건대, 이 사건 근무기간 보장조항이 피고 등으로 하여금 소외회사에서 의무적으로 근무할 기간을 정하고 이를 위반할 경우 손해배상을 하도록 함으로써 간접적으로 퇴사의 자유를 제한하는 면이 있기는 하나, 원고가 설립 후 1년 6개월 동안 13억 원 가량의 누적 적자를 기록한 소외회사의 주식을 액면가의 2.5배에 해당하는 상당한 금액으로 인수한 이유는 피고 등의 기술력을 신뢰하였기 때문으로서 원고로서는 대주주인 동시에 핵심 기술인력인 피고 등이 향후 계속하여 소외회사에서 근무할 것을 믿고 이 사건 계약을 체결한 것으로 보이는 점, 피고 등이 임의로 퇴사하였을 경우 원고에게 배상하기로 예정된 금액이 그들의 주식 매매대금 상당액에 불과하여 그 금액이 과다하다고 보기 어렵고, 의무적으로 근무하기로 약정한 기간도 3년으로서 지나치게 길다고 보기도 어려운 점, 이 사건 근무기간 보장조항이 투자자인 원고를 보호하기 위해 원고의 요구에 의해 계약의 내용으로 된 조항임은 앞서 본 바와 같은데 피고 등의 퇴사가 원고와는 전혀 무관하게 이루어진 경우에도 단지 퇴사가 피고 등의 자의에 의한 것이 아니라거나 퇴사에 관하여 피고 등에게 귀책사유가 없다는 사정만으로 피고 등이 면책되는 것은 오히려 원고의 보호에는 미흡하다고 보이는 점 등에 비추어 보면 위 조항을 피고의 주장과 같이 제한적으로 해석하지 아니한다 하여 반드시 사회질서에 반하는 결과가 초래된다고 보기는 어렵다.

나아가, 설사 피고 등에게 귀책사유가 없는 경우에는 면책되는 것으로 해석하는 것이 상당하다 하더라도, (증거)만으로 피고의 퇴사에 관하여 피고에게 귀책사유가 없음을 인정하기에 부족하고 달리 이를 인정할 증거가 없고, 오히려 (증거)를 종합하면, 소외회사 설립 이후 단기간에 앞서 본 바와 같이 상당한 액수의 적자가 발생하고, 그와 아울러 자금조달의 어려움을 겪게 되자 2001. 11. 말경에 이르러 이사인 조한진 등은 피고가 소외회사 설립 초기에 이사회 결의 없이 송혁진으로 하여금 회사 자금으로 주식투자를 하게 하여 회사에 손실을 가하였던 사실 등을 거론하면서 피고의 경영능력이나 경영자세 등에 대해 책임의 추궁을 요구하는 등 갈등이 표출되었던 사실, 당시 소외회사의 임원진은 피고의 최고경영자(CEP) 및 최고기술경영자(CTO)로서의 역할을 강화하되, 피고는 소외회사가 정상화될 때까지 무보수로 근무하고 2002. 3. 예정된 주주총회까지 투자 유치 등을 통해 경영정상화를 이루며, 주주총회 결의에 따라 그 퇴진 여부를 결정하기로 하고, 조한진, 송혁진 등을 퇴사시킴으로써 갈등을 수습함과 아울러 구조조정을 하였던 사실, 그 후 피고는 원고와의 사이에 이 사건 계약을 체결함으로써 신규자금 4억 원의 유치에 성공하기는 하였으나, 피고가 무보수로 근무하겠다는 약속을 어겼을 뿐만 아니라 자주 결근하는 등 근무태도가 불량하다는 등의 이유로 임직원들과의 사이에 갈등이 있어 오다가 원고가 2002. 4.경 소외회사의 고문 겸 회장으로 취임한 후 임직원 회의에 참석하여 신규제품 개발보다는 마케팅이 중요하므로 신규상품 발굴에 주력하자는 취지의 주장을 한 것이 계기가 되어 이민재 등이 원고의 경영 자문에 동의하는 피고에게 항의를 제기하고, 나아가 구조조정, 경영정상화 등을 내세우며 피고의 경영책임을 추궁하기에 이르자 피고가 2002. 5. 31.자로 대표이사 사직서를 제출하고, 사직서 제출 이후에 비상근 기술이사 자격으로 소외회사에서 근무하고자 하는 의사를 표명하였으나 소외회사 임직원들의 반발로 무산되어 결국 2002. 6. 15. 소외회사를 퇴사한 사실을 인정할 수 있는바, 위 인정사실에 따르면 피고의 퇴사는 결국 피고의 경영 능력이나 의지에 관하여 의문을 제기한 임직원들과 피고 사이의 갈등관계에 기인한 것으로서 원고에 대한 관계에서는 피고의 귀책사유로 인한 것으로 봄이 상당하다 할 것이므로 위 주장은 어느 모로 보나 이유 없다.

다. 피고는 또, 소외회사가 자금난으로 부도 직전에 있어 몹시 궁박한 사정에 있다는 점을 이용하여 원고가 이 사건 근무기간 보장조항을 추가하였고, 피고 등은 이 사건 계약으로 인하여 실질적으로 아무런 대가도 받지 아니하였는바, 아무런 대가도 취득한 바 없는 피고에게 주식 매매대금을 반환할 의무를 부담시킨다면 이는 피고에게는 현저하게 불리하고 원고에게만 일방적으로 유리하여 현저히 불공정한 법률행위에 해당하므로 민법 제104조에 따라 무효라고 주장한다.

살피건대, 이 사건 계약 체결 당시 소외회사가 자금난을 겪고 있었던 사실, 주식 매매대금 4억 원이 소외회사의 예금계좌로 직접 입금된 사실은 앞서 본 바와 같으나, 피고가 이 사건 계약으로 인하여 아무런 대가를 취득하지 못하였다는 점에 관하여는, (증거)만으로 이를 인정하기에 부족하고 달리 이를 인정할 증거가 없고, 오히려, (증거)를 종합하면, 피고 외 3인 및 조한진은 2001. 12. 5. 그들이 소외회사의 대주주로서 회사의 경영과 관련하여 합계 4억 원(피고 126,086,800원, 조한진 78,260,800원, 이민재 69,565,200원, 송혁진 65,217,600원, 박용식 60,869,600원)의 채무를 부담하고 있었고, 이 사건 계약에 따른 주식 매매대금 4억 원이 위 채무의 변제조로 소외회사에 지급됨으로써 피고 외 3인이 이 사건 계약으로 인하여 소외회사에 대한 채무를 면하게 되는 이익을 얻었던 사실을 인정할 수 있는바, 위와 같이 피고가 이 사건 계약으로 인하여 아무런 대가를 취득하지 못하였다는 점이 인정되지 아니하는 이상 이 사건 계약이 피고에게는 불리하고 원고에게만 일방적으로 유리하여 현저히 불공정하다고 볼 수는 없으므로 위 주장은 이유 없다.

라. 피고는 또, 주식의 반환 등 손해배상에 관한 사항은 이 사건 계약 체결 직전까지도 당사자 사이에 전혀 거론되지 않았던 것인데, 원고가 당초 합의한 2002. 3. 30.까지의 출자를 차일피일 미루다가 2002. 3. 30. 오전 10시에 이르러서 비로소 위 조항을 언급하면서 추가해 줄 것을 강요하였고, 피고 등은 처음에는 이를 거절하였으나 원고는 소외회사가 심각한 자금난을 겪고 있는 점을 이용하여 원고의 요구사항이 모두 받아들여지지 아니하면 당초의 출자 합의는 없었던 것으로 하겠다고 계속적으로 압박하므로, 피고 등은 우선 소외회사부터 살려 놓고 보자는 일념으로 요구사항을 받아들인 것인바, 이는 강박에 의한 의사표시이므로 민법 제110조에 의거하여 승낙

의 의사표시를 취소한다고 주장한다.

살피건대, 이 사건 계약 체결 당시 소외회사가 자금난을 겪고 있었던 사실, 주식의 반환 등 손해배상에 관한 조항이 원래의 계약서에는 없었던 것으로서 원고가 원래의 계약서를 건네받아 검토한 후 손해배상 조항을 추가해 줄 것을 요구하여 추가되기에 이른 사실은 앞서 본 바와 같으나, 그러한 사정만으로 피고의 이 사건 계약에 대한 승낙의 의사표시가 강박에 의해 이루어진 것이라고 인정하기에는 부족하고, 달리 이를 인정할 없으므로 위 주장 역시 이유 없다.

마. 피고는 또, 이 사건 근무기간 보장조항은 피고 외 3인이 3년 이내에 소외회사를 퇴사함으로써 원고에게 손해가 발생한 경우에 원고는 피고 등에게 주식을 반환하고 자신에게 발생한 손해의 배상을 청구할 수 있다는 것이므로 피고의 퇴사로 인해 원고에게 현실적인 손해가 발생하지 아니한 이상 피고가 소외회사를 퇴사하였다는 이유만으로 주식대금 상당의 손해배상을 청구할 수는 없다고 주장하나, 이 사건 근무기간 보장조항은 피고 등에 대하여 소외회사에서 근무하여야 하는 최소한의 기간을 3년으로 의무화하고 피고 등이 이를 위반한 경우 그로 인해 원고에게 별도의 손해가 발생하였는지 여부와는 관계없이 원고로 하여금 주식 매매대금 상당액을 청구할 수 있도록 한 것으로 봄이 상당하므로, 피고의 퇴사로 인하여 원고에게 현실적인 손해가 발생한 경우에 한하여 손해배상 책임이 인정된다는 취지의 위 주장은 이유 없다.

바. 피고는 또, 피고가 소외회사를 퇴사한 것은 다른 임직원들의 퇴사압력 등 집단적 의사에 따른 것인 점, 임직원들이 피고의 퇴사를 요구할 당시 원고는 소외회사의 회장으로 있으면서 피고의 퇴사를 뒤에서 부추기거나 방관함으로써 사전에 피고의 퇴사를 묵시적으로 동의한 점, 원고가 이 사건 계약 제5조에 따른 6억 원의 추가 출자의무를 이행하지 아니하고, 소외회사에 대하여 연구개발을 중단하고 내부 인력을 영업에 투입할 것을 요구하는 등 소외회사의 내분을 야기하여 피고에 대한 퇴사 압력의 원인을 제공한 점, 피고가 소외회사를 퇴직하기 전후에 걸쳐 상당한 기간 동안 급여를 받지 않고 회사 정상화를 위해 봉사하다가 생활고를 이기지 못해 타 회사에 입사한 점, 원고가 이 사건 소송을 피고가 퇴사한 때로부터 17개월이 경과된 이후에야 비로소 제기한 점 등 피고의 퇴사 경위, 퇴사 당시의 원고의 지위와 역할, 퇴사 이후의 원고의 태도 등을 종합해 보면 이 사건 청구는 신의칙에 반하거나 권리 남용에 해당하여 허용될 수 없다고 주장한다.

살피건대, 원고가 피고의 퇴사를 방관하거나 부추기는 등 퇴사를 사전에 동의하였다는 점에 관하여는, 을24의 기재만으로 이를 인정하기에 부족하고 달리 이를 인정할 증거가 없고, 원고가 추가로 6억 원의 출자를 약속하였다거나 그 의무를 이행하지 아니함으로써 약속을 위반하였다는 점에 부합하는 을24의 기재는 갑1의 기재에 비추어 믿지 아니하고 달리 이를 인정할 증거가 없으며, 다만, 피고가 소외회사를 퇴사한 것이 다른 임직원들의 퇴사압력 등 집단적 의사에 따른 것인 사실, 원고가 2002. 4.경 소외회사의 고문 겸 회장으로 취임한 후 임직원 회의에 참석하여 신규제품 개발보다는 마케팅이 중요하므로 신규상품 발굴에 주력하자는 취지의 주장을 한 것이 피고와 다른 임직원들 사이의 갈등 재연의 한 원인이 되었던 사실, 피고가 2001. 11.경 소외회사가 정상화될 때까지 무보수로 근무하겠다고 약속하고 그 후 회사의 정상화를 위해 노력한 사실은 앞서 본 바와 같고, 을14의 기재에 변론 전체의 취지를 종합하면, 피고가 2001. 11.경 이후로 삼성전자 주식회사에 입사하기 전까지 정상적인 수입을 얻지 못해 어려움을 겪었던 사실을 인정할 수 있고, 이 사건 소송이 피고가 퇴사한 때로부터 약 17개월이 경과된 이후인 2003. 12. 3. 제기된 사실은 기록상 명백하나, 그러한 사정만으로 이 사건 근무기간 보장조항에 기한 원고의 이 사건 청구가 신의칙에 반한다거나 권리 남용에 해당하여 허용될 수 없다고 보기는 어렵고,

달리 이를 인정할 만한 증거도 없으므로 위 주장 역시 이유 없다.

사. 피고는 또, 이 사건 계약의 주채무자는 소외회사이고, 피고 외 3인은 그 연대보증인에 불과하므로 소외회사에 대한 적법한 해제권의 행사 없이 곧바로 피고에 대하여 계약 해제에 따른 법률효과를 주장할 수 없고, 민법 제547조 소정의 해제권의 불가분성에 따라 피고 명의로 보유하고 있던 주식부분만의 해제는 부적법하다고 주장한다.

살피건대, 피고의 위 주장은 원고의 이 사건 청구가 계약 해제를 원인으로 한 청구임을 전제로 하고 있으나, 원고의 이 사건 청구는 이 사건 근무기간 보장조항에 근거한 것으로서 반드시 이 사건 계약의 해제를 전제로 한다고 볼 수 없으므로 위 주장은 이유 없다.

아. 피고는 마지막으로, 원고가 이 사건 소를 제기한 이후에 자신을 이사로 선임하는 것 등을 안건으로 하여 개최된 주주총회에 참석하여 주주로서의 의결권을 행사하여 자신이 이사로 선임되었는바, 원고가 해제를 주장한 이후에 위와 같이 주주권을 행사한 것은 피고의 퇴사를 추인한 것이고, 그와 아울러 계약해제주장을 철회한 것이라고 주장한다.

살피건대, 을7, 14 내지 19의 각 기재, 제1심 법원의 소외회사에 대한 2004. 10. 15.자 사실조회결과에 변론 전체의 취지를 종합하면, 원고가 이 사건 소송이 계속되던 도중인 2004. 6. 19. 자신이 위 320,000주의 주식을 보유한 주주임을 전제로 소외회사의 주주총회에 참석하고, 그 의결권을 행사하여 자신이 소외회사의 이사로 선임되고, 그 후 이사회에서 소외회사의 공동대표이사로 선임된 사실을 인정할 수 있으나, 그와 같은 사정만으로 원고가 피고의 퇴사를 추인하였다거나 이 사건 근무기간 보장조항에 기한 손해배상 청구를 포기한 것이라고 보기에는 부족하고, 달리 이를 인정할 증거가 없으므로 위 주장 역시 이유 없다.

4. 결론

그렇다면, 피고는 원고에게 126,086,250원 및 이에 대하여 이 사건 소장 부본 송달 다음날임이 기록상 명백한 2003. 12. 12.부터 피고가 그 의무의 존부에 관하여 항쟁함이 상당하다고 인정되는 당심 판결 선고일인 2006. 1. 12.까지 민법 소정의 연 5%, 그 다음날부터 다 갚는 날까지 소송촉진등에관한특례법 소정의 연 20%의 각 비율로 계산한 지연손해금을 지급할 의무가 있으므로 원고의 청구는 위 인정범위 내에서 이유 있어 이를 인용하고 나머지 청구는 이유 없으므로 이를 기각할 것인바, 이와 결론을 일부 달리한 제1심 판결의 원고 패소부분은 부당하므로 이를 취소하여 위 금원의 지급을 명하고, 원고의 나머지 항소는 이유 없으므로 이를 기각하기로 하여 주문과 같이 판결한다.

(1-2) 대법원 2007. 12. 27. 선고 2006다9408 판결

【원고, 피상고인】 오근수

【피고, 상고인】 강현구

【원심판결】 서울고등법원 2006. 1. 12. 선고 2005나35976 판결

【주 문】 원심판결 중 피고 패소 부분을 파기하고, 이 부분 사건을 서울고등법원에 환송한다.

【이 유】

상고이유를 판단한다.

1. 채무불이행으로 인한 손해배상액의 예정이 있는 경우에는 채권자는 채무불이행 사실만 증명하면 손해의 발생 및 그 액을 증명하지 아니하고 예정배상액을 청구할 수 있고(대법원 2000. 12. 8. 선고 2000다50350 판결 등 참조), 채무자는 채권자와 사이에 채무불이행에 있어 채무자의 귀책사유를 묻지 아니한다는 약정을 하지 아니한 이상 자신의 귀책사유가 없음을 주장・입증함으로써 예정배상액의 지급책임을 면할 수 있다. 그리고 채무자의 귀책사유를 묻지 아니한다는 약정의 존재 여부는 근본적으로 당사자 사이의 의사해석의 문제로서, 당사자 사이의 약정 내용과 그 약정이 이루어지게 된 동기 및 경위, 당사자가 그 약정에 의하여 달성하려고 하는 목적과 진정한 의사, 거래의 관행 등을 종합적으로 고찰하여 합리적으로 해석하여야 하지만, 당사자의 통상의 의사는 채무자의 귀책사유로 인한 채무불이행에 대해서만 손해배상액을 예정한 것으로 봄이 상당하므로, 채무자의 귀책사유를 묻지 않기로 하는 약정의 존재는 엄격하게 제한하여 인정하여야 한다.

2. 원심판결의 이유에 의하면, 원심은 이 사건 근무기간 보장조항에 기한 피고의 손해배상책임은 피고가 자신의 귀책사유로 인하여 소외 주식회사(이하 '소외 회사'라 한다)를 퇴사하는 경우에만 부담하는 것으로 제한적으로 해석되어야 하는데, 피고가 소외 회사를 퇴사함에 있어 피고에게 귀책사유가 없으므로 예정배상액을 지급할 의무가 없다는 피고의 주장에 대하여, 그 채용 증거들에 의하여 인정되는 다음과 같은 사정, 즉 원고가 설립 후 1년 6개월 동안 13억 원 가량의 누적 적자를 기록한 소외 회사의 주식을 액면가의 2.5배에 해당하는 금액으로 인수한 이유는 피고 등의 기술력을 신뢰하였기 때문으로서 원고로서는 대주주인 동시에 핵심 기술인력인 피고 등이 향후 계속하여 소외 회사에서 근무할 것을 믿고 피고 등으로부터 주식을 인수하기로 계약을 체결한 것으로 보이는 점, 피고 등이 임의로 퇴사하였을 경우 원고에게 배상하기로 예정된 금액이 그들의 주식 매매대금 상당액에 불과하여 그 금액이 과다하다고 보기 어렵고, 의무적으로 근무하기로 약정한 기간도 3년으로서 지나치게 길다고 보기 어려운 점, 이 사건 근무기간 보장조항은 투자자인 원고를 보호하기 위해 원고의 요구에 의해 계약의 내용으로 포함된 것인데 피고 등의 퇴사가 원고와는 전혀 무관하게 이루어진 경우에도 단지 퇴사가 피고 등의 자의에 의한 것이 아니라거나 퇴사에 관하여 피고 등에게 귀책사유가 없다는 사정만으로 피고 등이 면책되는 것은 오히려 원고의 보호에는 미흡하다고 보이는 점 등을 근거로 하여, 원고는 피고의 귀책사유를 묻지 않고 예정배상액의 지급을 청구할 수 있다고 판단하고, 위 주장을 배척하였다.

3. 그러나 이러한 원심의 판단은 위의 법리에 비추어 수긍할 수 없다.

즉, 피고의 귀책사유가 없음에도 불구하고 피고로 하여금 원고에게 예정배상액을 지급할 의무가 있다고 인정하기 위하여는, 원고와 피고 사이에 체결된 약정의 내용과 그 약정이 이루어지게 된 동기 및 경위, 당사자가 그 약정에 의하여 달성하려고 하는 목적과 진정한 의사, 거래의 관행 등에 비추어 피고가 소외 회사를 퇴사하는 경우 피고의 귀책사유를 묻지 않고 원고에게 예정배상액을 지급하기로 약정하였음이 명백하게 인정되어야 한다.

그런데 기록에 의하면, 피고가 원고와 사이에 체결한 약정은 "피고는 이 사건 계약 체결 후 3년간 소외 회사에 근무하여야 한다. 피고가 이를 위반하였을 때에는 원고는 피고에게 위 계약에 의해 매매된 주식(이는 '주식매매대금'을 의미하는 것으로 보인다)의 반환 등 여타의 손해배상을 청구할 수 있다"고만 되어 있어 위 약정내용만으로는 피고의 귀책사유를 묻지 않기로 하는 약정이 있었음이 명백하다고 볼 수 없다. 그리고 기록에 의하면, 원고와 피고가 위와 같은 약정을 체결하게 된 것은 원고로서는 피고 등으로부터 소외 회사의 주식을 인수하여 소외 회사를 경영함에 있어 피고가 마음대로 소외 회사를 그만두는 것을 방지하려는 것이지, 피고에게 책임을 돌릴 수 없는 사유로 인하여 피고가 소외 회사를 퇴직하는 것까지 금지하려는 것은 아니었던 것으로 보이고, 피고 역시 만일 피고가 소외 회사를 퇴사함에 있어 그에게 책임이 돌아올 만한 사유가 있다고 인정될 경우에는 예정배상액을 지급하겠다는 의사였던 것으로 보일 뿐, 피고의 퇴사에 전혀 피고의 귀책사유가 없거나, 나아가 원고가 그 원인을 제공한 경우까지도 예정배상액을 지급할 의사였던 것으로는 보이지 아니한다. 그 밖에 원심이 들고 있는 사유만으로는 피고가 소외 회사를 퇴사하는 경우 피고의 귀책사유를 묻지 않고 원고에게 예정배상액을 지급하기로 하는 약정이 있었다고 인정하기에 부족하고, 달리 기록상 그러한 약정이 있었음을 인정할 자료도 찾아볼 수 없다.

따라서 이 부분 원심의 판단에는 손해배상의 예정에 관한 법리를 오해한 위법이 있으므로, 이 점을 지적하는 상고이유의 주장은 이유 있다.

4. 한편 원심판결의 이유에 의하면, 원심은 부가적 · 가정적 판단으로서 이 사건 근무기간 보장조항에 관하여 피고가 소외 회사를 퇴사함에 있어 피고의 귀책사유가 없다고 인정될 경우 예정배상액에 대한 지급책임을 면한다고 해석하여야 한다 하더라도, 피고에게 귀책사유가 없음을 인정할 증거가 부족하고, 오히려 그 채용 증거들에 의하면 피고가 소외 회사 임직원들과의 갈등관계로 인하여 퇴사하였음을 알 수 있는데, 이는 피고의 귀책사유로 인한 것으로 보아야 한다고 판단하였다.

그러나 이러한 원심의 판단 역시 수긍하기 어렵다.

즉, 원심이 인정한 사실관계 및 기록에 의하면, 원고가 2002. 4.경 소외 회사의 고문 겸 회장으로 취임한 후 임직원 회의에 참석하여 신규제품 개발보다는 단기간에 매출을 낼 수 있는 영업 중심으로 소외 회사를 운영하겠다는 취지의 경영방침을 밝힌 사실, 그러나 소외 회사의 기술담당이사로 있던 소외 1등 연구개발담당 임직원들은 원고의 위와 같은 경영방침에 동의하는 피고에게 불만을 품고 대표이사 사임을 요구하여 소외 회사의 업무에 많은 지장이 초래된 사실, 이에 소외 회사는 2002. 6. 15. 피고의 대표이사 사임을 받아들이고 소외 2를 새로운 대표이사로 선임한 사실, 피고가 그 후 기술이사로서 소외 회사에서 계속 근무하기를 희망하였으나, 소외 회사의 임직원들이 피고의 퇴사를 거듭하여 요구하였고, 결국 피고는 2002. 6. 말경 소외 회사의 임직원들과의 합의를 거쳐 소외 회사를 퇴사한 사실, 원고는 피고의 퇴사일로부터 약 1년 6개월 가량 지나 이 사건 소를 제기한 사실 등을 알 수 있는바, 이에 따르면 원고의 새로운 경영방침이 피고가 소외 회사를 퇴사하게 된 결정적 계기가 된 것으로 보이므로, 원고에 대한 관계에서 피고의 퇴사가 반드시 피고의 귀책사유로 인한 것이라고 선뜻 단정하기는 어렵다.

따라서 원심으로서는 원고가 자신의 경영방침에 동의함으로 인하여 소외 회사의 임직원들로부터 퇴사요구를 받게 된 피고로 하여금 소외 회사에서 계속 근무할 수 있도록 하기 위하여 어떤 노력을 하였는지, 오히려 소외 회사의 대주주로서 2002. 6. 15. 소외 2가 새로운 대표이사로 선임되고, 피고가 소외 회사를 퇴사하는 것을 용인하거나 방관한 것은 아닌지 등에 관하여 심리한 다음 이것을 바탕으로 피고의 퇴사에 피고의 귀책사유가 인정되는지 여부를 판단하였어야 할 것이다.

그럼에도 불구하고, 원심은 이에 관한 심리에 나아가지 아니한 채 피고의 퇴사에 피고의 귀책사유가 인정되지 아니한다는 피고의 주장을 배척하고 말았으니, 이러한 원심의 판단에는 심리를 다하지 아니하고 채무자의 귀책사유에 관한 법리를 오해하는 등으로 판결 결과에 영향을 미친 위법이 있고, 이러한 취지를 담은 상고이유의 주장은 이유 있다.

한편, 원심으로서는 심리결과 피고의 퇴사가 피고의 귀책사유로 인한 것임이 인정된다고 판단되는 경우에도 피고의 퇴사경위 등에 비추어 이 사건 손해배상의 예정액이 부당히 과다하다고 인정될 경우에는 이를 적절히 감액할 수 있음을 밝혀둔다.

5. 그러므로 나머지 상고이유에 대한 판단을 생략한 채 원심판결 중 피고 패소 부분을 파기하고, 이 부분 사건을 원심법원에 환송하기로 하여 관여 대법관의 일치된 의견으로 주문과 같이 판결한다.

(2) 대법원 1996. 6. 14. 선고 94다61359 판결

【원고(반소피고), 상고인】 망 성낙권의 소송수계인 성희숙 외 5인
【피고(반소원고), 피상고인】 전창기 외 1인
【원심판결】 대전고등법원 1994. 10. 27. 선고 93나6605, 94나2488 판결
【주 문】 원심판결을 파기한다. 사건을 대전고등법원에 환송한다.

【이 유】

상고이유를 판단한다.

1. 원심판결 이유에 의하면, 원심은 그 판결에서 채용하고 있는 증거들을 종합하여 다음과 같은 사실을 인정하고 있다.

피고(반소원고, 이하 피고라 한다)들은 1984. 3. 27. 소외 망 성낙권으로부터 그가 11,195/16,793 지분, 소외 성경모가 5,598/16,793 지분씩 공유하고 있는 분할 전의 공주시 신관동 454의 1 전 5,080평이 토지구획정리사업으로 환지될 경우 그 환지된 토지 중 3면이 도로에 면한 사각형 모양의 토지 500평(이하 이 사건 매매목적물이라 한다)을 금 42,500,000원에 매수하기로 하면서, 계약당일 금 5,000,000원을 지급하고 중도금 10,000,000원은 위 구획정리 완료 후 15일 이내에, 잔대금 27,500,000원은 피고들이 이 사건 매매목적물 위에 신축할 건물을 준공한 후 은행으로부터 융자를 받는 즉시 지급하기로 약정하였다. 소외 망 성낙권과 피고들은 위 매매계약을 체결하면서 망 성낙권이 이 사건 매매목적물의 분할 및 소유권 이전을 책임지기로 하되, 공유자인 성경모로부터 토지분할에 대한 동의를 받지 못하거나 위 성경모의 지분을 양도받을 수 없게 되어 이 사건 매매목적물에 관한 소유권 이전이 불가능하게 될 경우 피고들이 입을 손해를 담보하기 위하여 역시 망 성낙권과 위 성경모의 공유이던 분할 전의 공주시 신관동 454의 5 임야 7,934㎡ 중 망 성낙권 소유의 3분의 2 지분에 관하여 피고들 명의의 소유권이전청구권 보전을 위한 가등기를 경료하고, 이 사건 매매목적물에 관한 소유권이전등기가 이행불능으로 확정될 때에는 즉시 위 가등기에 기한 본등기절차를 이행하며, 단 소유권이전등기가 이행불능이라고 확정하는 시기는 위 계약일로부터 1년간으로 한다고 약정하였다. 위 망 성낙권은 위 약정에 따라 피고들 앞으로 위 신관동 454의 5 임야 7,934㎡에 대한 3분의 2 지분에 관하여 대전지방법원 공주지원 1984. 3. 30. 접수 제5694호로 지분이전청구권 보전을 위한 가등기(이하 이 사건 가등기라 한다)를 경료하였고, 그 후 위 임야는 원심판시 별지 부동산목록 기재 각 토지(이하 이 사건 담보목적물이라 한다)로 분할되어 위 가등기가 전사되었다. 위 망 성낙권은 이 사건 매매목적물에 관한 지분 11,195/16,793 중 1,223/16,793 지분은 1984. 12. 22. 소외 유흥옥에게, 330,58/16,793 지분은 1985. 7. 12. 소외 이은철에게 각 소유권이전등기를 경료해 주었으며, 그 후 1987. 11. 20.

공유물 분할로 인하여 망 성낙권의 잔여 지분 및 위 소외인들의 지분 전부에 관하여 소외 성경모 앞으로 지분이전등기가 경료되었다. 위 망 성낙권은 1992. 10. 31. 사망하여, 그 자녀들인 원고들이 공동재산상속인이 되었다.

원심은 위와 같은 사실관계를 바탕으로 하여 다음과 같이 판단하고 있다.

위 망 성낙권은 매매계약 체결일로부터 1년 이내에 공유자인 소외 성경모로부터 토지분할에 관한 동의를 얻지 못하였을 뿐만 아니라 이 사건 매매목적물의 일부 지분을 소외 유홍옥에게 이전하였으므로 약정에 따라 매매계약 체결 후 1년이 경과한 1985. 3. 27. 그 매매계약은 이행불능으로 확정되었다고 할 것이다. 그러므로 원고들은 망 성낙권의 공동재산상속인들로서 이 사건 매매목적물에 대한 소유권이전등기 의무가 이행불능이 됨으로써 피고들이 입은 손해를 배상할 의무가 있으며, 한편 피고들은 원고들로부터 매매계약의 이행불능으로 인한 손해배상을 받은 다음 원고들에게 이 사건 담보목적물에 대한 이 사건 가등기의 말소등기절차를 이행할 의무가 있다고 할 것이다.

그런데 일반적으로 매매계약의 이행불능으로 인하여 피고들이 입은 손해는 특별한 사정이 없는 한 그 이행불능 당시의 부동산 시가 상당액이라고 할 것이지만, 매도인인 망 성낙권이 매매계약 당시 피고들이 위 토지를 매수하여 전매하거나 또는 그 지상에 건물을 신축하여 매각하고자 한다는 특별한 사정을 알았거나 알 수 있었다면 원고들은 피고들이 위와 같은 목적을 달성하지 못함으로써 입은 손해도 특별손해로서 배상할 의무가 있다고 할 것인바, 위에서 본 바와 같은 이 사건 매매계약의 체결 경위, 매매계약의 목적과 그 내용, 매매대금의 지급시기 및 방법 등을 종합하면, 매도인인 성낙권은 매매계약 당시 피고들이 토지구획정리사업으로 인한 환지확정 후 그 지상에 건물을 신축하기 위하여 이 사건 매매목적물을 매수하는 것이라는 사정을 알았거나 알 수 있었다고 봄이 상당하므로 원고들은 피고들이 이 사건 매매목적물을 취득하여 그 지상에 건물을 신축하여 얻을 수 있는 이익을 상실함으로써 입은 손해를 모두 배상할 책임이 있다. 따라서 피고들은 이 사건 매매목적물 위에 건물을 신축하기 위하여 이를 매수하게 되었으므로 특단의 사정이 없는 한 환지확정 후 이 사건 변론종결일까지 계속 이를 보유하는 것으로 보아야 할 것이므로 원고들은 피고들에게 이 사건 원심 변론종결일에 가까운 1993. 5. 3. 당시의 시가 상당액을 배상할 책임이 있다.

2. 원심이 이 사건 위 매매계약에 의한 망 성낙권의 피고들에 대한 소유권이전등기의무가 위 약정에 따라 1년이 경과한 1985. 3. 27. 이행불능으로 확정되었다고 판단한 것은 을 제1호증(매매계약서)의 부속문서인 특약조건 제5항의 문언에 따른 것이 분명한데, 위 특약조건의 문언은 "본 매매부동산에 대하여 현 공부상 공유자의 이의가 있을 시는 매도인이 책임 해결하기로 한다. 그러나 매도인이 해결하지 못할 시는 그 즉시 매도인은 자기의 여타 공유 소유인 동동(공주시 신관동을 가리키는 것임) 454의 5번지 임야를 매수인들에게 가등기절차를 이행하여 주기로 하고, 본 매매토지의 소유권이전등기가 불가능하다고 확정된 시는 그 즉시 위 가등기를 본등기(소유권이전)하기로 한다. 단 소유권이전등기의 불가능하다고 확정하는 시기는 1개년간으로 한다."라는 것으로서, 이는 공유자인 성경모의 이의가 있고 매도인인 망 성낙권이 그 이의를 해결하지 못할 경우에 위 임야에 관하여 피고들에게 가등기를 하여 주기로 하되 이 사건 매매목적물에 관한 소유권이전등기절차 이행이 불능한 것으로 확정되는 경우에는 가등기에 기한 소유권이전의 본등기를 하여 주되, 그러한 사정이 없다 하더라도 최종적으로 1년이 경과하도록 매도인이 매수인에게 이전등기를 넘겨주지 못하면 소유권이전등기 의무는 확정적으로 이행불능이 된 것으로 간주하기로 약정한 취지로 이해하여야 할 것이므로 원심이 그 시점을 기준으로 하여 당사자간의 손해배상 의무가 발생하였음을 전제로 판단하였음은 정당하다고 하겠다.

그러나 매도인의 매매목적물에 관한 소유권이전등기 의무가 이행불능이 됨으로 말미암아 매수인이 입는 손해액은 원칙적으로 그 이행불능이 될 당시의 목적물의 시가 상당액이라고 할 것이고, 그 이후 목적물의 가격이 등귀하였다 하여도 그로 인한 손해는 특별한 사정으로 인한 것이어서 매도인이 이행불능 당시 그와 같은 특수한 사정을 알았거나 알 수 있었을 때에 한하여 그 등귀한 가격에 의한 손해배상을 청구할 수 있다 함은 대법원의 확립된 판례이고(대법원 1990. 12. 7. 선고 90다5672 판결, 1993. 5. 27. 선고 92다20163 판결, 1995. 10. 13. 선고 95다22337 판결 등 참조), 이러한 법리는 이전할 토지가 환지 예정이나 환지확정 후의 특정 토지라고 하여도 다를 바가 없으며(대법원 1987. 6. 23. 선고 86다카2549 판결), 그 배상금의 지급이 지체되고 있다고 하여도 그 배상금에 대한 법정이자 상당의 지연손해금을 청구하는 외에 사실심 변론종결시의 시가에 의한 손해배상을 청구할 수 있게 되는 것은 아니다(대법원 1975. 5. 27. 선고 74다1872 판결 참조).

그런데 원심은 이 사건 소유권이전등기 의무의 이행불능의 시기를 위와 같이 1985. 3. 27.로 인정하고서도, 그 판시와 같은 여러 사정을 종합하면 망 성낙권은 매매계약 당시 피고들이 환지확정 후 그 지상에 건물을 신축하기 위하여 이 사건 매매목적물을 매수하는 것이라는 사정을 알았거나 알 수 있었다고 판단된다는 이유를 들어, 원고들은 피고들이 이 사건 매매목적물을 취득하여 그 지상에 건물을 신축하여 얻을 수 있는 이익을 상실함으로써 입은 손해를 모두 배상할 책임이 있다고 한 다음, 원심 변론종결일에 가까운 1993. 5. 3. 당시의 시가에 의하여 손해배상액을 산정하고 있으나, 원심이 들고 있는 사정은 당사자 사이에 이 사건 매매목적물에 대한 소유권이전등기 의무가 이행불능으로 확정된 시점에 매도인인 소외 망 성낙권이 이 사건 매매목적물을 피고가 주장하는 시기까지 보유하리라는 사정을 알았거나 알 수 있었다는 사실을 알아볼 수 있는 자료는 될지언정 그 시가가 원심이 인정한 위 환지확정시 또는 그보다 후인 1993. 5. 3. 당시의 시가에 이르기까지 등귀하리라는 사정을 알았거나 알 수 있었다는 사정이 될 수는 없는 것이다. 따라서 위와 같은 사실만을 인정하여 등귀한 가격에 의한 손해배상을 명할 수 없을 것임에도 불구하고 원심이 이러한 사실만을 인정하여 그 판시 시기의 등귀한 이 사건 매매목적물의 시가에 의한 손해배상을 명하였음은 이행불능으로 인한 손해배상에 관한 법리를 오해하여 판결에 영향을 미친 위법을 저질렀다고 하지 않을 수 없다. 상고이유 중 이 점을 지적하는 부분은 이유 있다고 할 것이다.

3. 그러므로 나머지 상고이유에 대한 판단을 생략한 채 원심판결을 파기하고, 사건을 다시 심리·판단케 하기 위하여 원심법원에 환송하기로 관여 법관의 의견이 일치되어 주문과 같이 판결한다.

(3-1) 서울고등법원 1999. 8. 17. 선고 98나35640 판결

【원고, 항소인 겸 피항소인】 이동식
【원고(탈퇴), 피항소인】 주식회사 진산레저
【승계참가인】 김석구 외 3인
【피고, 항소인 겸 피항소인】 대한불교조계종 홍룡사
【독립당사자참가인】 주식회사 세웅주택
【원심판결】 서울지방법원 의정부지원 1998. 6. 23. 선고 97가합12935 판결

【주 문】

1. 원심 판결을 다음과 같이 변경한다.

가. 원고와 승계참가인들의 피고에 대한 청구를 각 기각한다.

나. 당심에서 한 독립당사자참가신청에 기하여,

(1) 피고는 독립당사자참가인에게 금1,459,267,200원 및 이에 대한 1997. 8. 28. 부터 1999. 8. 17. 까지는 연5푼, 그 다음날부터 완제일까지는 연2할5푼의 각 비율에 의한 금원을 지급하고,

(2) 원고 및 승계참가인들과 독립당사자참가인 사이에 있어서 독립당사자참가인의 피고에 대한 전항 기재 금액의 손해배상채권이 존재함을 확인한다.

다. 독립당사자참가인의 나머지 청구를 기각한다.

2. 소송총비용 중 본소로 인한 부분은 원고, 승계참가인, 피고 각자의 부담으로 하고, 참가로 인한 부분은 이를 3분하여 그 2는 피고의 부담으로 하며, 나머지는 원고 및 승계참가인의 연대부담으로 한다.

3. 제1.나.(2)항은 가집행할 수 있다.

【청구취지】

[본소] 피고는 원고에게 금270,000,000원 및 이 중 240,000,000원에 대하여는 1993. 6. 25. 부터, 나머지 30,000,000원에 대하여는 1990. 11. 26. 부터 각 판결선고일까지는 연5푼, 그 다음날부터 완제일까지는 연2할5푼의 각 비율에 의한 금원을 지급하고, 승계참가인(이하 승계인이라 한다) 김석구에게 금530,000,000원, 승계인 김선이에게 금450,000,000원, 승계인 서금철에게 금279,267,200원, 승계인 윤용원에게 금200,000,000원 및 각 이에 대하여 1994. 10. 18. 부터 1998. 6. 23. 까지는 연5푼, 그 다음날부터 완제일까지는 연2할5푼의 각 비율에 의한 금원을 지급하라. (승계인들은 당심에 이르러 승계참가신청을 하였다.)

[독립당사자참가] 피고는 독립당사자참가인(이하 참가인이라 한다)에게 금1,489,267,200원 및 이 중 30,000,000원에 대하여는 1990. 11. 26. 부터, 나머지 1,459,267,200원에 대하여는 1990. 11. 26. 부터 각 1998. 6. 23. 까지는 연5푼, 그 다음날부터 완제일까지는 연2할5푼의 각 비율에 의한 금원을 지급하고, 원고들(원고 및 승계참가인들을 의미하는 것으로 해석된다)과 참가인 사이에 있어서 위 금액에 대한 채권이 참가인에게 있음을 확인한다. (참가인은 당심에 이르러 독립당사자참가의 소를 제기하였다.)

【항소취지】

[원고] 원심판결 중 원고 패소부분을 취소한다. 피고는 원고에게 금240,000,000원 및 이에 대한 1993. 6. 25. 부터 판결선고일까지는 연5푼, 그 다음날부터 완제일까지는 연2할5푼의 각 비율에 의한 금원을 지급하라.

[피고] 원심판결 중 피고 패소부분을 취소한다. 원고 및 원고(탈퇴) 주식회사 진산레저의 피고에 대한 청구를 각 기각한다.

【이 유】

1. 기초적 사실관계

① 피고(당시 대표자 주지 홍순명)는 1988. 5. 17. 소외 유진헌과 차영한(이하 "유진헌 등"이라 한다)에게 피고 소유의 경기 포천군 이동면 도평리 19, 20, 21, 25, 산76의 9 등 5필지 토지를 보증금 3천만원에 기간은 19년으로 정하여 임대하였다.

② 그런데, 피고(당시 대표자 주지 이성민)는 1990. 11. 19. 원고 및 소외 윤봉근과 위 토지 5필지에 관한 임대

차계약을 체결하면서, 앞서 유진헌 등과 체결한 임대차계약을 무효화하기 위한 소송을 추진하기로 하고, 해약에 필요한 공탁금을 임차인이 부담하기로 약정하였다.

③ 원고 및 소외 윤봉근은 스포츠타운 및 관광호텔 신축부지용으로 피고 소유의 토지를 임차하게 된 것인바, 윤봉근은 1990. 11. 26. 위 약정에 따라 피고에게 공탁금조로 3천만원을 대여하였다.

④ 그 후 원고와 소외 윤봉근은 1991. 1. 30. 공동으로 주식회사 호림레저(1992. 6. 19. 주식회사 호림개발로 상호변경되었다가 1997. 2. 28. 현재의 명칭인 주식회사 진산레저로 다시 상호변경됨. 이하 "호림개발"이라 한다)를 설립하였고, 원고 등이 피고와 개인 자격으로 체결한 위 1990. 11. 19. 자 임대차계약의 임차인 지위를 호림개발이 승계하기로 피고와 합의하였다.

⑤ 이어서 호림개발은 1991. 7. 10. 피고와 위 5필지 중 같은리 19, 20, 21, 25 등 4필지에 관하여 임대차계약을 체결하고, 1991. 9. 4. 포천군수로부터 지하 2층 지상 5층 운동시설 1동에 관한 건축허가를 받게 되었는데, 1992. 2. 20. 윤봉근이 호림개발의 대표권한을 원고에게 위임하여, 그 후로는 원고 단독으로 호림개발을 운영하게 되었다.

⑥ 피고(당시 대표자 주지 오춘성)는 1992. 4. 7. 경 호림개발과 합의 하에 전항 기재 임대차계약의 내용을 일부 변경하여, 임대차목적물을 위 4필지 중 같은리 21, 25 등 2필지로 한정하고, 임대기간은 무기한으로 하되 19년이 지나면 계약을 갱신할 수 있도록 약정(이하 이 사건 임대차계약이라 한다)하였다.

⑦ 그런데, 피고는 원임차인인 유진헌 등을 상대로 위 5필지 토지의 인도를 구하는 소송을 제기하였다가 1992. 6. 25. 패소하게 되자, 1992. 11. 9. 유진헌 등에게 21, 25 토지를 3억5천만원에 매도하였고, 1994. 10. 18. 같은리 21 토지는 유진헌 명의로, 같은리 25 토지는 차영한 명의로 위 매매를 원인으로 한 소유권이전등기가 경료되기에 이르렀다.

⑧ 호림개발은 앞서 본 바와 같이 원임차인인 유진헌 등과의 임대차를 해지하고 이 사건 토지를 사용하도록 해주겠다는 피고의 약속을 믿고 1992. 12. 10. 경 스포츠타운 등의 신축공사에 착수하여 대지조성 및 지하굴토작업을 상당부분 진행하였으나, 피고측이 대표자가 교체될 때마다 계약내용을 변경하고 수시로 불사시주금 등을 요구하여 정상적인 공사수행에 차질을 빚다가, 피고로부터 이 사건 토지를 매수한 유진헌 등으로부터 토지인도 및 시설물 철거를 요구받게 되어, 결국 1995. 4. 25. 경 공사를 중단하였다.

⑨ 한편, 호림개발(당시 대표이사 이필원, 양복자)은 1995. 4. 29. 소외 세웅산업개발 주식회사 외 2인에게 이 사건 임대차계약의 임차인 지위와 스포츠타운·관광호텔 시설공사 및 건축허가에 관련된 일체의 권리의무를 7억9천8백만원에 양도하였고, 피고(당시 대표자 주지 백남술)는 1995. 5. 중순경 위 양도관련 서류를 교부받고 이를 승인하기로 하여, 1995. 5. 29. 세웅산업개발 주식회사와 사이에 피고 명의로 남아 있는 같은리 26 및 76의 9 토지에 관하여 임대차계약을 체결하였다.

⑩ 그무렵 참가인은 위 1995. 4. 29. 자 양도계약의 양수인 지위를 피고의 승인 하에 다시 승계받은 후, 1995. 12. 26. 스포츠타운의 건축주 명의를 호림개발에서 참가인으로 변경하였고, 1996. 8. 2. 피고(당시 대표자 주지 조철규)로부터 같은리 26 및 76의 9 토지를 5억3천만원에 매수하기로 하는 계약을 체결하였다.

⑪ 그런데, 호림개발의 상호가 진산레저로 변경되고 원고가 1997. 5. 28. 대표이사로 취임한 뒤 이 사건 소송에서 주식회사 진산레저(이하 "진산레저"라 한다)가 승소판결을 받게 되자, 진산레저는 1998. 7. 1. 승계인들에게 위 판결에서 승소한 1,459,267,200원의 금원에 대하여 청구취지 기재 승계인별 금액에 따라 채권을 양도하였고, 같은달 15. 채무자인 피고에게 채권양도통지를 하였다.

2. 원고의 청구에 대한 판단

가. 대여금 청구

원고는 위 ③항 기재와 같이 1990. 11. 26. 윤봉근 명의로 피고에 대하여 3천만원의 대여가 이루어진 사실은 있으나, 실제로는 원고가 피고에게 3천만원을 대여하였으므로, 피고는 원고에게 이를 반환할 의무가 있다고 주장한다.

그러나, 당원이 믿지 아니하는 원심 증인 임이수의 증언을 제외하고는 이를 인정할 만한 증거가 없으므로, 원고의 위 주장은 이유 없다.

나. 매매대금 반환청구

(1) 원고의 주장

원고는 1992. 7. 경 피고로부터 위 도평리 21 대지 중 1,736평을 2억6천4십만원에 매수하고 같은해 7. 31. 부터 같은해 12. 까지 매매대금 2억4천만원을 지급하였는데, 피고가 위 토지를 유진헌 등에게 매도하여 소유권이전등기까지 마침으로써 원고가 1994. 11. 초순경 매매계약을 해제하였으므로, 피고는 원고로부터 받은 위 매매대금을 원상회복으로 반환할 의무가 있다고 주장한다.

(2) 판단

그러므로 살피건대, 원고의 주장사실에 전부 또는 일부 부합하는 듯한 (증거)는 이를 믿기 어렵다.

다만, (증거)에 의하면 원고가 피고로부터 위 도평리 21 대지 중 1,736평을 2억 6천 4십만 원에 매수하는 내용의 계약서(갑제12호증), 원고와 유진헌이 공동으로 피고로부터 같은리 21 대지 및 25 대지 중 1200평을 7억 9천만 원에 매수하되 이 중 2억 4천만 원은 원고가 부담한다는 내용의 1993. 4. 30. 자 매매계약서(갑제15호증), 호림개발(대표이사 이동식)로부터 대금 2억 4천만 원을 수령하였다는 내용의 1993. 6. 25. 자 피고(대표자 주지 오춘성) 명의의 영수증(갑제16호증)이 각 작성된 사실은 인정된다.

그러나, (증거)와 변론의 전취지에 의하면, 피고가 유진헌 등에게 이 사건 토지를 매도한 뒤 소유권이전등기용으로 피고의 직인과 오춘성의 인감도장 및 인감증명서를 교부하였는데, 호림개발이 스포츠타운 공사 등 사업을 유진헌 등과 공동으로 운영하고자 협상하면서, 공사대금을 융통하는데 호림개발 명의의 매매계약서가 필요하다고 요구하자, 유진헌이 소지하고 있던 피고의 직인 등을 교부하여 1993. 6. 25. 경 위와 같은 내용의 매매계약서 및 영수증을 허위로 작성한 사실이 인정되므로, 원고와 피고 사이에 유효한 매매계약의 존재를 전제로 하는 원고의 위 주장은 이유 없다.

3. 참가인의 청구에 대한 판단

가. 참가인의 주장

참가인은, 원고의 피고에 대한 대여금 채권은 호림개발의 설립과 동시에 호림개발에 귀속되었고, 참가인이 피고의 승인 하에 호림개발이 이 사건 토지 등에 관하여 갖고 있는 일체의 계약상 지위를 인수하면서 대여금채권 및 손해배상채권을 함께 양도받았으므로, 피고에 대해서는 위 각 채권의 이행을 구하고, 원고 및 승계인들에 대해서는 참가인의 피고에 대한 위 각 채권의 존재 확인을 구하고 있다.

이에 대하여, 원고 및 승계참가인들은 호림개발이 참가인에게 위 권리를 양도하고 참가인측 인사들로 호림개발의 경영진을 교체한 것은 사실이나, 신축공사가 제대로 진행되지 않아 1995. 8. 경 경영진을 다시 교체한 뒤 호림개발과 참가인이 양도계약을 합의해제하였다고 주장하나, 이를 인정할 만한 증거가 없으므로 위 주장은 이유 없다.

나. 판 단

(1) 대여금 청구

먼저, 대여금 청구에 관해서는 원고의 피고에 대한 대여금 채권이 인정되지 않음은 앞서 본 바와 같으므로, 참가인의 이 부분 주장은 더 나아가 살필 필요 없이 이유 없다.

(2) 손해배상 청구

(가) 손해배상책임의 발생

위에서 인정한 바에 따르면, 피고는 이 사건 토지를 호림개발에게 임대하여 그 지상에 체육시설 등 신축공사를 시행할 것을 허락하였음에도 불구하고, 계약에 포함되지 않은 금원을 추가로 요구하는 등 공사진행을 방해하다가 급기야는 소외 유진헌 등에게 임대목적물을 매도하여 소유권이전등기까지 마쳐줌으로써 임대차계약에 따른 임차인의 사용수익이 불가능하게 되었으므로, 피고는 호림개발에게 채무불이행으로 인한 손해를 배상할 의무가 있다 할 것이다.

나아가, 참가인이 1995. 5. 경 피고의 승인 하에 호림개발과 체결한 양도약정은 이 사건 임대차계약 당사자로서의 지위승계를 포함한 일종의 계약인수약정에 해당한다 할 것이고, 여기에는 계약으로부터 발생하는 채권채무관계의 이전이 당연히 포함되므로(대법원 1992. 3. 13. 선고 91다32534 판결 참조), 결국 피고는 호림개발의 지위를 승계한 참가인에게 위 손해배상금을 지급할 의무가 있다.

이에 대하여 피고는, 호림개발이 1992. 7. 7. 위 체육시설의 신축공사를 1994. 12. 31.까지 완료하지 못하면 이 사건 임대차계약을 무효로 하기로 약정하였는데 현재까지도 위 공사가 완성되지 않아 결국 위 임대차계약은 호림개발의 귀책사유로 1994. 12. 31. 자동해지되었다고 주장하므로 살피건대, 을제4호증(각서)의 기재에 의하면 호림개발과 피고 사이에 위와 같은 내용의 약정이 이루어진 사실은 인정되나, 호림개발이 공사를 약정한 기간까지 완성하지 못한 결정적 원인은 피고가 약정공사기한보다 훨씬 앞서 이 사건 임대차계약에 위배하여 유진헌 등에게 토지를 매도하고 이에 따라 유진헌 등이 공사의 정상적 수행을 방해한 데 있었음은 위에서 본 바와 같으므로, 피고의 위 주장은 이유 없다.

(나) 손해배상의 범위

나아가, 피고가 배상할 손해배상의 액수에 관하여 보건대, 호림개발이 피고의 채무불이행으로 입게 된 손해는 임대차계약의 존속을 믿고 임차대지상에 스포츠타운 등 시설공사를 위하여 지출한 공사비용 상당액이라 할 것인바, (증거)에 의하면 호림개발이 피고로부터 이 사건 토지를 임차한 뒤 신축공사에 투입한 비용은 공사비 1,295,767,200원, 설계비용 83,000,000원, 컨설팅비용 80,500,000원 등 합계 1,459,267,200원인 사실이 인정된다.

피고는, 참가인에게 권리를 양도한 호림개발에 대하여 피고가 약속어음금 채권을 갖고 있어 이를 자동채권으로 대등액에서 참가인의 손해배상채권과 상계한다고 항변하므로 살피건대, 을제21호증(인증서)의 기재에 의하면 유진헌 등이 1996. 1. 22. 액면금 1억5천만원의 약속어음 1매(만기 1996. 5. 30.)를 발행하여 피고에게 교부하였고, 또한 호림개발(당시 대표이사 김창오)이 1996. 1. 17. 액면금 5천만원의 약속어음 1매(만기 1996. 5. 10.)를 발행하여 당시 피고 사찰의 주지이던 조철규에게 교부한 사실은 인정되나, 앞의 약속어음은 참가인과 전혀 무관한 것이고, 뒤의 약속어음은 참가인이 지위를 승계한 호림개발이 발행한 것이기는 하지만 수취인이 피고 사찰이 아닌 조철규 개인으로 되어 있으며, 발행일 및 만기가 참가인이 호림개발로부터 계약상 지위를 인수한 이후의 시점이어서 이러한 어음상의 권리를 자동채권으로 하여 참가인에게 대항할 수 없으므로, 피고의 상계항변은 받아들일 수 없다.

(3) 소결론

따라서, 피고는 참가인에게 손해배상금 1,459,267,200원 및 이에 대하여 이 사건 소장송달익일임이 기록상 명백한 1997. 8. 28. 부터 피고가 손해배상의 범위에 관하여 항쟁함이 상당하다고 인정되는 당심판결선고일인 1999. 8. 17. 까지는 민법 소정의 연5푼, 그 다음날부터 완제일까지는 소송촉진등에관한특례법 소정의 연2할 5푼의 각 비율에 의한 지연손해금을 지급할 의무가 있고, 원고 및 승계인들이 참가인의 권리 내지 법률상 지위를 부인하고 있는 이 사건에서 참가인으로서는 그 불안을 제거하기 위하여 참가인이 피고에 대하여 위 금액 상당의 손해배상채권을 갖고 있다는 법률관계의 확인을 구할 이익이 있다.

4. 승계인들의 청구에 대한 판단

가. 승계인들의 주장

승계인들은, 이 사건 제1심 판결이 선고된 후 승계인들이 진산레저의 피고에 대한 손해배상채권을 청구취지 기재 승계인별 금액에 따라 양도받았으므로, 피고는 승계인들에게 각 양수금을 지급하여야 한다고 주장한다.

나. 판단

진산레저가 1998. 7. 1. 이 사건 제1심판결에서 인용된 피고에 대한 손해배상채권을 승계인들에게 양도한 사실은 앞서 본 바와 같으나, 진산레저의 전신(前身)으로 피고에 대하여 손해배상채권을 취득한 호림개발이 승계인들의 양수시점보다 훨씬 이전인 1995. 5. 말경 이 사건 임대차계약상 임차인으로서의 지위를 비롯한 권리의무 일체를 참가인에게 포괄적으로 양도한 이상, 그 후에 이루어진 진산레저의 채권양도행위는 효력을 인정할 수 없으므로, 결국 승계인들의 주장은 이유 없음에 귀착된다.

5. 결론

그렇다면, 원고와 승계인들의 피고에 대한 청구는 모두 이유 없어 이를 각 기각하고, 참가인의 청구는 위 인정범위 내에서 이유 있어 이를 인용하고 나머지 청구는 이유 없어 이를 기각할 것인바, 원심판결은 이와 결론을 일부 달리하여 부당하므로, 원심판결을 위와 같이 변경하기로 하여, 주문과 같이 판결한다.

(3-2) 대법원 2002. 2. 5. 선고 99다53674 판결

【원고, 상고인】	원고 1
【원고(탈퇴)】	원고(탈퇴) 2 주식회사
【원고 승계참가인, 상고인】	김석구 외 3인
【피고, 상고인 겸 피상고인】	대한불교조계종 흥룡사
【독립당사자참가인, 피상고인】	주식회사 세웅주택

【원심판결】 서울고등법원 1999. 8. 17. 선고 98나35640, 99나7024 판결

【주 문】

원심판결 중 원고승계참가인들의 본소청구 부분과 독립당사자참가인의 원고승계참가인들 및 피고에 대한 손해배상채권에 관한 참가신청 부분을 모두 파기하고, 이 부분 사건을 서울고등법원에 환송한다. 원심판결 중 독립당사자참가인의 원고 1에 대한 손해배상채권확인의 참가신청 부분을 파기하고, 이 부분 참가신청을 각하한다. 원고 1의 나머지 상고를 기각한다. 원고 1의 상고로 인한 상고비용은 원고 1의 부담으로 한다.

【이 유】

1. 직권판단

독립당사자참가인의 원고 1에 대한 손해배상채권확인의 참가신청이 적법한지 여부에 대하여 직권으로 본다.

독립당사자참가는 소송의 목적의 전부나 일부가 자기의 권리임을 주장하거나 소송의 결과에 의하여 권리의 침해를 받을 것을 주장하는 제3자가 당사자로서 소송에 참가하는 것인데, 이 사건에서 독립당사자참가인이 원고 1에게 확인을 구하고 있는 손해배상채권은 원고 1이 소송의 목적으로 하고 있지 아니할 뿐 아니라 원고 1의 이 사건 대여금 및 매매대금반환 청구에 관한 소송의 결과가 독립당사자참가인이 주장하는 손해배상채권을 해하는 것도 아니므로 독립당사자참가인의 원고 1에 대한 손해배상채권확인의 참가신청 부분은 부적법한 것이어서 마땅히 각하되어야 함에도 불구하고, 원심이 이를 간과하고 위 참가신청 부분의 본안에 들어가 판단하였으니 이 부분에 관한 원심판결은 독립당사자참가의 법리를 오해한 위법이 있다고 할 것이다.

그러므로 원심판결 중 위 참가신청에 관한 부분을 파기하고, 그 부분에 관하여는 당원이 판단하기에 충분하므로 이를 자판하기로 하여 독립당사자참가인의 원고 1에 대한 손해배상채권확인의 참가신청은 위와 같이 부적법하므로 각하하기로 한다.

2. 원고 1의 상고이유에 대하여

가. 대여금청구에 대하여

원심은, 원고 1이 피고에게 1990. 11. 26. 금 3,000만 원을 대여하였다고 주장하면서 위 대여금의 반환을 구함에 대하여 이에 부합하는 제1심 증인 임이수의 증언을 믿지 아니하고 달리 이를 인정할 증거가 없다는 이유로 배척하였다.

관련 증거 및 기록에 비추어 살펴보면, 원심의 위와 같은 인정과 판단은 정당하고, 거기에 채증법칙 위배로 인한 사실오인 등의 위법이 있다고 할 수 없다. 이 부분 상고이유는 받아들일 수 없다.

나. 매매대금반환청구에 대하여

원심은, 원고 1이 피고로부터 경기 ○○군 ○○면 ○○리 21 대지 중 1,736평을 2억 6,040만 원에 매수하고 매매대금으로 2억 4,000만 원을 지급하였는데, 피고가 위 토지를 소외 유진헌, 차영한(이하 '유진헌 등'이라고 한다)에게 매도하여 소유권이전등기까지 마침으로써 원고 1이 1994. 11. 초순경 매매계약을 해제하였다고 주장하면서 원상회복으로서 위 매매대금의 반환을 구함에 대하여 그 채용증거에 의하여 그 판시사실을 인정한 다음, 원고 1과 피고 사이에 매매계약이 존재하지 아니하였음을 이유로 배척하였다.

관련 증거 및 기록에 비추어 살펴보면, 원심의 위와 같은 인정과 판단은 정당하고, 거기에 채증법칙 위배로

인한 사실오인 등의 위법이 있다고 할 수 없다. 이 부분 상고이유도 받아들일 수 없다.

3. 원고승계참가인들의 상고이유

원심은, 그 채용증거에 의하여 주식회사 1은 1992. 4. 7.경 위 도평리 21, 25 등 2필지(이하 '이 사건 토지'라고 한다)에 관하여 토지소유자인 피고와 사이에 그 판시 임대차계약(이하 '이 사건 임대차계약'이라고 한다)을 체결한 후 1995. 4. 29. 소외 세웅산업개발 주식회사 외 2인에게 이 사건 임대차계약상의 임차인 지위와 스포츠타운·관광호텔 시설공사 및 건축허가에 관련된 일체의 권리의무를 7억 9,800만 원에 양도하였고, 피고는 1995년 5월 중순경 위 양도관련 서류를 교부받고 이를 승인한 사실, 그 무렵 독립당사자참가인은 위 1995. 4. 29.자 양도계약의 양수인 지위를 피고의 승인 하에 다시 승계받은 사실을 인정한 다음, 주식회사 1과 독립당사자참가인 사이에 1995년 8월경 위 양도계약을 합의해제하였다는 원고승계참가인들의 주장에 대하여 이를 인정할 증거가 없고, 한편 원고(탈퇴) 2 주식회사가 이 사건 제1심판결에서 인용된 피고에 대한 손해배상채권을 1998. 7. 1. 원고승계참가인들에게 양도하였으나, 주식회사 1이 원고승계참가인들의 양수시점 보다 이전인 1995년 5월경 이 사건 임대차계약상 임차인으로서의 지위를 비롯한 권리의무 일체를 독립당사자참가인(세웅산업개발 외 2인의 오기로 보인다)에게 포괄적으로 양도한 이상, 그 후에 이루어진 원고(탈퇴) 2 주식회사의 채권양도행위는 효력을 인정할 수 없다고 판단하였다.

관련 증거 및 기록에 비추어 살펴보면, 원심의 위와 같은 인정과 판단은 정당하고, 거기에 채증법칙 위배로 인한 사실오인 등의 위법이 있다고 할 수 없다. 상고이유는 받아들일 수 없다.

4. 피고의 상고이유에 대하여

가. 상고이유 제1점에 대하여

원심은, 그 채용증거에 의하여 주식회사 1은 피고가 그 판시 원임차인인 유진헌 등과의 임대차를 해지하고 이 사건 토지를 사용하도록 해주겠다는 피고의 약속을 믿고 1992. 12. 10.경 스포츠타운 등의 신축공사에 착수하여 대지조성 및 지하굴토작업을 상당부분 진행하였으나, 피고측이 대표자가 교체될 때마다 계약내용을 변경하고 수시로 불사시주금 등을 요구하여 정상적인 공사수행에 차질을 빚다가, 피고로부터 이 사건 토지를 매수한 유진헌 등으로부터 토지인도 및 시설물 철거를 요구받게 되어, 결국 1995. 4. 25.경 공사를 중단한 사실을 인정한 다음, 피고가 이 사건 토지를 주식회사 1에게 임대하여 그 지상에 체육시설 등 신축공사를 시행할 것을 허락하였음에도 불구하고, 계약에 포함되지 않은 금원을 추가로 요구하는 등 공사진행을 방해하다가 급기야는 소외 유진헌 등에게 임대목적물을 매도하여 소유권이전등기까지 마쳐줌으로써 임대차계약에 따른 임차인의 사용·수익이 불가능하게 되었으므로, 피고는 주식회사 1에게 채무불이행으로 인한 손해를 배상할 의무가 있다고 판단하였다.

관련 증거 및 기록에 비추어 살펴보면, 원심의 위와 같은 인정과 판단은 정당하고, 거기에 채증법칙 위배로 인한 사실오인이나 계약내용의 해석에 관한 법리오해, 채무불이행의 귀책사유에 대한 판단유탈, 이유불비, 이유모순, 심리미진 등의 위법이 있다고 할 수 없다.

피고는 원심에서 피고가 1988. 5. 17. 유진헌 등에게 피고 소유의 위 도평리 19, 20, 21, 25, 산 76의 9 등 5필지 토지를 임대보증금 3,000만 원, 임대기간 19년으로 정하여 임대하였는데, 주식회사 1이 그 사실을 알면서도 이 사건 임대차계약을 체결할 것을 제의하여 이 사건 임대차계약이 체결되었으므로 이 사건 임대차계약은 사회질서에 반하는 2중 계약으로서 무효라고 주장하였으나, 원심이 이에 대하여 판단을 하지 아니하였음은 상고이유의 주장과 같다. 그러나 피고가 주장하는 위와 같은 사유만으로는 이 사건 임대차계약을 사회질서에 위반하는 무효인 계약으로 볼 수는 없으므로 원심의 위와 같은 판단유탈은 판결 결과에 영향을 미치지 아니하였다고 할 것이어서, 원심판결에 상고이유에서 지적하는 것과 같은 판단유탈 또는 임대차계약 성립의 기초사실에 관한 해석의 법리를 오해하여 판결에 영향을 미친 위법이 있다고 할 수 없다.

또한, 피고는 원심에서 이 사건 임대차계약은 유진헌 등에 대한 토지인도소송에서 승소하여 인도집행이 완료되면 종단의 승인하에 정식으로 다시 체결하기로 한 승소조건부 계약이라고 주장하였으나, 원심이 이에 대하여 판단을 하지 아니하였음은 상고이유의 주장과 같다. 그런데 기록에 의하면 피고가 1990. 11. 19. 주식회사 1의 설립자인 원고 1, 소외 윤봉근에게 위 도평리 19, 20, 21, 25, 산 76의 9 등 5필지의 토지를 임대할 당시에는 피고가 유진헌 등을 상대로 토지인도소송을 제기하여 승소할 것을 정지조건으로 하였음을 인정할 수 있으나, 그 후 피고가 1992. 4. 7.경 이 사건 토지에 관하여 주식회사 1과 이 사건 임대차계약을 체결할 당시에도 위와 같은 정지조건이 붙어 있었다고 볼 만한 증거가 없으므로, 원심의 위와 같은 판단유탈은 판결 결과에 영향을 미치지 아니하였다고 할 것이어서, 원심판결에 상고이유에서 지적하는 것과 같은 판단유탈 또는 조건부임대차계약의 법리나 임대차관계 단절 및 실효에 관한 법리 등을 오해하여 판결에 영향을 미친 위법이 있다고 할 수 없다.

한편, 기록에 의하면 주식회사 1의 대표이사였던 원고 1이 유진헌 등에게 주식회사 1의 이사직을 주고 총주식의 45%를 분배하겠다고 약정하였던 사실을 인정할 수는 있으나, 이▽써 주식회사 1과 피고 사이의 이 사건 임대차계약이 종료 또는 실효되었다고 볼 수는 없으므로, 이에 관한 상고이유의 주장도 이유 없다. 이 부분 상고이유는 모두 받아들일 수 없다.

나. 상고이유 제2점에 대하여

(1) 손해배상의 범위에 대하여

원심은, 주식회사 1이 피고의 채무불이행으로 입게 된 손해는 이 사건 임대차계약의 존속을 믿고 임차대지상에 스포츠타운 등 시설공사를 위하여 지출한 공사비용 상당액이라 판단하였는바, 기록에 비추어 살펴보면 원심의 위와 같은 판단은 정당하고 거기에 상고이유에서 지적하는 것과 같은 손해발생시기별 귀책사유 구분에 대한 판단유탈이나 이유불비, 심리미진 등의 위법이 있다고 할 수 없다. 이 부분 상고이유는 받아들일 수 없다.

(2) 과실상계에 대하여

기록에 의하면, 주식회사 1의 설립자인 원고 1과 소외 윤봉근은 피고가 1988. 5. 17. 유진헌 등에게 위 도평리 19, 20, 21, 25, 산 76의 9 등 5필지 토지를 임대보증금 3,000만 원, 임대기간 19년으로 정하여 임대하여 유진헌 등이 위 토지를 사용하고 있는 사실을 알면서도, 피고 사찰 주변이 국민관광단지로 지정되자 그 일대에 스포츠타운 및 오피스텔을 건축하고자 주식회사 1의 설립에 앞서 피고에게 위 5필지의 토지를 임대하여 줄 것을 요청하는 한편 유진헌 등에 대한 임대차계약을 무효화시키기 위하여 토지인도소송을 제기할 것을 제의하면서 후에 위 5필지의 토지에 스포츠타운 등 시설을 완공하여 운영하게 되면 수입금 중 15%를 피고에게 주겠다고 약속하였고, 이에 피고가 1990. 11. 19. 원고 1과 위 윤봉근에게 위 5필지의 토지를 임대하게 된 사실, 위 윤봉근은 피고가 유진헌 등에게 위 임대보증금을 반환할 수 있도록 3,000만 원을 대여하였고, 피고가 유진헌 등을 상대로 소송을 제기함에 있어 필요한 변호사선임비용 및 사례금도 부담하기로 약정한 사실, 원고 1과 윤봉근이 1991. 1. 30. 주식회사 1을 공동으로 설립한 후 피고와 개인 자격으로 체결한 위 1990. 11. 19.자 임대차계약의 임차인 지위를 주식회사 1이 승계하기로 피고와 합의한 사실, 피고는 선행 임차인인 유진헌 등을 상대로 위 5필지 토지의 인도를 구하는 소송을 제기하였으나 1992. 6. 25. 패소한 후 이에 대하여 항소를 제기하였다가 1992. 11. 20. 그 소를 취하한 사실, 주식회사 1은 그와 같은 사실을 알면서도 1992. 12. 10.경 당초 의도했던 대로 위 도평리 21 토지 위에 스포츠타운 등을 건축하기 위한 공사에 착수한 사실, 피고가 1992. 11. 9. 유진헌 등에게 이 사건 토지를 3억 5,000만 원에 매도하자 주식회사 1은 유진헌 등과 이 사건 토지를 피고로부터 공동으로 매수하여 유진헌 등이 주식회사 1에 투자하면 유진헌 등을 주식회사 1의 이사로 취임하게 하여 주고 주식회사 1의 총주식 45%를 주기로 약정한 사실, 그러나 그 후 주식회사 1의 대표이사인 원고 1이 형사사건으로 구속되어 실형을 선고받으면서 위 약정이 제대로 이행되지 않자, 피고가 1994. 10. 18. 위 도평리 21 토지는 유진헌 명의로, 같은리 25 토지는 차영한 명의로 각 소유권이전등기를 경료하여 준 사실, 주식회사 1은 이 사건 토지에 관하여 위와 같이 유진헌 등 앞으로 소유권이전등기가 경료된 이후 이를 알면서도 스포츠타운 등의 공사를 계속하다가 1995. 4. 25.경 공사를 중단한 사실 등을 인정할 수 있는바, 위 사실관계에 의하면 주식회사 1은 피고로부터 이 사건 토지를 임차하더라도 이행불능이 될 가능성이 높다는 사실을 처음부터 충분히 예견하고 있었음에도 손해가 발생되지 않거나 발생되더라도 최소한에 그치도록 필요한 대비책을 마련하지 않은 상태에서 스포츠타운 등 공사를 위한 비용을 지출하였다고 할 것이므로, 주식회사 1에게도 피고의 채무불이행으로 인한 손해의 발생 내지 확대에 관하여 과실이 있다고 할 것이고, 이와 같은 과실이 인정되는 이상 법원으로서는 직권으로 손해배상의 책임 및 범위를 정함에 있어서 이를 참작하여야 한다.

그럼에도 불구하고, 원심이 주식회사 1의 위와 같은 과실을 전혀 참작하지 아니한 채 피고에게 주식회사 1이 위 스포츠타운 등 건축을 위하여 지출한 공사비용 전액에 대하여 배상책임을 인정하였으니, 원심판결에는 과실상계에 관한 법리를 오해함으로써 판결에 영향을 미친 위법이 있다고 할 것이다. 따라서 이 점을 지적하는 상고이유의 주장은 이유 있다.

다. 상고이유 제3점에 대하여

(1) 독립당사자참가인의 사업승계에 대하여

이 부분에 관한 원심의 인정과 판단이 정당함은 앞서 원고승계참가인들의 상고이유에 대한 판단부분에서 본 바와 같고, 원심판결에 채증법칙 위배로 인한 사실오인이나 사업양도양수의 형태에 관한 법리오해, 이유모순, 이유불비, 판단유탈, 심리미진 등의 위법이 있다고 할 수 없다. 이 부분 상고이유는 받아들일 수 없다.

(2) 최종화해로 인한 면책주장에 대하여

원심은, 독립당사자참가인에게 권리를 양도한 주식회사 1에 대하여 피고가 약속어음금 채권을 가지고 있어 이를 자동채권으로 하여 대등액에 관하여 독립당사자참가인의 손해배상채권과 상계한다는 피고의 항변에 대하여 을 제21호증(인증서)의 기재에 의하면 유진헌 등이 1996. 1. 22. 액면금 1억 5,000만 원의 약속어음 1매(만기 1996. 5. 30.)를 발행하여 피고에게 교부하였고, 또한 주식회사 1(당시 대표이사 김창오)이 1996. 1. 17. 액면금 5,000만 원의 약속어음 1매(만기 1996. 5. 10.)를 발행하여 당시 피고의 주지이던 조철규에게 교부한 사실은 인정되나, 앞의 약속어음은 독립당사자참가인과 전혀 무관한 것이고, 뒤의 약속어음은 독립당사자참가인이 지위를 승계한 주식회사 1이 발행한 것이기는 하지만 수취인이 피고가 아닌 조철규 개인으로 되어 있으며, 발행일 및 만기가 독립당사자참가인이 주식회사 1로부터 계약상 지위를 인수한 이후의 시점이어서 이러한 어음상의 권리를 자동채권으로 하여 독립당사자참가인에게 대항할 수 없다는 이유로 피고의 상계항변을 배척하였다.

관련 증거 및 기록에 비추어 살펴보면 원심의 위와 같은 인정과 판단은 정당하고, 거기에 채증법칙 위배로 인한 사실오인이나 이유모순, 이유불비, 심리미진 등의 위법이 있다고 할 수 없다.

피고는 원심에서 위 약속어음의 발행과 관련하여 주식회사 1과 유진헌 등 및 피고 사이에 이 사건 임대차계약에 관한 피고의 손해배상책임을 면제하기로 하는 최종화해가 성립되었다고 주장하였으나, 원심이 그에 대한 판단을 하지 아니하였음은 상고이유의 주장과 같다. 그러나 기록에 의하면 주식회사 1과 유진헌 등 및 피고 사이에 피고 주장과 같은 내용의 최종화해 약정이 있었던 사실을 인정할 수는 있으나 이는 독립당사자참가인이 주식회사 1로부터 계약상의 지위를 인수한 이후에 한 것임을 알 수 있으므로 그와 같은 약정으로 독립당사자참가인의 피고에 대한 손해배상채권에 아무런 영향을 미칠 수 없다고 할 것이어서 원심의 판단유탈은 판결 결과에 영향을 미치지 아니하였다고 할 것이다. 이 부분 상고이유는 모두 받아들일 수 없다.

5. 그러므로 원심판결 중 원고승계참가인들의 본소청구 부분과 독립당사자참가인의 원고승계참가인들 및 피고에 대한 손해배상채권에 관한 참가신청 부분을 모두 파기하여 이 부분 사건을 다시 심리·판단하게 하기 위하여 원심법원에 환송하기로 하고, 원심판결 중 독립당사자참가인의 원고 1에 대한 손해배상채권확인의 참가신청 부분을 파기하여 이 부분 참가신청을 각하하며, 원고 1의 나머지 상고를 기각하고, 원고 1의 상고로 인한 상고비용은 원고 1의 부담으로 하기로 하여 관여 대법관의 일치된 의견으로 주문과 같이 판결한다.

채권양도와 채무인수

XIII 채권양도와 채무인수

1 채권양도의 독자성과 무인성

대법원 1999. 11. 26. 선고 99다23093 판결

【원고, 상고인】 손승규
【피고, 피상고인】 박분선
【원심판결】 서울고등법원 1999. 3. 25. 선고 98나50717 판결
【주 문】 원심판결을 파기하고, 사건을 서울고등법원에 환송한다.

【이 유】

상고이유를 본다.

1. 원심판결 이유에 의하면, 원심은, 소외 이상구가 1993. 8. 16. 피고로부터 그 소유의 상가건물 1층 40평을 임차보증금 8천만 원, 월 차임 2백4십만 원, 임차기간 1993. 9. 27.부터 24개월간으로 정하여 임차하는 내용의 임대차계약을 체결하고, 그 무렵 피고에게 임차보증금 전액을 지급한 사실, 이상구는 1995. 6. 30. 원고에게 이 사건 임대차계약의 종료시 피고로부터 돌려받을 임차보증금 8천만 원 중 3천6백만 원의 반환채권을 양도하고, 그 이튿날 내용증명우편으로 피고에게 양도통지를 하여 그 무렵 도달한 사실, 1996. 12. 말경 이상구가 피고와 이 사건 임대차계약을 합의해지하고 임차 목적물을 피고에게 명도한 사실, 한편 이상구가 원고에게 임차보증금 반환채권을 양도한 것은 원고로부터 차용한 금 3천만 원에 대한 원리금 지급채무의 담보를 위한 것이고, 이상구가 원고에게 1995. 7. 27.부터 같은 해 9. 25.까지 사이에 그 중 금 2,911만 원을 변제한 사실을 인정한 다음, 그 범위 내에서 피고의 변제항변을 받아들여 피고는 원고에게 금 689만 원 및 이에 대한 지연손해금을 지급할 의무가 있다고 판단하였다.

2. 그러나 채권양도가 다른 채무의 담보조로 이루어졌으며 또한 그 채무가 변제되었다고 하더라도, 이는 채권양도인과 양수인 간의 문제일 뿐이고, 양도채권의 채무자는 채권 양도·양수인 간의 채무 소멸 여하에 관계없이 양도된 채무를 양수인에게 변제하여야 하는 것이므로(대법원 1979. 9. 25. 선고 79다709 판결 참조), 설령 원고의 이상구에 대한 대여금채권이 그 후 변제로 소멸되었다고 하더라도, 피고로서는 이를 이유로 원고의 양수금 청구를 거절할 수 없다.

그럼에도 불구하고, 원심이 위와 같은 피고의 변제항변을 받아들인 것은 채권양도에 관한 법리를 오해하여 판결 결과에 영향을 미친 위법을 저지른 것으로서, 상고이유 중 이 점을 지적하는 부분은 이유 있다.

3. 그러므로 나머지 상고이유에 대한 판단을 생략한 채 원심판결을 파기하고, 사건을 다시 심리·판단하게 하기 위하여 원심법원에 환송하기로 하여 관여 법관의 일치된 의견으로 주문과 같이 판결한다.

2 전세금반환채권의 양도성

(1-1) 서울고등법원 1997. 7. 4. 선고 96나18412 판결

【원고, 항소인】 김기환 외 1인

【피고, 피항소인】 덕산시멘트제조 주식회사외 6인

【원심판결】 서울지방법원 1996. 4. 17. 선고 95가합71068 판결

【주 문】

1. 원심판결의 피고 덕산시멘트제조 주식회사에 대한 부분 중 원고들 패소부분 및 피고 동양투자금융 주식회사, 같은 한라시멘트 주식회사, 같은 금호 종합금융 주식회사, 같은 신보리스 주식회사, 같은 한국기업리스 주식회사, 같은 대한보증보험 주식회사에 대한 부분을 각 취소한다.
2. 원고들에게,
   가. 피고 덕산 시멘트제조 주식회사는,
   (1) 별지 목록 기재 건물 중 13층 내지 17층 각 702.27제곱미터씩 3511.35제곱미터 사무실에 관하여 서울지방법원 강남등기소 1993.12.28. 접수 제100325호로 마친 전세권설정등기의,
   (2) 별지 목록 기재 건물 중 12층 702.27제곱미터 사무실 전부에 관하여 같은 등기소 1994. 4. 7. 접수 제24416호로 마친 전세권설정등기의,
   (3) 별지 목록 기재 건물의 9층 702.27제곱미터 북쪽 538.06제곱미터및 11층 702.27제곱미터전부에 관하여 같은 등기소 1994. 6. 22. 접수 제43608호로 마친 전세권설정등기의 각 말소등기절차를 각 이행하라.
   나.(1) 피고 동양투자금융 주식회사는 주문 제2의 가 (3)항 기재 전세권설정등기의 말소등기에 대하여,
   (2) 피고 한라시멘트 주식회사, 같은 금호종합금융 주식회사, 같은 신보리스 주식회사, 같은 한국기업리스 주식회사, 같은 대한보증보험 주식회사는 주문 제2의 가 (1) 내지 (3)항 기재 각 전세권설정등기의 각 말소등기에 대하여, 각 승낙의 의사표시를 하라
3. 소송비용은 1, 2심 모두 피고들의 부담으로 한다.

【청구취지 및 항소취지】

원심판결을 취소하고, 피고 덕산 시멘트제조 주식회사 (이하 피고 덕산시멘트라 한다)에 대하여 주문 제2의 가항과 같은 판결, 피고 덕산시멘트를 제외한 나머지 피고들에 대한 선택적 청구로서, 주문 제2의 가 (3)항 기재 전세권에 관한 피고 동양투자금융 주식회사(이하 피고 동양투자금융이라 한다)의 피고 덕산시멘트에 대한 서울지방법원 95카단 14826호 가압류결정에 기한 1995. 3. 9. 서울지방법원 강남등기소 접수 제12308호 전세권가압류

등기, 주문 제2의 가 (1) 내지 (3)항 기재 각 전세권에 관한 피고 한라시멘트 주식회사(이하 피고 한라시멘트라 한다)의 피고 덕산시멘트에 대한 위 법원 95카단 60253호 가압류결정에 기한 1995. 3. 22. 같은 등기소 접수 제15457호 전세권가압류등기, 주문 제2의 가 (1) 내지 (3)항 기재 각 전세권에 관한 피고 금호종합금융 주식회사(이하 피고 금호종합금융이라 한다)의 피고 덕산시멘트에 대한 위 법원 95카단15248호 가압류결정에 기한 1995. 3. 23. 같은 등기소 접수 제15823호 전세권가압류등기, 주문 제2의 가 (1) 내지 (3)항 기재 각 전세권에 관한 피고 신보리스 주식회사(이하 피고 신보리스라 한다)의 피고 덕산시멘트에 대한 위 법원 95카단60637호 가압류결정에 기한 1995. 3. 24. 같은 등기소 접수 제16129호 전세권가압류등기, 주문 제2의 가 (1) 내지 (3)항 기재 각 전세권에 관한 피고 한국기업리스 주식회사(이하 피고 한국기업리스라 한다)의 피고 덕산시멘트에 대한 위 법원 95카단60651호 가압류결정에 기한 1995. 4. 12. 같은 등기소 접수 제20553호 전세권가압류등기, 주문 제2의 가 (1) 내지 (3)항 기재 각 전세권에 관한 피고 대한보증보험 주식회사(이하 피고 대한보증보험이라 한다)의 피고 덕산시멘트에 대한 광주지방법원 95카합1279호 가압류결정에 기한 1995. 4. 28. 같은 등기소 접수 제24805호 전세권가압류등기는 이를 각 불허한다라는 판결 또는 위 주문 제2항과 같은 판결을 각 구하였다.

【이 유】

1. 본안 전 항변에 대한 판단

원고들이 피고 동양투자금융 주식회사, 같은 한라시멘트 주식회사, 같은 금호종합금융 주식회사, 같은 신보리스 주식회사, 같은 한국기업리스 주식회사, 같은 대한보증보험 주식회사에 대하여, 이 사건 건물 중 일부에 대한 청구취지 기재 각 전세권설정등기의 각 말소등기에 대하여 각 승낙의 의사표시를 구하는 이 사건 소에 대하여, 위 피고들은 위 각 말소등기에 대하여 승낙의 의사표시를 할 피고적격이 없다 할 것이어서 이 사건 소는 부적법하다고 항변하므로 살피건대, 이행의 소에 있어서는 원고에 의하여 이행의무자로 주장된 자가 피고로서의 당사자적격을 가진다고 할 것이고 위 피고들이 주장하는 위 사유는 본안에서 청구권 유무로서 판단될 사유일 뿐이고, 본안전에 당사자적격 유무로서 판단될 사항은 아니라고 할 것이므로 위 피고들의 위 본안전 항변은 이유 없다.

2. 본안에 대한 판단

가. 기초사실

(1) 원고들은 1993. 11. 1. 피고 덕산시멘트와 원고들의 공유로 등기되어 있는 이 사건 건물의 14 내지 17층 전체를 전세금 1,835,000,000원, 월 차임 금10,226,000원, 전세기간 1993. 11. 1.부터 1994. 10. 31.까지로 정하여 전세권설정계약을 체결하고, 1993. 12. 1. 다시 위 건물의 13층 전체를 전세금 458,873,800원, 월 차임 금2,556,500원, 전세기간 1993. 12. 1.부터 1994. 11. 30.까지로 정하여 전세권설정계약을 한 후, 1993. 12. 28. 위 피고에게 이 사건 건물의 13 내지 17층에 관하여 1993. 11. 1. 전세권설정계약을 원인으로 한 전세금 2,293,874,000원, 존속기간 1994. 11. 30.까지의 서울지방법원 강남등기소 1993. 12. 28. 접수 제100325호로 마친 전세권설정등기를 경료하여 주었으며, 그 후 1994.12.23.에 이르러 위 피고와 위 각 전세기간을 1995. 11. 30.까지 연장하기로 합의하였다.

(2) 원고들은 또한 1994. 2. 7. 위 피고와 이 사건 건물의 12층 전체를 전세금 458,873,800원, 월 차임 금2,556,500원, 전세기간 1994. 3. 1.부터 1995. 2. 28.까지로 정하여 전세권설정계약을 체결하고, 1994. 4. 7. 위 피고에게 위 건물의 12층 전체에 관하여 1994. 3. 1. 전세권설정계약을 원인으로 한 전세금 458,873,800원, 존속기간

1995.2.28.까지의 위 같은 등기소 1994. 4. 7. 접수 제24416호로 마친 전세권설정등기를 경료하여 주었다.

(3) 원고들은 또, 1994. 4. 14. 위 피고와 이 사건 건물의 9층 일부, 11층 전체를 전세금 790,512,800원, 월 차임 금4,404,200원, 전세기간 1994. 5. 1.부터 1995. 4. 30.까지로 정하여 전세권설정계약을 체결하고, 1994. 6. 22. 위 피고에게 위 건물의 9층 일부, 11층에 관하여 1994. 5. 1. 전세권설정계약을 원인으로 한 전세금 790,512,800원, 존속기간 1995. 4. 30.까지의 위 등기소 1994. 6. 22. 접수 제43608호로 마친 전세권설정등기를 경료하여 주었다.

(4) 그런데 위 피고는 1995.2. 말경 회사가 부도에 이르게 되자 원고들과 사이에 위 각 전세권설정계약을 합의해지하면서, 1995. 3. 4. 원고들에 대한 위 각 전세금반환채권액 합계 금3,543,260,400원(1,835,000,000＋458,873,800＋458,873,800＋790,512,800) 중 사실상 전액인 금3,543,136,600원(이는 계산상의 착오에 의한 것으로 보인다)을 위 피고 회사 및 그 계열사 근로자 1,697명의 대표자인 소외 장진호에게 양도하고, 같은 달 6. 원고들에 대하여 그 양도통지를 하였는바, 이는 그 다음날인 같은 달 7. 원고들에게 도달하여 원고들도 이를 승낙하였으며, 위 피고는 같은 달 9. 위 전세건물부분을 명도하였다.

(5) 한편 위 (3)항 기재 전세권에 관하여 피고 동양투자금융이 피고 덕산시멘트에 대한 채권보전을 위하여 1995. 3. 4. 서울지방법원 95카단 14826호 가압류결정을 받음으로써 1995.3.9. 서울지방법원 강남등기소 접수 제12308호로 전세권가압류의 부기등기가 경료되었고, 또한 위 각 전세권에 관하여 피고 한라시멘트가 피고 덕산시멘트에 대한 채권보전을 위하여 1995. 3. 15. 위 법원 95카단60253호 가압류결정을 받음으로써 1995.3.22. 같은 등기소 접수 제15457호로, 피고 금호종합금융이 피고 덕산시멘트에 대한 채권보전을 위하여 1995. 3. 8. 위 법원 95카단15248호 가압류결정을 받음으로써 1995. 3. 23. 같은 등기소 접수 제15823호로, 피고 신보리스가 피고 덕산시멘트에 대한 채권보전을 위하여 1995. 3. 22. 위 법원 95카단 606737호 가압류결정을 받음으로써 1995. 3. 24. 같은 등기소 접수 제16129호로, 피고 한국기업리스가 피고 덕산시멘트에 대한 채권보전을 위하여 1995. 4. 7. 위 법원 60651호 가압류결정을 받음으로써 1995. 4. 12. 같은 등기소 접수 제20553호로, 피고 대한보증보험이 피고 덕산시멘트에 대한 채권보전을 위하여 1995. 4. 24. 광주지방법원 95카합 1279호 가압류결정을 받음으로써 1995. 4. 28. 같은 등기소 접수 제24805호로, 각 전세권가압류의 부기등기가 경료되었다.

나. 피고 덕산시멘트에 대한 각 청구에 관한 판단

(1) 위 인정사실에 의하면, 위 각 전세권은 그 설정계약과 등기에 의하여 위 피고가 취득한 물권으로서, 이는 다른 한편 위 피고의 원고들에 대한 위 각 전세금반환채권을 담보하기 위한 것이기도 하므로 앞에서 본 바와 같이 위 각 전세권설정계약이 해지된 이상 위 피고는 전세권에 관한 규정에 따른 위 전세금반환채권의 담보목적이 완수되는 대로 원고들에게 위 각 전세권설정등기를 말소해 줄 의무가 있다 할 것이다.

(2) 위 피고는 이에 대하여 항변하기를, 원고들은 위 전세금반환채권이 위 장진호에게 양도된 뒤 위 장진호에게 그 채권액 합계 금3,543,260,600원에서 국세압류금 881,479,850원 및 체납차임, 관리비, 시설철거비용 등 합계 금210,999,807원을 공제한 외에도 별도로 집행보류금액이라는 명목으로 금136,404,110원의 지급을 보류한 채 1995. 6. 15. 및 1995. 8. 30.의 2차례에 걸쳐 위 장진호에게 나머지 금2,314,376,832원(정확한 계산액은 금2,314,376,833원)만을 지급하였을 뿐 위 금136,404,110원을 아직까지 지급하지 아니하고 있으므로 위 피고로서는 원고들이 위 장진호에게 이를 마저 지급하지 아니하는 한 원고들의 이 사건 전세권설정등기말소청구에 응할 수 없다고 동시이행의 항변을 하고, 이에 대하여 원고들은 위 반환채권 양수인인 위 장진호가 위 금2,314,376,832원을 지급받으면서 이 사건 전세권설정등기말소를 위한 담보금으로 지급보류된 위 금136,404,110원은 이 사건 전

세권설정등기가 말소된 후 그 비용을 정산한 다음 지급받기로 하여 동시이행의 항변을 포기하였다는 취지의 재항변을 한다.

그러므로 살피건대, 원심증인 김의곤, 당심증인 장진호의 각 증언을 모아보면, 원고들이 위 전세금반환채권이 위 장진호에게 양도된 뒤 위 장진호에게 그 채권액 합계 금3,543,260,600원에서 국세압류금 881,479,850원 및 체납차임, 관리비, 시설철거비용 등 합계 금210,999,807원을 공제한 외에도 별도로 집행보류금액이라는 명목으로 금136,404,110원의 지급을 보류한 채 1995. 6. 15. 및 1995. 8. 30.의 2차례에 걸쳐 위 장진호에게 나머지 금2,314,376,832원만을 지급하였을 뿐 위 금136,404,110원을 아직까지 지급하지 아니하고 있는 사실, 위 장진호가 원고들로부터 위 금2,314,376,832원을 지급받으면서 이 사건 각 전세권설정등기말소를 위한 담보금으로 지급보류된 위 금136,404,110원은 이 사건 각 전세권설정등기가 말소된 후 그 비용을 정산한 다음 그 나머지 금원을 지급받기로 한 사실을 각 인정할 수 있고 달리 반증이 없는바, 그렇다면, 특별한 사정이 없는 한 당초 전세권자였던 위 피고 덕산시멘트로서는 위 각 전세권설정등기를 전세금반환채권양수인인 위 장진호에게 이전하거나 위 피고와 위 양수인 장진호를 위하여 민법 제317조에 따라 그 피담보채권액(전세금반환채권액)이 완제될 때까지 위 각 전세권설정등기의 말소를 거부할 수 있다 할 것이다.

그러나 한편, 앞에서 본 바와 같이 위 각 전세권설정계약이 해지된 이상 위 각 전세권설정등기는 원고들에 대한 위 각 전세금반환채권을 담보하기 위한 기능만이 남게 되었다고 할 것인데, 그 피담보채권인 전세금반환채권의 양수인으로서 위 각 전세권설정등기를 이전받거나, 위 동시이행의 항변권의 이익을 받을 지위에 있는 위 장진호가 스스로 원고들과 사이에 이 사건 각 전세권설정등기가 말소된 후 그 비용을 정산한 다음 그 나머지 금원을 지급받기로 합의하였다면, 위 피고로서도 더 이상 동시이행의 항변권을 행사할 이익이 없게 되었다고 할 것이니, 원고들의 위 재항변은 이유가 있다 할 것이고, 결국 위 피고의 위 동시이행의 항변은 그 이유없음에 귀착된다고 하겠다.

(3) 그렇다면 피고 덕산시멘트는 원고들에게 위 각 전세권설정등기를 말소할 의무가 있다 할 것이다.

다. 나머지 피고들에 대한 각 청구에 관한 판단

(1) 원고들은 피고 동양투자금융, 한라시멘트, 금호종합금융, 신보리스, 한국기업리스, 대한보증보험(이하 위 피고들에 대한 청구에 관한 판단에 있어서는 그들을 그냥 피고들이라 한다)에 대한 이 사건 청구로서, 피고들의 청구취지 기재 각 가압류는 피고 덕산시멘트의 원고들에 대한 전세권이 당사자간의 합의해지로 실효되고, 그 전세금반환채권 마저 제3자에게 양도되어 이미 소멸된 후 이에 대하여 한 것으로서 그 가압류등기는 소멸된 권리에 대한 가압류로서 무효이므로, 피고들은 원고들에게 위 각 전세권설정등기의 말소에 대하여, 등기상 이해관계 있는 제3자로서 승낙의 의사표시를 할 의무가 있다고 주장한다.

(2) 그러므로 살피건대, 원고들은 1993. 11. 1.부터 1994. 4. 14.까지 사이에 피고 덕산시멘트와 이 사건 건물의 9층 일부, 11 내지 17층 전체를 전세금 합계 금3,543,260,400원(1,835,000,000+458,873,800+458,873,800+790,512,800)으로 정하여 위에서 본 각 전세권설정계약을 체결하고, 앞서 본 각 전세권설정등기를 경료하였다가, 1995.2. 말경 피고 덕산시멘트의 부도발생으로 인하여 위 피고와의 사이에 위 각 전세권설정계약을 합의해지하면서, 위 피고가 1995. 3. 4. 원고들에 대한 위 각 전세금반환채권액 합계 금3,543,260,400원 중 사실상 전액인 금3,543,136,600원을 위 피고 회사 및 그 계열사 근로자 1,697명의 대표자인 소외 장진호에게 양도하고, 같은 달 6. 원고들에 대하여 그 양도통지를 하여 그 다음날인 같은 달 7. 원고들에게 도달하였으며, 같은 달 9.에는 위 전세

건물부분을 명도한 사실, 한편, 피고 덕산시멘트를 제외한 나머지 피고들이 피고 덕산시멘트의 이 사건 각 전세권에 관하여 각 가압류결정을 받아 위 같은 달 9.부터 같은 해 4.28. 사이에 이 사건 각 가압류의 부기등기를 경료한 사실은 위에서 인정한 바와 같다.

위 각 인정사실에 의하면, 피고 덕산시멘트를 제외한 나머지 피고들은 위 각 전세권설정등기의 말소를 신청하는 경우에 그 말소에 대하여 등기상 이해관계 있는 제3자라고 할 것이고, 위에서 본 각 가압류의 부기등기를 경료하기 전에 전세권자와 전세권설정자가 전세권을 합의해지하여 그 전세금반환채권을 타에 양도하고, 목적물을 전세권설정자에게 명도하였다면, 그 전세권은 실질상 소멸하였다고 봄이 상당하므로 전세권설정등기가 말소되지 않고 있다하더라도 실질적으로 소멸한 위 각 전세권에 대하여 한 가압류권자인 위 피고들은 이 사건 건물의 소유자인 원고들이 위 각 전세권설정등기의 말소를 신청하는 경우에 그 말소에 대하여 등기상 이해관계 있는 제3자로서 이를 승낙하여야 할 실체법상의 의무가 있다고 할 것이다.

(3) 피고 덕산시멘트를 제외한 나머지 피고들은, 전세권은 물권으로서 그 존속기간 중에는 전세금반환청구권만을 분리하여 양도할 수 없는 것인데, 이 사건 건물의 경우 전세권설정자가 전세권의 존속기간만료전 6월부터 1월까지 사이에 전세권자에 대하여 갱신거절의 통지 또는 조건을 변경하지 아니하면 갱신하지 아니한다는 뜻의 통지를 하지 아니하여 존속기간의 정함이 없는 전세권이 설정된 것으로 간주되므로 위 전세금반환채권의 양도는 위와 같이 연장된 전세권의 존속기간내에 이루어진 것으로서 무효라고 주장하나, 전세권설정자인 원고들과 전세권자인 피고 덕산시멘트가 1994.2.말경 위 각 전세권을 합의해지하고, 1995.3.4. 원고들에 대한 위 각 전세금반환채권을 소외 장진호에게 양도하고, 그 양도통지가 같은 달 7. 원고들에게 도달하여 원고들도 이를 승낙한 사실은 앞서 본 바와 같은바, 그렇다면, 전세권이 합의해제되어 소외 장진호에게 전세금반환채권이 전부 양도되고 원고들이 이를 승낙한 이상 위 각 전세권설정등기가 남아 있다하여 피고 덕산시멘트의 원고들에 대한 채권을 담보하고 있다고는 볼 수 없으므로 피고 덕산시멘트에게 이 사건 건물에 대한 전세권이 존속함을 전제로 하는 위 피고들의 위 항변은 이유가 없다.

(4) 다음으로 피고 덕산시멘트를 제외한 나머지 피고들은, 피고 덕산시멘트 대표이사인 소외 박성섭이 소외 장진호와 통모하여 이 사건 건물에 대한 전세금을 부도사건 이후 사업을 재개하는데 필요한 자금으로 이용키로 하고 근로자들에 대한 미불임금 및 퇴직금정리는 피고 덕산시멘트의 미회수채권 및 은행에 근저당설정된 그룹소속회사들의 재산에 대한 경매가 개시될 경우 우선변제권있는 임금채권을 이유로하여 경매에 참가함으로써 경매대금에서 우선적으로 배당을 받아 이로써 근로자들에게 밀린 임금을 지급하는 방법으로 해결하기로 합의하고, 위 통모에 따라 위 채권양도절차를 밟았고, 그 후 원고로부터 이 사건 전세금으로 은행발행 수표 1장을 받은 위 장진호가 이를 일시 자기의 통장에 입금시켰다가 즉시 도로 찾아 위 박성섭의 처에게 전달하였으므로, 결국 근로자들의 체불임금을 변제하기 위한 전세금반환채권의 양도는 처음부터 위 박성섭과 장진호 사이의 통정허위표시에 터잡은 것으로서 무효라는 취지로 항변하나, (증거)만으로 위와 같은 사실을 인정하기에 부족하고, 달리 이를 인정할 만한 증거가 없으므로 위 피고들의 위 주장도 그 이유가 없다.

3. 결론

그렇다면 원고들의 피고 덕산시멘트에 대한 이 사건 청구 모두 이유있고, 나머지 피고들에 대한 이 사건 선택적 청구 중 위 각 전세권설정등기의 말소등기에 대하여 등기상 이해관계 있는 제3자로서 승낙의 의사표시를 구하는 청구는 이유있으므로 이를 각 인용할 것인바, 이와 일부 결론을 달리한 원심판결은 그 범위내에서 부당하므로 원고들의 항소를 모두 받아들여 원심판결의 피고 덕산시멘트에 대한 청구 중 원고들 패소부분과 피고 덕산시멘트를 제외한 나머지 피고들에 대한 부분을 각 취소하고, 그 부분 위 원고들의 청구를 추가로 인용하여 주문과 같이 판결한다.

(1-2) 대법원 1999. 2. 5. 선고 97다33997 판결

【원고, 피상고인】 김기환 외 1인
【피고, 상고인】 동양종합금융(변경 전 동양투자금융) 주식회사 외 5인
【원심판결】 서울고등법원 1997. 7. 4. 선고 96나18412 판결
【주 문】 상고를 모두 기각한다. 상고비용은 피고들의 부담으로 한다.

【이 유】

상고이유와 기간이 지난 후에 제출된 상고이유보충서의 기재 중 상고이유를 보충하는 부분을 함께 본다.

전세권이 담보물권적 성격도 가지는 이상 부종성과 수반성이 있는 것이므로 전세권을 그 담보하는 전세금반환채권과 분리하여 양도하는 것은 허용되지 않는다고 할 것이나, 한편 담보물권의 수반성이란 피담보채권의 처분이 있으면 언제나 담보물권도 함께 처분된다는 것이 아니라 채권담보라고 하는 담보물권 제도의 존재 목적에 비추어 볼 때 특별한 사정이 없는 한 피담보채권의 처분에는 담보물권의 처분도 당연히 포함된다고 보는 것이 합리적이라는 것일 뿐이므로, 피담보채권의 처분이 있음에도 불구하고 담보물권의 처분이 따르지 않는 특별한 사정이 있는 경우에는 채권양수인은 담보물권이 없는 무담보의 채권을 양수한 것이 되고 채권의 처분에 따르지 않은 담보물권은 소멸한다고 할 것이다(대법원 1997. 11. 25. 선고 97다29790 판결 참조). 원심은, 원고들은 1993. 11. 1.부터 1994. 4. 14.까지 사이에 원심 공동피고 덕산시멘트제조 주식회사(이하 덕산시멘트라고만 한다)에게 이 사건 건물 중 일부에 관하여 전세금 합계 금 3,543,260,400원으로 한 각 전세권설정계약을 체결하고 1993. 12. 28.부터 1994. 6. 22.까지 사이에 각 전세권설정등기를 경료하여 준 사실, 원고들은 1995. 2. 말경 덕산시멘트와의 사이에 위 각 전세권설정계약을 합의해지하였고, 덕산시멘트는 1995. 3. 4. 원고들에 대한 위 전세금반환채권의 사실상 전액에 해당하는 금 3,543,136,600원(차액은 계산상 착오로 인한 것으로 보인다)을 덕산시멘트 및 그 계열사 근로자 1,697명의 대표자인 소외 장진호에게 양도한 후 원고들에게 확정일자 있는 증서에 의하여 채권양도의 통지를 하여 그 통지가 1995. 3. 7. 원고들에게 도달하자 원고들도 이를 승낙하였으며, 덕산시멘트가 1995. 3. 9. 원고들에게 전세권의 목적물인 건물 부분을 명도한 사실, 한편 피고들은 덕산시멘트를 상대로 위 각 전세권에 대한 가압류결정을 받아 1995. 3. 9.부터 1995. 4. 28.까지 사이에 전세권 가압류의 부기등기를 차례로 경료한 사실을 확정하고, 원고들의 전세권설정등기 말소청구에 대한 덕산시멘트의 항변을 그 판시와 같이 배척한 다음, 위와 같이 전세권설정자와 전세권자 사이에 전세권설정계약이 합의해지되고 전세금반환채권이 제3자에게 양도되었으며 전세권설정자가 전세권의 목적물을 명도까지 받았다면, 그 전세권설정등기가 말소되지 않고 있는 사이에 위 전세권을 가압류한 피고들로서는 원고들이 전세권설정등기의 말소를 신청하는 경우 등기상 이해관계 있는 제3자로서 이를 승낙하여야 할 의무가 있다고 판단하였다.

이 사건과 같이 전세권설정계약의 당사자 사이에 그 계약이 합의해지된 경우 전세권설정등기는 전세금반환채권을 담보하는 효력은 있다고 할 것이나, 그 후 당사자 간의 약정에 의하여 전세권의 처분이 따르지 않는 전세금반

환채권만의 분리양도가 이루어진 경우에는 양수인은 유효하게 전세금반환채권을 양수하였다고 할 것이고, 그로 인하여 전세금반환채권을 담보하는 물권으로서의 전세권마저 소멸된 이상 그 전세권에 관하여 가압류부기등기가 경료되었다고 하더라도 아무런 효력이 없다고 할 것이므로 이 점에 관한 원심의 판단은 정당하고, 달리 원심판결에 상고이유로 주장하는 바와 같이 전세권의 합의해지와 전세금반환채권의 양도에 관한 법리오해 등의 위법이 있다고 할 수 없으며, 상고이유에서 내세우는 대법원 판결들은 이 사건에서 원용하기에 적절한 것이 아니다.

그리고 원심이 판단한 바와 같이 전세권자인 덕산시멘트가 원고들에 대하여 그 전세권설정등기의 말소의무를 부담하고 있는 경우라면, 그 전세권을 가압류하여 부기등기를 경료한 피고들로서도 등기상 이해관계 있는 제3자로서 등기권리자인 원고들의 말소등기절차에 필요한 승낙을 할 실체법상의 의무가 있다고 보아야 할 것이므로, 같은 취지의 원심 판단은 정당하고, 거기에 상고이유로 주장하는 바와 같은 이유불비의 위법이 있다고 할 수 없다.

상고이유는 모두 받아들일 수 없다.

그러므로 상고를 모두 기각하고, 상고비용은 패소자들의 부담으로 하기로 하여 관여 법관의 일치된 의견으로 주문과 같이 판결한다.

(2-1) 대전지방법원 2003. 6. 20. 선고 2001가합8459 판결

【원 고】 이성수

【피 고】 이대현 외 2인

【주 문】

1. 피고 이대현은 피고 B주식회사에게 별지 표시 부동산에 관하여 서울지방법원 남부지원 2000. 2. 22. 접수 제6231 호로 마친 전세권설정등기의 말소등기절차를 이행하라.
2. 피고 B주식회사는 피고 이대현으로부터 제1항 기재 말소등기절차를 이행받음과 동시에 원고에게 506,375,670원을 지급하라
3. 원고의 피고 A주식회사에 대한 청구 및 피고 B주식회사에 대한 나머지 청구를 각 기각한다.
3. 소송비용 중 원고와 피고 이대현 사이에 생긴 부분은 피고 이대현의 부담으로 하고, 원고와 피고A주식회사 사이에 생긴 부분은 원고의 부담으로 하며, 원고와 피고 B주식회사 사이에 생긴 부분은 이를15등분하여 그 1 은 원고의 부담으로 하고 나머지는 피고 B주식회사의 부담으로 한다.
4. 제2항은 가집행할 수 있다

【청구취지】

주위적 청구 : ①주문 제1항과 같은 판결 ②피고 주식회사(이하 피고 A라 한다)는 피고 B주식회사(이하 피고 B이라 한다)에게 별지 표시 부동산(이하 이 사건 부동산이라 한다)을 명도하라 ③ 피고 B주식회사는 피고 이대현으로부터 이 사건 부동산에 관하여 서울지방법원 남부지원 2000. 2. 22. 접수 제6231호로 마친 전세권설정등기의 말소등기절차를 이행받고 피고A로부터 같은 부동산을 명도받음과 동시에 원고에게 524,000,000원을 지급하라.

예비적 청구 : ①피고 이대현과 피고 A사이에 2001. 7. 1. 체결된 이 사건 부동산에 설정된 전세권 양도계약을 취소하라. ②피고 이대현은 피고B에게 이사건 부동산에 관하여 서울지방법원 남부지원2001. 7. 6. 접수 제

30907호로 마친 전세권이전등기의 말소등기절차를 이행하라. ③피고A는 피고B에게 이사건 부동산을 명도하라. ④ 피고B는 피고 이대현으로부터 이 사건 부동산에 관한 이 사건 부동산에 관한 위 전세권이전등기의 말소등기절차를 이행받고 피고 A로부터 같은 부동산을 명도받음과 동시에 원고에게 524,000,000원을 지급하라.

【이 유】

1.기초사실

가. 피고 B는 2000. 2. 16. 피고 A와 사이에 이 사건 부동산에 관하여 전세금을 524,000,000원, 전세기간을 2000. 2. 16.부터 2001. 2. 15.까지, 전세권자를 피고 A로 한 전세권설정계약을 체결하고, 위 계약을 원인으로 하여 2000. 2. 22. 서울지방법원 남부지원에서 같은 내용의 전세권설정등기(이하 이 사건 전세권설정 등기라 한다)를 마쳤다.

나. 2001. 7. 6. 이 사건 전세권에 관하여 2001. 7. 1. 양도를 원인으로 하여 피고 이대현 명의로 이전되는 등기가 이루어졌다.

다. 원고는 2001. 7. 9. 공증인가 대전제일법률사무소 작성 2001년 증서 제101호 집행력 있는 공정증서 정본에 기하여 피고 A를 채무자로, 피고B를 제3채무자로 하여 피고A의 피고B에 대한 이 사건 전세금반환청구권을 7억원을 한도로 하여 압류하고 이를 원고에게 전부하는 내용의 채권압류 및 전부명령(대전지방법원 2001타기2843호)을 받았으며, 이 명령은 그 무렵 피고 B에게 송달되었고 그 후 2001. 7. 28. 확정되었다.

2. 주위적 청구에 대한 판단

가. 피고B에 대한 청구

(1) 당사자들의 주장

원고는, 피고 A가 위 전부명령의 송달일자보다 앞선 날짜의 확정일자 있는 증서로 피고 이대현에 대한 이 사건 전세금반환청구권의 양도 사실을 피고 B에게 통지하거나 피고 B가 이를 승낙한 사실을 피고 B가 주장 입증하지 않는 이상, 피고 이대현은 원고에게 대항할 수 없으므로, 이 사건 전세금반환채권은 원고에게 귀속되었다고 주장하면서 전부금 지급을 청구함에 대하여, 피고 B는, 위 전부명령의 송달 당시 피고 A와의 전세관계는 해지로써 이미 종료하였고 피고 이대현과는 새로운 임대차계약을 체결하였는데, 다만 편의상 피고 A가 피고에 대하여 가지고 있던 전세금반환청구권을 피고 이대현에게 양도함으로써 피고 B의 피고 A에 대한 전세금반환 및 피고 이대현의 피고 B에 대한 임대차보증금 지급에 갈음하기로 하였으므로, 위 전부명령은 피전부채권이 이미 소멸한 상태에서 발해진 것으로서 실질상 무효라고 주장한다.

(2) 인정사실

(가) 피고 B은 이 사건 전세권의 전세기간이 만료되기 전인 2001. 2. 5. 경 피고 A에게 전세금을524,000,000원에서 600,000,000원으로 인상하고 전세기간을 2001. 2. 16.부터 2002. 2. 15.까지로 하며 나머지 조건은 이 사건 전세권과 동일한 전세권설정계약을 다시 하겠다는 의사를 통지하였고 피고 관** 그 무렵 이에 동의하였으나, 피고 A이 인상된 전세금 76,000,000원을 지급하지 아니하자 피고 B은 피고 A에게 위 전세금 인상분을 전액 월차임으로 전환하여 2001. 2. 16.부터 소급하여 매월1,520,000 원(76,000,000원에 대한 월 2% 상당액임)을 지급 받겠

다고 통보하였고, 이에 대하여 피고 관** 동의하였다.

(나) 피고 B은 2001. 7. 1. 피고 A과 사이에 전세계약을 합의해지 한 다음 피고 이대현과 사이에 이 사건 부동산에 관하여 임대차보증금을 506,375,670원, 월차임을 1,872,480원, 임대차기간을 2001. 7. 1.부터 2002. 2. 15.까지, 임대차보증금을 A의 임대차보증금 506,375,670원{이 사건 전세금524,000,000 - (그 동안의 관리비 미납금 10,838,616원 + 미납한 임대차보증금 인상분에 대한 월차임

합계 6,785,714원)}으로 대체하기로 하는 내용의 부동산임대차계약을 체결하였다

한편 피고A은 2001. 7. 1. 피고 이대현과 사이에 이 사건 부동산에 관한 전세권 양도계약을 형식상으로 체결하고 2001. 7. 6. 위 전세권 양도계약을 원인으로 하여 이 사건 전세권설정등기의 전세권자를 피고 이대현으로 변경하는 전세권이전의 부기등기를 마쳤다(전세기간이 만료된 후에도 이 때까지는 이 사건 전세권설정등기의 내 용이 변경되지 않고 그대로 있었다).

(다) 이 사건 부동산은 현재 소외 충***주식회사가 피고 이대현의 승낙을 받아 점유, 사용하고 있다.

(3) 판단

(가) 위 인정사실에 의하면 B은 2001. 2. 5.경 피고 A과 사이에 이 사건 전세권의 일부 내용을 변경하고 이를 갱신하기로 하는 내용의 계약을 체결하였으나 전세권변경등기를 하지 않았으므로, 위 계약에 따른 물권변동의 효력은 발생하지 않았다 할 것이다.

(나) 한편 전세기간이 만료된 후에 전세권은 용익물권으로서의 효력을 상실하고 담보물권으로서의 효력만이 남아 있다 할 것이므로, 이 사건 전세권설정등기는 전세금반환채권을 담보하는 범위 내에서 유효한 것이긴 하나 그 피담보채권인 전세금반환채권의 양도로써 제3자에게 대항하기 위하여는 지명채권양도의 대항요건을 갖추어야 할 것이다.

(다) 그런데 피고들 사이의 2001. 7. 1.자 약정은, 피고 B과 피고 이대현 사이의 이 사건 부동산에 관한 부동산 임대차계약을 체결한 다음 그 임대차보증금을 지급하는 것 및 피고 B이 피고 A에게 전세금을 반환하는 것에 갈음하여 피고 A이 피고 이대현에게 전세금반환채권을 양도하기로 한 약정이라고 해석함이 상당하다 할 것인바, 이 사건에서 확정일자 있는 증서로 양도인인 피고 A이 채무자인 피고 B에게 통지하거나, 채무자인 피고B이 그 채권양도를 승낙하였다는 점에 관한 주장 입증이 없으므로, 피고 B은 전세금반환채권의 전부채권자인 원고에게 그 채권양도로써 대항할 수 없다 할 것이다.

(라) 그렇다면 피고 B은 뒤에서 보는 바와 같이 피고 이대현으로부터 이 사건 전세권설정등기의 말소등기절차를 이행받음과 동시에 전부채권자인 원고에게 전부명령이 피고 B에게 송달된 2001. 7. 9.경 전세금 524,000,000원에서 피고 A의 연체차임 6,785,714원과 미납관리비 10,838,616원을 공제하고 남은 506,375,670원을 지급할 의무가 있다

(마) 피고 B은 전세금에서 피고 이대현이 연체한 2001. 7. 1. 이후 분 연체차임과 미지급 관리비도 공제하여야 한다고 주장하므로 살피건대, 뒤에서 보는 바와 같이 전세권자인 피고 관**는 2001. 7. 1. 피고 B에게 이 사건 부동산을 명도하였다고 보아야 할 것이므로, 피고 의 이 부분 주장은 이유 없다.

나. 피고 A에 대한 청구

원고는, 피고 B의 전세금반환의무는 이 사건 부동산의 명도의무와 동시이행관계에 있으므로 피고 A은 피고 B에게 이 사건 부동산을 명도할 의무가 있다고 주장하므로 살피건대, 위 인정사실에 의하면, 피고 B이 피고 A과

의 전세계약을 해지하고 피고 이대현과 이 사건 부동산에 대한 임대차계약을 체결하면서 피고 A에 대한 전세금반환의무 및 피고 이대현의 임대차보증금지급의무에 갈음하여 피고 A의 피고 B에 대한 임대차보증금반환채권을 피고 이대현에게 양도하기로 피고들 3자 사이에 합의한 때에, 피고 A은 이 사건 부동산을 피고 B에게 명도하였다고 봄이 상당하므로, 원고의 피고 A에 대한 청구는 이유 없다.

다. 피고 이대현에 대한 청구

앞서 본 바와 같이 피고 A과 피고 B사이의 전세계약관계는 2001. 7. 1.자 해지로써 종료되었고, 피고 A명의로 설정된 전세권등기가 피고 이대현 명의로 이전되었으므로, 전세권설정등기 명의자인 피고 이대현은 전세권설정자인 피고 B에게 이 사건 전세권설정등기의 말소등기절차를 이행할 의무가 있다.

그런데 앞서 본 바와 같이 원고는 피고 B에 대하여 전부금채권을 갖고 있고, 한편 원고로서는 피고B의 자력유무와 관계 없이 피고 B을 대위하여 피고 이대현을 상대로 피고 B에 대한 이 사건 전세권설정등기의 말소등기절차 이행을 청구할 수 있다 할 것이다.

3. 결론

따라서 원고의 피고 이대현에 대한 청구 및 피고 B에 대한 일부 청구는 이유있으므로 이를 각 인용하기로 하고, 피고 B에 대한 나머지 청구 및 피고 A에 대한 청구는 이유 없으므로 이를 각 기각하기로 하여 주문과 같이 판결한다.

(2-2) 대전고등법원 2003. 6. 20. 선고 2002나8344 판결

【원고, 피항소인】 이성수
【피고, 항소인】 이대현 외 1인
【원심판결】 대전지방법원 2002. 10. 2. 선고 2001가합8459 판결
【주 문】

1. 피고들의 항소를 모두 기각한다.
2. 항소비용은 피고들의 부담으로 한다.

【청구취지 및 항소취지】

1. 청구취지

주위적 청구취지 : ① 피고 한양건설 주식회사(이하 피고 한양건설이라 한다)는 별지 목록 기재 부동산(이하 이 사건 부동산이라 한다)에 관하여 아래의 전세권설정등기의 말소등기절차 및 명도를 이행받음과 동시에 원고에게 524,000,000원을 지급하라. ② 피고 한양건설에게, 피고 이대현은 이 사건 부동산에 관하여 서울지방법원 남부지원 2000. 2. 22. 접수 제6231호로 마친 전세권설정등기의 말소등기절차를 이행하고, 제1심 공동피고 관동건설 주식회사(이하 제1심 공동피고 관동건설이라 한다)는 이 사건 부동산을 명도하라.

예비적 청구취지 : ① 피고 이대현과 제1심 공동피고 관동건설 사이에 2001. 7. 1. 체결된 이 사건 부동산에 관한 전세권양도계약을 취소하라. ② 피고 한양건설에게, 피고 이대현은 이 사건 부동산에 관하여 서울지방법원 남부지원 2001. 7. 6. 접수 제30907호로 마친 전세권이전등기의 말소등기절차를 이행하고, 제1심 공동피고 관동

건설은 이 사건 부동산을 명도하라. ③ 피고 한양건설은 이 사건 부동산에 관한 위 전세권이전등기의 말소등기 절차 이행 및 명도와 동시에 원고에게 527,000,000원을 지급하라.

2. 항소취지

제1심 판결 중 원고 패소부분을 취소하고, 그 취소부분에 해당하는 원고의 청구를 기각한다.

【이 유】

1. 제1심 판결의 인용

이 법원이 이 사건에 관하여 설시할 이유는, 제1심 판결 이유에 나오는 “피고 관동건설”을 “제1심 공동피고 관동건설”로 고치고, 제1심 판결 이유 제1항의 [인정근거] “갑 1, 2, 6호증” 다음에 “을 제9호증의 1, 2, 을 제10호증의 1”을, 제2의 가. (2) (나)항 제4행의 “524,000,000” 다음에 “원”을, 제2의 가. (2)항의 [인정근거] “을 7, 8호증” 다음에 “을 제9호증의 1, 2, 을 제10호증의 1, 2”를, 제2의 가. (3) (가)항 제1행의 “위 인정사실에 의하면” 다음에 “피고”를 각 삽입하며, 제2의 가. (3). (다)항의 제8행 다음에 피고들의 주장에 대하여 아래와 같이 추가로 설시하고, 결론부분을 아래 2항과 같이 고쳐 쓰는 외에는 제1심 판결 이유와 같으므로(단, 원고가 항소하지 아니한 제1심 공동피고 관동건설에 대한 부분은 제외) 민사소송법 제420조에 의하여 이를 그대로 인용한다.

[추가부분]

이에 대하여 피고 이대현은, 피고들 사이의 2001. 7. 1.자 약정에서 피고 한양건설이 위 전세금반환채권양도에 대하여 승낙하였고, 같은 달 6. 서울지방법원 남부지원 영등포등기소에 접수된 위 전세권이전등기신청 서류에 찍힌 위 등기소의 일부인이 확정일자라 할 것이므로 위 전세금반환채권의 양도에 대한 대항요건을 구비하였고, 그렇지 않다 하더라도 채권양도의 제3자에 대한 대항요건은 채권의 배타적 귀속에 관한 공시방법이므로 전세권이전등기로 전세권에 의하여 담보되는 채권의 양도가 공시된 경우에는 별도의 확정일자 있는 통지나 승낙이 필요하지 않다고 주장하나, 민법 제450조 제2항이 규정하고 있는 지명채권양도의 제3자에 대한 대항요건으로서의 통지나 승낙은 그 통지나 승낙 자체가 확정일자가 찍힌 증서로 이루어져야 한다는 의미라 할 것이고, 전세권이전등기 등 공시방법이 행하여졌다 하여 달리 볼 수는 없을 것인바, 을 제10호증의 3(부동산임차권양도승인원)의 기재에 의하면, 피고 한양건설이 위 채권양도에 대하여 승낙한 사실은 인정되나, 위 부동산임차권양도승인원은 위 전세권이전등기신청 서류에 첨부되어 있지 아니할 뿐만 아니라 위 승인원에서 확정일자를 찾아 볼 수 없고, 위 전세권이전등기신청 서류에 찍힌 등기소의 일부인이 있다는 점만으로 확정일자 있는 통지나 승낙이 있었다고 할 수는 없으며, 달리 양도인인 제1심 공동피고 관동건설의 통지 또는 채무자인 피고 한양건설의 승낙이 확정일자 있는 증서로 이루어졌음을 인정할 자료가 없으므로, 피고 이대현의 위 주장은 이유 없다.

2. 결론

그렇다면, 원고의 피고 이대현에 대한 청구는 이유 있어 이를 인용하고, 피고 한양건설에 대한 청구는 위 인정범위 내에서 이유 있어 이를 인용하며, 피고 한양건설에 대한 나머지 청구는 이유 없어 이를 기각할 것인바, 제1심 판결은 이와 결론을 같이하여 정당하므로, 피고들의 항소를 모두 기각하기로 하여 주문과 같이 판결한다.

(2-3) 대법원 2005. 3. 25. 선고 2003다35659 판결

【원고, 피상고인】 이성수
【피고, 상고인】 이대현 외 1인
【원심판결】 대전고등법원 2003. 6. 20. 선고 2002나8344 판결
【주 문】 상고를 모두 기각한다. 상고비용은 피고들이 부담한다.

【이 유】

피고들의 상고이유(상고이유서 제출기간 경과 후에 제출된 보충서면은 상고이유를 보충하는 범위 내에서)를 함께 판단한다.

전세권설정등기를 마친 민법상의 전세권은 그 성질상 용익물권적 성격과 담보물권적 성격을 겸비한 것으로서, 전세권의 존속기간이 만료되면 전세권의 용익물권적 권능은 전세권설정등기의 말소 없이도 당연히 소멸하고 단지 전세금반환채권을 담보하는 담보물권적 권능의 범위 내에서 전세금의 반환시까지 그 전세권설정등기의 효력이 존속하고 있다 할 것인데, 이와 같이 존속기간의 경과로서 본래의 용익물권적 권능이 소멸하고 담보물권적 권능만 남은 전세권에 대해서도 그 피담보채권인 전세금반환채권과 함께 제3자에게 이를 양도할 수 있다 할 것이지만 이 경우에는 민법 제450조 제2항 소정의 확정일자 있는 증서에 의한 채권양도절차를 거치지 않는 한 위 전세금반환채권의 압류·전부 채권자 등 제3자에게 위 전세보증금반환채권의 양도사실로써 대항할 수 없다고 보아야 할 것이다.

원심이 인용한 제1심판결이 채택한 증거를 기록에 비추어 살펴보면, 피고 한양건설 주식회사(이하 '피고 한양건설'이라고 한다)는 2000. 2. 16. 제1심 공동피고 관동건설 주식회사(이하 '관동건설'이라고 한다)와 사이에 이 사건 부동산에 관하여 전세금 524,000,000원, 전세기간 2000. 2. 16.부터 2001. 2. 15.까지, 전세권자 관동건설로 하는 전세권설정계약을 체결하고 2000. 2. 22. 이 사건 전세권설정등기를 마친 사실, 피고 한양건설은 위 전세기간 만료에 임박하여 전세계약 갱신의 조건으로 추가 수수하기로 한 전세금 인상분 76,000,000원을 관동건설이 지급하지 아니하자 위 전세기간 만료 이후인 2001. 6. 18.경 위 전세금 인상분을 월 차임으로 전환하여 2001. 2. 16.부터 소급하여 매월 152만 원을 지급받겠다고 통보하였고 이에 대하여 관동건설도 동의한 사실, 피고 한양건설은 그 후 2001. 7. 1.경 관동건설과의 전세계약을 합의해지하고 피고 이대현과 사이에 이 사건 부동산에 관하여 임대차보증금을 관동건설의 전세금 524,000,000원에서 그 동안의 관리비 미납금과 월 차임 미지급분을 공제한 506,375,670원으로 하고, 월 차임을 1,872,480원, 임대차기간을 2001. 7. 1.부터 2002. 2. 15.까지로 하는 부동산 임대차계약서를 작성하였는데, 같은 날 피고 이대현은 피고 한양건설의 승인하에 관동건설과 사이에 관동건설 명의의 위 전세권에 관한 양도계약을 체결하고 2001. 7. 6. 이 사건 전세권설정등기의 명의자를 피고 이대현으로 바꾸는 전세권이전의 부기등기를 마친 사실, 한편 원고는 2001. 7. 9. 관동건설에 대한 집행력 있는 약속어음 공정증서 정본에 기하여 관동건설의 피고 한양건설에 대한 이 사건 전세금반환채권을 7억 원을 한도로 압류하고 이를 원고에게 전부하는 내용의 채권압류 및 전부명령을 받았는데 위 명령은 그 무렵 피고 한양건설에게 송달되어 같은 해 7. 28. 확정된 사실, 관동건설은 피고 이대현이 직원(영업부장)으로 근무하던 충일건설 주식회사(나중에 충일건설산업 주식회사로 흡수합병됨)의 계열회사인데, 이 사건 전세계약의 합의해지 및 전세권양도계약, 피고 이대현 명의의 부동산임대차계약의 체결을 전후하여 원심 변론종결 당시까지도 계속해서 위 관동건설 및 충

일건설이 이 사건 부동산을 순차 점유·사용해 오고 있는 사실이 인정된다.

위 인정 사실과 앞서 본 법리에 비추어 보면, 이 사건 부동산에 관한 관동건설의 전세권은 갱신약정에 따른 등기를 경료함이 없이 그 존속기간이 경과함으로써 소멸하고 단지 이 사건 전세금반환채권을 담보하는 담보물권적 권능만이 남게 되었다가 피고 한양건설과 피고 이대현 사이의 2001. 7. 1.자 이 사건 부동산에 관한 임대차계약의 체결과 함께 이루어진 전세권양도계약의 체결 및 전세권이전의 부기등기로써 이 사건 전세금반환채권이 위 전세권의 담보물권적 권능과 함께 피고 이대현에게 양도된 것으로 보아야 할 것인데, 비록 위 전세권이전의 부기등기의 신청서류에 관할 등기소의 일부인이 찍혀 있다 하더라도 피고 한양건설 명의의 부동산임차권양도승인원이 같이 제출되어 등기소의 일부인을 받지 아니한 이상 위 전세금반환채권의 양도에 관하여 확정일자 있는 통지나 승낙이 있었다고 볼 수 없어 이로써 위 전세금반환채권의 압류·전부 채권자인 원고에게 대항할 수 없게 되었다 할 것이니, 이와 같은 취지의 원심판단은 그 이유의 설시에 있어 다소 적절하지 못한 점은 있으나 그 결론에 있어서 정당하다 할 것이고, 거기에 전세권양도 및 채권양도에 관한 법리오해 등의 위법이 있다고 할 수 없다.

한편, 피고들은 그 상고이유에서 이 사건 전세계약의 합의해지 및 새로운 부동산임대차계약의 체결로써 이 사건 전세금반환채권이 소멸한 것으로 보아야 한다는 취지로도 주장하나, 앞서 본 사실관계에서 나타나는 피고 이대현과 관동건설 및 충일건설의 관계, 위 전세계약의 합의해지 및 새로운 부동산임대차계약 체결 전후의 이 사건 부동산의 계속적인 점유·사용관계 기타 기록에 나타나는 여러 사정에 비추어 보면 피고 한양건설과 피고 이대현 및 관동건설 사이의 이 사건 각 약정의 실질이 위 전세금반환채권의 양도에 있다고 판단한 제1심판결을 그대로 유지한 원심의 조치 역시 정당한 것으로 수긍 못 할 바 아니므로 이 부분 상고이유의 주장도 받아들일 수 없다.

그러므로 피고들의 상고를 모두 기각하고, 상고비용은 패소자들이 부담하기로 하여 관여 대법관의 일치된 의견으로 주문과 같이 판결한다.

3 임금채권의 양도성

(1-1) 서울지방법원 1987. 10. 21. 선고 87나1066 판결

【주 문】 피고의 항소를 기각한다.
항소비용은 피고의 부담으로 한다.

【청구취지】 피고는 원고에게 금 3,446,947원 및 이에 대한 1987. 2. 26.부터 완제일까지 연 2할 5푼의 비율에 의한 금원을 지급하라.

【항소취지】 원심판결 중 피고 패소부분을 취소하고 이 부분에 대한 원고의 청구를 기각한다.

【이 유】

(증거)에 변론의 전취지를 종합하면, 소외 최 선주가 피고공사 산하 부산시외 전신전화국에 근무하다가 1986.

7. 28. 퇴직함에 따라 피고에 대하여 금 8,397,140원의 퇴직금 채권(이하 이 사건 퇴직금 채권이라고 한다)을 갖게 된 사실, 그런데 원고는 위 최 선주에 대한 집행력 있는 공정증서정본에 기한 채권의 강제집행으로서 이 사건 퇴직금 채권의 2분의 1 중 금 2,220,792원에 대하여 압류 및 전부명령을 신청하여 1986. 7. 28. 부산지방법원 86타11346, 11347호로서 이 사건 퇴직금 채권 중 위 금 2,220,792원에 대한 채권압류 및 전부명령이 발하여지고 위 결정정본이 그때쯤 제3채무자인 피고에게 송달된 다음 원고가 피고로부터 위 전부금 2,220,792원을 수령한 사실, 원고는 또한 위 최 선주에 대한 별개의 채무명의인 공증인가 부민합동법률사무소 작성 86년 부공합 3028호 집행력 있는 공정증서정본에 기하여 이 사건 퇴직금 채권의 2분의 1중 금 3,446,947원에 대한 압류, 전부명령을 신청하여 1986. 7. 28. 위 같은 법원 86타11662, 11663호로서 그에 대한 채권압류, 전부명령이 발하여지고 위 결정정본이 같은 달 30. 피고에게 송달되었으나 이미 소외 강 종선의 이 사건 퇴직금 채권에 대한 가압류결정이 같은 날 송달된 바 있어 압류가 경합되었다는 이유로 피고는 위 금 3,446,947원의 지급을 거절하면서 1986. 10. 7. 이 사건 퇴직금 중 2분의 1 범위내에서 원고가 앞서 수령하여간 금 2,220,792원을 공제한 나머지 금 1,977,778원을 부산지방법원에 공탁한 사실, 그러나 원고는 1986. 10. 18. 위 최선주로부터 동 금원의 지급담보의 의미로서 동인의 피고에 대한 나머지 퇴직금채권 금 4,198,570원 중 금 3,446,947원을 채권양도 받은 사실을 인정할 수 있고 달리 반증이 없으며, 한편 피고가 같은 달 20. 위 최 선주로부터 위 채권양도통지를 받은 사실은 피고가 이를 자인하고 있다.

원고가 위 최 선주로부터 채권양도 받은 위 퇴직금 3,446,947원의 지급을 구함에 대하여, 피고는 먼저 퇴직금은 민사소송법상 그 2분의 1을 초과하여 압류할 수 없는 근로자의 임금으로서 근로기준법 제36조 제1항에서 근로자에게 직접 지급하도록 규정하고 있으므로 이에 위반하는 이 사건 채권양도는 무효인 것이어서 피고는 위 채권 양도통지를 받은 이후인 같은 해 11.3. 위 최 선주에게 남은 퇴직금 4,198,570원을 전액 지급하였으니 이 사건 퇴직금 지급의무가 없다고 주장하므로 살피건대, 퇴직금이 근로자에게 근로계약이 종료될 때 지급되는 후불적 임금이라고 할 수는 있으나 민사소송법에 근로자의 임금채권의 압류를 제한하는 규정이 있는 외에는 어떤 법률에도 그 양도를 금지하는 명시적 규정이 없고 피고주장의 근로기준법 규정의 직접불의원칙은 사용자로부터 근로자의 권익을 보호하기 위하여 근로자의 임금을 사용자가 근로자 아닌 타인에게 임의로 지급하는 것을 금지하는 것이라고 보아야 하며, 채권은 법령이나 당사자의 의사에 기하여 그 양도가 금지되는 등 특단의 사정이 없는 한 원칙적으로 이를 자유로이 양도할 수 있는 점 등에 비추어 볼 때 위 근로기준법의 규정취지는 이를 수혜자인 근로자의 자유로운 의사에 따른 임금채권의 양도까지 금지하는 것으로 해석할 수는 없다 할 것이니(대법원 1959. 12. 17. 선고, 4292민상814호 판결 참조), 위 최 선주가 원고에게 한 이 사건 퇴직금양도를 무효라고 할 수는 없고, 따라서 위 채권양도가 무효임을 전제로 그 양도통지를 수령한 이후에 피고가 채권양도인인 위 최 선주에게 이 사건 퇴직금을 지급하였더라도 이로써 채권양수인인 원고에게 대항할 수는 없는 것이니, 피고의 위 주장은 이유없음에 돌아간다고 하겠다.

피고는 또한 원고가 구하는 이 사건 퇴직금 3,446,947원에 대하여는 앞서 본 부산지방법원 1986. 7. 28. 자 11662호, 11663호 압류, 전부명령이 같은 달 30. 피고에게 송달됨으로써 원고에게 동 금원상당 퇴직금채권이 전부되어 채무변제의 효력이 발생함에 따라 소멸하였다고 주장하나, 앞서본 것처럼 위 전부명령은 소외 강종선에 의한 채권가압류에 의하여 그 압류가 경합되어 효력이 없다고 할 것이니 위 전부명령이 유효함을 전제로 한 피고의 위 주장도 이유없다고 하겠다.

피고는 끝으로 원고가 위 제3028호 집행력 있는 공정증서정본에 기한 강제집행으로 발하여진 위 부산지방법원 86타11662호 채권압류명령에 따라 공탁된 위 금 1,977,778원 중 금 487,380원을 교부받았으므로 그 금액의 범위 내에서 이 사건 양수금 채권이 소멸되었다고 주장하므로 살피건대, 이 사건 채권양도가 위 공정증서정본에 의한 채권에 대한 지급담보의 의미로 이루어진 것은 앞서 본 바와 같고, 원고가 위 채권 압류명령에 따라 1987. 2. 25. 금 487,380원을 수령한 사실은 이를 스스로 인정하는 바이므로, 이 사건 양수금 채권 중 위 금 487,380원은 변제에 갈음한 배당으로서 소멸되었다 하겠으니 피고의 위 주장은 이유있다 하겠다.

그렇다면, 피고는 원고에게 이 사건 퇴직금 양수금 3,446,947원에서 위 배당금 487,380원을 뺀 나머지 금 2,959,567원 및 이에 대하여 소장송달 이후로서 원고가 구하는 바에 따라 1987. 2. 26.부터 완제일까지 소송촉진등에관한특례볍에 정한 연 2할 5푼의 비율에 의한 지연손해금을 지급할 의무있다고 할 것이므로, 원고의 이 사건 청구는 위 인정범위 내에서 이유있어 이를 인용하고 나머지 청구는 이유없어 이를 기각하여야 할 것인바, 이와 결론을 같이 한 원심판결은 정당하고 이에 대한 피고의 항소는 이유없어 이를 기각하며, 항소비용은 패소자인 피고의 부담으로 하여 주문과 같이 판결한다.

(1-2) 대법원 1988. 12. 13. 선고 87다카2803 판결

【원고, 피상고인】 이막달
【피고, 상고인】 한국전기통신공사
【원심판결】 서울민사지방법원 1987.10.21.선고 87나1066 판결
【주 문】 원심판결을 파기하고 사건을 서울민사지방법원 합의부에 환송한다.

【이 유】

상고이유를 본다.

원심판결 이유에 의하면, 원심은 소외 최선주가 피고공사 산하 부산시외 전신전화국에 근무하다가 퇴직함에 따라 피고에 대하여 금 8,397,140원의 퇴직금채권을 갖게 된 사실과 그중 1/2인 금 4,198,570원에 대하여는 채권압류 및 전부명령이 발하여지고 나머지 1/2 중 금 3,446,947원에 대하여는 위 소외인이 원고에게 이를 양도하고 피고에게 그 통지를 한 사실을 확정하고, 위 퇴직금은 임금으로서 근로기준법 제36조 제1항에서 근로자에게 직접 지급하도록 규정하고 있으므로 피고는 원고에게 위 양수 퇴직금을 지급할 수 없다는 피고의 주장에 대하여는 퇴직금이 근로자에게 근로계약이 종료될 때 지급되는 후불적 임금이라고 할 수는 있으나 민사소송법에 근로자의 임금채권의 압류를 제한하는 규정이 있는 외에는 어떤 법률에도 그 양도를 금지하는 명시적규정이 없고, 위 근로기준법의 규정의 취지는 수혜자인 근로자의 자유로운 의사에 따른 임금채권의 양도까지 금지하는 것으로 해석할 수는 없다는 이유로 이를 배척하였다.

살피건대 근로자의 임금채권의 양도를 금지하는 법률의 규정이 없으므로 이를 양도할 수 있다는 원심의 판단부분에 잘못이 있다고 할 수는 없다. 그러나 근로기준법 제36조 제1항에서 임금직접지급의 원칙을 규정하고 그에 위반하는 자는 처벌을 하도록 하는 규정(같은 법 제109조)를 두어 그 이행을 강제하고 있는 이유는 임금이 확실하게 근로자 본인의 수중에 들어가게 하여 그의 자유로운 처분에 맡기고 나아가 근로자의 생활을 보호하고자 하는데 있는 것이므로 이와 같은 근로기준법의 규정의 취지에 비추어 보면 근로자가 그 임금채권을 양도한

경우라 할지라도 그 임금의 지급에 관하여는 같은 원칙이 적용되어 사용자는 직접 근로자에게 임금을 지급하지 아니하면 안되는 것이고 그 결과 비록 양수인이라고 할지라도 스스로 사용자에 대하여 임금의 지급을 청구할 수는 없다고 해석하여야 할 것이며, 그렇게 하지 아니하면 임금직접지급의 원칙을 정한 근로기준법의 규정은 그 실효를 거둘 수가 없게 될 것이다.

위의 견해에 저촉되는 당원 1959.12.17. 선고 4292민상814 판결은 이를 변경한다.

따라서 원심판결에는 근로기준법 제36조 제1항의 취지를 오해하여 판결에 영향을 미친 위법이 있다고 할 것이고 이는 소송촉진등에관한특례법 제12조 제2항에 규정된 파기사유에 해당된다고 할 것이므로 논지는 이유있다.

그러므로 원심판결을 파기하여 사건을 원심법원에 환송하기로 하여 관여법관 중 대법관 윤관, 같은 김상원을 제외한 나머지 법관의 일치된 의견으로 주문과 같이 판결한다.

대법관 윤관, 대법관 김상원의 반대의견은 다음과 같다.

일반적으로 민사소송법 제579조 제4호나 건설업법 제55조 등과 같이 근로자에게 지급할 임금의 일부 또는 전부에 대하여 압류를 금지하는 규정을 둔 것은 근로자의 의사에 반하여 근로자의 주요한 생존재원인 임금채권에 대한 압류를 금지함으로써 근로자의 권익을 보호하려는데 있는 것이고 위 법률이나 그밖의 어느 법률에도 임금채권의 양도를 금지하는 규정을 두지 아니한 것은 근로자가 자기의 임금채권을 자유롭게 처분하려는 의사를 존중하고 이를 보장해 주고자 함에 있다고 이해된다.

한편 채권양도는 채권이 귀속하는 주체를 직접적으로 변경하게 하는 것이므로 채권양도가 이루어지면 양도인이 채무자에 대하여 가지고 있던 채권은 그대로 양수인에게 귀속되고 채무자에 대한 채권자도 양도인으로부터 양수인으로 변경되어 양수인은 채무자에 대하여 그 양수채권의 실체적 권리와 추심권을 아울러 주장할 수 있게 된다.

따라서 근로자의 임금채권이 자유롭게 양도할 수 있는 성질의 것이라면 그 임금채권의 양도에 의하여 임금채권의 채권자는 바로 근로자로부터 제3자로 변경되고 이때 그 임금채권은 사용자와 근로자와의 관계를 떠나서 사용자와 그 양수인과의 관계로 옮겨지게 됨으로써 양수인은 사용자에게 직접 그 지급을 구할 수 있게 되는 것이다.

이렇게 볼 때 근로기준법 제36조 제1항이 "임금은 통화로 직접근로자에게 그 전액을 지급하여야 한다"고 규정하여 임금직접지급의 원칙을 밝히고 있는 것도 따지고 보면 사용자가 근로자에게 지급할 임금이 있음을 전제로 그 임금을 근로자에게 직접 지급하도록 사용자와 근로자 사이의 직접적인 법률관계를 규제하려는 것이지, 근로자로부터 그 임금채권을 적법하게 양수받은 제3자와의 간접적인 법률관계에 까지 이를 끌어들여 양수인에게 까지도 사용자가 이를 직접 지급하는 것을 금지하는 것으로는 풀이되지 아니한다.

다수의견은 근로자의 임금채권이 양도된 경우에 양수인은 그 채권에 관한 실체적인 권리만을 갖고 있을뿐 그 추심권은 여전히 근로자에게 있음을 전제로 하고 있으나 이와 같이 채권에 대한 실체적인 권리와 추심권을 분리하려는 태도는 앞에서 본 바와 같은 채권양도의 본질이나 근로기준법 제36조의 취지에도 어긋난다고 하지 않을 수 없고 나아가 당사자 사이의 법률관계를 쓸데없이 복잡하게 하여 사실상 임금채권의 양도를 금지하는 결과를 가져오게 되어 부당하다.

또한 다수의견은 근로기준법 제36조 제1항의 규정취지를 "임금이 확실하게 근로자 본인의 수중에 들어가게 하여 그의 자유로운 처분에 맡기고 나아가 근로자의 생활을 보호하고자"하는데 두고 있지만 그 것은 반드시 타당한 것으로는 여겨지지 아니한다.

근로자가 일단 자유의사에 따라 임금채권을 양도하여 버렸는데도 이를 사용자로부터 직접 지급받은 후가 아니면 양수인에게 지급할 수 없도록 하는 것은 근로자나 양수인에게 번거로운 부담만 더하여 주는 것이고 만일 임금채권을 양도해 버린 근로자가 그후 위 규정을 들어 양수인에게 그 지급을 거절하거나 이미 양수인에게 지급해 버린 사용자에게 다시 그 임금의 지급을 구하게 된다면 그들 사이에 또 다른 분쟁을 일으킬 우려마저 낳게 할 뿐이다.

더욱이 이 사건 퇴직금과 같은 후불적 임금이 근로기준법 제36조 제1항 때문에 그 양도가 사실상 금지되는 결과를 가져온다면 근로자에게 임금채권을 담보로 하여 학자금이나 주택을 장만하기 위한 목돈마련 등 금융의 길을 막게 되어 오히려 근로자의 생활보호에 지장을 주는 결과를 초래할 수도 있는 것이다.

따라서 근로기준법 제36조 제1항은 근로자가 적법하게 처분하고 남은 임금채권 즉 근로자에게 아직도 귀속되어 있는 임금채권을 사용자로 하여금 근로자에게 직접 지급하게 함으로써 근로자의 임금이 법정대리인이나 후견인 또는 그 수령을 위임받은 사람들에 의하여 횡령되는 등의 피해를 막으려는 취지에서 마련되었다고 보아야 할 것이다.

그리고 사용자로 하여금 임금채권을 그 양수인에게 지급할 수 없도록 하려면 마땅히 법률에 임금채권의 양도 자체를 금지하는 규정을 명문으로 두어야 할 것이다.

그러므로 다수의견이 근로자의 임금채권을 양도할 수 있다고 하면서도 그 양수인이 사용자에게 직접 그 지급을 구할 수 없다고 본 것은 채권양도와 근로기준법 제36조의 법리를 오해한 것이라고 하지 않을 수 없고 따라서 이점에 관한 종전의 당원 판례를 변경하고 이 사건 원심판결을 파기하는 다수의견에 반대하고자 하는 것이다.

4 가압류된 채권의 양도성

(1-1) 서울고등법원 1999. 4. 6. 선고 98나52195 판결

【원고, 항소인】 김덕희
【피고, 피항소인】 삼창산업개발 주식회사
【주 문】

1. 제1심판결을 취소한다.
2. 원고의 청구를 기각한다.
3. 소송비용은 제1, 2심 모두 원고의 부담으로 한다.

【청구취지】

피고는 원고에게 금 71,000,000원 및 이에 대한 이 사건 소장부본송달 다음날부터 완제일가지 연 25%의 비율에 의한 금원을 지급하라.

【항소취지】

주문과 같다.

【이 유】

1. 양수금채권의 발생

(증거)를 종합하면, ① 소외 그린라인 주식회사(이하 '소외 회사'라 한다)는 1996. 9. 16. 피고 회사로부터 피고 회사가 신축중인 서울 노원구 중계동 주상복합아파트 내의 주방가구 및 가구 설치공사를 금 433,288,900원에 도급받고, 또한 1996. 10. 1. 피고 회사로부터 위 주상복합아파트 중 27평형 아파트 내의 주방가구 설치공사를 금 190,280,200원에 도급받아 위 각 공사를 시행하여 197. 1. 24. 이를 완공한 사실, ② 피고 회사는 소외 회사에게 1996. 10. 11. 위 공사들의 선급금으로 금 1억 2,479만 원을, 1997. 1. 20. 위 공사들의 중도금으로 금 2억 4,200만 원을 각 지급한 사실, ③ 소외 회사는 1997. 1. 9. 피고 회사에 대한 나머지 공사대금채권 금 256,869,100원 {(433,288,900원+190,280,200원)-1억2,470만 원+2억 4,200만 원)} 중 금 7,100만 원의 공사대금채권을 원고에게 양도하고, 같은 해 4.9. 피고 회사에 대하여 그 양도통지를 하여, 같은 달 11. 그 양도통지가 피고 회사에 도달된 사실을 각 인정할 수 있으므로, 특별한 사정이 없는 한 피고 회사는 원고에게 위 양수금 7,100만 원을 지급할 의무가 있다.

2. 피고 회사의 항변에 대한 판단

가. 하자보수보증금의 공제주장

소외 회사는 위 각 공사완료 후 총 공사금액의 10%에 해당하는 금액을 피고 회사에게 하자보수보증금으로 지급하기로 약정하였으므로, 피고 회사의 소외 회사에 대한 공사대금 채무액에서 위 총 공사대금 623,569,100원의 10%에 해당하는 금 62,356,910원은 공제되어야 한다고 주장한다.

살피건대, 을 제7호증, 을 제8호증(각 공사도급계약서)의 각 기재에 의하여 소외 회사는 위 각 공사완료 후 공사금액의 10%에 해당하는 금액을 피고 회사에게 하자보수보증금으로 지급할 때까지 현금 또는 건설 공제조합의 보증서나 보증보험증권으로 납부하기로 약정한 사실을 인정할 수 있으나, 위 하자보수보증금은 수급인인 소외 회사가 도급인인 피고 회사에 대하여 부담하는 하자보수의무의 이행을 담보하기 위한 것인바, 다음의 라. 항에서 보는 바와 같이 소외 회사가 시공한 위 공사에는 설치된 주방기구 상판에 합계 금 210만 원의, 교환설치를 요하는 하자가 있을 뿐 그 밖에 다른 하자가 있다는 증거는 없고, 피고 회사의 공제항변에 따라 피고 회사가 입은 위 금 210만 원의 손해액을 위 공사대금채무에서 공제하는 이 사건에 있어서는, 피고 회사는 소외 회사에 대하여 총 공사대금의 10%에 해당하는 하자보수보증금의 공제를 구할 수는 없다고 할 것이므로, 피고 회사의 위 주장은 이유 없다.

나. 계약인수된 공사대금의 공제항변

다음으로 피고 회사는, 피고 회사와 소외 회사 사이에 체결된 공사도급계약 중거실장과 신발장 설치부분이 소외 회사로부터 소외 해태전자 주식회사(이하 '소외 해태전자'라 한다)에게 계약인수되었으므로, 소외 해태전자가 위 거실장 및 신발장 설치부분을 완공하고 피고 회사에게 지급을 구하는 금 125,391,640원은 소외 회사에 대한 공사대금 채무액에서 공제되어야 한다고 주장한다.

살피건대, (증거)를 종합하면, 피고 회사는 1996. 12. 23. 소외 회사 및 소외 해태전자와 사이에 소외 회사가 1996. 9. 16. 피고 회사로부터 도급받은 위 주상복합아파트의 가구 및 주방가구 설치공사 중 거실장과 신발장 부분을 소외 해태전자가 소외 회사로부터 공사대금 125,391,640원에 하도급받아 이를 시공하는데, 소외 회사의 소외 해태전자에 대한 하도급 공사 대금의 지급을 확보하기 위하여 피고 회사가 도급받은 위 주상복합 아파트의 가구 및 주방가구 설치공사 중 거실장과 신발장 부분을 소외 회사의 사유로 인하여 실행하지 못할 경우에는 소외 회사와 피고 회사 사이의 공사도급계약 중 거실장과 신발장부분을 소외 해태전자가 소외 회사로부터 인수하여 그 부분에 관하여는 소외 해태전자와 피고 회사 사이에 공사도급계약이 체결된 것으로 하기로 약정한 사실, 소외 회사는 자금사정의 악화로 1997. 3. 14. 부도나서 위 거실장 및 신발장 설치부분에 대한 공사대금으로 지급하여야 할 금액이 100,313,312원의 공사대금채권도 소외 해태전자에게 이전되었다 할 것이므로, 소외 회사의 피고 회사에 대한 공사대급채권액에서 소외 해태전자에게 이전되는 위 금액 상당액은 공제되어야 할 것이다. 따라서 피고 회사의 위 주장은 이유 있다.

다. 시공상의 하자로 인한 손해액 공제주장

또한 피고 회사는, 소외 회사의 시공상 하자로 손해를 입었으므로 그 손해액은 피고 회사의 공사대금채무에서 공제되어야 한다고 주장한다.

살피건대, (증거)를 종합하면, 소외 회사가 시공한 주방가구 설치공사 중 상판설치공사에 하자가 있어 3세대로부터 상판교환 요청이 있었고, 피고 회사가 1세대당 금 70만 원, 3세대 합계 금 210만 원을 들여 위 상판들을 교환, 설치해 준 사실을 인정할 수 있다.

그렇다면 소외 회사는 피고 회사에게 주방가구 설치공사 중 상판설치공사의 하자로 인하여 피고 회사가 입은 위 금 210만 원의 손해를 배상할 책임이 있고, 위 손해액은 피고 회사의 소외 회사에 대한 공사대금 채무액에서 공제되어야 할 것이므로 피고 회사의 소외 회사에 대한 공사대금 채무액에서 공제되어야 할 것이므로, 피고 회사의 위 항변은 이유 있다.

라. 지체상금 공제항변

또한 피고 회사는, 위 각 공사의 약정완공일은 1996. 11. 30.인데 소외 회사의 공사지연으로 1997. 4.26.에야 완공되었고, 따라서 소외 회사는 피고 회사에게 지체일수 148일에 해당하는 금 1,845,764,536원의 약정지체상금을 지급하여야 하므로, 위 금액을 피고 회사의 소외 회사에 대한 공사대금 채무액에서 상계한다고 주장한다.

살피건대, (증거)를 종합하면, 소외 회사는 피고 회사와 위 각 공사계약 체결 당시 위 각 공사를 1996. 11. 30. 까지 완료하고, 완공이 지체될 때에는 지체된 1일당 총 공사대금의 2%에 해당하는 금액을 지체상금으로 피고 회사에게 지급하기로 약정한 사실, 소외 회사는 1997. 1. 24.경 위 주상복합아파트의 주방가구 및 가구 설치공사와 위 주상복합아파트 중 27평형 아파트 주방가구 설치공사의 예정된 마지막 공정인 상부장, 하부장, 선반 및 상판 등의 납품·설치공사를 완료하였고, 다만 1997. 4. 26. 까지는 추가로 주방의 라디오 및 악세사리 설치작업을 하여 주면서 공사상의 하자를 보수한 사실을 인정할 수 있고, 이에 반하는 원심 증인 남윤환, 이욱선의 각 증언은 믿지 아니하고 달리 반증이 없다.

그렇다면 소외 회사가 당초 예정된 최후의 공정을 종료한 1997. 1. 24. 위 공사가 일응 종료되었으므로 소외 회사는 피고 회사에게 지체상금으로, 총 공사대금 623,569,100원에서 소외 회사는 피고 회사에게 지체상금으로, 총 공사대금 623,569,100원에서 소외 해태전자에게 계약인수된 공사대금 125,391,640원을 제외한 나머지 금

498,177,460원(623,569,100원-125,391,640원)에 대하여 공사완공 예정일인 1996. 11. 30.부터 공사완료일인 1997. 1. 24.까지 공사완공이 지연된 55일 동안 1일당 2%로 계산한 금 658,995,206원(498,177,460원×2%×55)을 지급할 책임이 발생하였다.

그러나 한편, 이 사건 각 도급계약상 소외 회사의 이행지체의 경우에는 지체된 1일당 총 공사대금의 2%에 해당하는 중한 책임을 소외 회사에게 부담시키는 반면 피고 회사의 채무불이행이나 이행지체의 경우에는 그에 상응한 위약금 또는 지체상금의 약정을 하지 아니한 점, 피고 회사가 도배, 타일 등의 시공을 지체한 것이 소외 회사의 위 공사완공 지연의 원인이 되기도 한 점, 피고 회사가 소외 해태전자와 계약인수약정을 할 당시는 소외 회사의 공사 완공일인 1996. 11. 30. 이후로서 만약 소외 회사의 공사지연으로 피고 회사가 막대한 손해를 볼 경우라면 피고 회사가 소외 해태전자와 사이에 공사완공일에 대한 약정을 하였을 것인데 이에 이르지 아니한 점 등에 비추어 보면, 피고 회사의 위 주상복합아파트 공사의 완공 자체도 지연되었기 때문에 소외 회사가 주방가구 및 가구 등의 완공을 지체하였어도 피고 회사가 입은 실 손해가 총 지체상금액에 비하여 과소할 것이라는 점 및 소외 회사와 피고 회사의 이 사건 도급계약의 목적과 내용, 지체상금액을 예정한 경위, 총 공사도급금액에 대한 지체상금예정액의 비율 등 이 사건 도급계약의 체결부터 소외 회사의 이행지체에 이르기까지의 제반 사정을 참작하여 보면, 소외 회사와 피고 회사 사이의 지체상금 약정에 따른 지체상금액인 위 금 547,995,206원은 손해배상액의 예정으로서 부당히 과다하다고 인정되므로 이를 그 10%인 금 54,799,520원으로 감액함이 상당하다. 따라서 소외 회사는 피고 회사에게 지체상금으로 위 금 54,799,520원을 지급할 의무가 있고, 피고 회사의 위 공제항변은 위 인정 범위 내에서 이유 있다.

마. 소결론

그렇다면 피고 회사는 소외 회사에게 공사대금 99,656,268원(공사잔대금 256,869,100원-소외 해태전자의 계약인수부분 100,313,312원-하자로 인한 손해배상금 2,100,000원-지체상금 54,799,520원)을 지급할 의무가 있다.

바. 가압류채권액 및 압류채권액의 공제주장

피고 회사는, 피고 회사가 소외 회사로부터 채권양도통지를 받기 이전에 다른 채권자들로부터 위 공사대금채권액을 상회하는 액수의 채권가압류결정과 채권압류 및 추심결정을 송달받았으므로 원고의 청구에 응할 수 없다고 항변한다.

살피건대, (증거)를 종합하면 피고 회사는 위 공사대금채권에 관하여 피고 회사가 소외 회사로부터 채권양도통지를 받기 전인 1997. 1. 25. 청주지방법원 제천지원 97카합13호로 채권자 정주희, 채무자 소외 회사, 제3채무자 피고 회사, 청구금액 1억 592만 원으로 된 1997. 1. 22.자 채권가압류결정을 송달받았고, 1997. 2. 17. 위 같은 지원 97카합26호로 채권자 최대윤 외 2인, 채무자 소외 회사, 제3 채무자 피고 회사, 청구금액 55,736,330원으로 한 1997. 2. 15.자 채권가압류결정을 송달받았으며, 1997. 4. 4. 위 같은 지원 97카기61호로 위 97카합26호 채권가압류 결정에 대한 1997. 3. 31.자 경정결정을 송달받았고, 위 같은 날 위 같은 지원 97타기287, 288호로 위 97카합26호 채권가압류를 본압류로 전이하는 1997. 4. 1.자 채권압류 및 추심명령을 송달받았으며, 1997. 4. 1.에는 서울지방법원 서부지원으로부터 97카단3974호로 채권자 이길원, 채무자 소외 회사, 제3채무자 피고 회사, 청구금액 4,000만 원으로 한 1997. 3. 31.자 채권가압류결정을 송달받은 사실을 인정할 수 있다.

그렇다면 위 각 채권가압류결정이 피고 회사에게 송달된 이후에 위 공사대금채권 중 금 7,100만 원을 양수받은 원고로서는 위 각 가압류채권자들에 우선하여 피고 회사에게 양수받은 공사대금의 지급을 구할 수 없다고 할 것이므로(1994. 4. 26. 선고 93다24223 판결 참조), 피고의 위 항변은 이유 있다.

3. 결론

그렇다면 원고의 이 사건 청구는 이유 없어 이를 기각할 것인바, 이와 결론을 달리한 원심 판결을 부당하므로 이를 취소하고 원고의 청구를 기각하기로 하여 주문과 같이 판결한다.

(1-2) 대법원 2000. 4. 11. 선고 99다23888 판결

【원고, 상고인】 김덕회
【피고, 피상고인】 삼창산업개발 주식회사
【원심판결】 서울고등법원 1999. 4. 6. 선고 98나52195 판결
【주 문】 원심판결을 파기하고, 사건을 서울고등법원에 환송한다.

【이 유】

상고이유를 판단한다.

원심판결 이유에 의하면, 원심은 그 증거에 의하여 판시와 같은 사실을 인정하고, 그 판시사실에 의하면 피고 회사는 소외 그린라인 주식회사(이하 '소외 회사'라 한다)에게 공사대금 99,656,268원(공사잔대금 256,869,100원－소외 해태전자의 계약인수 부분 금 100,313,312원－하자로 인한 손해배상금 2,100,000원－지체상금 54,799,520원)을 지급할 의무가 있다고 판시한 다음, 피고 회사가 소외 회사로부터 채권양도통지를 받기 이전에 다른 채권자들로부터 위 공사대금채권액을 상회하는 액수의 채권가압류결정과 채권압류 및 추심명령을 송달받았으므로 원고의 청구에 응할 수 없다는 피고 회사의 주장에 대하여 그 증거에 의하면 피고 회사는 판시 공사대금채권에 관하여 피고 회사가 소외 회사로부터 채권양도통지를 받기 전인 1997. 1. 25. 청주지방법원 제천지원 97카합13호로 채권자 정주희, 채무자 소외 회사, 제3채무자 피고 회사, 청구금액 금 105,920,000원으로 된 1997. 1. 22.자 채권가압류결정을 송달받았고, 1997. 2. 17. 위 같은 지원 97카합26호로 채권자 최대윤 외 2인, 채무자 소외 회사, 제3채무자 피고 회사, 청구금액 금 55,736,330원으로 한 1997. 2. 15.자 채권가압류결정을 송달받았으며, 1997. 4. 4. 위 같은 지원 97카기61호로 위 97카합26호 채권가압류결정에 대한 1997. 3. 31.자 경정결정을 송달받았고, 위 같은 날 위 같은 지원 97타기287, 288호로 위 97카합26호 채권가압류를 본압류로 전이하는 1997. 4. 1.자 채권압류 및 추심명령을 송달받았으며, 1997. 4. 1. 서울지방법원 서부지원으로부터 97카단3974호로 채권자 이길원, 채무자 소외 회사, 제3채무자 피고 회사, 청구금액 금 40,000,000원으로 한 1997. 3. 31.자 채권가압류결정을 송달받은 사실을 인정하고, 그 인정 사실에 의하면 위 각 채권가압류결정이 피고 회사에게 송달된 이후에 위 공사대금채권 중 금 71,000,000원을 양수받은 원고로서는 위 각 가압류채권자들에 우선하여 피고 회사에게 양수받은 공사대금의 지급을 구할 수 없다고 할 것이므로, 피고의 위 주장은 이유 있고 결국 원고의 이 사건 청구는 이유 없다는 취지로 판시하였다.

그러나 일반적으로 채권에 대한 가압류가 있더라도 이는 가압류채무자가 제3채무자로부터 현실로 급부를 추심하는 것만을 금지하는 것이므로 가압류채무자는 제3채무자를 상대로 그 이행을 구하는 소송을 제기할 수 있고, 법원은 가압류가 되어 있음을 이유로 이를 배척할 수 없는 것이며(대법원 1989. 11. 24. 선고 88다카25038

판결, 1992. 11. 10. 선고 92다4680 전원합의체 판결 등 참조), 채권양도는 구 채권자인 양도인과 신 채권자인 양수인 사이에 채권을 그 동일성을 유지하면서 전자로부터 후자에게로 이전시킬 것을 목적으로 하는 계약을 말한다 할 것이고, 채권양도에 의하여 채권은 그 동일성을 잃지 않고 양도인으로부터 양수인에게 이전된다 할 것이며, 가압류된 채권도 이를 양도하는 데 아무런 제한이 없으나, 다만 가압류된 채권을 양수받은 양수인은 그러한 가압류에 의하여 권리가 제한된 상태의 채권을 양수받는다고 보아야 할 것이다.

그럼에도 원심이 이와 견해를 달리하여 위 각 채권가압류결정이 피고 회사에게 송달된 이후에 위 공사대금채권 중 금 71,000,000원을 양수받은 원고로서는 위 각 가압류채권자들에 우선하여 피고 회사에게 양수받은 공사대금의 지급을 구할 수 없다고 판시한 것은 가압류 또는 압류된 채권의 양수인의 법적 지위에 관한 법리오해의 잘못이 있다 할 것이고, 이를 지적하는 데서 상고는 이유 있다.

또한 채권에 대한 압류 및 추심명령이 있으면 제3채무자에 대한 이행의 소는 추심채권자만이 제기할 수 있고 채무자는 피압류채권에 대한 이행소송을 제기할 당사자적격을 상실한다고 하여야 할 것이고(대법원 1983. 3. 8. 선고 82다카889 판결, 1989. 1. 17. 선고 87다카2931 판결 등 참조), 원심은 채권자 최대윤 외 2인, 채무자 소외 회사, 제3채무자 피고 회사, 청구금액 금 55,736,330원으로 한 1997. 2. 15.자 채권가압류결정에 대하여 1997. 4. 1. 채권가압류를 본압류로 전이하는 채권압류 및 추심명령이 있었다고 인정하고 있는바, 그렇다면 이 사건 소 중 위 압류채권액에 관한 청구 부분의 소는 부적법하다고 할 것이고, 이 사건 소가 전부 적법하다고 본 원심판결에는 추심명령이 있는 때의 채무자의 법적 지위에 관한 법리오해의 잘못이 있다 할 것이다.

그러므로 원심판결을 파기하고, 사건을 다시 심리하게 하기 위하여 원심법원에 환송하기로 관여 법관들의 의견이 일치되어 주문과 같이 판결한다.

5 지명채권양도금지특약과 제3자

(1-1) 대구고등법원 1996. 3. 22. 선고 95나2181 판결

【원고, 피항소인】 노옥점

【피고, 항소인】 주식회사 단양관광호텔

【원심판결】 대구지방법원 안동지원 1995.3.31. 선고 94가합542 판결

【주 문】 1. 피고의 항소를 기각한다.
2. 항소비용은 피고의 부담으로 한다.

【청구취지】

피고는 원고에게 금 50,000,000원 및 이에 대한 이 사건 소장부본 송달 다음날부터 다 갚을 때까지 연 25%의 비율에 의한 돈을 지급하라는 판결.

【항소취지】

원판결을 취소한다. 원고의 청구를 기각한다는 판결.

[이 유]

1. 기초사실

(증거)를 종합하면, (1) 소외 주식회사 대성설비(이하 소외 회사라 한다)가 1993. 7. 9. 피고와 사이에서 피고가 충북 단양읍 상진리 264의 2 지상에 신축할 호텔공사 중 위생 및 냉난방설비 공사부분을 소외 회사가 공사금액은 680,000,000원으로 같은 해 8. 30.까지 완성하기로 하는 내용의 공사도급계약을 체결하고, 소외 회사는 도급계약에 따르는 채권을 양도하거나 담보의 목적으로 할 수 없으며, 소외 회사가 위와 같은 공사기간 및 양도금지규정을 위반하였을 때는 피고 회사가 도급계약의 전부 또는 일부를 해제할 수 있다는 내용의 약정을 한 다음, 위 도급계약에 따라 냉동기, 보일러 등 공사자재 일체를 피고 회사에 납품한 후 시공을 하던 중 위 공사를 완성하지 못하고 1994.4.경 위 공사를 중단한 사실, (2) 그런데 소외 회사는 1994.3.10. 원고에 대한 50,000,000원의 물품대금 채무의 변제를 위하여 피고에 대한 위 공사대금 채권 중 금 50,000,000원을 원고에게 양도하고 이를 확정일자가 있는 통지서에 의하여 같은 해 4.7.자로 피고에게 통지하여 그 통지서가 같은 달 10. 피고 회사에 도달한 사실, (3) 이에 피고는 같은 달 30. 소외 회사에 대하여 채권양도금지조항위반 및 공사지연을 이유로 위 도급계약을 해지한다는 의사표시가 담긴 내용증명우편을 발송하여 그 무렵 소외 회사에 도달한 사실을 각 인정할 수 있고, 달리 반증이 없다.

2. 당사자의 주장에 대한 판단

(1) 원고는 위와 같이 양수한 공사금 채권의 지급을 구하고 있음에 대하여, 피고는, 먼저, 원고는 소외 회사와 피고 사이의 위 도급계약상의 채권에 관하여 양도금지특약이 있음을 알았거나 아니면 조금만 주의를 기울이면 그와 같은 양도금지의 특약이 있음을 쉽게 알 수 있었을 것인데 그러한 주의를 전혀 기울이지 아니한 과실로 이를 알지 못하고 위 채권을 양수하였으므로 원고의 청구에 응할 수 없다고 항변하나, 원고가 위 채권양수 당시 소외 회사와 피고 사이의 위 도급계약상의 채권에 관하여 양도금지특약이 있음을 알았다고 인정할 증거가 전혀 없고, 나아가 민법 제449조 제2항 단서가 채권양도금지의 의사표시는 선의의 제3자에게 대항할 수 없다고 규정하고 있을 뿐 그 제3자가 선의임에 무과실까지 요구하고 있지는 아니하여 채권의 양수인이 그 채권에 관하여 양도금지특약이 있음을 알지 못한 이상 이를 알지 못함에 과실이 있었다 하더라도 채권양도금지의 특약을 양수인에게 대항할 수 없다고 해석되므로 피고의 위 주장은 이유 없다.

(2) 다음 피고는 소외 회사가 위와 같이 공사를 중단할 당시의 기성고가 50%에 불과하였는데 피고는 이미 기성고 이상의 공사대금을 소외 회사에 지급하였거나 지급한 것과 다름없으므로 원고의 청구에 응할 수 없다고 주장하므로, 아래에서 피고가 소외 회사에게 지급한 공사비 내지는 원고에게 대항할 수 있는 금액에 관하여 본다.

(가) 소외 회사가 피고로부터 1993.8.27. 10,000,000원, 같은 해 9.9. 20,000,000원, 같은 해 9.11. 40,000,000원, 같은 달 12. 6,000,000원, 같은 달 18. 11,000,000원, 1994.2.8. 5,000,000원, 1994.3.24. 400,000원 합계 92,400,000원을 수령한 사실(단, 위 1994.2.8.의 5,000,000원은 배석주를 통하여 수령하였다)은 원고가 이를 자인하고 있다.

(나) 피고는 위 금원 외에도 1993.10.11. 30,000,000원, 같은 달 19. 10,000,000원, 같은 해 12.15. 40,000,000원, 1994.1.7. 40,000,000원 합계 120,000,000원을 위 공사금조로 소외 회사에 더 지급하였다고 주장하므로 살피건대, 이에 부합하는 (증거)는 아래 인정사실에 비추어 믿을 수 없고, (증거)만으로는 이를 인정하기에 부족하고, 달리 이를 인정할 증거가 없으며, 또한 1993. 9.11. 원고가 수령하였음을 인정하는 40,000,000원보다 30,000,000원을 더

지급하였다는 점에 부합하는 (증거) 역시 아래 인정사실에 비추어 믿을 수 없는 반면, 오히려 (증거)를 종합하면, 소외 회사가 피고로부터 앞서본 1993.8.27. 10,000,000원, 같은 해 9.9. 20,000,000원, 같은 달 11. 40,000,000원을 수령한 후 모두 합쳐 같은 해 10.11. 금 70,000,000원을 수령하였다는 취지로 을 제2호증(입금표)를 작성하여 주었으며, 한편 소외 회사는 피고 회사의 요청으로 그 명의로 발생한 약속어음 12매 액면 합계 금 247,000,000원을 빌려 주었는데, 그 일부변제조로 피고 회사가 소외 회사에게 1993.10.19. 10,000,000원, 같은 해 12.15. 40,000,000원, 1994.1.12. 40,000,000원 합계 90,000,000원을 지급한 사실만을 인정할 수 있으므로 피고 회사의 위 주장도 이유 없다.

(다) 피고는 앞서 본 금원 이외에도 소외 회사를 대리한 소외 배석주에게 금 36,300,000원을 더 지급하였다고 주장하므로 살피건대, (증거)를 종합하면, 피고 회사가 위 호텔건설 현장소장으로 근무하던 위 배석주에게 1993.8.23. 금 1,000,000원, 같은 해 9.4. 금 3,300,000원, 같은 달 7. 금 1,000,000원, 1994.1.7. 금 1,000,000원, 같은 달 13. 금 30,000,000원을 지급한 사실은 인정이 되나, 나아가 위 배석주가 소외 회사를 대리하여 위 금원을 피고로부터 수령하였다는 점에 대하여는 이에 부합하는 듯한 (증거)는 믿을 수 없고, (증거)만으로는 이를 인정하기에 부족하고 달리 이를 인정할 증거가 없다.

피고는 위 배석주는 소회 회사에게 위 도급공사의 수주를 소개해 주고 1993.7.경부터 공사현장 책임자로 일하던 자로서 위 호텔설비공사를 지휘감독하는 등 소외 회사의 대표이사인 소외 이임무를 대리하여 호텔설비공사 업무를 총괄하였으며, 피고 회사는 위 배석주에게 당연히 설비공사대금 수령에 대한 대리권도 수여된 것으로 알고 같은 해 8.경부터 공사대금조로 위 현금과 약속어음을 교부하였으며 그와 같이 믿은데 정당한 이유가 있다고 할 것이니 소외 회사는 표현대리의 법리에 따라 위 배석주가 수령한 금원에 대해서 변제받은 것이라고 다투므로 살피건대, (증거)를 종합하면, 소외 배석주는 소외 회사가 위 도급공사를 수주할 수 있도록 소개하고 1993.7.경부터 소외 회사의 위 공사현장의 현장소장으로 근무하면서 피고 회사로부터 1993.10.12. 액면금 30,000,000원의 약속어음 1매와 1994.2.3. 액면금 27,000,000원의 약속어음 1매를 피고 회사로부터 교부받아 소외 회사의 대표이사인 소외 이임무에 전달해 준 사실은 이를 인정할 수 있으나, 공사현장의 현장소장은 통상 공사진행을 감독하고 안전사고 등을 방지하며 공사진행상황을 발주자에게 보고하는 자에 불과하고 공사대금의 수령권한까지는 없다 할 것인 점에 비추어 보면, 비록 위 배석주가 2회에 걸쳐 피고 회사로부터 약속어음을 교부받아 소외 회사에 전달한 사실이 있었다 하더라도 그것만으로는 위 배석주가 소외 회사를 대리하여 공사대금의 수령권한이 있었다고 믿은데 정당한 이유가 있었다고 보기에는 부족하고, 달리 피고 회사가 위 배석주가 공사대금의 수령권한이 있다고 믿은데 정당한 이유가 있음을 인정할 아무런 증거가 없으므로 위 주장도 이유 없다.

피고는 또 소외 회사의 대표이사인 이임무가 위 배석주의 공사대금 수령 이후 이를 탓하지 않고 오히려 1994.2.7. 위 배석주에게 위 공사금 중 340,000,000원을 수령할 권한을 부여하는 위임장을 교부함으로써 이전의 공사대금 수령행위를 추인하였다고 주장하므로 살피건대, (증거)에 의하면 소외 회사 대표이사인 위 이임무가 1994.2.7. 위 배석주에게 위 공사금 중 340,000,000원을 수령할 권한을 위임한 사실을 인정할 수 있으나, 위 인정사실만으로 소외 회사가 위 배석주에게 위임장을 교부하기 이전의 수령행위에 대해서까지 추인하였다고 인정하기에는 부족하고 달리 이를 인정할 증거가 없으므로 피고의 위 주장도 받아들이지 아니한다.

(라) 피고는 또 소외 회사에게 1993.10.12. 30,000,000원, 1994.1.28. 30,000,000원, 같은 해 2.3. 27,000,000원, 같은 해 3.7. 60,000,000원, 같은 달 23. 50,000,000원 합계 197,000,000원은 약속어음으로 각 지급하였다고 주장하므

로 살피건대, 소외 회사가 피고로부터 위 각 어음을 받은 사실은 원고가 이를 자인하고 있으나, 다른 한편 (증거)를 종합하면, 위 각 약속어음은 나중에 각 그 지급기일에 지급장소에서 지급제시되었으나 모두 부도가 났고 그 후에 위 1994.1.28.자로 수령한 30,000,000원권 약속어음과, 같은 해 2.3.자로 수령한 27,000,000원권 약속어음만이 피고 회사가 그 최종소지인에게 어음금을 지급하고 회수한 사실을 인정할 수 있는바, 피고가 소외 회사에게 공사대금으로 지급한 약속어음이 부도난 후 아직 현실적으로 결제되지 않고 있다면 비록 피고가 궁극적으로 그 약속어음의 소지인에게 약속어음금을 지급할 책임이 있다 하더라도 그 부도난 약속어음금 상당의 공사대금은 아직까지 지급되지 않고 있는 것으로 보지 않을 수 없으므로 위 약속어음의 교부에 의하여서는 57,000,000원만이 공사금으로 지급된 것이라 하겠다.

(마) 한편 (증거)에 의하면, 소외 신육만이 소외 회사에 대하여 금 65,000,000원의 채권이 있음을 이유로 채무자 소외 회사, 제3채무자 피고 회사로 하여 대구지방법원 안동지원 94카합46호 채권가압류신청을 하고 위 법인으로부터 1994.2.21. 소외 회사의 피고 회사에 대한 위 공사대금 채권 중 금 65,000,000원을 가압류한다는 결정을 받아 같은 해 6.30. 같은 법원 94타기331, 332호로써 가압류로부터 본압류로 전이하는 채권압류 및 추심명령을 받은 사실, 소외 회사가 같은 날 피고 회사에 통지하여 그 무렵 피고 회사에 도달한 사실을 인정할 수 있고 달리 반증이 없는바, 원고는 소외 회사의 원고에 대한 채권양도에 앞선 가압류에 기한 위 추심명령에 대항할 수 없다 할 것이다.

(바) 피고는 또 소외 하금년이 1995.5.22. 소외 회사로부터 같은 회사의 피고 회사에 대한 위 공사대금 채권잔액 중 150,000,000원을 양수하였으므로 원고에게만 우선하여 금원을 지급할 수 없다고 주장하므로 살피건대, 위에서 본 바와 같이 확정일자 있는 증서에 의하여 채권양도를 통지한 원고로서는 그 이후 채권을 양도받은 채권자에 우선하여 그 채권의 지급을 받을 수 있다 할 것인데, 피고 회사의 주장자체에 의하더라도 원고의 채권양도 통지일이 위 하금년의 그 통지일보다 전일임이 명백하므로 피고 회사의 주장은 더 나아가 판단할 필요 없이 이유 없다.

(사) 피고는 끝으로, 소외 회사가 시공한 위 설비공사에 준공검사를 얻기 위하여서는 전면 재시공이 필요한 정도의 중대한 하자가 있고, 미시공한 부분이 있는데, 그 하자보수비와 미시공부분의 공사비로 금 153,000,000원 이상이 소요되므로 위 하자보수비채권등으로 소외 회사의 공사금 채권과 대등액에서 상계하면 소외 회사에 지급할 공사금은 더 이상 남는 것이 없게 되어 원고의 청구에 응할 수 없다고 주장하므로 살피건대, [증거에 의하면], 소외 회사가 시공한 위 설비 공사에 하자가 있고, 일부 미시공한 부분이 있고 그 하자보수비와 미시공부분의 공사비로 금 153,000,000원 상당이 소요됨은 이를 인정할 수 있으나, 다른 한편 피고는 위 하자보수비와 미시공부분의 공사비로 금 153,000,000원 상당이 소요됨을 전제로 하여 소외 회사가 위 공사를 중단할 당시의 설비공사의 기성고가 약 50% 정도 된다고 주장하고 있는 터이므로 소외 회사의 기성고 부분에 대한 공사금에서 이를 다시 공제하여야 된다는 취지의 피고의 주장은 이유 없다.

(3) 그렇다면, 피고 회사와 소외 회사 사이의 위 도급계약은 피고 회사가 1994.4.30. 소외 회사에 대하여 도급계약상의 채권양도금지 및 공사기간준수의 약정을 위반하였음을 이유로 도급계약(공사계약서 제18조)에 규정된 약정해제권을 행사함으로써 그 경 위 도급계약은 적법하게 해제되었다 할 것이므로 소외 회사는 피고 회사에 대하여 이미 시공한 위 공사의 기성고에 상당하는 금원의 공사대금을 청구할 수 있다 할 것이고, 그 기성고에 따른 공사대금은 피고 회사가 자인하고 있는 기성고인 50%를 기준으로 하더라도 적어도 340,000,000원

(680,000,000×0.5)은 된다고 할 것인데, 피고는 그 중 149,400,000원을 변제하여 190,600,000원의 공사금 채권이 남아 있는 셈이 되고, 거기에서 신육만이 추심명령을 받은 65,000,000원을 공제하더라도 125,600,000원이 남게 되므로 소외 회사로부터 위 금액 범위 내의 공사금 채권을 양수한 원고는 피고에게 그 양수한 채권액 전부에 관하여 지급을 구할 수 있다고 할 것이다.

4. 결론

그렇다면 피고는 원고에게 양수금으로 금 50,000,000원 및 이에 대하여 이 사건 소장부본송달 다음날임이 기록상 명백한 1994.4.21.부터 완제일까지 소송촉진등에관한특례법 소정의 연 2할 5푼의 비율에 의한 지연손해금을 지급할 의무가 있다 할 것이므로, 원고의 이 사건 청구는 이유 있어 이를 인용할 것인바, 원심판결은 이와 결론을 같이 하여 정당하고 피고의 항소는 부당하여 이를 기각하기로 하고 항소비용은 패소자인 피고의 부담으로 하여 주문과 같이 판결한다.

(1-2) 대법원 1996. 6. 28. 선고 96다18281 판결

【원고, 피상고인】 노옥점
【피고, 상고인】 주식회사 단양관광호텔
【원심판결】 대구고등법원 1996. 3. 22. 선고 95나2181 판결
【주 문】 상고를 기각한다. 상고비용은 피고의 부담으로 한다.
【이 유】

상고이유를 판단한다.

1. 제1점에 대하여

가. 원심판결 이유에 의하면 원심은, 그 내세운 증거에 의하여 소외 주식회사 대성설비(이하 소외 회사라 한다)가 1993. 7. 9. 피고와 사이에서 피고가 충북 단양읍 상진리 264의 2 지상에 신축할 호텔 건물공사 중 위생 및 냉난방설비 공사 부분을 공사금액을 금 680,000,000원으로 하여 같은 해 8. 30.까지 완성하기로 하는 내용의 공사도급계약을 체결함에 있어, 소외 회사는 그 도급계약에 따르는 채권을 양도하거나 담보의 목적으로 할 수 없으며, 소외 회사가 위와 같은 공사기간 및 양도금지 규정을 위반하였을 때는 피고가 도급계약의 전부 또는 일부를 해제할 수 있다는 내용의 약정을 한 다음, 위 도급계약에 따라 냉동기, 보일러 등 공사자재 일체를 피고에게 납품한 후 시공을 하던 중 위 공사를 완성하지 못하고 1994. 4.경 이를 중단한 사실, 그런데 소외 회사는 1994. 3. 10. 원고에 대한 금 50,000,000원의 물품대금 채무의 변제를 위하여 피고에 대한 위 공사대금 채권 중 금 50,000,000원을 원고에게 양도하고 이를 확정일자 있는 통지서에 의하여 같은 해 4. 7.자로 피고에게 통지하여 그 통지서가 같은 달 10. 피고에게 도달한 사실, 이에 피고는 같은 달 30. 소외 회사에 대하여 채권양도 금지조항 위반 및 공사지연을 이유로 위 도급계약을 해지한다는 의사표시가 담긴 내용증명우편을 발송하여 그 무렵 소외 회사에 도달한 사실을 각 인정한 다음, 피고의 주장 즉, 원고는 소외 회사와 피고사이의 위 도급계약상의 채권에 관하여 양도금지 특약이 있음을 알았거나 아니면 조금만 주의를 기울였으면 그와 같은 양도금지의 특약이 있음을 쉽게 알 수 있었을 것인데 그러한 주의를 전혀 기울이지 아니한 과실로 이를 알지 못하고 위 채권을 양수하

였으므로 원고의 청구에 응할 수 없다는 주장에 대하여, 원고가 위 채권양수 당시 소외 회사와 피고 사이의 위 도급계약상의 채권에 관하여 양도금지 특약이 있음을 알았다고 인정할 증거가 전혀 없고, 나아가 민법 제449조 제2항 단서가 채권양도 금지의 의사표시는 선의의 제3자에게 대항할 수 없다고 규정하고 있을 뿐 그 제3자가 선의임에 무과실까지 요구하고 있지는 아니하여 채권의 양수인이 그 채권에 관하여 양도금지 특약이 있음을 알지 못한 이상 이를 알지 못함에 과실이 있었다 하더라도 채권양도 금지의 특약을 양수인에게 대항할 수 없다고 하여 피고의 위 주장을 배척하였다.

나. 그러나 민법 제449조 제2항이 채권양도 금지의 특약은 선의의 제3자에게 대항할 수 없다고만 규정하고 있어서 그 문언상 제3자의 과실의 유무를 문제 삼고 있지는 아니하지만, 제3자의 중대한 과실은 악의와 같이 취급되어야 할 것이므로 양도금지 특약의 존재를 알지 못하고 채권을 양수한 경우에 있어서 그 알지 못함에 중대한 과실이 있는 때에는 악의의 양수인과 같이 양도에 의한 그 채권을 취득할 수 없다고 해석하는 것이 상당하다 할 것이다. 그러함에도 원심이 채권의 양수인이 그 채권에 관하여 양도금지 특약이 있음을 알지 못한 이상 이를 알지 못함에 중대한 과실이 있는 경우까지도 채권양도 금지의 특약을 양수인에게 대항할 수 없다는 취지로 피고의 위 주장을 배척한 조치는 채권양도에 관한 법리를 오해한 위법이 있다 할 것이나, 기록에 의하면 원고가 위 채권양수 당시 소외 회사와 피고 사이의 위 도급계약상의 채권에 관하여 양도금지 특약이 있음을 알지 못함에 있어서 중대한 과실이 있다고 인정할 만한 아무런 자료를 찾아 볼 수 없어 피고의 위 주장은 어차피 배척될 것이 분명하므로 원심의 이러한 잘못은 판결 결과에 영향이 없어 판결의 파기사유가 되는 위법이라고 할 수 없다.

2. 제2점에 대하여

원심이, 소외 회사는 이 사건 공사를 준공하지도 아니하였고 계약상 피고가 지급해야 할 금액은 모두 지급된 상태이고 계약이 해지되어 기성고의 비율에 의해 지급해야 할 금액도 없어 피고가 소외 회사에 대하여 지급할 금액이 없다는 피고의 주장에 대하여 이에 부합하는 증거들을 모두 배척한 다음, 그 내세운 증거에 의하여 소외 회사가 피고에 대하여 금 125,600,000원 상당의 공사대금 채권을 가지고 있는 점이 인정된다고 하여 피고는 위 공사대금 범위 내에서 공사대금 채권을 양수한 원고에게 이를 지급할 의무가 있다고 판단하고 있는바, 기록에 비추어 보면 원심의 이러한 증거취사와 사실의 인정 및 판단은 옳다고 여겨지고, 거기에 상고이유의 주장과 같은 심리미진이나 채증법칙을 위배하여 사실을 오인한 위법이 있다고 할 수 없다. 상고이유의 주장은 필경 원심의 전권에 속하는 증거의 취사판단과 사실의 인정을 비난하거나 원심이 인정한 사실과 상치되는 사실을 전제로 원심의 판단을 흠잡는 것에 지나지 아니하여 받아들일 수 없다.

3. 그러므로 상고를 기각하고 상고비용은 패소자의 부담으로 하기로 관여 법관들의 의견이 일치되어 주문과 같이 판결한다.

(2) 대법원 2019. 12. 19 선고 2016다24284 전원합의체 판결 [공사대금]

【원고, 피상고인】 회생채무자 주식회사 엘▽건설의 관리인 소외인의 소송수계인
주식회사 엘▽건설의 파산관재인 원고
소송대리인 법무법인(유한) 광장
담당변호사 정영훈 외 1인

【원고보조참가인】 신용보증기금
소송대리인 법무법인 자연수
담당변호사 최재원

【피고, 상고인】 농업협동조합중앙회
소송대리인 법무법인(유한) 한별
담당변호사 한상민 외 1인

【피고보조참가인】 건설공제조합

【원심판결】 서울고등법원 2016. 4. 7. 선고 2015나4353, 4360(독립당사자참가의 소) 판결

【판결선고】 2019. 12. 19.

【주 문】 상고를 기각한다. 상고비용은 각 보조참가로 인한 부분을 포함하여 피고가 부담한다.

【이 유】

상고이유를 판단한다.

1. 기본적 사실관계

원심판결 이유와 기록에 의하면 다음 사실을 알 수 있다.

가. 피고는 2009. 5. 27. 농협 ○○ 농산물 종합유통센터 신축공사에 관하여 총 계약금액 24,900,000,000원(그중 건축공사 부분 계약금액은 23,245,600,000원이다. 이하 건축공사 부분을 '이 사건 공사'라고 한다), 착공일 2009. 6. 1., 준공예정일 2010. 11. 30.로 정하여 도급계약(이하 '이 사건 도급계약'이라고 한다)을 체결하였는데, 이 사건 공사에 관하여는 주식회사 엘▽건설(이하 '엘▽건설'이라고 한다)을, 나머지 소방공사 부분에 관하여는 진◇산업 주식회사를 각 계약상대자로 하였다.

나. 이 사건 도급계약에 포함된 공사계약 일반조건에는 다음과 같은 내용이 있다.

1) 계약상대자인 엘▽건설 등은 이 공사의 이행을 위한 목적 이외의 목적을 위하여 이 계약에 의하여 발생한 채권(공사대금청구권)을 제3자에게 양도하지 못한다(제5조 제1항, 이하 '이 사건 채권양도금지특약'이라고 한다).

2) 피고는 '계약상대자인 엘▽건설 등의 책임 있는 사유로 인하여 준공기한까지 공사를 완성하지 못하거나 완성할 가능성이 없다고 인정되는 경우', '계약상대자인 엘▽건설 등의 부도발생 등으로 정상적인 공사수행 가능성이 없다고 판단될 경우'에 해당하면 이 사건 도급계약의 전부 또는 일부를 해제 또는 해지할 수 있다(제37조 제1항 제2호, 제4호).

다. 엘▽건설은 2010. 10. 21. 이 사건 공사를 완료하지 못한 상태에서 부도처리되었다. 피고는 2010. 11. 25. 엘▽건설을 상대로 위 공사계약 일반조건 제37조에 따라 이 사건 도급계약을 해제한다는 의사를 표시하였고, 그 의사표시가 2010. 11. 29. 도달하였다.

라. 엘▽건설에 대하여 2010. 12. 10. 회생절차가 개시되고 회생계획인가결정이 있은 후 2017. 1. 25. 회생절차 폐지결정을 받아 2017. 3. 17. 그 폐지결정이 확정됨과 동시에 파산선고가 내려지고 원고가 파산관재인으로 선임되었다.

2. 기성공사대금 인정에 관한 채증법칙 위반 여부 등(상고이유 제1점)

가. 건축공사도급계약이 수급인의 채무불이행을 이유로 해제될 당시 공사가 상당한 정도로 진척되어 이를 원상회복하는 것이 중대한 사회적·경제적 손실을 초래하고 완성된 부분이 도급인에게 이익이 된다면, 해당 도급계약은 미완성 부분에 대하여만 실효되어 수급인은 해제한 상태 그대로 그 건물을 도급인에게 인도하고 도급인은 특별한 사정이 없는 한 인도받은 미완성 건물에 대한 보수를 지급하여야 하는 권리의무관계가 성립한다(대법원 1992. 3. 31. 선고 91다42630 판결 등 참조). 이와 같은 경우 도급인이 지급하여야 할 미완성 건물에 대한 보수는 특별한 사정이 없는 한 당사자 사이에 약정한 총 공사비에 기성고 비율을 적용한 금액이 되는 것이지, 수급인이 실제로 지출한 비용을 기준으로 할 것은 아니다(대법원 1992. 3. 31. 선고 91다42630 판결, 대법원 1993. 11. 23. 선고 93다25080 판결 등 참조). 이때의 기성고 비율은 공사대금 지급의무가 발생한 시점, 즉 수급인이 공사를 중단할 당시를 기준으로 이미 완성된 부분에 들어간 공사비에다 미시공 부분을 완성하는 데 들어갈 공사비를 합친 전체 공사비 가운데 완성된 부분에 들어간 비용이 차지하는 비율을 산정하여 확정하여야 한다(대법원 1989. 12. 26. 선고 88다카32470, 32487 판결, 대법원 1996. 1. 23. 선고 94다31631, 31648 판결 등 참조). 다만 당사자 사이에 기성고 비율 산정에 관하여 특약이 있는 등 특별한 사정이 인정되는 경우라면 그와 달리 산정할 수 있다(대법원 1993. 11. 23. 선고 93다25080 판결, 대법원 2013. 5. 24. 선고 2012다39769, 39776 판결 등 참조).

나. 원심은 기성고 비율을 산정하는 데 필수적인 기시공 부분에 소요된 공사비를 산출하는 것이 불가능하거나 현저하게 곤란한 특별한 사정이 있다고 인정한 다음, 아래와 같이 기성공사대금을 산정하였다.

엘▽건설이 공사를 중단할 당시까지 시공한 공사 중 5회 기성공사대금은 감리단이 작성한 감리업무일지에 기재된 공정률을 기초로 산정할 수밖에 없고, 피고가 제출한 증거만으로는 위 감리업무일지의 증명력을 배척할 수 없다. 피고 주장과 같이 약정된 총 공사비에서 미시공 부분의 완성에 소요될 공사비를 공제하는 방식으로 기성고를 산정할 수는 없다. 따라서 건축공사와 소방공사를 합한 5회 기성 부분의 전체 공사대금은 감리업무일지에 기재된 공정률인 13.59%를 기초로 3,383,910,000원(= 약정 총 공사비 24,900,000,000원 × 13.59%)으로 산정되고, 그중 엘▽건설이 시공한 이 사건 공사부분에 관한 대금은 위 기성 부분에 관한 건축공사와 소방공사의 공사대금 청구비율에 따른 2,818,458,639원(= 3,383,910,000원 × 83.29%)이다.

다. 이 부분 상고이유 주장은 기성공사대금의 산정에 관하여 사실심인 원심의 전권에 속하는 증거의 취사선택과 사실인정의 당부를 다투는 것이므로 적법한 상고이유가 될 수 없다. 나아가 원심의 판단을 앞서 본 법리와 기록에 비추어 살펴보더라도, 거기에 필요한 심리를 다하지 않은 채 논리와 경험의 법칙을 위반하여 자유심증주의의 한계를 벗어나거나 기성고 비율과 기성 부분 공사대금 산정에 관한 법리를 오해한 잘못이 없다.

3. 회생절차개시 후 보증인의 상계권 행사 가부(상고이유 제3점)

원심은, 그 판시와 같은 이유로 주채무자에 대하여 채무자 회생 및 파산에 관한 법률에 따른 회생절차가 개시된 경우에는 보증인이 주채무자의 채권에 의한 상계로 채권자에게 대항할 수 없으므로, 회생채무자인 엘▽건설의 보증인인 피고보조참가인이 원고의 피고에 대한 공사대금채권을 자동채권으로 하여 피고의 피고보조참가인에 대한 계약보증금채권과 상계할 수 없다고 판단하였다.

원심판결 이유를 관련 법리와 기록에 비추어 살펴보면, 피고보조참가인의 상계를 허용하지 아니한 원심의 판단에 회생절차 개시 후 보증인에 의한 상계권 행사 가부에 관한 법리를 오해한 잘못이 없다.

4. 기성공사대금 채권의 이전 여부(상고이유 제2점)

가. 원심판결 이유와 기록에 의하면 다음 사실을 알 수 있다.

1) 원고보조참가인은 2009. 6. 18. 엘▽건설이 이 사건 공사와 관련하여 농협은행 △ △△△지점으로부터 대출받은 3,150,000,000원 상당액의 대출금 채무를 보증금액 2,992,500,000원, 보증기한 2010. 6. 17.까지로 정하여 보증하였다. 원고보조참가인은 위와 같이 보증하면서 '엘▽건설이 이 사건 공사대금채권 중 보증부대출금액 이상을 농협은행의 △△△△지점에 양도하고, 발주처인 피고로부터 확정일자 있는 채권양도 승낙을 받아서 이 사건 공사대금을 그 대출금의 변제에 충당하도록 한다.'는 특약사항을 정하였다. 이에 따라 엘▽건설은 2009. 7. 7. 농협은행에 이 사건 공사대금채권 중 3,150,000,000원 부분을 양도하였고, 피고는 같은 날 위 채권양도를 승낙하였다.

2) 엘▽건설의 회생절차개시신청 등으로 보증사고가 발생하자 원고보조참가인은 2010. 11. 30. 엘▽건설의 농협은행에 대한 대출원리금 채무액 3,025,749,621원을 대위변제하였다. 농협은행은 같은 날 원고보조참가인에게, 엘▽건설로부터 양수하였던 이 사건 도급계약에 따른 공사대금채권을 양도하였고, 피고에게 그 양도사실을 통지하였다.

3) 이후 원고보조참가인은 엘▽건설의 회생절차에서 원고보조참가인의 엘▽건설에 대한 구상금채권은 엘▽건설의 피고에 대한 이 사건 공사대금채권으로 담보되어 있다며 3,025,749,621원의 회생담보권을 신고하였으나, 원고는 원고보조참가인의 회생담보권에 관하여 이의하였다. 회생담보권 조사확정재판에서 전주지방법원은 2014. 11. 28. 원고보조참가인의 회생담보권이 3,025,749,621원임을 확정하는 결정을 하였다.

4) 한편 이 사건 공사대금채권 중, ① 주식회사 신▽은 2010. 11. 2. 1,709,970,000원에 관하여, ② 주식회사 선◇◇씨는 2010. 11. 2. 1,571,145,600원에 관하여, ③ 유한회사 성우◆◆씨는 2010. 11. 4. 75,800,000원에 관하여, ④ 주식회사 영창개발은 2011. 1. 26. 118,800,000원에 관하여, 피고에게 엘▽건설의 하수급업체로서 엘▽건설의 부도 등의 사유로 구 하도급거래 공정화에 관한 법률(2011. 3. 29. 법률 제10475호로 개정되기 전의 것) 제14조 제1항 등에 근거한 하도급대금의 직접지급을 구하였다(이하 주식회사 신▽, 주식회사 선◇◇씨, 유한회사 성우◆◆씨, 주식회사 영창개발을 통틀어 '하수급채권자들'이라고 한다).

5) 또한 엘▽건설은, ① 2010. 10. 15. 현대개발 주식회사에 이 사건 공사대금채권 중 90,876,280원 부분을 양도하였고, ② 2010. 10. 22. 주식회사 아이디◎◎씨에 이 사건 공사대금채권 중 499,230,000원 부분을 양도하였으며(이하 현대개발 주식회사와 주식회사 아이디◎◎씨를 통틀어 '채권양수인들'이라고 한다), 피고에게 위 각 양도사실을 통지하였다.

6) 하수급채권자들과 채권양수인들은 엘▽건설의 회생절차에서 자신들이 엘▽건설에 대하여 보유하고 있던 채권을 회생채권으로 신고하였다.

나. 먼저 하수급채권자들에 대한 채권 이전에 관하여 살펴본다.

원심은 판시와 같은 이유로 하수급채권자들이 하도급대금 직접지급청구에 따른 권리를 묵시적으로 포기한 것으로 봄이 타당하다고 판단하였다.

원심판결 이유를 기록에 비추어 살펴보면, 원심의 이러한 판단에 공사대금채권의 이전에 관한 법리를 오해하는 등의 잘못이 없다.

다. 다음으로 채권양수인들에 대한 채권양도에 관하여 살펴본다.

1) 채권은 양도할 수 있다. 그러나 채권의 성질이 양도를 허용하지 아니하는 때에는 그러하지 아니하다(민법 제449조 제1항). 그리고 채권은 당사자가 반대의 의사를 표시한 경우에는 양도하지 못한다. 그러나 그 의사표시로써 선의의 제3자에게 대항하지 못한다(민법 제449조 제2항).

이처럼 당사자가 양도를 반대하는 의사를 표시(이하 '양도금지특약'이라고 한다)한 경우 채권은 양도성을 상실한다. 양도금지특약에 위반하여 채권을 제3자에게 양도한 경우에 채권양수인이 양도금지특약이 있음을 알았거나 중대한 과실로 알지 못하였다면 채권 이전의 효과가 생기지 아니한다. 반대로 양수인이 중대한 과실 없이 양도금지특약의 존재를 알지 못하였다면 채권양도는 유효하게 되어 채무자는 양수인에게 양도금지특약을 가지고 그 채무 이행을 거절할 수 없다. 채권양수인의 악의 내지 중과실은 양도금지특약으로 양수인에게 대항하려는 자가 주장·증명하여야 한다(대법원 1999. 12. 28. 선고 99다8834 판결, 대법원 2000. 12. 22. 선고 2000다55904 판결, 대법원 2009. 10. 29. 선고 2009다47685 판결 등 참조).

2) 양도금지특약을 위반하여 이루어진 채권양도는 원칙적으로 그 효력이 없다는 것이 통설이고 앞서 본 바와 같이 이와 견해를 같이하는 상당수의 대법원판결이 선고되어 재판실무가 안정적으로 운영되고 있다. 이러한 판례의 법리는 다음과 같은 이유에서 그대로 유지되어야 한다.

가) 민법 제449조 제2항 본문이 당사자가 양도를 반대하는 의사를 표시한 경우 채권을 양도하지 못한다고 규정한 것은 양도금지특약을 위반한 채권양도의 효력을 부정하는 의미라고 해석하여야 한다. 법조문에서 '양도하지 못한다'고 명시적으로 규정하고 있음에도 이를 '양도할 수 있다'고 해석할 수는 없다.

나아가 민법 제449조 제2항 단서는 본문에 의하여 양도금지특약을 위반하여 이루어진 채권양도가 무효로 됨을 전제로 하는 규정이다. 따라서 양도금지특약을 위반한 채권양도는 당연히 무효이지만 거래의 안전을 보호하기 위하여 선의의 제3자에게 그 무효를 주장할 수 없다는 의미로 위 단서규정을 해석함이 그 문언 및 본문과의 관계에서 자연스럽다.

나) 이처럼 해석하는 것이 지명채권의 본질과 특성을 보다 잘 반영할 수 있다. 지명채권은 유통성을 본질로 하는 증권적 채권과는 달리 채권자와 채무자 사이의 인격적 연결이라는 측면과 채권자의 재산이라는 측면을 동시에 지니고 있다. 민법은 이러한 특성을 고려하여 제449조 제1항에서는 채권양도의 자유를 원칙으로 선언하면서도 제2항 본문에서 당사자의 의사표시에 의하여 양도를 금지할 수 있다고 하고, 같은 항 단서에서 선의의 제3자에 대해서는 대항할 수 없다고 하여 거래의 안전을 보호하고 있는 것이다.

다) 물권에 관하여는 물권법정주의에 따라 법이 규정하는 바에 의하여 물권의 종류와 내용이 정해지는 반면(민법 제185조), 채권관계에서는 사적 자치와 계약자유의 원칙이 적용되어 계약당사자는 원칙적으로 합의에 따

라 계약 내용을 자유롭게 결정할 수 있다. 따라서 채권자와 채무자가 그들 사이에 발생한 채권의 양도를 금지하는 특약을 하였다면 이는 그 채권의 내용을 형성할 뿐만 아니라 그 속성을 이루는 것이어서 존중되어야 한다. 채권의 재산화와 상품화 경향에 따라 채권의 양도성이 점차 중시되는 추세에 있다고 하더라도 사적 자치의 원칙이 적용되는 영역에서 당사자의 의사에 반하면서까지 그 양도성을 인정할 수는 없다.

라) 계약당사자가 그들 사이에 발생한 채권을 양도하지 않기로 약정하는 것은 계약자유의 원칙상 당연히 허용되는 것인데, 민법에서 별도의 규정까지 두어 양도금지특약에 관하여 규율하는 것은 이러한 특약의 효력이 당사자 사이뿐만 아니라 제3자에게까지 미치도록 하는 데 그 취지가 있다고 보아야 한다.

마) 한편 채권양도에 따라 채권은 그 동일성을 유지하면서 양수인에게 이전되고 채무자는 양도통지를 받을 때까지 채권자에게 대항할 수 있는 사유로 양수인에게 대항할 수 있다(민법 제451조 제2항). 여기서 '채권자에게 대항할 수 있는 사유'란 채권의 성립. 존속. 행사저지. 배척 등 모든 사유를 말한다. 채권은 이전되더라도 본래 계약에서 정한 내용을 그대로 유지함이 원칙이고 양도금지특약도 이러한 계약의 내용 중 하나에 속하므로, 원칙적으로 채무자는 지명채권의 양수인을 비롯하여 누구에게도 양도금지특약이 있음을 주장할 수 있다고 보아야 하고, 민법 제449조 제2항 본문은 명문으로 이를 다시 확인한 규정이라 볼 수 있다.

바) 양도금지특약이 있는 경우 채권의 양도성이 상실되어 원칙적으로 채권양도가 일어나지 않는다고 보는 것이 악의의 양수인과의 관계에서 법률관계를 보다 간명하게 처리하는 길이기도 하다. 이와 달리 양도금지특약을 어긴 채권양도의 경우에도 채권양도 자체는 유효하되 양도인인 원래의 채권자가 채무자에 대해서 채권을 양도하지 않을 채권적 의무를 위반하였을 뿐이라고 보게 되면, 악의의 양수인에게도 채권이 유효하게 양도된 것임에도 채무자는 위 양수인에게 이행을 거절할 수 있는 반면, 양도인은 채권의 유효한 이전으로 인해 더 이상 권리를 갖지 않게 되었음에도 여전히 채무자에게 적법하게 채무 이행을 구할 수 있다는 것이 되어, 지명채권의 귀속과 그 권리행사 가부가 서로 괴리되는 현상이 일어나게 된다. 나아가 양수인이 악의라 하더라도, 양도인에게 채권적 의무를 지도록 하는 데 불과한 양도금지특약이 채권관계 바깥에 있는 제3자인 위 양수인에게까지 효력을 미치는 이유를 이론적으로 설명하기 곤란하다.

사) 양도금지특약이 있는 채권에 대한 압류나 전부가 허용되는 것은 양도금지특약의 법적 성질과 상관없이 민사집행법에서 압류금지재산을 열거적으로 규정한 데에 따른 반사적 결과에 불과하다. 또한 민법 제449조 제2항에서 말하는 양도는 임의양도를 뜻하므로 이를 금지하는 특약이 있더라도 압류 등 강제집행 자체가 금지되는 것은 아니라는 점에서 논리적 모순이 없다. 나아가 양수인이 악의라고 하더라도 전득자가 선의인 경우 채권을 유효하게 취득한다는 기존 판례(대법원 2015. 4. 9. 선고 2012다118020 판결 참조)의 입장은 채권의 양도성을 제한하려는 당사자의 의사보다는 거래의 안전을 도모하려는 민법 제449조 제2항 단서의 취지를 중시하여 그 제3자의 범위를 넓힌 것으로 받아들여야 한다.

아) 채권의 재산적 성격과 양도성을 제고하는 것이 국제적 흐름이라 하더라도 이는 대부분 제한적 범위 내에서 해석이 아닌 법규정을 통해 달성되고 있음에 유의하여야 한다. 그러므로 문언상 양도금지특약을 위반한 채권양도의 효력이 부인된다는 의미가 도출되는 민법 제449조 제2항에도 불구하고, 양도금지특약을 위반한 채권양도를 원칙적으로 유효하다고 보는 새로운 해석을 도입하는 데에는 신중할 필요가 있다. 즉, 채권거래의 규모와 빈도가 점진적으로 증가하여 채권의 재산적 성격과 담보로서의 가치가 중시되고 채권을 이용한 자금융통이 활성화되면서 현대 계약법상 채권의 유동화 확보를 통한 자본의 신속한 순환이 강력히 요구되고 있다 하더라도,

민법 제449조 제2항 문언의 합리적 해석 범위를 넘어 양도금지특약을 위반한 채권양도를 원칙적으로 유효하다고 인정할 수는 없다.

3) 원심판결 이유를 앞서 본 법리와 기록에 비추어 살펴본다.

엘▽건설이 피고의 동의 없이 이 사건 공사대금채권을 채권양수인들에게 양도한 것은 이 사건 채권양도금지특약에 위반한 채권양도로서 그 효력이 없다는 원심의 판단은 앞서 본 법리에 따른 것으로 정당하다. 한편 채권양수인들이 이 사건 채권양도금지특약에 대하여 알지 못하였음을 인정할 증거가 없다고 한 원심판결의 이유설시 부분은 부적절하나, 판시와 같은 사정에 비추어 채권양수인들이 양도금지특약을 알지 못한 데에 중대한 과실이 있다는 원심의 판단은 결과적으로 정당하다. 따라서 원심 판단에 이 부분 상고이유 주장과 같이 판결에 영향을 미친 잘못이 있다고 할 수 없다.

5. 결론

그러므로 상고를 기각하고, 상고비용은 각 보조참가로 인한 부분을 포함하여 패소자가 부담하도록 하여, 주문과 같이 판결한다. 이 판결에는 양도금지특약을 위반한 채권양도의 효력 부분(위 4.다.)에 대하여 대법관 권순일, 대법관 김재형, 대법관 안철상, 대법관 노정희의 반대의견이 있는 외에는 관여 법관의 의견이 일치하였고, 다수의견에 대한 대법관 민유숙, 대법관 이동원의 보충의견과 반대의견에 대한 대법관 김재형의 보충의견이 있다.

6. 양도금지특약을 위반한 채권양도의 효력에 관한 대법관 권순일, 대법관 김재형, 대법관 안철상, 대법관 노정희의 반대의견

가. 다수의견은 양도금지특약을 위반하여 이루어진 채권양도는 원칙적으로 그 효력이 없다는 이른바 물권적 효력설을 지지하고 있다. 그러나 이러한 태도는 타당하지 않다.

채권양도에서는 채권자(양도인)와 채무자, 그리고 양수인이라는 세 당사자 사이의 삼각관계를 구분해서 살펴보아야 한다. 양도금지특약의 당사자는 채권자와 채무자이고, 채권양도의 당사자는 양도인, 즉 채권자와 양수인이다. 채권자와 채무자 사이의 양도금지특약이 양도인과 양수인 사이의 채권양도에 영향을 줄 수 있는가가 문제의 핵심이다.

채권자와 채무자의 양도금지특약은 채권자가 채무자에게 채권을 양도하지 않겠다는 약속이다. 채권자가 이 약속을 위반하여 채권을 양도하면 채권자가 그 위반에 따른 채무불이행책임을 지는 것은 당연하다. 그러나 이것을 넘어서서 양도인과 양수인 사이의 채권양도에 따른 법률효과까지 부정할 근거가 없다. 채권양도에 따라 채권은 양도인으로부터 양수인에게 이전하는 것이고, 채권양도의 당사자가 아닌 채무자의 의사에 따라 채권양도의 효력이 좌우되지는 않는다. 따라서 양수인이 채무자에게 채무 이행을 구할 수 있고 채무자는 양도인이 아닌 양수인에게 채무를 이행할 의무를 진다고 보아야 한다. 상세한 이유는 다음과 같다.

1) 계약은 원칙적으로 두 당사자의 의사표시 합치로써 성립하고 합의 내용을 실현하기 위해 두 당사자를 구속하는 규범이다. 양도금지특약의 당사자는 채권자와 채무자이므로 그 약정의 효력은 원칙적으로 채권자와 채무자만을 구속한다.

양도금지특약을 위반한 채권양도가 효력이 없다고 보는 것은 양도금지특약이 직접적인 법형성력을 가지고 채권의 양도성을 대세적으로 박탈하는 효력을 갖는다는 의미이다. 양도금지특약에 따라 채권이 물권과 같이 대세적으로 양도할 수 없는 성질을 갖게 되었다고 보아 이러한 견해를 물권적 효력설이라고 부른다.

그러나 양도금지특약이 그 당사자뿐만 아니라 양수인을 비롯한 제3자에게 대세적으로 효력을 미치기 위해서는 명백한 근거가 있어야 한다. 계약은 그 당사자만을 구속하는 것이 원칙이기 때문에, 단순히 채권관계의 당사자가 반대의 의사를 표시한 경우에는 양도하지 못한다는 모호한 규정만으로는 채권의 양도성 자체를 박탈하는 근거가 될 수 없다. 양도금지특약의 효력은 특약의 당사자만을 구속하고 제3자에게 미치지 않는다는 채권적 효력설이 계약법의 기본원리에 부합한다.

2) 민법 제449조 제2항 본문의 문언과 체계에 비추어 볼 때 양도금지특약은 당사자 사이에만 효력이 미치는 것으로 보는 것이 합리적이다. 민법 제449조 제2항 본문에서 '양도하지 못한다'고 한 부분은 그 문언 그대로 당사자가 채권의 양도성에 반하여 양도를 금지하는 약정을 한 경우 채권자가 그 약정에 따라 채무자에 대하여 '채권을 양도하지 않을 의무'를 부담한다는 취지로 해석함이 타당하다. 반대로 단지 '양도하지 못한다'고 한 것을 양도금지특약으로 채권의 양도성이 상실되어 그 특약에 반하는 채권양도는 무효라고 해석하는 것은 문언의 통상적 의미를 벗어난다.

3) 민법은 채권의 양도가 가능함을 원칙으로 삼고(제449조 제1항 본문), 예외적인 경우에 한하여 이를 제한하고 있으므로(제449조 제2항), 양도금지특약은 채권양도의 자유를 침해하지 않는 범위 내에서만 인정되어야 한다.

지명채권의 법률관계에 인적 신뢰를 기초로 한 특별한 결합관계가 있는 경우도 있으나, 금전채권과 같이 인적 결합관계가 희박한 경우가 대부분이다. 채권의 재산적 가치는 다른 재화와 다르지 않고, 사회경제적 변화에 상응하여 채권자와 채무자의 인적 결합의 정도는 더욱 희박해지고 있다. 근대 민법에서 채권의 양도성을 전면적으로 승인한 것은 이러한 변화를 반영한 것이다. 당사자 사이의 양도금지특약으로 제3자에 대한 관계에서까지 채권의 양도성을 박탈하는 합의를 인정하는 것은 채권의 양도성을 인정하는 원칙을 무의미하게 만들 수 있다. 계약자유의 원칙에 근거하여 양도금지특약이 인정된다고 하더라도 이를 제한 없이 대세적인 효력을 갖는다고 보아서는 안 된다. 따라서 양도금지특약은 그 당사자만을 구속할 뿐이고 이를 위반하는 채권양도는 원칙적으로 유효하다고 보아야 한다.

4) 전통적으로 지명채권양도는 경제적 위기에 처한 채무자로부터 제3채무자에 대한 채권을 양도받는 채권회수수단으로 기능하였으나, 자본의 신속하고 원활한 순환이 요구되는 현대사회에서는 채권양도의 자금조달수단 기능과 가치가 확산되고 있다. 사회경제적으로 새로운 금융기법이 개발되고 금융산업 발전이 전체산업 발전을 선도하는 상황에 이르러 채권거래의 형태가 다양해지고 그 규모와 빈도가 점진적으로 증가하면서 채권의 재산적 성격과 담보로서의 중요성이 강조될 수밖에 없다. 재산권의 귀속주체인 채권자가 이를 처분하여 투하자본의 조기회수라는 경제적 목적을 달성할 수 있도록 더욱 자유로운 양도가능성이 보장되어야 한다는 관점에서도 채권양도금지특약에 관해서 채권적 효력설을 채택하는 것이 타당하다.

5) 채권자와 채무자 그리고 양수인 세 당사자의 이익을 비교해 보더라도 채권적 효력설이 타당하다. 양도금지특약으로 채권의 양도성이 상실된다고 보면, 채권자는 채권양도를 통한 자금조달수단을 상실하고 자산으로서의 채권 활용범위가 축소되는 불이익을 입는다. 양도금지특약에 반하는 채권양도를 원칙적으로 무효로 보면 양수인으로서도 채권 자체를 취득하지 못할 법적 위험에 직면한다. 양수인이 양도금지특약의 존재를 인식하기 쉽지 않고 그로 하여금 일일이 원래의 계약 내용을 확인하도록 하는 것은 불가피하게 불필요한 거래비용을 증가시킨다. 반면 채권양도금지특약에 채권적 효력만을 인정하더라도 채무자로서는 채권자에 대하여 특약 위반에 따른 책임을 물을 수 있고, 채권자가 변경되더라도 원래 이행하여야 할 채무를 이행하는 것이라는 점에서 그 불이익

이 크지 않다. 따라서 채권양도금지특약에 채권적 효력만을 인정하는 것이 채권자, 채무자, 양수인 사이의 이익관계에 균형을 맞출 수 있다.

6) 채권거래가 증가함에 따라 양도금지특약을 위반한 채권양도에 관하여 채권적 효력만 인정하는 입법례가 많아지고 있다. 뿐만 아니라 우리 민법과 유사한 규정을 두고 있는 나라에서도 판례를 통하여 채권적 효력설을 채택하고 있다. 이것은 채권의 재산적 성격과 양도성을 제고할 필요성에서 나온 것이다. 민법 제449조 제2항에 관한 해석이 열려 있다면 채권의 재산적 성격을 중시하는 현대사회의 흐름을 반영하는 해석이 바람직하다.

7) 양도금지특약을 위반한 채권양도의 효력에 대한 증명책임의 분배와 선의의 전득자 보호에 관한 판례도 채권적 효력설을 따를 때 합리적으로 설명할 수 있다. 대법원은 민법 제449조 제2항을 적용할 때 제3자가 악의인 경우는 물론 양도금지특약을 알 지 못한 데에 중대한 과실이 있는 경우에도 그 특약으로써 대항할 수 있고, 제3자의 악의 또는 중대한 과실은 그 특약으로 양수인에게 대항하려는 자가 이를 주장.증명하여야 한다고 판단하고 있다(대법원 1999. 12. 28. 선고 99다8834 판결 등 참조). 양도금지특약에 채권적 효력만을 인정하면, 그 특약을 위반한 채권양도도 유효하고, 다만 채무자는 민법 제449조 제2항 단서에 따라 양수인에 대해 그 악의 또는 중대한 과실을 이유로 채무 이행을 거절할 수 있게 된다. 제3자의 악의.중과실에 대한 주장·증명책임에 관한 판례는 양도금지특약에 채권적 효력만을 인정하는 경우에 일관되게 설명할 수 있다. 물권적 효력설에 따른다면 채무자가 특약의 존재를 증명하고 양수인이 자신의 선의와 중대한 과실이 없다는 것을 증명해야 할 것이므로 이에 관한 판례에 반하는 결과가 된다.

대법원은 민법 제449조 제2항 단서가 채권양도금지특약으로써 대항할 수 없는 자를 '선의의 제3자'라고만 규정하고 있어 채권자로부터 직접 양수한 자만을 가리키는 것으로 해석할 이유는 없으므로, 악의의 양수인으로부터 다시 선의로 양수한 전득자도 위 조항에서 말하는 선의의 제3자에 해당한다고 판단하고 있다(대법원 2015. 4. 9. 선고 2012다118020 판결 참조). 양도금지특약으로 채권의 양도성이 상실된다고 하면, 양수인이 악의여서 취득한 바 없는 채권을 전득자가 비록 선의라고 해서 어떻게 양수인으로부터 이를 승계하여 취득하는지를 설명하지 못한다. 반면 채권양도금지특약에 채권적 효력만을 인정하면 채권은 그 특약과 상관없이 승계되어 유효하게 양도되므로 선의의 전득자는 당연히 보호받을 수 있다.

8) 양도금지특약이 있더라도 압류.전부명령에 따라 해당 채권은 이전이 가능하고 압류채권자의 선의 여부는 그 효력에 영향을 미치지 못한다(대법원 1976. 10. 29. 선고 76다1623 판결, 대법원 2003. 12. 11. 선고 2001다3771 판결 등 참조). 양도금지특약이 있는 경우에 채권양도에 따른 채권의 이전은 금지되면서도 전부명령에 따른 채권의 이전을 허용하는 것은 불필요한 혼란을 가져온다. 채권자가 양수인에게 집행력 있는 공정증서정본을 작성해 주고 양수인이 이에 기초하여 양도금지특약이 있는 채권에 대하여 압류.전부명령을 받으면 악의의 양수인도 얼마든지 채권을 취득할 수 있게 된다.

이 점에서도 굳이 물권적 효력설을 고수할 필요가 없다.

나. 채권양도금지특약에 관하여 채권적 효력설을 채택할 경우 민법 제449조 제2항 단서를 어떻게 보아야 할 것인지 문제된다. 이 문제에 관해서는 여러 가지 방안 중에서 다음과 같은 해결방안이 타당하다.

양도금지특약을 위반하여 채권양도가 이루어진 경우 민법 제449조 제2항 단서에 따라 채무자는 양도금지특약의 존재를 알고 있는 양수인에게 채무 이행을 거절할 수 있다. 물론 채무자는 악의의 양수인을 상대로 이행거절의 항변권을 행사하지 않고 채권양도의 효력을 그대로 인정할 수도 있다. 그러나 양도금지특약을 위반하여 채권을 양도한 채권자는 이러한 항변권을 행사할 수 없으므로 양수인이 특약의 존재를 알고 있다는 이유로 채권양도의 효력을 부정할 수는 없다. 즉, 양도인은 채무자를 상대로 양도금지특약을 주장하여 채권양도의 효력을 부정하면서 자신에게 이행하라고 청구할 수 없다. 이는 양수인의 선의 여부가 채권양도에 따른 채권의 귀속 변동에 영향을 미치지 못하기 때문에 악의의 양수인도 채권자의 지위에 있게 되고 양도인은 무권리자가 되기 때문이다.

채무자가 양도인에게는 채권양도 사실을 들어 채무 이행을 거절한 다음, 양수인을 상대로는 그 악의를 주장하면서 채무 이행을 거절하는 경우와 같은 교착상태가 문제될 수 있다. 그러나 채무자가 양수인의 이행청구에 이행거절의 항변을 하고 그러한 항변이 정당한 경우에는 양도인이 채무자에 대하여 이행을 청구할 수 있다고 보면 되고, 양도인의 이행청구에 대하여 채권양도의 효력이 유효하다고 주장하는 경우에는 채무자가 이행거절의 항변권을 포기하고 양수인에게 채무를 이행하겠다는 의사표시로 해석하여 양수인이 악의더라도 채무자에게 이행을 청구할 수 있다고 보면 된다. 채무자가 양수인과 양도인 모두에 대해 이행을 거절한다면 이러한 행위는 선행행위에 모순되는 행동으로서 신의칙에 반하여 허용될 수 없을 것이다.

다. 이 사건에 대하여 살펴본다.

1) 원심은 다음과 같은 이유로 이 사건 채권양도의 효력을 부정하였다. 채권양수인들에 대한 채권양도에 관하여 이 사건 채권양도금지특약을 위반한 채권양도는 효력이 없다. 채권양수인들이 이 사건 채권양도금지특약에 대하여 알지 못하였다고 인정할 만한 별다른 증거가 없다. 오히려 채권양수의 대상이 된 채권의 증서인 도급계약서 자체에 이 사건 채권양도금지특약이 명시되어 있으므로 채권양도금지특약이 있음을 비교적 손쉽게 알 수 있었던 상태로 보인다.

2) 그러나 위에서 본 법리에 따라 살펴보면, 이 사건 공사대금채권에 관한 양도금지 특약은 엘▽건설이 피고에 대하여 채권을 양도하지 않을 의무를 부담하는 것일 뿐이므로 이에 반하는 채권양도도 유효하다. 다만 민법 제449조 제2항 단서에 따라 채무자인 피고가 채권양수인들이 양도금지특약의 존재를 알았거나 중대한 과실로 이를 알지 못하였음을 주장하면서 채권양수인들에게 지급을 거절할 수 있다. 그런데 피고는 양도금지특약을 문제 삼지 않고 오히려 이 사건 공사대금채권이 채권양수인들에게 유효하게 양도되었음을 이유로 원고의 지급청구를 거절하고 있다. 이처럼 피고가 이행거절의 항변권을 행사하지 않고 채권의 양도를 이유로 양도인의 청구를 거절하는 경우에는 양도금지특약에도 불구하고 채권양도가 유효함을 전제로 양수인에게 채무를 이행하겠다는 의사표시로 해석해야 한다. 따라서 채권양수인들이 이 사건 양도금지특약의 존재를 알았거나 중대한 과실로 알지 못하였는지 여부와 상관없이 이 사건 공사대금채권은 채권양수인들에게 유효하게 이전되었다고 보아야 한다. 따라서 채권양수인들에 대한 채권양도의 효력을 부정한 원심의 판단에는 양도금지특약을 위반한 채권양도의 효력에 관한 법리를 오해하여 판결에 영향을 미친 잘못이 있다. 결국 원심은 파기되어야 한다.

3) 나아가 원심은 채권양수인들이 양도금지특약에 관하여 알지 못했고 이에 대하여 중대한 과실이 없음을 증명해야 하는 것처럼 판단하였다. 이러한 원심 판단에는 양도금지특약에 대한 증명책임에 관하여 판례(대법원 1999. 12. 28. 선고 99다8834 판결등)에 배치되는 판단을 한 잘못도 있음을 지적한다.

이상과 같은 이유로 다수의견에 찬성할 수 없음을 밝힌다.

7. 다수의견에 대한 대법관 민유숙, 대법관 이동원의 보충의견

양도금지특약을 위반한 채권양도의 효력에 관하여 반대의견이 근거한 이른바 채권적 효력설은 그 개념과 내용이 다의적이고, 그에 따라 파생되는 법률적인 문제 역시 복잡하게 나타날 수 있다. 입법 과정에서 채권적 효력설이 선택된 것이 맞는다면 이에 따른 문제점들까지 마땅히 함께 정리되었을 것임에도 그에 관한 규정을 전혀 마련하지 않았다는 것은 입법자가 다수의견과 같은 이른바 물권적 효력설을 택하였음을 방증한다. 앞으로 보다 심도 있는 논의를 거쳐 채권적 효력설을 구체화한 후 관련 쟁점들에 관하여 논리적으로 일관되고 정치한 내용을 입법에 반영하는 것은 별론으로 하고, 현재와 같은 상태 하에서의 채권적 효력설을 현행 민법의 해석으로 채택하기는 곤란하다. 이와 같은 관점에서 다수의견을 보충한다.

가. 앞서 본 바와 같이 민법 제449조 제2항은 본문에서 당사자가 반대의 의사를 표시한 경우에는 채권을 양도하지 못한다고 규정함으로써 당사자의 합의에 의하여 채권의 양도성을 상실시킬 수 있도록 하고, 다만 그 단서에서 선의의 제3자에게는 대항할 수 없다고 하여 거래의 안전을 도모하고 있다. 의용민법, 그리고 동일한 내용으로 제정된 현행 민법 제449조 제2항의 입법 과정에서 채권적 효력설에 관한 논의가 있기는 하였으나 그 내용은 반대의견이 취하고 있는 현재의 채권적 효력설과는 상당한 차이가 있어 보인다. 현행 민법의 제정 전에는 물론 제정 후에도 상당한 기간 동안 반대의견과 같은 내용의 채권적 효력설은 개진되지 않았다. 이와 같은 상황에서 반대의견과 같은 내용의 채권적 효력설이 입법에 반영되었다고 보는 것은 타당하지 않다. 따라서 반대의견이 취하고 있는 채권적 효력설은 장차 현행법에 관한 대안을 모색하게 될 때 입법론으로 참고할 수 있을 뿐 현행법 자체의 해석으로 삼기에는 적절하지 아니하다.

나. 양도금지특약을 위반한 채권양도의 효력에 관하여 대세적 효력을 부인하고 그 효력범위를 당사자로 한정하는 채권적 효력설은 의미가 일의적이지 않고 그 스펙트럼 역시 매우 폭넓고 다양하다. 다만 채권적 효력설의 부류에 속하는 이러한 견해들은 대체로 다음과 같은 공통된 입장을 보이고 있기는 하다. 즉, 양도금지특약을 위반한 채권양도는 그대로 유효하고, 양도금지특약은 단지 채권자와 채무자 사이에 채권을 양도하지 못하도록 하는 권리의무관계만 발생시킬 뿐이므로, 채무자를 제외한 나머지 이해관계인들 사이에서는 양수인을 채권자로 보아야 한다는 것이다.

채권적 효력설이 가진 위와 같은 공통분모에 의하면 양도금지특약을 위반한 채권양도는 양수인의 선의.악의를 불문하고 유효하여야 한다. 그런데 현행 민법 제449조 제2항 단서는 양수인이 선의인 경우에만 채권양도가 유효하다는 취지로 규정하고 있으므로, 채권적 효력설의 당초 원형이 되는 내용과는 상당한 거리가 있다.

여러 나라의 입법례와 학설을 살펴보면 채권적 효력설이라는 동일한 명칭을 취하더라도 매우 다양한 내용의 규율과 주장으로 자리 잡고 있음을 알 수 있다. 즉, 각 국가의 입법례를 보면 채무자에 대한 관계에서 누구를 채권자로 삼을 것인지, 채무자가 양도인에게 변제한 경우 이를 유효한 변제로 볼 것인지, 양수인이 특약의 존재를 알았을 경우에 채무자에게 이행거절의 항변권을 부여할 것인지, 양수인의 선의.악의가 채권양도에 어떤 영향을 미치는지 등에 관하여 각기 다르게 규율하고 있고, 마찬가지로 학설도 다양한 견해를 취하고 있다.

이처럼 채권적 효력설이라고 막연히 통칭되기는 하지만 양도금지특약을 위반한 채권양도가 유효하다는 것의 의미는 매우 다양한 형태로 발현된다. 그런데 그 효력범위뿐만 아니라 증명책임이나 다수의 이해관계인들 사이에서 채권양도의 우열관계, 대항요건의 구비 여부, 집행관계 등 상정 가능한 법률적인 문제를 종합적으로 검토함으로써 다양한 이해관계가 충돌하는 재판 현장에서 적용 가능한 법리가 될 정도로 수미일관하게 완결적으로 정리한 논의는 찾아보기 어렵다.

요컨대 양도금지특약을 위반한 채권양도의 효력에 관하여 아직까지 법적으로 정연한 논리가 갖추어지지 않은 상태인 이상, 채권적 효력설은 현행법에 대한 종전 해석 및 이에 따라 확립되어 온 실무관행을 대체하기에 적절하지 않다.

다. 반대의견은 양도금지특약을 위반한 채권양도를 유효하다고 보면서도 민법 제449조 제2항 단서를 채무자에게 악의의 양수인에 대한 이행거절의 항변권을 준 것으로 이해한다. 이에 따라 채무자와 달리 위와 같은 항변권이 없는 양도인으로서는 채무자를 상대로 양도금지특약을 내세워 채권양도의 효력을 부정하고 자신에 대한 채무 이행을 청구할 수 없게 된다. 그러면서도 채무자가 양수인에게 양도금지특약에 대한 악의 등을 이유로 이행청구를 거절하는 경우와 같이 채무자가 양도인, 양수인 모두에 대하여 채무 이행을 하지 않는 부당한 결과를 피하기 위하여 이러한 경우에는 신의칙상 양도인의 청구를 거절할 수 없다고 설명한다.

그러나 채권자와 채무자는 양도금지특약을 체결한 당사자인데 채권자가 채무자에게 특약의 효력을 주장할 수 없다는 것은 타당하지 않다. 하나의 양도금지특약을 가지고서 채권자는 단지 특약을 위반하지 않을 의무를 부담하는 지위에 있을 뿐이므로 그 효력을 채무자에게 주장할 수 없다고 하면서, 채무자는 악의의 양수인에 대하여 양도금지특약의 존재를 들어 채무 이행을 거절할 수 있다는 식으로 당사자별로 구분지어 해석하는 것은 그 자체로 부자연스러울 뿐만 아니라 당사자들이 만약 특약의 내용을 달리 정할 경우에는 어떻게 다룰 것인지에 대한 의문을 야기한다.

그리고 채권적 효력설에 기한 앞선 설명에 의하면, 채무자가 악의의 양수인을 상대로 이행거절의 항변권을 행사할 것인지 여부는 전적으로 채무자의 의사에 달려 있으므로, 이행거절의 항변권을 행사하지 않고 악의의 양수인에게 그대로 채무를 이행할 것인지, 아니면 이행거절의 항변권을 행사한 후 종전 채권자인 양도인이 신의칙을 내세워 직접 채권행사에 나서기를 기다렸다가 이에 응할 것인지를 채무자가 자유로이 선택할 수 있게 된다. 이는 하나의 채권을 놓고 채무자가 이행의 상대방을 별다른 제약 없이 고를 수 있는 구조로서, 통상 하나의 채권﹑채무에는 채권자와 채무자가 각각 1인씩 존재한다는 인식에서 상당히 벗어난 결론일 뿐만 아니라, 채권의 양도성을 상실시키는 데에 동의하였던 채무자의 당초 의사에 반함은 물론 법적 근거도 없이 해당 채권이 양도인과 양수인에게 공동적으로 귀속되는 것과 유사한 법률관계를 창설하게 된다는 점에서 타당하다고 보기 어렵다. 특히 채권적 효력설에 의할 경우, 양도인과 양수인 사이에서는 양도금지특약에도 불구하고 양도인에 귀속되었던 채권은 유효하게 이전되어 오직 양수인에게만 귀속된다고 보아야 하는데, 이는 채권이 양도인과 양수인에게 공동적으로 귀속되는 듯한 현상을 허용해야 한다는 취지의 앞선 설명과도 모순된다.

나아가 채무자가 양수인에게 특약의 존재에 대한 악의를 이유로 채무 이행을 거절하는 경우 이에 따른 후속으로 양도인과의 관계에서 신의칙상 이행의무를 지게 된다는 설명은, 채권의 양도를 마친 종전 채권자는 양수인의 선의﹑악의를 불문하고 무권리자가 되어 더 이상 채무자를 상대로 이행청구를 할 수 없다는 채권적 효력설이 입각한 최초의 논리적 전제와도 모순된다.

채권적 효력설에 의하면 종전 채권자는 양수인에게 채권양도를 함으로써 채권에 관하여 더 이상 아무런 권리도 가지지 아니한다고 보게 되는데, 채무자가 악의의 양수인 을 상대로 이행거절의 항변권을 행사하는 사정이 나중에 생긴다고 하여, 채무자와 양수인 간의 관계 바깥에 놓인 양도인이 채무자의 항변권 행사 여부에 연동되어 자신이 보유하지도 않은 채권을 채무자에게 행사할 수 있다는 해석은, 과연 신의칙이 적용되는 범위 및 그 한계는 어디까지인지에 관한 근본적인 의문마저 불러일으킨다. 신의칙은 법률관계의 당사자가 상대방의 이익을 배려하여 형평에 어긋나거나 신뢰를 저버리는 내용 또는 방법으로 권리를 행사하거나 의무를 이행하여서는 아니 된다는 추상적 규범이다. 이미 구체적인 형태로 구현된 실정법의 개별 조항을 해석·적용한 결과가 구체적 타당성에 부합하지 않는다고 하여 이를 바꾸기 위한 용도로, 그것도 항변이 아니라 청구권원으로서 일반조항인 신의칙을 내세우는 데에는 신중을 기할 필요가 있다.

또한, 채권적 효력설에 기한 앞선 설명은 종전 채권자가 무권리자임에도 불구하고 신의칙에 기하여 채무자에게 채무 이행을 구하여 급부를 수령할 수 있다고 봄으로써, 해당 채권이 과연 변제로 유효하게 소멸하게 되는 것인지, 종전 채권자가 수령한 급부 목적물의 소유관계는 어떻게 되는지 등과 같이 쉽게 해답을 도출하기 어려운 문제들을 연쇄적으로 야기한다.

이상과 같이 양도금지특약에도 불구하고 채권양도가 유효하다는 입장을 일단 취하게 되면, 채권을 양도한 채권자와 채무자 및 양수인 세 당사자 간의 관계를 논리적 모순없이 완결적으로 설명하기란 불가능해진다.

라. 양도금지특약이 있는 채권이 양도된 후 채무자가 민법 제487조 후단에 따라 채권자 불확지를 원인으로 변제공탁하는 경우에도 채권적 효력설에 의해서는 다음과 같이 쉽게 해결하기 어려운 문제가 발생한다. 앞서 본 대법원판례는 양도금지특약을 위반한 채권양도의 효력과 관련하여 채무자가 양수인의 악의 또는 중과실에 관한 증명책임을 부담하도록 하고 있다. 그러면서 채무자가 양수인의 악의 유무를 알 수 없거나 증명할 수 없는 경우에는 채권이 적법하게 양도된 것인지 의문이 제기될 수 있다며 채무자가 한 채권자 불확지 변제공탁을 유효하게 본다(대법원 2000. 12. 22. 선고 2000다55904 판결 등 참조).

그러나 채권적 효력설에서는 양도금지특약을 위반한 채권양도라 하더라도 특약에 관한 양수인의 선의.악의와 상관없이 채권양도는 일응 유효한 것이기 때문에 논리적으로 채권은 언제나 양수인에게 귀속된다는 결론에 이르게 되고, 그 결과 '채권자를 알 수 없는 경우'가 아닌 것이 되어 채무자는 채권자 불확지 변제공탁을 할 수 없는 것이 아닌가 하는 의문이 생긴다. 이와 같이 채권적 효력설을 취하면서도 채권자 불확지 공탁이 허용된다고 보게 되면, 논리적으로는 공탁금의 출급청구권이 양수인에게 귀속된 것임이 분명함에도 현실적으로는 공탁금출급청구권 확인소송까지 거쳐서 채권이 귀속된 자를 확정지어야 한다는 모순적인 상황이 연출된다. 반대로 채권적 효력설을 취하면서 채권자 불확지 공탁의 요건을 충족하지 못하였으므로 채무자는 변제금을 공탁할 수 없다고 보게 되면, 채무자는 현실적으로 다수의 채권양수인이 존재하여 각각의 대항요건의 구비 여부를 살펴보아야 하는 난감한 상황에 처할 수 있게 되는데, 이러한 채무자를 보호하기 위하여 새로운 공탁원인 규정을 신설하여야 하는 것은 아닌지 진지하게 고민해야 할 필요성이 대두된다.

따라서 양도금지특약을 위반한 채권양도의 효력에 관하여 채권적 효력설을 취할 경우에는 어느 쪽으로든 채권자 불확지 변제공탁에 관한 입법 또는 해석의 변경을 통한 정리가 필요하게 된다.

마. 한편, 민법 제449조 제1항은 본문에서 채권은 양도할 수 있다고 규정하면서, 그 단서에서는 채권의 성질이 양도를 허용하지 아니하는 때에는 그러하지 아니하다고 정하고 있다. 이러한 민법 제449조 제1항 단서 규정에 따라, 채권의 성질 자체가 양도를 허용하지 않는 것이 분명함에도 이를 양도하였다면 해당 채권의 양도는 무효라고 보아야 할 것이다. 이와 견주어 보면, 지금까지 살펴본 민법 제449조 제2항의 성격이 보다 선명하게 드러난다. 즉, 민법 제449조 제1항 단서가 채권의 성질 자체로 인하여 양도가 허용되지 아니할 경우에 관한 규정이라면,

같은 조 제2항 본문은 당사자 간의 양도 금지특약에 의하여 채권의 양도성을 상실시키는 규정으로서 위 제1항 단서와 대등한 위상 및 효력을 지닌다고 볼 수 있다. 그러므로 민법 제449조 제1항 단서에 따라 채권의 성질 자체로 양도가 허용되지 않는 것임이 분명한 채권을 양도한 경우 이를 무효라고 보는 것과 마찬가지로, 양도금지특약이 있는 채권을 양도한 경우에도 같은 조 제2항 본문에 따라 무효라고 보는 것이 민법 제449조의 전체 조문 구조 및 체계적 해석에도 부합한다.

이는 성질상 양도가 허용되지 않는 채권인지 여부가 불분명한 관계로 채권자와 채무자가 채권양도가 허용되지 않는다는 것을 명확히 하고자 의도적으로 양도금지특약을 추가한 경우를 상정해보더라도 그러하다. 즉, 채권의 형태나 채권자와 채무자의 결합관계, 채무자의 보호 필요성 등에 비추어 성질상 채권양도가 허용되지 않는 것인지, 성질상 양도가 가능하여 당사자의 특약으로만 이를 제한할 수 있는지를 명확히 구분하기 어려운 경우, 채권자와 채무자가 양도금지특약을 부가함으로써 채권양도가 금지된다는 점을 분명하게 할 수 있는데, 채권적 효력설에 의하면 이러한 때에도 법원이 다시 그 채권이 성질상 양도가 허용되지 않는 것인지, 성질상 양도가 허용되기는 하지만 양도금지특약에 의하여 양도가 제한될 뿐인지를 엄밀히 가려서 양자를 달리 취급하여야 한다는 결론에 이르게 된다. 법률관계를 간명하게 규율.처리한다는 측면에서 이와 같은 일은 바람직하지 않다.

따라서 성질상 채권양도가 허용되지 않는 경우와의 균형을 위해서라도 양도금지특약이 있는 채권양도 역시 원칙적으로 무효이고, 단지 이 경우에는 민법 제449조 제2항 단서가 적용됨에 따라 상대적 무효에 그칠 뿐이라고 보아야 한다.

바. 민법 제449조 제2항 단서는 '선의의 제3자에게 대항하지 못한다'는 문구를 담고 있는데, 이러한 문구를 포함하고 있는 규정들은 민법 제449조 제2항 단서 외에도 민법에서 상당수 발견된다. 이 중 대표적으로 민법 제108조는 제1항에서 "상대방과 통정한 허위의 의사표시는 무효로 한다."라고 규정하고, 제2항에서는 "전항의 의사표시의 무효는 선의의 제3자에게 대항하지 못한다."라고 정하고 있는데, 위 규정에 따라 통정한 허위의 의사표시가 원칙적으로 무효라는 점에 대해서는 별다른 의문의 여지가 없다. 다만 민법 제108조 제2항은 제449조 제2항 단서와 마찬가지로 '선의의 제3자에게 대항하지 못한다'는 표현을 포함하고 있는데, 위 규정은 통정허위표시의 외관을 신뢰한 제3자의 이익을 보호하기 위한 것으로서 제3자가 악의라는 주장 · 증명책임은 통정허위표시의 무효를 주장하는 자에게 있다는 것이 대법원의 확립된 입장이고(대법원 2006. 3. 10. 선고 2002다1321 판결, 대법원 2007. 11. 29. 선고 2007다53013 판결, 대법원 2014. 12. 24. 선고 2014다39671 판결 등 참조), 나아가 제3자로부터 목적물 또는 권리를 양수한 전득자도 민법 제108조 제2항에서 보호되는 제3자에 해당하여 제3자가 악의였다고 하더라도 선의의 전득자는 보호를 받아 통정허위표시의 당사자는 선의의 전득자에 대하여 통정허위표시의 무효를 주장할 수 없다(대법원 2013. 2. 15. 선고 2012다49292 판결 취지 참조).

이렇게 본다면 반대의견이 들고 있는 대법원판례들, 즉 민법 제449조 제2항의 적용과 관련하여 제3자의 악의 또는 중과실은 양도금지특약으로 양수인에게 대항하려는 자가 주장 · 증명하여야 한다거나, 악의의 양수인으로부터 다시 선의로 양수한 전득자는 민법 제449조 제2항 단서에서 말하는 선의의 제3자에 해당한다는 판례들은 채권적 효력설을 직접적으로 뒷받침하는 논거가 된다고 보기 어렵다. 이러한 대법원판례들은 채권양도가 유효하다고 신뢰한 제3자의 이익을 보호하고 거래의 안전을 도모하기 위한 고려에 따라 증명책임의 소재를 정하면서 '제3자'의 범위를 넓혀서 해석한 것일 뿐, 민법 제449조 제2항을 반드시 채권적 효력설에 입각하여 해석해야만 합리적으로 설명할 수 있게 된다고 볼 것은 아니기 때문이다.

사. 우리나라에서 실무상 양도금지특약이 활용되는 영역은 주로 건설업.제조업 등에서 이루어지는 도급 및 하도급거래이고, 국가를 당사자로 하는 공사도급계약 등에서도 계약상 양도금지특약을 두는 경우가 적지 않다. 이들 분야에서는 주로 표준계약서 식을 이용하여 계약을 체결하고 있는데, 계약교섭력이 강한 발주자가 변제의 상대방을 고정시켜 불확실성을 제거하고 이해관계인들 사이의 법률관계를 간명하게 처리하고자 원사업자를 상대로 양도금지특약을 요구하는 경우가 보통이고, 이러한 양도금지특약은 대부분 약관의 형태로 되어 있다. 이러한 활용실태에 비추어 볼 때, 설령 채권적 효력설을 채택하더라도 거래상 우월한 지위에 있는 발주자가 양도금지특약이 적용되는 이 해관계인의 범위를 확장하거나 양도금지특약을 위반한 채권양도에 관하여 채무자가 면책되는 근거를 계약에 별도로 포함시키는 등의 방법으로 채권적 효력설에 따른 긍정적 효과를 무력화시킬 우려가 있어, 채권적 효력설을 취할 실익은 그만큼 반감된다고 볼 수 있다.

아. 채권의 재산적 성격과 양도성을 제고함으로써 자산유동화를 장려하는 것 역시 다른 방법으로 모색되어야 한다. 앞서 본 바와 같이 채권적 효력설이라고 통칭되기는 하나 그 구체적인 개념과 내용이 명확히 확립되어 있지도 않고 이를 통해 달성될 수 있는 실익도 뚜렷하지 아니한 상황이라면, 현행 민법 규정의 해석에 관하여 새로운 견해를 채택하기보다는 좀 더 충분한 시간을 가지고 사회경제학적으로 채권거래의 실제와 실무에 대한 정확한 분석을 바탕으로 필요 적절한 방안을 찾는 편이 바람직하다.

양도금지특약의 효력을 일률적으로 정할 것이 아니라 유통성 확보가 필요한 영역의 채권을 중심으로 양도금지특약이 있더라도 채권이 완전히 유효하게 양도되는 거래분야를 특정하거나 그 효력을 구체화, 개별화하는 것도 하나의 방법이 될 수 있을 것이다.

자. 따라서 양도금지특약을 위반한 채권양도의 효력에 관하여 채권적 효력설을 취하기 위해서는 이를 채택할 경우에 파생적으로 발생할 수 있는 제반 법률적인 문제들에 대한 충분한 인식과 해결방안을 보다 고심한 다음 관련 법령과 제도의 통일적 정비에 나서는 것이 바람직하다. 이러한 순리를 밟아나가지 않고 현행 민법 제449조에 관하여 종전과 다른 새로운 시각에서 해석론을 제기하는 것만이 능사가 아니다.

이상의 이유로 다수의견의 논거를 보충한다.

8. 반대의견에 대한 대법관 김재형의 보충의견

가. 다수의견, 특히 그 보충의견은 채권양도금지특약을 위반한 채권양도의 효력에 관하여 채권적 효력설을 입법에서 반영하는 것은 별론으로 하고 현행 민법의 해석으로 채택하는 것은 곤란하다고 한다. 그러나 채권양도에 관한 현행 민법의 해석론으로도 채권적 효력설이 물권적 효력설보다 우월하고 채권적 효력설의 채택을 입법으로 미룰 이유가 없다.

어떤 법적 쟁점을 현행법의 해석론으로 풀어갈 것인지 장래의 입법에 맡길 것인지는 대법원판결의 방향을 정하는 핵심적인 문제이다. 입법으로 해결해야만 할 문제를 사법부가 무리하게 해결하려고 해서는 안 되지만, 현행법의 해석을 통하여 충분히 해결할 수 있는 문제인데도 막연히 입법적 조치를 기다리는 것 역시 바람직하지 않다. 입법과 사법의 역할에 대한 올바른 이해를 토대로 법률의 해석에 관한 입장을 정하는 것이 중요하다.

대법원은 법률의 해석에 관하여 다음과 같은 법리를 채택하고 있다. 법률은 가능한 법률에 사용된 문언의 통상적인 의미에 충실하게 해석하는 것을 원칙으로 한다. 나아가 법률의 입법취지와 목적, 그 제정.개정 연혁,

법질서 전체와의 조화, 다른 법령과의 관계 등을 고려하는 체계적.논리적 해석방법을 추가적으로 동원하여 타당한 해석을 해야 한다(대법원 2009. 4. 23. 선고 2006다81035 판결 등 참조).

이러한 법률해석론을 바탕으로 채권적 효력설을 채택하여 양도금지특약을 위반한 채권양도의 효력을 보다 합리적으로 해석할 수 있는데도 이를 입법으로 미루는 것은 부당하다는 관점에서 반대의견을 보충한다.

나. 법원은 민법 제449조 제2항의 해석을 통하여 양도금지특약을 위반한 채권양도의 효력에 관하여 물권적 효력설이나 채권적 효력설 중 어느 하나를 채택하여 구체적 사건을 해결할 수 있다고 보아야 한다. 그 이유는 다음과 같다.

1) 민법 제정 과정에서 양도금지특약을 위반한 채권양도의 효력에 관한 논의는 전혀 없었고, 제정 전은 물론 제정 후에도 한동안 학계나 실무에서 논의가 없었다. 즉, 입법자가 물권적 효력설을 채택하였다고 볼 만한 자료는 없다. 민법에 채권적 효력설을 채택할 경우에 발생할 것으로 예상되는 여러 법적 쟁점들을 규율하는 규정이 전혀 없다는 점만으로 입법자가 물권적 효력설을 채택하였다고 평가할 수는 없다. 반대로 위와 같은 법적 쟁점들은 법원의 해석을 통하여 합리적으로 해결할 수 있다는 점에서, 입법자가 양도금지특약에 관하여 민법에 단지 1개의 조문만 둔 것은 그 특약을 위반한 행위의 효력을 법원의 해석에 맡긴 것으로 볼 수 있다.

2) 민법 제449조 제2항은 양도금지특약이 있는 경우 '(채권을) 양도하지 못한다'고 정하고 있을 뿐 양도금지특약을 위반한 채권양도가 유효인지 무효인지를 직접 규정하고 있지 않다. 민법은 제449조 제2항 외에도 제629조 제1항, 제657조 제1항 등에서 '(권리를) 양도하지 못한다'고 정하고 있는데, 아래에서 보듯이 이러한 양도금지 규정을 위반한 권리 양도가 유효인지 무효인지는 개별 조항의 취지 등을 근거로 하여 권리 양도의 유형마다 달리 판단되고 있다. 이러한 점에서 다수의견과 같이 민법 제449조 제2항의 '(채권을) 양도하지 못한다'는 문구가 당연히 채권양도의 효력을 부정하는 의미라고 볼 수 없다. 오히려 법원은 민법 제449조 제2항의 문언 외에도 입법취지와 목적, 민법의 체계 등을 바탕으로 현대사회에서 채권양도가 갖는 의미와 효용 등을 종합적으로 고려하여 양도금지특약을 위반한 채권양도의 효력을 해석으로 정할 수 있다고 보아야 한다.

3) 비교법적으로 보면, 채권양도금지특약을 아예 금지하는 입법례도 있고, 이를 허용하는 입법례나 국제규범에서도 대부분 그 특약을 위반한 채권양도에 관하여 채권적 효력설을 채택하고 있다. 일본 민법 제466조 제2항은 우리 민법 제449조 제2항과 거의 동일하게 규정하고 있어 그 해석론을 주목할 필요가 있다. 일본의 판례는 양도인이 양도금지특약을 이유로 채권양도의 효력을 부정할 수 없다고 하였는데, 이는 채권적 효력설을 따른 것으로 평가할 수 있다. 또 채권적 효력설을 따르고 있는 입법례나 국제규범에서 양도금지특약을 위반한 채권양도가 유효하다고 명시하고 있을 뿐이고 그에 따른 세부적인 법률관계에 관해서는 별도의 규정을 두지 않는 경우가 많다. 이러한 외국의 판례나 입법동향에 비추어 보면, 채권적 효력설은 그 개념과 내용이 다의적이어서 그로 인해 파생되는 여러 법률문제를 법적으로 정연한 논리에 따라 해결할 수 없다는 이유로 입법을 통해서만 채택될 수 있다는 지적은 옳지 않다.

다. 다수의견에 대한 보충의견은 민법 제449조 제1항 단서에 따라 채권의 성질 자체로 양도가 허용되지 않는 채권을 양도한 경우 이를 무효라고 보는 것과 마찬가지로, 양도금지특약이 있는 채권을 양도한 경우에도 같은 조 제2항 본문에 따라 무효라고 보는 것이 민법 제449조의 전체 조문 구조와 체계적 해석에도 부합한다고 한다. 또한 채권적 효력설을 취할 경우 채무자가 이행의 상대방을 자유로이 선택할 수 있으므로 통상 하나의 채권.채무에는 채권자와 채무자가 각각 1인씩 존재한다는 인식에서 벗어나게 되고, 법적 근거도 없이 해당 채권이 양도인과 양수인에게 공동적으로 귀속되는 듯한 현상이 발생한다고 비판한다. 그러나 이러한 비판은 타당하지 않다.

1) 민법 제449조 제1항은 "채권은 양도할 수 있다. 그러나 채권의 성질이 양도를 허용하지 아니하는 때에는 그러하지 아니하다."라고 정하고 있다. 위 규정 단서에 따라 성질상 양도가 허용되지 않는 경우는 크게 두 가지로 나눌 수 있다. 하나는 주채권과 분리하여 보증채권만을 양도하는 경우와 같이 양도가 성질상 절대적으로 불가능하여 무효인 경우이다(대법원 2002. 9. 10. 선고 2002다21509 판결 등 참조). 다른 하나는 양도가 제한되기는 하지만 그러한 제한이 채무자의 동의로 해소될 수 있는 경우이다.

민법 제629조 제1항은 "임차인은 임대인의 동의 없이 그 권리를 양도하거나 임차물을 전대하지 못한다."라고 규정하고 있는데, 위 규정에 따른 임차권의 양도 제한은 후자에 해당한다. 위 규정은 임대인과 임차인의 특별한 결합관계를 고려하여 임차권의 양도를 제한하는 것이지만, 그 취지가 채무자인 임대인의 보호에 있으므로 임대인의 동의 없는 임차권 양도라고 하더라도 양도인과 양수인 사이에서 임차권 양도는 유효하며 다만 양수인은 임대인에 대하여 대항할 수 없을 뿐이라고 해석하는 것이 다수의 학설이다.

판례 역시 같은 입장을 취하면서 무단양도 시 오히려 임대인의 임대차계약 해지를 제한하면서 임차권 양수인의 사용.수익을 보장하는 법리를 적극적으로 제시하고 있다(대법원 2007. 11. 29. 선고 2005다64255 판결, 대법원 2010. 6. 10. 선고 2009다101275 판결 등 참조). 임차권의 무단양도가 이루어진 경우 임대인은 사후에 무단양도에 대하여 동의할 수도 있고 이를 동의하지 않을 수도 있으며, 어느 쪽을 선택할지는 전적으로 임대인의 권한에 속한다.

양도금지특약은 채무자를 보호하기 위하여 당사자의 특약으로 원래 양도 가능한 채권의 양도를 제한하는 것이다. 이는 채권양도가 성질상 절대적으로 불가능하여 무효인 경우에 가까운 것이 아니라, 성질상 양도가 제한되기는 하지만 그러한 제한이 채무자의 동의로써 해소될 수 있는 경우에 가깝다. 임차권 무단양도의 예에서 보았듯이 후자의 경우 양도인과 양수인 사이의 채권양도는 유효하고, 다만 채무자에게 이를 대항할 수 없을 뿐이라는 점에서 채권적 효력설과 본질적으로 궤를 같이 한다. 채권적 효력설이야말로 양도금지특약 외에 성질상 채권양도가 제한되는 경우도 포함하여 채무자 보호를 위하여 채권양도가 제한되는 경우를 체계적으로 설명할 수 있는 이론이다. 반면 물권적 효력설은 채무자를 보호하기 위하여 채권양도를 금지한 특약의 효력을 성질상 절대적으로 채권양도가 불가능한 경우에 가까운 것으로 봄으로써 큰 오류를 범하고 있고, 이로 말미암아 채무자 보호에 필요한 범위를 넘어 대세적으로 채권양도를 무효로 봄으로써 민법 제449조 제1항 본문이 선언한 채권의 양도성 원칙을 크게 훼손한다.

양도금지특약이 있는 채권을 양도한 경우 무효라고 보는 것이 민법 제449조의 전체 조문 구조와 체계적 해석에도 부합한다는 지적은 민법 제449조에 대한 잘못된 이해를 바탕으로 하고 있어 타당하지 않다.

2) 민법 제449조 제2항 단서에 대해서는 채권적 효력설에서도 다양한 해석론이 제시될 수 있다. 그중 반대의견에서 제시한 내용을 요약하면 다음과 같다. 양도금지특약의 효력은 원칙적으로 특약의 양 당사자만을 구속하므로 이를 위반하여 이루어진 채권양도도 제3자에 대해서는 유효하다. 양수인의 선의.악의와 상관없이 채권양도는 유효하나, 위 단서가 특별히 채무자에게 이행거절의 항변권을 부여하여 악의의 양수인에게는 대항할 수 있도록 하였다고 해석하는 것이 채권적 효력설의 본질에 가장 부합한다.

채권적 효력설을 취할 경우 채무자가 이행거절권을 행사하거나 포기하는 방법으로 채무 이행의 상대방을 선택하는 것은 양도금지특약에 따른 정당한 권한 행사이다. 채무자의 이러한 권한 행사로 채무자와 채권자 간, 채권자와 양수인 간, 채무자와 양수인간의 각 법률관계에 합리적으로 해결할 수 없는 어떠한 문제가 발생하는 것도 아니다.

만일 채무자가 양수인의 악의 등을 증명하여 정당하게 이행거절권을 행사한 경우 채무자는 채권자에게 채무를 이행하면 되고, 다만 이 경우 채권자와 양수인 간의 채권양도의 효력은 여전히 유효하므로 채권자는 변제받은 금전 등을 양수인에게 교부할 의무를 부담한다. 이러한 법률관계는 유효한 채권양도가 이루어졌으나 채무자에 대한 대항요건을 갖추지 못하여 채무자에게 대항할 수 없는 경우와 유사하므로(대법원 1999. 4. 15. 선고 97도666 전원합의체 판결 참조), 민법이 이미 예정하고 있는 유형의 법률관계라 할 수 있다. 다른 한편 채무자가 이행거절권의 행사를 포기하고 양수인에게 채무를 이행하면, 양수인에게 설령 금지특약에 대한 악의 등이 인정된다고 하더라도 채무자로부터 유효하게 변제를 받을 수 있고, 이에 대하여 양도인은 아무런 이의를 제기할 권한이 없다.

반면 종래 물권적 효력설을 취한 판례는 당사자의 양도금지 의사표시로써 채권은 양도성을 상실하며 양도금지특약을 위반하여 채권을 제3자에게 양도한 경우에 악의 등의 양수인에 대하여는 채권 이전의 효과가 생기지 않으나, 악의 등으로 양수를 받은 후 채무자가 그 양도에 대하여 승낙을 한 때에는 채무자의 사후 승낙에 따라 무효인 양도행위가 추인되어 유효하게 된다고 한다(대법원 2009. 10. 29. 선고 2009다47685 판결 등 참조). 이에 따르면, 물권적 효력설도 채무자가 양도금지특약을 위반한 채권양도에 대하여 사후적인 추인이라는 방법을 통하여 채무를 이행할 상대방을 일방적으로 변경.선택할 권한을 인정하고 있다. 그런데도 채권적 효력설을 취할 경우 채무자가 당초 양도금지특약의 취지에 따라 이행거절권을 행사하거나 포기하는 방법으로 채무 이행의 상대방을 선택할 수 있다고 하여, 하나의 채권.채무에 채권자와 채무자가 각각 1인씩 존재한다는 인식에서 벗어나 법적 근거도 없이 해당 채권이 양도인과 양수인에게 공동적으로 귀속되는 듯한 현상이 발생한다고 비판하는 것은 타당하지 않다.

물권적 효력설은 양도금지특약이 있는 경우 '채권의 양도성'이 박탈되는데, 이는 채권의 내용을 형성하고 그 속성을 이루므로 양도금지특약을 위반한 채권양도는 무효이고, 그 무효는 채무자뿐만 아니라 양도금지특약의 당사자인 채권자도 주장할 수 있다고 한다. 물권적 효력설을 취하는 판례는 위에서 보았듯이 채무자의 일방적인 사후 승낙에 따라 무효인 채권양도행위가 추인되어 유효하게 됨을 인정하고 있다. 그러나 두 당사자의 합의로 형성한 채권의 내용이나 속성을 어떻게 채무자 일방의 의사표시로 변경할 수 있는 것인지에 관해서는 합리적인 설명이 없다. 더구나 물권적 효력설에 따르면, 양도금지특약 위반의 효과는 특약의 당사자인 채권자도 주장할 수 있다고 하는데, 채무자 일방의 사후적인 의사표시만으로 무효인 채권양도를 유효로 할 수 있다는 판례의 입장은 이러한 물권적 효력설의 견해와 배치된다.

이러한 문제가 발생하게 된 가장 큰 원인은 판례가 당초 채무자 보호를 위하여 인정된 양도금지특약의 위반효과를 채무자 보호를 위하여 필요한 범위를 넘어 대세적으로 무효라고 본 것에 있다. 이러한 문제점을 방지하기 위해서는 채권적 효력설을 채택하는 것이 필요하다. 채권적 효력설에 따르면, 양도금지특약의 취지에 맞게 채무자 보호에 필요한 범위 내에서만 특약 위반의 효과를 인정한다. 채무자가 양도금지특약을 위반한 채권양도에 대하여 특약 위반의 효과를 주장하지 않겠다고 하면 그 선택을 존중함으로써 이해관계를 합리적으로 조정하고 법률관계를 모순 없이 처리할 수 있다.

3) 반대의견에서 보았듯이 물권적 효력설에서는 설명하기 곤란한 기존의 여러 대법원판례들이 있다. 양도금

지특약의 존부나 채권양수인의 선의.악의에 관한 증명책임, 선의의 전득자가 유효하게 채권을 양수받을 수 있는 근거, 압류.전부명령에 따른 채권의 이전 등에 관한 판례는 채권적 효력설을 채택함으로써 합리적으로 설명할 수 있다. 양도금지특약을 위반한 채권양도가 이루어진 경우 이를 둘러싼 다양한 이해관계인들의 법률관계를 논리적 일관성과 체계성을 유지하며 합리적으로 해결할 수 있다는 것은 채권적 효력설이 지닌 커다란 장점 중의 하나이다.

라. 양도금지특약을 위반한 채권양도가 이루어진 경우, 채무자가 양수인에 대해서는 양도금지특약에 대한 악의 등을 이유로 채무 이행을 거절하는 한편, 채권자에 대해서는 채권양도의 유효를 주장하면서 채무 이행을 거절하는 것이 과연 허용되는지 문제될 수 있다.

채무자와 채권자 사이의 양도금지특약의 취지가 무엇인지를 살펴볼 필요가 있다. 채무자가 채권자와 양도금지특약을 하는 이유는 만일 채권자가 양도금지특약을 위반하여 채권을 양수인에게 양도한 경우 채무자는 양수인에 대한 채무 이행을 거절하고 채권자에 대한 관계에서 채권.채무를 청산하려는 것이다. 그 특약의 당사자인 채무자와 채권자는 이러한 사정을 명확하게 인식할 수 있다. 따라서 채권자가 양도금지특약을 위반하여 양수인에게 채권을 양도하고, 양수인의 악의 등이 인정되어 채무자가 양도금지특약에 따라 양수인에게 정당하게 이행거절권을 행사하는 경우, 이는 양도금지특약의 취지에 따라 채권자에 대한 관계에서 채권.채무를 청산하겠다는 의사를 표명한 것에 다름 아니고, 이 점에 관해서는 양도금지특약 시 채무자와 채권자 사이에서 이미 합의한 것으로 볼 수 있다. 이처럼 채무자가 양도금지특약에 따라 이미 이러한 의사를 표명하였는데도, 채권자가 채무 이행을 청구하자 돌연 채권양도의 유효를 주장하면서 채권자에 대한 채무 이행을 거부하는 것은 허용되지 않는다. 이것은 당초 양도금지특약의 취지에 반하고 그 특약에 따라 이미 표명한 선행행위와 모순되는 행동이므로 이러한 번복 행위는 신의성실의 원칙상 결코 허용될 수 없다.

이러한 결론은 채무자와 채권자 사이에 체결된 양도금지특약의 취지와 그 특약에 따라 표명된 선행행위와의 모순성을 근거로 자연스럽게 도출된다. 따라서 채권적 효력설이 단순히 구체적 타당성을 위해 만들어낸 논리라거나 일반조항인 신의칙만을 근거로 채권자에게 청구권원을 부여하는 것이어서 부당하다는 지적에는 동의하기 어렵다.

마. 채권자 불확지 변제공탁에 관한 문제를 살펴본다.

채권적 효력설에 따르면 양도금지특약을 위반한 채권양도가 이루어진 경우 채권양도는 유효하고 다만 채무자가 일정한 경우 양수인에 대한 이행거절권을 가질 뿐이므로, 채무자는 이행거절권을 포기하고 양수인에게 채무를 이행함으로써 안전하게 채무를 소멸시킬 수 있다. 이 경우 채무자는 이중변제의 위험이 없으므로 채권자 불확지 변제공탁을 고려할 필요가 없다. 이는 물권적 효력설에서 채무자가 양도금지특약을 위반한 채권양도에 대해 사후 승낙을 하고 양수인에게 채무를 이행하면 특별한 사정이 없는 한 이중변제의 위험이 없는 것과 마찬가지이다.

그러나 채권적 효력설에서 채무자가 이행거절권을 행사하였거나 행사하려고 하는 때에는 채권자 불확지를 이유로 변제공탁을 할 수 있는지 여부가 문제될 수 있다.

민법 제487조 후문에서 정한 '변제자가 과실 없이 채권자를 알 수 없는 경우'란 객관적으로 채권자 또는 변제수령권자가 존재하고 있으나 채무자가 선량한 관리자의 주의를 다하여도 채권자 또는 변제수령권자가 누구인지 알 수 없는 경우를 말한다(대법원 2015. 3. 26. 선고 2013다212226 판결 등 참조). 채무자가 양도금지특약 위반을 이유로 양수인에 대한 채무 이행을 거절하고 양도인에게 채무 이행을 하려는데 양수인의 악의 등에 대한 증명이 어렵거나 향후 소송 등에서 증명이 되었는지에 대한 판단이 달라질 우려가 있는 경우에는 채무자는 이중변제의 위험에 빠질 수 있다. 또한 채무자가 양수인이 악의라고 여기고 채무 이행을 거절할 듯한 언동을 한 경우, 그것이 이행거절권의 행사로 평가된다면 채무자는 위에서 보았듯이 양도인에게 채무를 이행하여야 한다. 그러나 그러한 언동이 이행거절권의 행사로 평가될 수 있는지는 항상 명확한 것은 아니므로 채무자는 이중변제의 위험에 빠질 수 있다. 물론 채무자가 이행거절권을 포기할 수 있지만, 이행거절권을 행사할지 여부는 전적으로 채무자의 권한에 속하고 채무자의 이러한 권한을 박탈한 채 채무자에게 항상 이행거절권의 포기만을 선택하라고 강요할 근거는 없으므로 채무자에게는 여전히 이중변제의 위험이 남아있다.

양도금지특약을 위반한 채권양도의 효력에 관하여 채권적 효력설을 취하더라도 채무자가 위와 같이 이중변제의 위험에 빠질 수 있는 경우라면 채무자는 채권자 불확지 변제공탁을 할 수 있다. 채권적 효력설을 취한 경우 양도인과 양수인 사이에 채권양도의 효력이 항상 유효하다는 사정만으로 채무자가 채권자 불확지 변제공탁을 할 수 없다거나 이를 위해서는 새로운 입법이나 공탁실무의 개정이 필요하다는 지적은 타당하지 않다.

바. 다수의견에 대한 보충의견은 현재 실무상 계약교섭력이 강한 채무자가 변제의 상대방을 고정시켜 불확실성을 제거하고 이해관계인들 사이의 법률관계를 간명하게 처리하고자 양도금지특약을 활용하고 있다고 한다. 이처럼 우월한 시장지배력을 갖는 채무자의 일방적인 요구(약관)에 따라 양도금지특약을 체결하는 경우에는 양도금지특약으로 추구하려던 채무자 보호의 필요성이 더욱 약화된다. 뿐만 아니라 실무에서 양도인이 양수인에게 공정증서정본을 작성해 주고 대상 채권에 압류.전부명령을 실행하게 하는 등으로 양도금지특약을 우회하는 거래가 관행적으로 행해지고 있다는 점을 고려하면 양도금지특약을 체결할 실익이 적어지고 있다.

채권의 재산적 성격과 양도성을 제고하여 자산유동화를 장려하는 것은 다양한 방법으로 모색될 수 있다. 그러나 이와 별도로 채권의 양도성 원칙을 채택하고 있는 민법에서 예외적으로 채권의 양도성 제한을 논의할 때에는 가급적 국민이 자유로운 의사에 기초하여 유연하고 활발하게 경제활동과 사회생활을 할 수 있도록 뒷받침하는 것이 법원의 올바른 태도이다.

이러한 점에서도 양도금지특약에 대해 대세적 효력까지 인정할 필요가 없고 오히려 이를 인정하는 것은 바람직하지 않다.

사. 이상의 논의를 정리하면 다음과 같다. 채권적 효력설은 민법의 기본원리인 사적 자치의 원칙과 그 파생원리인 계약자유의 원칙을 바탕으로 민법 제449조 제2항의 규정을 합리적으로 해석한 결과이다. 그리고 채권적 효력설을 취할 경우 발생할 수 있는 여러 법률관계나 문제점들은 민법 전체의 체계성과 정합성을 유지하며 합리적인 해석을 통하여 얼마든지 해결할 수 있다.

양도금지특약을 위반한 채권양도의 효력에 관하여 현행 민법 규정은 다수의견과 같은 결론을 명시하고 있지 않을 뿐만 아니라 채권의 양도성 원칙을 선언하고 있다. 물권적 효력설은 채무자 보호를 위하여 인정된 양도금지특약 위반의 효과에 대하여 채무자 보호에 필요한 범위를 넘어 대세적으로 채권양도를 무효로 봄으로써 여러 가지 문제점을 드러낸다. 이를 그대로 고수할 경우에는 채권양도의 자금조달수단 기능과 가치가 확산되고 있는 현대 금융산업의 요구를 제대로 수용하지 못한 채 자산유동화거래나 담보거래에 불확실성을 가중시키는 위험요인으로 작용할 수 있다. 민법 제정 당시와는 달리 사회경제적으로 현격한 변화가 이루어진 현 시점에서는 물권적 효력설에 내재된 한계를 극복하고 채권의 양도성을 제고하는 채권적 효력설로 전환하는 것을 계속 미루어

둘 수 없다. 그런데도 그 실익이 적다거나 시기상조라는 이유로 만연히 입법으로 미루려는 다수의견의 태도에는 동의하기 어렵다.

이상의 이유로 반대의견의 논거를 보충한다.

재판장 대법원장 김명수 대법관 조희대 대법관 권순일 대법관 대법관 안철상 대법관 민유숙 대법관 김선수 대법관 재판장 대법원장 김명수 대법관 조희대 대법관 권순일 대법관 대법관 안철상 대법관 민유숙 대법관 김선수 대법관 이동원 대법관 노정희 대법관 김상환

6 지명채권양도의 대항요건

(1-1) 부산지방법원 1993. 4. 16. 선고 92나16741 판결

【원고, 항소인】 문건주
【피고, 피항소인】 태진산업 주식회사
【피고보조참가인】 주식회사 국제상사
【원심판결】 부산지방법원 1992.11.20. 선고 92가단68185 판결
【주 문】 원고의 항소를 기각한다. 항소비용은 원고의 부담으로 한다.

【청구취지】

피고는 원고에게 금 7,779,750원 및 이에 대한 이 사건 소장부본송달일 다음날부터 완제일까지 연2할5푼의 비율에 의한 금원을 지급하라.

소송비용은 피고의 부담으로 한다라는 판결 및 가집행의 선고.

【항소취지】

원판결 중 원고 패소부분을 취소한다.

피고는 원고에게 금 6,290,000원을 지급하라.

소송비용은 1,2심 모두 피고의 부담으로 한다라는 판결 및 가집행의 선고.

【이 유】

[증거]를 종합하면, 소외 주식회사 아진무역은 1992.8.2. 피고에 대한 금 7,779,750원의 물품대금채권을 원고에게 양도하고 같은 달 3. 확정일자 있는 내용증명우편으로 위 양도사실을 통지하여 그 통지가 같은 달 4. 피고에게 도달된 사실을 인정할 수 있고 반증이 없으므로 특별한 사정이 없는 한 피고는 위 채권양수인인 원고에게 위 금 7,779,750원을 지급할 의무가 있다 할 것이다.

이에 대하여 피고는, 위 채권에 대한 법원의 가압류결정이 있었으므로 원고에게 위 금원을 지급할 수 없게 되었다고 항변하므로 살피건대, [증거]를 종합하면, 주식회사 아진무역의 피고에 대한 금 6,290,000원의 물품대금채권에 대하여 채권자 주식회사 국제상사, 채무자 주식회사 아진무역, 제3채무자 피고로 된 부산지방법원 92카합489호 채권가압류결정이 1992.8.3.자로 내려지고 그 결정정본이 같은 달 4. 피고에게 송달된 사실을 인정할 수 있고 반증이 없는 바, 위 인정사실에 의하면 피고로서는 원고가 채권양수인으로서 지급을 구하는 위 물품대금 7,779,750원 중 위 가압류채권액인 금 6,290,000원에 대하여는 피고가 위 가압류결정의 통지를 위 채권양도통지와 동시에 받았음을 이유로 원고에게 대항할 수 있다 할 것이므로 피고의 위 항변은 위 인정범위 내에서 이유 있다.

그렇다면 피고는 원고에게 위 채권양수금 7,779,750원에서 위 가압류채권액 금 6,290,000원을 공제한 나머지 금 1,489,750원(7,779,750-6,290,000) 및 이에 대한 위 채권양수일 이후로서 원고가 구하는 이 사건 소장부본 송달일의 다음날임이 기록상 명백한 1992.9.27.부터 피고가 그 이행의무의 존부 및 범위에 관하여 항쟁함이 상당하다고 인정되는 원심판결선고일인 1992.11.20.까지 민법 소정의 연5푼, 그 다음날부터 완제일까지 소송촉진등에관한특례법 소정의 연2할5푼의 각 비율에 의한 지연손해금을 지급할 의무가 있다 할 것이므로 원고의 청구는 위 인

정범위 내에서 이유 있어 이를 인용하고 나머지는 이유 없어 이를 기각할 것인바, 원판결은 위 인정금원에 대한 지연손해금을 1992.9.26.로부터 기산함으로써 더 많은 금원을 인용하여 부당하다고 할 것이나 원고만이 항소한 이 사건에 있어서 원고에게 불이익하게 원판결을 변경할 수 없고, 따라서 결과에 있어서 원판결은 정당하고 원고의 항소는 이유 없어 이를 기각하며 항소비용은 패소자인 원고의 부담으로 하여 주문과 같이 판결한다.

(1-2) 대법원 1994. 4. 26. 선고 93다24223 전원합의체 판결

【원고, 상고인】 문건주
【피고, 피상고인】 태진산업 주식회사
【피고보조참가인】 주식회사 국제상사
【원심판결】 부산지방법원 1993.4.16. 선고 92나 16741판결
【주 문】

원심판결을 파기하고, 제1심판결 중 아래에서 지급을 명하는 금액에 해당하는 원고 패소부분을 취소한다.

피고는 원고에게 금6,290,000원 및 이에 대한 1992. 9. 27.부터 1994.4.26.까지는 연 5푼의, 그 다음날부터 완제일까지는 연 2할5푼의 각 비율에 의한 금원을 지급하라.

원고의 나머지 항소를 기각한다.

소송총비용 중 보조참가로 인한 부분은 피고보조참가인의 부담으로 하고 그 나머지 부분은 피고의 부담으로 한다.

【이 유】

상고이유를 본다(상고이유보충서는 상고이유서 제출기간이 경과한 후에 제출되었으므로 상고이유를 보충하는 한도 내에서 판단한다).

1. 원심판결 이유에 의하면, 원심은, 소외 주식회사 아진무역(이하 소외 회사라고 한다)은 1992. 8. 2. 피고에 대한 금 7,779,750원의 물품대금채권을 원고에게 양도하고 같은 달 3. 확정일자 있는 내용증명우편으로 위 양도사실을 통지하여 그 통지가 같은 달 4. 피고에게 도달된 사실이 인정되므로 특별한 사정이 없는 한 피고는 채권양수인인 원고에게 위 금 7,779,750원을 지급할 의무가 있다고 한 다음, 한편 소외 회사의 피고에 대한 위 채권 중 금 6,290,000원에 대하여 채권자 피고 보조참가인(주식회사 국제상사), 채무자 소외 회사, 제3채무자 피고로 된 부산지방법원 1992. 8. 3.자 92카합489호 채권가압류결정의 결정정본이 같은 달 4. 피고에게 송달된 사실을 인정하면서, 피고로서는 원고가 채권양수인으로서 지급을 구하는 위 물품대금 7,779,750원 중 위 가압류채권액인 금 6,290,000원에 대하여는 피고가 위 가압류결정의 통지를 위 채권양도통지와 동시에 받았음을 이유로 원고에게 대항할 수 있으므로, 피고는 원고에게 위 채권양수금 7,779,750원에서 위 가압류채권액 금 6,290,000원을 공제한 나머지 금 1,489,750원 및 그 지연손해금만을 지급할 의무가 있다고 판단하였다.

2. 채권이 이중으로 양도된 경우의 양수인 상호간의 우열은 통지 또는 승낙에 붙여진 확정일자의 선후에 의하여 결정할 것이 아니라, 채권양도에 대한 채무자의 인식, 즉 확정일자 있는 양도통지가 채무자에게 도달한 일시 또는 확정일자 있는 승낙의 일시의 선후에 의하여 결정하여야 할 것이고, 이러한 법리는 채권양수인과 동일 채

권에 대하여 가압류명령을 집행한 자 사이의 우열을 결정하는 경우에 있어서도 마찬가지라 할 것이므로, 확정일자 있는 채권양도통지와 가압류결정 정본의 제3채무자(채권양도의 경우는 채무자, 이하 같다)에 대한 도달의 선후에 의하여 그 우열을 결정하여야 할 것이다.

그러므로, 이 사건에서 채권양수인인 원고와 가압류채권자인 참가인 사이의 채권양도의 대항력에 관한 우열을 확정일자 있는 채권양도통지와 가압류결정 정본의 제3채무자인 피고에 대한 각 도달시를 기준으로 판단한 원심의 조치는 정당하고, 거기에 채권양도의 대항요건에 대한 우열 판단의 기준에 관한 법리를 오해한 위법이 있다고 할 수 없으므로, 이를 비난하는 논지는 이유없다.

3. 채권양도통지, 가압류 또는 압류명령 등이 제3채무자에 동시에 송달되어 그들 상호간에 우열이 없는 경우에도 그 채권양수인, 가압류 또는 압류채권자는 모두 제3채무자에 대하여 완전한 대항력을 갖추었다고 할 것이므로, 그 전액에 대하여 채권양수금, 압류전부금 또는 추심금의 이행청구를 하고 적법하게 이를 변제받을 수 있고, 제3채무자로서는 이들 중 누구에게라도 그 채무 전액을 변제하면 다른 채권자에 대한 관계에서도 유효하게 면책되는 것이며, 만약 양수채권액과 가압류 또는 압류된 채권액의 합계액이 제3채무자에 대한 채권액을 초과할 때에는 그들 상호간에는 법률상의 지위가 대등하므로 공평의 원칙상 각 채권액에 안분하여 이를 내부적으로 다시 정산할 의무가 있다고 할 것이다.

다만 채권양도의 통지와 가압류 또는 압류명령이 제3채무자에게 동시에 송달되었다고 인정되어 채무자가 채권양수인 및 추심명령이나 전부명령을 얻은 가압류 또는 압류채권자 중 한 사람이 제기한 급부소송에서 전액패소한 이후에도 다른 채권자가 그 송달의 선후에 관하여 다시 문제를 제기하는 경우 기판력의 이론상 제3채무자는 이중지급의 위험이 있을 수 있으므로, 동시에 송달된 경우에도 제3채무자는 송달의 선후가 불명한 경우에 준하여 채권자를 알 수 없다는 이유로 변제공탁을 함으로써 법률관계의 불안으로부터 벗어날 수 있다고 보아야 할 것이다.

당원의 판례 중 위에서 설시한 법리와는 달리 채권양도통지와 채권가압류결정 정본이 동시에 제3채무자에게 도달된 경우에 양수인의 양수금청구에 대하여 채무자가 채권양도통지와 채권가압류결정 정본을 동시에 송달받은 사실로써 대항할 수 있다는 취지의 판례(당원 1987. 8. 18. 선고 87다카553 판결)는 이를 폐기하기로 한다.

이 사건에서 원고를 양수인으로 하는 채권양도 통지와 참가인이 채권자로 된 채권가압류결정 정본이 피고에게 같은 날 도달되었는바, 그 선후관계에 대하여 달리 입증이 없으므로 원심 판시와 같이 동시에 도달된 것으로 추정할 것이다.

따라서 양수인인 원고는 가압류채권자인 참가인과 동시에 채권양도의 대항요건을 갖추었으므로 원고는 채무자인 피고에 대하여 양수채권인 물품대금 7,779,750원 전액의 지급을 청구할 수 있고, 채무자인 피고는 원고와 동시에 대항력을 갖춘 가압류채권자가 있음을 들어 원고에게 대항할 수 없다고 할 것이다.

결국 이 사건에서 피고는 원고에게 양수채권액 전부인 금7,779,750원 및 이에 대한 지연손해금에서 가압류채권액 금6,290,000원을 공제한 금1,489,750원 및 이에 대한 지연손해금의 지급의무가 있다고 본 제1심판결을 유지하여 원고의 항소를 기각한 것은, 채권양도 통지와 채권가압류결정 정본이 동시에 제3채무자에게 도달된 경우의 법률관계에 관한 법리를 오해하여 결론에 영향을 미친 위 저지른 것이라고 할 것이다.

4. 그러므로, 원심판결을 파기하고, 이 사건을 원심의 확정사실에 의하여 재판하기에 충분하므로 당원이 자판

하기로 하는바, 제1심판결 중 위 금6,290,000원 및 이에 대하여 원고가 구하는 이 사건 소장부본 송달 다음날임이 기록상 명백한 1992. 9. 27.부터 위 이행의무의 존부와 범위에 관하여 항쟁함이 상당한 이 사건 당심 판결선고일인 1994. 4. 26.까지는 민법 소정의 연 5푼의, 그 다음날부터 완제일까지는 소송촉진등에 관한 특례법 소정의 연 2할5푼의 각 비율에 의한 지연손해금에 해당하는 원고 패소부분을 취소하여 피고에게 위 금원의 지급을 명하고, 원고의 나머지 항소는 이유없어 이를 기각하며, 소송비용의 부담에 관하여는 민사소송법 제89조, 제92조 단서, 제94조, 제96조를 적용하기로 하여 관여법관 전원의 일치된 의견으로 주문과 같이 판결한다.

(2) 대법원 2002. 8. 27. 선고 2002다31858 판결

【원고, 상고인】 전영규
【피고, 피상고인】 주식회사 조흥은행
【원심판결】 서울지방법원 2002. 4. 24. 선고 2001나63598 판결
【주 문】 원심판결을 파기하고, 사건을 서울지방법원 본원 합의부에 환송한다.

【이 유】

1. 원심은, 원고가 1998. 2. 6. 이점희에 대한 7,000만 원의 채권을 피보전채권으로 하여 이점희의 피고에 대한 2,481만 원의 예금반환채권(계좌번호 364-04-456012)에 관하여 서울지방법원 98카단43629호로 채권가압류결정을 받았고, 위 가압류결정 정본이 1998. 2. 11. 12:00경 피고의 본점에 송달된 사실, 원고는 이점희를 상대로 제기한 본안소송에서 승소확정 판결을 받은 후, 2000. 11. 30. 같은 법원 2000타기10686호로 이 사건 가압류를 본압류로 전이하는 채권압류 및 추심명령을 받았고, 위 채권압류 및 추심명령이 2001. 1. 4.경 피고에게 송달된 사실을 인정한 다음, 위 인정사실에 의하면, 피고는 추심권자인 원고에게 이점희의 예금채권 2,481만 원 및 이에 대한 지연손해금을 지급할 의무가 있다고 판단하였다.

그런 다음 원심은, 이 사건 가압류 사실이 소관지점인 구로동지점에 통보되고 이점희의 위 예금계좌에 대한 지급정지조치가 취해지기 전에 위 예금계좌에 있던 예금이 모두 인출되었으므로 피고의 예금반환채무는 모두 소멸되었다는 피고의 주장에 대하여, 일반적인 채권가압류의 경우 제3채무자에게 가압류결정 정본이 송달된 때 효력이 발생한다고 볼 것이지만 예금반환채권에 대한 가압류의 경우에는 다량의 문서를 동시에 접수하는 금융기관으로서는 예금반환채권에 대한 가압류결정 정본을 송달받은 뒤 가압류된 예금계좌를 인식할 수 있는 데에 어느 정도 시간이 소요되는 점 및 예금자가 전국 어느 지점에서나 예금을 인출할 수 있는 점 등에 비추어 금융기관이 가압류결정 정본 송달 후 담당직원이 가압류된 예금계좌에 대하여 인식하고, 이에 대한 지급정지조치를 취할 수 있는 합리적인 시간이 경과한 후에 가압류의 효력이 발생한다고 봄이 상당하다고 판단한 다음, 앞서 인정한 바와 같이 이 사건 가압류결정 정본이 피고의 본점에 송달된 시간은 1998. 2. 11. 12:00경이나, 그 채용한 증거에 의하면, 피고 본점의 문서수발직원이 1998. 2. 11. 수령한 우편물들을 개봉·분류한 후 문서수발대장에 등재하는 절차를 거치느라 같은 날 12:30경에야 소관지점인 피고의 구로동지점에 이 사건 가압류 사실을 통보한 사실, 피고의 구로동지점 예금담당자인 심승섭은 위 통보를 받은 뒤 같은 날 14:05경 이점희의 위 예금계좌에 대하여 지급정지조치를 취한 사실, 그런데 이점희는 위와 같은 지급정지조치가 취해지기 전인 같은 날 12:25경 위 예금계좌 잔고 중 2,000만 원을, 같은 날 13:41경 나머지 4,882,000원을 각 인출한 사실을 인정할 수 있는데,

가압류된 예금계좌에 대한 지급정지 조치가 위와 같은 절차를 거쳐야 하는지 여부에 대하여는 별론으로 하고, 이 사건 가압류의 효력은 그 결정 정본이 피고 본점에 송달된 후 그에 대한 지급정지조치를 취함에 소요되는 합리적인 시간으로 판단되는 같은 날 12:30경 발생한다고 볼 것이고, 이점희가 인출한 위 금원 중 2,000만 원은 이 사건 가압류의 효력발생 이전에 인출된 것이어서 이에 대한 피고의 예금반환채무는 이미 소멸되었다는 이유로 피고의 위 항변을 2,000만 원의 범위 내에서 받아들였다.

2. 그러나, 구 민사소송법(2002. 1. 26. 법률 제6626호로 개정되기 전의 것) 제707조, 제561조 제3항에 의하면 채권가압류는 제3채무자에 대한 송달이 있으면 그 효력이 발생하는 것인바, 여기에서 송달이라 함은 사회통념상 제3채무자가 그 내용을 알 수 있는 객관적 상태에 놓여졌다고 인정되는 것을 말하고 제3채무자가 그 내용을 알았을 것까지는 필요하지 않을 뿐만 아니라(대법원 1983. 8. 23. 선고 82다카439 판결 참조), 채권양수인과 동일채권에 대하여 가압류명령을 집행한 자 사이의 우열은 확정일자 있는 채권양도 통지와 가압류결정 정본의 제3채무자(채권양도의 경우는 채무자)에 대한 도달의 선후에 의하여 결정되어야 한다는 점(대법원 1994. 4. 26. 선고 93다24223 전원합의체 판결 참조)까지 감안하여 보면, 채권가압류의 효력은 가압류결정 정본이 제3채무자에게 송달된 때, 즉 제3채무자가 그 내용을 알 수 있는 객관적 상태에 놓여졌다고 인정되는 때에 즉시 발생하는 것이고, 가압류된 채권이 은행에 대한 예금채권이라고 하여 달리 볼 것이 아니다.

그럼에도 불구하고 원심은 이 사건 가압류의 효력이 제3채무자인 피고에게 송달된 때로부터 담당직원이 가압류된 예금계좌에 대하여 인식하고 지급정지조치를 취할 수 있는 합리적인 시간(30분)이 경과한 후에야 비로소 발생한다고 보아 그 직전에 피고가 이점희에게 2,000만 원을 지급함으로써 가압류채권자인 원고에게 대항할 수 있다고 판단하였으니, 거기에는 채권가압류의 효력발생시기에 관한 법리를 오해함으로써 판결에 영향을 미친 위법이 있고, 이 점을 지적하는 상고이유의 주장은 이유 있다.

다만 이 사건과 같이 제3채무자가 전국에 많은 지점을 둔 은행인 관계로 가압류된 예금채권의 지급정지조치를 취하기 위하여 불가피한 시간이 소요되는 경우 제3채무자의 지점 등이 예금채권의 가압류 사실을 알지 못하고 또 과실도 없이 그 시간 내에 예금채권을 지급하고 말았다면, 채권의 준점유자에 대한 변제에 관한 민법 제470조를 유추 적용하여 제3채무자의 면책을 인정할 수 있고, 이 경우 선의·무과실의 주장·입증책임은 제3채무자에게 있다고 할 것인데, 기록에 의하면 피고는 같은 취지로 보이는 주장을 내세우고 있으므로(피고의 2001. 3. 9.자 답변서 참조), 원심으로서는 이 점에 나아가 심리·판단을 하여야 할 것이고, 이 경우에는 이 사건 가압류 결정 정본이 피고 본점에 송달된 후 그에 대한 지급정지조치를 취함에 통상 소요되는 시간이 어느 정도인지의 점 이외에도 위 예금인출 당시 피고 및 다른 은행이 운영하던 전산시스템의 구조와 내용, 피고가 취한 예금지급정지 방식 자체가 합당한 것인지 여부 및 피고 본점의 문서수발직원의 인원수가 적정한 것이었는지 여부 등의 제반 사정을 두루 살펴야 할 것이다.

3. 그러므로 원심판결을 파기하고 사건을 원심법원에 환송하기로 하여 주문과 같이 판결한다.

7 면책적채무인수와 이행인수

(1-1) 대구지방법원 1994. 10. 26. 선고 93나15326 판결

【원고, 피항소인】 김창년 외 1인
【원고, 항소인 겸 피항소인】 남상호
【피고, 피항소인 겸 항소인】 하상기
【원심판결】 대구지방법원 1993. 10. 21. 선고 92가단38475 판결

【주 문】

1. 원심판결 중 원고 남상호에 관한 부분을 위 원고의 당심에서의 확장된 청구를 포함하여 다음과 같이 변경한다.
   피고는 원고 남상호에게 대구 ○○구 ○○동481의 10 대 478.7㎡에 대한 144.8분의 11.71지분 중 4분의 1지분에 관하여 1984. 7. 3. 매매를 원인으로 한 소유권이전등기절차를 이행하라.
2. 피고의 원고들에 대한 항소를 모두 기각한다.
3. 소송비용 중 원고 남상호와 피고 사이에서 생긴 부분은 제1, 2심 모두 피고의 부담으로 하고, 원고 김창년, 최부돌과 피고 사이에서 생긴 항소비용은 피고의 부담으로 한다.

【청구취지】

피고는 주문 기재 부동산(이하 이 사건 대지라 한다.)에 대한 144.8분의 11.71지분 중, 원고 김창년에게 34분의 14지분에 관하여, 원고 최부돌에게 34분의 13지분에 관하여, 원고 남상호에게 4분의 1지분에 관하여 각 1984. 7. 3 매매를 원인으로 한 소유권이전등기절차를 이행하라.(원고 남상호는, 피고는 원고 남상호에게 이 사건 대지에 대한 144.8분의 11.71지분 중 34분의 5지분에 관하여 위 매매를 원인으로 한 소유권이전등기절차를 이행하라는 원심에서의 청구를 위와 같이 확장하였다.)

【피고의 항소취지】

원심판결 중 원고 남상호에 관한 부분 및 원고 김창년, 최부돌에 관한 피고 패소부분을 각 취소하고, 위 취소부분에 해당하는 원고들의 청구를 모두 기각한다.

【원고 남상호의 항소취지】 주문 제1항과 같다.

【이 유】

1. (증거)를 종합하면 원고들과 소외 이종홍이 1984. 7. 3. 피고로부터 이 사건 대지상에 건립되어있는 철근콘크리트조 및 시멘트벽돌조 슬래브 지붕 4층 영업소건물의 3층 258.25㎡ 중 그 동편에 위치한 동해다방 건평 31평 및 이 사건 대지에 대한 144.8분의 11.71지분을 금52,000,000원에 매수한 사실, 그 후 원고들과 위 이종홍이 1984. 7. 5. 먼저 위 동해다방 건평 31평에 상응하는 위 건물 중 3층 258.25㎡에 대한 5분의 2지분에 관하여 그들 명의의 지분소유권이전등기를 경료한 사실을 인정할 수 있고, 을제11호증, 을제22호증의 각 기재와 위 증인 이종홍의 일부증언은 위 인정에 방해가 되지 아니하며, 달리 반증이 없고, 한편 원고들 및 위 이종홍의 지분은 아래에

서 보는 바와 같이 피고와의 사이에서는 균등한 것으로 볼 것이므로 특별한 사정이 없는 한 피고는 원고들에게 이 사건 대지에 대한 144.8분의 11.71지분 중 각 4분의 1지분에 관하여 위 매매를 원인으로 한 소유권이전 등기절차를 이행할 의무가 있다 할 것이다.

원고 김창년, 최부돌은, 위 매매 당시 원고들 및 위 이종홍이 균등한 지분비율로 매수한 것이 아니라 원고 김창년은 34분의 14, 원고 최부돌은 34분의 13지분의 비율로 매수하였으므로 피고는 이 사건 대지에 대한 144.8분의 11.71지분 중 원고 김창년에 대하여는 34분의 14지분, 원고 최부돌에 대하여는 34분의 13지분의 비율로 소유권이전등기절차를 이행할 의무가 있다고 주장하나, 위 매매 당시 위 원고들이 피고로부터 위와 같은 지분비율로 소유권이전등기를 경료받기로 약정하였음을 인정할 아무런 증거가 없고, 오히려 앞서 인용한 각 증거들과 갑제30호증의 기재에 의하면 원고들과 위 이종홍은 위 매매 당시 그들 내부에서나 피고와의 사이에서 위 매매목적물에 대한 소유지분에 관하여 별다른 약정을 하지 않았다가, 1991. 10. 14. 그들 내부 사이에서 그 지분을 위 원고들이 주장하는 바와 같은 비율로 정하기로 약정한 사실을 인정할 수 있을 뿐이므로 원고들과 위 이종홍사이의 위와 같은 약정은 피고에 대하여 직접적인 효력을 가질 수 없는 것이고, 피고와의 사이에서 별다른 약정이 없었던 이 사건에서 원고들과 위 이종홍의 지분은 피고와의 사이에 있어서는 균등한 것으로 볼 것이므로 위 원고들의 위 주장은 받아들일 수 없다.

2. 피고의 주장에 대한 판단

가. 피고는 먼저, 위 매매계약 당시 원고 남상호는 위 매매대금을 현실로 피고에게 지급하는 대신 피고가 당시 소외 전성도, 이△석, 김◇태, 김□조, 하▽성, 이♡옥, 공우선 등에 대하여 부담하고 있던 합계 금52,000,000원의 채무를 인수하여 위 원고가 장차 위 소외인들에게 직접 위 채무를 변제하는 방법으로 위 매매대금을 지급하겠다고 거짓말 하여 이에 속은 피고가 소개인인 소외 김해원에게 인감도장을 교부하면서 위와 같은 취지의 매매계약서를 작성할 것을 위임하였는데, 위 김해원이 원고들 및 위 이종홍과 공모하여 마치 원고들 및 위 이종홍이 위 계약 당일에 피고에게 위 매매대금 중 금47,770,000원을 직접 지급한 것처럼 허위의 매매계약서(갑제11호증)를 작성하였으므로 이에 기한 위 매매는 결국 원고들 및 위 이종홍과 위 김해원의 사기에 의한 것으로 이를 취소한다는 취지의 주장을 하나, 이에 부합하는 듯한 [증거]는 믿지 아니하고, [증거]만으로는 이를 인정하기에 부적하며, 달리 이를 인정할만한 아무런 증거가 없으므로 피고의 위 주장은 이유없다.

나. 피고는 또, 원고 남상호가 위와 같이 위 매매대금의 지급을 위하여 인수한 위 전성도 등 소외인들에 대한 피고의 채무 합계 금52,000,000원 중 원고들과 위 이종홍이 위 계약 당시 피고에게 실제로 지급한 금4,230,000원을 제외한 나머지 매매잔대금 47,770,000원을 아직까지 지급하지 아니하였음에도 이 사건 소로서 위 매매대금을 전부 지급하였다고 주장함으로써 위 잔대금을 지급할 의사가 없음을 명백히 하고 있으므로 이를 이유로 1992. 11. 21.자 준비서면의 송달로서 위 매매계약을 해제한다고 주장함에 대하여, 원고들은 위 매매대금이 전부 지급되었다고 다룬다.

그러므로, 먼저 과연 원고들 및 위 이종홍이 피고 주장의 위 해제당시 위와 같이 피고에게 지급해야 할 잔대금 47,770,000원이 남아 있었는지의 점에 관하여 살피건대, [증거]를 종합하면 다음과 같은 사실을 인정할 수 있고, 이에 반하는 듯한 [증거]는 믿지 아니하며, [증거]는 위 인정에 방해가 되지 아니하고, 달리 반증이 없다.

(1) 원고 김창년, 최부돌은 부부로서, 1982. 11. 24.부터 같은해 12. 20.까지 사이에 4회에 걸쳐 피고에게 합계

금9,000,000원을 이자 월 2푼 8리로 정하여 대여하였고, 소외 이종홍은 1982.말경 피고에게 금2,000,000원을 대여하였다.

(2) 소외 최난희가 1982. 6. 27. 위 영업소건물 중 1층 동해양주 점포를 임차보증금9,000,000원에, 소외 윤욱이가 같은 해 11. 9. 위 건물 중 3층 보림식당 점포를 임차보증금 8,000,000원에 피고로부터 각 임차할 당시, 소외 서태수가 위 소외인들에게 위 각 임차보증금 중의 일부에 해당하는 돈을 대여하면서 그 대여금채권을 담보하기 위하여 각 임대차계약서상의 임차인 명의를 자신의 명의로 하였다가, 1983. 5 초순경 자신이 위 소외인들에게 대여한 돈을 변제받기 위하여 그 당시 마침 돈을 투자할 곳을 물색하고 있던 원고 남상호에게 위 소외인들에게 임차보증금을 대여하여 주면 그들로부터는 고율의 이자를 지급받게 되고 그 대여원금은 각 임대차기간 만료시 임대인인 피고로부터 지급받을 수 있다고 제의하여 이를 승낙한 위 원고를 피고에게 소개하고, 피고로부터는 위 각 임대차계약상의 임차인 명의를 위 원고의 명의로 변경하는데 대한 승낙을 얻은 다음, 위 원고로부터 금 11,00,000원을 지급받아 그 중 자신이 위 소외인들에게 대여한 돈을 회수하고 나머지 돈을 위 소외인들에게 지급한 뒤, 같은해 5. 14. 피고로부터 수권을 받아 위 소외인들과 사이에 임차보증금은 종전과 같이 하고 임차기간을 1년으로 하는 새로운 임대차계약을 체결하면서 그 계약상의 임차인 명의를 위 원고의 명의로 하였던 것인데, 그 후 피고는 위 각 임대차기간이 만료되었음에도 위 원고에게 위 임차보증금 중 위 원고가 부담한 금11,000,000원을 반환할 수 없게 되자, 1984. 6. 22. 그 임차보증금반환채무를 담보하기 위하여 당시 피고의 소유이던 위 영업소건물 및 이 사건 대지 중 144.8분의 91.5지분에 관하여 위 원고 앞으로 채권최고액 합계 금15,000,000원의 근저당권설정등기를 경료하여 주었다.

(3) 그리하여, 1984. 7. 3. 당시 피고가 원고들과 위 이종홍에 대하여 부담하고 있던 위 각 채무의 원리금은 합계 금29,770,000원 상당이 되었는데, 피고는 원고들과 위 이종홍에 대한 위 각 채무원리금을 변제하기 위하여 그들에게 뒤 영업소건물 3층 중 동해다방과 이 사건 대지에 대한 피고의 위 지분 중 144.8분의 11.71지분을 금 52,000,000원에 매도하면서, 위 매매대금의 지급방법으로 원고들과 위 이종홍이 피고에 대하여 가지는 위 각 채권 합계 금29,770,000원을 위 매매대금의 일부와 상계처리하고, 그 당시 피고로부터 위 동해다방을 임차하여 사용하고 있던 위 전성도에 대하여 피고가 부담하고 있던 금18,000,000원의 임차보증금반환채무를 위 전성도의 동의아래 원고들과 위 이종홍이 면책적으로 인수하여 이를 부담하기로 약정하였다.

(4) 이에 따라 매매계약서(갑제11호증) 작성시 위에서 본 바와 같이 상계 및 인수된 금액인 금47,770,000원(29,770,000 + 18,000,000)을 계약금으로 정하여 이를 위 매매계약 당일 피고가 수령한 것으로 하였고, 원고들과 이 이종홍은 같은 날 피고에게 나머지 잔금 4,230,000원(52,000,000 - 47,770,000)을 지급하였다.

(5) 위 인정사실에 의하면, 위 매매계약에 따른 매매대금은 그 지급방법에 관한 원고들 및 위 이종홍과 피고 사이의 위와 같은 약정에 따라 이미 모두 지급되었다 할 것이므로 위와 같이 위 매매잔대금이 남아 있음을 전제로 한 피고의 위 해제주장은 더 나아가 살펴볼 필요없이 이유없다.

다. 피고는 그 밖에도, 원고들은 위 매매계약 당시 위 매매대금 일부의 지급을 위하여 피고의 위 전성도에 대한 위 임차보증금반환채무를 인수하여 원고들이 피고 대신 이를 반환하기로 약정하였음에도 위 전성도에게 위 임차보증금을 반환하지 아니하여 피고가 1993. 5. 8. 위 전성도의 요구에 따라 하는 수 없이 그에게 위 임차보증금을 지급하고, 같은 달 11. 원고들에게 같은달 17.까지 피고에게 이를 상환하라는 내용의 통지를 하였으나, 원고들이 그 무렵 위 통지를 받고도 위 날짜까지 이를 상환하지 아니하므로, 피고는 같은달 20. 원고들에게 원고들의 위와 같은 계약위반 내지는 적어도 위 임차보증금에 상당한 매매대금을 지급하지 아니하였음을 이유로 위 매매계약을 해제한다고 통지하였으므로 이로써 위 매매는 해제되었다고 주장하나, 위에서 본 바와 같이 원고들과 위 이종홍이 위 전성도의 동의아래 피고의 위 전성도에 대한 임차보증금반환채무를 면책적으로 인수하여 위 매매대금의 일부에 충당한 것으로 피고와 약정한 이상 피고와의 사이에서는 위 매매계약 당시 이미 그 부분에 해당하는 매매대금은 지급완료되었다 할 것이므로 피고가 위와 같이 위 전성도에게 위 임차보증금을 직접 반환하였다고 하더라도 이를 가지고 이미 이행완료된 위 매매계약의 효력을 다툴 수는 없다 할 것이어서 피고의 위 주장 역시 더 나아가 살펴볼 필요없이 이유없다.

3. 결론

그렇다면, 원고 김창년, 최부돌의 청구는 위 인정범위 내에서, 원고 남상호의 청구는 위 원고의 당심에서의 확장된 청구를 포함하여 그 전부가 이유있어 이를 각 인용하고, 원고 김창년, 최부돌의 나머지 청구는 이유없어 이를 각 기각할 것인데, 원심판결 중 원고 김창년, 최부돌에 관한 부분은 이와 결론을 같이하여 정당하므로 피고의 위 원고들에 대한 항소를 기각하고, 원고 남상호에 관한 부분은 위 원고의 당심에서의 청구의 확장에 따라 주문 제1항과 같이 변경하기로 하여 주문과 같이 판결한다.

(1-2) 대법원 1995. 8. 11. 선고 94다58599 판결

【원고, 피상고인】 김창년 외 2인
【피고, 상고인】 하상기
【원심판결】 대구지방법원 1994.10.26. 선고 93나15326 판결
【주 문】 상고를 기각한다.
상고비용은 피고의 부담으로 한다.

【이 유】

1. 상고이유 제1점을 본다.

소론이 지적하는 점(원고 남성호의 피고에 대한 채권이 이 사건 매매계약으로 인한 피고의 위 원고에 대한 매매대금 채권과 대등액에서 상계되어 소멸한 점)에 관한 원심의 인정판단은 원심판결이 설시한 증거 관계에 비추어 옳은 것으로 여겨지고, 그 과정에 소론과 같이 이유모순이나 상계에 관한 법리오해의 위법이 있다고 할 수 없다. 위 원고의 피고에 대한 채권을 피담보채권으로 하는 근저당권설정등기가 그대로 존속하고 있다는 사정만으로 원심의 조치를 탓할 수 없다. 논지는 이유없다.

2. 상고이유 제2, 3, 4점을 본다.

원심판결 이유에 의하면 원심은 거시 증거에 의하여, 원고들과 소외 이종홍 등 4인(이하 “원고 등”이라 한다)이 1984.7.3. 피고로부터 “이 사건 대지” 위에 건립되어 있는 철근콘크리트 및 시멘트 벽돌조 슬래브 지붕 4층 영업소 건물(이하 “이 사건 건물”이라 한다)의 3층 258.25㎡ 중 동해다방 31평 및 이 사건 대지 중 위 다방건물에 상응하는 144.8분의 11.71 지분(이하 “이 사건 매매목적물”이라 한다)을 금 52,000,000원에 매수하고, 그 대금지급 방법으로서 피고의 원고 등에 대한 채무 원리금 합계 금 29,770,000원을 매매대금에서 상계하고, 피고의 소외

전성도에 대한 임차보증금 반환채무 금 18,000,000원을 위 전성도의 승낙 아래 매수인이 면책적으로 인수하여, 원고 등은 같은 날 피고에게 나머지 잔금 4,230,000원(52,000,000원 - 29,770,000원 - 18,000,000원)을 지급함으로써 위 매매대금이 모두 지급된 사실을 인정한 다음, 원고 등이 위 전성도에 대한 임차보증금 반환채무를 이행하지 않아 피고가 1993.5.8. 이를 직접 지급하고 원고 등에게 그 상환을 구하였음에도 불구하고 이를 이행하지 않으므로 이 사건 매매계약을 해제한다는 피고의 주장에 대하여, 원고 등이 피고의 위 채무를 면책적으로 인수하였으므로 피고가 위 전성도에게 위 임차보증금을 직접 반환하였다 하더라도 위 매매계약의 효력에 아무런 영향이 없다는 취지로 판시하였다. 그런데 부동산의 매수인이 매매목적물에 관한 채무를 인수하는 한편 그 채무액을 매매대금에서 공제하기로 약정한 경우, 그 인수는 특별한 사정이 없는 한 매도인을 면책시키는 채무인수가 아니라 이행인수로 보아야 하고(대법원 1990.1.25. 선고 88다카29467 판결; 1993.2.12. 선고 92다23193 판결; 1994.5.13. 선고 94다2190 판결 각 참조), 면책적 채무인수로 보기 위하여는 이에 대한 채권자의 승낙이 있어야 할 것인데, 원심이 면책적 채무인수임을 인정하기 위하여 채용한 증거인 갑 제4호증(김해원 진술조서)의 기재에 의하면 위 김해원이 위 매매계약을 "소개할 때 채권자들을 전부 만나보고 (원고들의 채무인수에 관한)동의를 얻었다"(기록 252쪽)는 내용의 기재가 있으나, 그가 만난 채권자 중 위 전성도가 포함되어 있었는지 여부가 불분명하고, 한편 위 김해원의 원심에서의 증언에 의하면 위 전성도는 계약 당시 참석하지 않았고, 그로부터 승낙을 받은 사실이 없다는 취지로 진술하고 있어(기록 1102쪽), 위 증거만으로는 면책적 채무인수의 요건인 채권자의 승낙이 있었음을 인정하기 어렵고, 달리 이를 인정할 만한 뚜렷한 증거가 없는 반면, 오히려 을 제26호증의 2(기록 1010쪽)의 기재 및 원심증인 박복순의 증언(기록 1124쪽)에 의하면, 위 전성도는 이 사건 매매계약 당시 원고 등이 전세보증금반환채무를 인수하였다는 사실을 모르고 있다가, 계약 며칠 후 원고 남상호가 위 전성도를 찾아와 그가 임차한 건물 부분인 다방을 매수하였다고 하며 계속 임차할지 여부를 묻자, 위 전성도는 원래의 임대인인 피고하고만 이야기하겠다고 말하며 위 원고와 대화하지 않으려 한 사실, 그 후 위 전성도는 1984.7.18. 피고를 찾아가 전세보증금 반환을 위한 담보를 요구하여 이 사건 건물 중 피고 지분에 관하여 한도액 금 18,000,000원의 근저당권설정등기를 경료한 사실이 인정되는 바, 위 인정사실에 의하면 원고들의 위 전성도에 대한 전세보증금 반환채무의 인수는 이를 단순한 이행인수로 볼 수 밖에 없을 것이다. 그럼에도 불구하고 원심이 합리적인 이유의 설시 없이 원고들의 위 전성도에 대한 임차보증금 반환채무의 인수를 면책적 채무인수로 본 것은 증거판단을 잘못하였거나 면책적 채무인수에 관한 법리를 오해하여 사실을 잘못 인정한 위법이 있다. 그러나 매수인은 매매계약시 인수한 채무를 현실적으로 변제할 의무를 부담하는 것은 아니고, 특별한 사정이 없는 한 매수인이 매매대금에서 그 채무액을 공제한 나머지를 지급함으로써 잔금지급의 의무를 다하였다 할 것이므로, 설사 매수인이 위 채무를 현실적으로 변제하지 아니하였다 하더라도 그와 같은 사정만으로는 매도인은 매매계약을 해제할 수 없고(대법원 1993.6.29. 선고 93다19108 판결 참조), 매수인이 인수채무를 이행하지 아니함으로써 매매대금의 일부를 지급하지 아니한 것과 동일하다고 평가할 수 있는 특별한 사유가 있을 때 계약해제권이 발생한다 할 것이다. 기록(특히 을 제21호증의 1, 2의 기재)에 의하면, 피고는 1993.5.8. 위 전성도에게 위 전세보증금을 반환한 후 원고 등에게 그 반환을 요구하였으나 위 돈을 지급받지 못하고 있는 사실을 인정할 수 있으나, 과연 위 사실이 원고 등이 매매대금의 지급의무를 이행하지 아니한 것으로 평가할 수 있는 특별한 사정으로 볼 수 있는지 여부에 관하여 살피건대, 기록(특히 갑 제32호증의 기재, 1심증인 이종홍, 원심증인 박복순의 각 증언)에 의하면, 피고는 이 사건 소송 계속중에 원고 등에게 먼저 위 전세보증금의 반환을 요구해 보지도 않은 채, 자신의 출연이 아니라 이 사건 매매목적물인 다방을 다른 사람에게 임대하여 받은 돈으로 위 전성도의 전세보증금을 반환한 사실을 인정할 수 있는바, 사실이 위와 같다면 원고 등이 피고에 대하여 위 전성도에 대한 채무 인수에 따른 의무를 게을리 하였다고 볼 수 없고, 위와 같은 피고의 행위는 이 사건 매매목적물 중 건물부분을 원고 등에게 명도할 매도인으로서의 의무 이행을 사실상 곤란케 하는 행위로 볼 수 있어, 달리 피고가 위 건물의 명도를 보장하고 있다는 아무런 자료가 없는 이 사건에서 원고 등이 피고에 대하여 위 전세보증금에 상당하는 돈을 지급하지 아니하였다 하여, 매매대금의 지급의무를 이행하지 아니한 것으로 평가할 수는 없을 것이다. 나아가 기록상 피고가 계약 해제 당시 그의 쌍무계약상의 의무인 소유권이전등기에 필요한 서류 등을 원고 등에게 제공하였다는 아무런 자료도 없다. 따라서 원고 등이 피고에게 위 전세보증금 상당액을 지급하지 않은 사실만으로는 매매대금 지급의무를 불이행하였다고 평가할 수 없을 뿐 아니라, 피고가 자기의 의무에 관한 이행의 제공 없이 한 해제권의 행사는 효력이 없다 할 것이므로, 원심이 피고의 해제주장을 배척한 결론은 옳고, 따라서 원심의 위와 같은 잘못은 판결에 영향을 미치지 아니하였다 할 것이므로 논지도 결국 이유없다.

3. 이에 상고를 기각하고, 상고비용은 패소자의 부담으로 하기로 하여 관여법관의 일치된 의견으로 주문과 같이 판결한다.

8 제3자를 위한 병존적 채무인수와 이행인수의 구별

(1-1) 대전고등법원 1997. 5. 27. 선고 96나3904 판결

【원고, 피항소인】 한관동

【피고, 항소인】 최덕계

【주 문】

1. 피고의 항소를 기각한다.
2. 항소비용은 피고의 부담으로 한다.

청구취지 피고는 원고에게 금 297,000,000원 및 이에 대한 이 사건 소장부본 송달익일부터 완제일까지 연 2할 5푼의 비율에 의한 금원을 지급 하라는 판결.

항소취지 원심판결 중 피고 패소부분을 취소한다. 위 취소부분에 대한 원고의 청구를 기각한다라는 판결.

【이 유】

1. 기초사실

[증거]를 종합하면, 다음의 사실을 인정할 수 있고, 이에 반하는 [증거]는 믿기 어렵고, [증거]만으로는 위 인정을 뒤집기에 부족하고 달리 반증이 없다.

가. 원고 및 소외 한원동은 1991. 11. 13. 소외 이상수 및 그의 아들인 소외 이현주(이하 매도인들이라고 한다)로부터 별지 목록 기재 각 부동산의 1/2지분(이하 이 사건 부동산 지분이라고 한다)을 대금 금890,000,000원에 공동

으로 매수하고, 계약금 금20,000,000원은 계약당일, 중도금 및 잔금은 같은 달 22. 지급하기로 매매계약을 체결하고, 같은 해 12. 3. 원고 및 위 한원동이 매도인들에게 그때까지 여러차례에 걸쳐 지급한 금90,000,000원을 계약금으로 하고, 1차중도금 금50,000,000원은 같은 해 12. 31., 2차중도금250,000,000원은 1992. 1. 31. 각 지급하며, 잔금 금358,000,000원은 1992. 3. 31. 지급하기로 계약내용을 일부 변경하였다.(이하 위 계약을 이 사건 매매계약이라 한다)

나. 그후 위 한원동의 위임을 받은 원고와 매도인들은 1992. 1. 3. 매도인들의 위 중도금 및 잔금 합계 금 658,000,000원의 수령권을 매도인들의 채권자인 피고에게 위임하고, 원고가 위 중도금 및 잔금을 위 각 지급일자에 피고의 상업은행 계좌 421-05-001981로 입금하기로 약정하였다.(이하 이 사건 약정이라 한다)

다. 원고는 피고의 수령의사표시에 따라 같은 달 14. 이 사건 약정대로 중도금 금 297,000,000을 피고의 위 계좌에 입금하였고, 피고는 이의없이 이를 수령하였다.

라. 그런데 매도인들은 1992. 7. 25. 이 사건 부동산을 소외 석준에게 대금 금1,400,000, 000원에 이중으로 매도하고, 1992. 8. 7. 그 명의로 소유권이전등기를 경료하여 주었다.

마. 이에 원고 및 위 한원동은 1995. 2. 21. 매도인들에게 1주내에 이 사건 매매계약상의 소유권이전등기의무를 이행하지 않으면 이 사건 매매계약이 해제된 것으로 하겠다는 내용의 통지를 하여 그 무렵 그 통지가 매도인들에게 도달하였다.

2. 청구원인에 대한 판단

가. 쟁 점

원고는 이 사건 청구원인으로, 원고 및 위 한원동과 매도인들 사이의 이 사건 매매계약은 적법하게 해제되었고, 원고와 매도인들 사이의 이 사건 매매계약은 제3자 약관인 이 사건 약정내용을 포함한 제3자를 위한 계약이라 할 것인데 기본계약인 이 사건 매매계약이 해제됨으로써 이 사건 약정도 효력을 상실하였으므로 계약해제로 인한 원상회복으로 피고는 원고에게 그가 수령한 금원 상당의 부당이득금을 반환할 의무가 있다고 주장하고, 피고는 원고가 위 이상수의 피고에 대한 기존의 채무에 대한 이행을 인수하여 제3자로서 채무를 대신 변제한 것에 불과하므로 이 사건 매매계약이 해제되었더라도 직접 채권채무관계가 없는 피고에 대하여 그 반환을 구할 수 없다는 취지로 다투고 있으므로, 이 사건 청구원인에 대한 쟁점은 이 사건 매매계약이 제3자를 위한 계약인지 아니면 단순한 이행인수인지 여부에 귀착된다.

나. 판 단

(1) 제3자를 위한 계약과 이행인수의 구별기준

제3자를 위한 계약이라 함은 통상의 계약과 달리 계약으로부터 발생한 권리를 계약당사자 이외의 제3자에게 귀속시켜 제3자로 하여금 계약 당사자의 일방에 대하여 권리를 취득케 하는 것을 목적으로 하는 계약이고, 채무자와 인수인의 계약으로 체결되는 병존적 채무인수는 채권자로 하여금 인수인에 대하여 새로운 권리를 취득하게 하는 것으로 위 제3자를 위한 계약의 하나로 볼 수 있는바, 이와 비교하여 이행인수는 채무자와 인수인 사이의 계약으로 인수인이 변제 등으로 채무를 소멸케하여 채무자의 책임을 면하게 할 것을 약정하는 것으로 인수인이 채무자에 대한 관계에서 채무자를 면책케하는 채무를 부담하게 될 뿐 채권자로 하여금 직접 인수인에 대한 채권을 취득케 하는 것이 아니므로 결국 제3자를 위한 계약과 이행인수의 판별기준은 계약 당사자에게 제3자 또는 채권자가 계약 당사자 일방 또는 인수인에 대하여 직접 채권을 취득케 할 의사가 있는지 여부에 달려 있다 할 것이고, 구체적으로는 계약체결의 동기, 경위 및 목적, 계약에 있어서의 당사자의 지위, 당사자 사이 및 당사자와 제3자 사이의 이해관계, 거래관행 등을 종합적으로 고려하여 그 의사를 해석하여야 할 것이다.

(2) 이 사건 약정의 성질

위에서 살펴본 구별기준에 의하여 이 사건 매매계약 성질에 대하여 살피건대, [증거]를 종합하면, 매도인들은 위 이상수가 경영하는 소외 삼진인쇄주식회사가 자금난을 겪자 그 들 소유인 이 사건 부동산을 원고 및 한원동에게 매각하게 되었고 계약금이 교부된 후 위 이상수의 채권자인 피고의 요청으로 나머지 중도금 및 잔금을 피고에게 직접 지급하기로 하는 취지의 이 사건 약정을 한 사실, 원고와 매도인들은 이 사건 약정 내용을 분명히 하기 위하여 피고에게 위 중도금 및 잔금에 대한 수령권을 위임한다는 취지의 지불위임장(갑 제1호증)을 작성하고 '피고 귀하'라고 표시하여 공증까지 마친 사실, 위 이상수는 위 약정과 달리 자신이 1차 중도금을 수령하였다고 피고로부터 의심을 받자 이를 불식하기 위한 위 이상수의 요구에 의하여 원고가 피고에게 중도금 지급기일보다 앞당겨 이자 상당액인 금3,000,000원을 공제하고 위 중도금을 지급한 사실 등을 인정할 수 있는 바, 이 사건 약정의 경위와 목적, 당사자의 지위와 이해관계 등에 비추어 보면, ① 원고는 위 중도금과 잔금을 지급하는 대신 이 사건 부동산 지분을 취득하고, 원고의 매도인들에 대한 위 중도금 및 잔금은 피고에게 그 대금상당의 금원을 지급함으로써 지급에 갈음하기로 한 것이고, ② 위 이상수의 피고에 대한 채무는 원고가 위와 같이 피고에게 금원을 지급함으로써 일응 소멸하는 것이라 할 것이므로, 이 사건 매매계약은 원고를 요약자, 매도인들을 낙약자, 피고를 제3자로 하여 원고와 매도인들 사이에 위 ①의 보상관계와 매도인들과 피고 사이에 위 ②의 대가관계가 모두 존재하고, 피고로 하여금 원고에 대하여 위 중도금 및 잔금에 대한 직접청구권을 행사할 권리를 취득케 하는 제3자를 위한 계약에 해당하고, 동시에 이 사건 약정은 원고가 위 이상수의 피고에 대한 채무를 인수하는 병존적 채무인수에도 해당한다 할 것이다. (원고가 매도인들의 이중매매 후 곧바로 피고에 대하여 지급한 금원에 대한 반환청구를 하지 아니하였다는 사정만으로 위와같은 의사가 없다고 단정할 수 없다)

(3) 원상회복의무

제3자를 위한 계약인 이 사건 매매계약에 있어 원고와 매도인들 사이의 보상관계의 흠결은 이 사건 약정의 효력에 영향을 미치는 것이므로, 이 사건 약정의 원인이 되는 기본계약인 이 사건 매매계약이 위 1995. 2. 28.이 경과됨으로써 해제된 이상 이 사건 약정도 소급하여 그 효력을 상실하였다 할 것이고, 또한 피고는 민법 제548조 제1항 단서의 제3자에 해당하지 않는 것이어서 원고는 피고에게 대항할 수 있으므로, 피고는 원고에게 계약해제로 인한 원상회복으로 그가 수령한 위 금297,000,000원을 부당이득금으로 반환할 의무가 있다 할 것이다.

3. 피고의 항변에 대한 판단

가. 합의해제 여부

(1) 이에 대하여 피고는, 피고가 원고로부터 위 금 297,000,000원을 수령하여 제3자인 피고의 권리가 생긴 이후에 원고가 대금지급을 지체하던 중 매도인들이 이 사건 부동산 지분을 타인에게 매도하는데 대하여 원고의 동의를 받고 매도인들과 원고가 이 사건 매매계약을 합의해제하고 이 사건 부동산을 위 석준에게 매도한 것이므로 이는 피고가 수익의 의사표시를 하여 권리가 생긴 후에 원고과 매도인들이 합의하여 이를 소멸시킨 경우에

해당하는 것이어서 민법 제541조에 의하여 원고는 피고에게 대항할 수 없다는 취지의 항변을 한다.

(2) 살피건대, [증거]만으로는 이를 인정하기에 부족하고, 앞서 배척한 증거들 이외에 달리 이점을 인정할 증거가 없고, 오히려, 매도인들이 이 사건 부동산 지분을 위 석준에게 이중으로 매도한 사실은 앞서 인정한 바와 같고, [증거]를 합쳐보면, 위 이중매도 직후 원고가 그 사실을 알고 지급된 금원을 반환받을 목적으로 담보가치도 없는 위 이상수의 다른 부동산에 근저당권을 설정하고, 약속어음을 교부받은 사실이 인정될 뿐이므로, 이 사건 매매계약이 합의해제 되었음을 전제로 한 위 항변은 이유없다.

나. 내부관계의 흠결

(1) 피고는 다시, 피고가 원고로부터 위 금원을 수령한 다음 위 이상수에 대한 채권의 담보조로 소지하고 있던 위 이상수 발행의 약속어음, 당좌수표 등 액면 합계 금 250,000, 000원 상당을 위 이상수에게 반환하고, 그 이외에 금50,000,000원을 추가로 대여하였는데 위 이상수의 부도로 위 금원을 반환받지 못하게 되어 결국 동액 상당의 손해를 입었으므로 원고의 청구에 응할 수 없다고 주장한다.

(2) 위 주장사실에 부합하는 [증거]는 믿지 아니하고 달리 이를 인정할 증거가 없고, 가사 피고의 위 주장사실을 인정한다 하더라도 위 추가대여금은 이 사건 약정과 법률상 관련이 없고, 위 이상수와 피고 사이의 내부관계의 문제는 이 사건 약정의 효력에 영향을 주지 않는 것이므로 피고가 위 중도금을 지급받고 원고에게 위 담보물을 반환하였다 하여 원고의 청구를 거부할 수는 없다 할 것이므로 위 주장도 이유없다.

4. 결론

그렇다면, 피고는 원고에게 위 금297,000,000원 및 이에 대하여 원고가 구하는 바에 따라 이 사건 소장부본 송달익일임이 기록상 분명한 1995. 4. 19.부터 원심 판결선고일까지는 민법 소정의 연 5푼의(원고는 위 기간에 대하여 소송촉진등에관한특례법 소정의 연 2할 5푼의 비율에 의한 지연손해금을 구하나 위 기간동안은 피고가 이행의무의 존재 및 범위에 대하여 항쟁함이 상당하므로 위 특례법 소정의 이율을 적용하지 아니한다), 그 다음 날부터 완제일까지는 위 특례법 소정의 연 2할 5푼의 각 비율에 의한 지연손해금을 지급할 의무가 있다고 할 것이므로 원고의 이 사건 청구는 위 인정범위내에서 이유있어 이를 인용하고, 나머지 청구는 이유없어 이를 기각할 것인바, 이와 결론을 같이 한 원심판결은 정당하여 이를 인용하고 항소는 이유없어 이를 기각하기로 하여 주문과 같이 판결한다.

(1-2) 대법원 1997. 10. 24. 선고 97다28698 판결

【원고, 피상고인】 한관동
【피고, 상고인】 최덕계
【원심판결】 대전고등법원 1997. 5. 27. 선고 96나3904 판결
【주 문】 원심판결을 파기하고 사건을 대전고등법원에 환송한다.

【이 유】

상고이유를 판단한다.

1. 제1, 2점에 대하여

제3자를 위한 계약이라 함은 통상의 계약이 그 효력을 당사자 사이에서만 발생시킬 의사로 체결되는 것과는 달리 계약 당사자가 자기들 명의로 체결한 계약에 의하여 제3자로 하여금 직접 계약 당사자의 일방에 대하여 권리를 취득하게 하는 것을 목적으로 하는 계약인바, 어떤 계약이 제3자를 위한 계약에 해당하는지 여부는 당사자의 의사가 그 계약에 의하여 제3자에게 직접 권리를 취득하게 하려는 것인지에 관한 의사해석의 문제로서 이는 계약 체결의 목적, 계약에 있어서의 당사자의 행위의 성질, 계약으로 인하여 당사자 사이 또는 당사자와 제3자 사이에 생기는 이해득실, 거래 관행, 제3자를 위한 계약제도가 갖는 사회적 기능 등 제반 사정을 종합하여 계약 당사자의 합리적 의사를 해석함으로써 판별할 수 있다고 할 것이다(대법원 1996. 1. 26. 선고 94다54481 판결 참조). 원심판결 이유에 의하면 원심은, 채무자와 인수인의 계약으로 체결되는 병존적 채무인수는 채권자로 하여금 인수인에 대하여 새로운 권리를 취득하게 하는 것으로 위 제3자를 위한 계약의 하나로 볼 수 있는바, 이와 비교하여 이행인수는 채무자와 인수인 사이의 계약으로 인수인이 변제 등에 의하여 채무를 소멸케 하여 채무자의 책임을 면하게 할 것을 약정하는 것으로 인수인이 채무자에 대한 관계에서 채무자를 면책케 하는 채무를 부담하게 될 뿐 채권자로 하여금 직접 인수인에 대한 채권을 취득케 하는 것이 아니므로 결국 제3자를 위한 계약과 이행인수의 판별 기준은 계약 당사자에게 제3자 또는 채권자가 계약 당사자 일방 또는 인수인에 대하여 직접 채권을 취득케 할 의사가 있는지 여부에 달려 있다 할 것이고, 구체적으로는 계약 체결의 동기, 경위 및 목적, 계약에 있어서의 당사자의 지위, 당사자 사이 및 당사자와 제3자 사이의 이해관계, 거래 관행 등을 종합적으로 고려하여 그 의사를 해석하여야 할 것이라고 전제한 다음, 이 사건 매매계약 성질에 대하여, 그 내세운 증거를 종합하여 소외 이상수가 경영하는 소외 삼진인쇄 주식회사가 자금난을 겪자 위 이상수 및 그 아들인 소외 이현주는 이 사건 부동산의 각 1/2지분을 원고 및 소외 한원동에게 금 890,000,000원에 매각하게 되었고 계약금이 교부된 후 위 이상수의 채권자인 피고의 요청으로 나머지 중도금 및 잔금을 원고 등이 피고에게 직접 지급하기로 하는 취지의 이 사건 약정을 한 사실, 위 한원동의 위임을 받은 원고와 매도인들은 이 사건 약정 내용을 분명히 하기 위하여 매도인들이 피고에게 위 중도금 및 잔금에 대한 수령권을 위임한다는 취지의 지불위임장(갑 제1호증)을 작성하고 '피고 귀하'라고 표시하여 공증까지 마친 사실, 위 이상수가 위 약정과 달리 자신이 1차 중도금을 수령하였다고 피고로부터 의심을 받자 이를 불식하기 위한 위 이상수의 요구에 의하여 원고는 피고에게 중도금 지급기일보다 앞당겨 이자 상당액인 금 3,000,000원을 공제한 중도금 297,000,000원을 피고의 예금구좌에 입금하여 지급한 사실 등을 인정한 다음, 이 사건 약정의 경위와 목적, 당사자의 지위와 이해관계 등에 비추어 보면, ① 원고는 위 중도금과 잔금을 지급하는 대신 이 사건 부동산 지분을 취득하고, 원고의 매도인들에 대한 위 중도금 및 잔금은 피고에게 그 대금 상당의 금원을 지급함으로써 지급에 갈음하기로 한 것이고, ② 위 이상수의 피고에 대한 채무는 원고가 위와 같이 피고에게 금원을 지급함으로써 일응 소멸하는 것이라 할 것이므로, 이 사건 매매계약은 원고를 낙약자(원심판결의 요약자는 낙약자의 오기로 보인다.), 매도인들을 요약자(원심판결의 낙약자는 요약자의 오기로 보인다.), 피고를 제3자로 하여 원고와 매도인들 사이에 위 ①의 보상관계 및 매도인들과 피고 사이에 위 ②의 대가관계가 모두 존재하고, 피고로 하여금 원고에 대하여 위 중도금 및 잔금에 대한 직접청구권을 행사할 권리를 취득케 하는 제3자를 위한 계약에 해당하고, 동시에 이 사건 약정은 원고가 위 이상수의 피고에 대한 채무를 인수하는 병존적 채무인수에도 해당한다고 판단하였는바, 이를 앞에서 본 법리와 기록과 대조하여 살펴보면, 원심의 그 사실인정과 판단은 옳다고 여겨지고, 거기에 심리미진이나 채증법칙 위배로 인한 사실오인, 제3자를 위한 계약에 관한 법리오해의 위법이 있다고 할 수 없으므로 이 사건 약정은 중도금 및 잔금의 수령권한 위임이나 이행인수에 해당한다는 취지의 상고이유의 주장은 받아들일 수 없다.

2. 제3점에 대하여

원심판결 이유에 의하면 원심은, 피고가 원고로부터 위 금 297,000,000원을 수령하여 제3자인 피고의 권리가 생긴 이후에 원고가 대금 지급을 지체하던 중 매도인들이 이 사건 부동산 지분을 타인에게 매도하는 데 대하여 원고의 동의를 받고 매도인들과 원고가 이 사건 매매계약을 합의해제하고 이 사건 부동산을 소외 석준에게 이중매도한 것이므로 이는 피고가 수익의 의사표시를 하여 권리가 생긴 후에 원고와 매도인들이 합의하여 이를 소멸시킨 경우에 해당하는 것이어서 민법 제541조에 의하여 원고는 피고에게 대항할 수 없다는 취지의 항변에 부합하는 증인 조춘희의 증언을 배척하고, 오히려 매도인들이 이 사건 부동산 지분을 위 석준에게 이중으로 매도한 사실은 앞서 인정한 바와 같고, 그 거시 증거에 의하면 위 이중매도 직후 원고가 그 사실을 알고 지급된 금원을 반환받을 목적으로 담보 가치도 없는 위 이상수의 다른 부동산에 근저당권을 설정하고, 약속어음을 교부받은 사실이 인정될 뿐이므로, 이 사건 매매계약이 합의해제 되었음을 전제로 한 위 항변은 이유 없다고 판단하였다.

민법 제541조에 의하면, "민법 제539조에 의하여 제3자의 권리가 생긴 후에는 당사자는 이를 변경 또는 소멸시키지 못한다."라고 규정하고 있어, 계약 당사자는 제3자의 권리가 발생한 후에는 합의해제를 할 수 없고, 설사 합의해제를 하더라도 그로써 이미 제3자가 취득한 권리에는 아무런 영향을 미치지 못한다고 할 것이다.

그런데 원심은 위와 같이 위 석준에게 이중으로 매도되기 전에 이 사건 매매계약은 합의해제되지 아니하였다고 보았으나 원심의 이러한 판단은 수긍이 가지 아니한다.

원심이 채용하거나 배척하지 아니한 갑 제1, 3호증, 갑 제4호증의 1, 2, 을 제1호증의 1 내지 6, 을 제2, 3호증, 을 제5호증의 1 내지 23의 각 기재를 종합하면, 원고는 이 사건 매매계약 당시 은행대리로 근무하였고, 매매계약에 따른 잔금 지급기일인 1992. 3. 31.까지 잔금을 지급하지 아니하였으며, 이미 중도금까지 지급한 상태이고, 장기간 잔금을 지급하지 못한 상태인데도 위 이상수 등이 이 사건 부동산을 처분하지 못하도록 처분금지가처분 등을 하여 놓지도 아니한 점, 원고는 위 석준에게 이 사건 부동산이 매도되어 같은 해 8. 7. 위 석준 앞으로 그 소유권이전등기가 마쳐지자마자 같은 해 8. 11.경 위 이상수에게 그 때까지 지급한 계약금 및 중도금에 해당하는 금액 390,000,000원인 약속어음을 교부받고(뒤에서 보는 근저당권의 피담보채권으로 발행된 것으로 보인다.), 위 이상수 소유의 ㅇㅇ시 ㅇㅇ동산 44 임야 15,471㎡ 및 5필지에 대하여 채권최고액을 금 450,000,000원으로, 근저당권자를 원고로 한 근저당권을 설정받은 점, 원고는 위 이상수가 1993. 11. 20.경 부도가 나기까지 및 그 이후에도 위 이상수의 위와 같은 이중매도로 인한 배임행위에 대하여 형사책임을 추궁하거나 위 이상수의 채무불이행을 이유로 계약을 해제하고 대금 반환을 요구한 바가 없고(원고는 이 사건 소송을 제기하기 전인 1995. 2. 21.에야 비로소 위 이상수 등에게 내용증명으로 이 사건 계약의 해제를 통고하였다.), 피고에게도 이 사건 소송에 이르기 전까지 위 금원의 반환을 청구한 바가 전혀 없는 점, 위 증인 조춘희는 위 이상수가 이 사건 부동산을 원고에게 매도할 시점에 위 이상수가 경영하는 위 삼진인쇄 주식회사의 전무이사로 근무하였고 위 이상수로부터 이 사건 부동산에 관하여 1990. 11. 29. 채권최고액 금 300,000,000원으로 한 근저당권을 설정받았다가, 1992. 8. 10. 해지하고 위 근저당권설정등기를 말소하여 준 사실이 있어 이 사건 매매계약에 대하여 잘 알 수 있었던 점을 알 수 있는바, 이와 같은 점에 비추어 보면 원고는 이 사건 매매계약에 따른 잔금을 지급하지 못하게 되자 이미 지급한 계약금 및 중도금에 해당하는 금원을 회수하고자 위 이상수로 하여금 이 사건 부동산을 제3자에게 매도하는 것을 허락함으로써 이 사건 매매계약을 합의해제하였다고 볼 여지가 있고, 따라서 이와 같은 취지의 위 조춘희의 증언은 신빙성이 있어 함부로 배척할 수 없다고 할 것이다.

따라서 원심으로서는, 원고의 주장에 따르면 1992. 8. 11. 당시 아직 이 사건 매매계약이 유효한 상태인데도 원고가 그 때까지 지급한 계약금 및 중도금에 해당하는 금액의 위 약속어음을 매도인인 위 이상수로부터 교부받고, 위 근저당권을 설정받게 된 경위, 이 사건 부동산을 이중매도한 뒤에 바로 위 이상수에게 형사책임을 추궁하거나 위 이상수의 채무불이행을 이유로 한 계약해제를 주장하지 아니하고 약 2년 6개월이 지난 후 뒤늦게 이 사건 소송을 제기하기 전에야 이 사건 계약해제의 통지를 하게 된 경위, 이 사건 소송에 이르기 전까지 피고에게 위 금원의 반환을 청구하지 아니한 이유 등에 대하여 좀 더 심리를 하여 본 다음, 위 조춘희의 증언의 신빙성 여부를 판단한 후 피고 주장의 옳고 그름을 가렸어야 함에도, 원심이 위에서 본 여러 가지 의문점이 해소되지 아니한 상태에서 위 조춘희의 증언을 믿기 어렵다는 이유로 피고의 위 주장을 배척한 조치에는 필경 심리를 다하지 아니하고, 채증법칙 위배로 인한 사실오인이 있어 민법 제541조의 적용을 그르친 위법이 있다고 할 것이고, 이러한 위법은 판결 결과에 영향을 미쳤음이 분명하므로 이 점을 지적하는 상고이유의 주장은 이유 있다.

3. 그러므로 원심판결을 파기하고 사건을 더 심리 판단하게 하기 위하여 원심법원에 환송하기로 관여 법관들의 의견이 일치되어 주문과 같이 판결한다.

(2-1) 인천지방법원 2005. 8. 25. 선고 2005나978 판결

【원고, 항소인】 김공자

【피고, 피항소인】 이옥자

【원심판결】 인천지방법원 부천지원 2004. 12. 22. 선고 2004가단15401 판결

【주 문】

1. 원심판결을 취소한다.
2. 피고의 원고에 대한 인천지방법원 부천지원 2003가소48736호 이행권고결정에 기한 강제집행을 불허한다.
3. 소송총비용은 피고의 부담으로 한다.

【청구취지 및 항소취지】 주문과 같다.

【이 유】

1. 기초사실

가. 원고는 2001. 2. 22. 김성숙을 대리한 동인의 사실상 남편인 최찬으로부터 고양시 덕양구 성사동 700-7 대 432.3㎡ 지상 철근콘크리트조 평슬래브지붕 5층 근린생활시설 및 주택(이하 '이 사건 건물'이라 한다)을 매수하였다.

나. 원고는 2001. 7. 13. 최찬으로부터 '최찬이 이 사건 건물 3층, 4층의 임차인을 내보내는 조건으로 원고가 최고 약 60,000,000원을 공탁해 줄 것과 위 건물 2층, 3층 시설비 약 70,000,000원을 최찬에게 위임해 줄 것을 약속

하였다'는 취지의 이행각서를 작성·교부받고, 최찬의 요구에 따라 원고도 위와 같은 취지의 이행각서(이하 '이 사건 이행각서'라 한다)를 작성하면서 이 사건 이행각서의 하단에 '① 피고에게 변제금 20,000,000원 인정한다'는 취지의 문구(이하 '이 사건 약정'이라고 한다)와 '위 ①항은 시설비에서 최찬이 원고에게 반환하여 줄 것을 제시한다'는 취지의 문구를 함께 기재하여 최찬에게 교부하였다.

다. 최찬은 2001. 7. 19. 원고에게 '이 사건 이행각서를 취지대로만 사용하고 다른 용도로는 사용하지 않겠다'는 취지의 합의서(이하 '이 사건 합의서'라고 한다)를 작성·교부하였다.

라. 그 후 최찬은 피고에게 이 사건 이행각서를 교부하였고, 피고는 이 사건 약정에 기하여 원고가 피고에게 20,000,000원을 지급하여야 한다고 주장하며 원고를 상대로 인천지방법원 부천지원에 각서금청구 소송을 제기하여 2003. 8. 13. 인천지방법원 부천지원 2003가소48736호로 '피고(이 사건 원고)는 원고(이 사건 피고)에게 20,000,000원 및 이에 대하여 이 사건 소장 부본의 송달 다음날부터 완제일까지 연 20%의 비율에 의한 금원을 지급하라'는 내용의 이행권고결정(이하 '이 사건 이행권고결정'이라 한다)을 받았고, 원고는 이 사건 이행권고결정을 송달받고도 이에 대하여 이의신청을 하지 아니하여 그 무렵 이 사건 이행권고결정은 확정되었다.

2. 판 단

가. 청구이의 사유의 존재 여부

피고는 원고의 이 사건 청구는 이 사건 이행권고결정의 기판력에 반하여 허용될 수 없다는 취지로 주장하므로 살피건대, 소액사건심판법 제5조의8 제3항은 "청구에 관한 이의의 주장에 관하여는 민사집행법 제44조 제2항의 규정{청구에 관한 이의는 그 이유가 변론이 종결된 뒤(변론 없이 한 판결의 경우에는 판결이 선고된 뒤)에 생긴 것이어야 한다는 내용의 규정}에 의한 제한을 받지 아니한다"라고 규정하고 있으므로, 확정된 이행권고결정에 대한 청구이의의 소에 있어서는 이행권고결정 이후의 그 청구권의 소멸이나 청구권의 행사를 저지하는 사유뿐만 아니라 이행권고결정 전의 청구권의 불성립이나 무효 등도 그 이의 사유가 된다고 할 것이고, 뒤에서 보는 바와 같이 원고의 이 사건 이의 사유는 이 사건 이행권고결정 전의 피고의 원고에 대한 이 사건 약정에 기한 금원청구채권의 불발생을 원인으로 하는 것이니 만큼 청구이의의 소를 제기할 사유가 된다 할 것이므로, 피고의 주장은 이유 없다.

나. 피고의 원고에 대한 이 사건 약정에 기한 금원청구채권의 존재 여부

원고는 이 사건 약정은 최찬이 새로운 임차인들로부터 시설비 70,000,000원을 받아 원고에게 줄 것을 조건으로 피고에게 그 중 20,000,000원을 지급한다는 것인데, 최찬이 시설비 70,000,000원을 받아 주지 않았으므로 이 사건 약정은 조건불성취로 효력이 생기지 않았고, 또 최찬은 이 사건 이행각서를 다른 용도로 사용하지 않기로 약속하고도 이를 피고에 대한 자신의 채무 변제의 용도로 사용하였으므로 이 사건 약정은 효력을 상실하였을 뿐만 아니라, 이 사건 약정은 최찬의 피고에 대한 채무를 인수한 것이 아니라 그 이행을 인수한 것에 불과하여 원고가 피고에게 직접적으로 책임을 진다고 볼 수 없으므로, 원고가 피고에게 이 사건 약정에 기한 20,000,000원의 지급채무가 있음을 전제로 한 이 사건 이행권고결정에 기한 강제집행은 허용될 수 없다고 주장하고, 이에 대하여 피고는 이 사건 약정은 원고가 피고에게 20,000,000원을 선 지급하고 추후 최찬이 새로운 임차인들로부터 시설비를 받아 원고에게 위 금원을 반환하기로 한 것이므로, 원고는 피고에게 이 사건 약정에 기하여 직접

20,000,000원을 지급할 의무가 있다고 주장한다.

그러므로 살피건대,[증거]를 종합하면, 원고가 이 사건 건물을 매수할 무렵 이 사건 건물 3층, 4층은 최찬에 대한 채권자들이 점유하고 명도해 주지 않고 있었는데, 원고에게 이 사건 건물 3층, 4층을 명도 받아 주고 2층, 3층을 임대하여 시설비로 70,000,000원을 받게 해 줄 테니 이 사건 이행각서를 작성해 달라는 최찬의 요청을 원고가 받아 들여 원고와 최찬 사이에 이 사건 이행각서가 작성되었고, 이 사건 이행각서의 하단에는 '최찬 귀하'라고 까지 기재된 사실, 그러나 최찬은 실제 이 사건 건물 2층, 3층을 임대하여 시설비로 70,000,000원을 받아 주지 아니한 사실, 피고는 최찬에 대하여 80,000,000원 상당의 대여금채권을 가지고 있었는데, 최찬이 피고에게 이 사건 건물 4층에 관하여 보증금 80,000,000원의 임대차계약서를 작성해 주고도 다른 사람에게 임대를 하자 최찬을 형사고소하였고, 이에 최찬이 원고로부터 이 사건 이행각서를 교부받아 피고에게 건네주면서 그 고소취소를 요청한 사실, 이 사건 이행각서를 작성해 준 후 최찬이 동인의 채권자들에게 이 사건 이행각서를 담보로 제공하는 것 등을 염려한 원고는 최찬에게 요구하여 이 사건 합의서를 작성·교부받은 사실을 인정할 수 있고, [증거]만으로는 위 인정을 뒤집기에 부족하며 달리 반증이 없다.

이와 같은 원고와 최찬 사이의 이 사건 이행각서 작성 내지 이 사건 약정 체결의 동기, 경위 및 목적, 이 사건 약정에 있어서의 원고와 최찬의 지위, 원고와 최찬 사이 및 원고, 최찬과 피고 사이의 이해관계, 원고와 최찬 사이의 이 사건 합의서 작성의 경위 및 목적 등 여러 사정에 비추어 보면, 이 사건 약정은 원고가 최찬의 피고에 대한 20,000,000원의 지급채무의 이행을 인수한 것으로 볼 여지가 있을 뿐, 피고로 하여금 원고에 대하여 직접 최찬의 위 채무의 이행을 청구할 수 있는 권리를 취득시킬 의사로 최찬의 위 채무를 인수한 것이라고 보기는 어렵고, 달리 이를 인정할 만한 자료가 없을 뿐만 아니라, 위 기초사실 및 인정사실에 의하면 이 사건 약정은 최찬이 이 사건 건물 3층, 4층을 명도받아 주는 것을 정지조건으로 하였다고도 볼 수 있는바, 최찬이 위 조건을 성취시켰다는 점에 관한 피고의 아무런 입증이 없으므로 이 사건 약정은 그 효력이 생긴다고 볼 수도 없으므로, 어느 모로 보나 피고는 직접 원고에게 이 사건 약정에 기하여 20,000,000원의 지급을 구할 수는 없다고 할 것이다.

따라서 피고의 원고에 대한 이 사건 약정에 기한 20,000,000원의 청구채권은 존재하지 아니한다 할 것이다.

3. 결론

그렇다면 이 사건 이행권고결정에 기한 강제집행의 불허를 구하는 원고의 청구는 이유 있어 인용할 것인바, 원심판결은 이와 결론을 달리하여 부당하므로, 이를 취소하고 이 사건 이행권고결정에 기한 강제집행을 불허하기로 하여 주문과 같이 판결한다.

(2-2) 대법원 2006. 1. 26. 선고 2005다54999 판결

【원고, 피상고인】 김공자

【피고, 상고인】 이옥자

【원심판결】 인천지방법원 2005. 8. 25. 선고 2005나978 판결

【주 문】 상고를 기각한다. 상고비용은 피고가 부담한다.

【이 유】

상고이유를 본다.

1. 확정된 이행권고 결정에 대한 청구이의 사유에 대하여

소액사건심판법 제5조의7은 "이행권고 결정은 피고가 2주 내에 이의하지 아니하면 확정판결과 같은 효력을 가진다."는 취지로 규정하면서도, 한편 같은 법 제5조의8 제3항은 "이행권고 결정에 기한 강제집행에 있어서 청구에 관한 이의의 주장에 관하여는 민사집행법 제44조 제2항의 규정{판결에 따라 확정된 청구에 관한 청구이의의 소에 있어서는 그 이유가 변론이 종결된 뒤(변론 없이 한 판결의 경우에는 판결이 선고된 뒤)에 생긴 것이어야 한다는 내용의 규정}에 의한 제한을 받지 아니한다."고 규정하고 있으므로, 확정된 이행권고 결정에 대한 청구이의의 소에 있어서는 이행권고 결정 이후의 청구권의 소멸이나 청구권의 행사를 저지하는 사유뿐만 아니라, 이행권고 결정 전의 청구권의 불성립이나 무효 등도 그 이의사유가 된다고 할 것이다.

같은 취지의 원심의 판단은 정당하고, 거기에 상고이유로 주장하는 바와 같이 이행권고 결정에 대한 청구이의 사유에 관한 법리를 오해하는 등의 위법이 없다.

2. 이 사건 약정의 해석에 대하여

제3자를 위한 계약과 이행인수의 판별 기준은 계약 당사자에게 제3자 또는 채권자가 계약 당사자 일방 또는 인수인에 대하여 직접 채권을 취득케 할 의사가 있는지 여부에 달려 있다 할 것이고, 구체적으로는 계약 체결의 동기, 경위 및 목적, 계약에 있어서의 당사자의 지위, 당사자 사이 및 당사자와 제3자 사이의 이해관계, 거래 관행 등을 종합적으로 고려하여 그 의사를 해석하여야 한다(대법원 1997. 10. 24. 선고 97다28698 판결 참조).

원심은 그 채용 증거들을 종합하여 판시 사실을 인정한 다음, 원고와 최찬 사이의 이 사건 이행각서, 합의각서의 작성 경위 및 목적, 이 사건 약정에 있어서의 원고, 최찬, 피고의 지위와 상호 이해관계 등 여러 사정에 비추어 보면, 이 사건 약정은 피고로 하여금 원고에 대하여 직접 최찬의 피고에 대한 20,000,000원의 지급채무의 이행을 청구할 수 있는 권리를 취득시킬 의사로 최찬의 위 채무를 인수한 것이 아니라, 원고가 최찬의 피고에 대한 20,000,000원의 지급채무의 이행을 인수한 것으로 보아야 하므로, 피고는 직접 원고에게 이 사건 약정에 기하여 20,000,000원의 지급을 구할 수는 없다고 판단하였다.

앞서 본 법리와 관계 증거를 기록에 비추어 살펴보면, 원심의 위와 같은 판단은 정당한 것으로 수긍이 가고, 거기에 상고이유로 주장하는 바와 같이 심리를 다하지 아니한 채 채증법칙을 위반하여 사실을 오인하거나 법리를 오해하는 등의 위법이 있다고 할 수 없다.

그리고 기록에 비추어 살펴보면, 이 사건 약정이 원고와 최찬 사이의 화해계약이어서 창설적 효력이 있다는 상고이유의 주장은 상고심에 이르러 비로소 주장하는 새로운 사실이고 원심에서는 주장한 바 없었음이 명백하므로, 이는 원심판결에 대한 적법한 상고이유가 될 수 없다.

또한, 이 사건 약정은 최찬이 이 사건 건물 3층, 4층을 명도받아 주는 것을 정지조건으로 하는 정지조건부 권리라는 원심의 판단은 부가적 · 가정적인 것이어서, 앞서 본 바와 같이 이 사건 약정을 이행인수라고 보는 원심의 판단이 정당한 것으로 인정되는 이상 이 부분 판단의 당부는 원심판결에 아무런 영향을 미치지 아니하므로, 이 부분 상고이유의 주장은 받아들일 수 없다.

3. 신의칙 위반에 대하여

피고가 주장하는 바와 같은 사정만으로는 원고의 이 사건 청구이의의 소 제기가 신의칙에 반한다고 할 수 없다.

4. 결론

그러므로 상고를 기각하기로 하여 관여 법관의 일치된 의견으로 주문과 같이 판결한다.

9 계약인수

(1-1) 서울고등법원 1995. 4. 11. 선고 93나49408 판결

【원고, 항소인】 조운래 외 3인
【피고, 피항소인】 심홍수 외 1인
【원심판결】 인천지방법원 1993.10.26. 선고 93가합2618 판결
【주 문】

1. 원고들의 항소를 기각한다.
2. 항소비용은 원고들의 부담으로 한다.

【청구취지】

피고들은 연대하여 원고 조운래, 임광택, 조봉현에게 각 금 15,940,000원씩 피고 원고 백래현에게 금 16,718,400원 및 위 각 금원에 대한 원고 조운래, 임광택, 조봉현에게는 각 1992.7.9.부터, 원고 백래현에게는 1992.10.7.부터 각 1993.10.26.까지는 연 5푼의, 그 다음날부터 완제일까지는 연 2할 5푼의 각 비율에 의한 각 금원을 지급하라. (당심에서 청구 확장)

【항소취지】

원고 조운래, 임광택, 조봉현은 청구취지와 같고, 원고 백래현은 피고 남동건설 주식회사는 피고 심홍수와 연대하여 같은 원고에게 금 16,718,400원 및 이에 대한 1992.10.7.부터 1993.10.26.까지는 연 5푼의, 그 다음날부터 완제일까지는 연 2할 5푼의 각 비율에 의한 금원을 지급하라.

【이 유】

1. 기초사실

가. 소외 주식회사 홍영건설(이하 홍영건설이라 한다)은 1983.10.경부터 경기 ㅇㅇ군 ㅇㅇ면 ㅇㅇ리 137의 1 임야 9,917㎡ 지상에 별지목록기재 건물을 포함한 연립주택 54세대와 단독주택 29세대 및 상가점포 1동을 건축하였다.

나. 홍영건설은 위 공사를 진행하면서 1983.9.21. 원고 조운래에게는 대금을 금9,700,000원으로 하여 조적공사

등을, 원고 임광택에게는 대금을 금 18,310,000원으로 하여 울타리 등의 공사를 각 도급주었고, 소외 오근후로부터는 금 10,000,000원 상당의 정화조를 매수하였다. 그 후 홍영건설은 위 각 공사비 및 정화조 대금의 지급에 갈음하여 원고 조운래에게는 1984.11.21. 별지목록기재 제1건물을, 원고 임광택에게는 1983.11.18. 위 제2건물을(다만, 매수인 명의는 원고 임광택의 모인 소지 유영애로 하였다), 위 오근후에게는 위 제3건물을 각 분양하였다. 원고 조봉현은 1986.1.11. 위 오근후로부터 위 제3건물을 금 10,000,000원에 매수하였으며, 위 각 일자무렵부터 위 원고들은 해당 각 건물에 입주하여 살고 있다.

다. 그런데, 홍영건설은 1986.5.23. 위 제1건물을 소외 윤병희에게, 위 제2건물을 소외 조윤구에게, 위 제3건물을 소외 장희자에게 각 이중으로 매도하였다.

라. 위 소외인들은 홍영건설을 상대로 인천지방법원에 위 각 건물에 대한 소유권이전등기절차이행청구소송을 제기하여 승소판결을 받았고 위 판결은 1991.1.15. 대법원의 상고기각 판결에 의하여 확정되었다. 위 판결에 기하여 위 제1, 2, 3 건물에 관하여 각 1991.3.5. 홍영건설 앞으로 소유권보존등기가 경료되고 이어 같은 날 위 제1건물에 관하여는 소외 윤병희 앞으로 1985.8.16. 매매를 원인으로, 위 제2건물에 관하여는 소외 조윤구 앞으로 1986.5.23. 매매를 원인으로, 위 제3건물에 관하여는 소외 장희자 앞으로 1986.5.23. 매매를 원인으로 각 소유권이전등기가 경료되었다.

마. 원고 백래현은 1985.8.6.경 피고 심홍수로부터 그가 홍영건설로부터 분양받은 별지목록기재 제4건물을 금 13,000,000원에 매수하고 1985.10.경부터 위 건물에 입주하여 마무리 공사를 스스로 하고 살던중 준공검사가 나지 않은 상태에서 1989년경 이를 소외 한찬익에게 매도하였다. 그런데 피고 심홍수는 1990.초경 위 김영희와 이혼하면서 위 건물을 그 처인 소외 김영희에게 양도하고 위 김영희는 다시 이를 소외 박복순에게 양도하여 위 건물에 관하여 1991.7.1. 피고 남동건설 주식회사 앞으로 소유권보존등기가 경료되고 이어 1991.10.11. 소외 김영희 앞으로 다시 1991.10.28. 소외 박복순 앞으로 각 소유권이전등기가 경료되어 있다.

바. 한편, 홍영건설은 위 건축공사중 자금부족으로 외상으로 구입하였던 대지의 대금을 지급하지 못하고 현장인부들의 노임마저 제대로 지급하지 못하게 되어 1984.말경 부도를 내었고, 피신하여 다니고 있던 대표이사 피고 심홍수는 채권자단의 요구에 따라 1985.3.20.경 위 대표이사직을 사임하고 홍영건설은 채권자단이 운영하기로 하여 채권자단의 대표이던 소외 손철남이 그 직후 대표이사로 취임하였다. 그러나 홍영건설의 국세체납으로 인하여 대지에 관한 공매절차가 진행되어 1986.9.경 소외 정동기, 강광영, 이장우 등에게 대지의 소유권이 이전되었고, 위 건축물도 건축주인 홍영건설에게 대지소유권이 없는데다가 일부 마무리공사가 마쳐지지 아니한 관계로 준공검사가 되지 않아 미등기건물이 되어버렸다. 이러한 상황이 지속되자 위 정동기를 비롯한 채권자들은 위 건물의 잔여공사를 마무리 지어 준공검사를 받고 분양권자들에게 각 해당 건물에 관한 소유권이전등기를 경료하여 주는 대신 분양권자들로부터 분양잔대금(은행융자금 포함)을 받아 채권회수를 하기 위하여 피고 남동건설 주식회사(이하, 피고 남동건설이라 한다)에게 위 대지 및 지상 건물에 관한 권리를 넘겨주어 피고 남동건설이 위 건물의 잔여공사를 마무리 지어 준공검사를 받도록 합의하였다. 이에 따라 위 정동기 등 3인은 1989.12.30. 위 대지소유권을, 홍영건설은 1990.3.20. 위 건물에 관한 권리를 각 피고 남동건설에게 넘겨 주었다.

2. 원고 조운래, 원고 임광택, 원고 조봉현의 피고 심홍수에 관한 청구에 대한 판단

원고 조운래, 원고 임광택, 원고 조봉현은, 홍영건설이 앞에서 본 바와 같이 위 원고들에게 각 해당 건물을 대물변제조로 분양 이전하기로 약정하였으면 이에 대한 각 소유권이전등기절차를 이행할 의무가 있음에도 이에 위배하여 위 건물들을 위 윤병희, 조윤구, 장희자 등에게 이중으로 각 매도하고 위와 같이 각 소유권이전등기를 경료하여 주었으므로 위 홍영건설의 대표이사이던 피고 심홍수는 위 불법행위로 인하여 원고들이 입은 손해를 배상하여야 할 책임이 있다고 주장한다.

그러나, 홍영건설이 위 건축공사 중 자금부족으로 외상으로 구입하였던 대지의 대금을 지급하지 못하고 현장 인부들의 노임마저 제대로 지급하지 못하게 되어 1984.말경 부도를 내었고, 피신하여 다니고 있던 대표이사 피고 심홍수는 채권자단의 요구에 따라 1985.3.20.경 위 대표이사직을 사임하고 홍영건설은 채권자단이 운영하기로 하여 채권자단의 대표이던 소외 손철남이 그 직후 대표이사로 취임한 사실은 앞에서 인정한 바와 같고, [증거]를 종합하면 위 손철남은 홍영건설의 대표이사로 취임한 후 위 원고들의 위 각 건물에 대한 권리를 부인하고 1986.5.23. 앞에서 본 바와 같이 위 건물들을 위 윤병희, 조윤구, 장희자 등에게 각 매도한 사실을 인정할 수 있고 이에 반하는 [증거]는 믿지 아니하며 달리 반증 없는바, 위 인정사실에 의하면 피고 심홍수는 위 1986.5.23.경의 이중매도 당시 홍영건설의 대표이사도 아니었고 또한 위 이중매도에 어떠한 관련도 없었다고 할 것이므로 위 각 건물들에 관한 위 원고들 앞으로의 소유권이전등기가 각 이행불능으로 되었다고 하더라도 피고 심홍수에게 그 책임을 물을 수는 없다고 할 것이고 따라서 위 원고들의 피고 심홍수에 대한 이 사건 청구는 더 나아가 살펴볼 필요 없이 이유 없다.

3. 원고들의 피고 남동건설 주식회사에 대한 청구에 관한 판단

가. 채무인수 주장에 관한 판단

원고들은, 피고 남동건설은 1990.3.20. 홍영건설과 사이에 위 건물에 관한 준공검사를 마침과 동시에 홍영건설로부터 매입을 하여 이미 입주하고 있는 실제 계약자에게 토지를 합한 소유권이전등기를 해 주기로 약정하였으므로 피고 남동건설은 홍영건설의 채무를 인수한 것으로 보아야 하고 그렇다면 원고들에게 별지목록기재 각 건물에 관한 각 소유권이전등기절차를 이행할 의무가 있음에도 위 건물들은 위 윤병희 등에게 이중으로 각 매도되어 위와 같이 각 소유권이전등기가 경료되어 버렸으므로 피고 남동건설은 이로 인하여 원고들이 입은 손해를 배상하여야 할 책임이 있다고 주장한다.

그러므로 보건대, [증거]에 의하면 피고 남동건설은 1990.3.20. 홍영건설과 사이에 위 건축물에 관한 준공검사를 마침과 동시에 홍영건설로부터 매입을 하여 이미 입주하고 있는 실제 계약자에게 토지를 합한 소유권이전등기를 해 주기로 약정한 사실은 인정할 수 있다. 그러나 을 제3호증은 홍영건설이 이미 분양한 건물의 피분양자들을 피고 남동건설도 그대로 인정하고 건물 및 그 대지에 관한 소유권이전등기를 경료하여 주겠다는 피고 남동건설과 홍영건설 사이에서의 약정으로서 그 효력은 두 회사에게만 미친다고 할 것이지 원고들이나 개개의 피분양자들에게까지 미친다고 볼 수는 없으며, 더구나 위 약정으로 인하여 별지목록기재 제1 내지 3 건물을 이중분양한 홍영건설의 책임과 별지목록기재 제4건물을 이중 매도한 피고 심홍수의 책임 을 피고 남동건설이 모두 인수하였다고는 도저히 볼 수 없을 것이다. 또 피고 남동건설이 홍영건설과 피고 심홍수의 채무를 인수하였다는 사실에 부합하는 듯한 [증거]는 믿지 아니하고 달리 이를 인정할 만한 증거가 없으므로 결국 원고의 위 주장은 받아들일 수 없다.

나. 준공검사 동의시 소유권이전등기 약정이 있었다는 주장에 관한 판단

다시 원고들은, 홍영건설이 위 건축공사를 하던 중 자금문제로 준공검사를 받지 못한 채 1989년 말경 위 공사 전체를 피고 남동건설에게 매도하였는데 피고 남동건설은 그 뒤 위 건축공사를 마무리하고 그 준공검사를 받는 과정에서 원고들에게 준공검사를 받은 후 별지 부동산목록기재 제1 내지 4기재 각 건물의 소유권이전등기를 경료하여 주기로 약정하였음에도 그 뒤 준공검사를 받고는 위 약정을 어기고 위 윤병희 등에게 위 각 건물에 관한 소유권이전등기를 하여 주었으니 위 피고는 이로 인하여 원고들이 입은 손해를 각 배상하여야 한다고 주장한다.

살피건대, [증거]에 의하면 1990.2.경 원고 조운래 등 위 연립주택 및 단독주택에서 살고 있던 입주자들이 피고 남동건설이 책임지고 위 주택들에 대한 준공검사를 필해 소유권등기를 하여 준다면 준공을 필하는 데 동의한다는 내용의 동의서를 작성하고 이를 위 피고에게 주어 위 피고가 같은 해 12.3.경 김포군에 위 주택들에 대한 준공검사를 신청하면서 이를 제출한 사실을 인정할 수 있다. 그러나, [증거]를 종합하면 위 홍영건설이 위와 같이 연립주택 등의 건축공사를 하던 중 자금부족으로 문제가 생겨 준공검사를 필하지 못하고 있는 상태이던 1986년경 홍영건설로부터 위 주택들을 분양받은 사람들이 대개 입주를 한 사실, 그 뒤 1990.3.경 피고 남동건설이 위 건축공사를 홍영건설로부터 인수하고 준공검사를 받아 피분양자들에게 소유권이전등기를 하여 주고자 하였는데 위 건물들이 지은 지 오래되었고 또 준공검사를 필하기 전의 사전입주 등으로 혹시 김포군에서 준공검사를 하여 주지 않을 우려가 있으므로 위 건물들에 입주한 피분양자들로부터 준공검사에 적극 협조할 테니 준공검사를 내주기 바란다는 취지의 동의서(갑 제6호증의 4)를 받아 이를 준공검사 신청서류와 같이 김포군에 제출한 사실을 인정할 수 있고 이에 어긋나는 제1심 증인 조정래, 당심증인 유영애의 각 일부 증언은 믿지 아니하고 달리 반증 없다. 이에 의하면 위 동의서는 위 준공검사를 원만히 받기 위한 수단으로 준공검사 신청시 김포군에 제출하기 위하여 위 피고와 원고 등 수분양자들이 협의하여 만든 서류일 뿐이고 이를 피고 남동건설이 원고들에게 위 각 건물에 관한 소유권이전등기를 경료하여 주기로 약정한 것이라고는 볼 수 없다 하겠고 달리 원고들 주장의 약정을 인정할 만한 증거가 없으므로 원고들의 이 부분 주장도 이유 없다.

다. 매매계약 갱신 주장에 관한 판단

또 원고들은, 피고 남동건설과 원고 조운래는 1990.6.12.경 원고 조운래와 홍영건설 사이에 체결되었던 별지목록기재 제1건물에 관한 매매계약을 갱신하는 계약을 체결하였는바, 이는 피고 남동건설이 원고 조운래를 비롯한 원고들에게 별지목록기재 각 건물에 관한 소유권이전등기절차를 이행하여 주겠다는 약정으로 인정되어야 할 것이고 위 건물들은 위 윤병희 등에게 각 소유권이전등기가 경료되어 버렸으므로 피고 남동건설은 이로 인하여 원고들이 입은 손해를 배상하여야 한다고 주장한다.

갑 제1호증의 1(매매계약서)의 기재에 의하면 피고 남동건설과 원고 조운래 사이에 1990.6.12. 별지목록기재 제1건물에 관한 매매계약서가 작성되고 그 특약사항란에 "홍영건설에서 발행한 매매계약의 갱신임. 잔금 600만원은 은행융자로 대출회사에서 수령함."이라고 기재되어 있는 사실을 인정할 수 있다. 그런데 [증거]를 종합하면 피고 남동건설이 입주자들로부터 앞에서 본 준공검사동의서(갑 제6호증의 4)를 받는 과정에서 기존의 입주자들은 위 동의서를 해 주는 대신 피고 남동건설 명의로 된 매매계약서를 작성하여 달라고 요구하였으며, 피고 남동건설로서도 홍영건설로부터 위 건축공사를 인수할 때 약정한 대로 건물의 준공검사를 받은 후 정당한 피분양자들에게 소유권이전등기를 하여 줄 의사가 있었으나 실입주자들이나 그들의 분양조건 등을 파악하지 못하였기 때문에 일일이 입주자들의 권리관계를 확인하여 매매계약서를 다시 하여 줄 입장은 못 되었던 사실, 그리하여 피고 남동건설은 정당한 피분양자들에게 소유권이전등기를 보장하는 뜻에서 매도인란에 피고 남동건설의 명판과 대표이사 직인만을 날인하고 그 나머지는 백지로 된 매매계약서를 일괄하여 입주자 대표로 활동하고 있던 소외 성진경, 신기섭에게 맡겼는데 위 소외인들이 어떠한 이유에서인지 모르지만 원고 조운래에게는 위와 같은 매매계약서를 작성하여 주었으나 나머지 원고들에게는 작성하여 주지 않은 사실, 피고 남동건설은 위 건물들 중에서 이중 분양이 된 건물이 있는지도 몰랐고 준공검사를 받은 후 원고들을 제외한 나머지 실입주자들에게 각 해당 건물에 관한 소유권이전등기를 경료하여 주었으나 별지목록기재 각 건물에 관하여는 앞에서 본 바와 같이 소외 장희자 등이 홍영건설을 상대로 한 승소 확정판결에 기하여 먼저 소유권이전등기를 경료하여 가 버렸기 때문에 원고들에게 소유권이전등기를 경료하여 줄 수 없게 된 사실을 각 인정할 수 있고 위 인정에 반하는 듯한 [증거]는 믿지 아니하며 달리 반증 없다. 위 인정사실과 앞에서 된 홍영건설과 피고 심홍수가 별지목록기재 각 건물을 이중매도한 과정, 피고 남동건설이 홍영건설로부터 위 건축공사를 인수한 경위 및 위 건물의 준공검사 과정 등 이 사건 변론과정에서 나타난 여러 가지 사정을 고려하여 볼 때, 갑 제1호증의 1의 존재만으로 피고 남동건설이 원고 조운래를 특정하여 별지목록기재 제1건물에 관한 소유권이전등기절차를 이행하여 주겠다는 약정을 한 것으로 보기는 어렵다 하겠고, 하물며 나머지 원고들에 대하여 이러한 취지의 약정을 한 것으로 볼 수는 도저히 없을 것이며 달리 원고들 주장의 위 약정을 인정할 만한 자료가 없으므로 원고들의 위 주장 또한 받아들이지 아니한다.

4. 결론

그렇다면 원고 조운래, 원고 임광택, 원고 조봉현의 피고 심홍수에 대한 청구와 원고들의 피고 남동건설에 대한 각 청구는 모두 이유 없어 이를 각 기각할 것인바, 이와 결론을 같이한 제1심판결은 정당하므로 이를 탓하는 원고들의 항소는 이유 없어 이를 기각하고, 항소비용은 패소자인 원고들의 부담으로 하여 주문과 같이 판결한다.[별지 생략]

(1-2) 대법원 1996. 2. 27. 선고 95다21662 판결

【원고, 상고인】 조운래 외 3인
【피고, 피상고인】 심홍수 외 1인
【원심판결】 서울고등법원 1995. 4. 11. 선고 93나49408 판결
【주 문】

원심판결 중 피고 남동건설 주식회사에 대한 청구 부분을 파기하여 이 부분 사건을 서울고등법원에 환송한다. 원고 조운래, 같은 임광태, 같은 조봉현의 피고 심홍수에 대한 상고를 각 기각한다. 상고기각된 부분의 상고비용은 원고 조운래, 같은 임광태, 같은 조봉현의 부담으로 한다.

【이 유】

1. 피고 남동건설 주식회사(이하 피고 회사라 한다)에 대한 청구 부분에 관한 판단

가. 원심이 인정한 기초사실은 다음과 같다.

소외 홍영건설 주식회사(이하 소외 회사라 한다)는 그 소유의 대지 위에 연립주택 54세대와 단독주택 29세대 및 상가점포 1동을 신축하던 중, 공사대금이 부족하자 각 공사대금의 지급에 갈음하여 1984. 11. 21. 위 신축공사의 하도급인인 원고 조운래에게 제23호 단독 주택을, 1983. 11. 18. 같은 임광택에게 제27호 단독주택을 각 분양하여 위 원고들이 각 그 무렵 입주하였고, 그 무렵 정화조를 납품한 소외 오근후에게도 그 대금의 지급에 갈음하여 제9호 단독주택을 분양하여 1986. 1. 11.경 원고 조봉현은 위 오근후로부터 위 단독주택을 매수하여 그 무렵 입주하였는데, 위 원고들은 모두 준공검사가 나지 아니한 상태에서 각 해당 주택에 사전 입주한 것이다.

그런데 소외 회사는 1986. 5. 23. 위 단독주택 3동을 소외 윤병희 등 제3자들에게 이중으로 분양하여, 그 제3자들이 소외 회사를 상대로 소유권이전등기청구의 소를 제기하여 승소확정판결을 받자, 그 판결에 터잡아 위 각 건물에 관하여 1991. 3. 5. 각 소유권이전등기를 마쳤다.

그리고 원고 백래현은 1985. 8. 6.경 피고 심홍수로부터 그 사람이 소외 회사로부터 분양받은 제6호 단독주택을 매수하고 같은 해 10.경부터 입주하였는데, 피고 회사는 준공검사가 마쳐진 뒤인 1991. 10. 11. 위 주택에 관하여 소외 김영희 앞으로 소유권이전등기를 마쳐주었다.

한편 소외 회사는 자금난으로 1984. 말경 부도를 낸 데다, 국세체납으로 인하여 대지에 관한 공매절차가 진행되어 1986. 9.경 대지의 소유권이 위 소외 회사의 채권자들인 소외 정동기 등 3인 명의로 넘어가자, 위 소외 정동기를 비롯한 채권자들은 각 건물의 잔여 공사를 마무리지어 준공검사를 받고 피분양자들에게 각 해당 건물에 관한 소유권이전등기를 해주는 대신에 피분양자들로부터 분양잔대금(건물을 담보로 한 은행융자금을 포함)을 받아 채권 회수에 충당하기 위하여 새로이 피고 회사를 설립한 다음 피고 회사에게 대지 및 지상 건물에 관한 권리를 넘겨주기로 합의하고, 이에 따라 위 소외 정동기 등 3인은 1989. 12. 30. 대지의 소유권을 피고 회사에게 이전하였으며, 소외 회사도 1990. 3. 20. 건물에 관한 권리를 피고 회사에게 넘겨주었다.

나. 원심의 판단

(1) 우선 피고 회사는 1990. 3. 20. 소외 회사와 사이에 각 건물의 준공검사를 마침과 동시에 소외 회사로부터 매입을 하여 이미 입주하고 있는 실제 계약자에게 각 해당 주택 및 토지에 대한 소유권이전등기를 해 주기로 약정한 바 있으므로 피고 회사는 소외 회사의 원고들에 대한 소유권이전등기 채무를 인수한 것으로 보아야 하고, 그렇다면 피고 회사는 원고들에 대하여 각 해당 주택에 관한 소유권이전등기를 마쳐줄 의무가 있음에도 불구하고 각 해당 주택 모두를 제3자들에게 소유권이전등기를 마쳐준 것이므로 그로 인하여 원고들이 입은 손해를 배상할 책임이 있다는 취지의 원고들의 주장에 대하여는, 원고들이 주장하는 바와 같은 약정이 체결된 사실은 인정되나, 위 약정은 소외 회사와 피고 회사 사이의 약정으로서 그 효력은 두 회사에게만 미친다고 할 것이지 원고들에게 미친다고 볼 수 없다는 이유로 배척하였다.

(2) 다음으로 피고 회사가 1990. 2.경 원고들로부터 준공검사 동의서를 받을 당시 각 해당주택에 관한 소유권이전등기를 해주기로 약정하였다는 취지의 원고들의 주장에 대하여는, 피고 회사가 입주자들로부터 받은 준공검사 동의서는 준공검사를 원만히 받기 위한 수단으로서 만든 서류일 뿐이므로 이를 들어 피고 회사가 원고들을 비롯한 각 입주자들에게 소유권이전등기를 마쳐주기로 약정한 것이라고 볼 수 없다는 이유로 배척하였다.

마지막으로 피고 회사가 1990. 6. 12.경 원고 조운래와 소외 회사와의 매매계약을 갱신함으로써(갑 제1호증의 1) 원고들에게 각 해당 주택에 관한 소유권이전등기를 해주겠다는 약정을 한 것이라는 취지의 원고들의 주장에 대하여는, 갑 제1호증의 1의 기재만으로 피고 회사가 원고 조운래에게 그 주장과 같은 약정을 한 것으로 보기는 어렵고, 하물며 나머지 원고들에 대하여 같은 취지의 약정을 한 것으로 보기는 더욱 어렵다는 이유로 배척하였다.

다. 당원의 판단

기록에 의하면, 소외 회사가 자금난 등으로 1984. 말 부도가 나자 그 대표이사이던 피고 심홍수는 채권자단의 요구에 의해 1985. 3. 20.경 대표이사직을 사임하고 채권자단을 대표하여 소외 손철남이 대표이사로 취임하여 위 피고가 체결한 분양계약의 효력을 부인하고 새로이 분양계약을 체결하는 등 경영을 하였으나(이 사건 제23호, 제27호, 제9호 주택에 관한 이중 분양도 이 때 이루어진 것이다), 계속 소외 회사의 경영이 호전되지 않자 위 손철남은 소외 회사의 경영에서 손을 떼고 1988. 2.경부터 피고 심홍수가 다시 소외 회사의 대표이사에 취임하였는데, 그 무렵부터 채권자단을 대표한 소외 정동기 및 소외 송병한 등이 피고 심홍수와 사이에 수습 방안을 협의한 결과, 소외 회사로서는 하청업자들에 대한 공사금채무 등 과다한 채무로 인하여 잔여 공사를 마무리하더라도 채권자들이 완성된 건물 또는 피분양자들에 대한 잔대금채권에 대해 강제집행을 하게 되면 피분양자들에 대한 잔대금채권을 회수하는 데 어려움이 예상되었으므로, 소외 회사의 기존 채무에 구속받지 않는 새로운 주택건설회사를 설립한 다음 그 회사에게 대지 및 건물에 관한 권리를 모두 넘겨주어 그 회사로 하여금 잔여 공사를 마무리지어 준공검사를 받고 피분양자들에게 소유권이전등기를 마쳐주는 대신에, 피분양자들로부터 분양잔대금(건물을 담보로 한 은행융자금)을 지급받아 위 소외 정동기를 비롯한 채권자들에 대한 채무의 변제에 충당하기로 약정하고, 위 약정에 따라 위 소외 송병한 등은 1988. 3. 23. 피고 회사를 설립하여, 1989. 12. 30. 먼저 소외 정동기 등 3인으로부터 대지에 관한 권리를 넘겨받고, 소외 회사로부터도 각 건물에 관한 권리를 양도받은 다음, 1990. 2.경 소외 회사와 분양계약을 체결하고 실제로 입주하고 있는 원고들을 비롯한 피분양자들에게 이 사건 공사에 관한 권리의무 일체를 인수하였다면서 준공검사가 나면 소유권이전등기를 해주겠으니 준공검사 동의서에 날인해 달라고 요청하여 원고들이 이에 응하였는바, 1990. 3. 20.자 합의각서(을 제3호증)는 소외 회사와 피고 회사 사이의 위와 같은 약정을 보다 명확하게 문서로 남기기 위해 작성된 사실을 알 수 있다.

이러한 사실관계에 비추어 보면, 피고 회사는 소외 회사로부터 각 건물에 관한 권리를 양도받음에 있어 적어도 소외 회사와 분양계약을 체결하고 실제로 입주하고 있는 피분양자들에 대한 관계에서는 소외 회사의 피분양자들에 대한 소유권이전등기 채무의 이행만을 인수한 것이 아니라 소외 회사가 피분양자들에 대해 가지는 잔대금채권도 함께 양수하기로 약정한 것이 분명하다 할 것인바, 위 합의각서 중 제2항은 채무 부분을, 제3항은 채권 부분을 각 표시한 것으로 이해된다.

이와 같이 피고 회사가 소외 회사로부터 분양계약에 따르는 채무뿐만 아니라 채권까지도 함께 인수하기로 하는 약정을 하였다면, 이는 분양계약의 분양자로서의 지위의 승계를 목적으로 하는 이른바 계약인수 약정을 한 것으로 보는 것이 경험칙상 상당하다 할 것이고(이 점에서 피고 회사가 소외 회사의 원고들에 대한 소유권이전등기 채무의 이행만을 인수하였다고 본 원심의 판단은 잘못되었다 할 것이다.), 이러한 계약인수는 3면계약으로 이루어지는 것이 통상적이나 관계 당사자 중 2인의 합의와 나머지 당사자가 이를 동의 내지 승낙하는 방법으로도 가능하다 할 것인데(당원 1987. 9. 8. 선고 85다카733, 734 판결 참조), 피고 회사가 원고들을 비롯한 피분양자들에게 이 사건 공사를 인수하였다면서 준공검사가 나면 소유권이전등기를 해주겠으니 준공검사 동의서에 날인해 달라고 요청하여 원고들이 이에 응한 행위는 바로 소외 회사의 피고 회사 사이의 계약인수에 동의한 것으로 볼 수 있으므로, 소외 회사가 원고들과 사이에 체결한 각 해당 입주주택에 관한 분양계약상의 지위는 피고 회사에 의해 유효하게 인수되었다 할 것이다.

그렇다면 피고 회사는 원고들에 대한 관계에서 각 해당 주택에 관한 매도인의 지위에 서게 된다 할 것이므로, 설령 피고 회사가 인수 당시 원고들이 분양받아 입주 중인 각 주택이 이중으로 분양 또는 매도된 사실을 몰랐다 하더라도, 위 각 주택이 제3자 앞으로 이전됨으로써 원고들이 입게 된 손해를 배상할 책임이 있다고 할 것이다.

그럼에도 불구하고 원심이 피고 회사가 소외 회사의 원고들에 대한 각 해당 주택에 관한 소유권이전등기 채무의 이행만을 인수한 것이라고 판단한 나머지 원고들의 청구를 배척한 것은, 소외 회사와 피고 회사 사이의 약정의 취지를 오인하고 계약인수에 관한 법리를 오해함으로써 판결 결과에 영향을 미친 위법이 있다고 할 것이므로, 이 점을 지적하는 논지는 결론에 있어 이유가 있다 할 것이다

2. 원고 조운래, 임광택, 조봉현의 피고 심홍수에 대한 청구에 관한 판단

위 원고들은 위 부분 청구에 관하여 상고한 이유에 대하여 아무런 언급을 하지 않고 있으므로, 위 부분 상고는 이유 없다 할 것이다.

3. 결론

그러므로 원심판결 중 피고 회사에 대한 부분을 파기하여 이 부분 사건을 원심법원에 환송하고, 원고 조운래, 같은 임광태, 같은 조봉현의 피고 심홍수에 대한 상고를 각 기각하며, 상고기각된 부분의 상고비용은 패소자들의 부담으로 하기로 하여 관여 법관의 일치된 의견으로 주문과 같이 판결한다.

계약의 부관, 소멸시효

계약의 부관, 소멸시효

1 동기와 조건의 구별

(1-1) 서울고등법원 2003. 1. 22. 선고 2002나20362 판결

【원고, 피항소인】 박석훈
【피고, 항소인】 박희정
【원심판결】 서울지방법원 2002. 3. 15. 선고 2001가합28027 판결

【주 문】

1. 원심판결 중 피고 패소부분을 취소하고, 그 부분에 해당하는 원고의 청구를 기각한다.
2. 원고와 피고 사이에 생긴 소송비용은 제1,2심 모두 원고의 부담으로 한다.

【청구취지 및 항소취지】

1. 청구취지

피고는 박희경과 연대하여 원고에게 251,663,819원 및 이에 대하여 이 사건 소장부본 송달 다음날부터 완제일까지 연 25%의 비율에 의한 금원을 지급하라.

2. 항소취지

주문과 같다.

【이 유】

1. 인정사실

가. 피고의 여동생인 원심공동피고 박희경은 1991. 1.경부터 1995. 2. 17.경까지 원고가 일본에서 운영하는 서울신문사 일본지사의 경리직원으로 근무하면서 원고를 위하여 보관하던 지사공금을 횡령하였다는 혐의로 1995. 2. 24. 관악경찰서에서 조사를 받게 되자, 오빠인 피고에게 전화를 하였는데, 전화를 받고 경찰서로 온 피고와 피해자인 원고 사이에 1995. 2. 25. 그때까지 드러난 박희경의 횡령금 15,206,618엔(¥)을 원화로 환산한 금액의 일부로서 합계 80,000,000원을 변제하기로 하고, 그 중 10,000,000원은 박희경이, 70,000,000원은 피고가 예금액 14,000,000원과 퇴직금 56,000,000원으로 각 변제하여 선처를 받기로 하되, 그 중 박희경이 변제할 10,000,000원과 피고의 예금액으로 변제할 14,000,000원은 같은 해 3. 11.까지, 피고의 퇴직금으로 변제할 56,000,000원은 같은 해 10. 31.까지 각 변제하기로 하고, 같은 해 3. 4. 위 약정을 공증하기로 하며, 위 공증이 끝날 때까지 그 담보로

박희경의 여권을 원고가 보관하기로 하면서 위 약속이 지켜지지 않을 때에는 박희경에 대한 어떠한 형사처별도 감수하기로 약정(이하 '이 사건 약정'이라 한다)하여 이를 각서(갑제2호증)로 작성하였다.

나. 그런데 원고는 1995. 3. 2. 박희경이 이 사건 약정에 의하여 원고에게 담보로 보관한 여권에 대하여 분실신고를 하였음을 알고, 피고와 박희경이 이 사건 약정에 위배하여 약정금을 변제하지 않고, 박희경이 여권을 재발급 받아 일본으로 도주하려 한다고 판단하여 박희경을 형사고소하였다.

다. 그 후 박희경은 업무상 횡령죄로 기소되어 1999. 6. 11. 1심에서 징역 8월에 집행유예 2년의 판결을 선고받았으나 2000. 12. 13. 항소심에서, 1심에서 일부 무죄로 인정된 공소사실이 추가로 유죄로 인정되어 원고 운영의 신문사 지사의 공금 합계 23,541,985엔(¥)을 횡령한 죄로 징역 1년의 실형을 선고받고, 2001. 3. 23. 대법원에서 상고기각 됨으로써 그 형이 확정되었다.

2. 원고의 주장

원고는, 피고가 위 형사사건에서 박희경이 횡령하였다고 확정된 원고 운영의 신문사 지사의 공금 23,541,985엔(¥) 전액에 대하여 박희경의 위 부당이득금 반환채무를 연대보증 하였으므로 피고는 위 돈을 원화로 환산한 금 251,663,819원을 박희경과 연대하여 원고에게 지급할 의무가 있고, 가사 위 횡령금 전액에 대한 연대보증채무가 인정되지 않는다 하더라도 피고는 이 사건 약정에 의하여 원고에게 박희경의 횡령금 중 70,000,000원을 지급하기로 하였으므로 적어도 위 금 70,000,000원에 대하여는 박희경의 부당이득금 반환채무를 연대보증 하였다고 할 것이어서 위 금원을 지급할 의무가 있다는 취지로 주장한다.

3. 판 단

가. 먼저, 피고가 박희경의 위 횡령금 전액에 대하여 연대보증하였다는 주장에 관하여 살피건대, 이를 인정할 아무런 증거가 없으므로, 원고의 위 주장은 이유 없다.

나. 나아가, 박희경의 횡령금 중 이 사건 약정에 의하여 피고가 금 70,000,000원을 원고에게 지급하기로 하였다는 주장에 관하여 살피건대, 당사자 사이에 계약의 해석을 둘러싸고 이견이 있어 처분문서에 나타난 당사자의 의사해석이 문제되는 경우, 그 해석은 그 문언의 내용, 그와 같은 약정이 이루어진 동기와 경위, 그 약정에 의하여 달성하려는 목적, 당사자의 진정한 의사 등을 종합적으로 고찰하여 논리와 경험칙에 따라 합리적으로 해석하여야 하는바(대법원 1996. 4. 9. 선고 96다1320 판결 참조), 피고는 동생인 박희경이 원고의 돈을 횡령하였다는 혐의로 경찰서에 붙잡혀 와서 원고로부터 고소당할 위기에 처하게 되자 박희경의 형사처벌을 면하게 하기 위하여 다급한 마음에 원고에게, 박희경이 10,000,000원, 피고가 70,000,000원을 각 변제하고 선처를 받기로 원고와 합의하고 그 이행을 담보하기 위하여 박희경의 여권을 맡기고 위 약정내용을 공증하기로 하였고, 원고도 피고와 박희경으로부터 위 합계금 80,000,000원을 변제받으면 박희경의 횡령행위에 대하여 선처해 주기로 약속하여 피고가 이 사건 약정을 원고에게 각서로 작성하여 준 사실은 앞서 인정한 바와 같고, 위와 같은 이 사건 약정이 이루어진 경위와 전후사정, 당사자의 의사표시의 내용과 목적 등을 종합하여 보면, 피고로서는 이 사건 약정에 따라 원고에게 70,000,000원을 지급하고 원고가 박희경에 대하여 고소를 하지 않게 함으로써 박희경의 형사처벌을 면하게 하거나 최소한 이 사건 약정에 기한 횡령금의 일부 변제로써 박희경의 형사처벌을 감경시키는 것이 이 사건 약정의 궁극적인 목적이고, 원고로서도 자력이 없는 박희경 대신 오빠인 피고로부터라도 자신의 손해를

일부나마 변제받고 박희경에 대하여 선처해 주기로 한 것이므로, 피고가 원고에게 금 70,000,000원을 지급하기로 한 이 사건 약정은 원고의 박희경에 대한 선처(형사처벌의 면제 혹은 감경)를 조건으로 한 것이라고 봄이 상당하다고 할 것이다.

한편, 앞서 본 바와 같이 원고는 피고가 약속한 위 변제기일 전인 1995. 3. 2. 박희경을 고소함으로써 결국 박희경은 업무상 횡령죄로 실형을 선고받아 형사처벌을 받게 되었고, 을제3, 5호증의 각 기재와 변론의 전취지에 의하면, 이 사건 약정에 따라 피고가 작성한 각서(갑제2호증)는 오히려 항소심에서 박희경의 업무상 횡령죄에 대한 유죄인정의 증거로 인정되었고, 달리 박희경이 이 사건 약정에 의하여 그 처벌을 감경받았다고 볼 증거가 없는바, 원고가 이 사건 약정상의 변제기일 이전에 박희경을 형사고소하여 이에 따라 박희경이 형사처벌을 면제 혹은 감경받지 아니하고 처벌받은 이상 박희경의 선처를 조건으로 한 이 사건 약정상의 피고의 위 금 70,000,000원의 지급의무는 인정될 수 없다고 할 것이며, 달리 피고가 이 사건 약정에 의하여 박희정의 횡령금 반환채무 중 위 금 70,000,000원에 대하여 이를 연대보증 하였다고 볼 증거가 없다.

이에 대하여 원고는, 박희경이 담보로 원고에게 보관시킨 여권의 분실신고를 함으로써 더 이상 피고와 박희경을 믿을 수 없어서 고소한 것이므로 박희경이 처벌받은 것은 전적으로 박희경과 피고 측의 귀책사유에 의한 것으로서, 피고는 여전히 이 사건 약정에 기한 위 금 70,000,000원을 변제할 의무가 있다고 주장하므로 살피건대, 박희경이 원고에게 보관한 여권에 대하여 분실신고를 한 사실은 앞서 본 바와 같으나 그러한 사실만으로 원고의 고소 및 그에 따른 박희경의 처벌과 무관하게 피고가 원고에게 이 사건 약정에 따라 위 금 70,000,000원을 지급하여야 한다고 인정할 수는 없다고 할 것이므로, 위 주장은 이유 없다.

따라서 원고의 이 부분 주장도 역시 이유 없다.

4. 결론

그렇다면, 원고의 이 사건 청구는 이유 없으므로 이를 기각할 것인바, 원심판결 중 피고 패소부분은 이와 결론을 달리 하여 부당하므로 피고의 항소를 받아들여 이를 취소하고, 그 부분에 해당하는 원고의 청구를 기각하기로 하여 주문과 같이 판결한다.

(1-2) 대법원 2003. 5. 13. 선고 2003다10797 판결

【원고, 상고인】 박석훈
【피고, 피상고인】 박희정
【원심판결】 서울고등법원 2003. 1. 22. 선고 2002나20362 판결
【주 문】 원심판결을 파기하고, 사건을 서울고등법원에 환송한다.

【이 유】

1. 원심은 그 채용한 증거에 의하여, 피고의 여동생인 제1심 공동피고는 1991. 1.경부터 1995. 2. 17.경까지 원고가 일본에서 운영하는 서울신문사 일본지사의 경리직원으로 근무하였는데, 1995. 2. 24. 관악경찰서에서 위 지사의 자금을 횡령하였다는 혐의로 조사를 받게 되었고, 전화연락을 받고 위 경찰서로 온 오빠인 피고는, 1995. 2. 25. 피해자인 원고와 사이에 약정을 체결하면서, 그 때까지 드러난 제1심 공동피고의 횡령금 15,206,618엔(¥)을

원화로 환산한 금액의 일부로서 합계 8,000만 원을 변제하기로 하고, 그 가운데 1,000만 원은 제1심 공동피고가, 나머지 7,000만 원은 피고가 예금액 1,400만 원과 퇴직금 5,600만 원으로 각 변제하여 선처를 받기로 하되, 그 중 제1심 공동피고가 변제할 1,000만 원과 피고의 예금액으로 변제할 1,400만 원은 같은 해 3. 11.까지, 피고의 퇴직금으로 변제할 5,600만 원은 같은 해 10. 31.까지 각 지급하고, 같은 해 3. 4. 위 약정을 공증하며, 위 공증이 끝날 때까지 그 담보로 제1심 공동피고의 여권을 원고가 보관하기로 하면서 위 약속이 지켜지지 않을 때에는 제1심 공동피고에 대한 어떠한 형사처벌도 감수하기로 합의(이하 '이 사건 약정'이라 한다)하여, 이를 각서(갑 제2호증)로 작성한 사실, 그런데 원고는 1995. 3. 2. 제1심 공동피고가 이 사건 약정에 의하여 원고에게 담보로 보관한 여권에 대하여 분실신고를 하였음을 우연히 알게 되자, 피고와 제1심 공동피고가 이 사건 약정에 위배하여 약정금을 변제하지 않고, 제1심 공동피고가 여권을 재발급 받아 일본으로 도주하려 한다고 판단하여 제1심 공동피고를 고소한 사실, 그 후 제1심 공동피고는 업무상횡령죄로 기소되어 1999. 6. 11. 제1심에서 징역 8월에 집행유예 2년의 판결을 선고받았으나, 2000. 12. 13. 항소심에서 제1심의 일부 무죄 부분이 유죄로 인정되어 원고 운영의 신문사 지사의 공금 합계 23,541,985엔(¥)을 횡령한 죄로 징역 1년의 실형을 선고받고, 2001. 3. 23. 대법원에서 상고가 기각됨으로써 위 형이 확정된 사실을 인정하였다.

그런 다음 원심은, 이 사건 약정이 이루어진 경위와 전후 사정, 당사자의 의사표시의 내용과 목적 등을 종합하여 보면, 피고로서는 이 사건 약정에 따라 원고에게 7,000만 원을 지급하고 원고가 제1심 공동피고에 대하여 고소를 하지 않게 함으로써 제1심 공동피고의 형사처벌을 면하게 하거나 최소한 이 사건 약정에 기한 횡령금의 일부 변제로써 제1심 공동피고의 형사처벌을 감경시키는 것이 이 사건 약정의 궁극적인 목적이고, 원고로서도 자력이 없는 제1심 공동피고 대신 오빠인 피고로부터라도 자신의 손해를 일부나마 변제받고 제1심 공동피고에 대하여 선처해 주기로 한 것이므로, 피고가 원고에게 7,000만 원을 지급하기로 한 이 사건 약정은 원고의 제1심 공동피고에 대한 선처(형사처벌의 면제 혹은 감경)를 조건으로 한 것이라고 봄이 상당한 데, 원고는 피고가 약속한 위 변제기일 전인 1995. 3. 2. 제1심 공동피고를 고소함으로써 결국 제1심 공동피고는 업무상횡령죄로 실형을 선고받아 형사처벌을 받게 되었고, 을 제3, 5호증의 각 기재와 변론의 전취지에 의하면, 이 사건 약정에 따라 피고가 작성한 각서(갑 제2호증)는 오히려 항소심에서 제1심 공동피고의 업무상횡령죄에 대한 유죄 인정의 증거로 사용되었고, 달리 제1심 공동피고가 이 사건 약정에 의하여 그 처벌이 감경되었다고 볼 증거가 없으므로, 원고가 이 사건 약정상의 변제기일 이전에 제1심 공동피고를 고소하여 이에 따라 제1심 공동피고가 형사처벌을 면제 혹은 감경받지 못하고 처벌받은 이상 제1심 공동피고의 선처를 조건으로 한 이 사건 약정상의 피고의 위 7,000만 원의 지급의무는 인정될 수 없다고 판단하였다.

2. 그러나 원심의 위와 같은 판단은 다음과 같은 이유에서 수긍할 수 없다.

(1) 조건은 법률행위의 효력의 발생 또는 소멸을 장래의 불확실한 사실의 성부에 의존케 하는 법률행위의 부관으로서 당해 법률행위를 구성하는 의사표시의 일체적인 내용을 이루는 것이므로, 의사표시의 일반원칙에 따라 조건을 붙이고자 하는 의사 즉 조건의사와 그 표시가 필요하며, 조건의사가 있더라도 그것이 외부에 표시되지 않으면 법률행위의 동기에 불과할 뿐이고 그것만으로는 법률행위의 부관으로서의 조건이 되는 것은 아니다.

(2) 기록에 의하면, 피고가 1995. 2. 25. 원고에게 작성하여 준 각서(갑 제2호증)에는 "본인의 여동생 제1심 공동피고의 횡령한 금액(¥15,206,618)을 동생 1,000만 원과 본인의 예금액 1,400만 원과 퇴직금 5,600만 원으로 변제하고 선처를 받기로 한다."라는 문구와 함께, 위 돈을 나누어 지급할 각 기한과 공증에 관한 사항 및 위 공증이

끝날 때까지 제1심 공동피고의 여권을 고소인(원고)에게 보관시킨다는 내용이 기재되어 있을 뿐인 사실, 위 각서가 작성될 당시 원고는 제1심 공동피고의 횡령 액수가 일단 15,206,618엔(¥) 정도인 것으로 알고 제1심 공동피고를 경찰서에 사실상 고소한 상태로서 추가 횡령 액수를 밝히려 하면서도 피고측에서 이 사건 약정을 제대로 이행하면 정식 고소장의 제출까지는 하지 않으려는 입장이었고, 제1심 공동피고와 그녀의 오빠인 피고도 원고 주장의 횡령사실을 인정하고 위 각서를 작성해 주면서 제1심 공동피고의 여권을 원고에게 맡겼던 사실, 그러나 피고는 그 직후 제1심 공동피고와 함께 집에 돌아와 제1심 공동피고로부터 원고의 돈을 횡령한 사실이 없다는 변명을 듣고는 이를 그대로 믿은 나머지, 제1심 공동피고에게 "각서를 작성하여 준 것은 잘못이니 탄원서를 작성하여 제출해야겠다."라고 말하면서 제1심 공동피고가 경찰서에서 제대로 말하지 못한 점을 질책하였던 사실, 이에 따라 제1심 공동피고는 피고와 마찬가지로 이 사건 약정을 이행할 생각이 전혀 없고 또 오빠인 피고에게 거짓말까지 한 상태에서, 남편이 거주하는 일본으로 도피할 목적으로 원고에게 보관시킨 여권의 분실신고를 곧바로 한 다음 재발급 절차를 밟았고, 이러한 사정을 우연히 알게 된 원고는 1995. 3. 2. 고소장을 제출하여 제1심 공동피고를 정식으로 고소한 다음, 1995. 3. 6. 재발급여권을 찾으러 외무부 여권과에 온 제1심 공동피고를 경찰서에 넘긴 사실, 그 후 제1심 공동피고는 업무상횡령죄로 기소되었지만 그 수사 및 재판 과정에서 횡령 범행 자체를 완강히 부인하였고, 피고도 증인으로 나와 위 각서가 잘못된 것이라는 취지의 증언을 하였을 뿐만 아니라, 제1심 공동피고측에서는 원고를 사기, 폭력행위, 무고 등의 혐의로 고소하기까지 하였던 사실, 그러나 원고는 1997. 4. 30. 혐의없음 처분을 받았고, 제1심 공동피고는 결국 합계 23,541,985엔(¥)을 업무상 횡령하였다는 범죄사실이 증명되어 2001. 3. 23. 징역 1년의 실형이 확정된 사실 등을 알 수 있다.

(3) 사정이 이러하다면, 피고가 원고에게 7,000만 원을 지급하기로 한 이 사건 약정은, 피고가 제1심 공동피고의 오빠로서 제1심 공동피고가 원고에 대하여 부담하는 부당이득반환 또는 손해배상 채무 중 일부를 대신 변제한다는 취지이고, 그러한 약정을 하는 피고의 내심에는 제1심 공동피고가 처벌받지 않기를 바라는 동기 이외에 제1심 공동피고가 실제로 처벌을 받는 경우에는 이 사건 약정 자체가 무효라는 조건의사까지 있었을지도 모르지만, 그것만으로 원심의 판단과 같은 조건부 약정이 이루어졌다고 단정할 수 없고, 앞서 본 각서의 기재 내용과 그 작성 당시의 상황 및 상대방인 원고의 의사 등 제반 사정에 비추어 보면, 이 사건 약정 자체의 효력이 원고의 정식 고소나 제1심 공동피고의 처벌이라는 사실의 발생만으로 당연히 소멸된다는 의미의 조건이 쌍방의 합의에 따라 이 사건 약정에 붙어 있다고는 볼 수 없으며, 오히려 위 각서 중 "변제하고 선처를 받기로 한다."라는 문구는 피고와 제1심 공동피고가 이 사건 약정을 예정대로 이행하면 제1심 공동피고가 선처를 받을 수 있도록 원고가 협조한다는 취지에 불과한 것으로 보일 뿐이다. 또한 원고가 이 사건 약정에 따라 제1심 공동피고의 선처를 위하여 나름대로의 조치를 취할 사실상의 의무가 있다고 하더라도, 그것은 어디까지나 이 사건 약정이 정상적으로 이행됨을 전제로 하는 것인데, 피고나 제1심 공동피고는 이 사건 약정을 이행함으로써 원고가 입은 피해의 일부나마 배상하기는커녕 이 사건 약정 직후 일방적으로 그 효력을 부정하고, 나아가 횡령 범행 자체를 부인할 뿐만 아니라 심지어는 피해자인 원고를 고소하기까지 하였으므로, 그 결과 제1심 공동피고가 형사처벌을 받은 것은 당연한 일이고, 그 과정에서 원고가 제1심 공동피고를 정식으로 고소하였다고 하여 이 사건 약정의 효력에 무슨 변동이 생길 수도 없는 것이다.

(4) 그럼에도 불구하고 원심은 앞서 본 바와 같은 이유만으로 이 사건 약정이 조건부 법률행위라고 단정하고 그 이행을 구하는 원고의 이 사건 청구를 배척하였으니, 거기에는 이 사건 약정의 해석을 그르치고 조건의 성질

에 관한 법리를 오해함으로써 판결에 영향을 미친 위법이 있다고 아니할 수 없다. 이 점을 지적하는 상고이유의 주장은 이유 있다.

3. 그러므로 원심판결을 파기하고, 사건을 원심법원에 환송하기로 하여 주문과 같이 판결한다.

2 조건부 권리의 침해

(1-1) 서울고등법원 1991. 12. 18. 선고 91나36682 판결

【원고, 항소인 겸 피항소인】 동래정씨양파공파종중

【피고, 항소인】 안오봉외 2인

【피고, 피항소인】 유인준

【원심판결】 서울민사지방법원 1991. 6. 25. 선고 90가합53027 판결

【주 문】

원고의 항소 및 피고 안오봉, 오귀임, 안봉원의 항소를 모두 기각한다.

항소비용은 항소인 각자의 부담으로 한다.

【청구취지】

원고에게, ① 피고 유인준은 서울 ㅇㅇ구 ㅇㅇ동산 32의 61 임야 908평방미터에 관하여 서울민사지방법원 동작등기소 1981. 7. 10. 접수 제24472호로 마친 소유권이전청구권가등기의 말소등기절차를 이행하고, ② 피고 안오봉, 오귀임은 같은동 229의 5 전 113평방미터에 관하여 같은등기소 1984. 7. 28. 접수 제31912호로 마친 근저당권설정등기의, 피고 안봉원은 위 부동산에 관하여 같은등기소 1987. 8. 24. 접수 제36855호로 마친 근저당권설정등기의 각 말소등기절차를 이행하라.

【항소취지】

원고: 원판결중 원고패소부분을 취소한다. 피고 유인준에 대하여 청구취지 ①항과 같은 판결.

피고 안오봉, 오귀임, 안봉원: 원판결 중 같은 피고들에 대한 부분을 취소하고, 위 취소부분에 해당하는 원고의 청구를 모두 기각한다.

【이 유】

1. 피고 유인준에 대한 청구에 관한 판단

[증거]를 종합하면, 원고종중 (원래의 명칭은 동래정씨문중이었는데, 1986. 5. 2. 종중총회를 개최하여 그 명칭을 동래정씨 양파공파종중으로 변경하였다)은 그 소유인 분할전의 서울 ㅇㅇ구 ㅇㅇ동산 32 임야 15정 7단 5무보중 서울특별시에 의하여 문화재보호구역으로 지정된 약13,797평부분의 개발사업촉진 등을 위하여 같은동 산 32의 2 임야의 남쪽끝부분에 폭 15미터의 도로예정지로 고시된 부분을 서울특별시에 무상증여하기로 하는 한편 위 도로예정지와 문화재보호구역이외의 토지인 소외 범진여객 주식회사의 주차장예정지옆 부분의 토지를 매각

하기로 하고 1980. 2. 2. 그 매각 대상토지를 약 1,500평으로 목측하여 그 위치를 지적도상에 특정한 다음 이를 대금 105,000,000원에 소외 양봉석, 양춘동, 정수만에게 매도함에 있어서 당시 서울특별시에서 공사미착공을 이유로 도로예정지에 해당하는 부분의 토지를 증여받기를 거절하였기 때문에 장차 서울특별시가 위 도로 예정지에 대한 도로 개설공사를 할 때 그 부분토지를 서울특별시에 무상 증여하는 것을 조건으로 위 매수인들에게 증여를 원인으로 한 소유권이전등기를 경료하여 주기로 약정하였다가 같은 달 12. 위 양봉석등 매수인, 소외 백용기와의 사이에 위 양봉석등의 매수인으로서의 지위를 위 백용기에게 승계하도록 상호협의 함에 따라 같은 해 5. 7 위 사당동 산 32의 2 임야에서 분할된 같은 번지의 54내지 65의 12필지 가운데 매매대상 토지인 같은 동 산32의 55,62,63 토지등에 관하여 위 백용기등 명의로 소유권이전등기를 경료하여 줌과 아울러 도로예정지에 해당하는 토지중 같은동 산32의 61 임야 908평방미터 (이하, 이 사건제1부동산이라고만 한다)에 관하여 위 백용기의 요구에 의하여 그 처인 소외 망 박기순명의로 같은날 증여를 원인으로 한 소유권이전등기를 경료하여 준 사실, 한편 위 망 박기순은 1981. 7. 10. 이 사건 제1부동산에 관하여 피고 유인준 명의로 청구취지 ①항 기재와 같은 소유권이전청구권가등기를 경료하여 주었다가 같은 해 8. 20. 사망하여 위 백용기, 소외 백국현, 백성현, 백연이 위 망인의 공동재산상속인이 된 사실, 그 후 위 백용기, 백국현, 백성현, 백연은 1987. 3. 5. 이 사건 제1부동산에 관하여 그들 명의로 상속등기를 마쳤으나 원고 및 서울특별시의 수차에 걸친 요구에도 불구하고 위 약정에 위배하여 같은해 4.경 위 도로예정지의 도로개설공사를 착수한 서울특별시에게 같은 달 말까지도 이 사건 제1부동산에 관한 무상증여를 이행하지 아니한 사실을 인정할 수 있고 위 인정에 반하는 듯한 [증거]는 믿지 아니하며 달리 위 인정을 뒤집을 만한 증거가 없는바, 위 인정사실에 의하면 원고는 위 백용기 및 그의 명의수탁자인 위 망 박기순에게 도로예정지에 해당하는 이 사건 제1부동산을, 서울특별시에서 그부분에 대한 도로개설공사를 시행할 때 이를 서울특별시에 무상증여하지 아니하면 해제될 것을 조건으로 한 해제조건부로 증여한 것이라고 할 것이고, 한편 서울특별시에서 1987. 4.경 그 도로공사를 시행할 때까지 위 백용기등 위 망 박기순의 재산상속인들이 위 도로 예정지 일부인 이 사건제1부동산을 서울특별시에 무상증여하지 아니함으로써 적어도 같은 달 30.에는 위 해제조건이 성취되었다 할 것이다.

원고는, 이 사건 제1부동산에 관한 소유권이전청구권을 보전하기 위한 위 피고명의의 위 가등기는 위 해제조건의 성취에 따라 무효로 되었을 뿐만 아니라 위 망 박기순의 재산상속인인 위 백용기 등 명의의 위 상속등기 역시 무효로 되어 위 가등기로써 보전할 위 소유권이전등기청구권도 형해화되었다고 주장하면서 위 피고에 대하여 위 가등기의 말소등기절차의 이행을 구하므로 살피건대, 해제조건 있는 법률행위는 특별한 사정이 없는 한 그 조건이 성취된 때로부터 그 효력을 잃는 것이므로 이 사건 제1부동산에 관한 위 증여의 당사자인 원고 및 위 백용기 또는 그 명의수탁자인 위 망인과 사이에서 위 해제조건성취의 효력을 그 성취전인 위 가등기경료 이전으로 소급하기로 약정하였다거나 그 약정으로써 제3자인 피고에게 대항할 수 있는 요건을 갖추었다는 점에 대한 원고의 주장, 입증이 없는 이 사건에 있어서 위 해제조건의 성취를 가지고 제3자인 피고에 대하여 대항할 수는 없다할 것이고, 또한 위 해제조건의 성취로 원고와 사이에 있어서 위 박기순 및 그 재산상속인들의 이 사건 제1부동산에 관한 위 각 소유권이전등기가 원인무효로 된다고 하여 피고의 위 가등기로써 보전하려는 소유권이전등기청구권이 형해화되어 실현될 수 없게 되었다고 할 수도 없으니 원고의 위 주장은 이유없다 하겠다.

2. 나머지 피고들에 대한 청구에 관한 판단

[증거]를 종합하면, 원고종중의 규약에 의하면 원고종중재산의 처분은 적어도 임원 5인을 포함하여 30인 이상

의 종중원이 참석한 종중총회에서 과반수이상의 결의를 거치도록 규정되어 있는 사실, 원래 원고종중의 소유이던 위 같은동 229의 5 전 113평방미터 (이하, 이 사건 제2부동산이라고만 한다)에 관하여 원고종중총회의 처분결의가 없었음에도 1983. 8. 29.당시 원고종중의 회장이던 소외 정홍모등이 1982. 12. 22.자 종중총회의 처분결의가 있었다는 허위의 회의록 (을제1호증의 27)을 작성하여 그에 기하여 1983. 8. 29. 위 백용기 명의로 소유권이전등기가 경료된 사실, 이어 이 사건 제2부동산에 관하여 위 소유권이전등기에 터잡아 위 나머지 피고들을 근저당권자로 하는 청구취지 ②항 기재와 같은 각 근저당권설정등기가 순차 경료된 사실을 인정할 수 있고 위 을제1호증의 27의 기재는 위에서 본바와 같이 허위로 작성된 것이어서 위 인정을 뒤집을 만한 증거가 되지 못하며 달리 위 인정을 뒤집을 만한 증거가 없는바, 위 인정사실에 의하면 특별한 사정이 없는 한 이 사건 제2부동산에 관한 위 백용기 명의의 위 소유권이전등기는 처분권한 없는 자의 처분에 기한 것으로서 원인무효의등기라고 할 것이고, 이에 터잡아 이루어진 위 피고들명의의 위 각 근저당권설정등기 역시 원인무효의 등기라 할 것이니 위 피고들은 원고에 위 각 근저당권설정등기의 말소등기절차를 이행할 의무가 있다 하겠다.

이에 대하여 위 피고들은, 이 사건소송의 원고소송대리인은 원고종중에 의하여 소외범진여객주식회사외 19인을 상대로 제기되었던 다른 민사소송에서 피고측소송대리인으로 선임되어 원고종중이 이 사건제2부동산을 위 백용기에게 처분한 행위를 적법하다고 주장한 바 있음에도 이 사건소송에서 이에 반하는 주장을 하는 것은 금반언의 원칙에 어긋난다는 취지로 항쟁하므로 살피건대, [증거]에 의하면, 소외 동래정씨임당공파종친회가 원고로 되어 1982. 6. 5. 위 백용기외 19인을 상대로 서울민사지방법원 82가합3612호로서 소유권이전등기말소등기청구소송을 제기하였다가 소취하한 사실, 이 사건의 원고소송대리인이 위 소취하된 소송에서 위 백용기등 일부피고의 소송대리인으로 선임된 사실은 인정되나, 위 피고들의 전증거에 의하더라도 위 동래정씨 임당공파 종친회가 원고종중과 동일한 종중이라거나 위 소송에서 이 사건 제2부동산을 그 소송물로 하였음을 인정할 만한 증거가 없을 뿐만 아니라 가사 위 피고들의 위 주장사실이 그대로 인정되다 하더라도 동일한 당사자가 아닌 동일한 소송대리인이 이 사건에서 그와 다른 주장을 하는 것이 금반언의 원칙에 어긋난다고 할 수도 없으므로 위 피고들의 위 항쟁은 이유없다.

3. 결론

그렇다면, 원고들의 피고 안오봉, 오귀임, 안봉원에 대한 청구는 이유있어 인용하고, 원고의 피고 유인준에 대한 청구는 이유없어 기각할 것인바, 이와 결론을 같이한 원판결은 정당하므로 원고의 피고 유인준에 대한 항소 및 나머지피고들의 원고에 대한 항소는 이유없어 이를 모두 기각하고, 항소비용은 패소자인 항소인들 각자의 부담으로 하여 주문과 같이 판결한다.

(1-2) 대법원 1992. 5. 22. 선고 92다5584 판결

【원고, 상고인 겸 피상고인】 동래정씨양파공파종중
【피고, 상고인】 안오봉 외 2인
【피고, 피상고인】 유인준
【원심판결】 서울고등법원 1991.12.18.선고 91나 36682 판결
【주 문】 상고를 모두 기각한다.
각 상고비용은 원고와 피고들 각자의 부담으로한다.

【이 유】

상고이유를 본다.

1. 원고의 상고이유에 대하여

해제조건부증여로 인한 부동산소유권이전등기를 마쳤다 하더라도 그 해제조건이 성취되면 그 소유권은 증여자에게 복귀한다고 할 것이고, 이 경우 당사자간에 별단의 의사표시가 없는 한 그 조건성취의 효과는 소급하지 아니하나, 조건성취전에 수증자가 한 처분행위는 조건성취의 효과를 제한하는 한도내에서는 무효라고 할 것이고, 다만 그 조건이 등기되어 있지 않는 한 그 처분행위로 인하여 권리를 취득한 제3자에게 위 무효를 대항할 수 없다고 할 것이다.

원심판결이유에 의하면 원심은 서울 ○○구 ○○동산32의 61. 임야 908평방미터(이 사건 제1토지)를 원고가 소외 박기순에게, 서울특별시에서 그 부분에 대한 도로개설공사를 시행할 때 위 소외인측에서 이를 서울특별시에 무상증여할 것을 해제조건으로하여 1980.5.7. 증여하였고, 위 소외인은 위 부동산에 관하여 1981.7.10. 피고 유인준명의로 판시와 같은 소유권이전등기청구권보전의가등기를 경료해 주었던 바, 그 후 위 소외인측에서 위 토지에 도로개설공사를 시행한 서울특별시에게 위 부동산을 무상증여하기 아니함으로써 적어도1987.4.30.에는 위 해제조건이 성취되었다고 판시하면서, 위 가등기는 위 해제조건의 성취로 무효가 되었다는 원고의 주장에 대하여는 해제조건 있는 법률행위는 특별한 사정이 없는 한 그 조건이 성취된 때로부터 그 효력을 잃는 것이므로 당사자사이에서 위 해제조건성취의 효력을 그 성취전인 위 가등기경료이전으로 소급하기로 약정하였다거나 그 약정으로써 제3자인 위 피고에게 대항할 수 있는 요건을 갖추었다는 점에 대한 원고의 주장. 입증이 없으므로 위 해제조건의 성취로 제3자인 위 피고에게 대항할 수 없다고 판시하여 이를 배척하였다.

원심의 위와같은 판단은 해제조건부증여에 있어서 그 조건성취전의 수증자의 처분행위의 효력에 관한 법리를 오해한 잘못을 범하였다할 것이나, 이 사건 증여에 있어서 그 해제조건이 등기되었다는 점을 인정할 아무런 증거가 없으므로(갑제1호증 참조) 원고로서는 위 해제조건의 성취로써 가등기권자인 위 피고에게 대항할 수 없는 것이어서 원심의 판단은 결과에 있어서 정당하다 할 것이고, 따라서 원심의 위와 같은 잘못은 판결에 영향을 미치는 것이 아니다.

또한 해제조건의 성취로 위 소외인의 상속인들이 원고에 대하여 위 토지에 관한 소유권이전등기의무를 부담한다고 하여 위 피고명의의 가등기에 기한 소유권이전의 본등기를 경료하는 것이 불가능하게 되어 위 가등기가 형해화 되었다고도 할 수 없다. 같은 취지의 원심판단도 정당하고 이를 탓하는 논지는 이유없다.

2. 피고 안오봉, 오귀임, 안봉원의 상고이유에 대하여

기록을 살펴보아도 동래정씨임당공파종친회와 원고종중이 동일한 종중임을 인정할 증거가 없다는 원심의 사실인정은 수긍이 가고 동일인이 한때 위 양종중의 대표자자격을 겸임하였다 하여 동일한 종중으로 보아야 하는 것도 아니다. 원심판결에 채증법칙위배의 잘못이 있다는 논지는 이유없다.

그러므로 상고를 모두 기각하고 각 상고비용은 패소자 각자의 부담으로 하기로 관여법관의 의견이 일치되어 주문과 같이 판결한다.

3 소유권유보부매매의 정지조건부 물권행위

(1-1) 서울지방법원 의정부지원 1995. 5. 12. 선고 94가합9198 판결

【원 고】 이근명

【피 고】 김경신

【주 문】

1. 피고가 소외 주식회사 ○○○○○에 대한 서울지방법원 의정부지원 92카합542 유체동산점유이전금지가처분 사건의 집행력 있는 결정정본에 가하여 1992. 10. 16. 별지 목록기재 등산에 대하여 한 가처분집행은 이를 불허한다.
2. 소송비용은 피고의 부담으로 한다.

【청구취지】 주문과 같다.

【이 유】

1. 기초사실

가. 다름없는 사실

피고가 소외 주식회사 ○○○○○(이하 소외 회사라고 한다)에 대한 주문 기재의 집행력 있는 결정정본에 가하여 1992. 10. 16. 별지목록기재 동산(이하 이 사건 기계라고 한다)을 포함한 총45종류의 기재에 대하여 점유이전금지가처분 집행을 한 사실은 당사자 사이에 다름이 없다.

나. 인정사실

갑제2 내지 4호중의 각 기재 및 증인 원○○의 증언에 변론의 전취지를 종합하면, 소회 회사는 1992. 10. 3. 원고로부터 이 사건 기계 및 스크류콤프레샤(모델명 R 150WN)1세트를 합계 금85,000,000원에 매수하면서 원고와 사이에 계약금 25,000,000원은 당일에, 잔금 중 금 25,000,000원은 이 사건 기계에 대한 시운전 완료 후에, 나머지 금35,000,000원은 위 모델명 R 150 WN의 스크류콤프레샤 1세트에 대한 시운전 완료 후에 각 지급하되 소외 회사가 위 대금을 완납할 때까지 위 각 기계의 소유권은 원고에게 유보하기로 약정한 사실 및 소외 회사는 계약당일 원고에게 위 계약금으로 액면 금25,000,000원의 약속어음을 교부하였으나 이 약속어음은 1992. 11. 28. 무거래로 지급거절 되었으며, 한편 나머지 잔금은 지급하지 아니하여 결국 소외 회사는 원고에게 이 사건 기계의 매매대금을 한푼도 지금하지 아니한 사실을 인정할 수 있고 반증이 없으므로 위 소유권유보의 약정에 따라 특별한 사정이 없는 한 이 사건 기계에 대한 소유자는 원고라 할 것이다.

2. 피고의 주장에 대한 판단

가. 피고는, 원고와 소외 회사 사이에 이루어진 위 소유권유보의 약정은 그 특약 당사자 사이에서만 효력이 있을 뿐, 소외 회사로부터 이 사건 기계를 매수한 자신에게는 효력이 미치지 않는다고 주장하나, 소유권유보의 약정자체는 약정 당사자사이에서만 효력을 발생한다 하더라도, 위 약정에 따라 유보된 소유권은 제3자에 대하여도

주장할 수 있다 할 것이므로 피고의 위 주장은 이유없다.

나. 피고는 또한, 그와 소외 윤△△이 공동으로 1992. 10. 14. 소외 회사를 이 사건 기계에 대한 소유자로 믿고 소외 회사로부터 이 사건 기계를 포함한 총 45종류의 기계를 합계 금240,000,000 원에 매수하여 그 대금을 완납하였으므로 이 사건 기계를 선의취득 하였다고 주장하므로 우선 피고가 이 사건 기계를 선의취득 하는데 필요한 인도의 요건을 충족했는지 여부에 대하여 살피건대, 동산의 선의취득에 필요한 점유의 취득은 현실적 인도가 있어야 하고, 점유개정에 의한 점유취득만으로서는 그 요건을 충족할 수 없다 할 것인데, 피고가 소외 회사로부터 이 사건 기계를 현실적으로 인도받았다는데 대한 아무런 주장, 입증이 없으며 오히려 증인 윤△△의 증언에 의하면 피고가 점유개정의 방법으로 이 사건 기계에 대한 인도를 받았음을 인정할 수 있고, 반증이 없으므로 피고의 위 주장은 더 나아가 살필 필요없이 이유없다 할 것이다.

다. 피고는 마지막으로, 그가 이미 이 사건 기계를 소외 김○○에게 처분하여 등소외인이 이름 점유하고 있으므로 원고의 이 사건 청구는 이유없다고 주장하나, 동산에 대한 점유이전금지가처분권자가 제3자에게 그 동산을 처분하여 그 제3자가 이를 점유하고 있다 하여도 점유이전금지가처분이 유효하게 존속하는 이상 동산의 소유자가 그 가처분권자를 상대로 제3자이의의 소를 제기하는데 아무런 장애가 될 수 없다 할 것이므로 피고의 위 주장 또한 이유없다.

3. 결론

그렇다면, 원고 소유의 이 사건 기계에 대하여 한 피고의 위 가처분집행은 부당하므로 그 집행의 배제를 구하는 원고의 이 사건 청구는 이유있어 이를 인용하기로 하여 주문과 같이 판결한다.

(1-2) 서울고등법원 1996. 2. 8. 선고 95나22278 판결

【원고, 피항소인】 이근명

【피고, 항소인】 김경신

【원심판결】 서울지방법원 의정부지원 1995. 5. 12. 선고 94가합9198 판결

【주 문】
1. 피고의 항소를 기각한다.
2. 항소비용은 피고의 부담으로 한다.

【청구취지】

피고가 소외 주식회사 금강브이아이엠에 대한 서울지방법원 의정부지원 92카합542호 유체동산점유이전금지가처분 사건의 집행력 있는 결정정본에 기하여 1992. 10. 16. 해덕 스크류 콤프레샤 1세트(모델 R250WN)에 대하여 한 가처분집행은 이를 불허한다는 판결을 구함.

【항소취지】 원심판결을 취소하고 원고의 청구를 기각한다는 판결을 구함.

【이 유】

1. 이 법원이 이 사건에 관하여 설시할 이유는 원심판결 이유 중 2의 나.항(3면 13줄 이하)을 아래와 같이 고치는 외에는 원심판결과 같으므로 민사소송법 제390조에 의하여 이를 그대로 인용한다.

나. 선의취득 주장에 대한 판단

(1) 피고는, 소외 윤웅열이 피고와 소외 송은섭의 이름으로 1992. 10. 12. 소외 회사를 이 사건 기계의 소유자로 믿고 소외 회사로부터 이 사건 기계를 포함한 총 45종류의 기계를 합계 금 240,000,000원에 매수하는 계약을 체결하고 그달 14일 그 대금을 완불하면서 이를 인도받았으므로 위 윤웅열 또는 피고와 송은섭이 이를 선의취득하였다고 주장한다.

(2) 살피건대, 을1호증의 기재와 원심증인 윤웅열의 일부증언에 변론의 전취지를 종합하면, 소외 윤웅열이 위 주장과 같이 피고와 송은섭의 이름으로 소외 회사와 사이에 이 사건 기계를 포함한 45종의 기계를 매수하는 계약을 체결하고 그 대금을 완불한 사실은 인정된다.

그러나 선의취득이 인정되기 위하여는 그 대상이 된 동산을 선의・무과실로 인도받아야 하되 그 인도방법은 점유개정 이외의 방법으로 인도받아야 하는 것이므로, 이 사건에서 위 윤웅열 또는 피고나 송은섭이 이 사건 기계를 위 선의취득의 요건에 맞게 인도받았는지에 관하여 살펴보건대, 갑1호증, 을2호증의 각 기재와 위 증인의 일부증언에 변론의 전취지를 종합하면, 위 윤웅열은 소외 회사에 대하여 채권을 갖고 있던 중 소외 회사가 1992. 10. 3. 이 사건 기계를 원고로부터 매수한 후 그달 9일 이를 인도받자 자신의 채권을 변제받기 위한 방법으로 그로부터 사흘만에 이 사건 기계를 포함한 위 45종의 기계들을 소외 회사로부터 다시 매수하는 계약을 체결하고 그 대금은 자신의 소외 회사에 대한 위 채권과 상계한 사실, 위 윤웅열은 위 기계들을 매수한 뒤에도 이를 실제로 인도받지 않고 소외 회사와 사이에 그에 대한 임대차계약을 체결하여 소외 회사로 하여금 이를 계속 점유・사용하게 한 사실이 각 인정된다.

따라서 위 윤웅열 또는 피고와 송은섭은 이 사건 기계를 실제로 인도받은 것이 아니라 점유개정의 방법에 의하여 인도받은 것에 불과하다 할 것이고, 달리 이를 점유개정 이외의 방법으로 인도받았다고 인정할 증거가 없다.

(3) 피고는 나아가, 소외 회사가 위와 같이 이 사건 기계를 임차하여 사용하다가 부도를 낸 뒤에는 소외 회사의 대표이사이던 소외 박종철의 처인 소외 김금순이 그 자리에 다른 회사(주식회사 신한금속)를 차려서 위 윤웅열로부터 이 사건 기계를 계속 임차하여 사용해 오다가, 위 김금순 역시 1993. 8.경 부도를 낸 뒤에는 윤웅열의 처인 소외 김종희가 그자리에 공장을 차려 이 사건 기계를 점유,사용하고 있다고 주장한다.

그러나 피고의 위 주장에 부합하는 위 증인의 증언은 믿을 수 없고 달리 이를 인정할 증거가 없을 뿐 아니라, 가사 김금순이 위와 같이 이 사건 기계를 넘겨받아 점유・사용해 왔다 하더라도, 이는 소외 회사가 부도를 낸 뒤 새로운 회사를 만들어 이를 새로이 임차하는 형식만을 취한 것이고 실제로는 그 남편이 경영하던 소외 회사가 대표이사만을 바꾸어 계속 영업을 해 오면서 이를 종전대로 점유・사용한 것으로 보아야 할 것이므로 이는 종전의 점유개정 상태가 그대로 유지된 것에 불과하다고 보는 것이 타당할 것이다.

또한, 위 김금순마저 부도를 낸 뒤에 윤웅열의 처인 김종희가 이 사건 기계를 인도받아 점유・사용하고 있다고 인정할 수 있다 하더라도, 소외 회사는 위 윤웅열을 비롯한 여러 사람에게 채무를 부담하고 있던 상황에서 이 사건 기계를 매수한 것이며, 위 윤웅열은 그와 같은 사정을 알면서 그 직후에 자신의 채권을 확보하는 방법으로 자신이 이를 다시 매수하는 형식을 취한 것이고, 소외 회사가 결국 부도를 내고 위 김금순이 그 자리에서 경영하던 회사마저 부도를 낸 뒤에 윤웅열의 처가 이 사건 기계를 인도받았다는 사정을 참작한다면, 위 윤웅열이나 김종희는 소외 회사가 이 사건 기계의 매수대금을 전부 지급하지 못한 채 이를 인도받았으며 그 뒤 김종희가 소외 회사로부터 이를 인도받을 때에도 그 대금이 완불되지 못한 상태에 있었다는 사정을 알 수 있는 가능성이 있었다 할 것이므로, 위 윤웅열이나 김종희가 이 사건 기계를 인도받을 때에 소외 회사가 그 소유권을 완전히 취득하지 못한 상태에 있었다는 점을 알지 못한 데에 아무런 과실이 없었다고 단정하기 어렵고, 달리 위 윤웅열이나 김종희가 아무런 과실 없이 이를 인도받았다고 인정할 증거가 없다.

(4) 그렇다면, 위 윤웅열 또는 피고와 송은섭 등이 이 사건 기계를 선의취득 하였다고 인정하기는 어려우므로 피고의 위 주장은 이유 없다."

2. 결론

그렇다면, 원고의 이 사건 청구는 이유 있으므로 이를 인용하여야 할 것인바, 원심판결은 이와 결론을 같이하여 정당하고 피고의 항소는 이유 없으므로 이를 기각하기로 하여 주문과 같이 판결한다.

(1-3) 대법원 1996. 6. 28. 선고 96다14807 판결

【원고, 피상고인】 이근명
【피고, 상고인】 김경신
【원심판결】 서울고등법원 1996. 2. 8. 선고 95나22278 판결
【주 문】 상고를 기각한다. 상고비용은 피고의 부담으로 한다.

【이 유】

상고이유를 본다.

제1점에 대하여

동산의 매매계약을 체결하면서, 매도인이 대금을 모두 지급받기 전에 목적물을 매수인에게 인도하지만, 대금이 모두 지급될 때까지는 목적물의 소유권은 매도인에게 유보되며, 대금이 모두 지급된 때에 그 소유권이 매수인에게 이전된다는 내용의 소위 소유권유보의 특약을 한 경우에는, 목적물의 소유권을 이전한다는 당사자 사이의 물권적 합의는 매매계약을 체결하고 목적물을 인도한 때 이미 성립하지만 대금이 모두 지급되는 것을 정지조건으로 하는 것이므로, 목적물이 매수인에게 인도되었다고 하더라도, 특별한 사정이 없는 한, 매도인은 대금이 모두 지급될 때까지 매수인뿐만 아니라 제3자에 대하여도 유보된 목적물의 소유권을 주장할 수 있고, 다만 대금이 모두 지급되었을 때에는 위 정지조건이 완성되어 별도의 의사표시 없이 목적물의 소유권이 매수인에게 이전되는 것이다.

같은 취지의 원심판결은 정당하고, 거기에 소론과 같은 위법이 있다고 할 수 없다. 논지는 이유 없다.

제2점에 대하여

원심판결 이유에 의하면, 원심은, 피고의 선의취득 주장에 대하여, 선의취득이 인정되기 위하여는 그 대상이 되는 동산을 선의, 무과실로 인도받아야 하되, 그 인도방법은 점유개정 이외의 방법으로 인도받아야 하는데, 거시 증거에 의하여 인정되는 판시와 같은 사실에 비추어 보면, 소외 윤웅열 또는 피고와 소외 송은섭은 이 사건 기계를 소외 주식회사 금강브이아이엠(이하 '소외 회사'라고 함)으로부터 실제로 인도받은 것이 아니라 점유개정의 방법에 의하여 인도받은 것에 불과하고, 달리 위 기계를 점유개정 이외의 방법으로 인도받았다고 인정할 증거가 없으며, 설사 소외 회사가 부도난 이후 그 대표이사인 소외 박종철의 처인 소외 김금순이 다른 회사를 차려

서 위 윤웅열로부터 이 사건 기계를 계속 임차하여 사용하였다고 하더라도, 이는 소외 회사가 부도를 낸 뒤 새로운 회사를 만들어 이를 새로이 임차하는 형식만을 취한 것이고 실제로는 그 남편이 경영하던 소외 회사가 대표이사만 바꾸어 계속 영업을 해 오면서 위 기계를 종전대로 점유, 사용한 것으로 보아야 할 것이므로, 이는 종전의 점유개정 상태가 그대로 유지된 것에 불과하다고 할 것이고, 또한 위 김금순마저 부도를 낸 뒤에 위 윤웅열의 처인 소외 김종희가 이 사건 기계를 인도받아 점유, 사용하고 있다고 하더라도, 판시와 같은 각 사정을 참작하면, 위 윤웅열이나 위 김종희가 이 사건 기계를 인도받을 때에 소외 회사가 그 소유권을 완전히 취득하지 못한 상태에 있었다는 점을 알지 못한 데에 과실이 없었다고 단정하기 어렵고, 달리 위 윤웅열이나 위 김종희가 아무런 과실 없이 이를 인도받았다고 인정할 증거가 없다면서, 피고의 위 주장을 배척하였는바, 기록에 비추어 보면, 원심의 위와 같은 조치는 정당하고 거기에 소론과 같은 위법이 있다고 할 수 없다. 논지도 이유 없다.

그러므로 상고를 기각하고 상고비용은 패소자의 부담으로 하기로 하여 관여 법관의 일치된 의견으로 주문과 같이 판결한다.

4 소멸시효

(1-1) 대구고등법원 1978. 10. 6. 선고 78나515 판결

【원고, 항소인】 김영기

【피고, 피항소인】 신종철

【주 문】 원고의 항소를 기각한다. 항소비용은 원고의 부담으로 한다.

【청구취지】

피고는 경남 ○○군 ○○면 ○○리 산 121 임야 17정 6단 7무보중 1/2지분에 관하여 부산지방법원 함양등기소 1970.5.30. 접수 제5094호로서 같은달 2 매매를 원인으로 한 소유권이전등기의 말소등기절차를 이행하라. 소송비용은 피고의 부담으로 한다.

【항소취지】

원판결의 취소를 보태는 외에는 청구취지기재와 같다.

【이 유】

[증거]를 모아보면 청구취지에 기재되어 있는 임야 17정 6단 7무(이하 이건 임야라 약칭한다)는 원래 원심 공동피고 김윤옥, 소외 신창재의 공유이었는데 이건 임야 중 1/2지분에 관하여, 소외 김윤명은 위 김윤옥으로부터 매수하고 1943.10.14. 그 명의로 지분권이전등기를 경료하였고, 소외 망 김성재는 1951.11.19. 위 김윤명으로부터 이를 매수하여 그 지분권이전등기를 경료하지 아니한 채 1957.7.20. 소외 이재옥, 이갑영에게 매도하였고 위 이재옥, 이갑영등도 지분권이전등기를 경료함이 없이 같은해 8.13 원고에게 이를 매도한 사실, 피고는 1969년경 위 신창재의 외동딸인 소외 신양애로부터 이건 임야를 매수하였다고 하여 임야소유권이전등기에관한특별조치법에 따라 이건 임야 전부에 관한 소유권이전등기를 경료한 사실이 인정되고 반증이 없는 바, 위 인정사실에

의하면 이건 임야 중 1/2지분에 관하여 소외 김윤명 명의로 지분권이전등기가 경료된 후 피고가 소외 신양애로부터 이건 임야 전부를 매수하고 이에 관한 소유권이전등기를 경료하였다 하더라도 달리 위 김윤명 명의의 지분권이전등기가 원인무효라는등의 주장입증이 없는 이건에 있어서 이건 임야 중 2/1지분에 관한 피고명의의 소유권이전등기는 원인무효로서 말소되어야 할 것이다.

이에 원고는, 이건 임야 중 2/1지분에 관한 소외 이재옥, 이갑영등에 대한 이전등기청구권을 보전하기 위하여 이건 임야 중 2/1지분에 관한 전전매도인을 대위하여 그에 관한 피고명의의 소유권이전등기의 말소를 구함에 대하여, 피고는 이건 임야 중 2/1지분에 관한 원고의 소외 이재옥, 이갑영 등에 대한 이전등기청구권이 시효로 소멸되어 원고의 이건 대위권행사는 채권자대위권행사의 요건을 갖추지 못한 것이라고 항변하므로 살피건대, 원고가 이건 임야 중 2/1지분을 매수한 것이 1957.8.13.로서 민법 시행전이고 민법 부칙 제10조에 따라 위 매매로 인한 소유권이전등기청구권의 소멸시효는 1966.1.1.부터 진행된다고 할 것인바 원고의 이사건 제소일이 1977.11.10.임이 기록상 명백하고, 원고가 이건 토지를 매수한 후 인도받지 아니한 사실을 자인할 뿐더러 달리 원고로부터 소멸시효의 중단이나 정지의 사유가 있었음에 관한 주장, 입증도 없는 이건에 있어서 원고의 위 소유권이전등기는 소멸시효기간의 완성으로 소멸되었음이 역수상 명백하다.

그렇다면 원고가 이건 임야 중 2/1지분에 관하여 소외 이재옥, 이갑영등에 대한 소유권이전등기청구권이 있음을 전제로 위 소외인 및 그 전자를 대위하여 피고명의로 된 이건 임야 중 1/2지분에 관한 소유권이전등기의 말소등기절차의 이행을 구하는 원고의 본소청구는 이유없으므로 기각할 것인바, 원판결은 위와 결론을 같이하여 정당하고 원고의 항소는 이유없으므로 이를 기각하고 항소비용은 패소자의 부담으로 하기로 하여 주문과 같이 판결한다.

(1-2) 대법원 1979. 2. 13. 선고 78다2157 판결

【원고, 상고인】 김영기
【피고, 피상고인】 신종철
【원심판결】 대구고등법원 1978.10.6 선고 78나515 판결
【주 문】 상고를 기각한다. 상고비용은 원고의 부담으로 한다.

【이 유】

원고의 상고이유에 대하여 판단한다.

신민법 부칙 제10조 제1항에 의하면 신민법 시행 이전에 부동산을 매수하여 소유권을 취득하였던 자라 할지라도 1965.12.31까지 등기를 하지 아니하면 소유권을 상실하며, 그 원인관계로 인한 매수인의 소유권이전등기청구권은 상실되지 아니하나 이는 특별한 사정이 없는 한1966.1.1부터 소멸시효의 대상이 되는 것이며 또 신민법상은 당사자의 원용이 없어도 시효완성의 사실로서 채무는 당연히 소멸되는 것이고 (대법원 1966.1.31 선고 65다2445 판결 참조)다만 변론주의의 원칙상 소멸시효의 이익을 받을 자가 그것을 포기하지 않고 실제 소송에 있어서 권리를 주장하는 자에 대항하여 시효소멸의 이익을 받겠다는 뜻을 항변을 하지 않는 이상 그 의사에 반하여 재판할 수 없을 뿐이고 본건에서 피고는 소멸시효완성으로 직접 의무를 면하게 되는 당사자로서 그 소멸시효의 이익을 받겠다는 뜻을 항변할 수 있는 자라 할 것이므로 같은 취지에서 한 원심판단은 정당하고 이와 상반된

견해로서 원판결을 비난 공격하는 논지는 채용할 수 없다.

그러므로 상고는 이유없어 기각하기로 하고 상고비용은 패소자의 부담으로 하여 관여법관의 일치된 의견으로 주문과 같이 판결한다.

(2) 대법원 1995. 7. 11. 선고 95다12446 판결

【원고, 피상고인】 한영섭 외 2인

【피고, 상고인】 옥원덕 외 2인

【원심판결】 춘천지방법원 1995.2.10.선고 93나61 판결

【주 문】 상고를 모두 기각한다. 상고비용은 피고들의 부담으로 한다.

【이 유】

상고이유를 본다.

(1) 제1점에 관하여,

소멸시효를 원용할 수 있는 자는 권리의 소멸에 의하여 직접 이익을 받는 자에 한정된다고 할 것인데, 채권담보의 목적으로 매매예약의 형식을 빌어 소유권이전청구권 보전을 위한 가등기가 경료된 부동산을 양수하여 소유권이전등기를 마친 제3자는 당해 가등기담보권의 피담보채권의 소멸에 의하여 직접이익을 받는 자라 할 것이므로 위 부동산의 가등기담보권에 의하여 담보된 채권의 채무자가 아니라도 그 피담보채권에 관하여 소멸시효가 완성된 경우 이를 원용할 수 있다고 보아야 할 것이고, 이러한 직접수익자의 소멸시효 원용권은 채무자의 소멸시효 원용권에 기초한 것이 아닌 독자적인 것으로서 채무자를 대위하여서만 시효이익을 원용할 수 있음에 지나지 아니하는 것은 아니다(당원 1991.3.12.선고 90다카27570 판결 참조). 그렇다면 채권담보의 목적으로 가등기가 경료된 후 이 사건 부동산을 취득한 제3자에 해당하는 원고들로서는 가등기담보권의 피담보채권에 대한 소멸시효가 완성된 이상 그 피담보채권의 시효소멸을 원용할 수 있고, 비록 시효원용이전에 이미 피담보채권이 시효소멸된 담보가등기에 기하여 위 부동산에 관하여 채권자들 앞으로 본등기가 경료되었다고 하더라도 달리 볼 것은 아니며, 가사 위 가등기에 기한 본등기경료를 채무자의 채권자들에 대한 시효이익의 포기로 볼 수 있다고 하더라도 그 시효이익의 포기는 상대적 효과가 있음에 지나지 아니하여 채무자 이외의 이해관계자에 해당하는 원고들로서는 여전히 독자적으로 시효를 원용할 수 있다고 할 것이다. 기록에 의하여 살펴보면, 원심이 적법히 인정한 사실관계에 터잡아 위와 같은 취지의 판단을 한 조치는 정당한 것으로 수긍이 가고, 이와 다른 견해에서 원심판결을 비난하는 논지는 받아들일 수 없다고 할 것이다.

(2) 제2점에 관하여,

이 사건 가등기에 의하여 담보된 채권의 변제기는 당초 원심 인정과 같이 1979.5.30.이었으나 그 후 채권자들과 채무자 사이에 변제기한을 그 이후로 변경하는 합의가 있었음에도 원심이 이에 관한 심리를 다하지 아니한 위법을 범하였다는 논지는, 원심에서 주장한 바 없이 상고심에 이르러 새로이 하는 주장으로서 원심판결에 대한 적법한 상고이유가 될 수 없다.

(3) 그러므로 피고들의 상고를 모두 기각하고 상고비용은 패소자인 피고들의 부담으로 하기로 하여 관여법관의 일치된 의견으로 주문과 같이 판결한다.

(3) 대법원 2011. 10. 13. 선고 2011다10266 판결 : 제척기간과 소멸시효와의 관계

【판시사항】

[1] 하자담보에 기한 매수인의 손해배상청구권이 소멸시효의 대상이 되는지 여부(적극) 및 소멸시효의 기산점(=매수인이 매매 목적물을 인도 받은 때)

[2] 부동산 매수인이 매도인을 상대로 하자담보책임에 기한 손해배상을 구한 사안에서, 매수인의 하자담보에 기한 손해배상청구권은 부동산을 인도받은 날부터 소멸시효가 진행하는데 그로부터 10년이 경과한 후 소를 제기하였으므로 이미 소멸되었다고 한 사례

【판결요지】

[1] 매도인에 대한 하자담보에 기한 손해배상청구권에 대하여는 민법 제582조의 제척기간이 적용되고, 이는 법률관계의 조속한 안정을 도모하고자 하는 데에 취지가 있다. 그런데 하자담보에 기한 매수인의 손해배상청구권은 권리의 내용·성질 및 취지에 비추어 민법 제162조 제1항 의 채권 소멸시효의 규정이 적용되고, 민법 제582조 의 제척기간 규정으로 인하여 소멸시효 규정의 적용이 배제된다고 볼 수 없으며, 이때 다른 특별한 사정이 없는 한 무엇보다도 매수인이 매매 목적물을 인도받은 때부터 소멸시효가 진행한다고 해석함이 타당하다.

[2] 甲이 乙등에게서 부동산을 매수하여 소유권이전등기를 마쳤는데 위 부동산을 순차 매수한 丙이 부동산 지하에 매립되어 있는 폐기물을 처리한 후 甲을 상대로 처리비용 상당의 손해배상청구소송을 제기하였고, 甲이 丙에게 위 판결에 따라 손해배상금을 지급한 후 乙등을 상대로 하자담보책임에 기한 손해배상으로서 丙에게 기 지급한 돈의 배상을 구한 사안에서,甲의 하자담보에 기한 손해배상청구권은 甲이 乙등에게서 부동산을 인도받았을 것으로 보이는 소유권이전등기일로부터 소멸시효가 진행하는데, 甲이 그로부터 10년이 경과한 후 소를 제기하였으므로, 甲의 하자담보책임에 기한 손해배상청구권은 이미 소멸시효 완성으로 소멸되었다고 한 사례.

【재판경과】

광주고등법원 2010. 12. 22. 선고 2010나3451 판결

대법원 2011. 10. 13. 선고 2011다10266 판결

【따름판례】

대법원 2012. 11. 15. 선고 2011다56491 판결

【참조법령】

[1] 민법 제162조 제1항 , 제580조 , 제582조

[2] 민법 제162조 제1항 , 제580조 , 제582조

【전 문】

【원고, 상고인】 한국토지공사의 소송수계인 한국토지주택공사 (소송대리인 변호사 문♡탁)

【피고, 피상고인】 백천기업 주식회사의 소송수계인 회생채무자 백천기업 주식회사의 관리인 최△주 외

8인 (소송대리인 법무법인 광개토 담당변호사 이◇진)

【원심판결】 광주고등법원 2010. 12. 22. 선고 2010나3451 판결

【주 문】

상고를 모두 기각한다. 상고비용은 원고가 부담한다.

【이 유】

상고이유를 판단한다.

매도인에 대한 하자담보에 기한 손해배상청구권에 대하여는 민법 제582조 의 제척기간이 적용되고, 이는 법률관계의 조속한 안정을 도모하고자 하는 데에 그 취지가 있다. 그런데 하자담보에 기한 매수인의 손해배상청구권은 그 권리의 내용·성질 및 취지에 비추어 민법 제162조 제1항 의 채권 소멸시효의 규정이 적용된다고 할 것이고, 민법 제582조의 제척기간규정으로 인하여 위 소멸시효 규정의 적용이 배제된다고 볼 수 없으며, 이때 다른 특별한 사정이 없는 한 무엇보다도 매수인이 매매의 목적물을 인도받은 때부터 그 소멸시효가 진행한다고 해석함이 상당하다.

원심이 확정한 사실 및 그 채택 증거에 의하면, 한국토지공사(원고는 한국토지주택공사법에 의하여 2009.10.1. 한국토지공사의 재산과 채권·채무 등을 포괄적으로 승계하였는바, 이하 한국토지공사와 원고를 통틀어 '원고'라고 한다)는 1998.7.21.백천기업 주식회사(이하 '소외 회사'라고 한다)와 사이에 소외 회사 소유의 원심판결 별지 목록 제1내지 4항 기재 부동산에 대하여, 1998.8.29.망 소외 1(이하 '망인'이라 한다)과 망인 소유의 같은 목록 제5항 기재 부동산에 대하여 각 매매계약을 체결한 사실, 원고는 위 제1내지 4항 기재부동산에 대하여는 1998.9.14., 위 제5항 기재 부동산에 대하여는 1998.10.16. 원고 앞으로 소유권이전등기를 마친 사실, 삼성테스코 주식회사(이하 '삼성테스코'라 한다)는 원고로부터 이 사건 부동산을 매수한 소외 2, 소외 3으로부터 이를 다시 매수한 후 2006.8. 초순경 이 사건 부동산 지하에 폐콘크리트 9,221t과 건설폐토석 1,680t(이하 '이 사건 폐기물'이라 한다)이 매립되어 있는 것을 발견하고, 2006.8.7.경 원고에게 그 사실을 통지한 사실, 원고는 삼성테스코로부터 위와 같은 통지를 받은 직후인 2006.8.17.과 2006.8.23. 및 2006.8.31.총 3회에 걸쳐 소외 회사 및 망인에게 이 사건 폐기물의 발견 사실과 피고 회사 및 망인이 위 폐기물을 처리하여 줄 것과 미처리 시 손해배상을 청구할 예정이라는 내용의 내용증명우편을 발송한 사실, 삼성테스코는 이 사건 폐기물을 처리한 후 원고를 상대로 2006.11.9. 그 처리비용 상당의 손해배상청구의 소를 제기하였고, 원고는 위 소송에서1억 5,000만 원 및 그 지연손해금을 지급하라는 판결을 선고받자 2008.10.2. 삼성테스코에게 위 판결금 합계 166,764,765원을 지급하였으며, 위 판결은 2009.1.15.확정된 사실, 원고는 2009.8.7.소외 회사 및 망인의 상속인들인 나머지 피고들에게 하자담보책임에 기한손해배상으로서 원고가 이 사건 폐기물의 처리비용 상당액으로 삼성테스코에 기지급한 금원의 배상을 구하는 이 사건 소를 제기한 사실 등을 알 수 있다.

위와 같은 사실관계를 앞서 본 법리에 비추어 살펴보면, 원고의 이 사건 하자담보에 기한 손해배상청구권은 원고가 소외 회사 및 망인으로부터 이 사건 부동산을 인도받았을 것으로 보이는 1998.9.14. 내지 1998.10.16.부터 소멸시효가 진행된다고 할 것인데, 원고는 그로부터 10년이 경과한 2009.8.7.에서야 소외 회사 및 나머지 피고들에게 이를 구하는 이 사건 소를 제기하였음이 기록상 분명하므로, 원고의 하자담보책임에 기한 손해배상청구권은 이 사건 소 제기 이전에 이미 소멸시효 완성으로 소멸되었다고 할 것이다. 원심이 이 사건 부동산에 대하여 계약이 체결된 1998.7.21. 내지 1998.8.29.경부터 소멸시효가 진행한다고 판단한 것은 적절하다고 할 수 없으나,

원고의 하자담보책임에 기한 손해배상청구권이 이들 부동산을 인도받을 때를 기준으로 하더라도 소멸시효가 완성된 이상 원심의 위와 같은 잘못은 판결 결과에 영향이 없다. 이 부분 상고이유는 결국 이유 없다.

그 밖에 상고이유 중 원심의 사실인정을 다투거나 원심이 인정한 사실과 다른 사실을 전제로 하여 원심판단에 불법행위의 성립에 관한 법리오해의 위법이 있다는 주장은 결국 사실심인 원심의 전권에 속하는 증거의 취사선택과 사실의 인정을 비난하는 것에 불과하여 적법한 상고이유가 되지 못한다.

그러므로 상고를 모두 기각하고 상고비용은 패소자의 부담으로 하여, 관여 대법관 의 일치된 의견으로 주문과 같이 판결한다.

대법관 이상훈(재판장) 김지형 전수안(주심) 양창수

5 소멸시효의 중단

(1-1) 서울지방법원 2003. 5. 13. 선고 2002나37411 판결

【원고, 항소인】 이순업

【피고, 피항소인】 정리회사 주식회사 두레에어메탈의 관리인 홍종호

【원심판결】 서울지방법원 남부지원 2000. 9. 19. 선고 2000가단18886 판결

【환송 전 당심판결】 서울지방법원 2001. 11. 9. 선고 2000나69148 판결

【환송판결】 대법원 2002. 7. 12. 선고 2001다81948 판결

【주 문】

1. 원고의 항소 및 환송 전 당심에서 추가된 선택적 청구를 각 기각한다.
2. 소송총비용은 원고의 부담으로 한다.

【청구취지 및 항소취지】

피고는 원고에게 별지 목록 기재 부동산(다음부터 '이 사건 부동산'이라고 한다)에 관하여 서울지방법원 관악등기소 1995. 11. 7. 접수 제39101호로 마친 근저당권설정등기(다음부터 '이 사건 근저당권 등기'라고 한다)의 말소등기절차를 이행하라.

【이 유】

1. 기초사실

가. 소외 정리회사 주식회사 두레에어메탈(변경 전 상호 : 삼선공업 주식회사, 다음부터 '정리회사'라고 한다)은 1993.경부터 1995. 10.경까지 소외 이형래가 운영하던 창성금속에 알루미늄 원자재를 판매하여 합계 482,596,940원 상당의 물품대금 채권(다음부터 '이 사건 물품대금 채권'이라 한다)을 가지고 있었다.

나. 그런데 창성금속이 1995. 11.경 부도가 나서 정리회사에게 이 사건 물품대금채무를 변제할 수 없게 됨에 따라 정리회사와 거래를 계속할 수 없게 되자, 그 무렵 정리회사는 이형래가 정리회사에게 이 사건 물품대금 채무에 관하여 5억 원 상당의 담보를 제공하는 조건으로 이형래가 창성금속을 계속 경영할 수 있도록 이형래와의 거래를 유지하기로 약정하였다.

다. 이에 따라 이형래의 처인 원고가 1995. 11. 7. 이 사건 부동산에 관하여 채무자 이형래, 근저당권자 정리회사, 채권최고액 금 1억 5천만 원으로 된 이 사건 근저당권 등기를 경료하여 주었으나, 그 후 이형래는 정리회사에게 추가 담보를 제공하지 못하였다.

라. 이형래가 정리회사에게 이 사건 근저당권 외에 추가 담보를 제공하지 못하게 되자, 1995. 11. 23. 소외 류상서, 정리회사 등 3자 합의로 이형래가 창성금속의 경영권을 포함한 자산 및 부채에 관한 제반 권리, 의무(다음부터 '이 사건 경영권 등'이라고 한다)를 류상서에게 넘겼고, 같은 날 다시 소외 고희주가 정리회사의 동의 하에 류상서로 부터 이 사건 경영권 등을 넘겨받았다.

2. 원고의 주장에 대한 판단

가. 원고의 주장

원고는 이 사건 청구원인으로 ① 정리회사는 이형래에게 이 사건 경영권 등을 보장해 줄 것처럼 이형래와 원고를 기망하여 이 사건 근저당권 등기 설정행위를 하게 한 것이므로 이를 취소하고, ② 이 사건 근저당권 등기는 이형래가 창성금속을 계속 경영하는 것을 조건으로 설정된 것인데 그 조건이 성취되지 아니하였으며, ③ 이 사건 근저당권 등기 설정 후 정리회사 담당자들이 이 사건 근저당권 등기를 말소해 주기로 약정하였고, ④ 류상서, 고희주가 이 사건 경영권 등을 인수한 것은 면책적 채무인수이고 이에 대하여 원고의 동의가 없으므로 민법 제459조에 의하여 이 사건 근저당권은 소멸하며, ⑤ 이 사건 근저당권 등기가 경료된 1995. 11. 7.로부터 5년이 경과함으로써 이 사건 근저당권의 피담보채권인 이 사건 물품대금채권의 상사소멸시효가 완성되고, 피담보채권이 소멸하였으므로 이 사건 근저당권도 소멸하였다라고 각 주장하면서 피고에게 이 사건 근저당권 등기의 말소를 구하고 있다(원고는 위 ②항 이외의 청구원인은 당심에서 선택적으로 추가하였다).

나. 판단

(1) 사기 취소 · 조건 불성취 · 말소 약정 주장

살피건대, 이 사건 근저당권 등기가 정리회사측의 기망에 의하여 또는 이형래의 창성금속 계속 경영을 조건으로 하여 설정되었다거나 정리회사 담당자들이 이 사건 근저당권 등기를 말소해주기로 약정하였다는 원고의 주장에 부합하는 듯한 [증거]는 선뜻 믿기 어렵고 달리 이를 인정할 증거가 없으므로 원고의 위 주장들은 모두 이유 없다.

(2) 면책적 채무인수 주장

살피건대, 채무인수에 대하여 담보제공자의 동의가 없는 경우에 제3자가 제공한 담보는 채무인수로 인하여 소멸한다는 민법 제459조는 면책적 채무인수의 경우에 한하여 적용되는 것이고, 중첩적 채무인수의 경우에는 적용의 여지가 없음이 분명하고, 한편 채무인수가 면책적인가 중첩적인가 하는 것은 채무인수계약에 나타난 당사자의 의사 해석에 관한 문제로서, 채무인수가 면책적 인수인지, 중첩적 인수인지가 분명하지 아니한 때에는 이를 중첩적으로 인수한 것으로 보는 것이므로(대법원 1988. 5. 24. 선고 87다카3104 판결 참조), 면책적 채무인수라고 보아야 할 특별한 사정이 있다는 점에 대한 입증책임은 이를 주장하는 원고에게 있다고 할 것인바, [증거]만으로는 이형래-류상서, 류상서-고희주 사이에 이루어진 채무인수를 면책적 채무인수로 보기에 부족하고 달리 이를 인정할 증거가 없으므로 원고의 위 주장도 이유 없다.

(3) 소멸시효 주장

살피건대, 상인 간에 영업을 위하여 한 행위로 인한 채권은 5년간 행사하지 아니하면 소멸시효가 완성하는 것이고, 이 사건 근저당권 등기 경료일인 1995. 11. 7.로부터 5년이 경과된 사실은 역수상 분명하나, 민법 제168조 제1호, 제170조 제1항에서 시효 중단 사유의 하나로 규정하고 있는 재판상의 청구라 함은, 통상적으로는 권리자가 원고로서 시효를 주장하는 자를 피고로 하여 소송물인 권리를 소의 형식으로 주장하는 경우를 가리키지만, 이와 반대로 시효를 주장하는 자가 원고가 되어 소를 제기한 데 대하여 피고로서 응소하여 그 소송에서 적극적으로 권리를 주장하고 그것이 받아들여진 경우도 마찬가지로 이에 포함되는 것으로 해석함이 타당하고(대법원 1993.12.21. 선고 92다47861 판결 참조), 따라서 저당권설정등기 말소청구소송에서 채권자가 응소하여 적극적으로 피담보채권을 주장한 경우 이는 당해 저당권의 피담보채권의 시효 중단 사유가 될 수 있다고 할 것인바, 원고가 근저당권설정등기의 말소를 구하는 이 사건에 있어서, 피고가 2000. 5. 22. 제1심 법원에 제출한 답변서를 통하여 이 사건 근저당권의 피담보채권인 이 사건 물품대금채권 중 332,164,701원 부분이 그때까지 변제되지 아니하여 이 사건 근저당권은 위 부분에 대한 담보로서 존속하고 있다고 주장하면서 적극적으로 응소한 사실은 기록상 명백하고 이로써 이 사건 물품대금채권 중 위 일자 현재 잔존하는 부분에 대한 소멸시효 진행은 중단되었다 할 것이므로, 결국 이를 지적하는 피고의 항변은 이유 있어 원고의 이 부분 주장도 받아들일 수 없다.

3. 결론

그렇다면, 원고의 청구는 모두 이유 없어 이를 기각할 것인바, 조건 불성취를 청구원인으로 하는 원고의 청구를 기각한 제1심 판결은 이와 결론을 같이하여 정당하므로 이에 대한 원고의 항소와 환송전 당심에서 추가된 선택적 청구를 모두 기각하기로 하여(대법원 1993. 9. 14. 선고 92다1353 판결 참조) 주문과 같이 판결한다.

(1-2) 대법원 2004. 1. 16. 선고 2003다30890 판결

【원고, 상고인】 이순업
【피고, 피상고인】 정리회사 주식회사 두레에어메탈의 관리인 홍종호
【환송판결】 대법원 2002. 7. 12. 선고 2001다81948 판결
【원심판결】 서울지방법원 2003. 5. 13. 선고 2002나37411 판결

【주 문】

원심판결 중 원인무효를 원인으로 한 근저당권설정등기 말소등기절차이행청구에 관한 부분을 파기하고, 이 부분 사건을 서울지방법원 본원 합의부에 환송한다. 나머지 상고를 기각한다.

【이 유】

1. 원심은, 이형래의 정리회사 주식회사 두레에어메탈(이하 '정리회사'라고 한다)에 대한 채무를 담보하기 위하여 원고와 정리회사 사이에 맺은 이 사건 부동산에 관한 근저당권설정계약이 정리회사의 사기에 의한 의사표시에 해당한다거나, 이형래가 창성금속을 계속하여 경영하는 것을 조건으로 하였다거나 또는 정리회사가 원고에게 근저당권설정등기를 말소하여 주기로 약정하였다거나, 이형래와 류상서 및 류상서와 고희주 사이에 각각 이 사건 물품대금채무에 관하여 면책적 채무인수가 이루어졌다는 원고의 주장들에 대하여, 그 주장사실에 부합하는 증거들을 모두 믿지 아니하고 달리 위 주장사실들을 인정할 증거가 없다는 이유로 받아들이지 아니하였다. 관련 증거들을 기록에 비추어 살펴보면, 원심의 위와 같은 판단은 정당한 것으로 수긍할 수 있고, 거기에 상고이유로 주장하는 바와 같은 채증법칙 위반의 위법이 없다.

2. (1) 원심은, 원고가 정리회사와 사이에 1995. 11. 7. 이형래의 정리회사에 대한 물품대금채무 482,596,940원 상당을 담보하기 위하여 이 사건 부동산에 관하여 정리회사를 근저당권자로 하고, 이형래를 채무자로 하는 채권최고액 1억 5,000만 원인 근저당권을 설정하기로 약정하고, 이에 따라 위 근저당권설정계약을 원인으로 하여 서울지방법원 관악등기소 1995. 11. 7. 접수 제39101호로 근저당권설정등기가 이루어진 사실을 인정한 다음, 정리

회사의 이형래에 대한 위 물품대금채권은 시효로 소멸되었다는 원고의 주장에 대하여, 상행위로 인한 채권은 5년간 행사하지 아니하면 소멸시효가 완성되고, 근저당권설정등기가 이루어진 1995. 11. 7.로부터 5년이 경과되었음이 계산상 분명하나, 근저당권설정등기 말소청구소송에서 채권자가 응소하여 적극적으로 피담보채권을 주장한 경우에 당해 저당권의 피담보채권의 시효중단사유인 청구에 해당된다는 전제에서, 피고가 2000. 5. 22. 제1심법원에 제출한 답변서를 통하여 근저당권의 피담보채권인 물품대금채권 중 332,164,701원이 남아 있다고 주장하면서 적극적으로 응소한 것이 기록상 분명하므로 그 피담보채권에 관하여 소멸시효가 중단되었다고 판단하고, 근저당권설정등기의 원인무효를 원인으로 한 말소등기절차이행청구부분을 기각한 제1심을 유지하고 그 부분에 관하여 원고의 항소를 기각하였다.

(2) 그러나 소멸시효 중단에 관한 원심의 위와 같은 판단은 다음과 같은 이유로 수긍할 수 없다.

채무자 겸 저당권설정자가 피담보채무의 부존재 또는 소멸을 이유로 하여 제기한 저당권설정등기 말소등기절차이행청구소송에서 채권자 겸 저당권자가 청구기각의 판결을 구하면서 피담보채권의 존재를 주장하는 경우에는 그와 같은 주장은 재판상 청구에 준하는 것으로서 피담보채권에 관하여 소멸시효중단의 효력이 생긴다.

그러나 타인의 채무를 담보하기 위하여 자기의 물건에 담보권을 설정한 물상보증인은 채권자에 대하여 물적 유한책임을 지고 있어 그 피담보채권의 소멸에 의하여 직접 이익을 받는 관계에 있으므로 소멸시효의 완성을 주장할 수 있는 것이지만, 채권자에 대하여는 아무런 채무도 부담하고 있지 아니하므로, 물상보증인이 그 피담보채무의 부존재 또는 소멸을 이유로 제기한 저당권설정등기 말소등기절차이행청구소송에서 채권자 겸 저당권자가 청구기각의 판결을 구하고 피담보채권의 존재를 주장하였다고 하더라도 이로써 직접 채무자에 대하여 재판상 청구를 한 것으로 볼 수는 없는 것이므로 피담보채권의 소멸시효에 관하여 규정한 민법 제168조 제1호 소정의 '청구'에 해당하지 아니한다고 할 것이다.

원심이 적법하게 확정한 사실에 의하면, 원고는 이형래의 정리회사에 대한 채무를 담보하기 위하여 이 사건 부동산에 관하여 근저당권을 설정한 물상보증인에 불과하고, 정리회사나 피고에 대하여 채무를 부담하고 있지는 아니하므로, 원고가 피담보채권이 시효로 소멸하였다는 사유로 근저당권설정등기의 말소등기절차를 구하는 이 사건에서 채권자 겸 근저당권자인 정리회사의 관리인인 피고가 청구기각의 판결을 구하면서 피담보채권의 존재를 주장하였다고 하더라도 그러한 주장은 피담보채권의 소멸시효에 관하여 민법 제168조 제1호에 정하여진 청구에 해당한다고 할 수 없다.

이와 달리, 원고의 근저당권설정등기 말소등기절차이행청구소송에서 피고의 응소행위가 피담보채권에 관한 소멸시효의 중단사유에 해당한다는 원심의 판단에는 민법 제168조 제1호에 정하여진 '청구'의 해석적용을 그르친 법령위반의 위법이 있고, 이는 판결에 영향을 미쳤으므로 원심판결 중 이 부분은 파기를 면할 수 없다.

3. 그러므로 원심판결 중 원인무효를 원인으로 한 근저당권설정등기 말소등기절차이행청구에 관한 부분을 파기하고, 이 부분 사건을 원심법원에 환송하며, 나머지 상고를 기각하기로 하여 관여 대법관의 일치된 의견으로 주문과 같이 판결한다.

(2-1) 춘천지방법원 1992. 9. 25. 선고 92나2176 판결

【원고, 피항소인】 서순복

【피고, 항소인】 김만성

【원심판결】 춘천지방법원 원주지원 1992. 5. 6. 선고 91가단3191 판결

【주 문】

1. 원심판결을 취소한다.
2. 원고의 청구를 모두 기각한다.
3. 소송비용은 제1, 2심 모두 원고의 부담으로 한다.

【청구취지】

원고의 피고에 대한 1976.3.12. 금전소비대차 계약에 의한 금 6,204,000원의 원금 및 이에 대한 이자채무는 존재하지 않음을 확인한다.

피고는 원고에게 ○○시 ○○동179의 1 시멘트부록조 함석즙 평가건 사무실 1동 건평 8평 2작 및 ○○시 ○○동242 대 148평 원고지분 전부에 관하여 춘천지방법원 원주지원 1976.3.12. 접수 제3166호로 경료된 근저당권설정등기의 말소등기절차를 이행하라.

【항소취지】 주문과 같다

【이 유】

[증거]를 종합하면 원고는 1976.3.12. 남편인 소외 김석기를 통하여 피고로부터 금 4,700,000원을 차용하면서 변제기 1976.12.11. 이자 월 4푼으로 정하여 이 중 8개월분의 이자 금 1,504,000원을 합산한 금 6,204,000원을 변제하기로 약정하되 다시 금 6,204,000원에 대하여는 월 1할 4푼의 비율에 의한 이자를 별도로 계산하기로 하고 위 채무를 담보하기 위하여 청구취지 기재부동산에 관하여 춘천지방법원 원주지원 1976.3.12. 접수 제3166호로 채무자를 원고, 근저당권자를 피고, 채권최고액을 금 4,700,000원으로 하는 근저당권설정등기를 경료한 사실을 인정할 수 있고 달리 반증이 없으며 위 채권의 변제기 다음날인 1976.12.12.부터 기산하여 이 사건 소제기 당시 이미 10년이 도과하였음은 역수상 명백하므로 피고의 원고에 대한 위 대여금 채권은 특별한 사정이 없는 한 시효로 소멸되었다 할 것이고 위 근저당권 또한 담보물권의 부종성에 의하여 적법한 원인을 결하게 되었다 할 것이다.

이에 대하여 피고는 원고가 피고를 상대로 제기한 근저당권설정등기말소청구소송에 응소하여 원고 패소의 판결이 선고되고 1982.12.14. 대법원에서 위 판결이 확정되었으므로 위 대여금 채권은 피고의 응소로 소멸시효가 중단되었다가 위 재판이 확정된 1982.12.14.부터 새로이 진행되어 아직 그 시효가 완성되지 아니하였다고 시효중단의 항변을 하므로 살피건대, [증거]를 종합하면 원고는 1981.8.20. 춘천지방법원 원주지원에 피고를 상대로 근저당권설정등기말소청구소송을 제기하여 피담보채권인 위 대여금 채권이 존재하지 않음을 이유로 위 근저당권설정등기가 원인무효의 등기라고 주장하였고 이에 대하여 피고는 1981.9.24. 위 법원 제1차 변론기일에서 원고청구기각의 판결을 구하며 위 대여금 채권이 적법하게 성립되었고 따라서 이를 피담보채권으로 하는 근저당권설정등기 또한 유효한 것이라는 내용의 답변서를 제출, 진술한 것을 비롯하여 1981.10.8. 제2차 변론기일, 같은 해 10.22. 제3차 변론기일, 같은 해 12.3. 제6차 변론기일에서 동일한 내용의 답변서를 각 제출, 진술하면서 적극

적으로 응소를 한 사실, 그 후 1981.12.17. 위 법원에서 81가합126호로 원고 패소의 판결이 선고되고 이에 원고가 서울고등법원에 항소하였으나 1982.6.25. 서울고등법원 82나377호로 항소기각 판결이 선고되고 다시 원고가 대법원에 상고하였으나 1982.12.14. 82다카1182호로 상고허가신청이 기각되어 원고 패소의 판결이 확정된 사실을 인정할 수 있고 달리 반증이 없는바, 이러한 경우, 피고의 위와 같은 내용의 답변서에 의한 주장은 재판상의 청구에 준하는 것으로서 위 대여금 채권은 소멸시효의 진행이 중단되었다가 위 재판이 확정된 1982.12.14.부터 새로이 시효가 진행된다 할 것이며 위 재판 확정시로부터 아직 10년이 경과하지 아니하였음은 역수상 명백하므로 위 대여금 채권이 시효로 소멸하였음을 전제로 한 원고의 청구는 이 점에서 이유없다 할 것이다.

그렇다면 피고에게 위 대여금 채무가 존재하지 않는다는 확인을 구함과 동시에 위 근저당권설정등기의 말소등기절차의 이행을 구하는 원고의 이 사건 청구는 이유 없어 이를 각 기각할 것인바, 이와 결론을 달리한 원심판결은 부당하여 이를 취소하고 원고의 청구를 모두 기각하기로 하며 소송비용은 제1, 2심 모두 패소자의 부담으로 하여 주문과 같이 판결한다.

(2-2) 대법원 1993. 12. 21. 선고 92다47861 전원합의체 판결

【원고, 상고인】 서순복

【피고, 피상고인】 김만성

【원심판결】 춘천지방법원 1992. 9. 25. 선고 92나2176 판결

【주 문】 상고를 기각한다. 상고비용은 원고의 부담으로 한다.

【이 유】

상고이유를 본다.

1. 민법 제 168조 제1호, 제170조 제1항에서 시효중단사유의 하나로 규정하고 있는 재판상의 청구라 함은, 통상적으로는 권리자가 원고로서 시효를 주장하는 자를 피고로 하여 소송물인 권리를 소의 형식으로 주장하는 경우를 가리키지만, 이와 반대로 시효를 주장하는 자가 원고가 되어 소를 제기한 데 대하여 피고로서 응소하여 그 소송에서 적극적으로 권리를 주장하고 그것이 받아들여진 경우도 마찬가지로 이에 포함되는 것으로 해석함이 타당하다.

원래 시효는 법률이 권리위에 잠자는 자의 보호를 거부하고 사회생활상 영속되는 사실상태를 존중하여 여기에 일정한 법적효과를 부여하기 위하여 마련한 제도이므로, 위와 같은 사실상의 상태가 계속되던 중에 그 사실상태와 상용할 수 없는 다른 사정이 발생한 때에는 더 이상 그 사실상태를 존중할 이유가 없게 된다는 점을 고려하여, 이미 진행한 시효기간의 효력을 아예 상실케 하려는 데에 곧 시효중단을 인정하는 취지가 있는 것인바(당원 1979.7.10.선고 79다 569 판결참조), 권리자가 시효를 주장하는 자로부터 제소당하여 직접 응소행위로서 상대방의 청구를 적극적으로 다투면서 자신의 권리를 주장하는 것은 자신이 권리위에 잠자는 자가 아님을 표명한 것에 다름아닐 뿐만 아니라, 계속된 사실상태와 상용할 수 없는 다른 사정이 발생한 때로 보아야 할 것이므로, 이를 민법이 시효중단사유로서 규정한 재판상의 청구에 준하는 것으로 보더라도 전혀 시효제도의 본지에 반한다고 말할 수는 없다 할 것이다.

당원은 종전에 권리자가 피고가 되어 응소행위로서 한 권리의 주장은 소멸시효 내지 소유권의 취득시효에 준용되는 시효중단사유인 위 같은 법조 소정의 재판상의 청구에 해당하지 않는다는 취지로 여러차례 판시한 바 있으나(당원 1971.3.23.선고 71다 37 판결, 1974.11.12.선고 74다 416, 417 판결, 1978.4.11.선고 76다 2476 판결, 1979.6.12.선고 79다 573 판결등 참조), 이러한 판례들의 견해는 모두 이 사건 판결에 저촉되므로 이를 폐기하기로 한다.

2. 이 사건에서 원심이 적법하게 확정한 바에 따르면, 원고는 1976.3.12. 피고로부터 금 4,700,000원을, 변제기는 그 해 12.11.로 정하여 차용하면서 그 담보를 위하여 이 사건 부동산에 관하여 피고 앞으로 채권최고액을 위 금 4,700,000원으로 한 근저당권설정등기를 마쳐 주었으나, 그 후 원고가 1981.8.20. 피고를 상대로 위 피담보채권인 대여금채권이 부존재함을 이유로 위 근저당권설정등기의 말소청구소송을 제기함에 따라 피고가 이에 적극적으로 응소하여 원고 청구기각의 판결을 구하고 위 대여금채권이 유효하게 성립된 것이어서 이를 피담보채권으로 하는 위 근저당권설정등기는 유효하다는 내용의 답변내용을 제출한 결과, 그 소송의 제1심 법원에서 1981.12.17. 피고의 위 주장을 받아들여 원고패소판결을 선고하고, 그 후 원고의 항소기각판결을 거쳐 1982.12.14. 대법원에서 원고의 상고허가신청기각결정에 의하여 위 판결이 그대로 확정되기에 이르렀다는 것인바, 사실관계가 그러하다면 피고가 위 전소송에서 응소하여 한 위 담보목적의 대여금채권의 존재에 관한 주장은 소멸시효의 중단사유가 되는 재판상의 청구에 준하는 것이므로, 위 채권에 대하여는 피고의 위 응소행위에 의하여 일단 소멸시효의 진행이 중단되었다가 위 재판이 확정된 1982.12.14.부터 새로이 그 시효가 진행된다고 봄이 옳다 할 것이다.

결국 원심이 이와 같은 취지에서 위 대여금채권이 시효소멸한 것임을 전제로 하여 대여금채무의 부존재확인 내지 근저당권설정등기의 말소등기 절차이행을 구하는 원고의 이 사건 청구를 모두 배척한 조치는 정당한 것으로 수긍이 되고, 거기에 소론과 같은 법리오해 등의 위법이 있음을 찾아 볼 수 없다.

논지는 이유없다.

3. 그러므로 상고를 기각하고 상고비용은 패소자인 원고의 부담으로 하기로 하여 관여법관 전원의 일치된 의견으로 주문과 같이 판결한다.

(3-1) 서울지방법원 1999. 7. 23. 선고 99카단48611 판결

【신청인】 권영조

【피신청인】 망 함진갑의 일반승계인 이병남

【주 문】

1. 신청인의 이 사건 신청을 기각한다.
2. 소송비용은 신청인의 부담으로 한다.

【신청취지】

신청인과 피신청인 망 함진갑 사이의 이 법원 82카4351 부동산가압류 신청 사건에 관하여 이 법원이 1982. 2. 6. 별지목록 기재 부동산에 대한 가압류 결정을 취소한다.

【이 유】

1. 인정사실

가. 피신청인 망 함진갑이 신청인에 대하여 대여금청구권이 있다는 이유로 신청인을 상대로 이 법원 82카4351호로서 부동산가압류신청을 하였고, 이 법원이 1982. 2. 6. 별지목록기재 부동산에 대하여 가압류결정을 하였다.

나. 그 후 위 함진갑은 위 가압류사건의 본안소송으로 신청인을 상대로 이 법원 82가합1946호 대여금소송을 제기하여 이 법원으로부터 1982. 4. 28 신청인은 위 함진갑에게 금 9,100,000원 및 이에 대한 지연손해금등을 지급하라는 승소판결을 받았고 위 판결은 그 시경 확정되었다.

다. 한편, 위 함진갑은 1985. 10. 3. 사망하였고, 협의분할에 의한 재산상속에 의하여 그의 재산에 대한 지위는 그의 처인 이병남이 그대로 승계하였다.

2. 신청인의 주장에 대한 판단

신청인은, 우선 신청인이 위 함진갑에게 위 대여금채무를 모두 변제하였다고 주장을 하나 이를 인정할 증거가 없어 이유없고, 다음으로 신청인이 부담하고 있는 위 함진갑에 대한 위 대여금채무는 위 판결이 확정된 이후 현재까지 10년의 기간이 도과된 것이 역수상 분명하므로 시효로 소멸되어 위 가압류 사건의 피보전권리는 소멸되었다고 주장을 하므로 살피건대, 채권의 소멸시효는 가압류가 있을 경우에 시효의 진행이 중단되고(민법 제168조 제2호), 그 시효의 중단의 효력은 그 가압류절차가 종료될 때까지 그대로 유지된다 할 것인데(민법 제178조 제1항), 가압류절차의 종료시점은 본집행이 종료될 때까지이므로 결국 아직 위 확정판결에 의한 본집행이 진행되지 않고 있는 이 사건에 있어서는 위 가압류의 피보전권리의 소멸시효는 이 사건 가압류로 인하여 그 진행이 중단상태에 있다고 할 것이고, 시효의 중단의 효력은 당사자의 승계인에게도 효력이 미치게 되어(민법 제169조) 위 함진갑의 일반승계인인 이병남에게도 중단의 효력이 미치게 된다 할 것이다. 그렇다면, 위 확정판결에 의한 대여금채권은 이 사건 가압류로 인하여 소멸시효의 진행이 중단된 상태로 그대로 존속하게 되므로 이와 반대의 입장에서 소멸시효가 완성되었다는 신청인의 위 주장은 이유없다.

3. 결론

결국, 신청인의 이 사건 신청은 전부 이유없어 이를 기각하기로 하고 주문과 같이 판결한다.

(3-2) 서울지방법원 2000. 1. 12. 선고 99나58968 판결

【신청인, 항소인】 권영조
【피신청인, 피항소인】 망 함진갑의 일반승계인 이병남
【원심판결】 서울지방법원 1999. 7. 23. 선고 99카단48611 판결
【주 문】

1. 신청인의 항소를 기각한다.
2. 항소비용은 신청인의 부담으로 한다.

【청구 취지 및 항소취지】

원심판결을 취소한다. 신청인과 피신청인 망 함진갑 사이의 이 법원 82카4351 부동산가압류 신청사건에 관하여 이 법원이 1982. 2. 6. 내린 서울 용산구 **동 2가 1의 47대 42평 8홉에 대한 가압류 결정을 취소한다.

【이 유】

당원이 이 사건에 관하여 설시 할 이유는 모두 원심판결 이유란 기재와 같으므로, 민사소송법 제390조에 의하여 이를 그대로 인용하기로 한다. 그렇다면 원심판결은 정당하므로 신청인의 항소는 이유 없어 기각하기로 하여 주문과 같이 판결한다.

(3-3) 대법원 2000. 4. 25. 선고 2000다11102 판결

【신청인, 상고인】 권영조
【피신청인, 피상고인】 망 함진갑의 일반승계인 이병남
【원심판결】 서울지방법원 2000. 1. 12. 선고 99나58968 판결
【주 문】 상고를 기각한다. 상고비용은 신청인의 부담으로 한다.

【이 유】

신청인의 상고이유를 본다.

민법 제168조에서 가압류를 시효중단사유로 정하고 있는 것은 가압류에 의하여 채권자가 권리를 행사하였다고 할 수 있기 때문인데 가압류에 의한 집행보전의 효력이 존속하는 동안은 가압류채권자에 의한 권리행사가 계속되고 있다고 보아야 할 것이므로 가압류에 의한 시효중단의 효력은 가압류의 집행보전의 효력이 존속하는 동안은 계속된다고 하여야 할 것이다.

또한 민법 제168조에서 가압류와 재판상의 청구를 별도의 시효중단사유로 규정하고 있는데 비추어 보면, 가압류의 피보전채권에 관하여 본안의 승소판결이 확정되었다고 하더라도 가압류에 의한 시효중단의 효력이 이에 흡수되어 소멸된다고 할 수도 없다.

이 사건에서 보건대, 원심이 적법하게 확정한 사실관계에 의하면 이 사건 부동산에 관한 이 사건 가압류의 집행보전의 효력이 현재까지 존속하고 있으므로 이 사건 가압류의 피보전채권에 관한 시효는 중단되어 있다고 할 것이고, 거기에 상고이유와 같은 가압류에 의한 시효중단의 종기에 관한 법리를 오해한 위법은 없다. 논지는 이유 없다.

그러므로 상고를 기각하고 상고비용은 패소자의 부담으로 하기로 하여 관여 법관의 일치된 의견으로 주문과 같이 판결한다.

(4-1) 서울고등법원 1991. 7. 25. 선고 91나1693 판결

【원고, 피항소인】 고등교과서주식회사 외 2인

【피고, 항소인】 대한민국

【주 문】 피고의 원고들에 대한 항소를 각 기각한다. 항소비용은 피고의 부담으로 한다.

【청구취지】

피고는 원고 고등교과서주식회사에게 금 4,905,535,181원 및 그 중 금 2,673,610,212원에 대하여는 1990.9.1.부터 완제일까지 금 100원에 대하여 1일 3전의 비율에 의한 금원을, 원고 안명기, 원고 전정구에게 각 금 420,000,000원을 각 지급하라.

【항소취지】

원심판결을 취소하고, 원고들의 피고에 대한 청구를 모두 기각한다.

【이 유】

1. [증거]를 종합하면, 다음 각 사실을 인정할 수 있고 달리 반증이 없다.

가. (1) 원고 고등교과서주식회사(이하 원고 회사라고 한다)는 고등학교용 문교부 검인정 교과서의 공급을 목적으로 1971.2.18.에 설립된 상사법인으로, 그 후 1974.9.23.에 각 과목별로 존속되어 오던 ① 고등국어과 교과서주식회사 ② 고등사회과 교과서주식회사 ③ 고등지리 교과서주식회사 ④ 고등역사부도 교과서주식회사 ⑤ 고등지리부도 교과서주식회사 ⑥ 고등수학과 교과서주식회사 ⑦ 고등물리 교과서 주식회사 ⑧ 고등화학 교과서 주식회사 ⑨ 고등생물 교과서주식회사 ⑩ 고등체육 교과서주식회사 ⑪ 고등음악 교과서주식회사 ⑫ 고등미술과 교과서주식회사 ⑬ 고등실업과 교과서주식회사 ⑭ 고등영어 교과서주식회사 ⑮ 고등외국어 교과서주식회사의 분과회사들을 흡수합병하였고, 피고(피고 산하의 마포세무서장)은 위법한 과세처분에 기하여 원고 회사로부터 법인세 등을 징수한 후, 동 과세처분이 대법원 판결(대법원 1990.7.27. 선고 XX누XXXX 호 판결)로 취소 확정되었음에도 불구하고 원고 회사에게 기수납한 세액("국세환급금")과, 동 세액에 대한 "환급가산금"(이들을 합하여 "국세환급금"이라고 총칭한다)을 환급하지 아니하고 있다.

(2) 한편, 원고 회사는 위의 국세환급금 중 일부인 각 금 420,000,000원을 원고 안명기와 원고 진정구에게 양도하고, 그 양도통지를 국세기본법 제54조, 동법시행령 제42조, 동시행규칙 제19조에 따라 "국세환급금 양도요구서"를 피고 산하 마포세무서장에게 1990.8.17.자로 제출함으로써 하였다.

나. (1) 피고 산하의 국세청의 지휘감독을 받는 마호세무서장(이하 단순히 "피고"라고 줄여씀)은, ① 1977.6.10.자 및 1977.6.16.자로 법인세등 과세처분(별첨, 제1표 기재의 124개의 과세처분)을 하였다. 원고 회사는 동 과세처분에 불복하여 감사원 심사청구를 거쳐 서울고등법원 79구6호 사건으로 행정소송을 제기하였고, 서울고등법원은 1983.11.18. 선고판결로 별첨 제1표 기재의 과세처분 전부를 취소하라는 판결을 선고하였다. ② 피고는 위의 제1심 판결에 불복하여 대법원 83누722호 사건으로 상고를 제기하였으나, 대법원에서 역시 1984.3.13. 선고의 판결로 피고의 상고를 기각함으로써 피고의 위 별첨 제1표 기재의 과세처분(1977.6.10.자 및 1977.6.16.자 처분)모두 취소확정되었다.

(2) 그런데 피고는 별첨 제1표 기재의 과세처분이 위와 같이 확정판결로 취소된 것은 피고가 납세고지서에 세액에 산출근거를 명시하지 아니한 절차상 하자를 이유로 하여 취소를 명한 것이라고 하여, 동일한 과세원인으로 하여, ① 다시 1984.6.1.자로 별첨 제2표 기재의 51개의 법인세등 과세처분을 행하였고, ② 또,1984.7.10.자로 별첨 제3표기재의 71개의 법인영업세등 과세처분을 원고 회사에게 각 단행하였다.

(3) 원고 회사는, 상기한 별첨 제2표 및 제3표기재의 각 과세처분에 대하여도 모두 불복이었으므로, 국세기본법상의 전심절차를 각 거쳐,① 별첨 제2표기재의 과세처분(1984.6.1.자 과세처분)과, 별첨 제3표기재의 과세처분(1984.7.10.자 과세처분)에 대하여 서울고등법원XX호XXXX 사건으로 행정소송을 제기하여, 1985.11.1자로 원고 전부승소판결을 선고받았고, 대법원 86누15호 판결로 파기환송되었으나, ② 환송 후 서울고등법원 87구396호 판결(1989.6.27.선고)로 다시 원고 회사가 승소하여, 결국 대법원 1990.7.27.선고,XX호XXXX 판결로 피고의 별첨 제2표기재의 1984.6.1.자 과세처분과, 별첨 제3표기재의 1984.7.10.자 과세처분은 모두 "취소확정"되었다.

(4) 따라서, 원고 회사는 위의 취소확정판결(대법원 1990.7.27.선고,89누5867호 판결)에 따라, 별첨 제2표기재의 과세처분 및 별첨 3표기재의 과세처분취소에 따른 별첨 제4표 "국세환급금 및 환급가산금계산명세서" 기재 내용과 같이, ① 원고 회사가 기납부했던 본세 금 1,921,236,650원, 방위세 금 289,780,282원, 동 불납부 가산금 금 462,593,280원 {이상 "국제환급금(원금)"의 합계 금 2,673,610,212원}과, ② 동 "국세환급금가산금" 금 3,071,924,969원을 합산한 총계 금 5,745,535,181원을 환급해 줄 것을 피고에게 청구하였다.

2. 위 각 인정사실에 터잡아 원고들은 위법한 과세처분으로 인하여 과·오납된 위 본세 금 1,921,650원, 방위세 금 289,750,282원, 동 불납부 가산금 462,593,280원과 각 이에 대한 1990.8.31.까지의 국세기본법 제52조 소정의 국세환급가산금 3,071,924,969원등 합계 듬 5,745,535,181원의 지급을 구함(원고 안명기, 같은 전정구는 그중 원고 회사로부터 양도받은 각 금 420,000,000원의 지급을 구한다)에 대하여, 피고는 1984.6.1.자 및 같은 해 7.10.자 과세처분은 비록 행정소송을 통하여 취소되었다 하더라도 중대하고도 명백한 하자가 있는 당연무효인 행정처분이므로 이 경우 과·오납으로 인한 부당이득반환청구권의 소멸시효는 그 과세처분으로 인한 과·오납이 있었던 1984.6.15.(1977년에 부과했던 국세의 최소에 따라 방생한 환급금으로 충당한 날)부터 진행된다고 할 것이고, 따라서 원고의 이 사건 부당이득반환청구권은 이 사건 소제기일인 1990.9.1.이전에 이미 5년의 시효로 소멸하였다고 항변한다.

그러므로 살피건대, 국세의 과·오납이 취소할 수 있는 위법한 과세처분에 의하여 한 것이라면 그 과세처분은 행정행위 공정력 또는 집행력이 있어 그것이 적법한 기관 또는 행정쟁송절차에 의하여 취소되기까지는 유효하므로 이와 같은 경우의 과·오납으로 인한 부당이득반환청구는 그 과세처분이 적법하게 취소된 때로부터 행사할 수 있다 할 것이어서 그에 대한 소멸시효도 그때부터 진행한다고 보아야 할 것인바, 위에서 든 [증거]만으로는 피고의 이 사건 과세처분이 중대하고도 명백한 하자가 있는 당연무효의 행정처분이라고 단정하기에 부족하고, 달리 이를 입증할 자료가 없으므로 위 과세처분의 취소로 인한 이 사건 부당이득반환청권의 소멸시효는 위 과세처분을 취소한 위 87구396호 판결이 확정된 1990.7.27.부터 진행한다고 할 것이고 이 사건 소가 그로부터 5년이 경과하기 전에 제기되었음은 기록상 명백하므로 위 항변은 이를 받아들일 수 없다.

가사 위 과세처분인 중대하고도 명백한 하자가 있는 당연무효의 행정처분이라고 하더라도, (1) 하자 있는 행정행위는 강학상으로는 그 하자가 중대하고도 명백하여 당연무효로 되는 경우와 그 하자가 중대하고도 명백한 정도까지는 이르지 아니하여 취소할 수 있는 것으로 되는 경우로 구별되나 국가의 과세처분을 포함한 행정처분에 어떤 하자가 있는 경우 그 하자가 과연 당연무효 사유가 되는 하자인지 취소사유에 불과한 하자인지를 재판을 통한 법원의 판결이 있기 전에 미리 판단하는 것은 현실적으로 불가능한 점, (2) 과세처분을 당한 당사자가 그 처분이 당연무효인 줄 알고 먼저 부당이득반환청구소송을 제기하였다가 그 소송중 만일 그 과세처분이 당연무효가 아님이 밝혀질 경우 취소소송에 필요한 전치절차인 행정심판청구를 할 수 있는 기간을 사실상 놓치게 되고, 반대로 먼저 취소소송을 제기하였는데 당연무효임이 밝혀졌으나 그 소송이 지연되어 소멸시효기간을 경과하게 된 경우(본 사건의 경우가 이에 해당한다)에는 부당이득반환청구소송를 제기해 보지도 못하고 소멸시효가 완성되는 결과가 되는바, 이러한 위험을 피하기 위하여는 취소소송과 부당이득반환청구소송을 동시에 제기할 수밖에 없는데 이는 명백히 부당한 점, (3) 하자가 경미하여 과세처분의 취소사유에 불과한 때에는 취소판결이 확정된 때로부터 소멸시효가 진행됨으로써 권리의 행사가 가능한데 하자가 보다 커서 중대하고도 명백함에도 불구하고 과세처분으로 인한 과・오납이 있었던 때로부터 소멸시효가 진행된다고 봄으로써 결과적으로 권리의 행사가 불가능하게 된다면 이는 형평에 어긋나고 국민의 법감정에도 반하는 점 등에 비추어 볼 때, 전 절차를 거쳐 과세처분의 취소를 구하였으나 재판과정에서 그 과세처분이 무효로 밝혀진 본건과 같은 경우에는 그로 인한 부당이득반환청구권의 소멸시효의 기산점은 과세처분에 취소할 수 있는 하자가 있는 경우와 마찬가지로 그 판결확정시부터 진행한다고 봄이 상당하다 할 것이므로 위 항변은 이 점에서도 이유 없다. (더욱이 위 마포세무서장이 앞서 본 각 행정소송절차에서는 계속하여 이 사건 각 과세처분이 적법하다고 주장하면서 다투다가 이 사건 소에 이르러서는 위 각 과세처분이 당연무효임을 전제로 원고들의 부당이득반환청구권이 시효소멸하였다고 항변하는 것은 신의칙 또는 금반언의 원칙에 반하여 허용될 수 없다고 할 것이다.

3. 그렇다면, 피고는 원고 회사에게 위 과・오납된 국세환급금 2,673,610,212원과 이에 대한 1990.8.31.까지의 국세기본법 제52조 소정의 국세환급가산금 3,071,924,969원 중 원고 안명기, 원고 전정구에게 양도한 금 840,000,000원을 공제한 금 2,231,924,969원을 합한 금 4,905,535,181원 및 그중 위 국세환급금 2,673,610,212원에 대하여는 최종 국세환급가산금계산일 다음날인 1990.9.1.부터 완제일까지 국세기본법 소정의 금 100만원에 대하여 1일 3전의 비율에 의한 국세환급가산금을, 원고 안명기, 원고 전정구에게 위 양수금 각 금 420,000,000원을 지급할 의무가 있다 할 것이므로, 위 금원의 지급을 구하는 원고들의 이 사건 청구는 모두 이유 있어 인용할 것인바, 원심판결은 이와 결론을 같이하여 정당하므로 피고의 항소를 이유 없다 하여 각 기각하고, 항소비용은 패소자인 피고의 부담으로 주문과 같이 판결한다.

(4-2) 대법원 1992. 3. 31. 선고 91다32053 전원합의체 판결

【원고, 피상고인】 고등교과서 주식회사 외 2인

【피고, 상고인】 대한민국

【원심판결】 서울고등법원 1991.7.25.선고 91나1693판결

【주 문】

상고를 기각한다.

상고비용은 피고의 부담으로 한다.

[이 유]

피고 소송수행자의 상고이유를 본다.

1. 원심판결이유에 의하면, 원심은 피고가 원고 고등교과서주식회사(이하 원고회사라 한다)에 대하여 1984. 6. 1.자로 원심판결첨부별지 제2표 기재의 51개의 법인세등 과세처분과 1984. 7. 10.자로 같은 별지 제3표 기재의 71개 법인영업세등 과세처분을 하였으나, 원고회사가 국세기본법상의 전심절차를 거쳐 서울고등법원 87구 396호로 취소소송을 제기한 결과 1985.11.1. 위 각 과세처분의 무효를 선언하는 의미에서의 취소판결이 선고되고 이 판결은 1990.7.27. 대법원의 상고기각판결에 의하여 확정된 사실을 확정하고, 피고는 위 각 과세처분에 의하여 원고회사가 이미 납부한 본세, 방위세 및 불납부가산세와 이 국세환급금에 대한 국세환급가산금을 합산한 5,745,535,181원을 원고회사와 원고회사로부터 그중 일부를 양수한 원고 안명기, 전정구 등에게 환급할 의무가 있다고 판시한 다음, 피고가 위 각 과세처분은 비록 행정소송에 의하여 취소되었다고 하여도 중대하고 명백한 하자가 있는 당연무효의 처분이므로 이에 의하여 납부한 세금에 대한 부당이득반환청구권의 소멸시효는 오납이 있었던 1984. 6. 15.부터 진행되는 것이어서 원고들의 이 사건 부당이득반환청구권은 이 소제기일인 1990. 9. 1. 이전에 이미 5년의 시효기간경과로 소멸하였다고 항변한 데에 대하여, 갑 제1호증의 1, 2 및 같은 3호증의 1 내지 4의 각 기재만으로는 위 각 과세처분이 중대하고 명백한 하자가 있는 당연무효의 행정처분이라고 단정하기에 부족하고 달리 이를 입증할 자료가 없으므로, 위 과세처분의 취소로 인한 이 사건 부당이득반환청구권의 소멸시효는 위 과세처분을 취소한 위 87구 396호 판결이 확정된 1990. 7. 27.부터 진행한다고 할 것이어서 위 항변은 이유없고, 가사 위 과세처분이 중대하고도 명백한 하자가 있는 당연무효의 처분이라고 하더라도, 전치절차를 거쳐 과세처분의 취소를 구하였으나 재판과정에서 그 과세처분이 무효로 밝혀진 이 사건과 같은 경우에는 그로 인한 부당이득반환청구권의 소멸시효의 기산점은 과세처분에 취소할 수 있는 하자가 있는 경우와 마찬가지로 그 판결확정시부터 진행한다고 봄이 상당하므로, 위 항변은 이 점에서도 이유없다고 판단하였다.

2. 먼저 이 사건 각 과세처분이 당연무효인지의 여부에 관하여 본다.

원심이 이 사건 각 과세처분이 무효라고 인정할 만한 자료가 되지 못한다하여 배척한 갑 제3호증의 3, 4는 바로 원고회사가 이 사건 과세처분의 취소를 구한 행정소송에서 그 처분의 무효임을 확인하고 그 무효선언으로서의 취소를 명한 고등법원판결과 이에 대한 상고심판결인바, 이와 같이 이 사건 부당이득반환청구와 관련된 행정소송의 확정판결에서 인정한 사실은 특별한 사정이 없는 한 이 사건에서도 유력한 증거자료가 되는 것으로서 함부로 그 증명력을 배척할 수 없는 것이다.

그런데 위 행정소송의 판결에 의하면, 원고회사를 비롯한 4개 교과서회사에 대한 세칭 검인정교과서 부정사건(조세포탈)에 대한 조사가 1977. 2. 24.부터치안본부에서 시작되어 원고회사의 간부들이 연금되는 등 1개월 간에 걸쳐 강압적인 수사가 강행되는 중에, 원고회사 간부들은 그들의 의사에 반하여 각 고등분과 주식회사와 원고회사가 1971. 12. 11.부터 1977. 11. 30.까지 사이에 탈세하였다는 내용의 확인서, 진술서 등을 작성하였고, 치안본부장이 그 무렵 이를 국세청장에게 통보하자 국세청에서는 곧 원고회사에 세무조사반을 투입하여 세무조사를 실시한 결과, 1971. 12. 1.부터 1977. 11. 30.까지 사이에 위 각 분과주식회사와 원고회사가 금 4,549,618,375원의 매출액을 누락시켰다고 보고 이를 익금가산하는 한편 그 금액이 위 각 분과주식회사와 원고회사의 대표이사 및 주주들에게 상여, 배당 등의 명목으로 분배지급된 것으로 간주한 사실, 그리고 위 국세청조사반원들은 원고회사의 주주들을 국세청강당에 모이게 하여 세무조사결과에 따라 소득금액을 신고할 것을 강권하면서 불응할 경우 주주들 개인업체에 대하여도 강력한 세무조사를 실시하여 중과세하거나 형사입건하겠다고 공언하므로, 주주들은 국세청 당국이 제시하는 각 과세연도 귀속소득금액(배당소득 및 갑종근로소득)에 위 세무조사와 관계없이 이미 자진신고하여 납부한 소득금액을 합하여 이 사건 과세기간에 대한 소득금액계산서, 내역서, 명세서, 각서 등을 작성 제출한 사실, 그리하여 피고는 이러한 자료와 치안본부의 통보자료를 근거로 이 사건 법인세, 법인영업세, 개인영업세, 갑종근로소득세, 배당소득세, 이자소득세, 기타소득세, 방위세 등을 부과고지하게 된 사실을 인정하고 있다.

위 인정사실에 의하면, 이 사건 각 과세처분의 근거가 된 확인서, 명세서, 자술서, 각서 등은 과세관청 내지 그 상급관청이나 수사기관의 일방적이고 억압적인 강요로 작성자의 자유로운 의사에 반하여 별다른 합리적이고 타당한 근거도 없이 작성된 것으로서 이러한 자료들은 그 작성경위에 비추어 내용이 진정한 과세자료라고 볼 수 없으므로, 이러한 과세자료에 터잡은 이 사건 각 과세처분의 하자는 중대한 하자임은 물론 위와 같은 과세자료의 성립과정에 직접 관여하여 그 경위를 잘 아는 과세관청에 대한 관계에 있어서 객관적으로 명백한 하자라고 할 것이다(당원 1985. 11. 12.선고 84누 250 판결 참조).

그럼에도 불구하고 원심이 이 사건 각 과세처분이 무효임을 인정할 증거가 없다고 판단하고 말았음은 증거가치의 판단을 그르치고 행정처분의 무효원인에 관한 법리를 오해한 위법을 저지른 것으로서 이 점에 관한 논지는 일응 이유있다.

3. 다음에 이 사건 부당이득반환청구권의 소멸시효기산일에 관하여 본다.

과세처분이 부존재하거나 당연무효인 경우에 이 과세처분에 의하여 납세의무자가 납부하거나 징수당한 오납금은 국가가 법률상 원인 없이 취득한 부당이득에 해당하고, 이러한 오납금에 대한 납세의무자의 부당이득반환청구권은 처음부터 법률상 원인이 없이 납부 또는 징수된 것이므로 납부 또는 징수시에 발생하여 확정된다(당원 1989. 6. 15.선고 88누 6436 판결 참조).

한편 소멸시효는 객관적으로 권리가 발생하여 그 권리를 행사할 수 있는 때로부터 진행하고 그 권리를 행사할 수 없는 동안만은 진행하지 않는바, 권리를 행사할 수 없다고 함은 그 권리행사에 법률상의 장애사유, 예컨대 기간의미도래나 조건불성취 등이 있는 경우를 말하는 것이고, 사실상 권리의 존재나 권리행사 가능성을 알지 못하였고 알지 못함에 과실이 없다고 하여도 이러한 사유는 법률상 장애사유에 해당하지 않는다는 것이 당원의 견해이다(당원 1984. 12. 26.선고 84누 572 판결 참조).

그러므로 이 사건에서 무효인 위 각 과세처분에 의하여 원고회사가 납부한 오납금에 대한 원고들의 부당이득반환청구권은 납부시에 이미 발생하여 확정된 것이므로 이 때부터 그 권리의 소멸시효가 진행하고, 위 각 과세처분의 하자가 중대하고 명백하여 당연무효에 해당하는 여부를 당사자로서는 현실적으로 판단하기 어렵다거나, 당사자에게 처음부터 취소소송과 부당이득반환청구소송을 동시에 제기할 것을 기대할 수 없다고 하여도 이러한 사유는 법률상장애사유가 아니라 사실상의 장애사유에 지나지 않는다.

또 이 사건과 같이 과세처분의 취소를 구하였으나 재판과정에서 그 과세처분이 무효로 밝혀졌다고 하여도, 그 과세처분은 처음부터 무효이고 무효선언으로서의 취소판결이 확정됨으로써 비로소 무효로 되는 것은 아니므로 오납시부터 소멸시효가 진행함에는 차이가 없다.

결국 원심이 위 각 과세처분에 대하여 무효선언으로서의 취소를 명한 판결이 확정된 때로부터 이 사건 부당이득반환청구권의 소멸시효가 진행한다고 판단하였음은 오납으로 인한 부당이득반환청구권의 소멸시효기산일에 관한 법리를 오해한 것으로서 이 점을 지적하는 논지도 일응 이유있다.

4. 그러나 시효제도의 존재이유는 영속된 사실상태를 존중하고 권리위에 잠자는 자를 보호하지 않는다는 데에 있고 특히 소멸시효에 있어서는 후자의 의미가 강하므로, 권리자가 재판상 그 권리를 주장하여 권리 위에 잠자는 것이 아님을 표명한 때에는 시효중단사유가 되는바, 이러한 시효중단사유로서의 재판상의 청구에는 그 권리 자체의 이행청구나 확인청구를 하는 경우만이 아니라, 그 권리가 발생한 기본적 법률관계에 관한 확인청구를 하는 경우에도 그 법률관계의 확인청구가 이로부터 발생한 권리의 실현수단이 될 수 있어 권리위에 잠자는 것이 아님을 표명한 것으로 볼 수 있을 때에는 그 기본적 법률관계에 관한 확인청구도 이에 포함된다고 보는 것이 타당하다.

이 사건에서 원심이 확정한 사실관계에 의하면, 이 사건 각 과세처분은 당연무효의 처분이어서 원고회사가 납부한 세금은 법률상 원인없는 오납금이 되어 원고회사에게 환급청구권, 즉 부당이득반환청구권이 발생한 것인데, 원고들은 이러한 부당이득반환청구권을 실행하기 위하여 먼저 그 권리의 기본적 법률관계인 위 각 과세처분에 대한 취소소송(무효선언으로서의 취소소송)을 제기하였음이 명백한바, 이러한 과세처분의 취소 또는 무효확인을 구하는 행정소송은 그 과세처분으로 오납한 조세에 대한 부당이득반환청구권을 실현하기 위한 수단으로서 권리 위에 잠자는 것이 아님을 표명한 것으로 볼 수 있으므로, 위 부당이득반환청구권의 소멸시효를 중단시키는 재판상 청구에 해당하는 것이고 이로서 그 소멸시효는 중단되었다고 보아야 할 것이다.

일반적으로 위법한 행정처분의 취소, 변경을 구하는 행정소송은 사권을 행사하는 것으로 볼 수 없으므로 사권에 대한 시효중단사유가 되지 못하는 것이나, 다만 이 사건과 같은 과세처분의 취소 또는 무효확인의 소는 그 소송물이 객관적인 조세채무의 존부확인으로서 실질적으로 민사소송인 채무부존재확인의 소와 유사할 뿐 아니라, 과세처분의 유효여부는 그 과세처분으로 납부한 조세에 대한 환급청구권의 존부와 표리관계에 있어 실질적으로 동일당사자인 조세부과권자와 납세의무자 사이의 양면적 법률관계라고 볼 수 있으므로,위와 같은 경우에는 과세처분의 취소 또는 무효확인청구의 소가 비록 행정소송이라고 할지라도 조세환급을 구하는 부당이득반환청구권의 소멸시효중단사유인 재판상 청구에 해당한다고 볼 수 있다.

당원의 판례중 위에서 설시한 견해와 달리 무효의 과세처분으로 오납한 조세에 대한 부당이득반환청구권의 소멸시효는 오납이 있는 때로부터 진행하고 그 과세처분에 대한 행정쟁송절차나 판결은 그 소멸시효중단사유가 되지 못한다는 취지의 판례(1987. 7. 7.선고 87다카 54 판결)는 이를 폐기하기로 하고, 또 위법한 행정처분의 취소, 변경이나 무효확인을 구하는 행정소송은 사권에 대한 소멸시효중단사유인 재판상 청구라고 볼 수 없다는 취지의 판례(1979.2. 13.선고 78다 1500, 1501 판결)는 위와 같이 과세처분의 취소, 변경 또는 무효확인을 구하는 행정소송과 그 과세처분으로 인한 오납금에 대한 부당이득반환청구권과의 관계에 있어서는 적용되지 않는 것으로 그 견해를 변경하기로 한다.

결국 원심의 이유설시는 상고논지가 지적하는 바와 같이 부당하나, 피고의 소멸시효항변을 배척한 결론은 정당하여 상고논지가 주장하는 위법사유는 판결결과에 영향이 없으므로 상고는 이유없다.

5. 그러므로 상고를 기각하고 상고비용은 패소자의 부담으로 하기로 하여 대법관 최재호, 윤 관, 김상원, 김주한을 제외한 나머지 법관의 일치된 의견으로 주문과 같이 판결한다.

대법관 최재호, 윤 관, 김상원, 김주한의 반대의견은 다음과 같다.

1. 이 사건 각 과세처분이 당연무효이고, 따라서 그 무효인 처분에 기해 납부하거나 징수당한 오납금에 대한 환급청구권이 납부 또는 징수시에 발생, 확정되며, 원고들이 처분의 취소를 구하였으나 재판과정에서 그 처분이 무효로 밝혀졌다고 하여도 이러한 오납금에 대한 납세의무자의 부당이득반환청구권은 처음부터 법률상 원인이 없이 납부 또는 징수된 것이므로 납부 또는 징수시부터 소멸시효가 진행된다는 점에는 다수의견과 견해를 같이 한다. 그러나 과세처분의 취소, 변경 또는 무효확인을 구하는 행정소송의 제기가 환급청구권의 소멸시효중단사유인 재판상 청구에 해당한다는 다수의견의 견해에는 찬성할 수 없다.

다수의견이 지적하는 바와 같이 시효중단사유로서의 재판상 청구에는 권리 그 자체의 이행청구나 확인청구를 하는 경우뿐 아니라 그 법률관계의 확인청구가 이로부터 발생한 권리의 실현수단이 될 수 있는 때에는 그 기본적 법률관계에 관한 확인청구도 이에 포함된다고 봄이 옳다는 기본취지에도 원칙적으로 반대하지 않지만, 나아가 이 사건과 같은 오납금환급청구권의 경우 그 환급청구권의 이행청구나 확인청구를 구하는 경우만이 아니라 과세처분의 취소 또는 무효확인을 구하는 행정소송의 제기가 환급청구권의 소멸시효를 중단시키는 재판상 청구에 해당한다고 해석하는 것은 타당하다고 볼 수 없다.

2. 다수의견은 그와 같이 해석하는 이유로서 원고회사가 오납금에 대한 부당이득반환청구권을 실현하기 위한 수단으로 그 권리의 기본적 법률관계인 과세처분에 대한 취소소송(무효선언으로서의 취소소송)을 제기하여 권리 위에 잠자는 것이 아님을 표명한 것으로 볼 수 있음을 중시하고 있으나 소멸시효와 중단에 관한 제도의 취지를 권리 위에 잠자는 것인지 아닌지의 관점으로만 이해하는 것은 학설상 일반적으로 승인된 바가 아닐 뿐 아니라, 우리 실정법의 규정상 채무자의 승인을 시효중단사유로 보는 것, 권리 위에 잠자는 것이 아님이 분명한 재판외 권리행사에 대하여서도 그 권리의 행사가 아무리 반복되어도 그것만으로는 소멸시효의 중단사유로 될 수 없게 한 것, 재판상 청구에 있어서도 권리의 증명을 제대로 할 수 없게 되는 경우에는 시효중단사유로 되지 아니하는 것(소송의 각하, 기각, 취하에 관한 민법 제170조 제1항) 등은 다수의견의 위와 같은 논점만으로 설명될 수 없는 일이며, 종래 당원이 상대방의 제소에 응해 권리를 주장하는 것에 대해 시효중단사유가 아니라고 보아 온 것도 그 권리행사의 태양이 적극적인 것이냐 소극적인 것이냐로 설명되기 보다는 실정법규정이 열거한 객관적 시효중단사유의 범위를 권리자 중심의 주관적 요소(권리행사의 의도나 목적)에 의해 함부로 확대해석하지 않으려는 것으로 이해되는 것이다.

이 사건의 경우 피고의 처지에서 보면 영속된 사실상태의 존중이 결코 소홀히 할 수 없는 소멸시효제도의 또 다른 취지의 하나이고, 피고로서는 원고회사가 관할 과세관청과의 사이에 처분의 효력에 관해 쟁송을 벌이고 있었는지, 피고의 이득보유에 대하여 어떠한 내용의 쟁송이 진행되고 있었는지를 구체적으로 알 수가 없었을 것이며 단지 피고가 국가라고 하여 이를 알았다고 볼 근거도 없는 것이니, 결국 이 사건 소멸시효의 진행에 의해 권리가 소멸되는 권리자의 입장에서가 아니라 그 시효소멸로 인하여 의무를 면하게 되는 채무자의 입장을 기준으로 보면 권리자로부터 환급청구권에 대한 재판상 청구 등 권리행사를 직접적으로 당함이 없이 상당기간 그 이득의 보유상태가 지속된 후에 뜻하지 않게 오납금을 반환하게 되는 사태에 이르게 된다. 소멸시효제도가 바로 이와 같은 경우를 위하여서도 그 존재의의가 있는 것이라는 관점에서 보면, 다수의견이 취하는 견해는 소멸시효의 중단사유를 권리자 중심으로 확대해석하여 사권의 시효소멸을 제한하는 해석이라고 밖에 할 수가 없는데,

환급청구권에 대하여만 특별히 그와 같이 시효소멸을 제한할 필요가 있다고 생각되지 않는다.

국가가 세금으로 수령한 금원도 그 원인된 조세채권채무관계의 성립이 없거나 소멸되면 즉시 이를 반환하여야 하고 국가라 하여 그 반환을 거부하거나국민의 반환청구권을 제한할 수 없음은 물론이지만 그와 같은 이치는 납세자가 그 반환을 구하는 권리행사를 함에 있어서도 일관되게 적용되어야 할 것이므로 적어도 사인간의 법률관계에 있어서와 같은 정도로는 권리표명을 하여야만 시효기간의 도과로 인한 권리의 소멸을 막을 수 있는 것인데, 오히려 국가에 대한 납세자의 국세환급금과 국세환급가산금에 관한 권리는 비록 그것이사법상의 부당이득반환청구권의 성질을 갖는 것이라 하더라도 그 시효소멸기간을 일반 부당이득반환청구권의 경우보다 짧게 5년으로 단축함으로써 국가재정회계의 조속한 확정을 기하고 있음도 유념할 필요가 있다(국세기본법 제54조 제1항, 예산회계법 제96조 참조). 이와 같이 하여 소멸시효의 완성으로 국가가 반환채무를 면하게 된 이익은 또 다른 국민의 이익을 위하여 국가가 이를 보유하게 되는 것이므로 그 보유를 보호받을 가치에 있어 사인간의 경우보다 덜할 것이 없으니, 부당이득반환청구권의 시효소멸을 그 이득의 보유경위나 동기를 가려 전반적으로 제한하자는 차원의 논의가 아닌 한, 국가가 채무자라 하여 시효소멸을 인정함에 있어 인색할 것도 아니다.

3. 나아가 원고들이 관련 행정소송절차에서 법이 요구하는 형식으로 권리를 표명한 것으로 볼 것이냐에 관해, 다수의견이 위법한 행정처분의 취소, 변경을 구하는 행정소송이 일반적으로 시효중단사유로서의 사권을 행사하는 것으로 볼 수 없다고 보는 점에는 이견이 있을 수 없지만, 유독 과세처분의 취소, 변경 또는 무효확인을 구하는 행정소송과 환급청구권과의 관계에 있어서만은 적용되지 않는 것으로 보는 것에는 동조할 수 없다.

다수의견은 그와 같이 보는 이유로 과세처분의 취소 또는 무효확인의 소는 그 소송물이 객관적인 조세채무의 존부확인으로서 실질적으로 민사소송인 채무부존재확인의 소와 유사할 뿐만 아니라 과세처분의 유효여부는 그 과세처분으로 납부한 조세에 대한 환급청구권의 존부와 표리관계에 있어 실질적으로 동일당사자인 조세부과권자와 납세의무자 사이의 양면적 법률관계라고 볼 수 있으므로 과세처분의 취소 또는 무효확인청구의 소가 비록 행정소송이라고 할지라도 조세환급을 구하는 부당이득반환청구권의 소멸시효중단사유인 재판상청구에 해당한다고 하는 논지이다.

다수의견이 과세처분의 취소 또는 무효확인의 소는 그 소송물이 객관적인조세채무의 존부확인으로서 실질적으로 민사소송인 채무부존재확인의 소와 유사하다고 보는 이유가 당원의 1982. 3. 23.선고 80누 476 전원합의체 판결의 다수의견이 표명한 부과처분의 부존재확인은 그 부존재를 주장하는 부과처분의 결과로 인하여 생긴 조세채무의 부존재확인이라는 논리와 어느 정도 취지를 같이 하는 것으로 이해되나 그 판결의 보충의견에서도 지적된 바와 같이 행정처분의 무효확인 또는 부존재확인의 대상은 그 처분 자체의 무효 또는 부존재일 뿐이지 그 처분을 전제로 한 조세채무의 무효 또는 부존재라고 볼 것은 아니라고 생각되는 것이다. 또 오납금의 환급청구권이 그 세금 납부시에 이미 확정되어 있고 국세기본법상의 환급금이나 가산금에 관한 규정은 이미 확정되어있는 납세자의 환급청구권에 대한 절차규정일 뿐이며(당원 1989. 6. 15.선고88누 6436 판결 참조) 조세부과처분이 무효라 하여 국가에 대해 이미 납부한 세금의 반환을 구하는 것은 민사상 부당이득반환청구로서 민사소송절차에 따라야 한다고 보는 이상(당원 1990. 2. 13.선고 88누 6610 판결, 1991. 2. 6.자 90프2 결정 각 참조), 그 환급청구권의 원인된 세금납부나 징수단계에 이르기 전에 이루어진 소관 과세관청의 과세처분에 대한 유, 무효에 관한 쟁송은 그 부과처분에 뒤따른 납세나 징수 등 행위로 인한 환급청구권의 존부에 관한 전단계 쟁송일 뿐 어느 한 면의 재판상 청구가 그 반대쪽 면의 청구로도 되는 양면성을 가지거나 표리인 관계가 아니며 과세처분의 효력에 관한 쟁송만으로는 직접 그 환급청구권이 실현되는 관계인 것도 아니다.

이 점에 관하여는 파면처분의 무효와 퇴직금청구권이 그 표리관계나 양면성에 있어 보다 밀착성을 엿볼 수 있는데도 당원은 파면처분무효확인의 소는 퇴직금을 행사하기 위한 전제가 되거나 이를 실현하는 수단이 될 수 없으므로 퇴직급여청구권의 소멸시효중단사유가 되지 않는다고 판시한(당원 1990.8.14. 선고 90누2024 판결 참조) 취지를 깊이 음미해 보아야 할 것이다.

이와 같이 볼 때 권리 그 자체의 이행청구나 확인청구만이 아니라 그 권리가 발생한 기본적 법률관계의 확인청구를 하는 경우에는 그 법률관계의 확인청구가 이로부터 발생한 권리의 실현수단이 될 수 있을 때에는 시효중단사유인 재판상 청구에 포함시키자는 견해가 반드시 과세처분의 효력에 관한 행정소송을 환급청구권의 재판상 청구로 보는 것으로 연계시키는 것이 아님을 지적할 수 있다. 보험계약의 경우에는 그 청구권의 주된 내용이 보험금 또는 보험료청구권에 한정되므로 기본적 법률관계의 외연과 그로부터 발생하는 청구권의 내용은 그 범위가 거의 일치하는 경우라고 할 것이어서 이 사건과는 동일하게 볼 수 없을 것이다.

더욱이 시효중단사유로서의 권리행사가 그 권리의무 당사자 사이에 있어야하고 시효중단의 효력이 특별히 그 권리의무의 승계인 사이에서만 미친다는 원칙(민법 제169조)에 대한 별도의 규정이 없는데도 이 사건 환급청구권의 경우에 한하여 다수의견처럼 논리를 수정할 분명한 이유도 없는바(민법 제440조등 참조), 이 점에 관해 다수의견이 납세의무자인 원고회사와 행정청인 관할과세관청 사이의 과세처분에 관한 공법관계를 그 과세처분으로 인해 납부한 조세에 대한 원고회사 및 그 채권양수인인 나머지 원고들과 국가 사이의 사법상 채권채무관계와 실질적으로 동일당사자간의 양면적 법률관계라고 보는 것은 법리상 의문이 아닐 수 없다.

4. 다수의견의 견해가 과세처분의 무효확인소송에 관한 당원의 입장과 조화되는 것인지에 관하여도, 우려를 갖지 않을 수 없다.

(1) 다수의견과 같이 무효확인 등의 행정소송을 제기한 당사자에게 그 소의제기로 인해 환급청구권에 대한 시효중단의 이익을 주게 되는 경우에는, 과세처분에 따른 세액을 이미 납부한 후에 그 처분의 무효확인 등을 독립한 소송으로 구할 확인의 이익이 있는지에 관하여도 아울러 논의되어야 하며 그와 같은 논의 없이는 결국 다같이 무효확인을 구한 당사자는 소의 이익이 없다고 하여 시효중단의 이익을 얻지 못하게 되는 반면 단지 무효선언의미의 취소소송이라는 형식으로 바꾸어 소구한 당사자는 시효중단의 이익을 얻게 되는 기이한 결과가 되어 버린다. 또한 시효중단사유로서의 권리행사라는 것이 그 권리의 객관적 발생으로 소멸시효가 진행되는 것을 전제로 하는 것인데 위법한 과세처분의 취소(무효선언의미의 취소소송을 제외)를 구하는 것만으로는 그 취소판결이 선고되기 전까지 아직 오납금에 대한 부당이득반환을 구할 권리자체가 존재하지 아니하므로 과세처분취소소송의 제기에 의한 환급청구권의 시효중단이란 논리적으로 있을 수 없다.

그리고 과세처분무효확인소송의 제기가 독립하여 환급청구권의 재판상 청구에 해당하게 될 여지도 없다. 조세환급금이란 세금납부 후의 개념임이 당연한 논리이고 무효인 과세처분에 의거 세금납부 후, 그 과세처분의 무효확인소송을 제기하는 것은 소의 이익이 없어 허용되지 않는다는 것이 당원의 확립된 견해이므로 환급금을 구하기 전단계로서의 무효확인소송은 예외없이 각하되게 되어 그로부터 6월 내에 다시 환급금청구소송을 제기하지 않은 한(민법 제170조제2항) 과세처분무효확인의 소제기만으로 환급청구권이 시효중단되는 경우란 있을 수 없는 것이다.

(2) 결국 다수의견이 부과처분의 취소, 변경 또는 무효확인을 구하는 행정소송에 한하여 환급청구권의 재판

상 청구에 해당한다고 보는 것은 실은 부과처분의 무효확인의미의 취소소송에 한하여 오납금에 대한 재판상 청구에 해당한다고 보자는 것에 다름아님을 알 수가 있다.

그런데 문제는 다수의견도 설시하고 있는 바와 같이 어느 과세처분의 취소를 구하였으나 재판과정에서 그 처분이 무효로 밝혀졌다고 하여도 그 처분은 처음부터 무효이고 무효선언으로서의 취소판결이 확정됨으로써 비로소 무효로되는 것이 아니므로 무효선언의미의 취소소송도 그 소송의 내용과 효력면에서는 의연히 무효확인소송이라고 하겠고 다만 원고가 취소소송의 형식을 택한 이상 그 형식을 중시하여 절차만큼은 항고소송에 준하도록 하자는 것일 뿐 무효확인의미의 취소소송이 원래적 의미의 취소소송이나 무효확인소송과 별도로 독자적 성질을 가진 소송형태는 아니라는 점이다. 그렇다면 원래 취소소송이나 무효확인소송으로는 환급청구권의 재판상 청구로 볼 여지조차 없었던 것이 소송의 태양을 무효선언의미의 취소소송으로 바꾸었다고 하여 환급청구권의재판상 청구로 보게 되고 이는 곧 같은 성질의 재판상 권리행사가 소송절차상의 문제로 인하여 사권의 권리행사로 되기도 하고 안되기도 하는 셈인데, 이와 같은 결과는 소멸시효제도의 취지나 형평에도 맞지 않는 것이어서 불합리하다.

세금납부 후에 제기한 과세처분무효확인소송의 소익이 없다는 종전의 당원판례를 아울러 변경하는 것이 아닌 한, 다수의견은 위와 같은 결과를 신중히 고려하였어야 할 것이다.

5. 이 모든 문제점에도 불구하고 다수의견이 이 사건 원고회사가 무효선언의미의 취소소송을 구한데 대하여 굳이 시효중단에 준하는 권리행사로서의 의미를 부여하고자 하는 진정한 의도가, 원고들이 이 사건 과세처분의 효력에 관한 법원의 확정판결이 있기 전에는 그 처분이 당연무효라고 하여 환급금청구의 소를 제기하여야 할지 아니면 단순위법할 뿐이라고 하여 처분취소청구의행정소송을 제기하여야 할지 판단하기가 어렵다거나 또는 원고들이 막바로 그 처분이 당연무효라고 주장하면서 환급금청구소송 등 권리행사에 나아갈 것을 기대하기가 사실상 어려운 사안이라고 보는 데에 있음을 짐작 못할 바 아니고 또 원고들에 대한 그와 같은 배려에 심정적으로 동조할 점이 없는 것도 아니다. 그러나 그와 같이 하여서 당사자를 구제하게 되는 경우란 무효확인 의미의 취소소송을 제기한 납세자에 국한되고 보호받지 못하는 나머지 납세자에 비하여 권리행사에 더 충실한 것도 아니라면, 그 나머지 납세자들까지도 구제하자는 획기적인 이론의 제시나 총체적 합의가 아닌 한 종전의 견해를 수정할 필요는 없다는 것이 소수의견의 입장임을 밝혀둔다.

권리자의 권리행사가 없음으로써 진행되는 소멸시효의 기산일을 가림에 있어 당사자가 권리의 존재나 권리행사의 가능성을 알지 못하였거나, 그 알지 못함에 있어서의 과실유무 등 개인적, 주관적 사정이나 사실상 장애사유에 의해 방해받을 수 없는 것이라면(당원 1984. 12. 26.선고 84누 572 판결 참조),권리자의 권리행사가 있음으로써 소멸시효의 진행이 방해되는 시효중단사유를 가림에 있어서도 법률이 시효진행장애사유로 보는 객관적 사유에 해당하는 지를 가리는 외에 당사자가 법률이 정한 권리행사에 나아가기를 기대하기가 사실상 어렵다거나 당사자의 주관적 의도가 어느 권리행사의 수단으로서 할 것인지에 따라 시효진행이 달라질 수는 없다고 보는 것이 이치에 맞는다.

이상의 이유로 다수의견에 찬성할 수 없으며 다수의견이 폐기(당원 1987.7. 7.선고 87다카 54 판결), 변경(당원 1979. 2. 13.선고 78다 1500, 1501 판결)하여야 한다는 당원의 판례들도 그대로 유지함이 옳다고 본다.

6 소멸시효의 남용

(1-1) 서울고등법원 1998. 7. 24. 선고 97나37441 판결

【원고, 항소인 겸 부대피항소인】 이두옥 외 3인
【피고, 피항소인 겸 부대항소인】 동서증권 주식회사
【원심판결】 서울지방법원 1997. 7. 10. 선고, 95가합13376 판결

【주 문】

1. 원심판결 중,

   가. 원고 이두옥에 대하여 금103,992,138원 및 이에 대한 1995. 2. 23.부터 1998. 7. 24.까지는 연 5푼의, 그 다음날부터 완제일까지는 연 2할 5푼의 각 비율에 의한 금원을 초과하여 지급을 명한 피고 패소부분을 취소하고 위 취소부분에 해당하는 위 원고의 청구를 기각한다.

   나. 피고에게 다음에서 각 지급을 명하는 부분에 해당하는 원고 이재호, 원고 이양임, 원고 이중하의 각 패소부분을 취소한다.

   피고는 원고 이재호에게 금274,189,120원, 원고 이양임에게 금78,318,429원, 원고 이중하에게 금988,802,622원 및 위 각 금원에 대하여 1995. 2. 23.부터 1998. 7. 24.까지는 연 5푼의, 그 다음날부터 완제일까지는 연 2할 5푼의 각 비율에 의한 금원을 지급하라.

2. 원고 이두옥의 항소와 원고 이재호, 원고 이양임, 원고 이중하의 각 나머지 항소 및 피고의 원고 이두옥에 대한 나머지 부대항소를 모두 기각한다.
3. 소송비용은 제1, 2 심 모두 이를 5분하여 그 중 3은 피고의, 그 나머지는 위 원고들의 각 부담으로 한다.
4. 제1의 나항 중 금원지급부분은 가집행할 수 있다.

【청구취지】

피고는 원고 이두옥에게 금266,280,000원, 원고 이재호에게 금 1,479,080,000원, 원고 이양임에게 금316,340,000원 원고 이중하에게 금 1,648,004,371원 및 위 각 금원에 대하여 이 사건 소장부본 송달 다음날부터 완제일까지 연 2할 5푼의 각 비율에 의한 금액을 지급하라.

【항소취지】

원심판결 중 원고들 패소부분을 취소한다. 피고는 원고 이두옥에게 금144,955,839원, 원고 이재호에게 금1,456,178,521원, 원고 이양임에게 금316,340,000원, 원고 이중하에게 금1,648,004,371원 및 위 각 금원에 대하여 이 사건 소장부본 송달 다음날부터 완제일까지 연 2할 5푼의 각 비율에 의한 금원을 지급하라.

【부대항소취지】

원신판결 중 원고 이두옥에게 금121,324,161원의 지급을 명한 피고 패소부분을 취소하고 그 부분에 해당하는 위 원고의 청구를 기각한다.

【이 유】

1. 기초사실

가. 원고 이중하는 한의사업에 ○○학교를 운영하는 자이고, 원고 이두옥은 그 아내이며, 원고 이재호는 그들의 아들, 원고 이양임과 소외 이현사·이지향은 그들의 딸이다.

나. 소외 윤찬무는 1978. 9. 2. 피고회사 이◇지점 주임으로 입사한 이래 1979. 5. 16. 이◇지점 대리로, 1982. 4. 13. 이◇지점 차장으로 각 승진하면서 피고 이◇지점에서 계속하여 근무하였고, 1984. 3. 6.부터 1984. 11. 2.까지 8개월 동안은 피고 안양지점 차장으로 근무하다가 다시 같은 달 3. 피고 이◇지점장, 1989. 4. 1.부터는 피고 충청·호남본부장(충청·호남본부도 이◇지점에 있다)으로 근무하다가 1994. 11. 초순경 행방을 감추었다.

다. (1) 원고 이중하는 위 윤찬무의 투자권유를 받고 1979년 말경부터 원고 이두옥, 이재호, 이양임 명의로 피고회사 이◇지점과 환매조건부 채권매매에 금원을 투자하기로 하여 그 명목의 예금(이하 환매채예수금 이라 한다) 거래를 하면서 그의 아들인 원고 이재호가 이를 관리하여 오다가, 1981. 11. 초순경부터 그의 처인 원고 이두옥이 관리하였는데, 위 원고들의 위 예금거래를 담당하여 오던 위 윤찬무는 1984. 11. 이◇지점장으로 된 후부터 고액거래자를 우대한다는 명목으로 원고 이두옥의 집에 찾아가서 입금액을 받거나 이자나 출금액을 지급하고 그에 필요한 전표에 예금주의 도장을 날인받았으며 원고 이두옥이 가지고 있던 수기통장들에 그 내용을 기재하여 주었는데 피고회사는 위 예수금거래의 내용을 통장과 원장에 수기하여 오다가 1983. 2.경부터 구좌관리 및 출납업무를 전산화하여 고객으로부터 현금 또는 유가증권을 예탁받을 때에는 통장 또는 증권카드를 작성교부하도록 하였고(이는 1982. 11. 12. 증권회사의 유가증권관리규정을 개정한 이후 그 다음날부터 시행하였다) 1983. 12.말경부터는 통장제도를 폐지하고 증권카드와 비밀번호에 의하여 출납하도록 거래방식을 바꾼 이후에도 위 윤찬무는 위 원고들에게 이를 알리지 아니한 채 같은 방식으로 거래하였다. 그러던 중 윤찬무는 다음과 같이 위 원고들로부터 받은 돈을 피고회사에 입금시키지 않거나, 위 원고들의 예수금을 몰래 인출하여 증권투자 등 개인 용도로 소비하고도, 위 원고들의 수기통장에는 환매채거래에 투자를 계속하여 3개월마다 피고회사의 정규이율보다 높은 이자를 가산하고 재투자하는 형식으로 기재하여 주었다. 그 결과 위 원고들의 수기통장의 잔액과 피고의 원장의 잔액이 다음과 같이 달라지게 되었다.

(가) 원고 이두옥의 구좌(수기통장번호 0221, 원장번호 800046)에 관하여 1984. 12. 31.까지는 정상적인 거래가 이루어져 위 원고의 수기통장과 피고회사의 원장이 일치하고, 1984. 12. 31. 현재의 예금 잔액은 84,880,000원이다. 그런데 위 윤찬무는 1984. 2. 11. 발급된 위 원고의 증권카드를 소지하면서 위 원고 몰래 그의 구좌에서 1985. 5. 15. 금30,664,340원, 같은 달 6. 20. 2차례에 걸쳐 금20,090,343원과 금12,072원, 같은 해 8. 29. 금30,594,166원 등 합계 금81,360,921원을 인출하여 피고의 원장에는 그 동안 정상적으로 인출한 금원을 합하여 잔고가 0원으로 되었으나, 위 원고가 가지고 있는 수기통장에는 그와 같은 출금사실을 기재하지 않고 환매채거래에 재투자한 것으로 기재하여 1994. 9. 28. 현재 잔고가 금266,280,000원이 된다고 확인하여 주었다.

윤찬무가 위 금81,360,921원을 인출하지 않고 환매채거래에 투자하여 왔더라면, 기간별 공시최고금리에 의하여 계산한 1994. 9. 28. 현재의 원리금은 금173,320,231원이 된다(위 원고는 수기통장에 입금액으로 기재된 1987. 8. 29., 1987. 12. 24., 1988. 3. 25., 1988. 6. 25., 1988. 9. 27., 1988. 12. 27., 각 금2,000,000원 등 합계 금12,000,000원도 입금된 것을 전제로 산출한 잔고를 구하는 취지로 주장하나 갑제3호증의 51, 78, 갑제7호증의 각 기재만으로는 위 원고가 위 각 날짜에 위 금액을 입금하였음을 인정하기에 부족하고 달리 이를 인정할 만한 아무런 증거가 없다).

(나) 원고 이재호의 구좌(수기통장 0234, 원장번호 800009)에 관하여는 위 윤찬무가 이◇지점 대리로 근무할 당시인 1982. 2. 25. 원고 이두옥을 통하여 금 252,900,000원을 받고 원고 이재호 명의의 수기통장에 위와 같이 재투자하는 것으로 기재하였으나 이를 입금하지 아니하고 사적인 용도로 사용하였으며 1994. 9. 28. 현재의 잔고가 금1,479,080,000원이라고 확인하여 주었다. 그러나, 피고의 원장에는 1982. 2. 25.자 입급액을 기재하지 아니하여 1994. 11. 16. 현재의 잔고가 금171,473,983원인데, 그 중에서 원고 이재호가 1995. 5. 8.과 같은 달 30. 금 40,000,000원, 같은 해 6. 23. 금10,000,000원, 같은 달 30. 금30,000,000원 등 합계 금120,000,000원 등을 출금하여 그 잔고가 22,901,479원만 남아 있다. 이재호의 입금구좌에 대해서는 위 윤찬무가 임의로 출금한 돈이 없다.

위 윤찬무가 입금하지 아니한 위 금252,900,000원을 제대로 입금하여 환매채거래에 투자하여 왔더라면, (가)항에서 본 바와 같은 방식에 의하여 계산한 원리금은 가명인 경우 금456,981,868원, 실명인 경우 금773,858,305원이 된다.

(다) 원고 이양임의 구좌(수기통장 0290, 원장번호 800290)에 관하여는 윤찬무가 1981. 9. 29. 금85,198,000원(원장에만 기재), 1982. 2. 23. 금50,179,500원(원장에만 기재) 등 합계 금135,377,500원을 출금하여 피고의 원장에는 잔고가 0원으로 되어 있으나, 원고 이양임 명의의 수기통장에는 1983. 12. 1. 금79,025,400원(수기통장에만 기재)의 사실상의 출금내용만을 기재하고 나머지는 환매채거래에 재투자하는 것으로 하여 1994. 9. 28. 현재의 잔고가 금316,340,000원이 되는 것으로 확인하여 주었다.

위 윤찬무가 위 금135,377,500원을 인출하지 않고 제대로 환매채거래에 재투자하였더라면, (가)항에서 본 바와 같은 방식에 의하여 계산한 원리금은 가명인 경우 금259,251,238원, 실명인 경우 금440,293,238원이 되나, 가명인 경우의 원리금에서 1983. 12. 1.자의 정상적인 출금액의 원리금 128,720,522원을 빼면 금130,530,716원이 된다.

(2) 위 윤찬무는 원고 이두옥으로부터 1990. 5. 24.부터 1992. 11. 24.까지 9회에 걸쳐 원고 이중하가 출연한 금1,494,624,390원을 증권투자를 위한 예금(이하 증권투자 예수금이라고 한다)명목으로 받아 그 중 일부를 위 원고의 딸인 소외 이현사(59XXXX-2XXXXXX)의 계좌(0XXXX-XX-XXXXX)를 만들어 입금시키고, 원고 이두옥에게는 3개월마다 이자 금48,000,000원을 3-4회에 걸쳐 지급하다가, 원고 이중하 명의로 구좌를 실명전환시켜 주기로 하고 1994. 9. 28.경 원고 이중하 명의의 증권투자수첩에는 이자를 합하여 금1,648,004,371원이 입금된 것으로 기재하여 주었으나(위 윤찬무는 엉뚱하게도 이에 대하여 피고 이◇지점명의의 환매채예수금잔고현황이라는 메모를 작성하여 여기에도 위 금액을 기재하여 교부하여 주었다), 위 윤찬무는 위 이현사 명의의 계좌를 이미 1993. 11. 26. 폐쇄시키고 그 돈을 모두 인출하여 소비하였고, 원고 이중하 명의의 구좌는 개설하지도 않았다.

라. 한편 환매채거래에서 그 만기를 연장하는 경우 고객과 증권회사가 미리 약정한 경우에는 자동연장할 수 있다. 원고 이두옥의 수기식 통장에는 전산화된 이후에 폐기인이 찍혀 있고 1988. 소외 이지향 명의로 증권계좌를 개설하고 증권거래를 할 때에 증권카드를 원고 이두옥이 소지하고 있었으며 1989년도 이후에는 수기통장의 기재에 의하더라도 환매채예수금의 이자에 부과되는 원천징수세가 전혀 부과되지 아니하였다.

마. 원고들은 위 윤찬무가 원고 이두옥의 집을 왕래하면서 거래하기 시작한 이후로 위 윤찬무와 수기통장의 기재만을 믿고, 위 윤찬무가 행방을 감출 때까지 피고회사 이◇지점에 나가 원고들의 거래상황을 점검해보지 않았으며, 위와 같은 사실은 1994. 11. 23.경 위 윤찬무와 거래하고 있던 소외 이의주가 피고의 감사실에 위법일임매

매에 대한 진정서를 제출하여 이를 조사하는 과정에서 당시 원고들의 계좌관련여부를 조사하여 발각되게 되었고 원고들은 그 시경 위와 같은 사실을 알게 되었다.

2. 원고들의 주위적 청구에 대한 판단.

가. 원, 피고의 주장

(1) 원고들의 주장

(가) 원고 이두옥, 이재호, 이양임은 다음과 같이 주장하면서 피고에게 윤찬무가 1994. 9. 28.자로 확인하여 준 각 환매채예수금의 잔액의 지급을 구하고, 원고 이중하는 피고와 사이에 증권투자예수금계약이 성립되었음을 전제로 하여 위 예수금잔액의 지급을 구한다.

① 위 윤찬무는 피고의 대리인으로서 원고 이두옥, 이재호, 이양임이 위 윤찬무의 의사표시가 진의 아님을 알았거나 알 수 있었다고 볼 만한 사정이 없으므로 거래원장의 기재여부나 위 윤찬무의 횡령유무에 불구하고 위 원고들과 피고와 사이에 위 각 예수금계약이 성립하였거나 존속하고 있다.

② 이 사건 환매채거래는 환매조건부 자기매매로서 이는 증권회사가 환매조건부로 매도하거나 매수하는 거래를 하는 것인바, 증권회사가 증권매매를 중개하는 증권위탁거래와는 달리 매도하는 측과 매수하는 측이 증권회사와 독립적 거래를 하는 것으로서 위 윤찬무는 피고의 대리인으로서 환매채거래를 빌미로 자신의 이익을 도모할 생각으로 원고 이두옥, 이재호, 이양임이 각 예금한 금원을 인출하였고 이는 진의 아닌 의사표시로서 피고는 이를 알고 있었음이 명백하므로 그 인출행위는 상대방인 원고들에 대하여 아무런 효력을 갖지 아니한다.

③ 원고 이두옥, 이재호, 이양임은 위 윤찬무에게 위 각 예수금의 입, 출금에 관하여 포괄적 대리권을 수여한 바가 없고 필요한 경우 위 윤찬무가 가져온 서류에 해당 원고들의 도장을 날인해 주었을 뿐이며 위 윤찬무의 입출금행위는 배임적 의사로 한 것이므로 원고들에 대하여 효력이 없다. 다만 환매채예수금에 대하여는 환매기간이 끝나는 3개월마다 원금과 이자를 재투자하여 채권을 매수하도록 위임하였을 뿐이므로 위 위임의 취지에 반하는 위 윤찬무의 인출행위는 무효이고 원고들에게 효력이 미칠 수 없다.

(나) 원고들은 위 각 예수금계약이 위 윤찬무의 무권대리행위로 무효라고 하더라도 위 윤찬무가 1984. 11. 3. 이후에 포괄대리권을 갖는 지점장 이상의 지위에 있게 되고 원고들과의 각 예수금거래에 있어 그 때마다 수기통장이나 증권투자수첩에 각 예수금의 잔액을 확인하여주어 자신의 무권대리행위를 추인하였기 때문에 원고들과 피고와의 위 각 예수금계약은 유효하고 따라서 피고는 각 예수금의 잔액을 지급할 의무가 있다고 주장한다.

(2) 피고의 주장

이에 대하여 피고는 원고들이 고율의 이자를 받는 등으로 위 윤찬무와 개인적으로 사채거래를 한 것이고 위 각 예수금계약은 성립되지 아니하였으며, 또 원고들이 한번도 객장을 내방한 적이 없이 원고 이중하, 이두옥의 집에서 모든 거래가 이루어졌고 1983. 12.말경에 통장제도가 폐지되었음에도 원고들은 증권카드를 교부받은 적이 없으며 원고 이두옥은 폐기방이 찍힌 수기통장을 가지고 위 윤찬무와 계속하여 거래하여 왔으나 이에 대하여 의문을 표시하지도 않는 점, 1989년 이후에는 환매채거래에 관하여 한번도 이자소득세를 원천징수한 적이 없고 이율이 12퍼센트로 고정되어온 점, 원고 이중하가 증권투자예치금으로 맡겼다는 금16억원에 대하여 세금공제도 없이 월1퍼센트씩 3개월마다 금4800만원씩을 지급받아 왔고 이에 대하여 환매채예수금잔고현황이라는 메모가 작성, 교부되었음에도 의심을 가지고 이의를 제기하지 아니한 점 등에 비추어 보면 원고들은 위 윤찬무의 횡령행위나 배임행위를 쉽게 알 수 있었을 것이므로 원고들의 위 각 예수금의 잔액청구는 이유 없다고 주장한다.

나. 주장에 대한 판단

(1) 그러므로 먼저 진의아닌 의사표시와 관련하여 위 윤찬무가 원고 이재호 구좌에 입금하지 아니한 금원에 대하여 피고와 사이에 예수금계약의 성립여부 및 원고 이두옥, 이양임의 구좌에서 임의로 출금한 금원에 대하여 그대로 예수금계약의 효력이 존속하여 피고가 이에 대하여 책임이 있는지 여부의 주장에 관하여 보건대, 대리인이 본인을 위하여 하는 의사 없이 진의 아닌 의사표시를 한 경우 그 효과에 관한 민법 제107조 제1항의 뜻은, 표의자의 내심의 의사와 표시된 의사가 일치하지 아니한 경우에는 표의자의 진의가 어떠한 것이든 표시된 대로의 효력을 생기게 하여 거짓의 표의자를 보호하지 아니하는 반면에 만약 그 표의자의 상대방이 표의자의 진의 아님에 악의 또는 과실이 있는 경우라면 이 때에는 그 상대방을 보호할 필요가 없이 표의자의 진의를 존중하여 그 진의 아닌 의사표시를 무효로 돌리는데 있다고 할 것인 바, 진의 아닌 의사표시가 대리인에 의하여 이루어지고 그 대리인의 진의가 본인의 이익이나 의사에 반하여 자기 또는 제3자의 이익을 위한 배임적인 것임을 그 상대방이 알았거나 알 수 있었을 경우에도 민법 제107조 제1항 단서의 유추해석상 그 대리인의 행위에 대하여 본인은 아무런 책임을 지지 않는다고 보아야 할 것이다.

위와 같은 법리에 따라 살피건대, 위에서 인정한 사실관계에 의하면, 위 윤찬무는 원고 이두옥으로부터 환매채 예수금명목으로 금252,900,000원을 원고 이재호의 구좌에 입금시키도록 교부받았으나 내심으로는 자신을 위하여 원고 이재호와 소비대차계약을 체결할 의사를 갖고 있으면서도 단지 피고의 신용을 이용하기 위하여 피고명의를 사용하여 원고 이두옥으로부터 위 금원을 수령하고 수기통장에만 기재한 사실과 위 윤찬무가 원고 이두옥 및 원고 이양임의 구좌에서 위 원고들의 환매채거래를 위한 외관을 띠고 환매채예수금을 인출하였으나 내심으로는 자신을 위하여 위 금원을 소비할 의사를 갖고 있으면서도 단지 피고의 신용을 이용하기 위하여 피고명의를 사용하여 피고의 대리인으로서 위 각 예수금을 인출하고 각 원장에만 기재한 사실을 알 수 있으므로 위 윤찬무의 원고 이재호에 대한 피고명의의 위 예수금계약 체결의 의사표시나 원고 이두옥, 이양임의 계좌에 대한 피고대리인으로서의 인출행위는 그 진의가 본인인 피고의 이익과 의사에 반하여 자신의 이익을 위하여 한 배임적인 것이라고 할 것이고, 한편 앞서 본 바와 같이 위 원고들과 위 윤찬무 사이의 거래가 주로 피고의 점포가 아닌 원고 이두옥의 집에서 이루어진 점, 위 원고들이 그 예수금액에 대하여 언제 어디서 위 윤찬무에게 주었는지 정확하게 알지 못하여 위 원고들이 주장하는 액수의 금액을 모두 예수금의 원금으로 인정할 수는 없는 점, 위 각 예수금계약이나 그후의 갱신 계약을 함에 있어서 통상의 금융기간과의 거래와는 달리 전산화의 실시로 이미 폐지된 수기식 통장이 이용되고, 피고가 정상적으로 발행하는 양식과는 전혀 다른 계좌번호도 적혀있지 아니한 환매채예수금잔고증명이 발급되는 등 비정상적인 거래방법이 이용되어 왔던 점, 위 각 수기식 통장에 의하더라도 1989년도 이후에는 환매채예수금의 이자에 부과되는 원천징수세가 전혀 부과되지 아니한 점, 그리고 위 원고들의 사회적 지위나 그간의 금전거래내역과 1982. 2. 25. 위 윤찬무가 원고 이두옥으로부터 원고 이재호명의의 구좌에 입금할 의도로 금252,900,000원을 받을 당시 위 윤찬무는 피고 이◇지점의 대리에 불과하여 환매채예수금에 대한 수령권한을 갖고 있다고 보기 어렵고 위 윤찬무로부터 위 금원이 예수금 수령 권한을 갖는 담당직원에게 예수금으로 다시 교부되었다는 점을 인정할 만한 아무런 증거가 없는 점, 위 윤찬무가 위 원고들로부터 출금전표를 작성받아 인출하였거나 원고 이두옥의 증권카드를 이용하여 인출한 금액에 대해서는 위 윤찬무가 요구하는대로 출금청구서에 모두 날인하여 주었으며 그 동안에 제도가 몇 차례 바뀌었음에도 위 윤찬무가 하는 대로 계속하여 수기통장에 의하여 거래하였고 위 윤찬무의 횡령행위가 발각될 때까지 피고의 영업점포에 나가 이를 점검하지 아니한 점 등 제반 사정을 종합하면, 위 원고들로서는 적어도 통상의 주의만 기울였다면 피고 이◇지점에서 이루어지는 환매채거래나 환매채예수금의 인출행위가 비정상적인 거래로서 위 윤찬무의 환매채 거래를 위한 예금계약 의사표시나 인출행위가 자기 또는 제3자의 이익을 위하여 배임적인 의도에서 본인인 피고를 위한 진의 없이 하는 것임을 충분히 알 수 있었다고 할 것이고, 반면 피고가 이를 알았거나 알 수 있었다고 인정할 만한 아무런 증거가 없으므로, 원고 이재호가 위 윤찬무와 체결한 환매채거래를 위한 예금계약은 피고와의 관계에 있어서는 예수금계약 자체가 성립되지 않았다고 할 것이고, 원고 이두옥, 이양임의 구좌에서의 각 인출행위에 대하여는 본인인 피고는 위 각 예수금이 아직 인출되지 않고 존재하는 것을 전제로 하는 책임은 없다고 할 것이다.

(2) 다음, 원고 이두옥, 이재호, 이양임은 위 윤찬무에게 환매기간이 끝나는 3개월마다 원금과 이자를 재투자하여 채권을 매수하도록 위임하였을 뿐이므로 위 위임의 취지에 반하는 위 윤찬무의 횡령행위는 무효이고 위 원고들에게 효력이 미칠 수 없으므로 피고는 환매채예수금잔액을 반환할 의무가 있다고 주장하므로 살피건대, 수임인이 위임인에게 인도할 금전 또는 위임인의 이익을 위하여 사용할 금전을 자기를 위하여 소비한 때에는 소비한 날 이후의 이자나 그 외의 손해가 있으면 이를 배상하여야 하므로 원고들은 위 윤찬무를 상대로 하여 위와 같은 책임을 물을 수 있음은 별론으로 하고 피고에 대하여 그 책임을 물을 수는 없다고 할 것이므로 위 주장도 이유 없다.

(3) 또 원고 이중하의 증권투자예수금 계약관계의 성립여부에 관하여 보건대 앞서 인정한 사실관계에 의하면 원고 이중하가 원고 이두옥을 통하여 위 윤찬무에게 집에서 그 금원을 교부하여 딸인 소외 이현사 구좌를 만들어 입금하도록 하였으나 정상적인 증권위탁거래에서는 어려운 고액의 확정수익을 계속하여 얻어온 점, 증권매매위탁거래계약이 비록 불요식의 낙성계약이라고는 하더라도 거래 실정상 증권매매거래 계좌를 보유하고 있는 고객이 증권회사에 증권매수대금을 예치하는 경우에는 담당직원이 그 금액을 입금표에 기재하여 현금출납창구에 제시하도록 되어 있고 현금출납직원은 이를 확인한 다음 전산단말담당자에게 넘겨 전산입력처리 후 입금확인서를 고객에게 교부하는 것이 증권거래의 일반적인 방식임에도 그러한 방식을 취하지 아니한 점 및 원고 이중하의 사회활동, 경력 등을 종합하여 볼 때 원고 이중하가 원고 이두옥을 통하여 피고의 이◇지점장인 위 윤찬무에게 직접 금원을 교부한 사실 및 위 윤찬무가 실명전환을 약속하였고 아무런 법적인 효력도 없는 메모에 불과한 증권투자수첩에 앞에서 본 예수금잔고를 기재하여 주었다는 사실만으로는 원고 이중하와 피고사이에 증권투자예수금계약이 성립되었다고 볼 수 없으므로 이를 전제로 한 원고 이중하의 이 부분 주장은 더 나아가 살펴볼 필요없이 이유 없다.

(4) 그 밖에 원고들은 위 윤찬무가 1984. 11. 3. 이후에 포괄대리권을 갖는 지점장 이상의 지위에 있게 됨으로써 자신의 무권대리행위를 추인하였으므로 위 각 예수금계약은 유효하다는 주장에 관하여 살피건대 위 윤찬무가 이와 같은 지위에 있게 되어 원고들과의 거래가 계속되었음을 인정한다고 하더라도 피고본인이 위 윤찬무의 이러한 각 배임적 행위를 추인한 것으로 보기는 어렵다고 할 것이므로 위 주장은 이유 없다.

다. 소결론

따라서, 원고들의 각 예수금 잔액의 지급청구는 원고 이재호의 환매채예수금 잔액 금22,901,479원에 대해서만 이유 있다.

3. 원고들의 예금계약이 성립되지 아니하거나 인출된 부분의 예비적 청구에 대한 판단.

가. 불법행위책임의 성립

앞서 인정된 사실관계에 의하면 원고들은 위 윤찬무의 권유에 따라 원고 이중하가 출연한 각 금원을 앞서 본 바와 같은 방식으로 환매채예수금 또는 증권투자예수금 명목으로 위 윤찬무에게 그 각 금원을 교부한 것이고 피고회사에서의 위 윤찬무의 그 동안의 지위, 원고들이 금원을 예치하게 된 동기나 목적, 그 후의 정황 등에 비추어 이는 외관상 피고의 사무집행과 관련된 것으로 봄이 상당하고(특히 위 증권투자예수금 명목의 금원에 대하여는 법률적으로는 개인적인 자금투자거래관계라고 평가할 수 밖에 없다고 할지라도 마찬가지이다), 증권회사의 구좌에 은행거래와 같이 자유스럽게 입금하는 것이 가능하지도 않는 터에 위 윤찬무의 투자권유와 금원수령행위가 그의 사무집행의 범위를 벗어난 것이라는 사실을 원고들이 알았거나 알 수 있었다고 단정할 수는 없다할 것이므로 피고로서는 위 윤찬무가 원고들로부터 받아서 피고의 거래원장에 입금시키지 않았거나 윤찬무가 임의로 원고들의 예금을 인출하여 소비한 금액에 대해서는 사용자로서의 배상책임을 면할 수 없다고 할 것어서, 피고는 원고들에게 그들이 입은 손해를 배상할 책임이 있다고 할 것이다.

나. 피고의 주장 및 판단

(1) 이에 대하여 피고는 먼저, 설사 위 윤찬무의 위 불법행위가 외형상 객관적으로 피고의 사무집행행위와 관련된 것이라고 하더라도 실질적으로는 피고의 사무집행행위와 관련된 것이 아니고, 원고들이 제도가 바뀌었음에도 불구하고 수기식통장을 계속하여 사용하여 왔으며 거액의 이자를 지급받는 등 여러사정에 비추어 보면 원고들은 위 윤찬무의 위 불법행위가 실제로 피고의 사무집행행위와 관련성이 없음을 알았거나 중대한 과실로 알지 못하였다고 할 것이므로 피고는 위 윤찬무의 위 불법행위에 대한 책임을 지지 않는다는 취지로 주장한다.

살피건대, 원고들이 위 윤찬무의 행위가 피고의 사무집행과는 무관하게 사적인 금융자금을 조성하기 위한 것이었음을 알고 있었다고 인정할 만한 아무런 증거가 없고, 위에서 인정된 위 윤찬무의 그 동안의 직책 및 본래의 업무내용, 위 불법행위의 수단과 방법, 위와 같은 유형의 불법행위를 계속한 기간, 피고가 그 직원들의 부정행위를 예방 또는 적발하기 위하여 기울인 노력의 정도를 함께 참작하면 피고가 주장하는 사정만으로는 원고들에게 중대한 과실이 있다고 할 수도 없으며, 위 윤찬무의 위 불법행위는 외형상 객관적으로 피고의 사무집행행위와 관련된 행위임은 앞서 판단한 바와 같고, 위에서 인정한 사실관계에 비추어 보면 원고들에게도 위 윤찬무가 배임적인 의도로 비정상적인 금융거래를 하고 있음을 알지 못한 데에 과실이 있다고 할 것이나 그 과실의 정도는 피고의 책임을 면하게 할 정도에 이르는 것은 아니라고 할 것이므로 피고의 위 주장은 이유 없다.

(2) 다음으로 피고는 원고 이중하의 예비적 청구인 손해배상청구에 대하여, 원고 이중하가 위 금원을 정기예금상당의 이자를 받기로 하고 위 윤찬무에게 교부한 것인데 위 윤찬무는 위 원고의 딸인 소외 이현사의 승낙을 받고 그 명의의 주식거래계좌를 개설하여 위 원고로부터 받은 돈을 차용하는 형식을 취하였으므로 이는 피고의 업무와는 관련이 없는 위 윤찬무의 사적인 금전차용 행위이고 여기에 위 윤찬무 자신의 돈 100,000,000원을 합하여 위 계좌에 입금시켜 주식거래를 하였으며 그 동안의 입금액이 22회에 걸쳐 금2,495,089,631원이고 위 계좌를 폐쇄할 때까지 출금한 돈이 금1,355,985,470원이며 그 차액인 나머지는 위 윤찬무가 주식투자과정에서의 손실금인 바, 따라서 위 이현사 계좌의 실질적인 지배자는 위 이현사 이거나 위 윤찬무이므로 위 원고는 위 증권투자예수금이나 손해배상의 귀속자가 될 수 없으므로 위 원고의 청구는 이유 없다고 주장한다.

그러므로 보건대 예입행위자가 자금을 출연하여 타인명의의 예금을 하는 경우에는 그 출연자가 예금주라고 할 것인바, 위 이현사 명의의 예금은 원고 이중하가 출연한 금원이고, 위 윤찬무가 이를 실명전환시켜 주기로 한 사실은 앞서 본 바와 같으므로 그 손해는 원고 이중하에게 귀속된다고 할 것이므로 피고의 위 주장은 이유 없다.

(3) 다음으로 피고는 원고 이재호, 원고 이양임의 예비적 청구인 손해배상청구에 관하여 위 윤찬무가 그들 명의로 입금되어야 할 각 금원 및 입금된 금원을 횡령한 행위는 1983년 이전에 있었던 일이고, 이 사건 소송은 그로부터 10년이 경과한 1995. 2. 17. 제기되었기 때문에, 그로인한 손해배상청구권은 민법 제766조 제2항에 의하여 소멸시효가 완성되었다고 주장하고, 이에 대하여 위 원고들(실제로 금원을 출연한 원고 이중하나 원고 이중하를 대리하여 위 금원을 교부한 원고 이두옥을 포함함, 이하 같다)은 ① 위 윤찬무가 1983년부터 수기통장에 횡령한 금액을 기재한 후 3개월마다 정기적으로 통장에 원금과 이자를 기재하였기 때문에 피고의 대리인으로서 그 때마다 채무를 승인한 것으로 보아야 하므로 그 마지막 기재가 있었고 잔고증명을 발급하였던 1994. 9. 28.부터 이 사건 소송제기시까지는 아직 10년이 경과되지 아니하여 소멸시효가 완성되지 아니하였거나 피고가 그 시효이익을 포기한 것이고, ② 피고가 그 동안 위 윤찬무에 대한 지휘 감독을 소홀히 하면서 오히려 그를 지역책임자로 승진시켜 그의 언행을 믿을 수밖에 없게 함으로써 이로 인하여 위 원고들로 하여금 장기간 동안 채권보전조치를 취하지 못하도록 방해하는 직접적인 원인을 제공하고 나서 횡령행위가 있었다는 사실조차도 모르는 위 원고들에게 손해배상채권에 대한 소멸시효의 완성을 주장하는 것은 신의성실의 원칙에 위배될 뿐만 아니라 권리의 남용에 해당하여 부당하다고 다툰다.

그러므로 살피건대 위 윤찬무가 위 원고들 명의로 입금되어야 할 금원이나 입금된 금원을 인출한 행위를 한 때로부터 10년이 경과하여 이 사건 소송을 제기하였음은 앞서 인정된 사실과 기록상 명백하나, 먼저 피고가 그 채무를 승인하였는가의 점에 관하여 보면, 대리인이 그 권한내에서 본인을 위한 것임을 표시한 경우에는 직접 본인에게 그 효력이 생기는 것인바, 위 윤찬무는 피고가 부여한 것으로 인정되는 권한 밖에서 원고 주장과 같은 행위를 하였음은 앞서 본 바와 같으므로 이는 본인에 대하여 효력이 미치지 않는다고 할 것이므로 위 주장은 이유 없고, 피고가 그 시효의 이익을 포기하였는가의 점에 대하여는 이를 인정할 아무런 증거가 없으므로 위 주장도 이유 없다.

그러나 민법 제766조 제1항의 불법행위를 한 날이란 가해행위를 한 날이 아니고 현실적으로 손해가 발생한 날을 의미한다고 할 것인바, 앞서 본 사실관계에 의하면 환매체거래가 일반 소비대차관계와는 달리 법률상으로나 관례상 사인간에 이루어질 수 없는 거래로서 일반인에게 널리 알려져 있는 거래가 아닌 점, 위 윤찬무는 1979년 이래 피고의 이◇지점 대리에서 시작하여 1982. 동 지점 차장을 거쳐 1984. 동 지점장, 1989. 피고 호남 및 충청본부장으로 고속승진을 거듭하였는데 위와 같은 포괄적 대리권을 가진 직책에 고속승진을 거듭하는 윤찬무가 위 환매채예수금의 내력을 3개월 단위로 하여 위 원고들에게 제시하는 등의 상황에서 위 원고들은 그 동안 그의 행위가 적법하게 되었을 것이라고 신뢰하는 특수관계에 비추어 피고의 환매채예수금 등에 대한 지급이 확실시 되어 그때까지는 환매채예수금에 대한 반환청구를 할 필요성이 없거나 위 윤찬무가 통장을 발행하여 줌은 물론 수시로 입금확인서, 잔고증명서 등을 발행하여 시효중단을 시킬만한 행위를 한 점 등에 비추어 보면 위 윤찬무의 횡령행위로 인한 손해는 그 동안 관념적이고 부동적인 상태에서 잠재적으로만 존재하였다고 할 것이고 1994. 11.경 위와 같은 위법행위가 발각됨으로 인하여 비로소 그 손해가 현실화 되었다고 볼 수 있어 소멸시효의 기간은 그 때부터 개시되는 것이라고 봄이 상당하다고 할 것이므로, 그러고 보면 위 행위가 발각된 1994.

11. 경부터 이 사건 소 제기시까지 아직 10년이 경과되지 아니하였음은 역수상 명백하고, 더욱이 소멸시효제도는 일정 기간 계속된 사회질서를 유지하고 시간의 경과로 인하여 곤란하게 되는 증거보전으로부터 구제하며 자기의 권리를 행사하지 아니하고 권리 위에 잠자는 자를 법적 보호에서 제외하기 위하여 채무자에게 인정된 제도이나, 채무자의 이에 기한 항변권의 행사 역시 우리 민법의 대원칙인 신의성실의 원칙과 권리남용금지의 원칙의 지배를 받아야 함이 당연한 것이라고 할 것으로서, 채무자가 시효완성 전에 채권자의 권리행사나 시효중단을 불가능 또는 현저히 곤란하게 하거나 그러한 조치가 불필요하다고 믿게 하는 행동을 하였거나, 객관적으로 채권자인 위 원고들이 권리를 행사할 수 없는 장애 사유가 있었거나, 또는 일단 시효완성 후에 채무자가 시효를 원용하지 아니할 것 같은 태도를 보여 권리자인 위 원고들로 하여금 그와 같이 신뢰하게 하였거나, 채권자보호의 필요성이 크고 같은 조건의 다른 채권자가 채무의 변제를 수령하는 등의 사정이 있어 채무이행의 거절을 인정함이 현저히 부당하거나 불공평하게되는 등의 특별한 사정이 있는 경우에 한하여 채무자는 소멸시효의 완성을 주장하는 것이 신의성실의 원칙에 반하여 권리남용으로서 허용될 수 없다고 할 것인바, 앞에서 인정한 사실관계에 의하면 환매채거래가 일반 소비대차관계와는 달리 법률상으로나 관례상 사인간에 이루어질 수 없는 특수한 거래로서 일반인에게 널리 알려져 있는 거래가 아니어서 위 원고들로서는 위 윤찬무만을 믿고 거래할 수 밖에 없었던 점, 위 원고들이 1981.이래 위 윤찬무의 불법행위가 발각될 때까지 비록 위 윤찬무의 횡령행위에 대하여 알지는 못하였으나 계속하여 외관상 피고와 거래하여 왔기 때문에 권리 위에 잠자고 있는 자라고 할 수는 없는 점, 위 윤찬무는 1978. 9. 2.부터 수개월간을 제외하고는 모두 피고회사의 포괄적 대리권을 갖는 이◇지점차장, 지점장, 호남본부장 등을 역임하면서 원고 이두옥이 위 각 예수금명목으로 건네준 돈을 받고 수시로 입출금확인서 등을 발행하여 안심시킴으로써 이리 지역에 거주하는 위 원고들로서는 피고회사의 그 지역 책임자인 위 윤찬무를 믿고 거래할 수 밖에 없는 실정이므로 그들의 예금청구 또는 손해배상 청구 등의 권리행사가 방해될 수 밖에 없음이 명백한 점, 피고회사는 무려 10년이 넘는 기간동안 이루어진 위 윤찬무의 행위를 전혀 감지하지 못한 채 위 기간동안 그에 대한 지휘, 감독의무를 게을리 하여 그의 비행이 발각될 때까지 위 윤찬무를 앞서 본 바와 같이 영업행위에 포괄대리권을 가진 중요한 직책에 고속승진까지 시킴으로써 위 원고들로 하여금 위 윤찬무에 대한 믿음을 더욱 강화시키고 피고의 이러한 중대한 과실이 위 원고들의 권리행사를 방해하는 직접적이고 결정적인 원인이 된 점, 피고회사마저 위 윤찬무가 도주한 이후에 그와 같은 사실을 겨우 발견할 수 있었으므로 위 윤찬무와 거래한 위 원고들로서는 더더욱 이에 관하여 알기가 어려웠으리라고 추정되는 점, 위 윤찬무와 같이 재판상, 재판 외의 포괄적 대리권을 갖는 자가 고객에 해당하는 위 원고들로부터 위 윤찬무의 내심의 의사에 불구하고 객관적으로 보아 그의 사무집행범위 내에 속한 예금명목의 금원을 10년 이상의 기간동안 계속된 거래관계를 통하여 수령한 행위에 대하여 권리 위에 잠자는 자로 보고 소멸시효를 적용한다면 현저히 부당하거나 불공평하게 되는 것으로 볼 수 밖에 없는 점 등에 비추어 피고가 위 윤찬무의 행위에 대하여 소멸시효를 원용하는 것은 신의성실의 원칙이나 권리남용에 해당되어 허용될 수 없다고 할 것이므로 피고의 소멸시효항변은 이유가 없다.

다. 손해배상의 범위

나아가 원고들이 입은 손해액에 관하여 보건대 그 손해액은 위 윤찬무가 횡령하였던 각 금원의 1994. 9. 28.경까지의 원금 및 정상운용시의 이자 상당액이라고 봄이 상당하므로, 원고 이두옥에게는 위 윤찬무가 인출하여 횡령한 금81,360,921원에 대하여 정상적인 환매채거래를 하였을 경우의 앞서 인정한 원리금 상당인 금

173,320,231원, 원고 이재호에게는 위 윤찬무가 입금하지 아니하고 횡령한 금 252,900,000원에 대한 위와 같은 내용의 원리금 상당인 금 456,981,868원, 원고 이양임에게는 위와 같은 내용의 원리금 상당인 금130,530,716원(다만 원고 이재호나 원고 이양임은 원고 이중하와 원고 이두옥이 그들의 가명을 이용한 경우이므로 가명인 경우의 환매채예수금의 원리금에 해당하는 금원임), 원고 이중하에게는 그가 출연한 증권투자예수금의 앞서 인정한 원리금 상당인 금 1,648,004,371원이 된다.

한편, 위에서 인용된 증거에 변론의 전 취지를 종합하면, 원고측에도 위 윤찬무만 믿고 한번도 객장을 내방한 적이 없이 원고 이중하, 이두옥의 집에서 모든 거래가 이루어졌고 1983. 12. 말경에 통장제도가 폐지되었음에도 원고들은 증권카드를 교부받은 적이 없으며 폐기방이 찍힌 수기통장을 가지고 위 윤찬무와 계속하여 거래하여 왔거나 원고 이중하의 증권투자예수금거래에 있어서 아무런 효력이 없는 증권투자수첩의 기재만을 믿고 그것에 관하여 엉뚱한 환매채예수금 잔고현황이라는 메모가 작성, 교부되었음에도 이에 대하여 아무런 의문을 표시하지도 않았으며, 위 윤찬무의 행위가 발각될 때까지 자신들의 각 예수금거래가 피고 회사에게 정상적으로 입출금 처리되는지에 관하여 한번도 확인해보지 아니하였고 위 윤찬무로 하여금 증권카드 등을 소지하게 하면서 그가 요구하는 데로 출금전표에 날인하여 주어 위 각 금원을 인출하도록 방치하여 온 잘못 등이 있다고 할 것인바, 이러한 원고측의 과실은 피고의 책임을 면하게 할 정도에는 이르지 아니하므로 다만 피고가 배상할 손해액을 산정함에 있어 이를 참작하기로 하되 그 비율은 위 사실관계에 비추어 전체의 약 40퍼센트 정도로 봄이 상당하므로 피고는 원고 이두옥에게 금 103,992,138원(금 173,320,231원×0.6, 원미만은 버림, 이하 같다), 원고 이재호에게 금 274,189,120원(금 456,981,868원×0.6), 원고 이양임에게 금 78,318,429원(금 130,530,716원×0.6), 원고 이중하에게 금 988,802,622원(금 1,648,004,371원×0.6)으로 제한함이 상당하다.

4. 결론

그렇다면 피고는 원고 이두옥에게 금 103,992,138원, 원고 이재호에게 금 297,090,599원(예금 잔액 금 22,901,479원+손해배상 금 274,189,120원), 원고 이양임에게 금 78,318,429원, 원고 이중하에게 금 988,802,622원 및 위 각 금원에 대하여 (다만 손해배상채권에 대하여는 위 불법행위일 이후로서) 원고들이 구하는 바에 따라 이 사건 소장 송달 익일임이 기록상 명백한 1995. 2. 23.부터 피고가 그 존부 및 범위에 관하여 항쟁함이 상당한 당심판결선고일까지(다만 원고 이재호의 위 금원 중 1심 판결금액인 금 22,901,479원에 대하여는 원심판결선고일까지)는 민법소정의 연 5푼의, 각 그 다음날부터 완제일까지는 소송촉진등에관한특례법소정의 연 2할 5푼의 각 비율에 의한 각 금원을 지급할 의무가 있다고 할 것이므로 원고들의 이 사건 청구는 위 인정의 범위내에서 이유 있어 이를 인용하고 각 나머지 청구는 이유 없어 이를 각 기각할 것인 바, 원심판결은 이와 결론을 달리하여 각 부당하므로 원고 이재호, 이양임, 이중하 부분에 대하여는 위 원고들의 항소를 일부 받아들여 피고에게, 원고 이양임, 이중하에 대하여 위에서 인용된 각 금원의, 원고 이재호에 대하여는 1심 판결금액을 제외한 나머지 금원의 각 지급을 명하고, 원고 이두옥 부분에 대하여는 피고의 부대항소를 일부 받아 들여 위에서 인용된 금원을 초과하여 지급을 명한 피고패소분을 취소하고 그 부분에 해당하는 위 원고의 청구를 기각하며, 원고 이재호, 원고 이양임, 원고 이중하의 각 나머지 항소와 원고 이두옥의 항소 및 피고의 원고 이두옥에 대한 나머지 부대항소는 모두 이유 없어 이를 각 기각하기로 하고, 원고 이재호, 원고 이양임, 원고 이중하의 금원지급부분(다만 원고 이재호에 대하여는 1심인용금액을 제외한 나머지 부분)에 대하여는 가집행선고를 붙여 주문과 같이 판결한다.

(1-2) 대법원 1999. 12. 7. 선고 98다42929 판결

【원고, 피상고인】 이재호 외 2인

【피고, 상고인】 동서호라이즌증권 주식회사의 소송수계인 파산자 동서호라이즌 주식회사의 파산관재인 강정완

【원심판결】 서울고등법원 1998. 7. 24. 선고 97나37441 판결

【주 문】

원심판결 중 원고 이중하에 대한 부분을 파기하고 이 부분 사건을 서울고등법원에 환송한다.

나머지 상고를 기각한다.

상고를 기각한 부분의 상고비용은 피고의 부담으로 한다.

【이 유】

상고이유를 판단한다.

1. 제1점에 대하여 민법 제756조에 규정된 사용자책임의 요건인 '사무집행에 관하여'라는 뜻은 피용자의 불법행위가 외형상 객관적으로 사용자의 사업활동 내지 사무집행행위 또는 그와 관련된 것이라고 보여질 때에는 행위자의 주관적 사정을 고려함이 없이 이를 사무집행에 관하여 한 행위로 본다는 것이고 외형상 객관적으로 사용자의 사무집행에 관련된 것인지의 여부는 피용자의 본래 직무와 불법행위와의 관련 정도 및 사용자에게 손해 발생에 대한 위험 창출과 방지조치 결여의 책임이 어느 정도 있는지를 고려하여 판단하여야 할 것이다(대법원 1999. 1. 26. 선고 98다39930 판결 참조). 원심이 인정한 사실과 기록에 의하면, 윤찬무가 동서증권 주식회사(이하 파산회사라 한다)의 지점장으로서 원고 이중하로부터 증권투자예수금을 교부받아 보관하다가 이를 횡령한 행위는 외관상 증권회사의 사무집행과 관련된 행위로 보여지므로, 같은 취지의 원심 판단은 정당하고, 거기에 상고이유에서 들고 있는 바와 같은 사실오인 등의 위법이 없다.

이 부분 상고이유의 주장은 이유 없다.

2. 제2점에 대하여 원심판결 이유에 의하면, 원심은, 윤찬무가 1990. 5. 24.부터 1992. 11. 24.까지 9회에 걸쳐 원고 이중하로부터 증권투자예수금 1,494,624,390원을 교부받아 그 일부는 위 원고의 딸인 소외 이현사의 계좌에 입금시켰다가 인출하여, 그 나머지는 입금시키지 아니한 채 보관하다가 그 전액을 횡령하고, 위 원고에게는 3개월마다 이자 금 48,000,000원을 3-4회에 걸쳐 지급하는 한편, 1994. 9. 28.경 위 계좌를 위 원고 명의로 변경하여 주기로 하면서 증권투자수첩에 이자를 합한 금 1,648,004,371원이 입금된 것으로 기재하여 준 사실을 인정한 다음, 위 원고가 윤찬무의 불법행위로 인하여 입은 손해액은 위 원리금 상당인 금 1,648,004,371원이라고 판단하였다.

그러나 횡령을 원인으로 하는 손해배상청구에 있어서 그 손해액은 불법행위시의 횡령목적물의 가액이라 할 것이므로, 이 사건의 경우 위 원고가 입은 손해액은 윤찬무가 횡령한 증권투자예수금 1,494,624,390원 상당액이라 할 것이고, 그 외의 금원은 윤찬무와 위 원고 사이에 위 예수금에 대하여 월 1%의 이자를 지급하기로 하는 수익약정에 기한 이득인바, 이러한 수익약정은 증권거래법 제52조 제1호에 위반된 무효인 약정으로서 그 수익약정에 근거한 이득의 상실을 손해액에 포함시킬 수는 없다 할 것이다(대법원 1997. 3. 28. 선고 95다48025 판결 참조). 그럼에도 불구하고 원심이 위 원고의 손해액을 산정하면서 위 수익약정에 기한 이자 상당액도 포함시킨

것은 손해액 산정의 법리를 오해한 나머지 판결에 영향을 미친 위법을 저지른 것이라고 할 것이고, 따라서 이 점을 지적하는 상고이유의 주장은 이유 있다.

3. 제3점에 대하여 소멸시효는 객관적으로 권리가 발생하여 그 권리를 행사할 수 있는 때로부터 진행하고 그 권리를 행사할 수 없는 동안만은 진행하지 않는바, '권리를 행사할 수 없는'경우라 함은 그 권리행사에 법률상의 장애사유, 예컨대 기간의 미도래나 조건 불성취 등이 있는 경우를 말하는 것이고, 사실상 권리의 존재나 권리행사 가능성을 알지 못하였고 알지 못함에 과실이 없다고 하여도 이러한 사유는 법률상 장애사유에 해당하지 않는다(대법원 1992. 3. 31. 선고 91다32053 전원합의체 판결 참조). 다만 채무자가 시효완성 전에 채권자의 권리행사나 시효중단을 불가능 또는 현저히 곤란하게 하거나 그러한 조치가 불필요하다고 믿게하는 행동을 하였거나, 객관적으로 채권자가 권리를 행사할 수 없는 장애사유가 있었거나, 또는 일단 시효완성 후에 채무자가 시효를 원용하지 아니할 것 같은 태도를 보여 권리자로 하여금 그와 같이 신뢰하게 하였거나, 채권자 보호의 필요성이 크고 같은 조건의 다른 채권자가 채무의 변제를 수령하는 등의 사정이 있어 채무 이행의 거절을 인정함이 현저히 부당하거나 불공평하게 되는 등의 특별한 사정이 있는 경우에 한하여 채무자가 소멸시효의 완성을 주장하는 것이 신의성실의 원칙에 반하여 권리남용으로서 허용될 수 없다고 할 수 있을 것이다(대법원 1994. 12. 9. 선고 93다27604 판결, 1997. 12. 12. 선고 95다29895 판결 등 참조). 원심판결 이유에 의하면, 원심은, 윤찬무가 1983. 이전에 원고 이재호, 이양임으로부터 환매채예수금을 교부받아 이를 보관하다가 횡령한 경위 등에 관한 사실을 인정한 다음, 환매채거래가 일반 소비대차관계와는 달리 법률상으로나 관례상 사인 간에 이루어질 수 없는 특수한 거래로서 일반인에게 널리 알려져 있는 거래가 아니어서 위 원고들로서는 윤찬무만을 믿고 거래할 수밖에 없었던 점, 윤찬무는 1978. 9. 2.부터 수개월간을 제외하고는 모두 파산회사의 포괄적 대리권을 갖는 이리지점차장, 지점장, 호남본부장 등을 역임하면서 원심 원고 이두옥이 위 각 예수금 명목으로 건네준 돈을 받고 수시로 입출금확인서 등을 발행하여 안심시킴으로써 이리 지역에 거주하는 위 원고들로서는 파산회사의 그 지역 책임자인 윤찬무를 믿고 거래할 수밖에 없는 실정이므로 그들의 예금청구 또는 손해배상청구 등의 권리행사가 방해될 수밖에 없음이 명백한 점 등에 비추어 파산회사가 윤찬무의 행위에 대하여 소멸시효를 원용하는 것은 신의성실의 원칙이나 권리남용에 해당되어 허용될 수 없다고 판단하였다.

원심의 설시에는 적절하지 아니한 점이 없는 것은 아니나, 윤찬무의 횡령행위가 있은 뒤 그에 이은 윤찬무의 일련의 행위로 인하여 위 원고들의 권리행사나 시효중단은 불가능하거나 현저하게 곤란하였다고 보여져 윤찬무의 소멸시효의 주장이 신의성실의 원칙에 반하여 권리남용으로서 허용될 수 없는데도 사용자인 파산회사가 횡령행위시로부터 10년이 경과하였다는 사실만을 내세워 소멸시효를 주장하는 것은 신의성실의 원칙에 반하여 권리남용에 해당한다고 보지 않을 수 없고, 따라서 원심의 판단은 결론에 있어서 정당하다.

한편 원심은 위 원고들의 손해배상채권에 대한 소멸시효기간이 윤찬무의 횡령행위가 발각된 1994. 11.경부터 진행된다고 판단하였으나, 앞서 본 바와 같이 피고의 소멸시효 항변이 권리남용에 해당하여 허용될 수 없는 터이므로 이에 관한 상고이유의 주장은 굳이 살펴볼 필요가 없다.

이 부분 상고이유의 주장은 모두 이유 없다.

4. 그러므로 원심판결 중 원고 이중하에 대한 부분을 파기하여 이 부분 사건을 다시 심리・판단하도록 하기 위하여 원심법원에 환송하고, 피고의 나머지 상고를 기각하며, 상고기각 부분에 관한 상고비용은 패소자의 부담으로 하기로 하여 관여 법관의 일치된 의견으로 주문과 같이 판결한다.

(2-1) 서울고등법원 2004. 11. 18. 선고 2004나22683 판결

【원고, 항소인】 지희봉

【피고, 상고인】 대한민국

【원심판결】 서울중앙지방법원 2004. 2. 25. 선고 2002가합81261 판결

【주 문】

1. 제1심 판결 중 다음에서 지급을 명하는 금원에 해당하는 원고 패소부분을 취소한다. 피고는 원고에게 금 20,000,000원을 지급하라.
2. 원고는 나머지 항소를 기각한다.
3. 소송비용은 제1, 2심을 합하여 이를 3분하여 그 중 2는 원고의, 나머지는 피고의 각 부담으로 한다.
4. 제1항 중 금원지급 부분은 가집행할 수 있다.

【청구취지 및 항소취지】

제1심 판결을 취소한다. 피고는 원고에게 금 60,000,000원을 지급하라(원고는 당심에서 청구취지를 감축하였다).

【이 유】

1. 기초사실 및 관계 법령

가. 기초사실

(1) 원고는 1950. ㅁㅁ고등학교 2학년 재학 중 6 · 25 전쟁이 발발하자 그 해 11. 학도의용군으로 육군 제8사단 21연대 2대대 수색소대에서 복무하다가 1953. 7. 제대하였다.

(2) 1956. 원고는 피고로부터 징집영장을 받고 학도의용군으로 참전한 사실을 들어 징집 면제를 요청하였으나, 학도의용군으로 참전했는지 알 수 없을 뿐만 아니라 학도의용군은 군번이 없고 정식 군인이 아니라는 이유로 거절된 다음, 1956. 9. 11. 입대하여 육군으로 복무하다가 1959. 8. 1. 만기 제대하였다.

(3) 피고 산하 국방부장관은 1999. 3. 11.에야 비로소 원고가 위와 같이 학도의용군으로 복무한 사실을 공식 확인하였다.

(4) 이에 원고는 1999. 12. 1. 피고 산하 서울지방병무청장에게 위와 같은 군복무에 대하여 적절한 보상 기타 배상을 하여 달라고 진정하였으나 적절한 보상 등이 이루어지지 않자 2002. 12. 12. 비로소 이 사건 제소를 하였다.

[인정 근거] 다툼 없는 사실, 갑 1~4호증, 갑 5호증의 1~3, 갑 6호증의 1, 2, 갑 9, 11, 15, 17호증의 각 기재, 변론 전체의 취지, 기록상 명백한 사실

나. 관계법령

(1) 구 병역법(1957. 8. 15. 법률 제 444호로 전문개정되기 전의 것)에는 학도의용군을 현역에 복무한 자로 간주하는 규정이 없었다.

(2) 구 병역법(1957. 8. 15. 법률 제 444호로 전문개정되어 1962. 10. 1 법률 제1163호로 전문개정되기 전의 것, 이하 '개정 후 구 병역법'이라 한다) 중 관련 조항은 다음과 같다.

부칙 제57조 : 본법은 공포한 날로부터 시행한다.

부칙 제62조 제1항 : 단기 4283년 6월 25일 북한피뢰집단의 침투를 방위하기 위하여 당시 학교에 재적 중인 자로서 지원에 의하여 군에 복무하여 전투에 참가한 자(학도의용군이라 약칭한다)는 본 법에 의한 현역에 복무한 자로 간주하여 제1예비역에 편입한다.

2. 손해배상 책임의 발생

가. 손해배상 책임의 인정

(1) 위 기초 사실에 의하면, 원고는 6 · 25 전쟁 중인 1950. 11.~1953. 7. 학도의용군으로 육군 제××사단 ××연대 2대대 수색소대에 복무한 후 다시 징집되어 1956. 9. 11.부터 군 복무하던 중 개정된 위 개정 후 구 병역법 부칙 제 62조 제1항에 의하여 그 시행일인 1957. 8. 15.로부터 상당한 기간 내에 피고는 원고를 전역시켜야 할 의무가 있다고 할 것인바, 그럼에도 불구하고 병적(兵籍) 관리자인 피고 산하 국방부가 이를 간과한 잘못으로 복무연한인 1959. 8. 1. 원고를 만기 전역시켰으므로, 피고는 위와 같은 불법행위로 인하여 원고가 입은 손해를 배상할 의무가 있다고 할 것이다.

(2) 이에 대하여 피고는, 원고가 학도의용군 복무사실을 인정할 만한 자료를 제출하였다는 입증이 없는 이상 피고에게 과실이 없다는 취지로 다투나, 학도의용군에 대한 현역 복무 간주 규정이 신설된 위 개정 후 구 병역법 시행일인 1957. 8. 15.부터 피고는 병적 관리자로서 학도의용군에 관한 사항을 조사하여 기록할 의무가 있고, 특히 당시 군 복무자 가운데 학도의용군으로 복무하였던 자가 있는지 조사하여 이에 해당하는 경우에는 위 개정 후 병역법 제 62조 제1항에 따라 전역시킬 의무를 가지고 있음에도 불구하고 이와 반대로 원고에게 학도의용군 복무사실에 관한 입증책임이 있음을 전제로 하는 피고의 위 주장은 이유 없다.

나. 소멸시효 항변에 대한 판단

(1) 피고의 주장

피고는, 이 사건 청구는 원고가 만기 전역한 1959. 8. 1.부터 10년 이상이 경과한 후에 제기되었으므로 시효 소멸하였다는 취지로 항변한다.

(2) 판단

살피건대, 채무자의 소멸시효에 기한 항변권의 행사도, 우리 민법의 대원칙인 신의성실의 원칙과 권리남용금지의 원칙의 지배를 받는 것이어서, 채무자가 시효완성 전에 채권자의 권리행사나 시효중단을 불가능 도는 현저히 곤란하게 하였거나, 그러한 조치가 불필요하다고 믿게 하는 행동을 하였거나, 객관적으로 채권자가 권리를 행사할 수 없는 장애사유가 있었거나, 또는 일단 시효완성 후에 채무자가 시효를 원용하지 아니 할 것 같은 태도를 보여 권리자로 하여금 그와 같이 신뢰하게 하였거나, 채권자보호의 필요성이 크고, 같은 조건의 다른 채권자가 채무의 변제를 수령하는 등의 사정이 있어 채무이행의 거절을 인정함이 현저히 부당하거나 불공평하게 되는 등의 특별한 사정이 있는 경우에는 채무자가 소멸시효의 완성을 주장하는 것이 신의성실의 원칙에 반하여 권리남용으로서 허용될 수 없다.

또한, 국가는 국민을 보호할 의무가 있는 까닭에 국민은 국가를 믿고 국가가 취한 조치가 적법하게 이루어졌을 것이라는 데 대해서 의심을 하지 아니하는 것이 일반적이고 이와 같이 국가를 믿은 것에 어떠한 잘못이 있다고 볼 수는 없다고 할 것이어서 국가에 의한 어떤 조치가 있기 전까지는 국민이 자진해서 국가의 행위에 대하여 위법을 문제 삼고 그에 대해서 적절한 대응책을 마련한다는 것은 좀처럼 기대하기 어려운 일이 라고 아니할 수 없고, 국가도 국민의 이러한 기대와 신뢰를 존중하고 그에 상응하기 위하여 국가의 위법한 조치로 인한 결과에 의하여 이미 형성된 생활관계를 회복시키기 위해 적절한 조치를 취하는 것이 원칙이라고 할 수 있다.

그런데, 학도의용군에 대한 현역 복무 간주 규정이 신설된 위 개정 후 구 병역법 시행일인 1957. 8. 15.부터 피고는 병적 관리자로서 학도의용군에 관한 사항을 조사하여 기록할 의무가 있고, 특히 당시 군 복무자 가운데 학도의용군으로 복무하였던 자가 있는지 조사하여 이에 해당하는 경우에는 위 개정 후 구 병역법 제62조 제1항에 따라 상당한 기간 내에 그 해당자를 전역시킬 의무를 부담하고 있음에도 불구하고 아무런 조치를 취하지 않고 있다가 1999. 3. 11.에야 비로소 원고의 학도의용군 복무사실을 공식적으로 확인하여 주었고 이에 원고가 피고 산하 국방부 소속 기관에 보상 기타 배상을 하여 달라고 진정하였으나 적절한 보상 등이 이루어지지 않자 2002. 12. 12. 비로소 이 사건 제소를 한 사실은 앞서 본 바와 같은 바, 그렇다면, 앞서 본 바와 같은 법리에 비추어 병적 관리자인 피고가 원고의 학도의용군 복무 사실을 공식적으로 확인하지 아니한 1993. 3. 11. 전에는 피고 산하 국방부가 직무상 위 개정 후 구 병역법 조항에 위반한 불법행위가 있었음을 객관적으로 외부에서 거의 알기 어려워 일반 국민인 원고로서는 국가의 그와 같은 조치에 전적인 신뢰를 둘 수 밖에 없는 설정이며, 다구나 위법행위를 한 국가가 그 위법에 대해 아무런 조치를 취하지 않고 있다가 이제 와서 그 위법을 몰랐던 원고에 대해 소멸시효 완성을 주장한다는 것은 신의칙상 또는 형평의 원칙상 도저히 허용될 수 없다고 보아야 하므로 이 사건 청구에 대해 소멸시효는 피고가 원고의 학도의용군 복무 사실을 공식적으로 확인하여 준 1999. 3. 11.부터 그 기간이 개시되는 것이라고 봄이 상당하다고 할 것이니 결국 피고의 위 소멸시효 항변은 이유 없다.

3. 손해배상 책임의 범위

피고의 위와 같은 불법행위로 인하여 원고는 위 개정 후 구 병역법 시행일인 1958. 8. 15.로부터 상당한 기간 내에 전역하지 못하고 1959. 8. 1.만기 전역함으로 2년 남짓한 기간 학업이나 직업을 계속함으로써 얻을 수 있는 기회를 상실하였을 뿐만 아니라 중복된 군복무로 인하여 육체적, 정신적으로 고통을 겪은 사정 기타 이 사건 변론에 나타난 모든 사정을 참작하면, 위자료를 금 20,000,000원으로 정함이 상당하다.

4. 결론

그렇다면, 피고는 원고에게 금 20,000,000원을 지급할 의무가 있다 할 것이므로 원고의 이 사건 청구는 위 인정 범위 내에서 이유 있어 이를 인용하고, 나머지 청구는 이유 없어 이를 기각할 것인바, 제1심 판결은 이와 결론을 일부 달리하여 부당하므로 위 인정 금원에 해당하는 원고 패소부분을 취소하고, 피고에게 그 지급을 명하기로 하며, 원고의 나머지 항소는 이유 없어 이를 기각하기로 하여 주문과 같이 판결한다.

(2-2) 대법원 2005. 5. 13. 선고 2004다71881 판결

【원고, 피상고인】 지희봉

【피고, 상고인】 대한민국

【원심판결】 서울고등법원 2004. 11. 18. 선고 2004나22683 판결

【주 문】 원심판결을 파기하고, 사건을 서울고등법원으로 환송한다.

【이 유】

상고이유를 본다.

1. 원심의 사실인정 및 판단

가. 원심은 그 채용 증거들을 종합하여 아래와 같은 요지의 기초사실을 인정하였다.

(1) 원고는 1950. 11. 학도의용군으로 입대하여 육군 제8사단에서 복무하다가 1953. 7. 제대하였다.

(2) 1956. 원고는 피고로부터 징집영장을 받고 학도의용군 참전사실을 들어 징집 면제를 요청하였으나, 학도의용군으로 참전했는지 알 수 없을 뿐만 아니라 학도의용군은 군번이 없고 정식 군인이 아니라는 이유로 거절된 다음, 1956. 9. 11. 육군에 입대하여 복무하다가 1959. 8. 1. 만기제대하였다.

(3) 피고 산하 국방부장관은 1999. 3. 11.에야 비로소 원고가 위와 같이 학도의용군으로 복무한 사실을 공식 확인하였다.

(4) 이에 원고는 1999. 12. 1. 서울지방병무청장에게 위와 같은 군복무에 대한 적절한 보상 기타 배상을 해 달라고 진정하였으나 받아들여지지 않자 2002. 12. 12. 이 사건 소를 제기하였다.

(5) 한편, 원고가 재복무 중이던 1957. 8. 15.부터 시행된 구 병역법(법률 제444호로 전문 개정되어 1962. 10. 1. 법률 제1163호로 전문 개정되기 전의 것, 이하 '구 병역법'이라 한다)에는 부칙 제62조 제1항으로 "단기 4283년 6월 25일 북한괴뢰집단의 침투를 방위하기 위하여 ○○학교에 재적중인 자로서 지원에 의하여 군에 복무하여 전투에 참가한 자(학도의용군이라 약칭한다)는 본법에 의한 현역에 복무한 자로 간주하여 제1예비역에 편입한다."라는 규정이 신설되었다.

나. 원심은 위 기초사실에 터잡아 원고의 손해배상청구에 대하여 다음과 같이 판단하여 원고의 청구를 일부 인용하였다.

(1) 피고는 구 병역법 부칙 제62조 제1항에 의하여 그 시행일인 1957. 8. 15.부터 병적(兵籍) 관리자로서 학도의용군에 관한 사항을 조사하여 기록할 의무가 있고, 특히 당시 군 복무자 가운데 학도의용군으로 복무하였던 자가 있는지 조사하여 이에 해당하는 경우에는 위 규정에 따라 상당한 기간 내에 전역시킬 의무가 있음에도, 피고 산하 국방부가 이를 간과한 잘못으로 복무연한인 1959. 8. 1.에야 원고를 만기전역 시켰으므로 피고는 위와 같은 불법행위로 인하여 원고가 입은 손해를 배상할 의무가 있다.

(2) 피고는 이 사건 청구가 시효소멸 하였다는 취지로 항변하지만, 채무자의 소멸시효에 기한 항변권의 행사도 민법의 대원칙인 신의성실과 권리남용금지의 원칙의 지배를 받는 것이어서 채무자가 시효완성 전에 채권자의 권리행사를 불가능 또는 현저히 곤란하게 하였거나 객관적으로 채권자가 권리를 행사할 수 없는 장애사유가 있는 등 채무이행의 거절을 인정함이 현저히 부당하거나 불공평하게 되는 등의 특별한 사정이 있는 경우에는 채무자가 소멸시효의 완성을 주장하는 것이 신의성실의 원칙에 반하여 권리남용으로서 허용될 수 없고, 또한 국가는 국민을 보호할 의무가 있어 국민이 국가가 취한 조치가 적법하다고 믿은 것에 어떠한 잘못이 있다고 볼 수는 없어 국가에 의한 어떤 조치가 있기 전까지는 국민이 자진해서 국가의 행위에 대하여 위법을 문제삼고 그에 대해서 적절한 대응책을 마련한다는 것은 좀처럼 기대하기 어려운 일이라고 할 것인데, 병적 관리자인 피고가 원고의 학도의용군 복무사실을 공식적으로 확인하지 아니한 1999. 3. 11. 전에는 피고 산하 국방부가 구 병역법 조항에 위반한 불법행위를 하였음을 객관적으로 외부에서 거의 알기 어려워 일반 국민인 원고로서는 국가의

그와 같은 조치에 전적인 신뢰를 둘 수밖에 없는 실정이며, 더구나 위법행위를 한 국가가 그 위법에 대해 아무런 조치를 취하지 않고 있다가 이제 와서 그 위법을 몰랐던 원고에 대해 소멸시효 완성을 주장한다는 것은 신의칙상 또는 형평의 원칙상 도저히 허용될 수 없다고 보아야 하므로, 이 사건 청구에 대한 소멸시효는 피고가 원고의 학도의용군 복무사실을 공식적으로 확인하여 준 1999. 3. 11.부터 그 기간이 개시되는 것이라고 봄이 상당하다고 할 것이니 피고의 소멸시효 항변은 이유 없다.

2. 상고이유 제1점에 대한 판단

구 병역법 부칙 제62조 제1항은 징집과 병적 관리의 주체인 국가의 의무를 규정하고 있는 것임이 문언상 명백하고, 별도의 경과규정이 없어 그 시행 당시 군 복무자에게도 적용된다고 할 것이므로, 원심이 같은 취지에서 피고가 위 규정 시행 후 상당한 기간 내에 원고를 전역시키지 아니한 것이 원고에 대한 불법행위가 된다고 본 것은 정당하고, 거기에 상고이유로 주장하는 바와 같은 법리오해의 위법이 있다고 할 수 없다.

3. 상고이유 제2점에 대한 판단

가. 피고의 소멸시효 주장이 신의칙에 반하는지 여부

채무자의 소멸시효에 기한 항변권의 행사도 우리 민법의 대원칙인 신의성실의 원칙과 권리남용금지의 원칙의 지배를 받는 것이어서, 채무자가 시효완성 전에 채권자의 권리행사나 시효중단을 불가능 또는 현저히 곤란하게 하였거나, 그러한 조치가 불필요하다고 믿게 하는 행동을 하였거나, 객관적으로 채권자가 권리를 행사할 수 없는 장애사유가 있었거나, 또는 일단 시효완성 후에 채무자가 시효를 원용하지 아니할 것 같은 태도를 보여 권리자로 하여금 그와 같이 신뢰하게 하였거나, 채권자보호의 필요성이 크고, 같은 조건의 다른 채권자가 채무의 변제를 수령하는 등의 사정이 있어 채무이행의 거절을 인정함이 현저히 부당하거나 불공평하게 되는 등의 특별한 사정이 있는 경우에는 채무자가 소멸시효의 완성을 주장하는 것이 신의성실의 원칙에 반하여 권리남용으로서 허용될 수 없다 할 것임은 이미 당원이 여러 번 천명한 바 있다(대법원 1997. 12. 12. 선고 95다29895 판결, 2002. 10. 25. 선고 2002다32332 판결 등 참조).

그러나 국가에게 국민을 보호할 의무가 있다는 사유만으로 국가가 소멸시효의 완성을 주장하는 것 자체가 신의성실의 원칙에 반하여 권리남용에 해당한다고 할 수는 없으므로(대법원 1999. 9. 17. 선고 99다21257 판결, 2001. 7. 10. 선고 98다38364 판결 등 참조), 국가의 소멸시효 완성 주장이 신의칙에 반하고 권리남용에 해당한다고 하려면 앞서 본 바와 같은 특별한 사정이 인정되어야 할 것이고, 또한 위와 같은 일반적 원칙을 적용하여 법이 두고 있는 구체적인 제도의 운용을 배제하는 것은 법해석에 있어 또 하나의 대원칙인 법적 안정성을 해할 위험이 있으므로 그 적용에는 신중을 기하여야 할 것이다.

이 사건에서 기록에 의하면, 원고가 1959. 8. 1. 전역한 후 1999. 3. 11. 피고로부터 학도의용군 참전에 대한 확인을 받기 전까지 자신의 학도의용군 참전사실을 확인받거나 또는 이중복무에 따른 보상 또는 배상을 받기 위하여 어떠한 조치를 취한 바 있는지, 여기에 대하여 피고가 어떻게 대응하였는지가 전혀 나타나지 아니하며, 원고 스스로도 1999.부터 증인을 확보하여 학도의용군 참전민원을 제기하자 피고 산하 국방부장관이 1999. 3. 11. 비로소 원고의 학도의용군 참전사실을 공식적으로 확인하였다고 주장할 뿐인바, 그렇다면 기록에 나타난 사정만으로는 피고가 원고의 손해배상청구권 행사를 불가능 또는 현저히 곤란하게 하거나 그런 조치가 불필요하다가 믿게 할 만한 언동을 하였다고 보기에는 부족하고, 객관적으로도 원고가 손해배상청구권을 행사할 수 없는 장애사유가 있었다거나 권리행사를 기대할 수 없는 상당한 사정이 있었다고도 보이지 아니하며, 피고가 원고에게 참전사실확인서를 작성하여 준 사정만으로 이를 시효의 이익을 포기하거나 시효를 원용하지 아니할 것 같은 태도를 보인 것이라고 평가할 수도 없고, 다른 손해배상청구권의 채권자들과 달리 원고에게 특별한 보호의 필요성이 있다거나 같은 처지의 다른 채권자들이 배상을 받았다는 사정도 보이지 아니하여 피고가 소멸시효 완성을 이유로 채무이행을 거절하는 것이 현저히 부당하거나 불공평하게 되는 경우에 해당한다고 볼 수도 없다 할 것이므로, 피고의 소멸시효 완성 주장이 신의칙에 반하는 권리남용으로서 또는 형평의 원칙상 허용될 수 없다고는 보이지 아니한다.

따라서 피고의 소멸시효 완성 주장이 신의칙상 또는 형평의 원칙상 허용될 수 없다는 이유로 이 사건 청구에 대한 소멸시효는 피고가 원고의 학도의용군 복무사실을 공식적으로 확인하여 준 1999. 3. 11.부터 진행한다고 봄이 상당하다고 한 원심의 판단에는 소멸시효 완성 주장의 신의칙 위반 여부에 대한 심리를 제대로 하지 아니하였거나 그에 관한 법리를 오해함으로써 판결 결과에 영향을 미친 위법이 있다고 할 것이다.

나. 이 사건 청구에 대한 소멸시효의 기산점에 관하여

나아가 원심의 판단 중, 이 사건 청구에 대한 소멸시효의 기산점은 원고의 전역일 1959. 8. 1.이 아닌 피고의 확인일 1999. 3. 11.이라고 보아야 하므로 2002. 12. 12. 소송이 제기된 이 사건 청구의 소멸시효가 완성하지 아니하였다고 본 부분도 아래와 같은 이유에서 수긍하기 어렵다.

불법행위에 기한 손해배상채권에 있어서 민법 제766조 제2항에 의한 소멸시효의 기산점이 되는 '불법행위를 한 날'이란 가해행위가 있었던 날이 아니라 현실적으로 손해의 결과가 발생한 날을 의미하지만(대법원 1979. 12. 26. 선고 77다1894, 1895 전원합의체 판결 참조), 그 손해의 결과발생이 현실적인 것으로 되었다면 그 소멸시효는 피해자가 손해의 결과발생을 알았거나 예상할 수 있는가 여부에 관계없이 가해행위로 인한 손해가 현실적인 것으로 되었다고 볼 수 있는 때로부터 진행한다고 할 것인바(대법원 1993. 7. 27. 선고 93다357 판결 참조), 이 사건에서는 피고가 상당한 기간 내에 원고에 대한 전역조치를 취하지 아니한 채 만기까지 복무시킴으로써 손해가 현실적으로 발생하였다고 할 것이지, 피고가 뒤늦게 참전사실확인서를 작성해 준 때에 비로소 손해의 발생이 현실화되었다고 할 수는 없을 것이다.

또한, 민법 제766조 제1항은 불법행위로 인한 손해배상청구권은 피해자가 '그 손해 및 가해자를 안 날'로부터 3년간 이를 행사하지 아니하면 시효로 인하여 소멸한다고 규정하고 있고, 기록에 의하면 피고는 원고의 손해배상청구권이 시효로 소멸하였다고 항변할 뿐 위 규정에 의한 3년 단기소멸시효의 완성 주장인지 앞서 본 같은 조 제2항에 의한 10년의 소멸시효의 완성 주장인지는 명백히 하고 있지 아니하므로 이를 3년의 단기소멸시효 완성 주장도 포함하는 취지로 볼 수 있을 것인바, 이 사건에서 원고는 늦어도 위 확인서를 받았을 때에는 당연히 피고의 불법행위의 존재, 그로 인한 손해의 현실적 발생과 그 인과관계 등을 모두 알았고, 손해배상청구에 있어서 입증의 어려움도 해결되었다고 볼 것이어서, 위 제1항에 정한 3년의 단기소멸시효 역시 원고가 위 확인서를 받은 1999. 3. 11.부터는 진행한다고 하여야 할 것인데, 이 사건 소는 그로부터 3년이 경과하였음이 역수상 명백한 2002. 12. 12.에야 제기되었으므로, 원심이 피고가 위 확인서를 작성해 준 날이 소멸시효의 기산점이 된다고 판단하였다면 바로 민법 제766조 제2항에 정한 10년의 소멸시효기간이 완성하지 아니하였다고 단정할 것이 아니라 같은 조 제1항에 정한 3년의 단기소멸시효가 완성되었는지, 시효중단의 사유가 있는지 여부에 대하여도 심리, 검토하였어야 할 것으로 보인다.

그러므로 위와 같은 점에서도 원심판결에는 소멸시효에 대한 법리를 오해하였거나 심리를 미진함으로써 판결에 영향을 미친 위법이 있다.

3. 결론

따라서 원심판결을 파기하고, 사건을 다시 심리·판단하게 하기 위하여 원심법원으로 환송하기로 하여 관여 대법관의 일치된 의견으로 주문과 같이 판결한다.

(3) 대법원 2016. 9. 30. 선고 2016다218713, 218720 판결 : 자살보험금의 소멸시효 주장

[판시사항]

[1] 채무자가 소멸시효의 완성을 주장하는 것이 신의성실의 원칙에 반하여 권리남용으로서 허용될 수 없는 경우 및 소멸시효 완성의 주장이 신의성실의 원칙에 반하는지 판단할 때 고려하여야 할 사항

[2] 甲 보험회사와 보험계약을 체결한 乙이 계약의 책임개시일로부터 2년 후 자살하였는데 수익자인 丙이 甲 회사를 상대로 재해사망특약에 기한 보험금의 지급을 구한 사안에서, 丙의 재해사망보험금 청구권은 소멸시효의 완성으로 소멸하였고, 甲 회사의 소멸시효 항변이 권리남용에 해당하지 않는다고 @ 원심판단이 정당하다고 한 사례

[판결요지]

[1] 채무자의 소멸시효에 기한 항변권의 행사도 우리 민법의 대원칙인 신의성실의 원칙과 권리남용금지의 원칙의 지배를 받는 것이어서, 채무자가 시효완성 전에 채권자의 권리행사나 시효중단을 불가능 또는 현저히 곤란하게 하였거나, 그러한 조치가 불필요하다고 믿게 하는 행동을 하였거나, 객관적으로 채권자가 권리를 행사할 수 없는 장애사유가 있었거나, 또는 일단 시효완성 후에 채무자가 시효를 원용하지 아니할 것 같은 태도를 보여 권리자가 그와 같이 신뢰하게 하였거나, 채권자 보호의 필요성이 크고 같은 조건의 다른 채권자가 채무의 변제를 수령하는 등의 사정이 있어 채무이행의거절을 인정함이 현저히 부당하거나 불공평하게 되는 등의 특별한 사정이 있는 경우에는 채무자가 소멸시효의 완성을 주장하는 것이 신의성실의 원칙에 반하여 권리남용으로서 허용될 수 없다.

다만 실정법에 정하여진 개별 법제도의 구체적 내용에 좇아 판단되는 바를 신의칙과 같은 일반조항에 의한 법원칙을 들어 배제 또는 제한하는 것은 중요한 법가치의 하나인 법적 안정성을 후퇴시킬 우려가 있다. 특히 소멸시효 제도는 법률관계의 주장에 일정한 시간적 한계를 설정함으로써 그에 관한 당사자 사이의 다툼을 종식시키려는 것으로서, 누구에게나 무차별적·객관적으로 적용되는 시간의 경과가 1차적인 의미를 가지는 것으로 설계되었음을 고려하면, 법적 안정성의 요구는 더욱 선명하게 제기된다. 따라서 소멸시효 완성의 주장이 신의성실의 원칙에 반하여 허용되지 아니한다고 평가하는 것은 신중을 기할 필요가 있다.

[2] 甲 보험회사와 보험계약을 체결한 乙이 계약의 책임개시일로부터 2년 후 자살하였는데 수익자인 丙이 甲 회사를 상대로 재해사망특약에 기한 보험금의 지급을 구한 사안에서, 丙의 재해사망보험금 청구권은 소멸시효의 완성으로 소멸하였고, 甲 회사가 특약에 기한 재해사망보험금 지급의무가 있음에도 지급을 거절하였다는 사정만으로는 甲 회사의 소멸시효 항변이 권리남용에 해당하지 않는다고 @ 원심판단이 정당하다고 한 사례.

【재판경과】

인천지방법원 2016. 4. 7. 선고 2015나54837, 11335 판결

대법원 2016. 9. 30. 선고 2016다218713, 218720 판결

【참조판례】

[1] 대법원 2002.10.25.선고 2002다32332 판결(공2002하,2849) , 대법원 2005.5.13.선고 2004다71881판결(공2005상,950) , 대법원 2010.5.27.선고 2009다44327 판결(공2010하,1233)

【참조법령】

[1] 민법 제2조 , 제162조 [2] 민법 제2조 , 구 상법(2014.3.11.법률 제12397호로 개정되기 전의 것)제662조

【전 문】

【원고(반소피고),피상고인】 교△△×보험 주식회사 (소송대리인 법무법인 @ 외 7인)

【피고(반소원고),상고인】 피고(반소원고)

【원심판결】 인천지법 2016.4.7. 선고 2015나54837, 11335판결

【주 문】

상고를 기각한다. 상고비용은 피고(반소원고)가 부담한다.

【이 유】

상고이유를 판단한다.

1. 채무자의 소멸시효에 기한 항변권의 행사도 우리 민법의 대원칙인 신의성실의 원칙과 권리남용금지의 원칙의 지배를 받는 것이어서, 채무자가 시효완성 전에 채권자의 권리행사나 시효중단을 불가능 또는 현저히 곤란하게 하였거나, 그러한 조치가 불필요하다고 믿게 하는 행동을 하였거나, 객관적으로 채권자가 권리를 행사할 수 없는 장애사유가 있었거나, 또는 일단 시효완성 후에 채무자가 시효를 원용하지 아니할 것 같은 태도를 보여 권리자로 하여금 그와 같이 신뢰하게 하였거나, 채권자 보호의 필요성이 크고 같은 조건의 다른 채권자가 채무의 변제를 수령하는 등의 사정이 있어 채무이행의 거절을 인정함이 현저히 부당하거나 불공평하게 되는 등의 특별한 사정이 있는 경우에는 채무자가 소멸시효의 완성을 주장하는 것이 신의성실의 원칙에 반하여 권리남용으로서 허용될 수 없다(대법원 2002.10.25. 선고 2002다32332판결 등 참조).

다만 실정법에 정하여진 개별 법제도의 구체적 내용에 좇아 판단되는 바를 신의칙과 같은 일반조항에 의한 법원칙을 들어 배제 또는 제한하는 것은 중요한 법가치의 하나인 법적 안정성을 후퇴시킬 우려가 있다. 특히

소멸시효 제도는 법률관계의 주장에 일정한 시간적 한계를 설정함으로써 그에 관한 당사자 사이의 다툼을 종식시키려는 것으로서, 누구에게나 무차별적·객관적으로 적용되는 시간의 경과가 1차적인 의미를 가지는 것으로 설계되었음을 고려하면, 법적 안정성의 요구는 더욱 선명하게 제기된다. 따라서 소멸시효 완성의 주장이 신의성실의 원칙에 반하여 허용되지 아니한다고 평가하는 것은 신중을 기할 필요가 있다(대법원 2005.5.13. 선고 2004다71881 판결, 대법원 2010.5.27. 선고 2009다44327 판결 등 참조).

2. 원심은, 피보험자인 망인의 사망으로 인한 피고(반소원고)의 원고(반소피고)(이하 '원고'라고 한다)에 대한 이 사건 특약에 기한 재해사망보험금 청구권은 소멸시효의 완성으로 소멸하였고, 원고가 이 사건 특약에 기한 재해사망보험금 지급의무가 있음에도 불구하고 그 지급을 거절하였다는 사정만으로는 원고의 소멸시효 항변이 권리남용에 해당한다고 보기 어렵다고 판단하였다.

원심판결 이유를 앞서 @ 법리와 적법하게 채택된 증거들에 비추어 살펴보면, 원심의 위와 같은 판단은 정당하고, 거기에 상고이유 주장과 같이 소멸시효와 권리남용에 관한 법리를 오해한 잘못이 없다.

3. 그러므로 상고를 기각하고, 상고비용은 패소자가 부담하도록 하여, 관여 대법관의 일치된 의견으로 주문과 같이 판결한다.

대법관 권순일(재판장) 박병대(주심) 박보영 김재형

연세대학교 법학전문대학원 계약법판례교재 간행위원

김준호

박동진

백태승

이연갑(가나다 순)

민법판례교재 _ **계약법(2020 개정판)**

2009년 2월 28일 초 판 발행
2010년 2월 28일 개 정 판 발행
2011년 2월 28일 재개정판 발행
2012년 2월 28일 2012년판 발행
2013년 2월 28일 2013년판 발행
2014년 2월 28일 2014년판 발행
2015년 2월 28일 2015년판 발행
2016년 2월 28일 2016년판 발행
2017년 2월 28일 2017년판 발행
2018년 3월 15일 2018년판 발행
2019년 3월 15일 2019년판 발행
2020년 2월 28일 2020년판 발행

편저자 연세대학교 법학전문대학원
계약법판례교재 간행위원회
발행인 황 영 성
발행처 **법 우 사**
서울특별시 관악구 봉천로 485 우진빌딩 4층
전화: (02) 876-2261 팩스: (02) 875-2263
E-mail: hys8009@hanmail.net
등록 2001.4.30. 제301-10-1747호

 정가 40,000원

ISBN 978-89-97060-63-4 93360

이 도서의 국립중앙도서관 출판예정도서목록(CIP)은 서지정보유통지원시스템 홈페이지(http://seoji.nl.go.kr)와 국가자료종합목록 구축시스템(http://kolis-net.nl.go.kr)에서 이용하실 수 있습니다. (CIP제어번호 : CIP2020008029)